SCHÄFFER
POESCHEL

Handwörterbuch Unternehmensführung und Organisation

4., völlig neu bearbeitete Auflage

Herausgegeben von
Professor Dr. Georg Schreyögg
Professor Dr. Axel v. Werder

Unter Mitarbeit
von zahlreichen Fachgelehrten
und Experten
aus Wissenschaft und Praxis

2004
Schäffer-Poeschel Verlag Stuttgart

Enzyklopädie der Betriebswirtschaftslehre Bd. II

Redaktion:

Dr. Jochen Koch, Berlin
Dipl.-Kffr. Heike Rindfleisch, Berlin
Dr. Jens Grundei, Berlin
Dipl.-Ing. Till Talaulicar, Berlin

Redaktionsstand Juli 2004

Bibliografische Information Der Deutschen Bibliothek
Die Deutsche Bibliothek verzeichnet diese Publikation in der Deutschen
Nationalbibliografie; detaillierte bibliografische Daten sind im Internet
über <http://dnb.ddb.de> abrufbar.

Gedruckt auf säure- und chlorfreiem, alterungsbeständigem Papier.

ISBN 3-7910-8050-4

Dieses Werk einschließlich aller seiner Teile ist urheberrechtlich geschützt. Jede Verwertung
außerhalb der engen Grenzen des Urheberrechtsgesetzes ist ohne Zustimmung des Verlages
unzulässig und strafbar. Das gilt insbesondere für Vervielfältigungen, Übersetzungen,
Mikroverfilmungen und die Einspeicherung und Verarbeitung in elektronischen Systemen.

© 2004 Schäffer-Poeschel Verlag für Wirtschaft · Steuern · Recht GmbH & Co. KG
www.schaeffer-poeschel.de
Info@schaeffer-poeschel.de
Satz: Medienhaus Froitzheim AG, Bonn, Berlin
Druck und Bindung: Ebner & Spiegel GmbH, Ulm
Printed in Germany
Oktober/2004

Schäffer-Poeschel Verlag Stuttgart
Ein Tochterunternehmen der Verlagsgruppe Handelsblatt

VORWORT DER HERAUSGEBER

Dem Teilgebiet der Organisation wird nun schon seit Jahren eine wachsende Aufmerksamkeit zuteil. In regelmäßigen Abständen bietet das Handwörterbuch der Organisation eine Art Zwischenbilanz, in der die wichtigsten Themen und Forschungsergebnisse dargestellt und diskutiert werden. Eine solche Zwischenbilanz zu leisten, ist auch das Ziel der vorliegenden vierten Auflage. Die erste viel beachtete Auflage des Handwörterbuchs der Organisation erschien 1969 und wurde von Erwin Grochla (Universität zu Köln) herausgegeben. Die zweite Auflage folgte 1980, ebenfalls unter der Herausgeberschaft von Erwin Grochla. Die ebenso erfolgreiche dritte Auflage des Handwörterbuchs der Organisation wurde von Erich Frese (Universität zu Köln) herausgegeben und erschien 1992. Bei der Vorbereitung der vorliegenden vierten Auflage stand Erich Frese dankenswerterweise mit Rat und Tat zur Seite.

Eine Durchsicht der organisationstheoretischen und -praktischen Diskussion der letzten 10–15 Jahre zeigte, wie viel sich auf diesem Gebiet geändert hat. Nicht nur ein breites Spektrum neuer Themen hat das disziplinäre Feld geprägt, sondern auch die ganze Perspektive und die disziplinären Grenzen stellen sich deutlich verändert dar. Eine der markantesten Veränderungen ist aus der Sicht der Herausgeber das engere Zusammenrücken von Strategischem Management, Führung und Organisation – eine Veränderung, die sich nicht nur theoretisch in der Wahl der Forschungsthemen einschließlich der Gründung neuer Zeitschriften (z. B. Strategic Organization), sondern auch ganz deutlich in der Schwerpunktsetzung der jüngeren Organisationsgestaltung in der Praxis dokumentiert. Diese Veränderungen haben schließlich Veranlassung gegeben, für das Handwörterbuch eine neue Grundstruktur zu konzipieren, was nicht zuletzt auch darin zum Ausdruck kommt, dass aus dem „Handwörterbuch der Organisation" ein „Handwörterbuch Unternehmensführung und Organisation" geworden ist. Das Kürzel „HWO" wurde indessen zu Zwecken der Wiedererkennung in der alten Form beibehalten. Nachdem der Verlag die Entscheidung getroffen hatte, die Handwörterbücher für Planung und Führung nicht mehr wieder aufzulegen, ist die Grenzziehung noch einmal ein Stück breiter ausgefallen. Im Ergebnis umfasst das HWO nun eine Reihe von Sachgebieten, die früher durch diese Handwörterbücher abgedeckt wurden.

Die konzeptionelle Grundstruktur des Handwörterbuchs Unternehmensführung und Organisation ruht auf zwei Grundpfeilern: Das Gebiet der Unternehmensführung wurde entlang der klassischen fünf Managementfunktionen aufgerissen: Planung, Organisation, Personaleinsatz, Führung und Kontrolle, eingebettet in die konstitutionellen Grundlagen und Entscheidungen (Unternehmensverfassung bzw. Corporate Governance, Betriebsverfassung usw.). Der Begriff der Organisation wurde institutionell verstanden, so dass er sowohl das ganzheitliche Gebilde Organisation, also das soziale System mit seinen geplanten und emergenten Dynamiken, umfasst als auch die konstruktive Seite, d. h. Organisation im Sinne von Instrumenten und Methoden zur Erstellung rationaler Handlungsstrukturen und -abläufe, einschließlich der immer dominanteren informationstechnologischen Bezüge. Die Grundstruktur des Handwörterbuchs wird in zwei von den Herausgebern verfassten Kopfstichwörtern im Einzelnen dargelegt, und zwar in den Stichworten „Unternehmensführung" und „Organisation". Ferner wird für alle größeren Teilsachgebiete eine Ordnung durch breite Übersichtsstichworte angeboten, so etwa für Corporate Governance, Organisationstheorie, Planung oder Führung.

Ähnlich wie in den vorhergehenden Auflagen ist es auch mit dieser vierten Auflage gelungen, fast alle namhaften Vertreter des Fachs als Autoren für die einschlägigen Stichworte zu gewinnen. Den vielen Autorinnen und Autoren sei an dieser Stelle herzlich für ihre engagierte Mitarbeit und ihre Bereitschaft gedankt, die nicht unerheblichen formalen Hürden (Autorentool, Querverweise usw.) gemeinsam mit uns zu nehmen. Es gilt ganz einfach der Grundsatz, ein Handwörterbuch ist so gut wie die Autoren, die daran mitwirken.

Die ersten Stichworte sind Ende 2002 eingegangen, die letzten Anfang 2004. Durch die modernisierte Satz- und Drucktechnik, die in vieler Hinsicht eine im Vergleich zu früheren Handwörterbüchern deutliche Beschleunigung der Erstellung erlaubt, kann das Handwörterbuch bereits im Oktober 2004 erscheinen. Dem Verlag, insbesondere aber Frau Claudia Dreiseitel und Herrn Volker Dabelstein, sei an dieser Stelle ein herzliches Dankeschön für die Unterstützung und die angenehme Zusammenarbeit gesagt.

Ein solches Handwörterbuch könnte nicht erscheinen, wenn nicht hinter den Herausgebern ein großes redaktionelles Team stünde, das die einzelnen Phasen der Erstellung kompetent und passioniert begleitet. Dieses große Team teilte sich in diesem Falle in zwei gleichgewichtige Unterteams, die aber nach allen Regeln der Kunst vernetzt waren, nämlich das Team der Freien Universität Berlin und das Team der Technischen Universität Berlin.

An der Freien Universität haben an den redaktionellen Arbeiten mitgewirkt: Daniel Geiger, Michael Hune, Martina Kliesch und Thomas Lührmann, insbesondere aber Dr. Jochen Koch und Heike Rindfleisch (alle

Institut für Management, Lehrstuhl für Organisation und Führung). An der Technischen Universität bildeten Dr. Jens Grundei und Till Talaulicar das „HWO-Team". Ihnen allen sei an dieser Stelle ganz herzlich gedankt, die Unterstützung und Kooperation hätte nicht besser sein können.

Berlin, im Juli 2004

Georg Schreyögg
Axel v. Werder

HINWEISE FÜR DEN BENUTZER

1. Die Beiträge des HWO sind formal einheitlich aufgebaut:
   - Im Vorspann eines jeden Beitrages wird in alphabetischer Reihenfolge auf *sachlich verwandte Stichwörter* verwiesen. Im Anschluss an diese Verweise sind die *Hauptgliederungspunkte* als Überblick aufgeführt.
   - Jedem Beitrag ist eine kurze *Zusammenfassung* vorangestellt.
   - Jedem Beitrag ist ein *Literaturverzeichnis* angefügt. Das Verzeichnis ist alphabetisch geordnet.
   - Die fachlich verantwortlichen *Autoren* werden zu Beginn des jeweiligen Beitrages angeführt.
2. Alle Beiträge folgen bei Verweisen den nachfolgenden Regelungen:
   - In den Texten sind *Verweise auf andere Beiträge des HWO* eingearbeitet, um thematische Querverbindungen deutlich zu machen.
   - *Literaturverweise* im Text geben jeweils Autor (und Erscheinungsjahr) der zitierten Auflage eines Werkes an. Die vollständige Quellenangabe befindet sich im Literaturverzeichnis des Beitrages.
3. Eine Reihe von *Verzeichnissen* bzw. *Registern* soll die Benutzung des HWO zusätzlich erleichtern:
   - Das alphabetisch geordnete *Inhaltsverzeichnis* dient der zusammenfassenden Orientierung über alle im HWO abgehandelten Stichwörter.
   - Das alphabetisch geordnete *Autorenverzeichnis* gibt einen Überblick über die am HWO beteiligten Verfasser aus Wissenschaft und Praxis sowie deren Wirkungsstätten.
   - Mittels des *Verzeichnisses der Abkürzungen* ist die Bedeutung der in den Beiträgen benutzten Abkürzungen festzustellen.

Während die obigen Verzeichnisse am Anfang des HWO stehen, sind die folgenden Register am Ende des HWO eingefügt:
   - Eine *personen- bzw. institutionenbezogene* Benutzung des HWO wird neben dem Autorenverzeichnis durch das umfangreiche *Namensregister* erleichtert. Bei seiner Erstellung wurden auch Nennungen in den Literaturverzeichnissen der Stichwörter berücksichtigt. Die Namen der Autoren von HWO-Beiträgen sind durch Fettdruck hervorgehoben, ebenso die Anfangsspalten der zugehörigen Beiträge.
   - Zur *sachlichen* Orientierung des Lesers dient das umfangreiche *Sachregister*. Es enthält neben den durch Fettdruck hervorgehobenen Stichwörtern (Überschriften der Beiträge) Sachwörter mit zugehörigen Spaltenangaben als Fundstellen.

INHALTSVERZEICHNIS

Die Ziffern im Anschluss an die einzelnen Beiträge bezeichnen die Spaltenzahlen

Absatzorganisation 1–11
Prof. Dr. Christian Homburg

Allianz, strategische 11–20
PD Dr. Werner H. Hoffmann

Anreizsysteme, ökonomische und
verhaltenswissenschaftliche Dimension 21–28
Prof. Dr. Dr. h.c. mult. Bruno S. Frey/
Matthias Benz

Arbeitsorganisation 28–37
Prof. Dr. Hans-Gerd Ridder

Arbeitsteilung und Spezialisierung 37–45
Prof. Dr. Dorothea Alewell

Aufbau- und Ablauforganisation 45–53
Prof. Dr. Jetta Frost

Aufgabenanalyse 54–61
Prof. Dr. Joachim Eigler

Aufsichtsrat 62–70
Prof. Dr. Dr. Manuel René Theisen

Ausschüsse 72–78
Prof. Dr. Egbert Kahle

Benchmarking 79–85
Prof. Dr. Ulrich Krystek

Beratung, Theorie der 85–91
Prof. Dr. Gerd Walger

Beschaffungsorganisation 92–99
Prof. Dr. Oskar Grün

Board of Directors 99–105
Dr. Wolfgang Salzberger

Budgetierung 105–113
Prof. Dr. Lothar Streitferdt/
Dr. Tim Eberhardt

Bürokratie 113–122
Dr. Markus Gmür

Chaos- und Komplexitätstheorie 123–131
Prof. Dr. Peter Kappelhoff

Charismatische Führung 131–137
Prof. Dr. Johannes Steyrer

Coaching 137–144
Christopher Rauen

Community of Practice 144–152
Prof. Dr. Ursula Schneider

Controlling 152–159
Prof. Dr. Jürgen Weber

Corporate Governance (Unternehmensverfassung) 160–170
Prof. Dr. Axel v. Werder

Corporate Governance,
internationaler Vergleich 171–178
Prof. Dr. Elmar Gerum

Delegation (Zentralisation und Dezentralisation)
179–189
Prof. Dr. Hans Jürgen Drumm

Demographischer Ansatz 189–195
Prof. Dr. Jürgen Weibler/
Jürgen Deeg

Dilemma-Management 195–204
Prof. Dr. Diether Gebert

Emotionen in Organisationen 205–214
Dr. Angelo Giardini/
Prof. Dr. Michael Frese

Entrepreneurship 215–222
Prof. Dr. Josef Brüderl

Entscheidungsorientierte Organisationstheorie
222–229
Prof. Dr. Margit Osterloh

Entscheidungsprozesse in Organisationen 229–239
Prof. Dr. Rolf Bronner

Entscheidungsverhalten, individuelles 239–247
 Peter Fischer/
 Dr. Tobias Greitemeyer/
 Prof. Dr. Dieter Frey

Evaluation der Unternehmensführung 247–256
 Dr. Jens Grundei/
 Prof. Dr. Axel v. Werder

Evolutionstheoretischer Ansatz 256–266
 Prof. Dr. Albrecht Becker

Familienunternehmen 267–275
 Prof. Dr. Rudolf Wimmer

Flexibilität, organisatorische 276–285
 Prof. Dr. Wolfgang Burr

Forschung und Entwicklung, Organisation der 285–294
 Prof. Dr. Dr. h.c. Klaus Brockhoff

Führung und Führungstheorien 294–308
 Prof. Dr. Jürgen Weibler

Führungsnachfolge 308–315
 Prof. Dr. Michael-Jörg Oesterle

Führungsstile und -konzepte 316–323
 Prof. Dr. Sabine Boerner

Funktionale Organisation 324–332
 Prof. Dr. Winfried Hamel

Fusionen und Übernahmen
(Mergers and Acquisitions) 332–340
 Prof. Dr. Günter Müller-Stewens

Gender Studies 341–347
 Prof. Dr. Gertraude Krell

Gerechtigkeit und Fairness 347–353
 Prof. Dr. Hartmut Kreikebaum

Geschäftsordnung 353–360
 Prof. Dr. Michael Hoffmann-Becking

Globalisierung 360–369
 Prof. Dr. Dr. h.c. Klaus Macharzina/
 Dr. Jan Hendrik Fisch

Grundsätze ordnungsmäßiger Unternehmensführung 369–379
 Prof. Dr. Dr. Manuel René Theisen/
 Prof. Dr. Axel v. Werder

Gruppen und Gruppenarbeit 380–388
 Prof. Dr. Conny H. Antoni

Gruppenverhalten und Gruppendenken 388–398
 Prof. Dr. Gerd Wiendieck

Hauptversammlung und Aktionärseinfluss 399–407
 Prof. Dr. Dr. h.c. Marcus Lutter

Hierarchie 407–413
 Dr. Markus Reihlen

Hochschulorganisation 413–421
 Prof. Dr. Egon Franck/
 Dr. Christian Opitz

Holding 421–428
 Dr. Thomas Keller

Human Ressourcen Management 428–440
 Prof. Dr. Christian Scholz

Identitätstheoretischer Ansatz 441–449
 Thomas Lührmann

Impression-Management und Unternehmensdramaturgie 449–457
 Prof. Dr. Hans D. Mummendey

Improvisation 457–464
 Prof. Dr. Johannes M. Lehner

Individuum und Organisation 464–472
 Prof. (em.) Dr. Klaus Bartölke/
 PD Dr. Jürgen Grieger

Informationstechnologie und Organisation 472–481
 Prof. Dr. Ulrich Frank

Informationsverarbeitung, Organisation der 481–488
 Prof. Dr. Joachim Reese

Informationsverhalten 489–497
 Dr. Wolfgang Schoppek/
 Prof. Dr. Wiebke Putz-Osterloh

Informelle Organisation 497–505
 Prof. Dr. Rainhart Lang

Innovationsmanagement 505–514
 Prof. Dr. Hans Georg Gemünden/
 Dr. Sören Salomo

Institutionenökonomie 514–521
 Prof. Dr. Dres. h.c. Arnold Picot/
 Dr. Susanne Schuller

Interkulturelles Management 521–530
 Prof. Dr. Michael Kutschker

Internationale Strategien 531–541
Prof. Dr. Martin K. Welge

Internationale Unternehmen, Organisation der 541–552
Prof. Dr. Dirk Holtbrügge

Interne Märkte 552–560
Prof. Dr. Erich Frese

Interpretative Organisationsforschung 560–570
Prof. Dr. Emil Walter-Busch

Kapitalmarkt und Management 571–578
Prof. Dr. Rolf Bühner/
Patrick Stiller

Karrieren und Laufbahnen 579–586
Prof. Dr. Fred G. Becker

Kognitiver Ansatz 587–596
Prof. Ph.D. Sonja A. Sackmann

Kommunikation 596–606
Prof. Dr. Dr. Claudia Mast

Kommunikationsanalyse 606–612
Prof. Dr. Hermann Krallmann/
Nadine Neumann

Kompetenzen, organisationale 612–618
Dr. Stephan Duschek

Komplexitätsmanagement 618–628
Prof. Dr. Helmut Kasper

Konflikte in Organisationen 628–635
PD Dr. Friedrich Glasl

Konkurrentenanalyse
(Corporate Intelligence) 635–644
Prof. Dr. Péter Horváth

Konstruktivismus 644–652
Prof. Dr. Andreas Georg Scherer

Kontingenzansatz 653–667
Prof. Dr. Mark Ebers

Kontrolle 668–679
PD Dr. Michael J. Fallgatter

Konzernorganisation 680–688
Prof. Dr. Eberhard Scheffler

Koordination und Integration 688–697
Prof. Dr. Michael Reiss

Krankenhausmanagement 697–706
Markus Wörz/
Prof. Dr. Reinhard Busse

Krisenforschung und Krisenmanagement 706–715
Prof. Dr. Dr. h.c. Jürgen Hauschildt

Kulturvergleichende Organisationsforschung 716–724
Prof. Dr. Arndt Sorge

Lebenszyklus, organisationaler 725–732
Prof. Dr. Max Ringlstetter/
Dr. Stephan Kaiser

Lernen, organisationales 732–739
Prof. Dr. Ariane Berthoin Antal/
Prof. Dr. Meinolf Dierkes

Lobbying 739–745
Prof. Dr. Sybille Sachs

Logistik, Organisation der 745–756
Prof. Dr. Werner Delfmann

Macht in Organisationen 757–765
Prof. Dr. Karl Sandner/
Dr. Renate Meyer

Management Buy-Out 765–771
Prof. Dr. Dr. Ann-Kristin Achleitner

Management by Objectives 772–780
Prof. Dr. Dr. h.c. Ekkehard Kappler

Management und Recht 780–791
Prof. Dr. Dr. h.c. Peter Hommelhoff/
Daniela Mattheus

Managementkompetenzen und Qualifikation 791–797
Prof. Dr. Dr. h.c. Wolfgang Weber

Managementphilosophien und -trends 798–804
Prof. Dr. Thorsten Teichert/
Dr. Iwan von Wartburg

Managerialismus 805–813
Prof. Dr. Dr. Christian Kirchner

Managerrollen und Managerverhalten 813–820
Prof. Dr. Frank Schirmer

Marktversagen und Organisationsversagen 820–828
Prof. Dr. Bernd Schauenberg

Matrix-Organisation 828–836
Prof. Dr. Jean-Paul Thommen/
Ph.D. Ansgar Richter

Menschenbilder 836–843
Prof. Dr. GERHARD BLICKLE

Messung von Organisationsstrukturen 843–853
Prof. Dr. PETER WALGENBACH/
Dr. NIKOLAUS BECK

Methoden der empirischen Managementforschung 853–861
Prof. Dr. WENZEL MATIASKE

Mikropolitik 861–870
Prof. Dr. WILLI KÜPPER

Mitbestimmung, betriebliche 870–879
Prof. Dr. BERND FRICK

Mitbestimmung, unternehmerische 879–888
Prof. Dr. Dr. h.c. WOLFGANG STREECK

Mitbestimmung in internationalen Unternehmen 888–896
Prof. Dr. REINHART SCHMIDT

Modulare Organisationsformen 897–905
Prof. Dr. Dres. h.c. ARNOLD PICOT/
Dr. RAHILD NEUBURGER

Motivation 905–914
Prof. Dr. FRIEDEMANN W. NERDINGER

Motivationsorientierte Organisationsmodelle 915–922
Prof. Dr. RÜDIGER G. KLIMECKI

Neoinstitutionalistische Ansätze 923–931
Prof. Dr. KLAUS TÜRK

Netzwerke 932–940
Prof. Dr. UDO STABER

New Public Management 941–947
Prof. Dr. DIETRICH BUDÄUS

Non-Profit-Organisationen 948–956
Prof. Dr. LUDWIG THEUVSEN

Ökonomische Analyse des Rechts 957–966
Prof. Dr. CHRISTOPH KUHNER

Organisation 966–977
Prof. Dr. GEORG SCHREYÖGG/
Prof. Dr. AXEL V. WERDER

Organisationscontrolling und -prüfung 978–988
Prof. Dr. HARALD WIEDMANN

Organisationsentwicklung 988–997
KARSTEN TREBESCH

Organisationsgrenzen 998–1008
Prof. Dr. Dr. h.c. RALF REICHWALD

Organisationsinnovation 1008–1017
Prof. Dr. ERICH FRESE

Organisationskapital 1017–1025
Prof. Dr. DIETER SADOWSKI/
OLIVER LUDEWIG

Organisationskultur 1025–1033
Prof. Dr. WOLFGANG MAYRHOFER/
Prof. Dr. MICHAEL MEYER

Organisationsmanagement und Organisationsabteilung 1033–1041
Prof. Dr. NORBERT THOM/
Dr. ANDREAS P. WENGER

Organisationsmethoden und -techniken 1041–1052
Prof. Dr. GÖTZ SCHMIDT

Organisationssoftware 1053–1060
Prof. Dr. Dr. h.c. mult. AUGUST-WILHELM SCHEER/
OTMAR ADAM

Organisationsstrukturen, historische Entwicklung von 1060–1068
Prof. Dr. Dr. h.c. mult. JÜRGEN KOCKA

Organisationstheorie 1069–1088
Prof. Dr. GEORG SCHREYÖGG

Organisatorische Gestaltung (Organization Design) 1088–1101
Prof. Dr. AXEL V. WERDER

Organizational Citizenship Behaviour 1101–1108
Prof. Dr. PETER CONRAD

Outsourcing und Insourcing 1108–1114
Prof. Dr. INSA SJURTS

Partizipation 1115–1123
Prof. Dr. DIETER WAGNER

Personal als Managementfunktion 1123–1133
Prof. Dr. WALTER A. OECHSLER

Personalwesen, Organisation des 1133–1141
Prof. Dr. EWALD SCHERM

Personelle Verflechtungen 1141–1149
Dr. JÜRGEN BEYER

Planung 1149–1164
Prof. Dr. HANS-ULRICH KÜPPER

Postmoderne Organisationstheorie 1164–1174
Dr. Jochen Koch

Prinzipal-Agenten-Ansatz 1174–1181
Prof. Dr. Matthias Kräkel

Produktionsorganisation 1182–1189
Prof. Dr. Dr. habil. Dr. h.c. Horst Wildemann

Profit-Center 1190–1196
Prof. Dr. Claus Steinle/
Stefan Krummaker

Projektmanagement 1196–1208
Prof. Dr. Rainer Marr/
Karin Steiner

Prozessorganisation 1208–1218
Prof. Dr. Michael Gaitanides

Qualitätsmanagement 1219–1226
Prof. Dr. Hartmut Wächter

Rationalisierung und Automatisierung 1227–1236
Prof. Dr. Holger Luczak

Rationalität 1236–1244
Dr. Sylvia Valcárcel

Rechnungswesen und Organisation 1244–1252
Prof. Dr. Dieter Pfaff/
Günther Gabor

Regionalorganisation 1253–1262
Prof. Dr. Reinhard Meckl

Reputation 1262–1269
Prof. Dr. Joachim Schwalbach

Ressourcenbasierter Ansatz 1269–1278
Prof. Dr. Rudi K.F. Bresser

Risikomanagement und Interne Revision 1278–1288
Prof. Dr. Dr. h.c. Wolfgang Lück/
Dr. Michael Henke

Rollentheorie 1289–1296
Prof. Dr. Günter Wiswede

Routinen und Pfadabhängigkeit 1296–1304
Prof. Dr. Georg Schreyögg/
Dr. Jochen Koch/
Prof. Dr. Jörg Sydow

Sanierung 1305–1312
Dr. Frank Roitzsch

Selbstorganisation 1312–1318
PD Dr. Elisabeth Göbel

Shareholder- und Stakeholder-Ansatz 1319–1326
Prof. Dr. Gerhard Speckbacher

Sozialisation, organisatorische 1327–1333
Prof. Dr. Christoph Deutschmann

Spartenorganisation 1333–1341
Prof. Dr. Gerhard Schewe

Spieltheorie 1341–1349
Prof. Dr. Helmut Bester

Stäbe 1349–1356
Dr. Stefan Neuwirth

Stellen- und Abteilungsbildung 1356–1365
Prof. Dr. Thomas Mellewigt

Steuerungstheorie 1365–1374
Prof. Dr. Dres. h.c. Werner Kirsch/
Ph.D. David Seidl

Strategie und Organisationsstruktur 1374–1383
Prof. Dr. Joachim Wolf

Strategisches Management 1383–1392
Prof. Dr. Dodo zu Knyphausen-Aufsess

Systemtheorie 1392–1400
PD Dr. Veronika Tacke

Teamorganisation 1401–1408
Prof. Dr. Martin Högl

Technologie und Organisation 1408–1417
PD Dr. Christian Noss

Technologiemanagement 1418–1428
Prof. Dr. Klaus Backhaus/
Thomas Hillig

Theorie der Unternehmung 1428–1441
Prof. Dr. Dr. h.c. Dr. h.c. Dr. h.c. Dr. h.c.
Dieter Schneider

Top Management (Vorstand) 1441–1449
Dr. Jens Grundei

Transaktionskostentheorie 1450–1458
Prof. Dr. Peter-J. Jost

Transparenz der Unternehmensführung 1458–1468
Prof. Dr. Bernhard Pellens/
Dr. Nils Crasselt

Turnaround 1468–1474
Prof. Dr. Harald Hungenberg/
Dr. Torsten Wulf

Umweltanalyse, strategische 1475–1481
Prof. Dr. Walter Schertler

Umweltmanagement, Organisation des 1482–1491
Prof. Dr. Gerd Rainer Wagner

Unternehmensanalyse, strategische 1491–1497
Dr. Christoph Lechner

Unternehmensberatung, Organisation und Steuerung der 1497–1510
Dr. Dieter Heuskel/
Michael Book/
Dr. Rainer Strack

Unternehmensethik 1511–1520
Prof. Dr. Albert Löhr

Unternehmensführung (Management) 1520–1531
Prof. Dr. Georg Schreyögg

Unternehmenskommunikation 1531–1540
Prof. Dr. Manfred Bruhn

Unternehmenskooperation 1541–1548
Prof. Dr. Jörg Sydow

Unternehmensstrategien 1549–1556
Prof. Dr. Michael Dowling

Verantwortung 1557–1565
Prof. Dr. Dr. h.c. mult. Hans Lenk/
PD Dr. Matthias Maring

Verfügungsrechtstheorie (Property Rights-Theorie) 1565–1573
Prof. Dr. Helmut M. Dietl/
Remco van der Velden

Vergütung von Führungskräften 1573–1581
Prof. Dr. Peter Witt

Verhandlungskonzepte 1581–1587
Dr. Hans Werner Klein

Vertragstheorie 1587–1595
Prof. Dr. Birgitta Wolff/
Thomas Grassmann

Vertrauen 1596–1604
PD Dr. Peter Eberl

Wandel, Management des (Change Management) 1605–1614
Prof. Dr. Wilfried Krüger

Wertorientierte Unternehmensführung 1615–1623
Prof. Dr. Dr. h.c. Wolfgang Ballwieser

Wettbewerbsstrategien 1624–1632
Prof. Dr. Torsten J. Gerpott

Wirtschaftskriminalität 1632–1639
Prof. Dr. Roland Hefendehl

Wissen 1640–1647
Till Talaulicar

Wissensmanagement 1647–1656
Prof. Dr. Georg von Krogh/
Dr. Simon Grand

Zeit und Management 1657–1664
Dr. Elke Weik

Zentralbereiche 1665–1673
Prof. Dr. Martin Reckenfelderbäumer

Ziele und Zielkonflikte 1674–1680
Prof. Dr. Franz Xaver Bea

AUTORENVERZEICHNIS

Die Ziffern im Anschluss an die einzelnen Beiträge bezeichnen die Spaltenzahlen

ACHLEITNER, ANN-KRISTIN Prof. Dr. Dr.
Technische Universität München
  Management Buy-Out   765–771

ADAM, OTMAR
Universität des Saarlandes, Saarbrücken
  Organisationssoftware   1053–1060
  mit SCHEER, AUGUST-WILHELM

ALEWELL, DOROTHEA Prof. Dr.
Friedrich-Schiller-Universität Jena
  Arbeitsteilung und Spezialisierung   37–45

ANTONI, CONNY H. Prof. Dr.
Universität Trier
  Gruppen und Gruppenarbeit   380–388

BACKHAUS, KLAUS Prof. Dr.
Westfälische Wilhelms-Universität Münster und
Technische Universität Berlin
  Technologiemanagement   1418–1428
  mit HILLIG, THOMAS

BALLWIESER, WOLFGANG Prof. Dr. Dr. h.c.
Ludwig-Maximilians-Universität München
  Wertorientierte Unternehmensführung
  1615–1623

BARTÖLKE, KLAUS Prof. (em.) Dr.
Bergische Universität Wuppertal
  Individuum und Organisation   464–472
  mit GRIEGER, JÜRGEN

BEA, FRANZ XAVER Prof. Dr.
Universität Tübingen
  Ziele und Zielkonflikte   1674–1680

BECK, NIKOLAUS Dr.
Universität Erfurt
  Messung von Organisationsstrukturen   843–853
  mit WALGENBACH, PETER

BECKER, ALBRECHT Prof. Dr.
Leopold-Franzens-Universität Innsbruck
  Evolutionstheoretischer Ansatz   256–266

BECKER, FRED G. Prof. Dr.
Universität Bielefeld
  Karrieren und Laufbahnen   579–586

BENZ, MATTHIAS
Universität Zürich
  Anreizsysteme, ökonomische und
  verhaltenswissenschaftliche Dimension   21–28
  mit FREY, BRUNO S.

BERTHOIN ANTAL, ARIANE Prof. Dr.
Wissenschaftszentrum Berlin für Sozialforschung
  Lernen, organisationales   732–739
  mit DIERKES, MEINOLF

BESTER, HELMUT Prof. Dr.
Freie Universität Berlin
  Spieltheorie   1341–1349

BEYER, JÜRGEN Dr.
Max-Planck-Institut für Gesellschaftsforschung,
Köln
  Personelle Verflechtungen   1141–1149

BLICKLE, GERHARD Prof. Dr.
Rheinische Friedrich-Wilhelms Universität Bonn
  Menschenbilder   836–843

BOERNER, SABINE Prof. Dr.
Universität Konstanz
  Führungsstile und -konzepte   316–323

BOOK, MICHAEL
Boston Consulting Group, Düsseldorf
  Unternehmensberatung, Organisation
  und Steuerung der   1497–1510
  mit HEUSKEL, DIETER/STRACK, RAINER

BRESSER, RUDI K.F. Prof. Dr.
Freie Universität Berlin
  Ressourcenbasierter Ansatz   1269–1278

BROCKHOFF, KLAUS Prof. Dr. Dr. h.c.
Wissenschaftliche Hochschule für Unternehmensführung Vallendar
  Forschung und Entwicklung, Organisation der
  285–294

BRONNER, ROLF Prof. Dr.
Universität Mainz
    Entscheidungsprozesse in Organisationen
    229–239

BRÜDERL, JOSEF Prof. Dr.
Universität Mannheim
    Entrepreneurship   215–222

BRUHN, MANFRED Prof. Dr.
Universität Basel
    Unternehmenskommunikation   1531–1540

BUDÄUS, DIETRICH Prof. Dr.
Universität für Wirtschaft und Politik Hamburg
    New Public Management   941–947

BÜHNER, ROLF Prof. Dr.
Universität Passau
    Kapitalmarkt und Management   571–578
    mit STILLER, PATRICK

BURR, WOLFGANG Prof. Dr.
Universität Erfurt
    Flexibilität, organisatorische   276–285

BUSSE, REINHARD Prof. Dr.
Technische Universität Berlin
    Krankenhausmanagement   697–706
    mit WÖRZ, MARKUS

CONRAD, PETER Prof. Dr.
Helmut-Schmidt-Universität Hamburg
    Organizational Citizenship Behaviour
    1101–1108

CRASSELT, NILS Dr.
Ruhr-Universität Bochum
    Transparenz der Unternehmensführung
    1458–1468
    mit PELLENS, BERNHARD

DEEG, JÜRGEN
FernUniversität in Hagen
    Demographischer Ansatz   189–195
    mit WEIBLER, JÜRGEN

DELFMANN, WERNER Prof. Dr.
Universität zu Köln
    Logistik, Organisation der   745–756

DEUTSCHMANN, CHRISTOPH Prof. Dr.
Universität Tübingen
    Sozialisation, organisatorische   1327–1333

DIERKES, MEINOLF Prof. Dr.
Wissenschaftszentrum Berlin für Sozialforschung
    Lernen, organisationales   732–739
    mit BERTHOIN ANTAL, ARIANE

DIETL, HELMUT M. Prof. Dr.
Universität Zürich
    Verfügungsrechtstheorie (Property Rights-
    Theorie)   1565–1573
    mit VAN DER VELDEN, REMCO

DOWLING, MICHAEL Prof. Dr.
Universität Regensburg
    Unternehmensstrategien   1549–1556

DRUMM, HANS JÜRGEN Prof. Dr.
Universität Regensburg
    Delegation (Zentralisation und Dezentralisation)
    179–189

DUSCHEK, STEPHAN Dr.
Freie Universität Berlin
    Kompetenzen, organisationale   612–618

EBERHARDT, TIM Dr.
Universität Hamburg
    Budgetierung   105–113
    mit STREITFERDT, LOTHAR

EBERL, PETER PD Dr.
Freie Universität Berlin
    Vertrauen   1596–1604

EBERS, MARK Prof. Dr.
Universität Augsburg
    Kontingenzansatz   653–667

EIGLER, JOACHIM Prof. Dr.
Universität Siegen
    Aufgabenanalyse   54–61

FALLGATTER, MICHAEL J. PD Dr.
Bergische Universität Wuppertal
    Kontrolle   668–679

FISCH, JAN HENDRIK Dr.
Universität Hohenheim, Stuttgart
    Globalisierung   360–369
    mit MACHARZINA, KLAUS

FISCHER, PETER
Ludwig-Maximilians-Universität München
    Entscheidungsverhalten, individuelles   239–247
    mit FREY, DIETER/GREITEMEYER, TOBIAS

FRANCK, EGON Prof. Dr.
Universität Zürich
    Hochschulorganisation   413–421
    mit OPITZ, CHRISTIAN

FRANK, ULRICH Prof. Dr.
Universität Koblenz
    Informationstechnologie und Organisation
    472–481

FRESE, ERICH Prof. Dr.
Universität zu Köln
  Interne Märkte 552–560
  Organisationsinnovation 1008–1017

FRESE, MICHAEL Prof. Dr.
Justus-Liebig-Universität Gießen
  Emotionen in Organisationen 205–214
  mit GIARDINI, ANGELO

FREY, BRUNO S. Prof. Dr. Dr. h.c. mult.
Universität Zürich
  Anreizsysteme, ökonomische und
  verhaltenswissenschaftliche Dimension 21–28
  mit BENZ, MATTHIAS

FREY, DIETER Prof. Dr.
Ludwig-Maximilians-Universität München
  Entscheidungsverhalten, individuelles 239–247
  mit FISCHER, PETER/GREITEMEYER, TOBIAS

FRICK, BERND Prof. Dr.
Universität Witten-Herdecke
  Mitbestimmung, betriebliche 870–879

FROST, JETTA Prof. Dr.
Zeppelin University Friedrichshafen
  Aufbau- und Ablauforganisation 45–53

GABOR, GÜNTHER
Universität Zürich
  Rechnungswesen und Organisation 1244–1252
  mit PFAFF, DIETER

GAITANIDES, MICHAEL Prof. Dr.
Helmut-Schmidt-Universität Hamburg
  Prozessorganisation 1208–1218

GEBERT, DIETHER Prof. Dr.
Technische Universität Berlin
  Dilemma-Management 195–204

GEMÜNDEN, HANS GEORG Prof. Dr.
Technische Universität Berlin
  Innovationsmanagement 505–514
  mit SALOMO, SÖREN

GERPOTT, TORSTEN J. Prof. Dr.
Universität Duisburg-Essen
  Wettbewerbsstrategien 1624–1632

GERUM, ELMAR Prof. Dr.
Philipps-Universität Marburg
  Corporate Governance,
  internationaler Vergleich 171–178

GIARDINI, ANGELO Dr.
Justus-Liebig-Universität Gießen
  Emotionen in Organisationen 205–214
  mit FRESE, MICHAEL

GLASL, FRIEDRICH PD Dr.
Trigon Entwicklungsberatung, Salzburg und Universität Salzburg
  Konflikte in Organisationen 628–635

GMÜR, MARKUS Dr.
European Business School Oestrich-Winkel
  Bürokratie 113–122

GÖBEL, ELISABETH PD Dr.
Universität Trier
  Selbstorganisation 1312–1318

GRAND, SIMON Dr.
Universität St. Gallen
  Wissensmanagement 1647–1656
  mit VON KROGH, GEORG

GRASSMANN, THOMAS
Otto-von-Guericke-Universität Magdeburg
  Vertragstheorie 1587–1595
  mit WOLFF, BIRGITTA

GREITEMEYER, TOBIAS Dr.
Ludwig-Maximilians-Universität München
  Entscheidungsverhalten, individuelles 239–247
  mit FISCHER, PETER/FREY, DIETER

GRIEGER, JÜRGEN PD Dr.
Bergische Universität Wuppertal
  Individuum und Organisation 464–472
  mit BARTÖLKE, KLAUS

GRÜN, OSKAR Prof. Dr.
Wirtschaftsuniversität Wien
  Beschaffungsorganisation 92–99

GRUNDEI, JENS Dr.
Technische Universität Berlin
  Evaluation der Unternehmensführung 247–256
  mit V. WERDER, AXEL
  Top Management (Vorstand) 1441–1449

HAMEL, WINFRIED Prof. Dr.
Heinrich-Heine-Universität Düsseldorf
  Funktionale Organisation 324–332

HAUSCHILDT, JÜRGEN Prof. Dr. Dr. h.c.
Christian-Albrechts-Universität zu Kiel
  Krisenforschung und Krisenmanagement
  706–715

HEFENDEHL, ROLAND Prof. Dr.
Technische Universität Dresden
   Wirtschaftskriminalität   1632–1639

HENKE, MICHAEL Dr.
Technische Universität München
   Risikomanagement und Interne Revision
   1278–1288
   mit LÜCK, WOLFGANG

HEUSKEL, DIETER Dr.
Boston Consulting Group, Düsseldorf
   Unternehmensberatung, Organisation
   und Steuerung der   1497–1510
   mit BOOK, MICHAEL/STRACK, RAINER

HILLIG, THOMAS
Technische Universität Berlin
   Technologiemanagement   1418–1428
   mit BACKHAUS, KLAUS

HOFFMANN, WERNER H. PD Dr.
Wirtschaftsuniversität Wien
   Allianz, strategische   11–20

HOFFMANN-BECKING, MICHAEL Prof. Dr.
Hengeler Mueller, Düsseldorf
   Geschäftsordnung   353–360

HÖGL, MARTIN Prof. Dr.
Università Bocconi Mailand
   Teamorganisation   1401–1408

HOLTBRÜGGE, DIRK Prof. Dr.
Friedrich-Alexander-Universität Erlangen-Nürnberg
   Internationale Unternehmen, Organisation der
   541–552

HOMBURG, CHRISTIAN Prof. Dr.
Universität Mannheim
   Absatzorganisation   1–11

HOMMELHOFF, PETER Prof. Dr. Dr. h.c.
Ruprecht-Karls-Universität Heidelberg
   Management und Recht   780–791
   mit MATTHEUS, DANIELA

HORVÁTH, PÉTER Prof. Dr.
Universität Stuttgart
   Konkurrentenanalyse
   (Corporate Intelligence)   635–644

HUNGENBERG, HARALD Prof. Dr.
Friedrich-Alexander-Universität Erlangen-Nürnberg
   Turnaround   1468–1474
   mit WULF, TORSTEN

JOST, PETER-J. Prof. Dr.
Wissenschaftliche Hochschule für Unternehmensführung Vallendar
   Transaktionskostentheorie   1450–1458

KAHLE, EGBERT Prof. Dr.
Universität Lüneburg
   Ausschüsse   72–78

KAISER, STEPHAN Dr.
Katholische Universität Eichstätt-Ingolstadt
   Lebenszyklus, organisationaler   725–732
   mit RINGLSTETTER, MAX

KAPPELHOFF, PETER Prof. Dr.
Bergische Universität Wuppertal
   Chaos- und Komplexitätstheorie   123–131

KAPPLER, EKKEHARD Prof. Dr. Dr. h.c.
Leopold-Franzens-Universität Innsbruck
   Management by Objectives   772–780

KASPER, HELMUT Prof. Dr.
Wirtschaftsuniversität Wien
   Komplexitätsmanagement   618–628

KELLER, THOMAS Dr.
KELLER Executive, Düsseldorf
   Holding   421–428

KIRCHNER, CHRISTIAN Prof. Dr. Dr.
Humboldt-Universität zu Berlin
   Managerialismus   805–813

KIRSCH, WERNER Prof. Dr. Dres. h.c.
Ludwig-Maximilians-Universität München
   Steuerungstheorie   1365–1374
   mit SEIDL, DAVID

KLEIN, HANS WERNER Dr.
Rechtsanwalt, Hamburg
   Verhandlungskonzepte   1581–1587

KLIMECKI, RÜDIGER G. Prof. Dr.
Universität Konstanz
   Motivationsorientierte Organisationsmodelle   915–922

ZU KNYPHAUSEN-AUFSESS, DODO Prof. Dr.
Otto-Friedrich-Universität Bamberg
   Strategisches Management   1383–1392

KOCH, JOCHEN Dr.
Freie Universität Berlin
   Postmoderne Organisationstheorie   1164–1174
   Routinen und Pfadabhängigkeit   1296–1304
   mit SCHREYÖGG, GEORG/SYDOW, JÖRG

KOCKA, JÜRGEN Prof. Dr. Dr. h.c. mult.
Freie Universität Berlin
    Organisationsstrukturen, historische Entwicklung
    von   1060–1068

KRÄKEL, MATTHIAS Prof. Dr.
Rheinische Friedrich-Wilhelms-Universität Bonn
    Prinzipal-Agenten-Ansatz   1174–1181

KRALLMANN, HERMANN Prof. Dr.
Technische Universität Berlin
    Kommunikationsanalyse   606–612
    mit NEUMANN, NADINE

KREIKEBAUM, HARTMUT Prof. Dr.
European Business School Oestrich-Winkel
    Gerechtigkeit und Fairness   347–353

KRELL, GERTRAUDE Prof. Dr.
Freie Universität Berlin
    Gender Studies   341–347

VON KROGH, GEORG Prof. Dr.
Universität St. Gallen
    Wissensmanagement   1647–1656
    mit GRAND, SIMON

KRÜGER, WILFRIED Prof. Dr.
Justus-Liebig-Universität Gießen
    Wandel, Management des (Change Management)
    1605–1614

KRUMMAKER, STEFAN
Universität Hannover
    Profit-Center   1190–1196
    mit STEINLE, CLAUS

KRYSTEK, ULRICH Prof. Dr.
Technische Universität Berlin
    Benchmarking   79–85

KUHNER, CHRISTOPH Prof. Dr.
Universität zu Köln
    Ökonomische Analyse des Rechts   957–966

KÜPPER, HANS-ULRICH Prof. Dr.
Ludwig-Maximilians-Universität München
    Planung   1149–1164

KÜPPER, WILLI Prof. Dr.
Universität Hamburg
    Mikropolitik   861–870

KUTSCHKER, MICHAEL Prof. Dr.
Katholische Universität Eichstätt-Ingolstadt
    Interkulturelles Management   521–530

LANG, RAINHART Prof. Dr.
Technische Universität Chemnitz
    Informelle Organisation   497–505

LECHNER, CHRISTOPH Dr.
Universität St. Gallen
    Unternehmensanalyse, strategische   1491–1497

LEHNER, JOHANNES M. Prof. Dr.
Johannes Kepler Universität Linz
    Improvisation   457–464

LENK, HANS Prof. Dr. Dr. h.c. mult.
Universität Karlsruhe (TH)
    Verantwortung   1557–1565
    mit MARING, MATTHIAS

LÖHR, ALBERT Prof. Dr.
Internationales Hochschulinstitut Zittau
    Unternehmensethik   1511–1520

LÜCK, WOLFGANG Prof. Dr. Dr. h.c.
Technische Universität München
    Risikomanagement und Interne Revision
    1278–1288
    mit HENKE, MICHAEL

LUCZAK, HOLGER Prof. Dr.
Rheinisch-Westfälische Technische Hochschule
Aachen
    Rationalisierung und Automatisierung
    1227–1236

LUDEWIG, OLIVER
Universität Trier
    Organisationskapital   1017–1025
    mit SADOWSKI, DIETER

LÜHRMANN, THOMAS
Freie Universität Berlin
    Identitätstheoretischer Ansatz   441–449

LUTTER, MARCUS Prof. Dr. Dr. h.c.
Rheinische Friedrich-Wilhelms-Universität Bonn
    Hauptversammlung und Aktionärseinfluss
    399–407

MACHARZINA, KLAUS Prof. Dr. Dr. h.c.
Universität Hohenheim, Stuttgart
    Globalisierung   360–369
    mit FISCH, JAN HENDRIK

MARING, MATTHIAS PD Dr.
Universität Karlsruhe (TH)
    Verantwortung   1557–1565
    mit LENK, HANS

MARR, RAINER Prof. Dr.
Universität der Bundeswehr München
  Projektmanagement 1196–1208
  mit STEINER, KARIN

MAST, CLAUDIA Prof. Dr. Dr.
Universität Hohenheim, Stuttgart
  Kommunikation 596–606

MATIASKE, WENZEL Prof. Dr.
Universität Flensburg
  Methoden der empirischen Management-
  forschung 853–861

MATTHEUS, DANIELA
Ruprecht-Karls-Universität Heidelberg
  Management und Recht 780–791
  mit HOMMELHOFF, PETER

MAYRHOFER, WOLFGANG Prof. Dr.
Wirtschaftsuniversität Wien
  Organisationskultur 1025–1033
  mit MEYER, MICHAEL

MECKL, REINHARD Prof. Dr.
Friedrich-Schiller-Universität Jena
  Regionalorganisation 1253–1262

MELLEWIGT, THOMAS Prof. Dr.
Universität Leipzig
  Stellen- und Abteilungsbildung 1356–1365

MEYER, MICHAEL Prof. Dr.
Wirtschaftsuniversität Wien
  Organisationskultur 1025–1033
  mit MAYRHOFER, WOLFGANG

MEYER, RENATE Dr.
Wirtschaftsuniversität Wien
  Macht in Organisationen 757–765
  mit SANDNER, KARL

MÜLLER-STEWENS, GÜNTER Prof. Dr.
Universität St. Gallen
  Fusionen und Übernahmen
  (Mergers and Acquisitions) 332–340

MUMMENDEY, HANS D. Prof. Dr.
Universität Bielefeld
  Impression-Management und
  Unternehmensdramaturgie 449–457

NERDINGER, FRIEDEMANN W. Prof. Dr.
Universität Rostock
  Motivation 905–914

NEUBURGER, RAHILD Dr.
Ludwig-Maximilians-Universität München
  Modulare Organisationsformen 897–905
  mit PICOT, ARNOLD

NEUMANN, NADINE
Technische Universität Berlin
  Kommunikationsanalyse 606–612
  mit KRALLMANN, HERMANN

NEUWIRTH, STEFAN Dr.
Bergisch Gladbach
  Stäbe 1349–1356

NOSS, CHRISTIAN PD Dr.
Freie Universität Berlin
  Technologie und Organisation 1408–1417

OECHSLER, WALTER A. Prof. Dr.
Universität Mannheim
  Personal als Managementfunktion 1123–1133

OESTERLE, MICHAEL-JÖRG Prof. Dr.
Universität Bremen
  Führungsnachfolge 308–315

OPITZ, CHRISTIAN Dr.
Technische Universität Bergakademie Freiberg
  Hochschulorganisation 413–421
  mit FRANCK, EGON

OSTERLOH, MARGIT Prof. Dr.
Universität Zürich
  Entscheidungsorientierte Organisationstheorie
  222–229

PELLENS, BERNHARD Prof. Dr.
Ruhr-Universität Bochum
  Transparenz der Unternehmensführung
  1458–1468
  mit CRASSELT, NILS

PFAFF, DIETER Prof. Dr.
Universität Zürich
  Rechnungswesen und Organisation 1244–1252
  mit GABOR, GÜNTHER

PICOT, ARNOLD Prof. Dr. Dres. h.c.
Ludwig-Maximilians-Universität München
  Institutionenökonomie 514–521
  mit SCHULLER, SUSANNE
  Modulare Organisationsformen 897–905
  mit NEUBURGER, RAHILD

PUTZ-OSTERLOH, WIEBKE Prof. Dr.
Universität Bayreuth
  Informationsverhalten 489–497
  mit SCHOPPEK, WOLFGANG

RAUEN, CHRISTOPHER
Coaching-Report, Goldenstedt
  Coaching 137–144

RECKENFELDERBÄUMER, MARTIN Prof. Dr.
AKAD Wissenschaftliche Hochschule Lahr
  Zentralbereiche 1665–1673

REESE, JOACHIM Prof. Dr.
Universität Lüneburg
  Informationsverarbeitung, Organisation der
  481–488

REICHWALD, RALF Prof. Dr. Dr. h.c.
Technische Universität München
  Organisationsgrenzen 998–1008

REIHLEN, MARKUS Dr.
Universität zu Köln
  Hierarchie 407–413

REISS, MICHAEL Prof. Dr.
Universität Stuttgart
  Koordination und Integration 688–697

RICHTER, ANSGAR Ph.D.
European Business School Schloß Reichartshausen
  Matrix-Organisation 828–836
  mit THOMMEN, JEAN-PAUL

RIDDER, HANS-GERD Prof. Dr.
Universität Hannover
  Arbeitsorganisation 28–37

RINGLSTETTER, MAX Prof. Dr.
Katholische Universität Eichstätt-Ingolstadt
  Lebenszyklus, organisationaler 725–732
  mit KAISER, STEPHAN

ROITZSCH, FRANK Dr.
Wilmer Cutter Pickering, Berlin
  Sanierung 1305–1312

SACHS, SYBILLE Prof. Dr.
Universität Zürich
  Lobbying 739–745

SACKMANN, SONJA A. Prof. Ph.D.
Universität der Bundeswehr München
  Kognitiver Ansatz 587–596

SADOWSKI, DIETER Prof. Dr.
Universität Trier
  Organisationskapital 1017–1025
  mit LUDEWIG, OLIVER

SALOMO, SÖREN Dr.
Technische Universität Berlin
  Innovationsmanagement 505–514
  mit GEMÜNDEN, HANS GEORG

SALZBERGER, WOLFGANG Dr.
Universität Duisburg-Essen
  Board of Directors 99–105

SANDNER, KARL Prof. Dr.
Wirtschaftsuniversität Wien
  Macht in Organisationen 757–765
  mit MEYER, RENATE

SCHAUENBERG, BERND Prof. Dr.
Albert-Ludwigs-Universität Freiburg
  Marktversagen und Organisationsversagen
  820–828

SCHEER, AUGUST-WILHELM Prof. Dr. Dr. h.c. mult.
Universität des Saarlandes, Saarbrücken
  Organisationssoftware 1053–1060
  mit ADAM, OTMAR

SCHEFFLER, EBERHARD Prof. Dr.
Wirtschaftsprüfer, Hamburg
  Konzernorganisation 680–688

SCHERER, ANDREAS GEORG Prof. Dr.
Universität Zürich
  Konstruktivismus 644–652

SCHERM, EWALD Prof. Dr.
FernUniversität in Hagen
  Personalwesen, Organisation des 1133–1141

SCHERTLER, WALTER Prof. Dr.
Universität Trier
  Umweltanalyse, strategische 1475–1481

SCHEWE, GERHARD Prof. Dr.
Westfälische Wilhelms-Universität Münster
  Spartenorganisation 1333–1341

SCHIRMER, FRANK Prof. Dr.
Technische Universität Dresden
  Managerrollen und Managerverhalten 813–820

SCHMIDT, GÖTZ Prof. Dr.
Rheinisch-Westfälische Technische Hochschule Aachen
  Organisationsmethoden und -techniken
  1041–1052

SCHMIDT, REINHART Prof. Dr.
Martin-Luther-Universität Halle-Wittenberg
  Mitbestimmung in internationalen Unternehmen 888–896

SCHNEIDER, DIETER Prof. Dr. Dr. h.c. Dr. h.c. Dr. h.c. Dr. h.c.
Ruhr-Universität Bochum
   Theorie der Unternehmung   1428–1441

SCHNEIDER, URSULA Prof. Dr.
Karl-Franzens-Universität Graz
   Community of Practice   144–152

SCHOLZ, CHRISTIAN Prof. Dr.
Universität des Saarlandes, Saarbrücken
   Human Ressourcen Management   428–440

SCHOPPEK, WOLFGANG Dr.
Universität Bayreuth
   Informationsverhalten   489–497
   mit PUTZ-OSTERLOH, WIEBKE

SCHREYÖGG, GEORG Prof. Dr.
Freie Universität Berlin
   Organisation   966–977
   mit v. WERDER, AXEL
   Organisationstheorie   1069–1088
   Routinen und Pfadabhängigkeit   1296–1304
   mit KOCH, JOCHEN/SYDOW, JÖRG
   Unternehmensführung (Management)
   1520–1531

SCHULLER, SUSANNE Dr.
Ludwig-Maximilians-Universität München
   Institutionenökonomie   514–521
   mit PICOT, ARNOLD

SCHWALBACH, JOACHIM Prof. Dr.
Humboldt-Universität zu Berlin
   Reputation   1262–1269

SEIDL, DAVID Ph.D.
Ludwig-Maximilians-Universität München
   Steuerungstheorie   1365–1374
   mit KIRSCH, WERNER

SJURTS, INSA Prof. Dr.
Hamburg Media School
   Outsourcing und Insourcing   1108–1114

SORGE, ARNDT Prof. Dr.
Rijksuniversiteit Groningen
   Kulturvergleichende Organisationsforschung
   716–724

SPECKBACHER, GERHARD Prof. Dr.
Wirtschaftsuniversität Wien
   Shareholder- und Stakeholder-Ansatz
   1319–1326

STABER, UDO Prof. Dr.
Stuttgart Institute of Management and Technology
   Netzwerke   932–940

STEINER, KARIN
Universität der Bundeswehr München
   Projektmanagement   1196–1208
   mit MARR, RAINER

STEINLE, CLAUS Prof. Dr.
Universität Hannover
   Profit-Center   1190–1196
   mit KRUMMAKER, STEFAN

STEYRER, JOHANNES Prof. Dr.
Wirtschaftsuniversität Wien
   Charismatische Führung   131–137

STILLER, PATRICK
Universität Passau
   Kapitalmarkt und Management   571–578
   mit BÜHNER, ROLF

STRACK, RAINER Dr.
Boston Consulting Group, Düsseldorf
   Unternehmensberatung, Organisation
   und Steuerung der   1497–1510
   mit BOOK, MICHAEL/HEUSKEL, DIETER

STREECK, WOLFGANG Prof. Dr. Dr. h.c.
Max-Planck-Institut für Gesellschaftsforschung, Köln
   Mitbestimmung, unternehmerische   879–888

STREITFERDT, LOTHAR Prof. Dr.
Universität Hamburg
   Budgetierung   105–113
   mit EBERHARDT, TIM

SYDOW, JÖRG Prof. Dr.
Freie Universität Berlin
   Routinen und Pfadabhängigkeit   1296–1304
   mit KOCH, JOCHEN/SCHREYÖGG, GEORG
   Unternehmenskooperation   1541–1548

TACKE, VERONIKA PD Dr.
Universität Luzern
   Systemtheorie   1392–1400

TALAULICAR, TILL
Technische Universität Berlin
   Wissen   1640–1647

TEICHERT, THORSTEN Prof. Dr.
Universität Hamburg
   Managementphilosophien und -trends   798–804
   mit VON WARTBURG, IWAN

THEISEN, MANUEL RENÉ Prof. Dr. Dr.
Ludwig-Maximilians-Universität München
   Aufsichtsrat 62–70
   Grundsätze ordnungsmäßiger Unternehmensführung 369–379
   mit v. WERDER, AXEL

THEUVSEN, LUDWIG Prof. Dr.
Georg-August-Universität Göttingen
   Non-Profit-Organisationen 948–956

THOM, NORBERT Prof. Dr.
Universität Bern
   Organisationsmanagement und Organisationsabteilung 1033–1041
   mit WENGER, ANDREAS P.

THOMMEN, JEAN-PAUL Prof. Dr.
European Business School Schloß Reichartshausen
   Matrix-Organisation 828–836
   mit RICHTER, ANSGAR

TREBESCH, KARSTEN
Trebesch & Asociados GmbH, Köln
   Organisationsentwicklung 988–997

TÜRK, KLAUS Prof. Dr.
Bergische Universität Wuppertal
   Neoinstitutionalistische Ansätze 923–931

VALCÁRCEL, SYLVIA Dr.
AXA Konzern AG, Köln
   Rationalität 1236–1244

VAN DER VELDEN, REMCO
Universität Zürich
   Verfügungsrechtstheorie (Property Rights-Theorie) 1565–1573
   mit DIETL, HELMUT M.

WÄCHTER, HARTMUT Prof. Dr.
Universität Trier
   Qualitätsmanagement 1219–1226

WAGNER, DIETER Prof. Dr.
Universität Potsdam
   Partizipation 1115–1123

WAGNER, GERD RAINER Prof. Dr.
Heinrich-Heine-Universität Düsseldorf
   Umweltmanagement, Organisation des 1482–1491

WALGENBACH, PETER Prof. Dr.
Universität Erfurt
   Messung von Organisationsstrukturen 843–853
   mit BECK, NIKOLAUS

WALGER, GERD Prof. Dr.
Universität Witten-Herdecke
   Beratung, Theorie der 85–91

WALTER-BUSCH, EMIL Prof. Dr.
Universität St. Gallen
   Interpretative Organisationsforschung 560–570

VON WARTBURG, IWAN Dr.
Universität Bern
   Managementphilosophien und -trends 798–804
   mit TEICHERT, THORSTEN

WEBER, JÜRGEN Prof. Dr.
Wissenschaftliche Hochschule für Unternehmensführung Vallendar
   Controlling 152–159

WEBER, WOLFGANG Prof. Dr. Dr. h.c.
Universität Paderborn
   Managementkompetenzen und Qualifikation 791–797

WEIBLER, JÜRGEN Prof. Dr.
FernUniversität in Hagen
   Demographischer Ansatz 189–195
   mit DEEG, JÜRGEN
   Führung und Führungstheorien 294–308

WEIK, ELKE Dr.
Technische Universität Chemnitz
   Zeit und Management 1657–1664

WELGE, MARTIN K. Prof. Dr.
Universität Dortmund
   Internationale Strategien 531–541

WENGER, ANDREAS P. Dr.
Universität Bern
   Organisationsmanagement und Organisationsabteilung 1033–1041
   mit THOM, NORBERT

v. WERDER, AXEL Prof. Dr.
Technische Universität Berlin
   Corporate Governance (Unternehmensverfassung) 160–170
   Evaluation der Unternehmensführung 247–256
   mit GRUNDEI, JENS
   Grundsätze ordnungsmäßiger Unternehmensführung 369–379
   mit THEISEN, MANUEL RENÉ
   Organisation 966–977
   mit SCHREYÖGG, GEORG
   Organisatorische Gestaltung (Organization Design) 1088–1101

WIEDMANN, HARALD Prof. Dr.
KPMG, Berlin
   Organisationscontrolling und -prüfung 978–988

WIENDIECK, GERD Prof. Dr.
FernUniversität in Hagen
   Gruppenverhalten und Gruppendenken 388–398

WILDEMANN, HORST Prof. Dr. Dr. habil. Dr. h.c.
Technische Universität München
   Produktionsorganisation 1182–1189

WIMMER, RUDOLF Prof. Dr.
Universität Witten-Herdecke
   Familienunternehmen 267–275

WISWEDE, GÜNTER Prof. Dr.
Universität zu Köln
   Rollentheorie 1289–1296

WITT, PETER Prof. Dr.
Wissenschaftliche Hochschule für Unternehmenführung Vallendar
   Vergütung von Führungskräften 1573–1581

WOLF, JOACHIM Prof. Dr.
Christian-Albrechts-Universität zu Kiel
   Strategie und Organisationsstruktur 1374–1383

WOLFF, BIRGITTA Prof. Dr.
Otto-von-Guericke-Universität Magdeburg
   Vertragstheorie 1587–1595
   mit GRASSMANN, THOMAS

WÖRZ, MARKUS
Technische Universität Berlin
   Krankenhausmanagement 697–706
   mit BUSSE, REINHARD

WULF, TORSTEN Dr.
Friedrich-Alexander-Universität Erlangen-Nürnberg
   Turnaround 1468–1474
   mit HUNGENBERG, HARALD

Abkürzungsverzeichnis

A.	Auflage	BPersVG	Bundes-Personalvertretungsgesetz
a.A.	anderer Ansicht	BRD	Bundesrepublik Deutschland
Abb.	Abbildung	BSP	Bruttosozialprodukt
Abs.	Absatz	bspw.	beispielsweise
Abschn.	Abschnitt	BStBl.	Bundessteuerblatt
Adm. & Soc.	Administration and Society	BVerfG	Bundesverfassungsgericht
AER	American Economic Review	BVerfGE	Entscheidungen des Bundesverfassungsgerichts
AFG	Arbeitsförderungsgesetz		
AG	Aktiengesellschaft	BW	Der Betriebswirt
AGP	Arbeitsgemeinschaft zur Förderung der Partnerschaft in der Wirtschaft e.V.	BWL	Betriebswirtschaftslehre
		BWP	Berufsbildung in Wissenschaft und Praxis
AJS	American Journal of Sociology		
AktG	Aktiengesetz	bzgl.	bezüglich
Am.Psych.	American Psychologist	bzw.	beziehungsweise
AME	Academy of Management Executive		
AMJ	Academy of Management Journal	c.p.	ceteris paribus
AMR	Academy of Management Review	CA	California
ANBA	Amtliche Nachrichten der Bundesanstalt für Arbeit	ca.	circa
		CAD	Computer Aided Design
Anm.	Anmerkung(en)	CalPERS	California Public Employees' Retirement System
AO	Abgabenordnung		
AP	Arbeitsrechtliche Praxis	CAQ	Computer Aided Quality
APS-Systeme	Advanced Planning and Scheduling-Systeme	CEO	Chief Executive Officer
		CIM	Computer Integrated Manufacturing
ArbG	Arbeitsgericht	CJOT	Canadian Journal of Occupational Therapy
ArbGG	Arbeitsgerichtsgesetz		
Art.	Artikel	CJWB	Columbia Journal of World Business
ASEAN	Association of South East Asian Nations	CMR	California Management Review
		CNC	Computerized Numerical Control
ASiG	Gesetz über Betriebsärzte, Sicherheitsingenieure und andere Fachkräfte für Arbeitssicherheit	CSCW	Computer Supported Cooperative Work
		CT	Connecticut
ASQ	Administrative Science Quarterly		
ASR	American Sociological Review	d.h.	das heißt
AT	Außer Tarif	DAG	Deutsche Angestellten Gewerkschaft
AuL	Arbeit und Leistung	DB	Der Betrieb
AuR	Arbeit und Recht	DBW	Die Betriebswirtschaft
		DC	District of Columbia
BAG	Bundesarbeitsgericht	DCGK	Deutscher Corporate Governance Kodex
BB	Betriebs-Berater		
Bd., Bde.	Band, Bände	DDR	Deutsche Demokratische Republik
BdA	Bundesvereinigung der Deutschen Arbeitgeberverbände	ders.	derselbe
		DGB	Deutscher Gewerkschaftsbund
BDI	Bundesverband der Deutschen Industrie	DGfP	Deutsche Gesellschaft für Psychologie
		dgl.	dergleichen
BDSG	Bundesdatenschutzgesetz	DIHT	Deutscher Industrie- und Handelstag
Beih.	Beiheft	DIN	Deutsche Industrie-Norm
BetrVG	Betriebsverfassungsgesetz	Diss.	Dissertation
BFuP	Betriebswirtschaftliche Forschung und Praxis	DÖV	Die öffentliche Verwaltung
		dt.	deutsch
BGB	Bürgerliches Gesetzbuch	DU	Die Unternehmung
BGH	Bundesgerichtshof	DVO	Durchführungsverordnung
BGHZ	Entscheidungen des Bundesgerichtshofs in Zivilsachen		
		e.V.	eingetragener Verein
BJS	British Journal of Sociology	E-Ansätze	Elektronik-Ansätze
BKA	Bundeskriminalamt	ebd.	ebenda
Bl.	Blatt, Blätter	EDV	Elektronische Datenverarbeitung
BörsG	Börsengesetz	EFTA	European Fair Trade Association
BörsZulV	Börsenzulassungsverordnung	EG	Europäische Gemeinschaft

einschl.	einschließlich	HWPlan	Handwörterbuch der Planung
engl.	englisch	HWProd	Handwörterbuch der Produktionswirtschaft
erl.	erläuternd, erläutert		
ERP-Systeme	Enterprise Resource Planning-Systeme	HWR	Handwörterbuch des Rechnungswesens
EStG	Einkommensteuergesetz		
etc.	et cetera	HWSt	Handwörterbuch der Staatswissenschaften
EU	Europäische Union		
evtl.	eventuell	HWStR	Handwörterbuch des Steuerrechts
EWG	Europäische Wirtschaftsgemeinschaft	HWSW	Handwörterbuch der Sozialwissenschaften
f. (ff.)	„folgende" Seite(n)	HWU	Handwörterbuch Unternehmensrechnung und Controlling
F&E	Forschung und Entwicklung		
FB	Fortschrittliche Betriebsführung und Industrial Engineering	HWW	Handwörterbuch der Wirtschaftswissenschaften
FL	Florida		
GAAP	Generally Accepted Accounting Principles	i.Allg.	im Allgemeinen
		i.d.F.	in der Fassung
		i.d.R.	in der Regel
GATT	General Agreement on Tariffs and Trade	i.d.S.	in diesem Sinne
		i.e.S.	im eigentlichen Sinn, im engeren Sinn
gem.	gemäß	i.S.	im Sinne
Gen.	Genossenschaft	i.S.v.	im Sinne von
GenG	Genossenschaftsgesetz	i.V.m.	in Verbindung mit
germ.	germanisch	i.w.S.	im weiteren Sinn
Gew. Mon.	Gewerkschaftliche Monatshefte	IAA	Internationales Arbeitsamt
GewO	Gewerbeordnung	IAO	Internationale Arbeitsorganisation
GG	Grundgesetz	IAS	International Accounting Standards
ggf.	gegebenenfalls	Ifo	Institut für Wirtschaftsforschung
GHS	Gesamthochschule	IFRS	International Financial Reporting Standards
GKV	Gesetzliche Krankenversicherung		
GmbH	Gesellschaft mit beschränkter Haftung	IL	Illinois
GmbHG	Gesetz betreffend die Gesellschaft mit beschränkter Haftung	ILO	International Labour Organisation
		IMR	Industrial Management Review
griech.	griechisch	incl.	inclusive
GuV	Gewinn- und Verlustrechnung	Ind.Eng.	Industrial Engineering
GVG	Gerichtsverfassungsgesetz	Ind.Lab.	Industrial and Labor
GWB	Gesetz gegen Wettbewerbsbeschränkungen	insb.	insbesondere
		IO	Industrielle Organisation
		IPO	Initial Public Offering
H.	Heft	IT	Informationstechnologie
h.M.	herrschende Meinung	ITO	International Trade Organization
Habilschr.	Habilitationsschrift	IuK	Information und Kommunikation
Handbook of Soc. Psych.	Handbook of Social Psychology	IWF	Internationaler Währungsfond
Hb., Handb.	Handbuch		
HBR	Harvard Business Review	J.Acc.	Journal of Accountancy
HCR	Human Communication Research	J.Occupat.Psych.	Journal of Occupational Psychology
HdW	Handbuch der Wirtschaftswissenschaften	J.Polit.Econ.	Journal of Political Economy
		J.Psych.	Journal of Psychology
HGB	Handelsgesetzbuch	J.Theor.Soc.Beh.	Journal for the Theory of Social Behavior
HIOP	Handbook of Industrial and Organizational Psychology		
		JABS	Journal of Applied Behavioral Science
HR	Human Relations	JAP	Journal of Applied Psychology
HRM	Human Ressourcen Management	JArbSchG	Gesetz zum Schutz der arbeitenden Jugend
Hrsg.	Herausgeber		
hrsg.	herausgegeben	JASP	Journal of Abnormal and Social Psychology
HWA	Handwörterbuch der Absatzwirtschaft		
HWB	Handwörterbuch der Betriebswirtschaft	Jb.f.Sowi.	Jahrbuch für Sozialwissenschaft
		JbNuSt.	Jahrbücher für Nationalökonomie und Statistik
HWF	Handwörterbuch des Bank- und Finanzwesens		
		JBus	Journal of Business
HWFü	Handwörterbuch der Führung	JE	Journal of Economic Theory
HWInt	Handwörterbuch Export und Internationale Unternehmung	Jg.	Jahrgang
		Jh.	Jahrhundert
		JIBS	Journal of International Business Studies
HWM	Handwörterbuch des Marketing		
HWO	Handwörterbuch der Organisation		
HWP	Handwörterbuch des Personalwesens	JInd.Eng.	Journal of Industrial Engineering

JITE	Journal of Institutional and Theoretical Economics	Neuaufl.	Neuauflage
		NJ	New Jersey
JMan	Journal of Management	NJW	Neue Juristische Wochenschrift
JMan.Stud.	Journal of Management Studies	No.	Numero
JMG	Journal of Management and Governance	Nr.	Nummer
		NY	New York
JOB	Journal of Occupational Behavior	NZA	Neue Zeitschrift für Arbeitsrecht
JPSP	Journal of Personality and Social Psychology	NZG	Neue Zeitschrift für Gesellschaftsrecht
JR	Juristische Rundschau	o.a.	oben angeführt
JSI	Journal of Social Issues	o.Ä.	oder Ähnliches
JZ	Juristen-Zeitung	o.g.	oben genannt
		o.J.	ohne Jahr
KG	Kommanditgesellschaft	o.O.	ohne Ort
KGaA	Kommanditgesellschaft auf Aktien	o.O.u.J.	ohne Ort und Jahr
KMU	Kleine und Mittlere Unternehmen	o.V.	ohne Verfasser
KonTraG	Gesetz zur Kontrolle und Transparenz im Unternehmensbereich	OBHDP	Organizational Behavior and Human Decision Processes
KoR	Zeitschrift für kapitalmarktorientierte Rechnungslegung	OBHP	Organizational Behavior and Human Performance
KVP	Kontinuierlicher Verbesserungsprozess	OE	Organisationsentwicklung
KZSS	Kölner Zeitschrift für Soziologie und Sozialpsychologie	OECD	Organization for Economic Cooperation and Development
		OHG	Offene Handelsgesellschaft
LadSchlG	Ladenschlussgesetz	OR	Operations Research
lat.	lateinisch	Org.	Organisation
LHO	Landeshaushaltsordnung	Org.Sc.	Organization Science
LRP	Long Range Planning	OS	Organization Studies
lt.	laut	ÖTV	Gewerkschaft Öffentlicher Dienst, Transport und Verkehr
m.a.W.	mit anderen Worten	OVG	Oberverwaltungsgericht
m.E.	meines Erachtens	OWiG	Gesetz über Ordnungswidrigkeiten
m.w.N.	mit weiteren Nachweisen		
MA	Massachusetts	p.a.	per anno
Man.Rev.	Managerial Review	PA	Personnel Administration
Man.Sc.	Management Science	PJ	Personnel Journal
Marketing-ZFP	Marketing Zeitschrift für Forschung und Praxis	PKS	Polizeiliche Kriminalstatistik
		PP	Personnel Psychology
Max.	Maximum	PPM	Public Personnel Management
MBO	Management Buy-Out	PPS-Systeme	Produktionsplanungssysteme
MbO	Management by Objectives	PR	Psychological Review
MERCOSUR	Mercado Común del Sur	Psych.Bull.	Psychological Bulletin
MI	Michigan	PublG	Publizitätsgesetz
MIR	Management International Review		
MIS	Management Information System	QJE	Quarterly Journal of Economics
MitbestErgG	Mitbestimmungsergänzungsgesetz		
MitbestG	Mitbestimmungsgesetz	RdA	Recht der Arbeit
MNC	Multinational Corporation	RDO	Rechnungswesen, Datentechnik, Organisation
MNE	Multinational Enterprise		
MNU	Multinationale Unternehmung	RechVersV	Verordnung über die Rechnungslegung von Versicherungsunternehmen
Montan-MitbestG	Montan-Mitbestimmungsgesetz	REFA	Verband für Arbeitsstudien-REFA-e.V.
MPIfG	Max-Planck-Institut für Gesellschaftsforschung	RegE	Regierungsentwurf
		resp.	respektive
Mrd.	Milliarden	RKW	Rationalisierungskuratorium der deutschen Wirtschaft
MTM	Methods of Time Measurement		
MuA	Mensch und Arbeit	Rn.	Randnummer(n)
		ROB	Research in Organizational Behavior
N.F.	Neue Folge		
N.S.	New Series, Nouvelle Serie	S.	Seite
nachf.	nachfolgend	s.	siehe
NAFTA	North American Free Trade Agreement	s.a.	siehe auch
		s.o.	siehe oben
NaStraG	Gesetz zur Namensaktie und zur Erleichterung der Stimmrechtsausübung	s.u.	siehe unten
		sbr	Schmalenbach Business Review
NB	Neue Betriebswirtschaft	SE	Societas Europaea
NC	Numeric Control	SEC	Securities and Exchange Commission

SEEG	Gesetz zur Einführung der Europäischen Gesellschaft	UWG	Gesetz gegen den unlauteren Wettbewerb
SfB	Sonderforschungsbereich		
SGB	Sozialgesetzbuch	v.	von
SMJ	Strategic Management Journal	v.a.	vor allem
SMR	Sloan Management Review	v.Chr.	vor Christus
Soc.	Sociology	v.H.	vom Hundert
Soc.Qu.	Sociological Quarterly	vgl.	vergleiche
sog.	so genannt	Vol.	Volume
SozGG	Sozialgerichtsgesetz	vs.	versus
Sp.	Spalte(n)	VVaG	Versicherungsverein auf Gegenseitigkeit
SprAuG	Sprecherausschussgesetz		
StGB	Strafgesetzbuch	WHO	World Health Organization
StPO	Strafprozessordnung	WiSt	Wirtschaftswissenschaftliches Studium
SvZ	Systeme vorbestimmter Zeiten	WISU	Das Wirtschaftsstudium
SW	Soziale Welt	Wpg	Die Wirtschaftsprüfung
		WpHG	Wertpapierhandelsgesetz
T.	Teil oder Titel (nach Sachzusammenhang)	WSI	Wirtschafts- und Sozialwissenschaftliches Institut
Tab.	Tabelle		
Tbd.	Teilband	z.B.	zum Beispiel
TQM	Total Quality Management	z.T.	zum Teil
TransPuG	Gesetz zur weiteren Reform des Aktien- und Bilanzrechts, zu Transparenz und Publizität (Transparenz- und Publizitätsgesetz)	zzt.	zurzeit
		ZArbWiss.	Zeitschrift für Arbeitswissenschaft
		ZBB	Zero-Base-Budgeting
		Zbl.ArbWiss	Zentralblatt für Arbeitswissenschaft und soziale Betriebspraxis
TVG	Tarifvertragsgesetz	ZBR	Zeitschrift für Beamtenrecht
Tz.	Textziffer	ZEP	Zeitschrift für Entwicklungspädagogik
u.	und	ZfA	Zeitschrift für Arbeitsrecht
u.Ä.	und Ähnliches	ZfB	Zeitschrift für Betriebswirtschaft
u.a.	und andere, unter anderem	ZfbF	Zeitschrift für betriebswirtschaftliche Forschung
u.a.m.	und andere mehr		
u.E.	unseres Erachtens	ZfD	Zeitschrift für Datenverarbeitung
u.Mitw.v.	unter Mitwirkung von	ZfhF	Zeitschrift für handelswissenschaftliche Forschung
u.U.	unter Umständen		
UK	United Kingdom	ZfN	Zeitschrift für Nationalökonomie
UmwG	Umwandlungsgesetz	ZFO	Zeitschrift Führung + Organisation
UN	United Nations	ZfP	Zeitschrift für Personalforschung
UNCTAD	United Nations Conference on Trade and Development	ZfSP	Zeitschrift für Sozialpsychologie
		ZGR	Zeitschrift für Unternehmens- und Gesellschaftsrecht
Univ.	Universität		
Urt.	Urteil	ZHR	Zeitschrift für das gesamte Handelsrecht und Wirtschaftsrecht
USA	United States of America		
USD	US-Dollar	Ziff.	Ziffer(n)
usw.	und so weiter	ZIP	Zeitschrift für Wirtschaftsrecht
UVV	Unfallverhütungsvorschriften	ZPO	Zivilprozessordnung

A

Absatzorganisation

Christian Homburg

[s.a.: Arbeitsteilung und Spezialisierung; Aufbau- und Ablauforganisation; Aufgabenanalyse; Funktionale Organisation; Konzernorganisation; Koordination und Integration; Organisation; Organisationsmanagement und Organisationsabteilung; Organisatorische Gestaltung (Organization Design); Spartenorganisation; Stellen- und Abteilungsbildung.]

I. *Absatzwirtschaftliche Aufgaben und Begriffsklärung*; II. *Organisationsalternativen*; III. *Kontingenzfaktoren*.

Zusammenfassung

Die Absatzorganisation regelt die Beziehungen eines Unternehmens zu (bestehenden oder potenziellen) Kunden. Sie umfasst die absatzwirtschaftliche *Aufbauorganisation* und die absatzwirtschaftliche *Ablauforganisation*. Grundsätzlich kann zwischen einer funktions- und einer objektorientierten (d.h. produkt-, regionen- und/oder kundenorientierten) Spezialisierung differenziert werden. Die Koordination der Aktivitäten im Absatzbereich erfolgt in erster Linie durch die Schaffung spezieller Koordinationsstellen und durch eine koordinationsfördernde Prozessgestaltung und -optimierung. Die optimale Struktur der Absatzorganisation wird von Determinanten der internen und externen Umwelt eines Unternehmens (sog. Kontingenzfaktoren) bestimmt.

I. Absatzwirtschaftliche Aufgaben und Begriffsklärung

Die *absatzwirtschaftlichen Aufgaben* lassen sich wie folgt einteilen:

Marketingmixbezogene Aufgaben:

- *produktpolitische* Aufgaben (v.a. Innovationsmanagement, Produktprogramm-/Sortimentsgestaltung, Markenmanagement),
- *preispolitische* Aufgaben (v.a. Preisbestimmung, Preisänderung, Preisdifferenzierung, Gestaltung des Rabatt- und Bonussystems, Preisdurchsetzung),
- *kommunikationspolitische* Aufgaben (v.a. Zielgruppenbestimmung, Budgetierung, Mediaplanung, Festlegung der Kommunikationsinstrumente, Gestaltung des Kommunikationsauftritts, Durchführung der Kommunikation),
- *vertriebspolitische* Aufgaben (v.a. Gestaltung des Vertriebssystems, Gestaltung der Beziehungen zu Vertriebspartnern und Key Accounts, Gestaltung der Verkaufsaktivitäten, Gestaltung der Vertriebslogistik) und
- *kundenbeziehungsmanagementbezogene* Aufgaben (d.h. Förderung der Kundenloyalität durch Fokussierung auf Interaktion, Belohnung bzw. Wechselbarrieren im Rahmen des Marketingmix).

Aufgaben des Absatzcontrolling:

- entscheidungsbezogene *Informationsversorgung* (v.a. Beschaffung, Analyse und Interpretation von Primär- und Sekundärdaten im Rahmen der Marktforschung, Weiterleitung und Speicherung von entscheidungsrelevanten Informationen),
- strategische und operative *Absatzplanung* (v.a. Festlegung von absatzbezogenen Zielen, Aktivitäten und Budgets) und
- strategische und operative *Absatzkontrolle* (v.a. verfahrensorientierte und ergebnisorientierte Soll-/Ist-Vergleiche, Überprüfung von Prämissen).

Absatzbezogene *personalpolitische* Aufgaben (v.a. Personalplanung, Personalgewinnung, Personalbeurteilung, Personalentwicklung, Personalvergütung, Personalführung).

Die organisatorische Verankerung der absatzwirtschaftlichen Aufgaben vollzieht sich in Gestalt der Absatzorganisation. Allgemein ist unter einer *Organisation* ein System von Regeln zur Sicherstellung einer zielentsprechenden Aufgabenerfüllung zu verstehen (*Grochla* 1975). Die *Absatzorganisation* regelt die Beziehungen eines Unternehmens zu (bestehenden oder potenziellen) Kunden und versucht hierdurch, die Erreichung der Absatzziele sicherzustellen. Sie umfasst die absatzwirtschaftliche *Aufbauorganisation* und die absatzwirtschaftliche *Ablauforganisation* (→ Aufbau- und Ablauforganisation). Die *absatzwirtschaftliche Aufbauorganisation* bezeichnet das System der organisationalen Teileinheiten im Absatzbereich, das die Arbeitsteilung durch eine Aufteilung der im Unternehmen wahrzunehmenden absatzwirtschaftlichen Aufgaben auf verschiedene Mitarbeiter regelt. Hingegen umfasst die *absatzwirtschaftliche Ablauforganisation* die formalen, inhaltlichen, zeitlichen und räumlichen Regelungen der absatzwirtschaftlichen Prozesse (z.B. in Form von Verfahrens- und Verhaltensregeln).

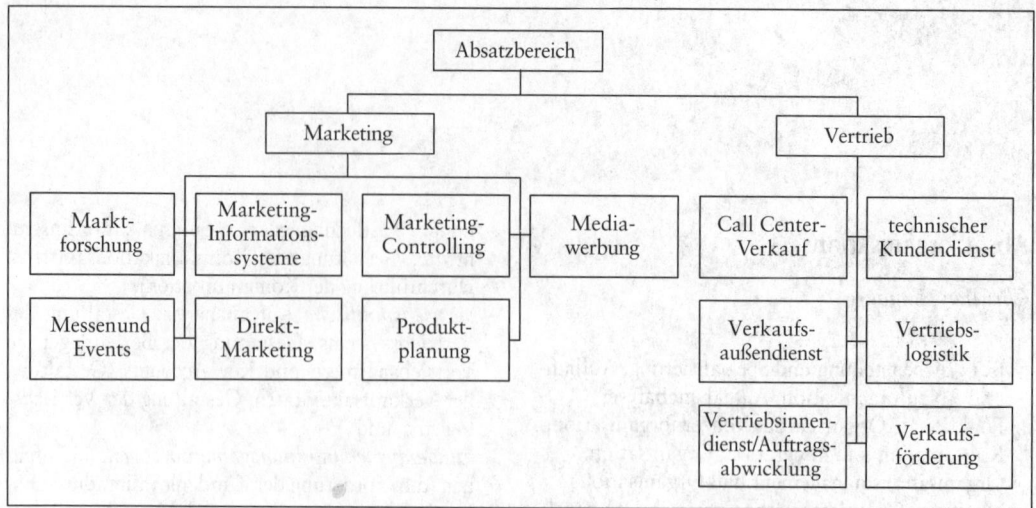

Abb. 1: Beispielhafte Darstellung einer funktionsorientierten Spezialisierung im Absatzbereich (in Anlehnung an: Homburg/Krohmer 2003, S. 967)

II. Organisationsalternativen

Welche Abteilungen für die Planung, Durchführung und Kontrolle der absatzwirtschaftlichen Aufgaben zuständig sind, wird insbesondere durch die Organisationsstruktur des Unternehmens determiniert. Diese kann anhand der zentralen Dimensionen Spezialisierung (→ *Arbeitsteilung und Spezialisierung*) und Koordination (→ *Koordination und Integration*) charakterisiert werden (für weitere Dimensionen vgl. *Kieser/Kubicek* 1992; *Ruekert/Walker/Roering* 1985).

1. Spezialisierung im Absatzbereich

Spezialisierung bezieht sich auf den Grad und die Art der Arbeitsteilung im Unternehmen. Sie erfolgt auf unterschiedlichen Hierarchiestufen. Auf der Ebene des gesamten Unternehmens geht es in diesem Zusammenhang primär um die Frage, nach welchen Kriterien die strategischen Geschäftseinheiten gebildet werden. Obwohl auch mit dieser Entscheidung umfangreiche Auswirkungen auf die absatzwirtschaftlichen Aufgaben verbunden sind, wird im Folgenden nur die Spezialisierung auf Ebene der Absatzorganisation näher thematisiert. Diese bezieht sich auf die Abgrenzung von verschiedenen Abteilungen und Stellen innerhalb des Absatzbereichs.

Grundsätzlich kann zwischen einer funktionsorientierten und einer objektorientierten Spezialisierung unterschieden werden. Die *funktionsorientierte Spezialisierung* (→ *Funktionale Organisation*) zieht als Abgrenzungskriterium die Gleichartigkeit bzw. Ähnlichkeit von Aufgaben heran. Die bei Unternehmen häufig vorzufindende organisatorische Trennung von Marketing und Vertrieb (*Workman/Homburg/Gruner* 1998) ist hierfür ein Beispiel. Aufgrund der hohen Heterogenität der absatzwirtschaftlichen Aufgaben ist die funktionsorientierte Spezialisierung in der Praxis weit verbreitet. Abb. 1 vermittelt einen Eindruck, wie eine funktionsorientierte Spezialisierung des Absatzbereichs gestaltet sein kann.

Der hauptsächliche Vorteil einer funktionsorientierten Spezialisierung gegenüber einer objektorientierten Spezialisierung liegt darin, dass die einzelnen absatzwirtschaftlichen Aufgaben durch qualifizierte und erfahrene Spezialisten durchgeführt werden können. Die Folge hiervon ist eine höhere Effizienz der Aufgabenerfüllung. Der zentrale Nachteil einer solchen Spezialisierung besteht in der mangelnden Berücksichtigung der Belange bestimmter Objekte (z.B. Bedürfnisse von Kunden, regionale Besonderheiten). Dies wirkt sich letztlich negativ auf die Effektivität der absatzwirtschaftlichen Aufgabenerfüllung aus.

Im Rahmen der *objektorientierten Spezialisierung* werden unterschiedliche Aktivitäten zusammengefasst, die sich auf das gleiche Objekt beziehen. Objekte können hierbei Produkte, Regionen oder Kunden sein.

Die *produktorientierte Spezialisierung* zeichnet sich durch eine Abgrenzung nach verschiedenen Produktgruppen aus. Dem Vorteil einer hohen produktspezifischen Kompetenz steht hierbei der Nachteil einer mangelnden Kundenorientierung entgegen. Die bedeutendsten Formen der produktorientierten Spezialisierung des Absatzbereichs stellen das Produktmanagement und das Category Management dar. Während die Aufgabenverantwortung einer Person oder einer Abteilung im Rahmen des *Produktmanagements* mit einem bestimmten Produkt oder einer bestimmten Produktgruppe verbunden ist (für detailliertere Ausführungen zum Produktmanagement vgl.

Albers/Herrmann 2002; *Pepels* 2001; *Herrmann* 1998), bezieht sie sich beim *Category Management* auf eine komplette Produktkategorie (für detailliertere Ausführungen zum Category Management vgl. *Zenor* 1994; *Homburg/Krohmer* 2003).

Bei der *regionenorientierten Spezialisierung* werden absatzwirtschaftliche Aufgaben anhand von geographischen Kriterien zusammengefasst. Hierdurch können regionale Marktbesonderheiten in angemessener Weise berücksichtigt werden. Allerdings entstehen gleichzeitig Nachteile aufgrund der problematischen Koordination zwischen den Regionen. Diese Form der objektorientierten Spezialisierung ist in der Praxis insbesondere im Vertrieb und hier speziell im Außendienst anzutreffen. Bei Unternehmen mit einem sehr großen Absatzgebiet kann es aber auch im Marketingbereich zu einer regionenorientierten Spezialisierung kommen (z.B. Marktforschung Europa, Marktforschung Amerika, Marktforschung Asien). Allgemein nimmt jedoch die Bedeutung dieser Spezialisierungsform eher ab (*Homburg/Gruner/Hocke* 1997; *Homburg/Workman/Jensen* 2000).

Im Rahmen der *kundenorientierten Spezialisierung* erfolgt eine Abgrenzung nach verschiedenen Kundengruppen. Der zentrale Vorteil besteht in der optimalen Ausrichtung auf die Bedürfnisse der jeweiligen Kundengruppe. Nachteile können sich aus mangelnden Produktkenntnissen ergeben. Eine mittlerweile in der Unternehmenspraxis häufig vorzufindende Form der kundenorientierten Spezialisierung ist das *Key Account Management*, im Rahmen dessen die Verantwortung für Aufgaben zusammengeführt werden, die in Zusammenhang mit sehr wichtigen Kunden stehen (für detailliertere Ausführungen vgl. *Diller* 1989; *Homburg/Workman/Jensen* 2002; *Workman/Homburg/Jensen* 2003). Eine weitere häufiger in Unternehmen anzutreffende Form der kundenorientierten Spezialisierung ist das *Kundensegmentmanagement* (teilweise auch als Marktmanagement bezeichnet), das die Verantwortung für alle auf bestimmte Kundengruppen abzielende Aktivitäten besitzt (für detailliertere Ausführungen zum Kundensegmentmanagement vgl. *Gaitanides/Westphal/Wiegels* 1991). *Kundenbetreuungsteams* bilden die dritte kundenorientierte Organisationsform, die in der Praxis mittlerweile weite Verbreitung gefunden hat. Die Aufgabe der Kundenbetreuung liegt in diesem Fall bei einer Gruppe von Mitarbeitern, die teilweise auch aus Mitgliedern anderer Funktionsbereiche bestehen kann (für detailliertere Ausführungen vgl. *Stock* 2003). Im Zuge des verstärkten Bemühens vieler Unternehmen um eine Steigerung der Kundenorientierung gewinnt die kundenorientierte Spezialisierung zunehmend an Bedeutung (*Homburg/Workman/Jensen* 2000). So ist mittlerweile sehr oft der Vertrieb nach Kundengruppen ausgerichtet. Dies gilt vor allem für den Außendienst, in immer stärkerem Maße aber auch für den Innendienst. Insbesondere das Key Account Management hat seinen Verbreitungsgrad in den letzten beiden Jahrzehnten erheblich gesteigert (*Homburg/Gruner/Hocke* 1997).

Grundsätzlich sind in der Praxis jedoch alle dargestellten Organisationsformen von hoher Bedeutung. Nicht selten setzen Unternehmen im Absatzbereich alle genannten Spezialisierungsarten ein, um deren jeweilige Vorteile zu nutzen.

2. Koordination im Absatzbereich

Im Rahmen der Spezialisierung der Organisation erfolgt eine Aufteilung der absatzwirtschaftlichen Aufgaben auf einzelne Unternehmensbereiche bzw. Mitarbeiter. Um die Aktivitäten dieser Aufgabenträger auf die übergeordneten Ziele auszurichten, muss eine Koordination (→ *Koordination und Integration*), d.h. eine Abstimmung der einzelnen Aktivitäten, stattfinden. Im Folgenden wird zwischen *Koordinationsinstrumenten* im Bereich der Aufbauorganisation und solchen im Bereich der Ablauforganisation unterschieden.

Die *aufbauorganisatorische Koordination* der Aktivitäten der spezialisierten Unternehmensbereiche bzw. Mitarbeiter im Absatzbereich wird vor allem durch die Schaffung spezieller Koordinationsstellen im Unternehmen realisiert. Hierbei handelt es sich um Stellen, die die Aktivitäten im Hinblick auf bestimmte Zielobjekte koordinieren. Somit kommt es hier zu einer Überlappung mit dem Themengebiet der objektorientierten Spezialisierung im Absatzbereich. Die wichtigsten Koordinationsstellen sind das Produktmanagement, Category Management, Kundensegmentmanagement und Key Account Management. Da diese Bereiche bereits im Rahmen der Ausführungen zur objektorientierten Spezialisierung angesprochen wurden, wird an dieser Stelle auf eine detailliertere Darstellung verzichtet (vgl. hierfür *Homburg/Krohmer* 2003).

Die *ablauforganisatorische Koordination* der Aktivitäten im Absatzbereich erfolgt in erster Linie durch eine koordinationsfördernde Prozessgestaltung und -optimierung (vgl. allgemein *Gaitanides* 1992). Die Ansatzpunkte zur Optimierung von Prozessen lassen sich in Ansatzpunkte zur Optimierung einzelner Prozesse und Ansatzpunkte zur prozessübergreifenden Optimierung der Rahmenbedingungen unterscheiden (Abb. 2).

Die *Ansatzpunkte zur Optimierung einzelner Prozesse* haben als Fokus folgende Aspekte (*Homburg/Krohmer* 2003):

- Information (Verfügbarkeit der relevanten prozessbezogenen Informationen für die beteiligten Personen),
- Aufgaben-/Kompetenzverteilung (Zuordnung von prozessbezogenen Aufgaben bzw. Entscheidungskompetenzen zu Mitarbeitern bzw. Bereichen),
- Prozessdesign (Gestaltung der Reihenfolge der einzelnen Prozessschritte) und

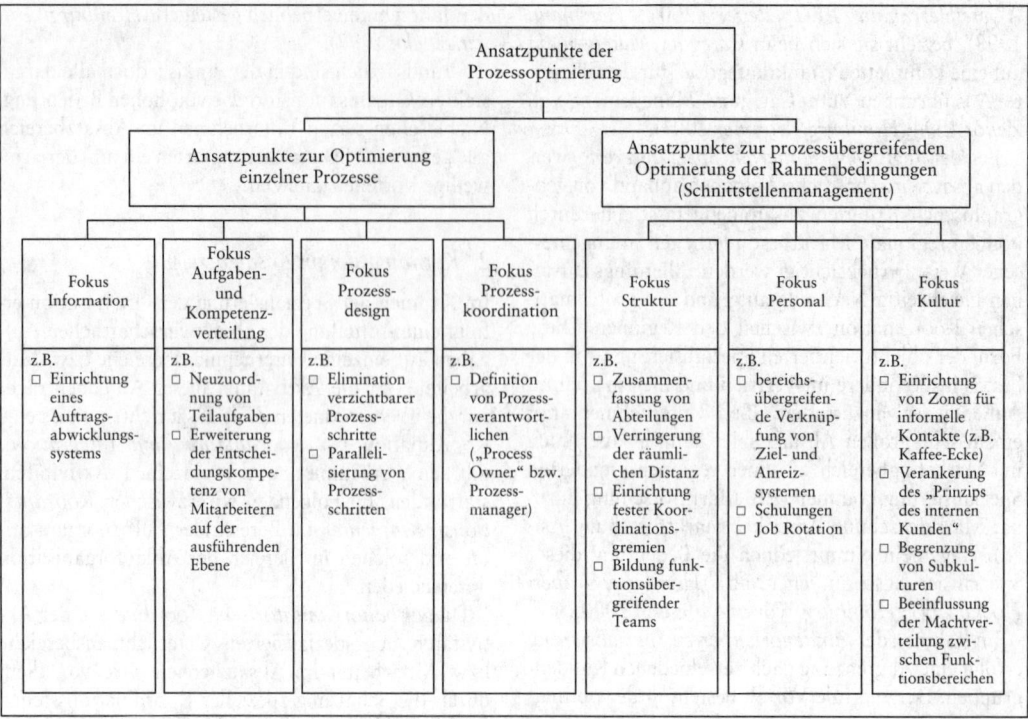

Abb. 2: Ansatzpunkte der Prozessoptimierung im Überblick (in Anlehnung an: Homburg/Krohmer 2003, S. 986)

– Prozesskoordination (Abstimmung zwischen den am Prozess beteiligten Personen bzw. Bereichen).

Die *Ansatzpunkte zur Optimierung der Rahmenbedingungen* spielen insbesondere eine wichtige Rolle in Zusammenhang mit Prozessen, in die Mitarbeiter aus unterschiedlichen Funktionsbereichen des Unternehmens involviert sind. Somit geht es bei der Optimierung der Rahmenbedingungen schwerpunktmäßig um das Management von Schnittstellen zwischen dem Absatzbereich und angrenzenden Funktionsbereichen im Unternehmen (z.B. Forschung & Entwicklung, Produktion). Der Fokus liegt hierbei auf folgenden Bereichen (Homburg/Krohmer 2003):

– Struktur (Aufbauorganisation des Unternehmens),
– Personal (Personalentwicklung, Personalvergütung, Personalführung) und
– Kultur (Unternehmenskultur).

III. Kontingenzfaktoren

Wie bereits bei der Diskussion der Vorteile und Nachteile der einzelnen Organisationsalternativen deutlich wurde, existiert keine Organisationsstruktur, die allen anderen generell überlegen ist. Gemäß dem *situativen Ansatz* (auch als *Kontingenztheorie* bezeichnet; → Kontingenzansatz) wird vielmehr die optimale Organisationsstruktur von Determinanten der internen und externen Umwelt eines Unternehmens (sog. Kontingenzfaktoren, situative Faktoren oder Kontextfaktoren) bestimmt. Hierdurch lassen sich auch die in der Realität bestehenden Unterschiede zwischen Organisationsstrukturen von Unternehmen erklären (für detailliertere Ausführungen zum situativen Ansatz im Absatzbereich vgl. *Ruekert/Walker/Roering* 1985 sowie zum situativen Ansatz allgemein vgl. *Schreyögg* 1999; *Kieser/Kubicek* 1992).

Eine Vielzahl von Studien analysieren Kontingenzfaktoren auf Ebene der Gesamtorganisation (für einen Überblick vgl. *Kieser/Kubicek* 1992). Zudem existieren auch Studien, die sich speziell mit Kontingenzfaktoren auf Ebene der Absatzorganisation beschäftigen (für einen Überblick vgl. *Workman/Homburg/Gruner* 1998). Im Folgenden wird ein kurzer Überblick über die Ergebnisse der zuletzt genannten Untersuchungsart gegeben.

Die Einflussfaktoren auf die Gestaltung der Absatzorganisation können grundsätzlich in unternehmensexterne und unternehmensinterne Faktoren eingeteilt werden. Die unternehmensinternen Faktoren lassen sich des Weiteren in geschäftseinheitsspezifische und geschäftseinheitsübergreifende (d.h. unternehmensweite) Faktoren unterteilen (Abb. 3).

Unternehmensexterne Kontingenzfaktoren sind Einflussgrößen, die außerhalb der direkten Beeinflussbarkeit des Unternehmens liegen. Ein zentraler unternehmensexterner Kontingenzfaktor ist die Umweltdynamik. In Märkten mit einer hohen Dynamik

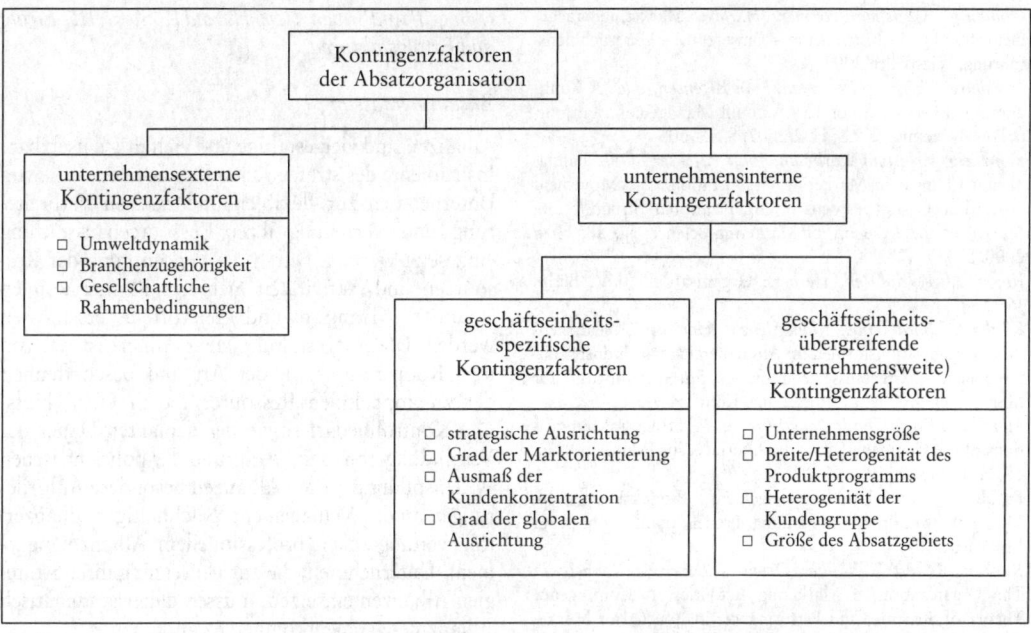

Abb. 3: *Kontingenzfaktoren der Absatzorganisation im Überblick (in Anlehnung an: Workman/Homburg/Gruner 1998, S. 28)*

der Umwelt ist eine rein funktionsorientierte Spezialisierung eher ungeeignet (*Becker* 1993; *Tull* et al. 1991). Von Vorteil sind in einem solchen Umfeld Formen der objektorientierten Spezialisierung (*Köhler/Tebbe/Uebele* 1983). Dies trifft insbesondere auf funktionsübergreifende Teams zu, die demzufolge in der Praxis auch immer stärkere Verbreitung finden (*Achrol* 1991; *Day* 1997). Darüber hinaus können auch Variablen wie die Branchenzugehörigkeit (*Homburg/Gruner/Hocke* 1997) und die gesellschaftlichen Rahmenbedingungen einen Einfluss auf die Gestaltung der Absatzorganisation besitzen.

Unternehmensinterne Kontingenzfaktoren sind Parameter, die von Unternehmen verändert werden können. Unternehmensinterne, geschäftseinheitsspezifische Kontingenzfaktoren sind insbesondere die strategische Ausrichtung, der Grad der Marktorientierung, das Ausmaß der Kundenkonzentration (*Mansfield/Todd/Wheeler* 1980) und der Grad der globalen Ausrichtung. Ein zentraler unternehmensinterner, geschäftseinheitsübergreifender Kontingenzfaktor ist die Unternehmensgröße (*Homburg/Gruner/Hocke* 1997; *Tull* et al. 1991). Darüber hinaus hat auch die Breite und Heterogenität des Produktprogramms einen Einfluss auf die Gestaltung der Absatzorganisation (*Mansfield/Todd/Wheeler* 1980). Je breiter und heterogener das Produktprogramm eines Unternehmens, desto sinnvoller ist eine produktorientierte Spezialisierung. Hingegen bevorzugt eine hohe Heterogenität der Kundengruppen eher eine kundenorientierte Spezialisierung der Absatzorganisation. Falls Unternehmen über ein großes Absatzgebiet verfügen und hinsichtlich des Kundenverhaltens mit starken regionalen Unterschieden konfrontiert sind, bietet sich eine regionenorientierte Spezialisierung der Absatzorganisation an.

Die Wettbewerbsfähigkeit von Unternehmen wird auch zukünftig stark davon abhängen, inwieweit die genannten Faktoren bei der Gestaltung der Absatzorganisation berücksichtigt werden.

Literatur

Achrol, Ravi S.: Evolution of the Marketing Organization: New Forms for Turbulent Environments, in: Journal of Marketing, Jg. 55, H. 4/1991, S. 77–93.
Albers, Sönke/Herrmann, Andreas: Handbuch Produktmanagement: Strategieentwicklung – Produktplanung – Organisation – Kontrolle, 2. A., Wiesbaden 2002.
Becker, Jochen: Marketing-Konzeption, 5. A., München 1993.
Day, George S.: Aligning the Organization to the Market, in: Reflections on the Futures of Marketing, hrsg. v. *Lehmann, Donald R./Jocz, Katherine E.*, Cambridge 1997, S. 67–93.
Diller, Herrmann: Key-Account-Management als vertikales Marketingkonzept, in: Marketing – Zeitschrift für Forschung und Praxis, Jg. 11, H. 4/1989, S. 213–223.
Gaitanides, Michael: Ablauforganisation, in: HWO, hrsg. v. *Frese, Erich*, 3. A., Stuttgart 1992, Sp. 3–18.
Gaitanides, Michael/Westphal, Jörg/Wiegels, Ina: Zum Erfolg von Strategie und Struktur des Kundenmanagements, 1. Teil, in: ZFO, Jg. 60, H. 1/1991, S. 15–21.
Grochla, Erwin: Organisation und Organisationsstruktur, in: HWB, hrsg. v. *Grochla, Erwin/Wittmann, Waldemar*, 4. A., Stuttgart 1975, Sp. 2846–2868.
Herrmann, Andreas: Produktmanagement, München 1998.
Homburg, Christian/Gruner, Kjell/Hocke, Gregor: Entwicklungslinien der Marketingorganisation – Eine empirische Untersuchung im produzierenden Gewerbe, in: ZfB-Ergänzungsheft 1, Jg. 67, 1997, S. 91–116.

Homburg, Christian/Krohmer, Harley: Marketingmanagement: Strategie – Instrumente – Umsetzung – Unternehmensführung, Wiesbaden 2003.
Homburg, Christian/Workman, John P./Jensen, Ove: A Configurational Perspective on Key Account Management, in: Journal of Marketing, Jg. 66, H. 2/2002, S. 38–60.
Homburg, Christian/Workman, John P./Jensen, Ove: Fundamental Changes in Marketing Organization: The Movement Toward a Customer-Focused Organizational Structure, in: Journal of the Academy of Marketing Science, Jg. 28, H. 4/2000, S. 459–478.
Kieser, Alfred/Kubicek, Herbert: Organisation, 3. A., Berlin 1992.
Köhler, Richard/Tebbe, Klaus/Uebele, Herbert: Objektorientierte Organisationsformen im Absatzbereich von Industrieunternehmen – Ergebnisse empirischer Studien, Institut für Markt- und Distributionsforschung, Köln 1983.
Mansfield, Roger/Todd, Dave/Wheeler, Jo: Structural Implications of the Company-Customer Interface, in: JMan.Stud., Jg. 17, H. 1/1980, S. 19–33.
Pepels, Werner: Produktmanagement: Produktinnovation, Markenpolitik, Programmplanung, Prozeßorganisation, 3. A., München 2001.
Ruekert, Robert W./Walker, Orville C./Roering, Kenneth J.: The Organization of Marketing Activities: A Contingency Theory of Structure and Performance, in: Journal of Marketing, Jg. 49, H. 1/1985, S. 13–25.
Schreyögg, Georg: Organisation: Grundlagen moderner Organisationsgestaltung, 3. A., Wiesbaden 1999.
Stock, Ruth: Teams an der Schnittstelle zwischen Unternehmen und Kunden: Eine integrative Betrachtung, Wiesbaden 2003.
Tull, Donald S. et al.: The Organization of Marketing Activities of American Manufacturers, Marketing Science Institute, Working Paper No. 91–126, Cambridge 1991.
Workman, John P./Homburg, Christian/Gruner, Kjell: Marketing Organization: An Integrative Framework of Dimensions and Determinants, in: Journal of Marketing, Jg. 62, H. 3/1998, S. 21–41.
Workman, John P./Homburg, Christian/Jensen, Ove: Intraorganizational Determinants of Key Account Management Effectiveness, in: Journal of the Academy of Marketing Science, Jg. 31, H. 1/2003, S. 3–21.
Zenor, Michael J.: The Profit Benefits of Category Management, in: Journal of Marketing Research, Jg. 31, H. 2/1994, S. 202–213.

Allianz, strategische

Werner H. Hoffmann

[s.a.: Flexibilität, organisatorische; Fusionen und Übernahmen (Mergers and Acquisitions); Institutionenökonomie; Internationale Unternehmen, Organisation der; Kontrolle; Neoinstitutionalistische Ansätze; Netzwerke; Organisationsgrenzen; Ressourcenbasierter Ansatz; Spieltheorie; Strategie und Organisationsstruktur; Strategisches Management; Transaktionskostentheorie; Umweltanalyse, strategische; Unternehmensanalyse, strategische; Unternehmenskooperation; Unternehmensstrategien; Vertrauen; Wissensmanagement.]

I. Begriff und Typen; II. Ziele und Kontext; III. Erfolg und Erfolgsfaktoren.

Zusammenfassung

Allianzen sind vielgestaltige und vielfältig einsetzbare Instrumente des strategischen Managements, die von Unternehmen zur flexiblen und raschen Verbreiterung und Vertiefung ihrer Ressourcenausstattung eingesetzt werden. Durch die Verknüpfung der Ressourcen und Aktivitäten mehrerer Partner können Volumen-, Transfer- und Zeitvorteile erschlossen werden. Die Ausgestaltung einer Allianz ist v.a. von dem Kooperationsziel, der Art und Beschaffenheit der zu koppelnden Ressourcen, dem Flexibilitäts- und Kontrollbedarf sowie der geplanten Dauer der Verbindung abhängig. Aufgrund der polyzentrischen Willensbildung stellen Allianzen besondere Anforderungen an das Management. Nachhaltiger Allianzerfolg verlangt nach professionellem Allianzmanagement. Unternehmen, die zur Umsetzung ihrer Strategien Allianzen einsetzen, müssen daher systematisch Allianzmanagementkompetenz aufbauen.

I. Begriff und Typen

1. Theoretische und praktische Verankerung

Institutionsformen „jenseits von Markt und Hierarchie" erlangten in den letzten Jahren sowohl in der Praxis als auch in der Wissenschaft eine stark steigende Bedeutung. Obwohl zwischenbetriebliche Kooperationen (→ *Unternehmenskooperation*) grundsätzlich nichts Neues sind und sich menschliche Gemeinschaften seit jeher durch ein Neben- und Miteinander von Kooperation und Wettbewerb ausgezeichnet haben, waren in den letzten Jahren doch eine besondere Intensität und Kreativität im Einsatz unterschiedlicher Formen von Allianzen zu verzeichnen. Dadurch entstanden zahlreiche innovative Formen der unternehmensübergreifenden Organisation wirtschaftlicher Aktivitäten, die zum Verschwimmen der Grenzen zwischen einzelnen Unternehmen, aber auch zwischen Unternehmen und Markt geführt haben (→ *Organisationsgrenzen*). Parallel zur steigenden wirtschaftlichen Bedeutung von Allianzen und Netzwerken (→ *Netzwerke*) nahm auch die wissenschaftliche Beschäftigung mit dieser Themenstellung zu. Die theoretischen Beschreibungs- und Erklärungsansätze greifen auf eine Fülle unterschiedlicher sozial- und wirtschaftswissenschaftlicher Theorien zurück, die man in drei *theoretische Perspektiven* gruppieren kann: (1) *Ökonomische Theorien*, insb. → *Institutionenökonomie*, Industrieökonomie, → *Spieltheorie*, Evolutionsökonomie und Politische Ökonomie; (2) *Interorganisationstheorien*, insb. Resource-Dependence-Theorie, Organisationsökologische Ansätze, → *Neoinstitutionalistische Ansätze*, Soziale Netzwerkansätze, Interorganisationale Lerntheorie und Interorganisationale Vertrauensforschung; (3) *Theorien des Strategischen Managements* (→ *Strategisches Management*), insb. markt-, ressourcen- und wissensbasierte Strategieansätze und Internationalisierungstheorien (→ *Internationale Unternehmen, Organisation der*). Trotz der intensiven Forschungs- und Publikationstätigkeit bestehen nach wie vor erhebliche Defizite in der Theoriebildung und in der tiefer greifenden empirischen Aufarbeitung des Forschungsgegenstandes (*Hagedoorn/Osborn* 1997).

2. Begriffsbestimmung

Man versteht unter einer *strategischen Allianz* eine auf den Aufbau und/oder auf die Absicherung von Erfolgspotenzialen ausgerichtete, eher heterarchische Verbindung von rechtlich selbstständigen Unternehmen. Strategische Allianzen ermöglichen die Kombination von komplementären oder gleichartigen Ressourcen zur gemeinsamen Erzielung von Wettbewerbsvorteilen. Quelle der Wettbewerbsvorteile sind Synergien durch die Poolung gleichartiger oder die Verbindung komplementärer Ressourcen. Damit ist die strategische Allianz sowohl von jeglichen operativen Kooperationen, als auch von eindeutig hierarchischen Unternehmensverbindungen (Akquisitionen mit Mehrheitsbeteiligung oder Beherrschungsvertrag und Fusionen; → *Fusionen und Übernahmen (Mergers and Acquisitions)*) abgegrenzt. Während in einigen älteren Publikationen der Begriff strategische Allianz noch für strategische Kooperationen mit bestimmten Merkmalen (in der Regel für Vertragskooperationen) reserviert wurde, wird Allianz heute üblicherweise als Sammelbegriff für jede Art der verbindlichen strategischen Kooperationen zwischen Unternehmen, aber auch Non-Profit-Organisationen (z.B. Forschungseinrichtungen) verwendet.

Abgeleitet von dem dargestellten Begriffsverständnis können folgende *Merkmale* als konstituierend für Allianzen angesehen werden (*Lewis* 1990; *Bronder/Pritzl* 1992; *Sydow* 1992):

- einseitig aufkündbar (reversibel)
- eher heterarchisches Verhältnis zwischen den Partnern (keine eindeutige Über- bzw. Unterordnung)
- auf den Aufbau und/oder die Erhaltung von Erfolgspotenzialen und damit auf eine Stärkung der Wettbewerbsposition gerichtet
- Beibehaltung der rechtlichen Selbstständigkeit der beteiligten Unternehmen bzw. Organisationen
- Verlust der wirtschaftlichen Selbstständigkeit im Allianzbereich und damit ein bewusster, freiwilliger Autonomieverzicht (aber Bewahrung der wirtschaftlichen Selbstständigkeit außerhalb des Kooperationsfeldes)
- zeitliche Begrenzung möglich, aber nicht zwingend
- Verfolgung kompatibler, aber nicht notwendigerweise identischer Ziele.

Strategische Allianzen stellen also eine Teilmenge von Kooperationen (→ *Unternehmenskooperation*) dar, die sich durch den expliziten Strategiebezug, ein Mindestmaß an Verbindlichkeit und die klare Ausrichtung der Partnerschaft auf die Erschließung von Synergien durch die Poolung von Ressourcen, die wechselseitige Spezialisierung oder den Informations- und Ressourcenaustausch auszeichnen.

Obwohl strategische Allianzen eine Teilmenge von Kooperationen darstellen, darf nicht übersehen werden, dass es zwischen Allianzpartnern nicht nur kooperatives Verhalten, sondern auch kompetitives Verhalten geben kann. Empirische Studien belegen, dass eine immer größere Zahl von Allianzen zwischen direkten Wettbewerbern eingegangen werden (*Harbison/Pekar* 1998). Das Ausmaß an konkurrierendem bzw. kooperativem Verhalten zwischen Partnern beeinflusst jedoch wesentlich die Stabilität und Dauer von Allianzen (*Gomes-Casseres* 1996; *Park/Russo* 1996).

3. Formen von strategischen Allianzen

Eine wesentliche Stärke von strategischen Allianzen besteht darin, dass sie vielgestaltig sind und daher vielfältig eingesetzt werden können. Eine *Klassifizierung von Allianzen* und damit ein erster Überblick über ihre unterschiedlichen Ausgestaltungsformen ist nach unterschiedlichen Kriterien möglich:

a) Klassifizierung nach der Richtung der verknüpften Aktivitäten bzw. Ressourcen

Horizontale Allianzen werden von Unternehmen gebildet, die in derselben Branche auf gleicher Wertschöpfungsstufe tätig sind (z.B. Lufthansa und SAS im Passagierflugverkehr). *Vertikale Allianzen* bedeuten die Zusammenarbeit von Unternehmen auf vor- bzw. nachgelagerter Wertschöpfungsstufe – Kunden-/Lieferantenallianzen (z.B. der Automobilzulieferer Magna und DaimlerChrysler in der Automobilproduktion). *Laterale Allianzen* werden von Unternehmen aus unterschiedlichen Branchen eingegangen, um dadurch in neue Geschäfte zu diversifizieren (z.B. die Zusammenarbeit zwischen einem Verlag und einem Telekomunternehmen, um gemeinsam in das Internetgeschäft einzusteigen) (siehe dazu im Detail → *Unternehmenskooperation*).

Horizontale und vertikale Allianzen dominieren die Kooperationsstatistiken eindeutig. Laterale Allianzen sind aufgrund häufig fehlender Synergien eher selten.

b) Klassifizierung nach dem(n) betroffenen betrieblichen Funktionsbereich(en)

Es existieren sowohl Allianzen, die auf *einen Funktionsbereich* beschränkt bleiben, wie z.B. Beschaffungskooperationen oder F&E-Kooperationen als

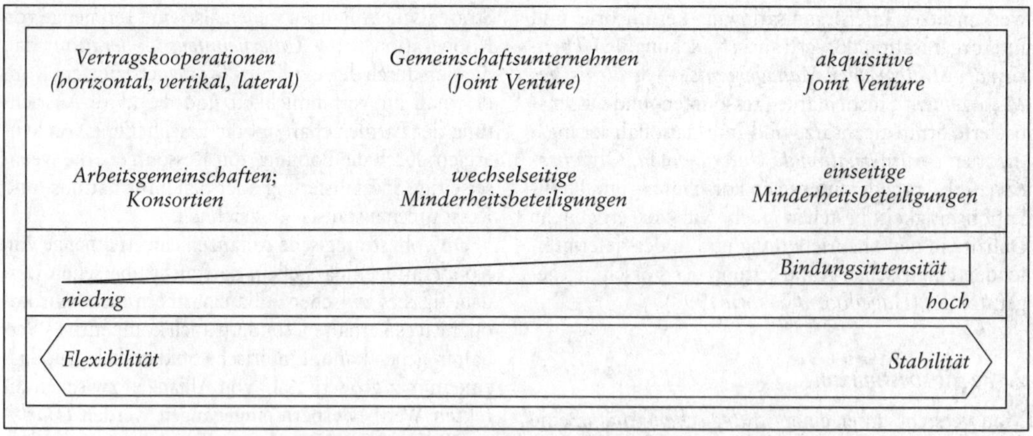

```
┌─────────────────────────────────────────────────────────────────────┐
│                                                                     │
│    Vertragskooperationen      Gemeinschaftsunternehmen    akquisitive│
│    (horizontal, vertikal, lateral)   (Joint Venture)    Joint Venture│
│                                                                     │
│    Arbeitsgemeinschaften;         wechselseitige         einseitige │
│    Konsortien                Minderheitsbeteiligungen  Minderheits- │
│                                                        beteiligungen│
│                                                                     │
│                                                    Bindungsintensität│
│    niedrig                                                   hoch   │
│   ◁ Flexibilität                                       Stabilität ▷ │
└─────────────────────────────────────────────────────────────────────┘
```

Abb. 1: Formen von strategischen Allianzen in Abhängigkeit ihrer Bindungsintensität

auch Allianzen, die *mehrere Funktionsbereiche* umfassen. Beispielsweise haben Siemens und Bosch ihre gesamten Aktivitäten auf dem Gebiet Haushaltsgeräte in ein Gemeinschaftsunternehmen eingebracht, das alle diesbezüglichen Funktionen von der F&E bis zur Vermarktung und der Administration durchführt. Empirische Befunde zeigen, dass die Mehrzahl der Allianzen mehrere betriebliche Funktionen umfasst (*Hoffmann/Scherr* 1999). Von den auf eine betriebliche Funktion fokussierten Allianzen haben die Vertriebs- und Produktionsallianzen die größte praktische Bedeutung, in Technologieunternehmen kommen darüber hinaus auch reine F&E-Allianzen häufig vor.

c) Klassifizierung nach der Bindungsintensität und der Institutionalisierungsform

Die *Bindungsintensität* einer Allianz hängt v.a. davon ab, ob eine eigene Kooperationseinheit geschaffen wird und ob es zu einer kapitalmäßigen Verflechtung der Partner kommt. Abbildung 1 zeigt, wie sich die einzelnen Formen von strategischen Allianzen hinsichtlich ihrer Bindungsintensität unterscheiden.

Die drei in der Praxis häufigsten Institutionalisierungstypen sind die *Vertragskooperation*, das *Joint Venture* (Gemeinschaftsunternehmen) und die *einseitige Minderheitsbeteiligung*. Diese drei Typen decken gut 90% aller in der Realität vorkommenden Allianzen ab (*Gulati/Singh* 1998; *Hoffmann/Scherr* 1999).

II. Ziele und Kontext

1. Einflussfaktoren auf die Bildung strategischer Allianzen

Theoretische Einsichten und empirische Befunde verdeutlichen, dass Unternehmen dann Allianzen eingehen, wenn

– eine große Diskrepanz zwischen der aktuellen Ressourcenausstattung und den künftigen Anforderungen des Umfeldes (Wettbewerbs) besteht,
– das Ressourcendefizit mit begrenztem Mitteleinsatz und Risiko rasch beseitigt werden soll und
– dem internen Ressourcenaufbau hohe Zeit- und Kostenbarrieren entgegenstehen.

Hohe *Umfeldunsicherheit* und der daraus resultierende *Flexibilitätsbedarf* (→ *Flexibilität, organisatorische*) bei der Entwicklung der Ressourcenbasis des Unternehmens begünstigen also den Einsatz von strategischen Allianzen. Die intensiven Allianzaktivitäten von Biotechnologie- und IT-Unternehmen illustrieren diesen Zusammenhang.

In stabilen Umfeldern stellen Allianzen jedoch häufig nur die zweitbeste Lösung dar und die Unternehmen bevorzugen Akquisitionen und Fusionen (→ *Fusionen und Übernahmen (Mergers and Acquisitions)*) zur Erschließung von Synergien zwischen Unternehmen (*Hoffmann/Schaper-Rinkel* 2001). Wenn aber Akquisitionen und Fusionen hohe Barrieren entgegenstehen, werden auch Allianzen zur Stabilisierung des Umfeldes und damit zur Absicherung der Wettbewerbsposition eingesetzt.

Die zentrale Funktion von strategischen Allianzen liegt also im Meistern von hoher strategischer Unsicherheit durch die flexible Verbreiterung und Vertiefung der Ressourcenausstattung des Unternehmens. Im Sinne des Ressourcenbasierten Ansatzes (→ *Ressourcenbasierter Ansatz*) begründet die daraus resultierende überlegene Ressourcenausstattung des Unternehmens nachhaltige Wettbewerbsvorteile und ermöglicht dadurch die Erzielung einer überdurchschnittlichen Rentabilität. Das Allianzportfolio des Unternehmens kann daher selbst eine wichtige strategische Ressource des fokalen Unternehmens darstellen (*Hoffmann* 2002).

Empirische Befunde bestätigen, dass Unternehmen aus High-Tech-Branchen (*Harbison/Pekar* 1998) sowie aus Branchen, die einem hohen Restrukturierungsdruck ausgesetzt sind (*Hammes* 1994), eine besonders hohe Kooperationsneigung aufweisen.

Neben dem strategischen Ressourcenbedarf des Unternehmens werden die Allianzaktivitäten auch durch die *vorhandenen bzw. verfügbaren Beziehungen* bestimmt (*Eisenhardt/Schoonhoven* 1996). Zahlreiche empirische Studien belegen, dass Unternehmen bevorzugt mit jenen Partnern neue Allianzen eingehen, mit denen sie bereits seit längerer Zeit erfolgreich kooperieren. Diese Erkenntnis unterstreicht die Bedeutung von → *Vertrauen* zwischen den Allianzpartnern für den Kooperationserfolg (*Gulati* 1995).

2. Ziele von strategischen Allianzen

Strategische Allianzen stellen *Instrumente des Strategischen Managements* (→ *Strategisches Management*) dar, mit deren Hilfe die Unternehmensentwicklung im Sinne der angestrebten strategischen Zielelung gestaltet werden kann. Der grundsätzliche Vorteil von strategischen Allianzen besteht darin, die Effizienz- und Flexibilitätsvorteile des Marktes mit der Stabilität und lernfördernden Atmosphäre der internen Organisation von wirtschaftlichen Aktivitäten zu kombinieren. Durch die Verknüpfung der Ressourcen und Aktivitäten mehrerer Unternehmen können *Volumen-, Transfer- und Zeitvorteile* erschlossen werden.

Im Einzelnen können Unternehmen mit Allianzen folgende Ziele verfolgen:

- *Zeitvorteile*, z.B. Beschleunigung von F&E-Projekten durch Zusammenlegen der Kompetenzen und Kapazitäten mehrerer Unternehmen (z.B. gemeinsame Chipentwicklung durch IBM, Siemens und Toshiba) oder Beschleunigung der Globalisierung durch regionale Partner (z.B. Expansion der Telekomunternehmen).
- *Wissenszugang*, insb. Zugriff auf bzw. Aneignung von Produkt- und Prozesstechnologien (z.B. Zugriff auf das Turbinen Know-how von Pratt & Whitney durch Siemens).
- *Marktzugang*, d.h. Zugang zu neuen Vertriebskanälen oder Absatzregionen durch Vermarktungspartner (z.B. Pharmaunternehmen, die für ihre Produkte durch Co-Marketing zusätzliche Vertriebsschienen eröffnen).
- *Kosten senken/Marktmacht erhöhen*, bspw. durch Pooling von Einkaufsmacht in Beschaffungskooperationen oder von Produktionskapazitäten zur Erzielung von Skaleneffekten in Form von Produktions-Joint-Ventures.
- *Risiko vermindern*, durch Aufteilung des Investitionsrisikos auf mehrere Partner (z.B. die gemeinsame Entwicklung des Advanced Photo Systems durch Kodak, Fuji und Polaroid); eine weitere Möglichkeit zur Risikoreduktion besteht darin, durch mehrere parallele Allianzen gleichzeitig unterschiedliche Entwicklungsoptionen zu verfolgen, um nicht „Alles auf eine Karte setzen" zu müssen.
- *Akzeptanz sichern*, bspw. durch lokale Partner in Schwellenländern (z.B. China-Joint-Venture) oder strategische Partnerschaften von erwerbswirtschaftlichen Unternehmen mit Non-Profit-Organisationen (z.B. die strategische Allianz von Federal Express mit dem Roten Kreuz in den USA).

Die an einer Allianz beteiligten Unternehmen können durchaus unterschiedliche (aber kompatible) Ziele verfolgen. So kann bspw. für einen Partner das Ziel der Allianz darin bestehen, für seine Produkte einen neuen Markt zu erschließen (Marktzugang), während der andere Partner durch die Sortimentserweiterung eine bessere Auslastung seines Vertriebs anstrebt (Kosten senken und Marktmacht erhöhen).

Die vorliegenden empirischen Untersuchungen weisen recht unterschiedliche und im Zeitverlauf schwankende relative Bedeutungen der einzelnen Ziele bzw. Zielkombinationen von Allianzen aus. Allerdings belegen empirische Befunde die signifikante Abhängigkeit der Allianzziele von der Stellung des zugrunde liegenden Geschäfts im Marktlebenszyklus (*Hoffmann/Scherr* 1999): Während in der Einführungs- und Wachstumsphase die Ziele Wissenszugang, Marktzugang und Risikoreduktion hohe Bedeutung haben, dominiert in der Reife- und Rückgangsphase das Ziel Kostenreduktion und Marktmacht erhöhen.

III. Erfolg und Erfolgsfaktoren

Die vorliegenden Befunde über Erfolg bzw. Misserfolg von Allianzen weisen Erfolgsraten aus, die von unter 50% bis über 75% reichen. Diese divergierenden Ergebnisse sind nicht zuletzt darauf zurückzuführen, dass der Erfolg von Allianzen nicht so einfach festzustellen ist: Erfolg aus Sicht eines oder mehrerer Partner? Dauer oder Zielerreichung als Erfolgsmaßstab? Beurteilung nach dem Beitrag zur finanziellen Performance des Unternehmens oder zum Potenzialaufbau? Betrachtet man strategische Allianzen als Instrumente, die Unternehmen zur Verwirklichung ihrer strategischen Ziele einsetzen, ist der Allianzerfolg in erster Linie nach dem Zielerreichungsgrad aus Sicht jedes der Partnerunternehmen zu beurteilen. Ungeachtet der Schwierigkeiten, den Erfolg von Allianzen zu operationalisieren und zu messen, zeigen doch alle empirischen Studien, dass relativ viele strategische Allianzen scheitern (*Bleeke/Ernst* 1995) und die Instabilität von Allianzbeziehungen relativ hoch ist (*Kogut* 1988; *Park/Russo* 1996).

Mehrere Studien haben daher versucht, die Erfolgsfaktoren von strategischen Allianzen herauszuarbeiten (*Fontanari* 1995; *Park/Ungson* 1997; *Hoffmann/Schlosser* 2001). Als wesentliche Voraussetzungen für die *erfolgreiche Anbahnung* von strategischen Allianzen wurden identifiziert: (1) übereinstimmende (kompatible) strategische Interessen („strategischer Fit"), (2) komplementäre oder gleichartige Ressourcen, (3) etwa gleichwertige Leistungsbeiträge (Anreiz-Beitrags-Gleichgewicht) und (4) Übereinstimmung grundlegender Werthaltungen und Weltsichten (übereinstimmendes Geschäftsverständnis). Eine etablierte Vertrauensbeziehung zwischen den handelnden Personen, die aus früherer Zusammenarbeit gewachsen ist, fördert die Anbahnung neuer strategischer Partnerschaften.

Das *erfolgreiche laufende Management* von strategischen Allianzen wird begünstigt durch (1) die sichtbar gelebte Unterstützung der Partnerschaft durch das Top-Management aller Partner, (2) den intensiven und offenen Informationsaustausch zwischen den Partnern, (3) die Bereitstellung der erforderlichen Ressourcen (quantitativ und qualitativ), (4) Institutionen und Routinen für den laufenden Informationsaustausch und die Koordination zwischen den Partnern sowie für die Überwachung der Allianzentwicklung, (5) ausreichende Autonomie und klare Kompetenzen für die operativen Allianzmanager und (6) die Aufrechterhaltung des Anreiz-Beitrags-Gleichgewichts.

In allen Entwicklungsphasen ist zu beachten, dass Allianzen durch einen Partner nur beschränkt gestaltbar sind. Allianzen verfügen per definitionem über mehrere Zentren der Willensbildung und -durchsetzung. Mit steigender Zahl der Partner sinkt dadurch die Möglichkeit eines einzelnen Unternehmens, seine Interessen zur Gänze durchzusetzen. Daraus resultieren spezifische Anforderungen an das Management und die Aufsicht von Allianzen, die u.a. bei der Besetzung von Führungspositionen zu beachten sind.

Nachhaltiger Allianzerfolg kommt also nicht von selbst, sondern verlangt nach professionellem Allianzmanagement. Unternehmen, die zur Umsetzung ihrer Strategien Allianzen einsetzen, müssen daher systematisch *Allianzmanagementkompetenz* aufbauen (*Hoffmann* 2002). Dazu ist in großen Unternehmen die Bildung eines Kompetenzzentrums für Allianzmanagement förderlich, das die kritische Reflexion der Allianzmanagementerfahrungen und die Kodifizierung von Allianzmanagementwissen unterstützt sowie wichtige Prozesse des Allianzmanagements formalisiert (→ *Wissensmanagement*).

Der direkte Einfluss von strategischen Allianzen auf den *Unternehmenserfolg* ist nur schwer zu isolieren. Allerdings liegen empirische Befunde vor, die belegen, dass Unternehmen, die sich durch eine hohe Kooperationsneigung auszeichnen, eine überdurchschnittliche Eigenkapitalrentabilität erzielen (*Harbison/Pekar* 1998), und dass marktführende Unternehmen im Durchschnitt mehr Allianzen einsetzen als ihre nachrangigen Wettbewerber (*Hoffmann/Scherr* 1999).

Literatur

Bleeke, Joel/Ernst, David: Is your strategic alliance really a sale?, in: HBR, Jg. 73, H. 1/1995, S. 97–105.
Bronder, Christof/Pritzl, Rudolf (Hrsg.): Wegweiser für strategische Allianzen – Meilen- und Stolpersteine bei Kooperationen, Frankfurt am Main et al. 1992.
Eisenhardt, Kathleen/Schoonhoven, Claudia Bird: Resource-based view of strategic alliance formation – Strategic and social effects in entrepreneurial firms, in: OS, Jg. 7, 1996, S. 136–150.
Fontanari, Martin: Kooperationsgestaltungsprozesse in Theorie und Praxis, Berlin 1995.
Gomes-Casseres, Benjamin: The alliance revolution – The new shape of business rivalry, Cambridge 1996.
Gulati, Ranjay: Does familiarity breed trust? – The implications of repeated ties for contractual choice in alliances, in: AMJ, Jg. 38, 1995, S. 85–112.
Gulati, Ranjay/Singh, Harbir: The architecture of cooperation – Managing coordination costs and appropriation concerns in strategic alliances, in: ASQ, Jg. 43, 1998, S. 781–814.
Hagedoorn, John/Osborn, Richard: The institutionalization and evolutionary dynamics of interorganizational alliances and networks, in: AMJ, Jg. 40, 1997, S. 261–278.
Hammes, Wolfgang: Strategische Allianzen als Instrument der strategischen Unternehmensführung, Wiesbaden 1994.
Harbison, John/Pekar, Peter: Smart alliances – A practical guide to repeatable success, San Francisco 1998.
Hoffmann, Werner: Management von Allianzportfolios – Strategien für ein erfolgreiches Unternehmensnetzwerk, Stuttgart 2002.
Hoffmann, Werner/Schaper-Rinkel, Wulf: Acquire or ally? – A strategy framework for deciding between acquisition and cooperation, in: MIR, Jg. 41, 2001, S. 131–159.
Hoffmann, Werner/Scherr, Maximilian: Strategische Allianzen österreichischer Unternehmen – Ergebnisse einer empirischen Untersuchung, in: Journal für Betriebswirtschaft, Jg. 49, H. 3/1999, S. 84–107.
Hoffmann, Werner/Schlosser, Roman: Success factors of strategic alliances in small and medium-sized enterprises – An empirical survey, in: LRP, Jg. 34, 2001, S. 357–381.
Kogut, Bruce: Joint ventures – Theoretical and empirical perspectives, in: SMJ, Jg. 9, 1988, S. 319–332.
Lewis, Jordan: Partnerships for profits – Structuring and managing strategic alliances, New York 1990.
Park, Seung Ho/Russo, Michael: When competition eclipses cooperation – An event history analysis of joint venture failure, in: Man.Sc., Jg. 42, 1996, S. 875–890.
Park, Seung Ho/Ungson, Gerardo: The effect of national culture, organizational complementarity, and economic motivation on Joint Venture dissolution, in: AMJ, Jg. 40, 1997, S. 279–307.
Sydow, Jörg: Strategische Netzwerke – Evolution und Organisation, Wiesbaden 1992.

Anreizsysteme, ökonomische und verhaltenswissenschaftliche Dimension

Bruno S. Frey/Matthias Benz

[s.a.: Corporate Governance (Unternehmensverfassung); Karrieren und Laufbahnen; Motivation; Motivationsorientierte Organisationsmodelle; Organisatorische Gestaltung (Organization Design); Prinzipal-Agenten-Ansatz; Profit-Center; Vergütung von Führungskräften.]

I. Notwendigkeit und Formen von Anreizsystemen; II. Ökonomische Dimension: extrinsische Anreize; III. Verhaltenswissenschaftliche Dimension: Intrinsische Anreize; IV. Weitere Aspekte von Anreizsystemen.

Zusammenfassung

Anreizsysteme bezwecken, das Verhalten von Mitarbeitenden auf die Ziele der Unternehmung auszurichten. Extrinsische Anreize stellen Einkommensziele in den Vordergrund, intrinsische Anreize hingegen sprechen in der Aufgabenerfüllung selbst begründete Bedürfnisse an. Beide Formen von Anreizsystemen haben spezifische Vor- und Nachteile. Unternehmen besitzen ein breites Spektrum von Möglichkeiten, um geeignete Arbeitsanreize zu setzen.

I. Notwendigkeit und Formen von Anreizsystemen

Anreizsysteme stellen ein zentrales Instrument für Organisationen dar, um das Verhalten der Mitarbeitenden auf die Ziele der Unternehmung auszurichten. Anreizsysteme sind nötig, weil in aller Regel nicht davon ausgegangen werden kann, dass sich Mitarbeitende ohne entsprechende organisatorische Maßnahmen im Interesse einer Organisation verhalten (→ *Prinzipal-Agenten-Ansatz*). Gleichzeitig sind andere Instrumente, die Organisationen zur Verhaltenssteuerung ihrer Mitglieder zur Verfügung stehen, nur beschränkt wirksam. Mittels Arbeitsverträgen ist es meist nicht möglich oder nicht sinnvoll, das Verhalten von Mitarbeitenden unter allen vorstellbaren Bedingungen präzise vorzuschreiben. Auch einem alleinigen Abstellen auf die Kontrolle von Arbeitsabläufen oder von Arbeitsergebnissen sind Grenzen gesetzt, weil dies meist keinen positiven Anreiz bietet, auf die Unternehmensziele hinzuarbeiten, und es mit hohen Kontrollkosten verbunden sein kann. Anreizsysteme sollen bewirken, dass sich Mitarbeitende aus eigenem Interesse im Sinne der Unternehmung verhalten.

Anreizsysteme können prinzipiell auf zwei Formen von menschlicher Motivation gerichtet sein (→ *Motivation*). Extrinsische Anreize* stellen vor allem die Einkommensziele von Akteuren in den Vordergrund. Die Frage nach der effizienten Ausgestaltung von extrinsischen Anreizen aus der Sicht der Unternehmung wie auch der Mitarbeitenden stellt die ökonomische Dimension von Anreizsystemen dar. Anreizsysteme können zudem intrinsische Bedürfnisse ansprechen, die in der Aufgabenerfüllung selbst begründet liegen. *Intrinsische Anreize* umfassen die verhaltenswissenschaftliche Dimension von Anreizsystemen, da psychologische und soziale Grundbedürfnisse im Zentrum stehen.

Das Spektrum von Anreizsystemen, welche von Unternehmen angewendet werden, ist außerordentlich breit. Es reicht von Formen variabler Entlohnung wie *Aktien- und Aktienoptionsplänen*, *Boni*, Gewinnbeteiligungen oder Stücklöhnen, über finanzielle Vergünstigungen in Form von verbilligten Sozialbeiträgen, Versicherungen oder Wohnungen, bis hin zu Sonderzuwendungen für Führungskräfte, Zahlungen nach Beendigung des Arbeitslebens, oder anderen fringe benefits. Das Bedürfnis nach Anerkennung und Prestige kann durch Titel und Auszeichnungen (wie z.B. „Angestellter des Monats") genährt werden. Daneben stellen auch Karrieremöglichkeiten, die Vergabe von Entscheidungskompetenzen, Weiterbildungsangebote oder besondere Arbeitszeitmodelle Arbeitsanreize dar. Schließlich können die institutionelle Verfassung eines Unternehmens (→ *Corporate Governance (Unternehmensverfassung)*) und die Organisationsstruktur (→ *Organisatorische Gestaltung (Organization Design)*) wichtige Anreize für Entscheidungsträger vermitteln, ihr Verhalten an den Unternehmenszielen auszurichten.

II. Ökonomische Dimension: extrinsische Anreize

Ein Großteil der in der Praxis verwendeten Anreizsysteme zielt auf die *extrinsische Motivation* von Mitarbeitenden ab. Bei extrinsischer Motivation dient das Handeln nur als Mittel zum Zweck. Eine Tätigkeit wird unternommen, weil sie zu einer (monetären) Kompensation führt, die dann zur Befriedigung außerhalb der Arbeit liegender Bedürfnisse eingesetzt werden kann (vor allem dem Konsum von Gütern und Dienstleistungen).

Auf extrinsische Motivation abstellende Anreizsysteme setzen typischerweise am Einkommen von Mitarbeitenden an. Meist wird eine Lohnkomponente (über einen Grundlohn hinaus) festgelegt, welche mit einem bestimmten Leistungsmaß variiert. Extrinsische Anreizsysteme haben über die letzten Jahre insbesondere in Form von *Aktien- und Aktienoptionsprogrammen* für Führungskräfte an Bedeutung gewonnen (→ *Vergütung von Führungskräften*), haben aber auch in niedrigeren Hierarchiestufen und teilweise in der öffentlichen Verwaltung mittels variablen Bonuszahlungen Einzug gehalten.

Die Frage der optimalen Ausgestaltung extrinsischer Anreize ist im Rahmen des Prinzipal-Agenten-Ansatzes ausgiebig untersucht worden (→ *Prinzipal-Agenten-Ansatz*, *Jost* 2001; *Prendergast* 1999). Grundlegend wird davon ausgegangen, dass mittels einer Anbindung des Lohnes an ein beobachtbares Leistungsmaß (Arbeitsoutput) der Arbeitseinsatz von Mitarbeitenden gesteigert werden kann. Gleichzeitig werden die Kosten betrachtet, welche mit extrinsischen Anreizsystemen verbunden sind und deshalb ihre Anwendbarkeit beschränken. Im Zentrum der Analyse stehen drei Grundfragen, welche beim Einsatz von extrinsischen Anreizen in Organisationen zu beachten sind: Wie stark soll der Lohn an die (individuelle, teambasierte oder unternehmensweite) Leistung geknüpft werden? Welche Bemessungsgrundlagen sind zu verwenden, d.h. mit welchen Leistungsmaßen soll der Lohn variieren? Und darauf aufbauend: Sollen überhaupt besondere monetäre Anreize über einen Fixlohn hinaus gewährt werden?

1. Funktionale Beziehungen zwischen Lohn und Leistungsmaß

Betrachtet man alleine die (unterstellte) leistungssteigernde Wirkung von extrinsischen Anreizen, so erschiene es zunächst optimal, den Lohn von Mitarbeitenden vollständig an ein bestimmtes Leistungsmaß zu knüpfen. Je stärker die Entlohnung mit dem Erfolg variiert, desto mehr wird die extrinsische Motivation von Mitarbeitenden angesprochen und annahmegemäß ihr Einsatz zur Verbesserung der Erfolgssituation gesteigert. Das erste Problem dieses Vorgehens besteht jedoch darin, dass Mitarbeitende einem erheblichen Risiko ausgesetzt werden. Mitarbeitende einer Inserateabteilung beispielsweise, die zu hundert Prozent aufgrund der geschalteten Anzeigen entlohnt werden, sehen ihr Einkommen teils erheblichen und von ihnen nicht beeinflussbaren Schwankungen ausgesetzt (die Zahl der geschalteten Anzeigen hängt maßgeblich auch von der allgemeinen wirtschaftlichen Lage oder der redaktionellen Qualität des Printmediums ab). Da Mitarbeitende meist risikoavers sind, werden sie dieses Risiko von Einkommensschwankungen nur zu tragen bereit sein, wenn sie dafür eine Risikoprämie erhalten. Dies verursacht für die Unternehmung Kosten in Form höherer Löhne. Bei der Gewährung extrinsischer Anreize besteht deshalb ein Zielkonflikt zwischen Anreizwirkung und Kosten des Anreizsystems. Die geforderte Risikoprämie wird generell umso höher sein (und damit die optimale Intensität extrinsischer Anreize umso tiefer), je risikoaverser die Mitarbeitenden sind, und je größer das Erfolgsrisiko (die Varianz des verwendeten Leistungsmaßes) ist.

2. Bemessungsgrundlagen

Eine zweite Schwierigkeit beim Einsatz extrinsischer Anreizsysteme besteht darin, geeignete Bemessungsgrundlagen zu finden. Idealerweise sollten Leistungsmaße herangezogen werden, welche den Beitrag von Mitarbeitenden an den langfristigen Unternehmenserfolg möglichst präzise abbilden (*Holmström* 1979). In der Realität ist dies aber meist nur sehr beschränkt möglich. Erstens besteht ein Zielkonflikt zwischen einer möglichst vollständigen Erfassung des langfristigen Erfolgsbeitrags und dem Grundsatz, dass Bemessungsgrundlagen einfach kontrollierbar und intersubjektiv nachvollziehbar sein sollten. Zweitens sind der Zurechnung des Gesamterfolges auf einzelne Mitarbeitende oder gar nur einzelne Abteilungen oft aus Prinzip enge Grenzen gesetzt. Beides gilt besonders bei komplexen und in Teamarbeit erbrachten Arbeitsleistungen, wo die zur objektiven Messung des Erfolgsbeitrages aufzuwendenden Kosten entweder prohibitiv hoch sind oder die Erträge eines Anreizsystems schnell übersteigen (*Laux/Liermann* 2002).

In der Realität angewandte Bemessungsgrundlagen sind meist Näherungsgrößen, welche den Konflikt zwischen Einfachheit und präziser Erfassung des langfristigen Erfolgsbeitrages auf praktikable Art zu lösen versuchen:

- Auf der Ebene der Unternehmensführung, wo extrinsische Anreizsysteme am stärksten ausgeprägt sind, werden häufig der Aktienkurs oder der Gewinn eines Unternehmens als Bemessungsgrundlagen verwendet. Obwohl hier die Verwendung dieser Bemessungsgrundlagen als besonders geeignet erscheint, ist darauf hinzuweisen, dass auch sie den Beitrag eines einzelnen Unternehmensführers zum langfristigen Gesamterfolg nur unzureichend erfassen. Der Aktienkurs hängt maßgeblich von der gesamtwirtschaftlichen Lage und branchenweiten Entwicklungen ab, oder er kann wie in den späten 1990er Jahren durch eine allgemeine Börsenblase den wahren Wert einer Unternehmung überzeichnen. Zudem kann bspw. durch den Verzicht auf Forschungs- und Entwicklungsmaßnahmen, die Verlagerung von Abschreibungen in zukünftige Perioden oder durch bewusste Falschbuchungen der Unternehmensgewinn kurzfristig gesteigert werden, wodurch die bezogenen Entgelte über dem langfristigen Beitrag zum Unternehmenserfolg zu liegen kommen.
- Innerhalb von Organisationen ist die Praxis verbreitet, einen Lohnanteil von Abteilungsverantwortlichen an das Geschäftsergebnis von Abteilungen oder Profit-Centers (→ *Profit-Center*) zu knüpfen. Auch hier hängt allerdings die Brauchbarkeit dieser Bemessungsgrundlage davon ab, inwiefern Interdependenzen zwischen Abteilungen eine Zurechnung des Gesamterfolges überhaupt zulassen.

– Auf der Ebene des einzelnen Mitarbeiters ist – außer bei sehr einfachen, im Stücklohn bezahlten Tätigkeiten – eine objektive Bestimmung des Erfolgbeitrages meist unmöglich. An ihre Stelle tritt deshalb in individuellen Bonusprogrammen oft eine subjektive Leistungsbewertung durch den direkten Vorgesetzten. Schließlich ist darauf hinzuweisen, dass in zahlreichen Organisationen nach wie vor auf eine explizite Leistungsbeurteilung gänzlich verzichtet wird und vom kurzfristigen variablen Arbeitsoutput unabhängige Zeitlöhne gezahlt werden.

3. Dysfunktionale Effekte von extrinsischen Anreizen

Neben den beschriebenen Risiko-, Mess- und Zurechnungsproblemen existieren weitere Gründe, weshalb in der Praxis extrinsische Anreizsysteme zurückhaltend eingesetzt werden. Auf objektiven Leistungsmaßen beruhende Anreizsysteme können zahlreiche aus Sicht der Unternehmung unerwünschte Effekte nach sich ziehen. Eine zentrale Dysfunktionalität liegt im Multi-Tasking-Problem begründet (*Holmström/Milgrom* 1991). Der Arbeitseinsatz von Mitarbeitenden wird systematisch verzerrt, wenn Teile ihrer Tätigkeit mittels extrinsischer Anreize besonders entlohnt werden, andere, meist schwieriger mess- und beobachtbare, jedoch nicht. In der Realität ist wiederholt beobachtet worden, dass Mitarbeitende sich auf jene Tätigkeiten konzentrieren, welche unter das Anreizsystem fallen, und andere für die Unternehmungsziele wichtige Aspekte ihrer Arbeit vernachlässigen (*Baker/Gibbons/Murphy* 1994). Eng damit verbunden ist das Fuzzy-Tasking Problem (*Osterloh* 1999). Mitarbeitende tendieren dazu, sich wenig Gedanken über die Übereinstimmung von Entlohnungskriterien und Unternehmenszielen zu machen, wenn sie anhand von klar quantifizierten Vorgaben entlohnt werden. Unternehmen entsteht daraus der Nachteil, dass suboptimale oder wenig innovative Zielsysteme formuliert und erhalten werden. Schließlich wird der Einsatz von extrinsischen Anreizsystemen durch mögliche Manipulationsaktivitäten beschränkt. Insbesondere bei ausgeprägten extrinsischen Anreizen kann es für Unternehmensführer und andere Mitarbeitende attraktiv werden, Entlohnungskriterien zum eigenen Vorteil abzuändern, oder wertvolle Arbeitszeit darauf zu verwenden, solche Veränderungen zu erwirken.

III. Verhaltenswissenschaftliche Dimension: Intrinsische Anreize

1. Formen intrinsischer Motivation

Als Alternative zum Einsatz von extrinsischen Anreizen können Unternehmen die intrinsische Motivation von Mitarbeitenden ansprechen. Mit intrinsischer Motivation ist gemeint, dass das Handeln selbst der Zweck ist. Eine Tätigkeit wird unternommen, weil sie zu einer unmittelbaren, im Handeln selbst begründeten Bedürfnisbefriedigung führt.

Intrinsische Anreize sprechen nicht die Einkommensziele von Mitarbeitenden an, sondern sind auf psychologische und soziale Grundbedürfnisse von Mitarbeitenden ausgerichtet. Sie umfassen folgende Aspekte:

– Mitarbeitende unternehmen Tätigkeiten, weil sie ihnen Vergnügen bereiten. Intrinsische Motivation dieser Art ist oft darin begründet, dass Mitarbeitende sich für einen bedeutungs- und sinnvollen Teil der Arbeit verantwortlich fühlen, dass sie erlernte Fähigkeiten und Fertigkeiten anwenden können (Kompetenzerleben), oder dass ihnen die Tätigkeit ein Gefühl der Selbstbestimmung und Autonomie vermittelt.
– *Soziale Normen* werden um ihrer selbst willen eingehalten. Damit ist angesprochen, dass Normen der *Kooperation*, der *Fairness* und der *Ethik* aus eigenem Antrieb akzeptiert und befolgt werden.
– Selbst gesetzte Ziele werden zu erreichen versucht. Intrinsische Motivation dieser Art beinhaltet, dass sich Mitarbeitende über das Vorgeschriebene hinaus Ziele setzen und im Erreichen dieser Ziele kreativ und innovativ tätig werden.

2. Möglichkeiten und Grenzen intrinsischer Anreize

Intrinsische Motivation ist wiederholt als zentraler Faktor für die Arbeitsleistung von Mitarbeitenden diskutiert worden (*Herzberg* 1968; *Pfeffer* 1998; *Frey/Osterloh* 2000). In der Tat stellt sie für Unternehmen insofern einen unverzichtbaren Vorteil dar, als Mitarbeitende sich aus eigenem Antrieb im Sinne der Unternehmung verhalten. Das Abstellen auf intrinsische Motivation ist gerade in jenen Bereichen zentral, in denen extrinsische Anreizsysteme wenig wirksam sind. Dies trifft auf komplexe, durch starke Interdependenzen geprägte Tätigkeiten zu, deren Output schwierig messbar und auf einzelne Mitarbeiter zurechenbar ist. In vielen Fällen ist intrinsische Motivation als die einzige Möglichkeit anzusehen, das Verhalten von Mitarbeitenden nachhaltig auf die Ziele der Unternehmung auszurichten.

Dem Einsatz intrinsischer Anreizsysteme sind jedoch auch Grenzen gesetzt. Zum ersten ist intrinsische Motivation schwieriger steuerbar als extrinsische Motivation, weil sie ihrer Natur nach immer freiwillig ist. Zur Erzeugung intrinsischer Motivation bestehen keine gezielten Anreizsysteme, sondern es können nur Maßnahmen der Arbeitsgestaltung und Organisation angegeben werden, welche ihre Entstehung ermöglichen. Dazu gehören insbesondere eine interessante, herausfordernde Arbeit, prozedurale und distributive Gerechtigkeit im Unternehmen, die Gewährung von Partizipation und autonomen Entscheidungsspielräumen, eine offene Kommunikation und eine geeignete Organisationsstruktur (*Frey/Osterloh* 2000). Zum zweiten besteht eine Schwierigkeit darin, dass extrinsische und intrinsische Motivation nicht unabhängig voneinander behandelt werden können. Es ist wiederholt beobachtet worden, dass extrinsische Anreizsysteme die intrinsische Motivation verdrängen (*Deci* 1971; *Lepper/Greene* 1978; *Frey/Jegen* 2001). Extrinsische und intrinsische Anreizsysteme können deshalb nicht einfach additiv zueinander verwendet werden, sondern müssen sorgfältig aufeinander abgestimmt sein.

IV. Weitere Aspekte von Anreizsystemen

Der Begriff Anreizsysteme hat sich über die letzten Jahre, teils als Folge von Diskussionen um die Managemententlohnung, zunehmend auf den Begriff der variablen Leistungsentlohnung verengt. Darüber ist in den Hintergrund getreten, dass Unternehmungen über ein breites Instrumentarium an Möglichkeiten verfügen, um das Verhalten ihrer Mitarbeitenden auf die Organisationsziele auszurichten (*Frey/Osterloh/Frost* 1999). Nach wie vor zählen bspw. Karriereanreize zu den wirksamsten Mitteln, um die Leistungsbereitschaft von Mitarbeitenden zu fördern (→ *Karrieren und Laufbahnen*). Aufstiegsmöglichkeiten sprechen sowohl die extrinsische Motivation an (aufgrund der damit einhergehenden Lohnerhöhungen und des Prestigezuwachses) wie auch die intrinsische Motivation (insofern innerlich befriedigendere Aufgaben in Aussicht stehen). Unternehmen haben zudem die gewichtige Möglichkeit, ihre Organisationsstruktur so zu gestalten, dass das Verhalten der Mitarbeitenden auf die Unternehmensziele hin koordiniert wird (→ *Motivationsorientierte Organisationsmodelle*). Schließlich liegt in der Ausgestaltung der Unternehmensverfassung (→ *Corporate Governance (Unternehmensverfassung)*) ein zunehmend diskutierter, institutioneller Weg, um eine Tätigkeit von Unternehmensführern und anderen Mitarbeitenden im Sinne der Unternehmung zu gewährleisten.

Literatur

Baker, George/Gibbons, Robert/Murphy, Kevin J.: Subjective Performance Measures in Optimal Incentive Contracts, in: QJE, Jg. 109, 1994, S. 1125–1136.
Deci, Edward L.: The Effect of Externally Mediated Rewards on Intrinsic Motivation, in: JPSP, Jg. 18, 1971, S. 105–115.
Frey, Bruno S./Jegen, Reto: Motivation Crowding Theory: A Survey of Empirical Evidence, in: Journal of Economic Surveys, Jg. 15, 2001, S. 589–611.
Frey, Bruno S./Osterloh, Margit (Hrsg.): Managing Motivation. Wie Sie die neue Motivationsforschung für Ihr Unternehmen nutzen können, Wiesbaden 2000.
Frey, Bruno S./Osterloh, Margit/Frost, Jetta: Was kann das Unternehmen besser als der Markt?, in: ZfB, Jg. 69, 1999, S. 1245–1262.
Herzberg, Frederick: One More Time: How Do You Motivate Employees?, in: HBR, Jg. 46, H. 1/1968, S. 53–62.
Holmström, Bengt: Moral Hazard and Observability, in: Bell Journal of Economics, Jg. 10, 1979, S. 74–91.
Holmström, Bengt/Milgrom, Paul: Multi-Task Principal Agent Analyses: Incentive Contracts, Asset Ownership and Job Design, in: Journal of Law, Economics and Organization, Jg. 7, 1991, S. 24–52.
Jost, Peter J. (Hrsg.): Die Prinzipal-Agenten-Theorie in der Betriebswirtschaftslehre, Stuttgart 2001.
Laux, Helmut/Liermann, Felix: Grundlagen der Organisation, 5. A., Berlin 2002.
Lepper, Mark R./Greene, David (Hrsg.): The Hidden Costs of Rewards. New Perspectives on the Psychology of Human Motivation, New York 1978.
Osterloh, Margit: Wertorientierte Unternehmensführung und Management-Anreizsysteme, in: Unternehmensethik und die Transformation des Wettbewerbs. Shareholder-Value – Globalisierung – Wettbewerb. Festschrift für Prof. Dr. Dr. h.c. Horst Steinmann zum 65. Geburtstag, hrsg. v. *Kumar, Brij/Osterloh, Margit/Schreyögg, Georg*, Stuttgart 1999, S. 183–204.
Pfeffer, Jeffrey: The Human Equation: Building Profits by Putting People First, Cambridge 1998.
Prendergast, Canice: The Provision of Incentives in Firms, in: Journal of Economic Literature, Jg. 37, 1999, S. 7–63.

Arbeitsorganisation

Hans-Gerd Ridder

[s.a.: Arbeitsteilung und Spezialisierung; Aufbau- und Ablauforganisation; Aufgabenanalyse; Modulare Organisationsformen; Motivationsorientierte Organisationsmodelle; Organisatorische Gestaltung (Organization Design); Stellen- und Abteilungsbildung; Teamorganisation.]

I. Begriff und zentrale Themen der Arbeitsorganisation; II. Arbeitsorganisation zwischen Humanität und Wirtschaftlichkeit; III. Arbeitsorganisation als Wettbewerbsvorteil; IV. Ergebnisse empirischer Forschung; V. Zusammenfassung.

Zusammenfassung

Das Themenfeld „Arbeitsorganisation" wurde lange im Spannungsfeld von Humanität und Wirtschaftlichkeit diskutiert. Ausgehend von tayloristischen Formen der Arbeitsorganisation löste die Kritik an der körperlichen und psychischen Belastung der Arbeitnehmer die Suche nach alternativen Formen der Arbeitsorganisation zunächst unter humanitären Gesichtspunkten aus. Vor dem Hintergrund der Globalisierung des Wettbewerbs gewinnt die Frage an Bedeutung, ob und in welcher Form die Arbeitsorganisation Produktivitätsvorteile erschließt, die den Anschluss an die Wettbewerber sicherstellen oder Wettbewerbsvorteile ermöglichen.

I. Begriff und zentrale Themen der Arbeitsorganisation

Arbeitsorganisation ist ein Feld, das aus unterschiedlichen Perspektiven bearbeitet wird (insb. Industriesoziologie und Arbeitspsychologie). Aus betriebswirtschaftlicher Sicht kann hier zunächst auf die Aufgabe verwiesen werden, das Verhältnis von Faktoreinsatz und Faktorertrag im Hinblick auf den Einsatz von Arbeitnehmern zu untersuchen (vgl. *Ridder* 2002). Organisationstheoretisch stellt sich die Frage, wie komplexe Tätigkeiten, Aufgaben und Handlungen zwischen Menschen in einer Organisation aufgeteilt und koordiniert werden. Arbeitsorganisation ist damit abzugrenzen von der Aufbauorganisation (→ *Aufbau- und Ablauforganisation*) einerseits (Formalstruktur der Abteilungen, Stellen, Instanzen) und der (ergonomischen) Gestaltung der Arbeitsplätze andererseits. Im Folgenden wird Arbeitsorganisation als Festlegung der Aufgabenverteilung (→ *Aufgabenanalyse*; → *Stellen- und Abteilungsbildung*) zwischen Arbeitnehmern und der Bestimmung der Arbeitsinhalte und -abläufe behandelt. Mit dieser Spezifizierung kann die Beschäftigung mit Arbeitsorganisation an zwei Bearbeitungsstränge angeschlossen werden. Ein durchgängiger Untersuchungsgegenstand beinhaltet die Frage nach der Effizienz der Arbeitsorganisation und ihre Auswirkungen auf die Arbeitsbedingungen der Arbeitnehmer (s. Abschnitt II). In jüngerer Zeit wird danach gefragt, ob und in welcher Form Arbeitsorganisation als Wettbewerbsvorteil interpretiert werden kann (s. Abschnitt III). Eine Übersicht über empirische Befunde beschließt dieses Stichwort (s. Abschnitt IV).

II. Arbeitsorganisation zwischen Humanität und Wirtschaftlichkeit

1. Taylorismus und Fordismus

Die Prinzipien der Arbeitsteilung sind untrennbar mit dem Namen F. W. Taylor verbunden. Zu Beginn des 20. Jahrhunderts hat er durch seine Ideen die lange Zeit dominierende Form der Arbeitsorganisation maßgeblich beeinflusst. Insbesondere in seinem Buch „Die Grundsätze wissenschaftlicher Betriebsführung" (*Taylor* 1913/1977) hat Taylor Prinzipien für die Kombination von Arbeitsteilung und Technikeinsatz entwickelt, die als „*Taylorismus*" im Kern fünf Elemente umfassen:

- **Auslese:** Hier geht es darum, den „besten Mann" für spezifische Verrichtungen herauszufinden.
- **Arbeitsanalyse:** Alle überflüssigen Bewegungen und Operationen einer Tätigkeit werden eliminiert, geeignete Werkzeuge werden ausgewählt. Anschließend werden mit Zeiterfassungssystemen alle Operationen gemessen, und die Reihenfolge der Teiloperationen wird so angeordnet, dass sie sich auf die schnellste Art und Weise ausführen lassen. Dieser Grundgedanke hat sich im Fließband auf unübersehbare Weise manifestiert.
- **Anleitung:** Der „beste Mann" wird nun darin eingewiesen, wie auf die vorgeschriebene bestmögliche Weise die Teilverrichtung auszuführen ist, wie bestimmte Werkzeuge in einer vorgeschriebenen Reihenfolge zu benutzen und die durch Zeitnehmer festgelegten Zeitvorgaben einzuhalten sind.
- **Trennung von Hand- und Kopfarbeit:** Der Arbeitsteilung auf horizontaler Ebene entspricht die Arbeitsteilung auf vertikaler Ebene. Im Taylorismus werden Spezialisierungsvorteile darin gesehen, dass die Leitung eines Unternehmens den Planungs- und Organisationsprozess permanent verbessert, während Arbeiter von diesen Verbesserungen auf der Ausführungsebene durch höhere Produktivität und damit höhere Löhne profitieren.
- **Verknüpfung von Lohn und Leistung:** Es wird davon ausgegangen, dass Arbeitnehmer in erster Linie durch höhere Löhne zu schnellerer Arbeit motiviert werden können.

Die Anwendung der tayloristischen Prinzipien erfuhr eine erhebliche Breitenwirkung im sog. „*Fordismus*", als Henry Ford diese Prinzipien mit mechanischen Abläufen im Fließband verband und in der Automobilindustrie einsetzte. Die Verbindung von tayloristischen Prinzipien der Arbeitsorganisation mit mechanischer Fließbandtechnologie legte das Fundament für die industrielle Massenproduktion. Handlungsspielräume waren durch die getakteten Arbeitsvorgaben weitgehend ausgeschlossen (vgl. *Berggren* 1991).

2. Pathologien der tayloristischen Arbeitsorganisation

Aus *humanitärer* Sicht wird die kollektive Prosperität mit erheblichen individuellen Nachteilen erkauft und führt zu Widerständen in Politik, Gewerkschaften und bei den Arbeitnehmern selbst. Der menschliche Körper wird im Taylorismus einseitig belastet und geschädigt, was sich bspw. in einem hohen Krankenstand niederschlägt. Enge Aufgabenstellungen ohne eigene Dispositionsfähigkeit werden nicht akzeptiert und fördern die Bereitschaft, den Arbeitsplatz bzw. das Unternehmen zu wechseln. Die durch monotone Tätigkeit entstehende psychische Belastung führt zu Resignation und Gleichgültigkeit gegenüber dem Produkt und dem Produktionsablauf. Der Widerstand gegen eine scheinbar durch technische Vorgaben erzwungene Arbeitsorganisation entwickelt sich zur Auseinandersetzung um Arbeitsbedingungen,

Lohnhöhe und Kontrolle über den Arbeitsprozess (vgl. *Braverman* 1977; *Edwards* 1981).

Auch aus *ökonomischer* Sicht wird der Taylorismus eher kritisch beurteilt (vgl. *Ridder* 1999, S. 300 ff.):

- hohe Kosten aufgrund von physischen und psychischen Deprivationen (z.B. Fehlzeiten);
- Kosten der personalwirtschaftlichen Anreizsysteme zur Aufrechterhaltung und Erhöhung der Leistung;
- hohe Kontroll- und Qualitätskosten dienen der Aufrechterhaltung einer marktfähigen Produktqualität;
- mangelnde Effizienz aufgrund langer Durchlaufzeiten und hoher Gemeinkosten.

Beide Kritikfelder haben für andauernde Diskussionen über das Spannungsfeld von Humanität und Wirtschaftlichkeit gesorgt und in unterschiedlichem Ausmaß Alternativentwürfe generiert.

3. Flexibilitätskonzepte als Antwort auf Konkurrenz am Arbeitsmarkt

In den 70er Jahren gab die Firma Volvo Anstoß für arbeitsorganisatorische Experimente, da sie Schwierigkeiten hatte, für die Fließbandtätigkeit junge Arbeitnehmer zu rekrutieren (vgl. ausführlich *Bartölke* 1992). Vor dem Hintergrund eines ausgereizten Arbeitsmarktes traten bei diesen Formen der Arbeitsorganisation erhebliche Absentismus-, Fluktuations- und Qualitätsprobleme auf. Mit neuen Formen der Arbeitsorganisation, insb. Gruppenarbeit (→ *Gruppen und Gruppenarbeit*), wollte die Firma Volvo diese Probleme beheben und gleichzeitig ihre Attraktivität als Arbeitgeber steigern.

Zur selben Zeit wurde in Deutschland von der damaligen Bundesregierung ein Forschungsprogramm aufgelegt, das die Humanisierung des Arbeitslebens fördern sollte (vgl. *Gohl* 1977). Im Rahmen arbeitswissenschaftlicher Forschung, in Pilotprojekten und betrieblichen Humanisierungsprojekten wurden Grundprobleme der horizontalen Arbeitsteilung identifiziert und neue Formen der Arbeitsorganisation erprobt. Im Ergebnis können drei Standardformen des flexiblen Arbeitseinsatzes unterschieden werden:

- *Job enrichment*: Erweiterung der Autonomie, indem bestehende Tätigkeiten um vor- und nachgelagerte Tätigkeiten erweitert werden (z.B. Planungs- und Kontrolltätigkeiten).
- *Job enlargement/Job rotation*: Erweiterung der Variabilität, indem verschiedene aber gleichartige Tätigkeiten durch den Arbeitnehmer ausgeführt werden.
- *Teilautonome Gruppenarbeit*: Die Erstellung eines (Teil-)Produktes wird der Gruppe verantwortlich übertragen. Innerhalb der Gruppen können die Arbeitnehmer zwischen verschiedenen Arbeitsplätzen wechseln und den Arbeitsumfang der einzelnen Arbeitsschritte selbst festlegen.

Bereits in diesem Forschungsprogramm wurden positive Auswirkungen der Rücknahme von Arbeitsteilung auf Produktivität, Reduzierung von Krankenstand, Qualität der Produkte etc. festgestellt. Da diese Konzepte aber im Wesentlichen als Motor einer Humanisierung und Demokratisierung der Arbeitswelt konzipiert wurden, war die Akzeptanz in der Industrie eher schwach ausgeprägt, und die Projekte wurden ohne Subventionierung nicht weiter verfolgt (vgl. *Ridder/Janisch/Bruns* 1993).

III. Arbeitsorganisation als Wettbewerbsvorteil

1. Flexible Arbeitnehmer für flexible Organisationen: Die Entwicklung neuer Produktionskonzepte

Seit den 80er Jahren wird Arbeitsorganisation weniger als Abwehr und Überwindung von tayloristischen Pathologien oder Reaktion auf die Konkurrenz um qualifizierte Arbeitnehmer verstanden, sondern Arbeitsorganisation wird Bestandteil von unternehmensstrategischen Neuorientierungen. Vor dem Hintergrund eines sich weltweit verschärfenden Wettbewerbs auf den Produktmärkten fokussieren die Unternehmensstrategien auf höhere Flexibilität in der Anpassung an die Nachfrage und suchen nach Formen der Arbeitsorganisation, in denen die Vorteile der industriellen Massenproduktion mit der Notwendigkeit einer höheren Flexibilität kombiniert werden können. Dieser Zusammenhang wird in neuen Produktionskonzepten unterschiedlich entwickelt:

- Flexible Spezialisierung (vgl. *Piore/Sabel* 1985) (→ *Modulare Organisationsformen*);
- systemische Rationalisierung (vgl. *Kern/Schumann* 1984);
- anthropozentrische Rationalisierung (vgl. *Brödner* 1986);
- schlanke Produktion (vgl. *Womack/Jones/Roos* 1994);
- Business Reengineering (vgl. *Hammer/Champy* 1996).

Diese Konzepte beinhalten verschiedene Ansatzpunkte, um die Qualifikation von Arbeitnehmern, die Verbreiterung von Arbeitsinhalten und die Integration von indirekten und dispositiven Funktionen in den Arbeitsablauf nach Maßgabe der sich verändernden Markt- und Wettbewerbssituation zu fördern. Im Kern können diese Konzepte als Bestandteil einer Umorientierung gewertet werden, in der schnelle technische Entwicklung und flexible Anpassung an Märkte nur durch flexiblere Organisationsformen und anpassungsfähige Arbeitnehmer erreicht werden können. Entsprechend werden korrespondierende Flexibilisierungspotentiale durch Modularisierung, Enthierarchisierung, Dezentralisierung und Netzwerkbildung in der Binnenstruktur erprobt (vgl. *Picot/Reichwald/Wigand* 2001) und durch neue Formen der Arbeitszeit, z.B. *Telearbeit* ergänzt. Insbesondere Formen alternierender Telearbeit erweitern die Flexibilitätspotentiale in zeitlicher und räumlicher Hinsicht, wenn Arbeitnehmern eine größere Autonomie im Hinblick auf die Frage eingeräumt wird, ob Tätigkeiten im Betrieb oder (teilweise) in anderen Arbeitsstätten oder an häuslichen Arbeitsplätzen durchgeführt werden (vgl. *Ridder/Jensen* 2002).

2. Selbststeuernde Arbeitsgruppen als arbeitsorganisatorische Basis neuer Produktionskonzepte

Als zentrales Element dieser Produktionskonzepte gelten die Einführung und der Ausbau von sich *selbststeuernden Arbeitsgruppen*. Es werden nicht nur Tätigkeitsspielräume durch Aufgabenintegration, sondern auch Entscheidungsspielräume der Arbeitnehmer erweitert. Damit soll sich auch die abhängige Rolle der Mitarbeiter verändern. Arbeitnehmer einer Gruppe sollen nicht vorgegebenen Regeln und Prozeduren der Arbeitsvorbereitung folgen, sondern zur Bewältigung der Aufgabe eigene Regeln und Arbeitsprozeduren aufstellen. Dieses *Empowerment* erfordert nicht nur, die beruflichen Fähigkeiten von Arbeitnehmern zu vertiefen, sondern auch deren Eigeninitiative, Selbstdisziplin und Motivation (→ *Motivationsorientierte Organisationsmodelle*) zu fördern (vgl. *Lee/Koh* 2001). Empowerment wird verstärkt eingesetzt, um die Leistungsfähigkeit dadurch zu erhöhen, dass Anforderungen an die Flexibilität von Unternehmen nicht mehr ausschließlich an das Management, sondern in gleicher Weise an die Koordinations- und Kontrollfähigkeit (→ *Kontrolle*) von Gruppen geknüpft werden. Damit steuern Gruppen ihren Arbeitsprozess selbst und verfügen über Handlungsspielräume, um ihre Arbeitsergebnisse in hohem Maße selbst kontrollieren zu können (vgl. *Ridder* et al. 2001, S. 90 ff.).

Allerdings differieren die Vorstellungen darüber, in welchen Ausprägungen diese Formen der Arbeitsorganisation zu den wirtschaftlichen Zielen beitragen. Das Spektrum reicht von an tayloristischen Prinzipien ausgerichteten Fertigungsteams, die an japanischen Produktionskonzepten (*lean production*) orientiert sind, bis zu weitgehend autonomen Gruppen, die Planung, Arbeitsorganisation und Kontrolle in eigener Verantwortung organisieren und die sich an europäisch/skandinavischen Produktionskonzepten (anthropozentrisch/systemisch) orientieren (vgl. *Adler/Cole* 1993). Für die Automobilindustrie verweist bspw. Springer (*Springer* 1999) auf Ausprägungen dieses Spektrums als konkurrierende Ansätze: In der partizipativen Rationalisierung wird auf die aktive Beteiligung der Arbeitnehmer bei der Entwicklung neuer Rationalisierungsstrategien gesetzt. Hier werden die damit verbundene Einbeziehung von konkurrierenden Interessen und die positiven Wirkungen auf eine humane Arbeitsorganisation positiv, aber die damit verbundene langsamer greifende wirtschaftliche Wirkung negativ interpretiert. In der spezialisierten Rationalisierung werden Produktivitätsrückstände als Begründung herangezogen, um Standardisierung und Spezialisierung zu intensivieren und den Einfluss der Arbeitnehmer zu relativieren.

IV. Ergebnisse empirischer Forschung

Empirische Untersuchungen zur Verbreitung und zu den Wirkungen von neuen Formen der Arbeitsorganisation haben als grundsätzliches Problem unterschiedliche Definitionen und Typologisierungen. In einer Durchsicht von Überblicks- und Metaanalysen kommt Antoni (*Antoni* 1997) zu dem Ergebnis, dass die dort referierten Effekte mit unterschiedlichen Methoden erhoben wurden, was ihre Vergleichbarkeit erschwert. Auch im Hinblick auf die Arbeitsbedingungen werden widersprüchliche Untersuchungsergebnisse vorgestellt.

Im Hinblick auf den Verbreitungsgrad kann festgestellt werden, dass die Diskrepanz zwischen der publizistischen Aufmerksamkeit und der realen Verbreitung erheblich ist. In einer vergleichenden europäischen Untersuchung (vgl. *Friedrich* et al. 2000) geben nur ein Fünftel der befragten Unternehmen an, dass sie systematisch Job rotation durchführen. Im Hinblick auf Gruppenarbeit zeigt sich, dass Zahlen zu ihrer Verbreitung in Abhängigkeit von herangezogenen Kriterien differieren. In der zehn europäische Länder umfassenden EPOC-Studie (32.000 Betriebe; Rücklaufquote 18%) wird auf der Basis von Schlüsselkategorien die Verbreitung von Gruppenarbeit vergleichend untersucht. Bei diesen Schlüsselkategorien handelt es sich um die Entscheidungsvollmacht der Gruppe im Hinblick auf Arbeitszuweisung, Arbeitsplanung, Arbeitsqualität, Einhaltung von Terminen, An- und Abwesenheitskontrolle, Job rotation, Arbeitsabsprachen mit anderen betriebsinternen Gruppen, Verbesserung von Arbeitsabläufen. Die Autoren stellen fest, dass lediglich 4% der befragten Betriebe europaweit Gruppenarbeit als dominierendes Arbeitsorganisationsprinzip aufweisen. Nur hier werden die o.a. Kategorien überwiegend erreicht, und es sind mehr als 70% der Kernbelegschaft in Gruppenarbeit einbezogen. Als wesentliche Motive zur Einführung von Gruppenarbeit werden Qualität und kontinuierliche Verbesserung genannt. Die Verbreitung in Deutschland wird als unterdurchschnittlich ausgezeichnet, und es dominieren ökonomische Ziele. Als ökonomische Effekte werden im Wesentlichen die Verbesserung der Qualität von Gütern und Dienstleistungen, höhere Produktivität und verbesserte Durchlaufzeiten hervorgehoben (vgl. *Benders* et al. 1999).

Bei der Analyse der Wirkungen unterschiedlicher Formen der Arbeitsorganisation haben Großunternehmen im Automobilbau besondere Aufmerksamkeit erhalten, da hier aufgrund des internationalen Konkurrenzdrucks und der Überschaubarkeit der Branche eine Vielzahl von Pilotprojekten durchgeführt wurde. In einer Untersuchung der Gruppenarbeitsprojekte der Mercedes Benz AG wird die betriebswirtschaftliche Vorteilhaftigkeit von Gruppenarbeit bestätigt (vgl. *Schumann/Gerst* 1997). In der wissenschaftlichen Begleitforschung zeigen sich allerdings Unterschiede im Hinblick auf die Durchsetzung und Akzeptanz der Gruppenarbeitskonzepte. So wurde festgestellt, dass in teilautomatisierten Fertigungsbereichen Gruppenarbeit leichter zu realisieren ist als in der manuellen Fertigung. Dort wird an kurzgetakteten Bewegungsroutinen festgehalten, auch wenn das Bearbeitungsspektrum durch vor- und nachgelagerte Arbeiten erweitert wird. In einer Untersuchung von Antoni (*Antoni* 1995) werden in Bezug auf teilautonome Arbeitsgruppen zwei Effekte genannt. In personeller Hinsicht nennen die befragten Unternehmen eine höhere Motivation und Verantwortung der Arbeitnehmer, eine Steigerung der Identifikation und eine höhere Arbeitszufriedenheit. In wirtschaftlicher Hinsicht nennen die Unternehmen eine Steigerung der Produktivität und Flexibilität, die Verbesserung der Qualität und die Reduzierung von Fehlzeiten. Als Hauptprobleme benennt Antoni im Hinblick auf teilautonome Arbeitsgruppen mangelnde Akzeptanz und Qualifikation bei den Arbeitnehmern und Widerstände beim mittleren Management (insb. Meister), das einen Funktionswandel zu durchlaufen hat. In eine ähnliche Richtung weisen Befunde von Bungard und Jöns (*Bungard/Jöns* 1997). In ihrer empirischen Untersuchung in 84 Unternehmen überwiegt die Einführung von Gruppenarbeit, die sich an dem Konzept der lean production orientiert. Negativ werden Zeitdruck und geringere zeitliche Autonomie bewertet. Positiv werden größere Selbständigkeit, mehr Abwechslung und eine verbesserte Zusammenarbeit gesehen.

Ein Systemvergleich im Hinblick auf ökonomische und humane Effekte fällt schwer. Antoni (*Antoni* 1994) weist darauf hin, dass empirische Untersuchungen den Fertigungsteams in vielen Bereichen eine höhere Produktivität bescheinigen. Es bleibt aber unklar, ob diese höhere Produktivität auf den Einfluss der Fertigungsteams oder auf vorgelagerte Entscheidungen über die technische Infrastruktur und die Einbeziehung der Vorlieferanten zurückzuführen ist. Im Rahmen einer dreijährigen Studie untersuchen Frieling und Freiboth (*Frieling/Freiboth* 1997) in zwölf Automobilwerken die Auswirkungen von Gruppenarbeit auf Arbeitszufriedenheit und Mitbestimmung in betrieblichen Fragen. Hierbei zeigt sich, dass trotz aller Diskussionen um Arbeitsanreicherung die rein ausführende Montagetätigkeit bei 90% liegt. Bei Taktzeiten zwischen 15 und 120 Sekunden ist die Integration vor- und nachgelagerter Arbeiten nur begrenzt möglich, auch die Qualifizierung der Arbeitnehmer kann nur bescheiden beeinflusst werden.

V. Zusammenfassung

Zusammenfassend kann festgehalten werden, dass Annahmen des Managements über die Vorteilhaftigkeit spezifischer Formen der Arbeitsorganisation differieren. Auch die empirischen Befunde zeigen weitgehend übereinstimmend, dass sich die ökonomische Vorteilhaftigkeit von Konzepten der Arbeitsorganisation in unterschiedlichen Produktionsstrukturen different erschließt und die Frage der Erweiterung von Handlungs- und Entscheidungsspielräumen nicht grundsätzlich, sondern in Abhängigkeit von Produktivitätserwartungen entschieden wird. Damit unterliegt die Arbeitsorganisation Erwartungen im Hinblick auf die Frage, wie die Ergiebigkeit der Arbeitsleistung in Abhängigkeit von Produkt/Markt-Konstellationen gesteigert werden kann. Allerdings enthält diese Disposition immer auch das Problem der Transformation der Arbeitsorganisation in konkrete Arbeitsleistung. Langfristig – dies könnte eine der Lehren aus dem Taylorismus sein – ist die Berücksichtigung der individuellen und kollektiven Interessen der Arbeitnehmer notwendig, um die Erschließung der menschlichen Arbeitsleistung zu gewährleisten.

Literatur

Adler, Paul S./Cole, Robert E.: Designed for Learning: A Tale of Two Auto Plants, in: SMR, Jg. 34, 1993, S. 85–94.
Antoni, Conny H.: Soziale und ökonomische Effekte der Einführung teilautonomer Arbeitsgruppen – eine quasi-experimentelle Längsschnittstudie, in: Zeitschrift für Arbeits- und Organisationspsychologie, Jg. 41, 1997, S. 131–142.
Antoni, Conny H.: Gruppenarbeit in Deutschland – eine Bestandsaufnahme, in: Erfolgreiche Konzepte zur Gruppenarbeit – aus Erfahrung lernen, hrsg. v. *Zink, Klaus J.*, Neuwied et al. 1995, S. 23–37.
Antoni, Conny H.: Gruppenarbeit – mehr als ein Konzept. Darstellung und Vergleich unterschiedlicher Formen der Gruppenarbeit, in: Gruppenarbeit in Unternehmen, hrsg. v. *Antoni, Conny H.*, Weinheim 1994, S. 19–48.
Bartölke, Klaus: Teilautonome Arbeitsgruppen, in: HWO, hrsg. v. *Frese, Erich*, 3. A., Stuttgart 1992, Sp. 2384–2399.
Benders, Jos et al.: Useful but Unused – Group Work in Europe, Dublin 1999.
Berggren, Christian: Von Ford zu Volvo: Automobilherstellung in Schweden, Berlin 1991.
Braverman, Harry: Die Arbeit im modernen Produktionsprozeß, Frankfurt am Main 1977.
Brödner, Peter: Fabrik 2000: Alternative Entwicklungspfade in die Zukunft der Fabrik, 3. A., Berlin 1986.
Bungard, Walter/Jöns, Ingela: Gruppenarbeit in Deutschland – Eine Zwischenbilanz, in: Zeitschrift für Arbeits- und Organisationspsychologie, Jg. 41, 1997, S. 104–119.
Edwards, Richard: Herrschaft im modernen Produktionsprozeß, Frankfurt am Main 1981.
Friedrich, Andrea et al.: Job Rotation: An Empirical Analysis on the Utilisation and Strategic Integration in European Com-

panies, in: New Challenges for European Human Resource Management, hrsg. v. *Brewster, Chris/Mayrhofer, Wolfgang/ Morley, Michael*, New York 2000, S. 56–71.
Frieling, Ekkehart/Freiboth, Michael: Klassifikation von Gruppenarbeit und Auswirkungen auf subjektive und objektive Merkmale der Arbeitstätigkeit, in: Zeitschrift für Arbeits- und Organisationspsychologie, Jg. 41, 1997, S. 120–130.
Gohl, Jürgen (Hrsg.): Arbeit im Konflikt, München 1977.
Hammer, Michael/Champy, James: Business Reengineering: Die Radikalkur für das Unternehmen, 6. A., Frankfurt am Main 1996.
Kern, Horst/Schumann, Michael: Das Ende der Arbeitsteilung? Rationalisierung in der industriellen Produktion, München 1984.
Lee, Mushin/Koh, Joon: Is Empowerment Really a New Concept?, in: International Journal of Human Resource Management, Jg. 12, 2001, S. 684–695.
Picot, Arnold/Reichwald, Ralf/Wigand, Rolf T.: Die grenzenlose Unternehmung, 4. A., Wiesbaden 2001.
Piore, Michael J./Sabel, Charles F.: Das Ende der Massenproduktion, Berlin 1985.
Ridder, Hans-Gerd: Vom Faktoransatz zum Human Resource Management, in: Theorien des Managements, hrsg. v. *Schreyögg, Georg/Conrad, Peter*, Berlin 2002, S. 211–240.
Ridder, Hans-Gerd et al.: Strategisches Personalmanagement, Landsberg/Lech 2001.
Ridder, Hans-Gerd: Personalwirtschaftslehre, Stuttgart et al. 1999.
Ridder, Hans-Gerd/Janisch, Rainer/Bruns, Hans-Jürgen (Hrsg.): Arbeitsorganisation und Qualifikation, München et al. 1993.
Ridder, Hans-Gerd/Jensen, Theda: Telearbeit und Führung, in: Neue Formen der Beschäftigung und Personalpolitik, hrsg. v. *Martin, Albert/Nienhüser, Werner*, München et al. 2002, S. 207–246.
Schumann, Michael/Gerst, Detlef: Innovative Arbeitspolitik – Ein Fallbeispiel. Gruppenarbeit in der Mercedes-Benz AG, in: Zeitschrift für Arbeits- und Organisationspsychologie, Jg. 41, 1997, S. 143–156.
Springer, Roland: Rückkehr zum Taylorismus?, Frankfurt am Main et al. 1999.
Taylor, Frederick Winslow: Die Grundsätze wissenschaftlicher Betriebsführung, Weinheim et al. 1913/1977.
Womack, James P./Jones, Daniel T./Roos, Daniel: Die zweite Revolution in der Autoindustrie, 8. A., Frankfurt am Main 1994.

Arbeitsteilung und Spezialisierung

Dorothea Alewell

[s.a.: Arbeitsteilung und Spezialisierung; Aufgabenanalyse; Delegation (Zentralisation und Dezentralisation); Flexibilität, organisatorische; Gruppen und Gruppenarbeit; Hierarchie; Informationsverhalten; Kompetenzen, organisationale; Koordination und Integration; Modulare Organisationsformen; Motivationsorientierte Organisationsmodelle; Organisationsgrenzen; Organisationsstrukturen, historische Entwicklung von; Organisatorische Gestaltung (Organization Design); Outsourcing und Insourcing; Profit-Center; Spartenorganisation; Stäbe; Stellen- und Abteilungsbildung; Systemtheorie; Teamorganisation; Zentralbereiche.]

I. Begriff der Arbeitsteilung; II. Traditionelle Aufgabenanalyse und -synthese als Ausgangspunkt der Arbeitsteilung; III. Grundformen der Arbeitsteilung; IV. Wirkungen der Arbeitsteilung; V. Schlussfolgerungen: Anforderungen an eine umfassende Arbeitsanalyse und -synthese.

Zusammenfassung

Innerbetriebliche Arbeitsteilung tritt als Artenteilung (= Spezialisierung) und Mengenteilung auf, wobei erstere in die horizontale und vertikale Spezialisierung unterteilt werden kann. Arten- und Mengenteilung weisen unterschiedliche funktionale und dysfunktionale Wirkungen auf. Verschiedene Disziplinen analysieren schwerpunktmäßig unterschiedliche Wirkungsbündel. Eine systematische Gestaltung der Arbeitsteilung müsste jedoch ihre verschiedenartigen Wirkungen bereits bei der Aufgabenanalyse berücksichtigen. Hier besteht weiterer Forschungs- bzw. Entwicklungsbedarf.

I. Begriff der Arbeitsteilung

Unter *Arbeitsteilung* versteht man die Zuordnung von Aufgaben eines übergeordneten Aufgabenkomplexes auf mindestens zwei, unterschiedlich abgrenzbare Aufgabenträger. Je nach Analyse- und Betrachtungsebene ergibt sich eine innerbetriebliche, zwischenbetriebliche, branchenbezogene, volkswirtschaftliche oder internationale Arbeitsteilung. Im Folgenden wird ausschließlich die innerbetriebliche Arbeitsteilung behandelt.

Hierbei werden Aufgaben, die zur Erfüllung des Sachziels eines Unternehmens beitragen, den Organisationseinheiten innerhalb dieses Unternehmens (z.B. Stellen, Abteilungen, Geschäftsbereiche, Wertschöpfungs- oder Costcenter etc.; s.a. → *Stellen- und Abteilungsbildung*, → *Profit-Center*, → *Zentralbereiche*) zugeordnet.

Die *Notwendigkeit der Arbeitsteilung* wächst mit Umfang, Vielfalt und Komplexität der zum Tätigkeitskomplex gehörenden Aufgaben, weil eine gegebene quantitative und qualitative Kapazität einer Organisationseinheit mit zunehmender Ausprägung dieser Faktoren weniger zur Bewältigung dieser Aufgaben ausreicht.

II. Traditionelle Aufgabenanalyse und -synthese als Ausgangspunkt der Arbeitsteilung

Idealtypisch wird die Arbeitsteilung durch *Aufgabenanalyse und -synthese* umgesetzt. Hierzu wird in der → *Aufgabenanalyse* der gesamte Tätigkeitskomplex eines Unternehmens systematisch in nicht mehr weiter teilbare Aufgaben unterteilt. In der *Aufgabensynthese* werden die identifizierten Aufgaben zunächst nach bestimmten Kriterien geordnet zusammengefasst und dann Organisationseinheiten zugeordnet.

Aufgaben werden definiert als „Verpflichtung, eine *Verrichtung* an bestimmten *Objekten* durchzuführen". *Verrichtungen* (bzw. *Funktionen)* und *Objekte* sind daher zentrale Ordnungskriterien der traditionellen Aufgabenanalyse und -synthese. Ergänzend können die (sich teilweise überlappenden) Ordnungskriterien der *Phasen* und des *Rangs von Aufgaben* verwendet werden.

Arbeitsteilung ruft die Notwendigkeit von *Abstimmung* (sachliche Koordination) und *Integration* (zielbezogene Koordination) der arbeitsteilig arbeitenden Organisationseinheiten hervor (siehe auch → *Koordination und Integration,* → *Anreizsysteme, ökonomische und verhaltenswissenschaftliche Dimension,* → *Prinzipal-Agenten-Ansatz).* Daher ist der zu Beginn des Aufgabenanalyse-Prozesses identifizierte Tätigkeitskomplex nicht als feststehend zu betrachten: Die zunächst entworfene Arbeitsteilung und Spezialisierung verursacht zusätzliche Abstimmungs- und Integrationsaufgaben und muss daher in den nächsten Schritten um diese zusätzlichen Aufgaben ergänzt werden (vgl. auch *Kossbiel* 1974).

III. Grundformen der Arbeitsteilung

Orientiert an den Aufgabenmerkmalen „Funktion" und „Objekt" lassen sich zwei grundlegende Formen der Arbeitsteilung unterscheiden:

1. Bei der *Mengenteilung* werden verschiedenen Organisationseinheiten *von der Funktion her gleichartige* (Teil-)Aufgaben übertragen, die an *unterschiedlichen Objekten* durchgeführt werden.

2. Bei der *Artenteilung* oder auch *Spezialisierung* werden unterschiedlichen Organisationseinheiten *von der Funktion her unterschiedliche* Aufgaben zugeordnet, womit eine *Spezialisierung* dieser Einheiten einhergeht.

Zusätzlich wird bei der Artenteilung unterschieden, ob jeweils gleichwertige Funktionen zusammengefasst werden. Üblich, wenn auch meist nicht explizit begründet, ist es, Entscheidungs- und Kontrollaufgaben als höher rangig als Ausführungsaufgaben einzustufen. Daraus ergeben sich zwei Unterformen der Artenteilung:

Bei der *horizontalen Spezialisierung* werden unterschiedliche, aber als *gleichwertig* betrachtete Funktionen auf unterschiedliche Organisationseinheiten zugewiesen. Sie beschreibt damit den Umfang der von einer Organisationseinheit wahrzunehmenden Aufgaben. Je geringer der Umfang der artmäßig abgegrenzten Aufgaben und je höher die Wiederholhäufigkeit der einzelnen Aufgaben einer Organisationseinheit pro Periode bzw. je kleiner der Anteil der einer Organisationseinheit zugewiesenen Aufgaben am gesamten Tätigkeitskomplex, desto stärker die horizontale Spezialisierung dieser Organisationseinheit (vgl. *Schulte-Zurhausen* 1999). Mit der horizontalen Spezialisierung wird zugleich der *Tätigkeitsspielraum* des Aufgabenträgers im Sinne eines quantitativen Aufgabenumfangs festgelegt (vgl. *Ulich* 1972).

Bei der *vertikalen Spezialisierung* werden unterschiedliche, aber *nicht als gleichwertig* betrachtete Aufgaben auf unterschiedliche Organisationseinheiten zugewiesen, welche dann typischerweise in hierarchischen Weisungs- bzw. Delegationsbeziehungen zueinander stehen. Typische Aufgabenmerkmale, an denen die vertikale Artenteilung ansetzen kann, sind Phase oder Rang einer Aufgabe. Mit der vertikalen Spezialisierung wird der *Entscheidungs- und Kontrollspielraum* einer Organisationseinheit im Sinne eines qualitativen Aufgabenumfangs festgelegt.

IV. Wirkungen der Arbeitsteilung

Die *Arbeitsteilung* hat sich aufgrund der erwarteten funktionalen Wirkungen schon früh als zentraler Gegenstand wirtschaftlicher, speziell organisatorischer Überlegungen herauskristallisiert (vgl. z.B. *Smith* 1905, S. 8).

Die Aufspaltung komplexer Gesamtaufgaben in weniger komplexe Aufgabenbereiche einzelner Organisationseinheiten durch *Artenteilung* verringert die *Anforderungen,* die an den arbeitenden Menschen und andere Ressourcen gestellt werden. Dies kann verschiedene funktionale *Spezialisierungseffekte* haben (vgl. *Kossbiel* 1974):

– *Arbeitskräfte* können leichter speziellen Qualifikationen entsprechend eingesetzt werden und daher eine höhere *Produktivität* erreichen. Der Einsatz von Arbeitskräften mit eng geschnittenen Qualifikationen kann in geringen Lohnkosten resultieren. Die Einarbeitung neuer Arbeitskräfte ist mit geringerem Aufwand möglich. Durch häufige Wiederholungen von einfach strukturierten Teilaufgaben lassen sich *Lernkurveneffekte* erzielen, die – z.B. durch höhere Geschicklichkeit, Sicherheit, Schnelligkeit oder Fehlerfreiheit – zu Produktivitätssteigerungen führen (vgl. das „Scientific Management"; *Taylor* 1911/13; *Ford* 1923). Eng geschnittene Arbeitsaufgaben können die Kontrolle der Leistungsbeiträge vereinfachen.

– Bei vertikaler Spezialisierung können die *Entscheidungsstrukturen* innerhalb von Unternehmen so gestaltet werden, dass Entscheidungen jeweils dort getroffen werden, wo die notwendigen Informationen verfügbar sind (vgl. Arbeiten der *Teamtheorie,* z.B. grundlegend *Marschak/Radner* 1972; *Carter* 1995). Dies kann zugleich zur Bewältigung von Umweltunsicherheit und -komplexität beitragen.

- Der Einsatz von *Spezialaggregaten*, die möglicherweise wirtschaftlicher arbeiten als Geräte mit breiterem Leistungsspektrum und zu einer insgesamt geringeren *Kapitalbindung* führen, kann möglich werden.

Auch die *Mengenteilung* kann funktionale Wirkungen haben:

- Aus systemtheoretischer Sicht liegen diese insbesondere in der Stabilisierung der Funktionsfähigkeit des Gesamtsystems durch mehrfaches Vorhandensein von Aufgabenträgern mit gleichen Teilaufgaben (vgl. *Kossbiel* 1974).
- Mikropolitische oder transaktionskostentheoretische Überlegungen betonen die bei Mengenteilung gegebene Substitutierbarkeit des Leistungsbeitrages einzelner Aufgabenträger, welche die Gefahr opportunistischen Verhaltens vermindert.

Innerbetriebliche Arbeitsteilung löst jedoch nicht nur – aus Sicht des Managements funktionale – Spezialisierungs- oder Stabilisierungseffekte aus. Unterschiedliche Theorietraditionen heben unterschiedliche weitere Wirkungsbündel hervor.

In der *ökonomisch geprägten Forschung* werden insbesondere die durch Arbeitsteilung entstehenden Koordinationsbedarfe (Abstimmungs- und Integrationsbedarf) mit ihren Kosten analysiert:

Die Arbeiten der *Teamtheorie* (z.B. *Marschak/ Radner* 1972; *Carter* 1995) analysieren Situationen, in denen entscheidungsrelevante Informationen auf verschiedene Organisationseinheiten verteilt vorliegen. Die Umverteilung bzw. Übertragung von Informationen zwischen verschiedenen Organisationseinheiten zwecks verbesserter Entscheidungsfindung kann Kosten auslösen, die gegen die mögliche Verbesserung von Entscheidungen abgewogen werden müssen.

In den Arbeiten auf der *Basis der Prinzipal-Agenten-Theorie* werden *Delegationsentscheidungen* (als spezielle Arbeitsteilungsentscheidungen) unter den Prämissen analysiert, dass Informationsasymmetrien existieren und die Akteure nutzenmaximierendes Verhalten zeigen (vgl. z.B. *Kräkel/Sliwka* 2001). Bei der Analyse der Wirkungen unterschiedlicher expliziter Anreize auf das Verhalten und die Nutzenposition der Akteure werden – mehr oder weniger indirekt – auch Fragen nach den Wirkungen unterschiedlicher Formen der Arbeitsteilung bearbeitet, z.B.

- nach dem *Konflikt zwischen Anreizsetzung und Risikoteilung* bei der Übertragung risikobehafteter Teilaufgaben an Organisationseinheiten (vgl. z.B. *Spremann* 1989),
- nach der optimalen Anreizsetzung in sog. *Multitasking-Situationen*, die sich entweder durch unterschiedliche Messbarkeit der Ergebnisse verschiedener Tätigkeiten, die an eine Organisationseinheit übertragen werden, auszeichnen (vgl. *Baker* 2000; *Lazear* 2000) oder durch unterschiedliche Zielvorstellungen, die mit den an eine Organisationseinheit übertragenen Aufgaben zentral verbunden sind (z.B. sog. Guardian- versus sog. Staraufgaben, vgl. *Baron/Kreps* et al. 1999, S. 322 f.),
- nach der *Ebene der Organisationseinheit*, auf der Aufgaben übertragen und Autonomie gewährt werden soll, z.B. Gruppen- versus Individualaufgaben (vgl. *Baron/Kreps* et al. 1999, S. 323),
- nach *der zeitlichen Konstanz der Aufgabenzuordnung auf Organisationseinheiten* (vgl. *Baron/ Kreps* et al. 1999, S. 318 f.) und der Anwendung des *Jobrotation*-Prinzips, wodurch neben der Anreizsetzung auch die *intrinsische Motivation* der Arbeitnehmer und die Trainings- bzw. Qualifizierungswirkungen der Arbeitsteilung beeinflusst werden können.

In der *psychologisch geprägten Forschung* werden insbesondere negative *Motivationseffekte* einer weitgehenden Arbeitsteilung diskutiert. Nach *Hackman/ Oldham* 1976 schlägt sich ein hoher Grad an vertikaler und/oder horizontaler Arbeitsteilung in einer wenig motivationsförderlichen Ausgestaltung der sog. „*Job Characteristics*" (Autonomy, Feedback, Task Significance, Skill Variety, Task Identity) nieder (zu einer Kurzübersicht über andere Job-Characteristics-Modelle vgl. z.B. *Robbins* 1996). Produktivitätsverluste, Fluktuation und/oder Absentismus gehören zu den möglichen Folgen. Schließlich können einseitig ausgeprägte Belastungen auch zu einem erhöhten Erholungsbedarf und/oder spezifischen Erkrankungen mit entsprechenden Folgekosten führen. Darüber hinaus werden jedoch auch Effekte der Arbeitsteilung hinsichtlich der Bildung von Subkulturen im Unternehmen und der *Referenzgruppenbildung* für soziale Vergleiche (z.B. durch die Vergabe von Titeln, Statussymbolen etc. für bestimmte Jobs) diskutiert (vgl. *Baron/Kreps* et al. 1999, S. 328).

Arbeits- und industriesoziologisch geprägte Forschungsarbeiten fokussieren häufig die Wirkungen der Arbeitsteilung auf die Qualifikation und *Beschäftigungschancen* bestimmter Gruppen am Arbeitsmarkt. Untersucht wird, ob ausgeprägte, auf Rationalisierung gerichtete Arbeitsteilung vertikaler und horizontaler Art mit *Dequalifizierungs*- und Beschäftigungsrisiken für Teile des Personals einhergehen, während andererseits bestimmte Beschäftigtengruppen als *Rationalisierungsgewinner* eine Aufwertung ihrer Tätigkeiten und Qualifikationen erfahren (vgl. *Kern/Schumann* 1990; *Schumann* et al. 1995). Unter *Humanisierungsaspekten* wurde als Gegenmaßnahme zu diesbezüglichen Gefahren eine Verringerung der Arbeitsteilung, z.B. durch *Job Enlargement, Job Enrichment, Job Rotation* oder die Einrichtung (teil-)autonomer Arbeitsgruppen gefordert (→ *Organisatorische Gestaltung (Organization Design)*). Neuerdings wird unter den Stichworten der „New Division of Labour" und der *flexiblen Spezialisierung* verstärkt auf die *ökonomische* Notwendigkeit hingewiesen, unter Bedingungen eines verschärften Wettbewerbs- und Innovationsdrucks menschliche Fähigkeiten wieder in den Mittelpunkt der Überlegungen zur Arbeitsteilung zu stellen (vgl. *Littek/Charles* 1995, S. 4). Eine zu starke Arbeitsteilung vertikaler und horizontaler Art sei auch im Interesse des Managements dysfunktional, da unter tayloristisch gestalteten Arbeitsbedingungen Menschen ihr Kreativitätspotenzial nicht entfalten könnten und häufig nicht bereit seien, die Implementation und zielgerechte Anwendung neuer Techniken und Arbeitsabläufe zu unterstützen. Diese arbeitnehmerseitige Mitwirkung sei häufig erforderlich, um die Innovationsfähigkeit und die Überlebensfähigkeit der Unternehmen im Wettbewerb zu sichern. Dadurch sei der Übergang zu Arbeitssystemen begründet, in denen ganzheitliche Aufgaben mit geringen Graden an vertikaler Arbeitsteilung, hohen Qualifikationsanforderungen, Entscheidungsautonomie sowie Verantwortlichkeit der Beschäftigten kombiniert würden. Beschäftigungssysteme, die solche Merkmale aufweisen, werden unter den verschiedensten Schlagwörtern, z.B. *Empowerment, High-Trust-Work-Systems, Lean-Production, flexible Spezialisierung* diskutiert (vgl. z.B. *Littek/Charles* 1995).

V. Schlussfolgerungen: *Anforderungen an eine umfassende Arbeitsanalyse und -synthese*

Nimmt man die verschiedenartigen Wirkungen der Arbeitsteilung gemeinsam ins Blickfeld, so lassen sich folgende Tendenzaussagen ableiten: Eine hochgradige Spezialisierung vertikaler oder horizontaler Art nach Funktionen, Phase oder Rang der Aufgaben kann zwar bei konstanten Aufgabenstrukturen und statischer Betrachtung einerseits zu Produktivitätssteigerungen über *Spezialisierungseffekte* führen, andererseits negativ auf die Möglichkeiten der Ergebniszurechnung und *Anreizsetzung*, auf die intrinsische Motivation sowie auf die Breite der *Qualifizierung* der Mitarbeiter wirken. Umgekehrt kann eine Arbeitsteilung nach Objekten mit geringer Spezialisierung und breiten Tätigkeits- und Entscheidungsspielräumen zwar in einem Produktivitätsverlust aufgrund mangelnder Spezialisierung resultieren, aber andererseits eine hohe intrinsische Motivation, gute Ergebniszurechenbarkeit und positive Anreizeffekte bieten.

Jedoch werden bei diesen Aussagen die detaillierte Berücksichtigung aller relevanter Wirkungen und der damit zusammenhängenden Aufgabenmerkmale als auch deren Querverbindungen untereinander teilweise vernachlässigt. Eine Ausgestaltung der Arbeitsteilung, die systematisch und umfassend deren Wirkungen und die Trade-Offs zwischen den Spezialisierungs-, Motivations-, Anreiz- sowie Trainings- bzw. Qualifizierungseffekten berücksichtigt, muss an sehr vielen verschiedenen Merkmalen der Aufgaben ansetzen. Wünschenswert ist daher die Entwicklung eines umfassenden Instrumentariums der Aufgabenanalyse und -synthese, welches alle in diesen Bereichen relevanten Kriterien und ihre Abhängigkeitsbeziehungen untereinander erfassen und für die Ausgestaltung der Arbeitsteilung fruchtbar machen kann. Erste, jedoch noch nicht ausgereifte Ansätze dazu liegen vor (z.B. auf transaktionskostentheoretischem Hintergrund, vgl. *Picot/Dietl/Franck* 1997).

Literatur

Baker, George: The Use of Performance Measures in Incentive Contracting, in: American Economic Review – Papers and Proceedings, Jg. 90, 2000, S. 415–420.

Baron, James N./Kreps, David M.: Strategic Human Resources – Frameworks for General Managers, New York 1999.

Brödner, Peter/Pekruhl, Ulrich/Rehfeld, Dieter: Kooperation als problematische Produktivkraft, in: Arbeitsteilung ohne Ende?, hrsg. v. *Brödner, Peter/Pekruhl, Ulrich/Rehfeld, Dieter*, München und Mering 1996, S. 303–309.

Carter, Martin J.: Information and the Division of Labour: Implications for the Firm's Choice of Organisation, in: Economic Journal, Jg. 105, 1995, S. 385–397.

Ford, Henry: Mein Leben und Werk, Leipzig 1923.

Hackman, J. Richard/Oldham, Greg R.: Motivation through the design of Work. Test of a Theory, in: OBHP, Jg. 16, 1976, S. 250–279.

Kern, Horst/Schumann, Michael: Das Ende der Arbeitsteilung? Rationalisierung in der industriellen Produktion, 4. A., München 1990.

Kossbiel, Hugo: Arbeitsteilung, betriebliche, in: Handwörterbuch der Betriebswirtschaftslehre, hrsg. v. *Grochla, Erwin/Wittmann, Waldemar*, 4. A., Stuttgart 1974, Sp. 256–262.

Kräkel, Matthias/Sliwka, Dirk: Delegation, Spezialisierung und optimale Entlohnung, in: Wisu, Jg. 30, 2001, S. 1344–1352.

Lazear, Edward P.: The Power of Incentives, in: American Economic Review, Papers and Proceedings, Jg. 90, 2000, S. 410–414.

Lindbeck, Assar/Snower, Dennis J.: The Division of Labor and the Market for Organizations, CESifo-Working Paper No. 267, Munich 2000.

Littek, Wolfgang/Charles, Tony: Introduction, in: The New Division of Labour. Emerging Forms of Work Organisation in International Perspective, hrsg. v. *Littek, Wolfgang/Charles, Tony*, New York 1995, S. 1–10.

Marschak, Jacob/Radner, Roy: Economic Theory of Teams, New Haven, London 1972.

Picot, Arnold/Dietl, Helmut/Franck, Egon: Organisation. Eine ökonomische Perspektive, Stuttgart 1997.

Reber, Gerhard: Die minimale personale Arbeitsaufgabe: Überlegungen zur Bestimmung der Untergrenze der Arbeitsteilung, in: WiSt, 1974, S. 217–223.

Robbins, Stephen P.: Organizational Behavior – Concepts, Controversies, Applications, 7. A., Upper Saddle River 1996.

Schulte-Zurhausen, Manfred: Organisation, 2. A., München 1999.

Schumann, Michael et al.: New Production Concepts and the Restructuring of Work, in: The New Division of Labour. Emerging Forms of Work Organisation in International Perspective, hrsg. v. *Littek, Wolfgang/Charles, Tony*, New York 1995, S. 95–136.

Smith, Adam: Untersuchung über das Wesen und die Ursachen des Volkswohlstandes, Berlin 1905.

Spremann, Klaus: Agent and Principal, in: Agency Theory, Information and Incentives, hrsg. v. *Bamberg, Günther/Spremann, Klaus*, Heidelberg 1989, S. 3–38.
Taylor, Frederic Winston: The Principles of Scientific Management, New York 1911/1913.
Ulich, Eberhard: Arbeitswechsel und Aufgabenerweiterung, in: REFA-Nachrichten, 1972, S. 265–278.

Aufbau- und Ablauforganisation

Jetta Frost

[s.a.: Arbeitsteilung und Spezialisierung; Aufgabenanalyse; Delegation (Zentralisation und Dezentralisation); Funktionale Organisation; Hierarchie; Koordination und Integration; Organisation; Organisationsmethoden und -techniken; Organisationsstrukturen, historische Entwicklung von; Organisatorische Gestaltung (Organization Design); Prozessorganisation; Spartenorganisation; Stellen- und Abteilungsbildung.]

I. *Begriffliche Grundlagen und Entwicklung*; II. *Logik der Trennung in Aufbau- und Ablauforganisation*; III. *Schwierigkeiten der Trennung von Struktur und Prozess*; IV. *Kritik und Alternativen*.

Zusammenfassung

Die Unterscheidung zwischen Aufbau- und Ablauforganisation dient zur Charakterisierung verschiedener organisatorischer Gestaltungsbereiche. Die Aufbauorganisation umfasst die Gebildestrukturierung. Dadurch wird festgelegt, welche Aufgaben von wem und womit durchgeführt werden. Die Ablauforganisation regelt die raum-zeitliche Abstimmung der Arbeitsprozesse zur Zielerreichung. Das Ergebnis organisatorischen Gestaltungshandelns als Aufbau- und Ablauforganisation sind bewusst geplante, aus generellen und dauerhaften Regeln bestehende formale Organisationsstrukturen.

I. Begriffliche Grundlagen und Entwicklung

Die analytische Trennung in aufbau- und ablauforganisatorische Gestaltungsbereiche hat sich ausschließlich im deutschen Sprachraum im Rahmen des *strukturtechnischen Ansatzes* durchgesetzt. Der Begriff Strukturtechnik bezieht sich auf die Entwicklung formaler Verfahren zur strukturierenden Gestaltung der Unternehmung. Der strukturtechnische Ansatz gilt als Begründer der Organisationslehre als eigenständige Teildisziplin der Betriebswirtschaftslehre, dessen Gestaltungssystematik in Aufbau- und Ablauforganisation bis heute in zahlreichen deutschsprachigen Organisationslehrbüchern Gültigkeit bewahrt hat (z.B. *Bleicher* 1991; *Hill/Fehlbaum/Ulrich* 1994; *Hill/Fehlbaum/Ulrich* 1998). Prominenteste Vertreter des strukturtechnischen Ansatzes sind Nordsieck, Henning, Riester, Ulrich und Kosiol (*Nordsieck* 1932, 1934; *Henning* 1934; *Riester* 1934; *Ulrich* 1949; *Kosiol* 1962). Zu den konzeptionellen Weiterentwicklungen zählen insb. die Arbeiten von Bleicher, Wild, Schweitzer und Grochla (*Bleicher* 1966, 1991; *Wild* 1966; *Schweitzer* 1964; *Grochla* 1972). Organisation wird als System geltender Regelungen behandelt, deren Sinnzusammenhang durch die oberste *Betriebsaufgabe* gegeben ist: „Wenn man das ganze Betriebsgeschehen als eine Erledigung von Aufgaben im Sinne einer bestimmten Oberaufgabe ansieht, so wird man die Aufgaben zum Ausgangspunkt der Organisationsuntersuchung machen" (*Nordsieck* 1932, S. 10). Das Ergebnis des organisatorischen Gestaltungshandelns als Aufbau- und Ablauforganisation sind bewusst geplante, aus generellen und dauerhaften Regeln bestehende *formale Organisationsstrukturen*, wie sie üblicherweise in Organigrammen dargestellt werden (→ *Organisatorische Gestaltung (Organization Design)*).

II. Logik der Trennung in Aufbau- und Ablauforganisation

Das in sich geschlossenste Konzept der betriebswirtschaftlichen *Organisationslehre* stammt von Kosiol (*Kosiol* 1962). Er kennzeichnet Organisation als dauerhafte Strukturierung von Arbeitsprozessen, die das Gefüge oder die Konfiguration von Ganzheiten ausmachen. Organisation hat die Aufgabe, einen Rahmen zu schaffen, innerhalb dessen dispositive Anordnungen getroffen und Aufgaben arbeitsteilig erfüllt werden können. Das Ergebnis organisatorischen Gestaltungshandelns sind Organisationsstrukturen. Im Zentrum steht die gedankliche Trennung in eine Aufbau- und Ablauforganisation wie sie in Abbildung 1 verdeutlicht ist.

1. Aufbauorganisation

Die Aufbauorganisation befasst sich mit der Bildung organisatorischer Einheiten. Den wichtigsten Anknüpfungspunkt der Organisation stellen dabei die in einem Unternehmen zu erfüllenden Aufgaben dar. Allgemein kann eine *Aufgabe* als „Zielsetzung für zweckbezogene menschliche Handlungen" definiert werden (*Kosiol* 1962, S. 43). Diese Handlungen werden als Verrichtungen bezeichnet und an gegebenen Objekten, sog. Ausgangsobjekten, vollzogen. Kosiol betont, dass die Aufgabenerfüllung durch die sachgerechte Zuordnung von Rechten und Pflichten auf die *Aufgabenträger* sowie den effizienten Einsatz von *Sachmitteln* gewährleistet werden muss. Die zu erfüllenden Aufgaben, Aufgabenträger und Sachmittel

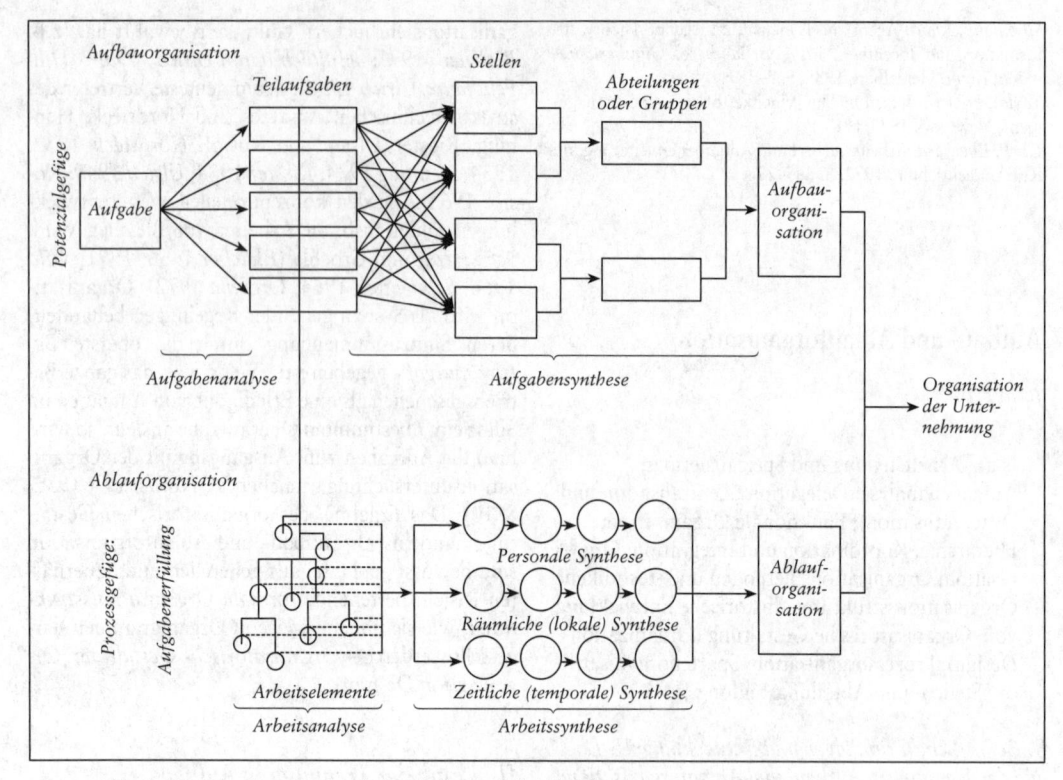

Abb. 1: Gestaltungssystematik der Aufbau- und Ablauforganisation (Quelle: Bleicher 1991, S. 49)

stellen somit die *Gestaltungselemente* der *Aufgabenerfüllungssituation* dar. Um Aufgaben in geordneter Weise erfüllen zu können, müssen sie zunächst inhaltlich bestimmt und in verteilungsfähige *Teilaufgaben* zerlegt werden. Anschließend werden diese Teilaufgaben zu Aufgabenbereichen zusammengelegt und Aufgabenträgern verschiedener Stellen und Abteilungen zugeordnet. Kosiol hat für diese Gestaltungssystematik die Begriffe *Aufgabenanalyse* und *-synthese* geprägt (→ *Aufgabenanalyse*) (*Kosiol* 1962).

In einem ersten Schritt ist die *Aufgabenanalyse* als vororganisatorischer Akt für die sachgerechte Aufgliederung der komplexen Gesamtaufgabe in notwendige Teilaufgaben zuständig. Dazu gehören die Gliederungsmerkmale (1) Verrichtungsanalyse, (2) Objektanalyse, (3) Ranganalyse, (4) Phasenanalyse sowie (5) Zweckbeziehungsanalyse.

In einem zweiten Schritt erfolgt die *Aufgabensynthese* als eigentlicher organisatorischer Akt. Die einzelnen Teilaufgaben werden wieder zu aufgaben- und arbeitsteiligen Handlungen zusammengefasst. Diese Integration erfolgt nach fünf idealtypischen Zusammenhängen: (1) Der Verteilungszusammenhang umfasst die Verteilung der Teilaufgaben auf Aufgabenträger. Die entstehende Verteilungseinheit ist die zunächst personenunabhängige, auf die durchschnittliche Leistungsfähigkeit eines Aufgabenträgers zugeschnittene *Stelle* (→ *Stellen- und Abteilungsbildung*). Zur adäquaten Aufgabenerfüllung werden Stellen dauerhaft mit Rechten und Pflichten, sog. Kompetenzen, ausgestattet. (2) Der Leitungszusammenhang führt aufbauend auf dem Verteilungszusammenhang zu einer Verknüpfung von Stellen nach rangmäßigen Verteilungseinheiten, deren Zusammenhang das *Abteilungs- und Leitungssystem* ergibt. Eine Stelle mit Weisungsbefugnissen gegenüber einer bestimmten Gruppe von Stelleninhabern wird als Instanz bezeichnet. Aus der Zusammenfassung mehrerer Stellen unter Leitung einer Instanz entsteht eine Abteilung. (3) Der Stabszusammenhang ist das Hilfssystem des Leitungszusammenhangs. *Stäbe* sind Entlastungsorgane und stellen einen ergänzenden Beziehungskomplex zum vorhandenen Verteilungssystem dar. Diese drei Zusammenhänge ergeben ein geschlossenes, hierarchisches Gliederungssystem, das durch zwei zusätzliche Zusammenhänge ergänzt wird. (4) Der Arbeitszusammenhang umfasst die Gestaltung des Informations- und Kommunikationsprozesses, der das Stellengefüge aus Verteilungs-, Leitungs- und Stabszusammenhang überlagert und somit für einen zusammenhängenden Arbeitsprozess sorgt. (5) Der Kollegienzusammenhang ist ein Sonderfall des Informationssystems. Hier werden Kollegien und Personen aus unterschiedlichen Stellen und Bereichen zusammengefasst.

Die Zusammenfassung der Teilaufgaben nach diesen fünf Beziehungszusammenhängen führt zum Gesamtzusammenhang der Aufbauorganisation. Mit der Zerlegung komplexer Aufgaben in Teileinheiten, der → *Stellen- und Abteilungsbildung* sowie der Festlegung der Kommunikations- und Weisungsbeziehungen schafft die Aufbauorganisation sozusagen die „statische organisatorische Infrastruktur" (*Frese* 2000, S. 7). Die daraus entstehenden Strukturen sind Koordinationsformen, die das Ordnungsprinzip der Organisation darstellen. Nach der Strukturierung durch die Aufbauorganisation folgt der Ablauf des Geschehens im Unternehmen als „Bewegungsvorgang".

2. Ablauforganisation

Die Ablauforganisation beschreibt „den Ablauf des betrieblichen Geschehens, den Vollzug, die Ausübung oder Erfüllung von Funktionen, derentwegen Bestände geschaffen wurden" (*Gaitanides* 1992, Sp. 1). Im Vordergrund steht der Prozess der Nutzung von in der Aufbauorganisation geschaffenen Potenzialen. Es geht um die Kombination einzelner Arbeitsschritte zu Prozessen und Ablaufketten in zeitlicher und räumlicher Hinsicht (*Küpper* 1981). Während in der Aufbauorganisation der Schwerpunkt auf der Aufgabenverteilung liegt, beinhaltet die Ablauforganisation die Regelung von Aktivitäten zur Aufgabenerfüllung. Im Vordergrund steht Arbeit als menschliche Handlung zur Zielerreichung (*Kosiol* 1962). Analog zum Zerlegungs- und Vereinigungsvorgang der Aufgaben in der Gestaltungssystematik der Aufgabenanalyse und -synthese folgt auch die Zerlegung und Vereinigung der Arbeit in der Ablauforganisation dieser Gestaltungssystematik als Arbeitsanalyse und Arbeitssynthese.

Die *Arbeitsanalyse* ist die Verlängerung der Aufgabenanalyse mit besonderer Betonung des *Erfüllungsmoments* (Verrichtungskriterium) sowie des Einbezugs von *Raum* und *Zeit*. Diese Verlängerung ergibt sich daraus, dass die Arbeitsanalyse auf der letzten Gliederungsstufe der zerlegten Teilaufgaben ansetzt. Das Ergebnis ist die Zerlegung von Aufgaben in detaillierte einzelne Arbeitsschritte. Die Arbeitsanalyse gibt einen Überblick über alle anfallenden, auf die verschiedenen Stellen und Abteilungen zu verteilenden Arbeitsteile, die unter Umständen soweit reichen können wie beispielsweise die Vorgabe, in welcher Zeit ein Briefumschlag zu öffnen oder ein Dokument in den PC einzuscannen ist.

Ziel der *Arbeitssynthese* ist es, den Grad der Arbeitsteilung bei voller Beschäftigung festzulegen. Dazu werden die in der Arbeitsanalyse gewonnenen elementaren Arbeitsteile nach dem Verrichtungs-, Objekt-, Rang- oder Phasenmerkmal wieder zusammengeführt und miteinander verkettet. Diese Zusammenführung erfolgt in drei Schritten: (1) Durch die *personale Synthese* werden Arbeitsgänge als Ergebnis der Arbeitsverteilung festgelegt. Ein *Arbeitsgang* beinhaltet alle Arbeitsteile, die eine Person an einem Arbeitsobjekt bei Einsatz bestimmter Sachmittel in einem räumlichen und zeitlichen Rahmen ausführen kann. (2) Die *temporale Synthese* beschreibt die Arbeitsvereinigung als zeitliche Abstimmung verschiedener Arbeitsgänge bzw. der Leistungen verschiedener Personen. (3) Die *lokale Synthese* dient der räumlich zweckdienlichsten Arbeitsgestaltung, entweder um Kontrollaufgaben zu erleichtern oder Arbeitswege zu reduzieren. Durch diese drei Syntheseschritte werden eine Art Algorithmen für Teilprobleme entwickelt. Ziel ist es, Handlungskomplexität durch inhaltliche, zeitliche und räumliche Bindungen zu synchronisieren und beherrschbar zu machen.

III. Schwierigkeiten der Trennung von Struktur und Prozess

Mit der Unterscheidung in eine Aufbau- und eine Ablauforganisation des betrieblichen Geschehens besteht eine analytische Trennung zwischen Struktur und *Prozess*. Zwar will Kosiol diese Unterscheidung nur als gedankliche Abstraktion verwendet wissen, bei der es sich um „verschiedene Gesichtspunkte der Betrachtung für den gleichen einheitlichen Gegenstand" handelt, dennoch wird von einer separaten Optimierung beider Bereiche mit einer jeweils speziellen Logik und Methode ausgegangen (*Kosiol* 1962, S. 32). Gaitanides kritisiert, dass sich diese Trennung jedoch einer relativ künstlichen Technik bedient, weil alle Gestaltungsentscheidungen und -schritte genau voneinander abgrenzbar sind. Diese Abgrenzung ist notwendig, weil ansonsten das Organisationsproblem nicht durch die Konstruktion einer zweckmäßigen Ordnung gelöst werden könnte (*Gaitanides* 1983, S. 55 ff.).

Durch die Trennung von Struktur und Prozess entsteht ein Prioritätenproblem, welche Gestaltungssystematik zuerst angewendet wird. In der klassischen Organisationsforschung wird der Struktur (Aufbauorganisation) eine deutlich größere Relevanz zugesprochen: Durch die hierarchische Vorordnung aufgabenanalytischer und -synthetischer Gestaltungsvorgänge dominiert die Aufbauorganisation über die Ablauforganisation. Mit dem Abstecken eines allgemeinen Rahmens für die Aufgabenerfüllung und die zu treffenden Entscheidungen werden die Kompetenzen der Instanzen sowohl in horizontaler wie auch in vertikaler Richtung abgegrenzt. Dazu werden Zentralisations- und Dezentralisationsprinzipien als einander ergänzende Formen der Aufgabenverteilung eingesetzt (→ *Delegation (Zentralisation und Dezentralisation)*). Sie bilden die *Strukturmerkmale*, die den Organisationsaufbau bestimmen. Ablauforganisatorische Regelungen werden durch diese aufbauorganisatorischen Prämissen definiert und sind dadurch durch eine deduktiv analytische Grundlegung gekennzeichnet (*Gaitanides* 1992) Die starke Dominanz der Aufbauorganisation hat dazu geführt, dass die Ablauforganisation als zweitrangig angesehen wird und dadurch als „Lückenbüßer" fungiert (*Osterloh* 1993): Sie wird im Wesentlichen durch die Aufbauorganisation determiniert und damit faktisch zu deren Fortsetzung. Für die Prozesse der Ablauforganisation bleiben nur noch wenige eigene Gestaltungsspielräume übrig (*Remer* 1989; *Wild* 1966). Als raum-zeitliche Kombinationen beschränkt sich das ablauforganisatorische Gestaltungspotenzial von Prozessen auf das Problem der Reihenfolgeplanung.

Diese Trennung in Struktur und Prozess hat – so ein häufig rezipiertes Zitat von Luhmann (*Luhmann* 1973, S. 66 f.) - es unmöglich gemacht, die Rationalisierung des Verhältnisses von Struktur und Prozess angemessen zu behandeln. Die Schwierigkeit der Trennung von Struktur und Prozess besteht darin, „dass ein Prozess ohne Struktur gar nicht denkbar ist. Es gibt auch keinen Prozess schlechthin, erst das Mitdenken in einer Struktur (wenn vielleicht auch als Minimalstruktur) macht das Konstrukt ‚Prozess' sinnvoll" (*Schreyögg* 1999, S. 120).

IV. Kritik und Alternativen

Die Gestaltungssystematik der Aufbau- und Ablauforganisation folgt dem *instrumentalen* Organisationsbegriff. So beschreibt Kosiol das spezifische Merkmal von Organisation in der strukturierenden Gestaltung als „koordinierende Tätigkeit, die auf Regelung des Zusammenwirkens von Menschen und Menschen, Menschen und Sachen sowie von Sachen und Sachen im Hinblick auf gesetzte Zwecke gerichtet ist" (*Kosiol* 1962, S. 52). Nach diesem Organisationsverständnis *hat* die Unternehmung eine Organisation, die in einem hohen Maße durch ein *deterministisches Zielkonzept* geprägt ist. Das Organisationsproblem wird im Wesentlichen als ein Koordinationsproblem verdeutlicht, in dem die Planung als geistiger Entwurf der zu erreichenden Ziele und Maßnahmen steht. Die Organisation folgt als Strukturentwurf für den effizienten arbeitsteiligen Aufgabenvollzug. Dieses Vorgehen ist als *synoptische Planungsrationalität* kritisiert worden (z.B. *Schreyögg* 1984; *Scherer* 1995; *Steinmann/Schreyögg* 2000): Bei diesem Verfahren wird nur ein sehr begrenztes Organisationsproblem, nämlich hauptsächlich die Konstruktion einer *zweckmäßigen äußeren Organisationsform* behandelt. Damit beinhaltet die Gestaltungssystematik der Aufbau- und Ablauforganisation drei Annahmen, die nicht unproblematisch sind: Erstens ist der Vollzug organisatorischen Handelns durch die *Zweck-Mittel-Relation* gekennzeichnet: Der Zweck bzw. das zu erreichende Ziel ist vorgegeben. Die Bestimmung der Ziel- oder Zweckinhalte ist vom ausführenden, „organisatorisch-administrativen" Handeln losgelöst. Dies führt zur Annahme, dass Entscheidungsprobleme im Unternehmen objektiv mit einem Strukturiertheitsgrad behaftet sind, aus dem logisch konsistent und quasi neutral eine Auswahl *effizienter* Lösungen getroffen werden kann (*Frese* 1992; *Schreyögg* 1999). Zweitens führt die Annahme, eine Unternehmung als *widerspruchsfreies und konsistentes Gebilde von Zielen und Aufgaben* zu rekonstruieren dazu, dass Gestaltungsmaßnahmen nicht auf ihre Verhaltenswirkungen untersucht werden. Die *Motivation* der Organisationsmitglieder und die *informale Organisation* spielen keine Rolle. Damit können *Widerstände* der Organisationsmitglieder bei der Veränderung von Strukturen oder *Dysfunktionen* bzw. Störungen im Arbeitsablauf in der Gestaltungssystematik der Aufbau- und Ablauforganisation nicht behandelt werden (*Frost* 1998; *Osterloh/Frost* 1998). Drittens wird von eindeutig strukturierbaren und stabilen Aufgaben ausgegangen, bei denen die Lösungswege bekannt sind. Offene oder komplexe Problem- und Aufgabenstellungen, bei denen die Ursache-Wirkungs-Beziehungen nicht ex ante bekannt sind, sind aus der Gestaltungssystematik der Aufbau- und Ablauforganisation ausgeschlossen. Die *Trennung* in Plan- bzw. Aufgabenformulierung und deren Implementierung durch Analyse- und Syntheseschritte bilden die konstituierende Idee der Organisationsaufgabe, obwohl immer wieder darauf hingewiesen worden ist, dass die einzelnen Prozessschritte gar nicht in eindeutig abgrenzbare Phasen unterschieden werden können, weil Interdependenzen, Feedback-Schlaufen und Rückkopplungen bestehen (z.B. *Irle* 1971; *March* 1994). Hier setzen alternative Weiterentwicklungen an. Zum einen werden in der Organisationsforschung *Kriterien zur Aufgaben- und Problemanalyse* herangezogen, die auch schlecht strukturierte, innovative und schwierige Aufgaben zum Gegenstand der Organisationsgestaltung machen (z.B. *Daft/Lengel* 1986). Dazu gehören *Interdependenz-Analysen*, mit denen die Art und Intensität des Aufgabenzusammenhangs ermittelt werden kann (z.B. *Frese* 2000; *Grandori* 2001). Zum zweiten wird im Zuge der Popularität von *Business Reengineering Konzepten* (z.B. *Hammer/Champy* 1993; *Davenport* 1993) Ansätzen des *Prozessmanagements* (→ *Prozessorganisation*) vermehrt Aufmerksamkeit gewidmet (z.B. *Gaitanides* 1983; *Osterloh/Frost* 2003). Dort werden Prozesse als organisatorisches Strukturierungs- oder Segmentierungskriterium zur Ausdifferenzierung einer Prozessorganisation herangezogen.

Literatur

Bleicher, Knut: Organisation. Strategien – Strukturen – Kulturen, 2. A., Wiesbaden 1991.
Bleicher, Knut: Zentralisation und Dezentralisation von Aufgaben in der Organisation der Unternehmungen, Berlin 1966.
Daft, Richard L./Lengel, Robert H.: Organizational Information Requirements, Media Richness and Structural Design, in: Man.Sc., Jg. 32, 1986, S. 554–571.

Davenport, Thomas H.: Process Innovation. Reengineering Work Through Information Technology, Boston 1993.
Frese, Erich: Grundlagen der Organisation, 8. A., Wiesbaden 2000.
Frese, Erich: Organisationstheorie. Historische Entwicklung, Ansätze, Perspektiven, 2. A., Wiesbaden 1992.
Frost, Jetta: Die Koordinations- und Orientierungsfunktion der Organisation, Bern et al. 1998.
Gaitanides, Michael: Ablauforganisation, in: HWO, hrsg. v. Frese, Erich, 3. A., Stuttgart 1992, Sp. 1–18.
Gaitanides, Michael: Prozeßorganisation, München 1983.
Grandori, Anna: Organization and Economic Behavior, London 2001.
Grochla, Erwin: Unternehmungsorganisation, Reinbek bei Hamburg 1972.
Hammer, Michael/Champy, James: Reengineering the Corporation, New York 1993.
Henning, Karl Wilhelm: Betriebswirtschaftliche Organisationslehre, Wiesbaden 1934.
Hill, Wilhelm/Fehlbaum, Raymond/Ulrich, Peter: Organisationslehre 2, 5. A., Stuttgart 1998.
Hill, Wilhelm/Fehlbaum, Raymond/Ulrich, Peter: Organisationslehre 1, 5. A., Stuttgart 1994.
Irle, Martin: Macht und Entscheidungen in Organisationen. Studie gegen das Linie-Stab-Prinzip, Frankfurt am Main 1971.
Kosiol, Erich: Organisation der Unternehmung, Wiesbaden 1962.
Küpper, Hans-Ulrich: Ablauforganisation, Stuttgart 1981.
Luhmann, Niklas: Zweckbegriff und Systemrationalität. Über die Funktion von Zwecken in sozialen Systemen, Frankfurt am Main 1973.
March, James G.: A Primer on Decision Making. How Decisions Happen, New York 1994.
Nordsieck, Fritz: Die schaubildliche Erfassung und Untersuchung der Betriebsorganisation, Stuttgart 1932.
Nordsieck, Fritz: Grundlagen der Organisationslehre, Stuttgart 1934.
Osterloh, Margit: Die innovative Organisation im Spannungsfeld von Aufbau- und Ablauforganisation, in: Führen von Organisationen, hrsg. v. Krulis-Randa, Jan/Staffelbach, Bruno/Wehrli, Hans-Peter, Bern et al. 1993, S. 214–294.
Osterloh, Margit/Frost, Jetta: Prozessmanagement als Kernkompetenz, 4. Aufl., Wiesbaden 2003.
Osterloh, Margit/Frost, Jetta: Organisation, in: Springers Handbuch der Betriebswirtschaftslehre 1, hrsg. v. Berndt, Ralph/Fantapié Altobelli, Claudia/Schuster, Peter, Berlin et al. 1998, S. 185–235.
Remer, Andreas: Organisationslehre. Eine Einführung, Berlin 1989.
Riester, Wilhelm: Organisation in Wirtschaftsbetrieben, TH Berlin 1934.
Scherer, Andreas Georg: Pluralismus im strategischen Management. Der Beitrag der Teilnehmerperspektive zur Lösung von Inkommensurabilitätsproblemen, Wiesbaden 1995.
Schreyögg, Georg: Organisation. Grundlagen moderner Organisationsgestaltung, 3. A., Wiesbaden 1999.
Schreyögg, Georg: Grundfragen einer Theorie strategischer Unternehmensführung, Berlin 1984.
Schweitzer, Marcell: Probleme der Ablauforganisation in Unternehmungen, Berlin 1964.
Steinmann, Horst/Schreyögg, Georg: Management. Grundlagen der Unternehmensführung, 5. A., Wiesbaden 2000.
Ulrich, Hans: Betriebswirtschaftliche Organisationslehre, Bern 1949.
Wild, Jürgen: Grundlagen und Probleme der betriebswirtschaftlichen Organisationslehre, Berlin 1966.

Aufgabenanalyse

Joachim Eigler

[s.a.: Arbeitsteilung und Spezialisierung; Aufbau- und Ablauforganisation; Flexibilität, organisatorische; Organisation; Organisationsmethoden und -techniken; Organisatorische Gestaltung (Organization Design); Stellen- und Abteilungsbildung.]

I. Begriff und Anlässe der Aufgabenanalyse; II. Methodik der Aufgabenanalyse und Gliederungsmerkmale; III. Prämissen der Aufgabenanalyse; IV. Kritik und neuere Ansatzpunkte der Aufgabenanalyse.

Zusammenfassung

Die Aufgabenanalyse sieht eine Zerlegung von unternehmerischen Gesamtaufgaben in Teilaufgaben anhand von Gliederungsmerkmalen vor. Die analytisch gewonnenen Teilaufgaben werden im Rahmen der Aufgabensynthese zu Aufgabenbündeln zusammengefasst und Stelleninhabern als Aufgabenträgern zur Erfüllung übertragen. Die Aufgabenanalyse ist daher Ausgangspunkt organisatorischer Gestaltung. Die Vorzüge der Aufgabenanalyse liegen in der Transparenz und Übersichtlichkeit der Darstellung von Aufgaben, die zu erfüllen sind, um die Sachziele der Unternehmung zu erreichen. Die Konzeption der Aufgabenanalyse weist aber zahlreiche Prämissen auf, die den analytischen Wert für die Praxis der Organisationsgestaltung schmälern.

I. Begriff und Anlässe der Aufgabenanalyse

Unternehmungen sind arbeitsteilige Systeme, deren Gegenstand die Erstellung und der Absatz marktfähiger Güter und Dienstleistungen ist. Ziel der → *Organisation* ist die Koordination (→ *Koordination und Integration*), d.h. die zielorientierte Abstimmung der Aktivitäten (Handlungen, Verhalten und Entscheidungen) der arbeitsteilig tätigen Akteure und Einheiten. Ausgangspunkt für eine zweckgerichtete Gestaltung der Organisationsstrukturen ist die unternehmerische Gesamtaufgabe, die auch als Markt- oder Leistungsaufgabe bezeichnet wird (*Kosiol* 1976, S. 42). In der klassischen auf Kosiol fußenden deutschsprachigen Organisationslehre bildet die Aufgabe den Kern und den Ausgangspunkt für alle organisatorischen Gestaltungsüberlegungen (*Schulte-Zurhausen* 2002, S. 39). Kosiol versteht unter einer Aufgabe „Zielsetzungen für zweckbezogene menschliche Handlungen – *Handlungsziele* –" (*Kosiol* 1976, S. 43). Eine Aufgabe ist demnach eine Aufforderung an Handlungs- und Entscheidungsträger, die gestellte Anordnung zu erfüllen. Sie kann als Verpflichtung zur Transformation eines Ausgangszustandes in

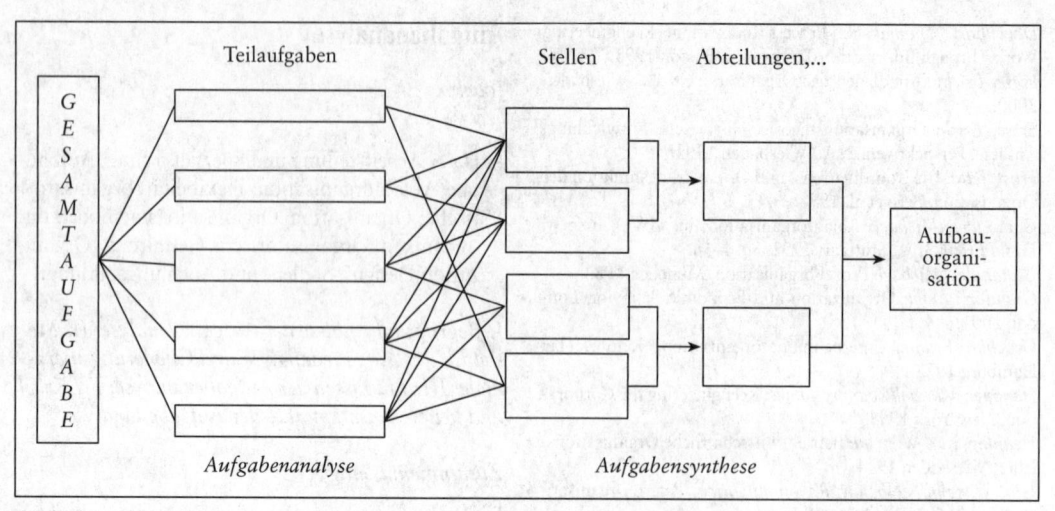

Abb. 1: Die Aufgabenanalyse im Kontext organisatorischer Gestaltung (in Anlehnung an Bleicher 1991, S. 49)

einen Zielzustand durch eine Handlung aufgefasst werden (*Frese* 1980, Sp. 207 ff.).

Voraussetzung für die Erfüllung komplexer Aufgaben wie z.B. die unternehmerische Gesamtaufgabe ist deren Zerlegung in Teilaufgaben, die Bündelung zu Aufgabenkomplexen (Aufgabensynthese) und deren Zuordnung auf Aufgabenträger. Die Zerlegung der *Gesamtaufgabe* in *Teilaufgaben* wird als Aufgabenanalyse bezeichnet (*Kosiol* 1976, S. 42). Die Aufgabenanalyse ist der → *Aufbau- und Ablauforganisation* logisch vorgelagert. Abb. 1 zeigt die Vorgehensweise der Aufgabenanalyse und die Zusammenhänge zur Aufgabensynthese im Kontext organisatorischer Gestaltung.

Vier Anlässe der Aufgabenanalyse können voneinander abgegrenzt werden. Erstens ist eine Aufgabenanalyse aus Anlass einer *Reorganisation* im Rahmen von Prozessen der Organisationsveränderung (→ *Organisationsentwicklung*) notwendig. Zweitens bildet die Aufgabenanalyse die erste analytische Tätigkeit in Zusammenhang mit einer *Neu-* bzw. *Erstorganisation* einer Unternehmung oder eines Unternehmungsteils (*Krüger* 1992, Sp. 226). Hinzu tritt als dritter Anlass die Überprüfung von Prozess und Ergebnis organisatorischer Gestaltung hinsichtlich des Zielbeitrages zu den Erfolgszielen der Unternehmung im Rahmen eines Organisationscontrolling (→ *Organisationscontrolling und -prüfung*). Ein weiterer Anlass ist die vollständige, systematische und vor allem übersichtliche Ermittlung, Darstellung und Dokumentation von Aufgaben und Teilaufgaben zu unterschiedlichsten Zwecken wie z.B. zur Motivation der Stelleninhaber, zur Stellenausschreibung und -besetzung sowie zur anforderungsgerechten Vergütung. Z.B. setzt die Erstellung von *Anforderungsprofilen* für die Ermittlung des *qualitativen Personalbedarfs*, für die Personalbeschaffung und den Personaleinsatz eine Aufgabenanalyse zwingend voraus (*Drumm* 2000, S. 231 ff.).

II. Methodik der Aufgabenanalyse und Gliederungsmerkmale

Teilaufgaben können nach Kosiol anhand der folgenden Gliederungsmerkmale schrittweise aus der Gesamtaufgabe ableitet werden (*Kosiol* 1976, S. 49 ff.):

Das Merkmal „*Verrichtung*" gibt die Art körperlicher oder geistiger Tätigkeiten oder Aktivitäten an, die durchzuführen sind. Verrichtungen geben somit an, was zu tun ist (z.B. Bohren, Drehen, Fräsen, Schleifen). Einzelne Verrichtungen bestehen in Änderungen an einem oder mehreren Objekten. Die Verrichtungsanalyse abstrahiert zwar von dem Objekt; eine detailliertere Verrichtungsgliederung kann jedoch nicht völlig losgelöst von dem Objekt, an dem die Verrichtungen verübt werden sollen, vorgenommen werden.

Das Merkmal „*Objekt*" gliedert eine Aufgabe danach, woran die Tätigkeiten oder Aktivitäten verrichtet werden sollen bzw. woran etwas zu tun ist. Objekte können Ausgangsobjekte (z.B. Rohkarosserie) oder Endobjekte (z.B. fahrbereites Automobil) sein, es kann sich um Personen oder auch Regionen handeln (*Schreyögg* 1999a, S. 115). Objekte können sowohl materieller als auch immaterieller Art sein (z.B. Information).

Das Merkmal „*Rang*" nimmt eine Unterscheidung der Teilaufgaben nach Entscheidungs- und Ausführungsaufgaben vor. Aufgabenelemente werden danach in ein sachliches Rangverhältnis zueinander gestellt. Dies ist von besonderer Bedeutung, wenn im Rahmen der Aufgabenanalyse eine Trennung von

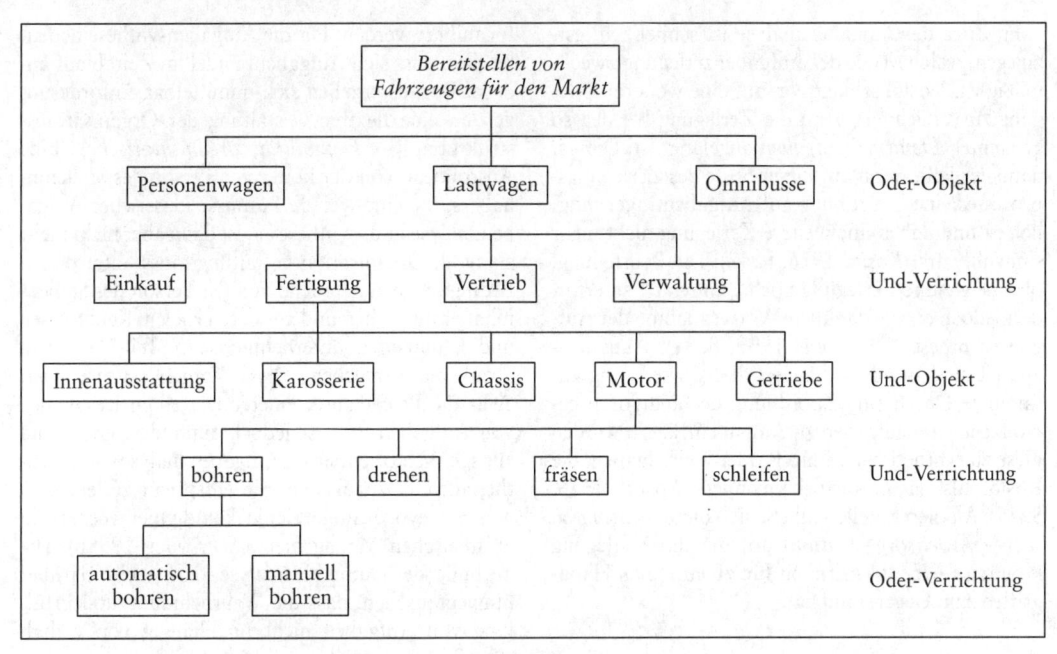

```
                    Bereitstellen von
                   Fahrzeugen für den Markt

      Personenwagen      Lastwagen      Omnibusse        Oder-Objekt

         Einkauf   Fertigung   Vertrieb   Verwaltung     Und-Verrichtung

    Innenausstattung  Karosserie  Chassis  Motor  Getriebe   Und-Objekt

            bohren      drehen     fräsen    schleifen      Und-Verrichtung

       automatisch   manuell                                Oder-Verrichtung
         bohren      bohren
```

Abb. 2: Beispiel für eine mehrstufige Aufgabenanalyse (Schmidt 2000, S. 229)

Leitungs- und Realisationsstellen vorgenommen werden soll, wodurch ein hierarchisches Beziehungsgefüge geschaffen wird. Problematisch ist dabei, dass Ergebnisse der Aufgabensynthese bereits vorweggenommen werden. Dies schmälert den analytischen Wert der Anwendung des Rangmerkmales in einer Aufgabenanalyse.

Das Merkmal „*Phase*" gliedert Teilaufgaben üblicherweise in die drei Phasen der Planung, der Realisation der Pläne und der Kontrolle. Der Zusammenhang zu dem Merkmal der Verrichtung besteht darin, dass es zweckmäßig ist, die gewonnenen verrichtungsorientierten Teilaufgaben als Realisations- bzw. Durchführungsaufgaben zu verwenden (*Kosiol* 1978, S. 74).

Das Merkmal „*Zweckbeziehung*" gliedert Aufgaben danach, in welcher Beziehung ihre Erfüllung zu der Gesamtaufgabe steht. Primäraufgaben beziehen sich unmittelbar auf das Sachziel bzw. das Leistungsprogramm, während sekundäre Aufgaben mittelbar mit dem Leistungsprogramm in Verbindung stehen, indem sie durch die bloße Existenz und die Betriebstätigkeit an sich entstehen (*Kosiol* 1976, S. 58).

„Verrichtung" und „Objekt" sind als Hauptgliederungsmerkmale anzusehen. „Rang", „Phase" und „Zweckbeziehung" sowie die zu verwendenden Sachmittel als weiteres Merkmal dienen in Verbindung mit den Hauptgliederungsmerkmalen zu einer näheren Konkretisierung von Teilaufgaben. Die Merkmale „Verrichtung" und „Objekt" werden als sachliche Dimensionen, die Merkmale „Rang", „Phase" und „Zweckbeziehung" als formale Dimensionen der Aufgabe bezeichnet.

Abb. 2 gibt ein Beispiel für eine mehrstufige Aufgabenanalyse nach unterschiedlichen Merkmalen und logischen Verknüpfungsmöglichkeiten.

Für eine hohe Qualität der Ergebnisse der Aufgabenanalyse sind alle für die Zerlegung in Elementaraufgaben genannten Kriterien zu beachten. Eine Aufgabenanalyse, die z.B. ausschließlich das Objektkriterium anwendet, muss unvollständig bleiben (*Remer* 1989, S. 264). Das Ergebnis der Aufgabenanalyse ist eine geordnete Menge von Teilaufgaben, die die „Gestaltungsmasse" des Organisators (*Schreyögg* 1999a, S. 113) darstellt, aus der organisatorische Gebilde geformt werden können. Dabei wird unterstellt, dass die Erfüllung aller analytisch gewonnenen Teilaufgaben die Erfüllung der unternehmerischen Aufgabe und damit die Erreichung der *Sachziele* (→ *Ziele und Zielkonflikte*) der Unternehmung sicherstellt. Die Gliederungsmerkmale sind auch für die Zwecke der Aufgabensynthese verwendbar (*Krüger* 1992, Sp. 227).

Zwar führen erst die konzeptionellen Schritte der Aufgabensynthese und -verteilung zu Strukturen der → *Aufbau- und Ablauforganisation*; die Aufgabenanalyse bildet jedoch den Kern der eigentlichen organisatorischen Tätigkeit (*Bühner* 1999, S. 12). Die sich anschließende Zusammenfügung der Teilaufgaben zu Aufgabenbündeln in der Aufgabensynthese, die Schreyögg als „dekonstruktiven Schöpfungsprozess" bezeichnet (*Schreyögg* 1999a, S. 117), zielt auf die Wahrnehmung der Aufgabenbündel durch eine gedachte Person als Aufgabenträger ab. Die Aufgabensynthese mündet daher in die Stellenbildung (→ *Stellen- und Abteilungsbildung*).

Im Zuge der Aufgabenanalyse ist schließlich festzulegen, welche Tiefe der Aufgabenzerlegung zweckmäßig ist. Kosiol schlägt vor, auf eine weitere Zerlegung zu verzichten, wenn die Zerlegung bei den so genannten *Elementaraufgaben* angelangt ist. Dies ist dann der Fall, wenn auf dieser Stufe des Zerlegungsprozesses eine Zuordnung auf Aufgabenträger möglich ist und daher eine weitere Zerlegung nicht mehr sinnvoll wäre (*Kosiol* 1976, S. 48). Die Beurteilung, ob eine weitere Zerlegung noch „sinnvoll" ist, erfordert jedoch eine gedankliche Vorwegnahme der Aufgabensynthese (*Bea/Göbel* 1999, S. 81). Aufgabenanalyse und -synthese hängen deshalb sehr eng zusammen. Durch eine Zuordnung der analytisch gewonnenen Teilaufgaben zu Aufgabenträgern werden diese zu synthetischen Einzel- oder Teilaufgaben, die Kosiol als *Funktionen* bezeichnet (*Kosiol* 1976, S. 45). An dieser Stelle schließt sich die *Arbeitsanalyse* (→ *Arbeitsorganisation*) an, die die Festlegung konkreter Arbeitsschritte bis hin zu einzelnen Handgriffen zum Gegenstand hat.

III. Prämissen der Aufgabenanalyse

Zwar ist die Aufgabenanalyse eine anerkannte und in der Organisationslehre fest verankerte Analysetechnik, sie fußt jedoch auf zahlreichen Prämissen (→ *Aufbau- und Ablauforganisation*; → *Stellen- und Abteilungsbildung*).

Erste Prämisse ist die Beschreibbarkeit und Abgrenzbarkeit der Unternehmungs- bzw. der Gesamtaufgabe. Die Konzepte Kosiols unterstellen isolierbare, vollständige und anhand von Gliederungsmerkmalen exakt definierbare Aufgaben (*Schreyögg* 1999a, S. 118). Aufgaben sind nur dann isolierbar und beschreibbar, wenn sie eine hohe Wiederholungshäufigkeit aufweisen und im Zeitablauf konstant bleiben. In Zusammenhang damit unterstellt die Aufgabenanalyse Kenntnis der situativen Rahmenbedingungen und ihrer Wirkungen auf die unternehmerischen Aufgaben sowie die Beherrschbarkeit der Aufgaben.

Die Prämisse der Beschreibbarkeit der zu analysierenden Aufgaben weist auf die weitere Prämisse der Planbarkeit der unternehmerischen Tätigkeit hin, die aber unter dynamischen Umweltbedingungen infolge diskontinuierlicher Entwicklungen und des Auftretens von Strukturbrüchen begrenzt oder nicht gegeben ist. Aufgrund fehlender Kenntnis der inhaltlichen Aufgabenmerkmale sind der Aufgabenanalyse in dieser Situation Grenzen gesetzt. Wenn aber, so die Logik der Aufgabenanalyse, die Aufgaben nicht beschreibbar und zerlegbar sind, sind einer sachzielorientierten Strukturierung einer Unternehmung ebenfalls Grenzen gesetzt. Die Folge davon ist eine geringe Tiefe der Aufgabengliederung, im Grenzfall können Aufgabenelemente nur als *Rahmenaufgaben* formuliert werden. Für die Aufgabensynthese bedeutet dies, dass sich Aufgabenbündel im Zeitablauf ändern. Daraus ergeben sich unmittelbar Anforderungen an eine flexible Gestaltung der Organisationsstrukturen (→ *Flexibilität, organisatorische*). Eine Abstraktion von der konkreten Person des Stelleninhabers, die eine weitere Prämisse klassischer Aufgabenanalyse und -synthese ist, ist dann aber nicht mehr sinnvoll. Organisationsgestaltung muss unter diesen Bedingungen zunehmend von der Person des Stelleninhabers ausgehen und aus deren Zielen, Kenntnissen und Fähigkeiten unternehmerische (Teil-)Aufgaben abzuleiten versuchen. Diese Vorgehensweise wirft zwar die Problematik einer unverteilten Restmenge von Aufgaben auf, ist jedoch zumindest ergänzend zur sachlich orientierten Aufgabenanalyse- und -synthesetechnik zuzulassen. Sie entspricht zudem dem von Schreyögg aufgezeigten Paradigmenwechsel im Strategischen Management (*Schreyögg* 1999b). Die Technik der Aufgabenanalyse darf nicht darüber hinwegtäuschen, dass die Wahrnehmung und Erfüllung von Aufgaben nicht unabhängig von verhaltenswissenschaftlichen und insbesondere motivationalen Bedingungen der Mitarbeiter realisierbar ist (→ *Motivation*; → *Motivationsorientierte Organisationsmodelle*).

Als weitere Prämisse ist zu erkennen, dass die Anwendung der Gliederungsmerkmale implizit an Vorstellungen über Prozessschritte anknüpft, weshalb das Verfahren als „latent reproduktiv" (*Schreyögg* 1999a, S. 117) bezeichnet werden muss. Auch werden Widerspruchsfreiheit und Konsistenz unternehmerischer Sachzielsysteme sowie Sicherheit und fehlende Ambiguität von Entscheidungssituationen unterstellt.

IV. Kritik und neuere Ansatzpunkte der Aufgabenanalyse

Die Aufgabenanalyse besitzt erheblichen Wert für die Praxis der Organisationsgestaltung. Als besonderer Vorteil wird gesehen, dass die Aufgabenanalyse auch für die Analyse von Projektaufgaben eingesetzt werden kann. Hauptproblem ist, dass die Vornahme der Aufgabenzerlegung nicht unabhängig von bereits getroffenen organisatorischen Entscheidungen wie z.B. über Leistungsprozesse erfolgen kann. Aufgaben entstehen z.B. auch durch die Organisationsstrukturen selbst, die eigentlich erst geschaffen werden sollen, um vorhandene Aufgaben zu „organisieren". Darüber hinaus bietet die Aufgabenanalyse keine Theorie zur Vorgehensweise der Zerlegung von Aufgaben in Teilaufgaben an. Die Gliederungsmerkmale können beliebig kombiniert und in beliebiger Reihenfolge angewendet werden (*Vahs* 1997, S. 48 ff.). Die Aufgabenanalyse stellt auch nicht alle für spätere Schritte der Organisationsgestaltung erforderlichen

Informationen wie z.B. über Dauer und Umfang der Teilaufgaben, erforderliche Sachmittel und Interdependenzen zu anderen Aufgaben zur Verfügung.

Die Kritik und die Verletzung der Prämissen haben zwar nicht zu einer Abkehr von der Aufgabenanalyse geführt, es werden jedoch zunehmend neuere Ansatzpunkte und Gliederungsmerkmale für eine Aufgabenanalyse diskutiert (*Schreyögg* 1999a, S. 118 f.; *Bea/Göbel* 1999, S. 224 f.; *Staehle* 1999, S. 676):

- *Aufgabenvariabilität*: Anzahl der Ausnahmen bei der Aufgabendurchführung infolge unvorhergesehener Teilaufgaben und Anforderungen
- *Eindeutigkeit*: Klarheit der Aufgabenabgrenzung von anderen Aufgaben
- *Neuartigkeit*: Maß der Unterschiedlichkeit der Aufgaben von bereits bekannten Aufgaben
- *Aufgabeninterdependenz*: Abhängigkeit der Aufgabenerfüllung von vor- und nachgelagerten Stellen
- Strategische Bedeutung der Aufgabe (z.B. in Hinblick auf Kriterien der Kundenperspektive)
- *Komplexität*: Umfang der Aufgabe und Anforderungen an Kenntnisse und Fähigkeiten eines Stelleninhabers.

Literatur

Bea, Franz Xaver/Göbel, Elisabeth: Organisation, Stuttgart 1999.
Bleicher, Knut: Organisation. Strategien – Strukturen – Kulturen, 2. A., Wiesbaden 1991.
Bühner, Rolf: Betriebswirtschaftliche Organisationslehre, 9. A., München et al. 1999.
Drumm, Hans Jürgen: Personalwirtschaft, 4. A., Berlin et al. 2000.
Frese, Erich: Aufgabenanalyse und -synthese, in: Handwörterbuch der Organisation, hrsg. v. *Grochla, Erwin*, 2. A., Stuttgart 1980, Sp. 207–217.
Kosiol, Erich: Aufgabenanalyse und Aufgabensynthese, in: Elemente der organisatorischen Gestaltung, hrsg. v. *Grochla, Erwin*, Rheinbek 1978, S. 66–84.
Kosiol, Erich: Organisation der Unternehmung, 2. A., Wiesbaden 1976.
Krüger, Wilfried: Aufgabenanalyse und -synthese, in: Handwörterbuch der Organisation, hrsg. v. *Frese, Erich*, 3. A., Stuttgart 1992, Sp. 221–236.
Remer, Andreas: Organisationslehre. Eine Einführung, Berlin et al. 1989.
Schmidt, Götz: Methoden und Techniken der Organisation, 12. A., Gießen 2000.
Schreyögg, Georg: Organisation. Grundlagen moderner Organisationsgestaltung, 3. A., Wiesbaden 1999a.
Schreyögg, Georg: Strategisches Management – Entwicklungstendenzen und Zukunftsperspektiven, in: DU, Jg. 53, 1999b, S. 387–407.
Schulte-Zurhausen, Manfred: Organisation, 3. A., München 2002.
Staehle, Wolfgang H.: Management. Eine verhaltenswissenschaftliche Perspektive, 8. A., München 1999.
Vahs, Dietmar: Organisation. Einführung in die Organisationstheorie und -praxis, Stuttgart 1997.

Aufsichtsrat

Manuel René Theisen

[s.a.: Ausschüsse; Board of Directors; Corporate Governance (Unternehmensverfassung); Corporate Governance, internationaler Vergleich; Geschäftsordnung; Grundsätze ordnungsmäßiger Unternehmensführung; Hauptversammlung und Aktionärseinfluss; Kontrolle; Macht in Organisationen; Mitbestimmung in internationalen Unternehmen; Mitbestimmung, betriebliche; Mitbestimmung, unternehmerische; Partizipation; Personelle Verflechtungen; Prinzipal-Agenten-Ansatz; Top Management (Vorstand); Unternehmensführung (Management).]

I. Organ und Organisation; II. Zusammensetzung; III. Rechte und Pflichten; IV. Aufsichtsratspraxis; V. Organisationsalternativen; VI. Überwachungseffizienz; VII. Reformansätze.

Zusammenfassung

Der Aufsichtsrat ist ein Bestandteil der Unternehmensorganisation, der Corporate Governance, deutscher Kapitalgesellschaften. Die Zusammensetzung der obligatorischen Aufsichtsräte regelt sich nach verschiedenen gesetzlichen Vorschriften, die auch die Beteiligung der Arbeitnehmer in Abhängigkeit ihrer Zahl regeln. Die Rechte und Pflichten des Aufsichtsrats sind dabei weitgehend einheitlich geregelt. Die Aufsichtsratspraxis bleibt teilweise hinter den gesetzlichen Forderungen zurück, mehrere aktienrechtliche Reformen haben die Steigerung der Aufsichtsratseffizienz zum Ziel. Im internationalen Wettbewerb der Corporate Governance-Systeme erweist sich die board-Verfassung als die größte Herausforderung für die (alternative) deutsche Vorstands-/Aufsichtsratsorganisation.

I. Organ und Organisation

In Deutschland ist die Unternehmensführung und -überwachung (→ *Corporate Governance (Unternehmensverfassung)*) zwei getrennten Organen überantwortet (sog. *two-tier-system*, Alternative: board-system, → *Board of Directors*): Dem Vorstand die Führung, dem Aufsichtsrat die Überwachung. Der Aufsichtsrat ist ein Bestandteil der Unternehmensorganisation, der sowohl funktional als auch personell von der Geschäftsführung durch den Vorstand getrennt ist. Rechtlich betrachtet ist er ein Organ der Gesellschaft, das die Gesellschaft insb. gegenüber dem Vorstand, z.B. bei Abschluss, Änderung oder Kündigung der Vorstandsverträge, vertritt.

Nach den geltenden rechtlichen Vorschriften müssen grundsätzlich alle Aktiengesellschaften, KGaA, Genossenschaften, VVaG und die größeren GmbH zwingend einen Aufsichtsrat bilden; Gleiches gilt für Unternehmen der öffentlichen Hand in einer dieser Rechtsformen. In allen anderen (Kapital-)Gesellschaften kann ein Aufsichtsrat freiwillig gebildet werden. In Personengesellschaften wird häufig an dessen Stelle ein *Beirat* eingesetzt, dem in unterschiedlichem Umfang vergleichbare Überwachungsaufgaben im Namen der Gesellschafter übertragen werden.

Soweit in Kapitalgesellschaften ein Aufsichtsrat obligatorisch einzurichten ist, wird dies insb. mit der Notwendigkeit begründet, die Interessen der Kapitalgeber durch ein solches Organ angemessen vertreten zu können, da hier meist die Führung durch fremde Dritte (*Fremdorganschaft*) durchgeführt wird. Der Aufsichtsrat ist als Organ der Gesellschaft ausschließlich dem Interesse der Gesellschaft verpflichtet. In diesem Rahmen hat er die Interessen der Kapitalgeber, aber namentlich auch die der Arbeitnehmer zu berücksichtigen. Alle Aufsichtsratsmitglieder sind nur dem Gesetz und der eigenen → *Verantwortung* unterworfen: Sie handeln also als Organ im Interesse der Gesellschaft, aber jeder Einzelne als Person uneingeschränkt eigenverantwortlich.

II. Zusammensetzung

Die Struktur eines obligatorischen Aufsichtsrats richtet sich sowohl nach der jeweiligen *Rechtsform* als auch nach der Zahl der in Deutschland tätigen Arbeitnehmer und ist daher sehr unterschiedlich. In grundsätzlich allen AG, sowie in GmbH, Genossenschaften und VVaG mit mehr als 500 und weniger als 2.000 Arbeitnehmern, steht den Arbeitnehmern regelmäßig ein Drittel, darüber hinaus die Hälfte der Aufsichtsratssitze zu. Nach den Vorschriften des MitbestG 1976 sind in Gesellschaften mit mehr als 2.000 im Inland beschäftigten Arbeitnehmern 12 (bis 10.000 Arbeiternehmer), 16 (bis 20.000 Arbeitnehmer) bzw. 20 Aufsichtsratsmitglieder vorgesehen. Für ausgewählte Branchen (Montanindustrie, Tendenzbetriebe) und unter Berücksichtigung der Anteilseignerstruktur (Familienunternehmen, Kleine AG) bestehen abweichende Vorschriften (*Potthoff/Trescher/Theisen* 2003, Rn. 41–77).

Die Arbeitnehmermandate in paritätisch besetzten Aufsichtsräten stehen überwiegend internen Belegschaftsvertretern (einschließlich eines Leitenden Angestellten), aber auch (externen) Gewerkschaftsvertretern zu (→ *Mitbestimmung, unternehmerische*). Die Vertreter der Arbeitnehmer werden in verschiedenen Formen der Wahl durch die Mitarbeiter, die Vertreter der Anteilseigner durch die Haupt-, Gesellschafter- bzw. Generalversammlung gewählt (→ *Hauptversammlung und Aktionärseinfluss*). Für freiwillig eingerichtete Aufsichtsräte der Kleinen AG oder einer Familien-AG mit weniger als 500 Arbeitnehmern sowie einer GmbH mit weniger als 2.000 Arbeitnehmern richtet sich die Zusammensetzung vorrangig nach den unternehmensindividuellen Vereinbarungen in der Satzung bzw. dem Gesellschaftsvertrag. Während obligatorischen Aufsichtsräten die Mindestkompetenzen nach den jeweiligen gesetzlichen Vorgaben nicht abgesprochen werden können, besteht bei freiwillig eingerichteten Aufsichtsräten weitgehend Organisationsfreiheit: Für aufsichtsratsähnliche oder -gleiche Funktionen gelten grundsätzlich die entsprechenden rechtlichen Vorgaben.

III. Rechte und Pflichten

Die Kompetenzen des aktienrechtlichen Aufsichtsrats sind weitgehend abschließend im AktG geregelt; darüber hinaus bestehen mitbestimmungsrechtliche Vorgaben nach dem MitbestG 1976, BetrVG 1952 und 1972 sowie weiteren Spezialgesetzen (→ *Mitbestimmung, unternehmerische*). Die Rechtstellung aller anderen – obligatorischen und freiwilligen – Aufsichtsräte richtet sich teilweise analog danach, teilweise nach weiteren gesetzlichen Einzelvorschriften und statutarischen Vorgaben (*Lutter/Krieger* 2002, Rn. 7 f.).

Die zentrale Aufgabe aller Aufsichtsräte ist die formelle und materielle *Überwachung* der Geschäftsführung des für die Leitung der Gesellschaft jeweils zuständigen Organs (u.a. AG-Vorstand, GmbH-Geschäftsführer). Durch die Überwachung soll sichergestellt werden, dass die Geschäftsführung ihre Aufgaben im Interesse der Anteilseigner und der Gesellschaft (Genossenschaft) nachhaltig möglichst effizient und effektiv erfüllt. Diese Überwachung umfasst sowohl die Prüfung und → *Kontrolle* der Vergangenheit, u.a. durch die Feststellung des *Gewinnverwendungsvorschlags* sowie des Einzel- bzw. Billigung des Konzernabschlusses, die *begleitende Überwachung* der laufenden Unternehmensführung und die mitgestaltende *Beratung* der strategischen Ausrichtung und Orientierung für die Zukunft der Gesellschaft: „Der Aufsichtsrat hat die Geschäftsführung zu überwachen" (§ 111 Abs. 1 AktG).

Im Rahmen des gesetzlichen Überwachungsauftrags hat der Aufsichtsrat ein uneingeschränktes Informationsrecht, die Unternehmensführung ist – rechtsformabhängig in unterschiedlichem Maße – zur periodischen und aperiodischen Berichterstattung verpflichtet (*Theisen* 2002a). Der von der *Hauptversammlung* gewählte *Abschlussprüfer*, der vom Aufsichtsrat ausgewählt, beauftragt und vergütet wird, ist diesem uneingeschränkt zur Berichterstattung und Beratung in Zusammenhang mit der gesetzlichen *Abschlussprüfung* verpflichtet (*Theisen* 1999). Auf der Grundlage dieser Informationen sowie ergänzt durch weitere Informationsnachfragen überwachen der Aufsichtsrat und seine Ausschüsse unter der Leitung des Aufsichtsratsvorsitzenden die Unternehmensführung. Neben laufenden Besprechungen und Beratungen mit dem Vorstand in den Sitzungen der Aufsichtsratsgremien muss bzw. kann der Aufsichtsrat insb. bestimmte Arten von Geschäften der Unternehmensleitung festlegen, zu deren Vornahme jeweils im Einzelfall vorher die Zustimmung des Aufsichtsrats erforderlich ist.

Zentrale Verantwortung trägt der obligatorische Aufsichtsrat regelmäßig für die Auswahl, *Bestellung und Anstellung* der mit der Geschäftsführung beauftragten Personen. Mit dieser *Personalkompetenz* wird dem Aufsichtsrat die bedeutendste Verantwortung für die Unternehmensführung überantwortet. Mit der Zuständigkeit für die Wiederwahl und Abberufung der Mitglieder der Geschäftsführung besitzt er gleichzeitig die wichtigste Sanktionskompetenz zur Durchsetzung seiner Überwachungsrechte und -pflichten.

Der Aufsichtsrat als Organ sowie jedes seiner Mitglieder als Individuum ist verpflichtet, seine Überwachungsaufgabe mit der Sorgfalt eines ordentlichen und gewissenhaften Überwachers durchzuführen (§§ 116, 93 Abs. 1 AktG). Es ist über seine Amtszeit hinaus zur Verschwiegenheit über vertrauliche Angaben und Geheimnisse der Gesellschaft verpflichtet. Aufsichtsratsmitglieder, die ihre Pflichten verletzen, sind der Gesellschaft zum Schadenersatz als Gesamtschuldner verpflichtet. Dessen ungeachtet haben die Aufsichtsratsmitglieder keinen gesetzlichen Anspruch auf eine *Vergütung*, nur auf Auslagenersatz: Das Amt eines Aufsichtsrats wird regelmäßig als Neben- und nicht als Hauptamt verstanden, ohne dass daraus eine generelle Beschränkung ihrer gesetzlich umfassend ausgestalteten Rechte und Pflichten abgeleitet werden kann.

IV. *Aufsichtsratspraxis*

Die Praxis der deutschen Aufsichtsratsorganisation und -arbeit steht seit Jahren in der Diskussion: In Zusammenhang mit Unternehmenskrisen und -insolvenzen werden als Kontrollorgane neben dem Abschlussprüfer auch die Aufsichtsräte in die Kritik einbezogen. Dem gesetzlich umfassend formulierten Überwachungsauftrag (s.o. III.) steht in der Vergangenheit eine Aufsichtsratspraxis gegenüber, in deren Rahmen sich der Aufsichtsrat auf wenigen Sitzungen im Jahr, neben der Personalkompetenz sowie den konkreten Pflichten bezüglich der Bilanzprüfung und -genehmigung, oftmals vorrangig der Pflege der Beziehungen der Gesellschaft zu Kunden und Lieferanten gewidmet hat. Zahlreiche personelle Verknüpfungen verschiedenster Aufsichtsratsmandate einschließlich so genannter Überkreuzmandate (Vorstand in Unternehmen A und Aufsichtsrat in Unternehmen B vice versa) waren ein wesentliches Element der vom internationalen *Kapitalmarkt* kritisierten „*Deutschland AG*". Umfassende *Mehrfachmandate* Einzelner sowie der nicht selten praktizierte Wechsel ehemaliger Vorstandsmitglieder in den Aufsichtsrat der eigenen Gesellschaft haben den Kreis der Aufsichtsratsmitglieder vielfach quantitativ überschaubar und qualitativ begrenzt gehalten (*Theisen* 1998).

Die historisch bedingte Kapitalmarktsituation in Deutschland, die durch eine hohe Quote von institutionellem Schachtel- und Mehrheitsbesitz an den börsennotierten Gesellschaften gekennzeichnet ist (→ *Kapitalmarkt und Management*), hat dazu geführt, dass der Streubesitz selbst in großen Publikumsgesellschaften nahezu nicht im Aufsichtsrat vertreten ist. Das für die Wahl in den Aufsichtsrat geltende Mehrheitswahlrecht sorgt dafür, dass überwiegend eine homogene Besetzung der Anteilseignervertreter im Interesse der Kapitalmehrheit garantiert ist.

Die für die Wahl der Arbeitnehmervertreter verantwortliche Belegschaft orientiert sich ihrerseits bei der Wahl vorrangig an unternehmensbezogenen Verdiensten der Kandidaten sowie der gewerkschaftlichen Bindung und Verpflichtung. Insb. in den paritätisch mitbestimmten, mindestens 12-köpfigen Aufsichtsräten findet daher die Meinungsbildung nach „Bänken" getrennt in Vorbesprechungen oder in Ausschusssitzungen statt. Das Aufsichtsratsplenum degeneriert damit oftmals zum Proklamationsorgan. Die wahlbedingte Zusammensetzung und Größe des Überwachungsorgans führt zudem auch zu Problemen mit der Verschwiegenheit und einer von Interessenkollisionen freien Amtsführung.

Die zunehmende Kritik am Aufsichtsrat und seiner Praxis hat sowohl die Bundesregierung als auch verschiedene privatwirtschaftlich organisierte Kommissionen in 2001 veranlasst, sich über die Reform der gesetzlichen, insb. aber auch freiwilligen Ausgestaltung der Aufsichtsratsarbeit im Rahmen der deutschen Corporate Governance zu beschäftigen. Zusätzlich zu gesetzlichen Teilreformen in den Jahren 1998, 2002 und 2003 (s.u. VII.) wurde in 2001 eine Kodex-Kommission eingerichtet, die mit der erstmaligen Formulierung – und periodischen Überprüfung – eines *Deutschen Corporate Governance Kodex* (DCGK) beauftragt wurde. In diesem Kodex werden verbindliche Empfehlungen und freiwillige Anregungen für eine „gute Unternehmensführung und -überwachung" (best practice) gegeben. Zu allen zwingenden Empfehlungen müssen Vorstand und Aufsichtsrat jährlich jeweils für sich erklären und veröffentlichen, ob sie diesen als Organ bzw. als einzelner Amtsinhaber entsprechen oder nicht („comply or explain", § 161 AktG). Die vom DCGK nicht thematisierten Konsequenzen der *Mitbestimmung* im Aufsichtsrat (→ *Mitbestimmung, unternehmerische*) wurden 2003 von einer Initiativgruppe zur Modernisierung der Mitbestimmung aufgegriffen (*v. Werder*

2004). Als diskussionswürdig werden in diesem Zusammenhang die „bänkebedingte" Größe und damit verbundene Ineffizienz der Aufsichtsratsarbeit sowie der, im internationalen Standortwettbewerb wenig erfolgreiche, deutsche Sonderweg der *paritätischen Mitbestimmung* im Überwachungsorgan großer Kapitalgesellschaften bezeichnet.

Insgesamt greift die aktuelle Diskussion der Aufsichtsratspraxis die zunehmend deutlich werdende organisatorische, insb. aber personelle Schräglage hinsichtlich der Kräfteverteilung zwischen Vorstand und Aufsichtsrat auf: Einer professionellen und ausnahmslos hauptberuflich engagierten Unternehmensführung steht nach deutschem Modell ein Überwachungsorgan gegenüber, das in personeller Hinsicht nicht selten als „Laientruppe" angesehen werden kann, faktisch aber in jedem Fall als „nebenberuflich Tätige" bezeichnet und qualifiziert werden muss.

V. Organisationsalternativen

In der zunehmend international ausgerichteten Diskussion über den optimalen Standort unternehmerischen Handelns spielen die Unternehmensordnung sowie die rechtlichen Rahmenbedingungen der Unternehmensverfassung eine große Rolle (→ *Management und Recht*). Die Auseinandersetzung hat sich bisher auf eine vergleichende Gegenüberstellung der deutschen Vorstands-/Aufsichtsratsverfassung einerseits und der angelsächsischen *board-Verfassung* andererseits konzentriert. Letztere ist durch eine organisatorische und institutionelle Zusammenführung von Führung und Überwachung gekennzeichnet. Innerhalb der Organisationsform des board aber werden die ausnahmslos für die Überwachung zuständigen outside directors von den für die Führung (zusammen mit weiteren executive directors außerhalb des board) verantwortlichen inside directors personell klar getrennt (*Theisen* 2002b, S. 1051 ff.; *Theisen* 2003a, S. 285 ff.; *Oetker* 2003). Darüber hinaus führen aktuelle Entwicklungen in der US-amerikanischen board-Praxis sowie ergänzende gesetzgeberische Maßnahmen (Sarbanes-Oxley Act 2002; *Theisen* 2003b, S. 451 f.) dazu, zentrale Kontrollaufgaben, wie die Bilanzprüfung, durch das *audit committee*, den Bilanzprüfungsausschuss des board, nur durch unabhängige board-Mitglieder durchführen zu lassen. Diese Entwicklungen zeigen, dass die Organisationsalternative zum deutschen Aufsichtsrat in Form eines „board" zunehmend nur den Handlungsrahmen abweichend definiert, die Probleme insb. hinsichtlich der institutionellen und personellen Aufgabenverteilung aber vergleichbar bleiben, also eine Konvergenz der Probleme, nicht der Systeme vorliegt.

Eine alternative Ausgestaltung von Führung und Kontrolle findet sich in Form des in der Schweiz vertretenen einstufigen *Verwaltungsratsmodells*: Hier sind beide Funktionen in einem Organ, dem Verwaltungsrat, vereinigt. Die Stärke der konkreten Ausgestaltung nach schweizerischem Obligationenrecht liegt aber in der großen Flexibilität der damit möglichen Unternehmensorganisation: Der faktischen Ausgestaltung bleibt es daher im Einzelfall überantwortet, ob eine institutionelle und personelle Trennung von Führung und Überwachung oder aber eine weitgehende Zusammenfassung vorgenommen wird (*Theisen* 2002b, S. 1062 f.).

Eine Erweiterung der Formen zur Ausgestaltung der Unternehmensorganisation und Spitzenverfassung bringt das Statut der *Europäischen Aktiengesellschaft* (SE). Nach dem EU-weit ab 2004 geltenden, einheitlichen Statut kann jeder Europäischen Aktiengesellschaft sowohl das board- als auch alternativ ein Vorstand-/Aufsichtsratssystem zugrunde gelegt werden. Dabei wird zwischen geschäftsführenden und nicht-geschäftsführenden Mitgliedern des gemeinsamen bzw. getrennten Führungs- und Überwachungsorgans unterschieden. Innerhalb der in 2004 auf 25 Mitgliedsstaaten erweiterten EU kann somit für diese einheitliche Rechtsform zwischen zwei verschiedenen Unternehmensverfassungen gewählt werden. Dieses Wahlrecht kann dazu beitragen, dass ein Wettbewerb der *Corporate Governance-Systeme* innerhalb Europas unter annähernd vergleichbaren Umwelt- und Rahmenbedingungen stattfindet (*Theisen/Hölzl* 2002).

VI. Überwachungseffizienz

Der Aufsichtsratspraxis in Deutschland (unter IV.) wird nicht erst vor dem Hintergrund spektakulärer Unternehmenszusammenbrüche der Vorwurf gemacht, keine *effiziente Überwachung* zu gewährleisten. Diese Kritik bezieht sich weniger auf die rechtlichen Rahmenbedingungen einschließlich einer umfassenden und in 2004 erneut verschärften Haftung der Aufsichtsratsmitglieder für ihr Tun und Unterlassen (s.o. III.). Kritikwürdig erscheint vielmehr die konkrete Umsetzung der Überwachung in der Praxis: Wiederholt wird dabei thematisiert, dass die zur Überwachung der Unternehmen bestellten Aufsichtsratsmitglieder ihrerseits ebenso wenig an einer nachhaltigen Kontrolle interessiert sind wie die von ihnen zu überwachenden Vorstands- bzw. Geschäftsführungsmitglieder. Objektive Grenzen für eine effiziente Überwachung durch den Aufsichtsrat werden u.a. in den folgenden Tatsachen gesehen:

- mangelnde Eignung und Qualifikation der einzelnen Aufsichtsratsmitglieder,
- ungenügende Bezahlung der erforderlichen Überwachungsleistung und -intensität,
- ineffiziente Organisation der Überwachungsarbeit, insb. handlungsunfähige Organ- und Ausschussgröße und -besetzung,

- asymmetrische Informationsversorgung und -abhängigkeit vom zu überwachenden Führungsorgan,
- Interessenkollisionen und Abhängigkeiten untereinander und gegenüber Dritten (Banken, Lieferanten, Gewerkschaften),
- fehlendes Engagement im Interesse der zu überwachenden Unternehmung und zu geringer Zeiteinsatz der einzelnen Aufsichtsratsmitglieder (fehlende Vorbereitung, zu geringe Sitzungsfrequenz, eingeschränkte Präsenz).

Eine zentrale Empfehlung des DCGK fordert von allen Aufsichtsräten, die sich insoweit dem Kodex unterwerfen, dass sie regelmäßig die Effizienz ihrer Tätigkeit überprüfen (Ziff. 5.6 DCGK). Unter Berücksichtigung der gesetzlichen Aufgaben sind damit zumindest die Hauptfunktionen Personalkompetenz für das Führungsorgan, Überwachungsfunktion und die Bilanzfeststellungskompetenz unter einheitlichen Effizienzgesichtspunkten zu analysieren und zu bewerten. Darüber hinaus hat sich der Aufsichtsrat über die Effizienz seiner eigenen Organisation, der Informationsversorgung und -qualität und seiner personellen und fachlichen Besetzung und Qualität ein Bild zu machen. Diese interne Beurteilung kann gleichzeitig Grundlage für weitere effizienzsteigernde organisatorische und/oder personelle Maßnahmen und Verbesserungen sein. Eine gerichtliche Überprüfung der Überwachungseffizienz ist nur insoweit möglich, als der Aufsichtsrat das ihm zustehende weite eigene Ermessen, innerhalb dessen er seine Tätigkeit und sein Handeln frei bestimmen kann, für Dritte nachvollziehbar und objektiv überschreitet. Ein solcher Fall kann aber u.a. dann vorliegen, wenn ein Aufsichtsrat es unterlässt, einen grundsätzlich aussichtsreichen Schadenersatzanspruch gegen ein Mitglied der Unternehmensführung geltend zu machen (BGH-Urt. v. 21.04.1997, BGHZ 135, S. 256; *Lutter/Krieger* 2002, Rn. 825–833).

VII. Reformansätze

Der Verbesserung der Aufsichtsratsorganisation und -arbeit sowie der Steigerung der Überwachungseffizienz (unter VI.) widmete der Gesetzgeber in den letzten Jahren drei Reformen des Aktiengesetzes: Durch das „Gesetz zur Kontrolle und Transparenz im Unternehmen" (KonTraG 1998) wurde insb. die Zusammenarbeit von Vorstand und Abschlussprüfer mit dem Aufsichtsrat gestärkt und die Transparenz der Aufsichtsratstätigkeit erhöht. Mit dem „Gesetz zur weiteren Reform des Aktien- und Bilanzrechts, zu Transparenz und Publizität" (TransPuG 2002) wurde die Informationsversorgung und -verarbeitung im Aufsichtsrat verbessert, der aufsichtsratsinterne Informationsfluss optimiert und die Verknüpfung mit den Empfehlungen des DCGK hergestellt. Zuletzt wurde mit der gesetzgeberischen Umsetzung des 10-Punkte-Programms der Bundesregierung in 2004 die *Haftung* der Vorstands- und Aufsichtsratsmitglieder verschärft und damit die Sanktionen gegen nicht ordnungsmäßiges Überwachen erhöht (*Seibert* 2003, S. 693–695; *Theisen* 2003b, S. 431 ff.).

Neben den Reformansätzen des Gesetzgebers widmet sich die Kodex-Kommission jährlich u.a. der Verbesserung der Überwachungsleistung des Aufsichtsrats. Sowohl im Rahmen der zwingenden Empfehlungen als auch der unverbindlichen Anregungen setzt der DCGK Standards, die für eine „gute Unternehmensführung und -überwachung" Maßstab bildend sein sollen. Darüber hinaus sind in der Betriebswirtschaftslehre „*Grundsätze ordnungsmäßiger Unternehmensführung und -überwachung*" ausgearbeitet worden (→ *Grundsätze ordnungsmäßiger Unternehmensführung*), die als Regelungssystem konkrete Vorgaben für eine nachhaltige und effiziente Organisation und Durchführung der Überwachung von Unternehmen und Konzernen durch den Aufsichtsrat zum Ziel haben.

Literatur

Lutter, Marcus/Krieger, Gerd: Rechte und Pflichten des Aufsichtsrats, 4. A., Köln 2002.
Oetker, Hartmut: Aufsichtsrat/Board: Aufgaben, Besetzung, Organisation, Entscheidungsfindung und Willensbildung – Rechtlicher Rahmen, in: Handbuch Corporate Governance, hrsg. v. *Hommelhoff, Peter/Hopt, Klaus J./Werder, Axel v.*, Köln – Stuttgart 2003, S. 261–284.
Potthoff, Erich/Trescher, Karl/Theisen, Manuel René: Das Aufsichtsratsmitglied, 6. A., Stuttgart 2003.
Seibert, Ulrich: Das 10-Punkte-Programm „Unternehmensintegrität und Anlegerschutz", in: BB, Jg. 58, 2003, S. 693–698.
Theisen, Manuel René: Aufsichtsrat/Board: Aufgaben, Besetzung, Organisation, Entscheidungsfindung und Willensbildung – Betriebwirtschaftliche Ausfüllung, in: Handbuch Corporate Governance, hrsg. v. *Hommelhoff, Peter/Hopt, Klaus J./Werder, Axel v.*, Köln – Stuttgart 2003a, S. 285–304.
Theisen, Manuel René: Zur Reform des Aufsichtsrats, in: Reform des Aktienrechts, der Rechnungslegung und der Prüfung: KonTraG, Corporate Governance, TransPuG, hrsg. v. *Dörner, Dietrich* et al., 2. A., Stuttgart 2003b, S. 431–522.
Theisen, Manuel René: Herausforderung Corporate Governance, in: DBW, Jg. 63, 2003c, S. 441–464.
Theisen, Manuel R.: Grundsätze einer ordnungsmäßigen Information des Aufsichtsrats, 3. A., Stuttgart 2002a.
Theisen, Manuel René: Corporate Governance als Gegenstand der Internationalisierung, in: Handbuch Internationales Management: Grundlagen, Instrumente, Perspektiven, hrsg. v. *Macharzina, Klaus/Oesterle, Michael-Jörg*, 2. A., Wiesbaden 2002b, S. 1051–1083.
Theisen, Manuel René: Vergabe und Konkretisierung des WP-Prüfungsauftrags durch den Aufsichtsrat, in: DB, Jg. 52, 1999, S. 341–346.
Theisen, Manuel René: Empirical evidence and economic comments on board structure in Germany, in: Comparative Corporate Governance, hrsg. v. *Hopt, Klaus J.* et al., Oxford 1998, S. 259–265.
Theisen, Manuel René/Hölzl, Michael: Corporate Governance, in: Die Europäische Aktiengesellschaft, hrsg. v. *Theisen, Manuel René/Wenz, Martin*, Stuttgart 2002, S. 247–299.
Werder, Axel v.: Modernisierung der Mitbestimmung, in: DBW, Jg. 64, 2004, S. 229–243.

Ausschüsse

Egbert Kahle

[s.a.: Aufgabenanalyse; Aufsichtsrat; Board of Directors; Corporate Governance (Unternehmensverfassung); Gender Studies; Gruppen und Gruppenarbeit; Gruppenverhalten und Gruppendenken; Kommunikation; Koordination und Integration; Mikropolitik; Organisatorische Gestaltung (Organization Design); Stäbe; Stellen- und Abteilungsbildung; Teamorganisation; Top Management (Vorstand).]

I. Begriff und Gründe von Kollegienarbeit; II. Formen und Merkmale von Ausschüssen; III. Effizienzaspekte; IV. Funktion und Aufgaben eines Moderators.

Zusammenfassung

Ein Ausschuss ist eine organisatorische Einheit, zu der mehrere Personen gehören, die zeitlich befristet zur Kommunikation (Beratung) und oft auch zur Entscheidung zusammentreten. Typischerweise sind die Angehörigen eines Ausschusses eine Auswahl aus einer größeren Gesamtmenge oder aus verschiedenen Abteilungen; die Ausschussmitglieder können außerhalb des Ausschusses unterschiedliche hierarchische Positionen einnehmen. Die zeitliche Befristung besteht entweder für eine bestimmte Aufgabe, mit deren Erledigung der Ausschuss aufgelöst wird, oder in einem intervallmäßigen Zusammentreten des Ausschusses.

I. *Begriff und Gründe von Kollegienarbeit*

Der Begriff Ausschuss wird meistens im Plural benutzt, weil im Singular die Gefahr der Verwechslung mit der produktionswirtschaftlichen Bedeutung der Minderqualität besteht. Nachfolgend wird deshalb im Singular auch das Wort Kollegium benutzt, obwohl zwischen beiden auch geringfügige Unterschiede in bestimmten Zusatzbedingungen oder -aspekten bestehen. So ist im Begriff Ausschuss die Implikation einer Auswahl aus einer größeren Gesamtheit inbegriffen, während beim Kollegium die Gleichberechtigung der Mitglieder impliziert wird. Für die organisationstheoretische Analyse soll diese sprachbezogene Differenzierung jedoch nicht vorgenommen werden, sondern beide Aspekte als Teil des Begriffs impliziert sein. Als weiteres Synonym wird auch der Begriff Gremium verwendet.

Die allgemeine Definition lautet (*Bleicher* 1975, Sp. 2158):

Ein Kollegium ist eine Personenmehrheit, die eine bestimmte Aufgabe gemeinsam zu erledigen hat und die dafür intermittierend zusammentritt. Sie ist eine typische Organisationsform der *Sekundärorganisation* neben der Linien- oder Spartenorganisation in der Primärorganisation. Sie unterscheidet sich von anderen Formen der Sekundärorganisation durch die Personenmehrheit gegenüber einer Stelle wie etwa einem Stab oder einer Stelle mit funktionaler Leitungsbefugnis und durch das intermittierende Zusammentreten von Projektgruppen, „task forces" oder Fachabteilungen. Die Gründe für die Schaffung von Einrichtungen der Sekundärorganisation, unter anderem auch von Ausschüssen, liegen in einigen Problemen der hierarchischen Primärorganisation:

- Eine hierarchische Primärorganisation ist in der Regel nach Funktionen, Objekten oder Regionen differenziert und meistens auch zentralisiert, sodass nur die Vorteile *einer* Differenzierungsart effizient genutzt werden können.
- Die vorherrschende Koordination über Weisung und Standardisierung (*Mintzberg* 1979, S. 6) ist für Routineaufgaben und für eng beieinander liegende Aufgaben gut geeignet, nicht aber für Aufgaben, die Kreativität und Interpretation verlangen.
- Mehr-Linienorganisationen (→ *Matrix-Organisation*, Tensor-Organisation; *Bleicher* 1981, S. 114) neigen zum Konkurrenzdenken zwischen den verschiedenen Organisationsdimensionen bzw. den Linien, die nach diesen Dimensionen gebildet werden. Dadurch wird der offene und freiwillige Informationsaustausch erschwert.

In der vorherrschenden Primärorganisation mit den überwiegenden Koordinationsprinzipien Weisung und Standardisierung sind v.a. folgende Aufgaben kaum lösbar:

- Austausch nicht vorhersehbarer Information: Information, deren Existenz nicht bekannt ist, kann auch keiner Stelle ex ante als dafür zuständig zugewiesen werden und es gibt auch kein Muster oder Verfahren, wie damit umzugehen sei. Hier sind zwei- oder mehrseitige Kommunikationen und offene Strukturen erforderlich.
- Koordination interdependenter Entscheidungen: Die wechselseitige Abhängigkeit der Ergebnisse interdependenter Entscheidungen macht eine zwei- oder mehrseitige Abstimmung erforderlich, die sich auch auf die Alternativengenerierung beziehen kann.
- Zeitlich beschränkte, nicht routinemäßige Aufgaben: In einer gut organisierten Unternehmung dürfte kaum eine Stelle „überflüssige" Zeit für zusätzliche, nicht routinemäßige Aufgaben haben. Wenn sie doch einzelnen Fachabteilungen übertragen werden, werden sie dort i. Allg. nur nachrangig erledigt. In der zeitlichen Beschränkung liegt aber bei solchen Aufgaben meistens auch eine zeitliche Dringlichkeit.

Zur Lösung des Problems gibt es verschiedene Möglichkeiten der Verteilung unvorhergesehener, wechselseitige Kommunikation erfordernder Aufgaben:

- Keine formale Verteilung: Man vertraut auf das Phänomen der Selbstorganisation, d.h. dass die wechselseitigen Beziehungen und Erwartungen die Zuordnung regeln; vorrangig ist dabei an das Phänomen des *„transactive memory"* (*Klages* 2002) zu denken. Ohne weitere formale Strukturen dürfte diese Form der Selbstorganisation nur bei überschaubaren Gruppen funktionieren.
- Verteilung an Stellen der Primärorganisation.
- Ergänzung der Primärorganisation durch eine Sekundärorganisation: Hier gibt es entweder eine intermittierend zusammentretende Gruppe, d.h. einen Ausschuss, oder eine kontinuierlich – befristet oder unbefristet – arbeitende Einheit, wie z.B. einen Produktmanager, eine Projektgruppe, eine „task force".
- Ersatz der Primärorganisation durch *Adhokratie (adhocracy)* (*Staehle* 1999, S. 485): Es gibt keine festen Strukturen jenseits einzelner Gruppen; diese können durch „linking pins" (*Likert* 1961) verknüpft sein, die eine wechselseitige Abstimmung (*mutual adjustment*) bewirken sollen.

Bei der Schaffung von Ausschüssen als Instrumente der Sekundärorganisation ist dementsprechend immer auch zu prüfen, ob nicht eine der anderen Formen in Frage kommt und eventuell besser geeignet wäre, den Zweck zu erfüllen.

II. Formen und Merkmale von Ausschüssen

Ausschüsse unterscheiden sich nach verschiedenen Merkmalen, sodass allgemeingültige Aussagen nur unter dem Vorbehalt des Zutreffens der jeweiligen Merkmale getroffen werden können. Diese Merkmale sind:

- Aufgabe,
- Reichweite,
- Mitgliedschaft,
- Befristung.

Die Aufgaben reichen vom einfachen Informationsaustausch über die Beratung, d.h. die Erarbeitung von Lösungsalternativen bis zur Entscheidung, seltener auch bis zur Ausführung. Dabei ist in der Regel davon auszugehen, dass die Beratung den Informationsaustausch einbezieht und die Entscheidung die Beratung mit umfasst, aber es wäre auch eine Trennung denkbar, wenn auch nicht sehr sinnvoll. Ausführungskollegien sind demgegenüber sehr selten. Bei der Reichweite der Aufgaben des Kollegiums können sehr enge Befugnisse vorliegen, d.h. die Probleme sehr eng und klar definiert sein oder es kann eine Allzuständigkeit des Kollegiums, etwa bei einem mehrköpfigen Vorstand bestehen.

Bei der Mitgliedschaft ist danach zu unterscheiden, ob sie qua Amt oder freiwillig erfolgt, wobei die Zuordnung des Mitglieds zum Kollegium durch Wahl oder durch Ernennung erfolgen kann. Des Weiteren ist die Zahl der Mitglieder bedeutsam, v.a. hinsichtlich der Kosten und der Effizienz der Ausschusstätigkeit. Im Allgemeinen wird eine Zahl von fünf bis dreizehn für sinnvoll gehalten, theoretisch möglich sind zwischen zwei und unendlich viele Mitglieder; typische Großkollegien sind Parlamente mit 600 oder mehr Mitgliedern. Des Weiteren spielt die Homogenität der Zusammensetzung eines Kollegiums eine große Rolle bei der Frage der Qualität, Quantität und Geschwindigkeit der erzielten Ergebnisse der Ausschussarbeit. Als Homogenitätsmerkmale sind dabei Alter, Geschlecht, Informationsstand, organisatorische (funktionale) Zugehörigkeit und Status zu beachten. Schließlich ist auch noch für die Wirksamkeit der Ausschussarbeit zu bedenken, ob der Ausschuss selber oder die Mitgliedschaft befristet ist; v.a. Entscheidungskollegien sind oft auf Dauer eingerichtet, werden aber in regelmäßigen Abständen mit neuen Mitgliedern besetzt.

Für die Beurteilung der Wirksamkeit und Tragfähigkeit von Ausschussarbeit im Vergleich mit anderen organisatorischen Lösungen sind drei unterschiedliche Dimensionen zu beachten:

- Die Risikobereitschaft von Kollegien.
- Die Kosten der Ausschussbildung.
- Die Effizienz der Aufgabenerfüllung.

Bezüglich der Risikobereitschaft von Kollegien gibt es verschiedene, z.T. widersprüchliche Befunde bzw. Hypothesen. So hat sich herausgestellt (*Redel* 1982, S. 68 ff., 308 f.), dass Kollegien bei Schätzaufgaben zu mittleren Ergebnissen kommen und dass die Streuung der Ergebnisse geringer wird. Andererseits werden Kollegien bei Entscheidungen als Ganzes risikofreudiger, was damit erklärt wird, dass die Verantwortung geteilt wird und bei einer einstimmigen Entscheidung hinterher niemand Einzelnen die Schuld geben kann. Es wird deshalb zur Vermeidung zu hoher Risiken z.T. empfohlen, die Verantwortung für die Entscheidung und damit letztlich die Entscheidung selbst an *eine* Person zu geben, die dann eher das Risiko meidet. Das heißt aber nicht, dass Kollegien besonders initiativ seien; ohne einen Moderator, der eine Lokomotionsfunktion ausübt, werden Ausschüsse oft träge.

III. Effizienzaspekte

Die Frage nach der Effizienz von Kollegien kann einmal unter den Aspekten der Kosten und der Motivation im Vergleich zu anderen organisatorischen Lösungen betrachtet werden und sie kann zum anderen unter dem Aspekt der Ergebnisse selbstbezüglich bewertet werden. Bei der Kostenfrage sind es einmal die Opportunitätskosten der Teilnehmer, deren Lohn oder Gehalt in dieser Zeit nicht „produktiv" genutzt wird, sowie anfallende Reisekosten, Raumbelegungskosten und Kommunikationskosten, insbesonders bei modernen Formen wie Videokonferenzen, die den Kostenumfang bestimmen. Dieser wird im Einzelnen von der Teilnehmerauswahl, d.h. wie viele aus welcher Gehaltsgruppe teilnehmen, von der Art des Zusammentretens – persönliches Treffen, Telefonkonferenz, Videokonferenz – von der Wahl des Konferenzortes und -raumes sowie der Häufigkeit und Dauer der Treffen bestimmt. Bei der → *Motivation* ist zwischen der Motivation der Teilnehmer und der der anderen Organisationsmitglieder zu unterscheiden, die während der Ausschusssitzungen die Arbeit des Ausschussmitglieds übernehmen müssen.

Für die Beurteilung der Aufgabenerfüllung von Kollegien sind eine Reihe von Kriterien genannt worden (*Redel* 1982, S. 282 ff.):

– Die Zahl der Teilnehmer.
– Die Homogenität oder Heterogenität der Kollegienzusammensetzung nach Alter, Geschlecht, Information, Status.
– Die Ausstattung der Mitglieder mit Kompetenz und Verantwortung.
– Eine klare Aufgabenabgrenzung.
– Ein deutlicher zeitlicher Rahmen.
– Die Vorbereitung der Mitglieder auf die Sitzung.
– Die Gestaltung des Ablaufs von Ausschusssitzungen durch einen *Moderator*.

Für den Zusammenhang zwischen der Zahl der Teilnehmer an einem Kollegium und der Quantität und Qualität der Ergebnisse gibt es bei Redel eine ganze Reihe von Befunden (*Redel* 1982, S. 282 ff.); dabei wird der Zusammenhang aber erst ab einer Zahl oberhalb von fünf gemessen.

Während die Befunde zum Zusammenhang von Kollegiengröße und -effizienz relativ eindeutig und widerspruchsfrei scheinen, sind die Befunde zur Kollegienzusammensetzung, d.h. zur Heterogenität des Kollegiums sehr viel uneinheitlicher. Das mag zum Teil auch daran liegen, dass die Befunde in sehr unterschiedlichen Zeitpunkten und Situationen erhoben wurden, so dass es noch weiterer Untersuchungen zur Sicherung der Vergleichbarkeit bedarf. Exemplarisch seien folgende Befunde aufgezeigt (*Redel* 1982, S. 305–307):

– Heterogenität der Teilnehmerzusammensetzung führt im Allgemeinen zu einer höheren Qualität der Aufgabenerfüllung, weil unterschiedliche Informationen und Bewertungsaspekte in die Argumentation einfließen.
– Heterogenität in der Alterszusammensetzung führt bei Gruppen, die nur aus Männern bestehen, zu einer höheren Qualität der Aufgabenerfüllung; bei Frauengruppen führt Altersheterogenität hingegen zu einer Verringerung der Qualität. Diese Diskrepanz, die im Befund nicht weiter erklärt wird (*Redel* 1982, S. 305), lässt sich – wenn man den Befund als solchen akzeptiert – nur damit begründen, dass Männer eine auf Alter gegründete, hierarchische Führung eher akzeptieren als Frauen, also eine geringere Machtdistanz (*Hofstede* 1982) aufweisen. Es könnte aber auch sein, dass diese Befunde sich auf unterschiedliche Länder und Kulturen beziehen, sodass es sich gar nicht um einen „Gender"-Effekt handelt, sondern um eine interkulturelle Differenz (→ *Interkulturelles Management*).
– Ist die Teilnehmerzusammensetzung nach mehreren Aspekten gleichzeitig heterogen, darunter auch im Status, dann verringert sich die Zahl der gefundenen Lösungen und der Zeitbedarf bis zur Erzeugung und Akzeptanz von Lösungen erhöht sich; das lässt sich v.a. durch fachliche und statusabhängige Kommunikationsbarrieren (*Schulz von Thun* 1999, S. 98 ff.; *Taylor* et al. 1996, S. 25 ff.) erklären.

IV. Funktion und Aufgaben eines Moderators

Die Wirksamkeit von Ausschussarbeit kann in erheblichem Umfang durch das Tätigwerden oder die Untätigkeit eines Moderators beeinflusst werden. Ausschüsse arbeiten in der Regel nicht von allein, sie bedürfen zur Entwicklung einer dynamischen Arbeitsweise eines Moderators. Dieser kann von Sitzung zu Sitzung wechseln, es kann aber auch immer oder längere Zeit die gleiche Person sein. Unter den Aspekten von Führungsinhalt und Führungsstil (*Kahle* 1981; → *Führungsstile und -konzepte*) hat der Moderator inhaltlich eine Lokomotionsfunktion und bezüglich des Stils eine Kohäsionsfunktion (*Redel* 1982, S. 320).

Unter der *Lokomotionsfunktion* hat er v.a. folgende Aufgaben:

– Präsentation der Probleme,
– Anregung der Teilnehmer zu aufgabenbezogenen Beiträgen,
– Förderung einer ausgewogenen Kommunikation,
– Themenzentrierung,
– Zeitplaneinhaltung,
– Zusammenfassung von Zwischenergebnissen,
– methodische Hilfestellung.

Neben der Antriebsfunktion hat der Moderator aber auch noch die Funktion, die *Kohäsion* der Gruppe zu fördern, die durch die Größe der Gruppe und das Verhalten Einzelner gefährdet sein kann. Das heißt im Einzelnen:

- Bewusstmachung und nach Möglichkeit Abbau sozio-emotionaler Spannungen. Zwischen einzelnen Teilnehmern oder auch Subgruppen können aus der Diskussion im Ausschuss selber oder auf Grund von Arbeits- oder Privatbeziehungen sozio-emotionale Spannungen als Folge von Konflikten bestehen. Wenn diese Spannungen bewusst gemacht werden, lässt sich leichter mit ihnen umgehen: Man weiß dann, warum bestimmte Standpunkte so und nicht anders vertreten werden. Durch eine entsprechende sachliche Auseinandersetzung können diese Spannungen abgebaut werden.
- Erinnerung an Verhaltensregeln und Förderung der Konzilianz. Eine wichtige Verhaltensregel in Kollegien ist die Gleichberechtigung aller Teilnehmer; eine Übertragung von Statusunterschieden von außerhalb des Kollegiums sollte nicht stattfinden. Die Argumente des jeweils anderen sind zu respektieren, auch wenn man sie nicht teilt. Der Moderator muss bei Verstößen gegen diese Regeln auf die Einhaltung achten und selber durch eigenes Handeln vorleben.
- Unterstützung von Teilnehmern mit niedrigerem Status oder schwächerer Rhetorik. Auch wenn es nicht direkt zu persönlichen Angriffen kommt, kann es passieren, dass Teilnehmer mit einem niedrigeren Status ihren Standpunkt nicht verdeutlichen mögen, weil sie Angst oder Respekt vor Statushöheren haben; derartige Kommunikationsbarrieren, die auch zu Fehlentscheidungen des ganzen Kollegiums führen können (Abilene-Paradoxon, *Reber* 1980; strategische Engsicht oder Groupthink-Syndrom, *Radetzki* 1999, S. 137 ff.), müssen vom Moderator überwunden werden.

Die geschilderten Aufgaben eines Moderators lassen erkennen, warum in vielen Fällen ein unmoderierter Ausschuss zu Recht der Kritik des „backscratching" oder des bloßen Kaffeekränzchens anheim fällt. Ausschussarbeit kann jedoch effektiv und effizient sein wie Lawrence feststellt (*Lawrence* 1980), wenn sie gut vorbereitet und moderiert ist.

Literatur

Bleicher, Knut: Organisation, Formen und Modelle, Wiesbaden 1981.
Bleicher, Knut: Kollegien, in: HWB, hrsg. v. *Grochla, Erwin/Wittmann, Waldemar*, 4. A., Stuttgart 1975, Sp. 2157–2169.
Bleicher, Knut: Konferenzen. Ihre Organisation und Leitung, Wiesbaden 1960.
Harvey, J. B.: The Abilene Paradox: The Management of Agreement, in: Organizational Dynamics, 1974, S. 63–80.
Hofstede, Geert: Culture's Consequences, International Differences in Work-related Values, Newbury Part et al. 1982.
Kahle, Egbert: Führungsinhalt – so wichtig wie der Führungsstil, in: Personalwirtschaft, Jg. 8, H. 8/1981, S. 17–21.
Klages, Katharina: Transactive Memory, Lüneburg et al. 2002.
Lawrence, Peter: Managers and Management in West Germany, London 1980.
Likert, Rensis: New Patterns of Management, New York 1961.
Mintzberg, Henry: The Structuring of Organizations, Englewood Cliffs, N.J. 1979.
Radetzki, Thomas: Multipersonelles Verhalten bei strategischen Entscheidungen, Wiesbaden 1999.
Reber, Gerhard: Das Abilene-Paradoxon, in: WiSt, Jg. 9, H. 2/1980, S. 77–78.
Redel, Wolfgang: Kollegienmanagement – Effizienzaussagen über Einsatz und interne Gestaltung betrieblicher Kollegien, Bern und Stuttgart 1982.
Schulte-Zurhausen, Manfred: Organisation, 2. A., München 1999.
Schulz von Thun, Friedemann: Miteinander reden, Reinbek 1999.
Staehle, Wolfgang: Management, 8. A., München 1999.
Taylor, James et al.: The Communicational Basis of Organization: Between the Conversation and the Text, in: Communication Theory, Jg. 6, H. 1/1996, S. 1–36.

Benchmarking

Ulrich Krystek

[s.a.: Aufgabenanalyse; Kompetenzen, organisationale; Konkurrentenanalyse (Corporate Intelligence); Lernen, organisationales; Managementphilosophien und -trends; Planung; Qualitätsmanagement; Zeit und Management; Ziele und Zielkonflikte.]

I. Begriff des Benchmarking; II. Erscheinungsformen des Benchmarking; III. Benchmarking als Projekt und Prozess.

Zusammenfassung

Die Kernidee des Benchmarking besteht in einer durch Vergleiche ermöglichten Nutzung vorhandener und besonders guter Problemlösungen, insbesondere im Hinblick auf Prozesse, Produkte und Organisationen. Im Mittelpunkt steht dabei die Identifikation von Leistungsabweichungen, um die erkannte Leistungslücke zumindest zu schließen.

I. Begriff des Benchmarking

Der Begriff Benchmarking entstammt der Landvermessung und stellt dort einen fixierten Referenzpunkt in einer Landschaft (Benchmark) dar. Davon abgeleitet meint *Benchmarking* einen kontinuierlichen Prozess, bei dem jeweilige Benchmarking-Objekte über Unternehmen hinweg oder innerhalb von Unternehmen verglichen werden. Dabei sollen spezifische Unterschiede offen gelegt, deren Ursachen analysiert und Möglichkeiten zur Verbesserung aufgezeigt werden. Vergleichspartner sind solche Unternehmen oder Unternehmensteile, die das zu untersuchende Benchmarking-Objekt besonders gut beherrschen (vgl. *Horváth/Herter* 1992, S. 5).

Die Entstehung des Benchmarking wird auf die US-amerikanische Xerox Corporation zurückgeführt, die diese Management-Technik erstmals 1979 anwendete (vgl. *Spendolini* 1992, S. 3 ff.). Seither hat sich das Benchmarking über mehrere Generationen weiterentwickelt und zu unterschiedlichen Erscheinungsformen geführt (vgl. *Watson* 1993, S. 24).

II. Erscheinungsformen des Benchmarking

Die unterschiedlichen Erscheinungsformen des Benchmarking lassen eine Differenzierung nach dem Merkmal „Benchmarking-Partner" sowie nach dem Merkmal „Benchmarking-Objekt" zu.

1. Benchmarking-Formen nach dem Merkmal „Benchmarking-Partner"

Unter Berücksichtigung dieses Merkmals ergibt sich eine Differenzierung von Benchmarking-Formen in ein *internes* und ein *externes* Benchmarking mit jeweiligen Unterformen. Internes und externes Benchmarking sind dabei keine sich einander ausschließenden Erscheinungsformen. Vielmehr kann das interne Benchmarking auch als eine Vorstufe für spätere, unternehmensexterne Vergleiche angesehen werden.

– Internes Benchmarking
Hier findet der Vergleich von Benchmarking-Objekten entweder innerhalb eines Unternehmens oder mit assoziierten Unternehmen statt (vgl. *McNair/Leibfried* 1996, S. 74).

Beim *unternehmensinternen Benchmarking* erfolgt ein solcher Vergleich innerhalb nur eines Unternehmens. Dabei werden organisatorische Einheiten wie *Arbeitsplätze*, *Abteilungen*, *Filialen*, *Werke* oder *Niederlassungen* mit jeweils gleichen Funktionen und/oder Prozessen untereinander verglichen.

Im Rahmen des *konzerninternen Benchmarking* wird der Horizont des Vergleichs auf Konzernunternehmen ausgeweitet (→ *Konzernorganisation*), in denen sich für einen Vergleich geeignete Objekte finden lassen.

Benchmarking-Vergleiche können auch zwischen nur vertraglich miteinander verbundenen Unternehmen, etwa im Rahmen strategischer Allianzen (→ *Allianz, strategische*) durchgeführt werden (*allianzinternes Benchmarking*).

Die Vorzüge des internen Benchmarking liegen in der leichten Zugänglichkeit relevanter Daten vom Benchmarking-Partner sowie in einer einfacheren Übertragbarkeit der Ergebnisse des Benchmarking-Prozesses. Demgegenüber steht allerdings der Nachteil eines eher begrenzten Blickwinkels (vgl. *Kajüter* 2000, S. 116).

– Externes Benchmarking
Externes Benchmarking wird mit Partnern durchgeführt, die außerhalb des eigenen Unternehmens oder Unternehmensverbundes stehen.

Konkurrenzorientiertes Benchmarking sucht den Vergleich mit dem direkten Wettbewerber (vgl. *Lasch/Trost* 1997, S. 610 ff.). Damit soll ein hoher Grad an Vergleichbarkeit zwischen den Benchmarking-Objekten ebenso gegeben sein, wie eine gute Übertragbarkeit bzw. Weiterentwicklung der gefundenen Lösung. Dem steht die mögliche Befürchtung des Benchmarking-Partners gegenüber, durch Offenlegung unternehmensinterner Daten einen Wettbewerbsnachteil hinnehmen zu müssen (vgl. *Böhnert* 1999, S. 19 f.).

Die erkennbaren Probleme der Datenbeschaffung legen die Anwendung des *branchenorientierten Benchmarking* nahe. Hier erfolgt eine Erweiterung des Vergleichsrahmens auf die gesamte Branche, wodurch die Zugangsbeschränkung eines direkten Konkurrenzverhältnisses weitgehend aufgehoben wird. Dennoch bleibt durch die Beschränkung auf dieselbe Branche eine gewisse Vergleichbarkeit zwischen den Benchmarking-Objekten erhalten; ebenso eine Übertragbarkeit/Weiterentwicklungsmöglichkeit gefundener Lösungen.

Das *funktionsorientierte Benchmarking* (generisches Benchmarking) orientiert sich ausschließlich an der „*Best Practice*". Diese Vorgehensweise ermittelt Praktiken, Technologien und/oder Methoden, die in Unternehmen der Branche oder bei Konkurrenzunternehmen bisher nicht angewandt wurden und gewinnt damit ein vergleichsweise höheres Leistungspotenzial. Seine volle innovative Kraft entfaltet das funktionsorientierte Benchmarking letztendlich erst, wenn es sich an dem Vorgehen eines weltweit führenden Unternehmens orientiert (vgl. *Kreuz/Herter* 1995, S. 46).

2. Benchmarking-Formen nach dem Merkmal des „Benchmarking-Objekts"

Benchmarking-*Objekte* stellen hier die Gegenstände der jeweiligen Untersuchungen dar.

Das *Produkt-Benchmarking* dient der Ermittlung von Verbesserungsideen im Hinblick auf Produkte/Dienstleistungen durch Vergleich mit externen Partnern. Produkt-Benchmarking zielt zwar häufig auf Kostenreduzierung durch Redesign existierender Produkte ab, kann aber ebenso für die Identifikation von Verbesserungsmöglichkeiten bei der Entwicklung neuer Produkte eingesetzt werden. Das Produkt-Benchmarking orientiert sich bei der Suche nach Benchmarking-Partnern am Marktführer. Da der Marktführer aber nicht zwingend immer die technisch besten Produkte haben muss, sondern seine Marktstellung auch auf andere Erfolgsfaktoren gründen kann, empfiehlt es sich, produktbezogene Lösungsprinzipien von Markt- und Technologieführern zu analysieren (vgl. *Sabisch/Tintelnot* 1997, S. 56).

Betrachtungsgegenstand des *Prozess-Benchmarking* sind grundsätzlich funktionsübergreifende Prozesse (→ *Prozessorganisation*) mit dem Ziel der jeweiligen *Prozessoptimierung* (vgl. *Bogan/English* 1994, S. 7). Solche Prozesse können unternehmensintern und -extern identifiziert werden, wobei auch hier das größte Erfolgspotenzial einem unabhängig von Unternehmens-, Wettbewerbs- und Branchengrenzen agierenden Prozess-Benchmarking zugebilligt werden kann. Seine besondere Bedeutung erhält das Prozess-Benchmarking dadurch, dass nicht nur Effizienzunterschiede in der Beherrschung von Prozessen aufgezeigt werden, sondern auch die Bedingungen analysiert werden, unter denen sich diese Prozesse vollziehen.

Organisations-Benchmarking zielt auf den Vergleich zwischen Leistungen ausgewählter Organisationseinheiten unter ablauf- und aufbauorganisatorischen Aspekten (→ *Aufbau- und Ablauforganisation*). Solche Teileinheiten einer Gesamtorganisation können beispielsweise *Fertigungsinseln* oder *Fertigungssegmente* sowie Logistik-Systeme sein. Als Bewertungskriterien für die Organisationsgestaltung (→ *Organisatorische Gestaltung (Organization Design)*) dienen dabei *Kennzahlen*, die Aspekte wie z.B. Kosten, *Qualität*, Durchlaufzeiten und Innovationspotenzial ausdrücken sollen. Durch spezielle Bewertungssysteme lassen sich auch Aussagen über schwer quantifizierbare Größen, wie z.B. die *Zufriedenheit* und → *Motivation* der Mitarbeiter, treffen (vgl. *Mertins/Edeler/Schallock* 1995, S. 13).

III. Benchmarking als Projekt und Prozess

Obwohl Benchmarking als eine Methode zur *kontinuierlichen* Verbesserung durch Vergleich mit relevanten Partnern bezeichnet wird und zu seinen Kernelementen die Verpflichtung zur Nachhaltigkeit zählt (vgl. *Riegler* 2002, Sp. 127), sind die jeweiligen Benchmarking-Vorhaben typische Projekte, die eines geeigneten Projektmanagements bedürfen (→ *Projektmanagement*). Solche Benchmarking-Projekte sind strukturierte *Prozesse*, deren Unterteilung in einzelne Phasen oder Prozessschritte die Vorgehensweise des Benchmarking verdeutlicht (vgl. *Horváth/Herter* 1992, S. 8; *Meyer* 1996, S. 19; *Camp* 1989, S. 16 ff.; *Riegler* 2002, Sp. 129 ff.)

1. Zielsetzungs-/Vorbereitungsphase

Benchmarking-Prozesse setzen eine gründliche Vorbereitung voraus, weshalb dieser ersten Phase besondere Bedeutung für den weiteren Prozessverlauf zukommt. Unter Berücksichtigung relevanter Ziele des Unternehmens (→ *Ziele und Zielkonflikte*) werden hier die konkreten Vorgaben für das jeweilige Benchmarking-Projekt festgelegt sowie die Rahmenbedingungen, unter denen es ablaufen soll. Dazu gehören insbesondere folgende Aktivitäten:

- *Festlegung des Benchmarking-Objektes*
  Eine genaue Auswahl und Festlegung des Benchmarking-Objektes ist angesichts des mit dem Benchmarking-Prozess verbundenen Ressourcenverbrauchs zwingend. Allgemein empfohlen wird dazu die *Stärken-/Schwächenanalyse* zur Aufdeckung von Leistungslücken (vgl. *Spendolini* 1992, S. 68 f.). Ferner ist eine Prioritätenliste aufzustellen, deren hauptsächliches Auswahlkriterium die strategische Bedeutung des Benchmarking-Objektes sein sollte.
- *Nominierung des Benchmarking-Teams*
  Neben der Festlegung des vorgesehenen Zeitrahmens für die Projektabwicklung und einer Klärung verfügbarer Ressourcen, ist die Bestimmung der Zusammensetzung des Benchmarking-Teams entscheidend für die zu erwartenden Vergleichsergebnisse und deren Umsetzung (→ *Teamorganisation*). In jedem Fall müssen dem Team Führungskräfte der beteiligten Ressorts angehören, die sich über ihre fachliche Kompetenz hinaus zusätzlich durch *soziale Kompetenz* auszeichnen sollten (vgl. *Pieske* 1995, S. 53 ff.).
- *Suche und Auswahl des Benchmarking-Partners*
  Das Benchmarking-Team beginnt seine Tätigkeit nach einer detaillierten Analyse des Benchmarking-Objektes auf Basis einer vorangegangenen Sammlung und Auswertung interner und externer Daten. Danach erfolgt die Suche und Auswahl des Benchmarking-Partners entsprechend der gewählten Benchmarking-Form.

2. Vergleichsphase

In dieser Phase erfolgt eine vergleichende Gegenüberstellung des Benchmarking-Objektes mit dem des Partnerunternehmens, um die Leistungslücke und deren Ursachen aufzudecken (vgl. *Riegler* 2002, Sp. 130).

- *Festlegung von Größen zur Leistungsbeurteilung*
  Dazu ist zunächst die Suche nach Messgrößen zur Leistungsevaluierung erforderlich. Solche Messkriterien bestehen in erster Linie aus Zeit-, Qualitäts-, Kosten- und Erfolgskennzahlen.
- *Ermittlung und Analyse der Leistungslücke*
  Als Leistungslücke wird die Differenz zwischen der eigenen Vorgehensweise und der beim Benchmarking-Partner vorgefundenen „Best Practice" bezeichnet. Sie ist auf Basis der zuvor festgelegten Messkriterien zu beschreiben und es sind die Ursachen dieser Leistungsdifferenz zu analysieren.

3. Umsetzungsphase

Die Ergebnisse der Vergleichsphase sind im Rahmen dieser Phase mit dem Ziel der nachhaltigen Leistungsverbesserung umzusetzen.

- *Definition von Zielen und Strategien zur Lückenschließung*
  Die Zielsetzung der Umsetzungsphase besteht nicht nur in dem Schließen der analysierten Leistungslücke, vielmehr sollte durch Weiterentwicklung sogar eine zukünftige Überlegenheit gegenüber den gegenwärtigen „Best Practices" angestrebt werden (vgl. *Watson* 1993, S. 98). Darauf aufbauend sind spezifische Strategien zur Umsetzung dieser Ziele abzuleiten. Dabei ist jeweils auch die Frage nach der Möglichkeit eines Outsourcing des Benchmarking-Objektes zu prüfen (→ *Outsourcing und Insourcing*).
- *Festlegung von Aktionsplänen zur Umsetzung*
  Um zu konkreten Verbesserungsmaßnahmen zu gelangen, sind die zuvor abgeleiteten Strategien in Form von Aktionsplänen zu detaillieren. Solche Aktionspläne können ihrerseits wieder Bestandteil eines spezifischen Projektes sein, das sich speziell mit der Realisation der Verbesserungsmaßnahmen beschäftigt.

4. Kontrollphase

Der gesamte Prozess des Benchmarking ist durch eine geeignete → *Kontrolle* zu begleiten. Neben einer *Ergebniskontrolle* ist dabei insbesondere die *Fortschrittskontrolle* von Bedeutung, die z.B. auf Basis zuvor definierter Meilensteine den Verlauf des gesamten Prozesses kontrolliert.

Literatur

Bogan, Christopher E./English, Michael J.: Benchmarking for best practices: winning through innovative adaptation, New York et al. 1994.
Böhnert, Arndt-Alexander: Benchmarking: Charakteristik eines aktuellen Managementinstruments, Hamburg 1999.
Camp, Robert C.: Benchmarking, Milwaukee 1989.
Horváth, Péter/Herter, Ronald N.: Benchmarking – Vergleich mit den Besten der Besten, in: Controlling, 4. Jg., H. 1/1992, S. 4–11.
Kajüter, Peter: Strategieunterstützung durch Benchmarking, in: Praxis des strategischen Managements, hrsg. v. *Welge, Martin K./Al-Laham, Andreas/Kajüter, Peter*, Wiesbaden 2000, S. 113–131.
Kempf, Stefan/Siebert, Gunnar: Benchmarking – Ein Managementwerkzeug, in: Zeitschrift für Wirtschaftliche Fertigung und Automatisierung, Jg. 89, 1994, S. 359–361.
Kreuz, Werner/Herter, Matthias: Benchmarking – mit diesem wirkungsvollen Management-Instrument werden Spitzenleistungen erzielt, in: Mit Benchmarking zur Weltspitze aufsteigen: Strategien neu gestalten, Geschäftsprozesse optimieren, Unternehmenswandel forcieren, hrsg. v. *Kreuz, Werner* et al., Landsberg/Lech 1995, S. 35–56.
Lasch, Rainer/Trost, Ralf: Wettbewerbs-Benchmarking: ein empfehlenswertes Management-Instrument?, in: ZfbF, Jg. 67, 1997, S. 689–712.
McNair, Carol Jean/Leibfried, Kathleen H. J.: Benchmarking – Von der Konkurrenz lernen, die Konkurrenz überholen, 2. A., Freiburg i. Br. 1996.
Mertins, Kai/Edeler, Hermann/Schallock, Burkhard: Reengineering auf der Basis von Geschäftsprozessen, in: Benchmar-

king – Praxis in deutschen Unternehmen, hrsg. v. *Mertins, Kai/Siebert, Gunnar/Kempf, Stefan*, Berlin 1995, S. 1–17.
Meyer, Jürgen: Benchmarking – Spitzenleistungen durch Lernen von den Besten, Stuttgart 1996.
Pieske, Reinhard: Benchmarking in der Praxis – Erfolgreiches Lernen von führenden Unternehmen, Landsberg/Lech 1995.
Riegler, Christian: Benchmarking, in: HWU, hrsg. v. *Küpper, Hans-Ulrich/Wagenhofer, Alfred*, 4. A., Stuttgart 2002, Sp. 126–134.
Sabisch, Helmut/Tintelnot, Claus: Integriertes Benchmarking für Produkte und Produktentwicklungsprozesse, Berlin 1997.
Spendolini, Michael J.: The Benchmarking Book, New York et al. 1992.
Watson, Gregory H.: Benchmarking: vom Besten lernen, Landsberg/Lech 1993.

Beratung, Theorie der

Gerd Walger

[s.a.: Coaching; Lernen, organisationales; Managementkompetenzen und Qualifikation; Managementphilosophien und -trends; Organisationsentwicklung; Systemtheorie; Unternehmensberatung, Organisation und Steuerung der.]

I. *Einleitung*; II. *Gutachterliche Beratungstätigkeit*; III. *Expertenberatung*; IV. *Organisationsentwicklung*; V. *Systemische Unternehmensberatung*; VI. *Schluss*.

Zusammenfassung

Eine Theorie der Beratung hat der Heterogenität von Unternehmensberatung gerecht zu werden. Es lassen sich vier etablierte Formen der Unternehmensberatung anhand ihres eigenen Selbstverständnisses unterscheiden: die gutachterliche Beratungstätigkeit, die Expertenberatung, die Organisationsentwicklung und die systemische Unternehmensberatung.

I. Einleitung

Für eine Theorie der Beratung (zurückgehend auf germ. raten: aussinnen, für etwas sorgen, empfehlen sowie erraten, deuten) ist es, da unter Beratung ganz unterschiedliches verstanden wird, sinnvoll, Beratung in ihren unterschiedlichen Formen begrifflich zu fassen.

Bis heute hat sich kein einheitliches Beratungsverständnis durchgesetzt (vgl. dazu *Lippitt/Lippitt* 1977, S. 94; *Fleischmann* 1984, S. 14 ff.; *Elfgen/Klaile* 1987, S. 31; *Steyrer* 1991, S. 7 ff.; *Wolf* 2000; *Scheer/Köppen* 2000; *Walger* 1995a; *Kailer/Walger* 2000). Einigkeit besteht lediglich darin, dass das Vorliegen eines Problems konstitutiv für *Unternehmensberatung* ist und sie auf die Lösung des Problems zielt. Dabei wird unter einem Problem eine sich dem Unternehmen aufdrängende Fragestellung verstanden, die nach Antwort verlangt, eine Aufgabe, die gelöst werden soll. Damit ist allerdings nicht geklärt, was es für Beratung heißt, zur Lösung eines Problems beizutragen, wie sie dazu vorgeht und worin ihre spezifische Leistung besteht.

Eine Antwort auf diese Frage bietet das Konzept der Formen der Unternehmensberatung (vgl. *Walger* 1995a S. 1 ff., zu ähnlichen Konzepten vgl. *Exner/Königswieser/Titscher* 1987, S. 276 ff.; *Schein* 1988, S. 5 ff.), das verschiedene Beratungsformen entsprechend ihrem jeweiligen professionellen Selbstverständnis unterscheidet. Nach dem jeweiligen Selbstverständnis bestimmt sich, was der Berater für das zu lösende Problem hält und wie er es sieht, sowie, was er für die Lösung des Problems hält und was dementsprechend seine Leistung ist, wie er den Beratungsprozess gestaltet (→ *Unternehmensberatung, Organisation und Steuerung der*) und in welche Beziehung er sich zum Klienten setzt.

Es haben sich vier verschiedene Formen der Unternehmensberatung etabliert (vgl. zur empirischen Forschung *Steyrer* 1991; *Walger/Scheller* 2000), die als interne oder externe Beratung angeboten werden. Unterscheiden lassen sich als Idealtypen der Unternehmensberatung:

– Gutachterliche Beratungstätigkeit,
– Expertenberatung,
– Organisationsentwicklung,
– systemische Unternehmensberatung.

II. Gutachterliche Beratungstätigkeit

Die gutachterliche Beratungstätigkeit dient der Entscheidungsvorbereitung und besteht im Wesentlichen in der Lieferung von zusätzlichen Informationen durch einen in seinem Fachgebiet ausgewiesenen Experten, um beim Klienten ein Informationsdefizit im Hinblick auf seine Wahl zwischen alternativen Mitteln zu einem vorher fixierten Ziel zu beheben. Das Selbstverständnis des *Gutachters* unterstellt, dass das Problem im Kern ein Informationsproblem ist, der Klient das zu lösende Problem richtig erkannt hat und eindeutig beschreiben kann und der Berater die notwendigen Informationen liefern kann, die zur Lösung des Problems notwendig sind (vgl. *Schein* 1990, S. 59).

Die Aufgabe des Gutachters ist es, die vom Auftraggeber gestellten Fragen durch die qualifizierte und objektive Beurteilung des in Frage stehenden Sachverhaltes zu beantworten. Dazu produziert der Gutachter mit seinem Urteil Informationen, die den Auftraggeber unterstützen sollen, sich in einer für ihn mehrdeutigen Situation zu orientieren und zu einer sachgerechten Wahl der geeigneten Alternative zu gelangen (vgl. *Walger* 1995a, S. 3 f.). Ausgehend davon, dass i.d.R. mehrere Möglichkeiten bestehen, eine gegebene Situation zu analysieren und die Resultate dieser Analyse zu interpretieren, heißt Begutachtung, vor dem Hintergrund einer persönlichen Auseinandersetzung objektiv zu urteilen. Dazu wird der zu begutachtende Fall zunächst unter allgemeine Regeln subsumiert (bestimmende Urteilskraft), um dann nach der Beurteilung entlang dieser Regeln vom Einzelfall her zu prüfen, ob die angewandten Regeln dem Einzelfall gerecht werden (reflektierende Urteilskraft, vgl. *Kant* 1994, S. 87). Objektivität ist in diesem Sinne eine Qualität, die durch den Gutachter persönlich hervorgebracht wird (vgl. *Miethe* 2000, S. 19). Das Gutachten stellt der Gutachter dem Klienten zur Verfügung. Dieser hat dann selbst zu entscheiden, wie er das Gutachten im Rahmen der von ihm zu treffenden Entscheidung bewertet.

III. Expertenberatung

Die Expertenberatung ist heute die verbreitetste Form der Beratung, der sich die großen Beratungsgesellschaften von McKinsey bis Kienbaum bedienen (vgl. *Walger* 1995a, S. 5; *Miethe* 2000; vgl. zur Strategieberatung *Fritz/Effenberger* 1998; *Sadler* 1998; *Bamberger* 2002). Sie berät Führungskräfte in der Umgestaltung ihres Unternehmens entlang vorgefertigter, funktional differenzierter Organisationskonzepte (→ *Strategie und Organisationsstruktur*).

Mit Hilfe dieser vorgefertigten Organisationskonzepte lassen sich nach dem Selbstverständnis der Expertenberatung Probleme in ganz unterschiedlichen Unternehmen lösen. Ihre Beratungsleistung, deren Eigenschaften im Vorhinein feststehen, hat Produktcharakter. Dadurch haben die Klienten die Möglichkeit, sich bereits vor der Auftragserteilung und der Erbringung der Beratungsleistung ein Bild von der Beratungsleistung zu machen. Zudem produzieren die Beratungsprodukte selbst ein Bedürfnis beim potenziellen Kunden („want-appeal"), das Organisationskonzept im eigenen Unternehmen realisiert zu sehen, was zum großen Erfolg der Expertenberatungen beigetragen hat. Mit Erteilung des Beratungsauftrages kauft der Klient aus dem Sortiment der Beratung ein Organisationskonzept.

Ausgehend von ihren Organisationskonzepten beteiligt sich die Expertenberatung im Beratungsprozess an der Problembestimmung, der Erarbeitung von Problemlösungen sowie ihrer Umsetzung. Was für einen Expertenberater ein Problem im Unternehmen sein kann, bestimmt sich für ihn über die ihm zur Verfügung stehenden Organisationskonzepte. Die Problemlösung erfolgt dann nach den Vorgaben eben jener standardisierten Organisationskonzepte, in denen die Lösung, die in einer empfohlenen Unternehmensgestalt besteht, in ihren wesentlichen Eigenschaften und Merkmalen bereits entwickelt ist. Es steht daher in der Durchführung der Beratung nicht in Frage, welche Veränderungen durchgeführt werden. Expertenberatung kann daher bei Bedarf in Unternehmen Veränderungen schnell und gezielt durchführen. Das jeweilige Lösungskonzept passt der Berater nur noch an die konkrete Situation im Unternehmen an. Dazu gehört, vor dem Hintergrund des ausgewählten Organisationskonzepts, im Klientenunternehmen zusammen mit ausgewählten Mitarbeitern das Problem zu analysieren und auf dieser Basis ein Vorgehen festzulegen, wie das vorgefertigte Organisationskonzept implementiert werden kann. Die Mitarbeiter des Klientenunternehmens werden zu Zulieferanten für die Berater und bleiben Laien in Bezug auf ihr eigenes Problem. Es entsteht eine Abhängigkeit des Klienten vom Berater, die den ökonomischen Interessen der Beratungsunternehmen entspricht (vgl. zur anbieterinduzierten Nachfrage nach Beratung auch *Kieser* 2002, vgl. zu → *Managementphilosophien und -trends Kieser* 1998).

IV. Organisationsentwicklung

Die Beratungsform der → *Organisationsentwicklung* (OE) (vgl. *Bartölke* 1980; *Schein* 1990 und 1998) will die Organisation in ihrer Entwicklung unterstützen. Sie geht von der lernenden Organisation aus (→ *Lernen, organisationales*), in deren Mittelpunkt ihrem Anspruch nach lernfähige und lernbereite Menschen stehen, die durch ihr Verhalten und ihre Initiative die Entwicklung der Organisation bestimmen. Ihrem Grundgedanken folgend entwickelt sich die Organisation, indem sich die Organisationsmitglieder entwickeln. Nur derjenige, der ein Problem hat, kann es nach ihrem Selbstverständnis auch in einem Prozess selbstbestimmter Entwicklung lösen.

Der Berater versteht sich dementsprechend selbst nicht als Problemlöser, sondern als Prozessbegleiter (→ *Coaching*), der das Problem beim Klienten belässt und ihm ermöglicht, sich in der Fremdwahrnehmung des Beraters zu spiegeln. Sein Ziel ist es, dass die einzelnen Mitglieder einer Organisation in der von ihnen als problematisch empfundenen Situation über diese Spiegelung Einsichten in die Bestimmungsgründe des eigenen Denkens und Handelns gewinnen (vgl. *Argyris* 2000). Ausgehend von der Veränderung der Mitglieder der Organisation soll dann ein selbstständiger Umgang mit Problemen innerhalb der Organisation entstehen. Fraglich ist, ob die Spiegelung dem Klienten die Entwicklung seiner selbst ermöglicht, denn für diese Entwicklung ist die Bezugnahme auf ein bereitgestelltes Abbild nicht ausreichend, sie bedarf der Selbstbezugnahme, der die Intervention des OE-Beraters tendenziell entgegensteht. Zudem steht das Ziel des Beraters, sich letztlich überflüssig zu machen, im Gegensatz zu einem etwaigen ökonomischen Interesse des Beraters (vgl. *Wächter* 1983, S. 66).

V. Systemische Unternehmensberatung

Die systemische Unternehmensberatung (vgl. *Luhmann* 1989; *Exner/Königswieser/Titscher* 1987; *Willke* 1992; *Walger* 1995a; *Walger* 1995b) hat ihre Wurzeln in der Familientherapie (*Selvini Palazzoli* 1990) und in der neueren → *Systemtheorie* nach Niklas Luhmann. Sie begreift Organisationen und damit auch Unternehmen als soziale *Systeme*, deren Existenz notwendige Konsequenz der gesamtgesellschaftlichen, funktionalen Ausdifferenzierung ist.

Das Unternehmen wird als ein autopoietisches, rekursiv geschlossenes System betrachtet, das sich über Entscheidungen reproduziert, d.h. die Entscheidungen, aus denen es besteht, durch Entscheidungen selbst anfertigt. Es differenziert sich als ein rekursiv-geschlossenes, mit eigenen Entscheidungen auf eigene Entscheidungen bezugnehmendes System aus. Als System konstituiert und erhält es sich durch Erzeugung und Erhaltung einer Differenz zur Umwelt, seiner System/Umwelt-Grenze.

Ansatzpunkt für die systemische Beratung ist, dass soziale Systeme beobachtende Systeme sind. Über ihre Entscheidungen selektieren und bestimmen Unternehmen, wie sie ihre Umwelt beobachten, und legen fest, was sie beobachten und auch nicht beobachten können. Jedes System entwickelt sein eigenes charakteristisches Unterscheidungsvermögen für Ereignisse, Zustände und Entwicklungen, mit dem es operiert und mit dem es die für sich relevanten Informationen produziert.

In dieser selbst erzeugten Beobachtungsweise liegt aus systemischer Sicht in erster Linie begründet, wenn eine Organisation eine für ihr Überleben problematische Entscheidung immer wieder reproduziert. Angesichts von Problemen sieht die systemische Beratung vor diesem Hintergrund die Aufgabe des Klientensystems darin, sich eine angemessene Problemsicht zu erarbeiten. Der Ansatzpunkt, dazu einen Beitrag zu leisten, liegt für die systemische Beratung darin zu beobachten, wie und mit welcher Selektivität die Organisation sich selbst und ihre Umwelt beobachtet, wo die blinden Flecken dieser Beobachtung sind und welche Existenzprobleme gerade mit dieser Selektivität verbunden sind. Dabei nimmt systemische Beratung Bezug auf die Funktionszusammenhänge der beobachteten Organisation, insbesondere auch darauf, welche Funktion ein Problem für das System haben kann.

Die systemische Beratung sieht ihre Möglichkeit zu beraten darin, die eingespielten Beobachtungsmuster zu irritieren und so einen Beitrag zur Erarbeitung einer angemessenen Problemsicht zu leisten. Ob es sich für das Klientensystem um eine Irritation handelt und welche Bedeutung sie für die Organisation bekommt, hängt vom rekursiven Beobachtungszusammenhang des Klienten ab (vgl. *Walger* 1995a, S. 14). Irritation ist daher immer Selbstirritation des Klientensystems, was das durch die Expertenberatung und auch die Organisationsentwicklung geprägte landläufige Beratungsverständnis irritiert.

VI. Schluss

Indem in den unterschiedlichen Formen der Unternehmensberatung dem Klienten jeweils ein Abbild seiner selbst angeboten wird, wie er wahrgenommen oder beobachtet wird oder auch wie er in neuer Gestalt aussehen kann, ist ihnen das Moment der Spiegelung gemeinsam.

Den Selbstbezug, die Selbstreflexion des Klienten zu ermöglichen, darin sieht Unternehmensberatung ihre Aufgabe, der es in Anerkenntnis, dass die Unternehmensleitung das Unternehmen führt, darum geht, den Klienten darin zu unterstützen, sich selbst mit seinem Problem auseinander zu setzen. Angesichts seines Problems heißt Reflexion für den Klienten, sich der Frage zu stellen, was das Unternehmen ist und wie es sich weiterentwickeln kann und wer er in diesem Zusammenhang ist und sein kann, d.h. es stehen in ihr sowohl die Persönlichkeitsentwicklung des Klienten und seiner Mitarbeiter (→ *Managementkompetenzen und Qualifikation*) als auch die ökonomischen Existenzbedingungen des jeweiligen Unternehmens in Frage. Indem die Reflexion in diesem Sinne existenzielle Fragen aufwirft, die nur die Unternehmensführung persönlich beantworten und entscheiden kann, stellt sich in ihr zugleich die Frage der eigenen Selbstständigkeit (vgl. *Walger/Schencking* 2002).

Literatur

Argyris, Chris: Flawed Advice and the Management Trap: How Managers Can Know When They're Getting Good advice and When They're Not, Oxford 2000.
Bamberger, Ingolf (Hrsg.): Strategische Unternehmensberatung: Konzeptionen, Prozesse, Methoden, 3. A., Wiesbaden 2002.
Bartölke, Klaus: Organisationsentwicklung, in: HWO, hrsg. v. *Grochla, Erwin*, 2. A., Stuttgart 1980, Sp. 1468–1481.
Elfgen, Ralph/Klaile, Beatrice: Unternehmensberatung: Angebot, Nachfrage, Zusammenarbeit, Stuttgart 1987.
Exner, Alexander/Königswieser, Roswita/Titscher, Stefan: Unternehmensberatung – Systematisch. Theoretische Annahmen und Interventionen im Vergleich zu anderen Ansätzen, in: DBW, Jg. 47, 1987, S. 265–284.
Fleischmann, Petra: Prozessorientierte Beratung im Strategischen Management, München 1984.
Fritz, Wolfgang/Effenberger, Jens: Strategische Unternehmensberatung. Verlauf und Erfolg von Projekten der Strategieberatung, in: DBW, Jg. 58, 1998, S. 103–118.
Kailer, Norbert/Walger, Gerd (Hrsg.): Perspektiven der Unternehmensberatung für kleine und mittlere Betriebe. Probleme-Potentiale-Empirische Analysen, Wien 2000.
Kant, Immanuel: Kritik der Urteilskraft [1790], 13. A., Frankfurt/M. 1994.
Kieser, Alfred: Wissenschaft und Beratung, Schriften der Philosophisch-historischen Klasse der Heidelberger Akademie der Wissenschaften, Bd. 27, Heidelberg 2002.

Kieser, Alfred: Immer mehr Geld für Unternehmensberatung – und wofür?, in: Zeitschrift für Organisationsentwicklung, Jg. 17, H. 2/1998, S. 62–69.
Lippitt, Gordon/Lippitt, Roland: Der Beratungsprozeß in der Praxis. Untersuchung zur Dynamik der Arbeitsbeziehung zwischen Klient und Berater, in: Organisationsentwicklung als Problem, hrsg. v. Sievers, Burkhard, Stuttgart 1977, S. 93–115.
Luhmann, Niklas: Kommunikationssperren in der Unternehmensberatung, in: Reden und Schweigen, hrsg. v. *Luhmann, Niklas/Fuchs, Peter*, Frankfurt/M. 1989, S. 209–227.
Miethe, Claus: Leistung und Vermarktung unterschiedlicher Formen der Unternehmensberatung, Wiesbaden 2000.
Sadler, Philip (Hrsg.): Management Consultancy. A Handbook of Best Practice, London 1998.
Scheer, August-Wilhelm/Köppen, Alexander (Hrsg.): Consulting: Wissen für die Strategie-, Prozess- und IT-Beratung, Berlin et al. 2000.
Schein, Edgar: Organisationsentwicklung und die Organisation der Zukunft, in: Zeitschrift für Organisationsentwicklung, Jg. 17, H. 3/1998, S. 40–49.
Schein, Edgar: A General Philosophy of Helping: Process Consultation, in: SMR, Jg. 13, Spring/1990, S. 57–64.
Schein, Edgar: Process Consulting. Volume I: Its Role in Organization Development, 2. A., Reading et al. 1988.
Selvini Palazzoli, Mara et al.: Hinter den Kulissen der Organisation, 4. A., Stuttgart 1990.
Steyrer, Johannes: „Unternehmensberatung" – Stand der deutschsprachigen Theoriebildung und empirischen Forschung, in: Theorie und Praxis der Unternehmensberatung. Bestandsaufnahme und Entwicklungsperspektiven, hrsg. v. *Hofmann, Michael*, Heidelberg 1991, S. 1–44.
Wächter, Hartmut: Organisationsentwicklung – Notwendig, aber paradox, in: ZFO, Jg. 52, 1983, S. 61–66.
Walger, Gerd: Idealtypen der Unternehmensberatung, in: Formen der Unternehmensberatung. Systemische Unternehmensberatung, Organisationsentwicklung, Expertenberatung und gutachterliche Beratungstätigkeit in Theorie und Praxis, hrsg. v. *Walger, Gerd*, Köln 1995a, S. 1–18.
Walger, Gerd: Chancen und Folgen der Irritation in der systemischen Unternehmensberatung, in: Formen der Unternehmensberatung. Systemische Unternehmensberatung, Organisationsentwicklung, Expertenberatung und gutachterliche Beratungstätigkeit in Theorie und Praxis, hrsg. v. *Walger, Gerd*, Köln 1995b, S. 301–322.
Walger, Gerd/Scheller, Christian: Der Markt der Unternehmensberatung in Deutschland, Österreich und der Schweiz, in: Perspektiven der Unternehmensberatung für kleine und mittlere Betriebe, hrsg. v. *Kailer, Norbert/Walger, Gerd*, Wien 2000, S. 1–40.
Walger, Gerd/Schencking, Franz: Anreize für Unternehmer. Wittener Diskussionspapiere, H. 111, Witten 2002.
Willke, Helmut: Beobachtung, Beratung und Steuerung von Organisationen in systemtheoretischer Sicht, in: Organisationsberatung – Neue Wege und Konzepte, hrsg. v. *Wimmer, Rudolf*, Wiesbaden 1992, S. 17–42.
Wimmer, Rudolf: Organisationsberatung – Neue Wege und Konzepte, Wiesbaden 1992.
Wolf, Guido: Die Krisis der Unternehmensberatung: Ein Beitrag zur Beratungsforschung, Bonn 2000.

Beschaffungsorganisation

Oskar Grün

[s.a.: Aufbau- und Ablauforganisation; Informationstechnologie und Organisation; Logistik, Organisation der.]

I. *Begriff und Abgrenzung*; II. *Wandel der Beschaffungsaufgabe und der Beschaffungspolitik*; III. *Organisation der Beschaffungsprozesse*.

Zusammenfassung

Die Erhöhung des Fremdbezugsanteils und der Aufbau logistischer Ketten (Supply Chains) haben zu einem nachhaltigen Wandel der Aufgaben und der Organisation der Beschaffung geführt. Dementsprechend haben prozessorientierte und interorganisationale Gestaltungskonzepte gegenüber traditionellen intraorganisatorischen Strukturfragen wie Aufgabenumfang sowie Zentralisationsgrad der Beschaffung an Bedeutung gewonnen.

I. *Begriff und Abgrenzung*

Beschaffung bezeichnet alle Prozesse zur Versorgung der Bedarfsträger mit Inputfaktoren, die von der Unternehmung (Abnehmer) nicht selbst erstellt werden. Die wichtigsten Beschaffungsprozesse sind Bedarfsermittlung, Make or Buy-Entscheidung (Eigenerstellung oder Fremdbezug), Lieferantenmanagement, Bestellung/Meldung/Bestellabwicklung und Lieferabruf. Die Bereitstellung (Vorratshaltung, Einzelbeschaffung im Bedarfsfall, fertigungssynchrone Anlieferung oder anlieferungssynchrone Fertigung) wird im Folgenden ebenso ausgeblendet (→ *Logistik, Organisation der*) wie die Wiederverwendung und Entsorgung (→ *Umweltmanagement, Organisation des*).

Beschaffungsobjekte sind Betriebsmittel, Werkstoffe (Roh-, Hilfs- und Betriebsstoffe, Teile, Handelswaren), Dienstleistungen, Personal, Kapital und Informationen. Wir konzentrieren uns hier auf Werkstoffe (Material) und Dienstleistungen. Die Beschaffung von Betriebsmitteln, Personal, Kapital und Informationen obliegt in der Regel objektspezialisierten Stellen (Anlagenwirtschaft bzw. → *Personalwesen, Organisation des* bzw. Finanzwirtschaft bzw. → *Informationsverarbeitung, Organisation der*).

Akteure im Beschaffungsprozess sind die Bedarfsträger (alle Stellen, die fremdbezogene Inputfaktoren einsetzen), Beschaffungsspezialisten, Unternehmungsleitung, Lieferanten, Logistikdienstleister (sog. Third Parties) und Kooperationspartner (vgl. Gemeinschaftseinkauf). Das Konzept des Organizational Buying Behavior differenziert die Rollen der

Akteure des Abnehmers (*Webster/Wind* 1972; *Barclay* 1991; *Moon* 2002): Die Bedarfsträger sind „User" der fremdbezogenen Inputfaktoren, die Beschaffungsspezialisten fungieren als „Gatekeeper" (etwa durch Lieferantenselektion) und – neben der Unternehmungsleitung – als „Decider" sowie als Ausführende. „Influencer" wirken beratend am Beschaffungsprozess mit.

II. Wandel der Beschaffungsaufgabe und der Beschaffungspolitik

Der markanteste *Aufgabenwandel* der Beschaffung resultiert aus dem Trend zum Fremdbezug (→ *Outsourcing und Insourcing*). Die Verlagerung von Unternehmungsaufgaben auf Lieferanten ist eine Folge der Konzentration auf Kernkompetenzen. Neben dem Volumen haben sich auch die Objekte der Beschaffung verändert. In zunehmendem Maße werden Baugruppen und Systeme sowie Dienstleistungen anstelle von Stoffen und Einzelteilen beschafft. Aus diesem Grunde erhöht sich der Wert der einzelnen Beschaffungspositionen und die Qualitätsverantwortung verlagert sich zunehmend auf die Lieferanten. Damit zusammenhängend entwickeln sich die Lieferanten zu wichtigen Trägern und Treibern von Innovationen (→ *Innovationsmanagement*).

Der Wandel der Beschaffungsaufgabe beeinflusst auch die Beschaffungsziele. Bei hohem Zukaufsanteil und anspruchsvollen Bereitstellungsprinzipien wie der fertigungssynchronen Anlieferung (Just in Time) gewinnen Sachzielaspekte wie kurze Beschaffungszeiten und Termintreue sowie Qualität (→ *Qualitätsmanagement*) an Bedeutung. Hohe Fremdbezugsanteile sind auch für das Formalziel der kostengünstigen Beschaffung relevant und verstärken den Einfluss der Beschaffung auf den Unternehmungserfolg. Ein wesentlicher Erfolgsbeitrag der Beschaffung resultiert aus dem permanenten → *Benchmarking* der Eigenfertigung mit den am Markt angebotenen Leistungen.

Die *Beschaffungspolitik* (Grundsätze und Programme) determiniert das Verhalten der Beschaffungsstellen, z.B. die Gestaltung der Beziehungen zu Lieferanten und Bedarfsträgern. Hohe Fremdbezugsanteile in Verbindung mit dispositionsaufwändigen Bereitstellungskonzepten wie der fertigungssynchronen Anlieferung intensivieren den Systemverbund der Abnehmer mit ihren Lieferanten bzw. deren Vorlieferanten. Die Beschaffungspolitik bestimmt auch das Aktionspotential der Beschaffungsstellen, insbesondere ihre personelle und sachliche Ausstattung sowie ihr hierarchisches Potential. Hochwertige Bereitstellungskonzepte erfordern massive Interventionen der Beschaffungsstellen gegenüber Bedarfsträgern und Lieferanten, d.h. ein hohes Aktionspotential.

III. Organisation der Beschaffungsprozesse

Eine Vielzahl von Beiträgen zur Beschaffungsorganisation befasst sich mit dem Aufgabenvolumen des Beschaffungsbereichs, seiner Eingliederung in die Unternehmungsorganisation und seiner internen Gliederung (*Kosiol* 1960; *Arbeitskreis Weber-Hax der Schmalenbach-Gesellschaft e.V.* 1960; *Battelle-Institut* 1971; *Fischer* 1989; *Fieten* 1992), d.h. mit Fragen des Aktionspotentials. *Grochla* 1985 und andere (*Fieten* 1986) fordern die Zusammenfassung von Beschaffung, Lagerung, innerbetrieblichem Transport und Fertigungssteuerung zur integrierten Materialwirtschaft. Die organisatorische Eingliederung beeinflusst die Zusammenarbeit der Beschaffungsstellen mit anderen Organisationseinheiten (z.B. mit den Bedarfsträgern in der Fertigung). Sie hängt u.a. ab vom Basistyp der Organisation (funktionale oder divisionale Form, *Köhler* 1991), von der Betriebsgröße (*Seggewiß* 1985; *Puhlmann* 1985) und vom Wirtschaftszweig (*Fieten* 1982). Die meistdiskutierte Organisationsfrage betrifft die Zentralisierung der Beschaffung, welche die Marktmacht gegenüber den Lieferanten stärken und die Spezialisierungsvorteile nutzen soll. Die Binnengliederung des Beschaffungsbereichs kann nach Materialgruppen (*Kalbfuß* 1996), nach Märkten bzw. Lieferanten und – i.S. der Kundenorientierung – nach Bedarfsträgern erfolgen.

Angesichts des tiefgreifenden Wandels der Beschaffungsaufgabe und der Beschaffungspolitik ist zweifelhaft, ob der traditionelle aufbauorganisatorische Gestaltungsansatz und der damit realisierte Organisationsgrad ausreichend sind. Wir wählen deshalb einen prozessorientierten Ansatz (*Hassemer* 1996). Er entspricht dem heute vorherrschenden Organisationsverständnis (→ *Prozessorganisation*) und positioniert die Beschaffung als Element unternehmungsübergreifender logistischer Ketten, in denen inner- und außerbetriebliche Akteure (Lieferanten bzw. Vorlieferanten, Kunden, Third Parties) unter Nutzung moderner Informations- und Kommunikationstechnologie (IKT) in Netzwerken (→ *Netzwerke*) zusammenwirken (*Bowersox/Closs* 1996; *Schary/Skjott-Larsen* 2001). Das Hauptaugenmerk gilt also der Gestaltung interorganisationaler Beziehungen (*Weber* et al. 2000; *Grün* 2002).

Die Intensität des organisatorischen Eingriffs (*Organisationsgrad*) hängt vom Erfolgspotential der Beschaffung (vgl. die ABC-analytische Differenzierung nach A-Materialien, A-Lieferanten und A-Bedarfsträgern) und vom Grad ihrer Routinisierung ab (vgl. zur Differenzierung der Beschaffungssituation im Konzept des Buyclass Framework *Robinson* et al. 1967; *Anderson* et al. 1987).

Wir unterscheiden im Folgenden zwischen Kernprozessen (Bedarfsermittlung, Entscheidung über Eigenfertigung oder Fremdbezug, Lieferantenmanagement, Bestellung/Meldung/Bestellabwicklung, Lieferabruf) und Supportprozessen (→ *Human Ressourcen Management*, Informationsmanagement).

1. Bedarfsermittlung

Die Bedarfsträger spezifizieren ihren Bedarf hinsichtlich Materialart/-qualität, Menge, Zeitpunkt und Ort gegenüber den Beschaffungsstellen. Letztere prüfen, genehmigen oder modifizieren die Anforderungen. Bei auftragsbezogener Fertigung schalten sich die Kunden durch Anfragen bzw. Aufträge direkt oder indirekt in die Bedarfsermittlung ein. Die Lieferanten beeinflussen durch ihre akquisitorischen Maßnahmen die Bedarfsanforderungen seitens der Bedarfsträger und die Bedarfsprüfung seitens der Beschaffungsstellen.

Ein Regelungsbedarf ergibt sich hinsichtlich der Kompetenz, der Auslösung und der Form der Bedarfsanforderung, der Kompetenz zur Bedarfsprüfung sowie der Mitwirkung der Lieferanten. In Abhängigkeit von der jeweiligen Führungsorganisation (→ *Führungsstile und -konzepte*) und von Bestellmenge bzw. -wert ist der Kreis der anforderungsberechtigten Bedarfsträger groß oder klein. Die Vereinbarung von Meldebeständen vereinfacht die Auslösung der Bedarfsanforderungen. Die Form der Übermittlung der Bedarfsanforderung an die Beschaffungsstellen bzw. an die Lieferanten sollte benutzerfreundlich sein und Medienbrüche vermeiden.

Die *Bedarfsprüfung* ist ein wichtiger Teilprozess, da die Bedarfsträger dazu neigen, ihren Bedarf hinsichtlich Qualität, Menge und Zeitpunkt zu überschätzen. Ein hohes Aktionspotential der Beschaffungsstellen ist Voraussetzung für rasche und kritische Bedarfsprüfungen, z.B. durch Zeit- und Betriebsvergleiche oder Wertanalyse. Richtlinien sowie Anreizsysteme (→ *Anreizsysteme, ökonomische und verhaltenswissenschaftliche Dimension*) sollen die Bedarfsträger zur realistischen Einschätzung ihres Bedarfs veranlassen.

2. Entscheidung über Eigenfertigung oder Fremdbezug (Make or Buy)

Diese Entscheidung schließt logisch an die Bedarfsermittlung an, unterscheidet sich von ihr aber hinsichtlich des Grades der Routinisierung. Während die Bedarfsermittlung häufig und vielfach periodisch erfolgt, sind Make or Buy-Entscheidungen selten und oft anlassbezogen zu treffen. Initiatoren der Entscheidung sind i.d.R. die Beschaffungsstellen (etwa im Zusammenhang mit einem → *Benchmarking*), die Lieferanten (in Form von Angeboten) oder die Unternehmungsleitung (im Zuge strategischer Neupositionierungen). Auch die betroffenen Fertigungsstellen und die Bedarfsträger sind wichtige Akteure bei dieser Entscheidung.

Regelungsbedarf ergibt sich hinsichtlich der entscheidungsrelevanten Kriterien, etwa der vorrangigen Berücksichtigung der jeweiligen Kernkompetenzen, und hinsichtlich der Einbindung der Unternehmungsleitung, da Festlegungen zu Eigenfertigung oder Fremdbezug i.d.R. langfristig gelten. Wiedervorlage-Termine erzwingen eine periodische Überprüfung früher getroffener Entscheidungen.

3. Lieferantenmanagement

Unter Lieferantenmanagement versteht man alle Maßnahmen, welche das Verhalten der Lieferanten gegenüber dem Abnehmer beeinflussen. Im Einzelnen geht es um *Metaentscheidungen* über die Herkunft und Zahl sowie den Leistungsumfang der Lieferanten, über den Beschaffungsweg und den Lieferantenwechsel. *Laufende Aufgaben* des Lieferantenmanagements sind das Beschaffungsmarketing, die Lieferantenauswahl und die Lieferantenbeurteilung. Global Sourcing setzt eine Ausweitung und Intensivierung des Beschaffungsmarketings voraus.

Regelungsbedürftig sind die Auswahl und Gewichtung der Kriterien für die Lieferantenauswahl und -beurteilung (Qualität, Termintreue, Preis und Innovationspotential, Handhabung von Gegengeschäften und des Konzerneinkaufs), insbesondere bei dezentraler Beschaffung. Wegen ihrer zunehmenden Qualitätsverantwortung können Lieferanten veranlasst werden, die Qualitätssicherungssysteme des Abnehmers zu übernehmen bzw. sich seinem Qualitätsmonitoring zu unterwerfen. Wenn die Zahl der Lieferanten bzw. der Liefervorgänge groß ist (z.B. als Folge kurzer Abrufintervalle), ist der Aufwand für die Lieferantenbeurteilung hoch. Es empfiehlt sich daher, die Lieferkontrolle unter Mitwirkung der Bedarfsträger zu standardisieren bzw. zu automatisieren.

4. Bestellung, Meldung, Bestellabwicklung

Mit der *Bestellung* verpflichtet der Abnehmer den Lieferanten zu einer art-, mengen- und terminmäßig fixierten Leistung. Dieser Prozess hat eine dispositive und eine administrative Komponente. Die vorrangige Dispositionsaufgabe ist die mengenmäßige und zeitliche Bündelung der Bedarfsanforderungen zu sog. optimalen Bestellmengen für einen oder mehrere Lieferanten. Der damit verbundene Dispositionsaufwand lässt sich mit Bestellpolitiken drastisch reduzieren, insbesondere wenn fixe Bestellintervalle und/oder fixe Bestellmengen gewählt werden.

Die *Meldung* als administrativer Prozess informiert die Bedarfsträger über den Vollzug der Bestellung und über allfällige Termin- und Mengenabweichungen gegenüber ihren Bedarfsanforderungen. Dieses Feedback ist wichtig für die Dispositionen der Bedarfsträger und sollte grundsätzlich als Bringschuld der Beschaffungsstellen gegenüber den Bedarfsträgern verstanden werden.

Zur *Bestellabwicklung* gehören die Ausfertigung der Bestellungen und deren Übermittlung an die Lieferanten, die Bestellüberwachung (insbesondere im Hinblick auf die Einhaltung der Liefertermine), die (formale) Lieferkontrolle und die Rechnungserledigung als monetäre Gegenleistung an den Lieferanten. Dieses administrative Massengeschäft eignet sich für organisatorische Regelungen i.S. normierter Verfahren und für den Einsatz von Standardsoftware.

5. Lieferabruf

Der Lieferabruf löst die Bereitstellung des Materials entsprechend den in der Bedarfsanforderung spezifizierten Arten, Mengen und Zeitpunkten aus. Er erfolgt entweder durch die Beschaffungsstellen oder – wegen ihres besseren Informationsstands über die aktuelle Bedarfssituation – direkt durch die Bedarfsträger. Adressat des Lieferabrufs sind das Lager (gilt insbesondere für C-Teile) und die Lieferanten.

Die Organisation der Lieferabrufe ist umso aufwändiger, je kleiner die Fertigungslose sind (vgl. Losgröße 1). Die Harmonisierung der Bereitstellung mit der Produktion wird erleichtert, wenn der Abnehmer die Daten seiner Produktionssteuerung dem Lieferanten vollständig und zeitnah zur Verfügung stellt. Die Abrufe können automatisiert und manuelle Eingriffe auf unvorhergesehene Änderungen der Bedarfs- bzw. Lieferstruktur (z.B. Lieferhemmungen) begrenzt werden. Die Normierung der Teileverzeichnisse bzw. der Datenformatierung (z.B. mittels EDI, Electronic Data Interchange, und XML, Extensible Markup Language) sowie die Datenfernübertragung (DFÜ) begünstigen die Automatisierung.

6. Supportprozesse

Supportprozesse dienen dem Aufbau und der Erhaltung der Infrastruktur für die Kernprozesse der Beschaffung. Supportprozesse, die mit der physischen Bereitstellung zusammenhängen (Standort- und Layoutgestaltung sowie Anlagenmanagement), werden ausgeklammert.

Organisatorisch relevante Besonderheiten des → *Human Ressourcen Management* ergeben sich aus der Positionierung der Beschaffung als Grenzsystem zwischen den Bedarfsträgern und den Lieferanten. Die im Sinne der internen Kundenorientierung erwünschte Spezialisierung auf die Bedarfsträger stellt hohe Ansprüche an die Qualifikation der Mitarbeiter, weil sie nicht nur breitgefächerte Material-, sondern auch Markt- und Lieferantenkenntnisse voraussetzt. Die Mitarbeiterqualifikation beeinflusst u.a. die Entscheidung über zentrale bzw. dezentrale Beschaffung. So erfordert die Zentralisierung der Bedarfsermittlung fundierte materialspezifische Kenntnisse der Mitarbeiter der Beschaffungsstellen. Im Rahmen des Human Ressourcen Management sind auch Anreizsysteme zur Eindämmung überzogener Bedarfsanforderungen (s.o.) oder zur Erschließung neuer Bezugsquellen zu entwickeln.

Das *Informationsmanagement* unterstützt die Beschaffungsprozesse administrativ und dispositiv. Die Bedeutung des administrativen Supports steigt mit der Zahl der Materialarten, der Zahl der Bedarfsträger und Lieferanten sowie dem Anspruchsniveau des Bereitstellungskonzepts. Der Slogan „Informationen ersetzen Bestände" kennzeichnet sehr plastisch die Bedeutung des dispositiven Supports des Informationsmanagements. Aktuelle Informationsstände, z.B. Kennzahlen zur Lieferbereitschaft (im Hinblick auf die Senkung der Liefer- bzw. Bereitstellungszeiten), zur Vorratshaltung (Ermittlung der Bestände, Umschlagshäufigkeiten bzw. Reichweite der Bestände) und zur Entwicklung des Materialaufwandes setzen ein permanentes Monitoring der Beschaffungsprozesse voraus. Moderne Informations- und Kommunikationstechnologie (→ *Informationstechnologie und Organisation*) haben auch die Entwicklung neuer Kooperationsformen und die Dezentralisierung der Beschaffung begünstigt. Unter dem Stichwort E-Procurement sind vielfältige neue Beschaffungsformen entstanden, u.a. internetbasierte Einkaufsplattformen. IKT-Fortschritte vereinfachen auch die Übertragung von Beschaffungsaufgaben auf die Bedarfsträger (Desktop Purchasing) als Anwendung des Business to Employee (B2E)-Konzepts (*Wildemann* 2000).

Literatur

Anderson, Erin et al.: Industrial Purchasing: An Empirical Exploration of the Buyclass Framework, in: Journal of Marketing, H. 3/1987, S. 71–86.
Arbeitskreis Weber-Hax der Schmalenbach-Gesellschaft e. V.: Der Einkauf im Industriebetrieb als unternehmerische und organisatorische Aufgabe, Köln/Wien 1960.
Barclay, Donald W.: Interdepartmental Conflict in Organizational Buying: The Impact of the Organizational Conflict, in: Journal of Marketing Research, 1991, S. 145–159.
Battelle-Institut: Methoden und Organisation des industriellen Einkaufs, Frankfurt am Main 1971.
Bowersox, Donald J./Closs, David J.: Logistical Management – The Integrated Supply Chain Process, New York et al. 1996.
Fieten, Robert: Beschaffung, Organisation der, in: Handwörterbuch der Organisation (HWO), hrsg. v. *Frese, Erich*, 3. A., Stuttgart 1992, Sp. 339–353.
Fieten, Robert: Integrierte Materialwirtschaft. Definition, Aufgaben, Tätigkeiten. BME-Schriftenreihe, 2. A., Frankfurt am Main 1986.
Fieten, Robert: Beschaffung und integrierte Materialwirtschaft in der Fertigungsindustrie, in: Beschaffung aktuell, H. 10/1982, S. 28–32.
Fischer, Edwin: Neue Formen der Beschaffungsorganisation für die 90er Jahre. Konferenz-Einzelbericht: Fundament der Zukunft Logistik. Deutscher Logistik-Kongress 1989. Band 1, Berlin 1989, S. 184–189.
Grochla, Erwin: Grundkonzepte für die Materialwirtschaft, in: Angewandte Betriebswirtschaftslehre und Unternehmensführung, hrsg. v. *Heinrich, Lutz J.*, Berlin 1985, S. 171–186.
Grün, Oskar: Beschaffung, Materialwirtschaft, Logistik – Von der institutionellen Abgrenzung zur prozessualen Verschmelzung, in: Entwicklungen der Betriebswirtschaftslehre. 100 Jahre Fachdisziplin – zugleich eine Verlagsgeschichte, hrsg. v. *Gaugler, Eduard/Köhler, Richard*, Stuttgart 2002, S. 435–457.

Hassemer, Konstantin: Prozessorientierte Beschaffungs-Organisation. Dem Kundennutzen und der Marktdynamik gerecht zu werden, in: Beschaffung aktuell, H. 8/1996, S. 26–28.
Kalbfuß, Werner: Beispiel Schott/Zeiss: Materialgruppenmanagement (MGM). Die Vorteile des zentralen und dezentralen Einkaufs vereint, in: Beschaffung aktuell, H. 5/1996, S. 28–30.
Köhler, Bernd: Organisatorische Gestaltung des Einkaufs in industriellen Großunternehmen mit divisionaler Struktur, Frankfurt am Main et al. 1991.
Kosiol, Erich: Untersuchungen zur Aufbauorganisation der Arbeitsvorbereitung und des Einkaufs industrieller Unternehmungen, Berlin 1960.
Moon, Junyean T.: Buying Decision Approaches of Organizational Buyers and Users, in: Journal of Business Research, 2002, S. 293–299.
Puhlmann, Manfred: Die organisatorische Gestaltung der integrierten Materialwirtschaft in industriellen Mittelbetrieben. Konzeptionelle und empirische Grundlagen, Bergisch-Gladbach/Köln 1985.
Robinson, Patrick J. et al.: Industrial Buying and Creative Marketing, Boston 1967.
Schary, Philip B./Skjott-Larsen, Tage: Managing the Global Supply Chain, 2. A., Copenhagen 2001.
Seggewiß, Karl-Heinz: Die Organisation der Materialbeschaffung in Großunternehmungen, Frankfurt am Main 1985.
Weber, Jürgen et al.: Supply Chain Management und Logistik, in: WiSt, 2000, S. 264–269.
Webster, Frederick E./Wind, Yoram: Organizational Buying Behaviour, Englewood Cliffs, NJ 1972.
Wildemann, Horst: Electronic sourcing: Leitfaden zur Nutzung von IT-Systemen für die Beschaffung, München 2000.

Board of Directors

Wolfgang Salzberger

[s.a.: Aufsichtsrat; Ausschüsse; Corporate Governance (Unternehmensverfassung); Corporate Governance, internationaler Vergleich; Evaluation der Unternehmensführung.]

I. Verbreitung des Board-Modells; II. Aufgaben des Board of Directors; III. Personelle Zusammensetzung des Board of Directors; IV. Schlussfolgerungen.

Zusammenfassung

Nachdem der Board of Directors in den USA noch in den 1990er Jahren als weitgehend ineffizientes Kontrollinstrument betrachtet wurde, wird der internen Überwachung nunmehr auch in Outsider-Systemen mehr Bedeutung beigemessen. Den Startschuss für diese Entwicklung bildete der britische Cadbury-Bericht. Durch die Stärkung der Unabhängigkeit der Board-Mitglieder vom Management sowie deren verbesserte Koordination in Ausschüssen soll eine effizientere Überwachung des Managements erreicht werden. Die zunehmende Betonung der Überwachungsaufgabe führt zu einer weiteren Annäherung an das Aufsichtsratsmodell. Trotz dieser Konvergenz bestehen aber auch weiterhin erhebliche Unterschiede.

I. Verbreitung des Board-Modells

Die rechtliche Entscheidungsorganisation in Unternehmen, d.h. die Zuständigkeiten und Aufgaben der Leitungsorgane, steht aus juristischer Sicht im Mittelpunkt der Diskussion über → *Corporate Governance (Unternehmensverfassung)*. So definiert z.B. der Cadbury-Bericht Corporate Governance als ein „system, by which companies are run. At the centre of that system stands the board of directors whose actions are subject to laws, regulations, the disciplines of the market-place and the shareholders in general meeting." (*Cadbury* 1994, S. 46). Im internationalen Vergleich (→ *Corporate Governance, internationaler Vergleich*) lassen sich diesbezüglich vereinfacht zwei Modelle unterscheiden, das Board-Modell und das Aufsichtsratsmodell (*Maasen* 1999). In der Europäischen Union verfügen mit Dänemark, Deutschland, Österreich und den Niederlanden nur vier Staaten über ein ausschließlich duales System mit Vorstand und → *Aufsichtsrat*. In den anderen EU-Mitgliedstaaten dominieren entweder das anglo-amerikanische Board-Modell oder daraus abgeleitete Mischformen (*Weil/Gotshal/Manges* 2002). In Frankreich besteht – ebenso wie nach dem Statut für die *Europäische Aktiengesellschaft* (*Hommelhoff* 2001, S. 279 ff.) – eine Wahlmöglichkeit zwischen dem Board- und dem Aufsichtsratsmodell; einen derartigen Lösungsvorschlag enthält auch der *Winter II-Bericht*, der Abschlussbericht eines von der Europäischen Kommission eingesetzten Expertengremiums (*High Level Group of Company Law Experts* 2002, S. 59, III.9).

II. Aufgaben des Board of Directors

In den USA sind die Aufgaben des Board of Directors auf Bundesebene grundsätzlich nicht geregelt; die Zuständigkeit für das Gesellschaftsrecht liegt bei den einzelnen Bundesstaaten. Nach Sec. 8.01 (a) des *Model Business Corporation Act* (MBCA) ist jede Gesellschaft verpflichtet, einen Board of Directors einzurichten. Während dieser ursprünglich eine unmittelbare Geschäftsleitungsrolle besaß, führten von dieser Idealvorstellung abweichende Entwicklungen in der Unternehmungspraxis vor ca. 30 Jahren zur Entwicklung des so genannten Beobachter-Modells (*monitoring model*). Dieses schlug sich sowohl im MBCA als auch in den einzelstaatlichen Regelungen nieder. Sec. 8.01 (b) MBCA lautet beispielsweise wie folgt: „Alle gesellschaftsrechtlichen Befugnisse werden durch den Board of Directors oder durch von ihm Bevollmächtigte ausgeübt, und die unternehmerischen Entscheidungen werden unter seiner Leitung getroffen." Zu den Aufgaben des Board of Directors gehören insbesondere (z.B. *American Law Institute* 1994, S. 86):

- Auswahl, regelmäßige Evaluation und, falls nötig, Abberufung der Principal Senior Executives. Festlegung der Vergütung für das Management. Überprüfung der Nachfolgeplanung für das Management.
- Prüfung und, sofern erforderlich, Anpassung der finanziellen Ziele, der Strategien und der Pläne der Gesellschaft.
- Beratung des Managements.
- Auswahl und Empfehlung geeigneter Kandidaten für die Wahl zum Board; Evaluation der Board-Organisation und -Leistung.
- Prüfung der Angemessenheit des internen Kontrollsystems, soweit es sich auf die Einhaltung von Recht und Satzung erstreckt.

Im Unterschied zu diesem (theoretischen) Modell, bei dem das Management nur einen Erfüllungsgehilfen des Board darstellt, dominier(t)en in der Unternehmungspraxis jedoch wiederum regelmäßig der CEO bzw. das Management. Der Druck institutioneller Investoren, aber auch Änderungen in der Gesetzgebung und Rechtsprechung haben in der jüngeren Vergangenheit zu einer Professionalisierung des Board bzw. der Board-Tätigkeit geführt (dazu kritisch *Romano* 2002, S. 507 ff.). Ziel dieser Bestrebungen ist es insbesondere gewesen, Kompetenzen auf den Board zu verlagern und damit die Überwachung des Managements zu verbessern. Diese Bemühungen sind nach den Krisen bei Enron und Worldcom noch einmal intensiviert worden (*Schwarz/Holland* 2002, S. 1661 ff.). Mit dem *Sarbanes Oxley Act* besteht nun erstmals eine bundesgesetzliche Regelung für die Tätigkeit des Board of Directors (*Lanfermann/ Maul* 2002, S. 1725 ff.). Damit werden vor allem die Haftung des *Chief Executive Officers* (CEO) sowie des *Chief Financial Officers* (CFO) verstärkt, die Unabhängigkeit der Board-Mitglieder erhöht sowie die Überwachungsaufgaben des Board präzisiert.

III. Personelle Zusammensetzung des Board of Directors

Eine effiziente Überwachung der Unternehmungsführung durch den Board setzt die Unabhängigkeit der Board-Mitglieder vom Management voraus. In jüngster Zeit sind deshalb vielfach Directors, die nicht im Unternehmen angestellt sind (*Outside Directors*), in den Board berufen worden. Nach einer empirischen Untersuchung von Korn/Ferry hat sich in den USA die Zahl der *Inside Directors* seit 1975 von durchschnittlich fünf auf zwei verringert, bei einer durchschnittlichen Board-Größe von elf Directors sitzen – seit 1995 weitgehend unverändert – durchschnittlich neun Outside Directors im Board (*Korn/Ferry* 2001, S. 11). In *Großbritannien* soll nach dem *Combined Code*, über dessen Annahme bzw. – teilweise oder vollständige – Ablehnung alle an der London Stock Exchange notierten Gesellschaften zu berichten haben, mindestens ein Drittel der Board-Mitglieder nicht dem Management angehören; die Mehrheit davon sollte unabhängig sein (*Combined Code* 1998, A. 3). Auch nach dem *Winter II-Bericht* soll – ähnlich den Zulassungsbestimmungen der New York Stock Exchange und der NASDAQ (*Donald* 2002, S. 44 ff.) – der Board mehrheitlich mit unabhängigen externen Mitgliedern besetzt sein (*High Level Group of Company Law Experts* 2002, S. 60, III.10).

In diese *Independent Outside Directors*, d.h. Mitglieder, die, von ihrer Tätigkeit im Board abgesehen, weder Zahlungen für Beratungsleistungen noch sonstige Vergütungen von der Gesellschaft erhalten und bei denen es sich um keine nahe stehenden Personen im Verhältnis zur Gesellschaft und deren Tochtergesellschaften handelt (*Sarbanes Oxley Act* 2002, Sec. 3.01; *High Level Group of Company Law Experts* 2002, III.10), werden hohe Erwartungen gesetzt. Da sie im Gegensatz zu Geschäftspartnern, wie z.B. Hausbanken oder Zulieferern, keine eigenständigen unternehmerischen Ziele verfolgen (müssen), könnten sie in besonderem Maße zur Vertretung der Aktionärsinteressen geeignet sein. Die (kurzfristigen) Kapitalmarktreaktionen auf die Nominierung bzw. Wahl unabhängiger externer Board-Mitglieder scheinen derartige Überlegungen zu bestätigen. In empirischen Untersuchungen lassen sich allerdings keine eindeutig positiven Auswirkungen nachweisen (*Bhagat/Black* 1998, S. 281 ff.).

Die (formale) Unabhängigkeit der Directors führt nicht zwangsweise zu einer (ausschließlichen) Vertretung von Aktionärsinteressen: „The key is not ‚independence', arbitrarily defined, but whether a director's interests are aligned with those of shareholders" (*Monks/Minow* 2001, S. 210). Eine Angleichung der Interessen der Board-Mitglieder an diejenigen der Aktionäre erweist sich als problematisch. Zwar sitzt mittlerweile in sieben von acht Boards (87%) mindestens ein Kapitalgeber (*Korn/Ferry* 2001, S. 11), die wichtigste Aktionärsgruppe, die institutionellen Investoren, verzichtet jedoch aus primär rechtlichen Gründen auf eigene Board-Mitglieder (*Salzberger* 1999, S. 90). Aktionäre, die mehr als 5% bzw. 20% der Anteile an einer Gesellschaft besitzen, werden als nicht unabhängig eingestuft und dürfen nach dem Sarbanes Oxley Act bzw. den Zulassungsbestimmungen der New York Stock Exchange und der NASDAQ nicht im Prüfungsausschuss der Gesellschaft sitzen (*Donald* 2002, S. 44 ff.). Da nach Korn/Ferry 91% der amerikanischen Boards ehemalige Führungskräfte anderer Gesellschaften und 83% aktuelle CEO oder COO anderer Gesellschaften als Mitglieder haben (*Korn/Ferry* 2001, S. 11), besteht begründeter Anlass zu der Vermutung, dass soziale Beziehungen einerseits und die von den jeweiligen CEOs für sich selbst als ausreichend empfundene Überwachungsintensität andererseits die Überwachungsaktivitäten der unabhängigen Mitglieder begrenzen. Mit dem Sarbanes Oxley Act wird deshalb auch versucht, die Koordination der unabhängigen Mitglieder in Ausschüssen zu verbessern (→ *Ausschüsse*).

Der Vertretung von Minderheiten, Arbeitnehmern und Frauen im Board wird in der US-amerikanischen Diskussion keine besondere Bedeutung beigemessen. Innerhalb der letzten fünf Jahre stieg der Anteil der Boards, die mindestens eine Frau als Mitglied hatten, auf über 70% und derjenige mit Vertretern ethnischer Minderheiten von 47% auf 65% (*Korn/Ferry* 2001, S. 12). Die diesbezügliche theoretische Diskussion wird jedoch ausschließlich unter *Shareholder Value*-Gesichtspunkten geführt (→ *Shareholder- und Stakeholder-Ansatz*). So spielen auch bei den Hauptversammlungsvorschlägen von Pensionsfonds die Arbeitnehmerinteressen im Vergleich zu den Aktionärsinteressen nur eine geringe Bedeutung (dazu kritisch *Blair* 1995, S. 316 ff.).

Aus theoretischer Sicht stellt die Trennung der Positionen des CEO und des Vorsitzenden des Boards (*Chairman of the Board*) einen Kernpunkt der Reformbestrebungen dar. Während in *Großbritannien* – bei einer deutlich höheren Anzahl von Inside Directors – diese beiden Positionen nur bei ca. einem Drittel der Gesellschaften und in Kanada lediglich bei einem Viertel (*Dimma* 2002, S. 73) in einer Person vereint sind, übt in den *USA* bei ca. 90% aller Gesellschaften der CEO gleichzeitig auch den Vorsitz im Board aus (*Korn/Ferry* 2001, S. 19; *KPMG Survey* 2002, S. 12). Aus Sicht der Agency-Theorie (→ *Prinzipal-Agenten-Ansatz*) erweist sich diese Kombination als problematisch, da sich das Management selbst überwacht. Forderungen von Aktionären bzw. *institutionellen Investoren* nach Trennung der Funktionen stoßen in der Unternehmungspraxis immer noch auf erheblichen Widerstand. Dieser gründet – zumindest teilweise – auf der Überlegung, dass die überwachungsspezifischen Vorteile aus der Trennung der beiden Ämter durch organisations- bzw. führungsstrukturbedingte Nachteile überkompensiert werden (*Daily/Dalton* 1997, S. 11 ff.). Empirische Untersuchungen weisen diesbezüglich keine einheitlichen Ergebnisse auf (*Rhoades/Rechner/Sundaramurthy* 2001, S. 311 ff.). Im Falle der Vereinigung der beiden Aufgaben wird zur Reduzierung potenzieller Agency-Probleme die Wahl eines sog. *Lead Directors* propagiert; 32% der US-amerikanischen Boards verfügen über eine solche Position (*Korn/Ferry* 2001, S. 19).

IV. Schlussfolgerungen

Die Bestrebungen zur Stärkung der Unabhängigkeit der Board-Mitglieder vom Management sowie die zunehmende Betonung der Überwachungsaufgabe des Board führen zu einer weiteren Angleichung des Board-Modells an das Aufsichtsratsmodell. Im Unterschied zum Aufsichtsratsmodell bleibt die Leitung des Unternehmens aber weiterhin eine Aufgabe des Board. Daraus ergeben sich zwar einerseits Probleme hinsichtlich der Erfüllung der Überwachungsaufgaben, andererseits stellt die *Informationsversorgung* der Board-Mitglieder zumindest in der theoretischen Diskussion kein Problem dar. Erhebliche Unterschiede bestehen auch bezüglich der Einbindung der *Stakeholder* in das Überwachungsorgan (*Davies* 2001, S. 282 ff.). Die Forderung nach Unabhängigkeit der Board-Mitglieder steht in Widerspruch zu den Konstruktionsmerkmalen von Stakeholdersystemen.

Literatur

American Law Institute: Principles of Corporate Governance, St. Paul 1994.
Bhagat, Sanjai/Black, Bernard: The Relationship between Board Composition and Firm Performance, in: Comparative Corporate Governance, hrsg. v. *Hopt, Klaus J.* et al., Oxford 1998, S. 281–306.
Blair, Margaret M.: Ownership and Control: Rethinking Corporate Governance for the Twenty-First Century, Washington D. C. 1995.
Cadbury, Adrian: Highlights of the Proposals of the Committee on Financial Aspects of Corporate Governance, in: Contemporary Issues in Corporate Governance, hrsg. v. *Prentice, Dan D./Holland, P.R.J.*, Oxford 1994, S. 45–55.
Combined Code: Principles of Corporate Governance and Code of Best Practice, London 1998.
Daily, Catherine M./Dalton, Dan R.: CEO and Board Chair Roles Held Jointly or Separately: Much Ado About Nothing, in: AME, Jg. 11, H. 3/1997, S. 11–20.
Davies, Paul: Struktur der Unternehmensführung in Deutschland und Großbritannien: Konvergenz oder fortbestehende Divergenz?, in: ZGR, Jg. 30, 2001, S. 268–293.
Dimma, William A.: Excellence in the Boardroom: Best Practices in Corporate Directorship, Ontario 2002.
Donald, David C.: US-amerikanisches Kapitalmarktrecht und Corporate Governance nach Enron. Working Paper, Univ. Frankfurt, Frankfurt am Main 2002.
High Level Group of Company Law Experts: A Modern Regulatory Framework for Company Law in Europe, Brüssel 2002.
Hommelhoff, Peter: Einige Bemerkungen zur Organisationsverfassung der Europäischen Aktiengesellschaft, in: AG, Jg. 46, 2001, S. 279–288.
Korn/Ferry: 28th Annual Board of Directors Study, New York 2001.
KPMG Survey: Corporate Governance in Europe, o.O. 2002.
Lanfermann, Georg/Maul, Silja: Auswirkungen des Sarbanes Oxley Acts in Deutschland, in: DB, Jg. 55, 2002, S. 1725–1732.
Maasen, Gregory Francesco: An International Comparison of Corporate Governance Models, Rotterdam 1999.
Monks, Robert A. G./Minow, Nell: Corporate Governance, 2. A., Cambridge, MA 2001.
Rhoades, Dawna L./Rechner, Paula L./Sundaramurthy, Chamu: A Metaanalysis of Board Leadership Structure and Financial Performance: Are „Two Heads Better Than One"?, in: Corporate Governance – An International Review, Jg. 9, 2001, S. 311–319.
Romano, Roberta: Less is More: Making Shareholder Activism a Valuable Mechanism of Corporate Governance, in: Corporate Governance Regimes, Convergence and Diversity, hrsg. v. *McCahery, Joseph A.* et al., Oxford 2002, S. 507–566.

Salzberger, Wolfgang: Institutionelle Investoren und Corporate Governance in den USA, in: ZfB, Ergänzungsheft 3, 1999, S. 87–106.
Sarbanes-Oxley-Act of 2002 (http://thomas.loc.gov).
Schwarz, Christian Günther/Holland, Björn: Enron, Worldcom ... und die Corporate Governance Diskussion, in: ZIP, Jg. 23, 2002, S. 1661–1672.
Weil/Gotshal/Manges: Comparative Study of Corporate Governance Codes Relevant to the European Union and Its Member States, Brüssel 2002.

Budgetierung

Lothar Streitferdt/Tim Eberhardt

[s.a.: Anreizsysteme, ökonomische und verhaltenswissenschaftliche Dimension; Controlling; Kontrolle; Koordination und Integration; Management by Objectives; Motivation; New Public Management; Organisation; Partizipation; Planung; Profit-Center; Rechnungswesen und Organisation; Ziele und Zielkonflikte.]

I. Definition und Überblick; II. Funktionen von Budgets; III. Prozess der Budgetierung; IV. Budgetierung im öffentlichen Sektor; V. Dysfunktionen der Budgetierung; VI. Ausblick.

Zusammenfassung

Budgets bilden das Ergebnis der Planung, indem sie den Budgetverantwortlichen konkrete Zielvorgaben und Berechtigungen zur Verfügung über Ressourcen geben. Durch Budgets können dezentrale Entscheidungsträger motiviert und kontrolliert werden. Entscheidend für den Erfolg der Budgetierung sind das Abstimmungsverfahren, die Integration aller beteiligten Gruppen und die regelmäßige Kontrolle der Budgetrealisation.

I. Definition und Überblick

Ein Budget ist eine Menge von meist finanziellen Mitteln, aber auch anderen Ressourcen, die eine organisatorische Einheit für einen bestimmten Zeitraum zur Erfüllung der ihr übertragenen Aufgaben erhält (vgl. *Streitferdt* 1988, S. 212). Der Budgetbegriff wird in der betrieblichen Praxis unterschiedlich interpretiert. In Anlehnung an den Etatbegriff öffentlicher Finanzverwaltungen wird Budget häufig ausschließlich als Finanzbudget verstanden. Andere Auffassungen dehnen den Begriff auf die gesamte Unternehmensplanung (→ *Planung*) mit zahlreichen Einzelbudgets und Plangrößen aus. Zwischen der reinen Finanzplanung und der Gleichsetzung der Budgetierung mit der Planung bestehen viele Ausprägungsformen. Allen gemein ist, dass mit Budgets Pläne in Vorgaben umgesetzt werden.

Die Budgetierung umfasst den gesamten Prozess der Budgeterstellung und Budgetüberwachung, zu dem insb. die Ermittlung, die Verabschiedung, die Kontrolle, die Abweichungsanalyse sowie eine mögliche Budgetanpassung zählen. Die Budgetierung unterstützt das Management bei der Abstimmung, Koordination und wechselseitigen Informationsbereitstellung (→ *Koordination und Integration*). Budgets sollen der Zielerreichung im Rahmen des Controllings (→ *Controlling*) dienen. Durch die Budgetierung sollen die zahlungsmäßigen Wirkungen der geplanten zukünftigen Maßnahmen abgeschätzt werden. Deshalb ist die Budgetierung eng mit der Finanzplanung verknüpft. Auf der Basis der einzelnen funktionalen Bereichspläne wird der voraussichtliche Zahlungsmittelbedarf ermittelt.

In Anlehnung an die Hierarchiestufen des Unternehmens (→ *Organisation*) und auch hinsichtlich der Budgetperioden wird die Budgetierung im Allgemeinen mehrstufig vorgenommen. Der Dispositionsspielraum nimmt dabei mit der Hierarchieebene ab. Budgetbereiche sollen eindeutig voneinander abgrenzbar sein und dem Budgetverantwortlichen möglichst umfassende Gestaltungsspielräume geben. Analog zur → *Planung* kann zwischen operativen und strategischen Budgets unterschieden werden. Das strategische Budget wird häufig als globales Rahmenbudget mit wenigen aber wesentlichen Zielgrößen (→ *Ziele und Zielkonflikte*) konzipiert und dient vor allem der langfristigen Existenzsicherung. Die operative Budgetierung bezieht sich auf eine zukünftige Planungsperiode (in der Regel ein Jahr) und bildet die laufende Geschäftstätigkeit ab (vgl. *Steinmann/Schreyögg* 2000, S. 360 f.). Mit der Kürze der Budgetperiode nimmt normalerweise der Detaillierungsgrad zu und der Entscheidungsspielraum ab, die kurzfristigen Budgetvorgaben müssen dabei in Übereinstimmung mit den langfristigen Unternehmenszielen und den strategischen Budgetvorgaben stehen.

II. Funktionen von Budgets

Neben der rein zahlenmäßigen Vorgabe von wesentlichen Parametern erfüllen Budgets weitere Funktionen:

– *Vorgabefunktion:* Budgets verpflichten die budgetierten Bereiche, mit den zur Verfügung gestellten Mitteln bestimmte, festgelegte Ziele zu erreichen (Umsatz, Kosten, Erträge etc.). Die Budgetierung dient hiermit der Verhaltenssteuerung. Durch eine differenzierte Abweichungsanalyse können Gründe für positive oder negative Abweichungen vom Budget ermittelt und Korrekturmaßnahmen ergriffen werden. Besonders wichtig ist es, die Ergeb-

nisse der Abweichungsanalyse bei der nächsten *Budgetplanung* zu berücksichtigen (Lerneffekt) (→ *Lernen, organisationales*).
- *Bewilligungs- und Allokationsfunktion:* Die Budgetierung räumt den Budgetverantwortlichen weitgehende Handlungsfreiheit für dezentrale Entscheidungen ein. Die Budgetverantwortung ist grundsätzlich nicht auf die Ressource Finanzen begrenzt, sondern kann auch die Verantwortung für andere Ressourcen umfassen.
- *Koordinations- und Integrationsfunktion:* Die einzelnen Budgetansätze müssen aufeinander abgestimmt sein. Durch die Budgetierung erfolgt eine Koordination der Teilpläne des gesamten Unternehmens (→ *Koordination und Integration*).
- *Kontrollfunktion:* Durch die Zielvorgaben kann die Budgetierung als Instrument zur Leistungsbeurteilung eingesetzt werden (vgl. ausführlich *Ewert/Wagenhofer* 2003, S. 466 f. sowie *Streitferdt* 1983, S. 68 ff.). Bei der Leistungsbeurteilung muss der Interessenkonflikt, der zwischen dem Prinzipal (Vorgesetzten) und dem Agenten (Budgetverantwortlichen) bestehen kann, berücksichtigt werden. Wie Drury et al. festgestellt haben, ist es problematisch, wenn die Vergütung der Budgetverantwortlichen sehr weitgehend durch die Budgeterreichung determiniert wird (vgl. *Drury* et al. 1993, siehe hierzu auch *Laux* 1990) (→ *Kontrolle*).
- *Motivationsfunktion:* Mit der Vorgabe von Budgetansätzen erhalten die budgetierten Einheiten zugleich Entscheidungsfreiheit. Dies führt zu einer stärkeren Motivation (→ *Motivation*) der Verantwortlichen und zu einer Entlastung der Unternehmensführung. Entscheidend sind das Setzen von anspruchsvollen, aber realistischen Zielen sowie eine ursachengerechte Budgetkontrolle. Eine positive Motivationswirkung wird erreicht, wenn sich die beteiligten Mitarbeiter mit den geplanten Zielen identifizieren können. Eine solche Identifikation wird durch eine Integration der Führungskräfte in den Zielfindungs- und Budgetaufstellungsprozess begünstigt (→ *Partizipation*).

III. Prozess der Budgetierung

1. Allgemeine Vorgehensweise

Ausgangspunkt der Budgetierung sind die jeweiligen Projekt- und Funktionspläne, welche die verfolgten Ziele und Maßnahmen enthalten. Diese Ziele und Maßnahmen werden in ökonomische Wert- und Mengengrößen (z.B. Kosten, Erlöse, Absatzmengen, Finanzbedarf) transformiert und im Budget festgeschrieben.

Der idealtypische Budgetierungsprozess eines privatwirtschaftlichen Unternehmens untergliedert sich in folgende Schritte:

- *Umsatzbudgetierung:* Der Budgetierungsprozess beginnt mit der Planung des Absatzes (mengenmäßige Leistungsverwertung) und der Planung des Umsatzes für die Planperiode.
- *Produktions- und Beschaffungsbudgetierung:* Aus der Produktionsplanung werden die Produktionsbudgets abgeleitet. Im Zuge der Produktionsbudgetierung kann über ein → *Outsourcing und Insourcing* von Produktionsbereichen entschieden werden, indem die Produktionskosten der Eigenfertigung mit den Kosten des Fremdbezuges verglichen werden. In die Beschaffungsbudgetierung werden Lagerbestände mit einbezogen.
- *Forschungs- und Entwicklungskostenbudget* sowie *Verwaltungskostenbudget:* Alle übrigen Unternehmensfunktionen werden betriebsgrößenabhängig differenziert budgetiert (→ *Forschung und Entwicklung, Organisation der*).
- *Finanzbudgetierung:* Finanzbudgets ergeben sich zum einen aus der Finanzplanung zum anderen aggregieren sie die Zahlungsströme aller Budgets. Sie enthalten neben den aus dem Leistungserstellungsprozess ersichtlichen produktionsbedingten, ordentlichen Ein- und Auszahlungen zusätzlich auch die nicht betriebsbedingten Zahlungen.

Beim Budgetieren kommt sowohl der horizontalen als auch der vertikalen Abstimmung von *Sparten-*, *Funktions-* und *Abteilungsbudgets* eine wichtige Rolle zu. Beschaffungs- und Produktionsbudgets müssen aufeinander aufbauen. Das *Finanzbudget* muss die Zahlungsströme mit den budgetierten Geldzu- und -abflüssen aufeinander abstimmen. In Investitionsbudgets spiegeln sich die langfristigen Veränderungen im Bereich der Investitionsgüter wider.

2. Ablauf der Budgetierung

Es können drei grundlegende Vorgehensweisen zur Budgetaufstellung unterschieden werden:

- *Top-down-Verfahren*
- *Bottom-up-Verfahren* und
- *Gegenstromverfahren*.

Beim *Top-down-Verfahren* werden Budgets bzw. Eckdaten für Budgets von der Unternehmensführung vorgegeben. Diese Budgets werden aus den strategischen Plänen für die einzelnen Budgetbereiche abgeleitet. Der Vorteil dieses Verfahrens liegt in der eindeutigen Ausrichtung der Einzelbudgets auf das Gesamtbudget und somit auch auf das Unternehmensziel. Nachteilig wirken sich dagegen die geringen Beteiligungsmöglichkeiten der einzelnen Bereiche am Budgetierungsprozess aus.

Besseren Einfluss können die jeweiligen Bereiche auf den Budgetierungsprozess beim *Bottom-up-Verfahren* nehmen. Hierbei wird das Gesamtbudget durch Summierung der einzelnen Bereichsbudgets gebildet. Einzelbudgets werden bei dieser Vorgehensweise von den einzelnen Organisationseinheiten ermittelt. Diese Einzelbudgets müssen im Rahmen des Controllings so aufeinander abgestimmt werden, dass sie auf das Gesamtunternehmensziel ausgerichtet sind.

Das *Gegenstromverfahren* versucht, die Vorteile des Top-down-Verfahrens und des Bottom-up-Verfahrens zu kombinieren und deren Nachteile auszugleichen. Zunächst wird entweder ein vorläufiges Gesamtbudget erstellt, auf dessen Basis die Teilbudgets der einzelnen Bereiche ermittelt werden (*Top-down-Eröffnung*), oder es wird mit den einzelnen Teilbudgets begonnen (*Bottom-up-Eröffnung*). Bei der Top-down-Eröffnung erfolgt zunächst eine Prüfung der Teilbudgets durch die einzelnen Bereiche. Veränderungswünsche und Realisationsprobleme werden im nächsten neuen Teilbudget soweit berücksichtigt, dass das Gesamtbudget, und damit das Unternehmensziel, noch erreicht wird. Bei der Bottom-up-Eröffnung wird das Gesamtbudget aus den vorgeschlagenen Teilbudgets ermittelt. Anschließend werden ausgehend von dem Gesamtbudget ggf. Korrekturen an den Teilbudgets vorgenommen, die daraufhin wieder überprüft werden. Diese Prozesse können sich mehrmals wiederholen.

Eine Umfrage unter 293 großen britischen Industrieunternehmen hat gezeigt, dass die Budgetverantwortlichen viel Einfluss bei der Erstellung ihres Budgets haben sollen (69%) (vgl. *Drury* et al. 1993), woraus eine Präferenz für die letzten beiden Verfahren abgeleitet werden kann.

3. Zero-Base-Budgeting

Die bisher beschriebenen Vorgehensweisen haben den Nachteil, dass sie sich oft zu sehr an Vorjahreswerten der Ressourcenverteilung und den bisherigen Strukturen orientieren. Als Alternative zu diesen inkrementalen Formen der Budgetierung wurde Ende der 60er Jahre das so genannte *Zero-Base-Budgeting* (*ZBB*) entwickelt. Es versucht, die Probleme der Budgetfortschreibung zu beheben, indem es die bestehende Ressourcenverteilung grundsätzlich in Frage stellt und den Budgetierungsprozess von „Null" an neu startet und die vormals erstellten Budgets bei der neuen Planung ignoriert (vgl. dazu z.B. *Meyer-Piening* 1994). Die Grundidee des ZBB liegt in der Fiktion einer vollständigen Neuplanung, bei der alle geplanten Aktivitäten neu zu rechtfertigen sind (vgl. *Pyhrr* 1970). Hauptzielsetzung des ZBB ist eine Kostenreallokation und eine Gemeinkostensenkung, um einen wirtschaftlichen Einsatz der verfügbaren Ressourcen zu erreichen (vgl. *Steinmann/Schreyögg* 2000, S. 364).

Das ZBB beginnt mit einer Analyse, welche Abteilungen oder Funktionen zum Erreichen des Unternehmensziels wirklich gebraucht werden und welche Ziele die jeweiligen Abteilungen erreichen sollen. Die Zielerreichung soll durch die wirtschaftlichsten Methoden und Verfahren erreicht werden.

Die praktische Durchführung des ZBB orientiert sich an folgender Vorgehensweise:

– Abgrenzung von Entscheidungseinheiten
– Festlegen von Leistungsniveaus
– Bestimmung alternativer Verfahren
– Festlegung von Entscheidungspaketen
– Bildung einer Rangordnung für die Entscheidungspakete
– Budgetschnitt und Genehmigung der Pakete

Grundlage des ZBB bildet die Analyse so genannter Entscheidungseinheiten. Diese Entscheidungseinheiten werden unabhängig von der bestehenden Organisationsstruktur unter Zusammenfassung inhaltlich ähnlicher Arbeitsaufgaben oder Aktivitäten gebildet.

Für jede Entscheidungseinheit wird im zweiten Schritt ein Leistungsniveau festgelegt. Das Leistungsniveau bezieht sich auf das qualitative und quantitative Arbeitsergebnis einer Entscheidungseinheit.

Im dritten Schritt werden unterschiedliche Arbeitsverfahren für jedes Leistungsniveau ermittelt und gegenübergestellt, um das wirtschaftlichste Verfahren zu bestimmen.

Im vierten Schritt werden Entscheidungsvorlagen (sog. Entscheidungspakete) erarbeitet, in denen jeweils drei Leistungsniveaus der untersuchten Bereiche dargestellt werden, nämlich ein Mindestniveau, ein Normalniveau und ein Wunschniveau.

Die Entscheidungspakete werden im fünften Schritt anhand von Kosten-Nutzen-Überlegungen in eine Prioritätenfolge gebracht.

Im letzten Schritt, dem so genannten Budgetschnitt, wird geprüft, welche Konsequenzen sich z.B. aus einer 25-prozentigen Kostenreduzierung in jedem Bereich ergeben. Dabei ist zwischen dem Ziel der anvisierten Kosteneinsparung und der Notwendigkeit der Leistungserbringung abzuwägen. Letztendlich wird durch diesen Budgetschnitt festgelegt, welche Ressourcen den einzelnen Bereichen zugeteilt werden.

Die Vorteile des ZBB liegen in der systematischen Analyse und Bewertung aller Aktivitätsfelder. Nachteilig wirkt sich der mit dem Verfahren verbundene hohe Zeitaufwand aus, bei dem Zeiträume von 2–3 Jahren keine Seltenheit sind. Deshalb werden nur gelegentlich ausgewählte Bereiche von „Null" an budgetiert (Zero-Base-Review).

IV. Budgetierung im öffentlichen Sektor

Im *öffentlichen Sektor* bringt ein Budget das politische Handlungsprogramm der Regierung zum Ausdruck. Im Haushaltsplan werden die veranschlagten Positionen für eine Durchführung verbindlich. Die Budgetierung kann sowohl formell als auch inhaltlich verstanden werden. Formell bekommt eine Organisationseinheit für die Erfüllung ihrer Aufgaben ein Budget zur flexiblen Bewirtschaftung zugewiesen. Materiell legt die Budgetierung den Finanzrahmen für eine Organisationseinheit bei festgelegtem Leistungsumfang fest. Die Organisationseinheiten können in zeitlicher und sachlicher Hinsicht selbstständig über den Mitteleinsatz verfügen. Eine Überschreitung des Finanzrahmens ist hierbei grundsätzlich ausgeschlossen. Die Budgetierung wird in der Regel zusammen mit der Dezentralisierung von Ausführungs- und Entscheidungskompetenzen eingeführt (→ *New Public Management*). Hierdurch erhalten die Organisationseinheiten die notwendige Verfügungsgewalt für eine moderne Verwaltungssteuerung. Die dezentrale Budgetierung ist ein wichtiges Element des so genannten Neuen Steuerungsmodells (vgl. *Cornet* 2001, S. 509).

Budgetierung und Dezentralisierung führen zu einem Steuerungsverlust der Verantwortlichen, der dadurch begrenzt wird, dass Verwaltungsziele durch das so genannte Kontraktmanagement festgeschrieben werden (→ *Ziele und Zielkonflikte*). Kontrakte sind Vereinbarungen von Ergebniszielen zwischen Politik und Verwaltung, mit denen die Verwaltung soweit wie möglich auf die Einhaltung von fest vereinbarten Mengen, Preisen und Qualitäten festgelegt wird.

V. Dysfunktionen der Budgetierung

Budgetierungsprozesse sind stark interessenbezogene Prozesse. In der Praxis haben sich unterschiedliche Taktiken zur Manipulation herausgestellt. Eine vielfach zu beobachtende Taktik ist bspw. der Aufbau von so genannten „stillen Reserven" (*budgetary slacks*) in den Budgets. Dies wird möglich, indem entweder Kostenprognosen bewusst zu hoch und/oder Leistungsprognosen bewusst zu niedrig angesetzt werden. Hierdurch erhalten die Budgetbetroffenen ansonsten nicht zugestandene Handlungsspielräume, die die Zielerreichung wesentlich erleichtern.

Oft ist der Ausgang der Budgetierung nicht zuletzt von der Stellung, dem Verhandlungsgeschick und der Verhandlungsmacht der einzelnen beteiligten Mitarbeiter und Organisationseinheiten abhängig. Daneben ist das Anreizsystem in vielen Unternehmen häufig an die Budgetierung gekoppelt, ohne dass die Erreichung strategischer Ziele überprüft wird (vgl. *Oehler* 2002, S. 152).

Durch die Vorgabe von Budgets kann es auch zu einer verminderten Zielorientierung kommen, wenn am Ende der Planungsperiode nicht verbrauchte Mittel trotz fehlender Notwendigkeit vollständig ausgegeben werden, um einer eventuellen Kürzung in der Folgeperiode entgegenzuwirken (im öffentlichen Sektor als so genanntes „Dezemberfieber" bekannt). Ein weiterer negativer Effekt kann durch eine zu starre Auffassung der Budgetvorgaben entstehen und wenn die Interessen der Gesamtunternehmung vernachlässigt werden.

Das Controlling kann diesen negativen Auswirkungen der Budgetierung entgegenwirken, indem Budgets nicht zu rigide formuliert werden. Da Budgets das Ergebnis der Planung abbilden, sind sie zudem, wie die Pläne selbst auch, mit dem Problem der Unsicherheit behaftet.

VI. Ausblick

Wesentlich für eine erfolgreiche Budgetierung ist die Festlegung von Budgetierungsstrukturen, in denen die Budgetbereiche und die Budgetverantwortlichen bestimmt werden. Hierbei müssen Kriterien zur sinnvollen Abgrenzung und zur notwendigen Detaillierung festgelegt werden, die eine möglichst effiziente Budgetierung gewährleisten. Einer höheren Detaillierung stehen immer auch ein erhöhter Abstimmungsbedarf und ein verringerter Handlungsspielraum der budgetierten Bereiche gegenüber. Aufwand und Nutzen des Budgetierungsprozesses sind stets gegeneinander abzuwägen. Auch die Kopplung der Budgetierung mit anderen Steuerungsinstrumenten (z.B. Vergütungssystemen) muss gewährleistet sein.

Für den richtigen Umgang mit den Budgets sind Mitarbeiterschulungen und Hilfestellungen für die Leiter der budgetierten Organisationseinheiten notwendig.

Trotz der an der Budgetierung geäußerten Kritik ist und bleibt die Budgetierung ein wesentliches Controllinginstrument, welches vor allem durch seine Motivations- und Koordinationsfunktion zur Zielerreichung einen wesentlichen Beitrag leisten kann.

Literatur

Cornet, Thomas: Budgetierung und Aufstellungsverfahren im Vergleich, in: Deutsche Verwaltungspraxis, Jg. 52, 2001, S. 508–516.
Drury, Collin et al.: Survey of Management Accounting Practice in UK Manufacturing Companies, London 1993.
Ewert, Ralf/Wagenhofer, Alfred: Interne Unternehmensrechnung, 5. A., Berlin et al. 2003.
Laux, Helmut: Risiko, Anreiz und Kontrolle: Principal-Agent-Theorie; Einführung und Verbindung mit dem Delegationswert-Konzept, Berlin et al. 1990.
Meyer-Piening, Arnulf: Zero Base Planning als analytische Personalplanungsmethode im Gemeinkostenbereich: Einsatzbedingungen und Grenzen der Methodenanwendung, Stuttgart 1994.
Oehler, Karsten: Beyond Budgeting, Was steckt dahinter und was kann Software dazu beitragen?, in: Kostenrechnungspraxis, Jg. 46, 2002, S. 151–160.
Pyhrr, Peter A.: Zero-Base-Budgeting, in: HBR, Jg. 48, H. 6/1970, S. 111–121.
Steinmann, Horst/Schreyögg, Georg: Management, 5. A., Wiesbaden 2000.

Streitferdt, Lothar: Grundlagen der Budgetierung, in: Wisu, Jg. 17, 1988, S. 210–214.
Streitferdt, Lothar: Entscheidungsregeln zur Abweichungsauswertung, Würzburg et al. 1983.

Bürokratie

Markus Gmür

[s.a.: Arbeitsteilung und Spezialisierung; Aufgabenanalyse; Delegation (Zentralisation und Dezentralisation); Funktionale Organisation; Hierarchie; Organisationsstrukturen, historische Entwicklung von; Organisationstheorie; Organisatorische Gestaltung (Organization Design); Rationalität; Sozialisation, organisatorische.]

I. Bürokratiebegriff und -konstrukt; II. Theorien der Bürokratie; III. Empirie der Bürokratie; IV. Bürokratiekritik; V. Abschließende Beurteilung.

Zusammenfassung

Das Konstrukt der Bürokratie ist einer der zentralen Bezugspunkte für Theorie und Empirie der Organisationsforschung, und das sowohl in beschreibender als auch in ablehnender Hinsicht. Theorien der bürokratischen Organisation erklären Entstehung, Wachstum und Stabilisierung bürokratischer Strukturen, während die Bürokratiekritik v.a. dysfunktionale Effekte der Bürokratie in den Mittelpunkt rückt.

I. Bürokratiebegriff und -konstrukt

1. Der Begriff der Bürokratie

Der Begriff der Bürokratie wurde in der zweiten Hälfte des 18. Jh. in Frankreich geprägt und bezeichnete in ebenso beschreibender wie abwertender Weise die Beamtenschaft der zentralstaatlichen Verwaltung und die besondere Form ihrer Herrschaftsausübung (*Albrow* 1970; *Wunder* 1987). Beschrieben wird damit ein Organisationstypus, der durch Merkmale wie eine mehrstufige → *Hierarchie*, einen hohen Grad an funktionaler → *Arbeitsteilung und Spezialisierung* sowie eine ausgeprägte Formalisierung und Regelgebundenheit der Entscheidungsprozesse gekennzeichnet ist. Abwertend wird der Begriff zu allen Zeiten verwendet, um Ineffizienz und Unpersönlichkeit regelgebundener Entscheidungsprozesse, eine Entkopplung von Verfahren und Zweck oder den „blinden Gehorsam" von Entscheidungsträgern zu bezeichnen. Seine wertfrei beschreibende und die negativ bewertende Verwendung kennzeichnen von Beginn an sowohl den alltagssprachlichen als auch den wissenschaftlichen Gebrauch des Bürokratiebegriffs. Während der Begriff in der englischsprachigen Organisationsforschung im weitesten Sinne alle Aspekte formaler Organisationsgestaltung umfasst, wird er im deutschsprachigen Raum eingeschränkter v.a. zur Beschreibung von Strukturen der öffentlichen Verwaltung verwendet.

Der Begriff der Bürokratisierung beschreibt den Prozess der Verbreitung bürokratischer Merkmale in einer Organisation (z.B. durch eine Zunahme formalisierter Regelungen) oder einer Gesellschaft durch eine zunehmende Prägung des öffentlichen Lebens durch bürokratische Institutionen. Während die Bürokratisierung überwiegend als emergenter Prozess im Zuge der gesellschaftlichen Modernisierung angesehen wird, versteht man unter dem entgegengesetzten Begriff der Entbürokratisierung in aller Regel einen gezielten Gestaltungsakt durch eine übergeordnete Instanz.

2. Das Konstrukt der bürokratischen Organisation

a) Abgrenzung des Bürokratiekonstrukts

Als Konstrukt der sozialwissenschaftlichen Forschung wird die Bürokratie in unterschiedlicher Weise abgegrenzt:

– In der historischen Verwaltungsforschung wird die Bürokratie der Honoratiorenverwaltung gegenüber gestellt und als moderne Organisationsform zur Erfüllung öffentlicher Aufgaben angesehen. Während die Honoratiorenverwaltung durch eine Vermischung politischer und administrativer Funktionen in den Händen einer bürgerlichen Elite geprägt ist, wird die Verwaltungstätigkeit nach dem bürokratischen Prinzip von der politischen Willensbildung getrennt und auf → *Stäbe* hauptberuflicher Verwaltungsfachleute übertragen. Der Prozess der Professionalisierung vollzieht sich in Nordamerika und den meisten europäischen Gemeinwesen in der zweiten Hälfte des 19. Jh. (*Meyer/Stevenson/Webster* 1985, S. 11 ff.).
– In der Herrschaftssoziologie, die wesentlich von Weber (*Weber* 1921) geprägt ist, wird die Bürokratie als eine Organisationsform zur Durchsetzung und Sicherung politischen Willens verstanden. In dieser Organisationsform spiegelt sich die vollendete Rationalisierung, verstanden als geistige Durchdringung und Gestaltung der natürlichen und sozialen Umwelt durch den Menschen, idealtypisch wider (*Kieser* 1993, S. 40 ff.). Die Bürokratie als Institutionalisierung der legalen Herrschaft wird gegenüber vorrationalen *Institutionen* charismatischer und traditionaler Herrschaft abgegrenzt. Charismatische Herrschaft schlägt sich in der unbedingten kollektiven Verpflichtung auf den freien Willen einer Führungspersönlichkeit nieder. Traditionale Herrschaft entsteht durch das Festhalten an wiederkehrenden Austauschbeziehungen und den dadurch

begründeten Autoritätsstrukturen. Eine Organisation ist also in dem Maße als Bürokratie zu bezeichnen, wie ihre Mitglieder allein auf ihren Beitrag zu übergeordneten Sachzielen verpflichtet sind.
- In der auf den Überlegungen von Weber aufbauenden empirischen Organisationsforschung hat sich die Dichotomie bürokratischer und organischer Organisationsstrukturen herausgebildet. Diese Unterscheidung wird von Burns und Stalker (*Burns/Stalker* 1961) eingeführt und bildet in der Folge einen wichtigen Referenzpunkt für den → *Kontingenzansatz*. Die Operationalisierung des Bürokratiekonstrukts folgt weitgehend dem weberschen Idealtypus und die organische Struktur wird über das Fehlen dieser Merkmale definiert.
- In der → *Institutionenökonomie* wird die Bürokratie als hierarchische Kooperationsform dem Markt (*Arrow* 1974; *Williamson* 1975) und dem Clan gegenübergestellt (*Ouchi* 1980). In der Bürokratie kooperieren rational handelnde Akteure, die sich Kooperationsregeln und einer gemeinsamen hierarchischen Kontrolle unterwerfen, weil die *Transaktionskosten* zur Anbahnung und langfristigen Sicherung der Kooperation unter bestimmten Bedingungen niedriger sind als die Kosten, die nach dem Marktprinzip anfallen würden. Ouchi (*Ouchi* 1980) führt als dritte Kooperationsform den *Clan* ein, der sich von der Bürokratie dadurch unterscheidet, dass die Kooperation in diesem Fall auf einer solidarischen Verpflichtung der Akteure auf gemeinsame Werte beruht.

b) Der bürokratische Idealtypus

Die Operationalisierung der bürokratischen Organisation folgt i.d.R. den Merkmalen die bereits Weber (*Weber* 1921, S. 124 ff.) für den bürokratischen Verwaltungsstab formuliert hat:

- Hauptamtlich beschäftigtes Personal, das ausschließlich nach sachlich begründeten Merkmalen, wie fachliche Befähigung, Leistung oder Dienstalter ausgewählt, entlohnt und ggf. weiterbefördert wird.
- Trennung von Verwaltungsstab und Verwaltungsmitteln, indem das Personal nicht nur sämtliche Mittel zur Verfügung gestellt bekommt, die es zur Erfüllung der Aufgaben benötigt, sondern auch dazu verpflichtet ist, nur diese überlassenen Mittel zu benutzen und darüber hinaus keine eigenen zu benutzen. Diese Trennung soll gewährleisten, dass das Handeln des einzelnen Bürokratiemitglieds im Sinne der bürokratischen Regeln nicht durch persönliche Interessen oder Präferenzen gefährdet ist.
- Festgelegte → *Arbeitsteilung und Spezialisierung* mit spezifischen Zuständigkeiten und Leistungspflichten ohne Ansehen der Person. Damit soll die Austauschbarkeit einzelner Mitglieder erhalten bleiben.
- Amtshierarchie (→ *Hierarchie*), d.h. Über- und Unterordnung der Dienststellen (→ *Stellen- und Abteilungsbildung*), die ihren Niederschlag im Dienstweg, der Staffelung von Weisungs- und Kontrollbefugnissen bzw. Gehorsams- und Berichtspflichten findet. Dieses Prinzip löst das im 19. Jh. weit verbreitete Kollegialitätssystem ab.
- Regelgebundenheit und damit Standardisierung der Verfahren, welche die Unpersönlichkeit und Berechenbarkeit der Entscheidungsprozesse sicherstellt.
- Formalisierung durch schriftliche Fixierung der Regeln und Aktenmäßigkeit der Kommunikation innerhalb der Bürokratie sowie im Kontakt mit externen Personen. Die Bedeutung der Formalisierung liegt v.a. darin, die Verfahren auf ihre sachliche Richtigkeit hin kontrollieren zu können.

Das Konstrukt der Bürokratie und die Verbreitung bürokratischer Merkmale in Verwaltungen, Verbänden und privatwirtschaftlichen Unternehmen sind als die wichtigsten Grundlagen für die Entstehung der Organisationsforschung als eigenständige Disziplin anzusehen. Sie sind nicht nur das Referenzmodell für die Theoriebildung, sondern auch für weite Teile der empirischen Organisations- und Managementforschung, insb. im nordamerikanischen Raum.

II. Theorien der Bürokratie

Theorien der Bürokratie erklären die Entstehung, das Wachstum, die Erhaltung oder das Verschwinden bürokratischer Merkmale in einzelnen Organisationen oder ganzen Gesellschaften. Während es an einem umfassenden Theorieentwurf fehlt, existiert eine Reihe von Theorien, die jeweils Teilaspekte der bürokratischen Organisation erklären:

- Die verhaltenswissenschaftliche *Entscheidungstheorie* untersucht bürokratische Organisationen unter dem Gesichtspunkt der Bewältigung komplexer Aufgabenstellungen. Individuen ordnen sich der Autorität eines bürokratischen Regelwerks unter, dem v.a. eine entscheidungsentlastende Funktion unter Unsicherheit zukommt. Bürokratie erleichtert Entscheidungen in Organisationen durch Hierarchie, Aufgabenteilung, gefilterte Kommunikation und standardisierende Normprogramme (*Barnard* 1938; *Simon* 1945).
- Auch die → *Institutionenökonomie* erklärt die Entstehung bürokratischer Organisationsstrukturen mit Effizienzvorteilen bei der Lösung von Kooperationsproblemen – hier jedoch im Vergleich zum Marktmechanismus: Opportunistisches Verhalten und beschränkte Rationalität der Kooperationspartner führen unter den Bedingungen hoher *Ungewissheit* oder rasch wechselnder Aufgabenstellungen zu niedrigeren Transaktionskosten

(→ *Transaktionskostentheorie*) unvollständiger Verträge, zu denen auch Anstellungsverträge zählen, im Vergleich zu Marktbeziehungen (*Williamson* 1975, S. 40).
- Aus der Perspektive der Machttheorie (→ *Macht in Organisationen*) von Crozier (*Crozier* 1963) ist die bürokratische Organisation ein Mittel zur Bewältigung komplexer Aufgaben unter Ungewissheit und gleichzeitig eine politische Arena pluralistischer Interessenverfolgung. In dem Maße, wie sich die bürokratische Organisation ausdifferenziert und den einzelnen Akteuren spezifische Verantwortungsbereiche mit gegenseitigen Abhängigkeiten zuweist, entstehen organisationsinterne Zonen der Ungewissheit (z.B. wenn ein Ressortleiter von der Unterstützung durch seinen Fachspezialisten abhängig ist, dessen Kooperationsbereitschaft er jedoch im Einzelfall nur beschränkt beurteilen kann). Diese Zonen der Ungewissheit können von anderen Akteuren in der Organisation besetzt und zur Durchsetzung der persönlichen Ziele taktisch genutzt werden. Mit Hilfe erweiterter bürokratischer Regeln versucht die Organisationsspitze ihre eigenen Unsicherheitszonen zu verkleinern, wobei wiederum neue Ungewissheitszonen entstehen. Für Crozier resultiert daraus ein Teufelskreis der Bürokratisierung, der unvermeidlich zu einer Erstarrung bürokratischer Strukturen und einer fortschreitenden Unfähigkeit zur Anpassung an veränderte externe Anforderungen an die Organisation führen muss.
- Für die Erklärung bürokratischen Wachstums greifen Meyer et al. (*Meyer/Stevenson/Webster* 1985) u.a. auf die strukturelle Trägheitshypothese der populationsökologischen Theorie (*Hannan/Freeman* 1984) zurück. Demnach wachsen Bürokratien dadurch, dass auf der einen Seite neue Aufgaben zur Gründung neuer Ressorts führen, während die Wahrscheinlichkeit der Auflösung bestehender Ressorts mit zunehmendem Alter trotz wegfallender Aufgaben geringer wird.

III. Empirie der Bürokratie

Die empirische Forschung zur bürokratischen Organisation konzentriert sich v.a. auf die beiden Fragestellungen der Überprüfung des weberschen Idealtypus' sowie der Effizienz bürokratischer Merkmale.

Besonders einflussreich bei der Untersuchung des Idealtypus' sind die Untersuchungen der Aston-Forschergruppe um Pugh (*Pugh* et al. 1968; *Pugh* et al. 1969). Ausgehend von den Dimensionen der → *Arbeitsteilung und Spezialisierung*, der *Standardisierung*, der *Zentralisierung*, der *Formalisierung* und der *Konfiguration* (z.B. ausgedrückt in der *Kontrollspanne*) gelangen sie zum Ergebnis, dass sich der webersche Idealtypus nur eingeschränkt empirisch nachweisen lässt, da zwar Standardisierung und Formalisierung eng miteinander verknüpft sind, jedoch der Grad der Zentralisierung und die Konfiguration davon weitgehend unabhängig sind. Als wichtigste Erklärungsvariable für den Grad der Formalisierung und Standardisierung erwies sich hier wie in anderen Studien (*Blau/Schoenherr* 1971; *Scott* 1975; *Kimberly* 1976) die Organisationsgröße.

Die empirischen Untersuchungen zur Effizienz bürokratischer Organisationsstrukturen sind dem → *Kontingenzansatz* zuzuordnen. Hier wurde der Zusammenhang zwischen der Umweltkomplexität und -dynamik auf der einen Seite und dem Ausmaß der Bürokratisierung der Organisation auf der anderen Seite untersucht (*Burns/Stalker* 1961; *Lawrence/Lorsch* 1967). Dabei zeichnete sich ab, dass ein hoher Grad der Bürokratisierung nur unter stabilen und wenig komplexen Bedingungen effizient im Vergleich zu organischen Strukturen gleich großer Organisationen ist.

Zur empirischen Bürokratieforschung ist einschränkend zu bemerken, dass sich die Forschung i.d.R. auf größere Organisationen konzentriert. Eine Übersicht zu den vorliegenden Instrumenten der Analyse bürokratischer Strukturen findet sich bei Kubicek und Welter (*Kubicek/Welter* 1985; → *Messung von Organisationsstrukturen*).

IV. Bürokratiekritik

Mit den negativen Konnotationen des Bürokratiebegriffs verbindet sich ein breites Spektrum explizit oder implizit bürokratiekritischer Positionen:

- Ausgehend von den Analysen von Weber wird immer wieder auf die Tendenz bürokratischer Organisationen hingewiesen, sich in ihren Entscheidungsprozessen zu verselbstständigen. Aufgrund des *Informationsgefälles* zwischen dem bürokratischen Expertenstab und seiner politischen Leitung entsteht ein Abhängigkeitsverhältnis zulasten der politischen Führung. An die Stelle der politischen Ziele als Referenzpunkt für bürokratisches Handeln tritt das Regelwerk selbst, dem jedoch eine entsprechende Legitimitätsgrundlage fehlt (*Mayntz* 1978).
- Der Annahme, dass die Bürokratie die effizienteste Form rationaler Aufgabenbewältigung sei, steht die Kritik an der *Dysfunktionalität* bürokratischer Organisationen gegenüber (*Mayntz* 1978; *Derlien* 1984): Die mit der Arbeitsteilung verbundene Kompetenzabgrenzung kann dazu führen, dass neue Anforderungen an die Organisation nicht in ihrem vollen Umfang erkannt werden. Zudem fördert sie die Identifikation mit Teilzielen und die Herausbildung von Subkulturen (→ *Organisationskultur*). Die Überbetonung der Regelhaftigkeit führt insb. in Krisensituationen (*Gmür* 1996) zu

defensivem Verhalten und Zielverschiebungen, so dass Regeln um ihrer selbst willen angewandt werden. Schließlich erschwert eine ausdifferenzierte → *Hierarchie* die Umsetzung von Zielen und filtert Rückmeldungen über Ergebnisse oder Umweltereignisse, so dass die bürokratische Spitze nur beschränkte Informationen über die Prozesse auf den unteren hierarchischen Ebenen hat.
- Auch die → *Entscheidungsorientierte Organisationstheorie* weist auf die Problematik einer Entkopplung von Zielen und Regeln in bürokratischen Organisationen hin. Das „Garbage Can"-Modell der Organisation (*Cohen/March/Olsen* 1972) simuliert die Entscheidungsprozesse in Organisationen unter der Annahme, dass Ziele, Lösungen und Akteure und Entscheidungssituationen zufällig aufeinander treffen.
- Bürokratiekritik richtet sich gegen ein scheinbar unvermeidliches Wachstum bürokratischer Organisationen, das auch unabhängig vom Umfang der Aufgaben, welche die Bürokratie zu erfüllen hat, stattfindet (*Parkinson* 1957).
- Aus psychoanalytischer Perspektive ist die bürokratische Organisation als Abbild kollektiver *Triebverdrängung* anzusehen und erhält damit einen defensiven Charakter in der Auseinandersetzung des Menschen mit dem Problem der *Unsicherheit* (*Burrell* 1984; *Jacques* 1976; *Foucault* 1975).
- Die Prägung des Individuums durch bürokratische Strukturen wird sowohl als gesellschaftliches als auch organisationales Problem angesehen. Es wird dabei angenommen, dass bürokratische Strukturen zu einer Deindividualisierung (*Whyte* 1956) und zu bürokratischen Anpassungstypen führen (*Presthus* 1962; → *Individuum und Organisation*; → *Sozialisation, organisatorische*).
- Die *feministische* Kritik stellt die *Wertfreiheit* des Bürokratiekonstrukts nach Weber in Frage (*Ferguson* 1984; *Calás/Smircich* 2000). Prinzipien wie → *Rationalität*, → *Hierarchie* und Aufgabenteilung sind demnach als Ausdruck männlicher Wertvorstellungen anzusehen und widersprechen weiblichen Prinzipien von Emotionalität, Gleichheit und Solidarität. Bürokratische Strukturen bestätigen männliche Wert- und Handlungsmuster und führen zu einer Diskriminierung von Frauen in Organisationen, und diese *Diskriminierung* wird durch das Bürokratiekonstrukt legitimiert (→ *Gender Studies*).

V. Abschließende Beurteilung

Das Konstrukt der Bürokratie ist einer der zentralen Bezugspunkte für Theorie und Empirie der Organisationsforschung bis in die 70er Jahre des 20. Jh., und das sowohl in beschreibender als auch in ablehnender Hinsicht. Die jüngsten Entwicklungen in der Gestaltung von Organisationsstrukturen in privatwirtschaftlichen Unternehmen, Verbänden und öffentlichen Verwaltungen im Zuge der Verwaltungsreform (→ *Organisationsstrukturen, historische Entwicklung von*) haben jedoch zur Folge, dass sich die Vorstellungen effizienter Rationalität nicht mehr mit dem ursprünglichen Konstrukt der Bürokratie in Verbindung bringen lassen. Inzwischen hat sich auf Grundlage der Bürokratiekritik der Begriff der postbürokratischen Organisation herausgebildet. Er steht für ein Prinzip der Organisationsgestaltung, nach dem jedes Organisationsmitglied eine persönliche Mitverantwortung für die gesamte Organisation trägt (*Heckscher* 1994; → *Postmoderne Organisationstheorie*), was einer radikalen Distanzierung von der ursprünglichen Idee der Bürokratie gleichkommt. Eine moderate Variante der Rekonzeptionalisierung bietet dagegen die Unterscheidung von unterstützenden und behindernden Formen bürokratischer Strukturen (*Adler/Borys* 1996).

Literatur

Adler, Paul S./Borys, Bryan: Two Types of Bureaucracy: Enabling and Coercive, in: ASQ, Jg. 41, 1996, S. 61–89.
Albrow, Martin: Bureaucracy, London 1970.
Arrow, Kenneth J.: The Limits of Organization, New York 1974.
Barnard, Chester I.: The Functions of the Executive, Cambridge MA 1938.
Blau, Peter M./Schoenherr, Richard A.: The Structure of Organizations, New York 1971.
Burns, Tom/Stalker, George M.: The Management of Innovation, London 1961.
Burrell, Gibson: Sex and Organizational Analysis, in: OS, Jg. 5, 1984, S. 97–118.
Calás, Marta B./Smircich, Linda: From „The Woman's" Point of View: Feminist Approaches to Organization Studies, in: Handbook of Organization Studies, hrsg. v. *Clegg, Stewart R./Hardy, Cynthia/Nord, Walter R.*, London et al. 2000, S. 218–257.
Cohen, Michael D./March, James G./Olsen, Johan P.: A Garbage Can Model of Organizational Choice, in: ASQ, Jg. 17, 1972, S. 1–25.
Crozier, Michel: Le phénomène bureaucratique, Paris 1963.
Derlien, Hans-Ulrich: Verwaltungssoziologie, in: Handbuch für die öffentliche Verwaltung. Band I, hrsg. v. *Mutius, Albert von*, Neuwied 1984, S. 793–869.
Ferguson, Kathy E.: The Feminist Case Against Bureaucracy, Philadelphia 1984.
Foucault, Michel: Surveiller et punir: La naissance de la prison, Paris 1975.
Gmür, Markus: Normale Krisen: Unsicherheit als Managementproblem, Bern et al. 1996.
Hannan, Michael T./Freeman, John: Structural Inertia and Organizational Change, in: ASR, Jg. 49, 1984, S. 149–164.
Heckscher, Charles: Defining the Post-Bureaucratic Type, in: The Post-Bureaucratic Organization: New Perspectives on Organizational Change, hrsg. v. *Heckscher, Charles/Donnellon, Anne*, Thousand Oaks et al. 1994, S. 14–62.
Jacques, Elliott: A General Theory of Bureaucracy, London 1976.
Kieser, Alfred: Max Webers Analyse der Bürokratie, in: Organisationstheorien, hrsg. v. *Kieser, Alfred*, Stuttgart et al. 1993, S. 37–62.

Kimberly, John R.: Organizational Size and the Structuralist Perspective, in: ASQ, Jg. 21, 1976, S. 571–597.
Kubicek, Herbert/Welter, Günter: Messung der Organisationsstruktur, Stuttgart 1985.
Lawrence, Paul R./Lorsch, Jay W.: Organization and Environment: Managing Differentiation and Integration, Boston 1967.
Mayntz, Renate: Soziologie der öffentlichen Verwaltung, Heidelberg 1978.
Meyer, Marshall W./Stevenson, William/Webster, Stephen: Limits to Bureaucratic Growth, Berlin 1985.
Ouchi, William G.: Markets, Bureaucracies, and Clans, in: ASQ, Jg. 25, 1980, S. 129–141.
Parkinson, C. Northcote: Parkinson's Law, Boston 1957.
Presthus, Robert: The Organizational Society, New York 1962.
Pugh, David S. et al.: An Empirical Taxonomy of Structures of Work, in: ASQ, Jg. 14, 1969, S. 91–126.
Pugh, David S. et al.: Dimensions of Organization Structure, in: ASQ, Jg. 13, 1968, S. 65–105.
Scott, W. Richard: Organizational Structure, in: Annual Review of Sociology, Jg. 1, 1975, S. 1–20.
Simon, Herbert A.: Administrative Behavior, New York 1945.
Weber, Max: Wirtschaft und Gesellschaft, Tübingen 1921.
Whyte, William H.: The Organization Man, Garden City NY 1956.
Williamson, Oliver E.: Markets and Hierarchies: Analysis and Antitrust Implications, New York 1975.
Wunder, Walter: Bürokratie, in: Verwaltung und ihre Umwelt, hrsg. v. *Windhoff-Héritier, Adrienne*, Opladen 1987, S. 277–301.

C

Chaos- und Komplexitätstheorie

Peter Kappelhoff

[s.a.: Evolutionstheoretischer Ansatz; Flexibilität, organisatorische; Komplexitätsmanagement; Selbstorganisation; Systemtheorie.]

I. Modelltheoretische Grundlagen; II. Die Bedeutung der Chaos- und Komplexitätstheorie für die Betriebswirtschaftslehre.

Zusammenfassung

Chaos- und Komplexitätstheorie entwickeln abstrakte Modelle der Entstehung, der Entfaltung und eventuell auch des Zusammenbruchs von komplexen Ordnungen. Konzepte wie deterministisches Chaos, Ordnung am Rand des Chaos und Koevolution am Rand des Chaos, aber auch Komplexitätskatastrophe, selbstorganisierte Kritizität und durchbrochene Gleichgewichte verdeutlichen den Zuwachs an Modellierungskapazität im Vergleich zu Vorläufertheorien, etwa der Synergetik oder der Theorie dissipativer Ordnungsbildung. Allerdings ist in Hinblick auf Übertragungen von Modellen der Chaos- und Komplexitätstheorie auf sozialwissenschaftliche Problemstellungen ein gewisses Spannungsverhältnis zwischen den konkreten Ergebnissen der Modellsimulationen und den daraus gezogenen weitreichenden Schlussfolgerungen nicht zu übersehen.

I. Modelltheoretische Grundlagen

Dem Anspruch nach ist die Chaos- und Komplexitätstheorie eine allgemeine Theorie der Entstehung, Weiterentwicklung und eventuell auch des Zusammenbruchs einer komplexen Ordnung, die für unterschiedliche Anwendungsbereiche aussagekräftig ist. Die Modelle der Chaos- und Komplexitätstheorie können als Teil einer allgemeinen *Theorie dynamischer Systeme* verstanden werden. Kern der Chaostheorie ist die mathematische Theorie des so genannten *deterministischen Chaos*. Die Chaostheorie zeigt, dass deterministisches Chaos bereits in einfachen dynamischen Systemen, also Systemen mit nur wenigen, nichtlinear gekoppelten Freiheitsgraden auftreten kann. Die Chaostheorie hat wesentlich dazu beigetragen, unsere Vorstellungen über mögliche Ordnungszustände in dynamischen Systemen zu erweitern. Deterministisches Chaos kann als ein besonderer Ordnungszustand aufgefasst werden, der neben stabilen und periodischen Ordnungen existiert, d.h. als ein seltsamer Attraktor neben Punkt- und periodischen Attraktoren.

Ziel der Komplexitätstheorie (→ *Komplexitätsmanagement*) ist es, die allgemeinen Gesetze der Emergenz von Ordnungszuständen in komplexen Systemen auf einer abstrakten Modellebene zu verstehen und dann auf die unterschiedlichsten substanzwissenschaftlichen Anwendungsbereiche zu übertragen. Grundlage der Komplexitätstheorie ist das abstrakte Konzept eines *komplexen adaptiven Systems*. Komplexe adaptive Systeme können als Systeme komplex vernetzter Wechselwirkungen mit einer Vielzahl von Freiheitsgraden aufgefasst werden, also als komplexes Geflecht von in der Regel nichtlinearen Wechselwirkungen, die sich weder einfach berechnen noch stochastisch eliminieren lassen. Die resultierenden komplexen Dynamiken können nur in Einzelfällen mathematisch exakt verstanden werden und müssen in der Regel mit Hilfe von Simulationsexperimenten untersucht werden.

1. Chaostheorie

Bereits gegen Ende des 19. Jahrhunderts fand Henri Poincaré bei der Untersuchung des Dreikörperproblems der Newtonschen Mechanik Hinweise auf die Existenz von deterministischem Chaos. Aber erst in den 60er Jahren des 20. Jahrhunderts waren die Zeit reif und die Computer stark genug, um eine neue Phase in der Erforschung des deterministischen Chaos einzuleiten. Das deterministische Chaos in einfachen nichtlinearen dynamischen Systemen wurde zentraler Bestandteil der sich rasant und weltbildmächtig entwickelnden Chaostheorie, einem Vorläufer der Komplexitätstheorie. So stieß der Meteorologe Edward Lorenz bei Computersimulationen mit einem System nichtlinearer Differentialgleichungen mit drei Freiheitsgraden auf chaotische Phänomene (vgl. *Schuster* 1984, S. 9, 92) und der Physiker Robert May konnte zeigen, dass auch die Verhulstgleichung, also die einfache logistische Differenzgleichung mit einem Freiheitsgrad, die Wachstumsprozesse bei begrenzten Ressourcen modelliert, in Abhängigkeit von dem Wachstumsparameter zu deterministischem Chaos führen kann (vgl. *Schuster* 1984, S. 13, 31 ff.).

Nichtlinearität ist eine notwendige, aber keine hinreichende Voraussetzung für das Entstehen von deterministischem Chaos. Im Gegensatz zu den linearen existiert nämlich für die nichtlinearen Differentialgleichungssysteme keine allgemeine Lösungstheorie; jede Gleichung beschreibt eine einzigartige Dynamik, die speziell analysiert werden muss. Bedingung für das Auftreten von deterministischem Chaos ist, dass sich ursprünglich nahe Trajektorien exponentiell voneinander entfernen. Dadurch werden Vorhersagen über längere Zeiträume praktisch unmöglich. Chaotische Systeme sind als determinierte Systeme also zwar weiterhin grundsätzlich berechenbar, aber nicht analytisch lösbar und damit praktisch auch nicht prognostizierbar. Was nämlich grundsätzlich, etwa für den Laplaceschen Dämon, berechenbar ist, braucht praktisch nicht vorhersagbar zu sein. Diese Empfindlichkeit gegenüber äußerst kleinen Veränderungen in den Anfangsbedingungen wird üblicherweise als Schmetterlings-Effekt bezeichnet. In chaotischen Bereichen der Dynamik können also kleine Ursachen große Wirkungen haben.

Die Chaostheorie erweitert die Typologie der Attraktoren dynamischer Systeme (→ *Systemtheorie*) um einen zusätzlichen Typ. Neben Fixpunkten und (möglicherweise mehrdimensionalen) periodischen Attraktoren können in chaotischen Systemen auch seltsame Attraktoren auftreten. Da sich auch im Fall seltsamer Attraktoren die Trajektorien weiterhin in einem begrenzten Teil des Phasenraumes bewegen, muss sich der Prozess neben der exponentiellen Streckung (Lyapunov-Exponent größer null) auch in sich zurück falten (so genannte Bäckertransformation) (vgl. dazu *Schuster* 1984). Seltsame Attraktoren weisen daher selbstähnliche Strukturen auf, die mit dem mathematischen Instrumentarium der fraktalen Geometrie untersucht werden können. Deterministisches Chaos wird auch als schwaches (niedrigdimensionales) Chaos bezeichnet und muss von starkem (hochdimensionalem) Chaos im Sinne echter Zufallsprozesse unterschieden werden. Auch chaotische Dynamiken bleiben in Grenzen vorhersagbar. Dies gilt allerdings nur kurzfristig, und zwar je besser, desto genauer die Messungen und je höher der Rechenaufwand sind und desto niedriger der (positive) Lyapunov-Exponent des Systems ist. Im Gegensatz zum deterministischen Chaos verfügen Zufallsprozesse über keinerlei Attraktoren. Echte Zufallsprozesse stellen „weißes Rauschen" im strengen Sinne dar, wie es in Systemen mit einer sehr großen Zahl von Freiheitsgraden auftritt, etwa bei einem Münzwurf oder der Brownschen Molekularbewegung.

2. Komplexitätstheorie

Gegenstand der Komplexitätstheorie ist die Erforschung der Bedingungen für die *Evolution* einer evolutionsfähigen Ordnung in komplexen adaptiven Systemen (*Kauffman* 1996). Die Komplexitätstheorie beginnt dort, wo die Chaostheorie endet und fragt nach Prozessen der Ordnungsbildung in einer potenziell chaotischen Welt. Eine der grundlegenden Einsichten der Komplexitätstheorie ist die Möglichkeit spontaner Ordnungsbildung in komplex vernetzten dynamischen Systemen. Ein einfaches Modell eines dynamischen Interdependenzsystems ist ein Boolesches NK-Zufallsnetzwerk bestehend aus N K-fach vernetzten Agenten. Jeder der Agenten verfügt über zwei Aktivitätszustände, die dynamisch von den Aktivitätszuständen der mit dieser Komponente zufällig vernetzten K anderen Komponenten abhängen. Diese Abhängigkeiten werden durch jeweils spezifische, aber ebenfalls zufällig generierte Boolesche Funktionen modelliert. Insgesamt entsteht damit ein sich dynamisch entfaltendes System komplex vernetzter Wechselwirkungen.

In Abhängigkeit von der Beziehungsdichte Klassen sich drei Ordnungszustände unterscheiden (*Kauffman* 1996, Kap. 4): Bei minimaler Beziehungsdichte (K=1) zerfällt das System wegen zu geringer Wechselwirkungen in kurze, meistens lokal stabile Zustandszyklen. Sind die Wechselwirkungen zu dicht, zeigt das System „chaotisches" Verhalten. Die Zustandszyklen sind irregulär, also extrem lang in Hinblick auf den Zeithorizont des Systems und außerdem äußerst instabil. Allerdings ist die Charakterisierung dieser Systemzustände als „chaotisch" nur im metaphorischen Sinne einer aus praktischer Sicht vollkommen irregulären Trajektorie zu verstehen, da es sich nicht um echtes deterministisches Chaos (vgl. I.1) handelt. In einem schmalen Zwischenbereich zwischen diesen beiden Systemzuständen starrer Ordnung und „chaotischer" Dynamik, etwa bei K=2, liegt ein Bereich komplexer und zugleich relativ stabiler zyklischer Attraktoren, den Kauffman als „*Ordnung am Rand des Chaos*" bezeichnet. Komplex vernetzte Systeme verfügen also über Ordnungszustände, die ein prekäres Gleichgewicht zwischen Ordnung und Chaos repräsentieren. In diesem Übergangsbereich sollten dynamische Systeme am ehesten in der Lage sein, Ordnungs- und Anpassungsfähigkeit miteinander zu verbinden (→ *Evolutionstheoretischer Ansatz*). Es kann also vermutet werden, dass komplexe adaptive Systeme eine Tendenz haben, zum Chaosrand zu evolvieren und sich dort in einem Zustand optimaler Evolutionsfähigkeit weiterzuentwickeln. Diese überaus weitreichende Vermutung der Komplexitätstheorie kann zumindest ansatzweise durch Simulationsexperimente mit NK-Fitnesslandschaften untermauert werden (*Kauffman* 1996, Kap. 8).

NK-Fitnesslandschaften modellieren K-fach nichtlinear gekoppelte Fitnesslandschaften zwischen N Agenten (*Kauffman* 1996, S. 257 ff.). Die evolutionäre Dynamik eines solchen Systems lässt sich nicht zerlegen und für jeden Agenten isoliert bestimmen, sondern folgt einer komplexen koevolutionären Dynamik, da die Fitnesslandschaft jedes einzelnen Agenten nicht nur von den eigenen Aktivitätszuständen, sondern auch von denen der K anderen, evolutionär gekoppelten Agenten abhängt. Solche gekoppelten Fitnesslandschaften verfügen in Abhängigkeit von dem

Kopplungsparameter K über eine äußerst variable Topologie. Ist K=N-1, so sind die Fitnesslandschaften der Agenten vollständig vernetzt und die Gesamtfitness des Systems kann durch die Veränderung des Aktivitätszustandes eines einzigen Agenten völlig verändert werden. In einer derart stark zerklüfteten, völlig irregulären Gesamtfitnesslandschaft wird ein zufällig operierender evolutionärer Suchmechanismus kaum eine optimale Variante finden können – es kommt zur so genannten Komplexitätskatastrophe. Umgekehrt wird für K=0 eine zwar hoch korrelierte, aber glatte Gesamtfitnesslandschaft erzeugt, in der ein einmal gefundenes Optimum nicht festgehalten werden kann, zumindest dann nicht, wenn die Anzahl der Agenten N groß ist – es kommt zur so genannten Fehlerkatastrophe.

Wiederum kann ein besonderer Systemzustand moderater Koppelung der Fitnesslandschaften als ein schmaler „Korridor der Evolvierbarkeit" ausgezeichnet werden. Dabei handelt es sich also um „Koevolution *am* Rande des Chaos". Dieser Bereich der Systemvernetzung und evolutionärer Kopplung kann als Bereich optimaler Ordnungs- und Evolutionsfähigkeit zwischen Rigidität und Chaos angesehen werden. Simulationsexperimente mit evolutionär variabler Vernetzungsdichte zeigen, dass dieser Korridor der Evolvierbarkeit durch eine evolutionäre Koevolutionsdynamik erreicht werden kann. In diesem Sinne handelt es sich also um Koevolution *zum* Rand des Chaos. Die sich daraus ergebenden Schlussfolgerungen für die Gestaltung der Vernetzung von Systemen sind für die Organisationstheorie von unmittelbarer Bedeutung (vgl. II.1).

Die Charakterisierung eines Systemzustandes als „Rand des Chaos" bedeutet aber auch, dass ständig die Gefahr des „Abrutschens" in starre Ordnungen und insb. auch chaotische Dynamiken droht. Auch die Komplexitätstheorie betont daher den unberechenbaren und potenziell chaotischen Verlauf koevolutionärer Systemdynamiken. Aus einer anderen Perspektive wird dieser Aspekt der Komplexitätstheorie durch den Begriff der selbstorganisierten Kritizität veranschaulicht, durch den eine Tendenz von komplexen Systemdynamiken bezeichnet wird, in den „chaotischen" Bereich abzudriften (vgl. *Bak/Chen* 1991) (→ *Selbstorganisation*).

II. Die Bedeutung der Chaos- und Komplexitätstheorie für die Betriebswirtschaftslehre

1. Einige exemplarische Anwendungen

Anwendungen der Chaostheorie in den Sozialwissenschaften sind mit einem grundsätzlichen Problem konfrontiert. Wie in I.1 gezeigt wurde, beruhen die Modelle des deterministischen Chaos auf nichtlinearen Differenz- bzw. Differentialgleichungen mit nur wenigen Freiheitsgraden. Solche formalisierten theoretischen Modelle sind aber in den Sozialwissenschaften gegenwärtig kaum vorhanden. Andererseits werden rein metaphorische Anwendungen der Chaostheorie auf der Ebene theoretischer Argumentation dadurch erschwert, dass sich das Konzept des deterministischen Chaos gegen allzu simple Übertragungen sperrt und darüber hinaus rein metaphorische Übertragungen eines diffusen Begriffs des „Chaos" theoretisch nicht sehr attraktiv sind.

In empirischen Untersuchungen wird geprüft, inwieweit sich dynamische Abläufe mit Hilfe seltsamer Attraktoren beschreiben lassen. Dazu werden Zeitreihen mit dem Instrumentarium der Chaostheorie analysiert. So untersuchen z.B. Baum und Silverman (*Baum/Silverman* 2001) die technologische Entwicklung in kooperativ und kompetitiv gekoppelten interorganisationalen Systemen (→ *Netzwerke*) am Beispiel von Zeitreihen über die Häufigkeit von Patenten im Bereich der Lasertechnologie. Die empirischen Analysen zeigen, dass die untersuchten Trajektorien für die betrachteten Patentklassen in den Bereich des deterministischen Chaos mit vermutlich vier Freiheitsgraden fallen. Allerdings ist bei empirischen Überprüfungen dieser Art immer zu beachten, dass im Idealfall unendlich lange Zeitreihen und fehlerfreie Messungen vorausgesetzt werden müssen. Das bedeutet umgekehrt, dass die Schätzungen umso unzuverlässiger sind, je kürzer und fehlerbehafteter die Zeitreihen sind. Außerdem, und dies ist aus theoretischer Sicht besonders problematisch, muss vorausgesetzt werden, dass der die Zeitreihe generierende soziale Prozess durch ein zeitlich konstantes theoretisches Modell beschrieben werden kann.

Es existiert ein außerordentlich breites Spektrum von Anwendungen der Komplexitätstheorie in der BWL. Insb. im Bereich des Managements komplexer Prozesse sind Anwendungen der Komplexitätstheorie beinahe zu einer Modeerscheinung geworden (vgl. z.B. *Brown/Eisenhardt* 1998 und kritisch *Kappelhoff* 2002). Dabei kann zwischen direkten Anwendungen der Modelle der Komplexitätstheorie auf organisationstheoretische Problemstellungen und rein metaphorischen Verwendungen der Begrifflichkeit der Komplexitätstheorie in einem respezifizierten Theoriekontext unterschieden werden. Exemplarisch sollen im Folgenden die erste Variante am Beispiel der quasi-naturalistischen Organisationstheorie von McKelvey (*McKelvey* 1999) und die zweite am Beispiel der interpretativ-konstruktivistischen Organisationstheorie von Stacey et al. (*Stacey/Griffin/Shaw* 2000) dargestellt werden.

McKelvey (*McKelvey* 1999) erweitert die bereits in der Populationsökologie enthaltene Außenperspektive der Selektion durch die Umwelt durch eine Innenperspektive der endogenen Organisationsentwicklung. Eine Firma wird als Bündel von Kompetenzen (→ *Kompetenzen, organisationale*) betrachtet, die intern zu organisieren sind, und zwar so, dass die Firma in ihrem Marktsegment besonders anpassungs- und damit konkurrenzfähig ist (vgl. auch die Überlegungen zur „Logik der Felder" bei *Kauffman* 1996, S. 366 ff.). Es handelt sich also um ein Mehrebenenmodell, in dem zunächst die Fitnesslandschaften der Kompetenzen einer Firma intern gekoppelt sind. Auf der Ebene der Marktkonkurrenz gilt das gleiche dann wiederum für die Fitnesslandschaften der Firmen untereinander. Die Ergebnisse der Simulationsexperimente zeigen, dass die Firmen sich dann am besten entwickeln, wenn sie sich auf Märkten mit moderatem Wettbewerbsdruck intern so organisieren, dass ihre innere Komplexität in etwa der Marktkomplexität entspricht (Gesetz der erforderlichen Komplexität).

Stacey et al. (*Stacey/Griffin/Shaw* 2000) versuchen, die auf der Grundlage eines naturalistisch-emergentistischen Wissenschaftsverständnisses gewonnenen Einsichten der Komplexitätstheorie zu dekontextualisieren und dann in eine interpretativ-konstruktivistisch argumentierende Organisationstheorie zu integrieren. Als Einwand gegen die Komplexitätstheorie als objektivistische Wissenschaft wird vorgebracht, dass sie eine Systemdynamik lediglich als Entfaltung einer schon im System vorhandenen Tendenz der Strukturierung, also als Evolution im wörtlichen Sinne, auffasst. In der Konzeption von Stacey et al. ist Handlungswissen dagegen unmittelbar mit den relationalen, individualistischen nicht auflösbaren organisationalen Prozessen verbunden, die sich kreativ und systemisch unberechenbar entfalten. Hier wird eine Verbindung zu den interpretativ argumentierenden Arbeiten über Pfadabhängigkeit und Pfadgestaltung deutlich (vgl. auch *Garud/Karnoe* 2001). Kern des Arguments ist, dass eine angemessene Berücksichtigung der Gestaltungsdimension eine hinreichend komplexe Modellierung menschlicher Handlungskomplexität, d.h. eine neue Ebene emergenter Komplexität, erfordert (vgl. auch *Kappelhoff* 2002).

2. Zusammenfassende Beurteilung

Im vorigen Abschnitt wurde versucht, auf einige grundlegende Probleme der Anwendung von Modellen und Metaphern der Chaos- und Komplexitätstheorie hinzuweisen. Bezogen auf direkte Übertragungen von Modellen der Chaos- und Komplexitätstheorie hat sich ein gewisses Spannungsverhältnis zwischen den konkreten Ergebnissen der Modellsimulationen und den daraus gezogenen weitreichenden sozialwissenschaftlichen Schlussfolgerungen gezeigt. Allerdings dürfte auch klar geworden sein, dass die bereits vorliegenden Ergebnisse im Vergleich zu den Vorläufertheorien der Synergetik, dissipativer Strukturen und autopoietischer Systeme einen deutenden Erkenntnisfortschritt darstellen. Dazu genügt es, an Stichworte wie deterministisches Chaos, Ordnung am Rand des Chaos und Koevolution am Rand des Chaos, aber auch an Komplexitätskatastrophe, selbstorganisierte Kritizität und durchbrochene Gleichgewichte zu erinnern.

Mit Recht ist darauf hingewiesen worden, dass die Einsichten von Chaos- und Komplexitätstheorie zu einem grundlegenden Wandel des wissenschaftlichen Weltbildes beigetragen haben (*Kauffman* 1996). Um so wichtiger ist es aber zu betonen, dass dieser Wandel im Sinne einer Kritik und Erweiterung des traditionellen naturwissenschaftlichen *Weltbildes* keinen Wandel hin zu einer neuen, wie auch immer als nichtlinear, als holistisch oder gar als postmodern charakterisierten *Wissenschaftsauffassung* bedeutet. Im Gegenteil, die Entwicklung der Chaos- und Komplexitätstheorie fand gerade im Rahmen der grundlegenden methodologischen Regeln statt, die für die Naturwissenschaften seit langer Zeit verbindlich sind und die auch in Teilen der Sozialwissenschaften in Form einer naturalistisch-emergentistischen Wissenschaftsauffassung Anerkennung finden. Die oft propagierte neue Wissenschaft ist also die alte, seien die Modelle nun linear oder nichtlinear, einfach oder komplex. In diesem Rahmen lässt sich allerdings für die Komplexitätstheorie durchaus eine Verschiebung von reduktionistischen zu emergentistischen, von statischen zu dynamischen und von mechanistisch-deterministischen zu interpretativ-kontingenten Betrachtungsweisen konstatieren.

Von ihrem Erkenntnisinteresse her ist die Komplexitätstheorie durchaus mehr als nur ein abstrakter Rahmen für mathematische Modelle. Gerade die Simulationen in den Bereichen Künstlicher Intelligenz, Künstlichen Lebens und Künstlicher Gesellschaften machen deutlich, dass die Komplexitätstheorie den Versuch unternimmt, die Ebene steuernder Komplexität zu erreichen, die für die Modellierung sinnorientierten intentionalen Handelns notwendig ist. In diesem Sinne stellt die Komplexitätstheorie neben der allgemeinen Evolutionstheorie eine wichtige Grundlage für eine zu entwickelnde evolutionäre Sozialtheorie dar (vgl. *Kappelhoff* 2002). Von daher fällt die Prognose nicht schwer, dass die Beurteilung ihrer sozialtheoretischen Relevanz weiterhin Gegenstand kontroverser Debatten zwischen Vertretern der Komplexitätstheorie sein wird (vgl. *Richardson/Cilliers* 2001 und das zugehörige Schwerpunktheft von Emergence).

Literatur

Bak, Per/Chen, Kan: Selbstorganisierte Kritizität, in: Spektrum der Wissenschaft, H. 3/1991, S. 62–71.
Baum, Joel A. C./Silverman, Brian S.: Complexity, Attractors, and Path Dependence and Creation in Technological Evolution, in: Path Dependence and Creation, hrsg. v. *Garud, Raghu/Karnoe, Peter*, Mahwah, NJ 2001, S. 169–209.
Brown, Shona L./Eisenhardt, Kathleen M.: Competing on the Edge. Strategy as Structured Chaos, Boston MA 1998.
Garud, Raghu/Karnoe, Peter (Hrsg.): Path Dependence and Creation, Mahwah NJ 2001.
Kappelhoff, Peter: Komplexitätstheorie: Neues Paradigma für die Managementforschung?, in: Managementforschung 12, hrsg. v. *Schreyögg, G./Conrad, P.*, Wiesbaden 2002, S. 49–101.

Kauffman, Stuart: Der Öltropfen im Wasser. Chaos, Komplexität, Selbstorganisation in Natur und Gesellschaft, München 1996.
McKelvey, Bill: Self-Organization, Complexity Catastrophe and Microstate Models at the Edge of Chaos, in: Variations in Organization Science, hrsg. v. *Baum, Joel A. C./McKelvey, Bill*, Thousand Oaks 1999, S. 279–307.
Richardson, Kurt A./Cilliers, Paul: What is Complexity Science? A View from Different Directions, in: Emergence, Jg. 3, H. 1/2001, S. 5–23.
Schuster, Heinz Georg: Deterministic Chaos, Weinheim 1984.
Stacey, Ralph D./Griffin, Douglas/Shaw, Patricia: Complexity and Management. Fad or Radical Challenge to Systems Thinking?, London 2000.

Charismatische Führung

Johannes Steyrer

[s.a.: Führung und Führungstheorien; Führungsstile und -konzepte; Identitätstheoretischer Ansatz; Impression-Management und Unternehmensdramaturgie; Reputation.]

I. Begriff und Charisma-Konzept bei Weber; II. Merkmale Charismatischer Führung; III. Erfolgswirksamkeit Charismatischer Führung; IV. Negative Folgewirkungen Charismatischer Führung.

Zusammenfassung

Charismatische Führung in Organisationen wird seit zwei Jahrzehnten eingehend untersucht. Zwischen 1988 und 2002 sind rund 230 englischsprachige Arbeiten zu diesem Thema erschienen, von denen knapp die Hälfte auf den Zeitraum zwischen 1998 und 2002 entfällt. Nachfolgend wird ein Abriss der für die Managementforschung relevanten Arbeiten gegeben. Nach einer Begriffsdarlegung und einer Analyse der Bedeutung des Konzeptes bei Weber werden Merkmale charismatischer Führung erläutert und empirische Untersuchungen zum Zusammenhang zwischen Charisma und Führungserfolg vorgestellt. Weiters werden organisatorische Kontexte spezifiziert, die eine erhöhte Charisma-Affinität aufweisen. Schließlich wird auf negative soziale und organisatorische Folgewirkungen eingegangen.

I. Begriff und Charisma-Konzept bei Weber

Das Konstrukt „*Charisma*" wurde von Max Weber in die Soziologie eingeführt und als Antipode zum Phänotypus *bürokratischer Herrschaft* (→ *Macht in Organisationen*) konzipiert (*Breuer* 1994). Konstitutives Element des Begriffs ist das Exzeptionelle, „Außeralltägliche", „nicht jedermann Zugängliche" im Erscheinungsbild einer Führungskraft, weshalb sie als „vorbildlich" und exemplarisch gewertet wird. Die daraus resultierende Anerkennung veranlasst die Gefolgschaft zu einer „ganz persönlichen Hingabe" und bewirkt einen Zustand von „Erregung" und „Hoffnung", der in weiterer Folge eine „Umformung von innen her" bzw. eine „Neuorientierung aller Einstellungen" nach sich zieht (*Weber* 1976, S. 140). Den Schwerpunkt der Analyse legt Weber auf strukturelle Faktoren: Charismatische Herrschaft tritt bevorzugt in krisenhaften Situationen auf. Ihre Mitglieder werden aufgrund ihrer Ausstrahlung und charakterlicher Qualitäten rekrutiert und die Vergemeinschaftung basiert auf emotionalen Bindungen. Verwaltung wird, wenn überhaupt, nur durch ad-hoc Beauftragte ausgeübt. Sie ist revolutionär und innovativ, agiert spezifisch irrational und wirtschaftsfremd, hat sich aber dennoch in Bezug auf das Wohlergehen der Gefolgschaft permanent zu bewähren. Aufgrund all dieser labilen Strukturmerkmale ist sie ausschließlich in statu nascendi denkbar und muss, um sich auf Dauer zu etablieren, entweder traditionalen oder rational-legalen Herrschaftsformen weichen.

Kritik gegenüber diesem zentralen Konzept innerhalb der Soziologie Webers wurde v.a. dahingehend laut, dass sein Erkenntnisstreben „durchgängig auf das Individuum, das große, mächtige Individuum, fixiert war" (*Becker* 1988, S. 113). Dem wurde u.a. entgegengehalten, dass es ihm bei Charisma um die Befriedigung residualer Bedürfnisse in einer „entzauberten Welt" ging, weil „im Alltag der Rationalität, (...) ein großer Sorgraum leer und offen" blieb: „Raum für Hunger und Durst der täglichen Routine nach dem Außeralltäglichen, Ungewöhnlichen, Erlösenden" (*Baumgartner* 1964, S. 586). In diesen Bedürfnissen, die u.a. dazu führen, dass verstärkt eine der wichtigsten Rollen der Führungskraft darin gesehen wird, den emotionalen Bedürfnissen ihrer Mitarbeiter gerecht zu werden (→ *Emotionen in Organisationen*), dürfte einer der Hauptgründe für die gegenwärtige Attraktivität des Konzepts liegen.

II. Merkmale Charismatischer Führung

Ein Ziel der neueren Forschung liegt in der theoretisch und empirisch begründeten Spezifizierung jener Attribute und Verhaltensweisen eines Führenden (→ *Führungsstile und -konzepte*), aufgrund derer es seitens der Geführten zu einer Zuschreibung von Charisma kommt (*Conger/Kanungo* 1987; *Bass/Avolio* 1990; *Shamir/House/Arthur* 1993; *House/Shamir* 1995; *Gardner/Avolio* 1998). Diese Merkmale sind u.a. (→ *Führung und Führungstheorien*):

1. Verhaltensweisen zur Krisen- bzw. Zukunftsbewältigung

– Die Führungskraft vertritt in einer enthusiastischen Art und Weise eine Vision, die in hohem Ausmaß

dem Status quo widerspricht. Damit verbundene Werthaltungen werden nicht nur in Worten ausgedrückt, sondern demonstrativ vorgelebt.
- Sie zeigt die Bereitschaft, für die Realisierung dieser Vision persönlichen Status, Geld oder Organisationsmitgliedschaft zu riskieren.
- Sie weist bisher erfolglose oder nur mäßig erfolgreiche Lösungswege dezidiert zurück und legt unkonventionelle, gegen die herrschenden Wertvorstellungen verstoßende Lösungsstrategien bzw. Verhaltensweisen an den Tag.

2. Eigenschaftsbezogene Merkmale

- Die Führungskraft strahlt Selbstvertrauen und Kompetenz aus, zeigt einen ausgeprägten Führungsanspruch und tritt als Reformer bzw. Revolutionär auf.
- Sie verfügt über hohe kognitive Fähigkeiten zur Einschätzung einer Situation und zur Identifikation von Gelegenheiten bzw. Restriktionen bei der Implementierung von Strategien.
- Sie zeichnet sich durch moralische Integrität (z.B. Fairness, Redlichkeit, Verantwortungsbewusstsein, Übereinstimmung von Worten und Taten) aus.

3. Kommunikationsbezogene Verhaltensweisen

- Die Führungskraft setzt zur Durchsetzung ihrer Ziele und Übermittlung von Botschaften symbolische, dramatisierende Verhaltensweisen ein (z.B. zur Demonstration der eigenen Opferbereitschaft).
- Sie fungiert als Sprachrohr der Gemeinschaft und übermittelt Botschaften auf einfallsreiche und emotional ansprechende Weise.
- Sie schafft ein positives Image (→ *Reputation*) von sich selbst durch die Überwachung des eigenen Verhaltens im Hinblick auf dessen soziale Wirkung („*Impression-Management*" und „*Self-Monitoring*; → *Impression-Management und Unternehmensdramaturgie*).

4. Mitarbeiterbezogene Verhaltensweisen

- Die Führungskraft kommuniziert hohe Erwartungen an die Geführten (z.B. in Bezug auf Entschlossenheit, Einsatzbereitschaft, Selbstaufopferung, Leistung).
- Sie bemüht sich sichtbar um die Entwicklung der Mitarbeiter (z.B. Förderung von Kompetenzen, Ermutigung bei herausfordernden Aufgaben) und zeigt selbst in risikoträchtigen Situationen Vertrauen in deren Fähigkeiten.
- Sie zeigt soziale Sensibilität und Empathie, sodass sie die Bedürfnisse und Werte der Geführten zu verstehen imstande ist.

Die *GLOBE-Studien* („*Global Leadership and Organizational Effectiveness*"), bei denen in 60 Ländern untersucht wurde, welche *Attribute* mit „herausragender" Führung assoziiert werden, zeigen, dass charismatische Führung weltweit nicht nur hoch positiv konnotiert ist, sondern auch vor anderen wichtigen Idealerwartungen wie „Teamorientierung" oder „Partizipation" liegt (*Den Hartog* et al. 1999). Attribute, die in diesen Studien für Charisma stehen, sind: „Integrität" (z.B. ehrlich, gerecht, überzeugend), „Vision" (visionär, intellektuell stimulierend, vorausschauend), „Inspiration" (positiv, ermutigend, spornt an), „Selbstaufopferung" (risikobereit, überzeugend, selbstaufopfernd), „Entschlossenheit" (entscheidungsfreudig, willensstark) und „Leistungsorientierung" (orientiert an exzellenter Leistung). Auch im deutschsprachigen Kulturraum (*Szabo* et al. 2002) bzw. überhaupt in West- und Ost-Europa (mit Ausnahme von Frankreich) wird dieses Merkmalsbündel mit herausragender Führung assoziiert (*Brodbeck* et al. 2000).

Arbeiten über die Wechselwirkungen zwischen dem „*Impression-Management*" (→ *Impression-Management und Unternehmensdramaturgie*) einer Führungskraft und ihrer kognitiven Repräsentation seitens der Geführten (*Steyrer* 1995) (→ *Identitätstheoretischer Ansatz*) zeigen, dass Charisma v.a. aus der „sozialen Dramatisierung" prototypischer Dispositionsprädikate hervorgeht, wie sie allgemein mit Führung verbunden werden, also z.B. „engagiert", „zielorientiert" oder „entschlossen". Wenn Charisma seinen Ursprung im Exzeptionellen und Exemplarischen hat, dann reicht es allerdings nicht, diesen Erwartungen einfach zu entsprechen. Erst durch soziale Dramatisierung, also überzeichnendes Auftreten, kann es gelingen, nicht nur als „engagiert", sondern als „leidenschaftlich" – im Sinne einer Steigerungsform – zu erscheinen. Die Person wird solcherart zum „Inbegriff" bzw. zur „Verkörperung" von Führung. Zusätzliche Steigerungen können allerdings – auch in Abhängigkeit vom Kontext – als entwertende Übertreibung empfunden werden, weil die Wirkung ins Negative kippt: Aus „leidenschaftlich" wird dann „fanatisch" bzw. aus dem Attribut „zielorientiert", wird zunächst „visionär" in weiterer Folge aber „dogmatisch/totalitär". Im Rahmen des sog. „*Impressionskontinuums der Führung*" wurde die subtile Dialektik zwischen Charisma und Stigma im Erscheinungsbild eines Führenden nachgewiesen (*Steyrer* 2000).

III. Erfolgswirksamkeit Charismatischer Führung

Das empirisch umfassendste Material über den Zusammenhang zwischen Charisma und Führungserfolg geht auf die Unterscheidung zwischen „transaktionaler" und „transformationaler" Führung zurück (*Bass* 1998). *Transaktionale Führung* veranlasst Mitarbeiter dazu, Ziele im Austausch für Vorteile bzw. Belohnungen zu erfüllen (Gehaltserhöhung, Aufstiegschancen usw.). *Transformationale Führung* geht insofern darüber hinaus, als Mitarbeiter dazu gebracht werden, sich für höhere, intrinsische Ziele einzusetzen, die jenseits ihrer unmittelbaren Eigeninteressen liegen, zu Gunsten einer Vision, einer Gruppe oder einer Organisation. Anhand des sog. „*Multifactor Leadership-Questionnaires*" (*Avolio* et al. 1999) wird das Führungsverhalten entlang eines siebenstufigen Kontinuums gemessen: 1. Charisma, 2. Inspirierende Motivation, 3. Intellektuelle Stimulierung und 4. Individuelle Wertschätzung (entspricht transformationaler Führung); weitere Dimensionen sind 5. Bedingte Belohnung und 6. Management by Exception (entspricht transaktionaler Führung) und schließlich 7. Laissez-Faire Führung. In einer Meta-Analyse, die auf 49 Studien beruht, gelang der Nachweis, dass transformationale Führung – und hier insb. Charisma und Inspirierende Motivation (→ *Motivation*) – den anderen Führungsdimensionen im Hinblick auf wünschenswerte Output-Variablen überlegen ist (*Dumdum/Lowe/Avolio* 2002). Da der überwiegende Teil der Studien „subjektive" Erfolgsindikatoren verwendet (z.B. Zufriedenheit), kommt einer Feldstudie, die „objektive" Indikatoren in Bankbetrieben überprüfte, besondere Bedeutung zu (*Geyer/Steyrer* 1998).

Im Vergleich zur großen Studienanzahl über die Wirkung, existieren zur Frage, inwieweit der Organisationskontext das Auftreten von Charisma beeinflusst, nur wenige Befunde. Einige Autoren sehen – in Fortführung der Theorie Webers – das Vorhandensein von Krisensymptomen als Grundvoraussetzung an (*Roberts/Bradley* 1988). In organisationstheoretischen Arbeiten wird folgenden Kontextausprägungen erhöhte Charisma-Affinität zugesprochen: Organisationen, die sich in Adaptions- anstelle von Effizienzphasen befinden; „boundary spanning units" anstelle von technologischen Kern-Units; *Einfachstrukturen* und *Adhocratien* anstelle von *Maschinenbürokratien, Profiorganisationen* und *divisionalisierten Strukturen* (*Pawar/Eastman* 1997). Empirische Studien dazu belegen, dass Charisma eher in „organischen" als in „mechanischen" Organisationssystemen und eher in „kollektivistischen" als in „individualistischen" Kulturen zu finden ist (*Pillai/Meindl* 1998). Die *Netzwerkforschung* dokumentiert, dass eine Charisma-Attribution auf Akteure umso wahrscheinlicher ist, je mehr Kommunikationen auf einem Beziehungs-Modus basieren, im Vergleich zu Netzwerken mit einem Schwerpunkt auf Ziel- und Aufgabenrealisierung (*Pastor/Meindl/Mayo* 2002).

IV. Negative Folgewirkungen Charismatischer Führung

Der Großteil der US-amerikanisch dominierten Literatur vertritt eine „euphemistisch-romantisierende" Sichtweise von Charisma, wo „performance beyond expectations" (*Bass* 1985) in Aussicht gestellt wird. Zudem wird relativ unisono der Standpunkt vertreten, dass Charisma erlernbar sei (*Conger/Kanungo* 1998). Skepsis und Kritik wird v.a. in Europa formuliert. Hier werden als dysfunktionale soziale Konsequenzen v.a. Identitätsverluste seitens der Geführten, minimierte Selbstständigkeit sowie Projektion eigener Ängste und Aggressionen auf andere genannt. Beim Führenden können *Narzissmus*, überhöhtes Dominanzstreben, starker Egoismus, Ausnutzung anderer und die Verbreitung höchst fragwürdiger Ideologien auftreten (*Steyrer* 1995). In Bezug auf Konsequenzen für die Organisation wird die Frage gestellt, ob Charisma nicht aktuellen Trends im Management zuwiderlaufe, wo die Verflachung von Hierarchien, Erhöhung der Leitungsspannen, Zunahme von Selbstmanagement und Selbstmotivation im Mittelpunkt steht. Es sei fraglich, ob Mitarbeiter, die sich von Anweisungen und Kontrolle weitgehend emanzipiert haben, überhaupt eine charismatische Führerbeziehung eingehen wollen (*Weibler* 1997). Weiters wird die Gefahr einer Einheitskultur genannt, was Sub- und Nischenkulturen verhindere und Innovationspotenziale zerstöre (*Sistenich* 1993).

Literatur

Avolio, Bruce et al.: Reexamining the components of transformational and transactional leadership using the Multifactor Leadership Questionnaire, in: Journal of Occupational and Organizational Psychology, Jg. 72, 1999, S. 441–462.
Bass, Bernard: Transformational leadership: industry, military, and educational impact, Mahwah 1998.
Bass, Bernard: Leadership and performance beyond expectations, New York 1985.
Bass, Bernard/Avolio, Bruce: The implications of transactional and transformational leadership for individual, team, and organizational development, in: Research in organizational change and development, hrsg. v. Woodman, Richard W./Pasmore, William A., Greenwich 1990, S. 231–272.
Baumgartner, Eduard: Max Weber. Werk und Person, Tübingen et al. 1964.
Becker, Kurt: Der römische Cäsar mit Christi Selle. Max Webers Charisma-Konzept, Frankfurt am Main et al. 1988.
Breuer, Stefan: Bürokratie und Charisma. Zur politischen Soziologie Max Webers, Darmstadt 1994.
Brodbeck, Felix et al.: Cultural variation of leadership prototypes across 22 European countries, in: JOB, Jg. 73, 2000, S. 1–29.
Conger, Jay/Kanungo, Rabindra: Charismatic Leadership in organizations, Thousand Oaks 1998.
Conger, Jay/Kanungo, Rabindra: Behavioral dimensions of charismatic leadership, in: AMR, Jg. 12, 1987, S. 637–647.
Den Hartog, Deanne et al.: Culture specific and cross-culturally generalizable implicit leadership theories, in: Leadership Quarterly, Jg. 10, 1999, S. 219–256.
Dumdum, Uldarico/Lowe, Kevin/Avolio, Bruce: A meta-analysis of transformational and transactional leadership correlates of effectiveness and satisfaction: an update and extension, in: Transformational and charismatic leadership: the road ahead, hrsg. v. Avolio, Bruce/Yammarino, Francis, Amsterdam et al. 2002, S. 35–66.
Gardner, William/Avolio, Bruce: The charismatic relationship: A dramaturgical perspective, in: AMR, Jg. 23, 1998, S. 32–58.

Geyer, Alois/Steyrer, Johannes: Transformational and transactional leadership and their relation to subjective and objective performance in savings-banks, in: Applied Psychology, Jg. 47, 1998, S. 397–420.
House, Robert/Shamir, Boas: Führungstheorien – Charismatische Führung, in: HWFü, hrsg. v. *Kieser, Alfred/Reber, Gerhard/Wunderer, Rolf*, 2. A., Stuttgart 1995, Sp. 878–906.
Pastor, Juan-Carlos/Meindl, James/Mayo, Margarita: A network effects model of charisma attributions, in: AMJ, Jg. 45, 2002, S. 410–420.
Pawar, Badrinarayan/Eastman, Kenneth: The nature and implications of contextual influences on transformational leadership, in: AMR, Jg. 22, 1997, S. 80–109.
Pillai, Rajnandini/Meindl, James: Context and charisma: a meso level examination of the relationship between organic structure, collectivism, and crisis and charismatic leadership, in: JMan, Jg. 24, 1998, S. 643–671.
Roberts, Nancy/Bradley, Raymond: Limits of Charisma, in: Charismatic Leadership, hrsg. v. *Conger, Jay/Kanungo, Rabindra*, San Francisco et al. 1988, S. 253–275.
Shamir, Boas/House, Robert/Arthur, Michael: The motivational effects of charismatic leadership: a self-concept based theory, in: Org.Sc., Jg. 4, 1993, S. 577–594.
Sistenich, Frank: Charisma in Organisationen oder vom Regen in die Traufe, München 1993.
Steyrer, Johannes: Charisma in Organisationen: sozial-kognitive und psychodynamisch-interaktive Aspekte von Führung, Frankfurt am Main et al. 1995.
Steyrer, Johannes: Die Archetypen der Führung, in: Die Unternehmung, Jg. 54, 2000, S. 475–490.
Szabo, Erna et al.: The Germanic Europe cluster: where employees have a voice, in: Journal of World Business, Jg. 37, 2002, S. 55–68.
Weber, Max: Wirtschaft und Gesellschaft, 5. A., Tübingen 1976.
Weibler, Jürgen: Unternehmenssteuerung durch charismatische Führungspersönlichkeiten, in: ZFO, Jg. 66, 1997, S. 27–32.

Coaching

Christopher Rauen

[s.a.: Beratung, Theorie der; Emotionen in Organisationen; Gerechtigkeit und Fairness; Konflikte in Organisationen; Managementkompetenzen und Qualifikation; Managerrollen und Managerverhalten; Motivation; Rollentheorie; Stäbe; Top Management (Vorstand); Wandel, Management des (Change Management); Ziele und Zielkonflikte.]

I. Coaching als Beratungsform; II. Coaching als Führungsaufgabe; III. Theoretische Grundlagen; IV. Formen des Coachings; V. Anwendungsgebiete.

Zusammenfassung

Coaching hat als Instrument der Personalentwicklung zunehmend Verbreitung gefunden. Es wird mittlerweile nicht nur in größeren Organisationen, sondern auch in mittelständischen und Non-Profit-Organisationen eingesetzt. Dabei werden Coaching-Maßnahmen in unterschiedlichen Formen praktiziert, oft als Beratung durch externe Coachs, aber auch durch interne Berater und coachende Führungskräfte. Dennoch ist auf Grund einer ungenauen Begriffsverwendung oftmals unklar, welche Art von Beratung mit „Coaching" gemeint ist und wie der Begriff definiert werden kann. Der Beitrag gibt einen Überblick zum Coaching und klärt Formen, Grundlagen und typische Anwendungsgebiete.

I. Coaching als Beratungsform

Obwohl Coaching als individuelle Beratungsform für Führungskräfte bereits seit Mitte der 80er Jahre im deutschsprachigen Raum existiert (*Geissler/Günther* 1986, S. 3; *Looss* 1986, S. 136), hat der Begriff nicht an Klarheit gewonnen. Im allgemeinen Sprachgebrauch wird mittlerweile jede Art von Betreuung, Training, Schulung usw. als „Coaching" bezeichnet. Grundsätzlich ist Coaching durchaus definierbar, die Begriffsverwirrung ist eher darauf zurückzuführen, dass Anbieter unterschiedlicher Beratungs- und Trainingsdienstleistungen vom Image des Coachings profitieren möchten und die nicht geschützten Begriffe „Coach" und „Coaching" zweckentfremden.

Der ursprüngliche und bis heute gültige Grundgedanke des Coachings ist der einer absichtlich herbeigeführten, tragfähigen Beratungsbeziehung, die sich diskret und individuell an Personen mit Managementaufgaben richtet. Mit zunehmender Hierarchiehöhe (→ *Top Management (Vorstand)*) kann diese Zielgruppe teilweise kaum noch mit einem fundierten und unabhängigen Feedback von ihrer Umgebung rechnen, was Einfluss auf die (Selbst-)Wahrnehmung und Handlungsprozesse hat. Im extremen Fällen erhält eine Führungskraft von ihrer Umgebung nur noch eine „politische" Rückmeldung, was zu Fehlentscheidungen und unangemessenen Verhaltensweisen führen kann. Einem Coach kommt hier die Aufgabe zu, als Reflexionspartner und neutraler Feedbackgeber zu agieren und in der persönlichen Beratung eine fundierte Aufarbeitung bzw. Bewältigung der Anliegen seines Klienten zu ermöglichen.

Im Gegensatz zu einer Fachberatung (z.B. Steuerberatung) nimmt ein Coach dem Klienten keine Aufgaben ab, sondern berät ihn auf der Prozessebene. Bei dieser *Prozessberatung* (*Schein* 2000) (→ *Organisationsentwicklung*) gibt es keine direkten oder vorgefertigten Lösungsvorschläge, der Klient entwickelt eigene Lösungen. Als Prozessberater unterstützt der Coach dies und hilft, zwischen Symptomen und Ursachen zu unterscheiden. Ggf. muss der Coach auch vorschnelle, dysfunktionale Zielsetzungen seines Klienten offen reflektieren und in Frage stellen. Die Zielsetzung ist somit Teil des Beratungsprozesses. Implizite Ziele eines fundierten Coachings sind, Selbstreflexion und -management des Klienten zu verbessern, beim Erkennen neuer Möglichkeiten zu helfen sowie Wahrnehmung, Erleben und Verhalten des Klienten zu erweitern. Daher verbietet sich der Einsatz von manipulativen Methoden. Zudem ist Coaching ein zeitlich begrenzter Beratungsprozess, da das Ziel des Coachings ein autonomer Klient ist. Einzelne Beratungstermine dauern überwiegend 1,5–4 Stunden, die Gesamtdauer der Beratung kann zwischen einer Sitzung (Kurz-Coaching) und mehreren Sitzungen (meist 6–10 Termine innerhalb von 3–12 Monaten) je nach Aufgabenstellung variieren (*Rauen* 2002).

1. Qualifikationen des Coachs

Für die kompetente Gestaltung des Beratungsprozesses benötigt der Coach nicht nur umfassendes Wissen zur Prozessberatung, er sollte zudem über spezifisches Expertenwissen verfügen, dieses aber zurückhaltend einsetzen (*König/Volmer* 2002, S. 12 ff.). Expertenwissen kann bedeutsam sein, um vom Klienten als „gleichrangig" eingeschätzt zu werden und wenn es um die Aufarbeitung fachlicher Defizite – z.B. Managementkompetenzen (→ *Managementkompetenzen und Qualifikation*) – im Coaching geht (*Schreyögg* 1995, S. 61). Andere Experten raten aber auch dann vollkommen von Expertenratschlägen im Coaching-Prozess ab (*Radatz* 2000, S. 92). In jedem Falle bleibt die Prozessberatung wesentliches Element des Coachings.

Prozesskompetenz und Expertenwissen sind nicht die alleinigen Qualitäten, über die ein professioneller Coach verfügen sollte; er benötigt eine „Schnittfeldqualifikation" (*Looss* 2002, S. 189), die folgende Bereiche umfasst:

- (Betriebs-)Wirtschaftliche Kompetenzen, Kenntnisse organisationaler Abläufe und Gegebenheiten, insb. Fachverständnis für Managementprozesse, Erfahrungen mit betriebswirtschaftlichen Instrumenten, Kenntnis gängiger Führungskonzepte, Erfahrungen mit dem betrieblichen Umfeld und seinen Funktionsträgern.
- Psychologische Kenntnisse, insb. Kenntnisse der Organisationspsychologie und der klinischen Psychologie bzgl. Individuen und Gruppen, Erfahrungen mit der Anwendung psychologischer Interventionsverfahren und Methoden, diagnostisches Wissen, soziale Kompetenzen.
- Persönliche Kompetenzen, insb. Integrität, Belastbarkeit, Interesse an den Anliegen des Klienten, Berufs- und Lebenserfahrung, persönliche, geistige und finanzielle Unabhängigkeit, ideologische Offenheit.
- Feldkompetenzen (Branchenerfahrung, Expertenwissen).

Ergänzend zu dieser Schnittfeldqualifikation sei darauf hingewiesen, dass die Haltung des Coachs wesentlich zur Professionalität der Beratung beiträgt.

Der Coach sollte kein „Alles-besser-Wisser" sein, schon um die Gleichrangigkeit von Coach und Klient zu erhalten. Ferner ist der Coach kein Freundersatz oder Erfüllungsgehilfe. Die Aufgabe eines professionellen Coachs ist die eines nicht korrumpierbaren Feedbackgebers, der seinem Klienten genau die fundierte Selbstreflexion und Aufarbeitung ermöglicht, die im Managementkontext häufig fehlt. Dieses strukturelle Problem begünstigte den Erfolg des Coachings gegen alle prognostizierten Widerstände (*Sievers* 1991, S. 272).

II. Coaching als Führungsaufgabe

Beim Coaching als Führungsaufgabe (→ *Führung und Führungstheorien*) – oftmals auch als „Vorgesetzten-Coaching" oder „Mitarbeiter-Coaching" bezeichnet – handelt es sich um die ursprüngliche und auch heute noch im angloamerikanischen Raum verbreitete Variante des Coachings (vgl. *Hauser* 1993, S. 224). Der meist direkte Vorgesetzte fungiert als Coach seiner Mitarbeiter, indem er sie entwicklungsorientiert führt. Insbesondere, aber nicht ausschließlich, gilt dies für die Führung und Betreuung neu in die Organisation eingetretener Mitglieder, hier sind die Grenzen zum Mentoring fließend. Im Gegensatz zum Coaching als Beratungsform durch einen externen Berater hat der Vorgesetzte diese Führungsaufgabe i.d.R. immer, d.h. die Coaching-Funktion ist zeitlich nicht begrenzt (*Rückle* 1992, S. 30).

Da nur die (direkten) Mitarbeiter einer Führungskraft gecoacht werden, beschränkt sich das Coaching als Führungsaufgabe auf mittlere bis untere Führungskräfte und Mitarbeiter einer Organisation (*Böning* 1990, S. 22). Bedingt durch das Beziehungsgefälle zwischen der coachenden Führungskraft und dem Mitarbeiter ist das Coaching inhaltlich stark begrenzt und beschränkt sich i.d.R. auf fachlich-berufliche Themen, d.h. Mitarbeiter werden hauptsächlich für bestimmte Aufgaben qualifiziert, angeleitet und motiviert, abschließend findet eine rückmeldende Kontrolle statt.

Das Coaching als Führungsaufgabe wird teilweise stark kritisiert (*Looss* 2002, S. 147 ff.; *Schreyögg* 1995, S. 199 ff.), weil Beziehungshierarchie, bezweifelbare Freiwilligkeit und die Doppelrolle der Führungskraft (als Berater, der die möglicherweise problematischen Anliegen seines „Klienten" kennen muss, andererseits aber als Führungskraft kontrolliert und beurteilt) die Umsetzung dieser Beratungsform in der deutschen Arbeitskultur bis zur Unmöglichkeit erschwert (vgl. *Huck* 1989, S. 419). Zudem ist eine unternehmenszielorientierte Beeinflussung der Mitarbeiter im normalen Rahmen zwar legitim, aber keine Beratung. So bleibt es fragwürdig, ob die ohnehin zur Führungsaufgabe gehörende Anleitung und Kontrolle bzgl. fachlicher Aufgaben als „Coaching" bezeichnet werden kann. Festzuhalten ist, dass in Organisationen durch Vorgesetzte gecoacht wird, auch wenn dies – sofern es entwicklungsorientiert praktiziert wird – eher als eine differenzierte Führungshaltung (*Schreyögg* 1995, S. 199) angesehen werden sollte, die im Einzelfall Coaching-Elemente enthalten kann.

III. Theoretische Grundlagen

Der Begriff „Coaching" ist überwiegend durch seine umgangssprachliche Verwendung im Sportbereich geprägt (*Eberspächer* 1983, S. 297). Dennoch kann Coaching nicht einzig durch seine Bedeutung im Sport erklärt werden (*Böning* 1994, S. 171 ff.). Als aus der Praxis heraus entstandene Beratungsform hat Coaching keinen eindeutigen theoretischen Bezugsrahmen, der einer spezifischen Theorie zuzuordnen ist. Modelltheoretisch stehen dem Coaching die Prozessberatung (*Schein* 2000) und die Supervision als personenorientierte Beratungsform nahe (*Looss* 2002, S. 196 ff.), jedoch hat sich die Supervision nicht eindeutig auf Managementaufgaben konzentriert (*Schreyögg* 1995, S. 47 ff.). Wie bei der *Supervision* lässt sich auch im Coaching feststellen, dass eine Vielzahl von psychotherapeutischen Konzepten eingesetzt wird. Dennoch geht der Einsatz psychotherapeutischer Methoden nicht so weit, dass Coaching zur Therapie wird (*Rauen* 2003a, S. 67 ff.). Ergänzt wird das Coaching zudem durch Elemente fachlicher Förderung und den Ausbau von Managementkompetenzen, d.h. es finden sich im Coaching Anteile von Expertenberatung (*König/Volmer* 2002, S. 12 f.), Training (*Eck* 1990, S. 241) und Führungsberatung (*Schreyögg* 1995, S. 61). Modelltheoretisch basiert Coaching somit auf mehreren Konzepten unterschiedlicher Herkunft.

IV. Formen des Coachings

1. Einzel-Coaching

Einzel-Coaching hat sich von einer exklusiven Beratungsmaßnahme für Top-Manager durch einen organisationsexternen Coach zu einem „normalen" Instrument der Personalentwicklung entwickelt. Es ist mit zunehmender Verbreitung grundsätzlich nicht mehr auf das Top-Management beschränkt, sondern richtet sich generell an Personen mit Managementaufgaben. Neben externen Beratern praktizieren auch organisationsinterne Coachs – meist in Form von Personalentwicklern, die entsprechende Stabsstellen innehaben – das Einzel-Coaching; unter Berücksichtigung der o.g. Einschränkungen gilt dies auch für coachende Führungskräfte.

Als Zweierinteraktion eignet sich das Einzel-Coaching für berufliche Angelegenheiten, die diskret aufgearbeitet werden sollen. Je anspruchsvoller die Anliegen und die Ranghöhe des Klienten sind, desto wahrscheinlicher wird ein organisationsexterner Coach in Anspruch genommen, da organisationsinterne Coachs meist subjektiv als nicht ausreichend kompetent, mangelnd neutral und nicht gleichrangig angesehen werden.

2. Gruppen-Coaching

Als Oberbegriff umfasst das Gruppen-Coaching alle Maßnahmen, in denen mehrere Personen gleichzeitig gecoacht werden. Unterformen des Gruppen-Coaching sind das Team- oder System-Coaching als Beratung einer im festen Funktionszusammenhang stehenden Personengruppe, z.B. eine Organisationseinheit.

Typische Gruppengrößen bei der gleichzeitigen Beratung mehrerer Personen liegen zwischen 6–12 Personen, in Ausnahmefällen auch 15 Personen (*Rauen* 2003b, S. 37; vgl. *Schreyögg* 1995, S. 213). Größere Gruppen sollten entweder von mehreren Coachs betreut oder aufgeteilt werden, da ansonsten der Coach überfordert werden und nicht allen Gruppenmitgliedern genügend Aufmerksamkeit widmen kann.

Die Möglichkeit, dass Gruppenmitglieder unterschiedliche Sichtweisen und Erfahrungen einbringen können (→ *Gruppen und Gruppenarbeit*; → *Gruppenverhalten und Gruppendenken*), ist im Gruppen-Coaching als vorteilhaft anzusehen, da so verhindert werden kann, dass dysfunktionale Einzelinteressen überbewertet werden. Andererseits besteht in der Arbeit mit Gruppen die Problematik, dass kritische Äußerungen von Gruppenmitgliedern zu Beziehungsproblemen mit anderen Gruppenmitgliedern führen können und individuelle Anliegen erst durch ein ggf. zu ergänzendes Einzel-Coaching zu thematisieren sind. Zudem ist zu berücksichtigen, dass bereits existierende gruppenbezogene Beratungsformen (z.B. Seminar, Teamsupervision, Gruppentraining) oftmals als „Gruppen-Coaching" bezeichnet werden, ohne dass dem ein über derartige Maßnahmen hinausgehendes Beratungskonzept zugrunde liegt (*Looss* 2002, S. 154 ff.).

V. Anwendungsgebiete

Im Coaching werden Anliegen vorwiegend diskret bearbeitet, meist um eine Stigmatisierung zu vermeiden. Oft werden daher bereits lange vernachlässigte oder verdrängte Probleme thematisiert, deren Lösung ein hohes Verbesserungspotenzial ermöglicht. Daher ist Diskretion im Coaching überaus wichtig, d.h. der Klient kann sicher sein, dass die Beratungsinhalte vertraulich behandelt werden.

Inhaltlich konzentriert sich Coaching auf berufliche Themen, die aber an private Anliegen angrenzen können; im Vordergrund steht jedoch die Berufsrolle des Klienten. Typische Anlässe für Coaching sind (*Rauen* 2003b, S. 19 ff.):

- Optimierung der Management- und Führungskompetenzen (→ *Managementkompetenzen und Qualifikation*) und der sozialen Kompetenzen (Umgang mit Mitarbeitern, Führungsverhalten, Umgang mit Stress).
- Erlernen des Umgangs mit neuen Rollen, Vorbereitung auf neue Aufgaben und Situationen.
- Unterstützung bei aufkeimenden oder eskalierenden Konflikten, z.B. bei Beziehungskonflikten.
- Reflexion und Verbesserung konfliktträchtiger Interaktions- und Führungssituationen.
- Umgang mit komplexen Strukturen (→ *Komplexitätsmanagement*).
- Erkennen und Auflösen unangemessener Verhaltens-, Wahrnehmungs- und Beurteilungstendenzen.
- Abbau von Leistungs-, Kreativitäts- und Motivationsblockaden.
- Erweiterung des Verhaltensrepertoires, insb. die Flexibilisierung von routinebedingtem Standardverhalten.
- Lösen von persönlichen (Sinn-)Krisen.
- Überprüfung der Lebens- und Karriereplanung.

Literatur

Böning, Uwe: Ist Coaching eine Modeerscheinung?, in: Innovative Weiterbildungskonzepte, hrsg. v. *Hofmann, L. M./Regnet, E.*, Göttingen 1994, S. 171–185.
Böning, Uwe: System-Coaching contra Einzel-Coaching: Hilfe zur Selbsthilfe, in: Gablers Magazin, Jg. 4, H. 4/1990, S. 22–25.
Eberspächer, Hans: Probleme des Coaching als praktisch-psychologische Tätigkeit im Sport, in: Aktivierung, Motivation, Handlung und Coaching im Sport, hrsg. v. *Janssen, J. P./Hahn, E.*, Schorndorf 1983, S. 297–303.
Eck, Claus-Dieter: Rollencoaching als Supervision – Arbeit an und mit Rollen in Organisationen, in: Supervision und Beratung. Ein Handbuch, hrsg. v. *Fatzer, G./Eck, Claus-Dieter*, Köln 1990, S. 209–248.
Geissler, Jürgen/Günther, Jürgen: Coaching: Psychologische Hilfe am wirksamsten Punkt, in: Blick durch die Wirtschaft, Jg. 29, H. 53/1986, S. 3.
Hauser, Eberhard: Coaching von Mitarbeitern, in: Führung von Mitarbeitern – Handbuch für erfolgreiches Personalmanagement, hrsg. v. *Rosenstiel, Lutz von/Regnet, E./Domsch, Michel* 2. A., Stuttgart 1993, S. 223–236.
Huck, Heide H.: Coaching, in: Handbuch Personalmarketing, hrsg. v. *Strutz, H.*, Wiesbaden 1989, S. 413–420.
König, Eckard/Volmer, Gerda: Systemisches Coaching. Handbuch für Führungskräfte, Berater und Trainer, Weinheim 2002.
Looss, Wolfgang: Unter vier Augen. Coaching für Manager, München 2002.
Looss, Wolfgang: Partner in dünner Luft, in: Manager Magazin, Jg. 16, H. 8/1986, S. 136–140.
Radatz, Sonja: Beratung ohne Ratschlag. Systemisches Coaching für Führungskräfte und BeraterInnen, Wien 2000.
Rauen, Christopher: Coaching. Innovative Konzepte im Vergleich, 3. A., Göttingen 2003a.
Rauen, Christopher: Coaching, Göttingen 2003b.
Rauen, Christopher (Hrsg.): Handbuch Coaching, 2. A., Göttingen 2002.
Rückle, Horst: Coaching, Düsseldorf 1992.
Schein, Edgar H.: Prozessberatung für die Organisation der Zukunft, Köln 2000.
Schreyögg, Astrid: Coaching. Eine Einführung für Praxis und Ausbildung, Frankfurt am Main 1995.
Sievers, Burkard: Mitarbeiter sind keine Olympioniken. Organisatorische Rollenberatung statt Coaching, in: Personalführung, Jg. 24, H. 4/1991, S. 272–274.

Community of Practice

Ursula Schneider

[s.a.: Gruppen und Gruppenarbeit; Lernen, organisationales; Selbstorganisation; Wissensmanagement.]

I. Begriff und Grundlagen; II. Typen von Communities; III. Institutionalisierungsgrad von Communities of Practice; IV. Erfolgsvoraussetzungen; V. Offene Fragen, kritische Aspekte; VI. Conclusio.

Zusammenfassung

Communities of Practice waren ursprünglich ein Phänomen der informellen Organisation. Sie entstanden als Orte des Austauschs über sperrige situationsgebundene Aufgaben und unkonventionelle Lösungspraktiken, die aus geschickten Interpolationen zwischen abstraktem Wissen und Kontextbedingungen erwuchsen. Gegen Ende des 20. Jh. machten sich Führungskräfte Beobachtungen von Communities of Practice zu nutze und versuchten, Communities of Practice bewusst als Methode grenzüberschreitenden Wissens- und Innovationsmanagements zu fördern. Wie alle die Primärstruktur überlagernden Organisationsformen unterliegen auch Communities of Practice den in der Organisationstheorie mit unterschiedlichem Gewicht wiederkehrend beleuchteten Spannungsfeldern zwischen Gruppe und Organisation, zwischen Stabilität und Veränderung, zwischen Selbst- und Fremdsteuerung sowie Eigen- und Gesamtinteresse.

I. Begriff und Grundlagen

1. Was sind Communities?

Eine Community ist eine *Interaktionsgemeinschaft*, die sich um ein gemeinsames Interesse bildet und durch folgende Besonderheiten auszeichnet: Die Mitglieder nehmen freiwillig an den Aktivitäten und Ereignissen der Gemeinschaft teil, die sich ihrerseits aus den Beiträgen der Mitglieder konstituieren (vgl.

Wenger 1999; *Wenger/McDermott/Snyder* 2002; *Romhardt* 2001).

Communities erfüllen also sowohl allgemeine soziale als auch auf bestimmte, oft geschäftliche Interessen bezogene Funktionen. Sie sind daher sowohl als Instrument der Zielerreichung als auch als soziale Gemeinschaft zu betrachten.

2. Sind Communities ein neues Phänomen?

Communities of Practice sind nicht neu, sie haben Vorläufer in den Gilden des Mittelalters, die sich bis heute in Berufs- und Interessenvereinigungen fortsetzen. Sie erfuhren im ausgehenden 20. Jh. allerdings neue Aufmerksamkeit: Zum einen ermöglichen Potenziale der IuK-Technik es prinzipiell, raum- und zeitübergreifend zu kommunizieren und zusammenzuarbeiten (→ *Informationstechnologie und Organisation*). Daraus können neue Formen der Gemeinschaftsbildung, jenseits räumlicher Nachbarschaft, entstehen (*Castells* 1996). Zum anderen schafft der Globalisierungsprozess Bedarf transnationaler Konzerne an grenzüberschreitender Zusammenarbeit. Ferner gelten Communities für Anliegen eines Innovations- und Wissensmanagements (→ *Innovationsmanagement*; → *Wissensmanagement*) als viel versprechend (z.B. *Schneider* 2001).

Communities versprechen darüber hinaus neue Antworten auf Spannungsfelder des Organisierens.

3. Communities of Practice als Antwort auf paradoxe organisatorische Anforderungen

Definitionsgemäß sind Communities ein Phänomen der informellen Organisation (→ *Informelle Organisation*). Sie weisen jedoch auch Momente der Institutionalisierung wie Grenzziehung und Identitätsbildung auf und stehen somit als hybride Form zwischen den Polen informelle und formelle Organisation. Das bedeutet konkret, dass in Communities ins Unreine gesprochen werden kann, dass Unausgereiftes dort Platz findet und weniger hierarchisch motivierte Vorsicht und Tabuisierung heikler Themen erfolgt.

Zweitens sollen Communities Informations- und Synergieverluste überbrücken, die sich aus horizontaler und vertikaler Spezialisierung und aus der Unmöglichkeit ergeben, eine Vielzahl von Dimensionen in der Aufbauorganisation abzubilden. Es sind Informationslücken und Interessengegensätze zwischen Funktions-, Objekt- und regionalen Bereichen, zwischen aktuellen und künftigen Aufgaben auszugleichen, Best Practices bereichsübergreifend zu vermitteln und übergreifende Innovationen anzuregen. In Abgrenzung zu anderen Formen der sekundären Organisation, wie Projekten und Task Forces, wird von Communities wegen ihres informellen Charakters eine größere Unbefangenheit im Teilen von Wissen und Überschreiten organisatorischer Trennlinien erwartet.

Drittens verbinden Communities Erkenntnissuche und Anwendung. Communities arbeiten i.d.R. an ganz bestimmten Problemen und Fragestellungen ihrer Mitglieder und bilden somit eine hybride Form zwischen off- und on-the-job-Lernen oder zwischen Theorie und Praxis.

Wegen ihres zielflexiblen und verfahrensoffenen Charakters stellen Communities außerdem eine neue Form des Ineinandergreifens intentionaler Steuerung und der Evolution durch → *Selbstorganisation* dar, von der höheres Reaktions- und Innovationspotenzial erwartet wird, als von stärker durch steuernde Eingriffe vorgeprägten Organisationsformen.

II. Typen von Communities

Wenn zunächst nur auf den freiwilligen Zusammenschluss von Menschen rund um ein inhaltliches Interesse abgestellt wird, können verschiedene Unterscheidungslinien zur Bildung von Communities herangezogen werden, um Typen zu bilden. Die folgende Tabelle typisiert Communities an Hand der Unterscheidungsmerkmale Kommunikationsform (face-to-face, virtuell, gemischt), Zweck (Exploitation-Exploration), Institutionalisierungsgrad (hoch-mittel-niedrig) sowie Ein- und Ausschlusskriterien (offen-geschlossen).

Im Folgenden wird von einem Kerntypus von Communities of Practice ausgegangen, der innerhalb von Unternehmen mittels indirekter Steuerung ermutigt und unterstützt wird, verschiedene Unternehmensbereiche, sowie Kunden, Lieferanten und externe Wissenspartner betreffen kann und bzgl. des Kommunikationsmediums eine Mischung aus virtueller Vermittlung und persönlichen Treffen vorsieht.

Was den Zweck anbelangt, kann dieser von relativ losen Lernverbünden bis zu konkreten Spin-Off-Projekten reichen, bei denen Business Pläne für die gemeinsam entwickelten Produkte und Verfahren erarbeitet werden, für welche die Ursprungsorganisation Funktionen als Venture Capitalist erfüllt.

III. Institutionalisierungsgrad von Communities of Practice

1. Struktursicht auf Communities of Practice

Ursprünglich entstanden Communities informell und ad hoc aus der Notwendigkeit, die Kluft zwischen dekontextualisiertem kodifiziertem Wissen und Prozeduren und kontextgebundenen speziellen Anforderungen praktischer Probleme zu überbrücken (vgl. *Brown/Duguid* 1991). Nachdem ihr Beitrag zur Problemlösung erkannt wurde, versuchten Theorie und Praxis, sie stärker formal zu verankern, ohne dadurch

Typ	Kommuni-kationform	Zweck	Beteiligte	Zugang	Formalisie-rungsgrad	Organisati-on	Lock in/ lock out
Community of Interest	meist virtuell	Lernen. gegenseitige Beratung	viele, anonym	prinzipiell offen	gering	Kernteam, Initiator	gering
Kunden-communities	meist virtuell	Lernen, (ge-genseitige) Beratung, Unterhal-tung	einige bis viele, bestimmt bis anonym	prinzipiell offen	gering	Firmen als Plattform-betreuer	Versuch
Business Communi-ties	gemischt, face-to-face und virtuell	gemein-samer Geschäfts-zweck	einige, bestimmt	an Bedin-gungen ge-bunden	mittel	Lead Com-pany, Kern-personen	häufig
Interessen-/Berufs-verbände	gemischt, face-to-face und virtuell	Mitglieder-förderung	viele, i.d.R. bestimmt	an Bedin-gungen ge-bunden	mittel	profess. GF, Lead Com-pany, Kern-personen	gering
Communi-ties of Practice	gemischt, face-to-face und virtuell	Lernen, Innovieren, Kaizen	wenige im Kern; u.U. viele peri-phär; bestimmt	an Organi-sation/Netz-werk gebun-den, inner-halb der Grenze offen	mittel	Kernteam und Support aus der Linie	mittel

Tab. 1: Typen von Communities

Probleme struktureller Verhärtung zu schaffen. Diesem Ideal stehen Bestrebungen von Firmenleitungen gegenüber, Communities of Practice für formelle Zwecke zu vereinnahmen, indem – wie z.B. bei VW (vgl. *Schultz* 2002) – sowohl Ziele vorgegeben als auch die Teilnehmer/innen durch Vorgesetzte bestimmt werden. Empirische Ergebnisse (vgl. *Winkler/Mandl* 2002; *Franz* 2002) deuten auf die Notwendigkeit von *Führung*, die entweder von bezahlten Geschäftsführern, ehrenamtlich von Gründern und/oder von einer Kerngruppe wahrgenommen wird. Neben einer Führungs- oder Moderationsfunktion braucht eine Community Ein- und Ausschlussregeln sowie eine technisch gestützte Plattform, auf der Informationen bereitgestellt und Diskursmöglichkeiten eröffnet werden. Ferner sind Tagesordnungen festzulegen, Treffen einzuberufen bzw. Video- oder Internetkonferenzen zu organisieren und die Schnittstellen zur umgebenden Organisation zu gestalten. Das bedarf einer technischen, finanziellen und koordinativen *Supportstruktur*.

Im Verhältnis von Arbeitnehmern und Arbeitgebern, von Bereichen, die i.d.R. als Profit-Center organisiert sind, besonders aber bei konzernübergreifenden Communities spielen Fragen der Verfügung, des Zugriffs und der Haftung für entwickeltes, *intellektuelles Eigentum* eine Rolle.

Als Kernproblem einer Community kann der prekäre Zusammenhang zwischen Attraktivität und Beiträgen bezeichnet werden: Sie bietet einzelnen Teilnehmer/innen umso mehr Nutzen, je mehr bzw. je kompetentere Ansprechpartner zur Verfügung stehen und Beiträge einspeisen. Unter den Prämissen institutioneller Theorien löst dies einen *Hold-up Anreiz* aus: Wenn viele Mitglieder sich zurückhalten und darauf warten, auf den Beiträgen anderer Trittbrett zu fahren, verliert die Community ihre Attraktivität. Aus spieltheoretischer Sicht ist dieses Problem durch Kooperationsanreize zu lösen (vgl. *Axelrod* 1997, Kap. 7).

Da Communities auch als soziale Gemeinschaften definiert sind, wird ergänzend auf *Reziprozitätsnormen* und den Aufbau von *Vertrauen* und Loyalität verwiesen, um opportunistischen Tendenzen gegenzusteuern. Konkret kann Vertrauensaufbau durch persönliche Treffen bzw. im virtuellen Raum durch Teilnehmerprofile und Bewertungen eingestellter Beiträge begünstigt werden.

Für die drei „weichen", d.h. weniger gut greifbaren Koordinationsmodi, nämlich Vertrauen, Loyalität und geteilte Werte gilt ein weiteres Kernproblem aller Organisationen. Sie werden von einer Pioniergruppe aus bestimmten Lebenssituationen heraus entwickelt und ergeben für diese Gruppe und die Ausgangskonstellation an Aufgaben Sinn. Später sind sie neuen Mitgliedern – abstrahiert vom ursprünglichen Kontext – zu vermitteln, wobei ihre flexible Anpassung an neue Aufgabenkonstellationen erforderlich ist. Je weniger bewusst und/oder je sakrosankter die Kultur ist, umso unwahrscheinlicher erfolgt Anpassung.

2. Prozesssicht auf Communities of Practice

In der Literatur wird davon ausgegangen, dass Communities sich in Phasen entwickeln, für die unterschiedliche Anforderungen definiert werden können. Lineare Prozesskonzepte unterscheiden Anfangsphasen (Planung, Inkubation, Start der Interaktionen), Wachstumsphasen (neue Mitglieder, definierte Arbeitsprojekte) und Phasen des Erhalts von Communities (vgl. die in *Franz* 2002, S. 60 f. analysierten Konzepte). Zyklische Konzepte nehmen Analogien bei der Natur, im Wesentlichen beim Ackerbau bzw. Gärtnern. Es gilt, günstige Aussaat- und Keimbedingungen für die Ideen zu schaffen, die in Communities hervorgebracht werden, diese dann aus der geschützten Sphäre heraus in die Organisation zu überführen, umzusetzen und die Ernte, insb. in Form von Lernergebnissen einzufahren (vgl. *Knoope* 2002, S. 91; und die Übersicht in *Franz* 2002, S. 60–70).

IV. Erfolgsvoraussetzungen

Erfolg wird unterschiedlich gemessen: einerseits an der Aufrechterhaltung bzw. dem Wachstum von Interaktionen in Communities, andererseits am Output, an produzierten Verbesserungen, Problemlösungen, Innovationen und Weiterbildungsleistungen. Wegen der Nutzenmessungsproblematik schlagen Wenger und Snyder vor, Erfolg über Geschichten zu erfassen, die von spektakulären Erfolgen und Arbeitserleichterungen erzählen (vgl. *Wenger/Snyder* 2000, S. 145). Folgende Einflussfaktoren auf den Erfolg lassen sich zusammenfassen:

- Leitungsstrukturen,
- Technische Infrastruktur und Administration,
- Top Management-Unterstützung und Design von Schnittstellen zur umgebenden Organisation,
- Vertrauen und Loyalität auf Basis geteilter Werte und Standards,
- Freiheit der Teilnahme und der Definition von Agenden.

V. Offene Fragen, kritische Aspekte

1. Menschenbild

Viele Autoren beschwören eine Kultur des ungehinderten Flusses von Ideen, des Zurücktretens individueller Interessen hinter gemeinsame Zielsetzungen und des raschen Verhandelns nützlicher Strukturausprägungen ohne aufwändige Transaktionen. Sie begründen diese normative Position entweder gar nicht oder argumentieren mit einem Nettonutzen der Hingabe von Beiträgen gegenüber dem, was durch Teilnahme gewonnen werden kann. Zu dieser Kultur passen Freiwilligkeit der Teilnahme, Ziel- und Verfahrensoffenheit und eine Basisalimentierung, die nicht an monetäre Ergebnisse gebunden wird.

In den von denselben Autor/innen angeführten Beispielen finden sich allerdings gleichzeitig Hinweise auf durch Vorgesetzte vorzunehmende Entsendungen, auf Zielvorgaben und Controllingroutinen, welche Communities und ihre Mitglieder in die Pflicht nehmen.

2. Institutionalisierung

Je spontaner Mitglieder sich einbringen können, je offener die Gruppe für neue Mitglieder bleibt und je mehr sie einem durch interessengeleitete Inputs gesteuerten Geschehen seinen Lauf lässt, umso mehr bietet sie Anreiz für die Mitglieder, wenn diese ein Ventil suchen, den Zwängen bürokratischer Organisation zu entkommen. Gleichzeitig wollen sie Ziele erreichen, nicht mit unerheblichen Informationen überlastet werden und auf Mitglieder mit komplementären Fähigkeiten treffen. Letzteres impliziert die Einführung von Regeln. Da Regeln sich nur langsam bilden und erhärten, tendieren sie dazu, sich über ein aus Umweltsicht diktiertes Verfallsdatum zu erhalten und gefährden damit die Leistungsfähigkeit. Es geht also darum, Strukturen einerseits zu schaffen, diese andererseits disponibel zu halten und negativen Begleitwirkungen, wie informationellen Asymmetrien zwischen Kern und Peripherie und einer Passivierung der Nicht-Kernmitglieder gegenzusteuern.

3. Virtuelle Kommunikation

Raum- und zeitunabhängige Kommunikation mittels technischer Medien entspricht den Bedürfnissen grenzüberschreitender Zusammenarbeit und ermöglicht ein neues, funktionales Raumverständnis. Es stellen sich allerdings Fragen des Vertrauensaufbaus, der Bedienungssicherheit und Bedienungsfreundlichkeit und der Entwicklung kommunikativer Regeln.

Dazu wurden verschiedene Einschätzungen und empirische Ergebnisse publiziert. Erfolgsberichte (vgl. *Davenport/Probst* 2000) beziehen sich i.d.R. auf Communities of Practice, die persönliche Treffen und *virtuelle Kommunikation* koppeln. Andere betonen Möglichkeiten des Tabubruchs und der Offenheit durch die (Quasi-)Anonymität virtueller Kommunikation (*Dickinson* 2002). Ortner berichtet von einer Community of Practice, in der außerhalb der Community gültige hierarchische Verhaltensmuster fortgesetzt wurden (*Ortner* 2002, S. 80).

4. Gefangenendilemma

Communities werden in der Literatur oft als der Ort beschrieben, an dem die motivationshindernden Bedingungen bürokratischer Organisation wegfallen und Leistung sich frei entfalten kann.

Gleichzeitig bleiben Communities of Practice an diese Organisationen gebunden, ihre Mitglieder arbeiten dort für Karrieren. So gesehen können Communities of Practice spieltheoretisch als Null- oder Positivsummenspiele interpretiert werden. Es muss also ein Design geschaffen werden, welches Defektieren sanktioniert, was z.B. durch soziale Kontrolle gelingt. Je größer eine Community wird, umso schwieriger wird es allerdings, Trittbrettfahren zu verhindern.

VI. Conclusio

Es erscheint insgesamt verfrüht, Communities of Practice als neue, den Bedingungen einer Wissensgesellschaft und Netzwerkökonomie angemessene Organisationsform zu bezeichnen. Wegen der durch Virtualität gewonnenen neuen Möglichkeiten und wegen der starken Interdependenz von Wissensarbeitern stellen sie eine interessante Möglichkeit dar, den Spannungsfeldern des Organisierens, nämlich Stabilität und Veränderung, Form und Inhalt, Einzel- und Gesamtinteressen auf neue Weise zu begegnen. Es bedarf einer über Einzelfälle hinausgehenden empirischen Forschung, um zu überprüfen, ob Communities die mit ihnen verbundenen Erwartungen nachhaltig erfüllen.

Literatur

Axelrod, Robert M.: The Complexity of Cooperation, Princeton 1997.
Brown, John Seely/Duguid, Paul: Organizational Learning and Communities-Of-Practice: Toward a Unified View of Working, Learning, and Innovating, in: Org.Sc., Jg. 2, 1991, S. 40–57.
Castells, Manuel: The Rise of the Network Society, Oxford et al. 1996.
Davenport, Thomas H./Probst, Gilbert J. B. (Hrsg.): Knowledge Management Case Book, München 2000.
Dickinson, Angela M.: Translating Cyberspace. Virtual Knowledge Communities for Freelance Translators, Krems 2002.
Franz, Michael: Herleitung und Illustrierung eines allgemeinen Rahmenkonzeptes zur Entwicklung von Business Communities am Beispiel der beruflichen Weiterbildungsbranche, Graz 2002.
Knoope, Marinus: Die Kreationsspirale – Wie wir Wünsche zur Wirklichkeit werden lassen können, Stuttgart 2002.
Ortner, Johann: Barrieren des Wissensmanagement, in: Anwendungsorientiertes Wissensmanagement, hrsg. v. *Bornemann, Manfred/Sammer, Martin*, Wiesbaden 2002, S. 73–114.
Romhardt, Kai: Keimzellen lebendigen Wissensmanagements, Zürich 2001.
Schneider, Ursula: Die 7 Todsünden im Wissensmanagement, Frankfurt am Main 2001.
Schultz, Ferdinand: Erfolgreiche Bewältigung von Barrieren bei der Einführung und Umsetzung von Wissensmanagement. Vortrag im Rahmen der Tagung Wissens- und Innovationsmanagement, organisiert von Profactor, Steyr, 07.11.2002.
Wenger, Etienne C.: Communities of Practice: Learning, Meaning and Identity, Cambridge 1999.
Wenger, Etienne C./McDermott, Richard/Snyder, William M.: Cultivating Communities of Practice – A Guide to Managing Knowledge, Boston 2002.
Wenger, Etienne C./Snyder, William M.: Communities of Practice – The Organizational Frontier, in: HBR, Jg. 78, H. 1/2000, S. 139–145.
Winkler, Katrin/Mandl, Heinz: Learning Communities, in: Wissensmanagement für die Praxis, hrsg. v. *Pawlowsky, Peter/Reinhardt, Rüdiger*, Neuwied 2002, S. 137–164.

Controlling

Jürgen Weber

[s.a.: Aufbau- und Ablauforganisation; Aufgabenanalyse; Kontrolle; Organisatorische Gestaltung (Organization Design); Planung; Rechnungswesen und Organisation.]

I. Theoretische Einordnung; II. Typische Aufgabenfelder; III. Aufgaben in anderen Führungskontexten; IV. Organisation der Controller; V. Erfolgswirkungen.

Zusammenfassung

Controlling ist in der Praxis und an den Hochschulen etabliert; dennoch bestehen Begriffsunschärfen ebenso wie Abgrenzungsprobleme zu tradierten Funktionen der Betriebswirtschaftslehre. Unstrittig sind die Unterstützungsfunktion des Managements und die (Organisations-)Erfolgsorientierung des Controlling. Versteht man Controlling als Rationalitätssicherung der Führung, wird das Spektrum an Controllingaufgaben ebenso erklärbar wie die Entwicklung des Controllingbegriffs durch unterschiedliche Rationalitätsengpässe nachvollziehbar. Die Tätigkeit von Controllern ist durch ein Nebeneinander von Informations-, Planungs-, Kontroll- und Koordinationsaufgaben gekennzeichnet. Hiermit entlasten, ergänzen und begrenzen sie das Management.

I. Theoretische Einordnung

1. Begriff

Darüber, was unter Controlling zu verstehen ist, besteht keine einheitliche Meinung. Vielfalt trifft nicht nur für die Definitionen, sondern auch für ihre Ordnungsversuche zu (z.B. *Friedl* 2003, S. 148–178; *Zenz* 1999, S. 16–43). Betrachtet man die Entwicklung des Begriffs, so kann man bislang drei Entwicklungsstufen unterscheiden (z.B. *Weber* 2002, S. 20–27).

Frühe Definitionsversuche sehen Controlling als Funktion der *Informationsversorgung* des Managements (z.B. *Hoffmann* 1972, S. 85). Später steht die Verbindung von Informationsversorgung, *Planung* und *Kontrolle* im Fokus (z.B. *Hahn* 1987, S. 6). Die Belegung dieser Steuerungssichtweise mit systemtheoretischen Begriffen durch Horváth (*Horváth* 1978, S. 194–208) führt schließlich zum Verständnis des Controlling als (Sekundär-)Koordination des *Führungssystems* (vgl. *Küpper* 1987, S. 82–116). Diese begriffliche Entwicklung besitzt Bezüge zu den Aufgabenschwerpunkten von Controllern in der Unternehmenspraxis. Aufbau und Betrieb eines Informationssystems zur Bereitstellung von monetären Steuerungsgrößen sind die Voraussetzung für eine monetäre Unternehmensplanung und laufende Kontrolle der Zielerreichung. Eine hinreichende Beherrschung dieser Funktionen lässt die Verbindung von Planung und Kontrolle zu anderen Feldern der Führung (*Organisation* und *Anreizgestaltung*, → *Anreizsysteme, ökonomische und verhaltenswissenschaftliche Dimension*) hervortreten. Ein erst kürzlich entwickelter Definitionsansatz versteht Controlling schließlich als *Rationalitätssicherung* der Führung (*Weber/Schäffer* 1999, S. 731–746), die kontextbezogen die Abweichung einer beobachtbaren Ist-Rationalität von einer kontextbezogenen Soll-Rationalität vermeiden oder vermindern will. Dieser Definitionsansatz interpretiert die Begriffsentwicklung als Folge von Rationalitätsengpässen und versteht sich so als Integrationskonzept.

Hinzuweisen gilt es noch auf das Nebeneinander einer – in diesem Beitrag bislang betrachteten – funktionalen und einer institutionalen Perspektive des Controlling. Mit letzterer ist das Abstellen auf die Aufgaben von *Controllern* bezeichnet, die insbesondere in größeren Unternehmen einen (nicht unerheblichen) Teil der skizzierten funktionalen Controllingaufgaben übernehmen. Beide Perspektiven werden häufig weder in der einschlägigen Literatur noch in der Unternehmenspraxis präzise genug getrennt.

2. Einordnung in die Betriebswirtschaftslehre

Die Stellung des Controlling innerhalb der Betriebswirtschaftslehre ist weder eindeutig noch unumstritten (z.B. *Schneider* 1992, S. 13–20). Die informationsbezogene Sicht weist enge Bezüge zum Rechnungswesen (→ *Rechnungswesen und Organisation*) – schwerpunktmäßig zu dessen internem Teil – auf. Die Abgrenzung wird in der stärkeren Betonung der Informationsverwendung durch das Controlling gesehen. Allerdings gehen die Ausführungen kaum über die Diskussion innerhalb einer entscheidungsorientierten Kostenrechnung hinaus. Die Sichtweise von Controlling als Steuerungsfunktion weist erhebliche Überschneidungen mit der Unternehmensführung (→ *Unternehmensführung (Management)*) auf (sichtbar z.B. an der (Um-)Benennung bekannter Planungsinstrumente als Controllinginstrumente). Hieraus resultieren erhebliche Abgrenzungsprobleme. Diese liegen auch für den koordinationsbezogenen Controllingansatz vor, zum einen zur Unternehmensführung, zum anderen zur Organisation (→ *Organisationstheorie* (*Wall* 2000)). Die Sichtweise des Controlling als Rationalitätssicherung ordnet schließlich Controlling der Unternehmensführung zu, weist ihr innerhalb dieser allerdings eine präzise abgegrenzte Funktion (analog der Qualitätssicherung im Bereich der Ausführung) zu.

3. Theoriebezüge

Heterogenität gilt nicht nur für den Begriff des Controlling, sondern auch für die dort verwendeten Theorien. Eine exponierte Bedeutung kommt der *Entscheidungstheorie* (→ *Entscheidungsprozesse in Organisationen*) zu, sowohl für die Gestaltung der Informationsversorgung („entscheidungsorientiertes Rechnungswesen") als auch für Fragen der → *Planung* (Gestaltung von Entscheidungsprozessen). Zumindest begrifflich wird häufig auf die → *Systemtheorie* Bezug genommen („systembildende und systemkoppelnde Koordination" – vgl. *Horváth* 2002, S. 126–130), ohne allerdings deren (begrenztes) theoretisches Potenzial auszuschöpfen (vgl. *Weber/Schäffer* 2000, S. 111). Auf Controller bezogen finden sich vereinzelt Ansätze der traditionellen → *Organisationstheorie* verwendet (z.B. *Weber/Schäffer/Prenzler* 2001, S. 25–46). Aktuell stark wachsende Bedeutung gewinnt die *neue Institutionenökonomik* (→ *Institutionenökonomie*), dort speziell die *Prinzipal-Agenten-Theorie* (→ *Prinzipal-Agenten-Ansatz*) (früh z.B. *Kah* 1994). Für die – noch sehr begrenzte – empirische Forschung wird auf die Kontingenztheorie zurückgegriffen. *Verhaltenstheoretische* Ansätze finden sich schließlich ebenfalls bislang nur vereinzelt (z.B. *Hoffjan* 1997).

II. Typische Aufgabenfelder

Welche Aufgaben das Controlling wahrnimmt bzw. wahrnehmen soll, hängt vom Begriffsverständnis ab. Die hierfür gegebene Vielfalt erfordert eine Selektion. Sie rekurriert im ersten Schritt auf den Kontext primär durch Pläne koordinierter Unternehmen und dort weiter auf die von Controllern wahrgenommenen Aufgaben. Andere Kontextsituationen werden im nächsten Abschnitt kurz angesprochen.

1. Informationsaufgaben

Informationsaufgaben der Controller werden häufig unter „Schaffung betriebswirtschaftlicher Transparenz" zusammengefasst. Sie beinhalten sowohl die Auswahl und Gestaltung von Informationsinstrumenten als auch deren Nutzung. Für ersteren Aufgabenteil sind idealtypisch die Phasen Analyse des Informationsbedarfs der Manager, Festlegung der zu erhebenden Informationen und Aufbau eines adäquaten Informationssystems zu unterscheiden. Die Nutzung der Systeme beinhaltet die Sicherstellung ihres Betriebs bzw. deren Betrieb selbst, die Erstellung von Auswertungen sowie deren Kommunikation an die Manager. Informationsschwerpunkte der Controller sind traditionell Kosten und (Betriebs-)Ergebnisse. Aktuell kommen Daten des *externen Rechnungswesens* ebenso dazu (*„value reporting"*, vgl. z.B. *Ruhwedel/Schultze* 2002, S. 602–632) wie – unter dem Stichwort *„performance measurement"* (vgl. im Überblick *Gleich* 2001) – Leistungsgrößen (z.B. Servicegrade, Performancewerte).

Ziel der Transparenz ist ein verbessertes Entscheidungsverhalten der Manager. Diese Aufgabe wird aber nur zum Teil erfüllt. Defizite bestehen u.a. hinsichtlich mangelnder Kenntnis der Bedarfe und Fähigkeiten der Manager. Beispiel hierfür ist die Unterstellung einer unmittelbar entscheidungsbezogenen Verwendung der gelieferten Informationen. Diese „instrumentelle" Verwendung dominiert allerdings in der Praxis nicht (z.B. *Homburg* et al. 2000, S. 251). Manager nutzen Informationen häufiger konzeptionell oder symbolisch (vgl. zu den Nutzungsarten *Menon/Varadarajan* 1992).

2. *Planungsaufgaben*

Planungsaufgaben (→ *Planung*) der Controller lassen sich analog den Informationsaufgaben in Gestaltungs- und Nutzungsaufgaben unterteilen. Die Gestaltung umfasst insbesondere die Festlegung der sach- und chronologischen Ordnung der Einzelplanungen („Budgetfahrplan") sowie die Festlegung bzw. Eingrenzung der zur Planung heranzuziehenden Instrumente (z.B. Verpflichtung zur Anwendung einer Kapitalwertrechnung für Investitionen). Für den Bereich der operativen Planung wird diese Funktion durchweg übernommen. Für die strategische Planung lassen sich ein deutlich geringerer Einfluss der Controller und zugleich erhebliche Gestaltungsdefizite erkennen (z.B. empirisch *Hamprecht* 1996, S. 263).

Die Aufgaben in der laufenden Planung sind umfangreich und heterogen (z.B. *Weber* 2002, S. 235–260). Sie reichen von der Informationssuche (insbesondere aus „kaufmännischen" Informationssystemen – etwa Kostenanalysen), der Erarbeitung von Entscheidungsalternativen (im vom Management vorgegebenen Rahmen) und der Bewertung von Handlungsalternativen (als Anwendung von betriebswirtschaftlichen Instrumenten bzw. Methoden auf erhobene Daten) über die Vorabstimmung von Lösungen, die Aggregation und Konsistenzkontrolle von Teilplänen bis hin zur kritischen Analyse der Planentwürfe (hinsichtlich Prämissen, verwendetem Planungsverfahren, herangezogenen Daten, Sensitivitäten, Risiken), der kritischen Analyse des Planentstehungsprozesses (z.B. hinsichtlich Träger der Planung, Planungszeit, Verlauf des Planungsprozesses) und der Herausforderung der Planentwürfe durch Einnehmen einer bewusst kritischen und risikoscheuen Position (*„advocatus diaboli"*).

Aufgrund der exponierten Funktion von Plänen zur Koordination von Unternehmen kommt der Planungsmitwirkung des Controlling eine wesentliche Bedeutung zu. Defizite liegen aktuell auf den Feldern der Umsetzung von Strategien ins operative Geschäft (zur Vermeidung des Defizits sollen u.a. die *Balanced Scorecard* und Werttreiberhierarchien dienen), der Berücksichtigung der Anforderungen des Kapitalmarkts in der internen Steuerung (→ *Wertorientierte Unternehmensführung*) und der Flexibilität des Planungsvorgehens (*„Planungsbürokratie"*).

3. *Kontrollaufgaben*

Kontrollaufgaben (→ *Kontrolle*) zählen zu den Kernaufgaben des Controlling; allerdings findet sich häufig eine bewusste Gegensatzbildung („warum man Controlling nicht mit „K" schreiben darf"). Ein Grund hierfür liegt in einer engen Sicht der Kontrolle (*Fremdkontrolle*, Fehlernachweis, Überwachung). Der Lernaspekt der Kontrolle (ausführlich *Schäffer* 2001, S. 27–44) wird dabei ebenso vernachlässigt wie die Vermeidung von opportunistischen Abweichungen durch das bloße Vorhandensein von Kontrollsystemen.

Die Kontrollaufgaben des Controlling betreffen zum einen den Aufbau von plangerichteten Kontrollen – damit konzentriert sich die Kontrolle – ganz im Gegensatz zur Revision – auf eine *Ergebniskontrolle* – und die Schaffung der dafür notwendigen Informationsgrundlagen. Ein Schwerpunkt der Kontrollaufgabe liegt zum anderen in der Durchführung der *Abweichungsanalyse*. Im Bereich der operativen Planung herrscht eine feed-back-Lernwirkung vor („welche Maßnahmen sind zu ergreifen, um das Ziel trotz eingetretener Abweichungen doch noch zu erreichen?"); auf strategischer Ebene führen Abweichungen auch zur systematischen Hinterfragung der gesetzten Ziele und der für sie geltenden Prämissen („feed-forward").

Kontrollen nehmen erheblichen Einfluss auf Effektivität und Effizienz der Koordination durch Pläne (*Dehler* 2001, S. 221). Defizite in der Wahrnehmung der Kontrollaufgaben durch Controller liegen insbesondere in einer zu starken Zahlenfokussierung bzw. in zu geringer inhaltlicher Beurteilung von Abweichungen und in einem unpassenden Kontrollverhalten („Kontrolleur").

4. *Koordinationsaufgaben*

Die bisher skizzierten Aufgabenfelder sind als Routineaufgaben zu charakterisieren. Daneben resultieren Controllingaufgaben auch aus komplexen fallweisen Managementaufgaben. Sie sind durch einen Projektcharakter und durch führungsbereichsübergreifende Wirkungen gekennzeichnet. Als Beispiele können die

Einführung eines Risikomanagementsystems (→ *Risikomanagement und Interne Revision*), die Implementierung von Wertmanagementkonzepten (→ *Wertorientierte Unternehmensführung*) oder ein Post-Merger-Integration-Prozess genannt werden. Insbesondere Organisations- und Anreizaspekte kommen hinzu.

Die Wahrnehmung entsprechender Koordinationsaufgaben (im Überblick *Weber* 2002, S. 389–494) beinhaltet einen starken Moderations- und Beratungsfokus und setzt entsprechende Anforderungen an die Controller. Derzeitige Eignungsdefizite der Controller treffen auf den Wunsch des Managements nach mehr Beratung (vgl. *Weber* 2002, S. 551).

III. Aufgaben in anderen Führungskontexten

Koordination durch Pläne ist ein häufig anzutreffender *Koordinationsmechanismus*, der wesentlich das Bild von größeren Unternehmen prägt. Dieser Kontext ist für das Entstehen des Controlling in den USA bestimmend (vgl. *Horváth* 2002, S. 28 f.) und auch für seine weitere Entwicklung maßgeblich (vgl. den Überblick bei *Schäffer* 1996, S. 30–32). Neben primär plankoordinierten Unternehmen gibt es Organisationen, die dominant durch persönliche Weisungen (kleinere mittelständische Unternehmen), durch Programme (öffentliche Verwaltungen) oder durch *Selbstabstimmung* (z.B. Forschungseinrichtungen) koordiniert sind. In diesen finden sich Controller erst dann, wenn der Koordinationsmechanismus die Grenzbereiche seiner Effizienz und Effektivität erreicht hat (etwa im Kontext der Umgestaltung bürokratischer Steuerung im Rahmen des → *New Public Management*). Insofern wurden sie im Controlling bislang vernachlässigt.

Versteht man Controlling als Rationalitätssicherung der Führung, erschließen sich auch dort Aufgabenfelder in Form bestehender Rationalitätssicherungsbedarfe. Diese betreffen im Mittelstand z.B. die transparente und berechenbare Gestaltung des Entscheidungsprozesses (vgl. *Reitmeyer* 1999, S. 175–177) oder in durch Selbstabstimmung koordinierten Organisationen die Kommunikation im Team (→ *Gruppenverhalten und Gruppendenken*) (vgl. *Kehrmann* 2002, S. 65–143). Ob sich der Begriff des Controlling auch auf solche „Controller-losen" Bereiche ausdehnen wird, ist derzeit offen. Dafür spricht, dass die Fragen der Rationalitätssicherung in diesen Kontexten bislang noch nicht hinreichend diskutiert wurden.

IV. Organisation der Controller

Controller finden sich – wie angemerkt – fast ausschließlich in plankoordinierten Unternehmen. Auf diese beziehen sich auch die folgenden Aussagen.

Die oben skizzierten *Controlleraufgaben* lassen sich in drei Gruppen unterteilen, die für die Controllerorganisation relevant sind (vgl. *Weber* 2002, S. 83–86): Sie *entlasten* Manager, wenn diese ihnen konkrete Aufgaben stellen (z.B. Auftrag zur Informationssuche, Übertragung der Plandokumentation). Sie *ergänzen* Manager, wenn ihnen Gestaltungsspielräume bei der Aufgabenfestlegung gelassen werden (z.B. im Fall einer allgemein formulierten Entscheidungsunterstützungsfunktion) oder wenn die Manager die delegierte Aufgabe selbst nicht hinreichend ausführen könnten (z.B. im Fall der Counterpartfunktion). Als Sonderfall *begrenzen* sie Manager, wenn diese aufgrund von Eignungsdefiziten falsch oder bewusst opportunistisch handeln (Vetorecht). Für die Organisation der Controller bedeutet dies das Nebeneinander einer engen Nähe zum Manager bei gleichzeitiger Unabhängigkeit einerseits und die Abbildung der Leitungsorganisation in der Controllerorganisation andererseits. Den Hierarchieebenen der Instanz entspricht das Nebeneinander eines Zentralcontrolling und dezentraler Controller „vor Ort". Die Zahl der Controllerstellen und ihre Spezialisierung hängt wesentlich von der Führungsstruktur ab (z.B. Stammhauskonzern versus Finanzholding). Das Spannungsfeld zwischen managerorientierter Dienstleistung und Unabhängigkeit wird zumeist durch eine getrennte fachliche und disziplinarische Zuordnung („dotted line") berücksichtigt.

V. Erfolgswirkungen

Für Controlling ist – unabhängig von der gewählten Begriffsfassung – ein Bezug auf die Unternehmensziele bzw. eine Erfolgsorientierung kennzeichnend. Über die Erfolgswirkung des Controlling selbst liegen allerdings nur wenige Erkenntnisse vor. Selbst die Höhe der von den Controllern verursachten Kosten ist selten bekannt. Eine Rationalität des Controlling lässt sich bislang lediglich aus der fortdauernden praktischen Implementierung ableiten (*Effizienzhypothese*). Vorwürfe einer zu hohen Komplexität der Controllerorganisation oder einer zu starken, behindernden Einwirkung auf das Managementhandeln („Bremser") können so nicht entkräftet werden. Hier liegt ein wesentlicher empirischer Forschungsbedarf.

Literatur

Dehler, Markus: Entwicklungsstand der Logistik. Messung – Determinanten – Erfolgswirkungen, Wiesbaden 2001.
Friedl, Birgit: Controlling, Stuttgart 2003.
Gleich, Ronald: Das System des Performance Measurement. Theoretisches Grundkonzept, Entwicklungs- und Anwendungsstand, München 2001.
Hahn, Dietger: Controlling – Stand und Entwicklungstendenzen unter besonderer Berücksichtigung des CIM-Konzeptes, in: Rechnungswesen und EDV. 8. Saarbrücker Arbeitstagung, hrsg. v. *Scheer, Adolf-Wilhelm*, Heidelberg 1987, S. 3–39.

Hamprecht, Markus: Controlling von Konzernplanungssystemen. Theoretische Ableitung und betriebliche Realität führungsstrukturabhängiger Ausprägungsmuster, Wiesbaden 1996.
Hoffjan, Andreas: Entwicklung einer verhaltensorientierten Controlling-Konzeption für die Arbeitsverwaltung, Wiesbaden 1997.
Hoffmann, Friedrich: Merkmale der Führungsorganisation amerikanischer Unternehmen – Auszüge aus den Ergebnissen einer Forschungsreise, in: ZfO, Jg. 41, 1972, S. 85–89.
Homburg, Christian et al.: Interne Kundenorientierung der Kostenrechnung? Ergebnisse einer empirischen Untersuchung in deutschen Industrieunternehmen, in: DBW, Jg. 60, 2000, S. 241–256.
Horváth, Péter: Controlling, 8. A., München 2002.
Horváth, Péter: Entwicklung und Stand einer Konzeption zur Lösung der Adaptions- und Koordinationsprobleme der Führung, in: ZfB, Jg. 48, 1978, S. 194–208.
Kah, Arnd: Profitcenter-Steuerung. Ein Beitrag zur theoretischen Fundierung des Controlling anhand des Principal-Agent-Ansatzes, Stuttgart 1994.
Kehrmann, Titus: Rationalitätssicherung bei hohen Wissensdefiziten. Entwicklung eines Modells zum Controlling strategischer Problemlösungsteams, Wiesbaden 2002.
Küpper, Hans-Ulrich: Konzeption des Controlling aus betriebswirtschaftlicher Sicht, in: Rechnungswesen und EDV. 8. Saarbrücker Arbeitstagung, hrsg. v. *Scheer, Adolf-Wilhelm*, Heidelberg 1987, S. 82–116.
Menon, Ajay/Varadarajan, P. Rajan: A Model of Marketing Knowledge Use Within Firms, in: Journal of Marketing, Jg. 56, H. 10/1992, S. 53–71.
Reitmeyer, Thorsten: Qualität von Entscheidungsprozessen der Geschäftsleitung. Eine empirische Untersuchung mittelständischer Unternehmen, Wiesbaden 1999.
Ruhwedel, Franka/Schultze, Wolfgang: Value Reporting: Theoretische Konzeption und Umsetzung bei den DAX-100-Unternehmen, in: ZfbF, Jg. 54, 2002, S. 602–632.
Schäffer, Utz: Kontrolle als Lernprozess, Wiesbaden 2001.
Schäffer, Utz: Controlling für selbstabstimmende Gruppen?, Wiesbaden 1996.
Schneider, Dieter: Controlling im Zwiespalt zwischen Koordination und interner Mißerfolgs-Verschleierung, in: Effektives und schlankes Controlling, hrsg. v. *Horváth, Péter*, Stuttgart 1992, S. 11–35.
Wall, Frederike: Koordinationsfunktion des Controlling und Organisation, in: Kostenrechnungspraxis, Jg. 44, 2000, S. 295–304.
Weber, Jürgen: Einführung in das Controlling, 9. A., Stuttgart 2002.
Weber, Jürgen/Schäffer, Utz: Controlling als Koordinationsfunktion – 10 Jahre Küpper/Weber/Zünd, in: Kostenrechnungspraxis, Jg. 44, 2000, S. 109–118.
Weber, Jürgen/Schäffer, Utz: Sicherstellung der Rationalität von Führung als Funktion des Controlling, in: DBW, Jg. 59, 1999, S. 731–746.
Weber, Jürgen/Schäffer, Utz/Prenzler, Carsten: Charakterisierung und Entwicklung von Controlleraufgaben, in: Zeitschrift für Planung, Bd. 12, 2001, S. 25–46.
Zenz, Andreas: Strategisches Qualitätscontrolling. Konzeption als Metaführungsfunktion, Wiesbaden 1999.

Corporate Governance (Unternehmensverfassung)

Axel v. Werder

[s.a.: Aufsichtsrat; Board of Directors; Corporate Governance, internationaler Vergleich; Evaluation der Unternehmensführung; Geschäftsordnung; Grundsätze ordnungsmäßiger Unternehmensführung; Hauptversammlung und Aktionärseinfluss; Kapitalmarkt und Management; Management und Recht; Managementkompetenzen und Qualifikation; Managerialismus; Marktversagen und Organisationsversagen; Mitbestimmung, unternehmerische; Shareholder- und Stakeholder-Ansatz; Theorie der Unternehmung; Top Management (Vorstand); Transparenz der Unternehmensführung; Vergütung von Führungskräften.]

I. Begriff und Bedeutung der Corporate Governance; II. Grundlagen der Corporate Governance; III. Ausformungen der Corporate Governance; IV. Erfolgswirkungen der Corporate Governance; V. Ausblick.

Zusammenfassung

Corporate Governance (CG) – verstanden als Ordnungsrahmen für die Unternehmensführung – markiert eines der gegenwärtig meist diskutierten Managementthemen. Die Governanceprobleme resultieren im Kern daraus, dass die verschiedenen Stakeholder durch unvollständige Verträge mit dem Unternehmen verbunden sind und damit Spielräume für opportunistische Verhaltensweisen der Bezugsgruppen entstehen. Regelungen zur CG zielen daher auf die Kanalisierung der Opportunismusrisiken und -chancen der diversen Interessengruppen des Unternehmens ab. Sie können gesetzlich verankert oder untergesetzlich vereinbart sein, auf verschiedene Mechanismen und Prinzipien der CG zurückgreifen und ergeben je nach ihrer konkreten Ausprägung alternative Governancemodelle, die in einem internationalen Systemwettbewerb stehen und den Unternehmenserfolg beeinflussen.

I. Begriff und Bedeutung der Corporate Governance

CG bezeichnet in einer Kurzformel den rechtlichen und faktischen Ordnungsrahmen für die *Leitung* und *Überwachung* eines Unternehmens (vgl. *v. Werder* 2001, S. 2). Der Terminus weist weitgehende Überschneidungen mit dem Begriff der *Unternehmensverfassung* auf (vgl. auch *Kübler* 1994, S. 141 f.; *v. Werder* 2003a, Rdn. 1). Während die Unternehmensverfassung aber primär die Binnenordnung des Unternehmens betrifft, werden unter dem Stichwort CG auch

Fragen der (rechtlichen und faktischen) Einbindung des Unternehmens in sein Umfeld (wie namentlich den Kapitalmarkt) adressiert. Dabei kann im Zeitablauf eine deutliche Ausdehnung des Betrachtungsgegenstands festgestellt werden. Im ursprünglichen, amerikanisch geprägten Verständnis betreffen Governancefragen das (Kontroll-)Verhältnis zwischen den Aktionären (als Eigentümern des Unternehmens) und dem Management (als Inhaber der Verfügungsmacht im Unternehmen). Diese Richtung steht in der Tradition der bahnbrechenden Untersuchung von Berle und Means über die dysfunktionalen Wirkungen der Trennung von Eigentum und Verfügungsmacht (*Berle/Means* 1967). In der (kontinental)europäischen Debatte und zunehmend auch in der angelsächsischen Literatur wird der Fokus dagegen breiter angelegt. Neben Governanceproblemen zwischen Aktionären und Management werden auch solche im Verhältnis zwischen dem Management und anderen Stakeholdern sowie zwischen verschiedenen Stakeholdergruppen thematisiert. Ferner finden Fragen der Binnenorganisation der Unternehmensführung im Kontext der CG verstärkt Beachtung. Dabei steht insgesamt die große börsennotierte (Aktien-)Gesellschaft im Mittelpunkt des Interesses. Allerdings werden zunehmend auch andere Rechtsformen und Unternehmen mittlerer Größenordnungen aus dem Blickwinkel ihrer spezifischen Anforderungen an die CG analysiert (vgl. z.B. *Daily/Dalton* 1992; *Grundei/Talaulicar* 2002).

CG bzw. Unternehmensverfassung ist keineswegs ein neues Thema. So weist die Auseinandersetzung mit der (mangelnden) Effizienz der Führungsorgane wie namentlich dem → *Aufsichtsrat* (z.B. *Schmalenbach* 1911), aber auch die Debatte um die Mitbestimmung der Arbeitnehmer (→ *Mitbestimmung, unternehmerische*) in Deutschland eine lange Tradition auf. In den letzten Jahren hat die Diskussion über zweckmäßige Formen der Leitung und Überwachung von Unternehmen aber sowohl national als auch international einen bislang noch nicht da gewesenen Stellenwert erlangt. Treiber dieser Entwicklung sind zum einen die bekannten zahlreichen Fälle von *Missmanagement* und Unternehmensschieflagen im In- und Ausland. Zum anderen verleihen die → *Globalisierung* der Wirtschaft und die Liberalisierung der Kapitalmärkte der Diskussion um effiziente und transparente Formen der Unternehmensführung zusätzliche Schubkraft (→ *Kapitalmarkt und Management*).

II. Grundlagen der Corporate Governance

1. Funktionen der Corporate Governance

Unternehmen bilden Orte der Bündelung von Beiträgen verschiedener Akteure bzw. *Bezugsgruppen* (z.B. Anteilseigner, Arbeitnehmer, Lieferanten und Gläubiger) zur arbeitsteiligen Wertschöpfung unter Leitung eines Top Managements (→ *Theorie der Unternehmung*). Dabei werden die Beziehungen der Bezugsgruppen zum Unternehmen in expliziten oder impliziten Verträgen geregelt (*Jensen/Meckling* 1976, S. 310; *Cornell/Shapiro* 1987, S. 6 ff.; → *Vertragstheorie*). Die Governanceprobleme des Unternehmens lassen sich im Kern darauf zurückführen, dass die geschlossenen Verträge zwangsläufig bis zu einem gewissen Grade unvollständig sind und die diversen Bezugsgruppen teils unterschiedliche Interessen verfolgen. Je nach ihren Einflussmöglichkeiten auf das Unternehmensgeschehen können die Akteure somit versuchen, die Unvollständigkeiten der Verträge zu ihren Gunsten – und damit meist zu Lasten anderer Interessengruppen – auszunutzen. *Verträge* sind unvollständig, da und soweit sie sich auf Transaktionen in der Zukunft beziehen und nicht alle (komplexen und unvorhersehbaren) Entwicklungen im Austauschverhältnis zwischen den Vertragsparteien im Detail richtig und fair regeln können (vgl. *Hart* 1988, S. 123).

Bei der Abgrenzung der governancerelevanten Vertragsparteien stehen sich mit dem Shareholder-Konzept und dem Stakeholder-Konzept zwei prominente Positionen gegenüber (→ *Shareholder- und Stakeholder-Ansatz*). Der klassische Shareholder-Ansatz zur CG thematisiert ausschließlich das Verhältnis zwischen Aktionären und Top Management, das als Principal-Agent-Beziehung (→ *Prinzipal-Agenten-Ansatz*) modelliert wird. Diese Perspektive sieht sich einer wachsenden Grundsatzkritik durch den Stakeholder-Ansatz ausgesetzt, der neben den Interessen der Aktionäre auch die Belange weiterer Bezugsgruppen wie Arbeitnehmer, Lieferanten, Gläubiger und Allgemeinheit explizit in Governanceüberlegungen einbezieht. Hiermit wird berücksichtigt, dass neben den Aktionären auch andere Interessengruppen den Risiken unvollständiger Verträge ausgesetzt sind und damit Gefahr laufen können, Beiträge zur Wertschöpfung im Unternehmen zu leisten, die sich für sie persönlich nicht (im erwarteten Ausmaß) auszahlen („*hold up*"). Umgekehrt haben neben dem Management durchaus auch andere Stakeholder Möglichkeiten, von Unvollständigkeiten ihrer Verträge zu profitieren. Das Unternehmensgeschehen stellt sich somit als komplexes Geflecht von Austauschbeziehungen zahlreicher Akteure mit Opportunismusoptionen und Opportunismusrisiken dar.

Vor diesem Hintergrund haben Regelungen zur CG grundsätzlich die Aufgabe, durch geeignete rechtliche und faktische Arrangements aus Verfügungsrechten und Anreizsystemen die Spielräume sowie die Motivationen der Akteure für *opportunistisches Verhalten* einzuschränken (vgl. auch *Witt* 2003, S. 2, 17 ff.). Sie zielen darauf ab, unter Abwägung der Einbußen durch opportunistisches Verhalten (Opportunismuskosten) und der Aufwendungen für die Regelungen (Regulierungs- bzw. Governancekosten) (*Williamson*

1975, S. 90 ff.) möglichst günstige Bedingungen für eine produktive Wertschöpfung und faire Wertverteilung zu schaffen (vgl. auch *Blair* 1995, S. 39; *O'Sullivan* 2000, S. 1). Dabei bemisst sich die *Produktivität* der Wertschöpfung (und damit auch der ökonomische Unternehmenswert) letztlich nach dem Ausmaß der Fähigkeit des Unternehmens, die Ansprüche seiner Bezugsgruppen (bei gegebenen Beiträgen) nachhaltig zu erfüllen (vgl. auch *Prahalad* 1997, S. 54 ff.; *v. Werder* 1998, S. 90). Die *Fairness* der Wertverteilung kann unternehmenstheoretisch danach beurteilt werden, inwieweit sie den Relationen der Wertschöpfungsbeiträge und der Chancen bzw. Risiken aus unvollständigen Verträgen der einzelnen Stakeholder folgt.

2. Regelungsgegenstände der Corporate Governance

Aus den betriebswirtschaftlichen Anforderungen guter Unternehmensführung lassen sich vier generelle Gestaltungsfelder ableiten, auf die sich Governanceregeln erstrecken müssen (*v. Werder* 2001, S. 12):

(1) Regelungen zur Festlegung der übergeordneten Zielsetzung des Unternehmens:

Das übergeordnete *Unternehmensziel* bietet dem Top Management als Inhaber der obersten Verfügungsmacht im Unternehmen eine Handlungsmaxime, um *Interessenkonflikte* zwischen den Bezugsgruppen im Einzelfall zu bewältigen. Dabei ist grundlegend zu entscheiden, ob die Aktionärsinteressen mehr oder weniger eindeutig in den Vordergrund gestellt (Shareholder-Ansatz) oder aber auch die Belange der anderen Interessengruppen über das rechtlich und faktisch unabdingbare Mindestmaß hinaus berücksichtigt werden (Stakeholder-Ansatz). Das deutsche Aktienrecht verpflichtet die Führungsorgane der AG auf das *Unternehmensinteresse*, das aus der angemessenen Berücksichtigung der Einzelinteressen aller Bezugsgruppen resultiert.

(2) Regelungen für die Strukturen, Prozesse und Personen der Unternehmensführung, mit denen das Unternehmensziel erreicht werden soll:

Die Governancebestimmungen für die Führungsstrukturen, -prozesse und -personen sind besonders facettenreich und bilden den substanziellen Schwerpunkt der CG. Sie können bspw. wie in der deutschen AG einen mehrgliedrigen Organaufbau mit Hauptversammlung (→ *Hauptversammlung und Aktionärseinfluss*), Aufsichtsrat (→ *Aufsichtsrat*) und Vorstand (→ *Top Management (Vorstand)*) vorsehen, Regelungen für Kernprozesse guter CG wie die Informationsversorgung des Aufsichtsrats durch den Vorstand oder die Etablierung einer offenen *Diskussionskultur* zwischen Leitungs- und Überwachungsorgan beinhalten sowie Standards für die Qualifikationsanforderungen (→ *Managementkompetenzen und Qualifikation*) und die Vergütung (→ *Vergütung von Führungskräften*) der Mitglieder von Vorstand und Aufsichtsrat setzen.

(3) Regulierungen für regelmäßige Evaluationen der Führungsaktivitäten:

Diese Regeln dienen der Bestandsaufnahme und kontinuierlichen Verbesserung der Modalitäten der Unternehmensführung (→ *Evaluation der Unternehmensführung*). Ein Beispiel bildet die Empfehlung des Deutschen Corporate Governance Kodex (*DCGK*) an den Aufsichtsrat, die Effizienz seiner Tätigkeit regelmäßig zu überprüfen.

(4) Regelungen zur proaktiven Unternehmenskommunikation:

Regelungen zur → *Unternehmenskommunikation* zielen darauf ab, durch Herstellung von Transparenz (→ *Transparenz der Unternehmensführung*) das → *Vertrauen* und damit die letztlich existenznotwendige Unterstützung der relevanten Bezugsgruppen des Unternehmens zu gewinnen und zu festigen.

3. Regelungsebenen der Corporate Governance

Die Lösung von CG-Problemen kann prinzipiell entweder dem Marktgeschehen überlassen werden oder Gegenstand gezielter Regelungen sein. Da eine Regulierung grundsätzlich Kosten verursacht, sind marktliche Lösungen unter Effizienzgesichtspunkten im Prinzip vorzuziehen. Allerdings darf nicht übersehen werden, dass Märkte nicht selten unvollkommen sind und dann zu Wohlfahrtsverlusten und Verteilungsproblemen führen (→ *Marktversagen und Organisationsversagen*). Infolgedessen kann auf ein gewisses Maß an *Regulierung* (auch) im Governancezusammenhang nicht verzichtet werden, wobei das Verhältnis von Regulierungsnutzen (aus Behebung der Folgen von Marktversagen) und Regulierungskosten möglichst zu optimieren ist (vgl. *Bebchuk* 1992, S. 1485 ff.; *Kübler* 1994, S. 144).

Regelungen zur CG können auf drei verschiedenen *Regulierungsebenen* angesiedelt werden. Zunächst lassen sich die gesetzlichen Vorschriften von den untergesetzlichen Governancestandards abschichten. *Gesetzliche Vorschriften* zur CG sind das Ergebnis eines parlamentarischen (Gesetzgebungs-)Verfahrens und für alle Adressaten des betreffenden Gesetzes verbindlich. Untergesetzliche Governancestandards („soft law") haben hingegen nicht den Status formeller Rechtsregulierungen. Sie beruhen vielmehr häufig auf Initiativen aus Kreisen der Praxis, füllen die jeweils geltenden gesetzlichen Vorschriften aus und sollen qua (mehr oder weniger freiwilliger) *Selbstbindung* der Unternehmen wirksam werden. Innerhalb der Gruppe untergesetzlicher Governancestandards können nach ihrer Geltungsreichweite generelle Regelwerke für eine bestimmte, größere Gruppe von Unternehmen (z.B. Kodizes wie der *DCGK* (*v. Werder* 2002) und → *Grundsätze ordnungsmäßiger Unternehmensführung*) sowie unternehmensindividuelle Leitlinien (→ *Geschäftsordnung*) unterschieden werden.

III. Ausformungen der Corporate Governance

1. Mechanismen der Corporate Governance

CG-Regime können mit internen Kontrollen durch Unternehmensorgane und externen Kontrollen durch den Markt auf zwei prinzipiell unterschiedliche Mechanismen zurückgreifen, um Risiken aus unvollständigen Verträgen einzudämmen (vgl. *Witt* 2003, S. 12; *Cuervo* 2002, S. 84). Bei den – oft auch synonym als *interne CG* bezeichneten – *Organkontrollen* erhalten Stakeholder bestimmte Informations-, Überwachungs- und Entscheidungsrechte, die sie in die Lage versetzen, solche Risiken (besser) zu erkennen und im Rahmen ihrer Kompetenzen zu reduzieren. Ein prototypisches Beispiel bildet der Aufsichtsrat der AG, der es den dort vertretenen Bezugsgruppen (Aktionäre, oft aber auch z.B. Kreditgeber sowie Arbeitnehmer im Mitbestimmungsfall) erlaubt, den Vorstand zu kontrollieren. *Marktkontrollen* hingegen setzen – als *externe CG* – auf die ‚freiwillige' Koordination unterschiedlicher Interessen durch das Spiel der Marktkräfte von Angebot und Nachfrage. Im Zentrum diesbezüglicher Governanceüberlegungen steht hier bislang der (Eigenkapital-)Markt für Unternehmenskontrolle, der unbefriedigende Leistungen des Top Managements durch die idealtypische Sequenz von Aktienverkäufen, Kursrückgängen, feindlicher Übernahme und Auswechselung des Managements sanktioniert (s. näher *Manne* 1965, S. 112 ff.; → *Kapitalmarkt und Management*). Die Marktkontrolle ist als Governancemechanismus allerdings keineswegs auf den Markt für Eigenkapital beschränkt. Sie kann vielmehr durchaus auch auf anderen Märkten und damit zugunsten weiterer Stakeholder funktionieren.

Die Governancemechanismen der internen und externen Kontrolle beruhen auf den beiden Optionen „*Voice*" und „*Exit*" (*Hirschman* 1970), die unzufriedenen Transaktionspartnern zur Wahrnehmung ihrer Interessen grundsätzlich zur Verfügung stehen. Sie können danach entweder ihre Stimme erheben und auf diese Weise Einfluss auf das Verhalten ihres Transaktionspartners zu nehmen suchen (Voice) oder aber die Austauschbeziehung verlassen (Exit). Während Voice-Maßnahmen sowohl innerhalb (z.B. Aktionärseinfluss qua Hauptversammlung, → *Hauptversammlung und Aktionärseinfluss*) als auch außerhalb (z.B. Verbraucherkampagnen) des Unternehmens möglich sind, laufen Exit-Handlungen letztlich stets auf einen Marktpartnerwechsel hinaus.

2. Prinzipien der Corporate Governance

Ausgehend von den Ursachen der Governanceprobleme (unvollständige Verträge, unterschiedliche Interessen der Bezugsgruppen und opportunistisches Verhalten der Akteure) lassen sich bestimmte Gestaltungsprinzipien der CG identifizieren, welche die produktive Wertschöpfung und faire Wertverteilung fördern (sollen). Zu den wichtigsten Governanceprinzipien zählen die Gewaltenteilung, die Transparenz, die Reduzierung von Interessenkonflikten und die Motivation zu wertorientiertem Verhalten (*v. Werder* 2003b, S. 14 f.).

Durch *Gewaltenteilung* werden Verfügungsrechte auf mehrere Akteure verteilt und so Machtmonopole abgebaut, die anderenfalls zur eigennützigen Ausschöpfung von Opportunismusoptionen missbraucht werden könnten. Auf diese Weise werden „*checks and balances*" etabliert, die das Handeln bestimmter Personen der Kontrolle (i.w.S.) anderer Akteure unterwerfen.

Die Förderung der *Transparenz* des Unternehmensgeschehens durch Governanceregelungen zielt darauf ab, *Informationsasymmetrien* zwischen den verschiedenen Akteuren abzuschwächen. Zu denken ist vor allem an die breite Palette publizitäts-, kapitalmarkt- und arbeitsrechtlicher Vorschriften, welche die Unternehmen zur Offenlegung wichtiger Informationen verpflichten. Opportunistische Verhaltensweisen werden durch Transparenz eher sichtbar und daher mit Blick auf ansonsten drohende Sanktionen auch eher unterbleiben.

Governanceprobleme existieren u.a. nur deshalb, weil Stakeholder unterschiedliche und teils konträre Interessen verfolgen. Ein wichtiges Prinzip der CG besteht daher in der Eindämmung von *Interessenkonflikten*. Im Mittelpunkt steht dabei bislang – entsprechend dem klassischen Principal-Agent-Ansatz der CG – das Top Management, das aufgrund seiner privilegierten Verfügungsmacht besonders vielfältige Gelegenheiten hat, eigene Interessen über das Unternehmensinteresse zu stellen. Daneben werden aber auch andere Konfliktlagen wie etwa die von Banken, Aufsichtsratsmitgliedern, Abschlussprüfern und jüngst von Analysten adressiert. Interessenkonflikte lassen sich auf verschiedenen Wegen eindämmen. So können Kriterien der *Unabhängigkeit* formuliert, konflikträchtige Aktivitäten unterbunden (z.B. Trennung von Prüfung und Beratung) oder zumindest einem vorherigen Zustimmungsvorbehalt unterworfen werden.

Die → *Motivation* der Akteure soll ihren (eventuellen) Präferenzen für opportunistische Verhaltensweisen entgegenwirken und kann an den verschiedenen Faktoren der intrinsischen und extrinsischen Motivation anknüpfen (→ *Anreizsysteme, ökonomische und verhaltenswissenschaftliche Dimension*). Nicht zuletzt zählen hierzu auch die diversen *Haftungsvorschriften* zivil- und strafrechtlicher Natur, die vertrags- und gesetzwidrige Formen des Opportunismus mit entsprechenden Sanktionen belegen (→ *Wirtschaftskriminalität*).

3. Systeme der Corporate Governance

Systeme der CG bestehen aus diversen markanten Elementen rechtlicher und faktischer Natur, die unterschiedliche Ausprägungen annehmen können. Die jeweilige Kombination dieser (Ausprägungen der) Elemente führt zu spezifischen Arrangements institutioneller Regelungen und marktlicher Gegebenheiten, die insgesamt die Möglichkeiten der verschiedenen Stakeholder zur Einflussnahme auf das Unternehmensgeschehen bestimmen (vgl. *Schmidt/Hackethal/Tyrell* 2002, S. 30). Zu den wichtigsten rechtlichen Systemelementen zählen die maßgebliche übergeordnete Zielsetzung des Unternehmens (Shareholder- oder Stakeholder-Orientierung), Strukturmerkmale wie bspw. eine monistische (*Boardsystem*) (→ *Board of Directors*) oder dualistische (*Two Tier-System*) Verfassung und eine direktoriale (CEO) oder kollegiale (Vorstand) Leitungsorganisation, die Verankerung der Arbeitnehmer (Partizipation durch Mitbestimmung oder Ausübung externen Arbeitsmarktdrucks) und die primäre Ausrichtung von Publizität und Prüfung nach dem (eher aktionärsfreundlichen) Marktwertprinzip (US-GAAP) oder dem (eher gläubigerschützenden) Vorsichtsprinzip (HGB). Die faktischen Systemelemente umfassen namentlich Indikatoren des Kapitalmarkts wie etwa die Aktionärsstrukturen (Anteilskonzentrationen oder Streubesitz), das Verhältnis von Eigen- und Fremdfinanzierung der Unternehmen, die Rolle der Banken (Universalbank- oder Trennungsprinzip) und die Existenz personeller Verflechtungen zwischen den Unternehmen (interlocking directorates). Von Bedeutung sind aber auch generellere sozio-kulturelle Faktoren wie bspw. die ‚Governanceatmosphäre', die governancerelevante Werthaltungen der jeweiligen Gesellschaft beinhaltet und z.B. bestimmt, welche Managementvergütungen noch als angemessen und inwieweit opportunistische Verhaltensweisen als verwerflich angesehen werden (→ *Unternehmensethik*).

In der Realität lassen sich charakteristische Kombinationen dieser Elementausprägungen identifizieren, die als so genannte Systemtypen oder *Governancemodelle* grundlegende Alternativen des Umgangs mit dem CG-Problem markieren. Besondere Bedeutung kommt dabei der Gegenüberstellung des angelsächsischen und des kontinentaleuropäischen Modells zu (→ *Corporate Governance, internationaler Vergleich*). Derartige Kontrastierungen alternativer Systemtypen laufen naturgemäß Gefahr, holzschnittartig zu überzeichnen und notwendigen Nuancierungen nicht gerecht zu werden. Sie werfen gleichwohl auf der Makroebene der Rechtsordnungen die interessante Frage auf, ob bestimmte Modelle der CG den betreffenden Volkswirtschaften Wettbewerbsvorteile bieten und sich daher womöglich im (System-)*Wettbewerb* auch in Ländern durchsetzen, die ursprünglich ein anderes Governancesystem gehabt haben. Die Beantwortung dieser Frage ist – was häufig übersehen wird – ein komplexes Unterfangen, da die ökonomische *Effizienz* von Governancesystemen von zahlreichen Faktoren wie namentlich der Komplementarität der Systemelemente (*Schmidt/Hackethal/Tyrell* 2002, S. 12; *Witt* 2003, S. 33) und ihrer Einpassung in das jeweilige wirtschaftliche, rechtliche und sozio-kulturelle Umsystem abhängt. Hinzu kommt, dass nicht allein die ökonomische Effizienz, sondern auch andere Faktoren wie namentlich politische (Macht-)Verhältnisse darüber entscheiden, ob und welche Governancesysteme sich international durchsetzen (vgl. hierzu auch *Roe* 2000, S. 546 ff.).

IV. Erfolgswirkungen der Corporate Governance

Die Generalthese der Governancedebatte lautet, dass Unternehmen mit guter CG erfolgreicher sind als solche mit unzulänglichen Führungsmodalitäten. Die Annahme eines positiven Zusammenhangs zwischen CG und *Unternehmenserfolg* darf zwar durchaus als plausibel gelten. Der empirische Nachweis dieser Korrelation ist jedoch bei näherem Hinsehen schwierig und bislang allenfalls bruchstückhaft gelungen.

Die Probleme, verlässliche Aussagen zu den Erfolgswirkungen alternativer Formen der CG zu treffen, beruhen zum einen darauf, dass Governancesysteme aus zahlreichen Systemelementen bestehen, die ihrerseits ein hohes Maß an Komplexität aufweisen und miteinander in vielfältigen Wechselwirkungen stehen. Je umfassender diese Interdependenzen berücksichtigt werden, desto mehr geht die Analyse in einen Effizienzvergleich von Governancesystemen insgesamt und damit auf die Makroebene (s. Abschn. III.3.) über. Zum anderen ist zu beachten, dass der – wie auch immer im Einzelnen definierte – Unternehmenserfolg keineswegs ausschließlich von den Governancemodalitäten beeinflusst wird, sondern von zahlreichen weiteren Faktoren wie z.B. den Geschäftsfeld- und Wettbewerbsstrategien des Unternehmens (→ *Strategisches Management*; → *Wettbewerbsstrategien*). Einfache Ursache-Wirkungs-Aussagen sind vor diesem Hintergrund zwangsläufig problematisch.

Betrachtet man die Beziehungen zwischen CG und Unternehmenserfolg fokussiert aus der betriebswirtschaftlichen Mikroperspektive, so ist das Augenmerk auf Governanceaspekte zu richten, die von den Unternehmen (mehr oder weniger) autonom gestaltet werden können. Zu denken ist folglich an die breite Palette von Detailfragen der internen (Leitungs- und Überwachungsgepflogenheiten) und externen CG (z.B. Transparenz), die – im Rahmen gesetzlicher Vorgaben – der unternehmensindividuellen Gestaltung zugänglich sind. Einen konkreten, wenn auch in keiner Weise abschließenden Katalog solcher Aspekte enthält bspw. der *DCGK* mit seinen zahlreichen Empfehlungen und Anregungen zur Unternehmensführung. Diese und weitere Standards ‚guter'

CG werfen streng genommen stets die Frage auf, ob ihre Befolgung tatsächlich den Unternehmenserfolg erhöht und sich damit ‚lohnt'. Soweit überhaupt diesbezügliche Studien vorliegen, kommen sie nicht selten zu uneinheitlichen Befunden (vgl. exemplarisch *Rechner/Dalton* 1991 einerseits und *Baliga/Moyer/Rao* 1996 andererseits). Die heute noch unsicheren Erkenntnisse über die Erfolgskonsequenzen der CG mahnen somit zur Vorsicht bei entsprechenden Effizienzaussagen. Sie sprechen allerdings in Anbetracht der schwierigen Beweisführung auch nicht per se gegen die Formulierung und Einhaltung von Governancestandards. Soweit die Standards plausibel sind und bereits von zahlreichen Unternehmen (ohne erkennbaren Schaden) praktiziert werden, dürfen sie als ‚Best Practice' eine gewisse Effizienzvermutung für sich beanspruchen.

V. Ausblick

Die große Bandbreite ökonomischer Fragestellungen, die mit der Leitung und Überwachung von Unternehmen verbunden sind, und die bislang nicht gekannte starke Resonanz in der Praxis legen die Prognose nahe, dass das Thema CG keine vorübergehende Modeerscheinung ist, sondern sich als feste Größe auf der betriebswirtschaftlichen Agenda etablieren wird. Dabei stehen Wissenschaft wie Governancepraxis noch vor großen Herausforderungen. In der Forschung ist vor allem der empirische Erkenntnisstand über die tatsächlich praktizierten Governancegepflogenheiten, ihre Beeinflussung durch gesetzliche und untergesetzliche Regelungen und ihre Konsequenzen für den Unternehmenserfolg zu verbessern. In der Praxis werden die schon angestoßenen und für die Zukunft noch zu erwartenden Reformen der CG die gegenwärtig schon zu beobachtenden Veränderungsprozesse (*v. Werder/Talaulicar/Kolat* 2003) noch verstärken.

Literatur

Baliga, B. Ram/Moyer, R. Charles/Rao, Ramesh S.: CEO Duality and Firm Performance, in: SMJ, Jg. 17, 1996, S. 41–53.
Bebchuk, Lucian Arye: Federalism and the Corporation, in: Harvard Law Review, Jg. 105, 1992, S. 1435–1510.
Berle, Adolf A./Means, Gardiner C.: The Modern Corporation and Private Property. Revised Edition, New York 1967.
Blair, Margaret M.: Ownership and Control, Washington, DC 1995.
Cornell, Bradford/Shapiro, Alan C.: Corporate Stakeholders and Corporate Finance, in: Financial Management, Jg. 16, H. 1/1987, S. 5–14.
Cuervo, Alvaro: Corporate Governance Mechanisms, in: Corporate Governance – An International Review, Jg. 10, 2002, S. 84–93.
Daily, Catherine M./Dalton, Dan R.: The Relationship between Governance Structure and Corporate Performance in Entrepreneurial Firms, in: Journal of Business Venturing, Jg. 7, 1992, S. 375–386.
Grundei, Jens/Talaulicar, Till: Company Law and Corporate Governance of Start-ups in Germany, in: JMG, Jg. 6, 2002, S. 1–27.
Hart, Oliver D.: Incomplete Contracts and the Theory of the Firm, in: Journal of Law, Economics, and Organization, Jg. 4, 1988, S. 119–139.
Hirschman, Albert O.: Exit, Voice and Loyalty, Cambridge, MA 1970.
Jensen, Michael C./Meckling, William H.: Theory of the Firm, in: Journal of Financial Economics, Jg. 3, 1976, S. 305–360.
Kübler, Friedrich: Aktienrechtsreform und Unternehmensverfassung, in: AG, Jg. 39, 1994, S. 141–148.
Manne, Henry G.: Mergers and the Market for Corporate Control, in: J.Polit.Econ., Jg. 73, 1965, S. 110–120.
O'Sullivan, Mary: Contests for Corporate Control, Oxford 2000.
Prahalad, C. K.: Corporate Governance or Corporate Value Added?, in: Studies in International Corporate Finance and Governance Systems, hrsg. v. *Chew, Donald H.*, New York – Oxford 1997, S. 46–56.
Rechner, Paula L./Dalton, Dan R.: CEO Duality and Organizational Performance, in: SMJ, Jg. 12, 1991, S. 155–160.
Roe, Mark J.: Political Preconditions to Separating Ownership from Corporate Control, in: Stanford Law Review, Jg. 53, 2000, S. 539–606.
Schmalenbach, Eugen: Die Überwachungspflicht des Aufsichtsrats, in: ZfhF, Jg. 5, 1911, S. 271–283.
Schmidt, Reinhard H./Hackethal, Andreas/Tyrell, Marcel: The Convergence of Financial Systems in Europe, in: sbr, Special Issue No. 1/2002, S. 7–53.
Werder, Axel v.: Kommentierungen, in: Kommentar zum Deutschen Corporate Governance Kodex, hrsg. v. *Ringleb, Henrik-Michael* et al., München 2003a.
Werder, Axel v.: Ökonomische Grundfragen der Corporate Governance, in: Handbuch Corporate Governance, hrsg. v. *Hommelhoff, Peter/Hopt, Klaus J./Werder, Axel v.*, Köln – Stuttgart 2003b, S. 3–27.
Werder, Axel v.: Der Deutsche Corporate Governance Kodex – Grundlagen und Einzelbestimmungen, in: DB, Jg. 55, 2002, S. 801–810.
Werder, Axel v.: Der German Code of Corporate Governance im Kontext der internationalen Governance-Debatte, in: German Code of Corporate Governance (GCCG), hrsg. v. *Werder, Axel v.*, 2. A., Stuttgart 2001, S. 1–33.
Werder, Axel v.: Shareholder Value-Ansatz als (einzige) Richtschnur des Vorstandshandelns?, in: ZGR, Jg. 27, 1998, S. 69–91.
Werder, Axel v./Talaulicar, Till/Kolat, Georg L.: Kodex Report 2003, in: DB, Jg. 56, 2003, S. 1857–1863.
Williamson, Oliver E.: Markets and Hierarchies, New York 1975.
Witt, Peter: Corporate Governance-Systeme im Wettbewerb, Wiesbaden 2003.

Corporate Governance, internationaler Vergleich

Elmar Gerum

[s.a.: Aufsichtsrat; Board of Directors; Corporate Governance (Unternehmensverfassung); Kulturvergleichende Organisationsforschung; Managerialismus; Mitbestimmung, unternehmerische; Routinen und Pfadabhängigkeit; Shareholder- und Stakeholder-Ansatz.]

I. Problemstellung; II. Systematisierung, Vergleich und Erklärung *von Corporate Governance-Systemen;* III. *Corporate Governance-Kodices: Harmonisierung durch Politik;* IV. *Die Konvergenzdebatte.*

Zusammenfassung

Der Vergleich der nationalen Corporate Governance-Systeme zeigt eine große Vielfalt im Hinblick auf die verfassungskonstituierenden Interessen und die Antworten auf die Organisations- und Kontrollproblematik von Corporate Governance. Politisch wird eine Harmonisierung durch Corporate Governance-Kodices angestrebt. Die Nachhaltigkeit und ökonomische Effizienz einer Konvergenz der Corporate Governance-Systeme ist umstritten.

I. Problemstellung

In den letzen 20 Jahren hat das wissenschaftliche, aber auch das öffentliche Interesse an „comparative corporate governance" beständig zugenommen. Internationale Kapitalverflechtungen, die Integrationsbemühungen in Europa sowie die zunehmende → *Globalisierung* des Wettbewerbs auf Güter- und Kapitalmärkten haben diesen Trend ausgelöst. Ferner waren es immer wieder Krisen, Firmenzusammenbrüche oder spektakuläre Fehlschläge von Unternehmen, die das Verhalten der Führungs- und Aufsichtsorgane ins Blickfeld rückten. Die Suche nach Problemlösungen und Gestaltungsoptionen für die Rechtspolitik führt dann schier zwangsläufig zum internationalen Vergleich. Eine zentrale Bedeutung gewinnt dabei die immer intensiver diskutierte Frage, ob mit einer Konvergenz der *Corporate Governance-Systeme* (CG-Systeme) zu rechnen ist oder ob sich die nationalen Systeme nachhaltig unterscheiden werden.

II. Systematisierung, Vergleich und Erklärung *von Corporate Governance-Systemen*

Für die Beschreibung, den Vergleich und die Erklärung der nationalen CG-Systeme finden sich die unterschiedlichsten Ansätze in der Literatur. Diese beziehen sich mit differierendem Fokus und Gewicht auf die Interessen- bzw. Legitimationsfrage und/oder die Organisations- und Kontrollproblematik von Corporate Governance.

1. *Interessenorientierte Ansätze*

CG-Systeme lassen sich danach vergleichen, welche Interessen aus dem Kreis der verfassungsrelevanten Interessen im Wirtschaftsprozess das jeweilige nationale CG-System konstituieren (*Steinmann* 1969). Die Grundlage für alle westlichen Industrienationen bildet das interessenmonistisch kapitalistische CG-System, wie es sich prototypisch in den USA oder Großbritannien findet. Eine interessenmonistische Alternative stellte früher das jugoslawische Modell der Arbeiterselbstverwaltung dar. Durch die Mitbestimmung der Arbeitnehmer in Unternehmen und Betrieb sind zahlreiche europäische CG-Systeme – und auch die *Europäische Aktiengesellschaft* – mit variierender Intensität interessendualistisch ausgeprägt (→ *Mitbestimmung, betriebliche,* → *Mitbestimmung, unternehmerische*). In einzelnen CG-Systemen ist ferner das öffentliche Interesse eigenständig vertreten. Ein interessenpluralistisches CG-System gilt in Schweden für die Banken und stellt die deutsche Montanmitbestimmung dar, wenn man den „Neutralen" als Vertreter des öffentlichen Interesses versteht (*Gerum* 1989).

Die interessenbezogene Analyse orientiert sich ferner an der Unterscheidung von Shareholdern und Stakeholdern (→ *Shareholder- und Stakeholder-Ansatz*). Großbritannien und USA gelten danach als Prototypen für das Shareholder-System, als dessen klassisches Problem die Managerherrschaft agency-theoretisch analysiert wird (*Shleifer/Vishny* 1997). Dem Stakeholder-Ansatz zugeordnet werden insbesondere die CG-Systeme von Deutschland, Österreich, den Niederlanden, den skandinavischen Ländern und Japan. Deren Analyse geht von der Ressourcentheorie aus und bedient sich der *Theorie der unvollständigen Verträge* (*Hoshi* 1998; *Tirole* 2001).

2. *Fokussierung der Organisations- und Kontrollproblematik*

a) *Varianten der Führungsorganisation*

Einen traditionellen Schwerpunkt beim Vergleich der CG-Systeme bildet die Organisation der Unternehmensführung (→ *Planung*, Realisation; → *Kontrolle*). Idealtypisch werden hier das *Vereinigungsmodell* und das *Trennungsmodell* unterschieden (*Steinmann/Gerum* 1978). Die klassischen Antworten der nationalen Rechtsordnungen für die Aktiengesellschaft als dem Prototyp der Großunternehmung lauten: Das einstufige Board- bzw. Verwaltungsrats-System mit der Vereinigung von Geschäftsführung und Kontrolle und das zweistufige Vorstand-Aufsichtsrat-System, das diese Funktionen explizit trennt.

Das in Deutschland erfundene Aufsichtsratssystem, findet sich modifiziert auch in Österreich und gilt in den Niederlanden für die große Aktiengesellschaft. In Frankreich kann es auf freiwilliger Basis eingeführt werden. Die klassischen Länder des Boardsystems sind Großbritannien und USA mit dem → *Board of Directors* sowie Frankreich mit dem conseil d'administration. Das Verwaltungsratssystem existiert ferner auch in Belgien und Luxemburg, in der Schweiz sowie in Irland, Australien, Neuseeland und Kanada, ferner in Italien, Spanien, Portugal, in Griechenland, in Dänemark und Schweden sowie in Japan, Singapur und Hongkong. In den Niederlanden gilt es für kleine Aktiengesellschaften. Das Grundmuster ist auch hier wieder ausdifferenziert und kann – wie in der Schweiz – von einer Identität zwischen Verwaltung und Geschäftsleitung über die Delegation einzelner Geschäftsführungskompetenzen bis hin zur vollständigen Trennung zwischen Verwaltungsrat und Geschäftsleitung reichen. Weltweit dominiert das Verwaltungsratssystem, wobei allerdings der Aufsichtsrat als Monitoring Model in der Debatte immer wieder starke Resonanz findet. In der *Europäischen AG* gelten das duale System (Leitungsorgan/Aufsichtsorgan) und das monistische System (Verwaltungsorgan) als gleichwertige Optionen.

b) Muster der Unternehmensfinanzierung

Neben der institutionellen Ordnung der Führungsfunktionen dienen insbesondere die Muster der Unternehmensfinanzierung und die sich daraus ergebenden institutionellen Merkmale zur Systematisierung und dem Verstehen der nationalen CG-Systeme. Man unterscheidet hier zwischen finanzmarktorientierten bzw. *outsiderkontrollierten* Systemen und bankorientierten bzw. Systemen mit *Insiderkontrolle* (*Franks/Mayer* 1995; *Moerland* 1995; *Berglöf* 1997; *Hackethal/Schmidt* 2000). Als marktorientierte CG-Systeme werden Großbritannien und die USA charakterisiert, die über einen gut entwickelten Finanzmarkt verfügen, in denen die Unternehmen zum größten Teil an der Börse notiert sind, die Anteilskonzentration gering ist und ein aktiver *Markt für Unternehmenskontrolle* existiert. Die bankorientierten CG-Systeme in Deutschland, Frankreich und Japan zeichnen sich dagegen durch die zentrale Stellung von Universalbanken oder Hausbanken bei der Finanzierung und Kontrolle der Unternehmen aus, in denen eine hohe Anteilskonzentration und Konzernverflechtungen vorherrschen. Während hier die überragende Rolle der Banken an der Finanzierung der Unternehmen im Zeitablauf stabil blieb, nahm die geringe Bedeutung amerikanischer Banken zugunsten kapitalmarktnah operierender Finanzintermediäre wie Versicherungen, Investmentfonds und Finance Companies in den letzten 25 Jahren immer weiter ab.

3. Ganzheitliche Analysekonzepte

a) Markt- versus netzwerkorientierte CG-Systeme

Für den Vergleich von CG-Systemen wurde eine Taxonomie entwickelt, die von acht interessen-, organisations- und finanzierungsbezogenen Kategorien ausgeht (*Weimer/Pape* 1999). Die Analyse der nationalen Verhältnisse führe zu vier Typen: dem anglo-amerikanischen System (USA, Großbritannien, Kanada, Australien), dem deutschen (Deutschland, Niederlande, Schweiz, Schweden, Österreich Dänemark, Norwegen, Finnland) und dem romanischen System (Frankreich, Italien, Spanien, Belgien) sowie dem japanischen System. Schließlich wird die These vertreten, dass dem deutschen, dem romanischen und dem japanischen System gemeinsam eine Netzwerkorientierung eigen sei. Die zentralen Entscheidungen im Unternehmen würden im einen *Netzwerk* relativ stabiler Beziehungen getroffen. In Deutschland erfolge dies in Abstimmung mit den Banken und Arbeitnehmern, in Frankreich in einem System wechselseitiger Kapitalbeteiligungen und mit der Regierung, in Italien durch die „Familienkontrolle" und in Japan durch die Integration in eine Firmengruppe. Davon unterscheide sich das anglo-amerikanische System durch eine strikte Marktorientierung.

b) Systeme der Unternehmenskontrolle

Für die Beschreibung und Analyse der Finanzsysteme verschiedener Länder wurde ein Konzept entwickelt, das neben den Teilsystemen Unternehmensfinanzierung und Unternehmensstrategie als weiteres das „System der Unternehmenskontrolle" postuliert (*Hackethal/Schmidt* 2000). Dieses umfasse die Gesamtheit der Regelungen und Mechanismen, mit denen die Anteilseigner, die Gläubiger und die Mitarbeiter eines Unternehmens ihre Interessen bei Unternehmensentscheidungen wahrnehmen und durchsetzen können. Die Einflussmechanismen der Interessengruppen werden jeweils durch einen bipolar ausgeprägten Modus gekennzeichnet. Idealtypisch stehen den Anteilseignern der Modus Liquity-Orientierung (Markt für Unternehmenskontrolle) oder der unternehmensinterne Control-Modus zur Verfügung. Für die Banken als Gläubiger bilden Arm's Length Lending und Relationship Lending (Hausbank) die Alternativen. Der Einfluss der Mitarbeiter manifestiert sich in Outside Opportunities oder Internal Influence (interner Arbeitsmarkt, Mitbestimmung). Empirisch seien die Modi Control, Relationship Lending und Internal Influence in Deutschland und Japan verbreiteter, während in den USA und Großbritannien Liquity, Arm's Length Lending und Outside Opportunities als Modi der Interessenwahrung dominierten.

c) Kontrollphilosophien als Paradigmen

Zur Unterscheidung, Erklärung und Analyse von CG-Systemen werden schließlich – in Anlehnung an *Hirschman* 1970 – die idealtypischen *Kontrollphilosophien* Exit und Voice (*Thompson/Wright* 1995; *Nooteboom* 1999) bzw. Exit, Voice und Loyalty (*Gerum* 1998) herangezogen. Damit verbunden ist die Auffassung, dass diese Kontrollphilosophien als Paradigmen das wirtschaftlich relevante Rechtssystem und die Handlungsmuster der Akteure in den Unternehmen und Märkten ganzheitlich prägen.

Als Exit-geprägte CG-Systeme werden regelmäßig das britische und das US-amerikanische interpretiert. In den USA obliegt dem Board of Directors auch eine Treuhänderfunktion gegenüber den Aktionären, die das Management über die Exit-Option am *Kapitalmarkt* (*Markt für Unternehmenskontrolle*) kontrollieren. Bei der Unternehmensfinanzierung dominiert konsequenterweise der Aktienmarkt; dazu passte wiederum das *Trennbankensystem*, das die Fremdfinanzierung mit gleichzeitiger Absicherung durch Unternehmensbeteiligungen bis 1999 verbot. Verglichen mit dem hohen Anlegerschutz ist dann auch der Gläubigerschutz schwach ausgeprägt. Die Exit-Option ist ferner leitend für die Institutionen und Mechanismen am Arbeitsmarkt. Ein schwacher Kündigungsschutz (Hire and Fire) und keine Beteiligung der Arbeitnehmer an den Unternehmensentscheidungen stärken die Bedeutung des externen Arbeitsmarktes und seine Flexibilität.

Das deutsche CG-System gilt dagegen als das klassische Beispiel für die Kontrolle durch Voice. Mit dem → *Aufsichtsrat* und seinen Informations-, Kontroll- und Widerspruchsrechten ist die Möglichkeit zu organisationsinternem Widerspruch institutionalisiert. Damit korrespondiert die Unternehmensfinanzierung durch Hausbanken, die sowohl Gläubiger sind als auch Anleger sein können. Dieses *Universalbankensystem* ermöglicht einerseits starke personelle Verflechtungen und damit Voice-Optionen und befördert andererseits die Unternehmensfinanzierung über Kredite. Stimmig damit ist der relativ starke Gläubigerschutz, während der Anlegerschutz in Deutschland keine Tradition hat. Die Voice-Logik des deutschen CG-Systems spiegelt sich auch in den institutionellen Verhältnissen am Arbeitsmarkt wider. Charakteristisch ist hier ein starker Kündigungsschutz, die Mitbestimmung in Unternehmen (→ *Mitbestimmung, unternehmerische*) und Betrieb (→ *Mitbestimmung, betriebliche*) sowie die ausgeprägte Präferenz für interne Arbeitsmärkte.

Kontrolle durch Loyalty bietet den Schlüssel zum Verständnis des japanischen CG-Systems. Informelle Regeln und Selbstbindung durch *Loyalität* prägen die Handlungsmuster von Anteilseignern, Managern, Banken und Mitarbeitern. Entscheidungszentrum in den meisten größeren japanischen AG ist nicht der Board of Directors (torishimari jaku kai), sondern ein gesetzlich überhaupt nicht vorgesehener Geschäftsführender Ausschuss (jomu kai), der nur aus Insidern besteht. In diesem Gremium herrscht eine starke Konsenskultur. Widerspruch erfolgt auch nicht in der Hauptversammlung, die eine bloße Zeremonie darstellt. Kontrolle findet auch nicht am Kapitalmarkt statt, da 3/4 der Aktien börsennotierter japanischer Gesellschaften sich im Besitz fester Aktionäre befinden (Interlocking Shareholding). Die Unternehmensfinanzierung wird durch eine „Hauptbank", die meist der größte Anteilseigner und Kreditgeber ist, sichergestellt. Dieses System basiert auf Reziprozität und garantiert den Beteiligten Stabilität. Die Garantie lebenslanger Beschäftigung und unternehmensbezogene Gewerkschaften repräsentieren die Loyalitätsphilosophie japanischer Arbeitsbeziehungen.

III. Corporate Governance-Kodices: Harmonisierung durch Politik

Durch die → *Globalisierung* und die Asienkrise wurde ein politischer Prozess angestoßen, der auf die Harmonisierung der CG-Systeme durch allgemein anerkannte Mindeststandards zielt (*Berrar* 2001). Ausdruck dieses Bemühens sind die 1999 verabschiedeten „*OECD-Principles of Corporate Governance*". Sie sind allerdings nicht verbindlich; sie sollen als Richtschnur für die nationale Gesetzgebung und Maßstab für die nationalen Kodices dienen.

Die OECD-Prinzipien beziehen sich auf fünf Themenfelder: (1) Die Rechte der Aktionäre, wobei es insbesondere um die Wahl des Aufsichtsrates, den Unternehmensgewinn, die Mitwirkung an zentralen Entscheidungen und den Markt für Unternehmensübernahmen geht; (2) die Gleichbehandlung der Aktionäre, die sich gegen Insider Trading und In-sich-Geschäfte richtet; (3) die Rolle der *Stakeholder*, für die, über die Anerkennung ihrer gesetzlich verankerten Rechte hinaus, die aktive Zusammenarbeit zwischen Unternehmen und Stakeholdern postuliert wird; (4) Offenlegung und *Transparenz*, wobei es vor allem um die Eigentumsverhältnisse und die externe, unabhängige Prüfung und Veröffentlichung der Vermögens-, Ertrags- und Finanzlage geht; (5) Pflichten des Aufsichtsrates bzw. Boards, bei denen die Überwachung des Managements und die Rechenschaftspflicht der Verwaltung gegenüber den Aktionären hervorgehoben werden.

IV. Die Konvergenzdebatte

Die Frage, wie sich die nationalen CG-Systeme entwickeln werden und ob eine Konvergenz überhaupt wünschenswert ist, ist ökonomietheoretisch umstritten. Im Rahmen der *Theorie des Systemwettbewerbs* (*Kerber* 1998) können hier zwei Positionen unterschieden werden. Die Optimisten argumentieren, dass, durch die → *Globalisierung* ausgelöst, ein verschärfter Wettbewerb zwischen den Ländern zu einer Konvergenz auf ein effizientes institutionelles Arrangement führen werde (Race to the Top). In der Regel wird dann ein CG-System anglo-amerikanischer Prägung erwartet. Dagegen wird von den Pessimisten eingewendet, dass Systemwettbewerb zu Marktversagen (→ *Marktversagen und Organisationsversagen*) und der Herausbildung ineffizienter Institutionen führen könne (Race to the Bottom) und so die Funktionsfähigkeit gewachsener CG-Systeme in Frage gestellt werde.

In diesem Zusammenhang wird dann auch auf die *Pfadabhängigkeit* von CG-Systemen verwiesen (*Bebchuk/Roe* 1999; *Schmidt/Spindler* 2002; *Heine/Stieglitz* 2003). Danach existieren stabilisierende Faktoren, die erklären, warum sich weltweit so verschiedenartige, persistente CG-Systeme finden. Dies sind zunächst die statischen Einflussgrößen versunkene Kosten und Unsicherheit. *Versunkene Kosten* treten insbesondere bei den auf die Anwendung eines bestimmten CG-Systems spezialisierten Fachleuten (Ministerialbeamte, Rechtsanwälte, Unternehmensberater) auf. *Unsicherheit* stabilisiert ein CG-System dadurch, dass im Problemfall auf bewährte *Routinen* zurückgegriffen und so die Komplexität reduziert wird. Mit existierenden CG-Systemen sind ferner dynamische Skalenvorteile durch *Lerneffekte* und *Netzwerkexternalitäten* verbunden. Während der Lerneffekt auf den positiven externen Effekt des in der Vergangenheit akkumulierten Wissens abstellt, entsteht die Netzwerkexternalität aus der Gleichzeitigkeit der Anwendung des Systems. Dies erhöht die Wahrscheinlichkeit, dass in der Zukunft das → *Wissen* verbessert wird. Schließlich stellen institutionelle *Komplementaritäten* einen weiteren und gewichtigen stabilisierenden Faktor dar. CG-Systeme bestehen – wie gezeigt – aus interdependenten Regeln, von deren *Konsistenz* die Funktionsfähigkeit des Systems abhängt. Danach können dann eben nicht CG-Strukturen beliebig zu Mischsystemen kombiniert werden, ohne in die Krise zu geraten.

Im Lichte dieses Argumentationshaushalts erscheinen Tendenzaussagen und Wertungen wegen singulärer Ereignisse (feindliche Übernahme von Mannesmann, Enron) oder rechtspolitischer Aktionismus bei schwankendem wirtschaftlichen Erfolg einzelner Länder fragwürdig. Nationale CG-Systeme sind – Konsistenz unterstellt – relativ zu ihrem Wertsystem effizient. Die Reform von CG-Systemen sollte dieser Einsicht Rechnung tragen. Dass es auf der Handlungsebene in divergenten CG-Systemen zu einer Angleichung der Aktivitäten kommen kann und sich insofern „Konvergenz trotz Varianz" (*Gerum* 1998) findet, widerspricht dem nicht.

Literatur

Bebchuk, Lucian A./Roe, Marc J.: A theory of path dependence in corporate ownership and governance, in: Stanford Law Review, Jg. 52, 1999, S. 127–170.
Berglöf, Erik: A note on the typology of financial systems, in: Comparative corporate governance, hrsg. v. *Hopt, Klaus/Wymeersch, Eddy*, Berlin, New York 1997, S. 151–164.
Berrar, Carsten: Die Entwicklung der Corporate Governance in Deutschland im internationalen Vergleich, Baden-Baden 2001.
Charkham, Jonathan: Keeping good company, Oxford 1994.
Franks, Julian/Mayer, Colin: Ownership and control, in: Trends in business organization: Do participation and co-operation increase competitiveness?, hrsg. v. *Siebert, Horst*, Tübingen 1995, S. 171–195.
Gerum, Elmar: Organisation der Unternehmensführung im internationalen Vergleich – insbesondere Deutschland, USA und Japan, in: Organisation im Wandel der Märkte, hrsg. v. *Glaser, Horst/Schröder, Ernst/Werder, Axel v.*, Wiesbaden 1998, S. 135–153.
Gerum, Elmar: Unternehmensverfassung, internationale, in: HWInt, hrsg. v. *Macharzina, Klaus/Welge, Martin K.*, Stuttgart 1989, Sp. 2140–2154.
Hackethal, Andreas/Schmidt, Reinhard H.: Finanzsysteme und Komplementarität, in: Beihefte zu Kredit und Kapital, Finanzmärkte im Umbruch, H. 15/2000, S. 53–102.
Heine, Klaus/Stieglitz, Nils: Corporate Governance, Konvergenz und institutionelle Lock-Ins, in: Modern Governance. Koordination und Organisation zwischen Konkurrenz, Hierarchie und Solidarität, hrsg. v. *Edeling, Thomas/Jahn, Werner/Wagner, Dieter*, Opladen 2003.
Hirschman, Albert O.: Exit, voice and loyalty, Cambridge 1970.
Hoshi, Takeo: Japanese corporate governance as a system, in: Comparative corporate governance, hrsg. v. *Hopt, Klaus J.* et al., Oxford 1998, S. 847–875.
Kerber, Wolfgang: Zum Problem einer Wettbewerbsordnung für den Systemwettbewerb, in: Jahrbuch für neue Politische Ökonomie, Bd. 17, 1998, S. 199–230.
Moerland, Pieter W.: Alternative disciplinary mechanisms in different corporate systems, in: Journal of Economic Behavior and Organization, Jg. 26, H. 1/1995, S. 17–34.
Nooteboom, Bart: Voice- and exit-based forms of corporate control: Anglo-american, european, and japanese, in: Journal of Economic Issues, Jg. 33, 1999, S. 845–860.
Roe, Mark J.: Some differences in corporate structure in Germany, Japan and the United States, in: Yale Law Journal, Jg. 102, 1993, S. 1927–2003.
Schmidt, Reinhard H./Spindler, Gerald: Path dependence, corporate governance and complementarity, in: International Finance, Jg. 5, 2002, S. 311–333.
Shleifer, Andrej/Vishny, Robert W.: A survey of corporate governance, in: Journal of Finance, Jg. 52, 1997, S. 737–783.
Steinmann, Horst: Das Großunternehmen im Interessenkonflikt, Stuttgart 1969.
Steinmann, Horst/Gerum, Elmar: Reform der Unternehmensverfassung, Köln et al. 1978.
Thompson, Steve/Wright, Mike: Corporate governance: The role of restructuring transactions, in: Economic Journal, Jg. 105, 1995, S. 690–703.
Tirole, Jean: Corporate governance, in: Econometrica, Jg. 69, 2001, S. 1–35.
Tricker, Robert Ian: International corporate governance, New York 1994.
Weimer, Jeroen/Pape, Joost C.: A taxonomy of systems of corporate governance, in: Corporate Governance – An International Review, Jg. 7, 1999, S. 152–165.

D

Delegation (Zentralisation und Dezentralisation)

Hans Jürgen Drumm

[s.a.: Arbeitsteilung und Spezialisierung; Hierarchie; Organisation; Organisatorische Gestaltung (Organization Design); Partizipation; Prinzipal-Agenten-Ansatz.]

I. *Problemstruktur und Abgrenzungen*; II. *Das Delegationsproblem: Dimensionen, Prämissen und Rechtsgrundlage*; III. *Messung von Zentralisations- und Dezentralisationsgraden*; IV. *Gestaltungsprobleme und -lösungen*; V. *Ergebnis und offene Probleme*.

Zusammenfassung

Zentralisation muss in Hierarchien bei Überlastung der Zentrale durch Delegation von Entscheidungen und somit Dezentralisation ergänzt, wenn nicht sogar ersetzt werden. Gesucht ist dabei ein optimaler Dezentralisationsgrad, der aber nicht exakt bestimmbar ist. An seine Stelle treten organisatorische Näherungslösungen. Deren transaktionskosten- und medientheoretische sowie strategische Analyse und Beurteilung erschließt eine neue Sicht auf das Optimalproblem. Personalwirtschaftliche Bedingungen wirken dabei als zusätzliche intervenierende Variablen.

I. Problemstruktur und Abgrenzungen

In der *Einpersonen-Eigentümerunternehmung* sind die Fixierung von Unternehmungszielen, alle Entscheidungen zur Verfolgung gesetzter Ziele, die Umsetzung dieser Entscheidungen durch unternehmerische Aktionen sowie die Kontrolle von Ergebnissen der Aktionen in der Person des *Eigentümerunternehmers* konzentriert. Er besitzt zugleich die *Verfügungsrechte* über die mit seinem Kapital beschafften Ressourcen. Diese Konzentration stellt den höchsten Grad der Zentralisation von Aufgaben dar. Grenzen werden dieser Zentralisation durch die von einer Person zu bewältigende Arbeitsmenge sowie die dazu erforderlichen Kenntnisse und Fähigkeiten gesetzt.

Wird eine der beiden Grenzen überschritten, so kommt es zur quantitativen oder qualitativen *Arbeitsteilung* (→ *Arbeitsteilung und Spezialisierung*).

In organisatorischer Sicht bedeutet Arbeitsteilung daher stets *Delegation von Aufgaben* einerseits und von Verfügungsrechten über Ressourcen sowie Kapital andererseits (→ *Verfügungsrechtstheorie (Property Rights-Theorie)*). Als Folge sind nicht mehr alle Aufgaben und *Verfügungsrechte* in der Hand des Eigentümerunternehmers konzentriert. Delegation hat daher zwangsläufig Dezentralisation von Aufgaben zur Folge. Mit der Festlegung von Kompetenzen für Delegationsempfänger und *Prinzipal* entsteht die *Organisation als Institution*. Dezentralisation als Folge von Delegation ist somit vor allem Folge wachsender Unternehmungsgröße. Dezentralisation folgt in der Regel dem sehr alten *Leitbild* der → *Hierarchie*.

Jede Dezentralisation von Aufgaben in Hierarchien löst für die Delegationsempfänger in Bezug auf den *Wertschöpfungsprozess Problemnähe*, für die Delegationsgeber dagegen Problemferne aus. Außerdem schafft Dezentralisation *Koordinationsbedarf* in der Weise, dass Entscheidungen und Aktionen auf die Ziele der Organisation in finaler Weise zugeordnet werden müssen. Fast alle organisatorischen Regelungen zur *Mikro-* und *Makrostruktur* einer Unternehmung sollen nach dem *Mittel-Zweck-Prinzip* zur finalen Lösung dieser Koordinationsprobleme beitragen.

Zusammenfassend ist zur Abgrenzung der Probleme und der sie benennenden Begriffe zu sagen, dass Zentralisation die Konzentration mindestens von Entscheidungen und Kontrolle, ggf. auch von ausführenden Aktionen in einer oder wenigen gleichrangigen Stellen an der Spitze einer hierarchischen Organisationsstruktur bedeutet. Dezentralisation bedeutet dagegen die Verlagerung von Entscheidungen, Kontrollen und Aktionen auf Personen, die üblicherweise in einer hierarchischen Beziehung zu einer zentralen, leitenden Stelle oder einem entsprechendem Gremium stehen.

Beide Vorgehensweisen kann man als *Strategien organisatorischer Gestaltung* interpretieren, die für Unternehmungen ebenso wie andere Institutionen Anwendung finden können. Beide Strategien schließen sich in reiner, hier skizzierter Form aus. Gesucht ist dagegen die optimale Dezentralisation als Kompromisslösung. Die Kombination beider Strategien wird möglich, wenn grundsätzliche Entscheidungen über Ziele und Strategien der Leistungserstellung sowie -vermarktung zentralisiert, die operativen Entscheidungen über das konkrete, alltägliche Vorgehen zur Realisation von Zielen und Strategien dagegen dezentralisiert werden. Ferner existieren zahlreiche

Näherungslösungen der optimalen Dezentralisation (siehe IV.1.). Der *Preis der Zentralisation* ist bei Wachstum der Unternehmung die Überlastung der Zentrale, der *Preis der Dezentralisation* der zeitliche und materielle Aufwand bei der Koordination dezentraler Entscheidungen und Aktionen. Ob es eine optimale Lösung zwischen Dezentralisation und Zentralisation geben kann, wird nachfolgend diskutiert.

II. Das Delegationsproblem: Dimensionen, Prämissen und Rechtsgrundlage

Das *Delegationsproblem* hat in einer Unternehmung mehrere *Dimensionen*, nämlich ob überhaupt eine Delegation erfolgen soll, ferner die Art der zu delegierenden Ziele und Aufgaben, die Bestimmung eines oder mehrerer Delegationsempfänger, die Vorhersage des Delegationsergebnisses und schließlich dessen Kontrolle. *Prämissen der Delegation* sind die Zerlegbarkeit der zentralen Ziele in finale Subziele, die Aufteilbarkeit der zu delegierenden Aufgaben, die zur Zielerreichung verfolgt werden müssen, die Existenz geeigneter Delegationsempfänger und die Lösbarkeit der Probleme mit dem opportunistischem Verhalten der Delegationsempfänger.

Das Delegationsproblem ist erstmals von Laux bereits 1972 und dann 1979 ausführlich analysiert sowie später von ihm in zahlreichen Arbeiten verfeinert untersucht worden (*Laux* 1972; *Laux* 1979; *Laux* 1990). Die formale Struktur des Delegationsproblems entspricht dem unabhängig von Laux später entdeckten *Agency-Problem* im Rahmen der *Theorie der Firma* (vgl. insb. *Ross* 1973; *Arrow* 1985) (→ Institutionenökonomie; → Prinzipal-Agenten-Ansatz).

Ob eine Delegation stattfindet, hängt von der arbeitsmengenmäßigen und fachlichen Überforderung des Delegationsgebers, dem Prinzipal der *Agency-Theorie*, ab. Delegation ist für ihn nur dann sinnvoll, wenn der Agent ein besseres Ergebnis als der Prinzipal selbst erreichen kann. Die Grundüberlegung des Prinzipals besteht dann erstens in der Prognose des Erwartungswerts des Nettonutzens, den der Agent als Delegationsempfänger durch sein Entscheiden und Handeln verwirklicht. Zweitens muss der Prinzipal den Erwartungswert des Ergebnisnutzens seines eigenen Handelns prognostizieren. Delegation ist nur dann rational, wenn der Erwartungswert des Ergebnisnutzens für den Prinzipal selbst nicht größer als der Erwartungswert des Ergebnisnutzes für den Agenten ist.

Diese Überlegung kann auch der Bestimmung von Art und Umfang der delegationsfähigen Ziele und Aufgaben zugrunde gelegt werden. Beide Erwartungswerte könnten für jede Art der Kombination delegationsfähiger Aufgaben geschätzt werden. Eine Kontrolle von Ist- und Schätzergebnis könnte dann als Korrektiv für die Delegationsentscheidung genutzt werden. Die personalwirtschaftliche Lösung des *Eignungsproblems* von Delegationsempfängern (*Drumm* 2004) kann nie unter Sicherheit erfolgen, weshalb deren unvollkommen explorierte Eignung stets als Restrisiko der Delegation verbleibt. Zu diesem Restrisiko gehört, dass opportunistisches Verhalten von Delegationsempfängern ebenso wenig wie dessen Unterdrückung vorhersagbar ist. Deshalb ist dessen Abwehr durch Erfolgsbeteiligung für den Agenten – mit Kostenwirkung für den Prinzipal – oder durch andere kostenwirksame Anreize sowie Verbote und Kontrollen eine fast zwingende personalwirtschaftliche Folge der Delegation von Zielen, Entscheidungen und Aktionen.

Mit dem Delegationsproblem eng verknüpft ist das rechtliche Problem des *Direktionsrecht*s. Vorgesetzte besitzen ein aus § 611 BGB zum Dienstvertrag von der Rechtsprechung abgeleitetes Direktionsrecht gegenüber ihren abhängigen Mitarbeitern; dieses Weisungsrecht beinhaltet fachliche Anweisungen ebenso wie die Festlegung von Ort und Zeit der Arbeitsleistung (vgl. *Richardi* 1998, S. 182–183). Das mit dem *Dienstvertrag* geschaffene Direktionsrecht des Vorgesetzten ist somit die Rechtsgrundlage der Delegation von Aufgaben in Unternehmungen (→ *Management und Recht*). In Ergänzung zu dieser Regelung des BGB verpflichtet § 59 HGB den Handlungsgehilfen als Mitarbeiter, die ortsüblichen Dienste zu erbringen.

Wenn Delegation und Dezentralisation nicht vollständig, sondern aus Gründen der besseren Arbeitsteilung oder schiefer Verteilung von Qualifikationen auf verschiedene Agenten und den Prinzipal selbst nur teilweise erfolgen, entsteht ein interessantes neues Problem: Welcher *Grad von Delegation* soll angestrebt werden, um den Gesamterfolg der Unternehmung zu maximieren? Der Versuch einer Lösung dieses Problems setzt die *Messung von Zentralisations-* oder besser Dezentralisationsgraden voraus.

III. Messung von Zentralisations- und Dezentralisationsgraden

Zur Messung von Zentralisation und Dezentralisation (→ *Messung von Organisationsstrukturen*) können mehrere Denkmodelle herangezogen werden, wobei das Maß der Dezentralisation immer gleich eins minus dem Maß der Zentralisation wäre, wenn dieses zwischen null und eins normiert wird:

- Der Anteil von Entscheidungen auf höchster hierarchischer Stufe an der Menge aller Entscheidungen stößt als erstes Maß auf das Problem der Identifikation und Abgrenzung von Entscheidungen unabhängig von deren Bedeutung.
- Die Klassifizierung der zuvor genannten Entscheidungen nach ihrer Bedeutung für die Unternehmung und ihrer Reichweite in einem ersten Schritt,

und in einem zweiten Schritt die Bestimmung des Anteils der bedeutenden und zugleich weit reichenden Entscheidungen der obersten Hierarchieebene an der Menge aller bedeutenden und weit reichenden Entscheidungen wäre ein zweites Maß. Hier wäre zusätzlich zu den zuvor genannten Problemen die Messung von Bedeutung und Reichweite ein weiteres, kaum objektiv zu lösendes Problem.

- Die Weite von Entscheidungsspielräumen auf unteren Ebenen der Hierarchie wäre ein drittes Maß. Je größer die Spielräume, umso stärker die Wirkung des *Subsidiaritätsprinzips*, das nur die auf einer Stufe nicht mehr zu leistenden Entscheidungen der nächst höheren Stufe in der Hierarchie zuweist. Auch hier besteht das Problem darin, die Weite von Entscheidungsspielräumen operational, objektiv und reliabel zu messen – ein kaum lösbares Unterfangen.
- Ein viertes Maß wäre die in der Aston-Studie gewählte Festlegung derjenigen Person in der nach sechs Schichten klassifizierten Hierarchie, deren Entscheidung eine Aktion legitimiert (*Pugh/Hickson* 1976, S. 51–53). Durch eine nach oben steigende Bewertung der Schichten mit Punktwerten wird dann die Zentralisation indirekt „gemessen". Problematisch an diesem Maß ist, dass es für verschiedene Entscheidungsfelder völlig unterschiedlich ausfallen kann und die Zusammenfassung der Messwerte ein unscharfes Gesamtmaß der Zentralisation ergibt.

Im Ergebnis ist die Messbarkeit des Zentralisationsgrades schlecht. Das wäre ein großes Problem, wenn man zur Verwirklichung bestimmter Unternehmungsziele und Steigerungen des Unternehmungserfolgs einen genauen Zentralisationsgrad oder sein Gegenteil erreichen müsste. Dieser Zusammenhang besteht aber nicht in eindeutiger Form. Immerhin scheitert an den genannten Messproblemen die Bestimmung eines optimalen Dezentralisationsgrades.

Neben der nachzuweisenden Erfolgswirkung müsste als zweite Prämisse die Konstanz des Messobjekts selbst erfüllt sein. Wenn jedoch Organisationsstrukturen vor allem auf der Mikroebene wegen laufender Veränderungen im Unternehmungsumfeld und in der Unternehmung selbst permanent mal mehr, mal weniger zentralisierend oder dezentralisierend angepasst werden müssen, wird das Messobjekt selbst variabel.

Aus heutiger Sicht handelt es sich zwar bei der in den 70er Jahren noch als sehr wichtig angesehenen, möglichst genauen Messung der Dezentralisation um ein Scheinproblem! Dies schließt aber die intensive Beschäftigung mit Vor- und Nachteilen von Zentralisation, Delegation und Dezentralisation nicht aus. Wenn mit wachsender Unternehmungsgröße Dezentralisation unabweisbar wird, sind nur so geeignete organisatorische Lösungsmuster als Ansatz zur Koordination dezentraler und zentraler Entscheidungen zu finden.

IV. Gestaltungsprobleme und -lösungen

1. Organisatorische Lösungsmuster der Dezentralisation

Auf der Makroebene beginnt die Dezentralisation mit der Reservierung *strategischer Entscheidungen* für die Zentrale und der Delegation taktischer sowie *operativer Entscheidungen* an nachgelagerte Instanzen in der Hierarchie. Ein weiterer Schritt besteht in der Überlagerung des hierarchischen Liniensystems durch *Matrixstrukturen* mit Delegation spezifischer Produkt-, Kunden- oder regionaler Entscheidungen an *Matrixinstanzen* (→ *Matrix-Organisation*). Noch einen Schritt weiter geht die Schaffung relativ selbstständiger Unternehmungs- und *Geschäftsbereiche* (→ *Spartenorganisation*), die mehr oder weniger eigenverantwortlich für ganze Produktgruppen oder Regionen zuständig sind, ihre Geschäfte unter Einschluss aller Funktionen von der Beschaffung bis hin zur Vermarktung führen und selbstständige Investitionsentscheidungen treffen können. Anreize für zielkonformes Handeln der Führungskräfte an der Spitze von Geschäftsbereichen ebenso wie in Matrixinstanzen können durch die Beteiligung an dem durch diese Entscheidungsträger beeinflussbaren Gewinn gesetzt werden. Diese Lösung versagt aber umso mehr, je dezentraler Bereiche und Entscheidungen innerhalb einer denkbaren oder faktischen Hierarchie angesiedelt sind, weil je Bereich die Zurechenbarkeit von Auszahlungen, kaum jedoch noch diejenige von Einzahlungen möglich ist (*Eigler* 2002). Dezentralisation mit dem Anspruch ökonomischer Steuerung dezentraler Bereiche findet ihre Grenze somit nur bis hin zur Ebene zurechenbarer Einzahlungen (→ *Rechnungswesen und Organisation*).

Auf der Ebene der Mikroorganisation sind *Stellen- und Abteilungsbildung* angesiedelt (→ *Stellen- und Abteilungsbildung*). Folgen beide dem *Subsidiaritätsprinzip*, so entstehen relativ selbstständige kleine Einheiten. Ihnen kann mehr oder weniger Autonomie gewährt werden, wenn zugleich Zielvorgaben mit Abweichungsgrenzen den Bezug zu den Unternehmungszielen und damit Handeln im Interesse der Unternehmung sichern (→ *Management by Objectives*). Gleichzeitig kann den Organisationseinheiten auf der Mikroebene Flexibilität zur Anpassung an Veränderungen von Märkten, Technik, Rechtsvorschriften oder verfügbarem Personal eingeräumt werden. Die Steuerung dezentraler Einheiten auf der Mikroebene durch *Erfolgsbeteiligung* ihrer Führungskräfte stößt allerdings auf das Problem, dass zwar Auszahlungen aber weder Einzahlungen noch Erfolge auf diese Einheiten eindeutig zurechenbar sind. Die Koordination durch Zielvorgaben ist gefährdet, wenn in der Kette zwischen dezentralen Zielen und zentralen Unternehmungszielen durch fehlerhafte Zielzerlegung Finalitätsbrüche geschaffen werden. Dieses Risiko steigt mit wachsender Unternehmungsgröße und damit steigender Stochastik der Zielzusammenhänge. Fehlerfreie Delegation über viele Ebenen der Hierarchie mit wirkungsvoller Koordination aller Aktionen ist somit unwahrscheinlich, wenn nicht sogar utopisch. Fehler der Zielzerlegung und -koordination bei Dezentralisation bilden somit ein Restrisiko, das jede Unternehmung tragen muss.

2. Werthaltungen und Machtverteilung

Zentralisation und Dezentralisation sind vor allem mit Vorstellungen von einer wirkungsvollen Koordination von Entscheidungen bei wachsender Unternehmungsgröße verknüpft. Sie sind werthaltig, wenn Macht angestrebt wird und als legitim gilt, oder wenn Machtverzicht mit Betonung des Gleichheitsparadigmas erwünscht ist. Jede der beiden Werthaltungen kann typisch für eine bestimmte Soziokultur sein. *Romanische Soziokulturen* tendieren stärker zur Anerkennung von Hierarchien und Machtkonzentration, *germanische Soziokulturen* mehr zum *Gleichheitsparadigma* und Abbau von Macht (→ *Interkulturelles Management*; → *Kulturvergleichende Organisationsforschung*). Mit romanischen Soziokulturen ist Zentralisation, mit germanischen dagegen Dezentralisation gut vereinbar. Die organisatorischen Implikationen beider Strategien können unter dem Einfluss herrschender Werthaltungen übersehen, gering gewichtet oder sogar unterlaufen werden. Typisch für romanische Soziokulturen ist die Missachtung oder Unterlaufung zentraler, insb. fehlerhafter Entscheidungen durch dezentrale Organisationsmitglieder: Man arrangiert sich mit den unvermeidlichen Fehlern der Delegation und handelt intelligent improvisierend nach besserem Wissen. Typisch für germanische Soziokulturen ist dagegen die strikte Beachtung zentraler Entscheidungen selbst dann, wenn sie mangelhaft sind. Intelligente Improvisation als Antwort auf fehlerhafte zentrale Entscheidungen ist in germanischen Soziokulturen nicht positiv belegt.

3. Entscheidungs- und transaktionskostentheoretische Überlegungen

Wenn Marktleistungen durch organisatorische Maßnahmen abgesichert werden, so lösen diese Maßnahmen *Transaktionserträge* und *Transaktionskosten* aus (→ *Transaktionskostentheorie*). Für diese gilt die Relation, dass die nach Anbahnungs-, Abwicklungs-, Kontroll- und Fehlerkorrekturkosten aufgeschlüsselten Transaktionskosten (*Picot 1982*) in ihrer Summe kleiner, höchstens aber gleich den Transaktionserträgen sein müssen. Für die Wahl zwischen Zentralisation, Dezentralisation und einem Dezentralisationsgrad dazwischen gilt in entscheidungstheoretischer Sicht, dass die Dezentralisationsstrategie gewählt werden muss, für die bei gegebenem Transaktionsertrag im Sinne von organisatorischer Effektivität die gesamten Transaktionskosten minimal sind. Auf diese Weise wäre der *optimale Zentralisations-* oder *Dezentralisationsgrad* bestimmt.

Zwar kann man zurecht annehmen, dass bei Zentralisation die Kosten der Anbahnung und Planung gering, diejenigen der Kontrolle und diejenigen der Fehlerkorrektur eher hoch sein werden, weil die Problemferne zum Wertschöpfungsprozess groß und die Koordination eher einfach ist. Bei Dezentralisation gelten tendenziell die umgekehrten Annahmen. Erschwerend kommt hinzu, dass die Wirkung organisatorischer Maßnahmen von Qualifikation und Motivation des praktizierenden Personals abhängt. Dessen Transaktionskosten und -erträge können nämlich die organisatorischen Transaktionskosten entweder erhöhen oder kompensatorisch absenken (*Drumm 1998*). Die genannten Transaktionskostenarten lassen sich jedoch ebenso wenig wie die Transaktionserträge eindeutig auf einzelne organisatorische Maßnahmen oder Maßnahmenbündel sowie auf Personen zuordnen und dann sauber quantifizieren. Deshalb bleibt das exakte *Optimum der Dezentralisation* unbestimmt. Ob Tendenzaussagen eine operationale Wahl der Organisationsstrategie ermöglichen, hängt vom konkreten Einzelfall ab. Entscheidungs- und Transaktionskostentheorie können somit heuristischen Nutzen, aber keine exakte Lösung des Problems generieren.

4. Informations- und medientheoretische Überlegungen

Durch den Einsatz von Kommunikations- und Datenverarbeitungs*medien* wie z.B. *vernetzte Rechnersysteme* oder *Multimedia* können Raum und Zeit überbrückt und Transport- sowie Speicherprobleme für große Informationsmengen organisatorisch elegant gelöst werden. Bei Vernetzung aller Organisationsmitglieder durch ein Mediensystem wird nicht nur eine *Virtualisierung der Organisation* durch zeitlich und problemspezifisch begrenzte Überlagerung gegebener Organisationsstrukturen möglich. Es können auch zentrale Entscheidungsprozesse durch mediengestützte Verknüpfung mit dezentralen Datenquellen verbessert und beschleunigt werden. Ebenso können dezentrale Entscheidungsprozesse durch mediengestützte Rückkopplung mit zentralen Entscheidungseinheiten leichter koordiniert werden. *Medieneinsatz* erleichtert daher ebenso stärkere Dezentralisation wie Zentralisation. Dies ist ein gewichtiges Argument für mehr Dezentralisation mit größerer Problemnähe bei steigender Unternehmungsgröße. Es ist jedoch kein Argument für mehr *Rezentralisation* unter den gleichen Bedingungen, da die Problemnähe der dezentralen Entscheidungsträger zu den Wertschöpfungsprozessen spezifischere Problemlösungen mit höherem Kundennutzen ermöglicht. Aus der Sicht der marktorientierten Leistungsprozesse würde der Medieneinsatz Transaktionskosten auslösen, die nicht über dessen Erträgen liegen dürften – soweit beide zurechenbar sind!

5. Probleme und Lösungen der Koordination

Delegation vor allem von Entscheidungen bewirkt Dezentralisation und zwingt zur Koordination dezentraler Entscheidungen hin auf die Ziele der Unternehmung (→ *Koordination und Integration*). Koordination stellt somit sicher, dass alle dezentralen Ziele und die zu ihrer Erreichung getätigten Aktionen dazu beitragen, die Unternehmungsziele möglichst gut zu verwirklichen. Dazu muss die Finalität der dezentralen Ziele und Aktionen abgesichert werden. *Finalität* besagt jedoch nicht zwingend, dass stets ein deterministischer Zusammenhang zwischen dezentralen Zielen und Aktionen sowie zentralen Unternehmungszielen besteht; dieser Zusammenhang kann auch stochastisch in dem Sinn sein, dass ein Unterziel nur mit einer gewissen Wahrscheinlichkeit zum Erreichen von Unternehmungszielen beiträgt. Die Bewältigung dieser Stochastik ist das Hauptproblem jeder Koordination. Es kann im konkreten Fall nur von Experten in einer Unternehmung aufgrund ihres Fachwissens durch Bestimmung subjektiver Erfolgswahrscheinlichkeiten für dezentrale Ziele und Aktionen gelöst werden.

Unter den Ansätzen zur Koordination dezentraler Entscheidungen setzen direkte *Eingriffe zentraler Instanzen* und die *Vorgabe von Plänen* bereits die zentrale Lösung des Koordinationsproblems voraus. Dezentrale *bilaterale* oder *multilaterale Koordination* durch Abstimmung einzelner Entscheidungen zwischen dezentralen Einheiten verbessert die Stochastik, beseitigt sie aber nicht. Der Einsatz von *Koordinationsgremien* oder *Linking pins* kann ebenfalls die Stochastik der Zuordnung dezentraler Ziele und Aktionen auf zentrale Unternehmungsziele verbessern. *Verrechnungspreise* für Leistungen dezentraler Unternehmungseinheiten koordinieren nur dann die dezentralen Einheiten langfristig wirksam, wenn sie mit Marktpreisen übereinstimmen. *Selbstabstimmung* dezentraler Stellen oder Bereiche respektiert zwar die Problemnähe angemessen, sichert jedoch nicht zwingend auch Finalität der Abstimmungsergebnisse zu den Unternehmungszielen (→ *Selbstorganisation*). Alle Ansätze zur Koordination dezentraler Entscheidungen lösen *Transaktionskosten* der Anbahnung und Abwicklung aus, die nicht größer als die *Transaktionserträge der Koordination* sein dürfen.

V. Ergebnis und offene Probleme

Dem durch wachsende Größe und Heterogenität des notwendigen Wissens ausgelösten Zwang zu Delegation und Dezentralisation von Entscheidungen kann zwar durch Organisationsmodelle und Medienunterstützung begegnet werden. Das dabei entstehende Koordinationsproblem wird jedoch umso unvollkommener gelöst, je größer eine Unternehmung ist. Wenn es auch keine optimale Gesamtlösung des Dezentralisationsproblems gibt, so bieten makro- und mikroorganisatorische Ansätze sowie deren Kombination zumindest brauchbare Näherungslösungen.

Organisationsmuster für die Dezentralisation sind so gut wie die Personen, die sie praktizieren. Daher ist mit dem organisatorischen Problem der Schaffung geeigneter Strukturen stets das *personalwirtschaftliche Problem* der angemessenen Besetzung dieser Strukturen verbunden. Diese personalwirtschaftliche Dimension des Dezentralisations- und Koordinationsproblems wäre jedoch nur durch Einsatz von „Erzengeln" perfekt lösbar. Ihr Fehlen löst erhebliche Restriken der Dezentralisation und Koordination aus.

Literatur

Arrow, Kenneth J.: The Economics of Agency, in: Principals and Agents: The Structure of Business, hrsg. v. *Pratt, John W./Zeckhauser, Richard J.*, Boston 1985, S. 37–51.
Bleicher, Knut: Zentralisation und Dezentralisation von Aufgaben in der Organisation der Unternehmen, Berlin 1966.
Drumm, Hans Jürgen: Personalwirtschaft, 5. A., Berlin et al. 2004.
Drumm, Hans Jürgen: Zur Mehrstufigkeit und Interdependenz von Transaktionskosten der Personalwirtschaft und Organisationsstruktur, in: Unternehmensführung und Kapitalmarkt, hrsg. v. *Franke, Günter/Laux, Helmut*, Berlin et al. 1998, S. 35–62.
Drumm, Hans Jürgen: Das Paradigma der Neuen Dezentralisation und seine organisatorischen und personalwirtschaftlichen Implikationen, in: DBW, Jg. 56, 1996, S. 7–20.
Eigler, Joachim: Dezentrale Organisation und interne Unternehmungsrechnung, Wiesbaden 2002.
Frese, Erich/Beecken, Tessa: Dezentrale Unternehmungsstrukturen, in: Handbuch Unternehmensführung, hrsg. v. *Corsten, Hans/Reiß, Michael*, Wiesbaden 1995, S. 133–145.
Grochla, Erwin: Entlastung durch Delegation, Berlin 1981.
Harlegard, Stig: Zentralisieren oder Dezentralisieren, Bern et al. 1971.
Hungenberg, Harald: Zentralisation und Dezentralisation, Wiesbaden 1995.
Laux, Helmut: Risiko, Anreiz und Kontrolle. Principal-Agent-Theorie. Einführung und Verbindung mit dem Delegationswert-Konzept, Berlin et al. 1990.
Laux, Helmut: Der Einsatz von Entscheidungsgremien. Grundprobleme der Organisationslehre in entscheidungstheoretischer Sicht, Berlin et al. 1979.
Laux, Helmut: Anreizsysteme bei unsicheren Erwartungen, in: ZfbF, Jg. 24, 1972, S. 784–802.
Picot, Arnold: Transaktionskostenansatz in der Organisationstheorie. Stand der Diskussion und Aussagewert, in: DBW, Jg. 42, 1982, S. 267–284.
Picot, Arnold: Organisationsstrukturen im Spannungsfeld von Zentralisierung und Dezentralisierung, in: Strukturwandel in Management und Organisation, hrsg. v. *Scharfenberg, Heinz*, Baden-Baden 1993, S. 219–229.
Pugh, Derek. S./Hickson, David. J.: Organizational Structure in its Context. The Aston Programme I, Westmead, Farnborough, Hants 1976.
Richardi, Reinhard: Betriebsverfassungsgesetz mit Wahlordnung. Gesetzes-Kommentar, 7. A., München 1998.

Ross, Stephen A.: The Economic Theory of Agency: The Principals Problem, in: AER, Jg. 63, 1973, S. 134–139.

Demographischer Ansatz

Jürgen Weibler/Jürgen Deeg

[s.a.: Gender Studies; Karrieren und Laufbahnen; Kulturvergleichende Organisationsforschung; Methoden der empirischen Managementforschung.]

I. Begriff und Bedeutung der organisationalen Demographie; II. Theoretische Grundlagen des demographischen Ansatzes; III. Empirische Studien des demographischen Ansatzes; IV. Implikationen für die Unternehmensführung; V. Kritische Würdigung.

Zusammenfassung

Der Beitrag setzt sich mit den theoretischen und empirischen Arbeiten zum demographischen Ansatz auseinander. Dessen Gegenstand sind individuelle Merkmale von Organisationsmitgliedern und ihre Konsequenzen für das organisationale Geschehen. Zunächst wird dazu der Demographiebegriff erläutert und der prinzipielle Nutzen eines demographischen Zugangs für Organisationsfragen verdeutlicht. Anschließend werden die theoretischen Grundlagen der Organisationsdemographie vorgestellt und empirische Studien beleuchtet. Ausgewählte Implikationen für die Unternehmensführung werden herausgearbeitet. Eine kritische Würdigung beschließt die Ausführungen.

I. Begriff und Bedeutung der organisationalen Demographie

Mit dem Begriff der *Demographie* (Bevölkerungswissenschaft) bezeichnet man allgemein die Erforschung der Struktur und Entwicklung einer Bevölkerung sowie der dazugehörigen Ursachen und Wirkungen. Dabei werden Zustand und Veränderungen der Bevölkerungszahl und -zusammensetzung mittels statistischer Methoden beschrieben und erklärt. Diese im Rahmen der Demographie entwickelten Methoden lassen sich in vielfältiger Weise auf den Organisations- und Unternehmenskontext anwenden (vgl. im Einzelnen *Carroll/Hannan* 2000, S. 17 ff.). Eine solche Anwendung wird dadurch ermöglicht, dass Unternehmen/Organisationen oder in ihnen zusammengefasste Gruppen ebenso soziale Entitäten darstellen wie die Bevölkerung eines Landes (vgl. auch *Stinchcombe/McDill/Walker* 1968, S. 221). Sie können deswegen genauso anhand bestimmter (statistischer) Variablen erfasst, kategorisiert und verglichen werden. Genau dies ist *Gegenstand* der *Organisationsdemographie* (organizational demography), eine v.a. in den USA verbreitete Forschungsrichtung im Schnittpunkt von *Personal-* und *Organisationsforschung*, die von dem Organisationssoziologen Jeffrey Pfeffer geprägt wurde (vgl. grundlegend *Pfeffer* 1983; *Pfeffer* 1985 sowie *Stewman* 1988; *Leblebici* 1992; *Nienhüser* 1998). Sie beschäftigt sich mit der „Bevölkerung" von bzw. in Organisationen („internale Organisationsdemographie"; vgl. *Carroll/Hannan* 2000, S. 32) und beschreibt die Zusammensetzung des Personals einer Organisation (sog. *Personalstruktur* oder *Personalkonfiguration*) hinsichtlich bestimmter sozialer Merkmale wie etwa Lebensalter, *Geschlecht* oder Bildungsniveau (vgl. *Pfeffer* 1983, S. 303). Ihr *Erkenntnisinteresse* konzentriert sich auf den Zusammenhang zwischen überwiegend offenkundigen *Merkmalen des Personals* und bestimmten organisationalen Effekten. Solche Effekte können bspw. *Leistung*, *Innovation*, *Fluktuationsraten* oder *interpersonelle Konflikte* sein. Die einzubeziehenden Variablen sind relativ einfach zu operationalisieren und zu messen (vgl. *Pfeffer* 1983, S. 302). Der Anspruch ist die Formulierung nicht-komplexer Modelle mit hohem Aussagegehalt. Damit wird auch eine Verknüpfung der Mikro- und Makroebene der Betrachtung von Organisationen angestrebt (vgl. *Wagner/Pfeffer/O'Reilly* 1984, S. 75). Die prominenteste Ausrichtung besagter Erklärungsversuche ist in den Forschungen zur *Diversität* demographischer Merkmale zu sehen (vgl. zur Übersicht *Williams/O'Reilly* 1998).

II. Theoretische Grundlagen des demographischen Ansatzes

Menschen sind durch verschiedene physische, kognitive und emotionale Dispositionen, individuelle Präferenzen und sozial erlernte Verhaltensweisen geprägt. Die jeweiligen Charakteristika und Erfahrungen verbinden und trennen Organisationsmitglieder dabei gleichermaßen und haben nachhaltige Auswirkungen auf ihre *Interaktionsprozesse*. Werden Ausprägungsformen zu den bereits erwähnten Personalstrukturen zusammengefasst, sind diese Personalstrukturen verhaltenswirksam (vgl. *Nienhüser* 1998, S. 9). Eine theoretische Begründung hierfür wird im Rahmen der Organisationsdemographie vor allem durch zwei *sozialpsychologische Theorien* geliefert (vgl. *Williams/O'Reilly* 1998, S. 83 ff.): Zum einen ist es die *Theorie der interpersonellen Attraktion/Ähnlichkeit* (vgl. *Byrne* 1971; *Berscheid/Walster* 1978). Nachgewiesen werden dabei positive Korrelationen von wahrgenommener Ähnlichkeit mit anderen und deren Attraktivität sowie damit zusammenhängend der Beurteilung der *Interaktionsqualität* und der Kohäsion. Wahrgenommene Unähnlichkeit provoziert dabei *Kommunikationsprobleme* und wirkt sich negativ auf die *soziale Integration* und *Interaktion* aus (vgl. *Pfeffer* 1997, S. 84). Dies beeinflusst bspw. signifikant die *Fluktuationsrate* (vgl. z.B. *O'Reilly/Caldwell/Barnett* 1989). Zum anderen sind es Theorien zur *sozialen Kategorisierung* bzw. zur *sozialen Identität* (vgl. *Tajfel* 1981; *Turner* 1987). Sie gehen davon aus, dass Bewertungen anderer, aber auch der eigenen Person, durch die empfundene Zugehörigkeit zu einer Bezugsgruppe erfolgen. Dabei werden auch soziale Kategorien verwendet, die sich auf personale Charakteristika wie Alter, Rasse oder *Geschlecht* stützen. Um die eigene positive soziale Distinktheit hervorheben zu können, werden *Gruppenunterschiede* maximiert und damit die Attraktivität der Vergleichspersonen gemindert. Als Ergebnis von Kategorisierungsprozessen können Polarisierung, Angst und Misstrauen entstehen. Heterogene Gruppen leiden hiernach eher unter Kommunikationsfehlern, mangelnder Kooperation oder gehäuften *Konflikten* (vgl. *Triandis/Kurowski/Gelfand* 1994; → *Konflikte in Organisationen*).

III. Empirische Studien des demographischen Ansatzes

Die Stärke des demographischen Ansatzes ist zweifelsohne die Messbarkeit der von ihm betrachteten personalen Parameter (vgl. *Pfeffer* 1985, S. 70). Dieser Umstand hat zahlreiche Studien mit einer Fülle von *Einzelbefunden* stimuliert (vgl. zur Übersicht u.a. *Williams/O'Reilly* 1998). Zu einem großen Teil beziehen sich die Forschungen der Organisationsdemographie dabei auf sichtbare Attribute von Personen wie etwa das Alter, die ethnische Zugehörigkeit oder das *Geschlecht* (→ *Gender Studies*). Es wurden aber auch zugeschriebene Attribute wie Status, Fachwissen oder Persönlichkeit und ihre Auswirkungen untersucht. Dabei dominieren Feldstudien gegenüber Laborstudien, die oftmals in einer inhaltlichen Nähe zur *Arbeitsmarkt-* und *Karriereforschung* (→ *Karrieren und Laufbahnen*) stehen (vgl. z.B. *Stewman/Konda* 1983). Generell beruht die Forschung auf Daten, die an Individuen erhoben werden, aber nur als *Aggregationsgröße* (Merkmale/Effekte) in Berechnungen Verwendung finden. Als soziales Aggregat werden in den Studien zu einem ganz wesentlichen Teil *Gruppen* und nicht Organisationen betrachtet. Ob und in welchem Ausmaß die demographisch bedingten *Gruppeneffekte* auch gleichzeitig Organisationseffekte repräsentieren, bleibt fraglich.

Auch wenn die umfangreichen Forschungen des demographischen Ansatzes keine einheitlichen Ergebnisse hervorgebracht haben, belegen sie dennoch die Relevanz seiner Überlegungen: *Personalstrukturen* wirken nachweislich auf die *Fluktuation*, die *Kommunikation*, die *sozio-emotionalen Beziehungen*, die Ressourcenverteilung in Organisationen, die Teamprozesse oder Leistungsgrößen (vgl. *Nienhüser* 1991, S. 37). So fördert etwa eine heterogene *Altersstruktur*, die Fluktuation (vgl. *Wagner/Pfeffer/O'Reilly* 1984), soziale Unähnlichkeiten in Gruppen hingegen verringern die *Zufriedenheit* und das *Commitment* (vgl. *Tsui/Egan/O'Reilly* 1992). Dabei stellt Diversität in sozialen Merkmalen generell einen problematischen Umstand dar, der vielfach zu negativen Effekten zumindest auf der Gruppenebene führt. Die Auswirkungen auf die Gesamtorganisation lassen sich bislang jedoch weniger eindeutig nachweisen (vgl. *Williams/O'Reilly* 1998, S. 117). Schwierigkeiten bereiten zudem die Auswahl der relevanten sozialen Merkmale von Personen und die Verknüpfung der Einzelaussagen. In diesem Sinn liefern die empirischen Arbeiten der Organisationsdemographie vor allem Partialerklärungen, deren Vergleichbarkeit und Konsistenz deutlich eingeschränkt ist.

IV. Implikationen für die Unternehmensführung

Die Bedeutung und Aktualität des demographischen Ansatzes bleiben unverändert hoch. So wird sich die *Bevölkerungsstruktur* gerade auch in qualitativer Hinsicht (Alters-, Qualifikations- und Nationalitätenstruktur) nachhaltig verändern (vgl. im Einzelnen *Nienhüser* 1998, S. 479 ff.; *George/Struck* 2000). Veränderungen der soziokulturellen oder der institutionellen Bedingungen (*Wertewandel*, *Individualisierung*, gewerkschaftlicher Organisierungsgrad) führen ebenso wie Branchenentwicklungen oder die fortschreitende → *Globalisierung* der Geschäftstätigkeit („*multikulturelle Organisation*"; vgl. dazu *Cox* 2001, → *Kulturvergleichende Organisationsforschung*) zu einer weiteren Differenzierung der demographischen Merkmale der Unternehmensbelegschaft. Die Unternehmensführung sieht sich deswegen zunehmend mit einer *inhomogenen Personalstruktur* konfrontiert. Das Kernstück der auf die Personalstruktur zu beziehenden *Gestaltungsmöglichkeiten* der Unternehmensführung ist sicherlich eine an demographischen Variablen orientierte *Personalplanung* (vgl. *Pfeffer* 1985, S. 74). Ferner lassen sich gängige *personalwirtschaftliche Steuerungsinstrumente* (z.B. Personalauswahl/-freisetzung) sowie (arbeits-)organisatorische Maßnahmen (→ *Arbeitsorganisation*) wie *Job Rotation* oder die Zusammensetzung organisatorischer Einheiten einsetzen (vgl. *Pfeffer* 1985, S. 74 ff.; *Nienhüser* 1998, S. 498 ff.). Das Erzielen einer bestimmten Steuerungswirkung bleibt aber schwierig, da die Ursache-Wirkungs-Ketten noch nicht ausreichend geklärt sind. Hinzu kommen Umsetzungs- und Akzeptanzprobleme sowie rechtliche oder faktische Grenzen (z.B. Verfügbarkeit von

Arbeitskräften). Somit bleibt in vielen Fällen nur eine Neutralisierung von unerwünschten Personalstruktureffekten oder ein kompensatorisches Einwirken (z.B. symbolische Honorierung). Strittig ist, wann und in welchen Fällen eher Homogenität oder Heterogenität des Personals personalpolitisch erwünscht ist.

V. Kritische Würdigung

Es ist der unbestreitbare Verdienst der Organisationsdemographie, dass sie mit der Personalstruktur auf eine in der Organisationsforschung wenig beachtete Dimension aufmerksam gemacht und damit gleichzeitig auf die forschungsmethodisch bedeutsame Verknüpfung der Individual- und der Organisationsebene (→ *Individuum und Organisation*) hingearbeitet hat (vgl. *Nienhüser* 1991, S. 765). Damit ist es ihr gleichzeitig gelungen, die selten ausreichend beachteten Interdependenzen und Beziehungsstrukturen zwischen organisierten Personen herauszuarbeiten (vgl. auch *Pfeffer* 1985, S. 79). Ferner erlaubt es ihre dynamisch angelegte Erklärungsstruktur, *Personalkohorten* zu verfolgen und Veränderungen zwischen Generationen in Organisationen nachzuzeichnen. Die Veränderlichkeit von sozialen Gebilden wie dem Unternehmen wird so auf ganz neue Art erfasst. Dabei geht der Blick weg vom Wandel der Individuen zu einem Wandel von Kollektiven, wodurch fruchtbare Anknüpfungspunkte an die Diskussion zum *organisationalen Wandel* (→ *Wandel, Management des (Change Management)*) (vgl. hierzu auch *Deeg/Weibler* 2000) entstehen.

Die Betrachtung von Menschen wirkt im demographischen Ansatz jedoch eigenwillig. Von besonderem Interesse sind in diesem Zusammenhang vorwiegend deren formale Charakteristika, die einer Quantifizierung leicht zugänglich sind. Für dieses Vorgehen wird geltend gemacht, dass sichtbare Merkmale am häufigsten für soziale Kategorisierungen benutzt werden (vgl. *Williams/O'Reilly* 1998, S. 82). Fraglich ist hier jedoch, ob Alltags- und Arbeitswelt gleichen Zuschreibungsprozessen unterliegen. Denn in Unternehmen spielen Ausbildung, Erfahrung oder Fachwissen oftmals eine entscheidendere Rolle. Nicht ohne Grund richten die Verfahren der *Personalselektion* ein nachhaltiges Augenmerk eher auf diese Aspekte. Ferner wird im demographischen Ansatz die *Gruppenzusammensetzung* zur entscheidenden Erfolgsvariable erklärt. Mögliche *Führungseffekte* (vgl. dazu *Weibler* 2001) werden damit jedoch außer Acht gelassen.

Mit der nominalen, deterministisch angelegten Perspektive des demographischen Ansatzes sind zudem die komplexen sozialen Relationen in Organisationen nicht zu erfassen (vgl. *Nienhüser* 1991, S. 772). Die Bedeutung von Homogenität und Heterogenität in einer konkreten Personenkonstellation wird von vielen anderen Variablen (*Arbeitsaufgabe, Statusdifferenz, Interaktionshäufigkeit*) beeinflusst. Nicht jede Differenz ist damit problematisch, aber auch nicht jede Gleichartigkeit förderlich. So lässt sich keine uneingeschränkte Vorteilhaftigkeit von Homogenität nachweisen, wenn man sich z.B. *Groupthink-Effekte* (→ *Gruppenverhalten und Gruppendenken*) vor Augen führt. Der Zusammenhang von personeller Heterogenität/Homogenität und Unternehmenserfolg ist diffiziler. Damit bleibt der demographische Ansatz insgesamt erkennbar deutlich von der Erreichung seiner selbst gesteckten Ziele entfernt.

Literatur

Berscheid, Elaine/Walster, Ellen H.: Interpersonal attraction, Reading MA 1978.
Byrne, Donn E.: The attraction paradigm, New York 1971.
Carroll, Glenn R./Hannan, Michael T.: The demography of corporations and industries, Princeton NJ 2000.
Cox, Taylor: Creating the multicultural organization: A strategy for capturing the power of diversity, San Francisco 2001.
Deeg, Jürgen/Weibler, Jürgen: Organisationaler Wandel als konstruktive Destruktion, in: Managementforschung 10: Organisationaler Wandel und Transformation, hrsg. v. *Schreyögg, Georg/Conrad, Peter*, Wiesbaden 2000, S. 143–193.
George, Rainer/Struck, Olaf: Generationenaustausch im Unternehmen, München et al. 2000.
Leblebici, Hussein: Organisationsdemographie, in: HWP, hrsg. v. *Gaugler, Eduard/Weber, Wolfgang*, 2. A., Stuttgart 1992, Sp. 1468–1476.
Nienhüser, Werner: Ursachen und Wirkungen betrieblicher Personalstrukturen, Stuttgart 1998.
Nienhüser, Werner: Organisationale Demographie – Darstellung und Kritik eines Forschungsansatzes, in: DBW, Jg. 51, 1991, S. 763–780.
O'Reilly, Charles A./Caldwell, David A./Barnett, William P.: Work group demography, social integration, and turnover, in: ASQ, Jg. 34, 1989, S. 21–37.
Pfeffer, Jeffrey: New directions for organization theory: Problems and prospects, Oxford et al. 1997.
Pfeffer, Jeffrey: Organizational demography: Implications for management, in: CMR, Jg. 28, H. 5/1985, S. 67–81.
Pfeffer, Jeffrey: Organizational demography, in: ROB 5, hrsg. v. *Cummings, Larry L./Staw, Barry M.*, Greenwich CT 1983, S. 299–357.
Stewman, Shelby: Organizational demography, in: Annual Review of Sociology, Jg. 14, 1988, S. 173–202.
Stewman, Shelby/Konda, Suresh L.: Careers and organizational labor markets: Demographic models or organizational behavior, in: AJS, Jg. 88, 1983, S. 637–685.
Stinchcombe, Arthur L./McDill, Mary Sexton/Walker, Dollie R.: Demography of organizations, in: AJS, Jg. 74, 1968, S. 221–229.
Tajfel, Henri: Human groups and social categories: Studies in social psychology, Cambridge 1981.
Triandis, Harry C./Kurowski, Lois L./Gelfand, Michele J.: Workplace diversity, in: Handbook of industrial and organizational psychology, hrsg. v. *Triandis, Harry C./Dunnette, Marvin D./Hough, Leaetta M.*, 4. A., Palo Alto 1994, S. 769–827.
Tsui, Anne S./Egan, Terry D./O'Reilly, Charles A.: Being different: Relational demography and organizational attachment, in: ASQ, Jg. 37, 1992, S. 549–579.
Turner, John C.: Rediscovering the social group: A social categorization theory, Oxford 1987.

Wagner, W. Gary/Pfeffer, Jeffrey/O'Reilly, Charles A.: Organizational demography and turnover in top management groups, in: ASQ, Jg. 29, 1984, S. 74–92.
Weibler, Jürgen: Personalführung, München 2001.
Williams, Katherine Y./O'Reilly, Charles A.: Demography and diversity in organizations: A review of 40 years of research, in: ROB 20, hrsg. v. *Staw, Barry M./Sutton, Robert I.*, Greenwich CT 1998, S. 77–140.

Dilemma-Management

Diether Gebert

[s.a.: Coaching; Delegation (Zentralisation und Dezentralisation); Führungsstile und -konzepte; Gerechtigkeit und Fairness; Innovationsmanagement; Konflikte in Organisationen; Kontrolle; Managerrollen und Managerverhalten; Organisationskultur; Rollentheorie; Ziele und Zielkonflikte.]

I. *Hintergrund und Erscheinungsformen von Dilemmata. Abgrenzung zu Widersprüchen und Paradoxien*; II. *Widerspiegelung dilemmatischer Konstellationen – Mischungen und Oszillationen*; III. *Dilemma-Management als Balance-Management*.

Zusammenfassung

Die Doppelziele Innovation und Effizienz bedingen partiell unverträgliche Handlungsmuster (Freiraumvergrößerung und -verkleinerung). Zur Dilemmaentschärfung werden verschiedene, unterschiedlich funktionale Varianten des Ausbalancierens unverträglicher Handlungsanforderungen erörtert.

I. Hintergrund und Erscheinungsformen von Dilemmata. Abgrenzung zu Widersprüchen und Paradoxien

Unternehmungen benötigen einerseits zwecks Anpassung an die Wettbewerbsverschärfung (*Schreyögg* 1999) Innovativität, Wandlungsfähigkeit und Kreativität (→ *Innovationsmanagement*). Unternehmen fragen aber aus dem gleichen Grund unter der Perspektive der Effizienz die Einhaltung von Zeit- und Kostenbudgets sowie unter der Perspektive der Qualitätssicherung Zuverlässigkeit und Stabilität der Prozesse nach. Während das eine Zielbündel (Innovativität) auf der Handlungsebene u.a. eine stärkere Dezentralisierung, also eine Erweiterung von Handlungsspielräumen, voraussetzt, verlangt das andere Zielbündel (Termintreue, Zuverlässigkeit usw.) eher nach ordnenden Regelwerken und Kontrollstrategien, die die Handlungsspielräume beschränken (*Evans/Doz* 1992; *Müller-Stewens/Fontin* 1997).

Auch aus anthropologischer Sicht gilt, dass Menschen einerseits regelnde Strukturen nachfragen, die ihnen Sicherheit und Orientierung geben, andererseits aber auch Freiräume nachfragen, die ihnen die Chance zu Individualität und Selbstbestimmung vermitteln. Vor dem Hintergrund partiell konfliktärer organisationaler Ziele und personaler Bedürfnisse ergeben sich für die Führungskraft auf der Handlungsebene dilemmatische Konstellationen insofern, als die Förderung des einen (Ermöglichung von Freiräumen) tendenziell mit einer Beeinträchtigung des anderen (Begrenzung von Freiräumen) (und umgekehrt) einhergeht (*Neuberger* 2000). Graphisch werden derartige Dilemmata i.d.R. durch bipolare Skalen dargestellt:

Kontrolle ←→	Autonomie
Integration ←→	Differenzierung
Stabilität ←→	Wandel
Homogenität ←→	Heterogenität
Eindeutigkeit ←→	Mehrdeutigkeit

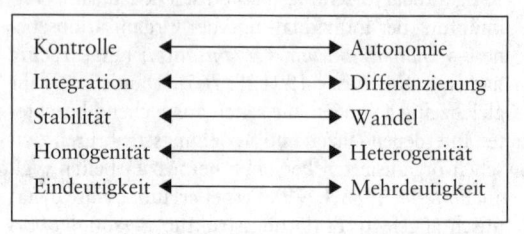

Abb. 1: Beispiele für dilemmatische Anforderungen

Im Hinblick auf das Gegensatzpaar Stabilität und Wandel (→ *Wandel, Management des (Change Management)*) soll der Führende z.B. den Wandel vorantreiben, aber ein „Fels in der Brandung" sein, also Stabilität im Wandel garantieren (*Shamir/Howell* 1999). Unter dem Blickwinkel der Gruppenzusammensetzung (→ *Gruppen und Gruppenarbeit*) kommt es zum einen auf eine hohe Heterogenität der Qualifikation und Erfahrungshintergründe an, um damit ein erhöhtes Synergiepotenzial für mehr Kreativität sicherzustellen. Andererseits erzeugt diese erforderliche Heterogenität aber auch Kooperationshemmnisse, sodass die Wahrscheinlichkeit für die Nutzung des Synergiepotenzials sinkt (*Gebert* 2004); erforderlich ist insofern zugleich ein hinreichendes Maß an Homogenität, da sonst ein Team auseinander bricht.

Gebert und Boerner (*Gebert/Boerner* 1995) haben einen Vorschlag unterbreitet, die verschiedenen innerbetrieblich auftretenden *Dilemmata* in einen theoretischen Bezugsrahmen zu integrieren. Danach werden die in der Abb. 1 auf der rechten Abbildungshälfte dargestellten Pole der „*offenen*" Organisation und die auf der linken Hälfte der Abb. 1 dargestellten Pole der „*geschlossenen*" Organisation zugeordnet (→ *Organisationskultur*).

Im hier zugrunde gelegten Verständnis von „Dilemma" sind „dilemmatische Konstellationen" zwar als konfliktär, aber nicht als „widersprüchlich" zu kennzeichnen, da sich Widersprüchlichkeit auf einen logischen Zusammenhang bezieht (*Naujoks* 1998). Dilemmatisch ist eine Konstellation dann, wenn

geschlossene Organisation		offene Organisation	
+	–	+	–
Eindeutigkeit, Gewissheit	Dogmatik, Ideologie	Mehrdeutigkeit, Lernchance	Beliebigkeit, Orientierungslosigkeit
Geregelheit Zentralisierung	Bürokratie, Motivationseinbußen	Autonomie, Dezentralisierung	Unkoordiniertheiten, Abteilungsegoismen
Homogenität, Konsens	Abschottung, Stillstand	Heterogenität, diversity	Kommunikations- und Kooperationsbarrieren

Abb. 2: Positive Merkmale und ungeplante negative Sekundäreffekte geschlossener und offener Organisationen

Handlungsmuster zumindest partiell pragmatisch unvereinbar sind. Dilemmatische Situationen sollten nicht als „paradox" bezeichnet werden. Der Begriff der *Paradoxie* ist zum einen zu einem unscharf definierten Modebegriff degeneriert. Darüber hinaus wird das Adjektiv „paradox" häufig eingesetzt, um zum Ausdruck zu bringen, dass etwas als widersprüchlich *erscheint*, ohne es jedoch zu sein (*Fontin* 1997). Hier wird umgekehrt der Begriff Dilemma auf eine Konstellation verwendet, die auf der Handlungsebene partiell unvereinbar *ist*.

II. Widerspiegelung dilemmatischer Konstellationen – Mischungen und Oszillationen

1. Mischungen

Nachstehend geht es nicht um die dilemmatische Beziehung zwischen Humanisierung und Effizienz oder zwischen betriebswirtschaftlichen und volkswirtschaftlichen Zielkriterien; es geht vielmehr um Dilemmata im Sinne der Abb. 1, die auf der Basis einer Metatheorie (nämlich der der Beziehung zwischen der offenen und der geschlossenen Organisation, Abb. 2) erörtert werden.

Organisationen sind als Mischungen aus offenen und geschlossenen Strukturmustern interpretierbar. Mischungen sind zum einen zu erwarten, da in Organisationen von dem oben beschriebenen Ziel- und Bedürfnisplural auszugehen ist. Schon deswegen findet man in der Praxis nicht eine ausschließlich offene oder geschlossene Organisation vor. Zum zweiten sind Organisationen Mischungen aus offenen und geschlossenen Anteilen, weil eine ausschließlich geschlossene Organisation (im Sinne der Abb. 1) ihre Zielkriterien wie z.B. Effizienz und Zuverlässigkeit verfehlen würde, so wie auch eine ausschließlich offene Organisation (rechte Hälfte im Sinne der Abb. 1) die Zielkriterien der Innovativität und Wandlungsfähigkeit verfehlen würde. Dieser Umstand ergibt sich, da beide Muster mit ungeplanten negativen Sekundäreffekten verbunden sind (im Einzelnen hierzu *Gebert/Boerner* 1995), die die Erreichung der Primärziele gefährden würden. Die Abbildung 2 veranschaulicht dies:

Einseitige Gestaltungsansätze sind nicht zielförderlich. Eine regulierende Zentralisierung ist einerseits wichtig, um die Vorteile des Ganzen nutzen zu können; gleichzeitig aber birgt sie die Gefahr in sich, Motivationseinbußen und bürokratische Überregulierung zu verursachen (*Müller-Stewens/Fontin* 1997). Analog ist seit langem erkannt, dass sich Verabsolutierungen der offenen Organisation im Sinne einer Dezentralisierung und Autonomieförderung mit der Gefahr verbindet, dass Unkoordiniertheiten entstehen und sich Abteilungsegoismen und neue Fürstentümer entwickeln (*Frese* 1998) (→ *Delegation (Zentralisation und Dezentralisation)*).

Aus Gründen der Innovationsförderung eingeleitete Öffnungsprozesse bedürfen insofern kompensierender Anleihen an der geschlossenen Organisation (und umgekehrt), um den ungeplanten negativen Sekundäreffekten im Sinne einer Prophylaxe – so weit wie möglich – entgegenzuwirken (*Volberda* 1996; *Pettigrew/Fento* 2000, S. 295; *Gebert* 2002).

2. Oszillationen

Unter dem Blickwinkel der Dynamik dilemmatischer Konstellationen ist – auf der Zeitachse betrachtet – die Neigung von Organisationen zum „Pulsieren" (*Bleicher* 1996) bzw. zum Oszillieren (*Gebert/Boerner* 1999) bedeutsam. Da die ungeplanten negativen Sekundäreffekte der offenen Organisation (z.B. die Gefahr der Orientierungslosigkeit) inhaltlich in dem Verlust der Güter des geschlossenen Musters (ihrer klaren Zielorientierung) bestehen, ist mit zunehmender Praktizierung des offenen Musters und dem Offenkundigwerden seiner impliziten ungeplanten negativen Sekundäreffekten damit zu rechnen, dass die Attraktivität des geschlossenen Musters steigt (und umgekehrt). Als Folge hiervon sind zyklische Prozesse (z.B.: Dezentralisierung – Re-Zentralisierung – erneute Dezentralisierung) bereits des Öfteren beschrieben worden (*Mintzberg/Westley* 1992). Derartige *Oszillationen* kann man auf der theoretischen Ebene auch als Manifestation organisationaler Selbstregulation interpretieren. Mischungen sind Dilemmaentschärfungen im zeitlichen Querschnitt; Oszillationen sind Dilemmaentschärfungen durch ein zeitliches Nacheinander des schwer Vereinbaren. Da dilemmatische Konstellationen durch Mischungen und Oszillationen aber nicht aufhebbar sind, Dilemmamanagement, in welcher Form auch immer durchgeführt, also Kompromisscharakter behält, bleiben immer spezifische Nachfragen auf der einen oder anderen Dimension nach offener oder geschlossener Organisation unbefriedigt. Wesentlich hierin liegt der Grund, dass konkrete Mischungsverhältnisse aus offenen und geschlossenen Anteilen in einer Unternehmung nicht konstant bleiben, sondern sich im Fluss befinden (*Weick/Westley* 1996; *Gebert/Boerner* 1999).

III. Dilemma-Management als Balance-Management

1. Beispiele intradimensionalen Balancierens

Will die Führungskraft z.B. das Spannungsverhältnis zwischen der Gewährung von Autonomie einerseits und der Sicherstellung von Kontrolle andererseits ausbalancieren, so bietet sich zum einen der klassische Kompromiss an: Der Vorgesetzte delegiert zwar Entscheidungskompetenzen; diese sind aber auf bestimmte exakt definierte Fälle eingeschränkt und bewegen sich (z.B. bei einem Kreditverkäufer) nur in monetär wenig risikoreichen Größenordnungen. In der Kompromissstrategie wird der Autonomiegrad also von vorne herein eingeschränkt. Dies hat den Vorteil, dass die Autonomierisiken gesenkt sind, verbindet sich aber mit dem Nachteil, dass auch die erhofften Autonomievorzüge (Förderung von Lernen und Innovation) nicht genügend zum Tragen kommen.

Eine hiervon abweichende Strategie der Dilemma-Entschärfung besteht darin, dass der Vorgesetzte dem Mitarbeiter in großem Umfang Entscheidungsautonomie gewährt, also nachdrücklich öffnet, auf derselben Dimension aber deutlich schließt, indem er zugleich die Häufigkeit persönlicher Kontrollprozesse und Rücksprache-Einforderungen deutlich erhöht (→ *Kontrolle*). Die Praxis zeigt, dass eine derartige (Doppel-)Strategie von dem Mitarbeiter häufig als abnehmendes Vertrauen interpretiert wird, er also motivational enttäuscht reagiert und als Folge hiervon die Entscheidungsverantwortung zurückdelegiert (→ *Führungsstile und -konzepte*). Ähnliches gilt für die Strategie, das Delegationsrisiko nicht durch persönliche, sondern durch indirekte, sog. bürokratische Kontrolle, abzupuffern. Es werden hierbei Richtlinien schriftlich fixiert, die spezifizieren, unter welchen Randbedingungen der Mitarbeiter wie vorzugehen hat (sog. Handbücher). Auch diese Strategie, die also einerseits nachdrücklich Entscheidungskompetenzen dezentralisiert, das Risiko der Dezentralisierung aber gleichzeitig durch nachdrücklich formulierte detaillierte Regelwerke abzupuffern versucht, erweist sich im Ergebnis weder als effektiv noch als effizient: Der Regelungs- bzw. Kontrollaufwand ist erheblich und Regeln sind nicht „wasserdicht" formulierbar, sodass das Delegationsrisiko nur in Grenzen gesenkt wird, gleichzeitig aber die Förderung von Lernen und Innovativität blockiert wird.

2. Beispiele interdimensionalen Balancierens

Den bisher besprochenen Formen der Dilemmaentschärfung ist gemeinsam, dass sie das Spannungsverhältnis innerhalb einer Dimension (intradimensional) auszubalancieren versuchen (dies durch einen Kompromiss oder durch die Form des konsequenten Einerseits-Andererseits). Hiervon ist abzuheben eine weitere Möglichkeit der Dilemmaentschärfung, die inter-dimensionalen Charakter hat (vgl. Abb. 1): Man gewährt hohe Grade von Autonomie (Dezentralisierung) und versucht diese Risiken durch die Vermittlung einer klaren Orientierung (Eindeutigkeit der Ziele) (→ *Management by Objectives*) abzupuffern. Im Sinne der dezentralen Selbstregulation sorgt der Führende für klare Sollwerte (Orientierung) und dafür, dass der Mitarbeiter möglichst zeitnah Soll-Ist-Vergleiche durchführen kann und überlässt die Entscheidung über die zutreffenden Maßnahmen bei der Beseitigung einer Soll-Ist-Differenz den Geführten. Theoretische Erwägungen (v.a. der Erhalt der intrinsischen Motivation) sowie empirische Befunde sprechen dafür, dass diese (interdimensionale) Form der Dilemmaentschärfung unter der Perspektive der Risikoabsenkung, verglichen mit den bisher diskutierten Strategien, mindestens äquifunktional ist (wenn nicht überlegen), in Bezug auf die Effektivität (hier Lernen und Innovativität) die deutlich überlegenere Variante darstellt (*Gebert* 1995; *Gebert* 2002; *Putz/Lehner* 2002). Die Pol-Ausprägungen „klare Ziele" und „Wege zum Ziel frei" fassen diese Strategie der Dilemma-Entschärfung umgangssprachlich zusammen.

Derartige Überlegungen gelten analog auch in Bezug auf die Führung größerer Organisationseinheiten (Tochtergesellschaften, Niederlassungen). Will man hier im Sinne der Effektivität Innovativität freisetzen, so wurde in der bisherigen Literatur gefordert, zur Förderung der Innovativität die Dezentralisierung, die Partizipation der Mitarbeiter und v.a. die kritische Aufwärtskommunikation zu fördern (*Wolfe* 1994). Aus dilemma-theoretischer Sicht ist eine derartige Empfehlung irreführend. Gebert et al. (*Gebert/Boerner/Lanwehr* 2001) haben erstmals den empirischen Nachweis der Risiken einseitiger, nicht ausbalancierter Öffnungsprozesse geführt. Exemplarisch zeigt die Abb. 3 das Ergebnis derartiger Analysen:

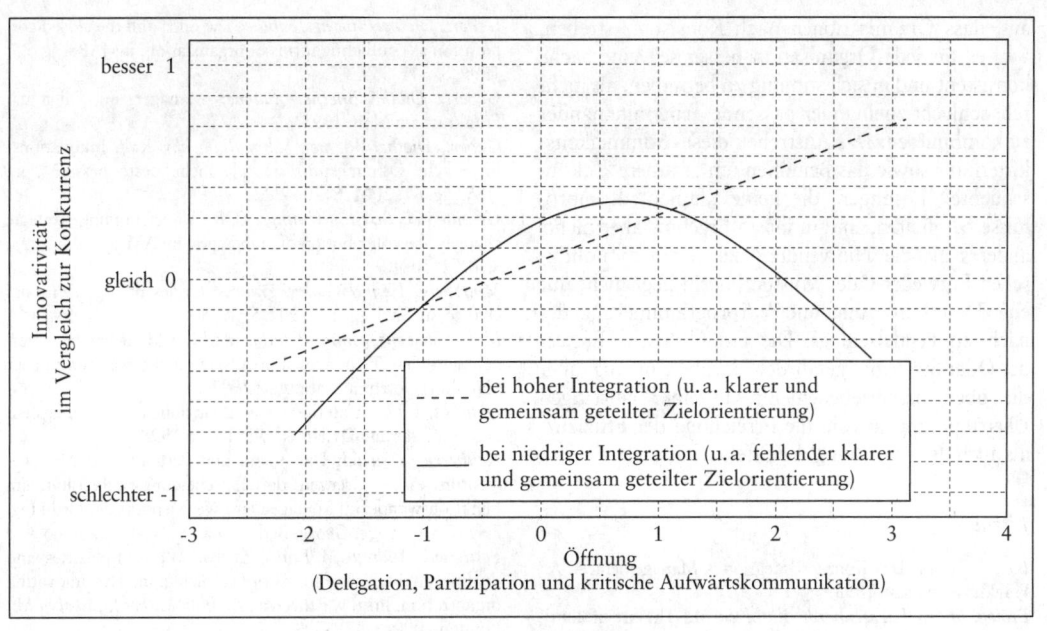

Abb. 3: Risiken von Öffnungsprozessen

Es gilt eben nicht die klassische Devise „je mehr, desto besser", sondern eine kurvilineare Beziehung; bei unabgepufferter Intensivierung von Delegation, Partizipation und kritischer Aufwärtskommunikation – also bei fehlender klarer und gemeinsam geteilter Zielorientierung – führen Öffnungsprozesse zwar zu vielen Ideen, aber auch zu vielen minder qualitativen, radikalisierten und schlecht untereinander abgestimmten Ideen, so dass über entsprechend induzierte Konflikte bei der Ideenselektion und -priorisierung die Transaktionskosten in die Höhe schnellen, Mikropolitik in das Vakuum fehlender klarer und gemeinsamer Zielorientierung vordringt, gute Vorschläge auf der Strecke bleiben, schlechten Vorschlägen der Vorrang eingeräumt wird und im Ergebnis die Innovativität im Vergleich zur Konkurrenz wieder sinkt. Wird dagegen im Sinne einer interdimensionalen Dilemmaentschärfung einerseits mit Nachdruck in der beschriebenen Ausrichtung geöffnet und zugleich eine konsequente Anleihe an der geschlossenen Organisation dadurch gemacht, dass man für klare und gemeinsam geteilte Ziele sorgt, also im Sinne einer Konfliktprophylaxe Orientierung und Konsenspotenziale aufbaut, so ist unter der Voraussetzung dieser Doppelstrategie der Ideengenerierungsprozess zielfunktional vorausgerichtet und zugleich der Implementationsprozess reibungsloser (*Brown/Eisenhardt* 1997; *Gebert* 2002).

3. Gründe und Risiken einer Entweder-Oder-Politik (Nicht-Balance)

Den Gegensatz zu dieser Doppelstrategie bildet die Entweder-Oder-Strategie. Eine Entweder-Oder-Strategie würde bedeuten, dass man auf allen Dimensionen (Abb. 1) *parallel* sehr ausgeprägt öffnet *oder* schließt. Eine derartige Entweder-Oder-Strategie wird nur unter sehr spezifischen Randbedingungen funktional sein. Das erhebliche Risiko einer solchen Entweder-Oder-Strategie liegt darin, dass sie eine Organisation destabilisiert (*Gebert* 2000). Im Bild gesprochen wird eine Pendeldynamik ausgelöst. Mit zunehmender Annäherung an die Extremposition einer Dimension erhöht sich die Gefahr größerer Pendelschläge, da die ohnehin gegebene Nachfrage nach der jeweiligen Gegenstruktur durch die Extrempositionierung noch erhöht wird. Die Gefahr heftigerer Pendelschläge erhöht sich zusätzlich dann, wenn die Tendenz zur Extrempositionierung noch mit einer Entweder-Oder-Politik verbunden wird, die neue Organisation also einseitig auf *allen* Dimensionen zur offenen *oder* zur geschlossenen Seite hin ausgerichtet wird (*Gebert/Boerner* 1999).

Vor dem Hintergrund derartiger Destabilisierungsrisiken ist umso mehr darauf aufmerksam zu machen, dass die Entweder-Oder-Strategie (vermutlich speziell im europäischen Raum) in sublimer Weise attraktiv ist: Während man in asiatischen Ländern mit dilemmatischen Anforderungen mental flexibler umgeht, da die entgegengerichteten Pole z.B. der Freiheit und der Reglementierung zwar als konfliktär, gleichzeitig aber als sich wechselseitig bedingend erkannt werden, dominiert in der westlichen Welt eher ein typologisches Denken in Mustern (pattern), die nach Möglichkeit durch Konsistenz bzw. Stimmigkeit der Teile i.S.v. Widerspruchsfreiheit untereinander gekennzeichnet sein sollen. Greenwood und Hinings (*Greenwood/Hinings* 1993) gehen explizit davon aus, dass Organisationen nach Konsistenz streben, weil es für jede Organisation besser sei, eine Sache konsistent und in sich stimmig zu betreiben, als mehrere schlecht zueinander passende Teile miteinander zu kombinieren. Das Anstreben dieses Stimmigkeitskriteriums sowie das Bemühen um „saubere", „konsequente" Lösungen, die keine „faulen" Kompromisse beinhalten, sind in ihrem Ergebnis aber nichts anderes als die Hinwendung zu einem monolithischen Entweder-Oder-Muster. Hierin liegt nicht nur eine Destabilisierung und Vorprogrammierung des nächsten Pendelschlags. Die monolithische Entweder-Oder-Strategie gefährdet darüber hinaus über die oben beschriebenen Effekte einer einseitigen Übersteuerung sowohl die Erreichung der Effizienz- als auch die Erreichung der Effektivitätsziele.

Literatur

Bleicher, Knut: Das Konzept Integriertes Management, 4. A., Frankfurt am Main 1996.
Brown, Shona L./Eisenhardt, Kathleen M.: The art of continuous change: Linking complexity theory and time-paced evolution in relentlessly shifting organizations, in: ASQ, Jg. 42, 1997, S. 1–34.
Evans, Paul A. L./Doz, Yves: Dualities. A paradigm for human resource and organizational development in complex multinationals, in: Globalizing Management, hrsg. v. *Pucik, Vladimir/Tichy, Noel M./Barnett, Carole K.*, New York 1992, S. 85–107.
Fontin, Mathias: Das Management von Dilemmata, Wiesbaden 1997.
Frese, Erich: Grundlagen der Organisation: Konzept-Prinzipien-Strukturen, Wiesbaden 1998.
Gebert, Diether: Innovation durch Teamarbeit – Eine kritische Bestandsaufnahme, Stuttgart 2004.
Gebert, Diether: Führung und Innovation, Stuttgart 2002.
Gebert, Diether: Zwischen Freiheit und Ordnung: Widersprüchlichkeit als Motor inkrementalen und transformationalen Wandels in Organisationen – eine Kritik des Punctuated Equilibrium-Modells, in: Managementforschung 10: Organisationaler Wandel und Transformation, hrsg. v. *Schreyögg, Georg/Conrad, Peter*, Frankfurt am Main 2000, S. 1–32.
Gebert, Diether: Führung im MbO-Prozess, in: HWFü, hrsg. v. *Kieser, Alfred/Reber, Gerhard/Wunderer, Rolf*, 2. A., Stuttgart 1995, Sp. 426–436.
Gebert, Diether/Boerner, Sabine: The open and the closed corporation as conflicting forms of organization, in: JABS, Jg. 35, 1999, S. 341–359.
Gebert, Diether/Boerner, Sabine: Manager im Dilemma, Frankfurt am Main 1995.
Gebert, Diether/Boerner, Sabine/Lanwehr, Ralf: Innovationsförderliche Öffnungsprozesse: „Je mehr, desto besser?", in: DBW, Jg. 61, 2001, S. 204–222.
Greenwood, Royston/Hinings, C. R.: Understanding strategic change: The contribution of archetypes, in: AMJ, Jg. 36, 1993, S. 1052–1081.
Mintzberg, Henry/Westley, Frances: Cycles of organizational change, in: SMJ, Jg. 13, 1992, S. 39–59.
Müller-Stewens, Günter/Fontin, Mathias: Management unternehmerischer Dilemmata. Ein Ansatz zur Erschließung neuer Handlungspotentiale, Stuttgart 1997.
Naujoks, Tobias: Unternehmensentwicklung im Spannungsfeld von Stabilität und Dynamik, Wiesbaden 1998.
Neuberger, Oswald: Dilemmata und Paradoxa im Managementprozess – Grenzen der Entscheidungsrationalität, in: Funktionswandel im Management: Wege jenseits der Ordnung, hrsg. v. *Schreyögg, Georg*, Berlin 2000, S. 173–220.
Pettigrew, Andrew M./Fento, Evelyn M.: Complexities and dualities in innovative forms of organizing, in: The innovating organization, hrsg. v. *Pettigrew, Andrew M./Fento, Evelyn M.*, London 2000, S. 279–300.
Putz, Peter/Lehner, Johannes M.: Effekte zielorientierter Führungssysteme – Entwicklung und Validierung des Zielvereinbarungsfragebogens (ZVB), in: Zeitschrift für Arbeits- und Organisationspsychologie, Jg. 46, 2002, S. 22–34.
Schreyögg, Georg: Strategisches Management – Entwicklungstendenzen und Zukunftsperspektiven, in: DU, Jg. 53, 1999, S. 387–407.
Shamir, Boas/Howell, Jane M.: Organizational and contextual influences on the emergence and effectiveness of charismatic leadership, in: Leadership Quarterly, Jg. 10, 1999, S. 257–283.
Volberda, Henk W.: Toward the flexible form: How to remain vital in hypercompetitive environments, in: Org.Sc., Jg. 7, 1996, S. 359–374.
Weick, Karl E./Westley, Frances: Organizational learning: Affirming an oxymoron, in: Handbook of Organizational Studies, hrsg. v. *Clegg, Stewart R./Hardy, Cynthia/Nord, Walter R.*, London 1996, S. 440–458.
Wolfe, Richard A.: Organizational innovation: Review, critique and suggested research directions, in: JMan.Stud., Jg. 31, 1994, S. 405–431.

Emotionen in Organisationen

Angelo Giardini/Michael Frese

[s.a.: Entscheidungsprozesse in Organisationen; Entscheidungsverhalten, individuelles; Gerechtigkeit und Fairness; Individuum und Organisation; Informelle Organisation; Motivation; Organisationskultur; Sozialisation, organisatorische.]

I. Einleitung; II. *Die Rolle von Emotionen;* III. *Die Rolle von Stimmungen;* IV. *Steuerung von Emotionen und Stimmungen durch die Organisation.*

Zusammenfassung

Die Überzeugung, dass Emotionen einen Störfaktor für Organisationen darstellen, wich in den letzten Jahren dem Bild von Emotionen als integralem Bestandteil organisationalen Lebens. In diesem Sinne werden aus psychologischer Sicht exemplarisch Auslösebedingungen und Wirkungen von Emotionen und Stimmungen beschrieben. Abschließend werden Möglichkeiten und Grenzen der organisationalen Steuerung von Emotionen und Stimmungen diskutiert.

I. *Einleitung*

In Organisationen sind Emotionen in einer enormen Dichte und Intensität zu finden. Es lässt sich die gesamte Palette menschlichen Fühlens beobachten, angefangen bei der Freude, einen bestimmten Arbeitskollegen zu treffen, über den Ärger über einen verpassten Auftrag bis hin zu Hassgefühlen gegenüber dem Vorgesetzten. Die Beobachtung, dass Emotionen in Organisationen allgegenwärtig sind, steht allerdings in erstaunlichem Kontrast zu der Tatsache, dass noch vor wenigen Jahren in Übersichtswerken zu organisationalem Verhalten Emotionen kaum thematisiert wurden. Die Vernachlässigung dieser Thematik mag darin begründet liegen, dass im organisationalen Kontext lange das Ideal des rational entscheidenden und handelnden Individuums vorherrschte (vgl. *Putnam/ Mumby* 1993). Emotionen haben in einer solchen Sichtweise den Stellenwert von Störfaktoren, die die zielbezogene Handlungsplanung und Handlungsausführung behindern. Eine solche Vorstellung von Emotionen ist jedoch in zweifacher Hinsicht nicht angemessen. Erstens fokussiert sie nur auf negative Emotionen und negative Auswirkungen und berücksichtigt dabei weder die Existenz positiver Emotionen noch den potenziell positiven Einfluss von Emotionen generell.

Zweitens steht hinter der Auffassung von Emotionen als Hindernis die simplifizierende Auffassung, dass sich die „kühle" und kontrollierbare Kognition von der „heißen" und unkontrollierbaren Emotion trennen ließe. Die psychologische Forschung der letzten Jahrzehnte hat jedoch in vielfältiger Weise offen gelegt, wie sich Kognition und Emotion gegenseitig durchdringen (z.B. *Morris* 1989; *Oatley/Jenkins* 1996).

In den letzten Jahren gab es ein gesteigertes Interesse an der Rolle von Emotionen in Organisationen, nicht zuletzt stimuliert durch die kontroverse Diskussion um die sog. „*emotionale Intelligenz*" (*Goleman* 1995). Dabei wird nun in der Literatur ein ausgeglicheneres und umfassenderes Bild von Emotionen in Organisationen gezeichnet (siehe z.B. *Ashkanasy/ Härtel/Zerbe* 2000; *Fineman* 2000; *Schreyögg/Sydow* 2001), getragen durch die Erkenntnis, dass Emotionen einen integralen Bestandteil des organisationalen Lebens darstellen.

II. *Die Rolle von Emotionen*

Wir haben bisher der Umgangsprache folgend „Emotion" als Überbegriff für alle Wahrnehmungen bzw. Äußerungen mit gefühlsmäßigem Charakter verwendet. Eine solche Bedeutung vermischt allerdings zwei in der Wissenschaft voneinander abgegrenzte Begriffe, nämlich „Emotion" und *„Stimmung"* (s.u.). Mit dem wissenschaftlichen Begriff „Emotion" werden bennenbare distinkte Gefühlszustände beschrieben (z.B. Angst). Sie werden i.d.R. mit speziellen Ereignissen oder Objekten in Verbindung gebracht (z.B. eine bedrohliche Situation), beinhalten eine spezifische Handlungstendenz (z.B. Flucht) und bringen zumeist physiologische Veränderungen mit sich (vgl. *Frijda* 1986). Im Laufe der Erforschung von Emotionen wurde eine Vielzahl von Klassifikationen von Emotionen vorgeschlagen. Die am weitesten verbreitete ist sicher die Einteilung in fundamentale „primäre" Emotionen (z.B. Angst, Freude) und „sekundäre" Emotionen, die eine Kombination bzw. eine Ableitung aus primären Emotionen darstellen (z.B. Scham, Sympathie; vgl. *Plutchik* 1994). Pekrun und Frese (*Pekrun/Frese* 1992) schlagen eine speziell arbeitsbezogene Taxonomie von Emotionen vor (siehe Tabelle 1), die noch einmal verdeutlicht, wie breit gefächert das emotionale Erleben in Organisationen ist. Dabei legen sie drei Dimensionen zugrunde: (a) Valenz (positiv oder negativ), (b) Objektbezug (aufgabenbezogen oder sozialbezogen), und (c) zeitliche Perspektive (prozessbezogen, prospektiv oder retrospektiv).

		Positiv	Negativ
Aufgabenbezogen	Prozessbezogen	Freude	Langeweile
	Prospektiv	Hoffnung Antizipatorische Freude	Angst Hoffnungslosigkeit
	Retrospektiv	Erleichterung Ergebnisbezogene Freude Stolz	Traurigkeit Enttäuschung Scham/Schuld
Sozialbezogen		Dankbarkeit Empathie Bewunderung Sympathie/Liebe	Ärger Neid/Eifersucht Verachtung Antipathie/Hass

Tab. 1: Eine Taxonomie arbeitsbezogener Emotionen (nach Pekrun/Frese 1992)

1. Funktionen von Emotionen

Unbestreitbar können Emotionen intensiv genug sein, um gedankliche oder motorische Prozesse zu unterbrechen. Dennoch sind sie keine Störfaktoren *per se,* sondern müssen von ihren Funktionen für den Organismus her verstanden werden. Hervorzuheben ist dabei zunächst die Signalfunktion. Emotionen zeigen uns nicht nur an, dass sich Umweltbedingungen verändert haben, sondern auch, ob diese neue Situation positiv oder negativ und ob sie relevant für uns ist (*Lazarus* 1991). Eine Emotion entsteht dann, wenn durch die Situationsänderung wichtige Ziele (z.B. Handlungsziele) tangiert werden. Die erste Bewertung einer Situationsänderung geht meist automatisch und enorm schnell vonstatten. Eine weitere Funktion von Emotionen besteht darin, den Organismus darauf vorzubereiten, auf die Veränderungen organisiert und umgehend zu reagieren. Frijda spricht in diesem Zusammenhang von der „*gefühlten Handlungsbereitschaft*" („felt action readiness"; *Frijda* 1986, S. 238). Diese Prozesse der Aufmerksamkeitslenkung, Bewertung und Handlungsvorbereitung benötigen psychische Ressourcen, die für die ursprüngliche Tätigkeit nicht mehr in vollem Umfang zur Verfügung stehen, weswegen Emotionen zunächst tatsächlich eine Handlungsbehinderung darstellen. Allerdings muss berücksichtigt werden, dass der *ursächliche* Störfaktor eine Veränderung der Umwelt ist und die Emotion eine (oft protektive) Reaktion darauf darstellt.

Neben diesem disruptiven Charakter haben aber Emotionen auch eine energetisierende Qualität. Frese (*Frese* 1990) betont, dass Emotionen insb. unter erschwerten Bedingungen die Handlungsfähigkeit aufrecht erhalten. Dies gilt zunächst für positive Emotionen (z.B. „Arbeitsfreude"), kann aber auch für negative Emotionen zutreffen (z.B. kann eine mäßig intensive Angst vor einer wichtigen Präsentation zu einer Anstrengungsintensivierung führen) (→ *Führung und Führungstheorien;* → *Motivation*).

Wie Emotionen in Organisationen entstehen und welche Effekte sie haben können soll anhand der Beispiele „Stolz" und „Ärger" dargestellt werden.

2. Stolz

In Organisationen lassen sich zwei Arten von *Stolz* unterscheiden: Stolz auf die eigene Leistung und Stolz, Teil einer bestimmten Gruppen zu sein (z.B. Berufsgruppe, Arbeitsgruppe, Organisation). Letztere Form soll hier nicht weiter vertieft werden, da sie keine Emotion i.e.S. darstellt sondern eine *Einstellung* mit einer stark affektiven Komponente.

Frese (*Frese* 1990) hat ein Prozessmodell entwickelt, das die Entstehung von Stolz auf die eigene Leistung, aber auch von anderen Emotionen beschreibt (s. Abb. 1).

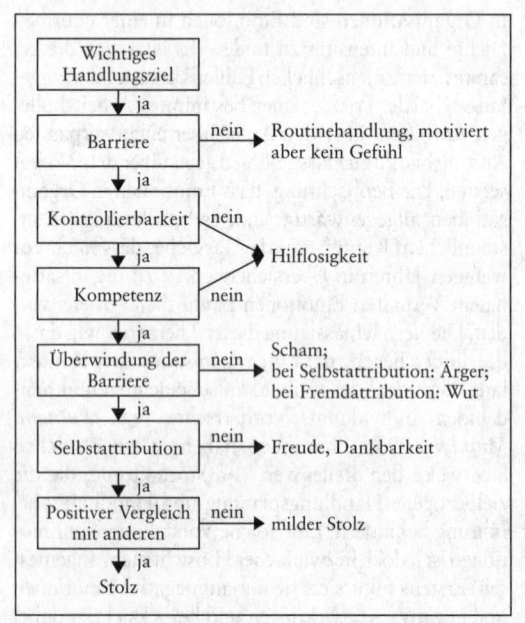

Abb. 1: Der Prozess der Entstehung von Stolz (nach Frese 1990)

In diesem Modell wird deutlich, wie vielschichtig die Bewertungsprozesse bei der Entstehung einer Emotion sein können und wie eng Emotion und *Kognition* miteinander verbunden sind. Es wird von der Annahme ausgegangen, dass bei der Aufgabenbearbeitung eine Barriere bestehen muss (z.B. ein unerwartetes Ereignis, besondere Schwierigkeiten). Die Barriere wird nur dann überwunden, wenn Kontrollierbarkeit bzw. *Kompetenz* vorhanden sind. Ist dem nicht so, kommt es zu Gefühlen der Hilflosigkeit. Gelingt die Überwindung der Barriere trotz Kontrollierbarkeit und Kompetenz nicht, dann resultiert daraus Scham (falls man sich selbst für den Misserfolg verantwortlich macht) oder Ärger (falls man externe Faktoren, insb. andere Personen, verantwortlich macht). Gelingt die Überwindung der Barriere, und man schreibt sich den Erfolg selbst zu, stellt sich das Gefühl des Stolzes ein, das umso stärker ist, je besser man im Vergleich zu anderen abschneidet.

Für Organisationen ist Stolz in mehrerlei Hinsicht von Bedeutung (vgl. *Frese* 1990). Zum einen kommt Stolz mittelbar eine energetisierende (bzw. motivierende) Funktion zu. Die Vorwegnahme des Stolzes, kann nämlich der Anreiz für weiteres Leistungshandeln sein (vgl. *Heckhausen* 1989). Wiederholte Erlebnisse von Stolz erhöhen auch die Selbstsicherheit und Selbstwirksamkeitsüberzeugungen des Individuums.

3. Ärger

Ärger ist eine der am deutlich sichtbarsten und vermutlich auch am häufigsten auftretenden Emotionen im Arbeitskontext. Das Modell von Frese zeigt, dass *Ärger* entsteht, wenn eine Barriere nicht überwunden wird und dafür andere Personen verantwortlich gemacht werden. Andere Autoren betonen, dass Ärger daraus resultiert, dass aus der Sicht der betroffenen Person *Gerechtigkeitsprinzipien* (→ *Gerechtigkeit und Fairness*) verletzt werden, sie sich also „ungerecht behandelt fühlt" (z.B. *Weiss/Suckow/Cropanzano* 1999). Die Empirie bestärkt die nahe liegende Vermutung, dass es v.a. das Verhalten von Vorgesetzten ist (→ *Führung und Führungstheorien*), dass diese Ungerechtigkeitswahrnehmungen und damit das Entstehen von Ärger hervorruft (*Fitness* 2000).

Ärger ist ein nicht zu unterschätzender Faktor in Organisationen, insb. weil diese Emotion mit einer Vielzahl von negativen Konsequenzen in Verbindung gebracht wird. Auf der Seite des Individuums sind insb. die gesundheitlichen Folgen häufigen Ärgererlebens hervorzuheben (z.B. kardiovaskuläre Erkrankungen), wobei natürlich auch individuelle Prädispositionen eine nicht unerhebliche Rolle spielen. Ärger ist aber auch der Ausgangspunkt für verschiedene, die Organisation schädigende Verhaltensweisen, die von Arbeitsverweigerung über stille Sabotage bis hin zu gewalttätigen Handlungen reichen (z.B. *Folger/Baron* 1996; *Bies/Tripp* 1998). Allerdings kann das Auftreten von Ärger auch positive Effekte haben. Ärgererleben signalisiert dem Individuum, dass seine Ziele oder seine Ansprüche nicht in ausreichendem Maße akzeptiert werden. Dies kann dazu führen, dass das Individuum sein Vorgehen oder die Ziele und Ansprüche überprüft und den Bedingungen realistisch anpasst. Aber auch die beteiligten Personen sind genötigt, ihre Rolle innerhalb dieser Ärgerepisode zu prüfen. Nicht selten sind deshalb massive Ärgererlebnisse Ausgangspunkt für Neuorientierungen oder konstruktive Lösungsversuche (vgl. *Tavris* 1989).

III. Die Rolle von Stimmungen

Stimmungen haben im Gegensatz zu Emotionen keinen direkten Objektbezug (auch wenn sie häufig durch bestimmte Ereignisse ausgelöst werden). Sie sind weniger intensiv und i.d.R. auch länger andauernd als Emotionen. Sie werden anhand latenter Dimensionen beschrieben, wobei je nach theoretischem Modell die Anzahl wie auch die Bezeichnungen dieser Dimensionen variieren (vgl. z.B. *Schimmack* 1999). Die Forschung im organisationalen Kontext wird dominiert vom zwei-dimensionalen *PANAS-Modell* (*Watson/Tellegen* 1985). Entgegen dem Alltagsverständnis geht dieses Modell davon aus, dass positive Stimmung und negative Stimmung (bzw. positiver/negativer Affekt) unabhängige Dimensionen darstellen.

Im Folgenden werden exemplarisch Forschungsergebnisse zur Rolle von Stimmungen in drei organisational relevanten Bereichen beschrieben: Bewertungen und Einschätzungen, Problemlöse- und Entscheidungsprozesse sowie Arbeitsleistung.

1. Der Einfluss auf Bewertungen und Einschätzungen

In der Stimmungsforschung wurde wiederholt der sog. „*Stimmungskongruenz-Effekt*" aufgezeigt. Dieser Effekt drückt sich bspw. darin aus, dass durch die Aktivierung stimmungskongruenter Gedächtnisinhalte Bewertungen in Richtung der momentanen Stimmung „getönt" werden (vgl. *Morris* 1989). Im organisationalen Kontext scheinen besonders Einstellungsinterviews anfällig für die Wirkung von Stimmung zu sein. So konnte gezeigt werden, dass Personen, die vorher in eine positive Stimmung versetzt wurden, Bewerber auf aufgaben- und personenbezogenen Kriterien besser einschätzten, als Personen, die sich in einer neutralen oder negativen Stimmung befanden (*Baron* 1987). Weitere Untersuchungen zeigten jedoch, dass die zugrunde liegenden Prozesse komplexer sind (*Baron* 1993). Man fand, dass der Einfluss der positiven Stimmung gering war, wenn der Bewerber sehr qualifiziert war. War der Bewerber unqualifiziert, dann waren die Bewertungen der Personen in einer positiven Stimmung sogar schlechter.

Der Stimmungskongruenz-Effekt trat erst auf, wenn der Bewerber weder absolut unqualifiziert noch sehr qualifiziert war. Diese und ähnliche Befunde können dahingehend interpretiert werden, dass Individuen v.a. in unklaren oder mehrdeutigen Situationen die momentane Stimmungslage als Informationsquellen hinzuziehen („affect as information", vgl. z.B. *Clore/Gasper/Garvin* 2001).

2. Der Einfluss auf Problemlöse- und Entscheidungsprozesse

Individuen in positiver Stimmung neigen dazu, bei der Informationsverarbeitung einfache Heuristiken zu benutzen und dadurch unsystematischer und oberflächlicher zu sein als Personen in negativer Stimmung (vgl. *Sinclair/Mark* 1992). Dies muss nicht *per se* ein Nachteil für die Problemlösung sein. In Studien wurde wiederholt demonstriert, dass positiv gestimmte Individuen komplexe Aufgaben vereinfachen und schneller und effizienter in der Aufgabenbearbeitung sind (vgl. *Isen/Baron* 1991). Des Weiteren wurde gezeigt, dass positive Stimmung die *Kreativität* positiv beeinflusst. Dabei wird argumentiert, dass Individuen in positiver Stimmung kognitiv flexibler sind, in breiteren Kategorien denken und dadurch mehr Assoziationen zwischen distinkten Stimuli herstellen können (vgl. *Isen/Baron* 1991). Es kommt also ganz wesentlich auf die Struktur der Aufgabe und die Rahmenbedingungen an, ob eine bestimmte Stimmung funktional oder dysfunktional ist.

Es wurde in diesem Zusammenhang auch vermutet, dass Individuen in einer positiven Stimmung durch ihre oberflächlichere Verarbeitungsstrategie größere Risiken bei Entscheidungen eingehen (→ *Entscheidungsprozesse in Organisationen*; → *Entscheidungsverhalten, individuelles*). In der Tat wurde ein solcher Effekt für Entscheidungen in hypothetischen Situationen gefunden. Als man allerdings realistische Situationen untersuchte, drehte sich der Effekt um, so dass positiver gestimmte Personen weniger riskantes Verhalten zeigten (z.B. *Isen/Patrick* 1983). Erklärt wird dieses Phänomen damit, dass Individuen danach streben, ihre positive Stimmung zu konservieren, was in realistischen Situationen eher durch eine weniger riskante Lösung gewährleistet wird (vgl. *Isen/Baron* 1991).

3. Stimmung und Arbeitsleistung

Die Frage, ob und wie sich die Stimmung auf die Arbeitsleistung auswirkt, wurde in der Literatur vor dem Hintergrund der angesprochenen Unterschiede in der Informationsverarbeitung bei positiver und negativer Stimmung (d.h. heuristisch vs. systematisch) diskutiert. Etwas plakativ wurden die konträren Hypothesen als „sadder but wise" und „happier and smarter" (vgl. *Staw/Barsade* 1993) gegenübergestellt. Die vorliegenden empirischen Befunde aus Feldstudien favorisieren bislang eher letztere Hypothese (z.B. *Staw/Barsade* 1993; *Wright/Staw* 1999). Es sollte aber hinzugefügt werden, dass die untersuchten Probanden im Wesentlichen im operativen oder verwaltenden Bereich tätig waren. Es bleibt abzuwarten, ob sich dieses Ergebnis auch für planende Tätigkeiten, die ein stärker strukturiertes und sorgfältiges Vorgehen verlangen, replizieren lässt.

IV. Steuerung von Emotionen und Stimmungen durch die Organisation

In den vorherigen Abschnitten wurde exemplarisch verdeutlicht, welche Bedeutung und welche positiven bzw. negativen Wirkungen Emotionen und Stimmungen für Organisationen haben können. Damit stellt sich auch die Frage, welche Möglichkeiten Organisationen für ihre Steuerung haben.

Insbesondere *Dienstleistungsorganisationen* versuchen, explizite *Normen* des Emotionsausdruckes („Ein Lächeln ist ein Muss"; vgl. *Rafaeli/Sutton* 1989), teilweise auch des Emotions*erlebens* zu etablieren. Um solche Normen durchzusetzen, stehen Organisationen verschiedene Mittel zur Verfügung. Zum einen können bereits in der *Personalauswahl* geeignete Bewerber selegiert werden, bspw. solche, die eine gewisse „emotionale Stamina" (*Rafaeli/Sutton* 1989) besitzen (→ *Personal als Managementfunktion*). Zum anderen können Normen durch *Sozialisationsprozesse* (→ *Sozialisation, organisatorische*) verankert werden. Dabei kommen sowohl informelle Strategien (z.B. Kollegen als „Rollenmodelle") (→ *Informelle Organisation*; → *Rollentheorie*) wie auch formale Prozeduren (z.B. Trainings zu Kundenorientierung) zum Einsatz. Allerdings sei hier auf die potenziellen negativen Folgen hoher emotionsbezogener Anforderungen für das Individuum verwiesen, wie sie in der Forschung zur „Emotionsarbeit" beschrieben werden (*Grandey* 2003; *Hochschild* 1983; *Zapf* et al. 1999).

In Organisationen, die nicht dem Dienstleistungsbereich zuzuordnen sind, ruft der Versuch, *explizite* Emotionsnormen zu verankern, eher Widerstände hervor. Trotzdem gibt es auch hier Möglichkeiten der Einflussnahme. Da Emotionen und Stimmungen meistens eine Reaktion auf bestimmte Ereignisse im Arbeitsumfeld darstellen (vgl. *Weiss/Cropanzano* 1996), kann es sinnvoll sein, an den Bedingungsfaktoren und weniger an den Gefühlszuständen selbst anzusetzen. Beispielsweise lassen sich aus der Analyse der Entstehung von Stolz Desiderata für die Arbeitsgestaltung ableiten: die Tätigkeit sollte ausreichend komplex sein, der Mitarbeiter muss qualifiziert sein und einen ausreichenden Handlungsspielraum haben und es muss eine transparente Rückmeldung über die Leistung vorhanden sein. Insbesondere der letzte Punkt verweist darauf, welche enorme Bedeutung kontinuierliche Rückmeldung und die explizite Anerkennung einer Leistung durch den Vorgesetzten für die Entstehung (nicht nur) von Stolz haben (z.B. *Sousa/Vala* 2002).

Der externen Steuerung von Emotionen und Stimmungen sind natürlich Grenzen gesetzt, da menschliches Verhalten (glücklicherweise) nie vollständig kontrollierbar bzw. vorhersagbar ist. Es sollte auch nicht vergessen werden, dass, wie am Beispiel „Ärger" veranschaulicht, auch vordergründig dysfunktionale Emotionen langfristig zu positiven individuellen und organisationalen Effekten führen können. Aus diesem Grunde sollten Organisationen beim Umgang mit Emotionen und Stimmungen nicht ausschließlich auf deren Steuerung fokussieren. Emotionen und Stimmungen können auch als ein wertvolles Diagnostikum begriffen werden, weil sie wichtige Hinweise über den Zustand von Arbeitsbedingungen oder Sozialbeziehungen liefern, und damit Grundlage für organisationale Veränderungen sein können (→ *Wandel, Management des (Change Management)*).

Literatur

Ashkanasy, Neal M./Härtel, Charmine E./Zerbe, Wilfred J.: Emotions in the Workplace: Theory, Research, and Practice, Westport CT 2000.

Baron, Robert A.: Interviewers' moods and evaluations of job applicants: The role of applicant qualifications, in: Journal of Applied Social Psychology, Jg. 23, 1993, S. 253–271.

Baron, Robert A.: Interviewer's mood and reactions to job applicants: The influence of affective states on applied social judgements, in: Journal of Applied Social Psychology, Jg. 17, 1987, S. 911–926.

Bies, Robert J./Tripp, Thomas M.: Revenge in organizations: The good, the bad, and the ugly, in: Dysfunctional Behavior in Organizations: Violent and Deviant Behavior, hrsg. v. *Griffin, Ricky W./O'Leary-Kelly, Anne* et al., Stamford CT 1998, S. 49–67.

Clore, Gerald L./Gasper, Karen/Garvin, Erika: Affect as information, in: Handbook of Affect and Social Cogniton, hrsg. v. *Forgas, Joseph P.*, Mahwah NJ 2001, S. 121–144.

Fineman, Stephen: Emotions in Organizations, 2. A., London 2000.

Fitness, Julie: Anger in the workplace: An emotion script approach to anger episodes between workers and their superiors, co-workers and subordinates, in: Journal of Organizational Behavior, Jg. 21, 2000, S. 147–162.

Folger, Robert/Baron, Robert A.: Violence and hostility at work: A model of reactions to perceived injustice, in: Violence on the Job, hrsg. v. *VandenBos, Gary/Bulatao, Elizabeth*, Washington 1996, S. 51–85.

Frese, Michael: Arbeit und Emotion – Ein Essay, in: Das Bild der Arbeit, hrsg. v. *Frei, Felix/Udris, Ivars*, Bern 1990, S. 285–301.

Frijda, Nico H.: The Emotions, Cambridge 1986.

Goleman, Daniel: Emotional Intelligence: Why it can matter more than IQ, New York 1995.

Grandey, Alicia A.: When the „show must go on": Surface acting and deep acting as determinants of emotional exhaustion and peer-rated service delivery, in: AMJ, Jg. 46, 2003, S. 86–96.

Heckhausen, Heinz: Motivation und Handeln, Berlin 1989.

Hochschild, Arlie R.: The Managed Heart, Berkeley CA 1983.

Isen, Alice M./Baron, Robert A.: Positive affect as a factor in organizational behavior, in: ROB 13, hrsg. v. *Cummings, Larry L./Staw, Barry M.*, Greenwich CT 1991, S. 1–53.

Isen, Alice M./Patrick, Robert: The effect of positive feeling on risk-taking: When the chips are down, in: OBHP, Jg. 31, 1983, S. 194–202.

Lazarus, Richard S.: Emotion and Adaption, New York NY 1991.

Morris, William N.: Mood: The Frame of Mind, New York 1989.

Oatley, Keith/Jenkins, Jennifer M.: Understanding Emotions, Cambridge CA 1996.

Pekrun, Reinhard/Frese, Michael: Emotions in work and achievement, in: International Review of Industrial and Organizational Psychology 7, hrsg. v. *Cooper, Gary L./Robertson, Ivan T.*, New York NY 1992, S. 153–200.

Plutchik, Robert: The Psychology and Biology of Emotion, New York NY 1994.

Putnam, Linda L./Mumby, Dennis K.: Organizations, emotions and the myth of rationality, in: Emotion in Organizations, hrsg. v. *Fineman, Stephen*, Thousand Oaks CA 1993, S. 36–57.

Rafaeli, Anat/Sutton, Robert I.: The expression of emotion in organizational life, in: ROB 11, hrsg. v. *Cummings, Larry L./Staw, Barry M.*, Greenwich CT 1989, S. 1–42.

Schimmack, Ulrich: Strukturmodelle der Stimmungen: Rückschau, Rundschau, Ausschau, in: Psychologische Rundschau, Jg. 50, 1999, S. 90–97.

Schreyögg, Georg/Sydow, Jörg (Hrsg.): Managementforschung 11: Emotionen und Management, Wiesbaden 2001.

Sinclair, Robert C./Mark, Melvin M.: The influence of mood state on judgement and action: Effects on persuasion, categorization, social justice, person perception, and judgement accuracy, in: The Construction of Social Judgements, hrsg. v. *Martin, Leonard L./Tesser, Abraham*, Hillsdale NJ 1992, S. 165–193.

Sousa, Fatima H./Vala, Jorge: Relational justice in organizations: The group value model and support for change, in: Social Justice Research, Jg. 15, 2002, S. 99–121.

Staw, Barry M./Barsade, Sigal G.: Affect and managerial performance: A test of the sadder-but-wiser vs. happier-and-smarter hypotheses, in: ASQ, Jg. 38, 1993, S. 304–331.

Tavris, Carol: Anger: The Misunderstood Emotion, New York 1989.

Watson, David/Tellegen, Auke: Toward a consensual structure of mood, in: Psych.Bull., Jg. 98, 1985, S. 219–235.

Weiss, Howard M./Cropanzano, Russell: Affective Events Theory: A theoretical discussion of the structure, causes and consequences of affective experiences at work, in: ROB 18, hrsg. v. *Staw, Barry M./Cummings, Larry L.*, Greenwich CT 1996, S. 1–74.

Weiss, Howard M./Suckow, Kathleen/Cropanzano, Russell: Effects of justice conditions on discrete emotions, in: JAP, Jg. 84, 1999, S. 786–794.

Wright, Thomas A./Staw, Barry M.: Affect and favorable work outcomes: Two longitudinal tests of the happy-productive worker thesis, in: Journal of Organizational Behavior, Jg. 20, 1999, S. 1–23.

Zapf, Dieter et al.: Emotion work as a source of stress: The concept and development of an instrument, in: European Journal of Work and Organizational Psychology, Jg. 8, 1999, S. 371–400.

Entrepreneurship

Josef Brüderl

[s.a.: Charismatische Führung; Familienunternehmen; Führung und Führungstheorien; Innovationsmanagement; Lebenszyklus, organisationaler.]

I. Einleitung; II. Entrepreneurship in Deutschland; III. Ansätze der Entrepreneurship-Forschung.

Zusammenfassung

Mit „Entrepreneurship" bezeichnet man eine dynamische, innovative Form des Unternehmertums, die sich insbesondere (aber nicht ausschließlich) in Gründung und Management von neuen bzw. jungen Unternehmen niederschlägt. Mit Entrepreneurship verbinden sich viele Hoffnungen auf eine dynamische Wirtschaft. Doch viele Entrepreneurs scheitern auch. Die moderne Gründungsforschung hat mittlerweile viele theoretische und empirische Ergebnisse geliefert, die sowohl die positiven als auch die negativen Seiten des Entrepreneurship beleuchten. Der Beitrag gibt einen knappen Überblick über diese Ergebnisse.

I. Einleitung

Im Zentrum der Entrepreneurship-Forschung steht der *Entrepreneur*. Ein Entrepreneur i.w.S. ist eine Person, die ein Unternehmen in eigentümerischer Position betreibt – also ein *Unternehmer*. Ein Entrepreneur i.e.S. ist ein Unternehmer, der ein neues Unternehmen errichtet – also ein *Gründer*. In diesem Artikel folgen wir der engen Definition und beschäftigen uns im Folgenden mit Gründern bzw. *Gründungsforschung*. Mit „Entrepreneurship" verbindet man oft noch einen weiteren Aspekt: man bezeichnet damit eine dynamische, innovative Form des Unternehmertums, die sich insbesondere (aber nicht ausschließlich) in Gründung und Management von neuen bzw. jungen Unternehmen niederschlägt. Insofern ist ein Entrepreneur ein dynamischer, innovativer Gründer bzw. Manager eines neuen Unternehmens (eine ausführliche Diskussion verschiedener Definitionen findet man bei *Blum/Leibbrand* 2001, S. 6 ff).

Die wissenschaftliche Beschäftigung mit dem Thema ist in den 1950er/1960er Jahren zumindest in Deutschland „aus der Mode gekommen". Im Zuge des Wirtschaftswunders – getragen von großen Unternehmen – schien der Entrepreneur überflüssig zu sein. Doch mit den Wirtschaftskrisen der 70er Jahre vollzog sich ein Bewusstseinswandel: Es wurde deutlich, dass ein dynamischer Kapitalismus ohne Entrepreneurs nicht möglich ist. Entsprechend drastisch schlug das Pendel in die Gegenrichtung aus. Mit neugegründeten Unternehmen verbinden sich heutzutage vielerlei Hoffnungen: Sie sollen den Geist des „dynamischen Kapitalismus" (*Kirchhoff* 1994) revitalisieren, sie sollen Träger des ökonomischen Strukturwandels sein und die Flexibilität einer Volkswirtschaft fördern, sie sollen neue Arbeitsplätze schaffen (*Birch* 1979) etc. Insbesondere die Birch-Diskussion hat in der politischen Öffentlichkeit bewirkt, dass *Unternehmensgründungen* zu *dem* Hoffnungsträger für eine Vielzahl von ökonomischen Problemen avancierten. Birch berichtete, dass 81,5% der Jobs, die von 1969 bis 1976 in den USA (netto) neu entstanden, von kleinen und neugegründeten Unternehmen stammten. Die nachfolgende Diskussion zeigte allerdings, dass dieses Ergebnis einer genaueren Prüfung nicht standhält. Storey schlussfolgert etwa, dass der Arbeitsplatzeffekt von kleinen Betrieben „is nowhere near as high as originally estimated by Birch" (*Storey* 1994, S. 173). Für Großbritannien spricht Storey von einem Anteil von nur einem Drittel. Auch wenn Birchs Zahlen zu hoch angesetzt waren, die primäre Argumentation, dass Kleinbetriebe den Arbeitsmarkt entlasten, bleibt in dieser Literatur unangetastet.

Demgegenüber existiert aber auch eine Literatur, die die wirtschaftliche Bedeutung von Neugründungen weit pessimistischer einschätzt. Das Hauptargument ist, dass Neugründungen klein anfangen und meist bald wieder verschwinden. Diese Sichtweise fasst Geroski – in Anlehnung an einen berühmten Ausspruch von Thomas Hobbes über das Leben im Naturzustand – drastisch zusammen: „The average entrant is, it seems, basically a tourist and not an immigrant, enjoying a life that is often nasty, brutish, and, above all, short" (*Geroski* 1991, S. 283). Die in diesem Zusammenhang meist genannte Zahl ist, dass 50% nach fünf Jahren wieder verschwunden sind. Kirchhoff spricht sogar davon, dass „it is a widely held belief that small businesses are prone to failure: ‚Four out of five small firms fail in their first five years'" (*Kirchhoff* 1994, S. 146). Kurzum: Neugründungen werden in dieser Literatur unter dem Aspekt „born to die" betrachtet. Weiterhin wird behauptet, dass die überlebenden Neugründungen kaum Beschäftigungszuwächse aufweisen. Neugründungen können deshalb kaum langfristig Wirkung zeigen, erhöhen allenfalls den „Durchsatz".

Beide Sichtweisen verabsolutieren bestimmte Aspekte und sind so sicher nicht haltbar. Wie so häufig wird die Wahrheit wohl irgendwo in der Mitte liegen. Das zeigt die moderne Gründungsforschung: Neugegründete Unternehmen können einen dynamischen Kapitalismus hervorbringen, der Preis ist allerdings ein hoher Durchsatz. Der vorliegende Artikel soll einen Überblick über die theoretischen und empirischen Ergebnisse der Gründungsforschung geben. Im zweiten Abschnitt werden einige Informationen zum Entrepreneurship in Deutschland gegeben. Der dritte Abschnitt greift wichtige Fragestellungen der Entrepreneurship-Forschung auf.

Eher praktische Aspekte der Gründung (z.B. Businessplan, Gestaltungsentscheidungen, Finanzierung etc.) werden in diesem Artikel nicht behandelt (s. hierzu etwa *Schefczyk/Pankotsch* 2003). Ein umfassendes Lehrbuch über Entrepreneurship ist *Blum/Leibbrand* 2001. Ein Handbuch zum Thema ist *Acs/Audretsch* 2003. Sammlungen wichtiger Arbeiten aus dem Bereich der Entrepreneurship-Forschung sind *Swedberg* 2000 und *Westhead/Wright* 2000.

II. Entrepreneurship in Deutschland

Die Veränderung des Entrepreneurship über die Zeit zu bestimmen, ist mangels geeigneter Datenquellen schwierig. Nimmt man die *Selbstständigenquote* als Indikator, so zeigt sich im letzten Jahrhundert für Deutschland ein monotoner Rückgang. Den „Tiefpunkt" erreichte die Selbstständigenquote 1981 mit 7%. Seitdem steigt sie wieder und ist gegenwärtig bei etwa 10% angekommen (*Sternberg* 2000, S. 26). Der Anstieg der Selbstständigenquote ist ein klares Anzeichen dafür, dass wieder mehr Deutsche den Schritt in die Selbstständigkeit wagen.

Informationen über Entrepreneurship im internationalen Vergleich liefert seit 1999 der „Global Entrepreneurship Monitor" (GEM). Unter Federführung von Paul D. Reynolds werden seitdem jährlich in inzwischen über 30 Ländern Daten über die Einstellung der Bevölkerung zu Unternehmensgründungen, über die Gründungsmotivation in der Bevölkerung und über gründungsbezogene Rahmenbedingungen erhoben. Der erste deutsche Länderbericht ist *Sternberg* 2000. Weitere Länderberichte sind unter www.wiso.uni-koeln.de/wigeo/ verfügbar. Die Global Reports sind unter www.gemconsortium.org verfügbar. GEM zeigt, dass Deutschland bezüglich der Gründungsquoten im europäischen Mittelfeld liegt. Auch bezüglich der Rahmenbedingungen befindet sich Deutschland im Mittelfeld der untersuchten Länder.

III. Ansätze der Entrepreneurship-Forschung

Im Folgenden sollen die wichtigsten Ansätze der Entrepreneurship-Forschung knapp charakterisiert werden. Einen ausführlicheren Überblick findet man bei *Brüderl/Preisendörfer/Ziegler* 1998.

1. Funktionen des Entrepreneurs

Welche Bedeutung haben Entrepreneurs für eine Volkswirtschaft? Mit dieser Frage beschäftigten sich insbesondere ökonomische Autoren. Barreto identifiziert vier Funktionen: *Koordination*, Bewältigung von Ungewissheit, *Arbitrage* und Innovation (s. *Barreto* 1989). Klassisch wird ein Entrepreneur als eine Person gesehen, die Produktionsfaktoren kombiniert, um Gewinn zu erzielen (Jean-Baptiste Say). Damit wird die Koordinationsfunktion betont (→ *Koordination und Integration*). Der Gewinn ist dem Entrepreneur aber nicht sicher. Wäre dem so, dann könnte auch ein Manager die Koordination übernehmen. Entrepreneurs sind es nun, die Mutmaßungen über die Entwicklung der Konsumentenwünsche anstellen, die entscheiden, was und wie viel zu welchem Zeitpunkt produziert und angeboten wird, und die im ungünstigen Fall auch für Fehlentscheidungen gerade stehen müssen. Sie sichern die Handlungsfähigkeit einer Volkswirtschaft auch bei *Unsicherheit* (Frank H. Knight). Ihre dritte Funktion besteht darin, im Marktungleichgewicht Gewinnmöglichkeiten zu erkennen und zu nutzen. Damit sind sie Arbitrageure, die Märkte ins Gleichgewicht bringen können (Israel Kirzner).

Die vierte Funktion – die *Innovationsfunktion* (→ *Innovationsmanagement*) – wird vom berühmtesten Autor dieser Forschungsrichtung betont: Für Schumpeter ist der Unternehmer ein radikaler Veränderer, ein Revolutionär der Wirtschaft (→ *Charismatische Führung*). In einem Prozess der schöpferischen Zerstörung setzt er dynamische, neue Kombinationen durch. Darunter fasst Schumpeter die Herstellung neuer Produkte, die Einführung neuer Produktionsmethoden, die Erschließung neuer Absatz- und Rohstoffmärkte und die Reorganisation von Unternehmen. Der Schumpeter'sche Unternehmer dient häufig als Leitfigur in der politischen und wissenschaftlichen Diskussion um Entrepreneurship. Schumpeter betont allerdings, dass nicht alle Gründer Unternehmer in seinem Sinn sind und andererseits auch Manager innovative Unternehmer sein können.

2. Wer wird Entrepreneur?

Diese Forschungstradition versucht Merkmale von Entrepreneurs zu identifizieren (klassisch: *McClelland* 1961). Hauptergebnisse dieser Richtung sind, dass Entrepreneurs durch hohe *Leistungsmotivation* („need for achievement"), durch interne Kontrollüberzeugung und durch hohe Risikobereitschaft gekennzeichnet sind (→ *Motivation*). Menschen mit diesen Persönlichkeitsmerkmalen gründen häufiger ein Unternehmen. Oft wird weitergehend behauptet, dass diese Persönlichkeitsmerkmale auch den Erfolg erhöhen. Aber zumindest bezüglich der Risikobereitschaft sind hier die Ergebnisse nicht einheitlich. Aus dieser Perspektive ist die Verfügbarkeit von geeigneten Individuen eine entscheidende Ressource einer dynamischen Volkswirtschaft. Kritisch gegen diesen psychologischen Ansatz wird eingewendet, dass die beobachteten Korrelationen zwischen *Persönlichkeitsmerkmalen* und Gründungsneigung bzw. Erfolg eher schwach ausfallen. Dennoch dürfte unbestritten sein, dass Persönlichkeitsmerkmale eine Rolle spielen.

Ökonomen sehen den Schritt in die Selbstständigkeit als rationales Entscheidungsverhalten (→ *Entscheidungsverhalten, individuelles*). Konkret werden in manchen Arbeiten Push-Pull Faktoren identifiziert, die die Wahrscheinlichkeit eines Übergangs in die Selbstständigkeit erhöhen. Ein häufig genannter Push-Faktor ist Unzufriedenheit mit dem gegenwärtigen Arbeitsplatz. Typische Pull-Faktoren sind hohe Gewinnerwartungen und das Streben nach Autonomie und Unabhängigkeit.

Ein spezieller Push-Faktor ist *Arbeitslosigkeit*. Die nahe liegende Vermutung ist, dass Arbeitslose eine höhere Gründungsneigung haben, weil für sie die Selbstständigkeit eine Möglichkeit ist, der Arbeitslosigkeit zu entrinnen. Diese Argumentation übersieht aber, dass dem einige Restriktionen entgegenstehen: Ausreichende Berufserfahrung und Eigenkapital erleichtern oft den Einstieg in die Selbstständigkeit. Hier schneiden Arbeitslose schlechter ab. Insofern verwundert es auch nicht, dass die empirische Forschung zeigt, dass Arbeitslose keine höhere Gründungsneigung haben (*Meager* 1992). Dennoch wird von politischer Seite der Übergang von Arbeitslosigkeit in Selbstständigkeit stark gefördert (Überbrückungsgeld, Ich-AG).

3. Welche Rolle spielen Institutionen und Strukturen?

Im Gegensatz zu obigen, individualistischen Ansätzen wird insbesondere von soziologischer Seite die Bedeutung von *Institutionen* und Strukturen betont (Überblick bei *Thornton* 1999) (→ *Neoinstitutionalistische Ansätze*). Ein Reservoir von potenziellen Gründern ist in jeder Population vorhanden. Es bedarf jedoch geeigneter Institutionen und Strukturen, damit dieses Reservoir auch ausgeschöpft werden kann: Potenzielle Entrepreneurs müssen eine geeignete Opportunitätsstruktur vorfinden.

Wie die nun konkret aussehen sollte, dazu gibt es verschiedene Ansätze in der Literatur. Klassisch ist die Arbeit von Max Weber über „Die protestantische Ethik und der Geist des Kapitalismus". Weber verweist auf die Rolle religiöser Institutionen, die eine notwendige Voraussetzung von Entrepreneurship institutionalisieren (oder auch nicht): das Gewinnstreben. Seine These ist, dass die kapitalistische Wirtschaftsgesinnung erst durch bestimmte protestantische Sekten hervorgebracht wurde. Im Anschluss an Weber widmet sich eine breite Literatur der Frage, welche kulturellen Institutionen Voraussetzung für die Entstehung des modernen Kapitalismus – und damit des Entrepreneurship – waren (→ *Kulturvergleichende Organisationsforschung*). In neuerer Zeit wird dieser Ansatz insbesondere in der Literatur zum „ethnic entrepreneurship" wieder aufgegriffen. Unterschiedliche kulturelle Voraussetzungen führen dazu, dass sich die Gründungraten ethnischer Gruppen – insbesondere in den USA – deutlich unterscheiden.

Einen anderen Akzent setzt der so genannte „network approach to entrereneurship": Hier sind es bestimmte soziale Strukturen, die Entrepreneurship hervorbringen. Die Hauptthese ist, dass potenzielle Gründer in ein soziales *Netzwerk* eingebunden sein müssen (→ *Netzwerke*). Aus diesem Netzwerk bekommen sie Ressourcen (Wissen, Kapital, Unterstützung etc.), welche für eine Gründung notwendig sind. Netzwerkeinbindung (embeddedness) ist „*soziales Kapital*", welches eine Gründung erleichtert.

Schließlich gibt es mehrere Literaturrichtungen, die die Bedeutung des *Marktumfeldes* betonen. Die Industrieökonomik und insbesondere die Organisationsökologie (→ *Evolutionstheoretischer Ansatz*) betonen beide die Bedeutung der „Dichte" einer Nische. Ist eine Nische kaum besetzt, so haben Entrepreneurs gute Chancen. Mit der Zeit dominieren dann aber Imitatoren, was schließlich zu „overcrowding" führt.

4. Wer hat Erfolg?

Die bisher behandelte Literatur beschäftigt sich meist nur mit der Gründungsphase. Eine wichtige Fragestellung betrifft das weitere Schicksal von Gründungen (→ *Lebenszyklus, organisationaler*): Wovon hängt es ab, ob eine Gründung *Erfolg* hat? Dieser Fragestellung geht die so genannte *Erfolgsfaktorenforschung* nach. In diesem Forschungsfeld tauchen noch einmal all die bisher erwähnten Theorien auf: Psychologen behaupten die Erfolgsrelevanz bestimmter Persönlichkeitsmerkmale, Ökonomen heben die Bedeutung von *Humankapital* hervor, Soziologen stellen soziales Kapital ins Zentrum und Industrieökonomen und Organisationsökologen betonen die Bedeutung des Marktumfeldes.

Typische Ergebnisse der Erfolgsfaktorenforschung seien am Beispiel der Münchner Gründerstudie (ausführlich *Brüderl/Preisendörfer/Ziegler* 1998) illustriert: Ein Drittel der Neugründungen ist nach fünf Jahren wieder vom Markt. Neugründungen beginnen sehr klein (im Mittel 2,5 Beschäftigte), können über die ersten vier Jahre aber wachsen (auf 3,4 Beschäftigte). Betriebe von Gründern mit besserer Humankapitalausstattung haben höhere Überlebens- und Wachstumswahrscheinlichkeit. Insbesondere einschlägige Branchenerfahrung zeigt eine deutlich erfolgsfördernde Wirkung. Bei den betrieblichen Merkmalen zeigt sich ein deutlicher Größeneffekt. Insbesondere eine gute Startkapitalausstattung (Eigen- und/oder Fremdkapital) ist hilfreich. Die aussichtsreichsten Branchen sind das Verarbeitende Gewerbe/Baugewerbe, Bildung/Verlage und Beratung. Am schlechtesten ergeht es Neugründungen in den Branchen Verkehr/Spedition und Gastgewerbe.

Eine wichtige Teilfrage der Erfolgsfaktorenforschung ist die Frage danach, was eine Firma besonders schnell wachsen lässt. Besonders schnell wachsende Neugründungen sind genau die „dynamischen Kapitalisten", in die Wirtschaftspolitiker ihre Hoffnungen setzen. Auch hierzu einige Ergebnisse aus der Münchner Gründerstudie (ausführlicher *Brüderl/Preisendörfer* 2000). Nur 4,3% der Neugründungen können als „Senkrechtstarter" klassifiziert werden (Verdoppelung der Beschäftigtenzahl in den ersten fünf Jahren). Die Spezies der dynamischen Kapitalisten ist unter Gründern relativ selten. Aber diese wenigen Senkrechtstarter haben einen deutlichen Beschäftigungseffekt: 1.291 Neugründungen schufen zu Beginn 2.046 neue Arbeitsplätze. Fünf Jahre später waren in den verbleibenden 857 Betrieben 2.478 Jobs zu finden. Die 4,3% Senkrechtstarter trugen am Anfang 9 Prozent der neuen Jobs bei, nach fünf Jahren waren es bereits 35%! Dieses Ergebnis untermauert eine Vermutung (*Storey* 1994, S. 113 ff), dass die am schnellsten wachsenden vier Prozent einer Neugründungskohorte nach zehn Jahren über die Hälfte der dann noch in den überlebenden Neugründungen vorhandenen Jobs stellen. Mithin kann man langfristige wirtschaftliche Effekte durch Neugründungen eigentlich nur von einem kleinen Teil (etwa 4%) besonders dynamischer Kapitalisten erwarten. Wer sind diese Senkrechtstarter? Analysen mit den Daten der Münchner Gründerstudie zeigen, dass Senkrechtstarter insbesondere über betriebliche Merkmale identifizierbar sind. Vor allem größere Neugründungen zeigen einen deutlich höheren Anteil an Senkrechtstartern. Bei Gründungen mit mehr als drei Anfangsbeschäftigten beträgt der Senkrechtstarteranteil z.B. 24%! Ähnliche Effekte zeigen sich bezüglich des Startkapitals. Ein weiteres wichtiges Merkmal ist die innovative Ausrichtung des Betriebes. Gründungen, die innovative Produkte oder Dienstleistungen anbieten, haben einen Senkrechtstarteranteil von 9%. Merkmale der Gründerperson erhöhen dagegen diesen Anteil nur indirekt: Personen mit mehr Humankapital gründen eher große und innovativ ausgerichtete Betriebe.

Insgesamt zeigen diese Befunde, dass die „born to die"-Sichtweise zu pessimistisch ist: Unternehmensgründungen sind zwar klein und ein erheblicher Anteil verschwindet schnell wieder. Aber einigen Wenigen – den dynamischen und innovativen Entrepreneurs – gelingt es, erfolgreich Fuß zu fassen. Ihre Betriebe wachsen schnell und schaffen eine erhebliche Anzahl neuer Jobs.

Literatur

Acs, Zoltan J./Audretsch, David B.: Handbook of Entrepreneurship Research, Boston 2003.
Barreto, Humberto: The Entrepreneur in Microeconomic Theory, London 1989.
Birch, David L.: The Job Creation Process, Cambridge 1979.
Blum, Ulrich/Leibbrand, Frank (Hrsg.): Entrepreneurship und Unternehmertum, Wiesbaden 2001.
Brüderl, Josef/Preisendörfer, Peter: Fast-Growing Businesses, in: International Journal of Sociology, Jg. 30, 2000, S. 45–70.
Brüderl, Josef/Preisendörfer, Peter/Ziegler, Rolf: Der Erfolg neugegründeter Betriebe, 2. A., Berlin 1998.
Geroski, Paul A.: Some Data-Driven Reflections on the Entry Process, in: Entry and Market Contestability, hrsg. v. *Geroski, Paul A./Schwalbach, Joachim*, Oxford 1991, S. 282 ff.
Kirchhoff, Bruce A.: Entrepreneurship and Dynamic Capitalism, Westport 1994.
McClelland, David C.: The Achieving Society, Princeton 1961.
Meager, Nigel: Does Unemployment Lead to Self-Employment?, in: Small Business Economics, Jg. 4, 1992, S. 87–103.
Schefczyk, Michael/Pankotsch, Frank: Betriebswirtschaftslehre junger Unternehmen, Stuttgart 2003.
Sternberg, Rolf: Entrepreneurship in Deutschland, Berlin 2000.
Storey, David J.: Understanding the Small Business Sector, London 1994.
Swedberg, Richard (Hrsg.): Entrepreneurship, Oxford 2000.
Thornton, Patricia H.: The Sociology of Entrepreneurship, in: Annual Review of Sociology, Jg. 25, 1999, S. 19–46.
Westhead, Paul/Wright, Mike (Hrsg.): Advances in Entrepreneurship, Cheltenham 2000.

Entscheidungsorientierte Organisationstheorie

Margit Osterloh

[s.a.: Anreizsysteme, ökonomische und verhaltenswissenschaftliche Dimension; Aufbau- und Ablauforganisation; Entscheidungsprozesse in Organisationen; Entscheidungsverhalten, individuelles; Gruppen und Gruppenarbeit; Interpretative Organisationsforschung; Motivation; Motivationsorientierte Organisationsmodelle; Organisationsgrenzen; Organisationstheorie; Prinzipal-Agenten-Ansatz; Transaktionskostentheorie; Verfügungsrechtstheorie (Property Rights-Theorie); Vertragstheorie; Wissensmanagement; Ziele und Zielkonflikte.]

I. Problemstellung und Annahmen; II. Entscheidungslogische Ansätze; III. Verhaltenswissenschaftliche Ansätze; IV. Aktuelle Weiterentwicklungen.

Zusammenfassung

Problemstellung der entscheidungsorientierten Organisationstheorie ist die Erklärung und Gestaltung von arbeitsteiligen Aktivitäten in Unternehmen im Hinblick auf die beschränkte Entscheidungskapazität von Individuen. Entscheidungslogische Ansätze stellen Instrumente für eine rationale Wahl von Gestaltungsalternativen zur Verfügung, welche die Entscheidungskapazität vergrößern sollen. Verhaltenswissenschaftliche Ansätze analysieren empirische Entscheidungsprozesse.

I. Problemstellung und Annahmen

Die entscheidungsorientierte Organisationstheorie beschäftigt sich wie alle Organisationstheorien mit der Erklärung und Gestaltung zielorientierter arbeitsteiliger Leistungsgemeinschaften (→ *Organisationstheorie*). Ihr besonderer Ansatzpunkt ist der Umgang mit den kognitiven Grenzen von Individuen. Ausgangspunkt ist deren beschränkte Rationalität (*Simon* 1968), das heißt: (a) Bezugspunkt der Analyse ist das individuelle Entscheidungsverhalten (*methodologischer Individualismus*) (→ *Entscheidungsverhalten, individuelles*). (b) Zentraler Referenzpunkt der Analyse ist der Begriff der *Rationalität*.(c) Individuen sind nicht in der Lage, ihren erwarteten Nutzen zu maximieren (*substantive Rationalität*). Sie können nur befriedigende Lösungen realisieren, deren Definition abhängig ist vom Entscheidungsprozess (*prozedurale Rationalität*), (→ *Entscheidungsprozesse in Organisationen*).

Die begrenzte Rationalität ist auch Ausgangspunkt für die Analyse von Entscheidungen in Organisationen. *Entscheidungslogische Ansätze* stellen in präskriptiver Absicht Instrumente zur Verbesserung der Entscheidungskapazität zur Verfügung. Für *verhaltenswissenschaftliche Ansätze* stehen deskriptive Aussagen im Vordergrund. Daraus folgt: (a) Das Untersuchungsobjekt entscheidungslogischer Ansätze ist die *rationale Wahl* zwischen Alternativen im Hinblick auf gegebene Ziele, für verhaltenswissenschaftliche Ansätze ist es der gesamte *Prozess*, in dem Ziele gebildet und Alternativen generiert werden (*Kirsch* 1988). (b) Entscheidungslogische Ansätze gehen von einer „*costly bounded rationality*" aus, welche das Ziel der Optimierung beibehält, allerdings unter Einbezug der Entscheidungskosten. Verhaltenswissenschaftliche Ansätze legen eine „*truly bounded rationality*" (*Radner* 2000) zugrunde, nach welcher nur befriedigende Ziele erreicht werden können.

II. Entscheidungslogische Ansätze

Entscheidungslogische Ansätze haben vor allem im deutschsprachigen Raum die entscheidungsorientierte Organisationstheorie geprägt. Ziel ist die Optimierung von Kosten und Nutzen der Arbeitsteilung. Der Schwerpunkt liegt bei der Aufbauorganisation (→ *Aufbau- und Ablauforganisation*).

1. Das Delegationswert-Konzept von Laux und Liermann

Laux/Liermann (*Laux/Liermann* 2003) analysieren vor allem vertikale Interdependenzbeziehungen. Das Delegationswert-Konzept leitet ein optimales System impliziter Regeln ab, welches durch explizite Regeln ergänzt werden kann. Implizite Regeln schreiben die Erfüllung von Zielen vor. Explizite Regeln schreiben den Entscheidungsträgerinnen vor, welche Aktivitäten sie ausführen sollen (*Hax* 1965). Der Delegationswert ist die Differenz zwischen dem Gewinnerwartungswert bei Delegation und bei Entscheidungen durch die oberste Instanz. Dadurch verlagert sich allerdings die Komplexität der Entscheidung von der Objekt-Ebene auf die Ebene der Organisationsentscheidung. Zu deren besserer Bewältigung trägt das Delegationswert-Konzept bei, indem es aufzeigt, welche Determinanten den Delegationswert beeinflussen, z.B. Gruppengröße (→ *Gruppen und Gruppenarbeit*), Abstimmungsregeln oder Zielkonflikte (→ *Ziele und Zielkonflikte*).

2. Das Effizienz-Konzept von Frese

Frese (*Frese* 2000) legt den Schwerpunkt auf horizontale Interdependenzen. Er geht davon aus, dass die arbeitsteilige Erfüllung der Entscheidungsaktivitäten die Einräumung von Entscheidungsautonomie für jede organisationale Teileinheit erfordert. Daraus resultiert ein „trade-off" zwischen Kommunikations- und Autonomiekosten. Die Kommunikationskosten steigen mit der Koordinationsintensität. Die Autonomiekosten haben einen entgegengesetzten Verlauf. Sie stellen Kosten der Nicht-Realisierung von vollkommen abgestimmten Einzelentscheidungen dar. Ziel ist die Ermittlung eines Optimums an Koordinationsintensität. Hierzu werden detaillierte Effizienzkriterien zur rationalen Beurteilung alternativer Strukturausprägungen abgeleitet.

3. Institutionenökonomische Konzepte

In deutlicher Nähe zu entscheidungslogischen Ansätzen stehen institutionenökonomische Ansätze der Organisationstheorie (→ *Prinzipal-Agenten-Ansatz*; → *Vertragstheorie*; → *Verfügungsrechtstheorie (Property Rights-Theorie)*; → *Transaktionskostentheorie*). Sie gehen von stabilen Zielen der Akteure sowie einer „costly bounded rationality" aus. Zugrunde liegt die widersprüchliche Annahme, dass trotz beschränkter Rationalität und unvollständigem Wettbewerb das kostengünstigste institutionelle Arrangement gewählt wird (*Schneider* 1985). Neu ist im Verhältnis zu entscheidungslogischen Ansätzen, dass institutionenökonomische Ansätze (a) nicht nur unternehmensinterne Gestaltungsalternativen, sondern auch die Grenzen zum Markt analysieren, (b) dass sie die Koordinations- aus der Motivationsproblematik ableiten.

III. Verhaltenswissenschaftliche Ansätze

Verhaltenswissenschaftliche Ansätze untersuchen empirische Entscheidungsprozesse, wobei Fallstudien überwiegen (als Überblick vgl. *Berger/Bernhard-Mehlich* 2001). Es wird nicht mehr vom Optimierungs-, sondern vom Satisfizierungsmodell ausgegangen: Die Suche nach Alternativen wird gestoppt, wenn ein befriedigendes Anspruchsniveau erreicht ist. Dieses passt sich im Zeitablauf an.

Auf *individueller* Ebene wird der Suchprozess vereinfacht durch Schemata (*Kahneman/Tversky* 1979) oder Heuristiken, welche erfahrungsgestützte Informationsstrukturen der lokalen Umwelt nutzen (*Gigerenzer/Selten* 2001). Diese umfassen auch sozial definierte Normen und Identitäten (*Lindenberg* 2001). Empirische Entscheidungsprozesse folgen damit zweierlei Logiken (*March* 1994), der „*Logik der Konsequenz*", welche der ökonomischen Logik entspricht und der „*Logik der Angemessenheit*", welche auf sozial definierte und verinnerlichte Regeln gerichtet ist (→ *Motivation*).

Auf der *Ebene der Organisation* wird die Alternativensuche durch die Vorgabe von Entscheidungsprämissen vereinfacht, z.B. in Form von Subzielen (implizite Verhaltensregeln oder *Zweckprogramme*), Ausführungsprogrammen (explizite Regeln oder *Konditionalprogramme*) oder selektiver Kommunikation (*March/Simon* 1958; *Luhmann* 1968). Die verhaltenswissenschaftlichen Ansätze unterscheiden sich im Ausmaß, in dem sie sich vom Rationalmodell des Entscheidens entfernen.

1. Teilnahme- und Beitragsentscheidungen von Individuen

Die *Teilnahmeentscheidung* setzt voraus, dass die Organisation für ein Gleichgewicht von angebotenen Anreizen und erwarteten Beiträgen sorgt (*March/Simon* 1958). Die Anreize umfassen neben materiellen Anreizen auch die Qualität der Arbeit oder die Identifikationsmöglichkeit mit dem Organisationszweck. Die *Beitragsentscheidung* umfasst (a) die Bereitschaft der Untergebenen, innerhalb einer *Indifferenzzone* (*Barnard* 1938) den Verhaltensregeln der Vorgesetzten zu folgen, ohne die eine Arbeitsteilung nicht möglich wäre, (b) die Bereitschaft der Beschäftigten, einen Teil der notwendigen Entscheidungsprämissen selber zu setzen, weil die Vorgesetzten nicht über die nötigen Detailinformationen verfügen. Voraussetzung ist eine nicht erzwingbare Identifikation mit der Organisation. Diese ist Bestandteil der „Logik der Angemessenheit". Sie ist eine der wichtigsten Quellen von Wettbewerbsvorteilen von Unternehmen (*Simon* 1991). Allerdings werden die Bedingungen nicht analysiert, unter denen Identifikation mit der Organisation entsteht (*Osterloh/Frey/Frost* 2001).

2. Die Organisiertheit von Entscheidungen

Cyert/March (*Cyert/March* 1963) haben Entscheidungsprozesse in Organisationen als das Ergebnis der Organisiertheit analysiert (*Schreyögg* 1992). Sie entwickeln anhand der Gliederung des Entscheidungsprozesses in die Phasen Zielbildung, Informationssuche und Entscheidung vier Konzepte, welche die Grenzen der entscheidungslogischen Behandlung des Organisationsproblems aufzeigen: (1) Quasi-Konfliktlösung: Der Zielbildungsprozess ist das Ergebnis von Verhandlungen, in dem es keine endgültigen, sondern allenfalls Quasi-Lösungen auf variierenden Anspruchsniveaus mit wechselnden Koalitionen und Aufmerksamkeitsniveaus gibt. Ziele kristallisieren sich oft erst im Entscheidungsprozess heraus (*Hauschildt* 1981). (2) Vermeidung von Unsicherheit: Durch Verhandlungsprozesse wird intern und extern versucht, Unsicherheit abzubauen. (3) Problemorientierte Suche: Die Suche nach Informationen wird durch Probleme stimuliert und läuft keineswegs in einem geordneten Prozess ab (*Witte* 1968). Suchfelder sind durch Abteilungsbildung und durch Erfahrungen vorstrukturiert. (4) Organisatorisches Lernen: Organisationen verändern in Abhängigkeit von ihren Erfahrungen Ziele und Aufmerksamkeitsniveaus und revidieren ihre Suchverfahren.

3. Entscheidung als politischer Prozess

Das Modell der *Mikropolitik* analysiert Entscheidungsprozesse des Organisatorischen Wandels als das Ergebnis des Einsatzes von Macht (*Crozier/Friedberg* 1979). Danach entsteht Macht aus der Kontrolle von Unsicherheitszonen. Die wichtigsten Unsicherheitszonen sind Expertenwissen, Beziehungen zur Umwelt sowie die Kontrolle von Informationskanälen und Auslegungsvorschriften. Das Konzept der Mikropolitik wird von Ortmann (*Ortmann* 1995) in die Theorie der Strukturierung von Giddens (*Giddens* 1988) eingebettet. Deren Grundgedanke der „Dualität von Struktur" besteht darin, dass Struktur einerseits Medium des Handelns und andererseits sein Produkt ist. Dies gilt auch für die Struktur organisierter Entscheidungsprozesse.

4. Entscheidung als organisierte Anarchie

Am weitesten entfernt sich das sog. *Mülleimer-Modell* vom Rationalmodell des Entscheidens. Es analysiert Entscheidungsprozesse unter Mehrdeutigkeit (*March/Olson* 1972). Gekennzeichnet ist es durch (a) Aufgabe der Idee von intentionaler Rationalität und zielorientiertem Handeln, (b) Berücksichtigung der zufälligen Fluktuation und Aufmerksamkeit von Teilnehmern; Probleme, Lösungen, Teilnehmer und Entscheidungsgelegenheiten fließen zufällig in Arenen zusammen. March (*March* 1994) behandelt drei Alternativen, damit umzugehen: (1) *Reformer* versuchen, die irrationalen Elemente so weit wie möglich zu eliminieren. (2) *Pragmatiker* versuchen, ihren eigenen Vorteil aus der Situation zu ziehen, z.B. indem sie Entscheidungssituationen überladen, um den Fluss von Problemen zu ihren Gunsten zu manipulieren. (3) *Enthusiasten* sehen die organisierte Anarchie als eine Quelle für Kreativität und Lernen. Trotz der Absage an das Rationalmodell des Entscheidens bringt March (*March* 1994, S. 180 ff.) dieses durch die Hintertür als Referenzmodell wieder zum Vorschein: Rationales Entscheiden wird zu einem geheiligten Mythos im Prozess der Konstruktion von Sinn (→ *Interpretative Organisationsforschung*).

IV. Aktuelle Weiterentwicklungen

Die aktuelle Weiterentwicklung der entscheidungslogischen und verhaltenswissenschaftlichen Ansätze der Organisationstheorie ist eingebettet in die neueren *Theorien der Firma*, welche durch die Governance- und die Kompetenz-Perspektive dominiert werden (*Foss/Mahnke* 2000; *Williamson* 1999). Die *Governance-Perspektive* entwickelt die entscheidungslogischen bzw. institutionenökonomischen Ansätze weiter. Sie erweitert die Problemstellung der herkömmlichen Organisationstheorie um zwei Fragen (*Holmström/Tirole* 1989): (1) „Was ist eine Firma, warum existiert sie?" (2) „Was bestimmt deren Größe und Ausdehnung?" Damit wird die Analyse von → *Organisationsgrenzen* eingeführt. Die *Kompetenz-Perspektive* entwickelt die verhaltenswissenschaftlichen Ansätze weiter, insbesondere in Bezug auf das → *Wissensmanagement*. Zur Kompetenz-Perspektive zählen die ressourcen- und wissensbasierten Ansätze der Theorie der Firma (*Barney* 1991; *Kogut/Zander* 1996; *Nonaka/Takeuchi* 1995). Sie fügen eine weitere Frage hinzu (*Nelson* 1991): (3) „Warum produzieren einige Unternehmen nachhaltig besser als ihre Konkurrenten?". Es geht um die Fähigkeit, schwer imitierbare Ressourcen zu entwickeln. Diese determiniert die Grenzen und zugleich den nachhaltigen Wettbewerbsvorteil von Firmen. Die Integration der Governance- und Kompetenz-Perspektive wurde bisher durch Unterschiede in Annahmen verhindert, die auch die Integration von entscheidungslogischen und verhaltenswissenschaftlichen Ansätzen erschweren: „costly" versus „truly bounded rationality" und die (Nicht-)Einbeziehung der „Logik der Angemessenheit". Darüber hinaus wird bei beiden Perspektiven Motivation als exogener Faktor eingeführt, wenn auch mit verschiedenem Gehalt: In der Governance-Perspektive wird Opportunismus oder extrinsische Motivation axiomatisch vorausgesetzt, in der Kompetenz-Perspektive dominieren „benevolente Kooperateure" (*Dosi/Marengo* 2000) mit intrinsischer Motivation. Die Wechselwirkung zwischen beiden Arten der Motivation (*Frey* 1997; *Osterloh/Frey* 2000) ist in allen angeführten Ansätzen nicht endogener Bestandteil der Theoriebildung. Deren Einbeziehung bietet deshalb die Chance, zu einer integrativen Theorie der Unternehmung (*Frost* 2003) und zugleich zu einer integrativen entscheidungsorientierten Organisationstheorie zu gelangen.

Literatur

Barnard, Chester: The Functions of the Executive, Cambridge et al. 1938.
Barney, Jay: Firm Ressources and Sustained Competitive Advantages, in: JMan, 1991, S. 99–120.
Berger, Ulrike/Bernhard-Mehlich, Isolde: Die Verhaltenswissenschaftliche Entscheidungstheorie, in: Organisationstheorien, hrsg. v. *Kieser, Alfred*, 4. A., Stuttgart et al. 2001, S. 133–168.
Crozier, Michel/Friedberg, Erhard: Macht und Organisation. Die Zwänge kollektiven Handelns, Königstein 1979.
Cyert, Richard/March, James: A Behavioral Theory of the Firm, Englewood Cliffs 1963.
Dosi, Giovanni/Marengo, Luigi: On the Tangled Discource between Transaction Cost Economics and Competence-Based View of the Firm, in: Competence, Governance and Entrepeneurship, hrsg. v. *Foss, Nicolai/Mahnke, Volker*, Oxford 2000, S. 80–92.
Foss, Nicolai/Mahnke, Volker: Advancing Research on Competence, Governance and Entrepreneurship, in: Competence, Governance and Entrepeneurship, hrsg. v. *Foss, Nicolai/Mahnke, Volker*, Oxford 2000, S. 1–18.
Frese, Erich: Grundlagen der Organisation. Konzept – Prinzipien – Strukturen, 8. A., Wiesbaden 2000.
Frey, Bruno S.: Markt und Motivation. Wie Preise die (Arbeits-) Moral verdrängen, München et al. 1997.
Frost, Jetta: Wieviel Markt verträgt das Unternehmen? Theorien der Firma und organisatorische Steuerung, 2003.
Giddens, Anthony: Die Konstitution der Gesellschaft. Grundzüge einer Theorie der Strukturierung, Frankfurt a.M. 1988.
Gigerenzer, Gerd/Selten, Reinhard: Rethinking Rationality, in: Bounded Rationality, hrsg. v. *Gigerenzer, Gerd/Selten, Reinhard*, Cambridge et al. 2001, S. 1–12.
Hauschildt, Jürgen: „Zielklarheit" oder „kontrollierte Ziel-Unklarheit" in Entscheidungen?, in: Der praktische Nutzen empirischer Forschung, hrsg. v. *Witte, Eberhard*, Tübingen 1981, S. 305–322.
Hax, Herbert: Die Koordination von Entscheidungen. Ein Beitrag zur betriebswirtschaftlichen Organisationslehre, Köln 1965.
Holmström, Bengt/Tirole, Jean: The Theory of the Firm, in: Handbook of Industrial Organization, hrsg. v. *Schmalensee, Richard* et al., Amsterdam 1989, S. 61–133.
Kahneman, Daniel/Tversky, Amos: Prospect Theory. An Analysis of Decision under Risk, in: Econometrica, Jg. 47, 1979, S. 263–291.
Kirsch, Werner: Die Handhabung von Entscheidungsproblemen, 3. A., München 1988.
Kogut, Bruce/Zander, Udo: What Firms Do? Coordination, Identity and Learning, in: Org.Sc., 1996, S. 502–518.
Laux, Helmut/Liermann, Felix: Grundlagen der Organisation. Die Steuerung von Entscheidungen als Grundploblem der Betriebswirtschaftslehre, 5. A., Heidelberg et al. 2003.
Lindenberg, Siegwart: Intrinsic Motivation in a New Light, in: Kyklos, Jg. 54, 2001, S. 317–342.
Luhmann, Niklas: Zweckbegriff und Systemrationalität. Über die Funktion von Zwecken in sozialen Systemen, Frankfurt a.M. 1968.
March, James: A Primer in Decision Making. How Decisions Happen, New York et al. 1994.
March, James/Olson, Johan: A Garbage Can Model of Organizational Choice, in: ASQ, 1972, S. 1–25.
March, James/Simon, Herbert: Organizations, New York et al. 1958.
Nelson, Richard: Why do Firms Differ and How does it Matter?, in: SMJ, 1991, S. 61–74.
Nonaka, Ikujiro/Takeuchi, Hirotaka: The Knowledge Creation Company. How Japanese Companies Create the Dynamics of Innovation, Oxford et al. 1995.

Ortmann, Günther: Formen der Produktion. Organisation und Rekursivität, Opladen et al. 1995.
Osterloh, Margit/Frey, Bruno S.: Motivation, Knowledge, and Organizational Forms, in: Org.Sc., Jg. 11, 2000, S. 538–550.
Osterloh, Margit/Frey, Bruno S./Frost, Jetta: Managing Motivation, Organization and Governance, in: JMG, Jg. 5, 2001, S. 231–239.
Radner, Roy: Costly and Bounded Rationality in Individual and Team Decision Making, in: Industrial and Corporate Change, Jg. 9, Bd. 4, 2000, S. 623–658.
Schneider, Dieter: Die Unhaltbarkeit des Transaktionskostenansatzes für die „Markt oder Unternehmung"- Diskussion, in: ZfB, Jg. 55, 1985, S. 1237–1254.
Schreyögg, Georg: Organisationstheorie, entscheidungsprozessorientierte, in: HWO, hrsg. v. *Frese, Erich*, 3. A., Stuttgart 1992, Sp. 1746–1756.
Simon, Herbert: Organization and Markets, in: Journal of Economic Perspectives, 1991, S. 25–44.
Simon, Herbert: Rationality as a Process and a Product of Thought, in: American Economic Review, Jg. 68, 1968, S. 1–14.
Williamson, Oliver: Strategy Research. Governance and competence perspective, in: SMJ, 1999, S. 1087–1108.
Witte, Eberhard: Phasen-Theorem und Organisation komplexer Entscheidungsverläufe, in: ZfbF, Jg. 20, 1968, S. 625–647.

Entscheidungsprozesse in Organisationen

Rolf Bronner

[s.a.: Corporate Governance (Unternehmensverfassung); Emotionen in Organisationen; Entscheidungsorientierte Organisationstheorie; Entscheidungsverhalten, individuelles; Gruppenverhalten und Gruppendenken; Individuum und Organisation; Informationsverarbeitung, Organisation der; Informationsverhalten; Mikropolitik; Rationalität; Verantwortung.]

I. Systemmerkmale von Organisationen; II. Prozessmerkmale von Entscheidungen; III. Verhaltensanomalien als Rationalitätsfallen.

Zusammenfassung

Das Verhalten von Organisationen wird wie das von Individuen durch Entscheidungen gesteuert. Sachgerechte Entscheidungsprozesse setzen eine sorgfältige Problemanalyse, Informationsverarbeitung und Alternativenwahl voraus. Insbesondere aber müssen Entscheidungspathologien erkannt und vermieden werden. Eine systematische Entscheidungsunterstützung durch Methodeneinsatz und eine spezifische Verantwortungskultur ist dabei unerlässlich.

I. Systemmerkmale von Organisationen

Organisationen jedweder Art, also etwa Unternehmungen, politische Parteien, militärische oder wissenschaftliche sowie kirchliche Institutionen, sind in ihrem Verhalten und Handeln schwer zu verstehen, wenn man sie nicht als jeweils spezifische Entscheidungssysteme begreift. Bei aller funktionaler Unterschiedlichkeit sind *Organisationen* übereinstimmend gekennzeichnet durch drei verhaltensbestimmende Merkmale: Zielgerichtetheit, Strukturiertheit und Interaktivität. Diese Merkmale bilden zugleich die Voraussetzungen und Begrenzungen der institutionalen Entscheidungsprozesse.

1. Zielgerichtetheit

Organisationen werden geschaffen und gestaltet, um „artgerechte" Ziele zu erreichen. Diese äußern sich in grundlegenden Werthaltungen, instrumentellen Zwecksetzungen und maßgebenden Effizienzkriterien. Ihre Entscheidungsrelevanz besteht insb. bzgl. der Suche und Priorisierung von Handlungsalternativen.

2. Strukturiertheit

Organisationen besitzen eine graduell unterschiedlich tiefe aber prinzipiell hierarchische Struktur (→ *Hierarchie*). Diese ist von elementarer Bedeutung für die Zuweisung von Entscheidungskompetenzen an Instanzen, für die Delegation von Entscheidungen sowie für die entsprechende Verantwortung. Außerdem wird durch die jeweilige Struktur das interne Kommunikationsnetz fixiert.

3. Interaktivität

Organisationen können letztlich nur erfolgreich operieren, wenn sie nach innen mit den Fachressorts und Mitgliedern sowie nach außen mit den marktlichen und gesellschaftlichen Umweltakteuren kommunizieren. Auf diese Weise werden entscheidungsrelevante Informationen zu Wissen akkumuliert und die handlungsrelevante Koordination wird durch Zielvorgaben und Verhaltenssteuerung gesichert.

II. Prozessmerkmale von Entscheidungen

Die empirische Organisations- und Entscheidungsforschung hat bereits früh und wiederholt versucht, ein Ablaufmuster für Entscheidungen zu ermitteln. Für Individualentscheidungen konnte Thomae (*Thomae 1960*) einen charakteristischen Phasenverlauf von der Anregung über die Unorientiertheit zur Orientierung, Distanzierung und schließlich zum Entschluss feststellen. Witte (*Witte 1968*) hat diese Befunde als Hypothese für die Analyse innovativer, komplexer und arbeitsteiliger *Entscheidungen* in Unternehmen transferiert. Die Ergebnisse bestätigten zwar nicht Thomaes Resultate, zeigten aber gleichwohl ein klares, wenn auch anderes Verlaufsbild: Informationssuche, Alternativensuche, Bewertungen und Entschlüsse, allerdings nicht mit einem jeweils zeitlichen Schwerpunkt, sondern alle vier Aktivitäten traten während des gesamten Problemlöseprozesses (nahezu) gleichmäßig auf. Beide Arten von Befunden geben aber keine Optimierungshinweise zur Prozessgestaltung, denn Fehlentscheidungen oder Entscheidungsrevisionen konnten – aus mehreren Gründen – nicht erfasst werden.

Eine umfassende Prozessanalyse kann sich jedoch nicht auf die oben erwähnten Vorstufen von Entschlüssen beschränken, sondern sollte noch eine vorgelagerte Notwendigkeit zur Gewährleistung hoher Entscheidungsqualität beachten: eine adäquate Problemanalyse vor Eintritt in den eigentlichen Prozess.

1. Problemanalyse

Inwieweit sich Menschen als Individuum und/oder als Bestandteil von Institutionen bei Konfrontation mit einem Entscheidungsproblem tendenziell rational oder eher intuitiv verhalten, hängt von der jeweiligen *Problemwahrnehmung* ab. Die hieraus resultierende Problemeinschätzung und nicht das Problem an sich steuert die Art und Intensität des Entscheidungsverhaltens. Eine sachgerechte Entscheidung setzt jedoch eine systematische *Problemanalyse* voraus. Dies umso mehr, als ein objektiv gegebenes Problem in der Sichtweise disziplinär und/oder funktional unterschiedlich geprägter Entscheidungsbeteiligter zu erheblich unterschiedlicher Problemeinschätzung führen kann. In besonderer Weise gilt dies bei Führungsentscheidungen, die aus guten Gründen nicht von Einzelpersonen getroffen werden (sollten). Um Entscheidungsprozesse in Organisationen sachgerecht verankern und koordinieren zu können, ist es unerlässlich, drei Basismerkmale von *Entscheidungen* auf ihre jeweilige Beschaffenheit hin zu überprüfen: die Bedeutung, die Komplexität sowie die Dringlichkeit des anstehenden Problems (vgl. *Bronner* 1999).

Die Bedeutung einer Entscheidung ergibt sich aus ihrer materiellen Wertigkeit in Form des Umfanges an finanziellen Bindungen für das Unternehmen. Hinzu kommt die zeitliche Reichweite, also der Wirkungshorizont einer Maßnahme. In ähnlicher aber nicht identischer Weise ist die Reversibilität einer Entscheidung bedeutungsrelevant. Geringe oder fehlende Korrekturmöglichkeiten bei Fehlentwicklungen verschärfen das Problem. Schließlich ist noch die personelle Betroffenheit zu nennen, die sich für die Folgenträger einer Entscheidung ergibt. Führungsentscheidungen sind also meist finanziell hochwertig, zeitlich weit reichend, selten oder nur schwer revidierbar und oft mit erheblichen persönlichen Konsequenzen verbunden.

Die Komplexität einer Entscheidung resultiert unmittelbar aus ihrem jeweiligen Ressortbezug. Ressortübergreifende Fragen sind wegen unterschiedlicher Sichtweisen, Interessen und Wertungen generell komplexer als ressortinterne Probleme. Ein weiterer Einflussfaktor ist die absolute oder relative Neuartigkeit einer Thematik, also die Einmaligkeit, Erstmaligkeit oder Seltenheit einer Entscheidung. Das Ausmaß an Erfahrung bestimmt die subjektive Komplexität. Nicht zuletzt ist noch das Problemvolumen der Entscheidungsaufgabe maßgeblich, die Anzahl und Vielfalt der Alternativen, Informationen und Urteilskriterien.

Die Dringlichkeit einer Entscheidung ist zunächst das Ergebnis von Ressourcenknappheit. Knappheit kann hier in zeitlicher, personeller oder informatorischer Hinsicht verstanden werden. Eine weitere Ursache von Dringlichkeit sind Terminbindungen. Bei Überschreiten einer Frist kann es zu Konventionalstrafen kommen oder es werden Ausschlusstermine verletzt. Schließlich ist noch eine psychische Quelle von Dringlichkeit zu nennen – faktischer oder vermuteter Zeitdruck mit der Folge von Stress. Dessen empirisch nachgewiesene Folge ist massiver Leistungsabbau hinsichtlich Information, Kommunikation und Arbeitsqualität mit erheblichen negativen Wirkungen auf die Entscheidungsqualität (vgl. *Bronner* 1973).

Je bedeutungsvoller, je komplexer und je dringlicher ein Entscheidungsproblem ist, umso höher sind die Anforderungen an die Koordination des Entscheidungsprozesses in inhaltlicher, personeller sowie zeitlicher Hinsicht.

2. Informationsverarbeitung

Entscheidungsprozesse sind in ihrem Kern *Informationsverarbeitungsprozesse* und Organisationen sind nicht nur, aber auch Informationsverarbeitungssysteme (→ *Informationsverarbeitung, Organisation der*). Selbst wenn man unterstellt, dass institutionelle Entscheidungen auf einem höheren Rationalitätsniveau verlaufen als individuelle Entscheidungen, gilt doch grundsätzlich das Prinzip der begrenzten → *Rationalität*. Das bedeutet, Organisationen sind wie Personen nur eingeschränkt bereit und befähigt, Informationen zu suchen und sachgerecht zu verarbeiten. Die Ursachen dafür sind vielfältig, aber im Wesentlichen handelt es sich um organisatorische und kognitive Barrieren.

Organisatorisch-technische Barrieren stehen einer entscheidungsgerechten Informationsverarbeitung oft im Wege, weil hierarchie- oder funktionsbedingte Zugangssperren den Rückgriff auf notwendige Informationen verwehren. Diesen Problemen versucht man, beginnend mit frühen Entwürfen von Management-Informations-Systemen (MIS) und neueren Konzepten von Decision-Support- oder Executive-Information-Systemen (DSS, EIS) entgegenzutreten. Noch massiver wirken geistig-kognitive Barrieren einer angemessenen Informationsverarbeitung zuwider. Solche intellektuellen Grenzen äußern sich sowohl in quantitativer wie in qualitativer Hinsicht. Zum einen ist die Informationsverarbeitung an die mentale Kapazität von Individuen gebunden. Außerdem erschweren prinzipielle Unsicherheiten eine rationale Informationsverarbeitung: Entscheidungen werden für die Zukunft getroffen, gegründet auf Informationen, die bestenfalls die Gegenwart repräsentieren. Prognosen, Erwartungen oder Szenarien als Abbild der Zukunft sind zwangsläufig mit verschiedenen Graden der Ungewissheit oder des Risikos verbunden. Vor diesem Hintergrund erweist sich Informationsverarbeitung als ein recht komplexer Sachverhalt. Er setzt voraus, dass man sich mit zumindest zwei Teilproblemen näher befasst: dem *Informationsbedarf* und der Informationsquelle.

Der Bedarf an Informationen erweist sich bei näherer Betrachtung als eine wichtige und schwierige Komponente der Entscheidungsfindung. Die Gewinnung von Informationen durch gezielte Nachfrage setzt Wissen voraus darüber, wer, wo, welche und wie beschaffene Information bereithält. Nicht nur die Informationsverarbeitung, sondern bereits die vorgeschaltete Informationsnachfrage setzt daher freie geistige und zeitliche Kapazität voraus (→ *Informationsverhalten*). Bedürfnis, Bedarf und Nachfrage nach Informationen sind keineswegs selbstverständlich. Wissenschaftliche Untersuchungen haben ergeben, dass ein unter günstigen Umständen bereitgehaltenes Informationspotenzial, einem Informationssystem, einer Datenbank oder einer Methodenbank, durchschnittlich zu 10%, maximal jedoch zu etwa 20% genutzt wird. Aus den gleichen Untersuchungen geht allerdings auch die Aussage hervor, dass Informations-Nachfrageverhalten effizienzwirksam ist und gelernt werden kann (vgl. *Witte* 1972).

Die Quelle von Informationen ist nicht nur ein Problem der Ortung, sondern auch der Einschätzung: Die Bedeutung und Zuverlässigkeit von Informationen werden abgeleitet aus der mutmaßlichen oder tatsächlichen Autorität der Informationsquelle. Dies wäre nicht problematisch, wenn Autorität ein objektiver Sachverhalt wäre. Tatsächlich aber kann Autorität und damit der Wert von Informationen durch systematische Manipulation beeinflusst werden (→ *Macht in Organisationen*).

3. Alternativenwahl

Die Handhabung von Alternativen ist wie die Informationsverarbeitung eine zentrale Aufgabe innerhalb von Entscheidungsprozessen. Sie ist der Informationsverarbeitung keineswegs zwingend nachgelagert, sondern kann durchaus der Anlass für Informationsmaßnahmen sein. In Analogie zur materiellen Produktion könnte man die Alternativen als „Rohstoffe" der geistigen Produktion von Entscheidungen auffassen: Alternativen sind nicht ohne weiteres gegeben, sondern müssen gesucht und erschlossen, bearbeitet und verändert, miteinander kombiniert oder auf Unverträglichkeiten geprüft werden. Dies ist alles mit kognitivem, zeitlichem und finanziellem Aufwand verbunden. Als Ergebnis erzielt man eine höhere Verwertungs- und Entscheidungsreife der Alternativen; das schließt den Wegfall ursprünglich erwogener Optionen mangels Eignung ein. Im Rahmen einer systematischen Alternativenwahl stellen sich drei Grundprobleme: die Gewinnung, die Anzahl sowie die Konsequenzenbewertung von Alternativen.

Die Gewinnung von Alternativen fällt einerseits nicht so leicht wie oft vermutet wird, andererseits existieren hierzu speziell einsetzbare Instrumente. Nicht jede Person oder Institution ist in gleicher Weise begabt, neue, eigenwillige Handlungswege zu erkennen. Deshalb wurden Verfahren zur Unterstützung der kreativen Fähigkeiten von Individuen und Gruppen entwickelt, um Beharrungstendenzen, habituelles Verhalten oder habituelle Entscheidungen zu vermeiden.

Die Anzahl von Alternativen stellt ein Folgeproblem der Gewinnung dar. Individuen und Institutionen wollen und können nicht unendlich lange nach Alternativen suchen. Zur Frage aber, wann der optimale Zeitpunkt gekommen ist, die Suche nach weiteren Alternativen einzustellen, gibt es keine befriedigende Antwort. Empirische Untersuchungen haben gezeigt, dass selbst oder gerade in wichtigen, komplexen Entscheidungssituationen nur wenige Alternativen in Betracht gezogen werden (vgl. *Hauschildt* et al. 1983, S. 174 ff.).

Alternativen werden letztlich durch ihre Konsequenzen beschrieben und sind deshalb auch nur durch deren Beurteilung entscheidungsrelevant. In der Realität bereitet es jedoch beträchtliche Schwierigkeiten, die Konsequenzen von Alternativen eindeutig und zuverlässig zu bestimmen. Dies gilt v.a. dann, wenn es sich um komplexe und/oder dynamische Entscheidungssituationen handelt. Solche sind gekennzeichnet durch die Notwendigkeit, zahlreiche Faktoren in kausal und zeitlich mehrstufigen Zusammenhängen zu beachten. Hier versucht man mit Methoden der Systemanalyse und Kybernetik sowie der Kausal- und Sensitivitäts-Analyse Lösungen näher zu kommen, zumindest aber ein angemesseneres Problemverständnis zu gewinnen (vgl. *Bronner* 1999).

Mit Blick auf Erfolg oder Misserfolg von Beschlüssen müssen noch zwei weitere Maßnahmen Beachtung finden, die hier aber nicht als Prozessmerkmale von Entscheidungen i.e.S. verstanden werden: Aktionsvollzug und Ergebnisanalyse. Beim Aktionsvollzug geht es um die Umsetzung und Durchsetzung der inhaltlichen Entscheidung in tatsächliches Handeln. Verhindert werden sollen Verzerrungen oder Verzögerungen v.a. bei programmatischen und zeitkritischen Entscheidungen durch die strukturellen und/oder personellen Bedingungen des Hierarchie- und Delegationssystems. Durch Ergebnisanalyse soll sichergestellt werden, dass Fehlentwicklungen und Fehlentscheidungen möglichst frühzeitig sowie nach Ausmaß und Ursächlichkeit erkannt werden. Effiziente Ergebnisanalyse muss stets sowohl präventiv als auch interventorisch ausgerichtet sein. Ziel ist es, ein vitales Bewusstsein für die Gefahren und Folgen sowie für die Revidierbarkeit und Verantwortung bei Fehlentscheidungen zu institutionalisieren. Eine solche Konzeption eines „Entscheidungs-Controllings" dient der Sicherung eines Höchstmaßes an Rationalität und im Besonderen der Vermeidung oder Korrektur von Verhaltensanomalien.

III. Verhaltensanomalien als Rationalitätsfallen

Organisationen sind trotz ihrer formalisierten Systemmerkmale nicht prinzipiell fehlerresistenter als Individuen. Dies gilt umso mehr, je stärker Entscheidungen, etwa wegen ihrer strategischen Bedeutung, als „Chefsache" dem spezifischen Einfluss einer Spitzenführungskraft unterliegen. Die Gefahr von Verhaltensanomalien ist dann besonders hoch und zwar nicht ausschließlich in der Person des Machtpromotors begründet, sondern ergänzt und verstärkt durch Verhaltensmuster seines engeren fachlichen und personellen Umfeldes.

1. Entscheidungspathologien

In zum Teil drastischer Deutlichkeit und mit massiven Folgen treten *Entscheidungspathologien* in praktisch allen Bereichen der Ökonomie, der Ökologie, der Politik und des Militärs auf. In diesem Sinne könnte man solche Effekte als universell bezeichnen. In komplexen Entscheidungsprozessen ist mit drei nicht überschneidungsfreien Verhaltensanomalien zu rechnen: Informationspathologien, Interaktionspathologien und Bewertungspathologien.

a) Informationspathologien

Die zentrale Informationspathologie ist eine zu geringe Informationsnachfrage. Logisch und zeitlich vorgelagert tritt der Informationsbedarf, nachgelagert die Informationsverarbeitung als potenzielle Fehlerquelle auf (vgl. *Scholl* 1992). Maßgeblich für das qualitative Niveau dieser drei Problemlösebedingungen sind zwei personelle Faktoren der Entscheidungsperson oder des Entscheidungsgremiums, das Selbsturteil sowie das Problemurteil.

Das Selbsturteil oder Selbstkonzept einer Entscheidungsperson, einer Gruppe oder einer ganzen Institution beeinflusst den Informationsbedarf, also die empfundene Notwendigkeit, sich informieren, beraten und unterstützen zu lassen. Außerdem beeinflusst das Selbsturteil noch das Problemurteil, d.h. die Wahrnehmung der Komplexität einer anstehenden Entscheidungssituation. Da Führungskräfte aus zahlreichen Gründen – der bisherige Erfolg ist einer davon – dazu tendieren, ein positives Selbsturteil zu besitzen, entstehen zwei parallele Gefahren: Das Problemurteil fällt zu positiv aus und der Informationsbedarf wird daher nicht erkannt oder unterschätzt und nicht formuliert.

Naturgemäß führt eine unzulängliche Informationsnachfrage zu einer schwachen Informationsversorgung und über diese zu einer unzureichenden Informationsverarbeitung. Wenn dann noch weitere inhaltliche Verzerrungen hinzu treten, sind *Fehlentscheidungen* geradezu vorprogrammiert. Eine dieser Verzerrungen stammt aus der Einschätzung der Informationsquelle(n). Mangelndes aber auch überhöhtes Vertrauen in die Informationsquelle kann zu beträchtlichen Fehleinschätzungen der Entscheidungssituation führen: Ein bekanntes Phänomen ist dabei das sog. *„Group Think"*, eine extreme Überschätzung gruppeneigener Informationen und Meinungen bei gleichzeitiger Unterschätzung von externen, speziell von gegnerbezogenen Informationen (vgl. *Janis* 1982; *Auer-Rizzi* 1998). Schließlich sei noch auf den Problembereich der selektiven Wahrnehmung und Verarbeitung von Informationen verwiesen. Die Repräsentativitäts- und Verfügbarkeits-Heuristiken beschreiben Effekte, Informationen entsprechend ihrer wahrgenommenen Ähnlichkeit und ihrer kognitiven Verfügbarkeit, die sich aus dem Zeitpunkt und/oder der Häufigkeit ihres Zuganges bestimmt, als unterschiedlich relevant einzuschätzen (vgl. *Kahneman/Slovic/Tversky* 1982). Gemeinsam ist diesen Urteilsverzerrungen, dass objektive Sachverhalte subjektiv relativiert werden durch einen Vergleich mit bereits gespeicherten Informationen.

b) Interaktionspathologien

Komplexe Entscheidungen werden in aller Regel nicht von Individuen getroffen, sondern von Gruppen oder Gremien in arbeitsteilig gemeinschaftlicher Form. Damit wird der Informationsaustausch zu einer weiteren Schlüsselvariable der Qualität und Dauer von Entscheidungsprozessen. Im Zusammenhang mit hohen Ausprägungen interaktiver Fähigkeiten trifft man häufig auf das Phänomen des sog. *Commitment*. Dies beinhaltet eine aktive bis aggressive Form der gezielten öffentlichen Deklaration einer spezifischen Zielsetzung. Sie bewirkt nicht nur eine Selbstbindung, sondern versucht v.a. Andere auf die eigene Linie einzuschwören, also eine breite und möglichst stabile Fremdbindung zu erwirken. Solche Effekte treten dann besonders hervor, wenn es darum geht, die Basis zu mobilisieren, Vertrauen und Solidarität zu sichern und/oder einem Gegner Entschlossenheit und Geschlossenheit zu demonstrieren. In extremer Überspitzung führen derartige Verhaltensweisen zu *„Escalation of Commitment"* (vgl. *Staw* 1997), es gibt dann keinen Weg mehr zurück: Um die Richtigkeit des Proklamierten zu beweisen, Glaubwürdigkeit zu wahren oder Kompetenzzweifel zu vermeiden, werden Warnsignale missachtet, objektive Informationen selektiv umbewertet, interne Widersacher ausgegrenzt und externe Gegner diffamiert. Zwangsläufig und tragischerweise wird dadurch die Ausgangslage nicht einfacher. Sie eskaliert stattdessen zu massiven Fehlentscheidungen: Im betrieblichen Bereich entstehen nur schwer oder nicht mehr reversible Strategiefehler und – verstärkt durch das sog. Sunk-Cost-Phänomen – enorme Fehlinvestitionen.

c) Bewertungspathologien

Das Verhalten des Menschen ist stets durchzogen von teils bewussten teils unbewussten Bewertungsprozessen. Manche Urteile werden sehr rasch getroffen, andere Einschätzungen erfolgen behutsam und gründlich. Im Vergleich erfolgen letztere in der Regel mit einer höheren Konsistenz und sind mit einer höheren Einsicht des Entscheiders in den Entscheidungsprozess verbunden (vgl. *Schwaab* 2003).

Insbesondere situative Rahmenbedingungen bilden eine Verzerrungsursache bei komplexen Entscheidungen. Sie beeinflussen den individuellen und kollektiven Umgang mit *Risiko*: Menschen verhalten sich in Verlustsituationen eher risikofreudig und tendieren in Gewinnsituationen zu Risikoaversion. Auf institutioneller Ebene wird dieses Phänomen als Risiko-Rendite-Paradoxon bezeichnet. In ihrer wohl dramatischsten Form der Bewertungs- und Verhaltens-Asymmetrie tritt die sog. *Verlust-Eskalation* hervor: Sie äußert sich in oft existenzbedrohender Bereitschaft, defizitäre Projekte weiterzuführen. In einer schwer trennbaren Überlagerung von Uneinsichtigkeit und Beharrungstendenz, Optimismus und Fehleraversion wird gutes Geld schlechtem hinterher geworfen (vgl. *Wiemann* 1998). Tragischerweise treten diese Pathologien v.a. bei großen und imagebehafteten Vorhaben auf.

Zusammenfassend ist festzuhalten, dass Entscheidungspathologien sich auf unterschiedlichste Komponenten des Entscheidungsprozesses einzeln und in ihrem Zusammenhang beziehen können. Einheitliches Ergebnis ist die massive Gefahr von Fehlentscheidungen. Solche Rationalitätsdefizite zu kennen ist zweifellos wichtig, aber noch nicht ausreichend. Die sorgfältige Analyse von Pathologien muss durch praktische Präventions- und Interventionsmaßnahmen ergänzt werden.

2. Entscheidungsunterstützung

Es wäre eine naive und geradezu gefährliche Illusion, anzunehmen, Entscheidungspathologien und daraus folgende Fehlentscheidungen wären durch einen einfachen Präventionskatalog von Maßnahmen prinzipiell vermeidbar. Eine solche Sichtweise wird hier nicht vertreten, sie soll auch durch die nachfolgenden Vorschläge nicht entstehen.

Neben der Begrenzung von Ermessensspielräumen, etwa im Sinne zustimmungsbedürftiger Geschäfte, sowie einer gezielten personellen Besetzung von Entscheidungseinheiten, also Instanzen, Gruppen und Gremien, nach kognitiven Gesichtspunkten bieten sich v.a. zwei Vorsorgeinstrumente an: systematischer Methodeneinsatz sowie Schaffung einer Verantwortungskultur.

a) Methodenunterstützung

Menschliches Problemlöseverhalten ist wesentlich bestimmt durch die jeweilige Wahrnehmung der Komplexität einer Situation. Die Wahrnehmung ist daher abhängig v.a. von kognitiven Eigenschaften der Entscheidungsperson(en). In multipersonalen Entscheidungen kommt hinzu, dass unterschiedliche Personen ein objektiv gleiches Problem erfahrungs- und eigenschaftsbedingt unterschiedlich wahrnehmen. Aus dieser Subjektivität können sich erhebliche Einschätzungs- und Verhaltensdivergenzen ergeben, die den Prozess und sein Resultat maßgeblich beeinflussen. Methodenunterstützung bedeutet eine Objektivierung der Problemsituation. Methoden dienen der Struktur- und Kausalanalyse sowie als Bewertungs-, Koordinations- und Präsentationshilfen. Sie bewirken damit eine Versachlichung unterschiedlicher Sichtweisen und bieten eine gemeinsame Argumentations- und Arbeitsgrundlage.

b) Verantwortungskultur

In jüngerer Zeit ist die Übernahme persönlicher → *Verantwortung* durch exponierte Führungskräfte bei strategischen und materiell umfangreichen Fehlentscheidungen öffentlich bekannt (gemacht) worden. Bis dahin war oder schien persönliche Verantwortung eher die Ausnahme und Regelungen wie Trennung im wechselseitigen Einvernehmen standen im Vordergrund. Es liegt in der Natur der Sache, dass hochrangige Entscheider insb. bei langfristigen Grundsatzbeschlüssen vor Fehleinschätzungen nicht geschützt sind. Daher soll hier auch keineswegs ein Plädoyer für eine Art „law and order" erfolgen. Aber die Lässigkeit, mit der Großverluste als unabsehbar oder unabwendbar und Fehlentscheidungen vehement gerechtfertigt werden, sollte nicht der allgemein übliche und kritiklos gebilligte Verhaltensstandard sein.

Stattdessen sollte ein Entscheidungs-Krisenmanagement konzipiert werden, das in einer ausgewogenen Kombination von Ethik, Spielregeln und Sanktionen eine Atmosphäre von Selbstkritik, Behutsamkeit, Informationsabsicherung und Risikobewusstsein schafft. Die wichtigsten Bestandteile eines solchen Kriseninstrumentariums müssten die explizite Definition erfolgskritischer Schwellen in materieller und zeitlicher Hinsicht, also ein verstärktes Arbeiten mit Fehlerszenarien sein. Hinzutreten müsste ein Denken in Krisenkategorien wie Prozessabbruch, Reversibilität und Notmaßnahmen. Unerlässlich wäre außerdem eine spezifische Irrtumsmentalität, die darauf ausgerichtet ist, Fehleinschätzungen als künftig zu vermeidende Sachprobleme und nicht als personelle Schuldfragen zu betrachten. Schließlich müsste ein Exkulpationsverfahren darüber befinden, ob alles zur Vermeidung von Fehleinschätzungen getan wurde. Im positiven Fall sollte dies ausdrücklich und mit befreiender Wirkung formuliert werden. Für den negativen Fall müsste ein graduell gestuftes Sanktionskonzept bestehen mit personellen und materiellen Konsequenzen, je nach Ausmaß des Verstoßes gegen das skizzierte Modell der Verantwortungskultur. In diesem Zusammenhang dürfte auch die Ausgestaltung einer wirksamen → *Corporate Governance (Unternehmensverfassung)* einen hohen Stellenwert erlangen.

Literatur

Auer-Rizzi, Werner: Entscheidungsprozesse in Gruppen. Kognitive und soziale Verzerrungstendenzen, Wiesbaden 1998.
Bronner, Rolf: Planung und Entscheidung. Grundlagen – Methoden – Fallstudien, 3. A., München et al. 1999.
Bronner, Rolf: Entscheidung unter Zeitdruck. Eine Experimentaluntersuchung zur empirischen Theorie der Unternehmung, Tübingen 1973.
Hauschildt, Jürgen et al.: Entscheidungen der Geschäftsführung. Typologie, Informationsverhalten, Effizienz, Tübingen 1983.
Janis, Irving: Victims of groupthink, 2. A., Boston 1982.
Kahneman, Daniel/Slovic, Paul/Tversky, Amos (Hrsg.): Judgement under uncertainty. Heuristics and biases, Cambridge et al. 1982.
Scholl, Wolfgang: Informationspathologien, in: HWO, hrsg. v. *Frese, Erich*, 3. A., Stuttgart 1992, Sp. 900–912.
Schwaab, Carsten: Effektive Urteilsprozesse. Eine empirische Untersuchung von Personalentscheidungen, Frankfurt am Main et al. 2003.
Staw, Barry M.: The escalation of commitment: An update and appraisal, in: Organizational decision making, hrsg. v. *Shapira, Zur*, Cambridge 1997, S. 191–215.
Thomae, Hans: Der Mensch in der Entscheidung, München 1960.
Wiemann, Volker: Verlust-Eskalation in Management-Entscheidungen, Frankfurt am Main et al. 1998.
Witte, Eberhard: Das Informationsverhalten in Entscheidungsprozessen, Tübingen 1972.
Witte, Eberhard: Phasen-Theorem und Organisation komplexer Entscheidungsverläufe, in: ZfbF, Jg. 20, 1968, S. 625–647.

Entscheidungsverhalten, individuelles

Peter Fischer/Tobias Greitemeyer/Dieter Frey

[s.a.: Entscheidungsprozesse in Organisationen; Informationsverarbeitung, Organisation der; Informationsverhalten; Rationalität.]

I. Einleitung; II. Normative Entscheidungsmodelle; III. Kritik; IV. Psychologische Entscheidungsmodelle.

Zusammenfassung

In diesem Beitrag werden die wichtigsten normativen und psychologischen Modelle individuellen menschlichen Entscheidungsverhaltens vorgestellt. Entgegen des ökonomischen Postulats, wonach ausschließlich die Abwägung von zukünftigen Kosten und Nutzen Entscheidungen beeinflussen sollten, führen verschiedene kognitive und motivationale Faktoren dazu, dass oftmals irrationale Entscheidungen getroffen werden.

I. Einleitung

Gängige ökonomische und psychologische Theorien unterscheiden sich recht deutlich bei der Erklärung menschlichen Entscheidungsverhaltens. Das ökonomisch-normative Entscheidungsmodell fasst den Menschen als rationalen Entscheider (→ *Rationalität*) auf: Es wird immer diejenige Handlungsalternative ausgewählt, die den größten zukünftigen Nutzen verspricht. Entgegen dieser Annahme zeigte sich jedoch in der *psychologischen Entscheidungsforschung*, dass menschliches Entscheidungsverhalten keineswegs ausschließlich von Kosten-Nutzen-Erwägungen geleitet wird, sondern häufig durch systematische Verzerrungen gekennzeichnet ist. Im Folgenden stellen wir zunächst das normative Entscheidungsmodell und die Kritik, die dieses Modell hervorgerufen hat, vor. Anschließend beschreiben wir die bedeutendsten psychologischen Theorien menschlichen Entscheidens: die Prospekt-Theorie, Tverskys Eliminationsmodell sowie die Einstellung-Verhaltens-Modelle. In diesem Beitrag beschränken wir uns nur auf die Darstellung individuellen Entscheidungsverhaltens. Einen Überblick über die wichtigsten psychologischen Theorien kollektiver Entscheidungen geben Schulz-Hardt et al. (*Schulz-Hardt* et al. 2002) (→ *Entscheidungsprozesse in Organisationen*).

II. Normative Entscheidungsmodelle

Dieser Modelltyp basiert auf ökonomisch-statistischen Überlegungen und beschreibt Entscheidungen als rationalen Prozess. Der Entscheider wird als ein „intuitiver Statistiker" aufgefasst, der die verschiedenen Entscheidungsalternativen sorgsam abwägt und sein ganzes verfügbares Vorwissen nach den Gesetzen der Wahrscheinlichkeitstheorie und Logik auf das Entscheidungsproblem anwendet. Das wichtigste Erklärungsmodell ist die Subjective-Expected-Utility-Theorie, die Entscheidungsverhalten auf Basis des subjektiv erwarteten Nutzens verschiedener Entscheidungsalternativen erklärt (*Edwards* 1955). Angenommen wird dabei, dass Personen bei der Bewertung verschiedener Entscheidungsalternativen deren Nutzen mit der Auftretenswahrscheinlichkeit bestimmter Konsequenzen multiplizieren, wobei dann diejenige mit der positivsten Bewertung gewählt wird.

III. Kritik

Im Widerspruch zu den normativen Entscheidungsmodellen werden Entscheidungen oftmals ohne ein intensives Abwägen der jeweiligen Vor- und Nachteile getroffen und sind durch rationale Erwägungen nicht zu erklären (für einen Überblick *Shafir/LeBoeuf* 2002). Nur zwei Beispiele: Nach dem „sunk-cost Effekt" haben vergangene Investitionen in ein Projekt jedweder Art auch dann weitere Investitionen zur Folge, selbst wenn deutliche Anzeichen bestehen, dass das Projekt zum Scheitern verurteilt ist (*Arkes/Ayton* 1999). Der „hindsight bias" beschreibt das Phänomen, wonach in der Rückschau die Wahrscheinlichkeit des tatsächlich eingetretenen Ereignisausgangs überschätzt wird (*Hawkins/Hastie* 1990). Irrationales Entscheidungsverhalten wird sowohl durch kognitive Urteilsheuristiken als auch durch motivationale Faktoren erklärt.

1. Kognitive Heuristiken und Urteilsverzerrungen

Die Annahme, dass Personen bei der Bewertung von Entscheidungsalternativen wie intuitive Statistiker vorgehen, wurde kritisiert mit dem Hinweis, dass die menschlichen kognitiven Kapazitäten begrenzt sind und deshalb weniger Informationen berücksichtigt werden können, als von dem Subjective-Expected-Utility-Modell angenommen (z.B. *Simon* 1956). Demnach lässt sich menschliches Entscheidungsverhalten eher als ein Prozess begrenzter Rationalität (bounded rationality) beschreiben: Einschränkungen wie Zeitdruck oder kognitive Komplexität führen dazu, dass ein zufrieden stellendes und nicht notwendigerweise das objektiv beste Ergebnis angestrebt wird.

Insbesondere Kahneman und Tversky (*Kahneman/Tversky* 1973; *Tversky/Kahneman* 1974) konnten in verschiedenen Studien zeigen, dass die *menschliche Informationsverarbeitung* weniger durch statistische Kalküle, sondern vielmehr durch einfache Urteilsheuristiken oder Daumenregeln charakterisiert ist. Die Verwendung dieser Heuristiken führt jedoch dazu, dass entscheidungsrelevante Informationen oftmals nicht berücksichtigt oder nur inadäquat eingesetzt werden. Im Folgenden werden wir die drei bekanntesten Heuristiken diskutieren: die Verfügbarkeitsheuristik, die Repräsentativitätsheuristik und die Ankerheuristik.

a) Verfügbarkeitsheuristik

Eine Möglichkeit, die Wahrscheinlichkeit eines bestimmten Ereignisses einzuschätzen, besteht darin, die Häufigkeit seines Auftretens zu zählen. Ist dies unmittelbar nicht möglich, so werden aus dem Gedächtnis relevante vorausgegangene Ereignisse abgerufen. Die Wahrscheinlichkeitseinschätzung ist dann abhängig von der Leichtigkeit, mit der relevante Ereignisse abgerufen werden können (*Tversky/Kahneman* 1973). Häufig vorkommende Ereignisse sind stärker im Gedächtnis verankert und haben daher einen Abrufvorteil. Aber auch Faktoren, die objektiv gar nicht die Auftretenswahrscheinlichkeit eines bestimmten Ereignisses anzeigen, können die subjektive Wahrscheinlichkeitseinschätzung verzerren. So konnte gezeigt werden, dass die Häufigkeit der Medienberichterstattung über bestimmte Ereignisse einen Einfluss auf derartige Wahrscheinlichkeitsurteile hat. Da bspw. über ungewöhnliche Todesarten (Suizide, Naturkatastrophen) häufiger berichtet wird als über „natürliche" Todesursachen wie z.B. Diabetes oder Herzinfarkte, überschätzen Personen die Auftretenswahrscheinlichkeit der ungewöhnlichen Todesarten systematisch (zusammenfassend *Strack/Deutsch* 2002).

b) Repräsentativitätsheuristik

Die Repräsentativitätsheuristik beschreibt das Phänomen, dass Personen dazu tendieren, die Verteilung bestimmter Merkmale in der Population zugunsten individueller Informationen zu vernachlässigen. In einer Untersuchung von Kahneman und Tversky (*Kahneman/Tversky* 1973) bspw. erhielten die Versuchsteilnehmer Persönlichkeitsbeschreibungen mit der zusätzlichen Information vorgelegt, dass diese aus einer Population mit entweder 70 Prozent Anwälten und 30 Prozent Ingenieuren oder 30 Prozent Anwälten und 70 Prozent Ingenieuren stammt. Die Urteile der Versuchsteilnehmer, ob es sich bei der beschriebenen Person um einen Anwalt oder Ingenieur handelt, wurden ausschließlich durch die individuelle Persönlichkeitsbeschreibung, nicht aber durch die Information zur Basisrate bestimmt, die systematisch vernachlässigt wurde.

c) Ankerheuristik

Nach der Ankerheuristik lassen sich Personen bei ihrer Urteilsbildung von einem bestimmten Anfangswert (einem Anker) leiten, den sie im weiteren Verlauf der Urteilsbildung nur unzureichend adjustieren, sodass das endgültige Urteil in Richtung des ursprünglichen Ankers verzerrt ist (*Tversky/Kahneman* 1974). So zeigte sich bspw., dass Versuchsteilnehmer bei der Schätzung, in welchem Jahr Attila der Hunnenkönig in Europa geschlagen wurde, durch die Zahlen ihrer eigenen Telefonnummer beeinflusst wurden (*Russo/Schoemaker* 1989).

2. Motivational bedingte Urteilsverzerrungen

Eine Vielzahl an Studien hat belegt, dass Urteils- und Entscheidungsprozesse durch individuelle Präferenzen, Wünsche und Bedürfnisse verzerrt werden und somit nicht der Rationalitätsannahme normativer Modelle folgen. Insbesondere das Bedürfnis nach Selbstwerterhöhung, das Kontrollbedürfnis sowie das Bedürfnis nach Konsistenz wirken sich nachhaltig auf die Informationsverarbeitung und das Entscheidungsverhalten aus.

a) Selbstwertschutz und Selbstwerterhöhung

Personen besitzen im Allgemeinen vorteilhafte Überzeugungen über ihr Selbst und schreiben sich systematisch mehr positive als negative Persönlichkeitseigenschaften zu (*Taylor/Brown* 1988). Erfolge werden sich selbst zugeschrieben, die Verantwortung für Misserfolge dagegen wird anderen Personen oder Umständen zugewiesen (für einen Überblick *Dauenheimer* et al. 2002). Entscheidungen und damit verbundene Konsequenzen werden möglichst selbstwertdienlich interpretiert, um das gewünschte positive Selbstbild aufrecht zu erhalten.

b) Kontrollbedürfnis

Personen besitzen ein Bedürfnis nach wahrgenommener Kontrolle ihrer Handlungsentscheidungen und Handlungsergebnisse (*Frey/Jonas* 2002). Das Gefühl von Kontrolle reduziert die Aversivität stressreicher Ereignisse, während sich Kontrollverlust negativ auf die Gesundheit auswirkt und bis zu Resignation und erlernter Hilflosigkeit führt. Verschiedene Urteilsverzerrungen wurden auf das Bedürfnis nach Kontrolle zurückgeführt. So unterliegen bspw. Personen der Illusion von Kontrolle, d.h. sie glauben auch bei objektiven Zufallsaufgaben, diese kontrollieren zu können. Spezifische Überzeugungen wie der Glaube an eine gerechte Welt oder der Glaube an die eigene Unverletzlichkeit sind durch das Kontrollbedürfnis erklärbar und können zu Fehleinschätzungen und -entscheidungen führen (für einen Überblick *Ajzen* 1996).

c) Bedürfnis nach Konsistenz

Das Bedürfnis nach Konsistenz beeinflusst in entscheidender Weise die menschlichen Urteils- und Entscheidungsprozesse. So determinieren Erwartungen und subjektive Theorien im Sinne der Hypothesentheorie der sozialen Wahrnehmung (*Lilli/Frey* 1993) die Bewertung von Entscheidungsalternativen, was bis zu sich selbst erfüllenden Prophezeiungen führen kann. So nehmen Personen allein aus der Erwartung heraus, im Zuge der Währungsumstellung von der DM auf den Euro wäre alles teurer geworden, Preissteigerungen wahr, auch wenn sich die Preise objektiv nicht verändert haben (*Greitemeyer* et al. 2002). Nach Festingers Theorie der kognitiven Dissonanz (*Festinger* 1957) sind Menschen bestrebt, ein kognitives Gleichgewicht zu bewahren oder herzustellen und Unsicherheit zu vermeiden. Gelingt dies nicht, so entsteht Dissonanz – ein aversiver motivationaler Zustand – der den Organismus zur Dissonanzreduktion bspw. durch Einstellungsänderung, selektive Informationssuche oder eine Umbewertung von Entscheidungsalternativen motiviert. So wird bspw. die gewählte Alternative auf-, die nicht-gewählte Alternative dagegen abgewertet (zusammenfassend *Frey/Gaska* 1993). Um die Entscheidung im Nachhinein zu rechtfertigen, überschätzen Personen die Qualität entscheidungsunterstützender (im Vergleich zu widersprechenden) Informationen (*Greitemeyer/Schulz-Hardt* 2003) und suchen selektiv nach diesen (*Frey* 1986; *Jonas* et al. 2001). Dieser so genannte Konfirmationsbias tritt verstärkt auf, wenn ein Bedürfnis nach kognitiver Geschlossenheit dominiert; überwiegt dagegen das Bedürfnis nach Fehlervermeidung, ist eine ausgewogenere Informationssuche zu verzeichnen (*Kruglanski* 1980). Um diesen menschlichen Einschränkungen Rechnung zu tragen, wurden alternative Modelle zur Beschreibung von Entscheidungsprozessen entwickelt, bei denen weniger Rationalität als spezifisch menschliche Informationsverarbeitungsprozesse im Mittelpunkt stehen.

IV. Psychologische Entscheidungsmodelle

1. Prospekt-Theorie

Das bekannteste Modell menschlichen Entscheidungsverhaltens mit eindimensionalen Ergebnisattributen ist die *Prospekt-Theorie* (*Kahneman/Tversky* 1979). Wie bei den Subjective-Expected-Utility-Modellen werden zwar auch hier Nützlichkeiten mit Ergebniswahrscheinlichkeiten multipliziert, es werden jedoch auch Kontextfaktoren, wie z.B. die Formulierung des Entscheidungsproblems, berücksichtigt. Es werden zwei Stufen bei Entscheidungsprozessen angenommen. In der Framing-Phase strukturieren Personen das Entscheidungsproblem, trennen risikoreiche von risikoarmen Komponenten, gruppieren äquivalente Ergebnisse, runden Wahrscheinlichkeiten ab und kodieren Ergebnisse als Gewinne und Verluste. In der Entscheidungsphase werden die erwarteten Ergebnisse evaluiert und die Alternative mit der höchsten Bewertung gewählt. Die Bewertung der verschiedenen Alternativen folgt jedoch keinem rationalen Prozess, sondern ist in starkem Maße von der Formulierung des Entscheidungsproblems beeinflusst. Beispielsweise bevorzugen die meisten Personen den sicheren Gewinn von 3000 $ vor einem Gewinn von 4000 $ mit einer Wahrscheinlichkeit von 80 Prozent, auch wenn die zweite Alternative insgesamt einen höheren Erwartungswert (3200 $) besitzt. Ein gänzlich anderes Bild ergibt sich, wenn Gewinne durch Verluste ersetzt werden. In diesem Fall präferieren die meisten Personen die Alternative, mit einer Wahrscheinlichkeit von 80 Prozent 4000 $ zu verlieren, gegenüber der Alternative, mit einer Wahrscheinlichkeit von 100 Prozent 3000 $ zu verlieren. Personen trachten also danach, Risiken im Gewinnbereich zu vermeiden, wogegen sie im Verlustbereich eher bereit sind, Risiken einzugehen. Es ergibt sich somit eine S-Kurve, die im Verlustbereich steiler fällt, als sie im Gewinnbereich ansteigt (zusammenfassend *Schmook* et al. 2002).

2. Tverskys Eliminationsmodell

Zur Erklärung menschlichen Entscheidungsverhaltens bei mehrdimensionalen Ergebnisattributen nimmt Tversky (*Tversky* 1972) in seinem Elimination-by-Aspects-Modell an, dass in einem ersten Schritt das auffälligste Attribut als erstes betrachtet wird, wobei alle Alternativen, die dieses Attribut nicht beinhalten, sofort eliminiert werden. Dieser Prozess wird dann mit allen verbleibenden Attributen (geordnet nach ihrer Salienz) fortgesetzt, bis lediglich eine letzte Entscheidungsalternative übrig bleibt. Bei der Auswahl eines Restaurants zum Abendessen könnte das auffälligste Attribut eine Präferenz für chinesisches Essen sein. Nur Restaurants mit chinesischem Essen bleiben dann in der weiteren Auswahl; alle anderen Alternativen werden sofort eliminiert. Das nächste Attribut könnte sein, dass das Restaurant nicht weiter als 15 min. Fahrzeit von zu Hause entfernt sein darf. Alle Restaurants, die dies erfüllen, bleiben in der Auswahl, die übrigen werden eliminiert. Dieser Eliminierungsprozess wird dann so lange fortgesetzt, bis nur noch eine Alternative mit allen gewünschten Attributen übrig bleibt. Im Gegensatz zum Subjective-Expected-Utility-Modell können in diesem Modell negative Attribute nicht durch positive ausgeglichen werden, da diese meist sehr früh im Eliminierungsprozess ausscheiden.

3. Einstellung-Verhaltens-Modelle

Nach der Theorie des überlegten Handelns von Fishbein und Ajzen (*Fishbein/Ajzen* 1975) werden Handlungsentscheidungen durch Intentionen – eine bewusste Absicht, ein bestimmtes Verhalten zu zeigen – determiniert. Intentionen wiederum werden durch die Einstellung einer Person zu einem bestimmten Verhalten sowie den subjektiven Normen bestimmt, die entsprechend ihrer relativen Bedeutung gewichtet werden. Als Erweiterung führen Ajzen und Madden (*Ajzen/Madden* 1986) in ihrer Theorie des geplanten Verhaltens das Konzept der subjektiv wahrgenommenen Handlungskontrolle ein. Nur wenn ein Verhalten auch von der handelnden Person kontrolliert werden kann, können die Intentionen auch in Verhalten umgesetzt werden. Im Gegensatz zu den Subjective-Expected-Utility-Modellen ist es bei den Einstellung-Verhaltens-Modellen keine Voraussetzung, dass die Überzeugungen, die den Einstellungen zugrunde liegen, eine rationale Basis besitzen.

Literatur

Ajzen, Icek: The social psychology of decision making, in: Social psychology – Handbook of basic principles, hrsg. v. *Higgins, E. Tory/Kruglanski, Arie*, New York 1996, S. 297–328.

Ajzen, Icek/Madden, Thomas: Prediction of goal-directed behavior: Attitudes, intentions, and perceived behavioral control, in: Journal of Experimental Social Psychology, Jg. 22, 1986, S. 453–474.

Arkes, Hal/Ayton, Peter: The sunk cost and Concorde effects: Are humans less rational than lower animals?, in: Psych.Bull., Jg. 125, 1999, S. 591–600.

Dauenheimer, Dirk et al.: Die Theorie des Selbstwertschutzes und der Selbstwerterhöhung, in: Theorien der Sozialpsychologie, hrsg. v. *Frey, Dieter/Irle, Martin*, 2. A., Bern 2002, S. 159–190.

Edwards, Ward: The prediction of decisions among bets, in: Journal of Experimental Psychology, Jg. 50, 1955, S. 201–214.

Festinger, Leon: A theory of cognitive dissonance, Stanford 1957.

Fishbein, Martin/Ajzen, Icek: Belief, attitude, intention, and behavior, Reading 1975.

Frey, Dieter: Recent research on selective exposure to information, in: Advances in Experimental Social Psychology, hrsg. v. *Berkowitz, Leonhard*, New York 1986, S. 41–80.

Frey, Dieter/Gaska, Anne: Die Theorie der kognitiven Dissonanz, in: Theorien der Sozialpsychologie, hrsg. v. *Frey, Dieter/Irle, Martin*, 2. A., Bern 1993, S. 275–326.

Frey, Dieter/Jonas, Eva: Die Theorie der kognizierten Kontrolle, in: Theorien der Sozialpsychologie, hrsg. v. *Frey, Dieter/Irle, Martin*, 2. A., Bern 2002, S. 13–50.

Greitemeyer, Tobias/Schulz-Hardt, Stefan: Preference-consistent evaluation of information in the hidden profile paradigm: Beyond group-level explanations for the dominance of shared information in group decisions, in: JPSP, Jg. 84, 2003, S. 322–339.

Greitemeyer, Tobias et al.: Erwartungsgeleitete Wahrnehmung bei der Einführung des Euro: Der Euro ist nicht immer ein Teuro, in: Wirtschaftspsychologie, Jg. 4, 2002, S. 22–28.

Hawkins, Scott A./Hastie, Raid: Hindsight: Biased judgments of past events after the outcomes are known, in: Psych.Bull., Jg. 107, 1990, S. 311–327.

Jonas, Eva et al.: Confirmation bias in sequential information search after preliminary decisions: An expansion of dissonance theoretical research on selective exposure to information, in: JPSP, Jg. 80, 2001, S. 557–571.

Kahneman, Daniel/Tversky, Amos: Prospect theory: An analysis of decision under risk, in: Econometrica, Jg. 47, 1979, S. 263–291.

Kahneman, Daniel/Tversky, Amos: On the psychology of prediction, in: PR, Jg. 80, 1973, S. 237–251.

Kruglanski, Arie: Lay epistemologic process and contents, in: PR, Jg. 87, 1980, S. 70–87.

Lilli, Waldemar/Frey, Dieter: Die Hypothesentheorie der sozialen Wahrnehmung, in: Theorien der Sozialpsychologie, hrsg. v. *Frey, Dieter/Irle, Martin*, 2. A., Bern 1993, S. 49–80.

Russo, Edward/Schoemaker, Paul: Decision traps, New York 1989.

Schmook, Renate et al.: Prospekttheorie, in: Theorien der Sozialpsychologie, hrsg. v. *Frey, Dieter/Irle, Martin*, 2. A., Bern 2002, S. 279–311.

Schulz-Hardt, Stefan et al.: Sozialpsychologische Theorien zu Urteilen, Entscheidungen, Leistung und Lernen in Gruppen, in: Theorien der Sozialpsychologie, hrsg. v. *Frey, Dieter/Irle, Martin*, 2. A., Bern 2002, S. 13–46.

Shafir, Eldar/LeBoeuf, Robyn A.: Rationality, in: Annual Review of Psychology, Jg. 53, 2002, S. 491–517.

Simon, Herbert: Rational choice and the structure of the environment, in: PR, Jg. 63, 1956, S. 129–138.

Strack, Fritz/Deutsch, Roland: Urteilsheuristiken, in: Theorien der Sozialpsychologie, hrsg. v. *Frey, Dieter/Irle, Martin*, 2. A., Bern 2002, S. 352–384.
Taylor, Shelley/Brown, Jonathon: Illusion and well-being: A social psychological perspective on mental health, in: Psych.Bull., Jg. 103, 1988, S. 193–210.
Tversky, Amos: Elimination by aspects: A theory of choice, in: PR, Jg. 79, 1972, S. 281–299.
Tversky, Amos/Kahneman, Daniel: Judgment under uncertainty: Heuristics and biases, in: Science, Jg. 185, 1974, S. 1124–1131.
Tversky, Amos/Kahneman, Daniel: Availability: A heuristic for judging frequency and probability, in: Cognition, Jg. 5, 1973, S. 207–232.

Evaluation der Unternehmensführung

Jens Grundei/Axel v. Werder

[s.a.: Anreizsysteme, ökonomische und verhaltenswissenschaftliche Dimension; Aufsichtsrat; Corporate Governance (Unternehmensverfassung); Grundsätze ordnungsmäßiger Unternehmensführung; Kapitalmarkt und Management; Top Management (Vorstand); Unternehmensführung (Management); Vergütung von Führungskräften.]

I. *Hintergrund;* II. *Gegenstand und Ziele;* III. *Institutionalisierung;* IV. *Vorgehensweise;* V. *Ausblick.*

Zusammenfassung

Mit einer Evaluation der Unternehmensführung soll beurteilt werden, inwieweit Unternehmensleitung und -kontrolle relevanten Standards entsprechen und effizient sind. Derartige Überprüfungen nehmen angesichts wachsender Anforderungen an die Unternehmensführung an Bedeutung zu. Die Teilaufgaben der Evaluation umfassen die Auswahl der Evaluationsobjekte, die Bestimmung geeigneter Prüfkriterien, die Erhebung des Istzustands, die Auswertung sowie die Ergreifung von Konsequenzen.

I. Hintergrund

Die Führung von Unternehmen wird zunehmend evaluiert, d.h. kritisch geprüft und bewertet. Wichtige Treiber dieser Entwicklung sind v.a. die Globalisierung und Liberalisierung der *Kapitalmärkte*. So sind es insb. international operierende Kapitalmarktakteure wie institutionelle Investoren und Analysten, die der Führung von Unternehmen verstärkt Beachtung schenken (vgl. *Stapledon* 1996; *Useem* 1998; → *Kapitalmarkt und Management*), da davon ausgegangen wird, dass sich die Qualität der Unternehmensführung auf den Unternehmenserfolg und den Wert eines Investments positiv auswirkt. In diesem Kontext ist auch die weltweite Diskussion um gute *Corporate Governance* zu sehen, die zur Entwicklung von Kodizes für die Leitung und Überwachung von Unternehmen geführt hat. Entsprechende *Standards* markieren zum einen generelle Anhaltspunkte für die Einschätzung der Unternehmensführung. Zum anderen legen sie meist auch selbst eine Evaluation der Unternehmensführung nahe. So empfiehlt bspw. der *Deutsche Corporate Governance Kodex* (DCGK), sowohl die Leistungen der Vorstandsmitglieder zu beurteilen (Tz. 4.2.2 Abs. 2 Satz 1) als auch die Effizienz der Aufsichtsratstätigkeit regelmäßig zu überprüfen (Tz. 5.6) (vgl. dazu näher *Ringleb* 2003, S. 150 f.; *v. Werder* 2003, S. 214 f.).

Wichtige Vorläufer der Führungsevaluation finden sich mit Blick auf den Vorstand v.a. in der Idee sog. *Geschäftsführungsprüfungen* für Genossenschaften sowie Unternehmen der öffentlichen Hand. Gegenstand dieser Prüfungen sind die Rechtmäßigkeit und die Zweckmäßigkeit von Organisation, Instrumenten und Tätigkeiten der Geschäftsführung (vgl. *Potthoff* 1993, Sp. 1409 ff.). Die Evaluation der Überwachungstätigkeit durch den Aufsichtsrat hat ihr Vorbild in der „*Board Performance Evaluation*", die von anglo-amerikanischen Boards (→ *Board of Directors*) seit längerem praktiziert, zumindest aber gefordert wird. Allgemein akzeptierte Standards für die Board-Bewertung haben sich im Detail zwar noch nicht herausgeschält; die Diskussion ist allerdings weiter gediehen als in Deutschland und bietet daher konkrete Orientierungshilfen für die Ausgestaltung der Aufsichtsratsevaluation (siehe etwa *Conger/Finegold/Lawler* 1998; *O'Neil/Thomas* 1998; *Bernhardt/Witt* 2003). Bei der Übertragung sind jedoch Unterschiede zwischen den verschiedenen Grundmodellen der Unternehmensverfassung, wie z.B. die → *Mitbestimmung, unternehmerische*, in Rechnung zu stellen (→ *Corporate Governance, internationaler Vergleich*).

II. Gegenstand und Ziele

Das Phänomen *Unternehmensführung* lässt sich entweder funktional oder institutional abgrenzen (vgl. *Macharzina* 2003, S. 37). In funktionaler Hinsicht werden die zur Unternehmensführung zu zählenden Aufgaben erfasst, bei denen es sich im Kern um die ‚klassischen' Felder Planung, Organisation, Personaleinsatz, Führung und Kontrolle handelt (→ *Unternehmensführung (Management)*). Aus einer institutionellen Perspektive liegt der Fokus auf den Trägern, mithin den Organen und Personen der Unternehmensführung. In der *Verfassung der Aktiengesellschaft* werden die Aufgaben der Unternehmensführung auf mehrere Führungsorgane verteilt (*v. Werder* 1996, S. 4 f.). Von zentraler Bedeutung ist dabei die organisatorische Trennung von *Leitung* und *Überwachung* in einem *„Two-Tier-System"* der → *Corporate Governance (Unternehmensverfassung)*. Gemäß § 76 Abs. 1 AktG leitet der *Vorstand* die Gesellschaft unter eigener Verantwortung und übt somit die Funktion des *Top Managements* aus (→ *Top Management (Vorstand))*. Der → *Aufsichtsrat* hat hingegen die Geschäftsführung durch den Vorstand zu überwachen (§ 111 Abs. 1 AktG). Die Evaluation der Unternehmensführung umfasst folglich die kritische Beurteilung der Führungshandlungen (z.B. strategische Entscheidungen), der zur Unternehmensführung berufenen Personen sowie der Führungsmodalitäten in Form von Strukturen und Prozessen, die den institutionellen Rahmen für die Bewältigung der Führungsaufgaben bilden.

Mit der Gewährleistung der *Compliance* und der Sicherung der *Performance* verfolgen Evaluationen der Unternehmensführung dabei zwei übergeordnete Ziele (*v. Werder/Grundei* 2003, S. 680). Durch *Complianceprüfungen* soll sichergestellt werden, dass existierende (gesetzliche und untergesetzliche) Bestimmungen für die Unternehmensführung beachtet werden. *Performanceprüfungen* sollen hingegen die Führungsaktivitäten und -modalitäten systematisch auf ihre Erfolgswirkungen hin beurteilen.

III. Institutionalisierung

1. Träger

Eine Führungsevaluation kann grundsätzlich von unterschiedlichen Trägern durchgeführt werden, die sich hinsichtlich ihrer jeweiligen Anforderungen an eine Evaluation sowie auch der Möglichkeiten zur Gewinnung der zur Beurteilung erforderlichen Daten unterscheiden. Es lassen sich zunächst externe von internen Evaluationsträgern abgrenzen. *Externe Evaluationsträger* gehören nicht den Verwaltungsorganen der Gesellschaft an. Es kann sich dabei um Individuen (wie einzelne Anleger) oder Institutionen (wie institutionelle Investoren) handeln. Als *interne Evaluationsträger* kommen – auch angesichts der Bestimmungen von § 161 Satz 1 AktG und Tz. 3.10 DCGK – v.a. Vorstand und Aufsichtsrat in Betracht.

Im Detail ist weiter danach zu differenzieren, ob eine Einheit die sie betreffenden Führungsaspekte jeweils selbst kontrolliert (*Selbstevaluation*) oder ob diese Überprüfung einer anderen Einheit übertragen wird (*Fremdevaluation*) (vgl. auch *Siegwart* 1993, Sp. 2258; *Conger/Lawler/Finegold* 2001, S. 113 ff.). Bei der Empfehlung, der Aufsichtsrat solle regelmäßig die Effizienz seiner Tätigkeit überprüfen, handelt es sich z.B. insoweit zunächst um eine Form der Selbstevaluation. Innerhalb des Aufsichtsgremiums sind dabei allerdings sowohl Selbsteinschätzungen (*„Self Appraisal"*) der einzelnen Aufsichtsratsmitglieder als auch Fremdbeurteilungen durch jeweils andere Aufsichtsratsmitglieder (*„Peer Review"*) möglich. Ferner können auch externe Moderatoren herangezogen werden. Obgleich Selbstbeurteilungen auch für Vorstandsmitglieder nicht auszuschließen sind, liegt die Überwachung und damit auch die Beurteilung der Aktivitäten und Modalitäten der Unternehmensleitung prinzipiell in den Händen des Aufsichtsrats.

Die Evaluationsaufgabe kann (in Teilen) auch einzelnen Organmitgliedern wie etwa dem Aufsichtsratsvorsitzenden oder einem speziellen Ausschuss überantwortet werden. Im Übrigen ist auch an unterstützende Einheiten wie etwa die Interne Revision oder auch einen ‚*Compliance-Beauftragten*' zu denken (vgl. *Seibt* 2002, S. 254).

2. Häufigkeit

Bezüglich des Evaluationszeitpunktes können zwei wesentliche Grundalternativen unterschieden werden. Während *fallweise* Evaluationen einmalige Begutachtungen von Führungsmerkmalen darstellen, finden *regelmäßige* Bewertungen wiederholt in periodischen Abständen statt (vgl. auch *Potthoff* 1993, Sp. 1406 ff.).

Interne Complianceprüfungen sind bereits aus rechtlichen Gründen regelmäßig vorzunehmen, um Probleme mit der ‚korrekten' Handhabung relevanter Bestimmungen möglichst zeitnah zu erkennen und zu beseitigen. Auch Erfolgswirkungen der Führungsaktivitäten bedürfen einer regelmäßigen Überprüfung. Namentlich muss der Aufsichtsrat im Rahmen der „begleitenden Überwachung" die Zweckmäßigkeit unternehmenspolitischer Entscheidungen kontinuierlich verfolgen (vgl. *Potthoff/Trescher/Theisen* 2003, S. 295). Für interne Performanceprüfungen von Führungsmodalitäten ist eine ebenso hohe Kontrolldichte hingegen im Normalfall entbehrlich.

Externe Evaluationen werden generell seltener stattfinden als interne Bewertungen. Neben einmaligen Complianceprüfungen durch externe Evaluationsträger können zwar z.B. Studien zur Kodex-Compliance durchaus auch regelmäßig durchgeführt werden. Die Evaluationszeitpunkte werden dann jedoch nicht so dicht aufeinander folgen wie im Falle der internen Überwachung. Dies ist zum einen darauf zurückzuführen, dass das Interesse externer Akteure nicht darin besteht, die fortwährende Einhaltung von Bestimmungen zu gewährleisten, sondern lediglich den Stand der Compliance von Zeit zu Zeit zu erheben. Zum anderen wäre auch der mit ‚permanenten' Prüfungen verbundene Aufwand für externe Evaluationsträger nicht zu rechtfertigen. Eine kritische Begutachtung von Führungsentscheidungen dürfte allenfalls durch institutionelle Anleger bzw. Analysten regelmäßig erfolgen, da diese aufgrund ihrer getätigten bzw. geplanten Investitionen ein erhebliches Interesse an der Zweckmäßigkeit der von einem Unternehmen eingeschlagenen Strategie haben.

IV. Vorgehensweise

1. Auswahl der Evaluationsobjekte

Eine Beurteilung von Compliance und Performance der Vorstands- und Aufsichtsratstätigkeit stellt ein komplexes Unterfangen dar. Bereits eine umfassende Board-Evaluation wird mitunter für zu aufwändig gehalten, um sie jedes Jahr in vollem Umfang durchführen zu können (vgl. *Demb/Neubauer* 1992, S. 181). Es erscheint insofern nahe liegend, zumindest nicht zu jedem Zeitpunkt ‚vollständige' Beurteilungen durchzuführen, sondern jeweils gewisse inhaltliche Schwerpunkte zu setzen und auf diese Weise den Umfang der Begutachtung zu dosieren (vgl. auch *Conger/Finegold/Lawler* 1998, S. 139).

Exemplarisch könnte der Aufsichtsrat auf seinen Sitzungen jeweils ein Schwerpunktthema für die Evaluation der Unternehmensleitung wählen, sich also bspw. einmal im Jahr intensiv strategischen Entscheidungen widmen und auf einer anderen Sitzung die Vorstandsorganisation überprüfen (*v. Werder* 1999, S. 2223). Analog kann sich auch eine Aufsichtsratsevaluation auf bestimmte Themen wie z.B. Personalentscheidungen oder die Einrichtung von Ausschüssen innerhalb des Überwachungsorgans konzentrieren. Durch entsprechende Teilbewertungen können allerdings mögliche Zusammenhänge zwischen unterschiedlichen Facetten der Unternehmensführung aus dem Blick geraten.

2. Bestimmung der Evaluationskriterien

Die Evaluationskriterien bezeichnen die Sollmaßstäbe, an denen der Istzustand (ausgewählter Aspekte) der Unternehmensführung zu messen ist. Die in Frage kommenden Sollgrößen lassen sich gemäß den beiden Funktionen der Evaluation in Kriterien für die Compliance- und für die Performanceprüfung einteilen.

a) Kriterien der Complianceprüfung

Der Zweck einer Complianceprüfung besteht darin, den Grad der Einhaltung von – mehr oder weniger verbindlichen – *Standards der Unternehmensführung* zu ermitteln. Dabei lassen sich zwei Regelungsebenen unterscheiden. Erstens unterliegt das Phänomen Unternehmensführung einer Vielzahl gesetzlicher Vorschriften (→ *Management und Recht*). Zu denken ist konkret etwa an Organisation, Rechte und Pflichten der Gesellschaftsorgane, wie sie sich aus den Bestimmungen zur Verfassung der AG (§§ 76 ff. AktG) ergeben. Bspw. folgt daraus das Gebot, die Vorstandsorganisation kollegial auszuformen (→ *Top Management (Vorstand)*). Die vielfältigen Rechtsnormen liefern naturgemäß wichtige Anhaltspunkte für die Beurteilung der Führungspraxis eines Unternehmens. Allein die beachtliche Anzahl einschlägiger Gesetze und v.a. Einzelvorschriften steht allerdings einer komplikationsfreien Anwendung als Evaluationsmaßstäben entgegen. Zudem erlaubt die Lektüre des Gesetzestextes keineswegs stets den unmittelbaren Schluss auf einen anzuwendenden Standard (vgl. *Peltzer* 2001, S. 36, 61). Auch wenn Gesetzesinterpretationen durch Rechtsprechung und Wissenschaft Aufschluss über die Auslegung von Rechtsnormen geben, ist es bisweilen schwierig, die jeweilige herrschende Meinung zu einem Aspekt der Unternehmensführung und damit den gültigen Sollmaßstab für die Beurteilung zu identifizieren. Exemplarisch sei hierfür auf die *Sorgfaltsanforderungen* verwiesen, deren Anwendung § 93 Abs. 1 Satz 1 AktG von den Vorstandsmitgliedern verlangt, obgleich deren Konturen inhaltlich noch immer unscharf bleiben.

Zusätzlich zu den gesetzlichen Vorschriften existieren inzwischen jedoch untergesetzliche Leitlinien guter Unternehmensführung, die dazu beitragen, zentrale gesetzliche Bestimmungen weiter zu konkretisieren. So haben sich erste *Regeln ordnungsgemäßer Unternehmensführung* herausgebildet, deren Einhaltung den Verwaltungsorganmitgliedern nahe gelegt wird. Diese Standards kondensieren vergleichsweise bewährte betriebswirtschaftliche Erkenntnisse in Form von *Grundsätzen ordnungsmäßiger Unternehmensleitung* (GoU) bzw. *Überwachung* (GoÜ) und können deshalb zur Beurteilung der Vorstands- bzw. Aufsichtsratstätigkeit herangezogen werden (→ *Grundsätze ordnungsmäßiger Unternehmensführung*). So kann etwa der → *Aufsichtsrat* die GoU seiner Überwachung des Vorstands zugrunde legen (*v. Werder* 1999). Im Mittelpunkt der aktuellen Diskussion steht indes der seit dem Jahr 2002 für alle börsennotierten deutschen Gesellschaften geltende *Deutsche Corporate Governance Kodex*. Der DCGK enthält u.a. – neben Regeln für ein effizientes Zusammenwirken von Vorstand und Aufsichtsrat – sowohl für den Vorstand als auch den Aufsichtsrat Bestimmungen über die jeweiligen Aufgaben und Zuständigkeiten, die Organzusammensetzung, die Vergütung der Organmitglieder sowie Verhaltensempfehlungen bei Interessenkonflikten von Vorstands- bzw. Aufsichtsratsmitgliedern. Konkret soll etwa der Aufsichtsrat (gemeinsam mit dem Vorstand) für eine langfristige Nachfolgeplanung sorgen (Tz. 5.1.2 Satz 2 DCGK) und fachlich qualifizierte Ausschüsse, u.a. ein Audit Committee, einrichten (Abschnitt 5.3 DCGK).

b) Kriterien der Performanceprüfung

Für die Durchführung von Performanceprüfungen ist es erforderlich, einen Zusammenhang zwischen Merkmalen der Unternehmensführung und Erfolgskriterien herzustellen. Hierfür kann grundsätzlich auf die einschlägigen Erkenntnisse der Management- und Organisationsforschung zurückgegriffen werden. Der Nachweis von Auswirkungen institutionaler Aspekte der Unternehmensführung auf übergeordnete Unternehmensziele wie den Gewinn gestaltet sich allerdings schwierig (*v. Werder/Grundei* 2003, S. 676; → *Corporate Governance (Unternehmensverfassung)*). Dies ist darauf zurückzuführen, dass es sich hierbei um ein komplexes Gefüge von Gestaltungselementen handelt, die (teilweise) in interdependenten Wirkungsbeziehungen stehen, und der Unternehmenserfolg ferner von zahlreichen weiteren Einflussgrößen determiniert wird.

Im Einzelnen anwendbare Effizienzkriterien werden sich sowohl zwischen den beiden Organen Vorstand und Aufsichtsrat als auch nach der betrachteten Einheit (Gesamtorgan, Ausschuss, Organmitglied) unterscheiden. So wäre z.B. mit Blick auf die Kernaufgabe des Vorstands, das Unternehmen zu leiten, insb. an Kennzahlen (und deren Entwicklung im Zeitablauf) zu denken, welche geeignet erscheinen, die Erfolgsträchtigkeit der verfolgten → *Unternehmensstrategien* insgesamt einzuschätzen (vgl. etwa *Donaldson* 1995). Neben typischen finanzwirtschaftlichen Erfolgs- und Rentabilitätsmaßen (→ *Controlling*) sind hierfür im jeweiligen Einzelfall auch weitere aufschlussreiche Indikatoren wie etwa Marktanteil, Innovativität, Kundenzufriedenheit u.Ä. heranzuziehen (vgl. auch *Potthoff/Trescher/Theisen* 2003). Der Leistungsbeitrag einzelner Vorstandsmitglieder wird regelmäßig v.a. an der Realisierung vorher vereinbarter Ziele zu bemessen sein. Exemplarisch kann mit dem Leiter eines Funktionsressorts eine Kostensenkung oder mit dem Leiter eines Geschäftsbereichs eine Ergebnisverbesserung vereinbart und die Zielerreichung kontrolliert werden. Besondere Kriterien – wie etwa die Fähigkeit zur effizienten Diskussionsleitung im Rahmen von Plenumssitzungen – kommen schließlich für die jeweiligen Organvorsitzenden in Betracht (vgl. *Neubauer* 1997, S. 161 f. für den „Chairman of the Board").

3. Erhebung des Istzustands

Eine Evaluation setzt notwendig die Ermittlung des tatsächlichen Zustands des Prüfungsobjektes voraus. Ziel ist es, ein möglichst vollständiges und zutreffendes Bild vom aktuellen Status der (in die Evaluation einbezogenen Komponenten der) Unternehmensführung zu erhalten. Um die (interne) Bewertung der Unternehmensleitung zu ermöglichen, sieht bereits § 90 AktG eine umfassende Berichterstattung des Vorstands an den Aufsichtsrat vor. Dabei ist auch auf Abweichungen zwischen tatsächlicher Entwicklung und verfolgter Zielsetzung einzugehen. Müssen für Evaluationszwecke (Primär-)Daten erhoben werden, so kommen hierfür verschiedene *Erhebungsmethoden* in Betracht (*v. Werder/Grundei* 2003, S. 688 f.). *Befragungen* können in schriftlicher (Fragebogen) oder mündlicher (Interview) Form erfolgen, wobei in der Literatur entwickelte einschlägige Checklisten eine Hilfestellung bieten (siehe exemplarisch *v. Werder* 2003, S. 281 ff.). Eine verlässliche Erfassung bestimmter Führungsmerkmale kann allerdings auch *Beobachtungen* notwendig machen. So dürfte beispielsweise die valide Bestimmung der Offenheit der Diskussionskultur in und zwischen den Organen (Tz. 3.5 Satz 1 DCGK) (allein) über Befragungen nicht unproblematisch sein. Ein beträchtliches Gewicht ist schließlich – v.a. für externe Evaluationen – *Dokumentenanalysen* beizumessen. Hierfür kommen bspw. Geschäftsberichte, Satzungen, Geschäftsordnungen (→ *Geschäftsordnung*), die Internetseiten des Unternehmens sowie auch die Entsprechenserklärung (§ 161 AktG) und der Corporate Governance-Bericht (Tz. 3.10 DCGK) in Frage.

4. Auswertung und Konsequenzen

Die vorgefundenen Ausprägungen der Unternehmensführung sind an den relevanten Sollvorstellungen zu messen, um eventuelle Soll-Ist-Abweichungen zu diagnostizieren. Je nachdem, ob die Evaluationsergebnisse positiv oder negativ ausfallen, werden sie unterschiedliche Folgen nach sich ziehen. Ins Gewicht fallende (Compliance- oder Performance-)Defizite sollten im Falle von Selbstevaluationen zumindest Anlass für eine kritische Reflexion sein. Handelt es sich um eine Fremdevaluation, so stehen den Evaluationsträgern im Wesentlichen die beiden grundlegenden Handlungsalternativen zur Verfügung, die nach einer einflussreichen Einteilung von *Hirschman* 1970 jeder unzufriedene Transaktionspartner zur Wahrnehmung seiner Interessen wählen kann. Sie können danach entweder versuchen, Einfluss auf das Verhalten ihres Transaktionspartners zu nehmen (*Voice*) oder aber die Austauschbeziehung verlassen (*Exit*). Die Voice-Option umfasst im Einzelnen verschiedene Handlungsmöglichkeiten, die etwa vom Aufzeigen von Unzulänglichkeiten über das Hinwirken auf Veränderungen der Unternehmensführung bis hin zu Sanktionierungen der verantwortlichen Personen reichen. So können z.B. die Ergebnisse individueller Leistungsbewertungen von Organmitgliedern als Grundlage für die Vergütungsbemessung oder für Personalentscheidungen herangezogen werden (→ *Vergütung von Führungskräften*). Welche Konsequenzen auf festgestellte Mängel folgen, wird nicht zuletzt vom Einflusspotenzial des Evaluationsträgers abhängen (→ *Macht in Organisationen*). So fehlt bspw. einzelnen Kleinanlegern die erforderliche Machtposition, um in einem Unternehmen Modifikationen der Führung zu bewirken. Empfinden sie die Unzulänglichkeiten als gravierend, so wird deshalb die Exit-Option, Anteile an der betreffenden Gesellschaft abzustoßen bzw. von möglichen Investitionen abzusehen, die (letzte) Konsequenz sein. In stärkerem Maße als früher scheinen hingegen zumindest institutionelle Investoren heute zu versuchen, die Verwaltung des Unternehmens zu Reformen zu bewegen und folglich von der Voice-Option Gebrauch zu machen (→ *Hauptversammlung und Aktionärseinfluss*).

V. Ausblick

Die Entwicklungen auf den Kapitalmärkten, neue Initiativen des Gesetzgebers sowie nicht zuletzt die immer wieder auftretenden Fälle von Missmanagement und Überwachungsdefiziten sprechen dafür, dass die Evaluation der Unternehmensführung in Zukunft weiter an Bedeutung gewinnen wird. Zur Gewährleistung von Compliance und zur Verbesserung der Performance haben Unternehmen ein eigenes Interesse an der Prüfung ihrer Führungsprozesse. Prinzipiell sind auch externe Beurteilungen durch eine hohe → *Transparenz der Unternehmensführung* zu unterstützen. Der betriebswirtschaftlichen Forschung kommt v.a. die Aufgabe zu, die Sollmaßstäbe für die Bewertung (mit) zu entwickeln und in möglichst operationaler Form zur Verfügung zu stellen.

Literatur

Bernhardt, Wolfgang/Witt, Peter: Die Beurteilung der Aufsichtsräte und ihrer Arbeit, in: Handbuch Corporate Governance, hrsg. v. *Hommelhoff, Peter/Hopt, Klaus J./Werder, Axel v.*, Köln et al. 2003, S. 323–334.
Conger, Jay A./Finegold, David/Lawler, Edward E.: Appraising Boardroom Performance, in: HBR, Jg. 76, H. 1/1998, S. 136–148.
Conger, Jay A./Lawler, Edward E./Finegold, David: Corporate Boards, San Francisco 2001.
Demb, Ada/Neubauer, F.-Friedrich: The Corporate Board, New York et al. 1992.
Donaldson, Gordon: A New Tool for Boards: The Strategic Audit, in: HBR, Jg. 73, H. 4/1995, S. 99–107.
Hirschman, Albert O.: Exit, Voice and Loyalty, Cambridge, MA 1970.
Macharzina, Klaus: Unternehmensführung, 4. A., Wiesbaden 2003.
Neubauer, Fred: A Formal Evaluation of the Chairman of the Board, in: Corporate Governance – An International Review, Jg. 5, 1997, S. 160–165.
O'Neil, Don/Thomas, Howard: Evaluating Board Performance, in: Strategic Flexibility, hrsg. v. *Hamel, Gary* et al., Chichester et al. 1998, S. 219–234.
Peltzer, Martin: Inwieweit geht der German Code of Corporate Governance über die Gesetzestext hinaus?, in: German Code of Corporate Governance (GCCG), hrsg. v. *Werder, Axel v.*, 2. A., Stuttgart 2001, S. 35–62.
Potthoff, Erich: Geschäftsführungsprüfung, in: HWB, hrsg. v. *Wittmann, Waldemar* et al., 5. A., Stuttgart 1993, Sp. 1405–1417.
Potthoff, Erich/Trescher, Karl/Theisen, Manuel R.: Das Aufsichtsratsmitglied, 6. A., Stuttgart 2003.
Ringleb, Henrik-Michael: Kommentierungen, in: Kommentar zum Deutschen Corporate Governance Kodex, hrsg. v. *Ringleb, Henrik-Michael* et al., München 2003.
Seibt, Christoph H.: Deutscher Corporate Governance Kodex und Entsprechens-Erklärung (§ 161 AktG-E), in: AG, Jg. 47, 2002, S. 249–259.
Siegwart, Hans: Kontrollformen und Kontrollsysteme, in: HWB, hrsg. v. *Wittmann, Waldemar* et al., 5. A., Stuttgart 1993, Sp. 2255–2260.
Stapledon, Geof P.: Institutional Shareholders and Corporate Governance, Oxford 1996.
Useem, Michael: Corporate Leadership in a Globalizing Equity Market, in: AME, Jg. 12, H. 4/1998, S. 43–59.
Werder, Axel v.: Kommentierungen, in: Kommentar zum Deutschen Corporate Governance Kodex, hrsg. v. *Ringleb, Henrik-Michael* et al., München 2003.
Werder, Axel v.: Grundsätze ordnungsmäßiger Unternehmensleitung in der Arbeit des Aufsichtsrats, in: DB, Jg. 52, 1999, S. 2221–2224.
Werder, Axel v.: Grundsätze ordnungsmäßiger Unternehmungsführung (GoF) – Zusammenhang, Grundlagen und Systemstruktur von Führungsgrundsätzen für die Unternehmungsleitung (GoU), Überwachung (GoÜ) und Abschlußprüfung (GoA), in: Grundsätze ordnungsmäßiger Unternehmungsführung (GoF), Sonderheft 36 der ZfbF, hrsg. v. *Werder, Axel v.*, 1996, S. 1–26.
Werder, Axel v./Grundei, Jens: Evaluation der Corporate Governance, in: Handbuch Corporate Governance, hrsg. v. *Hommelhoff, Peter/Hopt, Klaus J./Werder, Axel v.*, Köln et al. 2003, S. 675–695.

Evolutionstheoretischer Ansatz

Albrecht Becker

[s.a.: Chaos- und Komplexitätstheorie; Kontingenzansatz; Organisationstheorie; Selbstorganisation; Systemtheorie.]

I. Einleitung; II. Evolutionstheorie; III. Evolutionstheoretische Ansätze in der Organisationstheorie; IV. Evolutionstheorie und soziale Systeme.

Zusammenfassung

Evolutionstheoretische Ansätze der Organisationsforschung befassen sich überwiegend mit der Beschreibung und Erklärung der Entstehung von Populationen von Organisationen. Sie greifen auf die grundlegende Systematik der Evolutionstheorie mit den Mechanismen der (blinden) Variation, der Selektion durch die Umwelt sowie der Retention erfolgreicher Organisationsformen zurück. Die Vielzahl empirischer Studien hat allerdings bislang zu keiner einheitlichen Klassifikation und Erklärung organisationaler Populationen geführt. Seltener wird die Logik der Evolution auf organisationsinterne Prozesse angewandt. In beiden Fällen ergeben sich Probleme der Übertragung der für biologische Phänomene entwickelten Evolutionstheorie auf soziale Systeme.

I. Einleitung

Zwei Überlegungen bilden den Ausgangspunkt evolutionstheoretischer Überlegungen in der *Organisationstheorie* (*Hannan/Freeman 1977*; *Hannan/Freeman 1989*): Erstens habe die Organisationstheorie die Diversität organisationaler Formen vernachlässigt und versäumt, eine umfassende Systematik von Organisationsformen zu entwickeln. Zweitens unterliege die intentionale Anpassung organisationaler Strukturen an Veränderungen der *Umwelt* internen und externen Beschränkungen. *Sunk costs*, begrenzte Rationalität, politische Konstellationen, Strukturemanenz, rechtliche und fiskalische Vorschriften und Legitimitätsanforderungen sind die Ursachen organisationaler Trägheit (*inertia*). Es wird damit die Notwendigkeit der Konzeption eines alternativen Mechanismus der Anpassung von Organisationen an ihre Umwelt begründet (→ *Kontingenzansatz*).

II. Evolutionstheorie

Die von Charles Darwin (*Darwin* 1869) begründete – und parallel von Alfred Russell Wallace skizzierte – *biologische Evolutionstheorie* ist eine Theorie der Entwicklung von Spezies und Populationen von Organismen. Populationen werden als innerhalb geografischer Grenzen existierende Gruppen von Organismen definiert, die untereinander fortpflanzungsfähig sind (asexuell sich reproduzierende Spezies sind ein Sonderfall, vgl. *Mayr* 2001, S. 101 ff.). Das primäre Objekt der natürlichen *Selektion* ist das Individuum (Phänotyp). „*Evolution is best understood as the genetic turnover of the individuals of every population from generation to generation*" (*Mayr* 2001, S. 76). Jede Generation bringt viele *Variationen* hervor, es überleben aber nur wenige Individuen. *Variation* ist weitgehend zufallsgesteuert, unterliegt aber gewissen Beschränkungen, weil z.B. Gene nicht vollständig plastisch sind. Die Angepasstheit der Individuen mit der höchsten Überlebenswahrscheinlichkeit resultiert aus einer spezifischen Kombination von Attributen, die wiederum weitgehend von der genetischen Ausstattung (Genotyp) abhängt. *Selektion* wird in der biologischen Evolutionstheorie als Elimination nicht überlebensfähiger Individuen verstanden, nicht als positive Auswahl überlebensfähiger. Die Reproduktion dieser Individuen resultiert dann zugleich in einer Reproduktion des Genotyps (*Retention*). Populationen und Spezies entwickeln sich also durch die Selektion der Individuen, nicht der Gene; diese stellen aber überlebensrelevante Attribute der Individuen dar, die durch das Überleben der zugehörigen Phänotypen reproduziert werden (abweichend z.B. *Dawkins* 1982). Mayr (*Mayr* 2001) spricht daher statt von der Selektion von Spezies von ihrer biologischen Erneuerung (*species turnover*).

Die organisationstheoretische Rezeption der Evolutionstheorie ist geprägt durch die Übertragung der biologischen Evolutionstheorie auf *soziokulturelle Evolution* (vgl. *Baum/McKelvey* 1999). Evolutionsprozesse sind danach ganz allgemein durch Prozesse der Variation, Selektion und Retention gekennzeichnet. Sie enthalten das Auftreten „blinder" Variationen, die Existenz konsistenter Selektionskriterien sowie Mechanismen der Konservierung und/oder Weitergabe der selegierten (nicht eliminierten) Variationen (*Campbell* 1969). Evolution auf soziokultureller Ebene ist unabhängig von genetischer Variation und betrifft insb. die Variation, Selektion und Retention von Wissen und Kompetenzen. Hier knüpft auch die *evolutionary economics* (*Nelson* 2000) an.

III. Evolutionstheoretische Ansätze in der Organisationstheorie

1. Der population ecology-Ansatz

Die grundlegende Fragestellung des *population ecology-Ansatzes* (*Aldrich* 1979; *Hannan/Freeman* 1977; *Hannan/Freeman* 1989; *McKelvey/Aldrich* 1983) wird von Hannan und Freeman (*Hannan/Freeman* 1977) als „Why are there so many kinds of organizations?" formuliert. Die Verteilung von Organisationsformen wird in Analogie zur biologischen Evolutionstheorie als Verteilung von Populationen von Organisationen konzipiert. Als Population werden alle Organisationen innerhalb geografischer, politischer, Markt- oder Branchengrenzen bezeichnet, die die gleiche „organizational form" (als Analogie des Genotyps) aufweisen. Unterschiedliche Autoren haben ihren Arbeiten recht unterschiedliche Definitionen der Organisationsform zu Grunde gelegt: Hannan und Freeman (*Hannan/Freeman* 1977) verstehen darunter die formale Struktur, das Muster von Aktivitäten sowie die normative Ordnung. McKelvey und Aldrich (*McKelvey/Aldrich* 1983) bestimmen organisationale Form als Set von Kompetenzen („comps" in Analogie zu Genen; s. Abschnitt III.3) (→ *Kompetenzen, organisationale*). Aldrich (*Aldrich* 1979) spricht von Mustern von Zielen, Aktivitätssystemen und organisationalen Grenzen. Hannan und Carroll (*Hannan/Carroll* 1995) definieren organisationale Form darüber, dass die jeweiligen Organisationen in gleicher Weise von Veränderungen ihrer „ökologischen Nische" betroffen werden. Hannan und Freeman (*Hannan/Freeman* 1977) betonen, dass sich die Abgrenzung von Populationen mit der Fragestellung der Untersuchung ändern könne.

Populationen von Organisationen bilden sich auf Grund von Variation, Selektion durch die Umwelt und Retention i.S.v. Reproduktion der einzelnen Organisationen heraus. Variation organisationaler Formen ergibt sich primär aus der Neugründung (*Hannan/Freeman* 1977) und dem Eigentümerwechsel (*Aldrich* 1979). Allerdings gibt es auch interne Quellen der Veränderung von organisationalen Formen. So argumentieren bspw. Hannan und Freeman (*Hannan/Freeman* 1977), dass das Wachstum einer Organisation ab einer gewissen Schwelle als Wechsel der Organisationsform anzusehen sei. Die *fitness* einer Organisationsform erweist sich stets darin, dass sie fortexistiert, von anderen Organisationen imitiert wird oder ihr Personal an andere Organisationen ver-

Evolutionary process	Definition	Example
Variation	• Change from current routines and competencies; change in organizational forms	
	• *Intentional:* occurs when people actively attempt to generate alternatives and seek solutions to problems	• Within organizations: problemistic search • Between organizations: founding of new organizations by outsiders to an industry
	• *Blind:* occurs independently of environmental or selection pressures	• Mistakes, misunderstandings, surprises, and idle curiosity
Selection	• Differential elimination of certain types of variations	
	• *External selection:* Forces external to an organization that affect its routines and competencies	• Market forces, competitive pressures, and conformity to institutionalized norms
	• *Internal selection:* Forces internal to an organization that affect its routines and competencies	• Pressures toward stability and homogeneity, and the persistence of past selection criteria that are no longer relevant in a new environment
Retention	• Selected variations are preserved, duplicated, or otherwise reproduced	• Within organizations: specialization and standardization of roles that limit discretion • Between organizations: institutionalization of practices in cultural beliefs and values
Struggle	• Contest to obtain scarce resources because their supply is limited	• Struggle over capital or legitimacy

Abb. 1: Evolutionäre Prozesse in Organisationen (Aldrich 1999, S. 22)

liert. Die Optimierung im Rahmen des Selektionsprozesses und damit die Bestimmung der Überlebensfähigkeit einer Organisation werden durch die Umwelt vorgenommen. Abbildung 1 gibt einen Überblick über die Prozesse der Variation, Selektion und Retention organisationaler Formen.

Die zahlreichen empirischen populationsökologischen Studien (vgl. *Kieser/Woywode* 2001) lassen sich nach Wholley und Brittain (*Wholey/Brittain* 1986) in vier Themenbereiche einteilen. Forschungen über Zusammenhänge zwischen Umweltbedingungen und Unternehmensgründungen befassen sich z.B. mit dem Einfluss sich herausbildender neuer Märkte und Technologien oder der Verfügbarkeit von Organisationsmodellen auf Gründungsraten. Eine zweite Forschungsrichtung erforscht den Zusammenhang zwischen Alter und/oder Größe von Organisationen und ihrem Scheitern. Danach scheitern jüngere (*liability of newness*-Hypothese) und kleinere Unternehmen (*liability of smallness*-Hypothesen) eher als alte und große. Forschungen zum Zusammenhang von Lebenszyklusphasen und Scheitern weisen auf die Rolle von Krisen in der Entwicklung von Organisationen hin (→ *Krisenforschung und Krisenmanagement*). Schließlich gibt es Studien, die den Einfluss von Populationscharakteristika – insb. die Populationsdichte – auf Gründungs- und Scheiternsraten untersuchen.

Der *population ecology*-Ansatz hat vielfältige Kritik auf sich gezogen (z.B. *Becker/Küpper/Ortmann* 1988; *Kieser* 1988; *Kieser* 1992). So sind die Probleme der operationalen Abgrenzung organisationaler Populationen sowie der Operationalisierung von „Geburt", „Tod" und Erfolg von Organisationen ungelöst. Daneben ist etwa Hannan und Freemans (*Hannan/Freeman* 1977) Aussage, dass sich die Abgrenzung von Populationen mit der Fragestellung der Untersuchung ändern könne, problematisch. In evolutionstheoretischer Logik ist nicht vorstellbar, dass sich die Kriterien, nach denen Populationen abgegrenzt werden, mit der Perspektive des Beobachters verändern, da sonst Individuen gleichzeitig unterschiedlichen Populationen angehören könnten. Generell erscheint die Übertragung des Populationsbegriffs aus der Biologie fragwürdig. Es existiert kein der Fortpflanzungsfähigkeit der Individuen untereinander ähnliches (und ähnlich trennscharfes) Abgrenzungskriterium.

Auch die Bestimmung der *organizational form* als Analogie zum Genotyp ist nicht befriedigend gelöst. Sie orientiert sich faktisch stets an formalen Merkmalen wie Alter, Größe oder formalen Strukturvariablen. Dies ignoriert, dass formale Merkmale und Strukturen nur begrenzt gültige Beschreibungen von Organisationen darstellen. Letztlich überlebensrele-

Perspective	Variation, selection, and retention	Transformation	Evolutionary implications
Ecological	• Variation introduced via new organizations • Selection results from fit between organizations and environment • Retention through external pressures and internal inertia	• Organizations are structurally inert and slow to change • Selection and transformation are fundamentally related	• Emphasis on long-term volatility at population level: foundings and disbandings • Focused on building empirical generalizations through cumulative research and hypothesis testing
Institutional	• Variation introduced from external origins, such as imitation • Selection via conformity • Retention through transmission of shared understandings	• Organizations change when forced to do so • Institutionalization makes many kinds of change unimaginable	• Emphasis on the socially constructed nature of organizations and populations • Allows theorists to link events at multiple levels of analysis
Interpretive	• Variation introduced as people negotiate meaning through interaction • Selection via emergent understandings and compromise • Retention is problematic; depends on learning and sharing	• Organizations are not very inert • Discontinuities are frequent	• Allows room for the play of chance and creativity • Treats people as active agents determining their own fate • Emphasizes direct observation of social life in the field
Organizational Learning	• Variation introduced via problemistic search or information discontinuities • Selection results from fit to target aspiration level or existing organizational knowledge • Retention in programs, routines, and culture	• Organizations are open to change • Most change is incremental, rather than radical	• Builds explicit models of how environments affect organizations • Implicitly based on a variation-selection-retention model
Resource dependence	• Variation introduced as managers try to avoid dependence • Selection via asymmetric power relations • Retention a temporary result of coalitions and bargaining	• Organizations are strongly subject to external control • But, managers are active agents in trying to control their environments	• Emphasizes strategies used by organizations to change their own environments • Allows theorists to link multiple levels of analysis
Transaction cost economics	• Variation introduced via intendedly rational action • Selection involves actions to minimize transaction costs • Retention via transaction-specific investments	• Organizations are open to change in response to market conditions • But, transaction-specific investments limit adaptability	• Advocates the explicit statement of assumptions and propositions • Emphasizes examining the costs and benefits of alternative organizational arrangements

Abb. 2: Organisationstheoretische Ansätze und evolutionary approach (nach Aldrich 1999, S. 44, 73)

vant sind organisationale Handlungen und ggf. Kompetenzen, die aber im *population ecology*-Modell nicht ausreichend – insb. nicht operational – beachtet werden (können).

Schließlich konfligiert die *Optimierungsrhetorik* – „it is the environment which optimizes" (*Hannan/ Freeman* 1977, S. 939) – mit der grundlegenden Logik der Evolutionstheorie. Evolutionstheorie sagt nichts über optimale Anpassung aus, sondern nur über erfolgreiche Selektion in dem Sinne, dass ein Phänotyp nicht eliminiert wurde. Man kann allenfalls von *Viabilität* sprechen (*von Glasersfeld* 1987).

2. Der Evolutionary Approach

Aldrich hat nach seinen Arbeiten im Rahmen des *population ecology*-Ansatzes (*Aldrich* 1979; *McKelvey/ Aldrich* 1983) einen umfassenderen *evolutionary ap-*

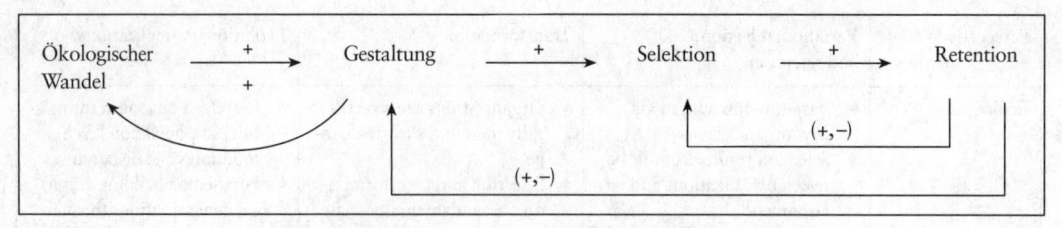

Abb. 3: Prozesse des Organisierens (Weick 1985, S. 193)

proach entwickelt, der den *population ecology*-Ansatz nicht mehr als alleinigen Kern einer Evolutionstheorie der Organisation ansieht (*Aldrich* 1999). Während der *population ecology*-Ansatz die gesamte Organisation als Objekt der Selektion konzipiert, sieht Aldrich seinen evolutionstheoretischen Zugang als übergreifenden Ansatz zur Erklärung organisationalen Wandels (→ *Wandel, Management des (Change Management)*) an, der eine zweite Ebene der Selektion einbezieht. Sie umfasst → *Wissen*, Kompetenzen und Routinen, die er in Anlehnung an McKelvey (*McKelvey* 1982; vgl. auch *McKelvey/Aldrich* 1983) als „competence elements" (*comps*) bezeichnet. Organisationen sind in dieser Perspektive temporäre „Trägerinnen" von Kompetenzen und Routinen. Organisationale Spezies als Gruppen lokaler Populationen von Organisationen sind „polythetic groups of competence-sharing populations isolated from each other because their dominant competencies are not easily learned or transmitted" (*McKelvey* 1982, S. 192). Keine einzelne Organisation verfügt über ein vollständiges Set von *comps*, d.h. nicht alle Kompetenzen und Routinen werden von allen Organisationen der Population geteilt, aber doch so viele, dass man von einer identischen *organizational form* sprechen kann. Das Konzept der *comps* steht für den Versuch, den *population ecology*-Ansatz in Richtung auf den Einbezug organisationsinterner Variations-, Selektions- und Retentionsprozesse zu erweitern.

Aldrich (*Aldrich* 1999) versucht, eine Reihe anderer organisationstheoretischer Ansätze in seine Theorie zu integrieren und übersetzt sie in das Variation-Selektion-Retentions-Schema (vgl. Abbildung 2). Ihre konzeptionelle Integration und Integrierbarkeit in den *evolutionary approach* bleibt allerdings en détail weitgehend unausgearbeitet und wenig überzeugend.

a) Evolutorische Prozesse in Organisationen: Der Prozess des Organisierens

Weder der *population ecology*-Ansatz noch der *evolutionary approach* wenden das Campbellsche Modell der soziokulturellen Evolution (*Campbell* 1969) auf intraorganisationale Prozesse an. Weick (*Weick* 1985) hingegen entwirft ein evolutionstheoretisches Modell des Organisierens. *Organisieren* versteht er als *„durch Konsens gültig gemachte Grammatik für die Reduktion von Mehrdeutigkeit mittels bewußt ineinandergreifender Handlungen"* (*Weick* 1985, S. 11). In diesem stark kognitiv orientierten Modell (vgl. Abbildung 3) bildet „ökologischer Wandel", d.h. eine Situation, in der nicht erwartete Beobachtungen gemacht werden, den Ausgangspunkt des Organisierens. Organisationsmitglieder reagieren auf diesen ökologischen Wandel durch Aufmerksamkeit und/oder Handlungen (die ggf. selbst wieder ökologischen Wandel produzieren können). Diese „Gestaltung" (*enactment*) bildet zusammen mit dem ökologischen Wandel die „mehrdeutigen Rohmaterialien" des Organisierens (*Weick* 1985, S. 191). Gestaltung ist das Äquivalent zur Variation. Auf die mehrdeutige Situation werden Interpretationsschemata (zumeist Ursachenkarten) mit dem Zweck angewandt, die entstandene Mehrdeutigkeit zu reduzieren. Gelingt diese Reduktion von *Ambiguität* und erweist sich die auf der Interpretation beruhende Problemhandhabung als positiv, wird das Schema zunächst als erfolgreich selegiert (Selektion) und dann gespeichert (Retention). Das Ergebnis der Retention bezeichnet Weick als *„gestaltete Umwelt"* (*enacted environment*), um darauf hinzuweisen, dass „sinnvolle Umwelten Outputs des Organisierens sind, nicht Inputs in es" (*Weick* 1985, S. 192).

So einleuchtend die Argumentation Weicks (*Weick* 1985) zur unauflösbaren Ambiguität, der nachträglichen Sinnzuschreibung und der organisationalen Umwelt als Resultat von Organisieren ist, so unklar erscheint die Verwendung des evolutionstheoretischen Grundmodells und insb. das Konzept der Selektion. Als „Auferlegung verschiedenartiger Strukturen" auf mehrdeutige Phänomene (*Weick* 1985, S. 191) entspricht sie in evolutionstheoretischer Diktion eher der Variation kognitiver Muster (→ *Kognitiver Ansatz*). Als Aufbewahren von Ursachenkarten (*Weick* 1985, S. 192) ähnelt sie der Retention. Dies mag als Verweis auf die grundlegende Problematik der Übertragung der Evolutionstheorie auf soziale Systeme angesehen werden.

IV. Evolutionstheorie und soziale Systeme

Dem evolutionstheoretischen Ansatz der Organisationstheorie – insb. dem *population ecology*-Ansatz (*Hannan/Freeman* 1977) – kommen zwei Verdienste für die Weiterentwicklung der Organisationstheorie zu: der Verweis auf die Umwelt als selegierender Instanz sowie die Inspiration vielfältiger empirischer Forschungen. Insbesondere vor dem Hintergrund des von McKelvey und Aldrich (*McKelvey/Aldrich* 1983) formulierten Anspruchs, eine umfassende Klassifikation organisationaler Formen und Populationen zu entwickeln, nehmen sich ihre Resultate eher bescheiden aus. Ein der Biologie auch nur annähernd vergleichbarer Konsens über die grundlegenden Mechanismen der Evolution von organisationalen Spezies und Populationen, über eine Klassifikation von Organisationsformen sowie schon über Beschreibungs- und Systematisierungskriterien ist nicht in Sicht.

Die Analogien von Organisation/Phänotyp und Set von *comps*/Genotyp sind in doppelter Hinsicht problematisch. Erstens sind Genotyp und Phänotyp in der Biologie trennscharf beschreibbare Phänomene und ihre Reproduktion ist über die Sukzession von einzelnen Organismen beobachtbar. Die Übertragbarkeit der Kategorien auf soziale Systeme ist problematisch, weil sie sozial konstruierte mehrdeutige Phänomene sind (→ *Konstruktivismus*). Reproduktion von Organisationen hat eine fundamental andere Bedeutung als Reproduktion von biologischen Spezies.

Zweitens ist die Variation von *comps* – also die Veränderung von Problemlösungsstrategien und Routinen – zumindest zu einem guten Teil Resultat intentionalen Handelns von organisationalen Akteuren. Wenn auch die Resultate solchen Handelns nie vollständig von den Akteuren kontrollierbar sind (z.B. *Giddens* 1984), kann man trotzdem sinnvollerweise von adaptivem Verhalten sprechen. Adaptives Verhalten als Ursache für Entstehung und die biologische Erneuerung der Spezies hat allerdings keinen Platz in einem evolutionstheoretischen Erklärungsmuster (*Mayr* 2001).

Literatur

Aldrich, Howard: Organizations evolving, London et al. 1999.
Aldrich, Howard: Organizations and environments, Englewood Cliffs et al. 1979.
Baum, Joel A. C./McKelvey, Bill: Variations in organization science: in honor of Donald T. Campbell, Thousand Oaks et al. 1999.
Becker, Albrecht/Küpper, Willi/Ortmann, Günther: Revisionen der Rationalität, in: Mikropolitik: Rationalität, Macht und Spiele in Organisationen, hrsg. v. *Küpper, Willi/Ortmann, Günther*, Opladen 1988, S. 89–113.
Campbell, Donald T.: Variation and selective retention in socio-cultural evolution, in: General Systems, Jg. 14, 1969, S. 69–85.
Darwin, Charles: On the origin of species, London 1869.
Dawkins, Richard: The extended phenotype: the gene as the unit of selection, Oxford 1982.
Giddens, Anthony: The constitution of society, Cambridge et al. 1984.
Glasersfeld, Ernst von: Eine Epistemologie für kognitive Systeme, in: Wissen, Sprache und Wirklichkeit: Arbeiten zum radikalen Konstruktivismus, hrsg. v. *Glasersfeld, Ernst von*, Braunschweig et al. 1987, S. 177–185.
Hannan, Michael T./Carroll, Glenn R.: An introduction to organizational ecology, in: Organizations in industry: strategy, structure, and selection, hrsg. v. *Carroll, Glenn R./Hannan, Michael T.*, New York 1995, S. 17–31.
Hannan, Michael T./Freeman, John: Organizational ecology, Cambridge MA 1989.
Hannan, Michael T./Freeman, John: The population ecology of organizations, in: AJS, Jg. 82, 1977, S. 929–964.
Kieser, Alfred: Organisationstheorie, evolutionäre, in: HWO, hrsg. v. *Frese, Erich*, 3. A., Stuttgart 1992, Sp. 1758–1777.
Kieser, Alfred: Darwin und die Folgen für die Organisationstheorie: Der Population Ecology-Ansatz, in: DBW, Jg. 48, 1988, S. 603–620.
Kieser, Alfred/Woywode, Michael: Evolutionstheoretische Ansätze, in: Organisationstheorien, hrsg. v. *Kieser, Alfred*, 4. A., Stuttgart 2001, S. 253–285.
Mayr, Ernst: What evolution is, New York 2001.
McKelvey, Bill/Aldrich, Howard: Populations, natural selection, and applied organizational science, in: ASQ, Jg. 28, 1983, S. 101–128.
McKelvey, Bill: Organizational systematics, Berkeley 1982.
Nelson, Richard R.: Recent evolutionary theorizing about economic change, in: Theorien der Organisation: Die Rückkehr der Gesellschaft, hrsg. v. *Ortmann, Günther/Sydow, Jörg/Türk, Klaus*, 2. A., Opladen 2000, S. 81–123.
Weick, Karl E.: Der Prozeß des Organisierens, Frankfurt am Main et al. 1985.
Wholey, Douglas R./Brittain, Jack E.: Organizational ecology: findings and implications, in: AMR, Jg. 11, 1986, S. 513–533.

Familienunternehmen

Rudolf Wimmer

[s.a.: Charismatische Führung; Coaching; Corporate Governance (Unternehmensverfassung); Entscheidungsprozesse in Organisationen; Macht in Organisationen; Menschenbilder.]

I. *Zur Abgrenzung des Begriffs;* II. *Zum wirtschaftlichen Stellenwert von Familienunternehmen;* III. *Die Besonderheiten von Familienunternehmen;* IV. *Die spezifischen Risiken von Familienunternehmen;* V. *Die besondere Problematik der Unternehmensnachfolge.*

Zusammenfassung

Familienunternehmen bilden den dominierenden Unternehmenstypus in der Wirtschaft. Gleichwohl operieren sie im Schatten der wirtschaftswissenschaftlichen Forschung, die sich bislang mit dieser Erscheinungsform und ihren Eigentümlichkeiten schwer getan hat. Familienunternehmen sind das Ergebnis einer spezifischen Koevolution von Eigentümerfamilie einerseits und einem Unternehmen andererseits. Diese enge Verzahnung sorgt im Unternehmen für Strukturen und feste kulturelle Prägungen, in denen die Chance für außergewöhnliche Wettbewerbsvorteile steckt, in denen aber auch der Keim für ein schwer beherrschbares destruktives Potenzial schlummert. Dieses Potenzial kann v.a. in Phasen des Übergangs, d.h. des Generationswechsels zur Entfaltung kommen.

I. Zur Abgrenzung des Begriffs

Der Begriff „Familienunternehmen" bezeichnet einen besonderen Typus von Wirtschaftsorganisationen. Es handelt sich um Unternehmen, auf deren Entwicklung eine Familie oder eine Konstellation mehrerer Familien, die miteinander verwandtschaftlich verbunden sind, aber nicht sein müssen, aus ihrer *Eigentümerrolle* heraus einen bestimmenden Einfluss ausüben (zu dieser Definition *Wimmer* et al. 1996, S. 18). Dieser Einfluss impliziert nicht notwendigerweise, dass ausschließlich jemand aus der Familie die Führungsrolle an der Unternehmensspitze bekleidet. Er kann auch gegenüber einem Fremdmanagement aus der Position eines Beirates oder eines Gesellschafterrates wahrgenommen werden. Diesen Fällen liegt i.d.R. bereits eine längere Firmengeschichte zugrunde, die zu einer Ausdifferenzierung der Management- und Eigentümerrollen geführt hat und in der die Familie über ihre *Eigentümerfunktion* dafür sorgt, dass der Charakter des Familienunternehmens erhalten bleibt (→ *Corporate Governance (Unternehmensverfassung)*).

Dieser definitorische Zugang zeigt, dass dieser Unternehmenstypus fließende Übergänge aufweist. Wann beginnt ein Unternehmen, ein Familienunternehmen zu sein? Es hat wohl etwas damit zu tun, dass der Gründer, der Pionier mit dem neu geschaffenen Unternehmen für sich und seine Familie eine längerfristige Perspektive der Existenzsicherung, der persönlichen Identitätsstiftung (→ *Identitätstheoretischer Ansatz*) im Auge hat. Das persönliche Schicksal des Unternehmers, das seiner Familie wie das des Unternehmens wachsen zu einer intensiven fast untrennbaren Einheit zusammen. Wann hört eine Firma auf, ein Familienunternehmen zu sein? Auch diese Grenze lässt sich nicht scharf ziehen. Man wird wohl immer dann diesen Begriff zu vermeiden beginnen, wenn auf der Seite der Eigentümer auch nicht mehr i.w.S. von Familie als einheits- und identitätsstiftender Größe die Rede sein kann.

Dieser schwer fassbaren Verzahnung von familiären Aspekten mit den Eigenheiten von Wirtschaftsorganisationen (die Vorläufer liegen ja in den Wirtschaftsstrukturen der vormodernen Zeit) verdankt sich wohl die große Schwierigkeit, die die wissenschaftliche Forschung, insb. die Betriebswirtschaftslehre und das Wirtschaftsrecht, mit diesem Unternehmenstypus bislang hatten. Dieser Typus lässt sich schwer mit den üblichen zweckrationalen Kategorien fassen. Das Phänomen „Familienunternehmen" verlangt per se einen interdisziplinären Zugang: ein sozialwissenschaftliches Verständnis für die charakteristischen Eigenheiten von Familien und Organisationen, einen wirtschaftswissenschaftlichen Zugang zu Unternehmen in einer globalisierten Weltwirtschaft sowie einen Begriff für die enorme Bedeutung rechtlicher Rahmensetzungen sowohl für die Entwicklungsperspektiven der beteiligten Familien als auch für die Entfaltungsmöglichkeiten des Unternehmens. Diese hohen interdisziplinären Anforderungen sind verantwortlich dafür, dass die wissenschaftliche Forschung in der Auseinandersetzung mit diesem besonderen Typus von Unternehmen de facto erst am Beginn steht.

In der medialen Öffentlichkeit ebenso wie in den eingespielten wirtschaftspolitischen Auseinandersetzungen tritt der Begriff „Familienunternehmen" allerdings deutlich in den Hintergrund. An seiner Stelle spricht man von Mittelstand (zumindest im deutschsprachigen Raum dominiert dieser emotional hoch aufgeladene Terminus). Der Begriff *„Mittelstand"* ist eindeutig eine politische Formel. Sein Adressat sind die Entscheidungsträger im politischen System, die im Sinne einer adäquaten *Mittelstandspolitik* dazu bewogen werden sollen, für die Ertragsentwicklung der Unternehmen günstige Rahmenbedingungen bereitzustellen. Für diese primär politische Funktion benötigt der Begriff in jeder Hinsicht unscharfe Grenzen und die Fähigkeit, Kampfgeist, Gegnerschaft einerseits und Wir-Gefühl andererseits relativ situationsunabhängig zu mobilisieren. Aufgrund dieses spezifischen Verwendungszusammenhanges präferieren wir im wissenschaftlichen Kontext den Begriff „Familienunternehmen", gleichwohl wissend, dass es mit dem Begriff „Mittelstand" in der Bezeichnung dieses spezifischen Unternehmenstypus' große Überlappungen gibt. Obwohl es vom Bedeutungshintergrund her nahe liegend wäre, mit dem Mittelstand eine bestimmte Größe zu verbinden, ist dies de facto nicht der Fall. Auch große Familienunternehmen wie Oetker, Freudenberg, Haniel oder auch Bertelsmann ordnen sich in der wirtschaftspolitischen Auseinandersetzung gerne dem Mittelstand zu. Dieser begreift sich als primär wirtschaftspolitisch motivierte Bewegung, die in Abgrenzung zu den börsennotierten Publikumsgesellschaften für sich selbst um günstige gesetzliche Rahmenbedingungen (→ *Umweltanalyse, strategische*) kämpft.

II. Zum wirtschaftlichen Stellenwert von Familienunternehmen

In ihrer überwiegenden Mehrzahl verbindet Familienunternehmen ein gerade in der heutigen Zeit auffälliges Merkmal: Sie drängen sich nicht ins Scheinwerferlicht der medialen Berichterstattung. Sie wirken konzentriert auf ihren spezifischen Markt und ihr regionales Umfeld. Das Interesse an einer darüber hinausgehenden medialen Selbstdarstellung ist i.d.R. gering. Viele der gerade besonders erfolgreichen Familienunternehmen operieren bewusst im Schatten der Wirtschaftsberichterstattung. Nicht zuletzt wegen dieser Eigenheit wird die enorme wirtschaftliche, letztlich auch gesamtgesellschaftliche Bedeutung dieses Unternehmenstyps weithin unterschätzt (zu diesem Phänomen vgl. auch *Simon* 1996, S. 11 ff.). Dazu einige Daten:

Da es kein allgemein akzeptiertes Abgrenzungskriterium für Familienunternehmen gibt, schwanken die Zahlen, die von unterschiedlichen Autoren zur Verfügung gestellt werden. Selbst konservative Schätzungen gehen weltweit von einem Anteil von 65–80% an Unternehmen in Familienhand aus (*Gersick* et al. 1997, S. 25 FN 1). In den USA werden 90% der Unternehmen diesem Typus zugezählt (*Grant Thornton* 2000, S. 7). Diese erwirtschaften etwa 50% des amerikanischen Bruttoinlandsproduktes. In Asien spielen mächtige familiale Netzwerke seit jeher eine zentrale Rolle, und auch in China wird die sprunghafte Wachstumsentwicklung der letzten Jahre vornehmlich von privatwirtschaftlichen Neugründungen getragen. In Mittel- und Westeuropa dürften ca. 75% aller Betriebe zu dieser Kategorie gezählt werden können. In den ehemaligen Ostblockstaaten treffen wir geschichtlich bedingt allerdings auf ganz andere Wirtschaftsstrukturen. Doch auch hier ist ein klarer Aufwärtstrend zu erkennen. In Polen waren es 1998 25%, im Jahre 2002 bereits 41%. Für Deutschland errechnete das Bonner Institut für *Mittelstandsforschung* 1999, dass von den gut 2 Millionen Unternehmen 1.875.000 als Familienunternehmen zu werten sind, das sind stolze 92,8%. Natürlich ist das Gros davon Klein- und Kleinstunternehmen mit weniger als 10 Beschäftigten (*Schröder/Freund* 1999, S. 13). Mit wachsender Umsatzgröße nimmt der Prozentsatz der Familienunternehmen deutlich ab. Aber immerhin sind von den Unternehmen mit einem Jahresumsatz von mehr als 50 Millionen Euro noch 48,8% familiengeführt (ebenda). Mehr als 60% aller Arbeitnehmer in Deutschland sind in Familienunternehmen beschäftigt. Während die großen *Publikumsgesellschaften* z.Zt. wiederum verstärkt Personal abbauen, werden in vielen Familienunternehmen kleinerer und mittlerer Größe immer noch neue Arbeitsplätze geschaffen. Familienunternehmen sind auch in der deutschen Industrie stark verankert. Fast 85% in diesem nach wie vor sehr bedeutenden Wirtschaftssektor sind Familienunternehmen mit 40% der Beschäftigten dieses Bereiches (*BDI/Ernst & Young* 2002).

Blickt man auf diese Zahlen, so ist die große volkswirtschaftliche Bedeutung dieses Unternehmenstyps evident. Selbstverständlich sieht es in den einzelnen Branchen unterschiedlich aus, und der aktuelle *Strukturwandel* in der Unternehmenslandschaft bringt zweifelsohne auch hier Verschiebungen mit sich. Aber insgesamt bleibt der Befund aufrecht, dass es sich hier entgegen der schon sehr früh angestimmten Abgesänge auf das traditionelle Familienunternehmen um einen sehr vitalen Unternehmenstyp handelt, um dessen Zukunftsfähigkeit man sich letztlich keine großen Sorgen machen muss (dazu ausführlicher *Wimmer* et al. 1996). Woraus zieht dieser Typ seine besondere Kraft?

III. Die Besonderheiten von Familienunternehmen

Wie gesagt, wir sprechen von Familienunternehmen, wenn sich im Zuge ihrer Entstehungsgeschichte eine enge Verzahnung zweier an sich sehr gegensätzlich strukturierter Typen sozialer Systeme beobachten lässt: Das Unternehmen auf der einen Seite und die Familie der Eigentümer auf der anderen Seite. Diese enge Koevolution von Unternehmen und Familie besitzt für beide Seiten eine strukturprägende Wirkung ganz besonderer Art. Vieles im Unternehmen – für Außenstehende oft schwer verständlich – erinnert zutiefst an familiale Muster und Gewohnheiten (wie bspw. die eingespielten Kommunikationsmuster, der Führungsstil, die Konfliktkultur, der Umgang mit dem Personal wie mit den Finanzen, die hohe Loyalität gegenüber Stammkunden und Lieferanten etc.). Sie sind in ihrer besonderen Ausprägung für „normale" Organisationen eher untypisch. Im Gegenzug lässt so ein Unternehmen auch die Eigentümerfamilie nicht unberührt. Fragen des Unternehmens sind im Alltag der Familie üblicherweise allgegenwärtig, es sei denn, die Familie schützt sich bewusst vor dieser Aufmerksamkeitsokkupation durch das Unternehmen. Die Existenz dieses allgegenwärtigen Dritten in der Familie verknappt automatisch jene Kommunikationszeit, die ansonsten für das beziehungsmäßige Miteinander in der Familie zur Verfügung steht. Unternehmerfamilien erzeugen auf diese Weise ganz charakteristische Bedingungen für das Aufwachsen von Kindern, für die Bewältigung ihrer Reifungskrisen etc. (zur Familie des Familienunternehmens vgl. insb. *Simon* 2002). Betrachtet man den außergewöhnlichen Erfolg vieler Familienunternehmen, so muss man in dieser eigentümlichen Koevolution, die stets ganz unvergleichliche Firmenkulturen (→ *Organisationskultur*) hervorbringt, eine besondere Ressource sehen. Tatsächlich weisen Familienunternehmen bei genauerer Betrachtung Strukturmerkmale auf, die gerade angesichts der vielfältigen Herausforderungen unserer aktuellen Wirtschaftsentwicklung markante Wettbewerbsvorteile (→ *Wettbewerbsstrategien*) hervorbringen. Dazu einige kurze Hinweise:

- Im Familienunternehmen entfaltet sich der *Unternehmer* im Schumpeter'schen Sinne. Hier stehen Persönlichkeiten an der Spitze, die ihr Geschäft von Grund auf verstehen, die selbst ganz nah am Marktgeschehen operieren, neue Chancen frühzeitig erkennen, Risiken aus ihrer Erfahrung heraus abschätzen und strategische Weichenstellungen aus ihrer Intuition heraus vornehmen können (zu diesem Grundmuster der Strategieentwicklung vgl. *Nagel/Wimmer* 2002). Ihre fraglos akzeptierte Autorität im Unternehmen erleichtert die innerbetriebliche Umsetzung solcher Weichenstellungen. Hierfür sind keine aufwändigen Strategieentwicklungsprozesse erforderlich. Kurze Entscheidungswege und eine hohe Identifikation mit der unternehmerischen Verantwortung der Spitze beschleunigen die Implementierung von strategischen Entscheidungen (→ *Strategie und Organisationsstruktur*).
- Der Kunde spielt in Familienunternehmen eine ganz zentrale Rolle. Ihn zufrieden zu stellen besitzt erste Priorität. Eine der Begleiterscheinungen dieser Aufmerksamkeitsfokussierung ist eine hohe *Innovationsfähigkeit* (→ *Innovationsmanagement*) solcher Unternehmen bezogen auf ihre Produkte und Dienstleistungen (ausführlicher dazu *Simon* 1996, S. 81 ff.). Die enge Zusammenarbeit mit herausfordernden Kunden stimuliert den eigenen Erfindergeist und sorgt für eine ständige Erneuerung der eigenen Innovationskraft. Gleichzeitig schaffen es solche Unternehmen, in Bezug auf charakteristische Werte und Kulturmerkmale Kontinuität über sehr lange Zeiträume sicherzustellen.
- Familienunternehmen wachsen vornehmlich aus eigener Kraft. Unternehmerische Autonomie und finanzielle Unabhängigkeit besitzen einen ganz hohen Wert. Diese Prinzipien in Verbindung mit bestimmten Bedingungen des mitteleuropäischen Finanzsektors haben bei diesem Firmentyp eine klare Präferenz für die Finanzierungsform durch den klassischen Bankkredit wachsen lassen. Dieser Neigung korrespondiert in Deutschland eine im Durchschnitt niedrige Eigenkapitalquote (unter 20%) und damit eine entsprechend hohe Abhängigkeit vieler Familienunternehmen von den klassischen Kreditgebern (vgl. im Detail dazu *Keiner* 2001, S. 57 ff.). *Basel II* stellt die Ausleihungspolitik der Banken gegenüber ihren Firmenkunden auf eine neue regulatorische Basis. Die individualisierte Bonitätsprüfung, das bankinterne Rating zur Feststellung der künftigen Schuldendienstfähigkeit der Firmen bringt insb. für Familienunternehmen ganz neue Herausforderungen. Vor allem die Umstellung von sicherheits- auf zukunftsbezogene Aspekte in der Einschätzung der Ertragskraft der Unternehmen erzwingt einen geänderten Umgang mit strategischen Fragen, mit der eigenen Transparenz und insb. auch mit der Vorsorge für eine ausreichende Managementqualität (näheres dazu bei *Kolbeck/Wimmer* 2001 sowie *Everling* 2001).
- In ihren Organisationsverhältnissen prägen Familienunternehmen ganz charakteristische Strukturen aus. Sie vermeiden formale aufbauorganisatorische Festlegungen (→ *Aufbau- und Ablauforganisation*). Die Binnendifferenzierung ist primär um Personen herum gebaut. Die Aufgabenprofile der Stelleninhaber sind geschichtlich gewachsen und werden von den Funktionsträgern während ihrer unternehmensinternen *Laufbahn* vielfach auch mitgenommen (vgl. *Wimmer* et al. 1996, S. 135 ff.). Offizielle Schaubilder und Organigramme existieren vielfach nicht. Man kann sich wechselseitig nicht auf formell beschlossene Kompetenzen und Zuständigkeiten berufen. Die Orientierung bzgl. der organisationsinternen Abstimmungsprozesse entsteht über langjährige Erfahrung und Zugehörigkeit, ein Umstand, der es Neu-

einsteigern oder Außenstehenden zunächst sehr erschwert, sich rasch zurecht zu finden. Familienunternehmen achten in der Entwicklung ihrer Gemeinkosten sehr auf schlanke Verhältnisse. Sie investieren äußerst vorsichtig in den Aufbau ihrer Infrastrukturen, was bei schnellem Wachstum zu einer chronischen Unterversorgung auf diesem Gebiet führt. Dies gilt insb. für den Aufbau geeigneter *Führungsstrukturen* unterhalb der Unternehmensspitze (vgl. auch *Albach/Freund* 1989).

– Es ist nicht überraschend, dass Familienunternehmen in ihrer Personalpolitik (→ *Personal als Managementfunktion*) ganz unverwechselbare, familienähnliche Merkmale ausbilden. Sie haben eine Präferenz, Mitarbeiter in sehr jungen Jahren unmittelbar nach der Ausbildung ins Unternehmen zu holen und emotional stark an die Firma zu binden (→ *Emotionen in Organisationen*). So entstehen wechselseitig feste Loyalitätserwartungen, die sich einerseits in einer außergewöhnlichen Leistungsbereitschaft der Beschäftigten zeigen, die aber andererseits auch eine gewisse Fürsorgepflicht des Unternehmens gegenüber seinen Mitarbeitern begründen. Familienunternehmen trennen sich schwer von ihren Leuten, auch dann, wenn es aus ökonomischen Gründen längst angesagt wäre. Die erforderlichen Qualifikationen entstehen durch das engagierte Mitarbeiten, durch die zupackende Übernahme von Verantwortung im alltäglichen Geschäft. Gezielte Investitionen in die Personalentwicklung, in den vorausschauenden Aufbau von Managementpotenzialen etc. sind in solchen Unternehmen noch eher selten anzutreffen, hat doch die kulturelle Passung des Einzelnen tendenziell Vorrang vor dem Kriterium der Qualifikation (vgl. *Wimmer* et al. 1996, S. 163 ff.).

IV. Die spezifischen Risiken von Familienunternehmen

Werden die hier angesprochenen Merkmale gezielt gepflegt, so lassen sie in ihrem Zusammenwirken zweifelsohne eine außergewöhnliche Leistungsfähigkeit entstehen, die die vielen „hidden champions" unter den Familienunternehmen Tag für Tag unter Beweis stellen. Diese besonderen Chancenpotenziale haben allerdings auch ihren Preis. Denn in der engen Koppelung familialer Verhältnisse mit den internen Organisationszuständen eines Unternehmens steckt nicht nur eine außergewöhnliche Ressource, sondern in ihr liegen auch schwer beherrschbare Risiken. Die hohe emotionale Bedeutung des Geschehens in der Familie kann ungeahnte Energien freisetzen. Dieselben familialen Muster können aber auch – sowohl im Unternehmen als auch in der Familie – eine Konfliktdynamik (→ *Konflikte in Organisationen*) anheizen, die, einmal in Gang gesetzt, sehr leicht außer Kontrolle gerät (Genaueres dazu bei *Kets de Vries* 1999). „Der Streit in Familienunternehmen ist der größte Wertvernichter in der deutschen Wirtschaft" (Prof. Brun-Hagen Hennerkes in einem persönlichen Gespräch). Strukturmerkmale, die in bestimmten Phasen des Lebenszyklus' von Familienunternehmen enorme Wettbewerbsvorteile gebracht haben, können in anderen zur tödlichen Falle mutieren (zum Lebenszykluskonzept vgl. ausführlicher *Klein* 2000, S. 269 ff.). Diese in Familienunternehmen fast wesensnotwendig eingebaute Ambivalenz macht die bekannte Janusköpfigkeit dieses Unternehmenstyps verständlich. Familienunternehmen zählen entweder zu den Besten ihrer Branche oder haben ernsthaft ums Überleben zu kämpfen. Sie sind selten einfach blasser Durchschnitt.

V. Die besondere Problematik der Unternehmensnachfolge

Es gibt eine Phase im Lebenszyklus von Familienunternehmen, in der dieses systematisch eingebaute Gefährdungspotenzial besonders zum Tragen kommt. Es ist dies die Phase des *Generationswechsels* (→ *Führungsnachfolge*). Die hohe Scheiternsquote von Familienunternehmen in dieser Phase deutet darauf hin, dass sich in diesem Zeitraum des Übergangs eine Reihe von Problemen verdichten, die die Nachfolge in Familienunternehmen nicht mit dem üblichen *Führungswechsel* in Unternehmen vergleichbar macht (vgl. die Arbeit von *Stephan* 2002). Schließlich geht es vielfach darum, einerseits für die weichende Generation eine für sie noch anstrebenswerte persönliche Zukunftsperspektive zu finden, die es ihnen ermöglicht, ihr Lebenswerk loszulassen und das Ruder tatsächlich in jüngere Hände zu legen. Gleichzeitig stehen die Nachfolger unter einem gewaltigen Erwartungsdruck seitens der anderen Familienmitglieder, seitens der Belegschaft, der Kunden und Lieferanten; es ist dies ein Druck, der stets die schwer zu bewältigende Spannung zwischen Kontinuitätshoffnungen und grundlegenden Veränderungserwartungen aufbaut. Zwischen diesen Polen einen eigenständigen Weg zu finden, ist für Nachfolger eine ganz besondere Herausforderung (zum adäquaten Entwicklungskonzept für Nachfolger vgl. *Lansberg* 1999, S. 149 ff.). Zum anderen löst der *Nachfolgeprozess* auch auf der Seite des Unternehmens tief greifende Irritationen aus, nicht zuletzt deshalb, weil v.a. in eignergeführten Unternehmen das gesamte alltägliche Führungsgeschehen total an der Spitze konzentriert ist. Ihr Abgang bewirkt deshalb im System eine Fülle von schweren Verunsicherungen und Erschütterungen, die von der nachrückenden Generation auch bei bester Qualifikation nicht so ohne weiteres bewältigt werden kann. Der *Führungswechsel* in Familienunternehmen ist deshalb regelmäßig von einem tief gehenden Wandel der Führungsstrukturen und vielfach auch mit einer strategischen Repositionierung des Unternehmens verbunden. Bei jenen Familienunternehmen, die es erfolgreich in die dritte bzw. vierte Generation geschafft haben, zeigt sich, dass sie es im Laufe ihrer Geschichte nicht zuletzt durch das erfolgreiche Bewältigen charakteristischer Entwicklungskrisen geschafft haben, Routinen (→ *Routinen und Pfadabhängigkeit*) auszuprägen, die einen zukunftssichernden Umgang mit den charakteristischen Gefährdungspotenzialen dieses Unternehmenstyps dauerhaft ermöglichen. Deshalb sind diese besonders langlebigen Unternehmen für die Frage so interessant, welche Evolutionsmuster Familienunternehmen in die Lage versetzen, die charakteristischen Chancenpotenziale dieses Unternehmenstyps auch und gerade in seiner Konkurrenz mit kapitalmarktorientierten Publikumsgesellschaften dauerhaft abzusichern (vgl. dazu die immer noch lesenswerte Studie von *Collins/Porras* 1994).

Literatur

Albach, Horst/Freund, Werner: Generationswechsel und Unternehmenskontinuität – Chancen, Risiken, Maßnahmen, Gütersloh 1989.
BDI/Ernst & Young: Das industrielle Familienunternehmen. Kontinuität im Wandel, 2. A., Berlin 2002.
Collins, James C./Porras, Jerry I.: Built to Last. Successful Habits of Visionary Companies, New York 1994.
Everling, Oliver: Rating – Chance für den Mittelstand nach Basel II. Konzepte zur Bonitätsbeurteilung, Schlüssel zur Finanzierung, Wiesbaden 2001.
Gersick, Kelin E. et al.: Generation to Generation, Boston 1997.
Grant Thornton: Family Businesses in Europe, London 2000.
Keiner, Thomas: Rating für den Mittelstand, Frankfurt am Main et al. 2001.
Kets de Vries, Manfred F. R.: Family business: human dilemmas in the family firm, text and cases, London 1999.
Klein, Sabine: Familienunternehmen. Theoretische und empirische Grundlagen, Wiesbaden 2000.
Kolbeck, Christoph/Wimmer, Rudolf (Hrsg.): Finanzierung für den Mittelstand, Wiesbaden 2001.
Lansberg, Ivan: Succeeding Generations. Realizing the dream of families in business, Boston 1999.
Nagel, Reinhard/Wimmer, Rudolf: Systemische Strategieentwicklung, Stuttgart 2002.
Schröder, Evelyn/Freund, Werner: Neue Entwicklungen auf dem Markt für die Übertragung mittelständischer Unternehmen, Bonn 1999.
Simon, Fritz B.: Die Familie des Familienunternehmens. Ein System zwischen Gefühl und Geschäft, Heidelberg 2002.
Simon, Hermann: Die heimlichen Gewinner (Hidden Champions). Die Erfolgsstrategien unbekannter Weltmarktführer, Frankfurt am Main et al. 1996.
Stephan, Petra: Nachfolge in mittelständischen Familienunternehmen. Handlungsempfehlungen aus Sicht der Unternehmensführung, Wiesbaden 2002.
Wimmer, Rudolf et al.: Familienunternehmen – Auslaufmodell oder Erfolgstyp?, Wiesbaden 1996.

Flexibilität, organisatorische

Wolfgang Burr

[s.a.: Anreizsysteme, ökonomische und verhaltenswissenschaftliche Dimension; Aufbau- und Ablauforganisation; Hierarchie; Institutionenökonomie; Kontrolle; Organisatorische Gestaltung (Organization Design); Prinzipal-Agenten-Ansatz; Ziele und Zielkonflikte.]

I. Begriffsdefinition; II. Zur Entwicklung der Flexibilitätsdiskussion; III. Messung von Flexibilität; IV. Kosten der Flexibilität; V. Nutzen von Flexibilität; VI. Der optimale Flexibilitätsgrad; VII. Fazit.

Zusammenfassung

Im Mittelpunkt des vorliegenden Beitrags steht eine ökonomische Analyse organisatorischer Flexibilität. Es werden einführend eine Definition und Ansatzpunkte zur Messung von Flexibilität dargestellt. Auf dieser Grundlage erfolgen eine Gegenüberstellung von Kosten und Nutzen der Flexibilität und eine Erörterung, wie der optimale Flexibilitätsgrad bestimmt werden kann.

I. Begriffsdefinition

Die Diskussion des Flexibilitätsphänomens in den Wirtschaftswissenschaften zeichnet sich durch einen fehlenden allgemeingültigen und anerkannten Flexibilitätsbegriff aus (vgl. *Golden/Powell* 2000, S. 373). In dem vorliegenden Beitrag wird Flexibilität verstanden als Fähigkeit eines Unternehmens, in Reaktion auf eingetretenen Wandel der Umwelt geeignete Anpassungsmaßnahmen zu erkennen, auszuwählen und so zu umzusetzen, dass der Zielerreichungsgrad des Unternehmens gesichert oder gesteigert wird.

II. Zur Entwicklung der Flexibilitätsdiskussion

Ausgangspunkt der Flexibilitätsforschung war die Behandlung von Flexibilität als produktionswirtschaftliches Problem. George Stigler hat 1939 als einer der ersten Ökonomen Flexibilität von Unternehmensaktivitäten in die wirtschaftswissenschaftliche Theorie eingebracht. Stigler definiert Flexibilität anhand der Attribute einer Produktionstechnologie, die größere Variationen des Outputs ermöglichen. Flexibilität ist für Stigler ein primär kurzfristiges Phänomen. Wobei kurzfristig den Zeitraum bezeichnet, während dessen das physische Sachkapital des Unternehmens fixiert und unveränderlich ist, also Fixkosten existieren (*Stigler* 1939, S. 306). Stigler diskutiert

Flexibilität anhand des Verlaufs der Durchschnittskostenkurve (*Carlsson* 1991, S. 181). Ein Unternehmen ist umso flexibler, je weiter die Spreizung der Kostenkurve verläuft, d.h. je größer der Bereich der Outputvariation ist, der kostengünstig mit der vorhandenen Produktionstechnologie abgedeckt werden kann, und je langsamer die Grenzkosten steigen bei einer Überschreitung oder einer Unterschreitung der kostenoptimalen Produktionsmenge. In der nachfolgenden Abb. 1 ist daher Unternehmen A (gestrichene Linie) flexibler als Unternehmen B.

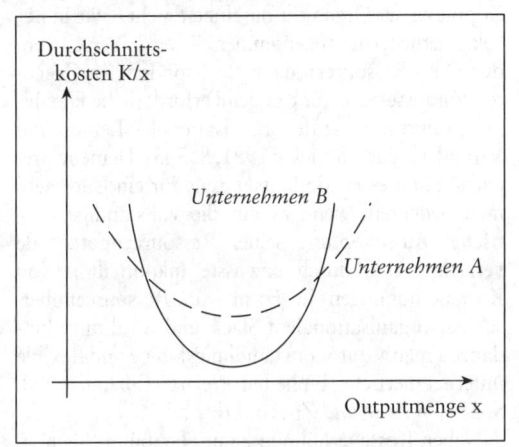

Abb. 1: Flexibilität des Unternehmens und Verlauf der Durchschnittskostenkurve in Anlehnung an Carlsson 1991, S. 181 und Klein 1984, S. 56.

Flexibilität im Sinne der klassischen Arbeiten von *Stigler* 1939 und *Hart* 1942 beschränkt sich auf die Reaktion des Unternehmens auf Nachfrageschwankungen. Aber Schwankungen der Nachfrage stellen nur einen Teilaspekt der Unsicherheit dar, mit der sich Unternehmen konfrontiert sehen. Andere Quellen für *Flexibilitätsbedarf* sind z.B. technologischer Wandel oder die unvorhergesehene Veränderung von staatlichen Regulierungen. Carlsson fordert daher, das Verständnis von Flexibilität zu erweitern, sodass sie die Fähigkeit des Unternehmens bezeichnet, nicht nur mit Schwankungen der Nachfrage, sondern mit allen Formen von Turbulenz in der Unternehmensumwelt (*Carlsson* 1991, S. 182) umzugehen.

Der erste Schritt in diese Richtung wurde von *Marschak/Nelson* 1962 unternommen. Sie definierten Flexibilität breiter als Anpassung des Unternehmens an alle Formen von Umweltveränderungen (und nicht nur Schwankungen der Nachfragemenge).

Jones und Ostroy haben diese Sichtweise von Marschak und Nelson weiter ausgearbeitet. Sie definieren Flexibilität als „a property of initial positions. It refers to the cost, or possibility, of moving to various second period positions" (*Jones/Ostroy* 1984, S. 16). Eine Position ist flexibler als eine andere Position, wenn sie ein größeres Set zukünftiger Positionen bei gegebenem Kostenniveau eröffnet (*Jones/Ostroy* 1984, S. 13).

Mit den Arbeiten von *Marschak/Nelson* 1962 sowie von *Jones/Ostroy* 1984 hat sich die Analyse der Flexibilität von der Analyse der Kostenkurve (Stigler; Hart) verlagert auf die Fähigkeit eines Unternehmens, als Reaktion auf Umweltveränderungen jeglicher Art verschiedene alternative Zustände in der Zukunft anzusteuern. In der neueren Managementlehre spricht man zunehmend von *strategischer Flexibilität* und meint damit die generelle Entwicklungsfähigkeit eines Unternehmens als Langfristphänomen (*Klein* 1984; *Carlsson* 1991).

III. Messung von Flexibilität

Flexibilität kann gemessen werden (→ *Messung von Organisationsstrukturen*), indem die Kosten für die Anpassung der Produktionsmenge an Veränderungen der Nachfrage gemessen werden. In den klassischen Beiträgen von Stigler und Hart zur Flexibilitätsforschung wird dementsprechend der Verlauf der Durchschnittskostenkurve als Ansatzpunkt für die Messung von Flexibilität herangezogen (*Stigler* 1939; *Hart* 1942). Je höher die Durchschnittskosten bei einer Variation der Outputmenge ausfallen, umso geringer ist die Flexibilität des Unternehmens (→ *Ziele und Zielkonflikte*) (*Ghemawat/Ricart i Costa* 1993, S. 60).

Flexibilität könnte alternativ gemessen werden, indem nicht Variationen der Outputmenge, sondern die Zahl der produzierbaren Produktvarianten und die damit verbundenen Kostenverläufe gemessen werden.

Marschak/Nelson 1962 schlagen drei unterschiedliche Messansätze für Flexibilität vor:

– Die Größe des Handlungs- und Wahlraums:
  Eine flexiblere Handlung in Periode 1 lässt mehr Handlungsmöglichkeiten in Periode 2 offen.
– Kosten über die Laufzeit der Aktion hinweg:
  Eine flexiblere Aktion in Periode 1 eröffnet in Periode 2 eine kostengünstigere Folgeaktion als eine weniger flexible Aktion in Periode 1. Die Gesamtkosten über beide Perioden sind bei einer flexiblen Aktion geringer als bei einer unflexiblen Aktion (*Marschak/Nelson* 1962, S. 46).
– Gewinn über die Laufzeit der Aktion hinweg:
  Eine flexiblere Aktion in Periode 1 eröffnet in Periode 2 eine Folgeaktion mit größeren Gewinnen als eine weniger flexible Aktion in Periode 1. Der Gesamtgewinn über beide Perioden ist bei einer flexiblen Aktion größer als bei einer unflexiblen Aktion (*Marschak/Nelson* 1962, S. 46.)

Alle 3 Maßstäbe ermöglichen zumindest ein ordinales Ranking von paarweise zu vergleichenden Handlungsalternativen.

Burmann schlägt vor, den Nutzen von strategischer Flexibilität anhand der Veränderung des Marktwertes des Unternehmens (Tobińs q als Marktwert-Buchwert-Verhältnis) zu erfassen (vgl. *Burmann* 2001, S. 182 f.).

Fazit: Trotz dieser und anderer Ansätze zur Messung betrieblicher Flexibilität, stellt eine zufrieden stellende Messung von Flexibilität noch immer ein Problem dar (*Marschak/Nelson* 1962, S. 57). Es gibt eine Vielzahl alternativer Maßstäbe zur Abschätzung von Flexibilitätspotenzialen. Keiner wird jedoch dem Phänomen der Flexibilität umfassend gerecht. Möglich ist ein paarweiser Vergleich von verschiedenen Situationen oder Aktionen unter Anwendung einer ordinalen Skala (*Marschak/Nelson* 1962, S. 45), aber nicht eine Verdichtung der organisatorischen Flexibilität eines Unternehmens in einer einzigen Kennzahl.

Die Probleme der Flexibilitätsmessung (→ *Messung von Organisationsstrukturen*) liegen primär in der Mehrdimensionalität des Flexibilitätskonzepts begründet (*Gerwin* 1993, S. 401). Unter Wissenschaftlern und Praktikern herrscht keine Einigkeit, welche Flexibilitätsdimensionen im konkreten Fall ausschlaggebend sind. Schweitzer zeigt die vielfältigen Möglichkeiten der Unterliederung von Flexibilität im Fertigungsbereich in Teilflexibilitäten, wie z.B. Umrüstflexibilität, Anforderungsflexibilität (neue Fertigungsaufgaben), Durchlaufflexibilität (Durchlaufzügigkeit), Kapazitätsflexibilität (Reservekapazität), Erweiterungsflexibilität und Speicherflexibilität (Auspufferungsfähigkeit) (*Schweitzer* 1994, S. 726 f.) auf. Fraglich ist daher im Einzelfall, auf welchen Flexibilitätsaspekt man sich bezieht, wenn man über Optimierung der Produktionsflexibilität nachdenkt. Mit der in den letzten Jahren erkennbaren Tendenz zur Ausweitung des Flexibilitätsbegriffs (von der Flexibilität einer einzelnen Maschine hin zur strategischen Flexibilität eines ganzen Unternehmens, von der Flexibilität als Reaktion auf Änderungen der Nachfragemenge hin zur Flexibilität als Reaktion auf Umweltveränderungen aller Art) wurde die Messung von Flexibilität immer schwerer und komplexer.

IV. Kosten der Flexibilität

Flexibilität ist kein freies Gut. Schon Stigler weist darauf hin, dass hoch spezialisierte Anlagen, die auf die kostenoptimale Ausbringung einer bestimmten Outputmenge zugeschnitten sind, bei dieser Outputmenge in der Regel Kostenvorteile gegenüber flexiblen Fertigungsanlagen aufweisen, die auf eine größere Spannbreite in den Outputmengen ausgelegt sind (*Stigler* 1939, S. 311). Insofern besteht ein Tradeoff zwischen *Produktivität* und Flexibilität, der auch durch die neuen flexiblen Fertigungssysteme und Informations- und Kommunikations-Technologien noch nicht vollständig aufgelöst wird (*Kaluza* 1993, Sp. 1182). *Flexible Fertigungstechniken* versuchen den Gegensatz zwischen Produktivität und Flexibilität zumindest teilweise zu überwinden.

Voraussetzung für die Herausbildung von organisatorischer Flexibilität ist das Vorhandensein von ressourcenbezogenen und organisatorischen Reserven (slack resources and *organizational slack*), mit deren Hilfe das Unternehmen neue, unerwartete Anforderungen bewältigen kann (*Staehle* 1991, S. 313; *Corsten* 1990, S. 24; *Klein* 1984, S. 53). Staehle führt hierzu aus, „dass Existenz und Aufbau von Organizational Slack, von Strukturredundanz und von loser Kopplung der Organisationseinheit nicht – wie in Bürokratietheorien angenommen – eine Verschwendung von Ressourcen darstellen, sondern im Gegenteil Voraussetzung für dringend erforderliche Flexibilität, Innovationskraft, organisationales Lernen und Verändern sind" (*Staehle* 1991, S. 313). Dementsprechend kann es Flexibilitätsvorteile für ein Unternehmen bedeuten, wenn es auf die vollständige (statische) Ausschöpfung seiner Ressourcenpotenziale verzichtet und durch bewusste Inkaufnahme von Kostenerhöhungen in Form von Ressourcenüberschuss, organisationalem Slack und Strukturredundanzen relativ autonom handlungsfähige und flexible unternehmerische Einheiten kreiert (*Corsten* 1990, S. 25) (→ *Ziele und Zielkonflikte*).

Neben Kostenerhöhung kann Flexibilität auch zu erhöhter Arbeitsbelastung und Stress für Mitarbeiter sowie – vor allem bei einem Übermaß an Flexibilität – zu Orientierungslosigkeit, Verlust an Identität und Kontinuität und damit letztlich zu Chaos in der Organisation führen (vgl. *Golden/Powell* 2000, S. 375 sowie *Volberda* 1996, S. 360, 369).

Zu den Kosten der Flexibilität in einem weiten Sinne sind auch die organisatorischen Systeme zu rechnen, die erforderlich sind, um die Nutzung von Flexibilitätsspielräumen zu ermöglichen bzw. zu steuern. Entscheidend für die in einem Unternehmen vorhandenen Flexibilitätspotenziale ist die Wahl und Implementierung einer Organisationsform (→ *Aufbau- und Ablauforganisation;* → *Institutionenökonomie;* → *Transaktionskostentheorie*) mit entsprechenden Flexibilitätseigenschaften: Märkte haben Vorteile bei der autonomen Anpassung einzelner Akteure an Änderungen von Faktorpreisrelationen, angebotenen und nachgefragten Mengen. Märkte haben aber Schwächen bei der bilateralen, abgestimmten Anpassung mehrerer Akteure auf ein bestimmtes Ziel hin. Der große Vorteil der → *Hierarchie* ist gerade diese bilaterale, koordinierte und gerichtete Anpassung mehrerer Akteure an Änderungen der Umwelt und der Unternehmensaufgabe. Dafür haben Hierarchien Schwächen bei der raschen autonomen Anpassung einzelner Akteure an Umweltveränderungen. Hybride Koordinationsmechanismen (z.B. Unternehmensnetzwerke) verfügen über durchschnittliche Fähigkeiten sowohl bei der bilateralen als auch bei der autonomen Anpassung (vgl. *Ebers/Gotsch* 1999, S. 233 f.).

Neben der Organisationsform bestimmen ferner die im Unternehmen implementierten Anreiz- und Kontrollsysteme (→ *Anreizsysteme, ökonomische und verhaltenswissenschaftliche Dimension*; → *Kontrolle*) die Flexibilität des Unternehmens in maßgeblicher Weise: Gerade bei flexiblen Ressourcen mit einem breiten Spektrum an verschiedenen Einsatzmöglichkeiten (z.B. Geld, Zeit und Wissen von Mitarbeitern) besteht für den Ressourcennutzer die Möglichkeit, durch einen anderen als den ursprünglich gedachten Einsatz der Ressourcen seinen individuellen Nutzen zu maximieren, was zu Lasten des Unternehmens gehen kann. Als Abhilfe gegen moral hazard des Ressourcennutzers bei flexiblen Ressourcen empfiehlt die Agency Theorie (→ *Prinzipal-Agenten-Ansatz*) die Gestaltung von Anreiz- oder Kontrollsystemen (→ *Anreizsysteme, ökonomische und verhaltenswissenschaftliche Dimension*; → *Kontrolle*; → *Motivation*). Derartige Anreiz- und Kontrollsysteme sollen zu einer Interessenangleichung zwischen Prinzipal und Agent führen. Sie bestimmen aber auch die Anreize des Agenten zum Einsatz vorhandener Flexibilitätspotenziale (vgl. *Kogut/Kulatilaka* 1994, S. 133). Falsch konstruierte Anreiz- und Kontrollsysteme können somit die Nutzung vorhandener Flexibilitätsspielräume für die Akteure unattraktiv machen und damit behindern.

Damit vorhandene Flexibilitätsspielräume tatsächlich genutzt werden, braucht es nicht nur entsprechende Anreiz- und Kontrollsysteme im Unternehmen, sondern auch eine die Nutzung von Flexibilitätspotenzialen unterstützende Transaktionsatmosphäre (vgl. *Williamson* 1975) zwischen den Austauschpartnern (→ *Institutionenökonomie*; → *Transaktionskostentheorie*). Hierzu gehören glaubhafte Verpflichtungen und Garantien (credible commitment (vgl. *Williamson* 1983)) der Austauschpartner, Flexibilitätspotenziale nicht zu Lasten des anderen Partners (hold up), z.B. zu einem vorzeitigen Beenden der Austauschbeziehung zu nutzen. Statt glaubhafter Verpflichtungen können auch vertrauensvolle Beziehungen oder stillschweigende Übereinkommen zwischen Austauschpartnern einen institutionellen Rahmen schaffen, in dem eigentlich vorhandene Flexibilitätsspielräume tatsächlich von den Partnern genutzt werden.

V. Nutzen von Flexibilität

Die Nutzenseite von Flexibilität zu bestimmen, verursacht erhebliche Probleme. Insgesamt herrscht in der Literatur eine unscharfe Vorstellung über den *Flexibilitätsnutzen* und seine Ermittlung (*Corsten* 1990, S. 25). Der Flexibilitätsnutzen wird auf die Zielerreichung der Unternehmung bezogen (*Kaluza* 1993, Sp. 1180).

Grundsätzlich lässt sich der Flexibilitätsnutzen in die folgenden Komponenten zerlegen:

- Kosteneinsparung (im Vergleich zu unflexiblen Spezialaggregaten) bei der Produktion von Outputmengen jenseits des Betriebsoptimums.
- Umsatzsteigerung (durch kundenindividuelle Produkte und Erhöhung der Zahl der Produktvarianten).
- Ausnutzen von unternehmerischen Chancen, die ohne Flexibilität nicht ergriffen werden könnten: Verkürzung der Anlaufzeiten bei Neuprodukten, kürzere Lieferzeiten (*Corsten* 1990, S. 26).
- Vermeiden von Risiken und Abhängigkeiten (z.B. Produktionsausfälle wegen Maschinendefekt durch flexible Umleitung des Fertigungsauftrages, Ausweichen auf andere Zulieferer bei Konkurs oder Erpressungsversuchen eines Zulieferers).

Im Kern wäre eigentlich zu fragen, wie die Einführung oder Steigerung von Flexibilität die Wahrscheinlichkeitsverteilung der erwarteten Gewinne verändert. Aber hierbei existiert ein gravierendes Zurechnungsproblem, da auch andere Einflussfaktoren (z.B. Ausscheiden eines Konkurrenten aus dem Markt, unerwartete Steigerung von Rohstoffpreisen) die Gewinnerwartungen beeinflussen.

Einstimmige Ansicht in der Literatur ist, dass Flexibilität nur bei mehrstufigen Entscheidungen in einer unsicheren Umwelt mit unvollkommener Information, nicht aber in einer statischen Umwelt mit vollkommener Information Vorteile bringt und dass der *Wert der Flexibilität* mit zunehmender Umweltunsicherheit steigt. Marschak/Nelson drücken dies in einer Daumenregel aus: Je größer die Unsicherheit im Zeitpunkt T 1 bezüglich des Umweltzustandes im Zeitpunkt T 2, umso wichtiger ist es, eine flexible Aktion in Periode 1 zu wählen (*Marschak/Nelson* 1962, S. 42, 48).

Angesichts der beschriebenen Probleme bei der Messung von Flexibilitätsnutzen ist allenfalls eine grobe Abschätzung des Flexibilitätsnutzens und ein komparativer Vergleich von zwei oder mehr Umwelt- und Unternehmenssituationen unter Flexibilitätsgesichtspunkten, aber keine kardinale Messung von Flexibilität möglich.

VI. Der optimale Flexibilitätsgrad

Flexibilität ist kein Selbstzweck, sondern Mittel zur Zielerreichung der Unternehmung. Es wird deshalb keine Maximierung der Flexibilitätspotenziale angestrebt, sondern eine der zu erfüllenden Aufgabe angemessene Flexibilität (*Kaluza* 1993, Sp. 1183).

Der *optimale Flexibilitätsgrad* ist erreicht, wenn der Grenznutzen der Flexibilitätserhöhung gleich den Grenzkosten ist. Eine derartige Optimalitätsbedingung formulierte bereits Stigler: „Flexibility will be added until its „accumulated" marginal cost equals the discounted marginal returns from savings due to that additional flexibility." (*Stigler* 1939, S. 316).

Diese formale Optimalitätsbedingung ist jedoch für praktische Problemstellungen von geringer Bedeutung (*Corsten* 1990, S. 24), vor allem aufgrund von Problemen der Bestimmung und der Zurechnung des Flexibilitätsnutzens.

Da der Nutzen der Flexibilität nur grob geschätzt werden kann, ist eine exakte Berechnung der Flexibilität und des optimalen Flexibilitätsgrades nicht möglich.

Zur Bestimmung des optimalen Flexibilitätsgrades (vgl. Abb. 2) ist daher das Angebot an Flexibilität (die vorhandenen Flexibilitätspotenziale) mit der Nachfrage nach Flexibilität (dem Flexibilitätsbedarf) abzustimmen (*Kaluza* 1993, Sp. 1175, 1180).

Der Flexibilitätsbedarf kann abgeleitet werden aus Merkmalen der zu erfüllenden Aufgabe, wie z.B. ihrer Strukturiertheit und Veränderlichkeit, bzw. aus dem Grad der zu erwartenden Umweltturbulenzen (*Corsten* 1990, S. 21) (*objektiver Flexibilitätsbedarf*). Die Schnittmenge von Flexibilitätsangebot und objektivem Flexibilitätsbedarf bestimmt das von der Aufgabenerfüllung her objektiv benötigte Flexibilitätsausmaß. Vom objektiven Flexibilitätsbedarf ist der *subjektive*, nach Ansicht des Aufgabenträgers hinsichtlich Ausmaß, Art und Zeitpunkt eingeschätzte *Flexibilitätsbedarf* zu unterscheiden (*Kaluza* 1993, Sp. 1181). Von dem subjektiv durch den Entscheidungsträger empfundenen Flexibilitätsbedarf wird jedoch aufgrund von Zeit- und Ressourcenrestriktionen nur ein Teil zu tatsächlicher *Flexibilitätsnachfrage*. Die Schnittmenge dieser vier Größen ergibt den Umfang der tatsächlich genutzten Flexibilitätspotenziale (*Picot/Franck* 1988, S. 609).

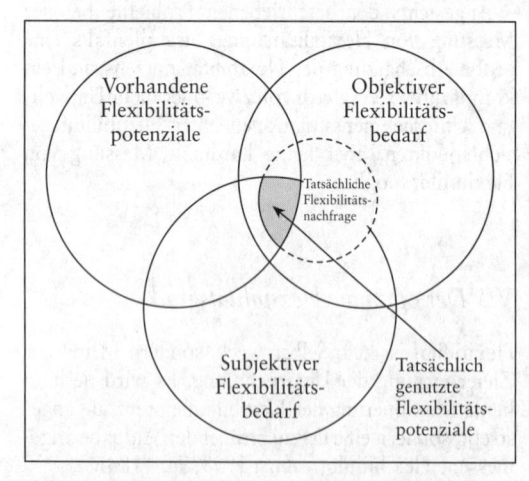

Abb. 2: Flexibilitätsangebot, Flexibilitätsbedarf, tatsächlich genutzte Flexibilität (Abb. in Analogie zu Picot/Franck 1988, S. 609 sowie Kaluza 1993, Sp. 1181.)

VII. Fazit

Flexibilität ist ein Organisationsprinzip und ein strategischer Erfolgsfaktor, der auf allen *Ebenen des Organisierens* und des Wettbewerbs Vorteile bringen kann: Flexibilitätserfordernisse stellen sich sowohl auf der Ebene der Gesamtwirtschaft (z.B. Flexibilisierung des Arbeitsmarktes), auf der Ebene von Unternehmensnetzwerken und Kooperationen (mit deren Hilfe Kosten- und Flexibilitätsvorteile realisiert werden sollen), auf der Ebene eines einzelnen Unternehmens (Flexibilität in der Produktion, im Absatz), eines einzelnen Teams (Flexibilitätssteigerung durch teilautonome Arbeitsgruppen) und letztlich auf der Ebene des einzelnen Individuums (flexibles Denken und Handeln) oder der einzelnen Ressource (z.B. flexible Fertigungsmaschinen). Flexibilität ist ein Organisationsprinzip, das sowohl im staatlichen als auch im privatwirtschaftlichen Sektor bei der Lösung ökonomischer und nicht-ökonomischer Probleme Anwendung finden kann. Die Ausführungen haben aber auch gezeigt, dass Flexibilität nicht nur positiv zu bewerten ist, sondern auch mit Nachteilen, vor allem in Form von Kostennachteilen und Organisationsproblemen verbunden ist.

Es ist und bleibt schwierig, Flexibilität selbst zu messen (*Carlsson* 1991, S. 200) (→ *Messung von Organisationsstrukturen*). Vermutlich aus diesem Grund hat sich die Wirtschaftswissenschaft auf die *Optimierung* von Kostenstrukturen und nicht *von Flexibilität* konzentriert.

Literatur

Burmann, Christoph: Strategische Flexibilität und Strategiewechsel in turbulenten Märkten, in: DBW, Jg. 61, 2001, S. 169–188.
Carlsson, Bo: Flexibility and the theory of the firm, in: International Journal of Industrial Organization, Jg. 7, 1991, S. 179–203.
Corsten, Hans: Produktwirtschaft: Einführung in das industrielle Produktionsmanagement, München et al. 1990.
Ebers, Mark/Gotsch, Wilfried: Institutionenökonomische Theorien der Organisation, in: Organisationstheorien, hrsg. v. Kieser, Alfred, 3. A., Stuttgart et al. 1999, S. 395–410.
Gerwin, Donald: Manufacturing flexibility: a strategic perspective, in: Man.Sc., Jg. 39, 1993, S. 395–410.
Ghemawat, Pankaj/Ricart i Costa, Joan E.: The organizational tension between static and dynamic efficiency, in: SMJ, Jg. 14, 1993, S. 59–73.
Golden, William/Powell, Philip: Towards a definiton of flexility: in search of the holy grail?, in: Omega: The International Journal of Management Science, Jg. 28, 2000, S. 373–384.
Hart, Albert Gailord: Risk, uncertainty and the unprofitability of compounding probabilites, in: Studies in mathematical economics and econometrics, hrsg. v. Schultz, Henry/Lange, Oscar/McIntyre, Francis Edgar, Chicago 1942, S. 110–118.
Jones, Robert A./Ostroy, Joseph M.: Flexibility and uncertainty, in: Review of Economic Studies, Jg. 51, 1984, S. 13–32.
Kaluza, Bernd: Flexibilität, betriebliche, in: HWB, hrsg. v. Wittmann, Waldemar et al., 5. A., Stuttgart 1993, Sp. 1174–1184.

Klein, Burton H.: Prices, wages, and business cycles: A dynamic theory, Pergamon, New York et al. 1984.
Kogut, Bruce/Kulatilaka, Nalin: Operating flexibility, global manufacturing, and the option value of a multinational network, in: Man.Sc., Jg. 40, 1994, S. 123–139.
Marschak, Thomas Andrew/Nelson, Richard: Flexibility, uncertainty, and economic theory, in: Macroeconomic, Jg. 14, 1962, S. 42–58.
Picot, Arnold/Franck, Egon: Die Planung der Unternehmensressource Information (II), in: Wisu, Jg. 17, 1988, S. 608–614.
Schweitzer, Marcell: Industrielle Fertigungswirtschaft, in: Industriebetriebslehre, hrsg. v. *Schweitzer, Marcell*, 2. A., München 1994, S. 573–746.
Staehle, Wolfgang H.: Redundanz, Slack und lose Kopplung in Organisationen: Eine Verschwendung der Ressourcen?, in: Managementforschung, hrsg. v. *Staehle, Wolfgang H.*, Berlin et al. 1991, S. 313–345.
Stigler, George: Production and distribution in the short run, in: Journal of Political Economy, Jg. 47, 1939, S. 305–327.
Volberda, Henk W.: Toward the flexible form: How to remain vital in hypercompetitive environments, in: Org.Sc., Jg. 7, 1996, S. 359–396.
Williamson, Oliver E.: Credible commitments: Using hostages to support exchange, in: AER, Jg. 73, 1983, S. 519–540.
Williamson, Oliver E.: Markets and hierarchies. Analysis and antitrust implications. A study in the economics of internal organization, New York 1975.

Forschung und Entwicklung, Organisation der

Klaus Brockhoff

[s.a.: Aufbau- und Ablauforganisation; Innovationsmanagement; Organisatorische Gestaltung (Organization Design); Projektmanagement; Technologiemanagement.]

I. Herkömmliche Betrachtungen; II. Wandel von Forschung und Entwicklung; III. Reorganisation.

Zusammenfassung

Die strukturelle Einordnung von Forschung und Entwicklung (F&E) in die Organisation eines Unternehmens sowie die Strukturierung der Forschungs- und Entwicklungsbereiche selbst sind als Hauptprobleme auch in früheren Auflagen behandelt worden. Durch den Wandel von F&E und ihrem Management zu einem umfassenderen Technologiemanagement werden neue Anforderungen gestellt, die hier skizziert werden. Ein besonderes Problem stellt die Reorganisation von Forschungs- und Entwicklungseinheiten dar, die insbesondere im Zuge von Fusion und Akquisition von Unternehmen in den letzten Jahren häufig auftraten. Es wird darauf hingewiesen, dass hierzu bisher noch kaum Forschungsergebnisse vorliegen.

I. Herkömmliche Betrachtungen

Die Mehrdeutigkeit des Organisationsbegriffs und seine unterschiedliche Interpretation führen dazu, dass die hier vertretene Auffassung nur unscharf beschrieben werden kann. *Organisation* wird als eine Menge von strukturierenden und prozessgestaltenden Aktivitäten eines Unternehmens verstanden, die auf bewusste Entscheidungen zurückgehen. Damit sind Eingrenzungen verbunden. Erstens führt diese funktionsorientierte Sichtweise dazu, dass institutionelle Betrachtungen ausgeblendet werden. Es wird also nicht dargestellt, welche Arten von Organisationen F&E für Unternehmen betreiben. Zweitens ist die Definition auf die Ergebnisse formeller Organisation fokussiert, womit auf moderierende informelle Organisation nicht eingegangen wird. Auch in dieser Hinsicht besteht eine Unschärfe, weil beispielsweise bekannte informelle Prozesse durch formelle Regelungen behindert oder unterstützt werden können, mit denen sie untrennbar verbunden sind. Letzteres wird augenscheinlich, wenn man organisatorische Einheiten räumlich so aufeinander bezieht, dass der informelle Informationsaustausch gefördert wird (*Allen* 1977; *Kivimäki* et al. 2000).

Herkömmlich wird unter F&E in Unternehmen der geplante Einsatz von Produktionsfaktoren zur unternehmensinternen Erzeugung neuen Wissens verstanden, das mit anderen Produktionsfaktoren kombiniert zu marktgängigen Produkten und effizienten Produktionsprozessen führen soll (*Brockhoff* 1999). Das neue Wissen wurde vor allem den Natur- oder Ingenieurwissenschaften zugeordnet. Implizit wird hier auch angenommen, dass sich der Prozess der Faktorkombination in Unternehmen vollzieht. Damit werden Überlegungen zur Organisation in Forschungsorganisationen mit anderen Kontexteinbettungen als Märkten oder ohne Gewinnorientierung ausgeschlossen. Auch dafür liegen aber Forschungsergebnisse vor (*Wilts* 2000). Hierfür sind drei organisatorische Probleme zu lösen: Wie wird die F&E in die Organisation des Unternehmens eingebettet, wie wird die F&E selbst organisiert und wie ist die Entscheidungskompetenz für die Auswahl der zu bearbeitenden Aufgaben im Unternehmen verteilt?

Erstens: Zur Einbettung eines F&E-Bereichs in einem Unternehmen stellt die Literatur Einflussgrößen auf die Wahl der *Organisationsstruktur* sowie nach Vor- und Nachteilen beurteilte Sammlungen von Mustern der *Aufbauorganisation* für F&E dar (→ *Aufbau- und Ablauforganisation*). Sie hält methodische Hinweise für die Gestaltung des F&E-Prozesses bereit (*Kern/Schröder* 1977; *Kern/Schröder* 1980; *Specht/Beckmann/Amelingmeyer* 2002).

Hinsichtlich der Einflussgrößen werden einerseits Kontingenzargumente angeführt, wonach die Organisation von F&E sich an der jeweils gegebenen Umwelt zu orientieren habe. So wird bei Geschäftsbereichsorganisation in der Regel eine geschäftsbereichsbezogene Einordnung gewählt, ggf. ergänzt durch einen zentralen F&E-Bereich, dem geschäftsbereichsübergreifende Aufgaben zukommen (→ *Zentralbereiche*). Bei einer Funktionalorganisation wird ein Funktionsbereich F&E vorgesehen, der im Extremfall auf einen zentralen Standort reduziert ist. Jede dieser beispielhaft genannten Lösungen hat spezifische Vor- und Nachteile, die im Hinblick auf die zentralen F&E-Bereiche zusätzlich durch die Art der Finanzierung der Aufgaben und die Einbeziehung in die Planungsprozesse bestimmt werden (*Warschkow* 1993). Auch der nach Komplexität, Neuheitsgrad, Variabilitätsgrad und Strukturiertheitsgrad der Aufgaben von F&E (*Specht/Beckmann/Amelingmeyer* 2002) oder Heterogenität, Unsicherheit, phasenorientierter Kreativitätsförderung (*Kern/Schröder* 1992) bestimmte Aufgabenmix stellt kontextabhängige Einflüsse auf die → *Organisatorische Gestaltung (Organization Design)* dar. Weiter noch reicht die Forderung nach innovationsbewussten Unternehmen, in die sich dann F&E einzugliedern hat (→ *Innovationsmanagement*). Diese Unternehmen sind durch Systemoffenheit nach außen, Gewährleistung großer Handlungsspielräume für Organisationsmitglieder, intensive, wenig formal geregelte Kommunikation, Bewusstsein für kreativitätsfördernde Potenziale von Konflikten, Rekrutierung auch unkonventioneller Mitarbeiter sowie Belohnung erfolgreichen Handelns auch außerhalb fester Kompetenzbereiche gekennzeichnet (*Hauschildt* 1997).

Andererseits werden Konsistenzargumente vertreten, wonach Ziele, Aufgaben und organisatorische Elemente möglichst gut aneinander angepasst sein sollen (*Nadler/Tushman* 1982). Dies ist nicht konfliktfrei zu erreichen. Allein die Spannung zwischen häufig primär aufgabenorientierten Zielen der Organisation und oft mitarbeiterorientierten Zielen für die Organisation deutet darauf hin. Die Gestaltung der *Anreizsysteme* – unter Einschluss der Strukturierung durch Einrichtung von Fachlaufbahnen oder Parallelhierarchien – stellt Instrumente zur Konsistenzerhöhung bereit (*Kern/Schröder* 1992; *Leptien* 1996). Konsistenzargumente werden bei der aufgabenorientierten Wahl des Zentralisationsgrades von F&E herangezogen. Hohe Technologiespezifität (*Kupsch/Marr/Picot* 1991), das heißt die Suche nach neuen Technologien, deren Anwendung nicht für eine Produktart vorgesehen ist, macht Zentralisierung zweckmäßig. Hohe Anwendungsspezifität (*Kupsch/Marr/Picot* 1991) macht dagegen Dezentralisierung, zum Beispiel bei einer regional angepassten Anwendungstechnik, zweckmäßig. Diese Gesichtspunkte können natürlich gleichzeitig auftreten und damit eine Mischung der Organisationsstruktur mit zentralen und dezentralen Elementen erfordern. Insbesondere die auf Technologiespezifität gerichtete Aufgabenorientierung unterliegt allein durch den eigenen Erkenntnisfortschritt einer laufenden Relevanzüberprüfung. Das führt zu Organisationen, die bewusst auf beschränkte Zeit angelegt, dabei aber zwischen Projekten und auf unbestimmte Dauer angelegten Einheiten angesiedelt sind. Als Beispiel wird auf die auf drei Jahre limitierten „Projekthäuser" bei Degussa verwiesen.

Kontext- und Konsistenzabhängigkeiten der organisatorischen Gestaltung (→ *Organisatorische Gestaltung (Organization Design)*) müssen nicht in dieselbe Richtung weisen. Dann kann es, je nach der Gewichtung der Einflüsse, zu unterschiedlichen Strukturierungen in derselben Branche kommen (*West* 2000).

Zweitens wird die Frage gestellt, wie die Strukturierung eines F&E-Bereichs selbst zu erfolgen habe. Grundsätzlich stehen hierfür die reinen und die gemischten Typen der *Spezialisierung* zur Auswahl. Bei den reinen Typen wird die Organisation nach Verrichtungen (z.B. gleichen wissenschaftlichen Disziplinen), Objekten (z.B. gleichen Produktarten, Prozesstypen oder sogar Projekten), räumlichen Gesichtspunkten (z.B. bei der Berücksichtigung der Entwicklung für regional unterschiedliche Nachfragetypen), Phasen (z.B. branchenüblichen Aufteilungen wie in Grundlagenentwicklung, Vorentwicklung, Produktentwicklung, Serienbegleitung) oder Relevanz (z.B. bei der personenorientierten Organisation zur Sicherung der Dienste eines besonders wertvollen Mitarbeiters) gegliedert. Bei den gemischten Typen können die reinen Typen auf unterschiedlichen Hierarchieebenen der Organisation vorkommen oder in der Form der Matrix- oder der Tensor-Organisation auf einer Ebene verwirklicht werden.

Drittens ist untersucht worden, durch welche organisatorischen Lösungen der *F&E-Prozess* in besonderer Weise abgebildet und gefördert werden kann. Für die Abbildung sind verschiedene Instrumente der Netzplantechnik vorgeschlagen worden. Die Förderung der Prozesse greift grundsätzlich auf die Definition von Meilensteinen und die Festlegung von Verantwortlichkeiten für die Erreichung der Meilensteine sowie die Kommunikation der Meilenstein-Ergebnisse zurück. Die Entwicklung der Informations- und Kommunikationstechnik der letzten Jahre (*Howells* 2002) hat es im Verein mit einem auf Reduzierung der Entwicklungsdauer gerichteten Druck möglich und notwendig gemacht, eine immer stärkere Parallelisierung von Prozessschritten vorzunehmen. Dies erhöht grundsätzlich die Unsicherheit im Hinblick auf den plangerechten Abschluss der Prozesse. Diese Prozessgestaltung ist im Wesentlichen auf solche Prozesse beschränkt, in denen nur geringe tacit knowledge-Anteile zu verzeichnen sind (→ *Projektmanagement*).

II. Wandel von Forschung und Entwicklung

F&E ist in den letzten Jahren einem tief greifenden Wandel unterworfen. Dieser Wandel ist in Vorstellungen von Generationenfolgen des Managements verdichtet worden (*Saad/Roussel/Tiby* 1991; *Cooper* 1994; *Miller* 1995; *Amidon Rogers* 1996; ohne Bezug auf den Generationenbegriff: *Chiarmonte* 1997), wobei allerdings große Unschärfen und Unterschiede in den Abgrenzungen auftreten. Diese Vorstellung ist daher nicht überzeugend. Die unbestrittenen Wandlungsprozesse haben zugleich Auswirkungen auf die Organisation der Aktivitäten. Die Beurteilung dieser Auswirkungen stellt neue Herausforderungen dar. Die folgenden Wandlungen sind zu beobachten.

Erstens hat die erweiterte rechtliche Sicherung vor Gefährdungen, die Abnehmern aus neuen Produkten erwachsen können oder der Umwelt des Unternehmens aus seinen Produktionsprozessen, dazu geführt, dass sich das Spektrum der natur- und ingenieurwissenschaftlichen Aufgabenstellungen bis zur Zulassung eines Produkts oder zur Genehmigung eines Prozesses erweiterte, dass den Test- und Erprobungsverfahren wesentlich höhere Bedeutung zukommt, und dass human-, sozial- und wirtschaftswissenschaftliche F&E komplementär zur bisherigen F&E hinzutreten musste. Während Erkenntnisse aus den beiden erstgenannten Wissenschaftsgebieten vor allem zu einem erweiterten Sicherheitskonzept von Produkten beitragen sollen, entsprechen letztere vor allem dem Wunsch, die potenzielle Nachfrage zu erfassen und zur Grundlage für die ökonomische Bewertung der F&E-Aktivitäten heranzuziehen. Aktivitätenbereiche der genannten Art sind teilweise auch aus Unternehmen ausgelagert worden, wobei sich für ihre Durchführung Spezialanbieter gebildet haben (*Rüdiger* 2000; *Brockhoff* 2001). Hier wird die organisatorische Gestaltung (→ *Organisatorische Gestaltung (Organization Design)*) externer Schnittstellen zur besonderen Aufgabe.

Zweitens hat der erhöhte *Wettbewerbsdruck* dazu geführt, dass die externe *Wissensbeschaffung* von dem im „not invented here-syndrome" (*Mehrwald* 1999) beschriebenen Odium des „Zweitklassigen" befreit wurde. Externes Wissen kann teilweise zu niedrigeren Kosten erworben werden als die interne Bereitstellung vergleichbaren Wissens, setzt aber in der Regel eigenes Wissen zur Identifizierung und Absorption voraus. Das Zusammenwirken beider Wissenstypen im Unternehmen ist auch unter Wettbewerbsbedingungen im Modell analysiert worden (*Boyens* 1998). Die Organisation von F&E-Kooperationen, -Allianzen oder -Netzwerken erfordert spezifische Fähigkeiten, Steuerungskriterien und Institutionen (z.B. „alliance managers": *Callahan/MacKenzie* 1999), da der F&E-Prozess wegen der ihm inhärenten Unsicherheit nicht vollständig in Verträgen abzubilden ist.

Erhöhter Wettbewerbsdruck fördert auch die systematische externe Verwertung von Wissen, das intern nicht zur Stärkung der Wettbewerbsfähigkeit beiträgt (*Boyens* 1998). Während die interne Wissensweitergabe durch sekundäre organisatorische Maßnahmen unterstützt werden kann, ist für die externe Weitergabe ein Wissensmarketing erforderlich. Dadurch erweitert sich der übliche Prozess der Wissenserstellung in F&E.

Mit diesen nach außen gerichteten Aktivitäten wandelte sich das *F&E-Management* zum → *Technologiemanagement*. Die zu seiner Unterstützung notwendige technologische Umweltanalyse, die Verankerung von Absorptionstätigkeiten im Aufgabenspektrum von F&E-Abteilungen, die Einrichtung von Technologieverwertungsabteilungen mit Marketingaufgaben sind Beispiele für Änderungen in der Organisationsstruktur. Sie haben zugleich auch Folgen für die Abläufe von F&E-Prozessen. Einige organisatorische Instrumente, wie das Corporate Venturing (*Poser* 2002) können sowohl die externe Verwertung als auch die externe Beschaffung neuen technologischen Wissens zum Ziel haben. Mit diesen Wandlungen wird das Technologiemanagement mit einem umfassenderen *Wissensmanagement* im Unternehmen verknüpft (*Brockhoff* 2002). Aus einer Organisation von F&E wird eine Organisation des Technologie- oder des Wissensmanagements für Unternehmen.

Drittens ist festzustellen, dass aus der zunehmenden *Internationalisierung* von Unternehmen spezifische Organisationsprobleme für F&E folgen. Die Internationalisierung von F&E hat aber auch originäre Bestimmungsgründe: National unterschiedliche Beschränkungen der F&E können zu Dislozierungen führen, und aus dem Nachweis optimaler Laborgrößen hinsichtlich der Effektivität und Effizienz der Tätigkeiten (*Kuemmerle* 1998) wird die Errichtung mehrerer F&E-Standorte abgeleitet. Die daraus folgenden Organisationsprobleme sind zweifach: Entscheidungen über den Gegenstand von F&E können an anderer Stelle getroffen werden als dort, wo die Ausführungskompetenz liegt (*Brockhoff* 1998), und für eine Aufgabe sind Tätigkeiten in mehreren Laborstandorten miteinander zu verknüpfen. Zusätzlich ist davon auszugehen, dass Kompetenzen zur Aufgabenlösung schwer zu prognostizieren und zeitlich instabil sind, beispielsweise durch Zu- oder Abwanderung von Personal. Aus verschiedenen Gründen ist die ursprünglich einmal übliche räumliche Einheit von Entscheidungsort und Durchführungsort von F&E in zentralen F&E-Bereichen aufgegeben worden. Die vollständige Dezentralisierung, wie sie in einigen Fällen vor allem in nach dem Management-Holding-Konzept aufgebauten Konzernen angestrebt wurde, hat so viele Schwächen gezeigt, dass zumindest milde Formen einer Rezentralisierung von mehreren Autoren beobachtet wurden (*Brockhoff* 1998; *Gassmann/v. Zedtwitz* 1998). Bei den gemischten Mustern zentraler und gleichzeitig existenter dezentraler F&E-Einheiten kommt es auf eine klare Aufgabendifferenzierung an (*Greb* 2000), die insbesondere bei der zentralen Einheit durch ihre Finanzierungsart (*Warschkow*

1993) unterstützt werden kann. Die Aufrechterhaltung wechselweiser Unterstützung von F&E-Einheiten in einem Unternehmen unter Nutzung ihrer kreativen Potenziale darf nicht dazu führen, dass eine Fragmentierung in „technological anarchy" folgt (*Pearce/Papanastassiou* 1996).

Viertens hat sich gezeigt, dass F&E nicht mehr auf Industrieunternehmen beschränkt ist. Auch *Dienstleistungsunternehmen* gründen ihre Wettbewerbsvorteile zunehmend auf eigene F&E. Beispielsweise erfordert die Entwicklung neuer Software oder neuer Finanzdienstleistungen systematisch erworbenes neues Wissen für Produkte oder Prozesse, das von dem in „klassischen" F&E-Bereichen notwendigen abweicht.

Fünftens hat die nun etwa 35 Jahre dauernde intensive wissenschaftliche Beschäftigung mit dem Management von F&E zu einer fortschreitenden Professionalisierung auch dieses Teils des Funktionsbereichs geführt. Damit ist die stärkere Verknüpfung mit der Bildung von Unternehmensstrategien und die Einbeziehung von Kundenwünschen in die Definition von Entwicklungsaufgaben einhergegangen. Die Organisation der Planungs- und Entscheidungseinheiten muss vorsehen, dass die Träger solcher Interessen angemessen berücksichtigt werden. F&E verliert damit einen Teil der früher stärker ausgeprägten Planungs- und Entscheidungsautonomie, die im Extremfall so genannte „technology push"-Innovationen begünstigte. Freilich ist dies in Branchen mit älteren Technologien eher zu beobachten als in solchen mit sehr jungen Technologien, wo die Technologiedruck-Innovation („technology push innovation") immer wieder überwiegt. Es ist eine schmerzhafte Umorientierung notwendig, wenn Nachfragesog („demand pull") die größeren Wettbewerbsvorteile zu versprechen beginnt. Mit einem solchen strategischen Wandel kann auch verbunden sein, dass F&E innerhalb des Unternehmens eine stärkere Dezentralisierung erfährt und innerhalb von F&E die Aufgabenspezialisierung sich weniger an Phasen oder Verrichtungen und mehr an Objekten orientiert.

Sechstens haben sich Veränderungen in F&E-Prozessen selbst vollzogen, die organisatorische Folgen haben. Das wird in zwei Ausprägungen erkennbar.

Einmal ist in manchen Gebieten erkennbar, dass durch Fortschritte in der Grundlagenforschung die Prozesse von angewandter F&E ihren früher empirischen Charakter verlieren und sie stärker kumulativ werden. Damit geht einher, dass statt breit angelegter Suchprozesse nach Problemlösungen nunmehr fokussierte, auf theoretischer Grundlage ruhende Prozesse geplant werden können. Die pharmazeutische Forschung liefert für diesen Wandel der Prozesse ein herausragendes Beispiel, da sie durch die Fortschritte in der Genomforschung, die kombinatorische Chemie und das High Throughput Screening entscheidenden Auftrieb erhält (*Walsh/Lodorfos* 2002 geben einen ersten Einstieg).

Zum anderen haben Fortschritte in der *Informations- und Kommunikationstechnik* weitere als die oben genannten Konsequenzen. Weite Teile der Diskussion um das Wissensmanagement zeigen dies deutlich. Die Anlage von personenorientierten oder objektorientierten Wissensdatenbanken erleichtert die Bildung von Projektteams und die Identifizierung inner- und außerbetrieblicher Experten (*Kandel* et al. 1991; *Howells* 2002). Dieser Gedanke des Nachweises individueller Kompetenzen ist selbst auf das Management ausgedehnt worden (*Capaldo/Volpe/Zollo* 1996). Projektteams können damit leichter zu ihrer Kerngruppe ergänzende Experten identifizieren, um sie auf Zeit hinzuziehen. Dadurch entstehen „virtuelle F&E-Organisationen"(*Adler/Zirger* 1998; *Howells* 2002). Externe und interne Netzzugänge beschleunigen die Prozesse der Informationsgewinnung und -verbreitung, stellen zugleich aber auch hohe Anforderungen an die Gewährleistung von Sicherheit ebenso wie an die Überprüfung der Zuverlässigkeit aus dem Netz zugehender Informationen.

III. Reorganisation

Schnelle Weiterentwicklungen des technisch-naturwissenschaftlichen Wissens, die zeitweise intensiven Fusions- und Akquisitionstätigkeiten, die Veränderung der den Unternehmenserfolg beeinflussenden Strukturen auf den Beschaffungs- und Absatzmärkten sind genügend Anlässe, um regelmäßig über die zweckmäßige Organisation von F&E nachzudenken und diese zu realisieren (→ *Organisatorische Gestaltung (Organization Design)*). Der Wandel auch der F&E wird zum Normalfall, F&E sollte zur „*lernenden Organisation*" werden (*Schreyögg/Noss* 1995). Bisher gibt es dazu aber nur wenige Erkenntnisse. Beispielsweise weisen *Specht/Beckmann/Amelingmeyer* 2002 auf einen allgemein gehaltenen, fünfstufigen Prozess zur Durchführung des organisatorischen Wandels hin: Bestandsaufnahme und Analyse der Organisation, Alternativengenerierung, Alternativenbewertung und -auswahl, Implementierung, Erfolgskontrolle. Die eigentlichen Schwierigkeiten stellen sich in den jeweiligen Prozessphasen ein.

Die Akzeptanz oder sogar Unterstützung der F&E-Reorganisation erfordert besondere Aufmerksamkeit für die Mitarbeiter und insbesondere die „Schlüsselerfinder", da F&E ein personalintensiver Prozess ist und der überragende Ergebnistreiber in der Kreativität der Mitarbeiter liegt (*Vitt* 1998; *Ernst/Leptien/Vitt* 2000).

Literatur

Adler, Terry/Zirger, B. J.: Organizational learning: Implications of a virtual research and development organization, in: American Business Review, Jg. 16, H. 2/1998, S. 51–60.

Allen, Thomas J.: Managing the flow of technology: Technology transfer and the dissemination of technological information within the R&D organization, Cambridge 1977.
Amidon Rogers, Debra M.: The challenge of fifth generation R&D, in: Research. Technology Management, Jg. 39, 1996, S. 33–41.
Boyens, Karsten: Externe Verwertung von technologischem Wissen. Möglichkeiten und Grenzen, Wiesbaden 1998.
Brockhoff, Klaus: Technologiemanagement als Wissensmanagement, Berlin 2002.
Brockhoff, Klaus: Die Erzeugung neuen technologischen Wissens als unternehmerische Aufgabe, in: Entrepreneurial Spirits. Horst Albach zum 70. Geburtstag, hrsg. v. *Sadowski, Dieter*, Wiesbaden 2001, S. 5–30.
Brockhoff, Klaus: Forschung und Entwicklung. Planung und Kontrolle, 5. A., München 1999.
Brockhoff, Klaus: Internationalization of Research and Development, Berlin et al. 1998.
Callahan, John/MacKenzie, Scott: Metrics for strategic alliance control, in: R&D Management, Jg. 29, 1999, S. 365–377.
Capaldo, Guido/Volpe, Antonio/Zollo, Guiseppe: Management of capabilities and situations in R&D centres: The matrix of competences, in: R&D Management, Jg. 26, 1996, S. 231–239.
Chiarmonte, Ferdinando: How innovation is changing R&D, in: International Journal of Technology Management, Jg. 13, 1997, S. 461–470.
Cooper, Robert G.: Third generation of new product processes, in: Journal of Product Innovation Management, Jg. 11, 1994, S. 3–14.
Ernst, Holger/Leptien, Christopher/Vitt, Jan: Inventors are not alike: The distribution of patenting output among industrial R&D personnel, in: IEEE Transactions on Engineering Management, Jg. 47, 2000, S. 184–199.
Gassmann, Oliver/Zedtwitz, Maximilian von: Organization of industrial R&D on a global scale, in: R&D Management, Jg. 28, 1998, S. 147–162.
Greb, Robert: Zentralisierung in der globalen Unternehmung: Die Organisation unternehmensinterner F&E in der chemischen Industrie, Wiesbaden 2000.
Hauschildt, Jürgen: Innovationsmanagement, 2. A., München 1997.
Howells, Jeremy: Mind the gap: Information and communication technologies, knowledge activities and innovation in the pharmaceutical industry, in: Technology Analysis & Strategic Management, Jg. 14, 2002, S. 355–370.
Kandel, Nicolas et al.: Who's who in technology: Identifying technological competence within the firm, in: R&D Management, Jg. 21, 1991, S. 215–228.
Kern, Werner/Schröder, Hans-Horst: Forschung, Organisation der, in: HWO, hrsg. v. *Frese, Erich*, 3. A., Stuttgart 1992, Sp. 627–640.
Kern, Werner/Schröder, Hans-Horst: Forschung und Entwicklung, Organisation der, in: HWO, hrsg. v. *Grochla, Erwin*, 2. A., Stuttgart 1980, Sp. 707–719.
Kern, Werner/Schröder, Hans-Horst: Forschung und Entwicklung in der Unternehmung, Reinbek bei Hamburg 1977.
Kivimäki, Mika et al.: Communication as a determinant of organizational innovation, in: R&D Management, Jg. 30, 2000, S. 33–42.
Kuemmerle, Walter: Optimal scale for research and development in foreign environments. An investigation into size and performance of research and development laboratories abroad, in: Research Policy, Jg. 27, 1998, S. 111–126.
Kupsch, Peter/Marr, Rainer/Picot, Arnold: Innovationswirtschaft, in: Industriebetriebslehre, hrsg. v. *Heinen, Edmund*, 9. A., Wiesbaden 1991, S. 1071–1154.
Leptien, Christopher: Anreizsysteme im Bereich der industriellen Forschung und Entwicklung, Wiesbaden 1996.

Mehrwald, Herwig: Das „Not Invented Here"-Syndrom in Forschung und Entwicklung, Wiesbaden 1999.
Miller, William L.: A broader mission for R&D, in: Research. Technology Management, Jg. 38, 1995, S. 24–36.
Nadler, David/Tushman, Michael: A model for diagnosing organizational behavior, in: Readings in the management of innovation, hrsg. v. *Tushman, Michael/Moore, William*, Boston 1982, S. 153–168.
Pearce, Robert/Papanastassiou, Marina: R&D networks and innovation: decentralised product development in multinational entreprises, in: R&D Management, Jg. 26, 1996, S. 315–332.
Poser, Timo: Impact of corporate venture capital on sustainable competive advantage of the investing company – A resource-based approach, Vallendar 2002.
Rüdiger, Matthias: Forschung und Entwicklung als Dienstleistung. Grundlagen und Erfolgsbedingungen der Vertragsforschung, Wiesbaden 2000.
Saad, Kamal/Roussel, Philip/Tiby, Claus: Management der F&E-Strategie, Wiesbaden 1991.
Schreyögg, Georg/Noss, Christian: Organisatorischer Wandel: Von der Organisationsentwicklung zur Lernenden Organisation, in: DBW, Jg. 55, 1995, S. 169–185.
Specht, Günter/Beckmann, Christoph/Amelingmeyer, Jenny: F&E-Management, 2. A., Stuttgart 2002.
Vitt, Jan: Schlüsselerfinder in der industriellen Forschung und Entwicklung, Wiesbaden 1998.
Walsh, Vivien/Lodorfos, George: Technological and organizational innovation in chemicals and related products, in: Technology Analysis & Strategic Management, Jg. 14, 2002, S. 273–298.
Warschkow, Kai: Organisation und Budgetierung in zentralen F&E-Bereichen, Stuttgart 1993.
West, Jonathan: Institutions, information processing, and organization structure in research and development: Evidence from the semiconductor industry, in: Research Policy, Jg. 29, 2000, S. 349–373.
Wilts, Arnold: Forms of research organisation and their responsiveness to external goal setting, in: Research Policy, Jg. 29, 2000, S. 767–781.

Führung und Führungstheorien

Jürgen Weibler

[s.a.: Charismatische Führung; Führungsstile und -konzepte; Hierarchie; Human Ressourcen Management; Identitätstheoretischer Ansatz; Macht in Organisationen; Managerrollen und Managerverhalten; Menschenbilder; Motivation.]

I. Führung in Organisationen; II. Führungsbeziehung und Führungserfolg; III. Führungstheorien; IV. Kritische Würdigung.

Zusammenfassung

Der Beitrag akzentuiert Führungsfragen in Organisationen. Besonderer Wert wird auf die Problematisierung von Führung als Führungsbeziehung gelegt.

Zentrale Führungstheorien werden eingeordnet und besprochen. Eine kritische Würdigung beschließt die Ausführungen.

I. Führung in Organisationen

Die Auseinandersetzung mit Führungsfragen findet innerhalb der Betriebswirtschaftslehre/*Managementlehre* auf zwei Ebenen statt. Die erste Ebene ist der Bereich der *Unternehmensführung*, der die Gestaltung, Lenkung und Entwicklung von Prozessen des Unternehmensgeschehens sowie deren strukturelle Begleitung betrifft. Damit steht die Steuerung der Organisation im Fokus der Betrachtung. Die zweite Ebene, die nachfolgend weiter vertieft wird, ist der Bereich der *Personalführung* (Mitarbeiterführung, leadership), der sich auf die Steuerung des Verhaltens von Organisationsmitgliedern bezieht. Eine Verbindung zwischen den Ebenen besteht insofern, als einerseits innerhalb der Unternehmensführung Fragen der Personalführung aufgenommen werden und sich andererseits die Personalführung immer in einem von Entscheidungen der Unternehmensleitung verantworteten Rahmen vollzieht. Dieser wird vor allem durch das organisatorische Gefüge konkretisiert. Dieses Gefüge dient nicht zuletzt dazu, das Verhalten der Organisationsmitglieder abzustimmen. Allerdings reichen die vom Grundsatz her unpersönlichen Vorkehrungen regelmäßig nicht aus, die verfolgte Absicht befriedigend umzusetzen (*Weibler* 2001, S. 103 ff.). So kommt der Personalführung (kurz: Führung) in diesem Zusammenhang die Aufgabe zu, das Leistungs- und Sozialverhalten der Organisationsmitglieder entsprechend den in der Organisation bestehenden *normativen Erwartungen* und faktischen Erfordernissen ergänzend auszurichten. Es geht allerdings nicht nur darum, die dem organisatorischen Gefüge inhärenten Steuerungsdefizite passiv kompensierend aufzufangen, sondern vor allem darum, die potenziell aktivierende, gestaltende Kraft der Führung einzubringen. Gerade letztere ist es ja, die das Nachdenken über Führung forciert und im Mittelpunkt des Interesses steht (*Zaccaro/Klimoski* 2001).

Trotz dieser der Führung entgegengebrachten Aufmerksamkeit liegt kein einheitliches *Führungsverständnis* vor (*Neuberger* 2002, S. 11 ff.; *Rost* 1991). Die Crux ist, dass unterschiedliche Vorannahmen (z.B. → *Menschenbilder*) und Erkenntnisinteressen, nicht selten auch Ideologien, das Führungsverständnis prägen. Dies schwingt schon bei den anthropologischen wie funktionalen Begründungsversuchen für Führung mit. Etymologisch verweist „führen" auf das Veranlassen, dass sich etwas bewegt, auf das „gerichtete Fahren machen", also darauf, andere auf ein Ziel hin in Bewegung zu setzen. Viele Definitionen nehmen dies bei aller Uneinheitlichkeit bis heute auf.

In der hervorragenden Übersicht von Rost (*Rost* 1991), der die Historie der *Führungsforschung* unter Zuhilfenahme von 221 gefundenen Definitionen rekonstruiert und kritisch analysiert, zeigt sich u.a. die zeitliche wie inhaltliche Kontextgebundenheit des Phänomenzugangs. Auffällig ist dennoch, dass Führung oftmals mit (zielbezogener) Beeinflussung assoziiert ist, die traditionelle Ausrichtung auf den Führenden zunehmend in den Hintergrund tritt und Geführte sowie die Führungsbeziehung im Laufe der Zeit wichtiger werden.

Ein Grundproblem der *Führungsdiskussion*, das sich auch auf die Formulierung von *Führungsdefinitionen* auswirkt, ist, dass das Innehaben einer bestimmten formalen Position mit Führung gleichgesetzt wird, obwohl bereits Gibb mit seiner sinnvollen Unterscheidung von „*headship*" (Leitung) und „*leadership*" (Führung) sehr früh den richtigen Weg gewiesen hatte (vgl. *Gibb* 1969). Hintergrund ist, dass Führung – im Gegensatz zur *Leitung*, deren Einfluss allein auf einer formalen Positionsmacht beruht – von anderen erlebt und anerkannt werden muss. Ansonsten bekämen Befehl und geforderter Gehorsam dieselbe Qualität wie Einsicht und freiwillige Gefolgschaft. Dies ist offensichtlich unbefriedigend. Die von Gibb gegebene Differenzierung wird von *Attributions*- und *Kategorisierungstheorien* präzisierend unterstützt (vgl. z.B. *Calder* 1977; *Lord/Maher* 1991). Hier wird Führung als ein (vor-)bewusster Zuschreibungsprozess erachtet, der norm- und erfahrungsfundierten prototypischen Vorstellungen (*Schemata* und *Skripte*) über Idealbilder von Führung verpflichtet ist. Damit ist eine Beliebigkeit von Zuschreibungskriterien innerhalb einer Gemeinschaft faktisch ausgeschlossen (vgl. auch *Weibler* et al. 2000). Ein (hierarchisch begründeter) Führungsanspruch transformiert eine (Arbeits-)Beziehung demnach noch nicht in eine Führungsbeziehung. Ein Führender muss als solcher von anderen (den potenziell Geführten) wahrgenommen werden. Zwang, Manipulation oder Überredung haben mit Führung nichts zu tun. Auch im Lichte dieser Erkenntnis ist Führung wie folgt zu definieren: *Führung heißt andere durch eigenes, sozial akzeptiertes Verhalten so zu beeinflussen, dass dies bei den Beeinflussten mittelbar oder unmittelbar ein intendiertes Verhalten bewirkt* (*Weibler* 2001, S. 29). Die Beeinflussung kann sich auf alle Determinanten des Verhaltens von Individuen beziehen (z.B. Kognitionen, Emotionen, Motivation, Arbeitsbedingungen). Damit zeigt sich, dass die in Teilen der betriebswirtschaftlichen Literatur anzutreffenden Modellierungen von Führung im Rahmen eines *Prinzipal-Agenten-Verhältnisses* (→ *Prinzipal-Agenten-Ansatz*) (vgl. *Picot/Neuburger* 1995, wenig glücklich: *ökonomische Führungstheorie*) sehr verkürzt sind. Dort geht man ausdrücklich von einem durch Informationsasymmetrie gekennzeichneten Auftraggeber-Auftragnehmer-Verhältnis aus, wobei die Frage der Akzeptanz des Auftraggebers grundsätzlich keine Rolle spielt. Von der Vorstellung her handelt es sich vielmehr um die Betrachtung des Verhältnisses zweier Positionsinhaber, die in einem hierarchisch bedingten Über- bzw. Unterordnungsverhältnis zueinander stehen. Modelliert wird also ein Leitungs- und kein Führungsverhältnis.

Daneben steht die Frage der Zuweisung substanzieller *Führungsaufgaben* bzw. *Führungsfunktionen*. In einer informativen Übersicht von Fleishman et al. werden hierfür 65 Klassifikationsvorschläge auf unterschiedlichem Abstraktionsniveau zusammengestellt und zu sechs funktionalen, mit einer *Führerrolle* einhergehenden Verhaltensdimensionen verdichtet (z.B. „information use in problem solving", „managing personell resources"; vgl. *Fleishman* et al. 1991). Es kann gezeigt werden, dass sich diese Klassifikationen auch an veränderten Führungsproblemen orientieren. Als geradezu klassisch ist die grobe Unterteilung (*Lukasczyk* 1960) in die Lokomotionsfunktion (goal achievement) und die Kohäsionsfunktion (group maintenance) anzusehen. Dies ist gleichzeitig Kern der *funktionalen Theorie der Führung*, die die Wahrnehmung dieser Funktionen rollentheoretisch fasst und in der Regel unterschiedlichen Personen zuweist (*Führungsdual* – ansonsten: great man; *Divergenztheorem der Führung*; *Bales/Slater* 1969).

Die Beeinflussung anderer wird vor allem im anglo-amerikanischen Raum als eine direkte Beeinflussung von Menschen durch Menschen mittels Kommunikation und Vorleben gesehen. Dies ist zweifelsfrei Kern jeder Führung. Organisationale Strukturrealitäten (Positionsmacht, Aufgabe, Belohnungssysteme usw.) sind aber vom Prinzip her mit zu berücksichtigen, um die Wirksamkeit der Verhaltensbeeinflussung besser verstehen zu können (vgl. *Reber* 1995, Sp. 661 f.). Wunderer unterscheidet deshalb zwischen einer *interaktiven* und *strukturellen Führung* (vgl. *Wunderer* 2003, S. 5). Während sich die interaktive Führung auf die unmittelbare, direkte Einflussnahme bezieht, orientiert sich die strukturelle, indirekte Führung an der Beeinflussung anderer durch führungsstrategische, führungsorganisatorische und führungskulturelle Maßnahmen (vgl. hier auch die Medien einer *entpersonalisierten Führung*, *Türk* 1995). In diesem Sinne sind *Führungsinstrumente* (z.B. Mitarbeitergespräch) und *Führungsprinzipien* (z.B. *Management by Objectives*/Delegation) Bestandteile einer strukturellen Führung.

II. Führungsbeziehung und Führungserfolg

Führung vollzieht sich in einer *Führungsbeziehung*, die eine sehr einfache Grundstruktur besitzt (vgl. Abb. 1): Zwei oder mehr Personen (ein Führender und ein *Geführter* bzw. mehrere Geführte) interagieren in einer bestimmten (Führungs-)Situation, die wiederum in einen bestimmten (Führungs-)Kontext eingebettet ist (hier: eine Organisation). Resultierender Effekt aus der Führungsbeziehung ist der *Führungserfolg*.

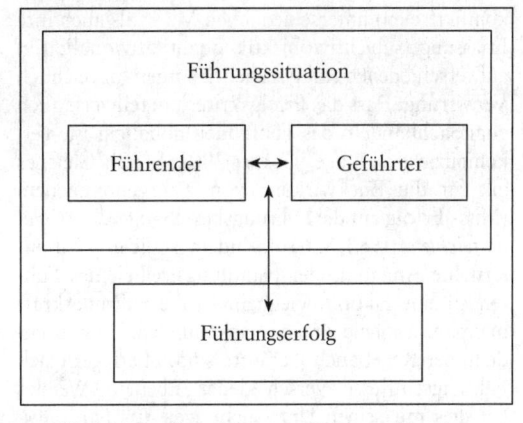

Abb. 1: Grundstruktur einer Führungsbeziehung

Die Führungsbeziehung wird gängigerweise durch die Führer- und Geführtenposition konstituiert und als eine spezielle Form der *sozialen Interaktion* aufgefasst. Ohne Geführte gibt es keine *Führer* und Führung findet ohne Gefolgschaft nicht statt. Der Interaktionsbegriff drückt aus, dass das Verhalten der Personen aufeinander bezogen ist und zwar reaktiv wie antizipativ. Es handelt sich um eine wechselseitige, wenngleich asymmetrische, Einflussbeziehung. Dort, wo sich eine Führungsbeziehung nicht entlang formaler Erwartungen herausbildet, spricht man von *informeller Führung* (→ *Informelle Organisation*).

Eine Führungsbeziehung unterliegt den gegebenen Bedingungen ihres Umfelds. Das gesamte Umfeld der Führungsbeziehung wird *Führungssituation* genannt. Hier kann zwischen Führungssituationsfaktoren und Führungssituationsvariablen unterschieden werden (*Weibler* 2001, S. 74 ff.). Der Einfluss der Situation auf den Führungserfolg – und dies ist ein wesentlicher Grund ihrer Analyse – wird jedoch unterschiedlich modelliert (*Schreyögg* 1995). Dies schlägt sich auch bei der Formulierung hierauf bezogener Führungstheorien nieder. Rückwirkungen des Verhaltens auf die Situation werden selten betrachtet.

Der Führungserfolg wird wiederum in zweierlei Hinsicht diskutiert. Zum einen interessiert man sich für den Beitrag der Führung für den *Unternehmenserfolg*. Die Ergebnisse differieren je nach methodischer Vorgehensweise (*Lieberson/O'Connor* 1972; *Day/Lord* 1988). Unklar bleibt dabei, um eine Problematik zu verdeutlichen, wie Makroeffekte aus Mikroeffekten abgeleitet werden können. Organisationstheoretische Befunde werden zudem kaum berücksichtigt. Zum anderen – und darum geht es im Eigentlichen – wird der Beitrag der Führung auf Erfolgsgrößen untersucht, die unmittelbar mit der Führungsbeziehung in Verbindung gebracht werden können (Leistung und Zufriedenheit von Personen, Variablen der Geführtengruppe). Dies ist für die Führungspraktiker immer von überragender Bedeutung. Dennoch bleibt auch hier die Ableitung von Kriterien schwierig (*Lehner* 1995). Sowohl die (keineswegs konfliktfreien) unterschiedlichen Maße als auch ihre Erfassung (subjektiv/objektiv, quantitativ/qualitativ) auf verschiedenen Analyseebenen sorgen für reichlich Verwirrung. Dass das Erfolgskriterium teilweise auch vom Sachhandeln des Führenden abhängig ist, verkompliziert die Lage (*Gebert* 2002, S. 32). Gleiches gilt für die Rückwirkung von wahrgenommenem (Miss-)Erfolg auf die Führungsbeziehung selbst (*Niederfeichtner* 1983, S. 610). Zudem ist die implizit unterstellte Annahme der Handlungsfreiheit des Führenden eine Fiktion. Vielmehr ist die Führungskraft in organisationale Zwänge eingebunden. Da Führende in der Regel auch Geführte sind, überlagern sich Führungseinflüsse verschiedener Ebenen. Weibler hat dies mit seinen Untersuchungen zur *Führungstriade* (Geführter, Führer, *nächsthöherer Vorgesetzter*) theoretisch wie empirisch gezeigt (vgl. *Weibler* 1994). Ohne hier ins Detail gehen zu können, liefern die empirischen Studien dennoch insgesamt klare Hinweise dafür, dass Führung (unter anzugebenden Bedingungen) einen Unterschied macht. Generell sollten die Erfolgskriterien so nah wie möglich zu ihrer Verursachung gesucht werden. Ob eine erfolgreiche Führung auch eine moralisch vertretbare Führung ist, wird selten problematisiert (*Führungsethik*; *Ciulla* 1995; *Weibler* 2001, S. 395 ff.; *Kuhn/Weibler* 2003). Eine Verbindung der Erfolgsmessung mit strategischen wie operativen Fragen des Controllings (→ *Controlling*) wird in der betriebswirtschaftlichen Führungsforschung gelegentlich versucht (*Führungscontrolling*), löst aber die offenen theoretischen und methodischen Fragen nicht.

III. Führungstheorien

Die multidisziplinäre Verankerung der *Führungsforschung* (Managementlehre, Militärwissenschaft, Psychologie, Soziologie, Pädagogik, Politikwissenschaft) hat die Vielgestaltigkeit der Theorienbildung forciert (zur Übersicht: *Bass* 1990; *Kieser/Reber/Wunderer* 1995; *Bryman* 1996; *House/Aditya* 1997) und zur Heterogenität der Führungslandschaft beigetragen (*Weibler* 1996). Der Theorienbegriff ist dabei sehr breit zu fassen. Eine wichtige Rolle spielen etablierte sozialwissenschaftliche Theorien, die dann auf den Anwendungskontext zugeschnitten werden. Die Theorienentwicklung wie die Theoriendiskussion verfolgt nur gelegentlich integrative Absichten (*Yukl* 1998, S. 277) Kennzeichen ist vielmehr die isolierte Behandlung des jeweiligen Ansatzes. Führungstheorien sind wie alle Theorien nicht voraussetzungsfrei. Insbesondere sind hier das Vorverständnis von Führung und das zugrunde liegende Menschenbild zu nennen. Führungstheorien beanspruchen, Erscheinungsformen von Führung zu beschreiben, deutend zu verstehen oder zu erklären. Darüber hinaus ist teilweise die Ableitung von gestaltungsorientierten Handlungsempfehlungen (Anregung, Unterstützung) möglich, die auch den Charakter von *Führungsmodellen* (*Weibler* 2004a) annehmen können.

Unter Vernachlässigung primär entscheidungsorientierter Führungsstilansätze wird, ausgehend von den Grundelementen einer Führungsbeziehung, nachfolgend ein Vorschlag zur Einordnung von zentralen Führungstheorien unterbreitet. Die Erläuterung folgt den Grundelementen sowie ihrer Verknüpfung.

Die Mehrzahl der entwickelten Theorien ist aus der Sicht des Führenden formuliert. Die *führerzentrierten* Theorien waren es auch, die den Beginn einer breiteren, erfahrungswissenschaftlichen Auseinandersetzung mit dem Führungsphänomen seit den 30er Jahren des letzten Jahrhunderts markieren. Treibende Kraft war die Suche nach persönlichkeitsbezogenen Differenzen zwischen Führern und Nicht-Führern bzw. „guten" und „schlechten" Führern. Diese *Eigenschaftstheorie der Führung* dominierte bis zur Mitte des 20. Jh. und wird mit Hilfe neuerer Persönlichkeitstheorien/-modelle (bspw. die Big Five; zur Übersicht *Gebert* 2002) und verbessertem Instrumentarium bis heute verfolgt. Gegenbewegungen, die Personen nur als Erfüllungsgehilfen einer bestimmten Situation sahen, traten dahinter zurück (*environmental theory/history theory*) – ideologische wie pragmatische Gründe waren zu stark (Selbstlegitimation der Führenden; *Führungskräfteauswahl*). Ein „Führungsfaktor" wurde nicht gefunden, doch sind nicht alle denkbaren Eigenschaften von gleichem Gewicht. Immer wieder genannt werden Energie, (Soziale) Intelligenz, prosoziale Motivation, Dominanz oder Selbstvertrauen (z.B. *House/Shane/Herold* 1996). Den Zusammenhang von grundlegenden Motiven (vor allem sozial orientierte Macht) und Führungseffektivität postuliert die recht unbeachtet gebliebene *Leader Motive Profile Theory*, die ein „*leadership motive syndrome*" identifiziert (*McClelland* 1990). Soziale Lerntheorien (*Sims/Lorenzi* 1992) werden hingegen in der Führung genutzt, um – neben der Erklärung von Verhalten – den Führenden Einflussmöglichkeiten auf das Verhalten der Geführten durch Kenntnisse über den Einsatz von Belohnungen und Bestrafungen zu geben. Sozial werden Lerntheorien dann, wenn auf das Beobachtungslernen abgehoben wird (der Führende als Modell). Hier wie in anderen Führungstheorien finden sich Bezüge zu Machtaspekten (→ *Macht in Organisationen*). Zusammenhänge zwischen Macht und Führung werden unter dem unpräzisen Label *Machttheorie der Führung* besprochen. Gefragt wird, wie personale/positionale Machtgrundlagen erworben und wann sie wie mit welchem Resultat vom Führenden eingesetzt werden können (*Neuberger* 1995). Eine bedeutsame Wende vollzog sich, als man sich dem Führungsverhalten im Labor

```
                    ┌─────────────────────────────┐
                    │      Führungssituation      │
                    │                             │
                    │ • Kontingenztheorie der Führung │
                    │ • Weg-Ziel-Theorie der Führung  │
                    │ • Substitutionstheorie der      │
                    │   Führung                       │
                    │ • Führungstheorie der kognitiven│
                    │   Ressourcen                    │
                    └─────────────────────────────┘
```

• Eigenschaftstheorie der Führung • Führer-Motiv-Profil-Theorie • Soziale Lerntheorie der Führung • Machttheorie der Führung • Verhaltenstheorie der Führung • Transformationale/(neo)charismatische Führungstheorie	• Tiefenpsychologie der Führung • Dyadentheorie der Führung • Idiosynkrasie-Kredit-Theorie der Führung	• Attributionstheorie der Führung • Implizite Führungstheorie/ Kategorisierungstheorie der Führung • Soziale Identitätstheorie der Führung • Sozial-konstruktionistische Führungstheorie
Führer	*Interaktion*	*Geführter*

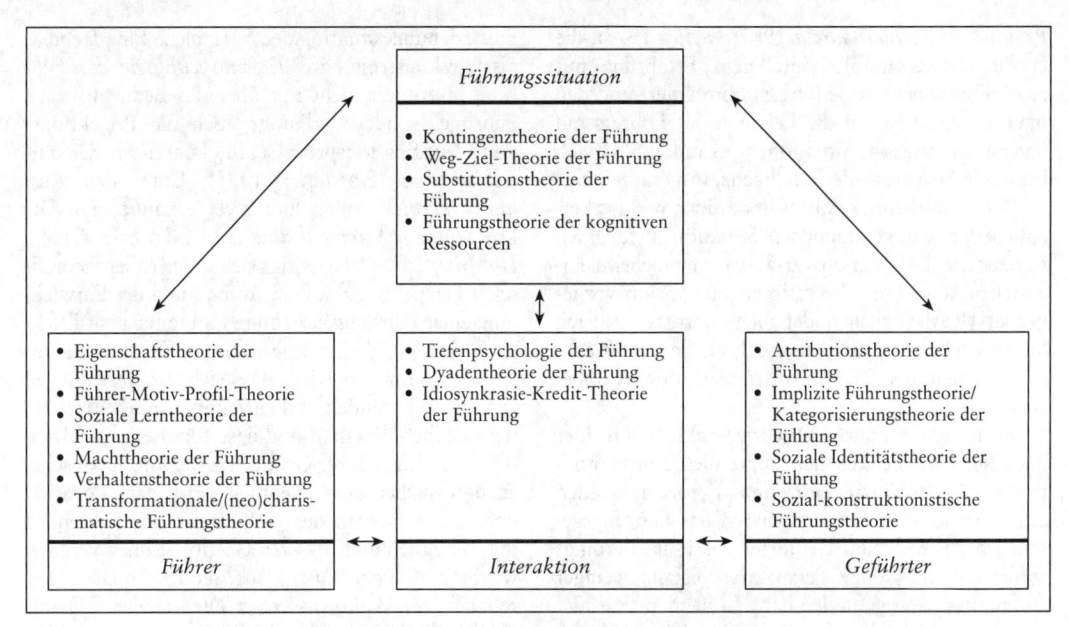

Abb. 2: Zentrale Führungstheorien (Theorien der Führer-Geführten-Beziehung)

wie im Feld zuwandte (*Stogdill/Coons* 1957; *Bales/Slater* 1969). Die hieraus empirisch entstandene *Verhaltenstheorie der Führung* ermittelt *Aufgabenorientierung* und *Personenorientierung* durch Experiment oder Befragung (v.a. *Leader Behavior Description Questionnaire*) als Grundmuster des Führungsverhaltens (→ *Führungsstile und -konzepte*). Der hohe Abstraktionsgrad sowie methodische Unzulänglichkeiten bewirken im Durchschnitt jedoch nur schwach positive Zusammenhänge zu Erfolgsgrößen. Inspiriert wurden aber Ansätze zur sozialen Dimension menschlicher Arbeit (*Humanistic theories*). Einige der bekanntesten Führungsstilansätze fußen auf diesen Verhaltensklassen. Überragende Bedeutung kommt seit gut 20 Jahren der von Burns eingebrachten und von Bass sowie anderen überarbeiteten *transformationalen Führungstheorie* zu (vgl. *Burns* 1978; *Bass* 1999). Bestimmte Eigenschaften/Tugenden (z.B. Mut) sowie Verhaltensweisen (z.B. intellektuelle Stimulierung der Mitarbeiter) des Führenden bewirken hiernach Effekte (z.B. performance beyond expectations, persönliche Reifung), die mit einer transaktionalen, d.h. auf kalkulativem Austausch basierenden Führung nicht zu erzielen sind. Bryman ordnet diese Führungstheorie einer Klasse neuerer Führungstheorien zu, die u.a. auch *(neo)charismatische Führungstheorien* enthält (vgl. *Bryman* 1996). Diese thematisieren vor allem wertorientierte Bindungen von Geführten zur Person des Führenden. Keine Klasse von Führungstheorien wurde im letzten Jahrzehnt stärker empirisch untersucht (*Conger/Kanungo/Menon* 2000).

Die führerzentrierten Theorien haben teilweise sehr einfache Grundstrukturen. Die *Situationstheorien der Führung* (*Kontingenztheorien*; → *Kontingenzansatz*) nehmen zwar auch die Warte des Führenden ein, berücksichtigen aber zusätzlich von vornherein ausgewählte Situationsvariablen und Situationsfaktoren (no one best way). Bezugspunkt bleibt weiterhin die Frage nach einer effektiven Führung. Fiedlers *Kontingenztheorie der Führung*, die als Situationsvariablen Aufgabenstruktur, Positionsmacht und Beziehungsqualität behandelt und mit der Vorliebe des Führenden für eine Personen- oder Aufgabenorientierung verbindet, gilt historisch als bahnbrechend. Hiernach ist ein beziehungsorientierter Führungsstil nur bei einer mittleren Situationskontrolle durch den Führer erfolgreich. Die viel beachtete *Weg-Ziel-Theorie der Führung* nach House ist ein bemerkenswerter Versuch, Aufgabenunsicherheit, Charakteristika der Geführten sowie Arbeitsumfeld mit verschiedenen Verhaltensweisen des Führenden zu verknüpfen (vgl. *House* 1996; revidiert). Unter Bezugnahme auf *Wert-Erwartungstheorien* wird u.a. geklärt, wie Führungskräfte auf die Geführtenmotivation einwirken (Wege zur Zielerreichung aufzeigen) und wann sie sich zurückhalten sollen. Genau Letzteres ist dezidierter Gegenstand der *Substitutionstheorie der Führung*, die Ausprägungen bei personalen, aufgabenbezogenen und organisationalen Variablen angibt, unter denen aufgaben- und/oder personenorientiertes Verhalten unwirksam, unnötig oder kontraproduktiv ist. Neuere Forschungen relativieren die Grundaussagen der Theorie, erkennen aber den in der Diskussion stehenden Variablen einen verhaltenssteuernden Einfluss klar zu (*Podsakoff/MacKenzie* 1997). In eine etwas andere Richtung geht Fiedlers und Garcias *Führungstheorie der kognitiven*

Ressourcen (*Fiedler/Garcia* 1987; *Fiedler* 1995), die Persönlichkeitsvariablen (Intelligenz, Erfahrung) mit einer Situationsvariable (Stress) kombiniert und den Interaktionseffekt auf die Leistung des Führers hin untersucht. Stressige Situationen vermindern danach bspw. die Bedeutung der Intelligenz. Insgesamt geben die Situationstheorien Auskunft darüber, wie das Verhalten der wahrgenommenen Situation anzupassen ist oder wie die Situationsvariablen entsprechend einzustellen sind. Eine theoretische Integration vorliegender Überlegungen findet nicht statt, wenngleich hierzu Chancen bestünden. Auch bleiben die Wechselwirkungen der Situationsvariablen oftmals unbeachtet.

Die bisherigen Führungstheorien nahmen mit einer gewissen Parteilichkeit den Führenden zum Mittelpunkt. Die *geführtenzentrierten* Theorien wenden sich hiervon ab und interpretieren das Führungsgeschehen aus Sicht des Geführten. Es fällt allerdings sofort auf, dass diese Perspektive bislang weniger Aufmerksamkeit gefunden hat. Zu nennen sind hier vor allem die *Attributionstheorie der Führung* (*Calder* 1977), die *implizite Führungstheorie* (*Lord/Maher* 1991) die soziale Identitätstheorie der Führung (*Hogg* 2001) sowie die *sozial-konstruktionistische Führungstheorie* (*Meindl* 1995). Alle vier erklären mit unterschiedlicher Akzentuierung, welche Wahrnehmungs- und Ursachensuchprozesse (→ *Kognitiver Ansatz*) bei der Zuschreibung von Führung formal wie inhaltlich auftreten und wodurch sie beeinflusst werden. Beispielsweise darf das Führungsverhalten nicht erzwungen sein, um als solches klassifiziert zu werden. Green und Mitchell benutzen attributionstheoretische Überlegungen zudem für die Analyse des Geführtenverhaltens (vgl. *Green/Mitchell* 1979). In der sozialen Identitätstheorie der Führung wird die Zuschreibung von Führung mit dem Beitrag einer Person zur Festigung der Gruppenidentität in Verbindung gebracht. Die aussichtsreiche sozial-konstruktionistische Führungstheorie (→ *Konstruktivismus*), die auf der *Romantisierungsidee* von Führung aufbaut, betont, dass es nicht das Führungsverhalten selbst ist, was das Geführtenverhalten formt (vgl. *Meindl* 1995). Vielmehr ist dieses Folge eines schöpferischen Kognitionsprozesses, der von individuellen Faktoren auf Seiten der Geführten wie von deren Beziehung untereinander abhängt. Aus der Position des Geführten heraus werden auch Ansätze zu einer *Führung von unten* formuliert (*Weibler* 1998). Genau genommen werden allerdings nur *Einflusstaktiken* (mikropolitische Verhaltensweisen; → *Mikropolitik*) beschrieben, die helfen sollen, eigene fachliche wie persönliche Interessen beim Vorgesetzten durchzusetzen (z.B. mittels Begründung, Einbindung). Diese empiristischen Befunde werden gemeinhin nicht dem führungs*theoretischen* Kontext zugeordnet.

Interaktionszentrierte Führungstheorien erklären verschiedene Führungsphänomene aus dem Zusammenspiel von Führenden wie Geführten, ggf. unter Einbeziehung situationaler Variablen. Eine freudianisch rekonstruierbare *Tiefenpsychologie der Führung* informiert nicht nur über das Bedürfnis nach Führung, sondern erläutert auch die Projektions- und Identifikationsprozesse, die Führer von Geführten trennen (*Hofstätter* 1995). Unter den *Austauschtheorien* sollen hier zwei genannt sein: Die *Dyadentheorie der Führung* (LMX-Theorie, *Graen/Uhl-Bien* 1995) beschäftigt sich unter rollentheoretischer Perspektive mit dem Aufbau und der Entwicklung einer Führungsbeziehung und untersucht Effekte in Abhängigkeit variierender Beziehungsqualitäten. Angenommen wird, dass sich die Beziehungen zwischen Führenden und einzelnen Mitarbeitern unterschiedlich gestalten und dass somit einzelne Dyaden und nicht Führer-Gruppenbeziehungen pauschal zu untersuchen sind. Deutlich wird, dass Loyalität und hoher Einsatz des Geführten vom Führenden mit Vertrauen und besseren Gratifikationen vergütet wird (*Schriesheim/Castro/Cogliser* 1999). Die unterschätzte *Idiosynkrasie-Kredit-Theorie der Führung* (*Hollander* 1995) erklärt die Zuerkennung von Führerschaft aufgrund besonderer Beiträge zu Gruppennormen (Konformität) und zur Zielerreichung (Leistung). Hierdurch werden soziale Kredite erworben, die – falls hoch genug – zur Führung legitimieren und bei unpopulären, aber notwendigen Entscheidungen (Neuerungen) gegen Gefolgschaft getauscht werden können. In Organisationen wird angenommen, dass (neue) Vorgesetzte automatisch einen Kredit besitzen, der aber geringer und labiler ist als ein erworbener. Deutlich wird, dass Führende, bevor sie alles anders machen möchten, zunächst besonders konservativ agieren sollten.

IV. Kritische Würdigung

Führung wird von vielen immer noch mit dem einzelnen Entscheidungsträger gleichgesetzt, der andere das umsetzen lässt, was ihm/ihr vorschwebt. Führen ist hiernach ein individueller Akt, der den Führenden zum alleinigen Subjekt und alle anderen zum willigen Objekt macht. Die Begrenztheit dieser Sichtweise liegt auf der Hand. Dass der „Führungscode" bislang noch nicht entschlüsselt wurde (*Calás/Smircich* 1991; *Weibler* 2001, S. 4), ist im Großen und Ganzen unbestritten. Es spricht vieles dafür, dass es diesen Code in dieser, eine definitive Lösung suggerierenden Form auch gar nicht gibt. Führung ist facettenreich. Theorien, die das komplizierte Wechselspiel *zwischen und innerhalb* von Personen und Situationen hinreichend abbilden (*Interaktionstheorie der Führung im strengen Sinn*), existieren nicht. Dies liegt auch an zeitlichen, räumlichen und kulturellen Einflussfaktoren. Seit einigen Jahren wird bspw. intensiv über die landeskulturelle Eingebundenheit von Vorstellungen über Führung nachgedacht (*GLOBE-Projekt*, vgl. *House* et al. 1999).

Ebenso ist in jüngerer Zeit eine Erweiterung der ehemals rein quantitativen Orientierung der Führungslehre zu beobachten. Die Forderungen hierzu sind älter. Bar-Tal bezweifelt, um die Richtung der methodologischen Diskussion aufzuzeigen, z.B. die Sinnhaftigkeit einer Fortführung der in seinen Augen positivistischen, mechanistischen und statistischen Zugangsweise zur Führer-Geführten-Interaktion, die von der Annahme konkreter und objektiver Strukturen und Prozesse ausgeht (vgl. *Bar-Tal* 1989; *Smircich/Morgan* 1982). Er plädiert für einen phänomenologischen Zugang zum Beobachtungsfeld. Auch Dachler verweist auf die Subjektivität der bisherigen Konstruktionen des Führungsgeschehens (vgl. *Dachler* 1988). Die endlose Akkumulation empirischer Daten trägt hiernach bestenfalls zur Beantwortung peripherer Fragen bei. Führung muss stärker als ein Prozess gedacht werden, der sich in der Praktizierung fortlaufend entwickelt und (de)legitimiert. Damit einhergehend sind kognitive, emotionale und motivationale Bezüge einzubeziehen (z.B. *Wunderer/Küpers* 2003). Deutlicher muss der Beziehungscharakter einer Führer-Geführten-Interaktion (Beziehungsgeschehen) gesehen werden. Herausbildung, Verlauf und Eingebundenheit in andere (hierarchische) Beziehungen und Strukturen sind zu analysieren. Die Schattenseiten von Führung sind zu beleuchten und das Scheitern von Führung sollte Gegenstand der Forschung sein – ebenso Fragen nach dem Führungsbedarf und den Kosten von Führung. Kritische Elemente einer Führungsbeziehung sind zu benennen und zu untersuchen (*Vertrauen*, Lernen, Identität, *Emotionen*, vgl. z.B. *Weibler* 1997; *Müller/Hurter* 1999; *George* 2000). Was ermöglicht eine Beziehung, was schließt sie aus? Wann werden Geführte zu Führenden? Was wirkt auf Beziehungen ein (z.B. physische Distanz, neue Kommunikationsformen) und welche Entwicklungsrichtung (elitär/egalitär) nehmen sie? Wann und wo verschieben sich die Relationen zwischen direkter und indirekter Führung? Wie wirkt sich ein Austausch von Personen aus? Und da Führung sich im *Organisationskontext* vollzieht, müssen Kontextänderungen hinsichtlich ihrer Bedeutung für die Führung analysiert werden (*Osborn/Hunt/Jauch* 2002; *Weibler* 2004b). Konsequenzen sind bspw. die Verbreiterung von Führung (*shared/distributed leadership*) in Organisationen sowie vermehrte ethische Reflexionen über den *Führungsprozess* selbst.

Literatur

Bales, Robert F./Slater, Philip E.: Role differentiation in small decision-making groups, in: Leadership, hrsg. v. *Gibb, Cecil A.*, Harmondsworth 1969, S. 255–276.
Bar-Tal, Yoram: What can we learn from Fiedler's contingency model?, in: J.Theor.Soc.Beh., Jg. 19, 1989, S. 79–96.
Bass, Bernard M.: Two decades of research and development in transformational leadership, in: European Journal of Work and Organizational Psychology, Jg. 8, 1999, S. 9–32.
Bass, Bernard M.: Bass & Stogdill's Handbook of Leadership: Theory, research, and managerial applications, 3. A., New York et al. 1990.
Bryman, Alan: Leadership in Organization, in: Handbook of Organization Studies, hrsg. v. *Clegg, Stewart R./Hardy, Cynthia/Nord, Walter R.*, London 1996, S. 276–292.
Burns, James M.: Leadership, New York 1978.
Calás, Marta B./Smircich, Linda: Voicing seduction to silence leadership, in: OS, Jg. 12, 1991, S. 567–602.
Calder, Bobby J.: An attribution theory of leadership, in: New Directions in Organizational Behavior, hrsg. v. *Staw, Barry M./Salancik, Gerald R.*, Chicago 1977, S. 179–204.
Ciulla, Joanne B.: Leadership ethics: Mapping the territory, in: Business Ethics Quarterly, Jg. 5, H. 1/1995, S. 5–28.
Conger, Jay A./Kanungo, Rabindra N./Menon, Sanjay T.: Charismatic leadership and follower effects, in: Journal of Organizational Behavior, Jg. 21, 2000, S. 747–767.
Dachler, Peter H.: Constraints on the emergence of new vistas in leadership and management research: An epistemological overview, in: Emerging leadership vistas, hrsg. v. *Hunt, John G.* et al., Lexington et al. 1988, S. 261–285.
Day, David V./Lord, Robert G.: Executive leadership and organizational performance: Suggestions for a new theory and methodology, in: JMan, Jg. 14, 1988, S. 453–464.
Fiedler, Fred E.: Cognitive resources and leadership performance, in: Applied Psychology – An international Review, Jg. 44, 1995, S. 5–28.
Fiedler, Fred E./Garcia, Joseph E.: New approaches to effective leadership: Cognitive resources and organizational performance, New York 1987.
Fleishman, Edwin A. et al.: Taxonomic efforts in the description of leadership behavior: A synthesis and functional interpretation, in: Leadership Quarterly, Jg. 2, 1991, S. 245–288.
Gebert, Dieter: Führung und Innovation, Stuttgart 2002.
George, Jennifer M.: Emotions and leadership: The role of emotional intelligence, in: HR, Jg. 53, 2000, S. 1027–1055.
Gibb, Cecil A.: Leadership, in: The Handbook of Social Psychology, hrsg. v. *Lindzey, Gardner/Aronson, Elliot*, New York 1969, S. 205–282.
Graen, George B./Uhl-Bien, Mary: Führungstheorien, von Dyaden zu Teams, in: HWFü, hrsg. v. *Kieser, Alfred/Reber, Gerhard/Wunderer, Rolf*, 2. A., Stuttgart 1995, Sp. 1045–1058.
Green, Stephen G./Mitchell, Terence R.: Attributional processes of leaders in leader-member interactions, in: OBHP, Jg. 23, 1979, S. 429–458.
Hofstätter, Peter R.: Führungstheorien, psychologische, in: HWFü, hrsg. v. *Kieser, Alfred/Reber, Gerhard/Wunderer, Rolf*, 2. A., Stuttgart 1995, Sp. 1035–1044.
Hogg, Michael A.: A social identity theory of leadership, in: Personality and Social Psychology Review, Jg. 5, 2001, S. 184–200.
Hollander, Edwin P.: Führungstheorien – Idiosynkrasiekreditmodell, in: HWFü, hrsg. v. *Kieser, Alfred/Reber, Gerhard/Wunderer, Rolf*, 2. A., Stuttgart 1995, Sp. 926–940.
House, Robert J.: Path-goal theory or leadership: Lessons, legacy, and a reformulated theory, in: Leadership Quarterly, Jg. 7, 1996, S. 323–352.
House, Robert J. et al.: Cultural influences on leadership and organizations: Project GLOBE, in: Advances in Global Leadership, Jg. 1, 1999, S. 171–233.
House, Robert J./Aditya, Ram N.: The social scientific study of leadership: Quo vadis?, in: JMan, Jg. 23, 1997, S. 409–473.
House, Robert J./Shane, Scott A./Herold, David M.: Rumors of the death of dispositional research are vastly exaggerated, in: AMR, Jg. 21, 1996, S. 203–224.
Kieser, Alfred/Reber, Gerhard/Wunderer, Rolf (Hrsg.): HWFü, 2. A., Stuttgart 1995.
Kuhn, Thomas/Weibler, Jürgen: Führungsethik, in: DU, Jg. 57, 2003, S. 375–392.

Lehner, Johannes: Führungserfolg – Messung, in: HWFü, hrsg. v. *Kieser, Alfred/Reber, Gerhard/Wunderer, Rolf*, 2. A., Stuttgart 1995, Sp. 550–562.
Lieberson, Stanley/O'Connor, James F.: Leadership and organizational performance: A study of large corporations, in: ASR, Jg. 37, 1972, S. 117–130.
Lord, Robert G./Maher, Karen J.: Leadership and information processing: Linking perceptions and performance, Boston et al. 1991.
Lukasczyk, Klaus: Zur Theorie der Führer-Rolle, in: Psychologische Rundschau, Jg. 11, 1960, S. 179–188.
McClelland, David C.: Human motivation, Cambridge 1990.
Meindl, James R.: The romance of leadership as a follower-centric-theory: A social constructionist approach, in: Leadership Quarterly, Jg. 6, 1995, S. 329–341.
Müller, Werner R./Hurter, Martin: Führung als Schlüssel zur organisationalen Lernfähigkeit, in: Managementforschung 9: Führung neu gesehen, hrsg. v. *Schreyögg, Georg/Sydow, Jörg*, Berlin et al. 1999, S. 1–54.
Neuberger, Oswald: Führen und führen lassen: Ansätze, Ergebnisse und Kritik der Führungsforschung, 6. A., Stuttgart 2002.
Neuberger, Oswald: Führungstheorien – Machttheorie, in: HWFü, hrsg. v. *Kieser, Alfred/Reber, Gerhard/Wunderer, Rolf*, 2. A., Stuttgart 1995, Sp. 953–968.
Niederfeichtner, Friedrich: Führungsforschung und ihre betriebswirtschaftliche Rezeption: Defizite und Anstöße zur Weiterentwicklung, in: DBW, Jg. 43, 1983, S. 605–622.
Osborn, Richard N./Hunt, James G./Jauch, Lawrence R.: Toward a contexual theory of leadership, in: Leadership Quarterly, Jg. 13, 2002, S. 797–837.
Picot, Arnold/Neuburger, Rahild: Agency Theorie und Führung, in: HWFü, hrsg. v. *Kieser, Alfred/Reber, Gerhard/Wunderer, Rolf*, 2. A., Stuttgart 1995, Sp. 14–21.
Podsakoff, Philip M./MacKenzie, Scott B.: Kerr and Jermier's substitutes for leadership model: Background, empirical assessment, and suggestions for future research, in: Leadership Quarterly, Jg. 8, 1997, S. 117–125.
Reber, Gerhard: Motivation als Führungsaufgabe, in: HWFü, hrsg. v. *Kieser, Alfred/Reber, Gerhard/Wunderer, Rolf*, 2. A., Stuttgart 1995, Sp. 1590–1608.
Rost, Joseph C.: Leadership for the twenty-first century, New York et al. 1991.
Schreyögg, Georg: Führungstheorien – Situationstheorie, in: HWFü, hrsg. v. *Kieser, Alfred/Reber, Gerhard/Wunderer, Rolf*, 2. A., Stuttgart 1995, Sp. 993–1005.
Schriesheim, Chester A./Castro, Stephanie L./Cogliser, Claudia C.: Leader-member exchange (LMX) research: A comprehensive review of theory, measurement, and data-analytic practices, in: Leadership Quarterly, Jg. 10, 1999, S. 63–113.
Sims, Henry P./Lorenzi, Peter: The new leadership paradigm, social learning and cognition in organizations, Newbury Park et al. 1992.
Smircich, Linda/Morgan, Gareth: Leadership: The management of meaning, in: JABS, Jg. 18, 1982, S. 257–273.
Stogdill, Ralph M./Coons, Alvin E. (Hrsg.): Leader behavior: its description and measurement, Columbus 1957.
Türk, Klaus: Entpersonalisierte Führung, in: HWFü, hrsg. v. *Kieser, Alfred/Reber, Gerhard/Wunderer, Rolf*, 2. A., Stuttgart 1995, Sp. 328–340.
Weibler, Jürgen: Führungsmodelle, in: HWP, hrsg. v. *Gaugler, Eduard/Oechsler, Walter A./Weber, Wolfgang*, 3. A., Stuttgart 2004a, Sp. 801–815.
Weibler, Jürgen: New Perspectives on Leadership research, in: ZfP, Jg. 18, 2004b, S. 257–261.
Weibler, Jürgen: Democratic Leadership, in: The Encyclopedia of Leadership, hrsg. v. Goethals, George R./Sorenson, Georgia/Burns, James M., Thousand Oaks, CA 2004c.
Weibler, Jürgen: Personalführung, München 2001.
Weibler, Jürgen: Management: Führung von unten, in: Marktforschung und Management, Jg. 42, H. 1/1998, S. 31–32.
Weibler, Jürgen: Vertrauen und Führung, in: Personal als Strategie, hrsg. v. *Klimecki, Rüdiger/Remer, Andreas*, Neuwied et al. 1997, S. 185–214.
Weibler, Jürgen: Führungslehre – Ursachensuche für die Heterogenität einer Disziplin, in: Grundlagen der Personalwirtschaft – Theorien und Konzepte, hrsg. v. *Weber, Wolfgang*, Wiesbaden 1996, S. 185–221.
Weibler, Jürgen: Führung durch den nächsthöheren Vorgesetzten, Wiesbaden 1994.
Weibler, Jürgen et al.: Führung in kulturverwandten Regionen: Gemeinsamkeiten und Unterschiede bei Führungsidealen in Deutschland, Österreich und der Schweiz, in: DBW, Jg. 60, 2000, S. 588–606.
Wunderer, Rolf: Führung und Zusammenarbeit: Eine unternehmerische Führungslehre, 5. A., Neuwied et al. 2003.
Wunderer, Rolf/Küpers, Wendelin: Demotivation – Remotivation, Neuwied 2003.
Yukl, Gary A.: Leadership in organizations, 4. A., Upper Saddle River, N. J. 1998.
Zaccaro, Stephen J./Klimoski, Richard J. (Hrsg.): The nature of organizational leadership: Understanding the performance imperatives confronting today's leaders, San Francisco 2001.

Führungsnachfolge

Michael-Jörg Oesterle

[s.a.: Charismatische Führung; Coaching; Demographischer Ansatz; Familienunternehmen; Identitätstheoretischer Ansatz; Karrieren und Laufbahnen.]

I. Bedeutung von Führungsnachfolgen; II. Grundlegende Ansätze der Führungsnachfolgeforschung; III. Ursachen und Stärke der Veränderungskraft von Führungsnachfolgen; IV. Gestaltungsempfehlungen für erfolgreiche Nachfolgeprozesse.

Zusammenfassung

Führungsnachfolgen stehen häufig nicht nur im engen Zusammenhang zu kritischen Ereignissen der Unternehmensentwicklung. Vielmehr stellen sie selbst grundsätzlich ein kritisches Ereignis dar. Dieser duale Charakter legt im Interesse eines umfassenderen Problemzugangs die differenzierte Auseinandersetzung mit Arten, Determinanten sowie Folgen von Führungswechseln nahe. Darauf aufbauend wird der Versuch unternommen, Empfehlungen für die Gestaltung erfolgreicher Führungsnachfolgeprozesse zu geben.

I. Bedeutung von Führungsnachfolgen

Wird im Sinne des interpretativen Ansatzes die subjektive Färbung von Entscheidungen anerkannt, dann stellen Führungsnachfolgen im Falle von Top-

Managern wie CEOs, Vorstandsvorsitzenden, Vorstandssprechern oder Vorsitzenden der Geschäftsführung nicht nur selbst eine Veränderung für die betroffenen Unternehmen dar. Es ist vielmehr zu erwarten, dass aufgrund des Wechsels der Spitzenführungskraft und der damit einhergehenden Ablösung einer zuvor dominant entscheidungsrelevanten „cognitive map" Veränderungen im bisherigen Muster von Analyse- und *Entscheidungsprozessen* begünstigt werden. Die betriebswirtschaftlich relevanten Konsequenzen eines Nachfolgeereignisses auf Geschäftsführungsebene treten dann in Form unmittelbar strategischer und organisatorischer Veränderungen sowie mittelbarer Erfolgsveränderungen auf. Im Sinne einer eher ganzheitlichen Interpretation der skizzierten Variablenbeziehung ist darüber hinaus zu berücksichtigen, dass von der Führungskraft sowohl selbst vorgenommene als auch nicht selbst beeinflusste Veränderungen ihrerseits Auswirkungen auf das Auftreten eines Nachfolgeereignisses haben können.

II. Grundlegende Ansätze der Führungsnachfolgeforschung

Management- und organisationsrelevante Untersuchungen zur Führungsnachfolge lassen zum einen ein Bemühen um die differenzierte Erfassung unterschiedlicher Wechseltypen erkennen, zum anderen spiegeln sie die groben Phasen eines Nachfolgeprozesses wider. Insgesamt können damit Arbeiten identifiziert werden, die an

- Arten,
- Determinanten und/oder
- Folgen von Führungswechseln

interessiert sind. Als weitgehend übereinstimmendes Merkmal der diesbezüglichen Studien hat deren Ausrichtung auf einzelne Nachfolgeereignisse sowie die Abstraktion von persönlichen Eigenschaften der Spitzenführungskraft zu gelten. Zwar liegen neben Erkenntnissen über Sequenzen von Führungsnachfolgen auch für die Beziehung zwischen personellen Charakteristika der Akteure (→ *Charismatische Führung*) und Führungswechseln bzw. deren Folgen aufschlussreiche Analysen vor. Diese sind jedoch in ihren Ansätzen sowie in ihren Ergebnissen zu heterogen, als dass sie hier wiedergegeben werden könnten. Zumindest soll aber darauf hingewiesen werden, dass persönliche Eigenschaften wie Ausbildung, Leistungsorientierung oder Flexibilität erheblichen Einfluss auf das von der betreffenden Führungskraft bevorzugte strategische und organisatorische Programm haben (vgl. insb. *Schrader* 1995).

1. Arten der Führungsnachfolge

In Bezug auf die Formen von Nachfolgeereignissen ist zunächst zwischen dem unabwendbaren, freiwilligen und erzwungenen Ausscheiden der Spitzenführungskraft zu unterscheiden. Der unabwendbare Abgang ohne aktiven Entscheidungsträger kann sowohl geplant durch Erreichen der Altersgrenze als auch ungeplant durch Krankheit oder Tod der Spitzenführungskraft erfolgen. Der freiwillige Abgang wird von der Spitzenführungskraft selbst beschlossen, wohingegen bei der erzwungenen Freisetzung das zuständige Kontrollorgan für die Abberufung einer Spitzenführungskraft verantwortlich ist (vgl. *Schrader/Lüthje* 1995, S. 468 f.).

Die zweite Dimension, welche die Art des Führungswechsels zu charakterisieren hilft, ist die Herkunft des Nachfolgekandidaten. Die Abgrenzung, ob es sich um einen „insider" oder „outsider" handelt, erfolgt ganz überwiegend über die Feststellung, ob der Nachfolger zur Amtszeit des Vorgängers bereits Mitglied der Organisation war („insider") oder nicht („outsider"). Aussagen, in welchen Situationen interne oder externe Nachfolger bevorzugt werden, liegen bislang nur ansatzweise in verallgemeinerungsfähiger Form vor. So existieren verschiedene empirische Anhaltspunkte allenfalls dafür, dass externe Nachfolgen häufiger bei nicht bzw. weniger erfolgreichen als bei erfolgreichen Unternehmen realisiert werden (vgl. bspw. *Schwartz/Menon* 1985, S. 680 ff.).

2. Determinanten von Nachfolgeereignissen

Untersuchungen zu den Einflussgrößen von *Führungswechseln* konzentrieren sich (konsequenterweise) stark auf die Frage, ob Misserfolg des Unternehmens die i.d.R. erzwungene Führungsnachfolge auslöst oder nicht (vgl. bspw. *Boeker/Goodstein* 1993, S. 172 ff.). Derartige Studien weisen ganz überwiegend nach, dass einerseits der Erfolg eines Unternehmens negativ mit der Wahrscheinlichkeit eines Führungswechsels korreliert ist und andererseits Umweltfaktoren – bspw. gesellschaftliche und/oder politische Faktoren – diesen Zusammenhang moderieren können, indem sie die Auswirkungen geringen Unternehmenserfolgs auf Führungswechsel entweder abschwächen oder verstärken.

Als weitere Einflussgrößen von Führungswechseln werden neben der organisationstheoretisch weniger interessanten Variablen „Alter der Spitzenführungskraft" häufig zusätzlich, aber z.T. auch isoliert, Variablen wie „Größe des Unternehmens" (vgl. *Grusky* 1961, S. 261 ff.), „Eigentumsverhältnisse des Unternehmens" (vgl. *Salancik/Pfeffer* 1980, S. 653 ff.) oder „Übernahme des Unternehmens" (vgl. *Walsh* 1988, S. 173 ff.) analysiert. Den betreffenden Studien gelingt es ganz überwiegend, jeweils signifikante Einflüsse der skizzierten Variablen auf das Auftreten von Führungswechseln nachzuweisen. In Bezug auf die Wirkrichtung dieser Einflüsse kann jedoch – z.T. bedingt durch methodische Unterschiede – allenfalls für die Unternehmens- bzw. Institutionsgröße sowie das

Auftreten einer Übernahme von einer tendenziell übereinstimmenden Befundlage ausgegangen werden. So lässt sich feststellen, dass die Größe der Unternehmen mit der Wechselhäufigkeit positiv korreliert. Zur Begründung dieses Befunds kann darauf verwiesen werden, dass in größeren Unternehmen ein geringeres Maß an persönlicher Verbundenheit zwischen den an Führungswechseln beteiligten bzw. für diese verantwortlichen Akteuren vorliegt, aufgrund der höheren Zahl von Führungskräften leichter interne Nachfolgekandidaten gefunden werden können sowie anspruchsvollere Erwartungen verschiedener Interessengruppen an das Handeln der Spitzenführungskräfte gerichtet werden, wodurch deren wahrgenommene Verantwortung und der Erfolgsdruck zunehmen. Insgesamt sind daher für einen freiwilligen wie auch erzwungenen Wechsel günstigere Bedingungen als in kleineren Unternehmen gegeben (→ *Familienunternehmen*). Im Zuge von Übernahmen besteht schließlich das Anliegen des übernehmenden Unternehmens häufig darin, im Zielunternehmen durch Ablösung der Top-Manager und die Einsetzung von Führungskräften der eigenen Wahl zu dessen schnellerer und verbesserter Einbindung beizutragen. Darüber hinaus verlassen Top-Manager aber auch oftmals das akquirierte Unternehmen aus eigenem Entschluss, weil sie sich nach der Übernahme – z.T. unbegründet – in ihren weiteren Gestaltungs- und Entwicklungsmöglichkeiten behindert sehen.

3. Effekte von Führungsnachfolgen

Im Sinne einer thematischen Urausrichtung werden von der US-amerikanischen Organisations- und Managementlehre bereits seit ca. 1950 Untersuchungen über strukturelle und prozessuale Folgen von Führungswechseln erarbeitet, wobei anfänglich der Schwerpunkt auf interne Veränderungen gelegt wurde. Hierbei steht insb. der Zusammenhang zwischen dem Wechsel eines Top-Managers – zumeist des CEO – und nachfolgenden Änderungen organisatorischer Basisvariablen wie Zentralisierung, funktionale Spezialisierung oder Zahl der Hierarchieebenen (→ *Hierarchie*) im Vordergrund (vgl. bspw. *Helmich/Brown* 1972, S. 371 ff.). Jüngere Untersuchungen interpretieren Führungsnachfolgen demgegenüber entweder ganzheitlich, d.h. als Auslöser strategischer Reorientierungen mit entsprechenden internen und externen Veränderungen, (vgl. *Virany/Tushman/Romanelli* 1992, S. 72 ff.) oder nur als Verursacher von Veränderungen in den Außenbeziehungen (vgl. bspw. *Boeker* 1997, S. 152 ff.). In der Gesamtschau erlauben die Ergebnisse aller Studien aber lediglich die Feststellung, dass Führungswechsel ein erhebliches Veränderungspotenzial aufweisen und dieses bei externen Nachfolgern stärker ist als bei internen. Aufgrund einer hohen situativen Spezifität lässt sich die Richtung der Veränderungen bzgl. einzelner organisatorischer und strategischer Variablen in verallgemeinernder Form jedoch nicht feststellen.

Als Begründer eines zweiten, erfolgsorientierten Forschungszweigs kann Grusky mit seiner 1963 vorgelegten Arbeit über die Auswirkungen der Häufigkeit von Trainerwechseln bei Baseballmannschaften auf deren sportliches Abschneiden gelten (vgl. *Grusky* 1963, S. 21 ff.). Grusky stellte einen eindeutigen negativen Zusammenhang zwischen der unabhängigen Variable „Häufigkeit des Trainerwechsels" und „Tabellenplatz" fest, woraus sich ein Plädoyer für lange Amtszeiten der Trainer ableiten lässt. Allerdings tragen die Ergebnisse einer 1972 veröffentlichten, ebenfalls im Sportbereich angesiedelten Untersuchung von Eitzen und Yetman zur Relativierung des von Grusky erarbeiteten Resultates bei (vgl. *Eitzen/Yetman* 1972, S. 110 ff.). So können die Autoren zwar nachweisen, dass längere Amtszeiten der Trainer zu – über die Jahre hinweg betrachtet – größerem sportlichen Erfolg der Mannschaft führen. Übersteigt die Amtszeit jedoch eine gewisse Länge – in der Stichprobe von Eitzen und Yetman betrug diese ungefähr 13 Jahre – schlägt die Beziehung in das Negative um; der sportliche Erfolg sinkt mit der dann weiter zunehmenden Amtsdauer. Dieser kurvilineare Effekt konnte in der jüngeren Vergangenheit für den Unternehmensbereich mit einer auf Sequenzen von Führungsnachfolgen ausgerichteten Längsschnittuntersuchung tendenziell bestätigt werden (vgl. *Oesterle* 1999, S. 228 ff.; vgl. zudem *Shen/Cannella Jr.* 2002, S. 727 f.). Die entsprechenden Befunde verdeutlichen insgesamt die Berechtigung einer in der → *Organisationstheorie* weit verbreiteten Annahme, wonach zu große Stetigkeit der organisationalen Entwicklung und damit im Kern der sie beeinflussenden Führung zur Verkrustung, d.h. zur zunehmenden Erfolglosigkeit, zu häufige Veränderungen aber zum Chaos (→ *Chaos- und Komplexitätstheorie*) und dadurch ebenfalls zum Misserfolg führen (vgl. *Miller/Friesen* 1980, S. 591 ff.). Verstärkt seit den 1970er Jahren sind schließlich Studien erarbeitet worden, welche die Auswirkungen von Führungswechseln auf einen kapitalmarktlich definierten Erfolg von Unternehmen erfassen wollen (vgl. bspw. *Worrell/Davidson III.- Glascock* 1993, S. 387 ff.). Derartige Erfolgswirkungen können zwar nachgewiesen werden, doch sind deren situative Nebenbedingungen sowie Richtung insgesamt zu unterschiedlich, um von gesicherten, zumindest aber von harmonisierbaren Erkenntnissen zu sprechen.

Insgesamt kann somit den Arbeiten zur Erfolgswirkung von Führungswechseln bescheinigt werden, die Veränderungskraft eines Nachfolgeereignisses und das diesbezüglich größere Potenzial externer Nachfolger allenfalls belegt, generalisierbare Aussagen über deren Funktionalität in der kurzfristigen Dimension aber kaum erarbeitet zu haben.

III. Ursachen und Stärke der Veränderungskraft von Führungsnachfolgen

Als generelle Quelle des Veränderungspotenzials von Führungswechseln hat zunächst die subjektive Wahrnehmung und Interpretation von Situationen durch Entscheider zu gelten. Ein Führungswechsel bedeutet somit immer eine zumindest in Teilen, dabei auch durchaus unbewusst erfolgende Ablösung zuvor praktizierter Entscheidungsroutinen und entsprechender Aktionen. Darüber hinaus dürfte für Veränderungen durch Führungswechsel aber bereits auch allein die Erwartung unternehmensinterner sowie -externer Betroffener ausreichen, mit der neuen Spitzenführungskraft werde mit bisherigen Handlungsweisen gebrochen. Entsprechende Untersuchungen stellen bspw. bei langer Amtszeit des Vorgängers signifikant negative Einflüsse des Wechsels auf das Betriebsklima fest (vgl. bspw. *Friedman/Saul* 1991, S. 622 ff.). Ein größerer Teil an Untersuchungen beschäftigt sich allerdings mit den von Nachfolgern bewusst herbeigeführten Veränderungen. So seien neu ernannte Spitzenführungskräfte stark daran interessiert, durch einen Bruch mit dem bislang vom Vorgänger Praktizierten zur Sicherung des „Reviers", d.h. des eigenen Machtanspruchs, beizutragen. Darüber hinaus wird auf die Chance neuer Führungskräfte verwiesen, ohne „Ballast der Vergangenheit" agieren zu können; da ein Nachfolger nicht wie sein Vorgänger dessen – damit dem ursprünglichen – Strategie- und Handlungsprogramm emotional verpflichtet ist, kommt es im Zuge von Führungswechseln häufig zu notwendigen Anpassungsmaßnahmen (vgl. *Miller* 1993, S. 647 ff.). Die Dringlichkeit für Veränderungen scheint hierbei mit zunehmender Amtszeit des Vorgängers stark anzuwachsen; durch ein tendenzielles Verharren von Entscheidern in ihrer „cognitive map" werden bei längeren Amtszeiten Verkrustung sowie Abkoppelung des Unternehmens von der Umweltentwicklung begünstigt (→ *Wandel, Management des (Change Management)*).

In Bezug auf die Stärke eingetretener Veränderungen durch Führungsnachfolgen herrscht aufgrund zahlreicher empirischer Belege weitgehende Einigkeit darüber, dass extern Rekrutierte stärkere „Disruptionseffekte" hervorrufen als interne Nachfolger. Wegen einer partiell mit dem Vorgänger geteilten Lebenswelt und einer entsprechend ähnlichen Wahrnehmung neigen interne Nachfolger in höherem Maße dazu, den bisherigen Kurs beizubehalten (vgl. bspw. *Gouldner* 1952, S. 339 ff.). Darüber hinaus wird überwiegend angenommen, dass sie an der Erarbeitung dieses Programms beteiligt waren und daher auch eine psychische Hemmschwelle in Bezug auf dessen weitgehende Ablösung haben (vgl. bspw. *Helmich/Brown* 1972, S. 371 ff.). Schließlich lässt sich ein Teil der unterschiedlich zugeschriebenen Veränderungspotenziale wiederum durch Erwartungen der am Unternehmen Interessierten begründen. In entsprechenden Untersuchungen wird hierbei v. a. den Mitarbeitern unterstellt, eine externe Rekrutierung des neuen Top-Managers mit der Annahme zukünftig stärkerer Modifikationen der Unternehmens- und daher auch der persönlichen Arbeitssituation zu verbinden.

IV. Gestaltungsempfehlungen für erfolgreiche Nachfolgeprozesse

Untersuchungen zur Wirkung längerer Amtszeiten machen zunächst – i.d.R. allerdings implizit – auf die Vorzugswürdigkeit einer Amtszeitbeschränkung und damit rechtzeitige Führungsnachfolgen aufmerksam. Im Rahmen einer weiteren, auf das Management des reinen Übergangs bezogenen Perspektive existieren bislang nur wenige Versuche zur Gestaltung von Nachfolgeprozessen in Großunternehmen. Aufgrund ihres starken Rückgriffs auf ein allgemeines Phasenschema von Entscheidungsprozessen (vgl. *Carey/Ogden* 2000, S. 60 f.; *Khurana* 2001, S. 92) kommt den Aussagen dieser kurzfristig-technischen Ansätze aber eher der Charakter von Selbstverständlichkeiten zu. Nützlicher scheinen Versuche zu sein, die unter Einbeziehung der bisherigen und der gewünschten zukünftigen Unternehmensentwicklung Empfehlungen hinsichtlich einer situativ-adäquaten Bestimmung von Nachfolgern erarbeiten wollen. So verweisen entsprechende Arbeiten darauf, dass in Abhängigkeit von der externen oder internen Herkunft der Nachfolgekandidaten mit belebenden bzw. beruhigenden Maßnahmen im Hinblick auf die Unternehmensentwicklung zu rechnen ist (vgl. *Oesterle* 1999, S. 298 ff.; *Salomo* 2001, S. 378). Einer drohenden oder eingetretenen Erstarrung des Unternehmens (→ *Routinen und Pfadabhängigkeit*), bspw. begünstigt durch eine tolerierte überlange Amtszeit des zuvor verantwortlichen Top-Managers, sollte demnach mittels der bewussten Berufung eines externen Nachfolgers entgegengewirkt werden. Ein interner Nachfolger empfiehlt sich dagegen bei bereits gegebener bzw. sich abzeichnender großer organisatorischer Unruhe und Verunsicherung.

Grundvoraussetzung für die Umsetzung aller Empfehlungen ist es, dass das für die Abberufung und Berufung von Spitzenführungskräften zuständige Kontrollorgan qualitativ und zeitlich-kapazitiv in der Lage ist, dieser für die zukünftige Unternehmensentwicklung sehr bedeutsamen Aufgabe auch nachzukommen. Hierbei stellt aber nicht zuletzt bereits die Forderung nach Unabhängigkeit von dem noch amtierenden Top-Manager eine in der Realität oftmals verletzte Bedingung dar.

Literatur

Boeker, Warren: Strategic Change: The Influence of Managerial Characteristics and Organizational Growth, in: AMJ, Jg. 40, 1997, S. 152–170.

Boeker, Warren/Goodstein, Jerry: Performance and Successor Choice: The Moderating Effects of Governance and Ownership, in: AMJ, Jg. 36, 1993, S. 172–186.
Carey, Dennis C./Ogden, Dayton: CEO Succession, Oxford 2000.
Eitzen, D. Stanley/Yetman, Norman R.: Managerial Change, Longevity, and Organizational Effectiveness, in: ASQ, Jg. 17, 1972, S. 110–116.
Friedman, Stewart D./Saul, Kathleen: A Leader's Wake: Organization Member Reactions to CEO Succession, in: JMan, Jg. 17, 1991, S. 619–642.
Gouldner, Alvin W.: The Problem of Succession in Bureaucracy, in: Reader in Bureaucracy, hrsg. v. *Merton, Robert K.* et al., New York et al. 1952, S. 339–351.
Grusky, Oscar: Managerial Succession and Organizational Effectiveness, in: AJS, Jg. 69, 1963, S. 21–31.
Grusky, Oscar: Corporate Size, Bureaucratization, and Managerial Succession, in: AJS, Jg. 67, 1961, S. 261–269.
Helmich, Donald L./Brown, Warren B.: Successor Type and Organizational Change in the Corporate Enterprise, in: ASQ, Jg. 17, 1972, S. 371–381.
Khurana, Rakesh: Finding the Right CEO: Why Boards often make Poor Choices, in: SMR, Jg. 43, 2001, S. 91–95.
Miller, Danny: Some Organizational Consequences of CEO Succession, in: AMJ, Jg. 36, 1993, S. 644–659.
Miller, Danny/Friesen, Peter H.: Momentum and Revolution in Organizational Adaptation, in: AMJ, Jg. 23, 1980, S. 591–614.
Oesterle, Michael-Jörg: Führungswechsel im Top-Management. Grundlagen – Wirkungen – Gestaltungsoptionen, Wiesbaden 1999.
Salancik, Gerald R./Pfeffer, Jeffrey: Effects of Ownership and Performance on Executive Tenure in U.S. Corporations, in: AMJ, Jg. 23, 1980, S. 653–666.
Salomo, Sören: Wechsel der Spitzenführungskraft und Unternehmenserfolg, Berlin 2001.
Schrader, Stephan: Spitzenführungskräfte, Unternehmensstrategie und Unternehmenserfolg, Tübingen 1995.
Schrader, Stephan/Lüthje, Christian: Das Ausscheiden der Spitzenführungskraft aus dem Unternehmen. Eine empirische Analyse, in: ZfB, Jg. 65, 1995, S. 467–493.
Schwartz, Kenneth B./Menon, Krishnagopal: Executive Succession in Failing Firms, in: AMJ, Jg. 18, 1985, S. 680–686.
Shen, Wei/Cannella Jr., Albert A.: Revisiting the Performance Consequences of CEO Succession: The Impacts of Successor Type, Postsuccession Senior Executive Turnover, and Departing CEO Tenure, in: AMJ, Jg. 45, 2002, S. 717–733.
Virany, Beverly/Tushman, Michael L./Romanelli, Elaine: Executive Succession and Organization Outcomes in Turbulent Environments: An Organization Learning Approach, in: Org.Sc., Jg. 3, 1992, S. 72–91.
Walsh, James P.: Top Management Turnover Following Mergers and Acquisitions, in: SMJ, Jg. 9, 1988, S. 173–183.
Worrell, Dan L./Davidson III., Wallace N./Glascock, John L.: Stockholder Reactions to Departures and Appointments of Key Executives Attributable to Firings, in: AMJ, Jg. 36, 1993, S. 387–401.

Führungsstile und -konzepte

Sabine Boerner

[s.a.: Charismatische Führung; Emotionen in Organisationen; Führung und Führungstheorien; Gerechtigkeit und Fairness; Kontingenzansatz; Managerrollen und Managerverhalten; Organizational Citizenship Behaviour; Partizipation; Rollentheorie; Vertrauen.]

I. *Traditionelle Führungsstilansätze*; II. *Neuere Führungsstile, insb. transformationale vs. transaktionale Führung*; III. *Empirische Studien zur Wirksamkeit von Führungsstilen*; IV. *Kritik am Führungsstil-Ansatz*.

Zusammenfassung

Im Vordergrund der Führungsstilforschung steht die Frage nach dem effizienten Führungsverhalten. Als Führungsstil wird dabei ein langfristig relativ stabiles Verhaltensmuster des Führenden bezeichnet; Führungskonzepte formulieren in der Regel praktische Handlungsempfehlungen für Manager.

I. Traditionelle Führungsstilansätze

Das *Verhalten von Führungskräften* (→ *Managerrollen und Managerverhalten*) ist vom Beginn der verhaltensorientierten Führungsforschung (z.B. *Fleishman* 1953) bis in die jüngste Zeit (z.B. *Fleishman* et al. 1991; *Yukl* 1999; *Staehle* 1992) auf vielfältige Weise zu klassifizieren versucht worden. Die Fülle der in Theorie und Empirie der Führungsforschung diskutierten Führungsstile wird jedoch meist auf zwei Typen reduziert.

1. Autokratische vs. demokratische Führung und direktive vs. partizipative Führung

Im Rahmen der *Iowa-Studien* wurden die Auswirkungen unterschiedlichen Führungsverhaltens (autoritär, demokratisch, laissez faire) auf das individuelle Verhalten und das Gruppenverhalten von Kindern untersucht (*Lewin/Lippitt/White* 1939). Die Unterscheidung zwischen *autoritären* und *demokratischen* Ideal-Stilen konzentrierte sich in Folgestudien in der Regel auf vier Aspekte (→ *Partizipation*): Beteiligung der Geführten an Entscheidungen, Orientierung des Führenden vor allem an den Geführten, Aufrechterhaltung sozialer Distanz und Einsatz von Bestrafung und Zwang durch den Führenden (*Bass* 1990).

Tannenbaum und Schmidt (*Tannenbaum/Schmidt* 1958) konzipieren das Kontinuum autoritärer vs. *delegativer* Führung mit den Abstufungen patriarchalisch, beratend, konsultativ und partizipativ. Das Kontinuum *direktive* vs. *partizipative* Führung ist in

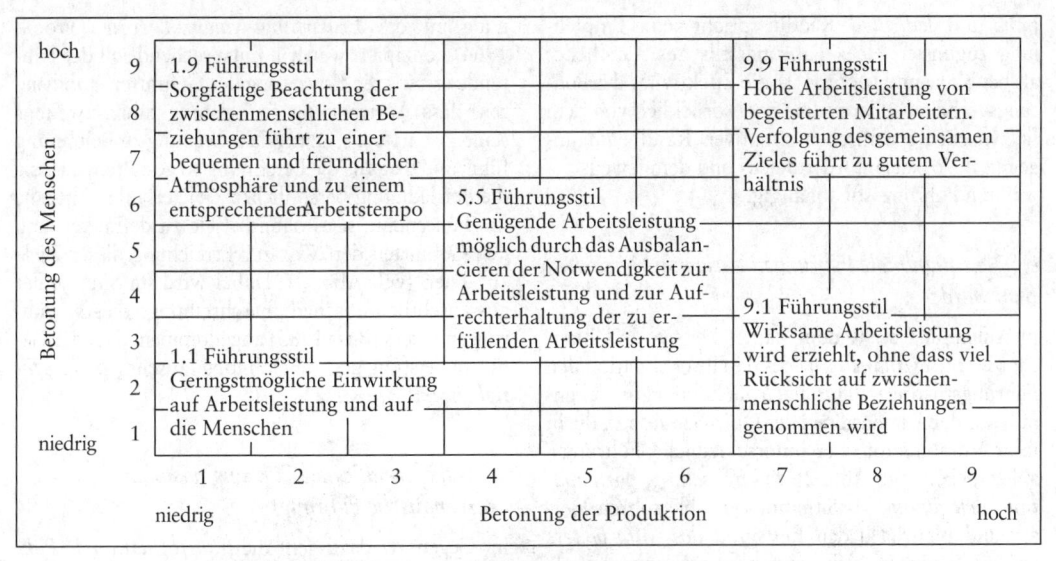

Abb. 1: Managerial Grid von Blake/Mouton 1964

der Folge in unterschiedliche Führungsstile und -konzepte eingeflossen (*Hersey/Blanchard* 1993). Direktive Führung impliziert in der Regel, dass der Führende eine aktive Rolle bei der Problemlösung und Entscheidungsfindung einnimmt. Demgegenüber geht partizipative Führung von einem unterschiedlich ausgeprägten Maß einer Beteiligung der Geführten aus, die sich von Beratung oder aktiver Mitwirkung an Entscheidungen bis zur Alleinentscheidung der Geführten erstrecken kann (*Bass* 1990).

2. Aufgabenorientierung vs. Personenorientierung

a) Michigan Leadership Studies

Im Rahmen der *Michigan Studies* wurden zwei Führungsstile identifiziert, die zwischen effektiven und ineffektiven Führenden unterscheiden (*Katz/Kahn* 1952; *Katz/Maccoby/Gurin* 1951): *aufgabenbezogenes* Verhalten (production orientation) und *beziehungsorientiertes* Verhalten (employee orientation). Diese werden, in der ursprünglichen Fassung des Konzepts als Endpunkte eines Kontinuums gesehen. In der Annahme, dass ein mitarbeiterorientierter Führungsstil die Zufriedenheit und die Leistung der Geführten erhöht, empfehlen die Vertreter der Michigan-Schule ein beziehungsorientiertes Führungsverhalten.

b) Ohio State Leadership Studies

Auf der Grundlage quantitativer Studien anhand des „Leader Behavior Description Questionnaire" (LBDQ) ließen sich in den Studien der *Ohio-Schule* in verschiedenen Kontexten faktorenanalytisch ebenfalls zwei Dimensionen des Führungsverhaltens unterscheiden (*Stogdill* 1948; *Fleishman* 1953): Mitarbeiterorientierung (*consideration*) umfasst allgemeine Wertschätzung und Achtung, Offenheit, Zugänglichkeit, Bereitschaft zur zweiseitigen Kommunikation sowie Einsatz und Sorge für den Einzelnen. Unter der Bezeichnung „Aufgabenorientierung" (*initiating structure*) werden die folgenden Aspekte zusammengefasst: Strukturierung, Definition und Klärung des Ziels sowie der Wege zum Ziel, Aktivierung und Leistungsmotivation sowie Kontrolle und Beaufsichtigung. Die beiden Führungsdimensionen werden dabei als unabhängige Führungsstile betrachtet: Ein Führender kann damit sowohl aufgabenbezogen als auch mitarbeiterbezogen führen (*Casimir* 2001).

c) Das Verhaltensgitter von Blake/Mouton

Grundlage des *Managerial Grid* bzw. *Leadership Grid* von Blake und Mouton (*Blake/Mouton* 1964) bildet ein zweidimensionales Raster mit den Achsen „Betonung des Menschen" (concern for people) und „Betonung der Produktion" (concern for production), die fünf verschiedene Führungsstile definieren (vgl. Abb. 1). Die Autoren empfehlen den 9.9.-Stil, der durch eine hohe Orientierung sowohl an den Belangen der Produktion als auch an den Belangen des Menschen gekennzeichnet ist („high-high leader"); in einer jüngeren Veröffentlichung (*Blake/Mouton* 1985) werden situative Relativierungen (z.B. nach der Art der Aufgabe) aufgenommen.

d) Das 3-D Modell von Reddin

Reddin (*Reddin* 1970) bündelt Führungsstil, Situation und Führungserfolg zu einem dreidimensionalen Modell. Die Grunddimensionen der Ohio-Schule – hier als Aufgabenorientierung und Beziehungsorientierung bezeichnet – werden dabei zu vier Grundstilen der Führung verdichtet: *related*, *integrated*, *sepa-*

rated und *dedicated*. Reddin spricht keine Empfehlung zugunsten eines Führungsstils aus; deutlicher als bei Blake und Mouton ist die Effektivität des Führungsverhaltens hier vielmehr ausdrücklich von dem fit zwischen spezifischen situativen Randbedingungen (z.B. Arbeitsanforderungen) und dem jeweils gewählten Führungsstil abhängig.

e) Die situationale Führungstheorie von Hersey/Blanchard

In Anlehnung an Reddin bauen Hersey und Blanchard (*Hersey/Blanchard* 1993) in ihrer situationalen Führungstheorie (*situational leadership theory*) ebenfalls auf den Dimensionen der Ohio-Schule auf, die in ihrer Kombination vier unterschiedliche Führungsstile ergeben (vgl. Abb. 2): *telling, selling, participation, delegation*. Als Situationsvariable führen Hersey und Blanchard den *Reifegrad des Mitarbeiters* ein: die Fähigkeit, sich hohe, aber erreichbare Ziele zu setzen; die Fähigkeit und Bereitschaft, Verantwortung zu übernehmen sowie die notwendige Ausbildung und Erfahrung. Der in vier Grade (M1 bis M4) gestuften Reife des Mitarbeiters wird mit Hilfe des LEAD (leader effectiveness and adaptability description) der jeweils effizienteste Führungsstil zugeordnet (vgl. Abb. 2).

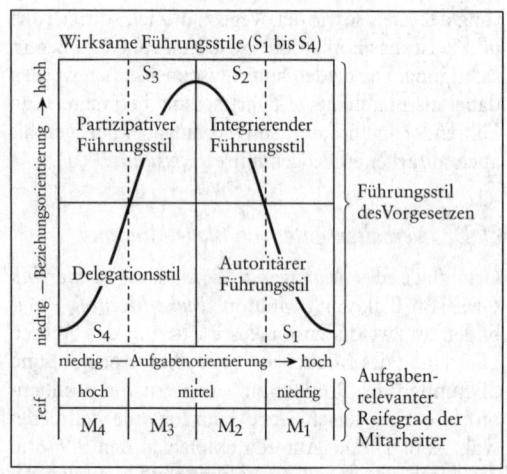

Abb. 2: Das situative Führungskonzept (Hersey/Blanchard 1993)

II. Neuere Führungsstile, insb. transformationale vs. transaktionale Führung

1. Transaktionale Führung (path goal theory of leadership)

Im Vordergrund der *transaktionalen Führung* (*Evans* 1995; *House* 1996) stehen die motivationalen Voraussetzungen des Geführtenverhaltens, die in Anlehnung an die *Erwartungs-Valenz-Theorie* (*Vroom* 1964) konzipiert werden. Entsprechend soll der Führende erstens die Erwartung des Geführten stabilisieren, dass Anstrengung zu Leistung führt, zweitens seine Erwartung stützen, dass Leistung zu Belohnung führt und drittens die Belohnung so gestalten, dass sie die Befriedigung persönlicher Ziele erlaubt. Aufgabe des Führenden ist es damit, Ziele zu definieren und den Geführten den Weg zur Erreichung dieser Ziele zu ebnen (vgl. Abb. 3). Dabei wird im Sinne einer austauschtheoretischen Beschreibung dieses Führungsmusters (*Bass* 1985) angenommen, dass der Geführte Leistung gegen Belohnung tauscht (→ *Gerechtigkeit und Fairness*).

2. Transformationale Führung (visionärcharismatische Führung)

Im Gegensatz dazu geht die *transformationale Führung* (→ *Charismatische Führung*; → *Emotionen in Organisationen*; → *Organizational Citizenship Behaviour*), die etwa seit den 80er Jahren in der Führungsliteratur diskutiert wird (*Steyrer* 1999), nicht von den bestehenden Bedürfnissen der Geführten aus, sondern „transformiert" diese insofern, als sie neue Bedürfnisse und Anspruchsniveaus aktualisiert (*Bass* 1985). Weitere zentrale Unterschiede zur transaktionalen Führung liegen in Folgendem (*Gebert* 2002): Der Führende verdeutlicht durch sein Vorbild zusätzlich den intrinsischen Wert der Anstrengung und steigert die Attraktivität des Nutzens durch die Formulierung einer Vision (vgl. Abb. 3).

III. Empirische Studien zur Wirksamkeit von Führungsstilen

Die empirischen Befunde zur Wirksamkeit unterschiedlicher Führungsstile sind bislang uneinheitlich. Insbesondere lässt sich die These nicht halten, dass generell demokratische, partizipative und beziehungsorientierte Führungsstile den autoritären, direktiven oder aufgabenorientierten Stilen erfolgsbezogen überlegen sind (*Bass* 1985). Nach einer Metaanalyse von Seidel (*Seidel* 1978) ist bspw. die kooperative Führungsform der direktiven zwar tendenziell überlegen, dies gilt aber stärker für die Bewältigung kreativer bzw. innovativer Aufgaben als für die Bewältigung von Routineaufgaben; dennoch erweist sich z.B. für die Bewältigung künstlerischer Aufgaben im Orchester umgekehrt ein direktiver Führungsstil empirisch als erfolgswirksam (*Boerner* 2002).

Die Zusammenhänge zwischen den Führungsdimensionen der Ohio-Schule und dem *Führungserfolg* fallen in der Empirie in der Regel nur schwach aus und sind für die meisten Erfolgskriterien inkonsistent (*Bass* 1990; *Yukl* 2002; *Gebert/von Rosenstiel* 2002; *Neuberger* 2002). Die Begründung für diese Resul-

```
┌─────────────────────────────────────────────────────────────────────────────┐
│                     Weg-Ziel-Theorie der Führung                            │
└─────────────────────────────────────────────────────────────────────────────┘
```

job enrichment/ | Training/Dosierung der | Feedback | Beförderung nach | Gehalts-
Delegation | Aufgabenschwierigkeit | | Leistung/Einhaltung | aufbesserung
 | | | von Zusagen |

↓ ↓ ↓ ↓ ↓

| intrinsischer Wert | Erwartung: | intrinsischer Wert der | Instrumentalität | Wert von E2 |
| von effort | effort → E1 | Leistungszielerreichung (E1) | von E1 für E2 | |

↑ ↑ ↑ ↑

Handeln ist | Vertrauen/Zutrauen | | Glaube an den | Vision/
Selbstausdruck | in das Individuum | | kollektiven Weg/ | bessere Zukunft
(moralisch/ | und das Kollektiv | | Ausstrahlung des |
sinnvoll) | ausdrücken | | Führenden |

```
┌─────────────────────────────────────────────────────────────────────────────┐
│                        Transformationale Führung                            │
└─────────────────────────────────────────────────────────────────────────────┘
```

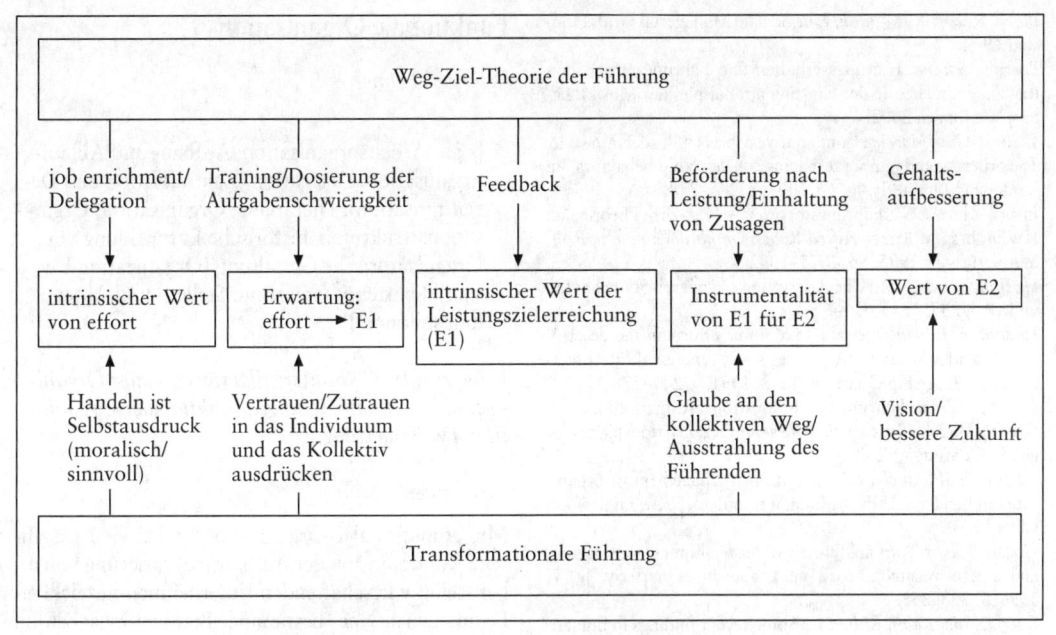

Abb. 3: Unterschiede zwischen der Weg-Ziel-Theorie der Führung und der transformationalen Führung (modifiziert nach Gebert 2002, S. 224)

tate liegt u.a. in der mangelnden Theorieorientierung bei der Ermittlung der Konstrukte und der unzureichenden Berücksichtigung der *Situation* (vgl. IV) (→ *Kontingenzansatz*); eine situationsunabhängige Überlegenheit des einen oder anderen Stils kann zusammenfassend nicht angenommen werden.

Empirische Untersuchungen zur Wirksamkeit der transformationalen Führung beruhen vor allem auf dem Einsatz des *Multifactor Leadership Questionnaire* (MLQ) (*Bass/Avolio* 1989; *Avolio/Bass/Jung* 1999; *Steyrer* 1999; *Lowe/Kroeck/Sivasubramaniam* 1996). Diese Studien kommen in der Regel zu dem Fazit, dass die transformationale Führung enger mit unterschiedlichen Leistungsindikatoren verbunden ist als die transaktionale Führung.

IV. Kritik am Führungsstil-Ansatz

Der Führungsstilansatz folgt historisch dem *personalistischen Ansatz*, der Persönlichkeitseigenschaften von Führenden in den Vordergrund stellt (→ *Führung und Führungstheorien*). Geht man davon aus, dass sich Führungseigenschaften in Führungsverhalten übersetzen (*Gebert/von Rosenstiel* 2002), so besteht der theoretische Fortschritt des Ansatzes darin, den Führungserfolg nicht mehr durch die Persönlichkeit des Führenden, sondern durch den Führungsstil vorherzusagen. Dieser Fortschritt relativiert sich allerdings in dem Maße, wie man den Führungsstil als *stabiles* Verhaltensmuster eines Vorgesetzten interpretiert (s.o.); entsprechend zeigt die Empirie (*Vroom/Yetton* 1973), dass Führungskräfte ihr Verhalten tatsächlich situationsspezifisch variieren (→ *Kontingenzansatz*).

Grenzen des Ansatzes offenbaren sich, wenn man zu präzisieren versucht, in welcher Beziehung Führungsverhalten und Führungserfolg stehen: Weder das Führungsverhalten noch der Erfolg lassen sich sinnvoll pauschal klassifizieren; vielmehr sprechen empirische Befunde dafür, dass unterschiedliche Aspekte des Führungsverhaltens auf unterschiedliche Aspekte des Führungserfolgs wirken (*Gebert* 2002). Schließlich ist das Geführtenverhalten nicht völlig zu vernachlässigen: Insofern stellt die Weg-Ziel-Theorie eine theoretische Weiterentwicklung der klassischen Führungsstilansätze dar, weil hier der Zusammenhang zwischen Geführtenverhalten und Führungsverhalten motivationstheoretisch erklärt wird (*Schreyögg* 1995).

Literatur

Avolio, Bruce J./Bass, Bernhard M./Jung, Dong: Re-examining the components of transformational and transactional leadership using the Multifactor Leadership Questionnaire, in: Journal of Occupational and Organizational Psychology, Jg. 72, 1999, S. 441–462.
Bass, Bernhard M.: Bass and Stogdill's handbook of leadership: Theory, research, and managerial applications, 3. A., New York 1990.
Bass, Bernhard M.: Leadership and Performance beyond expectations, New York 1985.
Bass, Bernhard M./Avolio, Bruce J.: Manual for the multifactor leadership questionnaire, Palo Alto CA 1989.
Blake, Robert R./Mouton, Jane S.: The Managerial Grid III, Houston 1985.

Blake, Robert R./Mouton, Jane S.: The Managerial Grid, Houston 1964.
Boerner, Sabine: Führungsverhalten und Führungserfolg. Beitrag zu einer Theorie der Führung am Beispiel des Musiktheaters, Wiesbaden 2002.
Casimir, Gian Marcus: Combinative aspects of leadership style. The ordering and temporal spacing of leadership behaviors, in: Leadership Quarterly, Jg. 12, 2001, S. 245–278.
Evans, Martin G.: Führungstheorien – Weg-Ziel-Theorie, in: HWFü, hrsg. v. Kieser, Alfred/Reber, Gerhard/Wunderer, Rolf, 2. A., Stuttgart 1995, Sp. 1075–1092.
Fleishman, Edwin A.: The description of supervisory behavior, in: JAP, Jg. 37, 1953, S. 1–6.
Fleishman, Edwin A. et al.: Taxonomic efforts in the description of leader behavior: A synthesis and functional interpretation, in: Leadership Quarterly, Jg. 2, 1991, S. 245–278.
Gebert, Diether: Führung und Innovation, Stuttgart 2002.
Gebert, Diether/Rosenstiel, Lutz von: Organisationspsychologie, 5. A., Stuttgart 2002.
Hersey, Paul/Blanchard, Kenneth H.: Management of organizational behavior. Utilizing human resources, 7. A., Englewood Cliffs 1993.
House, Robert: Path-goal theory of leadership: Lessons, legacy, and a reformulated theory, in: Leadership Quarterly, Jg. 7, 1996, S. 323–352.
Katz, Daniel/Kahn, Robert L.: Some recent findings in human-relations industry, in: Readings in social psychology, hrsg. v. Swanson, Jane E./Newcomb, Theodore M./Hartley, E. L., New York 1952, S. 650–665.
Katz, Daniel/Maccoby, Nathan/Gurin, Gerald: Productivity, supervision, and morale among railroad workers, Ann Arbor 1951.
Lewin, Kurt/Lippitt, Ronald/White, Ralph K.: Patterns of aggressive behavior in experimentally created „social climates", in: Journal of Social Psychology, Jg. 10, 1939, S. 271–299.
Lowe, Kevin B./Kroeck, K. Galen/Sivasubramaniam, Nagary: Effectiveness correlates of transformational and transactional leadership: A meta-analytic review of the MLQ literature, in: Leadership Quarterly, Jg. 7, 1996, S. 385–425.
Neuberger, Oswald: Führen und führen lassen. Ansätze, Ergebnisse und Kritik der Führungsforschung, 6. A., Stuttgart 2002.
Reddin, William J.: Managerial Effectiveness, New York 1970.
Schreyögg, Georg: Führungstheorien – Situationstheorien, in: HWFü, hrsg. v. Kieser, Alfred/Reber, Gerhard/Wunderer, Rolf, 2. A., Stuttgart 1995, Sp. 994–1004.
Seidel, Eberhard: Betriebliche Führungsformen, Stuttgart 1978.
Staehle, Wolfgang: Führungstheorien und Konzepte, in: HWO, hrsg. v. Frese, Erich, 3. A., Stuttgart 1992, Sp. 656–676.
Steyrer, Johannes: Charisma in Organisationen – Zum Stand der Theoriebildung und empirischen Forschung, in: Managementforschung 9: Führung – neu gesehen, hrsg. v. Schreyögg, Georg/Sydow, Jörg, Berlin 1999, S. 143–197.
Stogdill, Ralph M.: Personal factors associated with leadership: A survey of the literature, in: J.Psych., Jg. 25, 1948, S. 35–71.
Tannenbaum, Robert/Schmidt, Warren: How to choose a leadership pattern, in: HBR, Jg. 37, H. 2/1958, S. 95–101.
Vroom, Victor H.: Work and motivation, New York 1964.
Vroom, Victor H./Yetton, Philip W.: Leadership and decision making, Pittsburgh 1973.
Yukl, Gary A.: Leadership in Organizations, 5. A., Englewood Cliffs 2002.
Yukl, Gary A.: An evaluative essay on current conceptions of effective leadership, in: European Journal of Work and Organizational Psychology, Jg. 8, 1999, S. 33–48.

Funktionale Organisation

Winfried Hamel

[s.a.: Arbeitsorganisation; Aufbau- und Ablauforganisation; Delegation (Zentralisation und Dezentralisation); Hierarchie; Organisation; Organisationsstrukturen, historische Entwicklung von; Organisatorische Gestaltung (Organization Design); Spartenorganisation; Stellen- und Abteilungsbildung.]

I. Begriff; II. Charakteristika funktionaler Organisation; III. Modifizierungen funktionaler Organisation; IV. Bewertung.

Zusammenfassung

Mit „funktionaler Organisation" wird eine spezifische Konfiguration der Aufbaustrukturierung von arbeitsteilig wirtschaftenden Unternehmen bezeichnet. Damit wird eine bestimmte Betrachtungsposition eingenommen, die jedoch angesichts moderner Strukturierungsformen einer umfänglichen Erweiterung bedarf, um einerseits den Effizienzkriterien arbeitsteiliger Strukturierung und andererseits der Vielfalt realer Erscheinungen gerecht zu werden. Dabei sind neben den Funktionen der Aufgabenerfüllung auch stets die Objekte, an denen die Funktionen vollzogen werden, in die Analyse einzubeziehen.

I. Begriff

Die Basisvermutung der Organisationstheorie behauptet, eine strukturierte Aufgabenerfüllung führe zu einem höheren Grad an Effizienz als eine nicht strukturierte (*Witte* 1969, Sp. 20). In Anerkennung dieser Grundthese wurde und wird daran gearbeitet, diejenige Alternative der Strukturierung zu entwickeln (→ *Organisatorische Gestaltung (Organization Design)*), die bei gegebenen Rahmenbedingungen das höchste Maß an Effizienz ermöglicht (zu den Dimensionen der Effizienz vgl. *Grochla/Welge* 1975). Damit wird „Organisation" zu einem – ökonomischen – Optimierungsproblem (*Müller-Merbach* 1980), das durch bewusste, kriteriengeleitete Entscheidungsprozesse (*Bea/Göbel* 1999, S. 15 ff.) zu Lösungen geführt wird. Eine unter vielen Varianten der aufbauorganisatorischen Konfigurationen ist die „funktionale Organisation".

Der Begriff „funktional" geht auf das Lateinische „functio" zurück und bedeutet „*Verrichtung*". Da Aufgaben als „Verrichtungen an Objekten" definiert sind (*Kosiol* 1969, Sp. 202), wird mit „funktionaler Organisation" lediglich *ein* spezifischer Wesensteil der Aufgabe als organisatorischem Element angesprochen (*Lochstampfer* 1980, Sp. 756). Der andere

Strukturierungs-Kriterium			Geschäftsführung			
funktional		Einkauf	Kommissionierung		Verkauf	
objektorientiert	Einkauf Lebensmittel	Einkauf Non-Food		Einkauf Braune Ware		Einkauf Weiße Ware
objektorientiert	Einkaufen Obst	Einkaufen Gemüse		Einkaufen Bio-Lebensmittel		Einkaufen Sonstiges

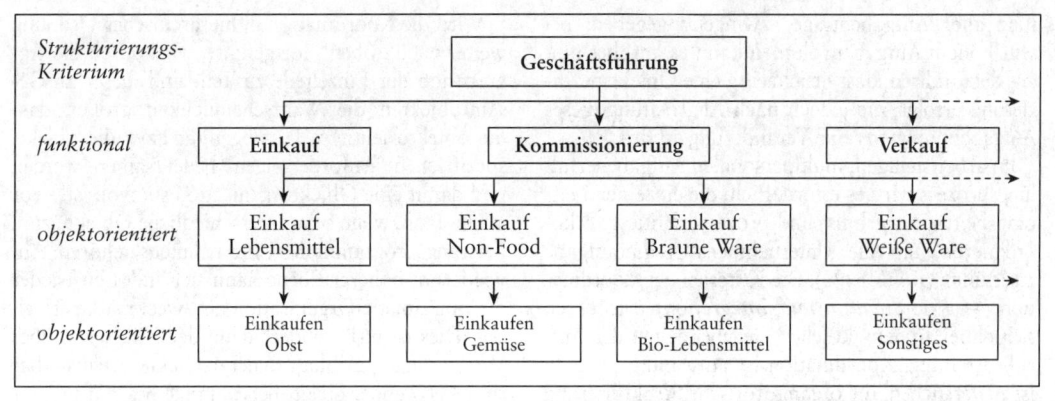

Abb. 1: Funktionale Organisation eines Handelsbetriebs (Beispiel)

Teil – die materiellen und immateriellen Objekte – werden hierbei als zunächst nachrangig interpretiert und als von den Verrichtungen umschlossen betrachtet. In gleicher Weise stellt eine „*objektorientierte Organisation*" die an den Objekten vorzunehmenden Verrichtungen in den Hintergrund der Betrachtung.

In der organisationstheoretischen Literatur wird mit „funktionaler Organisation" eine Konfiguration bezeichnet, die ein arbeitsteiliges, mit Abteilungsgliederungen versehenes Unternehmen auf der ersten Ebene unterhalb der Geschäftsführung (→ *Hierarchie*) nach Verrichtungen strukturiert (*Bühner* 1999, S. 131). Alternativen hierzu sind die „Objekt-", die „Sparten-" (→ *Spartenorganisation*), die „Geschäftsbereichs-", die „Matrix-" (→ *Matrix-Organisation*), die „Regionalorganisation" (→ *Regionalorganisation*) oder weitere Formen (*Eisenführ* 1980) – stets wird das Strukturierungskriterium der ersten Gliederungsebene nach der Geschäftsleitung als Bezeichnung der Organisationsstruktur des gesamten Unternehmens herangezogen (*Schulte-Zurhausen* 1999, S. 237; anders *Alewell* 1992). Für den Fall, dass das Geschäftsführungsorgan multipersonal besetzt ist, kann auch dieses eine verrichtungsorientierte Kompetenzverteilung aufweisen und damit den Tatbestand der funktionalen Organisation erfüllen. Durch diese nomenklaturige Fokussierung wird jedoch eine äußerst simplifizierte Darstellung vorgenommen, die der Problematik der Organisation eines Unternehmens nicht gerecht wird: Es genügt nicht, lediglich die oberste Gliederungsebene heranzuziehen, es ist vielmehr geboten, das gesamte Unternehmen sowie die in ihm zu vollziehenden Aktionen in die Analyse einzubeziehen (*Krüger* 1992, Sp. 222).

Da bei der ganzheitlichen Strukturierung eines Unternehmens sämtliche Bestandteile der Aufgaben beachtet werden müssen, bedeutet eine einseitige organisatorische Fokussierung auf einer Ebene zwingend einen Perspektivenwechsel auf einer anderen – nach- oder vorgelagerten – Ebene. Bei der üblicherweise vertikal abwärts erfolgenden Analyse einer Unternehmensorganisation heißt das, dass die funktionale Organisation von einer objektorientierten innerhalb einer Funktion gefolgt wird, da Verrichtungen nicht beliebig weit in sich differenziert und die Objekte nicht ausgeklammert werden können (*Braun/Beckert* 1992, Sp. 642). Dieser „Wechsel des Organisationskriteriums" wird stets dann erforderlich, wenn die organisatorische Ebenendifferenzierung über zwei hinausgreift. In Abb. 1 ist dieser Zusammenhang am Beispiel eines Handelsunternehmens angedeutet.

II. Charakteristika funktionaler Organisation

Organisatorische Strukturierungen basieren auf den vielfältigen *Spezialisierungseffekten* der Arbeitsteilung (*Kieser/Kubicek* 1992, S. 86 ff.). Alle Aktivitäten von Menschen und Maschinen bestehen ausschließlich in Verrichtungen, die an unterschiedlichen Objekten vollzogen werden können. Jegliche Spezialisierung – im personellen Bereich durch Ausbildung und Training gefördert, im maschinellen Bereich durch Konstruktion herbeigeführt – richtet sich auf Verrichtungen, gleichgültig ob körperlicher oder geistiger, materieller oder immaterieller Art. Damit wird die Verrichtung zum zentralen Element organisatorischer Gestaltung auf der Ebene der unmittelbar transformierenden Ausführungshandlungen. Verrichtungen bleiben über die Zeit relativ stabil, Veränderungen weisen regelmäßig evolutorische Züge auf. Die Verrichtungsträger – Personen und Maschinen – sind innerhalb kurzer Zeitspannen nur in begrenztem Maße zu Anpassungen fähig; sollte eine gravierende Veränderung innerhalb der Verrichtungen rasch erforderlich werden, sind die Verrichtungsträger normalerweise auszutauschen – mit der Wirkung erneuter Verrichtungsstabilität auf verändertem Niveau. Die Objekte hingegen können durchaus einer höheren Variabilität unterliegen: Das Bohren eines dicken oder eines dünnen Brettes stellt dieselbe Verrichtung dar, nicht aber dasselbe Objekt. Auf der untersten organisatorischen Ebene ist eine funktionale Ausrichtung aller Aufgabenträger zwingend gegeben; bei sehr hohem Aufgabenvolumen kann es darüber hinaus dazu führen, dass gleichzeitig eine Objektspezifizierung erfolgt, die jedoch nach Abarbeitung dieses Aufgabenvolumens eine Veränderung erfährt.

Im arbeitsteiligen, multipersonalen Aufgabenerfüllungsprozess wird es erforderlich, die einzelnen Leistungsbeiträge ergebnis- und prozessorientiert zu koordinieren, um die Unternehmens-Gesamtaufgabe zu erfüllen (*Rühli* 1992). Die Kriterien der Koordination (→ *Koordination und Integration*) orientieren sich dabei an den aktuellen Gegebenheiten der Aufgabenstellung. Koordination ist aufwändig, folglich ist zu versuchen, die organisatorische Strukturierung des Gesamtunternehmens unter Minimierung des Koordinationsaufwandes vorzunehmen. Das ist gleichbedeutend mit der Maximierung der *Leitungsspanne* als Anzahl von Mitarbeitern, die einer Führungskraft zugeordnet sind (*Müller* 1980). Da die Leitungsspanne (→ *Führung und Führungstheorien*) u.a. von der Homogenität der zu koordinierenden Aufgaben abhängt, ist c.p. anzustreben, innerhalb einer Gruppe möglichst gleichartige Aufgaben zusammenzufassen. Dadurch ergibt sich zwischen den Gruppen hohe Heterogenität.

Die Homogenität resultiert u.a. aus der Menge von Objekten, an denen gleichartige Verrichtungen zu vollziehen sind – beispielsweise bei Massenproduktion. Erfordert die Leistungserstellung eine hohe Anzahl gleichartiger Verrichtungen, so lassen sich die zahlreich benötigten Mitarbeiter über eine relativ große Leitungsspanne koordinieren. In diesem Fall läge eine „reine" funktionale Organisation auf dieser Ebene vor. Werden hingegen an den Objekten sehr zahlreiche unterschiedliche Verrichtungen vollzogen und gibt es keine anderen Objekte, die dieselben Verrichtungen erfordern, dann bietet sich eine funktionale Organisation c.p. nicht an, sondern eine objektorientierte.

Die begrenzte Führungskapazität einer Person kann es bedingen, dass mehrere gleichartige Gruppen gebildet werden müssen, deren Leiter ihrerseits einer Führung bedürfen, die dann ebenfalls inhaltlich auf Verrichtungen gerichtet ist und damit den Tatbestand der funktionalen Organisation auch auf dieser nachgeordneten Ebene darstellt. Hiermit ergibt sich eine mehrstufige rein funktionale Organisation innerhalb dieses Linienzuges. Allerdings besteht dann hohe Wahrscheinlichkeit dafür, dass im Sinne gesteigerter gruppeninterner Homogenität den verschiedenen Untergliederungen – so weit wie möglich – unterschiedliche Objektbereiche zugeordnet werden, die sie funktional zu betreuen haben. Dann dominieren innerhalb des Linienzuges zwar die Verrichtungen, die aber durch eine Objektdifferenzierung voneinander separiert werden („Funktions-Produkt-Spezialisten", *Eisenführ* 1972). In einem solchen Fall wäre es durchaus gerechtfertigt, von einem Kriterienwechsel der Konfiguration zu sprechen, wenn die unterschiedlichen Objektbereiche eindeutig voneinander getrennt werden können.

Wird die Koordination in hierarchischer Ordnung weiter nach „oben" fortgeführt, wird durch die Aggregation der Einzelteile zu Teil- und dieser zu Gesamtobjekten die Wahrscheinlichkeit größer, dass die objektorientierte Homogenität bzw. die objektspezifischen Anforderungen bedeutsamer werden und damit eine Objektorganisation sinnvoll ist – vor allem dann, wenn sehr unterschiedliche Objekte zum Leistungsprogramm des Unternehmens gehören. Auf wiederum höherer Ebene kann sich indessen wieder die funktionale Organisation als zweckmäßig erweisen. Dies ist insbesondere dann der Fall, wenn über Verrichtungsspezifika Synergieeffekte realisierbar sind – etwa über die größervolumige Beschaffung für sämtliche Objekte des Produktionsprogramms oder über gemeinsame Marketingaktivitäten für mehrere Produktlinien. Auf diese Weise kann sich ein mehrfacher Wechsel des Organisationskriteriums innerhalb eines Unternehmens herausbilden. Aus diesem Zusammenhang wird deutlich, dass in Unternehmen, die lediglich ein einziges Produkt – oder eine in sich sehr homogene Produktfamilie – anbieten, die funktionale Organisation das vorherrschende Gestaltungsmuster darstellt (*Doppelfeld* 1987).

Eine derartige Erscheinung tritt zunehmend auf, indem sich immer mehr Unternehmen mit umfangreicher Produktpalette im Sinne differenzierender Konzernierung in zahlreiche Tochterunternehmen mit jeweils sehr engem Produktprogramm aufspalten (*Bleicher* 1992, Sp. 1163). In diesen Fällen wird eine betriebsübergreifende objektorientierte Organisation über die Konzernstruktur herbeigeführt, die innerhalb jeden Konzerngliedes als funktionale Organisation aufgestellt ist. Ebenso ist zu beobachten, dass Unternehmen, die eine Geschäftsbereichsorganisation aufweisen – die den objektorientierten Konfigurationen zugerechnet wird –, innerhalb der Geschäftsbereiche eine funktionale Ausrichtung auf der folgenden Organisationsebene aufweisen. Ebenso gilt für kleinere und mittlere Unternehmen, dass sie weitaus überwiegend funktional organisiert sind (*Frese* 2000, S. 409).

III. Modifizierungen funktionaler Organisation

Elemente funktionaler Organisation sind darüber hinaus in komplexeren Konfigurationen zu finden. So sind → *Stäbe* sowie *Zentralstellen* (→ *Zentralbereiche*) vielfach funktional orientiert – ihre Aufgabe besteht in der Unterstützung anderer Instanzen bei deren Verrichtungen. Auch persönliche Referenten von Linieninstanzen werden regelmäßig mit Aufgaben betraut, bei denen sie ihre individuellen Fähigkeiten und Fertigkeiten, ihr Expertenwissen einbringen können und sollen – die zu bearbeitenden Objekte ergeben sich aus der jeweils aktuellen Situation. Zentralstellen oder -abteilungen wie „Personal", „Finanzen", „Rechnungswesen", „EDV", „Steuern", „Recht", „allgemeine Verwaltung", „Public Relations" oder „Investors Relations" oder „Customer Relations" werden üblicherweise als funktionale Bereiche interpretiert – auch wenn es in einzelnen Fällen auf Grund der Spezifität der Objekte gerechtfertigt sein könnte, eine objektorientierte Konfiguration zu identifizieren. Dies wäre etwa der Fall, wenn – in der Rechtsabteilung – ausschließlich Vertragsprüfungen stattfänden und alle anderen rechtserheblichen Fälle nach außen vergeben würden. Aber auch dann ist die Frage noch nicht entschieden, ob eher das Funktionale oder die Objekte im Vordergrund der Betrachtung stehen – auf jeden Fall sind die Verrichtungen der Fallbearbeitung unabdingbar.

In Matrix- oder Tensorkonfigurationen (→ *Matrix-Organisation*) ist regelmäßig *ein* Strang funktional ausgerichtet, während andere Stränge objektbezogen, regional, kundengruppig o.ä. gestaltet sind. Da in diesen Fällen keine hierarchische Ordnung zwischen den Matrixköpfen besteht, lassen sich derartige Konfigurationen als *auch* funktional interpretieren.

In gleicher Weise sind *Projektorganisationen* (→ *Projektmanagement*) zu interpretieren (*Grün* 1992). Projekte stellen besondere, inhaltlich und zeitlich klar begrenzte, für das Unternehmen mehrheitlich innovative oder einmalige Spezialaufgaben dar (*Schmidli* 2001, S. 11), die von Personen aus unterschiedlichen Bereichen – bisweilen unter Einbeziehung Externer – bearbeitet werden. Nach Abschluss des Projektes kehren die involvierten Mitarbeiter in ihre ursprünglichen Stellen zurück. Die Projektorganisation ist primär am durch das Projekt vorgegebenen Objekt orientiert, das es zu bearbeiten gilt, innerhalb der Projektgruppe stehen aber die Verrichtungen im Vordergrund. Denn die am Projekt beteiligten Mitarbeiter werden auf Grund ihres jeweiligen Sachverstandes ausgewählt – dieser könnte sich zwar gleichermaßen auf Verrichtungen wie auf Objekte beziehen. Da es sich jedoch meistens um nicht wiederholbare Aufgaben handelt, die regelmäßig abteilungsübergreifende Auswirkungen zeigten, stehen die funktionalen Aspekte des Projektes im Zentrum der Behandlung. Nur wenn alle erforderlichen Verrichtungskompetenzen im Projektteam gebündelt sind, besteht Aussicht auf hinreichenden Projekterfolg. Insofern ist auch hier von einer Funktionsorientierung auszugehen, die mit der projektspezifischen Objektorientierung einhergeht. Worauf das Schwergewicht zu legen wäre, könnte nur anhand des konkreten Falles beurteilt werden, das Funktionale ist auf jeden Fall nicht vernachlässigbar.

IV. Bewertung

Die funktionale Organisation durchzieht die gesamte Konfiguration der Aufbaustruktur. Dennoch wird von einer funktionalen Unternehmensorganisation nur dann gesprochen, wenn dieses Kriterium auf der ersten Ebene nach der Geschäftsleitung angesiedelt ist. Diese durch die – vor allem ältere (*Weber* 1968) – Literatur geprägte Sichtweise mag beibehalten werden; in zahlreichen modernen Formen der Aufbaustrukturierung ist eine derartige Differenzierung jedoch obsolet. Vielmehr kommt es darauf an, den einzelnen Aufgabenträgern klar und eindeutig abgegrenzte Aufgaben zuzuweisen, die diese effektiv und effizient erfüllen können. Da die Aufgaben stets aus Verrichtungen an Objekten bestehen, ist es eher eine Frage des Betrachtungsstandpunktes denn objektiver Kriterien, welches Differenzierungsmerkmal in den Vordergrund gestellt wird. Darüber hinaus gilt, dass durch Veränderungen sowohl innerhalb der Aufgabenerfüllung als auch der Aufgabenträger Neuzuschnitte der Aufbaustrukturierung erforderlich werden, die die konventionelle Einteilung als unzweckmäßig erscheinen lassen.

Es ist folglich zielführender, nach den jeweiligen Anteilen funktionaler Organisation zu fragen, die bei der jeweiligen Aufgabenerfüllung erforderlich oder zweckdienlich sind. Damit wird die Frage der Funktionalität neu gestellt: Es geht nicht – mehr – um „grobe" Einteilungen wie „Beschaffung", „Absatz", „Produktion", „Verwaltung", sondern um einen relativ präzisen Katalog von Funktionsbündeln, die für die unterschiedlichen Aufgabenerfüllungen erforderlich sind. Damit wird die durch eine weitgehende Aufgaben- und Arbeitsanalyse erarbeitete funktionale Spezialisierung über ganzheitliche Aufgabenfelder zurückgeführt und eine „Multifunktionalität" der Aufgabenträger aufgebaut, die organisatorisch zahlreiche Vorteile aufweist. Selbst bei relativ einfachen Verrichtungen wird zunehmend versucht, so genannte „Mehrfachqualifikationen" bei Mitarbeitern zu erreichen. Dies erlaubt es den Unternehmen, hochflexibel auf volumenmäßige wie auch auf inhaltliche Aufgabenveränderungen reagieren zu können. Gleichzeitig bedeutet dies, dass auf Grund der Verrichtungsarten-Erweiterung je Mitarbeiter eine verstärkte Objektzentralisierung möglich ist, indem das Objekt als Kristallisationspunkt der Aufgabenerfüllung vorgegeben werden kann.

In gleicher Weise wirken zahlreiche Bemühungen um eine Humanisierung der Arbeitswelt (*Kreikebaum* 1992). Für personelle Aufgabenträger gilt, dass eine sehr weit getriebene Spezialisierung zu einseitigen Belastungen führt, die als personalwirtschaftlich nachteilig erkannt wurden. Zur Verminderung derartiger Nachteile führen moderne Konzepte der Arbeitsstrukturierung (→ *Arbeitsorganisation*) zu ganzheitlichen Aufgabenzuschnitten, bei denen der Mitarbeiter – z.T. sehr – unterschiedliche Verrichtungen an Objekten vornimmt. Damit wird das Objekt zentralisiert, die Verrichtungen entsprechend dezentralisiert. Dennoch erscheint es unangemessen, hierbei von Objektorganisationen zu sprechen, da es sich in

Wirklichkeit um eine veränderte Verrichtungskompetenz der Mitarbeiter handelt: Statt hoch spezialisierter Einzelverrichtungen werden nunmehr ebenso hoch spezialisierte Verrichtungscluster herangezogen, die folglich veränderte Organisationsstrukturen bedingen. Das gilt auch für maschinelle Aufgabenträger, die mittels Programmierung zahlreiche unterschiedliche Verrichtungen bewältigen können, die auf mechanischem Wege nicht darstellbar waren.

Das Erfordernis organisatorischer Gestaltung ergibt sich aus der Notwendigkeit der Koordination arbeitsteilig zu erfüllender Teilaufgaben. In der klassischen Organisation erfolgte diese über personelle Hierarchien mit Weisungsrechten und -unterworfenheiten. Die Beherrschung der Koordination wurde durch Homogenisierung der zu koordinierenden Teilaufgaben erreicht. Gelingt es jedoch, die Koordinationsnotwendigkeit zu reduzieren, indem über nichtpersonale Mechanismen – wie Programme, technische Zwangsfolgen (Fließband), Ablaufstrukturen o.Ä. – die Abstimmung der einzelnen Teilaufgaben im Sinne der Gesamtaufgabenerfüllung erfolgt, stellt sich die Frage nach der Art der Konfiguration nicht mehr in gleicher Weise: Je besser die einzelnen Aufgabenträger ausgebildet oder konstruiert und mit übergreifenden Aufgabenerfüllungen vertraut sind, um so weniger ist eine auf Weisungen basierende Koordination erforderlich. Stattdessen entwickeln sich neue Formen der Organisation, in denen neuartige Kombinationen von Funktionen und Objekten erfolgen – beispielsweise über Projekte oder über „Aufträge" in teilautonomen Arbeitsgruppen –, die eine eigenständige organisatorische Einbettung in die Gesamtstruktur erfordern. Es wird damit deutlich, dass präzise Abgrenzungen zwischen verschiedenen Funktionen zwar theoretisch noch möglich, organisationspraktisch aber zunehmend irrelevant sind. Vielmehr bedarf es einer ganzheitlichen Betrachtung. Dennoch dienen Konfigurationen der deklaratorischen Visualisierung des jeweils vorherrschenden organisatorischen Gestaltungsprinzips auf Grund betriebswirtschaftlicher Metakriterien (*Kieser/Kubicek* 1992, S. 126 f.).

Literatur

Alewell, Karl: Regionalorganisation, in: HWO, hrsg. v. *Frese, Erich*, 3. A., Stuttgart 1992, Sp. 2184–2195.
Bea, Franz Xaver/Göbel, Elisabeth: Organisation, Stuttgart 1999.
Bleicher, Knut: Konzernorganisation, in: HWO, hrsg. v. *Frese, Erich*, 3. A., Stuttgart 1992, Sp. 1151–1164.
Braun, Günther E./Beckert, Joachim: Funktionalorganisation, in: HWO, hrsg. v. *Frese, Erich*, 3. A., Stuttgart 1992, Sp. 640–655.
Bühner, Rolf: Betriebswirtschaftliche Organisationslehre, 9. A., München 1999.
Doppelfeld, Volker: Organisationsformen in einem funktional gegliederten Großunternehmen, in: ZfbF, Jg. 39, 1987, S. 577–584.
Eisenführ, Franz: Divisionale Organisation, in: HWO, hrsg. v. *Grochla, Erwin*, 2. A., Stuttgart 1980, Sp. 558–568.
Eisenführ, Franz: Zur Entscheidung zwischen funktionaler und divisionaler Organisation, in: Unternehmensorganisation, hrsg. v. *Grochla, Erwin*, Hamburg 1972, S. 256–278.
Frese, Erich: Grundlagen der Organisation, 8. A., Wiesbaden 2000.
Grochla, Erwin/Welge, Martin K.: Zur Problematik der Effizienzbedingungen von Organisationsstrukturen, in: ZfbF, Jg. 27, 1975, S. 273–289.
Grün, Oskar: Projektorganisation, in: HWO, hrsg. v. *Frese, Erich*, 3. A., Stuttgart 1992, Sp. 2102–2116.
Kieser, Alfred/Kubicek, Herbert: Organisation, 3. A., Berlin 1992.
Kosiol, Erich: Aufgabenanalyse, in: HWO, hrsg. v. *Grochla, Erwin*, Stuttgart 1969, Sp. 199–212.
Kreikebaum, Hartmut: Humanisierung, in: HWO, hrsg. v. *Frese, Erich*, 3. A., Stuttgart 1992, Sp. 816–826.
Krüger, Wilfried: Aufgabenanalyse und -synthese, in: HWO, hrsg. v. *Frese, Erich*, 3. A., Stuttgart 1992, Sp. 221–236.
Lochstampfer, Peter: Funktionale Organisation, in: HWO, hrsg. v. *Grochla, Erwin*, 2. A., Stuttgart 1980, Sp. 756–766.
Müller, Wolfgang: Leitungsspanne, in: HWO, hrsg. v. *Grochla, Erwin*, 2. A., Stuttgart 1980, Sp. 1199–1205.
Müller-Merbach, Heiner: Aufbauorganisation, in: HWO, hrsg. v. *Grochla, Erwin*, 2. A., Stuttgart 1980, Sp. 187–200.
Rühli, Edwin: Koordination, in: HWO, hrsg. v. *Frese, Erich*, 3. A., Stuttgart 1992, Sp. 1164–1175.
Schmidli, Albert: Projektmanagement: Führung, Planung, Kontrolle, Basel et al. 2001.
Schulte-Zurhausen, Manfred: Organisation, 2. A., München 1999.
Weber, Helmut: Funktionsorientierte und produktorientierte Organisation der industriellen Unternehmenung, in: ZfB, Jg. 38, 1968, S. 587–604.
Witte, Eberhard: Ablauforganisation, in: HWO, hrsg. v. *Grochla, Erwin*, Stuttgart 1969, Sp. 20–30.

Fusionen und Übernahmen (Mergers and Acquisitions)

Günter Müller-Stewens

[s.a.: Allianz, strategische; Organisationstheorie; Shareholder- und Stakeholder-Ansatz; Strategisches Management; Unternehmensführung (Management); Unternehmensstrategien; Wertorientierte Unternehmensführung.]

I. Begriffsinhalte; II. Praktische Bedeutung; III. M&A als Instrument der Unternehmensstrategie; IV. Motive und Erklärungsansätze; V. Wertsteigerungsdynamik und Transaktionsprozess; VI. Zur Effizienz von M&A; VII. Kritische Würdigung.

Zusammenfassung

Im Jahre 2000 hatte laut Thomson Financial Securities Data die Anzahl der Unternehmensübernahmen weltweit ihr historisches Hoch erreicht: Es wurden Unternehmen mit einem Gesamtwert von 3.500 Mrd. USD erworben. Mergers & Acquisitions (M&A) war in dieser Zeit ohne Zweifel zum bevorzugten Wachstumsinstrument der Unternehmensleitungen geworden. Gleichzeitig zeigten viele Studien, dass mit M&A oftmals die angestrebten Ziele nicht annähernd erreicht werden konnten, teilweise Käuferunternehmen durch eine Fehlakquisition sogar für Jahre selbst in eine kritische Situation gebracht wurden. M&A ist ein Instrument mit dem signifikant in die Entwicklung eines Unternehmens eingegriffen werden kann; M&A hat dabei durchaus das Potential für hohe positive Effekte auf das kaufende Unternehmen; M&A ist aber nach wie vor eine Strategie, die mit hohen Risiken verbunden ist.

I. Begriffsinhalte

Der aus dem US-amerikanischen Investment-Banking stammende Begriff *„Mergers & Acquisitions"* (M&A) umschreibt den Handel (Kauf/Verkauf) mit Unternehmen, Unternehmensteilen und Unternehmensbeteiligungen und wird mit *Fusionen und Unternehmensübernahmen* übersetzt. In einer weiten Fassung umfasst er auch *Kooperationen* (Joint Venture etc.). Im Falle der Akquisition wird das erworbene Unternehmen bzw. die Unternehmensbeteiligung in die Organisation des Erwerbers als Tochtergesellschaft eingegliedert. Von einer *Unternehmensübernahme* wird im Allgemeinen allerdings erst dann gesprochen, wenn der Erwerb der Unternehmensanteile auch deren Management und Kontrolle ermöglicht: Leitungs- und Kontrollrechte wurden hier am so genannten *„Markt für Unternehmenskontrolle"* (*Jensen/Ruback* 1983) durch einen Käufer erworben und nun auch neu ausgeübt.

Da der Entscheid zur Veräußerung eines Unternehmens allein bei den Anteilseignern und nicht bei der Geschäftsführung liegt, kann es zu unterschiedlichen Haltungen bei Management und Eigentümern gegenüber einem Übernahmeangebot kommen. Unterbreitet ein Unternehmen einem anderen Unternehmen ein *öffentliches Übernahmeangebot* (in den USA ist es zu einer solchen *„tender offer"* verpflichtet, wenn es mehr als 5% der Aktien des Zielunternehmens erwerben will), so kann das Management des Zielunternehmens seinen Anteilseignern die Annahme des Angebots empfehlen (*„friendly takeover"*) oder es betrachtet das Angebot als *„unfreundlich/feindlich"* (*„unfriendly/hostile takeover"*). Unfreundliche Übernahmen bilden jedoch eher die Ausnahme. Auch eher selten ist der Fall der *Fusion* (*„merger"*), bei der Unternehmen (mit oder ohne vorherigen Anteilserwerb) miteinander verschmolzen werden. Strukturell kann der Kauf eines Unternehmens auf zwei unterschiedliche Wege vorgenommen werden: Man erwirbt entweder die zum Unternehmen gehörigen Sachen und Rechte (*„asset deal"*) oder die Beteiligung selbst (*„share deal"*) (*Picot* 1998, S. 27).

II. Praktische Bedeutung

In Folge des Booms an den Aktienmärkten hat sich die Anzahl der Unternehmensübernahmen in den neunziger Jahren in der westlichen Welt permanent erhöht. Für die USA war es die fünfte Merger-Welle, die im Jahr 2000 ihren Höhepunkt hatte und danach mit den Aktienmärkten einbrach (*Müller-Stewens/Spickers/Deiss* 1999). Die M&A Review ermittelte 2.537 Fälle im Jahr 2000 unter deutscher Beteiligung. Im Jahr 1991 registrierte man bei MergerStatReview noch 1.877 Transaktionen unter Beteiligung eines US-Unternehmens bei einem Gesamtvolumen von 71 Mrd. USD. Danach stiegen die Zahlen bis zum Jahr 2000 kontinuierlich an: Im Rekordjahr zählte man 10.952 Transaktionen mit einem Wert von 1.285 Mrd. USD. In der Boomphase 1991–2000 waren es knapp 56.000 Fälle im Gesamtwert von etwa 6.000 Mrd. USD. Verursachend für diesen bislang einzigartigen Boom an Transaktionen ist eine Vielzahl veränderter Rahmenbedingungen: neue Technologien, Deregulierung und Liberalisierung von Märkten, Zusammenwachsen des europäischen Binnenmarkts etc. sorgten für Umbrüche in der Ausrichtung der Unternehmensstrategie.

III. M&A als Instrument der Unternehmensstrategie

Aus der Sicht eines Strategischen Management (→ *Strategisches Management*) ist M&A häufig Instrument einer Strategie zur *Restrukturierung* des Unternehmens (*Müller-Stewens/Lechner* 2003). Hier geht es um die Kernfrage der *„Corporate Strategy"*: In welchen Geschäften will ein Unternehmen tätig sein?

Soll das Portfolio der Geschäfte durch eine Diversifikation in neue Geschäfte erweitert werden, dann kann eine solche Wachstumsstrategie mittels M&A vollzogen werden. Das Unternehmen tritt dann als potentieller Käufer am Markt für Unternehmenskontrolle auf. M&A steht dabei in Konkurrenz zu anderen Diversifikationsinstrumenten wie der internen Entwicklung oder strategischen Allianzen (→ *Allianz, strategische*).

Als Verkäufer tritt es auf, wenn man sich von Geschäften trennen will, z.B. durch Verselbständigung (*Spin-Off*, *Split-Off*), Abtrennung (*„divestiture"*), *Management-Buy-Out* (MBO) oder *Management-Buy-In* (MBI). Verfügt das Management beim MBO/MBI nicht über relevante Eigenmittel, so erfolgt über Investoren eine Fremdfinanzierung als LBO (*„leveraged-buy-out"*).

Mit dem Einzug des *Shareholder-Value-Ansatzes* (*Rappaport* 1999) in den 1990er-Jahren wurde die Steuerung des Unternehmensportfolios bei den börsennotierten Gesellschaften stark unter dem Gesichtspunkt der finanziellen Wertentwicklung betrachtet (→ *Shareholder- und Stakeholder-Ansatz*). Die Steigerung des Wachstums und der Gesamtkapitalrentabilität der einzelnen Geschäfte standen im Mittelpunkt der Bemühungen (*Wertmanagement*). Die Unternehmensstrategie wurde dadurch immer mehr an den Erwartungen der Kapitalmärkte ausgerichtet. Konsequenz war, dass zur Optimierung des Portfolios sich dessen Zusammensetzung durch Zukäufe und Desinvestitionen immer häufiger änderte.

IV. Motive und Erklärungsansätze

Eine Möglichkeit zur Erklärung von M&A sind die Motive als *Verursacher* von Transaktionen (*Stein* 1992). So verweist z.B. Trautwein auf sieben solcher Motive, von denen im konkreten Fall wohl keines alleine wirkt, sondern – schon allein aufgrund der Vielfalt der Beteiligten – eine spezifische Mischform dieser Motive anzutreffen ist (*Trautwein* 1990). Unterstellt man einmal zuerst, dass es zu M&A aus rationalen Erwägungen kommt, dann kann dies geschehen, um (1) Synergien zu erzielen (*Effizienztheorie*), um (2) gegenüber den Kunden einen Machtgewinn zu realisieren (*Monopoltheorie*), um (3) als Arbitrageure einen Vorteil aus der Zerschlagung eines Unternehmens und den anschließenden Verkauf der einzelnen Einheiten zu erzielen (*Raider-Theorie*) oder um (4) einen Vorteil aufgrund eines Informationsvorsprungs gegenüber dem Verkäufer zu kapitalisieren (*Bewertungstheorie*).

Ein fünftes rationales Motiv dient den Eigeninteressen der Manager des Käufers: die *Empire-Building-Theorie*. Das Management baut sich gegen die Interessen der Eigentümer („Principal-Agent-Konflikt") ein diversifiziertes Imperium auf, das ihm einerseits mehr Macht gibt, aber anderseits auch mehr Manövrierspielraum bezüglich der Darstellung der Leistung des von ihm geführten Unternehmens. Auch wird ein Manager, der hohe Netto-Cash-Flows erwirtschaftet, nach dieser Theorie eher dazu neigen, diese in M&A-Transaktionen auch mit schlechten Erfolgsaussichten zu reinvestieren, als dass er die Cash-Flows an die Eigentümer auszahlt, da er diesen Ressourcenverlust auch als Machtverlust betrachten würde (*Albrecht* 1994, S. 24 f.).

Daneben gibt es noch zwei Erklärungsansätze, die das Zustandekommen von M&A nicht als Resultat rationaler Entscheidungen sehen: Nach der *Prozesstheorie* kommt es aufgrund undurchsichtiger Entscheidungsprozesse zu Transaktionen (z.B. wegen der Fortgeschrittenheit des Verhandlungsprozesses und der damit empfundenen Irreversibilität ohne Gesichtsverlust). Die *Wellentheorie* unterstellt dagegen, dass M&A ein zyklisches Phänomen ist und die Entscheidungsträger sich diesem Phänomen wie einer Mode mehr oder minder unterwerfen: Man kauft in einer dieser M&A-Wellen Unternehmen, weil gerade alle anderen auch Unternehmen kaufen.

Wenig Erklärungsansätze gibt es bislang bezüglich der Frage, mit welchen *Konsequenzen* aus M&A zu rechnen ist. Die Auswirkungen von M&A auf Forschung & Entwicklung sowie auf die Innovationsneigung haben Hitt et al. untersucht (*Hitt/Hoskisson/Ireland* 1990; *Hitt* et al. 1991). So ergibt sich aus diesen empirischen Forschungsprojekten z.B., dass mit einem zunehmenden Diversifikationsgrad auch das Ausmaß an einer finanziellen Steuerung zunimmt und dies wiederum negativ auf die Innovationsneigung der Top-Manager wirkt.

V. Wertsteigerungsdynamik und Transaktionsprozess

Akquisitionen bauen auf einer Wertsteigerungsdynamik auf, wie sie vereinfacht in Abbildung 1 dargestellt ist: Der Käufer ist zur Zahlung einer bestimmten Prämie bereit, da er sich Vorteile aus einer beim Zielunternehmen bestehenden Informationslücke, aus der Nutzung eines Restrukturierungspotentials oder aus der Realisierung von Synergien erhofft. Diese Prämie darf auf keinen Fall höher sein als die Summe dieser erwarteten Vorteile abzüglich der Akquisitions- und Integrationskosten. Doch hier zeigt sich bereits das Problem vieler Akquisitionen: Es wurde eine zu hohe Prämie bezahlt, da man die Vorteilspotentiale überschätzt hat oder weil man nicht in der Lage war, sie im Integrationsprozess zu realisieren.

Dies lenkt den Blick auf den *Managementprozess*, der mit einer Transaktion verbunden ist. M&A führt bei den drei Hauptbeteiligten, dem Käufer, dem Verkäufer und dem Transaktions-Objekt, oft zu tief greifenden Veränderungen. Diesen Prozess erfolgreich zu bewältigen verlangt eine Vielzahl von Expertisen, die nicht als „automatisch" gegeben unterstellt werden dürfen. Diese Expertisen müssen interdisziplinär zusammenwirken, was hohe Anforderungen an das Schnittstellenmanagement zwischen den Beteiligten stellt.

Der Transaktionsprozess kann in drei Phasen unterschieden werden: Die *strategische Vorbereitung*, bei der die Diversifikationsstrategie ausgearbeitet wird, Profile geeigneter Käufer bzw. Zielunternehmen entwickelt werden und dann eine konkrete Idee für eine Akquisition hergeleitet, begründet und entschieden wird. Dieser einem Unternehmenskauf vorangehende Entscheidungsprozess ist primär strategischer Natur, wird aber auch von rechtlichen und steuerlichen Rahmenbedingungen beeinflusst. Unabdingbarer Output dieser Phase muss eine gut durchdachte und breit geteilte strategische Vision sein, die eine

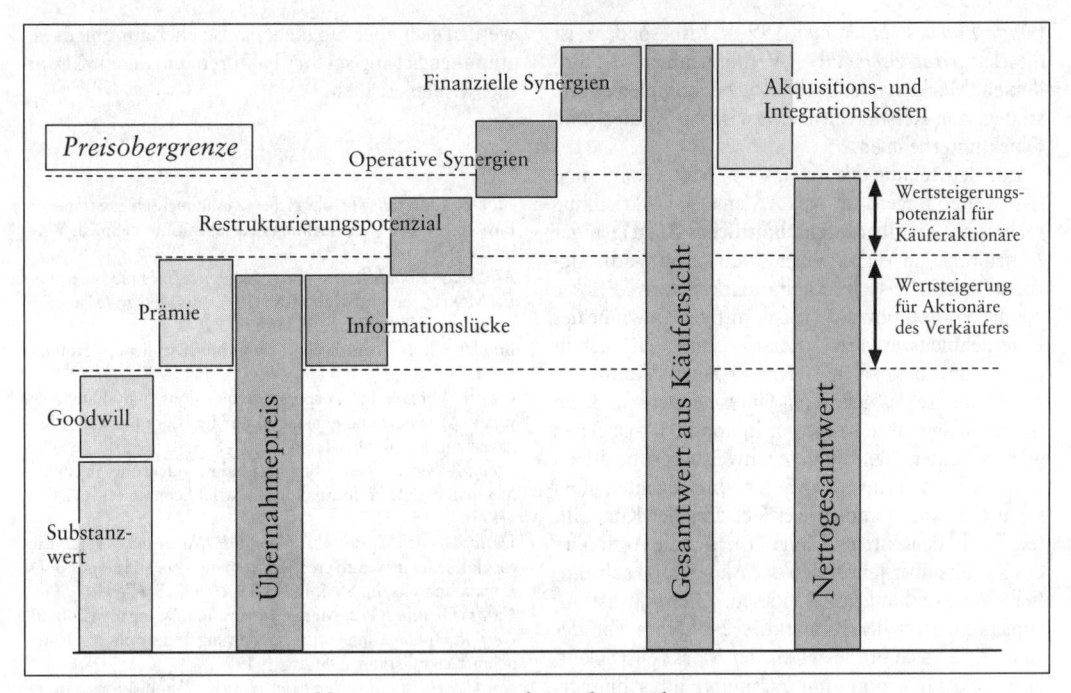

Abb. 1: Wertsteigerungsdynamik von Akquisitionen

Akquisition zu erklären und den Prozess auszurichten vermag. Insbesondere muss eine klare Vorstellung dazu bestehen, wie konkret Nutzen aus einer Akquisition gezogen werden kann.

Die zweite Phase ist die *technische Abwicklung* der Transaktion, wo es z.B. um die Ansprache des Kandidaten geht, Verhandlungen zu Preis und Bedingungen zu führen sind und im Abschlussfall auch eine Form der Finanzierung gefunden werden muss. Der Kaufpreis kann durch eine Barzahlung, einen Aktientausch, eine Kapitalerhöhung beim erworbenen Unternehmen oder eine Kombination dieser Instrumente entrichtet werden. Wenn der Käufer nicht über die entsprechenden finanziellen Mittel verfügt, kann er sich z.B. über eine Kapitalerhöhung, eine Kreditaufnahme oder den Verkauf von Unternehmensbeteiligungen finanzieren. Zentral ist in dieser Phase die *Due Diligence*, mittels derer aus verschiedensten Perspektiven durch den Käufer zu überprüfen ist, ob das Zielunternehmen das zu halten vermag, was es verspricht, und ob im Falle eines Zusammengehens die strategische Vision auch eingelöst werden kann.

In der dritten Phase geht es um die Integration der Akquisition („*Post-Merger-Integration/Management*") (*Gerds* 2000; *Gerpott* 1993). Hier müssen die kalkulierten Vorteilspotentiale durch die Mitarbeiter beider Unternehmen realisiert werden, die das Bezahlen der Prämie rechtfertigten. Je nach Bedarf an organisatorischer Autonomie und strategischen Interdependenzen sind unterschiedliche Integrationsansätze zu wählen (*Haspeslagh/Jemison* 1992).

VI. Zur Effizienz von M&A

Trotz der großen Beliebtheit von M&A generieren viele Akquisitionen nicht (annähernd) den Nutzen, der von ihnen erwartet wurde. So kann z.B. im Fall des Motivs der Effizienzsteigerung deren tatsächliche Realisierung nicht signifikant bestätigt werden. Gleiches gilt für das häufig genannte Motiv, durch M&A die Marktmacht zu erhöhen. Konsequenz einer mit dieser Absicht vollzogenen Transaktion müsste es dann sein, dass die Preise steigen. Auch diese Hypothese konnte bislang jedoch nicht generell bestätigt werden (*Salant/Switzer/Reynolds* 1983). Es ist bei horizontalen Mergers sogar oft eher so, dass die verbleibenden Unternehmen nach dem Ausscheiden eines Wettbewerbers die Kapazitäten erhöhen, um ihre „economies of scale" zu erhöhen.

Auch verworfen werden muss die Hypothese, dass M&A (als Folge z.B. von Effizienzsteigerungen) die Profitabilität des aufkaufenden Unternehmens zu erhöhen vermag (*Carper* 1990; *Conn* 1976; *Piper/Weiss* 1974; *Ravenscraft/Scherer* 1987; *Rhoades* 1987). Diese Erkenntnis gilt auch für die primär horizontal getriebenen Merger-Wellen. Die Profitabilität sinkt i.Allg. nach der Akquisition: In 12 der durch Bühner ausgewerteten 28 empirischen Arbeiten zum Thema Profitabilität von M&A kommt es zu einer Verschlechterung der Situation, in weiteren 12 ist die Wirkung neutral und in 4 Studien ist sie positiv (*Bühner* 1990). Aus den Studien können eine Reihe von Hinweisen entnommen werden, was die Profitabilität von Akquisitionen weniger ungünstig beeinflusst

(*Datta/Pinches/Narayanan* 1992). Insbesondere ist dies der *„strategische Fit"* („Verbundenheit" bei Produkten, Märkten oder Technologien, komplementäre strategische Ressourcen etc.) zwischen Käufer- und Objektunternehmen.

Zur Beurteilung des Erfolgs von M&A kann man sich weiter fragen, ob M&A denn den Aktienkurs verbessert? Ein überdurchschnittliches Ansteigen der Aktienkurse im Verlauf einer Akquisition würde Signal dafür sein, dass der Kapitalmarkt positive Effekte aus der Transaktion auf die zukünftigen Gewinne des Unternehmens erwartet. Relative Einigkeit besteht darin, dass die großen Gewinner einer Akquisition die Aktionäre des gekauften Unternehmens sind. Im Schnitt steigen ihre Kurse um knapp 20%. Dagegen gibt es keinen signifikant nachweisbaren positiven Einfluss auf den Kurs des Käufers. Im Gegenteil muss sogar eher angenommen werden, dass der Kurs fällt (ca. 7% in den ersten 6 Monaten), und die Aktionäre des Käufers über Jahre nach der Akquisition substantielle Verluste hinnehmen müssen. Allerdings ist anzumerken, dass der Käuferkurs 2–5 Jahre vor der Akquisition sich oft besser als der Markt entwickelt, also die Akquisition zum Zeitpunkt ihres Eintritts nichts Unerwartetes mehr darstellt.

VII. Kritische Würdigung

Einerseits sind M&A – auch nach dem Börsencrash im Jahr 2000 – nicht mehr aus dem Repertoire einer Unternehmensleitung wegzudenken. Andererseits werden durch die empirischen Befunde zum Erfolg von M&A die „wertsteigernden" Strategien des Managements bei Akquisitionen ernsthaft in Frage gestellt: Anscheinend wird hier das Geld der Aktionäre häufig in einen Markt mit hohem Risiko investiert, ohne daraus einen Gewinn erwarten zu können. Effekte von M&A sind deshalb oft nur die Vergrößerung des Unternehmens und seine reduzierte ökonomische Effizienz (*Mueller* 1992, S. 705). Warum investieren Führungskräfte trotzdem in eine Akquisition: Ist man Getriebener eines Trends, dem man sich nicht entgegenzustellen vermag? Sind es persönliche Vorteile, die man darin sieht (Macht, Einkommen etc.)? Oder ist es der feste Glaube, dass all diese Erkenntnisse im eigenen Fall nicht zutreffen werden?

Es gilt damit auch zur Kenntnis zu nehmen, dass es keine einfache Formel für den Erfolg von Akquisitionen gibt. Aus der Sicht der Forschung zu M&A gibt es hierzu noch einen hohen Anteil unerklärter Varianz. Und das, was bislang in der Forschung herausgearbeitet werden konnte, muss angesichts des sich stark verändernden Kontextes, in dem M&A stattfindet, auf seine fortwährende Gültigkeit hinterfragt werden. Die Forschung hat sich dabei bislang sehr stark auf einzelne Erklärungsfaktoren konzentriert. Umfassendere Erklärungen des Erfolgs von M&A werden sich aber möglicherweise eher aus einem bestimmten Setting solcher Faktoren und deren Zusammenwirken ergeben.

Literatur

Albrecht, Stefan: Erfolgreiche Zusammenschlussstrategien. Eine empirische Untersuchung deutscher Unternehmen, Wiesbaden 1994.
Ashkenas, Ronald/DeMonaco, Lawrence J./Francis, Suzanne C.: Making the deal real: How GE Capital integrates acquisitions, in: HBR, Jg. 76, H. 1/1998, S. 165–178.
Bühner, Rolf: Unternehmenszusammenschlüsse, Stuttgart 1990.
Carper, William B.: Corporate acquisitions and shareholder wealth: A review and explanatory analysis, in: Journal of Management, Jg. 16, H. 4/1990, S. 807–823.
Conn, Robert L.: The failing firm/industry doctrines in conglomerate mergers, in: Journal of Industrial Economics, Jg. 24, H. 3/1976, S. 181–187.
Datta, Deepak K./Pinches, George E./Narayanan, V. K.: Factors influencing wealth creation from mergers and acquisitions: A meta-analysis, in: SMJ, Jg. 13, H. 1/1992, S. 67–84.
Gerds, Johannes: Post Merger Integration, Wiesbaden 2000.
Gerpott, Torsten: Integrationsgestaltung und Erfolg von Unternehmensakquisitionen, Stuttgart 1993.
Haspeslagh, Phillipe/Jemison, David: Akquisitionsmanagement. Wertschöpfung durch strategische Neuausrichtung des Unternehmens, Frankfurt am Main et al. 1992.
Hitt, Michael A. et al.: Effects of acquisitions on R&D inputs and outputs, in: AMJ, Jg. 34, H. 3/1991, S. 693–706.
Hitt, Michael A./Hoskisson, Robert E./Ireland, R. Duane: Mergers and acquisitions and managerial commitment to innovations in M-form firms, in: SMJ, Jg. 11, 1990 Special Issue, S. 29–47.
Jensen, Michael C./Ruback, Richard S.: The market for corporate control, in: Journal of Financial Economics, Jg. 11, H. 4/1983, S. 5–50.
Mueller, Dennis C.: Mergers, in: The new Palgrave dictionary of money and finance, hrsg. v. *Newman, Peter/Milgate, Murray/Eatwell, John*, London 1992, S. 700–705.
Müller-Stewens, Günter/Lechner, Christoph: Strategisches Management. Wie strategische Initiativen zum Wandel führen, 2. A., Stuttgart 2003.
Müller-Stewens, Günter/Spickers, Jürgen/Deiss, Christian: Mergers & Acquisitions. Markttendenzen und Beraterprofile, Stuttgart 1999.
Picot, Gerhard (Hrsg.): Unternehmenskauf und Restrukturierung, München 1998.
Piper, Thomas R./Weiss, Steven J.: The profitability of multibank holding company acquisitions, in: Journal of Finance, Jg. 29, H. 1/1974, S. 163–174.
Rappaport, Alfred: Shareholder Value, 2. A., Stuttgart 1999.
Ravenscraft, David J./Scherer, Frederic M.: Mergers, Sell-Offs and Economic Efficiency, Washington DC 1987.
Rhoades, Steven A.: The operating performances of acquired firms in banking, in: Issues After a Century of Federal Competition Policy, hrsg. v. *Wills, Robert/Caswell, Julie*, Lexington 1987, S. 277–279.
Salant, Stephen W./Switzer, Sheldon/Reynolds, Robert J.: Losses from Horizontal Merger: The Effects of an Exogenous Change in Industry Structure on Cournot-Nash Equilibrium, in: QJE, Jg. 98, H. 2/1983, S. 185–199.
Stein, Ingo: Motive für internationale Unternehmensakquisitionen, Wiesbaden 1992.
Trautwein, Friedrich: Merger motives and merger prescriptions, in: SMJ, Jg. 11, H. 4/1990, S. 283–295.

G

Gender Studies

Gertraude Krell

[s.a.: Demographischer Ansatz; Führungsstile und -konzepte; Gerechtigkeit und Fairness; Hierarchie; Human Ressourcen Management; Informelle Organisation; Karrieren und Laufbahnen; Konstruktivismus; Macht in Organisationen; Menschenbilder; Mikropolitik; Organisationskultur; Organisationstheorie; Postmoderne Organisationstheorie; Unternehmensführung (Management); Vergütung von Führungskräften.]

I. Gender Studies – eine Annäherung; II. Zum Verständnis von Geschlecht; III. Gender als analytische Kategorie in der Organisations- und Managementforschung; IV. Zum Schluss: Ansatzpunkte für Veränderungen.

Zusammenfassung

Gender Studies gehören heute zum Themenkanon fast aller Fächer und finden sich auch zunehmend im Bereich Organisation und Management. Ausgehend von der Kernfrage nach dem Verständnis von „Geschlecht" werden mit dieser Kategorie Analysen vorgenommen, z.B. von Geschlechtsunterscheidungen hinsichtlich des Führungsverhaltens oder von Geschlechterhierarchien in Organisationen sowie von deren Effekten und Ursachen. Daraus können wiederum Erkenntnisse für die Gestaltung gewonnen werden.

I. Gender Studies – eine Annäherung

Gender Studies bzw. Geschlechterforschung bezieht sich sowohl auf den Gegenstandsbereich von Disziplinen (hier: Organisation und Unternehmensführung bzw. Management) als auch auf die Disziplinen selbst. Fokussiert werden in beiden Fällen die vielfach vernachlässigte (s.u.) Bedeutung der Kategorie *Geschlecht* und die mit „Geschlecht" – bzw. dem Verständnis davon – verbundenen Effekte (vgl. z.B. *von Braun/Stephan* 2000, S. 9). Es wird also eine kritische bzw. problematisierende Perspektive eingenommen.

Gender Studies sind aus den Women's Studies hervorgegangen, die seit den 70er Jahren des 20. Jh. zunächst in den USA entwickelt worden und eng verbunden mit dem Feminismus als sozialer Bewegung sind. Geschlechterforschung (häufig auch: Frauen- und Geschlechterforschung) schließt dagegen konzeptionell beide Geschlechter ein. Faktisch dominiert jedoch die *Frauenforschung*, von *Männerforschung* existieren nur Spurenelemente (so auch: *Walter* 2000).

Mit der konzeptionellen Neuorientierung wird die Hoffnung verknüpft, dass Geschlechterforschung „ein Angebot auch an männliche Wissenschaftler darstellt" (*von Braun/Stephan* 2000, S. 11). Das gilt gleichermaßen für PraktikerInnen und Studierende, denn auch sie können durch Gender Studies neue Einsichten und richtungweisende Erkenntnisse gewinnen. Gender Kompetenz als das mit der Kategorie Geschlecht verbundene Wissen ist ein Paradebeispiel für reflexives Wissen, das die wissenden Subjekte und damit zugleich deren Praxis verändert (vgl. *Gherardi* 1995, S. 1).

Dem entspricht eine Institutionalisierung von Gender Studies, auch im Bereich Organisation und Management. Hier sei zunächst die Division „Gender and Diversity in Organizations (GDO)" der Academy of Management genannt (www.aomonline.org/). Auch im deutschsprachigen Raum gibt es zunehmend Aus- und Weiterbildungsangebote mit Titeln wie z.B. „Gender Management" (www.gendermanagement.ch), „Gender- und Diversitätsmanagement" (www.wu-wien.ac.at/inst/Gender/index.hrml), „Gender Kompetenz" (www.fu-berlin.de/gender-kompetenz) oder „Weiterbildung Gender Changemanager/in" (www.chancengleichheit-21.de). In der Ausbildung von Diplomkaufleuten haben Gender Studies jedoch noch keinen festen Platz gefunden. Einer im Jahr 2000 durchgeführten Befragung aller UniversitätsprofessorInnen für Betriebswirtschaftslehre in Deutschland, Österreich und der Schweiz zufolge berücksichtigen von den 305 Antwortenden nur 52 (= 17 Prozent) in Lehrveranstaltungen ihres Arbeitsbereichs geschlechterbezogene Themen, wobei der Großteil der Ja-Antworten (38) aus den Bereichen Personal, Organisation, Unternehmensführung kommt (vgl. *Krell/Karberg* 2003).

II. Zum Verständnis von Geschlecht

Eine Kernfrage der Geschlechterforschung ist die nach dem Verständnis von Geschlecht (vgl. auch *Calás/Smircich* 1999, S. 213). Der bei aller Unterschiedlichkeit gemeinsame Nenner der im Folgenden skizzierten Ansätze und Debatten ist: Vermeintliche Gewissheiten darüber, was/wie Frauen und Männer sind bzw. sein sollten, werden in Frage gestellt.

1. Die Unterscheidung zwischen Sex und Gender

Im angloamerikanischen Sprachraum gibt es für das deutsche Wort Geschlecht zwei Begriffe: Mit Sex wird das biologische, mit Gender das soziale Geschlecht bezeichnet. Eng verbunden mit dieser Unterscheidung ist die Forschung zur sozialen Konstruktion von Gender, insb. zum *„Doing Gender"* als interaktiver Konstruktion der Geschlechterdifferenz (*West/Zimmerman* 1991). Hier wird nicht von gegebenen Geschlechtsunterschieden ausgegangen, sondern von gemachten „Geschlechts-Unterscheidungen" (*Theweleit* 1977, S. 278). Paradigmatisch dafür stehen: der viel zitierte Satz „Man kommt nicht als Frau zur Welt, man wird es" (*de Beauvoir* 1968, S. 265) oder Titel wie „Der gemachte Mann: Konstruktion und Krise von Männlichkeiten" (*Connell* 2000) und „Soziale Konstruktion von Geschlechterdifferenz im Management" (*Manchen Spörri* 2002).

Poststrukturalistische Ansätze (vgl. z.B. *Butler* 1991) gehen noch einen Schritt weiter. Sie betrachten nicht nur Gender, sondern auch Sex als – diskursiv – hervorgebracht. Damit wird zugleich die Sex-Gender-Differenzierung problematisiert.

2. Das Androgynie-Konzept

Das Konzept der *Androgynie* (vgl. die Beiträge in: *Bock/Alfermann* 1999) fokussiert auf die Geschlechtsrollenidentität. Es wird davon ausgegangen, dass Frauen nicht per se „feminin" und Männer nicht per se „maskulin" sind und dass „Maskulinität" und „Femininität" keine Pole auf einem Kontinuum darstellen, sondern unabhängige Dimensionen. Demnach können Frauen und Männer vier Geschlechtsrollenidentitäten haben: undifferenziert (beide Dimensionen gering ausgeprägt), maskulin, feminin oder eben androgyn (beide Dimensionen hoch ausgeprägt). Unhinterfragt bleiben dabei jedoch die Kategorisierungen „maskulin" und „feminin".

3. Gender & Diversity

Hier wird ein wechselseitiger Zusammenhang hergestellt: Gender ist ein Merkmal von *Diversity* und Diversity ist ein Merkmal von Gender. Diversity steht im Kontext des *Managing Diversity* für die „Mischung von Merkmalen charakterisiert durch Unterschiede und Gemeinsamkeiten" (*Thomas* 1996, S. 5). Und eines dieser Merkmale ist das Geschlecht (neben dem Alter, der nationalen und/oder ethnischen Zugehörigkeit, der sexuellen Orientierung usw.). Betont wird aber auch, dass es innerhalb der Gruppen (hier: Frauen und Männer) ebenso viele Unterschiede hinsichtlich z.B. Einstellungen und Verhaltensweisen gibt wie zwischen den Gruppen (vgl. z.B. *Thomas* 2001, S. 40) bzw. dass jede Person eine individuelle Identitätsstruktur hat, in der die Gruppenidentitäten unterschiedlich ausgeprägt sind (vgl. *Cox* 1993, S. 49 f.). So habe z.B. eine Studie in einem großen international tätigen Unternehmen ergeben, dass für nicht-weiße Frauen die Geschlechtszugehörigkeit und die rassisch-ethnische Zugehörigkeit gleichermaßen relevant sind.

Damit sind eine Gemeinsamkeit und zwei Unterschiede zur poststrukturalistischen Frauen- und Geschlechterforschung markiert (→ *Postmoderne Organisationstheorie*): Dort wird ebenfalls hervorgehoben, dass Frauen (und Männern) nicht allein aufgrund der Geschlechtszugehörigkeit einheitliche Identitäten und Interessen zugeschrieben werden können (vgl. z.B. *Butler* 1991, S. 20, 210). Statt von einer festen Identitätsstruktur wird aber von „shifting identities" ausgegangen (ebd., S. 36). Und schließlich wird das duale Geschlechterschema selbst problematisiert (vgl. dazu auch *Metz-Göckel* 2000, S. 37 ff.).

Seitens der Männerforschung wird ebenfalls eine „Vielfalt an Männlichkeiten" analysiert (*Connell* 2000, S. 97).

III. Gender als analytische Kategorie in der Organisations- und Managementforschung

Für die *Organisationsforschung* sind hier zunächst die klassischen Arbeiten zur vergeschlechtlichten (gendered) Organisation zu nennen (*Kanter* 1977; *Acker* 1990; *Mills/Tancred* 1992; *Witz/Savage* 1992) (→ *Demographischer Ansatz*).

Im Mittelpunkt dieser Studien steht die Kritik an der Geschlechtsblindheit der herkömmlichen Organisationstheorie/-forschung und damit verbunden die Sichtbarmachung der Bedeutung des Geschlechterverhältnisses für die Analyse (und Gestaltung) von Organisationen. Die Argumentation in Kürze: (Bürokratische) Organisationen (→ *Bürokratie*) privilegieren das Rationale und Berechenbare, das als „männlich" attribuiert wird. Emotionalität (→ *Emotionen in Organisationen*), Sexualität usw., die „dem Weiblichen" zugeordnet werden, gelten dagegen als Störfaktoren. Mit dieser hierarchischen Differenzierung verbunden sind die Marginalisierung von Frauen (insb. in Führungspositionen) und die Unterbewertung frauendominierter Tätigkeiten – auch und insb. durch die scheinbar geschlechtsneutralen Verfahren der Arbeitsbewertung (→ *Gerechtigkeit und Fairness*).

Als sexistisch kritisiert wird aber nicht nur die Bürokratie (vgl. dazu auch *Savage/Witz* 1992), sondern z.B. auch der Clan, d.h. die Organisation als kulturell homogene Gemeinschaft (vgl. *Ouchi* 1982, S. 77 ff.; *Weber* 1993).

Und schließlich sind auch neuere Konzepte zur Geschlechtergleichstellung in Organisationen, wie Managing Diversity (s.o.) und Gender Mainstraming (s.u.), Gegenstand feministischer Kritik (vgl. z.B. *Wetterer* 2002)

Gender Studies im Kontext der (kritischen) *Managementforschung* fokussieren auf Frauen und Männer als Führungskräfte.

Hier gibt es zunächst zwei empirisch gesicherte Erkenntnisse der Frauenforschung: Erstens sind Frauen in Führungspositionen (→ *Führung und Führungstheorien*) unterrepräsentiert, zweitens verdienen Frauen als Führungskräfte durchschnittlich weniger als ihre männlichen Kollegen (vgl. z.B. für Deutschland *Bischoff* 1999) (→ *Vergütung von Führungskräften*) – und das trotz propagierter „Frauenförderung". Anknüpfend an diese Befunde wird u.a. das Management als „Männerbund" kategorisiert und analysiert (*Rastetter* 1998) (→ *Karrieren und Laufbahnen*).

Zu den „Ongoing Debates" (*Walsh* 1997) der Geschlechterforschung gehört hier die Frage, ob es Geschlechtsunterschiede hinsichtlich des Führungsverhaltens und des Führungserfolgs gibt. Hier existieren nicht nur gegensätzliche Positionen, sondern auch uneinheitliche und widersprüchliche empirische Ergebnisse. Und: Die derzeit aktuelle Aufwertung „weiblicher Führung" erweist sich als Danaergeschenk für Frauen und als irreführend für Organisationsleitungen (zusammenfassend: *Krell* 2004a).

Seit einiger Zeit werden die Geschlechterverhältnisse im Management auch seitens der Männerforschung problematisiert (für einen Überblick: *Collinson/Hearn* 1996; *Lange* 1998). Gegenstand dieser Kritik sind u.a. die Preise, die Männer für ihren beruflichen Erfolg zahlen (dazu auch: *Pahl* 1997), und die Stigmatisierung jener männlichen Führungskräfte, die homosexuell sind (dazu auch: *Maas* 1999).

IV. Zum Schluss: Ansatzpunkte für Veränderungen

Gender Studies im Bereich Organisation und Management arbeiten heraus, wie – vermeintlich geschlechtsneutrale – Modelle, Instrumente und Praktiken zur Reproduktion der Geschlechterhierarchie in Organisationen beitragen.

Damit werden zugleich Ansatzpunkte für Veränderungen markiert, die über herkömmliche „Frauenförderung" als Personalentwicklung für weibliche Beschäftigte hinausweisen. Vielmehr legen die skizzierten Ergebnisse der Geschlechterforschung nahe, den Schwerpunkt auf die Veränderung von Organisationen zu setzen. Dem entsprechen auch neuere gleichstellungspolitische Konzepte: Managing Diversity zielt auf einen Wandel der Organisationskultur: von einer monokulturellen hin zu einer multikulturellen Organisation (vgl. *Cox* 1993). Gender Mainstreaming soll bewirken, dass in allen Entscheidungsprozessen in Organisationen (→ *Entscheidungsprozesse in Organisationen*) der Aspekt der Geschlechtergleichstellung berücksichtigt wird (vgl. *Krell/Mückenberger/Tondorf* 2004, S. 63). Besonders gefordert ist dabei die Personalpolitik (vgl. dazu die Beiträge in *Krell* 2004b). Im Zuge des *Gleichstellungscontrollings* können alle Kriterien, Verfahren und Praktiken daraufhin geprüft werden, ob sie Diskriminierungspotential und ob sie Gleichstellungspotential enthalten – und entsprechend neu gestaltet werden.

Die Geschlechterforschung lenkt aber auch den Blick darauf, dass es sich bei diesen Veränderungen um politische Prozesse handelt – und deshalb die Gleichstellung der Geschlechter nicht auf dem Silbertablett serviert wird.

Literatur

Acker, Joan: Hierarchies, Jobs, Bodies – A Theory of Gendered Organizations, in: Gender & Society, Jg. 4, 1990, S. 139–158.
Beauvoir, Simone de: Das andere Geschlecht, Reinbek 1968.
Bischoff, Sonja: Männer und Frauen in Führungspositionen der Wirtschaft in Deutschland, Köln 1999.
Bock, Ulla/Alfermann, Dorothee (Hrsg.): Androgynie: Vielfalt der Möglichkeiten, Stuttgart et al. 1999.
Braun, Christina von/Stephan, Inge: Einleitung, in: Gender Studien. Eine Einführung, hrsg. v. *Braun, Christina von/Stephan, Inge*, Stuttgart et al. 2000, S. 9–15.
Butler, Judith: Das Unbehagen der Geschlechter, Frankfurt am Main 1991.
Calás, Marta B./Smircich, Linda: From „The Woman's" Point of View: Feminist Approaches to Organization Studies, in: Studying Organization, hrsg. v. *Clegg, Stewart/Hardy, Cynthia*, London et al. 1999, S. 212–251.
Collinson, David L./Hearn, Jeff (Hrsg.): Men as Managers, Managers as Men, London et al. 1996.
Connell, Robert W.: Der gemachte Mann: Konstruktion und Krise von Männlichkeiten, 2. A., Opladen 2000.
Cox, Taylor: Cultural Diversity in Organizations, San Francisco 1993.
Gherardi, Silvia: Gender, Symbolism and Organizational Cultures, London et al. 1995.
Kanter, Rosabeth Moss: Men and Women of the Corporation, New York 1977.
Krell, Gertraude: „Vorteile eines neuen, weiblichen Führungsstils" – Ideologiekritik und Diskursanalyse, in: Chancengleichheit durch Personalpolitik, hrsg. v. *Krell, Gertraude*, 4. A., Wiesbaden 2004a, S. 377–392.
Krell, Gertraude (Hrsg.): Chancengleichheit durch Personalpolitik, 4. A., Wiesbaden 2004b.
Krell, Gertraude/Karberg, Ulrike: Gender Mainstreaming in betriebswirtschaftlichen Lehrveranstaltungen? Ergebnisse einer empirischen Erhebung, in: WIST, Jg. 32, H. 5/2003, S. 21–26.
Krell, Gertraude/Mückenberger, Ulrich/Tondorf, Karin: Gender Mainstreaming, in: Chancengleichheit durch Personalpolitik, hrsg. v. *Krell, Gertraude*, 4. A., Wiesbaden 2004, S. 75–92.
Lange, Ralf: Geschlechterverhältnisse im Management von Organisationen, München et al. 1998.
Maas, Jörg: Identität und Stigma-Management von homosexuellen Führungskräften, Wiesbaden 1999.
Manchen Spörri, Sylvia: Soziale Konstruktion von Geschlechterdifferenz im Management, in: Wirtschaftspsychologie, Jg. 4, H. 1/2002, S. 16–21.
Metz-Göckel, Sigrid: Spiegelungen und Verwerfungen: Das Geschlecht aus der Sicht der Frauenforschung, in: Blickwechsel:

Der neue Dialog zwischen Frauen- und Männerfoschung, hrsg. v. *Janshen, Doris*, Frankfurt am Main et al. 2000, S. 25–46.
Mills, Albert J./Tancred, Peta (Hrsg.): Gendering Organizational Analysis, Newbury Park et al. 1992.
Ouchi, William G.: Theory Z, New York 1982.
Pahl, Ray: Jenseits des Erfolgs. Die Krise des männlichen Managementmodells und die Suche nach einer neuen Balance, in: „Unternehmenskulturen" unter Druck, hrsg. v. *Kadritzke, Ulf*, Berlin 1997, S. 201–216.
Rastetter, Daniela: Männerbund Management, in: ZfP, Jg. 12, 1998, S. 167–186.
Savage, Mike/Witz, Anne (Hrsg.): Gender and Bureaucracy, Oxford et al. 1992.
Theweleit, Klaus: Männerphantasien 1, Frankfurt am Main 1977.
Thomas, Roosevelt R.: Redefining Diversity, New York et al. 1996.
Thomas, Roosevelt R.: Management of Diversity, Wiesbaden 2001.
Walsh, Mary Roth (Hrsg.): Women, Men, & Gender: Ongoing Debates, New Haven et al. 1997.
Walter, Willi: Gender, Geschlecht und Männerforschung, in: Gender Studien. Eine Einführung, hrsg. v. *Braun, Christina von/Stephan, Inge*, Stuttgart et al. 2000, S. 97–115.
Weber, Claudia: Die Zukunft des Clans, in: Personalpolitik aus der Sicht von Frauen – Frauen aus der Sicht der Personalpolitik, hrsg. v. *Krell, Gertraude/Osterloh, Margit*, 2. A., München et al. 1993, S. 148–172.
West, Candace/Zimmerman, Don H.: Doing Gender, in: The Social Construction of Gender, hrsg. v. *Lorber, Judith/Farrell, Susan A.*, Newbury Park et al. 1991, S. 13–37.
Wetterer, Angelika: Strategien rhetorischer Modernisierung. Gender Mainstreaming, Managing Diversity und die Professionalisierung der Gender Expertinnen, in: Zeitschrift für Frauenforschung und Geschlechterstudien, Jg. 20, H. 3/2002, S. 129–148.
Witz, Anne/Savage, Mike: The Gender of Organizations, in: Gender and Bureaucracy, hrsg. v. *Savage, Mike/Witz, Anne*, Oxford et al. 1992, S. 3–62.

Gerechtigkeit und Fairness

Hartmut Kreikebaum

[s.a.: Gender Studies; Globalisierung; Interkulturelles Management; Kommunikation; Menschenbilder; Mikropolitik.]

I. Definitionen; II. Bedeutung für die organisatorische Effizienz und Zufriedenheit; III. Fairness in der Entscheidungstheorie; IV. Gerechtigkeit als Aufgabe der Personalwirtschaft; V. Gerechtigkeit und Unternehmensethik.

Zusammenfassung

Das Konzept der organisatorischen Gerechtigkeit unterscheidet zwischen der Fairness der verfolgten Ziele und der Mittel zur Erreichung der Ziele. Für die Entscheidungstheorie erweist sich ein auf Rawls fußendes Verständnis der Gerechtigkeit als Fairness als sinnvoll. Praktische Konsequenzen werden auch für die Personalwirtschaft auf der Grundlage von ethischen Überlegungen aufgezeigt.

I. Definitionen

Gerechtigkeit bezeichnet in Philosophie und Religion eine als Lebensweisheit verstandene Haltung des Menschen, die als grundlegender Maßstab eines geordneten Zusammenlebens in der Gemeinschaft gilt. Ein Mensch wird als „gerecht" bezeichnet, der sich gemäß dem allgemeinen Rechtsempfinden, d.h. „recht" verhält (vgl. bereits gotisch „garaiths", althochdeutsch „ret wis" und englisch „righteous"). Im politisch-rechtlichen Sinne beinhaltet Gerechtigkeit eine Gleichbehandlung aller Gemeinschaftsmitglieder vor dem Gesetz. Nach dem römischen Juristen *Ulpianus* gilt Gerechtigkeit als der Wille, jedem sein Recht zu gewähren. Thomas von Aquino fügte in Anlehnung an *Aristoteles* als ergänzende Unterscheidung die Gleichheit bei der Austeilung von Ämtern und Gütern (iustitia distributiva) und bei deren Besitzübergang (iustitia commutativa) ein. Die *austeilende Gerechtigkeit* legt die Rechte und Pflichten des Einzelnen gegenüber der Gemeinschaft fest, während die *ausgleichende Gerechtigkeit* die gegenseitigen Ansprüche und Verpflichtungen im Umgang miteinander regelt.

Zu unterscheiden ist zwischen Gerechtigkeit als einer normativen Ordnung und deren Einhaltung durch den Einzelnen (Gerechtigkeit als Tugend). Wird letztere verabsolutiert, kann es zu selbstgerechtem Verhalten kommen. Hier setzt bereits das Judentum mit der Überlegung ein, dass letztlich kein Mensch vor Gott als „gerecht" bestehen könne (vgl. z.B. Hiob 4,17; 15,14). Nach der im Christentum vertretenen Auffassung muss jeder bei seinem Streben nach Verwirklichung der „Gerechtigkeit" letztlich scheitern und ist deshalb auf den Weg des vertrauenden Glaubens angewiesen. Damit bietet sich gleichzeitig ein Perspektivwechsel an, der vom formalen Verständnis einer distributiven Gerechtigkeit wegführt und das Verhalten des Menschen als ein Leben in Freiheit unter dem Gebot der Liebe begreift. Auf der neuen Grundlage einer von Gott angebotenen Gerechtigkeit ist der Mensch z.B. auch in der Lage, nach fairen Lösungen sozialer Konflikte zu suchen.

Der Fairnessbegriff entstammt dem Leitbild des „gentleman" und der Welt des Sports. „Fair Play" beinhaltet ein anständiges, „ritterliches" Verhalten, das auch dem im Wettkampf Unterlegenen seine Würde belässt. Übertragen auf geschäftliche Verhaltensweisen bezeichnet Fairness die Einhaltung von Abmachungen und Verträgen im ursprünglich intendierten Sinne. Es setzt Toleranz dem Anderssein der Partner voraus, soweit dies nicht das eigene Leben in sozial unverträglicher Weise beeinträchtigt. Die Forderung nach Fairness richtet sich insb. gegen Rufschädigung durch üble Gerüchte, Schikanen, Nachstellungen und diffamierende Attacken. Zur Fairness im Geschäftsleben gehört aber nicht nur der Kampf gegen *Mobbing* in jeder Form, sondern auch ein auf Achtung und Respekt beruhender Umgang der verschiedenen Entscheidungs- und Interessensträger innerhalb und außerhalb des Unternehmens.

In der Organisationstheorie werden die Begriffe Gerechtigkeit und Fairness synonym verwendet. Dies zeigt sich insb. bei der sog. *prozeduralen Fairness* (procedural fairness). Fairness wird hier als ein grundlegendes Prinzip verstanden, das konfligierende Parteien verbindet und stabile Sozialstrukturen schafft (*Konovsky* 2000, S. 489). Es ist weitgehend identisch mit dem (älteren) Prinzip der organisatorischen Gerechtigkeit (organizational justice).

II. Bedeutung für die organisatorische Effizienz und Zufriedenheit

Das Konzept der *organisatorischen Gerechtigkeit* umfasst in der in den USA entwickelten Form zwei Konstrukte: die Fairness der verfolgten Ziele (*Verteilungsgerechtigkeit*) und die Fairness der Mittel zur Erreichung der Ziele (*prozedurale Gerechtigkeit*). (Vgl. *Greenberg* 1990). Die *Verteilungsgerechtigkeit* fokussiert die Leistungszufriedenheit (outcome satisfaction), die *prozedurale Gerechtigkeit* gilt der Systemzufriedenheit (system satisfaction) (vgl. *Kotabe/ Dubinsky/Lim* 1992, S. 42 f.). Als wichtige Kriterien der Systemzufriedenheit ergeben sich in Befragungen neben mehr formalen Aspekten (z.B. der Möglichkeit, in Entscheidungsprozessen den eigenen Standpunkt vorzutragen) die Ehrlichkeit, Höflichkeit, Informationsbereitschaft und die Achtung der Mitarbeiter seitens der Vorgesetzen. Von letzteren werden insb. adäquat begründete und in aufrichtiger Weise kommunizierte Erklärungen erwartet (vgl. *Greenberg* 1990, S. 411–414).

Die Auswirkungen des Konzepts der prozeduralen Fairness auf die Effizienz der Organisation seien am Beispiel des *intraorganisatorischen Wandels* erläutert. Empirische Beobachtungen machen deutlich, dass jeder Schritt zur Effizienzverbesserung nur dann erfolgreich abzuschließen ist, wenn dabei Gerechtigkeitsvorstellungen verwirklicht werden. Beispielsweise ist die Absicherung des organisatorischen Wandels durch die Formalisierung neuer Regeln, Systeme und Strukturen nur zu erreichen, wenn die Mitarbeiter in fairer Weise über den gesamten Änderungsprozess informiert werden und dabei ihre Stimme erheben können (vgl. *Beer/ Eisenstat/Spector* 1990, S. 67 ff.). Das Fairnesskonzept erweist sich somit als ein wichtiger Mediator bei der Überwindung von Widerständen gegen interne Organisationsänderungen und erhöht die Effizienz der Unternehmensorganisation. Prozedurale Fairness erweist sich aber auch für interorganisationale Strukturveränderungen als eine sinnvolle Heuristik. Wie Gilbert am Beispiel der Zusammenarbeit in externen *strategischen Netzwerken* nachweist, kann prozedurale Fairness auch hier zur Reproduktion von Systemvertrauen beitragen. Der als zentrale Koordinationsstelle fungierende fokale Akteur kann eine normative Ordnung im Netzwerk realisieren, indem er sich an die Prinzipien einer verständigungsorientierten Kommunikation hält (vgl. *Gilbert* 2003, S. 233 ff.).

III. Fairness in der Entscheidungstheorie

Ein fairer Umgang mit den Angestellten erscheint gerade unter schwierigen wirtschaftlichen Bedingungen wichtig. Zu prüfen ist daher, wie faire Ergebnisverteilungen oder Prozessregelungen für die Beteiligten unter Berücksichtigung ihrer Allokationspräferenzen geschaffen werden können. Von der Fairnessforschung wird deshalb untersucht, ob eine zweiseitige Kommunikation bei Konfliktregelungen (→ *Konflikte in Organisationen*) vorgesehen ist, ob die Möglichkeit zur Änderung von Prozessen unter aktiver Teilnahme („voice") der Arbeitnehmer besteht und welche moralischen Standards eingesetzt werden (vgl. *Greenberg* 1987, S. 9–15).

Die begriffliche Gleichsetzung von Fairness und Gerechtigkeit fußt auf der Interpretation der „*Gerechtigkeit als Fairness*" von John Rawls. Sie führt zu einer vertragstheoretischen Grundlegung des gesellschaftlichen Zusammenlebens, die sich als faire Kooperation zwischen freien und gleichen Personen versteht. Die Ableitung von Gerechtigkeitsprinzipien dient dazu, eine plausible Lösung des Entscheidungsproblems im Rahmen einer hypothetischen Position (des sog. „Schleiers der Unwissenheit") darzustellen. Diese Plausibilität beruht auf der Annahme eines rationalen Verhaltens der Entscheidungsträger (→ *Entscheidungsverhalten, individuelles*). Nach Rawls erstem Gerechtigkeitsprinzip plädieren die Beteiligten für eine strikte Gleichverteilung von Freiheiten, Chancen und Vermögen. Jedermann steht also ein gleiches Recht auf alle möglichen Grundfreiheiten zu. Der zweite Gerechtigkeitsgrundsatz tritt bei sozialen und wirtschaftlichen Ungleichheiten in Kraft. Diese müssen den am wenigsten Begünstigten den größtmöglichen Vorteil bieten (Differenzprinzip) und Ausgleichspositionen für alle Betroffenen bieten (Prinzip der fairen Chancengleichheit) (vgl. *Rawls* 1979, S. 336 f.). Die Durchsetzung der Gerechtigkeitsgrundsätze führt zu einer für alle Interessenträger fairen Entscheidungssituation.

Vertrauen und Zuversicht in eine Institution wachsen, wenn der Erfolg einer auf Fairness beruhenden Kooperation über eine längere Zeit anhält. Rawls hat damit einen Weg für die Einbeziehung ethischer Überlegungen (→ *Unternehmensethik*) in die Theorie der Entscheidungen geöffnet (zur Anwendung auf die internationale Unternehmensethik siehe *Richter* 1997). Dies gilt auch unter Berücksichtigung der Kritik an seiner methodischen (hypothetischen) Grundposition. Die Reflexion über Fairness und Gerechtigkeit kann dem Individuum jedoch bei dessen konkretem Entscheidungsdilemma nur gerecht werden, wenn sie sich auf die soziopolitischen und biographischen Bedingungen der jeweiligen Situation einlässt. Eine universalistische Ethik kann nicht die Mehrdimensionalität eines Menschen im sach- und menschengerechten Umgang mit der anderen Person berücksichtigen. Hierzu bedarf es einer Konzeption, welche die (auch von Rawls eingenommene) Position des methodologischen Individualismus hinter sich lässt, zugunsten einer personalen Deutung der handelnden Organisationsmitglieder im Rahmen einer kulturellen Interpretation der Organisation (→ *Organisationskultur*) (vgl. zum Prinzip der *Persongerechtigkeit* ausführlich *Kleinfeld* 1998, S. 298 ff.).

IV. Gerechtigkeit als Aufgabe der Personalwirtschaft

Aus personalwirtschaftlicher Perspektive interessieren weniger universell verallgemeinerte Vorstellungen von menschlicher Fairness und Gerechtigkeit als vielmehr konkrete Überlegungen zu den Voraussetzungen, Instrumenten und Maßnahmen personalpolitischer Entscheidungen unter Berücksichtigung dieser Werte (→ *Personal als Managementfunktion*). Zu einer gerechteren Gestaltung des Verhältnisses von Arbeit und Kapital tragen nach Rich insb. Gewinnbeteiligungsmodelle bei, welche in der Mitarbeiteridentifikation und Leistungsmotivation wichtige Instrumente zur Wertschätzung der menschlichen Arbeit sehen (*Rich* 1990, S. 150 f.). Entsprechend dem von Rich formulierten Grundsatz der Interdependenz von Sachgerechtigkeit und Menschengerechtigkeit bedarf es einer konsensfördernden Organisation, die bestehende Konflikte kritisch reflektiert, anstatt sie durch Beschwichtigungsformeln zu unterdrücken. „Konfliktpartner", die sich am Fairnessprinzip orientieren, werden ihre Probleme nach diskursivem Verständnis mit Hilfe von Regeln lösen, die für alle gleich sind und willkürliche Ungleichbehandlung als ungerecht ausschließen. Das Fairnessgebot legt es nahe, den Mitarbeitern über ihre Interessensvertretung im Betriebsrat hinaus die Chance der direkten Einflussnahme auf alle sie betreffenden personalpolitischen Maßnahmen einzuräumen.

V. Gerechtigkeit und Unternehmensethik

Aus ethischer Sicht wird Gerechtigkeit aus einer bestimmten Gesinnung ausgeübt, weil dies Handeln gerecht ist, und nicht, weil man sonst geächtet oder bestraft würde (vgl. *Höffe* 1986, S. 75). *Ethisches Verhalten* ist folglich durch Freiwilligkeit bestimmt und auch dann als Prinzip durchzuhalten, wenn Recht und Moral Lücken enthalten oder Ermessensspielräume bieten.

Es erfordert Zivilcourage, die bewusste Verletzung des Fairnesspostulats auch zu benennen und damit verbundenes Unrecht kenntlich zu machen. Dies gilt auch für den Fall, dass die Vorgesetzten den Mitarbeitern ein ethisch bedenkliches Handeln abverlangen. Hier ist die Unternehmensleitung gefordert, eine solche Forderung abzulehnen und den Mitarbeiter vor etwaigen Sanktionen zu schützen (vgl. *Ulrich* 1998, S. 324–327, 455 f.). Sie wird den Mitarbeitern nur eine kritische Loyalität zumuten und niemals einen „Kadavergehorsam" abverlangen. Loyales Verhalten kann durch einen Konflikt zwischen Rollenerwartungen von Vorgesetzten und den Grundüberzeugungen von hierarchisch Abhängigen beschädigt werden. In diesem Falle handelt es sich um ein „*ethisches Dilemma*" (→ *Dilemma-Management*) (vgl. *Toffler* 1986, S. 20–38; vgl. auch die praktischen Beispiele bei *Kreikebaum* 1996, S. 204–207). In einer solchen Dilemmasituation werden Fairnesserwartungen häufig verletzt. In der Organisationspraxis stellen nach den Ergebnissen einer Befragung von deutschen und US-amerikanischen Managern sowohl *ethische Leitlinien* als auch eine *Ethik-Hotline* wichtige Instrumente zur Handhabung ethischer Konflikte dar (siehe *Kreikebaum/Behnam/Gilbert* 2001, S. 94 ff.). Der zunehmende Globalisierungsdruck und Zwang zu weiterer Rationalisierung erfordert angesichts des zukünftig geringeren Verteilungsspielraums eine stärker konsensorientierte Kooperation über die Landes- und Kulturgrenzen hinaus (Beispiel: Fair Trade). Mit Hilfe eines professionellen *Konfliktmanagements* lassen sich ethische Dilemmasituationen so bewältigen, dass die Konsequenzen für die nachfolgenden Generationen mit berücksichtigt werden.

Literatur

Beer, Michael/Eisenstat, Russell A./Spector, Bert: The Critical Path to Corporate Renewal, Boston MA 1990.
Gilbert, Dirk Ulrich: Vertrauen in strategischen Unternehmensnetzwerken – ein strukturationstheoretischer Ansatz, Wiesbaden 2003.
Greenberg, Jerald: Organizational Justice: Yesterday, Today, and Tomorrow, in: JMan, Jg. 16, 1990, S. 399–432.
Greenberg, Jerald: A Taxonomy of Organizational Justice Theories, in: AMR, Jg. 12, 1987, S. 9–22.
Höffe, Otfried (Hrsg.): Lexikon der Ethik, 3. A., München 1986.
Kleinfeld, Annette: Persona Oeconomica. Personalität als Ansatz der Unternehmensethik, Heidelberg 1998.
Konovsky, Mary A.: Understanding Procedural Justice and Its Impact on Business Organizations, in: JMan, Jg. 26, 2000, S. 489–511.
Kotabe, Masaaki/Dubinsky, Alan J./Lim, Chae Un: Perceptions of Organizational Fairness: A Cross-national Perspective, in: International Marketing Review, Jg. 9, H. 2/1992, S. 41–58.

Kreikebaum, Hartmut: Grundlagen der Unternehmensethik, Stuttgart 1996.

Kreikebaum, Hartmut/Behnam, Michael/Gilbert, Dirk Ulrich: Management ethischer Konflikte in international tätigen Unternehmen, Wiesbaden 2001.

Rawls, John: Eine Theorie der Gerechtigkeit, Frankfurt am Main et al. 1979.

Rich, Arthur: Wirtschaftsethik II. Marktwirtschaft, Planwirtschaft, Weltwirtschaft aus sozialethischer Sicht, Gütersloh 1990.

Richter, Lutz W.: Internationale Unternehmensethik. Freiheit-Gleichheit-Gegenseitigkeit, Sternenfels et al. 1997.

Toffler, Barbara Ley: Tough Choices. Managers Talk Ethics, New York et al. 1986.

Ulrich, Peter: Integrative Wirtschaftsethik. Grundlagen einer lebensdienlichen Ökonomie, 2. A., Bern et al. 1998.

Geschäftsordnung

Michael Hoffmann-Becking

[s.a.: Aufsichtsrat; Ausschüsse; Corporate Governance (Unternehmensverfassung); Hauptversammlung und Aktionärseinfluss; Top Management (Vorstand).]

I. Begriff; II. Regelungskompetenz und Geltungsdauer; III. Typischer Inhalt und praktische Bedeutung.

Zusammenfassung

Die Geschäftsordnung eines Kollegialorgans regelt die innere Ordnung des Organs und das bei der Erledigung seiner Aufgaben zu beachtende Verfahren. Sie kann regelmäßig von dem Organ selbst erlassen werden. Das gilt auch für Geschäftsordnungen des Aufsichtsrats und der Hauptversammlung einer AG. Für die Geschäftsordnung des Vorstands der AG besitzt dagegen der Aufsichtsrat die primäre Regelungskompetenz. Die Geschäftsordnung gilt unabhängig von einem Wechsel der Mitglieder des Organs so lange, bis sie geändert oder aufgehoben wird. In der Rangordnung der Normen stehen die Satzung einer Körperschaft unter dem Gesetz und die Geschäftsordnung unter der Satzung.

I. Begriff

Eine Geschäftsordnung regelt die innere Ordnung eines *Kollegialorgans* oder sonstigen Gremiums zur Wahrnehmung der ihm zugewiesenen Aufgaben, insb. die Verteilung der Aufgaben auf die Mitglieder (*„Geschäftsverteilung"*), das von den Mitgliedern bei der Erledigung ihrer Aufgaben zu beachtende Verfahren und die Willensbildung des Organs oder sonstigen Gremiums. Geschäftsordnungen für Kollegialorgane und sonstige Gremien sind sowohl bei privatrechtlichen als auch öffentlich-rechtlichen Organisationen anzutreffen, z.B. Geschäftsordnung des Deutschen Bundestags, Geschäftsordnung eines Prüfungsausschusses oder Fachbereichs, Geschäftsordnung eines Vereinsvorstands. Nachfolgend werden nur die Geschäftsordnungen für die Organe der Aktiengesellschaft beleuchtet, also die Geschäftsordnungen für Vorstand (→ *Top Management (Vorstand)*), → *Aufsichtsrat* und Hauptversammlung (→ *Hauptversammlung und Aktionärseinfluss*) der AG.

In der Rangordnung der Normen stehen die *Satzung* einer Körperschaft unter dem Gesetz und die Geschäftsordnung unter der Satzung. Die Geschäftsordnung eines Organs der AG muss sich demgemäß in dem durch die zwingenden gesetzlichen Vorschriften und die Bestimmungen der Satzung vorgegebenen Rahmen halten.

II. Regelungskompetenz und Geltungsdauer

Die Bildung eines aus mehreren Mitgliedern bestehenden Organs mit der Zuweisung bestimmter Aufgaben schließt regelmäßig – auch unausgesprochen – die Befugnis des Organs ein, seine innere Ordnung in einer Geschäftsordnung selbst zu regeln (*Hüffer* 2002, S. 629; *Hoffmann-Becking* 1999, S. 352). Die Befugnis zur → *Selbstorganisation* gilt im Grundsatz auch für die Organe der AG, jedoch mit einer wesentlichen Abweichung für den Vorstand. Im Einzelnen:

(1) Der *Vorstand* kann sich durch einstimmigen Beschluss seiner Mitglieder selbst eine Geschäftsordnung geben, es sei denn, die Satzung hat den Erlass der Geschäftsordnung dem Aufsichtsrat übertragen oder der Aufsichtsrat erlässt eine Geschäftsordnung für den Vorstand (§ 77 Abs. 2 Satz 1 und 3 AktG). Der Aufsichtsrat besitzt somit die primäre Regelungskompetenz in allen Fragen der rechtlichen Organisation der Vorstandsarbeit. Er ist jederzeit in der Lage, das Thema an sich zu ziehen und eine Geschäftsordnung für den Vorstand zu erlassen; wenn bereits eine Geschäftsordnung besteht, die sich der Vorstand selbst gegeben hat, tritt diese mit dem Beschluss des Aufsichtsrats außer Kraft (*Hüffer* 2002, S. 380 f.). Bei der Gestaltung der Geschäftsordnung sind die Vorgaben der Satzung zu beachten, die Einzelfragen der Geschäftsordnung des Vorstands bindend regeln kann (§ 77 Abs. 2 Satz 2 AktG).

(2) Der *Aufsichtsrat* ist befugt, sich selbst eine Geschäftsordnung zu geben. Er muss sich dabei in den Grenzen halten, die durch die zwingenden Verfahrensregeln des Gesetzes (z.B. in § 110 AktG über die Einberufung von Sitzungen und in § 107 Abs. 2 AktG über Form und Inhalt der Sitzungsniederschriften) und der Satzung gezogen sind. Die Satzung kann auch für die Geschäftsordnung des Aufsichtsrats Ein-

zelfragen bindend vorgeben. Aber einige Themen sind zwingend dem Aufsichtsrat zur autonomen Regelung zugewiesen, sodass der Satzungsgeber insoweit keine Regelungskompetenz besitzt. Das gilt insb. für die Bildung und Besetzung von Ausschüssen (§ 107 Abs. 3 AktG; → *Ausschüsse*) und für die Auswahl des Vorsitzenden und seines Stellvertreters (§ 107 Abs. 1 AktG).

(3) Die *Hauptversammlung* kann sich mit einer Mehrheit von mindestens drei Vierteln der abgegebenen Stimmen eine Geschäftsordnung mit Regeln für die Vorbereitung und Durchführung der Hauptversammlung geben (§ 129 Abs. 1 Satz 1 AktG). Dabei ist die Hauptversammlung an die im Gesetz getroffenen zwingenden Verfahrensregeln für die Hauptversammlung gebunden, z.B. an die Regeln zur Einberufung der Hauptversammlung, zur Information der Aktionäre im Vorfeld der Hauptversammlung und zum Auskunftsrecht der Aktionäre in der Hauptversammlung. Die von der Hauptversammlung nach § 129 Abs. 1 AktG beschlossene Geschäftsordnung hat keinen Satzungscharakter, ist somit nicht nur nachrangig gegenüber den gesetzlichen Regelungen zur Vorbereitung und Durchführung der Hauptversammlung, sondern auch gegenüber etwa in der Satzung enthaltenen Bestimmungen (*Hüffer* 2002, S. 629).

Für alle drei Organe der AG gilt, dass eine Geschäftsordnung des Organs solange verbindlich ist, bis sie geändert oder aufgehoben wird. Sie gilt also auch für später bestellte Mitglieder des Organs und über das Ende der Amtsperiode der Organmitglieder hinaus (*Hoffmann-Becking* 1998, S. 500; *Hüffer* 2002, S. 381). Für die Organe der AG gilt nämlich – anders als z.B. im Parlamentsrecht – der Grundsatz der Organ-Kontinuität. Es gibt keine Amtsperioden des Organs, sondern nur individuelle Amtsperioden der Mitglieder, und es ist deshalb nicht erforderlich, dass die Geschäftsordnung des Organs nach Neuwahlen zum Organ erneut beschlossen werden muss (*Lutter/Krieger* 2002, S. 206).

III. Typischer Inhalt und praktische Bedeutung

Das Gesetz schreibt für keines der drei Organe zwingend den Erlass einer Geschäftsordnung vor. Es handelt sich also stets um im *Ermessen* des Organs stehende Regelungen, durch welche die vorrangigen Verfahrensregelungen des Gesetzes und der Satzung ergänzt werden. Je ausführlicher die gesetzlichen Regelungen und die Satzungsbestimmungen gefasst sind, desto geringer ist der praktische Bedarf an ergänzenden Verfahrensbestimmungen in einer Geschäftsordnung des betreffenden Organs. In der Praxis führt das dazu, dass in der Mehrzahl der Gesellschaften eine Geschäftsordnung des Vorstands besteht, während eine Geschäftsordnung des Aufsichtsrats weniger häufig anzutreffen ist und nur ganz selten eine Geschäftsordnung der Hauptversammlung erlassen wird. Im Einzelnen ist zum typischen Inhalt der Geschäftsordnungen und ihrer praktischen Bedeutung Folgendes festzustellen:

1. Geschäftsordnung des Vorstands

Die Geschäftsordnung regelt das von den Vorstandsmitgliedern bei ihrer Tätigkeit einzuhaltende Verfahren (*Hoffmann-Becking/Rawert* 2003, S. 1577). Dazu gehören insb. Regeln über die Willensbildung des Organs, also über die Sitzungen, Beschlüsse und Mehrheiten, Regeln über die Befugnisse und Pflichten eines etwa ernannten Vorsitzenden oder Sprechers des Vorstands und Regeln über die Entscheidung von Meinungsverschiedenheiten zwischen Vorstandsmitgliedern. Auch die Grundzüge eines vorstandsinternen Informationssystems können in einer Geschäftsordnung für den Vorstand niedergelegt werden.

Ein besonders bedeutsamer Teil der Geschäftsordnung des Vorstands ist die *Geschäftsverteilung* unter den Vorstandsmitgliedern. Die Geschäftsverteilung kann zweierlei enthalten: die abstrakte Bildung der Ressorts durch Beschreibung ihrer Aufgaben sowie die konkrete Besetzung der Ressorts durch ihre Zuweisung an namentlich bestimmte Vorstandsmitglieder. Nach der dispositiven gesetzlichen Regel sind sämtliche Vorstandsmitglieder nur gemeinschaftlich zur Geschäftsführung befugt (§ 77 Abs. 1 Satz 1 AktG). Durch die Verteilung der Geschäfte auf die einzelnen Ressortinhaber begründet die Geschäftsordnung die *Einzelgeschäftsführungsbefugnis* der Vorstandsmitglieder für die ihnen zugewiesenen Aufgaben. Allerdings sind der Geschäftsverteilung auf die einzelnen Mitglieder des Vorstands Grenzen gesetzt durch das Prinzip der *Gesamtverantwortung* (*Hoffmann-Becking* 1998, S. 506 ff.): Auch bei einer weitgehenden Verteilung der Geschäfte auf die einzelnen Mitglieder des Vorstands bleibt es dabei, dass alle Vorstandsmitglieder die Verantwortung für die gesamte Leitung der Gesellschaft tragen. Daraus folgt zum einen ein zwingender Restbestand der Gesamtgeschäftsführung aller Vorstandsmitglieder. Zu diesen Entscheidungen, die notwendig von allen Mitgliedern des Gremiums gemeinsam getroffen werden müssen (wenn auch nicht notwendig einstimmig, sondern mit der in der Satzung oder der Geschäftsordnung bestimmten Mehrheit), gehören insb. die Aufgaben des Vorstands gegenüber einem anderen Organ der Gesellschaft sowie die dem Vorstand vorwiegend im öffentlichen Interesse durch das Gesetz auferlegten Aufgaben (z.B. Beschlussvorschläge für die Hauptversammlung, Vorlage zustimmungspflichtiger Geschäfte an den Aufsichtsrat, Aufstellung des Jahresabschlusses). Außerdem ist nach herrschender Auffassung ein „Kernbereich" der Leitungsentscheidungen einer Beschlussfassung durch den Gesamtvorstand vorbehalten (z.B. Festlegung der Jahres- und Mehrjahresplanung und Maßnahmen, die für die Gesellschaft von außergewöhnlicher Bedeutung sind oder mit denen ein außergewöhnliches wirtschaftliches Risiko verbunden ist). Aus der Gesamtverantwortung aller Vorstandsmitglieder folgt weiter, dass alle Vorstandsmitglieder verpflichtet sind, sich wechselseitig über wichtige Vorgänge in den anderen Ressorts zu unterrichten, die Tätigkeit der Vorstandskollegen zu überwachen und bei Einwänden gegen Vorgänge in einem anderen Ressort durch Anrufung des Gesamtvorstands zu intervenieren.

Die Ernennung eines *Vorstandsvorsitzenden* ist dem Aufsichtsrat vorbehalten (§ 84 Abs. 2 AktG). Ein *Vorstandssprecher* kann dagegen auch durch das Vorstandskollegium selbst einstimmig gewählt werden, falls der Vorstand seine Geschäftsordnung selbst erlässt und der Aufsichtsrat diese Kompetenz nicht an sich gezogen hat. Der Vorstandssprecher nimmt ebenso wie der Vorstandsvorsitzende innerhalb des Kollegiums die administrativen Funktionen wahr, die für eine geordnete Willensbildung des Kollegiums unerlässlich sind, insb. also die Vorbereitung, Leitung und Protokollierung der Vorstandssitzungen. Außerdem repräsentiert er den Vorstand und die Gesellschaft gegenüber der Öffentlichkeit, und ihm obliegt im Regelfall auch die Federführung im Verkehr mit dem Aufsichtsrat. Der Vorstandsvorsitzende ist über die vorgenannten Aufgaben hinaus zuständig für die sachliche Koordination der Tätigkeit aller Vorstandsressorts (*Hoffmann-Becking/Rawert* 2003, S. 747 f.). Zugleich obliegt ihm in besonderem Maße die vorstandsinterne Überwachung der Tätigkeit der einzelnen Ressorts. Dem Vorstandsvorsitzenden kann zwar nicht das Recht eingeräumt werden, Meinungsverschiedenheiten im Vorstand gegen die Mehrheit seiner Mitglieder zu entscheiden (§ 77 Abs. 1 Satz 2 AktG), aber er kann zum Stichentscheid berechtigt sein, wenn es bei einer Beschlussfassung im Vorstand zu einer Pattsituation kommt. Ob ihm darüber hinaus als einzigem Vorstandsmitglied ein Vetorecht gegen Mehrheitsbeschlüsse des Vorstands eingeräumt werden kann, ist umstritten (*Hoffmann-Becking* 1998, S. 518 f.); nach der Rechtsprechung ist ein solches Vetorecht des Vorsitzenden jedenfalls bei einer paritätisch mitbestimmten AG wegen der notwendig gleichberechtigten Stellung des *Arbeitsdirektors* ausgeschlossen (→ *Mitbestimmung, unternehmerische*).

2. Geschäftsordnung des Aufsichtsrats

Je ausführlicher die Satzungsbestimmungen zum Aufsichtsrat gefasst sind, desto geringer ist der praktische Bedarf an ergänzenden Verfahrensbestimmungen in einer Geschäftsordnung des Aufsichtsrats. Insbesondere bei paritätisch mitbestimmten Gesellschaften (→ *Mitbestimmung, unternehmerische*) ist es üblich, die wesentlichen Verfahrensregelungen für den Aufsichtsrat bereits in der *Satzung* festzulegen; eine Geschäftsordnung des Aufsichtsrats beschränkt sich dann im Wesentlichen auf Regelungen zur Bildung und Besetzung von Ausschüssen (§ 107 Abs. 3 AktG) und auf die Festlegung von Geschäften und Maßnahmen, die der Zustimmung des Aufsichtsrats bedürfen (§ 111 Abs. 4 Satz 2 AktG).

In einer ausführlichen Geschäftsordnung des Aufsichtsrats (*Hoffmann-Becking/Rawert* 2003, S. 1582) werden meist die folgenden Themenkreise geregelt: Rechte und Pflichten der Aufsichtsratsmitglieder (Gleichheit der Rechte und Pflichten, Unabhängigkeit von Aufträgen und Weisungen, *Verschwiegenheitspflicht*, Bindung an das *Unternehmensinteresse*, Verhalten bei Interessenkonflikten), Wahl und Aufgaben des Vorsitzenden und des Stellvertreters, Sitzungen (Zahl der Sitzungen, Einberufung, Sitzungsleitung, Protokollführung), Beschlussfassung (Beschlüsse in Sitzungen und außerhalb von Sitzungen, Beschlussfähigkeit, Mehrheitserfordernisse). Insbesondere für Gesellschaften, die der paritätischen Mitbestimmung nach dem Mitbestimmungsgesetz 1976 unterliegen, sind viele dieser Regelungen durch das Gesetz zwingend vorgegeben; außerdem ist der Spielraum für den Aufsichtsrat häufig durch Vorgaben in der Satzung eingeschränkt. Dennoch kann es zweckmäßig sein, die gesetzlichen und satzungsmäßigen Regelungen in einer systematischen Geschäftsordnung zu wiederholen und in Einzelpunkten zu ergänzen, um den Mitgliedern des Aufsichtsrats ein einheitliches und deshalb leichter handhabbares Regelwerk an die Hand zu geben. Bei börsennotierten Gesellschaften sind ergänzend die Empfehlungen des *Deutschen Corporate Governance Kodex* (DCGK) zu beachten, die, soweit sie den Aufsichtsrat betreffen, in den Text der Geschäftsordnung des Aufsichtsrats aufgenommen werden können. Bei vielen börsennotierten Gesellschaften wurde im Zuge der Umsetzung des DCGK erstmals eine Geschäftsordnung des Aufsichtsrats beschlossen, nachdem man sich bis dahin auf Beschlüsse zur Bildung und Besetzung der Ausschüsse beschränkt hatte (→ *Corporate Governance (Unternehmensverfassung)*).

Die Bildung und Besetzung von *Ausschüssen* des Aufsichtsrats gehört, wie bereits erwähnt, zu der unentziehbaren Regelungsautonomie des Aufsichtsrats. Abgesehen von dem durch das Gesetz für paritätisch mitbestimmte Aufsichtsräte zwingend vorgeschriebenen *Vermittlungsausschuss* nach § 27 Abs. 3 MitbestG entscheidet der Aufsichtsrat autonom, ob und inwieweit er aus seiner Mitte Ausschüsse bildet. Man unterscheidet zwischen vorbereitenden, entscheidenden und überwachenden Ausschüssen. § 107 Abs. 3 Satz 2 AktG zählt die Entscheidungsbefugnisse des Aufsichtsrats auf, die nicht auf einen Ausschuss delegiert werden können. Der in den meisten Gesellschaften eingerichtete *Personalausschuss* des Aufsichtsrats ist in aller Regel damit betraut, anstelle des Plenums über Abschluss, Änderung und Beendigung der Anstellungsverträge mit den Mitgliedern des Vorstands zu entscheiden. Die Bestellung und Abberufung von Vorstandsmitgliedern kann dem Personalausschuss nicht überlassen werden, sondern muss zwingend vom Plenum beschlossen werden (§ 107 Abs. 3 Satz 2 AktG). Auch die Entscheidung über zustimmungspflichtige Geschäfte nach § 111 Abs. 4 Satz 2 AktG kann ganz oder teilweise auf einen Ausschuss delegiert werden, z.B. einen Finanz- und/oder Investitionsausschuss. Der neuerdings häufig anzutreffende und vom DCGK empfohlene *Prüfungsausschuss* hat in der Regel die Aufgabe, die Feststellung des Jahresabschlusses durch das Aufsichtsratsplenum vorzubereiten und über den Auftrag an den *Abschlussprüfer* und die Festlegung von Prüfungsschwerpunkten zu entscheiden. Das Verfahren der Aufsichtsratsausschüsse kann durch den Gesamtaufsichtsrat in seiner Geschäftsordnung näher geregelt werden; subsidiär ist der Ausschuss selbst befugt, Regeln für seine innere Ordnung aufzustellen. Im Übrigen sind, wenn keine spezielle Regelung für das Verfahren der Ausschüsse besteht, die für die innere Ordnung des Gesamtaufsichtsrats geltenden Bestimmungen entsprechend anzuwenden.

3. *Geschäftsordnung der Hauptversammlung*

Der Gesetzgeber hat im Jahre 1998 durch die klarstellende Regelung in § 129 Abs. 1 Satz 1 AktG dazu angeregt, dass sich die Hauptversammlung eine Geschäftsordnung gibt, um größere Rechtssicherheit in den Verfahrensfragen der Hauptversammlung zu gewährleisten (*Schaaf* 1999, S. 1342 ff.). Nur wenige Gesellschaften sind dieser Anregung gefolgt. Das liegt nicht daran, dass über die zahllosen Verfahrensfragen ohnehin Klarheit bestünde, sondern an der fehlenden Gestaltungsfreiheit der Hauptversammlung, die sich in ihrer Geschäftsordnung nicht über die durchweg zwingenden gesetzlichen Regelungen für die Vorbereitung und Durchführung einer Hauptversammlung und deren Interpretation durch die Rechtsprechung hinwegsetzen kann. Daran würde sich auch dann nichts ändern, wenn die Verfahrensregeln in die Satzung der Gesellschaft aufgenommen würden, da auch die Satzung nicht von den zwingenden Regeln für die Vorbereitung und Durchführung der Hauptversammlung, insb. über Art und Ausmaß der gebotenen Informationen für die Aktionäre abweichen kann (§ 23 Abs. 5 AktG). Deshalb wird es in der Praxis in der Regel dabei bleiben, dass nur unverbindliche „Leitfäden" für die Leitung der Hauptversammlung zur Verfügung stehen.

Literatur

Hoffmann-Becking, Michael: Vorstandsvorsitzender oder CEO?, in: NZG, Jg. 6, 2003, S. 745–750.
Hoffmann-Becking, Michael (Hrsg.): Münchener Handbuch des Gesellschaftsrecht. Bd. 4: Aktiengesellschaft, 2. A., München 1999.
Hoffmann-Becking, Michael: Zur rechtlichen Organisation der Zusammenarbeit im Vorstand der AG, in: ZGR, Jg. 27, 1998, S. 497–519.
Hoffmann-Becking, Michael/Rawert, Peter (Hrsg.): Beck'sches Formularbuch Bürgerliches, Handels- und Wirtschaftsrecht, 8. A., München 2003.
Hüffer, Uwe: Aktiengesetz, 5. A., München 2002.
Lutter, Marcus/Krieger, Gerd: Rechte und Pflichten des Aufsichtsrats, 4. A., Köln 2002.
Schaaf, Andreas: Die Geschäftsordnung der AG-Hauptversammlung – eine praktische Notwendigkeit?, in: ZIP, Jg. 20, 1999, S. 1339–1344.

Globalisierung

Klaus Macharzina/Jan Hendrik Fisch

[s.a.: Interkulturelles Management; Internationale Strategien; Internationale Unternehmen, Organisation der; Interne Märkte; Kulturvergleichende Organisationsforschung; Unternehmensethik; Unternehmenskooperation.]

I. Ebenen der Globalisierung; II. Dimensionen der Globalisierung von Unternehmen; III. Empirische Studien zum Ausmaß der Globalisierung; IV. Konsequenzen für Großunternehmen und KMU.

Zusammenfassung

Das schillernde Phänomen der Globalisierung wird hier vorwiegend auf Unternehmen bezogen und entlang mehrerer Dimensionen präzisiert. Eine Bestandsaufnahme empirischer Studien gibt Anlass zu einer vorsichtigen Einschätzung des gegenwärtigen Ausmaßes der Globalisierung. Dennoch werden Großunternehmen und KMU bereits in frühen Stadien der Globalisierung vor bedeutsame Herausforderungen gestellt. Wie Globalisierungskritiker deutlich machen, entbindet sie dies nicht von der Pflicht zu ethisch vertretbarem Handeln.

I. Ebenen der Globalisierung

1. *Globalisierung der Wirtschaft*

Das Zusammenwachsen nationaler Volkswirtschaften in einer gemeinsamen *Weltwirtschaft* mit intensiven grenzüberschreitenden Austauschbeziehungen (*Koch* 2000) ist, anders als der erst seit den 1990er Jahren dafür verwendete Begriff „Globalisierung", keine neue Erscheinung. Von den ausländischen Handelsbeziehungen antiker Völker abgesehen, lässt sich der gegenwärtige *Globalisierungsprozess* bis in die Kolonialzeit zurückverfolgen. Ab dem 17. Jh. dominierten Europa und später die USA den Welthandel mit dem Export von Industrieprodukten und dem Import von Kolonialwaren und Rohstoffen. Der Sklavenhandel prägte sichtbar den frühen Prozess der Globalisierung (*Deutscher Bundestag* 2002). Die Import- und Exportquoten Deutschlands lagen 1913 bereits auf ähnlich hohem Niveau wie heute (*Germann/Raab/Setzer* 1999), der weltwirtschaftliche Integrationsprozess wurde jedoch im Zuge der beiden Weltkriege jeweils stark zurückgeworfen. Mit der Gründung der Weltbank und des IWF sowie der ITO (später GATT) und OECD wurden wichtige Voraussetzungen für die Wiederaufnahme des Globalisierungsprozesses geschaffen (*Low* 1996); parallel zur Globalisierung ist heute durch die Institutionalisierung lokaler Außenwirtschaftsbeziehungen innerhalb der EU (plus EFTA), NAFTA, MERCOSUR und ASEAN ein Trend zur Regionalisierung (*Fuchs/Krauss/Wolf* 1999) zu beobachten.

Die Globalisierung von Märkten entsteht durch die Angleichung und Integration ehemals voneinander unabhängiger Märkte in verschiedenen Ländern. Besonders fortgeschritten ist die Globalisierung der *Finanz- und Kapitalmärkte*; die Verringerung von Transaktionskosten, die internationale Vereinheitlichung von Rechnungslegungsvorschriften und der Fall von Handelshemmnissen haben hier die stärksten Auswirkungen gezeigt. Gefolgt werden die Finanz- und Kapitalmärkte von den teilweise regional begrenzten *Waren- und Dienstleistungsmärkten* und den überwiegend lokal begrenzten *Arbeitsmärkten* (*Buckley* 1998). Mitte der 1990er Jahre hat sich eine interdisziplinäre Arbeitsgruppe in einem mehrjährig institutionalisierten „Ladenburger Kolleg" der Daimler-Benz-Stiftung mit Problemen, Ursachen und Folgen der Globalisierung beschäftigt. Dabei hat sich gezeigt, dass Globalisierung heute zwar noch als dominant ökonomischer Prozess auftritt, aber längst auch andere Bereiche wie Politik, gesellschaftliche Lebensformen und soziale Sicherungssysteme erfasst hat. Sie ist jedoch entgegen der allgemeinen Annahme keine Trendfortschreibung der Internationalisierung, sondern ein völlig neuartiges Phänomen (*Steger* 1998).

2. Globalisierung vs. Internationalisierung von Unternehmen

Der internationale Austausch von Gütern findet in jüngerer Zeit verstärkt auf internen Märkten (→ *Interne Märkte*) statt (*OECD* 2002), sodass der Begriff „Globalisierung" v.a. mit den großen multinationalen Unternehmen in Verbindung gebracht wird (*Birkinshaw/Morrison/Hulland* 1995; *Hwang/Burgers* 1997). Diese Unternehmen, die als Treiber der Globalisierung zu gelten haben, werden häufig bereits dann als global operierend bezeichnet, wenn sie ihre Aktivitäten gleichzeitig auf die Triadenmärkte USA, Europa und Japan konzentrieren; dies ist als problematisch anzusehen (*Rugman* 2000).

International tätige Unternehmen (→ *Internationale Unternehmen, Organisation der*) sind nach herrschender Meinung solche, deren Aktivitäten in Form des Exports, von Technologieabkommen oder Direktinvestitionen auf Dauer nationale Grenzen überschreiten (*Macharzina/Engelhard* 1987). Im Hinblick auf den Absatzmarkt ist bspw. ein Unternehmen umso internationalisierter, je größer der Anteil seiner im Ausland erzielten Umsätze ist. Ausländische Umsätze müssen jedoch nicht zwangsläufig globaler Herkunft sein; sie können aus wenigen Ländern in der Nachbarschaft des Heimatlandes stammen.

Damit ein Unternehmen als globalisiert gelten kann, müsste sein „Stammland" hingegen die ganze Welt geworden sein. Um zu einer angemessenen, von der Internationalisierung abgegrenzten Definition von Globalisierung zu kommen, ist die Inland-Ausland-Perspektive aufzugeben und durch das Kriterium der weltweiten Verteilung zu ersetzen. Danach sollte ein Unternehmen erst dann als globalisiert bezeichnet werden, wenn die internationale Streuung seiner Aktivitäten derjenigen der Weltwirtschaft entspricht (*Fisch/Oesterle* 2003). Diese Definition der Globalisierung lässt sich präzisieren, wenn man die Dimensionen der Globalisierung in exogen und endogen verursachte Aspekte untergliedert.

II. Dimensionen der Globalisierung von Unternehmen

1. Exogene Globalisierung

Die *exogenen Dimensionen der Globalisierung* ergeben sich aus Reaktionen auf äußere Zwänge zur Globalisierung. Durch den *Wettbewerbsdruck* ausländischer Konkurrenten bleibt bisher national tätigen Unternehmen oft keine andere Wahl, als zur Realisierung von Größenvorteilen ebenfalls auf ausländischen Absatzmärkten tätig zu werden. Dann beginnt ein Internationalisierungsprozess hinsichtlich des *Umsatzes*, der bei Erreichung des obigen Kriteriums zu einem globalen Prozess werden kann. Dieser kann dadurch verstärkt werden, dass bereits internationalisierte Unternehmen von ihren Lieferanten verlangen, ihnen ins Ausland zu folgen. Aus Sicht der Kunden entsteht eine Globalisierung der *Beschaffung*. Kostendruck kann Unternehmen weiterhin zur Verlagerung der Produktion in Länder mit geringeren Lohnkosten drängen; es kommt zu einer Globalisierung hinsichtlich des *Personals*. Der Aufbau von Produktionsstätten im Ausland erfordert Investitionen, sodass sich Globalisierung auch in der Verteilung des *Vermögens* widerspiegelt. Nationale Unterschiede in der Gewinnbesteuerung lassen es zuweilen attraktiv erscheinen, Gewinne weltweit zu verlagern; dadurch wird die *Steuerbelastung* globalisiert. Diese Dimensionen wurden bereits verbreitet zur Messung von Internationalisierung herangezogen (vgl. den

Überblick bei *Nguyen/Cosset* 1995). Entscheidend für ein hohes Reifestadium auf dem Globalisierungspfad scheint aber die weltweite Streuung der Wertschöpfungskette zu sein.

2. Endogene Globalisierung

Unter den *endogenen Dimensionen der Globalisierung* sind solche zu verstehen, die Unternehmen proaktiv vorantreiben, um sich auf künftige Herausforderungen der Globalisierung vorzubereiten. Als wesentliche Einflussfaktoren sind Aktivitäten anzusehen, vermöge derer es den Unternehmen gelingt, Transaktionen endogen kostengünstiger vorzunehmen (Hierarchie) als über Märkte (Internalisierung als Ursache der Globalisierung, *Buckley/Casson* 1976). Die internationale Besetzung des *oberen Managements* ermöglicht eine ausgeglichene Berücksichtigung von Perspektiven und Interessen verschiedener Regionen in der Unternehmenspolitik. Die Delegation von Entscheidungskompetenzen an international verteilte *Centers of Excellence* fördert auf der nachgelagerten Hierarchieebene die Nutzung regional spezialisierter Fähigkeiten und Kenntnisse bei der Entscheidungsfindung. Große Kapitalgesellschaften bemühen sich vermehrt um die Notierung ihrer Titel an ausländischen Börsen und treiben damit die Globalisierung in der Struktur ihrer *Anteilseigner* voran. Ebenso ist die Akquisition von ausländischem *Fremdkapital* Ausdruck einer endogenen Globalisierung. Die Pfadbetrachtung der Globalisierung darf aber nicht den Eindruck der Zwangsläufigkeit entstehen lassen; so finden sich immer wieder Unternehmen, die von Anbeginn an global auftreten („Born Globals"), wie der Peripheriegerätehersteller Logitech oder der Softwareanbieter Living Systems.

III. Empirische Studien zum Ausmaß der Globalisierung

Bis heute sind keine Arbeiten bekannt, welche die Globalisierung von Unternehmen entlang der ganzen Bandbreite exogener und endogener Dimensionen untersuchen. Das bestehende Datenmaterial beschränkt sich überwiegend auf die Messung des Internationalisierungsgrads hinsichtlich einer oder einiger weniger Dimensionen.

1. Eindimensionaler Ansatz

In einer Synopse bei Sullivan (*Sullivan* 1994a) finden sich 17 Studien aus dem Zeitraum zwischen 1971 und 1990, von denen sich zur Messung des Internationalisierungsgrades 16 ausschließlich auf den Anteil des ausländischen Umsatzes am Gesamtumsatz stützen. Großzahlige Untersuchungen wurden in erster Linie für US-amerikanische Unternehmen durchgeführt. Für die 100 umsatzstärksten Unternehmen in den USA im Jahre 1981 stellt Sullivan (*Sullivan* 1994b) einen Anteil von 27,5% ausländischer Umsätze fest, für die 100 umsatzstärksten europäischen Unternehmen 40,3%. Chen et al. (*Chen* et al. 1997) werteten für 5487 MNU aus der Industrial Compustat Datenbank (USA) 1984–1993 den Anteil ausländischer Gewinne vor Steuern aus und errechneten hierfür einen durchschnittlichen Wert von 40,2%. In einer Stichprobe von 880 MNU aus der Disclosure WorldScope Datenbank (USA) 1987–1996 finden Reeb et al. (*Reeb/Kwok/Baek* 1998) einen Anteil ausländischer Umsätze von 26,7%. Für sich genommen weisen diese Zahlen auf eine rege internationale Geschäftstätigkeit bei den untersuchten Unternehmen hin. Inwieweit diese als globalisiert anzusehen sind, lässt sich mit diesem einen Maß allerdings nicht abschließend beurteilen.

2. Mehrdimensionaler Ansatz

Darum ist es nützlich, mehrdimensional vorzugehen. Sullivan (*Sullivan* 1994a) skaliert hierzu den Anteil der ausländischen Umsätze, Tochtergesellschaften und Vermögensbestandteile sowie die kulturelle Unterschiedlichkeit und die internationale Erfahrung der Top-Manager zwischen 0 und 1 und fasst diese fünf Dimensionen in einem gemeinsamen Indexwert von 0 bis 5 zusammen. In seiner Stichprobe von 74 US-amerikanischen Industrieunternehmen, mehrheitlich aus den Fortune 100, variieren die Indexwerte zwischen 0,54 und 3,13. Sullivans Vorgehen bei der Aggregation der Dimensionen ist jedoch wegen der pauschalen Gleichgewichtung und insb. des dabei entstehenden Informationsverlustes problematisch (*Ramaswamy/Kroeck* 1996). Von demselben Mangel ist auch der Transnationality Index (*UNCTAD* 2000) betroffen, der den Anteil von ausländischen Vermögensanteilen, Umsätzen und Beschäftigten umfasst. Der Indexwert liegt bei den „1998 World's 100 Largest Transnational Corporations" zwischen 13,5 und 94,8%, durchschnittlich bei 53,9%. Um solchen Schwierigkeiten aus dem Weg zu gehen, wird es andernorts vermieden, die Dimensionen rechnerisch miteinander zu verbinden. Germann et al. (*Germann/Raab/Setzer* 1999) erfassen sie voneinander getrennt in Globalisierungsprofilen.

Die auf der Inland-Ausland-Perspektive beruhenden, bis nahe 100% reichenden Transnationality Indexwerte der UNCTAD verringern sich auf höchstens 50,3%, wenn man sie mit dem Anteil der Länder in der Welt multipliziert, in denen die betreffenden Unternehmen tatsächlich vertreten sind. Ietto-Gillies (*Ietto-Gillies* 1998) versucht auf diese Weise, die internationale Streuung der Aktivitäten zu berücksichtigen. Ob man bei 50% als Indexwert von einer 50%igen Globalisierung ausgehen kann, bleibt allerdings offen. Weiterhin ist in diesem Zusammenhang das Problem der Zusammenfassung verschiede-

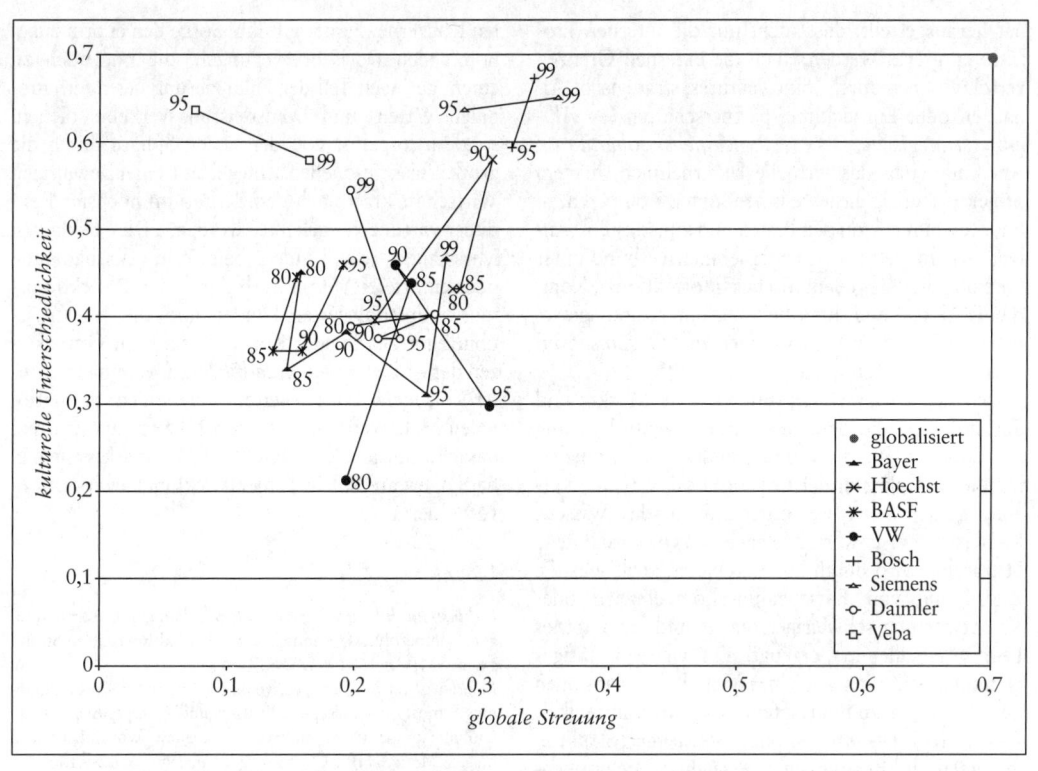

Abb. 1: Globalisierung der deutschen „Top 100 Transnational Corporations" 1980–1999

ner Dimensionen in einem aussagefähigen Indexwert der Globalisierung noch nicht gelöst.

3. Komplexer Ansatz

Der Ansatz von Fisch und Oesterle (*Fisch/Oesterle* 2003) fasst mehrere Dimensionen der Globalisierung in einer komplexen Zahl zusammen; auf diese Weise entsteht bei der Integration kein Informationsverlust. Das Complex Spread and Diversity Measure berücksichtigt im Realteil die internationale Streuung (inverse Gini-Koeffizienten) der Unternehmensaktivitäten im Verhältnis zu denjenigen der Weltwirtschaft und im Imaginärteil das Verhältnis der kulturellen Unterschiedlichkeit (Varianz) im Unternehmen und in der Welt. Hinsichtlich beider Dimensionen ist das Maß so konzipiert, dass eine Ausprägung von 100% einer vollständigen Globalisierung entspricht.

Mit diesem Globalisierungsmaß wurde die Globalisierung der deutschen unter den Top 100 Transnational Corporations im Zeitraum zwischen 1980 und 1999 untersucht. Die Abbildung zeigt ihre „Globalisierungspfade" in der komplexen Ebene mit normierten Dimensionen. Offenbar weisen die Unternehmen in der Stichprobe weder eine vollständige Globalisierung noch einen geradlinigen Weg in diese Richtung auf; vielmehr bewegen sie sich seit zwei Jahrzehnten in unklaren, teilweise zirkulären Mustern im Bereich mittlerer Globalisierung.

Die empirischen Ergebnisse müssen zusammengefasst dahingehend bewertet werden, dass bezüglich des Ausmaßes der Globalisierung noch große Unsicherheit besteht. Die Befunde sind jeweils stark von der zu Grunde gelegten Definition abhängig; keine der bestehenden Messmethoden konnte sich bislang überzeugend durchsetzen. Im Hinblick auf die jüngeren Studien ist jedoch nicht auszuschließen, dass sich die Debatte über globale Unternehmen eher mit einem rhetorischen als einem realen Phänomen befasst. Demnach ist es vermutlich nach wie vor sinnvoll, von internationalen und nur in besonderen Fällen von globalen Unternehmen zu sprechen.

IV. Konsequenzen für Großunternehmen und KMU

1. Herausforderungen der Globalisierung

Für Großunternehmen, die bereits international tätig sind, steht inzwischen nicht mehr die Markt-, Ressourcen- oder Kernkompetenznutzung im Vordergrund, sondern vielmehr die Aufteilung der Wertschöpfungskette nach komparativen Vorteilen auf die verschiedenen Regionen der Welt. Auch hochwertige Elemente der Wertekette wie Marketing oder F&E sind aus dem früheren „Stammhaus" ausgegliedert und weltweit verteilt. Das Ladenburger Kolleg hat herausgestellt, dass nicht nur die internen Prozesse entgrenzt werden; auch die externen Grenzen verschwimmen durch Joint Ventures, strategische Allianzen oder Entwicklungspartnerschaften (→ *Allianz, strategische*; → *Unternehmenskooperation*). Am Ende steht das virtuelle Unternehmen, in dem projektorientiert die jeweils benötigten Kompetenzen und Ressourcen von den besten und günstigsten „Anbietern" im weltweiten Unternehmensverbund unter Nutzung digitaler telematischer Informations-, Kommunikations- und Entscheidungsunterstützungssysteme (→ *Informationstechnologie und Organisation*) zusammengezogen werden (*Steger* 1998).

Sich rasch wandelnde, differenzierte Märkte und Technologien erfordern eine starke Dezentralisierung der Entscheidungsautonomie; dieses erhöht wiederum die Komplexität der Organisation, was die Nutzung gemeinsamer Ressourcen, insb. des Wissens (→ *Wissen*), erschwert. Die nach wie vor vorhandene Hierarchie wird durch Heterarchie ergänzt, was die Zuordnung von Entscheidungskompetenzen oder Verantwortung schwieriger macht und ein internes Legitimitätsdilemma erzeugt. Ein weltweit tätiges Unternehmen kann aus einer Vielfalt von Optionen auswählen, um zumindest temporär eine Stimmigkeit von Strategie (→ *Internationale Strategien*), Struktur, Systemen und Ressourcen zu erreichen. Die notwendige Schaffung kultureller Koordinationsmechanismen wird durch die große Bandbreite nationaler Kultureinflüsse (→ *Interkulturelles Management*) und die ständige Veränderung von Geschäftsfeldern und Organisationseinheiten zur besonderen Herausforderung. Die Führung des Unternehmens gerät damit mehr zum Ausbalancieren von multiplen Zielkonflikten und sich zum Teil widersprechenden Anforderungen als zur wohl strukturierten optimalen Erreichung der strategischen Ziele (*Steger* 1998).

Für KMU ergeben sich aus der Globalisierung mitunter schwierige Konsequenzen; dies gilt allerdings nur für den geringen Teil der KMU, die auf überregionalen Märkten tätig sind. Wenn neue ausländische Konkurrenten einen Verdrängungswettbewerb betreiben oder bedeutsame Abnehmer internationale Lieferbereitschaft fordern, müssen KMU auf Nischen ausweichen oder selbst mit internationaler Geschäftstätigkeit reagieren. Bei den für KMU charakteristischen Finanzierungsengpässen und mangelnden Markt- und Kulturkenntnissen im Ausland kann dies ihre Existenz bedrohen. Andererseits vermögen manche stark spezialisierte KMU sehr erfolgreich ihre Chancen auf internationalen Märkten zu nutzen.

2. Umgang mit der Globalisierungskritik

Als Gegenveranstaltungen zu den Weltwirtschaftsgipfeln treffen sich alljährlich immer mehr Menschen zu Protesten gegen die Globalisierung. Die teilweise gewaltbereiten *Kritiker* sehen in der Globalisierung einen bedrohlichen Machtzuwachs der internationalen Konzerne. Ferner gilt ihre Sorge den enorm zugenommenen Devisenbewegungen, die nur noch zu einem geringen Teil der Finanzierung des internationalen Waren- und Dienstleistungsverkehrs dienen, sondern losgelöst von der realen Sphäre durch die großen institutionellen Anleger mit einer gewaltigen Wirtschaftskraft nach dem Kriterium höchster Renditeerwartungen gelenkt werden. Die beklagten Missstände wie Kinderarbeit, Umweltschädigung oder entarteter Wettbewerb durch den Protektionismus industrialisierter Länder und die Machtausübung internationaler Konzerne sind mit Grundsätzen der → *Unternehmensethik* kaum vereinbar (*Müller/Kornmeier* 2001). Bei der derzeitigen internationalen Machtverteilung ist jedoch kaum zu erwarten, dass die „unsichtbare Hand" des Weltmarkts allein in der Lage wäre, solche Fehlentwicklungen wirksam zu verhindern.

Literatur

Birkinshaw, Julian/Morrison, Allen/Hulland, John: Structural and Competitive Determinants of a Global Integration Strategy, in: SMJ, Jg. 16, 1995, S. 637–655.
Buckley, Peter J.: A Perspective on the Emerging World Economy: Protectionism, Regionalization and Competitiveness, in: Global Competitive Strategies in the New World Economy, hrsg. v. *Mirza, Hafiz*, Cheltenham et al. 1998, S. 12–21.
Buckley, Peter J./Casson, Mark: The Future of the Multinational Enterprise, London 1976.
Chen, Charles J. P. et al.: An Investigation of the Relationship between International Activities and Capital Structure, in: JIBS, Jg. 28, 1997, S. 563–577.
Deutscher Bundestag (Hrsg.): Abschlußbericht der Enquete-Kommission Globalisierung der Weltwirtschaft, Opladen 2002.
Fisch, Jan Hendrik/Oesterle, Michael-Jörg: Exploring the Globalization of German MNCs with the the Complex Spread and Diversity Measure, in: sbr, Jg. 55, 2003, S. 2–21.
Fuchs, Gerhard/Krauss, Gerhard/Wolf, Hans-Georg (Hrsg.): Die Bindungen der Globalisierung – Interorganisationsbeziehungen im regionalen und globalen Wirtschaftsraum, Marburg 1999.
Germann, Harald/Raab, Silke/Setzer, Martin: Messung der Globalisierung: ein Paradoxon, in: Facetten der Globalisierung – Ökonomische, soziale und politische Aspekte, hrsg. v. *Steger, Ulrich*, Berlin et al. 1999, S. 1–25.
Hwang, Peter/Burgers, Willem P.: The Many Faces of Multifirm Alliances: Lessons for Managers, in: CMR, Jg. 39, 1997, S. 101–117.
Ietto-Gillies, Grazia: Different Conceptual Frameworks for the Assessment of the Degree of Internationalization: An Empirical Analysis of Various Indices for the Top 100 Transnational Corporations, in: Transnational Corporations, Jg. 7, 1998, S. 17–39.
Koch, Eckart: Globalisierung der Wirtschaft, München 2000.
Low, Patrick: Marktzugang durch Marktpräsenz: Ein thematischer Überblick, in: Neue Dimensionen des Marktzugangs im Zeichen der wirtschaftlichen Globalisierung, hrsg. v. OECD, Paris 1996, S. 59–73.
Macharzina, Klaus/Engelhard, Johann: Internationales Management, in: DBW, Jg. 47, 1987, S. 319–344.
Müller, Stefan/Kornmeier, Martin: Streitfall Globalisierung, München et al. 2001.
Nguyen, The-Hiep/Cosset, Jean-Claude: The Measurement of the Degree of Foreign Involvement, in: Applied Economics, Jg. 27, 1995, S. 343–351.

OECD (Hrsg.): Measuring Globalisation – The Role of Multinationals in OECD Countries, Paris 2002.
Ramaswamy, Kannan/Kroeck, K. Galen: Measuring the Degree of Internationalization of a Firm: A Comment, in: JIBS, Jg. 27, 1996, S. 167–177.
Reeb, David M./Kwok, Chuck C. Y./Baek, H. Young: Systematic Risk of the Multinational Corporation, in: JIBS, Jg. 29, 1998, S. 263–279.
Rugman, Alan: The End of Globalization, London 2000.
Steger, Ulrich (Hrsg.): Wirkmuster der Globalisierung – Nichts geht mehr, aber alles geht, Ladenburg 1998.
Sullivan, Daniel: Measuring the Degree of Internationalization of a Firm, in: JIBS, Jg. 25, 1994a, S. 325–342.
Sullivan, Daniel: The „Threshold of Internationalization": Replication, Extension, and Reinterpretation, in: MIR, Jg. 34, 1994b, S. 165–186.
UNCTAD (Hrsg.): World Investment Report 2000, New York et al. 2000.

Grundsätze ordnungsmäßiger Unternehmensführung

Manuel René Theisen/Axel v. Werder

[s.a.: Aufsichtsrat; Corporate Governance (Unternehmensverfassung); Geschäftsordnung; Kontrolle; Management und Recht; Planung; Shareholder- und Stakeholder-Ansatz; Strategisches Management; Top Management (Vorstand); Unternehmensethik; Unternehmensführung (Management); Wertorientierte Unternehmensführung.]

I. Grundlagen; II. Grundsätze ordnungsmäßiger Unternehmensleitung; III. Grundsätze ordnungsmäßiger Überwachung.

Zusammenfassung

Grundsätze ordnungsmäßiger Unternehmensführung (GoF) stellen bewährte Prinzipien („best practice") der Leitung (GoU) und Überwachung (GoÜ) von Unternehmen dar. Sie sollen die Qualität der Unternehmensführung sichern und konkretisieren die Anforderungen an die Mitglieder der Leitungs- und Überwachungsorgane. Die Formulierung von GoF hat durch die Corporate Governance-Diskussion der letzten Jahre wichtige Impulse erfahren, bedarf allerdings noch erheblicher weiterer Anstrengungen.

I. Grundlagen

1. Begriff und Funktionen

Grundsätze ordnungsmäßiger Unternehmensführung (GoF) repräsentieren allgemein anerkannte Leitlinien für die Tätigkeit der Führungsorgane eines Unternehmens. Sie kondensieren das jeweils aktuelle *Managementwissen* (→ *Wissen*) und ergeben sich aus der iterativen Verknüpfung theoretisch-deduktiver Ableitungen geeigneter Führungsformen mit empirisch-induktiven Analysen bewährter Gepflogenheiten der Führungspraxis (*Theisen* 1987; *v. Werder* 1996a). GoF bringen damit als „*best practice*" die zu einem bestimmten Zeitpunkt geltenden Auffassungen über effiziente Modalitäten der → *Unternehmensführung (Management)* zum Ausdruck. Mit der Weiterentwicklung dieser Auffassungen sind die GoF entsprechend fortzuschreiben.

GoF erfüllen im Kern zwei Aufgaben. Sie zielen zum einen auf die Gewährleistung einer hinreichenden Qualität der Unternehmensführung ab und sollen zur Vermeidung von ‚Kunstfehlern' der Führungsorgane beitragen (*Qualitätssicherungsfunktion*). Zum anderen haben GoF die Aufgabe, die (Qualitäts-)Anforderungen an die Mitglieder der Führungsorgane auf ein vernünftiges Maß zu beschränken (*Schutzfunktion*). Da sich komplexe unstrukturierte Managementprobleme einer vollständigen Beherrschung entziehen, dürfen die Soll-Vorstellungen über akzeptable Formen der Unternehmensführung nicht überzogen werden. GoF können damit nicht zuletzt auch der sachgerechten Ausfüllung juristischer Führungsanforderungen dienen, wie sie etwa mit der aktienrechtlich gebotenen „*Sorgfalt* eines ordentlichen und gewissenhaften Geschäftsleiters" (§ 93 Abs. 1 Satz 1 AktG) statuiert werden (*Hommelhoff/Schwab* 1996).

2. Entwicklung und Anspruch

Der Gedanke einer Formulierung von GoF ist im Schrifttum schon früh geäußert (*Potthoff* 1956; *Potthoff* 1961), bis vor wenigen Jahren aber erst vereinzelt weiter ausgearbeitet worden (*Theisen* 1987; *Theisen* 1996; *v. Werder* 1996a; *v. Werder* 1996b). In jüngster Zeit hat dieses Programm allerdings im Zuge der Corporate Governance-Bewegung (→ *Corporate Governance (Unternehmensverfassung)*) deutlich an Aufmerksamkeit gewonnen. So weist z.B. der *Deutsche Corporate Governance Kodex* (DCGK) explizit auf die Bindung von Vorstand und Aufsichtsrat an die „Regeln ordnungsmäßiger Unternehmensführung" (Tz. 3.8 Satz 1 DCGK) hin und enthält selbst eine Reihe solcher Führungsstandards (s. II.1.). Ferner werden die GoF als Konkretisierungshilfe der (namentlich gesellschaftsrechtlichen) Managementpflichten auch im Schrifttum zunehmend perzipiert und rezipiert (vgl. exemplarisch *Hopt* 1999, § 93 Rn. 88; *Schneider* 2000, § 43 Rn. 70; *Zöllner* 2000, § 43 Rn. 18).

Ein vollständiges und allseits akzeptiertes System von GoF liegt bislang allerdings noch nicht vor. Ursächlich hierfür sind nicht zuletzt die Erkenntnisgrenzen, die bei der Aufstellung genereller Standards der Unternehmensführung zu beachten sind. Typische Managementprobleme wie etwa Entscheidun-

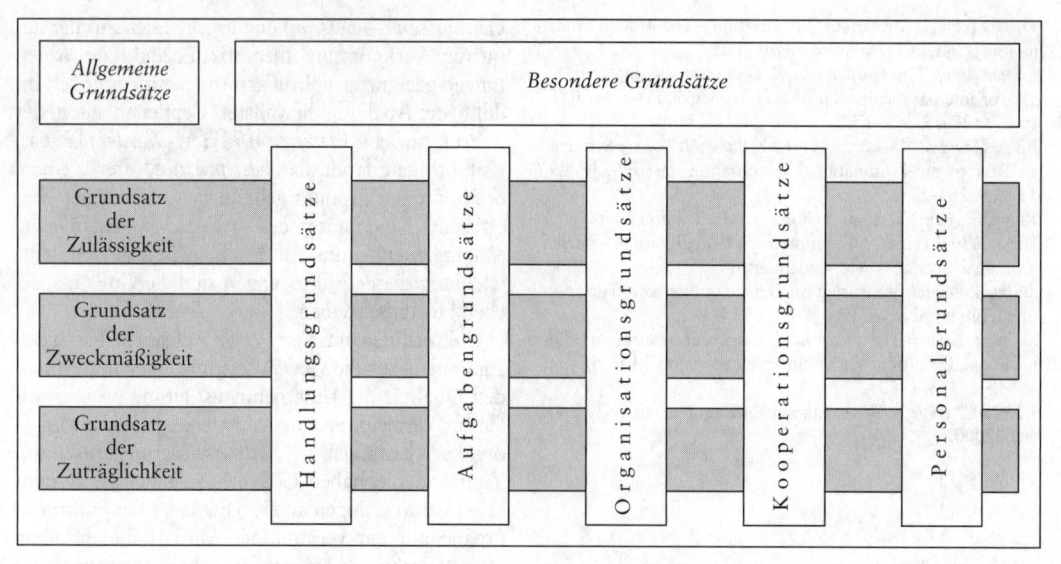

Abb. 1: *Verhältnis von Allgemeinen und Besonderen Führungsgrundsätzen (Quelle: v. Werder 1996a, S. 17)*

gen über Akquisitionen, tief greifende Reorganisationen und strategische Kurswechsel zeichnen sich durch ein hohes Maß an *Komplexität* bzw. *Unstrukturiertheit* aus. Infolgedessen können die Einsichten in die Zusammenhänge derartiger Problemstellungen zwangsläufig nur unvollkommen sein und die betreffenden Probleme daher keiner vollständig exakten Lösung im Sinne einer zwingend abgeleiteten, einzig richtigen Problembewältigung zugeführt werden. In unstrukturierten Problemsituationen verbleibt damit stets ein mehr oder weniger großer Rest an *Unsicherheit* über die Richtigkeit einer Managementmaßnahme. Vor diesem Hintergrund können GoF ebenfalls keine Richtigkeitsgewähr übernehmen, sondern allenfalls den Anspruch erheben, den jeweils vorhandenen, wenn auch unvollkommenen Stand der Erkenntnis über geeignete Führungsformen möglichst weitgehend auszuschöpfen. GoF werden daher sinnvollerweise als Empfehlungen konzipiert, deren Befolgung regelmäßig exkulpiert, von denen im Einzelfall auch abgewichen werden kann, wenn hierfür überzeugende Gründe vorliegen (Prinzip der widerlegbaren Empfehlung).

3. Systematik

GoF können zunächst nach den verschiedenen Organen eingeteilt werden, die gemäß der jeweiligen *Führungsorganisation* bzw. → *Corporate Governance (Unternehmensverfassung)* an der → *Unternehmensführung (Management)* beteiligt sind. Bei Gesellschaften mit getrennten Leitungs- und Überwachungsorganen lassen sich die GoF danach in die Grundsätze ordnungsmäßiger *Unternehmensleitung* (GoU) und die Grundsätze ordnungsmäßiger *Überwachung* (GoÜ) ausdifferenzieren (*v. Werder* 1996a sowie zu den ergänzenden Grundsätzen ordnungsmäßiger *Abschlussprüfung* (GoA) *Rückle* 1996). Im Fall der AG bspw. richten sich die GoU primär an die Mitglieder des *Vorstand*s (→ *Top Management (Vorstand)*) und die GoÜ an die Mitglieder des *Aufsichtsrat*s (→ *Aufsichtsrat*). Sie haben durchaus aber auch Bedeutung für das jeweils andere Organ (für die GoU *v. Werder* 1999; für die GoÜ *Theisen* 1995).

GoF lassen sich ferner generell in Allgemeine und Besondere Grundsätze einteilen (s. Abb. 1). Die *Allgemeinen Grundsätze* gelten für sämtliche Maßnahmen der betreffenden Führungsorgane und umfassen die drei Prinzipien der rechtlichen Zulässigkeit, der ökonomischen Zweckmäßigkeit und der sozial-ethischen Zuträglichkeit der Führungsaktivitäten (s. I.1.). Sie werden durch die *Besonderen Grundsätze* näher ausgefüllt, die in fünf Gruppen gegliedert werden können. Dabei bilden die Aufgaben-, die Organisations-, die Kooperations- und die Personalgrundsätze die Obergruppe der *Systemgrundsätze*, die als speziellere Besondere Grundsätze für bestimmte Fragen der Organarbeit vergleichsweise konkrete Regeln formulieren. Ihnen stehen die *Handlungsgrundsätze* als generellere Besondere Grundsätze für diejenigen Aspekte der Führungstätigkeit zur Seite, für die keine Systemgrundsätze vorliegen.

II. Grundsätze ordnungsmäßiger Unternehmensleitung

1. Stand der GoU

Analog zu den GoF existiert bislang noch kein umfassend ausgearbeiteter und allgemein anerkannter Katalog von geschriebenen GoU. Immerhin ist aber ein erster Vorschlag für die konkrete Ausgestaltung von GoU zur Diskussion gestellt worden, der ein System von insgesamt 24 Einzelgrundsätzen vorsieht (*v. Werder* 1996b, S. 34 ff., sowie zu Ergänzungen für den Konzern *v. Werder* 2001). Dieses Grundsatzsystem steckt einen vorläufigen Rahmen für die Formulierung von Managementstandards ab, der zukünftig im Zusammenspiel von Wissenschaft und Praxis weiter auszufüllen ist, aus Sicht der Praxis aber durchaus tragfähig zu sein scheint. So zeigt eine empirische Erhebung zur Akzeptanz der vorgeschlagenen Grundsätze unter 44 Mitgliedern bzw. Vorsitzenden der Vorstände deutscher Unternehmen, dass die befragten Manager sowohl dem Programm der Formulierung von GoU als solchem als auch den konkreten Inhalten der 24 Einzelgrundsätze insgesamt in hohem Maße zustimmen (*v. Werder* et al. 1998). Darüber hinaus finden sich eine Reihe der im Folgenden dargelegten GoU zumindest sinngemäß auch im DCGK wieder (s. *v. Werder* 2003, Rn. 328).

2. Allgemeine Grundsätze

Entsprechend den GoF (I.3.) gelten speziell auch für das Top Management die drei Allgemeinen Grundsätze der rechtlichen Zulässigkeit, ökonomischen Zweckmäßigkeit und der sozial-ethischen Zuträglichkeit der Unternehmensleitung. Der Grundsatz der rechtlichen Zulässigkeit der Unternehmensleitung besagt, dass Rechtsvorschriften innerhalb ihres territorialen Geltungsbereichs für sämtliche Maßnahmen des Vorstands verbindlich sind und sich die Auslegung unklarer Normen im Rahmen der Interpretationsspielräume bewegen soll, die in der jeweiligen Rechtspraxis üblich sind (→ *Management und Recht*). Der Grundsatz der ökonomischen Zweckmäßigkeit der Unternehmensleitung fordert, dass der Vorstand das Unternehmen möglichst effektiv und effizient führen soll. Der Zulässigkeits- und der Zweckmäßigkeitsgrundsatz verstehen sich weitgehend von selbst und erfahren in der zitierten Studie (*v. Werder* et al. 1998) jeweils eine 100%ige Zustimmung. Der Grundsatz der sozialen und ethischen Zuträglichkeit der Unternehmensleitung, wonach der Vorstand die Unternehmensaktivitäten auch an den moralischen Vorstellungen des gesellschaftlichen Umfelds ausrichten soll, kann zwar angesichts der lebhaften Diskussion um die → *Unternehmensethik* problematischer erscheinen. Er wird aber zumindest von 89,5% der antwortenden Manager als GoU akzeptiert.

3. Besondere Grundsätze

Die *Aufgabengrundsätze* umreißen als ‚Stellenbeschreibung' die Kernaufgaben des Top Managements. Nach den derzeit zehn Aufgabengrundsätzen ist der Vorstand im Einzelnen dazu aufgerufen, die Grundrichtung der Unternehmensaktivitäten durch Festlegung der *Unternehmensziele* (→ *Shareholder- und Stakeholder-Ansatz*; → *Ziele und Zielkonflikte*) und → *Unternehmensstrategien* vorzuzeichnen (97,4% bzw. 92,1% Zustimmung in der zitierten Erhebung) und für eine geeignete Infrastruktur zur Verfolgung dieser Vorgaben in Form von adäquaten Rechts- und Organisationsstrukturen (97,4% bzw. 100%) sowie Planungs- und Kontrollsystemen (94,7% bzw. 97,4%) Sorge zu tragen. Ferner hat der Vorstand unternehmenswichtige Einzelentscheidungen selbst zu treffen (100%), Realisations- bzw. *Repräsentationsaufgaben* mit Vorstandsrang persönlich wahrzunehmen (94,7%), den Erfolg seiner Beschlüsse zu überwachen (92,1%) und sich durch Stichproben ein eigenes Bild von der Funktionsfähigkeit des etablierten Kontrollsystems zu verschaffen (86,8%).

Die *Handlungsgrundsätze* setzen Standards für die Modalitäten der Aufgabenerfüllung. Sie empfehlen, wichtige Vorstandsentscheidungen nicht rein *intuitiv* zu fassen, sondern – wenigstens flankierend – durch Problemanalysen systematisch vorzubereiten (Grundsatz der → *Rationalität*, 100%). Dabei sollten Prognosen über die Konsequenzen der Vorstandsentscheidungen eingehender untermauert (Grundsatz der *Detailbegründung*, 97,4%) und neben den Chancen auch die Risiken der geplanten Maßnahmen nüchtern in Rechnung gestellt werden (Grundsatz der *Ausgewogenheit*, 100%).

Die *Organisationsgrundsätze* enthalten Standards für die strukturelle Ausformung des Top Managements (→ *Top Management (Vorstand)*). Sie empfehlen, die Leitung größerer Unternehmen grundsätzlich in die Hände eines multipersonalen Vorstands zu legen (100%) und eine offizielle Arbeitsteilung zwischen den verschiedenen Mitgliedern des Vorstands vorzunehmen (97,4%). Dabei sollten die getroffenen Zuständigkeitsregelungen (→ *Geschäftsordnung*) vorsehen, dass die einzelnen Vorstandsmitglieder an der Unternehmensleitung gleichberechtigt nach dem *Kollegialprinzip* teilhaben (92,1%) und je nach Unternehmenssituation mehrere Dimensionen der Leitungsaufgabe (Funktionen; Produkte; Regionen) im Vorstand verankert sind (89,5%).

Die *Kooperationsgrundsätze* betreffen die Zusammenarbeit des Vorstands mit dem → *Aufsichtsrat* und dem *Abschlussprüfer* als Überwachungs- und Prüfungsorganen der Gesellschaft. Sie schlagen exemplarisch zum einen mehrgleisige Interaktionen zwischen Vorstand und Aufsichtsrat vor (84,2%). Zum anderen wird dem Vorstand mit Blick auf die Kommunikation mit dem Abschlussprüfer empfohlen, über die engeren Aspekte der Rechnungslegung hinaus auch einen Diskurs über die wirtschaftliche Lage des Unternehmens zu führen (71,1%).

Die *Personalgrundsätze* schließlich enthalten Leitlinien für die personelle Besetzung des Vorstands. Sie fordern – wiederum beispielhaft – dazu auf, dass nur Personen mit adäquaten Qualifikationen (→ *Managementkompetenzen und Qualifikation*) in ein Vorstandsamt berufen werden (100%) und der hierfür zuständige Aufsichtsrat die jeweilige Auswahlentscheidung auch inhaltlich prägt und nicht nur formell ‚abnickt' (94,7%).

III. Grundsätze ordnungsmäßiger Überwachung

1. Stand der GoÜ

Die Konkretisierung der Sorgfaltspflicht des Aufsichtsrats (s. I.1.) erfolgt durch die Praxis und die Rechtsprechung. Damit wird den sich wandelnden Verhältnissen und Herausforderungen Rechnung getragen. Diese Veränderungen müssen sich auch auf die Aufsichtsratsarbeit auswirken. Im Rahmen der Sorgfaltspflicht ist der Aufsichtsrat mitverantwortlich für die Entwicklung und Berücksichtigung entsprechender Grundsätze ordnungsmäßiger Überwachung (GoÜ).

Ein solches Regelungssystem wird für das getrennte Führungsmodell (Vorstand/Aufsichtsrat) seit langem gefordert (s. I.3.). Das AktG verweist nicht direkt auf derartige Grundsätze. Unter dem Eindruck des *DCGK* ist juristische Zustimmung zu registrieren: „Die in der Betriebswirtschaftslehre entwickelten ‚Grundsätze ordnungsmäßiger Überwachung' lassen sich entgegen mancher Skepsis heute schon als für Aufsichtsräte im Grundsatz rechtlich verbindlich ansehen" (*Kort* 2003, Vor § 76 Rn. 12).

Mit Tz. 3.8 Satz 1 DCGK wird eine Verknüpfung zwischen der Sorgfaltspflicht von Vorstand und Aufsichtsrat und entsprechenden Grundsatzsystemen hergestellt: „Mit der Bindung von Vorstand und Aufsichtsrat an die Regeln ordnungsmäßiger Unternehmensleitung will der Kodex eine professionelle Erfüllung der Leitungs- und Überwachungsaufgaben generell sicherstellen" (*v. Werder* 2003, Rn. 327).

Offen ist unverändert, wer derartige GoÜ aufstellt und wie deren Umsetzung im Einzelnen erfolgen soll. Der DGCK verlangt von den kodexunterworfenen, also allen börsennotierten, Gesellschaften eine Reaktion. Für diese wird von Bedeutung sein, inwieweit die Empfehlungen des DCGK selbst als potenzielle *Haftungsgrundlagen* in Anspruch genommen werden können. Derzeit wird die wohl zutreffende Auffassung vertreten, dass die Formulierungen des Kodex als best practice zwar wünschenswerte, aber unverbindliche Verhaltensmaßstäbe sind. Einer Abweichung davon kann demnach allenfalls Indizwirkung zukommen (*Ettinger/Grützediek* 2003, S. 366).

Die Sorgfaltspflicht und ihre Ausprägungen sind nicht nur wichtig als Richtschnur für eine ordnungsmäßige und gewissenhafte Aufsichtsratstätigkeit. Sie ist auch für die zunehmend verschärfte Haftung des Aufsichtsratsmitglieds, soweit durch deren Verletzung die Gesellschaft einen Schaden erleidet, von Bedeutung.

2. Grundprinzipien

Die erforderliche Überwachungsordnung lässt sich unter Berücksichtigung folgender Grundprinzipien systematisieren (*Potthoff/Trescher/Theisen* 2003, Rn. 890–894):

- Grundprinzip der Ordnungsmäßigkeit
- Grundprinzip der Gesetzmäßigkeit
- Grundprinzip der Richtigkeit
- Grundprinzip der Zielgerichtetheit und Zweckmäßigkeit
- Grundprinzip der Transparenz
- Grundprinzip der Nachprüfbarkeit.

Das *Grundprinzip der Ordnungsmäßigkeit* verlangt, dass die Überwachung geordnet und systematisch zu erfolgen hat. Die Strukturierung aller Überwachungsaktivitäten schafft die organisatorische Voraussetzung, die Überwachung als Ausfluss (eingeschränkt) rationalen Handelns nachvollziehbar und damit überprüfbar zu machen.

Dem *Grundprinzip der Gesetzmäßigkeit* zufolge haben alle Aufsichtsratsmitglieder auf der Grundlage des geltenden Rechts die Unternehmungsleitung zu beobachten, zu sichern und zu entlasten. Die damit verbundene ganzheitliche Betrachtung macht es zwingend erforderlich, Umfang und Ausmaß der Überwachung aus dem Überwachungsauftrag abzuleiten (*Theisen* 1995, S. 103–124).

Das *Grundprinzip der Richtigkeit* verlangt, dass der Aufsichtsrat die Unternehmungsleitung formal und materiell vollständig zu überwachen in der Lage sowie verpflichtet ist.

Das *Grundprinzip der Zielgerichtetheit* und *Zweckmäßigkeit* trägt der Erkenntnis Rechnung, dass jede rationale Überwachungshandlung ziel- und zweckgerichtet sein muss. Als Bezugsrahmen kommt dem *Sachziel* der Unternehmung Bedeutung zu (→ *Ziele und Zielkonflikte*).

Das *Grundprinzip der Transparenz* fordert, dass für Zwecke der Überwachung die Unternehmungsleitung in allen ihren Ausprägungen für den Aufsichtsrat und dessen Träger transparent, d.h. nachvollziehbar und erklärbar sein muss (→ *Transparenz der Unternehmensführung*).

Die Überwachungshandlungen selbst müssen in allen wesentlichen Teilelementen so belegt und dokumentiert werden, dass (berechtigte) Dritte die erwogenen bzw. diskutierten Überwachungshandlungen ebenso nachprüfen können wie die durchgeführten und die verworfenen alternativen Aktivitäten (*Grundprinzip der Nachprüfbarkeit*). Damit wird berücksichtigt, dass auch die Überwachung durch den Aufsichtsrat ihrerseits überwachbar sein muss und überwachungspflichtig ist.

Fazit: Die Überwachung der Unternehmensleitung durch den Aufsichtsrat hat also geordnet, systematisch und vollständig auf der Grundlage des geltenden Rechts unter dem Postulat einer umfassenden

Überwachung zu erfolgen. Der Aufsichtsrat hat unter Berücksichtigung der sachlichen und formalen Ziele der Unternehmung mit seinen Aktivitäten ausschließlich Zwecke der Überwachung zu verfolgen; ihm muss hierzu die Unternehmensleitung in allen ihren wesentlichen Ausprägungen transparent sein. Seine Überwachungsaktivitäten müssen ihrerseits in allen grundsätzlichen Teilen nach Verfahren und Ergebnis für Dritte nachprüfbar ausgestaltet werden.

Dem Systemansatz von *v. Werder* (I.3.) können – mit einigen Einschränkungen – die hier dargestellten, bereits 1987 entwickelten Prinzipien der Gesetzmäßigkeit und der Richtigkeit dem Grundsatz der (rechtlichen) Zulässigkeit, die Prinzipien der Ordnungsmäßigkeit, Zielgerichtetheit und Zweckmäßigkeit sowie der Transparenz dem Grundsatz der (ökonomischen) Zweckmäßigkeit und Teile des Prinzips der Nachprüfbarkeit ggf. dem Grundsatz der sozialen und ethischen Zuträglichkeit zugeordnet werden.

3. Allgemeine Grundsätze

Mit den *Grundprinzipien* (III.2.) steht eine Basis für die Ableitung und Entwicklung einzelner *(allgemeiner) Grundsätze* zur Verfügung. Mit diesen allgemeinen Grundsätzen soll ein Rahmen für konkrete Handlungsanweisungen gegeben werden. Sie verknüpfen systematisch die materiellen und personellen Anforderungen an eine ordnungsmäßige Überwachung der Unternehmensleitung durch den Aufsichtsrat (ausführlich *Theisen* 1987, S. 250–269):

- Grundsatz der Unabhängigkeit
- Grundsatz der Eigenverantwortlichkeit und Eigenständigkeit
- Grundsatz der Funktionsgerechtigkeit und Sachverständigkeit
- Grundsatz der Verschwiegenheit
- Grundsatz der Vergütung und Entlastung
- Grundsatz der Planung und Koordination

Gefordert wird mit dem *Grundsatz der Unabhängigkeit*, dass jedes Aufsichtsratsmitglied sowohl hinsichtlich seiner Person als auch allen von ihm jeweils ausgeübten Funktionen in- und außerhalb der von ihm überwachten Unternehmung unabhängig sein muss; er gründet auf der erforderlichen strikten *Trennung* zwischen der zu überwachenden Unternehmensleitung einerseits und dem Überwachungsorgan, dem Aufsichtsrat, andererseits.

Jedes Aufsichtsratsmitglied muss (*Grundsatz der Eigenverantwortlichkeit*) in der Lage sein, eigenverantwortlich und in den wesentlichen Aktivitäten auch eigenständig seinem Überwachungsauftrag nachzukommen.

Mit dem *Grundsatz der Funktionsgerechtigkeit und Sachverständigkeit* wird eine funktionsgerechte und sachverständige Durchführung des Überwachungsauftrags gefordert: Persönliche Einschränkungen bezüglich des Leistungsprofils sind nur im Rahmen der gesetzlichen Auswahlkriterien zulässig.

Alle Aufsichtsratsmitglieder unterliegen eigenverantwortlich einer funktionsbezogenen Verschwiegenheitspflicht (*Grundsatz der Verschwiegenheit*). Diese gesetzliche Forderung ist explizit in das allgemeine Grundsätzesystem aufzunehmen, um die zwingende Grundordnung auch hinsichtlich der Haftung deutlich zu machen.

Alle Aufsichtsratsmitglieder haben (*Grundsatz der Vergütung und Entlastung*) Anspruch auf eine leistungs- und aufwandsgerechte Vergütung sowie die jährliche Entlastung. Dieser Anspruch sichert die elementare Forderung nach Einheit von Auftrag und Verantwortung. Eine entsprechend angemessene Vergütung muss das erforderliche Zeitbudget jedes Aufsichtsratsmitglieds ebenso wie dessen individuellen Überwachungsbeitrag in Betracht ziehen.

Die Überwachung durch den Aufsichtsrat (*Grundprinzip der Ordnungsmäßigkeit*) verlangt eine sachliche, zeitliche und personelle Planung aller Überwachungsaktivitäten sowie eine Koordination, die der Interdependenz der einzelnen Teilpläne sowie den weiteren Erfordernissen des Grundsatzsystems Rechnung trägt (*Grundsatz der Planung und Koordination*). Die Rechte und Pflichten der einzelnen Aufsichtsratsmitglieder werden so in einen Gesamtzusammenhang gestellt und gleichzeitig als Akt kollektiven Handelns formuliert.

Der inhaltliche Abgleich mit dem System von v. Werder (I.3.) kann auch hinsichtlich der hier für den Aufsichtsrat konkretisierten allgemeinen Grundsätze vorgenommen werden. Als Handlungsgrundsätze in seinem Sinne können alle die Leitregeln bezeichnet werden, die für die Art der Erfüllung und Durchführung der Überwachungsmaßnahmen aufzustellen sind. Dieser Kategorie können die Grundsätze der Eigenverantwortlichkeit und Eigenständigkeit sowie der Unabhängigkeit zugeordnet werden. Den Personalgrundsätzen können der Grundsatz der Verschwiegenheit sowie der Grundsatz der Vergütung und Entlastung zugerechnet werden. Letztlich erweist sich der Grundsatz der Planung- und Koordination als eine Maxime, die im Schnittfeld der Handlungs- bzw. Kooperations- und Informationsgrundsätze liegt.

Literatur

Ettinger, Jochen/Grützediek, Elke: Haftungsrisiken im Zusammenhang mit der Abgabe der Entsprechenserklärung gemäß § 161 AktG, in: AG, Jg. 48, 2003, S. 353–366.
Hommelhoff, Peter/Schwab, Martin: Zum Stellenwert betriebswirtschaftlicher Grundsätze ordnungsgemäßer Unternehmensleitung und -überwachung im Vorgang der Rechtserkenntnis, in: Grundsätze ordnungsmäßiger Unternehmungsführung, ZfbF-Sonderheft 36/1996, hrsg. v. Werder, Axel v., S. 149–178.
Hopt, Klaus J.: Kommentierungen, in: Großkommentar AktG, hrsg. v. Hopt, Klaus J./Wiedemann, Herbert, 4. A., Berlin – New York 1999.

Kort, Michael: Kommentierungen, in: Großkommentar AktG, hrsg. v. *Hopt, Klaus J./Wiedemann, Herbert*, 4. A., Berlin · New York 2003.
Potthoff, Erich: Prüfung und Überwachung der Geschäftsführung, in: ZfhF, Jg. 13, 1961, S. 563–580.
Potthoff, Erich: Die Leitungsorganisation deutscher Großunternehmungen im Vergleich zum westlichen Ausland, in: ZfhF, Jg. 8, 1956, S. 407–422.
Potthoff, Erich/Trescher, Karl/Theisen, Manuel René: Das Aufsichtsratsmitglied. Ein Handbuch der Aufgaben, Rechte und Pflichten, 6. A., Stuttgart 2003.
Rückle, Dieter: Grundsätze ordnungsmäßiger Abschlußprüfung (GoA) – Stand und Entwicklungsmöglichkeiten im Rahmen des Gesamtsystems der Unternehmungsführung, in: Grundsätze ordnungsmäßiger Unternehmungsführung, ZfbF-Sonderheft 36/1996, hrsg. v. *Werder, Axel v.*, S. 107–148.
Schneider, Uwe H.: Kommentierungen, in: Kommentar zum GmbH-Gesetz, hrsg. v. *Scholz, Franz* et al., 9. A., Köln 2000.
Theisen, Manuel René: Grundsätze ordnungsmäßiger Überwachung (GoÜ) – Problem, Systematik und erste inhaltliche Vorschläge, in: Grundsätze ordnungsmäßiger Unternehmungsführung, ZfbF-Sonderheft 36/1996, hrsg. v. *Werder, Axel v.*, S. 75–106.
Theisen, Manuel René: Grundsätze ordnungsmäßiger Überwachung für den Aufsichtsrat, in: Corporate Governance, hrsg. v. *Scheffler, Eberhard*, Wiesbaden 1995, S. 103–124.
Theisen, Manuel René: Die Überwachung der Unternehmungsführung, Stuttgart 1987.
Werder, Axel v.: Kommentierungen, in: Kommentar zum Deutschen Corporate Governance Kodex, hrsg. v. *Ringleb, Henrik-Michael* et al., München 2003.
Werder, Axel v.: Grundsätze ordnungsmäßiger Unternehmensleitung im Konzern – Weiterentwicklung genereller Managementstandards für die Konzernunternehmung, in: Konzernmanagement, hrsg. v. *Albach, Horst*, Wiesbaden 2001, S. 145–173.
Werder, Axel v.: Grundsätze ordnungsmäßiger Unternehmensleitung in der Arbeit des Aufsichtsrats, in: DB, Jg. 52, 1999, S. 2221–2224.
Werder, Axel v. et al.: Grundsätze ordnungsmäßiger Unternehmensleitung (GoU) im Urteil der Praxis, in: DB, Jg. 51, 1998, S. 1193–1198.
Werder, Axel v.: Grundsätze ordnungsmäßiger Unternehmungsführung (GoF) – Zusammenhang, Grundlagen und Systemstruktur von Führungsgrundsätzen für die Unternehmungsleitung (GoU), Überwachung (GoÜ) und Abschlußprüfung (GoA), in: Grundsätze ordnungsmäßiger Unternehmungsführung, ZfbF-Sonderheft 36/1996a, hrsg. v. *Werder, Axel v.*, S. 1–26.
Werder, Axel v.: Grundsätze ordnungsmäßiger Unternehmungsleitung (GoU) – Bedeutung und erste Konkretisierung von Leitlinien für das Top-Management, in: Grundsätze ordnungsmäßiger Unternehmungsführung, ZfbF-Sonderheft 36/1996b, hrsg. v. *Werder, Axel v.*, S. 27–73.
Zöllner, Wolfgang: Kommentierungen, in: GmbH-Gesetz, hrsg. v. *Baumbach, Adolf* et al., 17. A., München 2000.

Gruppen und Gruppenarbeit

Conny H. Antoni

[s.a.: Arbeitsorganisation; Arbeitsteilung und Spezialisierung; Aufbau- und Ablauforganisation; Community of Practice; Delegation (Zentralisation und Dezentralisation); Flexibilität, organisatorische; Gruppenverhalten und Gruppendenken; Human Ressourcen Management; Motivation; Motivationsorientierte Organisationsmodelle; Organisationsentwicklung; Partizipation; Wandel, Management des (Change Management).]

I. Begriffsdefinition; II. Formen der Gruppen- und Teamarbeit; III. Erfahrungen mit Gruppenarbeit; IV. Konsequenzen für die Gestaltung.

Zusammenfassung

In den letzten Jahren ist eine zunehmende Verbreitung unterschiedlicher Formen der Gruppen- und Teamarbeit zu beobachten. Qualitätszirkel, KVP-, Projektteams und teilautonome Arbeitsgruppen fanden dabei besondere Beachtung. Ihre Einführung strahlt in viele Bereiche eines Unternehmens aus und verändert die Anforderungen an Mitarbeiter und Führungskräfte. Inwieweit sie erfolgreich ist, hängt damit nicht nur von den Merkmalen der Gruppe, sondern auch von ihrem Umfeld und dem Zusammenwirken der verschiedenen Akteure und Systeme ab.

I. Begriffsdefinition

Unter Gruppen- und *Teamarbeit* wird im Folgenden eine Arbeitsform verstanden, bei der mehrere Personen über eine gewisse Zeit, nach gewissen Regeln und Normen, eine aus mehreren Teilaufgaben bestehende Arbeitsaufgabe bearbeiten, um gemeinsame Ziele zu erreichen, und die dabei unmittelbar zusammenarbeiten und sich als Gruppe fühlen (*Antoni* 1996). Demnach führt nicht jede formale Zuordnung von Stellen zu einem Vorgesetzten auch zu Gruppenarbeit. Vielmehr müssen die betreffenden Personen erst eine gemeinsame aufgabenbezogene Identität und Zielsetzung entwickeln, um von Gruppen- oder Teamarbeit sprechen zu können. In der Literatur finden sich hierzu unterschiedliche Modelle der *Gruppenentwicklung*. Sie beschreiben verschiedene Phasen im Entwicklungsprozess, z.B. das anfängliche gegenseitige Kennenlernen, das Aushandeln der sozialen Struktur, die Herausbildung von Verhaltens- und Leistungsnormen, die Leistungsphase der Gruppe und schließlich deren Auflösung (vgl. *Tschan* 2000). Die Begriffe Gruppe und Team sowie Gruppen- und Teamarbeit werden im Folgenden synonym gebraucht. Zwar schwingt beim Team- im Vergleich zum Gruppenbegriff bisweilen eine Vorstellung höherer Kohäsion und besser funktionierender Kooperation mit, doch sind dies wenig greifbare Assoziationen, die weder im Alltags- noch in der Wissenschaftssprache zu einem durchgängig konsistenten Sprachgebrauch führen.

II. Formen der Gruppen- und Teamarbeit

In der betrieblichen Praxis findet sich eine Vielzahl unterschiedlicher Modelle der Gruppenarbeit. Sie können zur Vereinfachung danach unterschieden werden, ob sie integrierter Bestandteil der regulären Arbeitsorganisation sind und eine kontinuierliche Zusammenarbeit erfordern oder ob sie die bestehende Organisationsstruktur temporär ergänzen und ihre Mitglieder nur zeitweise zusammenarbeiten (*Antoni* 1990) (→ *Teamorganisation*).

Nicht in die reguläre Arbeitsorganisation integriert sind Qualitätszirkel, KVP- und Projektteams. *Qualitätszirkel* sind kleine Gruppen von Mitarbeitern, primär der unteren Hierarchieebene, die sich regelmäßig auf freiwilliger Grundlage treffen, um selbst gewählte Probleme aus ihrem Arbeitsbereich zu bearbeiten und zu lösen. Die gemeinsame Aufgabenbearbeitung beschränkt sich auf ein- bis zweistündige Treffen, die etwa alle zwei bis vier Wochen stattfinden. Sie können lediglich Verbesserungsvorschläge erarbeiten und besitzen selbst keine Entscheidungskompetenz. Bis heute stellen die langen Entscheidungswege mit mehreren zuständigen Entscheidern eines der Hauptprobleme der Qualitätszirkel-Arbeit dar. Funktionsintegration, dezentrale Entscheidungsstrukturen und die Bereitschaft, Mitarbeiter an Problemlösungen zu beteiligen, sind daher wichtige Voraussetzungen für erfolgreiche Qualitätszirkel-Arbeit.

In *Projektgruppen* erarbeiten Mitarbeiter und Führungskräfte, die aufgrund ihrer Fachkompetenz ausgewählt wurden, Lösungen für neuartige, einmalige, inhaltlich und zeitlich abgegrenzte komplexe Problemstellungen, die meist mehrere Funktionsbereiche betreffen. Sie können in unterschiedliche Typen der *Projektorganisation* eingebunden sein, die sich v.a. darin unterscheiden, ob die Projektmitarbeiter in ihren Stammabteilungen verbleiben und neben ihrer Linienfunktion zeitanteilig auch Aufgaben in einem oder mehreren Projektteams bearbeiten oder ob sie für die Projektarbeit von ihrer Linienfunktion freigestellt sind.

KVP-Teams finden sich sowohl als Variante von Qualitätszirkeln als auch von Projektteams. Im Rahmen des *kontinuierlichen Verbesserungsprozesses* (KVP) bzw. *Kaizen* suchen Mitarbeiter eines Arbeitsbereiches zusammen mit Fachexperten und Führungskräften gezielt nach Verschwendungen und sollen diese möglichst sofort beseitigen.

In der regulären Arbeitsorganisation können klassische Arbeitsgruppen, Fertigungsteams und teilautonome Arbeitsgruppen entsprechend ihres (zunehmenden) Handlungsspielraums differenziert werden. Unter *Handlungsspielraum* wird hierbei Art und Umfang direkter und indirekter Aufgaben, Entscheidungskompetenzen und Kooperationsanforderungen verstanden.

Unter *klassischen Arbeitsgruppen* werden Gruppen von Mitarbeitern verstanden, die eine gemeinsame Aufgabe stark funktions- und arbeitsteilig durchführen. Die Gruppe wird von einem Vorgesetzten geleitet, der die Arbeitsverteilung, die Feinsteuerung, die Personal- und Arbeitszeitplanung übernimmt, die Mitarbeiter kontrolliert und auftretende Probleme löst. Indirekte Tätigkeiten wie Qualitätssicherung, Transport, Wartung oder Instandhaltung werden von anderen Funktionsbereichen ausgeführt. Von Gruppenarbeit kann hier nur gesprochen werden, wenn trotz dieser Restriktionen gemeinsame Aufgaben und Ziele verfolgt werden und sich die Mitglieder als Gruppe wahrnehmen.

Das Konzept der *Fertigungsteams*, das durch Toyota bekannt wurde, behält die tayloristische Arbeitsteilung mit kurzen Arbeitszyklen bei, integriert aber indirekte Funktionen in die Produktion (vgl. *Berggren* 1991). Die technische Abhängigkeit der einzelnen Arbeitsstationen und Gruppen wird durch die weitgehende Beseitigung jeglicher Puffer und die taktgebundene Fließfertigung weiter gesteigert. Fertigungsteams umfassen jeweils ca. 10 Mitglieder. Von ihnen wird erwartet, dass sie mindestens drei Arbeitsstationen beherrschen, um die notwendige Einsatzflexibilität zu gewährleisten, dass sie die festgelegten Arbeitsstandards strikt einhalten, um die Prozesssicherheit sicherzustellen, und dass sie individuell und kollektiv Vorschläge zur Verbesserung dieser Standards einreichen. Disziplinarischer Vorgesetzter von i.d.R. zwei Teams ist der Meister. Er ist als Werkstattmanager für die Einteilung, Ausbildung und Lohneinstufung der Mitarbeiter, für die Überwachung der Arbeitsstandards und deren permanente Verbesserung sowie für die Arbeits- und Prozessgestaltung in seinem Verantwortungsbereich maßgeblich mitverantwortlich.

Die eigenverantwortliche Bearbeitung einer gemeinsamen Aufgabe steht dagegen im Mittelpunkt *teilautonomer* oder *selbstregulierender Arbeitsgruppen* (→ *Motivationsorientierte Organisationsmodelle*; → *Community of Practice*). Ihnen ist die Erstellung eines kompletten (Teil-)Produktes oder einer Dienstleistung mehr oder weniger verantwortlich übertragen. Damit werden die Konzepte der *Arbeitserweiterung*, der *Arbeitsbereicherung* und des *Arbeitswechsels* genutzt, um den *kollektiven Handlungsspielraum* von Gruppen zu vergrößern, damit sie sich effizienter an veränderte interne oder externe Anforderungen anpassen können. Die *kollektive Selbstregulation* der internen Arbeitsverteilung, der

Arbeitszeiten, der Feinsteuerung von Fertigungsaufträgen oder anderer delegierter Aufgaben erfolgt in Gruppensitzungen. Die interne und externe Koordination der Gruppe unterstützt ein (gewählter) *Gruppensprecher*. *Funktionsintegration* und *Selbstregulation* verändern nicht nur Aufgaben und Strukturen indirekter Abteilungen, sondern auch die Führungsaufgaben, die Führungsstruktur und -kultur im Unternehmen.

III. Erfahrungen mit Gruppenarbeit

Vor allem zu teilautonomen Arbeitsgruppen liegen viele Fallstudien vor, die vorwiegend positive ökonomische und soziale Auswirkungen berichten (vgl. *Antoni/Eyer/Kutscher* 2003). Methodisch anspruchsvollere quasi-experimentelle Längsschnittuntersuchungen mit Kontroll- bzw. Vergleichsgruppen liefern dagegen uneinheitliche und z.T. widersprüchliche Befunde. So kam es nicht in allen Studien zu Produktivitätssteigerungen (→ *Motivation*) nach der Einführung selbstregulierender Arbeitsgruppen, bisweilen erhöhten sich sogar Belastungs- und Beanspruchungswerte sowie Fehlzeiten- und Fluktuationsindizes (*Antoni* 1997; *Guzzo/Dickson* 1996).

Diese uneinheitlichen Befunde können auf eine Vielzahl von Einflussgrößen zurückzuführen sein. Beispielsweise könnten sich die jeweiligen Ausgangssituationen in den Betrieben insb. bzgl. des Rationalisierungspotenzials erheblich unterscheiden. So konkurrieren in den Unternehmen unterschiedliche Rationalisierungsansätze und die sie tragenden Funktionsbereiche und -träger miteinander. Je nachdem wie stark das Rationalisierungspotenzial bereits durch eine Methode ausgeschöpft wurde, bleibt zwangsläufig weniger Produktivitätszuwachs für die übrigen Ansätze übrig bzw. fällt es diesen zumindest schwerer weitere Steigerungen zu erreichen.

Angesichts der Vielzahl von Einflussfaktoren sind auch Effektivitätsvergleiche unterschiedlicher Gruppenkonzepte schwierig. So ist in dieser Hinsicht auch die bekannte Studie des Massachusetts Institute of Technology (MIT) methodisch wenig aussagekräftig (*Womack/Jones/Roos* 1991). Sie scheint auf den ersten Blick für eine größere Produktivität und Qualität japanischer Fertigungsteams gegenüber klassischen und selbstregulierenden Arbeitsgruppen zu sprechen, allerdings könnte dies auch durch eine effizientere Entwicklungsarbeit und eine stärkere Integration der Zulieferer in den Entwicklungsprozess bedingt sein (*Berggren* 1994). Berücksichtigt man ferner die Auswirkungen von Fertigungsteams auf die Gesundheit, so scheint der hohe Zeit- und Leistungsdruck, bei einer repetitiven, monotonen Arbeit mit geringen Handlungsspielräumen, zu mehr Stress und zu Konflikten zu führen. Umgekehrt scheinen teilautonome Arbeitsgruppen wachsende Arbeitsanforderungen besser bewältigen zu können, da sie technisch und organisatorisch unabhängig sind und ganzheitliche Aufgaben bearbeiten (*Berggren* 1991; *Schumann/Gerst* 1997). Dem steht die Position entgegen, dass Mitarbeiter von Fertigungsteams trotz Standardisierung und hohen Leistungsanforderungen zufrieden wären, weil sie Mitsprachemöglichkeiten bei der Gestaltung der Arbeitsmethoden besitzen (*Adler/Borys* 1996). Die vorliegenden Befunde lassen somit ein abschließendes pauschales Urteil verfrüht erscheinen. Vielmehr verweisen die inkonsistenten Befunde zur Effektivität von Gruppenarbeit auf die Notwendigkeit, empirisch bestätigte Wirkungsmodelle zu erarbeiten, die Einflussgrößen der *Gruppeneffektivität* spezifizieren und damit differenzierende Aussagen erlauben.

In der Literatur findet sich eine Vielzahl von Modellen der Gruppeneffektivität, die vorwiegend einem Input-Prozess-Output-Modell folgen (*Tschan* 2000). Die Ergebnisse dieser Forschungsrichtung fasste Hackman (*Hackman* 1987) in einem normativen Modell der Effektivität von Gruppenarbeit zusammen. Danach wird die Effektivität einer Gruppe als Output im Wesentlichen beeinflusst von den Prozessvariablen Anstrengungsbereitschaft, Wissen und Fertigkeiten der Gruppenmitglieder sowie ihren Strategien bei der Aufgabenbearbeitung. Inputgrößen sind das Design und der organisationale Kontext der Gruppen sowie Synergieeffekte. Zentrale Aspekte des Gruppendesigns sind die Aufgabenstruktur, die Zusammensetzung der Gruppe und deren Normen. Wichtige Kontextmerkmale sind das Entlohnungs-, Trainings- und das Informationssystem. Synergieeffekte können in Form von Prozessgewinnen oder -verlusten auftreten.

Die sozialpsychologische Forschung konzentrierte sich bislang vorwiegend auf die Analyse von *Prozessverlusten*, die verstärkt bei wachsender Gruppengröße und schlecht definierten Aufgaben auftreten, wie etwa *soziales Faulenzen* („*social loafing*"), *Trittbrettfahrer*- („*free-riding*") oder *Gimpeleffekte* („*sucker*"). Vergleichsweise wenig Beachtung fanden mögliche *Prozessgewinne* bspw., wenn stärkere die Leistung schwächerer Teammitglieder kompensieren wollen, etwa weil ihnen der Teamerfolg sehr wichtig ist („*social compensation*") oder wenn schwächere Teammitglieder ihre Arbeitsleistung als unverzichtbar für den Gruppenerfolg ansehen („*indispensability effects*"; *Hertel/Kerr/Messé* 2000).

Besondere Beachtung fanden in den letzten Jahren Fragen zu den Auswirkungen der personellen Zusammensetzung der Gruppe, insb. zu deren Homogenität bzw. Heterogenität, bspw. bzgl. fachlicher Qualifikation, Meinungsvielfalt, Geschlecht, Rasse, Alter, Funktion oder Nationalität (*Cady/Valentine* 1999). Beispielsweise scheinen abweichende Minderheitenmeinungen bei partizipativer Entscheidungsfindung Teaminnovationen zu fördern (*DeDreu/West* 2001) (→ *Gruppenverhalten und Gruppendenken*).

Ein weiterer Aspekt, der intensiv in der Forschung bearbeitet wird, ist die Frage, in welchem Umfang mentale Modelle in einem Team geteilt werden müssen, um wirkungsvoll zusammenarbeiten zu können, bzw. welche Inhalte dabei besonders relevant sind und wie sie entwickelt werden. *Mentale Modelle* sind kognitive Repräsentationen der realen Welt und entsprechende Überzeugungen. Bezogen auf Teamarbeit wären relevante Inhalte die Arbeitsaufgabe, die Gruppenmitglieder, die Arbeitsbeziehungen und Rollen, die technischen Ressourcen, die Arbeitssituation oder Überzeugungen über die Gültigkeit und Zuverlässigkeit dieses Wissens (*Tschan/Semmer* 2001). So konnte gezeigt werden, dass effektive gemeinsame Planung im Team die Entwicklung geteilter mentaler Modelle fördert, effiziente Kommunikationsstrategien unter hoher Arbeitsbelastung erlaubt und zu besserer Leistung führt (*Mathieu* et al. 2000). Die Entwicklung geteilter mentaler Modelle kann durch Coaching und gemeinsame Planung im Team gefördert werden (*Cannon/Edmondson* 2001). Dies spricht dafür, die Entwicklung geteilter mentaler Modelle durch Teamentwicklungsmaßnahmen im engeren (z.B. prozessorientiertes Coaching, Rollenklärung) und weiteren Sinne (z.B. Multifunktionstraining, job rotation) gezielt zu fördern.

Die Bedeutung von Teamprozessen, insb. des *Teamklimas*, für die Effektivität und insb. für die Innovationsfähigkeit von Teams belegen die Untersuchungen der Forschergruppe um West (vgl. *West* 1990; *West/Anderson* 1996). Ein innovatives Teamklima kann wiederum durch Aufgaben mit hohen Innovationsanforderungen und kleine Gruppengrößen gefördert werden (*Curral* 2001).

Ferner darf der Einfluss des technischen Systems und der Umweltbedingungen nicht unberücksichtigt bleiben, da die Gruppenleistung auch wesentlich von der Art der Fertigungstechnik oder der Qualität externer Zulieferer abhängig ist. Die technischen, organisatorischen und sozialen Aspekte sowie die Umweltgegebenheiten dürfen ferner nicht isoliert betrachtet werden. Vielmehr wird die Gruppeneffektivität durch die Passung zwischen dem sozialen und technischen System und durch die Anpassungsfähigkeit der Gruppe an interne Systemschwankungen und Gruppen- und organisationsexterne Umweltveränderungen beeinflusst (*Alioth/Frei* 1990). Damit wird die Aufmerksamkeit auch auf die Relation von Gruppen- und Organisationszielen und damit auf den Zusammenhang der Effektivität von Teams und der Gesamtorganisation gelenkt (*Guzzo/Dickson* 1996). Die Einbettung von Teamarbeit in die Gesamtorganisation muss bereits bei deren Einführung beachtet werden.

IV. Konsequenzen für die Gestaltung

Die Einführung von Gruppenarbeit sollte in einen *Personal- und Organisationsentwicklungsprozess* eingebunden sein (→ *Aufbau- und Ablauforganisation*; → *Arbeitsorganisation*). In einem Lenkungsteam sollten Management und Betriebsrat lediglich Ziele, Spielregeln und Rahmenbedingungen festlegen und den Einführungsprozess kontrollieren. Durch die Beteiligung der betroffenen Führungskräfte, Mitarbeiterinnen und Mitarbeiter können Gruppenkonzepte entwickelt werden, die auf die spezifischen betrieblichen Anforderungen abgestimmt sind. Die Beteiligten können zugleich angemessen vorbereitet werden, sodass sie Verantwortung übernehmen und Eigeninitiative ergreifen (*Antoni* 2000; *Frei* et al. 1993). Hierzu sollte ausgehend von einer Diagnose der betrieblichen Ausgangssituation eine Top-down-Strategie erarbeitet werden. In Projektteams kann dann die konkrete Ausgestaltung durch die jeweiligen Führungskräfte, Betriebsräte und Mitarbeiter eines Bereichs erfolgen.

Projektbegleitende Lernprozesse können die erforderlichen fachlichen, methodischen und sozialen Qualifikationen vermitteln. Insbesondere beim Start von Gruppen kann die *Teambildung* bzw. *Teamentwicklung* durch prozessorientierte Interventionen unterstützt werden, die Interessen, Ziele und Aufgaben klären, gemeinsame Spielregeln für die Zusammenarbeit im Team vereinbaren, bzw. bei bereits bestehenden Teams diese reflektieren und verbessern. Ferner sollte die Kompetenz der Führungskräfte zur Mitgestaltung des Einführungsprozesses, zur Entwicklung und Unterstützung der Gruppen gefördert werden. Geeignete Führungskräfte und Mitarbeiter können zu Prozessbegleitern entwickelt werden, die interne und externe Personal- und Organisationsentwickler vor Ort unterstützen. Die veränderten Anforderungen von Teamarbeit sind auch bei der Personalauswahl und beim Einsatz von Zeitarbeitskräften zu beachten.

Darüber hinaus kann Teamarbeit durch die Gestaltung der Führungs-, Arbeitszeit- und Entgeltsysteme gefördert oder behindert werden. Gruppenarbeit erfordert die Delegation von Verantwortung und Kompetenzen, damit sich die Gruppe innerhalb des übertragenen Verantwortungsbereichs selbst regulieren kann. Hierzu bedarf es verständlicher, teamspezifischer Kennzahlen, Zielsetzungs- und Feedbacksysteme. Damit werden Abweichungen von der Planung und stagnierende Prozesse schnell sichtbar und Reflexions- und damit Lernprozesse angestoßen. Neben einer Kontrolle der Zielerreichung empfiehlt es sich, die Qualität der Zusammenarbeit im Team (z.B. Teamaudits) und mit Vorgesetzten sowie indirekten, vor- und nachgelagerten Bereichen regelmäßig zu reflektieren.

Die Selbstregulation kann ferner durch dezentrale Planungssysteme, wie eine Kanbansteuerung, oder durch flexible Arbeitszeitsysteme erleichtert und durch gruppenorientierte Leistungsprämien oder erfolgsabhängige Bonussysteme gefördert und belohnt werden. Die Motivation zur oder gar der Erfolg von Teamarbeit darf dabei jedoch nicht auf die Entgeltkomponente reduziert werden. Gruppenarbeit kann nur erfolgreich sein, wenn ihre Prinzipien im ganzen Unternehmen gelebt werden und nicht im Widerspruch zur Unternehmenskultur und zu anderen Führungs- und Steuerungssystemen stehen. Die Schaffung integrierter Produktionssysteme und ganzheitlicher Gestaltungsansätze ist daher zu begrüßen.

Was lässt sich abschließend aus dem Gesagten für die Zukunft ableiten? Die vorliegenden Zahlen zur Verbreitung von Gruppenarbeit belegen, dass Projektgruppen und selbstregulierende Arbeitsgruppen in den letzten Jahren von immer mehr Unternehmen genutzt werden. Dabei finden sich in der betrieblichen Praxis eine Vielzahl von Varianten und Mischformen der hier dargestellten Modelle. Von einem flächendeckenden Einsatz von Gruppenarbeit, der den Großteil oder gar die gesamte Belegschaft umfasst, kann jedoch nicht die Rede sein. Angesichts individueller und kollektiver Aufgabenstellungen und unterschiedlichster Rahmenbedingungen wäre dies auch nicht sinnvoll. Dennoch scheint sich ein Trend zu mehr Teamarbeit abzuzeichnen, der durch die wachsende Komplexität und Vernetztheit von Aufgaben eher noch zunehmen dürfte. Die Fähigkeit mit anderen kooperieren und dabei zumindest zeitweise auch in Teams effizient arbeiten zu können, dürfte daher weiter an Bedeutung gewinnen. Umso wichtiger wird es sein, die hier angesprochenen Maßnahmen im Bereich der Personal- und Organisationsentwicklung voranzutreiben. Dabei handelt es sich nicht um ein abgeschlossenes Maßnahmenpaket, dessen einzelne Schritte abgehakt werden können. Vielmehr setzt die erfolgreiche Einführung von Teamarbeit voraus, dass man gewillt ist, sich auf einen kontinuierlichen Lern- und Entwicklungsprozess einzulassen. Glaubt man an dessen Ende zu sein, nähert man sich vermutlich eher dem Ende der Team- und Gruppenarbeit als dem Ende der Lernmöglichkeiten.

Literatur

Adler, Paul S./Borys, Bryan: Two types of bureaucracy: enabling and coercive, in: ASQ, Jg. 41, 1996, S. 61–89.
Alioth, Andreas/Frei, Felix: Sozio-technische Systeme: Prinzipien und Vorgehensweisen, in: Organisationsentwicklung, Jg. 9, 1990, S. 26–39.
Antoni, Conny H.: Teamarbeit gestalten – Grundlagen, Analysen, Lösungen, Weinheim 2000.
Antoni, Conny H.: Soziale und ökonomische Effekte der Einführung teilautonomer Arbeitsgruppen – eine quasi-experimentelle Längsschnittsstudie, in: Zeitschrift für Arbeits- und Organisationspsychologie, Jg. 41, 1997, S. 131–142.
Antoni, Conny H.: Gruppenarbeit – mehr als ein Konzept. Darstellung und Vergleich unterschiedlicher Formen der Gruppenarbeit, in: Gruppenarbeit – Konzepte, Erfahrungen, Perspektiven, hrsg. v. *Antoni, Conny H.*, 2. A., Weinheim 1996, S. 23–37.
Antoni, Conny H.: Qualitätszirkel als Modell partizipativer Gruppenarbeit. Analyse der Möglichkeiten und Grenzen aus Sicht betroffener Mitarbeiter, Bern 1990.
Antoni, Conny H./Eyer, Eckhard/Kutscher, Jan: Das flexible Unternehmen, Düsseldorf 2003.
Berggren, Christian: Nummi vs. Uddevalla, in: SMR, Jg. 35, H. 2/1994, S. 37–49.
Berggren, Christian: Von Ford zu Volvo. Automobilherstellung in Schweden, Berlin 1991.
Cady, Steven H./Valentine, Joanie: Team motivation and perceptions of consideration. What difference does diversity make?, in: Small Group Research, Jg. 30, 1999, S. 730–750.
Cannon, Mark D./Edmondson, Amy C.: Confronting failure: Antecedents and consequences of shared beliefs about failure in organizational work groups, in: Journal of Organizational Behavior, Jg. 22, 2001, S. 161–177.
Curral, Luis A. et al.: It's what you do and the way you do it: Team task size and innovation-related group processes, in: European Journal of Work and Organizational Psychology, Jg. 10, 2001, S. 187–204.
DeDreu, Carsten K. W./West, Michael: Minority dissent and team innovation: The importance of participation in decision making, in: JAP, Jg. 86, 2001, S. 1191–1201.
Frei, Felix et al.: Die kompetente Organisation. Qualifizierende Arbeitsgestaltung – die europäische Alternative, Stuttgart 1993.
Guzzo, Richard A./Dickson, Marcus W.: Teams in organizations. Recent research on performance and effectiveness, in: Annual Review of Psychology, Jg. 47, 1996, S. 307–338.
Hackman, J. Richard: The design of work teams, in: Handbook of organizational behavior, hrsg. v. *Lorsch, Jay W.*, Englewood Cliffs NJ 1987, S. 315–342.
Hertel, Guido/Kerr, Norbert L./Messé, Lawrence A.: Motivation gains in performance groups: Paradigmatic and theoretical developments on the Köhler effect, in: JPSP, Jg. 79, 2000, S. 580–601.
Mathieu, John E. et al.: The influence of shared mental models on team process and performance, in: JAP, Jg. 85, 2000, S. 273–283.
Schumann, Michael/Gerst, Detlef: Innovative Arbeitspolitik – Ein Fallbeispiel. Gruppenarbeit in der Mercedes Benz AG, in: Zeitschrift für Arbeits- und Organisationspsychologie, Jg. 41, 1997, S. 143–156.
Tschan, Franziska: Produktivität in Kleingruppen. Was machen produktive Gruppen anders und besser?, Bern 2000.
Tschan, Franziska/Semmer, Norbert: Wenn alle dasselbe denken: Geteilte mentale Modelle und Leistung in der Teamarbeit, in: Projektgruppen in Organisationen: Praktische Erfahrungen und Erträge der Forschung, hrsg. v. *Fisch, Rudolf/Beck, Dieter/Englich, Birte*, Göttingen 2001, S. 217–235.
West, Michael: The social psychology of innovation in groups, in: Innovation and creativity at work, hrsg. v. *West, Michael/Farr, James L.*, Chichester 1990, S. 309–333.
West, Michael/Anderson, Neil R.: Innovation in top-management teams, in: JAP, Jg. 81, 1996, S. 680–693.
Womack, James P./Jones, Daniel T./Roos, Daniel: Die zweite Revolution in der Automobilindustrie, Frankfurt am Main 1991.

Gruppenverhalten und Gruppendenken

Gerd Wiendieck

[s.a.: Coaching; Gruppen und Gruppenarbeit; Informelle Organisation; Konflikte in Organisationen; Organisationskultur; Partizipation; Teamorganisation.]

I. Gruppenentwicklung; II. Gruppenprozesse und -effekte; III. Risikoschub; IV. Gruppendenken; V. Entrapment; VI. Fazit und Konsequenzen.

Zusammenfassung

Teamarbeit ist ein Kernelement moderner Arbeitsorganisation. Wir finden Teams auf allen hierarchischen Ebenen und in allen Funktionen. Die Komplexitätszunahme begünstigt den Einsatz von Teams und ermöglicht Entscheidungen unter Berücksichtigung heterogener Informationen und Interessen. Die weitgehende Akzeptanz der Gruppenentscheidung lässt jedoch leicht die gruppenspezifischen Fehleinschätzungen und Entscheidungsverzerrungen übersehen. Die Theorie der kognitiven Dissonanz liefert eine Erklärungsbasis für selektive Informationsverarbeitung, das Risikoschubphänomen sowie die als group think bezeichnete Form von Fehlentscheidungen. Auf der Basis neuerer experimenteller Studien werden Maßnahmen zur Minimierung dieser problematischen Gruppeneffekte dargestellt.

I. Gruppenentwicklung

Gruppen werden üblicherweise durch eine Kombination von konstituierenden Elementen beschrieben (*Hofstätter* 1957). Demnach bestehen Gruppen aus einer überschaubaren Anzahl von Personen, die über eine längere Zeitspanne interagieren, unterschiedliche Rollen innehaben, aber gemeinsame Ziele verfolgen und ein Wir-Gefühl entwickeln. Diese Beschreibung impliziert, dass Gruppen keine statischen, sondern dynamische Gebilde sind, die eine jeweils eigene Entwicklungsgeschichte haben und nicht einfach formal geschaffen werden können. Die formale Einsetzung einer Gruppe ist allenfalls der Beginn einer Gruppenentwicklung die normalerweise unterschiedliche Phasen durchläuft und deren Erfolg insb. von drei Bedingungen abhängt: Häufigkeit der Interaktionen, wahrgenommene Ähnlichkeit der Gruppenmitglieder sowie der Qualität der erlebten Belohnungen (*Bass* 1960, S. 60). Im Unterschied zu Freundschaftsgruppen, bei denen diese Bedingungen gegeben sind, kann dies bei organisational bedingten Gruppen nicht unterstellt werden. Umso störanfälliger ist daher der sensible Prozess der Entwicklung einer Gruppe, von einem formalen Gebilde hin zu einem gut funktionierenden Team. Tuckman (*Tuckman* 1965) hat die bis dahin vorliegenden Studien zur Gruppenentwicklung ausgewertet und durch eine plakative Benennung der Phasen die Aufmerksamkeit auf diese Dynamik der *Gruppenprozesse* gelenkt. Tuckman differenziert vier Phasen. Die „Forming Phase" bezeichnet den formalen Gründungsprozess, an den sich die „Storming Phase" anschließt. Aus einer anfänglichen Unsicherheit und Offenheit entwickelt sich eine heftige Dynamik, in der unterschiedliche Auffassungen und Interessen aufeinander prallen und um Einfluss und Position gerungen wird. Hieraus entsteht eine *Rollendifferenzierung* und Rangordnung, die der Gruppe innere Festigkeit gibt sowie ein gemeinsames Grundverständnis über Werte und Umgangsformen. Erst wenn diese „Norming Phase" abgeschlossen ist, kann die Gruppe ihr Arbeitspotenzial ausschöpfen und produktiv werden (performing). Dieser Phasenverlauf ist nicht linear, sondern auch kursiv oder alternierend. Gut funktionierende Gruppen können in frühere Phasen zurückfallen, etwa wenn neue Mitglieder hinzukommen oder neue Aufgaben gestellt werden. Im Übrigen tut ein gelegentliches „storming" auch gut funktionierenden Gruppen gut (*Sader* 1991, S. 136). Reale Arbeitsgruppen sind also nicht lediglich formale Gebilde, sondern mehrdimensionale lebendige soziale Systeme, bei denen zumindest drei Interaktionsebenen differenziert werden müssen. Die oberste Ebene betrifft die formalen Arbeitsbeziehungen und -abläufe (technisch-rationale Ebene) (→ *Aufbau- und Ablauforganisation*). Eine Optimierung der Arbeitsprozesse setzt allerdings → *Kommunikation* und Koordination der Gruppenmitglieder voraus (kommunikativ-koordinatorische Ebene). Darunter liegt die sozialdynamische Ebene des Geflechts der emotionalen Beziehungen (→ *Emotionen in Organisationen*) der Gruppenmitglieder: Emotionale Spannungen oder verdeckte Konflikte (→ *Konflikte in Organisationen*) behindern den offenen Informationsaustausch und die Suche nach einer optimalen Koordination der Gruppe, so dass die realen Arbeitsprozesse nur suboptimal gesteuert werden können.

Die Entwicklung einer Gruppe muss jeweils auch im Umfeld der Organisation gesehen werden, da deren Effekte Auswirkungen auf andere Teilbereiche der Organisation haben können. Mit der Gruppenentwicklung ist eine Differenzierung in Binnen- und Außengruppe verbunden. Damit vergrößert sich die Distanz zu Nichtmitgliedern der Gruppe, Interessensunterschiede zwischen in-group und out-group werden überakzentuiert („Wir- und Die-Denken") und die Wahrscheinlichkeit von Intergruppenkonflikten nimmt zu (*von Rosenstiel* 1993, S. 324).

II. Gruppenprozesse und -effekte

In Leistungsorganisationen sind v.a. jene sozialen Prozesse von Interesse, die unmittelbare oder mittelbare Auswirkungen auf die Leistungserstellung haben. In diesem Zusammenhang stellt sich die Frage nach der Leistungsüberlegenheit der Gruppe, die in dieser allgemeinen Form nicht beantwortet werden kann, da sie von zahlreichen Faktoren, wie der Gruppenzusammensetzung, der Gruppenstruktur, dem Aufgabentypus und insb. den Gruppenprozessen abhängig ist (→ *Gruppen und Gruppenarbeit*).

Die Analyse von Gruppenprozessen ist allerdings schwierig und selten, da die Ereignisse und ihre Effekte über längere Zeiträume beobachtet werden müssen, untereinander vernetzt sind, rasch sehr komplex werden können und vielfach intransparent bleiben. Sader (*Sader* 1991, S. 113) weist zu Recht darauf hin, dass eine Vernachlässigung dieser Entwicklungsdynamik leicht zu Fehlinterpretationen führen kann. Gruppenmitglieder handeln nicht nur aus der aktuellen Situation heraus, sondern reagieren auch auf frühere, mitunter weit zurückliegende, Sachverhalte. Dramatische Aufschaukelungsprozesse wie sie in den Gefängnisexperimenten von Zimbardo (*Haney/Banks/Zimbardo* 1973) beobachtet wurden, bleiben unverständlich, wenn die Wechselwirkungsketten von Ursache und Wirkung übersehen werden. Dies macht auch deutlich, dass die gängige Differenzierung in Ursache und Effekt fragwürdig sein kann, wenn einzelne Zeitintervalle aus dem gesamten Fluss der Ereignisse herausgeschnitten werden.

Vor dem Hintergrund dieser Überlegungen ist es schwierig, eindeutige *Gruppeneffekte* zu diagnostizieren. Dies ist auch ein Grund dafür, dass die Ex-post-Untersuchungen zur Effizienz realer Arbeitsgruppen sehr heterogene Ergebnisse liefern. Franke hatte bereits 1980 eine Katalogisierung möglicher Gruppeneffekte vorgeschlagen, bei der integrierende und differenzierende Effekte unterschieden werden (*Franke* 1980). Die integrierenden Effekte beziehen sich auf gruppenbedingte Intensitätssteigerungen der Leistungen, während die differenzierenden eine Erweiterung der Wirkungsbreite von Gruppen umfassen. Der Kraftzentrierungseffekt beschreibt die Sammlung gleichgerichteter physischer und psychischer Kräfte. Damit ist sowohl die Addition körperlicher als auch die gruppendynamische Stärkung und Aufschaukelung psychischer Kräfte gemeint. Der Festlegungseffekt bezieht sich auf unsicherheitsreduzierende Entscheidungsprozesse, etwa bei der Definition der Arbeitsziele oder -methoden. Der Anpassungseffekt meint Normierungsprozesse, die das interne Verhalten regeln und so den Gruppen Stabilität verleihen. Im Unterschied dazu treten die differenzierenden Effekte v.a. bei heterogen zusammengesetzten Gruppen auf. Franke nennt den Ergänzungseffekt, den Anregungs- und den Anerkennungseffekt. Zweifellos tragen heterogene Gruppen ein besonderes Potenzial, das allerdings auch mit Koordinationsproblemen verknüpft ist. Der Nutzen der Heterogenität (diversity) ist daher zunächst nur potenzial, nicht real gegeben.

Prinzipiell lassen sich zwei Analyseebenen von Gruppeneffekten unterscheiden, einerseits der Blick auf die Einzelleistungen und ihre Abhängigkeit von Gruppenmerkmalen, sowie andererseits die Analyse der übersummativen oder kollektiven Gruppenleistungen (*Brodbeck/Frey* 1999, S. 364).

Einzelleistungen können unter dem Einfluss von Gruppen sowohl aktiviert wie gehemmt werden. Gut gelernte, dominante Reaktionen werden bei Anwesenheit anderer begünstigt, während schwierige Aufgaben in der sozialen Situation Ängste aktivieren und ungeübte Tätigkeiten behindern können. Aber auch bei einfachen Aufgaben sind gruppenbedingte Leistungshemmungen zu beobachten, etwa weil die individuelle Leistung im Verbund der Gesamtleistungen untergeht und nicht mehr identifizierbar ist oder auch, weil einzelne Gruppenmitglieder diese Situation nutzen, um unerkannt faulenzen zu können (*social loafing*). Dies kann weitere Leistungsrestriktionen begünstigen, wenn andere diesen Eindruck des „*Trittbrettfahrens*" gewinnen und dann nicht mehr gewillt sind, die Minderleistung Einzelner durch eigene Anstrengung auszugleichen. Dieser Effekt tritt insb. dann ein, wenn die Minderleistung Einzelner als Motivations- nicht als Fähigkeitsmangel gedeutet wird. Andernfalls sind insb. bei kohäsiven Gruppen und wichtigen Aufgabenstellungen kompensatorische Anstrengungen der „stärkeren" Gruppenmitglieder wahrscheinlich, was wiederum die „Schwächeren" zu erhöhter Leistung anspornt.

Die zweite Betrachtungsebene betrifft die Koordination der Einzelbeiträge zu einem Gruppenergebnis und konzentriert sich damit auf die Synergieeffekte. Der Begriff der *Synergie* ist ebenso populär wie unscharf. Stumpf (*Stumpf* 1999, S. 193) differenziert in Anlehnung an Collins und Guetzkow (*Collins/Guetzkow* 1964) zwei definitorische Bedingungen. Von Synergie kann dann gesprochen werden, wenn die Gruppenleistung besser ist, als die des besten Gruppenmitglieds und zweitens besser ist als jede Kombination der allein erbrachten Leistungen. Da das zweite, strengere Kriterium das erste umschließt, kann es auch allein genommen werden. Empirische Befunde zeigen, dass Gruppen vielfach nicht einmal die erste Bedingung erfüllen, also unterhalb der Leistung des besten Gruppenmitglieds bleiben, etwa weil eine Konformitätstendenz zur Mitte wirksam oder eine Einigung auf den kleinsten gemeinsamen Nenner angestrebt wird (*Steiner* 1972, S. 19 ff.). Andere Gruppen erfüllen lediglich diese Bedingung, nicht jedoch die zweite. So zeigt sich bei Aufgaben vom Typus des Suchens und Findens (*Hofstätter* 1957), dass reale gruppendynamische Prozesse den freien Informationsaustausch behindern und somit nur suboptimale Ergebnisse ermöglichen (Prozessverluste). Das in der Gruppe vorhandene Wissen wird nur unvollständig genutzt (*Shaw/Penrod* 1962). Es kann sogar zu gegenteiligen Effekten kommen, wenn die Gruppe den besser Informierten mit Misstrauen begegnet, etwa weil ihnen eigennützige Interessen unterstellt werden und sie ihr Wissen nicht beweisen können. Stasser und Stewart (*Stasser/Stewart* 1992) konnten in experimentellen Studien zeigen, dass Gruppen insb. die Informationen diskutieren, die der Mehrzahl der Mitglieder ohnehin schon vorlagen und jene missachteten, die nur wenigen verfügbar waren. Dieser Effekt ist in großen Gruppen und v.a. dann besonders ausgeprägt, wenn eine hohe Informationsüberlastung den Wunsch nach Klarheit stärkt. Konsens wird dann fälschlicherweise zum Indiz für Richtigkeit.

Es gibt nur sehr wenige Untersuchungen, die einen Synergieeffekt im Sinne der zweiten Bedingungen nachweisen. Hier muss nicht nur die optimale Koordination der Einzelbeiträge gegeben sein (Bedingung 1), sondern zusätzlich ein Motivationseffekt (→ *Motivation*) wirksam werden, der jedes Mitglied der Gruppe zu seinen individuellen Höchstleistungen anspornt. Hierin liegt der eigentliche Synergieeffekt, dessen Intensität in aller Regel nicht mit einer wie auch immer gearteten Kombination von Einzelleistungen verglichen werden kann. Dieser theoretische Vergleich verbietet sich bei vielen realen Gruppen allein deswegen, weil sich die Aufgabe der Gruppe von der der Einzelmitglieder unterscheidet. Dies betrifft hoch arbeitsteilige und daher koordinationsintensive Gruppen wie sie in der Praxis üblich sind. So hat im Orchester zwar jeder Musiker seinen Part zu spielen, aber das Klangbild des Orchesters ist etwas anderes als die Summe der Einzelstimmen. Auch in der betrieblichen Praxis ist das Zusammenspiel der Einzelakteure entscheidend. Hierbei zeigen sich diverse Effekte, die die Gruppe an der Realisierung der potenziell möglichen Leistung hindern und teils dramatische Fehlentscheidungen begünstigen.

III. Risikoschub

Ein spezifischer und häufig untersuchter Gruppeneffekt wird als *Risikoschub* bezeichnet. Stoner (*Stoner* 1961) hatte zeigen können, dass Gruppen zu riskanten Entscheidungen neigen, jedenfalls zu riskanteren als nach dem Durchschnitt der individuellen Risikoneigungen der Gruppenmitglieder erwartet werden konnte. Zur Erklärung dieses zwar häufig, aber nicht durchgängig replizierten Effekts wurden v.a. zwei Hypothesen herangezogen, die These der Verantwortungsdiffusion sowie die These der Normaktivierung. Darley und Latané (*Darley/Latané* 1968) hatten in einer Reihe spektakulärer Feldexperimente zur Hilfeleistung zeigen können, dass Menschen dazu neigen Verantwortung abzuschieben, wenn sie bemerken, dass auch andere an ihrer Stelle eingreifen könnten. Dieser Effekt kann auch bei Gruppenentscheidungen auftreten und die Bereitschaft zu risikoreichen Entscheidungen erhöhen, da sich die einzelnen Gruppenmitglieder nicht mehr allein für ein mögliches Misslingen verantwortlich fühlen. Diese These wird von Wallach et al. (*Wallach/Kogan/Bem* 1964) gestützt, die zeigen konnten, dass der Risikoschub geringer ist, wenn die Personen auch für die Gesamtgruppe Verantwortung übernehmen. Im Unterschied zu dieser Erklärung, die gewissermaßen auf einer egoistischen Missachtung der sozialen Norm zur Verantwortungsübernahme beruht, hatte Brown (*Brown* 1965) geradezu die Aktivierung sozialer Normen für den Effekt verantwortlich gemacht. Diese Überlegung geht davon aus, dass Risikofreudigkeit in den meisten westlichen Gesellschaften sozial erwünschtes Verhalten beschreibt. Da Gruppen soziale Systeme sind, ist mit der Aktivierung sozialer Normen zu rechnen: Die einzelnen Gruppenmitglieder möchten mindestens ebenso mutig sein wie die anderen. Dies begünstigt einen Aufschaukelungseffekt, der umso stärker ist, je unterschiedlicher die Ausgangspositionen der Gruppenmitglieder waren. Die Normaktivierungsthese kann auch zur Erklärung des gegenteiligen Effekts, des sog. *Konservativismusschubs* herangezogen werden, wenn die jeweils dominante soziale Norm eher zur Vorsicht mahnt. Moscovici und Zavalloni (*Moscovici/Zavalloni* 1969) konnten mit einer Reihe von Experimenten zeigen, dass die unterschiedlichen Effekte in einen allgemeineren Kontext eingeordnet werden können. Demnach führen Gruppendiskussionen generell zu einer Akzentuierung der eigenen Argumente. Die Gruppenmitglieder erfahren im Austausch der Meinungen zusätzliche Informationen, die sie zur Stützung ihrer Position nutzen. Die eigene Meinung wird so klarer und pointierter. Zwar hören die Gruppenmitglieder auch widersprechende Argumente, neigen jedoch dazu diese dissonante Information abzuschwächen oder auszublenden. Risikoschub wird hier als Spezialfall der allgemeinen Tendenz zur Extremisierung durch Informationsaustausch gedeutet.

IV. Gruppendenken

Einer der problematischsten kollektiven Gruppeneffekte wird als *Gruppendenken* bezeichnet. Janis (*Janis* 1982) hatte verschiedene historisch ebenso bedeutsame wie katastrophale Entscheidungen der amerikanischen Administration analysiert und dabei v.a. den *Konformitätsdruck* innerhalb *kohäsiver Gruppen* als Quelle der Fehlentscheidungen ausgemacht. Dies betraf so unterschiedliche Fehleinschätzungen wie die Missachtung der Warnungen vor einem japanischen Luftangriff auf Pearl Habour, das Fiasko der Invasion in der Schweinebucht oder die Watergate-Affäre. In allen Fällen stand die Sorgfalt der Entscheidung in krassem Gegensatz zur Bedeutung der Entscheidung. Die Entscheidungen waren so leichtfertig, realitätsfern und amoralisch, dass sie treffend mit dem Wort „Augen zu und durch" beschrieben werden können. Das Phänomen ist jedoch keineswegs auf politische Entscheidungsprozesse beschränkt. Auch Führungsgremien der Wirtschaft sind nicht frei von group think-Effekten (*Schulz-Hardt/Frey* 1999b).

Die Kernsymptome des *group think* beschreibt Janis (*Janis* 1982, S. 174 f.) als Selbstüberschätzung, Abschottung und Konformitätsdruck und detailliert diese in acht Teilsymptome:

– Der Glaube an die Unverletzbarkeit/Unangreifbarkeit
  Selbstüberschätzung und übertriebener Optimismus verleiten dazu die Entscheidungsrisiken gering zu schätzen.

- Der Glaube an die moralische Überlegenheit
  Die Gruppenmitglieder entwickeln ein Sendungsbewusstsein auf dessen Grundlage abweichende Meinungen nicht nur als falsch, sondern geradezu als verwerflich klassifiziert werden.
- Kollektive Rationalisierungstendenzen
  Die Gruppenmitglieder rechtfertigen die Richtigkeit ihrer Überzeugungen indem Informationen selektiv aufgenommen und gewertet werden.
- Stereotypisierungen und Abwertung von Außengruppen
  Nichtmitglieder der Gruppe werden abgewertet und Kontakte zu ihnen unterbunden oder zumindest erschwert.
- Selbstzensur
  Die Gruppenmitglieder unterdrücken ihre Bedenken gegen die präferierte Entscheidung. Eine offene Diskussion unterbleibt.
- Die Illusion der Einmütigkeit
  Der selektive Informationsfluss erweckt den falschen Eindruck der Einmütigkeit, der bestätigend und beruhigend wirkt.
- Unmittelbarer Druck auf Abweichler
  Abweichler werden als Störer, Blockierer oder Miesmacher diffamiert, die den Gruppenkonsens und den Gruppenfrieden untergraben.
- Gesinnungswächter
  Einzelne Mitglieder übernehmen eine Wächterrolle, und verstehen sich so als Bewahrer des Wir-Gefühls und der Funktionsfähigkeit der Gruppe.

Nicht alle Gruppen sind gleichermaßen von dieser Gefahr bedroht. Janis nennt drei Antezedenzbedingungen, die group think wahrscheinlich machen: Ein hohes Wir-Gefühl, zweitens strukturelle bzw. prozessuale Defizite wie Abschottung der Gruppe, Homogenität der Gruppenmitglieder, dominante Führung bei unstrukturierter Methodik und schließlich situative Merkmale wie Zeit- und Erfolgsdruck.

Schulz-Hardt und Frey (*Schulz-Hardt/Frey* 1999a) weisen allerdings darauf hin, dass das group think-Modell in der von Janis vorgelegten Form diverse Unstimmigkeiten und Unschärfen aufweist und daher einer Revision bedarf. Die Kritik bezieht sich insb. auf Gleichsetzung von Gruppenkohäsion und Einmütigkeit. Zwar wirkt Kohäsion normierend, aber nicht notwendigerweise Kritik unterdrückend. Sofern der kritische Diskurs zur Norm erhoben wird, führt Kohäsion eher zu diversifizierender Auseinandersetzung als zu vorschneller Einmütigkeit. Auch die Annahme group think wirke Stress reduzierend ließ sich bei kritischer Nachanalyse der von Janis ausgewerteten Entscheidungsprotokolle nicht aufrecht erhalten. Schließlich sei die kausale Verknüpfung der Variablengruppen nicht belegbar. Verschiedene neuere Studien bestätigen jedoch übereinstimmend die group think-auslösende Wirkung der strukturellen und prozeduralen Defizite der Gruppe.

V. Entrapment

Die Tendenz zur Selbstbestätigung und Rechtfertigung von Gruppenentscheidungen endet keineswegs mit dem Abschluss des Entscheidungsprozesses, sondern bleibt darüber hinaus wirksam. Verschiedene Forschungsansätze zeigen, dass Menschen auch dann noch an Fehlentscheidungen festhalten wenn ihre Nachteile unübersehbar geworden sind („*entrapment*"). Mitunter werden die verlustreichen Handlungen sogar noch intensiviert. Hier zeigt sich ein höchst irrationales Verhalten, das nicht nur bei Individuen, sondern auch bei Gruppen beobachtet werden kann.

Brockner (*Brockner* 1992) gibt eine dissonanztheoretische Erklärung hierfür: Die Korrektur einer Fehlentscheidung könnte zwar weitere Nachteile minimieren, bedeutet zugleich aber das Eingeständnis einer Fehlentscheidung. Offensichtlich fällt es vielen Menschen leichter, die äußeren Verluste zu erdulden, als Schäden am Selbstbild der Unfehlbarkeit zuzulassen. Im Unterschied und durchaus ergänzend dazu haben Tversky und Kahneman (*Tversky/Kahneman* 1992) aus der Beobachtung ökonomischer Investitionsentscheidungen eine Tendenz zur erhöhten Risikobereitschaft im Verlustbereich diagnostiziert. So halten Aktienbesitzer oft Papiere fest, obgleich die Kurse kontinuierlich fallen. Der Verkauf würde zwar weitere Verluste stoppen, aber zugleich auch die bislang nur potenziell erlittenen Verluste realisieren. Im Übrigen fällt es schwer sich damit auch von der Hoffnung auf eine Wende zum Besseren zu trennen. Beide Erklärungsansätze erhalten durch gruppendynamische Prozesse eine weitere Bestätigung: Angesichts des höheren Aufwandes bei Gruppenentscheidungen steigt die Rechtfertigungstendenz und die Abwertung dissonanter Informationen. Auch das Risikoschubphänomen der Gruppe kann zur Erklärung des riskanten Festhaltens an Fehlentscheidungen herangezogen werden. Die Wirklichkeit kann soweit verklärt werden, dass nachträgliche Rechtfertigungstendenzen allein deswegen überflüssig werden, weil die erklärungsbedürftigen Entscheidungsnachteile bereits vorab aus dem Blickfeld ausgeblendet worden waren.

VI. Fazit und Konsequenzen

Die bisher vorgetragenen Argumente sind kein Beleg gegen die Leistungsfähigkeit von Gruppen, sondern eine Mahnung, diese zu erhalten und zu fördern, zumal Teamarbeit zu einem selbstverständlichen Teil des modernen Arbeitslebens geworden ist und seine Sinnhaftigkeit angesichts der Erfolge nicht grundsätzlich bestritten werden kann. Allerdings kann die Leistungsfähigkeit von Gruppen erhöht werden, wenn die Gefahren deutlicher gesehen werden. Bereits Janis (*Janis* 1982) hatte einen Katalog von Empfehlungen erarbeitet, der aufgrund der weitergehenden Untersuchungen von Frey und seinen Mitarbeitern modifiziert wurde und hier abschließend (verkürzt) wiedergegeben wird:

- Gruppen sollten heterogen zusammengesetzt sein. Dies mindert die Selbstbestätigungstendenzen und begünstigt produktive Konflikte, die zu einer Akzentuierung widerstreitender Positionen führen.
- Gruppen sollten sich in Subgruppen teilen und wieder zusammenkommen, um zu verhindern, dass sich in der Gesamtgruppe dominante Normen bilden und verfestigen, die eine Vereinseitigung begünstigen.
- Gruppen sollten den kritischen Rationalismus zur Norm erheben, um vorzeitige Festlegungen durch offenes Hinterfragen zu vermeiden.
- Externe Experten sollten gelegentlich eingeladen werden, um neue Sichtweisen in den Diskussionsprozess einfließen zu lassen.
- Die Gruppe sollte klare Zuständigkeiten schaffen, so dass Expertenrollen transparent werden können.
- Bei wichtigen Entscheidungen sollten gezielt konträre Argumente in die Debatte eingeführt werden, etwa durch einen „Advocatus Diaboli" oder einen „dialektischen Diskurs".
- Der Gruppenführer sollte als unparteischer Moderator fungieren, und seine eigene Meinung zunächst zurückhalten. Der Führungsstil sollte nicht direktiv, sondern partizipativ sein.
- Die Gruppe sollte die Fähigkeit zur „Teamreflexivität" entwickeln um nicht nur den sachlichen Inhalt der Argumente, sondern auch den soziodynamischen Prozess der Gruppenentwicklung beobachten und besprechen zu können.

Diese Empfehlungen sind überwiegend darauf gerichtet, den Entscheidungsautismus mit seinen Tendenzen der Vereinseitigungen, Rechtfertigungen und Wirklichkeitsverleugnungen zu verhindern, indem die Heterogenität der Gruppe gestärkt wird. Es bleibt allerdings zu bedenken, dass in der Einmütigkeit, Kohäsion und Selbstüberzeugung auch funktionale Stärken einer Gruppe liegen. t'Hart (*t'Hart* 2001) hatte am Beispiel von Krisenstäben auf diese gegenteilige Gefahr aufmerksam gemacht und propagiert eine angemessene Balance zwischen Konsens und Konflikt. Dies entspricht im Kern den beiden von Franke (*Franke* 1980) unterschiedenen Effekten der Differenzierung und Integrierung.

Literatur

Bass, Bernhard M.: Leadership, psychology and organizational behavior, New York 1960.
Brockner, Joel: The escalation of commitment to a failing course of action: Towards theoretical progress, in: AMR, Jg. 17, 1992, S. 39–61.
Brodbeck, Felix C./Frey, Dieter: Gruppenprozesse, in: Arbeits- und Organisationspsychologie. Ein Lehrbuch, hrsg. v. *Hoyos, Graf Carl von/Frey, Dieter*, Weinheim 1999, S. 358–372.
Brown, Roger: Social Psychology, New York 1965.
Collins, Barry E./Guetzkow, Harold Steere: A social-psychology of group processes for decision making, New York 1964.
Darley, John M./Latané, Bibb: Bystander intervention in emergencies: Diffusion of responsibilitiy, in: JPSP, Jg. 8, 1968, S. 377–383.
Franke, Joachim: Sozialpsychologie des Betriebes, Stuttgart 1980.
Haney, Craig/Banks, W. Curtis/Zimbardo, Philip G.: Interpersonal Dynamics in a Simulated Prison, in: International Journal of Criminology and Penology, Jg. 1, 1973, S. 69–97.
Hofstätter, Peter R.: Gruppendynamik, Hamburg 1957.
Janis, Irving L.: Groupthink, Boston 1982.
Moscovici, Serge/Zavalloni, Marisa: The group as a polarizer of attitudes, in: JPSP, Jg. 12, 1969, S. 125–135.
Rosenstiel, Lutz von: Kommunikation und Führung in Arbeitsgruppen, in: Organisationspsychologie, hrsg. v. *Schuler, Heinz*, Bern 1993, S. 321–351.
Sader, Manfred: Psychologie der Gruppe, Weinheim et al. 1991.
Schulz-Hardt, Stefan/Frey, Dieter: Fehlentscheidungen in Organisationen, in: Arbeits- und Organisationspsychologie: Ein Lehrbuch, hrsg. v. *Hoyos, Graf Carl von/Frey, Dieter*, Weinheim 1999a, S. 313–327.
Schulz-Hardt, Stefan/Frey, Dieter: Wie der Hals in die Schlinge kommt: Fehlentscheidungen in Gruppen, in: Gruppendynamik: Anspruch und Wirklichkeit der Arbeit in Gruppen, hrsg. v. *Ardelt-Gattinger, Elisabeth/Lechner, Hans/Schlögl, Walter*, Göttingen 1999b, S. 139–158.
Shaw, Marvin E./Penrod, W.: Does more information available to a group always improve group performance?, in: Sociometry, Jg. 25, 1962.
Stasser, Gary/Stewart, Dennis D.: Discovery of hidden profiles by decision-making groups. Solving a problem vs. making a judgement, in: JPSP, Jg. 63, 1992, S. 426–434.
Steiner, Iwan D.: Group process and productivity, New York 1972.
Stoner, James A. F.: A comparison of individuals and group decisions involving risk, Boston 1961.
Stumpf, Siegfried: Wann man von Synergie in Gruppen sprechen kann: Eine Begriffsanalyse, in: Gruppendynamik, Jg. 30, 1999, S. 191–206.
t' Hart, Paul: Krisenstäbe und Krisenmanagement, in: Projektgruppen in Organisationen, hrsg. v. *Fisch, Rudolf/Beck, Dieter/Englich, Birte*, Göttingen 2001, S. 199–213.
Tuckman, Bruce W.: Developmental Sequence in Small Groups, in: Psych.Bull., Jg. 63, 1965, S. 384–399.
Tversky, Amos/Kahneman, Daniel: Advances in prospect theory: Cumulative representation of uncertainty, in: Journal of risk and uncertainty, Jg. 5, 1992, S. 297–323.
Wallach, M. A./Kogan, N./Bem, Daryl J.: Diffusion of responsibility an level of risk taking in groups, in: Journal of Abnormal Social Psychology, Jg. 68, 1964, S. 263–274.

H

Hauptversammlung und Aktionärseinfluss

Marcus Lutter

[s.a.: Aufsichtsrat; Corporate Governance (Unternehmensverfassung); Corporate Governance, internationaler Vergleich; Geschäftsordnung; Kapitalmarkt und Management; Managerialismus; Shareholder- und Stakeholder-Ansatz.]

I. *Rechte der Hauptversammlung;* II. *Rechte und Pflichten des Aktionärs in der Hauptversammlung;* III. *Aktionärskonzentration und tatsächlicher Einfluss;* IV. *Minderheitsrechte und Minderheitenschutz;* V. *Summa.*

Zusammenfassung

Die Hauptversammlung ist das Organ, in dem die Aktionäre erheblichen Einfluss auf die Leitung der AG nehmen können. Innerhalb der Hauptversammlung hängt dieser Einfluss dann maßgeblich vom Stimmgewicht des einzelnen Aktionärs und der Aktionärsstruktur der betreffenden AG ab.

I. Rechte der Hauptversammlung

1. Position der Hauptversammlung in der AG

Das Charakteristische der Organstruktur einer AG besteht in dem ausgewogenen Kräfteverhältnis von Hauptversammlung, → *Aufsichtsrat* und Vorstand (→ *Top Management (Vorstand)*). In der hierarchischen GmbH kann die Gesellschafterversammlung der Geschäftsführung Weisungen erteilen. Dem Vorstand der AG hingegen obliegt die Geschäftsführung gemäß § 76 AktG allein. § 119 Abs. 2 AktG gibt dem Vorstand lediglich die Möglichkeit, nicht aber die Pflicht, die Hauptversammlung mit Gegenständen der Geschäftsführung zu befassen. Die Hauptversammlung hat gegenüber dem Vorstand und dem Aufsichtsrat kein Weisungsrecht. Daher kann sie, anders als die Gesellschafterversammlung der GmbH, nicht als oberstes Organ bezeichnet werden. Das System des nicht-hierarchischen Verhältnisses zwischen Hauptversammlung, Vorstand und Aufsichtsrat, der klaren Kompetenzverteilung und der Machtbalance in der AG hat sich bislang bewährt.

2. Einzelne Rechte der Hauptversammlung

a) Rechte gemäß § 119 Abs. 1 AktG

Die wichtigsten und prominentesten Rechte der Hauptversammlung werden in § 119 Abs. 1 AktG aufgezählt. Die ebenfalls dort genannte *Satzungsautonomie* verleiht ihr aber keine Autorität zur Erweiterung der originären gesetzlichen Zuständigkeiten zu Lasten von Vorstand und Aufsichtsrat.

An erster Stelle bestimmt die Hauptversammlung durch Wahl die Mitglieder des Aufsichtsrats, soweit sie nicht gemäß § 101 Abs. 2 AktG entsendet oder in mitbestimmten Unternehmen von der Arbeitnehmerseite gewählt werden (→ *Mitbestimmung, unternehmerische*). Hierdurch kann die Hauptversammlung mittelbar auch Einfluss auf die Zusammensetzung des Vorstands nehmen.

Ebenso entscheidet die Hauptversammlung alljährlich über die Entlastung von Vorstand und Aufsichtsrat (§ 119 Abs. 1 Nr. 3 AktG). Zwar kann sie mit der Verweigerung der Entlastung keine unmittelbaren Rechtsfolgen herbeiführen, insb. keine Klage auf Schadensersatz gegen sie erzwingen. Sie kann aber Vorstands- und Aufsichtsratmitglieder in der Debatte über die Entlastung öffentlich erheblich schwächen, in dem sie diesen ihr Misstrauen erklärt. Für die Vorstandsmitglieder hat eine solche Verweigerung mittelbar auch rechtliche Folgen: Sie stellt i.d.R. einen wichtigen Grund i.S.v. § 84 Abs. 3 AktG zur Abberufung des Mitglieds aus dem Vorstand dar.

Gemäß § 147 AktG entscheidet die Hauptversammlung auch über die Geltendmachung von Ersatzansprüchen der Gesellschaft gegen Vorstand und Aufsichtsrat aus der Geschäftsführung.

Neben diesen Möglichkeiten, durch Personalpolitik mittelbaren Einfluss auf die Entscheidungen von Aufsichtsrat und Vorstand zu nehmen, entscheidet die Hauptversammlung unmittelbar über die Bestellung der Abschlussprüfer (durch Wahl) und über die Verwendung des Bilanzgewinns (§ 119 Abs. 1 Nr. 4, Nr. 2 AktG).

Darüber hinaus ist die Hauptversammlung zuständig für die sog. *Grundlagenentscheidungen*, die die Struktur der Gesellschaft selbst verändern und dadurch die Rechtsstellung der Aktionäre betreffen. Hierzu zählen Entscheidungen über Satzungsänderungen (§§ 119 Abs. 1 Nr. 5, 179 AktG), die Kapitalbeschaffung und Kapitalherabsetzung (§§ 119 Abs. 1 Nr. 6 AktG, 182 ff. AktG), die Zustimmung zu Unternehmensverträgen (§§ 293 ff. AktG), über Verschmelzung (§§ 13, 65 UmwG), Spaltung, Abspaltung und Ausgliederung (§ 125 UmwG), den Formwechsel (§§ 193, 233, 240 UmwG), die Zustimmung zur Eingliederung (§§ 319 ff. AktG) sowie die Auflösung der Gesellschaft selbst (§ 119 Abs. 1 Nr. 8 AktG).

b) Ungeschriebene Rechte

Im Grundsatz zutreffend hat der BGH beginnend mit der „*Holzmüller-Entscheidung*" (BGHZ 83, 122 ff.) der Hauptversammlung auch ungeschriebene Zuständigkeiten zugebilligt, wenn tief in die Mitgliedschaftsrechte der Aktionäre und ihr im Anteilseigentum verkörpertes Vermögensinteresse eingegriffen wird. Eine ganze Anzahl von Entscheidungen, die formal nicht den o.g. Grundlagenentscheidungen entsprechen, aber in ihrer materiellen Bedeutung vergleichbar sind, würde die Aktionärsrechte aushöhlen, könnte der Vorstand sie alleine entscheiden. Vor der Schwierigkeit, hier eine Grenze zwischen bloßer Geschäftsführung i.S.v. § 76 AktG und wesentlicher Strukturentscheidung zu ziehen, dürfen Rechtsprechung und Lehre nicht zu Lasten des bewährten Kräfteverhältnisses in der AG zurückweichen. Zu Entscheidungen, die der Hauptversammlung vorgelegt werden müssen, zählen jedenfalls: fusionsähnliche Verträge (→ *Fusionen und Übernahmen (Mergers and Acquisitions)*), der Erwerb und die Veräußerung wesentlicher Beteiligungen oder Umstrukturierungen der Gesellschaft durch Verlagerung wesentlicher Unternehmensgegenstände auf Tochterunternehmen, Aufnahme Dritter in die bisher 100%-ige Tochtergesellschaft, Abschlüsse von Unternehmensverträgen der Tochtergesellschaft mit Dritten, der Börsengang und das Delisting (vgl. hierzu zuletzt die „Macroton"-Entscheidung des BGH vom 25.11.2002 – II ZR 133/01, DB 2003, 544 ff. mit Anm. Heidel). Als Faustregel für die Frage der Wesentlichkeit kann davon ausgegangen werden, dass eine zustimmungspflichtige Strukturänderung bei einer Transaktion vorliegt, die 20 bis 25% des Aktivvermögens der Gesellschaft umfasst.

II. Rechte und Pflichten des Aktionärs in der Hauptversammlung

1. Rechte des Aktionärs

a) Teilnahmerecht und Auskunftsrecht

Jedem Aktionär steht die Teilnahme an der mindestens einmal jährlich einzuberufenden Hauptversammlung zu, gleich ob er stimmberechtigt ist oder nicht.

Weiter hat er in der Hauptversammlung ein Auskunftsrecht gegenüber dem Vorstand über alle Angelegenheiten der Gesellschaft, soweit sie zur sachgemäßen Beurteilung des Gegenstands der Tagesordnung erforderlich sind (§ 131 AktG). Hierzu steht ihm insb. das Rede- und Fragerecht in der Hauptversammlung zu. Aufgrund der Vielzahl an Informationsrechten, auch bereits im Vorfeld der Hauptversammlung, kann an dieser Stelle aber nur auf weiterführende Literatur verwiesen werden (*Raiser* 2001, S. 239 ff.; zur aktuellen Rechtsprechung: *Henze* 2002, S. 893 ff.).

b) Stimmrecht

Den größten Einfluss üben die Aktionäre mit ihrem *Stimmrecht in der Hauptversammlung*, die ihre Entscheidungen durch Beschlüsse als Ergebnis von Abstimmungen und Wahlen trifft, aus.

Stimmberechtigt ist grundsätzlich jeder Aktionär, sofern er seine Einlage geleistet hat (§ 135 Abs. 2 AktG). Ausgeschlossen sind Eigentümer von Vorzugsaktien ohne Stimmrecht (§ 139 Abs. 1 AktG) und Aktien, die der AG selbst, einem von ihr abhängigen Unternehmen oder einem Dritten für Rechnung der Gesellschaft gehören (§§ 56 Abs. 3 Satz 3, 71 b, 71 d Satz 4 AktG). Darüber hinaus verbietet das Gesetz die Stimmrechtsausübung durch Mitglieder von Vorstand und Aufsichtsrat, wenn sie entlastet, von einer Verbindlichkeit befreit, vor Ansprüchen der Gesellschaft bewahrt werden sollen (§ 136 AktG) oder über sie eine Sonderprüfung erfolgen soll (§ 142 Abs. 1 Satz 2 AktG).

Das Stimmrecht und damit das Stimmgewicht bestimmt sich bei Nennbetragsaktien nach dem Nennbetrag der Aktie, bei Stückaktien nach deren Anzahl. Für die Grundlagenentscheidungen (s.o. I.2.b) ist eine 3/4-Stimmmehrheit erforderlich, für andere Beschlüsse genügt die einfache Mehrheit, sofern Gesetz oder Satzung nichts anderes vorsehen.

Der Aktionär kann sich bei der Stimmabgabe gemäß § 134 Abs. 3 AktG vertreten lassen oder einen anderen gemäß § 129 Abs. 3 AktG ermächtigen, das Stimmrecht im eigenen Namen für ihn auszuüben. Die Vollmacht bedarf der Schriftform soweit die Satzung nichts anderes vorsieht (§ 134 Abs. 3 Satz 1, 2 AktG). Der praktisch häufigste Fall der Vertretung von Kleinaktionären durch die Aktien verwahrenden Banken ist in § 135 AktG einer detaillierten Regelung unterworfen (s.u. III.2., 3.).

c) Gerichtlicher Rechtsschutz, insb. Anfechtungsrecht

Neben dem Auskunftserzwingungsverfahren gemäß § 132 AktG, das der Verwirklichung des Informationsanspruchs dient, kann der Aktionär mit der Nichtigkeitsfeststellungsklage und der Anfechtungsklage gemäß § 243 AktG die Fehlerhaftigkeit von Beschlüssen der Hauptversammlung geltend machen. Vor allem letztere haben in den letzten 20 Jahren zugenommen und als Individualrechte der Aktionäre an Aufmerksamkeit gewonnen. Sie sind praktisch das einzig wirksame Mittel der überstimmten Minderheit, die Wahrung ihrer Rechte durchzusetzen.

Das Gesetz unterscheidet zwischen Fehlern, die den Beschluss per se von Anfang an nichtig machen und solchen, die ihn wirksam, aber gerichtlich vernichtbar machen. Zu den gesetzlich abschließend geregelten Nichtigkeitsgründen zählen etwa: nicht ordnungsgemäße Einberufung der Hauptversammlung (§ 241 Nr. 1, 2 AktG), fehlende notarielle Beurkundung, soweit gesetzlich vorgeschrieben (§ 241 Nr. 3 Akt), Sittenwidrigkeit der Beschlüsse (§ 241 Nr. 4 AktG).

Anfechtungsgründe sind die Verletzung von Gesetz oder Satzung. Sie werden in Verfahrens- und Inhaltsmängel unterteilt, wobei Verfahrensfehler nur bei einiger Relevanz zur Anfechtbarkeit führen. Zu den Inhaltsmängeln gehören vor allem Verstöße gegen das Gesetz, das Gleichbehandlungsgebot oder die Treupflicht der Aktionäre (s.u. II.2.). Erstere sind potenziell zahllos und reichen von unzureichenden Berichten des Vorstands oder Aufsichtsrats an die Hauptversammlung bis zur Wahl eines befangenen Abschlussprüfers (so zuletzt das „HypoVereins"-Urt. des BGH v. 25.11.2002 – II ZR 49/01, DB 2003, 383).

2. Pflichten des Aktionärs

Den Rechten gegenüber steht die *Treupflicht des Aktionärs*. Sie kann im Einzelfall seine Rechte derart einschränken, dass er in der Hauptversammlung zu bestimmter Stimmausübung gezwungen ist, will er der Gesellschaft oder seinen Aktionärskollegen gegenüber nicht pflichtwidrig handeln.

Unter der Treupflicht ist die Pflicht des Aktionärs zu verstehen, die Interessen der Gesellschaft, hierunter namentlich ihr Interesse an wirtschaftlichem Gedeihen und Überleben, zu fördern und Schaden für sie zu vermeiden. Sie besteht sowohl gegenüber der Gesellschaft, wie gegenüber den einzelnen Mitgesellschaftern. Während zunächst nur die Treupflicht des Mehrheitsaktionärs gegenüber der Minderheit anerkannt war, hat mit der „Girmes-Entscheidung" der BGH (NJW 1995, 1739 mit Anm. Altmeppen) auch dem Minderheitsaktionär die Treupflicht auferlegt. Sie kann sich insb. dann konkretisieren, wenn bestimmte Mehrheiten zu den das Überleben der Gesellschaft sichernden Beschlüssen ohne Mitwirkung von Kleinaktionären nicht erreicht werden können.

III. Aktionärskonzentration und tatsächlicher Einfluss

1. Aktionärsstruktur in Deutschland

Ende 2002 gliederte sich der Besitz an Aktien deutscher Unternehmen leicht gerundet wie folgt: 33,1% der Aktien befanden sich in Unternehmensbesitz, 13,0% im Besitz privater Haushalte, 14,2% in ausländischem Besitz, 14,0% im Besitz von Investmentfonds, 14,2% im Besitz von Versicherungen und 10,8% im Besitz von Banken (Quelle: DAI – Factbook, Stand November 2003, S. 08.1–3-b). In den letzten 10 Jahren sank der Besitzanteil von privaten Haushalten, Staat und Unternehmen im Verhältnis zu den institutionellen Anlegern, d.h. Banken, Versicherungen und Investmentfonds, leicht.

2. Institutionelle Anleger

Das Stimmgewicht der *institutionellen Anleger* im Vergleich zu den übrigen Aktionären ist bei den Hauptversammlungen der Publikumsgesellschaften entgegen der zuvor dargestellten Aktionärsstruktur aber meist bestimmend. Das hängt entscheidend mit dem *Vollmachtstimmrecht der Banken* gemäß § 135 AktG zusammen. Insbesondere die depotführenden Banken werden regelmäßig von ihren Kunden, insb. von Kleinaktionären mit Streubesitz und ohne relevantes Stimmgewicht, zur Stimmrechtausübung bevollmächtigt. Sie üben damit aber nicht nur das eigene Stimmrecht, sondern auch das der von ihnen betreuten Kunden aus und vereinigen somit regelmäßig einen großen Stimmanteil auf sich. Das hat immerhin dazu geführt, dass eine respektable Präsenz in den Hauptversammlungen der Publikumsgesellschaften erreicht wird. Denn bei weit gestreutem Besitz steht der Nutzen des Kleinaktionärs aus der eigenständigen Wahrnehmung seines Stimmrechts zum Aufwand außer Verhältnis, so dass andernfalls seine Stimme unberücksichtigt bliebe. Die so nicht genutzten Stimmen würden in ihrer Summe dann beträchtlich sein.

Der Gesetzgeber hat möglichen Interessenkonflikten eine moderate Grenze gezogen: Kreditinstitute, die selbst über mehr als 5% des Grundkapitals einer Gesellschaft verfügen, dürfen neben ihren eigenen Stimmrechten nur noch Vollmachtsstimmrechte mit konkreten Einzelweisungen ausüben (§ 135 Abs. 1 Satz 3 AktG). Nicht zuletzt wegen der Kritik an ihrer Stimmrechtsmacht ziehen sich die Banken aber ohnehin mehr und mehr aus der Stimmrechtsvertretung zurück. So hat der gesamte Sparkassenbereich erklärt, man werde keine Stimmrechte mehr in den Hauptversammlungen vertreten.

3. Ausübung der (Stimm-)Rechte via Internet

Mit der schrittweise fortlaufenden Unternehmensrechtsreform hat der Gesetzgeber beginnend ab 2001 den Einsatz moderner Kommunikationsmittel auch für die Hauptversammlung fruchtbar gemacht.

Das bisherige Druckwerk des Bundesanzeigers wurde als elektronischer Bundesanzeiger ins Internet gestellt und ist somit für jeden weltweit und unschwer einsehbar (http://www.bundesanzeiger.de). In ihm sind auch die bisherigen Pflichtveröffentlichungen wie etwa die Einberufung der Hauptversammlung mit Tagesordnung etc. bekannt zu machen. Auch der vom Bundesjustizministerium erlassene *Deutsche Corporate Governance Kodex* (DCGK), zu dessen Einhaltung sich die Verwaltung der AG gemäß § 161 AktG jährlich erklären muss, ist dort abrufbar (→ *Corporate Governance (Unternehmensverfassung)*). Er empfiehlt seinerseits unter Ziff. 2.2, 2.3 die Nutzung des Internets zur Erleichterung der Informationsgewinnung für die Aktionäre. Im Übrigen kann die Satzung im Falle von Namensaktien auch die Einberufung (§ 121 Abs. 4 AktG) sowie für Namens- und Inhaberaktien die Vollmachtserteilung zur Stimmrechtsvertretung gemäß § 134 Abs. 3 Satz 2 AktG per E-Mail vorsehen.

Die wohl größte Erleichterung bietet dem Aktionär sicherlich die *Online-Hauptversammlung*, die allerdings keine rein virtuelle Zusammenkunft ist. Der Gesetzgeber hat bis jetzt an der herkömmlichen Präsenzhauptversammlung festgehalten. § 118 Abs. 3 AktG gibt die Möglichkeit, in Satzung oder Geschäftsordnung gemäß § 129 AktG festzuschreiben, dass die Hauptversammlung in Ton und Bild übertragen werden darf, insb. also auch live ins Internet. Während der Aktionär bisher seinem Vertreter Weisungen im Vorhinein erteilen musste, kann er nun durch die Übertragung der Hauptversammlung diesem ebenfalls via Internet Weisungen live in die Hauptversammlung hinein erteilen.

Abgerundet wird der Komfort für den Aktionär schließlich, wenn die AG eigene Mitarbeiter als solche Vertreter zur Verfügung stellt, wie durch kürzlich erfolgte Änderung des Gesetzes erlaubt (§ 134 Abs. 3 AktG). Der DCGK nimmt diesen Gedanken unter Ziff. 2.3.3. auf und fordert die Gesellschaften auf, davon Gebrauch zu machen und für eine weisungsgebundene, während der Hauptversammlung erreichbare Vertretung zu sorgen.

4. Aktionärsvereinigungen

Genau so gut kann sich der Aktionär aber auch durch *Aktionärsvereinigungen* bei der Stimmausübung in der Hauptversammlung vertreten lassen. Neben medienwirksamer Opposition gegen sich abzeichnende Mehrheiten in der Hauptversammlung bleibt angesichts des geringen Stimmgewichts, das sie ausüben, tatsächlich aber meist nicht mehr als die Kontrolle der Rechtmäßigkeit der getroffenen Beschlüsse und ggf. deren gerichtliche Anfechtung. Demgemäß bieten die Vereinigungen neben der meist für jedermann kostenlosen Stimmrechtsvertretung ihren Mitgliedern auch professionelle Rechtsberatung in Aktienangelegenheiten an.

IV. Minderheitsrechte und Minderheitenschutz

Während in der AG der Grundsatz der gleichmäßigen Behandlung der Aktionäre gilt, sieht das Gesetz zusätzlichen Schutz für Minderheiten von Aktionären vor. Dieses Schutzes bedarf es umso mehr, als regelmäßig für Beschlüsse die einfache Mehrheit reicht, die unterlegene Minderheit also relativ groß sein kann. Zu solchen Schutzrechten mit gesetzlich jeweils quantifizierter Minderheit zählen insb.: die gerichtliche Durchsetzung einer Sonderprüferbestellung gemäß § 142 Abs. 2 AktG und die Herbeiführung einer gesonderten Abstimmung über Entlastung von Vorstand und Aufsichtsrat (jew. Minderheit von 10% der Aktien erforderlich); Einberufung der Hauptversammlung sowie Aufnahme gewünschter Themen in der Tagesordnung gemäß § 122 Abs. 1, 2 AktG (jew. Minderheit von 5% der Aktien erforderlich) und die gerichtliche Geltendmachung von Schadensersatzansprüchen gegen Vorstand, Aufsichtsrat u.a. gemäß § 147 AktG (nach Abs. 1 Satz 1 Minderheit von 10% erforderlich, nach Abs. 3 über die gerichtliche Bestellung eines Sondervertreters durch eine Minderheit von 5%). Insb. vermag aber eine Minderheit von 25% des Grundkapitals die wesentlichen Strukturentscheidungen, die das Anteilseigentum selbst verändern, zu blockieren. Sie kann dabei allerdings der Mehrheit gegenüber durch die Treupflicht (s.o. II.2.) gebunden sein.

Darüber hinaus gewährt die Rechtsprechung dem Minderheitsaktionär zunehmend auch ungeschriebene Schutzrechte. Als aktuelles Beispiel kann das bereits oben zitierte „Macroton"-Urt. des BGH (s.o. I.2.b) angeführt werden, dass im Falle eines *Delisting* (Herausnahme der AG aus dem Börsenhandel) die Gesellschaft oder den Großaktionär dazu verpflichtet, den Minderheitsaktionären, als Ausgleich für den damit verbundenen Wertverlust ein Pflichtangebot zum Kauf ihrer Aktien oder der Erstattung des vollen Werts ihres Aktieneigentums zu unterbreiten.

V. Summa

Die Hauptversammlung ist entscheidendes Organ für alle Unternehmens- und Strukturentscheidungen. Sie hat mit der Wahl der Anteilseigner-Vertreter Einfluss auf die personelle Zusammensetzung des Aufsichtsrats, der im Geschehen der Gesellschaften wichtiger wird. Mit dem jährlichen Beschluss über Entlastung von Vorstand und Aufsichtsrat übt sie die Kontrolle über deren Amtsführung aus. Ihre Stellung in der Gesellschaft ist bedeutend.

Der typische Kleinaktionär hat Einfluss über das Individualrecht der Anfechtung und zunehmend auch – allein oder mit anderen – mit Hilfe von Minderheitsrechten.

Wer die Gesellschaft als Aktionär mehrheitlich beherrscht, hat breite mittelbare Einflussmöglichkeiten auf die Führung und Leitung der Gesellschaft.

Literatur

Baums, Theodor: Vollmachtstimmrecht der Banken – Ja oder Nein?, in: AG, Jg. 41, 1996, S. 11–26.
Bunke, Caspar: Das Stimmrechtsvertretermodell als Grundlage der virtuellen Hauptversammlung, in: Die Virtuelle Hauptversammlung, hrsg. v. *Zetsche, Dirk*, Berlin 2002, S. 21–33.
Fraune, Christian: Der Einfluß institutioneller Anleger in der Hauptversammlung, Köln et al. 1996.
Henze, Hartwig: Pünktlich zur Hauptversammlungssaison: Ein Rechtsprechungsüberblick zu Informations- und Auskunftsrechten, in: BB, Jg. 57, 2002, S. 893–903.
Lutter, Marcus: Das Girmes – Urteil, in: JZ, Jg. 50, 1995, S. 1053–1056.
Lutter, Marcus/Leinekugel, Rolf: Kompetenzen von Hauptversammlung und Gesellschafterversammlung beim Verkauf von Unternehmensteilen, in: ZIP, Jg. 19, 1998, S. 225–232.
Lutter, Marcus/Leinekugel, Rolf: Der Ermächtigungsbeschluss der Hauptversammlung zu grundlegenden Strukturmaßnahmen – zulässige Kompetenzübertragung oder unzulässige Selbstentmachtung?, in: ZIP, Jg. 19, 1998, S. 805–817.
Marsch-Barner, Reinhard: Treuepflichten zwischen Aktionären und Verhaltenspflichten bei der Stimmrechtsausübung, in: ZHR, Jg. 157, 1993, S. 172–195.
Mimmberg, Jörg: Schranken der Vorbereitung und Durchführung der Hauptversammlung im Internet – die Rechtslage nach dem Inkrafttreten von NaStraG, Formvorschriften-AnpassungsG und TransPuG -, in: ZGR, Jg. 32, 2003, S. 21–58.
Noack, Ulrich: Neuerungen im Recht der Hauptversammlung durch das Transparenz- und Publizitätsgesetz und den Deutschen Corporate Governance Kodex, in: DB, Jg. 55, 2002, S. 620–626.
Raiser, Thomas: Recht der Kapitalgesellschaften, 3. A., München et al. 2001.
Roth, Günter H.: Die (Ohn-)Macht der Hauptversammlung, in: ZIP, Jg. 24, 2003, S. 369–378.
Westermann, Harm Peter: Vollmachtstimmrecht und Streubesitzaktionäre in der Hauptversammlung deutscher Aktiengesellschaften, in: Corporate Governance, hrsg. v. *Feddersen, Dieter/Hommelhoff, Peter/Schneider, Uwe H.*, Köln 1996, S. 264–286.
Zetsche, Dirk: Die Online-Hauptversammlung für Inhaberaktien, in: Die Virtuelle Hauptversammlung, hrsg. v. *Zetsche, Dirk*, Berlin 2002, S. 47–73.

Hierarchie

Markus Reihlen

[s.a.: Aufbau- und Ablauforganisation; Bürokratie; Delegation (Zentralisation und Dezentralisation); Macht in Organisationen; Organisatorische Gestaltung (Organization Design).]

I. Hierarchie als Ordnungsprinzip sozialer Systeme; II. Grundtypen der Hierarchie; III. Funktionen und Dysfunktionen der Hierarchie; IV. Alternativen zur Hierarchie.

Zusammenfassung

Die Hierarchie stellt ein spezifisches Organisationskonzept sozialer Systeme dar, das durch eine besondere Rollen-, Autoritäts-, Koordinations- und Kommunikationsstruktur gekennzeichnet ist. Aufbauend auf grundlegenden Merkmalen werden vier unterschiedliche Typen von Hierarchien – autokratische, kompetitive, partizipative und fluktuierende – differenziert sowie allgemeine Funktionen und Dysfunktionen herausgestellt. Der Beitrag schließt mit Alternativen zur hierarchischen Organisation.

I. Hierarchie als Ordnungsprinzip sozialer Systeme

Der Begriff Hierarchie (griech: Heilige Ordnung) bezeichnete ursprünglich die religiöse bzw. kirchliche Herrschaftsordnung. Mit Webers Analyse der → *Bürokratie* und der Übertragung auf die Ämterhierarchie wurde die Hierarchie zum zentralen Bezugspunkt für die → *Organisatorische Gestaltung (Organization Design)* (*Schwarz* 1985, S. 166). Neben der Begriffsdeutung von Hierarchie als Ordnungsprinzip sozialer Systeme wird mit ihr auch ein Weltbild in Verbindung gebracht, welches die menschliche Natur- und Gesellschaftsordnung als stratifiziertes Ebenensystem charakterisiert (*Bunge* 2001, S. 31; *Pattee* 1973, S. 73; *Simon* 1967).

Im Allgemeinen lässt sich eine Hierarchie als eine Gesamtheit von Elementen charakterisieren, die durch Über- und Unterordnungsbeziehungen miteinander verbunden sind (*Krüger* 1985). In der Betriebswirtschaftslehre hat man sich neben Organisationshierarchien insb. mit Ziel- und Planungshierarchien beschäftigt. Hierarchische Organisationen zeichnen sich durch folgende Merkmale aus (*Weber* 1976; *Mayntz* 1963, S. 81–111; *Luhmann* 1964; *Wild* 1973; *Krüger* 1985):

– *Rollenstruktur der Über- und Unterordnung*
 Das Grundgerüst jeder hierarchischen Organisation ist ein komplexes Rollengefüge – den Rollen der Über- und Unterordnung – von Führungsstellen mit sachlich abgegrenzten Kompetenzen und sozial eindeutig zugeordneten Untergebenen. Die verschiedenen Stellen sind über eine skalare Befehlskette von der Spitze bis zur Basis der Organisation verbunden, die ein- oder mehrdimensional angelegt sein kann (*Fayol* 1916; *Kosiol* 1976). Im Allgemeinen geben hierarchische Rollenbeziehungen dem Vorgesetzten das Recht, auch wenn es so nicht ausgeübt werden muss, Entscheidungen durch autoritäre Weisung zu treffen; die Untergebenen haben eine arbeitsvertraglich geregelte Gehorsamspflicht. Diese ungleiche Machtverteilung geht zumeist einher mit einer hierarchisch gestaffelten relativen Zumessung an Status, Privilegien und Anreizen sowie hierarchisch angelegten → *Karrieren und Laufbahnen*.
– *Monistische Autoritätsstruktur*
 Kennzeichnend für die Hierarchie ist eine monistische Autoritätsstruktur, d.h. „alle Autorität

kommt von oben und stürzt durch fortschreitende Übertragungen kaskadenförmig herab, während Verantwortlichkeit von unten kommt und dem nächsten Vorgesetzten und niemanden sonst schuldet." (*Thompson* 1971, S. 218). Im Zuge der → *Delegation (Zentralisation und Dezentralisation)* werden zwar Aufgaben, Kompetenzen und Verantwortung an nachgelagerte Stellen abgegeben, jedoch ist diese Entscheidungsdezentralisation immer innerhalb einer prinzipiell monistischen Autoritätsstruktur gedacht. Gleichzeitig werden durch diese Struktur auch die Konfliktlösungsprozesse (→ *Konflikte in Organisationen*) kanalisiert.

– *Formalisierte Koordinationsstruktur*
Die Hierarchie schafft durch generalisierte Verhaltenserwartungen bei ihren Mitgliedern die Institutionalisierung einer komplexen → *Aufbau- und Ablauforganisation*. Diese Verhaltenserwartungen sind vom Einzelergebnis unabhängig und bleiben auch bei Störungen, Widersprüchen und Umweltveränderungen bestehen, es sei denn, die Struktur wird verändert und schafft dadurch neue Verhaltenserwartungen. Die formale Struktur stellt das Rückgrat aller Koordinationsbestrebungen in Hierarchien dar. Damit wird der Weg einer strukturellen Lösung des Koordinationsproblems beschritten (*Schreyögg/Noss* 1994).

– *Kanalisierte Kommunikationsstruktur*
Die Kommunikationsstruktur (→ *Kommunikation*) in Hierarchien ist sowohl in vertikaler als auch in horizontaler Richtung klar geregelt (*Frese* 2000); um lange Dienstwege zu vermeiden, können auch Querverbindungen (sog. *Fayolsche Brücken*) zwischen organisatorischen Einheiten ohne Einschaltung des Vorgesetzten zugelassen sein. Die Ungleichheit in der Machtverteilung spiegelt sich auch in einer Ungleichheit in den Kommunikationschancen wider. Entsprechend der hierarchischen Position haben höhere Stellen i.d.R. umfangreichere Informationsrechte und organisatorisch abgesichertere Kommunikationsmöglichkeiten als dies unteren Ebenen eingeräumt wird.

II. Grundtypen der Hierarchie

Hierarchische Herrschaft (→ *Macht in Organisationen*) beruht in erster Line auf Amtsinhaberschaft. *Hierarchietypen* können im Hinblick auf zwei Dimensionen unterschieden werden (siehe Abb. 1): (1) inwieweit sind die Amtsinhaber aus einem freien Wettbewerb um Führungspositionen hervorgegangen; (2) inwieweit fördert die Struktur die aktive → *Partizipation* an Entscheidungsprozessen (*Dahl* 1971).

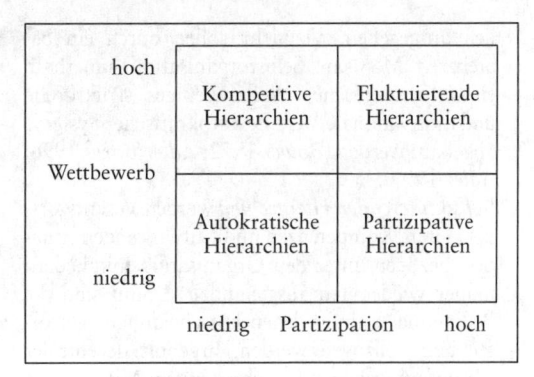

	niedrig Partizipation hoch	
Wettbewerb hoch	Kompetitive Hierarchien	Fluktuierende Hierarchien
niedrig	Autokratische Hierarchien	Partizipative Hierarchien

Abb. 1: Grundtypen von Hierarchien

– *Autokratische Hierarchien* repräsentieren die übliche Vorstellung einer Hierarchie als autoritäres und repressives Herrschaftsgefüge. Sie werden von Eliten geführt, die auch ohne Zustimmung oder Mitwirkung der Untergebenen eingesetzt oder entfernt werden. Die Entscheidungsmacht liegt bei der Organisationsspitze, die ggf. problembezogene Entscheidungskompetenzen an funktional spezialisierte Stellen delegiert. Die hierarchische Struktur ist darauf ausgelegt, die Arbeit unterer Ebenen einer straffen Überwachung und → *Kontrolle* zu unterziehen. Von den Untergebenen wird primär Gehorsam und strukturkonformes Verhalten erwartet (*Weber* 1976; *Wild* 1973; *Mayntz* 1971).

– *Kompetitive Hierarchien* werden ähnlich wie autoritäre Hierarchien von Eliten geführt, die berechtigt sind, ihre Entscheidungen auch durch autoritären Zwang umzusetzen. Der wesentliche Unterschied besteht jedoch darin, dass die Führungsämter wie in repräsentativen Demokratien im freien Wettbewerb um Unterstützung der Organisationsmitglieder und entscheidender Anspruchsgruppen erlangt werden. Damit schaffen kompetitive Hierarchien eine Organisationsverfassung, die Konkurrenz um Führungspositionen und die Auswahl geeigneter Kandidaten ermöglicht. Auch wenn die Organisationsmitglieder nicht an den Entscheidungsprozessen aktiv mitwirken, so werden sie doch an der Bestellung und Abwahl ihrer Führung beteiligt (*Schumpeter* 1946).

– *Partizipative Hierarchien* unterscheiden sich grundlegend von ihren autokratischen Gegenstücken, da die Beteilung von Mitarbeitern an der Willensbildung explizit gefördert wird. Dabei verzichtet die Organisationsleitung weitestgehend auf direkte Anweisungen zugunsten einer Koordination durch Rahmenvorgaben (Kontextsteuerung). Durch eine solche Kontextsteuerung werden bewusst Freiräume geschaffen, in denen die Mitarbeiter im Zuge der → *Selbstorganisation* kollaborieren, Lernprozesse entfalten und aktiv die → *Organisatorische Gestaltung (Organization Design)* mitprägen. Durch die Kontextsteuerung wird der monistische Steuerungsanspruch nicht grundsätz-

lich aufgegeben. Vielmehr sollen durch ein begrenztes Maß an Selbstorganisation innerhalb eines hierarchischen Aufbaugefüges strukturelle und motivationale Defizite autokratischer Systeme abgebaut werden (*Bower* 1972; *Adler/Borys* 1996; *Adler* 1999).
- In *fluktuierenden Hierarchien* werden Verantwortlichkeiten, Kompetenzen und Mitwirkungen situationsbezogen unter den Organisationsmitgliedern immer wieder neu ausgehandelt. Damit sind die Bedingungen, unter denen Entscheidungen getroffen und vollzogen werden, Ergebnis dezentraler Abstimmungen und Entscheidungen. Mit anderen Worten: Die Organisationsmitglieder handeln selbst die hierarchische Struktur mit ihren Rollen, Regeln und Zuständigkeiten für ihre Problemlösungsprozesse aus. Die fluktuierende Hierarchie ist darauf ausgelegt, veränderten Anforderungen einer Organisation durch flexible und temporäre Strukturen zu begegnen. Der wesentliche Unterschied zu den drei anderen Hierarchietypen besteht in den Anwendungsvoraussetzungen: fluktuierende Hierarchien sind letztlich Verhandlungssysteme und setzen damit eine heterarchische statt einer hierarchischen Grundstruktur voraus (*Schreyögg/Noss* 1994; *Reihlen* 1997, S. 253–295). Heterarchien weisen ähnlich wie neuronale Netzwerke eine „Nebenordnung" statt einer Über- und Unterordnung auf, die polyzentrische und partizipative Ordnungsmuster begünstigen.

III. Funktionen und Dysfunktionen der Hierarchie

Funktionen und Dysfunktionen der Hierarchie sind seit Aufkommen der → *Bürokratie* Gegenstand der → *Organisationstheorie*. Der Hierarchie können vier Funktionen zugeordnet werden. Erstens stellt die Hierarchie eine Lösung für das „Problem der großen Zahl" dar. Danach sind multilaterale Verhandlungsprozesse faktisch und ökonomisch nicht praktikabel, wenn die Anzahl an unabhängigen Entscheidungsträgern derart groß ist, dass gruppenbezogene Konfliktlösungsmechanismen (→ *Konflikte in Organisationen*) und kognitive Verarbeitungsfähigkeiten überfordert sind (→ *Komplexitätsmanagement*). Zweitens schafft die Hierarchie mit ihrer formalen Aufbau- und Ablaufstruktur eine stabile Ordnung mit generalisierten Verhaltenserwartungen, durch die der Bestand auch bei häufigem Wechsel der Mitglieder gewährleistet werden kann. Drittens ergänzt die Hierarchie durch die Autorität, die ein Inhaber aufgrund seines Amtes besitzt, individuelle Machtgrundlagen, die in Interaktionsprozessen nicht immer wieder aufs neue legitimiert werden müssen. Viertens ermöglicht sie aufgrund hierarchischer Weisungsrechte opportunistisches Verhalten besser zu kontrollieren als der Markt (→ *Institutionenökonomie*) (*Luhmann* 1964; *Weber* 1976; *Ochsenbauer* 1989; *Casson* 1994).

Gegen das Hierarchiemodell sind zahlreiche Einwände vorgebracht worden. Das spezialisierte, teilweise implizite Expertenwissen von Untergebenen, die Förderung ihrer Lernfähigkeit, ihre selbstständigen Beziehungen zu Externen, horizontale Kooperation, offene Kommunikation und die Notwendigkeit zum selbstständigen Handeln sind nur einige Gründe, die gegen die universelle Realisierbarkeit und Effizienz hierarchischer Strukturen eingewendet wurden (*Ochsenbauer* 1989). Von der Organisationspsychologie sind die dysfunktionalen Wirkungen auf die intrinsische Motivation (*Evan* 1976), die mangelnde Ausnutzung des intellektuellen Potenzials (*Argyris* 1957; *Argyris* 1990) und die Folgen eines autoritären Führungsstils (*Jago/Vroom* 1977) diskutiert worden. Unterschiedliche Pathologien der Hierarchie mit ihren Konsequenzen für organisatorische Kommunikations- und Lernprozesse sind Gegenstand der organisationssoziologischen Debatte gewesen (*Gouldner* 1964; *Merton* 1971). Nicht zuletzt hat die → *Institutionenökonomie* Gründe für → *Marktversagen und Organisationsversagen* eingebracht.

Ein Problem der Diskussion um Funktionen bzw. Dysfunktionen von Hierarchien besteht allerdings darin, dass die meisten Beiträge nicht zwischen unterschiedlichen Typen von Hierarchien differenzieren. Genau genommen hat sich die Literatur vornehmlich mit dem Typus der autokratischen Hierarchie auseinander gesetzt. Erst in jüngerer Zeit sind vereinzelte Beiträge erschienen, die zu einer wertvollen Differenzierung der Diskussion beigetragen haben (*Adler/Borys* 1996; *Adler* 1999).

IV. Alternativen zur Hierarchie

Die Suche nach Alternativen zur Hierarchie ist nahezu so alt wie das Konzept selbst. Die Vorschläge reichen von einer stärkeren Verbindung marktlicher und hierarchischer Koordinationsformen durch → *Interne Märkte* über → *Selbstorganisation*, → *Teamorganisation* und → *Netzwerke* bis hin zu Heterarchien (*Hedlund* 1986; *Reihlen* 1999).

Literatur

Adler, Paul S.: Building Better Bureaucracies, in: AME, Jg. 13, H. 4/1999, S. 36–49.
Adler, Paul S./Borys, Bryan: Two Types of Bureaucracy: Enabling and Coercive, in: ASQ, Jg. 41, 1996, S. 61–89.
Argyris, Chris: Overcoming Organizational Defenses, Boston 1990.
Argyris, Chris: Personality and Organization, New York 1957.
Bower, Joseph L.: Managing the Resource Allocation Process, Homewood, Ill. et al. 1972.
Bunge, Mario: Philosophy in Crisis, Amherst 2001.
Casson, Mark: Why Are Firms Hierarchical?, in: Journal of the Economics in Business, Jg. 1, H. 1/1994, S. 47–77.

Dahl, Robert: Polyarchy, New Haven et al. 1971.
Evan, William M.: Hierarchy, Alienation, Commitment and Organizational Effectiveness, in: HR, Jg. 30, 1976, S. 77–94.
Fayol, Henri: Administration industrielle et generale, Paris 1916.
Frese, Erich: Grundlagen der Organisation, 8. A., Wiesbaden 2000.
Gouldner, Alvin W.: Patterns of Industrial Bureaucracy, Glencoe, Ill. 1964.
Hedlund, Gunnar: The Hypermodern MNC – A Heterarchy?, in: Human Resource Management, Jg. 21, H. 1/1986, S. 9–35.
Jago, Arthur G./Vroom, Victor H.: Hierarchical Level and Leadership Style, in: OBHP, Jg. 18, 1977, S. 131–145.
Kosiol, Erich: Organisation der Unternehmung, 2. A., Wiesbaden 1976.
Krüger, Wilfried: Bedeutung und Formen der Hierarchie, in: DBW, Jg. 45, 1985, S. 292–307.
Luhmann, Niklas: Funktionen und Folgen formaler Organisation, Berlin 1964.
Mayntz, Renate (Hrsg.): Bürokratische Organisation, Köln et al. 1971.
Mayntz, Renate: Soziologie der Organisation, Reinbek 1963.
Merton, Robert K.: Bürokratische Struktur und Persönlichkeit, in: Bürokratische Organisation, hrsg. v. *Mayntz, Renate*, Köln et al. 1971, S. 265–276.
Ochsenbauer, Christian: Organisatorische Alternativen zur Hierarchie, München et al. 1989.
Pattee, Howard: Physical Basis and Origin of Control, in: Hierarchy Theory: The Challenge of Complex Systems, hrsg. v. *Pattee, Howard*, New York 1973, S. 72–108.
Reihlen, Markus: Moderne, Postmoderne und heterarchische Organisation, in: Organisation und Postmoderne, hrsg. v. *Schreyögg, Georg*, Wiesbaden 1999, S. 265–303.
Reihlen, Markus: Entwicklungsfähige Planungssysteme, Wiesbaden 1997.
Schreyögg, Georg/Noss, Christian: Hat sich das Organisieren überlebt?, in: DU, Jg. 48, 1994, S. 17–33.
Schumpeter, Joseph A.: Kapitalismus, Sozialismus und Demokratie, Bern 1946.
Schwarz, Gerhard: Die ‚Heilige Ordnung' der Männer, Opladen 1985.
Simon, Herbert A.: Die Architektur der Komplexität, in: Kommunikation, Jg. 3, H. 3/1967, S. 55–83.
Thompson, Victor A.: Hierarchie, Spezialisierung und organisationsinterner Konflikt, in: Bürokratische Organisation, hrsg. v. *Mayntz, Renate*, Köln et al. 1971, S. 217–227.
Weber, Max: Wirtschaft und Gesellschaft, 5. A., Tübingen 1976.
Wild, Jürgen: Organisation und Hierarchie, in: ZFO, Jg. 42, 1973, S. 45–54.

Hochschulorganisation

Egon Franck/Christian Opitz

[s.a.: Anreizsysteme, ökonomische und verhaltenswissenschaftliche Dimension; Bürokratie; Organisatorische Gestaltung (Organization Design); Reputation; Steuerungstheorie.]

I. Besonderheiten des Marktes für Forschung und Lehre; II. Überbetriebliche Organisationsprobleme; III. Betriebliche Organisationsprobleme; IV. Fazit und kritische Würdigung.

Zusammenfassung

Hochschulorganisation wird von den Besonderheiten des Marktes für Forschung und Lehre geprägt. Auf einer überbetrieblichen Ebene lassen sich wettbewerbliche und staatlich regulierte Hochschulsysteme unterscheiden. Diese Struktur bestimmt die Ausgestaltung betrieblicher Organisationsfragen, wie z.B. die Anreizsysteme von *Universitäten* und Professoren. Umfassende Beschäftigungsgarantien für Professoren und die Akademische Selbstverwaltung lassen sich aus der Spezifität von Humankapital und Risikoaspekten ableiten. Reformen des Hochschulwesens in Deutschland müssen in erster Linie auf eine stärkere Autonomie von Universitäten gerichtet sein.

I. Besonderheiten des Marktes für Forschung und Lehre

Zentrale Aufgaben von Hochschulen sind die Produktion von neuem Wissen durch Forschung und die Kommunikation und Vermittlung von bekanntem Wissen durch Lehre. Beide Betätigungsfelder, Forschung und Lehre, weisen Besonderheiten auf, die für die Hochschulorganisation von entscheidender Bedeutung sind.

Forschung, zumal Grundlagenforschung wie sie traditionell von Hochschulen geleistet wird, ist besonders risikoreich. Wissenschaftliche Höchstleistungen bedingen darüber hinaus lange Produktionsumwege und eine hohe Spezialisierung des forschenden Personals. Mit steigender Spezialisierung sinken aber gleichzeitig die alternativen Verwendungsmöglichkeiten des erworbenen Humankapitals dieser Berufsgruppe. Hochschullehrer müssen gegen Forschungsrisiken und eine Entwertung spezifischer Investitionen in Humankapital versichert werden, wenn die besten Köpfe diesen Weg einschlagen sollen.

Im Rahmen der Lehre finden zwei Aktivitäten gleichzeitig statt. Die Humankapitalausstattung von Studierenden wird erhöht und Studierende werden in verschiedene Güteklassen sortiert. Das Ergebnis dieser Ausbildungsbemühungen zertifizieren Hochschulen, indem sie differenzierte Zeugnisse und Noten vergeben. Auf diese Weise leisten Hochschulen einen wichtigen Beitrag zur Verbesserung der Funktionsweise des Arbeitsmarktes. Sie statten Bewerber mit Signalen aus, von denen Arbeitgeber auf die verborgene Humankapitalausstattung zurückschließen (*Arrow* 1973; → *Prinzipal-Agenten-Ansatz*).

Damit Ausbildungssignale auf dem Arbeitsmarkt jedoch ihre positive Wirkung entfalten können, müssen Hochschulen ihre eigene Qualität ebenfalls unter Beweis stellen (*Franck/Opitz* 1999). Arbeitgeber und andere Nachfrager der Leistungen von Hochschulen stehen außerhalb des Hochschulbetriebs und können daher die Sorgfalt, mit der Hochschulen Ausbildung betreiben, nicht vollständig beurteilen. Ausbildungssignale müssen mit anderen Worten irgendwie validiert werden, damit sie glaubwürdig sind. Hierzu kommen verschiedene Verfahren in Frage. Diese bestimmen die Gestalt von Hochschulsystemen und damit wichtige organisatorische Rahmenbedingungen auf einer den Hochschulen vorgelagerten, überbetrieblichen Ebene.

II. Überbetriebliche Organisationsprobleme

1. Die wettbewerbliche Alternative: Qualitätssignale und deren Validierung über Commitment

Hochschulen können versuchen, die Qualität ihrer Leistungen ebenfalls über Signale zu kommunizieren. Wichtige Ansatzpunkte für eine solche Signalproduktion sind z.B. die Selektivität einer Schule bei der Auswahl ihrer Studierenden, die Qualität ihres wissenschaftlichen Personals oder die vorhandene Ausbildungs- und Forschungsinfrastruktur (*Franck/Schönfelder* 2000). Am Beispiel der Selektivität soll das Validierungsproblem, das sich hier stellt, verdeutlicht werden. Der Produktionsprozess höherer Bildung wird von einem Input – nämlich *Humankapital* – dominiert. Talentierte und motivierte Studenten und Professoren spielen eine Hauptrolle in Lehre und Forschung. Nun stellt sich jedoch die Frage, wie Inputselektivität wirksam in den Markt kommuniziert werden kann. Ein nahe liegender Weg führt über Ablehnungsquoten. Eine Hochschule, die sehr vielen Bewerbern Absagen erteilt, produziert unmittelbare Ablehnungserfahrungen im anvisierten Bewerbersegment. Wahrscheinlich reicht der Informationsgehalt von Ablehnungsquoten aber nicht weit genug. Genau genommen kommuniziert die höchste Ablehnungsquote nämlich nur die Zugriffsposition einer Hochschule auf das entsprechende Marktsegment der Studieninteressenten. Die Frage jedoch, warum eine vorrangige Position in dieser Pecking-order unbedingt dazu genutzt werden sollte, die begabtesten Studenten auch tatsächlich auszuwählen, bleibt offen. Hier ist ein Disziplinierungsmechanismus gefragt, über den sichergestellt wird, dass Hochschulen, die ihre Verhaltensspielräume zum Schaden ihrer Nachfrager nutzen, dadurch selbst geschädigt werden.

Nehmen wir zum Ausgangspunkt, dass Absolventen erst im Laufe ihres späteren Berufslebens nach und nach besser in der Lage sind zu beurteilen, was ihnen das Studium und der Abschluss an einer bestimmten Schule gebracht haben. Indem sie Absolventen die Möglichkeit geben, für die Dienste der Hochschule erst dann zu bezahlen, wenn sie diese besser beurteilen können, und in dem Ausmaß, wie sie damit zufrieden sind, machen sich gerade die bekanntesten amerikanischen Hochschulen gezielt vom zukünftigen Urteil ihrer Absolventen abhängig.

Diese Aussage scheint auf den ersten Blick mit der Erhebung von Studiengebühren im Widerspruch zu stehen. Tatsächlich decken aber Studiengebühren z.B. in den USA – so hoch sie auch sein mögen – regelmäßig einen immer geringeren Anteil der gesamten Ausbildungskosten ab, je weiter man sich in der Reputationshierarchie der Hochschulen nach oben bewegt (*Winston* 1999). Lediglich Studierende der Berufshochschulen am unteren Ende des Reputationsspektrums kommen unmittelbar während ihrer Ausbildung für die entstehenden Kosten auf. Studenten an Eliteeinrichtungen zahlen zwar höhere Studiengebühren, erhalten jedoch eine Ausbildung, deren Kosten in manchen Fällen bis zum Fünffachen dieser Gebühren gehen. Je berühmter die Universität, desto größere Anfangsverluste nimmt sie beim Verkauf ihrer Dienste also gezielt in Kauf und desto stärker verlässt sie sich damit auf den späteren Berufserfolg ihrer Absolventen.

Überdurchschnittlicher Absolventenerfolg kann in so vielfältiger Weise positiv auf die einzelne Hochschule zurückwirken, dass man von einer regelrechten erfolgsorientierten Entlohnung sprechen kann. Erfolgreiche Absolventen können als Privatpersonen, Firmenvertreter oder Funktionäre mehr spenden und andere Unterstützung leisten als weniger erfolgreiche. Sie haben außerdem einen größeren Einfluss auf jene Drittpersonen und -institutionen, die als Förderer des Hochschulwesens agieren. Zudem lenkt überdurchschnittlicher Alumni-Erfolg die Aufmerksamkeit der Wirtschaft auf die Schule, was die Auftragsforschung beflügelt und den gegenwärtigen Absolventen den Arbeitsmarkteinstieg erheblich erleichtert.

In dem Maße, wie Absolventenerfolg eine wichtige Lenkungsfunktion über die Finanz- und Ressourcenströme übernimmt, kann man Hochschulen ernsthafte Absichten zur Qualitätsproduktion unterstellen. Auf diese Weise erhalten eine ganze Reihe von Indikatoren, mit deren Hilfe Qualität in den Markt signalisiert werden soll, erst ihre Glaubwürdigkeit. So belegen renommierte US-amerikanische Hochschulen ihre Selektivität mit niedrigen Zulassungsquoten oder hohen erreichten Punktzahlen der zugelassenen Bewerber in den standardisierten Zulassungs- und Intelligenztests (SAT, GMAT). Darüber hinaus werden Einstiegsgehälter und Placement-Statistiken von Absolventen sowie Daten über das Vermögen der Hochschulen und die Höhe von Alumni-Givings veröffentlicht. Diese Indikatoren greifen lediglich den beschriebenen Commitment-Mechanismus an verschiedenen Punkten ab (*Franck* 2001).

Die *Signalisierungsprozesse* unterliegen nun aber ausgeprägten Pfadabhängigkeiten (→ *Routinen und Pfadabhängigkeit*). Sobald eine Hochschule, aus welchen Gründen auch immer, bei Arbeitgebern in dem Ruf steht, Absolventen mit überlegenem Humankapital auszustatten, wird ein sich selbst verstärkender Mechanismus in Gang gesetzt. Besonders fähige und leistungsbereite Studierende erkennen, dass sie ihr Potential nur dann an spätere Arbeitgeber kommunizieren können, wenn sie ebenfalls an dieser Eliteeinrichtung studiert haben. Ausgestattet mit einem größeren Pool an hochmotivierten und talentierten Bewerbern kann die Elite-Hochschule ihre Studenten stärker auswählen und so die Qualität dieses Inputs weiter verbessern. Die Reputation dieser Einrichtung nimmt zu, wodurch wiederum ihre Auswahlmöglichkeiten steigen. Unbefriedigte Studentennachfrage, Reputation, und Spendenaufkommen korrelieren. Es gilt: „success breeds success" (*Frank/Cook* 1995, S. 36).

In den USA erzeugt der Wettbewerb zwischen den Hochschulen auf diese Weise eine relativ stabile Differenzierung der verschiedenen Institute in unterschiedliche Anforderungs- und Qualitätssegmente. Diese Differenzierung sollte eine Verbesserung der Treffsicherheit und damit der Aussagekraft von Abschlüssen nach sich ziehen. Dieser Punkt darf nicht missverstanden werden. Es geht nicht darum, die durchschnittliche Qualität amerikanischer Hochschulen zu bewerten. Es geht lediglich um das überlegene „Leitsystem" für Talent, das mit einem hierarchisch ausdifferenzierten Hochschulsystem einhergeht. Auch eine „schwache" Hochschule erfüllt in diesem System ihre Wegweiserfunktion, indem sie nur ganz bestimmte Segmente der Studentenpopulation anspricht und nur bestimmte Segmente des Arbeitsmarktes bedient.

2. Die bürokratische Alternative: Staatliche Interventionen zur Qualitätssicherung

Eine Alternative zur wettbewerblichen Ausgestaltung stellen bürokratische Hochschulsysteme dar. In diesen Systemen legt der Staat wichtige Rahmenbedingungen fest und bestimmt die Struktur über die Vergabe staatlicher Finanzmittel.

In Frankreich hat der Staat auf diese Weise ein hierarchisches System geschaffen, dessen Spitze durch die elitären Grandes Écoles markiert wird (*Barsoux/Lawrence* 1992). In Deutschland scheinen Interventionen dagegen in erster Linie auf die Sicherung einer Einheitsqualität der Hochschulen gerichtet zu sein. Ergebnis dieser Bemühungen ist ein System ohne ausgeprägte Qualitätsdifferenzierung zwischen den Hochschulen. Allgemein anerkannte Eliteuniversitäten sind ebenso unbekannt wie Einrichtungen mit auffällig geringem Bildungsanspruch.

Unter diesen Bedingungen ist es nicht verwunderlich, dass Studierende, die ihr besonderes Potential signalisieren wollen, in Deutschland zusätzliche Signale erwerben müssen. In hierarchischen Hochschulsystemen ist bereits der Name der Hochschule, an der ein Abschluss erworben wurde, ein wichtiges Signal. Deutsche High Potentials müssen dagegen nicht nur besonders schnell studieren und gute Noten vorweisen, sondern außerdem Praktika absolvieren, Auslandsaufenthalte einplanen und Doktortitel erwerben. Diese undifferenzierte Struktur des Marktes für Höhere Bildung, die in einem stark gepoolten Talentangebot resultiert, ist nicht zufällig. In einem System, das fast ausschließlich aus staatlichen Hochschulen besteht, verhindert der Gesetzgeber als Finanzier und oberster Kontrolleur wirksam eine weitere Ausdifferenzierung.

III. Betriebliche Organisationsprobleme

1. Anreize für Universitäten

Amerikanische Universitäten agieren als weitgehend autonome Entscheidungseinheiten in einem Wettbewerbsregime (*Franck/Opitz* 2000a). Private wie staatliche Hochschulen konkurrieren auf den Faktormärkten für knappes Talent und nehmen Erlöse aus Spenden, Forschungsaufträgen und Studiengebühren selbst ein, die sie zur Deckung laufender Ausbildungskosten, für Investitionen oder zur Vermögensbildung einsetzen können. Dieser Wettbewerbsprozess hat zur Folge, dass nachhaltig überdurchschnittliche Leistungen in Forschung und Lehre auch individuell belohnt werden, indem → *Reputation*, Einnahmen und Vermögen der betreffenden Hochschule überdurchschnittlich ansteigen.

In Deutschland können sich marktliche Mechanismen, die von selbst zu einem hierarchischen Bildungsmarkt führen, kaum entfalten. Deutsche Hochschulen besitzen keine Finanzautonomie, können bislang weder Studiengebühren einnehmen noch über Spendengelder frei verfügen oder Vermögen bilden. Sie finanzieren sich überwiegend aus jährlichen staatlichen Haushaltszuweisungen, die größtenteils nicht übertragbar sind (weder zwischen Ausgabenkategorien noch über die Zeit). Es gibt keine Möglichkeit und auch keine Notwendigkeit, sich vom späteren Berufserfolg der Absolventen abhängig zu machen.

Einige wichtige Bereiche, die als Signalgrößen dienen könnten, wie z.B. die Selektivität durch eine gezielte Auswahl von Studenten, sind bereits durch staatliche Vorschriften beschränkt. Aber selbst wenn deutsche Hochschulen ihren Studenteninput kontrollieren könnten, stellt sich die Frage, ob dies allein etwas bringt. Solange kein Mechanismus geschaffen wird, der die Ausstattung einer Hochschule an ihre Qualität knüpft, ist die Produktion von Qualitätssignalen nur wenig attraktiv. Damit sind deutsche Hochschulen jedoch eines wichtigen Effizienzmotors beraubt.

2. Anreize für Professoren

Wenn Hochschulen über den Wettbewerbsmechanismus für ihre Leistungen belohnt werden, dann erscheint es folgerichtig, die eigentlichen Leistungsträger, nämlich die Professoren, ebenfalls am Hochschulerfolg zu beteiligen (*Franck/Opitz* 2000b). In den USA verdienen Professoren an hoch angesehenen Universitäten deutlich mehr als ihre Kollegen an weniger bedeutsamen Einrichtungen. Darüber hinaus steigen die Gehälter von Professoren über die verschiedenen Ausbildungs- und Hierarchiestufen stark an. Ein Assistant Professor verdient dort gerade einmal 50 Prozent des Gehaltes eines Full Professors.

Unter den Bedingungen eines fehlenden Wettbewerbs zwischen den Hochschulen ist in bürokratischen Hochschulsystemen natürlich auch eine *Beteiligung* von Professoren an dem Erfolg ihrer Hochschule oder ihrer Fakultät nicht denkbar. Professoren in Deutschland werden folgerichtig bundesweit einheitlich nach dem Beamtenrecht besoldet.

Gäbe es keine zusätzlichen Mechanismen, hätten wir es offenbar mit einem durchgängigen Anreizproblem für Professoren zu tun. Nach ihrer Ernennung wären diese kaum motiviert, mehr als ihr vertraglich festgeschriebenes Soll in der Lehre zu erfüllen. Tatsächlich gibt es jedoch im deutschen Hochschulwesen ein auf der Ebene des einzelnen Professors wirksames System zur Kapitalisierung individueller Reputation. Angesehene Professoren können ihr Gehalt und ihre Ausstattung über den Berufungsmarkt und das Ausnutzen von Nebentätigkeitsspielräumen erheblich verbessern (→ *Anreizsysteme, ökonomische und verhaltenswissenschaftliche Dimension*).

In Zukunft sollen Hochschullehrer in Deutschland über erfolgsabhängige Lohnbestandteile zu mehr Leistung veranlasst werden. Das kürzlich verabschiedete Hochschulrahmengesetz sieht vor, dass Rektoren und Dekane in regelmäßigen Abständen über die Verteilung von Leistungsprämien entscheiden. Wie sollen deutsche Hochschulleitungen jedoch ohne Wettbewerb zwischen den Hochschulen entscheiden, welche Faktoren auf die Qualität einer Hochschule überhaupt wirken? Es steht zu befürchten, dass Gelder statt dessen nach Kriterien verteilt werden, die sich in erster Linie am persönlichen Nutzen der Beteiligten ausrichten (→ *Entscheidungsprozesse in Organisationen*).

Mit anderen Vorschlägen wird das Problem nicht grundsätzlich gelöst. Eine Koordination durch Zielvereinbarungen und ein Universitätsrat als oberstes Steuerungs- und Kontrollgremium (*Müller-Bölling* 1997), Planung und Organisation für eine effiziente und zielorientierte Leistungserstellung (*Fandel* 1998), interne Kontrollinstrumente wie eine Leistungsdokumentation, Evaluation und Kostenrechnungssysteme (*Küpper/Zboril* 1997) arbeiten zwangsläufig mit fragwürdigen Zielgrößen – solange auf den Markt als Steuerungsinstrument systematisch und bewusst verzichtet werden soll.

Neben den beschriebenen Unterschieden lassen sich Regelmäßigkeiten ausmachen, die in den besonderen Gutseigenschaften von Forschung bzw. den Anforderungen an Forscher begründet sind.

3. Umfassende Beschäftigungsgarantien für Hochschullehrer

Was die Vertragslänge und die Arbeitsplatzsicherheit von Hochschullehrern betrifft, haben sich in allen Ländern ähnliche Muster heraus gebildet (*Franck* 2000). In den USA genießen ordentliche Professoren eine so genannte „tenure", die in ihrer Wirkung dem deutschen Beamtenverhältnis auf Lebenszeit durchaus ähnlich ist (*Carmichael* 1988). Die Tenure gilt auf Lebenszeit, bietet umfassenden Kündigungsschutz und fixiert eine Mindestbesoldung, die bis zum Eintritt des Professors in das Ruhestandsalter gilt. Solche umfassenden Garantien, deren Extremform eine lebenslange Beschäftigung darstellt, lassen sich mit der Spezifität der Investitionen in Humankapital und mit Risikoaspekten erklären. Der Staat bzw. die Universität versichert Hochschullehrer gegen eine Entwertung spezifischer Investitionen in Ausbildung und Forschungsrisiken.

4. Akademische Selbstverwaltung

Auch bezüglich der internen Organisationsstrukturen von Hochschulen lassen sich gewisse Regelmäßigkeiten erkennen. Was in Deutschland unter dem Begriff der Akademischen Selbstverwaltung subsummiert wird, lässt sich überall beobachten. Hochschullehrer kontrollieren und führen sich gegenseitig. Dieses Phänomen lässt sich ebenfalls auf die besonderen Gutseigenschaften von Lehre und Forschung zurückführen. Nur Spezialisten sind in der Lage, die Qualität dieser Leistungen und die Arbeitsleistung von Professoren umfassend und zutreffend zu beurteilen. Für Hochschullehrer gilt, dass Spezialisten Peers sein müssen. Rektoren, Dekane, Fakultätsräte und andere hochschulinterne Positionen und Gremien sind überall mit Hochschullehrern besetzt. Unterschiede ergeben sich lediglich hinsichtlich des Grades der Professionalisierung, der über die Dauer der Beschäftigung mit diesen (Sonder-)Aufgaben bestimmt wird (→ *Arbeitsteilung und Spezialisierung*).

IV. Fazit und kritische Würdigung

Sollen Reformen die beschriebenen systemimmanenten Nachteile beheben, die mit einem undifferenzierten Hochschulsystem einhergehen, dann ist ein radikaler Umbau erforderlich.

Zentrales Element einer entsprechenden Hochschulreform muss die Intensivierung des Wettbewerbs zwischen den Hochschulen sein (*Kieser* 1999). Ohne größere Autonomie, die vor dauernden politischen „Zielstiftungen" schützt, und ohne die Option, eigenständige Vermögen durch Spenden, Studiengebühren und aus Betriebsersparnissen aufzubauen, fällt es den Hochschulen schwer, sich wie in der beschriebenen „Vorleistungslogik" glaubhaft auf

Absolventenerfolg zu verpflichten. Nur wenn die langfristig erfolgsabhängige Entlohnung der Hochschule über den Arbeitsmarkt in zusätzliche und eigenständige Komponenten der Mitarbeiterkompensation innerhalb der einzelnen Hochschule einfließt, gibt es auf der individuellen Ebene Anreize, das Verpflichtungsversprechen ernst zu nehmen.

Literatur

Arrow, Kenneth J.: Higher Education as a filter, in: Journal of Public Economics, Jg. 2, 1973, S. 193–216.
Barsoux, Jean-Luis/Lawrence, Peter: Wie Frankreich seine Kader schmiedet, in: Harvard Manager, Jg. 14, 1992, S. 30–37.
Carmichael, H. Lorne: Incentives in academics: Why is there tenure?, in: J.Polit.Econ., Jg. 96, 1988, S. 453–472.
Fandel, Günter: Funktionalreform der Hochschulleitung, in: ZfB, Jg. 68, 1998, S. 241–257.
Franck, Egon: Hochschulrankings und die Filterleistung von Hochschulsystemen, in: DBW, Jg. 61, 2001, S. 143–145.
Franck, Egon: Gegen die Mythen der Hochschulreformdiskussion, in: ZfB, Jg. 70, 2000, S. 19–39.
Franck, Egon/Opitz, Christian: Anreizsysteme für Professoren in den USA und in Deutschland, in: ZFO, Jg. 69, 2000a, S. 234–240.
Franck, Egon/Opitz, Christian: Selektion und Veredelung von Humankapital: Implikationen für eine leistungsorientierte Vergütung von Hochschullehrern, in: ZfP, Jg. 14, 2000b, S. 270–290.
Franck, Egon/Opitz, Christian: Hochschulen als ‚Sortiereinrichtungen' auf Humankapitalmärkten, in: ZfB, Jg. 69, 1999, S. 1313–1330.
Franck, Egon/Schönfelder, Bruno: On the role of competition in higher education: Uses and abuses of the economic metaphor, in: sbr, Jg. 52, 2000, S. 214–237.
Frank, Robert H./Cook, Phillip J.: The winner-take-all society, New York 1995.
Kieser, Alfred: Über Marktmechanismen nachdenken: Aspekte zum Wettbewerb an Universitäten, in: Forschung & Lehre, H. 6/1999, S. 284–285.
Küpper, Hans-Ulrich/Zboril, Nicole A.: Rechnungszwecke und Struktur einer Kosten-, Leistungs- und Kennzahlenrechnung für Fakultäten, in: Kostenrechnung Stand und Entwicklungsperspektiven, hrsg. v. *Becker, Wolfgang*, Wiesbaden 1997, S. 337–366.
Müller-Bölling, Detlef: Zur Organisationsstruktur von Universitäten, in: DBW, Jg. 57, 1997, S. 603–614.
Winston, Gordon C.: Subsidies, hierarchy and peers: The awkward economics of higher education, in: Journal of Economic Perspectives, Jg. 13, 1999, S. 13–26.

Holding

Thomas Keller

[s.a.: Corporate Governance (Unternehmensverfassung); Delegation (Zentralisation und Dezentralisation); Konzernorganisation; Management und Recht; Organisatorische Gestaltung (Organization Design); Spartenorganisation; Top Management (Vorstand); Zentralbereiche.]

I. Begriffe; II. Holding-Grundtypen; III. Bildung einer Holding; IV. Zielsetzung und Motive; V. Effizienzbewertung; VI. Rechtliche Bewertung; VII. Praktische Verbreitung.

Zusammenfassung

Holdings zählen zu den ältesten Unternehmensformen. In der Wirtschaftspraxis kommen sie bei Großkonzernen, im Mittelstand und in nahezu allen Branchen zum Einsatz. Holdings bieten strukturelle Ansätze für die Lösung rechtlicher, finanzieller, organisatorischer oder strategischer Problemstellungen. Sie erfordern neue Führungsinstrumente sowie eine holdingtypische Form der Führung.

I. Begriffe

1. Definition

Eine Holding ist eine Unternehmung, die dauerhaft Beteiligungen an einem oder mehreren rechtlich selbstständigen Unternehmen hält. Grundfunktionen der Holding sind die Beteiligungsverwaltung und die Beteiligungsfinanzierung sowie die Führung.

2. Begriffsbildungen

In der Wirtschaftspraxis finden sich Begriffe, die sich am Gegenstand (z.B. Industrie-/Post-Holding, etc.), dem Ort (Landes-/Auslands-Holding), an der hierarchischen Einordnung (Dach-/Zwischen-Holding) oder am Hauptgesellschafter (Familien-/Staats-Holding) der Holding orientieren (*Keller* 1993, S. 32–41; *Bernhardt/Witt* 1995, S. 1341 ff.). Darüber hinaus gibt es „Misch-Holdinggesellschaften", also Holdings, die noch ein operatives (Rest-)Geschäft haben.

II. Holding-Grundtypen

Es gibt zwei Grundtypen: die *Finanzholding* und die *Führungsholding* (*Keller* 1998b, S. 116, S. 112–114). Erstere hält lediglich Beteiligungen und verwaltet sie. Die Beteiligungen reichen von wenigen Prozent bis zu 100%. Von der Finanzholding geht kein Führungseinfluss aus. Sie nimmt ihre Rechte „distanziert" über rein rechtliche Kontrollgremien und Kontrollinstrumente wie Aufsichtsratsmandate (→ *Aufsichtsrat*), Gesellschafterversammlungen sowie die Satzungsgestaltung wahr (→ *Corporate Governance (Unternehmensverfassung)*.

Die Führungsholding hält zumindest die einfache Mehrheit am Gesellschaftskapital ihrer Töchter und übt einen unmittelbaren Einfluss auf ihre abhängigen Töchter aus. Ziel der Führung ist die „wirtschaftseinheitliche Leitung" eines Konzerns (→ *Konzernorgani-*

sation) (*Lutter* 1998, S. 20–23, sowie zur Konzernführung im Allgemeinen *Theisen* 2000). Führungsinstrumente sind eine strategische Konzern- und Unternehmenspolitik, eine konzernweite finanzielle Führung (*Scheffler* 1998, S. 236–239) sowie die Besetzung der Führungs- und Aufsichtsorgane im Rahmen der konzernweiten personellen Führung (*Keller* 1998b, S. 152) (→ *Personelle Verflechtungen*). Der Führungseinfluss kann durch den Abschluss von Unternehmensverträgen weiter untermauert werden. In Abhängigkeit vom Führungseinflusses ist zwischen einer „strategischen" und einer „operativen" Führungsholding zu unterscheiden. Die *strategische* Führungsholding beschränkt sich auf die Wahrnehmung eines grundlegenden Führungseinflusses. Die *operative* Führungsholding nimmt einen tiefer gehenden Einfluss bis in die Tagesgeschäfte einer Tochtergesellschaft wahr.

III. Bildung einer Holding

Holdings entstehen (a) durch Gründung und Erwerb von Beteiligungen (*Gründungsmodell*: Zahlung der Bareinlage durch Investoren bzw. Erwerber), (b) durch Gründung der Holding und Einbringung bereits bestehender Beteiligungen (*Einbringungs-Modell*: Die Beteiligung wird zur Sacheinlage) und (c) Ausgliederung und Übertragung von Vermögensgegenständen auf neue Tochtergesellschaften (*Ausgliederungsmodell*).

IV. Zielsetzung und Motive

1. Steigerung von Flexibilität und Anpassungsfähigkeit

Die Schnelligkeit und der Grad an Umweltveränderungen stellen zunehmend höhere Anforderungen an die Anpassungsfähigkeit der Struktur und der Prozesse eines Unternehmens (→ *Flexibilität, organisatorische*) (*Keller* 2002, S. 812–814). Die Organisationsstrukturen sind so zu gestalten, dass Informations- und Innovationsprozesse beschleunigt werden. In der Holding-Struktur wird dies durch Delegation (→ *Delegation (Zentralisation und Dezentralisation)*; *Bassen* 1998) unternehmerischer Entscheidungsprozesse auf die Leitungsorgane der Töchter sowie durch die Aufspaltung großer Organisationen in mehrere kleine Einheiten erreicht (siehe z.B. *Baier* 1999, S. 115–116). Für die am Markt operierenden Töchter können individuelle Markt- und Wettbewerbsstrategien definiert und ggf. selektiv angepasst werden. Ferner kann die Integration neuer Firmen bzw. die Des-Integration bei Verkäufen aufgrund der rechtlichen Selbstständigkeit der strategischen Einheiten leichter umgesetzt werden.

2. Erhöhung der Transparenz

In tief gestaffelten Hierarchien besteht die Gefahr, dass kritische Situationen vom Top-Management nicht oder zu spät erkannt werden. Mit wachsender Größe besteht ferner die Schwierigkeit, Markterfolge und Leistungen richtig ermitteln und bewerten zu können. Im Gegensatz zur Einheitsunternehmung unterliegen die Holding-Töchter als „marktbearbeitende Einheiten" einer *gesetzlich* begründeten Buchführungs- und Abschlusspflicht. Für jede strategische Untereinheit können somit Umsätze, Kosten und Ergebnisse eindeutig zugerechnet werden (→ *Profit-Center*).

Auch der Leistungsaustausch zwischen Holdingtöchtern lässt sich präzise ermitteln (→ *Interne Märkte*). Quersubventionen werden offen gelegt. Über die Zurechnung ergebnisrelevanter Zahlen hinaus können jeder Holding-Tochtergesellschaft Vermögen, Schulden und somit der Kapitaleinsatz sowie spezifische Risikofaktoren zugeordnet werden. Die Holding hat somit den Vorteil, dass gesamtunternehmerische Erfolgszahlen ermittelt werden können (→ *Benchmarking*; → *Management by Objectives*; → *Transparenz der Unternehmensführung*; → *Wertorientierte Unternehmensführung*) (*Keller* 1993, S. 215–218; *Keller* 1998a, S. 197, 203; *Borchers* 2002).

3. Reduktion und Beherrschung von Komplexität

Mit der Bildung unternehmerischer Untereinheiten und der Delegation von Verantwortung wird die Konzernführung (= Holding) von der operativen Geschäftsführung und einem entsprechenden Kontrollaufwand entlastet. Die Reduktion von Hierarchieebenen führt unmittelbar zu einer Reduktion struktureller Komplexität (*Keller* 1993, S. 202–215). Gleichzeitig steigt der Grad an Spezialisierung bei konzernweiten Funktionen (Konzernfinanzierung, Führungskräfteentwicklung etc.) und marktnahen Funktionen (Kundenservice/Kundenbindung). Ferner steigt die Professionalisierung als Voraussetzung für eine weitergehende Beherrschung umweltbezogener Komplexitätsfaktoren (→ *Komplexitätsmanagement*).

4. Allianzfähigkeit

Dominierende Strukturform ist die Holding bei internationalen Unternehmenszusammenschlüssen (→ *Fusionen und Übernahmen (Mergers and Acquisitions)*). Mangels internationaler Rechtsnormen bei grenzüberschreitenden Verschmelzungen wird die „als-ob"-Fusion durch Einbringung von Beteiligungen der Allianzpartner unter ein gemeinsames Holding-Dach vollzogen (→ *Internationale Unternehmen, Organisation der*) (*Raupach* 1998, S. 123–127; *Keller* 2002, S. 814–815). Die besondere Allianzfähigkeit ergibt sich daraus, dass für jede Holding-

Tochter Partnerschaften und/oder Allianzen auf Konzernebene geschaffen werden können (→ *Allianz, strategische*).

5. Förderung der Motivation

Das Management einer Holding-Tochter GmbH/AG verfügt schon auf Grund der rechtlichen Selbstständigkeit über umfassendere Kompetenzen und Verantwortung. Hierdurch kann das Status- und Aufstiegsempfinden leitender Mitarbeiter gesteigert werden (→ *Anreizsysteme, ökonomische und verhaltenswissenschaftliche Dimension*), da sie nicht mehr Direktoren eines Einheitsunternehmens, sondern Geschäftsführer/Vorstände sind. Sie müssen ihre Fähigkeiten in einem gesamtunternehmerischen Umfeld unter Beweis stellen. Diese Ziele werden insbesondere auch für Nachfolgeplanungen in → *Familienunternehmen* genutzt (*Keller* 1999, S. 14–19).

Wegen der höheren *Transparenz* im Holdingverbund führt die exaktere Zurechnung von Kosten, Leistungen und Ressourceneinsatz zu einer höheren Motivation der Ergebnisverantwortlichen. Die Holdingstruktur ermöglicht darüber hinaus, das Management an „ihren eigenen" Unternehmen kapitalmäßig zu beteiligen und schafft somit eine breite Mitunternehmerschaft.

De-Motivation wird vermieden, da die Holding als produktionsneutrale Obergesellschaft unabhängig von operativen Eigeninteressen eine sachzielneutralere Verbundführung gewährleistet (→ *Motivation*).

6. Haftung

In Einheitsunternehmen schlagen unternehmerische Risiken aufgrund der Vermögensgemeinschaft auf alle Einheiten durch. Holdingstrukturen begrenzen Risiken („*Trennungsprinzip*") auf einzelne Rechtseinheiten. Voraussetzung ist, dass keine „Haftungsbrücken" wie Bürgschaften, Beherrschungs- und Gewinnabführungsverträge oder eine *Eingliederung* (§§ 322 AktG; die Holding haftet den Gläubigern der eingegliederten Tochter unmittelbar) existieren oder die Holding ihren Einfluss zu Lasten der Tochter (Schädigungsprivileg der Holding als herrschendes Unternehmen) ausübt.

7. Sicherung der Führungs- und Kapitalkontinuität

Die Einbringung von Anteilen in eine Holding schafft stabile Mehrheiten und führt so zu einer deutlichen Verstärkung der Führungs- und Kapitalkontinuität. Veränderungen im Gesellschafterkreis oberhalb der Holding haben nur noch einen mittelbaren Einfluss auf die Töchter (→ *Kapitalmarkt und Management*). Auch schlagen bei *Interessenkonflikten* die divergierenden Vorstellungen der Gesellschafter der Holding nicht mehr direkt auf die operativen Einheiten durch.

Holdingstrukturen werden aus diesem Grund vornehmlich im Mittelstand genutzt, um die Auswirkungen von Nachfolgeregelungen (→ *Führungsnachfolge*) und aus einer Erweiterung des Gesellschafterkreises um Familienfremde zu begrenzen (*May* 1999, S. 51–53).

V. Effizienzbewertung

Holdingstrukturen stellen hohe Anforderungen an die Führungssysteme, insbesondere das → *Controlling* (*Keller* 1996, S. 320–321; *Leker/Cratzius* 1998, S. 362 ff.), das Finanzmanagement, die Personalentwicklung sowie die strategische Unternehmensplanung. Die Holding muss neue Führungsinstrumente entwickeln, die insbesondere dem Grundsatz der unternehmerischen Verantwortung in den Tochtergesellschaften entsprechen. Eine Mischung aus dezentraler Verantwortung und zentraler Kontrolle ist zu implementieren.

Die *Effizienz* ist neben den Umstrukturierungskosten auch von laufenden Holding-Kosten abhängig. Diese sind im Verhältnis zu den von der Holding wahrgenommenen Zentralfunktionen und weiteren Folgenutzen zu sehen: zusätzliche Buchführungs- und Prüfungskosten stehen häufig in einem vernachlässigbaren Verhältnis zum Gewinn an Transparenz, Anpassungsfähigkeit im Wettbewerb, höherer Motivation der Führungskräfte etc.

Maßgebend für die Effizienz ist die Deckungsgleichheit von Strategie und Struktur der marktbearbeitenden Einheit (→ *Strategie und Organisationsstruktur*). Tochtergesellschaften müssen über alle erforderlichen betrieblichen Funktionen verfügen. Werden Tochtergesellschaften zu klein geschnitten droht nicht nur eine kostenmäßige Ineffizienz, sondern eine strategische wie operative Ineffektivität des Gesamtverbundes.

Entscheidend für den Erfolg von Holdingkonzepten ist ferner die Verfügbarkeit geeigneten Führungspersonals für die verschiedenen Holding-Töchter. Die Einführung von Holdingkonzepten erfordert deshalb eine sorgfältige quantitative wie qualitative personelle Vorbereitung.

VI. Rechtliche Bewertung

Holdingstrukturen eröffnen eine hohe rechtliche Flexibilität bei der Holding als auch bei den Töchtern (Rechtsformwahl, *Rechtsform*-Kombinationen, Unternehmensverträge etc., Nutzung ausländischen Rechts).

Die Führungsholding ist Konzern-Obergesellschaft. Sie hat einen Konzernabschluss nach §§ 290 ff. HGB aufzustellen und unterliegt der Anwendbarkeit besonderer konzern-gesellschaftsrechtlicher Regelungen.

Holdingstrukturen ermöglichen die Abschottung von Haftungsrisiken, sofern Haftungsbrücken vermieden werden (vgl. BGH v. 23.9.01991, BGHZ 115,187 „Video" und BGH v. 29.3.01993, BGHZ 122, 123 „TBB"). Als generelle Gestaltungsempfehlung gilt, dass (a) die Holding ihre Tochtergesellschaften grundsätzlich wie fremde Dritte behandelt und (b) sie keine nachteiligen Weisungen zu Lasten der Tochter gibt (*Lutter* 1998, S. 252–255).

VII. Praktische Verbreitung

Holdingstrukturen sind zur dominierenden Organisationsform geworden. Unabhängig von Größenordnung und Branchenzugehörigkeit sind Holdings in Großunternehmen, im Mittelstand und in der öffentlichen Verwaltung (Stadtwerke-Holding) weit verbreitet (*Bühner* 1993a, S. 285 ff.; *Bühner* 1993b; und für Holdings im Mittelstand *Kraehe* 1994; *Watermann* 1999).

Literatur

Baier, Werner: Die Unternehmensgruppe Webasto. Mehr Unternehmer im Unternehmen durch eine Management-Holding, in: Die Holding im Mittelstand, hrsg. v. *Keller, Thomas*, Köln 1999, S. 103–121.
Bassen, Alexander: Dezentralisation und Koordination von Entscheidungen in der Holding, Wiesbaden 1998.
Bernhardt, Wolfgang/Witt, Peter: Holding-Modelle und Holding-Moden, in: ZfB, Jg. 65, 1995, S. 1341–1364.
Borchers, Stefan: Beteiligungscontrolling in der Management-Holding. Ein integratives Konzept, Wiesbaden 2002.
Bühner, Rolf: Management-Holding in der Praxis. Eine empirische Untersuchung deutscher Unternehmen, in: DB, Jg. 46, 1993a, S. 285–290.
Bühner, Rolf (Hrsg.): Erfahrungen mit der Management-Holding, Landsberg/Lech 1993b.
Keller, Thomas: Holdingkonzepte als organisatorische Lösungen bei hohem Internationalisierungsgrad, in: Handbuch Internationales Management, hrsg. v. *Macharzina, Klaus/Oesterle, Michael-Jörg*, 2. A., Wiesbaden 2002, S. 797–821.
Keller, Thomas: Entrepreneurship durch Holdingstrukturen, in: Die Holding im Mittelstand, hrsg. v. *Keller, Thomas*, Köln 1999, S. 9–20.
Keller, Thomas: Wertorientierte Beteiligungsführung in mittelständischen Konzernen, in: Der Konzern im Umbruch, hrsg. v. *Theisen, Manuel R.*, Stuttgart 1998a, S. 191–220.
Keller, Thomas: Die Führung einer Holding, in: Holding – Handbuch, hrsg. v. *Lutter, Marcus* et al., 3. A., 1998b, S. 101–113.
Keller, Thomas: Holding-Controlling, in: Lexikon des Controlling, hrsg. v. *Schulte, Chrisitof*, München, Wien 1996, S. 318–322.
Keller, Thomas: Unternehmungsführung mit Holdingkonzepten, 2. A., Köln 1993.
Kraehe, Jeannette: Die Mittelstandsholding. Ein Führungs- und Organisationskonzept für mittelständische Unternehmen, Wiesbaden 1994.
Kraft, Ernst-Thomas: Rechtsformen und Entstehung der Holding, in: Holding – Handbuch, hrsg. v. *Lutter, Marcus* et al., 3. A., Köln 1998, S. 33–100.
Leker, Jens/Cratzius, Michael: Erfolgsanalyse von Holdingkonzernen, in: BB, Jg. 53, 1998, S. 362–365.
Lutter, Marcus: Haftungsfragen in der Holding, in: Holding – Handbuch, hrsg. v. *Lutter, Marcus* et al., 3. A., Köln 1998, S. 248–289.
May, Peter: Von den „May-Werken" zur „May-Gruppe", in: Die Holding im Mittelstand, hrsg. v. *Keller, Thomas*, Köln 1999, S. 41–56.
Raupach, Arndt: Wechselwirkung zwischen der Organisationsstruktur und der Besteuerung multinationaler Konzernunternehmungen, in: Der Konzern im Umbruch, hrsg. v. *Theisen, Manuel R.*, Stuttgart 1998, S. 59–167.
Scheffler, Eberhard: Finanzielles Konzernmanagement – Ansätze und Empfehlungen aus betriebswirtschaftlicher Sicht, in: Der Konzern im Umbruch, hrsg. v. *Theisen, Manuel R.*, Stuttgart 1998, S. 233–247.
Theisen, Manuel R.: Der Konzern. Betriebswirtschaftliche und rechtliche Grundlagen der Konzernunternehmung, 2. A., Stuttgart 2000.
Watermann, Lars Oliver: Die Management-Holding für große Familienunternehmen. Ein Führungs- und Organisationskonzept, Wiesbaden 1999.

Human Ressourcen Management

Christian Scholz

[s.a.: Corporate Governance (Unternehmensverfassung); Corporate Governance, internationaler Vergleich; Individuum und Organisation; Personal als Managementfunktion; Personalwesen, Organisation des.]

I. Begriff und Ausrichtung; II. Ziele, Aufgaben, Kontext; III. Gestaltungsparameter; IV. Entwicklungslinien; V. Zukünftige Entwicklungen.

Zusammenfassung

Der Beitrag beschreibt Begriff und Ausrichtung sowie Ziele, Aufgaben und Kontext des Human Ressourcen Managements (HRM). Vor dem Hintergrund verschiedener Gestaltungsparameter, die das HRM auf die Erfüllung zentraler Aufgaben in Unternehmen ausrichteten, wird der Verlauf der Entwicklungslinien der HRM-Ansätze in den USA, in Großbritannien und im deutschsprachigen Raum skizziert. Der zusammenfassende Überblick weist auf die spektrumserweiternde Konvergenz der verschiedenen Ansätze hin.

I. Begriff und Ausrichtung

Trotz gradueller Unterschiede sollen Human Resource Management (z.B. *Schuler/Jackson* 1996), Human Resources Management (z.B. *Cascio/Awad* 1981) sowie Personalmanagement (z.B. *Wunderer/Kuhn* 1993) als synonym für den hier verwendeten Aus-

	Personnel Administration (PA) Personalverwaltung	Human Resource Management (HRM) Personalmanagement
Aufgabenbezug[a, b, c, e, f]	Administration und Abwicklung	Integration und Wertschöpfung
Ausrichtung[a, b, c, e, f]	operativ	strategisch
Dynamik[a, b, c, e, f]	niedrig	hoch
Funktionsbezug[b, c, e]	HR-Spezialist	HR-Generalist und Business Partner
Geschwindigkeit[b]	langsam	schnell
Interessenbezug[a, b, e]	Kollisionsvermeidung	Zusammenführung
Mitarbeiterstellung[a, b, c, d, e, f]	Objekt	Subjekt
Prozessrelevanz[d, e]	sekundär/derivativ	primär/originär
Verantwortung[e, f]	als zentrale Institution	als partnerschaftliches Netzwerk
Wirkungsrichtung[a, e]	primär vertikal	auch horizontal
Zeitorientierung[c, e, f]	Gegenwart/Vergangenheit	Gegenwart/Zukunft

Tab. 1: Abgrenzung zwischen PA und HRM (basierend auf [a] Krulis-Randa 1986; [b] Storey 1992; [c] Schuler 1998; [d] Berthel 2000; [e] Scholz 2000; [f] Wunderer/von Arx 2002)

druck Human Ressourcen Management gelten. Dieses HRM verbindet drei Grundorientierungen:

- In seiner *Humanorientierung* fokussiert es auf Mitarbeiter als Individuen, auf wechselseitigen Respekt sowie wirksame Partizipation.
- In seiner *Ressourcenorientierung* optimiert es nutzbare Fähigkeiten der Mitarbeiter als Inputfaktoren für die betriebliche Leistungserstellung.
- In seiner *Managementorientierung* erfüllt es eine unternehmerische Führungsfunktion im Interesse von Mitarbeitern, Unternehmen und Gesellschaft (→ *Personal als Managementfunktion*).

Je nach Mischungsverhältnis stehen einzelne Aspekte verstärkt im Vordergrund. In jedem Fall aber grenzt sich das daraus resultierende HRM von der *Personalverwaltung (Personnel Administration)* (→ *Personalwesen, Organisation des*) ab (vgl. Tabelle 1).

II. Ziele, Aufgaben, Kontext

Das HRM dient einer Vielzahl von Zielen (vgl. z.B. *Ulrich* 1997; *Ridder* 1999), die sich aber auf vier zentrale Ziele zurückführen lassen, nämlich

- *Akquisition* als Gewinnung von Mitarbeitern,
- *Qualifikation* als Weiterentwicklung ihrer Leistungsfähigkeit,
- *Retention* als Erhöhung ihrer Verbleibewahrscheinlichkeit und
- *Motivation* als Steigerung der individuellen Leistungsbereitschaft.

Um diese Ziele zu erreichen, gibt es klar definierte Aufgaben im HRM, über die in der Literatur weitgehend Einigkeit besteht:

- Informatorische Grundlage sind Personalbedarfsplanung und -bestandsanalyse.
- Aktionsfelder sind Personalbeschaffung, -entwicklung und -freisetzung.
- Verhaltenssteuerung erfolgt durch Personalführung.
- Unterstützend wirken Personalmarketing und Personalcontrolling.

Eingebettet ist HRM in ein *betriebsinternes Umfeld*, zu dem Unternehmenskultur und -image ebenso gehören wie die Unternehmensleitung, die Firmengeschichte oder die Produktionsverfahren, sowie ein *betriebsexternes Umfeld*, geprägt durch Landeskultur, Demographie, Wertvorstellungen und Technologie. Vor allem aber wird das HRM durch *gesetzliche Rahmenbedingungen* beeinflusst (vgl. *Oechsler* 2000): Neben dem *Individualarbeitsrecht* regelt das *kollektive Arbeitsrecht* die Arbeitgeber-Arbeitnehmer-Beziehungen. Zentralen Einfluss auf die personalwirtschaftlichen Gestaltungsspielräume hat das *Betriebsverfassungsgesetz* mit seinen Mitwirkungsrechten (Informations-, Beratungs-, Einsichts- und Anhörungsrecht) sowie Mitbestimmungsrechten (Initiativ-, Zustimmungs- und Widerspruchsrecht).

HRM bedeutet sowohl Funktion, zu verstehen als Aktivitätenbündel, als auch Institution, zu verstehen als *Organisation der Personalarbeit* (vgl. *Scholz* 1999) (→ *Personalwesen, Organisation des*). Im Ergebnis soll HRM zur Verbesserung der Gesamteffektivität durch höhere Produktivität bzw. *personalwirtschaftliche Wertschöpfung* führen (vgl. z.B. *Hentze/Kammel* 2001; *Wunderer/von Arx* 2002; *Scholz/Gutmann* 2003).

III. Gestaltungsparameter

Um seine zentralen Ziele und Aufgaben zu erfüllen, gibt es für das HRM verschiedene Gestaltungsparameter, die dann jeweils zu einer spezifischen HRM-Orientierung führen.

1. Mikro versus Makro

Eine erste Polarisierung ergibt sich aus dem originären HRM-Ansatzpunkt (*Wright/Boswell* 2003):

- *Mikro* beinhaltet ein eng gefasstes Vorgehen, bei dem das HRM einzelfallbezogen Mitarbeiter betrachtet. Theoretische Grundlagen liefern Organisationspsychologie und Arbeitswissenschaft.
- *Makro* zielt weitreichend und ganzheitlich auf Funktionen und Aufgaben von HRM im gesamten Unternehmen. Die Grundlagen hierfür ergeben sich u.a. aus der Unternehmensplanung.

„Mikro" impliziert also eine operativ-individuumsbezogene, „Makro" eine strategisch-unternehmensbezogene Vorgehensweise.

2. Ressourcenorientiert versus strategieorientiert

Innerhalb der Makro-Perspektive im HRM haben sich zwei Ausrichtungen herausgebildet (z.B. *Boxall* 1996):

- *Ressourcenorientiertes HRM* folgt der Inside-Outside-Perspektive und will das *Humankapital* im Kontext von *Unternehmensstrategie* und *Organisationsstruktur* maximieren.
- *Strategieorientiertes HRM* will in der Outside-Inside-Perspektive durch HRM strategische Überlegenheit des Unternehmens in seinem Wettbewerbsumfeld erreichen.

Der Fokus im ersten Fall liegt auf den Mitarbeitern, die es als Ressource zu optimieren gilt. Im zweiten Fall wird den Umfeld-Herausforderungen durch strategische HRM-Aktivitäten begegnet.

3. „People" versus „Process" versus „Structure"

Ein weiterer Gestaltungsparameter betrifft den Abgleich zwischen Stabilisierungs- und Flexibilisierungstendenzen:

- *Mitarbeiterorientierung* (z.B. *Klimecki/Gmür* 2001) stellt das Stabilisierungsprinzip in den Vordergrund und will bisher bewährte Verhaltensmuster möglichst kontinuierlich fortschreiben.
- *Prozessorientierung* (z.B. *Huselid* 1995) zielt auf das Flexibilisierungsprinzip und die Fähigkeit zur kurzfristigen Anpassung, u.a. durch entsprechende HRM-Systeme.
- *Strukturorientierung* (z.B. *Drumm* 2000) befasst sich mit der Stabilität und Flexibilität schaffenden Arbeitsteilung zwischen Unternehmensleitung, Personalabteilung, Führungskräften in der Linie und Mitarbeitern.

Wie in Abbildung 1 dargestellt, führt die Mikro-Perspektive unmittelbar zum einzelnen Mitarbeiter (People), während die Makro-Perspektive in ihren jeweiligen Ausprägungen alle drei Orientierungen abdeckt.

IV. Entwicklungslinien

HRM ist im *betriebsexternen Umfeld* stets in den nationalen Kontext eingebunden, also gekennzeichnet durch wirtschafts- und sozialpolitische Rahmendaten, Arbeitgeber-Arbeitnehmer-Beziehungen sowie landeskulturelle Werte (vgl. z.B. *Pieper* 1990; *Brunstein* 1995). Dies erklärt die teilweise unterschiedlichen landestypischen Entwicklungen.

1. USA

Hier hat HRM seine Wurzeln in den großen Produktionsunternehmen mit bürokratisierten und kontrollorientierten Abteilungsstrukturen. Teilweise als Gegenbewegung resultierten daraus drei *Entwicklungslinien* (vgl. *Boxall* 1992), die ihren Ursprung Mitte der 80er Jahre haben.

a) Der Michigan-Ansatz des verhaltensorientierten Subsystems

Vertreter dieser Richtung (z.B. *Tichy/Fombrun/Devanna* 1982) sehen im HRM die fördernde Funktion der Ressource Mensch sowie die integrative Funktion seiner Verknüpfung mit der Organisation. Das aus der Unternehmensstrategie abgeleitete Ergebnis ist ein eigenständiger „*Human Resource Cycle*" (Personalauswahl, Leistungsbeurteilung, Belohnung, Entwicklung), der sukzessive die Personalarbeit und die Mitarbeiterleistung verbessert.

b) Der Harvard-Ansatz der optimierten Personalressource

Für die Autoren dieses Ansatzes (z.B. *Beer* et al. 1985) sind HRM als zentraler Teil des General Managements und Personalstrategie eng verbunden mit der Unternehmensstrategie. Aktionsparameter sind Partizipation der Mitarbeiter, Personalanpassung über Beschaffung und Freisetzung, Anreizsysteme sowie Arbeitsorganisation.

Die Strategielogik der Harvard Business School zielt hier auf die umfassende Berücksichtigung der internen und externen *Stakeholder*, um den Mitarbeiter als treibende Kraft einzubinden, gleichzeitig aber auch, um die personalpolitischen Aspekte auf die Stakeholder auszurichten.

Weiterentwickler dieses Ansatzes (z.B. *Fitz-enz* 2000) wollen v.a. diejenigen Mitarbeiter langfristig fördern, die zur Wertschöpfung und Kulturentwicklung beitragen. Dies setzt mitarbeiterseitig den Nachweis erbrachter Leistung und unternehmensseitig angemessene Entlohnung voraus.

c) Der New York-Ansatz des strategischen „Matchings"

Eine eigenständige Synthese von Teilaspekten der beiden hier beschriebenen Ansätze liefert eine Denkschule, die sich auf die New York University und jetzt auf die Rutgers University zurückführen lässt (vgl. z.B. *Huselid/Jackson/Schuler* 1997). Wichtig sind hier v.a. die strategische Stimmigkeit zwischen Personal- und Unternehmensfunktionen sowie die managementfokussierte Rolle der Personalverantwortlichen.

Der HR-Manager sieht sich also als ein Investor in Human Resources, v.a. aber als „Manager".

Weiterentwicklungen des Ansatzes konzentrieren sich auf sinnvolles „Matching" bei Spezialaufgaben wie Mergers und Akquisitionen (vgl. z.B. *Schuler/Jackson* 2001).

2. Großbritannien

HRM in Großbritannien war geprägt von gewerkschaftlich dominierten Arbeitgeber-Arbeitnehmer-Beziehungen. Das Berufsbild des Personalverantwortlichen war dementsprechend defensiv und primär auf die Sicherstellung eines akzeptablen Verhältnisses zu den Gewerkschaften ausgerichtet (z.B. *Blyton/Turnbull* 1992). Dies änderte sich angesichts der Wirtschaftskrise der 70er Jahre und dem ultraliberalen Thatcherismus, der zunächst zwei Pole für ein HRM (vgl. *Storey* 2001) und später eine dritte Ausprägung hervorbrachte.

a) Der London-Ansatz als mitarbeiterbezogene Entwicklung

Die „weiche" HRM-Variante des „entwicklungsbezogenen Humanismus" (*Legge* 1995, S. 66), setzt den Mitarbeiter in den Mittelpunkt der HRM-Aktivitäten, um durch Einsatzbereitschaft, Anpassungsfähigkeit, Qualifizierung und Leistungsbereitschaft Wettbewerbsvorteile zu erringen (vgl. z.B. *Guest/Conway* 1997). Im weichen HRM werden Mitarbeiter explizit als eigenverantwortliche Akteure angesehen, die in den Leistungserstellungsprozess mit eingebunden werden und so zur Zielerreichung beitragen (→ *Menschenbilder*).

Neuere Ansätze differenzieren sich insb. über die instrumentellen Konzepte, die eine Anwendbarkeit weichen HRMs ermöglichen: So stellt gerade die Beschäftigung mit Employability (z.B. *Baruch* 2001) auf die Erfordernisse von Mitarbeitern ab.

b) Der Warwick-Ansatz als strategischer Taylorismus

Diese „harte" HRM-Variante basiert auf dem „utilitaristischen Instrumentalismus" (*Legge* 1995, S. 66) und will Systeme zum optimalen Einsatz des „Faktors" Personal schaffen. Dieser in der Warwick Business School propagierte Ansatz (z.B. *Hendry/Pettigrew* 1992) ist marktorientiert, rational und kalkulatorisch geprägt.

Der Schwerpunkt liegt auf der Integration von HR-Abläufen, -Systemen und -Aktivitäten, um geschäftsstrategische Ziele der Organisation zu erreichen (vgl. z.B. *Sparrow/Hiltrop* 1994, S. 14 ff.).

In der Weiterentwicklung des „harten" HRM werden die Humanressourcen noch konsequenter optimiert, wozu gerade die Wertschöpfungssteigerung in personalbezogenen Bereichen sowie Prozessinnovation dienen (z.B. *Storey* et al. 2002).

c) Der Cranfield-Ansatz als „Europäisches" Modell

Eine weitere Ausrichtung im HRM ist der Versuch von Brewster et al. (*Brewster* et al. 1992) von der Cranfield School of Management, ein „European HRM" zu entwickeln. Er sucht ein HRM, das vom landeskulturellen Kontext und der jeweiligen Arbeitgeber-Arbeitnehmer-Struktur geprägt wird. Anders als die unter (c) in den USA und im deutschsprachigen Raum behandelten Ansätze gibt es hier aber keine substanzielle Stimmigkeitsdiskussion.

Aktuelle Weiterentwicklungen sehen Großbritannien als ideales Testdesign für internationales HRM, weil es eine konzeptionelle Brücke zwischen den USA und Kontinentaleuropa bildet, dabei gleichzeitig einer vergleichsweise hohen Wettbewerbs- und Regulationsdynamik unterliegt (vgl. z.B. *Budhwar* 2000).

3. Deutschland/Österreich/Schweiz

Parallel – aber nicht erkennbar beeinflusst durch die Entwicklung in den USA – fand im deutschsprachigen Raum zu Beginn der 80er Jahre eine Neuorientierung der Personalarbeit statt, teilweise hin zu einer integrativen, proaktiven und strategischen Sichtweise (vgl. Überblick bei *Staehle* 1989; *Scholz* 1996; *Muller* 1999), teilweise aber auch in bewusster Abkehr, denn „HRM für deutsche Unternehmen zu fordern, wäre undifferenziert, irreführend und potenziell gefährlich" (*Garnjost/Wächter* 1996, S. 806).

a) Die verhaltenstheoretische „Human"-Orientierung

Unter der Annahme, dass eine verhaltensorientierte Ausrichtung das zentrale Thema des HRM sein muss, konzentriert sich die deutsche BWL v.a. ausgehend von Berlin (z.B. *Staehle* 1980) und Wien (z.B. *von Eckardstein/Schnellinger* 1978) auf die Erklärung und Gestaltung des Verhaltens von Personen in bestimmten Umweltsituationen. Hierbei werden bspw. auch Trainings- und Entwicklungskomponenten des HRM (*Weber* 1985) thematisiert, die die Personalentwicklung in den unternehmensübergreifenden Organisationsentwicklungsprozess einbinden sollen.

Dieser Ansatz wird in zwei Formen fortgeführt:

- Zunächst wird eine starke Differenzierung in verhaltenstheoretische Teilgebiete erkennbar, etwa in geschlechterbezogenes *Diversitätsmanagement* (z.B. *Krell* 2003) (→ *Gender Studies*) oder mitarbeiterzentrierte Ansätze wie → *Mikropolitik* oder *Mobbing* (z.B. *Neuberger* 1999).
- Gleichzeitig bedienen sich zunehmend und erfolgreich diverse Personalmanagement-„Gurus" im Hinblick auf *Selbstmotivation* und *Vertrauenskultur* des verhaltensorientierten Ansatzes (z.B. *Sprenger* 2002).

Auf der einen Seite findet also eine komplexitätserhöhende Aufsplittung der Themen in Richtung Arbeitspsychologie statt, auf der anderen Seite eine komplexitätsreduzierende Trivialisierung des Gebietes.

b) Die ökonomieorientierte Ressourcen-Optimierung

Ein stark planungsorientierter HRM-Ansatz, der auch eine unmittelbare Verbindung zu den Ressourcen des Unternehmens sowie seiner Strategie betont, lässt sich im deutschsprachigen Raum u.a. an Orten wie Stuttgart (z.B. *Macharzina/Oechsler* 1977; *Ackermann* 1987) und Zürich (z.B. *Rühli* 1977; *Krulis-Randa* 1986) festmachen. Im Vordergrund steht die Integration der sozialen mit der technokratischen Führung in eine ganzheitliche Sicht. Hier wird die Personalführung auf die Unternehmenspolitik ausgerichtet, indem die strategischen Planungsvorgaben für das gesamte Unternehmen bis in das Personalmanagement als Handlungsrestriktionen hineinwirken.

Die gegenwärtig u.a. in Bonn und erneut in Zürich propagierte Form des HRM ist eine implizite Weiterentwicklung dieses Ansatzes, da von der operativen bis hin zur strategischen Personalplanung die gleichen Themenbereiche einer ressourceneffizienten Lösung zugeführt werden sollen. Diese *Personalökonomie* führt zu Fragestellungen hinsichtlich modelltheoretischer Entlohnungssysteme als Motivationsinstrumente (z.B. *Sadowski* 2002, S. 146), strategischer Personalbeschaffungsentscheidungen bei *Informationsasymmetrie* (z.B. *Backes-Gellner/Lazear/Wolff* 2001, S. 119) oder spieltheoretischer Analysen von Beförderungssystemen (z.B. *Kräkel* 1999).

Charakteristisch für diese Personalökonomie ist das Primat der *Mikroökonomie*, das in dieser Form allerdings weder in Großbritannien noch in den USA eine dominante Entsprechung findet.

c) Die unternehmerische Management-Orientierung

Wie der New York-Ansatz begann auch diese u.a. in St. Gallen und Saarbrücken vertretene HRM-Variante mit einer systematisch-strategischen Personalplanung (vgl. z.B. *Scholz* 1982) mit Betonung strategischer Stimmigkeiten (vgl. z.B. *Scholz* 1984), der Ausrichtung an unternehmensstrategisch relevanten Aspekten wie interner Vision und externen Anspruchsgruppen (z.B. *Hilb* 1994) und einer wertschöpfungsorientierten Einbindung der HRM-Funktion als generelle Managementfunktion (vgl. z.B. *Wunderer* 1992).

Erfolgreiches Personalmanagement muss demnach die zentralen Felder, Ebenen und Ausrichtungen berücksichtigen, die zusammen einen stimmigen Rahmen für eine systematische Personalarbeit bilden (z.B. *Scholz* 2000). Ähnlich argumentieren auch Autoren wie Drumm (*Drumm* 2000), Berthel (*Berthel* 2000) und Hentze et al. (*Hentze/Kammel/Lindert* 1997) (→ *Personal als Managementfunktion*).

Die neueren Konzepte dieses Ansatzes weiten das HRM auf aktuelle unternehmerische Fragestellungen wie die stimmige Gestaltung der expliziten und impliziten Kontrakte zwischen Unternehmen und Mitarbeiter aus und berücksichtigen damit unternehmensseitigen Wettbewerbsdruck sowie mitarbeiterseitige Optimierungswünsche (vgl. z.B. *Scholz* 2003; *Wunderer/Küpers* 2003).

V. Zukünftige Entwicklungen

HRM wird zukünftig nicht mehr nur die klassischen Funktionen und Aufgaben erfüllen. Vielmehr stellen der sich weiter verschärfende globale Wettbewerb (→ *Globalisierung*), die Forcierung der technologischen Entwicklung, eine sich ausweitende Fusionswelle und die Veränderung der Beschäftigungsverhältnisse immer neue Anforderungen an das HRM. Insgesamt geht es dabei nicht mehr vordringlich um die Suche nach einer strategischen Rolle: Entweder das HRM als Institution nimmt diese wahr, oder aber HRM als Funktion wird zunehmend von anderen internen bzw. externen Organisationseinheiten realisiert. Dies gilt umso mehr, als die zunehmende Informationstechnologisierung zur verstärkten Virtualisierung und Grenzauflösung führt. In diesem Kontext gilt es, für das HRM zentrale Führungsfunktion wahrzunehmen – und zwar funktional wie institutional. Hierzu kann das HRM auf eine breite Palette an möglichen Realisationsformen zurückgreifen.

Betrachtet man dazu die oben skizzierten Gestaltungsparameter und Entwicklungslinien, so werden trotz länder- und „schulen"-bezogener Spezifika durchaus Gemeinsamkeiten zwischen den HRM-Ansätzen deutlich (vgl. Abbildung 1): So gibt es teilweise parallele (aber offenbar kausal weitgehend unabhängige) Entwicklungen in den jeweiligen Ländern. Sie sind und bleiben allerdings mit markanten landesspezifischen Charakteristika verbunden, die sich jeweils u.a. aus den Arbeitnehmer-Arbeitgeber-Beziehungen ergeben.

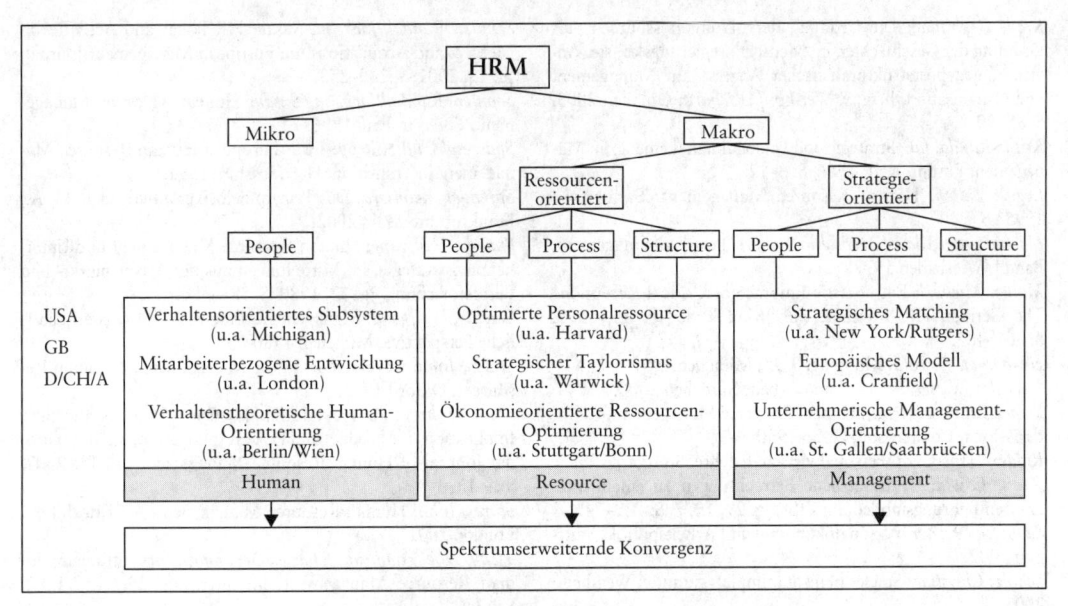

```
                          HRM
                   ┌───────┴───────┐
                 Mikro          Makro
                              ┌────┴────┐
                        Ressourcen-  Strategie-
                        orientiert    orientiert
                       ┌────┼────┐   ┌────┼────┐
         People    People Process Structure People Process Structure
```

	Human	Resource	Management
USA GB D/CH/A	Verhaltensorientiertes Subsystem (u.a. Michigan) Mitarbeiterbezogene Entwicklung (u.a. London) Verhaltenstheoretische Human-Orientierung (u.a. Berlin/Wien)	Optimierte Personalressource (u.a. Harvard) Strategischer Taylorismus (u.a. Warwick) Ökonomieorientierte Ressourcen-Optimierung (u.a. Stuttgart/Bonn)	Strategisches Matching (u.a. New York/Rutgers) Europäisches Modell (u.a. Cranfield) Unternehmerische Management-Orientierung (u.a. St. Gallen/Saarbrücken)

Spektrumserweiternde Konvergenz

Abb. 1: Zusammenfassender Überblick über das HRM

Ein Vergleich der jeweiligen Weiterentwicklungen zeigt, dass die drei Säulen (Human, Ressource, Management) sukzessive breiter werden: So weiten sich auch Konzepte, die ursprünglich auf den Mikroaspekt „Mitarbeiterverhalten" fokussierten, auf den Ressourcen- und Managementaspekt aus. Auch wenn dies nicht in gleicher Intensität für alle Ansätze gilt, verändert sich das HRM doch insgesamt von einer Ansammlung eher partikularistischer Vorschläge hin zu einem etwas einheitlicheren, integrativen Konzept: Die HRM-Ansätze gehen somit zwar von unterschiedlichen Startpunkten aus, decken dann aber dennoch das gesamte Spektrum der oben skizzierten Aufgaben ab.

Literatur

Ackermann, Karl-Friedrich: Konzeptionen des strategischen Personalmanagements für die Unternehmenspraxis, in: Humanität in Personalpolitik und Personalführung, hrsg. v. *Glaubrecht, Helmut/Zander, Ernst*, Freiburg 1987, S. 39–68.
Backes-Gellner, Uschi/Lazear, Edward/Wolff, Birgitta: Personalökonomie. Fortgeschrittene Anwendungen für das Management, Stuttgart 2001.
Baruch, Yehuda: Employability: A substitute for loyalty?, in: Human Resource Development International, Jg. 4, 2001, S. 543–566.
Beer, Michael et al.: Human Resource Management, New York 1985.
Berthel, Jürgen: Personal-Management, 6. A., Stuttgart 2000.
Blyton, Paul/Turnbull, Peter: Reassessing Human Resource Management, London et al. 1992.
Boxall, Peter: The Strategic HRM Debate and the Resource-Based View of the Firm, in: Human Resource Management Journal, Jg. 6, H. 3/1996, S. 59–75.
Boxall, Peter: Strategic Human Resource Management, in: Human Resource Management Journal, Jg. 2, H. 3/1992, S. 60–79.
Brewster, Chris (Hrsg.) et al.: The European Human Resource Management Guide, London et al. 1992.
Brunstein, Ingrid (Hrsg.): Human Resource Management in Western Europe, Berlin 1995.
Budhwar, Pawan: A Reppraisal of HRM Models in Britain, in: Journal of General Management, Jg. 26, H. 2/2000, S. 72–91.
Cascio, Wayne/Awad, Elias: Human Resources Management, Reston 1981.
Drumm, Hans Jürgen: Personalwirtschaft, 4. A., Berlin et al. 2000.
Fitz-enz, Jac: ROI of Human Capital: Measuring the Economic Value of Employee Performance, New York 2000.
Garnjost, Petra/Wächter, Hartmut: Human Resource Management – Herkunft und Bedeutung, in: DBW, Jg. 56, 1996, S. 791–808.
Guest, David/Conway, Neil: Employee motivation and the psychological contract, London 1997.
Hendry, Chris/Pettigrew, Andrew: Patterns of Strategic Change in the Development of Human Resource Management, in: British Journal of Management, Jg. 3, 1992, S. 137–156.
Hentze, Joachim/Kammel, Andreas: Personalwirtschaftslehre, Band I, 7. A., Bern et al. 2001.
Hentze, Joachim/Kammel, Andreas/Lindert, Klaus: Personalführungslehre, 3. A., Bern et al. 1997.
Hilb, Martin: Integriertes Personal-Management, Neuwied 1994.
Huselid, Mark: The Impact of Human Resource Management Practice on Turnover, Productivity, and Corporate Financial Performance, in: AMJ, Jg. 38, 1995, S. 635–672.
Huselid, Mark/Jackson, Susan/Schuler, Randall: Technical and Strategic Human Resource Management effectiveness as determinants of firm performance, in: AMJ, Jg. 40, 1997, S. 171–188.
Klimecki, Rüdiger/Gmür, Markus: Personalmanagement, 2. A., Stuttgart 2001.
Kräkel, Matthias: Ökonomische Analyse der betrieblichen Karrierepolitik, 2. A., München et al. 1999.

Krell, Gertraude: Die Ordnung der „Humanressourcen" als Ordnung der Geschlechter, in: Menschenregierungskünste. Anwendungen poststrukturalistischer Analyse auf Management und Organisation, hrsg. v. *Weiskopf, Richard*, Opladen 2003, S. 65–90.

Krulis-Randa, Jan: Strategie und Personalmanagement, in: Management Forum, Jg. 1, 1986, S. 3–12.

Legge, Karen: Human Resource Management, Basingstoke 1995.

Macharzina, Klaus/Oechsler, Walter: Personalmanagement, Band I, Wiesbaden 1977.

Muller, Michael: Enthusiastic Embrace or Critical Reception? The German HRM Debate, in: JMan.Stud., Jg. 36, 1999, S. 465–482.

Neuberger, Oswald: Mobbing, 3. A., München 1999.

Oechsler, Walter: Personal und Arbeit, München 2000.

Pieper, Rüdiger (Hrsg.): Human Resource Management, An International Comparison, Berlin 1990.

Ridder, Hans-Gerd: Personalwirtschaftslehre, Stuttgart 1999.

Rühli, Edwin: Grundsätzliche Betrachtungen zu einem integrierten Führungsmodell, in: ZfbF, Jg. 29, 1977, S. 729–741.

Sadowski, Dieter: Personalökonomie und Arbeitspolitik, Stuttgart 2002.

Scholz, Christian: Spieler ohne Stammplatzgarantie, Weinheim 2003.

Scholz, Christian: Personalmanagement, 5. A., München 2000.

Scholz, Christian (Hrsg.): Innovative Personal-Organisation, Neuwied 1999.

Scholz, Christian: Human Resource Management in Germany, in: European Human Resource Management, hrsg. v. *Clark, Timothy*, Oxford et al. 1996, S. 118–155.

Scholz, Christian: Planning procedures in German companies – findings and consequences, in: LRP, Jg. 17, H. 6/1984, S. 94–103.

Scholz, Christian: Zur Konzeption einer strategischen Personalplanung, in: ZfbF, Jg. 34, 1982, S. 979–994.

Scholz, Christian/Gutmann, Joachim (Hrsg.): Webbasierte Personalwertschöpfung, Wiesbaden 2003.

Schuler, Randall: Managing Human Resources, 6. A., Cincinnati 1998.

Schuler, Randall/Jackson, Susan: HR Issues and Activities in Mergers and Acquisitions, in: European Management Journal, Jg. 19, 2001, S. 239–253.

Schuler, Randall/Jackson, Susan: Human Resource Management, 6. A., St. Paul 1996.

Sparrow, Paul/Hiltrop, Jean: European Human Resource Management in Transition, Hertfordshire 1994.

Sprenger, Reinhard: Das Prinzip Selbstverantwortung, 11. A., Frankfurt am Main 2002.

Staehle, Wolfgang: Human Resource Management und Unternehmensstrategie, in: Mitteilungen aus der Arbeitsmarkt- und Berufsforschung, Jg. 22, 1989, S. 388–396.

Staehle, Wolfgang: Management. Eine verhaltenswissenschaftliche Perspektive, München 1980.

Storey, John: Develoments in the Management of Human Resources, Oxford 1992.

Storey, John et al.: Flexible Employment Contracts and their Implications for Product and Process Innovation, in: International Journal of Human Resource Management, Jg. 13, 2002, S. 1–18.

Storey, John: Human Resource Management: A Critical Text, London 2001.

Tichy, Noel/Fombrun, Charles/Devanna, Mary: Strategic Human Resource Management, in: SMR, Jg. 23, H. 2/1982, S. 47–61.

Ulrich, Dave: Human Resource Champions, Boston 1997.

Eckardstein, Dudo von/Schnellinger, Franz: Betriebliche Personalpolitik, 3. A., München 1978.

Weber, Wolfgang: Betriebliche Weiterbildung, Stuttgart 1985.

Wright, Patrick/Boswell, Wendy: Desegregating HRM: A Review and Synthesis of Micro and Macro Human Resource Management Research, in: JMan, Jg. 28, 2003, S. 247–276.

Wunderer, Rolf: Von der Personaladministration zum Wertschöpfungs-Center, in: DBW, Jg. 52, 1992, S. 201–215.

Wunderer, Rolf/Küpers, Wendelin: Demotivation – Remotivation, Neuwied 2003.

Wunderer, Rolf/Arx, Sabrina von: Personalmanagement als Wertschöpfungs-Center, 3. A., Wiesbaden 2002.

Wunderer, Rolf/Kuhn, Thomas: Unternehmerisches Personalmanagement, Frankfurt am Main 1993.

I

Identitätstheoretischer Ansatz

Thomas Lührmann

[s.a.: Charismatische Führung; Führung und Führungstheorien; Führungsstile und -konzepte; Impression-Management und Unternehmensdramaturgie; Reputation; Rollentheorie.]

I. Einleitung; II. Identität in der Führungsbeziehung: Konzepte im Überblick; III. Vergleich: Die Problemfelder des identitätstheoretischen Ansatzes; IV. Fazit: Das Potenzial des identitätstheoretischen Ansatzes.

Zusammenfassung

Der Beitrag beschäftigt sich mit dem identitätstheoretischen Ansatz innerhalb der Führungsforschung. Zu diesem Zweck werden zunächst die Führungstheorien skizziert, die das Identitätskonstrukt in instruktiver Weise nutzen. Im Anschluss werden die unterschiedlichen Bedeutungsgehalte herausgearbeitet, mit denen der Identitätsbegriff jeweils versehen wird. Abschließend wird das Potenzial des Ansatzes für die Führungsforschung abgeschätzt.

I. Einleitung

In jüngster Zeit hat sich innerhalb der Managementforschung ein starkes Interesse am Identitätsbegriff entwickelt. Damit rücken Fragen nach dem Selbstverständnis von Individuen, Gruppen oder Organisationen in den Vordergrund. Identität ist die Antwort auf die Frage: „Wer bin ich?" oder „Wer sind wir?". Die Antwort auf diese Fragen wurde dem Individuum ursprünglich als eine Funktion festgelegter Rollen (→ *Rollentheorie*) von der Gesellschaft auferlegt (*Schimank* 1981). Erst mit der zunehmenden Auflösung starrer Rollengefüge gewinnt Identität ihren individuellen Problemcharakter. Identität wird zu einer Eigenleistung psychischer oder sozialer Systeme, die sich im Zuge einer reflexiven Selbstbeobachtung bezeichnen und in der Auseinandersetzung mit ihrer Umwelt ein je spezifisches *Selbst-Konzept* (*Mummendey* 1995, S. 58) konstruieren (*Keupp* et al. 1999; *Krappmann* 2000). Genau in diesem Sinne hat der Identitätsbegriff dann auch Eingang in die Führungsforschung gefunden.

II. Identität in der Führungsbeziehung: Konzepte im Überblick

Genau genommen gibt es *den* identitätstheoretischen Ansatz (noch) nicht. Mit dem Identitätsbegriff ist je nach Perspektive etwas Anderes gemeint und je nach Definition wird etwas Anderes problematisiert. Dies gilt auch und gerade für die identitätstheoretisch informierten Führungstheorien. Dies sei im Folgenden an einigen Führungstheorien gezeigt, die zwar alle auf identitätstheoretische Erkenntnisse rekurrieren, den Identitätsbegriff dabei aber überaus unterschiedlich in Ansatz bringen.

1. Psychodynamik in der Führungsbeziehung

Ausgangspunkt des psychodynamischen Führungsansatzes (*Keller* 2003; *Kets de Vries* 1999; *Kets de Vries* 1989; *Pauchant* 1991; *Steyrer* 1995; *Zaleznik* 1975) ist die der Freud'schen Psychoanalyse entliehene Annahme, dass Individuen bereits im Zuge der frühkindlichen Sozialisation psychologische Voreinstellungen und „attachment styles" (*Keller* 2003, S. 144 ff.) entwickeln, die sich unbewusst in der Selbst-Identität sedimentieren und alle späteren Beziehungen regulieren. Die gesamte Identitätsentwicklung basiert insofern auf den Erfahrungen mit den ersten Interaktionspartnern. In einem reziproken Austausch mit ihnen werden Muster verinnerlicht, die auch über die Phase der primären Sozialisation hinaus beibehalten werden und den späteren Umgang mit Autorität entscheidend prägen (*Gould* 1993, S. 52; *Oglensky* 1995, S. 1030 ff.).

Dabei sind die Verhaltensweisen von Vorgesetztem und Geführtem über einen wechselseitigen Kompensationsprozess auf das Engste miteinander verzahnt (*Kets de Vries* 1999, S. 751; *Krantz* 1993, S. 7 ff.). Beide finden – beinahe „parasitär" – im jeweils Anderen ein Vehikel zum Ausleben unterdrückter Aspekte der eigenen Persönlichkeit: Der narzisstische Vorgesetzte erhält die benötigten positiven Rückkopplungen von einem nach Idealen hungernden Geführten; der masochistisch geprägte Geführte kann sich einem sadistischen Vorgesetzten unterordnen; der paranoide Führer kann sein Kontrollbedürfnis v. a. in Beziehungen mit einem seinerseits paranoiden Geführten voll zur Geltung bringen usw. (*Kets de Vries* 1999, S. 754 ff.). Auf diese Weise bilden Führer und Geführte pathologische Interaktionsmuster heraus, die sich auch noch ständig gegenseitig aktualisieren und zu „fatalen Attraktionen" (*Kets de Vries*

1999, S. 751) hochschaukeln – ein Teufelskreislauf, der nur durch Reflexion durchbrochen werden kann. Denn nur in dem Maße, in dem Vorgesetzte und Geführte in der Lage sind, sich die eigenen „theories-in-use" bewusst zu machen, werden die Handlungsmuster einer Veränderung zugänglich gemacht. „Understanding the nature of an individual's leadership requires an attempt to understand the core of her inner life" (*Lappiere* 1991, S. 72). In diesem Sinne verdeutlicht der psychodynamische Ansatz, dass Führungsinteraktionen ganz wesentlich von unbewussten und emotional gefärbten Skripten geprägt sind. Zugleich wird diese Einsicht mit der Aufforderung verknüpft, den Bereich des blinden Flecks zu reduzieren und einer gezielten Selbst-Reflexion zu unterziehen.

2. Identitätskonstruktion in der Führungsbeziehung

Schon frühzeitig hat Müller (*Müller* 1981) darauf hingewiesen, dass sich die Identität der Geführten nicht nur (als schon gegebene Determinante) auf die Führungsinteraktion auswirkt, sondern zu einem nicht unbeträchtlichen Teil erst aus ihr ergibt: Individuelle Identität kann sich aus der Perspektive Müllers nur in dem Maße entwickeln, in dem sich ein Individuum in seinen Interaktionen als selbstbestimmtes Wesen erfährt. Die Führungsbeziehung gerät damit zur permanenten Identitätsbedrohung für die Geführten, weil die in ihr angelegten Zurechnungsmechanismen der individuellen Identitätssuche diametral entgegenlaufen. Führung beruht auf Fremdattribution: Die Ursächlichkeit sozialen Geschehens wird einseitig auf den Vorgesetzten zurückgerechnet. Den Geführten hingegen droht Identitätsverlust, weil sie sich selbst als fremd determiniert erleben. Müller plädiert i.d.S. für eine „emanzipatorische Führung", die den Geführten Möglichkeiten einräumt, sich selbst in ihrem Handeln zu erkennen und Identität auszubilden.

Mit einer ähnlich gearteten Logik argumentiert Shamir (*Shamir* 1991; *Shamir/House/Arthur* 1993). Allerdings kommt er zu einem geradezu gegensätzlichen Ergebnis: Wo Müller Identitätsbedrohungen vermutet, werden nach neuerer Lesart Identitätschancen gesehen. Gerade → *Charismatische Führung* wirkt systemfunktional, weil und indem sie Selbstachtung, Selbstwert und Selbstwirksamkeitsempfinden der Geführten steigert und damit deren Selbstbild in positiver Richtung modifiziert (→ *Motivation*).

Bei Müller und Shamir geht es also zunächst einmal um die Identitätsentwicklung auf Seiten der Geführten. Eine Schwerpunktverschiebung hin zu der Identität des Vorgesetzten findet sich dann bei Gardner/Avolio (*Gardner/Avolio* 1998; *Sosik/Avolio/Jung* 2002). Sie gehen davon aus, dass charismatische Führungsbeziehungen auf den Identitäten beruhen, die Vorgesetzte und Geführte im Zuge ihrer Interaktion konstruieren. Zwar verfügen beide je über eine allgemeine Identität als Person, die sich über jahrelange soziale Entwicklungsprozesse ausgeformt hat und als generelles Handlungs- und Orientierungsmuster in die Interaktion eingebracht werden kann. Die Führungssituation wirft die Identitätsfrage jedoch erneut auf, so dass sich auf beiden Seiten eine auf den konkreten Kontext abgestimmte Teil-Identität entwickelt. Anders als bei Müller schlagen die Erfahrungen in der Führungsbeziehung nicht unmittelbar auf die allgemeine Identität durch. Mit anderen Worten: Das generelle Selbstverständnis als Person ist nicht ohne weiteres gleichzusetzen mit der situationsbezogenen Identität als Führungsperson (*Gardner/Avolio* 1998, S. 36 f.). Die Konstruktion dieser situativen Identität ist jedoch keine isolierte, allein für sich zu leistende Aufgabe. Identität entsteht nur in der Interaktion. Vorgesetzter und Geführter sind in einen Aushandlungsprozess eingebunden, in dem Identitätsentwürfe dramaturgisch präsentiert und durch Verhandlungen aneinander angepasst werden. Zugleich wird die eigene Selbst-Darstellung immer wieder zurückgebunden an das eigene Identitätsgefühl. Die Konstruktion der eigenen Identität ist demnach nicht nur eine Frage der Form (→ *Reputation*), sondern auch der Substanz (*Sosik/Dworakivsky* 1998, S. 517).

3. Führung und Self-Monitoring

Die situative Dynamik von Selbst- und Fremdbildern kommt auch in dem Konstrukt des *Self-Monitorings* (*Snyder* 1987) zum Ausdruck. Die Theorie beginnt mit der Annahme, dass sich Menschen (wenn auch in unterschiedlichem Ausmaß) selbst beobachten und ihre Verhaltensweisen in sozialen Situationen überwachen. Dabei werden zwei Personentypen differenziert: Auf der einen Seite stehen sog. „high self monitors", die versuchen, ihre Selbst-Darstellung in sozialen Situationen stark zu kontrollieren und den jeweils situativen Erfordernissen anzupassen. Auf der anderen Seite sind „low self monitors" stets darum bemüht, ihre eigene Selbst-Darstellung situationsübergreifend durchzuhalten. Die für Führungskräfte bedeutsame These lautet nun, dass die „high self monitors" in sozialen Situationen erfolgreicher sind und besser mit anderen zusammenarbeiten können – eben weil sie die Erwartungen der Anderen permanent aufnehmen und ihre eigenen Verhaltensweisen darauf abstimmen (*Gardner/Avolio* 1998, S. 37 f.; *Garland/Beard* 1979; *Kilduff/Day* 1994; *Mehra/Kilduff/Brass* 2001). Dabei werden fremde Erwartungen allerdings nicht einfach blind in eigenes Verhalten transformiert, sondern zunächst gründlich (und mehr oder weniger bewusst) rekonstruiert und dann in die Selbst-Darstellung eingebaut. Der Self-Monitoring-Ansatz ist in diesem Sinne eine Theorie reflexiver Erwartungserfüllung, der aber gleichzeitig den dramaturgischen Aspekt von Führung ans Licht holt und eine gezielte Verhaltensvariabilität als Interaktionskompetenz deutet.

4. Soziale Identitäten und Anpassungsleistungen

Anpassungsleistungen und die aus ihnen folgenden Identitätszuschreibungen werden auch in der *Sozialen Identitätstheorie* der Führung (Haslam 2001; Hogg 2001) thematisiert – allerdings auf Basis eines ganz anderen Identitätsverständnisses. Die Kernthese des Ansatzes lautet: In einer Gruppe wird die Person als „Führer" wahrgenommen, die die prototypischen Eigenschaften der Gruppe am eindeutigsten repräsentiert. So verstanden ist die Soziale Identitätstheorie der Führung also eine Attributionstheorie (→ *Kognitiver Ansatz*), die aber nicht abstrakte Führer-Kategorien als Ausgangspunkt des Zuschreibungsprozesses begreift, sondern die kollektive (soziale) Identität der Gruppe (→ *Gruppenverhalten und Gruppendenken*). Erst durch die Anpassung an eine bestehende Gruppen-Identität gewinnt der Vorgesetzte einen idiosynkratischen Spielraum, die Gruppen-Identität selbst zu prägen. Genau darin – in der Formierung einer homogenen Gruppe und der willentlichen Verschärfung von Inter-Gruppen-Differenzen – wird folglich auch der Ansatzpunkt für effektives Führungshandeln vermutet. Der Einflussprozess zwischen Vorgesetztem und Geführten vollzieht sich dann quasi automatisch: Der Vorgesetzte kann auf explizite Weisungen verzichten, er muss seine Führungskommunikation auch gar nicht mit Macht unterlegen, schließlich werden die Vorschläge des Vorgesetzten befolgt, eben weil sie den Gruppen-Normen entsprechen.

III. Vergleich: Die Problemfelder des identitätstheoretischen Ansatzes

Fasst man zusammen, dann lässt sich erkennen, dass alle skizzierten Ansätze zwar mit dem Identitätsbegriff hantieren, ihn aber jeweils anders begreifen und im Führungsprozess in Stellung bringen: In der psychoanalytischen Perspektive entsteht Identität zwar in der Auseinandersetzung mit den sozialen Bezugsgruppen, einmal konstruiert, werden sowohl die Identität als auch die mit ihr verbundenen Verhaltensprogrammierungen dann aber tief im Inneren der Person verankert. Die Dynamik der Identitätsbildung ist auf eine relativ enge Lebensphase – die Jugend – beschränkt (*Erikson* 1970, S. 18 ff.). Von da an wird sie gelebt und verbleibt über die nachfolgenden Lebensabschnitte stabil. Identität läuft auf eine feste Charakterformation zu, in der einmal gefundene Interaktionsmuster abgelagert werden und folglich als Identitätsfragen im weiteren Verlauf des Lebens nicht mehr auftauchen.

Ganz anders in dem von Gardner/Avolio vertretenen Identitätsmodell: Zum einen ist Identität hier viel stärker situativ separiert, zum anderen wird Identität keinesfalls als statisch, sondern vielmehr als dynamisch und veränderbar betrachtet, weil sie eben nicht ausschließlich durch die eigene Person, sondern vielmehr durch den Interaktionsprozess selbst wesentlich mitgeprägt wird. Die sozialen Aushandlungsprozesse, die für die Herausbildung von Identität unabdingbar sind, rücken somit stärker in den Vordergrund: Das eigene Selbstkonzept bildet sich im Interaktionsprozess heraus und muss von den sozialen Bezugsgruppen immer wieder neu validiert werden (*Krappmann* 2000). Identität wird nicht als das Wesenhafte, Innere, tief Empfundene begriffen, sondern deutlich dramaturgischer angelegt als das mehr oder weniger bewusst Erzählte, diskursiv Konstruierte, über Image-Management Erzeugte (*Keupp* et al. 1999, S. 68). Selbst-Darstellung ist jedoch nicht nur Maskerade, nicht bloßes Theater; sie ist vielmehr Teil der Herausbildung von Identität. Erst durch die Reaktion von Alter kann Ego seine Identität beobachten und fortentwickeln.

Durch die Vielzahl der Rollenerwartungen ist Identität in dieser Sicht zugleich jederzeit prekär und von Auflösung bedroht. Dieser Auflösungstendenz wird vorgebeugt durch die Herausbildung einer ausdifferenzierten Identität. Kontextspezifische Erwartungen und Erfahrungen führen nach moderner Auffassung zur Herausbildung situativer Identitäten (*Markus/ Wurf* 1987). Diese werden in gewisser Weise innerhalb des allgemeinen Selbst-Konzepts separiert. Auf diese Weise wird trotz einer insgesamt widersprüchlichen Lage jedenfalls innerhalb der Teil-Identitäten Kohärenz und Konstanz möglich (was allerdings in der Gesamtschau wieder zu Verwerfungen führen kann).

Noch weiter ins Extrem getrieben wird dies im Self-Monitoring-Ansatz: Identität wird hier vollends aus der Person herausgelöst und in den Beziehungen verortet, die ein Individuum unterhält (*Gergen* 1990). „An identity is an image of the self that one tries to convey to others ...." (*Markus/Wurf* 1987, S. 325). So gesehen verschiebt der zuletzt vorgetragene Ansatz die Perspektive noch weiter Richtung Impression-Management (→ *Impression-Management und Unternehmensdramaturgie*). Identität ist – zumindest im Erfolgsfall – fremdreferentiell (→ *Systemtheorie*) durch den Erwartungshorizont der Interaktionspartner abgesteckt, also nicht von Innen heraus erzeugt, sondern von Außen aufgeprägt. Noch deutlicher als im Modell von Gardner/Avolio kommt hier zum Ausdruck, dass das Gelingen von Identität nicht mehr an Maßstäben psychischer Gesundheit (*Keupp* et al. 1999, S. 78) gemessen, sondern sozial bestimmt wird: Identität ist Interaktionskompetenz (*Krappmann* 2000, S. 207), sie ist gelungen, wenn sie das Individuum in die Lage versetzt, soziale Interaktionen erfolgreich zu gestalten.

In eine ähnliche Richtung weist die Soziale Identitätstheorie der Führung: Auch hier wird das Zusammenspiel von Konformität und Individualität als zentrales Handlungsfeld einer Führungskraft erkennbar. Führungskräfte werden in Situationen hinein manövriert, in denen sie einerseits in sozial geprägten Rollen handeln müssen, auf der anderen Seite die Assimilation an fremde Erwartungen in ihren Darstellungen immer so kommentieren müssen, als seien sie Ausdruck von Individualität. Mit Ausnahme der psychodynamischen Führungsforschung nehmen insofern alle dargelegten Ansätze eine dramaturgische Perspektive ein: Führungskräften wird ein hohes Maß an „darstellerischer" Kompetenz abverlangt. Zudem tragen alle skizzierten Ansätze eine deutliche Reflexionsemphase in sich: Führungskräfte werden dazu aufgefordert, eigene Handlungen und deren Wirkungen permanent zu überprüfen und ggf. selbstreferentiell zu modifizieren. Damit wird die Organisation selbstbezogener Erfahrungen und Erwartungen, die Konstruktion und Kommunikation eines Selbst-Konzepts zur zentralen Erfolgsbedingung von (Führungs-) Interaktion.

IV. Fazit: Das Potenzial des identitätstheoretischen Ansatzes

Die Dauerkrise der Führungsforschung vor Augen hatte Miner schon vor mehr als 20 Jahren (*Miner* 1982) vorgeschlagen, die Führungsforschung eine Zeit lang auszusetzen. Es ist eine beunruhigende Koinzidenz, dass es genau denselben Vorschlag auch schon für die Identitätsforschung gibt (*Claussen* 1994). Trotz dieser Skepsis sollte nicht verkannt werden, dass die Identitätstheorie den Blick öffnet für eine Reihe neuer Perspektiven auf wichtige Führungsprobleme (siehe auch *Neuberger* 2002, S. 371 ff.):

– Der identitätstheoretische Ansatz thematisiert die Akzeptanzprobleme einer Führungskraft nicht einseitig aus Sicht der Geführten oder des Vorgesetzten. Stattdessen wird die Führungsbeziehung als eine Interaktion untersucht, in der beide Beziehungsparteien auf Basis ihres jeweiligen Selbstverständnisses und der ihnen zur Verfügung stehenden Identitätsressourcen ihre Interaktionsmuster definieren.
– Der identitätstheoretische Ansatz lenkt den Blick auf den Prozesscharakter der Führungsinteraktion (*Steinmann/Schreyögg* 2000, S. 585 ff.). Verhaltensweisen eines Vorgesetzten stehen nicht als isolierte Verhaltenssequenzen nebeneinander, sie verdichten sich zu einer Führer-Identität und wirken daher auch nicht allein, sondern immer nur in Kombination mit den anderen Verhaltensweisen von Vorgesetzten.
– Schließlich ist der identitätstheoretische Ansatz in der Lage, die dilemmatische Natur der Führungsfunktion einzufangen und aus dem Verhältnis von allgemeiner zu situativer Identität neu zu beleuchten. Vorgesetzte stehen einerseits vor der Aufgabe, in widersprüchlichen Rollen handeln zu müssen. Andererseits müssen sie die sich daraus ergebenden Inkompatibilitäten selbst auch wieder ausbalancieren (*Denison/Hooijberg/Quinn* 1995; *Gebert* 2002, S. 59). Diese paradoxe Anforderung lässt sich identitätstheoretisch als Differenzierungs- und Integrationsproblem rekonstruieren: Wie verschieden können die situationsspezifischen Teil-Identitäten einer Führungskraft sein, ohne die Gesamtidentität zu verlieren?

Der identitätstheoretische Ansatz bietet daher eine fruchtbare Basis für die Weiterentwicklung der Führungsforschung. Er kann bei seinem derzeitigen Entwicklungstand zwar nur wenige konkrete Problemlösungen bereitstellen, die auftretenden Probleme aber immerhin einer systematischen und neuartigen Analyse zugänglich machen.

Literatur

Claussen, Detlev: Jargon der Einigkeit. Über die Möglichkeit, den Missbrauch des Wortes „Identität" scharf einzuschränken, in: Freibeuter, Jg. 54, 1994, S. 57–63.
Denison, Daniel R./Hooijberg, Robert/Quinn, Robert E.: Paradox and performance: toward a theory of behavioral complexity in managerial leadership, in: Org.Sc., Jg. 6, 1995, S. 524–540.
Erikson, Erik H.: Jugend und Krise. Die Psychodynamik im sozialen Wandel, Stuttgart 1970.
Gardner, William L./Avolio, Bruce J.: The charismatic relationship: A dramaturgical perspective, in: AMR, Jg. 23, 1998, S. 32–58.
Garland, Howard/Beard, James F.: Relationship between self-monitoring and leader emergence across two task situations, in: JAP, Jg. 64, 1979, S. 72–76.
Gebert, Diether: Führung und Innovation, Stuttgart 2002.
Gergen, Kenneth J.: Die Konstruktion des Selbst im Zeitalter der Postmoderne, in: Psychologische Rundschau, Jg. 41, 1990, S. 191–199.
Gould, Laurence J.: Contemporary perspectives on personal and organizational authority: the self in a system of work relationships, in: The psychodynamics of organizations, hrsg. v. *Hirschhorn, Larry/Barnett, Carole K.*, Philadelphia 1993, S. 49–63.
Haslam, S. Alexander: Psychology in organizations: The social identity approach, London 2001.
Hogg, Michael A.: A social identity theory of leadership, in: Personality and Social Psychology Review, Jg. 5, 2001, S. 184–200.
Keller, Tiffany: Parental images as a guide to leadership sensemaking: an attachement perspective on implicit leadership theories, in: Leadership Quarterly, Jg. 14, 2003, S. 141–160.
Kets de Vries, Manfred F. R.: What's playing in the organizational theater? Collusive relationships in management, in: HR, Jg. 52, 1999, S. 745–773.
Kets de Vries, Manfred F. R.: The leader as a mirror: clinical reflections, in: HR, Jg. 42, 1989, S. 607–623.
Keupp, Heiner et al.: Identitätskonstruktionen – Das Patchwork der Identitäten in der Spätmoderne, Hamburg 1999.
Kilduff, Martin/Day, David V.: Do chameleons get ahead? The effects of self-monitoring on managerial careers, in: AMJ, Jg. 37, 1994, S. 1047–1060.
Krantz, James: The managerial couple: superior-subordinate relationships as a unit of analysis, in: The psychdynamics of organizations, hrsg. v. *Hirschhorn, Larry/Barnett, Carole K.*, Philadelphia 1993, S. 3–17.
Krappmann, Lothar: Soziologische Dimensionen der Identität, 9. A., Stuttgart 2000.

Lappiere, Laurent: Exploring the dynamics of leadership, in: Organizations on the couch: clinical perspectives on organizational behavior and change, hrsg. v. *Kets de Vries, Manfred F. R.*, San Francisco et al. 1991, S. 69–93.
Markus, Hazel/Wurf, Elissa: The dynamic self-concept: a social psychological perspective, in: Annual Review of Psychology, Jg. 38, 1987, S. 299–337.
Mehra, Ajay/Kilduff, Martin/Brass, Daniel J.: The social networks of high and low self-monitors: Implications for workplace performance, in: ASQ, Jg. 46, 2001, S. 121–146.
Miner, John B.: The uncertain future of the leadership concept: revisions and clarifications, in: JABS, Jg. 18, 1982, S. 293–307.
Müller, Werner: Führung und Identität, Stuttgart 1981.
Mummendey, Hans Dieter: Psychologie der Selbstdarstellung, 2. A., Göttingen 1995.
Neuberger, Oswald: Führen und führen lassen. Ansätze, Ergebnisse und Kritik der Führungsforschung, 6. A., Stuttgart 2002.
Oglensky, Bonnie D.: Socio-psychoanalytic perspectives on the subordinate, in: HR, Jg. 48, 1995, S. 1029–1054.
Pauchant, Thierry C.: Transferential leadership. Towards a more complex understanding of charisma and organizations, in: OS, Jg. 12, 1991, S. 507–527.
Schimank, Uwe: Identitätsbehauptung in der Arbeitsorganisation: Individualität in der Formalstruktur, Frankfurt am Main 1981.
Shamir, Boas: Meaning, self and motivation in organizations, in: OS, Jg. 12, 1991, S. 405–424.
Shamir, Boas/House, Robert J./Arthur, Michael: The motivational effects of charismatic leadership: A self-concept based theory, in: Org.Sc., Jg. 4, 1993, S. 577–594.
Snyder, Mark: Public appearances, private realities: The psychology of self-monitoring, New York 1987.
Sosik, John J./Avolio, Bruce J./Jung, Dong I.: Beneath the mask: examining the relationship of self-presentation attributes and impression management to charistmatic leadership, in: Leadership Quarterly, Jg. 13, 2002, S. 217–242.
Sosik, John J./Dworakivsky, Anne C.: Self-concept based aspects of the charismatic leader: more than meets the eye, in: Leadership Quarterly, Jg. 9, 1998, S. 503–526.
Steinmann, Horst/Schreyögg, Georg: Management: Grundlagen der Unternehmensführung, 5. A., Wiesbaden 2000.
Steyrer, Johannes: Charisma in Organisationen. Sozial-kognitive und psychodynamische Aspekte von Führung, Frankfurt am Main et al. 1995.
Zaleznik, Abraham: Das menschliche Dilemma der Führung, Wiesbaden 1975.

Impression-Management und Unternehmensdramaturgie

Hans D. Mummendey

[s.a.: Charismatische Führung; Identitätstheoretischer Ansatz; Reputation.]

I. Psychologische Grundlagen; II. Formen der Eindruckssteuerung; III. Impression-Management in Unternehmen.

Zusammenfassung

Unter Impression-Management versteht man den Vorgang der Selbstdarstellung, bei dem eine Person den Eindruck, den sie auf andere Personen macht, kontrolliert und beeinflusst; gleichzeitig hat diese Eindruckskontrolle Rückwirkungen auf das Selbstkonzept. In der sozialpsychologischen Forschung sind vielfältige Formen positiver und negativer Impression-Management-Strategien und -Taktiken beschrieben worden, die sich auch in Unternehmen beobachten lassen, z.B. bei der Jobsuche und Personalauswahl, in Führungsstilen und Unternehmensentscheidungen, bei abweichendem Verhalten und bei der Kündigung.

I. Psychologische Grundlagen

Impression-Management ist ein psychologischer, auf individuelles Verhalten bezogener Begriff, in der Literatur ist auch von *interpersonaler Eindruckssteuerung*, *Image-Kontrolle* oder einfach von *Selbstdarstellung* die Rede (vgl. Mummendey 1995). Individuen versuchen in sozialen Interaktionen den Eindruck, den sie auf andere Personen machen, zu kontrollieren (→ *Reputation*). Indem eine Person sich auf eine ganz bestimmte Weise präsentiert, beeinflusst und steuert sie, was ihre Interaktionspartner an ihr wahrnehmen, wie sie über sie denken, sie einordnen und bewerten.

Impression-Management kann absichtlich und bewusst erfolgen (man denke an Darstellungen eines Schauspielers auf der Bühne) oder aber unabsichtlich, unbemerkt, gewohnheitsmäßig, nicht bewusst (man denke an das Routineverhalten eines Verkäufers). Die Rede von Impression-Management, Selbstdarstellung, Image-Kontrolle etc. impliziert also nicht automatisch, dass beim Individuum eine Täuschung seiner Mitmenschen vorliegt; je nach aktueller sozialer Situation kann jemand eine bestimmte Akzentuierung vorhandener persönlicher Eigenschaften betreiben.

Eindruckskontrolle kann sich prinzipiell an jede Art von Adressaten richten und, da sich ein Individuum kaum jemals in völliger sozialer Isolation befindet, ständig ablaufen. Bereits bei Kindern im Grundschulalter lässt sich Impression-Management-Verhalten studieren, und auch in Interaktion mit der eigenen Person, z.B. beim Tagebuchschreiben, lässt sich Selbstdarstellung beobachten; neuerdings wird Impression-Management über elektronische Medien, z.B. über das *Internet*, erforscht (Döring 1999).

Selbstdarstellung erscheint auch als universelles Phänomen, was Verhaltensbereiche und -gegenstände anbetrifft; sie kann sich sowohl auf Sprache als auch auf nonverbales Verhalten, Einstellungen und emotionale Prozesse (→ *Emotionen in Organisationen*) beziehen. Selbstdarstellung kann ferner direkt

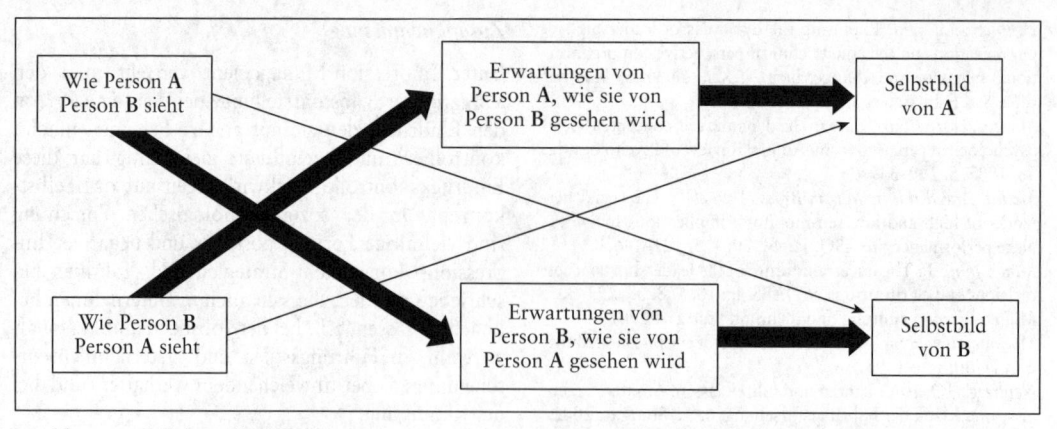

Abb. 1: Modell der Selbstbild-Formung: Erwartungen der Einschätzungen, die Interaktionspartner in Bezug auf eine Person haben, bestimmen wesentlich das Selbstbild dieser Person.

oder eher indirekt, z.B. über die Darstellung persönlicher Kontakte und Verbindungen erfolgen. Es gibt auch Unterschiede in der Intensität, sich hinsichtlich des eigenen Eindrucks zu überwachen (*Leary* 1995): Man kann völlig blind für den Eindruck sein, den man auf andere macht, man kann eine Art Ahnung davon haben, wie man auf andere wirkt, man kann sich seines Eindrucks auf andere völlig bewusst sein, und man kann ganz mit Eindruck und Eindruckssteuerung befasst sein. Selbstverständlich gibt es Persönlichkeitsunterschiede im Grad, Eindruckskontrolle zu betreiben; allerdings ist die Zahl der empirischen Nachweise korrelativer Zusammenhänge zwischen klassischen Persönlichkeitsmerkmalen und dem Selbstdarstellungsverhalten gering.

Impression-Management kann man teils eher als durch soziale Verstärkungsprozesse bedingt, also von außen veranlasst und gefördert, teils eher als Ergebnis einer zielgerichteten Aktivität des Individuums auffassen. Dass Individuen sich gegenüber anderen Personen in bestimmter Weise darstellen, spielt bereits in frühen sozialpsychologischen Überlegungen der Soziologen C.H. Cooley, G.H. Mead und später E. Goffman eine wichtige Rolle. In der Idee des „Spiegelbild-Selbst" beispielsweise erkennt das Individuum sich selbst, indem es sich quasi einen Spiegel in Gestalt anderer Personen vorhält, und in der Idee der Rollenübernahme oder Empathie versucht das Individuum, sich gleichsam mit den Augen des Interaktionspartners zu sehen. Daher ist es nur konsequent, wenn eine Person sich strategisch oder taktisch bemüht, das Bild (*Fremdbild*), das eine andere Person von ihr hat, aktiv mitzugestalten, da es ja über den beschriebenen Interaktionsmechanismus das Bild der Person von sich selbst (*Selbstbild*) mitbestimmt. Indem jemand also Impression-Management betreibt, formt er zugleich sein Selbstbild. Dieser Vorgang ist in Abb. 1 dargestellt:

Das Selbstbild einer Person A (in Abb.1 das Kästchen rechts oben) wird sehr stark durch die *Erwartung* von A, wie die Person B sie einschätzt, bestimmt (Kästchen Mitte oben); diese Erwartung oder Vorstellung wird zum großen Teil durch das Fremdbild der Person B determiniert, also dadurch, wie B die Person A einschätzt (Kästchen unten links). Das Entsprechende gilt für die Formung des Selbstbildes der Person B (Kästchen unten rechts); auch dieses wird in erster Linie durch die Erwartung oder Antizipation ihrer Beurteilung durch den Interaktionspartner bestimmt. Das dargestellte sozial-interaktionistische Modell sagt voraus, dass die Fremdbilder in erster Linie über die genannten Erwartungen der Interaktionspartner auf deren Selbstbilder wirken (in Abb. 1 die starken Pfeile) und nicht so sehr auf direktem Wege (dünne Pfeile). In Pfadanalysen wurde die Gültigkeit des Modells an großen Personengruppen (Lebenspartner, Freunde, Arbeitskollegen) empirisch bestätigt, indem je zwei Interaktionspartner die jeweiligen Selbstbilder, Fremdbilder und Erwartungen auf Skalen beurteilten (*Mummendey* 1998).

Die Analyse von Selbstdarstellung und Impression-Management steht in der Tradition der psychologischen *Selbstkonzeptforschung*, die sich mit selbstbezogenen Kognitionen und Selbstbewertungen befasst (→ *Identitätstheoretischer Ansatz*). Die Impression-Management-Theorie ist dabei als eine Selbstkonzepttheorie aufzufassen, in der die Kommunikation von Selbstkonzepten gegenüber einem *Publikum* betont wird. In der experimentell-sozialpsychologischen Erforschung von Selbstdarstellung und Impression-Management werden Unterschiede von Verhaltensweisen, Beurteilungen, Selbst- und Fremdeinschätzungen etc. a) bei Anwesenheit eines Publikums oder in dem Bewusstsein, beobachtet zu werden, also öffentlich, b) ohne Publikum, bei Gewährleistung von Anonymität, also privat, beobachtet und erfasst. Selbstdarstellung in diesem Sinne lässt sich auch bei der Beantwortung von Fragebögen und Tests im sozial-erwünschten Sinne (*social desirability*) beobachten. Positive Selbstpräsentation hat für das

Individuum gemäß evolutionspsychologischen Interpretationen eine lebenserhaltende Funktion: Sie fördert Dominanzverhalten und verringert die Wahrscheinlichkeit, bei der Suche nach Geschlechtspartnern zurückgewiesen zu werden (vgl. *Buss* 1996). Sozialpsychologisch gesehen können Individuen durch Selbstdarstellung positive Wertschätzung und damit eine soziale Ressource gewinnen, mittels derer sie sozialen Einfluss und soziale Macht ausüben können; so gewinnt z.B. der Schmeichler durch Unterwerfung Macht (→ *Macht in Organisationen*) über denjenigen, bei dem er sich anbiedert (*Tedeschi/Norman* 1985).

II. Formen der Eindruckssteuerung

Kategorisierungen von Selbstdarstellungstechniken sind mittlerweile recht beliebt, doch sind sie eher das Ergebnis von Alltagsbeobachtungen als von systematischen empirischen Untersuchungen. Nach Tedeschi et al. (vgl. *Tedeschi/Lindskold/Rosenfeld* 1985) kann man einerseits zwischen langfristigen „Strategien" und kurzfristigen „Taktiken" der Selbstdarstellung unterscheiden. Ein Beispiel für eine Strategie läge vor, wenn jemand sein Aussehen durch eine Operation günstiger gestaltet, ein Beispiel für eine Taktik wäre es, sich für einen bestimmten Zweck günstig zu kleiden oder zu schminken. Des Weiteren lässt sich eine Unterscheidung zwischen „assertiven" und „defensiven" Impression-Management-Techniken treffen: Assertive Techniken zielen darauf ab, von anderen Personen Vorteile zu erhalten (gute Beurteilungen, Gratifikationen usw.), bei einer defensiven Impression-Management-Technik geht es jemandem vorrangig darum, seine Identität zu schützen und zu bewahren.

Die sich aus den Dimensionen „strategisch – taktisch" und „assertiv – defensiv" ergebenden vier Kombinationen von Impression-Management-Techniken sind jedoch nicht klar voneinander zu trennen, die Einteilung in die vier Impression-Management-„Typen" (assertive Taktik, defensive Taktik, assertive Strategie, defensive Strategie) hat sich nicht als widerspruchsfrei erwiesen. Empirisch nachgewiesen wurde bislang lediglich die Dichotomie von assertiven und defensiven Selbstdarstellungen. Empirisch unbearbeitet blieb hingegen die Beobachtung von möglicherweise typischen Selbstdarstellungs-Sequenzen: z.B. zunächst sich anzubiedern (der Angestellte lobt seinen Vorgesetzen), sodann die eigenen Vorzüge hervorzuheben (der Angestellte weist auf eigene Leistungen hin), schließlich sich als exemplarisch darzustellen (der Angestellte stellt sich als Vorbild für andere Mitarbeiter hin).

Eine brauchbare Systematik aller bislang untersuchten Selbstdarstellungsformen bietet die Unterteilung in „positive" und „negative" Techniken. Mit einer „positiven" Darstellung der eigenen Person versucht man, auf direktem Wege Eindruck zu machen – man weist auf die eigenen Vorzüge hin *(self-promotion)*, man signalisiert durch Selbstzuschreibungen von Leistungen und Titeln gehobene Ansprüche *(entitlements)*, man erhöht seinen Selbstwert *(self-enhancement)*, man übertreibt *(overstatement)*, man wertet sich über Kontakte mit positiv bewerteten Personen, Gruppen und Ereignissen auf *(basking in reflected glory)*, man verändert die Bewertung anderer so, dass man selbst positiv abschneidet *(boosting)*, man streicht eigene Kompetenz und Expertentum heraus *(competence, expertise)*, man präsentiert sich als beispielhaft *(exemplification)*, glaubwürdig *(credibility)*, vertrauenswürdig *(trustworthiness)* oder attraktiv *(attractiveness)*, man betont die Wichtigkeit der eigenen Position durch Kleidung und weitere Symbole *(status, prestige)*, man zeigt Offenheit *(self-disclosure)* und man biedert sich an oder schmeichelt sich ein *(ingratiation, other-enhancement)* (vgl. *Mummendey* 1995, Kapitel 7).

„Negative" Formen des Impression-Management bestehen demgegenüber darin, dass jemand sich selbst (zunächst) herabsetzt oder ungünstig präsentiert; dabei kann durchaus impliziert sein, dass er (letztlich) einen Vorteil erwartet – man könnte auch von einer indirekten Form positiver Selbstdarstellung sprechen: Man stellt sich als beeinträchtigt dar, so dass man für nachfolgende Misserfolge nicht verantwortlich gemacht werden kann *(self-handicapping)*, man untertreibt verbal *(understatement)*, stellt sich als hilfsbedürftig dar *(supplication)*, zeigt oder betont *Krankheitssymptome*, man zeigt sozial unerwünschtes Verhalten, bedroht andere oder schüchtert sie ein *(intimidation)* oder man wertet andere direkt ab *(blasting)*. Eine Reihe von Taktiken, die sich auf Reaktionen auf negativ bewertetes eigenes Verhalten, meist in misslichen Lagen *(predicaments)* beziehen, lassen sich unter dem Begriff des *accounting* zusammenfassen: Man entschuldigt sich für einen Fehler, drückt Bedauern aus *(apology)*, man streitet die Sache ab *(defense of innocence)*, leugnet die Verantwortung *(excuse)*, rechtfertigt sich *(justification)* oder spricht anderen das Recht ab, negativ zu urteilen *(refusal)*. Man kann sich auch, bevor eine missliche oder peinliche Situation eintritt, durch Widerrufen, Ableugnen, Dementieren, vorsorgliches Abschwächen *(disclaimers)* seiner Verantwortung entledigen („Ich verstehe davon leider nur sehr wenig, möchte aber sagen . . . ") (vgl. *Mummendey* 1995, Kapitel 7).

III. Impression-Management in Unternehmen

Impression-Management weist „dramaturgische" Züge auf, sofern man darunter nicht ausschließlich bewusste Strategie oder Täuschung versteht. Dramaturgische Ansätze lassen sich innerhalb von Organisationen wie Unternehmen beispielsweise zwischen

Gleichrangigen sowie zwischen Vorgesetzten und Untergebenen beobachten, wobei im Prinzip jeder in der Lage ist, gegenüber jedem Selbstdarstellung zu betreiben. Selbstdarstellungsphänomene sind für Unternehmen von Bedeutung, weil sie vermutlich in Beziehung zum Erfolg des Unternehmens und seiner leitenden Personen stehen können und offenkundige Bedeutung für das *Betriebsklima* besitzen.

Viele Forschungsergebnisse zum Impression-Management können als übertragbar auf Unternehmen angesehen werden, insb. diejenigen zur Einstellungs- und Meinungsänderung. So ergab sich in sozialpsychologischen Experimenten, dass durch Einstellungsbeeinflussung häufig nicht wirklich *Einstellungen* geändert, sondern nur – gleichsam um das eigene Gesicht zu wahren – Meinungsänderungen geäußert werden (vgl. *Tedeschi/Rosenfeld* 1981), z.B., um in sozial erwünschter Weise eine Konsistenz zwischen dem eigenen Verhalten und der eigenen Einstellung zu präsentieren. Bei zu massiver Meinungsbeeinflussung kann es zu Bumerang-Effekten aufgrund erlebter Freiheitseinengung (*Reaktanz*) kommen – auch dies können Impression-Management-Effekte sein, und zwar in dem Sinne, dass Autonomie demonstriert werden soll. Auch aggressives Verhalten, z.B. unter Mitarbeitern oder zwischen verschiedenen „Etagen" innerhalb eines Unternehmens, kann in Begriffen von Eindruckskontrolle, Gesichtswahrung und sozialem Einfluss interpretiert werden. So könnten die Techniken des Einschüchterns und des Angebens geeignet sein, *soziale Macht* gegenüber Kollegen oder Untergebenen auszuüben. In Organisationen scheinen aber geschickte, moderate Selbstdarsteller vergleichsweise mehr Erfolg als andere zu haben. Als besonders geeignet für eine wirksame Selbstdarstellung gelten die Bereiche der Leistung und der Fähigkeit, Aufgaben zu bewältigen – die Leistung eines Individuums wird gewöhnlich durch andere Personen beurteilt, und so können Leistungen immer auch als Reaktionen auf wahrgenommene und erwartete Beurteilungen aufgefasst werden.

Explizit haben vor allem Giacalone und Rosenfeld (*Giacalone/Rosenfeld* 1989) Beiträge zum Impression-Management in Organisationen gesammelt. Es scheint kaum einen unternehmerischen Bereich zu geben, in dem Selbstdarstellung keine wesentliche Rolle spielt. Prozesse der Eindruckssteuerung bestimmen demnach bereits die *Jobsuche*, sie sind beteiligt bei der *Personalauswahl* (*Einstellungsinterviews*, Empfehlungsschreiben), in *Assessment-Centern*, bei Unternehmensentscheidungen, Organisationsproblemen (*Büroorganisation* und -gestaltung) und in der Firmenethik ebenso wie bei individuellen Verhaltensweisen wie *Führungsstilen* (→ *Führungsstile und -konzepte*), Karriere-Strategien, Verletzungen von Rechten, den schon erwähnten Taktiken des Einschmeichelns sowie abweichenden Verhaltensweisen (Lügen, Diebstahl). Nicht zuletzt kann auch die Kündigung, das Verlassen eines Unternehmens, Selbstdarstellungsfunktionen erfüllen.

Aus der Fülle der Forschungsfragestellungen seien hier nur das Einschmeicheln von Untergebenen und das Führungsverhalten von Vorgesetzten erwähnt. Untersuchungen haben gezeigt, dass schmeichlerische Bankangestellte von ihren Vorgesetzten günstiger beurteilt werden. Um Bumerang-Effekte zu vermeiden, werden Schmeicheleien allerdings häufig subtil und verdeckt vorgetragen. Einschmeichelungtaktiken in Organisationen ließen sich als abhängig von Merkmalen sowohl des Individuums (wenn es z.B. über wenig soziale Macht und Ressourcen verfügt) als auch der Organisationen selbst (wenn dort z.B. bestimmte politische Normen wirksam sind) interpretieren. Eine selbstdarstellungspsychologische Betrachtung von Vorgesetzten und Führungsverhalten hat die Bedeutung der Zuschreibung ganz bestimmter Merkmale durch die Gruppe an die Person des Vorgesetzten zu berücksichtigen (→ *Führung und Führungstheorien*) – die Impression-Management-Technik eines effizienten Führers besteht dann u.a. darin, diese Merkmale zu identifizieren und glaubwürdig zu demonstrieren. So ließ sich für Eindruckssteuerungsprozesse beim Führungsverhalten eine Reihe von Determinanten interpersonaler und intrapersonaler Art identifizieren: in der Arbeitsgruppe wirksame Normen und erstrebte Werte, das bereits bestehende Image der Führungsperson sowie ihr reales und ideales Selbstkonzept (*Leary/Kowalski* 1990). Auf die besondere Bedeutung des Geschlechts von Untergebenen und Vorgesetzten in Bezug auf das Selbstdarstellungsverhalten am Arbeitsplatz haben u.a. Giacalone und Riordan (*Giacalone/Riordan* 1990) hingewiesen. Überlegungen zu den Kosten von Impression-Management für Unternehmen und Individuen verweisen auf die Verschwendung von Zeit und mentaler Energie. Ein kybernetisches Modell von Impression-Management-Vorgängen in Unternehmen haben Bozeman und Kacmar (*Bozeman/Kacmar* 1997) vorgelegt. Summarisch ist zu bemerken, dass die empirische Erforschung von Impression-Management-Prozessen in Unternehmen noch vergleichsweise wenig entwickelt ist, jedenfalls nicht so weit wie die theoretische und interpretative Befassung mit diesem Gegenstand. Daher kommt der Entwicklung von Messverfahren des Selbstdarstellungsverhaltens in Organisationen, wie sie Bolino und Turnley (*Bolino/Turnley* 1999) vorgelegt haben, besondere Bedeutung zu.

Literatur

Bolino, Mark C./Turnley, William H.: Measuring impression management in organizations: A scale based on the Jones and Pittman taxonomy, in: Organizational Research Methods, Jg. 2, 1999, S. 187–206.
Bozeman, Dennis P./Kacmar, Michele K.: A cybernetic model of impression management processes in organizations, in: OBHDP, Jg. 69, 1997, S. 9–30.
Buss, David M.: The evolutionary psychology of human social strategies, in: Social Psychology, hrsg. v. Higgins, E. Tory/Kruglanski, Arie W., New York et al. 1996, S. 3–38.

Döring, Nicola: Sozialpsychologie des Internet, Göttingen 1999.
Giacalone, Robert A./Riordan, Catherine A.: Effect of self-presentation on perceptions and recognition in an organization, in: J.Psych., Jg. 124, 1990, S. 25-38.
Giacalone, Robert A./Rosenfeld, Paul (Hrsg.): Impression management in the organization, Hillsdale 1989.
Leary, Mark R.: Self-presentation: Impression management and interpersonal behavior, Madison 1995.
Leary, Mark R./Kowalski, Robin M.: Impression management: A literature review and two-component model, in: Psych.Bull., Jg. 107, 1990, S. 34-47.
Mummendey, Hans D.: Selbstkonzepte als Ergebnis sozialer Interaktion (Bielefelder Arbeiten zur Sozialpsychologie, Nr. 188), Bielefeld 1998.
Mummendey, Hans D.: Psychologie der Selbstdarstellung, 2. A., Göttingen 1995.
Tedeschi, James T./Lindskold, Svenn/Rosenfeld, Paul: Introduction to social psychology, St. Paul 1985.
Tedeschi, James T./Norman, Nancy: Social power, self-presentation, and the self, in: The self and social life, hrsg. v. Schlenker, Barry R., New York 1985, S. 293-322.
Tedeschi, James T./Rosenfeld, Paul: Impression management theory and the forced compliance situation, in: Impression management theory and social psychology research, hrsg. v. Tedeschi, James T., New York 1981, S. 147-177.

Improvisation

Johannes M. Lehner

[s.a.: Chaos- und Komplexitätstheorie; Entscheidungsprozesse in Organisationen; Flexibilität, organisatorische; Informelle Organisation; Rationalität; Selbstorganisation.]

I. Improvisation versus Organisation; II. Theorien der Improvisation.

Zusammenfassung

Improvisation wird als nicht antizipierbar entstehendes, jedoch auf vorhandenen Ressourcen und Qualitätsstandards basierendes und damit diszipliniertes Verhalten definiert. Improvisation ist ein Prozess, in dem die Beteiligten zwischen der Orientierung an vorgegebenen Strukturen (Semistruktur) und der Orientierung an den Anderen in der Organisation (rekursive Interdependenz und rekursives Verhalten) rhythmisch und diskontinuierlich wechseln. Dies fördert Kreativität, Innovation, Schnelligkeit, Flexibilität und die Entwicklung von Ressourcen und Wissen in der Organisation.

I. Improvisation versus Organisation

Bereits Erich Kosiol (*Kosiol* 1968) grenzte Improvisation von Organisation ab: Während mit Organisation Dauerregelungen intendiert sind, schafft die Improvisation kurzfristige, unvollständige Strukturregelungen. Das in den 90er Jahren neu entfachte Interesse an Improvisation in der Betriebswirtschaftslehre war zunächst genährt von einer metaphorischen Übertragung aus Bereichen, in denen Improvisation traditionell große Bedeutung zugemessen wird, insb. aus dem *Jazz* und dem *Theater*. Definitionsversuche verweisen auf Konzepte wie Spontaneität und Intuition (*Crossan/Sorrenti* 1997) oder auf die zeitliche Nähe von Festlegung, Gestaltung bzw. Komposition einerseits und Ausführung andererseits (*Weick* 1993a; *Moorman/Miner* 1998; *Cunha/Cunha/Kamoche* 2002). Sie schließen damit allerdings noch jedes beliebige Verhalten ein, solange es ungeplant bzw. unabhängig von dauerhafter Organisation ist. Improvisation in der Musik und im Theater wird jedoch keineswegs als etwas betrachtet, das beliebig, zufällig sei und weder Vorbereitung benötige, noch irgendwelchen Regeln gehorche. Vielmehr existieren in all diesen Bereichen klare Qualitätsstandards für Improvisation. Bei der Übertragung auf die Organisation bleibt darüber hinaus die bisherige Literatur eine klare Abgrenzung zu *emergierenden Strategien* (*Mintzberg* 1973) oder *inkrementalem* Vorgehen (*Quinn* 1980) schuldig.

Für eine derartige Abgrenzung hilft ein Beispiel: Wenn sich bei der Einführung eines neuen Automodells herausstellt, dass es den so genannten Elchtest nicht besteht, wird eine traditionelle und damit vorhersehbare Problemlösungsstrategie darin bestehen, die Ursachen des Problems zu beheben, insb. die Konstruktion zu verändern (allgemeiner: den ursprünglichen Plan inkremental anzupassen; z.B. breiterer Radstand). Improvisation dagegen orientiert sich an vorhandenen Ressourcen und Qualitätsstandards („wir setzen die technischen Standards") und versucht in Kooperation mit Partnern zu neuen Lösungen zu gelangen: ein bei Partnerunternehmen vorhandenes Stabilitätssystem wird eingebaut, was beim Publikum nicht nur als Problembehandlung, sondern als gegenüber der Konkurrenz herausstehende neue Eigenschaft des Autos präsentiert wird.

Die folgende Definition von Improvisation bildet einerseits die Nähe von Festlegung und Ausführung ab, woraus mangelnde Antizipation von Verhalten folgt (*improvisus, lat.* = unvorhergesehen, unvermutet), und unterscheidet anderseits Improvisation von reinem Zufallsverhalten: *Improvisation ist nicht antizipierbar entstehendes, jedoch auf vorhandenen Ressourcen und Qualitätsstandards basierendes und damit diszipliniertes Verhalten*.

Damit ist das Konzept zunächst auf alle Betrachtungsebenen der Organisation anwendbar. Obwohl viele Beispiele für Improvisation in Organisationen auf der Ebene des Individuums angesiedelt sind (z.B. *Weick* 1993b), lassen sich interessante Merkmale qualifizierter Improvisation vor allem auf der Gruppen- und Organisationsebene identifizieren, indem also *Improvisation als soziales Phänomen* begriffen wird.

II. Theorien der Improvisation

Die theoretischen Überlegungen über Bedingungen und Auswirkungen von Improvisation basieren zunächst auf Erfahrungen aus den genannten traditionellen Domänen der Improvisation in Musik (z.B. *Berliner* 1994) und Theater (z.B. *Johnstone* 1981). Im Folgenden wird ohne detaillierteren Verweis auf derartige Beschreibungen (vgl. dazu etwa *Hatch* 1999) unmittelbar auf die Anwendung für die Organisation eingegangen.

1. Bedingungen für Improvisation

a) Semistruktur

Die Definition impliziert bereits, dass sich Improvisation keineswegs völlig von Strukturen und Regeln loslöst, sondern dass solche zur Orientierung und als Ausgangspunkt für bewusstes Abweichen notwendig sind. In der Musik oder im Theater wird ein bestimmtes Thema vorgegeben, *worüber* improvisiert wird. In der Organisation können übergeordnete Ziele, Prioritäten oder ein Rezept in diesem Sinne als *Semistruktur* (*Brown/Eisenhardt* 1998) oder minimale Struktur (*Weick* 1993a) wirken. Dabei bekommen Regeln und Strukturen jedoch einen zur traditionellen Rationalitätssicht konträren Charakter: Statt sie einzuführen, um sich möglichst stark daran zu binden, werden sie als Voraussetzung betrachtet, um Variationen eine Richtung zu geben. Die *leeren Räume*, welche die Strukturen offen lassen, werden als Gelegenheit zur Improvisation wahrgenommen (*Hatch* 1999), was nicht einfach möglichst geringe Formalisierung impliziert, sondern solche Strukturen, die als Ausgangspunkt für Improvisation geeignet sind.

b) Rekursive Interdependenz

Für das Füllen der leeren Räume wiederum benötigt man Qualitätsstandards, die jedoch kaum explizit formulierbar, sondern in hohem Maße implizit im Wissen der Organisationsmitglieder repräsentiert sind. Wirksam wird dieses Wissen bei der Improvisation daher vor allem durch rekursive *Interdependenz* (*Thompson* 1967) der Mitglieder und Teile der Organisation. Während rekursive Interdependenz in einer traditionellen Sichtweise in unerwünschter Weise die Komplexität erhöht, stellt sie für die Improvisation die Möglichkeit einer dauernden Evaluierung und Qualitätssicherung in Echtzeit zur Verfügung. Die Fähigkeit simultan zu handeln und zu beurteilen, ist ein entscheidender Aspekt der Improvisation (*Dell* 2002).

c) Rekursives Verhalten

Neben dem Bezug auf die Anderen in der Organisation wird bereits als definitorischer Bestandteil improvisierenden Verhaltens die Verwendung unmittelbar vorhandener und greifbarer Ressourcen betrachtet (*Weick* 1993a). Dies wurde von Lévi-Strauss (*Lévi-Strauss* 1976) als *Bricolage* (Bastelei) bezeichnet und beschreibt ein Verhalten, das versucht, mit den zur Verfügung stehenden Mitteln einen bestimmten Zweck zu erreichen, ohne dafür gezielt neue Mittel zu beschaffen. Dabei werden Ressourcen immer wieder von ihrem ursprünglichen Zweck entfremdet, neu *ver*-wendet (*de Certeau* 1988). Als prototypisches Beispiel für Bricolage ist die Rettung der Apollo 13 bekannt: durch einen, aus in der Kapsel vorhandenen Mitteln hergestellten Luftfilter. Rekursives Verhalten kann sich auch auf bestehendes organisationales Wissen (*Moorman/Miner* 1998) und auf frühere Schritte oder Ergebnisse beziehen. Es werden erste Schritte gesetzt, ohne im Vorhinein den weiteren Weg bestimmt zu haben. Statt jedoch nachfolgende Schritte von Entwicklungen in der Umwelt abhängig zu machen (welches rein inkrementales Vorgehen auszeichnet), ergeben sie sich rekursiv aus den jeweils vorangegangenen. Diese Art rekursiven Verhaltens setzt selbst Wissen über historische Entwicklungen und über die Verfügbarkeit und Verwendbarkeit von Ressourcen in der Organisation voraus. Ganz generell wird ein hohes Niveau an technischer Kompetenz (*Berliner* 1994) oder an *organisationalem Wissen* (*Moorman/Miner* 1998) als Voraussetzung für gute Improvisation angesehen.

d) Rhythmus

Koordination im sozialen Zusammenhang wird, abseits von Plänen, wesentlich durch *Rhythmus* erleichtert. Bereits *Aristoteles* hat den Rhythmus zum Träger des Ethos erklärt (Poetik 1447a; siehe auch bereits *Bücher* 1902 und *Helbling* 1999). Durch eine Maschine wie dem Fließband vorgegeben, wird er zum monotonen Arbeitstakt und unterbindet eher die Improvisation. Entsteht er in sozialen Gemeinschaften, so substituiert der Rhythmus weitere Abstimmungen (→ *Zeit und Management*). Jour fixe, quartalsmäßige Strategiemeetings, erleichtern nicht nur die Terminkoordination, die übrige Arbeit orientiert sich auch an diesen Fixpunkten. Ein selbst gestalteter Rhythmus hilft besonders Organisationen in hoch dynamischen Umwelten, sich von ständigen Störungen und vermeintlichen Anpassungsnotwendigkeiten abzukoppeln (*Brown/Eisenhardt* 1998) und autonom zu improvisieren.

2. Der Prozess der Improvisation

Semistruktur und rekursive Interdependenz repräsentieren zwei Grundorientierungen, zwischen denen improvisierendes Verhalten wechselt. Dieser Wechsel folgt seinerseits gewissen Rhythmen, welche die anderen Rhythmen überlagern. Eine derartige Abfolge wird in Abb. 1 dargestellt.

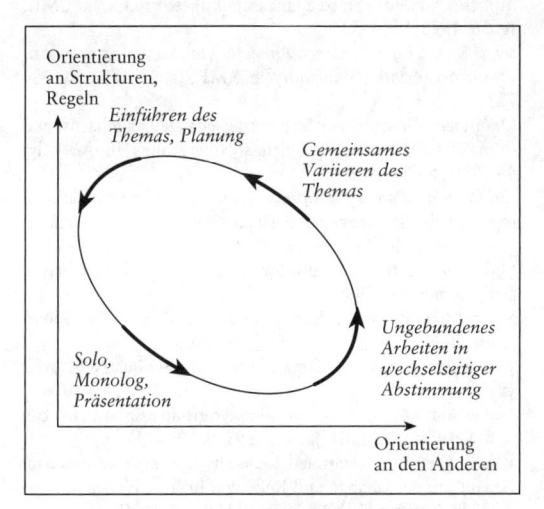

Abb. 1: Improvisation als diskontinuierlicher Prozess zwischen unterschiedlichen Orientierungen

In der Organisation zeigt sich dieser Prozess in verschiedenen Abwandlungen. So durchlaufen etwa Teammeetings typische Phasen. Improvisation wird möglich, wenn sich das Team am Beginn auf ein Thema einigt, um dann in zeitlich gut abgegrenzten Phasen Schritte wie Alternativenfindung, Bewertung, Entscheidung und Besprechung der weiteren Vorgangsweise folgen zu lassen. Der Fokus oszilliert im improvisierenden Team zwischen den Strukturen (Plan etc.) und den Handlungen der anderen Teammitglieder. Darin werden auch unterschiedliche *Grade* von Improvisation gesehen (*Moorman/Miner* 1998). Arbeitsgruppen sind umso effektiver, je öfter sie ihre Arbeit bewusst unterbrechen, um ihre Arbeitsstrategien bzw. ihren Fokus zu ändern (*Okhuysen* 2001). Dies zwingt einerseits von der Struktur immer wieder abzuweichen und hindert andererseits das Meeting in eine ziellose soziale Veranstaltung abgleiten zu lassen.

Auf nächst höherer Betrachtungsebene erweist sich der Übergang etwa zwischen verschiedenen Projekten als besonders schlecht planbares Phänomen, weil mit vielen Personen beteiligt, selten und von der Routine substanziell abweichend. Improvisation im Sinne bewussten, rhythmischen Gestaltens von Übergängen erleichtert dies entscheidend, weil durch den Rhythmus ein gemeinsamer, für alle gültiger Referenzrahmen geschaffen wird (*Brown/Eisenhardt* 1998). Übergänge gelingen überdies eher mit modularen Strukturen (→ *Modulare Organisationsformen*).

Durch Abb. 1 wird auch der diskontinuierliche Charakter des Improvisationsprozesses repräsentiert. Zur Einführung neuer Technologien hat sich eine iterative und sprunghafte Abfolge von stark strukturierten mit hoch interaktiven Phasen bewährt (*Orlikowski/Hofman* 1997). Diese Sichtweise ist eine Weiterführung der Beobachtung, dass Wandel kaum kontinuierlich und inkremental abläuft, sondern eingebettet in relativ lange stabile Perioden, die durch kurze, radikale Veränderungen durchbrochen werden (*Gersick* 1991). Ähnliches ist innerhalb kürzerer Zeitperioden auch in erfolgreichen Problemlösungsgruppen beobachtet worden (*Okhuysen* 2001).

Analog zur Bedeutsamkeit einer spezialisierten Rhythmusgruppe innerhalb der Jazz-Combo, wird dieser Prozess auch in der Organisation durch eine bestimmte Form von Arbeitsteilung – organisatorisch und zeitlich – unterstützt: Je nach Größe der Organisation konzentrieren sich Einheiten auf das Gestalten und Halten eines Rhythmus und die Moderation des Prozesses (etwa Projektbüros als Stabstellen oder Lenkungsgremien als stehende Komitees) (*Brown/Eisenhardt* 1998).

3. Effekte von Improvisation

a) Kreativität und Innovation

Jede Art von Innovation enthält zumindest soweit Aspekte improvisierenden Verhaltens als ein Abweichen von vorgegebenen Strukturen dafür nötig ist (*Barrett* 2002). Garud und Karnoe (*Garud/Karnoe* 2001) beschreiben die Vorgangsweise innovativer Unternehmen als *bewusstes Abweichen* (*mindful deviation*). Improvisation wird auch als unterstützend für erfolgreiches Agieren in neu entstehenden Branchen (*Kanter* 2001) und für die Einführung neuer Technologien in Organisationen (*Orlikowski/Hofman* 1997) gesehen.

Eine wichtige Rolle spielt dafür rekursives Verhalten, weil es nicht-lineare und daher nicht vorhersehbare Pfade erzeugt. Dies betrifft auch Bereiche, die üblicherweise dem Gegenpol zur Improvisation zugerechnet werden, wie die klassische Musik. Die Kompositionsweise Mozarts war etwa hoch rekursiv und in dem hier beschriebenen Sinne improvisierend (*Jourdain* 1998). Die klassische Beschreibung der *kreativen Zerstörung* durch Schumpeter (*Schumpeter* 1950) enthält ebenfalls im Kern die Rekombination vorhandener Ressourcen (Bricolage).

b) Schnelligkeit und Flexibilität

Je größer der Druck zu Schnelligkeit und Flexibilität, umso höher wird die Bedeutung von Gruppen in Organisationen eingeschätzt (z.B. *Weick/Roberts* 1993). Effektiv sind dabei jene Gruppen, die sich frühzeitig auf Prioritäten der einzelnen Aufgaben einigen, diese untereinander verteilen (*Waller* 1999) und die häufig ihre Arbeit bewusst unterbrechen, um ihre Arbeitsstrategien bzw. ihren Fokus zu ändern (*Okhuysen* 2001). Die erfolgreichsten Unternehmen in hoch dynamischen Branchen wiederum koppeln sich von den

Zwängen der Umweltdynamik durch einen autonomen Rhythmus ab (*Brown/Eisenhardt* 1998; *Kanter* 2001).

c) Ressourcenentwicklung und organisationales Wissen

Rekursives Verhalten setzt eine permanente Beschäftigung mit den vorhandenen Bedingungen und Ressourcen in der Organisation voraus, um daraus nachfolgende Schritte oder Problemlösungen zu entwickeln (*Garud/Karnoe* 2000). Derart reflektierendes Verhalten fördert selbst die Integration neuer Ressourcen, den improvisierenden Umgang damit und erweitert in weiterer Folge wiederum die Wissensbasis (*Moorman/Miner* 1998).

Die empirische Überprüfung der besprochenen Bedingungen und Effekte ist noch spärlich. Die bisherigen empirischen wie theoretischen Arbeiten zeigen jedenfalls bereits, dass Improvisation nicht nur einen wesentlichen Beitrag zur Erklärung organisationaler Phänomene liefert, sondern auch in normativen Konzepten des Managements seinen Platz finden dürfte.

Literatur

Barrett, Frank J.: Creativity and improvisation in jazz and organizations, in: Organizational Improvisation, hrsg. v. *Kamoche, Ken N./Cunha, Miguel Pina/Cunha, Joao Vieira*, London 2002, S. 138–165.
Berliner, Paul F.: Thinking in Jazz: The infinite art of improvisation, Chicago 1994.
Brown, Shona/Eisenhardt, Kathleen M.: Competing on the Edge. Strategy as Structured Chaos, Boston 1998.
Bücher, Karl: Arbeit und Rhythmus, Leipzig 1902.
Certeau, Michel de: Kunst des Handelns, Berlin 1988.
Crossan, Mary/Sorrenti, Marc: Making sense of improvisation, in: Advances in Strategic Management, hrsg. v. *Walsh, James P./Huff, Anne S.*, Greenwich 1997, S. 155–180.
Cunha, Miguel Pina/Cunha, Joao Vieira/Kamoche, Ken N.: Organizational improvisation. What, when, how and why, in: Organizational Improvisation, hrsg. v. *Kamoche, Ken N./Cunha, Miguel Pina/Cunha, Joao Vieira*, London 2002, S. 96–137.
Dell, Christopher: Prinzip Improvisation, Köln 2002.
Garud, Raghu/Karnoe, Peter: Path creation as a process of mindful deviation, in: Path Dependence and Creation, hrsg. v. *Garud, Raghu/Karnoe, Peter*, Mahwah 2001, S. 1–38.
Garud, Raghu/Karnoe, Peter: Bricolage vs. Brilliance. A comparative study of two local knowledge systems in the emergence of technological systems, Konferenzbeitrag für „Managerial Knowledge between globalization and local contexts", Rom 2000.
Gersick, Connie J. G.: Revolutionary change theories: A multilevel exploration of the punctuated equilibruum paradigm, in: AMR, Jg. 16, 1991, S. 10–36.
Hatch, Mary Jo: Exploring the empty spaces of organizing: How improvisational Jazz helps redescribe organizational structure, in: OS, Jg. 20, 1999, S. 75–100.
Helbling, Hanno: Rhythmus, Frankfurt am Main 1999.
Johnstone, Keith: Impro. Improvisation in the Theatre, London 1981.
Jourdain, Robert: Das wohltemperierte Gehirn, Berlin 1998.
Kanter, Rosabeth Moss: E-volve! Revolutionieren Sie Ihr Business, München 2001.
Kosiol, Erich: Einführung in die Betriebswirtschaftslehre, Wiesbaden 1968.
Lévi-Strauss, Claude: Das wilde Denken, Frankfurt am Main 1976.
Mintzberg, Henry: Strategy making in three modes, in: CMR, Jg. 16, 1973, S. 44–53.
Moorman, Christine/Miner, Anne: Organizational improvisation and organizational memory, in: AMR, Jg. 23, 1998, S. 698–723.
Okhuysen, Gerardo A.: Structuring change: Familiarity and formal interventions in problem-solving groups, in: AMJ, Jg. 44, 2001, S. 794–808.
Orlikowski, Wanda J./Hofman, J. Debra: An improvisational model of change mangement: The case of groupware technologies, in: SMR, Jg. 38, 1997, S. 11–22.
Quinn, James B.: Strategies for Change: Logical Incrementalism, Homewood 1980.
Schumpeter, Joseph A.: Kapitalismus, Sozialismus und Demokratie, Bern 1950.
Thompson, James D.: Organizations in Action, New York 1967.
Waller, Mary J.: The timing of adaptive group responses to non-routine events, in: AMJ, Jg. 42, 1999, S. 127–137.
Weick, Karl: Organizational Redesign and Improvisation, in: Organizational Change and Redesign, hrsg. v. *Huber, George P./Glick, William H.*, New York 1993a, S. 346–379.
Weick, Karl: The collapse of sensemaking in organizations: The Mann Gulch disaster, in: ASQ, Jg. 38, 1993b, S. 628–652.
Weick, Karl E./Roberts, Karlene H.: Collective mind in organizations: Heedful interrelating on flight decks, in: ASQ, Jg. 38, 1993, S. 357–381.

Individuum und Organisation

Klaus Bartölke/Jürgen Grieger

[s.a.: Arbeitsorganisation; Funktionale Organisation; Gerechtigkeit und Fairness; Hierarchie; Human Ressourcen Management; Koordination und Integration; Macht in Organisationen; Menschenbilder; Motivation; Motivationsorientierte Organisationsmodelle; Organisationstheorie; Partizipation; Prinzipal-Agenten-Ansatz; Rationalität; Selbstorganisation; Sozialisation, organisatorische; Teamorganisation; Vertragstheorie.]

I. *Zum Verständnis von Individuum und Organisation und ihres Verhältnisses*; II. *Beziehungen zwischen Individuum und Organisation*; III. *Zur wechselseitigen Bedingtheit von Individuum und Organisation.*

Zusammenfassung

Das Verhältnis von Individuum und Organisation wird aus drei Blickrichtungen analysiert. Dem Zurücktreten des Individuums als unabhängige Analyseeinheit in der wissenschaftlichen Literatur wird der Versuch entgegengestellt, einen Blick auf Chancen für Individuelles (Besonderes) in der Spannung zu Organisation (Allgemeinem) zu richten.

I. Zum Verständnis von Individuum und Organisation und ihres Verhältnisses

Nach allgemeinem – wohl überwiegend westlich geprägtem – Verständnis bezeichnet der Begriff *Individuum* (lat.: das Unteilbare) im hier interessierenden Zusammenhang den Menschen als Einzelwesen in seiner jeweiligen Besonderheit (vgl. *Roe* 1984). Mit *Organisation* wird einerseits das Organisieren als Tätigkeit oder Aufbau, Gliederung, planmäßige Gestaltung oder Bauplan eines Organismus, Gestalt und Anordnung seiner Organe und andererseits eine Menschenmehrheit als Gruppe oder Verband, in welcher Form auch immer, gemeint (→ *Organisation*). Die erste dieser Bedeutungsrichtungen besitzt große Ähnlichkeit mit dem *Strukturbegriff*, wenn *Struktur* die Anordnung der Teile eines Ganzen zueinander, gegliederter Aufbau, innere Gliederung oder Gefüge bezeichnet, das aus Teilen besteht, die wechselseitig voneinander abhängen.

Das Individuum als Einzelwesen in seiner jeweiligen Besonderheit ist damit einerseits in seiner Verknüpfung mit Organisation Gegenstand planmäßiger Gestaltung, *instrumentell* in Organisation eingebunden oder legitimierter Träger der planmäßigen Gestaltung. Es ist andererseits, *institutionell*, Teil einer Menschenmehrheit, die zunächst aus Einzelwesen mit jeweiliger Besonderheit besteht. In beiden Verständnissen trifft *Besonderes* auf *Allgemeines*: In instrumenteller Sicht trifft Besonderes auf planmäßig Vorgegebenes, das Richtungsbestimmungen für Verhalten und Handeln enthält. In institutioneller Sicht geht es um die Vereinbarmachung der Besonderheiten von Individuen als Einzelwesen, die in Abhängigkeit vom Typ der Organisation unterschiedlich starke Ausprägungen aufweist. In einem solchen sprachlichen Verständnis von Individuum und Organisation sind Spannungsverhältnisse angelegt (→ *Konflikte in Organisationen*), die sich – organisationstheoretisch betrachtet – im Dualismus strukturalistischer und personalistischer Sichtweisen ausdrücken (vgl. *Lichtman/Hunt* 1973). Individuelles wird zumindest in Teilen zurückgedrängt und gerät damit in potenziellen Widerspruch zu Prozessen, die vorgegeben sind oder sich in – wie auch immer gearteter – Abstimmung ergeben. Bspw. wirft das Zusammentreffen individueller *Ziele* bzw. *Bedürfnisse* und organisatorischer Zwecke Fragen nach deren Kompatibilität und nach Möglichkeiten der *Zielintegration* auf (vgl. *Barrett* 1970) (→ *Ziele und Zielkonflikte*).

Die theoretische Perspektive, die potenziellen Beziehungen zwischen Individuum als unabhängig von Organisation zu denkendem Einzelwesen *und* Organisation zu betrachten, scheint – so ein Ergebnis der Literaturdurchsicht – in den letzten Jahren relativ wenig wissenschaftliche Bemühung auf sich gezogen zu haben (kritisch zur Vernachlässigung des Individuellen *Schlump* 1990; *Vansina* 1998). Spannungsverhältnisse zwischen Individuum und Organisation werden im Wesentlichen definiert aus Sicht der machtvollen Organisation, die als dominantes Phänomen neuzeitlicher Gesellschaft verstanden wird, hinter der Individuelles – *Subjektivität* und Eigensinn – systematisch zurücktritt (bspw. *Kieser* 1980; *Gebert* 1988; *Stolz/Türk* 1992). In dieser Sicht reflektiert das widersprüchliche Verhältnis von Individuum und Organisation den Grundwiderspruch bürgerlich-kapitalistischer Gesellschaftsformation (vgl. *Adorno* 1979). Es ist deshalb nicht ganz unberechtigt, wenn Nord und Fox (*Nord/Fox* 1996) einen im nordamerikanischen Sozialwissenschaftsumfeld entstandenen Handwörterbuchaufsatz mit der Frage betitelten: „The Individual in Organizational Studies: The Great Disappearing Act?" Sowohl für die Industrie- und Organisationspsychologie, als auch für Studien aus dem Bereich „Organizational Behavior" weisen diese Autoren einen Wandel hinsichtlich der bevorzugten Analyseebene nach, und zwar von der Mikroebene des Individuums zur Mesoebene, auf der das Individuum seine Zentralität und Unabhängigkeit als Analyseeinheit einbüßt und stattdessen im jeweiligen Kontext betrachtet wird. „What we found [...] was that a substantial decentering of the individual has been taking place in many of the most mainstream areas of psychology, including I/O psychology. [...] In any case, [...] the previous uniform assumptions of an essentialist individual have lost much of their privileged position. Moreover, the change is not confined to organizational studies; there appears to be a parallel growing discomfort with traditional assumptions about human beings in the social (and perhaps biological) sciences in general. In all these areas, when the individual appears he/she increasingly does so only in context." (*Nord/Fox* 1996, S. 170).

Geht man gedanklich hinter die Zurückdrängung des Individuellen in der wissenschaftlichen – auch betriebswirtschaftlichen – Literatur zurück, dann öffnet sich der Blick auf Individuelles, wenn man Spannungsverhältnisse zwischen Besonderem und Allgemeinem fokussiert und die Frage stellt, wie man sie reflektieren kann. Drei systematische Ansatzpunkte bieten sich an: Wie beeinflusst das Individuum Organisation, wie beeinflusst Organisation das Individuum und wie interagieren – simultan – Individuum und Organisation? Diese Ansatzpunkte beschreiben sowohl theoretische als auch praktische Problematiken. In *theoretischer* Sicht wird in der ersten Variante das Individuum als unabhängige Variable definiert und gefragt, welche Bedeutung Eigenschaften und Handeln von Organisationsmitgliedern für Organisation in instrumenteller und institutioneller Sicht besitzen. In der zweiten Variante ist Organisation als unabhängige Variable konstruiert und der Blick geht auf ihre Konsequenzen für das Individuum, während in der dritten die gegenseitige Beziehung der Fokus des Interesses ist. In *praktischer* Sicht, die normative Bestimmungen des Handelns einschließt, geht es in der ersten Variante um die Frage, wie Individuen, insb. als nichtlegitimierte Gestaltungsträger, Organisationen im eigenen *Interesse* nutzen, in der zweiten darum, wie Organisationen Individuen für ihre Zielsetzungen nutzen bis ausbeuten, und in der dritten um die Interdependenz von Individuum und Organisation (zu solchen Ansatzpunkten *Smelser/Smelser* 1970 und *Graversen/Johansson* 1998).

II. Beziehungen zwischen Individuum und Organisation

1. Der Einfluss von Individuen auf Organisation

Organisation kann als Instrument verstanden werden, mit dem Individuen versuchen, persönliche oder kollektive Ziele zu erreichen, Interessen durchzusetzen und Bedürfnisse zu befriedigen. Legitimierte Gestaltungsträger – *Eigentümer* oder das *Management* – nutzen Organisation, indem sie Ziele formulieren, deren Erreichung durch Organisation befördert werden soll. Nichtlegitimierte Gestaltungsträger – Mitarbeiter – nutzen Organisation vorrangig zum Zweck des individuellen Einkommens- und/oder Qualifikationserwerbs, indem sie sich fremdbestimmter Organisation unterwerfen und deren Zielerreichung unterstützen. Fragt man nach *Einfluss*, so gilt empirisch, dass in der *Hierarchie* höher eingebundene Individuen – die legitimierten Gestaltungsträger – regelmäßig über mehr Möglichkeiten verfügen, Organisation zu beeinflussen als Individuen auf unteren Ebenen (vgl. *Bartölke* 1980).

In instrumenteller Sicht von Organisation stellt sich die Frage nach der Bedeutung von Eigenschaften und Handlungen von Individuen für die Organisation. Individuelles fließt nach verbreiteter Ansicht in Gestaltungskonzepte der legitimierten Gestaltungsträger ein. Insofern „finden sich in jeder Anordnung, in jeder Entscheidung, die die Geschäftsleitung trifft, Momente, die aus der Individualität derjenigen stammen, die zu entscheiden haben" (*Gutenberg* 1983, S. 131). Der Wertschätzung des persönlichen Momentes in der *Unternehmensführung* steht die Funktionalität der Unpersönlichkeit nichtlegitimierter Gestaltungsträger gegenüber. Deren faktischer Einfluss auf Organisation zeigt sich jedoch bspw. in der Redefinition der eigenen Stelle (vgl. *Miner* 1987) und allgemein in mikropolitischen (vgl. *Ortmann* 1988) oder opportunistischen Verhaltensweisen (vgl. *Williamson* 1993), die der Regelhaftigkeit von Organisation entgegenstehen. Die Annahme von gegen die Organisation gerichtetem Opportunismus hat in der Institutionenökonomie zu Überlegungen zur Gestaltung von *Kontroll- und Anreizsystemen* geführt, die auch auf legitimierte Gestaltungsträger ausgedehnt werden. Sie sollen bewusstes Unterlaufen gewollter organisatorischer Handlungs- und Verhaltensbeschränkungen durch eigensinnig bis eigennützig agierende Individuen verhindern (→ *Anreizsysteme, ökonomische und verhaltenswissenschaftliche Dimension*; → *Kontrolle*).

Institutionell betrachtet, geht es um den Einfluss von Individuen auf Organisation als Sozialverband – auch i.S. des sozialen Phänomens der *Macht* (vgl. *Sandner* 1990). Eigenschaften, Wertvorstellungen, kognitive Prozesse und Verhaltensweisen von Führungspersonen werden als maßgeblich für die Gestaltung von Organisation (Organisieren; vgl. *Weick* 1985) und ihrer *Kultur* erachtet (→ *Organisationskultur*). Von ihnen praktizierte *Führung* von und *Kommunikation* mit Mitarbeitern als Mitgliedern werden eine bedeutende Rolle i.S.v. Vorbildfunktion zugemessen (vgl. *Bartölke/Grieger* 2004). Demgegenüber werden Eigenschaften, Wertvorstellungen und Verhaltensweisen der Mitarbeiter nicht systematisch als bedeutsam für Organisation erachtet, da ihnen als einfachen Mitgliedern kein unmittelbarer Einfluss zugestanden wird. Lediglich ihren Reaktionen und ihrer Akzeptanz muss Beachtung geschenkt werden, da sich in ihnen indirekt – bspw. im Rahmen von Gruppenprozessen (→ *Gruppen und Gruppenarbeit*) oder im individuellen Leistungsverhalten (vgl. *Weinert* 1998, S. 106 ff.) – erwünschter oder unerwünschter Einfluss auf Organisation als soziales System ausdrückt. Individuelles gelangt daher in seiner Bedeutung für Organisation systematisch in unterschiedlicher Weise und in Abhängigkeit von der Stellung des Individuums innerhalb der Organisation in den Blick. Dies zeigt – vermutlich nicht nur in der Literatur – die Bedeutung des Kontextes für die Beachtung von Individuellem.

2. Der Einfluss von Organisation auf Individuen

Das Spannungsverhältnis von Besonderem und Allgemeinem ist auch in umgekehrter Blickrichtung auf mindestens zwei verschiedene Weisen zu rekonstruieren. Individuen werden als Mittel der Zielerreichung von Organisation verstanden und entsprechend der Nützlichkeit ihrer Eigenschaften und *Qualifikationen* organisatorisch eingebunden. Legitimierte Gestaltungsträger sind verantwortlich für die Definition von Zielen, Strukturen und *Aufgaben*, während von nichtlegitimierten Gestaltungsträgern deren Erfüllung in vorbestimmten Strukturen erwartet wird. Mit unterschiedlicher Integration (vgl. *Staehle* 1999, S. 570 ff.) variiert der Einfluss von Organisation auf Individuen als Inhaber definierter *Rollen*: Die Restriktivität von Organisationsstrukturen als Unterdrücken von Individualität ist in unteren Ebenen regelmäßig stärker. Auf höheren Ebenen bieten Strukturen i.d.R. bessere Chancen individueller Entfaltung und Entwicklung (vgl. *Grieger* 1997, S. 240 ff.). Dies ist u.a. ein Grund dafür, dass – zumindest auf lange Sicht – legitimierte Gestaltungsträger Organisation eher als etwas von ihnen Geschaffenes wahrnehmen, mit deren Zielen sie sich identifizieren können (→ *Organizational Citizenship Behaviour*).

In instrumenteller Sicht bedeutet Organisation die Beschränkung von Verhaltens-, Handlungs- und Entscheidungsmöglichkeiten, die unterschiedliche Konsequenzen für Individuen besitzen. In unteren Ebenen wird durch den Zuschnitt von Aufgaben und Vorgaben für ihre Erfüllung Individualität weitgehend zurückgedrängt (→ *Arbeitsteilung und Spezialisierung*). Das Verständnis des Individuums als Mittel zur Erreichung fremdbestimmter Ziele beinhaltet dessen *Entindividualisierung* und führt zum Verlust von Souveränität, zur *Entfremdung* gegenüber Arbeit, gelernter Unselbstständigkeit und Apathie (vgl. *Argyris* 1970). Dieser – auch für Organisation – bedenklichen Tendenz wird durch Motivation, *Qualifikation* und *Partizipation* entgegengesteuert, wobei sichergestellt werden soll, dass der *Konflikt* zwischen Individuellem und Regelhaftem nicht zu organisatorischen Dysfunktionalitäten führt. Dies ist Aufgabe legitimierter Gestaltungsträger, die in erster Linie für das Funktionieren von Organisation und nur nachrangig für das Schaffen von Möglichkeiten zum Schutz von Individualität auch auf unteren Ebenen verantwortlich sind. Ihnen eröffnet Organisation bessere Möglichkeiten, eigene Individualität zu bewahren, weil ihr Aufgabenspektrum breiter ist, ihr Einfluss und *Handlungsspielraum* in geringerem Maße beschränkt wird und erhaltene Entschädigungen – auch immaterieller Art – umfangreicher sind.

Institutionell betrachtet, übt Organisation Einfluss i. S. der Vereinbarmachung von unterschiedlichen Eigenschaften der Individuen aus. Formale und informelle *Regeln* dienen der Anpassung von Individuellem an Allgemeines und sollen zum Abstoßen unerwünschter und zur Aneignung erwünschter Verhaltensweisen führen. Neben Verhaltensregulierung besitzen Sozialisationsprozesse Bedeutung (vgl. *Presthus* 1966), die – bspw. über das Erlernen der *Organisationskultur* – eine Angleichung von *Wahrnehmung*, Einstellung und *Identität* bewirken (→ *Sozialisation, organisatorische*). Gelungene *Sozialisation* drückt sich in einem Kontinuum aus, das von der Akzeptanz bis zur *Identifikation* (Pratt 2000) mit den Regeln und der Kultur von Organisation reicht. Abweichungen werden nur innerhalb bestimmter Grenzen toleriert. Diese sind i.d.R. für legitimierte Gestaltungsträger breiter und variabler definiert als für nichtlegitimierte Gestaltungsträger, was auf deren Funktion als Gestalter und Sanktionsinstanz sowie auf die erachtete Funktionalität von Abweichung und Regelverletzung für Organisation zurückzuführen ist. Insofern gilt auch hier, dass der Kontext eine entscheidende Rolle für die Bewahrung von Individualität in Organisationen spielt.

3. Die Interaktion von Individuum und Organisation

Betrachtet man den Zusammenhang der skizzierten Spannungsverhältnisse zwischen Individuum und Organisation, so gerät ihre gegenseitige Bestimmung in den Blick (vgl. *Nord/Fox* 1996, S. 156 ff.). Organisationen sind von Individuen geschaffene Gebilde und wirken als solche auf sie zurück. Die Reziprozität des Einflusses kann veranschaulicht werden, indem man Gestaltung von Organisation durch Individuen und Steuerung von Individuen durch Organisation als untrennbar miteinander verknüpfte, simultane und sich gegenseitig konstituierende Prozesse der Interaktion von Individuum und Organisation versteht (zur Vermittlung von Struktur und Prozess vgl. *Giddens* 1985).

In instrumenteller Sicht drückt sich das reziproke Verhältnis von Individuum und Organisation in der rekursiven Konstitution von *Zweck* und *Mittel* aus (vgl. *Ortmann* 1995, S. 81 ff.). Individuen gestalten Organisation als Mittel ihrer Zwecksetzungen und schaffen dadurch einen allgemeinen Rahmen, der den Modus ihrer eigenen *Instrumentalisierung* vorgibt, Freiheiten und Zwänge asymmetrisch – in Abhängigkeit der Stellung und erachteten Bedeutung von Individuen als Mittel von Organisation – verteilt, und der zugleich die Bedingungen seiner weiteren Gestaltung enthält. Organisations*änderung* erfolgt dann – u.a. – in den Grenzen, die den Individuen als Ermöglichung und Restriktion von *Individualität* jeweils vorgegeben sind und in denen sie als legitimierte und nichtlegitimierte Gestaltungsträger entsprechend ihrer Individualität agieren (→ *Lernen, organisationales*; → *Organisationsentwicklung*).

Institutionell betrachtet, gilt Individualität sowohl als Voraussetzung als auch als Ergebnis von Organisation. Besonderes schafft Allgemeines und damit die Bedingungen der Unterdrückung, Formung, Bewahrung und Förderung von Individualität. Organisation als systematisch gestaltetes *und* unintendiert entstandenes, überindividuelles Zweckgebilde, lässt sich deshalb auch als Institution der Vergemeinschaftung von Individualität verstehen (vgl. *Türk* 1999), die als solche allerdings nicht unabhängig von Individuen und Individualität besteht. Diese Interdependenzen – Individuum und Organisation als abhängige *und* unabhängige Variablen – beinhalten analytische Ansatzpunkte, der Zurückdrängung des Individuums und seiner Besonderheit in Organisationen entgegenzutreten. Dabei sind Vorstellungen und Kommunikation über sowie Wahrnehmungen von Organisation besondere Aufmerksamkeit zu widmen (→ *Interpretative Organisationsforschung*).

III. Zur wechselseitigen Bedingtheit von Individuum und Organisation

Die Überlegungen auf der Basis der drei Blickrichtungen auf das Zusammentreffen von Besonderem und Allgemeinem führen trotz der konstruierten Differenzierung zu relativ ähnlichen Ergebnissen. Als Grund dafür kann angesehen werden, dass das Besondere von Individuen immer schon gesellschaftlich konstituiert ist (Individuation folgt Sozialisation) und das Allgemeine von Organisation ebenfalls immer auch gesellschaftlich eingebettet ist. Gesellschaftliche Ungleichheit spiegelt sich in der Ungleichheit von Handlungschancen in Organisationen – instrumentell wie institutionell – und wird uno actu durch sie bestätigt und verstärkt.

Es gilt jedoch auch, dass Organisation ohne Individuum nicht denkbar ist. Daraus resultiert *prinzipiell*, wenn auch stark variant, dass Individuen nicht nur abhängig sind, sondern ohne ihre – wie immer partielle – Identifikation mit und Gestaltung von Organisation diese selbst nicht in Existenz kommt. Organisation, insb. wenn sie aus Gründen der Viabilität Selbstorganisation betont, schafft damit Handlungsarenen, die individuelles Handeln einerseits gleichzeitig ermöglichen und einschränken und andererseits ggf. von diesem bestätigt und verändert werden.

Literatur

Adorno, Theodor W.: Individuum und Organisation, in: Soziologische Schriften, hrsg. v. *Tiedemann, Rolf,* Frankfurt am Main 1979, S. 440–456.
Argyris, Chris: Personality and Organization, 2. A., New York 1970.
Barrett, Jon H.: Individual Goals and Organizational Objectives. A Study of Integration Mechanisms, Ann Arbor MI 1970.
Bartölke, Klaus: Hierarchie, in: HWO, hrsg. v. *Grochla, Erwin,* 2. A., Stuttgart 1980, Sp. 830–837.
Bartölke, Klaus/Grieger, Jürgen: Führung und Kommunikation, in: HWP, hrsg. v. *Gaugler, Eduard* et al., 3. A., Stuttgart 2004, Sp. 777–790.
Gebert, Diether: Individuum und Organisation – Ausgewählte organisationspsychologische Aspekte, in: Angewandte Psychologie, hrsg. v. *Frey, Dieter/Graf Hoyos, Carl/Stahlberg, Dagmar,* München et al. 1988, S. 92–110.
Giddens, Anthony: The Constitution of Society: Outline of the Theory of Structuration, Cambridge 1985.
Graversen, Gert/Johansson, Jan H.: The Individual and the Organization: Introducing the Theme, in: European Journal of Work and Organizational Psychology, Jg. 7, 1998, S. 257–264.
Grieger, Jürgen: Hierarchie und Potential: Informatorische Grundlagen und Strukturen der Personalentwicklung in Unternehmungen, Neustadt et al. 1997.
Gutenberg, Erich: Grundlagen der Betriebswirtschaftslehre, Bd. 1: Die Produktion, 24. A., Berlin et al. 1983.
Kieser, Alfred: Individuum und Organisation, in: HWO, hrsg. v. *Grochla, Erwin,* 2. A., Stuttgart 1980, Sp. 862–871.
Lichtman, Cary M./Hunt, Raymond G.: Personality and Organization Theory: A Review of Some Conceptual Literature, in: Readings in Organizational Behavior and Human Performance, hrsg. v. *Scott, William E./Cummings, Larry L.,* 2. A., Homewood IL 1973, S. 237–256.
Miner, Anne S.: Ideosyncratic Jobs in Formalized Organizations, in: ASQ, Jg. 32, 1987, S. 327–351.
Nord, Walter R./Fox, Suzy: The Individual in Organizational Studies: The Great Disappearing Act?, in: Handbook of Organization Studies, hrsg. v. *Clegg, Stewart R./Hardy, Cynthia/Nord, Walter R.,* London et al. 1996, S. 148–174.
Ortmann, Günther: Formen der Produktion. Organisation und Rekursivität, Opladen 1995.
Ortmann, Günther: Handlung, System, Mikropolitik, in: Rationalität, Macht und Spiele in Organisationen, hrsg. v. *Küpper, Willi/Ortmann, Günther,* Opladen 1988, S. 217–225.
Pratt, Michael G.: The Good, the Bad, and the Ambivalent: Managing Identification among Amway Distributors, in: ASQ, Jg. 45, 2000, S. 456–493.
Presthus, Robert: Individuum und Organisation. Typologie der Anpassung, Frankfurt am Main 1966.
Roe, Robert A.: Individual Characteristics, in: Handbook of Work and Organizational Psychology, Bd. 1, hrsg. v. *Drenth, Pieter J. D.* et al., Chichester et al. 1984, S. 103–130.
Sandner, Karl: Prozesse der Macht, Berlin et al. 1990.
Schlump, Ludwig: Die Rolle des Individuums in der Organisationstheorie. Grundzüge einer kritischen Theorie der Organisation, Frankfurt am Main et al. 1990.
Smelser, Neil J./Smelser, William T.: Personality and Social System, 2. A., New York et al. 1970.
Staehle, Wolfgang H.: Management, 8. A., München 1999.
Stolz, Heinz-Jürgen/Türk, Klaus: Individuum und Organisation, in: HWO, hrsg. v. *Frese, Erich,* 3. A., Stuttgart 1992, Sp. 841–855.
Türk, Klaus: The Critique of the Political Economy of Organization. A Contribution to the Analysis of the Organizational Social Formation, in: International Journal of Political Economy, Jg. 29, H. 3/1999, S. 6–32.
Vansina, Leopold S.: The Individual in Organizations: Rediscovered or Lost Forever?, in: European Journal of Work and Organizational Psychology, Jg. 7, 1998, S. 265–282.
Weick, Karl E.: Der Prozeß des Organisierens, Frankfurt am Main 1985.
Weinert, Ansfried B.: Organisationspsychologie, 4. A., Weinheim 1998.
Williamson, Oliver E.: Opportunism and its Critics, in: Managerial and Decision Economics, Jg. 14, 1993, S. 97–107.

Informationstechnologie und Organisation

Ulrich Frank

[s.a.: Aufgabenanalyse; Forschung und Entwicklung, Organisation der; Informationsverarbeitung, Organisation der; Informationsverhalten; Kommunikation; Kontingenzansatz; Netzwerke; Organisationsentwicklung; Organisationsmethoden und -techniken; Organisationssoftware; Organisatorische Gestaltung (Organization Design); Technologie und Organisation; Technologiemanagement; Wissensmanagement.]

I. Gestaltungspotentiale durch Informationstechnologie; II. Informationstechnologie als Herausforderung der organisatorischen Gestaltung; III. Einschlägige Forschungsansätze; IV. Unterstützung der organisatorischen Integration von Informationstechnologie.

Zusammenfassung

Nach einer Darstellung wichtiger Kategorien der Informationstechnik werden Organisationsmodelle beschrieben, die durch den Einsatz von Informationstechnologie (IT) motiviert sind. Anschließend werden die besonderen Herausforderungen, die sich für die organisatorische Gestaltung unter Rückgriff auf IT ergeben, dargestellt. Es folgt ein Überblick über wichtige Forschungsansätze. Vor diesem Hintergrund werden kritische Erfolgsfaktoren der integrierten Gestaltung von Organisation und IT-Systemen skizziert.

I. Gestaltungspotentiale durch Informationstechnologie

Informationstechnologie ist immanenter Bestandteil von Organisationen. Durch die Automatisierung von Tätigkeiten sowie die Unterstützung von Kommunikation und Kooperation hat sie einen erheblichen Einfluss auf die Gestaltung von Arbeitsteilung und Koordination. Nach wie vor ist eine stetige Ausweitung der faktischen Einsatzmöglichkeiten von Informationstechnologie zu verzeichnen. Das liegt zum einen am technologischen Fortschritt, der sich u.a. an stetig wachsenden Prozessorgeschwindigkeiten, Speicherkapazitäten und Übertragungsbandbreiten festmacht, zum anderen an ökonomischen Skaleneffekten der Hardware- und Software-Produktion.

1. Begriffliche Grundlagen

Der Begriff „Informationstechnik" bezeichnet reale Einrichtungen, also *Hardware* und Software. Der Begriff „Informationstechnologie" (IT) (Technologie, von griech.: τεχνη und λσγσς, Aussage, Lehre) stellt eine Abstraktion über Informationstechnik dar. Er bezeichnet Konzepte und Verfahren der Informationstechnik. Beide Begriffe werden häufig nicht klar differenziert. Um technische Kommunikationsverfahren in die Betrachtung einzubeziehen, wird auch von „Informations- und Kommunikationstechnik" bzw. „Informations- und Kommunikationstechnologie" gesprochen. Hardware umfasst neben den Prozessoren u.a. Speichermedien und periphere Geräte wie Drucker, Scanner, aber auch rechnergesteuerte Maschinen und Roboter. Software wird in Organisationen in einer kaum überschaubaren Vielfalt eingesetzt (→ *Organisationssoftware*). Üblicherweise werden Schichtenmodelle verwendet, um verschiedene, aufeinander aufbauende Kategorien von Software zu unterscheiden. Man spricht in diesem Zusammenhang auch von Architekturen. Die unteren Schichten beinhalten das Betriebssystem, Netzwerkfunktionalität und Datenbankmanagement-Systeme. Prozessoren bilden zusammen mit dem jeweiligen Betriebssystem eine Plattform. Sog. „Middleware" unterstützt die Kommunikation zwischen verteilten, ggf. heterogenen Systemen. Anwendungsprogramme umfassen die Programme, die von Anwendern in den Fachabteilungen genutzt werden. Die Summe der Anwendungsprogramme sowie der verwendeten Datenbanksysteme wird auch als Informationssystem bezeichnet. Der enge Zusammenhang zwischen der Gestaltung von Anwendungsprogrammen und der Organisation eines Unternehmens wird mitunter in einer weiteren Fassung des Begriffs ausgedrückt, wonach ein Informationssystem aus Aufgaben, informationsverarbeitenden Aufgabenträgern (Menschen und Maschinen) sowie Informationen besteht (*Heinrich* 2002; *Krcmar* 2000). Während Anwendungsprogramme unmittelbar die Funktionalität festlegen, die für die organisatorische Gestaltung von Bedeutung ist, sind häufig auch die darunter liegenden Schichten zu berücksichtigen. Das liegt v.a. an ihrem Beitrag zur Integration von Anwendungsprogrammen.

2. Betriebswirtschaftliche Anwendungsprogramme

Anwendungsprogramme sind Programme, die der Durchführung von Aufgaben in bestimmten Domänen dienen. Sie spiegeln dabei die Begrifflichkeit dieser Domänen. Programme, die auf die Entwicklung und Wartung von *Software* gerichtet sind, werden nicht zu den Anwendungsprogrammen gerechnet. Zu den allgemeinen Anwendungsprogrammen gehören sog. Office-Systeme wie Textverarbeitung und Tabellenkalkulation. Betriebswirtschaftliche Anwendungsprogramme sind spezieller auf die Unterstützung betriebswirtschaftlicher Aufgaben gerichtet. Sie können in verschiedenen Dimensionen strukturiert werden. Im Hinblick auf die Zuordnung zu Hierarchieebenen kann unterschieden werden zwischen Programmen der operativen Ebene (z.B. Lagerverwaltung, Auftragsbearbeitung), Abrechnungssystemen (z.B. Finanzbuchhaltung), Systemen zur Entscheidungsvorbereitung (z.B. Controlling, Marketing-Informationssysteme) und Systemen zur Unterstützung der strategischen Planung. Ein weiteres Differenzierungskriterium ist der Grad der Wiederverwendung von Anwendungsprogrammen. Dieser reicht von der nur einmal verwendeten Individualsoftware bis hin zu sog. Standardsoftware, die in bestimmten Bereichen von vielen Unternehmen genutzt wird. Dabei ist weiter zu unterscheiden zwischen Software, die für einzelne Branchen gedacht ist und solcher, die branchenübergreifend eingesetzt werden kann. Im Hinblick auf die organisatorische Gestaltung ist die Bandbreite der Aufgaben, die von einem betriebswirtschaftlichen Anwendungsprogramm abgedeckt wird, zu berücksichtigen. Funktionsorientierte Anwendungsprogramme sind auf traditionelle betriebliche Funktionen gerichtet. Zu ihnen gehören bspw. Finanzbuchhaltungssysteme, Lagerverwaltungssysteme oder Produktionsplanungs- und Steuerungssysteme (PPS, *Kurbel* 1999). Ein Nachteil solcher isolierter Anwendungsprogramme ist darin zu sehen, dass sie nicht integriert sind, was zu Datenredundanz und in deren Folge zu vermeidbarer

Mehrfacherfassung und drohender Dateninkonsistenz führt. Integrierte betriebswirtschaftliche Anwendungssysteme, auch *Enterprise-Resource-Planning-Systeme* genannt (ERP, *Schwarz* 2000), decken mehrere betriebswirtschaftliche Funktionsbereiche ab.

In jüngerer Zeit werden traditionelle Enterprise-Resource-Planning-Systeme zunehmend kritisiert, weil sie auf funktionale Organisationsformen ausgerichtet sind und deshalb keine angemessene Unterstützung von Geschäftsprozessen (→ *Prozessorganisation*) bieten. Einige Anbieter haben darauf reagiert, indem sie ihre Systeme um sog. *Workflow-Management-Systeme* (WFMS, *Fischer* 2003) ergänzt haben. Daneben wird unter dem Schlagwort „Best of Breed" die völlige Abkehr von monolithischen Systemen propagiert. Danach soll ein Unternehmen für jeden Funktionsbereich die jeweils am besten geeignete Lösung erwerben. Die Integration der Anwendungsprogramme erfolgt dann über eine Middleware, deren Nutzung allerdings erfordert, dass die betroffenen Programme gewissen Standards genügen.

3. Unterstützung von Kooperation und Koordination

Betriebswirtschaftliche Anwendungsprogramme haben einen ausgeprägten Einfluss auf die Arbeitsteilung, weil sie mehr oder weniger restriktiv Aufgaben festlegen, die von den Anwendern durchzuführen sind (→ *Arbeitsteilung und Spezialisierung*). Die Integration von Anwendungsprogrammen, etwa mittels einer Nutzung gemeinsamer Daten, trägt zur Koordination bei, da sie Regeln für die Synchronisation der Benutzeraktionen beinhaltet. Eine Reihe weiterer Systeme bietet darüber hinausgehende Möglichkeiten zur Unterstützung von Kooperation und Koordination. Dies betrifft zum einen Computer-Supported-Collaborative-Work-Systeme (CSCW, *Schwabe/Streitz/Unland* 2001). Sie erlauben die gemeinsame Bearbeitung von Dokumenten, wobei die beteiligten Anwender räumlich verteilt sein können. Die Koordination erfolgt dabei einerseits durch Regeln, wie etwa die Festlegung von Zugriffsrechten für Teile des Dokuments oder für Bearbeitungsfunktionen, andererseits durch die gleichzeitige Visualisierung der Aktionen aller beteiligten Benutzer. Von besonderer Bedeutung für die prozessorientierte Organisationsgestaltung sind Workflow-Management-Systeme. Im Schema eines solchen Systems kann festgelegt werden, welche Anwendungsprogramme innerhalb eines Geschäftsprozesses wann, d.h. aufgrund welcher Ereignisse, ausgeführt werden sollen. Die integrative Wirkung von Workflow-Management-Systemen bleibt allerdings häufig deshalb eingeschränkt, weil sie es nicht erlauben, in die beteiligten Anwendungsprogramme selbst einzugreifen, um eine differenziertere Prozesssteuerung zu ermöglichen. Die nachträgliche prozessorientierte Integration von Anwendungsprogrammen wird auch mit dem Schlagwort „Enterprise Application Integration" (EAI, *Keller* 2002) belegt. Dahinter verbirgt sich eine nicht klar abgegrenzte Menge von Systemen, u.a. auch Workflow-Management-Systeme, die die Kommunikation zwischen Anwendungsprogrammen zum Zweck ihrer Integration unterstützen sollen.

4. Technologieinspirierte Organisationsmodelle

Der durch IT ermöglichte organisatorische Wandel (→ *Wandel, Management des (Change Management)*; → *Technologie und Organisation*) wird auch durch Leitbilder angeregt, die in Form spezifischer Organisationsmodelle diskutiert werden. Dazu gehört das Leitbild der vernetzten Organisation (*Reichwald/Möslein/Oldenburg* 1998), das unternehmensübergreifende Kooperationen wie Joint Ventures oder strategische Allianzen selbstständiger Unternehmen vorsieht, die durch die Nutzung gemeinsamer Infrastrukturen – wie etwa gemeinsam genutzter Informationssysteme – nachhaltige Kosten- und Effizienzvorteile sowie eine Risikoverteilung in unsicheren Märkten anstreben. Das Leitbild des „Collaborative Planning, Forecasting and Replenishment" (*Seifert* 2002) sieht eine unternehmensübergreifende Vernetzung vor, um die strategischen Pläne der beteiligten Partner besser koordinieren zu können und auf diese Weise die durch Planungsunsicherheit entstehenden Kosten erheblich zu reduzieren. Eine *virtuelle Organisation* entsteht durch die zeitlich begrenzte enge Kooperation verschiedener Unternehmen (*Picot/Reichwald/Wigand* 2001). Der Einsatz von Informations- und Kommunikationstechnik erlaubt dabei eine weitgehende Abstraktion von der räumlichen Verteilung der kooperierenden Einheiten (→ *Netzwerke*). Das Leitbild der prozessorientierten Organisation empfiehlt den Einsatz von Systemen, die die Durchführung von Geschäftsprozessen unterstützen. Dies gilt auch für die Gestaltung unternehmensübergreifender *Geschäftsprozesse*, die zentraler Bestandteil des „Supply Chain Management" (*Corsten/Gössinger* 2001) sind. Ein wichtiger Faktor dabei ist die Verfügbarkeit kostengünstiger Infrastrukturen zu Anbahnung und Durchführung zwischenbetrieblicher Transaktionen – hier ist v.a. an das Internet zu denken.

II. Informationstechnologie als Herausforderung der organisatorischen Gestaltung

Die herausragende Bedeutung der IT für die organisatorische Gestaltung ist unstrittig. Deren angemessene Nutzung stellt das Management allerdings vor erhebliche Herausforderungen.

1. Wirtschaftlichkeit

Die Einführung und Pflege von IT ist mit einem großen Aufwand verbunden. Gleichzeitig ist die Bewertung der Wirtschaftlichkeit entsprechender Investitionen mit erheblichen Problemen behaftet. So sind die Kosten der Nutzung und Pflege von Software häufig ex ante nur unzureichend zu schätzen. Das ist zum einen darauf zurückzuführen, dass die Prognose zukünftigen Anpassungsbedarfs mit Risiken verbunden ist. Vor allem gilt dies aber für die Schätzung des Aufwands für entsprechende Projekte. Die Ermittlung des Nutzens von IT gestaltet sich noch schwieriger, sowohl ex ante als auch ex post. Das liegt wesentlich an dem Problem, die Wirkung der IT zu isolieren. Sie wird von einer Reihe anderer Faktoren beeinflusst (*Picot/Reichwald/Wigand* 2001, S. 185 ff.). Hier ist etwa an die organisatorische Einbettung oder die Qualifikation und Motivation der Mitarbeiter zu denken. Neben den Schwierigkeiten, die Wirtschaftlichkeit der IT zu bewerten, gibt es auch grundlegende Zweifel daran, dass die Einführung von IT stets eine Produktivitätssteigerung mit sich bringt. Dieser Zusammenhang wird unter dem Schlagwort „Produktivitätsparadoxon" (*Brynjolfson* 1993) diskutiert.

2. Organisation der Informationsverarbeitung

Die Einführung und Pflege von IT ist ein komplexer Gegenstand, der spezifische Kompetenzen erfordert. Größere Unternehmen tragen diesem Umstand gewöhnlich mit der Einrichtung einer dedizierten Organisationseinheit Rechnung, etwa einer DV-Abteilung. Die Ausrichtung solcher Organisationseinheiten auf die Unternehmensziele wird häufig dadurch erschwert, dass IT-Experten eine spezifische Perspektive pflegen, die sich sowohl in einer ausdifferenzierten Fachsprache wie auch in eigenständigen Zielen und Qualitätskriterien ausdrückt. In diesem Kulturbruch zwischen IT-Experten und Angehörigen von Fachabteilungen wird seit langem ein zentraler Grund für die unzureichende Ausschöpfung der Potentiale der IT gesehen (*Keen* 1991). Es gibt eine Reihe organisatorischer Maßnahmen, um diesem Problem zu begegnen. So kann durch geeignete Leitbilder für die Handhabung der IT die Ausrichtung auf die Unternehmensziele betont werden. Die Einführung eines Informationsmanagements ist dafür ein Beispiel. Das Informationsmanagement (*Heinrich* 2002; *Krcmar* 2000) zielt darauf, eine wirtschaftliche Versorgung mit entscheidungsrelevanten Informationen zu gewährleisten. Die IT wird dabei dezidiert als ein Instrument betrachtet. Eine weitere Maßnahme ist in der Einschränkung von Aufgaben im IT-Umfeld zu sehen, also etwa in der Aufgabe der Eigenentwicklung von Software. Schließlich kann auch die gesamte Betreuung und Pflege der IT ausgelagert werden. Die Wirkungen eines solchen Outsourcing werden nicht einheitlich bewertet (*Hirschheim/Heinzl/Dibbern* 2002).

III. Einschlägige Forschungsansätze

Die Untersuchung der Erfolgsfaktoren des IT-Einsatzes ist Gegenstand der Organisationsforschung und der Wirtschaftsinformatik. Während die Organisationsforschung v.a. die Wirkungen des IT-Einsatzes betrachtet, werden in der Wirtschaftsinformatik auch Konzepte entwickelt, die eine höhere Wirtschaftlichkeit zukünftigen IT-Einsatzes bewirken sollen.

1. Empirische Untersuchungen

Die Wirkung des IT-Einsatzes in Unternehmen hängt von einer Vielzahl situativer Faktoren ab. Empirische Untersuchungen sind darauf gerichtet, diese Faktoren zu identifizieren und ihre Wechselwirkungen zu beschreiben. Studien dieser Art sind der dominierende Forschungsansatz der angelsächsischen „Information Systems"-Disziplin, dem Pendant zur Wirtschaftsinformatik. Daneben finden sich eher hermeneutisch inspirierte Untersuchungen, die einen Wirklichkeitszugang durch Fallstudien, teilweise mit den Mitteln der Aktionsforschung (*Glesne* 1998), anstreben. Dieser Erfahrungshintergrund bildet dann die Grundlage für Hypothesen oder Empfehlungen. Ein Beispiel dafür ist der Vorschlag, nicht mehr hochintegrierte, zentral kontrollierte Systeme anzustreben, sondern vielmehr auf graduelle Veränderungen des Gesamtsystems durch lose gekoppelte, weitgehend autonome Teilsysteme zu setzen (*Ciborra* 2001). Empirische Untersuchungen können einen wichtigen Beitrag zur angemessenen Beurteilung realer Einsatzvoraussetzungen der IT leisten. Sie sind allerdings zwangsläufig rückwärts gewandt und tragen damit bestenfalls zu einer zeitverzögerten Reproduktion von bereits etablierter, funktionierender Praxis („best practice", *Frank* 1997) bei. Sie sind deshalb auch im „Information Systems" nicht unumstritten (*Kock* et al. 2002).

2. Konstruktionsorientierte Ansätze

In der Wirtschaftsinformatik spielen empirische Untersuchungen eine untergeordnete Rolle. Stattdessen werden Konzepte für den innovativen IT-Einsatz entworfen und implementiert. Dazu gehört zumeist neben der Implementierung prototypischer Software auch der Entwurf korrespondierender Organisationsmodelle. Auf diese Weise soll der Praxis eine Orientierung für die zukünftige Gestaltung betrieblicher Informationssysteme gegeben werden. Um einen angemessenen Realitätsbezug zu fördern, werden solche Prototypen häufig in Kooperation mit Unternehmen entwickelt. Ein weiterer konstruktiver Ansatz ist in der Entwicklung von Bezugsrahmen zur Entscheidungsunterstützung zu sehen. Daneben spielt die

Konzeption von Methoden für die Analyse und den Entwurf betrieblicher Informationssysteme eine große Rolle. Sie beinhalten häufig Modellierungssprachen, wie etwa solche zur Beschreibung von Geschäftsprozessmodellen.

IV. Unterstützung der organisatorischen Integration von Informationstechnologie

Um die Potentiale der Informationstechnologie Gewinn bringend zu nutzen, ist eine gemeinsame Betrachtung von Organisation und IT erforderlich (*Baethge/Overbeck* 1986; *Teubner* 1999). Das macht eine Vorgehensweise nötig, in der technische und organisatorische Gestaltungsaspekte miteinander verbunden sind.

1. Modellgestützter Entwurf und Einführung von IT

Die Komplexität betrieblicher Informationssysteme empfiehlt die Nutzung von Modellen, in denen einzelne Teilaspekte ausgeblendet werden. Dabei sollte v.a. von spezifischen technischen Merkmalen abstrahiert werden, weil diese einem raschen Wandel unterworfen sind und zudem für eine fachliche Betrachtung nicht erforderlich sind. Gängige Abstraktionen zur Beschreibung eines Informationssystems sind Daten- oder Objektmodelle, Funktionsmodelle wie Datenflussdiagramme und Modelle von Geschäftsprozessen. Die integrierte Erstellung solcher Modelle wird auch als Unternehmensmodellierung (*Scheer* 1998; *Ferstl/Sinz* 1998; *Frank* 1994) bezeichnet. Dabei kann ein Unternehmensmodell auch weitere Abstraktionen enthalten, wie Strategiemodelle oder Ressourcenmodelle. Von besonderer Bedeutung für eine aufeinander abgestimmte Gestaltung von Organisation und Informationssystem ist die Fokussierung auf Geschäftsprozesse, da entsprechende Modelle i.d.R. auch in Fachabteilungen als anschaulich empfunden werden. Die Vorgehensweise in entsprechenden Projekten hängt vom Umfang der geplanten Änderungen ab. Übliche Vorgehensmodelle, die im Einzelfall anzupassen sind, sehen zunächst eine Analyse und ggf. Neuausrichtung der Unternehmensstrategie vor. Daran schließt sich die Identifikation von Kernprozessen sowie die Analyse und Reorganisation derselben an. Die dabei verwendeten Prozessmodelle werden um Konzepte zur Abbildung von Informationen und Anwendungsprogrammen erweitert. Auf dieser Grundlage kann dann die Anwendungsentwicklung bzw. die Auswahl und Konfiguration von Software erfolgen.

2. Implikationen für das Management

Die Planung, Einführung und Bewertung von IT-Systemen ist eine Managementaufgabe von hoher Komplexität. Die folgenden Faktoren sind für eine erfolgreiche Bewältigung von besonderer Bedeutung. Die Informationstechnologie sollte expliziter Bestandteil der Unternehmensstrategie sein. Dazu gehören langfristige Visionen des IT-Einsatzes sowie Evolutionsstufenmodelle. Auf diese Weise werden aufeinander aufbauende, beherrschbare Entwicklungsschritte skizziert. Um die Komplexität der Gesamtaufgabe weiter zu reduzieren, sollten Modelle, die verschiedene Sichten auf das Unternehmen wiedergeben, verwendet werden. Dabei sollte besonderes Augenmerk auf Geschäftsprozessmodelle gelegt werden, da sie nicht nur ein leistungsfähiges Analyseinstrument sind, sondern auch gehaltvolle Dokumente für das betriebliche Wissensmanagement darstellen. Nicht zuletzt stellt die Personalplanung einen kritischen Erfolgsfaktor dar. Um Friktionen zwischen Führungskräften, Mitarbeitern der Fachabteilungen und internen wie externen IT-Experten entgegenzuwirken, sind Mitarbeiter erforderlich, die als Moderatoren bzw. Übersetzer fungieren können, also bspw. Wirtschaftsinformatiker.

Literatur

Baethge, Martin/Overbeck, Herbert: Die Zukunft der Angestellten, Frankfurt am Main et al. 1986.
Brynjolfson, Erik: The Productivity Paradox of Information Technology, in: Communications of the ACM, Jg. 36, H. 12/ 1993, S. 67–77.
Ciborra, Claudio: A critical review of the literature on the management of corporate information infrastructure, in: From control to drift: The dynamics of corporate information infrastructures, hrsg. v. *Ciborra, Claudio*, Oxford et al. 2001, S. 15–40.
Corsten, Hans/Gössinger, Ralf: Einführung in das Supply Chain Management, München et al. 2001.
Ferstl, Otto K./Sinz, Elmar J.: Grundlagen der Wirtschaftsinformatik, 3. A., München et al. 1998.
Fischer, Layna (Hrsg.): The Workflow Handbook 2003, Lighthouse Point FL 2003.
Frank, Ulrich: Erfahrung, Erkenntnis und Wirklichkeitsgestaltung: Anmerkungen zur Rolle der Empirie in der Wirtschaftsinformatik, in: Wirtschaftsinformatik – Ergebnisse empirischer Forschung, hrsg. v. *Grün, O./Heinrich, L. J.*, Berlin et al. 1997, S. 21–35.
Frank, Ulrich: Multiperspektivische Unternehmensmodellierung: Theoretischer Hintergrund und Entwurf einer objektorientierten Entwicklungsumgebung, München 1994.
Glesne, Corrine: Becoming Qualitative Researchers: An Introduction, Reading MA 1998.
Heinrich, Lutz J.: Informationsmanagement, 7. A., München et al. 2002.
Hirschheim, Rudy/Heinzl, Armin/Dibbern, Jörg (Hrsg.): Information Systems Outsourcing: Enduring Themes, Emergent Patterns, and Future Directions, Berlin et al. 2002.
Keen, Peter G. W.: Shaping the Future. Business Design through Information Technology, Boston MA 1991.
Keller, Wolfgang: Enterprise Application Integration: Erfahrungen aus der Praxis, Heidelberg 2002.
Kock, Ned et al.: IS Research Relevance Revisited: Subtle Accomplishment, Unfulfilled Promise, or Serial Hypocrisy?, in: Communications of the AIS, Jg. 8, 2002, S. 330–346.
Krcmar, Helmut: Informationsmanagement, 2. A., Berlin et al. 2000.
Kurbel, Karl: Produktionsplanung und -steuerung, München 1999.

Picot, Arnold/Reichwald, Ralf/Wigand, Rolf T.: Die grenzenlose Unternehmung: Information, Organisation und Management, 4. A., Wiesbaden 2001.
Reichwald, Ralf/Möslein, Kathrin/Oldenburg, Stephan H.: Telekooperation: Verteilte Arbeits- und Organisationsformen, Berlin et al. 1998.
Scheer, August-Wilhelm: ARIS: Vom Geschäftsprozeß zum Anwendungssystem, 3. A., Berlin et al. 1998.
Schwabe, Gerhard/Streitz, Norbert/Unland, Rainer (Hrsg.): CSCW-Kompendium. Lehr- und Handbuch zum computerunterstützten kooperativen Arbeiten, Berlin et al. 2001.
Schwarz, Markus: ERP – Standardsoftware und organisatorischer Wandel: Eine integrative Betrachtung, Wiesbaden 2000.
Seifert, Dirk: Collaborative Planning, Forecasting and Replenishment: How to create a Supply Chain Advantage, Bonn 2002.
Teubner, Alexander: Organisations- und Informationssystemgestaltung. Theoretische Grundlagen und integrierte Methoden, Wiesbaden 1999.

Informationsverarbeitung, Organisation der

Joachim Reese

[s.a.: Aufbau- und Ablauforganisation; Informationstechnologie und Organisation; Organisatorische Gestaltung (Organization Design); Zentralbereiche.]

I. *Begriffliche Einordnung und Aufgaben der Informationsverarbeitung;* II. *Kontingenzfaktoren und Einflussgrößen;* III. *Bewertungsansätze;* IV. *Gestaltungsformen der Organisation.*

Zusammenfassung

Bei der Wahl der besten Organisationsalternative sind verschiedene Fragen vorrangig zu beantworten: Welche Information soll intern verarbeitet werden bzw. wann kommt eine externe Informationsbeschaffung in Betracht? Wie groß soll der Grad der Dezentralisation und Diffusion des Informationssystems in der Unternehmung sein? Wie soll eine Informationsabteilung strukturell gegliedert werden? Wie verläuft zweckmäßigerweise der Informationsfluss in der Unternehmung? Die Wahl der richtigen Organisationsalternative wird dadurch erleichtert, dass neben den Produktionskosten der Information auch die Transaktionskosten berücksichtigt werden.

I. *Begriffliche Einordnung und Aufgaben der Informationsverarbeitung*

Information wird in der gegenwärtigen Gesellschaftsordnung als einer der herausragenden Produktionsfaktoren betrachtet. Deshalb ist jede wirtschaftliche Unternehmung auf ein gut funktionierendes *Informationssystem* angewiesen, in dem Information zweckgerecht erzeugt, verarbeitet und transportiert wird. Die dispositiven Aufgaben im Informationssystem einer Unternehmung sind Gegenstand des *Informationsmanagements* (*Heinrich* 2002; *Krcmar* 2003; *Voß/Gutenschwager* 2001). Darunter lässt sich jene Personengruppe subsumieren, die mit der einheitlichen Führung der Unternehmung betraut ist und die Ressource Information plant, organisiert und kontrolliert. Neben dieser institutionellen Definition des Informationsmanagements existiert auch eine funktionale Erklärung: Danach beschäftigt sich das Informationsmanagement personenungebunden mit den Tätigkeiten des Planens, Organisierens und Kontrollierens im Informationssystem. Bei der Organisation der Informationsverarbeitung handelt es sich also folgerichtig um einen wesentlichen Bestandteil des Informationsmanagements, in dem es darum geht, die strukturellen und prozessualen Rahmenbedingungen für ein Informationssystem so zu entwickeln, dass es auf bestmögliche Weise zur Erfüllung der wirtschaftlichen Unternehmensziele beitragen kann.

II. *Kontingenzfaktoren und Einflussgrößen*

Wie eine Reihe von Forschungsergebnissen gezeigt hat, lassen sich *Kontingenzfaktoren* generell in Markt- und Unternehmensfaktoren differenzieren (vgl. übersichtsweise bei *Picot/Reichwald/Wigand* 2003, S. 21–76). Marktfaktoren konzentrieren sich auf die Wettbewerbsfähigkeit der Unternehmung in einer komplexen und dynamischen Umwelt. Je stärker die Charakteristika der Komplexität und Dynamik ausgeprägt sind, umso aufwändiger ist im Allgemeinen auch die Informationsverarbeitung. Die unternehmensinternen Kontingenzfaktoren stellen hingegen das Produkt bzw. den Produktionsprozess in den Mittelpunkt der Betrachtung. Je mehr Informationsbedarf in einem komplexen, arbeitsteiligen Produktionsprozess bei der Entwicklung anspruchsvoller, erklärungsbedürftiger Produkte herrscht, umso wichtiger ist es, dass diese Produktion durch ein entsprechendes Informationssystem unterstützt wird. Zu den wichtigsten Kontingenzfaktoren zählen die Bedeutung der Informationsverarbeitung für die Unternehmung, soweit sie durch das strategische Informationsmanagement vorbestimmt ist, sowie die Unternehmensgröße bzw. die Größe des Informationssystems (vgl. auch *Brockhaus* 1992, S. 84–86).

Für die Versorgung der Angehörigen einer Unternehmung mit Information ist es überdies entscheidend, dass ausreichend Personal, Technologie und Daten im Informationsprozess verfügbar sind, die effizient und effektiv eingesetzt werden. Wie dies im Einzelnen geschehen soll, bleibt den korrespondierenden Techniken des *Technologiemanagements* (→ *Technologiemanagement*), Personalmana-

gements und *Datenmanagements* vorbehalten. Die Entwicklungen in diesen Bereichen stellen insofern ebenfalls Einflussgrößen für die Organisation der Informationsverarbeitung dar, als sie Nutzungspotenziale liefern, die im Hinblick auf die Organisation fortwährend überprüft werden müssen. Umgekehrt gilt natürlich auch, dass die Organisation des Informationssystems laufend Impulse für die Erneuerung und Ausdehnung dieser Potenziale gibt.

III. Bewertungsansätze

Basierend auf einer Fülle von Einzelanforderungen, die an die Organisation eines Informationssystems zu richten sind, so z.B. die Repräsentativität oder die Redundanzfreiheit von Information (vgl. ausführlich bei *Schwarze* 1998, S. 94–97), sind die Kosten der Informationsverarbeitung zu kalkulieren und durch Wahl der geeigneten Organisationsalternative zu minimieren. Bei klassischer Sichtweise handelt es sich bei diesen Kosten ausschließlich um die sog. Produktionskosten der Information, die sich im Wesentlichen aus den Personalkosten, den Übermittlungskosten, den Kosten für die Bereitstellung der Technologie und anderen Gemeinkosten zusammensetzen (*Tiedemann* 1983) (→ *Theorie der Unternehmung*). Allerdings liefert die Konzentration auf diese Kostenarten in vielen Fällen noch keine befriedigende Erklärung für die Organisation der Informationsverarbeitung in den Unternehmungen insgesamt. Im Besonderen werden deshalb gerade zur Analyse von Organisationsentscheidungen im Bereich der Informationsverarbeitung auch *Transaktionskosten* herangezogen (vgl. z.B. *Mertens/Knolmayer* 1998) (→ *Transaktionskostentheorie*). Dazu werden die Markt- und Unternehmensfaktoren als sog. Transaktionsfaktoren gedeutet. Zu den wichtigsten Transaktionsfaktoren bei der Organisationsgestaltung des Informationssystems zählen die *Faktorspezifität*, die *Umweltunsicherheit und -komplexität* sowie die Häufigkeit der Informationsverarbeitung. Es ist ein grundlegendes Resultat der Transaktionskostentheorie, dass die Transaktionskosten mit Zunahme der Transaktionsfaktoren Spezifität und Unsicherheit ebenfalls wachsen und damit im Hinblick auf die Organisationsentscheidung ein höheres Gewicht erhalten (z.B. *Schätzer* 1999, S. 107). Hingegen sinkt die Bedeutung der Transaktionskosten, wenn identische bzw. ähnliche Informationsverarbeitungsprozesse mit großer Häufigkeit stattfinden.

IV. Gestaltungsformen der Organisation

1. Gestaltungsfelder

Das Informationssystem ist längst nicht mehr, wie früher etwa durch Einrichtung eines Rechenzentrums üblich, von den übrigen Subsystemen einer Unternehmung personell und räumlich getrennt. Dafür hat die Technologieentwicklung der letzten Jahre gesorgt. So ist es heute ein zentrales Anliegen des Informationsmanagements, die Beziehungen zwischen dem Informationssystem und den übrigen Subsystemen der Unternehmung neu zu definieren, d.h. zu entscheiden, inwieweit Informationsverarbeitungsaufgaben zentral in einer eigenen Abteilung oder dezentral in verschiedenen Fachabteilungen ausgeführt werden sollen (innerbetriebliche Spezialisierung).

Je stärker das Informationssystem in verschiedene Teilsysteme aufgeteilt wird, umso dringlicher ist eine angemessene Koordination. Je nachdem, wie die Teilsysteme bzw. Koordinationsmechanismen gestaltet sind, liegt integrierte, dezentrale oder individuelle Informationsverarbeitung vor. Im Rahmen größerer Teilsysteme ist eine hierarchische Anordnung der einzelnen Organisationseinheiten nicht ungewöhnlich. Jedoch hat die Entwicklung leistungsfähiger Technologiekomponenten die Dezentralisierung der Informationsverarbeitung deutlich beschleunigt (Aufbauorganisation).

Neben der strukturell-hierarchischen Gestaltung der Informationsverabeitung existiert auch ein Problem der Gestaltung von *Informationsprozessen*. Es befasst sich mit der räumlich-zeitlichen Dimension des Informationsmanagements (Ablauforganisation) (→ *Aufbau- und Ablauforganisation*).

Von der Diskussion um institutionelle Lösungen, die zwischen den Extremen Markt und Hierarchie angesiedelt sind, ist auch die Informationsverarbeitung nicht unberührt geblieben. Im Gegenteil ist gerade die effiziente Informationsverarbeitung als ein wesentlicher Impuls für diese Erörterung zu betrachten. Auch wenn Information ein hoch sensibles und vertrauliches Gut darstellt, bleibt der Informationsverarbeitungsprozess deshalb zwangsläufig nicht auf die eigene Kernunternehmung konzentriert, sondern findet teilweise auch bei Markt- bzw. Kooperationspartnern statt (überbetriebliche Spezialisierung).

2. Betriebliche Institutionalisierung des Informationssystems

Ein *Rechenzentrum* ursprünglicher Prägung besaß den Charakter einer Servicefunktion, in dem klar definierte Aufgaben der Informationsverarbeitung gebündelt waren. Die nächste Entwicklungsstufe bestand darin, dass EDV- und Organisationsabteilung zu einer Abteilung EDV/Organisation integriert wurden. Während beim Rechenzentrum lediglich reine Betriebsaufgaben angesiedelt waren, übernahm die EDV/Organisation alle Aufgaben von der Systementwicklung über die Systempflege bis zur Systemberatung (*Ruthekolck* 1992). Durch die Zentralisierung der Informationsverarbeitung in der Unternehmung wurde ein erheblicher Beitrag zur Senkung der Produktionskosten der Information geleistet. Transaktionskosten spielten keine Rolle, solange die zentralisierte Informationsverarbeitung auf Routinedaten von niedriger Spezifität beschränkt blieb.

In den Fachabteilungen entstand in der Folgezeit jedoch wieder verstärkt spezifischer Informationsbedarf, der vor allem durch eine dezentrale Informationsverarbeitung befriedigt werden sollte. Für das Informationssystem waren damit neue Aufgaben wie z.B. Anwendungsberatung, Einrichtung von Netzwerken, Bereitstellung von Tools usw. verbunden. Dementsprechend wurden die Fachabteilungen um entsprechende Informationsbereiche, so z.B. *Information Center*, ergänzt. Wegen der hohen Spezifität dieser Informationsbedarfe kam eine Auslagerung vor allem der strategischen Informationsverarbeitung, die bei Projekten wie etwa der Einführung von Just-in-Time-Strukturen, Supply Chain Management usw. zu beobachten war und einmaligen Charakter hatte, kaum in Betracht.

In jüngster Zeit ist wieder eine Hinwendung zu einer zentralen Ausrichtung der Informationsverarbeitung zu beobachten, soweit jedenfalls die Komponenten des Informationssystems mehr und mehr anwenderfreundlich und modulartig strukturiert sind. Infolge der Dezentralisation waren zuvor sog. Dysfunktionalitäten umso stärker aufgefallen, je mehr von einer integrierten zur individuellen Informationsverarbeitung übergegangen wurde. Zwar waren kurzfristig die Transaktionskosten wegen der kurzen Informationswege und Abstimmungsprozesse in den Abteilungen gesunken. Längerfristig sind jedoch vor allem aufgrund der auftretenden Inkompatibilitäten einzelner Elemente des Informationssystems zunehmende Transaktionskosten deutlich geworden.

Heute kreisen Fragen zur Strukturierung der Informationsverarbeitung im Wesentlichen um den Grad der *Dezentralisation* (→ *Delegation (Zentralisation und Dezentralisation)*) bzw. die Fusion der entsprechenden Informationsaufgaben (vgl. auch *Mertens/Knolmayer* 1998, S. 49–50). Die Dezentralisationsproblematik richtet sich dabei auf die vertikale Einordnung des Informationsmanagements auf einer bestimmten Hierarchieebene, d.h. die Delegierbarkeit von Aufgaben der Informationsverarbeitung an untergeordnete Abteilungen bzw. Stellen (*Wall* 1993). Sie hängt damit stark von der Bedeutung der Entscheidungen für die Wettbewerbsfähigkeit der Unternehmung ab und ist vor allem entsprechend dem strategischen, taktischen oder operativen Charakter des Problems zu klären. Die horizontale Verteilung der Informationsverarbeitungsaufgaben wird mit dem Begriff der *Diffusion* umschrieben.

3. Interne Abteilungsstrukturen in der Informationsverarbeitung

Die verrichtungsorientierte Strukturierung der Informationsverarbeitung geht unmittelbar von den Aufgaben bzw. den Funktionen aus, die im Rahmen des Informationsmanagements zu erledigen sind (→ *Funktionale Organisation*). So hat sich eine Grobunterteilung in die Aufgaben

- Planung und Steuerung (Projektierung von Informationssystemen, Systemauswahl, Festlegung von technischen Standards und Sicherheitsmaßnahmen, Steuerung bei der Beschaffung von Systemkomponenten usw.),
- Entwicklung (Erstellung von Anwendungssoftware inkl. der benötigten Methoden und Qualitätsstandards, Analyse der globalen technischen Entwicklungen usw.),
- Betrieb (Daten- und Datenbankadministration, Bereitstellung und Pflege der Rechnernetze, Durchführung von Maßnahmen des Datenschutzes und der Datensicherung, Benutzerservice usw.)

als Binnenorganisation der Informationsabteilung einer Unternehmung vielfach bewährt. Eine solche Verrichtungsorientierung kommt vor allem für kleinere und mittlere Unternehmungen in Betracht, die über ein einheitliches Informationssystem verfügen und deshalb von der zentralen Informationsabteilung gleichartige Leistungen beanspruchen.

Je größer allerdings die Aufgabenheterogenität im Informationsmanagement ist, desto eher ist eine objektorientierte Abteilungsstruktur in Erwägung zu ziehen (vgl. *Kieser/Hildebrand* 1990). Die Abgrenzung der Entscheidungskompetenzen erfolgt hierbei nach Kriterien, die verschiedene Objekte der Informationsverarbeitung betreffen können, also z.B. Märkte (→ *Spartenorganisation*), Benutzergruppen oder Informationstechnologien (→ *Informationstechnologie und Organisation*) (*Wolfram* 1990; *Wollnik* 1988). Durch eine objektorientierte Struktur wird es leichter, für die einzelnen Anwendungen Spezialisten auszubilden bzw. einzustellen, die in enger Kooperation mit den Fachabteilungen agieren können. Dadurch lassen sich Informationswege verkürzen, so dass die Abteilung flexibel auf Servicewünsche reagieren kann.

Die Aufgaben einer Informationsabteilung lassen sich vielfach durch besondere Stabsstellen geeignet ergänzen. → *Stäbe* können beispielsweise gebildet werden für juristische Aufgaben wie etwa die Gestaltung von Vertragsrecht, Datenschutz oder Urheberrecht, für Aufgaben der Marktbeobachtung und -analyse sowie für die strategische Informationsbeschaffung.

4. Ablaufstrukturen der Informationsverarbeitung

Im Zentrum der Ablauforganisation bei einem Informationssystem steht der *Informationsfluss* zwischen den beteiligten Stellen. Es sind die Rahmenbedingungen dafür zu schaffen, dass die benötigte Information zur richtigen Zeit am richtigen Ort verfügbar ist. Dazu bedarf es der Einrichtung von zuverlässigen Informationskanälen, die sowohl inner- als auch überbetrieblich für die Übertragung der Information sorgen. Grundsätzlich sind hierfür mehrere Standardlösungen gebräuchlich (*Reese* 1994, S. 140–142):

- Einrichtung eines direkten Informationskanals zwischen dem Sender und dem Empfänger von Information. Eine solche Lösung ist in der Praxis weit verbreitet, sofern Informationsquantität, -qualität und -kosten dem nicht entgegenstehen. Die Informationstechnologie bietet hierfür hinreichend Alternativen, sei es durch Nutzung frei zugänglicher oder aber zulassungsbeschränkter Übertragungsmedien. Das Modell wird oft dahingehend modifiziert, dass der Informationsfluss an die hierarchischen Instanzenwege der Aufbauorganisation gekoppelt wird.
- Einrichtung einer speziellen Informationssammel- und -verteilungsstelle, von der aus der gesamte Informationsprozess gesteuert werden kann. Im Allgemeinen handelt es sich hierbei um eine *zentrale Datenbank* – gelegentlich auch dezentrale Datenbanken –, auf die von den berechtigten Stellen jederzeit zugegriffen werden kann.
- Einrichtung eines Umlaufsystems, so dass die Information die Adressaten nicht gleichzeitig, sondern sukzessiv erreicht. Dieses System ist kostensparend. Seine Bedeutung hat jedoch mit dem Preisverfall auf dem Markt für Informationstechnologie in letzter Zeit ständig abgenommen.

5. Externe Informationsbeschaffung

Mit der Zunahme von Netzwerkstrukturen, die eine temporäre, gelegentlich aber auch dauerhafte Kooperation zwischen rechtlich und wirtschaftlich selbstständigen Unternehmungen gewährleisten, hat sich auch die überbetriebliche Arbeitsteilung im Bereich der Informationsverarbeitung in der Praxis weitgehend etabliert. Ein Teil der ehemals internen Informationsverarbeitung wird vermehrt von Netzwerkpartnern vorgenommen, die beispielsweise als Berater oder Anwender Informationsdienstleistungen zur Verfügung stellen. Manche dieser Partner sind aus Maßnahmen des *Outsourcing* hervorgegangen (*Pietsch/Martiny/Klotz* 1998, S. 177–187; *Mertens/Knolmayer* 1998, S. 17–42), um vor allem die Produktionskosten der Information zu senken.

Externe Informationsverarbeitung gründet sich wesentlich auf das Vertrauen zwischen den Netzwerkpartnern. Information ist mühelos duplizierbar, so dass der Schutz bzw. ihre Geheimhaltung nur schwer möglich ist. Nutzt ein externer Informationsverarbeiter diese Eigenschaft der Information aus, so kann der Unternehmung ein beträchtlicher Schaden erwachsen. Maßnahmen der Schadenverhütung bemessen sich in den auflaufenden Transaktionskosten. Grundsätzlich werden deshalb zunächst solche Informationsverarbeitungsaktivitäten bei externen Partnern stattfinden, für die keinerlei Transaktionskosten zu erwarten sind und die im Gegenteil Produktionskostenvorteile erhoffen lassen. Zu ihnen zählen in erster Linie nicht-spezifische Daten, die zwar regelmäßig anfallen, aber in Anbetracht ihrer Größenmerkmale eine interne Verarbeitung zu aufwändig erscheinen lassen (z.B. Markterhebungen, Kundenbefragungen) (*von Dobschütz/Prautsch* 1993).

Literatur

Brockhaus, Rainer: Informationsmanagement als ganzheitlich informationsorientierte Gestaltung von Unternehmen, Göttingen 1992.
Dobschütz, Leonhard von/Prautsch, Werner: Outsourcing, in: Controlling, Jg. 5, H. 2/1993, S. 102–116.
Heinrich, Lutz J.: Informationsmanagement – Planung, Überwachung und Steuerung der Informationsinfrastruktur, 7. A., München und Wien 2002.
Kieser, Alfred/Hildebrand, Knut: Management des Wandels in den Anwendungsbereichen, in: Handbuch Wirtschaftsinformatik, hrsg. v. *Kurbel, Karl/Strunz, Horst*, Stuttgart 1990, S. 703–719.
Krcmar, Helmut: Informationsmanagement, 3. A., Berlin et al. 2003.
Mertens, Peter/Knolmayer, Gerhard: Organisation der Informationsverarbeitung, 3. A., Wiesbaden 1998.
Picot, Arnold/Reichwald, Ralf/Wigand, Rolf T.: Die grenzenlose Unternehmung, 5. A., Wiesbaden 2003.
Pietsch, Thomas/Martiny, Lutz/Klotz, Michael: Strategisches Informationsmanagement – Bedeutung und organisatorische Umsetzung, 3. A., Berlin 1998.
Reese, Joachim: Theorie der Organisationsbewertung, 2. A., München und Wien 1994.
Ruthekolck, Thomas: Der integrierte ORG/DV-Bereich – Ein Anachronismus?, in: ZFO, Jg. 61, 1992, S. 362–375.
Schätzer, Silke: Unternehmerische Outsourcing-Entscheidungen, Wiesbaden 1999.
Schwarze, Jochen: Informationsmanagement – Planung, Steuerung, Koordination und Kontrolle der Informationsversorgung im Unternehmen, Herne und Berlin 1998.
Tiedemann, Christian: Kostenrechnung für Rechenzentren: Analyse praktizierter Vorgehensweisen und Anwendungskonzeptionen, Braunschweig 1983.
Voß, Stefan/Gutenschwager, Kai: Informationsmanagement, Berlin et al. 2001.
Wall, Friederike: Zentralisation/Dezentralisation der Informationsverarbeitung im mittelständischen Unternehmen, in: ZFO, Jg. 62, 1993, S. 242–247.
Wolfram, Gerd: Organisatorische Gestaltung des Informations-Managements, Bergisch-Gladbach 1990.
Wollnik, Michael: Reorganisationstendenzen in der betrieblichen Informationsverarbeitung – Der Einfluss neuer informationstechnologischer Infrastrukturen, in: Handbuch der modernen Datenverarbeitung, 142, hrsg. v. *Heilmann, Heidi*, Wiesbaden 1988, S. 62–80.

Informationsverhalten

Wolfgang Schoppek/Wiebke Putz-Osterloh

[s.a.: Entscheidungsverhalten, individuelles; Gruppenverhalten und Gruppendenken; Kognitiver Ansatz; Kommunikation; Rationalität; Wissen.]

I. *Einführung*; II. *Statische Ansätze zum Informationsverhalten*; III. *Prozessorientierte Betrachtung des Informationsverhaltens*; IV. *Gestörtes Informationsverhalten*.

Zusammenfassung

Informationsverhalten wird als abhängig von Merkmalen der Person und der Situation und als Determinante von Entscheidungseffizienz dargestellt. Auf feinerem Auflösungsniveau werden Prozesse des Informationsverhaltens unterschieden. Deren Effekte auf die Qualität von Entscheidungen lassen sich nur unter spezifizierten Situations-, Wissens- und Zielbedingungen prognostizieren. Abweichungen des Informationsverhaltens werden unter normativen Kriterien erörtert.

I. Einführung

Menschen nehmen kontinuierlich Information auf, verarbeiten und speichern sie auch. *Informationsverarbeitung* kann also automatisch erfolgen und ist sogar für Gesundheit und Wohlbefinden notwendig. Vor diesem Hintergrund ist Wittes Definition von Informationsverhalten als „auf Information gerichtetes Tun und Unterlassen von Menschen" (*Witte* 1975, Sp. 1916) zu vage. Zu spezifisch ist dagegen die Definition von *Kuhlmann*, nach der Informationsverhalten zum Ziel hat, „die bei gegebener Zielsetzung und gegebener Situation möglichen Alternativen aufzuzeigen und ihre Konsequenzen zu bewerten, um eine optimale Entscheidung zu treffen" (*Kuhlmann* 1974, Sp. 876). Zu eng ist die Einschränkung auf das Ziel optimaler Entscheidungen, da Menschen eher nach befriedigenden als optimalen Lösungen streben (*Simon* 1993).

Zum Informationsverhalten gehören die Aufnahme, Verarbeitung, Speicherung und der Abruf von Information im Kontext von nicht automatisierten Entscheidungen. Damit entfallen das zweckfreie Betrachten, aber auch automatisierte Entscheidungen (z.B. Schalten beim Autofahren). Beispiele für Informationsverhalten nach unserer Definition sind Entscheidungen von Konsumenten oder Einkäufern, Management-Entscheidungen und Entscheidungen von Operateuren im Umgang mit technischen Systemen.

Einige Grundphänomene des Informationsverhaltens sind unumstritten. Das gilt dafür, dass Menschen in ihrem Entscheidungsverhalten von *normativen Modellen* abweichen. So informieren sich Konsumenten selbst beim Kauf langlebiger Güter nur unzureichend (*Moorthy/Ratchford/Talikdar* 1997). Das Vorgehen von Menschen lässt sich als „heuristisch" beschreiben (*Kahneman/Slovic/Tversky* 1982), d.h. es werden Faustregeln angewandt, die zu befriedigenden, aber nicht optimalen Lösungen führen („*begrenzte Rationalität*", *Simon* 1993). Schließlich ist Informationsverhalten in Prozesse des Entscheidens oder Problemlösens eingebettet, ohne dass Informationsaufnahme nur an den Anfang platziert werden könnte (*Witte* 1992).

II. Statische Ansätze zum Informationsverhalten

Auch wenn die Autoren den Prozesscharakter des Informationsverhaltens betonen, lassen sich viele Arbeiten unter das einfache statische Modell fassen, nach dem Informationsverhalten von Merkmalen der Situation und der Person abhängt und selbst wiederum die Qualität der Entscheidung beeinflusst. Informationsverhalten wird über die Art und Menge der gesuchten Information operationalisiert, oder über die Vorgehensweisen bei der Informationssuche.

Gemünden 1992 identifiziert folgende Einflussgrößen: Die Relevanz des Problems, Unsicherheit und die Menge an Information erhöhen das Informationsverhalten. Kosten und Zeitdruck reduzieren die Informationssuche (s.a. *Gilliland/Schmitt/Wood* 1993). In einer Metaanalyse zum Einfluss des wahrgenommenen Risikos auf das Informationsverhalten fand sich nur in der Hälfte von 100 Arbeiten ein positiver Zusammenhang (*Gemünden* 1985). Waren die Entscheidungen komplex und die Risikoinduktion stark, ließ sich aber meist erhöhte Informationssuche nachweisen. Ist die Beurteilung von Alternativen gefordert, findet eine intensivere und systematische Informationssuche statt als bei der Auswahl (*Esteve/Godoy* 1996; *Yang/Lee* 1998).

Persönlichkeitsvariablen als Determinanten des Informationsverhaltens werden oft überschätzt. Befunde zur Variablen „Need for Cognition" konvergieren, wonach Personen mit hohen Ausprägungen mehr Information suchen, bessere Entscheidungen treffen (*Levin/Huneke/Jasper* 2000; *Yang/Lee* 1998) und unter Zeitdruck eher eine systematische Informationssuche beibehalten (*Verplanken* 1993).

Einschlägig sind auch Studien, in denen Probanden computersimulierte Planspiele bearbeiten und dabei die Systemstruktur zu explorieren haben, um Entscheidungen den sich ändernden Situationen anzupassen. U.a. wurde die Bedeutung der *Intelligenz* für die Leistung untersucht und widersprüchliche Befunde berichtet. Die Einschätzung, die Testintelligenz leiste keinen Beitrag zur Erklärung des Verhaltens, ließ sich nicht aufrecht erhalten (*Putz-Osterloh* 1996; *Süß* 1996). Es hängt von Randbedingungen wie der Passung der Systeme zum Vorwissen oder der Zielkonkretisierung ab, ob Beziehungen zu finden sind.

Zum Einfluss des Informationsverhaltens auf die Entscheidungsqualität lassen sich kaum generalisierbare Aussagen treffen. Zum einen, weil die Menge erfragter Information keinen Schluss auf ihre Verarbeitung zulässt und damit kein geeignetes Maß für die Qualität der Problemrepräsentation ist. Zum anderen ist aus der Expertiseforschung bekannt, dass gerade Experten sehr gezielt Information nachfragen und bei bekannten Aufgaben mit einem Minimum an Information auskommen, während sie bei neuen Problemen auch große Informationsmengen aufnehmen. Schließlich sind Operationalisierungen von Effizienz keineswegs trivial und häufig umstritten, weil sich komplexe Systeme nur unter eingeschränkten Bedingungen analytisch optimieren lassen.

Untersucht wurde das Informationsverhalten auch beim komplexen Problemlösen: Erfolgreiche Probanden erfragen vor allem zu Beginn viel Information und reduzieren später die Informationssammlung (*Dörner* 1989; *Schaub/Strohschneider* 1992). In Arbeiten zum Phasen-Theorem wurde untersucht, ob vorgegebene Ablaufgliederungen, bei denen die Informationssammlung frühen Phasen zugeordnet wird, zu besseren Entscheidungen führen. Nach Verrichtungen gegliederte Vorgaben sind kaum erfolgreich, nach Objekten gegliederte Vorgaben erweisen sich als vorteilhaft (*Gemünden* 1987).

III. Prozessorientierte Betrachtung des Informationsverhaltens

Orientiert man sich am Prozesscharakter des Informationsverhaltens, sind weitere Befunde einzubeziehen, die nicht unmittelbar zur Erforschung des Informationsverhaltens erhoben wurden. Wir verwenden dazu ein Prozessmodell (s. Abb. 1). Informationsverhalten tritt in Zyklen auf, bei denen aus Ausgangsinformation und Vorwissen eine Repräsentation des Problems gebildet wird. Aus dieser werden Hypothesen über mögliche Entscheidungen oder das weitere Vorgehen abgeleitet, die durch gezielte Suche nach weiterer Information geprüft werden. Dies ist mit einer Modifikation der Problemrepräsentation verbunden. Dieser Prozess wird solange durchlaufen, bis eine Konfidenz-Schwelle für eine Entscheidung überschritten wird.

1. Ausgangsinformation

Ausgangsinformation in Verbindung mit Vorwissen als Determinante für Informationsverarbeitung wur-

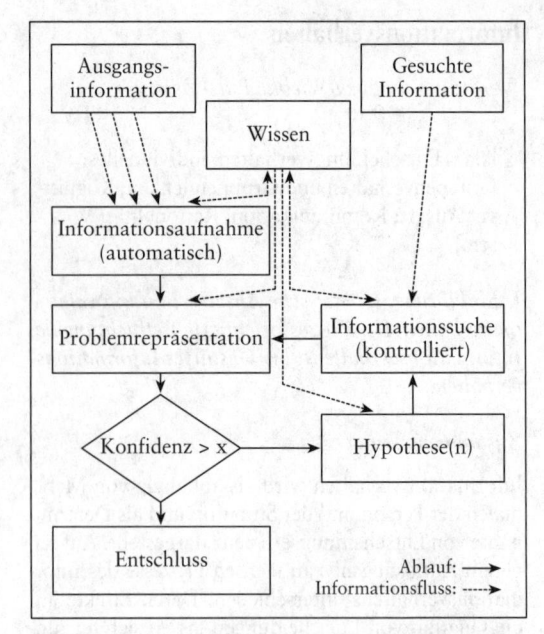

Abb. 1: Prozessmodell des Informationsverhaltens

de in verschiedenen Kontexten nachgewiesen. *Kahneman/Slovic/Tversky* 1982 beschreiben eine Heuristik der Verankerung und Anpassung: Information wird zur ersten Einschätzung herangezogen, die dann durch weitere Information angepasst wird, wobei die Anpassungen häufig nicht weit genug gehen. Besondere Bedeutung hat dieser Effekt bei Verhandlungen: Das Endergebnis hängt meist stark vom Ausgangsangebot ab (*Pinkley/Griffith/Northcraft* 1995; *Ritov* 1996).

Auch die Verfügbarkeitsheuristik spielt hier eine Rolle: Leicht verfügbare Information wird vorrangig verarbeitet und kann als Anker wirken. Oft werden Entscheidungen allein aufgrund dieser leicht verfügbaren Information getroffen. *Zacharakis/Shepherd* 2001 wiesen nach, dass sich Investoren in ihren Entscheidungen umso sicherer fühlen, je mehr Information verfügbar ist, wobei deren Qualität nur eine untergeordnete Rolle spielt. *Bastardi/Shafir* 1998 fanden dagegen, dass nutzlose Information Entscheidungen dann unangemessen beeinflusst, wenn sie erst später verfügbar gemacht wird.

Als *Framing-Effekt* wird das Phänomen bezeichnet, dass bei positiver Formulierung einer Aufgabe weniger riskante Optionen gewählt werden als bei negativer Formulierung. Auch andere Unterschiede in der Formulierung von Aufgaben können den Entscheidungsprozess beeinflussen. Nach *Betsch* et al. 2001 greifen Probanden allein nach einer Ankündigung, eine Aufgabe ähnelte einer zuvor bearbeiteten, stärker auf zuvor gelernte, aber unpassende Routinen der Informationssammlung zurück als Probanden, denen dieselbe Aufgabe als neu vorgegeben wird.

Information wird umso eher beachtet und verarbeitet, je auffälliger sie dargeboten ist, je stärker sie erwartet wird und je angenehmer sie ist. Besonders der erstgenannte Effekt muss in technischen Systemen bei der Gestaltung von Displays berücksichtigt werden.

2. Vorwissen und Problemrepräsentation

Bereits erworbenes → *Wissen* ist die wichtigste Größe, die alle Phasen der Informationsverarbeitung mitbestimmt. Dies gilt besonders für den Aufbau und die Modifikation der Problemrepräsentation. Welches Wissen zum Verstehen der aktuellen Situation herangezogen wird, hängt wesentlich von zwei Größen ab: von der Passung zwischen Situation und Wissen und von der Stärke der Wissensteile. Die Stärke wiederum wird determiniert durch die Aktualität und die Wiederholungshäufigkeit. Schließlich definieren auch die Ziele der Verarbeitung, welche Aspekte einer Situation als relevant auszuwählen sind.

Bei der Analyse von Wissenseffekten wird häufig auf den Vergleich zwischen *Experten* und Anfängern zurückgegriffen. Dabei sind Vorteile von Expertise nicht immer quantitativ, sondern qualitativ, d.h. bei der Auswahl der Information, zu finden (*Shanteau* 1992). So werden Anfänger eher durch irrelevante Daten abgelenkt als Experten. Wichtig für den Nutzen von Wissen ist weiter, ob es um die Lösung eines gut oder schlecht definierten Problems geht. Gut definiert ist ein Problem, wenn die Ausgangssituation, das Ziel sowie die Transformationsmöglichkeiten bekannt sind. Hier kommen Experten mit weniger Aufwand bei der Informationssuche zur Lösung. Bei schlecht definierten Problemen holen auch Personen mit viel Wissen mehr Information ein, ohne einen Leistungsvorteil zu zeigen (*Devine/Kozlowski* 1995). Je mehr es Experten gelingt, durch zusätzliche Information die Randbedingungen einer Situation einzuschränken, desto eher können sie auch von ihrem Wissen profitieren (*Vicente/Wang* 1998).

Wesentliches Merkmal von Experten-Strategien ist die zielbezogene Wissensselektion. Dies zeigt sich in der häufig gefundenen Gedächtnisüberlegenheit von Experten. Obwohl z.B. auch erfahrene Röntgenologen manche Krankheitssymptome selten gesehen haben, unterscheiden sie sich von Anfängern gerade nicht bei der Wiedererkennung von Standardbildern gesunder, sondern beim Erkennen der selteneren Röntgenbilder kranker Patienten (*Vicente/Wang* 1998). Die Zielbezogenheit der Wissensauswahl belegt auch folgender Befund: Erfolgreiche Bilanzprüfer wenden bereits bei der ersten Unstimmigkeit eine Heuristik der Vorsätzlichkeit an und wechseln damit das Ziel, indem sie nun prüfen, ob die gefundene Inkonsistenz zu den Absichten und Handlungsmöglichkeiten eines Betrügers passt (*Johnson/Grazioli/Jamal* 2001). Testet man bei Wirtschaftsprüfern, ob sie ihre Kriterien für die Beurteilung von Bilanzen explizieren können und ob diese mit den implizit bei der Prüfung verwendeten übereinstimmen, so weichen die berichteten Kriterien von den verwendeten systematisch ab,

was nichtbewusste Wissensnutzung belegt (*Davis/Ashton* 2002).

Auch für das Problemlösen in Gruppen wurde das Vorwissen der Mitglieder als wichtige Einflussvariable nachgewiesen. Dabei lösen gerade Unterschiede im Wissen produktive Konflikte und kontroverse Diskussionen aus, so dass bessere Lösungen gefunden werden (*Schulz-Hardt/Jochims/Frey* 2002). Allerdings muss jedes Gruppenmitlied die nur ihm verfügbare Information auch tatsächlich einbringen. Durch die Tendenz von Gruppen, sich auf geteilte Information zu konzentrieren, kann die jeweils nur einem Mitglied bekannte Information übergangen werden (Phänomen der „versteckten Profile", *Stasser/Taylor/Hanna* 1989).

3. Umgang mit Hypothesen und aktive Informationssuche

Falls die Problemrepräsentation keinen unmittelbaren Entschluss nahe legt, werden im nächsten Schritt Hypothesen über Optionen aufgestellt (z.B. ein erster Verdacht bei der Diagnose von Krankheiten). Diese Hypothesen sind wie die Problemabbildung vom Wissen mitbestimmt. Menschen schätzen Situationen automatisch nach ihrer Vertrautheit ein (*Nosofsky/Clark/Shin* 1989). Erst wenn Situationen als neu erkannt werden, setzt Informationssuche ein. Zusätzlich besteht die Tendenz, in komplexen Situationen stark vereinfachte Hypothesen aufzustellen, bei denen zentralen Variablen zu viel Gewicht beigemessen wird (*Dörner* 1989).

Das wichtigste Phänomen bei der Informationssuche betrifft die Tendenz, dominante Hypothesen zu bestätigen (*Bestätigungstendenz*). Menschen bevorzugen positive sowie bestätigende Informationen, selbst wenn dabei logische Regeln verletzt werden. Dies betrifft Einstellungen, selbstwertdienliche Überzeugungen, Erwartungen und Wünsche. Oft werden über affektive Prozesse automatisch Präferenzen gebildet, für die dann selektiv bestätigende Information gesucht wird (*Jonas* 2000). In Feldstudien wurden die ungünstigen Folgen von Bestätigungstendenzen z.B. bei Wirtschaftsprüfern (*Kaplan/Reckers* 1989), bei Wählern (*Jonas* et al. 2003), oder bei Verhandlungen (*Pinkley/Griffith/Northcraft* 1995) nachgewiesen. Bestätigungstendenzen werden mit der Theorie der kognitiven Dissonanz erklärt, nach der Menschen in ihren Überzeugungen, Werthaltungen, ihrem Wissen und Verhalten Konsistenz anstreben.

IV. Gestörtes Informationsverhalten

Wir haben gezeigt, dass die Suche und Verarbeitung von Information anfällig für Störungen und Verzerrungen sind. Phänomene nicht optimalen Informationsverhaltens werden auch als *Informationspathologien* bezeichnet. Kontrovers wird diskutiert, wie stark das heuristische Vorgehen vom Rationalitätsprinzip abweicht (→ *Rationalität*). So führen Heuristiken in natürlichen Umgebungen mit hoher Wahrscheinlichkeit und geringem Aufwand zu richtigen Entscheidungen und lassen sich folglich als rational bewerten. Nach *Gigerenzer* 2000 sind viele scheinbare Fehler auf künstliche oder lückenhafte Information in experimentellen Szenarien zurückzuführen. Allerdings sind heute Entscheidungssituationen meist künstlich geschaffen, komplex und dynamisch. Deshalb können Verzerrungen durch heuristisches Vorgehen ernste negative Folgen bedingen.

Bedeutendste Quelle von Störungen dürfte die Ökonomietendenz (*Dörner* 1989; *Putz-Osterloh* 1992; *Reason* 1990) menschlichen Denkens sein. Darunter lassen sich alle Heuristiken, Verkürzungen und Selektionsmechanismen fassen, durch die der Aufwand der Informationsverarbeitung verringert wird. So lässt sich die Bestätigungstendenz hier ebenso subsumieren wie das Festhalten an Routinen oder die unzulässige Gewichtung leicht abrufbarer Information. Unerwünschte Ergebnisse sind auch zu befürchten, wenn durch Informationssysteme der Aufwand der Informationssuche und -verarbeitung vermindert wird, gleichzeitig aber damit die aufwändige Datenanalyse und der dadurch mögliche Wissenserwerb reduziert werden (*Glover/Prawitt/Spiker* 1997).

Bestätigungstendenzen finden sich auch in Gruppen und sind ein Kennzeichen des „Groupthink" (*Janis* 1972), bei dem selbst hochrangige Expertenteams eklatante Fehlentscheidungen treffen. Neuere Forschungen haben bestätigt, dass vor allem eine Abschottung der Gruppe nach außen, direktive Führung, das Fehlen von Entscheidungsprozeduren und ein homogener ideologischer Hintergrund Groupthink begünstigen (*Schulz-Hardt/Frey* 1998) (→ *Gruppenverhalten und Gruppendenken*). Auch die Herausbildung versteckter Profile ist ein Fall gestörten Informationsverhaltens. In Gruppen werden Störungen des Informationsverhaltens also nicht automatisch vermindert, sondern können sogar noch verstärkt werden.

Literatur

Atkins, Paul W. B./Wood, Robert E./Rutgers, Philip J.: The effects of feedback format on dynamic decision making, in: OBHDP, Jg. 88, 2002, S. 587–604.
Bastardi, Anthony/Shafir, Eldar: On the pursuit and misuse of useless information, in: JPSP, Jg. 75, 1998, S. 19–32.
Betsch, Tilmann et al.: The effects of routine strength on adaptation and information search in recurrent decision making, in: OBHDP, Jg. 84, 2001, S. 23–53.
Davis, Elizabeth B./Ashton, Robert H.: Threshold adjustment in response to asymmetric loss functions: The case of auditors' „substantial doubt" thresholds, in: OBHDP, Jg. 89, 2002, S. 1082–1099.
Devine, Dennis J./Kozlowski, Steve W.: Domain-specific knowledge and task characteristics in decision making, in: OBHDP, Jg. 64, H. 3/1995, S. 294–306.
Dörner, Dietrich: Die Logik des Mißlingens, Reinbek bei Hamburg 1989.
Esteve, Ros/Godoy, Anita: Deciding the adequacy of a set of tests for an specific assessment situation: Decision-making strategies, in: European Journal of Psychological Assessment, Jg. 12, 1996, S. 14–22.
Gemünden, Hans Georg: Informationsverhalten, in: HWO, hrsg. v. *Frese, Erich*, 3. A., Stuttgart 1992, Sp.1010–1029.
Gemünden, Hans Georg: Der Einfluß der Ablauforganisation auf die Effizienz von Entscheidungen – eine empirische Untersuchung am Beispiel von Bilanzanalysen, in: ZfbF, Jg. 39, 1987, S. 1063–1078.
Gemünden, Hans Georg: Wahrgenommenes Risiko und Informationsnachfrage, in: Marketing – ZFP, Jg. 7, 1985, S. 27–38.
Gigerenzer, Gerd: Adaptive thinking. New York 2000.
Gigerenzer, Gerd: Die Repräsentation und Information und ihre Auswirkung auf statistisches Denken, in: Kognitive Täuschungen, hrsg. v. *Hell, Wolfgang/Fiedler, Klaus/Gigerenzer, Gerd*, Heidelberg 1993, S. 99–127.
Gilliland, Stephen W./Schmitt, Neal/Wood, Lisa: Cost-benefit determinants of decision process and accuracy, in: OBHDP, Jg. 56, 1993, S. 308–330.
Glover, Steven M./Prawitt, Douglas F./Spiker, Brian C.: The influence of decision aids on user behavior behavior: Implications for knowledge acquisition and inappropriate reliance, in: OBHDP, Jg. 72, 1997, S. 232–255.
Janis, Irving L.: The victims of groupthink, Boston 1972.
Johnson, Paul E./Grazioli, Stefano/Jamal, Karim: Detecting deception: Adversarial problem solving in a low base-rate world, in: Cognitive Science, Jg. 25, 2001, S. 355–392.
Jonas, Eva: Beraten und Entscheiden: Experimentelle Untersuchungen zur Informationssuche in Beratungssituationen, Neuried 2000.
Jonas, Eva et al.: Schwarze Kassen, weiße Westen?, in: ZfSP, Jg. 34, 2003, S. 47–61.
Kahneman, Daniel/Slovic, Paul/Tversky, Amos (Hrsg.): Judgment under uncertainty: Heuristics and biases, Cambridge, MA 1982.
Kaplan, Steven E./Reckers, Philip M. J.: An examination of information search during initial audit planning, in: Accounting, Organizations and Society, Jg. 14, 1989, S. 539–550.
Kuhlmann, Eberhard: Informationsverhalten der Konsumenten, in: HWA, hrsg. v. *Tietz, Bruno*, Stuttgart 1974, Sp. 876–883.
Levin, Irwin P./Huneke, Mary E./Jasper, J. D.: Information processing at successive stages of decision making: Need for cognition and inclusion-exclusion effects, in: OBHDP, Jg. 82, 2000, S. 171–193.
Moorthy, Sridhar/Ratchford, Brian T./Talikdar, Debabrata: Consumer information search revisited: Theory and empirical analysis, in: Journal of Consumer Research, Jg. 23, 1997, S. 263–277.
Nosofsky, Robert M./Clark, Steven E./Shin, Hyun Jung: Rules and exemplars in categorization, identification, and recognition, in: Journal of Experimental Psychology: Learning, Memory, and Cognition, Jg. 15, 1989, S. 282–304.
Pinkley, Robin L./Griffith, Terri L./Northcraft, Gregory B.: „Fixed pie" a la mode: Information availability, information processing, and the negotiation of suboptimal agreements, in: OBHDP, Jg. 62, 1995, S. 101–112.
Putz-Osterloh, Wiebke: Komplexes Problemlösen, in: Bereiche interindividueller Unterschiede, Enzyklopädie der Psychologie, hrsg. v. *Amelang, Manfred*, Göttingen 1996, S. 403–434.
Putz-Osterloh, Wiebke: Entscheidungsverhalten, in: HWO, hrsg. v. *Frese, Erich*, 3. A., Stuttgart 1992, Sp. 586–599.
Radecki, Carmen M./Jaccard, James: Perceptions of knowledge, actual knowledge, and information search behavior, in: Journal of Experimental Social Psychology, Jg. 31, 1995, S. 107–138.

Reason, James: Human error, Cambridge, UK 1990.
Ritov, Ilana: Anchoring in simulated competitive market negotiation, in: OBHDP, Jg. 67, 1996, S. 16–25.
Schaub, Harald/Strohschneider, Stefan: Die Auswirkungen unterschiedlicher Problemlöseerfahrung auf den Umgang mit einem unbekannten komplexen Problem, in: Zeitschrift für Arbeits- und Organisationspsychologie, Jg. 36, 1992, S. 117–126.
Schulz-Hardt, Stefan/Frey, Dieter: Wie der Hals in die Schlinge kommt: Fehlentscheidungen in Gruppen, in: Gruppendynamik, hrsg. v. *Ardelt-Gattinger, Elisabeth/Lechner, Hans/Schlögl, Walter*, Göttingen 1998, S. 139–158.
Schulz-Hardt, Stefan/Jochims, Marc/Frey, Dieter: Productive conflict in group decision making: genuine and contrived dissent as strategies to counteract biased information seeking, in: OBHDP, Jg. 88, 2002, S. 563–586.
Shanteau, James: How much information does an expert use? It is relevant, in: Acta Psychologica, Jg. 81, 1992, S. 75–86.
Simon, Herbert A.: Homo rationalis, Frankfurt 1993.
Stasser, Gerold/Taylor, Laurie A./Hanna, Coleen: Information sampling in structured and unstructured discussions of three- and six-person groups, in: JPSP, Jg. 57, 1989, S. 67–78.
Süß, Heinz-Martin: Intelligenz, Wissen und Problemlösen, Göttingen 1996.
Verplanken, Bas: Need for cognition and external information search: Responses to time pressure during decision-making, in: Journal of Research in Personality, Jg. 27, 1993, S. 238–252.
Vicente, Kim J./Wang, Jo Anne: An ecological theory of expertise effects in memory recall, in: PR, Jg. 105, 1998, S. 33–57.
Witte, Eberhard: Entscheidungsprozesse, in: HWO, hrsg. v. *Frese, Erich*, 3. A., Stuttgart 1992, Sp. 552–565.
Witte, Eberhard: Informationsverhalten, in: HWB, hrsg. v. *Grochla, Erwin/Wittmann, Waldemar*, 4. A., Stuttgart 1975, Sp. 1915–1924.
Yang, Yoon/Lee, Hye Jin: The effect of response mode, prior knowledge, and need for cognition on consumers' information acquisition process, in: Korean Journal of Industrial and Organizational Psychology, Jg. 11, 1998, S. 85–103.
Zacharakis, Andrew L./Shepherd, Dean A.: The nature of information and overconfidence on venture capitalists' decision making, in: Journal of Business Venturing, Jg. 16, 2001, S. 311–332.

Informelle Organisation

Rainhart Lang

[s.a.: Emotionen in Organisationen; Entscheidungsprozesse in Organisationen; Macht in Organisationen; Mikropolitik; Organisationskultur; Vertrauen.]

I. Begriff und Bedeutung; II. Elemente und Aspekte informeller Organisation; III. Zur Steuerbarkeit informeller Phänomene – Implikationen für die Praxis.

Zusammenfassung

Die informelle bzw. informale Organisation beschreibt ein Organisationsphänomen, das sich auf soziale Prozesse und Strukturen bezieht, die eher spontan und ungeplant aus den Bedürfnissen und Interessen der Organisationsmitglieder sowie ihren Kontakten und Interaktionen erwachsen. Sie stellt zum einen eine Ergänzung formaler Strukturen dar und trägt so wesentlich zum Erhalt, zur Steuerung und zur Entwicklung von Organisationen bei. Zum anderen wird sie als eine, v.a. in Verbindung mit neueren Organisationskonzepten bewusst ausgedehnte, unregulierte Freiheitszone für das Handeln der Akteure in Organisationen angesehen. Die Steuerungsmöglichkeiten informeller Prozesse und Strukturen sind begrenzt. Eine Einflussnahme wird v.a. durch gezielte Personalauswahl und -entwicklung sowie eine entsprechende Gestaltung der Rahmenbedingungen, eine Kontextsteuerung, angestrebt.

I. Begriff und Bedeutung

Der Begriff der informellen bzw. informalen Organisation steht in engem Zusammenhang mit der frühen Gruppenforschung. Neben älteren Werken der deutschen Betriebssoziologie in den 20er und 30er Jahren sind v.a. die Hawthorne-Experimente von Mayo, Roethlisberger und Dickson hervorzuheben. Im Zusammenhang mit den Untersuchungen wurden interne Gruppenstrukturen und -prozesse und informelle Regeln erkannt, die die Arbeitsweise und die Leistung der Gruppe in hohem Maße prägten. Beiträge zur Entwicklung des Konzeptes stammen v.a. von Moreno, Barnard, Lewin, Merton und Selznick. In den 60er und frühen 70er Jahren wurde die Informalität mit Bezug auf informelle Gruppen, informelle Beziehungen oder informale Erscheinungen und Strukturen in der deutschen Organisationssoziologie und betriebswirtschaftlichen Organisationslehre etabliert (s. *Mayntz* 1958; *König* 1961; *Irle* 1963; *Lindelaub* 1964; *Grün* 1966).

Mit Blick auf die unterschiedlichen Organisationsbegriffe (→ *Organisation*) kann die informelle Organisation auf drei Ebenen definiert werden:

- als Institution im Sinne eines Typs von Organisationen, der auf der Basis von Freiwilligkeit entsteht, (überwiegend) durch Mitgliederbedürfnisse und -interessen bestimmt ist, und durch informelle Regeln gesteuert wird,
- als *Sozialstruktur der Organisation* im Sinne eines an den individuellen Zielen und Bedürfnissen der Akteure und ihren Interaktionen ausgerichteten Systems von Regelungen bzw. als System nicht vorgesehener, nicht kodifizierter, inoffizieller Beziehungen,
- als Prozess der teilweise spontanen, teilweise von Individuen oder kleinen Gruppen intendierten Entstehung von Regelsystemen in Organisationen ohne bewusste Gestaltung von der Spitze der Organisation.

Beispiele für informelle Organisation sind u.a. Cliquen, Freundschafts- oder Interessengruppen und soziale → *Netzwerke* wie „old boys networks" und „Seilschaften", informelle Führungsstrukturen wie das „Küchenkabinett", „graue Eminenzen", Absprache-Praktiken oder der „kleine Dienstweg", „Pakte" zwischen verschiedenen Akteuren oder Akteursgruppen, informelle Normen und Prozesse, u.a. die „heimlichen Spielregeln" und „Spiele" in der Organisation, Mobbing, psychologische Verträge und Verhaltensregeln in der Gruppe bzgl. Leistungen und Zeit.

Typische übergreifende Merkmale des Informellen bzw. Informalen sind (u.a. *Weinert* 1998; *Kesten* 1998; *Schreyögg* 2003):

– Personenbezug der Regelentstehung und -entwicklung, d.h. primärer Einfluss individueller und z.T. kollektiver Bedürfnisse, Ziele und Interessen;
– Netzwerkcharakter der sozialen Beziehungen der Akteure;
– Emotionalität und Spontaneität der Strukturbildung und -änderung;
– *Emergenzprinzip* bzw. Bottom up-Prozess der Entstehung und Entwicklung von Strukturen auf der Basis von Interaktionen;
– Abweichung von geplanten, vorgegebenen, formalen Strukturen, Interaktionen und Kommunikationskanälen;
– Unsichtbarkeit und Schwierigkeit der Erfassung der Regelsysteme.

Die Bedeutung der informellen Organisation für das Funktionieren sozialer Systeme liegt zunächst in der Ergänzungsfunktion der Informalität, die als komplementäres Korrektiv zur Formalität aufgefasst werden kann. Die informelle Organisation wird danach gegenüber früheren Auffassungen keineswegs als bloße Reaktion auf die formale Struktur oder als unabhängiges Konstrukt betrachtet, die keinen Bezug zum Unternehmenszweck aufweist. Vielmehr ist die Beziehung durch eine Gleichzeitigkeit und eine z.T. enge Verkopplung formeller und informeller Strukturen und Prozesse gekennzeichnet, die in ihrer Gesamtheit die Praxis einer sozialen Organisation ausmachen.

Neben wichtigen Beiträgen zur *sozialen Integration* der Organisationsmitglieder und zur *Kohäsion* der Organisation durch Befriedigung wichtiger individueller und Gruppenbedürfnisse, z.B. nach sozialen Kontakten, Freundschaft, Geborgenheit oder sozialer Anerkennung, Macht und Einfluss, wird v.a. die Flexibilität der Organisation und ihre Anpassungsfähigkeit durch informelle Strukturen und Prozesse wesentlich gefördert (→ *Flexibilität, organisatorische*). Zugleich schließen z.B. informelle Regeln Lücken im Geflecht formeller Strukturen und Systeme.

Während in der Vergangenheit v.a. die dysfunktionalen Wirkungen informeller Regeln betont wurden, findet sich in der neueren Literatur eine überwiegend positive oder neutrale Bewertung der Informalität und ihres Einflusses auf das Funktionieren von Organisationen. Die Wirkung ist jedoch im Einzelfall festzustellen. So gibt es z.B. in Organisationen eine „*brauchbare Illegalität*" informeller Regeln (*Luhmann* 1995), ein notwendiges, im Sinne der Zielerreichung zu tolerierendes Maß an Regelabweichung. Andererseits können sowohl formale als auch informelle Strukturen zur Rigidität neigen (s. bei informellen Strukturen das „group think"-Phänomen oder negative Effekte „starker" → *Organisationskultur*).

II. Elemente und Aspekte informeller Organisation

1. Elemente informeller Organisation

Als wichtige Elemente informeller Organisation werden i.d.R. informelle Gruppen oder Netzwerke in Organisationen, Normen, Rollen, Führung sowie Kommunikation genannt (z.B. *Kesten* 1998).

Informelle Gruppen entstehen neben und z.T. innerhalb der im Organisationsplan vorgesehenen Organisationseinheiten (→ *Gruppen und Gruppenarbeit*) auf der Basis gemeinsamer Werte, Interessen oder aufgrund freundschaftlicher Beziehungen der Individuen innerhalb und außerhalb der Organisation. Sie beeinflussen Leistungsprozesse, Ressourcenverteilungen, personalpolitische Entscheidungen und Organisationsabläufe und stellen zugleich einen wesentlichen Teil des sozialen Lebens in Organisationen dar und wirken u.a. auf → *Entscheidungsprozesse in Organisationen* und → *Konflikte in Organisationen*.

Informelle Normen beziehen sich auf implizite *Verhaltenerwartungen* innerhalb von Organisationen, Bereichen oder Gruppen, die von Organisationsmitgliedern oder Externen ausgehen. Sie stellen einerseits Abweichungen und Modifikationen formaler Erwartungen auf der Grundlage der individuellen Bedürfnisse und Interessen der Mitglieder dar. Zugleich entstehen sie jedoch auch in Bereichen, in denen es keine expliziten formalen Normen gibt. Sie werden oft nur unbewusst befolgt. Ihre Nichteinhaltung ist jedoch mit Sanktionen bis hin zum Verlust der Anerkennung und der sozialen Isolation der Person verbunden.

Informelle Rollen sind Systeme von Verhaltenserwartungen an Personen oder Personengruppen in Organisationen, die neben den in Stellenbeschreibungen verankerten formellen Rollen existieren. Sie beruhen auf der Mitgliedschaft in der Organisation, können formelle Rollen ergänzen oder abändern. Eine genaue Abgrenzung informeller Rollen erweist sich jedoch als problematisch und hängt von der jeweils vertretenen → *Rollentheorie* ebenso ab wie vom Grad der Formalisierung in der jeweiligen Organisation.

Informeller Einfluss in Organisationen ergibt sich zunächst aus dem informellen Status der Organisationsmitglieder, der wiederum v.a. auf die subjektive Autorität, d.h. auf zugeschriebene Persönlichkeits- und Leistungsmerkmale zurückzuführen ist. Während in der Gruppenforschung die Identifikation *informeller Führer* auf Basis der Sympathiebeziehungen sowie von → *Vertrauen*, antizipierter Kompetenz und Fähigkeit zur sozialen Integration erfolgt, verweisen Machttheorien sowie mikropolitische Ansätze insb. auf geeignete Machtquellen, Potenziale, Strategien und Taktiken formeller wie informeller Einflussnahme, die insgesamt eine jedoch eher instabile Führungsstruktur konstituieren.

Informelle Kommunikation kennzeichnet alle Kommunikationsbeziehungen und -prozesse in Organisationen, die auf der Basis informeller Kontakte und unter Nutzung nicht vorgeschriebener Kommunikationswege erfolgen und v.a. auf die Bedürfnisse der Organisationsmitglieder gerichtet sind („the grapevine"). Dabei bezieht sich die Informalität sowohl auf eine Modifikation vorhandener Kommunikationsinhalte und -wege wie auf die Filterung, Verzerrung oder Schaffung von Kommunikationsinhalten (→ *Kommunikation*).

2. Informelle Strukturen als ergänzende Regelsysteme

Eine Neufassung im Verständnis des Informellen in Organisationen zeigt sich insb. in der Behandlung bestimmter sozialer Strukturphänomene in der neueren Organisationstheorie. Während die mit der Gruppenforschung eng verbundenen Analysen *sozio-emotionaler Beziehungsstrukturen* auf der Basis von Sympathie, Vertrauen oder Freundschaft v.a. in den 90er Jahren durch die Thematisierung von → *Emotionen in Organisationen* wieder mehr Aufmerksamkeit erlangten, ist die Betrachtung *sozialer Gliederungsstrukturen*, z.B. nach Alter, Betriebszugehörigkeit, Beruf oder ethnischer Zugehörigkeit, insb. durch die organisationsdemografischen Arbeiten (→ *Demographischer Ansatz*) etabliert worden. Dabei stehen v.a. die Wirkungen solcher Strukturen auf Innovation, Fluktuation und Leistung im Mittelpunkt (vgl. auch die „*Diversity*"-Diskussion). Einflussstrukturen, die auf personellen Machtquellen beruhen, finden sich bereits in frühen Arbeiten zur Analyse der → *Macht in Organisationen*, aber auch in neueren Ansätzen zu sozialem Einfluss oder sozialer Dominanz (s. *Sidanius/Pratto* 1999). Auch das Konzept der → *Organisationskultur* stellt eine spezifische theoretische Zugriffsweise auf unbewusste, emergente Strukturphänomene in Organisationen dar. Neben der Entstehung und Entwicklung sowie Wirkung von Organisationskulturen zeigt sich die Nähe zur informellen Organisation in Vorstellungen über Subkulturen oder die Existenz von Kulturen in Organisationen (z.B. *Alvesson* 1993). Analog ist die Diskussion zu relationalen und insb. zu impliziten oder psychologischen Verträgen und den durch sie konstituierten Mustern von Verhaltenserwartungen von Individuum und Organisation in der neueren Organisationstheorie zu sehen (s. *Rousseau/McLean Parks* 1993). Insgesamt betrachten die genannten Ansätze die sozialen Strukturen in einer Organisation als ergänzende und partiell ersetzende *Regelsysteme*, die, z.T. mit der formalen Organisation verflochten, unverzichtbare Beiträge für das Funktionieren sozialer Systeme leisten.

Auch die Betrachtung informeller Strukturen als *Supplement* (*Ortmann* 1999; *Ortmann* 2003), als immer mitgedachte, notwendige Ergänzung zu formellen Strukturen, ohne die diese nicht existieren oder funktionieren könnten, liefert eine Perspektivenerweiterung zur Analyse des Informellen. Da keine Regel ihre eigenen Anwendungsbedingungen reguliert, ist bei der Regelbefolgung stets die *Regelverletzung* durch Uminterpretation, situative, „von-Fall-zu-Fall"-Anwendung, mikropolitische Nutzung, Umgehung, Ergänzung oder Ersetzung mitgedacht (s. auch *Friedberg* 1995).

3. Informelle Strukturen als unregulierte Freiheitszone

In neueren arbeitsgestalterischen Ansätzen, z.B. des Handlungsspielraums, oder der → *Mikropolitik* wird informelle Organisation darüber hinaus oft als *unregulierte Freiheitszone* für die Akteure betrachtet.

Im Konzept des *Handlungsspielraums* geht es v.a. darum, Individuen oder Arbeitsgruppen Freiräume zur Regulierung ihrer Tätigkeit zu geben, um so eine stärkere → *Motivation* der Handelnden zu ermöglichen; s. Tendenzen in der Entwicklung von Arbeitsstrukturen durch Job enrichment, Gruppenarbeit sowie Strategien der Dezentralisierung in Organisationen (z.B. *Faust* et al. 1994).

Eine theoretische Fundierung der neueren Betrachtung informeller Strukturen als unregulierte Freiheitszone stellt die → *Systemtheorie* und die → *Selbstorganisation* dar, v.a. i.S.v. Selbststrukturierung und Selbstkoordination bzw. Selbstführung von Organisationsmitgliedern zur Ausnutzung von Freiräumen in der Mikroorganisation (*Göbel* 1993), im Rahmen eines etablierten Systems von Verhaltenserwartungen (s. *Luhmann* 1995).

Auch die neuere Debatte zur *Subjektivierung von Arbeit* (*Moldaschl/Voß* 2002) geht von einer bewussten Ausdehnung der Freiräume aus, die durch „Selbst-Kontrolle", „Selbst-Ökonomisierung" und „Selbst-Rationalisierung" zu schließen sind. Aus der Sicht der → *Mikropolitik* liegen darin zugleich Chancen für die Akteure zur bewussten Verfolgung eigener Interessen.

4. Informelles Organisieren: Einflussprozesse in Organisationen

Die prozessuale Betrachtung der informellen Organisation verweist auf Einflussprozesse in Organisationen wie sie v.a. im Konzept der → *Mikropolitik* thematisiert werden (s. *Neuberger* 1995). Hier sind insb. Strategien und Taktiken der sozialen Einflussnahme zu nennen. Sie bezeichnen die von individuellen oder kollektiven Bedürfnissen und Interessen ausgehenden Handlungen, die zur Etablierung informeller Regelsysteme beitragen (s. *Friedberg* 1995). Diese können bewusst oder unbewusst erfolgen, Freiräume nutzen oder formale Regeln ändern, und legitime, als auch illegitime Handlungen wie Regelverletzungen (s. *Ortmann* 2003) einbeziehen, bspw. durch Nutzung von Emotionen zur Verhaltenbeeinflussung von Vorgesetzten, das Bilden von Allianzen oder vielfältige andere Formen des Widerstandes. Auch Spiele und die Etablierung von Spielregeln sind Ausdruck informellen Organisierens.

III. Zur Steuerbarkeit informeller Phänomene – Implikationen für die Praxis

Die Steuerungsmöglichkeiten informeller Strukturen und Prozesse sind generell begrenzt. Das liegt v.a. in der Natur des Informellen, die sich ja gerade einem Zugriff zu entziehen versucht, und gilt sowohl für individuelle Einflüsse, aber insb. für nicht intendierte Folgen von Interaktionsprozessen. Aufgrund der erheblichen Wirkungen erscheint zugleich eine Steuerung aus der Sicht des Managements von Organisationen geboten.

Bezüglich der Einflussnahme und Steuerung informeller Organisationsphänomene lassen sich unterschiedliche Konzepte erkennen. In der traditionellen Organisationslehre dominierte ein interventionistisches Konzept, das von bewussten Eingriffen in die informellen Strukturen und Prozesse ausgeht. Die Eingriffe können dabei genereller oder nur bzgl. antizipierter Störungen bzw. zur Vermeidung dysfunktionaler Effekte erfolgen.

Mit der Neubewertung informeller Organisation finden sich Überlegungen, die bei einem bewussten Verzicht auf direkte Intervention eine eher indirekte Einflussnahme auf informelle Phänomene betont. So wird z.B. durch die Integration der → *Selbstorganisation* in die systemtheoretische Analyse der Steuerung von Organisationen mit der dezentralen *Kontextsteuerung* ein Ansatz entwickelt, der auf detaillierte Vorgaben und Eingriffe in die unmittelbare Regelung in den Ablauf der Prozesse verzichtet (s. *Willke* 1994).

Den Ausgangspunkt bildet in beiden Fällen jedoch die Analyse informeller Strukturen und Prozesse, z.B. durch Nutzung *soziometrischer Verfahren* zur Ermittlung von Sympathiebeziehungen und Kooperationspräferenzen (*von Rosenstiel* 1992; *Weinert* 1998), durch die Erfassung von Einflussstrategien (u.a. *Wunderer/Weibler* 1992) oder durch Erhebungen zu Kommunikationsprozessen und Sozialstrukturen (→ *Kommunikationsanalyse*). Im Ergebnis solcher Analysen werden i.Allg. folgende Steuerungsmaßnahmen vorgeschlagen:

– Anpassung der formalen Strukturen an bewährte, funktionale informelle Prozessabläufe und Strukturen;
– Stärkere Verknüpfung und Verflechtung formeller und informeller Prozesse und Strukturen, z.B. durch Ernennung informeller Führer zu Stellvertretern oder Nutzung informeller Kommunikationskanäle;
– Duldung informeller Praktiken, wenn sie bestimmte Funktionen erfüllen;
– Gezielter Arbeitsplatzwechsel oder Versetzung von bestimmten Organisationsmitgliedern durch Eingriffe in Gruppenstrukturen;
– Nutzung von Techniken der Konfliktlösung bei erkannten Problemen;
– Verbesserung der Interaktions- und Kommunikationsmöglichkeiten von Individuen und Gruppen;
– Gezielte Personalauswahl und -entwicklung unter Nutzung der Stärken und Potenziale der Organisationsmitglieder.

Literatur

Alvesson, Mats: Cultural perspectives on organizations, New York et al. 1993.
Faust, Michael et al.: Dezentralisierung von Unternehmen – Schriftenreihe Industrielle Beziehungen, 7. A., München et al. 1994.
Friedberg, Erhard: Ordnung und Macht – Dynamiken organisierten Handelns, Frankfurt am Main et al. 1995.
Göbel, Elisabeth: Selbstorganisation – Ende oder Grundlage rationaler Organisationsgestaltung?, in: ZFO, Jg. 62, 1993, S. 391–395.
Grün, Oskar: Informale Erscheinungen in der Betriebsorganisation: eine betriebswirtschaftliche Untersuchung, Berlin 1966.
Irle, Martin: Soziale Systeme. Eine kritische Analyse der Theorie von formalen und informalen Organisationen, Göttingen et al. 1963.
Kesten, Ulrike: Informale Organisation und Mitarbeiter-Lebenszyklus, Wiesbaden 1998.
König, René: Die informellen Gruppen im Industriebetrieb, Berlin et al. 1961.
Lindelaub, Horst: Informelle Organisation und Führungsstil, in: Wachstumsprobleme der Betriebsorganisation, hrsg. v. Deutsche Gesellschaft für Betriebswirtschaft, Berlin 1964, S. 39–50.
Luhmann, Niklas: Funktionen und Folgen formaler Organisation, 4. A., Berlin et al. 1995.
Mayntz, Renate: Die soziale Organisation des Industriebetriebes, Stuttgart 1958.
Moldaschl, Manfred/Voß, G. Günter: Subjektivierung von Arbeit, München et al. 2002.
Neuberger, Oswald: Mikropolitik. Der alltägliche Aufbau und Einsatz von Macht in Organisationen, Stuttgart et al. 1995.
Ortmann, Günther: Regel und Ausnahme, Frankfurt am Main et al. 2003.
Ortmann, Günther: Organisation und Dekonstruktion, in: Organisation und Postmoderne, hrsg. v. *Schreyögg, Georg*, Wiesbaden 1999, S. 197–196.
Rosenstiel, Lutz von: Grundlagen der Organisationspsychologie – Basiswissen und Anwendungshinweise, Stuttgart 1992.
Rousseau, Denise M./McLean Parks, Judi: The contracts of Individuals and Organizations, in: ROB 15, hrsg. v. *Staw, Barry M./Cummings, Larry L.*, Greenwich 1993, S. 1–43.
Schreyögg, Georg: Organisation, 4. A., Wiesbaden 2003.

Sidanius, Jim/Pratto, Felicia: Social Dominance – An Intergroup Theory of Social Hierarchy and Oppression, Cambridge et al. 1999.
Weinert, Ansfried: Organisationspsychologie – Ein Lehrbuch, 4. A., Weinheim et al. 1998.
Willke, Helmut: Systemtheorie II: Interventionstheorie. Grundzüge einer Intervention in komplexe Systeme, Stuttgart 1994.
Wunderer, Rolf/Weibler, Jürgen: Vertikale und laterale Einflußstrategien: Zur Replikation und Kritik des „Profiles of Organizational Influence Strategies (POIS)" und seiner konzeptionellen Weiterführung, in: ZfP, Jg. 6, 1992, S. 515–534.

Innovationsmanagement

Hans Georg Gemünden/Sören Salomo

[s.a.: Entrepreneurship; Forschung und Entwicklung, Organisation der; Organisationsinnovation; Organisationskultur; Planung; Projektmanagement; Teamorganisation; Technologiemanagement; Unternehmensführung (Management); Wettbewerbsstrategien; Wissensmanagement.]

I. Begriffsbestimmung; II. Randbedingungen des Innovationsmanagements; III. Management einzelner Innovationsprozesse; IV. Management von Innovationssystemen.

Zusammenfassung

Die erfolgreiche Hervorbringung und Durchsetzung von Innovationen bedarf des Innovationsmanagements. Der Innovationsgrad als zentrales Merkmal des Problemumfeldes, Eigenschaften der innovierenden Organisation sowie Einflüsse der externen Umwelt bestimmen als kritische Randbedingungen die Ausgestaltung des Innovationsmanagements. Das Management einzelner Innovationsprozesse umfasst insb. die Gestaltung der frühen Phasen, die Prozesssteuerung, Promotoren zur Überwindung von Widerständen, Teamorganisation sowie markt- und technologiebezogene Interaktionen. Zusätzlich obliegt es dem Innovationsmanagement auf Organisationsebene Elemente eines Innovationssystems zu etablieren, die den Erfolg von Innovationsprozessen steigern.

I. Begriffsbestimmung

Innovationen sind das Ergebnis eines kreativen Prozesses von verschiedenen Akteuren aus einer oder mehreren Organisationen, der zu einer qualitativ neuartigen Zweck/Mittel-Kombination führt, die von einer Organisation erstmalig auf dem Markt oder im Betrieb (Produktion oder Administration) eingeführt wird. Der Begriff Innovation umfasst nicht nur physische Produkte, sondern auch neue Dienstleistungen sowie prozessuale, organisatorische (→ *Organisationsinnovation*), soziale, gesellschaftliche und vertragliche Neuerungen. Das Ausmaß der Neuerung im Vergleich zu einem Zustand ex ante variiert zwischen inkrementalen Produktmodifikationen und radikalen Änderungen. Auch wenn zumindest in Bezug auf die zugrunde liegende Technologie der Grad der Änderung objektiv bestimmbar erscheint, ist der *Innovationsgrad* in den meisten Fällen eine Frage der individuellen Wahrnehmung (*Hauschildt* 1997). Die Bestimmung der Neuartigkeit ist damit subjektgebunden und kann je nach Perspektive unterschiedlich ausfallen. Aus betriebswirtschaftlicher Perspektive bietet es sich an, zwischen einer Makro- und Mikroebene der Neuartigkeit zu unterscheiden (*Garcia/Calantone* 2002). Auf der Makroebene kann eine Innovation neu für die Welt (Patentierungskriterium), für eine Region oder eine spezifische Gruppe von Organisationen sein. Die Mikroebene bezeichnet die Neuartigkeit aus der Perspektive einer Organisation.

Innovationsmanagement ist das an betriebswirtschaftlichen Kriterien orientierte Management innovativer Aufgaben. Die Eigenart der Aufgabe erfordert im Vergleich zur Steuerung von Routineprozessen ein qualitativ anderes Management und ist daher bewusst vom üblichen Geschäftsgang zu trennen. Innovationsmanagement bezieht sich einerseits auf die Steuerung einzelner Innovationsprozesse und andererseits auf die Gestaltung des Innovationssystems als Rahmen für einzelne Innovationsprozesse. In den systembezogenen Aufgabenbereich fallen die innovationsorientierte Gestaltung von Strategie, Programm-Management und Kultur.

II. Randbedingungen des Innovationsmanagements

Die Ausgestaltung des Innovationsmanagements ist abhängig von situativen Randbedingungen, die sich in unterschiedlicher Komplexität, Unsicherheit, Konfliktträchtigkeit sowie zu überwindender Barrieren manifestieren. Dabei kann zwischen der durch die innovative Aufgabe bestimmten *Problemumwelt*, der auf die Organisation bezogenen *Systemumwelt* und der darüber hinausgehenden *externen Umwelt* unterschieden werden.

Empirische Untersuchungen zu Erfolgsbedingungen des Innovationsmanagements identifizieren überwiegend den *Innovationsgrad* als eine zentrale Ausprägung der Problemumwelt. Der Innovationsgrad ist dabei als ein multi-dimensionales Phänomen zu verstehen (*Salomo* 2003; *Hauschildt/Schlaak* 2001; *Danneels/Kleinschmidt* 2001). Entsprechend der als neuartige Zweck/Mittel-Kombination definierten Innovation muss zwischen Veränderungen in einer Markt- und Technologiedimension unterschieden werden. Ergänzend bestimmt sich der Innovationsgrad aus internem und externem Ressourcen-Fit. Interne Ressourcen manifestieren sich nicht nur im Know-how bezüglich Markt und Technologie, sondern umfassen auch interne Prozesse und Strukturen, die notwendig sind, um eine innovative Leistung zu erbringen (*Leker* 2000). Externe Ressourcen-Fits beziehen sich zum einen darauf, inwieweit vorhandene Präferenzen, Wissen und Bindungen von Technologie- und Marktpartnern für Innovationen vorteilhaft genutzt werden können oder ob sie neu geschaffen und Akzeptanzbarrieren überwunden werden müssen. Im weiteren Umfeld sind gesellschaftliche Veränderungen, erforderliche neue Infrastrukturen sowie Veränderungen regulatorischer Rahmenbedingungen zu berücksichtigen (*Salomo* 2003).

Das Innovationsmanagement muss sich des Innovationsgrades als kritischer Ausprägung des Problemumfeldes stets bewusst sein. Die Wahl des Innovationsgrades bestimmt die Gestaltung des Innovationssystems und der Innovationsprozesse (*Salomo/Billing/Gemünden* 2003). Um eine optimale Auswahl geeigneter Managementinstrumente treffen zu können, bedarf es daher einer bewussten Gestaltung und Kontrolle des Umfangs der geplanten und realisierten Neuerung.

Bedeutende Charakteristika der Systemumwelt sind vor allem Größe und Entwicklungsstadium der Organisation. Der Umfang internen Konfliktpotenzials, insb. an Schnittstellen organisatorischer Bereiche, stellt bei großen etablierten Organisationen eine größere Herausforderung an das Innovationsmanagement dar als bei neu gegründeten. Auf der anderen Seite ist bei neu gegründeten Organisationen, die ein innovatives Produkt anbieten wollen, aufgrund limitiert zugänglicher interner wie externer Ressourcen ein in Teilen qualitativ anderes Innovationsmanagement notwendig (→ *Entrepreneurship*).

III. Management einzelner Innovationsprozesse

Der Erfolg von *Innovationsprozessen* wird durch verschiedene Managementaktivitäten positiv beeinflusst. Aufbauend auf einer Vielzahl an empirischen Studien identifizieren eine Reihe von zusammenfassenden Literaturanalysen zentrale erfolgsrelevante Aspekte des Innovationsmanagements (*Ernst* 2002; *Brown/Eisenhardt* 1995; *Henard/Szymanski* 2001; *Albers/Brockhoff/Hauschildt* 2001).

1. Gestaltung der frühen Phasen

Den frühen Phasen des Innovationsprozesses kommt eine besondere Bedeutung zu, da hier die Gestaltungsfreiheit am größten ist und die Nutzen und Kosten bestimmenden Parameter der Innovation festgelegt werden. Auf der anderen Seite ist auch die Unsicherheit über die Entscheidungswirkungen besonders groß. Der Empfehlung, in den frühen Phasen mehr zu investieren, da bei geringem Aufwand hohe Kosten- und Nutzenwirkungen erreicht werden, ist entgegenzuhalten, dass viele Initiativen zu einem späteren Zeitpunkt abgebrochen werden und diese Kosten mit zu tragen sind. Zudem müssen auch die Ressourcen für die Umsetzung der Initiativen bereitgestellt werden. Es stellt sich somit ein Optimierungsproblem hinsichtlich des Umfangs an Ressourceneinsatz in den frühen Phasen. Zusätzlich ergibt sich auch ein Such- und Auswahlproblem nach Lösungsvorschlägen, deren Umsetzung sich besonders lohnt.

Initiativen zur Innovation lassen sich durch verschiedene Paradigmen erklären (*Gemünden* 2001). Beim *Planungsparadigma* werden aus einem „Road-Mapping" von Technologieentwicklungen, Marktentwicklungen und gesellschaftlichen Veränderungen besonders attraktive Such- und Handlungsfelder abgeleitet, um die Anstrengungen zu fokussieren. Die Kritik an Aufwand und Schwerfälligkeit der Umsetzung solcher Planungen sowie an der Risikoscheu der Entscheidungsträger begründet das *unternehmerische Paradigma*, bei dem der Schwerpunkt auf eigenverantwortlichem pro-aktivem Handeln und rascher Umsetzung liegt. Das *Divergenz-* und das *Barrierenparadigma* gehen von Mitarbeitern und Führungskräften unterer und mittlerer Ebenen aus, die Innovationsbedürftigkeit und Innovationsmöglichkeit erkennen und aktiv werden (sollen). Gewährt man diesen Akteuren mehr *Handlungsspielraum* und Unterstützung, nehmen die Initiativen zu. Bei zunehmendem Handlungsspielraum entwickelt sich der Nutzenzuwachs jedoch nur degressiv, während die Kosten für die Auswahl und die frustrierende Ablehnung linear steigen. Um den optimalen Punkt zu verbessern, sind Orientierung gebende Führung durch die höheren Führungskräfte sowie Effizienz steigernde Koordination durch das mittlere Management erforderlich (*Gebert* 2002). Das *Trichter-Paradigma* beschreibt die Entwicklung und Metamorphose von Initiativen durch das Innovationssystem einer Organisation. Empirische Studien weisen darauf hin, dass der Mund des Trichters recht weit geöffnet sein sollte, insb. auch gegenüber externen Initiativen, wobei jedoch eine frühe und effektive Selektion geeigneter Initiativen wichtig ist. Für werthaltige Initiativen, die nicht (mehr) in den Trichter passen, sollte mit Hilfe der Methoden des Corporate Venture Managements eine externe Verwertung gesucht werden. Im *Netzwerk-Paradigma* steht die externe Gewinnung von Innnovations-Initiativen im Mittelpunkt.

In den frühen Phasen des Innovationsprozesses kommt auch der *Zielbildung und der Risikoabsicherung* eine besondere Rolle zu (*Gemünden* 1995). Klare Ziele sind wichtig für die Motivation und die Koordination der Beteiligten. Die Ziele sind jedoch gerade bei hoch innovativen Entscheidungen nicht gegeben, sondern vielmehr Gegenstand eines zeit- und arbeitsaufwändigen Lernprozesses. Daher empfiehlt es sich bei komplexen hoch innovativen Vorhaben Machbarkeitsstudien durchzuführen, um eine größere Zielklarheit und Zielstabilität in den späteren Phasen zu gewährleisten. Es ist sinnvoll, Lernziele für die Reduktion der markt-, technologie- und umfeldbezogenen Unsicherheiten zu formulieren und deren Umsetzung organisatorisch zu unterstützen.

2. Prozesssteuerung

In den späteren Phasen nehmen Unsicherheit und Gestaltungsfreiheiten ab, aber die Komplexität, gemessen an der Zahl der zu koordinierenden Akteure und ihrer (weltweiten) Schnittstellen, nimmt zu. Die schnelle und zuverlässige Umsetzung der Konzepte ist erfolgskritisch, da Zeitverzögerungen und Fehler in diesen Phasen mit hohen zusätzlichen Kosten oder Erlöseinbußen verbunden sind. Die Prozesssteuerung durch Ablauforganisation, Planung und Kontrolle rücken in den Vordergrund. Um Zeit einzusparen, rückt man von traditionellen sequentiellen Ablaufmustern ab und versucht Phasen zu überlappen und Aktivitäten zu parallelisieren, erhöht aber dadurch den Planungs- und Koordinationsbedarf und die Risiken. Die bevorzugten Maßnahmen für diese Phasen sind klar definierte Ziele und Prozesse, zeitaktuelles Projektcontrolling (→ *Projektmanagement*), insb. an wohl definierten Meilensteinen, und ein gutes Schnittstellenmanagement zwischen den betroffenen Akteuren. Dem Konfigurations- und → *Wissensmanagement* sowie dem → *Qualitätsmanagement* kommt in diesen Phasen der Implementierung und des ,Roll-out' eine große Bedeutung zu.

3. Promotoren

Allen Lippenbekenntnissen zum Trotz sind Innovationen keinesfalls selbstverständlich. Es gibt vielmehr mannigfaltige *Barrieren* und Widerstände gegen Innovationen. Zur Überwindung der Barrieren werden Schlüsselpersonen benötigt, die sich aktiv und intensiv für eine Innovation einsetzen und auch bereit sind, persönliche Risiken auf sich zu nehmen. Dabei werden vier Arten von *Promotoren* unterschieden: Macht-, Fach-, Prozess- und Beziehungspromotoren (*Hauschildt/Gemünden* 1999).

Fachpromotoren verfügen über das Expertenwissen, um Barrieren des Nicht-Wissens zu überwinden. Um Barrieren des Nicht-Wollens zu überwinden, bedarf es der aktiven Förderung der Innovation durch *Machtpromotoren*. Sie sind auf den obersten Führungsebenen angesiedelt und können ihr hierarchisches Potenzial nutzen, um die erforderlichen Ressourcen bereitzustellen, Wertkonflikte auszutragen und die Befürworter der Innovation vor Opponenten zu schützen (*Witte* 1973). Die Vorbereitung und Ausführung eines innovativen Projektes erfordert zusätzlich eigenständige *Prozesspromotoren*, die üblicherweise im mittleren Management angesiedelt sind. Sie tragen dazu bei, bürokratische Barrieren des Nicht-Dürfens zu überwinden. Sie wirken als vielfältige Verknüpfer, indem sie zwischen den Ebenen vermitteln, den Innovationsprozess initiieren, über seine Phasen hinweg begleiten und indem sie die Arbeit verschiedener Spezialisten motivieren und koordinieren. Viele Innovationsprozesse bergen bilaterale oder multilaterale Innovationskooperationen zwischen verschiedenen Unternehmen, Hochschulen oder Forschungsinstitutionen. Um die vielfältigen Barrieren der Kooperation mit externen Partnern zu überwinden, werden *Beziehungspromotoren* benötigt. Sie kennen potenzielle Kooperationspartner, besitzen gute persönliche Beziehungen zu ihnen und können Kooperationen mit ihnen anbahnen und Vertragsverhandlungen unterstützen. Sie sind sowohl für den Einkauf als auch für den Verkauf von Know-how von entscheidender Bedeutung und tragen zur erfolgreichen Durchsetzung von Innovationen im Markt bei. Vor diesem Hintergrund wird das Finden, Fördern und Binden der Promotoren sowie die Bildung von internen und externen sozialen Netzwerken (→ *Netzwerke*), die die Zusammenarbeit der Promotoren fördern, eine zentrale Aufgabe des Innovationsmanagements.

4. Teams

Multifunktionale interdisziplinäre *Teams* (→ *Teamorganisation*) spielen im Innovationsmanagement eine zentrale Rolle. Sie tragen maßgeblich dazu bei, dass der Wissensaustausch zwischen den Funktionsbereichen erfolgt und neue Lösungen entstehen, die den unterschiedlichen Anforderungen von Forschung und Entwicklung, Marketing und Produktion entsprechen. Dabei kommt es entscheidend auf eine gute Qualität der Zusammenarbeit innerhalb der Teams an, insb. bei hoch innovativen Vorhaben (*Högl/Parboteeah/Gemünden* 2003). Bei großen Innovationsvorhaben mit zahlreichen Teams gewinnt auch die Gestaltung der Zusammenarbeit zwischen den Teams eine große Bedeutung (*Gemünden/Högl* 2001).

5. Markt- und technologiebezogene Interaktionen

Mit zunehmender Fokussierung auf Kernkompetenzen gewinnt die Kooperation mit Partnern, die komplementäre Ressourcen in ein innovatives Geschäft einbringen, zunehmend an Bedeutung, insb. im internationalen Geschäft (*Walter* 2003). Daher spielen die externen Innovationsnetzwerke (→ *Netzwerke*) zur Gewinnung und Vermarktung neuen Wissens eine große Rolle. Voraussetzungen für ein erfolgreiches Netzwerkmanagement sind eine klare technologiebasierte Strategie, hohe eigene Kompetenzen, die die Attraktivität als Entwicklungs- und Vermarktungspartner erhöhen sowie eine hohe Netzwerkkompetenz, um die einzelnen Kooperationen erfolgreich zu managen und ihre Koordination zu verbessern (*Ritter/Gemünden* 2003).

IV. Management von Innovationssystemen

1. Management der Innovationsstrategie

Die auf Innovationen ausgerichteten Aktivitäten der Organisation bedürfen einer Zielvorstellung mit langfristiger Bindungswirkung – einer *Innovationsstrategie*. Diese muss mit der Wettbewerbsstrategie laufend synchronisiert werden. Zentrale Elemente der Innovationsstrategie umfassen in inhaltlicher Hinsicht die Ausrichtung auf spezifische Technologiefelder (*Technologiestrategie*) sowie das Ausmaß des angestrebten Innovationsgrades (*Specht/Beckmann* 1996). Strategische Optionen zur Wissensgewinnung unterscheiden zwischen der Alleinentwicklung und verschiedenen Formen der externen Wissensakquisition (*Brockhoff* 1999). In Verbindung mit der Wettbewerbsstrategie ist zudem die zeitliche Orientierung (Führer- oder Folgerstrategie) relevant (*Schewe* 1992).

Um die Umsetzung der Innovationsstrategie sicherzustellen, muss das Innovationssystem eine Verknüpfung der Innovationsstrategie mit einzelnen Innovationsprozessen im Sinne eines strategischen *Portfoliomanagements* erreichen.

2. Management von Innovationsprogrammen

Das Management von Innovationsprogrammen vereinigt verschiedene Aufgaben:

- Im Sinne eines *Initiativen-Managements* ist sicherzustellen, dass laufend ausreichend Initiativen zur Innovation angeregt werden und dass diese Initiativen nicht probleminadäquat vor einer systematischen Beurteilung ausgesteuert werden. Die Bereitschaft und Qualität von Initiativen durch Mitarbeiter ist abhängig von der → *Motivation* und dem individuellem → *Wissen* (*Mensel* 2004). Damit Initiativen nicht nur inkrementale Verbesserungsvorschläge umfassen, muss das Initiativen-Management intrinsische Motivation fördern und den Mitarbeitern Zugang zu strategischem Wissen ermöglichen. Die Unterstützung von Initiativen sollte sowohl als laufende Aufgabe institutionalisiert werden (Vorschlagswesen,→ *Community of Practice* etc.) als auch Gegenstand eigener Initiativprojekte sein (Ideen-Olympiaden, Lead-user-Workshops etc.).
- Die *Autonomie* von Innovationsvorhaben ist ein wichtiger Gestaltungsparameter von Innovationsprogrammen (*Gaitanides/Wicher* 1985). Eine zentrale Herausforderung ist die Positionierung von Innovationsprozessen innerhalb der Organisation (→ *Aufbau- und Ablauforganisation*) in Abhängigkeit ihres Innovationsgrades (*Tushman/O'Reilly* 1997). Dabei muss zum einen ein ausreichender Zugriff auf vorhandene Ressourcen der Organisation gewährleistet sein, um Entwicklung und Wachstum effizient unterstützen zu können, und zum anderen muss ausreichende Unabhängigkeit sichergestellt werden, damit Innovationsprozesse nicht durch Aufgaben des Tagesgeschäfts dominiert werden.
- Während im Portfoliomanagement übergeordnete strategische Entscheidungen zur Struktur von Innovationsprogrammen getroffen werden, setzt das Programmmanagement auf taktischer und operativer Ebene *Standards* für die prozessbegleitende Zuteilung und Kontrolle der Ressourcenverwendung in Innovationsprozessen (→ *Prozessorganisation*). Empirische Ergebnisse weisen darauf hin, dass der Ansatz starker Formalisierung und sequenzieller Bearbeitung diskreter Projektphasen wie er in „Stage-Gate-Modellen" (*Cooper/Kleinschmidt* 1986) vorgesehen ist, eher für inkrementale Innovationsvorhaben geeignet ist.
- Die Aufgabe der Prozessstrukturierung umfasst auch die Gestaltung zentraler Transferprobleme. Dabei sind insb. die zentralen *Schnittstellen* zwischen der nicht produktbezogenen Forschung und Vor-Entwicklung und der anwendungsbezogenen (Serien-)Entwicklung und sowie zwischen Entwicklung einerseits Produktion und Marketing anderseits zu koordinieren (*Benkenstein* 1987). Das Innovationssystem kann diese Aufgabe durch prozessübergreifende Koordinationsmaßnahmen wie z.B. spezielle Transferabteilungen, Prozesspromotoren, Steuerungsgremien und integrierte Planungsansätze erfüllen (*Brockhoff/Hauschildt* 1993).

3. Innovationsorientierte Organisationskultur und Anreizsysteme

Unter einer innovationsorientierten → *Organisationskultur* sind Einstellung, Werte und Verhaltensweisen zu subsumieren, die Bereiche wie Risikofreude, Fehlertoleranz, kreative Atmosphäre, Aggressivität und unternehmerische Einstellung umfassen (*Hauschildt* 1997). Zwar entwickelt sich eine Organisationskultur eher in einem zeitintensiven evolutorischen Prozess und ist daher auch nur in einem komplexen und ressourcenintensiven Prozess zu beeinflussen (*Andriopoulos* 2001). Die Gestaltung von Anreizsystemen, die Rekrutierung von geeignetem Personal und die Vorbildfunktion von Führungskräften sind jedoch grundsätzlich geeignet, eine innovationsorientierte Kultur zu fördern.

Literatur

Albers, Sönke/Brockhoff, Klaus/Hauschildt, Jürgen: Technologie- und Innovationsmanagement. Leistungsbilanz des Kieler Graduiertenkollegs, Wiesbaden 2001.
Andriopoulos, Costa: Determinants of organizational creativity: A literature review, in: Management Decision, Jg. 39, H. 10/2001.
Benkenstein, Martin: Imitationsmanagement: Nachahmung als Option des Technologiemanagements, Wiesbaden 1987.

Brockhoff, Klaus: Forschung und Entwicklung – Planung und Kontrolle, 5. A., München 1999.
Brockhoff, Klaus/Hauschildt, Jürgen: Schnittstellenmanagement – Koordination ohne Hierarchie, in: ZFO, Jg. 62, 1993, S. 396–403.
Brown, Shona L./Eisenhardt, Kathleen M.: Product development: Past research, present findings, and future directions, in: AMR, Jg. 20, 1995, S. 343–378.
Cooper, Robert/Kleinschmidt, Elko J.: An investigation into the new product process: Steps, deficiencies and impact, in: The Journal of Product Innovation Management, Jg. 3, 1986, S. 71–85.
Danneels, Erwin/Kleinschmidt, Elko J.: Product innovativeness from the firms perspective: Its dimensions and their relation with project selection and performance, in: The Journal of Product Innovation Management, Jg. 18, 2001, S. 357–373.
Ernst, Holger: Success Factors Of New Product Development: A Review Of The Empirical Literature, in: International Journal of Management Reviews, Jg. 4, H. 1/2002, S. 1–40.
Gaitanides, Michael/Wicher, Hans: Venture Management – Strategien und Strukturen der Unternehmensentwicklung, in: DBW, Jg. 45, 1985, S. 414–426.
Garcia, Rosanna/Calantone, Roger: A critical look at technological innovation typology and innovativeness terminology: A literature review, in: The Journal of Product Innovation Management, Jg. 19, 2002, S. 110–132.
Gebert, Diether: Führung und Innovation, Stuttgart 2002.
Gemünden, Hans Georg: Die Entstehung von Innovationen: eine Diskussion theoretischer Ansätze, in: Außergewöhnliche Entscheidungen, hrsg. v. *Hamel, Winfried/Gemünden, Hans Gemünden*, München 2001, S. 409–439.
Gemünden, Hans Georg: Zielbildung, in: Handbuch Unternehmensführung. Konzepte – Instrumente – Schnittstellen, hrsg. v. *Corsten, H./Reiß, Michael*, Wiesbaden 1995, S. 251–266.
Gemünden, Hans Georg/Högl, Martin: Management von Teams, 2. A., Wiesbaden 2001.
Hauschildt, Jürgen: Innovationsmanagement, München 1997.
Hauschildt, Jürgen/Gemünden, Hans Georg: Promotoren – Champions der Innovation, 2. A., Wiesbaden 1999.
Hauschildt, Jürgen/Schlaak, Thomas M.: Zur Messung des Innovationsgrades neuartiger Produkte, in: ZfB, Jg. 71, 2001, S. 161–182.
Henard, David D./Szymanski, David M.: Why some new products are more successful than others, in: Journal of Marketing Research, Jg. 38, 2001, S. 362–375.
Högl, Martin/Parboteeah, K. Praveen/Gemünden, Hans Georg: When teamwork really matters: task innovativeness as a moderator of teamwork-performance relationship in software development projects, in: Journal of Engineering and Technology Management, Jg. 20, 2003, S. 281–302.
Leker, Jens: Die Neuausrichtung der Unternehmensstrategie, Tübingen 2000.
Mensel, Nils: Organisierte Initiative für Organisationen, Wiesbaden 2004.
Ritter, Thomas/Gemünden, Hans Georg: Inter-organizational relationships and networks. An overview, in: Journal of Business Research, Jg. 56, 2003, S. 691–697.
Salomo, Sören: Konzept und Messung des Innovationsgrades – Ergebnisse einer empirischen Studie zu innovativen Entwicklungsvorhaben, in: Empirie und Betriebswirtschaft, hrsg. v. *Schwaiger, Manfred/Harhoff, Dietmar*, Stuttgart 2003, S. 399–427.
Salomo, Sören/Billing, Fabian/Gemünden, Hans Georg: Dynamisches Schnittstellenmanagement radikaler Innovationsvorhaben, in: Management der frühen Innovationsphasen, hrsg. v. *Herstatt, Cornelius/Verworn, Birgit*, Wiesbaden 2003, S. 163–194.
Schewe, Gerhard: Imitationsmanagement: Nachahmung als Option des Technologiemanagements, Stuttgart 1992.
Specht, Günter/Beckmann, Christoph: F&E-Management, Stuttgart 1996.
Tushman, Michael/O'Reilly, Charles: Winning through innovation: A practical guide to leading organizational change and renewal, Boston 1997.
Walter, Achim: Technologietransfer zwischen Wissenschaft und Wirtschaft, Wiesbaden 2003.
Witte, Eberhard: Organisation für Innovationsentscheidungen, Göttingen 1973.

Institutionenökonomie

Arnold Picot/Susanne Schuller

[s.a.: Organisationstheorie; Prinzipal-Agenten-Ansatz; Rationalität; Theorie der Unternehmung; Transaktionskostentheorie; Verfügungsrechtstheorie (Property Rights-Theorie); Vertragstheorie.]

I. Der Begriff der Institutionenökonomik; II. Der Begriff der Institution; III. Alte und Neue Institutionenökonomik; IV. Erkenntnisinteresse und theoretische Instrumente; V. Beiträge zu einer Theorie der Unternehmung.

Zusammenfassung

Die Theorien der Institutionenökonomik unterteilen sich in die alte und die Neue Institutionenökonomik. Beide Richtungen verbindet im Gegensatz zu den Theorien der Neoklassik die Annahme begrenzter Rationalität. Um diese zu handhaben, werden Institutionen benötigt. Die Analyse, Gestaltung und der Wandel von Institutionen stehen im Erkenntnisinteresse der Institutionenökonomik.

I. Der Begriff der Institutionenökonomik

Die Institutionenökonomik stellt ein mikroanalytisches Instrumentarium dar, mit Hilfe dessen zum einen die Entwicklung institutioneller Ordnungsmuster erklärt werden kann und sich zum anderen konkrete Hinweise für die Gestaltung von Leistungsbeziehungen ableiten lassen (vgl. *Ebers/Gotsch* 1999; *Erlei/Leschke/Sauerland* 1999; *Picot/Dietl/Franck* 2002; *Picot* 1991; *Richter/Furubotn* 2003; *Voigt* 2002). Ausgangspunkt dabei ist das ökonomische Organisationsproblem, dem die Knappheit von Gütern zu Grunde liegt. Zur Verringerung dieser Knappheit entwickelten sich Arbeitsteilung, Spezialisierung und Tausch, bei deren effizienter Gestaltung Koordinations- und Motivationsprobleme als Kernfragen der Organisation auftreten (vgl. z.B. *Milgrom/Roberts* 1992, S. 17; *Picot/Dietl/Franck* 2002, S. 5 ff; *Wolff* 1995, S. 24). Märkte und Unternehmen als wesentliche Erscheinungsformen für die Handhabung derartiger Probleme sind Gegenstand der Ökonomik als Wissenschaft von der Wirtschaft, der Einzel- und der Gesamtwirtschaft. Die Ökonomik trifft drei grundlegende Annahmen: individuelle Nutzenmaximierung (inkl. Opportunismus), methodologischer Individualismus und begrenzte Rationalität.

Zum einen unterstellt sie ein selbstinteressiertes Individuum, das gemäß seinen individuellen *Präferenzen* unter Beachtung der jeweils gegebenen finanziellen, zeitlichen oder wissensbezogenen Restriktionen in möglichst rationaler, Vor- und Nachteile abwägender Weise Entscheidungen auswählt. Der Aspekt des eigeninteressierten Handelns beinhaltet dabei die Möglichkeit sehr unterschiedlicher individueller Zielvorstellungen und er schließt ein, dass damit gerechnet werden muss, dass ein Akteur seine Ziele ggf. auch unter Inkaufnahme der Verletzung von Präferenzen anderer Individuen bzw. von herrschenden Normen verfolgt, wenn er sich davon einen Vorteil verspricht. In diesem Fall wird von *Opportunismus* gesprochen.

Zum anderen interessiert sich die Ökonomik – im Unterschied zur Psychologie – nicht für das einzelne Individuum und dessen ganz spezifische Eigenarten, sondern für die typischen Verhaltensweisen, die der Tendenz nach häufiger anzutreffen sind. Sie geht vom Prinzip des sog. *methodologischen Individualismus* aus, welches besagt, dass alle Eigenschaften eines sozialen Systems letztlich von den Handlungsweisen und Anreizbedingungen der Individuen abhängen und dass diese mit ihren Verhaltensweisen und Entscheidungen letztlich das soziale System und seine Ordnung konstituieren. Dieses Verständnis von Ökonomik und das damit verbundene realistische Menschenbild liegen auch der Institutionenökonomik zu Grunde.

Im Gegensatz zu den Theorien der Neoklassik wird in der Institutionenökonomik die Annahme *begrenzter Rationalität* getroffen (→ *Rationalität*). So beschreibt Oliver Williamson die Basisidee der Neuen Institutionenökonomik als „economizing on bounded rationality" (*Williamson* 1991, S. 7). Die Idee, Institutionen wie Organisationen als Hilfsmittel zur Handhabung menschlicher Rationalitätslücken einzusetzen sprach jedoch schon Herbert Simon 1979 aus: „(...) elaborate organizations (...) can only be understood as machinery for coping with the limits of man's abilities to comprehend and compute in the face of complexity and uncertainty." (*Simon* 1979, S. 501). Diese Aufhebung der Prämisse vollkommenen Wissens hat realitätsnähere Aussagesysteme zur Folge, sowie die Tatsache, dass „(...) institutions matter and are susceptible to analysis" (*Matthews* 1986, S. 903).

Die begrenzte Rationalität der Akteure kann jedoch Schäden verursachen im Sinne falscher Arbeitsteilung, überhöhter Transaktionskosten oder entgangener Gewinne. Um derartige Nachteile zu vermindern, entwerfen die Beteiligten Instrumente zur Verbesserung der Rationalität, mit deren Hilfe Koordination und Motivation verbessert, Opportunismus gezügelt und damit Rationalitätslücken verkleinert werden können. Anstatt in jeder wirtschaftlichen Handlungssituation zwischen allen Beteiligten von neuem und mit großem Aufwand alle relevant erscheinenden Aspekte der Zusammenarbeit und des Tausches zu beraten und zu bewerten, stützt man sich auf gegenseitig anerkannte Instrumente. Diese Instrumente werden als Institutionen bezeichnet.

II. Der Begriff der Institution

Institutionen sind Normen und Regeln (vgl. *von Hayek* 1994, S. 177), korporative Gebilde (vgl. *Simon* 1979, S. 501) sowie Instrumente der Koordination und der Motivation, die die Höhe der Koordinations- und Motivationskosten beeinflussen. Als Normen und Regeln wirken sie erwartungsbildend und konfliktmindernd und führen zu sinkenden Organisations- und Transaktionskosten (*Picot* 1991, S. 144). Institutionen sind zu beschreiben als „(...) sanktionierbare Erwartungen, die sich auf die Verhaltensweisen eines oder mehrerer Individuen beziehen" (*Dietl* 1993, S. 33).

Institutionen sind geplante oder ungeplante Hervorbringungen menschlichen Handelns. Bei der Ursache ihrer Entstehung ist zwischen inneren und äußeren Kräften zu unterscheiden (vgl. *Picot/Fiedler* 2002). Nach von Hayek bilden sich vor allem fundamentale Institutionen (z.B. Sprache, Gebräuche, Kultur, Grundrechte) ungeplant und auf Grund innerer Kräfte, da sie als ungeplantes Ergebnis von eigenständigen Handlungen der Gesellschaftsmitglieder entstehen (vgl. *von Hayek* 1994, S. 156). Sekundäre Institutionen, die auf der Basis fundamentaler Institutionen gebildet werden (z.B. Spezialgesetze, Verträge, Organisationsregeln), können dagegen geplant und willentlich entstehen.

Zudem weisen Institutionen das Merkmal der *Sanktionierbarkeit* auf. Dieses Sanktionspotenzial liegt oftmals außerhalb des handelnden Individuums, ist also aus dessen Sicht externer Art: Die förmliche oder auch informelle Aufdeckung und Bestrafung der Erwartungs- bzw. Normverletzung erfolgt durch Dritte; das Abweichen von tradierten gesellschaftlichen Regeln wird vom sozialen Umfeld geächtet. So werden Individuen z.B. geschnitten, weil sie gegen Regeln verstoßen haben; die Übertretung offizieller Normen wird durch Straf- und Zivilrecht förmlich bestraft und enttäuschte Markenerwartung durch Abwanderung von Kunden sanktioniert. Das Sanktionspotenzial kann auch interner Natur sein. In diesem Fall besteht eine Bindung an Normen aufgrund von Tradition oder Einsicht. Nicht selten treten externe und interne Sanktionspotenziale gemeinsam auf.

Institutionen entfalten nur dann ihre Wirkung, wenn sie von einer größeren Zahl der Akteure des jeweiligen Bezugsbereichs akzeptiert bzw. sogar verinnerlicht, wenn die mit ihnen verbundenen Sanktionsmöglichkeiten realistisch und durchsetzbar sind und wenn diese vom Individuum als nachteilig empfunden werden. Institutionen sind somit kulturell-gesellschaftliche Konstrukte, an die sich bestimmte Verhaltenserwartungen knüpfen und deren Nichteinhaltung sanktionsbewehrt ist.

Da Institutionen dazu beitragen, die begrenzte Rationalität der Akteure zu handhaben, lassen sie sich auch als Rationalitätssurrogate (vgl. *Picot/Dietl/Franck* 2002, S. 40 und *Franck/Picot* 2001) auffassen. Institutionen als durch menschliches Handeln evolutorisch-unabsichtlich zustande gekommene, teils auch als bewusst entworfene und vereinbarte Regelsysteme üben also nur und gerade in einer realen unsicheren Welt mit unvollkommener Information und Rationalität die enorm wichtige ökonomische Funktionen der Rationalisierung arbeitsteiliger Prozesse innerhalb und zwischen Unternehmen sowie auf Märkten aller Art aus. Als sanktionsbewehrte Erwartungsbündel koordinieren sie die Orientierung der beteiligten Individuen, indem man davon ausgehen kann, dass sich alle mit großer Wahrscheinlichkeit daran ausrichten. Sie machen damit zugleich opportunistisches Verhalten unwahrscheinlicher und ermöglichen so, dass der arbeitsteilige wirtschaftliche Prozess mit geringerer Reibung (Transaktionskosten) gelingt.

III. Alte und Neue Institutionenökonomik

Die Bedeutung von Institutionen haben bereits die Klassiker der Ökonomie wie z.B. Adam Smith in die Überlegungen mit einbezogen (vgl. *Göbel* 2002, S. 48). Der Markt erreichte für sie erst durch Gesetze und Regeln die volle Funktionsfähigkeit. Trotz des Einzugs der Neoklassik, die die Bedeutung von Institutionen nicht berücksichtigt und Zusammenhänge unter den entsprechenden Prämissen mathematisch exakt und logisch beschreibt, blieb ein Zweig der Institutionenökonomik bestehen. Vertreter der „Historischen Schule" in Deutschland wie z.B. Roscher und von Schmoller, der „Österreichischen Schule" wie z.B. von Hayek, der „Freiburger Schule" wie z.B. Eucken und des amerikanischen Institutionalismus wie z.B. Veblen und Commons haben weiterhin die Bedeutung von Institutionen analysiert (vgl. *Erlei/Leschke/Sauerland* 1999, S. 28 ff). In der Betriebswirtschaftslehre gab es von jeher eine Tradition, die für das Handeln der Kaufleute wesentlichen Institutionen zu beschreiben. Die eben genannten Richtungen zählen zur so genannten alten Institutionenökonomik, die im Wesentlichen deskriptiv ausgerichtet war (vgl. *Schneider* 2001). Die Neue Institutionenökonomik hingegen ist durch eine analytisch-erklärende Orientierung gekennzeichnet, indem sie sich auf vereinfachende Prämissen und Modelle stützt. Damit wird auch die Modellierung ökonomischen Verhaltens mit Hilfe mathematischer Modelle unter Einbeziehung institutioneller Faktoren möglich. Dies wiederum bedeutet eine methodische Annäherung an die Neoklassik (vgl. *Göbel* 2002, S. 49). Als Ursprung der Neuen Institutionenökonomik wird meistens die Veröffentlichung der Aufsatzes „The Nature of the Firm" von Coase 1937 genannt (vgl. *Göbel* 2002, S. 49). Alte und Neue Institutionenökonomik bestehen bis heute quasi parallel (vgl. *Göbel* 2002, S. 49).

IV. Erkenntnisinteresse und theoretische Instrumente

Das Erkenntnisinteresse der Institutionenökonomik fokussiert zwei grundsätzliche Ansätze. Zum einen geht es in der positiven bzw. erklärenden Analyse darum zu verstehen, welche Institutionen bei welcher Art von Koordinations- und Motivationsproblem mit welchen Auswirkungen auf Effizienz und Verhalten auftreten. Zum anderen stehen in der gestaltenden bzw. normativen Analyse Handlungsempfehlungen bezüglich Design und Wandel von Institutionen im Mittelpunkt der Betrachtung. Um diese beiden grundlegenden Fragen zu beantworten, bedient sich die Institutionenökonomik verschiedener theoretischer Instrumente.

Die klassischen Stränge der Institutionenökonomik, aus denen die Neue Institutionenökonomik hervorgegangen ist, sind drei sich überlappende Theoriegebiete: die Property Rights-Theorie, die Transaktionskostentheorie und die Principal-Agent-Theorie.

Die *Property-Rights-Theorie* (vgl. *Furubotn/Pejovich* 1972 und *Alchian/Demsetz* 1973; → *Verfügungsrechtstheorie (Property Rights-Theorie)*) stellt grundsätzliche Aussagen für die Verfassungs- oder Ordnungsrahmen zur Verfügung, die auf allen Ebenen von Wirtschaft und Gesellschaft auftreten. Sie fragt danach, ob und in welcher Weise sich unterschiedliche Zuordnungen von Rechten auf die Verhaltensweisen wirtschaftender Akteure auswirken.

Die *Transaktionskostentheorie* (vgl. *Coase* 1937; *Williamson* 1975; *Williamson* 1990; *Picot* 1982 und *Picot/Schuller* 2001; → *Transaktionskostentheorie*), die insbesondere in der BWL seit gut zwei Jahrzehnten große Aufmerksamkeit findet, untersucht die institutionelle Gestaltung von grundsätzlichen Leistungsbeziehungen innerhalb eines gegebenen allgemeinen Ordnungsrahmens. Sie fragt beispielsweise, welche inner- oder zwischenbetrieblichen institutionellen Arrangements vergleichsweise vorteilhaft sind: *Marktliche Transaktionen*, Eigenerstellung in der *Hierarchie* oder die Wahl eines Mittelweges mit Hilfe von *Kooperationsformen*.

Die *Principal-Agent-Theorie* (vgl. *Jensen/Meckling* 1976; *Pratt/Zeckhauser* 1985 und *Spremann* 1988; → *Prinzipal-Agenten-Ansatz*) widmet sich den von Informationsasymmetrie gezeichneten Auftraggeber-Auftragnehmer-Beziehungen auf Märkten, in Organisationen oder bei der Unternehmensüberwachung. Beispielhaft sind die Beziehungen zwischen Kunde – Lieferant, Vorgesetzter – Untergebener, Eigentümer – Geschäftsführung und → *Aufsichtsrat* – Vorstand (→ *Top Management (Vorstand)*; → *Corporate Governance (Unternehmensverfassung)*) zu nennen. Aus der inhärenten Ungleichverteilung von Informationen und Wissen ergeben sich in solchen, unser Wirtschaftleben prägenden Konstellationen bestimmte Risiken oder Fehlanreize, die durch geeignete institutionelle Vorkehrungen zu reduzieren sind.

Die genannten Konzepte werden heute in praktisch allen Teildisziplinen der Wirtschaftswissenschaften intensiv verwandt – gleichgültig ob im Marketing, in Kapitalmarkt und Finanzierung, in Unternehmensführung, Personal, Organisation und Controlling, ja selbst in der Wirtschaftsinformatik, ferner in der Ordnungs- und Wirtschaftspolitik, in der Wachstums- und Entwicklungstheorie. Sie führen zu einer Wiederannäherung von BWL und VWL im Sinne einer Einheit der Wirtschaftswissenschaft.

Methodisch werden die genannten Theorien entweder normativ mit analytisch-modelltheoretischen Ansätzen (also axiomatisch deduktiv) und positiv, also empirisch-qualitativ (empirische Erhebungen, Fallstudien) untersucht. Immer öfter kommt die → *Spieltheorie* als Analysehilfe zum Einsatz verbunden mit Labor- oder Feldexperimenten.

V. Beiträge zu einer Theorie der Unternehmung

Durch die Neue Institutionenökonomik wird eine Vielzahl von realitätsnahen Organisationsproblemen analysierbar (vgl. *Ebers/Gotsch* 1999 und *Picot/Dietl/Franck* 2002). Dies beruht auf der Einführung der Annahme begrenzter Rationalität im Vergleich zu den Theorien der Neoklassik und durch die explizite Einbeziehung und Analyse einer Vielzahl von Institutionen.

Der Ursprung der Analyse von Organisationsproblemen mit Hilfe der Theorien der Neuen Institutionenökonomik liegt in den Fragestellungen, die Coase 1937 aufgeworfen hat: Zum einen ging es hierbei darum, warum es überhaupt Unternehmen gibt, zum andern darum, wovon die Größe eines Unternehmens determiniert wird (vgl. *Coase* 1937). Die Antwort zur ersten Frage machte deutlich, dass durch die Existenz von Unternehmen weniger Verträge geschlossen werden müssen, was mit einer Reduktion von *Transaktionskosten* verbunden ist. Auch bei der zweiten Frage spielen Transaktionskosten eine wesentliche Rolle: Je nach Art der zu erstellenden Leistung ist unter dem Blickwinkel der Reduktion von Transaktionskosten eine unternehmensinterne Abwicklung oder eine Abwicklung über den Markt sinnvoll. Spätere Untersuchungen erweiterten die Anwendung auf diverse unternehmensinterne (z.B. Teamarbeit, Modulare Organisation, Zentralisierung/Dezentralisierung) und zwischenbetriebliche (Kooperationen, Netzwerke) Koordinationsprobleme (vgl. *Ebers/Grandori* 1997; *Picot/Reichwald/Wigand* 2003 und *Sydow/Windeler* 1994). Über diese Ansätze hinaus stellte sich die Frage der Handhabung von vorwiegend Motivationsproblemen, die nach Abschluss eines Vertrages mit einem Unternehmen auftreten (vgl. *Richter/Furubotn* 2003, S. 359). Hier handelt es sich zum einen beispielsweise um Probleme bei der Gründung eines Unternehmens und zum andern um die Handhabung von Informationsasymmetrien innerhalb von Unternehmen. Bei der ersten Fragestellung kommt die Bedeutung der Property-Rights-Theorie zum Ausdruck. Je nach Verteilung der Verfügungsrechte sind unterschiedliche Ausmaße und Formen der Kontrolle erforderlich, um die opportunistische Ausnutzung der aus Informationsasymmetrien resultierenden Handlungsspielräume der Beteiligten zu verhindern. Informationsasymmetrien stehen auch bei der zweiten Fragestellung im Mittelpunkt der Betrachtung. Hier findet die Principal-Agent-Theorie Ansatzpunkte zur Analyse und zum Einsatz geeigneter Instrumente wie Informations-, Kontroll- oder Anreizsysteme.

Somit gelingt es der Neuen Institutionenökonomik, Probleme der Informations-, Anreiz- und Versicherungsgestaltung mit ihren Abhängigkeiten systematisch in den Aussagen zu berücksichtigen.

Literatur

Alchian, Armen A./Demsetz, Harold: The Property Rights Paradigm, in: Journal of Economic History, Jg. 33, 1973, S. 16–27.
Coase, Ronald: The Nature of the Firm, in: Economica, Jg. 4, 1937, S. 386–405.
Dietl, Helmut: Institutionen und Zeit, Tübingen 1993.
Ebers, Mark/Gotsch, Wilfried: Institutionenökonomische Theorien der Organisation, in: Organisationstheorien, hrsg. v. *Kieser, Alfred*, 3. A., Stuttgart 1999, S. 199–251.
Ebers, Mark/Grandori, Anna: The Forms, Costs and Development Dynamics of Inter-Organizational Networks, in: The Foundation of Inter-Organizational Networks, hrsg. v. *Ebers, Mark*, Oxford 1997, S. 265–286.
Erlei, Mathias/Leschke, Martin/Sauerland, Dirk: Neue Institutionenökonomik, Stuttgart 1999.
Franck, Egon/Picot, Arnold: Organisationsdesign als Bewirtschaftung von Realitätslücken, in: Excellence durch Personal- und Organisationskompetenz, hrsg. v. *Thom, Norbert/Zaugg, Robert*, Bern 2001, S. 133–156.
Furubotn, Eirik/Pejovich, Svetozar: Property Rights and Economic Theory: A Survey of Recent Literature, in: Journal of Economic Literature, Jg. 10, 1972, S. 1137–1162.
Göbel, Elisabeth: Neue Institutionenökonomik, Konzeption und betriebswirtschaftliche Anwendung, Stuttgart 2002.
Hayek, Friedrich A. von: Freiburger Studien: gesammelte Studien, Tübingen 1994.

Jensen, Michael C./Meckling, William H.: Theory of the Firm: Managerial Behaviour, Agency Costs and Ownership Structure, in: Journal of Financial Economics, Jg. 3, 1976, S. 305–360.
Matthews, R. C. O.: The Economics of Institutions and the Sources of Economic Growth, in: Economic Journal, Jg. 96, 1986, S. 903–918.
Milgrom, Paul/Roberts, John: Economics, Organization and Management, Englewood Cliffs 1992.
Picot, Arnold: Ökonomische Theorien der Organisation – Ein Überblick über neuere Ansätze und deren betriebswirtschaftliches Anwendungspotential, in: Betriebswirtschaftslehre und Ökonomische Theorie, hrsg. v. Ordelheide, Dieter/Rudolph, Bernd/Büsselmann, Elke, Stuttgart 1991, S. 143–170.
Picot, Arnold: Transaktionskostenansatz in der Organisationstheorie – Stand der Diskussion und Aussagewert, in: DBW, Jg. 42, 1982, S. 267–284.
Picot, Arnold/Fiedler, Marina: Institutionen und Wandel, in: DBW, Jg. 62, 2002, S. 240–257.
Picot, Arnold/Reichwald, Ralf/Wigand, Rolf: Die grenzenlose Unternehmung – Information, Organisation und Management, 5. Aufl., Wiesbaden 2003.
Picot, Arnold/Schuller, Susanne: Transaktionskosten, in: Handwörterbuch Unternehmensrechnung und Controlling, hrsg. v. Küpper, Hans-Ulrich/Wagenhofer, Alfred, 4. A., Stuttgart 2001, Sp. 1966–1978.
Picot, Arnold/Dietl, Helmut/Franck, Egon: Organisation – Eine ökonomische Perspektive, 3. A., Stuttgart 2002.
Pratt, John W./Zeckhauser, Richard J.: Principals and Agents: The Structure of Business, Boston 1985.
Richter, Rudolf/Furubotn, Eirik: Neue Institutionenökonomik: Eine Einführung und kritische Würdigung, Tübingen 2003.
Schneider, Dieter: Geschichte und Methoden der Wirtschaftswissenschaft, München 2001.
Simon, Herbert: Rational Decision Making in Business Organizations, in: AER, Jg. 69, 1979, S. 493–513.
Spremann, Klaus: Reputation, Garantie, Information, in: ZfB, Jg. 58, 1988, S. 613–629.
Sydow, Jörg/Windeler, Arnold: Management internationaler Beziehungen, Opladen 1994.
Voigt, Stefan: Institutionenökonomik, Stuttgart 2002.
Williamson, Oliver: Comparativ Economic Organization, in: Betriebswirtschaftslehre und ökonomische Theorie, hrsg. v. Ordelheide, Dieter/Rudolph, Bernd/Büsselmann, Elke, Stuttgart 1991, S. 30–72.
Williamson, Oliver: Die ökonomischen Institutionen des Kapitalismus, Tübingen 1990.
Williamson, Oliver: Markets and Hierarchies: Analysis and Antitrust Implications, New York 1975.
Wolff, Birgitta: Organisation durch Verträge, Wiesbaden 1995.

Interkulturelles Management

Michael Kutschker

[s.a.: Corporate Governance, internationaler Vergleich; Führungsstile und -konzepte; Globalisierung; Internationale Strategien; Internationale Unternehmen, Organisation der; Kognitiver Ansatz; Konstruktivismus; Kulturvergleichende Organisationsforschung; Organisationskultur.]

I. Einleitung; II. Theoretische und empirische Grundlagen des Interkulturellen Managements; III. Interkulturelle Kompetenz.

Zusammenfassung

Führungskräfte befinden sich zunehmend in interkulturellen Interaktionssituationen. Die interkulturelle Managementforschung untersucht landeskulturell bedingte Unterschiede in den Kognitionen und Verhaltensweisen der Manager. Solche Differenzen sind evident und erschweren Interaktionen zwischen Wirtschaftssubjekten unterschiedlicher Kulturkreise. Durch Methoden des Kulturtrainings lässt sich jedoch die interkulturelle Kompetenz steigern.

I. Einleitung

Die letzten 50 Jahre verzeichnen einen kontinuierlichen Anstieg des Welthandels am Welt-BSP und des Bestandes an Direktinvestitionen. Führungskräfte werden daher zunehmend mit kultureller Diversität und fremden Lebenswelten in neu bearbeiteten Ländermärkten konfrontiert (→ *Globalisierung*). Einerseits steigen dadurch Intensität und Vielfalt kultureller *Interaktionssituationen*. Andererseits führt die Vereinheitlichung der Ausbildung angehender Führungskräfte, die weltweite Anwendung von Beraterkonzepten, von Planungs- und Produktionstechniken, von Standardsoftware und Konzeptionen der Corporate Governance zur Konvergenz der Verhaltensweisen von Managern (→ *Corporate Governance, internationaler Vergleich*). Letzteres Argument ist Wasser auf den Mühlen der „*Universalisten*" des Internationalen Managements, nach deren Auffassung Kultur nur eine untergeordnete Rolle spielt. Ihre Gegner, die „*Kulturalisten*", bestreiten die Konvergenz bzw. das Entstehen neuer, globaler Lebenswelten nicht, ordnen diese aber dem beobachtbaren Verhalten, der „*Percepta-Ebene*" der Kultur zu. Diese ist durch *Grundannahmen* und *Werte*, der „*Concepta-Ebene*" der Individuen gesteuert, welche wiederum über Sozialisationsprozesse erworben und damit in der Landeskultur verankert ist.

Unterschiedliche Landeskulturen werfen daher nach wie vor Probleme auf, denen durch ein Interkulturelles Management begegnet werden kann. Solche Probleme werden zum einen in den direkten Interaktionssituationen von Angehörigen unterschiedlicher Kulturkreise wie in Kommunikations- und Verhandlungsprozessen, in multikulturell besetzten Teams, bei der Entsendung und Repatriierung von Mitarbeitern oder in interkulturellen Führungssituationen manifest. Zum anderen umfasst Interkulturelles Management auch die Gestaltung kultureller *Diversität* innerhalb des Unternehmens und im Verhältnis zu seinen Interessenten. Dies reicht von der Adaption der Güter und Leistungen an kulturell bedingte Konsumgewohnheiten über bewusst multikulturell besetzte Führungsgremien bis hin zur Beantwortung der Frage, wie sich aus kultureller Unterschiedlichkeit Synergien heben (*Adler* 1980, S. 173; *Adler* 1983, S. 43) oder Wettbewerbsvorteile erringen lassen (*Welge/Holtbrügge* 2003, S. 7). Letztere Form des Interkulturellen Managements durchzieht also weite Bereiche des Internationalen Managements, ist jedoch mit diesem nicht gleichzusetzen, da das *Internationale Management* auch Aufgabenfelder enthält, in denen Kulturunterschiede nur eine untergeordnete, nicht gestaltungsrelevante Rolle spielen (→ *Internationale Unternehmen, Organisation der*). Interkulturelles Management befasst sich also mit Führungsaufgaben in und zwischen internationalen Organisationen, in denen Kulturunterschiede der Beteiligten die angestrebte Aufgabenerfüllung beeinflussen, und ist bestrebt, dysfunktionale Wirkungen kultureller Diversität zu beseitigen und funktionale Eigenschaften bewusst zu verstärken. Die interkulturelle Managementforschung untersucht dementsprechend kulturbedingte Unterschiede und Gemeinsamkeiten von Angehörigen und Organisationen unterschiedlicher Kulturkreise, versucht, den Einfluss von Kultur auf das Management und die Zielerfüllung von Unternehmen zu erfassen, und entwickelt Methoden, um kulturell beeinflusste Interaktionsprozesse zu verbessern. Interkulturelles Management fragt nicht mehr, ob Kultur eine Rolle spielt, sondern geht von deren Einfluss auf das Management internationaler Organisationen aus und versucht, diesen Einfluss im Verhältnis zu anderen Faktoren zu spezifizieren (*Jackson/Aycan* 2001, S. 7).

II. Theoretische und empirische Grundlagen des Interkulturellen Managements

Eine Auseinandersetzung mit dem Kulturbegriff (II.1) und dessen Differenzierung ist unumgänglich, um die Wirkungsmechanismen von Kultur, aber auch um die Beschränkungen der referierten Kulturstudien (II.2 und III.3) zu verstehen.

1. Begriff und Merkmale von Kultur

Kultur ist Forschungsgegenstand vieler Disziplinen. Dementsprechend vielfältig sind die Definitionsversuche. Eine allgemein anerkannte Definition von Kultur gibt es nicht (*von Keller* 1982, S. 114). Das Verständnis von *Kultur* „als Gesamtheit der Grundannahmen, Werte, Normen, Einstellungen und Überzeugungen einer sozialen Einheit, die sich in einer Vielzahl von Verhaltensweisen und Artefakten ausdrückt und die sich als Antwort auf die vielfältigen Anforderungen, die an eine soziale Einheit gestellt werden, im Laufe der Zeit herausgebildet hat", versucht daher eine Synthese dieser Definitionsvielfalt (*Kutschker/Schmid* 2004, S. 666).

Mit den Grundannahmen, Werten, Einstellungen und Überzeugungen wird auf die *Kognitionen* der Individuen Bezug genommen, die für Dritte nur schwer zugänglich und beobachtbar die Concepta-Ebene der Kultur bilden. Nun unterscheiden sich Individuen einer sozialen Einheit erheblich in ihren Kognitionen und in der Art und Weise, wie sich diese in Verhalten und Artefakten, der Percepta-Ebene von Kultur, niederschlagen. Kultur verweist daher auf das kollektive Phänomen geteilter Kognitionen und koordinierter Verhaltensweisen einer sozialen Einheit, die sich dessen Mitglieder im Laufe der Zeit über Lernprozesse bspw. im Zuge der *Sozialisation* angeeignet haben. Mitglieder eines sozialen Systems reagieren „mental programmiert" (*Hofstede* 1997, S. 2) auf Anforderungen in ähnlicher Weise, ohne dass ihnen die Ursache ihres Verhaltens unbedingt bewusst ist.

Soziale Einheiten können soziale Systeme wie Gruppen und Organisationen oder soziale Kollektive wie Berufsgruppen oder ethnische Gruppierungen sein. Entsprechend sind unterschiedliche *Kulturfelder* wie Unternehmungs- und Abteilungskulturen oder Branchen- und Professionskulturen zu unterscheiden. Gerade in Veröffentlichungen zur *Unternehmungskultur* (→ *Organisationskultur*) wird der Versuch unternommen, Concepta- und Percepta-Ebene weiter auszudifferenzieren. So nimmt z.B. Schein an, dass innerhalb der Concepta-Ebene Grundannahmen als kollektives Unterbewusstsein die Entstehung, Verwendung und Entwicklung von Werten beeinflusst (*Schein* 1984, S. 7). Schnyder löst seine immaterielle (Concepta-)Ebene in evaluative, kognitive und interpretative Komponenten auf, die die materielle Ebene steuern (*Schnyder* 1988; vgl. auch *Dülfer* 1997; *Schmid* 1996, S. 146). In den empirischen Untersuchungen wird freilich selten so fein differenziert. Die hier interessierende *Landeskultur* wird in den empirischen Untersuchungen i.d.R. mit der Kultur einer Nation gleichgesetzt, was angesichts der Ethnienvielfalt einiger Staaten nicht unproblematisch erscheint (*Holzmüller* 1995, S. 23).

2. Die „großen" kulturvergleichenden Managementstudien

Im Folgenden wollen wir uns auf die Studien von Hofstede (*Hofstede* 1982) und Trompenaars (*Trompenaars* 1993) und das sog. *GLOBE-Projekt* konzentrieren, wobei letzteres in der Tradition von Kluckhohn und Strodtbeck (*Kluckhohn/Strodtbeck* 1961) sowie Hall (*Hall* 1990) versucht, grundsätzliche, kulturübergreifende Dimensionen zu entdecken, anhand derer sich die einzelnen Nationen/Kulturkreise differenzieren lassen. Die erstgenannten Studien zeichnen sich durch die Großzahligkeit der untersuchten Länder und der Stichproben aus. Gemeinsam ist ihnen auch, dass sie vornehmlich von Managern gehaltene Werte erfassen, wobei das GLOBE-Projekt auch das Führungsverhalten in 61 Ländern analysiert (*House*

	Die Hofstede-Studie	Die Trompenaars-Studie	Das GLOBE Projekt
Erstpublikation	1978 (Arbeitspapier) 1980 (Monographie)	1993	1999 (Konzeption 1994)
Erhebungs-population	• ca. 116.000 IBM-Mitarbeiter (Hauptstudie) • ca. 2.300 Studenten („Asien-Studie")	ca. 30.000 (Teilnehmer an interkulturellen Management-Trainings sowie Mitarbeiter internationaler Unternehmungen)	> 10 000 Befragte von 150 Forschern
Erhebungs-zeitraum	• 1966–1973; einige Ergänzungen zu späteren Zeitpunkten (Hauptstudie) • Anfang der achtziger Jahre („Asien-Studie")	vermutlich ca. 1983–1992	4 Phasen – Konzept seit 1994 – Erhebung ca. 1995–1999 – Auswertung läuft – Experimentelle Designs nach 2003
Erhebungsumfang	(1) 60 Fragen (Hauptstudie) (2) 40 Fragen („Asien-Studie")	57 Fragen	(1) Länderprofile (2) Wertefragen (Ist/Soll/für Organisation und Gesellschaft) (3) Führungsstile und -effizienz
Zahl der Länder	(1) meist Rückgriff auf 40, für manche späteren Analysen 53 Länder (Hauptstudie) (2) 23 Länder („Asien-Studie")	55 Länder	61 Länder, teilweise zwei Kulturkreise
Zahl der Dimensionen	5 inkl. „Asien-Studie"	7	9 Wertedimensionen 6 Führungsstile
Bezeichnung der Dimensionen	– Machtdistanz – Unsicherheitsvermeidung – Individualismus/Kollektivismus – Maskulinität/Femininität – Konfuzianische Dynamik (Langfrist/Kurzfristorientierung)	– Universalismus/Partikularismus – Individualismus/Kollektivismus – Affektivität/Neutralität – Spezifität/Diffusität – Statuszuschreibung/-erreichung – Zeitverständnis – Beziehung des Menschen zu Umwelt/Natur	– Unsicherheitsvermeidung – Machtdistanz – Gesellschaftlicher Kollektivismus – Gruppenkollektivismus – Geschlechtergleichheit – Dominanzstreben – Zukunftsorientierung – Leistungsorientierung – Menschlichkeit
Genese der Dimensionen	Korrelations- und Faktoranalysen	Konzeptionelle Kategorien aufgrund von Literatur; dann empirische Operationalisierung	Literatur, Operationalisierung und multivariater Test

Tab. 1: *Vergleich dreier Wertestudien (zusammengestellt aus Kutschker/Schmid 2004, S. 736 und Javidan/House 2002)*

et al. 2002). Die wesentlichen Merkmale der drei Studien sind in Tabelle 1 enthalten.

Insbesondere Hofstedes Dimensionen sind immer wieder in weiteren Studien repliziert und bestätigt worden (*Hofstede* 2001; *Sondergaard* 1994). Diese und weitere Kulturstudien zeigen, dass kulturelle Differenzen zwischen den einzelnen Kulturkreisen bestehen (→ *Kulturvergleichende Organisationsforschung*). Freilich bereitet die Zahl und die Genese der verwendeten *Kulturdimensionen* methodische Schwierigkeiten, da es ja nicht ganz beliebig sein kann, ob man Länderkulturen anhand von vier oder über 20 Dimensionen differenziert. Zudem schlägt Triandis (*Triandis* 1982, S. 88) vor, der in einem jüngeren Beitrag weitere neun Dimensionen empfiehlt (*Triandis* 2001). Schlussendlich bleibt es auch spekulativ, inwieweit die Wertedifferenzen auf das Managementverhalten durchschlagen. Dieser Kritikpunkt könnte von Studien beseitigt werden, die direkt das Verhalten von Führungskräften erfassen.

3. Kulturvergleichende Managementstudien

Eine Klasse von Untersuchungen knüpft an den Wertedimensionen an und verbindet diese mit verschiedenen Managementaspekten. So sind Hofstedes Wertedimensionen immer wieder der Ausgangspunkt, um die kulturelle *Distanz* von Ländermärkten zu berechnen (*Kogut/Singh* 1988), um Unterschiede im Planungs- und *Führungsverhalten* (*Brock* et al. 2000; *Newman/Nollen* 1996), in den *Führungsstilen* (*Javidan/House* 2002) (→ *Führungsstile und -konzepte*) und verfolgten Zielen (*Hofstede* et al. 2002), im *Verhandlungsverhalten* (*Hofstede/Usunier* 1996), in der Marketingforschung (*Steenkamp* 2001) oder in der Moral der Konsumenten aufzuzeigen (*Rawwas* 2001).

Auch ohne Bezug zur Concepta-Ebene wird nachgewiesen, dass Kulturunterschiede den Erfolg von internationalen *Joint Ventures* beeinflussen (*Li* et al. 2001; *Meschi/Roger* 1994; *Hennart/Zeng* 2002), die *Markterschließungsstrategie* bestimmen (Überblick bei *Brouthers/Brouthers* 2001; *Shaw* 2001), auf das Führungsverhalten durchschlagen (*Pillai* et al. 1999; *Kropf* 1998; *Smith* et al. 1995), die *Auslandsorientierung* und *Entsendungspolitik* bestimmen (*Holzmüller/Kasper* 1990; *Mendenhall/Oddou* 1995) und selbst das Modebewusstsein, den „dress-code", determinieren (*Manrai* et al. 2001). Es fehlen auch nicht Untersuchungen zu interkulturellen Interaktionssituationen wie zur *interkulturellen Kommunikation* (Überblick bei *Knapp* 2003; *Limaye/Victor* 1995), zum *interkulturellen Führungsverhalten* (Überblick bei *Thomas/Stumpf* 2003) und Verhandlungsverhalten (Überblick bei *Usunier* 1996). Die Vielfalt der theoretischen und empirischen Arbeiten zur Rolle der Kultur zwingt an dieser Stelle zum Verweis auf die weiterführende Literatur (*Dülfer* 1997; *Hasenstab* 1999; *Kutschker/Schmid* 2002, Kap.5; *Redding* 1994; *Schmid* 1996). Wenn man eine Gemeinsamkeit dieser Studien herausarbeiten möchte, dann spielen kulturelle Unterschiede in den angesprochenen Managementaspekten und interkulturellen Interaktionssituationen offensichtlich eine erhebliche Rolle, die nach einer hohen interkulturellen Kompetenz der Interaktionspartner verlangt.

III. Interkulturelle Kompetenz

Interkulturelle Kompetenz wird zunehmend als wichtige *Schlüsselqualifikation* von Managern verstanden, interkulturelle Interaktionssituationen erfolgreich zu bestehen. Dabei weiß weder die Praxis, die diese Schlüsselqualifikation trainieren will, was genau darunter zu verstehen ist (*Fritz/Möllenberg* 2003, S. 304), noch ist sich die Forschung über Begriff und Verhaltenskonsequenzen interkultureller Kompetenz einig. Letzteres liegt daran, dass vielfältige Ansätze das Phänomen zu fassen versuchen, wobei kommunikationswissenschaftliche Ansätze wegen ihrer integrierenden Sichtweise gegenwärtig dominieren (Überblick in *Müller/Gelbrich* 2001). Interkulturelle Kompetenz ist demnach eine Kombination von affektiven, kognitiven und konativen Komponenten. Unter affektiven Elementen sind Unvoreingenommenheit, Einfühlungsvermögen, Nicht-Ethnozentrismus und Offenheit zu verstehen. Kognitive Elemente erfassen kulturelles Basiswissen, Wissen über das Land, Selbst-Bewusstsein, Wertschätzung des Selbst und realistische Erwartungen. Unter die konativen Komponenten fallen Entspanntheit, Respekt vor Anderen, Flexibilität, Ambiguitätstoleranz, Erfolgsorientierung, Sprachfertigkeiten und die Bereitschaft, sich Dritten angemessen mitzuteilen (*Müller/Gelbrich* 2001, S. 267).

Durch interkulturelles Training lassen sich Defizite der interkulturellen Kompetenz beheben. *Informationsorientierte Trainingsmethoden* zielen auf eine Veränderung der kognitiven Basis. Die Trainingsinhalte können sich spezifisch auf einen Kulturkreis konzentrieren, was bspw. vor Auslandsentsendungen angebracht ist. Sie können aber auch allgemein Wissen über Unterschiede und Gemeinsamkeiten von Kulturen mittels Vorträgen, Diskussionen, Videomaterial oder einen Culture-Assimilator erzeugen. Bei *Erfahrungsbasierten Trainingsmethoden* sind hingegen neben kognitiven auch affektive und konative Komponenten der interkulturellen Kompetenz Ziel intendierter Verhaltensänderungen. Mittels Simulations- und Rollenspielen sowie bi- und multikulturellen Workshops lassen sich Erfahrungen für spezifische Kulturkreise gewinnen oder ganz allgemein die eigene kulturelle Kompetenz entdecken und erweitern (*Thomas/Hagemann/Stumpf* 2003). Es ist angesichts des juvenilen Forschungsstandes nicht verwunderlich, dass sich die Praxis bei der *interkulturellen Personalentwicklung* noch primär auf die klassischen Methoden des Selbststudiums, der Informations- und Präsentationsseminare oder die Abordnung zu Tochtergesellschaften verlässt. Methoden, die wie der *Culture-Assimilator* auf den Erkenntnissen der interkulturellen Forschung aufbauen, werden nur von wenigen der 100 größten deutschen Unternehmen eingesetzt (*Fritz/Möllenberg* 2003, S. 301).

Literatur

Adler, Nancy J.: A Typology of Management Studies Involving Culture, in: Journal of International Business Studies, Jg. 14, 1983, S. 29–47.
Adler, Nancy J.: Cultural Synergy: The Management of Cross-Cultural Organizations, in: Trends and Issues in OD: Current Theory and Practice, hrsg. v. *Burke, Warner W./Goodstein, Leonard D.*, San Diego 1980, S. 163–184.
Brock, David M. et al.: „Your forward is our reverse, your right, our wrong": Rethinking Multinational Planning Processes in Light of National Culture, in: International Business Review, Jg. 9, 2000, S. 687–701.
Brouthers, Keith D./Brouthers, Lance Eliot: Explaining the National Cultural Distance Paradox, in: Journal of International Business Studies, Jg. 32, 2001, S. 177–189.
Dülfer, Eberhard: Internationales Management in unterschiedlichen Kulturbereichen, 5. A., München et al. 1997.
Fritz, Wolfgang/Möllenberg, Antje: Interkulturelle Kompetenz als Gegenstand internationaler Personalentwicklung, in: Interkulturelles Management, hrsg. v. *Bergemann, Niels/Sourisseaux, Andreas L. J.*, 3. A., Berlin et al. 2003, S. 295–307.
Hall, Edward T.: The Silent Language, New York 1990.

Hasenstab, Michael: Interkulturelles Management. Bestandsaufnahme und Perspektiven, Sternenfels 1999.
Hennart, Jean-Francois/Zeng, Ming: Cross-Cultural Differences and Joint Venture Longevity, in: Journal of International Business Studies, Jg. 33, 2002, S. 699–716.
Hofstede, Geert: Culture's Recent Consequences: Using Dimension Scores in Theory and Research, in: International Journal of Cross Cultural Management, Jg. 1, 2001, S. 11–30.
Hofstede, Geert: Lokales Denken, globales Handeln. Kulturen, Zusammenarbeit und Management, München 1997.
Hofstede, Geert: Culture's Consequences. International Differences in Work-Related Values, Newbury Park et al. 1982.
Hofstede, Geert et al.: What Goals Do Business Leaders Pursue? A Study in Fifteen Countries, in: Journal of International Business Studies, Jg. 33, 2002, S. 785–803.
Hofstede, Geert/Usunier, Jean-Claude: Hofstede's Dimensions of Culture and their Influence on International Business Negotiations, in: International Business Negotiations, hrsg. v. *Ghauri, Pervez/Usunier, Jean-Claude*, Oxford et al. 1996, S. 119–130.
Holzmüller, Hartmut H.: Konzeptionelle und methodische Probleme der interkulturellen Management- und Marketingforschung, Stuttgart 1995.
Holzmüller, Hartmut H./Kasper, Helmut: Die Auslandsorientierung österreichischer Manager im internationalen Vergleich. Ergebnisse einer empirischen Studie, in: ZfbF, Jg. 42, 1990, S. 242–262.
House, Robert et al.: Understanding Cultures and Implicit Leadership Theories Across the Globe: An Introduction to Project GLOBE, in: Journal of World Business, Jg. 37, 2002, S. 3–11.
Jackson, Terence/Aycan, Zeynep: International Journal of Cross Cultural Management – Towards the Future, in: International Journal of Cross Cultural Management, Jg. 1, 2001, S. 5–9.
Javidan, Mansour/House, Robert J.: Leadership and Cultures Around the World: Findings from GLOBE. An Introduction to the Special Issue, in: Journal of World Businss, Jg. 37, 2002, S. 1–3.
Keller, Eugen von: Management in fremden Kulturen. Ziele, Ergebnisse und methodische Probleme der kulturvergleichenden Managementforschung, Bern et al. 1982.
Kluckhohn, Florence R./Strodtbeck, Fred L.: Variations in Value Orientations, Evanston et al. 1961.
Knapp, Karlfried: Interpersonale und interkulturelle Kommunikation, in: Interkulturelles Management, hrsg. v. *Bergemann, Niels/Sourisseaux, Andreas L. J.*, 3. A., Berlin et al. 2003, S. 109–136.
Kogut, Bruce/Singh, Harbir: The Effect of National Culture on the Choice of Entry Mode, in: Journal of International Business Studies, Jg. 19, 1988, S. 411–432.
Kropf, Beat: Schweizer Führungskräfte in interkulturellen Führungssituationen, Bern 1998.
Kutschker, Michael/Schmid, Stefan: Internationales Management, 3. A., München 2004.
Li, Ji et al.: Does Culture Affect Business Behavior and Performance of Firms? The Case of Joint Ventures in China, in: Journal of International Business Studies, Jg. 32, 2001, S. 115–132.
Limaye, Mohan R./Victor, David A.: Cross-cultural business communication research: State of the art and hypotheses from the 1990s, in: Cross-cultural Management, hrsg. v. *Jackson, Terence*, Oxford et al. 1995, S. 217–237.
Manrai, Lalita A. et al.: A cross-cultural comparison of style in Eastern European emerging markets, in: International Marketing Review, Jg. 18, 2001, S. 270–285.
Mendenhall, Mark/Oddou, Gary: The dimensions of expatriate acculturation: a review, in: Cross-cultural Management, hrsg. v. *Jackson, Terence*, Oxford et al. 1995, S. 342–354.
Meschi, Pierre-Xavier/Roger, Alain: Cultural Context and Social Effectiveness in International Joint Ventures, in: MIR, Jg. 34, 1994, S. 197–216.
Müller, Stefan/Gelbrich, Katja: Interkulturelle Kompetenz als neuartige Anforderung an Entsandte: Status Quo und Perspektiven der Forschung, in: Schmalenbachs Zeitschrift für betriebswirtschaftliche Forschung, Jg. 53, 2001, S. 246–272.
Newman, Karen L./Nollen, Stanley D.: Culture and Congruence. The Fit between Management Practices and National Culture, in: Journal of International Business Studies, Jg. 27, 1996, S. 753–779.
Pillai, Rajnandini et al.: Leadership and Organizational Justice: Similarities and Differences across Cultures, in: Journal of International Business Studies, Jg. 30, 1999, S. 763–780.
Rawwas, Mohammed Y. A.: Culture, personality and morality, in: International Marketing Review, Jg. 18, 2001, S. 188–209.
Redding, Gordon S.: Comparative Management Theory: Jungle, Zoo or Fossil Bed?, in: OS, Jg. 15, 1994, S. 323–359.
Schein, Edgar: Coming to a New Awareness of Organizational Culture, in: SMR, Jg. 25, H. 2/1984, S. 3–16.
Schmid, Stefan: Multikulturalität in der internationalen Unternehmung. Konzepte – Reflexionen – Implikationen, Wiesbaden 1996.
Schnyder, Alphons Beat: Unternehmungskultur. Die Entwicklung eines Unternehmungskultur-Modells unter Berücksichtigung ethnologischer Erkenntnisse und dessen Anwendung auf die Innovations-Thematik, Bern et al. 1988.
Shaw, Vivienne Topajka: The marketing strategies of French and German companies in the UK, in: International Marketing Review, Jg. 18, 2001, S. 611–632.
Smith, Peter B. et al.: On the generality of leadership style measures across cultures, in: Cross-cultural Management, hrsg. v. *Jackson, Terence*, Oxford et al. 1995, S. 135–149.
Sondergaard, Mikael: Reaearch Note: Hofstede's Consequences: A Study of Reviews, Citations and Replications, in: OS, Jg. 15, 1994, S. 447–456.
Steenkamp, Jan-Benedict E. M.: The role of national culture in international marketing research, in: International Marketing Review, Jg. 18, 2001, S. 30–44.
Thomas, Alexander/Stumpf, Siegfried: Aspekte interkulturellen Führungsverhaltens, in: Interkulturelles Management, hrsg. v. *Bergemann, Niels/Sourisseaux, Andreas L. J.*, 3. A., Berlin et al. 2003, S. 69–108.
Thomas, Alexander/Hagemann, Katja/Stumpf, Siegfried: Training interkultureller Kompetenz, in: Interkulturelles Management, hrsg. v. *Bergemann, Niels/Sourisseaux, Andreas L. J.*, 3. A., Berlin et al. 2003, S. 237–272.
Triandis, Harry C.: The Study of Cross Cultural Management and Organization, in: International Journal of Cross Cultural Management, Jg. 1, 2001, S. 17–20.
Triandis, Harry C.: Review of Culture's Consequences: International Differences in Work-Related Values, in: Human Organization, Jg. 41, 1982, S. 86–90.
Trompenaars, Fons: Riding the Waves of Culture. Understanding Cultural Diversity in Business, London et al. 1993.
Usunier, Jean-Claude: Cultural Aspects of International Business Negotiations, in: International Business Negotiations, hrsg. v. *Ghauri, Pervez/Usunier, Jean-Claude*, Oxford et al. 1996, S. 91–118.
Welge, Martin K./Holtbrügge, Dirk: Organisatorische Bedingungen des interkulturellen Management, in: Interkulturelles Management, hrsg. v. *Bergemann, Niels/Sourisseaux, Andreas L. J.*, 3. A., Berlin et al. 2003, S. 3–19.

Internationale Strategien

Martin K. Welge

[s.a.: Globalisierung; Interkulturelles Management; Internationale Unternehmen, Organisation der.]

I. Idealtypische Strategiealternativen Multinationaler Unternehmungen; II. Merkmale transnationaler Strategien; III. Kritische Gesamtbeurteilung.

Zusammenfassung

Im Mittelpunkt dieses Beitrages steht die Beschreibung des idealtypischen Strategiespektrums multinationaler Unternehmungen. Neben der internationalen, der multinationalen und der globalen Strategie werden insb. die Merkmale transnationaler Strategien herausgearbeitet. Als solche werden diskutiert: gleichzeitige Ausnutzung von nationalen Unterschieden, Skaleneffekten und Verbundvorteilen, grenzüberschreitende Konfiguration der Wertaktivitäten, individuelle Prüfung von Standardisierungs- und Differenzierungsvorteilen sowie Sprinklerstrategie des Markteintritts.

I. Idealtypische Strategiealternativen Multinationaler Unternehmungen

Multinationale Unternehmungen (MNUs) können nicht nur durch die Optimierung ihrer einzelnen Auslandsengagements, sondern vor allem durch die integrative Gesamtbetrachtung ihrer weltweiten Aktivitäten Wettbewerbsvorteile erzielen (→ *Globalisierung*). Dabei sind sie mit zwei entgegengesetzten Anforderungen konfrontiert, und zwar der Anforderung nach gleichzeitiger Ausschöpfung von Unifikations- und Fragmentierungsvorteilen (vgl. *Fayerweather* 1975). Folgt man der Auffassung, dass diese Anforderungen nicht die Extrempunkte eines Kontinuums darstellen, sondern unabhängige Dimensionen sind (*Welge/Holtbrügge* 2003), lassen sich diese in dichotomer Ausprägung in Form einer Matrix anordnen, die das *Strategiespektrum* abbildet (vgl. Abb. 1).

Die Strategien sowie die ihnen zugrunde liegenden Orientierungen sind dabei selten in idealtypischer Form anzutreffen, sondern können nach Produkt, Funktion und Region variieren (*Welge* 1992, S. 572). Sie stellen zudem weniger Alternativen als vielmehr Stadien des Entwicklungsprozesses der internationalen Geschäftstätigkeit dar, die MNUs durchlaufen.

1. Internationale Strategie

Eine internationale Strategie, die in Anlehnung an Perlmutter (*Perlmutter* 1969, S. 9–18) auch ethno-

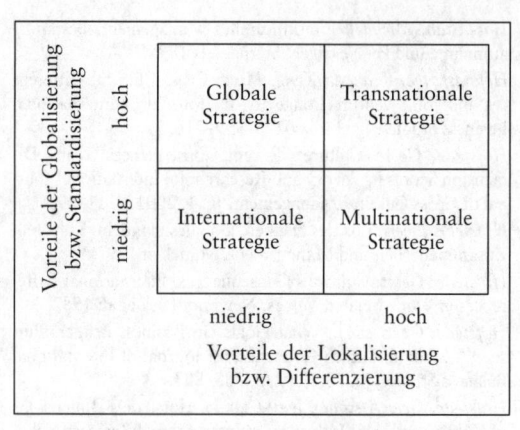

Abb. 1: Idealtypisches Strategiespektrum Multinationaler Unternehmungen (Quelle: Welge/Holtbrügge 2003)

zentrische Strategie oder Exportstrategie (*Meffert/Bolz* 1998, S. 25) benannt werden kann, zeichnet sich durch die weitgehende Übertragung von Strukturen, Systemen und Prozessen der Muttergesellschaft auf alle ausländischen Tochtergesellschaften aus. Diese fungieren lediglich als „adjunct to domestic business or as a source of quick profits" (*Magaziner/Reich* 1985, S. 8) und werden deshalb vor allem durch Anweisungen und Direktiven gesteuert (→ *Konzernorganisation*). Die Umsetzung dieses zentralisierten Führungskonzeptes wird durch die Entsendung von Stammhausdelegierten unterstützt, die die Verfolgung der strategischen Ziele der Muttergesellschaft sicherstellen sollen. Während diese Strategie in den sechziger und siebziger Jahren insb. von amerikanischen Unternehmungen erfolgreich angewandt wurde, tritt ihre Bedeutung im Zuge der Globalisierung der Wirtschaft zunehmend in den Hintergrund.

2. Multinationale Strategie

Eine multinationale Strategie, die in Anlehnung an Perlmutter (*Perlmutter* 1969, S. 9–18) auch polyzentrische Strategie oder als Strategie der nationalen Anpassung (*Scholl* 1989, Sp. 992) bezeichnet wird, ist durch die Berücksichtigung und weitgehende Anpassung an Bedingungen des jeweiligen Gastlandes gekennzeichnet. Durch die Gründung von Tochtergesellschaften, die vielfach als kooperative Eigentumsformen errichtet werden, soll ein nationales Image aufgebaut werden. Die Geschäftsleitungspositionen in den Niederlassungen werden vorwiegend mit einheimischen Führungskräften besetzt, um deren umfangreiche Kenntnisse der lokalen Marktcharakteristika, Kostenstrukturen, Rechtsformen, u.a. nutzen zu können (→ *Interkulturelles Management*). Aus der Sicht der Muttergesellschaft wird somit eine Optimierung der einzelnen nationalen Strategien verfolgt, wobei auf eine inhaltliche Abstimmung der Strategien untereinander verzichtet wird (*Welge* 1992,

Quellen von Wettbewerbsvorteilen / Strategische Ziele	Nationale Unterschiede	Größendegressionsvorteile (economies of scale)	Verbundvorteile (economies of scope)
Operative Effizienz	Ausnutzung von Faktorkostenunterschieden (Arbeits- und Kapitalkosten)	Ausdehnung und Ausnutzung potentieller Größenvorteile in allen Aktivitäten	Nutzung von Investitionen und Aufteilung von Kosten auf mehrere Produkte, Märkte und Geschäftsbereiche
Risikomanagement	Management von Risiken, die durch markt- oder politikinduzierte Änderungen der komparativen Vorteile verschiedener Länder entstehen	Ausbalancierung von Größenvorteilen und strategischer sowie operativer Flexibilität	Portfolio-Diversifikation von Risiken und Chancen
Lerneffekte und Adaption von Innovationen	Lernen aus soziokulturellen Unterschieden von Managementprozessen und -systemen	Nutzung von Erfahrungsvorteilen (Kostenreduktion und Innovation)	Gemeinsame Lerneffekte von Organisationseinheiten in unterschiedlichen Produkt-, Markt- oder Geschäftsbereichen

Abb. 2: Strategische Ziele und Quellen von Wettbewerbsvorteilen im Rahmen transnationaler Strategien (Quelle: Ghoshal 1987, S. 428)

Sp. 570 f.). Während dadurch zumeist eine hohe Effizienz auf der Ebene der Tochtergesellschaften erzielt wird, können Verbundeffekte und Synergiepotentiale zwischen den einzelnen Auslandsengagements kaum genutzt werden.

3. Globale Strategie

Eine globale Strategie, die auch Strategie der globalen Rationalisierung (*Welge* 1982, S. 171–189; *Negandhi/Welge* 1984) genannt wird, bezeichnet die weltweite Formalisierung und Standardisierung von Strukturen, Systemen und Prozessen. Zur Realisierung von Standardisierungsvorteilen findet eine ausgeprägte Zentralisierung der strategischen Entscheidungskompetenzen in der Muttergesellschaft statt, die zur Sicherung ihrer Steuerungs- und Kontrollmöglichkeiten zumeist die Gründung 100%iger Tochtergesellschaften präferiert. Weitere Merkmale sind ein umfangreicher Technologietransfer von der Muttergesellschaft in die Tochtergesellschaften und ein sehr geringer Güter- und Informationsaustausch zwischen den Tochtergesellschaften.

Nachdem bis zum Beginn der achtziger Jahre vor allem die Vorteile globaler Strategien propagiert wurden, werden zunehmend deren ökonomische, unternehmerische und institutionelle Grenzen sichtbar (*Welge* 1990, S. 5). Im Rahmen einer empirischen Untersuchung europäischer, amerikanischer und japanischer Unternehmungen wurde zudem nachgewiesen, dass globale Strategien tendenziell ein relativ niedriges Effizienzniveau auf der Ebene der Tochtergesellschaften bedingen (*Negandhi/Welge* 1984, S. 187), da deren Geschäftsleitung lokale Marktchancen häufig nur unzureichend wahrnehmen kann und deshalb vielfach nur über eine geringe Motivation verfügt.

4. Transnationale Strategie

Zur Ausschöpfung der Wettbewerbsvorteile von MNUs ist deshalb nur eine transnationale Strategie geeignet (*Welge* 2000). Ihr zentrales Merkmal besteht in der gleichzeitigen Ausnutzung von nationalen Unterschieden, Skaleneffekten und Verbundvorteilen. Der Verzicht auf Standardisierungsvorteile ist dabei im Gegensatz zur Theorie des globalen Wettbewerbs von Porter nicht nur durch Regierungsauflagen oder rechtliche Restriktionen in blockiert globalen Branchen bedingt, sondern dient der Realisierung von Arbitrageeffekten und unternehmungsspezifischen Ressourcenvorteilen. Im Gegensatz zu globalen Strategien müssen deshalb die Standardisierungs- und Differenzierungsvorteile für jedes Geschäftsfeld, jede Wertaktivität, jeden Unternehmungsprozess und jede Internationalisierungsphase individuell geprüft werden. Ein weiteres Merkmal ist die grenzüberschreitende Konfiguration der Wertaktivitäten, die intensive Liefer- und Leistungsverflechtungen zwischen den weltweit verstreuten Unternehmungseinheiten und die Notwendigkeit eines häufig simultanen Markteintritts in mehreren Ländern mit unterschiedlichen Wertaktivitäten bedingt.

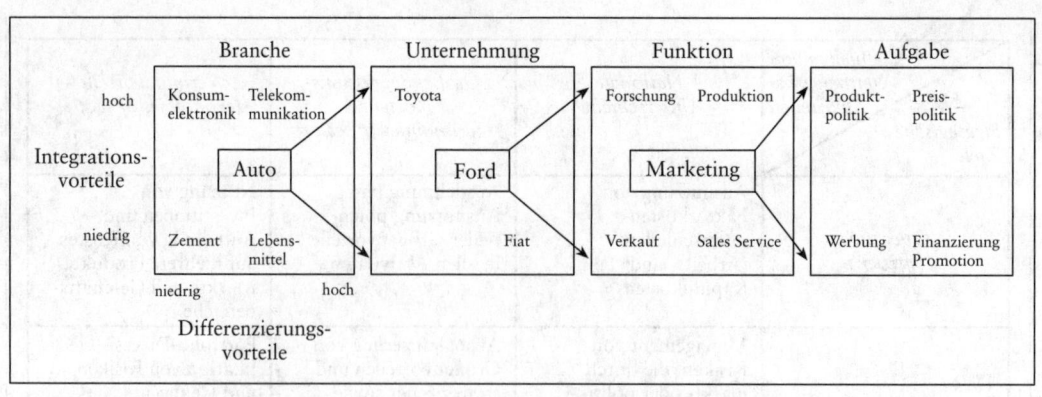

Abb. 3: Bewertung von Globalisierungs- und Lokalisierungsvorteilen am Beispiel der Automobilindustrie (Quelle: Ghoshal 1987, S. 429)

II. Merkmale transnationaler Strategien

1. Gleichzeitige Ausnutzung von nationalen Unterschieden, Skaleneffekten und Verbundvorteilen

Im Vordergrund der strategischen Ziele von MNUs steht traditionell die *Steigerung der operativen Effizienz* (vgl. Abb. 2).

Ghoshal (*Ghoshal* 1987, S. 438) stellt jedoch heraus, dass neben der operativen Effizienz auch das Management von Risiken und die Anpassung an Umweltveränderungen durch *Innovationen* und *organisatorisches Lernen* strategische Ziele von MNUs darstellen. Die Notwendigkeit des *Risikomanagements* ist insb. auf die Heterogenität der Umweltbedingungen zurückzuführen, unter denen MNUs operieren. Im Gegensatz zu rein national tätigen Unternehmungen haben diese die Möglichkeit der geographischen Risikodiversifikation, d.h. zum länderübergreifenden Ausgleich zwischen unternehmerischen Chancen und Risiken. Instrumente hierzu sind z.B. die risikoorientierte Konfiguration von Wertaktivitäten, die Nutzung von Eigentumsformen, die keine oder nur eine geringe Kapitalbeteiligung beinhalten, oder der Übergang von fixkostenintensiven zu flexiblen Produktionsverfahren (*Ghoshal* 1987, S. 431).

Die große Bedeutung von *Innovationen und organisatorischen Lernprozessen* ist auf die zunehmende Umweltdynamik zurückzuführen. Die Verkürzung von Produktlebenszyklen und die wachsende Bedeutung der Zeit als Wettbewerbsfaktor führen dazu, dass sich MNUs einem starken Innovationsdruck ausgesetzt sehen. Das Ziel der Flexibilität und Anpassungsfähigkeit rückt damit gegenüber dem Ziel der operativen und statischen Effizienz in den Vordergrund (vgl. ausführlich *Welge/Holtbrügge* 2003).

Zur Realisierung dieser drei strategischen Zielsetzungen ist nach Auffassung von Ghoshal (*Ghoshal* 1987, S. 432 ff.) die gleichzeitige Ausnutzung der folgenden *Vorteilsquellen von MNUs* erforderlich:

- *Größendegressionsvorteile* (economies of scale) lassen sich vor allem durch die Standardisierung der unternehmerischen Strukturen, Systeme und Prozesse realisieren.
- Gleiches gilt für die Realisierung von *Verbundvorteilen* (economies of scope), die z.B. aus der weltweiten Nutzung von Markennamen, der Belieferung von weltweit tätigen Kunden oder der Poolung von Wissen resultieren, das auf unterschiedlichen Märkten erworben wurde.
- *Nationale Unterschiede* können als Vorteilsquellen dienen, indem unterschiedliche Faktorkosten, Faktorproduktivitäten oder Steuer- und Zinsniveaus ausgenutzt werden.

2. Grenzüberschreitende Konfiguration der Wertaktivitäten

Ein zentrales Instrument dazu stellt die grenzüberschreitende Optimierung der Wertkette dar. MNUs stehen für die internationale Konfiguration ihrer Aktivitäten zwei idealtypische Gestaltungsalternativen zur Verfügung, und zwar einerseits die *vollständige Konzentration* und andererseits die *geographische Streuung der Wertaktivitäten* (→ *Internationale Unternehmen, Organisation der*). Die Vorteilhaftigkeit dieser beiden Alternativen hängt insb. von der Stellung der jeweiligen Wertaktivität in der Wertkette und der relativen Bedeutung von Skaleneffekten bzw. komparativen Kosten- und Koordinierungsvorteilen ab (*Porter* 1989, S. 25 ff.):

- Während nachgelagerte, also stärker *kundenbezogene Wertaktivitäten* wie z.B. Marketing und Vertrieb, überwiegend in geographischer Nähe zu den wichtigsten Kunden angesiedelt und damit stärker gestreut sind, werden *vorgelagerte und unterstützende Wertaktivitäten* wie z.B. F&E, Beschaffung und Produktion zumeist stärker regional konzentriert. Dies gilt vor allem für Branchen, in denen die technologische Entwicklung und die operativen

Prozesse von großer Bedeutung zur Erzielung von Wettbewerbsvorteilen sind.
- Die *Anzahl der Standorte*, an denen bestimmte Wertaktivitäten angesiedelt werden, wird dagegen durch die Möglichkeit der Erzielung von Größendegressionseffekten bestimmt, während die *geographische Lage dieser Standorte*, d.h. die Marktwahl, vor allem von der Höhe potentieller Kosten- und Koordinationsvorteile abhängt.

Das Engagement von MNUs in bestimmten Gastländern hängt damit nicht nur von der isolierten Bewertung der dort vorherrschenden Bedingungen ab, sondern ist das Ergebnis einer an der Effizienz der Gesamtunternehmung orientierten Entscheidung (holistische Perspektive). Als Ergebnis ergibt sich idealtypischerweise eine weltweit operierende Unternehmung, die in den einzelnen Ländern über stark spezialisierte, häufig auf einzelne Wertaktivitäten reduzierte und in einem hohen Maße integrierte Tochtergesellschaften verfügt. Die grenzüberschreitende Konfiguration der Wertaktivitäten führt so zu zahlreichen *materiellen und immateriellen Interdependenzen* zwischen den einzelnen Tochtergesellschaften, d.h. diese stellen nicht mehr verkleinerte Abbilder der Muttergesellschaft dar, sondern werden zu Elementen eines transnationalen Wertschöpfungsnetzwerkes (vgl. ausführlich *Welge/Holtbrügge* 2003).

3. Individuelle Prüfung von Standardisierungs- und Differenzierungsvorteilen

Bei der Darstellung der idealtypischen Strategiealternativen von MNUs wurde bereits darauf hingewiesen, dass sich diese permanent den beiden entgegengesetzten Anforderungen nach weltweiter Integration und lokaler Anpassung ihrer Aktivitäten ausgesetzt sehen. Der Zielkonflikt zwischen Standardisierung und *Differenzierung* überlagert demnach das gesamte Entscheidungsfeld strategischer Optionen (*Yip* 1989, S. 34 ff.).

Empirische Untersuchungen deuten darauf hin, dass der optimale Standardisierungsgrad nicht für eine MNU insgesamt bestimmt werden kann, sondern für jedes Geschäftsfeld, jede Wertaktivität, jeden Unternehmungsprozess und jede Internationalisierungsphase individuell geprüft werden muss. Dieses Merkmal transnationaler Strategien lässt sich anschaulich an dem in Abbildung 3 dargestellten Beispiel erläutern.

Den Ausgangspunkt der Bestimmung des optimalen Standardisierungsgrads bildet die Untersuchung der jeweiligen Branchencharakteristika. Den zweiten Schritt bildet die Analyse der spezifischen Unternehmungsmerkmale (→ *Unternehmensanalyse, strategische*). In einem dritten Schritt werden die Standardisierungs- und Differenzierungsvorteile der jeweiligen Funktion bzw. Wertaktivität geprüft, bevor abschließend eine Bewertung der innerhalb dieser Funktionen durchzuführenden Aufgaben erfolgt.

4. Sprinklerstrategie des Markteintritts

Im Gegensatz zu Unternehmungen mit einer internationalen und multinationalen Strategie zeichnen sich Unternehmungen, die eine transnationale Strategie verfolgen, durch den *parallelen bzw. simultanen Markteintritt in mehrere Länder* aus. Der intensive Zeitwettbewerb in vielen Branchen und die zunehmend weltweit agierenden Kunden, Zulieferer und Wettbewerber führen zu der Notwendigkeit, Innovationen in allen wichtigen Ländern gleichzeitig zu vermarkten. Darüber hinaus erfordern die geographische Streuung und die aufgabenspezifische Fragmentierung der *Wertaktivitäten* die unmittelbare Präsenz an allen Standorten, an denen sich nationale Unterschiede, *Skaleneffekte* und *Verbundvorteile* für die Gesamtunternehmung nutzen lassen. Die Wasserfallstrategie, die einen sukzessiven Internationalisierungsprozess beinhaltet, wird deshalb zunehmend durch eine Sprinklerstrategie des Markteintritts abgelöst (vgl. Abb. 4).

Der simultane Eintritt einer Unternehmung in mehrere ausländische Märkte steht damit im Widerspruch zur Produktlebenszyklustheorie von Vernon, die einen *time lag* zwischen der Aufnahme der Tätigkeit im Heimatland, in Industrieländern und in Entwicklungsländern annimmt. Die Sprinklerstrategie bedingt zudem den Verzicht auf Lern- und Erfahrungseffekte eines sukzessiven Markteintritts, wie sie z.B. die Lerntheorie der Internationalisierung von Johanson und Vahlne unterstellt. Ein weiterer *Nachteil* der Sprinklerstrategie sind höhere Anforderungen an die finanziellen, sachlichen und personellen Ressourcen der Unternehmung (*Backhaus/Büschken/Voeth* 2001, S. 168).

Vorteile der Sprinklerstrategie sind dagegen eine schnellere Amortisation von Investitionen und die Streuung des Markteintrittsrisikos auf mehrere Länder (Portfolio-Effekt). Darüber hinaus ermöglicht der simultane Markteintritt die Realisierung von Skaleneffekten und Standardisierungsvorteilen (vgl. *Kreutzer* 1989, S. 238 ff.; *Meffert/Pues* 2002, S. 405 ff.).

III. Kritische Gesamtbeurteilung

Die transnationale Strategie stellt eine *idealtypische Gestaltungsalternative* dar, deren Umsetzung die weitestgehende Ausschöpfung der Wettbewerbsvorteile von MNUs ermöglicht. Die komplexen Liefer- und Leistungsverflechtungen zwischen den einzelnen Unternehmungseinheiten führen jedoch zu einem hohen Koordinationsaufwand, der nur durch innovative Instrumente der Struktur- und Prozessorganisation und des Controlling (*Welge/Holtbrügge* 2003) bewältigt werden kann. Darüber hinaus beinhalten transnatio-

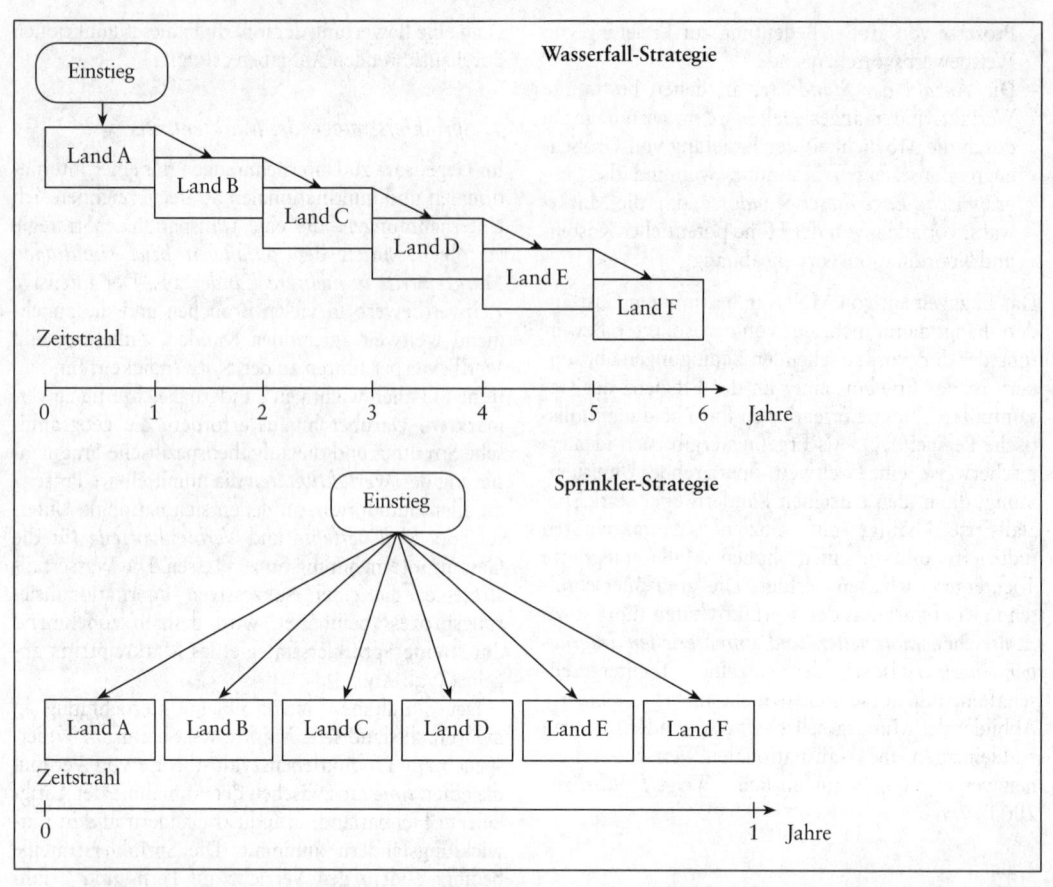

Abb. 4: Wasserfall- und Sprinklerstrategie des Markteintritts (Quelle: Kreutzer 1989, S. 238 ff.)

nale Strategien sehr hohe Anforderungen an die weltweite Mobilität von Ressourcen. Während diese durch die Globalisierung der Märkte für Kapital, Produkte und Informationen zunehmend gewährleistet ist, sind der weltweiten Mobilität der Mitarbeiter jedoch hohe funktionale und ethische Schranken gesetzt. Nicht zuletzt erhöht der zunehmende grenzüberschreitende Transfer von Ressourcen die Sensibilität gegenüber unterschiedlichen nationalen und supra-nationalen Interessengruppen (*Ghoshal* 1987, S. 437), die erhöhte Anforderungen an das Public Affairs-Management stellt (*Welge/Holtbrügge* 2003; *Berg* 2003).

Trotz dieser Probleme deuten empirische Untersuchungen auf eine *zunehmende Bedeutung transnationaler Strategien* in MNUs hin. So belegt eine Studie von Welge et al. (*Welge/Böttcher/Paul* 1998), dass die Konfiguration der Wertaktivitäten in europäischen Multinationalen Unternehmungen den Annahmen von Porter (*Porter* 1989) bereits weitgehend entspricht. Der Bereich F&E weist den höchsten Grad der Konzentration im Stammland oder in ausgewählten Tochtergesellschaften (*centers of excellence*) auf. Auch die vorgelagerten Aktivitäten Beschaffung und Produktion sind weitgehend konzentriert, während die nachgelagerten Aktivitäten Logistik und Vertrieb überwiegend stark geographisch gestreut sind und über eine hohe Autonomie zur Anpassung an die lokalen Bedingungen verfügen. Einschränkend muss jedoch berücksichtigt werden, dass die Konfiguration der Wertaktivitäten einer MNU nicht zwangsläufig auf strategische Überlegungen zurückgeführt werden kann, sondern vielfach das Ergebnis eines inkrementalen Internationalisierungsprozesses und damit historisch bedingt ist.

Literatur

Backhaus, Klaus/Büschken, Joachim/Voeth, Markus: Internationales Marketing, 4. A., Stuttgart 2001.
Berg, Nicola: Public Affairs Management. Ergebnisse einer empirischen Untersuchung in Multinationalen Unternehmungen, Wiesbaden 2003.
Fayerweather, John: Internationale Unternehmensführung. Ein Begriffssystem, Berlin 1975.
Ghoshal, Sumantra: Global Strategy: An Organizing Framework, in: SMJ, Jg. 8, 1987, S. 425–440.
Kreutzer, Ralf: Global Marketing – Konzeption eines länderübergreifenden Marketing. Erfolgsbedingungen, Analysekonzepte, Gestaltungs- und Implementierungsansätze, Wiesbaden 1989.
Magaziner, Ira L./Reich, Robert B.: International Strategies, in: Strategic Management of Multinational Corporations: The

Essentials, hrsg. v. *Wortzel, Heidi Vernon/Wortzel, Laurence H.*, New York 1985, S. 4–9.
Meffert, Heribert/Bolz, Joachim: Internationales Marketing-Management, 3. A., Stuttgart et al. 1998.
Meffert, Heribert/Pues, Clemens: Timingstrategien des internationalen Markteintritts, in: Handbuch Internationales Management. Grundlagen-Instrumente-Perspektiven, hrsg. v. *Macharzina, Klaus/Oesterle, Michael-Jörg*, 2. A., Wiesbaden 2002, S. 403–436.
Negandhi, Anant R./Welge, Martin K.: Beyond Theory Z: Global Rationalization Strategies of American, German and Japanese Multinational Companies, Greenwich et al. 1984.
Perlmutter, Howard: The Tortuous Evolution of the Multinational Corporation, in: CJWB, Jg. 4, H. 1/1969, S. 9–18.
Porter, Michael E.: Der Wettbewerb auf globalen Märkten: Ein Rahmenkonzept, in: Globaler Wettbewerb, hrsg. v. *Porter, Michael E.*, Wiesbaden 1989, S. 17–68.
Scholl, Rolf F.: Internationalisierungsstrategien, in: HWInt, hrsg. v. *Macharzina, Klaus/Welge, Martin K.*, Stuttgart 1989, Sp. 939–1002.
Welge, Martin K.: Transnationale Strategien, in: Praxis des strategischen Managements, hrsg. v. *Welge, Martin K./Al-Laham, Andreas/Kajüter, Peter*, Wiesbaden 2000, S. 167–189.
Welge, Martin K.: Strategien für den internationalen Wettbewerb zwischen Globalisierung und lokaler Anpassung, in: Handwörterbuch der Internationalen Unternehmenstätigkeit, hrsg. v. *Kumar, Brij Nino/Haussmann, Helmut*, München 1992, S. 569–589.
Welge, Martin K.: Globales Management, in: Globales Management. Erfolgreiche Strategien für den Weltmarkt, hrsg. v. *Welge, Martin K.*, Stuttgart 1990, S. 1–16.
Welge, Martin K.: Das Konzept der globalen Rationalisierung, in: Internationalisierung der Unternehmung als Problem der Betriebswirtschaftslehre, hrsg. v. *Lück, Wolfgang/Trommsdorff, Volker*, Berlin 1982, S. 171–189.
Welge, Martin K./Böttcher, Roland/Paul, Thomas: Das Management globaler Geschäfte, München et al. 1998.
Welge, Martin K./Holtbrügge, Dirk: Internationales Management. Theorien, Funktionen, Fallstudien, 3. A., Stuttgart 2003.
Yip, George S.: Global Strategy in a World of Nations?, in: SMR, Jg. 31, H. 1/1989, S. 29–41.

Internationale Unternehmen, Organisation der

Dirk Holtbrügge

[s.a.: Globalisierung; Internationale Strategien; Kontingenzansatz; Netzwerke; Organisationskultur; Profit-Center; Rollentheorie; Selbstorganisation; Sozialisation, organisatorische; Strategie und Organisationsstruktur.]

I. Besondere Organisationsprobleme internationaler Unternehmen; II. Atomistische Perspektive: Organisatorische Gestaltung der Muttergesellschaft; III. Holistische Perspektive: Management intraorganisatorischer Netzwerke; IV. Kritische Gesamtbeurteilung.

Zusammenfassung

Internationale Unternehmen weisen besondere Organisationsprobleme auf, die durch die Heterogenität und die geographische Streuung der Unternehmenseinheiten entstehen. Zu deren Lösung stehen spezifische Gestaltungsformen zur Verfügung, die sich durch den Grad und die Form der organisatorischen Integration von In- und Auslandsaktivitäten unterscheiden. Darüber hinaus müssen Regelungen zur Entscheidungszentralisation bzw. -dezentralisation zwischen der heimischen Muttergesellschaft und den ausländischen Tochtergesellschaften getroffen werden.

I. Besondere Organisationsprobleme internationaler Unternehmen

Die spezifischen Organisationsprobleme internationaler Unternehmen hängen wesentlich von der *Form* und dem *Ausmaß des internationalen Engagements* ab (→ *Internationale Strategien*). Bei der einfachsten Form der Bearbeitung ausländischer Märkte durch Exporte bleibt das Grundmuster der Organisationsstruktur abgesehen von der Einrichtung einer Exportabteilung zumeist unberührt. Auch die Lizenzerteilung und der Abschluss von Beratungsverträgen ziehen i.d.R. keine erwähnenswerten organisatorischen Konsequenzen nach sich. Erst wenn sich das Schwergewicht der internationalen Aktivitäten vom reinen Exportgeschäft auf eine Mischung aus Export, Lizenzabkommen und Auslandsproduktion verlagert und der Anteil der Auslandsaktivitäten im Verhältnis zum Gesamtumsatz an Bedeutung gewinnt, kommt es zwischen den verschiedenen Abteilungen der Muttergesellschaft zu Interessenkonflikten, die durch die bestehende Struktur zumeist nicht mehr bewältigt werden können. Die zunehmende Internationalisierung bedingt deshalb Reorganisationsmaßnahmen, von denen sowohl die statutarische Struktur (*de jure*-Struktur) als auch die operationale Struktur (*de facto*-Struktur) betroffen sind.

Die *statutarische Struktur* umfasst die Rechtsform des Entscheidungszentrums und die Ausgestaltung der rechtlichen und kapitalmäßigen Beziehungen zwischen der Muttergesellschaft und den einzelnen Tochtergesellschaften. Zentrale Ziele der Gestaltung der statutarischen Struktur sind die optimale Lenkung der Finanzströme, die Minimierung der Steuerlast sowie die Haftungsbegrenzung. Die wichtigsten Einflussgrößen sind deshalb das Steuersystem sowie das Gesellschaftsrecht der jeweiligen Gastländer (vgl. *Macharzina/Oesterle* 1995, S. 206 ff.).

Zur Gestaltung der im Vordergrund der weiteren Betrachtung stehenden *operationalen Struktur*, die der Abgrenzung der Verantwortungsbereiche für die laufenden Entscheidungs- und Kontrollprozesse dient, können zwei Perspektiven unterschieden werden (vgl. *Welge/Holtbrügge* 2003, S. 37 ff.):

```
                    Unternehmungsleitung
    ┌──────┬────────────┬──────────┬──────────┬──────────────┐
   F&E  Beschaffung  Produktion  Vertrieb   International
                                              Division
```

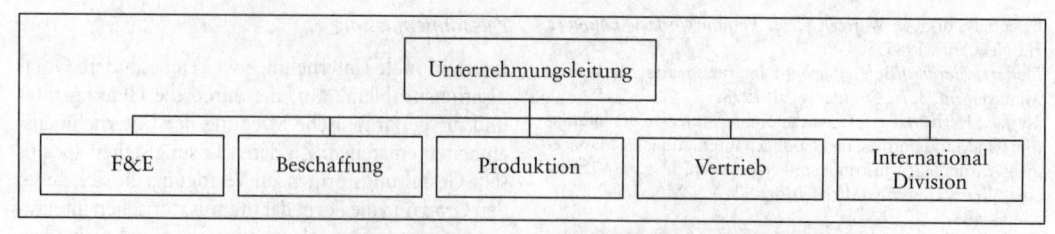

Abb. 1: Differenzierte Organisationsstruktur mit International Division

- Im Rahmen einer atomistischen Perspektive steht die organisatorische Gestaltung der Muttergesellschaft im Vordergrund. Die zentrale Gestaltungsaufgabe besteht darin, Umfang und Art der Integration des Auslandsgeschäfts in die gesamten Aktivitäten festzulegen. Dies kann entweder durch differenzierte oder integrierte Strukturen erfolgen (vgl. *Welge* 1989).

- Die holistische Perspektive erweitert den engen Fokus auf die Muttergesellschaft und rückt auch die ausländischen Tochtergesellschaften in den Blickpunkt. Zentrale Gestaltungsaufgabe ist die Festlegung des Zentralisations- bzw. Dezentralisationsgrads (→ *Delegation (Zentralisation und Dezentralisation)*).

II. Atomistische Perspektive: Organisatorische Gestaltung der Muttergesellschaft

1. Differenzierte Strukturen

Differenzierte Strukturen zeichnen sich durch die *organisatorische Trennung von Inlands- und Auslandsgeschäft* aus. Sie sind vor allem bei solchen Unternehmen anzutreffen, deren Auslandsengagement noch relativ gering ist oder deren Produktprogramm im Hinblick auf die nationalen Anforderungen als standardisiert oder homogen bezeichnet werden kann (vgl. *Macharzina* 1992, S. 595). Häufig werden differenzierte Strukturen in Form einer *International Division* gestaltet, die oft aus einer früheren Exportabteilung hervorgeht. Zentrales Merkmal differenzierter Strukturen ist, dass diese International Division die *Kontrolle über das gesamte oder zumindest über den größten Teil des Auslandsgeschäftes* ausübt und dabei sicherstellt, dass das Auslandsgeschäft das konzentrierte Interesse des Top-Managements findet (vgl. Abb. 1).

International Divisions können sowohl hinsichtlich ihres organisatorischen Status als auch hinsichtlich ihrer Verantwortlichkeit und Autonomie differieren. Am weitesten verbreitet ist die Einrichtung einer *Auslandsholding*. Dabei werden die gesamten ausländischen Aktivitäten in einer rechtlich selbstständigen Gesellschaft zusammengefasst und als → *Profit-Center* geführt, d.h. der wirtschaftliche Erfolg des Auslandsgeschäfts wird gesondert ermittelt, ausgewiesen und bewertet (vgl. *Kreikebaum/Gilbert/Reinhardt* 2002, S. 124 ff.).

Als Vorteile differenzierter Strukturen sind insbesondere die Spezialisierung, d.h. die Bündelung internationalen Wissens und internationaler Erfahrungen in einer Abteilung, sowie die kurzen Kommunikationswege zu nennen. Nachteile sind dagegen vielfach zu beobachtende Isolierungstendenzen, Doppelgleisigkeiten bei den zentralen Stabsabteilungen sowie die erschwerte Übertragung von Innovationen im Heimatland auf ausländische Märkte. Differenzierte Strukturen stellen deshalb nur dann eine geeignete strukturelle Reaktion auf die Internationalisierung dar, wenn die Auslandsaktivitäten noch keinen bedeutenden Umfang erreicht haben, der Diversifikationsgrad des Auslandsgeschäfts gering ist und wenige Führungskräfte mit internationalen Erfahrungen zur Verfügung stehen.

2. Integrierte Strukturen

a) Integrierte Funktionalstruktur

Bei der integrierten Funktionalstruktur findet eine *Integration der ausländischen Aktivitäten in die funktionalen Bereiche* statt (→ *Funktionale Organisation*) (vgl. Abb. 2). Dies bietet vor allem für diejenigen Unternehmen *Vorteile*, bei denen die weltweite Abstimmung der Hauptfunktionen das kritische strategische Problem darstellt.

Die besondere Problematik der Funktionalstruktur ergibt sich dann, wenn Tochtergesellschaften nicht einem einzigen Funktionsbereich zugeordnet werden können, wie etwa eine Vertriebsniederlassung dem Vertriebsbereich oder eine Fabrik dem Produktionsbereich. Mit wachsender Diversifikation der Auslandsaktivitäten werden die Koordinationserfordernisse immer schwieriger und die Abhängigkeit der Funktionsbereiche von der Unternehmensleitung der Muttergesellschaft sowie die Belastung der Konzernführung immer größer.

Integrierte Funktionalstrukturen sind zumeist in solchen Unternehmen anzutreffen, die über einen geringen Diversifikationsgrad verfügen und deren Auslandsaktivitäten relativ unbedeutend sowie in erster Linie auf den Export beschränkt sind. Beispiele dafür sind nur gering diversifizierte Automobilunternehmen, internationale Ölgesellschaften und andere Un-

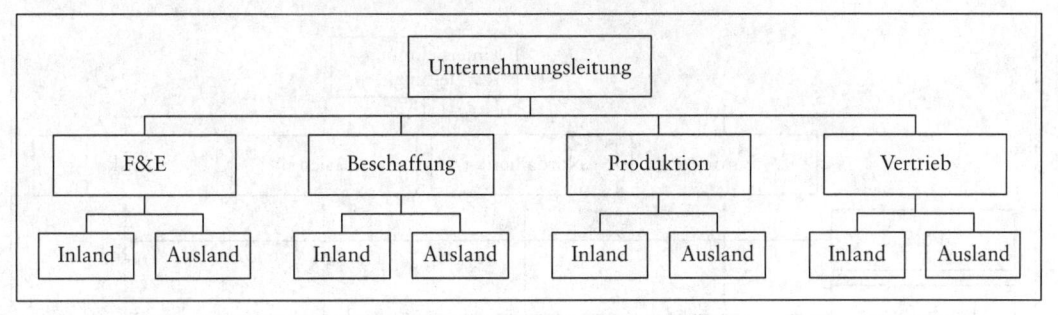

Abb. 2: Integrierte Funktionalstruktur

ternehmen des primären Sektors (vgl. *Macharzina* 1992, S. 597).

b) Integrierte Produktstruktur

In integrierten Produktstrukturen werden die *gesamten Auslandsaktivitäten* in die *Verantwortlichkeit der Produktdivisionen* übertragen. Inländische und ausländische Beteiligungsgesellschaften, die die gleichen Produkte herstellen und vertreiben, werden als *Profit Center* geführt und der Verantwortung der entsprechenden Heimatproduktsparte unterstellt.

Die integrierte Produktstruktur bietet günstige strukturelle Voraussetzungen für eine weltweite Produktkoordination und trägt dadurch zur Vermeidung einer Programmzersplitterung aus weltweiter Sicht bei. Sie ermöglicht ferner die Akkumulation von internationalen Marktkenntnissen bei den heimischen Produktdivisionen. Integrierte Produktstrukturen bieten zudem die besten Voraussetzungen für die Bildung von Profit Centern, wodurch wiederum die Ergebnisverantwortung und damit die Motivation und Kreativität der Mitarbeiter gefördert werden kann. Nachteile sind die Gefahr einer ungenügenden Berücksichtigung geographischer Besonderheiten sowie die erschwerte Koordination von Mehrspartentochtergesellschaften. Integrierte Produktstrukturen sind insbesondere in Unternehmen anzutreffen, deren Leistungsprogramm im In- und Ausland stark diversifiziert ist.

c) Integrierte Regionalstruktur

Integrierte Regionalstrukturen zeichnen sich durch die *Zusammenfassung der gesamten in- und ausländischen Aktivitäten zu regionalen Teilbereichen* aus (→ *Regionalorganisation*). Die Leiter dieser Regionalsparten sind für alle in der jeweiligen Region angesiedelten Aktivitäten verantwortlich.

Die Vorteile dieser Strukturalternative sind vor allem die Förderung einer weltweiten Perspektive bei der Leistungsbeurteilung, Ressourcenallokation, Strategieentwicklung, Planung und Logistik sowie die erleichterte Nutzung marktbedingten Wissens. Darüber hinaus bietet diese Alternative günstige strukturelle Voraussetzungen für Unternehmen, die in Märkten mit sehr heterogenen Umweltbedingungen agieren. Gleichzeitig wird jedoch die Übertragung neuer Ideen auf andere Märkte erschwert (*not invented here-Syndrom*). Ein weiterer Nachteil sind die vielfach zu beobachtenden Schwierigkeiten bei der Koordination von F&E-Programmen sowie bei der Produktkoordination, die insbesondere bei stark diversifizierten Unternehmen auftreten. Integrierte Regionalorganisationen sind deshalb vor allem bei Unternehmen anzutreffen, deren Leistungsprogramm relativ homogen und standardisiert ist und bei denen das Marketing der kritische Erfolgsfaktor ist.

d) Mehrdimensionale Strukturen

Angesichts der Nachteile der oben beschriebenen eindimensionalen Strukturen ist in der Praxis eine starke

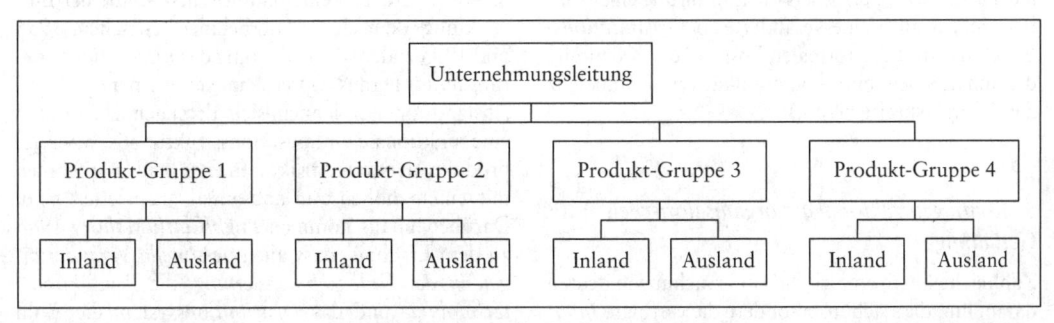

Abb. 3: Integrierte Produktstruktur

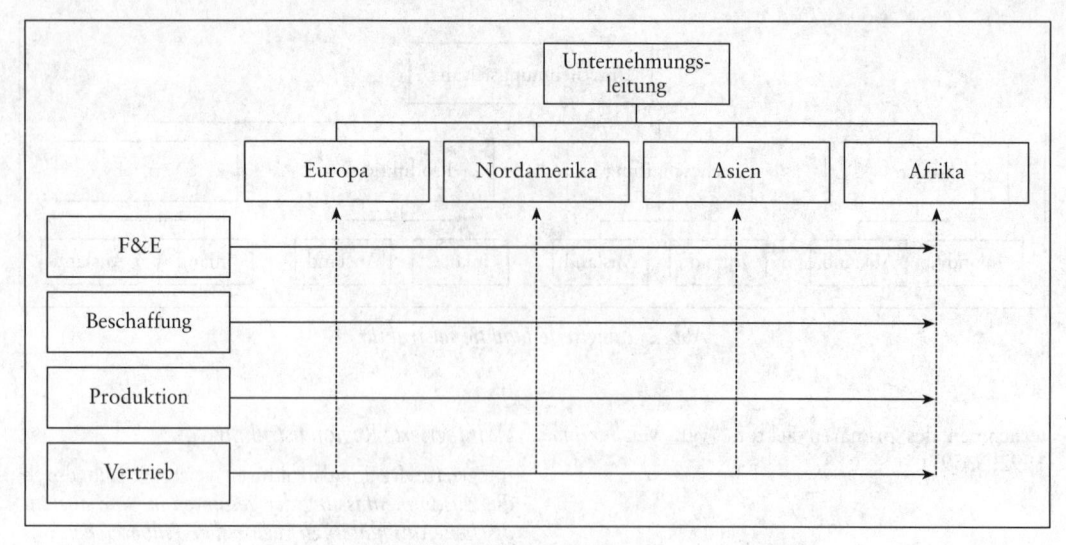

Abb. 4: Matrixorganisation

Tendenz zur Einführung mehrdimensionaler Organisationsstrukturen feststellbar. Das Grundmodell ist die *zweidimensionale → Matrix-Organisation*, bei der zumeist gleichzeitig Funktional- und Regionalbereiche gebildet werden (vgl. Abb. 4). Darüber hinaus sind in vielen Unternehmen *dreidimensionale Tensorstrukturen* anzutreffen, bei denen die Gliederungselemente Funktion, Region und Produkt gleichzeitig zur Anwendung gelangen. Sie verkörpern eine Verknüpfung von koordinierten Produktzuständigkeiten bei gleichzeitiger Regionalverantwortung und beratenden, aber faktisch weisungsbefugten funktional gegliederten Zentralstäben.

Die Vorteile mehrdimensionaler Strukturen liegen vor allem in der gleichzeitigen Berücksichtigung funktionaler, regionaler und produktspezifischer Anforderungen. Die Notwendigkeit permanenter Abstimmungsprozesse zwischen den Leitern der Teilbereiche fördert zudem den Kommunikationsfluss und das kreative Potenzial. Nachteile sind das hohe Konfliktpotenzial durch strukturbedingte Kompetenzüberschneidungen und die Verzögerung von Entscheidungsprozessen (→ *Konflikte in Organisationen*). Damit diese Nachteile die genannten Vorteile nicht überwiegen, erfordert die Einführung einer Matrixstruktur auch eine veränderte → *Organisationskultur*, die statt der formalen Position die Bedeutung der inhaltlichen und kommunikativen Kompetenz der Führungskräfte betont.

3. Kontingenzfaktoren der organisatorischen Gestaltung

Zahlreiche ältere empirische Untersuchungen deuten darauf hin, dass sich insbesondere die verfolgte *Internationalisierungsstrategie* auf die Wahl und Effizienz der unterschiedlichen Strukturmodelle auswirkt (vgl. *Stopford/Wells* 1972; *Franko* 1976; *Egelhoff* 1988). Danach weisen Unternehmen mit einem hohen internationalen *Diversifikationsgrad* und einem geringen Anteil der *Auslandsproduktion* eher produktorientierte Strukturen auf, während Unternehmen mit einem geringen internationalen Diversifikationsgrad und einem hohen Anteil der Auslandsproduktion tendenziell integrierte Regionalstrukturen bevorzugen. In Unternehmen, in denen beide Strategiedimensionen stark ausgeprägt sind, sind vorwiegend mehrdimensionale Strukturen zu finden.

In neueren Untersuchungen ist dieses auf der *Structure follows Strategy-Hypothese* von *Chandler* 1962 basierende strukturelle Entwicklungsmuster jedoch auf Kritik gestoßen (→ *Strategie und Organisationsstruktur*). So weisen etwa Hulbert/Brand und Negandhi/Welge (*Hulbert/Brandt* 1980; *Negandhi/Welge* 1984) auf erhebliche *nationale Unterschiede* hin. Danach haben europäische und insbesondere deutsche Unternehmen eine stärkere Präferenz für integrierte Strukturen, während japanische Unternehmen differenzierte Organisationsstrukturen bevorzugen (→ *Interkulturelles Management*). Wolf (*Wolf* 2000, S. 416 ff.) stellt in einer empirischen Studie der Entwicklung deutscher Unternehmen zwischen 1955 und 1995 zudem die Bedeutung des *Internationalisierungsgrads* heraus. Unternehmen mit einem geringen Auslandsanteil zeichnen sich demnach eher durch eine funktionale Organisationsstruktur aus, während produktorientierte Strukturen eher bei Unternehmen mit einem hohen Auslandsanteil anzutreffen sind. Darüber hinaus kommen *Pugh/Clark/Mallory* 1995 zu dem Ergebnis, dass auch *personelle Veränderungen in der Unternehmensleitung*, die *Produktionstechnologie* und das *Distributionssystem* die Wahl der Organisationsstruktur beeinflussen.

Straffe und komplexe Kontrolle und Koordination; die strategischen Entscheidungen werden nicht allein von der Zentrale getroffen

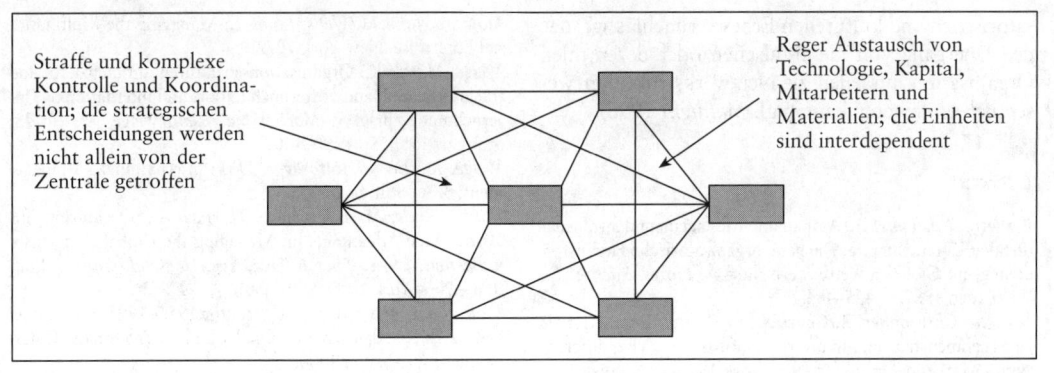

Reger Austausch von Technologie, Kapital, Mitarbeitern und Materialien; die Einheiten sind interdependent

Abb. 5: Internationale Unternehmen als intra-organisatorische Netzwerke (Quelle: Bartlett 1989, S. 442)

III. Holistische Perspektive: Management intra-organisatorischer Netzwerke

Die zunehmende Komplexität internationaler Unternehmen führt dazu, dass die Muttergesellschaft als traditionelle Führungsspitze immer weniger in der Lage ist, alle strategischen Entscheidungen zentral zu fällen (→ *Entscheidungsprozesse in Organisationen*). In den letzten Jahren wurden deshalb zahlreiche theoretisch-normative Ansätze entwickelt, die die ausländischen Tochtergesellschaften stärker in den Mittelpunkt der Aufmerksamkeit rücken (vgl. *Hedlund* 1986; *Prahalad/Doz* 1987; *Bartlett/Ghoshal* 1990; *White/Poynter* 1990). Gemeinsam ist diesen Ansätzen der Gedanke, internationale Unternehmen als *intraorganisatorische* → *Netzwerke* aufzufassen, die sich durch die Dezentralisierung der strategischen Entscheidungskompetenzen auszeichnen (vgl. Abb. 5).

Besonders anschaulich wird diese Netzwerkperspektive im Konzept der *Heterarchie* herausgearbeitet (vgl. *Holtbrügge* 2001, S. 191 ff.). Dieses geht auf Erkenntnisse im Bereich der Hirn- und Gedächtnisforschung zurück, wonach das menschliche Gehirn über zahlreiche spezialisierte Bestandteile verfügt (z.B. Sprachzentrum, Sehzentrum, u.a.), die je nach Situation und Aufgabe eine dominierende Stellung erlangen können. Prinzipiell treten jene Gehirnbestandteile in den Vordergrund, die das umfangreichste Wissen zur Lösung der gerade relevanten Fragestellung besitzen. Wichtige Informationen werden dabei nicht nur an einer Stelle gespeichert, sondern redundant von verschiedenen Stellen aufgenommen und verarbeitet. Die Kopplungsmuster zwischen den einzelnen Gehirnbestandteilen sind zudem nicht vorgegeben, sondern können je nach Situation variieren.

Hedlund hat dieses zunächst sehr abstrakte Konzept aufgegriffen und unter Betonung des interaktionistischen Aspekts von Netzwerken für internationale Unternehmen weiterentwickelt (*Hedlund* 1986; *Hedlund* 1993). Heterarchisch organisierte internationale Unternehmen sind dadurch gekennzeichnet, dass die Muttergesellschaft nicht mehr unbedingt die zentrale Rolle einnimmt, sondern es viele miteinander interagierende Zentren gibt, die unterschiedliche Funktionen ausüben, deren Verantwortungs- und Kompetenzbereiche je nach Umwelt- und Interaktionssituation variieren und die auf vielfältige Weise miteinander verbunden sein können. Hedlund spricht in diesem Zusammenhang von einem weniger monarchisch als polyarchisch strukturierten Unternehmen, das sich durch die *Multidimensionalität der verfolgten Organisationsprinzipien* auszeichnet. Den Niederlassungsmanagern wird dabei eine strategische Verantwortung zugewiesen, und zwar nicht nur für ihre jeweilige Tochtergesellschaft, sondern für das gesamte Unternehmen. Ein weiteres zentrales Merkmal stellt die Desintegration von Beziehungen zwischen den einzelnen Unternehmenseinheiten dar, die sich insbesondere in einem hohen Maß an Entscheidungsautonomie niederschlägt.

IV. Kritische Gesamtbeurteilung

Zu differenzierten und integrierten Strukturen liegen zahlreiche Untersuchungen vor, die fundierte Aussagen zu deren empirischer Relevanz, Einflussfaktoren und Effizienz machen (vgl. *Wolf* 2000; *Harzing* 1999). Die empirische Untersuchung und theoretische Fundierung von Netzwerkstrukturen internationaler Unternehmen weist dagegen noch zahlreiche konzeptionelle Schwächen auf (vgl. *Welge/Holtbrügge* 2003). So erscheinen die begrifflichen Abgrenzungen vereinfacht und teilweise willkürlich und die Operationalisierung der Beziehungen zwischen den einzelnen Einheiten unzureichend. Zudem werden Beobachtungen, die sich oft nur auf einzelne Unternehmen beschränken, modelltheoretische Argumentation und normative Aussagen vielfach vermischt. Das Konzept stellt deshalb weniger ein originäres, geschlossenes und theoretisch fundiertes Modell als vielmehr einen eklektischen Ansatz dar, der zudem einen stark idealtypischen und normativen Charakter aufweist. Insbesondere wird der Einfluss des organisatorischen und kulturellen Erbes vernachlässigt, das den Übergang von hierarchischen oder dezentralen Organisationsmodellen zu Netzwerkstrukturen wesentlich erschweren kann (vgl. *Malnight* 1996).

Literatur

Bartlett, Christopher A.: Aufbau und Management der transnationalen Unternehmung: Die neue organisatorische Herausforderung, in: Globaler Wettbewerb, hrsg. v. *Porter, Michael E.*, Wiesbaden 1989, S. 425–464.
Bartlett, Christopher A./Ghoshal, Sumantra: Internationale Unternehmensführung. Innovation, globale Effizienz, differenziertes Marketing, Frankfurt-New York 1990.
Chandler, Alfred D. Jr.: Strategy and Structure. Chapters in the History of the Industrial Enterprise, Cambridge, MA – London 1962.
Egelhoff, William G.: Organizing the Multinational Enterprise. An Information-Processing Perspective, Cambridge, MA 1988.
Franko, Lawrence G.: The European Multinationals, London 1976.
Gupta, Anil K./Govindarajan, Vijaj: Organizing for Knowledge Flows within MNCs, in: International Business Review, Jg. 3, 1994, S. 443–457.
Gupta, Anil K./Govindarajan, Vijaj: Knowledge Flows and the Structure of Control within Multinational Corporations, in: AMR, Jg. 16, 1991, S. 768–792.
Harzing, Anne-Wil: Managing the Multinationals. An International Study of Control Mechanisms., Cheltenham-Northampton 1999.
Hedlund, Gunnar: Assumptions of Hierarchy and Heterarchy, with Applications to the Management of the Multinational Corporation, in: Organization Theory and the Multinational Corporation, hrsg. v. *Ghoshal, Sumantra/Westney, D. Eleanor*, New York 1993, S. 221–236.
Hedlund, Gunnar: The Hypermodern MNC – A Heterarchy, in: Human Resource Management, Jg. 25, H. 1/1986, S. 9–35.
Holtbrügge, Dirk: Postmoderne Organisationstheorie und Organisationsgestaltung, Wiesbaden 2001.
Hulbert, James M./Brandt, William K.: Managing the Multinational Subsidiary, New York et al. 1980.
Kreikebaum, Hartmut/Gilbert, Dirk Ulrich/Reinhardt, Glenn O.: Organisationsmanagement internationaler Unternehmen. Grundlagen und neue Strukturen, 2. A., Wiesbaden 2002.
Macharzina, Klaus: Organisation der internationalen Unternehmensaktivität, in: Handbuch der Internationalen Unternehmenstätigkeit, hrsg. v. *Kumar, Brij Nino/Haussmann, Helmut*, München 1992, S. 591–607.
Macharzina, Klaus/Oesterle, Michael-Jörg: Internationalisierung und Organisation unter besonderer Berücksichtigung europäischer Entwicklungen, in: Strategisches Euro-Management, hrsg. v. *Scholz, Christian/Zentes, Joachim*, Stuttgart 1995, S. 203–225.
Malnight, Thomas W.: The Transition from Decentralized to Network-Based MNC Structures: An Evolutionary Perspective, in: Journal of International Business Studies, Jg. 27, 1996, S. 43–65.
Negandhi, Anand/Welge, Martin K.: Beyond Theory Z: Global Rationalization Strategies of American, German and Japanese Multinational Companies, Greenwich-London et al. 1984.
Prahalad, Coimbatore K./Doz, Yves L.: The Multinational Mission. Balancing Local Demands and Global Vision, New York 1987.
Pugh, Derek S./Clark, Thimothy A. R./Mallory, Geoffrey R.: Struktur und strukturelle Änderungen in europäischen Unternehmen des produzierenden Gewerbes: Eine vergleichende Studie, in: Strategisches Euro-Management. Band 1, hrsg. v. *Scholz, Christian/Zentes, Joachim*, Stuttgart 1995, S. 227–245.
Stopford, John M./Wells, Louis T.: Managing the Multinational Enterprise, New York 1972.
Welge, Martin K.: Organisationsstrukturen, differenzierte und integrierte, in: Handwörterbuch Export und Internationale Unternehmung, hrsg. v. *Macharzina, Klaus/Welge, Martin K.*, Stuttgart 1989, Sp.1590–1602.
Welge, Martin K./Holtbrügge, Dirk: Internationales Management, 3. A., Stuttgart 2003.
White, Roderick E./Poynter, Thomas A.: Organizing for World-Wide Advantage, in: Managing the Global Firm, hrsg. v. *Bartlett, Christopher A./Doz, Yves/Hedlund, Gunnar*, London – New York 1990, S. 95–113.
Wolf, Joachim: Strategie und Struktur 1955–1995. Ein Kapitel der Geschichte deutscher nationaler und internationaler Unternehmen, Wiesbaden 2000.

Interne Märkte

Erich Frese

[s.a.: Anreizsysteme, ökonomische und verhaltenswissenschaftliche Dimension; Benchmarking; Gerechtigkeit und Fairness; Kognitiver Ansatz; Koordination und Integration; Lernen, organisationales; Managementphilosophien und -trends; Marktversagen und Organisationsversagen; Motivation; Outsourcing und Insourcing; Planung; Prinzipal-Agenten-Ansatz; Profit-Center; Rechnungswesen und Organisation; Selbstorganisation; Theorie der Unternehmung.]

I. *Unternehmung, Markt und interner Markt;*
II. *Entwicklungen in Praxis und Wissenschaft;*
III. *Koordination und Motivation; IV. Reale und fiktive interne Märkte.*

Zusammenfassung

Der Beitrag behandelt das Phänomen *unternehmungsinterner Märkte* aus dem Blickwinkel der organisatorischen Gestaltung. Unternehmungsinterne Märkte entstehen, wenn in der Unternehmung der Leistungstransfer zwischen organisatorischen Teilbereichen durch Einführung interner Preise in eine Markttransaktion transformiert wird. Sie werden als Instrument des *operativen Steuerungssystems* der Unternehmung mit dem generellen Ziel eingesetzt, die effiziente Nutzung der gegebenen Kapazitäten sicherzustellen. Dabei haben die spezifischen Zielsetzungen, die eine Unternehmungsleitung bei der Einrichtung interner Märkte verfolgen kann, entweder primär koordinativen Charakter – der interne Markt soll zur effizienten Steuerung der Unternehmungsressourcen beitragen – oder primär motivationalen Charakter – der interne Markt soll mit Hilfe der Einbringung von *Marktdruck* und der Entstehung einer Kultur der Kunden-Lieferanten-Beziehungen zu kosteneffizientem Verhalten anregen.

I. Unternehmung, Markt und interner Markt

Markt und Unternehmung sind die zentralen Bezugsobjekte jeder theoretischen Erfassung wirtschaftlichen Handelns, deren Erfassung eine Vielzahl von Begriffsverständnissen mit sich bringt. Für einen systematischen Überblick über Problemstellungen und Konzepte, die in Wissenschaft und Praxis üblicherweise als „interner Markt" bezeichnet werden, sollen „Markt" und „Unternehmung" als spezifische Ausprägungen multipersonaler Handlungssysteme begriffen werden. Ausgangspunkt der folgenden Darstellung der Theorie interner Märkte sind zwei Markt- oder Unternehmungseinheiten A und N, deren gegebene Ressourcenausstattungen prinzipiell wechselseitige Ressourcenübertragungen in Form von Transaktionen oder in Form von Transfers (vgl. zu dieser Unterscheidung *Lehmann* 2002) gestatten.

Unternehmungsinterne Märkte entstehen, wenn in der Unternehmung der Leistungstransfer zwischen A und N durch Einführung interner Preise in eine Markttransaktion transformiert wird. Durch die Einführung interner Preise lassen sich auch denjenigen Unternehmungseinheiten, die keinen unmittelbaren Kontakt zum externen Markt haben, Erlöse und monetäre Transaktionserfolge zuordnen. Die Einheiten A und N steuern dann den Einsatz und die Übertragung von Ressourcen unter Orientierung an den jeweiligen Bereichszielen Z_{UA} und Z_{UN}.

II. Entwicklungen in Praxis und Wissenschaft

Coase hat in seinem einflussreichen mikroökonomischen Beitrag die Entstehung von Unternehmungen auf *Marktversagen* (→ *Marktversagen und Organisationsversagen)*) zurückgeführt (*Coase* 1937). Nach seinem Konzept liegt der Unterschied zwischen Unternehmung und Markt im Steuerungsmechanismus. Während im Markt der Preis die Steuerungsfunktion übernimmt, erfolgt die Steuerung in Unternehmungen durch den vom Unternehmer aufgestellten und umgesetzten Plan (→ *Planung*). Unternehmungsinterne Märkte haben als „Inseln" in einem hierarchisch strukturierten Planungssystem immer nur ergänzenden Charakter. Sie entstehen, wenn angesichts der Komplexität der *Planung* die beschränkten Fähigkeiten der Einheiten („bounded rationality" nach *Simon* 1991 (→ *Rationalität*)) für die Planung Grenzen setzen (*Planversagen*).

Die Registrierung von Planversagen und Versuche zu ihrer Überwindung durch die Bildung interner Märkte sind ungeachtet der gegenwärtigen Aktualität der Frage in der Praxis (*Ackoff* 1993; *Frese* 2004; *Halal* 1998; *Theuvsen* 2001) keine Erscheinungen der letzten Jahre. Seit dem Entstehen von Großunternehmungen werden marktorientierte Lösungen für Unternehmungen diskutiert und praktiziert (Beispiele sind das sog. Inside Contracting und das *Profit Center*-Konzept (→ *Profit-Center*), vgl. *Frese* 1992).

Auch die theoretische Auseinandersetzung um unternehmungsinterne Märkte hat eine lange Tradition. Sie beginnt in der Betriebswirtschaftslehre unter dem Einfluss volkswirtschaftlicher Marktmodelle vor etwa 100 Jahren mit Eugen Schmalenbach (*Schmalenbach* 1908/09) und hat in den letzten zwei Jahrzehnten eine bemerkenswerte Intensivierung erfahren. Die folgende Unterscheidung von vier Strömungen soll den gegenwärtigen Stand der Theorie unternehmungsinterner Märkte transparent machen.

1. Mikroökonomisch geprägte Konzepte

Die Auseinandersetzung mit mikroökonomischen Beiträgen (→ *Theorie der Unternehmung*) zeigt, dass hier üblicherweise der Ausdruck „interner Markt" für ein multipersonales Handlungssystem benutzt wird, das nach der hier zu Grunde gelegten Definition nicht als Markt einzuordnen ist. Ausgearbeitete Theorien existieren für interne Kapital- und Arbeits-„Märkte" (*Williamson* 1975; *Stein* 2003; *Doeringer/Piore* 1971), deren gemeinsames Merkmal die Betrachtung auf längere Zeit in der Unternehmung gebundener Ressourcen ist. Im Blickpunkt steht die interne *Allokation dieser Ressourcen* durch das Management. Nicht die Preissteuerung nach dem Prinzip der „invisible hand", sondern die „visible hand" des Managements („set of administrative rules and procedures" nach *Doeringer/Piore* 1971, S. 1 f.) ist Gegenstand der Betrachtung.

2. Modelle optimaler Verrechnungspreise

Mathematische Modelle, die über die Festlegung des internen Preises („*Verrechnungspreise*") die Zielfunktion der Unternehmung optimieren, haben ihre entscheidenden Impulse in den sechziger Jahren des vorigen Jahrhunderts durch die Entwicklung von Verfahren des Operations Research erfahren (*Whinston* 1964). Bedeutsam war auch die Übertragung mikroökonomischer Preismodelle auf den Leistungstransfer in Unternehmungen (*Hirshleifer* 1956). Die Preisoptimierung wurde lange Zeit als Koordinationsproblem unter Ausklammerung des Motivationsaspekts behandelt (vgl. *Kloock* 1992). Die Entwicklung der *Agency Theorie* (→ *Prinzipal-Agenten-Ansatz*) hat in den letzten Jahren die Perspektive erweitert und die Funktion von Verrechnungspreisen zur Überwindung bzw. Reduzierung von Motivationsproblemen untersucht (vgl. *Holmström/Tirole* 1991 und den Überblick bei *Ewert/Wagenhofer* 2003).

3. Strategiekonforme Ausgestaltung interner Märkte

Einen aus theoretischer und praxisbezogener Sicht gleichermaßen bedeutsamen Beitrag hat Eccles (*Ecc-*

les 1985) mit der Einbeziehung der Unternehmungsstrategie zur Weiterentwicklung der Theorie interner Märkte geleistet. Nach Eccles kann die Frage des Zugangs zum externen Markt für Anbieter und Nachfrager auf internen Märkten bzw. nach einem internen Liefer- und Bezugszwang nur durch Klärung des Stellenwerts von vertikaler Integration und Diversifikation beantwortet werden. Weniger überzeugend ist sein Versuch, den Ansatz interner Preise, insbesondere die Wahl zwischen Marktpreisen und kostenbasierten Preisen, aus der jeweils verfolgten Strategie abzuleiten.

4. Konzepte interner Märkte als organisatorische Gestaltungsphilosophien

Die Theorie der Organisationsgestaltung (→ *Organisatorische Gestaltung (Organization Design)*) analysiert unternehmungsinterne Märkte verstärkt hinsichtlich der in ihnen zum Ausdruck kommenden Gestaltungsphilosophien (*Frese* 2004; *Cowen/Parker* 1997; *du Gay/Salaman* 1992). Gestaltungsphilosophien sind *kognitive Orientierungsmuster* (*Weick* 2001), die bei unvollkommenem Informationsstand über Ursache-Wirkungs-Zusammenhänge die organisatorischen Gestaltungsentscheidungen des Managements leiten (→ *Kognitiver Ansatz*; → *Managementphilosophien und -trends*). Subjektive Einschätzungen der Wirksamkeit plan- und marktorientierter Formen der Steuerung sind nach dieser Betrachtung für die Bildung interner Märkte bestimmend. In Deutschland hat Eugen Schmalenbach in diesem Sinne schon zu Beginn des vorigen Jahrhunderts die Mobilisierung des Marktes zur Bekämpfung bürokratischer Tendenzen (→ *Bürokratie*) in Unternehmungen gefordert (*Schmalenbach* 1908/09). Ohne den Begriff „Planung" zu benutzen, sieht er im Planversagen und in Anreizdefiziten Kernprobleme der Großunternehmung. Allerdings ist die Rezeption der Schmalenbachschen „*pretialen Lenkung*" (*Schmalenbach* 1948; *Frese* 2000b) in hohem Maße aus der eingeschränkten Perspektive des Rechnungswesens erfolgt. Dass Schmalenbach der erste deutsche Organisationstheoretiker war, der eine differenzierte marktbasierte Gestaltungsphilosophie entwickelt hat, wurde bisher weniger gewürdigt.

III. Koordination und Motivation

Wie bei jedem organisatorischen Instrument, kann auch der Einsatz interner Märkte aus verschiedenen Perspektiven betrachtet werden. Bei einer statischen Sichtweise, wie sie in der Literatur zur organisatorischen Gestaltung vorherrscht, soll die effiziente Nutzung der in Umsetzung einer gegebenen Strategie aufgebauten Ressourcen- und Marktpotenziale sichergestellt werden. Einer dynamischen Sichtweise entspricht die Anforderung, dass interne Märkte im Sinne eines Organizational Learning (→ *Lernen, organisationales*) zukünftiges Handlungspotenzial schaffen sollen (vgl. hierzu *Osterloh* 1998). Die folgende Darstellung beschränkt sich auf die Betrachtung der Koordinations- und Motivationsfunktion aus statischer Sicht (vgl. *Frese* 2000a; *Frese* 2003).

Ein interner Markt, auf dem der Preis (neben der auf jedem Markt präsenten Motivationsfunktion) eine Koordinationsfunktion erfüllt (→ *Koordination und Integration*), wird im Folgenden als real bezeichnet. Die Unternehmungsplanung lässt auf *realen internen Märkten* noch Verhandlungsspielräume für die Einheiten A und N. Diese liegen in der mehr oder weniger weitgehenden autonomen Festlegung der Leistungsmerkmale (Art, Qualität, Menge, Ort und Zeit) und der Konditionen der Transaktion (insbesondere des Preises) durch die Einheiten selbst. Die Mengensteuerung erfolgt unter Orientierung an internen Preisen nach Maßgabe der erwarteten bereichsbezogenen Transaktionserfolge (→ *Rechnungswesen und Organisation*).

Da in der Praxis nicht von einer vorbehaltlosen Verfolgung der Unternehmungsziele durch die Einheiten ausgegangen werden kann, wird zur Berücksichtigung dieser Motivationsprobleme das ganze Spektrum extrinsischer und intrinsischer Anreize in die organisatorische Gestaltung einbezogen (→ *Motivation*; → *Anreizsysteme, ökonomische und verhaltenswissenschaftliche Dimension*). Interne Märkte, die ausschließlich aufgrund ihrer Anreizwirkung – also aus Gründen der Sicherung des unternehmungszielkonformen Handelns der Einheiten – gebildet werden, sollen im Folgenden als *fiktiv* bezeichnet werden. Der interne Preis erfüllt dann vor allem die Funktion eines Standards (→ *Benchmarking*). Hinsichtlich der Transaktionsmengen werden keine Entscheidungen unter Orientierung an internen Preisen getroffen; die Festlegung des Transaktionsprozesses erfolgt durch Planung.

Die Aufwertung bisher lediglich in den innerbetrieblichen Leistungstransfer eingebundener Einheiten zu „Lieferanten" und „Kunden" lässt in der Praxis schnell die Frage nach dem Zugang zum externen Markt, d.h. nach dem Stellenwert des internen Liefer- und Bezugszwangs, entstehen. Bei ihrer Beantwortung ist zwischen der Nutzung gegebener Kapazitäten und ihrer Festlegung bzw. Anpassung zu unterscheiden. Entscheidet sich die Unternehmungsleitung für den Aufbau von Kapazitäten, weil darin ein strategischer Wettbewerbsvorteil gesehen wird, dann muss dieser Vorteil auch konsequent genutzt werden (*Eccles* 1985; *Frese* 2004). Es besteht interner Liefer- und Bezugszwang. Interne Märkte als Teil des operativen Steuerungssystems sind dann ganz darauf ausgerichtet, die effiziente Nutzung der gegebenen Kapazitäten sicherzustellen. Sie sind kein Konzept, um die strategisch begründeten längerfristigen Kapazitätsentscheidungen zu überprüfen und Anpassungen auszulösen. Diese Funktionen werden vielmehr im

Rahmen der Investitionsplanung wahrgenommen (→ *Outsourcing und Insourcing*).

IV. Reale und fiktive interne Märkte

Reale interne Märkte sollen Planversagen überwinden, das seine Ursache in den Anforderungen der methodischen Bewältigung der Planung hat. Vom internen Markt wird in diesem Fall ein methodischer Beitrag zur Vereinfachung des Steuerungsproblems erwartet. Ein Beispiel für einen realen internen Markt bildet die Regelung der Inanspruchnahme einer zentralen Marktforschungsabteilung durch interne Preise. Die Unternehmungsbereiche entscheiden unter eigenständiger Verfolgung ihrer bereichsindividuellen Zielfunktion, ob die Marktforschungskosten geringer sind als der erwartete Nutzen der Dienstleistung. Reale interne Märkte werden häufig gebildet, wenn plastische Leistungsbeziehungen bestehen. Als „plastisch" soll in Anlehnung an Alchian und Woodward eine Beziehung bezeichnet werden, bei der hinsichtlich des Bedarfs ein Ermessensspielraum besteht; die Input-Output-Beziehungen sind dann mehrdeutig (*Alchian/Woodward* 1988). Diese Mehrdeutigkeit eröffnet Spielräume, die einer unwirtschaftlichen Inanspruchnahme der jeweiligen Ressource Vorschub leisten kann. Eine solche Situation ist vor allem bei Informationsdienstleistungen (z.B. Beratungsdienstleistungen) gegeben, deren Informationswert das Ergebnis komplexer Nutzenbewertungen ist.

Wenn das Management bei dem Versuch an Grenzen stößt, die Leistungsprozesse in der Unternehmung durch Planung analytisch zu erfassen und insbesondere effizientes Kostenverhalten durch zuverlässige Vorgaben mit handlungsleitender Wirkung zu sichern, wird die Steuerung über interne Preise in der Praxis häufig als attraktive Alternative angesehen. Ein Beispiel ist die Abbildung der Lieferbeziehungen zwischen der Gießerei und der Montage einer Motorenfabrik durch einen internen Markt. Im Unterschied zum vorangegangenen Beispiel der Marktforschung liegt hier eine deterministische Input-Output-Beziehung vor, die durch eine Stückliste abgebildet wird und auf Grund detaillierter Produktionsplanung keinen Verhandlungsspielraum bei den Markttransaktionen lässt. Es geht ausschließlich darum, bei geplanten Transaktionen Anreizwirkungen zu generieren, die das Kostenverhalten in der Gießerei im Sinne des Unternehmungsziels beeinflussen.

Die beste Lösung für die Gewährleistung eines kosteneffizienten Ressourceneinsatzes ist ein System flächendeckender Planvorgaben, das in Form der Plankostenrechnung für alle Aktivitäten methodisch gesicherte Effizienzstandards formuliert (→ *Rechnungswesen und Organisation*). Die Wahrnehmung von Problemen (Wahrnehmungseffekt) und die Identifizierung von Problemursachen (Sucheffekt) (*Frese* 2004), die beiden Voraussetzungen kosteneffizienten Verhaltens, sind bei diesem Konzept in höchstem Maße erfüllt. Bei zuverlässiger, detaillierter Planung führt jeder ineffiziente Ressourceneinsatz zu einem Wahrnehmungseffekt und mit der Wahrnehmung eines Problems lässt sich auch die Abweichungsursache systematisch identifizieren. Ein solches System der Planung lässt sich allerdings mit zunehmender Komplexität der Anforderungen immer weniger realisieren. Die Schwierigkeit für ein leistungsfähiges Kostenmanagement liegt unter diesen Umständen darin, trotz der begrenzten Möglichkeiten einer Planung von Kostenstandards Kosteneffizienz auf möglichst hohem Niveau zu gewährleisten.

In diesem Problemkontext sind *fiktive interne Märkte* zu beurteilen. Sie generieren zwar durch den Ausweis monetärer Bereichserfolge permanent Wahrnehmungseffekte und geben Anhaltspunkte dafür, ob ein Problem existiert oder nicht. Der Sucheffekt ist aber nur schwach ausgeprägt. Im Unterschied zur Plansteuerung zeigen die auf internen Märkten generierten Indikatoren keinen Weg zur Ursache und Lösung eines Problems. Der interne Markt deckt keine Problemursachen auf; das ist die Aufgabe der Unternehmungsleitung (und der sie unterstützenden Experten) oder des Bereichsmanagements. Nimmt das Management diese Aufgabe nicht wahr, degenerieren fiktive interne Märkte zu einem reinen Abrechnungsritual ohne nachhaltige Motivationswirkung.

Angesichts des fehlenden Sucheffekts lässt sich die Bildung fiktiver interner Märkte nur mit Wahrnehmungseffekten begründen. Billigt man dem Indikator „Bereichserfolg" eine gewisse Aussagefähigkeit zu – wobei der Ausweis von Gewinnen oder Verlusten allerdings nicht zwingend Rückschlüsse auf den Grad der Kosteneffizienz zulässt –, dann erlauben interne Märkte nach dem Prinzip des Management by Exception die zeitliche Dosierung der Managementaktivitäten.

Näher an die kritische Frage der Identifizierung und Beseitigung von Problemursachen führt eine weitere Betrachtung des Wahrnehmungseffektes. Das in der Praxis verbreitet akzeptierte und wissenschaftlich fundierte Prinzip des modernen Kostenmanagements, das in hohem Maße durch japanische Produktionskonzepte geprägt ist (vgl. *Fujimoto* 1999; *Adler/Cole* 1993), besagt, dass die Sicherung und Steigerung der Kosteneffizienz nur durch Aktivierung des Sachverstands „vor Ort" möglich ist. Fiktive interne Märkte sind danach hinsichtlich ihrer Fähigkeit zu beurteilen, Selbststeuerung, d.h. engagiertes, eigenständiges Handeln der unmittelbar Betroffenen unter Nutzung ihrer Vertrautheit mit den situativen Bedingungen, zu fördern (→ *Selbstorganisation*).

Zur Verbreitung der Marktsteuerung in der Praxis – etwa in Form des Profit Center-Konzepts – trägt letztlich bei, dass die Orientierung an monetären Erfolgsindikatoren beim Management einen hohen Stellenwert hat und die Entstehung marktbasierter Gestaltungsphilosophien begünstigt. Vor allem drei

Merkmale sind in diesem Zusammenhang relevant. Mit dem internen Markt existiert erstens ein Konzept, aus dem heraus sich der Indikator systematisch begründen lässt. Da prinzipiell für jeden Leistungstransfer interne Preise eingeführt und damit monetäre Bereichserfolge ausgewiesen werden können, gibt es zweitens im technischen Sinne keine Grenzen der Anwendung. Da drittens in einer Gesellschaft mit einem marktwirtschaftlichen Wirtschaftssystem Markt und Wettbewerb gemeinhin positiv besetzt sind, werden marktbasierte Indikatoren mit großer Wahrscheinlichkeit bei allen Beteiligten akzeptiert. Sie haben im Sinne von Eccles (*Eccles* 1983) die Chance, als faire Beurteilungskriterien angesehen zu werden (→ *Gerechtigkeit und Fairness*).

Literatur

Ackoff, Russell L.: Corporate Perestroika. The Internal Market Economy, in: Internal Markets. Bringing the Power of Free Enterprise Inside your Organization, hrsg. v. *Halal, William E./ Geranmayeh, Ali/Pourdehnad, John*, New York et al. 1993, S. 15–26.
Adler, Paul S./Cole, Robert E.: Designed for Learning: A Tale of Two Auto Plants, in: SMR, Jg. 34, H. 3/1993, S. 85–94.
Alchian, Armen A./Woodward, Susan: The Firm is Dead. Long Live the Firm: A Review of Oliver Williamson's The Economic Institutions of Capitalism, in: Journal of Economic Literature, Jg. 26, H. 2/1988, S. 65–79.
Coase, Ronald H.: The Nature of the Firm, in: Economica N.S., Jg. 4, 1937, S. 386–405.
Cowen, Tyler/Parker, David: Markets in the Firm. A Market-Process Approach to Management, London 1997.
Doeringer, Peter B./Piore, Michael J.: Internal Labor Markets and Manpower Analysis, Lexington, MA 1971.
Eccles, Robert G.: The Transfer Pricing Problem. A Theory for Practice, Lexington, MA et al. 1985.
Eccles, Robert G.: Control with Fairness in Transfer Pricing, in: HBR, Jg. 61, H. 6/1983, S. 149–161.
Ewert, Ralf/Wagenhofer, Alfred: Interne Unternehmensrechnung, 5. A., Berlin et al. 2003.
Frese, Erich: Plan- und Marktsteuerung in der Unternehmung. Interne Märkte in öffentlich-rechtlichen Rundfunkanstalten, Wiesbaden 2004.
Frese, Erich: Steuerungskonzepte zwischen Plan und Markt. Marktwirtschaft in der Unternehmung, in: Neugestaltung der Unternehmensplanung. Innovative Konzepte und erfolgreiche Praxislösungen, hrsg. v. *Horváth, Péter/Gleich, Ronald*, Stuttgart 2003, S. 19–32.
Frese, Erich: Grundlagen der Organisation. Konzept, Prinzipien, Strukturen, 8. A., Wiesbaden 2000a.
Frese, Erich: Ausgleichsgesetz der Planung und Pretiale Lenkung. Betrachtungen zur Bedeutung der Betriebswirtschaftslehre aus Anlass der Geburtstage von Eugen Schmalenbach und Erich Gutenberg, in: ZfbF, Sonderheft 44, 2000b, S. 1–37.
Frese, Erich: Organisationstheorie. Historische Entwicklung, Ansätze, Perspektiven, 2. A., Wiesbaden 1992.
Fujimoto, Takahiro: The Evolution of a Manufacturing System at Toyota, New York et al. 1999.
Gay, Paul du/Salaman, Graeme: The Culture of the Customer, in: JMan.Stud., Jg. 29, 1992, S. 615–633.
Halal, William E.: The New Management: Bringing Democracy and Markets inside Organizations, San Francisco 1998.
Hirshleifer, Jack: On the Economics of Transfer Pricing, in: JBus, Jg. 29, 1956, S. 172–184.
Holmström, Bengt/Tirole, Jean: Transfer Pricing and Organization Form, in: Journal of Law, Economics and Organizations, Jg. 7, 1991, S. 201–228.
Kloock, Josef: Verrechnungspreise, in: HWO, hrsg. v. *Frese, Erich*, 3. A., Stuttgart 1992, Sp. 2554–2572.
Lehmann, Patrick: Interne Märkte. Unternehmungssteuerung zwischen Abwanderung und Widerspruch, Wiesbaden 2002.
Osterloh, Margit: Unternehmensinterne Märkte, in: Organisation im Wandel der Märkte, hrsg. v. *Glaser, Horst/Schröder, Ernst Friedrich/Werder, Axel v.*, Wiesbaden 1998, S. 287–315.
Schmalenbach, Eugen: Pretiale Wirtschaftslenkung. 2. Band: Pretiale Lenkung des Betriebes, Bremen 1948.
Schmalenbach, Eugen: Über Verrechnungspreise, in: ZfhF, Jg. 3, 1908/09, S. 165–185.
Simon, Herbert A.: Organizations and Markets, in: Journal of Economic Perspectives, Jg. 5, H. 2/1991, S. 25–44.
Stein, Jeremy C.: Agency, Information and Corporate Investment, in: Handbook of the Economics of Finance, hrsg. v. *Constantinides, George/Harris, Milt/Stulz, René*, Amsterdam 2003 (im Druck).
Theuvsen, Ludwig: Ergebnis- und Marktsteuerung öffentlicher Unternehmen. Eine Analyse aus organisationstheoretischer Sicht, Stuttgart 2001.
Weick, Karl E.: Making Sense of the Organization, Oxford et al. 2001.
Whinston, Andrew: Price Guides in Decentralized Organizations, in: New Perspectives in Organization Research, hrsg. v. *Cooper, William W./Leavitt, Harold J./Shally, Maynard W.*, New York et al. 1964, S. 405–448.
Williamson, Oliver E.: Markets and Hierarchies: Analysis and Antitrust Implications, New York 1975.

Interpretative Organisationsforschung

Emil Walter-Busch

[s.a.: Beratung, Theorie der; Konstruktivismus; Kulturvergleichende Organisationsforschung; Messung von Organisationsstrukturen; Methoden der empirischen Managementforschung; Organisationsentwicklung; Organisationskultur; Organisationstheorie; Postmoderne Organisationstheorie.]

I. *Begriff und theoretische Grundlagen interpretativer Organisationsforschung*; II. *Anwendungen interpretativer Organisationsforschung*; III. *Fazit: offene Fragen.*

Zusammenfassung

Interpretative Organisationsforschung bearbeitet die Frage, wie Organisationsmitglieder ihre Alltagswelt konstruieren, auslegen und handelnd verändern, im Wesentlichen aus der Sicht von vier verschiedenen Theorien. In der interpretativ-empirischen Grundlagenforschung über Organisationen dominieren ethnographische Studien, während interpretative Verfahren des Recherchierens, der Diagnose und Therapie in der Organisationsberatungspraxis ein ebenso

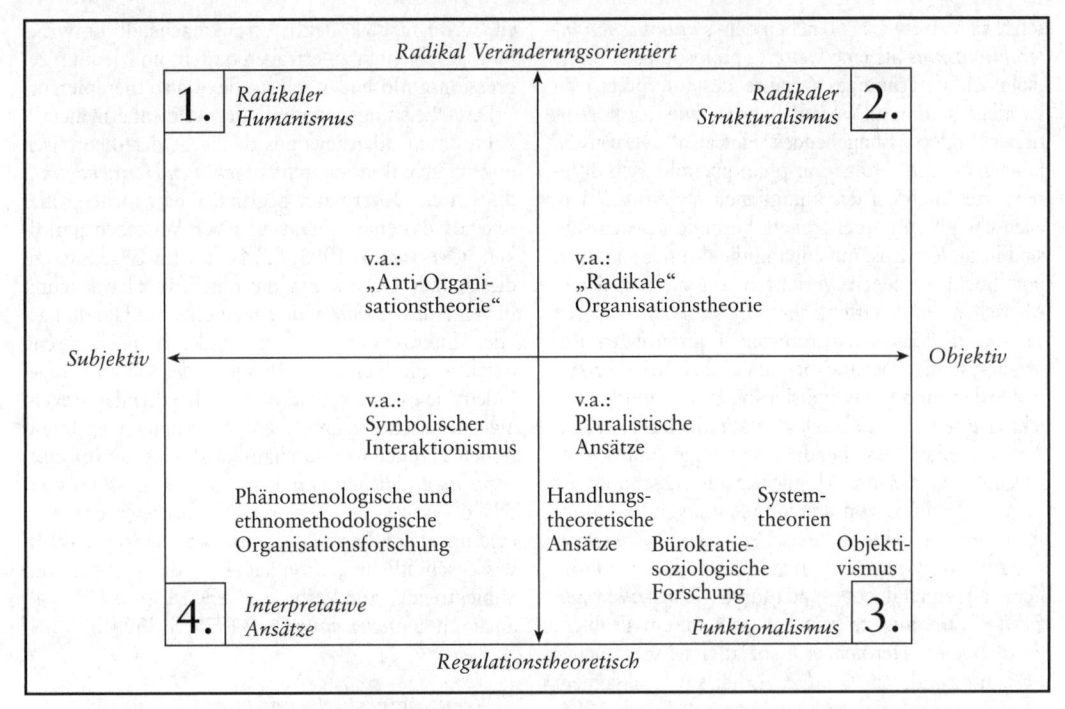

Abb. 1: Ansätze der Organisationsforschung nach Burrell und Morgan (Burrell/Morgan 1979)

weites wie fruchtbares Anwendungsfeld vorfinden. Das Grundproblem der doppelten Hermeneutik interpretativer Organisationsforschung ist nach wie vor nicht befriedigend gelöst.

I. Begriff und theoretische Grundlagen interpretativer Organisationsforschung

Im weiten Feld sozialwissenschaftlicher Organisationsforschung ringen unterschiedlichste Konzepte und Methoden um Anerkennung. Eine organisationswissenschaftlich nützliche Orientierungskarte, die Burrell und Morgan entworfen haben (*Burrell/Morgan* 1979), geht von den Gegensätzen „subjektiv" vs. „objektiv" und „radikal veränderungsorientiert" vs. „regulationstheoretisch" aus. Im Feld links unten der Vierfeldertabelle, die aufgrund dieser Unterscheidungen erstellt werden kann, sind Ansätze des „*interpretativen Paradigmas*" im Sinne von Wilson (*Wilson* 1973) zu Hause (s. Abb. 1).

David Silverman, einer der Pioniere interpretativer Organisationsforschung, hat deren wichtigste Prämissen wie folgt formuliert:

1. Menschliches Handeln ist als symbolisch vermitteltes Verhalten interpretationsbedürftig.

2. Erklärungen des Handelns von Menschen in und durch Organisationen sollten die Frage beantworten, wie Organisationsmitglieder ihre Alltagswelt konstruieren, auslegen und handelnd verändern (*Silverman* 1970, S. 126 f.).

Wegweisende Leitideen interpretativer Organisationsforschung entstammen im Wesentlichen den nachstehend skizzierten vier Hauptvarianten des *interpretativen Paradigmas*.

1. Symbolischer Interaktionismus

Die Begründer des symbolischen Interaktionismus, George H. Mead und Herbert Blumer, fassten individuelles Verhalten und Bewusstsein als *im Medium symbolisch vermittelter Interaktion sozial konstruiert* auf. Menschen handeln ihnen zufolge einerseits aufgrund sozial vorgeprägter und sozial vermittelter Bedeutungen. Handelnd verändern und reinterpretieren sie andererseits fortwährend diese Bedeutungen. Wer Interaktionen zwischen Menschen und die aus ihnen resultierenden Realitätsdefinitionen angemessen verstehen möchte, kann sich nicht mit experimenteller oder Umfrageforschung begnügen. Diese in der amerikanischen Sozialpsychologie und Soziologie seit den 30er Jahren des letzten Jahrhunderts dominierenden Forschungsmethoden sollten durch Verfahren *teilnehmender Beobachtung* – dem Königsweg empirischer Sozialforschung – teils ersetzt, teils ergänzt werden.

2. Sozialwissenschaftlich angewandte Phänomenologie

Das große Projekt von Alfred Schütz, Grundbegriffe der verstehenden Soziologie Max Webers mit Mitteln der Phänomenologie Edmund Husserls zu klären, setzte sich ab etwa 1960 neben dem *symbolischen Interaktionismus* als eine weitere, philosophisch ungewöhnlich tiefgründige Variante des interpretativen Paradigmas durch. Worauf Begriffe wie „sinnorientiertes" oder „sinngebendes Handeln" verweisen, können Schütz zufolge nur phänomenologisch differenzierte Analysen der alltäglichen *Lebenswelt* von Menschen bestimmt erkennen. Besonders bedeutsam sind in diesem Zusammenhang die Grundannahmen und hochkomplexen Verfahrensweisen, mit denen Menschen es schaffen, ihre *Lebenswelt* – deren raum-zeitlichen Aufschichtungen, Typisierungen, Relevanzsysteme, Realitätsbereiche, sozialweltbezogenen Selbst- und Fremdtypisierungen, Handlungsprojektschemen usw. – als selbstverständlich zu erleben. Aufgabe einer verstehenden Soziologie und Sozialpsychologie, die ihre Möglichkeiten ausschöpft, ist es gemäß Schütz, von den Sinndeutungen und Sinnsetzungen handelnder Menschen – deren *Konstruktionen erster Ordnung* – sozialwissenschaftlich möglichst gut durchdachte, „adäquate" *Konstruktionen zweiter Ordnung* zu erstellen (zu diesem Problem der *doppelten Hermeneutik* sozialwissenschaftlicher Erkenntnis vgl. v.a. *Giddens* 1984; sowie allgemein zu phänomenologischer Soziologie z.B. *Eberle* 1984; *Luckmann* 1992 und *Phillipson* 1972).

Eine originelle Weiterentwicklung der sozialwissenschaftlich angewandten Phänomenologie Schütz' stellt die von Harold Garfinkel begründete *Ethnomethodologie* dar. Wie ihr Name besagt, versucht diese Theorie, die *Methoden*, d.h. konkret die „für alle möglichen praktischen Zwecke sichtbar-rational-und-mitteilbar" gemachten Alltagspraktiken zu bestimmen, mit denen Menschen die Welt sozialer Tatsachen fortlaufend neu erzeugen. Analysen der staunenswert komplexen Fertigkeiten („accomplishments"), mit denen sich Menschen der Normalität ihrer Alltagswelt versichern, beantworten zugleich die klassische Frage von Hobbes danach, wie gesellschaftliche Ordnung möglich sei (vgl. *Phillipson* 1972; *Eberle* 1984, S. 438 ff.).

3. Tiefenhermeneutische und strukturlogische Konzepte

Auf Kritik stießen interaktionistische, phänomenologische und ethnomethodologische Ansätze in den Sozialwissenschaften nicht nur bei Gegnern, sondern auch bei Freunden des interpretativen Paradigmas. Einige Kritiker fanden, dass diese Ansätze den subjektiven Intentionen Handelnder zu viel, der harten Faktizität psychischer und gesellschaftlicher Repression dagegen zu wenig Bedeutung beimäßen. Dies möchten „*tiefenhermeneutische*", von Modellen der emanzipatorischen Psychoanalyse, der Sprachphilosophie, der generativen Grammatik und (i.w.S.) strukturalistischer Gesellschaftstheorie ausgehende Methoden korrigieren (*König* 1997). Ihr Ziel ist es, neurotische Symptome von Individuen, die individuell, wenn nicht kollektiv, krankmachende Entwicklungsgeschichten zu ertragen hatten, im Medium repressionsauflösender Selbstreflexion zu therapieren.

Das Leistungspotential der Tiefenhermeneutik kann damit allerdings aus der Sicht der theoretisch ungemein ambitionierten „*objektiven Hermeneutik*", die Ulrich Oevermann begründet hat, nicht größer sein als dasjenige therapeutischer Verstehenspraktiken (*Oevermann* 1993, S. 144 ff.). Im Gegensatz zu diesen hält Oevermann die objektive Hermeneutik für eine den *latenten Sinn* menschlicher Handlungs- oder Interaktions*texte* erfassende, nämlich streng objektiv und lückenlos offen legende, Methodologie. Indem sie es ermöglicht, die „nach geltenden Regeln algorithmisch erzeugte", von den subjektiven Intentionen Handelnder durchaus unabhängige *Strukturlogik menschlichen Handelns* zu entschlüsseln, stellt die objektive Hermeneutik Sozialwissenschaftlern eine unverzichtbare, ja eigentlich die einzig wirklich wissenschaftliche „Grundlage für die Analyse von Subjektivität" zur Verfügung (ebd. S. 143, 106; vgl. auch schon *Oevermann* et al. 1979, S. 352 ff.).

4. Konstruktivistische und postmodernistische Ansätze

Weil der Begriff „soziale Realitätskonstruktion" im Zentrum des Buches steht, das Schütz' Ruf zuerst in den USA, dann international verbreitet hat (*Berger/Luckmann* 1969), nennt man diesen Zweig phänomenologischer Soziologie häufig auch „Sozialkonstruktivismus". Er unterscheidet sich allerdings in einer Hinsicht grundsätzlich von den verschiedenen Varianten des postmodernistisch eingefärbten Konstruktivismus der 80er und der 90er Jahre des letzten Jahrhunderts: Während Schütz im Sinne Husserls ein für alle Mal und für jedermann gleich, also strikt allgemein geltende Strukturen der Lebenswelt herauszuarbeiten versuchte, tendieren postmodernistische Versionen konstruktivistischen Denkens dazu, im Sinne der anarchistischen Devise „anything goes" von Paul Feyerabend *radikal relativistisch* zu argumentieren. Dies trifft vor allem auf den von Kenneth Gergen begründeten *relationalen Konstruktivismus* zu, der mit seinem Regulativ *generativer Theorieentwicklung* („generative theorizing") Sozialwissenschaftler dazu ermuntert, immer wieder neuen Arten von Beziehungen, die neue Realitäten erschließen, eine Stimme zu geben (→ *Konstruktivismus*; → *Postmoderne Organisationstheorie*).

II. Anwendungen interpretativer Organisationsforschung

Es ist eine Sache, zur Mainstreamforschung, die Gesetzeshypothesen testet, alternative Theorie*programme* zu entwerfen. Etwas anderes ist es, solche

Alternativkonzepte empirisch oder praktisch umzusetzen. Welche Arten empirischer *Grundlagenforschung* über Organisationen gehören einer oder mehreren der skizzierten Traditionen interpretativer Sozialforschung an? Inwieweit machen außerdem die *praxisorientierte* Organisationsforschung und die *Organisationsberatung* von Konzepten und Methoden des interpretativen Paradigmas Gebrauch?

1. Interpretative Grundlagenforschung über Organisationen

a) Ethnographische Organisationsforschung

Die meisten empirischen Beiträge zur interpretativen Grundlagenforschung über Organisationen tragen das Label *ethnographischer* Forschung. Seitdem Ethnologen nicht nur archaische Gesellschaften, sondern nach dem Vorbild William Lloyd Warner's (*Warner/Low* 1947) und der Hawthorne-Experimente (*Schwartzmann* 1993; *Walter-Busch* 1989) auch Unternehmungen und andere Organisationen moderner Gesellschaften erforschen, gibt es eine i.w.S. *ethnographische Organisationsforschung*. Sie versucht mit Mitteln der *qualitativen Sozialforschung* (→ *Methoden der empirischen Managementforschung*), etwa narrativen Interviews oder Expertengesprächen, v.a. aber mittels geduldig teilnehmender Beobachtung, Beschreibungen organisationaler Lebenswelten zu erstellen, die reicher und „dichter" sind als die hochselektiven Realitätsabbildungen quantifizierender Variablenforschung (vgl. u.a. *Whyte* 1948; *Dalton* 1959; *Goffman* 1961; *Becker* et al. 1971; *Spradley/Mann* 1975 und *Pettigrew* 1985; neuere Bestandsaufnahmen ethnographischer Organisationsforschung vermitteln *Morrill/Fine* 1997 und *Gellner/Hirsch* 2001).

b) Textzentrierte Formen interpretativer Grundlagenforschung über Organisationen

Während Ethnographen ihren Beobachtungen i.Allg. mehr vertrauen als noch so hoch entwickelten Interviewtechniken, stehen im Zentrum *textzentrierter* Formen der Organisationsforschung mündlich oder schriftlich geäußerte *Texte* aller Art. Vielfältige Anregungen, wie man aufschlussreiche Dokumente phantasievoll erheben kann, vermittelt die einem *tiefenhermeneutischen* Ansatz verpflichtete Studie „Betriebliche Lebenswelt" von Volmerg et al. (*Volmerg/Leithäuser/Senghaas-Knobloch* 1986). Mit ihrem Verfahren der *Kernsatzfindung* versuchten sie, tiefer liegende Sinnschichten der gesammelten Dokumente mittels sog. *Kernsätze*, d.h. trefflicher Originalzitate wie etwa „Die Arbeit unten, die muss ja auch gemacht werden" oder „Früher haben wir besser zusammengearbeitet", offen zu legen (*Volmerg/Leithäuser/Senghaas-Knobloch* 1986, S. 269 ff.; zur reichhaltigen interpretativen Organisationskulturforschung → *Organisationskultur*).

Wie manche anderen „sprechstrukturell" oder inhaltlich interessierten Hermeneutiken (*Honer* 1993, S. 89 ff.), nimmt die Methode der Kernsatzfindung kaum Textauslegungskompetenzen in Anspruch, die über diejenigen des Common Sense wesentlich hinausgingen. Dies trifft auch auf die wichtigsten Spielarten *narrationstheoretischer* (*Boje* 2001; *Czarniawska* 1997; *Gabriel* 2000; *Fischer-Rosenthal/Rosenthal* 1997) sowie *diskursanalytischer*, v.a. von Konzepten Jürgen Habermas' und/oder Michel Foucault's beeinflusster Organisationsforschung zu (*Alvesson/Willmott* 1992; *Grant/Keenoy/Oswick* 1998; *Osterloh* 1993).

Sowohl die von Harvey Sacks begründete *Konversationsanalyse* als auch Ulrich Oevermanns *objektive Hermeneutik* sind demgegenüber methodologisch ausgesprochen profilierte Ansätze. Jeder von ihnen stellt seinen Anhängern feinstens differenzierende Techniken zur Analyse alltäglicher Interaktionspraktiken bzw. (im Falle der objektiven Hermeneutik, s. Abschnitt I.3) Methoden zur Deutung des latenten Sinns von Interaktionstexten zur Verfügung (vgl. dazu u.a. *Eberle* 1984, S. 245 ff. und *Reichertz* 1997, S. 31 ff.).

2. Praxisorientierte Organisationsforschung

Im weiten Feld praxisanleitender Konzepte, Techniken und v.a. Praktiken des Managements stehen interpretativen Verfahren des Recherchierens, der Diagnose und der Therapie annähernd unerschöpfliche Entfaltungsmöglichkeiten offen. Denn die weitaus meisten sich praktisch bewährenden Organisations- und Management-„Theorien" sind ja nicht etwa, wie es die Mainstreamforschung gerne sähe, technologische Transformationen empirisch bewährter Ansätze der Grundlagenforschung. Es sind vielmehr Eigenentwicklungen der eher qualitativ-offenen, pragmatisch und „intuitiv" als strenger wissenschaftlich vorgehenden Praxis – einer Praxis, für die Befunde der Forschung grundsätzlich nicht *obwohl*, sondern dann, *wenn* sie viel Interpretationsspielraum gewähren, fruchtbar werden können (s. auch → *Beratung, Theorie der*).

In der Organisationsberatungspraxis verfügen vor allem Fachleute der → *Organisationsentwicklung* über ein imponierend vielseitiges Repertoire an interpretativen Recherchier-, Diagnose- und Therapietechniken. Es umfasst außer dem traditionellen Experteninterview, dem fokussierten und narrativen Interview u.a. das Beobachtungsinterview, Klein- und Großgruppendiskussionen, Verfahren zur Visualisierung individueller oder kollektiver Entwicklungsprozesse, Rollenspiele und Unternehmenstheater (*Kühl/Strodtholz* 2002; *Schreyögg/Dabitz* 1999). Der Phantasie von Organisationsforschern, die mit interpretativen Verfahren dieser Art praktisch wirken möchten, sind – vorausgesetzt, dass sie ihre Praxis nicht i.S. des Schemas von Burrell und Morgan (*Burrell/Morgan* 1979) politisch restriktiv als „radikal-humanistisch" verstehen (vgl. Abb. 1) – buchstäblich keine Grenzen gesteckt.

III. Fazit: offene Fragen

Strenger wissenschaftliche, in der Regel quantifizierende Mainstreamforschung zählt darauf, dass es ihr in ihrem (mit Robert Musil zu sprechen) *„ratioïden"* Reich der *„Herrschaft der Regel mit Ausnahmen"* möglich ist, *„zur Eindeutigkeit konvergierende"* Forschungsbefunde zu erzielen. Demgegenüber gesteht interpretative Organisationsforschung dem, was sie mit ihren qualitativ-offenen Untersuchungsmethoden im *nicht-ratioïden Feld* der *„Herrschaft der Ausnahmen über die Regel"* erkennen möchte, ein hohes Maß an auch oder ausschließlich poetisch-metaphorisch fassbarer *Vieldeutigkeit („Imponderabilität")* zu (*Musil* 1978a, S. 1028 f. und *Musil* 1978b, S. 1049). Auf die hochkomplexen, permanent veränderlichen Gegebenheiten moderner Organisationen können interpretative Ansätze, denen die Vorherrschaft von Ausnahmen über die Regel selbstverständlich erscheint, flexibler eingehen als generelle Gesetzeshypothesen testende, ihre Ergebnisse darum auf Konvergenz zur Eindeutigkeit hin trimmende Forschungsverfahren.

Interpretative Organisationsforschung hat für ihre größere Flexibilität und Praxisnähe freilich einen Preis zu entrichten: Sie lässt sich schwerer gegen die Frage immunisieren, worin denn nun eigentlich der Mehrwert ihrer Konstruktionen zweiter Ordnung gegenüber denjenigen erster Ordnung besteht, die sie möglichst „adäquat" zu erfassen versucht (bzw. „verstehen", „nachbilden", „rekonstruieren", „reinterpretieren", „übersetzen" möchte; zum Grundproblem der *„doppelten Hermeneutik"* interpretativer Sozialwissenschaften vgl. *Giddens* 1984, S. 36, 53, 75, 95, 182 ff.). Annähernd unbestritten ist, dass sozialwissenschaftliche Konstruktionen zweiter Ordnung nicht einfach nur Replika der Alltagstheorien des „Manns von der Straße" sein sollen. Nach wie vor kann man andererseits im Umgang mit interpretativer Grundlagenforschung über Organisationen eine Erfahrung machen, die Ralf Dahrendorf trefflich wie folgt beschrieben hat: Einen Forschungsbericht lesend, meint man zunächst im sozialwissenschaftlichen Jargon ertrinken zu müssen – bis man entdeckt, „dass das rettende Ufer des *commom sense* näher ist, als das Meer von Begriffen einem nahe legen würde" (*Dahrendorf* 1969, S. IX).

Literatur

Alvesson, Mats/Willmott, Hugh (Hrsg.): Critical Management Studies, London et al. 1992.
Becker, Howard et al.: Boys in White. Student Culture in Medical School, Chicago 1971.
Berger, Peter/Luckmann, Thomas: Die gesellschaftliche Konstruktion der Wirklichkeit. Eine Theorie der Wissenssoziologie, Frankfurt am Main 1969.
Boje, David: Narrative Methods for Organizations and Communication Research, Newbury Park et al. 2001.
Burrell, Gibson/Morgan, Gareth: Sociological Paradigms and Organizational Analysis, Aldershot 1979.
Czarniawska, Barbara: A Narrative Approach to Organization Studies, Newbury Park et al. 1997.
Dahrendorf, Ralf: Vorwort zu Goffmann, Erving: Wir alle spielen Theater, München 1969, S. VII – X.
Dalton, Melville: Men Who Manage, New York 1959.
Eberle, Thomas: Sinnkonstitution in Alltag und Wissenschaft. Der Beitrag der Phänomenologie an die Methodologie der Sozialwissenschaften, Bern 1984.
Fischer-Rosenthal, Wolfgang/Rosenthal, Gabriele: Narrationsanalyse biographischer Selbstorganisation, in: Sozialwissenschaftliche Hermeneutik. Eine Einführung, hrsg. v. *Hitzler, Ronald/Honer, Anne*, Opladen 1997, S. 133–164.
Gabriel, Yiannis: Storytelling in Organizations. Facts, Fictions, and Fantasies, Oxford 2000.
Gellner, David/Hirsch, Eric (Hrsg.): Inside Organizations. Anthropologists at Work, Oxford et al. 2001.
Giddens, Anthony: Interpretative Soziologie. Eine kritische Einführung, Frankfurt am Main et al. 1984.
Goffman, Erving: Asylums. Essays on the Social Situation of Mental Patients and Other Inmates, New York et al. 1961.
Grant, David/Keenoy, Tom/Oswick, Cliff (Hrsg.): Discourse and Organization, London et al. 1998.
Honer, Anne: Lebensweltliche Ethnographie. Ein explorativ-interpretativer Forschungsansatz am Beispiel von Heimwerker-Wissen, Wiesbaden 1993.
König, Hans-Dieter: Tiefenhermeneutik, in: Sozialwissenschaftliche Hermeneutik. Eine Einführung, hrsg. v. *Hitzler, Ronald/Honer, Anne*, Opladen 1997, S. 213–244.
Kühl, Stefan/Strodtholz, Petra (Hrsg.): Methoden der Organisationsforschung. Ein Handbuch, Reinbek 2002.
Luckmann, Thomas: Theorie des sozialen Handelns, Berlin et al. 1992.
Morrill, Calvin/Fine, Gary Alan: Ethnographic Contributions to Organizational Sociology, in: Sociological Methods & Research, Jg. 25, 1997, S. 424–451.
Musil, Robert: Skizze der Erkenntnis des Dichters, in: Gesammelte Werke Bd. 8: Essays und Reden, hrsg. v. *Frisé, Adolf*, Reinbek bei Hamburg 1978a, S. 1025–1030.
Musil, Robert: Geist und Erfahrung. Anmerkungen für Leser, welche den Untergang des Abendlandes entronnen sind, in: Gesammelte Werke Bd. 8: Essays und Reden, hrsg. v. *Frisé, Adolf*, Reinbek bei Hamburg 1978b, S. 1042–1059.
Oevermann, Ulrich: Die objektive Hermeneutik als unverzichtbare methodologische Grundlage für die Analyse von Subjektivität. Zugleich eine Kritik der Tiefenhermeneutik, in: „Wirklichkeit" im Deutungsprozess. Verstehen und Methoden in den Kultur- und Sozialwissenschaften, hrsg. v. *Jung, Thomas/Müller-Doohm, Stefan*, Frankfurt am Main 1993, S. 106–189.
Oevermann, Ulrich et al.: Die Methodologie einer „objektiven Hermeneutik" und ihre allgemeine forschungslogische Bedeutung in den Sozialwissenschaften, in: Interpretative Verfahren in den Sozial- und Textwissenschaften, hrsg. v. *Soeffner, Hans-Georg*, Stuttgart 1979, S. 352–434.
Osterloh, Margit: Interpretative Organisations- und Mitbestimmungsforschung, Stuttgart 1993.
Pettigrew, Andrew: The Awakening Giant. Continuity and Change in Imperial Chemical Industries, Oxford et al. 1985.
Phillipson, Michael: Phenomenological Philosophy and Sociology, in: New Directions in Sociological Theory, hrsg. v. *Filmer, Paul* et al., London 1972, S. 119–163.
Reichertz, Jo: Objektive Hermeneutik, in: Sozialwissenschaftliche Hermeneutik. Eine Einführung, hrsg. v. *Hitzler, Ronald/Honer, Anne*, Opladen 1997, S. 31–55.

Schreyögg, Georg/Dabitz, Robert (Hrsg.): Unternehmenstheater. Formen – Erfahrungen – Erfolgreicher Einsatz, Wiesbaden 1999.
Schwartzmann, Helen: Ethnography in Organizations, Newbury Park et al. 1993.
Silverman, David: The Theory of Organizations, London 1970.
Spradley, James/Mann, Brenda: The Cocktail Waitress. Woman's Work in a Man's World, New York et al. 1975.
Volmerg, Birgit/Leithäuser, Thomas/Senghaas-Knobloch, Eva: Betriebliche Lebenswelt. Eine Sozialpsychologie industrieller Arbeitsverhältnisse, Opladen 1986.

Walter-Busch, Emil: Das Auge der Firma. Mayos Hawthorne-Experimente und die Harvard Business School, 1900–1960, Stuttgart 1989.
Warner, William Lloyd/Low, J. O.: The Social System of the Modern Factory, New Haven 1947.
Whyte, William F.: Human Relations in the Restaurant Industry, New York 1948.
Wilson, Thomas: Theorien der Interaktion und Modelle soziologischer Erklärung, in: Alltagswissen, Interaktion und gesellschaftliche Wirklichkeit, hrsg. v. *Arbeitsgruppe Bielefelder Soziologen*, Reinbek 1973, Bd 1, S. 54–79.

Kapitalmarkt und Management

Rolf Bühner/Patrick Stiller

[s.a.: Aufsichtsrat; Board of Directors; Corporate Governance (Unternehmensverfassung); Corporate Governance, internationaler Vergleich; Evaluation der Unternehmensführung; Hauptversammlung und Aktionärseinfluss; Prinzipal-Agenten-Ansatz; Shareholder- und Stakeholder-Ansatz; Top Management (Vorstand).]

I. Einleitung; II. Markt für Unternehmenskontrolle; III. Institutionelle Investoren; IV. Fazit.

Zusammenfassung

Gegenstand des Beitrags ist der Markt für Unternehmenskontrolle und die Einflussnahme institutioneller Investoren als kapitalmarktbasierte Kontrollmechanismen zur Disziplinierung des Managements von Publikumsgesellschaften. Neben einer Erläuterung der Motive der Akteure und der unterschiedlichen Formen der Kontrollausübung wird anhand zahlreicher empirischer Untersuchungen analysiert, inwieweit die beiden Kontrollmechanismen tatsächlich eine disziplinierende Wirkung ausüben.

I. Einleitung

Der Kapitalmarkt trägt zum Abbau des Prinzipal-Agenten-Problems (→ *Prinzipal-Agenten-Ansatz*) bei. Die dabei vom Kapitalmarkt ausgehende disziplinierende Wirkung auf das Management hat zwei Gründe: 1) Im Rahmen des Shareholder-Value-Ansatzes (→ *Shareholder- und Stakeholder-Ansatz*) hat sich die Steigerung des *Unternehmenswertes* als kapitalmarktorientiertes Ziel etabliert (→ *Wertorientierte Unternehmensführung*). Die Höhe des Unternehmenswertes bzw. Aktienkurses wird dadurch zum (objektiven) Urteil des Marktes über die Zielerreichung (*Manne* 1965). Ein konstant niedriger Unternehmenswert bringt die negativen Erwartungen des Marktes bzgl. des zukünftigen Erfolges des Unternehmens zum Ausdruck. Er zeigt eine schlechte Leistung des Managements und eine damit verbundene ineffiziente Nutzung der Ressourcen an. 2) Der Kapitalmarkt sorgt nicht nur für Transparenz hinsichtlich der Zielerreichung, sondern er sorgt auch für die Durchsetzung des Unternehmensziels, wenn alle internen Kontrollmechanismen (→ *Aufsichtsrat*; → *Board of Directors*) versagt haben (*Fama* 1980, S. 294 f.; *Morck/Shleifer/Vishny* 1989, S. 842). Bei anhaltend schlechter Leistung wird von Seiten des Kapitalmarktes Druck auf das Management ausgeübt, die Leistung zu erhöhen. Diese *Disziplinierung* entsteht dadurch, dass die Mitglieder des Managements um ihre Positionen fürchten müssen, wenn Leistungssteigerungen ausbleiben (*Boeker* 1992). Dieser Mechanismus beruht entweder auf dem *Markt für Unternehmenskontrolle* oder auf der Einflussnahme *institutioneller Investoren*.

II. Markt für Unternehmenskontrolle

1. Begriff

Der Begriff „Markt für Unternehmenskontrolle" (engl.: *market for corporate control*) geht auf Manne zurück (*Manne* 1965, S. 112). Er versteht diesen als den Ort, an dem mit Verfügungsrechten an Unternehmen gehandelt wird. Unternehmen werden als Güter angesehen, die aus Bündeln von Ressourcen bestehen und Quellen zukünftiger Zahlungsüberschüsse bilden. Transaktionspartner in diesem Markt sind die Eigentümer als Verkäufer des Unternehmens und das Management eines bietenden Unternehmens (auch „*Corporate Raider*" genannt), das sich um den Kauf bewirbt.

2. Kontrollanreiz

Schlechte Leistungen des Managements lassen den Aktienkurs eines Unternehmens soweit sinken, dass dadurch ein Anreiz für ein neues, kompetenteres Management-Team ensteht, die Kontrolle des Unternehmens zu übernehmen und infolgedessen den Wert des Unternehmens für seine Eigentümer (wieder) zu steigern (*Jensen/Ruback* 1983, S. 5–7). Je niedriger der Aktienkurs und je höher das vom neuen Management vermutete Wertpotenzial des Unternehmens ist, desto größer wird der erwartete Erfolg einer Kontrollübernahme und damit der Kontrollanreiz. Durch *Restrukturierungen* nach einer Kontrollübernahme können Ressourcen wieder einer effizienten Nutzung zugeführt werden. Die Folge wäre eine Steigerung des Unternehmenswertes für die Eigentümer des Unternehmens.

Der Kontrollübergang auf ein neues Management bedeutet für das alte Management einen Machtverlust und i.d.R. auch einen Verlust der eigenen Position (*Denis/Kruse* 2000, S. 395 f.). Aus diesem Grund steht das alte Management dem Versuch einer Kontrollübernahme durch ein neues Management ablehnend gegenüber. Das alte Management betrachtet dies als einen *feindlichen Übernahmeversuch* (*hostile takeover*) und hat angesichts der weit reichenden persönlichen Konsequenzen einen Anreiz, diesen abzuwehren. Hierzu stehen ihm zwei Handlungsoptionen offen: 1) In Kenntnis der Folgen einer feindlichen Übernahme versucht es, den Wert des Unternehmens erst gar nicht absinken zu lassen, sondern dauerhaft zu steigern (→ *Wertorientierte Unternehmensführung*). Dies stellt die gewünschte disziplinierende Wirkung des Marktes für Unternehmenskontrolle dar. 2) Da eine wertorientierte Unternehmensführung jedoch mit Einschränkungen bei persönlichen Zielen verbunden ist (erhöhte Anstrengungen, Verzicht auf Statussymbole, Verfügungsgewalt über weniger finanzielle Ressourcen), trifft das Management Maßnahmen zur Abwehr feindlicher Übernahmen.

3. Formen des Kontrollübergangs

In den USA kann sich der Bieter um die Vollmachten zur Stimmrechtsausübung (*proxy vote*) von nicht auf der Hauptversammlung (→ *Hauptversammlung und Aktionärseinfluss*) anwesenden Aktionären bewerben. Er tritt damit automatisch in Konkurrenz mit dem Board of Directors der Zielgesellschaft, dem normalerweise die Stimmrechtsvollmacht zukommt. Verfügt ein Bieter über die Mehrheit der Stimmen auf der Hauptversammlung, hat er die Möglichkeit, ein neues, ihm freundlich gesonnenes Board of Directors zu wählen. Ein neu ernanntes Management könnte dann durch eine bessere Strategie den Wert des Unternehmens steigern. Obwohl es nicht zu einem wirklichen Kontrollübergang durch den fehlenden Erwerb von Anteilen an der Zielgesellschaft durch den Bieter kommt, bewirkt der mögliche Wechsel an der Führungsspitze dennoch eine Disziplinierung des Managements (*Lohrer* 2001, S. 176–181).

Bei einem öffentlichen *Übernahmeangebot* (*public tender offer*) strebt der Bieter einen wirklichen Kontrollübergang durch den Erwerb von Unternehmensteilen an. Der Bieter wendet sich hierbei direkt an die Aktionäre der Zielgesellschaft – er umgeht somit das Management – und bietet ihnen den Kauf ihrer Anteile zu einem Preis an, der sich aus dem Marktpreis und einer darüber hinausgehenden Übernahmeprämie zusammensetzt (*Jensen/Ruback* 1983, S. 6–7). Während der Angebotsfrist findet zwischen dem Bieter und dem Management der Zielgesellschaft ein öffentlich ausgetragener argumentativer Wettstreit statt, der die Aktionäre zum Verkauf respektive Halten der Aktien veranlassen soll.

4. Wirksamkeit

Der Versuch, die disziplinierende Wirkung des Marktes für Unternehmenskontrolle nachzuweisen, hat zu verschiedenen Ansätzen und Ergebnissen geführt. Eine große Zahl von Autoren vertritt folgenden gedanklichen Ansatz: Wenn von der Gefahr einer feindlichen Übernahme eine disziplinierende Wirkung auf das Management ausgeht, wird dies vom Kapitalmarkt honoriert, da höhere zukünftige Zahlungen an die Eigner zu erwarten sind. Entsprechend müsste eine verringerte Übernahmegefahr, die durch die Einführung von Abwehrmaßnahmen entsteht, vom Kapitalmarkt mit einem Kursabschlag bedacht werden.

DeAngelo/Rice 1983, S. 355; *Ryngaert* 1988, S. 411; *Karpoff/Malatesta* 1989, S. 321; *Mahoney/Mahoney* 1993, S. 27, sowie *Denis/Kruse* 2000, S. 421, zeigen, dass auf die Einführung von Abwehrmaßnahmen negative Kapitalmarktreaktionen folgen. *Jarrell/Poulsen* 1987, S. 154 f., kommen zu einem differenzierten Urteil. Demnach unterscheidet sich die Kapitalmarktreaktion in Abhängigkeit von der vorgeschlagenen Abwehrmaßnahme und der Eigentümerstruktur des Unternehmens. *Linn/McConnell* 1983, S. 397, hingegen berechnen eine positive Kapitalmarktreaktion auf die Einführung von Abwehrmaßnahmen und begründen dies damit, dass das Management durch die Schutzvorkehrungen in die Lage versetzt wird, mit Bietern eine gleichberechtigte Verhandlung um den Kaufpreis des Unternehmens zu führen. Auf diese Weise ist es möglich, einen größeren Teil des Transaktionsvorteils für die Eigentümer des zur Disposition stehenden Unternehmens in Form einer höheren Übernahmeprämie zu erzielen. Wie *Comment/Schwert* 1995, S. 37 f., zeigen, können feindliche Übernahmeversuche durch Abwehrmaßnahmen nicht wirkungsvoll verhindert werden, so dass das damit verbundene Gefahrenpotenzial für das Management bestehen bleibt.

Zum Nachweis der Wirksamkeit des Kapitalmarktes setzen andere Studien an der Fähigkeit von Corporate Raiders an, schlecht geführte Unternehmen zu identifizieren und im Anschluss an eine Übernahme das alte Management abzulösen, um Restrukturierungen durchzuführen. *Jensen/Ruback* 1983, S. 10, weisen mit diesem Vorgehen eine Wirksamkeit des Marktes für Unternehmenskontrolle nach. Allerdings kommen *Walsh/Kosnik* 1993, S. 691, und *Franks/Mayer* 1996, S. 180, zu gegenteiligen Ergebnissen.

III. Institutionelle Investoren

1. Begriff

Zur Gruppe der institutionellen Investoren werden öffentliche und private *Pensionsfonds*, Aktienfonds sowie Banken und Versicherungen gezählt (die letzten beiden werden hier nicht näher betrachtet). Institutionelle Investoren verwalten das Geld ihrer Anleger treuhänderisch mit dem Ziel einer möglichst großen Wertsteigerung. Pensions- und Aktienfonds sind zu einer der bedeutendsten Eigentümergruppen geworden: so wurden im Jahr 2000 57% des Eigenkapitals amerikanischer Unternehmen von Fonds kontrolliert (*Ryan/Schneider* 2002, S. 554). Ein einzelner Fonds ist dabei jedoch selten mit mehr als 2% an einem Unternehmen beteiligt.

2. Kontrollanreiz

Institutionelle Investoren sind in einer anderen Position als Kleinanleger: Aufgrund der großen Zahl der gehaltenen Aktien profitieren sie bereits deutlich von einem Kursanstieg von nur wenigen Cent pro Aktie. Entsprechend schneller amortisieren sich für sie kostenintensive Kontrollinitiativen (*Grossman/Hart* 1980, S. 42 f.). Dies steht in Einklang mit dem Ergebnis einer empirischen Untersuchung von *Smith*, der für den amerikanischen Pensionsfonds *CalPERS* einen mit der Beteiligungshöhe steigenden Kontrollanreiz nachgewiesen hat. Der Kontrollanreiz erhöht sich für institutionelle Investoren darüber hinaus, wenn sich durch eine konzertierte Aktion mehrerer institutioneller Investoren, z.B. wie in den USA gesteuert durch das *Council of Institutional Investors*, die Kosten auf mehrere Akteure verteilen (*Smith* 1996, S. 231).

Institutionelle Investoren werden daneben aus zwei Gründen in die Rolle eines aktiven Kontrolleurs gedrängt: 1) Aufgrund ihrer großen Beteiligungen ist der Verkauf ihrer Anteile am Kapitalmarkt nur unter Inkaufnahme eines dadurch sinkenden Aktienkurses möglich. Wird der drohende Kursverfall in das Kosten-Nutzen-Kalkül miteinbezogen, erhöht sich der Kontrollanreiz. 2) Institutionelle Investoren bilden mit ihren Fonds vielfach Börsenindizes ab und sind daher gezwungen, eine gewisse Anlagestruktur in ihrem Portfolio zu wahren. Der Verkauf von Aktien eines Index-Unternehmens brächte somit eine Veränderung der Portfoliostruktur und damit eine verschlechterte Abbildung des Index mit sich. Da der Verkauf von Anteilen aus diesem Grund nur begrenzt möglich ist, sind institutionelle Investoren zur Einflussnahme mittels Kontrollmaßnahmen „verdammt" (*Gillan/Starks* 2000, S. 278).

3. Inhalt und Form der Kontrollmaßnahmen

Der institutionelle Investor versucht, durch Kontrollmaßnahmen entweder direkt auf die Strategie und das Ergebnis eines Unternehmens Einfluss zu nehmen, oder dies indirekt durch eine Verbesserung der → *Corporate Governance (Unternehmensverfassung)* zu erreichen. Die Kontrollmaßnahmen zur Verbesserung der *Corporate Governance* lassen sich in zwei Kategorien einteilen: Die erste Kategorie bezieht sich auf Maßnahmen zur Abwehr feindlicher Übernahmen, die zweite zielt i.d.R. auf personelle Maßnahmen ab (*Bühner* 1990, S. 123–142; *Smith* 1996, S. 234).

Nach ihrer Form lassen sich kooperative und konfrontative Kontrollmaßnahmen unterscheiden. Wurde ein Unternehmen aufgrund seines niedrigen Aktienkurses als Ziel einer Kontrollmaßnahme „identifiziert", bittet der CalPERS Pensionsfonds bspw. zuerst um ein Gespräch mit dem Vorstandsvorsitzenden/CEO (→ *Top Management (Vorstand)*) und dem Aufsichtsratsvorsitzenden/Chairman of the Board of Directors. Erst wenn in diesen vertraulich geführten Verhandlungen keine Einigung über einen Strategiewechsel erzielt werden kann, wendet sich CalPERS an die Öffentlichkeit. In dem dann noch offen stehenden konfrontativen Vorgehen versucht der institutionelle Investor, über die Hauptversammlung und in den USA insbesondere über Gegenanträge zu den Vorschlägen des Managements (*shareholder proposal*) und durch das Werben um die Stimmrechtsvertretung nicht anwesender Aktionäre (proxy contest), seine Kontrollmaßnahmen auch gegen den Widerstand des Managements durchzusetzen.

4. Wirksamkeit

Empirische Untersuchungen des Erfolges von Kontrollmaßnahmen durch institutionelle Investoren kommen zu keinen einheitlichen Ergebnissen. *Smith* 1996, S. 243, kommt zu dem Schluss, dass Kontrollmaßnahmen den Unternehmenswert steigern, wenn auf dem Verhandlungsweg zwischen dem institutionellen Investor und dem Unternehmen eine Vereinbarung erzielt wurde (ähnlich: *Strickland/Wiles/Zenner* 1996). Konfrontative Maßnahmen sind bei ihm hingegen mit Wertabschlägen verbunden. Die Ergebnisse lassen sich damit erklären, dass eine öffentliche Ankündigung sowohl mit einem realen als auch mit einem informativen Effekt verbunden ist (*Jensen/Warner* 1988, S. 8). Der reale Effekt beruht auf einer positiven Einschätzung der Kontrollmaßnahme durch den Kapitalmarkt, der dadurch direkt oder indirekt eine Steigerung des Unternehmenswertes erwartet, und dies in einem steigenden Aktienkurs zum Ausdruck bringt. Der informative Effekt ist darauf zurückzuführen, dass durch die Kontrollmaßnahme die mitunter schlechte Lage des Unternehmens erst bekannt gemacht wird und auch die Weigerung des Managements, auf Eigentümerinteressen zu reagieren, zum Ausdruck kommt.

Woidtke 2002, S. 126–129, ermittelt eine positive Wertentwicklung bei Kontrollmaßnahmen, die von Pensionsfonds in privater Trägerschaft ausgehen. Begründet wird dies mit der Ähnlichkeit der Anreizstruktur der Fondsmanager mit der von Eigentümern. Demnach verfolgen Manager privater Fonds sehr viel direkter Renditeziele, verfügen über eine leistungsabhängige Vergütung und haben bei schlechten Fondsergebnissen eher mit Sanktionen zu rechnen. Eine negative Wertentwicklung weist Woidtke dagegen für Fonds nach, die sich in öffentlicher Trägerschaft befinden und den Unternehmen auf konfrontative Weise begegnen. Dies wird damit begründet, dass die Manager von öffentlichen Fonds z.T. politisch und sozial motivierte Ziele anstelle von Renditezielen verfolgen.

Del Guercio/Hawkins 1999, S. 335, weisen zwar einen Erfolg von institutionellen Investoren bei der Umsetzung konkreter Governance- und Restrukturierungsmaßnahmen nach, können jedoch keinen Anstieg des Unternehmenswertes feststellen. *Opler/Sokobin* 1995, S. 15, berechnen hingegen einen um 11,6% höheren Anstieg des Unternehmenswertes bei Unternehmen, die Gegenstand einer Kontrollmaßnahme waren, als bei ähnlichen Unternehmen einer nicht betroffenen Vergleichsgruppe. *Gillan/Starks* 2000, S. 303, zeigen einen geringen negativen Effekt von Kontrollmaßnahmen auf den Unternehmenswert und erklären dies mit dem Informationseffekt der Maßnahme.

IV. Fazit

Sowohl der Markt für Unternehmenskontrolle als auch institutionelle Investoren üben in modernen Publikumsgesellschaften eine disziplinierende und kontrollierende Wirkung auf das Management aus. Zur Sicherung der eigenen Position schränken Manager ihre persönliche Zielerreichung zugunsten einer wertorientierten Unternehmensführung ein. Eine Verringerung von Manager-Eigner-Konflikten und damit verbundener Agenturkosten sind die Folge. Allerdings betonen Kritiker die allzu exzessive Kapitalmarktorientierung und die mögliche Vernachlässigung von anderen Stakeholder-Interessen (Mitarbeiter, Fremdkapitalgeber usw.).

Literatur

Boeker, Warren: Power and Managerial Dismissal: Scapegoating at the Top, in: ASQ, Jg. 37, 1992, S. 400–421.
Bühner, Rolf: Das Management-Wert-Konzept. Strategien zur Schaffung von mehr Wert im Unternehmen, Stuttgart 1990.
Comment, Robert/Schwert, G. William: Poison or Placebo? Evidence on the Deterrence and Wealth Effects of Modern Antitakeover Measures, in: Journal of Financial Economics, Jg. 39, 1995, S. 3–43.
DeAngelo, Harry/Rice, Edward M.: Antitakeover Charter Amendments and Stockholder Wealth, in: Journal of Financial Economics, Jg. 11, 1983, S. 329–360.
Del Guercio, Diane/Hawkins, Jennifer: The Motivation and Impact of Pension Fund Activism, in: Journal of Financial Economics, Jg. 52, 1999, S. 293–340.
Denis, David J./Kruse, Timothy A.: Managerial Discipline and Corporate Restructuring Following Performance Declines, in: Journal of Financial Economics, Jg. 55, 2000, S. 391–424.
Fama, Eugene F.: Agency Problems and the Theory of the Firm, in: J.Polit.Econ., Jg. 88, 1980, S. 288–307.
Franks, Julian/Mayer, Colin: Hostile Takeovers and the Correction of Managerial Failure, in: Journal of Financial Economics, Jg. 40, 1996, S. 163–181.
Gillan, Stuart L./Starks, Laura T.: Corporate Governance Proposals and Shareholder Activism: the Role of Institutional Investors, in: Journal of Financial Economics, Jg. 57, 2000, S. 275–305.
Grossman, Sanford J./Hart, Oliver D.: Takeover Bids, the Free Rider Problem, and the Theory of the Corporation, in: Bell Journal of Economics, Jg. 11, 1980, S. 42–64.
Jarrell, Gregg A./Poulsen, Annette B.: Shark Repellents and Stock Prices – The Effects of Antitakeover Amendments Since 1980, in: Journal of Financial Economics, Jg. 19, 1987, S. 127–168.
Jensen, Michael C./Ruback, Richard S.: The Market for Corporate Control, in: Journal of Financial Economics, Jg. 11, 1983, S. 5–50.
Jensen, Michael C./Warner, Jerold B.: The Distribution of Power among Corporate Managers, Shareholders and Directors, in: Journal of Financial Economics, Jg. 20, 1988, S. 3–24.
Karpoff, Jonathan M./Malatesta, Paul H.: The Wealth Effects of Second-Generation State Takeover Legislation, in: Journal of Financial Economics, Jg. 25, 1989, S. 291–322.
Linn, Scott C./McConnell, John J.: An Empirical Investigation of the Impact of ‚Antitakeover' Amendments on Common Stock Prices, in: Journal of Financial Economics, Jg. 27, 1983, S. 361–399.
Lohrer, Stefan: Unternehmenskontrolle und Übernahmerecht, Baden-Baden 2001.
Mahoney, James M./Mahoney, Joseph T.: An Empirical Investigation of the Effect of Corporate Charter Antitakeover Amendments on Stockholder Wealth, in: SMJ, Jg. 14, 1993, S. 17–31.
Manne, Henry G.: Mergers and the Market for Corporate Control, in: J.Polit.Econ., Jg. 73, 1965, S. 110–120.
Morck, Randall/Shleifer, Andrei/Vishny, Robert W.: Alternative Mechanisms for Corporate Control, in: AER, Jg. 79, 1989, S. 842–852.
Opler, Tim C./Sokobin, Jonathan: Does Coordinated Institutional Activism Work? An Analysis of the Activities of the Council of Institutional Investors, Working Paper, Ohio State University 1995.
Ryan, Lori V./Schneider, Marguerite: The Antecedents of Institutional Investor Activism, in: AMR, Jg. 27, 2002, S. 554–573.
Ryngaert, Michael: The Effect of Poison Pill Securities on Shareholder Wealth, in: Journal of Financial Economics, Jg. 20, 1988, S. 377–417.
Smith, Michael P.: Shareholder Activism by Institutional Investors: Evidence from CalPERS, in: Journal of Finance, Jg. 51, 1996, S. 227–252.
Strickland, Deon/Wiles, Kenneth W./Zenner, Marc: A Requiem for the USA: Is Small Shareholder Monitoring Effective?, in: Journal of Financial Economics, Jg. 40, 1996, S. 319–338.
Walsh, James P./Kosnik, Rita D.: Corporate Raiders and Their Disciplinary Role in the Market for Corporate Control, in: AMJ, Jg. 36, 1993, S. 671–700.
Woidtke, Tracie: Agents Watching Agents?: Evidence From Pension Fund Ownership and Firm Value, in: Journal of Financial Economics, Jg. 63, 2002, S. 99–131.

Karrieren und Laufbahnen

Fred G. Becker

[s.a.: Bürokratie; Coaching; Gender Studies; Human Ressourcen Management; Individuum und Organisation; Reputation.]

I. *Karrierebegriff*; II. *Karrieresystem*; III. *Karriereplanung*; IV. *Karrierephasen, -anker und -orientierung*; V. *Karrierewege*; VI. *Fazit*.

Zusammenfassung

Ausgehend von einer Begriffsskizze werden verschiedene, ausgewählte Aspekte (Karrieresystem, -planung, -phasen, -anker, -orientierungen, -wege, -muster) der beruflichen Entwicklung von Organisationsmitgliedern thematisiert, die in der heutigen Zeit bei der Gestaltung eines organisationalen Karrieremanagements zu berücksichtigen sind.

I. *Karrierebegriff*

Umgangssprachlich und im organisatorischen Umfeld wird unter *Karriere* i.Allg. eine Abfolge verschiedener Positionen, die mit einem beruflichen Aufstieg verbunden ist, verstanden. Die organisationale Karriere bezieht sich auf aufwärtsgerichtete Positionswechsel innerhalb einer Organisation, die individuelle Karriere beinhaltet prinzipiell auch Organisationswechsel (→ *Individuum und Organisation*).

In der wissenschaftlichen Diskussion sowie in Zeiten der Reorganisation und/oder wirtschaftlicher Schwierigkeiten wird unter Karriere nicht allein die Abfolge von Aufwärts-, sondern auch von Seitwärts- und Abwärtsbewegungen in der → *Hierarchie* verstanden. Selbst unabhängig von Positionswechseln finden sich Definitionen, die entweder eine subjektiv empfundene oder eine objektiv gegebene Einflusszunahme in Organisationen (*Becker* 2002) oder nur eine allgemeine *Kompetenzentwicklung* (bspw. *Fuchs* 1998) mit dem Begriff in Verbindung bringen. Teilweise wird auch allgemein von „beruflicher Entwicklung", als Teil der gesamten Lebensbiographie eines Menschen, gesprochen (*Hall* 1976; *Schanz* 2000). Daran angelehnt wird hier unter Karriere jede beliebige Stellenfolge und -veränderung eines Organisationsmitgliedes im organisatorischen Stellengefüge und die damit verbundene individuelle Entwicklung verstanden (*Berthel/Becker* 2003). Da der Karrierebegriff dynamisch, d.h. Veränderungen unterworfen ist, ist eine weite Definition sinnvoll, mit der in Organisationen verständlichen Fokussierung der beruflichen Entwicklung ihrer Mitglieder auf die eigene Institution. Karrieren gehen aber einher mit der auch anderweitig nutzbaren Entwicklung der individuellen Kompetenz (*Mentzel* 1997).

Laufbahn ist ein z.T. synonym, oft auch alternativ verwendeter Begriff zur Karriere. Im deutschsprachigen Raum wird in einem bestimmten Kontext (Öffentlicher Dienst) unter Laufbahn allerdings ein festliegender, normierter Werdegang v.a. von Beamten verstanden. Der höchste erreichbare Dienstgrad steht oftmals bei Eintritt in die Behörde schon fest, ebenso wie die Beförderungskette (*von Eckardstein* 1971; *von Eckardstein* 1975). Eine derart restriktive, inflexible Auffassung (formal vorgegebene, nominierte Positionsfolgen) ist für die Privatwirtschaft prinzipiell nicht geeignet.

II. *Karrieresystem*

Das organisationale Karrieresystem bildet die Gesamtheit aller individuellen Karrieren in einer Organisation ab. Eine bewusste Gestaltung wird durch das → *Human Ressourcen Management* vorgenommen, um individuelle Karriereziele und organisationale Erfordernisse abzustimmen (*Leibowitz/Farren/Kaye* 1986), transparente Karriereentscheidungen vorzubereiten und gezielt die Karriereförderung von Organisationsmitgliedern mit Qualifikationspotenzial zu betreiben.

Ein Karrieresystem umfasst verschiedene Merkmale (*Berthel/Koch* 1985): 1. Bewegungsraum (organisatorisches Stellengefüge), 2. Bewegungsanlässe (besetzungsbedürftige Vakanzen), 3. Bewegungsrichtungen (horizontal, vertikal aufwärts, vertikal abwärts), 4. Bewegungshäufigkeit (Verweildauer auf Positionen), 5. Bewegungsprofile (charakteristische Positionsfolgen) und 6. Aktivitätsniveau (Summe derjenigen Gestaltungsmaßnahmen). Sie stellen die Stellgrößen einer zielorientierten Gestaltung dar.

Sinnvollerweise wird bei der Bewegungsrichtung oft auf das Modell von Schein (*Schein* 1971) Bezug genommen. Es betrachtet drei innerorganisatorische Karrierebewegungen: (1) vertikale Bewegungen (aufwärts-abwärts), (2) zentripetale Bewegungen (Versetzungen von Niederlassungen zur Zentrale ohne Kompetenzzuwachs) und (3) horizontale Bewegungen (Wechsel der Funktion auf ähnlicher/gleicher Ebene). Auch werden überschreitbare Grenzen berücksichtigt: hierarchische Grenzen, Zugehörigkeitsgrenzen (bspw. zwischen Rand- und Stammbelegschaft), Funktions- und Abteilungsgrenzen (zur Kritik *Neuberger* 1994, S. 135).

III. *Karriereplanung*

Um Organisationsmitglieder in ihrer Bleibemotivation zu bestärken, sind ihnen Realisierungsmöglichkeiten für gewünschte individuelle Karrierewege anzubieten. *Anreiz-Beitrags-theoretische* Überlegungen (*March/Simon* 1976) sprechen für ein zumindest zur

Arbeitsmarktkonkurrenz vergleichbares Angebot (→ *Anreizsysteme, ökonomische und verhaltenswissenschaftliche Dimension*). Wichtig sind nicht allein die Möglichkeiten, sondern deren individuelle Wahrnehmung und Akzeptanz.

Die *organisatorische Karriereplanung* bedeutet die gedankliche Vorwegnahme möglicher, zukünftig in der Organisation zu besetzender Stellen, der mit ihnen verknüpften Qualifikationen sowie der Entwicklungsprozesse der Organisationsmitglieder mit ihren individuellen Karrieren. Sie stellt sowohl auf eine individuelle Karriereförderung als auch auf Investitionen in die Humanressourcen ab (*Lehnert* 1996). Differenzieren kann man wie folgt:

– *Individuelle Karriereplanung* fokussiert die Entwicklung eines Organisationsmitglieds. Der Prozess beginnt mit der Bewusstwerdung eigener und organisationaler Möglichkeiten und Wünsche sowie der Formulierung von Karrierezielen, er setzt sich über die Entwicklung und Umsetzung von Entwicklungsplänen fort und endet mit der Evaluation (*Hall* 1976; *Weitbrecht* 1992). Der Prozess ist Teil der *Personalentwicklung*, da mit Stellenveränderungen modifizierte Anforderungen verbunden sind und mit ihnen auch On-the-job-Qualifikationen entwickelt werden können.
– *Nachfolgeplanung* konzentriert sich aus Organisationssicht auf die personelle, v.a. interne Besetzung zukünftig vakanter Positionen. Sie basiert auf einer Personalbedarfsplanung und soll dazu beitragen, improvisierte Besetzungsentscheidungen zu reduzieren. Die gedankliche Antizipation stellt keine vorweggenommene Entscheidung dar (*Berthel* 1992).

Die Problematik liegt in der Unsicherheit und der Komplexität der Determinanten begründet: Für verschiedene Organisationsmitglieder sind unterschiedliche Karriereverläufe sinnvoll. Karriereübergänge können im Rahmen der individuellen Erfahrung zu veränderten Intentionen führen (*Stephens* 1994). Zukünftig vakante Stellen vorzeitig zu besetzen, birgt die Gefahr nachlassender Motivation in sich, sowohl für die „Gewinner" als auch für die „Verlierer" im Wettbewerb um diese Stelle. Innerhalb dieses Prozesses kann es aus verschiedenen Gründen zu Unstimmigkeiten (→ *Ziele und Zielkonflikte*) kommen. Ziel einer partizipativen Karriereplanung ist die Abstimmung individueller und organisatorischer Interessen (*von Glinow* et al. 1983; *Brett/Reilly* 1988; *Quaintance* 1989; *Malos/Campion* 1995).

Im Rahmen der Karriereplanung wird aus der Vielzahl der Bewegungsmöglichkeiten für die Identifizierung von Karrierewünschen, für spezifisch angestrebte Karriereziele o.Ä. ein Maßnahmenbündel idealtypischer Natur in Form eines Bewegungsprofils zusammengestellt, welches aufeinander abgestimmte Stellenfolgen enthält. Man bezeichnet diese als *Karrieremuster* (Karrierepfade). Beispiele: Verkäufer → Einzelhandelskaufmann → Abteilungsleiter → Filialleiter; Nachwuchs-Ingenieur → Projekt-Ingenieur → Leitender Projekt-Ingenieur → Planungsingenieur; Personalreferent → stellvertretender Werksleiter → Gruppenleitung Personal → Personalleiter (*Berthel* 1995).

Gerade in größeren Organisationen sind bei der Verwendung von Karrieremustern unterschiedliche Situationsbedingungen zu berücksichtigen: internationale Karriereverläufe (vgl. bspw. *Boltanski* 1982; *Evans/Lank/Farquhar* 1989; *Ernst* 1998), geschlechterspezifische Karrieremuster (*Super* 1981; *Scheller* 1976; *Geissler/Oechsle* 1996; *Goebel* 1997; *Becker* 1991; *Auer* 2000; *Notz* 2001). Ein Sonderproblem betrifft das Dual Career Couple (DCC) (*Weinert* 1998; *Domsch/Krüger-Basener* 1999; *Schulte* 2002).

IV. Karrierephasen, -anker und -orientierung

Organisationen sind zur Vermeidung von Fehlinvestitionen darauf angewiesen, Näheres über die Art und Intensität der Karrieretypen ihrer Organisationsmitglieder zu erfahren. Vereinfachend kann im Rahmen der Karriereplanung auf verschiedene Aspekte zurückgegriffen werden, die es ermöglichen, spezifischer auf segmentspezifische Erwartungen einzugehen (*Berthel* 1995):

– Die individuelle Karriereentwicklung weist einen prozessualen Charakter auf, der mit dem Lebenszyklus einer Person zusammenhängt. Oft werden Karrieren analog in drei *Karrierephasen* mit fließenden Übergängen eingeteilt: frühe Karrierephase (Berufseinstieg; Familiengründung – 15–30 Jahre), mittlere Karrierephase (Beförderungszeit; Midlifecrisis; Kinder verlassen Elternhaus – 35–50 Jahre), späte Karrierephase (letzte Beförderungschancen; Ruhestandkrise; Tod von Freunden – 50–60 Jahre) (*Koch* 1981).
– *Karriereanker* bezeichnen solche Orientierungsmuster von Personen, die deren berufliche Entwicklung prägen. Schein (*Schein* 1978) differenziert empirisch in fünf Karriereanker: Führungskompetenz (Person sucht und schätzt Gelegenheiten zu führen), technisch-funktionelle Kompetenz (Person sucht und schätzt geregelte Verfahren mit deutlichem Zielbezug), Sicherheit (Person trachtet danach, ihre Karrieresituation zu stabilisieren), Kreativität (Person sucht und schätzt die Entwicklung neuartiger Problemlösungen) sowie Autonomie und Unabhängigkeit (Person sucht und schätzt selbstständige Aufgabenerfüllung).
– Ähnlich sind *Karriereorientierungen* zu betrachten, bspw. von Nachwuchsführungskräften (*Einsiedler/Rau/von Rosenstiel* 1987; *Blickle* 1998): „Traditionelle Karrieretypen" (Wunsch nach Aufstieg, Verdienst und Verantwortung, u.U. Verzicht auf Freizeit), „Freizeitorientierte Karrieretypen" (weniger ehrgeizig, wünschen geregelte Zusammenar-

beit und gutes Betriebsklima; Freizeit ist wichtig), „Alternative Karrieretypen" (leisten gerne viel, so lange Arbeit herausfordernd ist, auch zu Lasten von Freizeit). Seit ein paar Jahren häufen sich Klagen, dass ein „zu" hoher Anteil an Nachwuchskräften keine Führungskarriere anstrebt. Hier von Aufstiegsmüdigkeit zu sprechen, wäre vorschnell geurteilt. Vielerorts sind die gestaltbaren Bedingungen von Führungskarrieren wenig attraktiv, zumindest nicht in jeder Karrierephase.

V. Karrierewege

1. Führungskarrieren

Führungskarrieren beschreiben hierarchieaufwärts vorgenommene Stellenwechsel (= Beförderung). Sie gehen i.Allg. einher mit höherem Einkommen, Imagegewinn, mehr Verantwortung, aber auch mit höherer zeitlicher wie inhaltlicher Belastung. Diese Karriereentscheidungen werden offiziell i.d.R. mit dem Leistungsprinzip begründet. Realitätsnäher ist es, auch andere „Gründe" zu erfassen (*Preisendörfer* 1987; *Mayrhofer* et al. 2002).

Beförderungen sind mit Machtveränderungen verbunden. Die Entscheidungsträger über Karrieren verfügen insofern über eine *Machtquelle* (*Mayerhofer/ Riedl* 2002). Der Einflussprozess beginnt bei der Aufnahme zu einem Führungskreis. Die Beförderungs-Konformitäts-Hypothese besagt, dass die Anpassung der Organisationsmitglieder an die in der Organisation dominierenden Normen (der Entscheider) durch Aufstiegskarrieren belohnt wird. Ähnliches thematisiert die Kooptations-These: Die Elite in Organisationen rekrutiert ihre eigenen Nachfolger durch Kooptation. Mikropolitisch (*Neuberger* 1995) können auch bewusst andere, leistungsfremde Mechanismen genutzt werden (bspw. Seilschaften, „Vitamin B"). In beiden Fällen ist nicht die Leistung das Entscheidungskriterium. Inwieweit vergangene Leistung jedoch entscheidendes Kriterium für eine Beförderung sein sollte, wird durch das Peter-Prinzip in Frage gestellt (*Peter* 1994).

Im Rahmen der Personalökonomie (→ *Institutionenökonomie*) erfolgt ein spieltheoretischer Zugang unter stark vereinfachten Bedingungen zur „Karriere" (*Kräkel* 1999). Das Turnier-Modell von Rosenbaum (*Rosenbaum* 1979) bspw. fokussiert den Wettbewerbscharakter traditioneller Karriereprozesse: Eine Kohorte von selektierten Organisationsmitgliedern wird zunehmend differenziert: Die „Gewinner" der ersten Karriererunde sind berechtigt an der zweiten Runde teilzunehmen, dort stehen sie sich dann als Konkurrenten um den Verbleib im Turnier gegenüber usw. Die Ausgeschiedenen haben durch ihre weitere erfolgreiche Teilnahme an untergeordneten Teilturnieren die Chance, wieder am Hauptturnier teilzunehmen bzw. weitere Beförderungen zu erhalten.

Der pyramidenartige Aufbau der Organisation, Hierarchieverflachungen, dynamische Veränderungen in Organisationen (Schrumpfungen, Akquisitionen, Fusionen), Dezentralisierung, Verjüngung, stagnierende Wirtschaft, Fluktuationsabnahme usw. begrenzen heutzutage Aufstiegsmöglichkeiten („Karrierestau").

2. „Alternative" Karrieren

Alternative Karrierewege eröffnen Organisationsmitgliedern unterschiedliche Schwerpunkte ihrer Entwicklung und bestehen gleichzeitig (Parallelhierarchie), sodass Bewegungsraum und -häufigkeit erweitert werden:

– Bei *horizontalen Karrieren* vollzieht sich die Entwicklung in der Übernahme verschiedener Aufgaben: (1) Bei *Job rotation* handelt es sich um Arbeitsplatzwechsel auf der gleichen Hierarchieebene, der systematisch mit verschiedenen Stellen vorgenommen wird. (2) Projektkarrieren (→ *Projektmanagement*) sind im Wesentlichen horizontale Karrieren in der Sekundärorganisation, selbst wenn im Zeitablauf Leistungsaufgaben wahrgenommen werden (*Domsch* 1999). (3) Die Delegation von Aufgaben und → *Verantwortung* auf eine hierarchisch unveränderte Position stellt eine weitere Alternative dar. (4) Auch unterhalb der Führungsebenen ergeben sich Möglichkeiten, bspw. durch die Funktion des Springers (*Brasse* 1998).
– *Fachkarrieren* sind eine Aufstiegsalternative bei einem eingeengten Bewegungsraum. Sie sehen vertikale Rangstufen und höheres Entgelt für Spezialisten vor. Der Aufstieg orientiert sich an fachlicher Kompetenz, Personalführungsaufgaben haben einen geringeren Umfang (*Domsch* 1999; *Gerpott* 1988; *Reiß* 1994).
– Unüblich ist es, vertikale Abwärtsbewegungen in der Organisationshierarchie („downward movement") als Karriereweg zu behandeln, selbst wenn sie schon lange praktiziert werden („Frühstückdirektor") (*Hall/Hall* 1985; *Brehm* 1998; *Becker/ Kurtz* 1991).

Nicht übersehen werden dürfen die Probleme alternativer Karrierewege: Wie lassen sich v.a. die materiellen Anreize der Aufstiegspositionen substituieren (→ *Vergütung von Führungskräften*)? Wie lassen sich Wechsel zwischen den Wegen im Zeitablauf gestalten? Wie kann die Organisationskultur die unterschiedlichen Bewegungsrichtungen fördern helfen?

VI. Fazit

Stabile Karrieremuster sind in Zukunft vermutlich eher selten anzutreffen. Nicht selten sind „Patchwork-Karrieren" das Ergebnis einer flexibilisierten Personalpolitik. Die Planungsunsicherheit individueller Karrieren senkt dabei die Bindung an die Organisation sowie die Motivation, für die organisationelle Karriere spezifische Investitionen einzugehen. Dies hat zur Folge, dass auch Organisationen – wegen der damit verbundenen Unsicherheit – vorsichtiger mit Karriereförderungen umgehen. Doch gerade in einer Zeit der drohenden „Perspektivlosigkeit des individuellen Werdegangs" (*Staehle* 1999, S. 888) benötigen Organisationsmitglieder Beratungsleistungen für ihre individuelle Karriereplanung (*von Rosenstiel/ Lang-von Wins/Sigl* 1997).

Literatur

Auer, Manfred: Vereinbarungskarrieren, München et al. 2000.
Becker, Jürgen/Kurtz, Hans-Jürgen: Karriere und Wertewandel, in: ZFO, Jg. 60, 1991, S. 35–41.
Becker, Manfred: Personalentwicklung, 3. A., Stuttgart 2002.
Becker, Rolf: Karrieremuster von Frauen in der Privatwirtschaft und im öffentlichen Dienst, in: Vom Regen in die Traufe, hrsg. v. *Mayer, Karl Ulrich/Allmendinger, Jutta/Huinink, Johannes*, Frankfurt am Main et al. 1991, S. 119–141.
Berthel, Jürgen: Karriere und Karrieremuster von Führungskräften, in: HWFü, hrsg. v. *Kieser, Alfred/Reber, Gerhard/Wunderer, Rolf*, 2. A., Stuttgart 1995, Sp. 1285–1298.
Berthel, Jürgen: Laufbahn- und Nachfolgeplanung, in: HWP, hrsg. v. *Gaugler, Eduard/Weber, Wolfgang*, 2. A., Stuttgart 1992, Sp. 1203–1213.
Berthel, Jürgen/Becker, Fred G.: Personal-Management, 7. A., Stuttgart 2003.
Berthel, Jürgen/Koch, Hans-Eberhard: Karriereplanung und Mitarbeiterförderung, Sindelfingen et al. 1985.
Blickle, Gerhard: Berufliche Werthaltungen von Absolventen der Fachhochschule, in: Gruppendynamik, Jg. 29, H. 4/1998, S. 359–369.
Boltanski, Luc: Les cadres: La formation d'un groupe social, Paris 1982.
Brasse, Claudia: Veränderung der betrieblichen Karrierepfade, in: Personalwirtschaft, Jg. 25, H. 12/1998, S. 42–46.
Brehm, Marion: Verminderung von Kompetenz und Verantwortung, Frankfurt am Main 1998.
Brett, Jeanne M./Reilly, Anne H.: On the road again, in: JAP, Jg. 73, 1988, S. 614–620.
Domsch, Michel E.: Personalplanung und Personalentwicklung für Fach- und Führungskräfte, in: Führung von Mitarbeitern, hrsg. v. *Rosenstiel, Lutz von/Regnet, Erika/Domsch, Michel E.*, 4. A., Stuttgart 1999, S. 467–480.
Domsch, Michel E./Krüger-Basener, Maria: Personalplanung und Personalentwicklung für Dual Career Couples (DCCs), in: Führung von Mitarbeitern, hrsg. v. *Rosenstiel, Lutz von/Regnet, Erika/Domsch, Michel E.*, 4. A., Stuttgart 1999.
Eckardstein, Dudo von: Laufbahnplanung, in: HWP, hrsg. v. *Gaugler, Eduard*, Stuttgart 1975, Sp. 1149–1157.
Eckardstein, Dudo von: Laufbahnplanung für Führungskräfte, Berlin 1971.
Einsiedler, Herbert E./Rau, Sabine/Rosenstiel, Lutz von: Karrieremotivation bei Führungskräften, in: DBW, Jg. 47, 1987, S. 177–183.
Ernst, Angelika: Aufstieg – Anreiz – Auslese, Opladen 1998.
Evans, Paul A. L./Lank, Elisabeth/Farquhar, Alison: Managing human resources in the international firm, in: Human resource management in international firms, hrsg. v. *Evans, Paul A. L./ Doz, Yves/Laurant, Andre*, London 1989, S. 113–143.
Fuchs, Jürgen: Die neue Art Karriere im schlanken Unternehmen, in: Harvard Business Manager, Jg. 20, H. 4/1998, S. 83–91.

Geissler, Birgit/Oechsle, Mechthild: Lebensplanung junger Frauen, Weinheim 1996.
Gerpott, Torsten J.: Karriereentwicklung von Industrieforschern, Berlin et al. 1988.
Glinow, Mary Ann von et al.: The design of a career-oriented human resource system, in: AMR, Jg. 8, 1983, S. 23–32.
Goebel, Gabriele: Kinder oder Karriere, Frankfurt am Main et al. 1997.
Hall, Douglas T.: Careers in organizations, Los Angeles 1976.
Hall, Douglas T./Hall, Isabella: Downward movement and career development, in: Organizational Dynamics, Jg. 14, H. 1/ 1985, S. 5–23.
Koch, Hans-Eberhard: Grundlagen und Grundprobleme einer betrieblichen Karriereplanung, Frankfurt am Main et al. 1981.
Kräkel, Matthias: Ökonomische Analyse betrieblicher Karrierepolitik, 2. A., Wiesbaden 1999.
Lehnert, Corinna J.: Neuorientierung der betrieblichen Karriereplanung, Wiesbaden 1996.
Leibowitz, Zandy B./Farren, Caela/Kaye, Beverly L.: Designing career development systems, San Francisco 1986.
Malos, Stanley B./Campion, Michael A.: An options-based model of career mobility in professional service firms, in: AMR, Jg. 20, 1995, S. 611–644.
March, James G./Simon, Herbert A.: Organisation und Individuum, Wiesbaden 1976.
Mayerhofer, Helene/Riedl, Gabriela: Personalentwicklung, in: Personalmanagement, Führung, Organisation, hrsg. v. *Kasper, Helmut/Mayrhofer, Wolfgang*, 3. A., Wien 2002, S. 481–525.
Mayrhofer, Wolfgang et al.: Einmal gut, immer gut?, in: ZfP, Jg. 16, 2002, S. 392–414.
Mentzel, Wolfgang: Unternehmenssicherung durch Personalentwicklung, 7. A., Freiburg im Breisgau 1997.
Neuberger, Oswald: Mikropolitik, Stuttgart 1995.
Neuberger, Oswald: Personalentwicklung, 2. A., Stuttgart 1994.
Notz, Petra: Frauen, Manager, Paare, München et al. 2001.
Peter, Lawrence: Schlimmer geht's immer, Reinbeck 1994.
Preisendörfer, Peter: Organisatonale Determinante beruflicher Karrieremuster, in: Soziale Welt, Jg. 38, 1987, S. 211–226.
Quaintance, Marilyn K.: Internal placement and career management, in: Human resource planning, employment, and placement, hrsg. v. *Cascio, Wayne F.*, Washington 1989, S. 200–235.
Reiß, Michael: Abenteuer „Parallellaufbahn", in: Personalwirtschaft, Jg. 21, H. 9/1994, S. 35–38.
Rosenbaum, James E.: Tournament mobility, in: ASQ, Jg. 24, 1979, S. 220–241.
Rosenstiel, Lutz von/Lang-von Wins, Thomas/Sigl, Eduard: Perspektiven der Karriere, Stuttgart 1997.
Schanz, Günther: Personalwirtschaftslehre, 3. A., München 2000.
Schein, Edgar: Career dynamics, Reading MA 1978.
Schein, Edgar: The individual, the organization, and the career, in: JABS, Jg. 7, 1971, S. 401–426.
Scheller, Reinhold: Psychologie der Berufswahl und der beruflichen Enwicklung, Stuttgart 1976.
Schulte, Jürgen: Dual-career couples, Opladen 2002.
Staehle, Wolfgang H.: Management, 8. A., München 1999.
Stephens, Gregory K.: Crossing internal career boundaries, in: JMan, Jg. 20, 1994, S. 479–501.
Super, Donald E.: Approaches to occupational choise and career development, in: Career development in Britain, hrsg. v. *Watts, A. G./Super, D. E./Kidd, J. M.*, Cambridge 1981, S. 7–51.
Weinert, Ansfried: Organisationspsychologie, 4. A., München 1998.
Weitbrecht, Hansjörg: Individuelle Karriereplanung, in: HWP, hrsg. v. *Gaugler, Eduard/Weber, Wolfgang*, 2. A., Stuttgart 1992, Sp. 1114–1126.

Kognitiver Ansatz

Sonja A. Sackmann

[s.a.: Emotionen in Organisationen; Entscheidungsverhalten, individuelles; Individuum und Organisation; Informationsverhalten; Interpretative Organisationsforschung.]

I. Historische Entwicklung; II. Theoretische Perspektiven mit Forschungsfragen und -methoden; III. Zentrale Konzepte; IV. Theoretische und praktische Implikationen; V. Würdigung.

Zusammenfassung

Die Entwicklung kognitiver Ansätze wird aufgezeigt und zwei zentrale Perspektiven mit ihren Prämissen, Grundaussagen, Forschungsfragen und methodischen Zugängen vorgestellt. Zentrale Konzepte werden geklärt, durch kognitive Ansätze beeinflusste Organisationstheorien aufgeführt sowie praktische Implikationen skizziert. Der Aufsatz endet mit einer Würdigung kognitiver Ansätze.

I. Historische Entwicklung

Seit den 80er Jahren haben kognitive Ansätze in der Organisationsforschung wachsende Bedeutung erlangt, doch gehen ihre Wurzeln weit zurück und lassen sich in verschiedenen Disziplinen finden. Die Bedeutung des denkenden Menschen wurde von Descartes im 17. Jh. diskutiert. Ende des 19. Jh. führte Wundt (*Wundt* 1873/1874) erste wissenschaftliche Untersuchungen über Wahrnehmung und Bewusstsein mit Hilfe von Introspektion durch. Forschungsgegenstand und Untersuchungsmethode wurden jedoch von Vertretern des Behaviorismus, die Denk- und Interpretationsprozesse als „black box" ausklammerten und ca. 40 Jahre die Forschungslandschaft prägten, abgelehnt. Dabei gab es sowohl in der Philosophie, Soziologie und Psychologie Strömungen, die den Menschen als denkendes und Sinn konstituierendes Wesen in den Vordergrund ihrer Untersuchungen stellten.

Eine Stärkung erfuhren kognitive Ansätze in den 50er Jahren durch die Entwicklung der Neurowissenschaften und Begründung der Kybernetik. Mit der Publikation von Neisser (*Neisser* 1967) wurde die *kognitive Psychologie*, die Erwerb, Strukturierung und Speicherung sowie Anwendung von Wissen umfasst, definiert. Die „kognitive Wende" revolutionierte zunächst die Psychologie und beeinflusste mit fast zehnjähriger Verzögerung die Organisationsforschung. So forderten Pondy und Boje (*Pondy/Boje* 1980) „Bringing mind back in" und skizzierten eine neue Organisationstheorie „that might be referred to as a cultural model of organization, the key elements of which include an emphasis on the use of language and the creation of shared meanings" (*Pondy/Mitroff* 1979, S. 4).

Seither haben kognitive Ansätze wachsende Aufmerksamkeit erhalten: Neben zahlreichen Artikeln und Buchpublikationen wurden zwei Special Issues im *Journal of Management Studies (July 1989, May 1992)* und ein Special Issue in *Organization Science (August 1994)* kognitiven Themen gewidmet. 1990 wurde die *Managerial and Organizational Cognition Interest Group* in der *Academy of Management* gegründet. Kognitive Ansätze, die mit ihrer interdisziplinären Herkunft und Rückgriff auf unterschiedliche Forschungsparadigmata keineswegs als konsolidiert betrachtet werden können, haben mit ihren Prämissen und Forschungsfragen die meisten Gebiete der Organisationsforschung beeinflusst.

II. Theoretische Perspektiven mit Forschungsfragen und -methoden

Unter *kognitivem Ansatz* können alle Forschungsinteressen zusammengefasst werden, die sich mit der Informationsaufnahme und -verarbeitung, dem Denken und Wissen sowie dem kontextuellen Verstehen und Handeln mit den jeweiligen Konsequenzen auf den Ebenen Individuum, Gruppe, Organisation oder organisationsübergreifend befassen. Trotz der Bezeichnung „kognitiv" ist Handeln ein fester Bestandteil kognitiver Ansätze. Es lassen sich zwei Perspektiven unterscheiden: die informationsverarbeitende und die verstehende. Beide befassen sich mit Kognitionen und kognitiven Prozessen auf den vier Ebenen, allerdings gehen sie von unterschiedlichen Prämissen, Menschenbildern (→ *Menschenbilder*) und Forschungsparadigmata aus.

1. Informationsverarbeitungsperspektive

Fokussiert wird der Informationsverarbeitungsprozess mit seinen Beschränkungen und Auswirkungen auf der Basis eines sozial-behavioristischen Paradigmas, das um die Variable „*Kognition*" erweitert wurde und sich eines rationalen Menschenbildes bedient. Kognition wird mit Informationsverarbeitung gleichgesetzt, bei der die Umwelt symbolisch repräsentiert und diese symbolische Repräsentation durch kognitive Prozesse beeinflusst wird (→ *Informationsverhalten*).

Forschungsergebnisse im Bereich kognitiver Strukturiertheit und Komplexität sowie menschlicher *Informationsverarbeitung* zeigten auf, dass diese durch Kategorisierungsprozesse beeinflusst wird. Informationen aus der Umwelt werden mental symbolisch repräsentiert und durch *kognitive (Wissens-)Strukturen* gefiltert. Diese mentalen Repräsentationen beeinflussen die Informationsaufnahme und -verarbeitung, Entscheidungsfindung sowie das Behalten und den Einsatz des gespeicherten Wissens. Der Informationsverarbeitungsprozess erfolgt deduktiv und wird vorwiegend unidirektional konzipiert. Die Umwelt/Realität wird als objektiv gegeben betrachtet, und die mentalen Repräsentationen sollten diese Umwelt möglichst genau abbilden, um dann entsprechend situationsadäquates Verhalten zu erzeugen. Dabei wird zwischen der mentalen Repräsentation als Modell und der objektiv gegebenen Realität/Umwelt unterschieden. Einen komprimierten Überblick über alternative Informationsverarbeitungsmodelle und ihre Implikationen geben Lord und Maher (*Lord/Maher* 1990).

Empirisch erforscht werden Prozesse der Informationsaufnahme und -verarbeitung sowie Strukturen und Inhalte kognitiver Wissensstrukturen und deren Einfluss auf individuelles und kollektives Entscheidungsverhalten. Beispiele sind Untersuchungen über Störfaktoren bei der Aufnahme und Verarbeitung von Informationen (*Chown* 1999) oder der (Nicht-)Einsatz vorhandenen Wissens (*Paul-Chowdhury* 2001), Auswirkungen mentaler Repräsentationen auf Verhandlungen (*Simons* 1993), die Rolle kognitiver Prozesse im Umgang mit Arbeitsproblemen (*Wofford* 1994), von Erfahrung/Expertise auf Akquisitionsentscheidungen (*Melone* 1994), der Einfluss von Informationsaufnahme, -verarbeitung und Verhalten auf organisationale Leistungsparameter (*Thomas/Clark/Gioia* 1993), von kollektiven kognitiven Landkarten auf strategische Entscheide (z.B. *Birnbaum-More/Weiss* 1990), oder von Aufgaben und Institutionen auf mentale Wettbewerbsmodelle von Managern (*Daniels/Johnson/de Chernatony* 2002). Einen Überblick über soziale Kognitionsforschung im Bereich mikro- und makroorganisationalem Verhalten geben Tenbrunsel et al. (*Tenbrunsel* et al. 1996).

Präferierte Forschungsmethoden sind Labor- und Feldstudien sowie Simulationen. Exemplarisch genannt sei die Laborstudie von Dunegan (*Dunegan* 1994), in der die Auswirkungen unterschiedlicher Leistungsrückmeldungen auf das Entscheidungsverhalten zur Fortführung eines Projektes untersucht wurden.

2. Verstehende Perspektive

Sie basiert auf dem konstruktivistischen Paradigma (→ *Konstruktivismus*). Der Mensch wird als (umwelt-)interpretierendes, Sinn schaffendes, lernendes und verlernendes Wesen verstanden, das in Interaktion mit seiner Umwelt sich selbst, Sachverhalte und Situationen in Relation zu diesen Interaktionspartnern entsprechend definiert, interpretiert und agiert. Die Umwelt wird nicht mehr als objektiv gegeben gesehen, sondern als mentale Konstruktion des Akteurs, die durch seine Vorerfahrung und den Kontext beeinflusst ist und dadurch für ihn zur Realität wird. Der Akteur selbst ist Teil dieser Umwelt und in ihr eingebunden. Er interpretiert sie aktiv und versucht aus dem jeweiligen Handlungskontext Sinn zu machen. Dabei ist er von seinen momentanen Interessen, Erfahrungen, seinem Wissen und dem konkreten Kontext (Raum, Zeit, Mit-Akteure) beeinflusst und durch seine Um- und Lebenswelt geprägt. D.h. einerseits gestaltet der Akteur seine Umwelt durch sein Handeln aktiv, andererseits wird er dabei von den auch selbst und kollektiv geschaffenen „Fakten" wie Regeln, Vorschriften, Strukturen, Produkten und Routinen sowie den momentanen Interaktionspartnern geprägt und gesteuert. Je nach Autor erfolgt ein Bezug auf die Phänomenologie, den Konstruktivismus mit seinen verschiedenen Ausprägungen, die Attributionstheorie, Ethnomethodologie und Handlungstheorie.

Empirisch untersucht werden Interpretationsmuster, Logiken und die durch Handeln geschaffenen Realitäten von Einzelakteuren, Gruppen oder dem Kollektiv Organisation im jeweiligen Kontext mit den wechselseitigen Beeinflussungsmechanismen. Von Interesse sind *managerial cognition* oder *mind sets* – Muster im Denken und Handeln von Führungskräften (*Ginsberg* 1989) und ihre Implikationen in der Praxis (*Dachler* 1988), strategisches Denken/Entscheiden und kollektives strategisches Wissen (*Huff/Jenkins* 2002), in Interaktion entstehende Muster, die zu kollektiven Überzeugungen bei Gruppen (*Weick/Roberts* 1993), Organisationen (*Greenwood/Hinings* 1993) und Branchen (*Phillips* 1994) führen und deren Auswirkungen (*Shrivastava/Alvesson* 1987), die Desintegration von Interpretationsmechanismen in einem temporären System (*Weick* 1993), die Rolle von Bedeutungen in Veränderungsprozessen (*Gioia/Thomas* 1996), Entwicklung, Struktur und Inhalte kulturellen Wissens in Organisationen (*Sackmann* 1992), Entstehung, Auswirkungen und Veränderung von Unternehmenskultur (*Schumacher* 1997), kollidierende und kontrastierende kollektive Realitätskonstruktionen in Organisationen (*Eberle* 1997).

Entsprechend der Prämissen werden vorwiegend Langzeitstudien durchgeführt und reflexive Methoden eingesetzt (*Morgan* 1983) auf der Basis phänomenologischer, hermeneutischer, semiotischer oder ethnographischer Ansätze. Beispielhaft sei die Studie von Sharpe (*Sharpe* 1997) genannt, die in der Produktion Kontrollstrategien des Managements sowie subkulturelle Prozesse durch teilnehmende Beobachtung in der Rolle einer Mitarbeiterin untersuchte.

III. Zentrale Konzepte

Die begriffliche Vielfalt im Rahmen kognitiver Ansätze ist nach wie vor groß. *Kognitive Strukturen* sind mentale Repräsentationen, die sich durch ihren Differenzierungsgrad unterscheiden und wissensdomänenspezifisch sind. Sie werden auch als *Wissensstrukturen, Skripts, Schemata* und *kognitive Landkarten* bezeichnet. Diese internen generischen Wissensstrukturen werden durch Abstraktion aus konkreter Erfahrung erworben, modifiziert und differenziert und in neuen Situationen angewandt. Es lassen sich vier

Gruppen von *Schemata* unterscheiden (*Taylor/Crocker* 1981):

- Das *Selbst-Schema* charakterisiert die eigene Person im Vergleich zu anderen (Selbstkonzept),
- das *Personenschema* betrifft Charakteristika und Verhalten bestimmter Gruppen oder Personentypen („gute Führungskraft", „guter Mitarbeiter"),
- das *Skript* oder *Ereignisschema* beschreibt typische Ereignissequenzen einer bestimmten Situation („eine Mitarbeiterbeurteilung durchführen"), und
- das *Person-in-der-Situation-Schema* charakterisiert Menschen und Verhalten in spezifischen Situationen („Bewerber bei einem Bewerbungsgespräch").

Der Begriff *kognitive Landkarte* geht auf Tolman (*Tolman* 1932) zurück und wird für mentale Repräsentationen komplexer Sachverhalte und Situationen gebraucht, wie z.B. Vorstellungen über den Wettbewerb oder Unternehmensstrategien (*Huff* 1990). Häufig wird der Begriff *cause maps* verwendet, bei der die kausalanalytischen Repräsentationen bzw. Verknüpfungen im Vordergrund stehen (*Eden/Ackermann/Cropper* 1992). Skripts/Schemata und kognitive Landkarten repräsentieren komplexe, spezifische Ereignistypen mit konkreten Inhalten, Prozessen und Kausalzusammenhängen. Sie dienen Akteuren zur Komplexitätsreduktion, ermöglichen überhaupt erst Handeln und speziell Handeln unter Bedingungen von Ambiguität und Unsicherheit. Sie helfen, Bedeutungen und Wertigkeiten zu setzen, Schlüsse zu ziehen und Implikationen für die Zukunft abzuschätzen.

In der Managementforschung haben sich außerdem die Begriffe „*managerial cognition*" (*Stubbart* 1989), „*managerial thought structures*" (*Reger* 1990) und „*maps for managers*" (*Fiol/Huff* 1992) etabliert. Sie fokussieren Kognitionen von Managern und werden sowohl bei der Untersuchung auf individueller als auch auf Gruppenebene benutzt. Auf der Ebene der Gruppe/Organisation finden sich zudem Konzepte wie *shared cognitive schema/interpretations, collective/distributed cognitions, situated action/cognition, collective/organization mind, organizational cause maps/schemas/memory/knowledge structures/frames of reference/ideology/identity* (vgl. *Walsh* 1995). *Industry recipes* charakterisieren branchenspezifische Denk- und Verhaltensmuster. Diesen Konzepten gemeinsam ist der kollektive Aspekt: Sie werden vom Kollektiv Gruppe/Abteilung/Manager/Organisation geteilt und bestimmen dessen Denken/Handeln und zwar vorwiegend über routinisierte Denk- und Handlungsmuster.

IV. Theoretische und praktische Implikationen

Kognitive Ansätze haben eine Reihe organisationstheoretischer Perspektiven beeinflusst mit entsprechenden praktischen Implikationen. Hierzu gehören die verhaltenswissenschaftliche Entscheidungstheorie (→ *Entscheidungsorientierte Organisationstheorie*), systemtheoretische (→ *Systemtheorie*), interpretative (→ *Interpretative Organisationsforschung*) bzw. konstruktivistische (→ *Konstruktivismus*) wie auch institutionalistische Ansätze (→ *Institutionenökonomie*) und problemorientierte, interdisziplinäre Konzepte (organisationales Lernen und Identität, Wissensmanagement, Vertrauen, Emotionen).

Die verhaltenswissenschaftliche Entscheidungstheorie und kybernetisch-systemtheoretische Ansätze basieren auf der informationstheoretischen Perspektive mit den Prämissen begrenzter menschlicher → *Rationalität* und der Notwendigkeit, wirksam mit (Umwelt-)Komplexität umgehen zu müssen. Erstere nimmt an, dass mit „besserer" Informationsverarbeitung, trotz begrenzter Rationalität, der Umweltkomplexität begegnet werden kann, während die kybernetisch beeinflusste, evolutionsorientierte Systemtheorie Komplexität als nicht beherrschbar sieht und ein evolutionäres Management empfiehlt, das spontane Ordnung und Selbstorganisation zulässt und externer Komplexität mit entsprechender interner, auch kognitiver, Komplexität begegnet (*Malik* 2002).

Die grundlegenden Prämissen der verstehenden Perspektive (sozial-konstruierte Wirklichkeit, kontextuelle, zirkuläre Beeinflussung von Handeln und Denken) bilden die Basis interpretativer bzw. konstruktivistischer wie auch institutionalistischer Organisationstheorien. Je nach Orientierung erfolgt eine unterschiedliche Schwerpunktsetzung und führt damit zu unterschiedlichen Implikationen. Beispielhaft sei der Organisationskulturansatz (→ *Organisationskultur*) aufgeführt, der kollektive Wirklichkeitskonstruktionen fokussiert, deren Entstehung und Institutionalisierung in Form von Normen, Regeln, Mythen und kulturellem Wissen, deren Handlungssteuerung und Auswirkungen auf Lernfähigkeit und -bereitschaft sowie Leistungsfähigkeit organisationaler/kultureller Gruppen. Diese können sowohl innerhalb der Grenzen eines Unternehmens wie auch über dessen Grenzen hinweg in Form von Netzwerken existieren.

Die Entwicklung gemeinsamer Sichtweisen und Interpretationsmechanismen gewinnt damit theoretisch wie praktisch Bedeutung, da Akteure, Gruppen und auch Gesamtorganisationen als „eigen-sinnige" Systeme betrachtet werden, die mit ihrem Aktionsfeld interagieren und sich wechselseitig beeinflussen. Nicht irgendwelche Fakten bestimmen Handlungen, sondern deren jeweilige Sinnzuschreibung. So beschreibt Sapienza (*Sapienza* 1985), wie die obere Führung zweier vergleichbarer Organisationen die gleiche externe Herausforderung ganz unterschiedlich interpretierten und entsprechend divergente Strategien, Strukturen und Maßnahmen entwickelten bis hin zur Einstellung bzw. Entlassung von Mitarbeitern. Entwickelte kollektive Denk- und Handlungsroutinen dienen einerseits zur Komplexitätsreduktion und ermöglichen Handeln, andererseits können sie einer Entwicklung im Wege stehen. Daher wird in der Praxis Feedback und eine kritische Reflexion dieser Routinen auf Metaebene wichtig, um ihre Auswirkungen auf sich ändernde Kontexte zu überprüfen, Probleme und Chancen frühzeitig zu erkennen und wirksam zu bearbeiten.

Im Gegensatz zu „rational choice"-Ansätzen sind die Aussagen und praktischen Implikationen der verstehenden Perspektive insgesamt weicher und weniger präzise, da probabilistisch. Doch bilden sie erlebte organisationale Realität mit ihren Widersprüchen, Paradoxien und Dynamiken ab, erfordern dabei allerdings die Akzeptanz von Unsicherheit, da weder monokausale noch allgemein gültige Aussagen getroffen werden können. Führung und Steuerung im traditionellen Sinn ist nicht mehr möglich, sondern nur noch eine Einflussnahme über den Kontext. So sieht Shotter (*Shotter* 1993) die Aufgabe eines Managers v.a. darin, im Austausch mit anderen eine adäquate Sicht des Problems zu entwickeln, die hilft, derzeitige Ereignisse und weitere Möglichkeiten in Raum, Zeit und Geschehen einzuordnen. Die Bereitstellung von Interpretationshilfen z.B. durch Metaphern, das Arbeiten an der Entwicklung gemeinsamer Sichtweisen, Sinnzuschreibungen, Interpretationen und Reinterpretationen von Situationen, Ereignissen, Strukturen und Aktionen wird zur wichtigen Führungsaufgabe.

V. Würdigung

„Mind is back in" – kognitive Ansätze haben nachhaltig Einzug in die Organisationsforschung gehalten. „Few areas of contemporary organizational science remain untouched by a cognitive agenda", resümieren Meindl et al. (*Meindl/Stubbart/Porac* 1994, S. 294). Dennoch lassen zunehmende Forschungsbemühungen Fragen offen.

So existiert noch immer eine große Begriffsvielfalt, die in absehbarer Zeit kaum reduziert werden wird. Die Rolle von Emotionen (→ *Emotionen in Organisationen*) wird zwar vorwiegend implizit angesprochen, doch erst in neuerer Zeit explizit untersucht und bedarf weiterer Forschung. Für problemzentrierte Forschungsaktivitäten mit interdisziplinärer/kognitiver Perspektive (organisationales Lernen/Wissen/Identität, Vertrauen) wäre es für einen differenzierten Erkenntnisgewinn sinnvoll, in einer metatheoretischen Reflexion unter Rückbesinnung auf die kognitiven Wurzeln, Ähnlichkeiten, Unterschiede, Forschungsstand und Erkenntnisgewinn innerhalb eines wie auch zwischen verschiedenen Forschungsparadigmata aufzuzeigen.

Das Ebenen- und „Teilen"-Problem stellt eine weitere Herausforderung dar. So wird angenommen, dass gleiche Kognitionen über verschiedene Ebenen hinweg von der gesamten Organisation geteilt werden – eine wenig untersuchte Annahme, die in größeren Organisationen nur bei oberflächlicher Betrachtungsweise zutrifft (*Sackmann* 1991). Auch die wechselseitige Beeinflussung von Kognitionen auf den verschiedenen Ebenen ist wenig erforscht. Auf Basis der verstehenden Perspektive lässt sich argumentieren, dass es auf die subjektiven bzw. die in Interaktionen entstandenen Konstruktionen der Realität ankommt und damit Ebeneneinflüsse berücksichtigt werden. Doch stellt sich die Frage, ob Kognitionen überhaupt geteilt werden können, da jeder aus seiner erfahrungsgeprägten individuellen Perspektive in einem bestimmten Kontext agiert und es vielmehr um das gemeinsame Verhandeln und Entwickeln von Realitäten geht, in denen dann agiert wird. Dies impliziert, verstärkt kommunikative Aushandlungsprozesse mit ihren jeweiligen Auswirkungen zu fokussieren. Die postmoderne Diskussion (→ *Postmoderne Organisationstheorie*) geht noch einen Schritt weiter und fordert gar, sich vom entitativen Menschenbild zu trennen, da soziale Realität nur in Interaktionen entsteht und diese damit die relevanten Untersuchungseinheiten darstellen (*Dachler/Hosking* 1995). Forschungsrelevant sind dann nicht mehr kognitive Strukturen von Personen oder Gruppen und deren Inhalte, sondern die z.B. in Geschichten geschaffenen und resonierenden Bedeutungen (*Calás/Smircich* 1999).

Auch findet sich eine Debatte, ob die informationsverarbeitende oder die verstehende Perspektive der richtige oder bessere Zugang ist. Da beide zu einem unterschiedlichen und ergänzenden Erkenntnisgewinn über Organisationen und organisationales Leben beitragen, haben sie ihre Berechtigung – die konkrete Fragestellung sollte ihre Wahl bestimmen.

Literatur

Birnbaum-More, Philip H./Weiss, Andrew A.: Computerized Content Analysis of Interview Data from the U.S. and Europe, in: Mapping Strategic Thought, hrsg. v. *Huff, Anne S.*, New York 1990, S. 53–69.
Calás, Marta B./Smircich, Linda: Past postmodernism? Reflections and Tentative Directions, in: AMR, Jg. 24, 1999, S. 649–671.
Chown, Eric: Making Predictions in an Uncertain World, in: Adaptive Behavior, Jg. 7, 1999, S. 17–33.
Dachler, Hans-Peter: Führungslandschaft Schweiz: Erfahrungen und Konsequenzen für die Praxis, in: DU, Jg. 4, 1988, S. 297–312.
Dachler, H. Peter/Hosking, Dian Marie: The Primacy of Relations in Socially Constructing Organizational Realities, in: Management and Organization, hrsg. v. *Hosking, Dian Marie/Dachler, H. Peter/Gergen, Kenneth J.*, Aldershot 1995, S. 1–28.
Daniels, Kevin/Johnson, Gerry/de Chernatony, Leslie: Task and Institutional Influences on Managers' Mental Models of Comparison, in: OS, Jg. 23, 2002, S. 31–62.
Dunegan, Kenneth J.: Feedback Sign and „Mindful Vs. Mindless" Information Processing, in: Advances in Managerial Cognition and Organizational Information Processing 5, hrsg. v. *Stubbart, Charles I./Meindl, James R./Porac, Joseph F.*, Greenwich CT 1994, S. 315–337.
Eberle, Thomas S.: Cultural Contrasts in a Democratic Nonprofit Organization, in: Cultural Complexity in Organizations,

hrsg. v. *Sackmann, Sonja A.*, Newbury Park CA 1997, S. 133-159.
Eden, Colin L./Ackermann, Fran R./Cropper, Steve A.: The Analysis of Cause Maps, in: JMan.Stud., Jg. 29, 1992, S. 309-347.
Fiol, C. Marlena/Huff, Anne S.: Maps for Managers, in: JMan.-Stud., Jg. 29, 1992, S. 267-285.
Ginsberg, Ari: Construing the Business Portfolio: A Cognitive Model of Diversification, in: JMan.Stud., Jg. 29, 1989, S. 417-438.
Gioia, Dennis A./Thomas, James B.: Identity, Image, and Issue Interpretation: Sensemaking During Strategic Change in Academia, in: ASQ, Jg. 41, 1996, S. 370-403.
Greenwood, Royston/Hinings, C. Robert: Understanding Strategic Change: The Contribution of Archetypes, in: AMJ, Jg. 36, 1993, S. 1052-1081.
Huff, Anne S.: Mapping Strategic Thought, in: Mapping Strategic Thought, hrsg. v. *Huff, Anne S.*, Chichester et al. 1990, S. 11-49.
Huff, Anne S./Jenkins, Mark (Hrsg.): Mapping Strategic Knowledge, London et al. 2002.
Lord, Robert G./Maher, Karen J.: Alternative Information Processing Models and Their Implications for Theory, Research, and Practice, in: AMR, Jg. 15, 1990, S. 9-28.
Malik, Fredmund: Strategie des Managements komplexer Systeme, 7. A., Bern 2002.
Meindl, James R./Stubbart, Charles I./Porac, Joseph F.: Cognition Within and Between Organizations, in: Org.Sc., Jg. 5, 1994, S. 289-293.
Melone, Nancy Paule: Reasoning in the Executive Suite: The Influence of Role, in: Org.Sc., Jg. 5, 1994, S. 438-455.
Morgan, Gareth (Hrsg.): Beyond Method: Strategies for Social Research, Newbury Park CA et al. 1983.
Neisser, Ulric: Cognitive Psychology, New York 1967.
Paul-Chowdhury, Catherine M.: Internal Dissemination of Learning from Loan Loss Crises, in: Organizational Cognition: Computation and Interpretation, hrsg. v. *Lant, Theresa K./Shapira, Zur B.*, Mahwah NJ 2001, S. 101-123.
Phillips, Margaret E.: Industry Mindsets: Exploring the Cultures of Two Macro-organizational Settings, in: Org.Sc., Jg. 5, 1994, S. 384-402.
Pondy, Louis R./Boje, David M.: Bringing Mind Back In, in: Frontiers in Organization and Management, hrsg. v. *Evan, William M.*, New York 1980, S. 83-101.
Pondy, Louis R./Mitroff, Ian I.: Beyond Open Systems Models of Organization, in: ROB 1, hrsg. v. *Cummings, Larry L./Staw, Barry M.*, Greenwich CT 1979, S. 3-39.
Reger, Rhonda K.: Managerial Thought Structures and Competitive Positioning, in: Mapping Strategic Thought, hrsg. v. *Huff, Anne S.*, New York 1990, S. 71-88.
Sackmann, Sonja A.: Culture and Subcultures: An Analysis of Organizational Knowledge, in: ASQ, Jg. 37, 1992, S. 140-161.
Sackmann, Sonja A.: Cultural Knowledge in Organizations: Exploring the Collective Mind, Newbury Park CA et al. 1991.
Sapienza, Alice M.: Believing is Seeing: How Organizational Culture Influence the Decisions Top Managers Make, in: Gaining Control of the Corporate Culture, hrsg. v. *Kilmann, Ralph H./Saxton, Mary J./Serpa, Roy*, Newbury Park CA et al. 1985.
Schumacher, Terry: West Coast Camelot: The Rise and Fall of an Organizational Culture, in: Cultural Complexity in Organizations, hrsg. v. *Sackmann, Sonja A.*, Thousand Oaks CA et al. 1997, S. 105-132.
Sharpe, Diana Rosemary: Managerial Control Strategies and Subcultural Processes, in: Cultural Complexity in Organizations, hrsg. v. *Sackmann, Sonja A.*, Thousand Oaks CA et al. 1997, S. 228-251.
Shotter, John: Conversational Realities: The Construction of Life Through Language, London et al. 1993.
Shrivastava, Paul/Alvesson, Mats: Nonrationality in Organizational Actions, in: International Studies of Management and Organization, Jg. 17, H. 3/1987, S. 90-109.
Simons, Tony: Speech Patterns and the Concept of Utility in Cognitive Maps: The Case of Integrative Bargaining, in: AMJ, Jg. 36, 1993, S. 139-156.
Stubbart, Charles I.: Managerial Cognition: A Missing Link in Strategic Management Research, in: JMan.Stud., Jg. 26, 1989, S. 325-347.
Taylor, Shelley E./Crocker, Jennifer: Schematic Basis of Social Information Processing, in: Social Cognition: The Ontario Symposium 1, hrsg. v. *Higgins, E. Tory/Herman, C. Peter/Zanna, Mark P.*, Hillsdale NJ 1981, S. 89-134.
Tenbrunsel, Ann E. et al.: Cognitions in Organizations, in: Handbook of Organization Studies, hrsg. v. *Clegg, Stewart R./Hardy, Cynthia/Nord, Walter R.*, London et al. 1996, S. 313-337.
Thomas, James B./Clark, Shawn M./Gioia, Dennis A.: Strategic Sensemaking and Organizational Performance, in: AMJ, Jg. 36, 1993, S. 239-270.
Tolman, Edward C.: Purposive Behavior in Animals and Men, New York 1932.
Walsh, James P.: Managerial and Organizational Cognition: Notes from a Trip Down Memory Lane, in: Org.Sc., Jg. 6, 1995, S. 280-321.
Weick, Karl E./Roberts, Karlene H.: Collective Mind in Organizations, in: ASQ, Jg. 38, 1993, S. 357-381.
Weick, Karl E.: The Collapse of Sensemaking in Organizations: The Mann Gulch Desaster, in: ASQ, Jg. 38, 1993, S. 628-652.
Wofford, Jerry C.: An Examination of the Cognitive Processes Used to Handle Employee Job Problems, in: AMJ, Jg. 37, 1994, S. 180-192.
Wundt, Wilhelm Maximilian: Grundzüge der physiologischen Psychologie, Leipzig 1873/1874.

Kommunikation

Claudia Mast

[s.a.: Impression-Management und Unternehmensdramaturgie; Kommunikationsanalyse; Systemtheorie; Unternehmenskommunikation.]

I. Einleitung; II. Begriff; III. Kommunikation als Prozess; IV. Grundgerüst von Kommunikationsprozessen; V. Intentionen in der Kommunikation; VI. Formale und informale Kommunikation in Organisationen; VII. Kommunikationsnetzwerke.

Zusammenfassung

Organisationen sind soziale Gebilde, in denen der Kommunikation zwischen Mitarbeitern, Führungskräften, aber auch externen Personengruppen eine zentrale Rolle zukommt. Kommunikation wird dabei als ein Prozess verstanden, in dem sich Menschen gegenseitig wahrnehmen und Botschaften, Gefühle und Intentionen austauschen: Kommunikation ist die Bedeutungsvermittlung zwischen Menschen. Sie erfolgt über Medien wie z.B. Sprache, non-verbale Signale, gedruckte oder elektronische Medien. Innerhalb einer Organisation können Kommunikationsprozesse formalisiert oder informell sein. Während die formale Kommunikation geplant, spezialisiert und entlang der bestehenden Hierarchien abläuft, reicht informelle Kommunikation über formale Strukturen hinweg. Eine Sonderform stellen Kommunikationsnetzwerke dar, die sich entlang der Bedürfnisse und Interessen von Individuen oder Gruppen bilden.

I. Einleitung

Kommunikation ist zum schillernden Zauberwort der Informationsgesellschaft geworden und wird nahezu inflationär in Wissenschaft und Alltag gleichermaßen benutzt. Während im Englischen „communication" seit jeher zum selbstverständlichen Bestandteil der Umgangssprache gehörte, verbreitete sich der Begriff in der deutschen Umgangssprache mit dem Strukturwandel von der Industrie- zur Informationsgesellschaft und der Expansion der Mediensysteme. Der Begriff wird heute von verschiedenen Wissenschaftsdisziplinen mit unterschiedlichen Perspektiven und Erkenntnisobjekten verwendet – von den Sozialwissenschaften, die sich mit *„sozialer" Kommunikation* (zwischen Menschen) beschäftigen, bis hin zu naturwissenschaftlichen Ansätzen, die den Begriff weiter fassen und z.B. auch von „Mensch-Maschine"- und „Maschine-Maschine"-Kommunikation sprechen.

II. Begriff

Der Begriff „Kommunikation" kann je nach Kontext und Bedarf unterschiedlich eng oder weit gefasst werden. Die Begrifflichkeit ist noch ziemlich uneinheitlich, was die nicht endende Flut der Definitionen eindrucksvoll belegt (*Merten* 1977), und verändert sich ebenso rasch wie der Bereich der Medien (*Mast* 1986; *Altmeppen/Buchherr/Löffelholz* 2000; *Löffelholz/Quandt* 2002).

Kommunikation ist ein Alltag durchdringendes Phänomen und schwer fassbar. Viele kommunikationstheoretische Ansätze sehen daher in der Kommunikation die funktional notwendige Voraussetzung für das Funktionieren von Gesellschaften (*Rühl* 1980; *Ronneberger/Rühl* 1992). *Soziale Systeme* können nur dann weiter bestehen und sich an die wechselnden Umweltanforderungen anpassen, wenn ihre Mitglieder untereinander durch Kommunikation verbunden sind und ihr Handeln auf der Basis von gemeinsamen Informationen, Mitteilungen und Bedeutungen ausrichten. Da Organisationen Formen sozialer Netzwerke sind, die von Menschen geschaffen werden, um Probleme zu lösen oder Bedürfnisse zu befriedigen, geht der Kommunikationsbegriff in den der Organisation über (*Theis-Berglmair* 2003, S. 17 ff.; *Hahne* 1998).

Organisationen basieren auf Kommunikation, d.h. Organisationsformen und soziale Kommunikation sind untrennbar miteinander verbunden. Ohne Kommunikation können Organisationen nicht existieren, sich weiter entwickeln und z.B. Unternehmen nicht erfolgreich auf den Märkten agieren.

Unter kommunikationswissenschaftlicher Perspektive stellen Organisationen ein Netz von beobachtbaren Kommunikationsprozessen dar, die geplant, regelmäßig und systematisch zwischen Menschen ablaufen. Organisationen sind soziale Gebilde, deren Kommunikationsbeziehungen auch einem kontinuierlichen Wandel unterliegen (*Mast* 2002).

Die Vielfalt der Definitionen zu „Kommunikation", die sich mit dem häufig weiter gefassten Begriff „*Interaktion*" überschneiden, füllt Bücher. Hier wird auf die sozial- und kommunikationswissenschaftliche Perspektive i.e.S. und die Tatsache Bezug genommen, dass sich Menschen untereinander verständigen und auch anderen Personen gegenüber nicht nur Sachverhalte, sondern auch innere Vorgänge und Zustände ausdrücken können. „Kommunikation ist die *Bedeutungsvermittlung* zwischen Lebewesen" (*Maletzke* 1963, S. 18) mit Hilfe von Mimik, Gestik, Sprache, Schrift, Bild oder Ton, in unvermittelten Face-to-Face-Kontakten oder über Medien. Das Wechselspiel der Übermittlung von Bedeutungen zwischen Kommunikationspartnern heißt *Kommunikationsprozess*. Unter Kommunikation wird also ein Prozess verstanden, in dem zwei oder mehrere Menschen sich gegenseitig wahrnehmen und Botschaften, Gefühle und Intentionen austauschen, indem sie sich verbaler und non-verbaler Mittel bedienen. Auch wenn sie nicht kommunizieren, sagen sie mit dieser Haltung etwas aus.

III. Kommunikation als Prozess

Kommunikation ist ein Prozess, der auf Gemeinsamkeiten zwischen den Beteiligten beruht, die einerseits Voraussetzung dafür sind, dass Kommunikationsprozesse überhaupt stattfinden können, und andererseits aber auch deren Ergebnis sind. Wie der aus dem Lateinischen „communis" = „gemeinsam" stammende Begriff nahe legt, bestehen Übereinstimmungen zwischen den Kommunikationspartnern. Dies bedeutet „erstens eine (z.B. materielle oder energetische) Verbindung zur Übertragung von Signalen; zweitens eine durch Erwartungen gekennzeichnete Beziehung, aus der Information entsteht; drittens bestimmte übereinstimmende Kognitionen (→ *Kognitiver Ansatz*), d.h. → *Wissen*, Erfahrungen, Bewertungen usw., aus denen sich die Erwartungen ableiten und die den Signalen Bedeutung verleihen; und viertens bestimmte Absichten oder Folgen in Bezug auf ihren Zustand oder ihr Verhalten" (*Schulz* 2002, S. 153).

Neuere Ansätze des symbolischen Interaktionismus (→ *Konstruktivismus*) betonen die vielfältigen Transaktionen und die Tatsache, dass Menschen mit Zeichen und Symbolen ganz bestimmte Vorstellungsinhalte und Erlebnisse verbinden. Diese Ansätze gehen davon aus, dass Menschen nicht nur in einer natürlichen, sondern auch symbolischen Umwelt leben. Je größer der gemeinsame Vorrat von Erfahrungen und Erlebnissen bei den Kommunikationspartnern ist, desto wahrscheinlicher ist es, dass die Bedeutungsinhalte der Kommunikation in gleicher oder ähnlicher Weise aktiviert werden. Kommunikation ist also auch ein symbolisch vermittelter Interaktionsprozess (*Burkart* 2002, S. 46 ff.).

IV. Grundgerüst von Kommunikationsprozessen

Kommunikationsprozesse umfassen – bei aller Unterschiedlichkeit der Ausprägungen und Kommunikationssituationen – folgende Grundelemente (*Lasswell* 1964): Als *Kommunikator* (z.B. Quelle, Sender, Produzent) wird derjenige bezeichnet, der etwas mitzuteilen hat. Er ist der Ausgangspunkt von Botschaften, die er mehr oder weniger zielgenau an einzelne Personen, Gruppen, Organisationen oder gesellschaftliche Systeme adressiert (*Donsbach* 1982; *Rühl* 1989). Als *Rezipient* (Empfänger, Konsument, Adressat) agieren diejenigen Kommunikationspartner, die Botschaften aufnehmen und deren Bedeutung „entschlüsseln" (*Schenk* 2002). Die *Aussage* als weiteres Grundelement der Kommunikation umfasst sowohl den Inhalt als auch die Form der Botschaft (*Maletzke* 1998, S. 49 f.). „Es gibt ... keine unvermittelte Kommunikation; alle Kommunikation bedarf des Mittels oder Mediums, durch das hindurch eine Nachricht übertragen bzw. aufgenommen wird" (*Graumann* 1972, S. 1182). Der Begriff *Medium* als „Instanz, mit deren Hilfe der mitzuteilende Inhalt ‚transportabel' wird" (*Burkart* 2002, S. 63), umfasst sowohl die *Sprache* als wohl wichtigstes Zeichensystem für menschliche Kommunikation bis hin zu den technischen Mitteln und Instrumenten, die der Verbreitung von Aussagen dienen.

Wollen sich *Kommunikationspartner* verständigen, benötigen sie den gemeinsamen Code „*Sprache*", den sie in möglichst gleicher Weise verwenden und interpretieren. Damit die Kommunikation fehlerfrei gelingen kann, müssen die Syntax (Beziehung der Zeichen untereinander), Semantik (Beziehung von Zeichen und Gegenständen) sowie Pragmatik (Beziehung der Zeichen und Benutzer bzw. Interpreten) übereinstimmen. Außerdem muss, wollen Kommunikatoren durch Sprache überzeugen, der situative und kulturelle Kontext berücksichtigt werden (*Maletzke* 1996; *Jandt* 2001). Die Sprache als elementares Medium der Kommunikation erfüllt hierbei mehrere Funktionen: die Ausdrucksfunktion zur Äußerung von Gedanken und Gefühlen, die Darstellungsfunktion zur Beschreibung von Dingen und Sachverhalten sowie die Appellfunktion zur Beeinflussung des Verhaltens anderer.

Neben dem verbalen Ausdrucksmittel Sprache verfügen Rezipienten noch über eine Vielzahl *nonverbaler Kanäle* zum Transport von Botschaften wie Mimik, Gestik oder Verhaltensweisen. Hinzu kommen paralinguistische Inhalte der sprachlichen Kommunikation, wenn durch z.B. Betonungen, Absenken oder Anheben der Stimme die Intentionen des Kommunikators unterstützt werden. *Kommunikationskanäle*, über die der Empfänger Inhalte aufnimmt, können auditiv (für Sprache und paralinguistische Kommunikation), visuell (für Mimik, Gestik, Habitus, Raumausnutzung), taktil (für Körperberührungen), olfaktorisch (für Riechen), thermal (für Spüren) oder gustorisch (für Geschmacksempfindungen) sein (*Scherer* 1974, S. 68).

Kommunikation wird – im Gegensatz zur Information – als wechselseitiger Prozess verstanden und kann in verschiedene Interaktivitätsstufen eingeteilt werden. Die *Interaktionspotenziale* der Kommunikatoren und Rezipienten können durchaus ungleichgewichtig sein (*Krzeminski/Zerfaß* 1998; *Goertz* 1995). Sie variieren von der Chancengleichheit aller Kommunikationspartner i.S.v. Habermas' Theorie des kommunikativen Handelns (*Habermas* 1981, S. 126 ff.) bis hin zu punktuellen oder systematischen Feedbackbeziehungen. Eurich (*Eurich* 1981) unterscheidet in der Massenkommunikation zwischen direkten Rückmeldungen der Rezipienten z.B. durch Leserbriefe, Telefonanrufe oder Teilnahme an Sendungen und indirekten Formen, z.B. durch Publikumsforschung.

Die Fähigkeit der Kommunikationspartner, ihr Kommunikationsverhalten an die Situation und die Erwartungen der anderen anzupassen, wird meist als *Kommunikationskompetenz* bezeichnet. Das Grundgerüst der Kommunikationsprozesse bildet die Voraussetzung dafür, dass Kommunikation zustande kommt. Ob sie in den Augen der Kommunikationspartner auch „erfolgreich" ist, hängt von den Erwartungen und Wahrnehmungen der Beteiligten ab.

V. Intentionen in der Kommunikation

Kommunikation ist immer intentional, d.h. sowohl der Kommunikator als auch der Rezipient verfolgen bestimmte Absichten und Zwecke. Diese Ziele können sich erheblich unterscheiden und auch von den Kommunikationspartnern in völlig unterschiedlicher Weise wahrgenommen und interpretiert werden. Eine viel zitierte Formulierung, die sog. Lasswell-Formel, betont die *Intentionalität* von Kommunikation aus der Perspektive des Senders: Who (= Kommunikator) says what (= Mitteilung) in which channel (= Medium) to whom (= Rezipient) with what effect (= Wirkung)?

Analysiert man die Ziele des kommunikativen Handelns aus der Perspektive der Kommunikatoren, kann man zwischen der allgemeinen Intention, jemandem etwas mitteilen zu wollen, und speziellen Intentionen unterscheiden, hinter denen ein bestimmtes Interesse oder Anliegen steckt (*Burkart* 2002, S. 25 ff.). *Public Relations* (*Kunczik* 2002; *Cutlip/Center/Broom* 2000; *Grunig/Hunt* 1984) und *Werbung* (*Mattenklott* 2002; *Kloss* 2003) sind Kommunikationsbereiche, die sich zu ihrer Intentionalität klar bekennen.

Nicht nur Kommunikatoren, sondern auch Rezipienten hegen Erwartungen und Ansprüche hinsichtlich der Inhalte und Abläufe des Kommunikationsprozesses. Die Intentionen aus der Perspektive der Rezipienten erfassen Begriffe wie Motive, Bedürfnisse oder Nutzenerwartungen. Ihre Erwartungen lassen sich unterteilen in physische, psychische und soziale Bedürfnisse (→ *Motivation*). Eine weitere Unterteilung sind kognitive, affektive und konative Aspekte. Die Bedürfnisse und Motive, die aus der Empfängersicht wirksam werden, können in den verschiedenen Phasen des Kommunikationsprozesses wechseln. Sie beeinflussen in der präkommunikativen Phase vor Beginn des Kommunikationsprozesses z.B. die Auswahl der Medien und Inhalte, während des Kommunikationsprozesses die Zeit und Intensität der Nutzung und im Nachgang das Erinnern und die Reaktion auf die angebotenen Inhalte.

Die Analyse der Intentionalität von Kommunikation wirft die Frage nach den *Wirkungen* auf. Dieses höchst komplexe Forschungsfeld (*Schenk* 2002; *Bonfadelli* 2001) entdeckt immer neue Variablen oder Faktoren und hat sich zu einem kaum überschaubaren Gebiet entwickelt. Wirkungsebenen können grob unterschieden werden, indem man differenziert, worauf sich der Einfluss des Kommunikators erstrecken soll: auf die Inhalte (z.B. Themen, Personen, Ereignisse), die dem Rezipient vermittelt werden, oder den Kommunikationsprozess und seine Elemente selbst (z.B. Image und Glaubwürdigkeit der Quelle). Beide Ebenen greifen ineinander und können lediglich analytisch als Inhalts- und Beziehungsaspekte der Kommunikation unterschieden werden. „Jede Kommunikation hat einen *Inhalts-* und *Beziehungsaspekt* derart, dass Letzterer den Ersteren bestimmt …" (*Watzlawick/Beavin/Jackson* 1969, S. 56). Allerdings hat es die empirische Wirkungsforschung mit einem außerordentlich vielschichtigen Forschungsgegenstand zu tun. Ihre Forschungsbilanz wird daher durchaus unterschiedlich beurteilt (*Maletzke* 1998; *Bonfadelli* 2001). Gemessen an dem, was Praktiker wissen möchten, ist sie sicher nicht zufrieden stellend, mit Blick auf die wissenschaftlichen Ergebnisse von vor zehn oder zwanzig Jahren jedoch durchaus respektabel.

VI. Formale und informale Kommunikation in Organisationen

Kommunikationsprozesse können mehr oder weniger geregelt und vorhersehbar ablaufen. Vor allem in Organisationen haben sich *Kommunikationsformen* entwickelt, die durch einen hohen Grad an Formalisierung gekennzeichnet sind (→ *Bürokratie*). Das Strukturelement der Formalisierung bezieht sich auf das Ausmaß an Festlegungen, Regeln und Verhaltensweisen, die Kommunikationsprozesse v.a. in Organisationen prägen. *Formalisierte Kommunikation* ist in hohem Maße geplant und spezialisiert (*Hahne* 1998, S. 217). Sie hat das Ziel, z.B. einer Organisation das Element der Beständigkeit zu verleihen. Allerdings wird dieses Ziel meist nur auf Kosten der Vitalität einer solchen Organisation erreicht. Im ungünstigsten Fall treten Verkrustungs- und Erstarrungseffekte ein. Die Formalisierung der Kommunikationsprozesse hat also Vor- und Nachteile. Die Offenheit für Innovationen, die Beweglichkeit und Flexibilität der Kommunikationsabläufe sind z.B. schwach ausgeprägt. Dafür sind die Zuverlässigkeit und Kalkulierbarkeit der Kommunikationsleistungen groß.

Formale Kommunikation verleiht einem Kommunikationsakt das Attribut der Seriosität, Gültigkeit, Verlässlichkeit und prägt auch das „Gesicht einer Organisation" nach innen und außen (*Whetten/Godfrey* 1998, S. 33 ff.), da sie klaren Vorgaben folgt. Jede Organisation braucht ein Minimum an formaler Kommunikation, d.h. schriftlich fixierte Regeln und klare Vorgaben, nach denen vorgegangen wird, z.B. bei Budgetentscheidungen, in der Personalentwicklung, bei der Kundenbetreuung u.a.

Die *informale Kommunikation* (*Daniels/Spiker/Papa* 1997, S. 120 ff.; *Yuhas Byers* 1997, S. 48 ff.) umfasst diejenigen Kommunikationsprozesse, die nicht über die bewusst geschaffenen Autoritätshierarchien in den Organisationen ablaufen, sondern außerhalb dieser formalen Strukturen (→ *Informelle Organisation*). Die informale Kommunikation wurde von Organisationstheoretikern wie Max Weber (*Weber* 1947), Henri Fayol (*Fayol* 1925) und Frederick W. Taylor (*Taylor* 1947) eher als störend empfunden und daher wenig beachtet. Beginnend mit der Human-Relations-Bewegung (*Mayo* 1960) berücksichtigen neuere Ansätze der *Organisationskommunikation* auch diese Form der Kommunikation (*Jablin/Putnam* 2001). Allerdings wird dieses Forschungsfeld – trotz der wachsenden Bedeutung für das Funktionieren von Organisationen – erst in Ansätzen behandelt. Aufgrund der engen Verzahnung von formaler und informaler Kommunikation können die beiden Bereiche nur analytisch voneinander getrennt werden. Beide Kommunikationsformen sind heute in der Praxis eng miteinander verbunden.

Kennzeichen der informalen Kommunikation ist, dass sie weder vorher festgelegten Beziehungsstrukturen folgt noch vorhersehbare Inhalte austauscht.

Allerdings können informale Kommunikationskontakte von Organisationsmitgliedern untereinander oder zu Bezugsgruppen organisiert werden und die Organisationsziele fördern, wenn sie Gelegenheit geben zum Kennenlernen (z.B. bei Meetings), zum Gedankenaustausch (z.B. während Tagungen) oder zur Bindung an Bezugsgruppen (z.B. Events für Kunden) bieten.

Informale Kommunikationsbeziehungen bestehen unabhängig von Organisationsplänen und geregelten Verantwortlichkeiten. Oftmals ergänzen informale die formalen Kommunikationswege (positive Auswirkung). Einzelne Mitglieder gelangen so schneller an die für sie wichtigen Informationen. Andererseits verbreiten sich über diesen Kommunikationsweg schnell *Gerüchte* (*Maletzke* 2002; *Kimmel* 2003), die weder plan- noch korrigierbar sind und die Aktionen von Organisationen lähmen können (negative Auswirkung). Der Kreis der Akteure setzt sich je nach Situation und Anlass zusammen. Bei der informalen Kommunikation handelt es sich also um eine spezielle Form der sozialen Kommunikation in der Organisation. Die jeweilige formale Struktur einer Organisation sieht zwar diese Kommunikationsprozesse nicht vor, beeinflusst sie aber stark.

In der Regel laufen informale Kommunikationsprozesse ohne jegliche Organisation oder vorgegebene *Ablaufstrukturen* unverbindlich und zu jeder Zeit ab, z.B. in den Kantinen beim Essen, am Arbeitsplatz, nach Feierabend (etwa bei Sportaktivitäten) oder bei zufälligen Begegnungen. Informale Kommunikationsprozesse entziehen sich daher zentralen Vorgaben oder Steuerungsinstrumenten von Organisationen (→ *Organisationskultur*). Die Akteure, die an den Kommunikationsbeziehungen beteiligt sind, entscheiden über die Zusammensetzung der Kommunikationspartner, die Inhalte und den Zeitpunkt der Kommunikation. Daher werden sie meist als Kommunikationsnetze bezeichnet.

VII. Kommunikationsnetzwerke

Unter *Kommunikationsnetzwerken* (*Stohl* 1995, S. 64 f.; *Goldhaber* 1993) sind stabile Beziehungsstrukturen zu verstehen, in denen Kommunikation über Verbindungen abläuft, die zu einem oder mehreren Punkten führen können. In Organisationen agieren formalisierte (z.B. im → *Projektmanagement*, bei Task Force-Gruppen) und informale, meist personenorientierte Netzwerke. Informale Netzwerkkommunikation kennt keine Grenzen und ergänzt bzw. ersetzt formale Kommunikation.

Die informale Netzwerkkommunikation gewinnt aus der Perspektive der Individuen wie auch der Organisationen an Bedeutung (*Stohl* 1995). Die Hierarchiestufen (→ *Hierarchie*) wurden in den letzten Jahren in vielen Unternehmen deutlich reduziert und die Organisationsstrukturen dadurch flacher. Der Einzelne bekommt im Laufe dieser Entwicklung mehr Möglichkeiten, eigene Kommunikationsbeziehungen aufzubauen. Der Formalisierungsgrad der Kommunikationsnetze variiert – von völlig offenen Netzen (z.B. persönliche Kommunikationsnetze) bis hin zu eher formalisierten (z.B. zwischen den Verkaufschefs der regionalen Bereiche oder in einem Projektteam).

Kommunikationsnetze bilden sich entlang von Bedürfnissen von Individuen (z.B. Frauen im Beruf), Gruppen (z.B. Teams in einer Abteilung), Organisationen (z.B. Mitglieder einer Arbeitsgruppe) oder übergreifend zwischen Organisationen (z.B. bei Verbandstreffen). Die Entwicklung der *IuK-Technologien* hat wichtige Instrumente für das „networking" geschaffen, z.B. das *Intranet* (für den internen Austausch von Informationen), *Extranet* (zur Einbeziehung geschlossener Nutzergruppen wie Händler, Lieferanten) und *Internet* (für weltweite Kommunikationsbeziehungen).

Unternehmen als Organisationen agieren im Schnittpunkt von formaler und informaler Kommunikation. Sie optimieren die interne und externe Kommunikation, indem sie ihr Ziel – den Grad der Formalisierung von Kommunikation – festlegen und die Nutzenbilanzen aus der Sicht der Kommunikatoren und Rezipienten beeinflussen. Ergebnisse aus der Kommunikationswissenschaft (*Müller-Kalthoff* 2002; *Fantapié Altobelli* 2002) weisen darauf hin, dass nicht nur die Prozessoptimierung, sondern v.a. die Vernetzung der Kommunikationsformen und -medien Wettbewerbsvorteile eröffnet.

Literatur

Altmeppen, Klaus-Dieter/Buchherr, Hans-Jürgen/Löffelholz, Martin: Online-Journalismus. Perspektiven für Wissenschaft und Praxis, Wiesbaden 2000.
Bonfadelli, Heinz: Medienwirkungsforschung. Band 1: Grundlagen und theoretische Perspektiven, Konstanz 2001.
Burkart, Roland: Kommunikationswissenschaft. Grundlagen und Problemfelder. Umrisse einer interdisziplinären Sozialwissenschaft, 4. A., Wien 2002.
Cutlip, Scott M./Center, Allen H./Broom, Glen M.: Effective Public Relations, 7. A., Englewood Cliffs 2000.
Daniels, Tom D./Spiker, Barry/Papa, Michael J.: Perspectives on Organizational Communication, Boston et al. 1997.
Donsbach, Wolfgang: Legitimationsprobleme des Journalismus. Gesellschaftliche Rolle der Massenmedien und berufliche Einstellungen von Journalisten, Freiburg et al. 1982.
Eurich, Claus: Feedback, in: Handbuch der Massenkommunikation, hrsg. v. *Koszyk, Kurt/Pruys, Karl Hugo*, München 1981, S. 5–57.
Fantapié Altobelli, Claudia (Hrsg.): Print contra Online? Verlage im Internetzeitalter, München 2002.
Fayol, Henri: General Industrial Management, London 1925.
Goertz, Lutz: Wie interaktiv sind die Medien? Auf dem Weg zu einer Definition von Interaktivität, in: Rundfunk und Fernsehen, Jg. 43, 1995, S. 477–493.
Goldhaber, Gerald M.: Organizational Communication, 6. A., Madison 1993.
Graumann, Carl Friedrich: Interaktion und Kommunikation, in: Handbuch der Psychologie, Bd. 7: Sozialpsychologie, hrsg.

v. *Graumann, Carl Friedrich*, Göttingen 1972, S. 1109–1262.
Grunig, James E./Hunt, Todd T.: Managing Public Relations, New York 1984.
Habermas, Jürgen: Theorie des kommunikativen Handelns. Band 1: Handlungsrationalität und gesellschaftliche Rationalisierung. Band 2: Zur Kritik der funktionalistischen Vernunft, Frankfurt am Main 1981.
Hahne, Anton: Kommunikation in der Organisation. Ein kritischer Überblick zu theoretischen Grundlagen und interdisziplinären Ansätzen der Analyse und Gestaltung innerbetrieblicher Gespräche, Wiesbaden 1998.
Jablin, Frederic M./Putnam, Linda L. (Hrsg.): The New Handbook of Organizational Communication. Advances in Theory, Research and Methods, Thousand Oaks et al. 2001.
Jandt, Fred E.: Intercultural Communication. An introduction, Thousand Oaks 2001.
Kimmel, Allan J.: Rumors and Rumor Control. A Manager's Guide to Understanding and Combatting Rumors, London 2003.
Kloss, Ingmar: Werbung: Lehr-, Studien- und Nachschlagewerk, 3. A., München et al. 2003.
Krzeminski, Michael/Zerfaß, Ansgar: Interaktive Unternehmenskommunikation. Internet, Intranet, Datenbanken, Online-Dienste und Business TV als Bausteine erfolgreicher Öffentlichkeitsarbeit, Frankfurt am Main 1998.
Kunczik, Michael: Public Relations: Konzepte und Theorien, 4. A., Köln et al. 2002.
Lasswell, Harold D.: The Structure and Function of Communication in Society, in: The Communication of Ideas. A Series of Addresses, hrsg. v. *Bryson, Lyman*, New York 1964, S. 37–51.
Löffelholz, Martin/Quandt, Thorsten: Die neue Kommunikationswissenschaft. Theorien, Themen und Berufsfelder im Internetzeitalter – eine Einführung, Wiesbaden 2002.
Maletzke, Gerhard: Kommunikationsform Gerücht, in: Unternehmenskommunikation, hrsg. v. *Mast, Claudia*, Stuttgart 2002, S. 225–240.
Maletzke, Gerhard: Kommunikationswissenschaft im Überblick. Grundlagen, Probleme, Perspektiven, Opladen et al. 1998.
Maletzke, Gerhard: Interkulturelle Kommunikation, Opladen 1996.
Maletzke, Gerhard: Psychologie der Massenkommunikation, Hamburg et al. 1963.
Mast, Claudia: Unternehmenskommunikation. Ein Leitfaden, Stuttgart et al. 2002.
Mast, Claudia: Was leisten die Medien? Funktionaler Strukturwandel in den Kommunikationssystemen, Osnabrück 1986.
Mattenklott, Axel (Hrsg.): Werbung: Strategien und Konzepte für die Zukunft, München 2002.
Mayo, Elton: The Human Problems of an Industrial Civilization, New York et al. 1960.
Merten, Klaus: Kommunikation. Eine Begriffs- und Prozessanalyse, Opladen 1977.
Müller-Kalthoff, Björn (Hrsg.): Cross-Media Management. Content-Strategien erfolgreich umsetzen, Berlin et al. 2002.
Ronneberger, Franz/Rühl, Manfred: Theorie der Public Relations. Ein Entwurf, Opladen 1992.
Rühl, Manfred: Organisatorischer Journalismus. Tendenzen der Redaktionsforschung, Opladen 1989.
Rühl, Manfred: Journalismus und Gesellschaft. Bestandsaufnahme und Theorieentwurf, Mainz 1980.
Schenk, Michael: Medienwirkungsforschung, 2. A., Tübingen 2002.
Scherer, Klaus: Beobachtungsverfahren zur Mikroanalyse nonverbaler Verhaltensweisen, in: Techniken der empirischen Sozialforschung, Bd. 3: Erhebungsmethoden: Beobachtung und Analyse von Kommunikation, hrsg. v. *Koolwijk, Jürgen van/Wieken-Mayser, Maria*, München 1974, S. 66–109.
Schulz, Winfried: Kommunikationsprozess, in: Fischer Lexikon Publizistik Massenkommunikation, hrsg. v. *Noelle-Neumann, Elisabeth/Schulz, Winfried/Wilke, Jürgen*, 5. A., Frankfurt am Main 2002, S. 153–182.
Stohl, Cynthia: Organizational Communication. Connectedness in Action, Thousand Oaks 1995.
Taylor, Frederik W.: The Principles of Scientific Management, New York 1947.
Theis-Berglmair, Anna Maria: Organisationskommunikation, 2. A., Münster 2003.
Watzlawick, Paul/Beavin, Janet H./Jackson, Don D.: Menschliche Kommunikation. Formen, Störungen, Paradoxien, Bern et al. 1969.
Weber, Max: The Theory of Social and Economic Organizations, New York 1947.
Whetten, David A./Godfrey, Paul C. (Hrsg.): Identity in Organizations. Building Theory Through Conversation, Thousand Oaks 1998.
Yuhas Byers, Peggy (Hrsg.): Organizational Communication. Theory and Behavior, Boston 1997.

Kommunikationsanalyse

Hermann Krallmann/Nadine Neumann

[s.a.: Kommunikation; Unternehmenskommunikation.]

I. Definitionen und Sichtweisen; II. Barrieren – Verzerrungen und Filter; III. Methoden und Instrumente.

Zusammenfassung

Im Folgenden wird die Kommunikationsanalyse, die die Informations- und Kommunikationsflüsse eines Unternehmens strukturiert und bewertet, genauer betrachtet. Die Ziele dieser Analyse können sich dabei stark voneinander unterscheiden. Während beim Einsatz der Kommunikationsanalyse im Datenschutz insb. die Sicherheit der Internetverbindung im Vordergrund steht, werden bei der linguistischen Analyse hauptsächlich die Potenziale zur Problemlösung betrachtet. Demgegenüber wird im Zuge der Geschäftsprozessoptimierung versucht die Kommunikationsbeziehungen und bestehende Personennetzwerke zu optimieren, um somit den Wissensaustausch zu verbessern. Während die ersten beiden Bereiche nur kurz beschrieben werden, soll der Fokus auf der Kommunikationsanalyse im Geschäftsprozessumfeld liegen. Des Weiteren werden die Barrieren der Kommunikationsanalyse aufgezeigt und Methoden und Instrumente näher erläutert.

I. Definitionen und Sichtweisen

Die heutige Zeit ist geprägt durch kontinuierliche gesellschaftliche und wirtschaftliche Veränderungen. Die → *Globalisierung* der Gesellschaft und die damit verbundene Globalisierung des Wissens ist nur ein Beweis dafür. Unternehmensprozesse müssen ständig an den kulturellen und technischen Wandel angepasst werden. Daher ist es nicht verwunderlich, dass die Anpassungsfähigkeit eines Unternehmens zum wichtigen Wettbewerbsvorteil geworden ist und in Zukunft noch stärker werden wird (*Schüppel* 1996, S. vii). Vor diesem Hintergrund erlangt das Wissensmanagement innerhalb des Unternehmens und damit verbunden die Kommunikation einen strategischen Rang, denn erst der Austausch von Wissen gewährleistet ein langfristiges Bestehen des Unternehmens am Markt (*Probst/Raub* 1998, S. 132). Zahlreiche Gründe und Barrieren, wie bspw. nicht gelebte Unternehmenskultur, unklare Weisungsbefugnisse und Demotivation der Mitarbeiter, verhindern eine offene Kommunikation und den vertrauensvollen Umgang mit der Ressource Wissen. Aus diesem Grund bilden die Verbesserung formaler Kommunikationsprozesse und deren Steuerung im Sinne der Unternehmensziele den Mittelpunkt des allgemeinen Interesses. Eine offene (z.B. auch informelle) Kommunikation im Mitarbeiterteam fördert die Zusammenarbeit und lässt bspw. in der innovativen Produktentwicklung zusätzliche Ideen entstehen, verringert dabei gleichzeitig die Fehlerwahrscheinlichkeit und erleichtert die Innovationsumsetzung (*Held/Maslo/Lindenthal* 2001, S. 19 f.). Unternehmen haben daher die Aufgabe, eine Vielzahl von Kommunikationsmöglichkeiten gezielt zur Verfügung zu stellen – innerhalb und außerhalb des Unternehmens. Die Gestaltung und Optimierung der Kommunikation kann dazu beitragen, dass insb. die Mitarbeitermotivation im Unternehmen steigt. In verschiedenen Untersuchungen zeigte sich, dass für die Entstehung von Kreativität die intrinsische Motivation von herausragender Bedeutung ist (*Hennessey/Amabile* 1988, S. 11 f.). Daher scheint es sinnvoll, die Mitarbeiter in den Prozess der Kommunikationsanalyse zu integrieren und ihnen somit das Gefühl zu geben, dass ihre Kommunikationserfahrungen für das langfristige Bestehen des Unternehmens notwendig sind.

1. Kommunikationsanalyse im Datenschutz

Eine Art der Kommunikationsverbesserung stellt die Kommunikation mittels elektronischer Medien dar. Neben den vielen Vorteilen dieser schnellen Kommunikation ergeben sich auf der anderen Seite Probleme, die im Unternehmen beachtet werden müssen. So muss die Kommunikationsanalyse im Datenschutz ihr Augenmerk insb. auf die Sicherheit der Verbindung eines Rechners mit dem Internet legen. Bevor ein Rechner an das Internet angeschlossen wird, ist zuallererst eine Analyse des Kommunikationsbedarfs notwendig, um die Erforderlichkeit eines Internet-Anschlusses zu beurteilen. Ausgangspunkte einer derartigen Analyse sind der Schutzbedarf der zu verarbeitenden Daten und die Sicherheitsziele der öffentlichen Stelle sowie die Risiken der unterschiedlichen Dienste. Im Sinne der Kommunikationsanalyse sollten die folgenden Punkte betrachtet werden:

- Aufnahme aller IT-Systeme,
- Aufnahme aller Kommunikationsbereiche (z.B. intern: Entwicklungsabteilung, Schulungsabteilung, Testnetzwerk, Personal- und Lohndaten, Intranetserver usw. extern: Webserver, Mailserver, FTP-Server usw.),
- Aufnahme aller auszutauschenden Daten zwischen diesen Bereichen,
- Abschätzung der Ausfallkosten in den verschiedenen Bereichen.

Um im Rahmen der hier empfohlenen Analyse genaue Kenntnisse über die Möglichkeiten und Gefährdungen der angebotenen Kommunikationsmöglichkeiten zu erlangen, sollten die betreffenden Stellen in den Prozess eingebunden werden, um so wichtige Informationen zu erhalten (*Krallmann/Frank/Gronau* 2002, S. 59 f.).

2. Linguistische Kommunikationsanalyse

Einen anderen Ansatz verfolgt der Zweig der wissenschaftlichen Gesprächsanalyse, die bestimmtes Kommunikationsverhalten und die zugrunde liegende Problemlage analysiert. Die Sprachsoziologie stellt hierfür wirksame Methoden und Instrumente bereit, die die stattfindende Kommunikation auf ihre Konflikt- und Erfolgspotenziale hin untersuchen. Dabei werden neben visuellen, sprachlichen und auditiven Begebenheiten auch Körperbewegungen und Raummerkmale beachtet. Aus diesen wissenschaftlich fundierten Analyseergebnissen können dann Maßnahmen zur Problemlösung entworfen werden. *Linguistische Kommunikationsanalyse* wird bspw. in den folgenden Bereichen sinnvoll eingesetzt: Optimierung von Verhandlungs- und Präsentationstechniken, Konfliktmanagement (→ *Konflikte in Organisationen*), Moderation, Personalauswahl (→ *Personal als Managementfunktion*), Kreativitäts- und Motivationsentwicklung (→ *Motivation*) (*Fritz* 1982).

3. Kommunikationsanalyse im Verlauf der Geschäftsprozessoptimierung

Die häufigste Art der Kommunikationsanalyse findet sich in der Unternehmenswelt bei der täglichen Wertschöpfung. Die Förderung der Kommunikation u.a. im Hinblick auf → *Wissensmanagement* ist von großer Bedeutung für den Erhalt eines Unternehmens (→ *Kommunikation*). Daher erscheint es sinnvoll, *Kommunikationswege* und die Austauschbeziehungen zwischen Elementen der organisatorischen Struktur zu betrachten, um so Schwachstellen aufzudecken und diese Potenziale zu nutzen. Dabei müssen sowohl quantitative (Volumen, Zeiten, Aufwand/Kosten) als auch qualitative (Sicherheit, Rechtzeitigkeit) Merkmale der Kommunikation untersucht werden. Die Analyse des Kommunikationsverhaltens innerhalb des Unternehmens baut auf der Unternehmensanalyse (→ *Unternehmensanalyse, strategische*) auf, die oft im Zuge eines Optimierungsprozesses durchgeführt wird.

Entgegengesetzt zu den radikalen *Business Process Reengineering*-Philosophien, die eine Analyse der bestehenden Prozesse vernachlässigen oder in seltenen Fällen sogar eine Analyse auf einem „weißen Blatt Papier" verlangen (*Hammer/Champy* 1993, S. 33), gehen konventionelle Vorgehensweisen zumeist von einer Erhebung des Unternehmenszustandes, einer *Potenzialanalyse*, der Gestaltung des Sollzustandes und einer Implementierung des optimierten Zustandes aus. Bei der Unternehmensanalyse soll insb. die unternehmensinterne Situation ermittelt werden, d.h. es findet eine Untersuchung der einzelnen Geschäftsbereiche durch Messung der Zeitabläufe, Mengen und Werte statt. Hierbei werden vorwiegend die Zustände betrachtet, die im Verdacht stehen, Ursache für die im Unternehmen herrschenden Schwierigkeiten zu sein. Je nach Art und Umfang der Unternehmensanalyse können verschiedene Schwerpunkte gesetzt werden. Neben der Kommunikationsanalyse können insb. die Struktur-, Aufgaben-, Dokumenten-, Daten-, Ablauf- und die Schwachstellenanalyse als wesentliche Elementaraktivitäten der Istanalyse genannt werden (*Boehm* 1988, S. 23 ff.).

Die Kommunikationsanalyse schafft einen Überblick über die kommunikative Situation in der Organisation. Es sollte dabei sowohl eine Betrachtung der *Informations- und Kommunikationsflüsse* innerhalb der Geschäftsprozesse als auch an den Schnittstellen zu angrenzenden Prozessen erfolgen. Dadurch können neben Häufigkeit, Umfang und Dauer der Kommunikation v.a. Medienbrüche, Mehrfacheingaben und Informationsredundanzen analysiert und verbessert werden. Des Weiteren kann die Kommunikation anhand weicher Faktoren, wie bspw. die Verwertbarkeit der gelieferten Informationen, das aufgebaute Vertrauensverhältnis, das gelieferte Feedback, den Weitergabeumfang und die Kommunikationsqualität bewertet werden.

Eine Ergänzung erfährt die Kommunikationsanalyse durch die sog. *Netzwerkanalyse*, die das tatsächliche Geflecht von informellen Kanälen (→ *Informelle Organisation*) offen legt, die den Alltag des Unternehmens bestimmen. So können bspw. für das Unternehmen wichtige Mitarbeiter identifiziert werden, wodurch einerseits die Nachfolgeplanungen konkreter bestimmt und andererseits Engpässe und Brüche im Kommunikationssystem festgestellt werden können.

II. Barrieren – Verzerrungen und Filter

Der Erfahrungsaustausch birgt zweifellos Gefahren, die aufgrund des menschlichen Charakters entstehen, so treten bspw. *Barrieren* auf, die insb. bei der Analyse der Kommunikationsbeziehungen betrachtet werden sollten.

Die komplizierten Austauschbeziehungen bei einer Kommunikation, die zwischen Sender und Empfänger (→ *Rollentheorie*) bestehen, schließen eine Einschätzung des Erfahrenen nicht aus – eher im Gegenteil. Der Mensch unterzieht den Kommunikationsgehalt seines Gegenübers wie selbstverständlich einer Bewertung, in der die Informationen in das eigene Vorstellungsvermögen integriert werden. Diese Einschätzung kommt einer selektiven Filterung und Verzerrung gleich. Unsere Wahrnehmung lässt sich demnach durch Filter z.B. aus der Kultur oder der Biologie steuern. Bei der Kommunikationsübertragung sind jeweils vier Kanäle von Bedeutung. Neben der eigentlichen Sachinformation spielt die Selbstoffenbarung des Senders eine Rolle. Des Weiteren sind der Beziehungskanal und der sog. Appellkanal, der eine Beeinflussung des Empfängers zur Grundlage hat, von besonderer Wichtigkeit für die Übertragung.

Während bei der Kommunikationsanalyse auftretende physikalische Barrieren oftmals durch die Beseitigung technischer Störungen behoben werden können, sind personenbezogene und semantische (kulturelle Differenzen) Barrieren schwerer zu überwinden. Die Weitergabe von Informationen ist immer durch persönliche Sympathien, Ansichten und Erwartungen geprägt. Sind Differenzen zwischen Sender und Empfänger zu erahnen, können fehlerhafte, unvollständige Antworten erwartet werden. Insbesondere bei der Kommunikationsanalyse können falsche Aussagen zu fehlerhaften Sollkonzepten führen, die somit negative Auswirkungen auf den Gesamtnutzen der Kommunikationsanalyse haben können. Aus diesem Grund bietet sich an, die Mitarbeiter durch partizipative Ansätze in den Analyseprozess zu integrieren (*Krallmann/Frank/Gronau* 2002, S. 59 f.) (→ *Partizipation*).

III. Methoden und Instrumente

Die Kommunikationsanalyse erfordert selbstverständlich einen vertrauensvollen Umgang mit den gewonnenen Informationen. Bereits im Vorfeld sollte ein Vertrauensumfeld (→ *Vertrauen*) aufgebaut werden, das gewährleistet, dass die Erhebung des Istzustandes qualitativ gute Informationen liefert. Für die quantitative und qualitative Erfassung des Istzustandes können durch eine durchdachte Auswahl von geeigneten Erhebungsmethoden bereits genannte Barrieren verhindert oder wenigstens verringert werden. Grundsätzlich wird zwischen der Primär- und der Sekundärerhebung unterschieden. Während die Techniken der Primärerhebung (Interviewmethode, Fragebogenmethode, Berichtsmethode, Beobachtung) die Möglichkeit bieten, gezielt Informationen zu erheben und durch den Kontakt zu den Mitarbeitern Barrieren abzubauen, werden bei der Sekundärerhebung

(Inventurmethode) insb. Dokumente gesichtet. Dadurch wird zwar einerseits der Betriebsablauf wenig gestört und die personellen Ressourcen weniger in Anspruch genommen, andererseits ist die Qualität und insb. die Aktualität nicht sichergestellt (*Krallmann/Frank/Gronau* 2002, S. 63 ff.). Die Shadowing-Methode ist eine bislang noch recht wenig verbreitete Methode, die aber im Rahmen von qualitativen Kommunikationsuntersuchungen zunehmend an Beliebtheit gewinnt. Durch eine interaktive Beobachtung des Mitarbeiters in seinen alltäglichen Arbeitstätigkeiten wird dem Beobachter ermöglicht, die Perspektive eines Insiders einzunehmen und so auch Informationen über informelle Kommunikationswege zu erhalten (*Held/Maslo/Lindenthal* et al. 2001, S. 22). Zum Zwecke einer qualitativ guten Analyse muss demnach eine Auswahl an Erhebungsmethoden getroffen werden, die sich je nach Unternehmensbegebenheiten stark voneinander unterscheiden können.

Immer häufiger wird im Unternehmen insb. im Hinblick auf die Verbesserung der Kommunikation die Storytelling-Methode eingesetzt, um auf der Basis von Erzählungen wissenschaftliche Erhebungs- und Analyseverfahren durchzuführen (→ *Postmoderne Organisationstheorie*). Der Storytelling-Prozess beruht auf einer Reihe von Gesprächen, die mit einer Auswahl an Mitarbeitern aus den wichtigsten Hierarchieebenen und Tätigkeitsfeldern geführt werden. Die Erzählungen werden nach verschiedenen Methoden analysiert (z.B. Struktural-Analytische Interpretation) und Hypothesen über das Unternehmen gebildet. Durch eine zweite Gesprächsrunde können diese Hypothesen bekräftigt oder widerlegt werden bis eine sog. Sättigung, d.h. keine Aufdeckung neuer Hypothesen, erreicht ist. Die Analyse erzählter Geschichten enthüllt im Gegensatz zu gewöhnlichen Erhebungsmethoden wesentlich mehr versteckte Regularitäten (*Frenzel/Müller/Sottong* 2000).

Die gesammelten Informationen müssen im nächsten Schritt so aufgearbeitet werden, dass ein Mehrwert für das Unternehmen entsteht. Durch Darstellung des tatsächlichen Geflechts an informellen Kanälen, das die Arbeit und den Informationsfluss bestimmt, kann den Mitarbeitern des Unternehmens mit der Visualisierung des Netzwerkes eine reale Vorstellung von diesen Beziehungen vermittelt werden. Mit Kommunikationsnetzwerken können sowohl die Kommunikationshäufigkeit oder -menge, -richtung und Länge des Kommunikationsweges als auch die Standorte der Kommunikationspartner transparent abgebildet werden. Des Weiteren können Kommunikationsdiagramme verwendet werden, die die Kontakte und Informationsströme aufzeigen. Sollen nur einzelne Stellen betrachtet werden, bieten sich Kommunikationstabellen an, die zur punktuellen Untersuchung geeignet sind. In sog. Kommunikationsprofilen können anhand weicherer Faktoren, wie z.B. Verwertbarkeit der Informationen, aufgebautes Vertrauen, geliefertes Feedback und die Qualität der Informationen, das Kommunikationsverhalten bewertet und so die Kommunikationsbeziehungen sowohl zu Vorgesetzen als auch zu Kollegen in übersichtlicher grafischer Form aufgezeigt werden. Auf Basis solcher Ergebnisse können Reorganisationsmaßnahmen besser durchgeführt und optimale Sollkonzepte entwickelt, umgesetzt und integriert werden.

Literatur

Boehm, Barry W.: A spiral model of software development and enhancement, in: Computer, Jg. 21, H. 5/1988, S. 61–72.
Frenzel, Karolina/Müller, Michael/Sottong, Herrmann J.: Das Unternehmen im Kopf. Schlüssel zum erfolgreichen Change-Management, München 2000.
Fritz, Gerd: Kohärenz. Grundlagen der Kommunikationsanalyse, Tübingen 1982.
Hammer, Michael/Champy, James: Reengineering the Corporation, New York 1993.
Held, Markus/Maslo, Jürgen/Lindenthal, Michael: Wissensmanagement und informelle Kommunikation, in: Mannheimer Beiträge zur Wirtschafts- und Organisationspsychologie, hrsg. v. *Bungard, Walter*, Mannheim 2001, S. 17–37.
Hennessey, Beth A./Amabile, Teresa M.: The conditions of creativity, in: The nature of creativity: Contemporary psychological perspectives, hrsg. v. *Sternberg, Robert J.*, New York 1988, S. 11–38.
Krallmann, Hermann/Frank, Helmut/Gronau, Norbert: Systemanalyse im Unternehmen: Vorgehensmodelle, Modellierungsverfahren und Gestaltungsoptionen, 4. A., München et al. 2002.
Probst, Gilbert/Raub, Steffen: Kompetenzorientiertes Wissensmanagement, in: ZFO, Jg. 67, H. 3/1998, S. 132–138.
Schüppel, Jürgen: Wissensmanagement: Organisatorisches Lernen im Spannungsfeld von Wissens- und Lernbarrieren, Wiesbaden 1996.

Kompetenzen, organisationale

Stephan Duschek

[s.a.: Evolutionstheoretischer Ansatz; Lernen, organisationales; Managementkompetenzen und Qualifikation; Mikropolitik; Ressourcenbasierter Ansatz; Routinen und Pfadabhängigkeit; Strategisches Management; Wissen; Wissensmanagement.]

I. Begriffliche Vielfalt und eine dominante konzeptionelle Grundlage; II. Begriffliche Abgrenzung und Definitionen; III. Entwicklung von Kompetenzen und Kernkompetenzen; IV. Kritische Würdigung.

Zusammenfassung

Das Thema „organisationale Kompetenzen" ist en vogue. Gleichwohl bleibt der Begriff bisher eher vage. In diesem Beitrag werden eine begriffliche Abgrenzung vorgenommen, die konzeptionellen Grundlagen, die zentralen Merkmale und der Entstehungsprozess organisationaler Kompetenzen sowie der Kernkompetenzbegriff erläutert. Überdies wird der aktuelle Stand der Forschung kritisch erörtert.

I. Begriffliche Vielfalt und eine dominante konzeptionelle Grundlage

Der Kompetenzbegriff ist z.Zt. in aller Munde. Während eine inhaltliche Auseinandersetzung mit der Kompetenzthematik in einigen Wissenschaftsdisziplinen wie etwa der Linguistik und der Erziehungswissenschaft nahezu seit jeher betrieben wird, beginnen andere Disziplinen erst neuerdings ihr Interesse an diesem Forschungsgegenstand zu entdecken oder, wie im Fall der Wirtschaftswissenschaft, aufs Neue zu entdecken. Im Brennpunkt der Wiederentdeckung steht ein genuin *kollektives Kompetenzphänomen* – organisationale Kompetenzen.

Zweifelsfrei steht die Allokation und Koordination von Ressourcen in der ökonomischen Theorie schon immer im Zentrum, gleichwohl kann man bisher kaum von einer Kompetenzanalyse auf organisationaler Emergenzebene sprechen. In der Betriebswirtschaftslehre (etwa der Organisations- und Managementlehre) findet sich zwar der Analysegegenstand „organisationale Kompetenzen", dennoch sind es erst neuere, ressourcen- und kompetenzbasierte Ansätze des strategischen Managements, die in Abgrenzung zur Industrieökonomik ihr *primäres Interesse* auf eine Analyse des Wettbewerbspotenzials unternehmungsinterner Kompetenzen richten (→ *Strategisches Management*) und im Sog dessen die „black box" Unternehmung *originär* über ein organisationales Kompetenzkonzept zu öffnen versuchen.

Inzwischen kann man im Rahmen der Wirtschaftswissenschaft von einer *konzeptionellen Dominanz* der Kompetenzthematik durch ressourcen- bzw. kompetenzbasierte Ansätze des strategischen Managements (→ *Ressourcenbasierter Ansatz*) sprechen. Trotzdem ist bis heute die Rede von einer „babylonischen Vielfalt" oder „semantischen Anarchie" des (organisationalen) Kompetenzbegriffs (vgl. z.B. *Hinterhuber/ Friedrich* 1997; für einen Überblick *Freiling* 2002, S. 17 ff.). Allerdings kann man zentrale Gemeinsamkeiten und konzeptionelle Übereinstimmungen in den differierenden Verständnisweisen ausmachen.

II. Begriffliche Abgrenzung und Definitionen

Das allgemein akzeptierte Grundelement organisationaler Kompetenzen bilden *Ressourcen* (vgl. z.B. *Grant* 1991, S. 118 ff.), die im Sinne eines Minimalkonsenses definiert werden als „anything which could be thought of as a strength or weakness of a given firm" (*Wernerfelt* 1984, S. 172). Unternehmungen werden hierbei als soziale Systeme verstanden (vgl. insb. *Barney* 1991, S. 107). Hervorzuheben ist indes, dass auch der Ressourcenbegriff in der Kompetenzdebatte sehr uneinheitlich definiert wird (vgl. *Freiling* 2002, S. 5 ff.).

Weitestgehend geteilt wird die Ansicht, zwischen tangiblen und *intangiblen Ressourcen* zu differenzieren: Tangible bzw. materielle Ressourcen sind etwa Produktionsanlagen und IT-Systeme. Intangible Ressourcen werden zumeist nochmals untergliedert in (intangible) „assets", wie etwa Markennamen und Patente, sowie „skills" bzw. Kompetenzen. Skills bezeichnen im Wesentlichen die individuellen Fähigkeiten von Mitarbeitern, wohingegen Kompetenzen insbesondere auch die organisationalen bzw. *kollektiven Fähigkeiten* einer Organisation umfassen (vgl. insb. *Hall* 1993, S. 608 ff.). Organisationale Kompetenzen sind folglich überindividuelle und intangible Ressourcenformen sozialer Systeme, die sich aus spezifischen Clustern von Ressourcenverknüpfungen zusammensetzen (vgl. etwa *Teece/Pisano/Shuen* 1997, S. 515 f.); sie sind die „strategically relevant behavioral and social phenomena inside a firm" (*Barney/Zajac* 1994, S. 6).

Darüber hinaus wird in der Literatur jedoch immer wieder auf eine Unterscheidung zwischen Ressourcen und Kompetenzen bzw. Fähigkeiten von Organisationen hingewiesen: In Anlehnung an Penrose (*Penrose* 1995, S. 25), die als zentrale Vordenkerin moderner kompetenzbasierter Ansätze gilt, werden Ressourcen als unspezifische Basisinputeinheiten von Unternehmungen verstanden, wohingegen Kompetenzen dynamische und unternehmungsspezifische Fähigkeiten der Anwendung eben dieser Ressourcen darstellen (vgl. exemplarisch *Amit/Shoemaker* 1993, S. 35). Dennoch sollte man organisationale Kompetenzen keinesfalls rein prozessual als „flows", „doing capabilities" oder „activities" verstehen (vgl. etwa *Hamel* 1994). Kompetenzen sind nicht mit Handlungen gleichzusetzen, sondern sollten stets als *Potenziale* verstanden werden, die in der Handlung reproduziert werden; sie umfassen zugleich eine Prozess- und Inhaltsdimension. Nur so bleibt auch ein konzeptioneller Spielraum für situations- und kontextsensible Verständnisweisen des Kompetenzbegriffs. Überdies wären ansonsten organisationale Kompetenzen nur schwerlich als institutionalisierbare und reproduzierbare – und somit letztlich dauerhafte – *Handlungsmuster sozialer Systeme* zu verstehen (vgl. insb. *Leonard-Barton* 1992). Aufgrund der konzeptionellen Verkopplung von Prozessualität, Inhalt und Reproduzierbarkeit sowie der hierin zum Ausdruck kommenden Implikation, dass Kompetenzen eine Geschichte haben („history matters"), werden organisationale Kompetenzen oftmals eng mit dem Begriff der *Routine* in Verbindung gebracht (→ *Routinen und Pfadabhängigkeit*) und im Anschluss daran mit evolutionstheoretischen Erklärungsmustern analysiert

(→ *Evolutionstheoretischer Ansatz*). Gelegentlich werden organisationale Kompetenzen gar als der „genetic code" von Unternehmen bezeichnet (*Hamel/Prahalad* 1994, S. 202). Letztlich überspannen und verbinden organisationale Kompetenzen immer tangible und intangible Ressourcen im Kontinuum „Vergangenheit-Gegenwart-Zukunft".

III. Entwicklung von Kompetenzen und Kernkompetenzen

Organisationale Kompetenzen können nicht einfach auf Faktormärkten gekauft oder gehandelt werden, sondern entstehen in langwierigen, wissensbasierten und organisationsspezifischen Lernprozessen (vgl. etwa *Collis* 1994, S. 146; → *Wissen*; → *Lernen, organisationales*). Im Wesentlichen entstehen organisationale Kompetenzen auf zwei Wegen (vgl. ähnlich z.B. *Nanda* 1996, S. 107): zum einen in einem Prozess der *Exploitation* von Kompetenzen bzw. durch einen auf bestehenden Kompetenzen aufbauenden und diese Kompetenzen ergänzenden Prozess des „competence-enhancing", etwa bei der alltäglichen, replikativen Aufgabenerfüllung. Zum anderen werden in einem Prozess der *Exploration* bestehende Kompetenzen im Sinne einer kreativen Zerstörung ersetzt bzw. „gänzlich" neu generiert (vgl. generell *Anderson/Tushman* 1990; *March* 1991). Beide Möglichkeiten der Entwicklung von Kompetenzen können explizites Ziel eines wissensbasierten Problemlösungsprozesses sein (z.B. durch ein → *Wissensmanagement*), gleichwohl evolvieren Kompetenzen insb. im Rahmen des exploitativen bzw. inkrementalen Entstehungsprozesses durchaus auch *nicht-intendiert*. Eine vollständige Steuerbarkeit des Entwicklungsprozesses organisationaler Kompetenzen scheint folglich mehr als fraglich.

Kompetenzen, die in organisationsspezifischen und kumulativen Lernprozessen auf einer organisationalen Emergenzebene entstehen, das „collective learning in the organization" (*Prahalad/Hamel* 1990, S. 82) repräsentieren und zudem dauerhafte und einzigartige *Wettbewerbsvorteile* ermöglichen, werden als *Kernkompetenzen* bezeichnet (vgl. insb. ebd.). Kernkompetenzen können offensichtlich auch als wettbewerblich hochgradig erfolgreiches Qualifikationspotenzial von Unternehmungen verstanden werden (→ *Managementkompetenzen und Qualifikation*). Über die schon genannten konstitutiven Merkmale von organisationalen Kompetenzen hinaus sind Kernkompetenzen insb. dadurch gekennzeichnet, dass sie (vgl. ausführlich z.B. *Duschek* 2002, S. 144 ff.):

– nicht nur unternehmungsspezifisch, sondern auch -integrativ sind, also *verwendungsseitig* zahlreiche Produkte und/oder Dienstleistungen ermöglichen und *entstehungsseitig* synergetisch gebündelten Ressourcen aus verschiedenen Unternehmensbereichen entstammen,

– immer eines Marktbezugs bedürfen, da sie notwendig einen *Kundennutzen* voraussetzen, um tatsächlich einen Wettbewerbsvorteil zu generieren und

– *einzigartig* sowie *nicht imitierbar* und *substituierbar* sein müssen, um *dauerhafte Wettbewerbsvorteile* zu ermöglichen.

Kernkompetenzen sind nicht nur durch einen Wettbewerbsvorteile ermöglichenden, sondern stets auch durch einen begrenzenden Charakter gekennzeichnet, sodass sie immer auch im Sinne von *Kernrigiditäten* verstanden werden müssen (vgl. insb. *Leonard-Barton* 1992) und im ungünstigsten Fall sogar als organisationale „Kompetenzfallen" oder strategische „Zwangsjacken" (vgl. z.B. *March/Sproull* 1990).

IV. Kritische Würdigung

Obwohl allgemein konstatiert wird, dass organisationale Kompetenzen und Kernkompetenzen in kollektiven Lernprozessen generiert werden, bleibt der Wertschöpfungsprozess in der Kompetenzliteratur *konzeptionell bis heute im Dunkeln*. Allerdings gibt es einige Versuche, die Entwicklung von Kompetenzen mit Theorien des organisationalen Lernens zu verknüpfen (vgl. etwa *Hennemann* 1997; vgl. zur Kritik *Schreyögg/Eberl* 1998, S. 526). Allzu oft werden allerdings organisationale Kompetenzen und das darin eingebettete Wissen in der Literatur schlichtweg objektiviert und nicht etwa auf die *sozial-konstruktivistischen Wurzeln ihrer Entstehung* zurückgeführt (vgl. *Scarbrough* 1998, S. 220), obwohl die Relevanz einer derartigen Betrachtungsweise durchaus erkannt wird (vgl. etwa *Kogut/Zander* 1992, S. 384 f.). I.d.R. aus dem Entwicklungsprozess von Kompetenzen ausgeblendet bleiben etwa konfliktäre und Machtprozesse (→ *Mikropolitik*). Von einem systematischen Verständnis, wie etwa kollektive Lernprozesse im Einzelnen ablaufen oder sich mit individuellen Lernprozessen verbinden, wie organisationale Kompetenzen transferiert und wo sie gespeichert werden, kann nicht gesprochen werden. Überdies ist auch die Rolle *organisationsexterner Umwelten* für die Evolution organisationaler Kompetenzen bisher unterbelichtet (vgl. etwa *Karnoe* 1996, S. 770 f.), zweifelsfrei jedoch immens relevant, wie es etwa im Konzept der „absorptive capacity" (zumindest) angedacht wird (vgl. *Cohen/Levinthal* 1990). Zusammenfassend muss man festhalten, dass eine auf Lernprozesse fokussierte (konzeptionelle) Erklärung der Entwicklung organisationaler Kompetenzen bisher eine Geschichte „weißer Flecken" darstellt. Abhilfe schaffen könnte hier eine systematisch sozial- oder organisationstheoretische Analyse von organisationalen Kompetenzen und deren Entwicklung (vgl. hierzu *Duschek* 2002, S. 271 ff.).

Auf die eher unbefriedigend ausgereifte konzeptionelle Einbettung der Kompetenzthematik ist wohl auch zurückzuführen, dass bisher nur eine begrenzte (gleichwohl stark wachsende) Anzahl *empirischer Studien* zur Entwicklung organisationaler Kompetenzen (vgl. aber *Pavitt* 1991) bzw. zur Kompetenzthematik im Allgemeinen existiert (vgl. *Montealegre* 2002, S. 516). Dabei handelt es sich vornehmlich um quantitativ ausgerichtete Arbeiten, die jedoch konsequent prozessuale Kompetenzaspekte ausblenden und stattdessen etwa untersuchen, ob und welche Auswirkungen ein bestimmter Bestand an Ressourcen auf weitere innovative Entwicklungen in einer spezifischen Branche z.B. bei veränderten Umweltbedingungen oder im Vergleich zur direkten Konkurrenz hat (vgl. exemplarisch *Helfat* 1997). Letztlich werden in den empirischen Studien die konzeptionellen Mängel der bisher existierenden Kompetenzansätze kritiklos reproduziert (vgl. hierzu und für weitere empirische Studien *Verona* 1999, S. 138 ff.).

Literatur

Amit, Raphael/Shoemaker, Paul J. H.: Strategic Assets and Organizational Rent, in: SMJ, Jg. 14, 1993, S. 33–46.
Anderson, Philip/Tushman, Michael L.: Technological Discontinuities and Dominant Designs: A Cyclical Model of Technological Change, in: ASQ, Jg. 35, 1990, S. 604–633.
Barney, Jay B.: Firm Resources and Sustained Competitve Advantage, in: JMan, Jg. 17, 1991, S. 99–120.
Barney, Jay B./Zajac, Edward J.: Competitive Organizational Behavior: Toward an Organizationally-based Theory of Competitive Advantage, in: SMJ, Jg. 15, Winter Special Issue/1994, S. 5–9.
Cohen, Wesley M./Levinthal, Daniel A.: Absorptive Capacity: A New Perspective on Learning and Innovation, in: ASQ, Jg. 35, 1990, S. 128–152.
Collis, David J.: Research Note: How valuable are Organizational Capabilities?, in: SMJ, Jg. 15, Winter Special Issue/ 1994, S. 143–152.
Duschek, Stephan: Innovation in Netzwerken: Renten, Relationen, Regeln, Wiesbaden 2002.
Freiling, Jörg: Terminologische Grundlagen des Resource-based View, in: Aktionsfelder des Kompetenz-Managements, hrsg. v. *Bellmann, Klaus* et al., Wiesbaden 2002, S. 3–28.
Grant, Robert M.: The Resource-based Theory of Competitive Advantage: Implications for Strategy Formulation, in: CMR, Jg. 33, H. 3/1991, S. 114–135.
Hall, Richard: A Framework Linking Intangible Resources and Capabilities to Sustainable Competitive Advantage, in: SMJ, Jg. 14, 1993, S. 607–618.
Hamel, Gary: The Concept of Core Competence, in: Competence-based Competition, hrsg. v. *Hamel, Gary/Heene, Aimé*, Chichester et al. 1994, S. 11–33.
Hamel, Gary/Prahalad, Coimbatore K.: Competing for the Future, Boston 1994.
Helfat, Constance E.: Know-how and Asset Complementarity and Dynamic Capability Accumulation: The Case of R&D, in: SMJ, Jg. 18, 1997, S. 339–360.
Hennemann, Carola: Organisationales Lernen und die lernende Organisation: Entwicklung eines praxisbezogenen Gestaltungsvorschlages aus ressourcenbasierter Sicht, München et al. 1997.
Hinterhuber, Hans H./Friedrich, Stefan A.: Markt- und ressourcenorientierte Sichtweise zur Steigerung des Unternehmungswertes, in: Strategische Unternehmensführung – Stand und Entwicklungstendenzen, hrsg. v. *Hahn, Dietger/Taylor, Bernard*, 7. A., Heidelberg 1997, S. 988–1015.

Karnoe, Peter: The Social Process of Competence Building, in: International Journal of Technology Management, Jg. 11, 1996, S. 770–798.
Kogut, Bruce/Zander, Udo: Knowledge of the Firm, Combinative Capabilities, and the Replication of Technology, in: Org.Sc., Jg. 3, 1992, S. 383–397.
Leonard-Barton, Dorothy: Core Capabilities and Core Rigidities: A Paradox in Managing New Product Development, in: SMJ, Jg. 13, 1992, S. 111–125.
March, James G.: Exploration and Exploitation in Organizational Learning, in: Org.Sc., Jg. 2, 1991, S. 71–87.
March, James G./Sproull, Lee S.: Technology, Management, and Competitive Advantage, in: Technology and Organizations, hrsg. v. *Goodman, Paul S./Sproull, Lee*, San Francisco 1990, S. 144–173.
Montealegre, Ramiro: A Process Model of Capability Development: Lessons from the Electronic Commerce Strategy at Bolsa de Valores de Guayaquil, in: Org.Sc., Jg. 13, 2002, S. 514–531.
Nanda, Ashish: Resources, Capabilities and Competencies, in: Organizational Learning and Competitive Advantage, hrsg. v. *Moingeon, Bertrand/Edmondson, Amy*, London et al. 1996, S. 93–120.
Pavitt, Keith: Key Characteristics of the Large Innovating Firm, in: British Journal of Management, Jg. 2, 1991, S. 41–50.
Penrose, Edith T.: The Theory of the Growth of the Firm, 3. A., Oxford 1995.
Prahalad, Coimbatore K./Hamel, Gary: The Core Competence of the Corporation, in: HBR, Jg. 68, H. 3/1990, S. 79–91.
Scarbrough, Harry: Path(ological) Dependency? Core Competencies from an Organizational Perspective, in: British Journal of Management, Jg. 9, 1998, S. 219–232.
Schreyögg, Georg/Eberl, Peter: Organisationales Lernen: Viele Fragen, noch zu wenig neue Antworten, in: DBW, Jg. 58, 1998, S. 516–536.
Teece, David J./Pisano, Gary/Shuen, Amy: Dynamic Capabilities and Strategic Management, in: SMJ, Jg. 18, 1997, S. 509–533.
Verona, Gianmario: Note: A Resource-based View of Product Development, in: AMJ, Jg. 24, 1999, S. 132–142.
Wernerfelt, Birger: A Resource-based View of the Product Development, in: SMJ, Jg. 5, 1984, S. 171–180.

Komplexitätsmanagement

Helmut Kasper

[s.a.: Chaos- und Komplexitätstheorie; Flexibilität, organisatorische; Organisationsgrenzen; Steuerungstheorie; Systemtheorie; Wissensmanagement.]

I. Begriffsklärung „Komplexität"; II. Komplexitätsmanagement: Komplexitätsaufbau oder Komplexitätsreduktion?; III. Ansätze; IV. Organisationale Anpassungen an Komplexität.

Zusammenfassung

Komplexitätsmanagement wird hier nicht als Komplexitätsreduktion verstanden, sondern als Management mit Komplexität im Sinne von „Requisite Variety". Nach der Klärung des Begriffs „Komplexität" werden drei komplexe Theorieangebote vorgestellt: Heinz von Foersters „Trivialmaschine" versus „Nicht-Trivialmaschine", die Auffassungen von Komplexität nach dem Verständnis der Neueren Systemtheorie nach Luhmann und Karl Weicks Modell des „Prozesses des Organisierens". Neuere Studien und einige Hinweise auf organisationale Anpassungen an komplexe Umwelten runden den Beitrag ab.

I. Begriffsklärung „Komplexität"

Nach Pfeiffle wurde das Wort Komplexität „dem Partizipialadjektiv des lateinischen complecti entlehnt, das im eigentlichen Wortsinn einen Gegenstand beflechten, beschlingen, d.i. umschlingen, umfassen heißt" (*Pfeiffle* 2000, S. 7). Davon abgeleitet wird ein Spektrum von Bedeutungen. „Der Begriff ‚Komplexität' wird zumeist undefiniert verwendet, und für die These alles sei komplex, wird man leicht Zustimmung finden können. Andererseits ist diese Lösung nur eine Notlösung – ebenso wie alle tautologischen Varianten im Sinne von: komplex ist, was für einen Beobachter komplex ist. Der Begriff selbst verliert damit jede Form und läßt sich schließlich nur noch als Seufzer verwenden." (*Luhmann* 1990, S. 61). In der Managementforschung und -lehre ist Komplexität „fraglos ein schillernder Begriff, der vielen vieles bedeutet" (*Ahlemeyer/Königswieser* 1998, S. 9). Die – zugegebenermaßen tautologische Aussage – „Komplex ist, was für einen Beobachter komplex ist" (*Ahlemeyer/Königswieser* 1998, S. 10) verweist darauf, dass Komplexität nicht ohne einen Beobachter zustande kommt. „Nicht an der Welt, sondern am Beobachter, der selbst Teil dieser Welt ist, gibt sich die Komplexität zu erkennen." (*Baecker* 1998, S. 24). Nach Maßgabe von eigenen Beobachtungen werden v.a. solche Situationen als komplex wahrgenommen, die eine sehr große Zahl an Komponenten und Variablen umfassen.

Komplexität ist auch bei der Beschreibung von Systemen relevant (→ *Systemtheorie*). So ist ein System und/oder die Umwelt eines Systems für das System umso komplexer, je mehr Elemente es aufweist, je größer die Zahl der Beziehungen zwischen diesen Elementen ist, je verschiedenartiger die Beziehungen sind und je ungewisser es ist, wie sich die Zahl der Elemente, die Zahl der Beziehungen und die Verschiedenartigkeit der Beziehungen im Zeitablauf verändern (*Luhmann* 1980). Diese Begriffe finden sich auch in ausgewählten Ansätzen von Komplexitätsmanagement wieder.

II. Komplexitätsmanagement: Komplexitätsaufbau oder Komplexitätsreduktion?

Der „traditionellen" Betriebswirtschaftslehre wird folgendes Komplexitätsverständnis zugeschrieben: „Komplexität macht die Dinge unübersichtlich. Man muß nach Vereinfachungen suchen, mit denen man die Dinge wieder überschaubar machen kann. Es geht nichts über eine Technik der Reduktion von Komplexität." (*Baecker* 1998, S. 21). In dieser Perspektive wird Komplexitätsmanagement nur als Technik gesehen, durch die Komplexität reduziert werden kann. Eine Extremisierung dieser Perspektive ist die im Flugwesen, in der Industrie, aber auch bei Menschenführung (exemplarisch „McDonalds", *Morgan* 1997, S. 14) eingesetzte „Checklist": die Liste von genauen Handlungsanweisungen und deren richtige Ausführung führt (unabhängig von Zustimmung oder Ablehnung) zu einem genau vorhersagbaren Ergebnis (*Pietschmann* 2002, S. 24 f.).

„Nicht-betriebswirtschaftliche" Konzepte gehen von einem anderen Komplexitätsbegriff aus: „Komplexität ist die Form der Welt selbst. Komplexität ist die Art und Weise, wie die Welt mit sich selbst umgeht. Komplexität erlaubt Ambivalenz. Und Ambivalenz ist der Stoff, aus dem das Leben ist." (*Baecker* 1998, S. 28). Dieser zweite Ansatz liegt auf der Linie kybernetischer (*von Foerster* 1985) und soziologischer (*Luhmann* 1984) Einwände gegen allzu rasche Versuche, Komplexität beherrschbar zu machen. Ashby (*Ashby* 1956) formulierte in seinem Grundgesetz der „*Requisite Variety*", dass nur Varietät Varietät „zerstören" kann: Wenn man ein System (Unternehmung) konstruieren will, das ein hohes Maß an Umweltvarietät (Komplexität) verarbeiten können soll, muss man (= Management) für ein hohes Maß an Systemvarietät (Komplexität) sorgen.

Übertragen auf Formen des Managements bedeutet dies: „Es geht um den Einbau von strukturellen Spannungen in die Organisation, die es der Organisation gegenüber der eigenen und der Umweltkomplexität ermöglichen, immer wieder andere Reduktionen zu wählen und insofern komplex zu reagieren." (*Baecker* 1998, S. 23). Kurzum: Es geht nicht um das Management *von* Komplexität, sondern Management *durch* Komplexität (→ *Unternehmensführung (Management)*). Daher wird im Folgenden nach der Begriffsklärung „Komplexität" auf jene drei komplexen Theorieangebote eingegangen, die für die Auseinandersetzung mit „Management durch Komplexität" prägend sind: Heinz von Foersters „*Trivialmaschine*" versus „*Nichttrivialer Maschine*" (= komplexes soziales System), die Auffassung von Komplexität nach dem Verständnis von Niklas Luhmann und Karl Weicks „konstruktivem Prozess des Organisierens".

III. Ansätze

Die angeführten diametral gegensätzlichen Auffassungen von Komplexitätsmanagement – einerseits die Absicht, soziale Systeme gleich Maschinensystemen zu trivialisieren und damit einer möglichen Komplexität zu begegnen, andererseits die Komplexität von sozialen Systemen zu respektieren – sind maßgeblich beeinflusst von Heinz von Foerster.

1. Management von Trivialmaschine und Nicht-Trivialmaschine nach Heinz von Foerster

Von Foerster (*von Foerster* 1985; *von Foerster* 1988) unterscheidet grundlegend zwischen zwei Möglichkeiten, Organisationsprozesse zu steuern. Aus „traditioneller", die BWL dominierende Sichtweise, können Prozesse in Organisationen mit der Metapher einer *„Trivialmaschine"* verglichen werden. Damit meint von Foerster nicht eine Maschine im herkömmlichen Sprachgebrauch, sondern eine bestimmte Art zu denken. Dieses Denken geht von einer simplen Funktionsweise einer einfachen Maschine aus, von der nach einem gezielten Input ein erhoffter Output erwartet wird. Managen läuft demnach nach dem Muster eines einfachen technischen Systems ab. Diese Auffassung impliziert u.a. auch, dass

– der Eigenzustand des Systems immer gleich bleibt,
– der Eigenzustand vollständig analysierbar ist,
– der Ablauf beliebig wiederholbar ist,
– die Zukunft berechenbar ist und
– die Führungskraft die Dinge fest im Griff zu haben hat, und dass
– diese Gleichheit Stabilität schafft.

Falls sich die erhofften Abläufe nicht einstellen, liegt nach dieser Auffassung eine Störung vor, die beseitigt werden muss. Steuerung ist kein großes Problem, es sei denn, es fehlt am notwendigen Führungswissen oder an persönlicher Durchschlagskraft. (*Wimmer* 1989, S. 24 f.)

Das Maschinenmodell ist in der Organisationslehre weit verbreitet und in der Managementpraxis überaus beliebt. Es übersieht jedoch menschliche Aspekte ebenso wie den Umstand, dass viele Situationen für Organisationsmaschinen zu komplex und unvorhersehbar sind. Insbesondere das funktionale Erfordernis, dass sich die „menschlichen Maschinen-Teile" in der vorgesehenen Weise verhalten müssen, ist pure Illusion. Menschliches Verhalten, und daher auch das Verhalten in und von lebenden komplexen sozialen Systemen, ist weder beherrschbar, berechenbar noch vorhersagbar. Verhalten ist im Zeitablauf auch nicht stabil und nicht wiederholbar. Somit führt sich das „triviale" Maschinenmodell selbst ad absurdum.

Komplexe und daher *„nicht-triviale Maschinen"* verhalten sich völlig anders: Bei einem bestimmten Input ist die Transformation in einen (vorher)bestimmten Output nicht vorauszusagen. Hohe Komplexität bedeutet ja hohe Veränderlichkeit im Zeitablauf (Dynamik) und in der Verknüpfung einer Vielzahl/Vielfalt von Elementen, die nicht mehr überschaubar ist. Das komplexe soziale System besteht somit nicht wie die triviale Maschine aus unveränderlichen, bestimmten Funktionen, sondern die Funktionen ändern sich selbstständig und permanent. Das System hat ein Eigenleben, eine Eigendynamik, sodass es auf denselben Input zu verschiedenen Zeiten unterschiedlich reagiert – abhängig vom aktuellen Eigenzustand. Darüber hinaus verändert möglicherweise der Input selbst die Funktionsweise(n) des Systems. Dadurch wird der Output nicht nur abhängig vom Input, sondern auch von früheren Systemzuständen (*Ulrich/Probst* 1991, S. 60). Die Annahmen hinsichtlich nicht-trivialer Maschinen sind zusammengefasst, dass

– sie aus vielen, verschiedenen Elementen, mit starker Vernetztheit und vielen, veränderlichen Wirkungsverläufen bestehen,
– sich ihr Eigenzustand nach jedem Prozess verändert,
– die Funktionen nicht vorhersagbar sind,
– sie beschränkt analysier- und quantifizierbar sind,
– sie sich mit Eigenleben selbst reproduzieren, indem sie die eigenen Strukturen regelmäßig wieder nutzen,
– die Eingriffsmöglichkeiten von außen durch das Management (auf die Transformationsprozesse) durch die Autonomie des Systems prinzipiell eingeschränkt sind.

Daraus resultieren grundlegend verschiedene Annahmen über angemessenes Management-Verhalten innerhalb dieser beiden Denkmodelle. Die folgende Zusammenfassung gibt dazu einen Überblick (*Kasper* 1995, S. 201):

Bei von Foerster steht, wie bei allen *kybernetischen Regeln*, die interne Komplexität (Zahl, Verschiedenheit und Veränderbarkeit der Elemente) im Zentrum, also die Form, in der ein System die Umwelt in sich selbst abbildet, ohne jemals „requisite variety" erreichen zu können.

2. Komplexitätsmanagement auf der Basis der Theorie sozialer Systeme

Luhmann (*Luhmann* 2000, S. 314) definiert *Eigenkomplexität* umfassender: Eigenkomplexität ist demnach keine wie immer geartete und von Abstrichen geprägte adäquate Repräsentation der Umwelt, sondern eine Rekonstruktion dessen, was das System als Umwelt voraussetzt. Entscheidend ist die *Differenz* zwischen dem System und seiner Umwelt: d.h. die selektive Wahrnehmung eigener Möglichkeiten im Hinblick auf eine spezifische Umwelt (→ *Umweltanalyse, strategische*), die das System zugleich mit Ansatzpunkten zur Bewältigung der Komplexität versorgt. Ohne eigene Komplexität, d.h. ohne die Möglichkeiten der Wahrnehmung verschiedener Verknüpfungen zwischen den eigenen Elementen, hätte das System keine Möglichkeit der *Selektivität*. Wichtig ist die Selektivität der Verknüpfung. Komplexität bestimmt sich nicht dadurch, dass etwas komplex ist, während etwas anderes einfach ist. Sondern Komple-

Trivialmaschinen	Komplexe soziale Systeme
konstruierbar	beschränkt gestaltbar
vergangenheitsunabhängig	vergangenheitsunabhängig
vorhersagbar	unvorhersagbar
Sicherheit erreichbar	Unsicherheit reduzierbar
beherrschbar mit „Restrisiko"	nicht lenkbar, sondern handhabbar
Einflussnahmen erfolgen über die Kenntnis der Wirkungsfunktionen	Einflussnahmen erfolgen über Bereitstellung von Rahmenbedingungen (= Kontextsteuerung)
Schaffung von Vereinheitlichung	Förderung von Unterschieden
Erlassung von verbindlichen Regeln	System entwickelt Formen der Verfahren und Abläufe (Selbststeuerung)
Führung durch Anweisungen und die Sanktionen	Führungsverhalten ist beeinflusst durch die Einsicht der Manager/innen in die Autonomie des Systems, durch seine/ihre Fähigkeit zu Reflexionen und Selbstorganisationsprozessen

Abb. 1: „Trivialmaschine versus komplexe soziale Systeme" nach von Foerster 1988

xität bestimmt sich durch die Fähigkeit zur Selektivität (*Baecker* 1998, S. 26). Die Komplexität eines Systems ist dadurch steigerbar, dass seine Selektivität gesteigert wird und ein System steigert seine Selektivität, indem es seine Elemente und die möglichen Beziehungen zwischen den Elementen immer weiter spezifiziert. Mit der Selektivität erhöht sich jedoch auch die Komplexität des Systems selbst.

Bei aller autopoietischen Geschlossenheit ist das System immer auf Anregungen angewiesen, die es sich aus der Umwelt holt und die seine geschlossenen Operationen anreichern (genauer „*strukturelle Kopplung*"). Die *Umweltbeziehungen* werden jedoch durch die interne Regelstruktur des komplexen sozialen Systems bestimmt. Die Umwelt „enthält" keine fertigen Informationen. In ihr sind viele Daten enthalten, die Systeme in Informationen umwandeln können – oder auch nicht. Umwelt wird somit vom System strukturiert, interpretiert, kurzum: erzeugt. *Information* ist keine objektive systemunabhängige Einheit, die aus der Umwelt in das System eingeführt werden könnte, sondern immer von rein systemintern generierter Qualität (*Kasper/Mayrhofer/Meyer* 1999, S. 27). Zwischen System und Umwelt besteht notwendigerweise immer ein *Komplexitätsgefälle*. „Eine Punkt-Für-Punkt-Entsprechung zwischen System und Umwelt kann es nicht geben, sie käme einer Auflösung des Systems gleich." (*Steinmann/Schreyögg* 1997, S. 125). Entwickelte Muster im System (z.B. Beobachtungsschematismen oder Unterschiede, die einen Unterschied machen) gründen auf Selektivität und laufen Gefahr, ihre Gültigkeit jederzeit wieder zu verlieren. Fazit: Das Management muss die Hoffnung aufgeben, komplexe Vorgänge in einfache auseinander nehmen und nach Bedarf neu kombinieren zu können. Das Kennzeichen von Komplexität ist, dass sie sich nicht in Einfachteile zerstückeln lässt (*Luhmann* 1990, S. 59 f.; *Baecker* 1993, S. 216 f.).

3. Komplexitätsmanagement nach Weicks „Konstruktivem Prozess des Organisierens"

Nach Weicks Auffassung „lebt" die Organisation in den Interaktions- und Kommunikationsprozessen, entsteht aus ihnen und besteht durch sie (*Weick* 1985, S. 226). *Organisieren* ist „Einigung darüber was Wirklichkeit und was Illusion ist" (*Weick* 1985, S. 12). Damit wird deutlich, dass Weick unter dem Prozess des Organisierens primär eine Sinngebungsaktivität versteht und nicht sachlich-logische oder politische Gestaltungsprozesse. Manager müssen sich beim Organisieren also mit Prozessen befassen (*Weick* 1985, S. 67). Aber selbst das, was „organisiert" wurde, bleibt mehrdeutig. Und vieles bleibt überhaupt „unorganisiert".

Organisationen bestehen aus Beziehungen und die kleinsten Analyse-Einheiten im Beziehungsgeflecht „Organisation" sind nach Weick (*Weick* 1985, S. 162 ff.) *doppelte Interaktionen*. Damit sind folgende Sequenzen gemeint:

(1) Eine Handlung von A ruft die Reaktion von B hervor, (2) auf die dann A seinerseits reagiert. Doppelte Interaktionen können sich zu stabilen Untereinheiten (= Subsystemen) zusammenfügen und diese wieder zu *lose gekoppelten Strukturen*. Innerhalb der Untereinheiten kann es feste Bindungen geben, während die Bindungen zwischen den Untereinheiten in den meisten Organisationen relativ locker sind. *Lose Koppelung* bedeutet nach Weick: Ist eine Variable gestört, so wird diese Störung nicht mechanisch

auch an alle anderen Systemteile weitergegeben, sondern bleibt eher abgegrenzt. Weitet sich die Störung dennoch aus, so wird es eine Zeitlang dauern, bis andere Variablen – geringfügig – beeinflusst werden. Die Verknüpfungen zwischen den interagierenden Variablen werden also – im Gegensatz zu physikalischen oder mechanischen Störungen – als relativ locker angenommen. Zum Beispiel: Hat eine Organisation mit einer einzelnen Abteilung Probleme, kann sie diese Einheit vom Rest des Unternehmens viel leichter isolieren oder abkoppeln. „Mehr noch, die Anpassung einer einzelnen Abteilung an eine problematische Umwelt verschafft dem Rest des Unternehmens eine größere Funktionsfähigkeit und mehr Stabilität." (*Scott* 1986, S. 333).

Weick entwickelt für Organisationen ein „Modell des Organisierens", das dem Muster der biologischen Evolution entspricht. Die vier Elemente des Organisierens sind: ökologischer Wandel, Gestaltung, Selektion und Retention. Weicks Modell enthält folgende Kernthesen:

– Organisationsmitglieder schaffen sich ihre Umwelten selbst: Weick geht davon aus, dass Organisationsmitglieder die scheinbar „objektiven" Züge ihrer Umgebung selbst konstruieren, umgruppieren, ausblenden, kurzum: (nicht) wahrnehmen wollen und/oder können. Es gibt für eine Organisation auch nicht eine einzige Umwelt, sondern „Umwelten sind vielgestaltig, existieren im Auge des Betrachters und sind für Zerbrechen und Wiederzusammenfügen anfälliger als gewöhnlich erkannt wird." (*Weick* 1985, S. 242).
– Sinngebung ist immer retrospektiv: Organisationen schreiben ihrem Handeln immer erst im nachhinein Sinn und Bedeutung zu. „Wenn die Leute irgendetwas verwirklicht haben, schauen sie darauf und schließen, dass das, was sie verwirklicht haben, eine Strategie war." (*Weick* 1985, S. 268).
– Nicht „Wahrheit", sondern „Angemessenheit" ist entscheidend: Wenn eine Organisation „gestaltete Umwelten" (= *enacted environments*) produziert, wird sie sich nicht mehr fragen, ob etwas wahr ist oder nicht (*Weick* 1985, S. 243). Sie wird sich vielmehr stärker für Probleme der Angemessenheit interessieren. Im Abrücken von der Wahrheitssuche und im Fokussieren der „Angemessenheit" manifestiert sich die grundsätzliche Reorientierung zu brauchbarem, d.h. für den Menschen nützlichem Wissen. In der Wissenschaftstheorie wird diese Orientierung als „→ *Konstruktivismus*" (*Kasper* 1990; *Luhmann* 1990) bezeichnet.

Die wichtigste Konsequenz von Weick (*Weick* 1985, S. 116) in Bezug auf organisatorischen Wandel lautet: „Der einzige Ort, an dem sie einen bedeutsamen Wandel herbeiführen können, liegt zwischen den Variablen." Um Umweltveränderungen zu bewältigen, brauchen Organisationen einerseits ein ausreichendes Maß an Verschiedenheit (= *Variation*), um aber Effektivität zu entwickeln, benötigen sie andererseits eine eindeutige Orientierung, die sich aus einer starken Anlehnung an die eigene Vergangenheit ergeben kann (*Weick* 1985, S. 269). Der „Trick" zur Befriedigung dieser gegensätzlichen Anforderungen liegt laut Weick darin, dass Organisationen von ihrer Vergangenheit einen „gespaltenen Gebrauch" machen: Organisationen müssen das, was sie wissen, teilweise in Frage stellen (*Weick* 1985, S. 315). Sie müssen ihrem Gedächtnis gleichzeitig vertrauen und misstrauen.

Brown/Eisenhardt (*Brown/Eisenhardt* 1998) verstehen in der Tradition von Weick Organisationen als *lose gekoppelte Systeme*, die nur dann erfolgreich sein können, wenn sie ihr kreatives und innovatives Potenzial (→ *Innovationsmanagement*) durch unterstützende Organisationsstrukturen freisetzen. Ihre empirischen Arbeiten über die Bedingungen für erfolgreiche Produktinnovationen in der Computerindustrie in den USA in den Jahren 1993 bis 1995 zeigt, dass sich die erfolgreichen Produktgruppen einerseits durch eine klare Strukturierung von Prioritäten und Verantwortlichkeiten, andererseits aber durch extensive Kommunikation und Gestaltungsfreiheit auszeichnen (*Kappelhoff* 2002, S. 67).

IV. Organisationale Anpassungen an Komplexität

Als neues Ideal figuriert demnach die sich ständig selbst neu erfindende Organisation, die sich nicht nur zwischen rigiden Strukturen und chaotischer Beliebigkeit hindurch laviert, sondern auch danach trachtet, sich selbst an die Spitze des Veränderungsrhythmus' zu setzen. Aufgabe des Managements ist es, *Kontextsteuerung* vorzunehmen.

Für Kappelhoff (*Kappelhoff* 2002, S. 90) ist Komplexitätsmanagement immer auch → *Wissensmanagement*. Er verweist auf neuere empirische Studien über Kognitionsleistungen in Gruppen von Hutchins (*Hutchins* 1995) beim Steuern eines Flugzeugträgers oder auch auf die Simulationsexperimente von Carley (*Carley* 1999). Diese Untersuchungen haben den emergenten Aspekt von Intelligenz als Zusammenspiel sozial verteilter, komplex vernetzter kultureller Praktiken herausgearbeitet und setzen einen Kontrapunkt zu individualistischen Denkansätzen, welche komplex strukturierte Intelligenzleistungen konzeptuell nicht zu erfassen vermögen. Es überrascht daher mit Kappelhoff nicht, dass unter dem Titel der lernfähigen Organisation (*Senge* 1990; *Willke* 1998) Anforderungen an ein Wissensmanagement formuliert werden, die sich aus den Prinzipien des Komplexitätsmanagements ableiten. „Wenn Wissen integraler Bestandteil der Prozesse des Unternehmens ist, kann es weder beliebig übertragen noch manipuliert werden ... Entscheidende Aspekte organisationalen Wissens entziehen sich damit der direkten steuernden Kontrolle." (*Kappelhoff* 2002, S. 90).

Komplexitätsmanagement wirft mehr Fragen auf, als man auf diesen Seiten beantworten kann. Zu den wesentlichen „Antworten" zählen: Prozessteams (*Königswieser/Heintel* 1998), Führung durch Kontextsteuerung (*Kasper/Mayrhofer/Meyer* 1999), lernfähige Organisation (*Senge* 1990; *Schreyögg/Noss* 1995), Wissensmanagement (*Willke* 1998), Netzwerke, (*Sydow/Windeler* 1998), modulare Organisationsmuster (*Osterloh/Frost* 2000) und die Hypertext-Organisation (*Nonaka/Takeuchi* 1995): Statt sich lediglich auf klassisch-hierarchische → *Bürokratie* oder Projektorganisationsformen festzulegen, kombinieren Nonaka und Takeuchi beides miteinander und ergänzen sie um eine organisationale Wissensbasis (→ *Wissen*; → *Wissensmanagement*), die die Funktion einer dritten, wissenspeichernden Ebene übernimmt (dazu *Kasper/Mühlbacher* 2002, S. 152). So sehr die angeführten Ansätze im Einzelnen divergieren (Selektion!) mögen, gemeinsam ist ihnen die Ablehnung der Trivialisierung und die Hypostasierung des Grundsatzes: Komplexe Umwelten verlangen komplexe Organisationsmuster.

Literatur

Ahlemeyer, Heinrich W./Königswieser, Roswita: Vorwort, in: Komplexität Managen, hrsg. v. *Ahlemeyer, Heinrich W./Königswieser, Roswita*, Frankfurt am Main 1998, S. 9.
Ashby, W. Ross: An Introduction to Cybernetics, London 1956.
Baecker, Dirk: Einfache Komplexität, in: Komplexität Managen, hrsg. v. *Ahlemeyer, Heinrich/Königswieser, Roswita*, Frankfurt am Main 1998, S. 21–50.
Baecker, Dirk: Die Form des Unternehmens, Frankfurt am Main 1993.
Brown, Shona L./Eisenhardt, Kathleen M.: Competing on the edge. Strategy as structured chaos, Boston et al. 1998.
Carley, Kathleen M.: On the Evolution of Social and Organizational Networks, in: Research in the Sociology of Organization, Jg. 16, 1999, S. 3–30.
Foerster, Heinz von: Abbau und Aufbau, in: Lebende Systeme, hrsg. v. *Simon, Fritz*, Berlin et al. 1988, S. 19–33.
Foerster, Heinz von: Sicht und Einsicht, Braunschweig 1985.
Hutchins, Edwin: Cognition in the Wild, Cambridge et al. 1995.
Kappelhoff, Peter: Komplexitätstheorie: Neues Paradigma für die Managementforschung?, in: Managementforschung 12: Theorien des Managements, hrsg. v. *Schreyögg, Georg/Conrad, Peter*, Wiesbaden 2002, S. 49–101.
Kasper, Helmut: Vom Management der Organisationskulturen zur Handhabung lebender sozialer Systeme, in: Post – Graduate – Management – Wissen, hrsg. v. *Kasper, Helmut*, Wien 1995, S. 193–228.
Kasper, Helmut: Die Handhabung des Neuen in organisierten Sozialsystemen, Heidelberg et al. 1990.
Kasper, Helmut/Mühlbacher, Jürgen: Von Organisationskulturen zu lernenden Organisationen, in: Personalmanagement – Führung – Organisation, hrsg. v. *Kasper, Helmut/Mayrhofer, Wolfgang*, Wien 2002, S. 95–155.
Kasper, Helmut/Mayrhofer, Wolfgang/Meyer, Michael: Management aus systemtheoretischer Perspektive – Eine Standortbestimmung, in: Management. Theorien – Führung – Veränderung, hrsg. v. *Eckardstein, Dudo von/Kasper, Helmut/Mayrhofer, Wolfgang*, Stuttgart 1999, S. 161–209.

Königswieser, Roswita/Heintel, Peter: Teams als Hyperexperten im Komplexitätsmanagement, in: Komplexität Managen, hrsg. v. *Ahlemeyer, Heinrich W./Königswieser, Roswita*, Frankfurt am Main 1998, S. 93–103.
Luhmann, Niklas: Organisation und Entscheidung, Opladen 2000.
Luhmann, Niklas: Haltlose Komplexität, in: Soziologische Aufklärung 5: Konstruktivistische Perspektiven, hrsg. v. *Luhmann, Niklas*, Opladen 1990, S. 59–76.
Luhmann, Niklas: Soziale Systeme, Frankfurt am Main 1984.
Luhmann, Niklas: Komplexität, in: HWO, hrsg. v. *Grochla, Erwin*, 2. A., Stuttgart 1980, Sp. 1064–1070.
Morgan, Gareth: Images of Organization, 2. A., Thousand Oaks et al. 1997.
Nonaka, Ikujiro/Takeuchi, Hirotaka: The Knowledge Creating Company – How Japanese Companies Create the Dynamics of Innovation, Oxford et al. 1995.
Osterloh, Margit/Frost, Jetta: Prozessmanagement als Kernkompetenz, Wiesbaden 2000.
Pfeiffle, Horst: Komplexität, in: Armis et litteris. Umgang mit Komplexität. Führen in komplexen Systemen. Militärwissenschaftliche Schriftenreihe Band 5, hrsg. v. FH – Studiengang „Militärische Führung", Wiener Neustadt 2000, S. 7–27.
Pietschmann, Herbert: Eris & Eirene, Wien 2002.
Scott, William Richard: Grundlagen der Organisationstheorie, Frankfurt am Main et al. 1986.
Schreyögg, Georg/Noss, Christian: Organisatorischer Wandel: Von der Organisationsentwicklung zur Lernenden Organisation, in: DBW, Jg. 55, 1995, S. 169–185.
Senge, Peter: The Fifth Discipline, New York et al. 1990.
Steinmann, Horst/Schreyögg, Georg: Management, 4. A., Wiesbaden 1997.
Sydow, Jörg/Windeler, Arnold: Management interorganisationaler Neztwerke, in: Komplexität Managen, hrsg. v. *Ahlemeyer, Heinrich W./Königswieser, Roswita*, Frankfurt am Main 1998, S. 147–162.
Ulrich, Hans/Probst, Gilbert J. B.: Anleitung zum ganzheitlichen Denken und Handeln, 3. A., Bern et al. 1991.
Weick, Karl: Der Prozess des Organisierens, Frankfurt am Main 1985.
Willke, Helmut: Systemisches Wissensmanagement, Stuttgart 1998.
Wimmer, Rudolf: Ist Führen erlernbar?, in: Gruppendynamik, Jg. 20, H. 19/1989, S. 13–41.

Konflikte in Organisationen

Friedrich Glasl

[s.a.: Aufbau- und Ablauforganisation; Coaching; Dilemma-Management; Evolutionstheoretischer Ansatz; Hierarchie; Kontingenzansatz; Lebenszyklus, organisationaler; Macht in Organisationen; Mikropolitik; Organisationsentwicklung; Rollentheorie; Verhandlungskonzepte; Ziele und Zielkonflikte.]

I. Konfliktpotenziale in Organisationen; II. Konfliktmechanismen; III. Konfliktarten und ihre Behandlung; IV. Konfliktmanagement; V. Konfliktfähigkeit und Konfliktfestigkeit.

Zusammenfassung

Organisationsmängel manifestieren sich im Verhalten der Menschen. Bei zunehmender Spannung führen psychische Mechanismen zur Eskalation. Konflikte zeigen dysfunktionale Aspekte einer Organisation auf. Wenn Konfliktmanagement bei den Menschen und bei der Organisation ansetzt, können die Menschen „konfliktfähig" und ihre Organisationen „konfliktfest" werden.

I. Konfliktpotenziale in Organisationen

Der Begriff „Konflikt" wird oft inflationär für jede Differenz gebraucht. Zwar liegen jedem Konflikt Differenzen zugrunde, aber nur weil zwei Personen unterschiedliche Standpunkte einnehmen, muss noch kein *sozialer Konflikt* vorliegen. Erst wenn die beteiligten Personen den aufkommenden Stress nicht mehr bewältigen, kann es zum *sozialen* (zwischenmenschlichen) Konflikt kommen. Dieser wird wie folgt definiert (*Glasl* 2003): „Sozialer Konflikt ist eine Interaktion zwischen Aktoren (Individuen, Gruppen, Organisationen, Völker usw.), wobei wenigstens ein Aktor Differenzen (Unterschiede/Widersprüche/Unvereinbarkeiten) im Wahrnehmen und im Denken/Vorstellen/Interpretieren und im Fühlen (Sympathie/Antipathie, Vertrauen/Misstrauen etc.) und im Wollen (Motive/Ziele/Triebfedern) mit dem anderen Aktor (bzw. den anderen Aktoren) in der Art erlebt, dass beim Verwirklichen (d.h. Umsetzen, Ausführen, Realisieren) dessen, was der Aktor denkt, fühlt oder will, eine Beeinträchtigung durch einen anderen Aktor (bzw. durch die anderen Aktoren) erfolge."

Differenzen sind für Organisationen lebensnotwendig. Jede Organisation entsteht durch Arbeitsteilung, die unterschiedliche Aufgaben, Kompetenzen und Verantwortungsbereiche definiert. Eine Organisation lebt vom Zusammenwirken vielerlei Erfahrungen und Fähigkeiten und erneuert sich nur durch eine offene Auseinandersetzung mit divergierenden Ideen.

Organisationen sind *nicht* Konflikt*ursache*, sondern beinhalten Konflikt*potenzial*, weil es bei Mängeln einer Organisation nicht naturgesetzlich zwingend zu Konflikten kommt. Konflikt*potenzial besagt*, dass Konflikte *möglich* sind.

Eine umfassende Beschreibung der Konfliktpotenziale in Organisationen (siehe *Brown* 1983; *Schreyögg* 2002, S. 137 ff.; *Simmel* 1964; *Turner/Weed* 1983) würde eine Darstellung der gesamten Organisationstheorie erfordern. Die folgende Übersicht führt nur die häufigsten Konfliktpotenziale an. Sie treffen die *Wesenselemente* einer Organisation (*Glasl/Lievegoed* 1996): *Identität einer Organisation*; *Politik* und *Strategie*; → *Aufbau- und Ablauforganisation*; Menschen, Gruppen, Beziehungen und Klima; Inhalte einzelner *Funktionen*; technische Hilfsmittel, Instrumente, finanzielle Mittel. Konfliktpotenzial kann dabei innerhalb eines Wesenselementes auftreten oder als Unverträglichkeit zwischen zwei oder mehreren Wesenselementen.

Konfliktpotenzial kann entstehen, wenn im *Lebenszyklus* einer Organisation (→ *Lebenszyklus, organisationaler*) Entwicklungskrisen auftreten (*Glasl/Lievegoed* 1996) (→ *Evolutionstheoretischer Ansatz*). Der Widerspruch zwischen den Gestaltungsprinzipien verschiedener Lebenszyklusphasen kann hierbei zu Differenzen führen.

Weiterhin kann die Unterscheidung von *Organisationstypen* (*Mintzberg* 1979; *Glasl* 2002a, S. 132 ff.) in *Professionelle Organisation*, Routine-*Dienstleistungsorganisation*, *ancillarische Organisation* oder *Produktorganisation* bei der Analyse von Konfliktpotenzial hilfreich sein: Konfliktpotenzial entsteht, wenn Prinzipien des einen Typs auf einen anderen übertragen werden.

Ob es jedoch zu Konflikten kommt, hängt davon ab, ob sich die Menschen ablehnend, bekämpfend, angreifend oder verteidigend etc. zur Organisation verhalten.

II. Konfliktmechanismen

Wenn Konfliktpotenzial bei einzelnen Menschen Stress bewirkt, kann Eskalation ausgelöst werden: Fatale Wahrnehmungs-, Denk- und Verhaltensmuster sowie Emotionen führen zum Konflikt.

1. Konfliktmechanismen in und zwischen Menschen

Konfliktmechanismen korrumpieren nicht nur Wahrnehmen, Denken, Fühlen, Wollen und das Verhalten der Beteiligten, sondern verstärken einander auch (zu den wichtigsten Konfliktmechanismen vgl. *Deutsch* 1973; *Glasl* 2002a; *Guetzkow/Gyr* 1954; *Katz* 1959; *Rubin/Pruitt/Kim* 1994, S. 11 ff.).

Wird die *Wahrnehmungsfähigkeit* beeinträchtigt, kommt es zu selektiver Wahrnehmung (Perzeption). Was nicht zum eigenen Bild passt wird ausgeblendet. Die Beteiligten stellen keine mittel- und langfristigen Überlegungen mehr an. Komplexere Sachverhalte werden simplifiziert und verzerrte Bilder fixiert.

Vorstellungen und Gedanken werden zum Schwarz-Weiß-Denken. Es setzt sich in den Köpfen fest und kann nur schwer korrigiert werden. Durch simplifizierende Deutungsmuster entstehen Zuschreibungen feindseliger Absichten.

Im *Gefühlsbereich* schwindet die Einfühlungsfähigkeit (Empathie). Sympathie und Antipathie polarisieren: Das Denken und Tun der eigenen Seite wird positiv bewertet, das des Gegners hingegen negativ. Fanatismus kommt auf.

Im *Willensbereich* werden primitive Motive provoziert, um die Zielerreichung der Gegenseite zu vereiteln. Verhärtung führt hierbei zu „Alles-oder-nichts"-Forderungen.

Das *Verhalten* wird mehr reflexartig, konditioniert und verkümmert zu Zwangsverhalten. Die Kontrolle der Aktionen wird durch unbeherrschte Äußerungen schwierig.

Die *Folgen* des Verhaltens entsprechen schließlich immer weniger den *bewussten Absichten* der Handelnden. Durch Wirkungen, die von den handelnden Personen so nicht gewollt sind, entsteht eine „dämonisierte Zone" (*Glasl* 2002a, S. 207).

2. Die Dynamik der Eskalation

Konfliktmanagement muss berücksichtigen, auf welcher Eskalationsstufe sich die betroffenen Personen oder Gruppen befinden (siehe *Glasl* 2002a, S. 211 ff.). Folgende grundlegende neun Eskalationsstufen können differenziert werden:

(1) Verhärtung: Standpunkte verhärten sich und prallen aufeinander. Zeitweilige Ausrutscher lassen Verspannungen erkennen und bewirken weitere Verkrampfungen. Die Beteiligten sind jedoch noch um Kooperation bemüht.

(2) Debatte, Polemik: Die Konfliktparteien kämpfen mit Worten und argumentieren quasi-rational. Jede Partei will ihre Überlegenheit beweisen und wertet die Beiträge der Gegenpartei ab.

(3) Taten statt Worte: Die Beteiligten können durch Argumentieren die Position der Gegenpartei nicht verändern und stellen einander daher vor vollendete Tatsachen. Weil verbale Erklärungen auf Skepsis stoßen, konzentriert sich jeder auf die Beobachtung des gegnerischen Verhaltens, das jedoch oft fehlgedeutet wird. Gruppen als Konfliktparteien entwickeln intern ein starkes Zusammengehörigkeitsgefühl und schließen sich gegenseitig ab.

(4) Images und Koalitionen: Negative Erfahrungen verdichten sich zu stereotypen Images bezüglich Fach- und Sozialkompetenz der Beteiligten. Ein positives Selbstbild steht einem negativen Feindbild gegenüber und wird fixiert. Durch Image-Kampagnen wird um Anhänger geworben. Die Parteien manövrieren einander in Positionen, die sie dann bekämpfen.

(5) Gesichtsverlust: Gegenseitiges Misstrauen drängt zum totalen Vertrauensbruch. Durch inszenierte Entlarvung soll die moralische Verwerflichkeit des Feindes öffentlich nachgewiesen werden (Verteufelung). All dies resultiert in der Ausstoßung einer oder mehrerer Kernpersonen, die danach auf Rehabilitierung versessen sind.

(6) Drohstrategien: Das Geschehen wird beherrscht von systematischen, ultimativen Drohungen und Gegendrohungen. Es kommt zu demonstrativen Selbstbindungs-Aktivitäten, durch die sich die Parteien in Handlungszwänge manövrieren.

(7) Begrenzte Vernichtungsschläge: Auf menschliche Bedenken wird keine Rücksicht genommen. Aktionen der begrenzten Zerstörung werden als Vergeltung auf erlittenen Schaden verstanden.

(8) Zersplitterung: Vitale Systemfaktoren des Feindes werden zerstört, damit dessen System zusammenbricht.

(9) Gemeinsam in den Abgrund: Alles läuft auf totale Vernichtung hinaus, sogar zum Preis des eigenen Untergangs.

Der Eskalationsprozess führt jedoch nicht automatisch in den Abgrund. Bis zur Stufe 8 kann er gestoppt werden.

III. Konfliktarten und ihre Behandlung

In der Fachliteratur werden oft Konflikte in Arten oder Typen unterteilt (*Beck/Schwarz* 2000, S. 27 ff.). Für das Konfliktmanagement sind diese Unterscheidungen oft nicht hilfreich, weil in der Wirklichkeit mehrere Arten durcheinander laufen. Nur Merkmale, die mit wenig Aufwand zu erkennen sind und konkrete Hinweise ergeben, sind für das Konfliktmanagement nützlich, wie z.B. eine Unterscheidung nach der Konflikt-Arena (*Glasl* 2002a, S. 60 ff.):

– *Mikro-soziale Konflikte*: Die streitenden Personen begegnen einander direkt (Einzelpersonen, kleine Gruppen).
– *Meso-soziale Konflikte*: Die Konfliktparteien agieren als Repräsentanten bestimmter Organisationseinheiten und handeln in Ausübung einer formal definierten Funktion.
– *Makro-soziale Konflikte*: Gesellschaftliche Gruppierungen, Interessensverbände, öffentliche Medien und dgl. greifen aktiv in das Konfliktgeschehen einer Organisation ein.

Diese Unterscheidung erlaubt eine Begrenzung des Systems zur Bearbeitung des Konflikts. Im Falle von meso-sozialen Konflikten muss mit den Kernpersonen und deren „Hinterland" gearbeitet werden. Sobald ein Konflikt auch in der makro-sozialen Arena spielt, muss eine Abgrenzung und Absicherung vereinbart und überwacht werden.

Ferner können verschiedene *Konfliktaustragungsformen* unterschieden werden: Während manche Menschen „heiße", d.h. direkte, offene, emotionale Auseinandersetzungen vorziehen, präferieren andere Menschen „kalte", d.h. indirekte, scheinbar emotionslose und verdeckte Formen. Bei „heißen" Konflikten besteht die Gefahr, dass Konflikte und deren Hintergründe *„personifiziert"* werden und man meint, mit der Beseitigung „schwieriger" Personen, die Konflikte zu lösen. „Kalte Konflikte" hingegen sind schwerer zu erkennen, weil die Beteiligten das Bestehen von Konflikten leugnen. Hier droht die Gefahr, dass Konflikte *„strukturifiziert"* werden: Die Organisation wird als Konfliktursache gesehen und Konfliktmanagement setzt nur bei der Organisation an. Die unterschiedlichen Austragungsformen von Konflikten werden durch folgende Faktoren begünstigt, die jedoch *nicht als deren Ursachen* zu verstehen sind (*Glasl* 2002a, S. 144–147): *Persönlichkeitsstruktur der Kernpersonen; religiös oder weltanschaulich fundierte Grundauffassungen der Kernpersonen; subjektiv erlebter Machtabstand zwischen den Parteien* (→ *Macht in Organisationen*); *Wandel der Machtverhältnisse; Kultur einer Organisation bzw. Branche* (→ *Organisationskultur*).

IV. Konfliktmanagement

Neben einer umfassenden Diagnose bieten die genannten Aspekte Ansatzpunkte für Konfliktmanagement.

1. Ansätze bei der Organisation

Durch eine Analyse des Konfliktpotenzials gemeinsam mit den Konfliktparteien kann sich herausstellen, worauf die nächsten Verbesserungen gerichtet sein sollten. Wenn es sich dabei um eine Entwicklungskrise des Phasenübergangs oder um die Anwendung von für den Organisationstyp ungeeigneten Prinzipien handelt, sind Interventionen der → *Organisationsentwicklung* notwendig. Diesen Interventionen müssen jedoch ihrerseits Interventionen vorgeschaltet werden, die bei den Konfliktmechanismen ansetzen.

2. Ansätze bei Konfliktmechanismen und Eskalation

Konfliktbehandlung kann bei einzelnen oder mehreren der genannten Faktoren ansetzen, am besten mit Interventionen der *Konflikt-Prozessberatung* und der *Mediation* (*Besemer* 1995):

- Durch *Perzeptionsklärungen* (vgl. *Blake/Shepard/Mouton* 1964; *Burton* 1969; *Walton* 1969) können korrumpierte Wahrnehmungen entzerrt und fixierte Vorstellungen aufgelöst werden. Häufig wird damit bei Konflikten bis einschließlich Stufe 4 bereits ein großer Teil der Konflikte entschärft.
- *Lösung emotionaler Spannungen*: Abkapselungen können entspannt werden, so dass wieder Empathie und gegenseitiger Respekt aufkommen (*Rosenberg* 2001; *Thomann* 1998). Für solche Interventionen ist eine gute Kenntnis psycho-sozialer Methoden erforderlich. Sie sollten daher ab der vierten Eskalationsstufe nur von externen Fachleuten durchgeführt werden.
- *Lockerung im Willensbereich*: Die Fixierung auf ultimative Forderungen kann gelöst werden, indem anstelle von starren Forderungen Bedürfnisse und Wünsche artikuliert werden (*Rosenberg* 2001; *Weeks* 1994). Die Konfliktparteien können sich auf Oberziele verständigen, die hinter den Interessenspositionen stehen.
- *Verhaltensregelung*: Durch *Rollenverhandeln* (*Harrison* 1971) kann das gewünschte Verhalten vereinbart werden. Bei Konflikten ab der dritten Eskalationsstufe kann vorübergehend eine Verhaltenskontrolle (Spielregeln, strikte Weisungen) auferlegt werden.
- *Überprüfung der Folgen*: Die beabsichtigten und unbeabsichtigten Wirkungen der dämonisierten Zone können u.a. mit der „*Mikro-Analyse kritischer Episoden*" (*Glasl* 2002b, S. 159 ff.) erkannt, bearbeitet und revidiert werden.

Bestimmte Ansätze des Konfliktmanagements sind für mehrere Eskalationsstufen geeignet: Für Konflikte der Stufen 3 und 4 sind *supervisorische* oder *transformative Mediation* bzw. *Prozessberatung* angebracht. Wenn die Stufen 5 oder 6 erreicht sind, ist *therapeutische Prozessberatung* bzw. *therapeutische Mediation* erforderlich. Ab der sechsten Stufe können *klassische Vermittlung* und *Schiedsgerichtsbarkeit* zum Einsatz kommen. Danach kann nur noch ein *Machteingriff* den Konflikt beenden.

V. Konfliktfähigkeit und Konfliktfestigkeit

Konflikte haben andererseits auch die nützliche Funktion, auf dysfunktionale Aspekte einer Organisation hinzuweisen. Konstruktives Konfliktmanagement stärkt die Selbstheilungskräfte in einer Organisation. Deshalb sollten die Beteiligten bei den Eskalationsstufen 1 bis 3 zur eigenverantwortlichen Bearbeitung von Konflikten angeregt werden. Für die Stufen 4 bis 7 ist externes Konfliktmanagement jedoch unerlässlich, da durch Konfliktscheu wichtige Signale unterdrückt werden, die Probleme aber weiter bestehen.

Durch Konflikttrainings von Führungskräften sowie Mitarbeiterinnen und Mitarbeitern kann in einer Organisation Konfliktfähigkeit geschaffen werden. Jede Organisation muss i.d.S. durch entsprechende Organe und Funktionen sowie unkomplizierte Verfahren konfliktfest gemacht werden. Dadurch können Differenzen fruchtbar genutzt werden, was nicht nur der Lebens- und Entwicklungsfähigkeit der Organisation, sondern auch deren Mitgliedern zugute kommt.

Literatur

Beck, Reinhilde/Schwarz, Gotthart: Konfliktmanagement, 2. A., Augsburg 2000.
Besemer, Christoph: Mediation. Vermittlung in Konflikten, 3. A., Baden 1995.
Blake, Robert/Shepard, Herbert/Mouton, Jane: Managing intergroup conflict in industry, Ann Arbor 1964.
Brown, David: Managing conflict at organizational interfaces, London et al. 1983.
Burton, John: Conflict and communication, London 1969.
Deutsch, Morton: The resolution of conflict, Yale 1973.

Glasl, Friedrich: Das Anwendungsspektrum unterschiedlicher Mediationsformen: Ein kontingenztheoretisches Modell, in: Mediation und Demokratie, hrsg. v. *Mehta, Gerda/Rückert, Klaus,* Heidelberg 2003, S. 102–119.
Glasl, Friedrich: Konfliktmanagement, 7. A., Bern et al. 2002a.
Glasl, Friedrich: Selbsthilfe in Konflikten, 2. A., Bern et al. 2002b.
Glasl, Friedrich/Lievegoed, Bernard: Dynamische Unternehmensentwicklung, 2. A., Bern et al. 1996.
Guetzkow, Harold/Gyr, John: An analysis of conflict in decision-making groups, in: HR, Jg. 7, 1954, S. 367–381.
Harrison, Roger: Role negotiation – a tough minded approach to team development, in: The social technology of organization development, hrsg. v. *Burke, Warner/Hornstein, Harvey,* Washington 1971, S. 84–96.
Katz, Daniel: Consistent reactive participation of group members and reduction of intergroup conflict, in: Journal of Conflict Resolution, Jg. 3, 1959, S. 28–40.
Mintzberg, Henry: The structuring of organizations, Englewood Cliffs 1979.
Rosenberg, Marshall: Gewaltfreie Kommunikation, Paderborn 2001.
Rubin, Jeffrey/Pruitt, Dean/Kim, Sung: Social conflict. Escalation, stalemate and settlement, New York 1994.
Schreyögg, Astrid: Konfliktcoaching, Frankfurt am Main 2002.
Simmel, Georg: The web of group-affiliations, London 1964.
Thomann, Christoph: Klärungshilfe. Konflikte im Beruf, Reinbek bei Hamburg 1998.
Turner, Steve/Weed, Frank: Conflict in organizations, Englewood Cliffs 1983.
Walton, Richard: Interpersonal peacemaking: confrontation and third party consultation, Reading 1969.
Weeks, Dudley: The eight essential steps of conflict resolution, New York 1994.

Konkurrentenanalyse (Corporate Intelligence)

Péter Horváth

> [s.a.: Benchmarking; Kommunikation; Kompetenzen, organisationale; Unternehmensanalyse, strategische.]

I. Aufgabenstellung und Bedeutung; II. Begriff und Formen; III. Vorgehensschritte; IV. Instrumente; V. Informationsquellen; VI. Organisation.

Zusammenfassung

Die Konkurrentenanalyse (Corporate Intelligence) liefert für die strategische Planung die Informationen über die relevanten Konkurrenten und über ihr Verhalten. Die Basis dazu bildet heute das Diagnose-System nach Michael Porter. Das wichtigste praktische Problem ist die Festlegung der ergiebigsten Informationsquellen.

I. Aufgabenstellung und Bedeutung

Der Wettbewerbserfolg eines Unternehmens ist immer im Vergleich zur Konkurrenz zu sehen („komparativer Konkurrenzvorteil") und hat folgende drei Bestimmungsfaktoren (*Backhaus* 1999, S. 26 ff.):

– Bedürfnisse und Probleme der potenziellen Nachfrager,
– die eigene Position in der Wahrnehmung der Nachfrager,
– die Position der relevanten Konkurrenten in der Wahrnehmung der Nachfrager.

Es ist entscheidend, den Problemlösungsbedarf der Kunden besser als die Konkurrenz zu befriedigen. Diese Erkenntnis bedeutet, dass die permanente und systematische Konkurrentenanalyse – man muss die Wettbewerber kennen – erfolgskritisch ist. Mangelnde Kenntnisse über die Wettbewerber können zum Verlust von Wettbewerbsvorteilen führen.

Die *Wettbewerbsstrategie* baut daher auf den Erkenntnissen der *Wettbewerbsanalyse* („*Competitive Intelligence*") auf (→ *Unternehmensanalyse, strategische*). Diese wiederum umfasst die Analyse der Unternehmensumwelt im Allgemeinen und die Analyse der Konkurrenten im Besonderen. Es besteht demnach eine Interdependenz zwischen Strategie und Konkurrentenanalyse (vgl. *Thompson Jr./Strickland III.* 1998, S. 82 ff.): Die Konkurrentenanalyse benötigt zu ihrer Ausrichtung einen strategischen Rahmen (vgl. *Hinterhuber* 1989).

Insgesamt wurde die Analyse der Kunden, als ein Gebiet der klassischen Marktforschung, in der Vergangenheit viel intensiver betrieben als die Konkurrentenanalyse.

Die theoretische Basis für die Konkurrentenanalyse liefert heute in erster Linie die Industrieökonomik. Insbesondere durch die Arbeit von Porter (s.u.) wurde die Konkurrentenanalyse als ein zentrales Instrument zur Erlangung von Wettbewerbsvorteilen in das Blickfeld von Praxis und Theorie gerückt. Die Konkurrentenanalyse hat eine besondere Bedeutung in dynamischen und wettbewerbsintensiven Märkten.

II. Begriff und Formen

In der Literatur gibt es inzwischen zahlreiche Definitionen für den Begriff „Konkurrentenanalyse". Den weiteren Ausführungen wird in Anlehnung an Grunert folgendes Begriffsverständnis zu Grunde gelegt (*Grunert* 1995): „Wir definieren Konkurrentenanalyse allgemein als den Prozess der Erhebung und Verarbeitung von Daten über Unternehmen, die als tatsächliche oder potenzielle Konkurrenten betrachtet werden, mit dem Ziel, die gewonnenen Informationen in unternehmerische Entscheidungsprozesse einzubringen." In der angelsächsischen Literatur ist hierfür der Begriff „Competitor Intelligence" gebräuchlich (vgl. z.B. *Sammon* 1984). Im Schrifttum wird die Konkurrentenanalyse von der Konkurrenzanalyse unterschieden (vgl. *Raffée/Segler* 1989): Die Konkurrenzanalyse analysiert neben den Wettbewerbern die technologischen Entwicklungen, Situation der Abnehmer, Lieferanten und andere Umweltfaktoren in ihrer Wirkung auf die Wettbewerbssituation der Unternehmung.

Die Konkurrentenanalyse hat immer im Vergleich zur eigenen Position zu erfolgen. Backhaus (*Backhaus* 1999, S. 165) spricht deshalb von der „relativen Konkurrenzanalyse": „Für den Marketingerfolg ist es entscheidend, den Problemlösungsbedarf der Kunden besser als die Konkurrenz zu befriedigen. Eine Konkurrenzanalyse hat daher immer im Hinblick auf einen Vergleich der eigenen Position zu der der relevanten Konkurrenten zu erfolgen (Relative Konkurrenzanalyse)."

Es können zahlreiche Ausprägungsformen der Konkurrentenanalyse unterschieden werden. Die wichtigsten Dimensionen sind (vgl. *Grunert* 1995, Sp. 1229 ff.):

- Formalisierungsgrad: Inwieweit ist der Prozess festgelegt und dokumentiert?
- Anlassbezogenheit: Inwieweit erfolgt die Konkurrentenanalyse – losgelöst vom Einzelanlass – kontinuierlich?
- Entscheidungsebene: Auf welcher Entscheidungsebene sollen die gewonnenen Informationen verwendet werden?
- Eingrenzung der Konkurrenten: Werden nur jetzige, tatsächliche Konkurrenten betrachtet oder auch mögliche zukünftige Wettbewerber?
- Strategische Reichweite: Bezieht sich die Analyse auf einzelne Unternehmen, auf Unternehmensgruppen, auf eine Branche oder gar auf Länder?
- Geographische Reichweite: Inwieweit sollen internationale Konkurrenten einbezogen werden?

III. Vorgehensschritte

Der Prozess der Konkurrentenanalyse lässt sich in vier Schritte einteilen. Zunächst werden der Informationsbedarf und die relevanten Konkurrenten bestimmt. Danach erfolgt die Analyse des Konkurrentenverhaltens, auf deren Grundlage schließlich das Konkurrentenreaktionsprofil erarbeitet werden kann (vgl. z.B. *Grahammer* 1984).

1. Bestimmung des Informationsbedarfs

Es ist weder möglich, noch wirtschaftlich zweckmäßig, alle Informationen über die Konkurrenz zu beschaffen. Eine Fokussierung ist unbedingt vorzunehmen. Aspekte dieser Fokussierung können sein (vgl. *Raffée/Segler* 1989, Sp. 1119 ff.):

- Entscheidungsbezug: Informationen in Bezug auf konkrete Entscheidungen (z.B. Entscheidung über ein neues Produkt) (→ *Entscheidungsprozesse in Organisationen*).
- Strategische Relevanz: Informationen über Veränderungen im Wettbewerb (z.B. Fusionsvorhaben wichtiger Konkurrenten).
- Frühzeitigkeit und prognostische Relevanz: Informationen mit Früherkennungscharakter (z.B. gezielte Personalsuche eines Konkurrenten).
- Warnfunktion: Informationen über Bedrohungen (z.B. Patentanmeldungen eines Konkurrenten).
- Anregungspotenzial: Information über erfolgreiche Strategien von Konkurrenten (z.B. Markterschließung im Ausland).
- Kosten der Beschaffung: Bevorzugung kostengünstiger Informationen (z.B. Verbandsinformationen).

Eine wichtige Hilfe bei der Beurteilung der strategischen Relevanz bilden kritische Erfolgsfaktoren (*Rockart* 1979).

2. Bestimmung der relevanten Konkurrenten

Als Konkurrenten sind die Unternehmen zu bezeichnen, die sich auf dem Markt um denselben Käufer bemühen. Die Bestimmung der relevanten Konkurrenten kann deshalb nur über eine klare Definition des relevanten Marktes erfolgen.

Die Analyse darf sich dabei nicht ausschließlich auf die aktuellen Konkurrenten beziehen, sondern hat darüber hinaus auch das potenzielle Wettbewerbsumfeld zu erfassen. In einem dynamischen Wettbewerb verändern sich Konkurrenzstrukturen jedoch schnell (vgl. *Krystek/Müller-Stewens* 1993) (vgl. Abb. 1).

Neben allen bedeutenden existierenden Wettbewerbern sind deshalb auch die potenziellen Wettbewerber zu analysieren (vgl. *Porter* 1999, S. 89):

- Unternehmen außerhalb der Branche, die Eintrittsbarrieren leicht überspringen könnten,
- Unternehmen, für die der Brancheneintritt einen starken Wettbewerbserfolg bedeuten würde,
- Unternehmen, für die der Wettbewerb in der Branche eine Strategieerweiterung darstellen würde, sowie
- Zulieferer und Abnehmer, die vorwärts oder rückwärts integrieren wollen.

Eine wichtige Frage bei der Identifikation von relevanten Konkurrenten ist, ob von diesen in der Zukunft gleiches oder heterogenes Konkurrenzverhalten zu erwarten ist. Für diese Fragestellung wurde der Begriff der „strategischen Gruppen" entwickelt (vgl. *Hinterhuber/Kirchebner* 1983): Man versucht Konkurrenzunternehmen zu identifizieren, die auf Basis von Ressourcen- und Strukturgleichheit sowie

Heutige Gruppe	wird morgen Konkurrent durch
Lieferant	→ Vorwärtsintegration
Absatzmittler und Kunde	→ Rückwärtsintegration
Unternehmen mit neuen Technologien	→ Substitution
Bestehender Konkurrent in anderen Ländern	→ Regionale Expansion
Unternehmen mit ähnlicher Technologie	→ Diversifikation
Unternehmen, das gleiche Kunden beliefert	→ Produkt-Expansion
Unternehmen, das gleiche Produkte an andere Zielgruppen verkauft	→ Zielgruppen-Expansion

Abb. 1: Entwicklung von Unternehmen zu Konkurrenten (Backhaus 1999, S. 168)

gleicher strategischer Verhaltensweisen Ähnlichkeiten aufweisen. Die Grundthese ist, dass Unternehmen in doppelter Weise miteinander konkurrieren. Einerseits konkurrieren sie mit den Unternehmen ihrer strategischen Gruppe. Andererseits konkurrieren sie gemeinsam mit den Unternehmen ihrer Gruppe mit den Unternehmen anderer strategischer Gruppen. Der Erfolg ihrer Strategie hängt von der Fähigkeit ab, sich wirksam gegenüber beiden Arten der Konkurrenz abzuschirmen („*Mobilitätsbarrieren*").

3. Analyse des Konkurrentenverhaltens

Das zentrale Element des Analyseprozesses ist die Analyse des Konkurrentenverhaltens. Theorie und Praxis präferieren hierbei den Ansatz von Porter. Die Konkurrentenanalyse nach Porter hat vier Diagnoseelemente (vgl. Abb. 2; *Porter* 1999, S. 86 ff.):

Die Kenntnis von Zielen bzw. Strategien für die Zukunft informiert über das Ausmaß der Zufriedenheit mit der gegenwärtigen Situation, die Richtung und Intensität möglicher Strategieänderungen, Bereiche, in denen der Konkurrent verwundbar ist und die wahrscheinlichen Reaktionen des Konkurrenten. Diese Analyse kann sowohl auf der Ebene des Gesamtunternehmens als auch auf der Ebene von Unternehmenseinheiten erfolgen.

Die Kenntnis der gegenwärtigen Strategien der Konkurrenten ist wesentlich für die Entwicklung eigener zukünftiger Strategien: Das analysierende Unternehmen muss Strategien formulieren, die spezifische Wettbewerbsvorteile gegenüber den Konkurrenten versprechen.

Die Annahmen des Konkurrenten über sich selbst äußern sich z.B. im Führungskonzept, in seiner Öffentlichkeitsarbeit (→ *Unternehmenskommunikation*), in seiner historischen Entwicklung etc. Die Annahmen über sich selbst und über die Branche geben wichtige Hinweise zu voraussichtlichen Strategien des Konkurrenten.

Von den Fähigkeiten, d.h. Stärken und Schwächen des Konkurrenten hängt es ab, wie es ihm gelingt, neue Strategien zu entwickeln oder auf Strategien der Wettbewerber zu reagieren. Porter (*Porter* 1999, S. 107 ff.) nennt folgende Aspekte der Analyse: *Kernfähigkeiten*, Wachstumsfähigkeiten, Fähigkeiten zur schnellen Reaktion, Anpassungsfähigkeit sowie Durchhaltevermögen (→ *Kompetenzen, organisationale*).

4. Erarbeitung des Konkurrentenreaktionsprofils

Nach der Analyse des Konkurrentenverhaltens kann nun das Reaktionsprofil des Konkurrenten erarbeitet werden. Dieses besteht aus der Vorhersage der zu erwartenden Offensiv- und Defensivmaßnahmen des Konkurrenten (vgl. *Porter* 1999, S. 110 ff.).

Die Prognose von Konkurrenzaktionen und -reaktionen kann jedoch mit Problemen behaftet sein (vgl. *Brezski* 1993, S. 142):

- Konkurrenten sind bei der Informationsgewinnung nicht kooperativ.
- Konkurrenten sind intelligente, lernfähige und zuweilen „trickreiche" Akteure.
- Konkurrentenreaktionen sind das Ergebnis einer Vielzahl von interdependenten Einzelaspekten.
- Die Prognose von Konkurrenzreaktionen lässt sich statistisch nicht erhärten; es handelt sich jeweils um einzelne Unternehmen.

Um dennoch eine Informationsbasis für die eigene Strategieformulierung zu gewinnen, sind aufbauend auf verschiedene Beurteilungs- und Auswahlkriterien Typologien des Konkurrentenverhaltens erarbeitet worden. Als Hauptkriterien werden der „konkurrenzbezogene Informationsgrad" und die „relative Wettbewerbsstabilität" genannt (vgl. *Brezski* 1993, S. 173 ff.).

IV. Instrumente

Die bei der Konkurrentenanalyse eingesetzten betriebswirtschaftlichen Instrumente lassen sich in die

```
┌─────────────────────────────────────────────────────────────────────────────┐
│   Was den Konkurrenten motiviert          Wie sich der Konkurrent verhält und │
│                                                    verhalten kann              │
│      Ziele für die Zukunft                    Gegenwärtige Strategie          │
│  Auf allen Managementebenen und für    Wie der Konkurrent zur Zeit den Wettbewerb │
│       verschiedene Gebiete                           führt                     │
│                                                                                │
│              ↘                                        ↙                        │
│              Reaktionsprofil des Konkurrenten                                  │
│       Ist der Konkurrent mit seiner gegenwärtigen Situation zufrieden?        │
│       Welche voraussichtlichen Schritte oder strategischen Veränderungen wird │
│                      der Konkurrent vornehmen?                                │
│                   Wo ist der Konkurrent verwundbar?                           │
│            Was wird die größte und wirkungsvollste Reaktion des               │
│                      Konkurrenten hervorrufen?                                │
│              ↗                                        ↖                        │
│                                                                                │
│           Annahmen                              Fähigkeiten                   │
│      Über sich selbst und über            Sowohl Stärken als auch             │
│           die Branche                            Schwächen                    │
└─────────────────────────────────────────────────────────────────────────────┘
```

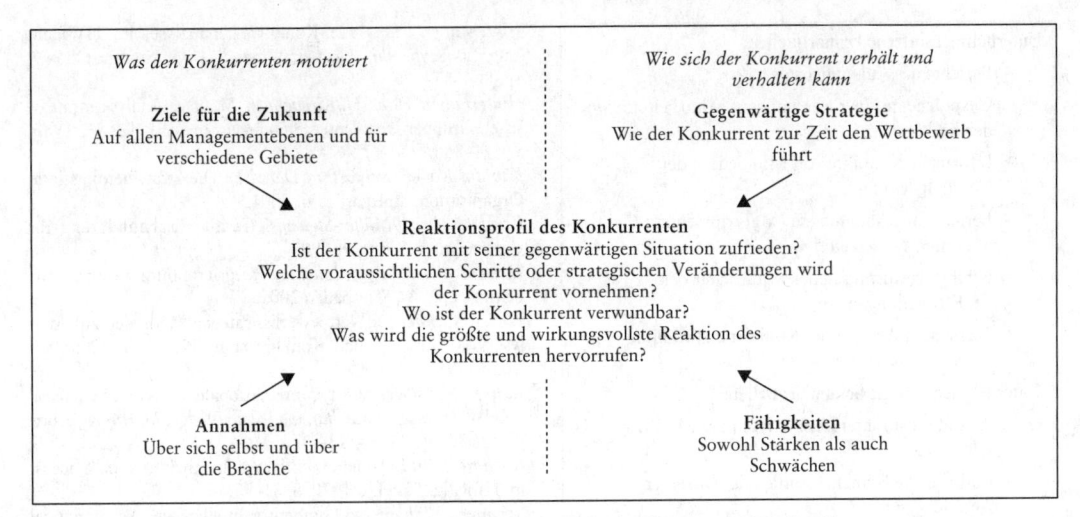

Abb. 2: Elemente der Konkurrentenanalyse (Porter 1999, S. 88)

beiden Gruppen Analyse- und Prognoseinstrumente einteilen.

Analyseinstrumente dienen der systematisierenden Auswertung der gewonnenen Informationen. Zahlreiche Checklisten sind zu diesem Zweck entworfen worden. Besonders hervorzuheben sind die *Portfoliotechnik* und die *Balanced Scorecard* als Instrumente der Analyse.

Die eingesetzten Prognoseinstrumente sind in erster Linie qualitativer Art wie die *Szenariotechnik*, Brainstorming, Delphi-Methode etc. Entscheidungstheoretische und spieltheoretische Ansätze haben hingegen keine Praxisbedeutung erlangt.

V. Informationsquellen

Die Konkurrentenanalyse unterscheidet sich grundlegend von der Kundenanalyse, weil bei Konkurrenten die Kooperationsbereitschaft im Gegensatz zu den Kunden kaum vorausgesetzt werden kann. Man kann daher „freundliche" und „unfreundliche" *Informationsquellen* unterscheiden.

Grundlegend kann danach unterschieden werden, wo die Daten entstehen (eigenes Unternehmen, Konkurrent, dritte Institution) und ob sie primär für den Zweck der Konkurrentenanalyse (Primärdaten) oder für andere Zwecke erarbeitet wurden (Sekundärdaten) (vgl. *Grunert* 1995, Sp. 1231 ff.; vgl. auch Abb. 3).

Primärdaten aus dem eigenen Unternehmen stehen im Vordergrund der Analyse. Die Herausforderungen sind die Einbeziehung der Mitarbeiter und die organisatorische Verankerung. Bei den Primärdaten von Konkurrenten handelt es sich i.d.R. um „unfreundliche" Informationsquellen. Zuweilen werden hier ethisch zweifelhafte oder gar kriminelle „Erhebungsmethoden" eingesetzt. Von der Abwerbung von Mitarbeitern eines Konkurrenten bis hin zur Industriespionage gibt es viele Formen der Informationsbeschaffung.

Daneben stehen in der Praxis zahlreiche Informationsquellen mit Sekundärdaten zur Verfügung. Zu erwähnen sind hier Informationsdienste und Datenbanken von Verbänden, Forschungsinstituten und von kommerziellen Organisationen. Inzwischen ist auch das Internet mit den dort einsetzbaren Suchmaschinen eine wichtige Unterstützung für die Konkurrentenanalyse (vgl. z.B. *Mertens/Griese* 2002, S. 8 f.). Es kann weiterhin angenommen werden, dass die Erhältlichkeit von Konkurrenzinformationen durch die Intensivierung der Öffentlichkeitsarbeit der Unternehmen steigt.

VI. Organisation

Das zentrale Problem der Konkurrentenanalyse liegt in der systematischen und kontinuierlichen Erhebung und Analyse der Informationen. Deshalb ist die Organisation der Konkurrentenanalyse erfolgskritisch. Die erste zu klärende Frage dabei ist: „Eigenfertigung oder Fremdbezug?", wobei die jeweiligen Vor- und Nachteile abzuwägen sind (→ *Outsourcing und Insourcing*). Der Wert des spezifischen *Wissens* der eigenen Mitarbeiter ist i.d.R. von so hohem Wert, dass es in jedem Lösungsansatz im Vordergrund stehen sollte (vgl. *Kaplan/Norton* 2001, S. 189 ff.).

Zur Bündelung der Aktivitäten der Konkurrentenanalyse haben sich spezifische Lösungsansätze entwickelt (vgl. *Brezski* 1993, S. 196 ff.): Neben der Einrichtung einer zentralen Stabstelle „Konkurrentenanalyse" oder von „Task Forces" für spezielle, projektbezogene Aufgaben der Konkurrentenanalyse, können ferner Spezialisten in den funktionalen bzw. divisionalen Bereichen mit Konkurrentenanalysen betraut werden. Darüber hinaus kann die Verantwor-

Unternehmensinterne Primärquellen:
- Berichte des Außendienstes
- Gespräche mit (evt. ehemaligen) Mitarbeitern der Konkurrenz
- Informelle Kontakte von Mitgliedern der Geschäftsleitung
- Berichte aus Abteilungen (Marktforschung, Rechnungswesen etc.)
- Erfahrungsaustausch der Mitarbeiter der F&E-Abteilungen
- Technische Analyse der Konkurrenzprodukte

Unternehmensinterne Sekundärquellen:
- Produktpositionierungsanalysen der Marktforschung etc.
- traditionelle Branchenstudien der einzelnen Abteilungen

Unternehmensexterne Primärquellen:
- Ex-post-Analyse früherer Konkurrenzaktionen und -reaktionen
- Kooperationsvereinbarungen
- Gemeinsame Kunden und Lieferanten
- Unternehmensberatungen, Universitäten, Marktforschungsinstitute
- Branchenverbände, Industrie- und Handelskammer
- Messen und Ausstellungen
- Fachtagungen

Unternehmensexterne Sekundärquellen:
- Publikationen der Konkurrenz (Jahresabschluss, Betriebszeitung, Preislisten)
- Massenmedien (Presse, Rundfunk, Fernsehen etc.)
- Externe Datenbanken
- Sonstige (Bücher über Branchen und Konkurrenten etc.)

Abb. 3: Informationsquellen für die Konkurrentenanalyse (Backhaus 1999, S. 191)

tung auf die Analyse einzelner Schlüsselkonkurrenten begrenzt werden.

Die Konkurrentenanalyse ist schließlich auch in das Wissensmanagement des Unternehmens zu integrieren. Hierfür gibt es bereits zahlreiche IT-gestützte Ansätze (vgl. *Mertens/Griese* 2002, S. 47 ff.).

Literatur

Backhaus, Klaus: Industriegütermarketing, 6. A., München 1999.
Brezski, Eberhard: Konkurrenzforschung im Marketing, Wiesbaden 1993.
Grahammer, Dieter: Anleitungen und Checklisten zur Konkurrenz-Beobachtung und Konkurrenz-Analyse, 3. A., München 1984.
Grunert, Klaus G.: Konkurrentenanalyse, in: HWM, hrsg. v. *Tietz, Bruno*, 2. A., Stuttgart 1995, Sp. 1226–1234.
Hinterhuber, Hans H.: Konkurrentenanalyse, in: HWPlan, hrsg. v. *Szyperski, Norbert/Winand, Udo*, Stuttgart 1989, Sp. 864–874.
Hinterhuber, Hans H./Kirchebner, M.: Die Analyse strategischer Gruppen von Unternehmungen, in: ZfB, Jg. 53, 1983, S. 854–868.
Kaplan, Robert S./Norton, David P.: Die Strategiefokussierte Organisation, Stuttgart et al. 2001.
Krystek, Ulrich/Müller-Stewens, Günter: Frühaufklärung für Unternehmen, Stuttgart 1993.
Mertens, Peter/Griese, Joachim: Integrierte Informationsverarbeitung 2, 9. A., Wiesbaden 2002.
Porter, Michael E.: Wettbewerbsstrategie: Methoden zur Analyse von Branchen und Konkurrenten, 10. A., Frankfurt am Main 1999.
Raffée, Hans/Segler, Kay: Internationale Konkurrenzanalyse, in: HWInt, hrsg. v. *Macharzina, Klaus/Welge, Martin K.*, Stuttgart 1989, Sp. 1118–1134.
Rockart, John F.: Chief executives define their own data needs, in: HBR, Jg. 57, H. 2/1979, S. 81–93.
Sammon, William L.: Competitor Intelligence: An Analytical Approach, in: Business Competitor Intelligence, hrsg. v. *Sammon, William L.*, New York 1984, S. 90–144.
Thompson Jr., Arthur A./Strickland III, A. J.: Crafting and Implementing Strategy, 10. A., Boston MA 1998.

Konstruktivismus

Andreas Georg Scherer

[s.a.: Interpretative Organisationsforschung; Kognitiver Ansatz; Organisationskultur; Systemtheorie; Wissen.]

I. *Wissenschaftstheoretische Grundlagen*; II. *Varianten des Konstruktivismus*; III. *Praktische Implikationen*.

Zusammenfassung

Die konstruktivistischen Ansätze innerhalb der Sozialwissenschaften stehen in starkem Kontrast zum Positivismus und haben inzwischen auf die BWL einen bedeutsamen Einfluss ausgeübt. Der Konstruktivismus stellt jedoch kein trennscharf definiertes Paradigma dar, vielmehr lassen sich verschiedene „Spielarten" unterscheiden.

I. Wissenschaftstheoretische Grundlagen

Die *Wissenschaftstheorie* ist eine Metadisziplin. Sie reflektiert über die Wissenschaften und setzt sich mit dem Problem auseinander, wie die einzelnen Fachdisziplinen betrieben werden sollen. Dabei geht es um zwei Fragen (vgl. *Scherer* 2001, S. 4 ff.): (1) Welchen Zwecken soll die Disziplin dienen? – (2) Mit welchen Mitteln (Methoden) sollen diese Zwecke erreicht werden? Die Methodenfrage lässt sich noch weiter differenzieren nach den Annahmen über den Charakter eines Forschungsgegenstandes (Ontologie), der Möglichkeit der Erkenntnisgewinnung (Epistemologie) und der zur Verfügung stehenden Forschungs- und Erhebungstechniken (Methodologie).

In der Wissenschaftstheorie gibt es auf diese Fragen eine Vielzahl von zum Teil widersprüchlichen Antworten (vgl. hierzu im Überblick *Scherer* 2003a). Auch der Konstruktivismus entwickelt hierzu Vorschläge und steht damit in Konkurrenz zu anderen, z.B. zu positivistischen, strukturalistischen, evolutionstheoretischen (→ *Evolutionstheoretischer Ansatz*) oder postmodernen (→ *Postmoderne Organisationstheorie*) Positionen.

Dabei ist allerdings zu berücksichtigen, dass es „den" Konstruktivismus als ein typenfestes Paradigma mit genau definierten Annahmen nicht gibt. Vielmehr lassen sich verschiedene „Spielarten des Konstruktivismus" (*Knorr-Cetina* 1989, vgl. auch *Czarniawska* 2003; *Gergen* 1985; *Kieser* 2001) identifizieren, denen sich folgende Thesen zurechnen lassen:

(1) Die (soziale) Welt wird nicht als gegeben angenommen. Stattdessen beharrt der Konstruktivismus darauf, dass die Wirklichkeit von den Menschen „gemacht" ist. Der Forschungsgegenstand des Sozialwissenschaftlers ist sozial konstruiert und vom Bewusstsein der Akteure abhängig (ontologische Grundannahme).

(2) Der Erkenntnisvorgang darf nicht als eine Art passive „Abbildung" verstanden werden, sondern als ein aktiver Konstruktionsvorgang, in dem die Annahmen, Interessen und Erfahrungen des Forschers eine bedeutende Rolle spielen. Sie bestimmen, was in das Blickfeld des Forschers gelangt und orientieren Methodenwahl und Interpretation der Forschungsergebnisse (epistemologische Grundannahme). Besonders hervorgehoben wird die Rolle der Sprache, weil jeder Weltbezug nur durch Sprache hergestellt werden kann. Eine Analyse sozialer Sachverhalte muss demzufolge an der Analyse der Sprache ansetzen.

(3) Das Wissen über die Wirklichkeit stützt sich auf eine Interpretation der Sinngehalte der betrachteten Akteure. Es kommt also darauf an, die sozialen Sachverhalte und Institutionen aus der Perspektive des jeweils Handelnden zu erfassen. Hierzu sind in erster Linie qualitative Methoden erforderlich, mit deren Hilfe Einzelfälle untersucht werden und ideographisches Wissen erlangt wird (methodologische Grundannahme).

(4) Menschen sind zwar in Traditionen und soziale Institutionen eingebettet, aus denen sie sich mit Handlungsorientierungen versorgen. Sie sind aber niemals in ihrem Verhalten vollständig determiniert, sondern verfolgen eigene Interessen und Ziele, mit denen sie sich (prinzipiell) auch über äußere Restriktionen hinwegsetzen können (sozialphilosophische Grundannahme).

II. Varianten des Konstruktivismus

1. Radikaler Konstruktivismus

„Der [Radikale] Konstruktivismus ist eine philosophische Theorie der Wahrnehmung und der Erkenntnis, die für sich in Anspruch nimmt, auf Resultate und Theorien aus den Einzelwissenschaften wie der Neurobiologie, der Psychologie und der Kommunikationswissenschaft begründet zu sein. Gleichzeitig will der Konstruktivismus diesen und anderen Einzelwissenschaften ein erkenntnistheoretisches und wissenschaftstheoretisches Fundament liefern." (*Roth* 1992, S. 277; vgl. auch *Maturana/Varela* 1987; *Schmidt* 1987; *Schmidt* 1992; *Schmidt* 1993)

Es soll also jeder Erkenntnisvorgang aus der funktionalen Struktur des erkennenden Organismus erklärt werden. Erkenntnis findet demzufolge im Gehirn statt. Dabei werden nicht etwa Sachverhalte der Wirklichkeit interpretiert, vielmehr interpretiert das Gehirn innere Erregungszustände. Es operiert als ein völlig abgeschlossenes System, das keinen direkten Bezug zur Außenwelt hat, sondern die „Realität" nur über selbst erzeugte Signale konstruieren kann. Nach dieser Auffassung existiert zwar eine vom Beobachter unabhängige Welt; dies sei aber auch alles, was sich über sie sagen lässt. Erkenntnis stellt also keine Abbildung der Wirklichkeit und ihrer Strukturen dar, sondern die Wirklichkeit wird durch Kognition konstruiert. In Anschluss an diese These behaupten Radikale Konstruktivisten die Subjektivität aller Erfahrung.

Problematisch an dieser subjektivistischen Position ist allerdings die Frage, wie es dann überhaupt möglich ist, dass Menschen gemeinsam anerkannte soziale Regeln ausbilden und wie sich Handlungen und Normen erklären und intersubjektiv begründen lassen (vgl. hierzu kritisch *Zerfaß/Scherer* 1995).

2. Sozialer Konstruktivismus

Der *Soziale Konstruktivismus* geht dagegen davon aus, dass Menschen durch Kommunikation und Interaktion eine soziale Wirklichkeit erschaffen, die von anderen Akteuren als „objektive" Wirklichkeit wahrgenommen und geteilt wird (vgl. *Tsoukas* 1996; *Weick* 1979). Wirklichkeit wird demzufolge nicht als eine subjektive, sondern als eine soziale Konstruktion aufgefasst (vgl. *Astley* 1985). Die Menschen erlernen die Bedeutung bestimmter Regeln im Zuge ihrer Sozialisierung; sie erlernen in bestimmten Kontexten, was regelkonformes und was abweichendes Verhalten ist. Insoweit sie sich an diesen Regeln in ihrem Verhalten orientieren, stellen diese Regeln für sie eine „Realität" dar. Soziale Ordnung ist ein Produkt des Menschen und beruht auf der ständigen Produktion von Regeln (vgl. *Berger/Luckmann* 1969).

Während der Radikale und der Kognitive Konstruktivismus den Fokus auf die subjektiven Theorien legen, z.B. die subjektiven Annahmen über Kausalitäten, die die Individuen bei ihren Handlungen orientieren (vgl. z.B. *Eden/Ackermann/Cropper* 1992; *Huff* 1990) und sich damit in einer individualistischen Sackgasse verlieren, geht der Soziale Konstruktivismus der Frage nach, wie es zu gemeinsam geteilten Annahmen und Interpretationen über die soziale Welt kommt (vgl. *Daft/Weick* 1984; *Smircich/Stubbart* 1985; *Tsoukas* 1996).

Allerdings lassen sich aus dieser Perspektive nur schwer Gestaltungsempfehlungen gewinnen, z.B. darüber, wie Organisationen zu gestalten sind. Es kann damit allenfalls erklärt werden, warum Organisationen so sind, wie sie vorgefunden werden, bzw. warum sie sich ändern. Eine Orientierung darüber, wie und in welche Richtung sie verändert werden sollen, kann daraus nicht begründet werden (vgl. *Donaldson* 1992).

3. Methodischer Konstruktivismus

Der *Methodische Konstruktivismus* konzentriert sich auf die Begründungsproblematik. Im „Begründungsstreit" in der deutschen Philosophie wurde die Möglichkeit geleugnet, Wissen könne sich begründen lassen (vgl. hierzu *Mittelstraß* 1989). In der Auseinandersetzung mit vernunftkritischen Positionen hält der methodische Konstruktivismus der „*Erlanger Schule*" (vgl. *Kamlah/Lorenzen* 1967; *Lorenzen/Schwemmer* 1975) an der Möglichkeit einer wissenschaftlichen Begründung technischen und politischen Wissens fest und sucht im praktischen Handeln selbst den Anlass und methodischen Ausgangspunkt der Entwicklung von Theorien (vgl. *Mittelstraß* 1989; *Mittelstraß* 1991). Dabei macht sich der Konstruktivismus die lebenspraktische Einsicht zu Nutze, dass die Menschen bereits vor jeder Wissenschaft über ein Können zur mehr oder minder erfolgreichen Bewältigung ihres Lebens verfügen. Weil das Handeln der Menschen nicht immer gelinge, sei es überhaupt erst nötig, Theorien zur Stützung der Praxis zu entwickeln. Da umgekehrt das Handeln der Menschen aber auch nicht immer völlig misslinge, sei es zugleich möglich, am ansatzweise gelungenen Können als der unhintergehbaren Vorraussetzung der Möglichkeit von Wissenschaft anzusetzen (vgl. *Mittelstraß* 1974; *Mittelstraß* 1989; *Mittelstraß* 1991). In diesem Sinne ist methodisches Denken „eine Hochstilisierung dessen, was man im praktischen Leben immer schon tut." (*Lorenzen* 1968, S. 26)

„Erkenntnis" wird hierbei als reproduzierbares Widerfahrnis des Gelingens (oder Misslingens) im zweckgerichteten Handeln des Wissenschaftlers angesehen. Dem Methodischen Konstruktivismus geht es also um die sprachliche Explikation des erfolgreichen Rezepte-Know-hows, über das die Menschen in ihrer vorwissenschaftlichen, gleichsam handwerklichen, Praxis bereits verfügen. Dieses „praktische *Können*" dient als Fundierungsbasis zur Begründung von Theorien in den Naturwissenschaften. Der Geltungsanspruch der auf diese Weise rekonstruierten Theorien stützt sich auf die Wiederholbarkeit des Handlungserfolges bei der Befolgung der in den Theorien formulierten Aufforderungen (vgl. *Scherer* 1995, S. 336 f.).

Im Unterschied zu den Sozialkonstruktivisten gingen die Methodischen Konstruktivisten allerdings zunächst davon aus, dass der soziokulturelle Hintergrund keinen Einfluss auf die Ergebnisse der Rekonstruktionsbemühungen ausübe und dieselben als universell gültig angesehen werden könnten (vgl. *Lorenzen/Schwemmer* 1975, S. 20; vgl. hierzu kritisch *Janich* 1992, S. 10; *Gethmann* 1992; *Schneider* 1992, S. 21).

4. Kulturalismus

Der „*Kulturalismus*" ist in den 80er und 90er Jahren in verschiedenen Varianten aus dem Methodischen Konstruktivismus hervorgegangen (vgl. im Überblick *Scherer* 2003b, S. 313 ff.). Bei allen Unterschieden im Detail teilt der Kulturalismus mit dem Methodischen Konstruktivismus zwei Einsichten, die zur sprachpragmatischen Wende in der Philosophie geführt haben (vgl. *Lorenzen* 1989, S. 31 f.). Zum einen wird darauf verwiesen, dass jeder Weltbezug nur durch Sprache möglich ist („*linguistic turn*" oder „sprachphilosophische Wende", vgl. *Kamlah/Lorenzen* 1967). Dies hat zur Folge, dass Wahrheits- und Begründungsprobleme als Probleme ihrer sprachlichen Formulierung zu verstehen und zu untersuchen sind (vgl. *Janich* 1996, S. 28). Zum anderen wird die Handlungspraxis als der methodische Ausgangspunkt zur Bildung von Theorien verstanden („praktizistische Wende"). Die Analyse der Sprache verbleibt auf diese Weise nicht bloß auf der Semantikebene, sondern knüpft an die praktischen Weisen ihrer Verwendung an. Die Beurteilung von Argumenten lässt sich nicht auf universell gültigen Kriterien stützen, sondern auf Argumentationsweisen und Verfahren, die sich in einer bestimmten Kultur praktisch bewährt haben (vgl. *Kambartel* 1989).

Die aktuellen Forschungsarbeiten konzentrieren sich derzeit auf die Frage, wie der Kulturalismus einen interkulturellen Dialog begründen könnte. Gesucht wird dabei eine Position jenseits des Spannungsfeldes zwischen (nicht begründbaren) universalistischen Ansprüchen und der völligen Preisgabe des Begründungsanspruchs zugunsten eines radikalen Kulturrelativismus (vgl. *Scherer* 2003b, S. 313 ff.).

III. Praktische Implikationen

1. Konstruktivismus und Theorie-Praxis-Verhältnis

Aus dem Konstruktivismus lassen sich wichtige praktische Implikationen für das Management ableiten, die hier beispielhaft skizziert werden sollen. Dabei ist zu betonen, dass der Konstruktivismus, und dies trifft besonders für die beiden zuletzt genannten Varianten zu, keinen Anfang in der Theorie nimmt, etwa bei Axiomen, sondern in der Praxis selbst. Es geht also in erster Linie darum, die impliziten subjektiven (bloß so genannten) „Theorien" der Akteure, das praktische Know-how, das Alltagswissen zu erfassen, auf methodische Füße zu stellen und damit weiter zu entwickeln (vgl. *Scherer/Dowling* 1995; zu verschiedenen Sichtweisen des *Theorie-Praxis-Verhältnisses* vgl. *Weick* 2003). Solche Überlegungen spielen heute in der Diskussion um Wissen und Lernen von Individuen bzw. Organisationen eine besondere Rolle (vgl. *Schreyögg/Geiger* 2003; *Spender* 1995; *Spender* 1996; *Tsoukas* 1996).

2. Konstruktivismus und Organisation

Organisationen sind, so die Auffassung des Konstruktivismus, keine objektiven Gegebenheiten. Vielmehr entstehen sie durch die Handlungen, Erwartungen und Interpretationen der Akteure (vgl. *Chia* 2003; *Daft/Weick* 1984; *Weick* 1979). Will man also etwas über Organisationen erfahren, so spielen die sichtbaren Manifestationen, wie etwa Stellenpläne oder *organisatorische Regeln*, (wenn überhaupt) nur eine untergeordnete Rolle. Entscheidend ist dagegen, wie Organisationen von den Akteuren im Innern (den Organisationsmitgliedern) und im Umfeld wahrgenommen werden. Erkenntnisse über Organisationen lassen sich daher dadurch gewinnen, indem man erfasst, was „in den Köpfen" der Akteure vorgeht (vgl. *Kieser* 2001, S. 288). Daraus ergeben sich wichtige Konsequenzen für die Erforschung von Organisationsstrukturen und deren Entstehung und Funktion (vgl. z.B. *Weick* 1979) (→ *Organisationsstrukturen, historische Entwicklung von*) ebenso wie für die → *Entscheidungsprozesse in Organisationen* (vgl. z.B. *Isabella* 1990) oder organisatorische Wandelprozesse (vgl. z.B. *Rüegg-Sturm* 2001) (→ *Wandel, Management des (Change Management)*). Eine besondere Rolle spielt die Analyse der in der Organisation verwendeten Sprache (vgl. *Astley* 1985; *Astley/Zammuto* 1992; *Mauws/Phillips* 1995).

3. Konstruktivismus und Strategisches Management

Der Konstruktivismus spielt auch im Strategischen Management (→ *Strategisches Management*) eine bedeutende Rolle (vgl. *Mir/Watson* 2000; *Scherer/Dowling* 1995). Im Strategischen Management geht es im Rahmen der „Umweltanalyse" (→ *Umweltanalyse, strategische*) darum, die Chancen und Risiken einer Unternehmung zu bestimmen, oder darum zu diskutieren, wie die Unternehmung die Umwelt zu ihrem Gunsten beeinflussen kann. Smircich und Stubbart haben die im Strategischen Management gebräuchlichen *Umweltbegriffe* analysiert und dabei drei Verwendungsweisen identifiziert (vgl. *Smircich/ Stubbart* 1985). Während beim „Objective environment" und beim „Perceived environment" die Annahme einer objektiven Umwelt als Referenzpunkt dient, spiegelt der Begriff des „Enacted environment" dagegen eine konstruktivistische Perspektive wider. Die Umwelt ist den Akteuren nicht vorgegeben, sondern wird vielmehr durch die Akteure in Abhängigkeit von deren Erfahrungen und Interessen konstruiert. Ähnliche Überlegungen hat Landry (vgl. *Landry* 1995) hinsichtlich des *Problembegriffes* angestellt und die unterschiedlichen praktischen Konsequenzen erörtert.

4. Konstruktivismus und Unternehmensethik

Der Konstruktivismus wird schon seit geraumer Zeit als theoretische Grundlage der → *Unternehmensethik* herangezogen. Dies gilt in erster Linie für den Methodischen Konstruktivismus und die Nürnberger Unternehmensethik (vgl. *Löhr* 1991; *Steinmann/Löhr* 1994). In jüngster Zeit wurden diese Überlegungen im Hinblick auf die Unternehmensethik Multinationaler Unternehmen weiter entwickelt. Dabei wurde versucht, die neueren Entwicklungen des Kulturalismus zu integrieren, um eine theoretische Basis zu schaffen, die in der Lage ist, dem Pluralismus an Kulturen, Normen und Wertvorstellungen in der globalisierten Welt besser gerecht zu werden (vgl. *Steinmann/Scherer* 1998; *Steinmann/Scherer* 2000). Zugleich finden sich inzwischen aber auch Vorschläge zu einer Wirtschaftsethik, die auf einem Radikalen Konstruktivismus gründen (vgl. z.B. *Schumann* 2000).

Literatur

Astley, W. Graham: Administrative Science as a Socially Constructed Truth, in: ASQ, Jg. 30, 1985, S. 497–513.
Astley, W. Graham/Zammuto, Raymond F.: Organization science, managerial practice, and language games, in: Org.Sc., Jg. 3, 1992, S. 443–460.
Berger, Peter/Luckmann, Thomas: Die gesellschaftliche Konstruktion der Wirklichkeit: Eine Theorie der Wissenssoziologie, Frankfurt am Main 1969.
Chia, Robert: Ontology: Organization as „World-making", in: Debating Organization. Point-Counterpoint in Organization Studies, hrsg. v. *Westwood, Robert/Clegg, Stewart*, Malden et al. 2003, S. 98–113.
Czarniawska, Barbara: Social Constructionism and Organization Studies, in: Debating Organization. Point-Counterpoint in Organization Studies, hrsg. v. *Westwood, Robert/Clegg, Stewart*, Malden et al. 2003, S. 128–139.
Daft, Richard/Weick, Karl E.: Toward a Model of Organizations as Interpretation Systems, in: AMR, Jg. 9, 1984, S. 284–295.
Donaldson, Lex: The Weick stuff: Managing beyond games, in: Org.Sc., Jg. 3, 1992, S. 461–466.
Eden, Colin/Ackermann, Fran/Cropper, Stephen: The Analysis of Cause Maps, in: JMan.Stud., Jg. 29, 1992, S. 309–347.
Gergen, Kenneth J.: Social Constructionist Inquiry: Context and Implications, in: The Social Construction of the Person,

hrsg. v. *Gergen, Kenneth. J./Davis, Keith E.*, New York 1985, S. 3–18.

Gethmann, Carl Friedrich: Universelle praktische Gestaltungsansprüche. Zur philosophischen Bedeutung der kulturellen Genese moralischer Überzeugungen, in: Entwicklungen in der methodischen Philosophie, hrsg. v. *Janich, Peter*, Frankfurt am Main 1992, S. 148–175.

Huff, Anne Sigismund (Hrsg.): Mapping Strategic Thought, Chichester 1990.

Isabella, Lynn: Evolving Interpretations as a Change Unfolds. How Managers Construe Key Organizational Events, in: AMJ, Jg. 33, 1990, S. 7–41.

Janich, Peter: Was ist Wahrheit? Eine philosophische Einführung, München 1996.

Janich, Peter (Hrsg.): Entwicklungen in der methodischen Philosophie, Frankfurt am Main 1992.

Kambartel, Friedrich: Philosophie der humanen Welt, Frankfurt am Main 1989.

Kamlah, Wilhelm/Lorenzen, Paul: Logische Propädeutik: Vorschule des vernünftigen Redens, Mannheim et al. 1967.

Kieser, Alfred: Konstruktivistische Ansätze, in: Organisationstheorien, hrsg. v. *Kieser, Alfred*, 4. A., Stuttgart 2001, S. 287–318.

Knorr-Cetina, Karin: Spielarten des Konstruktivismus. Einige Notizen und Anmerkungen, in: SW, Jg. 40, 1989, S. 86–96.

Landry, Maurice: A Note on the Concept of Problem, in: OS, Jg. 16, 1995, S. 315–343.

Löhr, Albert: Unternehmensethik und Betriebswirtschaftslehre. Untersuchungen zur theoretischen Stützung der Unternehmenspraxis, Stuttgart 1991.

Lorenzen, Paul: Philosophische Fundierungsprobleme einer Wirtschafts- und Unternehmensethik, in: Unternehmensethik, hrsg. v. *Steinmann, Horst/Löhr, Albert*, Stuttgart 1989, S. 25–57.

Lorenzen, Paul: Methodisches Denken, in: Methodisches Denken, hrsg. v. *Lorenzen, Paul*, Frankfurt am Main 1968, S. 24–59.

Lorenzen, Paul/Schwemmer, Oswald: Konstruktive Logik, Ethik und Wissenschaftstheorie, 2. A., Mannheim et al. 1975.

Maturana, Humberto/Varela, Francisco: Der Baum der Erkenntnis: Die biologischen Wurzeln des menschlichen Erkennens, München et al. 1987.

Mauws, Michael K./Phillips, Nelson: Understanding Language Games, in: Org.Sc., Jg. 6, 1995, S. 322–334.

Mir, Raza/Watson, Andrew: Strategic Management and the Philosophy of Science: The Case for a Constructivist Methodology, in: SMJ, Jg. 21, 2000, S. 941–953.

Mittelstraß, Jürgen: Das lebensweltliche Apriori, in: Lebenswelt und Wissenschaft: Studien zum Verhältnis von Phänomenologie und Wissenschaftstheorie, hrsg. v. *Gethmann, Carl Friedrich*, Bonn 1991, S. 114–142.

Mittelstraß, Jürgen: Gibt es eine Letztbegründung?, in: Der Flug der Eule, hrsg. v. *Mittelstraß, Jürgen*, Frankfurt am Main 1989, S. 281–312.

Mittelstraß, Jürgen: Erfahrung und Begründung, in: Die Möglichkeit von Wissenschaft, hrsg. v. *Mittelstraß, Jürgen*, Frankfurt am Main 1974, S. 56–83.

Roth, Gerhard: Das konstruktive Gehirn: Neurobiologische Grundlagen von Wahrnehmung und Erkenntnis, in: Kognition und Gesellschaft. Der Diskurs des Radikalen Konstruktivismus 2, hrsg. v. *Schmidt, Siegfried*, Frankfurt am Main 1992, S. 277–326.

Rüegg-Sturm, Johannes: Organisation und organisationaler Wandel. Eine theoretische Erkundung aus konstruktivistischer Sicht, Opladen 2001.

Scherer, Andreas Georg: Modes of Explanation in Organization Theory, in: The Oxford Handbook of Organization Theory. Meta-Theoretical Perspectives, hrsg. v. *Tsoukas, Haridimos/Knudsen, Christian*, Oxford et al. 2003a, S. 310–344.

Scherer, Andreas Georg: Multinationale Unternehmen und Globalisierung, Heidelberg 2003b.

Scherer, Andreas Georg: Kritik der Organisation oder Organisation der Kritik? – Wissenschaftstheoretische Bemerkungen zum kritischen Umgang mit Organisationstheorien, in: Organisationstheorien, hrsg. v. *Kieser, Alfred*, 4. A., Stuttgart et al. 2001, S. 1–37.

Scherer, Andreas Georg: Pluralismus im Strategischen Management. Der Beitrag der Teilnehmerperspektive zur Lösung von Inkommensurabilitätsproblemen in Forschung und Praxis, Wiesbaden 1995.

Scherer, Andreas Georg/Dowling, Michael: Towards a Reconciliation of the Theory Pluralism in Strategic Management – Incommensurability and the Constructivist Approach of the Erlangen School, in: Advances in Strategic Management, Jg. 12, 1995, S. 195–247.

Schmidt, Siegfried: Zur Ideengeschichte des radikalen Konstruktivismus, in: Das Gehirn – Organ der Seele?: Zur Ideengeschichte der Neurobiologie, hrsg. v. *Florey, Ernst/Breidbach, Olaf*, Berlin 1993, S. 327–349.

Schmidt, Siegfried: Kognition und Gesellschaft, Frankfurt am Main 1992.

Schmidt, Siegfried (Hrsg.): Der Diskurs des radikalen Konstruktivismus, Frankfurt am Main 1987.

Schneider, Hans Julius: Kann und soll die Sprachphilosophie methodisch vorgehen, in: Entwicklungen in der Methodischen Philosophie, hrsg. v. *Janich, Peter*, Frankfurt am Main 1992, S. 17–33.

Schreyögg, Georg/Geiger, Daniel: Wenn alles Wissen ist, ist Wissen am Ende nichts?!, in: DBW, Jg. 63, 2003, S. 7–22.

Schumann, Olaf J.: Wirtschaftsethik und Radikaler Konstruktivismus, München 2000.

Smircich, Linda/Stubbart, Charles: Strategic Management in an Enacted World, in: AMR, Jg. 10, 1985, S. 724–736.

Spender, J.-C.: Making Knowledge the Basis of a Dynamic Theory of the Firm, in: SMJ, Jg. 17, 1996, S. 45–62.

Spender, J.-C.: Organizations are Activity Systems, not merely Systems of Thought, in: Advances in Strategic Management, Jg. 12A, 1995, S. 153–174.

Steinmann, Horst/Löhr, Albert: Grundlagen der Unternehmensethik, 2. A., Stuttgart 1994.

Steinmann, Horst/Scherer, Andreas Georg: Wissenschaftstheorie, in: Lexikon der Betriebswirtschaftslehre, hrsg. v. *Corsten, Hans*, 4. A., München et al. 2000, S. 1056–1063.

Steinmann, Horst/Scherer, Andreas Georg: Corporate Ethics and Global Business. Philosophical Considerations on Intercultural Management, in: Ethics in International Business, hrsg. v. *Kumar, Brij/Steinmann, Horst*, Berlin et al. 1998, S. 13–46.

Tsoukas, Haridimos: The Firm as a Distributed Knowledge System: A Constructionist Approach, in: SMJ, Jg. 17, 1996, S. 11–25.

Weick, Karl E.: Theory and Practice in the Real World, in: The Oxford Handbook of Organization Theory. Meta-Theoretical Perspectives, hrsg. v. *Tsoukas, Haridimos/Knudsen, Christian*, Oxford et al. 2003, S. 453–475.

Weick, Karl E.: The Social Psychology of Organizing, 2. A., Reading 1979.

Zerfaß, Ansgar/Scherer, Andreas Georg: Unternehmensführung und Öffentlichkeitsarbeit. Überlegungen zur wissenschaftstheoretischen Grundlegung der Public-Relations-Forschung, in: DBW, Jg. 55, 1995, S. 493–512.

Kontingenzansatz

Mark Ebers

[s.a.: Bürokratie; Hierarchie; Informationstechnologie und Organisation; Kulturvergleichende Organisationsforschung; Messung von Organisationsstrukturen; Methoden der empirischen Managementforschung; Organisationsgrenzen; Organisationsstrukturen, historische Entwicklung von; Organisationstheorie; Strategie und Organisationsstruktur; Technologie und Organisation; Umweltanalyse, strategische.]

I. Theoriegeschichtliche Einordnung; II. Forschungsprogramm; III. Zentrale Konzepte, ihre Operationalisierung und Verfahren der Datenerhebung; IV. Hauptaussagen; V. Kritische Würdigung; VI. Weiterentwicklungen.

Zusammenfassung

Die Kontingenzforschung vertritt die grundlegende These, dass unterschiedliche Formen der formalen Gestaltung von Organisationsstrukturen in Abhängigkeit von verschiedenen situativen Bedingungen unterschiedlich effektiv und effizient sind. Eine große Zahl empirischer Studien unterstützt diese allgemeine These. Dabei wurden die Größe der Organisation, die eingesetzte Technologie und die Unsicherheit der Aufgabenumwelt als die wichtigsten situativen Bedingungen der Organisationsgestaltung identifiziert.

I. Theoriegeschichtliche Einordnung

In kritischer Auseinandersetzung mit dem Modell bürokratischer Organisation (*Weber* 1976; → *Bürokratie*) und den älteren Managementlehren (vgl. *Kieser* 2002a) hat die Kontingenzforschung die Differenziertheit und große Variationsbreite formaler Strukturen von Organisationen herausgestellt. Die Forschung zeigte, dass die Gestaltung der Struktur von Organisationen von verschiedenen *situativen Bedingungsfaktoren* (Kontingenzen) abhängig ist, z.B. von der Stabilität, Komplexität und Unsicherheit der Umwelt, der Größe der Organisation sowie den eingesetzten Fertigungsverfahren. Die Kernthese der Kontingenzforschung lautet dabei, dass es nicht eine generell beste Form der Organisation gibt, sondern dass die Effektivität und Effizienz einer Organisation von der Güte des „fit" (der Passung) zwischen den herrschenden Situationsbedingungen und der Gestaltung der formalen Organisationsstruktur abhängig ist (*Donaldson* 2001).

Die Kontingenzforschung formuliert ihre Aussagen dementsprechend nicht mehr – wie die älteren Managementlehren – in Form generelle Gültigkeit beanspruchender Organisationsprinzipien, sondern als Bedingtheitsaussagen, gemäß derer die Ausprägung und die Effektivität organisatorischer Regelungen von der jeweiligen Situation abhängig ist. Die Kontingenzforschung wird daher auch als *situativer Ansatz* bezeichnet (*Staehle* 1973). Die methodische Innovation der Kontingenzforschung bestand darin, die Aussagen der Organisationsforschung nicht mehr v.a. auf die Autorität und praktischen Erfahrungen einzelner Autoren oder auf analytische Argumente zu stützen, sondern auf systematisch durchgeführte, vergleichende empirisch-quantitative Untersuchungen (→ *Methoden der empirischen Managementforschung*) mehrerer Organisationen und ihrer Untergliederungen (zuerst *Woodward* 1958; *Udy* 1965).

In den 60er und 70er Jahren war die Kontingenzforschung das dominierende Forschungsprogramm der Organisationsforschung. Das Wissen um die Einflussfaktoren und Auswirkungen organisatorischer Gestaltungsentscheidungen ist durch die große Zahl empirischer Studien, die im Rahmen der Kontingenzforschung durchführt wurden, erheblich differenziert und ausgeweitet worden. Gleichwohl bot die Kontingenzforschung bereits früh Anlass zu Kritik, weil die Ergebnisse der Forschung uneinheitlich waren und weil es trotz aufwändiger Forschungen nicht gelang, verschiedene theoretische, konzeptionelle und methodische Schwächen des Ansatzes zu überwinden (eine Replik auf die Kritiker bietet *Donaldson* 1985; *Donaldson* 2001). Heute hat die Kontingenzforschung ihre dominierende Stellung in der Organisationsforschung eingebüßt (*Kieser* 2002b), obwohl ihre Kernaussagen mittlerweile in den Kanon der Organisationslehre eingegangen sind (z.B. *Kieser/Walgenbach* 2003; *Burton/Obel* 1998).

II. Forschungsprogramm

Das Forschungsprogramm der Kontingenzforschung lässt sich durch zwei grundlegende Fragestellungen kennzeichnen:

- Welche Ausprägungen struktureller Organisationsmerkmale werden unter welchen situativen Bedingungen realisiert?
- Wie effektiv und effizient sind die formalen Organisationsstrukturen unter unterschiedlichen situativen Bedingungen?

Das in Abb. 1 dargestellte Grundmodell umreißt die Problemstellung der Kontingenzforschung.

Das Forschungsprogramm der Kontingenzforschung stellt die Forscher vor die Aufgabe, genau zu bestimmen, welche Merkmale der Situation zu welchen Ausprägungen von Organisationsstrukturen führen, welche Auswirkungen verschiedene Situations-Struktur-Konstellationen für die Effektivität und Effizienz der Organisation haben und über welche Mechanismen diese Zusammenhänge vermittelt werden.

```
┌─────────────────────────────────────────────────────────────────────────┐
│   ┌─────────────────────────┐    ⇔          ┌─────────────────────────┐ │
│   │ Situative Bedingungen   │   Fit         │ Formale Organisations-  │ │
│   │                         │               │ struktur                │ │
│   └─────────────────────────┘               └─────────────────────────┘ │
│                                    ⇓                                    │
│                                  beein-                                 │
│                                  flusst                                 │
│                        ┌──────────────────────────┐                     │
│                        │ Effektivität und Effizienz der │               │
│                        │ Organisation             │                     │
│                        └──────────────────────────┘                     │
└─────────────────────────────────────────────────────────────────────────┘
```

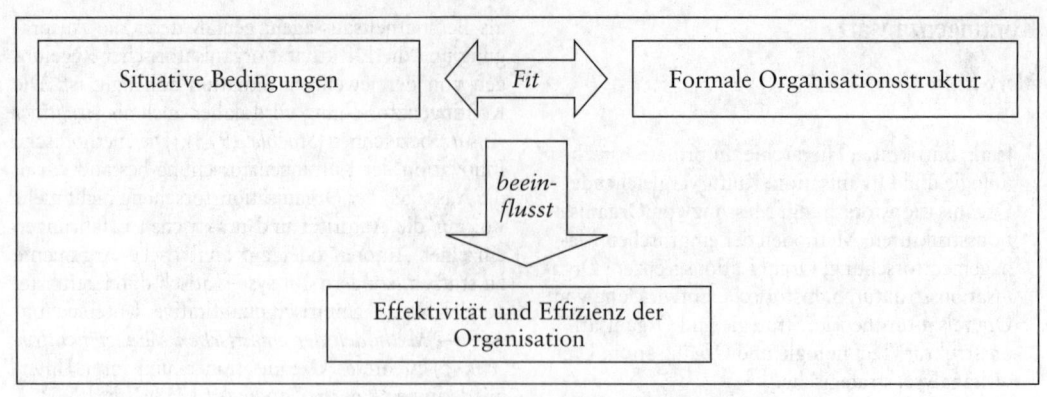

Abb. 1: Grundmodell der Kontingenzforschung

Diese Aufgabenstellungen werden von den Forschern, die dieser Forschungsrichtung folgen, in sehr unterschiedlicher Weise angegangen und gelöst. In theoretischer Hinsicht unterscheiden sich die Forschungsarbeiten in ihren Erkenntnisinteressen, in Bezug auf die Analyseebenen und die untersuchten Variablen, in der formalen Grundstruktur ihrer Hypothesen und in ihrer Erklärung und Interpretation der empirischen Forschungsbefunde. Methodische Unterschiede gibt es hinsichtlich der jeweils verfolgten Forschungsstrategien, der untersuchten Variablen sowie deren Konzeptualisierung und Operationalisierung. Dementsprechend bietet die Kontingenzforschung kein geschlossenes, einheitliches theoretisches Konzept. Auch ist es schwierig, die einzelnen Forschungsarbeiten aufeinander zu beziehen, ihre Ergebnisse zu vergleichen und allgemeine Erkenntnisse abzuleiten.

III. Zentrale Konzepte, ihre Operationalisierung und Verfahren der Datenerhebung

Im Rahmen der Kontingenzforschung sind eine Vielzahl von Situationsfaktoren, organisatorischen Strukturmerkmalen und deren jeweilige Zusammenhänge analysiert worden.

Ein breiter Konsens hinsichtlich der für den Ansatz zentralen Variablen, deren Konzeptualisierung, Operationalisierung und Messung hat sich nicht entwickelt (einen Überblick bieten *Staehle* 1973; *Hill/Fehlbaum/Ulrich* 1994; *Kieser/Walgenbach* 2003; *Kubicek/Welter* 1985; *Frese* 2000; *Kieser* 2002b).

1. Konzeptualisierung und Messung der Organisationsstruktur

Die meisten der in der Kontingenzforschung verwandten *Strukturmerkmale* beziehen sich auf die beiden Grundprobleme des Organisierens: die Bestimmung der Art und des Ausmaßes der → *Arbeitsteilung und Spezialisierung* (Spezialisierung, Differenzierung) und der Art und der Intensität der → *Koordination und Integration*. In ihren Konzeptualisierungen dieser beiden organisationsstrukturellen Kerndimensionen haben sich die Vertreter der Kontingenzforschung stark von dem von Weber (*Weber* 1976) entwickelten Bürokratiemodell (→ *Bürokratie*) inspirieren lassen (*Hall* 1963; *Pennings* 1973).

Unterschiedliche Bürokratisierungsgrade wurden z.B. durch Unterscheidung verschiedener Strukturtypen – mechanistisch und organisch (*Burns/Stalker* 1961) – oder durch dichotomisierte Maße von Strukturdimensionen – z.B. stark formalisiert vs. unstrukturiert (*Lawrence/Lorsch* 1967) – beschrieben. Jüngere Untersuchungen erfassen die verschiedenen Dimensionen der Organisationsstruktur zumeist je für sich als Variable, die zwischen den Extremen unterschiedlich ausgeprägt sein können, so z.B. den Grad der Spezialisierung, der Standardisierung von Aufgaben, der Formalisierung, Konfiguration und der Entscheidungszentralisation/-dezentralisation (*Pugh/Hickson* 1976; *Pugh/Hinings* 1976).

2. Konzeptualisierung und Operationalisierung der Situationsfaktoren

Während bei der Konzipierung der Strukturmerkmale mit Webers Bürokratiemodell ein historisch-soziologisch fundiertes Konzept Pate stand, fehlt ein solcher Theoriebezug weitgehend bei der Auswahl und Konzipierung der relevanten *Situationsfaktoren*. Vielmehr wird im Rahmen der Kontingenzforschung postuliert, dass alle Situationsfaktoren einbezogen werden sollten, die geeignet sind, zur Erklärung organisatorischer Strukturunterschiede beizutragen.

Die betrachteten Situationsfaktoren lassen sich drei Analyseebenen zuordnen (*Kieser/Walgenbach* 2003): der globalen Umwelt, der externen Aufgabenumwelt und der internen Situation.

Auf der Ebene der *globalen Umwelt* wird der Einfluss untersucht, den gesellschaftliche und kulturelle Bedingungen auf die Gestaltung von Organisationsstrukturen ausüben (*Lammers/Hickson* 1979; *Hickson/McMillan* 1981; *Tayeb* 1987). So ist z.B. der Einfluss unterschiedlicher Bildungssysteme (*Lieb* 1986) und kultureller Werte (→ *Interkulturelles Management*) untersucht worden.

Auf der Ebene der externen *Aufgabenumwelt* wurde die *Komplexität* der Umwelt bspw. über die Zahl, Verschiedenartigkeit und Verteilung der relevanten Umweltfaktoren in verschiedenen Umweltsegmenten erfasst (*Duncan* 1972). Die Dynamik der Aufgabenumwelt wurde durch die Häufigkeit, Stärke und Irregularität von Änderungen der relevanten Umweltfaktoren beschrieben (*Child* 1972b). Eine Reihe von Arbeiten untersucht insb. die organisationsstrukturellen Implikationen der Dynamik der technischen Entwicklung (*Burns/Stalker* 1961; *Kieser* 1974b). Als organisationsstrukturell bedeutsamer Aspekt der Aufgabenumwelt gilt schließlich die Abhängigkeit einer Organisation von anderen Organisationen (*Pugh* et al. 1969; *Pfeffer* 1972) und von der Mutterorganisation (*Child* 1973; *Welge* 1980).

Die globale und externe Aufgabenumwelt beeinflussen wiederum die Ausprägung der verschiedenen Kontingenzfaktoren der *internen Situation*. So wird eine hohe Umweltunsicherheit bspw. zu einer größeren Aufgabenunsicherheit innerhalb der Organisation beitragen. Neben der Aufgabenunsicherheit ist auch die Aufgabeninterdependenz als Kontingenzfaktor der internen Situation betrachtet worden (*Thompson* 1967). Daneben gehört die Größe der Organisation zu den häufig untersuchten Dimensionen der internen Situation (*Blau/Schoenherr* 1971; *Pugh/Hickson* 1976).

Die Fertigungstechnologie und -verfahren (→ *Technologie und Organisation*) sind ein weiterer häufig untersuchter Faktor der internen Situation. Die Untersuchung von Woodward (*Woodward* 1958) basiert auf einer Klassifikation zehn unterschiedlicher Fertigungstypen, die sich in ihrer Komplexität unterscheiden (zur Kritik vgl. *Schreyögg* 1978). Die Aston-Studien hingegen betrachteten vier Dimensionen der Fertigungstechnologie (Automatisierungsgrad, Starrheit des Fertigungsflusses, Spezifikationsgrad der Kontrollen, Interdependenzen der Fertigungssegmente), die dann auf der Basis einer Faktorenanalyse zu einer Dimension (Integration des Fertigungsflusses) zusammengefasst wurden (*Pugh* 1998).

Schließlich wurden auch der Einfluss der Informationstechnologie (→ *Informationstechnologie und Organisation*) und des Leistungsprogramms (→ *Strategie und Organisationsstruktur*) als bedeutsame Faktoren der internen Situation angesehen und in ihrem Einfluss auf die Organisationsstruktur untersucht.

IV. Hauptaussagen

Aufgrund der Heterogenität der in der Kontingenzforschung untersuchten Stichproben, Variablen, Konzeptualisierungen, Operationalisierungen und Messmethoden kann nur eine von den Besonderheiten der jeweiligen Forschungen abstrahierende, überblicksartige Darstellung einiger zentraler Forschungsbefunde geboten werden.

1. Der Einfluss der Aufgabenumwelt

Burns und Stalker (*Burns/Stalker* 1961) stellten in ihrer Untersuchung 20 britischer Industriebetriebe fest, dass die Unternehmen mit gering bürokratisierter (organischer) Organisationsstruktur und Managementsystemen Änderungen in ihrer Marktumwelt und in der technologischen Entwicklung erfolgreicher bewältigten als stärker bürokratisierte Unternehmen. Bei stabilen Umweltbedingungen erwiesen sich hingegen stärker bürokratisierte (mechanistische) Strukturen und Managementsysteme als erfolgreicher. Zu ähnlichen Ergebnissen gelangten Argote, Schoonhoven sowie Leblebici und Salancik (*Argote* 1982; *Schoonhoven* 1981; *Leblebici/Salancik* 1981).

Lawrence und Lorsch (*Lawrence/Lorsch* 1967) erarbeiteten eine differenziertere Konzeption, indem sie nicht Merkmale der Gesamtorganisation, sondern der verschiedenen organisatorischen Einheiten in Beziehung zu verschiedenen Umweltcharakteristika setzten. Sie fanden, dass die erfolgreichen Unternehmungen ihrer Stichprobe, die es mit hinsichtlich ihrer Dynamik und Unsicherheit ungleichartigen Umweltbedingungen zu tun hatten, stärker differenziert und weniger formalisiert waren. Diese Unternehmen hatten einen langfristigen Zeithorizont und waren zudem dann erfolgreicher, wenn sie in stärkerem Maße Integrationsmechanismen einsetzten. Zu ähnlichen Ergebnissen kam Khandwalla (*Khandwalla* 1977) in einer Untersuchung. Er fand, dass erfolgreiche Unternehmen, die starker Konkurrenz und Ungewissheit ausgesetzt waren, hierauf mit personellen, strukturellen und technokratischen Maßnahmen der Unsicherheitsreduktion reagierten (z.B. partizipative Entscheidungsfindung und vertikale Integration). Sie waren stärker differenziert und hatten geeignete Koordinationsinstrumente eingesetzt (z.B. Planungssysteme). Dabei bedienten sich Unternehmen, die mit starker Konkurrenz konfrontiert waren, vorwiegend personenorientierter, solche, die sich technologischem Wandel gegenüber sahen, vorwiegend technokratischer Koordinationsmechanismen. Kieser (*Kieser* 1974b) bestätigte in seiner Untersuchung von 51 Fertigungsunternehmen diese Befunde weitgehend. Hingegen konnten Pennings sowie Osborn und Hunt (*Pennings* 1975; *Osborn/Hunt* 1974) in ihren empirischen Studien keinen Zusammenhang zwischen den Charakteristika der Aufgabenumwelt, der Struktur und Effektivität der Organisation feststellen. Die empirische Längsschnittuntersuchung von 98 F&E-Teams durch Keller (*Keller* 1994) ergab positive Effizienzwirkungen für solche Teams, deren Organisationsstruktur eine Informationsverarbeitungskapazität bot, die den aus der Aufgabenstellung erwachsenden

Anforderungen an die Informationsverarbeitung entsprach.

2. Der Einfluss der Fertigungstechnik und -verfahren

Die einflussreiche Untersuchung von Woodward (*Woodward* 1958; *Woodward* 1965) in 100 englischen Industrieunternehmen erbrachte folgende Hauptbefunde:

- Mit zunehmender Komplexität des Fertigungsverfahrens (von der Einzel- und Kleinserien-, über die Großserien- und Massenfertigung, zur Prozessfertigung) wiesen die Unternehmen mehr Hierarchieebenen, größere Leitungsspannen auf den oberen und kleinere auf den mittleren Hierarchieebenen auf, der Anteil von qualifizierten Führungskräften an der Gesamtbelegschaft stieg und der Quotient von unterstützenden zu ausführenden Stellen wurde größer.
- Zunächst zu-, dann wieder abnehmende (kurvilineare) Zusammenhänge bestanden zwischen der Komplexität der Fertigungsverfahren einerseits und der durchschnittlichen Leitungsspanne, dem Formalisierungsgrad sowie der Ausprägung des Stab-Linien-Prinzips andererseits.

Die Studie von Blau et al. (*Blau* et al. 1976) ermittelte ebenfalls einen von der Einzel- zur Massenfertigung zunehmenden und mit dem Übergang zur Prozessfertigung abnehmenden Standardisierungsgrad der Aufgabenerfüllung. Hinsichtlich anderer Variablen widersprachen die Ergebnisse jedoch denen Woodwards. Die Replikation von Woodwards Studie durch Zwerman (*Zwerman* 1970) in den USA erbrachte weitgehend ähnliche Ergebnisse. Hickson et al. (*Hickson/Pugh/Phesey* 1969) konnten jedoch auf der Basis der Konzeptualisierung Woodwards angenäherter Technikmaße keinen Einfluss der Technik auf die Gesamtorganisation nachweisen, wohl aber auf die Organisation fertigungsnaher Aufgabenbereiche. Zu ähnlichen Ergebnissen kamen Child und Mansfield sowie Kieser (*Child/Mansfield* 1972; *Kieser* 1974a).

Generell ist zu beobachten, dass die auf die Ebene der Gesamtorganisation bezogenen Befunde uneinheitlich sind und sich zum Teil widersprechen, während die Zusammenhänge zwischen Merkmalen der Fertigungstechnik und der Organisationsstruktur auf Abteilungs- und Arbeitsplatzebene sehr viel enger und konsistenter sind (*Reimann/Inzerilli* 1981; *Gerwin* 1979; *Drumm* 1970).

3. Der Einfluss der Größe

Überwiegend konsistente Befunde erbrachten die Forschungen zum Zusammenhang von Größe und Strukturmerkmalen der Organisation. Die Größe einer Organisation korreliert degressiv steigend mit dem Spezialisierungsgrad (*Pugh* et al. 1969; *Child* 1972a; *Blau/Schoenherr* 1971; *Kieser* 1973). Eine hoch positive Korrelation besteht mit dem Ausmaß an Planung, Programmierung und Formalisierung der Aufgaben (*Pugh* et al. 1969; *Blau/Schoenherr* 1971). Allerdings wiesen Wollnik und Kubicek (*Wollnik/Kubicek* 1976) auf der Basis einer Sekundäranalyse der Aston-Daten nach, dass diese hohen positiven Korrelationen dann geringer ausfallen, wenn in der statistischen Auswertung berücksichtigt wird, dass auch der Spezialisierungsgrad die genannten Strukturmerkmale positiv beeinflusst.

4. Zusammenhänge zwischen den Strukturmerkmalen

Die Strukturvariablen variieren nicht unabhängig voneinander. Mit zunehmender → *Arbeitsteilung und Spezialisierung* nimmt der Koordinationsbedarf zu. Planung, Standardisierung, Formalisierung, Programmierung und Entscheidungsdelegation bieten Möglichkeiten, den Koordinationsbedarf abzudecken. Der Umfang, in dem die verschiedenen Koordinationsinstrumente eingesetzt werden, ist von den situativen Bedingungen und den Präferenzen der Organisationsgestalter abhängig (vgl. *Ebers/Maurer* 2002). Neben dem fit der Organisationsstruktur mit den gegebenen Situationsbedingungen ist bei Aussagen zur organisatorischen Effektivität und Effizienz daher auch der fit unter den verschiedenen Stellhebeln der organisatorischen Gestaltung zu berücksichtigen.

V. Kritische Würdigung

Die Kontingenzforschung hat wesentlich dazu beigetragen, dass die Organisationsforschung ein differenzierteres und empirisch informierteres Bild der Struktur von Organisationen und deren möglicher Einflussfaktoren entwickeln konnte. Überdies hat sie das methodische Instrumentarium der Organisationsforschung erheblich verfeinert. Im Gefolge dieser Entwicklung wurden jedoch auch die Grenzen der Forschungsperspektive, ihrer Konzeptualisierungen und Methoden sichtbar.

1. Erklärungsleistung

Die Erklärungsleistung der Kontingenzforschung ist in zweierlei Weise begrenzt. Zum einen ist der Bedarf an theoretischer Erklärung geringer als von den Protagonisten erhofft, weil die empirischen Untersuchungen nur wenige konsistente Regelmäßigkeiten in den Zusammenhängen zwischen Situationsbedingungen und Ausprägungen der formalen Organisationsstruktur erbrachten, die dann systematisch hätten erklärt werden müssen. Zum anderen blieb auch das Angebot an theoretischen Erklärungsfiguren begrenzt, weil viele Forscher sich zunächst auf explorative Untersuchungen und die Entwicklung von Konzepten und Methoden beschränkten.

Die empirischen Untersuchungen erbrachten, dass die Struktur und Effektivität von Organisationen nicht von einem oder einigen wenigen, sondern von vielen, z.T. interagierenden Einflussfaktoren bestimmt wird. Die Korrelationen zwischen einzelnen als unabhängig konzeptualisierten Variablen und den abhängigen Variablen sind i.d.R. nicht besonders hoch. Eine im statistischen Sinn bessere Erklärungsleistung resultiert erst, wenn mehrere Einflussfaktoren in die Analyse einbezogen werden.

Nur wenige in der Tradition der Kontingenzforschung arbeitende Forscher haben versucht, die von ihnen empirisch festgestellten Zusammenhänge zwischen Situationsbedingungen und Ausprägungen der formalen Organisationsstruktur in ein geschlossenes theoretisches Gebäude zu integrieren. Die Auswahl der jeweils betrachteten Variablen wird in kontingenztheoretischen Studien i.d.R. nicht theoretisch begründet. Vielmehr herrschen explorative Studien vor. Sie beschränken sich auf pragmatische ad hoc Einzelinterpretationen der gefundenen Zusammenhänge. Die Ergebnisse der Kontingenzforschung bieten Momentaufnahmen eines wechselseitigen Anpassungsprozesses von Situation und Organisation. Der Möglichkeit verzögerter oder längerfristiger Anpassungsprozesse wird im Forschungsdesign aber i.d.R. nicht Rechnung getragen (siehe aber *Donaldson* 2001). In vielen Studien wurden die Mechanismen nicht systematisch erfasst, die empirisch festgestellten Situations-Struktur-Regelmäßigkeiten vermitteln (*Schoonhoven* 1981). Diese Defizite haben der Kontingenzforschung den Vorwurf eingetragen, ein zu mechanistisches Verständnis der Einflussbeziehungen zu entwickeln (*Kubicek* 1980) oder gar theorielos zu sein (*Aldrich* 1972; *Kieser* 2002b).

Explikative Ansprüche ließen sich auf der Basis korrelationsanalytischer Studien nur dann erheben, wenn entweder die Wirksamkeit eines Situationsdeterminismus oder rationale Entscheider unterstellt würden. Denn unter drei Voraussetzungen lieferte das Argument der Wirksamkeit eines situativen Auswahlmechanismus, z.B. der der marktlichen Konkurrenz, eine quasi-kausale Erklärung der gefundenen Zusammenhänge (*Schreyögg* 1978): Wenn die Situation die Gestaltung der Organisationsstruktur determiniert, es für jede Situation nur eine adäquate Organisationsstruktur gibt und die Organisation die Situation nicht beeinflussen kann. Unter der Voraussetzung, dass rationale Entscheider über die Gestaltung der Organisationsstruktur beschließen, könnten die festgestellten Regelmäßigkeiten per definitionem als die der jeweiligen Situation adäquaten ausgewiesen und erklärt werden (so etwa *Thompson* 1967; *Lawrence/Lorsch* 1967; *Blau/Schoenherr* 1971).

Es ist jedoch in beiden Fällen schwierig, für die Gültigkeit der Annahmen Evidenz anzuführen. So zeigen die empirischen Untersuchungen der Kontingenzforschung, dass in ähnlichen Situationen durchaus unterschiedliche organisatorische Regelungen Bestand haben können (*Gresov/Drazin* 1997); ferner können Organisationen die Situation, in der sie stehen, beeinflussen (*Child* 1972b). Auch fällt es schwer, zu belegen, dass Entscheidungsträger in Hinblick auf die Gestaltung der Organisationsstruktur immer rational entscheiden (*Starbuck* 1983). Es besteht bei dieser Erklärungsvariante überdies das Problem, ex ante zu spezifizieren welches inhaltlich die Kriterien für eine rationale Entscheidung oder für organisatorischen Erfolg sind. Denn das Argument wäre tautologisch, wenn ex post jede realisierte organisatorische Lösung zur rationalen erklärt werden könnte (vgl. *Ebers* 1985).

Es gibt jedoch zwei inhaltlich gehaltvolle Versuche, der Kontingenzforschung eine theoretische Basis zu bieten. Dies ist zum einen der auf Lawrence und Lorsch (*Lawrence/Lorsch* 1967) zurückgehende und v.a. von Galbraith (*Galbraith* 1977) entwickelte Informationsverarbeitungsansatz (information processing view). Dieser Ansatz stellt heraus, dass die in der Kontingenzforschung thematisierten Situationsbedingungen unterschiedliche Anforderungen an die Informationsverarbeitungskapazität der Organisation stellen: bei hoher Umweltdynamik und Unsicherheit müssen die Organisationsmitglieder bspw. in einer Periode sehr viel mehr und unterschiedlichere Informationen verarbeiten (können) als bei einer stabilen Umwelt. Andererseits unterscheiden sich gemäß dieser Sichtweise verschiedene Formen der Organisationsgestaltung u.a. dadurch, wie effektiv und effizient in ihnen Informationen verarbeitet werden können. Vernetzte Teamstrukturen und Überschussressourcen erlauben es den Organisationsmitgliedern z.B., mehr Informationen konsistent zu verarbeiten und so zu angemesseneren Entscheidungen zu gelangen. Eine Organisationsstruktur ist in dieser Sicht dann effektiv und effizient, wenn sie gerade so viel Informationsverarbeitungskapazität bietet, wie unter den herrschenden Situationsbedingungen erforderlich ist. Die Studie von Keller (*Keller* 1994) setzt auf diesem Ansatz auf und bietet eine Illustration und teilweise empirische Bestätigung der Thesen.

Ein zweiter in der Kontingenzforschung vertretener Erklärungsansatz betont hingegen den Aspekt der materiellen Abhängigkeiten und Interdependenzen zwischen externer und interner Umwelt der Organisation einerseits und der Gestaltung der Organisationsstruktur andererseits. Grundgedanke ist hier, dass Organisationsstrukturen unterschiedlich gut geeignet sind, verschiedene Grade und Arten von Aufgabeninterdependenzen beherrschen zu können. Woodward (*Woodward* 1958) hat in ihrer oben dargestellten Untersuchung bspw. herausgestellt, dass die verschiedenen von ihr untersuchten Fertigungstechnologien aufgrund ihrer unterschiedlichen Komplexität unterschiedlich hohe Anforderungen an die

Organisation stellen würden, und dass bestimmte Formen der Organisationsgestaltung besser und andere schlechter geeignet sind, diese technische Komplexität effektiv und effizient zu bewältigen. In verwandter Weise argumentiert Thompson (*Thompson* 1967), der drei alternative Typen von Aufgabeninterdependenzen unterscheidet (gepoolte, sequenzielle und reziproke Aufgabeninterdependenz), die unterschiedliche Anforderungen an die Entscheidungsfindung und Kommunikation, Arbeitsteilung und Art der Koordination stellen und daher in entsprechend unterschiedlich gestalteten Organisationsstrukturen bearbeitet werden (sollten).

Die beiden genannten Theorieangebote sind zwar häufig zitiert, von der Kontingenzforschung jedoch bislang wenig empirisch umgesetzt und theoretisch fortentwickelt worden. Eine kritische Betrachtung des Beitrags der Kontingenzforschung zur Theoriebildung legt daher den Schluss nahe, dass die Arbeiten noch weitgehend explorativer Natur sind. Nach über 30 Jahren intensiver Forschung ist dies sicherlich ein enttäuschendes Ergebnis. Denn die genaue Erfassung und Beschreibung organisatorischer Strukturmuster und der situativen Bedingungen, unter denen sie auftreten, ist zwar ein notwendiges Merkmal der Theoriebildung, aber kein hinreichendes. Hinzukommen sollte die theoretische Analyse der empirisch festgestellten Tatbestände. Die Kontingenzforschung konnte auf letzterem Gebiet noch wenig reüssieren, vielleicht nicht zuletzt deshalb, weil die Methode die Theoriebildung dominiert (*Staehle* 1988) und nur wenige eindeutige und konsistente Befunde vorliegen, die es zu erklären gilt (*Starbuck* 1981).

Überzeugte Vertreter der Kontingenzforschung kommen angesichts dieses Befunds zu dem Schluss, dass mehr und breitere empirische Forschung vonnöten sei, um die Instrumente zu verfeinern und doch noch erklärungsbedürftige Situations-Struktur-Regelmäßigkeiten zu identifizieren (*Pugh* 1981; *Donaldson* 1985; *Donaldson* 2001). Andere hingegen interpretieren die enttäuschenden Befunde als Beleg für grundsätzliche konzeptionelle und methodische Schwächen der Kontingenzforschung, die im Rahmen ihres Forschungsprogramms nicht zu überwinden seien (*Starbuck* 1982).

VI. Weiterentwicklungen

Inhaltlich lassen sich an die oben genannten Kritikpunkte an Konzept und Methode der Kontingenzforschung vier Forderungen anschließen. Die Organisationsforschung solle in ihren Analysen

- die Art und Weise berücksichtigen, in der Realität sozial konstruiert wird,
- die Gestaltungsentscheidungen der Entscheidungsträger und die mit ihnen verbundenen politischen Prozesse einbeziehen,
- die gesellschaftlichen und historischen Bedingungen beachten, unter denen organisiert wird,
- dem Prozesscharakter der Einflussbeziehungen und der organisatorischen Gestaltung größere Beachtung schenken.

Diese Forderungen sind von der Organisationsforschung in unterschiedlicher Weise aufgegriffen worden. Disziplingeschichtlich lassen sich die entsprechenden Arbeiten als sich kritisch absetzende Weiterentwicklungen der Kontingenzforschung interpretieren, doch sind sie in einem engeren, forschungsprogrammatischen Sinne nicht mehr der Kontingenzforschung zuzurechnen.

Phänomenologische und interpretative Ansätze der Organisationsforschung (→ *Organisationstheorie*) sind durch die geschilderten Anomalien der Kontingenzforschung motiviert worden, sich genauer mit den Prozessen zu befassen, in denen organisatorische Realität sozial konstruiert wird (vgl. *Weick* 1979; *Ranson/Hinings/Greenwood* 1980; *Ebers* 1985; → *Organisationskultur*). Die Forscher sind bestrebt, eine größere Validität der Konzepte und Forschungsergebnisse zu erreichen und setzen dabei auf qualitative Methoden wie z.B. die teilnehmende Beobachtung oder das Tiefeninterview.

Andere Forscher versuchen den Ansatz dadurch fortzuentwickeln, dass sie die → *Entscheidungsprozesse in Organisationen* analysieren (*Hickson* et al. 1986; *Keats/Hitt* 1988; *Govindarajan* 1988). Strategische Entscheidungen (→ *Strategie und Organisationsstruktur*), die organisatorische Machtverteilung (*Hickson* et al. 1971; → *Macht in Organisationen*) und politische Prozesse in arbeitsteiligen Systemen (*Küpper/Ortmann* 1988) wurden z.B. in diesem Zusammenhang untersucht.

International vergleichende Studien, die z.T. bereits im Rahmen des Aston-Programms durchgeführt wurden, analysieren den Einfluss unterschiedlicher gesellschaftlicher und kultureller Bedingungen (*Lammers/Hickson* 1979; → *Interkulturelles Management*). Population Ecology Ansätze (*Hannan/Freeman* 1977) eröffnen eine zusätzliche Analyseebene, indem sie die Beziehung von Gruppen von Organisationen (Populationen) zu deren Umwelt analysieren (→ *Evolutionstheoretischer Ansatz*). Historische Studien zeigen Entwicklungsprozesse auf, die zur Herausbildung spezifischer Organisationsstrukturen führten (*Kieser* 1989; → *Organisationsstrukturen, historische Entwicklung von*).

Aus dem Blickwinkel der Kontingenzforschung bedeutet diese Entwicklung eine weitere Zunahme der Komplexität der Einflussbeziehungen. Derzeit kann kein einzelner theoretischer Ansatz der Organisationsforschung beanspruchen, diese Komplexität abzubilden und die verschiedenen Forschungsergebnisse zu integrieren. Die → *Organisationstheorie* entspricht damit der Differenziertheit ihres Gegenstandsbereiches. Die Erfahrung der Kontingenzforschung und die weitere Entwicklung scheinen darauf hinzudeuten, dass die Stärke der Organisationsforschung in Partialanalysen und ihrer konzeptuellen und methodischen Vielfalt liegt. Umfassende Theoriegebäude lassen sich auf dieser Basis nur schwer errichten.

Literatur

Aldrich, Howard: Technology and Organizational Structure: A Reexamination of the Findings of the Aston Group, in: ASQ, Jg. 17, 1972, S. 26–43.
Argote, Linda: Input Uncertainty and Organizational Coordination in Hospital Emergency Units, in: ASQ, Jg. 27, 1982, S. 420–434.
Blau, Peter M. et al.: Technology and Organization in Manufacturing, in: ASQ, Jg. 21, 1976, S. 365–373.
Blau, Peter M./Schoenherr, Richard A.: The Structure of Organizations, New York 1971.
Burns, Tom/Stalker, George M.: The Management of Innovation, London 1961.
Burton, Richard M./Obel, Borge: Strategic Organizational Diagnosis and Design, 2. A., Boston et al. 1998.
Child, John: Predicting and Understanding Organization Structure, in: ASQ, Jg. 18, 1973, S. 168–185.
Child, John: Organization Structure and Strategies of Control: A Replication of the Aston Study, in: ASQ, Jg. 17, 1972a, S. 163–177.
Child, John: Organizational Structure, Environment and Performance: The Role of Strategic Choice, in: Soc., Jg. 6, 1972b, S. 1–22.
Child, John/Mansfield, Roger: Technology, Size and Organization Structure, in: Soc., Jg. 6, 1972, S. 369–393.
Donaldson, Lex: The Contingency Theory of Organizations, Thousand Oaks 2001.
Donaldson, Lex: In Defence of Organization Theory: A Reply to the Critics, Cambridge 1985.
Drumm, Hans-Jürgen: Automation und Leitungsstruktur, Berlin 1970.
Duncan, Robert B.: Characteristics of Organizational Environments and Perceived Environmental Uncertainty, in: ASQ, Jg. 17, 1972, S. 313–327.
Ebers, Mark: Organisationskultur: Ein neues Forschungsprogramm?, Wiesbaden 1985.
Ebers, Mark/Maurer, Indre: Organisation: Management von Strukturen und Wandel, in: Betriebswirtschaft für Führungskräfte, hrsg. v. *Busse von Colbe, Walter* et al., 2. A., Stuttgart 2002, S. 441–484.
Frese, Erich: Grundlagen der Organisation. Konzept, Prinzipien, Strukturen, 8. A., Wiesbaden 2000.
Galbraith, Jay R.: Organization Design, Reading MA 1977.
Gerwin, Donald: Relationships Between Structure and Technology at the Organizational and Job Levels, in: JMan.Stud., Jg. 16, 1979, S. 70–79.
Govindarajan, Vijay: A Contingency Approach to Strategy Implementation at the Business-Unit Level: Integrating Administrative Mechanisms with Strategy, in: AMJ, Jg. 31, 1988, S. 828–853.
Gresov, Christopher/Drazin, Robert: Equifinality: Functional Equivalence in Organization Design, in: AMR, Jg. 22, 1997, S. 403–428.
Hall, Richard H.: The Concept of Bureaucracy: An Empirical Assessment, in: AJS, Jg. 69, 1963, S. 32–40.
Hannan, Michael T./Freeman, John H.: The Population Ecology of Organizations, in: AJS, Jg. 82, 1977, S. 929–964.
Hickson, David J. et al.: Top Decisions, London et al. 1986.

Hickson, David J./McMillan, Charles J.: Organization and Nation. The Aston Programme IV, Westmead et al. 1981.
Hickson, David J. et al.: Strategic Contingencies Theory of Intra-Organizational Power, in: ASQ, Jg. 16, 1971, S. 216–229.
Hickson, David J./Pugh, Derek S./Phesey, Diana L.: Operations Technology and Organization Structure: An Empirical Reappraisal, in: ASQ, Jg. 14, 1969, S. 378–397.
Hill, Wilhelm/Fehlbaum, Raymond/Ulrich, Peter: Organisationslehre. 2 Bde, 5. A., Bern 1994.
Keats, Barbara W./Hitt, Michael A.: A Causal Model of Linkages among Environmental Dimensions, Macro Organizational Characteristics, and Performance, in: AMJ, Jg. 31, 1988, S. 570–598.
Keller, Robert T.: Technology – Information Processing Fit and the Performance of R&D Project Groups: A Test of Contingency Theory, in: AMJ, Jg. 37, 1994, S. 167–179.
Khandwalla, Pradip N.: The Design of Organizations, New York 1977.
Kieser, Alfred: Managementlehre und Taylorismus, in: Organisationstheorien, hrsg. v. *Kieser, Alfred*, 5. A., Stuttgart 2002a, S. 65–99.
Kieser, Alfred: Der Situative Ansatz, in: Organisationstheorien, hrsg. v. *Kieser, Alfred*, 5. A., Stuttgart 2002b, S. 169–198.
Kieser, Alfred: Organizational, Institutional, and Societal Evolution: Medieval Craft Guilds and the Genesis of Formal Organizations, in: ASQ, Jg. 34, 1989, S. 540–564.
Kieser, Alfred: Der Einfluß der Fertigungstechnologie auf die Organisationsstruktur industrieller Unternehmungen, in: ZfbF, Jg. 26, 1974a, S. 569–590.
Kieser, Alfred: Der Einfluß der Umwelt auf die Organisationsstruktur der Unternehmung, in: ZfO, Jg. 43, 1974b, S. 302–314.
Kieser, Alfred: Einflußgrößen der Unternehmungsorganisation, Köln 1973.
Kieser, Alfred/Walgenbach, Peter: Organisation, 4. A., Stuttgart 2003.
Kubicek, Herbert: Bestimmungsfaktoren der Organisationsstruktur, in: RKW-Handbuch Führungstechnik und Organisation, Kz. 1412, 6. Lieferung, Berlin 1980.
Kubicek, Herbert/Welter, Günter: Messung der Organisationsstruktur, Stuttgart 1985.
Küpper, Willi/Ortmann, Günther (Hrsg.): Mikropolitik, Opladen 1988.
Lammers, Cornelius J./Hickson, David J. (Hrsg.): Organizations Alike and Unlike, London 1979.
Lawrence, Paul R./Lorsch, Jay W.: Organization and Environment, Cambridge MA 1967.
Leblebici, Husseyn/Salancik, Gerald R.: Effects of Environmental Uncertainty on Information and Decision Processes in Banks, in: ASQ, Jg. 26, 1981, S. 578–596.
Lieb, Manfred G.: Organisationsstruktur und Bildungssystem, Frankfurt am Main 1986.
Osborn, Richard N./Hunt, James G.: Environment and Organizational Effectiveness, in: ASQ, Jg. 19, 1974, S. 231–246.
Pennings, Johannes M.: The Relevance of the Structural-Contingency Model for Organizational Effectiveness, in: ASQ, Jg. 20, 1975, S. 393–410.
Pennings, Johannes M.: Measures of Organizational Structure, in: AJS, Jg. 79, 1973, S. 686–704.
Pfeffer, Jeffrey: Size and Composition of Corporate Boards of Directors: The Organization and its Environment, in: ASQ, Jg. 17, 1972, S. 218–228.
Pugh, Derek S.: The Aston Programme I-III. The Aston Study and Its Developments, Aldershot 1998.
Pugh, Derek S.: The Aston Programme Perspective, in: Perspectives on Organization Design and Behavior, hrsg. v. *Van de Ven, Andrew H./Joyce, William F.*, New York 1981, S. 135–166.

Pugh, Derek S./Hickson, David J.: Organizational Structure in its Context. Extensions and Replications. The Aston Programme I, Westmead 1976.
Pugh, Derek S./Hinings, Bob: Organizational Structure. Extensions and Replications. The Aston Programme II, Westmead 1976.
Pugh, Derek S. et al.: The Context of Organization Structures, in: ASQ, Jg. 14, 1969, S. 91–114.
Ranson, Stewart/Hinings, Bob/Greenwood, Royston: The Structuring of Organizational Structures, in: ASQ, Jg. 25, 1980, S. 1–17.
Reimann, Bernhard C./Inzerilli, Giorgio: Technology and Organization: A Review and Synthesis of Major Research Findings, in: The Functioning of Complex Organizations, hrsg. v. *England, George W./Neghandi, Anant R./Wilpert, Bernhard*, Königstein 1981.
Schoonhoven, Claudia Bird: Problems with Contingency Theory: Testing Assumptions Hidden Within the Language of Contingency Theory, in: ASQ, Jg. 26, 1981, S. 349–377.
Schreyögg, Georg: Umwelt, Technologie und Organisationsstruktur, Bern 1978.
Staehle, Wolfgang H.: Macht und Kontingenzforschung, in: Mikropolitik, hrsg. v. *Küpper, Willi/Ortmann, Günther*, Opladen 1988, S. 155–163.
Staehle, Wolfgang H.: Organisation und Führung sozio-technischer Systeme. Grundlagen einer Situationstheorie, Stuttgart 1973.
Starbuck, William H.: Organizations as Action Generators, in: ASR, Jg. 48, 1983, S. 91–102.
Starbuck, William H.: Congealing Oil: Inventing Ideologies to Justify Acting Ideologies Out, in: JMan.Stud., Jg. 19, 1982, S. 3–27.
Starbuck, William H.: A Trip to View the Elephants and Rattle Snakes in the Garden of Aston, in: Perspectives on Organization Design and Behavior, hrsg. v. *Van de Ven, Andrew H./Joyce, William F.*, New York 1981, S. 167–198.
Tayeb, Monir: Contingency Theory and Culture: A Study of Matched English and Indian Manufacturing Firms, in: OS, Jg. 8, 1987, S. 241–261.
Thompson, James D.: Organizations in Action, New York 1967.
Udy, Stanly H. jr.: The Comparative Analysis of Organizations, in: Handbook of Organizations, hrsg. v. *March, James G.*, Chicago 1965, S. 678–709.
Weber, Max: Wirtschaft und Gesellschaft, 5. A., Tübingen 1976.
Weick, Karl E.: The Social Psychology of Organizing, Reading MA 1979.
Welge, Martin K.: Management in deutschen multinationalen Unternehmungen, Stuttgart 1980.
Wollnik, Michael/Kubicek, Herbert: Einflußfaktoren der Koordination in Unternehmungen: Eine Neuformulierung der empirischen Ergebnisse von Pugh et al. und Child, in: ZfbF, Jg. 28, 1976, S. 502–524.
Woodward, Joan: Industrial Organization: Theory and Practice, London 1965.
Woodward, Joan: Management and Technology, London 1958.
Zwerman, William L.: New Perspectives on Organization Theory, Westport 1970.

Kontrolle

Michael J. Fallgatter

[s.a.: Anreizsysteme, ökonomische und verhaltenswissenschaftliche Dimension; Budgetierung; Controlling; Evaluation der Unternehmensführung; Führung und Führungstheorien; Führungsstile und -konzepte; Interne Märkte; Management by Objectives; Menschenbilder; Mikropolitik; Motivation; Organisationscontrolling und -prüfung; Planung; Prinzipal-Agenten-Ansatz; Strategisches Management; Unternehmensführung (Management); Unternehmensstrategien; Vertrauen; Ziele und Zielkonflikte.]

I. *Kontrolle als Managementfunktion*; II. *Formen der Kontrolle*; III. *Strategische Kontrolle*; IV. *Verhaltenswirkungen der Kontrolle.*

Zusammenfassung

Kontrolle als Managementfunktion kann in unterschiedlichen Formen durchgeführt werden. Um die enge Bindung an die Unternehmensplanung zu verdeutlichen, beschreibt dieser Beitrag die Kontrollformen zunächst ausgehend von unterschiedlichen Planbestandteilen und daran anschließend aus einer situativen Perspektive; die ebenfalls diskutierte strategische Kontrolle geht über diese beiden Kontrollformen hinaus und integriert Unsicherheit in das strategische Management. Ausführungen zu den Verhaltenswirkungen runden das Verständnis der Kontrollformen ab.

I. *Kontrolle als Managementfunktion*

1. „Kontrolle", „Revision", „Controlling"

Definitionen des Begriffs „Kontrolle" weisen in der Betriebswirtschaftslehre eine große Ähnlichkeit auf und umfassen regelmäßig den Vergleich zweier Größen sowie die Analyse auftretender Abweichungen (s. *Hahn* 1999, S. 892; *Schweitzer* 2001, S. 73). Da eine solche Definition die später ebenfalls thematisierte soziale sowie die strategische Kontrolle unbeachtet lässt, gilt hier die folgende Erweiterung: Kontrolle steht zum Ersten für einen systematischen, informationsverarbeitenden Prozess, der eine zu prüfende Größe anhand einer Maßstabsgröße bewertet, zum Zweiten für ähnlich wirkende, jedoch nicht formalisierbare Phänomene sowie zum Dritten für eine in Teilen ungerichtete Analyse der Voraussetzungen von Plangrößen.

Nicht betrachtet werden Kontrollen, die durch eine interne oder externe Revision erfolgen (s. dazu *Brink* 1992, Sp. 1143 f.; *Küpper* 1994, S. 938 f.). Zwar bestehen zumindest strukturelle Ähnlichkeiten, jedoch sind Revisionen nicht in den Prozess der Leistungserstellung eingebunden. Deren Ausgangspunkte stellen vielmehr zum einen rechtliche Erfordernisse und zum anderen Entscheidungen zur regelmäßigen oder fallweisen Prüfung der Ordnungsmäßigkeit unternehmensinterner Abläufe dar. Zudem sind Revisionen organisatorisch nicht einzelnen Führungskräften, sondern regelmäßig einer Zentralstelle zugeordnet.

Eine Abgrenzung von „Kontrolle" gegenüber „Controlling" (→ *Controlling*) gelingt ebenfalls v.a. durch eine institutionelle Betrachtung. Demnach kann Controlling als Koordination des gesamten Führungssystems oder als Disziplin, die sich mit der Koordination von Managementfunktionen befasst, verstanden werden und reicht damit deutlich über Kontrolle hinaus (s. *Küpper* 1994, S. 937 f.).

2. Planung und Kontrolle als Zwillingsfunktionen

Das skizzierte Verständnis weist darauf hin, dass Kontrolle einen gegenüber anderen Managementfunktionen wie Planung, Führung oder Organisation gleichwertigen Rang einnimmt (→ *Unternehmensführung (Management)*). Besonders bedeutsam ist dabei der äußerst enge Bezug zur strategischen und operativen Unternehmensplanung, auf deren Größen sich Kontrollen zum großen Teil beziehen (s. etwa *Franken/Frese* 1989, Sp. 888 f.; *Küpper* 1994, S. 937; *Schweitzer* 2001, S. 72). Mithin können → *Planung* und Kontrolle als „Zwillingsfunktionen" eingestuft werden.

An diesem grundlegenden Zusammenhang ändert auch die Tatsache nichts, dass die vorgeschlagene Definition Kontrollformen umfasst, die nicht direkt an Planungsergebnissen oder deren Vorstufen anknüpfen. Ein zumindest indirekter Planungsbezug besteht dennoch zum einen durch die Unterstützung der Planungsumsetzung und zum anderen durch die Ausrichtung auf übergeordnete Unternehmensziele. Es kann deshalb ohne weiteres am Wild'schen Diktum festgehalten werden, dass Planung ohne Kontrolle sinnlos, Kontrolle ohne Planung dagegen unmöglich ist (s. *Wild* 1974, S. 44). Somit schafft die Gestaltung der Planung in weiten Teilen die Voraussetzungen für Kontrollen und determiniert zugleich auch deren möglichen Detaillierungsgrad.

3. Kontrollfunktionen, -objekte und -träger

Die *Funktionen von Kontrolle* erschließen sich aus der Tatsache, dass Handeln in Unternehmen Unsicherheit ausgesetzt ist. Regelmäßige Kontrollen schaffen in solchen Situationen die Voraussetzungen dafür, dass eine plankonforme Umsetzung unterschiedlicher Entscheidungen möglich wird (s. *Schweitzer* 2001, S. 72). In diesem Sinne soll Kontrolle dazu beitragen, das Handeln von Mitarbeitern in Einklang mit den Unternehmenszielen zu bringen (s. *Snell* 1992, S. 293).

Die damit angesprochene grundlegende Aufgabe der Unterstützung des Leistungserstellungsprozesses führt zu mindestens drei Kontrollfunktionen: Zum Ersten betrifft die Implementierungsfunktion die Einhaltung bspw. von vorgesehenen Maßnahmen oder Terminen und sichert Planungen ab. Die Tragweite dieser Funktion wird umso deutlicher, bedenkt man, dass trotz ihrer offensichtlichen Bedeutung selbst eine solche „implementierende" Kontrolle sowohl auf der Seite der zu Kontrollierenden als auch der Kontrollierenden regelmäßig eine negative Konnotation besitzt. Zum Zweiten soll die Analyse- und Beurteilungsfunktion fundierte Hinweise auf Änderungsnotwendigkeiten bei laufenden Planungen und zugleich Erfahrungswerte für künftige Planungen liefern. Zum Dritten ist die Dokumentationsfunktion nicht nur teilweise rechtlich gefordert, sondern schafft sowohl in inhaltlicher als auch in prozessualer Hinsicht Ansatzpunkte für neue Planungen.

Die Ausübung dieser Kontrollfunktionen setzt eine Festlegung von Kontrollobjekten voraus. Gemeint sind solche Ziele, Aufgaben oder Handlungen, die Plankonkretisierungen darstellen. Hinzu kommen die in der Planung als relevant eingestuften und einbezogenen Rahmenbedingungen sowie darüber hinausreichende Prämissen. Diese hierarchische Differenzierung der Kontrollobjekte nach ihrer Stellung im Rahmen eines systematischen Planungsprozesses kann durch eine materielle Differenzierung in Mengen-, Wert- oder soziale Größen ergänzt werden (s. *Küpper* 1994, S. 940).

Aufbauend auf den Funktionen lassen sich die Träger der Kontrolle eingrenzen. Die bei vielen unternehmenspolitischen Fragen kaum voneinander trennbaren Managementfunktionen erfordern, dass die normsetzenden Instanzen zugleich auch die Kontrollträger sind und damit nicht nur die Planung, sondern auch deren Umsetzung verantworten. Neben der damit angesprochenen Fremdkontrolle spielt in vielen Bereichen auch die sog. Selbstkontrolle eine wesentliche Rolle. Unterschiede bestehen dabei weniger im Einsatz der einzelnen Kontrollformen, sondern eher auf der später diskutierten Ebene von Verhaltenswirkungen.

II. Formen der Kontrolle

1. Übersicht

Kontrolle kann prinzipiell in unterschiedlichen Formen erfolgen. Auch wenn die beiden nachfolgend vorgestellten Systematiken nicht völlig überschneidungsfrei sind, bieten sie vertiefende Einblicke in die Ansatzpunkte sowie die Anwendungsmöglichkeiten von Kontrollen.

Zum einen führt eine Systematisierung anhand der Soll-, Wird- und Ist-Größen von Plänen zur hier sog. „planbezogenen Kontrollformen-Systematik". Es handelt sich dabei um die in Lehrbüchern üblicherweise dargestellten *Kontrollformen*. Diese unterstreichen die Beschreibung von Planung und Kontrolle als Zwillingsfunktionen. Zum anderen folgt aus einer Verlagerung der Perspektive auf die Implementierung von Plänen die hier sog. „kontingenzbezogene Kontrollformen-Systematik". Diese überschneidet sich teilweise mit den planbezogenen Kontrollformen, ermöglicht jedoch auch die Einbeziehung jener Voraussetzungen, die Kontrolle reduzieren können und gibt Hinweise auf die Anwendungsbedingungen unterschiedlicher Kontrollformen.

Diese Zweiteilung stellt keine sich ausschließenden Kontrollformen vor, sondern rückt lediglich jeweils andere Charakteristika in den Mittelpunkt. Darüber hinaus könnte man auch bestimmte Organisationsstrukturen, z.B. → *Profit-Center*, oder Überlegungen zu einer Vertrauensorganisation (s. *Walgenbach* 2000; → *Vertrauen*) als Kontrollformen verstehen; dies ginge jedoch über das skizzierte Verständnis von Kontrolle hinaus und wird im Folgenden nicht näher betrachtet.

2. *Planbezogene Kontrollformen-Systematik*

Ausgehend von der Überlegung, dass Planungen entweder auf ein erwartetes Ergebnis oder auf Größen, die dessen Erreichung determinieren, gerichtet sein können, resultiert die planbezogene Kontrollformen-Systematik. Die Plangrößen werden dabei in Beziehung zu unterschiedlichen Vergleichsgrößen gebracht, die neben erwarteten Ergebnissen sowie determinierenden Zwischengrößen auch Soll-Größen umfassen und somit zusätzlich eine Abstimmung von Plänen integrieren. Zu beachten ist, dass Plangrößen neben Norm- auch Prognosecharakter haben können (s. Abb. 1).

Plangrößen \ Vergleichsgrößen	Soll	Wird	Ist
Soll	Zielkontrolle	Planfortschrittskontrolle	Ergebniskontrolle
Wird	–	Prognosekontrolle	Prämissenkontrolle

Abb. 1: Planbezogene Kontrollformen-Systematik (nach Schweitzer 2001, S. 73)

Die in der Abbildung erfassten Kontrollformen sind in der Literatur breit diskutiert und weitgehend selbsterklärend. Einige wesentliche Punkte werden im Folgenden angesprochen (s. *Schweitzer* 2001, S. 73 ff.).

Die Sollausprägungen von Plänen, d.h. unmittelbar zu erreichende (Zwischen-)Ergebnisse oder durchzuführende Handlungen, können jeweils mit anderen Soll-, eingetretenen Wird- oder realisierten Ist-Größen verglichen werden. Eine *Zielkontrolle* überprüft in der Regel vor der Planrealisation verschiedene Planziele (Soll-Größen) auf ihre Verträglichkeit. Eine *Planfortschrittskontrolle* vergleicht während der Planperiode aufgrund erster gewonnener Erfahrungen das vorgegebene Ziel mit Wirkungsprognosen (Wird-Größen) der späteren Zielerreichung. Erforderlich ist, dass ein bestimmter Plan in einzelne Planabschnitte aufgelöst wurde, die Wirkungsprognosen über die zu erwartende Planrealisierung zulassen. *Ergebniskontrollen*, die häufig als primäre Kontrollform eingestuft werden, setzen an, wenn Pläne realisiert wurden bzw. darauf gerichtete Bemühungen stattfanden.

Die damit erfassten Soll-Ausprägungen von Plänen basieren ihrerseits auf theoretischen Vorentscheidungen oder Annahmen. Diese Annahmen finden sich in den Wird-Größen einer Planung wieder und bedürfen ebenfalls einer systematischen Überprüfung. Eine *Prognosekontrolle* dient der Konsistenzprüfung erwarteter Größen und analysiert die Wirkungen mehrerer Alternativen. Eine *Prämissenkontrolle* richtet sich auf jene Annahmen, die einem Plan zugrunde lagen und die zu unterschiedlichen Umsetzungszeitpunkten einem Vergleich mit der Realität zugänglich werden.

Mit dieser Aufstellung zu überprüfender Relationen sind zugleich die Ansatzpunkte für Abweichungsanalysen sowie die sich daran anschließenden Anpassungsmaßnahmen angesprochen (s. weiterführend *Küpper* 1994, S. 944–947).

3. *Kontingenzbezogene Kontrollformen-Systematik*

Als „kontingenzbezogene Kontrollformen-Systematik" lässt sich jene Herangehensweise bezeichnen, die nicht die Planung selbst, sondern die Bedingungen der Anwendung von Kontrollformen in den Mittelpunkt rückt. Sie führt zu Einblicken in die situative, relative Vorteilhaftigkeit der Kontrollformen. Im Vordergrund stehen dabei jene Kontrollformen, die einen unmittelbaren Einfluss auf die Leistungserstellung haben. Dazu gehören zunächst die bereits genannten Handlungs- und *Ergebniskontrollen*. Darüber hinaus existieren weitere, bislang nicht thematisierte Kontrollformen, die unmittelbar unter speziellen Bedingungen auf die Leistungserstellung einwirken. Demgegenüber kommt Ziel-, Prognose- sowie Prämissenkontrollen eine eher vorgelagerte oder unterstützende Wirkung zu, so dass sie keiner solchen kontingenzbezogenen Analyse bedürfen.

Handlungskontrollen richten sich unmittelbar auf einzelne Mitarbeiter, indem Führungskräfte die Ressourcentransformation mehr oder weniger laufend hinsichtlich der erwarteten Erfolgswirkungen analysieren (s. ähnlich *Snell* 1992, S. 295). Eine wesentliche Voraussetzung dafür ist eine fundierte Kenntnis der zugrunde liegenden Ursache/Wirkungs-Beziehungen; unweigerlich bestehen dabei die später noch thematisierten Auswirkungen auf die betriebliche Leistungsbeurteilung. Ergebniskontrollen verlagern die Verantwortung für die Handlungen auf die Ebene der Handlungsträger, indem keine handlungsbezogenen Zwischenschritte erarbeitet bzw. vorgegeben werden, sondern ein meist quantifiziertes Ergebnis im Mittelpunkt steht. Einher gehen damit Freiheiten bei der Mittelwahl sowie eine größere Verantwortung für das eigene Handeln, was eine Anknüpfung von ergebnisabhängigen Anreizsystemen ermöglicht (→ *Anreizsysteme, ökonomische und verhaltenswissenschaftliche Dimension*). „Input-Kontrollen" lassen sich planungs- und ressourcenbezogen unterscheiden. Ersteres ist die gängige Sichtweise und führt zu den angesprochenen Prämissenkontrollen (s. Abb. 1). Auf der Ebene der einzusetzenden Human-Ressourcen gelangt man jedoch zu einer weiteren Sichtweise von Kontrollen, die in der Literatur seit einiger Zeit unter den Stichworten „clan control" (*Ouchi* 1979, S. 836 f.), „Standardisierung von Qualifikationen" (*Mintzberg* 1992, S. 23) oder „socialization control" (*Govindarajan/Fisher* 1990, S. 281 f.) diskutiert wird und über die Vermittlung von Werten oder auch über Gruppendruck funktioniert (→ *Gruppenverhalten und Gruppendenken*). Sowohl in der planungs- als auch der ressourcenbezogenen Sicht schafft „Input-Kontrolle" damit die Voraussetzungen für eine zielgerichtete Umsetzung von Planungen.

Sowohl die Ergebnisse von Planungen selbst als auch deren zugrunde liegenden Ursache/Wirkungs-Beziehungen können entweder einen hohen oder einen niedrigen Präzisierungsgrad aufweisen. Dementsprechend lässt sich die relative Vorteilhaftigkeit der unterschiedlichen Kontrollformen begründen. Die folgende, wiederum selbsterklärende Abbildung skizziert die Zusammenhänge.

Ursache/Wirkungs-Beziehung Ergebnisse	weitgehend eindeutig	unklar
präzise beschreibbar	Ergebniskontrolle und/oder Handlungskontrolle	Ergebnis-Kontrolle (Dezentralisierung, Ergebniskriterien, Leistung und Belohnungs-Verknüpfung)
ambig	Handlungskontrolle (zentralisiert, genau artikulierte Vorgaben, enge Überwachung)	„Input-Kontrolle" (Sozialisierung, Standardisierung von Qualifikationen)

Abb. 2: Kontingenzbezogene Kontrollformen-Systematik (s. Ouchi 1979, S. 843; Govindarajan/Fisher 1990, S. 261)

III. Strategische Kontrolle

1. Formen strategischer Kontrolle

Seit etwa Ende der 1980er Jahre wird in der betriebswirtschaftlichen Literatur die sog. *strategische Kontrolle* diskutiert. Eine gegenüber den bislang beschriebenen Kontrollformen separate Darstellung liegt nahe, da sich zum einen die Kontrollobjekte sowie die darauf gerichteten konzeptionellen Überlegungen unterscheiden. Zum anderen existieren etliche auf strategische Kontrolle gerichtete Studien, sodass man von einer eigenen Forschungsströmung sprechen kann (s. dazu auch ausführlich *Sjurts* 1995, S. 289–297). Kennzeichnend ist der Versuch, *Unsicherheit* in das strategische Management (→ *Strategisches Management*) zu integrieren, was eine über einzelne Plangrößen hinausreichende Analyse erfordert. Es lassen sich drei Forschungsrichtungen differenzieren, die zumindest teilweise unterschiedliche Formen strategischer Kontrolle darstellen (s. ähnlich *Band/Scanlan* 1995, S. 105–108 oder *Lorange* 1993). Die Unterschiede bestehen v.a. hinsichtlich der theoretischen Fundierung sowie dem zugrunde gelegten Strategieverständnis.

Zum Ersten findet sich eine von stark anwendungsorientierten Autoren vorgetragene Sichtweise, nach der strategische Kontrolle als zirkulärer, plandeterminierter Prozess skizziert wird (s. bspw. *Harrison* 1991, S. 81 f.; *Asch* 1992, S. 106 f.; *Pearce/Robinson* 2000, S. 442–445). Strategische Kontrolle ist dabei in ein geschlossenes lineares Feedback-System eingebunden, das die Strategieimplementierung sichern soll. Eine Strategie (→ *Unternehmensstrategien*) wird mithin als ein weitgehend planbares Maßnahmenbündel verstanden, das sich in messbare Zwischenergebnisse aufspalten lässt und das unterschiedlich intensiver Kontrollhandlungen durch die oberste Hierarchieebene bedarf. Die Attraktivität dieser Sichtweise besteht darin, dass sich vergleichsweise einfach implementierbare Maßnahmen ableiten lassen. Dem steht jedoch die Schwierigkeit einer teilweisen konzeptionellen Vernachlässigung von Unsicherheit bei der strategischen Planung gegenüber. Somit stehen die nachfolgend angesprochenen Argumente für eine strategische Kontrolle konzeptionell nicht im Vordergrund und sind allenfalls ansatzweise integriert.

Zum Zweiten stellen Schreyögg und Steinmann (*Schreyögg/Steinmann* 1987, S. 94–99) diesem klassischen Feedback-Zyklus eine Sichtweise gegenüber, die explizit Unsicherheit, begrenzte Rationalität und Komplexität berücksichtigt. Entsprechend bestehe die primäre Funktion strategischer Kontrolle darin, die Vorgehensweise bei der Planung selbst, die zugrunde gelegten Annahmen sowie die resultierenden Zielsetzungen einer kontinuierlichen Suche nach Kritik auszusetzen. Strategische Kontrolle kann aus dieser Perspektive als Erlaubnis oder sogar als Aufforderung zur unternehmensinternen Suche nach Dissens verstanden werden. Die drei Bestandteile *Prämissen-* und *Implementierungskontrolle* sowie *strategische Überwachung* sollen bewirken, dass die verantwortlichen Führungskräfte der Interpretation und Bewertung des kontinuierlichen Informationsflusses eine ungleich größere Bedeutung beimessen, als bei der klassischen Konzeption von strategischer Kontrolle als Feedback-Zyklus. Den Kern bildet die strategische Überwachung, die neu auftretende und in die Planungen nicht einbezogene kritische Ereignisse frühzeitig offenbaren soll. Mit dieser Konzeption verliert strategische Kontrolle die Rolle als Schlussglied des Managementprozesses. Durch die auch zeitliche Gleichstellung mit der Planung selbst werde die strategische Kontrolle zu einem eigenständigen Steuerungspotenzial für die erfolgreiche Unternehmensentwicklung (s. auch *Bea/Haas* 2001, S. 217). Darauf aufbauend führt Preble (*Preble* 1992, S. 402–405) ergänzend eine sog. „special alert control" ein, die v.a. den Umgang mit auswirkungsintensiven Ereignissen mit geringer Eintrittswahrscheinlichkeit systematisch fundieren soll.

Zum Dritten lassen sich unter dem Stichwort „focused alignment approach" Studien zusammenfassen, die eine Anpassung von Kontrollen mit unterschiedlichen kritischen Ressourcen untersuchen (s. etwa *Bungay/Goold* 1991, S. 34; *Simons* 1991, S. 60 f.; *Muralidharan/Hamilton* 1999, S. 358 f.). Sie betonen das komplexe Gefüge zwischen strategischer Kontrolle und anderen organisatorischen Regelungen und Ressourcen. Damit handelt es sich weniger um eine eigenständige konzeptionelle Gestaltung von strategischer Kontrolle, sondern eher um deren umfassende Analyse und Einordnung.

2. Theoretische und praktische Bedeutung

Eine Zusammenschau der vorgetragenen Sichtweisen macht deutlich, dass strategische Kontrolle ein in Teilen unscharfes Konzept ist, da nicht wie im Rahmen der strategischen Planung detaillierte Instrumente oder Abläufe existieren und auch kaum beschreibbar sein können. Dies begründet sich darin, dass strategische Kontrolle nicht in Größen der strategischen Planung ihre Kontrollobjekte findet, sondern auf die Früherkennung grundlegender Veränderungen zielt. Die dafür erforderliche Offenheit kann nur schwer detailliert konzeptionell erfasst werden.

Zur strategischen Kontrolle finden sich etliche empirische Studien, die einen Einblick in die praktische Bedeutung geben. In diesem Zusammenhang sprachen schon vor einiger Zeit Goold und Quinn (*Goold/Quinn* 1990, S. 47) in einer Meta-Studie von einer paradoxen Situation: Strategischer Kontrolle komme in der betrieblichen Praxis keine wesentliche Bedeutung zu, was angesichts der unbestreitbaren Bedeutung erstaunen müsse. Einige Ursachen dafür wurden analysiert: Die wesentlichen Schwierigkeiten lägen in der Integration von Unsicherheit, der Definition strategischer Ziele mit einer Motivationswirkung, in der Sicherstellung, dass ein System der strategischen Kontrolle assistiere und nicht die Beurteilungen von Führungskräften ersetze, sowie in der Gewährleistung, dass ein Kontrollsystem sich nicht nachteilig auf das Vertrauen und die Zusammenarbeit zwischen Hierarchieebenen auswirke (s. *Goold/ Quinn* 1990, S. 54). Unterstützt wird diese Einschätzung bspw. von Simons (*Simons* 1998, S. 91), der betont, dass sich Führungskräfte weniger auf analytische und formalisierte, sondern vielmehr auf interaktive Kontrollen richteten.

Gegenüber dem hier nur angedeuteten Stand der empirischen Forschung haben sich in den letzten Jahren keine wesentlichen Veränderungen ergeben. Allerdings muss diese paradoxe Situation insofern relativiert werden, als sich ihre Begründungen nur auf zwei der von Schreyögg und Steinmann (*Schreyögg/ Steinmann* 1987, S. 96) differenzierten Bestandteile richten. So erscheinen v.a. die angeführten Schwierigkeiten einer Umsetzung der strategischen Prämissen- und Implementierungskontrolle als plausibel, während sich die strategische Überwachung relativ leicht institutionalisieren lässt und somit eine größere praktische Bedeutung nahe liegt. Eine Institutionalisierung als Stab (→ *Stäbe*) oder als eigenständige Abteilung ist aufgrund der inhaltlichen Besonderheiten allerdings kaum hinreichend für die Erreichung ihrer Funktionen.

IV. Verhaltenswirkungen der Kontrolle

1. Überblick

Wirkungen auf das Verhalten von Mitarbeitern bestehen v.a. durch Fremdkontrolle und sind weitgehend unabhängig von der gewählten Kontrollform. Derartige Wirkungen nehmen in der Literatur einen vergleichsweise geringen Stellenwert ein und werden v.a. im Zusammenhang mit der Implementierung von Planung und *Kontrolle* diskutiert (zu einem Überblick s. etwa *Küpper* 1994, S. 950–959; *Pfohl/Stölzle* 1997, S. 189–268). Regelmäßig stehen dabei Wirkungen im Vordergrund, die unmittelbar aus der Gestaltung des Kontrollsystems folgen und sich v.a. durch Motivations- und Führungstheorien (→ *Führung und Führungstheorien*; → *Motivation*) fundieren lassen. Dies erfasst jedoch nur einen Teil möglicher Ursachen für Verhaltenswirkungen. So resultieren diese bereits allein aus der potenziellen Verwendung von Kontrollergebnissen, was die enge Verbindung mit der betrieblichen Leistungsbeurteilung anspricht. Aus dieser Perspektive stellt sich die Ursache/Wirkungs-Beziehung für Verhaltenswirkungen als weniger eindeutig und konzeptionell nur schwer integrierbar dar. Entsprechend geht es im Folgenden nicht um eine bloße Nennung denkbarer Folgen aus der Durchführung von Kontrollen, vielmehr wird versucht, einen Einblick in das Zustandekommen sowie die Tragweite von Verhaltenswirkungen zu geben.

Trotz der damit angesprochenen Grenzen stellen diese Ausführungen keine grundsätzliche Relativierung von Planungs- und Kontrollformen dar. Jedoch wird deutlich, auf welche Weise und in welcher Intensität Kontrollen Verhaltenswirkungen hervorrufen können, die sich nachteilig auf die Unternehmensziele auswirken.

2. Wirkungen aus der Gestaltung des Kontrollsystems

Jede Durchführung einer Kontrolle erfordert vielschichtige ablauforganisatorische Regelungen (→ *Aufbau- und Ablauforganisation*). Hierin konkretisieren sich Denkmuster über die Anwendungsmöglichkeiten unterschiedlicher Kontrollformen, die je nach Passung zu den Vorstellungen der zu kontrollierenden Mitarbeiter verschieden starke Verhaltenswirkungen auslösen.

Die für Planungs- und damit auch für Kontrollsysteme erforderlichen ablauforganisatorischen Regelungen lassen sich nach Wild (*Wild* 1974, S. 157–165) differenzieren. Dies führt zu Entscheidungen über den Dokumentations-, Vollständigkeits-, Detaillierungs-, Differenzierungs-, Flexibilitäts- sowie Planabstimmungsgrad. Führt man sich vor Augen, dass im Zusammenhang mit Kontrollen mehrheitlich v.a. Standardisierung und Formalisierung als erstrebenswerte Zustände betont werden, so offenbart sich bei einzelnen der zu treffenden ablauforganisatorischen Regelungen ein gegenüber motivationstheoretischen Forschungen deutliches Spannungsfeld. Mithin darf diese Auflistung nicht so verstanden werden, dass ein je hoher Ausprägungsgrad zu besonders guten Kontrollergebnissen führt. Vielmehr knüpft an dieser Stelle das Kontrollsystem an den organisationstheoretischen Vorstellungen der Entscheidungsträger an und weist entsprechend eine spezifische Passung zu den betrieblichen Gegebenheiten und den betroffenen Mitarbeitern auf. Dieser Zusammenhang verdeutlicht, dass mögliche Dysfunktionen von Kontrollen, die mitunter ausschließlich auf motivationstheoretischer Ebene angesiedelt werden, aus zumindest in Teilen nicht tragfähigen Interpretationen über die zu lösende Problemstellung, die vorhandenen Mitarbeiterkompetenzen oder die Unternehmenskultur folgen.

Darüber hinaus besteht speziell bei der strategischen Kontrolle die Schwierigkeit, dass diese mit Regelbefolgung und Routinedurchbrechung letztendlich zwei sich widersprechende Vorgaben macht. Verhaltenswirkungen setzen damit nicht nur an Motiven an, sondern hängen auch von der wahrgenommenen relativen Bedeutung der einzelnen Vorgaben ab. Dieser in der Literatur als „Dilemma der strategischen Kontrolle" diskutierte Zusammenhang (s. *Sjurts* 1995, S. 265; *Kirsch* 1997, S. 69) ist konstitutiv für strategische Kontrolle.

Aus dieser verhaltenswissenschaftlichen Perspektive kann es damit nicht das Ziel sein, eine zeitlich überdauernde ideale Regelungsstruktur für Kontrollen zu suchen. Vielmehr tritt an dieser Stelle die führungstheoretische Tragweite der Gestaltung eines Kontrollsystems in den Vordergrund.

3. Wirkungen aus der potenziellen Verwendung von Kontrollergebnissen

Unabhängig von der Wahl einer Kontrollform sowie der Gestaltung eines *Kontrollsystems* resultieren Verhaltenswirkungen allein aus der Tatsache, dass Kontrollen durchgeführt werden. Dies hängt mit der Erwartungshaltung der Individuen einer Leistungsgesellschaft zusammen und wird durch die allgegenwärtige Betonung des Leistungsprinzips unterstützt. Da Fremdkontrollen in vielen Fällen nicht oder nur schwer von individuellen Leistungen trennbar sind, besteht mithin die teilweise unbewusste Erwartungshaltung, dass sich Kontrollergebnisse maßgeblich in der *betrieblichen Leistungsbeurteilung* niederschlagen (s. dazu *Fallgatter* 1999).

Angesichts der weitgreifenden Institutionalisierung des Leistungsprinzips liegt sogar die Vermutung nahe, dass selbst eine ausdrückliche Trennung zwischen Kontrollergebnissen und einer – meist jährlichen – Leistungsbeurteilung diesen Zusammenhang nicht aufzuheben vermag. So dürfte allein die potenzielle Verwendung von Kontrollergebnissen in den meisten Situationen von den betroffenen Mitarbeitern unter dem Fokus der betrieblichen Leistungsbeurteilung gesehen werden. Dies führt zu der Folgerung, dass vielfältige mikropolitische Aktivitäten (→ *Mikropolitik*) jegliche Kontrollen und dabei v.a. die Bereitstellung darauf bezogener Informationen prägen werden. Dieser Befund wird auch durch den Forschungsstand zu betrieblichen Leistungsbeurteilungen untermauert. Demnach sollen diese als methodische Hilfsmittel die Leistung von Mitarbeitern strukturiert erfassen und einer Auswertung zugänglich machen (s. ausführlich *Becker* 2003). Die Diskussion konvergiert hierbei hinsichtlich sog. prinzipieller Grenzen, bspw. Kriterienwahl oder kognitive Gegebenheiten, die es verhindern, Leistung abbildhaft zu erfassen (s. *Fallgatter* 1999, S. 84 f.). Damit sind durch persönliche Zielsetzungen oder auch unzureichende persönliche Kompetenzen hervorgerufene Kontrollbeeinflussungen kaum zu vermeiden, vielfach nicht aufzudecken und prägen damit jegliche Planungs- und Kontrollprozesse.

Die damit in ihrer ganzen Breite umrissenen Verhaltenswirkungen ergänzen die bei der Diskussion der unterschiedlichen Kontrollformen herrschende betriebswirtschaftlich-rationale Perspektive um verhaltenswissenschaftliche Argumente. Der enge Zusammenhang von Planung und Kontrolle untermauert zusätzlich die Notwendigkeit, Verhaltenswirkungen mit in das Zentrum jeglicher Kontrollüberlegungen zu rücken.

Literatur

Asch, David: Strategic Control, in: LRP, Jg. 25, 1992, S. 105–110.
Band, David C./Scanlan, Gerald: Strategic Control through Core Competencies, in: LRP, Jg. 28, 1995, S. 102–114.

Bea, Franz X./Haas, Jürgen: Strategisches Management, 3. A., Stuttgart 2001.
Becker, Fred G.: Grundlagen betrieblicher Leistungsbeurteilungen, 4. A., Stuttgart 2003.
Brink, Hans-Josef: Kontrolle, Organisation der, in: HWO, hrsg. v. *Frese, Erich*, 3. A., Stuttgart 1992, Sp. 1143–1151.
Bungay, Stephen/Goold, Michael: Creating a Strategic Control System, in: LRP, Jg. 24, 1991, S. 32–39.
Fallgatter, Michael J.: Leistungsbeurteilungstheorie und -praxis, in: ZfP, Jg. 13, 1999, S. 82–100.
Franken, Rolf/Frese, Erich: Kontrolle und Planung, in: HWPlan, hrsg. v. *Szyperski, Norbert*, Stuttgart 1989, Sp. 888–898.
Goold, Michael/Quinn, John J.: The Paradox of Strategic Controls, in: SMJ, Jg. 11, 1990, S. 43–57.
Govindarajan, Vijay/Fisher, Joseph: Strategy, Control Systems, and Resource Sharing, in: AMJ, Jg. 33, 1990, S. 259–285.
Hahn, Dietger: Strategische Kontrolle, in: Strategische Unternehmungsplanung, strategische Unternehmungsführung, hrsg. v. *Hahn, Dietger/Taylor, Bernard*, 8. A., Heidelberg 1999, S. 892–906.
Harrison, E. Frank: Strategic Control at the CEO Level, in: LRP, Jg. 24, 1991, S. 78–87.
Kirsch, Werner: Strategisches Management, München 1997.
Küpper, Hans-Ulrich: Industrielles Controlling, in: Industriebetriebslehre, hrsg. v. *Schweitzer, Marcell*, 2. A., München 1994, S. 849–959.
Lorange, Peter: Monitoring Strategic Progress and ad hoc Strategy Modification, in: Strategic Planning and Control, hrsg. v. *Lorange, Peter*, Cambridge MA et al. 1993, S. 142–185.
Mintzberg, Henry: Die Mintzberg-Struktur, Landsberg/Lech 1992.
Muralidharan, Raman/Hamilton, Robert D.: Aligning Multinational Control Systems, in: LRP, Jg. 32, 1999, S. 352–361.
Ouchi, William G.: A Conceptual Framework for the Design of Organization Control Mechanisms, in: Man.Sc, Jg. 25, 1979, S. 833–848.
Pearce, John A./Robinson, Richard B.: Strategic Management, 7. A., Boston et al. 2000.
Pfohl, Hans-Christian/Stölzle, Wolfgang: Planung und Kontrolle, 2. A., München 1997.
Preble, John F.: Towards a Comprehensive System of Strategic Control, in: JMan.Stud., Jg. 29, 1992, S. 391–409.
Schreyögg, Georg/Steinmann, Horst: Strategic Control, in: AMR, Jg. 12, 1987, S. 91–103.
Schweitzer, Marcell: Planung und Steuerung, in: Allgemeine Betriebswirtschaftslehre, Bd. 2: Führung, hrsg. v. *Bea, Franz X./Dichtl, Erwin/Schweitzer, Marcell*, 8. A., Stuttgart 2001, S. 16–126.
Simons, Robert: Levers of Control, 5. A., Boston 1998.
Simons, Robert: Strategic Orientation and Top Management Attention to Control Systems, in: SMJ, Jg. 12, 1991, S. 49–62.
Sjurts, Insa: Kontrolle, Controlling und Unternehmensführung, Wiesbaden 1995.
Snell, Scott A.: Control Theory in Strategic Human Resource Management, in: AMJ, Jg. 35, 1992, S. 292–327.
Walgenbach, Peter: Das Konzept der Vertrauensorganisation, in: DBW, Jg. 60, 2000, S. 707–720.
Wild, Jürgen: Grundlagen der Unternehmungsplanung, Reinbek 1974.

Konzernorganisation

Eberhard Scheffler

[s.a.: Corporate Governance (Unternehmensverfassung); Delegation (Zentralisation und Dezentralisation); Holding; Management und Recht; Organisation; Organisatorische Gestaltung (Organization Design); Personelle Verflechtungen; Top Management (Vorstand); Unternehmensführung (Management).]

I. Konzernbegriff; II. Konzernformen und -typen; III. Organisation der Konzernleitung.

Zusammenfassung

Die Ausgestaltung der Konzernorganisation wird maßgeblich von der Konzernstrategie, der Art der Konzernbildung, der Eigenart der Konzernunternehmen hinsichtlich Branche, Größe, Rechtsform und Führungspotenzial sowie vom Führungsstil innerhalb des Konzerns bestimmt. Bei der Vielfalt der praktischen Gegebenheiten und ihrer historischen Entwicklung, die nicht zuletzt von den handelnden Personen entscheidend geprägt werden, lassen sich für eine effiziente Konzernorganisation und Ausgestaltung der Konzernleitung keine allgemein gültigen Rezepte geben. Entscheidend sind letztlich Gestaltungen, die den relevanten Marktanforderungen gerecht werden, um Existenz und Erfolg des Konzerns nachhaltig zu sichern.

I. Konzernbegriff

1. Betriebswirtschaftlich

Betriebswirtschaftlich lässt sich der *Konzern* als Zusammenfassung zweier oder mehrerer rechtlich selbstständiger Unternehmen zu einem wirtschaftlichen Zweck unter einer *einheitlichen Leitung* beschreiben. Der Konzern ist als einzelwirtschaftliche Planungs-, Entscheidungs-, Steuerungs- und Kontrolleinheit zu verstehen. Die einzelnen Konzernunternehmen sind in ein einheitliches Ziel- und Steuerungssystem eingebunden. Ziel der einheitlichen Leitung oder Konzernführung ist es, die Vorteile des Unternehmensverbundes optimal zu nutzen, um seinen Wert nachhaltig zu steigern.

Die Konzernspitze manifestiert sich in einer oder mehreren natürlichen Personen, die als Inhaber von Einzelfirmen, als persönlich haftende Gesellschafter von Personengesellschaften, als Mehrheitsgesellschafter von Kapitalgesellschaften oder als Mitglieder des Geschäftsführungsorgans die unternehmerische Leitungsmacht ausüben (→ *Top Management (Vorstand)*). In der Regel steht eine juristische Person, meist eine Kapitalgesellschaft, an der Spitze des Konzerns, die als Konzernobergesellschaft durch ihr Geschäftsführungsorgan die Konzernleitung wahrnimmt. Die Grundlage für die einheitliche Führung bildet meist eine direkte oder indirekte Kapital- oder Stimmrechtsmehrheit der Kapitalobergesellschaft an anderen Unternehmen. Die Leitungsmacht kann sich rein faktisch aus dem Anteilsbesitz ergeben; sie kann aber auch vertraglich begründet sein, und zwar mit oder ohne kapitalmäßige Verflechtung.

Die Unterschiede zwischen einem Konzern und einem rechtlich einheitlich verfassten Unternehmen beruhen auf der juristischen Selbstständigkeit der Konzernunternehmen. Sie bedeutet die Eigenverantwortung der Geschäftsführungs- und Aufsichtsorgane der einzelnen Konzernunternehmen, deren eigenständige Rechtsbeziehungen zu Arbeitnehmern, Kunden, Lieferanten u.a., die eigene Rechnungslegungs- und Steuerpflicht sowie der Schutz etwaiger Minderheitsgesellschafter. Auf der anderen Seite ist der Konzern mehr als die Addition der einzelnen Konzernunternehmen. Die konzerninternen Beziehungen beinhalten besondere Chancen und Risiken sowohl für den Gesamtkonzern wie für die einzelnen Konzernunternehmen. Sie verlangen v.a. unternehmensübergreifende Führungsentscheidungen und -kontrollen. Die Verflechtungen sind insbesondere finanzieller Art und ergeben sich aus der konzerninternen Finanzierung (Kapitalbeteiligungen oder Finanzschulden) sowie aus konzerninternen Lieferungen und Leistungen. Aus den damit verbundenen Abhängigkeiten und Synergiepotenzialen ergibt sich die Notwendigkeit der Einflussnahme der Konzernführung auf die Geschäftsführung der Konzernunternehmen. Der Konzernverbund wirkt sich auf die Marktposition, die Ertrags- und Finanzkraft sowie auf die Vermögens-, Finanz-, Ertrags- und Risikolage der einzelnen Konzernunternehmen aus.

2. Rechtlich

Das *Konzernrecht* ist im Wesentlichen in §§ 15–22 und §§ 291–337 AktG sowie hinsichtlich der Konzernrechnungslegung in §§ 290–300 HGB geregelt. Nach § 18 AktG gilt als Konzern die Zusammenfassung eines herrschenden und eines oder mehrerer abhängiger Unternehmen unter der tatsächlich ausgeübten einheitlichen Leitung des herrschenden Unternehmens. Diese Konzerndefinition gilt rechtsformunabhängig (*Emmerich/Habersack* 2001, Einl. Tz. 2). Für die Konzernunternehmen kommen alle bestehenden *Rechtsformen* (Einzelunternehmen, Personengesellschaften, Kapitalgesellschaft oder Stiftung) in Betracht. Ab dem 08.10.2004 steht auch die supranational-europäische Rechtsform der *Societas Europaea* (SE) zur Verfügung (*Theisen/Wenz* 2002).

Die *einheitliche Leitung* als unabdingbares Wesensmerkmal des aktienrechtlichen Konzerns bedeutet, dass die Geschäftsführung der Konzernunternehmen planmäßig koordiniert und beeinflusst wird. Entsprechend den vielfältigen Formen der Konzernbildung und -gestaltung variieren Art und Umfang der einheitlichen Leitung. Für den rechtlichen Tatbestand der einheitlichen Leitung genügt es, wenn sie sich auf die Geschäftspolitik der Konzernunternehmen und auf sonstige grundsätzliche Fragen der Geschäftsführung beschränkt. Eine Kontrolle der Konzernunternehmen reicht dagegen allein nicht aus.

Die Vorschriften der §§ 291 ff. AktG beziehen sich auf die abhängige und beherrschte Aktiengesellschaft oder KGaA. Sie bezwecken den Schutz ihrer *Gläubiger und Minderheitsaktionäre*. Die aktienrechtlichen Vorschriften werden analog auf die abhängige GmbH angewendet, wobei zu berücksichtigen ist, dass hier im wesentlichen Unterschied zur AG die Gesellschafterversammlung direkten Einfluss auf die Geschäftsführung der GmbH nehmen kann. Wegen ihrer Eigenart lässt sich das kodifizierte Konzernrecht nur begrenzt auf Personengesellschaften anwenden. In Bezug auf Abhängigkeiten vom herrschenden Unternehmen und auf die Ausübung der Leitungsmacht ist insbesondere die Treuepflicht der Gesellschafter gegenüber der Gesellschaft und den Mitgesellschaftern zu beachten.

Für die *Konzernrechnungslegung* ist der Konzernbegriff weiter gefasst. Neben der tatsächlich ausgeübten einheitlichen Leitung und einer Beteiligung am Tochterunternehmen nach § 271 Abs. 1 HGB als Konzernvoraussetzung (§ 290 Abs. 1 HGB) wird ein Konzern gemäß § 290 Abs. 2 HGB auch dann angenommen, wenn die Konzernobergesellschaft (hier als Mutterunternehmen bezeichnet) das oder die Tochterunternehmen beherrschen kann, d.h. wenn ihr die Mehrheit der Stimmrechte der Gesellschafter zusteht oder das Recht, die Mehrheit der Mitglieder des Verwaltungsorgans zu bestellen oder abzuberufen oder wenn sie einen beherrschenden Einfluss aufgrund eines Beherrschungsvertrags oder einer Satzungsbestimmung ausüben kann.

II. Konzernformen und -typen

1. Vertragskonzern und faktischer Konzern

Nach den rechtlichen Grundlagen der Konzernleitung unterscheidet man den Vertragskonzern und den faktischen Konzern. Beim Vertragskonzern wird die einheitliche Leitung aufgrund eines *Beherrschungsvertrages* ausgeübt. Mit ihm unterstellt die abhängige AG die Leitung ihrer Gesellschaft einem anderen Unternehmen (§ 291 AktG). Die Konzernleitung kann dem Vorstand der abhängigen AG Weisungen für sämtliche Maßnahmen der Geschäftsführung erteilen, soweit dem nicht zwingende gesetzliche Vorschriften oder Satzungsbestimmungen der abhängigen AG entgegenstehen. Im Übrigen hat der Vorstand der abhängigen AG diese eigenverantwortlich zu leiten. Die Begründung eines Vertragskonzerns ist, v.a.

zum Schutz der Minderheitsaktionäre, an bestimmte Bedingungen geknüpft. U.a. ist den außen stehenden Aktionären eine garantierte Dividende oder eine Abfindung zu gewähren (§§ 304 f. AktG). Die Angemessenheit der Ausgleichszahlung oder der Abfindung ist häufig Gegenstand langwieriger Rechtsstreitigkeiten, so dass oft vom Abschluss eines Unternehmensvertrages Abstand genommen wird.

Das Bestehen eines Vertragskonzerns hat erhebliche betriebswirtschaftlich relevante Auswirkungen. Die Konzernobergesellschaft kann den Vorstand der abhängigen Gesellschaft anweisen und damit in die Führung dieses Unternehmens eingreifen. Verbunden damit ist jedoch die Pflicht des herrschenden Unternehmens, etwaige Verluste des abhängigen Unternehmens auszugleichen (§ 302 AktG). Häufig wird der Beherrschungsvertrag mit einem *Gewinnabführungsvertrag* (§ 291 AktG) verbunden. Ein Gewinnabführungsvertrag kann aber auch isoliert, ohne Bestehen eines Beherrschungsvertrages abgeschlossen werden, so dass lediglich ein faktisches Konzernverhältnis gegeben ist. Dies ist im Regelfall ein betriebswirtschaftlich unbefriedigender Zustand, weil im faktischen Konzernverhältnis die Leitungsmacht begrenzt ist (§§ 311 ff. AktG) und der Gewinnabführungsvertrag mit der Verpflichtung verbunden ist, die während der Vertragsdauer entstehenden Verluste auszugleichen (§ 302 AktG).

Die stärkste rechtliche Form der Konzernbindung ist die *Eingliederung* gemäß §§ 319 ff. AktG. Sie setzt voraus, dass sämtliche Aktien in der Hand der „Hauptgesellschaft" sind, erlaubt aber über das Weisungsrecht der Konzernobergesellschaft gegenüber der eingegliederten Gesellschaft hinaus sogar einen Zugriff auf das Vermögen der eingegliederten Gesellschaft. Im Unterschied zur Verschmelzung bleibt die eingegliederte Gesellschaft rechtlich selbstständig erhalten (→ Fusionen und Übernahmen *(Mergers and Acquisitions)*).

Wird die einheitliche Leitung von Konzernen ohne vertragliche Grundlage ausgeübt, so spricht man von *faktischen Konzernverhältnissen*. Dabei ergeben sich besondere Probleme aus gegensätzlichen Interessen von Konzernobergesellschaft und Tochterunternehmen. Insbesondere sind der Schutz der Minderheitsaktionäre und Gläubiger sowie die Rechte der Mitarbeiter des abhängigen Unternehmens relevant. Beim faktischen Konzern entscheidet der Vorstand der abhängigen AG in eigener Führungsverantwortung. Die Konzernleitung darf ihn nicht veranlassen, für die abhängige AG nachteilige Rechtsgeschäfte oder sonstige Maßnahmen vorzunehmen oder zu unterlassen, es sei denn, dass die Nachteile ausgeglichen werden (§ 311 AktG). Bei einer abhängigen GmbH hat die Konzernobergesellschaft bei einem objektiven Missbrauch der Leitungsmacht Verluste auszugleichen. Werden die Eigenbelange der abhängigen GmbH wesentlich verletzt, kommt es zu einem Haftungsdurchgriff (vgl. BGH v. 17.09.2001, DB 2001, S. 2338).

2. *Vertikaler, horizontaler und diversifizierter Konzern*

Nach Art der branchenmäßigen Verflechtung zwischen den Konzernunternehmen lassen sich folgende Konzerntypen unterscheiden: Beim Zusammenschluss von Unternehmen, die in der Produktkette durch Rohstoff- und andere wesentliche Zulieferungen oder durch Weiterverarbeitung oder Handel geschäftlich verbunden sind, spricht man von einem *vertikal gegliederten Konzern*. Hier spielen die Preisfestsetzung für konzerninterne Lieferungen und Leistungen sowie etwaige gegenseitige Liefer- und Leistungsabhängigkeiten eine dominierende Rolle.

Konzernunternehmen derselben Branche, also solche, die gleichartige oder ergänzende Produkte und Leistungen erzeugen und auf gleichen oder verwandten Märkten tätig werden, bilden einen *horizontal gegliederten Konzern*. Hier können sich aus Überschneidungen der Produktpalette, der Kunden- und Lieferantenbeziehungen oder der Marketing- und Vertriebsaktivitäten gegenseitige, positive oder negative Einflüsse ergeben.

Der Zusammenschluss von Unternehmen unterschiedlicher Branchen, also von Unternehmen mit verschiedenartigen Produkten oder Dienstleistungen sowie unterschiedlichen Märkten und Kundengruppen, bezeichnet man als diversifizierten oder *gemischten Konzern*. Hier weisen die Konzernunternehmen in der Regel keinen oder nur einen unbedeutenden konzerninternen Leistungsaustausch auf. Die vertikale und die horizontale Konzernbildung ergeben sich häufig aus dem natürlichen Wachstumsprozess des herrschenden Unternehmens und dienen der Absicherung oder Erweiterung des bestehenden Geschäfts. Anlässe einer Diversifikation sind eine Wachstumsstrategie bei stagnierenden oder schrumpfenden Stammmärkten oder das Ziel der Risikostreuung durch Verbreiterung der unternehmerischen Aktivitäten. Wegen der neu- und andersartigen Produkte- und Kundenkreise können sich beim *Mischkonzern* besondere Führungs- und Integrationsprobleme ergeben.

3. *Stammhaus- und Holdingkonzern*

Viele Konzerne sind dadurch entstanden, dass eine expandierende Unternehmung durch Ausgliederung, Abspaltung, Gründung oder Beteiligungserwerb von ihr beherrschte Tochterunternehmen geschaffen hat. Solange die Konzernobergesellschaft größer und bedeutender ist als die Tochterunternehmen, bleibt die vorrangige Aufgabe ihres Managements, die eigenen Aktivitäten am Markt zu führen und zu steuern. Die Konzernführung ist demgegenüber von untergeordneter Bedeutung. Man bezeichnet die Konzernobergesellschaft häufig als *Stammhaus* und einen derart organisierten Konzern als Stammhauskonzern.

Mit zunehmender Bedeutung der Tochterunternehmen sowie bei Verfolgung einer Diversifikationsstrategie setzt sich wegen der wachsenden eigenständigen Aufgaben der Konzernleitung als Organisationsform des Holdingkonzerns durch (→ *Holding*). Hier hat die Obergesellschaft in Form einer *konzernleitenden Holding* die alleinige Aufgabe, den Konzern zu führen und die Beteiligung an den Konzernunternehmen zu halten. Die konzernleitende Holding zeichnet sich im Vergleich zum Stammhaus durch eine größere Flexibilität (→ *Flexibilität, organisatorische*) und Neutralität gegenüber den Konzernunternehmen aus. Nachteile der Holdingorganisation liegen in der Marktferne der Holding und in der Gefahr, dass sich der Verwaltungsapparat der Holding unnötig aufbläht und zentralistische Tendenzen gefördert werden (→ *Delegation (Zentralisation und Dezentralisation)*).

4. Konzerneinheiten

Große Konzerne lassen sich in *Teilkonzerne* untergliedern, die wiederum selbstständige Führungseinheiten darstellen. Ihre Abgrenzung erfolgt in einem diversifizierten Konzern am besten branchenbezogen, und bei internationalen Konzernen in regionaler oder nationaler Weise. Damit ergeben sich folgende *Strukturelemente* eines Konzerns: die Konzernobergesellschaft in Form des Stammhauses oder der konzernleitenden Holding als Spitzeneinheit, der branchenmäßig oder regional abgegrenzte, von einem Stammhaus oder einer Sub-Holding geleitete Teilkonzern als Zwischeneinheit und die einzelnen Konzernunternehmen als Grundeinheit (zu weiteren Konzernarten s. *Theisen* 2000, S. 128 ff.).

III. Organisation der Konzernleitung

Wesentliche Grundelemente des Konzerns sind die Konzernleitung, die Zentralabteilungen der Konzernobergesellschaft (→ *Zentralbereiche*), die Geschäftsführungs- und Überwachungsorgane der Tochterunternehmen sowie deren Funktions- und Geschäftsbereiche. Insofern umfasst das *Konzernmanagement* i.w.S. alle Führungskräfte eines Konzerns. I.e.S. ist mit Konzernmanagement das oberste Führungs- und Entscheidungsgremium des Konzerns gemeint. Juristisch ist damit das Geschäftsführungsorgan der Konzernobergesellschaft angesprochen. Für die Überwachung der Konzernführung ist der → *Aufsichtsrat* des herrschenden Unternehmens zuständig.

Im Hinblick auf die Führungstiefe kann das Konzernmanagement *zentral oder dezentral* organisiert sein (→ *Delegation (Zentralisation und Dezentralisation)*). Eine Zentralisierung erleichtert die (einheitliche) Durchführung von Entscheidungen der Konzernführung. Auf der anderen Seite führt sie dazu, dass wegen der Fülle von Entscheidungen, die der Konzernführung vorgelegt werden müssen, der Entscheidungsablauf schwerfällig wird und Entscheidungen relativ weit entfernt vom Marktgeschehen getroffen werden. Daher wird eine starke Zentralisierung den heutigen Anforderungen an ein effizientes und flexibles Management kaum gerecht. Im Konzern kommt hinzu, dass wegen der rechtlichen Selbstständigkeit der Konzernunternehmen die Elemente einer dezentralen Führungsstruktur sogar stärker hervortreten müssen als bei einem Einzelunternehmen.

Dezentrale Führung setzt voraus, dass sich die Konzernleitung auf ihre *echten Führungsentscheidungen* konzentriert. Das sind jene Entscheidungen, die für die Vermögens-, Finanz- und Ertragslage und für die künftige Entwicklung des Konzerns und der Konzernobergesellschaft von wesentlicher Bedeutung sind und die die Kenntnis aller Konzernzusammenhänge voraussetzen oder die wegen der ausdrücklichen Verantwortung der Konzernleitung für den Konzern als Ganzes und für die Konzernobergesellschaft gegenüber Aufsichtsorganen und anderen von ihr selbst wahrgenommen werden müssen (vgl. im Einzelnen *Scheffler* 1992, S. 37 f.).

Im Übrigen richtet sich die *Organisation der Konzernleitung* nach ihren originären Führungsaufgaben, die man als normative, strategische, finanzielle und personelle Konzernführung differenzieren kann. Die *normative Konzernführung* beschäftigt sich mit den Normen und Spielregeln, die eine erfolgreiche Konzernentwicklung ermöglichen, sichern und fördern sollen. Zu diesen Normen gehören die Konzernverfassung als rechtlich und institutionell vorgegebener Rahmen des Konzerns sowie die in dem dadurch gegebenen Autonomiebereich geschaffenen eigenen Regelungen der Konzernleitung, insbesondere die Satzungsbestimmungen für die Tochterunternehmen sowie Konzern-Richtlinien, mit denen die Kompetenzen und Legitimationen für die Organe und Personen innerhalb des Konzerns sowie einheitliche Verfahren und Abläufe festgelegt werden.

Die *strategische Konzernführung* muss die strategischen Ziele für den Gesamtkonzern und ihnen entsprechende unternehmensübergreifende Strategien entwickeln, die sich im Rahmen der finanziellen Zielsetzungen und Restriktionen bewegen müssen. Sie bilden den Rahmen, innerhalb dessen die einzelnen Konzernunternehmen ihre eigenen strategischen Ziele ableiten.

Die *finanzielle Konzernführung* betrifft die finanz- und erfolgswirtschaftlichen Aufgaben in Bezug auf den Gesamtkonzern und die Konzernobergesellschaft. Dazu gehören die Finanzpolitik des Konzerns sowie die Sicherung und Optimierung der Finanzierung und der Liquiditätsvorsorge. Wegen der finanziellen Verflechtungen und Abhängigkeiten der Konzernunternehmen und zur Wahrnehmung nennenswerter Synergien bietet sich eine weitgehend zentralisierte Konzern-Finanzwirtschaft an.

Die *personellen Führungsaufgaben* schließlich betreffen die Besetzung wichtiger Führungspositionen im Konzern sowie eine entsprechende Managemententwicklung. Weitere zentrale Führungsbereiche können zur Ausnutzung von Synergiepotenzialen hinzukommen, z.B. für die Beschaffung oder Materialwirtschaft.

Die Konzernleitung kann funktional oder nach Geschäftsbereichen oder als → *Matrix-Organisation* strukturiert sein. Bei der *Geschäftsbereichsorganisation* sind in der Konzernleitung neben den Zentralaufgaben „Konzernpolitik und -entwicklung" sowie „Finanzen" die wichtigsten Geschäftsbereiche oder Sparten des Konzerns vertreten (→ *Spartenorganisation*).

Als *Zentralabteilungen* gelten die bei der Konzernobergesellschaft angesiedelten Abteilungen, die der Konzernleitung unmittelbar unterstehen, sie unterstützen und unternehmensübergreifende Aufgaben wahrnehmen (→ *Zentralbereiche*). Funktion und Umfang dieser Abteilungen hängen weitgehend von der Art der Konzernleitung ab. Bei dezentraler Führung haben sie vornehmlich managementunterstützende Informations-, Koordinierungs- und Überwachungsaufgaben wahrzunehmen, während sie mit zunehmender Zentralisierung verstärkt mit Weisungsbefugnissen und Ausführungsfunktionen ausgestattet sind. Zu den unentbehrlichen Zentralabteilungen der Konzernleitung gehören die Konzernentwicklung, das Konzerncontrolling, die Konzernfinanzwirtschaft, die Konzernrechnungslegung und die Managementplanung und -entwicklung. Als weitere Zentralabteilungen, die i.S. qualifizierter Serviceleistungen oder zur notwendigen Koordinierung tätig werden, findet man häufig die Abteilungen Recht, Steuerrecht, Public und/oder Investors Relations sowie Konzernrevision und Risikomanagement. Soweit von der Konzernführung neben den Zentralaufgaben andere betriebswirtschaftliche Funktionen, z.B. Entwicklung oder Einkauf, oder Spartenzuständigkeiten wahrgenommen werden, sind die zuständigen Vorstandsmitglieder des Mutterunternehmens häufig in Personalunion als Vorstandsmitglieder von Tochterunternehmen tätig. Diese *Doppelmandate* sind im Hinblick auf unterschiedliche Interessen des Mutterunternehmens und des Konzerns einerseits und des Tochterunternehmens andererseits nicht unproblematisch (vgl. *Keller* 2004, § 4 Tz. 77 ff.; *v. Werder* 1989).

Literatur

Bronner, Rolf/Mellewigt, Thomas: Eine Realtypologie betriebswirtschaftlicher Konzern-Organisationsformen, in: ZfB, Ergänzungsheft 3/96, 1996, S. 145–166.
Emmerich, Volker/Habersack, Mathias: Aktien- und GmbH-Konzernrecht, 2. A., München 2001.
Emmerich, Volker/Sonnenschein, Jürgen/Habersack, Mathias: Konzernrecht, 7. A., München 2001.
Keller, Thomas: Führungssysteme im Holdingverbund, in: Holding-Handbuch, hrsg. v. *Lutter, Marcus*, 4. A., Köln 2004.
Kleindiek, Detlef: Konzernstrukturen und Corporate Governance: Leitung und Überwachung im dezentral organisierten Unternehmensverbund, in: Handbuch Corporate Governance, hrsg. v. *Hommelhoff, Peter/Hopt, Klaus J./Werder, Axel v.*, Köln – Stuttgart 2003, S. 571–603.
Lutter, Marcus (Hrsg.): Holding-Handbuch, 4. A., Köln 2004.
Mellewigt, Thomas/Matiaske, Wenzel: Strategische Konzernführung: Stand der empirischen betriebswirtschaftlichen Forschung, in: ZfB, Jg. 70, 2000, S. 611–631.
Scheffler, Eberhard: Konzernmanagement, München 1992.
Süss, Christina: Führung in mittelständischen Konzernen, Lohmar – Köln 2001.
Theisen, Manuel R.: Der Konzern, 2. A., Stuttgart 2000.
Theisen, Manuel R./Wenz, Martin (Hrsg.): Die Europäische Aktiengesellschaft, Stuttgart 2002.
Wenger, Andreas P.: Organisation Multinationaler Konzerne, Bern – Stuttgart – Wien 1999.
Werder, Axel v.: Vorstands-Doppelmandate im Konzern, in: DBW, Jg. 49, 1989, S. 37–54.

Koordination und Integration

Michael Reiß

[s.a.: Arbeitsteilung und Spezialisierung; Ausschüsse; Hierarchie; Holding; Personelle Verflechtungen; Selbstorganisation; Strategie und Organisationsstruktur; Unternehmenskommunikation; Verhandlungskonzepte; Vertrauen.]

I. Positionierung; II. Koordination und Integration als Gestaltungsaufgabe; III. Herausforderungen.

Zusammenfassung

Aufbauend auf einer Positionierung von Koordination und Integration als Kernaufgaben der Organisationsgestaltung wird ein Überblick über die Ziele, Bedarfe, Instrumente (von abstrakten Prinzipien bis zu konkreten Techniken) und Prozesse der Koordination und Integration gegeben. Im Rahmen einer Beschäftigung mit der Komplexität der Koordinations- und Integrationsgestaltung werden die Leitidee des optimalen Integrationsgrads, die optimale Mischung der Integrationsinstrumente sowie die Integration mehrerer und gegensätzlicher Integrationsobjekte behandelt.

I. Positionierung

1. Standort, Stellenwert und Spektrum

Bei Koordination und Integration handelt es sich um eine zentrale Zielsetzung sowie um eine Kernaktivität der Unternehmensführung und der Organisationsgestaltung. Als Zielsetzung bilden Koordination und Integration meist das Pendant zu Flexibilität (→ *Flexibilität, organisatorische*), als Aktivität häufig das Komplement zu *Differenzierung* (z.B. Aufgaben- und Kompetenzverteilung). Koordination und Integration repräsentieren generische Konzepte, deren Anwendungsbereich nicht auf Unternehmen beschränkt ist. Er erstreckt sich vielmehr auch auf Märkte, Unternehmensverbindungen und Verbände, die nationale und supranationale Ordnungspolitik sowie auf den politischen Bereich (z.B. Regionalintegrationen). Koordination und Integration bezeichnen eine bestimmte Form der Handhabung der *Komplexität*: Die Vielzahl und die Vielfalt von Elementen und Beziehungen zwischen Elementen sollen durch Schaffung von Übereinstimmung bzw. durch gleichsinnige Ausrichtung (Abstimmung) besser beherrschbar gemacht werden (→ *Komplexitätsmanagement*). Zahlreiche Ansätze innerhalb der Unternehmensführung sind durch das Grundanliegen der Koordination und Integration geprägt. Dies gilt z.B. für das *systemisch-ganzheitliche Management*, das *Multi-Projektmanagement* (→ *Projektmanagement*), das *Portfolio-Management*, das *Supply Chain Management*, das *Prozessmanagement* (Schnittstellen innerhalb von Kernprozessen und zwischen Kernprozessen)→ *Prozessorganisation,*), die Modelle des *Strategic Fit* (z.B. Strategie-Struktur-Fit), für *Partizipationskonzepte* (wie das auf Zielvereinbarung beruhende → *Management by Objectives*, die *Post Merger Integration*, das Beziehungsmanagement (z.B. Shareholder Relations, *Customer Relationship Management*), das Risk Sharing, die *Simultanplanung* und das *Konfliktmanagement* (→ *Konflikte in Organisationen*).

Mehrere Entwicklungen schlagen sich in einem zunehmenden Stellenwert von Koordination und Integration nieder. Sie sind zum einen auf dem Gebiet der integrierten Führungsmodelle angesiedelt. Zum anderen betreffen sie die unternehmensübergreifende Koordination und Integration vor dem Hintergrund einer höheren Arbeitsteilung (im Gefolge einer Konzentration auf Kernkompetenzen), einer *Disaggregation* von Wertschöpfungssystemen, der Virtualisierung von Unternehmen (vgl. *Picot/Reichwald/Wigand* 2003) und der → *Globalisierung*.

2. Abgrenzung

Ungeachtet zahlreicher Versuche hat sich keine allseits akzeptierte Abgrenzung zwischen Koordination und Integration durchgesetzt. Im Folgenden wird davon ausgegangen, dass Integration das weitere Konzept darstellt. Die Abgrenzung betrifft zunächst die Weite des Objektspektrums, das Gegenstand einer Integration bzw. Koordination ist. Koordinationsmaßnahmen sind auf die Abstimmung von Aufbaueinheiten, d.h. Stellen, Abteilungen, Unternehmen, Netzwerke, Staaten, und von Ablaufeinheiten (Prozesse) fokussiert.

Demgegenüber ist das Spektrum von *Objekten der Integration* deutlich weiter. Es umfasst u.a. Ziele in einem Zielsystem, Erfolgspotenziale im Rahmen eines Portfolio-Managements, die technische Integration (z.B. *Computer Integrated Manufacturing, Enterprise Application Integration*), die Konfiguration komplementärer Systemangebote und IT-Komponenten (einschließlich der „intergenerativen" Integration von Alt- und Neusystemen bei der *Migration*), die Integration von Normen (z.B. nationale, europäische und weltweite Qualitätsnormen), Erfolgsfaktoren (Konsistenz bzw. strategischer Fit), Promotions- und Oppositionskräfte, Wissensintegration, Sprachintegration, *Managementsysteme* (z.B. St. Galler-Ansatz, vgl. *Bleicher* 1999), Abstimmung von *Unternehmenskulturen* (z.B. einseitige Assimilation) und das Matching von Geschäftspartnern. Auf der instrumentellen Ebene ist der *Fundus an Integrationsinstrumenten* reichhaltiger als der Fundus an Koordinationsinstrumenten. Während das Koordinationsinstrumentarium überwiegend strukturelle Instrumente zur Gestaltung der Beziehungen zwischen Organisationseinheiten enthält (z.B. → *Kommunikation*, Installation von Koordinationseinheiten), finden sich im Integrationsinstrumentarium der Unternehmensführung neben den strukturellen Instrumenten noch technokratische, personelle, informationelle und kulturelle Instrumente (vgl. Abb. 1).

II. Koordination und Integration als Gestaltungsaufgabe

1. Ziele

Die *Effektivität* von Koordinations- und Integrationsmaßnahmen wird gemeinhin auf drei unterschiedlichen Niveaus der Integration gemessen. Das *Linking* als unterstes Niveau schafft Verbindungen (z.B. Kontakte) nach dem Vorbild der Links im Internet oder der *Linking Pins*. Das *Fitting* schafft eine höhere, durch Harmonie gekennzeichnete Integrationsperformance. Kontrakte bringen hier den Konsens der Vertragsparteien zum Ausdruck. Auf dem höchsten Integrations-Level gelingt ein „Superfit" (Mix-Effekt), z.B. in Form eines synergetischen Zusammenwirkens von Integrationsobjekten (z.B. Cross-Selling, *Economies of Scale and Scope*).

Mehrere Konzepte des Koordinations- und Integrationsmanagements sind auf die *Zeit- und Kosteneffizienz* fokussiert. So setzt beispielsweise die Kritik an der → *Hierarchie* als Koordinationsinstrument nicht zuletzt an den langen Koordinationszeiten einer Abstimmung entlang des Dienstwegs sowie an den hohen Overheadkosten an. Das am weitesten verbreitete Modell der Koordinationseffizienz ist der *Transaktionskostenansatz* (vgl. *Göbel* 2002, S. 129 ff.) → *Transaktionskostentheorie*. Im Mittelpunkt stehen hier koordinations- bzw. transaktionskostenminimale institutionelle Lösungen (z.B. Kontrakte, Organisationsformen) in Abhängigkeit von Transaktionsmerkmalen wie Spezifität, Häufigkeit und Unsicherheit.

2. Bedarfe

Die Verschiedenartigkeit (*Diversität*) der Integrationsobjekte und die *Interdependenzen* (Schnittstellen und Schnittmengen) zwischen den Integrationsobjekten repräsentieren die Hauptdeterminanten des Koordinations- und Integrationsbedarfs. Markante Formen von *Diversität* treten beispielsweise zwischen den Funktionsbereichen, in internationalen Unternehmen oder in durch Akquisition und Fusion entstandenen Konzernen auf. *Interdependenzen* bestehen einerseits in waren-, informations- und finanzlogistischen Verflechtungen der Integrationsobjekte. Andererseits äußern sie sich als Aktion-Reaktion-Abhängigkeiten, etwa in Gestalt der Pull- bzw. Push-Mechanismen im → *Innovationsmanagement*.

In Anlehnung an die drei Niveaus von Integrationszielen kann man drei Umfänge der bestehenden Integrationslücke unterscheiden. Im Fall der *Isolation* liegt die maximale Desintegration (Entkopplung, Koexistenz) vor. Es fehlen jedwede Verbindungen. Isolation schafft einen Linking-Bedarf, mit dem „Brücken zwischen Inseln" gebaut werden, etwa durch Vernetzung von Stand-alone-Rechnern oder Überwindung von „Mauern" zwischen Funktionsbereichen. Im Fall von *Inkompatibilitäten* oder *Konflikten* (→ *Konflikte in Organisationen*) bestehen zwar Verbindungen, die aber durch Divergenz gekennzeichnet sind. Eine Harmonisierung soll beispielsweise Ineffizienzen im Warenfluss (z.B. Wechsel der Transportmittel), im Informationsfluss (z.B. Medienbrüche) oder im Geldfluss (z.B. Währungswechsel) bekämpfen. Im Fall von *Synergiemangel* existiert ein Bedarf an Gesamtoptimierung, um die Nachteile einer multiplen Partialoptimierung auszugleichen (vgl. *Rodermann* 1999). Nach der Schnittstellenkomplexität von logistischen Verflechtungen wird häufig zwischen sequenziellen Interdependenzen (z.B. einseitige Lieferbeziehungen), reziproken Interdependenzen (z.B. Gegengeschäfte) und gepoolten Interdependenzen (z.B. rivalisierende Inanspruchnahme knapper Ressourcen) unterschieden. Hinzu kommen redistributive Interdependenzen, bei denen ein Ressourcenpool (z.B. eine Montagefabrik) als Gemeineigentum mehrerer Organisationseinheiten im Rahmen einer konsortialen Mitunternehmerschaft gemeinsam (nicht-rivalisierend) bewirtschaftet wird (vgl. *Göbel* 2002, S. 73 ff.).

3. Instrumente

Im Fundus von Instrumenten zur Deckung von Koordinations- und Integrationsbedarfen finden sich Elemente, die sich durch ihren Abstraktions- bzw. Konkretisierungsgrad signifikant voneinander unterscheiden (vgl. *Rühli* 1992). Das Spektrum reicht von abstrakten Prinzipien bis zu konkreten Techniken und Methoden der Koordination und Integration:

Prinzipien: In dieser Instrumentenkategorie sind beispielsweise die abstrakten Mechanismen der formellen fremdorganisatorischen Koordination und der informellen selbstorganisatorischen Koordination (z.B. Seilschaften, Gatekeeper) angesiedelt. Die Mechanismen der Koordination durch Märkte, Unternehmen und *Clan-Zugehörigkeit* sind ebenfalls der Prinzipienebene zuzurechnen. Für die logistische Koordinationsarbeit bilden das Pull-Prinzip und das Push-Prinzip anschauliche Beispiele.

Potenziale: Hierunter lassen sich Strategien, Muster und Kompetenzen der Koordination und Integration zusammenfassen. Auf dem Gebiet der Planungskoordination (→ *Planung*) zählen hierzu beispielsweise die Ablaufstrategien der integrierten horizontalen *Planung* (simultaner bzw. sequenzieller Ablauf) sowie der integrierten vertikalen Planung mit den Ablaufmustern „*Top Down*", „*Bottom Up*" bzw. „*Gegenstromverfahren*" („Down-up").

Aus personeller Sicht fungieren bestimmte *Kompetenzen* als Integrationsinstrumente: *Fachliche* Integrationskompetenz prägt z.B. das Kompetenzprofil eines Systemanbieters. Mit *interpersonaler* Integrationskompetenz sind die Fähigkeiten auf den Gebieten Verhandlungsführung, Moderation von Konfliktlösungsprozessen und Vertrauensbildung angesprochen.

Werkzeuge: Wie Abb. 1 verdeutlicht, werden auf der konkreteren Werkzeugebene insgesamt fünf Sparten von Integrationsinstrumenten benötigt (vgl. *Reiß* 2000; *Macharzina* 1999, S. 714 ff.). Im Gegensatz zur instrumentell „gestalteten" technokratischen, strukturellen, personellen und informationellen Integration handelt es sich bei der *kulturellen* Infrastruktur (als „Overlay" im Zentrum von Abb. 1) um eine „gewachsene" bzw. emergente Integrationsbasis. *Personelle* Integrationsinstrumente setzen an den integrativen Fähigkeiten und der Integrationsbereitschaft der zu integrierenden Menschen an. Diese Instrumente sorgen für Kooperationsfähigkeit (z.B. beim Umgang mit Wissen) und Konflikttoleranz. Neben dem Training kommen als Stellhebel die Mitgliederrekrutierung (Aufnahmebedingungen für Mitarbeiter, Partner oder Akquisitionskandidaten) und die Anreizsysteme in Betracht. *Technokratische* Integrationsinstrumente umfassen zum einen Richtlinien und Standards. Hier reicht das Spektrum von technischen Normen über Qualitätsstandards, Gesetze und allgemeine Geschäftsbedingungen bis hin zu Musterverträgen (z.B. für Service Level Agreements), Statuten und Satzungen. In einem zweiten Bereich findet man Regelungen zur betriebswirtschaftlichen Steuerung von Geschäftsprozessen. Hierzu zählen Zielvereinbarungen über Kennzahlen (z.B. Umsätze) und Bestimmungen über Verrechnungspreise.

Unter den *informationellen* Integrationsinstrumenten lässt sich ein zunehmender Stellenwert der IT-Instrumente feststellen (vgl. *Olson/Malone/Smith* 2001). Grund dafür ist die Reichhaltigkeit, Reichweite, Schnelligkeit und Kostengünstigkeit der elektronischen Kommunikationskanäle. Dreh- und Angelpunkt sind hier die Internet-Technologien, also *Internet*, *Intranet* und *Extranet*.

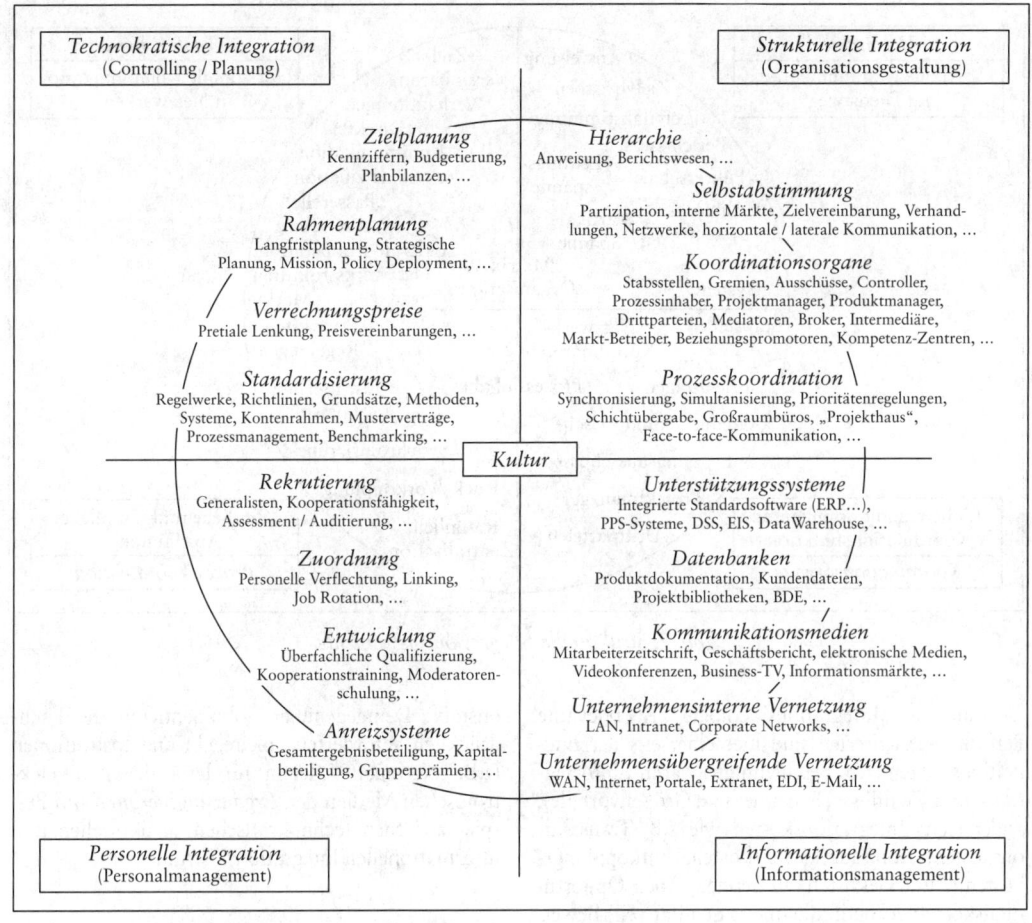

Abb. 1: Integrationsinstrumente

Technokratische Integration (Controlling / Planung)

- **Zielplanung**: Kennziffern, Budgetierung, Planbilanzen, ...
- **Rahmenplanung**: Langfristplanung, Strategische Planung, Mission, Policy Deployment, ...
- **Verrechnungspreise**: Pretiale Lenkung, Preisvereinbarungen, ...
- **Standardisierung**: Regelwerke, Richtlinien, Grundsätze, Methoden, Systeme, Kontenrahmen, Musterverträge, Prozessmanagement, Benchmarking, ...

Strukturelle Integration (Organisationsgestaltung)

- **Hierarchie**: Anweisung, Berichtswesen, ...
- **Selbstabstimmung**: Partizipation, interne Märkte, Zielvereinbarung, Verhandlungen, Netzwerke, horizontale / laterale Kommunikation, ...
- **Koordinationsorgane**: Stabsstellen, Gremien, Ausschüsse, Controller, Prozessinhaber, Projektmanager, Produktmanager, Drittparteien, Mediatoren, Broker, Intermediäre, Markt-Betreiber, Beziehungspromotoren, Kompetenz-Zentren, ...
- **Prozesskoordination**: Synchronisierung, Simultanisierung, Prioritätenregelungen, Schichtübergabe, Großraumbüros, „Projekthaus", Face-to-face-Kommunikation, ...

Kultur

Personelle Integration (Personalmanagement)

- **Rekrutierung**: Generalisten, Kooperationsfähigkeit, Assessment / Auditierung, ...
- **Zuordnung**: Personelle Verflechtung, Linking, Job Rotation, ...
- **Entwicklung**: Überfachliche Qualifizierung, Kooperationstraining, Moderatorenschulung, ...
- **Anreizsysteme**: Gesamtergebnisbeteiligung, Kapitalbeteiligung, Gruppenprämien, ...

Informationelle Integration (Informationsmanagement)

- **Unterstützungssysteme**: Integrierte Standardsoftware (ERP...), PPS-Systeme, DSS, EIS, DataWarehouse, ...
- **Datenbanken**: Produktdokumentation, Kundendateien, Projektbibliotheken, BDE, ...
- **Kommunikationsmedien**: Mitarbeiterzeitschrift, Geschäftsbericht, elektronische Medien, Videokonferenzen, Business-TV, Informationsmärkte, ...
- **Unternehmensinterne Vernetzung**: LAN, Intranet, Corporate Networks, ...
- **Unternehmensübergreifende Vernetzung**: WAN, Internet, Portale, Extranet, EDI, E-Mail, ...

Das *organisatorisch-strukturelle* Integrationsinstrumentarium (vgl. Abb. 2) enthält sowohl traditionelle Koordinationsinstrumente (z.B. Hierarchie, vgl. Jost 2000, S. 279 ff.) als auch moderne Instrumente (z.B. *Simultaneous Engineering* zur Prozesskoordination im Produktentstehungsprozess).

Koordinationsorgane existieren für die unternehmensinterne Koordination (z.B. Controller, Zentralbereiche, Querschnittsfunktionen) und zunehmend auch für die unternehmensübergreifende Koordination (z.B. Clearingstellen, Logistikdienstleister, fokale Unternehmen in *Netzwerken* (→ Netzwerke), *Systemanbieter* und Beziehungspromotoren, vgl. *Winkler 1999*). Die Koordinationsfunktion kann von Einpersonen-Stellen (z.B. Prozessverantwortliche) und von Mehrpersonenstellen (z.B. Gremien, Beiräte, runde Tische, Jurys) wahrgenommen werden. Große Bedeutung besitzen neutrale *Drittparteien* wie z.B. Treuhänder, Schlichter, Mediatoren, Ombudspersonen, Gerichte, Wirtschaftsprüfer und Intermediäre (Händler, Auktionatoren).

Techniken: Diese Methoden, Verfahren und Kalküle dienen beispielsweise der rechnerischen Ermittlung von optimalen Verrechnungspreisen für den unternehmensinternen Leistungsverbund und für die Messung der Integrationsperformance (z.B. mit Hilfe einer *Balanced Scorecard*).

4. Prozesse

Prozesse liefern die dynamische Sicht der Koordination und Integration im Gegensatz zur statischen Instrumentensicht. Das *Phasenschema* informiert über die rational erforderlichen Etappen des Integrationsmanagements. Neben den Phasen-Modellen vermitteln etwa *Lebenszyklus-Modelle* der Entwicklung von Integrationspotenzialen, z.B. von Transaktionsbeziehungen, Teams und Unternehmenskulturen ein Bild von der Integrationsdynamik.

III. Herausforderungen

1. Optimaler Integrationsgrad

Der Einsatz von Integrationsinstrumenten muss sich an Kosten-Nutzen-Überlegungen orientieren und

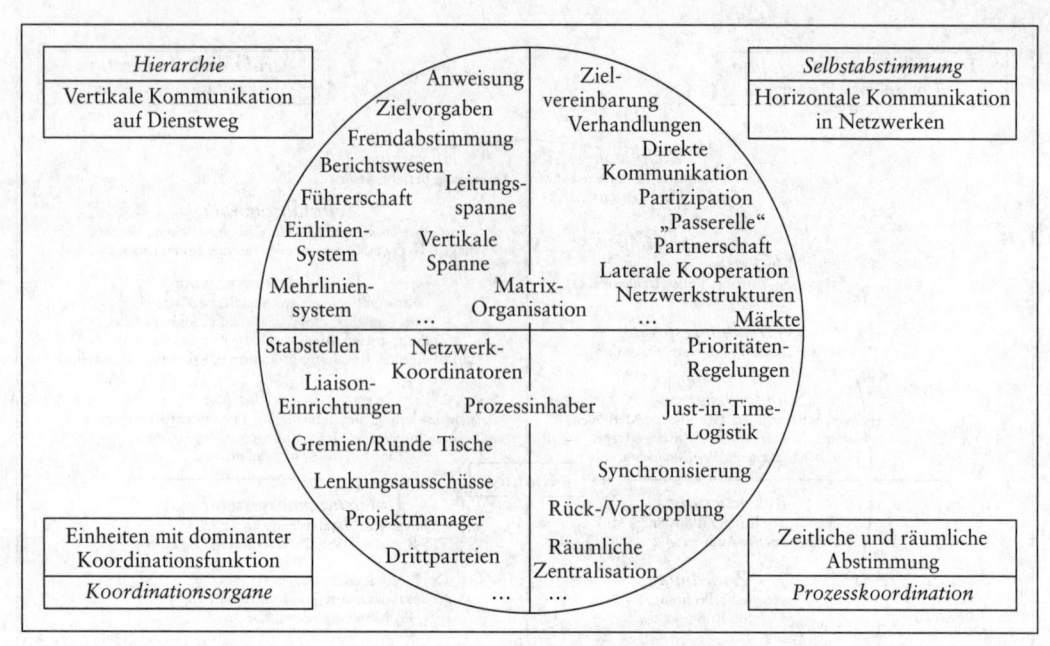

Abb. 2: Strukturelle Integrationsinstrumente

nicht an einer „Integrationsideologie". Als relevante Performance-Kriterien sind hier einerseits der Integrationsnutzen (z.B. beschleunigte Waren-, Informations- und Geldflüsse, Synergie- und Größenvorteile), andererseits Integrationskosten wie z.B. Transaktionskosten, Kommunikationskosten, Entkopplungskosten (Autarkiekosten) zu nennen. Auch Opportunitätskosten gehen in die (meist qualitativen) Bewertungsansätze ein, etwa Autonomiekosten als entgangene Synergien bei zu geringer Integration oder entgangene Umsätze infolge langer Abstimmungsprozesse bei zu hoher Integration. Im Einzelnen geht es um die Ermittlung des *optimalen Grads der Kopplung, der Harmonisierung* und der *Gesamtoptimierung* im Spannungsfeld zwischen Partialoptimierung („Suboptimierung") und *Synergie-Effekten*.

2. Integrationsmix

Im Zweifel kommt zur Lösung jeder Integrationsaufgabe stets ein *„Mix"* aus mehreren Integrationsinstrumenten zum Einsatz (vgl. auch *Reiß* 2000). Allerdings ist deren Zusammenspiel durch Unschärfen und Vieldeutigkeiten geprägt. So folgt das Zusammenwirken der Koordinationsmechanismen komplexen Prinzipien, etwa dem Subsidiaritätsprinzip zwischen markt- und planwirtschaftlicher Koordination bzw. zwischen Selbst- und Fremdkoordination und mündet häufig in hybride Koordinationskonzepte, etwa in Gestalt unternehmensinterner Märkte (→ *Interne Märkte*). Die „Kultur statt Struktur"-Kontroverse oder die Disintermediatisierungsthese („Internet-Technologie verdrängt Intermediäre") veranschaulichen den *Verdrängungsverbund* im Integrationsmix. Demgegenüber dokumentieren die nachdrücklich geforderten Spielregeln und Institutionen (z.B. „Netiquette", Icann) für den Umgang mit elektronischen Medien den *Ergänzungsverbund* (im Beispiel zwischen technokratischen, strukturellen und informationellen Integrationsinstrumenten).

3. Multilaterale Koordination und Integration

Häufig geht es um die multilaterale Integration von drei oder mehr Objekten, z.B. um einen Fit von Strategie, Struktur und Kultur, um multiple Schnittstellen in Server-Client-Systemen, um die Koordination zwischen einem Abnehmer und drei oder mehr Zulieferern, zwischen mehreren Prinzipalen (z.B. Stakeholders eines Unternehmens) und einem Agenten (z.B. Geschäftleitungsorgan) oder um multilaterale Führungsbeziehungen unter Berücksichtigung des Gleichbehandlungsgrundsatzes. Rein quantitativ wird durch die multilaterale Koordination ein Kapazitätsproblem aufgeworfen, für dessen Lösung z.B. Modelle der optimalen *Koordinationsspanne* entwickelt wurden.

4. Hybrid-Konzepte

Mehrere integrierte Ansätze der Unternehmensführung beinhalten eine Integration *gegensätzlicher Objekte* innerhalb eines Hybrid-Konzepts. Diese Charakterisierung trifft u.a. zu auf die Matrix-Organisation, Modelle des „logischen Inkrementalismus", der „organisierten Anarchie" und der Sponsor-Venture-Organisation, das *Intrapreneuring* (angestellte Unternehmer), hybride Unternehmenskonzepte (transnationale Unternehmen, Local & Global- oder Brick & click-Verbindungen), hybride → *Wettbewerbsstrategien* (z.B. *Mass-Customization*), hybride Organisationsformen zwischen Markt und Hierarchie (z.B. → *Netzwerke, strategische Allianzen* (→ *Allianz, strategische*), Quasi-Firmen) sowie hybride Spielregeln (z.B. Coopetition bzw. Koopkurrenz). Alle diese „Kombinationen von Gegensätzen" verfolgen das Anliegen, die Entweder-Oder-Alternative zu überwinden und einen „dritten Weg" zu finden (vgl. *Frese* 2000, S. 194 ff.).

Literatur

Bleicher, Knut: Das Konzept Integriertes Management: Visionen, Missionen, Programme, 5. A., Frankfurt/M. 1999.
Frese, Erich: Grundlagen der Organisation: Konzept – Prinzipien – Struktur, 8. A., Wiesbaden 2000.
Göbel, Elisabeth: Neue Institutionenökonomik. Konzeption und betriebswirtschaftliche Anwendungen, Stuttgart 2002.
Grothe, Martin: Ordnung als betriebswirtschaftliches Phänomen: die Bedeutung von Koordination und Komplexität, Wiesbaden 1997.
Jost, Peter-Jürgen: Organisation und Koordination: Eine ökonomische Einführung, Wiesbaden 2000.
Macharzina, Klaus: Unternehmensführung: Das internationale Managementwissen; Konzepte – Methoden – Praxis, 3. A., Wiesbaden 1999.
Olson, Gary M./Malone, Thomas W./Smith, John B. (Hrsg.): Coordination Theory and Collaboration Technology, Mahwah, NJ 2001.
Picot, Arnold/Reichwald, Ralf/Wigand, Rolf T.: Die grenzenlose Unternehmung: Information, Organisation und Management, 5. A., Wiesbaden 2003.
Reiß, Michael: Koordinatoren in Unternehmensnetzwerken, in: Produktions- und Logistikmanagement in Virtuellen Unternehmen und Unternehmensnetzwerken, hrsg. v. Kaluza, Bernd/ Blecker, Torsten, Berlin et al. 2000, S. 217–248.
Rodermann, Marcus: Strategisches Synergiemanagement, Wiesbaden 1999.
Rühli, Erwin: Koordination, in: Handwörterbuch der Organisation, hrsg. v. Frese, Erich, 3. A., Stuttgart 1992, Sp. 1164–1175.
Winkler, Gabriele: Koordination in strategischen Netzwerken, Wiesbaden 1999.

Krankenhausmanagement

Markus Wörz/Reinhard Busse

[s.a.: Unternehmensführung (Management).]

I. *Zur gegenwärtigen Situation des deutschen Krankenhauswesens;* II. *Unternehmensverfassungen von Krankenhäusern;* III. *Das Krankenhausmanagement im Spannungsfeld zwischen Träger und Krankenhausleitung;* IV. *Die Krankenhausleitung: Kollegiale versus singuläre Führung;* V. *Herausforderungen durch die Einführung von Fallpauschalen.*

Zusammenfassung

Das Krankenhauswesen ist mit einem Umsatz von 61,96 Mrd. Euro und ca. 830.000 Vollzeitmitarbeitern im Jahr 2001 ein bedeutender Wirtschaftsfaktor. Im Verlauf der 1990er Jahre wurden vielfältige Reformen unternommen, die auch auf mehr Wettbewerb zwischen Krankenhäusern abzielten. Damit ging eine zunehmende Verselbstständigung der Krankenhäuser einher, die der Krankenhausleitung größere Handlungsspielräume eröffnete. Klassischerweise besteht die Leitung eines Krankenhauses aus Verwaltungsdirektor, Ärztlichem Direktor und Pflegedirektor. Im Zuge der Verselbstständigung der Krankenhäuser wurde häufig dazu übergegangen, eine singuläre Führungsspitze etwa in der Form eines Geschäftsführers oder Krankenhausdirektors mit weit gehenden Entscheidungskompetenzen einzusetzen. Durch die Einführung eines durchgängig neuen Vergütungssystems für Krankenhausleistungen beginnend mit dem Jahr 2004 ist das Krankenhausmanagement mit vielfältigen neuen Herausforderungen konfrontiert.

I. *Zur gegenwärtigen Situation des deutschen Krankenhauswesens*

1. *Definitorisches*

Krankenhäuser sind nach §107 Abs. 1 Sozialgesetzbuch, Fünftes Buch (SGB V) „Einrichtungen, die 1. der Krankenhausbehandlung oder Geburtshilfe dienen, 2. fachlich-medizinisch unter ständiger ärztlicher Leitung stehen, über ausreichende, ihrem Versorgungsauftrag entsprechende diagnostische und therapeutische Möglichkeiten verfügen und nach wissenschaftlich anerkannten Methoden arbeiten, 3. mit Hilfe von jederzeit verfügbarem ärztlichem, Pflege-, Funktions- und medizinisch-technischem Personal darauf eingerichtet sind vorwiegend durch ärztliche und pflegerische Hilfeleistung Krankheiten der Patienten zu erkennen, zu heilen, ihre Verschlimmerung zu verhüten, Krankheitsbeschwerden zu lindern oder Geburtshilfe zu leisten, und in denen 4. die Patienten untergebracht und verpflegt werden können." Hiervon abzugrenzen sind insbesondere Vorsorge- oder Rehabilitationseinrichtungen, die in höherem Maße auf präventive oder rehabilitative Ziele hin orientiert sind (vgl. hierzu §107 Abs. 2 SGB V). Krankenhäuser werden in allgemeine und sonstige Krankenhäuser eingeteilt. Allgemeine Krankenhäuser verfügen über Betten in vollstationären Fachabteilungen, wobei die Betten nicht für ausschließlich psychiatrische und neurologische Patienten vorgehalten werden. Sonstige Krankenhäuser sind solche, die ausschließlich über psychiatrische oder psychiatrische und neurologische Betten verfügen sowie reine Tages- oder Nachtkliniken, in denen ausschließlich teilstationär behandelt wird (*Statistisches Bundesamt* 2003a).

2. Die Krankenhäuser im Jahr 2001

Im Jahr 2001 gab es im so definierten Sinne 2.240 Krankenhäuser mit 552.680 Betten (*Statistisches Bundesamt* 2003a). Mit 6,7 Betten pro 1000 Einwohner lag Deutschland damit um 50% über dem EU-Durchschnittswert. Der Umsatz der Krankenhäuser belief sich auf 61,96 Mrd. Euro. Dies entsprach 27% der gesamten Gesundheitsausgaben in Höhe von 225,93 Mrd. Euro (*Statistisches Bundesamt* 2003b) oder rund 3% des Bruttoinlandsproduktes. In den Krankenhäusern arbeiteten im Jahr 2001 832.530 Mitarbeiter (umgerechnet in Vollkräfte) oder rund 2% aller Erwerbstätigen. Die wichtigsten vertretenen Berufsgruppen waren Pflegedienst (331.472), medizinisch-technischer Dienst (124.211), Ärzte (110.152), Funktionsdienst (83.292), Wirtschafts- und Versorgungsdienst (66.299) und Verwaltungsdienst (57.536) (*Statistisches Bundesamt* 2003a).

Mit dem Krankenhausfinanzierungsgesetz (KHG) von 1972 wurde die duale Krankenhausfinanzierung eingeführt, d.h. prinzipiell werden die Investitionskosten im Wege der öffentlichen Förderung übernommen und die Betriebskosten von den Patienten bzw. ihren Krankenkassen. Bedingt durch einen sinkenden staatlichen Investitionsanteil werden die Investitionskosten jedoch in zunehmendem Maße aus anderen Quellen finanziert. Nach den Ergebnissen des *Krankenhaus Barometer*, einer repräsentativen Befragung von Krankenhäusern, machten etwa im Jahr 2001 die KHG-Fördermittel 57% der gesamten Investitionsmittel der Krankenhäuser aus. Andere wichtige Quellen für Investitionen waren Fördermittel des Trägers (12,7%) sowie Mittel aus eigenen Überschüssen (12,2%; weitere Quellen waren u.a. Mittel für Hochschulbau und Kreditfinanzierung). Die gesamte Investitionsquote der Krankenhäuser lag bei 11,7% und ist mithin niedriger als bei anderen Unternehmen (*Offermanns* 2002b, S. 12 ff.).

3. Wichtige Etappen der Krankenhausreform

In den 1990er Jahren wurden erste Reformen im Krankenhausbereich unternommen, welche auch auf mehr Wettbewerb zwischen Krankenhäusern abzielten. Mit der Verabschiedung des Gesundheitsstrukturgesetzes im Jahr 1992 wurde das so genannte *Selbstkostendeckungsprinzip* abgeschafft, welches den Krankenhäusern den Anspruch auf Deckung der vorauskalkulierten Selbstkosten einräumte. Damit wurde erstmals für Krankenhäuser die Möglichkeit geschaffen, Gewinne oder Verluste zu erzielen. Gleichzeitig wurde mit dem Gesundheitsstrukturgesetz ein neues Vergütungssystem für die Betriebskosten der Krankenhäuser eingeführt. Danach werden ca. 80% aller Krankenhausleistungen über – mit den Krankenkassen verhandelte – tagesgleiche Pflegesätze und ca. 20% der Krankenhausleistungen über einheitliche Fallpauschalen und Sonderentgelte vergütet, wobei Fallpauschalen alle Kosten einschließlich Unterkunft und Verpflegung abdecken, Sonderentgelte dagegen nur die Kosten, die im Operationssaal einschließlich Kosten von Implantaten und Transplantaten entstehen (*Busse/Schwartz* 1997, S. OS42 ff.; *Tuschen/Quaas* 1998, S. 19 f., 76). Beide Vergütungsformen existieren innerhalb von Krankenhausbudgets, die von verhandelten Leistungsmengen abhängen und bei Mengenabweichungen nur recht gering angepasst werden.

Das Krankenhauswesen am Beginn des 21. Jahrhunderts steht ganz im Zeichen der erneuten Reform des Entgeltsystems zur Betriebskostenvergütung. Nach dem GKV-Gesundheitsreformgesetz 2000 und dem im Jahr 2002 verabschiedeten Fallpauschalengesetz wird das Vergütungssystem schrittweise auf ein durchgängiges Fallpauschalensystem umgestellt, welches auf ungefähr 650 so genannten Diagnosis Related Groups (DRGs) basiert (außer für Psychiatrie, Psychotherapie, Psychosomatik und psychotherapeutische Medizin). Das Fallpauschalengesetz sieht vor, dass alle allgemeinen Krankenhäuser ab dem Jahr 2004 Krankenhausleistungen nach dem Fallpauschalensystem kodieren müssen und dass nach einer budgetneutralen Umstellungsphase in den Jahren 2004 bis 2006 ab dem Jahr 2007 Krankenhausleistungen über feste Fallpauschalen vergütet werden. Für alle Fallpauschalen existieren bundesweit einheitliche Relativgewichte, wobei der monetäre Umrechnungsfaktor von Land zu Land leicht variieren kann.

II. Unternehmensverfassungen von Krankenhäusern

Die Unternehmensverfassung (→ *Corporate Governance (Unternehmensverfassung)*) kann als die Gesamtheit der grundlegenden und langfristig gültigen Strukturreformen begriffen werden. Sie teilt den verschiedenen Instanzen oder Einzelpersonen Leitungs- bzw. Führungskompetenzen zu und reguliert somit die Kontrolle der Macht im Unternehmen (→ *Macht in Organisationen*) (*Pantenburg* 2000, S. 111). Die zentralen Elemente der Unternehmensverfassung eines Krankenhauses sind Trägerschaft und Rechtsform (*Sachs* 1994, S. 57).

1. Trägerpluralismus im Krankenhauswesen

Schon seit jeher existiert in Deutschland eine pluralistische Trägerstruktur, die auch gesetzlich gefördert wird (§1 Abs. 2 KHG). Es lassen sich drei große Trägergruppen unterscheiden. *Öffentliche Krankenhäuser* befinden sich im Eigentum einer öffentlich-rechtlichen Gebietskörperschaft oder einer sonstigen öffentlich-rechtlichen Vereinigung. *Freigemeinnützige Krankenhäuser* werden von Trägern der kirchlichen und freien Wohlfahrtspflege, Kirchengemeinden, Stiftungen oder Vereinen unterhalten. *Private Kran-*

Öffentlich-rechtliche Rechtsform	Privatrechtliche Rechtsform
Regiebetrieb	Gesellschaft bürgerlichen Rechts
Eigenbetrieb	eingetragener Verein
LHO-Betriebe	Stiftung des privaten Rechts
vollrechtsfähige Anstalt des öffentlichen Rechts	(gemeinnützige) Gesellschaft mit beschränkter Haftung
Körperschaft des öffentlichen Rechts	Aktiengesellschaft
Stiftung des öffentlichen Rechts	

Tab. 1: Unterschiedliche Rechtsformen von Krankenhäusern (Quelle: Greiling 2000, S. 95)

kenhäuser benötigen als gewerbliche Unternehmen eine Konzession nach § 30 Gewerbeordnung. Private Krankenhäuser waren bis in die 1980er Jahre hinein häufig kleine Häuser im Besitz eines Arztes. Seit der Mitte der 1980er Jahre dominieren in zunehmendem Maße größere Krankenhauskonzerne wie z.B. die Rhön Kliniken AG oder die Helios Kliniken GmbH das Bild (*Greiling* 2000, S. 88 ff.; *Statistisches Bundesamt* 2003a). Im Jahr 2001 befanden sich bei den allgemeinen Krankenhäusern 723 in öffentlicher Trägerschaft mit 273.046 aufgestellten Betten. Daneben gab es 804 freigemeinnützige Häuser mit 198.205 aufgestellten Betten und 468 private Krankenhäuser mit 41.283 aufgestellten Betten (*Statistisches Bundesamt* 2003a).

2. Unterschiedliche Rechtsformen für Krankenhäuser

Grundsätzlich wird die *Rechtsform eines Krankenhauses* nicht durch die Gesetzgebung reguliert. Vielmehr besteht Formenfreiheit, beispielsweise kann ein öffentliches Krankenhaus öffentlich-rechtlich oder privat-rechtlich, als rechtlich unselbstständige oder als rechtsfähige Betriebseinheit geführt werden (*Sachs* 1994, S. 59). Die Rechtsform eines Krankenhauses ist jedoch von entscheidender Bedeutung für die Entscheidungsautonomie der Krankenhausleitung. Eine Überblick über unterschiedliche Rechtformen von Krankenhäusern gibt Tabelle 1 (vgl. hierzu mit Erläuterungen zu den einzelnen Rechtsformen: *Greiling* 2000, S. 94 ff.).

Es existiert ein bekannter Zusammenhang zwischen der Rechtsform eines Krankenhauses und der Art des Trägers: Krankenhäuser in öffentlich-rechtlicher Trägerschaft werden am häufigsten in der Rechtsform eines Eigenbetriebs betrieben. Bei den freigemeinnützigen Krankenhäusern dominiert dagegen die Rechtsform der gemeinnützigen GmbH und der überwiegende Anteil der privaten Krankenhäuser wird in der Rechtsform der GmbH betrieben (*Offermanns* 2002a, S. 20).

Schon seit längerem existiert eine Tendenz zur Verselbstständigung von Krankenhausbetrieben, typischerweise indem das Krankenhaus von einem nicht rechtsfähigen Regiebetrieb in eine rechtsfähige (g)GmbH umgewandelt wird. Diese Tendenz zur Verselbstständigung von Krankenhäusern ist nicht nur auf Deutschland beschränkt, sondern kann in vielen europäischen Staaten beobachtet werden (vgl. hierzu *Busse/Wörz* 2003). Die Vorteile einer Verselbstständigung werden in einer flexibleren und effizienteren Betriebsführung, besseren Anpassungsfähigkeit an Bedarfs- und Marktschwankungen und in der Gewinnung unternehmerischer Führungskräfte gesehen (*Sachs* 1994, S. 66).

III. Das Krankenhausmanagement im Spannungsfeld zwischen Träger und Krankenhausleitung

Ein Schlüsselproblem für das Management (→ *Unternehmensführung (Management)*) eines Krankenhauses besteht in der Zuweisung einer klaren Arbeitsteilung zwischen dem Träger eines Krankenhauses und der Krankenhausleitung im engeren Sinne. Als typische Aufgaben des Trägers werden u.a. folgende Bereiche angesehen:

- klassische Überwachungsaufgaben (z.B. Überwachung und Entlastung der laufenden Geschäftsführung, Genehmigung von Wirtschaftsplan und Bilanz);
- strategische Aufgaben wie die Einrichtung oder Schließung ganzer Fachabteilungen, Erbringung neuer Leistungen und Kooperationsprojekte mit anderen Leistungserbringern wie z.B. niedergelassenen Ärzten;
- grundsätzliche Fragen der Leistungserbringung wie etwa Outsourcing oder die Gründung von Tochtergesellschaften;
- Auswahl und Kündigung von Führungskräften (*Pantenburg* 2000, S. 110; *Strehlau-Schwoll* 2001, S. 91 ff.).

Die wesentlichen Aufgaben der *Krankenhausleitung* werden u.a. häufig in Folgendem gesehen:

- Abschluss von Dienstverträgen;
- Erarbeitung und Vollzug des Stellenplans;
- Gestaltung der → *Aufbau- und Ablauforganisation*;
- Wahrnehmung von Aufgaben im Bereich Investition und Finanzierung (z.B. Erarbeitung und Umsetzung des Wirtschaftsplans, Aufnahme von Krediten, Erwerb, Veräußerung oder Belastung von Grundstücken);
- verschiedene operative Aufgaben zur Einhaltung krankenhausspezifischer Rechtsvorschriften, wie z.B. Hygiene, Strahlen- und Brandschutz und Arbeitssicherheit (*Pantenburg* 2000, S. 110 f.; *Strehlau-Schwoll* 2001, S. 94 ff.).

Diese Aufgabeneinteilung hat jedoch idealtypischen Charakter und ist in der Realität in dieser eindeutigen Form nicht einzuhalten. Einerseits wird oft eine zu starke Einflussnahme des Trägers auf Tagesentscheidungen der Krankenhausleitung bemängelt (vgl. z.B. *Schlüchtermann* 1996, S. 87; *Pantenburg* 2000, S. 111). Umgekehrt wird auch auf eine häufig vorkommende Entkopplung der Handlungen der Krankenhausleitung von den Zielen des Trägers hingewiesen, was eine zentrale Thematik im → *Prinzipal-Agenten-Ansatz* darstellt (vgl. *Strehlau-Schwoll* 2001, S. 91 f.).

IV. Die Krankenhausleitung: Kollegiale versus singuläre Führung

Die klassische Krankenhausleitung (auch als Betriebsleitung oder Krankenhausdirektorium bezeichnet) besteht aus Verwaltungsdirektor, Ärztlichem Direktor und Pflegedirektor. Dieses Kollegialorgan ist grundsätzlich für die ordnungsgemäße Führung des Krankenhauses vor dem Träger verantwortlich. Historisch gewachsen soll die berufsständische Organisation der Leitung des Krankenhauses die bereichsübergreifende Koordination des Krankenhauses und die Sachkompetenz der Leitung befördern. Mithin kann in ihm ein Integrationsorgan zur Überwindung von Partikularinteressen gesehen werden (*Greiling* 2000, S. 102 f.; *Pantenburg* 2000, S. 116 f.). In der Praxis zeigt es sich jedoch häufig, dass sich die Repräsentanten in der Krankenhausleitung eher als Interessenvertreter ihrer Berufsgruppe sehen und dabei geht dann die Gesamtunternehmenssicht verloren (*Greiling* 2000, S. 103). Aus diesem Grund wurde das klassische Dreierdirektorium schon häufiger Gegenstand heftiger Kritik und es wurde als fraglich erachtet, ob diese Form der Leitungsorganisation geeignet ist, dem zunehmenden betrieblichen Anpassungsdruck, dem die Krankenhäuser ausgesetzt sind, zu begegnen (*Pantenburg* 2000, S. 118; *Eichhorn* 2001, S. 52).

Im Kontext der Umwandlung von Krankenhäusern in selbstständigere Organisationen wird zunehmend dazu übergangen, eine so genannte *singuläre Führungsspitze* einzusetzen. Diese wird dann (nicht notwendigerweise ausschließlich in GmbHs, sondern auch in anderen Rechtsformen) als Geschäftsführer oder Krankenhausdirektor eingesetzt und ist hierarchisch der klassischen Betriebsleitung übergeordnet und trägt die gesamtunternehmerische Verantwortung. Diese singuläre Führungsspitze hat dann ein Alleinentscheidungs- bzw. ein Letztentscheidungsrecht, wenn sich nicht das Aufsichtsgremium bestimmte Geschäftsvorfälle zur Entscheidung vorbehalten hat (*Pantenburg* 2000, S. 119).

Im Zusammenhang der Organisation der Krankenhausleitung ist auf die zunehmende Tendenz zur Konzentration und zur Bildung von Krankenhausverbünden hinzuweisen. Diese Tendenz zur Bildung von Verbundstrukturen ist nicht auf private Anbieter beschränkt, vielmehr befinden sich auch sehr große Krankenhausverbünde in öffentlicher Trägerschaft, beispielsweise das Vivantes Netzwerk für Gesundheit GmbH in Berlin mit über 15.500 Beschäftigten oder der Landesbetrieb Krankenhäuser Hamburg – Anstalt des öffentlichen Rechts mit ca.12.500 Beschäftigten. Bei einem Krankenhausverbund stellen sich neue Fragen der Organisation und des Managements, insbesondere wie das Verhältnis der einzelnen Einheiten zur Zentrale aussehen soll (*Pantenburg* 2000, S. 115 f.; *von Kries* 2001).

V. Herausforderungen durch die Einführung von Fallpauschalen

Ohne jeden Zweifel stellt die verbindliche Einführung von Fallpauschalen eine Zäsur für die Krankenhäuser und das Krankenhausmanagement dar, die noch bedeutsamer ist als die Wirkungen des Gesundheitsstrukturgesetzes von 1992. Schon jetzt haben die Krankenhäuser vielfältige Anstrengungen unternommen, um sich auf die neuen Rahmenbedingungen einzustellen, z.B. durch Investitionen in Software und Verbesserungen bei der Leistungs- und Kostenrechnung. Mittelfristig liegen die Hauptherausforderungen für das Krankenhausmanagement einerseits in dem Druck, sich über das bisher übliche Maß hinaus auf der Ebene von bestimmten Leistungen zu spezialisieren, da seltene Leistungen kaum kostendeckend zu erbringen sind. Andererseits wird die zu erwartende Verweildauerreduktion eine weitere deutliche Bettenreduktion nach sich ziehen, die die Existenz vieler Krankenhäuser gefährdet.

Darüber hinaus zeichnen sich jedoch auch andere Wirkungen ab: So verstärkt die Einführung der Fallpauschalen die Bedeutung der Einbindung der Ärzte in das Krankenhausmanagement. Ab dem Jahr 2007 wird die Kodierung von Krankenhausleistungen entscheidend für die Einnahmen eines Krankenhauses sein; diese wird jedoch vom Arzt mit seinen Verschlüsselungen von Diagnosen und Prozeduren determiniert (*Roeder/Rochell* 2001). Bisherige Erfahrungen zeigen, dass die Einbindung insbesondere von Chefärzten in das Management häufig zu Rollenkonflikten (→ *Rollentheorie*) bei diesen führt, z.B. dadurch, dass sie einerseits ärztlich tätig sind, aber andererseits auch eine Abteilung wirtschaftlich führen müssen. Chefärzte sind häufig gefährdet, sich von traditionellen ärztlichen Rollen nicht lösen zu können *(Güntert/Offermanns* 2002, S. 157 ff.). Die durch die Reform aber weiter steigende ökonomische Bedeutung ärztlichen Handelns im Krankenhaus macht es daher erforderlich, Ärzte für Managementtätigkeiten im Krankenhaus zu qualifizieren, beispielsweise indem, wie von der *Deutschen Gesellschaft der Ärzte im Krankenhausmanagement* gefordert, eine Facharztrichtung „*Krankenhausmanagement*" eingeführt wird.

Literatur

Busse, Reinhard/Schwartz, Friedrich Wilhelm: Financing Reforms in The German Hospital Sector. From Full Cost Cover Principle to Prospective Case Fees, in: Medical Care, Jg. 35, H. 10/1997, S. OS40–OS49.
Busse, Reinhard/Wörz, Markus: Marktorientierung von Krankenhäusern: Ein Überblick über Reformen im europäischen Vergleich, in: Krankenhaus-Report 2002. Schwerpunkt: Krankenhaus im Wettbewerb, hrsg. v. *Arnold, Michael/Klauber, Jürgen/Schellschmidt, Henner*, Stuttgart et al. 2003, S. 21–30.
Eichhorn, Siegfried: Zukunft der Krankenhäuser in veränderten Strukturen – Gegenwärtige Situation, zukünftige Rahmenbedingungen und Entwicklungstendenzen des Krankenhausmanagements, in: Krankenhausmanagement. Zukünftige Struktur und Organisation der Krankenhausleitung, hrsg. v. *Eichhorn, Siegfried/Schmidt-Rettig, Barbara*, Stuttgart et al. 2001, S. 49–62.
Greiling, Dorothea: Rahmenbedingungen krankenhausbezogenen Unternehmensmanagements, in: Krankenhausmanagement, hrsg. v. *Eichhorn, Peter/Seelos, Hans-Jürgen/Graf von der Schulenburg, J.-Matthias*, München 2000, S. 69–104.
Güntert, Bernhard/Offermanns, Guido: Ärztliche Führung. Eine Frage der ökonomischen Kompetenz?, in: Spannungsfeld Führung. Neue Konzepte in einem veränderten Sozialstaat, hrsg. v. *Hildemann, Klaus D.*, 2002, S. 147–160.
Kries, Friedrich von: Struktur und Organisation der Leitung eines dezentralen Krankenhausverbundes sowie Managementqualifikation der Krankenhausträgerorgane und der Krankenhausleitung, in: Krankenhausmanagement. Zukünftige Struktur und Organisation der Krankenhausleitung, hrsg. v. *Eichhorn, Siegfried/Schmitt-Rettig, Barbara*, Stuttgart et al. 2001, S. 68–78.
Offermanns, Matthias: Krankenhaus Barometer. Herbstumfrage 2001, Düsseldorf 2002a.
Offermanns, Matthias: Krankenhaus Barometer. Frühjahrsumfrage 2002, Düsseldorf 2002b.
Pantenburg, Stephan: Unternehmensmanagement aus institutioneller Sicht, in: Krankenhausmanagement, hrsg. v. *Eichhorn, Peter/Seelos, Hans-Jürgen/Graf von der Schulenburg, J.-Matthias*, München et al. 2000, S. 104–125.
Roeder, Norbert/Rochell, Bernhard: Im DRG-System schreibt der Arzt mit der Kodierung die Rechnung, in: führen & wirtschaften im Krankenhaus, Jg. 18, H. 2/2001, S. 162–168.
Sachs, Ilsabe: Handlungsspielräume des Krankenhausmanagements. Bestandsaufnahme und Perspektiven, Wiesbaden 1994.
Schlüchtermann, Jörg: Integration des Arztes in das Krankenhausmanagement, in: Der Arzt als Manager, hrsg. v. *Raem, Arnold M./Schlieper, Peter*, München et al. 1996, S. 61–100.
Statistisches Bundesamt: Gesundheitswesen. Grunddaten der Krankenhäuser und Vorsorge und Rehabilitationseinrichtungen, Fachserie 12. Reihe 6.1. Wiesbaden 2003a.
Statistisches Bundesamt: Gesundheit. Ausgaben und Personal, Wiesbaden 2003b.
Strehlau-Schwoll, Holger: Singuläre versus plurale Leitungsstruktur sowie funktionale versus berufsgruppenspezifische Leitungsstruktur, in: Krankenhausmanagement. Zukünftige Struktur und Organisation der Krankenhausleitung, hrsg. v. *Eichhorn, Siegfried/Schmidt-Rettig, Barbara*, Stuttgart et al. 2001, S. 91–103.
Tuschen, Karl-Heinz/Quaas, Michael: Bundespflegesatzverordnung. Kommentar mit einer umfassenden Einführung in das Recht der Krankenhausfinanzierung, 4. A., Stuttgart et al. 1998.

Krisenforschung und Krisenmanagement

Jürgen Hauschildt

[s.a.: Dilemma-Management; Entscheidungsprozesse in Organisationen; Komplexitätsmanagement; Konflikte in Organisationen; Mikropolitik; Risikomanagement und Interne Revision; Strategisches Management; Umweltmanagement, Organisation des; Unternehmensführung (Management); Unternehmenskommunikation; Verhandlungskonzepte.]

I. Unternehmenskrise: Begriff und frühe Forschung; II. Qualitative Krisenursachen und ihre typischen Kombinationen; III. Krisendiagnose auf der Basis von Jahresabschlussdaten; IV. Krisenmanagement.

Zusammenfassung

Krisen sind existenzbedrohende Gefährdungen. Sie verlangen frühzeitige Erkenntnis („Krisendiagnose") und energische Bekämpfung („Krisenmanagement"). Die Krisendiagnose verfolgt ihr Erkenntnisziel auf zwei Wegen: 1. durch Bestimmung qualitativer Krisenursachen und 2. durch systematische Auswertung von Jahresabschlüssen. Das Krisenmanagement konzentriert sich vor allem auf die Erhaltung der Liquidität und auf kurzfristige Maßnahmen zur Verlustminderung. Langfristig mündet es in strategisches Management ein und ist in ein umfassendes Risikomanagement zu integrieren.

I. Unternehmenskrise: Begriff und frühe Forschung

Als „*Krise*" bezeichnet man die *drohende Existenzgefährdung* einer Unternehmung: Sie liegt vor, wenn die

→ *Planung* signalisiert, dass die Unternehmung bei unveränderter Fortführung der Tätigkeit in ihrem Bestand gefährdet sein würde. Dies entspricht der Risikovorstellung des KonTraG. Die Krise realisiert sich in der Insolvenz, spätestens wenn Zahlungsunfähigkeit oder Überschuldung drohen. Von einer „*latenten*" Krise sprechen wir dann, wenn das bestandsgefährdende Risiko intern angelegt ist, auch wenn es noch nicht bewusst ist. Von einer „*manifesten*" Krise spricht man, wenn die Krisensituation den maßgeblichen Bezugsgruppen der Unternehmung, namentlich den Banken, bekannt wird.

Krisendiagnose ist das Bemühen, den Krisenzustand so *früh* wie möglich zu erkennen, um damit noch die Möglichkeit zu haben, Maßnahmen des *Krisenmanagements* zu ergreifen, also Handlungsalternativen zu wählen, die – abweichend von den ursprünglichen Plänen – verhindern, dass sich die Krise realisiert. Ist man dabei erfolgreich, ist die Krise abgewendet, wenn nicht, wird das Insolvenzverfahren eingeleitet, fortgeführt und mit unverzüglicher oder gestreckter Liquidation, mit Reorganisation oder übertragender Sanierung beendet (*Schimke/Töpfer* 1985).

Je früher das Krisenmanagement einsetzen kann, desto größer sind seine Erfolgschancen. Hier liegt die fundamentale Bedeutung der Krisendiagnose: Sie muss darauf gerichtet sein, permanent das Unternehmen daraufhin zu durchleuchten (→ *Unternehmensanalyse, strategische*), ob sich erste Hinweise auf bestandsgefährdende Risiken zeigen. Dies ist zentrale Aufgabe des vom KonTraG geforderten Risikomanagements (→ *Risikomanagement und Interne Revision*).

Benötigt wird dazu eine umfassende *Theorie der Unternehmenskrise*, durch die Auftreten, Verlauf und Ausgang einer Unternehmenskrise erklärt werden (*Witte* 1981; *Krystek* 1987). In einer solchen Theorie ist zunächst die Krise selbst systematisch zu *beschreiben*. Sodann sind die *Ursachen* einer Krise

- *vollständig*, d.h. als notwendig und hinreichend,
- *systematisch*, d.h. überschneidungsfrei und hierarchisch geordnet,
- unter Angabe ihrer relativen *Bedeutung* und Gewichtung,
- unter Kennzeichnung von *Abschwächungen und Verstärkungen* und
- in ihren *Kausalketten*

zu bestimmen. Weiterhin ist der *zeitliche Verlauf* der Krise zu kennzeichnen. Schließlich muss eine Theorie der Unternehmenskrise Aussagen zur *Zwangsläufigkeit* enthalten, also darüber, mit welchen Instrumenten und zu welchen Zeitpunkten die dramatische Zuspitzung der Entwicklung zur Insolvenz noch aufgehalten oder abgewendet werden kann. Und wie überall stellt sich die Frage nach der *situativen Bedingtheit* der Krise, wie etwa nach Alter, Größe und Verfassung der Unternehmung.

Noch liegt eine derartige verhaltenswissenschaftliche, empirisch geprüfte Theorie der Krise nicht vor.

Die Erforschung der Krise erfolgte auf zwei unterschiedlichen Pfaden: Schon 1930 erschien die Untersuchung von Fleege-Althoff (*Fleege-Althoff* 1930) unter dem Titel „Die notleidende Unternehmung", in der systematisch nach *qualitativen Krisenursachen* gefragt wurde. Dieser Pfad wurde nach dem Kriege insbesondere durch weitere Untersuchungen (*Hahn* 1958; *Rinklin* 1960; *Bellinger* 1962) weiter verfolgt. Einen neuen Impuls erhielt die Krisenforschung mit dem wissenschaftlichen Interesse an sog. Frühwarnindikatoren und -systemen, vor allem durch die Studien von Müller-Merbach (*Müller-Merbach* 1976; *Müller-Merbach* 1977) und Hahn/Krystek (*Hahn/ Krystek* 1979).

Der zweite Forschungspfad führte über die klassische *Bilanzanalyse* zur sog. *Insolvenzprognose* und betrachtet damit *quantitative Krisendaten*. Schon die traditionsreiche *Kreditwürdigkeitsanalyse* hatte implizit stets die frühe Erkenntnis und Vermeidung des Krisenfalls vor Augen. Es sei an die Arbeiten von Mellerowicz/Jonas (*Mellerowicz/Jonas* 1954), Krümmel (*Krümmel* 1962, S. 137 ff.), Wittgen (*Wittgen* 1970) und Hagenmüller (*Hagenmüller* 1976, Sp. 1224–1234) erinnert.

In der folgenden Betrachtung sollen die neueren Entwicklungen auf diesen beiden Wegen dargestellt werden.

II. Qualitative Krisenursachen und ihre typischen Kombinationen

Die Forschungsarbeiten zu den qualitativen *Krisenursachen* wurden erst in den 70er Jahren als methodisch anspruchsvolle empirische Studien durchgeführt, die schließlich *multivariate Ergebnisse* lieferten (*Reske/ Brandenburg/Mortsiefer* 1976; *Hauschildt* 1983; *Grenz* 1987).

Ausgangspunkt sind dabei systematische Ableitungen von einzelnen Krisenursachen (Abb. 1). Dabei konnte die Krisenforschung auf Vorarbeiten und Erkenntnisse zu Schwachstellen in den einzelnen betrieblichen Funktionsbereichen zurückgreifen.

In Clusteranalysen wurden für Großunternehmen die folgenden *typischen Kombinationen von Krisenursachen* festgestellt:

- In *Unternehmen auf brechenden Stützpfeilern* bricht der Absatz ein oder stagniert unerwartet. Produktion und Beschaffung laufen indessen plangemäß weiter. Die Kapazitäten sind nicht mehr aufeinander abgestimmt. Es kommt zu Halden von Rohstoffen und Produkten. Die Krise lässt sich nicht abschotten. Höhere kurzfristige Verschuldung ist die weitere Folge.
- In *technologisch gefährdeten Unternehmen* liegen die Krisenursachen im Produktionssektor, in der Investitionstätigkeit sowie in Forschung und Entwicklung. Führungsfehler kommen hinzu. Es han-

Krisenursachen
Viele Krisenursachen sind januskö pfig – ein Zuviel und Zuwenig ist gleichermaßen schädlich. Derartige Effekte werden durch einen Schrägstrich gekennzeichnet.

1. In der Person des Unternehmers oder des dominanten Managers liegende Ursachen
1.1 Unerfahrenheit
1.2 Verschwendung, Spekulation
1.3 Führungsmängel
   – autoritäre Zentralisierung
   – Entscheidungsschwäche
   – mangelhafte Koordination
   – fehlende Kontrolle
1.4 Familienprobleme
1.5 Krankheit, Tod
2. In der Institution (Unternehmung, Unternehmensverfassung) liegende Ursachen
2.1 Strategie
   – unkritisches internes Wachstum
   – überhastetes externes Wachstum
   – zu enge Bindung an übermächtige Partner
2.2 Rechtsform
   – steuerliche Nachteile
   – unklare Rechtsnachfolge
2.3 Verbund
   – schwache Partner
   – zu hohe/zu niedrige Autonomie der Verbundmitglieder
2.4 Organisation
   – zu tiefe/zu flache Hierarchie
   – unzweckmäßige Spezialisierung
   – Unter-/Überorganisation
2.5 Information
   – Mängel im Planungs- und Kontrollsystem
   – ungenügende IundK-Technik
2.6 Beziehung zu den Arbeitnehmern
   – Streik/Aussperrung
   – Obstruktion, Sabotage
3. Finanzwirtschaftliche Krisenursachen
3.1 nicht erwarteter Einnahmen-Ausfall
   – Ausfall von Forderungen
   – Zahlungsverzug von Kunden
   – Rücknahme, Nichtgewährung von Kredit
   – Versagen der Liquiditätsreserve
3.2 mangelhafte Koordination von Einnahmen und Ausgaben
3.3 nicht erwarteter Ausgaben-Anfall
   – Abzug von Krediten
   – ungeplante Zahlungsverpflichtungen
	4. Operative Krisenursachen
	4.1 **Absatz**
	4.11 Produkt/Programm
	   – veraltete Produkttechnologie
	   – zu hohe/zu niedrige Produktqualität
	   – kein bewusstes Porfolio
	   – Eigenkonkurrenz
	4.12 Preis
	   – zu hoch/zu niedrig
	   – nicht dynamisiert
	   – keine Wertsicherung
	4.13 Absatzweg
	   – zu stark/zu wenig gebunden
	   – zu abrupter Wechsel
	4.2 **Investition**
	4.21 Forschung und Entwicklungsaktivität
	   – zu wenig/zu viel
	   – zu einseitig/zu vielseitig
	   – zu wenig/zu viel Kontrolle
	4.22 Investitionsobjekt
	   – fehlender Produkt-Markt-Bezug
	   – unbekanntes Terrain/keine Erfahrung
	   – zu wenig Freiheit (Zwangsinvestitionen)
	4.23 Investitionsvolumen
	   – nicht koordiniert mit Absatz
	   – zu groß/zu klein
	   – zu (dis)kontinuierlich
	4.24 Investitionszeitpunkt
	   – zu früh – gemessen an technologischer Kompetenz
	   – zu spät – gemessen an der Konkurrenz
	4.3 **Produktion und Logistik**
	4.31 Produktionstechnologie
	   – veraltet/zu innovativ
	4.32 Produktionsvolumen
	   – zu gering in Bezug auf Absatzchancen
	   – schlecht koordiniert mit den anderen operativen Funktionen
	4.33 Fehlende Produktionsflexibilität
	4.34 Standort
	   – zu zentral/zu zersplittert
	   – politische Risiken
	4.4 **Beschaffung**
	4.41 zu große/zu kleine Beschaffungsmengen
	4.42 zu hohe/zu niedrige Qualität
	4.43 Lieferanten
	   – zu wenige/zu viele
	   – zu innovativ/zu veraltet
	4.44 Preis/Währung
	   – zu hohe Einstandspreise
	   – keine Wertsicherung

Abb. 1: Krisenursachen

delt sich um Unternehmen, die starr an bestimmten – zuvor erfolgreichen – Verfahrens- oder Produktphilosophien festhalten.

– In *unkontrolliert expandierenden Unternehmen* liegt bei forciertem externen Wachstum durch Firmenakquisitionen ein eklatanter Mangel an Eigenkapital vor. Es treten Probleme im Rechnungswesen sowie bei Führung und Organisation auf. Die zugekauften Unternehmen lassen sich nicht in die gewachsene Organisation und das vorhandene

Informationssystem eingliedern. Vermeintliche „Schnäppchen" erweisen sich tatsächlich als Flops.
- In *Unternehmen mit konservativer, starrsinniger, patriarchalischer Führung* liegt der Hauptmangel in der Person des Unternehmers oder des dominierenden Mitgliedes der Geschäftsführung. Geblendet durch frühere Erfolge neigt dieser Mensch zur Selbstüberschätzung, zu sehr persönlichen, intuitiven, sprunghaften – und eben falschen Entscheidungen.

In kleineren Unternehmen finden sich diese Kombinationen von Krisenursachen ebenfalls, dort lassen sich überdies noch zwei weitere Typen bestimmen:

- Das *abhängige Unternehmen* ist durch eine zu starke Bindung an einen großen Kunden gekennzeichnet,
- das *Unternehmen mit unkorrekten Mitarbeitern* gerät durch Kompetenzüberschreitungen, Korruption, Betrug oder andere geschäftsschädigende Verhaltensweisen derartiger Mitarbeiter in die Krise.

Die *typologische* Betrachtung zeigt, dass es falsch ist, von „der" latenten Unternehmenskrise schlechthin zu sprechen. Richtig ist es vielmehr, von unterschiedlichen Mustern auszugehen, in denen stets mehrere Krisenursachen in jeweils unterschiedlichen, aber dennoch explosiven Mischungen auftreten.

III. Krisendiagnose auf der Basis von Jahresabschlussdaten

Traditionell wird die Krisendiagnose auf *Kennzahlen* gestützt, die aus Bilanzen sowie den Gewinn- und Verlustrechnungen abgeleitet werden, wie etwa Renditen, Liquiditätskennzahlen, Umschlagskennziffern, Deckungsrelationen, die im Zeit-, Betriebs- und Branchenvergleich an Aussagekraft gewinnen (*Littkemann/Krehl* 2000). Die in die Kennzahlen eingehenden Primärdaten werden dabei vielfältig verdichtet, am komplexesten sicherlich bei der Bestimmung von Varianten des Cash Flow (*Hauschildt/Leker/Mensel* 2000).

Kennzahlen treffen aber vielfach nur singuläre Feststellungen und sagen wenig über Ursache-/Wirkungsketten aus. Daher hat man sie schon früh in sog. *„Kennzahlensystemen"* dergestalt verknüpft, dass sich bestimmte Sekundäreffekte auf mehrere vorgeschaltete Primäreffekte zurückführen lassen. Das älteste und bekannteste derartige Schema ist das ROI-Konzept im Dupont-Control-System (*Hauschildt* 1970). Am weitesten verbreitet ist das MIDIAS-Konzept der DATEV e.G. (*Hauschildt/Leker/Krehl* 1996). Durch diese Kennzahlensysteme werden die Analytiker aufgefordert, immer wieder nach den Ursachen bestimmter Auffälligkeiten zu fragen. Die fragengeleitete Krisendiagnose löst damit die feststellende Bilanzanalyse ab.

Statistische Verfahren haben diese Analysemethoden ergänzt. Eine Übersicht über die wichtigsten, im Folgenden genannten Verfahren findet sich im Sammelband von Hauschildt/Leker (*Hauschildt/Leker* 2000):

- *Scoringmodelle* werden in der Form von Check-Listen vielfältig in der Praxis eingesetzt. Den einzelnen Beobachtungen werden Punktwerte zugeordnet. Diese Punktwerte werden addiert. Bei Über-/Unterschreiten bestimmter Grenzwerte wird ein Diagnose-Urteil nach der Art einer Zeugnisnote vergeben.
- *Diskriminanzanalysen* werden als großzahlige Betriebsvergleiche durchgeführt (*Hauschildt* 2000). Dabei werden die systematischen Unterschiede zwischen einer Stichprobe von bestandsgefährdeten (zumeist: insolventen) Unternehmen und einer Vergleichsgruppe solventer Unternehmen ermittelt und in einer Diskrimininanzfunktion zusammengefasst (*Leker* 1993). Diese Funktion enthält diejenigen Bilanzkennzahlen, in denen sich die beiden Gruppen unterscheiden. Eine systematische Erweiterung dieses Konzeptes bietet die *logistische Regression*, in die auch nicht-numerische Beobachtungen eingehen können (*Schewe/Leker* 2000).
- Die Analysen mit *Künstlichen Neuronalen Netzen* überantworten die Bestimmung der kritischen Bilanzkennzahlen einem komplexen Lernprozess des Analysesystems (*Baetge/Dossmann/Kruse* 2000).
- Durch *Fuzzy-Set-Analysen* wird es möglich, auch „unscharfe" subjektive Werturteile oder qualitative Merkmale in die computergestütze Analyse einzubeziehen (*Blochwitz/Eigermann* 2000).

In den vergangenen 20 Jahren hat die Krisendiagnose damit einen Sprung von Quantität in Qualität erlebt. In der praktischen Anwendung werden die statistischen Verfahren für eine erste Vorsortierung eingesetzt, in der zunächst unstrittig kritische und sodann krisenverdächtige Unternehmen gekennzeichnet werden. Diese werden dann individuell mit größerer Intensität untersucht.

IV. Krisenmanagement

Krisenmanagement umfasst alle Aktivitäten der Vermeidung und der Bekämpfung einer Krise. Das *vorausschauende* Krisenmanagement ist permanent bestrebt, einzelne Krisenursachen aufzuspüren und im Sinne einer Prophylaxe zu verändern (*Müller-Stewens* 1989).

Krisenbekämpfung ist in der akuten Situation zwingend. Diese akute Situation ist beim Übergang von der latenten in die manifeste Krise gegeben. Sie ist in aller Regel durch enormen Zeitdruck und durch schlagartigen Vertrauensverlust gekennzeichnet. In dieser Situation signalisiert die Finanzplanung üblicherweise drohende Zahlungsunfähigkeit. Dies ist die Stunde der *Liquiditätspolitik* (*Witte* 1963): Vorziehen und Bewirken zusätzlicher Einnahmen, Verschieben oder Senken von Ausgaben. Konkret geht es um das Abstoßen von Vermögensteilen und Notliquidierungen, um beschleunigte Produktverkäufe unter Hinnahme von Preisabschlägen, um Investitionsstopps, Kurzarbeit, Sperrung von Budgets etc. Ob in dieser Situation noch Kredite mobilisiert werden können, hängt von der Einschätzung der Partner auf den Finanz- und Kapitalmärkten ab. Die Sicherung der Zahlungsfähigkeit hat in der akuten Krisensituation absoluten Vorrang vor dem Streben nach Gewinn.

Das Handeln in der Krisensituation verlangt Rückzug auf robuste und einfache Verfahren des Entscheidens und Durchsetzens (*Becker* 1978; *Müller* 1982; *Bergauer* 2001). Voraussetzungs- und bindungsloses Management erscheint möglich. Die klare ökonomische Grundstruktur des unternehmerischen Handelns wird dabei nicht durch allerlei Kompromissformeln verzerrt, die im Alltag wohl etablierten und ungestörten Unternehmensgeschehens üblich sind:

- Die *Zielsetzung verengt sich* auf einige, wenige, dominante Ziele (→ *Ziele und Zielkonflikte*): Kostenminimierung unter der strengen Nebenbedingung der Liquiditätserhaltung. Die Kostenperspektive wird präferiert, weil die Kosten besser und schneller beeinflussbar sind als die Erlöse. Ziele mit kurzen Zeithorizonten und klarer Kontrollmöglichkeit verdrängen jegliche Unschärfe und Vieldimensionalität der sonst üblichen Zielkonzeptionen.
- Die *Alternativenzahl wird eng begrenzt*, weil der allfällige Zeitdruck es nicht zulässt, viele Alternativen zu suchen, zu generieren und zu bewerten. Man bleibt zwar vordergründig bei der Optimierung, wendet sie aber auf eine sehr kleine Alternativenzahl an, im Extremfall auf die Wahl zwischen „Handeln" und „Nicht-Handeln".
- Die *Situationsbeurteilung reduziert sich* auf eine worst-case-Betrachtung, weil optimistischere Annahmen fahrlässig wären.
- Die *Führungsproblematik vereinfacht sich* drastisch, weil den Geführten der Bruch ihrer Karriere bei Insolvenz bewusst ist.

Die akute Krisensituation verlangt kurzfristig und befristet nach einer Änderung der *Organisation*. Die Liquiditätspolitik ist nur dann durchzusetzen, wenn dem obersten Krisenmanager besondere Vollmachten und Vetorechte eingeräumt werden. Zentralisierung der Aktivitäten ist zwingend. An die Stelle der gewohnten Deckungsbeitrags- und Betriebsergebnis-Rechnungen treten Produkt- und Bereichs-Finanzrechnungen. Intensiver und zeitnaher Informationsaustausch zwischen den Beteiligten jenseits der traditionellen Berichts- und Dokumentationswege ist unerlässlich.

Zum Krisenmanagement gehört schließlich eine besondere *Krisenkommunikation* (→ *Unternehmenskommunikation*) (*Roselieb* 2002). Es gilt zu verhindern, dass sich Gerüchte bilden, die schädliche Kettenreaktionen auslösen, und dass die Betroffenen indirekt von Aktionen erfahren, durch die sie belastet werden. Es ist gesichertes Wissen, dass optimistisch oder pessimistisch gefärbte Informationen die Glaubwürdigkeit noch weiter herabsetzen. Nur die realistische und selbstkritische Information der Beteiligten, der Betroffenen und der Öffentlichkeit unterstützt das Krisenmanagement. Dabei kommt der Aktualität der Informationslieferung eine besondere Bedeutung zu. Das Internet eröffnet überdies die Möglichkeiten zum Dialog. Das Krisenmanagement erschöpft sich nicht darin, in einem großen Krisenstab die Maßnahmen vorzubereiten und von einem herausgehobenen Krisenmanager durchsetzen zu lassen. Es hat vielmehr die interessierten Partner des Geschehens sachgerecht und zeitnah auf dem Laufenden zu halten.

Nach Überwindung der akuten Notsituation mündet das Krisenmanagement ein in eine *strategische Neuausrichtung* der gesamten Unternehmung. Damit endet auch der organisatorische Sonderstatus des Krisenmanagers. Aber vorausschauendes Krisenmanagement als permanente Krisendiagnose soll nach den Vorstellungen des KonTraG zu einer Daueraufgabe eigens dazu bestellter Risikomanager werden. Vorstand, Aufsichtsrat und Abschlussprüfer haben sich für das Funktionieren des *Risikomanagements* zu verantworten. Hinzu kommt in Zukunft die ständige kritische Beobachtung des Unternehmens durch ein institutionelles *Rating* (*Leker* 2001). *Der intellektuelle Umgang mit der Krise wird damit zum laufenden innerbetrieblichen Problem.*

Literatur

Baetge, Jörg/Dossmann, Christiane/Kruse, Ariane: Krisendiagnose mit Künstlichen Neuronalen Netzen, in: Krisendiagnose durch Bilanzanalyse, hrsg. v. *Hauschildt, Jürgen/Leker, Jens*, 2. A., Köln 2000, S. 179–220.
Becker, Heinz: Unternehmenskrise und Krisenmanagement, in: ZfB, Jg. 48, 1978, S. 672–685.
Bellinger, Bernhard: Unternehmenskrisen und ihre Ursachen, in: Handelsbetrieb und Marktordnung, Festschrift für Carl Ruberg zum 70. Geburtstag, hrsg. v. *Albach, Horst*, Wiesbaden 1962, S. 49–74.
Bergauer, Anja: Erfolgreiches Krisenmanagement in der Unternehmung, Berlin 2001.
Blochwitz, Stefan/Eigermann, Judith: Krisendiagnose durch quantitatives Credit-Rating mit Fuzzy-Regeln, in: Krisendiagnose durch Bilanzanalyse, hrsg. v. *Hauschildt, Jürgen/Leker, Jens*, 2. A., Köln 2000, S. 240–267.
Fleege-Althoff, Fritz: Die notleidende Unternehmung. Band I: Krankheitserscheinungen und Krankheitsursachen, Stuttgart 1930.
Grenz, Thorsten: Dimensionen und Typen der Unternehmenskrise – Analysemöglichkeiten auf der Grundlage von Jahresabschlussinformationen, Frankfurt am Main et al. 1987.
Hagenmüller, Karl Friedrich: Kreditwürdigkeitsprüfung, in: HWF, hrsg. v. *Büschgen, Hans E.*, Stuttgart 1976, Sp. 1224–1234.
Hahn, Dietger/Krystek, Ulrich: Betriebliche und überbetriebliche Frühwarnsysteme für die Industrie, in: ZfbF, Jg. 31, 1979, S. 76–88.

Hahn, Gerhard: Ursachen von Unternehmensmisserfolgen – Ergebnisse von Untersuchungen besonders im rheinischen Industriebezirk, Köln 1958.
Hauschildt, Jürgen: Vorgensweise der statistischen Insolvenzdiagnose, in: Krisendiagnose durch Bilanzanalyse, hrsg. v. *Hauschildt, Jürgen/Leker, Jens*, 2. A., Köln 2000, S. 119–143.
Hauschildt, Jürgen: Aus Schaden klug, in: Manager Magazin, Jg. 13, H. 10/1983, S. 142–152.
Hauschildt, Jürgen: Bilanzanalyse mit Kennzahlensystemen – das „Du-Pont-Control-System" und seine Anwendung auf deutsche Jahresabschlüsse, in: Harzburger Hefte, Jg. 1, 1970, S. 28–38.
Hauschildt, Jürgen/Leker, Jens (Hrsg.): Krisendiagnose durch Bilanzanalyse, 2. A., Köln 2000.
Hauschildt, Jürgen/Leker, Jens/Krehl, Harald: Erfolgs-, Finanz- und Bilanzanalyse, 3. A., Köln et al. 1996.
Hauschildt, Jürgen/Leker, Jens/Mensel, Nils: Der Cash Flow als Krisenindikator, in: Krisendiagnose durch Bilanzanalyse, hrsg. v. *Hauschildt, Jürgen/Leker, Jens*, 2. A., Köln 2000, S. 49–70.
Krümmel, Hans-Jacob: Zur Bewertung im Kreditstatus, in: ZfhF, Jg. 14, 1962, S. 137–151.
Krystek, Ulrich: Unternehmenskrisen – Beschreibung, Vermeidung und Bewältigung überlebenskritischer Prozesse in Unternehmungen, Wiesbaden 1987.
Leker, Jens: Bilanzratingsysteme zwischen Theorie und Praxis, in: Außergewöhnliche Entscheidungen – Festschrift für J. Hauschildt, hrsg. v. *Hamel, Winfried/Gemünden, Hans Georg*, München 2001, S. 274–303.
Leker, Jens: Fraktionierende Frühdiagnose von Unternehmenskrisen – Bilanzanalysen in unterschiedlichen Krisenstadien, Köln et al. 1993.
Littkemann, Jörn/Krehl, Harald: Kennzahlen der klassischen Bilanzanalyse – nicht auf Krisendiagnosen zugeschnitten, in: Krisendiagnose durch Bilanzanalyse, hrsg. v. *Hauschildt, Jürgen/Leker, Jens*, 2. A., Köln 2000, S. 19–32.
Mellerowicz, Konrad/Jonas, Heinrich: Bestimmungsfaktoren der Kreditfähigkeit, Berlin 1954.
Müller, Rainer: Krisenmanagement in der Unternehmung, Frankfurt am Main / Bern 1982.
Müller-Merbach, Heiner: Frühwarnsysteme zur betrieblichen Krisenerkennung und Modelle zur Beurteilung von Krisenabwehrmaßnahmen, in: Computergestützte Unternehmensplanung, hrsg. v. *Plötzeneder, Hans D.*, Stuttgart 1977, S. 419–438.
Müller-Merbach, Heiner: Frühwarnsysteme zur Voraussage und Bewältigung von Unternehmenskrisen, in: Unternehmensprüfung und -beratung, Festschrift zum 60. Geburtstag von Bernhard Hartmann, hrsg. v. *Aschfalk, Bernd/Hellfors, Sven/Marettek, Alexander*, Freiburg 1976, S. 159–177.
Müller-Stewens, Günter: Krisenmanagement, in: DBW, Jg. 49, 1989, S. 629–645.
Reske, Winfried/Brandenburg, Achim/Mortsiefer, Hans Jürgen: Insolvenzursachen mittelständischer Betriebe, Göttingen 1976.
Rinklin, Theo-Hansjoerg: Die vergleichsfähige und die konkursreife Unternehmung, Stuttgart 1960.
Roselieb, Frank: Die Krise managen – 5 wertsteigernde Strategien für die Internetwirtschaft, Frankfurt am Main 2002.
Schewe, Gerhard/Leker, Jens: Statistische Insolvenzdiagnose: Diskriminanzanalyse versus logistische Regression, in: Krisendiagnose durch Bilanzanalyse, hrsg. v. *Hauschildt, Jürgen/Leker, Jens*, 2. A., Köln 2000, S. 168–178.
Schimke, Ernst/Töpfer, Armin: Krisenmanagement und Sanierungsstrategien, Landsberg am Lech 1985.
Witte, Eberhard: Die Unternehmenskrise – Anfang vom Ende oder Neubeginn?, in: Unternehmenskrisen – Ursachen, Frühwarnung, Bewältigung, hrsg. v. *Bratschitsch, Rudolf/Schnellinger, Wolfgang*, Stuttgart 1981, S. 7–24.
Witte, Eberhard: Die Liquiditätspolitik der Unternehmung, Tübingen 1963.
Wittgen, Robert: Moderner Kreditverkehr, München 1970.

Kulturvergleichende Organisationsforschung

Arndt Sorge

[s.a.: Demographischer Ansatz; Interkulturelles Management; Organisationskultur.]

I. Einleitende Übersicht; II. Verschiedene Ansätze der kulturvergleichenden Organisationsforschung; III. Indirekte oder implizite kulturvergleichende Organisationsforschung; IV. Zum Umgang mit kulturvergleichender Organisationsforschung in Theoriebildung, Forschung und Praxis.

Zusammenfassung

Es lassen sich verschiedenartige Ansätze der kulturvergleichenden Organisationsforschung unterscheiden: Kulturalismus, symbolischer Interaktionismus, Institutionalismus, eklektische Richtungen und impliziter Vergleich. Diese haben jeweils eigene Forschungslogik und Theorietraditionen. Sowohl theoretisch, empirisch wie praktisch befriedigende Darstellungen ergeben sich jedoch nicht aufgrund einseitiger Ansätze, sondern durch deren Kombination. Dies wird an einem Beispiel verdeutlicht. Kulturvergleichende Organisationsforschung leistet für die Praxis v.a. dadurch einen Beitrag, dass sie bei Übertragung von Organisationskonzepten, wie auch Versetzung von Leitenden oder anderen Beschäftigten, über Gesellschaftsgrenzen hinweg Probleme diagnostiziert und erklärt und Anpassungen suggeriert.

I. Einleitende Übersicht

Die kulturvergleichende Organisationsforschung ist ein komplexes Gebiet, mehrere Paradigmen konkurrieren miteinander. Sie läuft aber in jedem Falle darauf hinaus, dass Verschiedenheiten der Kultur im Kontext von Organisationen ermittelt und hinsichtlich Ausprägungen, Gründen und weiteren Folgen erklärt werden. *Kultur* wird im Allgemeinen als Gesamtheit der in einer Population von Organisationen oder Menschen geteilten und in ihnen besonderen Werthaltungen, Wissensbestände, Symboliken und Handlungspraktiken aufgefasst. Symboliken, Wissensbestände and Handlungspraktiken werden auch als kulturelle Artefakte bezeichnet. Der Begriff „*Artefakt*" drückt aus, dass es in jedem Fall um künstliche, d.h. in der Natur nicht ohne die Einwirkung des Menschen vorfindbare, Dinge geht, welche nach menschlichen Gesellschaften und deren Untergliederungen überraschend verschieden sein können. Insofern hat kulturvergleichende Organisationsforschung eine kulturanthropologische und ethnologische Fundierung. Hinzu treten aber auch ganz andere Ansätze. Was Kultur im Wesentlichen bedeutet, wie sie sich zu Organisationen verhält, wie kulturvergleichende Organisationsforschung ausgeführt werden kann und welche Erklärungen sie liefert, das ist je nach Ansätzen recht unterschiedlich.

Die Organisationstheorie kümmert sich seit einiger Zeit sehr intensiv um Organisationskulturen (→ *Organisationskultur*). Um Kulturen von einzelnen Organisationen geht es bei der kulturvergleichenden Organisationsforschung aber nicht, sondern um diejenige Kultur, die zwar auch in Organisationen hervortritt, jedoch in der sie umgebenden Gesellschaft verwurzelt ist. Diese ist Gegenstand der kulturvergleichenden Organisationsforschung i.e.S. Wenn Kultur nicht nur je nach spezifischen Unternehmen oder Organisationen veranlagt und gestaltet ist, und wenn sie nicht allein nach universalistisch gefassten Faktoren variiert, also nicht nur entsprechend Größe, Sektor, Branche oder anderen Bedingungen von Aufgabenumwelt und -kontext, dann ist sie geprägt durch allgemeine Merkmale der Gesellschaft und ihrer Wirtschaft, in der sich eine Organisation bewegt und aus der sie ihre hauptsächlichen menschlichen oder in Menschen gebundenen Ressourcen bezieht. Kulturvergleichende Organisationsforschung geht also davon aus, dass neben der je nach einzelnen Organisationen verschiedenen „*Aufgabenumwelt*" die „allgemeine" Umwelt einen erheblichen Einfluss ausübt, auch auf die durch einzelne Organisationen wahrgenommene oder mitgestaltete Aufgabenumwelt. Zur allgemeinen Umwelt zählen v.a. allgemein übliche oder legitime Erziehung, Bildung und Ausbildung, Strukturen der sozialen Schichtung (Arten der Verteilung von Belohnungen wie Geld, Ansehen oder anderer knapper Güter über größere Gruppen von Menschen) und Normen (gesetzliche oder durch Entzug oder Gewährung von Anerkennung oder Unterstützung faktisch sanktionierte), mit denen das Verhalten von Menschen und Organisationen direkt oder auf Umwegen beeinflusst wird: Erhebliche soziale Ungleichheit geht mit tiefer Hierarchie und Zentralisierung von Befugnissen einher; Klüfte zwischen schulischer und praktischer Erziehung hängen zusammen mit stärkerer Anwendung des Taylorismus. Der Grundtatbestand der kulturvergleichenden Organisationsforschung ist also darin zu finden, dass Organisationen hinsichtlich Strategien, Strukturen und Abläufen immer auch erheblich durch Bedingungen geprägt sind, die in einer Gesellschaft weitläufig gegeben und dadurch der individuellen Gestaltung durch die einzelne Organisation zum allergrößten Teil enthoben sind.

II. Verschiedene Ansätze der kulturvergleichenden Organisationsforschung

Innerhalb dieser kulturvergleichenden Organisationsforschung i.e.S., die sich mit der international vergleichenden Organisationsforschung erheblich überlappt, gibt es zwei unterschiedliche Ausgangspunkte:

- Organisationen werden selbst als kulturelle Artefakte betrachtet, die mit anderen Artefakten in der jeweiligen Gesellschaft zusammenhängen, oder:
- Organisationen werden studiert als Gegenstand des Einflusses weitläufiger kultureller Artefakte.

Hauptsächliche Ansätze der kulturvergleichenden Organisationsforschung können grob in folgender Weise umrissen werden:

- Kultur ist in erster Linie und im Kern ausgeprägt in Werthaltungen von Gemeinschaften. Diese Verankerung macht sie relativ stabil und verleiht ihr Einfluss auf die verschiedensten Verhaltensformen und Einrichtungen, worunter auch Verhalten in und von Organisationen zu fassen ist. Dieser Ansatz kann als *Kulturalismus* im engsten Sinne bezeichnet werden.
- Kultur ist zu fassen in Symboliken, Handlungspraktiken und Wissensbeständen von Gemeinschaften, wobei Wissen sowohl stillschweigend geteilt wie kodifiziert und theoretisch-wissenschaftlich ausgeformt sein kann. Von dieser Bestimmung gelangt man zum *symbolischen Interaktionismus*: Organisation ist bereits selber Kultur und hängt vermittels menschlicher Interaktion sowie Wechselwirkung zwischen Phänomenen mit anderen Kulturerscheinungen zusammen.
- Kultur ist greifbar in auf Dauer gestellten Handlungspraktiken mit relativem Eigenwert. D.h., die Praktiken werden nicht nur funktional im Hinblick auf bestimmte Zwecke, sondern sowohl pragmatisch wie um ihrer selbst willen (also aufgrund von Legitimität) entwickelt, übernommen und modifiziert. Dieser Ansatz ist der des *Institutionalismus*; er führt aus, wie Institutionen als auf relative Dauer gestellte Handlungspraktiken die Gestaltung von und das Verhalten in Organisationen beeinflussen und wiederum durch diese beeinflusst werden.
- Daneben gibt es Ansätze verschiedener Art, die eine Koppelung von o.a. Ansätzen anstreben.

Es ist allerdings keineswegs so, als seien diese Ansätze scharf voneinander trennbar. Auch die angebotene Reihung ist nicht endgültig trennscharf und verbindet verschiedene Theorien. Eine scharfe Trennung wäre aber auch keine gute Strategie der kulturvergleichenden Organisationsforschung. Produktive Forschungsansätze ergeben sich häufig gerade durch Verschränkung verschiedener Ansätze miteinander (*Boje* 2002). Die Ansätze seien im Folgenden kurz erläutert:

Der Kulturalismus im engsten Sinne ist die wohl bekannteste Richtung; sie wird durch Geert Hofstede (*Hofstede* 1991; *Hofstede* 2001) exemplifiziert. Der Kulturalismus geht davon aus, dass Gesellschaften sich v.a. hinsichtlich ihrer grundlegenden Werte unterscheiden. Nach Hofstede sind dies: a) Unsicherheitsvermeidung, b) Hinnahme oder Befürwortung von Machtunterschieden in einer vertikalen Statusordnung, c) überwiegend maskulin oder feminin ausgeprägte Einstellungsmuster, d) Individualismus (gegenüber Kollektivismus), sowie e) Langfristigkeit von Handlungsorientierungen (sog. Konfuzianischer Dynamismus). Kulturalistische Forschungsansätze verfahren methodisch vorzugsweise so, dass vergleichbare Populationen von Organisationen und Befragten in verschiedenen Gesellschaften oder Kulturen in Reaktion auf eine standardisierte Batterie von Fragen eigene Haltungen und Bewertungen preisgeben; diese werden dann mittels multivariater Analyse, oft der Faktorenanalyse, als Ergebnis der genannten fundamentalen Werte erklärt. Diese Werte werden aber durchaus auch rückverbunden an weitere Ursachen, und ihr Wandel wird in Rechnung gestellt und erforscht.

Der symbolische Interaktionismus ist ein Ausfluss oder eine Weiterentwicklung der „verstehenden Soziologie" (nach Max Weber) und phänomenologischer Ansätze (wie von A. A. Schütz oder G. H. Mead; vgl. *Berger/Luckmann* 1971). Er sucht die qualitative Besonderheit von Handlungen und Strukturen aus dem gemeinten, inter-subjektiv geteilten und sozial auf andere Handelnde oder Artefakte bezogenen Sinn zu erklären. Symbolische Interaktionisten befragen in Organisationen Handelnde eher qualitativ-offen, oder sie beobachten, kodieren und analysieren Verhalten auf der Grundlage teilnehmender oder nicht-teilnehmender Beobachtung. Ebenfalls eine große Rolle spielt die Analyse vorhandener Texte oder anderer symbolischer Outputs von Organisationen, auch historischer Materialien. Vertreter dieser Richtungen verzichten eher auf universelle Typen, Dimensionen oder Variablen. Das Mittel theoretischer Darstellung ist vorwiegend eine differenzierte Begriffsbildung, welche kulturelle Verschiedenheiten auffängt und detailliert. Im weiteren Sinne werden dieser Richtung auch Ansätze wie Ethnologie, → *Konstruktivismus* und Postmodernismus (→ *Postmoderne Organisationstheorie*) zugeordnet (vgl. hierzu etwa *D'Iribarne* 1989). Aber auch nicht dem internationalen Vergleich zentral zuzuordnende Beiträge (z.B. *Boje* 2002), mit denen die symbolisch-interaktionistische Chicagoer Schule der Soziologie und Sozialpsychologie weiter getrieben wurde, gehören hierunter.

Der Institutionalismus ist ebenfalls ein vielfältiges Gebiet, mit Einflüssen aus der Sozioökonomik und der historischen Schule der Wirtschaftswissenschaften (in der Fortführung von Gustav Schmoller, Max Weber sowie der vergleichend arbeitenden Geschichtswissenschaft; vgl. *Whitley* 2002b). Einer der heute anerkanntesten Systematisierungsvorschläge kommt von Richard Whitley; er entwickelte eine Nomenklatur von Dimensionen von *business systems* (in Institutionen wurzelnde Wege der Koordination und Steuerung von Transaktionen in und zwischen Wirtschaftsunternehmen) sowie markante Typen von nationalen *business systems* (*Whitley* 2002a). Eine mehr wirtschafts- und politikwissenschaftliche Variante dieses Institutionenvergleichs bilden Studien über *varieties of capitalism* (*Hall/Soskice* 2001). Vertreter des Institutionalismus bewerkstelligen Vergleiche ebenfalls häufig unter Gebrauch von vorhandenen Dokumenten und historischen Quellen, aber auch von Wirtschafts- und Sozialstatistik und Experteninterviews. Wiewohl Institutionalisten theoretisch und forschungsheuristisch häufig von der Frage ausgehen, wem eine Institution unter welchen Umständen und aufgrund welcher strategischer Orientierungen nützt (sog. *Cui bono*-Frage), unterstreichen sie, dass Institutionen Eigenwert gewinnen (*Powell/DiMaggio* 1991) und über gesellschaftliche Teilbereiche (Wirtschaft, Erziehung, soziale Sicherung, Berufswesen, Arbeitsbeziehungen usw.) miteinander verknüpft sind. Auch hier ist Theoriebildung vorwiegend begrifflich-typologisch, aber auch stärker unterfüttert mit quantitativen Analysen (z.B. zu Unternehmensfinanzierung, Einflussgraden von Gruppen wie Anteilseigner oder andere *stakeholder*).

Daneben gibt es gemischte, zum Teil bewusst eklektische Ansätze. Ein bekanntes Beispiel ist die gesellschaftliche Analyse oder der Ansatz des gesellschaftlichen Effekts (vgl. *Maurice/Sorge* 2000 sowie *Maurice/Sellier/Silvestre* 1982). Auf einer hauptsächlich interaktionistischen Grundlage der Wechselwirkungen zwischen verschiedenen Handlungs- oder Sinnsystemen einerseits und der wechselseitigen Konstituierung von Akteuren (mit Wissen und Orientierungen) sowie inter-subjektiven Artefakten andererseits werden gesellschaftliche Verschiedenheiten in der Gestaltung von verschiedenartigen Gebilden und Handlungen erklärt. Das Spektrum der genutzten Forschungsmethoden ist hier besonders vielfältig und reicht von der Analyse verfügbarer Daten und Dokumente, in und über Unternehmen, bis zu halboffenen Interviews nach Leitfaden. Das Forschungsdesign legt Wert auf den „Vergleich des Unvergleichlichen": Gesellschaftliche Eigenarten werden durch Vergleich im Bezug auf bestimmte Auswahlkriterien zunächst vergleichbarer Betriebe, Unternehmen oder Branchen in verschiedenen Gesellschaften ermittelt. Durch Paarvergleich nach genauen Auswahlkriterien (Größe, Strategie, Produkt, Technik, Umgebungsvariabilität usw.) wird versucht, die in bekannten Einflussfaktoren liegende und nicht zwischengesellschaftliche Quelle der Variation von Organisation konstant zu halten und von gesellschaftlichen Verschiedenheiten im ersten Schritt abzusondern. Es wird allerdings dann auch immer die unterschiedliche Konstitution der Auswahlkriterien mit reflektiert und bei der theoretischen Deutung berücksichtigt.

III. Indirekte oder implizite kulturvergleichende Organisationsforschung

Neben den genannten, gibt es markante Ansätze des „impliziten" Vergleichs: Damit sind länderkundliche Abhandlungen zu Organisation und Management in speziellen Gesellschaften gemeint, welche auf breiter Kenntnis verschiedener Länder beruhen und somit vergleichende Hinweise auf der Grundlage eigener Erfahrung in verschiedenen Ländern geben (vgl. etwa *Lawrence/Edwards* 2000 sowie dort weiter aufgeführte Literatur). Kulturvergleichende Organisationsforschung wird neben wissenschaftlichen Zwecken vielfältig gebraucht, um praktisch Handelnden bewusst zu machen und zu erklären, inwiefern ihr Verhalten in ihnen nicht bewussten oder unmittelbar einsichtigen Verschiedenheiten von Institutionen und Kultur verwurzelt ist. Erst dadurch können sie ermessen, wie ihr Verhalten oder das ihrer Organisation anderswo verstanden wird, sowie umgekehrt, wie sie selber das Verhalten fremder Organisationen erklären, deuten und damit angemessen umgehen können. Kulturvergleichende Organisationsforschung ist damit auch Grundlage von Managementschulung, v.a. in der Vorbereitung auf Auslandskontakte oder Auslandseinsatz. Insbesondere ist sie geeignet, Verständnis für eigene Handlungswege und für die jeweils Fremder zu wecken, Missverständnissen vorzubeugen und Voraussetzungen für Handeln und Verhandeln im Einverständnis zu schaffen. Sie ist damit neben der Lehre von den multinationalen Unternehmungen und Theorien und Darstellungen der internationalen Umgebung von Wirtschaftsunternehmen einer der Eckpfeiler einer guten Ausbildung in Internationalem Management (z.B. *Harzing/van Ruysseveldt* 2003) (→ *Interkulturelles Management*). Nach Ländern geordnete Studien zu kulturellen Besonderheiten des Managements und der Organisation, nebst praktischen Hinweisen, findet man bei Hickson und Pugh (*Hickson/Pugh* 1995) sowie Warner (*Warner* 2002).

IV. Zum Umgang mit kulturvergleichender Organisationsforschung in Theoriebildung, Forschung und Praxis

Die kulturvergleichende Organisationsforschung stellt sich heute – wie erwähnt – in keiner Weise als eine monolithische Theorie mit einem begrenzten Kreis von Annahmen und großer logischer Geschlossenheit dar. Wie aus der Skizzierung der Ansätze hervorgeht, stellt sie eher ein in fortwährender Entwicklung begriffenes Gebiet dar, in welchem vielfältige, zum Teil mehr paradigmatische und zum Teil mehr eklektische Ansätze, mit verschiedenen theoretischen Prinzipien vorherrschen. Auch dort wo markante und relativ geschlossene Theorien verfolgt werden, wie z.B. die viel beachtete von Hofstede, ist der weise Studierende oder Angehörige eines Unternehmens gut beraten, sich den theoretisch vielfältigen Zustand des gesamten Gebietes immer bewusst zu machen. Wie lässt sich Wissen aus der kulturvergleichenden Organisationsforschung angesichts dieser Vielfalt handlich erschließen? Zunächst ist zu beachten, dass das Gebiet nicht durch eine Theorie im Sinne eindeutiger und widerspruchsfreier Aussagen über quasi-gesetzmäßige Regelmäßigkeiten zusammengehalten wird. Diese sind immer ein wichtiger Teil, aber nie die Klammer für das Ganze. Die beste Verklammerung leistet u.E. eine eklektische Heuristik, d.h. allgemeine und breit anwendbare Faustregeln für die Suche nach speziellen Erklärungen. In diesem pragmatischen Sinne lässt sich der Zusammenhang etwa so formulieren:

Suche nach

- grundlegenden Werthaltungen, Überzeugungen, positiven und normativen Wissensbeständen,
- institutionalisierten Spielregeln informeller, formalisierter und rechtlicher Art,
- Ritualen des Verhaltens und ihrer Bedeutung,
- einschließlich der wirtschaftlichen und selbst technischen Verzweigungen solcher Faktoren,

kombiniere die dazu gehörenden allgemeinen Ansätze und verfügbaren Kenntnisse und gebrauche die Kombination zur Erklärung von immer höchst speziellen Erscheinungen, in immer besonderen Branchen, Unternehmen oder ihrer Teile.

An einem Beispiel sei kurz dargestellt, wie sich kulturalistische und institutionalistische kulturvergleichende Organisationsforschung mit Hilfe gesellschaftlicher Analyse verbinden lassen. Hofstede bildete etwa ein Schema mit dichotomisierten Ausprägungen der Dimensionen „Unsicherheitsvermeidung" und „Machtgefälle" (jeweils hoch oder niedrig), welche dann unter Rückgriff auf Vergleiche von institutionalisierten Organisationsmustern (aber auch teilweise spekulativ) mit nationalen Organisationstypen (entwickelt aus *Pugh* 1976, S. 70, mit den Dimensionen *concentration of authority* und *line control of workflow*) und impliziten Organisationsmodellen in Verbindung gebracht wurden (vgl. auch *Sorge* 1991).

Solche Darstellungen, wie in Abb. 1, sollten aber auf keinen Fall als genaue und allgemein gültige Ergebnisse gewertet werden. Kulturvergleichende Organisationsforschung ist viel mehr im ständigen Fluss, sie erzeugt neue Hypothesen in gleichem Maße wie prägnante Ergebnisse. Erklärung besonderer Erscheinungen (z.B. warum halbautonome Gruppenarbeit in bestimmten Ländern eher anschlägt oder in ihnen besonders gestaltet ist), führt immer auf eine Verknüpfung verschiedener Theorien hin, sodass kulturelle, institutionelle und sozialstrukturelle Einflüsse in ihrer Interdependenz gesehen werden.

Die kulturvergleichende Organisationsforschung bietet sozusagen pessimistische wie auch optimistische Aufschlüsse für die Übertragbarkeit aus einem gesellschaftlichen Ursprung losgelöster Organisationsmuster. Japanische oder amerikanische Unternehmensorganisation ist nie als solche ins Ausland übertragbar, selbst wenn wir auf Grund einer komplexen

Small power distance Weak uncertainty avoidance Countries: Anglo, Scandinavian, Netherlands Organization type: implicitly structured Implicit model of organization: **market**	Large power distance Weak uncertainty avoidance Countries: China, India Organization type: personnel bureaucracy Implicit mode of organization: **family**
Small power distance Strong uncertainty avoidance Countries: German-speaking, Finland, Israel Organization type: workflow bureaucracy Implicit model or organization: **well-oiled machine**	Large power distance Strong uncertainty avoidance Countries: Latin, Mediterranean, Islamic, Japan, some other Asian Organization type: Full bureaucracy Implicit model or organization: **pyramid**

Abb. 1: Connotations of the uncertainty avoidance x power distance matrix for the functioning of organizations (vgl. Hofstede 2001, S. 377)

Theorie recht gut erklären können, warum sie und wie zustande kam und funktioniert. Die kulturvergleichende Organisationsforschung erlaubt hingegen die Entwicklung begrenzter „funktionaler Äquivalente"; d.h., sie hilft bei der Suche von an anderweitige Umstände angepassten Lösungen, mit Hilfe welcher ähnliche Effekte möglicher Weise erreicht werden können. Weiterhin erlaubt sie Aussagen darüber, in welcher Weise eine Anpassung von Organisationsmustern bei Übertragung aus einer Herkunfts- in eine Aufnahmegesellschaft zu erwarten ist. Nach aller Erfahrung läuft nämlich eine schematische Übertragung von Organisationskonzepten in eine andere Kultur als die des Herkunftslandes immer darauf hinaus, dass andere Effekte erreicht werden, Widerstand auftritt und erhebliche Anpassungen nötig sind. Die kulturvergleichende Organisationsforschung stellt aber insb. bei dieser Lösungssuche Wissen bereit, das die Anpassung von aus dem Ursprungsland losgelösten allgemeinen Organisationskonzepten an Bedingungen des Aufnahmelandes unterstützt.

Literatur

Berger, Peter L./Luckmann, Thomas: The social construction of reality. A treatise in the sociology of knowledge, Harmondsworth 1971.
Boje, David M.: Organizational symbolism, in: Organization, hrsg. v. *Sorge, Arndt*, London 2002, S. 360–398.
D'Iribarne, Philippe: La logique de l'honneur. Gestion des enterprises et traditions nationales, Paris 1989.
Hall, Peter/Soskice, David: Varieties of capitalism, Oxford 2001.
Harzing, Anne-Wil/Ruysseveldt, Joris van: International human resource management, 2. A., London 2003.
Hickson, David J./Pugh, Derek S.: Management wordwide. The impact of societal culture on organizations around the globe, London 1995.
Hofstede, Geert: Culture's consequences, 2. A., Thousand Oaks et al. 2001.
Hofstede, Geert: Cultures and organizations. Software of the mind, London 1991.
Lawrence, Peter/Edwards, Vincent: Management in Western Europe, London et al. 2000.
Maurice, Marc/Sorge, Arndt (Hrsg.): Embedding organization, Amsterdam 2000.
Maurice, Marc/Sellier, Francois/Silvestre, Jean-Jacques: Politique d'éducation et organisation industrielle en France et en Allemagne. Essai d'analyse sociétale, Paris 1982.
Powell, Walter/DiMaggio, Paul J. (Hrsg.): The new institutionalism in organizational analysis, Chicago 1991.
Pugh, Derek S.: The „Aston" approach to the study of organizations, in: European contributions to organization theory, hrsg. v. *Hofstede, Geert/Kassem, M. Sami*, Assen 1976, S. 62–78.
Sorge, Arndt: Strategic fit and the societal effect: Interpreting cross-national comparisions of technology, organization and human resources, in: OS, Jg. 12, 1991, S. 161–190.
Warner, Malcom (Hrsg.): International encyclopedia of business and management, London 2002.
Whitley, Richard: Business systems, in: Organization, hrsg. v. *Sorge, Arndt*, London 2002a, S. 179–196.
Whitley, Richard (Hrsg.): Competing capitalisms: Institutions and economies, Cheltenham UK et al. 2002b.

L

Lebenszyklus, organisationaler

Max Ringlstetter/Stephan Kaiser

[s.a.: Evolutionstheoretischer Ansatz; Krisenforschung und Krisenmanagement; Routinen und Pfadabhängigkeit; Turnaround.]

I. Idee des organisationalen Lebenszyklus; II. Modelle des organisationalen Lebenszyklus; III. Kritische Stellungnahme.

Zusammenfassung

Die Idee des organisationalen Lebenszyklus ist weit verbreitet. Es existieren unterschiedlichste Modelle des organisationalen Lebenszyklus, die sich anhand ihrer Konstruktionsprinzipien kategorisieren lassen. Kritisch betrachtet zeigen sich mit Einschränkungen praktische Implikationen und positive empirische Befunde. Insgesamt stellen organisationale Lebenszyklen eine wertvolle Metapher dar.

I. Idee des organisationalen Lebenszyklus

Der Begriff des Zyklus dient zur Beschreibung regelmäßig wiederkehrender Dinge oder Ereignisse, einer Reihe oder Folge (*Kogelheide* 1992, S. 75). Die Abbildung der Entwicklung eines bestimmten „lebenden" Objekts im Zeitablauf bezeichnet man als Lebenszyklusmodell. Während eines Lebenszyklus' durchläuft ein Objekt bestimmte entwicklungsabhängige Phasen, die sich durch spezifische Merkmale charakterisieren und somit voneinander abgrenzen lassen. Ein idealtypischer Lebenszyklus beginnt mit der Geburt, an die Wachstumsphasen anschließen. Es folgen Phasen der Stagnation und Degeneration und schließlich der Tod.

Lebenszyklen sind in der Ökonomie weit verbreitet (*Höft* 1992; *Ernst* 1997, S. 71 ff.). In der Volkswirtschaft kennt man etwa Zyklen der wirtschaftlichen Entwicklung. Stärkeren Bezug zum organisationalen Lebenszyklus haben Lebenszyklen von Technologien, Branchen- und v.a. Produktlebenszyklen.

Der Transfer von Lebenszyklusmodellen auf Organisationen impliziert, dass sich Organisationen als soziale Systeme im Zeitablauf nach ähnlichen Mustern entwickeln wie biologische Systeme. Erste Analogiebildungen zwischen Organisationen und lebenden Organismen finden sich bereits sehr früh. Kieser (*Kieser* 1992) verweist auf Chapman und Ashton, die im Jahr 1914 feststellen: „The growth of a business and its volume and form which it ultimately assumes are apparently determined in somewhat the same fashion as the development of an organism in the animal or vegetable world" (*Chapman/Ashton* 1914, S. 512). Seit den 50er Jahren wird die Übertragung des biologischen Lebenszyklus' auf Organisationen intensiver propagiert. Die Vorreiter Davis (*Davis* 1951) und Haire (*Haire* 1959) behaupten, die Entwicklung von Organisationen vollzöge sich entlang eines Musters, das dem biologischen Lebenszyklus entspräche (*Müller* 1999, S. 41) (→ *Evolutionstheoretischer Ansatz*). Dabei unterliege der Wachstumsprozess von Organisationen natürlichen Gesetzen, und die Entdeckung dieser Gesetze ermögliche das Verständnis und das Lenken von *Veränderungsprozessen*. Organisationale Lebenszyklusmodelle beschreiben also die Entwicklung von Organisationen und geben darüber hinaus phasenspezifische Handlungsempfehlungen.

II. Modelle des organisationalen Lebenszyklus

In der Literatur findet sich nicht nur eine große Anzahl, sondern v.a. auch Vielfalt organisationaler Lebenszyklusmodelle (vgl. für Übersichten *Ernst* 1997; *Hanks* et al. 1993; *Kogelheide* 1992; *Pümpin/Prange* 1991; *Korallus* 1988). Es lassen sich jedoch typische Argumentationslinien nachzeichnen: Mit zunehmendem Alter werden Unternehmen größer. Dadurch ergeben sich neuartige Problem- und Aufgabenstellungen, es kommt zu kritischen Wachstumsschwellen (*Albach* 1976), an die sich Organisationen insb. durch eine Veränderung von Organisationsstrukturen anpassen. Während das Altern nicht aktiv beeinflusst werden kann, beruht die Entscheidung für Wachstum auf dem Management bzw. den Eigentümern. Auf die Unternehmensentscheidungen wirken wiederum *Umwelteinflüsse*, aber auch die vorangegangenen Lebenszyklen (*Müller* 1999, S. 47).

Die Analyse von über 80 Modellen des organisationalen Lebenszyklus' durch Ernst (*Ernst* 1997) zeigt die Vielfalt der Modelle. Um diese greifbar zu machen, hat Nathusius bereits im Jahr 1979 eine Einteilung vorgeschlagen, die mit wenigen Änderungen in den meisten deutschsprachigen Beiträgen verwendet wird (*Nathusius* 1979). Er unterscheidet:

- Metamorphose-Modelle, die Lebenszyklusphasen nach Alter oder Größe der Organisation abgrenzen.

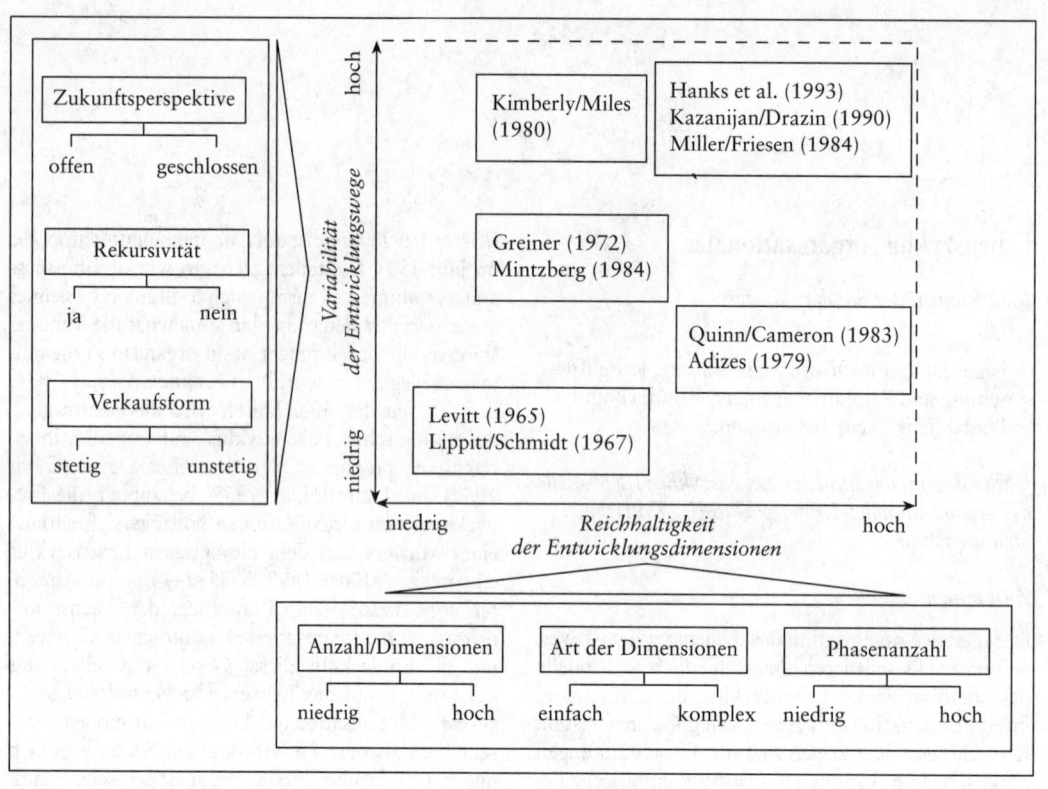

Abb. 1: Kategorisierung nach Konstruktionsprinzipien (mit ausgewählten Beispielen)

- Krisen-Modelle, die eine Notwendigkeit von sprunghaften Veränderungen während des Wachstums von Organisationen thematisieren.
- Marktentwicklungs-Modelle, die den Lebenszyklus von Organisationen in Abhängigkeit vom Absatzmarkt als externen Faktor sehen.
- Strukturänderungs-Modelle, die Lebenszyklusphasen anhand der Veränderungen in der Organisationsstruktur abgrenzen.
- Verhaltensänderungs-Modelle, die sich mit phasentypischen Verhaltensweisen und Einstellungen des Managements beschäftigen.

Die Einteilung von Nathusius erfolgt v.a. nach den Aussageschwerpunkten der einzelnen Modelle. Sie ist nicht überschneidungsfrei konzipiert (*Ernst* 1997, S. 131). Eine andere Möglichkeit der Einteilung von Lebenszyklusmodellen ist die abstrakte Kategorisierung anhand der verwendeten Konstruktionsprinzipien. Die Konstruktionsprinzipien äußern sich in der Reichhaltigkeit der verwendeten Entwicklungsdimensionen und in der Variabilität der Entwicklungswege (siehe Abb. 1).

1. Reichhaltigkeit der Entwicklungsdimensionen

Die Reichhaltigkeit der Entwicklungsdimensionen spiegelt sich zum einen in der *Anzahl* der verwendeten Dimensionen. Einige Modelle beschreiben die Zyklusphasen lediglich anhand einer Dimension, etwa der Größe der Organisation (z.B. *Levitt* 1965; *Mueller* 1972). Andere organisationale Lebenszyklusmodelle sind hingegen mehrdimensional angelegt (*Hanks* et al. 1993, S. 7). Dabei werden meist Interdependenzen zwischen den Entwicklungsdimensionen der einzelnen Lebenszyklusphasen konzediert. Miller und Friesen (*Miller/Friesen* 1984) plädieren deshalb für die Abgrenzung der Zyklusphasen nach spezifischen Konfigurationen von Entwicklungsdimensionen.

Zum anderen ergibt sich die Reichhaltigkeit aus der *Art* der Entwicklungsdimensionen. Manche Modelle verwenden einfache Dimensionen, die sich leicht operationalisieren lassen (etwa die Größe über Mitarbeiteranzahl oder Umsatz). Andere Modelle beschreiben die Lebenszyklusphasen anhand komplexer, schwer operationalisierbarer Dimensionen. Hierzu zählen etwa Modelle, die als Entwicklungsdimension die *Organisationsstruktur* (Formalisierung, Zentralisation, vertikale Differenzierung etc.) nutzen oder Dimensionen wie das Verhalten, die Mentalität des Managements (z.B. *Adizes* 1979) oder das Auftreten von spezifischen Problemen (z.B. *Lippitt/Schmidt* 1967; *Kazanjian* 1988) thematisieren.

Darüber hinaus äußert sich die Reichhaltigkeit der Entwicklungsdimensionen in der *Anzahl* der differenzierbaren Phasen des Lebenszyklusmodells. Je nach Reichhaltigkeit lassen sich von zehn bis zu drei

Phasen unterscheiden. Am häufigsten findet man Modelle mit vier bis fünf Phasen. Der Mittelwert resultiert u.a. aus einem Spannungsfeld zwischen der Identifikation von Phasen und der Möglichkeit konkrete Handlungsempfehlungen abzuleiten.

2. Variabilität der Entwicklungswege

Hinsichtlich der Variabilität der Entwicklungswege zeigen organisationale Lebenszyklusmodelle zum einen unterschiedliche *Zukunftsperspektiven*. Während einige Modelle mit dem Untergang der Organisation enden (z.B. *Adizes* 1979), halten andere Modelle die Zukunft offen (z.B. *Kimberly* 1980). In letzteren ist der Entwicklungsweg als variabler anzusehen, da der Untergang vermieden werden kann.

Zum anderen kann man Modelle danach unterscheiden, ob sie die *Rekursivität* des organisationalen Lebenszyklus' bejahen. Nicht-rekursive Modelle gehen von einem determinierten Durchlauf der Lebenszyklusphasen in eine Richtung aus (z.B. *Quinn/Cameron* 1983). In rekursiven Modellen ist es hingegen möglich, aus einer bereits erreichten Zyklusphase in eine vorangegangene Phase zurückzukehren (z.B. *Kimberly/Miles* 1980; *Mintzberg* 1984). Zudem ist in rekursiven Modellen meist auch die Möglichkeit des Überspringens einzelner Phasen vorgesehen.

Darüber hinaus ergeben sich Unterschiede hinsichtlich der *Verlaufsform* des organisationalen Lebenszyklus'. Man kann zwischen kontinuierlichen und diskontinuierlichen Modellen differenzieren. Zu den kontinuierlichen, und damit relativ invariablen Modellen gehören bspw. solche, die eine Phaseneinteilung lediglich anhand der Organisationsgröße vornehmen (z.B. *Levitt* 1965). Die Lebenszyklusphasen in diskontinuierlichen Modellen weisen hingegen qualitative Stufen, z.B. die Veränderung der Organisationsstruktur, auf (z.B. *Mintzberg* 1979). Diese Stufen können häufig nur durch Bestehen einer revolutionären Krisenphase bewältigt werden (z.B. *Greiner* 1972) (→ *Turnaround*).

III. Kritische Stellungnahme

1. Praktische Implikationen

Aus der Analyse von Lebenszyklusmodellen erhofft man sich Hinweise für eine erfolgreiche Bewältigung der prognostizierten Phasen, der Übergänge zwischen diesen Phasen und der entwicklungsbedingten Krisen (*Ernst* 1997, S. 12) (→ *Krisenforschung und Krisenmanagement*). Die Modelle geben hierfür durchaus Hilfestellungen. Je nach Modell ist etwa eine Veränderung der Organisationsstruktur (→ *Organisationsstrukturen, historische Entwicklung von*), eine Einstellung anderer Führungskräfte, eine phasengerechte Führung (→ *Führung und Führungstheorien*) oder ein entsprechendes *Krisenmanagement*, etc. abzulesen.

Allerdings sind die Implikationen mit Einschränkungen versehen. Zunächst ist aus Sicht des Praktikers unklar, auf welches der unterschiedlichen Modelle er sich beziehen soll (*Pümpin/Prange* 1991, S. 235 ff). Schwierig erscheint auch die exakte Zuordnung der Organisation in eine konkrete Zyklusphase. Mag dies bei Gründungen noch machbar sein, dürfte es bei reiferen Organisationen äußerst schwierig sein. Während die Einordnung von Einproduktunternehmen denkbar ist, steht man etwa bei Konzernen vor Problemen. Darüber hinaus ist davon auszugehen, dass eine zunehmende Variabilität und Reichhaltigkeit der Modelle zwar mehr Realitätsnähe birgt, aber umgekehrt eine geringere Prognostizierbarkeit und Konkretisierung.

2. Empirische Befunde

Hinsichtlich empirischer Befunde existierten lange Zeit lediglich Querschnittsanalysen, welche die Abgrenzbarkeit von Phasen zu einem Zeitpunkt bestätigten, wobei von der Existenz eines Zyklus' implizit ausgegangen wurde (vgl. *Kazanjian/Drazin* 1989, S. 1490). Dabei werden die Dimensionen der Phasenabgrenzung meist sehr unspezifisch abgefragt. Multivariate Analysen findet man ebenso selten (vgl. *Hanks* et al. 1993, S. 13). Ein Grund hierfür dürfte die Unklarheit bezüglich Ursache-Wirkungs-Beziehungen bzw. die zirkuläre Verflechtung der Beschreibungsdimensionen darstellen. Hervorzuheben ist die Untersuchung von Hanks et al. (*Hanks* et al. 1993), in der unterscheidbare Cluster identifiziert werden. Später kamen einige Längsschnittsanalysen hinzu, die als empirische Belege für den Durchlauf von Lebenszyklusphasen gelten können (*Kazanjian/Drazin* 1989; kritisch *Miller/Friesen* 1984).

3. Methodologie

Die Verwendung von Analogien ist als Methode der Erkenntnisgewinnung umstritten. Eine der frühesten Kritikerinnen des analogen Transfers von Modellen der Biologie auf soziale Systeme war Penrose (*Penrose* 1952, S. 806). Sie kritisierte erstens das mangelnde Interesse der Forschung an Lebenszyklusmodellen und das Fehlen empirischer Belege. Diese Kritik wurde später teilweise entkräftet (*Müller* 1999, S. 41). Ihr zweiter Hinweis auf das Fehlen von „general laws" (*Penrose* 1952, S. 808) kann jedoch nicht ohne weiteres aus dem Weg geräumt werden. Dies liegt an zentralen Unterschieden zwischen sozialen und biologischen Systemen, die systematische Grenzen der Transferierbarkeit erzeugen (*Kogelheide* 1992, S. 80 ff.). Im Gegensatz zu biologischen Organismen ist der Startpunkt des Lebenszyklus' bei Organisationen unklar. Zudem kann der Niedergang sozialer Systeme anders als bei biologischen Organismen vermieden werden. Die Reihenfolge der Zyklusphasen ist weniger determiniert und kann beeinflusst werden. Die Entwicklung der Organisation hängt von Entscheidungen zentraler Organisationsmitglieder ab, die Elemente eines sozialen Systems müssen aufgrund eines fehlenden gemeinsamen Ziels in der Regel aktiv koordiniert werden (→ *Koordination und Integration*).

Variable und reichhaltige Modelle haben diese Einwände teilweise berücksichtigt. Damit hat sich die Auffassung durchgesetzt, dass Modelle des organisationalen Lebenszyklus' nicht deterministisch, sondern lediglich als Metapher zu verwenden sind (*Kimberly* 1980, S. 9). Somit dienen organisationale Lebenszyklusmodelle als heuristisch nützliche Idealisierung und besitzen didaktischen Wert. Konkret haben sie aufgezeigt, dass Lebenszyklusphasen als „Verdichtungen typischer Probleme" (*Kogelheide* 1992, S. 83) existieren und insb. die Organisationsstruktur für die Entwicklung von Organisationen zentrale Bedeutung besitzt.

Literatur

Adizes, Ichak: Organizational Passages-Diagnosing and Treating Life Cycle Problems of Organizations, in: Organizational Dynamics, Jg. 8, H. 1/1979, S. 3–24.
Albach, Horst: Kritische Wachstumsschwellen in der Unternehmensentwicklung, in: ZfB, Jg. 46, 1976, S. 683–696.
Chapman, Sydney/Ashton, Thomas: The sizes of business, mainly in the textile industry, in: Journal of Royal Statistical Society, Jg. 77, 1914, S. 510–522.
Davis, Ralph Currier: The fundamentals of top management, New York 1951.
Ernst, Florian Alexander: Die Integration von unternehmens- und personenbezogenen Lebenszyklen, Bamberg 1997.
Greiner, Larry E.: Evolution and revolution as organizations grow, in: HBR, Jg. 50, H. 4/1972, S. 37–46.
Haire, Mason: Biological Models and Empirical Histories of the Growth of Organizations, in: Modern Organization Theory, hrsg. v. *Haire, Mason*, London et al. 1959, S. 272–306.
Hanks, Steven et al.: Thightening the Life-Cycle Construct: A Taxonomic Study of Growth Stage Configurations in High-Technology Organizations, in: Entrepreneurship, Theory and Practice, Jg. 18, H. 2/1993, S. 5–30.
Höft, Uwe: Lebenszykluskonzepte, Berlin 1992.
Kazanjian, Robert K.: Relation of Dominant Problems to Stages of Growth in Technology-Based New Ventures, in: AMJ, Jg. 31, 1988, S. 257–279.
Kazanjian, Robert K./Drazin, Robert: An Empirical Test of a Stage of Growth Progression Model, in: Man.Sc., Jg. 35, 1989, S. 1489–1503.
Kieser, Alfred: Lebenszyklus von Organisationen, in: HWP, hrsg. v. *Gaugler, Eduard/Weber, Wolfgang*, 2. A., Stuttgart 1992, Sp. 1222–1239.
Kimberly, John R.: The Life Cycle Analogy and the Study of Organizations: Introduction, in: The Organizational Life Cycle, hrsg. v. *Kimberly, John R./Miles, Robert H.*, San Francisco et al. 1980, S. 1–14.
Kimberly, John R./Miles, Robert H.: The Organizational Life Cycle, San Francisco et al. 1980.
Kogelheide, Bettina: Entwicklung realer Organisationsstrukturen, Wiesbaden 1992.
Korallus, Livia: Die Lebenszyklustheorie der Unternehmung, Frankfurt am Main et al. 1988.
Levitt, Theodore: Exploit the Product Life Cycle, in: HBR, Jg. 43, H. 6/1965, S. 81–94.
Lippitt, Gordon/Schmidt, Warren: Crises in a developing organization, in: HBR, Jg. 45, H. 6/1967, S. 102–112.
Miller, Danny/Friesen, Peter: A longitudinal study of the Corporate Life Cycle, in: Man.Sc., Jg. 30, 1984, S. 1161–1183.
Mintzberg, Henry: Power and Organization Life Cycles, in: AMR, Jg. 9, 1984, S. 207–224.
Mintzberg, Henry: The Structuring of Organizations. A Synthesis of the Research, Englewood Cliffs 1979.
Mueller, Dennis: A Life Cycle Theory of the Firm, in: Journal of Industrial Economics, Jg. 21, 1972, S. 199–219.
Müller, Ralph: Erfolgsfaktoren schnell wachsender Software-Startups, Frankfurt am Main et al. 1999.
Nathusius, Klaus: Venture Management, Berlin 1979.
Penrose, Edith: Biological Analogies in the Theory of the Firm, in: AER, Jg. 42, 1952, S. 804–819.
Pümpin, Cuno/Prange, Jürgen: Management der Unternehmensentwicklung, Frankfurt am Main et al. 1991.
Quinn, Robert/Cameron, Kim: Organizational life cycles and shifting criteria of effectiveness: Some preliminary evidence, in: Man.Sc., Jg. 29, 1983, S. 33–51.

Lernen, organisationales

Ariane Berthoin Antal/Meinolf Dierkes

[s.a.: Kognitiver Ansatz; Komplexitätsmanagement; Wandel, Management des (Change Management); Wissen; Wissensmanagement.]

I. Hintergrund; II. Definitionen; III. Lernformen; IV. Lernprozesse; V. Akteure des Organisationslernens; VI. Ausblick.

Zusammenfassung

Organisationslernen umfasst Prozesse der Gewinnung, Verteilung, Interpretation, Umsetzung und Speicherung von Wissen in und zwischen Organisationen, um das Repertoire von möglichen Perzeptionen und Verhalten so zu erweitern, dass eine Organisation ihre Umwelt besser wahrnehmen und auf Veränderungen und Herausforderungen angemessen (re-)agieren kann. Wichtige Lernformen sind das Lernen erster und zweiter Ordnung (bzw. Anpassungslernen und Reflexives Lernen), Imitationslernen und das bewusste Entlernen von überholtem Wissen und eingeübtem Verhalten. Organisationslernen wird nicht von einer bestimmten Organisationsebene bzw. Funktion durchgeführt, sondern durch vielfältige Akteure getragen.

I. Hintergrund

Die Literatur zum *Organisationslernen*, mittlerweile über 30 Jahre alt, speist sich aus unterschiedlichen Disziplinen (vgl. *Dierkes* et al. 2001; *Albach* et al.

1998). Nach der lernenden Organisation suchend, fragten Praktiker Forschungsergebnisse nach und versuchten theoretische Konzepte in die Praxis umzusetzen, wobei sie die Dynamik und das Profil des Feldes entscheidend mitprägten. Die Aufnahmefähigkeit des Feldes Organisationslernen für Beiträge aus verschiedensten Richtungen hat die Theoriebildungsprozesse nachhaltig angeregt (vgl. *Dierkes* et al. 1999).

II. Definitionen

Forscher und Praktiker haben über die Jahre viele Definitionen hervorgebracht (vgl. *Berthoin Antal* et al. 2001, S. 921–922), die jeweils unterschiedliche Aspekte hervorheben. Es lässt sich festhalten: Organisationslernen beschreibt Prozesse der Gewinnung, Verteilung, Interpretation, Umsetzung und Speicherung von *Wissen* in und zwischen Organisationen, um das Repertoire von möglichen Perzeptionen und Verhalten so zu erweitern, dass eine Organisation und ihre Mitglieder ihre Umwelt besser wahrnehmen und auf Veränderungen und Herausforderungen angemessen (re-)agieren können.

III. Lernformen

Wissenschaftler unterscheiden zwischen mehreren *Lernformen*, die eine *Organisation* beherrschen muss. In Anlehnung an Bateson (*Bateson* 1972) differenzierten die Gründungsväter des Feldes, Chris Argyris und Donald Schön (*Argyris/Schön* 1978), zwischen drei Grundformen des Lernens, die sie als *„Single-Loop-Learning"* (*Lernen erster Ordnung* bzw. *Anpassungslernen*), *„Double-Loop-Learning"* (*Lernen zweiter Ordnung* bzw. *Reflexives Lernen*) und *„Deutero Learning"* (*Lernen dritter Ordnung* bzw. *Lernen über Lernen*) bezeichneten (vgl. *Dierkes* 1992; *Pawlowsky* 1992; *Sattelberger* 1991). In Phasen hoher Stabilität der Unternehmensumwelt geht es oft lediglich darum, vorhandene Prozesse zu optimieren, daher ist die erste Lernform meist ausreichend. Reflexives Lernen wird insb. in turbulenten Zeiten erforderlich. Strategien, Prozesse, Strukturen und auch die Unternehmenskultur müssen dann auf ihre Tauglichkeit untersucht und ggf. neu ausgerichtet werden. Der dritten Lernform implizit ist die Fähigkeit, über die Lernprozesse der Organisation zu reflektieren und eine Auswahl der jeweils passenden Lernform treffen zu können. Eine weitere Lernform schält sich heraus, nämlich interorganisationales Lernen. Zunehmend müssen Organisationen Wissen miteinander teilen und generieren bspw. im Rahmen von strategischen Allianzen und Joint Ventures. Die enger werdende Kopplung von Organisationen in Netzwerken (public-private-partnerships) und das Outsourcing von wesentlichen Funktionen erfordert ebenfalls interorganisationales Lernen.

Weitere wichtige Formen, die in das Lernrepertoire von Organisationen gehören, sind die Verwertung („exploitation") von vorhandenem Wissen und die gleichermaßen wichtige Erkundung („exploration") von neuem Wissen (*Levinthal/March* 1993). Ikujiro Nonaka (*Nonaka* 1994) hebt die Schaffung von Wissen („knowledge creation") als Lernform hervor, weil aus seiner Sicht die bisherigen – aus dem angelsächsischen Raum stammenden – Lerntheorien primär problemlösungsorientiert sind und kreative Prozesse vernachlässigen. *Imitationslernen* (vgl. *Bandura* 1977) wird leicht als schlichtes Kopieren missverstanden. Die erfolgreiche Übertragung von Wissen aus einem Kontext in einen anderen ist immer ein aktiver Vorgang, der mit der Schaffung von neuem Wissen verbunden ist (*Czarniawska* 2001) (→ *Wissen*; → *Wissensmanagement*). Organisationen müssen auch das *Entlernen* („unlearning") beherrschen, weil es manchmal notwendig ist, „altes" Wissen bzw. eingeübte Fähigkeiten abzulegen, um neues Wissen aufnehmen oder neue Fähigkeiten entwickeln zu können (*Hedberg* 1981).

IV. Lernprozesse

Drei Prozessmodelle dominieren: das zyklische Systemmodell (vgl. *March/Olsen* 1975); das Phasenmodell (vgl. *Huber* 1991) und die Spirale der *Wissensgenerierung* (vgl. *Nonaka/Takeuchi* 1995). Diese drei Modelle ergänzen sich, da sie jeweils unterschiedliche Aspekte hervorheben.

Das zyklische Systemmodell stellt den Lernprozess einer Organisation als Ergebnis der Auswirkung von individuellem Verhalten auf Organisationsverhalten dar, das wiederum eine Reaktion im Umfeld der Organisation hervorruft. Individuelles Handeln wird von Denkweisen geleitet, die durch Umwelteinflüsse geprägt sind. Die Reaktion der Umwelt auf das Organisationsverhalten wird vom Individuum wahrgenommen und interpretiert. Wenn das Handeln der Organisation nicht zum erwarteten Ergebnis führt, müssen die Individuen erst ihre Zielvorstellungen und damit verbundene neue Denk- und Verhaltensmuster entwickeln und umsetzen.

Das zweite Grundmodell des Organisationslernens stellt einen Phasenablauf vor, beginnend mit der Identifikation und Definition eines Problems bzw. einer Frage als Auslöser und Ausrichtung eines Lernprozesses. Es folgt die Akquisition von Wissen aus unterschiedlichen Quellen außerhalb und innerhalb der Organisation (vgl. *Huber* 1991), um das Problem bzw. die Fragestellung zu verstehen und mögliche Lösungsansätze zu finden. Dann muss das gewonnene Wissen interpretiert und in der Organisation verteilt werden (vgl. *Büchel/Raub* 2001). Lernprozesse sind erst dann abgeschlossen, wenn das Wissen umgesetzt und im Gedächtnis der Organisation gespeichert worden ist. Einzelne Phasen müssen oft mehrmals durchlaufen werden, bspw. um zusätzliches Wissen einzuholen bzw. um andere Akteure in Interpretationsprozesse einzubeziehen.

Das Phasenmodell ist aufschlussreich für die Identifizierung von Schwächen in einem Organisationslernprozess. Oft werden einzelne Phasen übersprungen oder unzureichend ausgeleuchtet, z.B. wird die Wissensverteilung häufig zu restriktiv gehandhabt und mit einseitigen Kommunikationsmethoden (Memos, Verkündungen) betrieben, was dazu führt, dass wenige Menschen Nutzen aus dem Wissen ziehen können (→ *Kommunikation*). Die Speicherung des Wissens ist jedoch auch eine potenzielle Lernfalle: Es wird sowohl zu wenig als auch zu viel Wissen gespeichert. Die Mitglieder einer Organisation wissen in der Regel mehr als die Organisation selbst, weil das individuelle Wissen nicht unbedingt von anderen Mitgliedern abrufbar ist. Handbücher und Datenbanken können nur leicht kodifizierbares Wissen speichern. Das in vieler Hinsicht wichtigere Erfahrungswissen der Mitarbeiter lässt sich nur sehr begrenzt in solche Speichermedien überführen. Das Wissen einer Organisation wird auch in formellen und informellen Routinen und Prozessen der Organisation gespeichert und in ihrer Kultur festgehalten (vgl. *Dierkes* 1988) (→ *Organisationskultur*). Das überlieferte und in der Kultur verankerte Wissen sorgt für den notwendigen Grad an Berechenbarkeit und Schnelligkeit in Entscheidungsprozessen. In Zeiten des Wandels jedoch kann solches Wissen unproduktiv oder sogar kontraproduktiv werden. In der Kultur und in Routinen eingebettetes Wissen lässt sich schwer entlernen. Das Wissen, das schriftlich festgehalten wird, kann leichter gelöscht und revidiert werden als das unsichtbare, geronnene Wissen in der Organisationskultur.

Das dritte Grundmodell des Organisationslernens, das spiralenförmige Modell der *Wissensgenerierung* („*knowledge creation*"), betont die zwischenmenschliche Dimension der Wissensgewinnung und hebt die Unterschiede zwischen *explizitem* und *implizitem Wissen* („*tacit knowledge*") hervor. Das Modell besteht aus vier Konversionsprozessen: (a) das implizite Wissen wird durch die Sozialisation von anderen Menschen zu eigenem implizitem Wissen transformiert; (b) das implizite Wissen wird externalisiert und zu explizitem Wissen artikuliert; (c) das explizite Wissen wird mit anderen Quellen von explizitem Wissen kombiniert; und (d) das explizite Wissen wird internalisiert und zu implizitem Wissen konvertiert.

V. Akteure des Organisationslernens

Da Organisationslernen durch Menschen in Interaktion mit anderen Menschen getragen wird, stellt sich die Frage nach den *Akteuren* (vgl. auch *Kim* 1993).

Lange konzentrierten sich sowohl Praxis als auch Forschung auf die Führungsebene als zentralen Akteur des Organisationslernens. Inzwischen hat sich jedoch die Erkenntnis durchgesetzt, dass der Kreis der Akteure breiter gefasst werden muss (vgl. *Berthoin Antal* 2003). Die Forschung in japanischen Unternehmen machte die positiven Beiträge des in der Literatur bisher entweder unsichtbaren oder als blockierend geschilderten mittleren Managements sichtbar (vgl. *Nonaka/Takeuchi* 1995). Gruppen und Teams sind ebenfalls Träger des Organisationslernens (vgl. *Senge* 1990), oft in informellen Konstellationen, genannt „*communities of practice*" (vgl. *Wenger* 1998) (→ *Community of Practice*), die Hierarchieebenen und Organisationsgrenzen überschreiten.

Das Lernpotenzial für die Organisation, das in verschiedenen Mitarbeitergruppen steckt, wird häufig übersehen oder gar blockiert, z.B. wird der informelle Wissensaustausch unter Technikern oder Sachbearbeiterinnen von Führungskräften als Kaffeegeschwätz und Zeitvergeudung abgewertet bzw. unterbunden (*Orr* 1996; *Wenger* 1998). Neue Mitarbeiter ernten oft Ungeduld, wenn sie unbequeme Fragen stellen, Prozesse anders angehen als in der Organisation üblich und nicht „schnell genug" die Denk- und Verhaltensweisen der Organisationskultur annehmen. Informelle und formelle Sozialisierungsmechanismen (z.B. Seminare) sollen zu einer schnelleren Anpassung dieser Mitarbeiter führen. Die Beiträge, die „langsam lernende" neue Mitarbeiter insb. zum Reflexiven Lernen leisten könnten, werden nicht wahrgenommen (vgl. *March* 1991).

Weitere Akteure, die ins Blickfeld der Forschung rückten, sind „*Grenzgänger*" („*boundary spanners*"), also Individuen oder Gruppen, die für bestimmte Aufgaben die Grenzen der Organisation überschreiten. Unternehmensberater sowie Expertenkommissionen gehören zu den „Grenzgängern", die Wissen in die Organisation hineintragen. Je nach Auftrag nehmen diese „Grenzgänger" an unterschiedlich vielen Schritten im Prozess teil – von der Problemdefinition bis hin zur Umsetzung des Gelernten und sogar bis zur Speicherung des Wissens ins *Organisationsgedächtnis* – verlassen aber am Ende die Organisation. Organisationen sind mittlerweile durch die Fülle der Anregungen, die teilweise Moden unterliegen (vgl. *Kieser* 1997), überfordert und sie überlassen den Beratern so viele Aufgaben und Verantwortung, dass sie selbst zu wenig am Prozess beteiligt sind, um daraus lernen zu können. Unentdecktes Potenzial liegt in vielen Organisationen bei internen „Grenzgängern", wie z.B. Mitarbeitern mit für die Organisationskultur unüblichen Werdegängen, Mitarbeitern in Tochtergesellschaften und in akquirierten Unternehmen (vgl. *Berthoin Antal/Krebsbach-Gnath* 2002) und solchen Mitarbeitern, die nach Auslandsentsendungen Lernanregungen für die Organisation zurückbringen (vgl. *Berthoin Antal* 2001).

VI. Ausblick

Organisationslernen ist ein vielschichtiger Prozess, der von der Bereitschaft der Beteiligten abhängt, ihr Wissen miteinander zu teilen und im Interesse der Organisation weiterzuentwickeln. Organisationslernen erfordert die Bereitschaft, bekannte Denk- und Verhaltensformen in Frage zu stellen und auch abzulegen, damit neue Wege beschritten werden können. Mehrere komplementäre Modelle zur Gestaltung des Organisationslernens liegen vor, die Organisationen je nach Bedarf anwenden können. Lernprozesse sind sehr störanfällig: Sie werden oft unterbrochen oder phasenweise zu oberflächlich betrieben. Die Vielfalt der potenziellen Akteure des Organisationslernens ist inzwischen gut dokumentiert, genauso gut dokumentiert jedoch ist die Tatsache, dass dieses Potenzial in Organisationen zu wenig bzw. falsch eingesetzt wird.

Einige wichtige Themen sind bislang kaum erforscht, v.a. die Rolle von Macht (vgl. *Coopey* 1995; *LaPalombara* 2001; *Friedberg* 2003) (→ *Macht in Organisationen*; → *Mikropolitik*) und Konflikten (vgl. *Rothman/Friedman* 2001) in Organisationslernprozessen. Auch die Rolle der *Kultur* hat wenig Aufmerksamkeit erhalten. Es stellt es sich auch die Frage, wie der Prozess unter den erschwerten Bedingungen in multinationalen Unternehmen, Joint Ventures, strategischen Allianzen und Firmenzusammenschlüssen funktionieren kann, wenn Menschen aus unterschiedlichen Organisationskulturen und -strukturen zum gemeinsamen Lernen animiert werden sollen. (vgl. Kapitel 28–33 in *Dierkes* et al. 2001 und *Vermeulen/Barkema* 2001).

Aktive Lernexperimente werden für die Weiterentwicklung des Feldes von großer Bedeutung sein. Das setzt eine verstärkte Zusammenarbeit von Wissenschaftlern und Praktikern voraus. Inwieweit neue Praktiken tatsächlich zur Umsetzung von organisationalen Lernzielen beitragen werden, hängt nicht zuletzt von der Bereitschaft der beteiligten Mitarbeiter ab, ihre Erfahrungen ernsthaft und kritisch auszuwerten, aber ebenso von der Bereitschaft der Leitung, zuzuhören und mitzulernen. Eine entscheidende Rolle spielt außerdem die Auseinandersetzung mit neuen Sicht- und Verhaltensweisen aus fremden Kulturen und deren Einbettung in die Organisationskultur.

Literatur

Albach, Horst (Hrsg.) et al.: Organisationslernen – institutionelle und kulturelle Dimensionen. WZB Jahrbuch, Berlin 1998.
Argyris, Chris/Schön, Donald A.: Organizational Learning: A Theory of Action Perspective, Reading MA 1978.
Bandura, Albert: Social Learning Theory, Englewood Cliffs NJ 1977.
Bateson, Gregory: Steps to an Ecology of Mind: Collected Essays in Anthropology, Psychiatry, Evolution and Epistemology, San Francisco 1972.
Berthoin Antal, Ariane: Die Akteure des Organisationslernens: Auswirkungen einer Sichterweiterung, in: Lernendes Unternehmen. Konzepte und Instrumente für eine zukunftsfähige Unternehmens- und Organisationsentwicklung, hrsg. v. *Brentel, Helmut/Klemisch, Herbert/Rohn, Holger*, Wiesbaden 2003, S. 87–96.
Berthoin Antal, Ariane: Expatriates' Contributions to Organizational Learning, in: Journal of General Management, Jg. 26, H. 4/2001, S. 62–84.
Berthoin Antal, Ariane et al.: Organizational Learning and Knowledge: Reflections on the Dynamics of the Field and Challenges for the Future, in: Handbook of Organizational Learning and Knowledge, hrsg. v. *Dierkes, Meinolf* et al., Oxford 2001, S. 921–939.
Berthoin Antal, Ariane/Krebsbach-Gnath, Camilla: Internal Outsiders Transform Tradition-Bound Organizations, in: Reflections, Jg. 4, H. 2/2002, S. 23–31.
Büchel, Bettina/Raub, Steffen: Media Choice and Organizational Learning, in: Handbook of Organizational Learning and Knowledge, hrsg. v. *Dierkes, Meinolf* et al., Oxford 2001, S. 518–534.
Coopey, John: The Learning Organization: Power, Politics, and Ideology, in: Management Learning, Jg. 26, 1995, S. 193–214.
Czarniawska, Barbara: Anthropology and Organizational Learning, in: Handbook of Organizational Learning and Knowledge, hrsg. v. *Dierkes, Meinolf* et al., Oxford 2001, S. 118–136.
Dierkes, Meinolf (Hrsg.) et al.: Handbook of Organizational Learning and Knowledge, Oxford 2001.
Dierkes, Meinolf (Hrsg.) et al.: The Annotated Bibliography of Organizational Learning and Knowledge Creation, Berlin 1999.
Dierkes, Meinolf: Leitbild, Lernen und Unternehmensentwicklung. Wie können Unternehmen sich vorausschauend veränderten Bedingungen stellen?, in: Den Wandel in Unternehmen steuern. Faktoren für ein erfolgreiches Change Management, hrsg. v. *Krebsbach-Gnath, Camilla*, Frankfurt am Main 1992, S. 85–102.
Dierkes, Meinolf: Unternehmenskultur und Unternehmensführung – Konzeptionelle Ansätze und gesicherte Erkenntnisse, in: ZfB, Jg. 58, 1988, S. 554–575.
Friedberg, Erhard: Mikropolitik und Organisationales Lernen, in: Lernendes Unternehmen. Konzepte und Instrumente für eine zukunftsfähige Unternehmens- und Organisationsentwicklung, hrsg. v. *Brentel, Helmut/Klemisch, Herbert/Rohn, Holger*, Wiesbaden 2003, S. 97–108.
Hedberg, Bo: How Organizations Learn and Unlearn, in: Handbook of Organizational Design 1: Adapting Organizations to Their Environments, hrsg. v. *Nystrom, Paul C./Starbuck, William H.*, New York 1981, S. 3–27.
Huber, George P.: Organizational Learning: The Contributing Processes and the Literatures, in: Org.Sc., Jg. 2, 1991, S. 88–115.
Kieser, Alfred: Rhetoric and Myth in Management Fashion, in: Organization, Jg. 4, 1997, S. 49–74.
Kim, Daniel H.: The Link between Individual and Organizational Learning, in: SMR, Jg. 35, H. 1/1993, S. 37–50.
LaPalombara, Joseph: Power and Politics in Organisations. Public and Private Sector Comparisons, in: Handbook of Organizational Learning and Knowledge, hrsg. v. *Dierkes, Meinolf* et al., Oxford 2001, S. 557–581.
Levinthal, Daniel/March, James G.: The Myopia of Learning, in: SMJ, Jg. 14, 1993, S. 95–112.
March, James G./Olsen, Johan P.: The Uncertainty of the Past: Organizational Learning Under Ambiguity, in: European Journal of Political Research, Jg. 3, 1975, S. 141–171.
March, James G.: Exploration and Exploitation in Organizational Learning, in: Org.Sc., Jg. 2, 1991, S. 71–87.
Nonaka, Ikujiro/Takeuchi, Hirotaka: The Knowledge-creating Company, New York 1995.
Nonaka, Ikujiro: A Dynamic Theory of Organizational Knowledge Creation, in: Org.Sc., Jg. 5, 1994, S. 14–37.

Orr, Julian E.: Talking About Machines. An Ethnography of a Modern Job, Ithaca NY 1996.
Pawlowsky, Peter: Betriebliche Qualifikationsstrategien und organisationales Lernen, in: Managementforschung 2: Flache Hierarchien und organisatorisches Lernen, hrsg. v. *Staehle, Wolfgang/Conrad, Peter*, Berlin 1992, S. 177–237.
Rothman, Jay/Friedman, Victor: Identity, Conflict, and Organizational Learning, in: Handbook of Organizational Learning and Knowledge, hrsg. v. *Dierkes, Meinolf* et al., Oxford 2001, S. 582–597.
Sattelberger, Thomas (Hrsg.): Die lernende Organisation, Wiesbaden 1991.
Senge, Peter: The Fifth Discipline. The Art and Practice of the Learning Organization, New York 1990.
Vermeulen, Freek/Barkema, Harry: Learning through Acquisitions, in: AMJ, Jg. 44, 2001, S. 457–476.
Wenger, Etienne: Communities of Practice, Cambridge 1998.

Lobbying

Sybille Sachs

[s.a.: Entscheidungsprozesse in Organisationen; Macht in Organisationen; Personelle Verflechtungen; Shareholder- und Stakeholder-Ansatz.]

I. Methoden und Ansatzpunkte des Lobbyings;
II. Praktische Bedeutung des Lobbyings.

Zusammenfassung

Lobbying ist eine Strategie von Unternehmungen, die auf eine Verknüpfung von Wirtschaft und Politik abzielt. Es erhält im Rahmen des Stakeholder Managements, des Issue Managements und der Corporate Social Responsibility eine hohe Bedeutung.

I. Methoden und Ansatzpunkte des Lobbyings

Lobby stammt ursprünglich vom germanischen Wortstamm „louba" ab und bedeutet Laube oder Vorhalle. Ausgangspunkt für das Verständnis von Lobbying war denn auch tatsächlich eine Hotellobby in Washington DC gegen Ende des 19. Jahrhunderts. Historisch belegt ist die Namensgebung durch den 17. Präsidenten der USA, Ulisses Grant, der abends, nach getaner Arbeit in der Lobby des Wilard Hotels seine Berater und andere Interessenten an bestimmten Dossiers zu einem Drink und einem Gespräch an der Bar zu treffen pflegte und diese Personen in Anlehnung an den Ort des Geschehens erstmals Lobbyisten nannte. Heute werden unter Lobbying gemeinhin vielfältige intensive Aktivitäten von gesellschaftlichen Gruppen, Wirtschaftsverbänden und Firmenvertretungen im Vorhof von Politik und Bürokratie verstanden (vgl. dazu u.a. *Köppl* 2000; *Mack* 1997). Damit kommt der informelle Charakter des Lobbyismus zum Ausdruck, wonach politische Entscheidungen nicht nur in Plenarsälen getroffen werden, sondern v.a. auch im Vorfeld, dem vorpolitischen Raum der Willensbildung und des Interessenabgleichs.

Lobbying beinhaltet zwei zentrale Aufgaben: einerseits die Informationsbeschaffung über geplantes oder im Gang befindliches staatliches Handeln sowie über öffentliche Themen und Anliegen und andererseits den Versuch oder die Kunst des Einwirkens auf dieses in Planung oder Ausführung befindliche staatliche Handeln sowie auch auf bestehende Gesetze und Reglementierungen (→ *Personelle Verflechtungen*; → *Management und Recht*). Diese beiden Aufgaben werden nun im Folgenden unter drei Gesichtspunkten angesehen: erstens des Stakeholder Managements, zweitens des Issue Managements und drittens der Corporate Social Responsibility.

1. Lobbying in einer Stakeholderperspektive

Politische Behörden und Gremien sind häufig Stakeholder, welche einen großen Einfluss auf die Unternehmenstätigkeit ausüben können. Politische Behörden und Gremien sind damit strategisch wesentliche Stakeholder. Ein Stakeholder ist nach gängiger Definition jeder, der einen „stake" bzw. einen Anspruch an die Unternehmung hat, weil er durch das Handeln dieser Unternehmung beeinflusst wird und damit Risikoträger ist oder weil er einen Nutzen für das Unternehmen stiften kann (vgl. *Post/Preston/Sachs* 2002) (→ *Shareholder- und Stakeholder-Ansatz*). Diese Beziehungen zwischen Unternehmung und Stakeholder sind immer interaktiv (*Blair* 1995; *Clarkson* 1995; *Freeman* 1994; *Mitchell/Agle/Wood* 1997; *Windsor* 1998; *Freeman* 1984). Stakeholder mit ähnlichen Ansprüchen können zu sog. Stakeholdergruppen zusammengefasst werden. Durch die Art und Weise, wie die einzelnen Stakeholdergruppen ihre Ansprüche artikulieren, können sie mehr oder weniger Macht über eine Unternehmung ausüben, d.h. sie können den unternehmerischen Handlungsspielraum und letztlich auch den Erfolg einer Unternehmung unterschiedlich stark beeinflussen. Allerdings kann auch die Unternehmung in unterschiedlichem Maße Macht über die verschiedenen Stakeholdergruppen ausüben.

Die einzelnen Stakeholderbeziehungen sind nicht nur bilateraler Art, vielmehr sind die verschiedenen Anspruchsgruppen auf vielfältige Weise miteinander interaktiv vernetzt. Wenn also effektives Lobbying betrieben werden soll, müssen immer auch die Einflüsse von vernetzten Stakeholdergruppierungen auf die Politiker berücksichtigt werden.

Bei Lobbying im Rahmen des Stakeholder Managements stellt sich deshalb die Frage, wie eine Unternehmung die unterschiedlichen Anspruchsgruppen erkennen, die für sie relevanten Gruppierungen bestimmen und mit den unterschiedlichen Ansprüchen und dem komplexen Beziehungsgefüge umgehen kann. Ein pragmatisches Stakeholder Management für Unternehmungen umfasst deshalb folgende Hauptpunkte:

- Zuerst müssen die für eine Unternehmung relevanten Stakeholdergruppen bestimmt und hinsichtlich ihrer Haltung gegenüber der Unternehmung analysiert werden. Beim Lobbying sollen insb. der Informationsstand, die Ziele, Maßnahmen, Mittel der politischen Stakeholdergruppierungen und deren Beziehungen zu den anderen strategisch relevanten Stakeholdergruppen überprüft werden.
- Die so gewonnenen Erkenntnisse können von der Unternehmung für die Formulierung des strategischen Vorgehens und die Setzung der strukturellen Rahmenbedingungen des Lobbyings verwendet werden.
- Schließlich erfolgt die Umsetzung und Kontrolle des Stakeholder-Konzepts, was als interaktiver Prozess zu verstehen ist: Einerseits überwachen die Stakeholder die Handlungen der Unternehmung durch ihre Gruppierungen (z.B. Wirtschaftspresse, Konsumentenforum etc.) und andererseits überwachen die Unternehmungen die Effizienz der Umsysteme (z.B. wirtschaftspolitisches Verhalten des Staates).

2. Lobbying als strategische Maßnahme des Issue Managements

Lobbying bedeutet das Einwirken auf politische Entscheidungsträger und -prozesse durch Unternehmen und Unternehmensverbände. Lobbying wird demnach als wesentliche strategische Maßnahme im Rahmen des *Issue Managements* eingesetzt, um den Entwicklungsprozess eines Issues, der für die Unternehmung relevant ist, mitzugestalten (→ *Macht in Organisationen*; → *Entscheidungsprozesse in Organisationen*).

Bei Issues handelt es sich um einzelne Streitfragen bzw. um Differenzen in den Erwartungen verschiedener, für die Unternehmung relevanter, Gruppierungen (vgl. dazu u.a. *Frederick/Davis/Post* 1992; *Wood/Jones* 1995). Beim Lobbying ist nun insb. die Stellung der politischen Gruppierungen relevant. Das Issue Management grenzt sich von der reaktiven Issue-Bewältigung, dem sog. *Krisenmanagement*, insb. dadurch ab, dass die Unternehmungen durch die ständige Überwachung der Umsysteme sowie aufgrund geeigneter Analyseinstrumente Issues frühzeitig erkennen können, und somit der unternehmerische Handlungsspielraum für die Issue-Bewältigung gewahrt bleibt. Der Aspekt der aktiven oder gar proaktiven Mitgestaltung bei der Bewältigung von Issues fällt demgegenüber beim reaktiven Krisenmanagement weg.

Üblicherweise beinhaltet das Issue Management vier Phasen: Issue-Identifikation, Issue-Analyse, Entwicklung von Issue-bezogenen Handlungsalternativen und Evaluation.

Die Identifikation von Issues muss sich vor dem Hintergrund von Vorstellungen darüber, welche Handlungsbereiche (hier politische Issues) für die Unternehmung strategisch relevant seien, vollziehen. Ein mögliches Vorgehen ist, mit Hilfe von Expertenhearings potenzielle wesentliche politische Issues frühzeitig zu erkennen. Mitunter verfügen Unternehmungen auch über eigene Politikberater, etwa als Spezialisten in einer Public-Affairs-Abteilung.

In der Analysephase muss sich die Unternehmung entscheiden, welche Issues für sie strategisch relevant sind und welche nicht. Ein wesentliches Instrument der Issue-Analyse ist die Lebenszyklusmethode (vgl. dazu *Carroll* 1996; *Liebl* 1994):

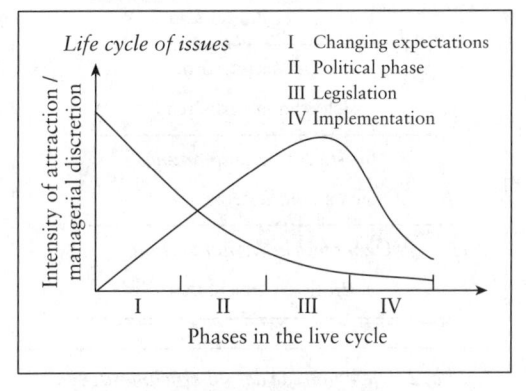

Abb. 1: Lebenszyklus eines sozialen Issues

Je früher ein Issue von der Unternehmung erkannt wird, desto mehr ist der Verlauf dieses Issues noch beeinflussbar und desto interessanter ist es für eine Unternehmung, dieses Issue aktiv mitzugestalten. Dies gilt insb. auch beim Lobbying. Politiker werden häufig erst in der Aufschwungphase oder sogar erst in der Reifephase eines Issues wirklich aktiv. Wenn Unternehmungen sich aber bereits in der Emergenzphase mit solchen Issues beschäftigen, sind sie in der Lage, ein erfolgreicheres Lobbying zu betreiben, da sie über den „*First Mover Advantage*" verfügen (→ *Strategisches Management*).

In der nächsten Phase können geeignete Maßnahmen für den Umgang mit den strategisch relevanten Issues entwickelt werden. Es wird das detaillierte Vorgehen der Lobbyingstrategie und ihrer strukturellen Voraussetzungen festgelegt.

In der letzten Phase (Evaluation) erfolgt die Kontrolle der gewählten Maßnahmen. Wie bereits die Phasen 1 bis 3 des Issue Managements, ist auch die Evaluation interaktiv: Die Gesellschaft überwacht bezüglich des jeweiligen Issues die Handlungen der Unternehmungen durch staatliche Regulierungen und private Gruppierungen (z.B. Non Governmental Organizations etc.). Die Unternehmung überwacht die Gesellschaft auf ihre Effizienz bei der Bewältigung des Issues hin (z.B. Sensibilisierung der Öffentlichkeit für Ökologie durch das Anbieten ökologischer Produkte etc.).

3. Lobbying in der Perspektive der unternehmerischen Verantwortung

Lobbying soll auch in der Perspektive der unternehmerischen Verantwortung diskutiert werden. Der Umfang und die Kategorien einer breit verstandenen, gesamtunternehmerischen Verantwortung können in einer Pyramide (*Carroll* 1996) dargestellt werden, die auch die Entwicklung der zunehmenden Verantwortlichkeiten der Unternehmungen im Zeitablauf ausdrückt.

Abb. 2: Die Pyramide der unternehmerischen Verantwortung (Carroll 1996, S. 39).

Auf der ersten Stufe der Verantwortungspyramide dominiert die ökonomische Verantwortung der Unternehmung. Eine Unternehmung soll für ihre Eigentümer möglichst viel Profit machen. Lobbying soll also zum ökonomischen Erfolg einer Unternehmung beitragen. Eine Unternehmung soll in dieser Perspektive ihre Lobbyingstrategie so ausrichten, dass der unternehmerische Handlungsspielraum erhalten bleibt, dass sie ihn erfolgsorientiert nutzen kann und dass sich die Unternehmung unter den jeweiligen Rahmenbedingungen ihre Wettbewerbsposition erhalten kann.

Die nächste Phase, und damit die nächste Stufe in der Verantwortungspyramide von Carroll, ist gekennzeichnet durch Gesetzeserlasse. Bedingt durch das enorme Wachstum der Unternehmungen und die zunehmende Komplexität des Marktes kann man in dieser Phase eine starke Zunahme der Regulierung der unternehmerischen Tätigkeiten beobachten. Lobbying auf dieser Stufe zielt auf die Gesetzgebung und auf die Beeinflussung des Interpretationsspielraums der Gesetze zugunsten der spezifischen Anforderungen der Unternehmung ab.

Wenn ein Unternehmen seine Lobbyingstrategie nur ausschließlich auf die ökonomische und gesetzliche Verantwortung ausrichtet, wird ihr häufig Machtmissbrauch vorgeworfen. Es wird verlangt, dass im Lobbying auch die ethische Verantwortung berücksichtigt werden soll, d.h. es sollen jene Normen berücksichtigt werden, die zwar gesetzlich nicht verankert sind, aber dennoch von der Gesellschaft bzw. den gesellschaftlichen Gruppierungen vertreten werden.

Die philanthropische Verantwortung, als letzte Stufe der Verantwortungspyramide und als nächste Phase in der Entwicklung der Diskussion über die unternehmerische Verantwortung, geht über die gesetzliche und ethische Verantwortung hinaus, indem sie auch unternehmerisches Engagement beinhaltet, das die gesellschaftliche Wohlfahrt steigert und auf Freiwilligkeit von Seiten der Unternehmung basiert. Hier kann eine Unternehmung Lobbying für Anliegen betreiben, die von öffentlichem Interesse sind (z.B. Gleichstellung, Bildung etc.).

II. Praktische Bedeutung des Lobbyings

Lobbying gewinnt z.Zt. besonders durch die Globalisierung an Bedeutung. Unternehmungen sind jene gesellschaftlichen Institutionen, die am weitesten in der Globalisierung fortgeschritten sind. Damit übernehmen sie zunehmend auch politische Aufgaben, und die Verflechtung von Politik und Wirtschaft wird damit noch enger.

Diese Entwicklung wird zunehmend mit Vorbehalt verfolgt. Insbesondere Non Governmental Organizations hinterfragen die Macht von großen Unternehmungen und verbinden Lobbying immer häufiger auch mit Korruption. Dies wird gestützt durch die aktuellen Skandale in Unternehmungen in den USA, aber auch im deutschsprachigen Raum.

Damit muss auch Lobbying dem Anspruch von Transparenz entsprechen. Die aufgezeigten Ansatzpunkte des Stakeholder Managements, des Issue Managements und der *Corporate Social Responsibility* sind die Basis für ein transparentes und akzeptiertes Lobbying.

Literatur

Blair, Margaret M.: Ownership and control – Rethinking corporate governance for the twenty-first century, Washington DC 1995.
Carroll, Archie B.: Business and society – Ethics and stakeholder management, Cincinnati 1996.
Clarkson, Max B. E.: A stakeholder framework for analyzing and evaluating corporate social performance, in: AMR, Jg. 20, 1995, S. 92–117.
Frederick, William C./Davis, Keith/Post, James E.: Business and society: Corporate strategy, public policy, ethics, New York 1992.
Freeman, Richard E.: The politics of stakeholder theory: Some future directions, in: Business Ethics Quarterly, Jg. 4, 1994, S. 409–421.
Freeman, Richard E.: Strategic management: A stakeholder approach, Boston 1984.
Köppl, Peter: Public Affairs Management – Strategien und Taktiken erfolgreicher Unternehmenskommunikation, Wien 2000.

Liebl, Franz: Issue Management – Bestandsaufnahme und Perspektiven, in: ZfB, Jg. 64, 1994, S. 359–383.
Mack, Charles S.: Business politics and the practice of government relations, Westport CT 1997.
Mitchell, Ronald K./Agle, Bradley R./Wood, Donna J.: Toward a theory of stakeholder identification and salience: Defining the principle of who and what really counts, in: AMR, Jg. 22, 1997, S. 853–886.
Post, James E./Preston, Lee E./Sachs, Sybille: Redefining the corporation – Stakeholder management and organizational wealth, Stanford 2002.
Windsor, Duane: A logic of stakeholder reasoning, The Jesse H. Jones Graduate School of Management, Rice University, Paper presented at the Annual Meeting of the Academy of Management, San Diego CA 1998.
Wood, Donna J./Jones, Raymond E.: Stakeholder mismatching – A theoretical problem in empirical research on corporate social performance, in: International Journal of Organizational Analysis, Jg. 3, 1995, S. 229–267.

Logistik, Organisation der

Werner Delfmann

[s.a.: Aufbau- und Ablauforganisation; Kontingenzansatz; Modulare Organisationsformen; Netzwerke; Organisationsgrenzen; Prozessorganisation; Strategie und Organisationsstruktur.]

I. Das logistische Organisationsproblem; II. Logistikkonfigurationen.

Zusammenfassung

Das logistische Organisationsproblem umfasst die Gestaltung der logistischen Aufbauorganisation, der logistischen Infrastruktur und der operativen sowie administrativen logistischen Prozesse. Logistische Segmentkonfigurationen bilden als harmonische Muster aus Struktur- und Prozessvariablen, Strategie- und Kontextvariablen die Basis für die Gestaltung einer effizienten Organisation der Logistik.

I. Das logistische Organisationsproblem

1. Der konzeptionelle Rahmen

Die Gestaltung von güter- und informationsflussbezogenen logistischen Strukturen und Prozessen stellt ein zentrales Anliegen der betriebswirtschaftlichen Logistik dar. Dabei wird heutigem Verständnis entsprechend *Logistik als eine systemische Perspektive der Unternehmensführung* (*Delfmann* 1995a; *Klaus* 2002) verstanden, die die Planung, Organisation, Steuerung und Kontrolle von Güter- und Informationsflüssen innerhalb und zwischen Unternehmen auf der Basis spezifisch logistischer Prinzipien, wie Systemorientierung, Fluss- bzw. Prozessorientierung, Kundenorientierung und Totalkostendenken, umfasst. Dabei bezieht die Logistik ihre begriffliche Identität sowohl aus ihrem originären Kernbereich (Logistiksysteme) sowie dessen Gestaltung und Steuerung (Logistik-Management) als auch aus der Bedeutung der logistisch geprägten Denkweise (Logistik-Philosophie) für die Unternehmensführung insgesamt (*Delfmann* 1995a). Gleichzeitig werden in der Organisationsforschung die Vielschichtigkeit realer Organisationsphänomene und eine daraus resultierende Perspektivenabhängigkeit von Konzepten zur Organisationsgestaltung betont (*Morgan* 1986). Es liegt somit nahe, die Logistikperspektive als konzeptionelle Grundlage für ein spezifisch ‚logistisches' Unternehmens- bzw. Organisationsverständnis heran zu ziehen, um geeignete Gestaltungskonzepte zur Logistik-Organisation zu entwickeln. Ein solches logistikorientiertes Gestaltungskonzept ist in der nachfolgenden Abb.1 dargestellt.

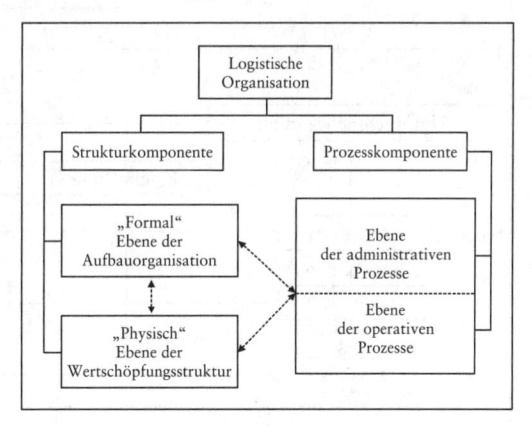

Abb. 1: Gestaltungsebenen der logistischen Organisation (Klaas 2002)

Das logistische Organisationsproblem lässt sich in eine Struktur- und eine Prozesskomponente unterteilen. Die Strukturkomponente wird traditionell allein durch die formale Aufbauorganisation beschrieben (*Schwegler* 1995). Aus Sicht der Logistik spielen jedoch darüber hinaus die physischen Wertschöpfungsstrukturen eine wesensbestimmende Rolle. Die Eigenschaften der physischen Wertschöpfungsstruktur weisen einen hohen Stellenwert für die logistische Identität einer Organisation auf. Die Gestaltungsebenen der operativen und administrativen Prozesse erweitern den stabilen Betrachtungshorizont der Strukturkomponente um den dynamischen Zeitaspekt der logistischen Organisation. Dabei spannen die physische Wertschöpfungsstruktur wie auch die Aufbauorganisation einerseits den materiellen Rahmen für den raum-zeitlichen Erfüllungszusammenhang der operativen und Prozessabwicklung auf. Die *Gestaltung der logistischen Aufbauorganisation*, die *Gestaltung der logistischen Infrastruktur* und *die Gestaltung der logistischen Prozesse* bilden die interdependenten Teilprobleme des logistischen Organisationsproblems.

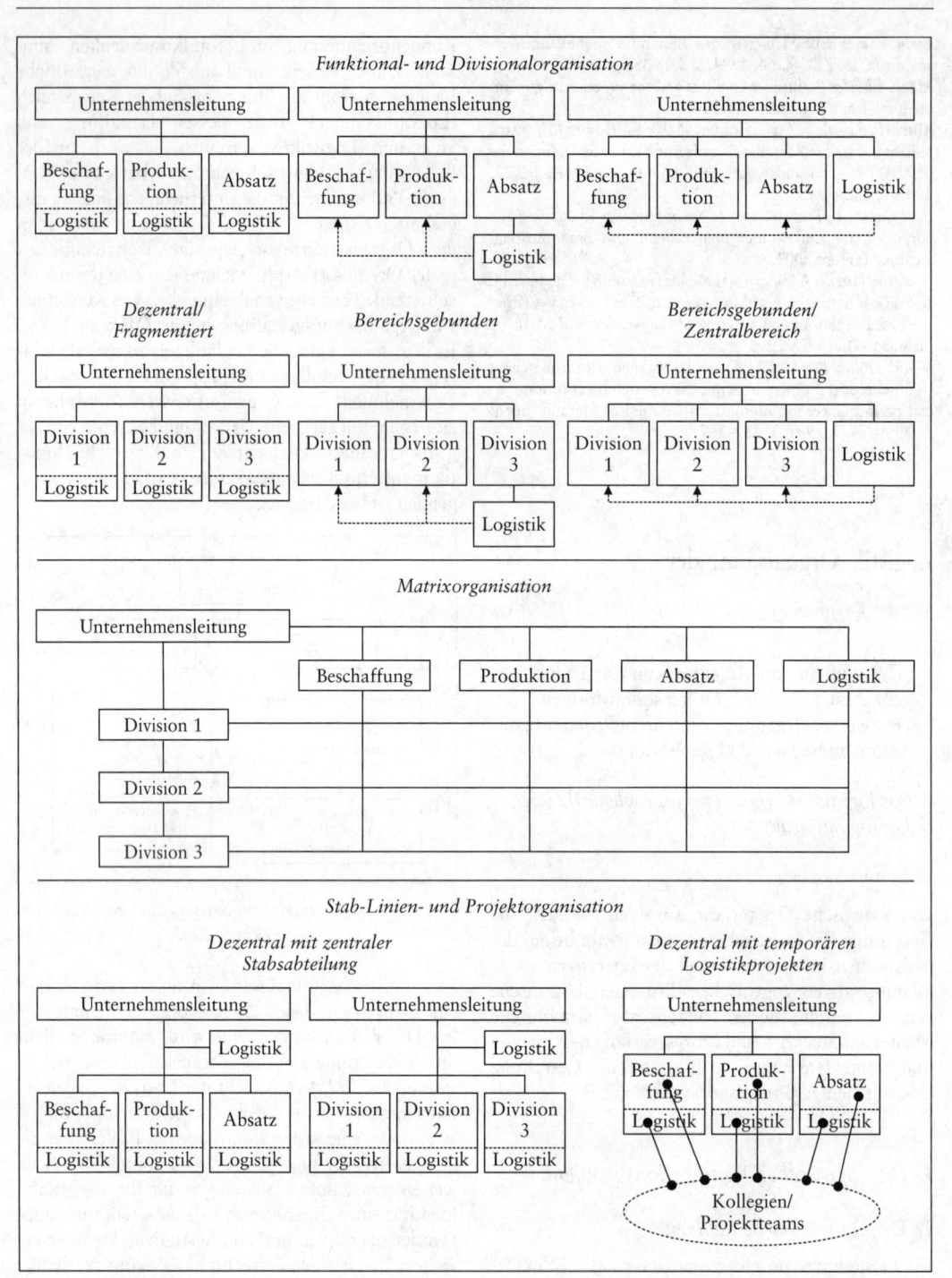

Abb. 2: Außenstrukturen der logistischen Aufbauorganisation (in Anlehnung an Hadamitzky 1995)

2. Gestaltung der logistischen Aufbauorganisation

Unter dem Schlagwort ‚Organisation der Logistik' wird traditionell insbesondere die aufbauorganisatorische Gestaltung der Logistikfunktion, d.h. die institutionelle Verankerung der Logistik in der Unternehmensorganisation, verstanden (*Ihde* 1980; *Pfohl* 1992). Der Bezugspunkt dieser bis heute vorherrschenden Gestaltungsperspektive ist die formale Organisationsstruktur eines Unternehmens mit dem Ziel, logistische von nicht-logistischen Aufgaben abzugrenzen und organisatorisch in einem spezialisierten Funktionsbereich Logistik zusammenzufassen. Dies wird mit der zunehmenden Komplexität der logistischen

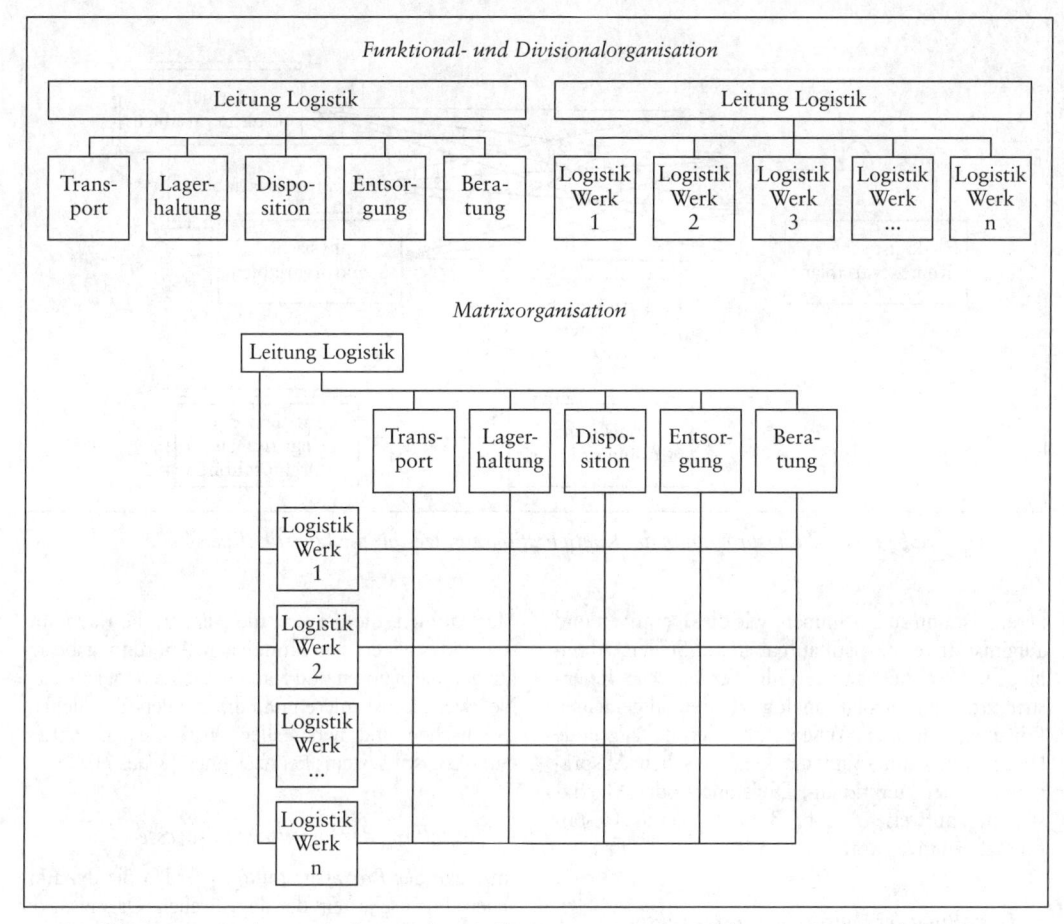

Abb. 3: Innenstrukturen der logistischen Aufbauorganisation (in Anlehung an Hadamitzky 1995)

Aufgabenerfüllung, der Realisierung von Synergiepotenzialen, der Nutzung von Spezialisierungsvorteilen sowie dem Abbau von organisationsbedingten Zielkonflikten und Kommunikationsbarrieren begründet (*Felsner* 1980; *Pfohl* 1980). Hieraus soll eine insgesamt effizientere Abwicklung der güter- und informationsflussbezogenen (Logistik-)Aufgaben resultieren, als dies bei einer zersplitterten Wahrnehmung von Logistikaufgaben der Fall ist (Zentralisationsthese).

Grundsätzlich ist zwischen der Gestaltung der Außen- und der Innenstruktur der Logistikorganisation zu unterscheiden (*Hadamitzky* 1995). Die Gestaltung der Außenstruktur umfasst Entscheidungen darüber, ob und in welcher Form eine separate Organisationseinheit Logistik in der Aufbauorganisation eines Unternehmens verankert wird (*Felsner* 1980). Sie legt die formale Arbeitsteilung zwischen der Logistik und den übrigen Organisationssystemen fest. Zunächst ist hierzu der Funktionsumfang zu bestimmen, der einer Organisationseinheit Logistik zugewiesen wird. Das Spektrum der verschiedenen Strukturierungsalternativen reicht von der *funktional fragmentierten Logistik* (d.h. keine Einrichtung einer eigenständigen Organisationseinheit), der *partiell integrierten Logistik* (d.h. nur für bestimmte Logistikaufgaben zuständige Organisationseinheit) bis zu einer vollständigen Integration sämtlicher Logistikaufgaben in einen logistischen *Zentralbereich* (→ *Zentralbereiche*). Schließlich ist in Abhängigkeit der jeweiligen Form der Gesamtorganisationsstruktur zu bestimmen, auf welcher Hierarchieebene (z.B. Unternehmensführungs-, Divisions-/Funktionalbereichs- oder Abteilungsebene) die Organisationseinheit Logistik eingeordnet wird, mit welchen Entscheidungsbefugnissen (z.B. → *Stäbe*) diese auszustatten ist und wie die organisatorischen Beziehungen zu den anderen, nicht logistischen Organisationseinheiten (Weisung oder Beratung) ausgestaltet sind. Ausgehend von den idealen Strukturtypen der → *Funktionalen Organisation*, → *Spartenorganisation* und → *Matrix-Organisation* können idealtypische Grundmodelle der logistischen Außenstruktur abgegrenzt werden. Die wichtigsten Alternativen sind in Abb. 2 verdeutlicht.

Bei der *Gestaltung der Innenstruktur* geht es um die aufbauorganisatorische Ausgestaltung der Organisationseinheit Logistik. In Abhängigkeit der insgesamt zugewiesenen Funktionsspektren und Entscheidungskompetenzen sowie der hierarchischen Veran-

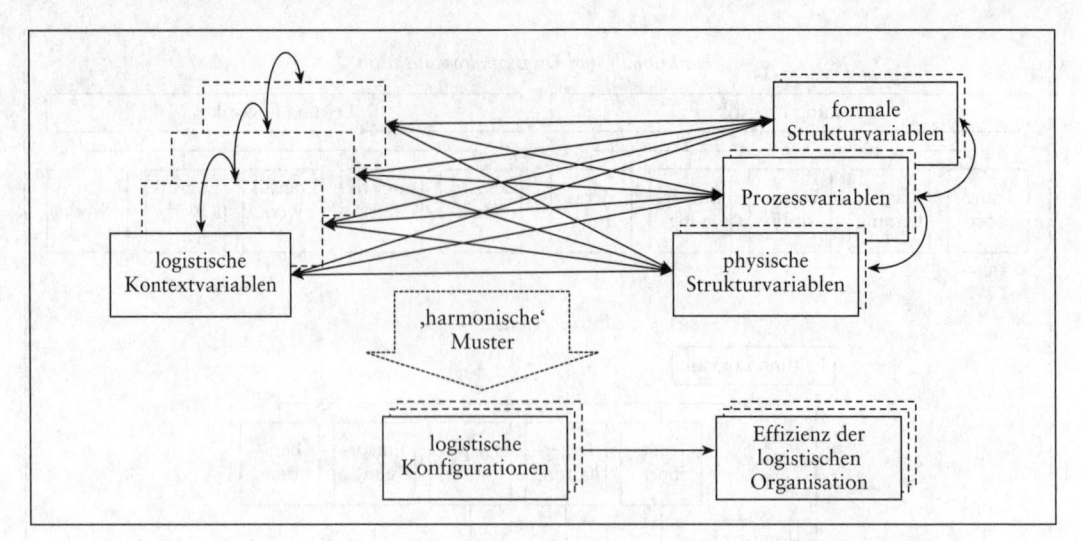

Abb. 4: Forschungsprogramm des Konfigurationsansatzes für die Logistik (Klaas 2002)

kerung ist nun zu bestimmen, wie die operativen und administrativen Logistikaufgaben auf Stellen, Abteilungen, Bereiche usw. verteilt werden. Die Innenstrukturierung erfolgt analog zu den allgemeinen Prinzipien, die der Außenstrukturierung zugrunde liegen, und kann somit die idealtypischen Ausprägungen einer Funktional-, Divisional- oder Matrixstruktur aufweisen. Abb. 3 zeigt hierzu Gestaltungsalternativen auf.

3. Gestaltung der logistischen Infrastruktur

Die Gestaltung der physischen Infrastruktur eines Wertschöpfungssystems gilt traditionell weniger als organisatorisches denn originär logistisches Problemfeld (Logistics Network Design: *Bowersox/Closs* 1996; Supply Chain Design: *Aronsson* 2000; Ressourcennetz-Konfiguration: *Klaus* 2002; Network Configuration: *Ballou* 1999). Bei der logistischen Infrastrukturgestaltung geht es um die Festlegung der räumlichen, technischen und personellen Struktureigenschaften eines Logistiksystems (*Art und Anzahl der benötigten technischen Einrichtungen*), z.B. Produktionsstätten, Lagerhäuser, Transportmittel, Handhabungsgeräte, Lager-, Umschlags- und Kommissioniereinrichtungen, Maschinen, Produktionsanlagen oder Informations- und Kommunikationssysteme – sowie *die Dimensionierung technischer und personeller Kapazitäten*. Des Weiteren sind Entscheidungen über die *räumlich zentrale oder dezentrale Anordnung* der Einrichtungen sowie über die Stufigkeit der Güter- und Informationsflussrelationen im Logistiksystem zu treffen. Schließlich sind die logistischen Objekte (Rohstoffe, Zwischen- und Fertigprodukte) nach Art, Bestandsmengen und Kundenanforderungen den physischen Einrichtungen eines Logistiksystems grob zuzuordnen. Zusammengefasst betrifft die logistische Infrastrukturgestaltung alle Maßnahmen, die die Art, die Anzahl, die Kapazität sowie die generellen räumlichen Anordnungsbeziehungen der Knoten und Kanten in einem logistischen Netzwerk konstituieren und die stabilen räumlichen, technischen und personellen Struktureigenschaften eines Logistiksystems kennzeichnen (*Klaas 2002*).

4. Gestaltung der logistischen Prozesse

Im Zuge der *Prozessgestaltung* werden die dynamischen Eigenschaften der logistischen Organisation bestimmt (→ *Prozessorganisation*). Sie umfassen die operativen Ausführungs- und administrativen Führungsprozesse. Dabei bilden die logistischen Kernaktivitäten (des Transports, der Handhabung, der Auftragsabwicklung, des Umschlags, des Lagerns und des Kommissionierens und Verpackens) die operative Basis für die Gestaltung der raum-zeitlichen Güter- und Informationsflussprozesse innerhalb und zwischen den infrastrukturellen Einrichtungen eines Logistiksystems. Diese Prozesse sind untrennbar miteinander verknüpft.

Die Gestaltung der Logistik umfasst güter- und informationsflussinduzierte Aufgabenstellungen. Die *güterflussinduzierte Gestaltung der operativen Kernprozesse* betrifft die raum-zeitlichen Ablaufprozeduren des Transports, der Lagerhaltung, des Güterumschlags, der Handhabung, der Kommissionierung oder der Verpackung/Signierung in der Beschaffungs-, der Produktions- und der Distributionslogistik. Die *informationsflussinduzierte Gestaltung* umfasst Entscheidungen über die Beschaffung, die Aufbereitung, die Bereitstellung sowie den Übermittlungsmodus von Auftragsabwicklungsinformationen zwischen Bedarfs- und Lieferpunkten im Logistiksystem. Sie können ihren Ursprung direkt in Kundenaufträgen oder aber in prognosebasierten Planvorgaben einer zentralen Disposition haben.

Das dynamische System der operativen logistischen Auftragszyklen ist schließlich die Ausgangsbasis für die Gestaltung der *administrativen Logistikprozesse*. Diese lassen sich in strategische, abwicklungsvorbereitende und -begleitende sowie systemgestaltende Prozesse unterscheiden (*Endlicher* 1981; *Wegner* 1993). Die *strategischen Führungsprozesse* umfassen z.B. die Festlegung von Logistikzielen und -strategien sowie die Entwicklung der logistisch-organisatorischen Innen- und Außenbeziehungen. Die *abwicklungsvorbereitenden und -begleitenden Führungsprozesse* bestehen aus Planungs- und Steuerungsaufgaben, die direkt auf den Vollzug der Leistungserstellung ausgerichtet sind. Die systemgestaltenden Prozesse beinhalten die Analyse, Planung, Gestaltung und Einrichtung der logistischen Infrastruktur, der logistischen Auftragszyklen sowie der Planungs- und Steuerungsprozeduren. (*Gaitanides* 1983; *Mintzberg* 1979; *Striening* 1988).

II. Logistikkonfigurationen

Die drei Problemfelder der Logistik-Organisation entspringen einer konsequenten Anwendung der logistischen Perspektive auf das Organisationsphänomen (*Mintzberg* 1979). Die Gestaltung einer logistischen Organisation bezieht sich auf einen nach bestimmten Kriterien ausgegrenzten Abschnitt einer Wertschöpfungskette und kann dabei über die Betrachtung eines einzelnen Unternehmens hinaus auch die Logistiksysteme mehrerer Unternehmen in einer Logistikkette umfassen.

Der Konfigurationsansatz stellt die jüngste und aktuellste Strömung in der situativen Organisationsforschung dar (*Wolf* 2000). Er setzt auf den Grundannahmen des situativen Ansatzes (→ *Kontingenzansatz*; *Kieser* 1999) auf, kritisiert diesen allerdings insbesondere wegen seiner restriktiven Problemvereinfachung (*Meyer/Tsui/Hinings* 1993; *Wolf* 2000). Konsistente Konfigurationen zeichnen sich durch konsistente Muster („*Konfigurationen*") harmonisch aufeinander abgestimmter Gestaltungsparameter und Kontextfaktoren aus (*Scherer/Beyer* 1998).

Mit dem Konfigurationsansatz wird die analytisch-zerlegende Perspektive des situativen Ansatzes um eine synthetische Sichtweise ergänzt. Mit seiner konzeptionellen Nähe zum systemischen Ansatz der Logistik ist der Konfigurationsansatz besonders geeignet, für die Erforschung und Gestaltung logistischer Organisationen neue organisationstheoretische Erklärungspotenziale zu erschließen. Er führt zu einem Orientierungsrahmen (Abb. 4) spezifisch logistischer Konfigurationen, die sich durch harmonische Muster von logistischen Kontextvariablen, physischen und formalen Strukturvariablen sowie Prozessvariablen auszeichnen. Dieser Orientierungsrahmen bildet die konzeptionelle Grundlage für die Entwicklung logistischer Konfigurationstypen, die als theoretische Bezugsrahmen zur Erforschung der logistischen Organisation und als diagnostische Werkzeuge in der logistikorientierten Organisationsgestaltung eingesetzt werden können (*Fisher* 1997; *Klaas* 2002).

Als prototypische Logistikkonfigurationen lassen sich logistische Segmente verstehen. Die grundlegende Idee der logistischen Segmentierung besteht in der Abgrenzung relativ eigenständiger Verantwortungsbereiche entlang einer Wertschöpfungskette (*Delfmann* 1995b), da sich die spezifischen Eigenschaften der Güter, der logistischen Leistungserstellung sowie der logistischen Service- bzw. Marktanforderungen entlang der Wertschöpfungskette grundlegend verändern. Unter einer logistischen Segmentkonfiguration ist ein generischer Baustein einer Wertschöpfungskette zu verstehen, der sich durch ein harmonisches Muster von segmentbezogenen Kontextvariablen, physischen und formalen Struktur- sowie Prozessvariablen auszeichnet (*Klaas* 2002).

Logistische Segmente stellen horizontal und vertikal abgegrenzte Prozessabschnitte dar, die hinsichtlich ihres Güter- und Informationsflusses eigenständige logistische Anforderungsprofile aufweisen und durch intendierte Schnittstellen organisatorisch von anderen Logistiksegmenten entkoppelt sind. Ein logistisches Segment kann als ein prozessorganisatorisch robuster Gestaltungsbereich definiert werden, dessen Güter- und Informationsflüsse aufgrund seiner segmentspezifischen Kontextbedingungen relativ unabhängig von anderen logistischen Segmenten in der Wertschöpfungskette organisiert (d.h. gestaltet und gesteuert) werden. Das logistische Segment wird damit zum konzeptionellen Dreh- und Angelpunkt bei der Lösung des logistischen Organisationsproblems.

Insgesamt setzt die Charakterisierung unterschiedlicher Segmentkonfigurationen an den Teilproblemen des logistischen Organisationsproblems und an der Auswahl logistischer Gestaltungsvariablen, Kontextvariablen und Wirkungshypothesen an. Dabei spielen die Mechanismen der Güterflusskoordination eine zentrale Rolle. Denn es ist gerade die Art und Weise der Prozessauslösung und -steuerung, die eine inhaltliche Verbindung zwischen den operativen und administrativen Prozessen der logistischen Organisation herstellen und damit einen wichtigen Erklärungsbeitrag zu den typischen Struktur- und Prozesseigenschaften der Segmentkonfigurationen leisten.

Literatur

Aronsson, Hakan: Three Perspectives on Supply Chain Design, Linköping 2000.
Ballou, Ronald H.: Business Logistics Management. Planning, Organizing, and Controlling the Supply Chain, Upper Saddle River, New Jersey 1999.
Bowersox, Donald J./Closs, David J.: Logistical Management. The Integrated Supply Chain Process, New York et al. 1996.

Delfmann, Werner: Logistik als strategische Ressource. Theoretisches Modell und organisatorische Umsetzung integrierten Lernens in logistischen Netzwerken, in: ZfB, Jg. 65, Ergänzungsheft Nr. 3/1995a, S. 141–170.

Delfmann, Werner: Logistische Segmentierung. Ein modellanalytischer Ansatz zur Gestaltung logistischer Auftragszyklen, in: Dynamik und Risikofreude in der Unternehmensführung, hrsg. v. *Albach, Horst/Delfmann, Werner*, Wiesbaden 1995b, S. 171–202.

Endlicher, Alfred: Organisation der Logistik. Untersucht und dargestellt am Beispiel eines Unternehmens der chemischen Industrie mit Divisionalstruktur, Essen 1981.

Felsner, Jürgen: Kriterien zur Planung und Realisierung von Logistik-Konzeptionen in Industrieunternehmen, Bremen 1980.

Fisher, Marshall L.: What is the Right Supply Chain for Your Product? A Simple Framework Can Help You Figure Out the Answer, in: HBR, Jg. 75, H. 2/1997, S. 105–116.

Gaitanides, Michael: Prozeßorganisation. Entwicklung, Ansätze und Programme prozeßorientierter Organisationsgestaltung, München 1983.

Hadamitzky, Michael: Analyse und Erfolgsbeurteilung logistischer Reorganisationen, Wiesbaden 1995.

Ihde, Gösta B.: Organisation der Logistik, in: Handwörterbuch der Organisation, hrsg. v. *Grochla, Erwin*, 2. A., Stuttgart 1980, Sp. 1224–1234.

Kieser, Alfred (Hrsg.): Organisationstheorien, 3. A., Stuttgart et al. 1999.

Klaas, Thorsten: Logistik-Organisation. Ein konfigurationstheoretischer Ansatz zur logistikorientierten Organisationsgestaltung, Wiesbaden 2002.

Klaus, Peter: Die dritte Bedeutung der Logistik: Beiträge zur Evolution logistischen Denkens, Hamburg 2002.

Meyer, Alan D./Tsui, Anne S./Hinings, C. R.: Configurational Approaches to Organizational Analysis, in: AMJ, Jg. 36, 1993, S. 1175–1195.

Miles, Raymond E./Snow, Charles C.: Organizational Strategy, Stucture and Process, New York et al. 1978.

Miller, Danny: Notes on the Study of Configurations, in: MIR, Special Issue, Jg. 39, H. 2/1999, S. 27–39.

Mintzberg, Henry: The Structuring of Organizations. A Synthesis of the Research, Englewood Cliffs 1979.

Morgan, Gareth: Images of Organization, Beverly Hills et al. 1986.

Pfohl, Hans-Christian: Organisation der Logistik, in: HWO, hrsg. v. *Frese, Erich*, 3. A., Stuttgart 1992, Sp. 1255–1270.

Pfohl, Hans-Christian: Aufbauorganisation der betriebswirtschaftlichen Logistik, in: ZfB, Jg. 50, 1980, S. 1201–1228.

Scherer, Andreas Georg/Beyer, Rainer: Der Konfigurationsansatz im Strategischen Management – Rekonstruktion und Kritik, in: DBW, Jg. 58, 1998, S. 332–347.

Schwegler, Georg: Logistische Innovationsfähigkeit. Konzept und organisatorische Grundlagen einer entwicklungsorientierten Logistik-Technologie, Wiesbaden 1995.

Striening, Hans-Dieter: Prozeß-Management. Versuch eines integrierten Konzepts situationsadäquater Gestaltung von Verwaltungsprozessen. Dargestellt am Beispiel in einem multinationalen Unternehmen – IBM Deutschland GmbH, Frankfurt a. M. 1988.

Wegner, Ullrich: Organisation der Logistik. Prozess- und Strukturgestaltung mit neuer Informations- und Kommunikationstechnik, Berlin 1993.

Wolf, Joachim: Der Gestaltansatz in der Management- und Organisationslehre, Wiesbaden 2000.

M

Macht in Organisationen

Karl Sandner/Renate Meyer

[s.a.: Bürokratie; Gender Studies; Hierarchie; Informelle Organisation; Kontrolle; Mikropolitik.]

I. Zur Abgrenzung von Macht und Herrschaft; II. Konzepte der Macht; III. Konzepte der Herrschaft.

Zusammenfassung

Macht ist ein Basisphänomen der Gesellschaft und zählt zu den zentralsten und schillerndsten, aber auch umstrittensten Konzepten der Sozialwissenschaften. Divergierende Schwerpunktsetzungen betreffen Erscheinungsformen, Phänomene und Dimensionen, die die Entwicklung wie den Status quo der Machtforschung kennzeichnen.

I. Zur Abgrenzung von Macht und Herrschaft

Die Vielschichtigkeit der Erscheinungsformen, das breite Spektrum möglicher paradigmatischer Zugänge und die zentrale Rolle von Macht und *Herrschaft* sowohl im Rahmen der Theoriebildung als auch in den alltäglichen Erfahrungen resultieren in einer Vielzahl unterschiedlicher Konzeptionen und – damit verbunden – unklaren Abgrenzungen zu verwandten Konzepten wie z.B. *Einfluss*, *Autorität*, *Manipulation*, *Widerstand*, → *Kontrolle*, *Zwang* oder *Gewalt*.

Als kleinster gemeinsamer Nenner der kontroversen Vorstellungen kann Macht als Vermögen, auf den Gang der Welt verändernd einzuwirken, verstanden werden. Giddens (*Giddens* 1988) verknüpft i.d.S. Handeln und Macht ‚logisch' miteinander und spricht von der transformativen Qualität des Handelns. Ebenso divergierend wie Macht wird auch Herrschaft – und in der Folge die Beziehung zwischen den beiden Phänomenen – definiert und bewertet, wobei insb. die Fragen, ob Herrschaft eine spezifische Form, einen Spezialfall der Macht, darstellt oder ob Macht und Herrschaft dasselbe Phänomen auf unterschiedlichen analytischen Ebenen – Handlung und Struktur – bezeichnen, abweichend beantwortet werden. Als erste Annäherung kann Macht als dynamisches und fragiles, als ‚flüchtiges' Phänomen, das durch konkretes (Aus-)Handeln in jeder Interaktion neu realisiert werden muss, von Herrschaft durch deren relative Dauerhaftigkeit abgegrenzt werden. Konzeptualisierungen von Herrschaft implizieren weiter Beziehungsasymmetrie, d.h. ein Verhältnis von Über- und Unterordnung (→ *Hierarchie*).

Organisationen als auf Dauer angelegte Modi der Handlungskoordination sind – sowohl was die Erklärung ihrer Existenz wie ihrer konkreten Ausgestaltung betrifft – untrennbar mit Formen der Herrschaft verbunden, auch wenn gegenwärtig die Rekonstruktion von Ordnungssystemen eher unter dem Begriff der *Governance Strukturen* als dem der Herrschaft diskutiert wird. Neben Webers *Herrschaftstypologie*, die die Organisationsforschung nachhaltig geprägt hat, sind z.Zt. v.a. die Arbeiten von Coleman, die das sozialwissenschaftliche Fundament vieler Rational-Choice-Zugänge bilden, die marxistische Theorie – aus der kritische Ansätze, allen voran die *Labour Process Debate* und ihre Weiterentwicklungen (z.B. *Thompson/Ackroyd* 1995), Anleihen nehmen –, die *Strukturationstheorie* von Giddens und post-strukturalistische Theorien, auf die diskurstheoretische, feministische (→ *Gender Studies*) sowie Teile der kritischen Ansätze rekurrieren, von Bedeutung (s.u.).

II. Konzepte der Macht

Lukes (*Lukes* 1974, S. 9) bezeichnete das Konzept der Macht als ‚essentially contested' und Uneinigkeit in der Machtforschung als endemisch (s.a. *Clegg* 1989; *Hardy/Clegg* 1996). Ein einzelnes herausragendes Charakteristikum, anhand dessen die unterschiedlichen Konzeptionen aufgerollt werden könnten, existiert nicht. Mögliche Systematisierungen resultieren aus Fragestellungen bspw. betreffend Transitivität oder Intransitivität (‚power over' bzw. ‚power to'), intentionales Vorgehen oder konfligierende Interessen, die Konstituierung von Macht bereits durch das entsprechende Potenzial oder erst durch die tatsächliche Umsetzung, mögliche Grundlagen und Erscheinungsformen ebenso wie die Lokalisierung – als Eigenschaft von Personen, Beziehungen, strukturierten Systemen, situierten Praktiken, etc. – und damit verbunden die Entstehungsbedingungen von Macht (s.u.).

Als Grundlagen der Macht über andere stehen in den in der BWL vorherrschenden instrumentell-utilitaristischen Zugängen insb. die Verfügung über *Ressourcen* unterschiedlichster Art und die Kontrolle von *Unsicherheitszonen* (z.B. *Crozier/Friedberg* 1979) im Mittelpunkt, wobei die Unterscheidung zwischen Machtquellen und -mitteln vielfach unscharf bleibt. Die lange Zeit dominierende und in zahlreichen Studien (z.B. *Pfeffer* 1981) ergänzte bzw. abgeänderte Klassifikation (*French/Raven* 1959) unterscheidet sechs *Machtbasen* – Belohnung, Bestrafung, Legitimation, Identifikation, Sachkenntnis und Information –, die in unterschiedlicher Beziehung zur formalen Struktur der Organisation stehen: Eine höhere hierarchische Position legitimiert Anweisungen (→ *Hierarchie*; *Positionsmacht*) und ist überdies i.d.R. mit extensiverer Ressourcenausstattung verbunden (*Sanktionsmacht*); die übrigen Basen, insb. Information und → *Wissen*, sind nicht an formelle Strukturen gebunden (→ *Informelle Organisation*) und zeigen die Grenzen der Planbarkeit der organisationalen Machtverteilung auf.

1. Relationale Konzepte der Macht

Während personenbezogene Konzepte Macht als Attribut einer Person untersuchen und die Verfügung über o.g. Machtquellen bzw. -mittel mit dem Besitz von Macht gleichsetzen, ist Macht in einem relationalen Sinn die Eigenschaft einer konkreten sozialen, situierten Interaktion zwischen unterschiedlich positionierten Akteuren.

Die Handlungsfähigkeit der Akteure, die es ermöglicht, gemeinsam ein Ziel zu erreichen, stellt bspw. Arendt in den Mittelpunkt ihres intransitiven Verständnisses: Macht entspringt „der menschlichen Fähigkeit, nicht nur zu handeln oder etwas zu tun, sondern sich mit anderen zusammenzuschließen und im Einvernehmen mit ihnen zu handeln" (*Arendt* 1985, S. 45). In der Organisationsforschung ist – dem Alltagsverständnis eher entsprechend – ein auf asymmetrische Beziehungsgeflechte rekurrierendes transitives Verständnis dominant, das sich auf die Möglichkeit eines Akteurs, auf den Handlungsraum eines oder mehrerer anderer einzuwirken – also jede Art der Durchsetzung gegenüber anderen –, bezieht. Die Definition von Weber, der Macht als „jede Chance, innerhalb einer sozialen Beziehung den eigenen Willen auch gegen *Widerstand* durchzusetzen, gleichviel worauf diese Chance beruht" (*Weber* 1972, S. 28) beschreibt, kann stellvertretend für diese Sichtweise stehen. Am Verhältnis zum Konzept der *Gewalt* wird der Unterschied am deutlichsten: als eklatanteste Manifestation von Macht bei Weber oder als ihr Gegenteil bei Arendt.

In der Logik der (Inter-)Dependenzmodelle ‚tauschen' nutzenmaximierende Akteure – zur Analyse komplexer sozialer Situationen wird die Dyade auf die zwischen Koalitionen und Netzwerken ablaufenden Interaktionen ausgedehnt – Verfügungs- und Kontrollrechte. Macht resultiert aus der Kontrolle von *Ressourcen* bzw. Ereignissen, an denen ein anderer Akteur Interesse hat. Machtbalance besteht, wenn sich die gegenseitigen Interessen und Kontrollrechte die Waage halten. In asymmetrischen Austauschbeziehungen bestimmt das Ausmaß des Ungleichgewichtes das Ausmaß der Macht eines Akteurs über einen anderen (*Emerson* 1962; *Coleman* 2000).

Abgesehen von einem gemeinsamen relationalen Kern sind die Variationen groß: (Inter-)Dependenzmodelle werden sowohl auf individueller, Gruppen- und Organisationsebene zur Analyse intra- und interorganisationaler Beziehungen verwendet und existieren – je nach methodologischem Zugang und der damit verbundenen Art der Integration von Interpretationsleistungen und strukturellen Elementen – in unterschiedlichen Spielarten (funktionalistischen, interpretativen, kontingenztheoretischen, strukturationstheoretischen etc.). Beispiele aus der Organisationsforschung sind die *Theorie der strategischen Bedingungen* (*Hickson* et al. 1971), der *Resource-Dependency-Ansatz* (*Pfeffer/Salancik* 1978), die Machtkonzeptionen der Vertragstheorien (→ *Institutionenökonomie*; → *Prinzipal-Agenten-Ansatz*) oder der Spielansatz von Crozier und Friedberg (*Crozier/Friedberg* 1979; → *Mikropolitik*), der mit seiner Verknüpfung von ‚Spielregeln' und Strategien wesentliche Elemente der *Strukturationstheorie* vorweggenommen hat.

Während in personenbezogenen Konzepten die Entstehung von Macht unproblematisch ist, machen relationale Konzeptionen deutlich, dass auch in asymmetrischen Beziehungsgefügen Einverständnis erforderlich ist: Machtausübung ist akzeptanzpflichtig und muss in jeder Interaktion neu verhandelt werden (*Sandner* 1990). Da die letzte vom Machtunterlegenen kontrollierte *Unsicherheitszone* aus der Möglichkeit der Verweigerung resultiert, ist impliziert, dass, unabhängig von einem subjektiven Empfinden von *Ohnmacht*, kein Akteur – so lange er handlungsfähig bleibt – vollständig machtlos ist.

2. Strukturelle Konzepte der Macht

Macht manifestiert sich – direkt – in konkreten Interaktionen bzw. deren Ausbleiben oder der Antizipation von Machthandlungen durch Verhaltenserwartungen. Indirekte Macht, die de-personalisiert über Technologien, (Verfahrens-)Regeln, Sozialtechniken oder Sinnstrukturen (→ *Organisationskultur*) vermittelt wirkt, ist der direkten sowohl in puncto Reichweite und Intensität als auch Subtilität überlegen, da sie ihre Steuerungswirkung über ‚objektive' Sachzwänge, routinisierte Praktiken und ‚neutrale' Regelungen entfaltet (*Sandner* 1990). Strukturelle Macht liegt vor, wenn indirekte Mechanismen der Macht institutionalisiert wurden. Auch wenn die durch die *Dialektik der Kontrolle* angesprochene Reziprozität deutlich macht, dass Einwilligung vorausgesetzt wird und Freiheit die Existenzbedingung von Macht ist (*Foucault* 1987, S. 256): Das in asymmetrischen Beziehungsgeflechten existierende Machtgefälle resultiert aus der den konkreten Interaktionsbeziehungen vorgelagerten Positionierung im sozialen

Feld und wird erst sichtbar, wenn das strukturelle Arrangement der Macht und ihre Stabilisierung in Herrschaftsordnungen in die Analyse einfließen.

Vorbehalte gegen die handlungstheoretisch orientierten relationalen Konzepte kommen insb. von kritischen Organisationstheorien, die die Existenz und Form von Organisationen nicht als Lösung von Koordinationsproblemen, sondern unter Aspekten der → *Kontrolle* und des *Widerstandes* diskutieren (z.B. *Türk* 1995; *Thompson/Ackroyd* 1995). Am prägnantesten kann diese Kritik anhand der mit den Namen Dahl, Bachrach und Baratz sowie Lukes untrennbar verbundenen ‚Gesichterdebatte' nachgezeichnet werden (*Dahl* 1957; *Bachrach/Baratz* 1962; *Lukes* 1974). In deren Verlauf wurde neben der Durchsetzungsfähigkeit in konkreten Entscheidungs- oder Verhandlungssituationen (‚decisions' als 1. Gesicht der Macht) und der Absenz solcher Möglichkeiten, Interessen zu artikulieren, bzw. der *Agenda-Setting-Kompetenz* privilegierter Akteure (‚*non-decisions*' als 2. Gesicht) insb. das strukturell und institutionell verfestigte, unhinterfragte 3. Gesicht der Macht thematisiert. Strukturorientierte Ansätze machen geltend, dass sich Macht nicht nur darin entfaltet, dass strategisch orientierte Akteure ihre Interessen in Interaktionen zu realisieren trachten, sondern vielmehr darin, dass Machtunterlegene ihre ‚wahren' Interessen nicht kennen, da sie in durch Machtstrukturen verzerrten Dimensionen zu denken gelernt haben (*Lukes* 1974).

3. Systemtheoretische und post-strukturalistische Konzepte der Macht

Die Debatte um die verschiedenen Gesichter der Macht wurde in jüngerer Zeit – diese Verlagerung der Schwerpunktsetzung kann als repräsentativ für die Sozialwissenschaften betrachtet werden – von systemtheoretischen (*Luhmann* 1975; → *Systemtheorie*) und post-strukturalistischen (insb. *Foucault* 1987; *Bourdieu* 1983; in der Organisationsforschung z.B. *Clegg* 1989; *Knights/Willmott* 1989 sowie feministische Arbeiten; → *Gender Studies*) Machttheorien abgelöst, in denen Macht nicht nur in ihrer repressiven/beschränkenden, sondern auch in ihrer ermöglichenden/produktiven Qualität ins Blickfeld rückt.

Luhmann reformuliert die Weber'sche Definition im Kontext seiner systemtheoretischen Gesellschaftstheorie: Macht, als Eigenschaft des Systems, dient der Reduktion von Komplexität in einer kontingenten Welt, insofern als sie als symbolisch generalisiertes Kommunikationsmedium (wie auch Geld, Wahrheit oder Liebe) Kommunikationsprozesse steuert, und bezeichnet in diesem Sinne eine Chance, „die Wahrscheinlichkeit des Zustandekommens unwahrscheinlicher Selektionszusammenhänge zu steigern" (*Luhmann* 1975, S. 12).

Foucault durchbricht mit seiner Analyse von Macht als bewegliches multidimensionales Kräfteverhältnis, das allgegenwärtig die gesamte Gesellschaft wie ein Netz umspannt und sich in allen Bereichen, von den gewöhnlichsten Alltäglichkeiten bis zur unauflösbaren Verschränkung von Macht, Wissen und Wahrheit, und allen Erscheinungsformen, von direkten Unterdrückungsleistungen bis zur Konstitution des Subjektes bzw. seiner *Identitäten* und indirekter *Herrschaft* durch die diskursive Produktion der Wirklichkeit reproduziert und modifiziert, die Zweiteilung in Herrscher und Beherrschte, allerdings nicht i.S. der voluntaristischen Austauschtheorien: Bei ihm sind alle Akteure gleichermaßen Medium und Produkt der produktiven und repressiven Machtpraktiken und -technologien.

III. Konzepte der Herrschaft

Grundlegend für das in der BWL vorherrschende zweckrational-intentionale Verständnis sowohl von Macht als auch von Herrschaft sind die Arbeiten von Weber. Während ihm Macht aufgrund der Mannigfaltigkeit der chancengenerierenden Möglichkeiten für weitergehende Analysen zu amorph erschien, ist Herrschaft – als „die Chance, für einen Befehl bestimmten Inhalts bei angebbaren Personen Gehorsam zu finden" (*Weber* 1972, S. 28) – für Weber das sowohl zeitlich, inhaltlich als auch in puncto Mittel und Adressatenkreis präzisere Konzept. Er konzentriert seine Herrschaftssoziologie auf Herrschaftsgebilde kraft *Autorität*, da Herrschaft nur durch Akzeptanz der Beherrschten, die der Ordnung *Legitimität* zusprechen, Stabilität gewinnt. Ausgeschlossen bleiben neben Herrschaft kraft besonderer Interessenkonstellation (z.B. eine Monopolstellung am Markt) auch alle Formen, die nicht auf freiwilligem Gehorsam basieren – also illegitime Herrschaft und Gewaltherrschaft. Die Form der Herrschaft ist von der Art der Legitimitätsbegründung abhängig, wobei Weber drei Idealtypen unterscheidet: Bei *charismatischer Herrschaft* beruht die Unterordnungsbereitschaft auf dem Glauben an die besonderen Fähigkeiten des Führers (→ *Charismatische Führung*), bei *traditionaler Herrschaft* auf dem Glauben an die Gültigkeit seit jeher überlieferter Gewohnheiten. *Legale Herrschaft* basiert auf dem Glauben an die Gültigkeit des gesatzten Rechts. Verbunden mit einem bürokratischen Verwaltungsstab – neben der subjektiven Motivlage der Beherrschten das zweite Gliederungsprinzip der Herrschaftsordnungen – stellt diese die rationalste und allen anderen an Effizienz überlegene Form der Herrschaft dar (→ *Bürokratie*).

Bei Coleman (*Coleman* 2000; *Küpper/Felsch* 2000) basiert Herrschaft – er verwendet den Begriff ‚authority' – auf dem Besitz von Kontrollrechten an Handlungen anderer Akteure, die diese übertragen, weil sie sich eine verbesserte Realisierung ihrer Interessen – dies konstituiert *konjunkte Herrschaftsbeziehungen* wie z.B. Organisation der Interessenvertretungen – oder eine entsprechende Kompensation – *disjunkte Herrschaftsbeziehungen* wie z.B. erwerbswirtschaftliche Unternehmen – erwarten. Herrschaftsbeziehungen sind einfach, wenn ein Akteur das Kontrollrecht für eigene Handlungen überträgt, bzw. komplex, wenn der Herrscher gleichzeitig bevollmächtigt wird, dieses Recht auf Dritte zu übertragen (→ *Prinzipal-Agenten-Ansatz*).

Für Weber ist Herrschaft (als Autorität) ein Sonderfall der Macht. Auch bei Coleman sind Asymmetrie der Beziehungen, Freiwilligkeit und *Legitimität*, aber auch → *Vertrauen* zentral. Die Verbindung von Herrschaft mit Legitimität und Macht mit Durchsetzung jenseits der Rechtmäßigkeit des Anspruches spiegelt sich auch in der im → *Managerialismus* häufigen Dichotomisierung von positiv besetzter – weil die legitime Ordnung repräsentierender – → *Hierarchie* und negativ besetzten – weil als machtmotiviert im machiavellistischen Sinne interpretierten – Abweichungen von dieser in der formalen (Organisations-) Struktur angelegten Form der Über- und Unterordnung (→ *Mikropolitik*; → *Informelle Organisation*) wider (bzw. mit umgekehrten Vorzeichen für Autoren kritischer Provenienz).

Auch im Rahmen der Macht- und Herrschaftstheorien sind z.Zt. Versuche, die Gegensätze von Handlung und Struktur als zwei Seiten desselben Phänomens zu behandeln, zu beobachten: In der *Strukturationstheorie* (*Giddens* 1988) sind Macht und Herrschaft den Ebenen Handlung und Struktur zugeordnet: Herrschaft ist eine Strukturdimension sozialer Systeme und Macht ihre analytische Entsprechung auf Ebene konkreter Interaktionen. Machtausübung gründet stets auf Herrschaft, weil Mittel (autoritative und allokative *Ressourcen*) mobilisiert werden, die aus der Herrschaftsordnung stammen, die durch deren Anwendung reproduziert wird – in dieser rekursiven Beziehung liegt für Giddens das Wesen der Dualität von Handlung und Struktur. Zwar manifestiert sich Macht erst in konkretem Handeln, gleichzeitig ist dieses Handeln strukturell und sinnhaft geprägt. I.d.S. sind die strategisch-interaktionistischen Machtanalysen der relationalen akteurszentrierten Zugänge, die bspw. die Entstehung von Macht in Verhandlungssituationen thematisieren, nicht als Gegensatz, sondern als Ergänzung zu institutionell orientierten Analysen der Herrschaftsstrukturen zu verstehen.

Kritik an der konzeptionellen Bindung von Herrschaft an ihre *Legitimität* und das Einverständnis der Beherrschten wird insb. auch aus Sicht der marxistischen Theorie bzw. der auf sie rekurrierenden kritischen Organisationsforschung, die Herrschaft an Klassenverhältnisse und die Verfügung über Produktionsmittel bindet, und der post-strukturalistischen Theorien (s.o.) geäußert, die die Legitimität der Herrschaftsordnung ebenso wie die Interessen und Präferenzen der Akteure auf das Wirken allumfassender Mechanismen der Macht zurückführen.

Damit verbunden stellt sich auch die Frage nach dem konzeptionellen Status von *Widerstand* und *Konflikt* bzw. nach dem ‚Wesen' des Konsenses neu: Relationale Begriffe binden Macht an die Fähigkeit, Einverständnis zur Unterwerfung zu erzielen; konfliktorientierte Versionen betonen die Fähigkeit, dies auch in Situationen manifesten oder latenten Widerstandes (z.B. *Dahl* 1957, S. 202) zuwege zu bringen. Lukes (*Lukes* 1974) unterlegt in seinem ‚radical view' dem Konsens der Machtunterworfenen ein durch Hegemonie verzerrtes ‚falsches Bewusstsein', Bourdieu untersucht die Fähigkeit, asymmetrisch verteilte Kapitalien (er unterscheidet ökonomisches, soziales, kulturelles und symbolisches Kapital) in Anteile an der diskursiven Konstruktion von Ordnungen umzumünzen, und Foucault stellt die *Dispositive* und *Mikropraktiken der Macht*, aus der es kein Entkommen, wohl aber immer Gegenmacht gibt, in den Mittelpunkt und erteilt sowohl ‚wirklichen Interessen' von Machtunterlegenen als auch dem Leitmotiv der Aufklärung – Emanzipation durch Wissen – eine Absage.

Literatur

Arendt, Hannah: Macht und Gewalt, 5. A., München 1985.
Bachrach, Peter/Baratz, Morton S.: Two Faces of Power, in: American Political Science Review, Jg. 56, 1962, S. 947–952.
Bourdieu, Pierre: Ökonomisches Kapital, kulturelles Kapital, soziales Kapital, in: Soziale Ungleichheiten, hrsg. v. *Kreckel, Reinhard*, Göttingen 1983, S. 183–198.
Clegg, Stewart R.: Frameworks of Power, London et al. 1989.
Coleman, James S.: Foundations of Social Theory, 3. A., Cambridge/Mass. et al. 2000.
Crozier, Michel/Friedberg, Erhard: Macht und Organisation, Königstein 1979.
Dahl, Robert A.: The Concept of Power, in: Behavioral Science, Jg. 2, 1957, S. 201–215.
Emerson, Richard M.: Power-Dependence Relations, in: ASR, Jg. 27, 1962, S. 31–41.
Foucault, Michel: Das Subjekt und die Macht. Nachwort zu: *Dreyfus, Hubert L./Rabinov, Paul*: Michel Foucault. Zwischen Strukturalismus und Hermeneutik, Frankfurt am Main 1987.
French, John R. P./Raven, Bertram H.: The Cases of Social Power, in: Studies in Social Power, hrsg. v. *Cartwright, Dorwin*, Ann Arbor 1959, S. 150–167.
Giddens, Anthony: Die Konstitution der Gesellschaft, Frankfurt am Main et al. 1988.
Hardy, Cynthia/Clegg, Stewart R.: Some Dare Call It Power, in: Handbook of Organization Studies, hrsg. v. *Clegg, Stewart R./Hardy, Cynthia/Nord, Walter R.*, London et al. 1996, S. 622–641.
Hickson, David J. et al.: A strategic contingencies' theory of intraorganizational power, in: ASQ, Jg. 16, H. 2/1971, S. 216–229.
Knights, David/Willmott, Hugh: Power and Subjectivity at Work: From Degradation to Subjugation in Social Relations, in: Soc., Jg. 23, 1989, S. 535–558.
Küpper, Willi/Felsch, Anke: Organisation, Macht und Ökonomie, Wiesbaden 2000.
Luhmann, Niklas: Macht, Stuttgart 1975.
Lukes, Steven: Power. A radical view, London et al. 1974.

Pfeffer, Jeffrey/Salancik, Gerald R.: The External Control of Organizations, New York et al. 1978.
Pfeffer, Jeffrey: Power in Organizations, Marshfield 1981.
Sandner, Karl: Prozesse der Macht, Berlin et al. 1990.
Thompson, Paul/Ackroyd, Stephen: All Quiet on the Workplace Front?, in: Soc., Jg. 29, 1995, S. 615–633.
Türk, Klaus: Die Organisation der Welt, Opladen 1995.
Weber, Max: Wirtschaft und Gesellschaft, 5. A., Tübingen 1972.

Management Buy-Out

Ann-Kristin Achleitner

[s.a.: Anreizsysteme, ökonomische und verhaltenswissenschaftliche Dimension; Corporate Governance (Unternehmensverfassung); Entrepreneurship; Familienunternehmen; Führungsnachfolge; Fusionen und Übernahmen (Mergers and Acquisitions); Kapitalmarkt und Management; Lebenszyklus, organisationaler; Prinzipal-Agenten-Ansatz.]

I. Einführung; II. Typologisierung; III. MBO-Prozess; IV. Wertsteigerung durch Veränderungen der Unternehmensstruktur beim MBO.

Zusammenfassung

Der Management Buy-Out (MBO) stellt eine Form der Unternehmensübernahme dar, bei der das bisherige Managementteam des Unternehmens als bedeutender Käufer für die Unternehmensanteile auftritt. Die dabei induzierten Veränderungen in den Bereichen der Eigentümer-, Kapital-, Vermögens- und Organisationsstruktur können zu erheblichen Unternehmenswertsteigerungen führen. Die Bedeutung des MBO liegt insbesondere in den Bereichen der Unternehmensrestrukturierung durch Fokussierung und der Nachfolgeregelung im Mittelstand.

I. Einführung

Unter einem *Buy-Out* wird der Erwerb eines Unternehmens bzw. Unternehmensteils durch Auskauf der bisherigen Eigentümer verstanden (→ *Fusionen und Übernahmen (Mergers and Acquisitions)*). Folgende Merkmale zeichnen die Unternehmensübernahme in Form eines MBO aus:

- Das Management ist wesentlich am Eigenkapital des Unternehmens beteiligt,
- die operative Geschäftsführung liegt weiterhin beim Managementteam,
- die Transaktion wird häufig mit einem hohen Fremdkapitalanteil finanziert.

Steht die hohe Fremdkapitalquote im Vordergrund der Analyse eines MBO, so wird auch häufig der Begriff des *Leveraged Buy-Out* (LBO) verwandt.

Die Entwicklung des MBO-Konzeptes begann Anfang der 1960er Jahre im angloamerikanischen Wirtschaftsraum. Zu Beginn beschränkte sich die Durchführung von MBOs vorwiegend auf kleinere Handwerksbetriebe, Anwaltssozietäten, Beratungsgesellschaften und Einzelhandelsgeschäfte. Der MBO-Boom begann in den 1980er Jahren zunächst vor allem in den USA, dann auch in Großbritannien und zuletzt in Kontinentaleuropa.

Der entscheidende Auslöser für die starke Zunahme in MBO-Transaktionen ist in einer veränderten Finanzierungsmentalität zu sehen. Während sich zuvor die Fremdfinanzierung einer Unternehmensübernahme am Wert der vorhandenen Wirtschaftsgüter orientierte (asset-based lending), so wurde nun der Cashflow des Unternehmens zur relevanten Bemessungsgröße (cash-flow-based lending) (*Ziegler* 1994, S. 14 f.). Mit der gleichzeitigen Entwicklung des Marktes für High-Yield-Anleihen oder „junk bonds" wurde es möglich, MBOs auch bei Mittel- und sogar Großunternehmen durchzuführen.

Der Buy-Out-Boom gipfelte im Jahr 1988 mit der Übernahme des Tabak- und Nahrungsmittelherstellers RJR Nabisco in Höhe von mehr als 25 Mrd. US-Dollar durch die Private-Equity-Gesellschaft Kohlberg, Kravis and Roberts. Mit dem Zusammenbruch des führenden Investmenthauses Drexel, Burnham, Lambert und des gesamten High-Yield-Markts Ende der 1980er Jahre verschlechterten sich die Ausgangsbedingungen für MBOs für einige Jahre (*Wright/Thompson/Robbie* 1992, S. 48).

Eine besondere Entwicklung ergab sich seit Anfang der 1990er Jahre in Ostdeutschland und den Transformationsländern Osteuropas. Der Zusammenbruch der ehemals sozialistischen Länder brachte es mit sich, dass nicht nur einige öffentliche Unternehmen wie in den westlichen Ländern, sondern ganze Volkswirtschaften zu privatisieren waren. Mit rund 3.000 Transaktionen stellte der MBO eine wichtige Form der Privatisierung in Ostdeutschland dar (*Gros* 1998, S. 155).

II. Typologisierung

MBOs können anhand der Motive der Verkäufer unterschieden werden. Bei vielen *Familienunternehmen* steht bei der Frage der Nachfolge der Wunsch im Vordergrund, dass ein Familienmitglied sowohl die Führung als auch das Eigentum am Unternehmen übernimmt (→ *Führungsnachfolge*). Ergibt sich keine familieninterne Lösung, so kann neben den Nachfolgealternativen Fremdmanagement und Einbringung in eine Stiftung ein Verkauf an Dritte angestrebt werden. Dabei kann der *Nachfolge-MBO* in der Regel dem Wunsch der ursprünglichen Eigentümer nach Wahrung der Unternehmenstradition gerecht werden, da das Unternehmen ohne große Veränderungen fortbestehen kann.

Der *Spin-Off-MBO* wird häufig durch eine verstärkte Fokussierung auf die Kernkompetenzen (→ *Kompetenzen, organisationale*) eines Unternehmens motiviert. Geschäftsbereiche, Tochtergesellschaften oder Niederlassungen, welche nicht mehr der Unternehmensstrategie entsprechen, werden an das bisherige Managementteam veräußert (*Gailen/Vetsuypens* 1989, S. 954). Entscheidend beim Spin-Off-MBO ist, dass Teile aus dem Unternehmensgefüge herausgelöst werden.

Vielen Unternehmen, die entweder einen dringenden Finanzbedarf aufweisen oder von der Insolvenz bedroht sind, bleibt häufig nur der Verkauf eines Geschäftsbereiches bzw. des gesamten Unternehmens. Der *Turn-around-MBO* hat in solchen Sanierungs- oder Restrukturierungssituationen (→ *Turnaround*) das Ziel, die nachhaltige Ertragskraft des Unternehmens wiederherzustellen (*Jakoby* 2000, S. 42 f.).

Bei einem *Going-Private-MBO* kauft das Management in der Regel mit Hilfe von weiteren Eigen- und Fremdkapitalinvestoren alle Aktien eines börsennotierten Unternehmens auf und beendet die Notierung der Aktie an der Börse. Die bisherigen Eigentümer werden zum Verkauf ihrer Anteile durch hohe Prämien motiviert, die bei solchen *Delistings* häufig zu beobachten sind (*Gupta/Rosenthal* 1991, S. 71).

Bei einem *Privatisierungs-MBO* wird ein bisher staatseigener Betrieb an das Management und private Investoren verkauft. Liegt ein marktwirtschaftliches System vor, wird ein Privatisierungs-MBO zur Entlastung der öffentlichen Haushalte und zur effizienteren Allokation der Ressourcen mit dem Ziel der gesamtwirtschaftlichen Wohlfahrtssteigerung durchgeführt. Der MBO kann aber auch zur Umsetzung der Transformation von einem planwirtschaftlichen hin zu einem marktwirtschaftlichen Wirtschaftssystem eingesetzt werden, wie dies in Ostdeutschland der Fall war (*Gros* 1998, S. 116).

III. MBO-Prozess

Der Ablauf einer MBO-Transaktion kann schematisch in eine Initiierungsphase, eine Planungsphase, eine Gestaltungsphase, eine Implementierungsphase und letztlich in eine Post-MBO-Phase untergliedert werden (*Huydts* 1992, S. 88).

In der *Initiierungsphase* werden Sondierungsgespräche zwischen den beteiligten Parteien, wie Management, Alteigentümer, Banken, Private-Equity-Gesellschaften und gegebenenfalls dem Staat geführt. Häufig sind bereits in dieser Phase u.a. Wirtschaftsprüfer, Unternehmens- und Steuerberater, Rechtsanwälte sowie Notare involviert (*Then Bergh* 1998, S. 41).

In der sich anschließenden *Planungsphase* wird vom Management eine detaillierte Unternehmensanalyse (→ *Unternehmensanalyse, strategische*) durchgeführt und ein Business-Plan für das MBO-Unternehmen erstellt. Der MBO ist hier insoweit ein Sonderfall, da die Manager das Unternehmen bereits kennen und somit aus einer Insiderposition heraus das Unternehmen bewerten können. Der Business-Plan enthält neben Informationen über den bisherigen Geschäftsverlauf eine ausführliche Darstellung des Geschäftsmodells sowie Planungsrechnungen. Insbesondere soll deutlich werden, wie das Unternehmen die aufgenommenen Fremdkapitalmittel bedienen will. Im Fall von Turn-around-MBOs soll zusätzlich ein Maßnahmenpaket zur Herbeiführung des Erfolgs aufgezeigt werden (*Natusch* 2002, S. 540).

In der *Implementierungsphase* führen die externen Kapitalgeber eine detaillierte *Due Diligence* durch. Zur Unterstützung bei der Entscheidungsfundierung werden neben externen Sachverständigen auch Kunden, Lieferanten und Wettbewerber des MBO-Unternehmens hinzugezogen. Die Ergebnisse der Due Diligence fließen in die sich anschließende *Unternehmensbewertung* ein. Geeignete *Bewertungsverfahren* sind die Discounted-Cashflow-Methode (DCF-Methode) und die Multiplikatormethode.

Aus rechtlicher Sicht kann die Transaktion grundsätzlich entweder als direkter Kauf der Wirtschaftsgüter (*asset deal*) oder als Erwerb der Gesellschaftsanteile (*share deal*) strukturiert werden (*Ziegler* 1994, S. 47 ff.). Die finanzielle Strukturierung erfolgt mit einer Mischung aus Eigen-, Fremd- und Mezzanine-Kapital. Häufig erwerben Kapitalgeber ein Bündel unterschiedlicher Finanzinstrumente (strip financing), um die Interessen von Eigen- und Fremdkapitalgebern in Gleichklang zu bringen.

Nach der Durchführung des MBO beginnt die in der Regel mehrere Jahre andauernde *Post-MBO-Phase*. In dieser Zeit wird das Managementteam bei der Umsetzung und Anpassung des Business-Plans aktiv von der Private-Equity-Gesellschaft unterstützt. Diese strebt den Verkauf ihrer Anteile (Exit) entweder über den Verkauf an ein anderes Unternehmen (Trade Sale) oder über einen Börsengang an (*Sahlman* 1990, S. 517).

IV. Wertsteigerung durch Veränderungen der Unternehmensstruktur beim MBO

Ein MBO wird von der Käufergruppe dann durchgeführt, wenn sich dadurch eine Wertsteigerung erzielen lässt (→ *Wertorientierte Unternehmensführung*). Dies ist jedoch nicht unbestritten. Vertreter der *Transfer-Theorien* behaupten, dass durch MBOs kein zusätzliches Vermögen geschaffen wird, sondern nur bestehendes Vermögen zugunsten der neuen Eigenkapitalinvestoren umverteilt wird. Als potenzielle Verlierer werden Altaktionäre, Fremdkapitalgeber, Mitarbeiter und der Staat genannt. Die Mehrheit der wissenschaftlichen Studien kommt aber zu dem Schluss, dass MBOs tatsächlich Wert schaffen können. Die Wertsteigerung eines MBO kann auf Veränderungen in vier grundlegenden Bereichen der Unternehmensstruktur zurückgeführt werden (*Easterwood/Seth/ Singer* 1989). Sowohl die neue Eigentümerstruktur als auch die veränderte Kapitalstruktur führen zu einer starken Verschiebung in den Anreizen und der Motivation des Managements und damit der Zielsetzung des Unternehmens (→ *Kapitalmarkt und Management*). Dies hat wiederum Implikationen für die Gestaltung der Vermögens- und Organisationsstruktur (→ *Organisatorische Gestaltung (Organization Design)*).

1. Eigentümerstruktur

Die Eigentümerstruktur nach einem MBO zeichnet sich durch einen hohen Anteil des Managements aus. Häufig hält das Management die Mehrheit und normalerweise nicht weniger als 25% der Aktien des Unternehmens (*Green* 1992, S. 515). Durch die Aufhebung der Trennung von Eigentum und Management werden *Agency-Kosten* (→ *Prinzipal-Agenten-Ansatz*) bei einem MBO im Vergleich zu einer Publikumsgesellschaft deutlich reduziert (*Jensen/Meckling* 1976, S. 312).

Daneben wird die Eigentümerstruktur bei einem MBO auch durch einen signifikanten Anteil von Private-Equity-Gesellschaften charakterisiert. Sie übernehmen eine aktive Rolle, um eine adäquate Performance ihres Investments sicher zu stellen. Zusätzlich verlangen sie bei der Strukturierung ihres Investments zum Teil weitgehende Kontroll- und Vetorechte, um die Interessen des Managements mit ihren in Einklang zu bringen. Aufgrund ihres hohen Anteils haben sie einen großen Anreiz, Informationen zu sammeln und effektives Monitoring zu betreiben. Die Corporate-Governance-Mechanismen (→ *Corporate Governance (Unternehmensverfassung)*) bei einem MBO wirken somit effektiver, wodurch Wert geschaffen werden kann (*Gompers/Ishii/Metrick* 2003).

2. Kapitalstruktur

Die Kapitalstruktur bei einem MBO zeichnet sich im Vergleich zur bisherigen Finanzierung des Unternehmens durch einen überdurchschnittlich hohen Fremdkapitalanteil aus. Durch die steuerliche Abzugsfähigkeit der Fremdkapitalzinsen kann der zu versteuernde Gewinn deutlich gesenkt werden. Dieser Steuervorteil kann gegebenenfalls durch erhöhte Abschreibungsmöglichkeiten nach der Übernahme noch vergrößert werden (*Kaplan* 1989, S. 612). Neben Steuervorteilen ist vor allem der *Leverage-Effekt* von großer, potenziell wertsteigernder Bedeutung für die Eigenkapitalinvestoren (*Becker* 2000, S. 11).

Die hohe Schuldenlast führt zu einer Reduktion der *Agency-Kosten* im Unternehmen (*Jensen* 1986, S. 323). Da MBO-Unternehmen in der Regel durch hohe und stabile Cashflows gekennzeichnet sind, können sich zwischen Manager und Eigentümer starke Differenzen über die Verwendung der freien Mittel ergeben, welche nicht mehr in Projekte mit positivem Barwert investiert werden können. Während die Aktionäre eine Ausschüttung anstreben, bevorzugen die Manager im Sinne eines *„empire building"* die Reinvestition der Mittel im Unternehmen, auch wenn dies nicht die, von den Aktionären geforderte Rendite, erwarten lässt (Free-cash-flow-Hypothese). Ein hoher Verschuldungsgrad, wie er mit einem MBO einhergeht, erhöht den Druck auf die Manager, unprofitable Projekte abzubrechen und ein schlankeres, effizienteres und wettbewerbsfähigeres Unternehmen zu schaffen, wodurch eine Wertsteigerung erzielt werden kann (*Jensen* 1989, S. 67).

3. Vermögensstruktur

Die Veränderungen in der Eigentümer- und der Kapitalstruktur führen zu einer verstärkten Fokussierung des Unternehmens auf seine Kernkompetenzen (→ *Kompetenzen, organisationale*) (*Prahalad/Hamel* 1990). Damit soll einerseits eine möglichst hohe Wertsteigerung erzielt und andererseits sichergestellt werden, dass die Ansprüche der Fremdkapitalgeber bedient werden können. Die Ressourcen werden auf die Unternehmensbereiche konzentriert, die diesbezüglich einen hohen Zielerreichungsgrad versprechen. Nicht mehr benötigte Ressourcen bzw. Ressourcen, welche außerhalb des Unternehmens einen höheren Wert haben, werden verkauft, um die Schuldenlast zu reduzieren. Kritiker wenden dagegen ein, dass dies häufig einhergeht mit einer Einschränkung der Investitionsaktivitäten und dies damit die Wettbewerbsposition des Unternehmens langfristig negativ beeinflussen könnte.

4. Organisationsstruktur

Die Durchführung eines MBO zieht organisatorische Veränderungen nach sich, um Kosten einzusparen und den Cashflow zu erhöhen (*Easterwood/Seth/Singer* 1989, S. 41f). Durch Einführung effizienterer Managementinformationssysteme sollen Entscheidungs- und Kommunikationswege verkürzt und operative Entscheidungen dezentralisiert werden. Der Abbau von → *Bürokratie* ist oftmals ein wesentliches Kennzeichen der organisatorischen Änderungen im Rahmen eines MBO. Ein verbessertes Working-Capital-Management trägt gleichzeitig zur Verbesserung der Cashflow-Situation bei. Daneben werden häufig *Stock-Option-Programme* ins Leben gerufen, welche die Mitarbeiter zu einem unternehmenszielkongruenten Verhalten motivieren sollen (→ *Vergütung von Führungskräften*).

Literatur

Becker, Reimund: Buy-outs in Deutschland, Köln 2000.
Easterwood, John/Seth, Anju/Singer, Ronald: The impact of leveraged buyouts on strategic direction, in: CMR, Jg. 32, H. 1/1989, S. 30–43.
Gailen, Hite/Vetsuypens, Michael: Management buyouts of divisions and shareholder wealth, in: Journal of Finance, Jg. 44, 1989, S. 953–970.
Gompers, Paul/Ishii, Joy/Metrick, Andrew: Corporate governance and equity prices, in: QJE, Jg. 118, 2003, S. 107–155.
Green, Sebastian: The impact of ownership and capital structure on managerial motivation and strategy in management buyouts, in: JMan.Stud., Jg. 29, 1992, S. 513–535.
Gros, Stefan: Das Management-Buyout-Konzept als Instrument der Unternehmensprivatisierung bei der Transformation einer Planwirtschaft in eine Marktwirtschaft, Frankfurt am Main 1998.
Gupta, Atul/Rosenthal, Leonard: Ownership structure, leverage, and firm value: the case of leveraged recapitalizations, in: Financial Management, Jg. 20, 1991, S. 219–237.
Huydts, Henrik: Management Buyout als strategische Option zur Regelung der Nachfolge in mittelgroßen Familienunternehmen – Erfolgsfaktoren und Gestaltungsvarianten, Frankfurt am Main 1992.
Jakoby, Stephan: Erfolgsfaktoren von Management Buyouts in Deutschland, Lohmar 2000.
Jensen, Michael: Eclipse of the public corporation, in: HBR, Jg. 67, H. 5/1989, S. 61–73.
Jensen, Michael: Agency costs of free cash flow, corporate finance, and takeovers, in: AER, Jg. 76, 1986, S. 323–329.
Jensen, Michael/Meckling, William: Theory of the firm: managerial behavior, agency costs and ownership structure, in: Journal of Financial Economics, Jg. 3, 1976, S. 305–360.
Kaplan, Steven: Management buyouts: evidence on taxes as a source of value, in: Journal of Finance, Jg. 44, 1989, S. 611–632.
Natusch, Ingo: Due Diligence aus Sicht einer Beteiligungsgesellschaft, in: Due Diligence bei Unternehmensakquisitionen, hrsg. v. *Berens, Wolfgang/Brauner, Hans/Strauch, Joachim*, Stuttgart 2002, S. 537–553.
Prahalad, Coimbatore K./Hamel, Gary: The core competence of the corporation, in: HBR, Jg. 68, H. 3/1990, S. 79–91.
Sahlman, William: The structure and governance of venture-capital organizations, in: Journal of Financial Economics, Jg. 27, 1990, S. 473–521.
Then Bergh, Friedrich: Leveraged Management Buyout, Wiesbaden 1998.
Wright, Mike/Thompson, Steve/Robbie, Ken: Venture capital and management-led leveraged buy-outs: a European perspective, in: Journal of Business Venturing, Jg. 7, 1992, S. 47–71.
Ziegler, Ulrike: Gestaltungsalternativen beim Management Buy-Out einer GmbH, Würzburg 1994.

Management by Objectives

Ekkehard Kappler

[s.a.: Anreizsysteme, ökonomische und verhaltenswissenschaftliche Dimension; Budgetierung; Chaos- und Komplexitätstheorie; Controlling; Flexibilität, organisatorische; Führungsstile und -konzepte; Koordination und Integration; Managementphilosophien und -trends; Managerrollen und Managerverhalten; Motivation; Motivationsorientierte Organisationsmodelle; Planung; Vergütung von Führungskräften; Zeit und Management; Ziele und Zielkonflikte.]

I. Die Hoffnung auf das totale Zielsystem; II. Die erwarteten Wirkungen von Management by Objectives; III. Empirische Studien; IV. Neuere Entwicklungen.

Zusammenfassung

Management by Objectives ist – bei vorgegebenen Oberzielen und Ressourcen der Organisation – ein System der Führung und Steuerung durch Zielvereinbarungen. Es soll die vertikale und horizontale Koordination in Unternehmen und anderen Organisationen verbessern helfen und der Komplexität solcher Systeme durch die Formulierung von Zielen für die einzelnen Organisationseinheiten und die in ihnen tätigen Personen zu begegnen gestatten. Mit den vereinbarten, objektivierten Zielen bekommen die Betroffenen einen Auftrag, den sie innerhalb bestimmter Grenzen autonom ausführen können. Für viele Mitarbeiter ist diese Art der Führung motivierend, da im Rahmen der Aufgabenerfüllung „jederzeit" die bis zur Zielerreichung noch bestehende Herausforderung zu sehen ist. Auch ist der Zusammenhang mit den Zielen anderer erkennbar und gestaltbar. Grundsätzlich bleibt das System allerdings rein funktionalistisch.

I. Die Hoffnung auf das totale Zielsystem

Der autoritären Hoffnung des *Maschinenmodells der Organisation* entspricht die ebenso verfehlte Hoffnung auf ein totales Zielsystem zur *Steuerung* der Unternehmung. Dass die Lockerung der Vorstellungen des Maschinenmodells hin zu *Verrechnungspreisen* und (teil-)selbstständig agierenden Teileinheiten nicht als reale Lösung des *Koordinationsproblems* empfunden wurde, zeigte die Euphorie, mit der seit den 1950er Jahren *Managementinformationssysteme* entwickelt und angepriesen werden (*Kirsch* 1997, S. 131 ff.). Über Regelkreismodelle sollen sie sicherstellen, dass die Unternehmung nicht „aus dem Ruder läuft". Grundsätzlich blieben die Bemühungen darauf gerichtet, mit einem Zielsystem und entsprechender Betriebsdatenerfassung eine Art Korsett für das gesamte Unternehmen und auf allen Ebenen zu schneidern. Alle diese Fantasien zur totalen (und totalitären) Steuerung der Unternehmung scheiterten in ihrem Totalitätsanspruch. Die sog. *Ziel-Subziel-Beziehungen* erweisen sich in der Praxis in nicht trivialen Fällen in aller Regel bestenfalls als *Ziel-Subziel-Vermutungen*, denen keine Gesetzmäßigkeiten zugrunde liegen und die allenfalls durch Vereinbarung als verknüpft konstituiert und verstanden werden können. Ferner gilt, Unternehmen sind nun einmal *nicht triviale Maschinen* (*von Foerster* 1996, S. 247 ff.). Jede Intervention durch die Kreierung eines *Kennzahlensystems* oder einer anderen Beobachtungs-, Berichts- oder Steuerungstechnik verändert die beobachtete Organisation, da der Blick jeweils neu gelenkt und abgelenkt wird. Diese Unschärfe ist unüberwindbar, nicht überholbar. So ist es nicht verwunderlich, dass flexiblere und offenere, situationsnähere Verfahren zur Führung und Steuerung gesucht wurden.

II. Die erwarteten Wirkungen von Management by Objectives

1. Die Führungs-, Steuerungs- und Messtechnik „Management by Objectives"

Berühmt geworden – und nach einigen Modifizierungen bis heute erfolgreich im Einsatz – ist die *Management- und Steuerungstechnik* „Management by Objectives" (MBO). Als Drucker sie im Jahre 1954 (*Drucker* 1954) in seinem Buch „Practice of Management" erstmals beschrieb, ging es ihm darum, ein proaktives Managementkonzept vorzustellen. Anhand von *Zielen* (objectives) soll jeder Manager, gleichgültig auf welcher Managementebene, über Zielvorstellungen verfügen, die die eigene Arbeit lenken und bestimmen. Diese Ziele sollen zwischen den Ebenen der → *Hierarchie* und auch horizontal so abgestimmt sein, dass mit der Erreichung der eigenen Ziele auch die Unterstützung der Ziele anderer Personen, Bereiche und Abteilungen sowie der Unternehmung sichergestellt ist. Statt der Beauftragung mit Arbeiten und dem Antreiben durch Vorgesetzte soll mit Hilfe des MBO ein koordiniertes System verwirklicht werden, in dem die Ziele der übergeordneten und der untergeordneten Einheiten bekannt sind. Die eigenen Ziele sollen eine akzeptierte Herausforderung bieten. Das System soll ferner als Steuerungs- und Messinstrument bei der Durchführung der eigenen Aufgabe unterstützen und zugleich die im konkreten Einzelfall notwendigen Spielräume für spezifische Handlungen eröffnen.

Drucker betonte die Koordinationsfunktion von MBO. Bei einem weiteren bedeutenden Vertreter dieses Ansatzes, McGregor, geht es mehr um die *Leistungsmessung* (*McGregor* 1960). Im Sinne einer *Zielvereinbarung* sollen – auf der Basis einer *Selbsteinschätzung* der Mitarbeiter – zwischen Vorgesetzten und Untergebenen Abmachungen über die in den nächsten sechs Monaten zu erbringenden Leistungen getroffen und am Ende der Periode überprüft werden. Nach einer gemeinsamen *Beurteilung* der erreichten Leistung werden neue Ziele für die nächste Halbjahresperiode vereinbart.

Grundsätzlich gilt heute, dass Ziele für eine Planungsperiode (i.d.R. ein Jahr) zwischen direktem Vorgesetzen und den Mitarbeitern aufgrund beiderseitiger Vorschläge und ihrer Abstimmung verbindlich vereinbart werden. Im Verlauf des Realisierungsprozesses erfolgt mehrmals eine Überprüfung des jeweiligen Standes (im Sinne eines *Monitoring* etwa einmal pro Monat und vierteljährlich eher grundsätzlich): (1) Die noch bestehende Lücke zu dem für das Ende der Planungsperiode angestrebten Ziel (*Abweichungsanalyse Stufe 1*: Herausforderungsanalyse) ist die eigentliche Herausforderung, die die zentrale, „eingebaute" Dynamik des Systems bildet; (2) zugleich wird der erreichte Stand (IST) mit dem zum Überprüfungszeitpunkt gedachten SOLL verglichen (*Abweichungsanalyse Stufe 2*), um festzustellen, ob sich Entwicklungseinflüsse ergeben haben, die zum Zeitpunkt der Planung des Verlaufs der Zielerreichung noch nicht vorhanden oder noch nicht bekannt waren oder irrtümlich unterstellt wurden. Beide Schritte können zu Steuerungskonsequenzen oder zur Veränderung der geplanten und anzustrebenden Ziele führen.

2. Ziele und Zielsysteme

Drei Dimensionen (*Zieldimensionen*), von denen keine unbenannt bleiben darf, kennzeichnen in diesen Vereinbarungen ein *Ziel*: Inhalt, Ausmaß, Zeitbezug – was, wie viel, wann? Da auch immer ein „wer" dahinter steht, ist die Durchsetzungsfrage mitzudenken (*Kappler* 1975, S. 83 ff.). Dies ist auch deshalb wichtig, weil nicht immer alle Dimensionen eindeutig beschreibbar sind. Vor allem zeichnen sich nicht quantifizierbare Ziele durch Uneindeutigkeiten aus (z.B. Kundenzufriedenheit, Qualitätsbewusstsein, Förderung des Betriebsklimas oder der Organisationskultur, Innovationsbereitschaft, Engagement [Ist der Kritiker engagiert oder ein Quertreiber?], Weiterbildungseffizienz, organisationales Lernen, Vertrauen).

Natürlich gibt es unzählige Beispiele für *Zielsysteme*. Viele haben als Ausgangspunkt ein Schema, das in etwa dem Schema der Abbildung 1 entspricht.

3. Erwartete Wirkungen

Die *Zielvereinbarungen* des MBO sollen als Führungs- und Leistungsmessungstechnik (→ *Führung und Führungstheorien*; → *Führungsstile und -konzepte*) verschiedene Vorteile gegenüber einem An-

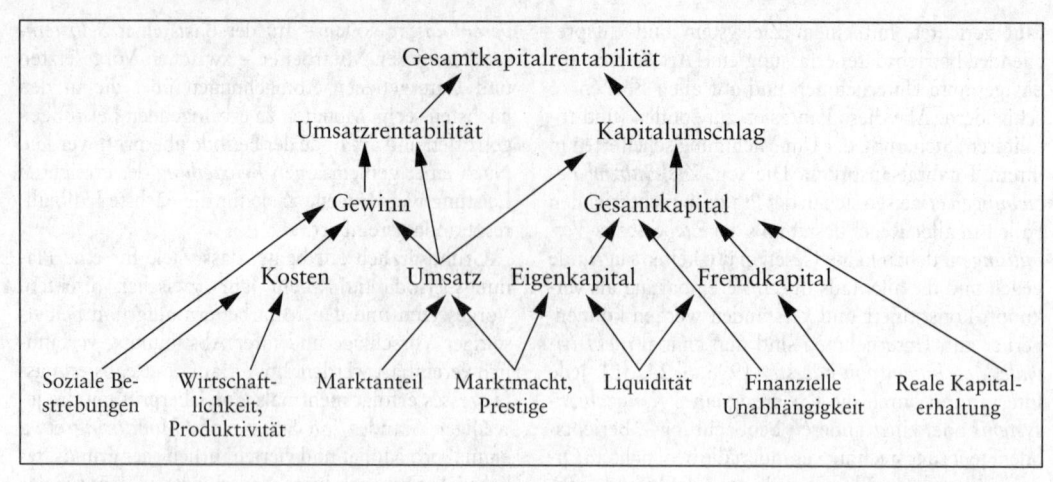

Abb. 1: Definitionslogisch orientiertes Ziel-Mittel Schema (in Anlehnung an Heinen 1966, S. 128)

weisungssystem bieten. Zunächst kommt es bei der Vereinbarung konkreter Ziele zu einer Verminderung von Missverständnissen zwischen Vorgesetzten und Untergebenen. Widersprüchliche Anforderungen zwischen Leistungszielen einzelner Personen und/oder den Leistungszielen der Organisation können bearbeitet werden. In dem so entstehenden Plan für eine Leistungsperiode können die notwendigen Ressourcen für seine Verwirklichung, die notwendigen Arbeitsbeziehungen innerhalb der Gesamtorganisation und die Akzeptanz seitens der Beteiligten und Betroffenen geklärt werden. Insbesondere McGregor weist darauf hin, dass mit dieser Führungstechnik Vorteile gegenüber traditionelleren Führungsverfahren erreicht werden, da die Untergebenen mehr Einsicht in die an sie gerichteten Leistungsanforderungen und ihre Vernetzung im Unternehmen gewinnen. Auch werde das Führungsverhalten wesentlich verändert: Von der Betonung einer Analyse aufgetretener Schwächen führen die Zielvereinbarungen des MBO zur Bestimmung von Stärken und Potenzialen. Damit wandelt sich die *Rolle des Vorgesetzten* bei dieser *Führungstechnik* von der des Beurteilers zu der des Beraters, *Moderators* und Unterstützers. Schließlich ist bemerkenswert, dass statt der Betonung der vergangenen Leistung und des Verhaltens in der Vergangenheit nun die zukünftigen Handlungen und Verhaltensweisen im Vordergrund stehen. Generell können nach Jetter (*Jetter* 2000, S. 33) Zielvereinbarungssysteme für folgende Funktionen als Instrumente eingesetzt werden: Führung, → *Kommunikation* und Dialog, Prozessgestaltung, → *Motivation*, Leistungssteigerung, Mitbestimmung, kontinuierliche Verbesserung, Personalbeurteilung, Qualifizierungsbedarfsanalyse, Entgeltfindung (einschl. Prämien, Bonuszahlungen) (→ *Anreizsysteme, ökonomische und verhaltenswissenschaftliche Dimension*). Natürlich ist insgesamt zu erwarten, dass MBO einen bedeutsamen Beitrag für individuelles und *organisationales Lernen* (→ *Lernen, organisationales*) leistet, also gerade auch im Controlling eine wesentliche instrumentelle Hilfe darstellt.

III. Empirische Studien

Bereits 1973 lagen zahlreiche empirische und experimentelle Studien zum MBO vor (vgl. z.B. *Carroll/Tosi* 1973, S. 3 ff. und die dort zitierten Untersuchungen). Insbesondere wurden die Vorgehensweisen bei der Zielvereinbarung untersucht sowie die Frage der Unterschiede zwischen Prozessfeedback und Ergebnismitteilung. Auch die Frage der → *Partizipation* bei Zielbildungsprozessen fand erhöhte Aufmerksamkeit.

Die Ergebnisse sind eindeutig. MBO erhöht die Leistung. Der Grad der Leistungssteigerung hängt ab vom (individuell passenden) Schwierigkeitsgrad der übertragenen Aufgabe, angemessenen Zeitvorgaben und der Klarheit der Ziele in Bezug auf die jeweilige spezifische Aufgabe. In Abhängigkeit von den Erfolgen in der Vergangenheit steigen die Leistungen permanent an, wenn die Zielvorgaben akzeptiert oder gemeinsam entwickelt werden.

Feedback im Prozess der Realisierung von Zielvereinbarungen ist der bloßen Mitteilung von Ergebnissen am Ende der Handlungsperiode unter bestimmten Bedingungen überlegen: Generell ist Feedback näher an den Aktionen; Feedback bei Fehlverhalten ist allerdings nicht sehr erwünscht; Feedback durch einen Vorgesetzten signalisiert Interesse am Projekt des Mitarbeiters; nur in der Form angemessenes Feedback vermeidet die Bildung von Ressentiments, Missstimmung und Feindlichkeit sowie Leistungsreduktion.

Manche Untersuchungen zeigen, dass sich bei *Partizipation* ein uneinheitliches Bild ergibt. Manchmal stehen Partizipation und Produktivität in einer positiven Beziehung, manchmal nicht. Es gibt allerdings keine Anzeichen dafür, dass Partizipation die Leistung vermindert. Positiv wirkt sich v.a. aus, wenn Menschen sowohl die Zielsetzungen als auch die Mittel zur Zielerreichung mitbestimmen können. Partizipation scheint v.a. hilfreich zu sein, um die Akzeptanz der Mitarbeiter und Mitarbeiterinnen zu gewinnen, u.a. deshalb, weil mehr Partizipation zu mehr Diskussion und damit zu besserem gegenseitigen Verständnis führen dürfte (vgl. *Kappler/Sodeur/Walger* 1979, S. 145 ff.): In nahezu allen untersuchten Fällen war die Übereinstimmung bei Zielnennungen in MBO-Firmen zwischen Vorgesetzten und Untergebenen größer als in Nicht-MBO-Firmen. Schließlich erscheint der Zielbildungsprozess selbst leistungssteigernd zu wirken, wobei Partizipation, also Zielvereinbarung zusätzlich verbessernden und unterstützenden Einfluss auf die Leistung hat. Bemerkenswert erscheint auch, dass in MBO-Firmen die Steuerung der Ebenen und zwischen den Führungsebenen des Managements anders ausgeprägt ist als in Nicht-MBO-Firmen (vgl. Abb. 2 und 3).

Dabei darf nicht vergessen werden, dass – sicher in falscher Anwendung – die Zielvereinbarung auch als Waffe benutzt werden kann. Mit der akzeptierten Zielvereinbarung legt sich der Mitarbeiter unter Umständen eine Schlinge um den Hals, was am Ende der Handlungsperiode kritisch werden kann.

IV. Neuere Entwicklungen

In nicht wenigen Deregulierungsmaßnahmen der letzten Jahre ist in der öffentlichen Verwaltung von Kontraktmanagement, Zielvereinbarungen und Leistungsvereinbarungen die Rede. Grundsätzlich ist der zugrunde liegende Gedanke den Vorstellungen des MBO entnommen. Freilich ergeben sich bei solchen Zielvereinbarungen in vielerlei Hinsicht Schwierigkeiten. Der Gedanke bei zu erbringenden Leistungen öffentlicher Dienststellen kundenorientiert zu agieren (z.B. geringe Wartezeiten, one face to the customer, betriebswirtschaftlich effiziente Bearbeitung) würde zwar die Bürgerinnen und Bürger erfreuen, erweckt bei der Ankündigung auch entsprechende Erwartungen, steht aber doch mitunter in hartem Konflikt mit rechtsbasiertem Verwaltungshandeln und der Komplexität der Ziele derartiger Systeme (→ *Ziele und Zielkonflikte*). Für eine Universität sind z.B. zum Teil Ergebnisse etwa in der Medizin, der Pharmazie oder anderen Naturwissenschaften als Zielvorstellungen und -vereinbarungen formulierbar; bei der Mathematik, der Analyse der Dichtungen Trakls, Musils oder Sartres dürfte das schon schwieriger sein. Ähnliches gilt für den gesellschaftskritischen und emanzipatorischen Auftrag von Wissenschaft und Universität.

Auch in der Wirtschaftspraxis hat sich seit den 1990er Jahren gezeigt, dass wohl-definierte Ziel- und Informationssysteme nicht ausreichen, um die

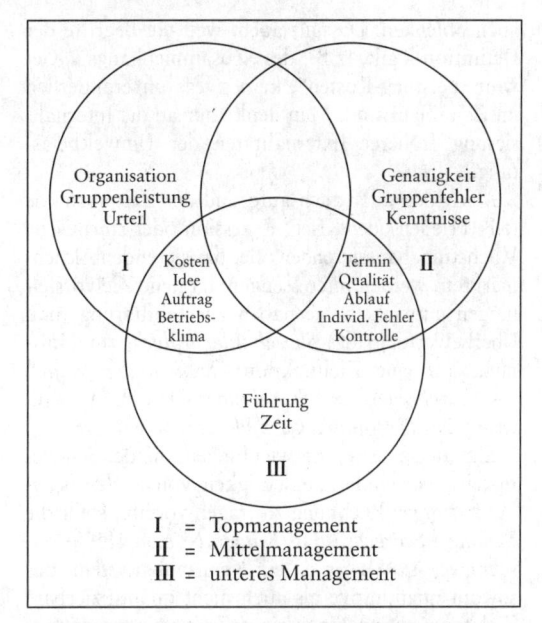

Abb. 2: Zielsystem von Nicht-MBO-Firmen

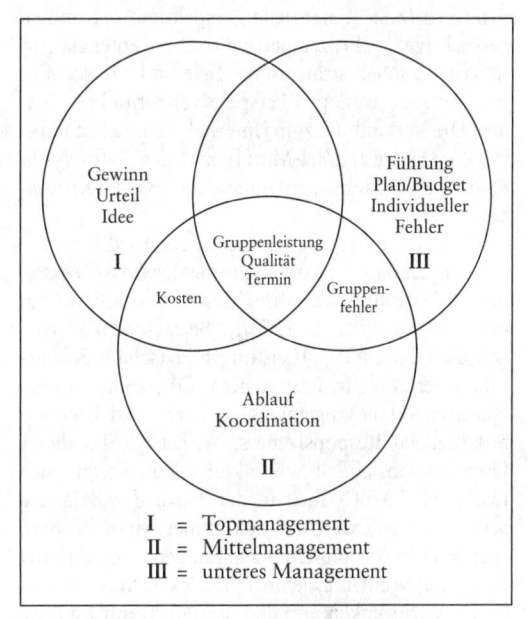

Abb. 3: Zielsystem von MBO-Firmen

unterschiedlichen Anforderungen abzubilden, die die Steuerung großer und komplexer Unternehmen in einer Wettbewerbswirtschaft (→ *Komplexitätsmanagement*) erfordern (vgl. z.B. *Hopwood* 1987). Streng definitionslogische Zielsysteme, die zudem nur graphisch das Aussehen einer Organisationshierarchie haben, mit Organisationsstrukturen aber keineswegs isomorph sind, haben sich als Mythos und Illusion herausgestellt und mussten aufgegeben werden. Das gilt nicht nur infolge der *Selbstreferenzialität* von Systemen (→ *Systemtheorie*), die – wie alle Systeme – den Blick zugleich verschärft lenken, aber auch ablenken. Das gilt auch, weil die Begriffe der Definitionslogik, z.B. des Zusammenhangs „Gewinn=Leistung-Kosten", keineswegs unveränderlich im Zeitablauf sind. Man denke nur an die Internalisierung früherer Externalitäten der Umweltbelastung.

Als Mode oder auch aufgrund der Zeitumstände (z.B. Frieden oder Krieg, Rezession oder stürmische Wachstum, haussierenden oder baissierenden Aktienmärkten) werden interessengeprägt neue Zielvorstellungen entwickelt. Sie haben zur Einführung (und Überbewertung) des *Shareholder Values*, zur Hoffnung auf eine Zielfunktion „*Stakeholder Value*" (→ *Shareholder- und Stakeholder-Ansatz*), zur Kreierung des *Discounted Cash Flows* usw. geführt.

Eine der jüngsten Entwicklungen, die der Schwierigkeit mangelnder Eindeutigkeit von *Ziel-Subziel-Vermutungen* Rechnung zu tragen vorgibt, stellt die *Balanced Scorecard* dar (*Kaplan/Norton* 1997; *Maschmeyer* 1998). Sie ist ein Kennzahlensystem, das sowohl quantitative als auch nicht quantifizierbare Zielsetzungen im Sinne eines Zielvereinbarungssystems nutzbar machen soll. Zu vier (ergänzbaren) Perspektiven (z.B. „Finanzielle Perspektive", „Kundenperspektive", „Prozessperspektive", „Potenzialperspektive") sollen strategische Ziele und Messgrößen (ca. fünf bis sechs pro Perspektive) formuliert werden. Die Verbindung zum Unternehmensziel ist dabei in vielen Fällen als Ziel-Mittel- bzw. *Ziel-Subziel-Vermutung* zu verstehen, auszuhandeln bzw. durchzusetzen.

Generell tendiert die Balanced Scorecard – zumindest ansatzweise – in die Richtung der *fortschrittsfähigen Organisation*, die Kirsch formuliert hat (*Kirsch/Trux* 1981, S. 377 ff.). Betrachtet man freilich die „Tugenden" (Leistungsbereitschaft, Kooperationsbereitschaft, Engagement, Offenheit) und Fähigkeiten (Handlungsfähigkeit, Lern- und Erkenntnisfähigkeit, Responsiveness, Ästhetik), die dieses Organisationsmodell charakterisieren, zeigt sich rasch, dass MBO auch in der Form der Balanced Scorecard noch weit von den immer wieder auftauchenden Illusionen mehr oder weniger automatischer Steuerung von Unternehmen abrücken muss, soll es weiter Wirksamkeit entfalten und nicht nur funktionalistisch sozialtechnologisch genutzt werden. In dieser Hinsicht lässt sich für MBO viel von der Evaluierungsliteratur lernen (vgl. *Habersam* 1997).

Literatur

Carroll, Stephen J. Jr./Tosi, Henry L. Jr.: Management by Objectives. Applications and Research, New York 1973.
Drucker, Peter F.: The Practice of Management, New York 1954.
Foerster, Heinz von: Prinzipien der Selbstorganisation im sozialen und betriebswirtschaftlichen Bereich, in: Wissen und Gewissen. Versuch einer Brücke. Heinz von Foerster, hrsg. v. *Schmidt, Siegfried J.*, 3. A., Frankfurt am Main 1996, S. 233–268.
Habersam, Michael: Controlling als Evaluation. Potenziale eines Perspektivenwechsels, München et al. 1997.
Heinen, Edmund: Das Zielsystem der Unternehmung, Wiesbaden 1966.
Hopwood, Anthony G.: The Archaeology of Accounting Systems, in: Accounting, Organizations and Society, Jg. 12, 1987, S. 207–234.
Jetter, Frank: Zielvereinbarungsgespräche als Führungs- und Kommunikationsinstrument im Personalwesen und der Unternehmensleitung – Über die dritte Evolutionsstufe einer Managementmode, in: Handbuch Zielvereinbarungsgespräche, hrsg. v. *Jetter, Frank/Skrotzki, Rainer*, Stuttgart 2000, S. 3–37.
Kaplan, Robert S./Norton, David P.: Balanced Scorecard, Stuttgart 1997.
Kappler, Ekkehard: Zielsetzungs- und Zieldurchsetzungplanung in Betriebswirtschaften, in: Unternehmensplanung, hrsg. v. *Ulrich, Hans*, Wiesbaden 1975, S. 83–102.
Kappler, Ekkehard/Sodeur, Wolfgang/Walger, Gerd: Versuche zur sprachanalytischen Erfassung von „Zielkonflikten", in: Unternehmensbezogene Konfliktforschung, hrsg. v. *Dlugos, Günter*, Stuttgart 1979, S. 137–164.
Kirsch, Werner: Auf dem Weg zu einem neuen Taylorismus, in: Beiträge zu einer evolutionären Führungslehre, hrsg. v. *Kirsch, Werner*, Stuttgart 1997, S. 131–145.
Kirsch, Werner/Trux, Walter: Perspektiven eines strategischen Managements, in: Unternehmenspolitik: Von der Zielforschung zum strategischen Mangement, hrsg. v. *Kirsch, Werner*, München 1981, S. 290–396.
Maschmeyer, Volker: Mangement by Balanced Scorecard – alter Wein in neuen Schläuchen?, in: Personalführung, Jg. 31, H. 5/1998, S. 74–85.
McGregor, Douglas: The Human Side of Enterprise, New York 1960.

Management und Recht

Peter Hommelhoff/Daniela Mattheus

[s.a.: Aufbau- und Ablauforganisation; Corporate Governance (Unternehmensverfassung); Delegation (Zentralisation und Dezentralisation); Grundsätze ordnungsmäßiger Unternehmensführung; Konzernorganisation; Mitbestimmung, betriebliche; Mitbestimmung, unternehmerische; Ökonomische Analyse des Rechts; Organisation; Organisationsgrenzen; Prinzipal-Agenten-Ansatz; Spartenorganisation; Top Management (Vorstand); Unternehmensführung (Management).]

I. Interdisziplinärer Problembestand; II. Stand der interdisziplinären Forschung; III. „Datenkranz" rechtlicher Implikationen; IV. Systematisierung von rechtlichen Implikationen; V. Ausgewählte Rechtsnormimplikationen für das Management.

Zusammenfassung

Leitungsorganisation und Führungsverhalten (Management) werden von Betriebswirten und Juristen aus unterschiedlicher Perspektive betrachtet. Hierbei zeigen sich zahlreiche Interdependenzen zwischen Rechtsvorschriften und unternehmerischen Entscheidungen einerseits sowie organisations-theoretischen Erkenntnissen und der Rechtsanwendung/-setzung andererseits (I.). Der Beitrag versucht, die Ansätze interdisziplinärer Forschung zu beschreiben (II.) sowie den Rahmen rechtlicher Implikationen auf die Unternehmensführung zu umreißen und zu systematisieren (III. und IV.). Ihr Einfluss auf das Management wird abschließend an ausgewählten Beispielen verdeutlicht (V.).

I. Interdisziplinärer Problembestand

Fragen des Management, also der Leitung und Führung von Unternehmen, berühren Betriebswirte und Juristen in unterschiedlicher Weise: Während für den Betriebswirt der Unternehmenszweck und vor allem die effiziente Zweckerreichung im Vordergrund stehen, kommt es für den Juristen vorrangig darauf an, die in den Unternehmensstrukturen existenten unterschiedlichen Interessen, das *Unternehmensinteresse* einerseits und mögliche Interessen Dritter (wie etwa diejenigen der Gläubiger oder der Allgemeinheit) andererseits zu harmonisieren und aufkeimende Konflikte zu vermeiden bzw. zu befrieden (→ *Shareholder- und Stakeholder-Ansatz*). Folglich sind ökonomische Gesichtspunkte sowohl bei der Rechtsetzung als auch bei der Auslegung gesetzlicher Vorschriften nur ein Aspekt. Umgekehrt gehört die Beachtung des Rechtsrahmens bei jeder theoretischen Analyse und praktischen Auswahl von Handlungsmöglichkeiten zum Gebot ökonomischer Rationalität (*v. Werder* 1988, S. 104); gleichwohl stellt auch er nur ein Einschätzungselement neben vielen anderen Faktoren dar.

Aus dem Blickwinkel eines Juristen geschaut, lenkt das Recht jede Form unternehmerischen Handelns innerhalb und außerhalb eines Unternehmens, z.B. durch gesetzliche Restriktionen oder Handlungsempfehlungen *(s. hierzu unten IV.)*. Von den zur Verfügung stehenden Möglichkeiten wird ein Manager immer diejenige wählen, die effizient und zudem rechtssicher zur Zielerreichung führt. Recht kann bewirken, dass Effizienzgesichtspunkte beim Management zugunsten anderer Kriterien oder Interessen in den Hintergrund treten (müssen). Denn wenn zwingende Rechtsnormen nicht beachtet werden, können gestalterische Konzeptionen praktisch nicht oder ggf. nur mit negativen Konsequenzen durchgesetzt werden. Allerdings verlieren Rechtsvorschriften dann ihre Berechtigung, wenn sie wirtschaftliche Gegebenheiten und Bedürfnisse außer Acht lassen, ohne dass schutzwürdige Interessen Dritter dies rechtfertigen. U.U. können wirtschaftliche Notwendigkeiten sogar Änderungen in der Rechtsordnung erzwingen (ähnlich schon *Hübner* 1980, Sp. 2007). Erinnert sei bspw. an die Öffnung der aktienrechtlichen Unternehmensverfassung für den Einsatz neuer Medien durch das NaStraG. So muss der → *Aufsichtsrat* heute nicht mehr physisch zusammentreten, sondern kann seine Sitzungen auch via Videokonferenz abhalten (§§ 110 Abs. 3, 108 Abs. 4 AktG). Zudem kann die Satzung einer AG vorsehen (§ 118 Abs. 2 AktG), dass ein Aufsichtsratsmitglied per Bild- und Tonübertragung an der Hauptversammlung teilnehmen darf.

II. Stand der interdisziplinären Forschung

Mit Blick auf das Unternehmensmanagement bestehen offenbar ausgeprägte Interdependenzen und zahlreiche Berührungspunkte. Und in der Tat lassen sich in beiden Disziplinen entsprechende analytische und empirische Forschungen finden.

1. Betriebswirtschaftliche Ansätze

Eine reine Organisations- bzw. Managementtheorie kennt nur die BWL. Sie widmet sich der Unternehmensverfassung (→ *Corporate Governance (Unternehmensverfassung)*) ebenso wie der klassischen → *Aufbau- und Ablauforganisation* in und unterhalb der Hierarchiespitze. Dabei lassen sich herkömmlich zwei Ansätze interdisziplinärer Forschung unterscheiden (s. schon *v. Werder* 1992, Sp. 2170 f.):

Die sog. *rechtsnormorientierte Managementtheorie* knüpft an den de lege lata verbindlich geltenden Rechtsrahmen an und weist die entscheidungserheblichen Rechtsnormen dem „Datenkranz organisatorischer Gestaltungsentscheidungen" zu, um diese in organisations-betriebswirtschaftliche Denkkategorien zu implementieren und die rechtlichen Grenzen wirtschaftlicher Gestaltungsmöglichkeiten aufzuzeigen (grundlegend dazu *v. Werder* 1988, S. 104 ff.). Mit diesem Forschungsansatz werden insb. konzeptionelle Kategorien relevanter *Rechtsnormimplikationen* neben anderen wichtigen Entscheidungskriterien für ausgewählte Managementfragen herausgearbeitet. Dies hat unmittelbare Bedeutung sowohl für die kautelarjuristische als auch für die betriebsorganisatorische Praxis.

Im Unterschied dazu werden im Rahmen der sog. *managementtheoretischen Rechtsnormanalyse* die de lege lata geltenden Rechtsnormen nicht als verbindlich hingenommen, sondern aus betriebswirtschaftlicher Sicht ebenso in Frage gestellt wie die im Rahmen von Reformprogrammen diskutierten Gesetzesvorschläge. Das Interesse richtet sich dabei vordergründig auf die Kosten-Nutzen-Wirkungen der rechtspolitischen Zielsetzung einerseits und die der rechtstechnischen Umsetzung andererseits, letztlich also auf die ökonomische Effizienz der diskutierten Rechtsvorschriften (→ *Ökonomische Analyse des Rechts*). Damit leistet dieser Ansatz einen wichtigen Beitrag zur Fortentwicklung des geltenden Rechts.

2. Rechtswissenschaftlicher Blickwinkel

Auch die rechtswissenschaftliche Betrachtung wendet sich dem geltenden Recht einerseits und der Schaffung neuer Rechtsvorschriften andererseits zu. Bei der *Rechtsanwendung* werden konkrete Sachverhalte unter eine Rechtsvorschrift subsumiert; notwendige Voraussetzung dafür ist die *Auslegung* der betreffenden Rechtsnormen mit Hilfe der vier juristischen Auslegungsmethoden nach Wortlaut, Historie, Systematik und Normzweck. Methodisch mit der managementtheoretischen Rechtsnormanalyse vergleichbar ist die *Rechtspolitik*: Sie untersucht die Zweckmäßigkeit von geltenden Rechtsvorschriften und die Möglichkeiten künftiger *Rechtsetzung*, jedoch nicht allein unter ökonomischem Kosten-Nutzen-Aspekt, sondern auch unter Berücksichtigung von Drittinteressen oder sonstigen (allgemeinen) Schutzgütern.

Vom Unternehmensmanagement werden sehr unterschiedliche Rechtsgebiete berührt, so z.B. das Gesellschafts- und Konzernrecht, das Betriebsverfassungs- (→ *Mitbestimmung, betriebliche*) und das Recht der unternehmerischen Mitbestimmung (→ *Mitbestimmung, unternehmerische*) sowie das Individualarbeitsrecht. Das Gesellschafts- und Konzernrecht beleuchtet insb. zwei Organisationskomplexe, nämlich die Makroorganisation des Leitungsorgans (die Ausgestaltung der Führungsorganisation in der jeweiligen *Unternehmensverfassung*, also das Zusammenspiel des Vorstands/Geschäftsführers mit den anderen Gesellschaftsorganen und deren Einfluss auf unternehmerische Entscheidungen) einerseits und seine Mikroorganisation andererseits. Bei der Mikroorganisation ergeben sich Organisationsprobleme insb. dann, wenn die Unternehmensleitung multipersonell besetzt ist (→ *Top Management (Vorstand)*). Nachgelagerte Hierarchieebenen werden kaum in den Blick genommen, da sich das normative Gesellschaftsrecht ebenso wie die höchstrichterliche Rechtsprechung zum Gesellschaftsrecht auf die Unternehmensverfassung sowie auf Managementfragen in der Unternehmensspitze beschränkt. Nur die unternehmerische Mitbestimmung schlägt insoweit eine Brücke zwischen Führungsebene und sonstiger betrieblicher Organisation. Die unteren Hierarchieebenen eröffnen das Feld für Untersuchungen bestehender Individualbeziehungen; im Zentrum juristischer Forschung stehen die arbeitsrechtlichen Rechtsgrundlagen. Betroffen sind Fragen der Bildung von Stabs- und Geschäftsabteilungen (→ *Stellen- und Abteilungsbildung*), der Stellenbesetzung, insb. des Einsatzes sog. rechtlicher Beauftragter, Fragen der Delegation und des arbeitsvertraglichen Direktionsrechts (→ *Delegation (Zentralisation und Dezentralisation)*). Sie werden vom Arbeits- und Betriebsverfassungsrecht (→ *Mitbestimmung, betriebliche*), vom Verbraucherschutz und vom Sicherheitsrecht sowie vom Daten- und Arbeitsschutz angesprochen.

3. Interdisziplinärer Dialog

Neben den eingangs aufgezeigten Interdependenzen lassen sich für beide Disziplinen wechselseitige Synergieeffekte aufzeigen: So sind einerseits die Aussagen der rechtsnormorientierten Managementtheorie über zulässige Gestaltungsmodelle und ihre Rechtsfolgen angewiesen auf die rechtssichere juristische Auslegung der in den einschlägigen Rechtsnormen verwendeten Begriffe (z.B. die „Sorgfalt eines ordentlichen und gewissenhaften Geschäftsleiters" nach § 93 Abs. 1 Satz 1 AktG bzw. „die Sorgfalt eines ordentlichen Geschäftsmannes" nach § 43 Abs. 1 GmbHG). Andererseits können unternehmensrechtliche Vorschriften (wie z.B. die Pflicht des Vorstands zur Einrichtung eines Früherkennungs- und internen Überwachungssystems nach § 91 Abs. 2 AktG, → *Risikomanagement und Interne Revision*) ohne Einbeziehung betriebswirtschaftlicher Begrifflichkeiten und Zusammenhänge kaum sinnvoll formuliert oder angewendet werden.

Mithin bleiben organisationstheoretische Überlegungen ohne Rücksicht auf die rechtlichen Rahmenbedingungen ebenso unvollkommen wie konkrete Managemententscheidungen ohne Beachtung der Rechtsfolgen an Qualität verlieren würden. Jener Befund gilt ebenso für Rechtsetzung und Rechtsanwendung. Dies macht nicht nur den Blick über das eigene Forschungsfeld hinaus notwendig, sondern erfordert einen intensiven Dialog zwischen beiden Wissenschaften; dies war lange Zeit eher die Ausnahme als die Regel. Mit der internationalen und nationalen Debatte um gute → *Corporate Governance (Unternehmensverfassung)* in börsennotierten Unternehmen ist hier eine Veränderung eingetreten; dieser Bereich wird von juristischer und betriebswirtschaftlicher Seite gleichermaßen beeinflusst. So ist bspw. die ständige Regierungskommission „Deutscher Corporate Governance Kodex" interdisziplinär besetzt. Im Zentrum des Kodex stehen die Unternehmensverfassung und das Zusammenspiel der Unternehmensorgane; nachgeordnete Hierarchieebenen sind (noch) nicht in den Blick genommen.

III. „Datenkranz" rechtlicher Implikationen

Rechtsvorschriften nebst der dazugehörigen Rechtsprechung sind wesentliche Determinanten des Führungsverhaltens sowie der → *Aufbau- und Ablauforganisation* in einem Unternehmen (dazu s. *Rühli* 1979, S. 153 ff.). Im Unterschied zu sog. *Organisationsnormen* (s. dazu *v. Werder* 1992, Sp. 2169) sind Rechtsvorschriften nicht allein darauf angelegt, den Unternehmenszweck zu realisieren, sondern zielen gleichfalls auf einen Interessenausgleich und eine Konfliktlösung innerhalb und außerhalb des Unternehmens ab. Insofern wirken sie als allgemeingültige, *rechtliche* Sollenssätze verhaltenssteuernd auf das Management. Beachtenswert, aber im Datenkranz rechtlicher Implikationen anders zu positionieren, sind die sog. *Grundsätze ordnungsgemäßer Unternehmensleitung* (→ *Grundsätze ordnungsmäßiger Unternehmensführung*) einerseits und der Deutsche Corporate Governance Kodex (DCGK) andererseits.

1. Grundsätze ordnungsgemäßer Unternehmensleitung (GoU)

GoU sind betriebswirtschaftliche Leitregeln guter → *Unternehmensführung (Management)*, die typische Managementprobleme auf Höhe des betriebswirtschaftlichen Erkenntnisstandes strukturieren und Allgemeingeltung beanspruchende Handlungsempfehlungen geben, weil die Dichte von Rechtsvorschriften und Organisationsnormen auf Leitungsebene ganz erheblich abnimmt (s. dazu *v. Werder* 1996, S. 5 ff.). Ebenso wie sich der Gesetzgeber auf die Normierung von Grundprinzipien beschränkt, existieren nur wenige Bestimmungen umfassende Geschäftsordnungen zur Aufbau- und Ablauforganisation in den Leitungsorganen. Wegen ihres Best-Practice-Charakters gelten die GoU als Orientierungsleitlinien für Führungsorgane jeglicher Unternehmung und sind – anders als Organisationsnormen – nicht auf einzelne Institutionen beschränkt.

GoU sind indes keine Rechtsvorschriften oder *rechtliche* Sollenssätze. Sie beruhen allein auf einer betriebswirtschaftlichen Erkenntnisgrundlage und können dem Juristen bei seiner Rechtsanwendung weiterhelfen, wenn sie mit einer auf Plausibilität überprüfbaren und nachvollziehbaren Begründung unter Verwendung spezifisch betriebswirtschaftlicher Argumente versehen sind. Dennoch muss ein so niedergeschriebenes Verhaltensgebot nicht unbedingt zwingend oder eine darüber hinausgehende Maßnahme entbehrlich sein. Deshalb besteht ein rechtlicher Sollenssatz erst, wenn der Richter in Auslegung und Anwendung der gesetzlichen Vorschriften den betriebswirtschaftlichen Grundsatz anerkannt hat (ausführlich *Hommelhoff/Schwab* 1996, S. 151 ff.).

2. Deutscher Corporate Governance Kodex

Trotz seiner aktienrechtlichen Anbindung ist auch der *DCGK* keine (staatliche) Rechtsquelle (s. zu alledem *Hommelhoff/Schwab* 2003, S. 53 ff. m.w.N.; *Seidel* 2004, S. 285 ff.). Soweit er zwingendes Aktienrecht wiedergibt, liegt dessen Geltungsgrund bereits im Aktiengesetz selbst. In seinem Empfehlungs- und Anregungsteil enthält der Kodex schon gar keine rechtsverbindlichen Verhaltensanweisungen. Die Unternehmensleitung ist darin frei, ob sie diese Regeln befolgt oder nicht. Vom klassischen Instrument legislatorischer Steuerung, dem direkten gesetzlichen Verhaltensbefehl, hat der Gesetzgeber abgesehen. § 161 AktG verlangt von Vorstand und Aufsichtsrat einer börsennotierten Aktiengesellschaft nur, in einer jährlichen *Entsprechenserklärung* offen zu legen, ob in ihrer Gesellschaft den Empfehlungen des Kodex gefolgt wird und ggf. konkret zu bezeichnen, welche Empfehlungen nicht beachtet werden. Allein die Abgabe dieser Erklärung ist eine gesetzliche Pflicht von Vorstand und Aufsichtsrat. Indes verleiht der Transmissionsriemen des § 161 AktG den Kodex-Empfehlungen starke faktische *Steuerungswirkung*. Denn die Erklärung, eine bestimmte Kodex-Regel werde nicht beachtet, könnte der Gesellschaft u.U. negative Reaktionen am Kapitalmarkt eintragen (→ *Kapitalmarkt und Management*). Jene ließen sich allenfalls dann abwenden, wenn Vorstand und Aufsichtsrat ihre abweichende Praxis freiwillig, aber einleuchtend begründen – freilich mit dem Risiko behaftet, dass dies die aktuellen und potenziellen Investoren nicht überzeugt. Deshalb könnten sich die Kodex-Regeln langfristig doch als breitflächig akzeptierte Standards bei der Unternehmensleitung und -überwachung etablieren und als Konkretisierung des einschlägigen Pflichtenmaßstabs (§§ 93, 116 AktG) – vergleichbar mit den GoU – auch von den Gerichten herangezogen werden.

IV. Systematisierung von rechtlichen Implikationen

Je nach Stellung im Entscheidungsmodell lassen sich drei Arten von *Rechtsnormimplikationen* unterscheiden (zu dieser Einteilung grundlegend *v. Werder* 1986, S. 48 ff.; s. aber auch *Rühli* 1979, S. 156 ff.):

1. Rechtsnorm-induzierte Restriktionen

Rechtsnorm-induzierte Restriktionen leuchten den rechtsverträglichen Aktionsradius aus; sie trennen die rechtlich zulässigen von den unzulässigen Organisations- bzw. Handlungsmöglichkeiten. Gestaltungs- bzw. Handlungsrestriktionen ergeben sich aus zwingendem Recht, von dem das Management nicht abweichen darf, will es eine beständige Entscheidung treffen. Obgleich Managementhandeln selten allein Rechtsnorm-motiviert ist, wird man bei Rechtsnorm-induzierten Restriktionen von einer Dominanz des Rechts gegenüber anderen Entscheidungsparametern ausgehen können.

Im Gestaltungsfeld der Leitungsorganisation und des Führungshandelns richtet sich der Bestand *zwingenden Rechts* zuvörderst nach der gewählten *Rechtsform*, aber auch nach dem Recht der unternehmerischen Mitbestimmung (→ *Mitbestimmung, unternehmerische*). Während bspw. die Unternehmensverfassung und das Management einer AG von der in § 23 Abs. 5 AktG niedergelegten *Satzungsstrenge* beherrscht wird, ist das Recht der GmbH und mithin auch die Ausgestaltung der Geschäftsleitungsebene von *Gestaltungsfreiheit* geprägt. Organisations- und Managemententscheidungen hängen deshalb ganz generell und entscheidend von der getroffenen Rechtsformwahl ab (s. *Rühli* 1979, S. 154; *Doralt/ Grün/Nowotny* 1981, S. 250 ff.; *dazu ausführlich unten V. 1.*).

2. Rechtsnorm-induzierte Unterstützungen

Weniger dominant ist nachgiebiges Recht, welches nur Entscheidungshilfen, also Anregungen für bestimmte Organisations- und Managementprobleme innerhalb des rechtsverträglichen Aktionsraums gewährt. Eine solche Anregungsfunktion wird *dispositives Recht* indes nur übernehmen können, wenn sich der Entscheidungsträger seiner Handlungsmöglichkeiten bewusst ist und den Gesetzesvorschlag abwägend in seine Überlegungen einbezieht. Für einen unvollständig oder gar uninformierten Entscheidungsträger hat das Recht eine Ersatzfunktion (s. aber *Doralt/Grün/Nowotny* 1981, S. 254) und bietet zudem Rechtssicherheit und Schutz vor zivilrechtlicher Inanspruchnahme.

Besonders deutlich wird die *Rechtsnorm-induzierte Unterstützung* bei den durch das KonTraG eingeführten *Anregungsnormen* (dazu *Hommelhoff/Mattheus* 1998, S. 250). Sie sollen die Normadressaten ganz gezielt für bestimmte Probleme sensibilisieren und auf mögliche Regelungsansätze hinweisen. Anregungsnormen demonstrieren die Verantwortung, die dem Normadressaten obliegt, und appellieren an ihn, diese Verantwortung wahrzunehmen. In Abgrenzung zum gesetzlichen Regelungsauftrag (z.B. § 23 Abs. 3 AktG), der den Normadressaten aufgibt, für bestimmte Bereiche Regelungen zu treffen (s. *Beier* 2002, S. 71 ff.), geht von Anregungsnormen indes weder ein rechtlicher noch ein faktischer Handlungszwang aus. Deshalb fungieren Anregungsnormen auch nicht als Ersatzlösung, falls ihnen keine Beachtung geschenkt wird. Hinsichtlich ihrer rechtlichen Steuerungswirkung sind sie daher mit den Kodex-Empfehlungen vergleichbar. Sie unterscheiden sich aber von diesen, weil beim Kodex wegen § 161 AktG ein erheblicher faktischer Zwang besteht, sich mit den niedergelegten Verhaltensmaßstäben auseinander zu setzen und das Management i.S. des Kodex zu regeln. Deshalb wird bspw. die Empfehlung in Tz. 5.3.2 des DCKG, im → *Aufsichtsrat* einen Bilanz- und Prüfungsausschuss einzurichten (→ *Ausschüsse*), eine wesentlich größere Wirkung entfalten als der entsprechende zum Ausdruck gekommene Hinweis in § 171 Abs. 1 Satz 2 AktG.

3. Rechtsnorm-induzierte Konsequenzen

In ihrer Intensität unterschiedlich entscheidungsbeeinflussend sind auch die Rechtsfolgen, die eine gewählte Gestaltungsalternative oder ein Managementverhalten nach sich zieht. Hierzu zählen nicht nur die den Entscheidungsträger persönlich treffenden Konsequenzen, wie die Gefahr einer Inanspruchnahme auf Schadenersatz oder einer strafrechtlichen Verfolgung (s. *v. Werder* 1988, S. 109 f). Vielmehr sind auch die Auswirkungen auf den gesamten Unternehmensprozess zu berücksichtigen. Bspw. sollte sich die Geschäftsführung einer GmbH bei Erhöhung der Arbeitnehmerzahl auf mehr als 500 bewusst sein, dass dies entscheidende Auswirkungen auf die Unternehmensstruktur haben wird (→ *Mitbestimmung, unternehmerische*). Denn gem. § 77 Abs. 1 Satz 1 BetrVG 1952 ist dann in der GmbH zwingend ein die Geschäftsführung überwachender Aufsichtsrat einzurichten. Beschäftigt das Unternehmen sogar mehr als 2000 Arbeitnehmer, werden die Geschäftsführer nicht länger von den Gesellschaftern, sondern obligatorisch vom Aufsichtsrat bestellt und abberufen (§ 25 Abs. 1 Satz 1 i.V.m. § 31 MitbestG).

V. Ausgewählte Rechtsnormimplikationen für das Management

1. Rechtsformwahl

Über die Ausgestaltung der Unternehmensverfassung und die des Leitungsorgans entscheidet in erster Linie die Form des unternehmerischen Zusammenschlusses. Zur Wahl stehen Personen- und *Kapitalgesellschaften*, die entweder wirtschaftlich selbstständig oder in einem Unternehmensverbund (Konzern) eingegliedert sind. Die Führungsorganisation differiert in ihrem Aufbau und Ablauf nach dem gewählten Rechtskleid (s. die Überblicke bei *Hefermehl* 1969, Sp. 1424 ff.; *Hübner* 1980, Sp. 2012 ff.). Im Konzern ergeben sich weitere Implikationen aus der Art, wie die Gesellschaften miteinander verbunden sind (→ *Konzernorganisation*). Die *Rechtsformwahl* durch die Gesellschafter ist von besonderem Gewicht (*Doralt/Grün/Nowotny* 1981, S. 252 ff.). Sie beinhaltet nicht nur den Entscheid über Eigen- oder Fremdgeschäftsführung, sondern auch über das Ausmaß der *Gestaltungsfreiheit* bei der Unternehmensorganisation (s. dazu *v. Werder* 1987b, S. 2265 ff.; *Hommelhoff* 1990, S. 26 ff.).

So ist in einer AG – anders als in einer nicht-mitbestimmten GmbH – neben dem *Vorstand* (→ *Top Management (Vorstand)*) zwingend ein → *Aufsichtsrat* als Überwachungsorgan einzurichten. Zudem obliegt dem Vorstand *jeder* AG eine (nahezu) umfassende Leitungsbefugnis (§ 76 Abs. 1 AktG), die ihm – wegen der Satzungsstrenge in § 23 Abs. 5 AktG – weder durch Satzungsregelung noch durch Hauptversammlungsbeschluss entzogen werden kann. Bei der GmbH hingegen können die Geschäftsführungsbefugnisse auch der *Gesellschafterversammlung* zugewiesen werden (§ 45 Abs. 1 GmbHG) – es sei denn, die Aufgaben liegen im öffentlichen Interesse oder berühren den Schutz Dritter (so z.B. die Buchführungspflicht nach § 41 Abs. 1 GmbHG und die Insolvenzantragspflicht gem. § 64 Abs. 1 GmbH). Zudem verfügt die Gesellschafterversammlung über ein *Weisungsrecht* (§ 37 GmbHG), so dass der *Geschäftsführer* in einer solch Gesellschafter-geleiteten GmbH nur als „notwendiges Realisationsorgan" der Gesellschafterentscheidungen fungiert (zu den unterschiedlichen Gestaltungen s. *v. Werder* 1987a, S. 151 ff.; *Bruhn/Wuppermann* 1988, S. 422).

2. Arbeitsvertragliches Direktionsrecht

Die Befugnis zur Unternehmensleitung bzw. Geschäftsführung, insb. die gesellschaftsrechtliche Leitungsautonomie eines aktienrechtlichen Vorstands, erlaubt prinzipiell auch die eigenständige Entscheidung, ob und inwieweit er Entscheidungskompetenzen auf nachgelagerte Hierarchieebenen delegiert (→ *Delegation (Zentralisation und Dezentralisation)*). Zu beachten sind insoweit vor allem die rechtlichen Konsequenzen solcher Strukturentscheidungen, insb. die Verlagerung von Verantwortlichkeiten und die damit einhergehende Veränderung der Haftungslage. Gesellschaftsrechtlich wird die Möglichkeit zur *Delegation* und *Dezentralisation* allein dadurch beschränkt, dass § 76 Abs. 1 AktG nicht nur das Recht, sondern auch die Pflicht zur aktiven Unternehmensleitung enthält. Dementsprechend dürfte es unzulässig sein, Aufgaben der strategischen Unternehmensleitung oder die Koordinierung oberster organisatorischer Teilbereiche (wie der Internen Revision oder des Risikomanagements) auf untere Hierarchieebenen zu verlagern (s. *v. Werder* 1989, S. 414 f).

Grenzen der Dezentralisation setzt der *Arbeitnehmerschutz*. In den Blick zu nehmen ist dabei das arbeitsvertragliche Direktionsrecht und insb. die ihm von der Rechtsprechung gezogenen Grenzen (s. dazu ausführlich *Preis* 1992, Sp. 514 ff.). Kraft *Direktionsrecht* können sowohl vom Arbeitnehmer zu erledigende Aufgaben nach Art und Weise, Zeit und Ausmaß als auch das allgemeine Verhalten des Arbeitnehmers im Betrieb durch die Unternehmensleitung konkretisiert werden. Beschränkungen ergeben sich aus dem Arbeitsvertrag. So kann ein Arbeitnehmer bspw. grundsätzlich nicht gegen seinen Willen mit Tätigkeiten beauftragt werden, die außerhalb des in den Arbeitsvertrag aufgenommenen Berufsbildes liegen. Solche Entscheidungen können nur im Konsens getroffen werden. Dennoch ist das Direktionsrecht ein unternehmerisches Gestaltungsmittel, mit dem durch flexiblen Personaleinsatz schnell auf Veränderungen reagiert werden kann.

3. Rechtliche Beauftragte

Die Handlungsautonomie jeder Unternehmensleitung bzw. Geschäftsführung erstreckt sich auch auf die Arbeitsorganisation im eigenen Gremium. Deshalb ist es dem Leitungs- bzw. Geschäftsführungsorgan von Gesetzes wegen unbenommen, → *Ausschüsse* zu implementieren oder sich nach Zuständigkeitsbereichen (Ressorts) zu organisieren (→ *Spartenorganisation*). Lediglich in mitbestimmten Unternehmen wird ihm durch das Recht der unternehmerischem Mitbestimmung aufgegeben, das Personal- und Sozialwesen einem sog. Arbeitsdirektor zuzuweisen (§ 13 Montan-MitbestG, § 33 MitbestG). Divisionale Strukturen im Leitungsorgan (sog. *Spartenorganisation*) haben dies zu berücksichtigen, andernfalls sind sie unzulässig (*v. Werder* 1988, S. 107 f.).

Weitergehend sind die rechtlichen Restriktionen bei der Abteilungs- und Stellenbildung im unteren Hierarchiebereich. So verpflichtet bspw. das sog. *Sicherheitsrecht* zur Bestellung *rechtlicher Beauftragter*, denen die Erfüllung bestimmter Aufgaben im Interesse der Arbeitnehmer, der Allgemeinheit (z.B. des Umweltschutzes) oder sonstiger außen stehender Dritter obliegt (s. dazu im Einzelnen *Schmidt-Leithoff* 1992, Sp. 283 ff.). Hierfür kann das Management meist schon im Unternehmen beschäftigte Personen einsetzen, wenn diese die erforderliche Qualifikation besitzen. Die gesetzlich zwingend vorgeschriebene Bestellung dieser *Betriebsbeauftragten* beeinflusst die Unternehmensorganisation maßgeblich, wenn das Sicherheitsrecht selbst die hierarchische Eingliederung im Unternehmen vorschreibt. So bestimmt bspw. § 28 Abs. 3 Satz 1 BDSG, dass der Datenschutzbeauftragte unmittelbar dem Inhaber, Vorstand bzw. Geschäftsführer zu unterstellen ist, ebenso wie Betriebsärzte (§ 1 ASiG) und Arbeitssicherheitsfachkräfte (§§ 1, 5 ASiG) unmittelbar dem Betriebsleiter zu unterstehen (§ 8 Abs. 2 ASiG) haben.

Literatur

Beier, Constantin H.: Der Regelungsauftrag als Gesetzgebungsinstrument im Gesellschaftsrecht, Köln et al. 2002.
Bruhn, Manfred/Wuppermann, Martin: Position und Aufgaben der Geschäftsführer, in: DBW, Jg. 48, 1988, S. 421–434.
Doralt, Peter/Grün, Oskar/Nowotny, Christian: Die Bedeutung der Rechtsform und ihrer Ausgestaltung für die Organisation von Entscheidungsprozessen, in: ZGR, Jg. 10, 1981, S. 249–284.
Hefermehl, Wolfgang: Rechtsform und Organisation, in: HWO, hrsg. v. *Grochla, Erwin*, 1. A., Stuttgart 1969, Sp. 1424–1441.
Hommelhoff, Peter: Das System der Kapitalgesellschaften im Umbruch – ein internationaler Vergleich, in: Die deutsche GmbH im System der Kapitalgesellschaften, hrsg. v. *Roth, Günther H.*, Köln 1990, S. 26–40.
Hommelhoff, Peter/Mattheus, Daniela: Corporate Governance nach dem KonTraG, in: AG, Jg. 43, 1998, S. 249–259.
Hommelhoff, Peter/Schwab, Martin: Regelungsquellen und Regelungsebenen der Corporate Governance: Gesetz, Satzung, Codices, unternehmensinterne Grundsätze, in: Handbuch Corporate Governance, hrsg. v. *Hommelhoff, Peter/Hopt, Klaus J./Werder, Axel v.*, Köln – Stuttgart 2003, S. 51–86.
Hommelhoff, Peter/Schwab, Martin: Zum Stellenwert betriebswirtschaftlicher Grundsätze ordnungsgemäßer Unternehmensleitung und -überwachung im Vorgang der Rechtserkenntnis,

in: Grundsätze ordnungsmäßiger Unternehmensführung (GoF) für die Unternehmensleitung (GoU), Überwachung (GoÜ) und Abschlußprüfung (GoA) (Zfbf-Sonderheft 36), hrsg. v. *Werder, Axel v.*, Düsseldorf – Frankfurt am Main 1996, S. 149–178.
Hübner, Heinz: Recht und Organisation, in: HWO, hrsg. v. *Grochla, Erwin*, 2. A., Stuttgart 1980, Sp. 2006–2027.
Preis, Ulrich: Direktionsrecht, in: HWO, hrsg. v. *Frese, Erich*, 3. A., Stuttgart 1992, Sp. 513–521.
Rühli, Edwin: Rechtsnormen als Determinanten der Leitungsorganisation und des Führungshandelns in der Unternehmung, in: Betriebswirtschaftslehre und Recht, hrsg. v. *Heigl, Anton/ Uecker, Peter*, Wiesbaden 1979, S. 153–170.
Schmidt-Leithoff, Christian: Beauftragte, rechtlich vorgesehene, in: HWO, hrsg. v. *Frese, Erich*, 3. A., Stuttgart 1992, Sp. 281–292.
Seidel, Wolfgang: Der Deutsche Corporate Governance Kodex – eine private oder doch eine staatliche Regelung?, in: ZIP, Jg. 25, 2004, S. 285–294.
Werder, Axel v.: Grundsätze ordnungsmäßiger Unternehmensführung (GoF) – Zusammenhang, Grundlagen und Systemstruktur von Führungsgrundsätzen für die Unternehmensleitung (GoU), Überwachung (GoÜ) und Abschlußprüfung (GoA), in: Grundsätze ordnungsmäßiger Unternehmensführung (GoF) für die Unternehmensleitung (GoU), Überwachung (GoÜ) und Abschlußprüfung (GoA) (Zfbf-Sonderheft 36), hrsg. v. *Werder, Axel v.*, Düsseldorf – Frankfurt am Main 1996, S. 1–26.
Werder, Axel v.: Recht und Organisation, in: HWO, hrsg. v. *Frese, Erich*, 3. A., Stuttgart 1992, Sp. 2168–2184.
Werder, Axel v.: Delegation im Konzern – Rechtlicher Gestaltungsspielraum und organisatorische Konsequenzen im Vergleich zum Einheitsunternehmen, in: BFuP, Jg. 41, 1989, S. 410–426.
Werder, Axel v.: Organisation und Recht – Zum rechtlichen Datenkranz organisatorischer Gestaltungsmaßnahmen, in: ZFO, Jg. 57, 1988, S. 104–110.
Werder, Axel v.: Die Führungsorganisation der GmbH – Grundtypen und Konsequenzen, in: DBW, Jg. 47, 1987a, S. 151–164.
Werder, Axel v.: Organisation der Unternehmensleitung und Haftung des Top-Managements, in: DB, Jg. 40, 1987b, S. 2265–2273.
Werder, Axel v.: Organisationsstruktur und Rechtsnorm: Implikationen juristischer Vorschriften für die Organisation aktienrechtlicher Einheits- und Konzernunternehmungen, Wiesbaden 1986 (Diss.).

Managementkompetenzen und Qualifikation

Wolfgang Weber

[s.a.: Aufsichtsrat; Board of Directors; Corporate Governance (Unternehmensverfassung); Evaluation der Unternehmensführung; Kompetenzen, organisationale; Managementphilosophien und -trends; Ressourcenbasierter Ansatz; Top Management (Vorstand); Wissen.]

I. Begriffliche Klärung; II. Managementaufgaben und Managementkompetenzen; III. Kompetenzmanagement: Auswahl und Entwicklung; IV. Ausblick.

Zusammenfassung

Managementkompetenzen werden als die Fähigkeiten gekennzeichnet, die erforderlich sind, um Managementaufgaben erfolgreich auszuführen. Managementkompetenz kann von den zu erfüllenden Aufgaben und von den erfolgreich in entsprechenden Positionen Tätigen her analysiert werden. Beide Zugangsweisen werden angesprochen. Schließlich werden die Maßnahmen aufgezeigt, die notwendig sind, um Managementkompetenz für das Unternehmen bereitzustellen: die Auswahl geeigneter Personen und die Personal- bzw. Managementwicklung.

I. Begriffliche Klärung

Kompetenz wird regelmäßig mit den Fähigkeiten zur Ausübung einer Tätigkeit und damit auch mit der Eignung zur Ausübung bestimmter Tätigkeiten in Verbindung gebracht (*Auhagen* 2002, S. 230 f.). In nahezu allen Definitionsbeiträgen, die durchaus inhaltlich variieren, spiegelt sich der lateinische Wortstamm von Kompetenz, nämlich competere (deutsch: etwas beherrschen). Udris/Frese bezeichnen z.B. Kompetenz als die Fähigkeit und das Wissen, mit bestimmten Situationen umgehen zu können (*Udris/ Frese* 1988).

Neben allgemeiner Kompetenz werden spezielle Kompetenzen unterschieden, die sich auf spezielle Fähigkeiten – z.B. in bestimmten Berufsfeldern oder Positionen – beziehen. Dabei werden u.a. Fach-, Sozial- oder Führungskompetenz unterschieden, wobei fachliches Können (*Fachkompetenz*), die Fähigkeit zu situationsangemessenem Verhalten (*Sozialkompetenz*) und die Fähigkeit zur Mitarbeiterführung (*Führungskompetenz*) (→ *Führung und Führungstheorien*) im Zentrum der Betrachtung stehen. Die Fähigkeit zu inhaltlichem und sozial verantwortlichem Handeln wird als *Handlungskompetenz* bezeichnet und als Kernbereich übergreifender beruflicher Qualifikationen gesehen (*König* 1992).

Im Hinblick auf die Erfüllung von Managementaufgaben kann im Sinne spezifischer Kompetenzen von Managementkompetenzen gesprochen werden. Managementkompetenzen sind dann diejenigen Fähigkeiten, die benötigt werden, um Managementaufgaben zu beherrschen bzw. erfolgreich auszuführen.

Qualifikation, oft synonym mit *Qualifizierung* verwendet, bezeichnet Kenntnisse, Fertigkeiten und Haltungen bzw. – wenn auf Qualifizierung abgehoben wird – den Erwerb dieser Fähigkeiten. Dabei wird auch auf das Ergebnis dieses Prozesses und damit auf Eignung für die Übernahme bestimmter Aufgaben, also auf Ausbildungsabschlüsse, Befugnisse, Status- und Platzzuweisung abgehoben (*Lisop* 1999). Hier wird der Aspekt des Qualifikations- bzw. Kompetenzerwerbs im Sinne von Qualifizierung angesprochen.

II. Managementaufgaben und Managementkompetenzen

Der Zugang zu den geforderten Kompetenzen kann über aufgabenorientierte und personenorientierte Ansätze erfolgen. Bei dem aufgabenorientierten Vorgehen werden die geforderten Kompetenzen aus Merkmalen des Arbeitsplatzes bzw. der zu erfüllenden Aufgabe abgeleitet. Der personenorientierte Zugang stellt den Zusammenhang zwischen Merkmalen erfolgreicher Personen in bestimmten Tätigkeitsfeldern und der zu bewältigenden Tätigkeit dar (*Laske/Habich* 2004).

Boyatzis hat im Rahmen seines personenorientierten Ansatzes Kompetenzen erfolgreicher Manager identifiziert und zu Clustern zusammengefasst (*Boyatzis* 1982). Folgende sieben Faktoren werden als unabdingbar für Führungskräfte eingeordnet: Logisches Denken, richtige Selbsteinschätzung, positive Orientierung, Entwicklung anderer, Spontaneität, Einsatz von einseitiger Macht, Spezialwissen. Weitere zwölf Kompetenzen zeichnen je nach Leitungsebene und Unternehmensbranche hervorragende Leistungsträger aus: Einfluss, diagnostische Anwendung von Theorien, Effizienzorientierung, Proaktivität, Fähigkeit zu konzeptionellem Denken, Selbstvertrauen, Einsatz mündlicher → *Kommunikation*, Steuerung von Gruppenkonzepten, Einsatz von gesellschaftlicher Macht (→ *Macht in Organisationen*), Objektivität der Wahrnehmung, Selbstkontrolle sowie Durchhaltevermögen und Anpassungsfähigkeit. Diese Kompetenzen werden sechs Clustern zugeordnet: Ziele und Handeln, Führung, Personalmanagement, Anleitung von Mitarbeitern, Konzentration auf andere, Spezialwissen (→ *Wissen*; → *Wissensmanagement*).

Ähnlich identifizierten Mahoney/Jerdee/Carrol schon früher folgende Management-Funktionen: Planung, Information, Koordination, Beurteilung, Führung, Personalausstattung, Verhandlung und Repräsentation (*Mahoney/Jerdee/Carrol* 1965). Die Beiträge von Mahoney/Jerdee/Carrol, Boyatzis und anderen weisen darauf hin, dass die fachliche Komponente im Spektrum erwarteter Managementkompetenzen gegenüber so genannten *Schlüsselqualifikationen* eher zurücktritt.

Diese Kompetenzen kommen offensichtlich in starkem Maße über mündliche Kommunikation zum Tragen. Durch eine Reihe von Untersuchungen, bei denen die Beobachtung des Verhaltens von Managern dominierte, konnte empirisch belegt werden, dass die herausragende Tätigkeit dieser Personengruppe die mündliche Kommunikation ist. Mintzberg zeigte, dass Geschäftsführer (→ *Top Management (Vorstand)*) 78% ihrer Arbeitszeit für Gespräche einsetzten (*Mintzberg* 1975). Obwohl die Studien von Mintzberg und anderen älteren Datums sind, ist davon auszugehen, dass die damaligen Beobachtungen weiterhin die Realität zutreffend beschreiben. Danach setzt sich der Arbeitstag von Führungskräften aus vielen kurzen Episoden zusammen. Es dominieren mündliche Kommunikation, räumliche Mobilität des Handelns und ungeplante Ereignisse (*Neuberger* 1990, S. 158 ff.).

Es liegt nahe, zur Identifizierung von Managementkompetenzen die typischen Wege in Managementfunktionen zu verfolgen (siehe u.a.→ *Personal als Managementfunktion*). Dieser Zugang belegt eindrucksvoll, dass ein Hochschulabschluss eine wichtige Voraussetzung für eine Managerkarriere ist, weil ein Studium den Erwerb solcher Kompetenzen wie Theoriebildung, konzeptionelles Denken, Objektivität der Wahrnehmung und Fachwissen fördert. In einem Drei-Ländervergleich zwischen Deutschland, Frankreich und den USA konnte gezeigt werden, dass zwischen 80 und 90% der Top-Manager ein Hochschulstudium absolviert haben (*Hartmann* 1996, 1999). Bei einer Untersuchung Mitte der 1970er Jahre lag dieser Anteil in Deutschland bei Managern verschiedener hierarchischer Ebenen allerdings noch deutlich niedriger. Es ist bemerkenswert, dass in den USA und in Frankreich die berufliche Position offenbar mit dem Elitecharakter der besuchten Hochschule positiv korreliert, während der Studienort, an dem der Abschluss erreicht wurde, in Deutschland kaum Bedeutung hat. An Stelle des Studienortes treten hier als Ersatzindikatoren bei den Auswahlentscheidungen auf dem Weg zu Spitzenpositionen Faktoren wie Praktika, Auslandsaufenthalte und Studiendauer, insbesondere aber die Promotion. Diese Indikatoren, insbesondere die Promotion, signalisieren die gewünschte Kompetenz (zu Signalling: *Franck/Opitz* 2001). Aus Sicht der Betriebswirtschaftslehre gilt das Hauptaugenmerk dem Managementwissen und der Institutionalisierung (*Staehle* 1999, S. 101 ff.) sowie den Inhalten der Managementausbildung.

Die Vermutung, dass die Fähigkeit zum Denken in Zusammenhängen eine herausragende Managementkompetenz darstellt, wird bestätigt durch eine Studie über die Zusammenhänge zwischen Studium und Berufspraxis (*Weber* 1979), bei der Absolventen eines betriebswirtschaftlichen Studiums mehrere Jahre nach ihrem Studienabschluss nach ihrem beruflichen Tätigkeitsfeld und nach Einschätzungen zum Studium aus der aktuellen Perspektive befragt wurden. Sechs bis acht Jahre nach dem Studium hatte der Großteil der Absolventen eine gehobene Führungsposition erreicht. Dabei arbeitete rund die Hälfte der Absolventen nicht in einem Tätigkeitsfeld, das durch eine entsprechende Schwerpunktsetzung im Studium vorbereitet wurde. Die im Studium erworbenen Kenntnisse über systematisches Denken, Arbeiten und Entscheiden, über betriebswirtschaftliche und gesamtwirtschaftliche Zusammenhänge wurden als wichtig eingestuft und als viel bedeutsamer angesehen als Kenntnisse auf Spezialgebieten. Etwa ebenso große Bedeutung wurde den beruflichen Erfahrungen nach dem Studium und den Weiterbildungsmaßnahmen nach dem Studium beigemessen.

Das Training eines Hochschulstudiums deckt offenbar einen großen Teil der für Managementaufgaben erforderlichen fachlichen bzw. intellektuellen Kompetenzen ab, die ihren Schwerpunkt im Umgang mit → *Wissen* und dem Erkennen von Zusammenhängen haben. Die darüber hinaus geforderten sozio-emotionalen und interpersonalen Kompetenzen können während der beruflichen Tätigkeit entwickelt werden. Große Bedeutung für die Wahrnehmung von Managementpositionen hat der sichere Umgang mit sozialen Gefügen. Dies erklärt, warum Managerkarrieren nur selten mit häufigen Unternehmenswechseln verbunden sind (*Franck/Opitz* 2001).

In der juristischen Diskussion werden insbesondere die Leitungsaufgaben des Vorstands (→ *Top Management (Vorstand)*) sowie die Überwachungsaufgaben des Aufsichtsrats (→ *Aufsichtsrat*) dargestellt und diskutiert. Diese Diskussion wurde u.a. durch das Schicksal von Unternehmen angeregt, die offenbar durch das Versagen von Vorstand und Aufsichtsrat in wirtschaftliche Schwierigkeiten geraten sind (*Henze* 2000). Im Hinblick auf die Leitungsaufgaben des Vorstands wird unter Bezugnahme auf Beiträge aus der Betriebswirtschaftslehre insbesondere auf Ziel-, Strategie-, Struktur- und herausragende Personalentscheidungen, die Überwachung der Geschäfts- und Ergebnisentwicklung sowie die Unternehmenssteuerung abgehoben (z.B. *Henze* 2000). Die Wahrnehmung von spezifischen Managementaufgaben im Aufsichtsrat eines Unternehmens verlangt umfassendes fachliches Wissen über die Unternehmenstätigkeit (*Lutter/Krieger* 2002; *Hoffmann/Preu* 2003; *Potthoff/Trescher/Theisen* 2003) mit der Besonderheit, dass die unternehmerischen Vorgänge durch den Aufsichtsrat aus einer gewissen Distanz auf der Grundlage von Berichten sowie zusätzlich eingeholten Informationen beobachtet und kontrolliert werden. Eine besondere Rolle nimmt hierbei die Manager- und Aufsichtsratshaftung ein.

III. Kompetenzmanagement: Auswahl und Entwicklung

Die mit der Bereitstellung von spezifischer Kompetenz verbundenen Aktivitäten innerhalb des Unternehmens werden vielfach unter der Bezeichnung *Kompetenzmanagement* (*Boyatzis* 1982; *Spencer/Spencer* 1993) zusammengefasst und diskutiert. Im Kern stehen dabei zwei Gebiete des Personalmanagements im Zentrum: die Auswahl geeigneter Personen und die Entwicklung erforderlicher Kompetenzen durch Qualifizierung bzw. Aus- und Weiterbildung sowie durch gezielte Vermittlung von Erfahrungen.

Die Gewinnung von Managern ist nicht in erster Linie Personalauswahl, sondern vielmehr Gegenstand von Personalgewinnungs- und -entwicklungsstrategien. In der Regel werden Führungsnachwuchskräfte (→ *Führungsnachfolge*) gewonnen, die sich auf dem internen Arbeitsmarkt des Unternehmens durchsetzen. Die Herausbildung von Managern ist regelmäßig in Personalentwicklungssysteme eingebettet, die auf der Grundlage von Zielvereinbarungen (→ *Management by Objectives*), Leistungsbeurteilungen, Beratungs- und Förderungsgesprächen, Weiterbildungsempfehlungen bzw. Weiterbildungsangeboten sowie gelenkter Erfahrungsvermittlung den sukzessiven Aufbau von Managementkompetenz und die Zuordnung von Managementpositionen steuern. Bestandteile solcher Personalentwicklungssysteme sind häufig Laufbahnpläne, Nachfolgeplanung und systematischer Arbeitsplatzwechsel (*Weber/Kabst* 2001).

Bei der Erstauswahl von Management-Nachwuchskräften werden in der Regel mehrstufige Auswahlverfahren angewandt, bei denen Tests, Assessment Center und Bewerbungsgespräche eine herausragende Rolle spielen (*Schuler* 2004). Dieser Auswahlprozess reicht mindestens bis in die Probezeit hinein, während der die früheren Auswahlentscheidungen relativ einfach revidiert werden können (s.a.: *Erpenbeck/von Rosenstiel* 2003).

IV. Ausblick

Der Erwerb von Managementkompetenzen ist eng mit einem Hochschulstudium verbunden. Je mehr sich ein differenziertes Hochschulsystem herausbildet, umso weniger Bedeutung als Signal für Exzellenz hat die Promotion, die in Deutschland gegenwärtig noch als wichtiges Indiz für ein hohes Kompetenzpotenzial einzuordnen ist. Die für die angelsächsische Welt, aber auch für andere Länder wie Frankreich, typische Herausbildung von Spitzeneinrichtungen der Managementausbildung ist langfristig auch im deutschsprachigen Raum zu erwarten.

Da Managementnachwuchs in den Unternehmen frühzeitig schon am Beginn des Berufswegs rekrutiert wird und da die Unternehmen in diesen Personenkreis investieren, liegt es nahe, dass von Arbeitgeberseite her Maßnahmen ergriffen werden, um dieses Humanvermögen an sich zu binden. Umgekehrt ist es für Managementkarrieren hilfreich, die sozialen Geflechte in der jeweiligen Organisation zu kennen, sodass der Wechsel des Unternehmens auf dem Karriereweg zwar nicht auszuschließen, aber eher selten ist.

Fachlich-inhaltliche Kompetenzen, wie sie z.B. für Inhaber von Führungspositionen und Aufsichtsratsmitglieder gefordert werden, sind eine zentrale Voraussetzung für erfolgreiche Management-Tätigkeiten. Aufmerksamkeit findet dieser Aspekt insbesondere dann, wenn Fehlentscheidungen Unternehmen in kritische Situationen bringen und dies nach außen hin deutlich sichtbar wird.

Managementphilosophien und -trends

Thorsten Teichert/Iwan von Wartburg

[s.a.: Beratung, Theorie der; Führungsstile und -konzepte; Innovationsmanagement; Interpretative Organisationsforschung; Kognitiver Ansatz; Komplexitätsmanagement; Konstruktivismus; Lernen, organisationales; Managerrollen und Managerverhalten; Menschenbilder; Neoinstitutionalistische Ansätze; Organisationsinnovation; Strategisches Management; Unternehmensführung (Management); Wissen.]

I. Managementphilosophie als Grundlage für Managementhandeln; II. Managementtrends.

Zusammenfassung

Managementphilosophie bildet als Referenzrahmen die normative Grundlage für Managementverhalten. Sie dient zur Komplexitätsreduktion, Interpretation sowie zur Legitimation für Managementhandeln. Managementtrends sind anschlussfähige Managementkonzepte, die den öffentlichen Managementdiskurs als Managementmoden zeitweilig stark prägen. Ihre Adaption und Verbreitung ergibt sich aus selektiv-rationaler Nachfrage durch das Management, irrationalen Ansteckungseffekten und gezielter Beeinflussung durch Anbieter.

I. Managementphilosophie als Grundlage für Managementhandeln

1. Begriff und Grundlagen

Managementphilosophie ist „die Gesamtheit der (auch unbewussten) Einstellungen, (Vor-)Urteile und Wertorientierungen des Managements über managementrelevante Realitätsausschnitte; sie bildet die normative Grundlage für Managementhandeln" (*Staehle/Sydow* 1992, Sp. 1288). Eine Managementphilosophie hilft, im Unternehmenskontext philosophische Fragen zu klären: Sie definiert *erstens*, was als Wahrheit erachtet wird, legt *zweitens* fest, welche Fragen zu stellen und welche auszublenden sind und beschreibt *drittens* das Wertesystem, das dem Handeln als Wegweiser zugrunde liegt (*Stover* 1958).

Verwandte Begriffe sind *Managementkonzept*, -leitlinien und -politik und *Führungsphilosophie*. Gemeinsames Kennzeichen ist, dass inhaltliche Vorgaben zur → *Planung*, Führung und → *Organisation* von Unternehmen bereitgestellt werden. Bei hoher Übereinstimmung von Managementphilosophie im Management wird auch von *Unternehmensphilosophie* (→ *Organisationskultur*) – oder alternativ – von *dominanter Logik* gesprochen (*Prahalad/Bettis* 1986).

Literatur

Auhagen, Ann Elisabeth: Kompetenz und Verantwortung, in: ZfP, Jg. 16, 2002, S. 230–249.
Boyatzis, Richard E.: The Competent Manager: A Model for Effective Performance, New York et al. 1982.
Erpenbeck, John/Rosenstiel, Lutz v.: Handbuch Kompetenzmessung, Stuttgart, 2003.
Franck, Egon/Opitz, Christian: Zur Filterleistung von Hochschulsystemen – Bildungswege von Topmanagern in den USA, Frankreich und Deutschland, in: ZfbF, Jg. 56, 2004, S. 72–86.
Franck, Egon/Opitz, Christian: Karriereverläufe von Topmanagern in den USA, Frankreich und Deutschland – Elitenbildung und die Filterleistung von Hochschulsystemen, Freiberger Working Papers/Freiberger Arbeitspapiere Nr. 6/2001.
Hartmann, Michael: Auf dem Weg zur transnationalen Bourgeoisie? Die Internationalisierung der Wirtschaft und die Internationalisierung der Spitzenmanager Deutschlands, Frankreichs und der USA, in: Leviathan, Jg. 27, 1999, S. 113–141.
Hartmann, Michael: Topmanager – Die Rekrutierung einer Elite, Frankfurt – New York 1996.
Henze, Hartwig: Leitungsverantwortung des Vorstands – Überwachungspflicht des Aufsichtsrats, in: BB, Jg. 55, 2000, S. 209–216.
Hoffmann, Dietrich/Preu, Peter: Der Aufsichtsrat. Ein Leitfaden für die Praxis, 5. A., München 2003.
König, Eckard: Soziale Kompetenzen, in: HWP, hrsg. v. Gaugler, Eduard/Weber, Wolfgang, 2. A., Stuttgart 1992, Sp. 2046–2056.
Laske, Stephan/Habich, Jörg: Kompetenz und Kompetenzmanagement, in: HWP, hrsg. v. Gaugler, Eduard/Oechsler, Walter/Weber, Wolfgang, 3. A., Stuttgart 2004.
Lisop, Ingrid: Qualifikation und Qualifikationsforschung, in: Wörterbuch Berufs- und Wirtschaftspädagogik, hrsg. v. Kaiser, Franz-Josef/Pätzold, Günther, Bad Heilbrunn et al. 1999, S. 334–336.
Lutter, Marcus/Krieger, Gerd: Rechte und Pflichten des Aufsichtsrats, 4. A., Köln 2002.
Mahoney, Thomas Arthur/Jerdee, Thomas H./Carrol, Stephen J.: The Job(s) of Management, in: Industrial Relations, Jg. 4, H. 2/1965, S. 97–110.
Mintzberg, Henry: The managers's job: folklore and fact, in: HBR, Jg. 53, H. 4/1975, S. 49–61.
Neuberger, Oswald: Führen und geführt werden, 3. A., Stuttgart 1990.
Potthoff, Erich/Trescher, Karl/Theisen, Manuel R.: Das Aufsichtsratsmitglied. Ein Handbuch der Aufgaben, Rechte und Pflichten, 6. A., Stuttgart 2003.
Schuler, Heinz: Personalauswahl, in: HWP, hrsg. v. Gaugler, Eduard/Oechsler, Walter/Weber, Wolfgang, 3. A., Stuttgart 2004, Sp. 1366–1379.
Spencer, Lyle M./Spencer, Signe M.: Competence at Work – Models for Superior Performance, New York 1993.
Staehle, Wolfgang: Management. Eine verhaltenswissenschaftliche Perspektive, 8. A., München 1999.
Udris, Ivar/Frese, Michael: Belastung, Fehlbeanspruchung und ihre Folgen, in: Angewandte Psychologie: Ergebnisse und neue Perspektiven, hrsg. v. Frey, Dieter/Graf Hoyos, Carl/Stahlberg, Dieter, München 1988, S. 429–445.
Weber, Wolfgang: Betriebswirtschaftliches Studium und Berufspraxis. Ergebnisse einer Absolventenbefragung, in: Ausbildungskonzeptionen und Berufsanforderungen des betrieblichen Personalwesen, hrsg. v. Gaugler, Eduard, Berlin 1979, S. 81–128.
Weber, Wolfgang/Kabst, Rüdiger: Personalmanagement im internationalen Vergleich. The Cranfield Project on International Strategic Human Resource Management. Ergebnisbericht 2000, Paderborn 2001.

Die Managementphilosophie umfasst individuelle und geteilte Einstellungen sowie kognitive Karten. Letztere können auch als „Referenzrahmen", „mentale Modelle" oder „Alltagstheorien" bezeichnet werden (→ *Kognitiver Ansatz*). Der Referenzrahmen einer Managementphilosophie beinhaltet Ist- und Soll-Vorstellungen als Technik-, Organisations- und → *Menschenbilder* (*Staehle/Sydow* 1992). Implizit *verwendeten* („theories in use") stehen explizit *geäußerte* Alltagstheorien („espoused theories") wie Missions- und Visions-Statements, Kodizes für Corporate Governance und *Führungsgrundsätze* gegenüber (*Argyris/Schön* 1978). In Ergänzung zur Unternehmungsstrategie (→ *Strategisches Management*) enthalten sie überdauernde sowie weniger klar fassbare Ziele bzw. Werte-Statements (*Collins/Porras* 1994). Dabei hat eine Managementphilosophie den teilweise *widersprüchlichen* Forderungen wichtiger unternehmensinterner und -externer Anspruchsgruppen zu genügen (*Barnard* 1938).

Getragen wird eine Managementphilosophie prinzipiell von allen Personen im Unternehmen, d.h. sowohl vom Management (Organisationsteilnehmern, die in einer Unternehmung mit Weisungsbefugnissen ausgestattet sind) als auch vom Nicht-Management. *Geprägt und inhaltlich festgelegt* wird eine Managementphilosophie in erster Linie durch die obersten Führungsebenen mit normativer Kompetenz: Eigentümer, → *Top Management (Vorstand)* und – je nach Ausgestaltung der → *Corporate Governance (Unternehmensverfassung)* – → *Aufsichtsrat* (→ *Board of Directors*) werden auch als *dominante Koalition* bezeichnet (*Prahalad/Bettis* 1986). Normative Kompetenz beinhaltet *„sensemaking"* als Sinnsuche („irrational, meaning looking man", vgl. *Peters/Waterman* 1982) und Sinnvermittlung („figurehead", vgl. *Mintzberg* 1980; *Weick* 1995).

2. Stand der Diskussion

In der Frühphase der Beschäftigung mit Managementphilosophie postulierten Autoren ihre persönlichen Glaubenssätze als „Philosophie", wie eine Unternehmung zu steuern sei, wie sich deren Mitglieder zu verhalten haben und welche Ideale anzustreben seien (*Sheldon* 1923; *Barnard* 1938, vgl. als Übersicht *Litzinger/Schaefer* 1966). Ethisch-moralische Implikationen wurden diskutiert und allgemein gültige Normen moralisch guten Managements gesucht (z.B. *Selekman* 1959). Der normative Charakter („normatives Management", *Ulrich* 1981) wird noch heute als zentral angesehen (*Kirkeby* 2000).

Managementphilosophie als Metapher („Management ist Philosophie") weist im wissenschaftlichen Diskurs auf die Bedeutung der Philosophie zur Klärung von Fragen des Managements hin. Als ein Frühwerk einer Anwendung von Utilitarismus und Stoizismus gilt Leys (*Leys* 1952). Aktuelle Beiträge im wissenschaftlichen Diskurs behandeln ontologische Positionen wie *Realismus* und → *Konstruktivismus* (z.B. *Mir/Watson* 2000) oder philosophische Grunddisziplinen wie *Moralphilosophie* (z.B. *Singer* 1994), *Epistemologie* und *Logik* (z.B. *Bronn* 1998).

In der Praxis nimmt die Zahl philosophisch betitelter Tatbestände im Unternehmen wie Planungs-, Marketing-, E-Commerce- und *Organisationsphilosophie* zu. Gewisse Unternehmensphänomene überschreiten eine Art „Philosophieschwelle": Zur Kennzeichnung ihrer Komplexität werden sie mit dem Label „Philosophie" versehen. Die unerkannt inhaltslose Verwendung dieses Labels (,tote Metapher') ersetzt hier fehlendes theoretisches Fundament.

3. Bedeutung für das Managementverhalten

Managementphilosophie erfüllt für das Management zwei Funktionen: Erstens die Komplexitätsreduktions- und Interpretationsfunktion und zweitens die Legitimationsfunktion.

Die *Komplexitätsreduktions- und Interpretationsfunktion* ermöglicht dem Management, selbst in unsicheren, mehrdeutigen und komplexen Entscheidungssituationen handlungsfähig zu bleiben und Unternehmen zu steuern (→ *Komplexitätsmanagement*). Dazu wird die komplexe Managementrealität erstens *konstruiert* („enacted") (*Weick* 1979). Zweitens ist wegen der beschränkten Informationsverarbeitungskapazität des Managements eine *Selektion* der als relevant erachteten Managementrealität notwendig. Managementphilosophien üben hinsichtlich der externen und internen Kontextfaktoren diese Filter-, Bewertungs- und Auswahlfunktion aus (→ *Interpretative Organisationsforschung*). Das Management betrachtet und beurteilt Probleme im Unternehmen primär nach Maßgabe seiner durch den Referenzrahmen gefilterten Wahrnehmung und leitet daraus Entscheidungen sowie Handlungsfolgen ab.

Die *Legitimationsfunktion* ermöglicht dem Management, Handlungsfolgen gegenüber Handlungsbetroffenen zu legitimieren (*Alvesson* 1987). Die Legitimierung entsteht durch die in der Managementphilosophie gerechtfertigten bestehenden Machtstrukturen und -rollen (*Staehle/Sydow* 1992). Die Managementphilosophie erleichtert die *Sozialisation* für → *Managerrollen und Managerverhalten* und verringert somit Entscheidungsunsicherheiten.

II. Managementtrends

1. Begriff und Grundlagen

Managementkonzepte liefern strukturierende Präskriptionen zur Gestaltung von Unternehmen(steilen) und Vorgehensweisen zur Problemlösung. Managementtrends sind Managementkonzepte, die zu einem Zeitpunkt den öffentlichen Management-Diskurs prägen (*Teichert/Talaulicar* 2002). Sie sind als Summe kollektiven Verhaltens durch bestimmte zeitliche Muster aufeinander folgender Wachstums- und Verfallskurven der Aktualität geprägt (*Abrahamson* 1996; *Kieser* 1996). Aufgrund ihres glockenförmigen Verbreitungsmusters sowie ihrer oft zyklischen Abfolge werden Managementtrends auch – mitunter despektierlich – als Moden tituliert (z.B. → *Management by Objectives*; → *Outsourcing und Insourcing*; → *Prozessorganisation*; → *Qualitätsmanagement*). Die Metapher „Management ist Mode" wird herangezogen, um die fehlende Substituierung bzw. das „Oberflächliche" der Mode zu thematisieren (*Simmel* 1957). Zu unterscheiden sind jedoch Präsentationsebene und inhaltlicher Kern von Managementkonzepten.

Die Präsentationsebene ist durch Schlagwort und Argumentation geprägt. Die Funktion des Schlagworts („buzzword") kann von der Erzeugung von Aufmerksamkeit, Abbau von Kommunikationsbarrieren bis zum Schaffen einer „Kontrollillusion" reichen (*Kieser* 2001). Besondere Eignung kommt Metaphern wie „Zeltorganisation" zu, die Assoziationsketten auslösen. Der Argumentations- und Erzählstil ist durch Beispiele, Abbildungen, Personifizierungen und Dramaturgie geprägt. Unschärfe in der Argumentation wird als Vorteil angesehen, da diese anregt, eine fehlende Fundierung nicht offensichtlich und die Notwendigkeit der Beratung unterstrichen wird (*Huczynski* 1993).

Als inhaltlicher Kern von Managementkonzepten wird deren visionärer, handlungsleitender Gehalt identifiziert (*Swanson/Ramiller* 1997). Eine Modellreduktion auf wenige Einflussgrößen (Beispiel: Erfahrungskurve) hilft, unstrukturierte Probleme und Lösungsansätze in standardisierte Formen zu überführen. Diese „commodification" kommt dem Anwenderbedürfnis nach allgemein gültigen Paketlösungen nach und fördert die oft wenig reflektierte, branchenübergreifende Diffusion (*Abrahamson* 1991). Prominente Beispiele sind japanische Organisationstechniken, die losgelöst vom kulturellen Kontext auf westliche Unternehmen überführt wurden.

2. Stand der Diskussion

In der betriebswirtschaftlichen Reflexion erfahren Managementtrends verstärkt in den 1990er Jahren eine Thematisierung. Ausgangspunkt bildeten Beobachtungen, nach denen normativ-rationale Diffusionsmodelle nur unzureichend die Verbreitung von innovativen Managementkonzepten erklären (*Abrahamson* 1991; *Abrahamson* 1996). Es gilt zu klären, weshalb sich solche Innovationen (→ *Organisationsinnovation*) auch bei mangelnder objektiver Vorteilhaftigkeit bei einem großen Anwenderkreis verbreiten.

Angebotsorientierte Erklärungsmodelle betonen den Einfluss Externer bei der Trenddiffusion. Anbieter nutzen Informationsasymmetrien bezüglich Konzepteffekten sowie Umsetzungserfordernissen für sich und verursachen einen „suchtförmigen" Bedarf an Beratungsprojekten (*Kieser* 2001). Besondere Aufmerksamkeit erfahren ‚Management-Gurus' – seien dies Hochschullehrer, Berater (→ *Beratung, Theorie der*) oder Manager. Thematisiert wurden deren Qualitäten (*Clark/Salaman* 1998) sowie zu erfüllende Rhetorik-Elemente (*Furusten* 1999). Hervorgehoben werden Emotionalisierungen durch Schüren kollektiver Angst und Hoffnung auf sofortige, umfassende Managementlösungen (*Berglund/Werr* 2000).

Den angebotsorientierten Erklärungsmodellen ist entgegenzuhalten, dass Manager nicht nur passive Konsumenten sind, sondern aktiv beim „agenda-setting" mitwirken. Nachfrageorientierte Erklärungsmodelle betonen die Eigenständigkeit des Managements. Eine frühe Konzeptanwendung kann im Sinne einer „ride the herd"-Strategie (*Ghemawat* 2002, S. 74) als Signal des Machertums genutzt werden. Eine spätere Konzeptanwendung („hide in the herd") kann dem risikoaversen Management zur Verringerung seiner → *Verantwortung* dienen, weil die Zurechnungsmöglichkeit negativer Konsequenzen („accountability") abnimmt (*Tetlock/Lerner* 1999) und Fehlschläge auf prominente Vertreter des Konzepts fremd attribuiert werden können.

3. Adaption und Verbreitung

Die Nachfrage nach Konzeptanwendungen ist geprägt durch Unsicherheit und Informationsasymmetrie im Vorfeld sowie durch eingeschränkte Möglichkeit zur ex-post Ergebnisbewertung. Beschränkte → *Rationalität* in Situationen hoher Unsicherheit fördert *Beobachtungslernen* und *Herdendynamik* (*Banerjee* 1992). Die auch der klassischen *Diffusionsforschung* (*Rogers* 1995) zugrunde liegenden „Bandwagon"-Effekte kennzeichnen Diffusionsprozesse, in denen der Adoptionsdruck mit der Zahl bisheriger Adaptoren steigt. Auf Rationalität basierende Erklärungsmodelle führen diese Eigendynamik auf positive Externalitäten zurück (*Katz/Shapiro* 1985). → *Neoinstitutionalistische Ansätze* begründen Konzeptanwendung in vorangeschrittenen Diffusionsphasen als konformes Verhalten zu institutionellen Normen zum Zweck der Kommunikationswirkung gegenüber organisationalen Stakeholdern. So können zunächst rationale Adoption, mit zunehmender Legitimität hingegen undifferenzierte Anwendungen resultieren. Exponiertheit und soziale Einbettung verstärken den institutionellen Druck zur Konzeptanwendung (z.B. ISO-9000-Zertifizierung).

Herdenverhalten (*Lux* 1995) erklärt die Verbreitung von Innovationen als Folge von Ansteckungseffekten. Diese resultieren durch Kontakte zu früheren Adaptoren, Wettbewerb strukturell äquivalenter Akteure, Druck durch mächtige Austauschpartner und Konformitätsstreben zu populären oder normativen Praktiken. Sie werden bei hohem Ausmaß andauernder sozialer Beziehungen (*Coleman/Katz/Menzel* 1966) und bei einseitig positiver Berichterstattung über Erfolge (*Conell/Cohn* 1995) verstärkt. Entscheidungen über das Fallenlassen beruhen hingegen stärker auf unmittelbaren eigenen Erfahrungen (*Burns/Wholey* 1993). Diese gegensätzliche Dynamik in Früh- und Spätphase der Konzeptverbreitung führt zu Wellen der Adoption und Aufgabe: Anstelle stabiler isomorpher Gleichgewichte resultieren „faddish cycles" (*Strang/Macy* 2001).

Bewähren sich Aspekte des inhaltlichen Kerns von Managementtrends in Anwendungsprojekten, können sie als Bestandteil in Managementphilosophien eingehen. Es ist zu beachten, dass der intellektuelle Kern im Gegensatz zu physischen Produkten – und auch im Gegensatz zum Schlagwort – bei seiner Übertragung und Verbreitung nicht unverändert bleibt. Kommunikation, Adoption und Anwendung führen auch zu unbeabsichtigten Interpretationen. Implementierungen werden mit bereits existierenden Praktiken verknüpft und ergeben spezifische, vom inhaltlichen Kern abweichende, Lösungsansätze. Der Begriff von „Moden im Management" negiert solche Lerneffekte der praktischen Erprobung (→ *Lernen, organisationales*). Es ist angezeigt, die Verbreitung von Managementkonzepten als evolutionären Wandel im Sinne kumulativer Lernprozesse (→ *Evolutionstheoretischer Ansatz*) und nicht anhand idealisierter linear-sequenzieller Diffusion zu verstehen.

Literatur

Abrahamson, Eric: Management Fashion, in: AMR, Jg. 21, 1996, S. 254–285.
Abrahamson, Eric: Managerial Fads and Fashion: The Diffusion and Rejection of Innovations, in: AMR, Jg. 16, 1991, S. 586–612.
Alvesson, Mats: Organization Theory and Technocratic Consciousness, Berlin et al. 1987.
Argyris, Chris/Schön, Donald A.: Organizational Learning: A Theory of Action Perspective, Reading, MA 1978.
Banerjee, Abhijit: A Simple Model of Herd Behaviour, in: QJE, Jg. 107, 1992, S. 797–818.
Barnard, Chester I.: The Functions of the Executive, Cambridge, MA 1938.
Berglund, Johan/Werr, Andreas: The Invincible Character of Management Consulting Rhetoric: How One Blends Incommesurates While Keeping them Apart, in: Organization, Jg. 7, 2000, S. 633–655.
Bronn, Carl: Applying Epistemic Logic and Evidential Theory to Strategic Arguments, in: SMJ, Jg. 19, 1998, S. 81–95.
Burns, Lawton/Wholey, Douglas: Adoption and Abandonment of Matrix Management Programs: Effects of Organizational Characteristics and Interorganizational Networks, in: AMJ, Jg. 36, 1993, S. 106–138.
Clark, Timothy/Salaman, Graeme: Telling Tales: Management Gurus' Narratives and the Construction of Managerial Identity, in: JMan.Stud., Jg. 35, 1998, S. 137–161.
Coleman, James S./Katz, Elihu/Menzel, Herbert: Medical Innovation: A Diffusion Study, Indianapolis 1966.
Collins, James C./Porras, Jerry L.: Built to Last: Successful Habits of Visionary Companies, New York 1994.
Conell, Carol/Cohn, Samuel: Learning from Other People's Actions: Environmental Variation and Diffusion in French Coal Mining Strikes, 1890–1935, in: AJS, Jg. 101, 1995, S. 366–403.
Furusten, Staffan: Popular Management Books. How They Are Made and What They Mean for Organisations, London et al. 1999.
Ghemawat, Pankaj: Competition and Business Strategy in Historical Perspective, in: Business History Review, Jg. 76, 2002, S. 37–74.
Huczynski, Andrzej A.: Explaining the Succession of Management Fads, in: International Journal of Human Resource Management, Jg. 4, 1993, S. 443–463.
Katz, Michael L./Shapiro, Carl: Network Externalities, Competition and Compatibility, in: AER, Jg. 75, 1985, S. 424–440.
Kieser, Alfred: Consultants and Management Fashions, Paper presented at the Academy of Management, Washington, 2001.
Kieser, Alfred: Moden & Mythen des Organisierens, in: DBW, Jg. 56, 1996, S. 21–39.
Kirkeby, Ole F.: Management Philosophy, Berlin et al. 2000.
Leys, Wayne A. R.: Ethics for Policy Decisions – The Art of Asking Deliberating Questions, New York 1952.
Litzinger, William D./Schaefer, Thomas E.: Perspective: Management Philosophy Enigma, in: AMJ, Jg. 9, 1966, S. 337–343.
Lux, Thomas: Herd Behaviour, Bubbles and Crashes, in: Economic Journal, Jg. 105, 1995, S. 881–896.
Mintzberg, Henry: The Nature of Managerial Work, Englewood Cliffs, NJ 1980.
Mir, Raza/Watson, Andrew: Strategic Management and the Philosophy of Science: The Case for a Constructivist Methodology, in: SMJ, Jg. 21, 2000, S. 941–953.
Peters, Tom J./Waterman, Robert H.: In Search of Excellence: Lessons from America's Best-Run Companies, New York 1982.
Prahalad, Coimbatore K./Bettis, Richard A.: The Dominant Logic: A New Linkage Between Diversity and Performance, in: SMJ, Jg. 7, 1986, S. 485–501.
Rogers, Everett M.: Diffusion of Inovatons, 4. A., New York 1995.
Selekman, Benjamin: A Moral Philosophy of Management, New York 1959.
Sheldon, Oliver: The Philosophy of Management, Englewood Cliffs, NJ 1923.
Simmel, Georg: Fashion, in: AJS, Jg. 62, 1957, S. 541–558.
Singer, Alan E.: Strategy as Moral Philosophy, in: SMJ, Jg. 15, 1994, S. 191–213.
Staehle, Wolfgang H./Sydow, Jörg: Management-Philosophie, in: HWO, hrsg. v. *Frese, Erich*, 3. A., Stuttgart 1992, Sp. 1286–1302.
Stover, Carl F.: Changing Patterns in the Philosophy of Management, in: Public Administration Review, Jg. 18, 1958, S. 21–27.
Strang, David/Macy, Michael W.: In Search of Excellence: Fads, Success Stories, and Adaptive Emulation, in: AJS, Jg. 107, 2001, S. 147–182.
Swanson, Burton E./Ramiller, Neil C.: The Organizing Vision in Information Systems Innovation, in: Org.Sc., Jg. 8, 1997, S. 458–474.
Teichert, Thorsten/Talaulicar, Till: Managementkonzepte im betriebswirtschaftlichen Diskurs, in: DBW, Jg. 62, 2002, S. 409–426.
Tetlock, Philip E./Lerner, Jennifer S.: Accounting for the Effects of Accountability, in: Psych.Bull., Jg. 125, 1999, S. 255–275.
Ulrich, Hans: Die Bedeutung der Management-Philosophie für die Unternehmungsführung, in: Management-Philosophie für die Zukunft, hrsg. v. *Ulrich, Hans*, Bern et al. 1981, S. 11–23.
Weick, Karl E.: Sensemaking in Organizations, London et al. 1995.
Weick, Karl E.: The Social Psychology of Organizing, Reading, MA 1979.

Managerialismus

Christian Kirchner

[s.a.: Corporate Governance (Unternehmensverfassung); Hauptversammlung und Aktionärseinfluss; Top Management (Vorstand).]

I. Begriff; II. Historische Entwicklung; III. Theoretische Fundierung; IV. Empirische Studien; V. Entwurf managementorientierter Governance-Strukturen; VI. Ausblick.

Zusammenfassung

Der traditionelle Managerialismus lässt sich historisch als Versuch erklären, Größenvorteile der Produktion mit den Vorteilen der Arbeitsteilung zu verbinden. Die Trennung von Eigentum und Kontrolle war in diesem Ansatz durchaus intendiert. Im Lichte moderner eigentümerorientierter Governance-Strukturen erscheint der „alte" Managerialismus überholt. Es lohnt sich aber, angesichts der evidenten Probleme mit eigentümerorientierten Governance-Strukturen die Frage zu stellen, wie managementorientierte Governance-Strukturen zu gestalten wären („neuer" Managerialismus). Im Vordergrund stehen dann die Ersetzung von Anreizverträgen durch Mechanismen der Selbstbindung des Managements, die Ausgestaltung von Exit-Optionen im Falle feindlicher Unternehmensübernahmen mit Blick auf die Ermöglichung langfristiger Managementstrategien, der Reputationsaufbau durch spezifische Humankapitalinvestitionen und die Entwicklung moderner Rückkoppelungsmechanismen zwischen Management und Investoren (Einführung elektronischer Abstimmungen).

I. Begriff

‚Managerialismus' (*Managerherrschaft* kennzeichnet, ein Konzept von *Führungs-* und Kontrollstrukturen (→ *Corporate Governance (Unternehmensverfassung)*) in modernen Großunternehmen, das auf die Leitung des Unternehmens durch autonome professionelle Manager abstellt, die über einen *Entscheidungsspielraum* verfügen, der weder durch die Eigentümer noch über den Markt effektiv kontrolliert wird (*Berle/Means* 1932; *Beyer* 1998; *Gerum* 1995; *Gerum* 1999, S. 153–156; *Hughes* 1987; *Kirsch* 1969; *Larner* 1970; *Marris* 1964; *Picot/Michaelis* 1984; *Steinmann/Schreyögg/Dütthorn* 1983) (→ *Macht in Organisationen*; → *Top Management (Vorstand)*). Während positive Ansätze die tatsächliche Managerherrschaft untersuchen (*Berle/Means* 1932; *Picot/Michaelis* 1984), geht es in normativen Ansätzen um deren Rechtfertigung (*Larner* 1970; *Marris* 1964).

II. Historische Entwicklung

Ansätze der Managerherrschaft gehen in Deutschland auf die Organisation der Kriegswirtschaft im Ersten Weltkrieg und die Folgeentwicklungen in der Weimarer Zeit zurück (*Laux* 2003). In den USA setzte in den dreißiger Jahren eine Diskussion über die Trennung von Eigentum und Kontrolle in Großunternehmen (separation of ownership and control) ein (*Berle/Means* 1932; *Hughes* 1987, S. 293 f.). Teils wurde die Managerherrschaft gerechtfertigt (*Dodd* 1932); teils wurde sie kritisiert und ein stärkerer Einfluss der Eigentümer angestrebt (*Berle* 1932). Schumpeter wies auf die volkswirtschaftliche Bedeutung innovativer Unternehmer hin. (*Schumpeter* 1993).

Mit dem Aufkommen der Agency-Theorie (→ *Prinzipal-Agenten-Ansatz*) und der Betonung der wirksamen Kontrolle des Managements durch die Eigentümer mit dem Ziel, die Funktionsfähigkeit der Kapitalmärkte zu steigern und damit die Effizienz der Ressourcenallokation zu verbessern (*Hansmann/Kraakman* 2001), rückten Ansätze der Managerherrschaft später immer mehr in den Hintergrund. Insbesondere in den USA beherrschen seitdem eigentümerorientierte Ansätze (*Shareholder Value*-Ansätze) (*Wenger/Knoll* 1999) die Diskussion. In Ländern mit konzentriertem Aktienbesitz und Bankenfinanzierung, insbesondere in Japan und Deutschland, spielten und spielen hingegen *Stakeholder*-Ansätze eine Rolle, in denen den Interessen der Aktionäre die der anderen Stakeholder (Gläubiger, Arbeitnehmer etc.) gegenübergestellt werden (→ *Shareholder- und Stakeholder-Ansatz*). Dem Management kommt dann eine Mittlerfunktion zu, die im Ergebnis schwer zu kontrollierende Entscheidungsspielräume schafft. Auf der Grundlage der → *Spieltheorie* lässt sich so eine neue Variante des Managerialismus entwickeln (*Aoki* 1983).

In der gegenwärtigen ökonomischen Literatur werden Fragen der Managerherrschaft im Zusammenhang mit der Führungs- und Kontrollstruktur humankapitalintensiver Unternehmen behandelt (*Rajan/Zingales* 1998; *Rajan/Zingales* 2001 und *Rajan/Zingales* 2003), insbesondere im Zusammenhang mit IPOs solcher Unternehmen (*Aoki* 2000).

In Umbruchphasen zwischen Staatswirtschaft und Marktwirtschaft können managerialistische Ansätze insofern eine Rolle spielen, als im Zeitraum zwischen der formalen Privatisierung ehemaliger Staatsunternehmen und deren materieller Privatisierung (Übergang einer Kapitalmehrheit in die Hände privater Investoren) professionelle Manager die materielle Privatisierung vorzubereiten haben, die gegen politische Einflussnahme auf Unternehmensentscheidungen abzuschirmen sind (*Schipani/Junhai* 2001, S. 2–5).

Im Bereich der öffentlichen Verwaltung wird die Einführung neuer Governance-Strukturen unter den Stichworten ‚Managerialismus' und ‚Neues öffentliches Management' (→ *New Public Management*) diskutiert (*Budäus/Conrad/Schreyögg* 1998; *Naschold/Bogumil* 1998; *Pollitt* 1993), ohne dass aber auf die Managerialismusdiskussion im privatwirtschaftlichen Bereich direkt Bezug genommen wird.

III. Theoretische Fundierung

In Großunternehmen ließen sich die Vorteile der Massenproduktion (economies of scale) realisieren; dies führte gesamtwirtschaftlich zu einer verbesserten Ressourcenallokation. Daneben traten die Transaktionskostenvorteile der hierarchischen Organisation gegenüber Markttransaktionen (*Coase* 1937). Vorteile aus der Erhöhung des Grads der Arbeitsteilung ließen sich bewirken, indem die Unternehmensleitung auf Nichteigentümer übertragen wurde. Die Trennung von Eigentum und Kontrolle stellt sich dann nicht als ein Defizit in den Führungs- und Kontrollstrukturen (Governance-Strukturen) der Unternehmen dar, sondern als notwendige Voraussetzung für die Verbesserung der Ressourcenallokation in modernen Volkswirtschaften.

Die *Delegation* (→ *Delegation (Zentralisation und Dezentralisation)*) von Entscheidungsbefugnissen an die Mitglieder des Managements musste zwangsläufig zur Diskussion von zwei eng miteinander verbundenen Folgeproblemen führen, nämlich der → *Kontrolle* der Manager durch interne oder externe *Kontrollmechanismen* und der Definition der Unternehmensziele.

Um die Vorteile der Arbeitsteilung realisieren zu können, haben normative managerialistische Ansätze daraufgesetzt, die interne Kontrolle des Managements durch die Aktionäre (→ *Hauptversammlung und Aktionärseinfluss*) zu schwächen (*Laux* 2003) und zugleich externe Kontrollen (über den Kapitalmarkt, über den Markt für Unternehmenskontrolle und über Produktmärkte) weitgehend auszuschalten. Dazu dienten eine weitgehende Finanzierung durch Bankkredite, Überkreuzverflechtungen sowie die Oligopolisierung oder Kartellierung von Produktmärkten.

In Bezug auf Unternehmensziele betonten ältere Ansätze – besonders in Deutschland – die Sicherung der Überlebensfähigkeit des Unternehmens und die Steigerung des Unternehmenswachstums (Stichwort „Unternehmen an sich" *Laux* 1998), aber auch gemeinwirtschaftliche Zielsetzungen (*Gerum* 1999, S. 155). In Stakeholder-Ansätzen kann das ‚*Unternehmensinteresse*' als eine Art Vektor in einem Kräfteparallelogramm von Interessen unterschiedlicher Gruppen von Akteuren gesehen werden (→ *Ziele und Zielkonflikte*).

Verglichen mit eigentümerorientierten Ansätzen zeichnen sich Ansätze der Managerherrschaft dadurch aus, dass eine holistische Methodologie vorherrscht (*Wenger/Knoll* 1999, S. 446) und dass nicht die Ressourcenallokation über funktionsfähige Kapitalmärkte im Mittelpunkt der Diskussion steht, sondern die (pfadabhängige) Leistungsfähigkeit von bankfinanzierten Wirtschaftssystemen mit konzentriertem Aktienbesitz.

IV. Empirische Studien

‚Managerialismus' in seiner positiven Variante stellt auf die Untersuchung der tatsächlichen Herrschaftsstrukturen in Großunternehmen in Industrieländern ab (*Gerum* 1999, S. 154–156). Zu den bekanntesten Studien zählt die 1932 von Berle und Means veröffentlichte, die auf das Auseinanderfallen von Eigentum und Kontrolle in US-amerikanischen Unternehmen aufmerksam gemacht hat (*Berle/Means* 1932). Weitere empirische Forschungen haben die ‚Managerherrschaft' in den USA, vor allem aber in Deutschland und Japan zum Gegenstand gehabt (*Beyer* 1998; *Gerum* 1995; *Gerum* 1999, S. 154; *Ichihara/Kagono* 1977; *Larner* 1970; *Lipka* 1995; *Picot/Michaelis* 1984; *Steinmann/Schreyögg/Dütthorn* 1983; *Thonet* 1977).

V. Entwurf managementorientierter Governance-Strukturen

1. Umkehrung des herkömmlichen Ansatzes

Während heute Governance-Strukturen vornehmlich aus Eigentümerperspektive diskutiert werden (*Hansmann/Kraakman* 2001; *Baums/Scott* 2003), kann man die Sichtweise auch umkehren und fragen, ob sich das Problem ändert, wenn die Managementperspektive als Ausgangspunkt gewählt wird (*Kirchner/Richter*). Die Frage lautete dann: Welche Governance-Strukturen sollten Manager Investoren anbieten, die Eigenkapital für ein auch in Zukunft managergeleitetes Unternehmen aufzubringen bereit sind? Es spricht eine Vermutung dafür, dass die Änderung der Sichtweise, und damit der Situationslogik, für die Problemlösung von Bedeutung ist (*Popper* 1942, S. 97).

2. Methodischer Ansatz

Will man die Blickrichtung der Governance-Diskussion ändern, um Governance-Strukturen aus der Managerperspektive zu entwerfen, zwingt dies zu methodischen Konsequenzen in Bezug auf die Annahme vollkommener Information, unbeschränkter Rationalität und fehlender Transaktionskosten. Dies erörtert die Neue Institutionen-Ökonomik (*Coase* 1998; *Richter/Furubotn* 2003; *Voigt* 2002 → *Institutionenökonomie*). Es ist von systematisch unvollkommener Information beschränkter Rationalität und positiven Transaktionskosten auszugehen (→ *Transaktionskostentheorie*). Das impliziert, dass hier nicht von der Hypothese effizienter Kapitalmärkte (efficient capital market hypothesis; → *Kapitalmarkt und Manage-*

ment) ausgegangen wird, dass der vorhandene Börsenwert eines Unternehmens nicht zwangsläufig gleichgesetzt werden kann mit dem Wert des Unternehmens, den dieses für unterschiedliche Gruppen von Akteuren hat.

3. Unterschiede zwischen eigentümerorientieren und mangementorientierten Governance-Strukturen

a) Governance-Strukturen aus der Eigentümerperspektive

Ausgangspunkt der Erörterung von Governance-Strukturen aus der Eigentümerperspektive ist die Tatsache, dass die Eigentümer (als Prinzipale) nicht die Möglichkeit haben, im Einzelnen zu kontrollieren, ob die Geschäftsführer Entscheidungen treffen und durchführen, die den Präferenzen der Eigentümer entsprechen (*Jensen/Meckling* 1976, S. 327; *Kirchner/Richter* 2003). Hier kommen der Anreizvertrag als unvollständiger Vertrag (*Hellwig* 2000, S. 96) und die Schaffung von *Aufsichtsgremien* – wie → *Aufsichtsrat* oder unabhängige Direktoren im Board-System (→ *Board of Directors*) – ins Spiel. Es geht um die Lösung des Problems des Ex-post-Opportunismus des Managements (*Williamson* 1984, S. 1210). Unberücksichtigt bleibt bei einer solchen Konstruktion die Gefahr einer möglichen Kooperation oder gar einer Kollusion zwischen Management und Aufsichtsorgan (*Hellwig* 2000, S. 98). Es tut sich eine Kluft zwischen Insidern (Management, Aufsichtsorgane, Banken) auf der einen Seite und Outsidern (Aktionäre, Steuerzahler) auf. Das Management kann dann versuchen, sich der Kontrolle von Outsidern zu entziehen, indem es zu diesem Zwecke immer neue Regeln und Instrumente entwickelt. Die Outsider sind systematisch im Nachteil.

b) Unterschiedliche Konstruktionen aus der Managementperspektive

Anreizverträge und Selbstbindung: Kostenimplikationen der Informationsasymmetrie – Das Management könnte den Investoren Anreizverträge – etwa Aktienoptionspläne – vorschlagen (→ *Anreizsysteme, ökonomische und verhaltenswissenschaftliche Dimension*). Allerdings können potenzielle Investoren die Gefahr von In-sich-Geschäften schlecht abschätzen (*Shleifer/Vishny* 1997, S. 745). Es kämen nur solche Anreizverträge in Betracht, die Zahlungen an Manager an Kriterien binden, die von diesen nicht manipuliert werden können. Dieses Problem ist bisher nicht zufrieden stellend gelöst.

Dann kann es sich für das Management lohnen, an die Stelle eines Anreizvertrages eine Selbstbindung zu setzen, um die Wahrscheinlichkeit eines ex post-opportunistischen Handelns glaubhaft zu reduzieren. Eine solche Selbstbindung kann zu einer Verminderung der Flexibilität der Geschäftspolitik führen, möglicherweise auch Investitionsanreize senken. Positiv schlägt hingegen die Senkung der Kapitalkosten zu Buche. Eine vom Management initiierte Selbstbindung hat gegenüber Anreizverträgen den Vorteil, dass Manager die Auswirkungen unterschiedlicher Governance-Strukturen besser abschätzen können. Insbesondere werden sie einschätzen können, wie sich diese auf die Fähigkeit des Managements auswirken, auf Marktsignale zu reagieren, Innovationen zu tätigen, in neue Märkte vorzustoßen und neue Märkte zu entwickeln.

Die Gestaltung von Exit-Optionen – Dem Investor steht neben der Option des individuellen Aktienverkaufs eine zweite Exit-Option zur Verfügung, nämlich der Verkauf seiner Aktien an einen Bieter, der, um die Kontrolle über das Unternehmen zu übernehmen, bereit ist, für den Erwerb der Aktien eine Kontrollprämie zu zahlen (*Kirchner/Painter* 2000, S. 377 – 381). So kann die Kontrolle eines Unternehmens gegen den Willen das Managements der Zielgesellschaft übernommen werden (feindliche Übernahme).

Für managergeleitete Unternehmen bietet sich dann eine Ausgestaltung der Exit-Option im Fall feindlicher Übernahmen an, die sich von der für eigentümerkontrollierte Unternehmen unterscheidet. Aus Eigentümersicht geht es bei dieser Exit-Option um die Disziplinierung des Managements durch die Absenkung der Übernahmeschranken. Im Verhältnis des Investors als Prinzipal und den Mitgliedern des Managements als Agenten ist den letzteren die Möglichkeit, auf die Übernahme einzuwirken, weitmöglichst zu nehmen (Neutralitätspflicht). Dies soll deshalb zu höheren Aktienkursen führen, weil zum einen die Erwartung von Kontrollprämien den Aktienkurs steigert und zum anderen die Kapitalkosten gesenkt werden. Allerdings wird bei diesem Kalkül nicht berücksichtigt, dass die Disziplinierung des Managements dieses zu einer kurzfristigen Orientierung am Börsenwert des Unternehmens zwingt. Langfristig angelegte Managementstrategien, die möglicherweise den Unternehmenswert auf Dauer stärker steigern, erscheinen dann aus Sicht des Managements wenig attraktiv, wenn wegen der vorhandenen Informationsasymmetrien die Investoren die erwarteten Gewinne stärker abdiskontieren, als dies aus Managementsicht vertretbar erscheint. Eine solche Annahme widerspricht zwar der Hypothese der Kapitalmarkteffizienz (*Fama* 1970; *Fama* 1991; *Grossman/Stiglitz* 1980), doch geht diese Hypothese von wenig realistischen Informationsannahmen aus. Aus institutionenökonomischer Perspektive ist wegen der Annahme systematisch unvollkommener Information von einer unterschiedlichen Einschätzung langfristiger Managementstrategien aus Eigentümer- und Managementperspektive auszugehen.

Für ein managergeleitetes Unternehmen bietet sich eine Ausgestaltung der Exit-Option im Falle von Übernahmen an, die Übernahmeschranken für feindliche Bieter erhöhen, etwa durch die Einräumung von Ex-ante- und Ex-post-Verteidigungsmöglichkeiten des Managements gegen Übernahmeangebote. An potenzielle Investoren kann damit glaubhaft der Vorrang langfristiger Managementstrategien gegenüber einer kurzfristigen Maximierung des Börsenwerts signalisiert werden. Dies kann sehr wohl positive Auswirkungen auf den Börsenkurs haben, nämlich dann, wenn potenzielle Investoren ihrerseits langfristige Anlageentscheidungen treffen. Das wird dann zur Konsequenz haben, dass sich die Eigentümerstruktur bei managergeleiteten Unternehmen gegenüber derjenigen bei eigentümerkontrollierten unterscheidet.

Reputationsaufbau durch spezifische Investitionen in Humankapital – Die Glaubwürdigkeit der Selbstbindung der Mitglieder des Managements lässt sich dadurch steigern, dass diese spezifische Investitionen tätigen, während den Investoren Exit-Optionen zur Verfügung stehen. Zu solchen spezifischen Investitionen zählen die bereits ins Spiel gebrachten Aufwendungen für den Aufbau von Reputation. Daneben spielen spezifische Investitionen in das Humankapital der Mitglieder des Managements eine beträchtliche Rolle, besonders in solchen Unternehmen, in denen der relative Anteil der Humankapitalinvestitionen hoch ist (*Rajan/Zingales* 1998; *Rajan/Zingales* 2001 und *Rajan/Zingales* 2003).

Probleme kollektiven Handelns – Im eigentümerkontrollierten Unternehmen mit Streubesitz ist die Koordinierung der Interessen der Investoren mit erheblichen Kosten verbunden (*Hellwig* 2000, S. 112). Eine Lösung dieses Problems des kollektiven Handelns (collective action problem) durch Delegation von Entscheidungsbefugnissen an das Management führt hingegen zu erheblichen Prinzipal-Agent-Problemen. Dies wird insbesondere bei der Frage von Verteidigungsstrategien des Managements bei feindlichen Übernahmeangeboten deutlich. Für das managergeleitete Unternehmen kommt hier eine besondere Variante der Selbstbindung in Betracht: Verteidigungsmaßnahmen seitens des Managements werden von diesem den Investoren in einer elektronischen Abstimmung zur Entscheidung vorgelegt (*Kirchner/Painter* 2000, S. 397). Bietet das Management derartige Abstimmungsmöglichkeiten den Investoren an, stärkt dies das Vertrauen dieser Investoren und kann sich positiv auf die Kapitalkosten auswirken.

VI. Ausblick

Der traditionelle Managerialismus kann heute nicht mehr als tragfähiges normatives Fundament für Corporate Governance-Entscheidungen angesehen werden. Andererseits erscheint es aber durchaus als lohnend, Governance-Strukturen aus der Perspektive des Managements zu entwerfen und sie denen aus Eigentümerperspektive gegenüber zu stellen.

Literatur

Aoki, Masanao: Information and Governance in the Silicon Valley Model, in: Corporate Governance. Theoretical and Empirical Perspectives, hrsg. v. *Vives, Xavier*, Cambridge, UK 2000, S. 169–195.
Aoki, Masano: Managerialism Revisited in the Light of Bargaining-Game Theory, in: International Journal of Industrial Organization, Jg. 1, 1983, S. 1–21.
Bainbridge, Stephen M.: Director Primacy: The Means and Ends of Corporate Governance, University of California, School of Law, Research Paper No. 02–06, Los Angeles 2002.
Baums, Theodor/Scott, Kenneth E.: Taking Shareholders Protection Seriously? Corporate Governance in the United States and Germany, revised version of a paper presented at the Corporate Governance Workshop at the Center for the Study of New Institutional Economics, University of Saarland, Oct. 25, 2002, Saarbrücken 2003 (mimeo).
Berle, Adolf: For Whom Corporate Managers are Trustees?, in: Harvard Law Review, Jg. 45, 1932, S. 1365–1372.
Berle, Adolf/Means, Gardiner C.: The Modern Corporation and Private Property, New York et al. 1932.
Beyer, Jürgen: Managerherrschaft in Deutschland? „Corporate Governance" unter Verflechtungsbedingungen, Opladen 1998.
Budäus, Dietrich/Conrad, Peter/Schreyögg, Georg (Hrsg.): New Public Management, Berlin et al. 1998.
Coase, Ronald H.: The Nature of the Firm, in: Economica (n.s.), Jg. 4, 1937, S. 386–405.
Coase, Ronald H.: The New Institutional Economics, in: Economic Review, Jg. 88, 1998, S. 72–74.
Considine, Menz/Painter, Martin (Hrsg.): Managerialism: The Great Debate, Melbourne 1997.
Dodd, Edwin M.: For Whom Are Corporate Managers Trustees?, in: Harvard Law Review, Jg. 45, 1932, S. 1145–1148.
Fama, Eugene: Efficient Capital Markets: A Review of Theory and Empirical Work, in: Journal of Finance, Jg. 25, 1970, S. 383–417.
Fama, Eugene: Efficient Capital Markets: II, in: Journal of Finance, Jg. 46, 1991, S. 1575–1617.
Gerum, Elmar: Unternehmensverfassung, Mitbestimmung und Stiftungen, in: Handbuch der Wirtschaftsethik, Band 3, hrsg. v. *Korff, W.* et al., Gütersloh 1999.
Gerum, Elmar: Manager- und Eigentümerführung, in: HWFü, hrsg. v. *Kieser, Alfred* et al., 2. A., Stuttgart 1995, Sp. 1457–1468.
Grossman, Sanford/Stiglitz, Joseph: In the Impossibility of Informationally Efficient Markets, in: AER, Jg. 70, 1980, S. 393–407.
Hansmann, Henry/Kraakman, Reinier: The End of History of Corporate Law, in: Georgetown Law Journal, Jg. 89, 2001, S. 439–469.
Hellwig, Martin: „On the Economics and Politics of Corporate Control", in: Corporate Governance, Theoretical and Empirical Perspectives, hrsg. v. *Vives, Xavier*, Cambridge, UK 2000, S. 95–134.
Hughes, Alan: Managerial Capitalism, in: The New Palgrave, Bd. 3, hrsg. v. *Eatwell, John/Milgate, Murray/Newman, Peter*, London et al. 1987, S. 293–296.
Ichihara, Kiichi/Kagono, Tadao: Unternehmensführung und Kapitaleigentum, in: Die japanische Unternehmung, hrsg. v. *Ichihara, Kiichi/Takamiya, Susumu*, Opladen 1977, S. 77–96.
Jensen, Michael C./Meckling, William H.: Theory of the Firm: Managerial Behavior, Agency Costs and Ownership Structure, in: Journal of Financial Economics, Jg. 3, 1976, S. 305–360.
Kirchner, Christian/Painter, Richard: Toward a European Modified Business Judgement Rule, in: European Business Organization Review, Jg. 1, 2000, S. 353–400.
Kirchner, Christian/Richter, Rudolf: Corporate Governance: Two Perspectives, in: JITE, Jg. 159, 2003, S. 727–730.

Kirsch, Guy: Manager, Herrscher ohne Auftrag? Die Legitimationsgrundlagen der Managerherrschaft, Köln 1969.
Larner, Robert J.: Management Control and the Large Corporation, New York 1970.
Laux, Frank: Die Aktiengesellschaft als Objekt staatlicher Interessen, W. Rathenau und die Aktienrechtsdiskussion in der Weimarer Republik, in: Mitteilung der Walther Rathenau Gesellschaft, H. 13/2003, S. 5–18.
Laux, Frank: Die Lehre vom Unternehmen an sich, Berlin 1998.
Lipka, Sabine: Managementeffizienz und Kapitalmarktkontrolle: empirische Tests neuerer Ansätze der Theorie der Firma, Frankfurt/M. et al. 1995.
Marris, Robin: The Economic Theory of Managerial Capitalism, London 1964.
Naschold, Frieder/Bogumil, Jörg: Modernisierung des Staates. New Public Management und Verwaltungsreform, Opladen 1998.
Picot, Arnold/Michaelis, Elke: Verteilung von Verfügungsrechten in Großunternehmen und Unternehmensverfassung, in: ZfB, Jg. 54, 1984, S. 252–272.
Pollitt, Christopher: Managerialism and the Public Services, 2. A., Oxford 1993.
Popper, Karl R.: The Open Society and Its Enemies, Bd. 2, London 1942.
Rajan, Raghuram/Zingales, Luigi: Saving Capitalism from the Capitalists, New York 2003.
Rajan, Raghuram G./Zingales, Luigi: The Firm as a Dedicated Hierarchy: A Theory of the Origins and Growth of Firms, in: QJE, Jg. 113, 2001, S. 805–852.
Rajan, Raghuram G./Zingales, Luigi: Power in the Theory of the Firm, in: QJE, Jg. 113, 1998, S. 387–432.
Richter, Rudolf/Furubotn, Eirik: Neue Institutionenökonomik, 3. A., Tübingen 2003.
Schipani, Cindy A./Junhai, Liu: Corporate Governance in China: Then and Now, William Davidson Working Paper Number 407, November, 2001.
Schumpeter, Joseph A.: Kapitalismus, Sozialismus und Demokratie, 7. A., Tübingen et al. 1993.
Shleifer, Andrej/Vishny, Robert: A Survey of Corporate Governance, in: Journal of Finance, Jg. 52, 1997, S. 737–783.
Steinmann, Horst/Schreyögg, Georg/Dütthorn, Carola: Managerkontrolle in deutschen Großunternehmen 1972–1979 im Vergleich, in: ZfB, Jg. 53, 1983, S. 4–25.
Thonet, Peter J.: Managerialismus und Unternehmenserfolg: ein empirischer Beitrag, Saarbrücken 1977.
Veblen, Thorsten: Absentee Ownership and Business Enterprise in Recent Times, London 1924.
Voigt, Stefan: Institutionenökonomik, München 2002.
Wenger, Ekkehard/Knoll, Leonhard: Shareholder Value, in: Handbuch der Wirtschaftsethik, Band 4, hrsg. v. *Korff, Wilhelm* et al., Gütersloh 1999, S. 433–454.
Williamson, Oliver E.: Corporate Governance, in: Yale Law Review, Jg. 93, 1984, S. 1197–1231.

Managerrollen und Managerverhalten

Frank Schirmer

[s.a.: Dilemma-Management; Informationsverhalten; Karrieren und Laufbahnen; Kognitiver Ansatz; Kommunikation; Lernen, organisationales; Macht in Organisationen; Methoden der empirischen Managementforschung; Mikropolitik; Rollentheorie.]

I. *Präskriptive vs. deskriptive Managementlehre*;
II. *Studien zum Managerverhalten*; III. *Managerrollen*; IV. *Managerverhalten im Spannungsfeld von Aktionspräferenz und Reflexion.*

Zusammenfassung

Empirische Studien zeigen immer wieder, dass der Arbeitsalltag von Managern schlecht planbar, stark fragmentiert und durch verbale Kommunikation dominiert ist. Auf diesen Beobachtungen baut auch die verhaltensgestützte Beschreibung von Managerrollen auf. Insgesamt scheint das typische Muster des Arbeitsverhaltens dem „Macher"-Image von Managern zu entsprechen. Diese Sichtweise greift jedoch zu kurz. Manager bewegen sich in einem Spannungsfeld von Aktion und Reflexion, das nicht beliebig zu einer Seite hin aufgelöst werden kann.

I. Präskriptive vs. deskriptive Managementlehre

Analytisch-funktionale Ansätze der *Managementlehre* stellen *präskriptive Konzeptionen* der Aufgaben(abfolge) des Managements dar. Klassisch ist z.B. der Kanon „Planung-Organisation-Personaleinsatz-Führung-Kontrolle" (vgl. *Staehle* 1999; *Steinmann/Schreyögg* 2000; *Koontz/O'Donnell* 1955). Sie enthalten jedoch wenige Informationen darüber, *wie* Manager diesen Soll-Konzeptionen gerecht werden können, weil sie weitgehend „verhaltenssteril" sind (vgl. *Schirmer* 1992, S. 38 ff.). Sie wurden als folkloristisch bezeichnet, weil tatsächlich beobachtbare Verhaltensweisen von *Managern* kaum mit dem Bild des stets rational planenden, organisierenden und kontrollierenden Managers in Einklang gebracht werden konnten. Empirisch-handlungsorientierte Ansätze sind demgegenüber deskriptiv fundiert. Sie suchen Antworten auf die Frage: Was tun Manager wirklich?

II. Studien zum Managerverhalten

1. Entwicklung des empirisch-handlungsorientierten Ansatzes

In zahlreichen Studien wurde *beobachtbares* Verhalten (*work activities*) zunächst nach möglichst operationalen, *formalen Aktivitätskriterien* (z.B. Form, Kontaktart, Kommunikationsmedien) erfasst und systematisiert (vgl. z.B. *Stewart* 1967; *Schreyögg/Hübl* 1992). *Selbstbeobachtung* der Manager (Tagebuchmethode) und *Fremdbeobachtung*, teilweise kombiniert mit Interviews, waren (und sind) die dominierenden Methoden der Datenerhebung (→ *Methoden der empirischen Managementforschung*). Später verlagerte sich das Untersuchungsinteresse auf *Inhalte und Rollen* des Managerhandelns, schließlich rückten *komplexere Arbeits- und Verhaltensprozesse* in den Vordergrund (vgl. z.B. *Kotter* 1982; *Walgenbach* 1994; *Mintzberg* 2001). Seit Mitte der 90er Jahre zeichnet sich ein Trend zur konzeptgeleiteten Integration und Re-Interpretation empirischer Befunde des Managerverhaltens ab (vgl. *Schirmer* 1992; *Mintzberg* 1994; *Hales* 1999). Diese Entwicklung ist noch nicht abgeschlossen.

2. Empirische Ergebnisse

a) Formale Merkmale des Managerverhaltens

Die Ergebnisse der zahlreichen empirischen Studien zeigen in der zentralen Tendenz, dass das Managerverhalten weniger geordnet und geplant ist, als es die Soll-Konzeptionen der analytisch-funktionalen Managementlehre erscheinen lassen. Manager reagieren oft auf unerwartete Ereignisse, neue Probleme und Anforderungen, der Arbeitstag ist i.d.R. durch häufige Unterbrechungen und relativ kurze *Aktivitätsepisoden* gekennzeichnet. Darunter leidet die ungestörte, intensive Schreibtischarbeit, die i.d.R. 10–30% der Arbeitszeit umfasst. Auffällig sind die häufigen Kontakte mit Untergebenen, Kollegen, Vorgesetzten und auch Externen. Manager verbringen i.d.R. 50–75%, z.T. bis 90% der Arbeitszeit mit *Kommunikation* (→ *Kommunikation*), meist verbaler Art, überwiegend face-to-face. Auch neue *Telemedien* (z.B. E-Mail, Voice Mail) tragen nicht dazu bei, das Ausmaß direkter verbaler Kommunikation zu verringern. Vielnutzer von Telemedien im Management zeigen stattdessen umfangreichere Kommunikationsaktivitäten und ein höheres Aktivitätsniveau, bei stärker fragmentierten Arbeitstagen (vgl. *Pribilla/Reichwald/Goecke* 1996, S. 162).

Hinter den zentralen Tendenzen in den Aktivitäten von Managern verbergen sich teilweise erhebliche Abweichungen innerhalb und zwischen Managerstichproben. In mehreren Studien konnte z.B. gezeigt werden, dass Art und Umfang des Fragmentierungsmusters und der Kommunikationsaktivitäten variieren (vgl. z.B. *Stewart* 1967, S. 100 ff.; *Ramme* 1990, S. 182; *Walgenbach* 1994, S. 196 ff.). Dies wird wesentlich auf Unterschiede in Aufgaben, hierarchischer Position, Fertigungstechnologien und Organisationsstrukturen zurückgeführt. Allerdings unterscheiden sich die Studien in Untersuchungsfokus, Erhebungs- und Auswertungsmethoden. Vergleichbarkeit und Generalisierbarkeit der Ergebnisse werden so deutlich erschwert.

Darüber hinaus reagieren Manager nicht nur auf Handlungszwänge oder -restriktionen, sondern haben auch *Wahlfreiheiten* – hinsichtlich der Formen und Inhalte ihrer Aktivitäten – die auch *kulturell geprägt* sind (vgl. *Stewart* et al. 1994; *Konrad* et al. 2001, S. 401 ff.).

Arbeitsalltag und Managerverhalten sind wesentlich konfliktreicher, stärker durch *politische Prozesse* (→ *Macht in Organisationen*; → *Mikropolitik*) und *Verhandlungen* geprägt, als dies in analytisch-funktionalen Soll-Konzeptionen zum Ausdruck kommt. Viel Zeit wird mit Verhandeln und Überzeugen, mit Rechtfertigen und Legitimieren von Aktionen verbracht (vgl. z.B. *Jackall* 1989). „Wheeling and dealing" wird auch als Essenz des Managens schlechthin gekennzeichnet (vgl. z.B. *Eccles/Nohria* 1992). Besonders zutreffend ist diese Charakterisierung jedenfalls für Manager, die in *Veränderungsprozessen* agieren (vgl. *Schirmer* 2003).

Die Beschreibung der „Aktivitätsoberfläche" allein liefert jedoch noch keine Hinweise darauf, *warum* dies charakteristische Merkmale des Managerverhaltens sind. Die Beschreibung bleibt auch einseitig, solange nicht der *Inhalt* von Aktivitäten näher spezifiziert wird.

b) Inhalte des Managerverhaltens

Die empirisch-handlungsorientierte Beschreibung und Interpretation der *Inhalte* von Managerverhalten sind durch *Rollenstudien* dominiert (vgl. Abschnitt III; → *Rollentheorie*). Einige Studien legen jedoch nahe, dass auch die o.g. klassischen Managementfunktionen „Planung-Organisation-Personaleinsatz-Führung-Kontrolle" für die empirisch fundierte Deutung des Managerverhaltens brauchbar sind (vgl. z.B. *Ramme* 1990). Letztlich verwundert dies nicht. Die Managementfunktionen sind ausreichend abstrakt konzipiert, um diverse Formen beobachtbaren Verhaltens darunter zu subsumieren. Von besonderem Interesse bleibt daher, *wie* diese Funktionen auf der Verhaltensebene erfüllt werden.

III. Managerrollen

1. Zehn universelle Managerrollen nach Mintzberg

Mintzbergs Studie des Arbeitsalltages von fünf Top Managern ist vermutlich die bekannteste Studie der empirisch-handlungsorientierten Managementforschung (vgl. *Mintzberg* 1973). Sie hat zahlreiche Folgestudien nach sich gezogen. Auf ihr gründet das Konzept der *zehn universellen Managerrollen*, die personunabhängige *Verhaltenserwartungen* darstellen (siehe folgende Übersicht):

a) Interpersonelle Rollen

- *Repräsentant (Figurehead)*: Manager fungieren nach innen und außen als symbolischer Kopf einer Organisation oder Abteilung und erfüllen Repräsentationsroutinen gesetzlicher oder sozialer Art (z.B. Jubiläumsreden).
- *Führer (Leader)*: Im Mittelpunkt dieser Rolle stehen Aufgaben der Motivation und Anleitung von

Mitarbeitern, der Stellenbesetzung und Personalentwicklung.
- *Koordinator (Liaison)*: Aufbau und Pflege interner und externer Kontakte auf formellen und informellen Wegen stehen im Zentrum dieser Rolle.

b) *Informationelle Rollen*

- *Informationssammler (Monitor)*: Suchen und Aufnehmen sehr unterschiedlicher Informationen stehen im Mittelpunkt, die das Verständnis über die Funktionsweise der Organisation und ihrer Umwelt fördern.
- *Informationsverteiler (Disseminator)*: Diese Rolle beschreibt die Weitergabe externer und interner Informationen – sowohl Fakten als auch Spekulationen – an Organisationsmitglieder.
- *Sprecher (Spokesperson)*: Als Sprecher geben Manager Informationen über Pläne, Maßnahmen oder erzielte Ergebnisse der Unternehmung an externe Interessenten weiter.

c) *Entscheidungsrollen*

- *Unternehmer (Entrepreneur)*: Als Unternehmer sucht der Manager in der Organisation und ihrer Umwelt nach Chancen zu Innovation und Wandel und leitet gegebenenfalls Innovationsprojekte (ein).
- *Krisenmanager (Disturbance Handler)*: Diese Rolle umfasst Aufgaben der (durch Sachzwänge induzierten) Handhabung unerwarteter und wichtiger Störungen des betrieblichen Leistungsprozesses.
- *Ressourcenzuteiler (Resource Allocator)*: Kern dieser Rolle sind Entscheidungen über die Vergabe von Ressourcen aller Art an Personen oder Abteilungen; durch den Entscheidungsvorbehalt behält der Manager die Kontrolle über Zusammenhänge zwischen verschiedenen Einzelentscheidungen.
- *Verhandlungsführer (Negotiator)*: In dieser Rolle tritt der Manager als Verhandlungsführer gegenüber Externen auf und verpflichtet die Organisation für künftige Aktivitäten.

Dieses Rollengefüge ist eine Interpretation beobachteten Managerverhaltens. Es enthält *normative Anteile*, ähnlich der funktionalen Soll-Konzeptionen. Mintzberg nimmt an, dass *alle* Manager diese Rollen *ganzheitlich* zu erfüllen haben, jedoch mit unterschiedlichen Schwerpunkten, abhängig vom *Rollenkontext* (z.B. Ebene, Funktionsbereich). In den zahlreichen Folgestudien konnten situative Relativierungen zwar festgestellt werden, ein klarer Trend war jedoch nicht erkennbar (vgl. detailliert *Schirmer* 1992, S. 63 ff.). Einzelne Rollen wurden intensiv erforscht (jüngst z.B. die wenig untersuchte Repräsentationsrolle; vgl. *Scheurer* 2001) und das Rollengefüge als Folge organisationalen Downsizings inhaltlich reformuliert (dies betrifft v.a. Führungs-, Koordinations- und Entrepreneurrolle; vgl. *Bartlett/Ghoshal* 1998, S. 82).

2. Verknüpfung von Aktivitäten, Rollen und Handlungsagenda

In einer Weiterentwicklung von Rollenkonzeptionen (auch seiner eigenen) entwirft Mintzberg ein integratives Modell des Arbeitsverhaltens von Managern, das gleichfalls deskriptive und normative Elemente enthält (vgl. *Mintzberg* 1994; *Mintzberg* 2001). Im Zentrum steht die *handelnde Person*, deren Werte, Erfahrungen, Wissen und Kompetenzen den persönlichen *Stil* des Managens prägen. Die Person handelt in einem *Aufgabenrahmen*, der Zwänge und Anforderungen setzt, aber auch Handlungsfreiräume belässt. Die Person entwickelt eine *kognitive Agenda* (→ Kognitiver Ansatz), die anzeigt, was zu tun ist und wie die Zeit auf einzelne Aktivitätsfelder aufgeteilt wird. Person, Aufgabenrahmen und Agenda bilden den Kern zur Erklärung von Managerverhalten.

Zur Verwirklichung der Agenda des Managers sind *sechs Rollen* auszuüben:

- *Kommunzieren* und *Kontrollieren* (informationsbezogene Rollen),
- *Führen* und *Verknüpfen* (humanressourcenbezogene Rollen),
- *direktes Eingreifen* und *Verhandeln* (aktionsbezogene Rollen).

Auch diese Rollen sollen für alle Manager gelten und in Abhängigkeit von der Situation unterschiedlich bedeutsam sein (vgl. *Mintzberg* 2001, S. 760). Konzeptionell neu ist die durchgängige Verknüpfung von Aktivitäten und Rollen mit der Agenda von Managern. Dabei rückt das Spannungsverhältnis von Aktion und Reflexion, von unmittelbarem Reagieren auf Handlungszwänge und längerfristig durchdachtem, absichtsvollen Agieren der Manager in den Mittelpunkt.

IV. Managerverhalten im Spannungsfeld von Aktionspräferenz und Reflexion

Manager werden oft als „Macher" oder „Praktiker" mit klarer *Aktionspräferenz* dargestellt und in Gegensatz zu „Theoretikern" gebracht, die handlungsentlastet *reflektieren*. Empirische Studien zeigen allerdings, dass erfolgreiche Manager eine differenziertere und komplexere kognitive Agenda entwickeln als weniger erfolgreiche Manager (vgl. *Kotter* 1982; sinngemäß auch *Mintzberg* 2001, S. 760). Manager reflektieren ihre Aktivitäten jedoch unter anderen Bedingungen, als dies Theoretiker tun.

Manager planen ihren Aktivitätshaushalt eher *implizit* und folgen eher einer *impliziten, aus persönlichen Erfahrungen entwickelten Handlungstheorie*

(Praxistheorie) erfolgreichen Managens (vgl. *Schirmer* 1992, S. 203 ff.; *Weick* 1995, S. 43 ff.). Das charakteristische Aktivitätsmuster von Managern – kurzzyklische Aktivitäten, Reagieren auf äußere Stimuli, hohe Kommunikationsdichte – ist also nicht zwingend Ausdruck von Aktionismus. Es kann Ausdruck von Lernfähigkeit, Flexibilität und Reaktionsfähigkeit sein, das dem Kontext schnell *wechselnder*, oftmals *widersprüchlicher*, auch *dilemmatischer Anforderungen von Managementpositionen* angepasst ist. Dieser Kontext zeichnet sich u.a. durch folgende grundlegende *Dilemmata* aus (→ *Dilemma-Management*):

- Handeln zu müssen, obwohl Handlungsbedingungen, -alternativen und -folgen nicht überschaubar sind,
- Ergebnisse gemeinsam mit Personen erzielen zu müssen, obwohl sie nur schwach von Managern direkt kontrolliert oder beeinflusst werden können,
- Verantwortung für Handlungsergebnisse (nachträglich) übernehmen zu müssen, die nicht vorhersehbar sind (vgl. *Kotter* 1982, S. 76; *Eccles/Nohria* 1992, S. 48 ff.).

Um in diesem dilemmatischen Kontext handeln zu können, sind aktuelle, vertrauliche, wenig formalisierte *Informationen* von herausragender Bedeutung (→ *Informationsverhalten*). Dies erklärt die Präferenz von Managern für häufige *Face-to-face-Kontakte* auch im Zeitalter moderner Telekommunikation und für die Pflege eines umfangreichen *Netzwerkes* (vgl. auch *Pribilla/Reichwald/Goecke* 1996, S. 162). Eine differenzierte *Handlungsagenda* verschafft Orientierung in diesem fragmentarischen, wenig überschaubarem Handlungskontext.

Insgesamt schaffen Manager auf diese Weise Voraussetzungen für „robustes Handeln" (vgl. *Eccles/Nohria* 1992, S. 40 ff.). *Robustes Handeln* ist am Prinzip der *Handlungsflexibilität* orientiert: unterschiedlichste Handlungsmöglichkeiten werden solange offen gehalten oder geschaffen, bis mit Sicherheit die angestrebten Handlungsziele erreicht werden können. Robustes Handeln vermeidet *Aktionismus* und die Suche nach „quick fixes". Es wird ein Spannungsverhältnis zwischen Aktion und Reflexion aufrecht erhalten, das Voraussetzung für *produktives Denken* und *erfahrungsorientiertes Lernen* ist (→ *Lernen, organisationales*) (vgl. *Argyris/Schön* 1999, S. 43 ff.).

Literatur

Argyris, Chris/Schön, Donald: Die lernende Organisation. Grundlagen, Methode, Praxis, Stuttgart 1999.
Bartlett, Christopher/Ghoshal, Sumantra: Wie sich die Rolle des Managers verändert, in: Harvard Business Manager, Jg. 20, H. 6/1998, S. 79–90.
Eccles, Robert G./Nohria, Nitin: Beyond the Hype: Rediscovering the Essence of Management, Harvard 1992.
Hales, Colin: Why do Managers Do What They Do?, in: British Journal of Management, Jg. 10, 1999, S. 335–350.
Jackall, Robert: Moral Mazes. The World of Corporate Managers, Oxford 1989.
Konrad, Alison et al.: What Do Managers Like to Do? A Five-Country Study, in: Group and Organization Management, Jg. 26, H. 4/2001, S. 401–433.
Koontz, Harold/O'Donnell, Cyril: Principles of management: An analysis of managerial functions, New York 1955.
Kotter, John: The General Managers, New York 1982.
Mintzberg, Henry: Managing Exceptionally, in: Org.Sc., Jg. 12, 2001, S. 759–771.
Mintzberg, Henry: Rounding out the Manager's Job, in: SMR, Jg. 36, H. 1/1994, S. 11–26.
Mintzberg, Henry: The Nature of Managerial Work, New York 1973.
Pribilla, Peter/Reichwald, Ralf/Goecke, Robert: Telekommunikation im Management, Stuttgart 1996.
Ramme, Iris: Die Arbeit von Führungskräften, Köln 1990.
Scheurer, Axel: Repräsentationsaufgaben von Führungskräften, Wiesbaden 2001.
Schirmer, Frank: Mobilisierung von Koalitionen für den Wandel in Organisationen, in: DBW, Jg. 63, 2003, S. 23–42.
Schirmer, Frank: Arbeitsverhalten von Managern, Wiesbaden 1992.
Schreyögg, Georg/Hübl, Gudrun: Manager in Aktion: Ergebnisse einer Beobachtungsstudie in mittelständischen Unternehmen, in: ZFO, Jg. 61, 1992, S. 82–89.
Staehle, Wolfgang: Management, 8. A., München 1999.
Steinmann, Horst/Schreyögg, Georg: Management, 5. A., Wiesbaden 2000.
Stewart, Rosemary et al.: Managing in Britain and Germany, Basingstoke 1994.
Stewart, Rosemary: Managers and their Jobs, London 1967.
Walgenbach, Peter: Mittleres Management, Wiesbaden et al. 1994.
Weick, Karl: Sensemaking in Organizations, Thousand Oaks et al. 1995.

Marktversagen und Organisationsversagen

Bernd Schauenberg

[s.a.: Arbeitsteilung und Spezialisierung; Entscheidungsprozesse in Organisationen; Entscheidungsverhalten, individuelles; Hierarchie; Informationsverhalten; Institutionenökonomie; Organisation; Rationalität; Spieltheorie.]

I. Einleitung; II. Märkte und Marktversagen; III. Organisationen und Organisationsversagen.

Zusammenfassung

Menschen müssen ihre wirtschaftlich relevanten Entscheidungen koordinieren. In marktwirtschaftlich verfassten Wirtschaftssystemen kann der Marktmechanismus als zentraler Koordinationsmechanismus verstanden werden. Eine wesentliche Aufgabe der Markttheorie besteht darin, die Frage zu klären, wann und unter welchen Bedingungen Märkte das Koordinationsproblem lösen können. Wenn dies nicht gelingt, kann man von Marktversagen sprechen. Immer dann, wenn es zu Marktversagen kommt, können Organisationen, insbesondere Unternehmen, wesentliche Koordinationsaufgaben übernehmen. Organisationen aber sind als Koordinationsmechanismen ebenfalls nicht frei von Problemen. Unter bestimmten Bedingungen kann man dann von Organisationsversagen reden.

Begriffe wie Markt- und Organisationsversagen (oder auch äquivalent Markt- und Organisationsfehler) klingen dramatisch. Missverständnisse liegen nahe. Gemeint ist aber ein ganz banaler Tatbestand. Von Versagen spricht man bei Koordinationsmechanismen, wenn diese unter bestimmten Bedingungen wünschenswerte Eigenschaften *nicht* aufweisen und deshalb ihre wesentlichen Funktionen *nicht* erfüllen können. Ohne Bezug zu diesen normativen Referenzkriterien kann man nicht von Versagen reden.

I. Einleitung

Die moderne Wirtschaftsentwicklung kann seit geraumer Zeit als ein Prozess der Arbeitsteilung und der Spezialisierung verstanden werden (→ *Arbeitsteilung und Spezialisierung*). Einzelne Teilnehmer am Wirtschaftsprozess (einzelne Akteure) stellen nicht mehr alle Güter selbst her, die sie zum Leben benötigen. Sie beschränken sich auf einige wenige Tätigkeiten, die verbunden mit den Tätigkeiten von anderen Akteuren zu Produkten führen. Die Produkte werden auf Märkten angeboten. Andere Akteure fragen diese Produkte nach. Es kommt zu einem Tauschprozess. Die Entscheidungen der Akteure über Angebot und Nachfrage von Produkten und Dienstleistungen (oder Gütern) müssen aber aufeinander abgestimmt, sie müssen koordiniert werden.

Die *Koordination* von Entscheidungen über Angebot und Nachfrage kann über unterschiedliche Mechanismen erreicht werden. Der *Markt* ist heutzutage sicherlich der prominenteste dieser Mechanismen. Pläne werden immer noch in einer ganzen Reihe von Staaten zur gesamtgesellschaftlichen Steuerung verwendet. Denkbar wäre auch der Einsatz von *Verhandlungen*, *Auktionen* und kollektiven Entscheidungen. Blickt man in der Geschichte etwas weiter zurück oder schaut man in heutiger Zeit etwas genauer hin, so kann man sehen, dass auch *Sitten*, *Gebräuche*, *Traditionen* und andere normative Systeme zur Koordination von Entscheidungen eingesetzt worden sind bzw. werden. Diese Koordinationsmechanismen können einzeln eingesetzt, aber auch kombiniert werden. Durch die unterschiedlichen Kombinationsmöglichkeiten entsteht eine unübersichtliche Vielzahl von möglichen Gestaltungsalternativen. Analysierbar sind diese Mischformen aber kaum. Das gilt vor allem dann, wenn man präzise Aussagen über die Vor- und Nachteile der unterschiedlichen Mechanismen gewinnen will. Als Ausweg bleibt die Analyse einzelner Mechanismen und die Analyse der Beziehungen zwischen wenigen Mechanismen. Diesem Ausweg folgend werden anschließend zunächst einige Ergebnisse der Analyse von Märkten als Koordinationsmechanismus und dann einige Aussagen über das Verhältnis zwischen Märkten und Organisationen dargestellt und kommentiert.

II. Märkte und Marktversagen

Märkte müssen in marktwirtschaftlich verfassten Wirtschaftssystemen als der primäre Koordinationsmechanismus verstanden werden. Sie sind in der Geschichte der ökonomischen Theorie ausgiebig untersucht worden (*Schauenberg* 1993). Schon die Klassiker haben sich mit dieser Frage beschäftigt. Ihre Vermutung war, dass es bei rationaler Interessenwahrung der Akteure und bei Vertragsfreiheit über Tauschprozesse zu einem Tauschgleichgewicht kommen müsse, das von allen beteiligten Akteuren als vorteilhaft bewertet wird. Hinweise darauf, dass das nicht immer der Fall sein muss, gab es zwar. Ihnen wurde aber nicht näher nachgegangen. Mit der *Neoklassik* begann die Formalisierung der ökonomischen Theorie. Die Entscheidungsprobleme von Anbietern und Nachfragern wurden als Optimierungsprobleme formuliert. Aus der Lösung dieser Optimierungsprobleme konnten Angebots- und Nachfrageverhalten der Akteure ebenso wie Gleichgewichtsbedingungen abgeleitet werden. Gleichgewichte können effizient im Sinne des *Pareto-Kriteriums* sein: Die Position von keinem Akteur kann verbessert werden, ohne dass man mindestens einen anderen Akteur schlechter stellt. Diese Analysen machten schnell deutlich, dass die wesentlichen Eigenschaften von Märkten von einer ganzen Reihe von Annahmen abhängen, die empirisch durchaus gefährdet sein können. Die Diskussion um Marktversagen begann (*Bator* 1958). Existenz und Effizienz von Marktgleichgewichten wurden dann vor allem im Rahmen der *Allgemeinen Gleichgewichtstheorie* (AGT) untersucht (*Debreu* 1959; *Arrow/Hahn* 1971). Diese Untersuchungen führten zu einer Neubelebung der Diskussion um Marktversagen (*Arrow* 1963; *Arrow* 1969). Einen letzten und entscheidenden Beitrag leisteten dann die Analysen der Eigenschaften von Märkten bei *asymmetrisch verteilten Informationen* (*Stiglitz* 2002). Als Konsequenz der Ergebnisse dieser Diskussion wurde Marktversagen der Ausgangspunkt neuerer ökonomischer Analysen (*Schauenberg/Schmidt* 1983; *Schauenberg* 1998).

Die Leistungsfähigkeit von Märkten als Mechanismen zur Koordination individueller Entscheidungen war (und ist) umstritten. Die AGT will klären, ob und unter welchen Bedingungen Existenz und Effizienz von Gleichgewichten möglich sind. Aber sie will noch mehr: „In attempting to answer the question ‚Could it be true?', we learn a good deal about why it might not be true" (*Arrow/Hahn* 1971, S. vii). Die AGT will also auch eine Theorie des Marktversagens sein. Hier werden nur einige wenige Bausteine der AGT skizziert.

Die AGT muss alle denkbaren Tauschprozesse in einer Ökonomie abbilden. Deshalb steht sie unter einem starken Vereinfachungsdruck. Sie betrachtet nur zwei Gruppen von Akteuren – Unternehmen und Haushalte. Unternehmen kaufen Güter (Produktionsfaktoren), um andere Güter (Produkte) herzustellen. Die Beziehung zwischen Faktoren und Produkten wird über Technologiemengen (oder über Produktionsfunktionen) abgebildet. Ziel der Unternehmen ist es, Gewinne zu maximieren. Haushalte bieten ihre Arbeitskraft auf dem Arbeitsmarkt an, können aber auch über Anteile an Unternehmen und über ein Anfangsvermögen verfügen. Sie erwerben bei gegebenen Budgetbeschränkungen nutzenstiftende Güter von den Unternehmen. Ihr Ziel ist es, ihren Nutzen zu maximieren. Gleichgewichte ergeben sich dann, wenn es ein positives Preissystem so gibt, dass die Unternehmen ein Gewinnmaximum und die Haushalte ein Nutzenmaximum realisieren und außerdem das gesamte Angebot mit der gesamten Nachfrage übereinstimmt. Marktmodelle lassen sich auch bei *Unsicherheit* formulieren. Dazu müssen die Akteure Erwartungen über die möglichen Zustände der Welt bilden und es muss die Möglichkeit geben, Verträge auf diese Zustände zu bedingen.

Existenz und Effizienz von Gleichgewichten hängen notwendigerweise von allen Annahmen ab, die zur Formulierung der AGT nötig sind. Daraus folgt, dass es außerordentlich schwierig ist, einen eindeutigen Begriff von Marktversagen zu formulieren. Vollkommen können Märkte nämlich nur auf eine Weise, unvollkommen können sie auf höchst unterschiedliche Weise sein (*Schauenberg* 1998, S. 26–27). Einen Ausweg hat Arrow vorgeschlagen (*Arrow* 1969). Er konzentriert sich auf zwei Bedingungen, die für mehrere Ergebnisse der AGT wesentlich sind. Die erste dieser Bedingungen ist die *Konvexitätsbedingung*. Sie fordert u.a. die Abwesenheit von steigenden Skalenerträgen, abnehmende Grenznutzen bei den Haushalten sowie *Risikoaversion* bei allen Akteuren. Diese Bedingung ist immer verletzt, wenn Unternehmen Größenvorteile realisieren können. Dann fallen die Stückkosten. Bei positiven Preisen führt das dann dazu, dass die Stückgewinne bei einer Ausweitung der Produktion immer steigen. Wenn aber das Gewinnmaximum im Unendlichen liegt, können die Unternehmen allein auf der Basis von Preisinformationen nicht mehr planen. Der Marktmechanismus hat somit eine seiner wichtigsten Eigenschaften verloren. Die zweite Bedingung ist die *Universalitätsbedingung*. Sie fordert, dass alle von den Unternehmen eingesetzten Produktionsfaktoren und alle nutzenstiftenden Konsumgüter der Haushalte auf Märkten beschafft werden müssen. Diese Bedingung wird vor allem dann verletzt, wenn *externe Effekte* vorliegen. Negative externe Effekte führen etwa dazu, dass unentgeltlich nutzbare Produktionsfaktoren zu sehr genutzt werden, positive externe Effekte dazu, dass gesamtgesellschaftlich sinnvolle Aktivitäten zu gering ausfallen. In diesen Fällen kann man also bezogen auf die normativen Kriterien der AGT von Marktversagen sprechen. Weitere Probleme ergeben sich dann, wenn man bei Unsicherheit daran denkt, dass Zustände nicht genau beschrieben oder nicht unterschieden werden können oder wenn asymmetrische Informationsverteilungen dazu führen, dass die Akteure für sie vorteilhafte Verträge nicht erreichen können (*Milgrom/Roberts* 1992, S. 19–53; *Kräkel* 1999, S. 5–58). Einen anderen Zugang zur Analyse von Funktionsschwächen des Marktes erreicht man, wenn man fragt, ob die Markttheorie wesentliche Determinanten von Tauschprozessen nicht abbildet. Dann kommt man zur Analyse von *Transaktionskosten* (*Coase* 1937; → *Transaktionskostentheorie*). Transaktionskosten kann man als Kosten der Nutzung eines Koordinationsmechanismus verstehen. Wenn sie für bestimmte Transaktionen zu hoch sind, tritt ein Effekt ein, der mit den zuletzt erwähnten Effekten vergleichbar ist. Transaktionen, die für Akteure vorteilhaft sind, kommen nicht zustande.

Konvexitätsprobleme, Universalitätsprobleme, Unsicherheitseffekte und Transaktionskosten können dazu führen, dass der Markt als Koordinationsmechanismus Funktionsschwächen hat und Marktversagen eintritt. Wenn dies der Fall ist, hat das Konsequenzen. Andere Koordinationsmechanismen können eingesetzt werden. Dann aber ist zu bedenken, dass diese Koordinationsmechanismen vermutlich auch Funktionsschwächen haben. Die Konsequenzen dieses Tatbestands sind nicht einfach zu bewerten. Dies kann vor allem am Beispiel von Organisationen (insb. von privaten Unternehmen) gezeigt werden.

III. Organisationen und Organisationsversagen

Die Unternehmen der AGT haben mit realen Unternehmen wenig zu tun. Sie sind allein durch ihre Kenntnisse über die Transformation von Produktionsfaktoren zu Produkten charakterisiert. Ansonsten haben sie ein vergleichsweise einfaches Optimierungsproblem zu lösen. Organisationsprobleme fallen dabei kaum an. In einer Welt mit Marktversagen ändert sich das. Unternehmen werden dann weitreichendere Funktionen übernehmen. Sie können u.a. Skalen- und Breitenvorteile realisieren, wachsen, fusionieren und damit eine beachtliche interne Komplexität erreichen. Organisationsprobleme fallen in solchen Unternehmen in großer Zahl an. Unternehmen werden unter solchen Bedingungen „als eine auf Dauer angelegte kooperative Veranstaltung von Individuen mit nicht notwendigerweise identischen Interessen zur Sicherung von höchst prekären möglichen Vorteilen gemeinsamen und koordinierten Verhaltens" (*Schauenberg/Schmidt* 1983, S. 249) verstanden. Diese Definition verweist auf zwei Organisationsprobleme – auf Koordinationsprobleme und auf Kooperationsprobleme. Bei der Lösung beider Probleme kann es zu Organisationsversagen (oder Organisationsfehlern) kommen. Die anderen Bestandteile der Definition werden nachfolgend nicht problematisiert (*Schauenberg* 1998).

Koordinationsprobleme ergeben sich dadurch, dass die Handlungen von vielen Menschen im Hinblick auf sachliche, räumliche und zeitliche Dimensionen hin abgestimmt werden müssen (→ *Koordination und Integration*). Dadurch entstehen *Koordinationsspiele* (*Föhr* 1997, S. 128–176; → *Spieltheorie*). In einem einfachen Koordinationsspiel können die Spieler A und B jeweils zwei Handlungen wählen, also a_1 und a_2 bzw. b_1 und b_2. Gelingt die Koordination, sei das Ergebnis für beide Eins, gelingt sie nicht, sei es für beide Null. Die Spielmatrix ist dann:

	b_1	b_2
a_1	1,1	0,0
a_2	0,0	1,1

Abb. 1: erstes Koordinationsspiel

Die Koordinationsprobleme werden in diesem einfachen Spiel sofort deutlich. Es gibt mit den Strategiekombinationen (a_1, b_1) und (a_2, b_2) zwei Koordinationsgleichgewichte. Gelingt die Koordination nicht und tritt entweder (a_1, b_2) oder (a_2, b_1) ein, dann liegt ein *Koordinationsfehler* erster Art vor. Eine ebenso einfache Variante weist auf ein weiteres Problem hin:

	b_1	b_2
a_1	1,1	0,0
a_2	0,0	2,2

Abb. 2: zweites Koordinationsspiel

Auch in diesem Spiel gibt es zwei Gleichgewichte. Diese unterscheiden sich aber im Hinblick auf die Ergebnisse. Wird die Strategiekombination (a_1, b_1) realisiert, dann erreicht man zwar ein Koordinationsgleichgewicht. Dessen Ergebnisse werden aber durch die Ergebnisse der Strategiekombination (a_2, b_2) dominiert. Es liegt ein Koordinationsfehler zweiter Art vor. Diese Überlegungen machen deutlich, dass es schon bei recht einfachen Koordinationsproblemen zu Komplikationen kommen kann.

Kooperationsprobleme kann man am Beispiel des *Gefangenendilemmas* erläutern. Mit K wird die Strategie des Kooperierens, mit D die Strategie des Defektierens (nicht Kooperieren) für beide Spieler bezeichnet. Die Spielmatrix ist:

	K	D
K	x,x	z,y
D	y,z	w,w

Abb. 3: Gefangenendilemma mit $y > x > w > z$

Wenn dieses Spiel einmal gespielt wird, dann werden beide Spieler die wegen $y > x$ und $w > z$ dominierende Strategie D wählen und deshalb das Ergebnis (w, w) realisieren. Es kommt zwingend zu einem Kooperationsversagen. Für reale Unternehmen aber kann man annehmen, dass es zu wiederholten Interaktionen kommt. Die Ergebnisse der Theorie wiederholter Spiele können genutzt werden. Kooperation ist dann grundsätzlich möglich. Kooperationsversagen kann verhindert werden. Man wird allerdings eine Reihe von Bedingungen beachten müssen (*Lohmann* 2000, S. 73–339). Zu den wichtigeren Bedingungen zählen:

– Kein Spieler darf die letzte Runde kennen.
– Die Spieler müssen geduldig sein, d.h. ihre Zeitpräferenzen dürfen nicht zu groß sein.
– Die Defektionsgewinne dürfen nicht größer sein als die noch erreichbaren Kooperationsrenten.
– Die Spieler müssen ihr Verhalten vom Verhalten der Mitspieler abhängig machen. Sie dürfen nur bedingt kooperieren.
– Wenn es mehrere Kooperationslösungen gibt, müssen sich die Spieler auf eine Lösung einigen. Sie müssen ein einfaches Koordinationsproblem lösen.

Diese (und weitere hier nicht erwähnte) Bedingungen wirken scharf und einschneidend. Das aber scheint, wie die organisationsökonomischen Analysen der letzten Jahre ergeben haben, nicht der Fall zu sein (*Lohmann* 2000). Wenn die Bedingungen erfüllt sind, werden Kooperationsrenten realisiert. Wenn sie verfehlt werden, treten *Kooperationsfehler* als eine zweite Möglichkeit von Organisationsversagen auf.

Koordinations- und Kooperationsprobleme ergeben sich aus den Funktionen von Unternehmen als Koordinationsmechanismen. Koordinations- und Kooperationsfehler verweisen darauf, dass auch die Organisation von Unternehmen nicht frei von Komplikationen sein kann. Der Rückgriff auf ökonomische und auf spieltheoretische Argumente hat den Vorteil, dass man analog zum Begriff des Marktversagens präzise Begriffe von Organisationsversagen formulieren kann, aber auch den Nachteil, dass er zu einem engen Fehlerbegriff führt. Organisationsversagen kann auf eine Reihe von weiteren Ursachen zurückgeführt werden. Es kann etwa daran liegen, dass die verantwortlichen Entscheider Entscheidungsfehler begehen, dass die organisatorischen Entscheidungsprozesse defekt sind, dass es zu technischen Störungen kommt oder dass Regulierungsauflagen verletzt werden. Eine solche Liste von möglichen Varianten von Organisationsversagen ist nicht uninteressant. Sie hat aber einen entscheidenden Nachteil. Sie führt nicht zu einer erkennbaren Systematik. Das liegt daran, dass Organisationen bei Marktfehlern sehr vielfältige Funktionen übernehmen können und deshalb auch auf sehr unterschiedliche Weisen scheitern können.

Einen denkbaren Ausweg bieten empirische Befunde der Krisenforschung (→ *Krisenforschung und Krisenmanagement*). In dieser Literatur werden Krisen, wie etwa *Managementfehler*, Unfälle und Katastrophen, untersucht. Ein wichtiger Befund ist, dass Krisen fast immer eine lange Inkubationsperiode haben (*Turner* 1976). Informationen, die auf mögliche Probleme schließen lassen, werden nicht wahrgenommen oder nicht verarbeitet. Hier könnte man von einem weiteren Fall von Organisationsversagen sprechen, weil Informationen, die in einer Organisation verfügbar sind, nicht verarbeitet werden (→ *Informationsverhalten*). Das aber ist nicht unproblematisch. Aus der entscheidungstheoretischen Diskussion um den Wert von Informationen weiß man nämlich, dass es durchaus rational sein kann, zusätzliche Informationen nicht zu erwerben und/oder nicht zu verarbeiten (*Schauenberg* 1998, S. 35–36).

Organisationsversagen ist bei *Unsicherheit* offenbar nur schwer zu präzisieren. Das kann an einer einfachen Überlegung erläutert werden. Man betrachte eine Organisation, die bei Unsicherheit in zwei Zuständen sein kann. Im Zustand 1, der mit der Wahrscheinlichkeit p_1 eintritt, sei die Organisation funktionsfähig. Im Zustand 2, der mit der Gegenwahrscheinlichkeit $p_2 = 1 - p_1$ eintritt, habe sie einen Fehler. Wenn die Organisation ihre Zuverlässigkeit erhöhen will, wird sie versuchen, die Wahrscheinlichkeit p_1 zu erhöhen. Unter realistischen Bedingungen wird man oft nicht davon ausgehen können, dass die Fehlerwahrscheinlichkeit Null werden kann. Dann aber kann es bei einer sehr sorgfältigen Organisation passieren, dass ein Unfall eintritt, aus dem nicht auf Organisationsversagen geschlossen werden kann. Hilfreich wäre, wenn es in solchen Situationen exogene Kriterien für das Vorliegen eines Fehlers geben würde. Die aber sind aus der ökonomischen Literatur kaum zu gewinnen.

Literatur

Arrow, Kenneth J.: The organization of economic activity: Issues pertinent to the choice of market versus nonmarket allocation, in: The analysis and evaluation of public expenditures: The PBB system. 91st Congress, 1st Session, Vol. 1, hrsg. v. Joint Economic Committee, Washington 1969, S. 47–64.
Arrow, Kenneth J.: Uncertainty and the welfare economics of medical care, in: AER, Jg. 53, 1963, S. 941–973.
Arrow, Kenneth J./Hahn, Frank H.: General competitive analysis, San Francisco 1971.
Bator, Francis M.: The anatomy of market failure, in: QJE, Jg. 72, 1958, S. 351–379.
Coase, Ronald H.: The nature of the firm, in: Economica, Jg. 4, 1937, S. 386–405.
Debreu, Gerard: Theory of value, New Haven – London 1959.
Föhr, Silvia: Organisation und Gleichgewicht: Möglichkeiten und Grenzen einer strukturalistisch fundierten Organisationstheorie, Wiesbaden 1997.
Kräkel, Matthias: Organisation und Management, Tübingen 1999.
Lohmann, Christopher: Organisation dauerhafter Kooperation, München – Mering 2000.
Milgrom, Paul/Roberts, John: Economics, organization and management, Englewood Cliffs, NJ 1992.
Schauenberg, Bernd: Gegenstand und Methoden der Betriebswirtschaftslehre, in: Vahlens Kompendium der Betriebswirtschaftslehre, Band 1, hrsg. v. *Bitz, Michael* et al., 4. A., München 1998, S. 1–56.
Schauenberg, Bernd: Theorien der Unternehmung, in: HWB, hrsg. v. *Wittmann, Waldemar* et al., 5. A., Stuttgart 1993, Sp. 4168–4182.
Schauenberg, Bernd/Schmidt, Reinhard H.: Vorarbeiten zu einer Theorie der Unternehmung als Institution, in: Rekonstruktion der Betriebswirtschaftslehre als ökonomische Theorie, hrsg. v. *Kappler, Ekkehard*, Spardorf 1983, S. 247–276.
Stiglitz, Joseph E.: Information and the change in the paradigm in economics, in: AER, Jg. 92, 2002, S. 460–501.
Turner, Barry A.: The organizational and interorganizational development of disasters, in: ASQ, Jg. 21, 1976, S. 378–397.

Matrix-Organisation

Jean-Paul Thommen/Ansgar Richter

[s.a.: Konzernorganisation; Organisation; Organisationsstrukturen, historische Entwicklung von; Organisatorische Gestaltung (Organization Design); Strategie und Organisationsstruktur.]

I. Begriff und Formen der Matrix-Organisation; II. Entwicklung der Matrix-Organisation; III. Stärken und Schwächen der Matrix-Organisation; IV. Voraussetzungen für den Einsatz der Matrix-Organisation.

Zusammenfassung

Die Matrix-Organisation ist eine *Organisationsform*, in der die operativen Elemente gleichzeitig mehreren übergeordneten Instanzen zugeordnet sind. Sie wurde Ende der fünfziger Jahre des 20. Jahrhunderts zuerst in der Unternehmenspraxis eingeführt und in den sechziger und siebziger Jahren in der Literatur intensiv diskutiert. Seitdem hat ihre Bedeutung als *Primärorganisationsform* generell abgenommen, wenngleich sie als *Sekundärorganisation* weiterhin anzutreffen ist. Die Matrix-Organisation stellt erhebliche Ansprüche an die Kommunikations- und Konfliktfähigkeiten ihrer Mitglieder. Sie sollte daher nur eingesetzt werden, insofern diese Voraussetzungen gewährleistet sind.

I. Begriff und Formen der Matrix-Organisation

Der Begriff der Matrix-Organisation bezeichnet eine Klasse von *Organisationsformen*, bei der sich zwei oder mehr Führungs-, Berichts- oder Kommunikationslinien überlagern, die sich auf dasselbe Element (dieselbe Organisationseinheit oder dasselbe Individuum) beziehen (siehe Abb. 1). Die klassische hierarchische Zuordnung eines Mitarbeiters oder einer Organisationseinheit zu einer übergeordneten, weisungsbefugten Instanz wird also in der Matrix-Organisation überlagert von einer oder mehreren anderen Beziehungslinien, die im Allgemeinen als lateral beschrieben werden.

		Übergeordnete Instanzen (1. Dimension)			
		A	B	C	
Übergeordnete Instanzen (2. Dimension)	X	OE_1			
	Y	OE_2	OE_3	OE_4	} Subjekte
	Z		OE_5	OE_6	

Abb. 1: Schematische Darstellung einer zweidimensionalen Matrix-Organisation (OE = Organisationseinheit)

Damit steht die Matrix-Organisation als sog. *Duplexorganisation* dem *Einliniensystem* gegenüber, das u.a. durch die *Singularität der Auftragserteilung* gekennzeichnet ist. Eine Matrix-Organisation im engeren Sinn ist nur dann gegeben, wenn sich die verschiedenen Beziehungslinien in ihrer Wertigkeit bzw. Bedeutsamkeit zumindest in etwa entsprechen (*Thom* 1990). Ansonsten handelt es sich um eine hierarchische *Organisationsstruktur*, bei der die *vertikale Führungsstruktur* gegebenenfalls von lateralen Kommunikationsbeziehungen ergänzt, nicht aber relativiert oder ersetzt wird. Aus diesem Grund kann die klassische *Stab-Linien-Organisation*, bei der die → *Stäbe* eine *fachliche Weisungsbefugnis* gegenüber den operativen Einheiten haben, diese aber *disziplinarisch* dem *Linienmanagement* unterstehen, nicht als Matrix-Organisation interpretiert werden. Während in der Stab-Linienorganisation nur eine Stelle Zugriff auf die operativen Ressourcen hat, tragen in der Matrix-Organisation zwei oder mehr Instanzen gleichzeitig die Verantwortung für die *Ressourcenallokation*. Damit ist in der Matrix-Organisation ein Zwang zur beständigen Diskussion zwischen den Instanzen hinsichtlich des konsensfähigen Einsatzes der geteilten Ressourcen angelegt.

Verschiedene Formen von Matrix-Organisationen lassen sich auf der Basis dreier Überlegungen voneinander differenzieren:

– *Art der Kriterien bzw. der Merkmale, nach denen sich die Instanzen, denen ein Matrixelement zugeordnet ist, voneinander unterscheiden*: Häufig sind die Elemente funktional definierten Einheiten einerseits und Produkten/Produktgruppen andererseits zugeordnet (sog. *Funktions-/Produkt-Matrizen*). Eine Fülle anderer Kriterien für die Unterscheidung der übergeordneten Instanzen ist aber möglich, so z.B. geographische Kriterien (Regionen, Länder, Vertriebsgebiete, etc.) und kunden- oder marktbezogene Kriterien (Kundengrößenklassen, strategisch definierte Marktsegmente). In dem häufig zitierten Fall des internationalen Industrieunternehmens ABB waren in den neunziger Jahren ca. 5000 → *Profit-Center* sowohl ihren produktbezogen definierten *Divisionen* als auch den Landesgesellschaften, und, auf höherer Aggregationsebene, dem Regionalmanagement gegenüber gewinnverantwortlich (*von Koerber* 1993).

– *Merkmale der Elemente, die im „Kreuzungsfeld" der geltenden Beziehungslinien stehen*: Hier sind einerseits sachliche Kriterien von Bedeutung – insbesondere die Frage, ob es sich bei den Elementen um individuelle oder um kollektive Einheiten handelt –, andererseits aber auch temporale Aspekte. Die Matrix-Organisation ist gerade in der Frühphase ihrer Entwicklung vielfach für projektbasierte Organisationen verwendet worden, bei denen sich die *Projektgruppen* oder *Teams* regelmäßig neu konfigurieren.

– *Art der Beziehungen zwischen den Elementen und den Instanzen, denen sie zugeordnet sind*: Die Elemente können mit den übergeordneten Instanzen in einem mehr oder weniger engen Zusammenhang stehen. So lassen sich Informations-, Berichts- und Weisungsrechte bzw. -pflichten voneinander unterscheiden.

II. Entwicklung der Matrix-Organisation

Die Matrix-Organisation ist ein Produkt der wirtschaftlichen Wachstumsphase der fünfziger bis siebziger Jahre des 20. Jahrhunderts, die durch zunehmende *Internationalisierung* von Unternehmen, schnellen *technologischen Wandel* und wachsende Verflechtung zwischen verschiedenen Teilbereichen der Wirtschaft gekennzeichnet war. Die erste Einführung der Matrix-Organisation in der Praxis wird Simon Ramo, dem Mitbegründer des amerikanischen Luft- und Raumfahrtunternehmen TRW Inc., in diesem Unternehmen im Jahr 1957 zugeschrieben. Die von TRW durchgeführten Projekte erforderten den Einsatz sowohl von produktspezifischem als auch von funktionalem *Know-how*, ohne klare Dominanz der einen oder anderen Dimension. Daher wurden Projektteams mit dualen Informations- und Berichtsbeziehungen ausgestattet. In den sechziger Jahren wurde die Matrix-Organisation in vielen Unternehmen im industriellen Bereich eingeführt, so z.B. bei dem Maschinen- und Investitionsgüterkonzern Sulzer im Jahr 1968 (*Leumann* 1980). In einigen Fällen bestand die Intention bei der Einführung der Matrix-Organisation in der Weiterentwicklung bzw. Modifikation der → *Spartenorganisation*, so z.B. um ein Gegengewicht zur Macht der Sparten auf Konzernebene zu schaffen, oder um die Zusammenarbeit der Sparten mit Hilfe einer „quergelagerten", funktional oder technologisch definierten Berichts- und Kommunikationsebene zu stärken. In anderen Fällen diente die Matrix-Organisation als Strukturprinzip innerhalb einzelner Unternehmenssparten, so z.B. bei DuPont und General Motors. Ebenso wurde die Matrix-Organisation in dieser Zeit in der Literatur zum ersten Mal intensiv diskutiert, so etwa bei *Mee* 1964 und *Argyris* 1967. Gegen Ende der sechziger und im Laufe der siebziger Jahre galt die Matrix-Organisation weithin als Alternative zu stark hierarchischen, bürokratischen und starren Organisationsformen und wurde entsprechend positiv bewertet (siehe z.B. *Ludwig* 1970; ebenso noch bei *Sayles* 1976). Erst gegen Ende der siebziger Jahre setzte eine kritischere Reflexion der Matrix-Organisation ein (*Davis/Lawrence* 1978; *Peters* 1979), die sich vor dem Hintergrund der Rezessionen und des wachsenden Kostendrucks in vielen westlichen Ländern Anfang der achtziger Jahre verstärkte. Angesichts der Notwendigkeit, Organisationen nach *Effizienzkriterien* zu gestalten, erschien die Matrix-Organisation als primäre Organisationsform mit ihren multiplen Kommunikations- und Weisungsbeziehungen nicht mehr zeitgemäß.

Eine gewisse Renaissance der Matrix-Organisation setzte in der zweiten Hälfte der achtziger Jahre mit der Einführung der → *Prozessorganisation* ein. Wird ein Unternehmen entlang den Stufen in einem *Wertschöpfungsprozess* strukturiert, gleichzeitig aber eine oder mehrere andere Dimensionen (z.B. Funktionen, Kundengruppen) beibehalten, so entsteht faktisch eine Matrix-Organisation im engeren oder weiteren Sinne, wenn auch unter neuem Namen. Allerdings nahm mit der Verringerung der *Wertschöpfungstiefe* durch zunehmendes Outsourcing und der Straffung von Wertschöpfungsketten durch *Desintermediation* die Bedeutung dieser neueren Form der Matrix-Organisation wiederum etwas ab.

Im Sinne einer weniger formal definierten *Sekundärorganisation* hat sich die Matrix-Organisation allerdings weiterhin erhalten (siehe auch *Reber/Strehl* 1988). Dies gilt zum Beispiel für viele Unternehmen im professionellen Dienstleistungsbereich, insbesondere in *Unternehmensberatungen*, aber auch in einigen größeren Steuer- und Rechtsberatungsfirmen. Dabei repräsentieren die Dimensionen (Instanzen) dieser Matrix-Organisationen häufig Funktionen (z.B. Marketing, Strategie etc.) einerseits und Branchen (z.B. Konsumgüter, Bank- und Finanzbereich etc.) andererseits; in einigen Fällen auch geographische Einheiten bzw. Rechtsgebiete. Diese Dimensionen, häufig als „practices" oder „groups" bezeichnet, dienen in erster Linie dem Aufbau besonderer Kompetenzen. Allerdings ist die Zuordnung der Mitarbeiter (also z.B. einzelner Berater) zu diesen „practices" im Allgemeinen relativ flexibel. Ein direktes Zugriffsrecht von zwei oder mehreren „practices" gleichzeitig auf ein und dieselbe Ressource besteht meist nicht. Die Beziehung der Mitarbeiter oder Teams als den Elementen solcher Matrix-Organisationen zu den „practices" oder „groups" ist in erster Linie im Sinne der Kommunikation, Information, und Weiterbildung zu verstehen.

III. Stärken und Schwächen der Matrix-Organisation

Wie jede andere Organisationsstruktur impliziert die Matrix-Organisation ein System von Anreizen bzw. *Sanktionen* für das Verhalten von Menschen in den betreffenden Organisationen. Bei der Matrix-Organisation resultiert dieser verhaltenssteuernde Effekt insbesondere daraus, dass die operativen Mitarbeiter bzw. Organisationseinheiten mehreren übergeordneten Instanzen gleichzeitig zugeordnet sind. Über die Koordinations- und Motivationsfunktion hinaus haben Organisationsformen auch eine Steuerungswirkung hinsichtlich der Unternehmensentwicklung. In Bezug auf diese drei Funktionen ergeben sich die folgenden Vorteile und Stärken sowie Schwächen bzw. Nachteile der Matrix-Organisation:

– *Kommunikation und Information:* Auf Grund des Zugriffs mehrerer Instanzen auf dieselben Elemente stellen Matrix-Organisationen erhebliche Anforderungen an die Kommunikations- und Informationsverarbeitungskapazität ihrer Mitglieder (*Kolodny* 1979). Dies gilt sowohl für die operativen Einheiten (z.B. einzelne Mitarbeiter) als auch die übergeordneten Instanzen (z.B. Produktmanager oder die Leiter von „functional practices"): Während die einen die Erwartungen verschiedener Auftraggeber erfüllen müssen, müssen die anderen ihre Ansprüche auf den Einsatz von Ressourcen mit den Ansprüchen verschiedener anderer Parteien abgleichen. Insofern die beteiligten Mitglieder diesen Kommunikations- und Informationsverarbeitungserfordernissen gerecht werden, kann dieser in der Matrix-Organisation institutionalisierte Zwang zum permanenten Abgleich von Interessen Vorteile mit sich bringen. So fördern Matrix-Organisationen den Austausch von Informationen über interne Strukturbarrieren hinweg und tragen damit zum Aufbau organisationaler Kompetenzen (→ *Kompetenzen, organisationale*) bei. Außerdem wird das Top Management von Kontroll- und Entscheidungsaufgaben im operativen Bereich entlastet und erhält mehr Freiraum für langfristige strategische Planung und Unternehmensentwicklung. Allerdings sind die Kommunikations- und Informationsverarbeitungskapazitäten von Individuen als begrenzt anzunehmen (*Simon* 1976). Daher ergeben sich in Matrix-Organisationen leicht *Ineffizienzen* durch *Informationsverlust* und *Konflikte* zwischen den beteiligten Parteien. Darüber hinaus nimmt die in Matrix-Organisationen institutionalisierte *Kommunikationsintensität* erhebliche Zeit in Anspruch, die nicht für operative Zwecke eingesetzt werden kann. Entscheidungsprozesse in Matrix-Organisationen tendieren daher zur Langwierigkeit und Schwerfälligkeit.

- *Effizienz der Ressourcenallokation*: Der oben diskutierte Ausgleich konkurrierender Interessen hinsichtlich des optimalen Einsatzes interner Ressourcen durch direkte Kommunikation zwischen verschiedenen Anspruchstellern kann als Stärke der Matrix-Organisation gegenüber klassisch-hierarchischen Organisationsformen interpretiert werden (*Thom* 1990). In diesen findet dieser Ausgleich nur indirekt, nämlich durch die Entscheidung der jeweils übergeordneten Instanz (also etwa des Top Managements) statt, die verschiedene Argumente gegeneinander abwägt und dann mehr oder weniger wohlinformierte Entscheidungen über den Einsatz der Ressourcen fällt. Gleichzeitig stellen Matrix-Organisationen aber kein vollständiges internes Marktsystem (→ *Interne Märkte*) dar, in dem die verschiedenen Subjekte selbst mit allen anderen um die Zuteilung von Ressourcen konkurrieren würden. Die Entscheidung des Top Managements über die Ressourcenallokation wird in der Matrix-Organisation ersetzt durch die (organisatorische) Entscheidung darüber, welche Instanzen sich mit welchen anderen Instanzen über den Einsatz des Ressourcenpools einigen müssen. Die Matrix-Organisation wird daher häufig als „überstrukturiert" angesehen. Eine optimale Allokation von Ressourcen kann so nicht garantiert werden.
- *Flexibilität*: Die Matrix-Organisation ist vielfach auf Grund ihrer Anpassungsfähigkeit gepriesen worden, da neue Dimensionen (z.B. neue „practices" oder „groups" in den oben erwähnten Unternehmensberatungen) relativ kurzfristig anlässlich von Veränderungen in Umweltbedingungen (z.B. Kundenbedürfnisse, Marktstrukturen) ins Leben gerufen werden können (*Kolodny* 1979). Außerdem hindert der Zwang zur permanenten Diskussion über die Verwendung geteilter Ressourcen die beteiligten Instanzen daran, sich auf „ihrem" Besitzstand festzusetzen. Dem ist gegenüberzustellen, dass der flexible Aufbau neuer Instanzen häufig nicht durch den Abbau überholter Strukturen begleitet wird. Durch die Ausbildung multipler, sich überlagernder Strukturen können Matrix-Organisationen gerade zu der *Bürokratisierung* von Organisationen führen, die sie ursprünglich vermeiden bzw. ersetzen sollten (*Peters* 1979).
- *Kompetenzaufbau* und *Spezialisierungsvorteile*: Dadurch dass ihre operativen Einheiten in mehrdimensionalen Interaktionsgefügen stehen, fördern Matrix-Organisationen den Aufbau spezifischer Kompetenzen, vermeiden aber gleichzeitig die Entwicklung von „funktionalen Silos" und die daraus resultierende Unfähigkeit, über die Grenzen des eigenen Spezialgebietes hinaus zu kommunizieren (*Knight* 1976). So können sich die Mitarbeiter z.B. in Funktions-/Produkt-Matrizen nicht hinter ihrem funktionalen Fachwissen verbergen ohne auch Produktwissen aufzubauen und ihr funktionales Know-how in diesem Zusammenhang anzuwenden. Das in der Struktur von Matrix-Organisationen angelegte Erfordernis, dass Mitarbeiter sich in mehreren Dimensionen gleichzeitig spezialisieren, birgt allerdings auch die Gefahr einer pro Dimension relativ engen Ausrichtung. Gerade in Unternehmensberatungen werden deshalb jüngere Mitarbeiter davor gewarnt, sich frühzeitig – wenn auch in mehreren Dimensionen – zu stark zu spezialisieren. Diese Warnung ist letztlich darauf begründet, dass der Aufbau spezieller Kompetenzen Investitionen seitens der Firma und/oder des betroffenen Mitarbeiters verlangt. Diese Investitionen können sich aber nur auszahlen, insofern die erworbenen speziellen Qualifikationen auch operativ (also im Beispiel von Unternehmensberatungen im Rahmen von Beratungsprojekten) eingesetzt werden können, was aus verschiedenen Gründen, z.B. auf Grund sich verändernder Kundenbedürfnisse, nicht zu garantieren ist.

Auf Grund der mit der Matrix-Organisation verbundenen Probleme wird diese Organisationsform (im Sinne einer Primärorganisation) nur noch selten propagiert. Sofern sie adäquat gesteuert wird, kann sie aber unter bestimmten Bedingungen in Erwägung gezogen werden. Diese werden im folgenden Abschnitt diskutiert.

IV. Voraussetzungen für den Einsatz der Matrix-Organisation

Als Grundkriterium für den Einsatz mehrdimensionaler Organisationsformen gilt das aus der Sprachphilosophie stammende, klassische Prinzip der *Sparsamkeit sine necessitatem entia non sunt multiplicanda*, gemäß dessen organisatorische Einheiten – bei der Matrix-Organisation insbesondere die multiplen übergeordneten Instanzen – nur dann aufgebaut werden sollten, wenn identifizierbare Bedingungen dies eindeutig erfordern. In strategischer Hinsicht müssen die von den übergeordneten Instanzen repräsentierten Dimensionen (z.B. Funktionen, Produkt- oder Kundengruppen) gleichermaßen relevant sein. Richtet sich ein Unternehmen strategisch nach mehreren Dimensionen hin aus, so sollte es eine Struktur wählen, die diese verschiedenen Dimensionen organisatorisch abbildet. Die Matrix-Organisation stellt eine unter mehreren Möglichkeiten hierfür dar. Die Verwendung der Matrix muss begleitet werden durch den Einsatz entsprechender *Führungsinstrumente*, z.B. im Bereich des *Controllings*.

Darüber hinaus sollten für den Einsatz von Matrix-Organisationen verschiedene interne Bedingungen erfüllt sein. Insbesondere sollten die Mitarbeiter den erhöhten Kommunikations- und Informationsverarbeitungserfordernissen in der Matrix gewachsen sein. Die Mitarbeiter müssen in der Lage sein, ihre Aufmerksamkeit auf zwei oder mehr Dimensionen gleichzeitig zu richten (*Davis/Lawrence* 1978). Ebenso erfordert die Matrix-Organisation ausgeprägte Konfliktfähigkeiten, die aus der Notwendigkeit zum ständigen Macht- und Interessenausgleich in Bezug auf Ressourcenverteilung und die Durchsetzung von potenziell konfliktären Zielen resultieren. *Lawrence/Kolodny/Davis* 1979 und *Prahalad* 1980 haben darauf hingewiesen, dass diese Anforderungen an alle Mitarbeiter entsprechende *Führungsqualitäten* auf Seiten des Managements voraussetzen. Die Unternehmensleitung muss in der Lage sein, eindeutige Ziele zu setzen und diejenigen Konflikte, die auf unterer und mittlerer Ebene nicht gelöst werden können, auszutragen und Entscheidungen herbeizuführen. Angesichts der ohnehin hohen Ambiguität hinsichtlich der Prioritäten für die Mitarbeiter in der Matrix sollte das Management soviel Klarheit wie möglich schaffen, zum Beispiel durch *Rollen-* und *Aufgabenbeschreibungen* sowie durch vorgezeichnete Entscheidungswege im Falle von Problemen. Diese Fähigkeiten bei den Mitarbeitern im Allgemeinen und dem Management im Besonderen können nur dann ausgebildet werden, wenn dies von einer geeigneten → *Organisationskultur* unterstützt wird. Zum Beispiel kann sich die oben diskutierte *Konfliktfähigkeit* nur dann entwickeln, wenn Konflikte als Chancen zur individuellen und organisationalen Weiterentwicklung verstanden und entsprechend konstruktiv geführt werden.

Insgesamt sind die für die Matrix-Organisation zu gewährleistenden Bedingungen als weitreichend einzustufen. Daher sollte der Einsatz dieser Organisationsform sorgfältig geplant und auch in unternehmenskultureller Hinsicht durchdacht werden.

Literatur

Argyris, Chris: Today's Problems with Tomorrow's Organizations, in: JMan.Stud., Jg. 4 H. 1/1967, S. 31–55.
Davis, Stanley M./Lawrence, Paul R.: The Matrix Diamond, in: The Wharton Magazine, Jg. 2, H. 2/1978, S. 19–27.
Galbraith, Jay R.: Matrix Organization Designs. How to Combine Functional and Project Forms, in: Business Horizons, Jg. 14, H. 1/1971, S. 29–40.
Grochla, Erwin/Thom, Norbert: Die Matrix-Organisation. Chancen und Risiken einer anspruchsvollen Strukturierungskonzeption, in: ZfbF, Jg. 29, 1977, S. 193–203.
Knight, Kenneth: Matrix Organization: A Review, in: JMan-Stud., Jg. 13, H. 2/1976, S. 111–130.
Koerber, Eberhard von: Geschäftssegmentierung und Matrixstruktur im internationalen Großunternehmen – Das Beispiel ABB, in: ZfbF, Jg. 45, 1993, S. 1060–1067.
Kolodny, Harvey F.: Evolution to a Matrix Organization, in: AMR, Jg. 4, H.4/1979, S. 543–553.
Lawrence, Paul R./Kolodny, Harvey F./Davis, Stanley M.: The Human Side of the Matrix, in: Organizational Dynamics, Jg. 6, H. 1/1979, S. 43–61.
Leumann, Peter: Die Matrix-Organisation: Unternehmensführung in einer mehrdimensionalen Struktur. Theoretische Darstellung und praktische Anwendung., 2. A., Bern, Stuttgart 1980.
Ludwig, Steven: The Move to Matrix Management, in: Management Review, Jg. 59, H. 6/1970, S. 60–64.
Mee, John: Ideational Items: Matrix Organization, in: Business Horizons, Jg. 7, 1964, S. 70–72.
Peters, Thomas J.: Beyond the Matrix Organization, in: The McKinsey Quarterly, H. 3/1979, S. 10–28.
Prahalad, Coimbatore K.: The Concept and Potential of Multidimensional Organizations, in: Managing Managers, hrsg. v. *Stevens, F.*, Philips, Holland 1980, S. 159–176.
Reber, Gerhard/Strehl, Franz: Vorwort der Herausgeber, in: Matrix-Organisation. Klassische Beiträge zu mehrdimensionalen Organisationsstrukturen, hrsg. v. *Reber, Gerhard/Strehl, Franz*, Stuttgart 1988, S. 7–16.
Sayles, Leonard R.: Matrix Management: The Structure with a Future, in: Organizational Dynamics, Jg. 5, H. 2/1976, S. 2–17.
Simon, Herbert A.: Administrative Behavor. A Study of Decision-Making Processes in Administrative Organization, 3. A., New York, London 1976.
Thom, Norbert: Zur Effizienz der Matrix-Organisation, in: Zukunftsperspektiven der Organisation, hrsg. v. *Bleicher, Knut/Gomez, Peter*, Bern 1990, S. 239–270.

Menschenbilder

Gerhard Blickle

[s.a.: Individuum und Organisation; Kognitiver Ansatz; Motivation; Organisationskultur; Sozialisation, organisatorische; Vertrauen.]

I. Definition; II. Menschenbilder von Führungskräften; III. Überindividuelle Menschenbilder; IV. Fazit.

Zusammenfassung

Zunächst wird der Begriff „Menschenbild" definiert und seine Bedeutung für die Unternehmensführung und das individuelle Führungsverhalten aufgezeigt. Dann werden unterschiedliche Typen traditioneller überindividueller Menschenbilder (der rationale ökonomische Mensch, der soziale Mensch, der nach Selbstverwirklichung strebende Mensch und der komplexe Mensch) dargestellt und ihre Weiterentwicklung bis in die Gegenwart skizziert. Zum Abschluss wird auf das Bild vom moralischen Menschen eingegangen und es werden Kriterien zur Bewertung von Menschenbildern aufgezeigt.

I. Definition

Menschenbilder (*Oerter* 1999) enthalten drei Aspekte. Sie sind zum einen beschreibende Modelle, deren Gegenstand der Mensch ist. Sie können Aussagen zur vermuteten Natur des Menschen, also zu seinen Wünschen und Bedürfnissen, zu seiner mentalen, emotionalen und seiner physischen Ausstattung, zu seinem Verhältnis zur sozialen, technischen und natürlichen Umwelt sowie zur Konstanz und Veränderlichkeit seines Verhaltens, Handelns, Denkens und Erlebens machen. Mit Menschenbildern werden zum anderen Vorstellungen von einem guten, würdigen, erfüllten oder glücklichen menschlichen Leben artikuliert. Sie enthalten also Postulate des für Menschen Wünschens- und Erstrebenswerten. Schließlich enthalten Menschenbilder beschreibende und vorschreibende Leitbilder für die Rolle von Menschen z.B. in der Unternehmung. Diese Leitbilder sind Orientierungswerte in Bezug auf das von Personen legitim Erwartbare, das ihnen Angemessene oder das ihnen Zukommende in einem sie übergreifenden Bezugsrahmen. Menschenbilder stellen daher sowohl in deskriptiver als auch in normativer Hinsicht wichtige Gestaltungsprämissen für die Unternehmensführung dar (*Glasl* 1995; *Schmidt-Salzer* 1991; *Steinmann/ Olbrich* 1998).

Vertreter oder Träger von Menschenbildern können sowohl individuelle Personen (z.B. Führungskräfte) als auch überindividuelle Bezugssysteme sein wie z.B. das Grundgesetz, Leitbilder von Unternehmen oder wissenschaftliche Theorien. Diese Menschenbilder können implizit bleiben, z.B. verborgene anthropologische Grundannahmen oder Wertprämissen, und müssen deshalb erst herausgearbeitet (rekonstruiert) werden. Sie können jedoch auch in einer expliziten sprachlichen Form (z.B. in organisationalen Gestaltungskonzepten) vorliegen. Explizit postulierte Menschenbilder werden allerdings häufig rein spekulativ postuliert und nicht systematisch und methodisch kontrolliert rekonstruiert. Dadurch kommt es zu einer unzulässigen Ausschnitthaftigkeit der postulierten Menschenbilder, die z.T. ideologische Züge trägt (vgl. dazu *Matthiesen* 1995).

II. Menschenbilder von Führungskräften

McGregor hat auf den Charakter von sich potenziell *selbst erfüllenden Prophezeiungen* der Menschenbilder von Führungskräften hingewiesen (*McGregor* 1970). Führungskräfte mit dem *Menschenbild X*, nämlich dass ihre Beschäftigten im Grunde genommen arbeitsscheu seien, dass sie eine starke Hand bräuchten, die sie führt, und dass sie nicht bereit seien, Verantwortung zu übernehmen, bewirkten mit ihrem Auftreten genau dieses Verhalten bei ihren Mitarbeitern. Führungskräfte dagegen, die das *Menschenbild Y* vertreten, nämlich dass ihre Mitarbeiter im Grunde gerne arbeiteten, kreativ seien und auch bereit seien, Verantwortung zu übernehmen, bewirkten, dass sich ihre Mitarbeiter auch entsprechend verhielten.

Weinert und Langer haben die impliziten Menschenbilder von Führungskräften eines international tätigen Energiekonzerns methodisch-systematisch mit Hilfe eines Fragebogens rekonstruiert (*Weinert/ Langer* 1995). Items waren z.B. „Die meisten Menschen ziehen es vor, angewiesen und geführt zu werden", „Mitarbeiter sind motiviert, wenn sie im Arbeitsleben eine Chance erhalten, ihre Fähigkeiten und Qualifikationen zu verbessern" oder „Menschen im Arbeitsleben sind hauptsächlich durch Bezahlung, Status und die Gelegenheit zur Beförderung motiviert". Darauf aufbauend konnten sie neun verschiedene Gruppen von Führungskräften unterscheiden. Prägnante Gruppen waren z.B. Führungskräfte, die ihre Mitarbeiter als ichbezogen und egoistisch beschreiben, Führungskräfte, die ihre Mitarbeiter als aktiv und eigenverantwortlich wahrnehmen, Führungskräfte, die ihre Mitarbeiter als passiv und unselbstständig beschreiben, oder Führungskräfte, die Ziele vorgeben und erwarten, dass sich ihre Mitarbeiter damit identifizieren.

Der Prozess sich selbst erfüllender Prophezeiungen ist in Organisationen intensiv untersucht worden (*Eden* 1990). So genannte Meta-Analysen sind Sekundäranalysen empirischer Untersuchungen. Mit ihrer Hilfe werden die Ergebnisse von Primäruntersuchungen statistisch zusammengefasst. Es liegen zwei solcher Meta-Analysen zu sich selbst erfüllenden Prophezeiungen vor (*McNatt* 2000; *Kierein/Gold* 2000), die mit unterschiedlichen Methoden gearbeitet haben, aber trotzdem zu den gleichen Ergebnissen gelangten: Mindestens 79 Prozent derjenigen Personen, an die von ihren Vorgesetzten höhere Erwartungen kommuniziert wurden, zeigten im Vergleich zu Personen in der Kontrollgruppe auch tatsächlich verbesserte Leistungen. Der Leistungszuwachs war insb. bei Personen mit einem niedrigen Ausgangsniveau hoch.

III. Überindividuelle Menschenbilder

Schein hat in einer einflussreichen Typologie verschiedene Menschenbilder rekonstruiert, die auch bestimmten Konzepten der Unternehmensführung entsprechen (*Schein* 1974; *Neuberger* 2002). Der bürokratisch-tayloristischen Unternehmensführung, die in den USA zwischen 1900 und 1940 als Leitbild diente, entsprach als Menschenbild, der *homo oeconomicus*, der *rationale Eigennutzkalkulierer* und -maximierer (→ *Rationalität*) (*Schlösser* 1992). Aber bereits in den 30er Jahren zeichnete sich dann eine neue Entwicklung im Management ab, die bis ca. 1970 andauerte, nämlich die so genannte *Human-Relations-Bewegung*. Sie betonte die Bedeutung der persönlichen Anerkennung der Mitarbeiter durch die Vorgesetzten sowie die Gruppenzugehörigkeit als wesentliche Leistungsdeterminante. Das Menschenbild dieser Periode war der so genannte *soziale*

Mensch, der sich den Normen seiner Arbeitsgruppe anpasst, weil er dort nach Akzeptanz und Wertschätzung strebt. Dieses Menschenbild wurde ab etwa 1960 von dem des *sich selbst aktualisierenden Menschen* abgelöst. An die Stelle von Pflichterfüllung und Akzeptanz vorgegebener Normen treten das Streben nach Selbstverwirklichung, psychologischem Wachstum und zunehmender Autonomie. In dieser Zeit entstanden auch die Kriterien zur Quality of working life (*Levine/Taylor/Davis* 1984) und in der Folge wurde in der BRD ab 1974 das staatliche Programm zur *Humanisierung des Arbeitslebens* (*von Rosenstiel/ Weinkamm* 1980; *Neuberger* 1985) aufgelegt. Humangerechte Arbeit sollte nicht mehr nur schädigungslos, ausführbar und erträglich sein, sondern sie sollte Handlungs- und Entscheidungsspielräume bieten, Beteiligungschancen einräumen, sozialverträglich sein (z.B. Abbau von Nacht-, Schicht- und Feiertagsarbeit zur Förderung des Familien- und Soziallebens) und die Persönlichkeitsentwicklung (Förderung von Selbstvertrauen, Kompetenzentwicklung und Selbstständigkeit) der Beschäftigten unterstützen. Schließlich postulierte Schein das Bild des *komplexen Menschen*, der nicht auf bestimmte ökonomische, soziale oder psychologische Sachverhalte festlegbar ist, sondern flexibel, lern- und wandlungsfähig immer neue Aufgaben zu übernehmen versteht. Dies wird gegenwärtig zur Situation vieler Berufstätiger, die in sich zunehmend virtualisierenden Organisationen (*Jörges/Süss* 2000) tätig sind. Sie arbeiten ohne feste Arbeitszeiten, an dezentralisierten Heimarbeitsplätzen, mit entstandardisierten Arbeitsmitteln, ohne klare Vorschriften und ohne stabile Qualifikationen. Sie müssen sich selbst als Arbeitskraft fortwährend neu qualifizieren, disziplinieren, organisieren und vermarkten. Für diesen zur Flexibilität gezwungenen (*Sennett* 1998) so genannten *Arbeitskraftunternehmer* (*Voss* 1998) durchmischen sich Arbeits- und Privatsphäre, Arbeits- und Privatzeit, Formelles und Informelles. Während diese Entwicklung von manchen als Freiheitsgewinn begrüßt wird, sehen andere darin einen wachsenden Zwang zur Selbstausbeutung und eine fortschreitende Privatisierung von Lebensrisiken.

Die Entwicklungen in der Praxis sowie die organisationswissenschaftliche Diskussion haben jedoch auch dazu geführt, dass die Bilder vom rationalen, sozialen oder sich selbst aktualisierenden Menschen zeitgemäß weiterentwickelt wurden. Das Bild des rationalen Menschen wird in der Managementliteratur immer noch auf breiter Front propagiert (vgl. dazu *Hesch* 2000). Ein Beispiel dafür ist die unternehmensweit von oben nach unten verlaufende Einführung von Zielvereinbarungssystemen. Ziele sollen herausfordernd, aber realistisch, spezifisch und messbar sein. Die Proponenten berufen sich dabei explizit auf Taylors so genannte wissenschaftliche Betriebsführung (*Locke/Latham* 1990). In der organisationsökonomischen Forschung wurde das Bild vom rationalen Nutzenmaximierer durch die Annahme eines kühl kalkulierenden, opportunistischen Untergebenen (*Agenten*), der durch Arglist und Täuschung seinen Informationsvorsprung vor dem Vorgesetzten (*Prinzipal*) für sich nutzt und seine Leistung zurückhält, ersetzt (*Ebers/Gotsch* 1999). Diesem Ansatz wurde als Kritik allerdings das Menschenbild vom Mitarbeiter als *verlässlichem Treuhänder* (*stewardship*) entgegengesetzt (*Davis/Schoorman/Donaldson* 1997; *Ghoshal/Moran* 1996).

Das Bild des sozialen Menschen wurde von Jahoda weiterentwickelt (*Jahoda* 1981): Menschen brauchen Arbeit nicht nur zur materiellen Existenzsicherung, sondern auch weil sie dadurch soziale Kontakte außerhalb der Familie knüpfen und pflegen können, weil ihnen die Arbeit Status und Identität gibt, weil Arbeit Selbsttranszendenz ermöglicht, weil durch Arbeit die Zeit strukturiert wird und weil Arbeit körperlich aktiviert. Die Bedeutung persönlicher Wertschätzung und Respekt für die Beschäftigten in einer Arbeitsgruppe wurde von der so genannten Gruppen-Wert-Theorie (*Tyler/Lind* 1992) herausgearbeitet und konnte empirisch belegt werden: Personen sind in dem Maß bereit, die Autorität von Vorgesetzten anzuerkennen, wie sie von diesen höflich und respektvoll behandelt werden, wie sie den Eindruck gewinnen können, dass ihre Meinung beachtet wird und von diesen auf ihre Bedürfnisse Rücksicht genommen wird, und wie sie davon überzeugt sind, dass sie betreffende Entscheidungen unvoreingenommen, ehrlich und an Fakten orientiert getroffen werden. Weiterhin konnte empirisch gezeigt werden (*Pfeffer* 1997), dass die Bewertung der eigenen Arbeitsbedingungen von der Bewertung durch Kollegen abhängt, dass die Unterschiedlichkeit oder Übereinstimmung in der Einschätzung von Sachverhalten bei der Arbeit von der Stellung im informellen Kommunikationsnetzwerk abhängt, und dass die Bereitschaft zu kündigen oder zu bleiben vom Verhalten der anderen Netzwerkmitglieder abhängt. Schließlich konnte in der Arbeitspsychologie die bedeutsame Rolle der sozialen Unterstützung am Arbeitsplatz für die Gesundheit nachgewiesen werden: Ergebnisse belegen, dass gesundheitliche Beschwerden bei höherer Unterstützung vermindert auftreten und dass höhere soziale Unterstützung die negativen Wirkungen von Belastungen dämpft (*Oesterreich* 1999).

Auch das Bild des sich selbst aktualisierenden Menschen hat in den vergangenen Jahren eine Wandlung erfahren, ohne an Bedeutung zu verlieren. Lange Zeit war die Gesundheitsdefinition der Weltgesundheitsorganisation vorherrschend, die Gesundheit als einen Zustand vollständigen physischen und psychischen Wohlbefindens auffasste, der sich dann einstelle, wenn Personen ohne Krankheit in Harmonie mit ihrer Umwelt und ihren Mitmenschen leben. Inzwischen ist die Auffassung weit verbreitet, dass Gesundheit als Fähigkeit zur Problemlösung und Gefühlsregulierung verstanden werden sollte, durch die ein positives Selbstbild sowie ein positives seelisches und körperliches Befinden erhalten oder wieder hergestellt wird (*Badura* 1993). Wichtig sind dafür sowohl äußere (Entscheidungsspielräume und soziale Unterstützung in der Arbeit) als auch innere Ressourcen (wie z.B. in der Lage zu sein, negative Widerfahrnisse zu verstehen, die Überzeugung, sie beeinflussen zu können und das Bemühen, ihnen einen persönlichen Sinn zu geben). Die Kehrseite des Menschenbildes vom sich selbst aktualisierenden Menschen wurde in den *mikropolitischen Theorien der Organisation* herausgearbeitet: „Menschen und Organisationen sind unvollkommen (irrational, kurzsichtig, lernunwillig, egoistisch, widersprüchlich, dumm, scheinheilig usw.) – und weil das so ist, muss man das Beste daraus machen. Weniger für die ‚Organisation' als für sich ... die organisierte Anarchie führt nicht zum Zerfall und zum Kampf aller gegen alle, sondern ... zu einem befriedigenden Ergebnis für alle" (*Neuberger* 1995, S. 191) (→ *Mikropolitik*).

Keines der vier von Schein skizzierten Menschenbilder hat an Bedeutung verloren. Zeitgemäß aktualisiert grundieren sie den Diskurs in Wissenschaft und Praxis und konkurrieren dort um die Deutungshoheit. Allerdings ist in der Zwischenzeit noch ein zusätzliches Menschenbild mit in den Wettkampf um die Interpretation und Gestaltung betrieblicher Phänomene eingetreten: der *moralische Mensch*. Dem liegt das Menschenbild zugrunde, dass Personen ein starkes intrinsisches Bedürfnis haben, moralisch richtig zu handeln und dass diese moralischen Handlungsimpulse oft stärker und subjektiv bedeutsamer sind als das Streben nach Wohlstand, Prestige oder Macht (*Etzioni* 1994). Steinmann und Löhr haben deshalb den moralisch sensiblen, selbstbewussten und argumentativ kompetenten *Organisationsbürger* als Leitbild für die betriebliche Personalentwicklung postuliert (*Steinmann/Löhr* 1994).

IV. Fazit

Welches Menschenbild ist besser? Man ist leicht dazu verführt, die Antwort auf diese Frage zu einer rein subjektiven Entscheidungssache zu erklären. Gewiss bleiben am Ende Entscheidungsspielräume, aber zunächst muss das Rationalitätspotenzial der Menschenbilder ausgeschöpft werden. Dies beginnt damit, dass sie möglichst vollständig explizit zu rekonstruieren sind. Dann enthält jedes Menschenbild deskriptive Implikationen, die empirisch überprüfbar sind. Weiterhin können wir Menschenbilder daraufhin untersuchen, welche Implikationen sie für das Gemeinwohl, den Schutz der Menschenrechte, für die Fragen der Gerechtigkeit (→ *Gerechtigkeit und Fairness*) sowie das Prinzip der Vertragstreue haben. Und schließlich empfiehlt die Lebensklugheit, die Erfahrungen, die von anderen mit der Umsetzung bestimmter Menschenbilder über einen längeren Zeitraum hinweg gemacht wurden, zu prüfen, um die nicht-intendierten Nebenfolgen, die sich aus der Implementierung dieser Menschenbilder ergeben haben, abschätzen zu können.

Literatur

Badura, Bernhard: Gesundheitsförderung durch Arbeits- und Organisationsgestaltung – Die Sicht des Gesundheitswissenschaftlers, in: Gesundheitsförderung durch Organisationsentwicklung, hrsg. v. *Pelikan, Jürgen M./Demmer, Hildegard/Hurrelmann, Klaus*, Weinheim et al. 1993, S. 20–33.
Davis, James H./Schoorman, David F./Donaldson, Lex: Toward a Stewardship Theory of Management, in: AMR, Jg. 22, 1997, S. 20–47.
Ebers, Mark/Gotsch, Wilfried: Institutionenökonomische Theorien der Organisation, in: Organisationstheorien, hrsg. v. *Kieser, Alfred*, 3. A., Stuttgart et al. 1999, S. 199–251.
Eden, Dov: Pygmalion in Management, Lexington 1990.
Etzioni, Amitai: Jenseits des Egoismus-Prinzips. Ein neues Bild von Wirtschaft, Politik und Gesellschaft, Stuttgart 1994.
Ghoshal, Sumantra/Moran, Peter: Bad for practice: A critique of transaction cost theory, in: AMR, Jg. 21, 1996, S. 13–47.
Glasl, Friedrich: Das Menschenbild des schlanken lernenden Unternehmens, in: Lean Management und Personalentwicklung, hrsg. v. *Geissler, Harald/Behrmann, Detlef/Petersen, Jendrik*, Frankfurt am Main 1995, S. 51–72.
Hesch, Gerhard: Das Menschenbild neuer Organisationsformen. Mitarbeiter und Manager im Unternehmen der Zukunft, Aachen 2000.
Jahoda, Maria: Work, employment and unemployment, in: Am.Psych., Jg. 36, 1981, S. 184–191.
Jörges, Katharina/Süss, Stefan: Scheitert die Realisierung virtueller Unternehmen am realen Menschen? Das illusorische Menschenbild virtueller Unternehmen und seine Konsequenzen, in: IO Management, Jg. 69, H. 8/2000, S. 78–84.
Kierein, Nicole M./Gold, Michael A.: Pygmalion in work organizations: A meta-analysis, in: Journal of Organizational Behaviour, Jg. 21, 2000, S. 913–928.
Levine, Mark F./Taylor, James C./Davis, Louis E.: Defining Quality of Working Life, in: HR, Jg. 37, 1984, S. 81–104.
Locke, Edwin A./Latham, Gary P.: A theory of goal setting and task performance, Englewood Cliffs 1990.
Matthiesen, Kai H.: Kritik des Menschenbildes in der Betriebswirtschaftslehre. Auf dem Weg zu einer sozialökonomischen Betriebswirtschaftslehre, Diss., Bern 1995.
McGregor, Douglas: Der Mensch im Unternehmen, Düsseldorf 1970.
McNatt, Brian D.: Ancient Pygmalion joins contemporary management: A meta-analysis of the result, in: JAP, Jg. 85, 2000, S. 314–322.
Neuberger, Oswald: Führen und führen lassen, 6. A., Stuttgart 2002.
Neuberger, Oswald: Mikropolitik. Der alltägliche Aufbau und Einsatz von Macht in Organisationen, Stuttgart 1995.
Neuberger, Oswald: Arbeit, Stuttgart 1985.
Oerter, Rolf (Hrsg.): Menschenbilder in der modernen Gesellschaft. Konzeptionen des Menschen in Wissenschaft, Bildung, Kunst, Wirtschaft und Politik, Stuttgart 1999.
Oesterreich, Rainer: Konzepte zu Arbeitsbedingungen und Gesundheit – Fünf Erklärungsmodelle im Vergleich, in: Psychologie gesundheitsgerechter Arbeitsbedingungen, hrsg. v. *Oesterreich, Rainer/Volpert, Walter*, Bern 1999, S. 141–216.
Pfeffer, Jeffrey: New directions for organization theory, New York et al. 1997.
Rosenstiel, Lutz von/Weinkamm, Max (Hrsg.): Humanisierung der Arbeitswelt – Vergessene Verpflichtung?, 2. A., Stuttgart 1980.

Schein, Edgar H.: Das Bild des Menschen aus der Sicht des Managements, in: Management, hrsg. v. *Grochla, Erwin*, Düsseldorf et al. 1974, S. 69–91.
Schlösser, Hans Jürgen: Das Menschenbild in der Ökonomie, Köln 1992.
Schmidt-Salzer, Joachim: Organisationskonzepte, Management-Techniken und Menschenbild – Eherne Organisationsgesetze, Dogmen oder Prinzipien?, in: Versicherungspraxis, Jg. 2, 1991, S. 21–33.
Sennett, Richard: Der flexible Mensch. Die Kultur des neuen Kapitalismus, 2. A., Berlin 1998.
Steinmann, Horst/Löhr, Albert: Grundlagen der Unternehmensethik, 2. A., Stuttgart 1994.
Steinmann, Horst/Olbrich, Thomas: Ethik-Management: Integrierte Steuerung ethischer und ökonomischer Prozesse, in: Ethik in Organisationen, hrsg. v. *Blickle, Gerhard*, Göttingen 1998, S. 95–115.
Tyler, Tom R./Lind, Allan E.: A relational model of authority in groups, in: Advances in Experimental Social Psychology, Jg. 25, 1992, S. 115–191.
Voss, Günther G.: Die Entgrenzung von Arbeit und Arbeitskraft: eine subjektorientierte Interpretation des Wandels der Arbeit, in: Mitteilungen aus der Arbeitsmarkt- und Berufsforschung, Jg. 31, 1998, S. 473–487.
Weinert, Anfsried B./Langer, Claudia: Menschenbilder: Empirische Feldstudie unter den Führungskräften eines internationalen Energiekonzerns, in: DU, Jg. 49, 1995, S. 75–90.

Messung von Organisationsstrukturen

Peter Walgenbach/Nikolaus Beck

[s.a.: Arbeitsteilung und Spezialisierung; Aufbau- und Ablauforganisation; Aufgabenanalyse; Benchmarking; Bürokratie; Funktionale Organisation; Konkurrentenanalyse (Corporate Intelligence); Kontingenzansatz; Methoden der empirischen Managementforschung; Organisatorische Gestaltung (Organization Design); Spartenorganisation; Stäbe; Stellen- und Abteilungsbildung.]

I. Einleitung; II. Dimensionen der formalen Struktur von Organisationen; III. Zentrale Probleme bei der Messung formaler Organisationsstrukturen; IV. Strukturmaße; V. Schluss.

Zusammenfassung

Die Messung von Organisationsstrukturen ist sowohl in der Organisationsforschung als auch in der Organisationspraxis von Bedeutung. In diesem Beitrag werden einerseits zentrale Maße zur Erfassung von Organisationsstrukturen vorgestellt, andererseits werden grundlegende Probleme der Messung und des Vergleichs von Organisationsstrukturen thematisiert.

I. Einleitung

Die Messung von Organisationsstrukturen spielt sowohl in der Organisationsforschung als auch in der Organisationspraxis, bspw. im Rahmen eines Benchmarkings (→ *Benchmarking*) oder der → *Konkurrentenanalyse (Corporate Intelligence)*, eine Rolle. Mit der Messung wird die Grundlage für den Vergleich von formalen Organisationsstrukturen geschaffen. Der Messung und dem Vergleich von Organisationsstrukturen muss in der Forschung und in der Praxis die Auswahl der als relevant erachteten Strukturdimensionen vorausgehen. Es bedarf also zunächst einer Konzeptualisierung der Organisationsstruktur. Erst wenn diese vorgenommen wurde, kann die Operationalisierung der Organisationsstruktur, d.h. die Festlegung der Maße, mit denen die Struktur empirisch erfasst werden soll, erfolgen.

II. Dimensionen der formalen Struktur von Organisationen

Unter der formalen Struktur einer Organisation werden in der Organisationsforschung sämtliche formal legitimierten Regelungen verstanden, mit deren Hilfe die Aktivitäten der Organisationsmitglieder auf die Ziele der Organisation ausgerichtet werden sollen (*Blau/Scott* 1962). Im → *Kontingenzansatz*, von dem mit Blick auf den systematischen Vergleich von Organisationsstrukturen wichtige Impulse zur Messung von Organisationsstrukturen ausgingen, wurden im Anschluss an Webers (*Weber* 1972) Bürokratietheorie die folgenden Strukturdimensionen unterschieden: Spezialisierung (→ *Arbeitsteilung und Spezialisierung*), Koordination (→ *Koordination und Integration*), Konfiguration (Leitungssystem), Entscheidungsdelegation (→ *Delegation (Zentralisation und Dezentralisation)*) und Formalisierung (Aktenmäßigkeit) (*Kieser/Walgenbach* 2003). Auf der Basis dieser konzeptionellen Grundlage wurden Strukturmaße entwickelt, mit denen die formale Struktur von Organisationen erfasst und verglichen werden kann.

III. Zentrale Probleme bei der Messung formaler Organisationsstrukturen

Die Möglichkeit und Sinnhaftigkeit der Messung von Organisationsstrukturen ist jedoch an eine zentrale Voraussetzung gebunden: Organisationsstrukturen müssen objektiv oder zumindest in intersubjektiv eindeutiger Weise existieren. Die Vorstellung einer objektiven Messbarkeit von Organisationsstrukturen basiert auf den grundlegenden Annahmen, dass Organisationsstrukturen einerseits unabhängig von den Wahrnehmungen einzelner Betrachter und andererseits in stabiler Weise über einen längeren Zeitraum existieren. Beide Annahmen werden jedoch aus unterschiedlichen theoretischen Richtungen problematisiert (s. *Weick* 1995; *Crozier/Friedberg* 1979). Trägt man dem ersten Kritikpunkt Rechnung, dass die Wahrnehmung der formalen Struktur einer Organisation subjektiv geprägt ist, stellt sich die Frage, aus wessen Perspektive die formale Struktur rekonstruiert werden soll. In der empirischen Forschung zeigt sich die Tendenz, Organisationsstrukturen aus der Perspektive der Organisationsleitung zu erfassen. Begründet wird dies damit, dass die Organisationsleitung formal legitimiert ist, die Struktur der Organisation festzulegen. So plausibel dieses Vorgehen erscheinen mag, es schließt aus, dass die Wahrnehmung anderer Organisationsmitglieder, die sich von der der Organisationsleitung fundamental unterscheiden kann, in die Analyse einbezogen wird. Ein weiteres Problem der Messung der formalen Struktur in empirischen Studien betrifft die Frage, ob qualitative, d.h. inhaltliche, oder quantitative Unterschiede, d.h. Unterschiede im Ausmaß der Ausprägung einzelner Strukturdimensionen, erfasst werden sollen. In der Forschungspraxis zeigt sich die Tendenz, Unterschiede im Ausmaß der Ausprägung einzelner Strukturdimensionen zu untersuchen. Inhaltliche Aspekte der Ausgestaltung der Struktur bleiben insofern häufig unberücksichtigt (*Kieser/Walgenbach* 2003).

Im Folgenden werden einzelne Maße der formalen Organisationsstruktur vorgestellt, die in der empirischen Forschung eingesetzt wurden (einen umfassenderen Überblick vermitteln *Kubicek/Welter* 1985; *Price/Mueller* 1986).

IV. Strukturmaße

1. Spezialisierungsmaße

Organisationen verteilen die zur effizienten Erreichung ihrer Ziele notwendigen Aktivitäten auf einzelne Organisationsmitglieder und Abteilungen. Handelt es sich bei der gewählten Form der Arbeitsteilung nicht um eine rein mengenmäßige Arbeitsteilung, spricht man von *Spezialisierung* (→ *Arbeitsteilung und Spezialisierung*).

Die einfachste Vorgehensweise zur Bestimmung des Ausmaßes der Spezialisierung besteht darin, die Anzahl unterschiedlicher Stellenbezeichnungen festzustellen. Dieses Maß setzt jedoch voraus, dass die zu vergleichenden Organisationen die gleichen Kategorien von Stellenbezeichnungen verwenden. Man versuchte dieses Problem dadurch zu lösen, dass Listen von Spezialisierungsmöglichkeiten entwickelt wurden. Jede Spezialisierungsmöglichkeit, die eine Organisation tatsächlich wahrgenommen hat, erhöht ihren Messwert um den Wert 1 (s. bspw. *Pugh* et al. 1968). Ein Nachteil dieser Form der Messung liegt darin, dass die Listen verschiedenen Arten von Organisationen (z.B. Industrieunternehmen oder Behörden) in unterschiedlichem Maße gerecht werden.

Soweit es sich um die Art der Spezialisierung der größten organisatorischen Einheiten handelt, werden für die Messung der Struktur die Kategorien funktionale und divisionale Struktur unterschieden (→ *Funktionale Organisation*; → *Spartenorganisation*). Von einer funktionalen Organisationsstruktur spricht man, wenn die Abteilungen nach Verrichtungen oder Funktionen gebildet werden. Eine divisionale Organisationsstruktur liegt vor, wenn die Abteilungen nach Produkten, Kundengruppen oder Regionen gebildet werden. Da es nun Unterschiede in der Ausgestaltung der Divisionalisierung von Unternehmungen gibt, bietet sich zur Untersuchung dieser Unterschiede eine qualitative Klassifikation der Organisationsstruktur an, wie sie z.B. von Rumelt (*Rumelt* 1978) entwickelt wurde. Sie besteht aus den Kategorien funktionale Struktur, funktionale Struktur mit Zweigniederlassungen, geographische Divisionalisierung, Produkt-Divisionalisierung und Holding. Diese Klassifikation wurde anhand umfangreicher Informationen über Unternehmen aus verschiedenen Quellen (z.B. Geschäftsberichte) gebildet. Mithilfe dieser Klassifikation konnten z.B. Palmer et al. (*Palmer/Jennings/Zhou* 1993) die Übergänge von funktionalen zu divisionalen Strukturen von Unternehmen untersuchen.

2. Koordinationsmaße

Arbeitsteilung erzeugt *Koordinationsbedarf*. Die Aktivitäten der Organisationsmitglieder und Abteilungen der Organisation müssen aufeinander abgestimmt werden. Die Abstimmung kann durch persönliche Weisungen, Selbstabstimmung, Programmierung, Planung, interne Märkte und durch ein verinnerlichtes Wertesystem (→ *Organisationskultur*) erfolgen.

a) Messung der Koordination durch persönliche Weisungen

Eine exakte Messung des Umfangs persönlicher *Weisungen* kann durch eine Kommunikationsanalyse vorgenommen werden, die jedoch sehr aufwändig ist. In empirischen Studien hat man deshalb häufig die Gliederungstiefe des Stellengefüges als Indikator für den Umfang der Koordination durch persönliche Weisungen herangezogen (s.u.). Dahinter steht die Überlegung, dass Organisationen umso mehr hierarchische Ebenen schaffen müssen, je mehr sie sich auf eine Koordination durch persönliche Weisungen stützen.

b) Messung von Selbstabstimmung

Mithilfe einer Befragung der Organisationsmitglieder, inwieweit sie an Entscheidungen partizipieren bzw. welches Ausmaß die horizontale Kommunikation gegenüber der vertikalen einnimmt, wurde das Ausmaß der Koordination durch *Selbstabstimmung* zu erheben versucht (*Hall* 1963). Kieser hat den Umfang der Koordination durch Selbstabstimmung zu erfassen versucht, indem er die Organisationsmitglieder befragte, in welchem Ausmaß ihre Arbeitszeit durch regelmäßige und unregelmäßige Besprechungen in Anspruch genommen wird (*Kieser* 1973).

c) Programmierungsmaße

In den meisten Organisationen wird ein Teil der Aktivitäten der Organisationsmitglieder auf der Basis von festgelegten *Verfahrensrichtlinien* oder (Handlungs-) *Programmen* durchgeführt. Zur Erfassung des Programmierungsgrads erstellten bspw. Pugh et al. (*Pugh* et al. 1968) eine Liste von Aktivitäten, von denen sie annehmen, dass sie in allen Organisationen ausgeführt werden und programmierbar sind. Für jede der unterschiedenen Aktivitäten wurde eine Skala entwickelt, mit der unterschiedliche Grade der Standardisierung der Aktivitäten erfasst werden sollen.

d) Planungsmaße

Spezifische Maße zur Erfassung des Ausmaßes an *Planung* wurden bisher nur selten eingesetzt. Töpfer stellte Fragen zu den Inhaltskategorien und zur zeitlichen Differenzierung der Planung, zur Art und Reichweite von Teilplänen, zur Abstimmung und Integration zu Gesamtplänen sowie zur Plankontrolle, -korrektur und -fortschreibung (*Töpfer* 1976).

Neben diesen Koordinationsinstrumenten, die im Rahmen der Kontingenzforschung (→ *Kontingenzansatz*) untersucht wurden, werden in Organisationen weitere Koordinationsmechanismen eingesetzt.

e) Messung interner Märkte

Zunehmend werden in Organisationen → *Interne Märkte* zur Abstimmung der Leistungsbeziehungen zwischen Organisationseinheiten (→ *Profit-Center*) genutzt. Messen lässt sich das Ausmaß der Koordination durch interne Märkte durch Fragebögen, mit denen Art und Umfang interner Leistungsbeziehungen und die Art der verwendeten *Verrechnungspreise* erhoben werden (*Eccles* 1985). Auch *interne Arbeitsmärkte* (s. bspw. *Doeringer/Piore* 1971), die den Wettbewerb um bessere Arbeitsplätze und somit die beruflichen Aufstiegschancen höher qualifizierter Mitarbeiter innerhalb eines Unternehmens regeln, sind Gegenstand empirischer Untersuchungen. Bisher wurden hauptsächlich das Vorhandensein und die Ausgestaltung interner Arbeitsmärkte gemessen. Hierzu befragten bspw. Dobbin et al. (*Dobbin* et al. 1993) Unternehmen, ob sie verschiedene Praktiken interner Arbeitsmärkte (z.B. formale Karriereleitern oder Einstellungstests) übernommen haben.

f) Erfassung von Organisationskultur

Mit → *Organisationskultur* werden die geteilten Werte, Denkhaltungen und spezifischen Interpretationen der Wirklichkeit in einer Organisation bezeichnet (*Schein* 1992). Inwieweit die Organisationskultur einen Bestandteil der formalen Struktur bildet, ist in der Literatur umstritten. Allerdings beinhaltet Organisationskultur Regeln, die das Verhalten der Organisationsmitglieder auf die Ziele der Organisation ausrichten sollen. Regeln, die von formal dazu legitimierten Personen (z.B. den Gründern) geprägt oder akzeptiert werden. Aufgrund des hohen Maßes an erforderlicher Interpretation einer Organisationskultur und ihrer Äußerlichkeiten, wie bspw. bestimmten Ritualen, Symbolen oder Mythen, wird jedoch bezweifelt, dass Organisationskulturen objektiv oder in intersubjektiv eindeutiger Weise erfasst werden können. Fraglich erscheint zudem, inwieweit die Stärke einer Organisationskultur bzw. die Ausprägungen von Indikatoren der Organisationskultur in sinnvoller Weise quantitativ skaliert werden können (*Helmers* 1993). In der Literatur findet sich deshalb die Einschätzung, dass sich bestenfalls Typen von Organisationskulturen bilden lassen (*Osterloh* 1991).

3. Konfigurationsmaße

Mit der Dimension *Konfiguration* wird die Struktur der Weisungsbeziehungen in einer Organisation beschrieben. Eine einfache Zuordnung von existierenden Organisationsstrukturen zu den Grundtypen des *Einlinien-* und *Mehrliniensystems* sowie den in der Praxis entwickelten Typen des Projektmanagements (→ *Projektmanagement*), des *Produktmanagements* und der → *Matrix-Organisation* wird der Komplexität und der Unterschiedlichkeit von Weisungsstrukturen in der Organisationspraxis nicht gerecht. Bisher liegen exaktere Maße jedoch nicht vor. Die im Rahmen empirischer Untersuchungen insb. in den 60er und 70er Jahren des letzten Jahrhunderts entwickelten Konfigurationsmaße stellen auf relativ einfach zu erfassende Aspekte der Weisungsstruktur ab. Sie beziehen sich auf die Gliederungstiefe, die Leitungsspannen und verschiedene Stellenrelationen.

a) Gliederungstiefe

Die *Gliederungstiefe* wird durch die Anzahl der Hierarchieebenen gemessen (*Meyer* 1972). Verschiedene Bereiche in einer Organisation können jedoch unterschiedlich viele Hierarchieebenen aufweisen. Es hängt dann von der verfolgten Fragestellung ab, ob die maximale, die durchschnittliche oder die bereichsspezifische Gliederungstiefe die relevante Größe für den Vergleich bildet. Problematisch ist, dass sich häufig die Organisationsleitung aus den auf der zweiten Ebene ausgewiesenen Funktions- und/oder Spartenleitern zusammensetzt. Es ist hier in Abhängigkeit der Fragestellung zu entscheiden, ob die Stellen- oder die Personenhierarchie im Zentrum des Interesses steht.

b) Leitungsspannen

Auch die *Leitungsspannen*, d.h. die Anzahl der einzelnen Instanzen direkt unterstellten Stellen, variieren in Organisationen. Dies macht es schwierig, ein Maß zu definieren, das die Leitungsspannen der gesamten Organisation charakterisiert. Häufig ist die Leitungsspanne der obersten Instanz von besonderem Interesse, da sie als ein Indikator für das Ausmaß der Spezialisierung interpretiert werden kann (*Klatzky* 1970). Häufig werden Durchschnittswerte aller Leitungsspannen oder der Leitungsspannen einer Hierarchieebene ermittelt. Es erscheint jedoch fraglich, ob solche Durchschnittswerte bei der Unterschiedlichkeit der einzelnen Teilbereiche der Organisation sinnvoll interpretiert werden können und ob nicht die Unterschiede in den Leitungsspannen verschiedener Bereiche besondere Relevanz für den Vergleich besitzen. Ein weiteres Problem der Erfassung der Leitungsspanne liegt darin, dass sie sich nur auf die einer Instanz direkt unterstellten Stellen bezieht. Funktionale, d.h. auf bestimmte Aufgaben begrenzte fachliche Weisungsrechte, wie sie in der Organisationspraxis häufiger anzutreffen sind, werden damit außer Acht gelassen.

c) Stellenrelationen

In der Organisationsforschung und -praxis werden unterschiedliche Kategorien von *Stellen* unterschieden, so z.B. Linieninstanzen, Ausführungsstellen (→ *Stellen- und Abteilungsbildung*) und unterstützende Stellen (→ *Stäbe*). Werden die unterschiedlichen Stellen in Relation gesetzt, können Organisationen mit unterschiedlicher Mitgliederzahl verglichen werden (*Blau/Schoenherr* 1971). Die Relationen Leitungsstellen (Instanzen plus unterstützende Stellen) zu Gesamtstellen oder Leitungsstellen zu Ausführungsstellen können als Maßgrößen für den gesamten Koordinationsaufwand betrachtet werden. Die Relation unterstützende Stellen zu Gesamtstellen gibt in der Tendenz den Aufwand für technokratische Koordinationsinstrumente, wie z.B. Planung und Programmierung, wieder. Die Relation Instanzen zu Gesamtstellen ist ein Indikator für das Ausmaß der Koordination durch persönliche Weisungen. Allerdings sind diese Indikatoren nur wenig genau, da auch Instanzen häufig mit Ausführungsaufgaben betraut sind und Ausführungsstellen mit Koordinationsaufgaben, z.B. in Form von Selbstabstimmung, befasst sein können (*Kieser/Walgenbach* 2003).

4. Delegationsmaße

Entscheidungsdelegation (→ *Delegation (Zentralisation und Dezentralisation)*) beschreibt das Ausmaß, in dem Entscheidungsbefugnisse auf untere Hierarchieebenen delegiert werden. Das Ausmaß der Entscheidungsdelegation in einer Organisation wurde auf indirekte und direkte Weise zu ermitteln versucht. Evan sieht bspw. in der Leitungsspanne einen Indikator für das Ausmaß der Delegation (*Evan* 1963). Er geht davon aus, dass mit zunehmender Leitungsspanne zunehmend mehr Entscheidungen delegiert werden müssen. Allerdings hängt die Größe der Leitungsspanne von einer Vielzahl von Faktoren, wie z.B. dem Ausmaß der Koordination durch Programme, ab, sodass von der Leitungsspanne nicht zwingend auf das Ausmaß der Delegation geschlossen werden kann. Ähnlich problematisch ist der Versuch, das Ausmaß der Entscheidungsdelegation über die Höhe der Gehälter auf unteren Hierarchieebenen zu messen (*Whisler* et al. 1967). Bei der direkten Messung stellt sich die Frage, ob von den Entscheidungsträgern oder den Entscheidungen ausgegangen werden soll. Die Frage stellt sich deswegen, weil die meisten Entscheidungsträger Entscheidungskompetenzen in Bezug auf mehrere Sachverhalte besitzen bzw. weil an vielen Entscheidungen in Organisationen oft mehrere Stellen beteiligt sind (→ *Entscheidungsprozesse in Organisationen*). Bei einer stellenbezogenen Vorgehensweise wird festgestellt, wie groß die Entscheidungskompetenzen der einzelnen Organisationsmitglieder sind. Ein an den Entscheidungen ansetzendes Verfahren zur Messung der Entscheidungsdelegation wurde von Pugh et al. vorgeschlagen (*Pugh* et al. 1968). Sie stellten eine Liste mit generellen, in allen erwerbswirtschaftlichen Organisationen zu treffenden Entscheidungen zusammen und ermittelten jeweils die niedrigste hierarchische Ebene, die die formale Entscheidungskompetenz besitzt. Das Gesamtmaß der Konzentration der Entscheidungsbefugnisse ergibt sich aus der Summe der Ebenenangaben. Je niedriger die Summe ist, desto geringer ist das Ausmaß der Delegation. Um unterschiedlich tief gegliederte Stellengefüge vergleichbar zu machen, werden die Ebenenangaben einer Organisation auf eine „Standardhierarchie" mit fünf Ebenen transformiert. Problematisch an dieser Vorgehensweise erscheint, dass alle Entscheidungen als gleich wichtig betrachtet werden; qualitative Unterschiede zwischen Entscheidungen, z.B. hinsichtlich ihrer Bedeutung und Reichweite, werden nicht erfasst.

5. Formalisierungsmaße

Mit *Formalisierung* wird der Einsatz schriftlich fixierter organisatorischer Regeln, bspw. in Form von Organisationshandbüchern oder Stellenbeschreibungen, bezeichnet. Um den Formalisierungsgrad einer Organisation zu bestimmen, haben Organisationsforscher versucht, den Umfang der schriftlich fixierten Regeln in einer Organisation zu erfassen. Blau und Schoenherr wählten dazu die Anzahl der Worte in Organisationshandbüchern (*Blau/Schoenherr* 1971). Andere Autoren haben die Wahrnehmung des Formalisierungsgrades durch die Organisationsmitglieder abgefragt (*Aiken/Hage* 1968).

6. Messung der Entwicklung organisatorischer Regeln

Die bisher vorgestellten Strukturmaße messen bestimmte Aggregate von formalen organisatorischen Regelungen, die die einzelnen Strukturelemente bilden. In jüngerer Zeit wurden auch einzelne formale Regelungen zum Gegenstand empirischer Untersuchungen. Hierbei geht es v.a. um die Entwicklung organisatorischer Regeln im Zeitverlauf und die diese bestimmenden Einflüsse. Von diesen Untersuchungen erhofft man sich Erkenntnisse über den Prozess des organisatorischen Lernens (→ *Lernen, organisationales*) (*Cyert/March* 1963). Die Gründung von Regeln, deren Änderung sowie die Auflösung einzelner Regeln sind dabei diejenigen Ereignisse im Lebenslauf einer Regel, die am häufigsten untersucht wurden (*March/Schulz/Zhou* 2000; *Beck* 2001). Faktoren, die die Wahrscheinlichkeit einer Regelgründung beeinflussen können, sind z.B. die zu einem bestimmten Zeitpunkt in einer Organisation existierende Regeldichte oder die Zahl der Regelauflösungen (*Schulz* 1998). Änderungen und Auflösungen von Regeln werden u.a. durch das Alter einzelner Regeln oder die Anzahl vorheriger Änderungen einer Regel beeinflusst (*Beck/Kieser* 2003).

V. Schluss

Einhergehend mit der abnehmenden Bedeutung des Kontingenzansatzes (→ *Kontingenzansatz*) in der internationalen Organisationsforschung und dem Aufstieg anderer Organisationstheorien (s. bspw. → *Evolutionstheoretischer Ansatz*; → *Neoinstitutionalistische Ansätze*; → *Institutionenökonomie*) verlagerten sich die in der Organisationsforschung als relevant erachteten Messgrößen. Die Bemühungen um eine genaue Erfassung jener formalen Regeln, die im Kontingenzansatz im Vordergrund standen, ließen in der Folge nach. Dies erscheint aus mehreren Gründen bedauerlich. Einerseits weil auch jüngere Studien (s. bspw. *Marsden/Cook/Kalleberg* 1996), in denen die formale Struktur von Organisationen gemessen wurde, gleiche oder zumindest sehr ähnliche Maße nutzen wie die empirischen Studien der 60er und 70er Jahre des letzten Jahrhunderts. Diese unterliegen insofern grundsätzlich der gleichen Kritik wie die frühen Studien im Rahmen des Kontingenzansatzes. Andererseits erscheint der Stillstand bedauerlich, weil auch für die Organisationspraxis, z.B. im Rahmen eines Benchmarkings (→ *Benchmarking*), ein differenziertes und genaues Instrumentarium zur Messung formaler Organisationsstrukturen wünschenswert erscheint.

Literatur

Aiken, Michael/Hage, Jerald: Organizational interdependence and intraorganizational structure, in: ASR, Jg. 33, 1968, S. 912–931.

Beck, Nikolaus: Kontinuität des Wandels: Inkrementale Änderungen einer Organisation, Wiesbaden 2001.

Beck, Nikolaus/Kieser, Alfred: The complexity of rule systems, experience and organizational learning, in: OS, Jg. 24, 2003, S. 793–814.

Blau, Peter M./Schoenherr, Richard A.: The Structure of Organizations, New York 1971.

Blau, Peter M./Scott, W. Richard: Formal Organizations, San Francisco 1962.

Crozier, Michel/Friedberg, Erhard: Die Zwänge kollektiven Handelns. Über Macht und Organisation, Königstein/Taunus 1979.

Cyert, Richard M./March, James G.: A Behavioral Theory of the Firm, Cambridge MA et al. 1963.

Dobbin, Frank R. et al.: Equal opportunity law and the construction of interal labor markets, in: AJS, Jg. 104, 1993, S. 441–476.

Doeringer, Peter B./Piore, Michael J.: Internal Labor Markets and Manpower Analysis, Lexington 1971.

Eccles, Robert G.: The Transfer Pricing Problem, Toronto 1985.

Evan, William M.: Indices of the hierachical structure of industrial organizations, in: Man. Sc., Jg. 9, 1963, S. 468–477.

Hall, Richard H.: The concept of bureaucracy: An empirical assessment, in: ASQ, Jg. 69, 1963, S. 32–40.

Helmers, Sabine: Beiträge der Ethnologie zur Unternehmenskultur, in: Unternehmenskultur in Theorie und Praxis, hrsg. v. *Dierkes, Meinolf/Rosenstiel, Lutz von/Steger, Ulrich*, Frankfurt am Main 1993, S. 147–187.

Kieser, Alfred: Einflussgrößen der Unternehmungsorganisation. Der Stand der empirischen Forschung und Ergebnisse einer eigenen Erhebung, Köln 1973.

Kieser, Alfred/Walgenbach, Peter: Organisation, 4. A., Stuttgart 2003.

Klatzky, S. R.: Relationship of organizational size to complexity and coordination, in: ASQ, Jg. 15, 1970, S. 428–438.

Kubicek, Herbert/Welter, Günter: Messung der Organisationsstruktur, Stuttgart et al. 1985.

March, James G./Schulz, Martin/Zhou, Xueguang: The Dynamics of Rules: Studies of Change in Written Organizational Codes, Stanford 2000.

Marsden, Peter V./Cook, Cynthia R./Kalleberg, Arne L.: Bureaucratic structures for coordination and control, in: Organizations in America, hrsg. v. *Kalleberg, Arne L.* et al., Thousand Oaks et al. 1996, S. 69–86.

Meyer, Marshall W.: Bureaucratic Structure and Authority, New York 1972.

Osterloh, Margit: Methodische Probleme einer empirischen Erforschung von Organisationskulturen, in: Organisationskultur, hrsg. v. *Dülfer, Eberhard*, 2. A., Stuttgart 1991, S. 173–185.

Palmer, Donald A./Jennings, P. Devereaux/Zhou, Xueguang: Late adoption of the multidivisional form by large U.S. corporations, in: ASQ, Jg. 38, 1993, S. 100–131.

Price, James L./Mueller, Charles W.: Handbook of Organizational Measurement, Marshfield MA 1986.

Pugh, Derek S. et al.: Dimensions of organization structure, in: ASQ, Jg. 13, 1968, S. 65–105.

Rumelt, Richard: Data Bank on Diversification strategy and Corporate Structure, Paper MGL-55 Management Studies Center, Graduate School of Management, University of California, Los Angeles 1978.

Schein, Edgar H.: Organizational Culture and Leadership, 2. A., San Francisco 1992.

Schulz, Martin: Limits to bureaucratic growth: The density dependence of organizational rule births, in: ASQ, Jg. 43, 1998, S. 241–266.
Töpfer, Armin: Planungs- und Kontrollsysteme industrieller Unternehmungen, Berlin 1976.
Weber, Max: Wirtschaft und Gesellschaft, 5. A., Tübingen 1972.
Weick, Karl E.: Sensemaking in Organizations, Thousand Oaks et al. 1995.
Whisler, Thomas L. et al.: Centralization of organizational control, in: JBus, Jg. 40, 1967, S. 10–26.

Methoden der empirischen Managementforschung

Wenzel Matiaske

[s.a.: Demographischer Ansatz; Interpretative Organisationsforschung.]

I. Begriff und Abgrenzung; II. Quantitative Methoden; III. Qualitative Methoden – Fallstudien; IV. Bedeutung für die Organisationsforschung und die Organisationspraxis; V. Kritische Würdigung.

Zusammenfassung

Der Beitrag stellt die Methoden der empirischen Managementforschung im Überblick vor. Ausgehend von einer Begriffsklärung werden quantitative und qualitative Methoden voneinander abgegrenzt. Anschließend werden zunächst wichtige Erhebungs- und Analysemethoden der quantitativ orientierten Forschung diskutiert und mit der Fallstudienmethodik ein zentrales Instrumentarium der qualitativen Forschung erläutert. Überlegungen zur Bedeutung für die Organisationspraxis und ein Ausblick auf künftige Aufgaben der Managementforschung schließen den Artikel ab.

I. Begriff und Abgrenzung

Das Gebiet der empirischen Managementforschung ist nicht fest umrissen. Bis Ende der 70er Jahre dominierte auch die betriebswirtschaftliche Forschung eine soziologische Begriffsfassung, die das Management als soziale Großgruppe zum Gegenstand machte (*Pross/Boetticher* 1971; *Hartmann/Bock-Rosenthal/Helmer* 1973; *Witte/Bronner* 1974). Während insb. in der französischen Sozialforschung dieses engere Forschungsgebiet weiter bearbeitet wird (*Boltanski* 1990), hat sich im deutschen Sprachraum eine weite Bestimmung des Forschungsgebietes durchgesetzt. Die Etablierung des Begriffs „Management" als Perspektive der Betriebswirtschaftslehre (*Staehle* 1999; *Steinmann/Schreyögg* 2000) verbindet sich mit neuen empirischen Forschungsfragen. Neben dem übergeordneten Aspekt der Steuerung von Organisationen erfasst diese Sichtweise Forschungsfelder wie → *Entscheidungsprozesse in Organisationen*, das Gebiet der Personalführung (→ *Führung und Führungstheorien*) oder die Evaluierungsforschung. Insofern diese Perspektive auf Ebene der theoretischen Bezüge offen ist – es überwiegt eine breit angelegte verhaltenswissenschaftliche Orientierung – und der Forschungsgegenstand empirische Kenntnisse über das Verhalten von und in Organisationen verlangt, lassen sich auch Themen auf der Makro-, Meso- und Mikroebene wie die natürlichen, gesellschaftlichen und ökonomischen Bezüge von Organisationen, Kooperation und Konflikt zwischen Organisationen (→ *Netzwerke*; → *Umweltanalyse, strategische*) oder das Verhalten von Gruppen und Individuen (→ *Gruppenverhalten und Gruppendenken*) in Organisation dem Gebiet der Managementforschung zurechnen.

Entsprechend vielfältig ist das Inventar der empirischen *Forschungsmethoden*. Es reicht von der hermeneutischen Interpretation aufgezeichneter Gespräche zur Regelungsaushandlung in teilnehmender Perspektive über experimentelle Laborstudien zum Entscheidungsverhalten bei komplexen Problemen bis hin zur elaborierten statistischen Analyse großzahlig erhobenen Sekundärmaterials. Insofern unterscheidet sich die empirische Managementforschung auf dieser Ebene nicht von der allgemeineren *Sozialforschung*, deren Instrumentarium sie nutzt. Weil die Managementforschung häufig auch eine Intervention in ein soziales System impliziert, sind Methoden der Inklusion von unmittelbar oder mittelbar Beteiligten der Forschung und Techniken der Rückkopplung von Ergebnissen möglicherweise von größerer Bedeutung als in anderen Bereichen der Sozialforschung. Dabei ist zu beachten, dass Datenerhebung und Rückkopplung in Unternehmen der Mitbestimmung unterliegen können (→ *Mitbestimmung, betriebliche*).

Die Methoden der Managementforschung lassen sich grob in sog. *qualitative* und *quantitative Instrumente* ordnen. *Qualitative Forschung* verzichtet auf eine Zuordnung der empirischen Relationen zu einem numerischen Relativ im Zuge der Datenerhebung (→ *Interpretative Organisationsforschung*). Darüber hinaus nutzen qualitativ orientierte Forscher i.d.R. Techniken der Interpretation statt mathematisch-statistischer Methoden in der Analyse des Datenmaterials. *Quantitative Methoden* ordnen das Datenmaterial dagegen typischerweise bereits während der Erhebung einem numerischen Relativ zu. Die Differenzierung zwischen qualitativen und quantitativen Erhebungsmethoden ist auf Ebene der Datenanalyse zweitrangig, da auch qualitativ erhobene Daten über den Zwischenschritt der Codierung quantitativer Analyse – und sei es auf nominalem Datenniveau – zugänglich ist. Es geht im Forschungsprozess (*Friedrichs* 1999) vorrangig um die Auswahl gegenstandsadäquater Forschungsmethoden und erst in zweiter Linie um die Bestimmung geeigneter Methoden der Datenanalyse. Anders formuliert können und sollen qualitative und quantitative Methoden der Erhebung und der Analyse von Daten im geeigneten Verbund genutzt werden (*Barton/Lazarsfeld* 1993).

II. Quantitative Methoden

Das Methodenspektrum der Managementforschung umfasst die grundlegenden *Erhebungsmethoden* der *Befragung*, der *Beobachtung* und der *Inhaltsanalyse* (*Brewerton/Millward* 2001; *Bronner/Appel/Wiemann* 1999; *Diekmann* 2002; *Kühl/Strodtholz* 2002). Als quantitativ werden Datenerhebungsmethoden bezeichnet, die eine kategoriale oder numerische Zuordnung des empirischen Datums im Prozess der Datenerhebung vornehmen. Dies impliziert strikte *Operationalisierungen* theoretischer Überlegungen und damit genaue Regeln zur Aufzeichnung befragter oder beobachteter Sachverhalte bzw. zur Codierung inhaltsanalytischer Daten. Das derart erhobene Datenmaterial ist direkt, d.h. ohne die zwischengeschaltete Interpretation des Forschenden, der mathematisch statistischen Auswertung zugänglich.

Prototypisch für diese Vorgehensweise ist die *standardisierte Befragung*. Standardisiert meint in diesem Zusammenhang, dass nicht nur die Fragen oder Stimuli fest vorgegeben sind, sondern auch die Antwortmöglichkeiten auf zuvor festgelegte Kategorien begrenzt werden. Diese sog. geschlossene Frageform findet in unterschiedlichen Befragungssituationen – mündlich, telefonisch oder schriftlich – Verwendung. Die aus Kostengründen besonders häufig eingesetzte schriftliche Befragung weist gegenüber anderen Befragungssituationen erhebliche Nachteile auf. Insbesondere in weit gestreuten, postalischen Befragungen besteht weder die Möglichkeit der Erläuterung von Befragungsinhalten durch die Interviewer noch eine Kontrolle des Rücklaufs bzgl. der Nichtteilnehmer. Prinzipiell ist die Befragung immer dann einsetzbar, wenn bewusstseinsfähige Sachverhalte wie Fakten, Meinungen oder Einstellungen Forschungsgegenstand sind. Die standardisierte Form verlangt darüber hinaus weit fortgeschrittene Überlegungen zur Operationalisierung theoretischer Konstrukte, insb. wenn Einstellungen erhoben werden sollen.

Die Methoden der *Beobachtung* erlauben die Protokollierung von Handlungen oder Verhalten ohne Umweg über die Reflektion der Handelnden. Dies gilt insb. dann, wenn die Beobachtung verdeckt erfolgt. Neben der verdeckten bzw. offenen Beobachtung, bspw. in moderierenden Prozessen der Begleitforschung, differenziert die Literatur die Formen der Beobachtung nach dem Kriterium der Teilnahme bzw. der Nicht-Teilnahme am sozialen Geschehen. Eine hervorzuhebende Untergruppierung der Beobachtung sind sog. *nicht-reaktive Messverfahren* (*Mayrhofer* 1993). Als quantitativ können Beobachtungsformen gelten, die wie im Fall der standardisierten Befragung feste Schemata zur Protokollierung von Beobachtungen verwenden. Ein in der Managementforschung viel zitiertes Beispiel ist die Interaktionsprozessanalyse und ihre Weiterentwicklungen (*Bales* 1950; *Bales/Cohen* 1979), die Beobachtungen der Interaktionen in kleinen Gruppen anhand fester Kategorien organisiert. Standardisierte Formen der Beobachtung werden aus sachlogischen Gründen oft mit nicht-teilnehmenden Varianten dieser Verfahrensgruppe kombiniert.

Die Varianten der *Inhaltsanalyse* generieren im Unterschied zur Befragung und Beobachtung keinerlei Daten, sondern nutzen im Managementprozess produziertes Material wie Vermerke, Protokolle oder Broschüren als Grundlage. Darüber hinaus finden Techniken der Inhaltsanalyse Verwendung, wenn in Befragungen oder Beobachtungen nicht-standardisiertes verbales und/oder visuelles Material erhoben wird. Analog zu den zuvor erläuterten Erhebungsverfahren gilt, dass die Inhaltsanalysen dann als quantitativ charakterisiert werden können, wenn sie feste Schemata zur Codierung des Materials verwenden.

Quantitative Forschung im hier definierten Verständnis verbindet sich mit bestimmten *Forschungsformen*. Großzahlig, repräsentativ angelegte Erhebungen, Längsschnittuntersuchungen, die Konstanz der Erhebungsinstrumente implizieren, und experimentelle Erhebungsanordnungen verlangen standardisierte Verfahren der Datenerhebung. Darüber hinaus ist ein typisches Ziel quantitativer Erhebungen die Entwicklung von Indizes oder Skalen zur Quantifizierung empirischer Sachverhalte der Organisations- oder Managementpraxis (*Kubicek/Welter* 1985).

In der *Datenanalyse* standardisiert erhobenen Materials kommen nahezu ausschließlich mathematisch-statistische Modelle zum Einsatz. Das Methodenspektrum reicht von Verfahren der numerischen oder grafischen Präsentation über die bivariate Zusammenhangsanalyse oder Gruppenvergleiche der schließenden Statistik bis hin zum Einsatz multivariater Verfahren (*Matiaske* 1996; *Backhaus* et al. 2003). Besonderer Stellenwert ist in der quantitativen Forschung Techniken einzuräumen, die der Prüfung der *Verlässlichkeit (Reliabilität)* und *Gültigkeit (Validität)* von Messungen und der Bildung von Indizes dienen (*Borg/Staufenbiel* 1989; *Lienert/Raatz* 1994). Die eingesetzten *multivariaten Verfahren* umfassen sowohl Modelle der symmetrischen Datenanalyse zur Gruppierung von Fällen oder Variablen (z.B. Cluster- oder Faktorenanalysen, Multidimensionale Skalierung) als auch Techniken der asymmetrischen Modellbildung. Die Methoden dieser Verfahrensgruppe unterscheiden wie das prototypische Modell der multiplen Regression zwischen zu erklärenden Zielvariablen und erklärenden Prädiktoren. Die hier hervorzuhebenden Fortschritte in der Statistik betreffen einerseits Verallgemeinerungen des allgemeinen linearen Modells zur adäquateren Analyse von Zusammenhängen auf ordinalem Skalenniveau (*McCullagh/Nelder* 1989) und andererseits Modelle, die im Unterschied zu Standardtechniken der Regression die Modellierung hierarchischer Zusammenhänge ermöglichen (*Snijders/Bosker* 1999). Letzterer Fall betrifft u.a. die Analyse individuellen Verhaltens in kollektiven situativen Randbedingungen, also eine Analysesituation, die in der Managementforschung häufig vorzufinden ist. Eine Zusammenführung der Modellierungen im Rahmen der symmetrischen und der asymmetrischen Datenanalyse erlauben *Strukturgleichungsmodelle* mit latenten Variablen, die das Modell der Pfad- und der Faktorenanalyse miteinander kombinieren (*Long* 1983). Wenig verbreitet sind auf Grund fehlender Datensätze bislang Techniken zur Auswertung von Panel- oder Ereignisdaten. Eine weitere für die Managementforschung bedeutsame methodische Entwicklung für die Managementforschung betrifft die Analyse relationaler Daten mittels Techniken der *Netzwerkanalyse* (*Matiaske* 1993; *Wasserman/Faust* 1994).

Quantitativ operierende Managementforschung verlangt theoriegeleitete und gegenstandsadäquate Operationalisierungen ebenso wie der Theorie und den Daten angemessene Methoden der Datenanalyse. Zur Verbesserung von Operationalisierungen bietet die empirische Methodik neue mess- und skalierungstheoretische Methoden einerseits sowie designtheoretische Überlegungen wie die Facettentheorie andererseits an (*Borg/Shye* 1995). Bezüglich der Datenanalyse bedeutet dies, dass mathematisch-statistische Methoden nicht als quasi neutrale Methoden, sondern als Modelle interpretiert werden. Die moderne methodische Literatur spricht von Modellierung als Strategie der Datenanalyse in der Bedeutung einer sukzessiven Verbesserung der Adäquanz statistischer Modelle hinsichtlich der Theorie einerseits und der Daten andererseits (*Everitt/Dunn* 1991).

III. Qualitative Methoden – Fallstudien

Quantitativ orientierte empirische Arbeit ist vorrangig mit einer *prüfenden Forschungsstrategie* verbunden. Häufig sind die Gegenstände der Managementforschung auf theoretischer Ebene jedoch nicht genügend erschlossen, um theoretisch fundierte Tendenzaussagen empirisch prüfen zu können. Ferner stellt sich das Problem, dass die Komplexität der Forschungsfragen selbst bei hinreichender theoretischer Durchdringung Schwierigkeiten in der Operationalisierung birgt. Schließlich sind in Abhängigkeit von der Aggregatsebene des Forschungsgegenstandes, bspw. im Fall von Entscheidungsprozessen, erhebliche Restriktionen bei der Bestimmung und Gewinnung von Stichproben hinreichender Größe zu verzeichnen. Wie in anderen Feldern der sozial- und wirtschaftswissenschaftlichen Empirie auch, wird daher in der Managementforschung häufig eine explorative anstelle einer prüfenden Forschungsstrategie gewählt.

Fallstudien können als Prototypen einer *explorativen Forschungsstrategie* gelten, die vor dem Hintergrund der genannten Probleme in der Managementforschung oft Einsatz finden (*Yin* 1989; *Hartley* 1994). Das Charakteristikum von Fallstudien ist, detailreiche und vertiefendende „dichte Beschreibungen" (*Geertz* 1997) einzelner Fälle anzufertigen. Analyseeinheit von Fallstudien können Personen, Gruppen oder Organisationen aber auch soziale Prozesse auf unterschiedlichen Ebenen sein. Typischerweise werden in Fallstudien narrative Techniken des Interviews zur Datenerhebung verwendet; oft in Kombination mit qualitativen Varianten der Beobachtung oder der Inhaltsanalyse. Ziele explorativer Fallstudien, in der Literatur auch als heuristische oder ideographische Fallstudien bezeichnet (*Festing* 1996), sind die Entdeckung relevanter Zusammenhänge oder Variablen und die Entwicklung verbesserter Operationalisierungen. Insoweit dienen explorative Fallstudien der Vorbereitung statistisch verallgemeinernder großzahliger Studien. Darüber hinaus dienen Fallstudien der didaktischen Illustration theoretischer Sachverhalte. Fallstudien spielen jedoch auch jenseits der Exploration eine zunehmend wichtigere Rolle in der Prüfung theoretischer Zusammenhänge (*Royer* 2000). Könnten in den Sozialwissenschaften strikt nomothetische Aussagen Geltung beanspruchen, was aus verschiedenen Gründen nicht der Fall ist, dann bedürfte es keiner statistisch-verallgemeinernder Forschungsstrategien (*Lipset/Trow/Coleman* 1956). Vielmehr wäre ein einzelner Fall ausreichend, um eine Hypothese zu widerlegen (*Huber* 1978). So genannte nomothetische Fallstudien versuchen daher nicht theoriedisadäquate Fälle aufzuspüren, sondern sollen Elemente einzelner Fälle vor dem Hintergrund theoretischer Annahmen und empirisch (quantitativ) abgesicherten Wissens einordnen.

IV. Bedeutung für die Organisationsforschung und die Organisationspraxis

Managementforschung, im eingangs erläuterten Verständnis, ist eine Erfahrungswissenschaft, die mithin eines empirischen und methodischen Fundaments bedarf. Als erfahrungswissenschaftliche Disziplin verfolgt sie einerseits ein theoretisches und anderseits ein pragmatisches anwendungsorientiertes Wissenschaftsziel (*Albert* 1972). Empirische Forschung dient der theoretischen Zielsetzung, insofern sie die Gegenstandsbereiche der Theoriebildung erkundet und beschreibt. In einem weiter fortgeschrittenen Stadium der Theoriebildung ermöglicht empirische Arbeit die Prüfung hypothetischer Sätze – im Fall der Managementforschung wie in anderen sozialwissenschaftlichen Fachgebieten im Regelfall Tendenzaussagen.

Am wissenschaftlichen Ziel der Erklärung und Theoriebildung ausgerichtete Forschung ist häufig nicht unmittelbar praktisch anwendbar (*Nienhüser* 1989). Die Entwicklung von Sozialtechnologien zur Steuerung von Organisationen bedarf häufig spezifischer Kenntnisse konkreter Handlungssituationen, von denen theoretisch orientierte Forschung auf Grund des Strebens nach verallgemeinerbaren Aussagen abstrahieren muss. Dennoch bietet theoriegeleitete empirische Forschung der Praxis Hinweise zur Gestaltung. Empirische Forschungsarbeiten liefern dem Praktiker Orientierungswissen und damit Anhaltspunkte für Gestaltungsentscheidungen. Die Kritik der Praxis in theoretisch orientierten Arbeiten schafft Voraussetzungen zu ihrer Veränderung. Schließlich können die Methoden der Managementforschung in praktischen Veränderungsprozessen von großem Nutzen sein, um die Spezifika der jeweiligen Praxis auf Ebene der Organisation, des Betriebes oder der Gruppe zu erkennen.

V. Kritische Würdigung

Die empirische Methodik ist grundlegendes „Handwerkszeug" einer erfahrungswissenschaftlichen Managementforschung. Forschungsmethoden sind Werkzeuge der Wissenschaft, um Aufschluss über ihre Forschungsgegenstände zu erhalten. Die Erkenntniswerkzeuge haben Einfluss auf die gewinnbaren und gewonnenen Erkenntnisse (*Lakatos* 1974). Insofern erweist sich die konventionelle Einschätzung der empirischen Methodik als fachfremde Hilfswissenschaft als unangemessen. Erfahrungswissenschaftliche Disziplinen wie die Managementforschung sollten daher nicht nur über grundlegende Forschungsmethoden informieren, sondern darüber hinaus eigenständige Modifikationen und Weiterentwicklungen mit Blick auf den jeweiligen theoretischen Bezugsrahmen einerseits und den Forschungsgegenstand andererseits vorschlagen (können). Dies impliziert u.a. eine stärkere Verankerung der Forschungsmethodik in der wissenschaftlichen Ausbildung als bislang üblich (*Matiaske/Schramm* 1997).

Eine weitere zukünftige Aufgabe ist die institutionelle Verankerung der Managementforschung. Das Fach verfügt über eine Fülle wertvoller erfahrungswissenschaftlicher Befunde, die bislang jedoch nahezu ausschließlich auf Ebene der Ergebnisse gebündelt werden können. Es fehlt der Managementforschung – wie auch anderen Gebieten der betriebswirtschaftlichen Empirie – zum einen an einer Institution wie dem *Zentralarchiv für empirische Sozialforschung* (*Köln*) zur Sammlung und Weitergabe von Daten für Sekundäranalysen. Zum anderen mangelt es der Managementforschung an spezialisierten Längsschnittsdatensätzen, die Aufschluss über die Entwicklung und den Wandel des Verhaltens von und in Organisationen geben können.

Literatur

Albert, Hans: Aufklärung und Steuerung: Gesellschaft, Wissenschaft und Politik in der Perspektive des kritischen Rationalismus, in: Hamburger Jahrbuch für Wirtschafts- und Gesellschaftspolitik, hrsg. v. *von Ortlieb, Heinz D./Molitor, Bruno/Krone, Werner*, Tübingen 1972, S. 11–30.
Backhaus, Klaus et al.: Multivariate Analysemethoden: Eine anwendungsorientierte Einführung, Berlin et al. 2003.
Bales, Robert F.: Interaction Process Analysis: A Method for the Study of Small Groups, Chicago 1950.
Bales, Robert F./Cohen, Stephen P.: SYMLOG: A System for the Multiple Level Observation of Groups, New York et al. 1979.
Barton, Allan H./Lazarsfeld, Paul F.: Das Verhältnis von theoretischer und empirischer Analyse im Rahmen qualitativer Sozialforschung, in: Qualitative Sozialforschung, hrsg. v. *Hopf, Christel/Weingarten, Elmar*, Stuttgart 1993, S. 41–89.
Boltanski, Luc: Die Führungskräfte: Entstehung einer sozialen Gruppe, Frankfurt am Main et al. 1990.
Borg, Ingwer/Shye, Samuel: Facet theory: Form and content, Thousand Oaks et al. 1995.
Borg, Ingwer/Staufenbiel, Thomas: Theorien und Methoden der Skalierung, Bern et al. 1989.
Brewerton, Paul/Millward, Lynne: Organizational Research Methods, London et al. 2001.
Bronner, Rolf/Appel, Wolfgang/Wiemann, Volker: Empirische Personal- und Organisationsforschung: Grundlagen, Methoden, Beispiele, München et al. 1999.
Diekmann, Andreas: Empirische Sozialforschung, 8. A., Reinbek et al. 2002.
Everitt, Brian S./Dunn, Graham: Applied Multivariate Data Analysis, London et al. 1991.
Festing, Marion: Strategisches Internationales Personalmanagement: Eine transaktionskostentheoretisch fundierte Analyse, München et al. 1996.
Friedrichs, Jürgen: Methoden empirischer Sozialforschung, 15. A., Opladen 1999.
Geertz, Clifford: Dichte Beschreibung: Beiträge zum Verstehen kultureller Systeme, Frankfurt am Main 1997.
Hartley, Jean S.: Case Studies in Organizational Research, in: Qualitative Methods in Organizational Research, hrsg. v. *Cassel, Catherine/Symon, Gillian*, London 1994, S. 208–229.
Hartmann, Heinz/Bock-Rosenthal, Erika/Helmer, Elvira: Leitende Angestellte: Selbstverständnis und kollektive Forderungen, Neuwied et al. 1973.
Huber, Hans P.: Kontrollierte Fallstudie, in: Handbuch der Psychologie, Bd. 8: Klinische Psychologie, hrsg. v. *Pongratz, Ludwig J.*, Göttingen 1978, S. 1153–1199.
Kubicek, Hubert/Welter, Günter: Messung der Organisationsstruktur: Eine Dokumentation zur quantitativen Erfassung von Organisationsstrukturen, Stuttgart 1985.
Kühl, Stefan/Strodtholz, Petra: Methoden der Organisationsforschung, Reinbek 2002.
Lakatos, Imre: Falsifikation und die Methodologie wissenschaftlicher Forschungsprogramme, in: Kritik und Erkenntnisfortschritt, hrsg. v. *Lakatos, Imre/Musgrave, Alan*, Braunschweig 1974, S. 89–190.
Lienert, Gustav A./Raatz, Ulrich: Testaufbau und Testanalyse, 5. A., Weinheim 1994.

Lipset, Seymour Martin/Trow, Martin/Coleman, James S.: Union Democracy: The Inside Politics of the International Typographical Union, New York 1956.
Long, John S.: Covariance Structure Models: An Introduction to LISREL, Beverly Hills et al. 1983.
Matiaske, Wenzel: Statistische Datenanalyse mit Mikrocomputern, 2. A., München et al. 1996.
Matiaske, Wenzel: Netzwerkanalyse, in: Empirische Personalforschung, hrsg. v. *Becker, Fred G./Martin, Albert*, München et al. 1993, S. 47–67.
Matiaske, Wenzel/Schramm, Florian: Zur Rolle empirischer Forschungsmethoden in der personalwirtschaftlichen Ausbildung, in: Personalwirtschaftliche Ausbildung an Universitäten, Sonderband der Zeitschrift für Personalforschung, hrsg. v. *Auer, Manfred/Laske, Stephan*, München et al. 1997, S. 148–159.
Mayrhofer, Wolfgang: Nonreaktive Methoden, in: Empirische Personalforschung, hrsg. v. *Becker, Fred G./Martin, Albert*, München et al. 1993, S. 11–32.
McCullagh, Peter/Nelder, John A.: Generalized Linear Models, 2. A., London 1989.
Nienhüser, Werner: Die praktische Nutzung theoretischer Erkenntnisse in der Betriebswirtschaftslehre, Stuttgart 1989.
Pross, Helge/Boetticher, Karl W.: Manager im Kapitalismus, Frankfurt am Main 1971.
Royer, Susanne: Erfolgsfaktoren horizontaler kooperativer Wettbewerbsbeziehungen: Eine auf Fallstudien basierende erfolgsorientierte Analyse am Beispiel der Automobilindustrie, München et al. 2000.
Snijders, Tom A. B./Bosker, Roel J.: Multilevel Analysis, London et al. 1999.
Staehle, Wolfgang: Management: Eine verhaltenswissenschaftliche Perspektive, 8. A., München 1999.
Steinmann, Horst/Schreyögg, Georg: Management: Grundlagen der Unternehmensführung, 5. A., Wiesbaden 2000.
Wasserman, Stanley/Faust, Katherine: Social Network Analysis: Methods and Applications, Cambridge 1994.
Witte, Eberhard/Bronner, Rolf: Die leitenden Angestellten, München 1974.
Yin, Robert K.: Case Study Research. Design and Methods, Newbury Park et al. 1989.

Mikropolitik

Willi Küpper

[s.a.: Informelle Organisation; Konflikte in Organisationen; Lobbying; Macht in Organisationen; Organisationskultur; Steuerungstheorie.]

I. Begriff und Verständnis von Mikropolitik; II. Organisationale Machtbeziehungen und Machtstrategien; III. Organisationale Machtspiele und Machtinstitutionalisierung; IV. Kritik, Erweiterungen und Anwendungen des mikropolitischen Ansatzes.

Zusammenfassung

Im Folgenden wird von einem konzeptualen im Unterschied zu einem aspektualen Verständnis von Mikropolitik als Basis eines organisationstheoretischen Ansatzes ausgegangen, bei dem die Handlungsperspektive Interessen verfolgender organisationaler Akteure mit der Systemperspektive verknüpft wird. Aus Handlungsinterdependenzen und strategischer Unsicherheit wird in Verbindung mit Formal- und Ressourcenstrukturen die Existenz organisationaler Machtbeziehungen, Machtstrategien und Machtspiele abgeleitet, die über Prozesse der Machtinstitutionalisierung einen wesentlichen Beitrag zur Erklärung bzw. Deutung der Organisationsdynamik liefern können. Nach einer kritischen Einordnung des Ansatzes werden notwendige Erweiterungen und Anwendungen diskutiert.

I. Begriff und Verständnis von Mikropolitik

Der Begriff „Mikropolitik" („micropolitics") wurde Anfang der 60er Jahre von Burns (*Burns* 1962) in die Debatte eingebracht, im deutschen Sprachraum zunächst durch Beiträge von Bosetzky (*Bosetzky* 1977) verbreitet und Mitte der 80er Jahre von Küpper und Ortmann unter Bezug auf die Strategische Organisationsanalyse von Crozier und Friedberg (*Crozier/Friedberg* 1979) zur Markierung eines umfassenden Forschungsansatzes in die betriebswirtschaftliche Diskussion eingeführt (vgl. *Küpper/Ortmann* 1986; *Küpper/Ortmann* 1992; *Ortmann* et al. 1990; *Ortmann* 1995; vgl. auch den Überblick bei *Alt* 2001 und *Heinrich/Schulz zur Wiesch* 1998).

Zur Klärung des Begriffs „Mikropolitik" ist es hilfreich, zwischen einem *aspektualen* und einem *konzeptualen Verständnis* zu unterscheiden. Beim aspektualen Verständnis wird auf einen bestimmten Typ organisationalen Handelns fokussiert, der sich durch den Einsatz sog. *mikropolitischer Techniken* auszeichnet. Beispiele für solche Techniken sind Informationsverfälschung, Vernichtung von Unterlagen, Falschablagen, Erschweren oder Kappen von Kommunikationsmöglichkeiten, Anschwärzen, Intrigieren, Platzierung von Spitzeln, Geltendmachung von Besitzständen, Ausdehnung von Regeln, Bildung verdeckter Koalitionen, Pflege von Geheimzirkeln, Bildung von Seilschaften und Promotionsbündnissen, Selbstinszenierung, Schwejkismus, Sabotage, Emotionalisierung, Schikanierung (vgl. *Neuberger* 1995, S. 124 ff.). Der geschickte Umgang mit solchen „Mikro-Techniken" wird meist mit einem bestimmten Persönlichkeitstyp (dem *Mikropolitiker*) in Verbindung gebracht, der in Organisationen auch gegen den Widerstand anderer Organisationsmitglieder in machiavellistischer Manier „seine Politik" betreibt, um in egoistischer Absicht Vorteile zu erringen (zu einer solchen Typologie vgl. *Bosetzky* 1992). Aus der Systemperspektive erscheint Mikropolitik hiernach als eine Art konspiratives Phänomen und potenzielle Störgröße, die z.T. die formalstrukturelle Handlungssteuerung (z.B. mittels Regeln, Plänen, positionaler Weisungsautorität) unterläuft (vgl. *Ackroyd/Thompson* 1999).

Im konzeptualen Verständnis wird mikropolitisches Handeln nicht als spezifische, temporäre und isolierbare Kategorie interaktiven Handelns begriffen, sondern alles organisationale Handeln wird als interessengeleitetes, politisches Handeln gefasst. Damit sind sowohl offizielle unternehmenspolitische Entscheidungen als auch alle Handlungen im Gefolge der Umsetzung der Unternehmenspolitik sowie sämtliche Aktivitäten, die auf welche Weise auch immer dieser Politik widersprechen, als mikropolitisches Handeln zu interpretieren. Dieses Handeln macht in dem Deutungsrahmen der jeweils involvierten Akteure dadurch Sinn, dass keine bessere Handlungsalternative für die Verfolgung der eigenen Interessen aktiviert werden kann. Für organisationale Handlungssituationen sind *Handlungsinterdependenzen* und hieraus folgende *strategische Unsicherheiten* konstitutiv, d.h. die Abhängigkeit der Handlungsmöglichkeiten und Handlungsergebnisse eines Akteurs von den Handlungen anderer Akteure, die zwar nicht zufällig, aber ex ante unbestimmt sind. Im konzeptualen Verständnis von Mikropolitik wird der traditionelle Dualismus von Handlung und Struktur zugunsten der *Dualität von Strukturen* aufgegeben: Strukturen sind zugleich Ergebnis und Medium des Handelns; sie ermöglichen und beschränken Handlungen, die ihrerseits Strukturen reproduzieren oder verändern. Interaktives organisationales Handeln ist stets kontingent, d.h. abhängig vom (macht-)strukturierten Kontext (den vorhandenen Möglichkeiten, Ressourcen und Zwängen), und zugleich autonom. Strukturen werden nicht außerhalb von Handlungskontexten gedacht; sie werden im mikropolitischen Handeln generiert, reproduziert und modifiziert. In diesem Sinne ist der mikropolitische Ansatz ein um die Systemperspektive erweiterter handlungstheoretischer Ansatz, der konsequent von der Perspektive Interessen verfolgender Akteure ausgeht, um das Organisationsgeschehen als Gesamtheit von Struktur und Handlung verknüpfender Prozesse zu erklären. In diesen Prozessen erzeugen, nutzen und sichern Akteure Machtquellen, um ihre Autonomiezonen aufrecht zu erhalten bzw. zu erweitern; zugleich wird hierdurch kollektives Handeln ermöglicht und reguliert (vgl. *Brüggemeier/Felsch* 1992, S. 135; *Felsch/Brüggemeier* 1998, S. 348 f.; zur Umsetzung des konzeptualen Verständnisses vgl. *Brüggemeier* 1998; *Hahne* 1998; *Haunschild* 1998).

Demgegenüber kann das aspektuale Verständnis von Mikropolitik mit seinen eigenschaftstheoretischen Implikationen und dem Rekurs auf informelles Handeln nicht systematisch klären, ob und wie Mikropolitik auf formale Strukturen bzw. Steuerungsinstrumente zurückgreift und zurückwirkt. In einem eigenständigen organisationstheoretischen Konzept von Mikropolitik müssen jedoch die Konstitutionsverhältnisse zwischen der Mikroebene des Handelns und der Makroebene (Gruppen, Organisationen, Netzwerke) thematisiert werden können. Deshalb wird im Folgenden an das konzeptuale Verständnis von Mikropolitik angeknüpft.

II. Organisationale Machtbeziehungen und Machtstrategien

Das organisationstheoretische Konzept der Mikropolitik geht von der Annahme aus, dass jedes Handeln von Akteuren in, für oder mit Bezug auf Organisationen stets auch ein Handeln unter Beachtung und in Verfolgung eigener Interessen ist. Damit tritt im Kontext organisationaler Interaktionssituationen unweigerlich Macht als ein „normales", allen zwischenmenschlichen Beziehungen immanentes Phänomen in Erscheinung (vgl. *Friedberg* 1992, S. 40 f.). Im Sinne eines relationalen Machtbegriffes wird *Macht* als soziales Konstrukt verstanden, das als Dimension sozialer Beziehungen interessenorientierte, gegenseitig aufeinander bezogene Handlungsbereitschaften konstituiert und deren Umsetzung in konkretes Handeln verstehbar macht. Die Dynamik einer *Machtbeziehung* wird durch das Zusammentreffen von *strategischer Aufklärung* und *strategischer Überzeugung* bestimmt: im ersten Fall versucht ein Akteur fortlaufend zu überprüfen, ob seine Interessen durch das Verhalten des anderen in einer Weise verwirklicht werden, wie er es mit Bezug auf sein eigenes Verhaltensangebot ursprünglich erwartet hatte; im zweiten Fall versucht ein Akteur den anderen durch sein eigenes Verhalten davon zu überzeugen, dass dessen Interessen erwartungsgemäß verwirklicht werden. Die genannten Aktivitäten (z.B. in Form von Versprechungen, Empfehlungen, Drohungen und Warnungen), die der Entstehung, Aufrechterhaltung oder auch Beendigung von Machtbeziehungen dienen, können als *Machtstrategien* bezeichnet werden.

Die organisationale Macht von Akteuren beruht auf ihrer je unterschiedlichen Fähigkeit, organisationale Formal-, Ressourcen- und Informationsstrukturen zur Kontrolle der Handlungen anderer Akteure einzusetzen. Je größer die relationale organisationale Macht eines Akteurs ist, umso mehr kann er die auf sein eigenes Handeln bezogenen Handlungen anderer Akteure vorherbestimmen und gleichzeitig sein eigenes Handeln für diese anderen Akteure unbestimmt und offen halten. Machtstrategien lassen sich in diesem Sinne stets als Bewältigung oder Handhabung (als Kontrolle) von organisationalen Unsicherheitszonen deuten, die für die Beteiligten von Interesse sind. Wichtige *organisationale Unsicherheitszonen*, an denen man sich bei dem schwierigen Versuch der Aufdeckung organisationaler Machtverhältnisse orientieren kann, bestehen in Bezug auf

– den für das zufrieden stellende Funktionieren einer Organisation erforderlichen Sachverstand in der Umgebung relevanter Experten (*Expertenmacht*),

- Kenntnisse und Fähigkeiten, die für die Gestaltung der Beziehungen zwischen Organisation und Umwelt erforderlich sind (Sonderfall der Expertenmacht),
- das Verhalten der Akteure an wichtigen Knotenpunkten der Interaktion und Kommunikation zwischen organisationalen Einheiten,
- Vorschriften und Verfahren, die ursprünglich geschaffen wurden, um das Verhalten von Organisationsmitgliedern vorhersehbar zu machen.

Der letzte Punkt verdeutlicht die in jeder Machtbeziehung verborgene Ambivalenz. Soweit durch den *Dienst nach Vorschrift* das normale Funktionieren einer Organisation gefährdet ist, sind Vorgesetzte darauf angewiesen, selektiv – manchmal fast regelmäßig – die Verletzung von Regeln und Verfahren bzgl. der Nutzung organisationaler Ressourcen zu tolerieren (vgl. auch *Ortmann* 2003a). Zu einer der wesentlichen Aufgaben der mikropolitischen Organisationsanalyse gehört es, derartige *Verhaltensstrukturen*, d.h. die im konkreten Handlungssystem tatsächlich wirksamen (umgesetzten oder angewandten), von den Beteiligten akzeptierten Handlungs- und Verhaltensregeln (das operative Regelsystem) verständlich zu machen. Dies erfordert u.a. ein sinnvolles In-Beziehung-Setzen der Verhaltensstruktur mit der *Formalstruktur*, d.h. mit denjenigen Handlungs- und Verhaltensregeln, die Akteure bei ihren Interaktionen als gültig voraussetzen bzw. auf deren Gültigkeit sie sich berufen. Verhaltens- und Formalstrukturen kommen nur aufgrund der Deutungsleistungen der Akteure zustande; sie existieren also – wie Ressourcen (vgl. *Ortmann* 2003b, S. 184–209) – durch Informationen und Kommunikationen der Akteure.

Der dritte Punkt verdient besondere Beachtung hinsichtlich der an den Knotenpunkten organisationaler Interaktion und Kommunikation angesiedelten Integrator- und Maklermacht, die von Formen der Expertenmacht (s. Punkt 1 und 2) zu unterscheiden ist (vgl. *Küpper/Felsch* 2000, S. 160 ff.). *Integratormacht* kann durch die Förderung von Gruppenbildungsprozessen an den Schnittstellen von Kooperationsbeziehungen aufgebaut werden (Macht des Linien- und Projektmanagements, von Organisations- und Personalabteilungen). *Maklermacht* lässt sich durch Herstellung befriedigender Austauschbedingungen an den Schnittstellen horizontaler und vertikaler Konkurrenzbeziehungen (Macht des höheren Linien-, Produkt- und Qualitätsmanagements, von Planungs- und Controllingabteilungen etc.) gewinnen.

III. Organisationale Machtspiele und Machtinstitutionalisierung

Um über Macht zu verfügen, muss man zumindest teilweise die Erwartungen der anderen erfüllen. Löst ein Organisationsmitglied keines der für seinen Aufgabenbereich und Sachverstand spezifischen Probleme, versiegt seine Machtquelle; löst es alle entsprechenden Probleme, wird sein Verhalten – mit derselben Wirkung – vorhersehbar, kann dann also von anderen mit Sicherheit einkalkuliert werden. Die in der Dynamik von Machtbeziehungen sich wechselweise konstituierenden Abgrenzungen und Verschränkungen von Handlungsspielräumen lassen sich als Genese von impliziten Spielregeln deuten, die ein Spiel definieren, das die partielle und kontingente Integration der beteiligten Akteure sicherstellt. *Machtspiele* sind Ausdruck aufeinander bezogener Machtstrategien von Akteuren, in denen je nach Machtverteilung durch Austausch von Kontrollmöglichkeiten die Handlungen der Beteiligten kanalisiert werden (vgl. den Überblick über mikropolitische Spiele bei *Mintzberg* 1983, S. 187 ff.; *Mintzberg* 1991, S. 245 ff.). *Spielstrukturen*, also diejenigen operativen Regeln der Verhaltensstruktur eines Handlungssystems, die sich in den Machtbeziehungen durch Konsens der beteiligten Akteure herausgebildet haben, sind Ausdruck der inneren Machtverhältnisse einer Organisation. Sie entscheiden darüber, inwieweit die Verhaltensstrukturen und die sie beeinflussenden Formal-, Ressourcen- und Informationsstrukturen im organisationalen Handeln reproduziert und verändert werden. Organisationale Routinen als Ausdruck verfestigter Verhaltensstrukturen können unter Bezugnahme auf organisationsübergreifende äußere Machtverhältnisse und kumulative Prozesse der *Machtinstitutionalisierung* gedeutet werden, in denen die Externalisierung von Zielen und Zwecken in den Formal-, Ressourcen- und Informationsstrukturen von Organisationen und hierdurch bedingte externe Effekte der Entscheidungen und Handlungen von Akteuren eine herausragende Rolle spielen (vgl. im Einzelnen *Küpper/Felsch* 2000, S. 37 ff.). Diese Prozesse sind ohne ein Verständnis der *Rekursivität zwischen Handlung und Struktur* bzw. der Dualität von Struktur (vgl. *Giddens* 1988) nicht hinreichend verstehbar; eine Dualität, die unter bestimmten Bedingungen eine spezifische *Systemrationalität* zeitigt, in der sich Interessen-, Qualifikations- und Ressourcenstrukturen wechselweise verschränken, verstärken und verfestigen.

IV. Kritik, Erweiterungen und Anwendungen des mikropolitischen Ansatzes

Der mikropolitische Ansatz entfaltet dort seine Stärken, wo es um die empirisch fundierte Analyse der *Organisationsdynamik* im Sinne eines spannungsgeladenen, konfliktreichen Wechselspiels von Stabilität und Wandel von Organisationen geht. Im Unterschied zu evolutionstheoretischen Ansätzen (→ *Evolutionstheoretischer Ansatz*; zu Grundfragen institutionellen und organisationalen Wandels vgl. *Küpper/*

Felsch 1999; 2000, S. 332 ff.) soll hiermit eine historisch-kontingente Analyse konkreter Handlungssysteme angeleitet werden, die den je spezifischen Handlungs- und Interaktionsprozessen individueller und kollektiver Akteure besondere Aufmerksamkeit widmet. Zur Interpretation dieser Prozesse wird soweit wie möglich auf intentionale Deutungsleistungen der involvierten Akteure zurückgegriffen, die zumindest im originären (neo-darwinistischen) evolutionstheoretischen Paradigma eher als bedeutungslos eingestuft werden (vgl. aber *Aldrich* 1999, der seinen „evolutionary approach" mit interpretativen und institutionalistischen Ansätzen verbindet).

Die auf Handlungsprozesse, Handlungsspielräume und soziale (Macht-)Beziehungen rekurrierende interaktionstheoretische Perspektive des mikropolitischen Ansatzes ist von der *Rational-Choice-Perspektive* (vgl. *Petermann* 2001) institutionenökonomischer Ansätze (→ *Institutionenökonomie*) zu unterscheiden. Letztere Ansätze basieren auf den Annahmen des ökonomischen Verhaltensmodells, das durch Schließung des Handlungsspielraums eine quasi-kausale Analyse des Verhaltens erlaubt. Wie im älteren situativen Ansatz (→ *Kontingenzansatz*) werden damit Handlungsinterdependenzen und Interaktionen auf einfache Kausalbeziehungen reduziert, was der potenziellen Offenheit von Organisationsentwicklungen keinen Raum lässt. Um die damit einhergehende statische Betrachtung (vgl. etwa die Gleichgewichtsanalysen der → *Spieltheorie*) zu überwinden, benötigt der mikropolitische Ansatz ein allgemeineres Handlungsmodell, das die strukturations- oder konstitutionstheoretische Verknüpfung zwischen Handlung und Struktur bereits auf der Mikro-Ebene des Handelns verortet. Wie Felsch (*Felsch* 1999, S. 137 ff.) gezeigt hat, kann dies durch eine Verbindung des relationalen Machtkonzepts mit *sozialpsychologischen Identitätskonstrukten* erreicht werden, wobei im Rahmen einer allgemeinen *pragmatistischen Handlungstheorie* nicht nur den Konstitutionsverhältnissen zwischen Handlungssituationen und Präferenzen, sondern auch der kreativen Dimension des Handelns Rechnung getragen werden kann (vgl. *Joas* 1992; *Küpper/Felsch* 2000, S. 269 ff. und 299 ff.). Notwendige Erweiterungen des mikropolitischen Ansatzes betreffen v.a. auch die Möglichkeit, organisationale Gruppenbildungen (z.B. Arbeitsgruppen, Abteilungen, Unternehmen und Unternehmensnetzwerke; → *Gruppenverhalten und Gruppendenken*; → *Netzwerke*) unter der Perspektive der Konstitution *kollektiver Akteure* zu betrachten (vgl. erste Überlegungen einer Übertragung der Rationalitäts- und Identitätskonstrukte von individuellen auf kollektive Akteure bei *Felsch* 2002).

Der mikropolitische Ansatz läuft stets Gefahr, durch eine einseitige voluntaristische Betrachtung organisationalen Handelns gesellschaftliche Strukturdimensionen und Zwänge (z.B. die Eigenlogik kapitalistischer Marktgesellschaften; vgl. *Türk* 1997) aus den Augen zu verlieren. Auch ein konzeptuales konstitutionstheoretisches Verständnis von Mikropolitik liefert keinen Ersatz für Gesellschaftstheorien (vgl. *Stapel* 2001). Es kann aber zu gesellschaftstheoretischen Reflexionen dadurch beitragen, dass die Wirkungen struktureller Formationen auf der Mikro-Ebene organisationalen Handelns in Form spezifischer, gesellschaftstypischer Interessen, Qualifikationen und Rationalitäten und hierauf basierender organisationaler Spielstrukturen sichtbar gemacht werden. Dies ist allerdings trotz einer Zunahme der vom mikropolitischen Ansatz geleiteten empirischen Studien selten der Fall (vgl. z.B. *Birke* 1992; *Stegbauer* 1995; *Lorson* 1996; *Alt* 1996; *Riegraf* 1996; *Zeman* 2000; *Berger-Klein* 2002). Dies könnte sich ändern, wenn der mikropolitische Ansatz ein verstärktes Interesse bei Politologen findet (vgl. *Bogumil* 2001). Über die Organisationsforschung hinaus wurde die mikropolitische Forschungsperspektive bereits für die historische Theoriebildung in Anspruch genommen (vgl. *Lauschke/Welskopp* 1994; *Moerschel* 2002).

Unter einer engeren betriebswirtschaftlichen Anwendungsperspektive können mikropolitische Organisationsanalysen v.a. dazu beitragen, Praktiker zur Reflexion der eigenen Handlungspraxis anzuregen und damit ihre Handlungs- und Interaktionsfähigkeiten zu fördern. Eine erfahrungsgestützte Typisierung organisationaler Machtstrategien und Machtspiele kann die Bildung von Hypothesen zur Wirkung geplanter Strukturreformen erleichtern und durch fortlaufende qualitative Validierungen eine Prozesstheorie der Organisationsdynamik fundieren.

Literatur

Ackroyd, Stephen/Thompson, Paul: Organizational Misbehaviour, London et al. 1999.
Aldrich, Howard: Organizations Evolving, London et al. 1999.
Alt, Ramona: Mikropolitik, in: Moderne Organisationstheorien. Eine sozialwissenschaftliche Einführung, hrsg. v. *Weik, Elke/Lang, Rainhard*, Wiesbaden 2001, S. 285–318.
Alt, Ramona: Einführung von Informationssystemen in Umbruchsituationen. Eine mikropolitische und kulturorientierte Prozeßanalyse in ostdeutschen Industrieunternehmen, Mering et al. 1996.
Berger-Klein, Andrea: Mikropolitik im Rundfunk: Programm- und Strukturreformen bei NDR 90,3 (Hamburg-Welle), Münster 2002.
Birke, Martin: Betriebliche Technikgestaltung und Interessenvertretung als Mikropolitik: Fallstudien zum arbeitspolitischen Umbruch, Wiesbaden 1992.
Bogumil, Jörg: Politik in Organisationen: organisationstheoretische Ansätze und praxisbezogene Anwendungsbeispiele, Opladen 2001.
Bosetzky, Horst: Mikropolitik, Machiavellismus und Machtkumulation, in: Mikropolitik, hrsg. v. *Küpper, Willi/Ortmann, Günther*, 2. A., Opladen 1992, S. 27–37.
Bosetzky, Horst: Machiavellismus, Machtkumulation und Mikropolitik, in: ZFO, Jg. 46, 1977, S. 121–125.
Brüggemeier, Martin: Controlling in der Öffentlichen Verwaltung, 3. A., München et al. 1998.

Brüggemeier, Martin/Felsch, Anke: Mikropolitik, in: DBW, Jg. 52, 1992, S. 133–136.
Burns, Tom: Micropolitics: Mechanisms of Institutional Change, in: ASQ, Jg. 6, 1962, S. 257–281.
Crozier, Michel/Friedberg, Erhard: Macht und Organisation, Königstein 1979.
Felsch, Anke: Organisationen als Akteure – Individuelle und kollektive Identitäten und Rationalitäten, Diskussionsbeiträge der Professur für Allgemeine Betriebswirtschaftslehre, Universität der Bundeswehr Hamburg, März 2002.
Felsch, Anke: Personalentwicklung und Organisationales Lernen. Mikropolitische Perspektiven zur theoretischen Grundlegung, 2. A., Berlin 1999.
Felsch, Anke/Brüggemeier, Martin: Mikropolitik, in: Psychologische Grundbegriffe. Ein Handbuch, hrsg. v. *Grubitzsch, Siegfried/Weber, Klaus*, Hamburg 1998, S. 348–349.
Friedberg, Erhard: Zur Politologie von Organisationen, in: Mikropolitik, hrsg. v. *Küpper, Willi/Ortmann, Günther*, 2. A., Opladen 1992, S. 39–52.
Giddens, Anthony: Die Konstitution der Gesellschaft. Grundzüge einer Theorie der Strukturierung, Frankfurt am Main et al. 1988.
Hahne, Anton: Kommunikation in der Organisation. Grundlagen und Analyse – ein kritischer Überblick, Wiesbaden 1998.
Haunschild, Axel: Koordination und Steuerung der Personalarbeit, Hamburg 1998.
Heinrich, Peter/Schulz zur Wiesch, Jochen: Wörterbuch der Mikropolitik, Opladen 1998.
Joas, Hans: Die Kreativität des Handelns, Frankfurt am Main 1992.
Küpper, Willi/Felsch, Anke: Organisation, Macht und Ökonomie. Mikropolitik und die Konstitution organisationaler Handlungssysteme, Wiesbaden 2000.
Küpper, Willi/Felsch, Anke: Wissenschaftstheoretische Grundfragen einer Theorie der Organisationsdynamik, Diskussionspapier Nr. 1/1999 des Arbeitsbereichs Personalwirtschaftslehre am Fachbereich Wirtschaftswissenschaften der Universität Hamburg 1999.
Küpper, Willi/Ortmann, Günther (Hrsg.): Mikropolitik. Rationalität, Macht und Spiele in Organisationen, 2. A., Opladen 1992.
Küpper, Willi/Ortmann, Günther: Mikropolitik in Oranisationen, in: DBW, Jg. 46, 1986, S. 590–602.
Lauschke, Karl/Welskopp, Thomas (Hrsg.): Mikropolitik im Unternehmen. Arbeitsbeziehungen und Machtstrukturen in industriellen Großbetrieben des 20. Jahrhunderts, Bochumer Schriften zur Unternehmens- und Industriegeschichte, Bd. 3, Essen 1994.
Lorson, Heiko Nikolaus: Mikropolitik und Leistungsbeurteilung: Diskussion mikropolitischer Aspekte am Beispiel merkmalsorientierter Einstufungsverfahren, Bergisch Gladbach et al. 1996.
Mintzberg, Henry: Mintzberg über Management: Führung und Organisation, Mythos und Realität, Wiesbaden 1991.
Mintzberg, Henry: Power in and Around Organizations, Englewood Cliffs NJ 1983.
Moerschel, Tobias: Buona amicitia?: Die römisch-savoyischen Beziehungen unter Paul V. (1605 – 1621). Studien zur frühneuzeitlichen Mikropolitik in Italien, Mainz 2002.
Neuberger, Oswald: Mikropolitik. Der alltägliche Aufbau und Einsatz von Macht in Organisationen, Stuttgart 1995.
Ortmann, Günther: Regel und Ausnahme. Paradoxien sozialer Ordnung, Frankfurt am Main 2003a.
Ortmann, Günther: Organisation und Welterschließung. Dekonstruktionen, Opladen 2003b.
Ortmann, Günther: Formen der Produktion. Organisation und Rekursivität, Opladen 1995.
Ortmann, Günther et al.: Computer und Macht in Organisationen. Mikropolitische Analysen, Opladen 1990.
Petermann, Sören: Der Rational-Choice-Ansatz, in: Moderne Organisationstheorien. Eine sozialwissenschaftliche Einführung, hrsg. v. *Weik, Elke/Lang, Rainhart*, Wiesbaden 2001, S. 61–90.
Riegraf, Birgit: Geschlecht und Mikropolitik: das Beispiel betrieblicher Gleichstellung, Opladen 1996.
Stapel, Wolfgang: Mikropolitik als Gesellschaftstheorie? Zur Kritik einer aktuellen Variante des mikropolitischen Ansatzes, Berlin 2001.
Stegbauer, Christian: Mikropolitik und soziale Integration von Kommunikationsmedien, Göttingen 1995.
Türk, Klaus: Organisation als Institution der kapitalistischen Gesellschaftsformation, in: Theorien der Organisation. Die Rückkehr der Gesellschaft, hrsg. v. *Ortmann, Günther/Sydow, Jörg/Türk, Klaus*, Opladen 1997, S. 124–176.
Zeman, Peter: Alter(n) im Sozialstaat und die Mikropolitik der Pflege, Regensburg 2000.

Mitbestimmung, betriebliche

Bernd Frick

[s.a.: Arbeitsorganisation; Corporate Governance (Unternehmensverfassung); Corporate Governance, internationaler Vergleich; Management und Recht; Mitbestimmung in internationalen Unternehmen; Mitbestimmung, unternehmerische; Partizipation.]

I. *Historische Entwicklung und rechtliche Grundlagen der betrieblichen Mitbestimmung;* II. *Theoretische Erklärungsansätze;* III. *Empirische Studien.*

Zusammenfassung

Die theoretische Diskussion der wirtschaftlichen Folgen rechtlich autorisierter Arbeitnehmervertretungen ist durch zwei weitgehend inkompatible Sichtweisen charakterisiert: Auf der einen Seite wird argumentiert, dass Mitbestimmung der Arbeitnehmer aufgrund einer Veränderung der Anreizstrukturen zu Effizienzverlusten führen, die Kosten der Etablierung und Koordination von Arbeitsverhältnissen erhöhen und die Möglichkeiten der Arbeitnehmer zu opportunistischem Verhalten verbessern kann. Dem steht die gleichermaßen plausible Vermutung gegenüber, dass Mitbestimmung durch eine Verbesserung des Informationsflusses die Kooperations- und Kompromissbereitschaft der Beschäftigten erhöht, die Kanalisierung innerbetrieblicher Konflikte erleichtert, die Wahrscheinlichkeit opportunistischen Verhaltens reduziert und damit die Qualität der Arbeitsbeziehungen verbessert.

Ungeachtet ihrer Defizite ist die verfügbare empirische Evidenz eher mit der letztgenannten Hypothese kompatibel: So zeigen neuere empirische Untersuchungen zum einen, dass Betriebsräte unter sonst gleichen Bedingungen einen positiven Einfluss auf betriebliche Investitionen in „intangible assets" (wie z.B. Reorganisation, Weiterbildung und Personalfluktuation) haben. Zum anderen machen die verfügbaren Studien deutlich, dass die Existenz einer kollektiven Arbeitnehmervertretung unter sonst gleichen Bedingungen mit einer signifikant höheren Bruttowertschöpfung einhergeht. Den genannten Vorteilen stehen jedoch auf der Kostenseite höhere Löhne und Gehälter sowie niedrigere Gewinne gegenüber.

I. Historische Entwicklung und rechtliche Grundlagen der betrieblichen Mitbestimmung

Die Geschichte der betrieblichen Mitbestimmung in Deutschland reicht bis in die Anfänge der Industrialisierung zurück. So enthielt die von der Frankfurter Nationalversammlung 1848 verabschiedete Gewerbeordnung ein Minderheitsvotum, in dem erfolglos für die freiwillige Einrichtung von „Fabrikausschüssen" plädiert wurde, mit deren Hilfe die Arbeiterschaft in Staat und Wirtschaft integriert werden sollte. In der Gewerbeordnungsnovelle von 1891 wurde die Einrichtung fakultativer „Arbeiterausschüsse" zwar erstmals vom Gesetzgeber vorgesehen, blieb aber weitgehend unbeachtet. 1905 wurden nach einem mehrwöchigen Streik im Bergbau erstmals obligatorische *Arbeiterausschüsse* für alle Unternehmen dieser Branche vorgeschrieben. Diese Vorschrift wurde während des 1. Weltkrieges durch das „Gesetz über den vaterländischen Hilfsdienst" aus dem Jahr 1916 auf alle Industriebetriebe mit mehr als fünfzig Beschäftigten ausgedehnt. Kurze Zeit später (1920) reduzierte das *Betriebsrätegesetz* die zur Einrichtung einer Arbeitnehmervertretung erforderliche Beschäftigtenzahl auf zwanzig. Mit dem kurz nach der Machtergreifung durch die Nationalsozialisten erlassenen „Gesetz zur Ordnung der nationalen Arbeit" (1934) wurde das Betriebsrätegesetz aufgehoben und durch das „Führerprinzip" in den Unternehmen ersetzt. Nach dem Ende der nationalsozialistischen Herrschaft knüpften die Alliierten mit dem „Kontrollratsgesetz Nr. 22 (Betriebsrätegesetz)" von 1946 rasch an die Weimarer Tradition an. Am 14.11.1952 schließlich trat das Betriebsverfassungsgesetz in Kraft, am 19.1.1972 dessen novellierte Fassung, die ihrerseits 2002 erneut revidiert wurde (vgl. überblicksartig *Müller-Jentsch* 1986, S. 216–220; *Adamy/Steffen* 1985, S. 137–140; sowie *Streeck/Kluge* 1999).

Nach geltendem Recht kann in jedem Betrieb mit fünf und mehr Beschäftigten ein *Betriebsrat* gewählt werden. Tatsächlich existiert aber nur in etwa 20% der Unternehmen dieser Größenordnung eine Arbeitnehmervertretung. Aufgrund der mit der Beschäftigtenzahl zunehmenden Wahrscheinlichkeit für das Vorhandensein eines Betriebsrates arbeiten in diesen Unternehmen aber rund 55% der in der Privatwirtschaft beschäftigten Arbeitnehmer.

Neben den allgemeinen – in § 80 BetrVG spezifizierten – Aufgaben der Kontrolle (über die Einhaltung der die Arbeitnehmer begünstigenden Rechts- und Tarifnormen), der Initiative gegenüber der Unternehmensleitung (zwecks Beantragung von Maßnahmen und Weiterleitung von Anregungen aus der Belegschaft) und der Fürsorge für schutzbedürftige Gruppen (wie z.B. Schwerbehinderte) sind es im Wesentlichen die gesetzlich fixierten Beteiligungsrechte, die den Betriebsrat zur Mitbestimmung des betrieblichen Geschehens autorisieren (vgl. *Müller-Jentsch* 1986, S. 222): Während für soziale Angelegenheiten erzwingbare Mitbestimmungsrechte vorgesehen sind (§ 87 BetrVG), hat der Betriebsrat in personellen Angelegenheiten zumeist nur ein Widerspruchsrecht (z.B. bei personellen Einzelmaßnahmen; §§ 99 und 102 BetrVG); lediglich in Ausnahmefällen existiert ein umfassendes Mitbestimmungsrecht (z.B. bei der Erstellung von Personalfragebögen und Auswahlrichtlinien; §§ 94 und 95 BetrVG). Im Hinblick auf wirtschaftliche Entscheidungen gibt es nur noch ein Informationsrecht (z.B. bei Betriebsänderungen, die „wesentliche Nachteile für die Belegschaft" zur Folge haben können). Im Hinblick auf den Ausgleich dieser Nachteile kann der Betriebsrat allerdings unter bestimmten Bedingungen einen *Sozialplan* erzwingen (§ 112 BetrVG).

Obgleich seit dem Inkrafttreten des BetrVG mittlerweile fünfzig Jahre vergangen sind, ist die rechtliche Autorisierung betrieblicher Arbeitnehmervertretungen nach wie vor umstritten. Aus diesem Grund bedürfen sowohl die von Befürworten wie Gegnern angeführten theoretischen Argumente als auch die mittlerweile kaum noch überschaubaren empirischen Untersuchungen einer sorgfältigen Analyse.

II. Theoretische Erklärungsansätze

Unter der Annahme, dass eine exklusive, d.h. eindeutige und uneingeschränkte Übertragung von *Verfügungsrechten* die entscheidende Voraussetzung für eine effiziente Güterallokation ist, bewirkt eine rechtliche Autorisierung kollektiver Arbeitnehmervertretungen stets eine Abschwächung des Koordinationsrechtes des oder der Eigentümer der Unternehmung und eine mehr oder weniger weitgehende Überlassung der entsprechenden Rechte an die Arbeitnehmer. Insbesondere Vertreter der sog. „Theorie der Verfügungsrechte" (→ *Verfügungsrechtstheorie (Property Rights-Theorie)*) lehnen exogene Mitbestimmungsregelungen ab, weil diese die *Vertragsfreiheit* einengten (→ *Vertragstheorie*) und damit die Suche nach der in Abhängigkeit von den sich ändernden Umweltverhältnissen jeweils kostengünstigsten Organisationsform behinderten: Je nach ihrer „Reichweite" determinierten gesetzliche Mitbestimmungsregelungen die Organisation ökonomischer Aktivitäten und reduzierten damit die Möglichkeit, effiziente Organisationsformen wählen zu können (vgl. *Wenger* 1989). Die für alternative Formen der Mitbestimmung konstitutive, unterschiedlich weitreichende Umverteilung von Verfügungsrechten sei darüber hinaus dysfunktional, weil die *Planungshorizonte* und *Risikoneigungen* von Kapitaleignern und Arbeitnehmern auseinander fielen und damit die Gefahr bestehe, dass das kurzfristige Nutzenmaximierungsverhalten der Arbeitnehmer die langfristig erforderlichen (Re-)Allokationsentscheidungen der Unternehmensleitung behindere und letztlich eine wohlfahrtsmindernde Faktorallokation verursache (vgl. *von Weizsäcker* 1984). Dies sei, so die weitergehende Vermutung, im Wesentlichen damit zu erklären, dass in mitbestimmten Unternehmen die *Koordinations- und Verhandlungskosten* sowohl bei der Entscheidungsfindung als auch bei der Implementation von Entscheidungen erheblich zunähmen. Die Kritiker exogener Mitbestimmungsregelungen befürchten also, dass eine „Verdünnung" von Verfügungsrechten negative Folgen nicht nur für die einzel-, sondern auch für die gesamtwirtschaftliche Ebene haben wird. Wenn – so die These – Mitbestimmung vorteilhaft für die Unternehmen sei, müssten diese kaum „gezwungen" werden, ihren Beschäftigten Informations-, Konsultations- und Mitspracherechte einzuräumen, sondern würden dies in ihrem wohlverstandenen *Eigeninteresse* und ohne „äußeren Druck" tun (vgl. *Jensen/Meckling* 1979).

In jüngster Zeit ist diese Position insofern modifiziert worden, als nunmehr die Frage thematisiert wird, inwiefern zwischen den Arbeitsvertragsparteien ausgehandelte (und damit grundsätzlich abdingbare) Mitbestimmungsregelungen die Bereitschaft der Arbeitnehmer erhöhen können, in den Erwerb *(betriebs-)spezifischer Qualifikationen* zu investieren. Derartige Investitionen, die die Produktivität der Arbeitnehmer erhöhten, ließen diese zu „Humankapitalisten" werden und bewirkten damit einen nennenswerten Risikozuwachs (vgl. zuletzt *Rajan/Zingales* 1998; *Rajan/Zingales* 2001; ursprünglich *Williamson* 1985 sowie *Alchian/Woodward* 1988). Mitarbeiter, die für die Unternehmung erforderliche Investitionen vornähmen, sollten deshalb genauso behandelt werden wie jeder andere Investor auch, d.h. die arbeitnehmereigenen Ressourcen seien durch Repräsentanten in den entsprechenden Gremien der Unternehmung zu schützen (vgl. u.a. *Frick/Speckbacher/Wentges* 1999).

Als der entscheidende Indikator des Vermögensrisikos gilt dabei die Höhe der sog. *„Quasi-Rente"*; ein Schutz dieser Rente bewirkt somit eine nachhaltige Reduktion von Vermögensrisiken. Unter der Annahme, dass beide Arbeitsvertragsparteien aufgrund des ihnen unterstellten Hangs zu *opportunistischem Verhalten* versuchen werden, sich Teile der der jeweils anderen Seite zustehenden Quasi-Rente anzueignen, stellt sich somit die Frage, ob spezifische institutionelle Arrangements beiden Investoren die Erträge ihrer Aufwendungen garantieren können. Oder anders formuliert: Wer mit „Enteignungsversuchen" durch den Vertragspartner rechnet, wird institutionelle Vorkehrungen zur Sicherung seiner Quasi-Rente ergreifen wollen (vgl. *Alchian* 1984). In dem Maße, in dem die Entsendung von Arbeitnehmervertretern in die entsprechenden Gremien des Unternehmens der Kontrolle relevanter ökonomischer Variablen dient und damit einen Beitrag zur Vermeidung opportunistischen Arbeitgeberverhaltens leistet, können justitiable Mitbestimmungsrechte durchaus effizienzsteigernd wirken, weil produktivitätssteigernde Investitionen in Humankapital ohne entsprechende Schutzvorkehrungen unterbleiben würden. Ungeachtet der grundsätzlichen positiven Einschätzung *freiwilliger* Mitbestimmungsregelungen dominiert jedoch nach wie vor die Skepsis vor *gesetzlichen* Eingriffen in die Vertragsfreiheit der Tauschpartner (vgl. *Furubotn* 1988).

Selbst wenn – so die Gegenposition – die Unternehmen ihren Beschäftigten ohne „gesetzlichen Zwang" keine einklagbaren Mitbestimmungsrechte einräumten, sei dies allenfalls eine notwendige, aber keineswegs hinreichende Begründung dafür, dass derartige exogene Regelungen zwangsläufig „ineffizient" seien. Die diesem Argument zugrunde liegende (implizite) Annahme, dass der sich selbst überlassene (Arbeits-)Markt das optimale Niveau an Kooperation „automatisch" erzeuge, sei theoretisch ausgesprochen fragwürdig, denn für beide Seiten vorteilhafte Lösungen, d.h. solche, die eine bestimmte *„Kooperationsrente"* hervorbringen, kämen selbst dann nicht notwendigerweise zustande, wenn beide Seiten dies wünschten. Wie beispielsweise Freeman und Lazear zeigen, haben aufgrund (prohibitiv) hoher Fixkosten weder Unternehmen noch Arbeitnehmer einen Anreiz, Mitbestimmungsinstitutionen zu schaffen – und dies selbst dann nicht, wenn deren Einrichtung die Größe des zu verteilenden Kuchens positiv beeinflusst (*Freeman/Lazear* 1995; ähnlich auch *Sadowski/Junkes/Lindenthal* 1999).

In einer Welt, die durch *asymmetrisch verteilte Informationen* zwischen Arbeitgebern und Arbeitnehmern gekennzeichnet ist, wird der Markt im Hinblick auf die Bereitstellung von Mitbestimmung systematisch „versagen", denn eine *asymmetrische Informationsverteilung* kann, wie Akerlof nachgewiesen hat, die Funktionsfähigkeit des *Marktmechanismus* nachhaltig beeinträchtigen (*Akerlof* 1970; → *Marktversagen und Organisationsversagen*). In diesem Fall wird das Informationsgefälle zwischen dem Käufer eines Gutes bzw. einer Leistung und dem Verkäufer bei mehr oder weniger großen Qualitätsunterschieden des gehandelten Tauschobjektes bereits mittelfristig dazu führen, dass die schlechtere Qualität die bessere vom Markt verdrängt (vgl. dazu auch *Levine* 1995). Dies wiederum impliziert, dass die Unternehmen angesichts ihrer Informationsdefizite hinsichtlich der

Leistungsbereitschaft ihrer Mitarbeiter (wie auch zukünftiger Stellenbewerber) denselben auf freiwilliger Basis keine justitiablen Mitbestimmungs- und *Bestandsschutzrechte* einräumen werden, weil dies mit großer Wahrscheinlichkeit dazu führen wird, dass in den derartige „Leistungen" gewährenden Unternehmen der Anteil der weniger produktiven Arbeitskräfte stark zunehmen wird. Für Unternehmen im Wettbewerb ist ein solches Verhalten mit dem Ziel der *Gewinnmaximierung* nicht zu vereinbaren und von daher auch nicht zu erwarten. Dieses Problem ist nur dadurch auszuräumen, dass alle Unternehmen per Gesetz auf dieselben Mitbestimmungsregelungen verpflichtet werden, weil dies zu einer Gleichverteilung von besonders leistungsbereiten und weniger motivierten Arbeitskräften führt. Nur in diesem letztgenannten Fall werden Unternehmen keine *„adverse Selektion"* unter ihren Beschäftigten bzw. den Stellenbewerbern befürchten müssen. Umgekehrt werden sich bei einer Gleichverteilung „guter" und „schlechter" Risiken auf die einzelnen Unternehmen die Effizienz steigernden Wirkungen von Mitbestimmung realisieren lassen – was aber staatliches Eingreifen zwingend voraussetzt.

III. Empirische Studien

Angesichts der Inkompatibilität der theoretischen Ansätze ist die Frage nach den Produktivitäts- bzw. Effizienzfolgen betrieblicher Interessenvertretungen wohl nur empirisch zu klären. Erfreulicherweise hat unser Wissen zur Verbreitung und den wirtschaftlichen Folgen rechtlich autorisierter Arbeitnehmervertretungen aufgrund der sich sukzessive verbessernden Datenlage in letzter Zeit erheblich zugenommen. Dessen ungeachtet erlaubt die verfügbare empirische Evidenz nach wie vor keine abschließende Zurückweisung eines der theoretischen Ansätze (vgl. zusammenfassend die Beiträge in dem Sammelband von *Frick/Kluge/Streeck* 1999).

Die überwiegende Mehrheit der verfügbaren Studien zum Einfluss von Betriebsräten auf die betriebliche Performance kommt zu dem Schluss, dass eine eindeutige Wirkung nicht nachweisbar ist: Einem positiven Einfluss auf die Arbeitsproduktivität steht ein aus betrieblicher Sicht negativer auf die Gewinne und die Arbeitskosten gegenüber; das Investitions- wie das Innovationsverhalten bleiben demgegenüber offenbar vollkommen unbeeinflusst (vgl. als Überblick *Frick* 1995; *Frick* 1997; zuletzt *Addison/Schnabel/ Wagner* 1998; *Addison/Schnabel/Wagner* 1999; *Addison/Schnabel/Wagner* 2001 sowie *Dilger* 2002). Diese Befunde wiederum sind weder mit der Vermutung kompatibel, bei den in rund 20% der in deutschen Unternehmen vorzufindenden Betriebsräten handele es sich um wohlfahrtsmindernde Kartelle oder „rücksichtslose" Umverteilungsinstanzen, noch lassen sich die Ergebnisse im Sinne der konkurrierenden Hypothese interpretieren, gesetzlich autorisierte Arbeitnehmervertretungen seien der Unternehmensperformance oftmals in erheblichem Umfang zuträglich.

Vor diesem Hintergrund liegt es nahe, die empirische Analyse des Einflusses von Betriebsräten auf jene „*intangiblen Assets*" auszudehnen, die im Allgemeinen nicht im Mittelpunkt ökonomischer Analysen stehen, aber für die mittel- und langfristige Unternehmensperformance von kaum zu überschätzender Bedeutung sein dürften: Die Glaubwürdigkeit impliziter *Karriere- und Leistungsversprechen* (→ *Karrieren und Laufbahnen*) die Bereitschaft zur Teilnahme an *Aus- und Weiterbildungsmaßnahmen* sowie die Akzeptanz mehr oder weniger umfassender *Reorganisationsprozesse*.

Aus einer größeren Zahl an Untersuchungen (vgl. beispielhaft *Frick* 1996; *Frick* 1997) geht hervor, dass in Betrieben mit gewählten Arbeitnehmervertretungen sowohl arbeitgeberseitige Entlassungen als auch arbeitnehmerseitige Kündigungen sehr viel seltener sind als in vergleichbaren Unternehmen ohne Betriebsrat. Darüber hinaus berücksichtigen die kollektiven Arbeitnehmervertretungen neben den Quasi-Renten der „Insider" im Allgemeinen auch die betrieblichen Interessen, in dem sie weder die in schrumpfenden Unternehmen erforderlichen Entlassungen, noch die in wachsenden Unternehmen anstehenden Neueinstellungen be- oder verhindern. Auch für die oftmals geäußerte Vermutung, die Existenz einer den Insiderinteressen verpflichteten Arbeitnehmervertretung führe mit großer Wahrscheinlichkeit zur Weiterbeschäftigung der Älteren bzw. derjenigen mit schlechteren externen Optionen und zur Entlassung der jüngeren und/oder qualifizierten Arbeitnehmer – und beeinträchtige damit zusätzlich die Überlebenschancen „angeschlagener" Unternehmen – lassen sich keine Belege finden. Nicht einmal für die Behauptung, die Existenz einer kollektiven Arbeitnehmervertretung führe aufgrund ihrer umfassenden rechtlichen Autorisierung insofern zu einer Einschränkung betrieblicher Handlungsoptionen, als damit ein mehr oder weniger einheitliches Einstellungs- und Entlassungsverhalten der Unternehmen „erzwungen" würde, finden sich überzeugende empirische Belege: Selbst unter den Betrieben mit Betriebsrat gibt es eine (allerdings recht kleine) Minderheit von Unternehmen, deren Personalpolitik sich deutlich von der des „Durchschnittsunternehmens" unterscheidet.

Da die sowohl von Arbeitgeber- als auch von Arbeitnehmerseite getätigten Investitionen in den Erwerb allgemeinen und/oder spezifischen Humankapitals insofern stets gefährdet sind, als es nach Abschluss der Aus- bzw. Weiterbildung, aber noch vor der Amortisation der Aufwendungen zu ineffizienten Trennungen, Abwerbungen und einer „Erpressung" einer der beiden Vertragsparteien kommen kann, stellt sich darüber hinaus die Frage, ob bzw. inwiefern betriebliche Arbeitnehmervertretungen die Ausbildungsbereitschaft der Mitarbeiter erhöhen bzw. deren Abwerbung durch konkurrierende Unternehmen unterbinden (können). Bellmann und Neubäumer weisen beispielsweise nach, dass Betriebe mit Betriebsrat unter sonst gleichen Bedingungen nicht nur eine höhere Ausbildungswahrscheinlichkeit haben als vergleichbare Unternehmen ohne eine gewählte Arbeitnehmervertretung, sondern dass auch die *Auszubildendenquote* (der Anteil der Auszubildenden an der Gesamtzahl der Beschäftigten) in Betrieben mit Betriebsrat signifikant höher ist als in solchen ohne (*Bellmann/Neubäumer* 1999). In die gleiche Richtung deuten auch die Befunde von Gerlach und Jirjahn, die bei statistischer Kontrolle einer Vielzahl an Betriebsmerkmalen und Beschäftigtencharakteristika eine höhere Weiterbildungswahrscheinlichkeit wie auch höhere *Weiterbildungsaufwendungen* je Beschäftigten für Betriebe mit gewählten Arbeitnehmervertretungen nachweisen können (*Gerlach/Jirjahn* 2001).

Auch die Akzeptanz innerbetrieblicher Reorganisationsprozesse in Form so genannter „*High Performance Work Practices*" (HPWP) wird unter sonst gleichen Bedingungen zwar nicht durch die Existenz eines Betriebsrates, wohl aber durch dessen Selbstverständnis bzw. sein „Auftreten" gegenüber dem Management beeinflusst (vgl. *Frick* 1996). Dabei geht die Einführung der HPWP nicht nur mit einer nennenswerten Verbesserung der betrieblichen Performance (im Sinne einer Steigerung des Umsatzes und der Ertragslage), sondern auch mit einem keineswegs unbedeutenden Rückgang der tatsächlichen wie der für die Zukunft erwarteten Beschäftigtenzahl einher: In Unternehmen, die einen sinkenden Personalbestand erwarten, ist die Zahl der eingesetzten HPWP erheblich höher als in solchen, die einen Anstieg der Beschäftigtenzahl erwarten. Offenbar sind also die beobachtbaren Widerstände eines Teils der Betriebsräte gegen die genannten Maßnahmen damit zu erklären, dass die Arbeitnehmervertreter darin zu Recht ein Instrument zum (forcierten) Abbau von Personal sehen, wobei der erwartete Personalabbau tatsächlich um so stärker ist, je größer die Zahl der eingesetzten Praktiken.

Zusammenfassend bleibt festzuhalten, dass Betriebsräte unter bestimmten Bedingungen eine geeignete Institution zur Reduktion opportunistischen Verhaltens und damit zur Schaffung von *Transparenz* und → *Vertrauen* in den Austauschbeziehungen zwischen Arbeitgeber und Arbeitnehmer darstellen können.

Damit ist der theoretische Einwand, rechtlich autorisierte Arbeitnehmervertretungen bewirkten eine ineffiziente *Faktorallokation*, zwar noch keineswegs endgültig widerlegt. Der Befund, dass die Existenz eines Betriebsrates mit einer nennenswert höheren Produktivität der Beschäftigten einhergeht, macht aber deutlich, dass eine Verbesserung im Sinne des *Kaldor-Hicks-Kriteriums* nicht nur möglich, sondern sogar wahrscheinlich ist.

Weitergehende empirische Analysen werden der Erkenntnis Rechnung tragen müssen, dass die generellen Regelungen des BetrVG keineswegs „automatisch" durchgesetzt, sondern aufgrund spezifischer Interessenkonstellationen, Situationsdeutungen und interner *Machtverhältnisse* ausgehandelt werden (vgl. *Kotthoff* 1981; *Kotthoff* 1994; → *Macht in Organisationen*; → *Verhandlungskonzepte*). Nur bei entsprechender Berücksichtigung der mittlerweile hinreichend dokumentierten Varianz des Betriebsratshandels wird sich die Frage nach den Effizienzfolgen der betrieblichen Mitbestimmung in naher Zukunft (abschließend) beantworten lassen.

Literatur

Adamy, Wilhelm/Steffen, Johannes: Handbuch der Arbeitsbeziehungen, Opladen 1985.
Addison, John T./Schnabel, Claus/Wagner, Joachim: Verbreitung, Bestimmungsgründe und Auswirkungen von Betriebsräten, in: Die wirtschaftlichen Folgen der Mitbestimmung, hrsg. v. *Frick, Bernd/Kluge, Norbert/Streeck, Wolfgang*, Frankfurt am Main 1999, S. 223–252.
Addison, John T./Schnabel, Claus/Wagner, Joachim: Betriebsräte in der deutschen Industrie, in: Ökonomische Analysen betrieblicher Strukturen und Entwicklungen, hrsg. v. *Gerlach, Knut/Hübler, Olaf/Meyer, Wolfgang*, Frankfurt am Main 1998, S. 59–87.
Addison, John T./Schnabel, Claus/Wagner, Joachim: Works Councils in Germany: Their Effect on Establishment Performance, in: Oxford Economic Papers, Jg. 53, 2001, S. 659–694.
Akerlof, George A.: The Market for ‚Lemons': Quality Uncertainty and the Market Mechanism, in: QJE, Jg. 89, 1970, S. 489–500.
Alchian, Armen A.: Specificity, Specialization, and Coalitions, in: JITE, Jg. 140, 1984, S. 34–49.
Alchian, Armen A./Woodward, Susan: The Firm is Dead; Long Live the Firm, in: Journal of Economic Literature, Jg. 26, 1988, S. 65–79.
Bellmann, Lutz/Neubäumer, Renate: Ausbildungsintensität und Ausbildungsbeteiligung von Betrieben: Theoretische Erklärungen und empirische Ergebnisse auf der Basis des IAB-Betriebspanels, in: Die wirtschaftlichen Folgen von Aus- und Weiterbildung, hrsg. v. *Beer, Doris/Frick, Bernd/Neubäumer, Renate* et al., München et al. 1999, S. 9–41.
Dilger, Alexander: Ökonomik betrieblicher Mitbestimmung: Die wirtschaftlichen Folgen von Betriebsräten, München et al. 2002.
Freeman, Richard B./Lazear, Edward P.: An Economic Analysis of Works Councils, in: Works Councils: Consultation, Representation, and Cooperation in Industrial Relations, hrsg. v. *Rogers, Joel/Streeck, Wolfgang*, Chicago 1995, S. 27–50.
Frick, Bernd: High Performance Work Practices und betriebliche Mitbestimmung: Komplementär oder substitutiv?, in: Industrielle Beziehungen, Jg. 9, 2002, S. 79–102.
Frick, Bernd: Mitbestimmung und Personalfluktuation: Zur Wirtschaftlichkeit der bundesdeutschen Betriebsverfassung im internationalen Vergleich, München et al. 1997.
Frick, Bernd: Co-determination and Personnel Turnover: The German Experience, in: Labour, Jg. 10, 1996, S. 407–430.
Frick, Bernd: Produktivitätsfolgen (über-)betrieblicher Interessenvertretungen, in: Managementforschung 5: Empirische Stu-

dien, hrsg. v. *Schreyögg, Georg/Sydow, Jörg*, Berlin – New York 1995, S. 215–257.

Frick, Bernd/Kluge, Norbert/Streeck, Wolfgang: Die wirtschaftlichen Folgen der Mitbestimmung, Frankfurt am Main 1999.

Frick, Bernd/Speckbacher, Gerhard/Wentges, Paul: Arbeitnehmermitbestimmung und moderne Theorie der Unternehmung, in: ZfB, Jg. 69, 1999, S. 745–763.

Furubotn, Eirik G.: Codetermination and the Modern Theory of the Firm: A Property Rights Analysis, in: Journal of Business, Jg. 61, 1988, S. 165–181.

Gerlach, Knut/Jirjahn, Uwe: Employer Provided Further Training: Evidence from German Establishment Data, in: Schmollers Jahrbuch, Jg. 121, 2001, S. 139–164.

Jensen, Michael C./Meckling, William H.: Rights and Production Functions: An Application to Labor-Managed Firms and Codetermination, in: Journal of Business, Jg. 52, 1979, S. 469–506.

Kotthoff, Hermann: Betriebsräte und Bürgerstatus. Wandel und Kontinuität betrieblicher Mitbestimmung, München et al. 1994.

Kotthoff, Hermann: Betriebsräte und betriebliche Herrschaft. Eine Typologie von Partizipationsmustern im Industriebetrieb, Frankfurt am Main 1981.

Levine, David I.: Reinventing the Workplace: How Business and Employees Can Both Win, Washington, D. C. 1995.

Müller-Jentsch, Walther: Soziologie der industriellen Beziehungen: Eine Einführung, Frankfurt am Main 1986.

Rajan, Raghuram/Zingales, Luigi: The Firm as a Dedicated Hierarchy: A Theory of the Origins and Growth of Firms, in: QJE, Jg. 116, 2001, S. 805–851.

Rajan, Raghuram/Zingales, Luigi: Power in the Theory of the Firm, in: QJE, Jg. 113, 1998, S. 387–432.

Sadowski, Dieter/Junkes, Joachim/Lindenthal, Sabine: Labour Co-Determination and Corporate Governance in Germany: The Economic Impact of Marginal and Symbolic Rights. Quintessenzen No. 60. Institut für Arbeitsrecht und Arbeitsbeziehungen in der Europäischen Gemeinschaft, Trier 1999.

Streeck, Wolfgang/Kluge, Norbert: Mitbestimmung in Deutschland – Tradition und Effizienz, Frankfurt am Main 1999.

Weizsäcker, Carl-Christian von: Was leistet die Property Rights-Theorie für aktuelle wirtschaftspolitische Fragen?, in: Ansprüche, Eigentums- und Verfügungsrechte, hrsg. v. *Neumann, Manfred*, Berlin 1984, S. 123–152.

Wenger, Eberhard: Der Einfluss von „Schutzrechten" für Arbeitnehmer und die Allokation nichtsystematischer Risiken, in: Währungsreform und soziale Marktwirtschaft, hrsg. v. *Fischer, Wolfram*, Berlin 1989, S. 451–470.

Williamson, Oliver E.: The Economic Institutions of Capitalism, New York 1985.

Mitbestimmung, unternehmerische

Wolfgang Streeck

[s.a.: Aufsichtsrat; Corporate Governance (Unternehmensverfassung); Corporate Governance, internationaler Vergleich; Mitbestimmung in internationalen Unternehmen; Mitbestimmung, betriebliche; Partizipation.]

I. *Unterschiedliche Ausformungen*; II. *Geschichte*; III. *Das Gesetz von 1976*; IV. *Wirtschaftliche Auswirkungen*; V. *Ausblick*.

Zusammenfassung

Die Mitbestimmung auf Unternehmensebene ist eine Besonderheit der deutschen Unternehmensverfassung. Ihr wichtigstes Element ist die paritätische Vertretung der Arbeitnehmer im Aufsichtsrat großer Kapitalgesellschaften. Die Geschichte der Mitbestimmung reicht bis in die Weimarer Republik zurück, wo sie in Konzepte „gesamtwirtschaftlicher" Mitbestimmung eingebettet war. Heute bildet die Mitbestimmung eine gefestigte Grundlage der betrieblichen Sozialpartnerschaft zwischen auf sozialen Ausgleich bedachten Unternehmensleitungen und pragmatischen Betriebsräten. Die empirische Forschung über die wirtschaftlichen Auswirkungen der Mitbestimmung ermöglicht keine eindeutigen Aussagen. Die gegenwärtigen Debatten über die Mitbestimmung beziehen sich auf ihre Folgen für den Standortwettbewerb und die Schaffung eines einheitlichen europäischen Unternehmensrechts.

I. Unterschiedliche Ausformungen

Die Mitbestimmung auf Unternehmensebene, die von der betrieblichen Mitbestimmung (→ *Mitbestimmung, betriebliche*) zu unterscheiden ist, gewährt den Vertretern der Belegschaften großer deutscher Kapitalgesellschaften Beteiligungsrechte in den Unternehmensorganen → *Aufsichtsrat* und *Vorstand*. Sie ist in ihrer heutigen Form nach dem Zweiten Weltkrieg entstanden (*Teuteberg* 1961). Zwar gibt es auch in einigen anderen europäischen Ländern eine Beteiligung von Arbeitnehmern in den Organen großer Unternehmen. Nirgendwo jedoch gehen die *Beteiligungsrechte* auch nur annähernd so weit wie in Deutschland.

Die deutsche *Unternehmensmitbestimmung* gibt es in drei verschiedenen rechtlichen Ausformungen. Im Jahre 1951 wurde durch Bundesgesetz in den Unternehmen der Kohle- und Stahlindustrie die sog. paritätische Mitbestimmung eingeführt, bei der die Hälfte der Sitze im → *Aufsichtsrat* an Arbeitnehmervertreter fällt („*Montanmitbestimmung*"; *Müller* 1991). Ein Jahr darauf wies das *Betriebsverfassungsgesetz* von 1952 in allen übrigen Kapitalgesellschaften mit mehr als 500 Beschäftigten den Belegschaften ein Drittel der Sitze im Aufsichtsrat zu. Das *Mitbestimmungsgesetz* von 1976 schließlich sah für alle Kapitalgesellschaften mit mehr als 2.000 Beschäftigten eine modifizierte Version der paritätischen Mitbestimmung der *Montanindustrie* vor; für Unternehmen mit zwischen 500 und 2.000 Beschäftigten blieb die Drittelregelung von 1952 erhalten. Darüber hinaus wurden über die Jahre verschiedene Gesetze verabschiedet, die verhindern sollten, dass Unternehmen der Montanindustrie als Folge ihres Strukturwandels aus der paritätischen Montanmitbestimmung von 1951 herauswuchsen.

In der zweiten Hälfte der 1990er Jahre unterlagen noch 45 Unternehmen mit etwa 400.000 Beschäftigten der Mitbestimmung nach dem Montanmodell (diese und die folgenden Zahlen nach *Kommission Mitbestimmung* 1998, S. 43 ff.). Unter das Mitbestimmungsgesetz von 1976 dagegen fielen 719 Unternehmen mit etwa 5,2 Mio. Beschäftigten. 1983 waren es noch 481 Unternehmen gewesen; der Anstieg wird überwiegend auf einen Umbau von früher integrierten Großunternehmen in Unternehmensgruppen, mit „Konzernen im Konzern" (→ *Konzernorganisation*), sowie auf die Privatisierung früherer Staatsunternehmen (Post, Bahn u. dgl.) zurückgeführt. Entsprechend gestiegen ist die Zahl der Aufsichtsratsmandate der Arbeitnehmer, und zwar von 2.600 im Jahre 1984 auf 4.900 im Jahre 1996. Mitte der 1990er Jahre waren insgesamt ein Viertel aller Arbeitnehmer im privaten Sektor in Unternehmen beschäftigt, die entweder der Montanmitbestimmung oder der Mitbestimmung nach dem Modell von 1976 unterlagen. Zehn Jahre vorher hatte der Beschäftigungsanteil der mitbestimmten Großunternehmen noch bei etwa 30 Prozent gelegen. Da die Unternehmensmitbestimmung keine freiwillige, sondern eine gesetzliche Einrichtung ist, erklärt sich der Rückgang allein durch den Strukturwandel der Wirtschaft zugunsten *kleiner und mittlerer Unternehmen* (*Hassel/Kluge* 1999).

Die bei weitem wichtigste Variante der Unternehmensmitbestimmung ist heute die Mitbestimmung nach dem Gesetz von 1976. Mit der von den *Gewerkschaften* nach wie vor geforderten Ausweitung der Montanmitbestimmung – deren Reichweite ständig weiter zurückgeht – auf alle anderen Großunternehmen ist seit langem nicht mehr zu rechnen. Die zentralen Merkmale des Mitbestimmungsmodells von 1976 sind:

Dem → *Aufsichtsrat* gehören ebenso viele Vertreter der Arbeitnehmer wie der Kapitaleigner an. Während jedoch im Montanmodell beide Seiten sich auf einen unparteiischen „elften Mann" als Vorsitzenden einigen müssen, muss im 1976er Modell immer ein Vertreter der Anteilseigner zum Vorsitzenden gewählt werden. Die Stimme des Vorsitzenden gibt bei Stimmengleichheit den Ausschlag. Des Weiteren bestimmt das Gesetz, dass mindestens einer der Arbeitnehmervertreter ein „leitender Angestellter" zu sein hat.

Während in der Montanmitbestimmung die aus dem Betrieb stammenden Arbeitnehmervertreter von einer Versammlung aller Betriebsräte des Unternehmens bestimmt werden, sieht das Mitbestimmungsgesetz von 1976 eine Wahl durch die Belegschaft bzw. von ihr gewählte Wahlmänner vor.

Bei der Montanmitbestimmung haben im Unternehmen vertretene Gewerkschaften das Recht, auf eine Minderheit der Sitze der Arbeitnehmervertreter hauptamtliche Gewerkschaftsfunktionäre zu entsenden. Das Gesetz sieht ein weiteres externes Mitglied der „Arbeitnehmerbank" vor, das nicht Repräsentant einer Gewerkschaft sein darf. Das Gesetz von 1976 ermöglicht für einen kleinen Teil der den Arbeitnehmern zustehenden Aufsichtsratsmandate eine Kandidatur von Personen, die nicht der Belegschaft angehören; allerdings können sich grundsätzlich auch Belegschaftsangehörige sowie Kandidaten bewerben, die keiner Gewerkschaft angehören.

In Unternehmen, die der *Montanmitbestimmung* unterliegen, darf eines der Vorstandsmitglieder, der „Arbeitsdirektor", nur mit Zustimmung der Mehrheit der Arbeitnehmervertreter im Aufsichtsrat bestellt werden. Der *Arbeitsdirektor* ist mit den übrigen Vorstandsmitgliedern gleichberechtigt. In der Regel, aber nicht notwendigerweise, ist er für sämtliche Personalangelegenheiten zuständig. Nach dem Gesetz von 1976 dagegen muss ein Unternehmen lediglich das Personalwesen auf der Vorstandsebene ansiedeln. Bei der Ernennung des mit diesem zu betrauenden Vorstandsmitglieds soll es die Zustimmung der Arbeitnehmervertreter im Aufsichtsrat suchen. Findet es diese nicht, so kann die Arbeitgeberseite das Vorstandsmitglied mit der Zweitstimme des Vorsitzenden nach eigenem Ermessen ernennen.

II. Geschichte

Das Mitbestimmungsgesetz von 1976, das bis heute in seinen Grundzügen unverändert geblieben ist, ist der Abschluss einer langen Entwicklung, die bis in die Weimarer Republik zurückreicht. In der Konzeption ihrer damaligen Befürworter, vor allem in der Sozialdemokratie, war unternehmerische Mitbestimmung die unterste Ebene einer Hierarchie von *Wirtschaftsräten*, die als Alternative oder als Vorstufe zur Sozialisierung der Wirtschaft die Produktion krisenfrei regulieren sollte (*Naphtali* 1966 [1928]). Nach 1945 erwies sich die *paritätische Mitbestimmung* dann als geeignete Kompromissformel im Konflikt über die Rechte an den faktisch herrenlos gewordenen Unternehmen der deutschen Kohle- und Stahlindustrie, deren Eigentümer mit den Nazis kollaboriert hatten. Ging es den Siegermächten um die dauerhafte politische Neutralisierung der Schlüsselindustrien an der Ruhr, so konnte die neu gewählte bürgerliche Bundesregierung die Gewerkschaften und Betriebsräte, die die Betriebe nach 1945 weitergeführt und gegen die Demontage verteidigt hatten, nicht ohne weiteres aus der Leitung der Unternehmen vertreiben. Für eine Ausweitung der Regelungen in der Montanindustrie auf die übrigen Branchen reichte die Macht der Gewerkschaften freilich schon ein Jahr danach nicht mehr aus (*Köstler* 1987; *Neuloh* 1956; *Potthoff* 1957; *Teuteberg* 1961).

In der Folgezeit betrachteten die *Gewerkschaften* die *Montanindustrie* als Modell einer späteren, bei günstigen Mehrheitsverhältnissen parlamentarisch durchzusetzenden grundlegenden *„Demokratisierung"* der Wirtschaft. Dabei sollten insb. die externen Gewerkschaftsvertreter im → *Aufsichtsrat* und die Präsenz eines von den Gewerkschaften delegierten Arbeitsdirektors im Vorstand die wirtschaftliche *Macht* oligopolistischer Großunternehmen kontrollieren und dafür sorgen, dass diese nicht nur im betriebs-, sondern auch im volks- oder gemeinwirtschaftlichen Interesse verwendet wurde. Obwohl aber die von der Regierung der Großen Koalition eingesetzte Mitbestimmungskommission unter dem Wirtschaftsrechtler Biedenkopf an der Montanmitbestimmung nichts zu beanstanden fand (*Tegtmeier* 1973), konnte sie sich nicht dazu durchringen, ihre Ausdehnung über die Montanindustrie hinaus zu empfehlen (*Mitbestimmungskommission* 1970). Das Mitbestimmungsgesetz von 1976 blieb dann, unter dem Einfluss des kleineren Regierungspartners, der liberalen FDP, faktisch unterhalb der Parität und stärkte die Belegschaft auf Kosten der unternehmensexternen Gewerkschaft. Darüber hinaus ermöglichte es den Anteilseignern im Grundsatz, jeden Einfluss von Belegschaft, *Betriebsrat* und Gewerkschaft auf die Besetzung des Unternehmensvorstands auszuschließen. 1978 wies das *Bundesverfassungsgericht* eine Verfassungsbeschwerde der Arbeitgeber ab, in der die paritätische Besetzung des Aufsichtsrats als unzulässiger Eingriff in Eigentumsrechte gewertet wurde. Da das Gericht Parität nicht für gegeben ansah, verzichtete es auf eine Prüfung ihrer Verfassungsmäßigkeit.

III. Das Gesetz von 1976

Das Übergewicht der Kapitalseite in der Mitbestimmungsregelung von 1976 hat die Bedeutung der Mitbestimmung auf Unternehmensebene im Vergleich zur betrieblichen Mitbestimmung, und die des Aufsichtsrats als Mitbestimmungsorgan im Vergleich zum Betriebsrat, gegenüber dem Montanmodell verringert (*Streeck* 1992). Zugleich hat die Schwächung der institutionellen Position der Gewerkschaft im Mitbestimmungssystem das Gewicht der internen *Arbeitnehmervertreter* erhöht. Obwohl betriebliche und Unternehmensmitbestimmung auf gänzlich anderen rechtlichen Grundlagen beruhen – die eine im *Arbeits-*, die andere im *Unternehmensrecht* –, wurde als Folge der Gesetzgebung von 1976 die Mitbestimmung im Aufsichtsrat faktisch zu einem zusätzlichen Instrument der Mitbestimmung auf Betriebsebene. Fast alle internen Belegschaftsvertreter sind führende Mitglieder des Betriebsrats (und als solche ohne Ausnahme Mitglieder einer für das Unternehmen zuständigen Gewerkschaft), und der Betriebsratsvorsitzende ist in der Regel auch Mitglied des Präsidiums des Aufsichtsrats. Die externen Vertreter der Arbeitnehmer sind fast immer hauptamtliche Gewerkschafter, die in den meisten Fällen als fachliche Berater des Betriebsrats fungieren, der jeden Versuch einer Koordinierung in einem gewerkschaftlichen oder anderen externen Interesse entschieden und erfolgreich zurückweist. Insgesamt unterlag die unternehmerische Mitbestimmung seit den 1970er Jahren demselben allgemeinen Trend zur Verbetrieblichung in einer Wettbewerbswirtschaft wie die Lohnfindung unter dem *Flächentarifvertrag* (*Kommission Mitbestimmung* 1998).

Spätestens in den 1990er Jahren war die Mitbestimmung auf Unternehmensebene zu einer gefestigten Grundlage der *Sozialpartnerschaft* zwischen auf Ausgleich bedachten Unternehmensleitungen und pragmatischen Betriebsräten geworden. Dies blieb auch unter dem Einfluss anspruchsvoller gewordener Kapitalmärkte und Investoren grundsätzlich unverändert (→ *Kapitalmarkt und Management*). Die Sozialverfassung des mitbestimmten deutschen Großunternehmens besteht heute aus einem komplexen Macht- und Kooperationsgefüge zwischen *Vorstand*, Anteilseignern, Belegschaft, Betriebsrat und Gewerkschaft (→ *Macht in Organisationen*). Wichtige Entscheidungen im Aufsichtsrat werden durch Vorgespräche zwischen Vorstand und Betriebsrat vorbereitet und in den weitaus meisten Fällen einstimmig getroffen. Auch die Bestellung von Vorstandsmitgliedern erfolgt meist im *Konsens*, vor allem bei den „Arbeitsdirektoren", die von der Anteilseignerseite nur ungern gegen den Willen der Arbeitnehmerbank eingesetzt werden. In zahlreichen Unternehmen finden sich darüber hinaus zusätzliche, freiwillig über das Gesetz hinausgehende Mitbestimmungsregelungen, vor allem in den privatisierten Unternehmen des Infrastrukturbereichs. In ihrer vielfach umdefinierten Form ist die Mitbestimmung als deutsche Besonderheit der *Unternehmensverfassung* heute durch Gewerkschaftsmacht und Unternehmenskultur (→ *Organisationskultur*) fest etabliert (*Kommission Mitbestimmung* 1998).

Die Beurteilung der unternehmerischen Mitbestimmung hat in der deutschen Nachkriegsgeschichte ebenso gewechselt wie die mit der Mitbestimmung verfolgten Ziele. Letztere reichten von der politischen Neutralisierung der Montanindustrie zur Überwindung autoritärer deutscher Management-Traditionen und der Einführung eines „neuen", offeneren „Betriebsstils" (*Neuloh* 1960); von der Vorbereitung von Unternehmen und Belegschaften auf eine anti- oder post-kapitalistische „Neuordnung" der Wirtschaft und der Koordinierung der Großunternehmen durch die Gewerkschaften im gesamtwirtschaftlichen Interesse zur Festigung der politischen durch industrielle *Demokratie*; und von der Einführung von Sozialplänen in schrumpfenden Industriesektoren zur sozialfriedlichen Bewältigung wirtschaftlichen Strukturwandels. In den 1970er und 1980er Jahren wurde auch von den Arbeitgebern der durch die gemeinsame Umsetzung ausgehandelter Entscheidungen erreichbare Zeitgewinn hervorgehoben; später lag die Betonung eher auf dem durch Beteiligung einer starken Belegschaftsvertretung entstehenden Zeitverlust bei der Entscheidungsfindung sowie auf einer möglichen Tendenz mitbestimmter Unternehmen zu strukturkonservativen Markt- und Produktstrategien (*Kommission Mitbestimmung* 1998, S. 98 ff.). In der politischen Rhetorik des Jahrzehnts nach der Wiedervereinigung wandelte sich das „Modell Deutschland" der 1970er und 1980er Jahre häufig zum Standortnachteil im weltweiten Wettbewerb und bei der notwendigen Europäisierung von Unternehmensstrukturen.

IV. Wirtschaftliche Auswirkungen

Die tatsächlichen wirtschaftlichen Auswirkungen der Unternehmensmitbestimmung sind nur schwer zu messen. Die Literatur unterscheidet im Wesentlichen zwischen *Vertrauen schaffenden positiven* und *Struktur konservierenden negativen* Wirkungen der Unternehmensmitbestimmung und sieht positive wirtschaftliche Folgen als von äußeren Erfolgsbedingungen abhängig, die vorsichtige Unternehmensstrategien und die Kultivierung kooperativer Beziehungen mit einer hoch qualifizierten *Stammbelegschaft* prämiieren (*Kommission Mitbestimmung* 1998, S. 98–101). In diesem Sinne konfrontieren Junkes und Sadowski (*Junkes/Sadowski* 1999) *Partizipationstheorien*, denen zufolge die Lücken des offenen Arbeitsvertrages *vertrauensbildend* und *produktivitätssteigernd* durch Entscheidungsbeteiligung der Arbeitnehmer geschlossen werden können, mit Theorien der Eigentumsrechte, für die jede gesetzlich vorgeschriebene Mitbestimmung nahezu definitionsgemäß Fehlallokationen zur Folge haben muss. Die vorliegenden empirischen Untersuchungen ergeben nach Junkes und Sadowski ein uneinheitliches Bild und sind meist mit methodischen Problemen behaftet; gefundene positive oder negative Zusammenhänge sind in der Regel nur schwach ausgeprägt.

Ein möglicher Weg zur Ermittlung der wirtschaftlichen Auswirkungen der Mitbestimmung besteht darin, zwischen mitbestimmten Unternehmen nach der Stärke des Einflusses der Arbeitnehmervertreter im Aufsichtsrat zu unterscheiden. Witte (*Witte* 1980a; *Witte* 1980b) kommt das Verdienst zu, hierfür als Erster objektive Indikatoren – wie die Häufigkeit der Gespräche zwischen *Geschäftsleitung* und Arbeitnehmervertretern im Aufsichtsrat – verwendet zu haben. Witte konnte zeigen, auch mit Hilfe der subjektiven Einschätzungen der beteiligten Parteien, dass das sicherste Anzeichen für einen starken Einfluss der Arbeitnehmer das Vorhandensein freiwillig vereinbarter übergesetzlicher Mitbestimmungsregelungen ist. Wittes *positionsbezogene* Einflussmaße wurden von Gerum, Steinmann und Fees (*Gerum/Steinmann/Fees* 1988) durch Indikatoren der Reichweite der *Kompetenzen* des Aufsichtsrats in Gestalt des Ausmaßes der Zustimmungsbedürftigkeit von Geschäften des Vorstands ergänzt. Dem liegt die Prämisse zugrunde, dass auch eine starke Position im Aufsichtsrat den Vertretern der Arbeitnehmer nur in dem Maße Einfluss verschaffen kann, wie der Aufsichtsrat selber Einfluss auf die *Unternehmenspolitik* zu nehmen vermag.

Im Anschluss an die genannten Untersuchungen hat in jüngster Zeit Zugehör (*Zugehör* 2003) ein Instrument zur Messung der Stärke der Mitbestimmung auf Unternehmensebene entwickelt, das sowohl positionale als auch Kompetenzfaktoren berücksichtigt. Zugehör gelingt es, mit Hilfe seines Indikators 61 der 100 größten deutschen Industrieunternehmen gegen Ende der 1990er Jahre nach dem Ausmaß des Mitbestimmungseinflusses in eine Rangliste einzuordnen (*Zugehör* 2003, S. 225). Dabei ergibt sich, dass eine starke Unternehmensmitbestimmung den Strukturwandel der deutschen Großunternehmen in den 1990er Jahren in Richtung auf eine Entdiversifizierung und Konzentration auf das Kerngeschäft nicht behindert und möglicherweise sogar unterstützt hat (*Zugehör* 2003, insb. S. 137). Wie darüber hinaus Höpner (*Höpner* 2003, S. 163) für zwanzig der vierzig größten deutschen Aktiengesellschaften nachweist, besteht zwischen der Stärke der Unternehmensmitbestimmung nach Zugehör und der von Höpner gemessenen „Shareholder Value"-Orientierung eines Unternehmens (→ *Shareholder- und Stakeholder-Ansatz*) weder ein negativer noch ein positiver Zusammenhang.

V. Ausblick

Als deutsche Ausformung der → *Corporate Governance (Unternehmensverfassung)* passt die wirtschaftliche Mitbestimmung, zusammen mit der Mitbestimmung auf Betriebsebene, zu einer Unternehmenspolitik, die auf hoch qualifizierte Dauerbelegschaften mit hoher Identifikation mit dem Unternehmen setzt. Sie entspricht ferner kulturell verfestigten Erwartungen deutscher Arbeitnehmer, von ihrem Arbeitgeber umfassend informiert und gehört zu werden. Ihre ihr früher zugedachte Rolle als Instrument zur gesellschaftlichen Kontrolle wirtschaftlicher *Macht* hat die Mitbestimmung heute an den verschärften internationalen Wettbewerb verloren. Im Gegenteil zeichnet sich eine Entwicklung ab, bei der die Institutionen der wirtschaftlichen Mitbestimmung zur Basis einer unternehmensbezogenen Interessenkoalition zwischen dem Management, wenn nicht gar mit den Anteilseignern, und einer Kernbelegschaft werden, die nicht nur absolut, sondern auch relativ – im Verhältnis zu weniger dauerhaft beschäftigten Arbeitnehmergruppen am oberen und unteren Rand des Qualifikationsspektrums – im Rückgang begriffen ist.

Für die Zukunft der Mitbestimmung wird von Bedeutung sein, wie sie sich in die zunehmende Internationalisierung der Unternehmenslandschaft einfügt. Das nach langen Jahren verabschiedete europäische Gesellschaftsrecht hat auf eine Harmonisierung der nationalen Rechtsordnungen verzichtet und hält an einem Pluralismus der Unternehmensverfassungen auch auf europäischer Ebene fest. Auf Drängen der Bundesregierung und gegen den Widerstand der deutschen Wirtschaft hat es europäisch verfasste Unternehmen mit deutschen Ursprüngen weitgehend an die deutschen Standards der Unternehmensmitbestimmung gebunden und deutschen Unternehmen die Möglichkeit genommen, auf dem Weg über eine *Europäisierung* ihrer *Rechtsform* aus der Mitbestimmung auszuwandern. Allerdings hat es die Institutionen, in denen die Mitbestimmung auf Unternehmensebene erfolgen soll, in stärkerem Maße als das deutsche Recht frei aushandelbaren Entscheidungen der Beteiligten im jeweiligen Unternehmen anheim gestellt. Damit folgt es der Praxis in einer Reihe europäischer Unternehmen mit deutscher Beteiligung, in denen auf Drängen der deutschen Gewerkschaften und Betriebsräte maßgeschneiderte, dem deutschen Mitbestimmungsrecht äquivalente, zugleich aber für die nichtdeutschen Arbeitnehmervertreter akzeptable Vertretungsformen auf Unternehmensebene eingerichtet wurden (Europipe, Airbus).

Literatur

Gerum, Elmar/Steinmann, Horst/Fees, Werner: Der mitbestimmte Aufsichtsrat. Eine empirische Untersuchung, Stuttgart 1988.
Hassel, Anke/Kluge, Norbert: Die quantitative Entwicklung der Mitbestimmung in Deutschland, in: Gewerkschaftliche Monatshefte, H. 3/1999, S. 167–176.
Höpner, Martin: Wer beherrscht die Unternehmen? Shareholder Value, Managerherrschaft und Mitbestimmung in Deutschland. Schriften aus dem Max-Planck-Institut für Gesellschaftsforschung, Bd. 46, Frankfurt am Main 2003.
Junkes, Joachim/Sadowski, Dieter: Mitbestimmung im Aufsichtsrat: Steigerung der Effizienz oder Ausdünnung von Verfügungsrechten?, in: Die wirtschaftlichen Folgen der Mitbestimmung, hrsg. v. *Frick, Bernd/Kluge, Norbert/Streeck, Wolfgang*, Frankfurt am Main 1999, S. 53–88.
Kommission Mitbestimmung: Bericht der Kommission Mitbestimmung: Mitbestimmung und neue Unternehmenskulturen – Bilanz und Perspektiven, Gütersloh 1998.
Köstler, Roland: Das steckengebliebene Reformvorhaben. Unternehmensmitbestimmung von 1922 bis zum Mitbestimmungsgesetz von 1976, Köln 1987.
Mitbestimmungskommission: Mitbestimmung im Unternehmen – Bericht der Sachverständigenkommission zur Auswertung der bisherigen Erfahrungen bei der Mitbestimmung, Stuttgart 1970.
Müller, Gloria: Strukturwandel und Arbeitnehmerrechte. Die wirtschaftliche Mitbestimmung in der Eisen- und Stahlindustrie 1945–1975, Essen 1991.
Naphtali, Fritz: Wirtschaftsdemokratie. Ihr Wesen, Weg und Ziel, Frankfurt am Main 1966 [1928].
Neuloh, Otto: Der neue Betriebsstil. Untersuchungen über Wirklichkeit und Wirkungen der Mitbestimmung, Tübingen 1960.
Neuloh, Otto: Die deutsche Betriebsverfassung und ihre Sozialformen bis zur Mitbestimmung, Tübingen 1956.
Potthoff, Erich: Der Kampf um die Montan-Mitbestimmung, Köln 1957.
Streeck, Wolfgang: Social Institutions and Economic Performance: Studies of Industrial Relations in Advanced Capitalist Economies (Chapter 5: Co-determination: After Four Decades), London 1992.
Tegtmeier, Werner: Wirkungen der Mitbestimmung der Arbeitnehmer, Göttingen 1973.
Teuteberg, Hans Jürgen: Geschichte der industriellen Mitbestimmung in Deutschland, Tübingen 1961.
Witte, Eberhard: Das Einflusspotential der Arbeitnehmer als Grundlage der Mitbestimmung, in: DBW, Jg. 40, 1980a, S. 3–26.
Witte, Eberhard: Der Einfluß der Arbeitnehmer auf die Unternehmenspolitik, in: DBW, Jg. 40, 1980b, S. 541–559.
Zugehör, Rainer: Die Zukunft des rheinischen Kapitalismus, Opladen 2003.

Mitbestimmung in internationalen Unternehmen

Reinhart Schmidt

[s.a.: Aufsichtsrat; Corporate Governance (Unternehmensverfassung); Corporate Governance, internationaler Vergleich; Internationale Unternehmen, Organisation der; Management und Recht; Mitbestimmung, betriebliche; Mitbestimmung, unternehmerische.]

I. Das Problem; II. Mitbestimmungsregelungen in ausgewählten Ländern; III. Europäische Betriebsräte; IV. Mitbestimmung in der Europäischen Aktiengesellschaft; V. Konsequenzen für die Mitbestimmung aus internationaler Sicht.

Zusammenfassung

Für internationale Unternehmen führt die Mitbestimmung angesichts der sehr heterogenen Regulierung in verschiedenen Ländern zu einem besonderen Koordinationsproblem. Dies wird zunächst anhand der Mitbestimmungssysteme ausgewählter Länder verdeutlicht. Weiter werden die Unternehmensaktivitäten durch den Europäischen Betriebsrat und die Mitbestimmung in der Europäischen Aktiengesellschaft beeinflusst. Besonders aus internationaler Sicht ist schließlich Kritik an dem deutschen System der Mitbestimmung zu üben und eine Modernisierung zu fordern.

I. Das Problem

Internationale Unternehmen sind dadurch charakterisiert, dass sie ihre wirtschaftlichen Aktivitäten in mehreren Ländern entfalten und deshalb besonderen

Koordinationsproblemen ausgesetzt sind (→ *Internationale Unternehmen, Organisation der*). Sie sind in der Regel als Konzerne organisiert (→ *Konzernorganisation*). Die Zentrale koordiniert dabei auch die Tätigkeit von Joint Ventures, Minderheitsbeteiligungen, strategischen Allianzen (→ *Allianz, strategische*) und anderen Kooperationsobjekten (→ *Unternehmenskooperation*).

Unter *Mitbestimmung* wird die institutionalisierte Teilhabe der Arbeitnehmer an Entscheidungen in Betrieben und Unternehmen verstanden. Es wird zwischen Mitbestimmung auf Betriebsebene (→ *Mitbestimmung, betriebliche*) und Mitbestimmung auf Unternehmensebene (→ *Mitbestimmung, unternehmerische*), unter dem Gesichtspunkt der Einflussnahme zwischen *Mitwirkungsrechten* und *Mitbestimmungsrechten* unterschieden. Als Mitwirkungsrechte gelten Informationsrechte, Anhörungsrechte und Beratungsrechte, zu den Mitbestimmungsrechten zählen dagegen Zustimmungsrechte und Vetorechte sowie Mitentscheidungsrechte und Initiativrechte.

Das Management von internationalen Unternehmen ist aufgrund der internationalen Mobilität des Kapitals gezwungen, die Interessen des Kapitalmarkts zu berücksichtigen (→ *Kapitalmarkt und Management*). Die Erfüllung der Aktionärsansprüche versucht das Management dadurch zu erreichen, dass es nach einer langfristigen Erhöhung des Shareholder Value strebt (→ *Wertorientierte Unternehmensführung*).

Neben den Aktionären stellen noch andere Gruppen Ansprüche an das Unternehmen, v.a. die Arbeitnehmer und die Kunden als Stakeholder (→ *Shareholder- und Stakeholder-Ansatz*). Wenn die Arbeitnehmer als Stakeholder mit eigenen Interessen im Rahmen der Unternehmensverfassung mitwirken oder mitbestimmen, dann werden Entscheidungen anders als im Fall z.B. reiner Aktionärsorientierung ausfallen. Stellt die Mitbestimmung schon in einem national tätigen Unternehmen – je nach Regulierung – ein Problem für die Unternehmensführung dar, so vervielfachen sich die Koordinations- und Strategieprobleme im internationalen Unternehmen durch ein Nebeneinander verschiedenster Mitbestimmungssysteme.

II. Mitbestimmungsregelungen in ausgewählten Ländern

„Nirgendwo ist die Palette des Rechts in Europa bunter als im Bereich der Arbeitnehmermitwirkung an unternehmerischen Entscheidungen" (*Weiss* 2003, S. 177). Die recht verschiedenen nationalen Regulierungen und Praktiken sind schwierig vergleichend zu beschreiben oder zu klassifizieren, insb. wegen der Unterschiedlichkeit von vielen zu beachtenden Details, des oft schwer zu erfassenden Nebeneinanders von Mitwirkungsmöglichkeiten und der länder- oder unternehmensspezifisch unterschiedlichen Handhabungspraxis. Man könnte die Untersuchungssystematik von Hamel (*Hamel* 1993) verwenden, der u.a. folgende Aspekte unterscheidet: 1. formale Aspekte (Geltungsbereich, Definitionen, Varianten von Mitbestimmungsorganen), 2. inhaltliche Aspekte (mitbestimmungsrelevante Entscheidungstatbestände, Zielinhalte der Mitbestimmung), 3. prozedurale Aspekte (mitbestimmte Entscheidungsprozesse, Institutionalisierung der Mitbestimmungsorgane, strukturelle Prozedurvorgaben), 4. relationale Aspekte (Beziehungen zwischen Gruppen und Gremien).

Im Folgenden werden nur solche Regelungen erwähnt, die besonders typisch sind und sich von Regelungen in anderen Ländern stärker unterscheiden. Bei einer Mitbestimmung auf Unternehmensebene hängen Ausgestaltung und Wirkung zunächst von dem rechtlichen Rahmen der Unternehmensverfassung ab. Dabei existiert in Deutschland, Österreich und den Niederlanden das *dualistische System* von Vorstand und Aufsichtsrat, in Frankreich besteht ein System-Wahlrecht. Sonst findet man weit überwiegend das *monistische System* eines einheitlichen Verwaltungsrats (→ *Board of Directors*). Für die Einflussnahme durch Mitbestimmung ist im Fall eines dualistischen Systems von Bedeutung, dass in Österreich und den Niederlanden ein *Katalog zustimmungspflichtiger Geschäfte* für den Aufsichtsrat definiert wird. Das 2002 in Deutschland in Kraft getretene *TransPuG* verpflichtet nunmehr auch deutsche Unternehmen, einen solchen Katalog aufzustellen.

Das durch *Korporatismus* geprägte Österreich folgt in der Mitbestimmung ähnlich wie Deutschland einem konsensusorientierten Leitbild, was seinen Ausdruck zunächst darin findet, dass der Aufsichtsrat in Österreich seine Überwachungsaufgabe zum Wohl des Unternehmens „unter Beachtung der Interessen der Aktionäre, der Arbeitnehmer und öffentlicher Interessen" wahrzunehmen hat (§ 70 österreichisches AktG). Es existiert eine drittelparitätische Beteiligung von Arbeitnehmervertretern im Aufsichtsrat unabhängig von der Unternehmensgröße; etwaige *Ausschüsse* sind ebenfalls drittelparitätisch zu besetzen. Für bestimmte Personalentscheidungen ist neben der Aufsichtsratsmehrheit auch die Stimmenmehrheit der Aktionärsvertreter erforderlich. Eine besondere Rolle spielt die zentrale *Arbeiterkammer* mit einer Pflichtmitgliedschaft fast aller Arbeitnehmer, sie betreibt zusammen mit dem Österreichischen Gewerkschaftsbund ein Institut für Aufsichtsrat-Mitbestimmung (IfAM), das die Qualifizierung von Aufsichtsräten unterstützt.

In *Schweden* wurde die Mitbestimmung der Arbeitnehmer im Verwaltungsrat eingeführt, wobei die Gewerkschaften das Recht erhielten, zwei betriebliche Arbeitnehmervertreter mit vollem Stimmrecht in das Gremium zu entsenden. Seit 1988 hat die Arbeitnehmergruppe in Unternehmen mit mehr als 1000 Beschäftigten ein *Entsenderecht* für drei Verwaltungsratsmitglieder. Die Größe des Verwaltungsrats ist allerdings nicht gesetzlich festgelegt. Die Mitbestimmung im Verwaltungsrat beginnt schon bei 25 Arbeitnehmern im Jahresdurchschnitt. Das schwedische Modell zeichnet sich durch Konsensusorientierung und informelle Lösungen aus.

In *Dänemark* greift die Mitbestimmung auf Unternehmensebene, wenn eine Kapitalgesellschaft drei Jahre lang mehr als 35 Arbeitnehmer hat. Die Arbeitnehmer werden durch die Hälfte der Sitze repräsentiert. Die absolute Mehrheit der Arbeitnehmer muss allerdings vorher für die Mitbestimmung votiert haben.

Die Besonderheit der Mitbestimmung in den *Niederlanden* liegt in dem Verfahren der *Kooptation* neuer Aufsichtsratsmitglieder durch den jeweils existierenden Aufsichtsrat. Der Betriebsrat kann zwar Vorschläge zur Kooptation machen, aber Arbeitnehmer des Unternehmens dürfen nicht Mitglied des Aufsichtsrats werden. Möglichkeiten der Arbeitnehmermitwirkung ergeben sich durch Treffen des Aufsichtsrats mit dem Betriebsrat, die mindestens zweimal je Jahr stattfinden müssen. *Holdinggesellschaften*, deren Arbeitnehmer mehrheitlich in ausländischen Tochtergesellschaften beschäftigt sind, brauchen keinen Aufsichtsrat zu bilden. Ein Musterbeispiel dafür stellt der in Amsterdam ansässige europäische Konzern EADS N.V. dar.

In *Frankreich* haben Arbeitnehmer allgemein keine Mitbestimmungsrechte. Allerdings können Arbeitnehmervertreter auf freiwilliger Basis und auf Vorschlag der Gewerkschaften in den Verwaltungs- oder Aufsichtsrat gewählt werden. Und in Unternehmen mit einer mindestens 50-prozentigen Beteiligung des Staats gibt es seit 1983 eine von der Belegschaftsgröße abhängige Mitbestimmung im Verwaltungs- oder Aufsichtsrat, bei mehr als 1.000 Beschäftigten besteht Drittelparität. Im Zusammenhang mit der *Privatisierung* wurden Übergangsregelungen zugunsten der Arbeitnehmervertreter geschaffen. Drittelparität in *öffentlichen Unternehmen* gibt es auch in *Griechenland* und *Irland*.

In einer ganzen Reihe von Staaten, z.B. *Belgien*, *Großbritannien*, *Italien* (mit Ausnahme von Alitalia seit 2001), *Portugal*, *Spanien*, der *Schweiz*, in *Japan* und den *USA*, gibt es keine Mitbestimmung.

Im Systemvergleich ist zunächst festzustellen, dass das deutsche BetrVG den Betriebsräten weitreichende Zustimmungsrechte einräumt. Auch können die Betriebsräte häufig durch Freistellung ihre Aufgaben als Hauptaufgabe wahrnehmen. Diese Regelungen bedeuten zusammen mit der (fast) paritätischen Vertretung im Aufsichtsrat von Großunternehmen, dass Deutschland im internationalen Vergleich als Hochburg der Mitbestimmung zu gelten hat.

III. Europäische Betriebsräte

Einen bedeutenden historischen Schritt mit dem Ziel einer europaweiten Arbeitnehmerbeteiligung stellt die Richtlinie über die Einsetzung eines *Europäischen Betriebsrats* (EBR) dar (Richtlinie 94/45/EG). Die Umsetzung erfolgte später durch das Gesetz über Europäische Betriebsräte mit Wirkung vom 01.11.1996. Vorher gab es schon eine freiwillige Praxis der Einrichtung Europäischer Betriebsräte.

Gegenstand der Richtlinie sind Unterrichtung und Anhörung der Arbeitnehmer in gemeinschaftsweit operierenden Unternehmen und Unternehmensgruppen. Der Begriff der *Unternehmensgruppe* ist dabei nicht mit dem deutschen Konzernbegriff identisch. Auch gemeinschaftsweit operierende Unternehmen mit zentraler Leitung außerhalb der EU sind der Richtlinie unterworfen.

Ein „besonderes *Verhandlungsgremium*" hat mit der zentralen Leitung eine schriftliche Vereinbarung mit bestimmten Einzelheiten abzuschließen. Kommt keine Vereinbarung zwischen den Partnern zustande, so ist der Europäische Betriebsrat kraft Gesetzes zu errichten. Allerdings können die Arbeitnehmervertreter beschließen, keine Vereinbarung treffen zu wollen; dann bleibt die Errichtung kraft Gesetzes aus. Der Europäische Betriebsrat ist einmal im Jahr zu unterrichten und anzuhören.

Die weitere Ausformung des EBR wird von der Richtlinie 2002/14/EG „Zur Festlegung eines allgemeinen Rahmens für die Unterrichtung und Anhörung der Arbeitnehmer in der Europäischen Gemeinschaft" berührt. Die Umsetzung muss bis 23.03.2005 erfolgen, einzelne EU-Staaten dürfen die Anwendung gestaffelt bis 2008 umsetzen.

In global operierenden Unternehmen ist über den Europäischen Betriebsrat hinaus eine Tendenz zu einem *Weltbetriebsrat* auf freiwilliger Basis festzustellen. Volkswagen hat im Jahr 1999 als erster deutscher Konzern einen solchen Weltbetriebsrat gegründet. Bei DaimlerChrysler hat man einen anderen Namen („*Welt-Arbeitnehmervertretung*") für ein 2002 geschaffenes Gremium gewählt. Ziel ist eine Verbesserung des Informationsaustauschs zwischen den Arbeitnehmervertretern der einzelnen Länder sowie mit der Konzernleitung.

IV. Mitbestimmung in der Europäischen Aktiengesellschaft

Die *Europäische Aktiengesellschaft* – *Societas Europaea* (SE) – stellt eine neue Rechtsform für Unternehmen dar, die in verschiedenen Mitgliedstaaten der EU tätig sind oder tätig werden wollen. Der Rat der EU hat am 08.10.2001 die Verordnung EG 2157/2001 über das Statut der Europäischen Gesellschaft zusammen mit einer Richtlinie in Bezug auf die Mitbestimmungsrechte von Arbeitnehmern (2001/86/EG) beschlossen. Ziele der Schaffung der SE sind die Einsparung von *Transaktionskosten*, Verbesserung der *Effizienz* und mehr *Transparenz*.

Vier Gründungsformen einer SE werden in der *SE-Verordnung* genannt: (1) Verschmelzung von zwei oder mehr Aktiengesellschaften aus mindestens zwei EU-Staaten, (2) Errichtung einer Holdinggesellschaft, an der Aktiengesellschaften oder GmbHs aus mindestens zwei EU-Staaten beteiligt sind, (3) Errichtung einer gemeinsamen Tochtergesellschaft durch Gesellschaften aus mindestens zwei EU-Staaten, (4) Umwandlung einer Aktiengesellschaft, die seit mindestens zwei Jahren mindestens eine Tochtergesellschaft in einem anderen EU-Staat hat.

Den unterschiedlichen Systemen der Corporate Governance in Europa (→ *Corporate Governance, internationaler Vergleich*) wird dadurch Rechnung getragen, dass sowohl ein einziges Verwaltungsorgan oder ein *Leitungsorgan* mit einem *Kontrollorgan* vom Gesetzgeber vorzusehen sind. Eine in Deutschland errichtete SE kann sich daher in Zukunft auch gemäß dem monistischen System organisieren, das einheitliche Verwaltungsorgan wird „*Verwaltungsrat*" heißen.

Nach der Richtlinie 2001/86/EG setzt die Gründung einer SE *Verhandlungen* der Leitungsorgane mit einem besonderen Verhandlungsgremium voraus. Dabei können sich Unternehmensleitung und Arbeitnehmer auf ein beliebiges Mitbestimmungsmodell im Rahmen einer Vereinbarung verständigen. Bleibt das verhandelte Modell hinter dem Mitbestimmungsniveau eines der Gründungsunternehmen zurück, bedarf es einer bestimmten Mehrheit der Arbeitnehmer – wobei auch die Gründungsform eine Rolle spielt. Bei einer *Umwandlung* kann keine Absenkung des Mitbestimmungsniveaus vereinbart werden.

Kommt keine Einigung zustande oder vereinbaren die Parteien es explizit, dann gilt gemäß Art. 7 die so genannte *Auffangregelung*, die jeder EU-Staat einführen muss. Die Auffangregelung muss inhaltlich den Vorschriften des Anhangs der Richtlinie entsprechen.

Die Etablierung einer Auffangregelung hat zur Konsequenz, dass ein Vertretungsorgan der Arbeitnehmer mit einem umfassenden Unterrichtungs- und Anhörungsrecht vorzusehen ist. Dieses Organ entspricht praktisch dem *Europäischen Betriebsrat*. Im Fall der *Gründung* einer SE richtet sich die Zahl der von Arbeitnehmern oder ihren Vertretern zu wählenden oder zu empfehlenden Mitglieder nach dem *höchsten* maßgeblichen Anteil in den beteiligten Gesellschaften vor der Eintragung der SE.

Die Anwendung der Auffangregelung für die *Mitbestimmung* gemäß Teil 3 des Anhangs wird an besondere Bedingungen in Abhängigkeit von der Gründungsform der SE geknüpft. Für den Fall einer durch *Fusion* gegründeten SE ist die Auffangregelung nur anzuwenden, wenn eine Mitbestimmung vor dem Zusammenschluss für mindestens 25% aller Arbeitnehmer galt oder bei einem geringeren Prozentsatz das besondere Verhandlungsgremium einen entsprechenden Beschluss fasst. Ein EU-Staat kann sich jedoch bei der Umsetzung entscheiden, die Richtlinie bei einer solchen SE nicht anzuwenden (*opting out*).

Das besondere Verhandlungsgremium kann auch den Abbruch der Verhandlungen beschließen. Dann kommen die Vorschriften des Sitzstaats über die Unterrichtung und Anhörung von Arbeitnehmern zur Anwendung – nicht jedoch die Auffangregelung von Art. 7.

Die SE-Verordnung tritt am 08.10.2004 in Kraft und gilt dann unmittelbar in jedem EU-Staat. Bis zu diesem Zeitpunkt müssen in nunmehr 25 Ländern auch die notwendigen gesetzgeberischen Maßnahmen getroffen sein, in Deutschland ist es das SEEG. Die Spielräume der praktischen Umsetzung des SE-Statuts auf nationaler Basis und danach auf Unternehmensebene sind erheblich, man unterscheidet neun Ebenen, auf denen unterschiedliche Akteure – Gesetzgeber, Gesellschaften, Kapitalanleger, Gewerkschaften – die konkrete Organisationsstruktur eines bestimmten Unternehmens beeinflussen können (*Kübler* 2003).

V. Konsequenzen für die Mitbestimmung aus internationaler Sicht

Aus Sicht eines international tätigen Unternehmens ist zunächst einmal zu entscheiden, inwieweit institutionelle Arrangements von Arbeitnehmerbeteiligung in einen Kanon von Führungsgrundsätzen eingehen sollen und inwieweit Unternehmenskultur aus dem Stammland in ein anderes Land transferiert wird (→ *Interkulturelles Management*). Empirische Befunde zeigen einen insgesamt nur selektiven Transfer. „Offenbar gehört der Umgang mit Arbeitnehmervertretungen weniger zum Code universeller Managementstandards im Unternehmen, und mehr zur Kategorie ‚So viel Corporate Culture wie notwendig, so viel Anpassung an lokale Gegebenheiten wie möglich'. Unternehmen orientieren sich in der Frage der Arbeitnehmerbeteiligung oder der – betrieblichen – Tarifpolitik zunächst einmal an nationalen, regionalen oder lokalen Standards des Gastlandes." (*Voß/Wilke* 2003, S. 40 f.).

Wenn der Trend zu → *Globalisierung* und Kapitalmarktorientierung anhält, wird v.a. Deutschland mit den sich von anderen Ländern stark unterscheidenden Mitbestimmungsregelungen langfristig Nachteile im internationalen Wettbewerb erleiden.

Am *Berlin Center of Corporate Governance* (BCCG) ist eine Initiative zur Modernisierung der Mitbestimmung gestartet worden. Auf Basis stattgefundener Diskussionen im Rahmen eines BCCG-Roundtable ist eine wissenschaftlich fundierte Auseinandersetzung mit der deutschen Mitbestimmung auf Unternehmensebene erfolgt (*v. Werder* 2004). Im Vordergrund steht die Analyse von Effizienzwirkungen der Mitbestimmung im paritätisch besetzten Aufsichtsrat. Zwei Effizienzfelder werden untersucht: die *Überwachungseffizienz* und die *Partizipationseffizi-*

enz. Die Analyse ergibt sechs Friktionen der Mitbestimmung: Organisations-, Qualifikations-, Kompromiss-, Klientel-, Legitimations- und Verantwortungsprobleme. Das Prinzip der anforderungsgerechten Besetzung des Aufsichtsrats zwecks effizienter Überwachung wird durch diese Friktionen stark beeinträchtigt.

Eine Diskussion möglicher Modernisierungsmaßnahmen führt zu dem BCCG-Vorschlag einer Substitution: Der Aufsichtsrat wird als der falsche Ort zur Ausübung der Mitbestimmung identifiziert, weshalb ein separates Mitbestimmungsorgan, ein *Konsultationsrat*, geschaffen werden soll. Der Vorschlag ist insofern konsequent, als er das betriebsverfassungsrechtliche Modell gesonderter Gremien fortschreibt.

Für *internationale* Unternehmen verstärken sich die Friktionseffekte der deutschen Mitbestimmung im Aufsichtsrat. Wenn heute schon mehr als die Hälfte der Arbeitnehmer eines internationalen Konzerns im Ausland arbeitet, wird das besondere Legitimationsproblem durch das fehlende Wahlrecht für Arbeitnehmervertreter aus dem Ausland im Vergleich zu einem reinen Inlandskonzern deutlich.

Indirekte Wirkungen auf die Mitbestimmung in deutschen Unternehmen gehen von der *EU-Übernahmerichtlinie* aus. Optiert die Hauptversammlung für die Richtlinie, so sind Vorstand und Aufsichtsrat im Fall eines feindlichen Übernahmeangebots zur Neutralität verpflichtet – was die Mitbestimmung der Arbeitnehmer faktisch einschränkt.

Auch Forderung nach Unabhängigkeit von Boardmitgliedern – wie in den USA durch den *Sarbanes-Oxley Act* für Mitglieder des *Audit Committee* bzw. den Board – kann Rückwirkungen auf eine Mitwirkung von Arbeitnehmervertretern haben. Es entsteht das Problem, ob Arbeitnehmervertreter dem *Bilanzausschuss* des Aufsichtsrats einer deutschen AG noch angehören dürfen, wenn die Aktien an einer US-Börse notiert bleiben sollen.

Der *Bundesverband der Deutschen Industrie* stellt schließlich fest, dass sich „überregulierte und exzessive nationale Standards" im Zeitalter der Globalisierung auf Dauer nicht halten lassen.

Literatur

Blank, Michael: Euro-Betriebsräte: Grundlagen – Praxisbeispiele – Mustervereinbarungen, Köln 1996.
Cleff, Thomas: Industrielle Beziehungen im kulturellen Zusammenhang: eine theoretische und empirische Untersuchung kultureller Einflüsse auf die Einstellung zu Regelungen Industrieller Beziehungen in Deutschland, Frankreich, Großbritannien, Italien, Schweden, Spanien, Türkei und den USA, München – Mering 1997.
Deppe, Joachim: Der Entwicklungsstand von Eurobetriebsräten in den 100 größten bundesdeutschen Unternehmen – Eine empirische Bestandsaufnahme, in: Euro-Betriebsräte: internationale Mitbestimmung – Konsequenzen für Unternehmen und Gewerkschaften, hrsg. v. *Deppe, Joachim*, Wiesbaden 1992, S. 177–190.
Dülfer, Eberhard: Internationales Management in unterschiedlichen Kulturbereichen, München 1999.
Fourboul, C./Bournois, F.: Strategic communication with employees in large European companies: a typology, in: European Management Journal, Jg. 17, 1999, S. 204–217.
Hamel, Winfried: Mitbestimmung, in: Ergebnisse empirischer betriebswirtschaftlicher Forschung, hrsg. v. *Hauschildt, Jürgen/Grün, Oskar*, Stuttgart 1993, S. 25–53.
Hauß, Thomas: Grenzüberschreitende Betriebsverfassung in Europa: der Europäische Betriebsrat, Fankfurt am Main et al. 1996.
Höland, Armin: Mitbestimmung in Europa – Rechtliche und politische Regelungen, Frankfurt am Main 2000.
Hopt, Klaus J.: Arbeitnehmervertretung im Aufsichtsrat – Auswirkungen der Mitbestimmung auf corporate governance und wirtschaftliche Integration in Europa, in: Festschrift für Ulrich Everling, hrsg. v. *Due, Ole/Lutter, Marcus/Schwarze, Jürgen*, Baden-Baden 1995, S. 475–492.
Köstler, Roland: Die Mitbestimmung in der SE, in: ZGR, Jg. 32, 2003, S. 800–809.
Köstler, Roland/Büggel, Anneliese: Gesellschafts- und Mitbestimmungsrecht in den Ländern der Europäischen Gemeinschaft, Düsseldorf 2003.
Kübler, Friedrich: Leitungsstrukturen der Aktiengesellschaft und die Umsetzung des SE-Statuts, in: ZHR, Jg. 167, 2003, S. 222–234.
Kutschker, Michael/Schmid, Stefan: Internationales Management, München – Wien 2002.
Lecher, Wolfgang: Europäische Betriebsräte – Erfahrungen und Perspektiven, in: Industrielle Beziehungen, Jg. 3, 1996, S. 262–277.
Lutter, Marcus: Europäische Aktiengesellschaft – Rechtsfigur mit Zukunft?, in: BB, Jg. 57, 2002, S. 1–7.
Müller, Thorsten/Rüb, Stefan: World works councils agreements, in: European Works Councils Bulletin, H. 42/2002, S. 17–20.
Niedenhoff, Horst-Udo: Der Europäische Betriebsrat: Gesetz, Kritik und Beispiele erster Konstruktionen, Köln 1997.
Niedenhoff, Horst-Udo: Mitbestimmung in den EU-Staaten, 2. A., Köln 1995.
Oechsler, Walter A.: Europäische Betriebsräte – Zur Problematik einer Europäisierung von Arbeitnehmervertretungen, in: DBW, Jg. 56, 1996, S. 697–708.
Schmidt, Reinhart: Wandel von Unternehmensleitbild und Unternehmenszielen: Eine Analyse anhand der Geschäftsberichte der größten Aktiengesellschaften aus vier europäischen Ländern, in: Unternehmen im Wandel – Change Management, hrsg. v. *Berndt, Ralph*, Berlin et al. 1998, S. 119–138.
Steiert, Robert: A comparison of selected European and world works councils, Berlin 2000.
Theisen, Manuel R./Wenz, Martin (Hrsg.): Die Europäische Aktiengesellschaft, Stuttgart 2002.
Vitols, Sigurt: Management Cultures in Europe: European Works Councils and human resource management in multinational enterprises, Düsseldorf 2003.
Vitols, Sigurt: Unternehmensführung und Arbeitsbeziehungen in deutschen Tochtergesellschaften großer ausländischer Unternehmen, Düsseldorf 2001.
Voß, Eckhard/Wilke, Peter: Modelltransfer oder Anpassung an lokale Verhältnisse? Managementstile, Führungsmodelle und betriebliche Arbeitsbeziehungen bei ausländischen Unternehmen in Tschechien, Ungarn und Polen, Hamburg 2003.
Weiss, Manfred: Arbeitnehmermitwirkung in Europa, in: NZA, Jg. 20, 2003, S. 177–184.
Werder, Axel v.: Modernisierung der Mitbestimmung, in: DBW, Jg. 64, 2004, S. 229–243.

Modulare Organisationsformen

Arnold Picot/Rahild Neuburger

[s.a.: Arbeitsteilung und Spezialisierung; Delegation (Zentralisation und Dezentralisation); Flexibilität, organisatorische; Funktionale Organisation; Gruppen und Gruppenarbeit; Hierarchie; Netzwerke; Prozessorganisation.]

I. *Abgrenzung und Charakteristika modularer Organisationsformen;* II. *Typische Realisierungsformen modularer Organisationsformen;* III. *Potenziale und Risiken modularer Organisationsformen;* IV. *Fazit.*

Zusammenfassung

In den letzten Jahren werden Organisationskonzepte diskutiert, die sich nicht an Funktionen orientieren, sondern die Bildung von Modulen in den Mittelpunkt stellen. Bei diesen Modulen handelt es sich um abgeschlossene Einheiten, denen die ganzheitliche Abwicklung einer Aufgabe bzw. eines Prozesses übertragen wird. Im folgenden Beitrag wird zunächst das Konzept modularer Organisationsformen erläutert, bevor auf typische Realisierungsformen eingegangen wird und die Vor- und Nachteile modularer Organisationskonzepte gegenübergestellt werden.

I. Abgrenzung und Charakteristika modularer Organisationsformen

In Bezug auf die Organisation bedeutet Modularisierung eine Restrukturierung der Unternehmensorganisation auf der Basis kleiner, integrierter, kundenorientierter Prozesse in relativ kleine, überschaubare Einheiten (*Picot/Reichwald/Wigand* 2003, S. 227). Diese Einheiten werden als Module bezeichnet. Sie sind jeweils für die Durchführung einer relativ ganzheitlichen Aufgabe oder eines in sich abgeschlossenen (Teil)Prozesses verantwortlich. Das Prinzip der Modularisierung ist nicht neu. Im Grundsatz ähnelt es objektorientierten Organisationsformen, etwa der Geschäftsbereichsorganisation. Neu ist die konsequente Anwendung auf alle Ebenen der organisatorischen Gestaltung. Prinzipiell kann es sich also auf einzelne Personen, ein Team von Personen oder auf andere organisatorische Mehrpersoneneinheiten im Unternehmen (Abteilung, Geschäftsbereich) oder auf ein ganzes Unternehmen beziehen. Neu ist ferner, dass Modularisierung sich durch Informations- und Kommunikationstechniken einfacher und in mehr Bereichen realisieren lässt als ohne technische Unterstützung. Denn die Integration zusammengehöriger Aufgaben in Modulen fordert den Zugriff auf sämtliche erforderlichen Informationen sowie eine stärkere Kommunikation unter den Modulmitarbeitern.

Diese Anforderungen lassen sich durch Informations- und Kommunikationstechniken wie z.B. integrierte Datenbanken, Workflow- und Workgroupsysteme sowie die Internet-Technologie eher realisieren.

Typische Merkmale modularisierter Unternehmen sind:

- *Prozessorientierung*
Grundlage für das Konzept der Modularisierung ist die Prozessorientierung (→ *Prozessorganisation*). Darunter ist die Ausrichtung unternehmerischer Aktivitäten nach den zugrunde liegenden wertschöpfenden Prozessen zu verstehen (z.B.: *Gaitanides* 1995; *Hammer/Champy* 1994; *Nippa/Picot* 1995; *Picot/Dietl/Franck* 2002). Bei einem Prozess handelt es sich um eine Kette zusammenhängender Tätigkeiten und Funktionen zur Erstellung eines Produktes oder einer Dienstleistung, die aus der Sicht des Kunden wertschöpfend sind.

- *Kundenorientierung*
Mit der Ausrichtung der Module auf (Teil)Prozesse ist untrennbar eine Betonung der Kundenorientierung verbunden. Dabei umfasst der Begriff des Kunden sowohl externe Kunden als auch interne Kunden wie z.B. andere Abteilungen oder andere Module.

- Integration zusammengehörender Aufgaben
Diese Forderung ergibt sich direkt aus dem Prinzip der Prozessorientierung: Die zur Erstellung einer (Teil)Leistung gehörenden Aktivitäten und Funktionen sind in dem Modul zu integrieren, soweit sie einen hohen Interdependenzgrad sowie einen erheblichen Wiederholungsgrad aufweisen.

- Bildung beherrschbarer Einheiten
Die Mindestgröße für ein Modul ergibt sich aus den Prozessschritten für ein klar definierbares Zwischen- oder Endprodukt bzw. -leistung. Allerdings kann das aus Prozesssicht sinnvolle Maß an Aufgabenintegration entlang der Wertschöpfungskette zu hoch liegen, sodass die sich daraus ergebenden Module zu große Einheiten werden und nicht mehr beherrschbar und überschaubar sind. Aus diesem Grund liegt eine weitere wesentliche Anforderung darin, kleinere beherrschbare Organisationseinheiten als Module zu bilden. Ziel ist es, die Organisationsstruktur an die Problemlösungskapazitäten des Menschen bzw. einer kleinen, überschaubaren Gruppe von Menschen anzupassen. Relativ kleine, überschaubare Bereiche fördern das Verständnis für die sachlichen Zusammenhänge und den persönlichen Kontakt, zudem verkürzen sie die Zeitspanne zwischen dem eigenen Arbeitsbeitrag und der Rückmeldung des Kunden und nehmen damit positiven Einfluss auf → *Motivation* und Lernen. Die Bestimmung einer sinnvollen Größe für eine „beherrschbare Einheit" ist jedoch nicht pauschal möglich und von der Art der Prozesse sowie der Kompetenzen und Fähigkeiten der Menschen und Gruppen abhängig.

- Verlagerung von Entscheidungskompetenz und Ergebnisverantwortung in die Module

Die ganzheitliche, integrierte Abwicklung von Aufgaben bzw. Prozessen in den Modulen erfordert die *Delegation* von Entscheidungskompetenzen und Ergebnisverantwortung in die Module (→ *Delegation (Zentralisation und Dezentralisation)*). Jedes Modul ist innerhalb des gesteckten strategischen Rahmens für die Abwicklung der zugrunde liegenden Prozesse selbst verantwortlich und muss sämtliche dazu erforderlichen Entscheidungen selbst verantworten können. Im Vergleich zur klassischen funktionalen Organisationslehre werden somit die erforderlichen dispositiven und administrativen Aufgaben in die operativen Module reintegriert.

Die Vorteile einer weitgehenden Dezentralisierung von Entscheidungskompetenzen liegen in einer deutlich höheren Flexibilität, dem Wegfall langer und fehleranfälliger Entscheidungswege sowie in der Erhöhung der Motivation der Mitarbeiter durch eine ganzheitliche Aufgabenerfüllung.

II. Typische Realisierungsformen modularer Organisationsformen

1. *Überblick: Ebenen der Modularisierung*

Das Konzept der Modularisierung tritt auf unterschiedlichen Ebenen auf (*Picot/Reichwald/Wigand* 2003):

- Ebene der unternehmensübergreifenden Wertschöpfungskette
- Ebene der Gesamtunternehmung
- Ebene der Prozesse
- Ebene der Arbeitsorganisation.

2. *Ebene der unternehmensübergreifenden Wertschöpfungskette: Netzwerke*

Auf unternehmensübergreifender Ebene wird das Konzept der Modularisierung durch Netzwerkunternehmen umgesetzt. Bei *Netzwerken* handelt es sich um eine Form der unternehmensübergreifenden Zusammenarbeit, an der eine unterschiedlich hohe Anzahl verschiedener Unternehmen beteiligt ist (z.B. *Sydow* 1992; *Franz* 2003; → *Netzwerke*). Diese beteiligten Unternehmen lassen sich als Module verstehen, die jeweils eigenverantwortlich für einen bestimmten (Teil)Prozess innerhalb des unternehmensübergreifenden Wertschöpfungsprozess oder im Rahmen der abzuwickelnden Aufgabe zuständig sind.

Grob lassen sich drei typische Netzwerkformen unterscheiden: virtuelle Unternehmen, Business Webs sowie Supply Chain Management.

Virtuelle Unternehmen sind mehr oder weniger temporäre Netzwerke rechtlich selbstständiger Unternehmen, die sich zusammenschließen, um eine bestimmte Aufgabe oder ein bestimmtes Projekt abzuwickeln (z.B. *Picot/Reichwald/Wigand* 2003; *Picot/Neuburger* 2001; *Scholz* 2000; *Wüthrich/Frentz/Philipp* 1997; *Mertens/Faisst* 1997). Ist die Aufgabe abgeschlossen, löst sich das virtuelle Unternehmen in der Regel wieder auf.

In Bezug auf das Konzept der Modularisierung stellen die Grundbausteine virtueller Unternehmen modulare Einheiten dar, die flexibel in die Problemlösung eingebunden werden können. Dabei kann es sich um Unternehmen, Teams oder einzelne Personen handeln. Sie weisen unterschiedliche Stärken und Schwächen sowie Kompetenzen auf, die gezielt und problemorientiert ergänzt werden können.

Ein insbesondere in letzter Zeit zunehmend diskutiertes Organisationsmodell sind sog. *Business Webs* (z.B. *Hagel III* 1996; *Franz* 2003; *Zerdick* et al. 2001). Dabei handelt es sich um eine spezifische Form von Netzwerken, die als typisch für Branchen mit Netzeffekten gilt. Business Webs bestehen zwischen mehreren im Prinzip rechtlich selbstständigen Unternehmen, die komplementäre Produkte und Leistungen erstellen, die sich zu einer Gesamtleistung bzw. zu einem gesamten Leistungsbündel ergänzen. Die an Business Webs beteiligten Unternehmen lassen sich wiederum als Module verstehen.

Der Wert des Business Webs wird durch die Anzahl der teilnehmenden Module sowie die Vielfalt der angebotenen Teilleistungen bestimmt. Je mehr Unternehmen sich dem Business Web anschließen und je mehr Teilleistungen erbracht werden, desto höher ist der Nutzen für den Kunden. Je mehr Kunden das Business Web hat, desto höher ist wiederum der Anreiz für weitere Unternehmen, sich anzuschließen. Bei diesen sich anschließenden Unternehmen wird auch von *Adaptern* gesprochen, während diejenigen Unternehmen, die die zugrunde liegenden Kernprodukte, Standards und Regeln definieren, als *Shaper* bezeichnet werden. Der Unterschied zu virtuellen Unternehmen besteht primär in der Form der Zusammenarbeit. Sie lässt sich beim Business Web eher als implizit charakterisieren – so erfolgt z.B. die Zusammenarbeit der am Business Web Yahoo angeschlossenen Unternehmen primär durch Nutzung der gemeinsamen Plattform Yahoo. Dagegen handelt es sich beim virtuellen Unternehmen eher um eine explizite Zusammenarbeit; die Unternehmen schließen sich zusammen, um eine Aufgabe gemeinsam abzuwickeln.

Als modulare Organisationsform lässt sich auch das *Supply Chain Management* verstehen, d.h. die elektronische und organisatorische Vernetzung der Zulieferkette (z.B. *Lawrenz/Hildebrand/Nenninger* 2001). Jedes der an der Zulieferkette beteiligten Unternehmen ist als Modul für die Abwicklung eines bestimmten Prozesses verantwortlich. Durch die informations- und kommunikationstechnische Verknüpfung dieser Unternehmensmodule können Bestände, Bestellungen, Produktionskapazitäten und v.a. Produktionspläne besser aufeinander abgestimmt werden.

3. Ebene der Gesamtunternehmung: Geschäftsbereichsorganisationen und fraktale Unternehmen

Auf Unternehmensebene findet sich das skizzierte Konzept der Modularisierung in Geschäftsbereichsorganisationen sowie fraktalen Unternehmen wieder.

Typisches Kennzeichen von *Geschäftsbereichsorganisationen* bzw. Spartenorganisationen ist die Gliederung nach Produktgruppen, Kunden oder Regionen auf der zweiten Hierarchieebene unterhalb der Leitung (z.B. *Picot/Dietl/Franck* 2002; → *Regionalorganisation*; → *Spartenorganisation*). Die dabei entstehenden Geschäftsbereiche bzw. Sparten lassen sich als Module verstehen. Allerdings sind diese Sparten intern hauptsächlich nach funktionalen Kriterien strukturiert, sodass sich – zumindest bei der klassischen Geschäftsbereichsorganisation – das Prinzip der Modularisierung auf die oberste Ebene beschränkt. Moderne Modularisierungskonzepte verfeinern nun die objektorientierte Gliederung der Sparten durch Bildung eigener marktorientierter (und häufig rechtlich selbstständiger) Module für kleinere Geschäftsfelder bis hin zu einzelnen Produkten bzw. (Teil)Prozessen; man spricht dann auch häufig von *Business Units*. Gleichzeitig zu dieser dezentralen Modulbildung werden auf höherer Ebene zentrale Koordinationseinrichtungen geschaffen, deren primäre Aufgabe die gemeinsame Nutzung von Kompetenzen, Systemen oder Technologien im Unternehmen ist; nicht selten werden diese als *Competence Center* bezeichnet und haben internen Dienstleistungs- oder auch Regulierungscharakter. Ein Beispiel hierfür sind Profit-Center-Strukturen (→ *Profit-Center*).

Die konsequente unternehmensinterne Anwendung des Konzepts der Modularisierung lässt sich auch als Entstehung *fraktaler Unternehmen* interpretieren (*Warnecke* 1997). Unter Fraktalen versteht man selbstständig und eigenverantwortlich agierende Unternehmenseinheiten, deren Ziele und Leistungen eindeutig beschreibbar sind und die untereinander eine Selbstähnlichkeit aufweisen. Im Kontext des Konzepts der Modularisierung handelt es sich bei einem Fraktal um ein Modul, das sich auf die ganzheitliche und eigenverantwortliche Abwicklung einer Aufgabe oder eines Prozesses konzentriert.

4. Ebene der Prozesse: Segmentierungs- und Inselkonzepte

Die Modularisierung setzt sich auf Prozessebene innerhalb der Geschäftsbereiche bzw. Business Units fort. Konzepte zur prozessorientierten Bildung von Modulen wurden zunächst für den Produktionsbereich entwickelt. Hier liegen mittlerweile mehrere ausgereifte Ansätze vor, die auch in der Praxis erfolgreich umgesetzt wurden. Beispiele sind teilautonome Gruppen, das Konzept der Produktinseln (z.B. *Wagner/Schumann* 1991) oder das Konzept der Fertigungssegmente (*Wildemann* 1998). Teilautonome Gruppen kennzeichnen eine Form der Team- oder Gruppenarbeit, bei der eine kleine Gruppe eine Aufgabe – meist aus dem Bereich der Teilefertigung oder Montage – übernimmt und für die Durchführung dieser Aufgabe selbst verantwortlich ist, d.h. sowohl ausführende als auch steuernde bzw. Führungstätigkeiten werden von der Gruppe übernommen (→ *Gruppen und Gruppenarbeit*; → *Teamorganisation*).

Typische Merkmale der Produktinsel sind die räumlich und organisatorisch zusammengefasste Fertigstellung einer Produktgruppe, weitgehende Selbststeuerung sowie ganzheitliche Arbeitsinhalte, die planende, ausführende und kontrollierende Aufgaben umfassen. Ein ähnliches Konzept verfolgen Fertigungssegmente (→ *Produktionsorganisation*). Zu den wesentlichen Charakteristika zählen die Bildung abgegrenzter Produkt/Markt/Produktion-Kombinationen, die Integration mehrerer interner Wertschöpfungsstufen, die Übertragung indirekter Funktionen sowie Kosten- und Ergebnisverantwortung. Derartige Insel- und Segmentierungskonzepte finden sich mittlerweile nicht mehr nur im Fertigungsbereich, sondern auch in indirekten Bereichen. Ein bekanntes Beispiel hierfür stellen Vertriebsinseln dar, in denen z.B. ganzheitlicher Kundenkontakt mit Akquisition, Betreuung der Auftragsabwicklung und Anpassungskonstruktion zusammengefasst werden (z.B. *Bullinger* 1996).

5. Ebene der Arbeitsorganisation

Die Bildung autonomer Module auf der Ebene der → *Arbeitsorganisation* orientiert sich an den Mitarbeitern. Prinzipiell lassen sich das Autarkie- und Kooperationsmodell unterscheiden (*Picot/Reichwald* 1987). Erfolgt die Durchführung eines Prozesses durch einen einzelnen Mitarbeiter, wird von Autarkiemodell gesprochen. Kennzeichen ist, dass sämtliche zu einem Prozess gehörenden Aufgaben von einem Mitarbeiter selbstständig und eigenverantwortlich durchgeführt werden. Damit dies möglich ist, werden die Aufgabenträger mit multifunktioneller Technik ausgestattet, die sie selbstständig und auch unabhängig von ihrem Standort nutzen können. In Folge lassen sich standortverteilte bzw. standortunabhängige Formen der Arbeitsteilung wie z.B. Telearbeit realisieren.

Wird dagegen die Durchführung der gesamten Aufgabe oder des gesamten Prozesses an ein Team übertragen, spricht man auch von Kooperationsmodell. Dabei ist das Team für die gesamte Koordination und Abwicklung des Prozesses verantwortlich (→ *Selbstorganisation*). Erfolgen Koordination und Kommunikation zwischen den Teammitgliedern primär auf der Basis von Informations- und Kommunikationstechniken, wird auch von virtuellen Teams oder Telekooperation gesprochen (z.B. *Reichwald/Möslein/Sachenbacher* et al. 2000).

III. Potenziale und Risiken modularer Organisationsformen

Gelingt die Umsetzung modularer Organisationsformen, lassen sich mehrere Potenziale erzielen:

- Eindeutige Zuordnung von Verantwortung auf das jeweilige Modul.
- Verhinderung von Rückfragen und Schnittstellenproblemen durch Existenz eines Ansprechpartners für den Kunden.
- Höhere → *Motivation* der Mitarbeiter durch Integration von dispositiven und ausführenden Aufgaben in die Module.
- Flexible Konfiguration von Kompetenzen und Ressourcen durch problem- und aufgabenorientierte Verknüpfung der Module (→ *Flexibilität, organisatorische*).

Allerdings birgt das Konzept der Modularisierung auch Nachteile (*Picot/Reichwald/Wigand* 2003). Sie entstehen vor allem im Zusammenhang mit:

- der Entstehung von Mehrfacharbeiten in verschiedenen Modulen, was insb. bei prozessübergreifenden Tätigkeiten wie Personal, EDV oder Controlling in verschiedenen Modulen der Fall sein kann;
- der Gestaltung der Arbeitsteilung zwischen dezentralen Modulen und zentralen Modulen/Funktionen. Prinzipiell gilt die Empfehlung, dass Aufgaben mit hoher Prozess- und Kundenspezifität dezentral in den marktnahen Modulen gelöst werden sollen und Aufgaben mit einer hohen Infrastruktur- und Funktionalspezifität in zentralen Modulen. In nicht seltenen Fällen sind Aktivitäten in beiden Richtungen als hoch einzustufen, sodass hybride Koordinationsformen gefunden werden müssen, die sowohl den infrastruktur- und funktionalen Spezialisierungsvorteilen entsprechen als auch den Prozesserfordernissen entgegenkommen. In diesem Zusammenhang spielen Informations- und Kommunikationstechniken eine entscheidende Rolle, indem sie die notwendige technische Infrastruktur für die problemorientierte Integration zentraler Module in die Aufgabenabwicklung dezentraler Module zur Verfügung stellen (→ *Informationstechnologie und Organisation*);
- Konflikten an den Schnittstellen zwischen den Modulen auf Grund divergierender Interessen bzw. der gemeinsamen Nutzung unteilbarer Ressourcen (→ *Konflikte in Organisationen*);
- einem Widerspruch zwischen sinnvoller und erforderlicher Modulgröße, wenn die vor dem Hintergrund des Prozesses erforderliche Modulgröße nicht mehr beherrschbar ist. Dann müssen sinnvolle Teilprozesse bzw. Teilmodule gebildet werden, was wiederum zu Schnittstellenproblemen zwischen den Teilmodulen führen kann;
- Konflikten bei der Synchronisation und Modifikation verschiedener Module auf Grund der Gefahr der Verfolgung von Eigeninteressen zu Lasten des Gesamtinteresses. Hier empfiehlt es sich, mit den jeweiligen Modulleitern Ziele zu vereinbaren und für innerbetriebliche Leistungsbeziehungen zwischen den Modulen akzeptierte Regelwerke für Transferpreise zu verankern. Einen Schritt weiter geht das im Zusammenhang mit den Modularisierungsbestrebungen wieder entdeckte System der überlappenden Gruppen nach *Likert* 1961. Dieser Ansatz sieht eine Koordination der Aktivitäten im Unternehmen durch ein System von hierarchisch abgestuften, aber überlappenden Gruppen vor. Jeweils ein Mitglied der untergeordneten Gruppe fungiert durch seine Mitgliedschaft in der nächsthöheren Gruppe als Verbindungsglied. Dadurch lassen sich modulare Einheiten auf den unterschiedlichen Unternehmensebenen gut verketten.

IV. Fazit

Das Konzept der Modularisierung sieht die Bildung prozess- und kundenorientierter Module bzw. Einheiten mit dezentraler Entscheidungsverantwortung vor. Es findet sich auf unternehmensübergreifender Ebene in Form von Netzwerken, auf Unternehmensebene in Form von Geschäftsbereichsorganisationen bzw. fraktalen Unternehmen, auf Prozessebene in Form von Segmentierungs- und Inselkonzepten sowie auf Arbeitsplatzebene in Form von Autarkie- bzw. Kooperationsmodellen wieder. Diese modulare Gestaltung sollte sich dabei über alle Ebenen erstrecken. Entscheidend ist neben der angemessenen fachlichen und überfachlichen Qualifikation der Führungskräfte und Mitarbeiter sowie der angemessenen Ausgestaltung von Anreiz- und Steuerungssystemen die abgestimmte Nutzung von Informations- und Kommunikationstechniken, da diese zum einen die Integration der prozessbezogenen Aufgaben in ein Modul erleichtern, zum anderen die Kommunikation und den Informationsaustausch innerhalb eines Moduls sowie zwischen den Modulen unterstützen.

Literatur

Bullinger, Hans-Jörg: Handbuch des Informationsmanagements im Unternehmen, 2. A., München 1996.
Franz, Andreas: Management von Business Webs, Wiesbaden 2003.
Gaitanides, Michael: Prozeßorganisation, in: HWProd, hrsg. v. Kern, Werner, 2. A., Stuttgart 1995, Sp. 1682–1696.
Hagel III, John: Spider versus Spider, in: The McKinsey Quarterly, H. 1/1996, S. 4–19.
Hammer, Michael/Champy, James: Business Reengineering. Die Radikalkur für Unternehmen, Frankfurt 1994.
Lawrenz, Oliver/Hildebrand, Knut/Nenninger, Michael: Supply Chain Management, Konzepte, Erfahrungsberichte und Strategien auf dem Weg zu digitalen Wertschöpfungsnetzen, 2. A., Wiesbaden 2001.
Likert, Rensis: New Patterns of Management, New York et al. 1961.

Mertens, Peter/Faisst, Wolfgang: Virtuelle Unternehmen. Idee, Informationsverarbeitung, Illusion, Heidelberg 1997.
Nippa, Michael/Picot, Arnold: Prozeßmanagement und Reengineering, Frankfurt 1995.
Picot, Arnold/Dietl, Helmut/Franck, Egon: Organisation. Eine ökonomische Perspektive, 3. A., Stuttgart 2002.
Picot, Arnold/Neuburger, Rahild: Virtuelle Organisationsformen im Dienstleistungssektor, in: Dienstleistungsmanagement, hrsg. v. *Bruhn, Manfred/Meffert, Heribert*, 2. A., Wiesbaden 2001, S. 805–823.
Picot, Arnold/Reichwald, Ralf: Bürokommunikation. Leitsätze für den Anwender, Hallbergmoos 1987.
Picot, Arnold/Reichwald, Ralf/Wigand, Rolf: Die grenzenlose Unternehmung – Information, Organisation, Management, 5. A., Wiesbaden 2003.
Reichwald, Ralf/Möslein, Kathrin/Sachenbacher, Hans et al.: Telekooperation – Verteilte Arbeits-und Organisationsformen, 2. A., Berlin 2000.
Scholz, Christian: Strategische Organisation. Multiperspektivität und Virtualität., 2. A., München 2000.
Sydow, Jörg: Strategische Netzwerke: Evolution und Organisation, Wiesbaden 1992.
Wagner, Dieter/Schumann, Rolf: Die Produktinsel: Leitfaden zur Einführung einer effizienten Produktion in Zulieferbetrieben, Köln 1991.
Warnecke, Hans-Jürgen: Revolution der Unternehmenskultur. Das fraktale Unternehmen, 3. A., Heidelberg et al. 1997.
Wildemann, Horst: Die modulare Fabrik: Kundennahe Produktion durch Fertigungssegmentierung, 5. A., München 1998.
Wüthrich, Hans A./Frentz, Martin H./Philipp, Andreas F.: Vorsprung durch Virtualisierung: Lernen von virtuellen Pionierunternehmen, Wiesbaden 1997.
Zerdick, Axel et al.: Die Internet-Ökonomie – Strategien für die digitale Wirtschaft, 3. A., Berlin 2001.

Motivation

Friedemann W. Nerdinger

[s.a.: Arbeitsorganisation; Emotionen in Organisationen; Führung und Führungstheorien; Gerechtigkeit und Fairness; Human Ressourcen Management; Individuum und Organisation; Menschenbilder; Motivationsorientierte Organisationsmodelle.]

I. Motiv, Anreiz und Motivation; II. Theorien der Arbeitsmotivation; III. Motivation und Führung.

Zusammenfassung

Der Prozess, in dem Anreize auf Motive wirken und zu Verhalten führen, wird als Motivation bezeichnet. Inhaltstheorien beschreiben die am Prozess beteiligten Motive und Anreize, Prozesstheorien den Ablauf von der Entscheidung für eine Handlungsalternative bis zur Bewertung und Erklärung der Handlungsergebnisse. Bei der Führung von Mitarbeitern kann neben dem Einsatz gängiger finanzieller Anreize durch gezielte Gestaltung der Arbeit Motivation verstärkt werden. Die Steuerung der Anstrengung erfolgt über Zielvereinbarungen und Feedback, im Mitarbeitergespräch kann die Attribution von Leistungsergebnissen beeinflusst werden.

I. Motiv, Anreiz und Motivation

Motivation erklärt Richtung, Intensität und Ausdauer menschlichen Verhaltens (*Thomae* 1965). „Richtung" bezeichnet die Entscheidung für ein bestimmtes Verhalten, „Intensität" betrifft die Energetisierung des Verhaltens, „Ausdauer" die Hartnäckigkeit angesichts von Widerständen. Zur Erklärung dieser Merkmale des Verhaltens müssen die Person und die Situation, in der Verhalten auftritt, berücksichtigt werden.

Die Person kann durch Bedürfnisse (Hunger, Durst etc.) zu Verhalten bewegt werden, aber auch durch die gedankliche Vorwegnahme von Zielzuständen. Menschen verfügen über eine Vielzahl von Bedürfnissen und Zielen, die sich nach thematischen Gemeinsamkeiten zusammenfassen lassen. So werden z.B. alle Bedürfnisse und Ziele, die mit dem Thema „Leistung" verbunden sind, zu einer Klasse zusammengefasst – dem Leistungsmotiv. *Motive* sind für Individuen charakteristische Wertungsdispositionen (*Heckhausen* 1989), d.h. Menschen lassen sich danach unterscheiden, wie sie zeitlich überdauernd auf bestimmte Merkmale von Situationen reagieren.

Damit es zu Verhalten kommt, müssen Motive durch Merkmale von Situationen angeregt werden. Situationen bieten Gelegenheiten zur Realisierung von Bedürfnissen und Zielen, sie können aber auch Bedrohliches signalisieren. Diese Merkmale einer Situation werden *Anreize* genannt. Anreize regen ganz bestimmte Motive an, angeregte Motive führen zu Verhalten. Die Wechselwirkung von Person und Situation, von Motiv und Anreiz wird als Motivation bezeichnet (*Schneider/Schmalt* 2000).

II. Theorien der Arbeitsmotivation

Theorien der Arbeitsmotivation lassen sich in zwei Klassen einteilen – Inhalts- und Prozesstheorien (*Campbell/Pritchard* 1976). Inhaltstheorien versuchen zu benennen, welche Motive und Anreize Arbeitsverhalten motivieren. Prozesstheorien erklären dagegen die Dynamik menschlichen Handelns.

1. Inhaltstheorien

Ein besonders populäres Beispiel einer Inhaltstheorie ist die Theorie von Maslow, die – im Gegensatz zur Theorie der Leistungsmotivation, die nur eine Motivklasse untersucht (*McClelland* 1961) – die Vielfalt der menschlichen Motive ordnet (*Maslow* 1981). Maslow unterscheidet fünf Klassen von Motiven: Physiologische Bedürfnisse; Sicherheitsmotive; So-

Motivation		Volition		Motivation
Wählen	Planen	Handeln		Bewerten/Erklären
Erwartungs-mal-Wert-Theorien	Theorie der Zielsetzung	Theorie der Handlungskontrolle		Attributionstheorie

Abb. 1: Das Handlungsphasenmodell von Heckhausen (Heckhausen 1989; modifiziert nach Nerdinger 1995)

ziale Bindungsmotive; Selbstachtungsmotive und Selbstentfaltungsmotive. Diese Motivklassen sind hierarchisch geordnet, d.h. das jeweils nächsthöhere Motiv wird nur dann aktiviert, wenn das hierarchisch niedrigere befriedigt ist – das jeweils hierarchisch niedrigste noch nicht befriedigte Motiv ist aktuell das stärkste.

Obwohl der Ansatz kaum empirische Bestätigung gefunden hat (*Locke/Henne* 1986), erfreut er sich in der Praxis nach wie vor großer Beliebtheit. Das liegt u.a. daran, dass damit das komplexe motivationale Geschehen auf eine überschaubare Anzahl von Motiven und einen einfachen Wirkmechanismus reduziert wird. Der praktische Wert ist allerdings äußerst gering, da die Motivklassen extrem breit und abstrakt gefasst sind und sich daher kaum Hilfestellungen für konkrete Motivationsprobleme ableiten lassen.

Sehr viel konkretere Hinweise gibt die Zwei-Faktoren-Theorie (*Herzberg/Mausner/Snyderman* 1959), die an der Anreizseite ansetzt. Die Theorie postuliert, dass Arbeitszufriedenheit und -unzufriedenheit durch zwei Klassen von Faktoren bestimmt wird: Hygienefaktoren und Motivatoren. Die *Hygienefaktoren* thematisieren Erlebnisse, die mit dem Arbeitsumfeld verbunden sind. Dazu zählt u.a. das Gehalt, die Beziehung zu Untergebenen, Kollegen und Vorgesetzten sowie Statuszuweisungen. Analog der medizinischen Hygiene, die Gesundheitsrisiken aus der Umwelt des Menschen entfernt und damit Krankheit verhindert, sollen diese Faktoren Unzufriedenheit verhindern. Wenn Hygienefaktoren nicht erfüllt sind, führt das zu Unzufriedenheit. Ihre Erfüllung führt aber nicht zu Zufriedenheit, sondern zu einem neutralen Erlebniszustand, der als Nicht-Unzufriedenheit bezeichnet wird.

Zufriedenheit erzeugen dagegen *Motivatoren*, die überwiegend mit der Tätigkeit unmittelbar verknüpfte Faktoren thematisieren (Leistungserlebnisse, Arbeitsinhalte, Übertragung von Verantwortung, Aufstieg und das Gefühl der Selbsterfüllung in der Arbeit). Diese Faktoren lösen Annäherungsverhalten im Individuum aus. Motivation bedeutet aber allgemein Annäherung, weshalb diese Faktoren als Motivatoren bezeichnet werden.

Auch dieser Ansatz wurde vielfältig kritisiert (*Locke/Henne* 1986), historisch betrachtet gebührt ihm aber das Verdienst, dass er das in Unternehmen dominante Bild des allein durch ökonomische Anreize zur Arbeit motivierten Mitarbeiters ins Wanken gebracht hat. Stattdessen wurde die intrinsische Motivation als „Königsweg der Motivation" entdeckt (*Ambrose/Kulik* 1999).

2. Prozesstheorien

Ausgehend von der Frage, wie sich Menschen in einer konkreten Situation für eine bestimmte Handlungsalternative entscheiden, versucht die Prozessperspektive zu klären, mit welcher Intensität und Ausdauer man diese Handlungsalternative verfolgt und wie die erzielten Ergebnisse bewertet werden. Dabei sind motivationale von volitionalen, d.h. willensbezogenen Prozessen zu unterscheiden (*Kuhl* 1983; *Gollwitzer* 1996). Motivationale Prozesse beschreiben die Wahl zwischen alternativen Handlungsoptionen und Ergebnisbewertungen, Volitionen dagegen die bewussten Steuerungsprozesse bei der Realisierung einer gewählten Alternative (vgl. aber *Kehr* 1999). Folgende Handlungsphasen lassen sich unterscheiden (vgl. Abb. 1).

a) Erwartungs-mal-Wert Theorien

Entscheidungen zwischen Handlungsalternativen werden durch Erwartungs-mal-Wert-Theorien erklärt (*Heckhausen* 1989). Die Grundidee dieser Theorien entstammt dem Modell der Nutzenmaximierung: Steht man vor der Wahl unterschiedlicher Handlungsmöglichkeiten mit jeweils ungewissem Ausgang und verschiedenen Konsequenzen, soll diejenige Alternative gewählt werden, bei der das Produkt der Wahrscheinlichkeit eines bestimmten Ergebnisses und seinem Nutzen am höchsten ist. Ist die Wahrscheinlichkeit eine subjektive Einschätzung, dass eine Handlung zu einem bestimmten Ergebnis führt, spricht man von einer *Erwartung*. Der Nutzen dieses Ergebnisses wird als Wert oder *Valenz* bezeichnet. Valenz und Erwartung werden zur Berechnung der Handlungsalternativen gewöhnlich multiplikativ verknüpft, weshalb solche Ansätze als Erwartungs-mal-Wert-Theorien bezeichnet werden.

Vroom hat darauf verwiesen, dass bei wichtigen Entscheidungen das Abwägen von Valenz und Erwartung nicht ausreichend ist, da Handlungsergebnisse

Folgen nach sich ziehen, die wiederum bewertet werden (*Vroom* 1964). Die Beziehung zwischen Handlungsergebnissen und wahrgenommenen Folgen nennt er *Instrumentalität*. Damit berücksichtigt das Modell drei Größen – Valenz, Instrumentalität und Erwartung. Die Theorie wird nach den Anfangsbuchstaben dieser Größen als VIE-Theorie bezeichnet. Die Valenz des Handlungsergebnisses lässt sich als Summe der Produkte von Instrumentalität und Handlungsfolgen berechnen, die Entscheidung über eine Handlung ergibt sich aus dem Produkt von Erwartung und Valenz des Ergebnisses. Empirisch zeigt sich allerdings, dass einfachere Modelle den von Vroom geforderten Verknüpfungen überlegen sind (*van Eerde/Thierry* 1996).

b) Theorie der Zielsetzung

Nach der Entscheidung für eine Alternative kommt es darauf an, die gewählte Handlung auch zu realisieren. Das ist eine Frage des Willens (*Heckhausen* 1989). Die damit verbundenen Prozesse thematisiert die Theorie der Zielsetzung (*Locke/Latham* 1990). Den Kern dieser Theorie bilden zwei Aussagen, die mittlerweile in mehreren hundert empirischen Studien bestätigt wurden (*Kleinbeck/Schmidt* 1996):

- Schwierige, herausfordernde Ziele führen zu besseren Leistungen als mittlere oder leicht zu erreichende Ziele.
- Herausfordernde und präzise, spezifische Ziele führen zu besseren Leistungen als allgemeine, vage Ziele (im Sinne eines „geben Sie Ihr Bestes").

Die Wirkung so formulierter Ziele auf die Leistung wird durch Zielbindung, Selbstwirksamkeit, Rückmeldung und die Komplexität der Aufgabe moderiert. *Zielbindung* umschreibt das Gefühl der Verpflichtung gegenüber einem Ziel: Je stärker sich Mitarbeiter an ihre Ziele gebunden fühlen, desto enger ist der Zusammenhang zwischen Zielen und Leistung (*Donovan/Radosevich* 1998). *Selbstwirksamkeit* ist in allen Phasen des Motivationsprozesses wichtig: Es beeinflusst die Wahl in Entscheidungssituationen, die Ansprüche an die eigene Leistung, den erlebten Stress bei der Aufgabenerfüllung und die Anfälligkeit für Selbstanklagen als Folge des Scheiterns in Leistungsaufgaben (*Bandura* 1997). In der Phase der Zielsetzung ist v.a. bedeutsam, dass Selbstwirksamkeit die Zielbindung und das Leistungshandeln positiv beeinflusst (*Stajkovic/Luthans* 1998).

Rückmeldung ohne Zielsetzung hat keine direkte Wirkung auf die Leistung, aber die Wirkung schwieriger und spezifischer Ziele auf die Leistung wird dadurch erheblich verstärkt. Wenn Rückmeldung Zielerreichung signalisiert, wird gewöhnlich das Leistungsverhalten beibehalten. Weist Rückmeldung dagegen auf ein Defizit in Bezug auf die Zielerreichung, erfolgt eine Leistungssteigerung unter der Bedingung, dass der Empfänger unzufrieden mit dem Erreichten ist, das Gefühl hoher Selbstwirksamkeit hat und sich vornimmt, die bisherige Leistung zu steigern (*Kluger/DeNisi* 1996).

Schließlich hat auch die *Komplexität der Arbeitsaufgabe* erheblichen Einfluss auf den Zusammenhang zwischen herausfordernden, spezifischen Zielen und der Leistung. Komplexe Aufgaben sind durch eine Vielzahl von Handlungsschritten und informationshaltigen Hinweisen gekennzeichnet, die untereinander zu koordinieren sind und sich im Zeitablauf ändern können. Auch bei solchen Aufgaben führen herausfordernde Ziele zu besseren Leistungen, allerdings ist der Zusammenhang nicht so eng wie bei einfachen Aufgaben (*Wood/Locke* 1990).

c) Theorie der Handlungskontrolle

Besteht Zielbindung, erhalten auch fremdgesetzte Arbeitsziele einen intentionalen Charakter – sie wirken wie selbst gefasste Handlungsabsichten. Die Umsetzung einer Intention und die Aufrechterhaltung des Handelns bis zur Zielerreichung wird als *Handlungskontrolle* bezeichnet (*Kuhl* 1998). Die Theorie der Handlungskontrolle geht von der Frage aus, wie Intentionen angesichts konkurrierender Intentionen, die ebenfalls zur Realisierung drängen, in Handlungen umgesetzt werden und wie es möglich ist, dass eine bestimmte Intention bis zur Realisierung beibehalten wird.

Kuhl unterscheidet zwei Modi der Handlungskontrolle, die Handlungs- und die Lageorientierung. Der Zustand der *Handlungsorientierung* drängt auf Umsetzung des Intendierten in Handlungen: Man ist sich seiner Ziele bewusst und verfolgt sie selbstgesteuert mit flexiblen Mitteln (*Kuhl* 1995). Im Zustand der *Lageorientierung* hängen Menschen Gedanken nach, die sich auf gegenwärtige, zurückliegende oder künftige Situationen beziehen, ohne einen Handlungsplan zur Änderung der gegenwärtigen Situation zu beachten. Handlungsorientierte können ihre Absichten besser in Taten umsetzen, weil sie Misserfolge leichter wegstecken. Genau das bereitet Lageorientierten Probleme, die selbst oft dann nicht von ihren Zielen loskommen, wenn sich diese als unrealistisch erwiesen haben.

Aus der Fähigkeit der Handlungsorientierten zur besseren Abschirmung ihrer Intentionen gegenüber konkurrierenden Absichten folgt, dass sie in der Lage sind, mehrere Aufgaben parallel und zielgerichtet zu bearbeiten, die Aufmerksamkeit zwischen den Aufgaben verteilen und doch jede einzelne vorantreiben können, und bei all dem nur wenig Überwachung benötigen. Dagegen haben Lageorientierte bei der Bewältigung multipler Aufgaben und Belastungen Probleme. Sie benötigen engere Überwachung und Ausrichtung auf Ziele und brauchen länger für die Vollendung einer Aufgabe, wobei jede in klar umrissene Teilaufgaben zu portionieren ist (*Farr/Hofman/Ringenbach* 1993).

d) Attributionstheorie

Nach der Handlung finden häufig handlungserklärende und -bewertende Rückblicke statt. Dabei werden die Erwartungen, Handlungspläne, vermuteten Ergebnisse und deren Folgen mit dem Verlauf der Handlung und dem realen Ergebnis verglichen (*Nerdinger* 1995). Eine solche Rückschau bildet eine wichtige Erfahrungsquelle und beeinflusst künftige Handlungsplanungen sowie die zentralen Parameter der Motivation, d.h. Valenz und Erwartung. Daher zählt diese Phase wieder zur Motivation im engeren Sinne.

Neben der Bewertung der Gerechtigkeit von Belohnungen bzw. von Verfahren zur Verteilung von Belohnungen (*Adams* 1965; *Cohen-Charash/Spector* 2001) (→ *Gerechtigkeit und Fairness*) hat die Ursachenerklärung von Handlungsergebnissen besondere motivationale Bedeutung. Vor allem für wichtigere Ereignisse suchen Menschen nach Erklärungen, sie schreiben Sachverhalten bestimmte Ursachen zu, d.h. sie nehmen *Kausalattributionen* vor (*Weiner* 1995). Die Ergebnisse von Handlungen lassen sich prinzipiell auf zwei Klassen von Ursachen zurückführen – Faktoren, die in der Person und solche, die in der Umwelt liegen. Die Zuschreibung von Ursachen auf die Person wird als internale Attribution, die Zuschreibung auf Faktoren der Umwelt als externale Attribution bezeichnet. Weiter lassen sich die genannten Ursachen danach unterscheiden, ob sie zeitlich stabil oder variabel sind.

Die Attribution eines Misserfolges auf den stabilen internalen Faktor „Begabung" führt dazu, dass in der nächsten vergleichbaren Situation die Erwartung eines Erfolges erheblich verringert wird (*DeCarlo/Teas/McElroy* 1997). Damit sinkt aber nach den Erwartungs-mal-Wert-Theorien die Motivation zum Leistungshandeln. Umgekehrt kann die Attribution auf den Faktor „mangelnde Anstrengung" dazu führen, dass in der nächsten vergleichbaren Situation der persönliche Einsatz gesteigert wird. Werden die Ursachen des Leistungsergebnisses dagegen auf instabile Faktoren attribuiert, ändern sich die Erwartungen nur unwesentlich.

Der Einfluss auf die zweite zentrale Motivationsvariable, die Valenz, erfolgt über attributionsabhängige Emotionen. Beim aktuellen Stand der Forschung lässt sich generalisierend sagen, dass v.a. die in Verbindung mit Erfolgen bzw. Misserfolgen erlebten Gefühle „Stolz" und „Scham" auf die Valenzen wirken (*Weiner* 1995).

III. Motivation und Führung

Versteht man unter Führung die bewusste und zielbezogene Beeinflussung von Menschen (*Neuberger* 2002), so ist die Motivation von Mitarbeitern eine der wichtigsten Führungsaufgaben: Mitarbeiter sollen so beeinflusst werden, dass sie möglichst optimale Leistungen erbringen. Daneben sind aber auch Humanziele der Motivation zu beachten, die gewöhnlich in der Steigerung der Arbeitszufriedenheit gesehen werden (*Nerdinger* 1995). Trotz einer kaum überschaubaren Fülle von Untersuchungen ist der Zusammenhang zwischen Leistung und Arbeitszufriedenheit theoretisch noch nicht hinlänglich erklärt. Meta-analytisch erreicht er mit einer durchschnittlichen (korrigierten) Korrelation von .30 eine durchaus beachtliche Höhe, wobei der Zusammenhang in Tätigkeiten mit hohem Handlungsspielraum deutlich höher ausfällt (*Judge* et al. 2001) (→ *Motivationsorientierte Organisationsmodelle*).

Da Motive zeitlich relativ überdauernde Wertungsdispositionen darstellen, muss sich Führung überwiegend auf die Anreizseite stützen (→ *Anreizsysteme, ökonomische und verhaltenswissenschaftliche Dimension*). Nach der Zwei-Faktoren-Theorie (*Herzberg/Mausner/Snyderman* 1959) ist – neben Anerkennung, Übertragung von Verantwortung und beruflichem Aufstieg – die gezielte Gestaltung der Tätigkeit zur Erhöhung der intrinsischen Motivation das wichtigste Motivationsinstrument. Das Job Characteristics Model von Hackman und Oldham (*Hackman/Oldham* 1980) identifiziert als Ansatzpunkte der Arbeitsgestaltung zur Steigerung der intrinsischen Motivation Anforderungsvielfalt, Ganzheitlichkeit und Bedeutsamkeit der Aufgabe, Autonomie sowie Feedback aus der Aufgabe. Auch die Forschungen zum Flow-Erleben (*Csiksentmihalyi* 1992; *Emerson* 1998) bestätigen, dass die Passung zwischen Aufgabe und persönlichen Neigungen und Fähigkeiten zu optimalen motivationalen Zuständen führt.

Demgegenüber wird in der Praxis nach wie vor in finanziellen Anreizen das wichtigste Motivationsinstrument gesehen. Zwar finden sich einige empirische Hinweise, dass finanzielle Anreize die intrinsische Motivation untergraben können (*Frey* 2000), diese Befunde sind aber aufgrund methodischer Probleme nicht generalisierbar (*Thierry* 2002). Meta-analytische Untersuchungen zeigen, dass finanzielle Anreize mit der Quantität der Leistung zusammenhängen, nicht jedoch mit der Qualität (*Jenkins* et al. 1998).

Das wichtigste Führungsinstrument zur Beeinflussung der Anstrengung ist die Vereinbarung von Zielen, verbunden mit regelmäßigem Feedback über die Zielfortschritte (*Locke/Latham* 1990) (→ *Management by Objectives*). Das Mitarbeitergespräch (*Nerdinger* 2001), in dem Stärken und Schwächen des Mitarbeiters beurteilt und Ziele für die weitere Zusammenarbeit vereinbart werden, führt i.V.m. dem täglichen Feedback gewöhnlich zu stabilen Leistungssteigerungen. Im Rahmen dieser Gespräche können Vorgesetzte auch die Attributionen von Erfolgen und Misserfolgen so beeinflussen, dass sie die Motivation für künftige Aufgaben unterstützen. Allerdings zeigen neuere Forschungen, dass fremdgesetzte Ziele, die nicht in Einklang mit der individuellen Motivstruktur stehen, längerfristig negative Wirkungen auf das subjektive Wohlbefinden haben (*Brunstein/Schultheiss/Grässmann* 1998). Auch die Führung durch Ziele erfordert daher vonseiten der Vorgesetzten eine verantwortungsbewusste Diagnose der Motive von Mitarbeitern (→ *Führung und Führungstheorien*; → *Führungsstile und -konzepte*).

Literatur

Adams, J. Stacy: Inequity in social exchange, in: Advances in Experimental Social Psychology, Jg. 2, 1965, S. 267–299.
Ambrose, Maureen L./Kulik, Carol T.: Old friends, new faces: Motivation research in the 1990s, in: JMan, Jg. 25, 1999, S. 231–292.
Bandura, Albert: Self-efficacy: the exercise of control, New York 1997.
Brunstein, Joachim C./Schultheiss, Oliver/Grässmann, Ruth: Personal goals and emotional well-being: The moderating role of motive dispositions, in: JPSP, Jg. 75, 1998, S. 494–508.
Campbell, John P./Pritchard, Robert D.: Motivation theory in industrial and organizational psychology, in: Handbook of Industrial and Organizational Psychology, hrsg. v. *Dunnette, Marvin D.*, Chicago 1976, S. 63–130.
Cohen-Charash, Yochi/Spector, Paul E.: The role of justice in organizations: A meta-analysis, in: OBHDP, Jg. 86, 2001, S. 278–321.
Csiksentmihalyi, Mihalt: Flow, Stuttgart 1992.
DeCarlo, Thomas E./Teas, R. Kenneth/McElroy, James C.: Salesperson performance attribution processes and the formation of expectancy estimates, in: Journal of Personal Selling & Sales Management, Jg. 17, H. 3/1997, S. 1–17.
Donovan, John J./Radosevich, David J.: The moderating role of goal commitment on the difficulty-performance relationship: A meta-analytic review and critical ananlysis, in: JAP, Jg. 83, 1998, S. 308–315.
Eerde, Wendelien van/Thierry, Henk: Vroom's expectancy models and work-related criteria: A meta-analysis, in: JAP, Jg. 81, 1996, S. 575–586.
Emerson, Heather: Flow and occupation: A review of the literature, in: CJOT, Jg. 65, 1998, S. 37–43.
Farr, James L./Hofman, David A./Ringenbach, Kathleen L.: Goal orientation and action control theory: Implications for industrial and organizational psychology, in: International Review of Industrial and Organizational Psychology, Jg. 7, 1993, S. 193–232.
Frey, Bruno: Leistung durch Leistungslohn? Grenzen marktlicher Anreizsysteme für das Managerverhalten, in: ZfbF, Jg. 44, 2000, S. 67–95.
Gollwitzer, Peter M.: Das Rubikonmodell der Handlungsphasen, in: Motivation, Volition und Handlung. Enzyklopädie der Psychologie, C IV 4, hrsg. v. *Kuhl, Julius/Heckhausen, Heinz*, Göttingen 1996, S. 531–582.
Hackman, J. Richard/Oldham, Greg R.: Work redesign, Reading MA 1980.
Heckhausen, Heinz: Motivation und Handeln, Berlin 1989.
Herzberg, Frederick/Mausner, Bernard/Snyderman, Barbara: The motivation to work, New York 1959.
Jenkins, G. Douglas Jr. et al.: Are financial incentives related to performance? A meta-analytic review of empirical research, in: JAP, Jg. 83, 1998, S. 777–787.
Judge, Timothy A. et al.: The job satisfaction – job performance relationship: A qualitative and quantitative review, in: Psych.-Bull., Jg. 127, 2001, S. 376–407.
Kehr, Hugo M.: Entwurf eines konfliktorientierten Prozessmodells von Motivation und Volition, in: Psychologische Beiträge, Jg. 41, 1999, S. 20–43.

Kleinbeck, Uwe/Schmidt, Klaus-Helmut: Die Wirkung von Zielsetzungen auf das Handeln, in: Motivation, Volition und Handlung. Enzyklopädie der Psychologie, C IV 4, hrsg. v. *Kuhl, Julius/Heckhausen, Heinz*, Göttingen 1996, S. 875–907.
Kluger, Avraham N./DeNisi, Angelo: The effects of feedback interventions on performance: A historical review, a meta-analysis and a preliminary feedback intervention theory, in: Psych.-Bull., Jg. 119, 1996, S. 254–284.
Kuhl, Julius: Wille und Persönlichkeit: Funktionsanalyse der Selbststeuerung, in: Psychologische Rundschau, Jg. 49, H. 1/ 1998, S. 61–77.
Kuhl, Julius: Handlungs- und Lageorientierung, in: Management-Diagnostik, hrsg. v. *Sarges, W.*, Göttingen 1995, S. 303–316.
Kuhl, Julius: Motivation, Konflikt und Handlungskontrolle, Göttingen 1983.
Locke, Edwin A./Henne, Douglas: Work motivation theories, in: International Review of Industrial and Organizational Psychology, Jg. 3, 1986, S. 3–26.
Locke, Edwin A./Latham, Gary P.: A theory of goal setting and task performance, Englewood Cliffs NJ 1990.
Maslow, Abraham: Motivation und Persönlichkeit, Reinbek bei Hamburg 1981.
McClelland, David C.: The achieving society, New York 1961.
Nerdinger, Friedemann W.: Formen der Beurteilung in Unternehmen, Weinheim 2001.
Nerdinger, Friedemann W.: Motivation und Handeln in Organisationen, Stuttgart 1995.
Neuberger, Oswald: Führen und führen lassen, 6. A., Stuttgart 2002.
Schneider, Klaus/Schmalt, Heinz-Dieter: Motivation, 3. A., Stuttgart 2000.
Stajkovic, Alexander D./Luthans, Fred: Self-efficacy and work-related performance: A meta-analysis, in: Psych.Bull., Jg. 124, 1998, S. 240–261.
Thierry, Henk: Enhancing performance through pay and reward systems, in: Psychological management of individual performance, hrsg. v. *Sonnentag, S.*, New York 2002, S. 325–347.
Thomae, Hans: Zur allgemeinen Charakteristik des Motivationsgeschehens, in: Motivation. Handbuch der Psychologie Bd. 3, hrsg. v. *Thomae, Hans*, Göttingen 1965, S. 67–82.
Vroom, Victor: Work and motivation, New York 1964.
Weiner, Bernard: Judgements of responsibility: A foundation for a theory of social conduct, New York 1995.
Wood, Robert E./Locke, Edwin A.: Goal setting and strategy effects on complex tasks, in: ROB 12, hrsg. v. *Staw, B./Cummings, L.*, Greenwich CT 1990, S. 73–109.

Motivationsorientierte Organisationsmodelle

Rüdiger G. Klimecki

[s.a.: Arbeitsorganisation; Evolutionstheoretischer Ansatz; Human Ressourcen Management; Konstruktivismus; Menschenbilder; Motivation; Organisationsentwicklung; Organisationskultur; Organisatorische Gestaltung (Organization Design); Partizipation; Selbstorganisation; Systemtheorie; Teamorganisation; Vertrauen.]

I. Motivation als Grundlage der Organisationsgestaltung; II. Partizipative Führungssysteme und Gruppenstrukturen als Motivator (Likert); III. Partizipative Arbeitsgestaltung als Motivator (Lawler); IV. Organisationskultur als Motivator (Ouchi); V. Systementwicklung als Motivator (Klimecki/Probst/Eberl); VI. Kritik.

Zusammenfassung

Die motivationsgerechte Organisationsgestaltung ist eine der dominierenden Argumentationslinien der als „verhaltenswissenschaftlich" bekannten Managementansätze. Ausgegangen wird dabei von den aus Inhalts- und Prozesstheorien der Motivation bekannten Wechselwirkungen zwischen Leistung und Zufriedenheit, die vermuten lassen, dass partizipative Managementsysteme den Organisationserfolg erhöhen. Auch in der systemorientierten Managementlehre wird die Kategorie „Motivation", hier verstanden als eine „Systemeigenschaft", als entscheidend für die Systementwicklung angesehen. Der nachfolgende Beitrag gibt einen Überblick über die entsprechenden Modelle.

I. Motivation als Grundlage der Organisationsgestaltung

Motivationsorientierte Organisationsmodelle nehmen die Förderung der Leistungsbereitschaft zum Ausgangspunkt der Organisationsgestaltung, wobei ihre motivationstheoretische Grundlage meist implizit bleibt (→ *Motivation*). Bezugspunkte der Gestaltung sind dabei einzelne Mitarbeiter und Arbeitsgruppen, die „Betriebsgemeinschaft", oder die Systementwicklung. Nachfolgend wird eine (repräsentative) Auswahl solcher Ansätze diskutiert (→ *Organisationsentwicklung*). Allen Ansätzen ist dabei gemein, dass sie von einem institutionellen Organisationsbegriff ausgehen, nicht nur Organisationsstrukturen (→ *Organisatorische Gestaltung (Organization Design)*), sondern – weitergehend – Managementsysteme aller Art gestalten wollen. Eine zweite Gemeinsamkeit besteht darin, dass sie den Humanressourcen eine zentrale Bedeutung für Erfolg und Entwicklung der Organisation beimessen (→ *Human Ressourcen Management*). Deren Integration, Empowerment und Entwicklung ist deshalb das primäre Gestaltungsziel, das – allgemein gesprochen – durch die Schaffung von Handlungs- und Kommunikationsfreiräumen erreicht werden soll. Mit Ausnahme des Entwicklungsorientierten Managements, das auf systemtheoretische Grundlagen zurückgreift, weisen die übrigen Konzepte starke Bezüge zum *Human Relations-Ansatz* auf, den sie als Referenz verwenden oder weiterentwickeln wollen. Deutlich wird dies insb. durch deren Rückgriff auf die „Theorie Y" und das Integrationskonzept von MacGregor (*MacGregor* 1960).

II. Partizipative Führungssysteme und Gruppenstrukturen als Motivator (Likert)

Rensis Likert ist bekannt als Vertreter einer empirisch ausgerichteten Partizipationsforschung in den Bereichen Führung und Organisation, auf deren Basis er „Neue Ansätze der Unternehmensführung" (*Likert* 1961) entwickelt und zu einer „integrierten Führungs- und Organisationsstruktur" (*Likert* 1967) weiterführt, die er selbst als „science-based theory of organization" verstanden wissen will. Ziel ist die Formulierung eines einheitlichen und übersituativ verbindlichen – wie er es selbst nennt – „System-Ansatzes" der Unternehmensführung, dessen Leithypothese als „Partizipation erhöht den Organisationserfolg" pointiert werden kann (→ *Partizipation*). Dazu entwickelt er ein formales Modell, das drei Variablengruppen kausal verknüpft (*Likert* 1975, S. 165):

– Vom Management zu beeinflussende, sog. kausale Variablen, z.B. Organisationsstruktur, Entscheidungen, Strategien, Managementfähigkeiten,
– Intervenierende Variablen, z.B. Loyalität, Motivationen, Leistungsziele der Organisationsmitglieder, und
– Resultierende Variablen, z.B. Fluktuation, Produktivität, Gewinn.

Zur Messung der Organisations- und Leistungscharakteristiken von *Führungssystemen* (und damit wesentlicher Teile des vorgenannten Modells) erarbeitet er ein Analyseinstrumentarium („System 1 – 4" genannt). Dessen Kategorien sind: Motivation, *Kommunikation*, der Interaktionsbeeinflussungsprozess, Entscheidungsbildung, Zielsetzung, Kontrolle und Leistung. Die Referenzpunkte bilden dabei das „ausbeutend autoritär" genannte System 1 und das als „partizipatives Gruppensystem" bezeichnete System 4, welches als eine „Operationalisierung" der o.g. Theorie angesehen werden kann. System 2 (die wohlwollend-autoritäre Form) und System 3 (die beratend-partizipative Variante), bilden Übergangsformen. Sie sind Zwischenschritte hin zu einer „*System 4-Organisation*", die sich nach dem Prinzip der „wechselseitigen Unterstützung" verhält und in Form eines Systems „überlappender Gruppen" strukturiert ist. Letztere bilden das Herzstück der Organisationsgestaltung und sind als weitgehend autonomes (aber hierarchisch verbundenes) Gruppenkonzept zu verstehen, das durch „linking-pin Funktionen" vertikal und lateral koordiniert wird (→ *Gruppen und Gruppenarbeit;* → *Gruppenverhalten und Gruppendenken*).

III. Partizipative Arbeitsgestaltung als Motivator (Lawler)

Unter der Überschrift „*High-Involvement Management*" entwirft der insb. als Motivations- und Organisationsentwicklungs-Forscher (→ *Organisationsentwicklung*) bekannt gewordene Edward E. Lawler „Participative Strategies for Improving Organizational Performance" (*Lawler* 1973; *Lawler* 1988). Dabei kommt es ihm weniger auf ein geschlossenes System von Aussagen an. Vielmehr diskutiert er vor dem Hintergrund seiner eigenen Forschungs- und Beratungserfahrungen die Chancen und Risiken partizipativer Arbeitsformen und Managementsysteme, insb. Quality Circles, Employee Survey Feedback, Job Enrichment, Work teams, Union Management Quality-of-Work-Life Programs, Gainsharing, New-Design Plants. Die Auswahl ist nicht systematisch und ergibt sich aus der empirischen Verbreitung dieser Programme und wohl auch aus den Erfahrungen, die der Autor damit sammeln konnte. Unterstützt durch viele Fallbeispiele wird analysiert, welche Bedingungen und Ausgestaltungen den Erfolg dieser Partizipationsprogramme beeinflussen. Gewarnt wird vor einer isolierten Optimierung einzelner Elemente und empfohlen ihre kongruente Ausrichtung im Rahmen eines umfassenden Managementsystems. Dazu entwickelt Lawler einen gestaltungsorientierten Bezugsrahmen, den er „High-Involvement Management" nennt und dessen Ziel darin besteht, eine Organisation zu schaffen, die ihren Mitgliedern intrinsische Motivation und Empowerment ermöglicht. Der Ansatz versteht sich dabei als eine Weiterentwicklung von Annahmen der Human-Relations und -Resources. Der Unterschied wird primär am *Menschenbild* (→ *Menschenbilder*) festgemacht (*Lawler* 1988, S. 192 f.): Während bei den Human-Relations Partizipation im Vordergrund steht und diese funktional für Arbeitszufriedenheit und Akzeptanz von Wandel angesehen wird, und bei den Human-Resources mit ähnlicher Argumentation die Entwicklung derselben thematisiert wird, geht es beim High-Involvement Management insb. um das Vertrauen in die Leistungsfähigkeit und Bereitschaft der Mitarbeiter zur eigenständigen Steuerung ihrer Arbeitsaktivitäten und deren positive Konsequenz für den Organisationserfolg. Diese „Entwicklung von Selbststeuerungskompetenz" stellt somit den besonderen Eigenanspruch des Ansatzes dar. Das „High-Involvement Management" umfasst 13 Aktionsfelder, die von „Managementphilosophie" über „Organisationsstruktur" und „Arbeitsgestaltung" bis hin zu „Führungsstil" und „Zusammenarbeit mit Gewerkschaften" reichen und auch Aussagen zur „Personalpolitik" enthalten. Jeweils im Vordergrund steht die Rolle, die diese Aktionsfelder für eine partizipative Arbeitsgestaltung (und Empowerment) übernehmen können, wobei insb. die Wechselwirkungen zwischen den Elementen fokussiert, ein konsistentes Gesamtkonzept gefordert und durch ein Umsetzungsprogramm auch angeregt wird.

IV. Organisationskultur als Motivator (Ouchi)

Ouchis „*Theorie Z*" (*Ouchi* 1981) ist eines der bekanntesten jener Organisationskonzepte, die aus dem Kulturvergleich (hier: US-amerikanischer und japanischer Unternehmen) hervorgegangen sind. Im Vordergrund steht hier (anders als bei Likert und Lawler) die „Organisationsgemeinschaft" selbst. Ausgangspunkt ist die Feststellung, dass Organisationen in unterschiedlichen Ländern trotz gleicher Aufgabenstellung eine sehr unterschiedliche Gestalt annehmen können. Als Ursache hierfür werden die jeweiligen landeskulturellen Besonderheiten identifiziert: heterogen, individualistisch, dynamisch für die USA und kollektivistisch, homogen, stabil für Japan. Unter diesem „kulturellen Primat" entwickeln sich auch unterschiedliche Organisationsgestalten, die Ouchi für die USA als „Typ A"- und für Japan als „Typ J"- Organisation beschreibt.

- Kennzeichnend für „Typ A" ist die Orientierung an kurzfristigen Beschäftigungsverhältnissen, schnellen Karrierewegen, Professionalität, Kontrolle, individuelle Entscheidungsfindung usw.
- Den japanischen „Typ J" charakterisieren lebenslange Beschäftigung, langsame und breite Karrieremuster, implizite Kontrolle und konsensorientierte Entscheidung.

Bei seinen empirischen Untersuchungen stellt er fest, dass erfolgreiche US-amerikanische Unternehmen zu einer Art japanischer Organisation gefunden haben. Diese empirische Mischform bezeichnet er als „Theorie Z".

Sie ist nicht nach japanischem Vorbild entstanden, sondern Ergebnis einer eigenständigen Entwicklung und unterscheidet sich partiell vom „Typ J" – insb. durch den Einsatz von Managementtechniken, die expliziten Kontrollmechanismen usw. Diese sind jedoch in eine nicht-bürokratische „Unternehmenskultur" eingebettet und erhalten deshalb auch eine neue Bedeutung für die Organisationsmitglieder. Die „Botschaft" besteht nun darin, dass sich in einer Landeskultur sehr wohl unterschiedliche Organisationskulturen herausbilden können, die eben auch in unterschiedlicher Weise erfolgswirksam sind. Konkret: die amerikanische Landeskultur bringt nicht nur bürokratische Organisationen, sondern auch den „Industriellen Clan" hervor (*Ouchi* 1980). Der klassischen

Form von Markt- und hierarchischer Koordination wird eine dritte – als Erfolgsmodell – hinzugefügt, die durch → *Organisationskultur* gesteuerte „Typ Z"- Organisation, für deren Entwicklung Ouchi ein Stufenprogramm vorschlägt.

V. Systementwicklung als Motivator (Klimecki/Probst/Eberl)

Ausgangspunkt der Organisationsgestaltung im Entwicklungsorientierten Management ist der durch wachsende Umweltkomplexität sprunghaft steigende Bedarf an *Systementwicklung* zur Sicherung der Problemlösungsfähigkeit von Organisationen. Sieht man dabei die Organisation als eine Art „Vorrat von Problemlösungen" an (betrachtet man also die organisationale Wissensbasis) so lässt sich feststellen, dass infolge des Umweltwandels der Lebenszyklus und die situative Passform von Problemlösungen verkürzt werden und kaum prognostizierbar sind. Deshalb ist es nahe liegend, einen Managementansatz zu entwickeln, der sich nicht primär auf die Produktion aktuell als wichtig erachteter Problemlösungen bezieht, sondern die Förderung der Problemlösungsfähigkeit einer Organisation an sich (die „Systementwicklung") zur zentralen und permanenten Aufgabe macht (*Klimecki/Probst/Eberl* 1991; 1994). Im Entwicklungsorientierten Management wird dazu ein Bezugsrahmen entwickelt, der sowohl Basistheorien als auch – damit verbundene – Gestaltungsperspektiven für eine entwicklungsorientierte Organisationsgestaltung umfasst. Insgesamt lässt sich das Entwicklungsorientierte Management dem *systemtheoretisch-konstruktivistischen* Paradigma zuordnen (→ *Systemtheorie*; → *Konstruktivismus*).

Entsprechend werden auch die Basistheorien ausgewählt:

- Die konstruktivistische Perspektive bildet die „Inhaltskomponente" des Bezugsrahmens (Problemlösungspotenziale als organisationale Wirklichkeitskonstruktion).
- Theorien der → *Selbstorganisation* stellen die „Funktionskomponente" dar und beschreiben das Steuerungsprinzip des Lernens und der Konstruktion von Organisationswirklichkeiten.
- Die „Prozesskomponente" des Entwicklungsorientierten Managements bilden Ansätze des Organisationalen Lernens, welche die Veränderung der organisationalen Wissensbasis erfassen.

Aus diesen Basistheorien werden drei Gestaltungsperspektiven für die Systementwicklung abgeleitet:

- Systemidentität – Sinnbezug des Handelns,
- Flexibilisierung – Auflösung starrer Kopplungsbeziehungen und
- Heterarchie – Interaktionsspielräume der Handelnden.

Aufgrund der systemtheoretischen Anlage des Entwicklungsorientierten Managements kann die Motivationsthematik hier in zweifacher Weise gesehen werden. Zum einen sollen die Gestaltungsperspektiven das gesamte „System" zur Entwicklung motivieren (insofern lässt sich Motivation hier als „Eigenschaft des Systems" verstehen), zum anderen kann Motivation aber auch an den Akteuren festgemacht werden, wobei diese systemtheoretisch jedoch als „Systeme eigener Art" (Personensysteme) konzeptualisiert sind, welche eine Partialverbindung mit dem Sozialsystem eingehen. Die jeweils erstgenannten Gestaltungsprinzipien (Systemidentität, *Flexibilisierung*, *Heterarchie*) deuten auf den systemischen, die zweitgenannten (Sinnbezug, Entkopplung, Interaktionsspielräume) auf den personalen Bezug der Motivation. Entwicklung wird dabei als eine niveaubezogene Größe angesehen, deren Bestimmung in Form des „organisationalen Reifegrades" eine entscheidende Gestaltungsvoraussetzung darstellt.

Zur Umsetzung der Gestaltungsperspektiven werden verschiedene Aktionsfelder vorgeschlagen:

- Interface-Management, dessen Ziel es ist, zur Vermittlung zwischen individueller und systemischer Rationalität beizutragen, indem Kommunikation gefördert, Transparenz erleichtert und Integration ermöglicht wird,
- *Konfliktmanagement*, mit dem ein Macht- und Interessenausgleich hergestellt werden soll, der die zu erwartenden „systemischen Spannungen" konstruktiv für Entwicklungsschritte nutzt und
- der entwicklungsorientierte Einsatz von Managementinstrumenten, der die entwicklungsfreundliche Auswahl und Ausgestaltung von einzelnen Steuerungssystemen sowie deren Vernetzung auf verschiedenen Systemebenen in den Vordergrund stellt.

Entwicklung wird dabei als eine niveaubezogene Größe angesehen, deren Bestimmung in Form des *„organisationalen Reifegrades"* eine entscheidende Gestaltungsvoraussetzung darstellt. Unterschieden wird dabei zwischen individuellem, prozessualem und instrumentellem Reifegrad. Unter Einbezug neuerer Evolutionstheorien (→ *Evolutionstheoretischer Ansatz*) der Organisation wurde der Ansatz des Entwicklungsorientierten Managements mittlerweile auf einen Teilbereich des Managements – das Personalmanagement – übertragen (*Klimecki/Gmür* 1998; *Klimecki/Gmür* 2001).

VI. Kritik

Abschließend seien die Ansätze kritisch resümierend im Hinblick auf die theoretische Fundierung, den empirischen Gehalt und – darauf aufbauend – die Absicherung der Gestaltungsaussagen verglichen.

„Die integrierte Führungs- und Organisationsstruktur"(Likert): Der Ansatz ist vorwiegend deskriptiv ausgelegt und konzentriert sich in seinem analytischen Teil auf ein formales Kausalmodell. Ob dieses, angereichert durch die inhaltlichen Aussagen von „System 4", schon dem Eigenanspruch einer „theory of organization" genügt, ist für eine rückblickende Beurteilung kaum von Interesse. Zum empirischen Gehalt: Die Untersuchungen zeigten, dass es zwischen den partizipativen Maßnahmen und ihrer Wirkung auf den Erfolg zu erheblichen Zeitverzögerungen kommt (was Likert dann zur Einführung der intervenierenden Variablen „motivierte"). Das bestätigende empirische Material basiert teilweise auf persönlichen Einschätzungen der Befragten. Da nähere Angaben zur Durchführung fehlen, lässt sich die weitere Qualität der Daten kaum einschätzen. Die Gestaltungskomponenten des Ansatzes (das System der überlappenden Gruppen) sowie auch der umfassende Entwurf eines partizipativen Führungssystems sind – auch methodisch – innovative Pionierleistungen, welche die Entwicklung der Managementlehre nicht nur maßgeblich geprägt haben, sondern bis heute erkennbar nachwirken – auch wenn der universalistische Anspruch dieses Ansatzes heute kaum mehr haltbar (und sinnvoll) erscheint.

„High-Involvement Management" (Lawler): Der Ansatz weist evaluative und normative Elemente auf, in denen theoretische Grundlagen sowie auch empirische Überprüfungen zwar reflektiert aber konzeptuell nicht verarbeitet werden. Und dies ist wohl Absicht, geht es dem Verfasser doch eher um „Lehren für die Praxis". Ein über „Jahre der Organisationsentwicklung" gereiftes, um modernere Aspekte eines „Change Management" erweitertes und „typisch amerikanisches" Partizipationsprogramm mit hohem Aufklärungswert für die Managementpraxis ist daraus entstanden, dessen Bedeutung wohl kaum zu bezweifeln ist, dessen empirischer Nachweis sich heute aber schwieriger denn je darstellt.

Die kulturgetriebene „Typ Z"-Organisation (Ouchi): Der Ansatz folgt dem bekannten Vorgehen der empirischen Erfolgsfaktorenforschung (was erfolgreiche Firmen tun, macht Firmen erfolgreich). Diese hier aufscheinende Kritik ist jedoch vorschnell: Ein neues Feld wird betreten, die Bedeutung der Kultur für das Management wird (wieder-)entdeckt, ein fruchtbares Forschungsparadigma tut sich auf und wird – wie kann es anders sein – zunächst „hypothesengenerierend" erschlossen. Im Vordergrund steht deshalb auch hier die Pionierleistung dieses Konzeptes auf dem Wege zu einem „kulturorientierten Management".

Systementwicklung (Klimecki//Probst//Eberl): Der Ansatz ist als Weiterentwicklung einer „systemorientierten Managementlehre" zu verstehen, der – pointiert formuliert – Antworten auf die Frage der Überlebenschancen komplexer Organisationen bei dramatisch zunehmender Umweltkomplexität finden will. Eine empirische Überprüfung ist dabei nur partiell möglich (z.B. Erfolgsmuster des organisationalen Lernens, vgl. *Klimecki/Lassleben* 1998). Das Gestaltungskonzept ist zwar insgesamt theoriegeleitet, gerade deshalb aber auch sehr komplex und bedarf einer eigenständigen empirischen Überprüfung.

Literatur

Klimecki, Rüdiger G./Gmür, Markus: Personalmanagement: Strategien – Erfolgsbeiträge – Entwicklungsperspektiven, 2. A., Stuttgart 2001.
Klimecki, Rüdiger G./Gmür, Markus: Entwicklungsorientierte Personalpolitik als Evolutionsprozess betrieblicher Qualifikationen und Motivationen, in: Personalpolitik: Wissenschaftliche Erklärung der Personalpraxis, hrsg. v. *Nienhüser, Werner/Martin, Albert*, München et al. 1998, S. 375–398.
Klimecki, Rüdiger G./Lassleben, Hermann: Modes of Organizational Learning, in: Management Learning, Jg. 29, 1998, S. 405–430.
Klimecki, Rüdiger G./Probst, Gilbert J. B./Eberl, Peter: Entwicklungsorientiertes Management, Stuttgart 1994.
Klimecki, Rüdiger G./Probst, Gilbert J. B./Eberl, Peter: Systementwicklung als Managementproblem, in: Managementforschung 1, hrsg. v. *Staehle, Wolfgang H./Sydow, Jörg*, Berlin 1991, S. 103–162.
Lawler, Edward E.: High-Involvement Management, San Francisco et al. 1988.
Lawler, Edward E.: Motivation in Work Organizations, Monterey et al. 1973.
Likert, Rensis: Die integrierte Führungs- und Organisationsstruktur, Frankfurt am Main et al. 1975.
Likert, Rensis: The Human Organization, New York et al. 1967.
Likert, Rensis: New Patterns of Management, New York et al. 1961.
MacGregor, Douglas: The Human Side of Enterprise, New York et al. 1960.
Ouchi, William G.: Theory Z: How American Business Can Meet The Japanese Challange, 9. A., Reading MA 1981.
Ouchi, William G.: Markets, Bureaucracies and Clans, in: ASQ, Jg. 25, 1980, S. 129–141.

N

Neoinstitutionalistische Ansätze

Klaus Türk

[s.a.: Bürokratie; Entscheidungsprozesse in Organisationen; Evolutionstheoretischer Ansatz; Globalisierung; Informelle Organisation; Institutionenökonomie; Kontingenzansatz; Netzwerke; Shareholder- und Stakeholder-Ansatz; Unternehmenskommunikation; Vertragstheorie.]

I. *Entwicklung und Fragestellungen;* II. *Hauptrichtungen neoinstitutionalistischer Forschung.*

Zusammenfassung

Neoinstitutionalistische Ansätze erklären Organisationen und ihre Strukturen in Abhängigkeit von etablierten Regeln, Normen und Prozeduren. Je nach Lokalisierung solcher institutionalisierten Muster können interner, umweltbezogener und gesellschaftstheoretischer Institutionalismus unterschieden werden.

I. *Entwicklung und Fragestellungen*

Der Neoinstitutionalismus ist eine soziologische Forschungsrichtung zur Erklärung der Existenz, der Veränderung und der Verbreitung der Strukturen von Organisationen. Die Bezeichnung deckt ein relativ heterogenes Feld von Ansätzen, Hypothesen und Fragestellungen ab. Von *neuem* Institutionalismus wird gesprochen, weil prinzipielle Fragestellungen und Erklärungsstrategien der älteren Soziologie (Durkheim, Parsons, Selznick, Berger und Luckmann) aufgegriffen werden, von neuem *Institutionalismus*, weil organisationale Prozesse und Strukturen nicht auf autonome Entscheidungen zurückgeführt, sondern als in gesellschaftliche Strukturen eingebettet erklärt werden (vgl. die Überblicksarbeiten von *Walgenbach* 2001, S. 319 ff.; *Scott* 1987, S. 493 ff.; *Scott* 1995; *Scott/Meyer* 1994; *Powell/DiMaggio* 1991; *Zucker* 1988; *Tolbert/Zucker* 1996, S. 175 ff.; *Türk* 2000, S. 124 ff.).

Der Neoinstitutionalismus entstand in den 1970er Jahren und hat sich seitdem in verschiedenen Varianten weiterentwickelt. Er stellt rationalistischen Ansätzen eine kulturalistische Perspektive entgegen. Vor dem Hintergrund eines jahrhundertealten soziologischen „Schismas" zwischen rationalistischen („voluntaristischen") und evolutionistischen („naturalistischen") Erklärungen gesellschaftlicher Sachverhalte (vgl. z.B. schon *Mill* 1971, zuerst 1861) ist der Neoinstitutionalismus seiner Grundanlage nach dem letzteren Paradigma zuzuordnen, das gegenüber voluntaristischen Erklärungen sozialer Strukturen zumindest skeptisch ist. Diese Skepsis hat ihren tieferen Grund in der basalen Funktionsbestimmung von *Institutionen* innerhalb der Soziologie und Anthropologie, in denen Institutionen gerade als entscheidungs- und in diesem Sinne handlungs*entlastende* soziale Systeme bestimmt werden.

Das Forschungsprogramm neoinstitutionalistischer Ansätze wird prinzipiell schon in den 1950er Jahren von Parsons (*Parsons* 1956/1957a; *Parsons* 1956/57b) umrissen. Für ihn kann Organisationsanalyse sinnvoll nur in Kategorien gesellschaftlicher Strukturen erfolgen; dies gelte sowohl für die Untersuchung von Organisationen im gesamtgesellschaftlichen Zusammenhang als auch für die Analyse ihrer Binnenstrukturen. Die in einer Organisation verfolgten Wertorientierungen müssen in Einklang mit übergreifenden gesellschaftlichen Werten stehen. Zentralproblem einer Organisation ist nach Parsons die Legitimation ihrer Ziele, Strukturen und Prozesse.

So schillernd der Begriff der Institution auch sein mag, so bezieht er sich doch bei allen Autoren bzw. Autorinnen auf Komplexe dauerhafter, gegenüber abweichendem Verhalten relativ resistenter Regeln, Normen, Deutungen, Orientierungen und Handlungsmuster. Diese sind im Alltag nur zu einem Teil bewusst präsent, zum anderen Teil fungieren sie als Bedingungen der Möglichkeit von Handeln überhaupt, da sie Formen und Inhalte für Sinn-, Erwartungs-, Ziel- und Strategiebildung bereitstellen. Neoinstitutionalistische Ansätze unterscheiden sich u.a. darin, auf welcher Bewusstseinsebene sie Institutionen ansiedeln. Teils werden Institutionen *kontingenztheoretisch* als Umweltbedingungen aufgefasst, denen die Organisatoren Rechnung tragen müssen, wenn ihre Organisationen sich behaupten sollen; teils werden Institutionen konstitutionstheoretisch als unhinterfragte, selbstverständlich geltende Muster – man kann auch sagen als „Kulturphänomene" – verstanden. Konkrete Praktiken erscheinen danach als Manifestationen von Institutionen, so wie das konkrete Sprechen eine Manifestation der institutionalisierten Sprache ist.

Die neoinstitutionalistische Forschungsperspektive lässt sich im Kern auf zwei Fragen reduzieren: (1) Inwieweit hängen Handeln und Verhalten in bzw. von

Organisationen von jeweils bereits Bestehendem ab? Diese Bestände können materieller Art sein (Ressourcen), als Normen und Werte erscheinen, können als Konsistenzerwartungen und Legitimationsansprüche auftreten, als habitualisierte Praktiken (Skripts), Bräuche, Sitten oder Moden Relevanz besitzen, können als Macht- und Herrschaftsstrukturen Wirksamkeit erlangen. (2) Wie entstehen aus fluktuierenden Prozessen Bestände? Bezieht sich die erste Frage auf die Institutional*ität* gesellschaftlicher Wirklichkeit, so die zweite Frage auf Vorgänge der Institutionali*sierung*, also auf Prozesse zunehmender Verhärtung gesellschaftlicher Sachverhalte, sodass schließlich ihre soziale Konstruiertheit aus dem Bewusstsein verschwindet. Der Neoinstitutionalismus hat sich bislang allerdings zum überwiegenden Teil mit der ersten Frage befasst; erst in neuester Zeit erfährt die zweite Frage vermehrte Aufmerksamkeit (vgl. z.B. die Beiträge im Academy of Management Journal vom Februar 2002).

Institutionen entwickeln in aller Regel nicht nur Geltung als „harte" Faktizitäten, sondern auch als Werte oder wie Selznick (*Selznick* 1949) es ausdrückt: Sie erhalten im Laufe der Zeit eine „Werte-Infusion". Sie werden als gute Prinzipien verteidigt, und mit großem Aufwand werden Legitimationstheorien für sie gefunden. Gegenüber ontologischen Modellen zweckrationalen Handelns nehmen institutionalistische Ansätze insofern eine Metaperspektive ein, als sie sowohl nach der Herkunft der Zwecke und der Bewertungskriterien als auch nach den gesellschaftskulturellen Wurzeln des Rationalitätsprinzips und des Konstrukts „Individuum" selbst fragen. Das Erkenntnisinteresse ist nicht primär auf die Entwicklung einer präskriptiven Pragmatik organisationalen Handelns gerichtet, sondern auf Erklären und Verstehen. Dass Erklärungsangebote sekundär auch handlungsorientierende Wirkungen zeigen können bleibt davon unbenommen.

II. Hauptrichtungen neoinstitutionalistischer Forschung

Je nach der Ebene, auf welcher man im Forschungsprozess das Phänomen der Institution ansetzt, lassen sich folgende Perspektiven unterscheiden:

- ein interner Institutionalismus,
- ein umweltbezogener Institutionalismus und
- ein gesellschaftstheoretischer Institutionalismus.

1. Interner Institutionalismus

Der interne Institutionalismus bezieht sich auf evolutionäre Strukturbildungen in der einzelnen Organisation. In allen sozialen Systemen von nicht nur flüchtig-temporärem Charakter bilden sich verfestigte Routinen, Muster von Kooperation und Kommunikation, Handlungsstile, spezielle Normen und Umgangsweisen heraus. Dieses Phänomen der Institutionalisierung wird in Forschung und Theorie schon seit langem analysiert. Zunächst geriet es als „informelle Strukturbildung", die sich neben offiziellen Regeln etabliert, ins Blickfeld (→ *Informelle Organisation*). Aber auch die vielfach untersuchten Phänomene des Betriebs- oder Organisationsklimas und der Entstehung spezieller Organisationskulturen (→ *Organisationskultur*) sind als Institutionalisierungsprozesse zu verstehen. In neuerer Zeit fügten insb. March und Olsen (*March/Olsen* 1989) einen weiteren wichtigen Aspekt hinzu. Aufgrund einer Vielzahl eigener empirischer Forschungen halten sie ein Verhaltensmodell der „Logik der Angemessenheit" (logic of appropriateness) für adäquater als das klassische Modell rationalen Entscheidens. Sie heben hervor, dass Verhalten, Handeln und Entscheiden in Organisationen jeweils etablierten Regeln und nicht Imperativen optimierender Rationalität folgen, sich vielmehr an vergangenen Prozeduren, an konventionalisierten Erwartungen, Verfahren und Rechtfertigungsweisen orientieren. Anderenfalls erzeugten sie Inkonsistenzen, Irritationen und Legitimationskrisen. Unbenommen bleibt davon die nachträgliche Darstellung von Entscheidungen gem. dem Rationalmodell, auf dessen legitimatorische Funktion man sich v.a. in Rechenschaftsberichten und anderen Außendarstellungen von Organisationen verlässt. Weitere empirische und theoretische Beiträge dazu stammen z.B. von Brunsson und Olsen (*Brunsson* 1989; *Brunsson/Olsen* 1993).

2. Umweltbezogener Institutionalismus

Während der interne Institutionalismus relativ bruchlos an bekannte Wissensbestände der Organisations- und Betriebssoziologie anknüpft, hat der umweltbezogene Institutionalismus eine produktive Unruhe in der Organisationstheorie erzeugt. Er schließt kritisch an die *Kontingenztheorie* (→ *Kontingenzansatz*) an, die in den 1970er Jahren die Diskussion beherrschte. Während diese zwischen den Strukturen der Organisation und denjenigen ihrer relevanten Umwelt eine gleichsam systemtechnische Entsprechungsbeziehung behauptet, richtet der umweltbezogene Institutionalismus sein Augenmerk auf Passungsverhältnisse auf der sozio-kulturellen Ebene standardisierter und allgemein akzeptierter Praktiken und Regeln. Hier ist es v.a. der inzwischen zu den klassischen Texten des Faches zählende Aufsatz von Meyer und Rowan (*Meyer/Rowan* 1977, S. 340 ff.), der als bahnbrechend zu gelten hat. Meyer und Rowan gehen davon aus, dass Organisationen in hochgradig institutionalisierten Kontexten von Vorstellungen operieren, auf welche Weise bestimmte Güter und Dienstleistungen zu produzieren sind. Organisationen sind genötigt, solche Verfahren zu implementieren oder zumindest deren vermeintliche Implementation zu kommunizieren. Auf diese Weise steigern sie Legitimität und Überlebenschancen unabhängig von der tatsächlichen Effektivität oder faktischen Realisation solcher Praktiken. Institutionalisierte Produkte, Dienste, Techniken, Strategien und Programme fungieren als machtvolle Mythen, und viele Organisationen übernehmen sie bloß rituell, bauen „Rationalitäts- und Modernitätsfassaden" auf. Die Konformität mit institutionalisierten Regeln gerät aber häufig in Konflikt zu Effizienzkriterien, und umgekehrt liefe die strikte Verfolgung von Effizienzkriterien Gefahr, Strukturen aufzubauen, die anerkannten Mustern widersprächen. Um die institutionelle Konformität zu sichern, versuchen Organisationen, ihre offiziell-formalen Strukturen von den faktisch gültigen Arbeitsstrukturen abzukoppeln. Damit entsteht eine häufig zu beobachtende organisationale Doppelstruktur, die sich entlang zweier unterschiedlicher Kontexte ausbildet.

Alle Organisationen sind für Meyer und Rowan mehr oder weniger eingelagert sowohl in technische („relationale", „effektivitätsorientierte") als auch in institutionalisierte („symbolische") Kontexte, und deshalb sind sie einerseits damit befasst, ihre Aktivitäten arbeitstechnisch zu regulieren, andererseits damit, sie geschickt darzustellen. Die offizielle und nach außen kommunizierte institutionelle Fassade hat für die Autoren eine Pufferungsfunktion (vgl. v.a. *Meyer/Scott/Deal* 1992, S. 45 ff.). Bei Organisationen, die sich ökonomisch am Markt bewähren müssen, bedient die institutionelle Fassade primär Erwartungen, um den operativen Kern, der nach eigenen Logiken funktioniert, abzuschirmen. Bei anderen Organisationen, wie etwa Schulen und öffentlichen Verwaltungen, liegt eine umgekehrte Abschirmungsfunktion vor. Dort dient der institutionelle Apparat primär der Sicherung der gesellschaftlichen Institutionen gegenüber möglicherweise abweichenden Praktiken des operativen Kerns. Beispielhaft formuliert: Der Geschäftsbericht einer Unternehmung bedient in Form, Inhalt und Semantik Erwartungen der relevanten Umwelt, soll Vertrauen sichern; er verschafft aber keinen Einblick in die faktischen Prozesse, der bei Akzeptanz des Geschäftsberichtes auch nicht gefordert werden wird. Die Studienordnungen von Hochschulen sichern die Institutionalität der wissenschaftlichen Disziplinen im System der Gesellschaft und die Konformität mit Erwartungen hierarchisch höher gestellter Instanzen (z.B. Ministerien), auch wenn faktisch von ihnen erheblich abgewichen werden mag.

Das Theorem der organisationalen Doppelstrukturen ist später in differenzierter Form v.a. von Brunsson und Olsen (*Brunsson* 1989; *Brunsson/Olsen* 1998) aufgegriffen worden, die zwischen den nur lose miteinander gekoppelten Prozessen von „talk" (Darstellung), „decision" (Entscheidung) und „action" (faktisches Handeln) unterscheidet und damit noch eine dritte Strukturdimension einführt.

Wenn Organisationen hinsichtlich ihrer Strukturen von Vorgaben ihrer Umwelt abhängig sind, so liegen zumindest zwei Folgerungen nahe: (1) Die Strukturen einer Organisation sind nicht autonome organisationsspezifische „Erfindungen", sondern Kopien bereits existenter Strukturen anderer Organisationen. (2) In dem Maße, in dem dies zutrifft, werden Strukturen von Organisationen einander ähnlich. Damit verbundenen Fragen sind v.a. DiMaggio und Powell (*DiMaggio/Powell* 1983) nachgegangen. Sie sind der Auffassung, dass die Entwicklung der Organisationsform zwar historisch zunächst mit dem Argument der Effizienzsteigerung erklärbar sei, dass aber die heutigen Prozesse der Organisationsbildung bzw. der Wandlungen von Organisationsstrukturen nicht mehr einem Effizienzimperativ folgten, sondern einem Streben nach „*Isomorphie*", also nach struktureller Angleichung. Organisationen sind, so die Autoren, eingelagert in „organisationale Felder", in denen ein Druck zur Vereinheitlichung besteht. In diesen institutionalisieren sich im Laufe der Zeit bestimmte Formen und Praktiken, die Legitimitätsgeltung erhalten. Sie werden aus diesem Grunde übernommen und nicht, weil sie effizient sind. Die Autoren unterscheiden drei Varianten isomorphischer Anpassung:

– Das, was als gut und richtig gilt, kann rechtlich als Ergebnis der Entscheidungsprozesse politischer Institutionen kodifiziert worden sein. Insofern sich alle Organisationen dem Recht unterwerfen müssen, werden sich ihre diesbezüglichen Strukturen gleichen (man denke z.B. an das Arbeitsrecht, an Buchführungsnormen oder auch an das Eigentumsrecht); nach DiMaggio und Powell liegt in diesem Falle ein *zwangsweiser Isomorphismus* vor.
– Für Strukturen von Organisationen liegen darüber hinaus Normen in abgeschwächter Form vor, die professionalistisch begründet werden. Organisationsfachleute, Betriebswirtschaftslehre, Verwaltungs- und Arbeitswissenschaft formulieren und praktizieren Regeln „guten Organisierens", denen sich die einzelne Organisation nicht entziehen kann und meist auch nicht will. Die daraus folgende Gleichförmigkeit von Organisationen nennen die Autoren „*normativer Isomorphismus*".
– Schließlich definieren DiMaggio und Powell noch einen „*imitationalen Isomorphismus*", der in dem mehr oder weniger reflektierten Kopieren im organisationalen Feld etablierter Praktiken besteht.

Alle drei „Isomorphismen" zeigen Grenzen des individualistischen Rationalprinzips auf oder zumindest restriktive Bedingungen, unter denen auch rational intendierte Entscheidungen in Organisationen stehen. Sicher wäre es verfehlt, diese Prozesse absolut zu setzen, nicht nur, weil ebenso überzeugend gezeigt werden kann, in welcher Weise Strukturen Ergebnisse politischer Prozesse sind (→ *Mikropolitik*), sondern auch, weil dieses Konzept keine Antworten auf die Frage nach der Genese neuer Strukturmodelle gibt.

3. Gesellschaftstheoretischer Institutionalismus

Eine weitere Variante neoinstitutionalistischer Ansätze befasst sich mit Organisation als historisch besondere institutionelle Form in der modernen Gesellschaft. Damit wird zu Fragestellungen zurückgekehrt, wie sie insb. Max Weber hundert Jahre zuvor interessiert haben. Dessen Theorie der → *Bürokratie* war bereits als institutionalistische Kultursoziologie angelegt, welche die Genese der Form der modernen „rationalen" Organisation in die Rekonstruktion des Entwicklungsprozesses der abendländischen Moderne einbettete. Für ihn war Organisation („Bürokratie") die charakteristische und gesellschaftsprägende Institution moderner, „legal-rationaler" Herrschaft schlechthin. Im Neoinstitutionalismus der Gegenwart wird zwar diese kultur- und institutionengeschichtliche Einbettung von Organisation übernommen, dies allerdings unter weitgehendem Verzicht auf die Weber'sche Herrschaftsperspektive (Ausnahmen findet man u.a. bei *Perrow* 1991, S. 725 ff.; *Türk* 1995; *Bruch* 2000; *Türk/Lemke/Bruch* 2002).

Allerdings beklagt Zucker (*Zucker* 1983), dass bislang zu wenig Aufmerksamkeit auf die Macht von Organisationen gelenkt worden sei, ihre Umwelt zu verändern. Sie will deshalb Quellen organisationaler Macht untersuchen, die nicht in der Kontrolle über Ressourcen i.e.S. begründet liegen, sondern in der Kontrolle basaler institutioneller Strukturen und Prozesse. Organisationen werden dabei selbst als Institutionen betrachtet. Ihre Analyse befasst sich mit dem Übergang von verwandtschaftsbasierten zu organisationsbasierten Strukturen von Arbeit und sozialer Differenzierung. Zucker geht von der Leitthese aus, dass die Organisationsform sich im 19. und 20. Jh. in den USA nicht wegen ihrer produktiven Effizienz verbreitet hat, sondern weil sie eine institutionelle Geltung erlangen konnte, die sich durch korrespondierende Restrukturierungen der Gesellschaftsstruktur, insb. der Strukturen sozialer Differenzierung, verstärkte. Sie kann empirisch zeigen, dass und wie sich die Organisationsform in den USA etablierte, dass die Organisationsform selbst und spezielle Ausprägungen dieser häufig nur imitativ übernommen wurden, wie sich die Kategorien sozialer Differenzierung von verwandtschaftsbezogenen zu organisationsbezogenen wandelten, wie in der Alltagssprache sich organisationales Vokabular einnistete und welche Bedeutung den neuen korporativen Akteuren von den Tageszeitungen beigemessen wurde.

Der gegenwärtig elaborierteste Ansatz mit einer Vielzahl theoretischer und empirischer Forschungsarbeiten stammt von der Forschungsgruppe um John W. Meyer an der Stanford University (*Meyer* 1997; *Meyer/Boli/Thomas* 1994; kritisch auch *Schäfer* 2000, S. 355 ff.). In den 25 Jahren seit dem Aufsatz von Meyer und Rowan (*Meyer/Rowan* 1977) hat sich das Interesse der Gruppe v.a. auf die Analyse der Bedeutung des organisationalen Institutionensystems auf der globalen Weltebene gerichtet, das sich zunehmend vereinheitlicht (→ *Globalisierung*). Getreu ihrem ursprünglichen Konzept behaupten sie auch für die globalgesellschaftliche Ebene eine Doppelstruktur: Auf der institutionellen Ebene sind Homogenisierungstendenzen – vielfach als Modernitätsfassade – zu beobachten. Dies heißt aber gerade nicht, dass sich das materielle und (sonstige) kulturelle Leben automatisch mit angleiche. Sie erklären die Gleichförmigkeit mit der weltweiten Verbreitung der westlichen, universalistisch angelegten Kultur. Diese enthält als wesentlichen Bestandteil die gesellschaftliche Definition von individuellen bzw. korporativen Akteuren, „Rationalität" als ein Konzept der Zurechnung von Verhalten und Ergebnissen auf diese Akteure und eine Ideologie von Fortschritt und Wachstum.

In dem zusammen mit Jepperson verfassten Aufsatz (*Jepperson/Meyer* 1991, S. 204 ff.) wird diese ideologiekritische Pointierung institutionalistischer Theoriebildung noch einmal verstärkt, wenn formuliert wird, dass die weltweite Verbreitung von Organisationen zu verstehen sei als „manic outburst of rationality created under considerable competitive urgency and, for the same reason, unlikely to work as chartered." (*Jepperson/Meyer* 1991, S. 209). Organisationen sind deshalb nicht als technisch-funktionale Instrumente zur besseren Bewerkstelligung kollektiver Aufgaben zu verstehen, sondern als Manifestationen einer die Welt zunehmend umspannenden universalistisch-rationalistischen Weltanschauung. Auch werden die Bedeutung des modernen Staates und der sog. „Nicht-Regierungsorganisationen" für die Konstitution rationalistisch begründeter Institutionen hervorgehoben (vgl. insb. *Boli/Thomas* 1999).

Literatur

Boli, John/Thomas, George M.: Constructing World Culture. International Nongovernmental Organizations since 1875, Stanford CA 1999.
Bruch, Michael: Herrschaft in der modernen Gesellschaft: Zur Bedeutung des Organisationsverhältnisses in kritischen Theorien der Gesellschaft, Wiesbaden 2000.
Brunsson, Nils: The Organization of Hypocrisy. Talk, Decisions, and Actions in Organizations, Chichester 1989.
Brunsson, Nils/Olsen, Johan P. (Hrsg.): Organizing Organizations, Bergen-Sandviken 1998.
Brunsson, Nils/Olsen, Johan P.: The Reforming Organization, London 1993.
DiMaggio, Paul W./Powell, Walter W.: The iron cage revisited: Institutional isomorphism and collective rationality in organizational fields, in: ASR, Jg. 48, 1983, S. 147–160.
Jepperson, Ronald L./Meyer, John W.: The public order and the construction of formal organizations, in: The New Institutionalism in Organizational Analysis, hrsg. v. *Powell, Walter W./DiMaggio, Paul J.*, Chicago 1991, S. 204–231.
March, James G./Olsen, Johan P.: Rediscovering Institutions: The Organizational Basis of Politics, New York NY 1989.
Meyer, John W.: World society and the Nation-State, in: ASR, Jg. 103, 1997, S. 144–181.
Meyer, John W./Boli, John/Thomas, George M.: Ontology and rationalization in the Western cultural account, in: Institutional Environments and Organizations: Structural Complexity and

Individualism, hrsg. v. *Scott, W. Richard/Meyer, John W.*, Thousand Oaks CA 1994, S. 9–27.
Meyer, John W./Rowan, Brian: Institutional organizations: Formal structure as myth and ceremony, in: AJS, Jg. 83, 1977, S. 340–363.
Meyer, John W./Scott, W. Richard/Deal, Terrence E.: Institutional and technical sources of organizational structure. Explaining the structure of educational organizations, in: Organizational Environments: Ritual and Rationality, hrsg. v. *Meyer, John W./Scott, W. Richard*, 2. A., Newbury Park 1992, S. 45–67.
Mill, John Stuart: Betrachtungen über die repräsentative Demokratie, Paderborn 1971.
Parsons, Talcott: Suggestions for a sociological approach to the theory of Organisations – Teil 1, in: ASQ, Jg. 1, 1956/57a, S. 65–85.
Parsons, Talcott: Suggestions for a sociological approach to the theory of Organisations – Teil 2, in: ASQ, Jg. 1, 1956/57b, S. 225–239.
Perrow, Charles: A society of organizations, in: Theory and Society, Jg. 20, 1991, S. 725–762.
Powell, Walter W./DiMaggio, Paul J. (Hrsg.): The New Institutionalism in Organizational Analysis, Chicago 1991.
Schäfer, Monika: Globalisierung als Herrschaft, in: SW, Jg. 51, 2000, S. 355–376.
Scott, W. Richard: Institutions and Organizations, Thousand Oaks CA 1995.
Scott, W. Richard: The adolescence of institutional theory, in: ASQ, Jg. 32, 1987, S. 493–511.
Scott, W. Richard/Meyer, John W. (Hrsg.): Institutional Environments and Organizations: Structural Complexity and Individualism, Thousand Oaks CA 1994.
Selznick, Philip: TVA and the Grass Roots, Berkeley CA 1949.
Tolbert, Pamela S./Zucker, Lynne G.: The institutionalization of institutional theory, in: Handbook of Organization Studies, hrsg. v. *Clegg, Stewart R./Hardy, Cynthia/Nord, Walter R.*, Thousand Oaks CA 1996, S. 175–190.
Türk, Klaus: Organisation als Institution der kapitalistischen Gesellschaftsformation, in: Theorien der Organisation. Rückkehr der Gesellschaft, hrsg. v. *Ortmann, Günther/Sydow, Jörg/Türk, Klaus*, 2. A., Wiesbaden 2000, S. 124–176.
Türk, Klaus: „Die Organisation der Welt". Herrschaft durch Organisation in der modernen Gesellschaft, Opladen 1995.
Türk, Klaus/Lemke, Thomas/Bruch, Michael (Hrsg.): Organisation in der modernen Gesellschaft. Eine historische Einführung, Wiesbaden 2002.
Walgenbach, Peter: Institutionalistische Ansätze in der Organisationstheorie, in: Organisationstheorien, hrsg. v. *Kieser, Alfred*, 4. A., Stuttgart et al. 2001, S. 319–353.
Zucker, Lynne G.: Organizations as Institutions, in: Research in the Sociology of Organizations, hrsg. v. *Bacharach, S.*, Greenwich CT 1983, S. 1–42.
Zucker, Lynne G. (Hrsg.): Institutional Patterns and Organizations. Culture and Environment, Cambridge MA 1988.

Netzwerke

Udo Staber

[s.a.: Allianz, strategische; Kompetenzen, organisationale; Modulare Organisationsformen; Organisationsgrenzen; Unternehmenskooperation.]

I. Interorganisationale Netzwerke; II. Determinanten des Erfolgs regionaler Netzwerke; III. Kritische Würdigung.

Zusammenfassung

Netzwerke stellen eine Form organisationsübergreifender Zusammenarbeit dar, die eine größere Zahl interagierender rechtlich selbstständiger Organisationen einschließt. Es werden verschiedene Typen von Netzwerken unterschieden, z.B. strategische und regionale. Das besondere Interesse gilt regionalen Netzwerken von spezialisierten, zumeist kleinen und mittleren Unternehmen, die mit Blick auf ihre Innovations- und Lernpotenziale vorgestellt werden. Erfolgsfaktoren regionaler Netzwerke sind: Flexible Spezialisierung, soziale Einbettung und eine unterstützende institutionelle kollektive Ordnung. Als empirische Beispiele für die Aussagen dienen die Erfahrungen der Industriedistrikte im nördlichen Italien.

I. Interorganisationale Netzwerke

Wenn heute von neuen Leitbildern für Organisation und Unternehmensführung gesprochen wird, dann ist auch von besonderen Herausforderungen für Beziehungen zwischen Organisationen die Rede. Formen organisationsübergreifender Zusammenarbeit können auf bilaterale Beziehungen beschränkt sein. Sie können aber auch eine größere Anzahl interagierender Organisationen mit einschließen. In diesem Fall wird von einem interorganisationalen Netzwerk gesprochen, das sich durch eine mehr oder weniger kooperative, formalisierte und stabile *Arbeitsteilung* und Zusammenarbeit rechtlich selbstständiger Organisationen auszeichnet.

In der Literatur finden sich je nach Tätigkeit und Gestaltung (→ *Organisatorische Gestaltung (Organization Design)*) unterschiedliche Bezeichnungen für interorganisationale Netzwerke, wie strategische Netzwerke, Wertschöpfungsnetzwerke, Innovationsnetzwerke, virtuelle Netzwerke und *industrielle Distrikte* (Grabher 1993). Es gibt auch eine Vielzahl unterschiedlicher Kriterien, die zur Typologisierung der verschiedenen Formen interorganisationaler Netzwerkbeziehungen herangezogen werden. Dazu gehören z.B. die Art der Interdependenz (komplementär oder kommensalistisch), die Richtung der Beziehungen (horizontal oder vertikal), die Intensität der Beziehung (direkter oder indirekter Austausch) und die räumliche Verteilung der vernetzten Organisationen (regional, international oder global) (*Langlois/Robertson* 1995).

Ein gesteigertes Interesse ist in letzter Zeit besonders an der Entstehung und Weiterentwicklung von interorganisationalen Netzwerken, in denen sich hauptsächlich kleine und mittlere und auf wenige Produktionsschritte spezialisierte Unternehmen kooperativ zusammenfinden, festzustellen. Hierbei handelt es sich oft um räumlich konzentrierte Unternehmensnetzwerke, die bzgl. ihrer Innovations- und Lernpotenziale eine wesentliche Grundlage regionaler Leistungsfähigkeit bilden und auch kleinen und mittleren Unternehmen die Möglichkeit geben, sich im globalen Wettbewerb mit Produzenten in Niedrigkostenländern zu behaupten. Der vorliegende Beitrag soll einen Überblick über die Grundaussagen in der Literatur zu regionalen Netzwerken bieten. Als empirische Beispiele für die Aussagen dienen die Erfahrungen der Industriedistrikte im nördlichen Italien, dem sog. „Dritten Italien".

1. Das regionale Unternehmensnetzwerk als Typus interorganisationaler Netzwerke

Ein wesentliches Merkmal regionaler Unternehmensnetzwerke ist das gemeinsame *soziale Milieu*, in das die Unternehmen, ihre Mitarbeiter und die lokalen institutionellen Organisationen eingebunden sind (*Maillat* 1995). Dieses Milieu zeigt sich in einem gemeinsamen Verständnis von Kooperation, Kommunikation und Konfliktlösung und in dem intensiven Austausch von materiellen Ressourcen, Informationen und insb. *nicht standardisierbarem Wissen* (→ *Wissen*). Man spricht von solchen Netzwerken als „socio-territorial entity which is characterised by the active presence of both a community of people and a population of firms in one naturally and historically bounded area" (*Becattini* 1990, S. 38). Demnach ist das Zusammenfließen von Unternehmen und Gesellschaft in der *Region* für die Leistungsfähigkeit der Netzwerke von herausragender Bedeutung.

Die kooperative Zusammenarbeit zwischen den Unternehmen (→ *Unternehmenskooperation*) erstreckt sich nicht auf alle Bereiche. Tatsächlich besteht ein ausgeprägter Wettbewerb unter den Firmen, der jedoch weniger über den Preis von Gütern und Dienstleistungen als über die Differenzierung des Outputs und der Produktionsprozesse verläuft (*Lazerson* 1988). Der Wettbewerb beschränkt sich hauptsächlich auf die Bereiche, in denen Unternehmen eine eigene und *distinkte Kompetenz* (→ *Kompetenzen, organisationale*) entwickeln können und in denen idiosynkratisches Wissen eine wichtige Rolle spielt (z.B. in den Bereichen Design, Forschung und Prototypentwicklung). Kooperative Austauschbeziehungen beschränken sich mehr auf Aktivitäten mit einem hohen Standardisierungsgrad (z.B. Buchhaltung und Mitarbeiterausbildung in den Grundfähigkeiten) und Bereiche, in denen Skalenerträge sich über die Grenzen der Unternehmen (→ *Organisationsgrenzen*) hinweg erstrecken (z.B. Einkauf und Teilnahme an Industriemessen). Die vermeintlichen Inkompatibilitäten von Kooperation und Wettbewerb lösen sich in einer gemeinsamen Netzwerkstrategie auf, in der eine für alle Beteiligten optimale Mischung der beiden Kräfte angestrebt wird und so die *Transaktionskosten* innerhalb des Netzwerkes (anstatt innerhalb der Unternehmen) reduziert werden.

2. Beispiele regionaler Netzwerke

Beispiele für innovative Regionen mit intensiven, soziokulturell verankerten und institutionell stabilisierten Organisations- und Kommunikationsnetzwerken sind die hochtechnologieorientierten Distrikte in Kalifornien im Bereich Halbleiterfertigung und Biotechnologie und das medizintechnische Cluster im baden-württembergischen Tuttlingen, die Pariser Modeindustrie, die Finanzdienstleistungsdistrikte in London und New York, die Multimedia- und Kulturdistrikte in Südkalifornien und die größere Anzahl von Industriedistrikten in Norditalien in Bereichen wie Schuhwaren, Textil und Keramik. Diese Beispiele zeigen, wie unterschiedlich die wirtschaftlichen Bereiche sind, in denen regionale Netzwerke sich neben anderen Formen der Produktion und des Austauschs behaupten und sogar prosperieren können. In einigen dieser Netzwerke steht die Entwicklung fortgeschrittener Technologien im Vordergrund, in anderen geht es um die Bereitstellung innovativer Dienstleistungen oder um die Entwicklung modischer und kurzlebiger Produkte. Auch traditionelle und gereifte Branchen können erfolgreich über regionale Netzwerke organisiert sein, wie z.B. die Möbel- und Nahrungsmittelproduktion in einigen Teilen Dänemarks (*Maskell* 1998).

Ein Beispiel für ein produktspezialisiertes, regionales Netzwerk ist der *Strickwarendistrikt von Modena*, Italien (*Lazerson* 1995). Der *Modena-Distrikt* gehört zu den Regionen Italiens, in denen traditionelle Handwerkstrukturen eine bedeutende Rolle spielen und die ansässigen mittelständischen Unternehmen sich auf die Herstellung qualitativ hochwertiger Produkte spezialisieren. Die Unternehmen sind im Durchschnitt sehr klein und werden als *Familienbetriebe* geführt. Von den etwa 2500 Strickwarenherstellern Mitte der 1990er Jahre beschäftigten 70 Prozent weniger als fünf Arbeiter (mithelfende Familienmitglieder mitgerechnet). Weniger als ein Drittel der Hersteller produzieren ein Endprodukt und nur etwa fünf Prozent dieser Firmen stellen eine mehr oder weniger komplette Palette an Bekleidungsstücken her. Die meisten der Unternehmen sind reine Zulieferer, die im Auftrag anderer Firmen bestimmte Produktionsaufgaben übernehmen, oder Firmen, die ein Endprodukt vermarkten, sich auf Design konzentrieren oder den Produktionsablauf innerhalb der *Wertschöpfungskette* koordinieren. Die Hersteller beschränken sich in der Regel auf wenige Verarbeitungsschritte, wie z.B. das Bedrucken oder Besticken von Stoffen, die Herstellung von Knöpfen oder das Anbringen von Etiketten.

Diese ausgeprägte, *unternehmensübergreifende Arbeitsteilung* erfordert ein ausgeklügeltes und anpassungsfähiges Koordinationssystem. Hilfreich dabei ist die räumliche Nähe der Unternehmen. Sie erleichtert den Warenverkehr sowie den Austausch von Informationen, insb. den Austausch von nur schwer artikulierbarem → *Wissen*. Doch sie garantiert nicht die für Innovationen nötige soziale Nähe. Diese nährt sich aus einer historisch gewachsenen Kooperationskultur und wird durch vertrauensfördernde, institutionelle Maßnahmen und Organisationen unterstützt.

II. Determinanten des Erfolgs regionaler Netzwerke

1. Flexible Spezialisierung

Typisch für die in zahlreichen Fallstudien untersuchten erfolgreichen Netzwerke ist der hohe *Spezialisierungsgrad* der Unternehmen und die dadurch erforderliche hohe Verflechtung der Akteure sowohl auf personaler wie organisationaler Ebene (→ *Personelle Verflechtungen*). Unter den Bedingungen wechselhafter Nachfrage und stark segmentierter Märkte können sich kleine Unternehmen einen komparativen Vorteil erarbeiten, indem sie sich innerhalb der Wertschöpfungskette auf bestimmte produkt- und/oder prozessbezogene Kompetenzen beschränken. Spezialisierte Unternehmen können so schneller auf unvorhergesehene Marktschwankungen reagieren als integrierte Massenhersteller, die eine ihrer Größe entsprechende rigide, bürokratische Kontrollstruktur benötigen (→ *Flexibilität, organisatorische*). Der Sinn für Fokus, unterstützt durch den Einsatz *flexibler Technologien*, bedeutet niedrigere Overheadkosten, schlanke Organisationsstrukturen und schnelle Entscheidungsprozesse. Außerdem schafft die Spezialisierung der lokalen Unternehmen in unterschiedlichen Kompetenzen eine für Innovationen förderliche Diversität, wie sie in evolutionstheoretischen Studien (→ *Evolutionstheoretischer Ansatz*) gewöhnlich betont wird (*Staber* 2001a). In dem Maße, wie die spezialisierten Kompetenzen der Unternehmen in einem interorganisationalen Verflechtungsnetzwerk aufeinander abgestimmt sind, wird die Flexibilität der gesamten Wertschöpfungskette in der Region erhöht.

Die wirtschaftlichen Vorteile der flexiblen Spezialisierung werden gewöhnlich im Rahmen der neuen Institutionenökonomik thematisiert. Aus der Sicht der Williamson'schen → *Transaktionskostentheorie* löst flexible Spezialisierung das Problem der Anpassung von Unternehmen in Märkten mit hoher Nachfrageunsicherheit und *Aufgabenkomplexität* (*Williamson* 1985). So ist es nicht überraschend, dass regionale Netzwerke mit einem hohen Spezialisierungsgrad besonders in Industrien entstehen, die in Nischenmärkten mit starken Nachfrageschwankungen und unter hohem *Innovationsdruck* operieren (z.B. Elektronik, Kultur/Unterhaltung und Modekleidung). Mit Blick auf die durch Steuerung anfallenden *Transaktionskosten* bedeutet dies, dass die Probleme der Koordination von der Ebene der Einzelunternehmung auf die des Netzwerkes verlagert werden und somit ein wirksames, interorganisationales Steuerungsinstrument erfordern. Aus transaktionskostentheoretischer Sicht bieten Netzwerke eine effiziente Organisationsform, die unter Bedingungen hoher Nachfrageunsicherheit, Aufgabenkomplexität und Innovationsdruck alternativen Formen des Austauschs überlegen ist. Doch ein hoher Spezialisierungsgrad führt zu Abhängigkeiten von Netzwerkpartnern, die wegen der damit einhergehenden Unsicherheiten Abstimmungsprozesse und intensiven Informationsaustausch notwendig machen und hohe Anforderungen an die organisatorische Leitung des Netzwerkes stellen.

2. Soziale Einbettung und Vertrauen

Räumliche Nähe erleichtert den Austausch von Informationen und Ressourcen insofern, als sie die entfernungsabhängigen Kosten reduziert und direkten, persönlichen Austausch unter Personen ermöglicht. Sie bedeutet jedoch nicht unbedingt eine für effizienten Austausch notwendige soziale Nähe und das damit zusammenhängende Sichverstehen. Netzwerkorientierte Aktivitäten, wie z.B. die Auswahl geeigneter Partner und die Bewertung der Ergebnisse, erfordern ein gewisses Maß an → *Vertrauen* unter den beteiligten Akteuren, d.h. die Bereitschaft, Vorleistungen ohne die Gewissheit des Erhalts von Gegenleistungen zu erbringen.

Fallstudien zeigen, wie eine effektive Steuerung regionaler Netzwerke durch die Einbettung der beteiligten Akteure in lokale soziale Strukturen, die einen gewissen Zusammenhalt der unter Wettbewerbsdruck stehenden Hersteller ermöglichen, unterstützt wird. Diese soziale Einbettung wird von vielen Forschern als eine zentrale Ursache für das Entstehen und die Stabilität regionaler Netzwerke gesehen (*Lorenzen* 1998). Es lassen sich drei Dimensionen der *sozialen Einbettung* unterscheiden: eine strukturelle, eine relationale und eine kognitive Dimension.

Die *strukturelle Dimension* beinhaltet das personenunabhängige Gefüge der Netzwerkverbindungen. Sie umfasst damit bspw. das Vorhandensein oder Fehlen von Verbindungen zwischen einzelnen Akteuren, die Konfiguration eines Netzwerkes oder das Beziehungsportfolio eines Akteurs. In der Literatur sind es insb. die Heterogenität des Netzwerkes sowie die

Multiplexität spezifischer Netzwerkbeziehungen, die als erfolgskritisch gesehen werden. Die *Rollenüberlagerung* in *multiplexen Beziehungen* erhöht das Ausmaß und die Unterschiedlichkeit an Ressourcen, die Akteuren zur Verfügung stehen, und somit die Lern- und Innovationsfähigkeit (→ *Lernen, organisationales*) des Netzwerkes. In den industriellen Distrikten des „Dritten Italiens" kommen diese strukturellen Aspekte der Netzwerke durch Familienverbünde zustande. In anderen Distrikten ist es eher eine hohe berufliche Mobilität von Mitarbeitern, die die Unternehmen miteinander verbindet und das Vertrauen stärkt.

Die *relationale Dimension* der sozialen Einbettung beschreibt die Eigenschaften einer spezifischen Beziehung, auf deren Basis die Beziehung funktioniert. In diesem Zusammenhang sind bspw. gemeinsam geteilte Normen und Verpflichtungen zwischen Akteuren von Bedeutung. Sie stellen Orientierungshilfen für Handlungsentwürfe dar, die das Verhalten der Akteure koordinieren und einschätzbar machen helfen. In Netzwerken zeigt sich die relationale Dimension in der Art, wie soziale Kontrollmechanismen zur Verhinderung von Vertrauensmissbrauch durch betrügerische Handlungen einzelner Personen eingesetzt werden.

Die *kognitive Dimension* der sozialen Einbettung stellt einen bedeutenden Aspekt des sozialen Zusammenhalts eines Netzwerkes dar, da sie Akteuren eine wechselseitige Interpretation ihrer Handlungsabsichten und Deutung von Ereignissen ermöglicht. Die interpretativen Schemata können als Filter verstanden werden, durch die Informationen aufgenommen und anschließend verarbeitet werden. In der Folge entsteht eine spezifische Ressource, die ein gemeinsames Verständnis *kollektiver Ziele* sowie ein gemeinschaftliches Handeln überhaupt erst möglich macht. So sind z.B. die Regionen des „Dritten Italiens" durch ein historisch tief verwurzeltes Gemeinschaftsgefühl gekennzeichnet, das zur Reduzierung der Transaktionskosten beiträgt.

3. Institutionelle Ordnung

Auf Grund des wirtschaftlichen Wettbewerbdrucks von außen sind die Mechanismen *sozialer Kontrolle* und gemeinsam geteilter Deutungsmuster oft nicht ausreichend, um Auflösungsgefahren der Netzwerke entgegenzuwirken. Auch die erfolgreichen industriellen Distrikte in Italien unterliegen einem Strukturwandel, der durch Importe aus Niedrigkostenländern, *Produktionsverlagerungen* ins Ausland und dem Eindringen von Großunternehmen von außen über Allianzen und Firmenaufkäufe angetrieben wird. Diese Entwicklungen stellen eine Herausforderung für die Stabilität eines historisch gewachsenen Netzwerkes dar, die durch eine ergänzende institutionelle Ordnung aufgefangen werden sollen.

In dem Maße, wie die Unternehmen der Region *funktional spezialisiert* sind, sind Netzwerke für ihre Funktionalität und Leistungsfähigkeit auf branchenbezogene, nicht zuletzt aber auch auf gesellschaftsweite Institutionen angewiesen. Institutionen wie Forschungslabors, Schulungseinrichtungen, Beratungszentren und Finanzeinrichtungen sollen, im Zusammenspiel mit den Unternehmen der Region, für die notwendigen Ressourcen sorgen. Durch die Vernetzung der Institutionen sollen kollektiv nutzbare Leistungen wie Kontakte zu Finanzgebern, Vermittlung von qualifiziertem Personal und Teilnahme an gemeinsamen Messeveranstaltungen bereitgestellt werden (*Storper* 1997). Institutionen sollen auch der Sicherung einer kollektiven Ordnung dienen, die unternehmensübergreifende Lernprozesse, schnellen Wissenstransfer und gemeinsame Problemlösungen unterstützt (*Lawson/Lorenz* 1999).

Amin und Thrift (*Amin/Thrift* 1994) sprechen in diesem Zusammenhang von einer für die kollektive Ordnung notwendigen „*institutionellen Dichte*". Dabei geht es nicht ausschließlich um die einfache Präsenz formaler institutioneller Einrichtungen, die kollektiv nutzbare Leistungen bieten. Ebenso entscheidend sind die institutionellen Prozesse und Mechanismen, mit denen Erwartungen gefestigt, Informationen ausgetauscht und die Netzwerkakteure zu gemeinsamem Handeln ermutigt werden. Als Ergebnis institutioneller Dichte bilden sich kollektive Strukturen heraus, die die Organisation unterschiedlicher Interessen erleichtern und gleichzeitig *opportunistisches Handeln* einzudämmen helfen.

Erleichtert wird die Koordination im Netzwerk dadurch, dass die Institutionen den *sozialen Konsens* fördern und die Verbreitung von Ideen beschleunigen. Mit dem Bezug auf sozialen Konsens ist jedoch nicht gesagt, dass Interessenunterschieden und Machtdifferenzen keine Bedeutung zukommt. Im Gegenteil: Ebenso wie die Entstehung und Koordination von Netzwerken ist auch die Entwicklung der institutionellen Ordnung, nicht zuletzt auf Grund asymmetrisch verteilter Ressourcen, ein machtdurchtränkter Prozess, der den sozialen Konsens grundsätzlich in Frage stellt. Insofern ist die oben beschriebene soziale Einbettung der Netzwerkakteure auch für die Stabilität der institutionellen kollektiven Ordnung von Bedeutung.

III. Kritische Würdigung

Ob die interorganisationalen Netzwerke, wie oben beschrieben, historische Einzelfälle sind oder Prototypen für eine effektive Unternehmens- und Industriepolitik darstellen, ist in der Literatur heftig umstritten. Zum einen ist die empirische Validität einer sog. regionalen Netzwerktheorie auch nach zwei Dekaden intensiver Forschung noch offen (*Staber*

2001b). Die meisten Untersuchungen befassen sich jeweils nur mit einzelnen Facetten der Gesamtproblematik, basieren auf nicht repräsentativen Erhebungen einzelner Fälle und arbeiten selten mit multivariaten statistischen Verfahren. Die bestehenden Datensätze reichen nicht aus, um die Allgemeingültigkeit eines generischen Netzwerkmodells zu bestätigen und entsprechende Handlungsempfehlungen für erfolgversprechende → *Unternehmensstrategien* abzuleiten. Auf Grund der Hinzunahme unterschiedlicher theoretischer Ansätze, die fast die gesamte Bandbreite von wirtschaftswissenschaftlichen bis gesellschaftswissenschaftlichen Bereichen abdecken, ist es ebenso schwierig, vom Idealtypus abweichende Forschungsergebnisse zusammenfassend zu bewerten. Und ohne gesichertes Wissen über die Kontextbedingungen, unter denen die Hauptaussagen Gültigkeit besitzen, ist es schwierig, die in einzelnen Netzwerken gesammelten Erfahrungen auf andere Netzwerke problemlos zu übertragen.

Zum anderen gibt auch die *interne Komplexität* eines regional eingebetteten Netzwerkes Anlass zu einer vorsichtigen Interpretation der theoretischen Aussagen. Die hohe Anzahl an interagierenden und schwer messbaren Variablen, wie Qualität des Informationsflusses und gegenseitiges Vertrauen, führt zu einem komplexen Modell mit oft „sowohl-als-auch"-Aussagen. So sind z.B. die oben beschriebenen Vorteile der sozialen Einbettung keineswegs so eindeutig, dass sie nicht auch Risiken bergen können. Beispielsweise können zu großes Vertrauen und zu enge soziale Beziehungen zu Blockierungen möglicher Innovationen führen, wenn sie die Akteure dazu verleiten, neue Anforderungen, kritische Bewertungen und Warnsignale zu verdrängen. Innovationsfreudige Netzwerkkulturen erfordern offene Strukturen, die auch Möglichkeiten zum Infragestellen und Experimentieren bieten und die so negative Folgen von Pfadabhängigkeiten (→ *Routinen und Pfadabhängigkeit*) in Entwicklungsprozessen mindern helfen.

Trotz dieser Ambiguitäten liefern regional konzentrierte interorganisationale Netzwerke einen ernst zu nehmenden Beitrag zum Repertoire möglicher Strategien der Unternehmensführung (→ *Unternehmensführung (Management)*) sowie *regionaler Wirtschaftspolitik*. Netzwerke können von kleinen und mittleren Unternehmen dazu genutzt werden, eigene Schwächen in ihrer Ressourcenausstattung auszugleichen und mit Blick auf *Verbundvorteile* und *Kostensynergieeffekte* ähnlich effektiv wie ein integriertes Großunternehmen zu handeln. Für Großunternehmen erweitern interorganisationale Netzwerke die Möglichkeiten zur räumlichen Aufgliederung von Unternehmensfunktionen, erhöhen die Flexibilität der *Standortwahl* und schaffen Zugang zu standortspezifischen Ressourcen. Gleichzeitig benötigen regional konzentrierte Netzwerke Verbindungen mit globalen Netzwerken, um Innovationsimpulse von außen aufnehmen zu können, auch auf die Gefahr hin, dass regionenexterne Verflechtungen den inneren Zusammenhalt des Netzwerkes aushöhlen. Bereits theoretisch wird auf Grund der komplexen Zusammenhänge deutlich, dass die verschiedenen Formen interorganisationaler Netzwerke empirisch oft nur schwer zu trennen sind. Regional konzentrierte Netzwerke haben auch internationale Momente und tragen zur Wertschöpfung eines gesamten Produktionssystems bei. Diejenigen Netzwerke werden im internationalen Innovationswettbewerb am erfolgreichsten sein, die die für sie unter den jeweiligen lokalen und institutionellen Bedingungen passende Kombination von Wettbewerb und Kooperation gefunden haben.

Literatur

Amin, Ash/Thrift, Nigel: Living in the global, in: Globalization, Institutions and Regional Development in Europe, hrsg. v. *Amin, Ash/Thrift, Nigel*, Oxford 1994, S. 1–22.

Becattini, Giacomo: The Marshallian industrial district as a socio-economic notion, in: Industrial districts and interfirm cooperation in Italy, hrsg. v. *Pyke, Frank/Becattini, Giacomo/Sengenberger, Werner*, Geneva 1990, S. 37–51.

Grabher, Gernot: The embedded firm: On the socioeconomics of industrial networks, London 1993.

Langlois, Richard/Robertson, Paul: Firms, markets and economic change, London 1995.

Lawson, Clive/Lorenz, Edward: Collective learning, tacit knowledge and regional innovative capacity, in: Regional Studies, Jg. 33, 1999, S. 305–317.

Lazerson, Mark: A new phoenix? Modern putting-out in the Modena knitwear district, in: ASQ, Jg. 40, 1995, S. 34–59.

Lazerson, Mark: Organizational growth of small firms: An outcome of markets and hierarchies?, in: ASR, Jg. 53, 1988, S. 330–342.

Lorenzen, Mark: Specialisation and localised learning, Copenhagen 1998.

Maillat, Denis: Territorial dynamic, innovative milieus and regional policy, in: Entrepreneurship and Regional Development, Jg. 7, 1995, S. 157–165.

Maskell, Peter: Learning in the village economy of Denmark, in: Regional innovation systems, hrsg. v. *Braczyk, Hans-Joachim/Cooke, Philip/Heidenreich, Martin*, London 1998, S. 190–213.

Staber, Udo: Spatial proximity and firm survival in a declining industrial district: The case of knitwear firms in Baden-Württemberg, in: Regional Studies, Jg. 35, 2001a, S. 329–341.

Staber, Udo: The structure of networks in industrial districts, in: International Journal of Urban and Regional Research, Jg. 25, 2001b, S. 537–552.

Storper, Michael: The regional world, New York 1997.

Williamson, Oliver E.: The economic institutions of capitalism, New York 1985.

New Public Management

Dietrich Budäus

[s.a.: Benchmarking; Budgetierung; Bürokratie; Controlling; Corporate Governance (Unternehmensverfassung); Delegation (Zentralisation und Dezentralisation); Globalisierung; Informationstechnologie und Organisation; Prinzipal-Agenten-Ansatz; Prozessorganisation; Rechnungswesen und Organisation; Ressourcenbasierter Ansatz; Transaktionskostentheorie; Verfügungsrechtstheorie (Property Rights-Theorie).]

I. New Public Management als weltweite Reformbewegung von Staat und Verwaltungen; II. Charakteristische Merkmale von NPM; III. Problemfelder und Entwicklungsperspektiven.

Zusammenfassung

New Public Management steht für eine weltweite Bewegung zur Reform von Staat und Verwaltungen, die in Deutschland weitgehend durch den Begriff „Neues Steuerungsmodell" abgedeckt wird. Diese Reformentwicklung umfasst vier interdependente Felder: Neues Funktions- und Rollenverständnis von Staat und Verwaltungen, externe Strukturreform, Binnenmodernisierung und Demokratie- und Bürgerorientierung. Prägend für die Zukunft werden neue Kooperationsformen, E-Government und eine Weiterentwicklung der integrierten Verbundrechnung zu einem öffentlichen Informationssystem sein.

I. New Public Management als weltweite Reformbewegung von Staat und Verwaltungen

New Public Management (NPM) prägt seit gut 20 Jahren die Diskussion in den Industrie-Staaten und zunehmend auch in den Entwicklungsländern. In Deutschland steht hierfür weitgehend synonym der Begriff *„Neues Steuerungsmodell"*. Der Begriff NPM stellt eine inhaltliche und programmatische Abgrenzung zum klassischen Begriff *„Public Administration"* dar und geht auf Hood (*Hood* 1991, S. 3 ff.) zurück. Gegenstand von NPM ist die Ablösung einer struktur- und normengeprägten Steuerung.

Im Gegensatz zum klassischen *Bürokratiemodell* (→ *Bürokratie*) ist NPM kein in sich geschlossenes Konzept. Vielmehr ist NPM eine weltweite Bewegung, die auf eine Umgestaltung von Staat und Verwaltungen mit ihren einzelnen Einheiten abzielt.

Auslöser dieses Reformprozesses waren die Dysfunktionalitäten bürokratischer Grundstrukturen bei zunehmend komplexer werdenden dynamischen Umfeldentwicklungen sowie die anhaltenden Finanzkrisen von Industriestaaten und ihren Gebietskörperschaften. Theoretische Bezüge sind die → *Institutionenökonomie* und hier insbesondere die → *Transaktionskostentheorie* sowie der → *Prinzipal-Agenten-Ansatz* (*Reichard* 2002, S. 585 ff.; *Budäus/Finger* 1999, S. 313 ff.; *Naschold* et al. 1996), neben Bezügen zum → *Kontingenzansatz* aus der Organisationsforschung (*Lüder* 1992, S. 99 ff.).

II. Charakteristische Merkmale von NPM

Auch wenn NPM „nur" als eine Reformbewegung bezeichnet werden kann, so lassen sich die charakterisierenden Merkmale in vier interdependente Reformsegmente des NPM unterscheiden (diese finden sich in unterschiedlicher Ausprägung etwa bei *Budäus/Finger* 1999, S. 313 ff.; *Kickert* 1997, S. 17 ff.; *Naschold/Bogumil* 1998; *Schedler/Proeller* 2000):

- Gewandeltes Funktions- und Rollenverständnis von Staat und Verwaltungen
- Externe Strukturreform
- *Binnenmodernisierung*
- Demokratie- und *Bürgerorientierung*.

Bei der Diskussion und praktischen Ausgestaltung des gewandelten Funktions- und Rollenverständnisses von Staat und Verwaltungen ist zu unterscheiden zwischen politisch programmatischen Ansätzen – so zur Zeit vor allem *„schlanker Staat"* und *„aktivierender Staat"* (*Lamping* et al. 2002) – und den sich in der Praxis konkret abzeichnenden Gestaltungs- und Organisationsprinzipien. Bei letzterem spielt der Wandel vom produzierenden zum gewährleistenden Staat die entscheidende Rolle. Staat und Verwaltungen ziehen sich auf Kernaufgaben und damit aus unmittelbaren Produktionsprozessen zurück. Unabhängig von der Zuordnung einer bestimmten Aufgabe zu einem konkreten Aufgabenträger tendieren Staat und Verwaltungen nur noch dazu, zu gewährleisten, dass bisher öffentlich durchgeführte Aufgaben wahrgenommen werden. Hiermit verbunden ist der sich für die Zukunft abzeichnende Umbau von Staat und Verwaltungen zu einer schwerpunktmäßigen Beschränkung auf staatliche Agenturen und Kontrollbehörden. Hierbei geht es primär um die Schaffung von Märkten und die Gewährleistung von deren Funktionsfähigkeit. *Gewährleistungsstaat* und agenturtheoretische Konzeption hängen wieder eng mit *Privatisierung* und *Deregulierung* zusammen. Zur Handhabung der Ressourcenallokation durch Staat und Verwaltungen wird zunehmend auf Marktmechanismen innerhalb des öffentlichen Sektors sowie zwischen öffentlichem und privatwirtschaftlichem Sektor zurückgegriffen. Es geht aber nicht nur um Marktorientierung und Wettbewerb, sondern als gleichwertiges Instrument auch um Kooperation. Die Diskussion konzentriert sich hierbei bisher über-

```
┌─────────────────────────────────────────────────────────────────┐
│                   Gewandeltes Rollen- und                        │
│                   Funktionsverständnis von                       │
│                    Staat und Verwaltung                          │
│                                                                  │
│         ⬇                                        ⬇              │
│                   • Schlanker Staat                              │
│                   • Aktivierender Staat                          │
│                   • Gewährleistungsstaat                         │
│                   • Marktorientierung                            │
│     Externe         und Ökonomisierung          Binnen-          │
│  Strukturreform   • Aufgabenabbau/          modernisierung       │
│                     Privatisierung/Deregulierung                 │
│  • Wettbewerb     • Innovative Kooperations-   • Verfahren       │
│  • Nutzerbezogene   formen (PPP)               • Strukturen      │
│    Finanzierung   • ...                        • Personales      │
│  • Wahlmöglichkeiten                             Verhalten       │
│    der Nutzer      ⬅ Interdependenzen ➡                         │
│            ↘                               ↙                    │
│              Bürgerorientierung /Zivilgesellschaft               │
└─────────────────────────────────────────────────────────────────┘
```

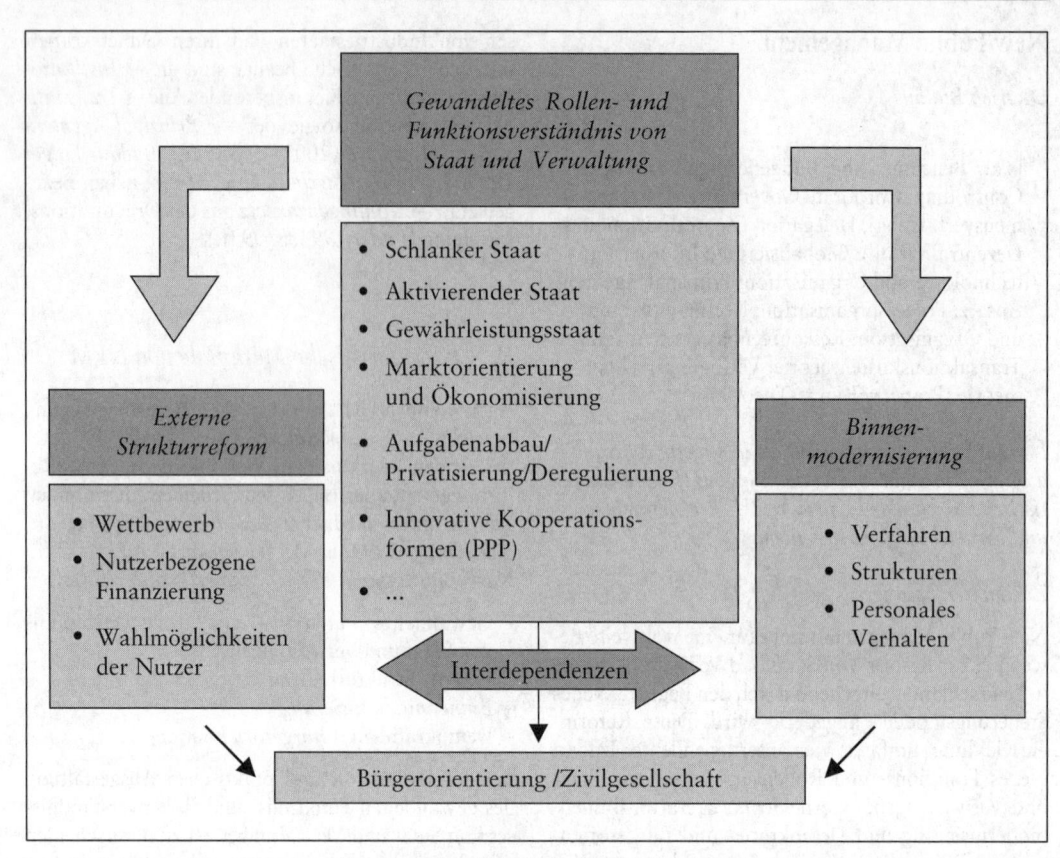

Abb. 1: Felder des New Public Management

wiegend auf die Aufhebung der klassischen ordnungspolitisch geprägten Dichotomie von Staat und Markt. Im Mittelpunkt stehen Kooperationen und strategische Allianzen (→ *Allianz, strategische*) zwischen öffentlichen und privaten Einheiten in Form von *Public Private Partnership* (PPP) (*Roggencamp* 1999; *Budäus* 2003). Zwecks besserer kapazitätsmäßiger Auslastung und Nutzung öffentlich verfügbarer Ressourcen sind aber in gleichem Maße gerade auch Kooperationsstrategien zwischen öffentlichen Einrichtungen und Gebietskörperschaften geboten. Schließlich ist im Rahmen der Verknüpfung von Staatstätigkeit und Bürgerorientierung auf den Einfluss des *Kommunitarismus* in unterschiedlicher Ausprägung zu verweisen.

Bei der externen Strukturreform stehen die konkrete Schaffung von Wettbewerbsbedingungen sowie nutzerorientierte Finanzierungsansätze im Vordergrund. Die Einbeziehung bisher öffentlich wahrgenommener Aufgaben in den Wettbewerb ist durch die EU-Wettbewerbskonzeption geprägt. Die nutzerorientierte Finanzierung zielt darauf ab, Dysfunktionalitäten kollektiver Finanzierungssysteme abzubauen bzw. zu vermeiden. In die externe Strukturreform ist als Schnittstelle zur Binnenmodernisierung auch eine grundlegende Neuorientierung des öffentlichen Personalwesens einzubeziehen.

Bei der Binnenmodernisierung geht es um dezentrale Grundstrukturen, bei denen den einzelnen Einheiten die erstellten Leistungen und der hierdurch tatsächlich verursachte Ressourcenverbrauch zugeordnet werden können. Ein weiterer Schwerpunkt wird in dem Instrumentarium der globalen → *Budgetierung* und in der Reform des öffentlichen Rechnungswesens und Informationssystems gesehen. Dabei setzt sich immer stärker die von Lüder entwickelte *Integrierte Verbundrechnung* durch (*Lüder* 2002). Dies gilt nicht nur für die kommunale Ebene, sondern inzwischen auch in ersten Ansätzen auf staatlicher Ebene, etwa für das Land Hessen. Die Integrierte Verbundrechnung verdrängt die so genannte *erweiterte Kameralistik*, bei der die bisherige kamerale Rechnung additiv um eine *Kosten- und Leistungsrechnung* erweitert wurde. Zusätzlich gewinnt die internationale Entwicklung wachsenden Einfluss auf die Reform des öffentlichen Rechnungswesens. Es geht dabei darum, dass an die Stelle des HGB als Referenzmodell für Ansatz und Bewertung die *International Public Sector Accounting Standards* (IPSAS) an Bedeutung gewinnen (*Vogelpoth/Dörschell* 2001, S. 252 ff.; *Lüder* 2002, S. 151 ff.; *Srocke* 2002). Hieraus ergibt sich dann die Konsequenz, dass die im privatwirtschaftlichen Bereich vorherrschende Trennung zwischen internem und externem Rechnungswesen für den öffentlichen Sektor irrelevant wird. In den Vordergrund treten die integrierte Verbundrechnung, deren Konsolidierung über die dezentralen öffentlichen Einheiten des „Konzerns" Gebietskörperschaft und daraus abgeleitet die *Segmentberichte* mit entsprechendem Berichtswesen. Kosteninformationen werden nur noch ergänzend zur Konzernrechnungslegung und den Informationen aus den Segmentberichten erforderlich (*Srocke* 2002).

Eine über die integrierte Verbundrechnung hinausgehende Weiterentwicklung des öffentlichen Informationssystems zielt in Anlehnung an die Balanced Scorecard auf ein *öffentliches Management-Informationssystem*, in dem die Integrierte Verbundrechnung nur ein Element darstellt (*Budäus* 2000; *Langthaler* 2002). Eng verbunden mit dem Rechnungswesen und Informationssystem sind Ansätze des → *Controlling* als wesentliches Element im Rahmen der Binnenmodernisierung (*Buchholtz* 2001).

Die hier skizzierte inhaltliche Grundstruktur eines NPM ist in Abb. 1 zusammenfassend dargestellt.

III. Problemfelder und Entwicklungsperspektiven

Als eine generelle Tendenz ist die Atomisierung des Nationalstaates mit seinen Verwaltungen unverkennbar. Damit verbunden ist zumindest partiell auch eine Entpolitisierung formal demokratisch legitimierter Entscheidungsstrukturen. Parallel dazu wächst die Macht übergeordneter internationaler Institutionen. Atomisierung von Staat und Verwaltungen, Entpolitisierung und Machtverlagerungen auf internationale Organisationen lassen in Teilbereichen Gremien und Institutionen des politisch-administrativen Systems zu Akklamationseinrichtungen werden. Andererseits entstehen insbesondere über globale Ressourcenkompetenzen und autonome Handlungsspielräume neue, nicht legitimierte und wenig transparente Machtstrukturen in öffentlichen Einheiten.

Methodisch ist der Wandel von Staat und Verwaltungen durch den Wandel von der Struktur- zur *Prozessanalyse* und -gestaltung geprägt. Im Zentrum steht die Analyse und Ausgestaltung von *Wertschöpfungsprozessen* in öffentlichen Verwaltungen. Die Prozessorientierung steht unmittelbar im Zusammenhang mit der Entwicklung der IuK-Technik und ist inzwischen zur Grundlage des *E-Government* geworden. Analog zur arbeitsteiligen Zerlegung industrieller Produktionsprozesse zu Beginn des vorigen Jahrhunderts in der industriellen Fertigung (so etwa beim Ford'schen System in der Automobilindustrie) stehen wir zu Beginn des neuen Jahrhunderts vor einer arbeitsteiligen Zerlegung und Automation von Informationsverarbeitungsprozessen mit Hilfe der IuK-Technik. Damit ist die Implementation und Entwicklung von E-Government als Verwaltungsreform verbunden. Hierbei zeichnet sich eine Ausdifferenzierung in systemsteuernde und systembildende Funktion von E-Government ab (*Budäus/Schwiering* 1999). Systemsteuernde Prozesse beziehen sich auf die Standardisierung und Verbesserung bisheriger Problemlösungsprozesse und deren Wertschöpfung. Systembildende Funktion bezieht sich auf ganz neue Formen und Strukturen von öffentlichen Leistungsprozessen und deren Wertschöpfung, etwa durch Verlagerung einzelner Aktivitäten auf den Bürger, durch Vernetzungen sowie durch Schaffung bisher nicht möglicher Mitwirkung und Einflussnahme auf öffentliche Informationsverarbeitungsprozesse.

Das Problem dieser hier skizzierten Entwicklung liegt darin, dass die Verwaltungsreform vor diesem Hintergrund in Zukunft sehr stark Software-determiniert sein wird. Dies bedeutet, die derzeitigen und zukünftigen verfügbaren Softwarelösungen bestimmen die zukünftigen Entwicklungstendenzen in Staat und Verwaltungen.

Ein weiterer Aspekt liegt in der regionalen Kooperation zwischen verfügbaren Ressourcen- und Leistungspotenzialen als Verwaltungsreform prägendes Element. Die Frage, privat versus öffentliche Aufgabenwahrnehmung tritt in den Hintergrund. Ausschlaggebend ist die Frage regionale oder globale Aufgabenwahrnehmung. Damit gewinnen Kooperationsansätze innerhalb von Regionen einen wesentlich höheren Stellenwert und hier insbesondere das gesamte Spektrum von Public Private Partnership. E-Government und PPP werden in Verbindung mit dem öffentlichen Informationssystem die bestimmenden Säulen der zukünftigen Entwicklung des öffentlichen Sektors und damit auch eines NPM sein.

Begleitet werden die hier skizzierten, durch das NPM umfassten Entwicklungslinien der Reform von Staat und Verwaltungen durch eine teilweise generalisierende Kritik am NPM, wie sie inhaltlich in Begriffen wie → *Managerialismus*, *Neoliberalismus* und *Ökonomisierung* zum Ausdruck kommen. Diese Kritik soll in eine bisher inhaltlich noch wenig strukturierte *Governance*-Konzeption für den öffentlichen Sektor einmünden (*Jann* 2002, S. 291 ff.). Inwieweit diese neue Richtung trag- und leistungsfähig ist, muss die zukünftige Entwicklung zeigen.

Literatur

Buchholtz, Klaus: Verwaltungssteuerung mit Kosten- und Leistungsrechnung. Internationale Erfahrungen, Anforderungen und Konzepte, Wiesbaden 2001.
Budäus, Dietrich: Neue Kooperationsformen zur Erfüllung öffentlicher Aufgaben. Charakterisierung, Funktionsweise und Systematisierung von Public Private Partnership, in: Die Ökonomisierung des öffentlichen Sektors: Instrumente und Trends, hrsg. v. Harms, Jens/Reichard, Christoph, Baden-Baden 2003, S. 213–233.
Budäus, Dietrich: Vom neuen kommunalen Rechnungswesen zum öffentlichen Management Informationssystem – Grundlagen eines Verwaltungscontrolling, in: Verwaltung und Management, Jg. 6, H. 2/2000, S. 68–76.

Budäus, Dietrich/Finger, Stefanie: Stand und Perspektiven der Verwaltungsreform in Deutschland, in: Die Verwaltung, H. 3/1999, S. 313–343.
Budäus, Dietrich/Schwiering, Katrin: Die Rolle der Informations- und Kommunikationstechnologien im Modernisierungsprozess öffentlicher Verwaltungen, in: 20. Saarbrücker Arbeitstagung für Industrie, Dienstleistung und Verwaltung, hrsg. v. *Scheer, August-Wilhelm*, Heidelberg 1999, S. 143–165.
Hood, Christopher: Public Management for all Seasons?, in: Public Administration, H. 1/1991, S. 3–19.
Jann, Werner: Der Wandel verwaltungspolitischer Leitbilder: Vom Management zu Governance?, in: Deutsche Verwaltung an der Wende zum 21. Jahrhundert, hrsg. v. *König, Klaus*, Baden-Baden 2002, S. 279–303.
Kickert, Walter: Public Management in the United States and in Europe, in: Public Management and administrative reform in Western Europe, hrsg. v. *Kickert, Walter*, Cheltenham 1997, S. 15–38.
Lamping, Wolfram et al.: Der aktivierende Staat. Positionen, Begriffe, Strategien. Studie für den Arbeitskreis Bürgergesellschaft und aktivierender Staat der Friedrich-Ebert-Stiftung, Bonn 2002.
Langthaler, Silvia: Mehrdimensionale Erfolgssteuerung in der Kommunalverwaltung. Konzeptionelle und praktische Überlegungen zum Einsatz der Balanced Scorecard im kommunalen Management, Linz 2002.
Lüder, Klaus: Internationale Standards für das öffentliche Rechnungswesen – Entwicklungsstand und Anwendungsperspektiven, in: Finanzpolitik und Finanzkontrolle – Partner für Veränderungen. Gedächtnisschrift für Udo Müller, hrsg. v. *Eibelshäuser, Manfred*, Baden-Baden 2002, S. 151–166.
Lüder, Klaus: A contingency model of governmental accounting innovations in the political-administrative environment, in: Research in Governmental and Nonprofit Accounting, Jg. 7, 1992, S. 99–127.
Naschold, Frieder/Bogumil, Jörg: Modernisierung des Staates – New Public Management und Verwaltungsreform, Opladen 1998.
Naschold, Frieder et al.: Leistungstiefe im öffentlichen Sektor, Ed. Sigma, Modernisierung des öffentlichen Sektors, Sonderband 4, Berlin 1996.
Pollitt, Christopher/Bouckaert, Geert: Public Management Reform. A Comparative Analysis, Oxford 2000.
Reichard, Christoph: Institutionenökonomische Ansätze und New Public Management, in: Deutsche Verwaltung an der Wende zum 21. Jahrhundert, hrsg. v. *König, Klaus*, Baden-Baden 2002, S. 585–603.
Roggencamp, Sibylle: Public Private Partnership. Entstehung und Funktionsweise kooperativer Arrangements zwischen öffentlichem Sektor und Privatwirtschaft, Franfurt am Main 1999.
Schedler, Kuno/Proeller, Isabella: New Public Management, Bern/Stuttgart/Wien 2000.
Srocke, Isabell: Segmentberichterstattung für die interne Steuerung und externe Publizität des öffentlichen Sektors, Public Management – Diskussionsbeiträge Nr. 44, hrsg. v. *Budäus, Dietrich*, Hamburg 2002.
Vogelpoth, Norbert/Dörschell, Andreas: Internationale Rechnungslegungsstandards für öffentliche Verwaltungen – Das Standards-Project des IFAC Public Sector Committe, in: WPg, Jg. 21, 2001, S. 752–762.

Non-Profit-Organisationen

Ludwig Theuvsen

[s.a.: Hochschulorganisation; Krankenhausmanagement; New Public Management.]

I. Begriff und Abgrenzung; II. Arten; III. Besonderheiten des Managements; IV. Aktuelle Entwicklung.

Zusammenfassung

Moderne Dienstleistungsgesellschaften sind durch ein breites Spektrum unterschiedlicher Non-Profit-Organisationen (NPO) charakterisiert, die im intermediären Bereich zwischen Markt und Staat angesiedelt sind. Der folgende Beitrag arbeitet die Spezifika und Erscheinungsformen von NPOs heraus und analysiert, welche Konsequenzen ihre Besonderheiten (mitgliedschaftliche Struktur, Mobilisierung von Freiwilligenarbeit, bedarfswirtschaftliche Zielsetzung, Finanzierung durch Spenden und öffentliche Mittel) für ihr Management haben.

I. Begriff und Abgrenzung

Non-Profit-Organisationen sind nichtstaatliche Organisationen, die nicht der Erzielung verteilungsfähiger Überschüsse für ihre Eigner, sondern der Erbringung bestimmter Dienstleistungen für ihre Mitglieder oder Dritte dienen (*Ben-Ner* 1994, S. 747). Folgt man der im Rahmen des Johns-Hopkins-Projekts entwickelten Definition, so sind Non-Profit-Organisationen gekennzeichnet durch formelle Strukturierung, private Trägerschaft, fehlende Gewinnorientierung, eigenständige Verwaltung sowie freiwilliges Engagement (*Salamon/Anheier* 1992, S. 135 f.).

Diese und vergleichbare Abgrenzungen betrachten Non-Profit-Organisationen als Teile eines „Dritten", weder staatlichen noch erwerbswirtschaftlichen Sektors der Gesellschaft. Daneben findet sich auch eine Zwei-Sektoren-Betrachtung, die den nicht auf die Erwirtschaftung verteilungsfähiger Überschüsse ausgerichteten Non-Profit-Organisationen die zwecks Gewinnerzielung gegründeten For-Profit-Organisationen gegenüberstellt (etwa *Theuvsen* 1998) (→ *Ziele und Zielkonflikte*).

Verschiedentlich ist Kritik laut geworden an überwiegend auf Negativabgrenzungen (nichtstaatlich usw.) basierenden Kennzeichnungen von Non-Profit-Organisationen (*Lohmann* 1989). Wex hat diese Kritik aufgegriffen und die „Organisationslogik" von Non-Profit-Organisationen herausgearbeitet. Er attestiert Non-Profit-Organisationen eine *Assoziationslogik*, die sich von der Herrschaftslogik des Staats- und der Verwertungslogik des Erwerbssektors abhebt. Sie findet ihren Ausdruck in der *mitgliedschaftlichen Struktur*, der bedarfswirtschaftlichen Orientierung sowie der auf der Tätigkeit von Freiwilligen basierenden Arbeitsweise von Non-Profit-Organisationen (*Wex* 2002, S. 274 ff.).

Sofern mehrere Kriterien zur Abgrenzung von Non-Profit-Organisationen herangezogen werden, sind der begrifflichen Vielfalt Tür und Tor geöffnet. So hebt z.B. der Begriff der *Nicht-Regierungsorganisation* die private Trägerschaft, der Terminus „voluntary organization" das Prinzip der Freiwilligkeit hervor (*Lohmann* 1992, S. 313 ff.).

Der Non-Profit-Sektor ist sehr heterogen. Zahlreiche ihm gewöhnlich zugerechnete Organisationen erfüllen einzelne der etwa im Johns-Hopkins-Projekt zugrunde gelegten Kriterien nicht oder nur zum Teil. Die Vorstellung strikt getrennter gesellschaftlicher Sektoren – Markt, Staat und Non-Profit-Sektor – geht daher an der Realität vorbei. Vielmehr werden Übergangsbereiche deutlich, in denen Organisationen angesiedelt sind, die Merkmale mehr als eines Sektors aufweisen (*Schuppert* 1995).

Der Eindruck fließender Grenzen zwischen den Sektoren wird bei der Betrachtung einzelner Non-Profit-Organisationen im Zeitablauf noch verstärkt. Krankenversicherungen bspw. wurden als Selbsthilfekollektive und damit „klassische" Non-Profit-Organisationen gegründet, wandelten sich dann zu von staatlichen Richtlinien abhängigen Verwaltungsbürokratien, um in jüngster Zeit zunehmend den Kräften des Marktes ausgesetzt zu werden (*Bode* 1998).

II. Arten

Non-Profit-Organisationen können nach verschiedenen Kriterien gegliedert werden. Legt man die o.g. Zwei-Sektoren-Betrachtung zugrunde, kann nach der Trägerschaft zwischen staatlichen und privaten Non-Profit-Organisationen differenziert werden. Teilweise werden dann alle öffentlichen Unternehmen und Verwaltungen dem Non-Profit-Sektor zugerechnet, teilweise aber auch nur „in staatlicher Trägerschaft befindliche, aber von der unmittelbaren Staatsgewalt losgelöste, teilautonome Institutionen..., sofern sie kein ausgeprägtes marktliches Engagement aufweisen" (*Reichard* 1988, S. 365), z.B. Hochschulen, Theater und Krankenhäuser.

Bedeutung besitzt ferner die Differenzierung nach der Zwecksetzung. Sie mündet in die Unterscheidung von wirtschaftlichen (z.B. Gewerkschaften), soziokulturellen (u.a. Sportvereine, Kirchen), politischen (Parteien, Bürgerinitiativen usw.) (→ *Lobbying*) sowie sozialen (bspw. Hilfsorganisationen) Non-Profit-Organisationen. Nach dem Hauptnutznießer kann in Selbsthilfe- und Fremdleistungs-Non-Profit-Organisationen unterteilt werden (*Schwarz* 1996, S. 18 u. 25 f.).

III. Besonderheiten des Managements

1. Mitgliedschaftliche Struktur und Management von Non-Profit-Organisationen

Non-Profit-Organisationen sind in ihrer Mehrzahl Vereinigungen von Mitgliedern oder befinden sich in der Trägerschaft mitgliedschaftlich geprägter Organisationen (*Wex* 2002, S. 275 f.). Die *mitgliedschaftliche Struktur* beeinflusst das Management in mehrfacher Weise:

Die *Mission* einer Non-Profit-Organisation („What are we producing and for whom?", *Oster* 1995, S. 22) ergibt sich aus den Zielen der sie tragenden Mitglieder. Dies bedeutet eine erhebliche Einschränkung des *strategischen Handlungsspielraums*; das „remissioning" kann zu einer die Existenz der Non-Profit-Organisation bedrohenden Situation führen (*Theuvsen* 2003).

Das oberste Entscheidungsorgan mitgliedschaftlich strukturierter Non-Profit-Organisationen ist die *Mitgliederversammlung*; dies verleiht ihnen ein demokratisches bzw. partizipatives Element. In vielen Fällen ist es jedoch unumgänglich, bestimmte Entscheidungskompetenzen auf *ehrenamtliche Entscheidungsträger* („Funktionäre") zu übertragen, die ihrerseits Kompetenzen an hauptamtliche Mitarbeiter delegieren (→ *Delegation (Zentralisation und Dezentralisation)*). Dadurch kommt es zur Herausbildung unterschiedlicher Machtzentren, da die Mitglieder und die Ehrenamtlichen weiterhin über weit reichende Entscheidungskompetenzen, die hauptamtlichen Mitarbeiter hingegen über erhebliche Know-how- und Informationsvorsprünge verfügen (*Schwarz* 1996). Faktisch verlaufen strategische Entscheidungsprozesse in Non-Profit-Organisationen daher häufig „bottom up" (*Theuvsen* 2003) und sind in besonderem Maße Gegenstand *politischer Prozesse* (*Mason* 1984, S. 116 ff.) (→ *Entscheidungsprozesse in Organisationen*). Auch treten Konflikte (→ *Konflikte in Organisationen*) zwischen primär intrinsisch motivierten ehrenamtlichen und stärker extrinsisch motivierten hauptamtlichen Mitarbeitern auf (*Wex* 2002, S. 275 ff.) (→ *Motivation*).

Die Gründung einer Non-Profit-Organisation geht in vielen Fällen auf bestimmte gemeinsame religiöse oder weltanschauliche Überzeugungen der Mitglieder zurück. Non-Profit-Organisationen zeichnen sich aus diesem Grund vielfach durch eine starke Wertebasis und *charismatische Führer* aus (*Mason* 1984, S. 80 ff.). Diese Merkmale gehen allerdings in dem Maße verloren, in dem Non-Profit-Organisationen altern, wachsen, ein hauptamtliches, weniger den gemeinsamen Zielen und Werten verpflichtetes Management einsetzen oder den Überzeugungen ihrer

Mitarbeiter weniger Aufmerksamkeit widmen (*Beyer/Nutzinger* 1993) (→ *Organisationskultur*).

2. Freiwilligenarbeit und Management von Non-Profit-Organisationen

Non-Profit-Organisationen sind in der Lage, in erheblichem Maße unbezahlte Arbeit zu mobilisieren. Ehrenamt bzw. *Freiwilligenarbeit* ist traditions- und normgeleitet oder problemorientiert motiviert, zunehmend aber auch durch individuelle Nutzenüberlegungen veranlasst und dient dann bspw. dem Erwerb bestimmter Qualifikationen (*Luthe/Strünck* 1998). Wenn Non-Profit-Organisationen damit das „principle of exchange" auch nicht vollständig aufzuheben vermögen, so können sie doch eine besondere Form des *Anreiz-Beitrags-Gleichgewichts* anbieten (*Mason* 1984, S. 51 ff.).

Ehrenamtliches Engagement ist verbunden mit Problemen wie mangelnde → *Motivation* zum Ehrenamt, Qualifikationsdefiziten, hohen Fluktuationsraten sowie Schwierigkeiten der Leistungsmessung und Personalführung. Es wird daher für ein systematisches Management ehrenamtlicher Arbeit plädiert (*Krönes* 2001a).

3. Bedarfswirtschaftlichkeit und Management von Non-Profit-Organisationen

Non-Profit-Organisationen werden nicht mit Gewinnabsicht, sondern dem Ziel der Deckung bestimmter Bedarfe ihrer Mitglieder oder Dritter gegründet (sog. *Sachzieldominanz*). Gängige Effizienzstandards besitzen daher für Non-Profit-Organisationen nur eingeschränkt Aussagekraft (*Wex* 2002, S. 281 ff.); aus dem For-Profit-Bereich stammende Managementinstrumente, etwa die Balanced Scorecard, müssen darauf abgestimmt werden (*Krönes* 2001b).

Die *bedarfswirtschaftliche Arbeitsweise* prädestiniert Non-Profit-Organisationen für die Erstellung von Gütern, die aufgrund von Markt- und Staatsversagen nicht in ausreichender Menge bereitgestellt werden (*Weisbrod* 1988) (→ *Marktversagen und Organisationsversagen*) oder in besonderem Maße durch Vertrauenseigenschaften gekennzeichnet sind (*Hansmann* 1986). Non-Profit-Organisationen bieten sich in diesen Fällen als transaktionskostensparende institutionelle Arrangements an (*Theuvsen* 1999). Sie agieren aufgrund ihrer besonderen Ziele oftmals unter den Augen einer breiteren Öffentlichkeit und sind als „*multiple-stakeholder organizations*" zu charakterisieren, die widersprüchlichen Erwartungen und Effizienzmaßstäben gerecht werden müssen (*Simsa* 2002; *Herman/Renz* 1997). Non-Profit-Organisationen sind damit in hohem Maße *legitimationsempfindliche Organisationen* (*Angerhausen* 1998).

Die Zielfigur von Non-Profit-Organisationen ist häufig geprägt durch das Nebeneinander mehrerer Sachziele bzw. Zwecke, die unter finanziellen Nebenbedingungen angestrebt werden (*Horak* 1993, S. 166 ff.). Anders als in For-Profit-Organisationen fungiert der Gewinn nicht als übergeordnetes Ziel, zu dem die verschiedenen Sachziele in einer Mittel-Zweck-Beziehung stehen; jede weitere Leistung, die z.B. aufgrund neuer gesellschaftlicher Problemlagen angeboten wird, erweitert vielmehr das Zielbündel.

Mehrfachzielsetzungen führen in Non-Profit-Organisationen zu *Zielkonflikten*, sowohl zwischen den einzelnen Sachzielen, z.B. Leistungen für unterschiedliche Zielgruppen, als auch zwischen Sachzielen und finanziellen Nebenbedingungen (*Mason* 1984, S. 129 ff.; *Theuvsen* 2001, S. 244 ff.) (→ *Ziele und Zielkonflikte*).

An die Stelle des Gewinnziels treten in Non-Profit-Organisationen vielfach vage formulierte Formalziele (z.B. Gemeinwohl), für die es an allgemein akzeptierten Konzepten zur Messung der Zielerreichung fehlt. Für Non-Profit-Organisationen wird daher die Verfolgung qualitativer, wenig operationaler Ziele bzw. eine „gap between grand mission and operative goals" (*Kanter/Summers* 1987, S. 164) konstatiert. Formal wird durch entsprechende Ziele zwar die Zielvielfalt beseitigt, die handlungsleitende Wirkung derartiger Ziele ist aber gering, sodass faktisch die Orientierung an den verschiedenen Sachzielen das Handeln dominiert. Operationale Ziele liegen meist nur für Teilbereiche, z.B. das *Fundraising*, vor.

Die Besonderheiten der Zielfigur beschneiden die Möglichkeiten der *zielorientierten Steuerung*, der *leistungsabhängigen Entlohnung* sowie der Initiierung von *Wettbewerb* zwischen den Organisationseinheiten. An die Stelle der Messung des Output (z.B. Kriminalitätsprävention) tritt vielfach die Messung des Input (z.B. Zahl der Sozialarbeiter); Kompatibilitätsdefizite können Fehlsteuerungen auslösen (→ *Steuerungstheorie*). Schließlich schafft die Fixierung auf die Sachziele einen Anreiz, die Erreichung des Organisationszwecks hinauszuzögern, um die Existenz der Non-Profit-Organisation nicht in Frage zu stellen (*Mason* 1984, S. 29 f. u. 109 ff.; *Theuvsen* 2001, S. 243 ff.; *Anthony/Young* 2002).

Aufgrund der Steuerungsprobleme besitzen *Peer Reviews*, → *Reputation*, *Rankings* und eine starke → *Organisationskultur* einen hohen Stellenwert für Non-Profit-Organisationen (*Mason* 1984, S. 33 f. u. 41 ff.). Zudem werden konfliktäre Zielsetzungen durch „Parallelisierung" entschärft, d.h. in getrennten Abteilungen mit differierenden Zielen, Arbeitsweisen und Subkulturen bearbeitet, in unterschiedlichen Arenen thematisiert oder in verschiedenartige zeitliche Zusammenhänge verwiesen. Das Ergebnis ist eine lose gekoppelte, *polyzentrische Organisation*, die die Herausforderung der Verfolgung unvereinbarer Ziele meistert (*Bode* 2003).

4. Finanzierung und Management von Non-Profit-Organisationen

Die finanziellen Mittel von Non-Profit-Organisationen stammen insb. aus Leistungsentgelten, Beiträgen, Zuwendungen der öffentlichen Hand, Spenden oder Sponsoring-Leistungen (*Krönes* 2001c). Die Kernleistungen werden häufig zu nicht kostendeckenden Preisen oder sogar kostenlos abgegeben. Zuwendungen der öffentlichen Hand wiederum machen in der BRD rund 70 % der Finanzmittel der Non-Profit-Organisationen aus. Dieser erheblich über dem internationalen Durchschnitt liegende Wert ist in der im *Subsidiaritätsprinzip* zum Ausdruck kommenden Arbeitsteilung zwischen Staat und Non-Profit-Organisationen begründet; vor allem im Gesundheitswesen und bei den Sozialen Diensten wird Non-Profit-Organisationen ein Anspruch auf staatliche Mittelbereitstellung zugebilligt (*Zimmer* 1997, S. 77 ff.).

Soweit Finanzmittel nicht aus Leistungsentgelten stammen, kommt es in Non-Profit-Organisationen zur Trennung der Sphären der Finanzmittelbeschaffung und der Leistungserstellung. Non-Profit-Organisationen sind dadurch weitgehend der *Marktkontrolle* entzogen, da die Klienten nicht über den Preis ihre Wertschätzung der angebotenen Leistungen zum Ausdruck bringen können. Dem Management fehlt damit ein wichtiger Indikator für die Beurteilung der Nachfragegerechtheit des Angebots. Die fehlende Konkurrenz um ein begrenztes Marktpotenzial eröffnet Non-Profit-Organisationen andererseits weit reichende Kooperationsmöglichkeiten (*Mason* 1984, S. 153 ff.).

Non-Profit-Organisationen befinden sich in einer starken Abhängigkeit von ihren Mittelgebern, sodass deren Präferenzen häufig das Leistungsprogramm determinieren. Staatlicher Einfluss fördert zudem die Politisierung der Entscheidungsprozesse und schafft Abhängigkeiten von der politischen Großwetterlage, sodass Strategien mehr verhandelt als formuliert werden. Der Einfluss der Mittelgeber kann bis in interne Prozesse hineinreichen, etwa, wenn unter dem Druck der öffentlichen Hand ein formalisiertes Planungssystem aufgebaut wird (*Theuvsen* 2003).

Im Rahmen der → *Planung* muss für die Abstimmung des Umfangs der Leistungserstellung einerseits und der Akquisition von Finanzmitteln andererseits gesorgt werden. Da Spenden vor allem für Projekte akquiriert werden können, die die Spender emotional berühren, kann ein Druck auf die Organisation entstehen, die *Mission* unter dem Gesichtspunkt der Spendenakquisition attraktiver zu gestalten (*Mason* 1984, S. 66 ff.).

Spendenfinanzierte Non-Profit-Organisationen haben zwecks Mitteleinwerbung spezialisierte Fundraising-Abteilungen eingerichtet und sich modernem Marketing zugewandt (*Hohn* 2001). Verbreitet sind auch personelle Verflechtungen mit Mittelgebern sowie die Berufung renommierter Persönlichkeiten in Führungsgremien (*Seibel* 2002, S. 21 f.) (→ *Personelle Verflechtungen*).

IV. Aktuelle Entwicklung

Zu den aktuellen Herausforderungen zählt der wachsende Anpassungsdruck, dem sich viele Non-Profit-Organisationen ausgesetzt sehen. Dieser speist sich u.a. aus sinkenden staatlichen Finanzzuweisungen und der Erhöhung des Wettbewerbsdrucks, aber auch aus einem gewachsenen Non-Profit-Organisation-internen Gespür für Missmanagement (*Seibel* 2002, S. 25 ff.). Die Übernahme für den For-Profit-Sektor entwickelter Managementkonzepte und -instrumente, die z.T. kritisch beurteilte „Strategie erwerbswirtschaftlicher Ökonomisierung" (*Wex* 2003), ist vor diesem Hintergrund eine zahlreiche Non-Profit-Organisationen beherrschende Entwicklung zur Verbesserung der Effizienz und Wettbewerbsfähigkeit, aber auch zur Wiedergewinnung von *Legitimität*.

Literatur

Angerhausen, Susanne: Ende der Schonzeit. Die „neue" Legitimationsempfindlichkeit von Wohlfahrtsverbänden, in: Nonprofit-Organisationen im Wandel, hrsg. v. Arbeitskreis Nonprofit-Organisationen, Frankfurt/M. 1998, S. 21–45.
Anthony, Robert N./Young, David W.: Management Control in Nonprofit Organizations, 7. A., Burr Ridge, IL et al. 2002.
Ben-Ner, Avner: Who Benefits from the Nonprofit Sector?, in: Yale Law Journal, Jg. 104, 1994, S. 731–762.
Beyer, Heinrich/Nutzinger, Hans G.: Hierarchy or Co-operation: Labour-Management Relations in Church Institutions, in: Voluntas, Jg. 4, 1993, S. 55–72.
Bode, Ingo: Von Strategien und Zerreißproben. Chancen und Gefahren loser Kopplung in freiwilligen Vereinigungen, in: Mission Impossible?, hrsg. v. Arbeitskreis Nonprofit-Organisationen, Frankfurt/M. 2003, S. 15–41.
Bode, Ingo: Entscheidende Momente. Nonprofit-Organisationen im Krankenversicherungswesen zwischen Markt und Solidarität, in: Nonprofit-Organisationen im Wandel, hrsg. v. Arbeitskreis Nonprofit-Organisationen, Frankfurt/M. 1998, S. 47–74.
Hansmann, Henry B.: The Role of Nonprofit Enterprise, in: The Economics of Nonprofit Institutions, hrsg. v. Rose-Ackerman, Susan, New York et al. 1986, S. 57–84.
Herman, Robert D./Renz, David O.: Multiple Constituencies and the Social Construction of Nonprofit Organization Effectiveness, in: Nonprofit and Voluntary Sector Quarterly, Jg. 26, 1997, S. 185–206.
Hohn, Bettina: Internet-Marketing und -Fundraising für Nonprofit-Organisationen, Wiesbaden 2001.
Horak, Christian: Controlling in Nonprofit-Organisationen, Wiesbaden 1993.
Kanter, Rosabeth Moss/Summers, David V.: Doing Well While Doing Good: Dilemmas of Performance Measurement in Nonprofit Organizations and the Need for a Multiple-Constituency Approach, in: The Nonprofit Sector, hrsg. v. Powell, Walter W., New Haven et al. 1987, S. 154–166.
Krönes, Gerhard V.: Personalmanagement in der evangelischen Kirche, in: ZfP, Jg. 15, 2001a, S. 321–335.
Krönes, Gerhard V.: Die Balanced Scorecard als Managementinstrument für Non-Profit-Organisationen, in: Non-Profit-Ma-

nagement im Aufwind?, hrsg. v. *Witt, Dieter* et al., Wiesbaden 2001b, S. 53–66.

Krönes, Gerhard V.: Finanzierung von Nonprofit-Organisationen, in: DBW, Jg. 61, 2001c, S. 81–96.

Lohmann, Roger A.: The Commons: A Multidisciplinary Approach to Nonprofit Organizations, Voluntary Action, and Philantropy, in: Nonprofit and Voluntary Sector Quarterly, Jg. 21, 1992, S. 309–324.

Lohmann, Roger A.: And Lettuce is Nonanimal, in: Nonprofit and Voluntary Sector Quarterly, Jg. 18, 1989, S. 367–383.

Luthe, Detlef/Strünck, Christoph: Diversifizierte Barmherzigkeit, in: Nonprofit-Organisationen im Wandel, hrsg. v. Arbeitskreis Nonprofit-Organisationen, Frankfurt/M. 1998, S. 155–176.

Mason, David E.: Voluntary Nonprofit Enterprise Management, New York et al. 1984.

Oster, Sharon M.: Strategic Management for Nonprofit Organizations, New York et al. 1995.

Reichard, Christoph: Der Dritte Sektor. Entstehung, Funktion und Problematik von „Nonprofit"-Organisationen aus verwaltungswissenschaftlicher Sicht, in: DÖV, Jg. 41, 1988, S. 363–370.

Salamon, Lester M./Anheier, Helmut K.: In Search of the Non-Profit Sector I: The Question of Definitions, in: Voluntas, Jg. 3, 1992, S. 125–151.

Schuppert, Gunnar Folke: Zur Anatomie und Analyse des Dritten Sektors, in: Die Verwaltung, Bd. 28, 1995, S. 137–200.

Schwarz, Peter: Management in Nonprofit Organisationen, 2. A., Bern et al. 1996.

Seibel, Wolfgang: Das Spannungsfeld zwischen „Mission" und „Ökonomie" im Nonprofit-Sektor, in: Nonprofit-Organisationen und gesellschaftliche Entwicklung: Spannungsfeld zwischen Mission und Ökonomie, hrsg. v. *Schauer, Reinbert* et al., Linz 2002, S. 15–37.

Simsa, Ruth: NPOs im Lichte gesellschaftlicher Spannungsfelder, in: Nonprofit-Organisationen und gesellschaftliche Entwicklung: Spannungsfeld zwischen Mission und Ökonomie, hrsg. v. *Schauer, Reinbert* et al., Linz 2002, S. 39–61.

Theuvsen, Ludwig: Zwischen Mission und „muddling through". Anmerkungen zur Strategiefähigkeit von Nonprofit-Organisationen, in: Mission Impossible?, hrsg. v. Arbeitskreis Nonprofit-Organisationen, Frankfurt/M. 2003 S. 234–259.

Theuvsen, Ludwig: Ergebnis- und Marktsteuerung öffentlicher Unternehmen, Stuttgart 2001.

Theuvsen, Ludwig: Transaktionskostentheorie: Anwendungen auf Nonprofit-Organisationen, in: Institutionenökonomie und Neuer Institutionalismus, hrsg. v. *Edeling, Thomas* et al., Opladen 1999, S. 221–245.

Theuvsen, Ludwig: Organisatorischer Wandel in öffentlichen Nonprofit-Organisationen, in: Nonprofit-Organisationen im Wandel, hrsg. v. Arbeitskreis Nonprofit-Organisationen, Frankfurt/M. 1998 S. 199–221.

Weisbrod, Burton A.: The Nonprofit Economy, Cambridge, MA et al. 1988.

Wex, Thomas: Der Nonprofit-Sektor der Organisationsgesellschaft, TU Chemnitz 2002.

Wex, Thomas: Die Strategie erwerbswirtschaftlicher Ökonomisierung, in: Mission Impossible?, hrsg. v. Arbeitskreis Nonprofit-Organisationen, Frankfurt/M. 2003, S. 42–67.

Zimmer, Annette: Public-Private Partnerships: Staat und Dritter Sektor in Deutschland, in: Der Dritte Sektor in Deutschland, hrsg. v. *Anheier, Helmut K.* et al., Berlin 1997, S. 75–98.

Ökonomische Analyse des Rechts

Christoph Kuhner

[s.a.: Corporate Governance (Unternehmensverfassung); Gerechtigkeit und Fairness; Institutionenökonomie; Kapitalmarkt und Management; Management und Recht; Theorie der Unternehmung; Transaktionskostentheorie; Verfügungsrechtstheorie (Property Rights-Theorie); Vertragstheorie.]

I. *Begriff;* II. *Grundlagen der ökonomischen Analyse i.e.S.;* III. *Ökonomische Analyse des Rechts und Unternehmensorganisation;* IV. *Empirie.*

Zusammenfassung

Nach der Darstellung unterschiedlicher Begriffsabgrenzungen erfolgt eine Einführung in die Grundlagen der wichtigsten Konzeption der ökonomischen Analyse des Rechts, welche die langfristigen wohlfahrtsökonomischen Auswirkungen rechtlicher Regelungen aufgrund der von ihnen ausgehenden Verhaltensanreize als Analyseobjekt hervorhebt. Weiter wird ein Überblick zentraler Problembereiche der für die Unternehmensorganisation besonders relevanten ökonomischen Analyse des Gesellschaftsrechts geboten. Von der Grundform der ökonomischen Analyse des Rechts unterscheidet sich die ökonomische Analyse des Gesellschaftsrechts vor allem durch die zentrale Bedeutung kollektiver Entscheidungsprobleme. Ein Überblick über empirische Forschungsansätze schließt den Beitrag.

I. Begriff

Im weitesten Sinne bezeichnet ökonomische Analyse des Rechts die Offenlegung der realweltlichen Auswirkungen bestimmter Rechtssetzungen mit den in der ökonomischen Wissenschaft geläufigen Analysemethoden. Ökonomische Analyse des Rechts kann grundsätzlich mehrere alternative Aussageziele verfolgen, die sich in unterschiedlichen möglichen Untersuchungsgegenständen niederschlagen:

1) Erfüllt die zu analysierende Rechtsregelung (voraussichtlich) den vom Gesetzgeber oder Rechtssetzer intendierten Zweck?
2) Welchen Beitrag leistet die zu analysierende Regelung zur *gesamtwirtschaftlichen Wohlfahrt*?
3) Aussageziel der ökonomischen Analyse des Rechts können darüber hinaus die Implikationen auf beliebige, mit den in der Wirtschaftswissenschaft gebräuchlichen Konzepten operationalisierbare Zielvorstellungen sein. So können im Rahmen von ökonomischen Analysen etwa Aussagen zutage gefördert werden über die Auswirkungen einer Rechtssetzung auf die ökonomische Stabilität oder auf die Gleichheit der Ausgangs- und Endpositionen von Marktteilnehmern.

Im engeren Sinne ist der Begriff der ökonomischen Analyse des Rechts vorgeprägt durch die Lehrtradition der sog. *Chicago-Schule* (Coase, Posner, Becker u.a.), welche im Sinne von oben (2.) die Würdigung der langfristigen ökonomischen Auswirkungen von Rechtssetzungen auf die gesamtwirtschaftliche Wohlfahrt zum Gegenstand hat.

II. Grundlagen der ökonomischen Analyse i.e.S.

Aufgrund der Langfristigkeit der Betrachtung abstrahiert die ökonomische Analyse des Rechts von den Auswirkungen in konkreten Einzelfällen, d.h. von der Wohlfahrtsposition der tatsächlich betroffenen Individuen: Wertungskriterium für eine Wohlfahrtssteigerung ist i. Allg. nicht das *Paretokriterium,* sondern das weit weniger restriktive *Kaldor/Hicks-Kriterium.* Eine bestimmte Rechtssetzung ist mithin gegenüber einem Ausgangszustand effizient, wenn die Transaktionspartner, die durch diese Regelung wirtschaftlich besser gestellt werden, in der Lage sind, jene Transaktionspartner, die schlechter gestellt werden, finanziell zu kompensieren (vgl. *Posner* 1998, S. 12–17; zur Kritik *Dworkin* 1980). Das Kaldor/Hicks-Kriterium vernachlässigt Verteilungseffekte. Ein eher technischer Mangel dieser Entscheidungsregel besteht in der nicht in jedem Fall auszuschließenden *Pfadabhängigkeit* der auf seiner Grundlage getroffenen Wertungen (vgl. hierzu *Eidenmüller* 1998, S. 51–54 m.w.N.).

Paradigmatischer Ausgangspunkt der ökonomischen Analyse des Rechts ist der *Marktliberalismus* im Sinne der klassischen bzw. neoklassischen Ökonomik, ergänzt und erweitert um die Kernaussagen des *Coase-Theorems*: Primärfunktion des Rechts ist es demnach, *Verfügungsrechte* (→ *Verfügungsrechtstheorie (Property Rights-Theorie)*) der Marktakteure an ökonomischen Ressourcen zu schützen und durchzusetzen. Ist dies gewährleistet, so erwächst aus der freien *Transaktion* der Marktteilnehmer ein im gesamtwirtschaftlichen Sinne effizientes Ergebnis. Erst wenn konkrete *Transaktionshemmnisse* dazu führen, dass der freie Austausch behindert wird, also im *Coase*'schen Sinne ein Marktversagen vorliegt, kommt Rechtsregelungen eine unmittelbar effizienzstiftende Wirkung zu: In diesem Fall sollen Gesetzgebung und Rechtsprechung jene Allokation herstellen, die sich ohne *Transaktionskosten* mutmaßlich im Wege freier Transaktion der Marktpartner ergeben hätte (→ *Transaktionskostentheorie*). Zweck einer Rechtsregelung ist es mithin, über den konkreten Fall hinaus durch ihre langfristigen Anreizwirkungen den effizienten Zustand zu rekonstruieren (vgl. hierzu etwa *Hirshleifer* 1982; *Eidenmüller* 1998, S. 58–72).

Beispiel für eine derartige Rekonstruktion der effizienten *Ressourcenallokation* sind die *Common Law*-Rechtsfiguren des *cheapest cost avoider* und des *cheapest risk insurer* (vgl. hierzu *Posner* 1998, S. 115–121): Da eine vollständige Regelung der Haftung bei schuldrechtlichen Verträgen prohibitiv hohe Transaktionskosten verursachen würde – Voraussetzung hierfür wäre nämlich, dass eine vollkommene Antizipation jeder denkbar möglichen haftungsauslösenden Tatsache im Vertragstext vorgenommen würde – sind bei Leistungsstörungen Gerichte mit der Klärung der Haftungsfrage betraut. Soweit nichts anderes vorgesehen ist, haftet nach dem common law jene Partei, die unter Aufwand der geringeren Kosten den Schaden hätte verhindern können, also eine reibungsfreie Abwicklung der Transaktion hätte sicherstellen können (*cheapest cost avoider*, *cheapest risk insurer*). Eine solche Zuordnung der Haftungspflicht ist einerseits effizient, weil sie einen gezielten Anreiz, Leistungsstörungen zu verhindern, für diejenige Vertragspartei setzt, die tatsächlich am besten dazu in der Lage ist. Sie entspricht darüber hinaus jenem Vertragsarrangement, das beide Parteien aller Voraussicht nach getroffen hätten, wenn sie in der Lage gewesen wären, im Vertragstext alle Eventualitäten erschöpfend zu erfassen.

Anliegen der ökonomischen Analyse des Rechts ist es nicht, die gerechte Lösung von bestimmten Einzelfällen aus der ex post-Perspektive zu charakterisieren (vgl. *Posner* 1998, S. 28). Vielmehr soll skizziert werden, auf welche Weise Gesetzgebung und Rechtsprechung durch die Setzung konkreter Verhaltensanreize in einer Situation des *Marktversagens* eine effiziente Ressourcenallokation fördern können (→ *Marktversagen und Organisationsversagen*). Im geschilderten Falle hat diese Lösung die Minimierung der Kosten von Leistungsstörungen bzw. der Kosten ihrer Verhinderung zum Gegenstand.

Die aus der ökonomischen Analyse gewonnenen Handlungsempfehlungen implizieren keine Wertungen über außerökonomische Zielvorstellungen, wie etwa das Ideal der *Gerechtigkeit* oder der *Fairness* (→ *Gerechtigkeit und Fairness*). Allerdings nimmt die ökonomische Analyse des Rechts für sich in Anspruch, zu konkretisieren, welche Kosten die Verfolgung nichtökonomischer Zielvorstellungen verursacht, und damit zu einer rationalen Abwägung zwischen ökonomischen und außerökonomischen Werten beizutragen (vgl. *Posner* 1998, S. 30). Kritiker wenden ein, dass im Gegensatz zu dieser Selbstbescheidung die ökonomische Analyse einen Ausschließlichkeitsanspruch mit ihren Wertungen verbindet, der sich allein schon in der Fiktion der monetären Kompensierbarkeit aller mit einer Rechtsregelung verbundenen positiven und negativen Effekte niederschlägt. Die aus der ökonomischen Analyse gewonnenen Handlungsanweisungen können insb. mit unveräußerlichen Werten, wie etwa der *Menschenwürde*, in Konflikt treten (vgl. *Walz* 1988, S. 93–114, zur Diskussion auch *Eidenmüller* 1998, S. 170–321).

Im Einsatz des analytischen Instrumentariums ist die ökonomische Analyse des Rechts flexibel: Die klassischen Texte von Posner sind geprägt durch das konzeptionelle Argumentieren mit Denkfiguren aus der neoklassischen Mikroökonomie und der → *Verfügungsrechtstheorie (Property Rights-Theorie)*. Das in der Folgezeit entstandene Schrifttum rekurriert u.a. auf Konzepte aus der Entscheidungstheorie, → *Spieltheorie* (vgl. monographisch *Baird/Gertner/Picker* 1994), Agency-Theorie (→ *Prinzipal-Agenten-Ansatz*), → *Vertragstheorie* und *Kapitalmarkttheorie*. I.d.R. handelt es sich um partialanalytisch argumentierende Beiträge.

Ebenso wenig sind dem Anwendungsbereich der ökonomischen Analyse des Rechts konkrete Grenzen gezogen: Mit den Mitteln der ökonomischen Analyse werden gleichfalls Rechtssetzungen beurteilt, deren Gegenstände nicht unmittelbar die ökonomische Lebenssphäre betreffen, so bspw. Regelungen des Strafrechts (vgl. *Posner* 1998, S. 155–178), des Eherechts und des Familienrechts (vgl. *Posner* 1998, S. 237–270). Entscheidend für die Anwendbarkeit der ökonomischen Analyse in diesen Bereichen ist die Vermutung, dass sich das Verhalten der betroffenen Individuen durch ein dem einzelwirtschaftlichen Verhalten nachgebildetes Nutzenmaximierungskalkül beschreiben lässt. Mit Bezug auf das Vordringen der ökonomischen Analyse in Bereiche, die nichts mit dem traditionellen Begriff des Wirtschaftens zu tun haben, sprechen Protagonisten wie Kritiker vom „*ökonomischen Imperialismus*" (vgl. hierzu in weiterem Zusammenhang *Lazear* 1999).

III. Ökonomische Analyse des Rechts und Unternehmensorganisation

Ökonomische Analyse des Rechts und Organisationstheorie treffen aufeinander bei der normativen Betrachtung des Rechtsrahmens der Unternehmensorganisation, insb. der gesellschaftsrechtlichen *Unternehmensverfassung* (→ *Corporate Governance (Unternehmensverfassung)*). Die ökonomische Analyse des

Rechts betrachtet Unternehmen als *Vertragsnetzwerke* (*nexus of contracts*) zwischen vielen beteiligten Ressourceneignern zur Abwicklung des Transfers von Kapital, Managementleistungen und sonstigen Arbeitsleistungen (vgl. *Easterbrook/Fischel* 1998, S. 1–22). Ausgangspunkt der ökonomischen Analyse des Rechts ist hier die Frage nach der Legitimation zwingenden Gesellschaftsrechts vom Standpunkt ökonomischer Effizienz: Allgemeinverbindliches *Gesellschaftsrecht* ist nur dann zu rechtfertigen, wenn davon auszugehen ist, dass die beteiligten Interessenten bei freier Koordination zu einem vertraglichen Arrangement, d.h. einer *Unternehmenssatzung*, gelangen würden, welches aus wohlfahrtsökonomischem Blickwinkel als inferior zu bewerten ist. Die Gründe für ein solches Versagen freier, dezentraler Koordination liegen wie immer im Vorhandensein konkreter Transaktionshemmnisse und Transaktionskosten, wodurch die Realisation eines *Wohlfahrtsoptimums* im Wege freier Marktinteraktion verhindert wird. Unterschiedliche potenzielle Transaktionshemmnisse legen eine nicht-dispositive Regelung des Gesellschaftsrechts durch den Gesetzgeber nahe:

– Anders als bei der Aushandlung eines bilateralen Vertrags handelt es sich bei der Formulierung einer Unternehmenssatzung um einen Akt *kollektiver Entscheidungsfindung*. Die Ergebnisse kollektiver Entscheidungen sind, im Unterschied zu bilateralen Markttransaktionen, schwer prognostizierbar, stark beeinflusst durch die Auswahl des Abstimmungsverfahrens und stehen in häufigen Fällen im Widerspruch zum Effizienzkriterium. Gründe hierfür sind in erster Linie strategisches Verhalten und *Trittbrettfahrertum* der einzelnen Entscheider.
– Die Unternehmenswirklichkeit ist in vielen Fällen geprägt durch Interessengegensätze zwischen starken und schwachen Interessengruppen, zwischen Unternehmensin- und Unternehmensoutsidern, wobei letztere nur über geringe Informationsmöglichkeiten und Entscheidungsbefugnisse verfügen. Insb. die Position von Kleinaktionären und Kleingläubigern ist in vielen Fällen ausbeutungsoffen, so dass konkrete Vorkehrungen durch den Gesetzgeber nahe liegen. Zumindest in der herkömmlichen Betrachtungsweise der ökonomischen Analyse des Rechts ist das Motiv der gesetzgeberischen Intervention allerdings nicht der unmittelbare, verteilungspolitisch oder aus Gerechtigkeitserwägungen motivierte Schutzgedanke (Individualschutz), sondern vielmehr die Vermeidung allokativer Ineffizienzen aufgrund von Renten suchendem Verhalten der jeweils stärkeren „Marktseite" (Funktionsschutz).
– Bei Publikumsaktiengesellschaften besteht ein systematisches Machtungleichgewicht zwischen der Unternehmensführung und Anteilseignerseite, weil es für diversifizierte Aktionäre kaum einen Anreiz gibt, sich in der Überwachung des Managements zu engagieren: Der einzelne Anteilseigner trägt die gesamten Kosten seiner Überwachungsaktivitäten, während die daraus erwachsenden Nutzenpotenziale allen Anteilseignern zustehen.
– Aufgrund der unbegrenzten Lebensdauer von Unternehmen enthalten Unternehmenssatzungen Regeln, die auch für Akteure bindend sind, die nicht an der Satzungslegung beteiligt sind. Gesetzliche Beschränkungen können dem – Transaktionskosten mindernden – Schutz neu hinzukommender Interessenten dienen.
– Gesetzgebung im Gesellschaftsrecht verfolgt das Ziel, im Sinne einer Mustersatzung Satzungsarrangements zu entwerfen, für die sich die Vertragsparteien nach aller Voraussicht in Abwesenheit von Transaktionshemmnissen und unvollkommener Voraussicht entscheiden würden. Gesetzgebung ist damit als öffentliches Gut zu betrachten.

Ob aufgrund dieser Argumente auf die ökonomische Zweckmäßigkeit nicht-dispositiven Gesellschaftsrechts geschlossen werden kann, ist aus der Sicht der ökonomischen Analyse des Rechts umstritten. Exponenten der *Chicago-Schule* optieren erwartungsgemäß für weniger Staat und mehr Vertragsfreiheit. Grundlegendes Argument hierfür ist, dass der Marktmechanismus (Aktienkurs) imstande ist, die oben skizzierten negativen Effekte zu bewerten und damit zu internalisieren (vgl. *Easterbrook/Fischel* 1989). Die grundsätzliche Anerkennung eines auch ökonomisch begründeten Regulierungserfordernisses entspricht allerdings der mehrheitlichen Meinung der an der Diskussion beteiligten Autoren (vgl. zur Diskussion *Bebchuk* 1989; *Coffee* 1989; *Gordon* 1989).

Der Dissens in dieser Frage weist auf ein Grundproblem der ökonomischen Analyse von Unternehmensrecht hin: Im Vergleich zu bilateralen Verträgen erweisen sich Aussagen über die Effizienzeigenschaften bestimmter Rechtsarrangements bei Vertragsnetzwerken als wesentlich komplexer. Insb. sind Aussagen aufgrund des einfachen Kompensationstests nach dem *Kaldor/Hicks-Kriterium* für vertragliche Netzwerke kaum herleitbar. Entsprechend wird bei der ökonomischen Analyse des Gesellschafts- und Unternehmensrechts in vielen Fällen

1) auf die unmittelbare Verwendung des Effizienzkriteriums zugunsten von Näherungskriterien verzichtet, und/oder
2) es wird von den Interessen der verschiedenen beteiligten Gruppen zugunsten einer einzigen abstrahiert.

Ad 1.: Betrachtet man die Delegationsbeziehung zwischen Kapitalgebern und der Unternehmensleitung als Kernproblem für eine im ökonomischen Sinne effiziente Gestaltung des Unternehmensrechts, dann wird der effiziente Zustand durch jene Situation approximiert, in der die Kosten und Wohlfahrtsverluste aus der Delegationsbeziehung minimal sind. Kosten und Wohlfahrtsverluste aus Delegations- ("Agency-")Beziehungen werden herkömmlich unterteilt in Such-, Signalisierungs-, Überwachungs- und Bindungskosten sowie dem danach noch verbleibenden residualen Wohlfahrtsverlust gegenüber dem transaktionskostenfreien Zustand. Die Analyse unterschiedlicher Gesellschaftsrechtsschemata erfolgt in vielen Fällen durch eine konzeptionelle Abwägung der unter den alternativen Schemata anfallenden (Opportunitäts-)Kosten.

Beispiel: *Easterbrook/Fischel* begründen den in der Tendenz wenig einschneidenden US-amerikanischen Managerhaftungsstandard der *business judgment rule* damit, dass Fehlleistungen von Managern besser, d.h. kostengünstiger durch Märkte als durch Gerichte beurteilt und sanktioniert werden könnten. Fehlleistungen sollen deshalb in erster Linie durch den Marktmechanismus (Reputationsverlust, *Markt für Unternehmenskontrolle*, Arbeitsmarkt für Manager) identifiziert und bestraft werden (vgl. *Easterbrook/Fischel* 1998, S. 90–108; → *Kapitalmarkt und Management*).

Ein weiteres Beurteilungskriterium für die (In-)Effizienz einer Rechtssetzung ist etwa die Stärke der hierdurch gegenüber dem gedachten, transaktionskostenfreien Zustand gegebenen Fehlanreize in Form von Trittbrettfahrerproblemen, rentensuchendem Verhalten etc. Es findet eine konzeptionelle Abwägung zwischen den unter alternativen Rechtsarrangements anfallenden *Agency-Kosten* statt (→ *Prinzipal-Agenten-Ansatz*).

Beispiel: Einige Autoren begründen die ökonomische Zweckmäßigkeit von bestimmten Gesellschaftsrechtsnormen, die in der Tendenz die Großaktionäre gegenüber Kleinaktionären begünstigen, mit dem *Trittbrettfahrerproblem* der Unternehmensüberwachung in einer Publikumsgesellschaft und dem Erfordernis, es durch Setzung gezielter Anreize für Großaktionäre, eine aktive Unternehmenskontrolle zu betreiben, abzumildern (vgl. zum Trittbrettfahrerproblem der Unternehmenskontrolle grundlegend *Grossman/Hart* 1980).

Ad 2.: Vertragsparteien des *contractual network* sind alle Ressourcengeber der Unternehmung: Großaktionäre, Kleinaktionäre, Gläubiger, Management, Arbeitnehmer etc. Die Messung der kumulierten Wohlfahrtsposition dieser einzelnen Gruppen ist kaum zu bewerkstelligen. Der breite Strom der ökonomischen Analyse des Gesellschaftsrechts folgt deshalb einer Vereinfachung, indem die Position der Residualbeteiligten (Anteilseigner) als repräsentativ für die Wohlfahrt der Gesamtunternehmung angesehen wird (vgl. hierzu *Easterbrook/Fischel* 1998, S. 35–39). Diese Komplexitätsreduktion wird mit der Annahme begründet, dass alle übrigen Gruppen durch Verträge ihren *Reservationsnutzen* sichern können, ihre Position sich also in alternativen Arrangements nicht verändert.

Mit der Fokussierung auf die Residualbeteiligten sind allerdings noch nicht jene Interessengegensätze beseitigt, die zwischen einzelnen Anteilseigner*typen* bestehen, so zwischen Groß- und Kleinaktionären, zwischen diversifizierten und nicht-diversifizierten Anteilseignern oder zwischen undiversifizierten Anteilseignern unterschiedlicher Zeit- und Risikopräferenz. Eine Interessenharmonie wird hier durch die Fiktion einer vollkommenen Separierbarkeit privater Präferenzen von der betrieblichen Zeit- und Risikoallokation auf der Grundlage vollkommener und vollständiger Kapitalmärkte hergestellt.

Unter diesen Voraussetzungen korrespondiert die Maximierung des Marktwertes einer Unternehmung mit der Maximierung der gesamten Wohlfahrt; die normativen Aussagen der ökonomischen Analyse des Gesellschaftsrechts gehen über in den *shareholder value-Ansatz* (→ *Shareholder- und Stakeholder-Ansatz*). Weit reichende Folgen hat dies insb. im Hinblick auf die Bindung der Leitungs- und Kontrollorgane an das exklusive Ziel der *shareholder value*-Maximierung. Marktwertmaximierung wird nicht nur als heuristische Approximation an das Wohlfahrtsoptimum propagiert. Die alleinige Bindung der Unternehmensleitungen an das Anteilseignerinteresse ist zudem ein vorteilhaftes Arrangement im Sinne eines der ökonomischen Analyse des Rechts zugrunde liegenden Theoriestrangs, nämlich der → *Verfügungsrechtstheorie (Property Rights-Theorie)*: Durch eine eindeutige, scharf definierte Zuordnung von Rechten und (Treue-)Pflichten wird der „Verwässerung" von Verfügungsrechten ein Riegel vorgeschoben (vgl. zur Diskussion *Wagner* 1997; zu Konzept und Grenzen der Marktwertmaximierung *Ballwieser/Schmidt* 1981).

Zu einer Verwässerung kommt es insb. dann, wenn die Leitungsorgane gleichzeitig auf die in vielen Fällen konfliktären Interessen unterschiedlicher Anspruchsgruppen verpflichtet werden. *De lege lata* folgt das US-amerikanische Gesellschaftsrecht weitgehend dem Leitbild einer exklusiven Verpflichtung auf das Anteilseignerinteresse. Die deutsche Gesellschaftsrechtsdogmatik dagegen bindet die Organe an das *„Unternehmensinteresse"* als im Einzelfall nur unscharf definierbare Synthese der Interessenlagen der einzelnen Anspruchsgruppen (vgl. hierzu differenzierend *v. Werder* 1998).

Weitere Anwendungen der ökonomischen Analyse des Rechts auf dem Gebiet der Unternehmensorganisation finden sich insb. im Bereich der kartellrechtlichen, gesellschaftsrechtlichen und kapitalmarktrechtlichen Ausgestaltung von Unternehmenszusammenschlüssen, im Arbeitsrecht sowie im Recht der Unternehmensreorganisation.

IV. Empirie

Als normative Theorie beinhaltet die ökonomische Analyse des Rechts die Deduktion von Wertaussagen über konkrete Rechtsarrangements aus wohlfahrtsökonomischen Leitbildern. Ein Grundproblem der empirischen Überprüfung dieser Aussagen besteht in der Operationalisierung des Effizienzkriteriums: Legt man das *Kaldor/Hicks-Kriterium* zu Grunde, dann ist der Effizienzbeitrag einer Regelung (gegenüber einer anderen) messbar durch die Veränderung der aggregierten Konsumenten- und Produzentenrenten ohne Berücksichtigung von Einkommenseffekten. Angebots- und Nachfragefunktionen sind aber nicht unmittelbar beobachtbar, sondern müssen durch ökonometrische Verfahren geschätzt werden. In sehr vielen Fällen scheitern solche Schätzungen jedoch an Datenmängeln sowie an der Komplexität realen Marktverhaltens. Immerhin bietet die *Kosten-/Nutzen-Analyse* einen seit langer Zeit allgemein anerkannten Rahmen für die Vorgehensweise bei solchen Untersuchungen (vgl. als Einführung *Boardman* et al. 2000). Wenn es um den Effizienzvergleich ganzer Rechtssysteme geht, können die langfristigen gesamtwirtschaftlichen Wachstumsraten als Kriterium herangezogen werden (für einen Vergleich von *common law*-Rechtssystemen mit Systemen kodifizierten Rechts vgl. *Mahoney* 2001).

Die Komplexität empirischer Tests wird erheblich reduziert, wenn bei der Analyse gesellschafts- und unternehmensrechtlicher Fragestellungen, wie oben skizziert, nicht unmittelbare Maße der gesamtwirtschaftlichen Wohlfahrt zu Grunde gelegt werden, sondern heuristische Hilfsindikatoren wie der *shareholder value* zum Zuge kommen. Als Messgröße für die Wohlfahrt der Aktionäre lassen sich Rechnungslegungs- und Kapitalmarktdaten heranziehen; insb. Gewinngrößen oder Residualgewinngrößen (= Gewinn minus kalkulatorische Verzinsung des eingesetzten Eigenkapitals) aus der externen Rechnungslegung, Börsenkapitalisierung und Börsenrendite (= Kurssteigerung plus Ausschüttung/Aktie innerhalb eines Zeitraumes). Eine Zwitterstellung zwischen rechnungslegungsbasierten und kapitalmarktorientierten Größen nimmt das so genannte *Tobinsche Q* ein, das die Börsenkapitalisierung eines Unternehmens mit dem bilanzierten Eigenkapital in Beziehung setzt. Hohe Q-Werte deuten auf eine hohe erwartete Rendite auf das eingesetzte Kapital und damit auf ein hohes Wohlfahrtsniveau der Residualbeteiligten hin.

Außerordentlich zahlreich sind die Studien, die den Zusammenhang zwischen derartigen Messgrößen des *shareholder value* und bestimmten gesellschafts-, unternehmens- und kapitalmarktrechtlichen Arrangements analysieren, so etwa im Bereich der Corporate Governance, des Übernahmerechts und des Reorganisationsrechts (vgl. z.B. die Übersicht bei *Shleifer/Vishny* 1997).

Literatur

Baird, Douglas, G./Gertner, Robert H./Picker, Randal C.: Game Theory and the Law, Cambridge, MA – London 1994.
Ballwieser, Wolfgang/Schmidt, Reinhard H.: Unternehmensverfassung, Unternehmensziele und Finanztheorie, in: Unternehmungsverfassung als Problem der Betriebswirtschaftslehre, hrsg. v. *Bohr, Kurt* et al., Berlin – Bielefeld – München 1981, S. 645–682.
Bebchuk, Lucian A.: The Debate on Contractual Freedom in Corporate Law, in: Columbia Law Review, Jg. 89, 1989, S. 1395–1415.
Becker, Gary S.: The Economic Approach to Human Behavior, Chicago, IL et al. 1976.
Boardman, Antony E. et al.: Cost-Benefit Analysis: Concepts and Practice, 2. A., Upper Saddle River, NJ 2000.
Coase, Ronald H.: The Problem of Social Cost, in: Journal of Law and Economics, Jg. 3, 1960, S. 1–40.
Coffee, John C. Jr.: The Mandatory/Enabling Balance in Corporate Law: An Essay on the Judicial Role, in: Columbia Law Review, Jg. 89, 1989, S. 1618–1691.
Dworkin, Ronald M.: Is wealth a value?, in: Journal of Legal Studies, Jg. 9, 1980, S. 191–226.
Easterbrook, Frank H./Fischel, Daniel R.: The Economic Structure of Corporate Law, Cambridge et al. 1998.
Easterbrook, Frank H./Fischel, Daniel R.: The Corporate Contract, in: Columbia Law Review, Jg. 89, 1989, S. 1416–1448.
Eidenmüller, Horst: Effizienz als Rechtsprinzip, 2. A., Tübingen et al. 1998.
Gordon, Jeffrey N.: The Mandatory Structure of Corporate Law, in: Columbia Law Review, Jg. 89, 1989, S. 1549–1598.
Grossman, Sanford J./Hart, Oliver D.: Takeover Bids, the Free-Rider Problem, and the Theory of the Corporation, in: Bell Journal of Economics, Jg. 4, 1980, S. 42–64.
Hirshleifer, Jack: Evolutionary Models in Economics and Law: Cooperation versus Conflict Strategies, in: Research in Law and Economics, Jg. 4, 1982, S. 1–60.
Lazear, Edward P.: Economic Imperialism, NBER-Working Paper No. W 7300, 1999.
Mahoney, Paul G.: The Common Law and Economic Growth: Hayek Might be Right, in: Journal of Legal Studies, Jg. 30, 2001, S. 503–525.
Posner, Richard A.: Economic Analysis of Law, 5. A., New York 1998.
Shleifer, Andrei/Vishny, Robert: A Survey of Corporate Governance, in: Journal of Finance, Jg. 52, 1997, S. 737–783.
Wagner, Franz W.: Shareholder Value: Eine neue Runde im Konflikt zwischen Kapitalmarkt und Unternehmensinteresse?, in: BFuP, Jg. 49, 1997, S. 473–498.
Walz, Rainer W.: Ökonomische und rechtssystematische Überlegungen zur Verkehrsfähigkeit von Gegenständen, in: Allokationseffizienz in der Rechtsordnung, hrsg. v. *Ott, Claus/Schäfer, Hans-Bernd*, Berlin et al. 1988, S. 93–114.
Werder, Axel v.: Shareholder Value-Ansatz als (einzige) Richtschnur des Vorstandshandelns?, in: ZGR, Jg. 27, 1998, S. 69–91.

Organisation

Georg Schreyögg/Axel v. Werder

[s.a.: Aufbau- und Ablauforganisation; Bürokratie; Informelle Organisation; Organisationsgrenzen; Organisationsstrukturen, historische Entwicklung von; Organisationstheorie; Organisatorische Gestaltung (Organization Design); Selbstorganisation.]

I. Begriff und Funktionen der Organisation; II. Fragestellungen der Organisation.

Zusammenfassung

Der Begriff „Organisation" ist zum selbstverständlichen Bestandteil der Umgangssprache geworden. Wie meist in solchen Fällen wird der Begriff mehrdeutig und nur noch im Redekontext klar verstehbar. Dabei ist zu beachten, dass „Organisation" üblicherweise in mindestens zwei Bedeutungen verwendet wird, in einem instrumentellen und in einem institutionellen Sinne. Bei beiden Begriffsverständnissen wird eine breite Palette unterschiedlicher Fragestellungen adressiert.

I. Begriff und Funktionen der Organisation

1. Organisation als Instrument

In der deutschen Betriebswirtschaftslehre war jahrzehntelang das *instrumentelle Organisationsverständnis* vorherrschend. Geleitet von dem Ziel, Arbeitsabläufe zu rationalisieren, stand die Schaffung organisatorischer Regelungen im Vordergrund des Interesses. Das Ergebnis des Gestaltungsprozesses (des „*Organisierens*") verfestigt sich in der „Organisation", dem zur Struktur geronnenen *Regelsystem*. Dabei wird die Organisation als ein Instrument der Betriebsführung begriffen, das den Leistungsprozess steuern hilft. Innerhalb dieser instrumentellen Sichtweise gibt es aber indessen unterschiedliche Vorstellungen darüber, wie dieser instrumentelle Gegenstandsbereich zu fassen ist. Im Wesentlichen sind es zwei Konzeptionen, die hier das Feld prägen, der funktionale und der konfigurative Organisationsbegriff.

Der *funktionale Organisationsbegriff*: Nach dem funktionalen Verständnis wird Organisation als eine Funktion der Unternehmensführung gesehen, also als eine Aufgabe, die wahrgenommen werden muss, um die Zweckerfüllung der Unternehmung sicherzustellen. Die Organisation tritt neben die anderen Funktionen der Unternehmensführung (insb. → *Planung* und → *Kontrolle*) und ist in Bezug auf diese auszugestalten. Diese funktionsbezogene Sichtweise, wie sie insb. in der klassischen Managementlehre vertreten wird, ist im deutschsprachigen Raum am profiliertesten von Gutenberg (*Gutenberg* 1983) ausgearbeitet worden.

Im gutenbergschen System wird der betriebliche Leistungsprozess als Kombinationsprozess produktiver Faktoren thematisiert. Neben die drei *Elementarfaktoren*, die unmittelbar produktive Arbeitsleistung, die Betriebsmittel und die Werkstoffe, tritt dort der *dispositive Faktor*, gemeint ist die Unternehmensführung oder allgemeiner das Management (→ *Unternehmensführung (Management)*). Die Disposition soll die optimale Kombination der Elementarfaktoren sicherstellen, indem sie quasi als Motor den gesamten betrieblichen Leistungsprozess antreibt und steuert.

Der dispositive Faktor setzt sich aus zwei Schichten zusammen, einer intuitiven, irrationalen und einer analytisch rationalen Schicht. Letzterer rechnet Gutenberg zwei Hauptfunktionen zu:

- *Planung* als vorausbedenkender Entwurf betrieblichen Handelns und
- *Vollzug* als Umsetzung des Geplanten in die Wirklichkeit.

Die *Organisation* ist in dem Ansatz von Gutenberg (*Gutenberg* 1983) im Wesentlichen mit der Vollzugsaufgabe gleichzusetzen: „Während Planung den Entwurf einer Ordnung bedeutet, nach der sich der gesamtbetriebliche Prozess vollziehen soll, stellt Organisation den Vollzug, die Realisierung dieser Ordnung dar" (S. 235). Die Organisation wird in dieser Sicht also als reines Umsetzungsinstrument gesehen; ihre Aufgabe ist es, dafür Sorge zu tragen, dass das Geplante Wirklichkeit wird.

Nachdem Organisation ganz generell als Vollzug verstanden wird, fasst Gutenberg dann auch *alle* Regelungen, die zur Planumsetzung entwickelt oder erlassen werden, unter dem Begriff der Organisation zusammen. Er sieht die Organisation als ein Geflecht von Regelungen, und zwar sowohl solche *genereller* als auch *fallweiser* Natur. Die generelle und die fallweise Regelung stehen sich diesem Denkgebäude nach bei jeder organisatorischen Gestaltungsentscheidung als prinzipielle Alternativen gegenüber, zwischen denen die Wahl bei der optimalen Regelung betrieblicher Vorgänge zu treffen ist.

Gutenberg will die Wahl zwischen den beiden Regelungsformen nicht vorentscheiden, sondern von der Variabilität des fraglichen betrieblichen Tatbestandes abhängig machen. Die Organisation eines Unternehmens stellt sich dann aus dieser Sicht als eine je spezifische Mischung aus fallweisen und generellen Regeln dar. Von der Frage des Mischungsverhältnisses ist als eigener Problemkreis die absolute Zahl der Regeln, also die *Regelungsdichte*, zu unterscheiden. Letztere beschreibt, wieweit die betrieblichen Aufgabenvollzüge vorgeregelt werden oder, anders gesehen, wie viel Raum für Eigendispositionen der Positionsinhaber noch verbleibt.

Der Einbezug der fallweisen Regelung in den Organisationsbegriff ist ungewöhnlich und nur verständlich, wenn man den Zusammenhang zu Gutenbergs Steuerungsansatz herstellt. Sehr viel häufiger wird nur das Geflecht genereller Regelungen als Organisation bezeichnet; dann nimmt aber auch meist die Organisation einen anderen Platz im allgemeinen Rahmenkonzept der betrieblichen Steuerung ein.

Der *konfigurative Organisationsbegriff*: Die profilierteste Gegenposition im Rahmen der instrumentellen Sichtweise markiert die kosiolsche Organisationslehre (*Kosiol* 1976), die im theoretischen Gerüst der bürokratischen Organisation (*Weber* 1976; → *Bürokratie*) und der strukturanalytischen Organisationstheorie (*Blau/Scott* 1962) zu verankern ist. Organisation bezeichnet dort die *dauerhafte Strukturierung von Arbeits- und Autoritätsprozessen*, d.h. ein festes Gefüge von generellen Regeln (*Konfiguration*), das allen anderen Maßnahmen und Dispositionen vorgelagert ist. Die Organisation ist hier der (laufenden) Disposition vorgeordnet; sie schafft den Rahmen, innerhalb dessen dann die dispositiven Anordnungen getroffen werden können. Organisation wird dementsprechend definiert „als endgültig gedachte Strukturierung, die in der Regel auf längere Sicht gelten soll" (*Kosiol* 1976, S. 28).

Ausgangspunkt aller organisatorischen Gestaltung soll nach Kosiol die *Aufgabe* sein; gemeint ist damit die „Marktaufgabe" der Unternehmung, also etwa die Produktion von Küchengeräten, der Transport von Gütern oder die Vermittlung von Immobilien; diese Gesamtaufgabe wird aus Teilaufgaben zusammengesetzt gedacht. Jeder organisatorischen Gestaltungsmaßnahme wird es deshalb zur Pflicht gemacht, in einem Dekompositionsprozess zunächst einmal diese Teil- und letztlich Elementaraufgaben zu „induzieren" (→ *Aufgabenanalyse*), um sie anschließend in einem Konstruktionsprozess zu einer zweckmäßigen Gestalt zu verknüpfen (*Aufbauorganisation*; → *Aufbau- und Ablauforganisation*). Dieses Organisationsverständnis ist im Wesentlichen statisch ausgelegt, die Organisation soll dem Leistungsprozess Stabilität und Ordnung verleihen. Es bleibt allerdings ungeklärt, weshalb Systeme eines solch dauerhaften Gefügerahmens bedürfen.

Ein stabil gebautes hierarchisches Strukturgefüge wird als Selbstverständlichkeit gesetzt; man beginnt bei der Strukturformenwahl und überspringt damit die Basisfrage nach der Notwendigkeit von Strukturen. Es ist wohl auch schwer, eine Begründung für die Stabilitätsorientierung oder die stabilisierende Funktion von Organisationsstrukturen aus der instrumentellen Perspektive heraus zu leisten. Man braucht dazu eine andere Perspektive als die des Führungsinstruments.

2. Organisation als Institution

Der *institutionelle Organisationsbegriff* lenkt den Blickwinkel auf das gesamte System, auf die Institution. Ebenso wenig wie die vorhergehenden Begriffe beliebig gegriffen, sondern mit Bedacht gewählt worden waren, so ist auch diese Perspektive nicht eine willkürliche Setzung, sondern das Ergebnis einer spezifischen theoretischen Denkweise. Drei Zentralelemente kennzeichnen das institutionelle Organisationsverständnis (vgl. *March/Simon* 1958, S. 1 ff.; *Mayntz* 1963):

1. Spezifische Zweckorientierung: Organisationen sind auf spezifische *Zwecke* hin ausgerichtet. Diese Zwecke müssen keineswegs identisch sein mit den persönlichen Zwecken der Organisationsmitglieder, meist decken sie sich nur partiell. In aller Regel verfolgen Organisationen mehrere, einander sogar partiell widersprechende Ziele (z.B. Liquidität und Rentabilität oder Flexibilität und Effizienz; → *Ziele und Zielkonflikte*).

2. Geregelte Arbeitsteilung: Organisationen bestehen aus mehreren Personen (oder genauer: aus Handlungen mehrerer Personen), deren Aufgabenaktivitäten nach einem der Absicht nach rationalen Muster geteilt und verknüpft werden (organisiert werden nur Handlungen, nicht unbeseelte Objekte) (→ *Arbeitsteilung und Spezialisierung*). Dieses Muster setzen Organisationen in Erwartungen (Regeln, Stellenbeschreibungen) um, an denen sich das Handeln der Mitglieder ausrichten soll (Organisationsstruktur). Dadurch wird das Verhalten der Organisationsmitglieder (in Grenzen) vorhersehbar.

3. Beständige Grenzen: Organisationen weisen *Grenzen* auf, die es möglich machen, organisatorische Innenwelt und Außenwelt („Umwelt") zu unterscheiden (→ *Organisationsgrenzen*). Durch die Grenzziehung gibt es identifizierbare Mitgliedschaften, d.h. jede Organisation hat einen Kreis angebbarer Mitglieder; sie zeichnen sich dadurch aus, dass sie grundsätzlich bereit sind, die unter 2. genannten Erwartungen (jedenfalls zu einem großen Teil) zu erfüllen.

Schon aus diesen skizzenhaften Erläuterungen des institutionellen Organisationsbegriffes wird deutlich, dass hiermit ein ganz anderer Blickwinkel einhergeht. Der Gegenstandsbereich der → *Organisationstheorie* dehnt sich damit nicht nur aus, sondern bezieht auch Probleme mit ein, die unter dem instrumentellen Organisationsverständnis gar nicht zum Thema werden konnten. Die außerordentlich große Bedeutung dieser Perspektiverweiterung ist rasch erschlossen.

Der institutionelle Organisationsbegriff gibt nicht nur den Blick frei für die organisatorische Strukturierung, die formale Ordnung, sondern für das ganze soziale Gebilde, die geplante Ordnung und die ungeplanten Prozesse, die Funktionen, aber auch die Dysfunktionen organisierter Arbeitsabläufe, die Entstehung und die Veränderung von Strukturen, die Ziele und ihre Widersprüche. Der instrumentelle Organisationsbegriff in der traditionellen Fassung thematisiert das organisatorische Gestaltungsproblem im Vergleich dazu aus einem viel engeren Blickwinkel, nämlich dem rationalen Entwurf organisatorischer Strukturen. Heute wird jedoch in die Entwurfsarbeit organisatorischer Maßnahmen in der Regel ein deutlich breiteres Spektrum an Wirkungen einbezogen. Die Möglichkeit, dass sich die Organisationsmitglieder den formalen Vorgaben der Strukturvorschriften entziehen, wird von vorneherein in die Abwägung gestalterischer Optionen einbezogen und durch flankierende Maßnahmen zu begrenzen versucht. Insofern hat in der heutigen Entwicklung eine Annäherung zwischen der instrumentellen und der institutionellen Sichtweise stattgefunden.

3. Organisatorische Regelungen

Organisatorische Regeln werden als *Erwartung* praktisch, d.h. sie richten sich auf das Verhalten der Organisationsmitglieder. Sie begrenzen das Handlungsrepertoire absichtsvoll, indem sie bestimmte Handlungen zur Erwartung machen, während sie andere für unerwünscht erklären. Das Ausmaß an Vorregelung kann erheblich variieren.

In Organisationen gibt es – wie dargelegt – *formale Regeln*, d.h. offiziell eingeführte und genauer spezifizierte Erwartungen an das Verhalten der Mitglieder. Ihr Recht auf Geltung leiten sie aus der sog. Direktionsbefugnis des Arbeitgebers ab, die mit dem Unterzeichnen des Arbeitsvertrages anerkannt wird. Obwohl bei Nicht-Einhaltung Sanktionen bis hin zur Kündigung drohen, werden dennoch beileibe nicht alle Regeln, die in einer Organisation Geltung beanspruchen, auch tatsächlich eingehalten. Nicht selten werden formelle Regeln von „unsichtbaren" Regeln konterkariert, die auf einem *informellen*, d.h. nicht offiziellen Wege entstanden sind. Dabei ist zu beachten, dass auch inoffizielle Regeln genereller Natur sein können. Häufig entstehen Regeln *spontan* aus dem Handeln heraus und bewähren sich im täglichen Arbeitsvollzug; bisweilen sind es gerade diese Regeln, Routinen oder Standardprozeduren, die das Verhalten besonders stark beeinflussen.

Darüber hinaus werden im organisatorischen Leben auch Regeln aus anderen Systemen beachtet, so etwa der Branche (etwa im Bergbau oder in der Bauwirtschaft) oder einer Berufsgruppe (z.B. Sicherheitsingenieure oder Werksärzte). Diese werden in der einzelnen Organisation wie selbstverständlich gepflegt, ohne dass sie je von einer dazu berechtigten Stelle eingeführt worden wären. Diese „fremden" Regeln werden entweder *indirekt* in die Organisation hineingetragen (etwa durch entsprechende Ausbildungsgänge einschlägiger Professionen wie auch branchenspezifische Erwartungsmuster bezüglich eines „richtig" organisierten Betriebs; vgl. dazu *DiMaggio/Powell* 1983; *Kieser/Walgenbach* 2003, S. 21) oder aber sie dringen *direkt* im Rahmen der Kooperation mit anderen Systemen in die Organisation ein.

Die Tatsache, dass nur ein Teil der in einer Organisation wirksamen Regeln einem autorisierten Prozess der Regelschöpfung, also der geplanten Organisationsgestaltung, entstammt, ließ es zweckmäßig erscheinen, verschiedene Regelungsbereiche zu unterscheiden. Die geläufigste, wenn auch nicht unumstrittene Unterscheidung trennt dementsprechend – wie erwähnt – in formale und informale (häufig auch: formelle und informelle) Regeln. Die informalen Erwartungen stehen in keinem unmittelbaren Zusammenhang mit der Mitgliedschaft, sie werden aber gleichwohl nur an Mitglieder des formalen Systems gerichtet. Ihre Erfüllung gehorcht einer anderen Logik.

In der neueren Organisationstheorie interessieren die Wechselbeziehungen zwischen formaler und informaler Organisation, insb. im Hinblick auf ihre Wirkungen für die Leistung des Gesamtsystems (*Friedberg* 1995; *Ortmann* 2003). Funktionale wie dysfunktionale Aspekte beider Regelsysteme interessieren gleichermaßen; die informale Organisation (→ *Informelle Organisation*) wird jetzt sogar als wichtiges *Korrektiv* zu den dysfunktionalen Wirkungen formaler Organisation thematisiert.

Informale Regelungen sind nämlich in der Lage, die Einseitigkeit der formalen Organisation zu kompensieren, indem sie andere als die offiziellen, gleichwohl aber für den Systemerfolg bedeutsame, Zwecke erfüllen (*Luhmann* 1995, S. 284 f.). Dazu gehört eine rasche unkomplizierte Verständigung ebenso wie die Erfüllung von Zugehörigkeitsbedürfnissen und der Wunsch nach kollegialer Vertrautheit. In gewissem Umfang kann so gesehen die informale Organisation die formale stabilisieren, indem sie ihre Schwächen kompensiert und sie flexibler macht als sie nach ihrem formalen Reglement eigentlich ist.

Mit dieser Einsicht in den (potenziell) funktionalen Beitrag der informalen Organisation war zugleich eine Kritik an der Idee der formalen Regelung formuliert und ihre unumschränkte Effizienzwirkungsthese relativiert.

Die Diskussion um informale Regeln und Subsysteme war aber immer auch – neben der Frage der Funktionalität oder Dysfunktionalität – an der Frage interessiert, wie Ordnung faktisch entsteht. Die aus sich selbst heraus entstehende emergente *Ordnungsbildung* ist dann auch in einem eigenen Ansatz aufgegriffen und zu einer alternativen Sichtweise von organisationalen Prozessen entwickelt worden. Die klassische Organisationsidee, ein System mit Hilfe eines Kranzes spezifizierter Regelungen steuern zu wollen, wird als naive Illusion zurückgewiesen. Stattdessen wird Ordnung als Ergebnis autonomer Prozesse erklärt, wie sie in vielfach vernetzten Systemen mit eigensinniger Dynamik entstehen. Das der Biologie entliehene Konzept der → *Selbstorganisation* wird an die Stelle der alten Expertenaufgabe, der *Fremdorganisation*, gesetzt (*Yovits/Cameron* 1960; *von Foerster* 1984; *Probst* 1987; *Malik* 2003; zur Entwicklung des Konzeptes vgl. *Paslack* 1991). *Selbstorganisation* entsteht ungeplant: Aus den spontanen Interaktionen der Systemelemente resultiert eine unvorhersehbare Ordnung; und mehr als das, von dieser Ordnung wird gesagt, sie leiste mehr als jede geplante Ordnung je leisten kann (vgl. *von Hayek* 1994). Die Idee der Selbstorganisation bricht radikal mit der Vorstellung eines Organisators, der für ein System eine Struktur plant und sie dann gewissermaßen von außen dem System vorgibt, mit dem Ziel, damit voraussagbare Ergebnisse zu erzielen. Organisation erscheint – wenn man es denn überhaupt noch so bezeichnen will – als eine vom System selbst generierte Ordnung. Die Elemente/Subsysteme erzeugen unbeabsichtigt durch ihr Zusammenwirken Ordnung, die auf sie selbst zurückwirkt.

Den ganzen Weg des Selbstorganisations-Konzeptes mitzugehen, fällt schwer – eine Reihe von Einwänden spricht dagegen (vgl. zur Kritik im Einzelnen *Bender* 1994; *Schreyögg/Noss* 1994). Trotzdem führt die Idee der Selbstorganisation die lange völlig unterschätzten Prozesse autonomer, ungeplanter Entwicklungen in Organisationen nachhaltig vor Augen. Keine Organisation kann bei Licht besehen auf spontane Ordnungsleistungen ihrer Mitglieder verzichten, die sich informell entwickelt haben (*Nelson/Winter* 1982).

II. Fragestellungen der Organisation

1. Organisationstheorie und Organisatorische Gestaltung

Entsprechend den beiden grundsätzlichen Zielsetzungen der Wissenschaft, Erklärungen für überraschende Sachverhalte zu finden (theoretisches Interesse) und Empfehlungen zur zielführenden Sachverhaltsgestaltung abzuleiten (*Grochla* 1980, Sp. 1796), lassen sich mit der → *Organisationstheorie* und den Konzepten der Organisationsgestaltung (→ *Organisatorische Gestaltung (Organization Design)*) zwei prinzipielle Formen der Auseinandersetzung mit organisatorischen Fragestellungen unterscheiden.

a) Problemstellungen der Organisationstheorie

Die Organisationstheorie als Inbegriff der einzelnen organisationstheoretischen Ansätze zeichnet sich durch ein weites Spektrum heterogener und teilweise auch widersprüchlicher Organisationstheorien aus (vgl. zum Überblick *Kieser* 2002). Wie in kaum einer anderen betriebswirtschaftlichen Teildisziplin divergieren hier die Objekte, Ebenen, Methoden und Aussagen der wissenschaftlichen Erklärungssuche. Zugleich ist die Organisationstheorie vergleichsweise stark interdisziplinär ausgerichtet und weist besonders zur Psychologie, Soziologie und Rechtswissenschaft (→ *Management und Recht*) vielfältige Schnittstellen auf.

Die Ansätze reichen im Einzelnen etwa von mathematisch geprägten Optimierungsansätzen der institutionenökonomischen Richtung (→ *Institutionenökonomie;* → *Prinzipal-Agenten-Ansatz;* → *Transaktionskostentheorie;* → *Verfügungsrechtstheorie (Property Rights-Theorie)*) über heuristische Analysen arbeitsteiliger Entscheidungsprozesse (→ *Entscheidungsorientierte Organisationstheorie;* → *Entscheidungsprozesse in Organisationen*) und individueller Verhaltensweisen in Organisationen (→ *Individuum und Organisation*) bis hin zu Theorien, die z.B. die Situationsabhängigkeit (→ *Kontingenzansatz*) und die Evolution (→ *Evolutionstheoretischer Ansatz*) ganzer (Populationen von) Organisationen thematisieren.

Adressiert werden in der Organisationstheorie so unterschiedliche Phänomene wie → *Bürokratie* und → *Hierarchie*, Flexibilität (→ *Flexibilität, organisatorische*) und → *Selbstorganisation*, Konflikte (→ *Konflikte in Organisationen*) und Emotionen (→ *Emotionen in Organisationen*), Macht (→ *Macht in Organisationen*), → *Mikropolitik* und Verfassungsfragen (→ *Corporate Governance (Unternehmensverfassung)*) in und von Organisationen, → *Interne Märkte* und unternehmensübergreifende → *Netzwerke* sowie die Historie (→ *Organisationsstrukturen, historische Entwicklung von*), die Pfad- und Kulturabhängigkeit (→ *Routinen und Pfadabhängigkeit;* → *Kulturvergleichende Organisationsforschung*), der Lebenszyklus (→ *Lebenszyklus, organisationaler*) und die Fortentwicklung von Organisationsstrukturen (→ *Organisationsentwicklung;* → *Lernen, organisationales*).

Organisationstheoretische Analysen setzen alternativ oder teils auch kombiniert sowohl auf der Mikroebene des einzelnen Individuums als auch der Mesoebene von Gruppen (→ *Gruppen und Gruppenarbeit;* → *Gruppenverhalten und Gruppendenken*) und der Makroebene der Unternehmen und anderen Institutionen an. Zum Einsatz gelangt dabei eine breite Palette verschiedenartiger Forschungsmethoden, die teils empirischer (→ *Methoden der empirischen Managementforschung*) und teils analytischer Natur sind.

b) Problemstellungen der Organisatorischen Gestaltung

Entsprechend den Problemstellungen der Organisationstheorie ist auch das Themenfeld der organisatorischen Gestaltung weit aufgefächert. Analog zu den organisationstheoretischen Betrachtungsebenen lassen sich zunächst Gestaltungsprobleme auf der Mikroebene der einzelnen Stellen und Arbeitsprozesse (→ *Arbeitsorganisation;* → *Motivationsorientierte Organisationsmodelle*), der Mesoebene von Personenmehrheiten wie z.B. der Ausformung von Teams (→ *Teamorganisation;* s.a. → *Community of Practice*) und Unternehmensorganen (→ *Aufsichtsrat;* → *Board of Directors;* → *Top Management (Vorstand)*) und der Makroebene des Unternehmens unterschieden.

Die Gestaltungsprobleme der Makroebene können weiter danach differenziert werden, ob die Organisation des Gesamtunternehmens, die Organisation von Teilbereichen des Unternehmens oder aber die Organisation unternehmensübergreifender Kooperationen adressiert werden. Im ersten Fall wird die *Rahmenstruktur* des Unternehmens festgelegt, die v.a. nach funktionalen (→ *Funktionale Organisation*), produktbezogenen (→ *Spartenorganisation*) sowie marktlichen Kriterien (→ *Regionalorganisation*) gegliedert werden kann.

Bei der bereichsbezogenen Gestaltung geht es hingegen um die interne Organisation der Unternehmensleitung, der operativen, produkt- bzw. marktbezogenen Geschäftsbereiche und der funktional orientierten → *Zentralbereiche* sowie die Regelung der Aufbau- und Ablaufbeziehungen (→ *Aufbau- und Ablauforganisation*) zwischen diesen Einheiten. Einen besonderen Stellenwert nehmen dabei die organisatorische Verankerung und Ausgestaltung der verschiedenen Unternehmensfunktionen ein, die jeweils eigene organisatorische Anforderungen stellen und daher individuelle, funktionsspezifische Organisationslösungen verlangen (*Frese/v. Werder* 1993, S. 36). Zu denken ist z.B. an die Organisation der Aufgaben Beschaffung (→ *Beschaffungsorganisation*), Logistik (→ *Logistik, Organisation der*), Produktion (→ *Produktionsorganisation*) und Absatz (→ *Absatzorganisation*), Forschung und Entwicklung (→ *Forschung und Entwicklung, Organisation der*), → *Innovationsmanagement* und → *Technologiemanagement*, Informationsverarbeitung (→ *Informationsverarbeitung, Organisation der*), Umweltschutz (→ *Umweltmanagement, Organisation des*), Personalwesen (→ *Personalwesen, Organisation des*), Rechnungswesen (→ *Rechnungswesen und Organisation*) und → *Controlling* sowie nicht zuletzt der Organisationsfunktion selbst (→ *Organisationsmanagement und Organisationsabteilung*).

Das Problem der unternehmensübergreifenden Organisationsgestaltung, das heute zunehmend an Bedeutung gewinnt und zu einer Aufweichung der Unternehmensgrenzen führt (→ *Organisationsgrenzen*), stellt sich bei den verschiedenen Formen der → *Unternehmenskooperation* wie z.B. strategischen Allianzen (→ *Allianz, strategische*) und interorganisationalen Netzwerken (→ *Netzwerke*).

Die Zweckmäßigkeit organisatorischer Gestaltungen hängt stets von Merkmalen der jeweiligen Gestaltungssituation ab (→ *Organisatorische Gestaltung (Organization Design)*). Zu den wichtigsten *Kontextfaktoren* gehören z.B. die Strategie (→ *Strategie und Organisationsstruktur*), die Technologie (→ *Technologie und Organisation*; → *Informationstechnologie und Organisation*), die Rechtsstruktur (→ *Management und Recht*; → *Konzernorganisation*; → *Holding*) und das kulturelle Umfeld des Unternehmens (→ *Kulturvergleichende Organisationsforschung*).

Nicht zuletzt sind auch der Typus und die Branche der zu organisierenden Institution in hohem Maße gestaltungsrelevant. Infolgedessen unterscheiden sich bspw. die Probleme und Lösungen der Unternehmensorganisation ebenso von der → *Hochschulorganisation* wie die Organisation nationaler und internationaler Unternehmen (→ *Internationale Unternehmen, Organisation der*), die Organisation von kapitalmarktorientierten Unternehmen (→ *Kapitalmarkt und Management*) und von → *Familienunternehmen* oder von produzierenden Unternehmen, Unternehmensberatungen (→ *Unternehmensberatung, Organisation und Steuerung der*) und Krankenhäusern (→ *Krankenhausmanagement*).

2. Organisation und Unternehmensführung

Das Verhältnis von Organisation und Unternehmensführung (→ *Unternehmensführung (Management)*) variiert mit dem zugrunde gelegten *Organisationsbegriff* (s. I.). Bei institutionalem Organisationsverständnis wird das Unternehmen insgesamt als Organisation aufgefasst, sodass Unternehmensführung gleichbedeutend mit der Führung der betreffenden Organisation ist.

Bei instrumentalem Organisationsverständnis bildet die Organisation(sstruktur) hingegen eines von mehreren Mitteln der Unternehmensführung. Die Organisation wird dann gemeinsam mit anderen Instrumenten wie namentlich der → *Planung* und → *Kontrolle* bzw. dem → *Controlling* sowie den Mechanismen der Mitarbeiterführung (→ *Führung und Führungstheorien*; → *Führungsstile und -konzepte*) zur Erreichung der Unternehmensziele (→ *Ziele und Zielkonflikte*) eingesetzt. Gemeinsam ist dabei allen Instrumenten der Unternehmensführung, dass sie letztlich das Verhalten der Unternehmensmitglieder auf die verfolgten Zielsetzungen ausrichten sollen. Sie unterscheiden sich allerdings im Detaillierungsgrad und Zeithorizont der Verhaltensbeeinflussung. Organisationsregelungen gelten – von Ausnahmen wie der Projektorganisation (→ *Projektmanagement*) abgesehen – regelmäßig unbefristet, geben durch die zugewiesenen Kompetenzen allerdings nur einen relativ groben Handlungsrahmen vor. Dieser Rahmen wird durch Planungen unterschiedlicher Reichweite konkretisiert und im Einzelfall durch die Vorgaben der übergeordneten Führungskräfte weiter ausgefüllt.

Da Organisationsmaßnahmen ebenso wie die anderen Managementinstrumente nur über die Verhaltensweisen der organisierten Handlungsträger wirksam werden können, sind bei ihrer Ausgestaltung neben sachlogischen stets auch verhaltenswissenschaftliche Aspekte zu berücksichtigen. Dieser Tatbestand erklärt, dass individual- und sozialpsychologische Phänomene – im Fall der Organisation konkret z.B. Erscheinungen wie die → *Informelle Organisation* sowie die Prozesse der → *Motivation* (s.a. → *Anreizsysteme, ökonomische und verhaltenswissenschaftliche Dimension*) – bei der Auseinandersetzung mit den Funktionsbedingungen der Organisation, aber auch (der anderen Instrumente) der Unternehmensführung generell, einen besonderen Stellenwert haben.

Als eines von mehreren Instrumenten der Unternehmensführung weist die Organisation naturgemäß wichtige Beziehungen zu den betreffenden anderen betriebswirtschaftlichen Teildisziplinen auf. Zu denken ist exemplarisch an die Abhängigkeiten der adäquaten Organisation von den unternehmensstrategischen Entscheidungen (→ *Strategisches Management*; → *Unternehmensstrategien*), an die Implikationen der geltenden Organisationsstruktur eines Unternehmens für die Ausformung seiner Planungs- und Kontrollsysteme sowie an die Interdependenzen zwischen der Stellenbildung durch Organisation und der Stellenbesetzung durch das Personalwesen (→ *Human Ressourcen Management*; → *Personal als Managementfunktion*).

Literatur

Bender, Christiane: Selbstorganisation in Systemtheorie und Konstruktivismus, in: Konstruktivismus und Sozialtheorie, hrsg. v. *Rusch, Gebhard/Schmidt, Siegfried J.*, Frankfurt am Main 1994, S. 263–282.
Blau, Peter M./Scott, W. Richard: Formal organization, San Francisco 1962.
DiMaggio, Paul J./Powell, Walter W.: The iron cage revisited: Institutional isomorphism and collective rationality in organizational fields, in: ASR, Jg. 48, 1983, S. 147–160.
Foerster, Heinz von: Principles of self-organization – in a sociomanagerial context, in: Self-organisation and management of social systems, hrsg. v. *Ulrich, Hans/Probst, Gilbert*, Heidelberg 1984, S. 2–24.
Frese, Erich/Werder, Axel v.: Zentralbereiche – Organisatorische Formen und Effizienzbeurteilung, in: Zentralbereiche – Theoretische Grundlagen und praktische Erfahrungen, hrsg. v. *Frese, Erich/Werder, Axel v./Maly, Werner*, Stuttgart 1993, S. 1–50.
Friedberg, Erhard: Ordnung und Macht. Dynamiken organisierten Handelns, Frankfurt am Main et al. 1995.
Grochla, Erwin: Organisationstheorie, in: HWO, hrsg. v. *Grochla, Erwin*, 2. A., Stuttgart 1980, Sp. 1795–1814.
Gutenberg, Erich: Grundlagen der Betriebswirtschaftslehre, Band 1: Die Produktion, 24. A., Berlin et al. 1983.
Hayek, Friedrich A. von: Freiburger Studien, Tübingen 1994.
Kieser, Alfred (Hrsg.): Organisationstheorien, 5. A., Stuttgart 2002.
Kieser, Alfred/Walgenbach, Peter: Organisation, 4. A., Stuttgart 2003.
Kosiol, Erich: Organisation der Unternehmung, 2. A., Wiesbaden 1976.
Luhmann, Niklas: Funktionen und Folgen formaler Organisationen, 4. A., Berlin 1995.
Malik, Fredmund F.: Systemisches Management, Evolution, Selbstorganisation, 2. A., Bern et al. 2003.
March, James G./Simon, Herbert A.: Organizations, New York 1958.
Mayntz, Renate: Soziologie der Organisation, Reinbek bei Hamburg 1963.
Nelson, Richard R./Winter, Sidney G.: An evolutionary theory of economic change, Cambridge MA 1982.
Ortmann, Günther: Regel und Ausnahme, Frankfurt am Main 2003.
Paslack, Rainer: Urgeschichte der Selbstorganisation. Zur Archäologie eines Wirtschaftsparadigmas, Braunschweig et al. 1991.
Probst, Gilbert: Selbst-Organisation, Berlin et al. 1987.
Schreyögg, Georg/Noss, Christian: Hat sich das Organisieren überlebt? Grundfragen der Unternehmenssteuerung in neuem Licht, in: Die Unternehmung, Jg. 48, 1994, S. 17–33.
Weber, Max: Wirtschaft und Gesellschaft, 5. A., Tübingen 1976.
Yovits, Marshall C./Cameron, Scott: Self-organizing systems, New York 1960.

Organisationscontrolling und -prüfung

Harald Wiedmann

[s.a.: Benchmarking; Evaluation der Unternehmensführung; Organisationsmanagement und Organisationsabteilung; Organisationsmethoden und -techniken; Organisatorische Gestaltung (Organization Design).]

I. Begriff, Zielsetzung und Bedeutung; II. Prüfungsanlässe; III. Prüfungsvorgehen.

Zusammenfassung

Organisationscontrolling und -prüfung, hier verstanden als methodische Schwachstellenanalyse, hat die eine Organisation ausmachenden Personen und Verfahren zum Gegenstand. Im Vordergrund steht dabei das interne Kontrollsystem, die Summe der von der Unternehmensleitung eingeführten Regelungen und Verfahren zur Sicherung der Wirksamkeit und Wirtschaftlichkeit der Geschäftstätigkeit im weitesten Sinne. Mit in Abhängigkeit vom Prüfungsziel unterschiedlicher Gewichtung werden Effektivität und Effizienz der Organisation untersucht. Dabei ist die Vorgehensweise grundsätzlich gleich: Auf der Grundlage einer Beurteilung des Kontrollumfeldes erfolgt zunächst die Prüfung des Organisationsaufbaus, danach wird die vorgefundene Organisation auf ihre Funktion hin getestet. Abschließend erfolgt eine Gesamtbeurteilung der Organisation, an die sich situationsabhängig weitere Schritte wie die Anregung oder Umsetzung von Verbesserungsmaßnahmen anschließen.

I. Begriff, Zielsetzung und Bedeutung

1. Organisation

Der Begriff „→ *Organisation*" lässt sich beschreiben als „System bewusst gestalteter Verhaltens- und Funktionsregeln ..., das eine arbeitsteilige und zugleich koordinierte Durchführung von Aufgabenerfüllungsprozessen durch (menschliche und maschinelle) Aktionsträger sicherstellen und damit zur Erreichung angestrebter Ziele in der Unternehmung beitragen soll" (*Grochla* 1983, Sp. 1003). Unterschieden wird in → *Aufbau- und Ablauforganisation*. Die *Aufbauorganisation* ist geprägt durch ihre Organisationsmitglieder sowie durch formale Strukturen und Organisationsanweisungen wie z.B. Stellenbeschreibungen und Weisungshierarchien. Demgegenüber umfasst die *Ablauforganisation* die Prozesse zur Erfüllung von Aufgaben und ist geprägt durch Organisationsanweisungen wie Ablaufpläne, Verfahrensrichtlinien sowie auch durch die Kodierung maschineller/EDV-gestützter Prozesse.

2. Prüfung und Controlling

„Prüfung" ist der Vergleich von Ist-Objekten mit Soll-Objekten nebst anschließender Urteilsbildung, durchgeführt von prozessunabhängigen Prüfern (*von Wysocki* 1988, S. 7; siehe auch Abb. 1).

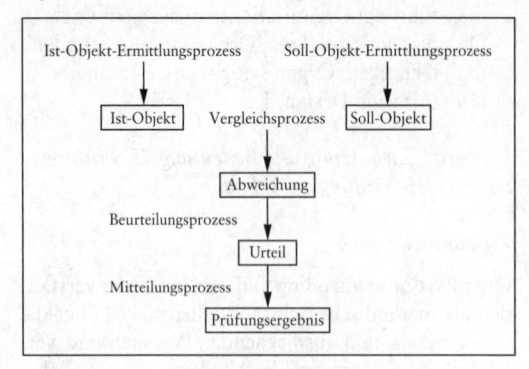

Abb. 1: Prozessfolge einer Prüfung (von Wysocki 1988, S. 122)

„→ *Controlling*" (to control = steuern und überwachen) wird heute nach ständiger Erweiterung der zunächst engen Begriffsabgrenzung i.S.v. → *Kontrolle* als ein unterstützendes Subsystem der Führung verstanden, das Planung, Kontrolle und Informationsversorgung koordiniert (*Horváth* 1992, S. 30). Organisationscontrolling wird überwiegend durch prozessabhängige bzw. den Prozessen nahe stehende Personen durchgeführt. Unter diesem Stichwort wird der Begriff Controlling in seiner engeren Bedeutung (organisatorische Sicherungsmaßnahmen und Kontrollen) verwendet und soweit nicht ausdrücklich differenziert, schließt der Begriff „Prüfung" in der Folge den Begriff „Controlling" mit ein. Damit wird Organisationscontrolling und -prüfung im Sinne einer methodischen *Schwachstellenanalyse* verstanden.

3. Gegenstand und Zielsetzung

Gegenstand des Organisationscontrolling und der -prüfung sind die Organisationsmitglieder (handelnde Personen) sowie die Organisationsanweisungen (Regelungen). Ziel ist die Sicherstellung der *effizienten* und *effektiven* Funktion der Organisation. Ziele sind – i.S.v. Überwachung – die Sicherstellung, dass die Organisation gemäß den Vorgaben funktioniert und – i.S.v. Steuerung – die Verbesserung oder Optimierung der Organisation gemessen an den Zielen der Organisation. Dabei handelt es sich um einen Beurteilungsprozess, „der sich nicht primär auf die Prüfung von Einzelsachverhalten richtet, sondern der die Gestaltung, die Wirksamkeit und die Funktionsfähigkeit des Systems der Gesamtheit von Regelungen und Abläufen zum Gegenstand hat" (*Leffson* 1980, S. 220 f.). Die Grenzen zur organisatorischen Gestaltung (→ *Organisatorische Gestaltung (Organization Design)*) oder → *Organisationsentwicklung* sind dabei fließend. Spezielle Prüfungsgegenstände sind die → *Aufbau- und Ablauforganisation* der Unternehmung, wobei sich die Prüfung auf die Gesamtorganisation oder auf Teilbereiche beziehen kann.

II. Prüfungsanlässe

1. Überblick

Die Anlässe für Organisationsprüfungen lassen sich unterscheiden in gesetzlich vorgeschriebene und freiwillige Prüfungen. Zu den gesetzlich vorgeschriebenen gehört vor allem die Jahresabschlussprüfung einschließlich der Prüfung der Buchführung und des internen Kontrollsystems (IKS) gemäß § 317 HGB und die in Abhängigkeit vom zu prüfenden Unternehmen notwendigen Erweiterungen wie bspw. bei kapitalmarktorientierten Unternehmen die Prüfung des Risikofrüherkennungssystems gemäß § 91 Abs. 2 AktG oder bei Kreditinstituten die Prüfung der Einhaltung der besonderen organisatorischen Pflichten gemäß § 25a KWG. Ebenso ist die Prüfung der *Ordnungsmäßigkeit der Geschäftsführung* nach § 53 Haushaltsgrundsätzegesetz, um die die Jahresabschlussprüfung für in überwiegend öffentlicher Hand befindliche privatrechtlich organisierte Unternehmen zu erweitern ist, zumindest teilweise eine Organisationsprüfung.

Freiwilligen Prüfungen liegt entweder ein konkretes Interesse am Funktionieren einer (Teil-)Organisation oder deren Verbesserung zugrunde, z.B. im Rahmen eines Unternehmenserwerbs (Organisational *Due Diligence*), oder sie sind nachhaltig bzw. wiederkehrend veranlasst, z.B. durch die Festlegung in den Statuten, bestimmte Prüfungen regelmäßig durchführen zu lassen. Die Durchführung kann durch Externe oder Interne erfolgen, z.B. durch die Einrichtung einer internen Revision oder durch spezielle Organisationsabteilungen (→ *Organisationsmanagement und Organisationsabteilung*).

2. Prüfung des internen Kontrollsystems

Mit dem internen Kontrollsystem (IKS) werden die von der Unternehmensleitung eingeführten Grundsätze, Verfahren und Maßnahmen bezeichnet, die auf die organisatorische Umsetzung der Entscheidungen gerichtet sind

– zur Sicherung der Wirksamkeit und Wirtschaftlichkeit der Geschäftstätigkeit einschließlich des Schutzes des Vermögens und der Verhinderung und Aufdeckung von Vermögensschädigungen,
– zur Ordnungsmäßigkeit und Verlässlichkeit der internen und externen Rechnungslegung sowie
– zur Einhaltung der für das Unternehmen maßgeblichen rechtlichen Vorschriften.

Damit ist das IKS nichts anderes als die unter einem bestimmten Blickwinkel betrachtete Gesamtorga-

```
                    ┌─────────────────────────────┐
                    │ Internes Kontrollsystem (IKS)│
                    └──────────────┬──────────────┘
                   ┌───────────────┴───────────────┐
        ┌──────────┴──────────┐         ┌──────────┴──────────┐
        │Internes Steuerungs- │         │Internes Überwachungs│
        │      system         │         │      system         │
        └─────────────────────┘         └──────────┬──────────┘
              ┌────────────────────────────────────┤
   ┌──────────┴──────────┐             ┌───────────┴─────────┐
   │  Prozessintegrierte │             │  Prozessunabhängige │
   │ Überwachungsmaßnahmen│            │ Überwachungsmaßnahmen│
   └──────────┬──────────┘             └──────────┬──────────┘
      ┌───────┴───────┐                    ┌──────┴──────┐
┌─────┴─────┐ ┌───────┴────┐         ┌─────┴──────┐ ┌────┴────┐
│Organisato-│ │            │         │  Interne   │ │         │
│rische     │ │ Kontrollen │         │  Revision  │ │ sonstige│
│Sicherungs-│ │            │         │            │ │         │
│maßnahmen  │ │            │         │            │ │         │
└───────────┘ └────────────┘         └────────────┘ └─────────┘
```

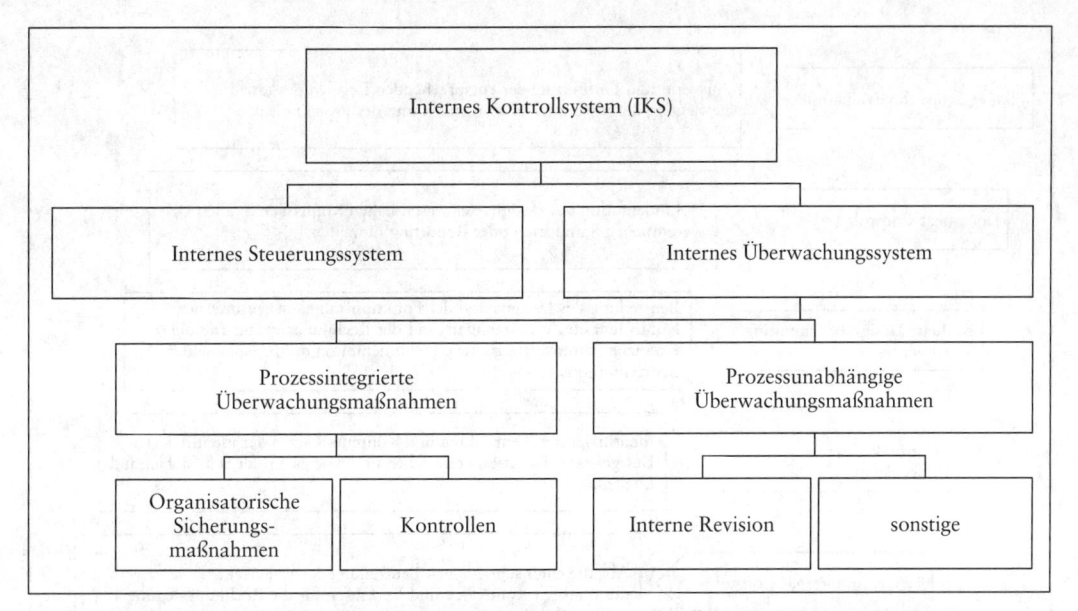

Abb. 2: Regelungsbereiche des internen Kontrollsystems (Quelle: IDW, PS 260 2001, Tz. 6)

nisation. Sie besteht aus Regelungen zur Steuerung der Unternehmensaktivitäten und ihrer Überwachung und beinhaltet prozessintegrierte (organisatorische Sicherungsmaßnahmen, Kontrollen etc.) ebenso wie prozessunabhängige Überwachungsmaßnahmen (*IDW, PS 260 2001,* Tz. 5 f.; vgl. Abb. 2). In Aufbau- und Ablauforganisation integriert sind

- fehlerverhindernde Maßnahmen wie z.B. Funktionstrennung, Zugriffsbeschränkungen im EDV-Bereich und Zahlungsrichtlinien, oder
- Kontrollen, die Fehler entdecken und berichtigen sollen, wie z.B. Überprüfung der Vollständigkeit und Richtigkeit von erhaltenen oder weitergegebenen Daten, manuelle Soll/Ist-Vergleiche oder programmierte Plausibilitätsprüfungen in der Software.

Prozessunabhängige Maßnahmen werden in der Regel durch die *Interne Revision* durchgeführt, eine Institution, die innerhalb eines Unternehmens Strukturen und Aktivitäten prüft und beurteilt (→ *Risikomanagement und Interne Revision*). Dieser unternehmensinterne Überwachungsträger darf weder in den Arbeitsablauf integriert noch für das Ergebnis des überwachten Prozesses verantwortlich sein. Daneben können sonstige prozessunabhängige Überwachungsmaßnahmen festgelegt sein, z.B. in Form von High-level-controls, die im besonderen Auftrag der gesetzlichen Vertreter oder durch diese selbst vorgenommen werden.

Sofern sie als Bestandteil der *Jahresabschlussprüfung* erfolgt, hat sich die Prüfung des IKS insbesondere darauf zu erstrecken, ob

- das IKS angemessen gestaltet ist, um wesentliche falsche Angaben in den zu prüfenden Unterlagen zu verhindern bzw. zu entdecken und zu berichten,

- das IKS während des zu prüfenden Geschäftsjahres kontinuierlich bestanden hat und wirksam war und
- die Buchführung als Teil des IKS den gesetzlichen Anforderungen entspricht (*IDW, PS 300 2001,* Tz. 15).

3. Prüfung des Risikofrüherkennungssystems

Mit dem Gesetz zur Kontrolle und Transparenz (KonTraG, 1998) ist § 91 Abs. 2 AktG eingeführt worden, der die Unternehmensleitung insbesondere verpflichtet, ein Überwachungssystem einzurichten, damit den Fortbestand der Gesellschaft gefährdende Entwicklungen frühzeitig erkannt werden. Diese direkt nur für die Vorstände einer AG (→ *Top Management (Vorstand)*) gefasste Regelung strahlt nach überwiegender Meinung auch auf die Geschäftsführer anderer Gesellschaftsformen aus (*Institut der Wirtschaftsprüfer* 2000, Abschn. P, Rn. 13 mit weiteren Fundstellen). Das *Risikofrüherkennungssystem* hat sich über alle Bereiche des Unternehmens zu erstrecken. Basierend auf den Unternehmenszielen und Erfolgsfaktoren besteht es aus einem Regelkreislauf mit den Elementen

- Risikoidentifikation,
- Risikoanalyse und -bewertung,
- Risikokommunikation und
- Überwachung.

Für kapitalmarktorientierte Unternehmen ist das Risikofrüherkennungssystem Gegenstand der Jahresabschlussprüfung. Der Abschlussprüfer hat dabei zu beurteilen, ob der Vorstand die ihm obliegenden Maßnahmen in geeigneter Form getroffen hat und ob das danach einzurichtende Überwachungssystem seine

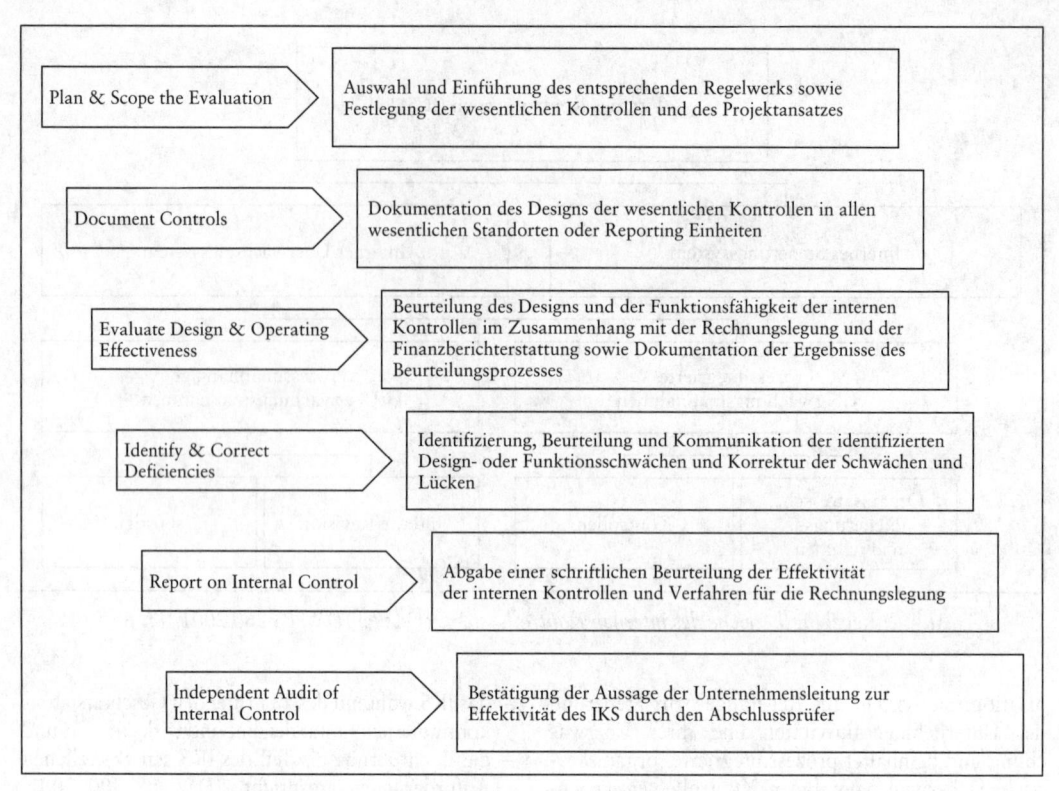

Plan & Scope the Evaluation	Auswahl und Einführung des entsprechenden Regelwerks sowie Festlegung der wesentlichen Kontrollen und des Projektansatzes
Document Controls	Dokumentation des Designs der wesentlichen Kontrollen in allen wesentlichen Standorten oder Reporting Einheiten
Evaluate Design & Operating Effectiveness	Beurteilung des Designs und der Funktionsfähigkeit der internen Kontrollen im Zusammenhang mit der Rechnungslegung und der Finanzberichterstattung sowie Dokumentation der Ergebnisse des Beurteilungsprozesses
Identify & Correct Deficiencies	Identifizierung, Beurteilung und Kommunikation der identifizierten Design- oder Funktionsschwächen und Korrektur der Schwächen und Lücken
Report on Internal Control	Abgabe einer schriftlichen Beurteilung der Effektivität der internen Kontrollen und Verfahren für die Rechnungslegung
Independent Audit of Internal Control	Bestätigung der Aussage der Unternehmensleitung zur Effektivität des IKS durch den Abschlussprüfer

Abb. 3: Prozess zur Beurteilung des IKS (Quelle: KPMG 2003, S. 25)

Aufgaben erfüllen kann (§ 317 Abs. 4 HGB). Dabei handelt es sich um eine *System-* oder *Organisationsprüfung* und nicht um eine *Geschäftsführungsprüfung*, die lediglich die Fähigkeit zur Aufdeckung wesentlicher Risiken beurteilt (*Institut der Wirtschaftsprüfer* 2000, Abschn. P, Rn. 97 f. mit weiteren Verweisen). Die Prüfung des Risikofrüherkennungssystems geht insoweit über die Prüfung des rechnungslegungsbezogenen internen Kontrollsystems hinaus als auch nicht rechnungslegungsbezogene Feststellungen zu treffen sind (*IDW, PS 260* 2001, Tz. 10).

4. Prüfung der IT-Organisation

Obwohl die IT-Organisation wesentlicher und untrennbar mit der Aufbau- und Ablauforganisation verbundener Teil der Unternehmensorganisation sowie auch Teil des IKS ist, wird sie in der Regel gesondert betrachtet, da zu ihrer Prüfung spezielle Sachkenntnis erforderlich ist. Im Rahmen der Abschlussprüfung ist die Sicherheit und Ordnungsmäßigkeit der IT ein eigenständiges Prüfungsziel (*IDW, PS 330* 2002, Tz. 8 ff). Nach einer Analyse der IT-Risiken sind die wesentlichen Teile der IT-Infrastruktur und die anwendungsunabhängigen Verfahren aufzunehmen; für Bereiche mit hohen Risiken ist zu beurteilen, ob grundlegende IT-Kontrollen bestehen und geeignet sind, diese Risiken zu begrenzen. Sie bilden die Basis für die einzelnen IT-Anwendungen, die in der zweiten Phase der Prüfung für ausgewählte IT-unterstützte Geschäftsprozesse untersucht werden (vgl. *Institut der Wirtschaftsprüfer* 2000, R 269).

Andere Prüfungs- und Controllingziele sind Effizienz und Effektivität des IT-Einsatzes. Bei diesen Wirtschaftlichkeitsprüfungen werden geeignete leistungsbezogene Schlüsselgrößen (z.B. Kosten je User) ermittelt und mittels Zeitreihenuntersuchungen oder durch → *Benchmarking* mit vergleichbaren Unternehmen beurteilt.

5. Sarbanes-Oxley Act – Section 404

Für alle am US-amerikanischen Kapitalmarkt gelisteten Unternehmen sieht die im Mai 2003 von der Security Exchange Commission (SEC) erlassene Final Rule zu Section 404 des *Sarbanes-Oxley Act* (SOA) vor, dass die Unternehmensleitung in den Annual Reports eine Berichterstattung über das IKS aufzunehmen hat, die folgende Bestandteile aufzuweisen hat:

– die Erklärung der Unternehmensleitung, in der ihre ausdrückliche Verantwortung für die Implementierung und die Aufrechterhaltung eines angemessenen IKS für die Rechnungslegung zum Ausdruck kommt,
– die Darstellung des Konzepts, anhand dessen die Effektivität der internen Kontrollen bewertet wurde, sowie

- die Beurteilung der Unternehmensleitung über die Effektivität des IKS und
- die Aussage, dass der Abschlussprüfer die Beurteilung der Unternehmensleitung zu internen Kontrollen bestätigt hat.

Außerdem sind – soweit vorhanden – wesentliche Schwachstellen im IKS darzustellen. Darüber hinaus sollen die Unternehmen quartalsweise die organisatorischen Änderungen beurteilen, die wesentlichen Einfluss auf das IKS haben. Um diesen Anforderungen gerecht werden zu können, müssen die Unternehmen ein auf das IKS zur Rechnungslegung ausgerichtetes Organisationscontrolling einrichten. Die Abbildung 3 gibt einen Überblick über das nach dem SOA geforderte prozessorientierte Vorgehen bei der Umsetzung von Section 404.

Im Wesentlichen stellt die Section 404 damit eine Verpflichtung für die Unternehmensleitung zur Implementierung und Dokumentation eines IKS sowie dessen Effektivitätsprüfung dar. Dem Abschlussprüfer obliegt es, die diesbezüglichen Aussagen der Unternehmensleitung zu bestätigen.

III. Prüfungsvorgehen

1. Planung

Ein ordentliches und effizientes Vorgehen erfordert ein → *Projektmanagement* und beginnt mit der → *Planung*, deren Ziel die Sicherstellung eines in sachlicher, personeller und zeitlicher Hinsicht unter Beachtung der spezifischen Verhältnisse wirtschaftlichen Prüfungsablaufs ist. Die Planung begleitet den Prüfungsablauf und ist auf der Grundlage zusätzlicher Informationen und Feststellungen ständig anzupassen.

2. Beurteilung des Kontrollumfeldes

Die Organisationsprüfung lässt sich entsprechend ihrer Zielsetzung einteilen in die Beurteilung des Kontrollumfeldes, die Prüfung der angemessenen Ausgestaltung (Aufbauprüfung) und die Prüfung der Wirksamkeit (Funktionsprüfung) der Organisation oder des IKS. Das Kontrollumfeld in einem Unternehmen ist dabei die Grundlage für die zur Umsetzung der Unternehmensziele erforderlichen Maßnahmen und Entscheidungen. Es erstreckt sich auf die Einstellungen, das Problembewusstsein und das Verhalten der Unternehmensleitung und der leitenden sowie der mit der Überwachung des Unternehmens betrauten Mitarbeiter. Die Beurteilung erfolgt auf der Grundlage der vorab oder im späteren Verlauf der Prüfung gewonnenen Erkenntnisse.

3. Aufbauprüfung

Die Prüfung des Organisationsaufbaus erstreckt sich entsprechend der Zielsetzung der Organisationsprüfung in der Regel nur auf ausgewählte Bereiche. Bei der Prüfung des IKS im Rahmen einer Jahresabschlussprüfung sind dies insbesondere jene Regelungen und Maßnahmen, die die Ordnungsmäßigkeit und Verlässlichkeit der Rechnungslegung, den Fortbestand des Unternehmens sowie den Schutz des vorhandenen Vermögens einschließlich der Verhinderung oder Aufdeckung von Vermögensschädigungen sicherstellen sollen. Bei anderen Prüfungsanlässen können aber auch die Einhaltung von Arbeitsschutzbestimmungen, die Sicherstellung der Wirksamkeit und Wirtschaftlichkeit der unternehmensinternen Abläufe oder die wirtschaftliche Gestaltung der Produktionsprozesse Prüfungsziele sein.

Die Aufbauprüfung beginnt mit der Erfassung des Ist-Zustandes und endet mit einer vorläufigen Beurteilung der Angemessenheit der Organisation und folgt dem Schema

- Aufnahme des Ist-Zustandes,
- Bestimmung des Soll-Objekts,
- Durchführung des Soll/Ist-Vergleichs,
- Analyse der festgestellten Abweichungen,
- Ggf. Anregung oder Durchführung von Korrekturmaßnahmen.

Dabei erlangt der Prüfer die zur Erfassung des Ist-Zustandes notwendigen Informationen durch

- eigene Beobachtungen,
- Befragung von Mitgliedern der Unternehmensleitung, Personen mit Überwachungsfunktionen und sonstigen Mitarbeitern,
- Auswertung von Dokumentationen, wie Organisationsplänen, Dienstanweisungen, Funktionsdiagrammen, Stellen- und Arbeitsplatzbeschreibungen oder Ablaufbeschreibungen oder -diagrammen,
- Durchsicht von Unterlagen, die durch das IKS generiert werden (*IDW, PS 260* 2001, Tz. 61).

Indem der Prüfer anhand eines Beispielvorgangs die einzelnen Ablaufschritte nachvollzieht („walk through") kann er sicherstellen, dass die erlangten Kenntnisse dem realen Ablauf der Vorgänge entsprechen.

Nach der Aufnahme des Ist-Zustandes erfolgt eine vorläufige Beurteilung des IKS. Dazu werden die Fehlermöglichkeiten und notwendigen Kontrollpunkte identifiziert. Der Vergleich der vorgefundenen (Ist-Objekt) mit den als notwendig erachteten Kontrollen (Soll-Objekt) ist Grundlage für die Identifizierung von Organisationsstärken und -schwächen und die voraussichtliche Zuverlässigkeit des IKS (reliance tests).

4. Funktionsprüfung

Ein wirksam konzipiertes IKS sichert erst dann zuverlässige Arbeitsabläufe, wenn die Regelungen und Anweisungen auch kontinuierlich praktiziert und richtig ausgeführt werden. Die Funktionsprüfung umfasst daher die Prüfung der Umsetzung und der Funktionsfähigkeit des IKS. Mit Hilfe einer Stichprobenauswahl ist die Art der Anwendung bestimmter organisatorischer Regelungen, die Kontinuität in der Anwendung im abgelaufenen Geschäftsjahr und die Frage, welche Personen für die Durchführung bestimmter Maßnahmen verantwortlich waren und wer diese tatsächlich durchgeführt hat, festzustellen (*compliance tests*, Gray/Manson 2000, S. 203 f.). Prüfungsinstrumente sind (*IDW, PS 260* 2001, PS 260, Tz. 67):

- Befragung von Mitarbeitern,
- Durchsicht von Nachweisen über die Durchführung der Maßnahmen,
- Beobachtung der Durchführung von Maßnahmen,
- Nachvollzug von Kontrollaktivitäten,
- Auswertung von Ablaufdiagrammen, Checklisten und Fragebögen,
- Einsichtnahme in die Berichte der Internen Revision,
- IT-gestützte Prüfungshandlungen.

5. Gesamtbeurteilung

Auf der Grundlage der Ergebnisse der einzelnen Funktionsprüfungen erfolgt abschließend eine Gesamtbeurteilung des IKS. Sofern die Prüfung des IKS Teil einer umfassenderen Prüfung wie z.B. der Jahresabschlussprüfung ist, beeinflusst die Gesamteinschätzung des IKS das weitere Prüfungsvorgehen. Dabei implizieren Schwächen im IKS ein höheres Kontrollrisiko und damit die Notwendigkeit mehr aussagebezogene Prüfungshandlungen im weitern Verlauf der Prüfung durchzuführen. Ansonsten dienen die Prüfungsergebnisse der Formulierung von Vorschlägen für Maßnahmen zur Verbesserung der Organisation.

Literatur

Bell, Timothy B. et al.: Auditing Organizations Through a Strategic-Systems Lens, University of Illinois at Urbana-Champaign 1997.
Gray, Iaon/Manson, Stuart: The Audit Process, 2. A., London 2000.
Grochla, Erwin: Organisation, Kontrolle und Revision, in: Handwörterbuch der Revision, hrsg. v. *Coenenberg, Adolf G./Wysocki, Klaus von*, Stuttgart 1983, Sp. 1002–1011.
Horváth, Peter: Controlling, 5. A., München 1992.
IDW, PS 260: Das interne Kontrollsystem im Rahmen der Abschlussprüfung, in: Wpfg, Jg. 54, 2001, S. 821.
IDW, PS 300: Prüfungsnachweise im Rahmen der Abschlussprüfung, in: Wpfg, Jg. 54, 2001, S. 898.
IDW, PS 330: Abschlussprüfung bei Einsatz von Informationstechnologie, in: Wpfg, Jg. 55, 2002, S. 1167.
IDW, PS 340: Die Prüfung des Risikofrüherkennungssystems nach § 317 Abs. 4 HGB, in: Wpfg, Jg. 52, 1999, S. 658.
IDW, PS 520: Besonderheiten und Problembereiche bei der Abschlussprüfung von Finanzdienstleistungsinstituten, in: Wpg, Jg. 54, 2001, S. 982.
Institut der Wirtschaftsprüfer (Hrsg.): WP-Handbuch 2000, 12. A., Düsseldorf 2000.
KPMG: o.T., in: Audit Comittee Quarterly, II/2003, S. 25.
Leffson, Ulrich: Wirtschaftsprüfung, 2. A., Wiesbaden 1980.
Wiedmann, Harald: Abschlussprüfung zwischen Ordnungsmäßigkeitsprüfung und betriebswirtschaftlicher Überwachung, in: Bilanzierung und Besteuerung der Unternehmen, Festschrift für Herbert Brönner zum 70. Geburtstag, hrsg. v. *Poll, Jens*, Stuttgart 2000, S. 443–464.
Wiedmann, Harald: Ansätze zur Fortentwicklung der Abschlussprüfung, in: Wpfg, Jg. 51, H. 7/1998, S. 338–350.
Wiedmann, Harald: Die Prüfung des internen Kontrollsystems, in: Wpfg, Jg. 34, H. 24/1981, S. 707–711.
Wittmann, Alois: Systemprüfung und ergebnisorientierte Prüfung, Berlin 1981.
Wysocki, Klaus von: Grundlagen des betriebswirtschaftlichen Prüfungswesens, 3. A., München 1988.

Organisationsentwicklung

Karsten Trebesch

[s.a.: Coaching; Lebenszyklus, organisationaler; Lernen, organisationales; Wandel, Management des (Change Management).]

I. Begriffserläuterung; II. Ursprünge und Modelle; III. Methoden; IV. Kritische Analyse; V. Perspektiven.

Zusammenfassung

Die Organisationsentwicklung als Konzept und Methode des geplanten Wandels in Organisationen hat sich in den 1950er Jahren in den USA und Ende der 1970er Jahre in den deutschsprachigen Ländern Europas entwickelt. Es werden die Modelle und Interventionsmethoden dargestellt und die Konzepte kritisch analysiert. Im letzten Jahrzehnt hat der Perspektivwechsel in der Strategie und die stärkere Berücksichtigung der ökonomischen Aspekte in der Organisationsentwicklung das Konzept des Veränderungs- bzw. Change Managements mehr in den Vordergrund rücken lassen, auch wenn die Methoden der Organisationsentwicklung weiterhin genutzt werden.

I. Begriffserläuterung

Die Initiatoren der 1980 gegründeten (und 1997 aufgelösten) Gesellschaft für Organisationsentwicklung verstehen Organisationsentwicklung als einen längerfristig angelegten, umfassenden Entwicklungs- und *Veränderungsprozess* von Organisationen und der in ihr tätigen Menschen. Der Prozess beruht auf Lernen aller Betroffenen durch direkte Mitwirkung und praktische Erfahrung. Sein Ziel besteht in einer gleichzeitigen Verbesserung der Leistungsfähigkeit der Organisation (Effektivität) und der Qualität des Arbeitslebens (Humanität). Über die Ziele, Inhalte und Methoden gibt es keinen Konsens, vielmehr decken sie ein breites Feld ab (*Trebesch* 1982; *Trebesch* 2000). Dieses Fehlen eines klar umrissenen Konzeptes resultiert in erster Linie aus der Tatsache, dass dieses Verfahren *aus* der Praxis *für* die Praxis entstanden und daher theoretisch unzureichend fundiert ist. Das Gestaltungsinteresse hat die Erkenntnis- und Erklärungsinteressen immer überlagert (*Kubicek/Leuck/ Wächter* 1980; *Richter* 1994). Die am häufigsten vorgefundenen Begriffe in den Definitionen geben die Varianz der inhaltlichen Schwerpunkte wieder: sozialer und kultureller Wandlungsprozess, Steigerung der Leistungsfähigkeit des Systems, Integration von individueller Entwicklung und individuellen Bedürfnissen in die Ziele und Strukturen der Organisation, Mitwirkung der Betroffenen, bewusst gestaltetes, methodisches und planmäßig gesteuertes Vorgehen im Rahmen angewandter Sozialwissenschaft.

Schon der Begriff zeigt die Spannung, die dem Konzept innewohnt: Organisation konnotiert Strukturierung, Regelhaftigkeit und Bewahren, während der Entwicklungsaspekt auf Bewegung, Gestalten und Fortschritt abzielt. Diese Spannung schlägt sich auch in der Konzeptentwicklung und -stringenz, den Methoden und schließlich den theoretischen Schwächen nieder.

Die Organisationsentwicklung widmet sich dem *geplanten organisatorischen Wandel (→ Wandel, Management des (Change Management))* und fokussiert v.a. auf die Implementierung der Veränderungen. Im Mittelpunkt steht dabei die *Partizipation* der Betroffenen. Es wird postuliert, dass die Mitarbeiter die organisatorischen sowie die erwarteten Verhaltensänderungen schneller und effektiver umsetzen, wenn sie an der Generierung beteiligt werden. Im Lichte des *Organisationslernens* sollte auch das vorhandene → *Wissen* der Mitarbeiter optimaler genutzt werden.

Organisationsentwicklung ist eher als erfahrensbezogene Prozessgestaltung von Veränderungen zu verstehen, die allerdings bis in die 1990er Jahre hinein relativ klar abgegrenzte normative Ziele hatte, was nicht nur die Akzeptanz, sondern auch die Realisierung erschwerte. Im Gegensatz zu den Anfängen in den 50er Jahren ist die Organisationsentwicklung heute nicht nur ein Management-Konzept in Unternehmen aller Art, sondern bereits eine Funktionsbezeichnung. Das zeigt die Akzeptanz des Konzeptes, wenngleich das *Change Management* bzw. *Veränderungsmanagement (→ Wandel, Management des (Change Management))* mit anderen Schwerpunkten in den Zielen, erweiterten Methoden und verändertem Wandelverständnis (*Schreyögg/Noss* 2000) in den Vordergrund rückt.

II. Ursprünge und Modelle

Die Anfänge der Organisationsentwicklung in Deutschland in den 1970er Jahren (in den USA in den 50er Jahren) muss man sowohl im Kontext der Veränderungen in Führung und Management und dem daraus resultierenden Organisationsverständnis als auch in der politischen Entwicklung sehen. Die abnehmende Bedeutung des Rationalitätsprinzips (→ *Rationalität*) im Management, die notwenige Auflösung starrer Regelhaftigkeit sowie der durch die Erkenntnisse der Betriebswirtschaftslehre und Verhaltenswissenschaften beeinflusste Veränderungsbedarf brachten Bewegung in die → *Unternehmensführung (Management)*, für die die Organisationsentwicklung ein Instrument der Umsetzung darstellte. Zum anderen wirkte auch die Bewegung, die im gesellschaftlich-politischen Feld einsetzte (68er Generation) auf die Unternehmen ein.

Heute können im konzeptionellen Bereich drei wesentliche Quellen der Organisationsentwicklung herausgefiltert werden (*Trebesch* 1980; *Trebesch* 2000; *Cummings/Worley* 1997): die Gruppendynamik, die Datenerhebungs- und Rückkopplungsmethode und das Konzept der sozio-technischen Systeme.

Die *Gruppendynamik* geht auf den immer wieder als einen der Mitbegründer der Organisationsentwicklung genannten Forscher Lewin zurück (*Bradford/Gibb/Benne* 1972). Er zeigte, dass mit der Gruppenarbeit ganz neue Lernmöglichkeiten entstehen. Die Gruppe als Ort der Veränderung wurde entdeckt. Lewin, der auch die *Aktionsforschung* entwickelte – eins der zentralen Modelle der Organisationsentwicklung –, hatte Gruppen gezielt dazu trainiert, die Prozesse individuellen und kollektiven Verhaltens durch unmittelbare Beobachtung im eigenen Kreis zu erforschen und besser zu verstehen. Neues Verhalten sollte in der Gruppe getestet, bewertet und dann verfestigt werden. Diese Gruppen bezeichnete man als sog. *Trainingsgruppen (T-Groups)*. Sie wurden am NTL-Institute for Applied Behavioral Science in Bethel/Maine institutionalisiert, das heute auch als Geburtsstätte der Organisationsentwicklung gesehen werden kann. Daraus ging die aktive und in den USA dominante Berufsvereinigung OD-Network hervor.

Am Institute for Social Research der Universität Michigan wurde gleichzeitig eine andere Methode zur Veränderung von Organisationen entwickelt: die *Datenerhebungs- und Rückkopplungsmethode (Survey Guided Feedback, Bowers/Franklin* 1977). Man hatte Mitarbeiterbefragungen durchgeführt und erkannt, dass nicht nur die gewonnenen statistischen Daten von Interesse sind. Die Aktions-Forscher begannen vielmehr, die Ergebnisse an alle betroffenen Manager und Mitarbeiter rückzukoppeln. Durch Vergleiche wurden Beziehungen hergestellt, Abklärungen ausgelöst und Engagement für Veränderungen gefördert.

Produktivitätsuntersuchungen im englischen Bergbau führten Trist (*Trist/Bamforth* 1951) zu der Entdeckung, wie wichtig eine intakte Sozialstruktur (teilautonome Gruppen) für die Leistungsfähigkeit der Organisation ist, und wie, zweitens, die Sozialstruktur durch die Technologie (→ *Technologie und Orga-*

nisation) beeinflusst wird. Das Konzept *sozio-technischer Systeme* hat mit der Überzeugung, dass das soziale und technische System aufeinander abgestimmt sein müssen, der Organisationsforschung entscheidende Impulse gegeben und die Anwendung sozialwissenschaftlicher Erkenntnisse im betrieblichen Bereich wesentlich gefördert. Es entwickelte sich ein neues Verständnis von „Organisation" und ihrer Entwicklungsparameter: Die Aufbaustruktur ist nicht das allein Entscheidende. Sie darf nicht isoliert, sondern nur im Gesamtzusammenhang, im System, d.h. in ihren Wechselwirkungen mit dem Arbeitsinhalt des Einzelnen, dem Lohnsystem, der Arbeitszeitregelung, den kommunikativen Beziehungen, dem Führungsstil (→ *Führungsstile und -konzepte*) und der Umwelt betrachtet werden.

Die *Systemtheorie* ist heute ein wichtiges Denk- und Handlungsmodell der Beratung in der Organisationsentwicklung. Die konservative → *Systemtheorie* wurde allerdings zum systemisch-konstruktivistischen Ansatz erweitert (*Wimmer* 1992; *Simon/Conecta-Autorengruppe* 1992; *Kolbeck* 2001), bspw. durch die Postulate der Selbstorganisation, der Konstruktion von Wirklichkeit, durch die Beobachtungs-Konzeption u.a.m.

Aus diesen Ursprüngen kristallisieren sich verschiedene Modelle der Organisationsentwicklung heraus. Auf Lewin (*Lewin* 1947) gehen die *Phasen-Modelle* (auftauen – verändern – einfrieren) zurück, die heute aber an Relevanz verloren haben, da sich Unternehmen im Zustand permanenter Veränderung befinden. Sievers (*Sievers* 1980) hat das klassische Verlaufsmodell der Organisationsentwicklung in folgenden Phasen dargestellt: Kontakt, Vorgespräche, Vereinbarungen, Datensammlung, Daten-Feedback, Diagnose, Maßnahmen-Planung und -Durchführung sowie Erfolgskontrolle. Das darf aber nicht als eine stringente Abfolge verstanden werden, da in der Praxis einige Phasen vorgezogen werden können, andere wiederholt werden müssen, weil sich bspw. Daten als wenig relevant erwiesen haben oder weil Konflikte im Prozess auftreten, so dass die Vereinbarungen erneuert oder ergänzt werden müssen.

Ein differenziertes Phasenmodell haben French und Bell (*French/Bell* 1977) vorgeschlagen. Sie verstehen es als Diagramm eines Aktionsforschungsprozesses, welches bereits versucht, Elemente der hermeneutischen bzw. selbstreferenziellen Zirkel einzuarbeiten. Heute ist man zu anderen Inhalten der Phasenmodelle übergegangen, da nicht mehr allein von der Prozessorganisation ausgegangen wird, sondern von den charakteristischen Problemlagen. Diese definieren die Inhalte und den Umfang der Phasen eines Veränderungsprozesses, zumal jede Phase sehr spezifische Interventionen erfordert.

Ein zentrales Modell ist jenes von Schein (*Schein* 2000) zur *Prozessberatung*. Es zielt darauf ab, die Organisation, die Führung und die Mitarbeiter in der Verbesserung der Veränderungsprozesse zu unterstützen. Dies geschieht nicht durch Vorschlag von Lösungen, sondern durch Anleitung zur Diagnose der Ursachen und Folgen von Problemen, so dass die Betroffenen zur Selbsthilfe befähigt werden.

Das *Grid-Modell* von Blake und Mouton (*Blake/Mouton* 1968) bietet mit den Dimensionen Betonung des Menschen oder der Produktion jeweils auf einer 9-Punkte-Skala die Möglichkeit, sich anhand von Fragebogen in dem sog. *Verhaltensgitter* zu positionieren. Dabei wird der 9/9-Führungsstil als ideal postuliert. Dieses Modell ist nicht nur wegen seiner Kommerzialisierung durch die Autoren, sondern auch aufgrund konservativer Annahmen (Überbetonung der Hierarchie und Effizienz) in die Kritik geraten.

Das *NPI-Modell* (*Glasl/de la Houssaye* 1975) des Niederländischen Pädagogischen Instituts ist dagegen von einem anthroposophischen Menschenbild geprägt und setzt v.a. an den interpersonalen Prozessen in der Organisation und ihren Veränderungen an. Das 5-phasige Modell stellt den Berater nicht als Experten für Problemlösungen oder als Fachexperten in den Mittelpunkt, sondern geht von seiner Rolle als Entwicklungshelfer aus, damit die Organisation, ähnlich wie in der Prozessberatung, zur Selbsthilfe befähigt wird und damit auch nicht auf die permanente Unterstützung von Beratern angewiesen ist.

III. Methoden

Die Methoden der Organisationsentwicklung sind nicht wissenschaftlich abgesichert, sondern basieren auf generiertem Erfahrungswissen, auf „theories in use". In der Literatur werden sie als *Interventionstechniken* bzw. -methoden bezeichnet. Die Vorgehensweisen werden in ihrer Vielfältigkeit zum einen von dem professionellen und ideologischen Hintergrund des Beraters bestimmt. Zum anderen aber von der Erfolgswahrscheinlichkeit aufgrund von Erfahrungsaustausch und -auswertung. Eine Klassifizierung der Ansätze kann unabhängig von diesen Einflussfaktoren nach Friedländer und Brown (*Friedländer/Brown* 1974) durch Unterteilung in *human-prozessuale* und *techno-strukturelle* Ansätze erfolgen. Gebert (*Gebert* 1974) unterscheidet in Anlehnung daran zwischen personalen und strukturellen Ansätzen, während Kieser et al. (*Kieser* et al. 1979) etwas differenzierter nach *individuumzentrierten, strukturorienterten Beziehungen* (organisatorischer und technologischer Struktur) und *sozialen Beziehungen der Organisationsmitglieder* (einschließlich der Gruppen) unterteilen.

Cummings und Worley (*Cummings/Worley* 1997) ergänzen die human-prozessualen sowie die techno-strukturellen Ansätze um die Interventionen im Management der Human Resources (→ *Human Ressourcen Management*) und um strategische Interventionen (Gestaltung offener Systeme, strategische Planung, Kulturwandel, Organisationslernen u.a.).

Typische Interventionen sind: Trainings-Gruppen, Kommunikationstrainings, Rollenanalysen, → *Management by Objectives*, Karriereplanung, Arbeitsstrukturierung, Datenerhebungs- und Rückkopplungsmethode, Konfrontationstreffen, Teamentwicklung, Intergruppenprozess, Kulturanalysen u.v.m. Interventionsansätze und -maßnahmen, die allein auf individuelles Verhalten oder ausschließlich auf Strukturen, auf Prozesse oder technologische Faktoren einer Organisation bezogen sind, werden heute als nicht sehr erfolgversprechend betrachtet. Der effizienteste Weg liegt in einer Verknüpfung dieser Ansätze.

Eine wesentliche Erweiterung erfahren die Interventionstechniken durch die systemisch-konstruktivistischen Interventionen (*Königswieser/Exner* 1998). Diese Integration impliziert aber auch einen wesentlichen Modellwechsel, weil sie eine Abkehr von den normativen und eher technokratischen Ansätzen bewirkt. Das kann anhand des Umgangs mit Widerständen und anhand der Diagnose als wesentlicher Grundlage der Organisationsentwicklung verdeutlicht werden: Die *Diagnose*, die heute nicht mehr von der Intervention abgekoppelt wird, ist keine „neutrale" Erhebung der Ist-Situation oder Datensammlung mehr, sondern sie wird im systemischen Ansatz bereits als folgenreiche Intervention betrachtet. Beobachtung und Anleitung zur Selbstbeobachtung sowie die Analyse der Wirklichkeitskonstruktionen bewirken als Eingriffe bereits ad hoc Veränderungen.

Widerstand gegen Änderungen wird in der Organisationsentwicklungsliteratur nur am Rande thematisiert. So widmet das wohl z.Z. noch umfangreichste Standardwerk der Organisationsentwicklung (*Cummings/Worley* 1997) diesem Problem gerade mal eine Textseite, ohne die relevante Literatur zu verarbeiten. In den Anfangsjahren der Organisationsentwicklung wurde Widerstand eher unter dem Aspekt behandelt, wie er „anreiztechnologisch" überwunden werden könnte (*Coch/French* 1948). Heute versucht man eher, Widerstand zu provozieren, um ihn bearbeitbar zu machen. Denn Widerstand wird in systemischer Perspektive als zunächst wichtiger Identitätsschutz (→ *Identitätstheoretischer Ansatz*) betrachtet und als Hinweis auf erheblichen Kommunikationsbedarf, um Ziele, Aufgaben und Wirkungen von Veränderungen immer wieder zu verdeutlichen und zu versuchen, sie in die Wirklichkeitskonstruktionen der Mitarbeiter einfließen zu lassen (*Freimuth/Hoets* 1994). → *Kommunikation* wird zu einer der basalen Operationen in sozialen Systemen (*Luhmann* 1994) und verdrängt bzw. ergänzt einige der klassischen Interventionskonzepte der Organisationsentwicklung.

IV. Kritische Analyse

Zwar hat sich die Organisationsentwicklung immer auch kritisch mit sich selbst auseinander gesetzt und auch erkannt, dass sie keine Theorie im Sinne eines Bezugsrahmens logisch miteinander verknüpfter (wissenschaftlicher) Begriffe ist (*Kahn* 1977), aber daraus resultierten eher marginale Konzeptveränderungen. Erst im letzten Jahrzehnt sind fundamentale Kritiken der Organisationsentwicklung publiziert worden (*Richter* 1994; *Schreyögg/Noss* 1995; *Gebert/von Rosenstiel* 2002), die neben den methodischen und theoretischen Defiziten hauptsächlich einen Paradigmenwechsel, also die Notwendigkeit einer Veränderung der grundlegenden Logik *organisatorischen Wandels*, aufzeigen. Die Schwächen und vernachlässigten Anpassungsleistungen der Organisationsentwicklung, deren Darstellung ich hier als Entwicklungsimpuls verstehe, können wie folgt zusammengefasst werden:

- Die *Umfeldentwicklung* auch in der globalen Dimension ist nicht aufgegriffen worden. Die wertorientierte Unternehmensführung hat zur Generierung von Managementkonzepten geführt (Lean Management, Reengineering, Dezentralisierung), die nur unzureichend verarbeitet und in die Organisationsentwicklungskonzepte integriert wurden.
- Die *normative Grundhaltung* hat sich als dysfunktional erwiesen, v.a. hinsichtlich der Harmonievorstellungen und der Vereinbarkeit von humanistischen mit Effektivitäts-Zielen, auch wenn Cummings (*Cummings/Worley* 1997) nur noch von letzteren Zielvorstellungen ausgeht. Die Organisationsentwickler hatten sich zudem zu sehr den rationalitätsbezogenen und linearen Denkmustern des Managements angepasst, von denen sich die Organisationsentwicklung heute aber mit zirkulären Prozessgestaltungen abzukoppeln beginnt.
- Die *Basiskonzepte der Veränderung* unterliegen zu geringer Selbstkritik. Machtstrukturen werden nicht intensiv genug hinterfragt und → *Mikropolitik* nicht als funktionales Erfordernis gesehen (*Neuberger* 1995). Die einseitige Methodenorientierung und das instrumentelle Organisationsverständnis führten zum Realitätsverlust und zu Fehlschlägen in der Gestaltung von Organisationsentwicklungsprozessen. Organisationen haben aufgrund der Selbstorganisation einen eigenwilligen und eigensinnigen (System-)Charakter und das kollidiert zu häufig mit den Machbarkeits- und Interventions-Vorstellungen der Organisationsentwickler.
- Bezüglich der bereits oben erwähnten Notwendigkeit einer Veränderung des *Wandelparadigmas* haben Schreyögg und Noss (*Schreyögg/Noss* 1995) eindringlich und argumentativ überzeugend dargelegt: Es ist nicht nur notwendig, zwischen inkrementalem und fundamentalem Wandel zu unterscheiden (*Müller-Stewens/Lechner* 2001), sondern er ist auch kein stetiger und beherrschbarer Prozess mehr. Er ist voller Überraschungen und Unsicherheiten aufgrund von Umwelteinflüssen und daraus resultierenden Verhaltensvariationen.

– Weiterhin ist in der Organisationsentwicklung ein eklatanter *Mangel an Professionalisierung* zu konstatieren (*Weidner/Kulick* 1999). Die Berater-Konzepte und -haltungen haben sich nur wenig weiterentwickelt und oft ist ein Mangel an ökonomischem Fachwissen zu beobachten, was die notwendige Integration von Experten- und Prozess-Beratung verzögert. Darin ist auch die Ursache für die Auflösung des Berufsverbandes Gesellschaft für Organisationsentwicklung im Jahre 1997 zu sehen. Es wird häufig auch kritisiert, dass die Berater ihre (finanzielle) Abhängigkeit leugnen, also so neutral gar nicht agieren oder bei Intervention einem Manipulationsverdacht ausgesetzt sind (*Schreyögg/Noss* 1995).

– Die Organisationsentwicklung ist nur selten auf ein Forschungsinteresse im Wissenschaftssystem gestoßen, so dass auch daraus ein Mangel an theoretischer Unterfütterung resultiert. Zwar haben Organisationsentwickler auch an (amerikanischen) Hochschulen Untersuchungen zur Erfolgswirksamkeit durchgeführt, aber eher selektiv und mit verminderter Gültigkeit und Zuverlässigkeit, weil, wie Gebert und von Rosenstiel anführen, Organisationsentwickler „in der Regel der Aktionsforschung nahe stehen und entsprechend wenig geneigt sind, Evaluationsstudien im Sinne herkömmlicher empirischer Sozialforschung durchzuführen" (*Gebert/von Rosenstiel* 2002, S. 392). Die Autoren gelangen zu der Erkenntnis, dass die Generalisierbarkeit und Sicherung der Forschungsergebnisse u.a. am Kriterienproblem des Erfolgs von Organisationsentwicklungsprojekten scheitert.

V. Perspektiven

Die veränderten wirtschaftlichen und wissenschaftlichen Entwicklungen im letzten Jahrzehnt haben auch einen erheblichen Einfluss auf die Organisationsentwicklung ausgeübt. Es zeichnet sich ein neues Wandel- und Organisationsverständnis ab (*Weick* 1985; *Holtbrügge* 2001), welches einen Perspektivwechsel auslöst.

Notwendige Veränderungen kommen oft überraschend aufgrund von wirtschaftlichen Zwängen. So richtet sich die Organisationsentwicklung mehr auf ökonomische Sachverhalte und auf strategische Entwicklungen aus. Sie fokussiert eine Lösungs- statt Problemorientierung sowie weit stärker die Umsetzung der geplanten Veränderungen. Methodisch kann die Organisationsentwicklung weiterhin auf ihr breites Interventionsrepertoire zurückgreifen. Die wesentlichen Ansätze und Konzepte der Organisationsentwicklung werden dann ebenfalls zum Prozessmanagement von Veränderungen genutzt, allerdings zunehmend unter der neuen Funktionsbezeichnung Veränderungs- oder Change Management.

Diese Entwicklung haben Doppler und Lauterburg (*Doppler/Lauterburg* 2002) bereits 1994 mit der 1. Auflage ihres in der Managementpraxis so erfolgreichen Buches zum Change Management antizipiert. Sie stellen die Methoden und Instrumente der Organisationsentwicklung als wesentliche und permanente Führungsaufgabe und -funktion in den Kontext des Veränderungsmanagements. Das bricht das Spezialisten- bzw. Beratermonopol auf, macht aber auch die Unterfütterung dieser Herausforderung mit neuen Management-Konzepten erforderlich. Erst dann kann auch das Wortspiel „Changement" im Unternehmensalltag konzeptionell und methodisch gefüllt werden. Wenn der Fundus der Organisationsentwicklung weiterhin genutzt werden soll, muss sie sich einem Paradigmenwechsel stellen und unter der neuen Bezeichnung Change Management auch inhaltlich verändert werden.

Literatur

Blake, Robert R./Mouton, Jane S.: Verhaltenspsychologie im Betrieb. Das Verhaltensgitter, eine Methode zur optimalen Führung in Wirtschaft und Verwaltung, Düsseldorf 1968.

Bowers, David G./Franklin, Jerome L.: Survey Guided Development I: Data-based organisational change, La Jolla 1977.

Bradford, Leland P./Gibb, Jack R./Benne, Kenneth D.: Gruppentraining. T-Gruppentheorie und Laboratoriumsmethode, Stuttgart 1972.

Coch, Lester/French, John R. P.: Overcoming Resistance to Change, in: HR, Jg. 11, 1948, S. 512–532.

Cummings, Thomas G./Worley, Christopher G.: Organization Development and Change, 6. A., Cincinnati 1997.

Doppler, Klaus/Lauterburg, Christoph: Change Management. Den Unternehmenswandel gestalten, 10. A., Frankfurt am Main et al. 2002.

Freimuth, Joachim/Hoets, Anna: Umgang mit Widerständen in organisatorischen Veränderungsprozessen, in: Moving, hrsg. v. *Dreesmann, Helmut/Kraemer-Fieger, Sabine*, Frankfurt am Main et al. 1994, S. 107–128.

French, Wendell L./Bell, Cecil H.: Organisationsentwicklung. Sozialwissenschaftliche Strategien zur Organisationsveränderung, Bern et al. 1977.

Friedländer, Frank/Brown, Dave L.: Organization Development, in: Annual Review of Psychology, Bd. 25, hrsg. v. *Rosenzweig, M./Porter, L.*, Palo Alto 1974, S. 313–341.

Gebert, Diether: Organisationsentwicklung. Probleme des geplanten organisatorischen Wandels, Stuttgart 1974.

Gebert, Diether/Rosenstiel, Lutz von: Organisationsentwicklung, in: Organisationspsychologie. Person und Organisation, hrsg. v. *Gebert, Diether/Rosenstiel, Lutz von*, 5. A., Stuttgart 2002, S. 380–410.

Glasl, Friedrich/Houssaye, Leopold de la: Organisationsentwicklung. Das Modell des NPI und seine praktische Bewährung, Bern et al. 1975.

Holtbrügge, Dirk: Postmoderne Organisationstheorie und Organisationsgestaltung, Wiesbaden 2001.

Kahn, Robert L.: Organisationsentwicklung. Einige Probleme und Vorschläge, in: Organisationsentwicklung als Problem, hrsg. v. *Sievers, Burkard*, Stuttgart 1977, S. 281–301.

Kieser, Alfred et al.: Organisationsentwicklung: Ziele und Techniken, in: WiSt, Jg. 4, 1979, S. 149–155.

Kolbeck, Christoph: Zukunftsperspektiven des Beratermarktes. Eine Studie zur klassischen und systemischen Beratungsphilosophie, Wiesbaden 2001.

Königswieser, Roswita/Exner, Alexander: Systemische Interventionen. Architekturen und Designs für Berater und Veränderungsmanager, Stuttgart 1998.
Kubicek, Herbert/Leuck, Hans Georg/Wächter, Hartmut: Organisationsentwicklung: Entwicklungsbedürftig und Entwicklungsfähig, in: Organisationsentwicklung in Europa, hrsg. v. *Trebesch, Karsten*, Bern et al. 1980, S. 281–319.
Lewin, Kurt: Frontiers in group dynamic, in: HR, Jg. 1, 1947, S. 5–41.
Luhmann, Niklas: Soziale Systeme. Grundriß einer allgemeinen Theorie, Frankfurt am Main 1994.
Müller-Stewens, Günter/Lechner, Christoph: Strategisches Management. Wie strategische Initiativen zum Wandel führen. Der St. Galler General Management Navigator, Stuttgart 2001.
Neuberger, Oswald: Mikropolitik. Der alltägliche Aufbau und Einsatz von Macht in Organisationen, Stuttgart 1995.
Richter, Mark: Organisationsentwicklung. Entwicklungsgeschichtliche Rekonstruktion und Zukunftsperspektiven eines normativen Ansatzes, Bern et al. 1994.
Schein, Edgar H.: Prozessberatung für die Organisation der Zukunft. Der Aufbau einer helfenden Beziehung, Köln 2000.
Schreyögg, Georg/Noss, Christian: Von der Episode zum fortwährenden Prozeß. Wege jenseits der Gleichgewichtslogik im organisatorischen Wandel, in: Managementforschung 10: Organisatorischer Wandel und Transformation, hrsg. v. *Schreyögg, Georg/Conrad, Peter*, Wiesbaden 2000, S. 33–62.
Schreyögg, Georg/Noss, Christian: Organisatorischer Wandel: Von der Organisationsentwicklung zur lernenden Organisation, in: DBW, Jg. 55, 1995, S. 169–185.
Sievers, Burkard: Aktionsforschung, ein Verlaufsmodell der Organisationsentwicklung, in: Organisationsentwicklung in Theorie und Praxis, hrsg. v. *Koch, Ulrich/Meuers, Hans/Schuck, Manfred*, Frankfurt am Main et al. 1980, S. 63–74.
Simon, Fritz B./Conecta-Autorengruppe: Radikale Marktwirtschaft: Verhalten als Ware oder Wer handelt, der handelt, Heidelberg 1992.
Trebesch, Karsten (Hrsg.): Organisationsentwicklung: Konzepte, Strategien, Fallstudien, Stuttgart 2000.
Trebesch, Karsten: 50 Definitionen der Organisationsentwicklung – und kein Ende. Oder: Würde Einigkeit stark machen?, in: Zeitschrift für Organisationsentwicklung (ZOE), Jg. 1, H. 2/1982, S. 37–62.
Trebesch, Karsten: Ursprung und Ansätze der Organisationsentwicklung sowie Anmerkungen zur Situation in Europa, in: Organisationsentwicklung in Theorie und Praxis, hrsg. v. *Koch, Ulrich/Meuers, Hans/Schuck, Manfred*, Frankfurt am Main et al. 1980, S. 31–50.
Trist, Eric L./Bamforth, Keith W.: Some social and psychological consequences of the long wall method of coal getting, in: Human Resources, Jg. 4, 1951, S. 3–38.
Weick, Karl E.: Der Prozeß des Organisierens, Frankfurt am Main 1985.
Weidner, C. Ken/Kulick, Orisha A.: The Professionalization of Organization Development: A Status Report and Look to the Future, in: Research in Organizational Change and Development, Bd. 12, hrsg. v. *Pasmore, William A./Woodman, Richard W.*, Stamford 1999, S. 319–371.
Wimmer, Rudolf: Was kann Beratung leisten? Zum Interventionsrepertoire und Interventionsverständnis der systemischen Organisationsberatung, in: Organisationsberatung: Neue Wege und Konzepte, hrsg. v. *Wimmer, Rudolf*, Wiesbaden 1992, S. 59–112.

Organisationsgrenzen

Ralf Reichwald

[s.a.: Institutionenökonomie; Kommunikation; Modulare Organisationsformen; Netzwerke; Organisation; Organisationsstrukturen, historische Entwicklung von; Organisationstheorie; Ressourcenbasierter Ansatz; Systemtheorie; Technologie und Organisation; Unternehmenskommunikation; Verfügungsrechtstheorie (Property Rights-Theorie).]

I. Begriff der Organisationsgrenze; II. Ansätze zur Erklärung organisationaler Grenzen; III. Die grenzenlose Unternehmung: Aufbrechen der Organisationsgrenzen.

Zusammenfassung

Zur Bestimmung von Organisationsgrenzen leisten unterschiedliche theoretische Ansätze einen wesentlichen Beitrag, von denen hier exemplarisch der Transaktionskosten-, Property-Rights-, Resource-Dependency- und ressourcenorientierte Ansatz herangezogen werden. Neben der grundlegenden Frage nach den inter- bzw. intraorganisationalen Grenzen werden Möglichkeiten der Grenzziehung anhand der horizontalen wie vertikalen Größe einer Organisation erörtert. In neuerer Zeit wird eine tendenzielle Auflösung der Organisationsgrenzen erwartet. Da die Auflösung einer Grenze immer das Setzen einer neuen bedingt, gewinnt hiermit die Bestimmung der Organisationsgrenzen an Bedeutung.

I. Begriff der Organisationsgrenze

Die Definition der Grenzen einer → Organisation ist aus betriebswirtschaftlicher Sicht seit dem Zeitpunkt ein Thema, zu dem die Ziehung der Grenzen als Gestaltungsoption in das Blickfeld der Organisationsforschung des Managements gerückt ist. Aus *neoklassischer Sichtweise* sind Organisationen zur Abwicklung von wirtschaftlichen Leistungen nicht notwendig: Die Koordination am Markt, gelenkt durch die unsichtbare Hand, führt zu einem unter Effizienzaspekten idealen Zustand (vgl. *Smith* 1776). Ohne Organisationen existieren auch keine Organisationsgrenzen.

Aber auch in der *klassischen Organisationslehre* scheinen die Grenzen einer Organisation als Gestaltungsoption keine Rolle zu spielen. Im Mittelpunkt steht dort die Frage nach der Gestaltung des Aufbaus und der internen Abläufe (→ *Aufbau- und Ablauforganisation*) in einer gegebenen Organisation. Dabei wurde die Ziehung der Grenzen einer Organisation bereits von Coase (*Coase* 1937) thematisiert, der die neoklassische Theorie bei der Verteilung von knappen Gütern auf Märkten in Frage stellt und die Organisation als effizienten Mechanismus der Abwicklung von Transaktionen bei unvollständigen *Informationen* untersucht. Die Untersuchung der Existenz von Organisationen führt damit auch zu der Frage, wo die Grenze der Organisation gezogen wird, insb. wenn die Festlegung des optimalen Aufgabenumfangs in einer Organisation thematisiert wird. Die grundsätzliche Frage nach den Grenzen einer Organisation hängt von der verfolgten Auffassung über die Bestandteile einer Organisation und damit auch davon ab, was jenseits der Grenzen einer Organisation gesehen wird.

Sieht man die *Organisation als soziales System* (vgl. *Gutenberg* 1983) (→ *Organisationstheorie*), hängt die Organisationsgrenze eng mit der Struktur und Größe eines Unternehmens zusammen. Die Zahl an Mitarbeitern, der Umsatz, die Marktkapitalisierung, der Wertschöpfungsanteil, der Marktanteil, die Anzahl der Geschäftsfelder oder die geographische Ausdehnung sind beispielhafte Kennzahlen zur Beschreibung der Größe einer Organisation, die wiederum durch die Ziehung der Grenzen um diese Organisation abhängt (vgl. *Bieberbach* 2001). Versteht man unter einem *Unternehmen* eine organisatorische und wirtschaftliche Einheit mit einer hierarchischen Struktur und zentralen Weisungsrechten (vgl. *Picot* 1999), dann lassen sich unter den verschiedenen möglichen Determinanten zwei unabhängige Variablen finden, die zur Bestimmung der Unternehmensgröße herangezogen werden können: die horizontale und die vertikale *Unternehmensgröße* (vgl. *Tirole* 1995). Die horizontale Größe bezieht sich auf die Zahl der Märkte, auf denen das Unternehmen aktiv ist, und die jeweilige Output-Menge auf einem Markt. Damit bestimmt sich die *Leistungsbreite* eines Unternehmens. Die vertikale Unternehmensgröße dagegen bezieht sich auf die Tiefe der *Wertschöpfung*, d.h. die *Leistungstiefe* bzw. der Grad der *vertikalen Integration*. Sie ist analytisch definiert durch die Zahl der *Wertschöpfungsstufen*, die innerhalb eines Unternehmens abgewickelt werden, oder praktisch bestimmbar durch die Wertschöpfung (Gesamtleistung abzüglich Vorleistungen). Die Festlegung der Leistungsbreite (Bestimmung der horizontalen Organisationsgrenze) und Leistungstiefe (Bestimmung der vertikalen Organisationsgrenze) können als wichtige Bestimmungsgrößen der Grenzziehung der Organisation gesehen werden.

Eine andere Sichtweise sieht die *Organisation als ökonomische Institution* zur Lösung des Organisationsproblems vor dem Hintergrund einer arbeitsteiligen Wirtschaft und der Existenz verschiedener Institutionen zur Abwicklung der Arbeitsteilung (vgl. *Picot* 1999). Gegenstand des *Organisationsproblems* ist die Beseitigung der Mängel als Folge von Koordinations- und Motivationsproblemen bei → *Arbeitsteilung und Spezialisierung* wie auch bei Tausch und Abstimmung, die mögliche Produktivitätsgewinnen (aus Spezialisierung) entgegenstehen (vgl. *Picot* 1982; *Milgrom/Roberts* 1992). Allerdings verbraucht der *Organisationsprozess* selbst Ressourcen (Koordinationskosten). Folglich stellt das Organisationsproblem eine Optimierungsaufgabe dar, bei der diejenige *Organisationsform* gesucht wird, die den Produktivitätsanstieg durch Arbeitsteilung und Spezialisierung so auszunutzen vermag, dass unter Berücksichtigung des Ressourcenverbrauchs bei Tausch und Abstimmung möglichst viele Bedürfnisse befriedigt werden können (vgl. *Picot/Reichwald/Wigand* 2003). Unterschiedliche Organisationsformen bestimmen sich dabei durch verschiedene Ansatzpunkte zur Lösung des Koordinations- und Motivationsproblems, namentlich → *Hierarchie*, interorganisationale → *Netzwerke* (Kooperation) und *Markt*. Diese Ansätze sind dabei durch die Dominanz unterschiedlicher Institutionen geprägt. Als *Institutionen* werden sozial sanktionierbare Erwartungen bezeichnet, die sich auf die Handlungs- und Verhaltensweisen eines Akteurs beziehen. Sie informieren jeden Akteur sowohl über seinen eigenen Handlungsspielraum als auch über das wahrscheinliche Verhalten anderer Akteure und fungieren somit als verhaltensstabilisierende Mechanismen. Die Organisationsgrenze bezieht sich dabei auf die Definition des Übergangs zwischen Markt und Hierarchie bzw. zwischen Markt, interorganisationalem Netzwerk und Hierarchie. Sie muss für alle Transaktionsbeziehungen entlang der Wertschöpfungskette zur Erstellung der Gesamtleistung festgelegt werden. Die effiziente Grenze ist dann bestimmt, wenn beim Übergang von einer Organisationsform zur nächsten keine Koordinationskosten (bei gegebenen Produktionskosten) mehr eingespart werden können. Die Organisationsgrenze umfasst damit das Spektrum aller dieser Aufgaben, die innerhalb einer Organisation zu der aus Gesamtkostensicht geringsten Summe von *Koordinations-* und *Produktionskosten* durchgeführt werden.

In der bisherigen Argumentation wurde die Organisationsgrenze in erster Linie als *externe (interorganisationale) Grenze* zwischen einem Unternehmen und seiner Umwelt gesehen. Dies entspricht auch der weiten Verwendung dieses Begriffs in der angeführten Literatur. Der externen Organisationsgrenze kann aber auch eine *interne (intraorganisationale) Grenze* gegenübergestellt werden. Diese bezieht sich auf die Verteilung von Aufgaben, Weisungs- und Entscheidungsrechten sowie Macht innerhalb eines Unternehmens und die Ziehung der Grenzen zwischen den verschieden *organisatorischen Einheiten* (Aufbauorganisation) eines Unternehmens aus formaler und informeller Sicht (→ *Informelle Organisation*). Auch hier lässt sich die zu Beginn angeführte Unterscheidung zwischen horizontalen und vertikalen Grenzen ziehen, indem auch innerhalb einer Organisation das horizontale Aufgabenspektrum festgelegt werden muss, also bspw. die Breite der Produktlinie einer Geschäftseinheit.

II. Ansätze zur Erklärung organisationaler Grenzen

Zur Festlegung der optimalen Organisationsgrenze leisten neben ökonomischen Theorien auch verhaltenswissenschaftliche Ansätze oder Kommunikationstheorien einen Beitrag. Das Spektrum möglicher Erklärungsansätze ist zu groß, als dass es hier auch nur ansatzweise behandelt werden könnte. Im Folgenden werden deshalb stellvertretend vier Perspektiven herausgegriffen.

1. Transaktionskostentheorie

Grundlegende Untersuchungseinheit der → *Transaktionskostentheorie* ist die einzelne Transaktion, die als Übertragung von Verfügungsrechten definiert wird (*Coase* 1937; *Williamson* 1975; *Williamson* 1985) (→ *Institutionenökonomie*). Die Höhe dieser *Transaktionskosten* hängt einerseits von den Eigenschaften der zu erbringenden Leistungen und andererseits von der gewählten Einbindungs- bzw. Organisationsform – und der damit verbundenen Setzung der Organisationsgrenzen – ab. Ziel der Transaktionskostenanalyse ist es, diejenige Organisationsform zu finden, die bei gegebenen Produktionskosten die Transaktionskosten minimiert. Transaktionskosten sind damit der Effizienzmaßstab zur Beurteilung und Auswahl unterschiedlicher institutioneller Arrangements. Markt, organisationsinterne Hierarchie und Netzwerke bzw. Kooperationen können als elementare organisatorische Koordinationsstrukturen der Leistungserstellung unterschieden werden. Die Organisationsgrenze kann hier als Trennung zwischen der Organisation als Träger der Leistungserstellung und dem umgebenden Marktsystem gesehen werden. Aus Sicht der Transaktionskostentheorie konstituieren sich die effizienten Grenzen einer Organisation an dem Punkt, wo die Kosten der internen Abwicklung von Transaktionen den Kosten der externen Abwicklung dieser Transaktion entsprechen (vgl. u.a. *Coase* 1937; *Williamson* 1981; *Holmström/Roberts* 1998), also durch Umverteilung keine Effizienzgewinne mehr realisiert werden können.

2. Property-Rights-Theorie

Nach Holmström und Roberts (*Holmström/Roberts* 1998) resultiert die Frage der Organisationsgrenze aus der sog. „hold-up"-Problematik, also der Gefahr der opportunistischen Ausnutzung bestehender Abhängigkeiten zwischen Vertragsparteien mit asymmetrischer Informationsverteilung. Wenn eine der Vertragsparteien für eine Transaktion irreversible, transaktionsspezifische Vorleistungen tätigt (sog. „sunk costs"), die außerhalb dieser Transaktion von geringerem Wert oder wertlos sind, gerät sie nach Vertragsabschluss in Abhängigkeit von der anderen Partei, weil sie auf deren Leistung angewiesen ist. Zusätzlich ist es aufgrund zu hoher Transaktionskosten unmöglich, einen vollständigen Vertrag zu schließen, der alle möglichen Umweltzustände ex-post umfasst.

Diese Problemstellung bildet der *Property-Rights-Ansatz* ab (vgl. *Grossman/Hart* 1986; *Hart/Moore* 1990; *Hart* 1995) (→ *Institutionenökonomie*). In seinem Mittelpunkt stehen Handlungs- und Verfügungsrechte (sog. Property Rights) und deren Wirkung auf das Verhalten von ökonomischen Akteuren. Ausgangspunkt ist dabei die Beobachtung, dass der Wert von Gütern einerseits und die Handlungen von Menschen andererseits von den Rechten abhängen, die ihnen zugeordnet sind. Property Rights sind die mit einem Gut verbundenen und Wirtschaftssubjekten aufgrund von Rechtsordnungen und Verträgen zustehenden Rechte. Die Übertragung von Property Rights kann auf Märkten durch Verträge und innerhalb von Organisationen durch hierarchische oder marktliche Anweisungen geregelt werden. Durch unvollständige Zuordnung und/oder Verteilung von Property Rights auf mehrere Individuen entstehen sog. *verdünnte Property Rights* mit der möglichen Folge externer Effekte. Die Handlungen eines Akteurs haben dadurch Auswirkungen auf den Nutzen der übrigen Akteure, die ebenfalls im Besitz der verdünnten Property Rights sind.

Bei unvollständigen Verträgen und hoher *Spezifität* der betroffenen Güter kann eine „hold-up"-Problematik durch Integration aller Property Rights innerhalb einer Organisationsgrenze verhindert werden. Diese Interessenangleichung bedeutet die Begründung von Eigentum an einmaligen und entziehbaren Ressourcen, z.B. durch den Abschluss langfristiger Liefer- und Leistungsverträge oder die Schaffung gegenseitiger Abhängigkeiten, etwa durch Stellung von Sicherheiten (vgl. *Spremann* 1990). Diese Maßnahmen bedeuten vertikale Integration, also das Verändern der vertikalen Grenze der Organisation. Die effiziente Organisationsgrenze ist hiernach durch eine effiziente *Allokation* von Property Rights determiniert. Diese ist erreicht, wenn die Summe aus Transaktionskosten und die durch externe Effekte hervorgerufenen *Wohlfahrtsverluste* minimal ist. Die Grenze der Organisation definiert sich damit als Bündel von Property Rights über mehrere Güter, die sich im Besitz einer Institution befinden (vgl. *Foss* 1993).

3. Resource-Dependency-Approach

Die aktive Beeinflussung der Umwelt durch die Kontrolle von Ressourcen steht im Mittelpunkt des *Resource-Dependency-Approach* (*Pfeffer/Salancik* 1978). Wird die Organisation diesem Ansatz entsprechend als Handlungssystem gesehen, d.h. als Set verbundener Aktivitäten, welches auf Ressourcen aufbaut, die die Organisation aus seiner Umwelt bezieht, dann ergibt sich die organisationale Grenze aus der Möglichkeit des Zugriffs der Organisation auf eine

Aktivität: „The boundary is where the discretion of the organization to control an activity is less than the discretion of another organization or individual to control that activity" (vgl. *Pfeffer/Salancik* 1978, S. 32). Nach dieser Auffassung besteht die Umwelt einer Organisation (jenseits der Grenze) wieder aus Organisationen. Die Organisation kann somit als Summe der autonomen Handlungen, die ohne Abhängigkeit durchgeführt werden können, definiert werden.

Die Grenze kennzeichnet den Bereich, wo die volle Kontrollmöglichkeit über Ressourcen endet, d.h. die Grenze einer Organisation bestimmt sich nach dem Grad an Kontrolle, den diese Organisation über (die Lieferanten von) Ressourcen ausübt, und damit durch ihre Macht, durch eine organisationale Grenzziehung Zugriff auf die Ressourcen nehmen zu können (vgl. *Ortmann/Sydow* 1999). Die Organisationsgrenze ist nach dieser Auffassung derart um ein Bündel von (Aktivitäten ermöglichenden) Ressourcen zu ziehen, dass die Zugriffsmöglichkeit (Macht) dieser Organisation auf alle Ressourcen höher ist als die Zugriffsmöglichkeit aller anderen Organisationen. Durch die Wahl der Organisationsgrenze wird versucht, Abhängigkeiten an Ressourcen, die von anderen Organisationen oder Individuen besessen werden, zu vermindern. Durch Integration dieser Ressourcen in die Organisation kann eine „hold-up"-Problematik vermieden werden.

4. Resource-Based View

Während in den vorangehenden Abschnitten primär die Bestimmung der vertikalen Grenzen einer Organisation thematisiert wurden, kann der *ressourcenorientierte Ansatz* (→ *Ressourcenbasierter Ansatz*) einen Beitrag zur Festlegung der horizontalen Organisationsgrenze (Leistungsbreite) liefern. Der ressourcenorientierte Ansatz sieht eine Organisation als Summe von Fähigkeiten und Ressourcen und geht von der Annahme aus, dass Wettbewerbsvorteile eines Unternehmens auf die Existenz von einzigartigen Ressourcen zurückzuführen sind, d.h. von Ressourcen, die wertvoll, rar, nicht vollständig imitierbar und nicht substituierbar sind (vgl. *Barney* 1991; *Penrose* 1959). Die Wahl der Organisationsgrenze wird so durch die Anzahl der Fähigkeiten und Ressourcen determiniert, die in der Organisation vorhanden sind (vgl. *Langlois/Robertson* 1995). Die Organisation wählt ihre Grenze derart, dass die innerhalb des Unternehmens vorhanden Ressourcen und Fähigkeiten mit den in der Marktumwelt vorhandenen Chancen und Risiken in Einklang gebracht werden. Diversifikationen und damit Veränderungen der horizontalen Grenze sind so Entscheidungen zur Erlangung von Wettbewerbsvorteilen durch die Wahl und Nutzung der Fähigkeiten und Ressourcen eines Unternehmens (vgl. *Teece* 1982; *Montgomery* 1994).

III. Die grenzenlose Unternehmung: Aufbrechen der Organisationsgrenzen

Klassische Organisationskonzepte, die sich in Industrieunternehmen lange bewährt haben, stoßen unter neuen Marktbedingungen an ihre Grenzen. Hierarchisch und funktional gegliederte *Organisationsstrukturen* sind angesichts einer zunehmenden Komplexität und Innovationsdynamik sowie steigenden Kundenwünschen zu unflexibel und uneffizient. Ebenso führt die Orientierung an ganzheitlichen Wertschöpfungsprozessen zu einem Überdenken bestehender Brüche als Folge starrer Grenzen zwischen verschiedenen Organisationseinheiten (vgl. *Picot/Reichwald/Wigand* 2003). Es wird deshalb eine tendenzielle Auflösung der Organisationsgrenzen sowie eine zunehmende *Vernetzung* von Individuen und *Organisationseinheiten* erwartet (→ *Organisationsstrukturen, historische Entwicklung von*). In diesem Zusammenhang ist zu bemerken, dass die Auflösung einer Grenze immer das Setzen einer neuen bedingt, dass also gerade durch die Auflösung die Bestimmung der Organisationsgrenzen neue Bedeutung gewinnt.

Aus Sicht der Transaktionskostentheorie sind es besonders die sinkenden Kosten raum-zeitlich verteilter Koordination (*IuK-Kosten*), die zu einem Überdenken bestehender Grenzen der Organisation führen, da sich die Vorteilhaftigkeit unterschiedlicher Organisationsformen aus dem Vergleich der jeweiligen Transaktionskosten bei gegebenen Eigenschaften der Transaktion ableitet. Die Vermutung, dass durch Einsatz moderner *IuK-Technologien* sinkende Transaktionskosten zu einer Verschiebung der effizienten Organisationsgrenzen und damit zu einer tendenziellen Vermarktlichung der Leistungserstellung führt, wird als *Move-to-the-Market-Hypothese* diskutiert (vgl. *Malone/Yates/Benjamin* 1987; *Reichwald* 1999). Konkurrierend dazu betont die *Move-to-the-Middle-Hypothese* die Bedeutung strukturspezifischer Kommunikationswege (→ *Kommunikation*) für die Vorteilhaftigkeit von sog. hybriden Organisationsformen (vgl. *Laubacher/Malone* 1997). Insbesondere diese hybriden Organisationsformen (Netzwerke und Kooperationen) lassen die Grenzen einer Organisation sowohl in horizontaler und vertikaler als auch in interner und externer Hinsicht aufbrechen und verschwimmen (vgl. *Sydow/Windeler* 1994; *Picot/Reichwald/Wigand* 2003). Heute spannt sich ein Kontinuum von Organisationsformen zwischen den beiden organisatorischen Extremformen Markt und Hierarchie auf. Die Auswirkungen auf die Bestimmung der Organisationsgrenzen werden im Folgenden kurz betrachtet.

1. Aufbrechen intraorganisationaler (interner) Grenzen

Modularisierung (→ *Modulare Organisationsformen*) als wichtige Form der intraorganisationalen *Re-*

organisation betrifft das Aufbrechen der internen Organisationsgrenzen. Durch Aufgliederung der Organisation in *Module* soll die Komplexität der Leistungserstellung reduziert und damit die Nähe zum Markt erhöht werden. Diese Module zeichnen sich durch dezentrale Entscheidungskompetenz und Ergebnisverantwortung aus, wobei die Koordination zwischen den Modulen verstärkt durch nicht-hierarchische Koordinationsformen erfolgt. Hierbei wird davon ausgegangen, dass die Wertschöpfungsprozesse, die in Modulen ablaufen, von hoher *Spezifität* sind und deshalb nicht am Markt abgewickelt werden können. Der gemeinsame Grundgedanke der Modularisierungskonzepte kommt auf verschiedenen Ebenen zur Anwendung (vgl. *Picot/Reichwald/Wigand* 2003): von der Modularisierung auf Ebene der Arbeitsorganisation durch Bildung autonomer Gruppen bis zur Aufgliederung der Unternehmung in weitgehend unabhängige → *Profit-Center*.

Aus der Perspektive des Property-Rights-Ansatzes kann die Modularisierung als eine Umverteilung von Handlungs- und Verfügungsrechten innerhalb der Organisation interpretiert werden. Handlungsrechte bzw. Ausführungskompetenzen, die in funktional und hierarchisch organisierten Unternehmen horizontal breit verteilt sind, werden prozessbezogen in den Modulen gebündelt. Verfügungsrechte bzw. Entscheidungskompetenzen werden gleichzeitig in vertikaler Richtung auf untere, prozessnähere Ebenen verlagert (vgl. *Picot/Schneider* 1988). Aus Sicht der Transaktionskostentheorie werden durch die objektorientierte Bildung von Organisationseinheiten Transaktionskosten weiter reduziert. Als ein Erklärungsmodell lassen sich daher hier die transaktionskostentheoretischen Überlegungen zum wirtschaftlich sinnvollen Grad der vertikalen Integration von der Unternehmensebene auf die Ebene der modularen Organisationseinheiten übertragen (vgl. *Picot* 1991). Bei hoher Spezifität und strategischer Bedeutung der Leistung würde sich eine Integration von Leistungserstellungsprozessen in eine modulare Organisationseinheit empfehlen, wobei diese Tendenz durch große Häufigkeit und hohe Umweltunsicherheit noch verstärkt wird. Damit wird die Grenze um eine interne Organisationseinheit tendenziell größer gezogen und umschließt ein größeres Bündel an Aufgaben, Aktivitäten, Fähigkeiten und Ressourcen.

2. Aufbrechen interorganisationaler (externer) Grenzen

Die Neubestimmung der Organisationsgrenzen durch Integration spezifischer Aufgaben und *Desintegration* unspezifischer Aufgaben stellt einen permanenten Optimierungsprozess in einer dynamischen Wirtschaft dar. *Hybride Organisationsformen* unterscheiden sich hierzu, da diese eine Mitwirkung externer Partner an der Erstellung von originären Leistungen darstellen und meist nach der Optimierungsentscheidung eingegangen werden. Die Einbeziehung externer Marktpartner in originäre Aufgaben der Unternehmung lässt die traditionelle zum Markt gezogene Grenze (spezifische vs. standardisierte Leistungen) zunehmend verwischen und verändert die rechtliche und ökonomische interorganisationale Grenze, da die Schnittstelle zwischen Organisation und Markt nicht mehr zutreffend beschrieben werden kann (vgl. *Picot/Reichwald/Wigand* 2003).

In den folgenden drei Fällen kann von einer Veränderung oder Auflösung der traditionellen ökonomischen Unternehmensgrenzen gesprochen werden: Erstens tritt eine Auflösung dann ein, wenn sich die Organisation im Rahmen der Leistungstiefenoptimierung zunehmend vertikal desintegriert und Standardleistungen künftig vom Markt bezieht. Weiterhin können durch den Einsatz von IuK-Technik Standortgrenzen überwunden und Arbeitsplätze verlagert werden (vgl. *Reichwald* 2000) (→ *Technologie und Organisation*; → *Informationstechnologie und Organisation*). Schließlich kann durch die Einbeziehung externer Dritter in originäre, d.h. spezifische und/oder unsichere Unternehmensaufgaben das Betätigungsfeld der Organisation zunehmend diffus werden. Die Organisation geht damit ein hybrides Arrangement mit anderen Organisationen ein. Durch die Vermengung von Ressourcen und gemeinsamer Aufgabenerfüllung ist zumindest aus organisatorischer Sicht (Lösung des Koordinations- und Motivationsproblems) nicht mehr klar bestimmbar, wo eine Organisation endet und die mit ihr in einem hybriden Arrangement stehende andere Organisation beginnt. Doch auch rechtliche Grenzen werden durch hybride Organisationsformen zunehmend verschoben. Beispielsweise wird im Falle eines *Joint-Venture* eine eigenständige rechtliche Einheit geschaffen, die keinem der Partner eindeutig zugeordnet werden kann.

Als Extremform organisatorischer Innovation verbindet die *virtuelle Organisation* die Auflösung der internen und externen Grenze. Durch die Modularisierung von Prozessen und Organisationsstrukturen werden *intraorganisationale Grenzen* zur Bewältigung steigender Komplexität aufgelöst, während organisationsübergreifende Kooperationen und Wertschöpfungspartnerschaften zur Streuung von Risiko unter Bedingungen hoher *Marktunsicherheit* bestehende *interorganisationale Grenzen* aufbrechen. Aufgabenbewältigung findet hier nicht in statischen, vordefinierten Strukturen statt. Es erfolgt vielmehr eine problembezogene, dynamische Verknüpfung realer Ressourcen zur Bewältigung spezifischer Aufgabenstellungen. Es handelt sich also um eine Organisationsform, die in Teilen, aber auch als Ganzes, flüchtig sein kann oder aber durch dynamische Rekonfiguration in der Lage ist, sich hochgradig variablen Aufgabenstellungen flexibel anzupassen (vgl. *Reichwald/Möslein* 2000).

Während die Neubestimmung der Organisationsgrenze durch die Verfolgung hybrider Organisationsformen inzwischen verstärkt diskutiert und in den unternehmerischen Entscheidungsraum einbezogen wird, steht die Diskussion einer anderen (vertikalen) Grenze der Organisation erst am Anfang: die Grenze zwischen Unternehmen und Kunde. Kunden werden heute von einigen Unternehmen nicht nur als Wertschöpfungs*empfänger* gesehen, sondern als Wertschöpfungs*partner* aktiv in die Leistungserstellung integriert. *Kundenintegration* als organisationaler Gestaltungsansatz steht jedoch erst am Anfang der Diskussion (vgl. *Reichwald/Piller* 2002; *Sydow* 2000). Hier werden in Zukunft zu den bestehenden Fragen der Bestimmung der optimalen Grenze der Organisation neue Fragen für Forschung und Praxis hinzukommen.

Literatur

Barney, Jay B.: Firm resources and sustained competitive advantage, in: JMan, Jg. 17, 1991, S. 99–120.
Bieberbach, Florian: Die optimale Größe und Struktur von Unternehmen, Wiesbaden 2001.
Coase, Ronald H.: The Nature of the Firm, in: Economica (N.S.), Jg. 4, 1937, S. 386–405.
Foss, Nicolai: Theories of the Firm: Contractual and Competence Perspectives, in: Journal of Evolutionary Economics, Jg. 3, 1993, S. 127–144.
Grossman, Sanford/Hart, Oliver: The Costs and Benefits of Ownership: A Theory of Lateral and Vertical Integration, in: J.Polit.Econ., Jg. 94, 1986, S. 691–719.
Gutenberg, Erich: Grundlagen der Betriebswirtschaftslehre, Bd. 1: Die Produktion, 24. A., Berlin 1983.
Hart, Oliver: Firms, Contracts, and Financial Structure, Oxford 1995.
Hart, Oliver/Moore, John: Property Rights and the Nature of the Firm, in: J.Polit.Econ., Jg. 98, 1990, S. 1119–1158.
Holmström, Bengt/Roberts, John: The Boundaries of the Firm Revisited, in: Journal of Economic Perspectives, Jg. 12, H. 4/1998, S. 73–94.
Langlois, Richard/Robertson, Paul: Firms, Markets, and Economic Change: A Dynamic Theory of Business Institutions, London 1995.
Laubacher, Robert/Malone, Thomas: Two Scenarios for 21st Century Organizations, Massachusets Institute of Technology, MIT Scenario Working Group, Boston 1997.
Malone, Thomas/Yates, JoAnne/Benjamin, Robert: Electronic Markets and Electronic Hierarchies, in: Communications of the ACM, Jg. 30, 1987, S. 484–497.
Milgrom, Paul/Roberts, John: Economics, Organization and Management, Englewood Cliffs NJ 1992.
Montgomery, Cynthia: Corporate Diversification, in: Journal of Economic Perspectives, Jg. 8, 1994, S. 163–178.
Ortmann, Günther/Sydow, Jörg: Grenzmanagement in Unternehmensnetzwerken: Theoretische Zugänge, in: DBW, Jg. 59, 1999, S. 205–220.
Penrose, Edith: The Theory of the Growth of the Firm, Oxford 1959.
Pfeffer, Jeffrey/Salancik, Gerald: The External Control of Organizations: A Resource-Dependency Approach, New York 1978.
Picot, Arnold: Organisation, in: Vahlens Kompendium der Betriebswirtschaftslehre, hrsg. v. *Bitz, Michael/Dellmann, Klaus/Domsch, Michel*, 4. A., München 1999, S. 107–180.
Picot, Arnold: Ein neuer Ansatz zur Gestaltung der Leistungstiefe, in: ZfbF, Jg. 43, 1991, S. 336–357.
Picot, Arnold: Transaktionskostenansatz in der Organisationstheorie: Stand der Diskussion und Aussagewert, in: DBW, Jg. 42, 1982, S. 267–284.
Picot, Arnold/Reichwald, Ralf/Wigand, Rolf: Die grenzenlose Unternehmung, 5. A., Wiesbaden 2003.
Picot, Arnold/Schneider, Dietmar: Unternehmerisches Innovationsverhalten, Verfügungsrechte und Transaktionskosten, in: Betriebswirtschaftslehre und Theorie der Verfügungsrechte, hrsg. v. *Budäus, Dietrich/Gerum, Elmar/Zimmermann, Gebhard*, Wiesbaden 1988, S. 91–118.
Reichwald, Ralf: Informationsmanagement, in: Vahlens Kompendium der Betriebswirtschaftslehre, hrsg. v. *Bitz, Michael/Dellmann, Klaus/Domsch, Michel*, 4. A., München 1999, S. 221–287.
Reichwald, Ralf/Piller, Frank: Der Kunde als Wertschöpfungspartner, in: Wertschöpfungsmanagement als Kernkompetenz, hrsg. v. *Albach, Horst* et al., Wiesbaden 2002, S. 27–52.
Reichwald, Ralf/Möslein, Kathrin: Nutzenpotentiale und Nutzenrealisierung in verteilten Organisationsstrukturen. Experimente, Erprobungen und Erfahrungen auf dem Weg zur virtuellen Organisation, in: ZfB, Jg. 62, Ergänzungsheft 2/2000, S. 117–136.
Reichwald, Ralf et al.: Telekooperation, 2. A., Berlin 2000.
Smith, Adam: An Inquiry into the Nature and Causes of the Wealth of Nations, London 1776.
Spremann, Klaus: Asymmetrische Information, in: ZfB, Jg. 60, 1990, S. 561–586.
Sydow, Jörg: Management von Dienstleistungsbeziehungen: Kundenintegration aus organisations- und netzwerktheoretischer Sicht, in: Unternehmung und Informationsgesellschaft, hrsg. v. *Witt, Frank H.*, Wiesbaden 2000, S. 21–33.
Sydow, Jörg/Windeler, Andreas: Management interorganisationaler Beziehungen, Köln 1994.
Teece, David: Towards an Economic Theory of the Multiproduct Firm, in: Journal of Economic Behavior and Organization, Jg. 3, 1982, S. 39–63.
Tirole, Jean: Industrieökonomik, München et al. 1995.
Williamson, Oliver: The Economic Institutions of Capitalism, New York 1985.
Williamson, Oliver: The Modern Corporation: Origin, Evolution, Attributes, in: Journal of Economic Literature, Jg. 19, 1981, S. 1537–1568.
Williamson, Oliver: Markets and Hierarchies: Analysis and Antitrust Implications, New York 1975.

Organisationsinnovation

Erich Frese

[s.a.: Innovationsmanagement; Lernen, organisationales; Organisationsstrukturen, historische Entwicklung von; Organisatorische Gestaltung (Organization Design); Wandel, Management des (Change Management).]

I. Organisationsinnovationen: Begriffliche und inhaltliche Einordnung; II. Erscheinungsformen von Organisationsinnovationen; III. Beurteilung des Innovationsgehalts von Organisationskonzepten; IV. Diffusion von Organisationsinnovationen.

Zusammenfassung

Organisationsinnovationen betreffen die Neuentstehung von organisationalen Strukturkonzepten. Sie sind damit von Organisationsänderungen abzugrenzen, die lediglich die Übernahme bereits bestehender Organisationskonzepte bezeichnen. Organisationsinnovationen sind prinzipiell in zwei Erscheinungsformen denkbar: als neuartige Gestaltungskomponenten und als neuartige Gestaltungsphilosophien. Es zeigt sich, dass in der Praxis der Organisationsgestaltung insbesondere die zweite Erscheinungsform eine große Rolle spielt.

I. Organisationsinnovationen: Begriffliche und inhaltliche Einordnung

1. Organisationsstrukturen als Gestaltungsobjekte von Organisationsinnovationen

Organisationsinnovationen beziehen sich auf Änderungen von *Organisationsstrukturen*. Organisationsstrukturen lassen sich als Systeme ineinander greifender organisatorischer Regelungen beschreiben. Derartige Regelsysteme können als Infrastrukturen im Sinne von Ordnungs- und Orientierungsrahmen begriffen werden, die einen Beitrag zur Ausrichtung von arbeitsteilig durchgeführten Handlungen auf die übergeordneten Unternehmungsziele leisten sollen. Organisatorische Regelungen sollen insofern zielorientierte Verhaltenswirkungen erzielen. Organisationsstrukturen müssen vielfältigen Anforderungen genügen, die sich auf allgemeiner Ebene in die Kategorien „Integration" (statische Betrachtung) und „Änderung" (dynamische Betrachtung) einordnen lassen (*Frese* 2001; *Frese* 2002). Hinsichtlich beider Kategorien kann das Organisationsproblem analytisch in zwei Dimensionen zerlegt werden, deren gleichzeitige, wenn auch nicht gleichrangige Berücksichtigung eine unabdingbare Voraussetzung für praktisch funktionsfähige Systeme organisatorischer Regelungen darstellt. Aus Sicht der Aufgabendimension ist es notwendig, unter Einsatz von Gestaltungskomponenten einen strukturellen Rahmen zu entwickeln, durch den abstrakte Entscheidungseinheiten in die Lage versetzt werden, ihnen zugewiesene Aufgaben unter Berücksichtigung der durch Markt- und Ressourcensituation sowie durch inhaltliche und formale Aufgabencharakteristika auferlegten Bedingungen gesamtzielkonform zu erfüllen. Aus Sicht der Mitarbeiterdimension geht es darum, die Motivation der einzelnen Aufgabenträger dahingehend zu fördern, dass diese die auf Grund der Ausstattung mit Entscheidungskompetenzen entstehenden Handlungsspielräume gemäß den übergeordneten Unternehmungszielen ausfüllen. Die Einbeziehung der Motivation in die organisatorische Gestaltung erfordert eine Auseinandersetzung mit den individuellen Verhaltensmerkmalen der Mitarbeiter und mit Möglichkeiten ihrer gesamtzielkonformen Beeinflussung sowohl durch Anreizmaßnahmen als auch durch die Vermittlung grundlegender Werte und Annahmen (→ *Anreizsysteme, ökonomische und verhaltenswissenschaftliche Dimension*; → *Motivation*).

Die Gestaltung von Organisationsstrukturen muss auf heuristische Prinzipien zurückgreifen, denn die Entwicklung organisatorischer Regelungen, deren Umsetzung die unmittelbare Optimierung der Unternehmungsziele erlaubte, ist angesichts der Komplexität der Gestaltungsaufgabe nicht möglich. Dazu ist einerseits die Einführung von Subzielen zur Reduzierung der Komplexität unerlässlich. Die zwangsläufige Folge ist die bis zu einem gewissen Grade isolierte Betrachtung von Teilproblemen, zwischen denen faktische Zusammenhänge bestehen. Praktisch existieren deshalb immer Konflikte (Trade-offs) zwischen den einzelnen Subzielen. Die Organisationsgestaltung ist andererseits auf Annahmen über die potenzielle Wirkung von Gestaltungskomponenten auf das Verhalten der Organisationsmitglieder (Ursache-Wirkungs-Zusammenhänge) angewiesen. Auf Grund der brüchigen empirischen Basis für Wirkungsaussagen und der Komplexität der Systemzusammenhänge sind Aussagen über „angemessene" Organisationsstrukturen immer bis zu einem gewissen Grade subjektiv und beruhen auf „Gestaltungsphilosophien" (*March* 1988; *Weick* 2001) im Sinne von Annahmen über die Verhaltenswirkungen der eingesetzten Gestaltungskomponenten (→ *Managementphilosophien und -trends*; → *Kognitiver Ansatz*; → *Interpretative Organisationsforschung*).

2. Innovationen als spezifische Formen von Änderungen

„Innovation is the adoption of something new; change is the adoption of something different." (*Daft/Becker* 1978, S. 4). Legt man die Unterscheidung von Daft und Becker zugrunde, so lassen sich Innovationen als spezifische Formen von Änderungen begreifen: Innovationen sind Änderungen, die den Charakter der Neuartigkeit aufweisen. Zwar lässt sich jede Änderung als die Überführung einer gegebenen in eine „neue", veränderte Situation beschreiben (vgl. zur Erfassung von Änderungen in verschiedenen Theorien die typologische Zuordnung von *Van de Ven/Poole* 1995). Jedoch variiert der Innovationsgehalt von Änderungen. Angesichts der vielfältigen Formen, die Änderungsvorgänge im Einzelnen annehmen können, bereitet es regelmäßig Schwierigkeiten, im konkreten Fall den Innovationsgehalt einer Änderung zu beurteilen. Zwei empirische Probleme erklären diese Tatsache. So ist es einerseits aufwändig, den Umfang (Breite) und den Grad (Tiefe) zu erfassen, mit der eine gegebene Situation verändert wird. Genauso aufwändig ist andererseits die Prüfung der Frage, ob die Änderung innovativ in dem Sinne ist, dass sie in dem definierten Bezugsgebiet zum ersten Mal erfolgt. Zur objektiven Beantwortung dieser beiden Fragen sind Standards zur Beschreibung von Änderungen und ein zentrales Informationssystem erforderlich. Ein solches System existiert bisher nur im Bereich technischer Erfindungen als Teil des Patentsystems.

Mit Blick auf die in Unternehmungen relevanten Objekte von Änderungen – Verfahren, Strukturen, Produkte – kann die Problematik einer Identifizierung des „Innovativen" nur durch eine Begrenzung des Bezugsgebiets Berücksichtigung finden. Allerdings werden dabei regelmäßig einzelne Unternehmungen als Bezugsobjekte gewählt – mit der Konsequenz einer Reduzierung der Betrachtung auf die Frage, ob eine Änderung neu für die jeweilige Unternehmung ist (schon aus Gründen der Operationalisierung wird diese Vorgehensweise in vielen empirischen Studien zu Innovationen, insbesondere Produktentwicklungen, gewählt; vgl. beispielhaft *Eisenhardt/Tabrizi* 1995). Eine solche enge Fokussierung auf das Orientierungs- und Erfahrungsfeld einer einzelnen Unternehmung führt jedoch zur Verwässerung der Unterscheidung zwischen Innovation und Änderung. Viele Änderungen von Verfahren, Strukturen oder Produkten innerhalb einer einzelnen Unternehmung würden damit zugleich als Innovationen eingestuft. Die Unterscheidung zwischen „Organisationsänderung" und „Organisationsinnovation" würde ihre Berechtigung verlieren (vgl. zu Änderung und Innovation in der Organisationstheorie *Frese* 2000). Im Folgenden wird daher der objektive Tatbestand der Neuartigkeit als Kriterium des Innovativen zugrunde gelegt. Es ist damit nicht entscheidend, ob die Änderung von einer Unternehmung als innovativ empfunden wird – nicht die wahrgenommene, sondern die tatsächliche Neuartigkeit zählt (vgl. *Marr* 1980 und den Überblick über die Literatur bei *Kimberly* 1981 und *Dewar/Dutton* 1986). Diese bemisst sich danach, inwieweit die Änderung weltweit insofern als neuartig gilt, als sie bisher in keiner anderen Unternehmung Anwendung gefunden hat.

3. Organisationsinnovationen als spezifische Änderungen von Organisationsstrukturen

Während die für Unternehmungen generell relevanten Änderungsobjekte Verfahren, Strukturen und Produkte umfassen, beziehen sich Organisationsinnovationen ausschließlich auf Änderungen von Organisationsstrukturen. Organisationsinnovationen stellen Änderungen von Organisationsstrukturen dar, die weltweit als neuartig eingestuft werden. Es bedarf keiner näheren Begründung, dass es gerade bei Management-Innovationen wie der Änderung von Organisationsstrukturen schwierig ist, zu beurteilen, ob eine Änderung wirklich weltweit als neuartig gilt. So mag der Übergang von der funktionalen zur produktorientierten Organisationsstruktur bei DuPont im Jahre 1920 durch die neuartige Verknüpfung von Aufgaben- und Motivationskomponente unter neuartiger Einbringung der Anreizwirkung des Rechnungswesens (*Johnson* 1978) als innovativ gelten. Ob die Einführung der Spartenorganisation (→ *Spartenorganisation*) bei der DuPont Company allerdings tatsächlich – wie gemeinhin unterstellt (*Chandler/Tedlow* 1985, S. 670: „They were the first to build this type of structure ... ") – eine Organisationsinnovation darstellt, ist angesichts der früheren Ansätze zur Etablierung von Profit-Center-Konzepten unter Anwendung des Spartenkonzepts gegen Ende des 19. Jahrhunderts fraglich (vgl. *Kocka* 1969, S. 378 ff., zur Einführung der Spartenorganisation bei Siemens & Halske). Im Falle des allgemein als innovativ eingestuften Toyota-Produktionssystems erscheint eine solche Einschätzung nicht minder schwierig. So verweist beispielsweise Ohno, einer der Mitbegründer des Toyota-Produktionssystems, auf das Vorbild amerikanischer Supermärkte bei der Entwicklung bestimmter Module des Organisationssystems („Kanban-System") (*Ohno* 1988, S. 25 ff.).

II. Erscheinungsformen von Organisationsinnovationen

Organisationsinnovationen sind prinzipiell in zwei Erscheinungsformen denkbar. Einerseits lässt sich von Organisationsinnovationen sprechen, sofern neuartige Gestaltungskomponenten eingesetzt werden. Andererseits stellt auch der Einsatz weitgehend bekannter Gestaltungskomponenten eine Organisationsinnovation dar, insoweit die zugrunde liegenden Annahmen über die Wirkungen ihres Einsatzes den Charakter der Neuartigkeit aufweisen. Ein Blick auf die neuere historische Entwicklung von Organisationskonzepten (Spartenorganisation bei DuPont, Toyota-Produktionssystem) zeigt, dass Organisationsinnovationen größtenteils auf innovativen *Gestaltungsphilosophien* beruhen. Der Fall der Neuentwicklung organisatorischer Gestaltungskomponenten erscheint demgegenüber eher von untergeordneter Relevanz und ist allenfalls in der Analyse der historischen Entwicklung von Organisationskonzepten vom vorindustriellen zum industriellen Zeitalter von Bedeutung. Lediglich im Zuge der aktuellen informationstechnologischen Neuerungen wird erneut das Entstehen innovativer organisatorischer Gestaltungskomponenten diskutiert (→ *Informationstechnologie und Organisation*). Inwieweit allerdings die Fähigkeit, umfangreiche Informationsbestände vorzuhalten und schnell über prinzipiell unbegrenzte Distanzen sowie unabhängig von der zeitlichen Präsenz eines Kommunikationspartners zu übermitteln und abzufragen, tatsächlich innovative organisatorische Gestaltungskomponenten hervorbringt, bleibt abzuwarten (*Frese* 2002).

Dass die Neuentwicklung organisatorischer Gestaltungskomponenten realistischerweise als unwahrscheinlich eingestuft werden muss, lässt sich mit Blick auf das eingangs erläuterte Gestaltungsproblem begründen. Betrachtet man die Organisationsgestaltung aus der Perspektive der Aufgabendimension, dann sind die zu kombinierenden Gestaltungskomponenten in Form von Aufgaben- und Kommunikationskomponenten weitgehend gegeben. Das Prinzip der hierarchischen Problemlösung, das als dominierendes Konzept zur Reduzierung komplexer Probleme gelten kann (*Simon* 1965), und die weitgehend determinierten Optionen bei der Ausgestaltung der vertikalen und horizontalen Kommunikation setzen für die Einführung neuer Koordinationsformen einen engen Rahmen. Es ist praktisch auszuschließen, dass eine Organisationsform bezüglich der formalen Regelung von Aufgaben und Kommunikation eingesetzt wird, die nicht schon bekannt wäre. Es bleibt somit festzuhalten, dass Organisationsinnovationen in aller Regel auf geänderten Wirkungsannahmen beruhen. Innovative organisatorische Gestalter experimentieren mit neuartigen Annahmen über die Verhaltenswirkungen der herangezogenen Gestaltungskomponenten und begründen insofern neuartige Organisationskonzepte. Als Ergebnis eines solchen Experimentierens mit neuen Ideen (Exploration) und der Abkehr vom Prinzip der Ausschöpfung bewährten Wissens (Exploitation) (vgl. *March* 1991) ändern sich tragende Elemente ihrer Gestaltungsphilosophie.

In aller Regel äußern sich innovative Gestaltungsentscheidungen nach „außen" sichtbar in veränderten formalen Organisationsstrukturen. Allerdings führt nicht jede Organisationsinnovation zwangsläufig zu einer nachhaltigen Änderung der formalen Strukturen. Wie der Fall des Toyota-Produktionssystems zeigt, beruht diese Organisationsinnovation offensichtlich weniger auf der Entwicklung neuartiger Gestaltungskomponenten – hier wurde auf die bereits bekannte Organisationsform der Spartenstruktur zurückgegriffen. Der Innovationsgehalt des Toyota-Produktionssystems äußert sich vielmehr in der Zugrundelegung ganz anderer, neuartiger Wirkungsannahmen mit dem Ziel der Realisierung von Lerneffekten (vgl. *Levinthal/March* 1993).

III. Beurteilung des Innovationsgehalts von Organisationskonzepten

Für die Erfassung des Innovationsgehalts von Organisationskonzepten ist die von Henderson und Clark entwickelte Typologie für Produktentwicklungen aufschlussreich (vgl. *Henderson/Clark* 1990). Sie unterscheiden Entwicklungsaktivitäten nach dem eingebrachten Wissen über Komponenten und Architekturen. Komponentenwissen bezieht sich auf physisch abgrenzbare Teile eines Produkts mit klar definierten Funktionen. Die Prinzipien, nach denen die Komponenten zu einem Gesamtsystem zusammengefügt werden, bilden das Architekturwissen. Da sich jede Organisationsstruktur auf die Verknüpfung von einzelnen Gestaltungskomponenten zu einem Gesamtsystem zurückführen lässt, ist die organisatorische Bedeutung der Typologie von Henderson und Clark offensichtlich. Bezogen auf die Organisationsgestaltung stellt das Komponentenwissen das Wissen über die zur Verfügung stehenden Gestaltungskomponenten und Annahmen über deren Verhaltenswirkungen dar. Das Architekturwissen umfasst das Wissen über die möglichen organisatorischen Gesamtlösungen im Sinne von Konfigurationen (vgl. *Mintzberg* 1983). Durch die Kombination von Änderungsmöglichkeiten auf der Architektur- oder Komponentenebene lassen sich vier Änderungsformen unterscheiden (Abb. 1).

Architekturwissen \ Komponentenwissen	geringfügig verändert (Veränderte Wirkungsannahmen ohne neuartige Gestaltungskomponenten)	weitreichend verändert (Veränderte Wirkungsannahmen und neuartige Gestaltungskomponenten)
unverändert	Inkrementale Änderung	Modulare Änderung
verändert	Architektonische Änderung	Radikale Änderung

Abb. 1: Typologie organisationaler Änderungen (in Anlehnung an Henderson/Clark 1990)

Stellt man unter Rückgriff auf die Typologie die Frage des Innovationsgehalts einer organisatorischen Gestaltungslösung, so sind Organisationsinnovationen zunächst vor allem bei „radikalen Änderungen" zu erwarten. Die gleichzeitige Einbringung von neuem Komponenten- und Architekturwissen kann bisherige Lösungskonzepte so nachhaltig in Frage stellen, dass im Ergebnis das Kriterium der Einmaligkeit erfüllt sein kann. In diesem Fall ist sowohl von einer grundlegenden Änderung der Gestaltungsphilosophie als auch von neuartigen Gestaltungskomponenten auszugehen. Wie bereits ausgeführt, ist ein solcher Innovationsgehalt in der Organisationsgestaltung allerdings äußerst selten. Der Großteil der Organisationsinnovationen gründet sich auf veränderten Gestaltungsphilosophien und bewegt sich damit im Rahmen der von Henderson und Clark bezeichneten „architektonischen Änderung". Neben den bereits erwähnten Beispielen kann auch das in Japan entstandene Konzept der Quality Circles als eine solche architektonische Änderung bezeichnet werden (*Coriat/Dosi* 1998, S. 118 ff.; *Cole* 1999). Nach Lillrank liegt das Innovative dieses Konzepts in der Art der Verlagerung der Qualitätssicherung auf die Ausführungsebene (Vorarbeiter, Arbeiter), die Selbststeuerung realisiert und gleichzeitig die nachhaltige Unterstützung und Realisation der vom

Management gesetzten Ziele gewährleistet (*Lillrank* 1995). Das neuartige Element in der Gestaltungsphilosophie besteht hier in geänderten Annahmen über das Kooperations- und Leistungsverhalten der Mitarbeiter und in der Etablierung einer Parallelorganisation.

IV. Diffusion von Organisationsinnovationen

Bei jedem innovativen Konzept wird – insbesondere angesichts globaler Wettbewerbsbedingungen – die Diffusion, Übernahme und Implementierung der Innovation zu einem zentralen Thema. Für die so in den Mittelpunkt gerückte Problematik der Verbreitung von Organisationsinnovationen, insbesondere von Gestaltungsphilosophien, sind von Wissenschaftlern unterschiedliche disziplinäre Orientierungsbeiträge geleistet worden. Dabei reicht das Spektrum der Ansätze von der Analyse der Bedeutung von Managementmoden (*Zeitz/Mittal/McAulay* 1999) über die Herausarbeitung der Rolle von Beratern (*Kieser* 2002) bis zur Betonung des aus der Abhängigkeit von externen Ressourcen resultierenden Legitimations- und Anpassungsdrucks (*Meyer/Rowan* 1977).

Da Organisationsinnovationen mit ihrer primären Verankerung innerhalb von Gestaltungsphilosophien stets auch durch kulturelle Normen geprägt sind und in der Praxis unter den spezifischen Rahmenbedingungen einer konkreten Unternehmung bzw. Branche entstehen, stellt die Übertragung eines innovativen Organisationskonzepts auf andere Unternehmungen, Branchen und Länder in aller Regel hohe Anforderungen (→ *Interkulturelles Management*). Die Herauslösung der innovativen Idee aus seiner historischen und kulturellen Einbettung in eine die Funktionsfähigkeit der Wirkungsannahmen erhaltenden Weise ist ein komplexer Vorgang (*Lillrank* 1995; *Cole* 1999; *Liker/Fruin/Adler* 1999). Schon deshalb wäre es verfehlt, die Übernahme von in anderen Unternehmungen und Ländern entstandenen Organisationsinnovationen als ein wenig inspiriertes Kopieren abzutun. Westney hat in ihrer Studie, in der sie den gegen Ende des 19. Jahrhunderts erfolgten Transfer westlicher Organisationskonzepte nach Japan untersuchte, auf diesen Aspekt hingewiesen (*Westney* 1987). Kulturübergreifender Transfer neuartigen Organisationswissens beinhaltet nicht nur das bloße Übernehmen, sondern auch das kulturelle Anpassen von in anderen Ländern bereits erfolgreich erprobten Konzepten („imitierende Innovation").

Literatur

Chandler, Alfred D./Tedlow, Richard S.: The Coming of Managerial Capitalism: A Casebook on the History of American Economic Institutions, Homewood, Ill. 1985.
Cole, Robert E.: Managing Quality Fads: How American Business Learned to Play the Quality Game, New York et al. 1999.
Coriat, Benjamin/Dosi, Giovanni: Learning How to Govern and Learning How to Solve Problems: On the Co-Evolution of Competences, Conflicts, and Organizational Routines, in: The Dynamic Firm: The Role of Technology, Strategy, and Regions, hrsg. v. *Chandler, Alfred D./Hagström, Peter/Sölvell, Örjan*, Oxford et al. 1998, S. 103–133.
Daft, Richard L./Becker, Selwyn W.: The Innovative Organization: Innovation Adoption in School Organizations, New York et al. 1978.
Dewar, Robert D./Dutton, Jane E.: The Adoption of Radical and Incremental Innovations: An Empirical Analysis, in: Man.Sc., Jg. 32, 1986, S. 1422–1433.
Eisenhardt, Kathleen M./Tabrizi, Behnam N.: Accelerating Adaptive Processes: Product Innovation in the Global Computer Industry, in: ASQ, Jg. 40, 1995, S. 84–110.
Frese, Erich: Theorie der Organisationsgestaltung und netzbasierte Kommunikationseffekte: Das organisatorische Gestaltungspotenzial von Internet und Intranet, in: E-Organisation: Strategische und organisatorische Herausforderungen des Internet, hrsg. v. *Frese, Erich/Stöber, Harald*, Wiesbaden 2002, S. 191–241.
Frese, Erich: Wenn Organisationen lernen müssen: Anmerkungen aus der Perspektive des Organization Design, in: Interdisziplinäre Managementforschung: Herausforderungen und Chancen. Festschrift für Norbert Szyperski, hrsg. v. *Klein, Stefan/Löbbecke, Claudia*, Wiesbaden 2001, S. 27–47.
Frese, Erich: Organisatorische Strukturkonzepte im Wandel: Aussagen der Organisationstheorie zu Änderung und Innovation, in: Innovative Organisationsformen: Neue Entwicklungen in der Unternehmensorganisation, hrsg. v. *Wojda, Franz*, Stuttgart 2000, S. 59–88.
Henderson, Rebecca M./Clark, Kim B.: Architectural Innovation: The Reconfiguration of Existing Product Technologies and the Failure of Established Firms, in: ASQ, Jg. 35, 1990, S. 9–30.
Johnson, H. Thomas: Management Accounting in an Early Multidivisional Organization: General Motors in the 1920s, in: Business History Review, Jg. 52, 1978, S. 490–517.
Kieser, Alfred: Wissenschaft und Beratung, Heidelberg 2002.
Kimberly, John R.: Managerial Innovation, in: Handbook of Organizational Design, Vol. 1, hrsg. v. *Nystrom, Paul C./Starbuck, William H.*, Oxford et al. 1981, S. 84–104.
Kocka, Jürgen: Unternehmensverwaltung und Angestelltenschaft am Beispiel von Siemens 1847–1914: Zum Verhältnis von Kapitalismus und Bürokratie in der deutschen Industrialisierung, Stuttgart 1969.
Levinthal, Daniel A./March, James G.: The Myopia of Learning, in: Strategic Management Journal, Jg. 14, 1993, S. 95–112.
Liker, Jeffrey K./Fruin, W. Mark/Adler, Paul S.: Bringing Japanese Management Systems to the United States: Transplantation or Transformation?, in: Remade in America: Transplanting and Transforming Japanese Management Systems, hrsg. v. *Liker, Jeffrey K./Fruin, W. Mark/Adler, Paul S.*, New York et al. 1999, S. 3–35.
Lillrank, Paul: The Transfer of Management Innovations from Japan, in: OS, Jg. 16, 1995, S. 971–989.
March, James G.: Exploration and Exploitation in Organizational Learning, in: Org.Sc., Jg. 2, 1991, S. 71–87.
March, James G.: Decisions and Organizations, New York 1988.
Marr, Rainer: Innovation, in: HWO, hrsg. v. *Grochla, Erwin*, 2. A., Stuttgart 1980, Sp.947–959.
Meyer, John W./Rowan, Brian: Institutionalized Organizations: Formal Structure as Myth and Ceremony, in: American Journal of Sociology, Jg. 83, 1977, S. 340–363.
Mintzberg, Henry: Structure in Fives: Designing Effective Organizations, Englewood Cliffs, NJ 1983.

Ohno, Taiichi: Toyota Production System: Beyond Large-Scale Production, Cambridge, Mass. et al. 1988.
Simon, Herbert A.: The Architecture of Complexity, in: General Systems, Jg. 10, 1965, S. 63–76.
Van de Ven, Andrew H./Poole, Marshall Scott: Explaining Development and Change in Organizations, in: AMR, Jg. 20, 1995, S. 510–540.
Weick, Karl E.: Making Sense of the Organization, Oxford et al. 2001.
Westney, D. Eleanor: Imitation and Innovation: The Transfer of Western Organization Patterns to Meiji Japan, Cambridge, Mass. 1987.
Zeitz, Gerald/Mittal, Vikas/McAulay, Brian: Distinguishing Adoption and Entrenchment of Management Practices: A Framework for Analysis, in: OS, Jg. 20, 1999, S. 741–776.

Organisationskapital

Dieter Sadowski/Oliver Ludewig

[s.a.: Informelle Organisation; Kompetenzen, organisationale; Organisation; Organisationsinnovation; Organisationskultur; Organisatorische Gestaltung (Organization Design); Reputation; Ressourcenbasierter Ansatz; Wissen.]

I. Organisationskapital in der Literatur; II. Organisationskapital und die Theorie der Unternehmung; III. Messung von Organisationskapital; IV. Tragfähigkeit des Konzepts Organisationskapital.

Zusammenfassung

Der Begriff „Organisationskapital" ist schillernd und wird in zahlreichen unterschiedlichen Bedeutungen gebraucht. Hier wird Organisationskapital als das aus unternehmensspezifischen Geschäfts- und Managementpraktiken stammende wirtschaftliche Potenzial, über einen längeren Zeitraum einen überdurchschnittlichen Ertrag zu erzielen, definiert. Gemein mit anderen Kapitaltypen hat Organisationskapital, dass sein Aufbau Investitionen verlangt, die sich über die Zeit amortisieren sollen. Anders als andere Kapitalarten ist es jedoch untrennbar mit der Organisation verbunden. Der überwiegend intangible, nichtfungible und idiosynkratische Charakter von Organisationskapital macht es schwer messbar, jedoch lässt sich sein ökonomischer Wert unter bestimmten Annahmen approximieren.

I. Organisationskapital in der Literatur

An das einzelne Unternehmen gebundene und für das einzelne Unternehmen spezifische Organisationspraktiken können eine dauerhafte, kapitalähnliche Erfolgsquelle sein, sofern sie ein Unternehmen befähigen, aus einer gegebenen Ausstattung mit Sach-, Finanz-, Human- und Sozialkapital einen spezifischen Wettbewerbsvorteil zu ziehen (→ *Ressourcenbasierter Ansatz*). Der metaphorische Begriff „Organisationskapital" findet sich sowohl in der deutsch- als auch der englischsprachigen Literatur mit zahlreichen unterschiedlichen Bedeutungen. Es gibt zumindest zwei Schulen: Die eine sieht Organisationskapital als an die Organisationsmitglieder gebunden und in ihren Beziehungsnetzen verkörpert (*Prescott/Visscher* 1980); die andere geht davon aus, dass Organisationskapital nicht in und an Individuen gebunden, sondern in der Organisation verankert ist und grundsätzlich auch nach einem vollständigen Personalaustausch erhalten bleiben kann (*Tomer* 1986; *Tomer* 1987; *Lev/Radhakrishnan* 2003). Da die erste Sichtweise recht artifizielle Begriffsspaltereien zwischen Sozial- und Humankapitalarten erfordert, halten wir die zweite für analytisch ergiebiger und legen sie hier zugrunde.

„Organization capital is [...] an agglomeration of technologies – business practices, processes and designs, [...] – that enable some firms to consistently extract out of a given level of resources a higher level of product and [/or] at lower cost than other firms." (*Lev/Radhakrishnan* 2003, S. 5). So stellt Wal-Marts Lieferkette, bei der die Informationen über den Kauf einer Ware nach dem Lesen des Strichcodes an der Kasse direkt an den für das Management der Lagerhaltung und der Warenbereitstellung zuständigen Lieferanten weitergegeben werden, einen erheblichen Wettbewerbsvorteil dar (vgl. *Lev/ Radhakrishnan* 2003; siehe für ein verwandtes Beispiel aus der Textilindustrie: *Abernathy* et al. 1995). Wo Organisationen gestaltet oder umgestaltet werden, fallen investive Planungs-, Umstellungs- und Anlaufkosten an, die durch zukünftige Erträge erwirtschaftet werden sollen. Zudem sind zahlreiche Organisationspraktiken mit spezifischen Investitionskosten verbunden. Wenn etwa Arbeitnehmer durch eine explizite Politik der Arbeitsplatzsicherheit dazu angeregt werden sollen, ihr Wissen um die Produktionsabläufe in produktivitätssteigernde Verbesserungsvorschläge umzusetzen, dürfte eine glaubwürdige Arbeitsplatzgarantie voraussetzen, dass auf eine ohne Entlassungen durchgestandene Krise verwiesen werden kann (→ *Reputation*). Die Kosten solcher Personalhortung sind also auch als Investitionen in eine Unternehmenskultur oder -verfassung zu verstehen (→ *Organisationskultur*). Allgemeiner: „Wenn es einem Unternehmen gelingt, sich eine Ordnung zu geben, also einen Bestand an Regeln, Informationen zu teilen, Konflikte beizulegen und Kooperationsbereitschaft zu sichern, dann kann eine solche Ordnung mit Fug als ‚Organisationskapital' gewertet werden." (*Sadowski* 2002, S. 334). Dies gilt für die Arbeitsbeziehungen, aber auch für die Beziehungen zu den übrigen *share*- und *stakeholders*, den Finanzkapitalgebern, Kunden und Lieferanten (→ *Shareholder- und Stakeholder-Ansatz*). Der ökonomische Wert dieses Organisationskapitalstocks ist abstrakt durch den

Gegenwartswert der durch diese *Organisationspraktiken* generierten zukünftigen Erträge definiert. Operationalisierungen werden in Abschnitt III erörtert.

„*Humankapital*" meint aus Unternehmenssicht den ökonomischen Wert des Wissens und der Kompetenzen eines Arbeitnehmers, soweit sie seine Produktivität im Unternehmen erhöhen. „*Sozialkapital*" wird geschaffen „when the relations among persons change in ways that facilitate action" (*Coleman* 1988, S. 100). Solches interpersonelle Beziehungskapital bemisst sich an dem (ökonomischen) Nutzen, den Beziehungen stiften, indem sie es erlauben, die Ressourcen anderer Personen zu nutzen. Beispiele für derartige Erträge sind Verpflichtungen und Gefallen, die eingefordert, oder Informationen, die erlangt werden können. Unternehmen können vom Sozialkapital ihrer Akteure profitieren, sofern deren soziale Netzwerke den Informationsfluss sichern, Handlungen koordinieren und Kooperationen ermöglichen (vgl. *Matiaske* 1999). Unser Begriff von Organisationskapital stellt aber umgekehrt auf die Erleichterung der Aktionen der Akteure durch eine investive Organisationspraxis ab, wie es analog auch Hardin mit seinem Konzept des „institutional capital" tut (*Hardin* 1999, S. 178).

Organisationskapital ist intangibel wie Human- und Sozialkapital. Durch Imitation oder Innovationen der Konkurrenten ist Organisationskapital ebenfalls vom Obsolenzrisiko bedroht (*Lev/Radhakrishnan* 2003, S. 7). Nur der nicht-imitierbare Teil des Organisationskapitals kann dauerhafte Wettbewerbsvorteile generieren; Organisationskapital ist also in erheblichem Maße unternehmensspezifisch bzw. idiosynkratisch. Wie beim ressourcenbasierten Ansatz ist zu fragen, ob und wie das Organisationskapital vor Imitation geschützt ist bzw. werden kann (→ *Ressourcenbasierter Ansatz*). In der Literatur wird seit längerem eine Vielzahl von Gründen – time compression diseconomies, Interaktionseffekte zwischen verschiedenen Praktiken oder Ambiguität der Kausalzusammenhänge – genannt, die als effektive Imitationsbarrieren gelten, die hier aber nicht weiter diskutiert werden können (siehe z.B.: *Dierickx/Cool* 1989 oder *Peteraf* 1993). Da das Organisationskapital durch Organisationspraktiken konstituiert wird, ist es nicht separabel von der Organisation und somit auch nicht fungibel – es sei denn, die gesamte Organisation wird verkauft (vgl. z.B.: *Black/Lynch* im Erscheinen). Ansätze zur Messung und Bewertung von Organisationskapital müssen also an einer Theorie der Wirkungsmechanismen ansetzen.

II. Organisationskapital und die Theorie der Unternehmung

Es ist zu fragen: Was ist es wert, „soziale (endogene) Unsicherheit" durch Berechenbarkeit, Regelhaftigkeit und Verlässlichkeit reduzieren zu können? Organisationskapital wirkt unter anderem durch die Senkung der Opportunismusgefahren und die Steigerung der Glaubwürdigkeit der Unternehmung nach innen und außen performanzsteigernd. Reduzierte soziale Unsicherheit sollte sich in geringerem Widerstand der Arbeitnehmer, Kunden und Zulieferer gegen deren Erwartungen enttäuschende Entscheidungen niederschlagen, in verkürzten Verhandlungszeiten also und in reduziertem „Schadensersatz". Es ist dieser „shadow of the future", der Selbstbindung durch eine selbstgeschaffene Organisation lohnend machen kann.

Selbstbindung kann jedoch unvorteilhaft werden, wenn die Märkte neue und vorteilhaftere als zum Zeitpunkt der Selbstbindung gedachte Austauschmöglichkeiten bieten, die (exogene) „exchange value uncertainty", also Handlungsflexibilität, belohnt (vgl. *Lazzarini/Miller/Zenger* 2002). Diese Opportunitätskosten von Selbstbindung müssen bedacht werden.

Durch welche Investitionen kann dieser Kapitalstock vergrößert werden, welchen Abschreibungsprozessen unterliegt er? Wenn der Kern von Organisationskapital Regeln, Praktiken und anonymes oder „System"-Vertrauen in diese ist, dann kann dies gerade nicht durch eine große Werbekampagne geschaffen werden, sondern im Gegenteil, dann bedarf es des „shadows of the past", also über einen längeren Zeitraum wiederholter vertrauenswürdiger Interaktionen, Interaktionen also, bei denen kurzfristige Gewinnopportunitäten ausgelassen worden sind, um Verlässlichkeit zu demonstrieren oder zu signalisieren. „Systemvertrauen" bezeichnet Vertrauen gegenüber „Stellen" und Verfahrensweisen einer Organisation unabhängig von konkreten Stelleninhabern und Entscheidern, es ist kategorisch von den personalisierten Beziehungsnetzwerken, dem Sozialkapital der Organisationsmitglieder, zu unterscheiden; zugespitzt ist es als Vertrauen in Objekte, nicht in Subjekte zu verstehen (*Luhmann* 2000, S. 107). Im Einzelfall mag eine bedeutende singuläre Entscheidung einen vertrauensvollen Ruf begründen, i.Allg. aber ist Systemvertrauen ein auf vielfältigen Erfahrungen beruhendes Urteil. Illustriert für die Arbeitsbeziehungen: Wenn Verlässlichkeitssignale nur in besonders sichtbaren Politikfeldern ausgesandt werden (z.B. Verzicht auf Nominallohnsenkungen) dürften sie weniger Wirkung zeigen, als wenn sie in vielen oder allen personalpolitischen Instrumenten spürbar sind (z.B. Gewährung allgemeiner Konsultationsrechte). Weiterhin: Wenn Verlässlichkeitssignale nur zu bestimmten Zeiten ausgesandt werden, aber gerade nicht zu Zeiten, in denen die Marktalternativen der Marktteilnehmer sehr unattraktiv sind, dann ist ihr Signalwert gering, wenn nicht negativ für das Unternehmen. Es sind unseres Erachtens die „Sekundärmerkmale" *Allgemeinheit* und *Beständigkeit*, welche Marktteilnehmer an die Verlässlichkeit eines Unternehmens glauben machen. Wenn auch das Vertrauenskapital aus durchsichtigem und berechenbarem Verhalten nur allmählich aufgebaut werden kann, so kann es i.Allg. doch sehr kurzfristig verspielt werden, Auf- und Abbau unterliegen nicht derselben Dynamik (vgl. zur Ökonomie von Regeln *Burr* 1998).

Wo Anpassungen an neue Marktsituationen um der Wettbewerbsfähigkeit des Unternehmens willen erforderlich sind, entscheidet nicht nur die Anpassungsgeschwindigkeit, sondern auch die Glaubwürdigkeit oder Qualität der Begründung, also ein Element des Entscheidungsverfahrens, über die Kosten der Erwartungsenttäuschung (*Benz/Stutzer* 2002). Das begründungslose, willkürliche Wahrnehmen von *management prerogatives* in Arbeits- oder Lieferbeziehungen dürfte Systemvertrauen zerstören; eine akzeptable Argumentation, aus Marktzwängen – und nicht aus Opportunismus – zu handeln, sollte die Kosten der Anpassung jedenfalls relativ niedriger halten (*Sadowski* 2002 Kap. 12; *Lazzarini/Miller/Zenger* 2002). Solche Akzeptanz könnte über eine Formelbindung erreicht werden, oder, wenn mehr Flexibilität vorteilhaft ist, über den fallweisen Versuch, etwa durch Mediation die Zustimmung der Vertragspartner zu gewinnen, schließlich über deren Beteiligung am Entscheidungsprozess selbst, wie z.B. durch freiwillig gewährte Mitbestimmung der Arbeitnehmer. Verfahrensgarantien können als ein drittes sekundäres Merkmal der Personalpolitik betrachtet werden, das dem Aufbau von Organisationskapital dient. Die Vermutung, dass verlässliche und akzeptierte Ordnungen Erträge abwerfen, ist jedenfalls alt: Mittelalterliche Darstellungen der Justitia zeigen diese oft mit einem Füllhorn, das auf den Wohlstand verweist, der aus einer durchgesetzten Rechtsordnung folgt (*Schild* 1993, S. 542).

Diese Wirkungsvermutungen bedingen stabile Wahrnehmungen und Wertungen seitens der Interaktionspartner der investierenden Unternehmen. Derartige stabile Wahrnehmungen können in Arbeitsbeziehungen empirisch beobachtet werden (*Boselie/van der Wiele* 2002), wo die Selbstbindung betrieblicher Übung auch rechtlich anerkannt ist (*Pull* 1996, S. 15 ff.) und Verhaltens- und Erfolgskonsequenzen sichtbar sind. Operationale Messvorschriften für den theoretischen Begriff „Organisationskapital" sind gewiss nicht trivial, aber ein großer Teil der in den 90er Jahren publizierten theoretischen und empirischen Literatur über den Einfluss von Systemeffekten und von Komplementaritäten zwischen unternehmenspolitischen Praktiken auf den Firmenerfolg lässt sich als Versuch der Erklärung der Konstituierung und der Messung von Organisationskapital durch spezifische Kombinationen von Organisationspraktiken re-interpretieren (z.B: *Milgrom/Roberts* 1994; 1995; *Huselid* 1995; *Ichniowski/Shaw/Prennushi* 1997; *Ludewig* 2001).

Wo eine selbstauferlegte Organisationspraxis zur Selbstfesselung führt, kann Organisationskapital nicht nur seinen Wert verlieren, sondern sogar negativ werden. Die besondere Organisationspraxis eröffnet dann keine zusätzlichen Handlungschancen im Vergleich zu dem Referenzunternehmen, sondern verschließt sie. Diese Gefahr wohlmeinender Überinvestitionen in das Organisationskapital teilt diese Kapitalart mit anderen Vermögensformen, sie besteht für Sach- und Finanzanlagen ebenso wie für Human- und Sozialkapital, wenn die konkrete Kapitalbindung irreversibel ist.

III. Messung von Organisationskapital

Weder Anleihen beim Human Resource Accounting noch im Recht der Bilanzierung immaterieller Vermögensgegenstände, insb. für die Aktivierung des Geschäftswertes oder Goodwill, sind hilfreich für die Ermittlung des Wertes von Organisationskapital. Zwar könnte ein Teil der Anschaffungs- und Einführungskosten (z.B. Beratungs- und Schulungskosten) von Organisationskapital monetär erfasst werden, vieles jedoch nicht, wie der Widerstand von Organisationsmitgliedern gegen Veränderungen. Aber insb. wo Organisationskapital auf stillschweigender, „tacit" Praxis beruht, kann kein Veräußerungswert, mit dem sich Sachkapitalbestände bilanzieren ließen, bestimmt werden. Der Goodwill, also der Unternehmenswert bereinigt um die Buchwerte der Nettoaktiva, repräsentiert zwar den Wert des Organisationskapitals, aber auch die Werte anderer nicht bilanzierter Aktiva wie des Human- und Sozialkapitals oder den Wert von Marken, sodass nicht klar zu trennen ist, welcher Teil des Goodwills auf das Organisationskapital und welcher auf die anderen Aktiva zurückzuführen ist (vgl. *Lev/Radhakrishnan* 2003; *Black/Lynch* im Erscheinen).

Verwandt mit diesem Ansatz ist die Messung des technologischen Fortschritts in der empirischen volkswirtschaftlichen Wachstumsforschung durch Restgrößenermittlung mit Hilfe einer Produktionsfunktion. Nicht auf Faktormengenveränderungen rückführbare Produktivitätsfortschritte werden als technologischer Fortschritt interpretiert, was auch organisatorische Innovationen einschließt (vgl. *Lev/Radhakrishnan* 2003). Auch das Konzept der Totalen Faktorproduktivität versucht, unerklärte Produktivitätsdifferenzen als Unterschiede in der Qualität des Managements von Produktionsfaktoren zu erschließen (vgl. *Atkeson/Kehoe* 2002). Je mehr die angenommenen Produktionsfunktionen nicht nur Faktorbestände beachten, sondern auch die organisatorischen Bedingungen der Produktion explizieren – indem etwa Organisationspraktiken als Ressourcen betrachtet werden, je mehr sie also „*Verhaltensproduktionsfunktionen*" „represent(ing) the behavioral relationship between input and output as determined by the internal organization of the firm" (*Gaynor/Pauly* 1990, S. 555) sind, umso eher können die Koordinations- und Motivationsfolgen von Organisationspraktiken ökonometrisch identifiziert werden.

Die isolierte Messung der Erfolgswirkungen einzelner oder gebündelter Organisationspraktiken und deren Summierung in einem Index wären ein alternativer Weg zur Bestimmung des Organisationskapitals. Er ist ebenfalls problematisch. Zwar können auf Basis der verwendeten Praktiken Indizes oder Systemvariablen, die als Proxy für das Organisationskapital dienen sollen, bestimmt werden, aber ähnlich der Anzahl der sozialen Beziehungen oder der Anzahl an Vereinsmitgliedschaften bei der Messung von Sozialkapital (vgl. *Sobel* 2002; *Glaeser/Laibson/Sacerdote* 2002) werden hierbei weder der unterschiedlich starke Einfluss verschiedener Praktiken noch Interaktionseffekte auf das Organisationskapital berücksichtigt (*Lev/Radhakrishnan* 2003).

Ein Unternehmen wird also auf Stichtagsbewertungen des Organisationskapitals verzichten und sich mit Differenzaussagen begnügen müssen: entweder indem es seine Performanz vor und nach der Implementation bestimmter Organisationspraktiken vergleicht oder aber indem es sich mit einer anderen Unternehmung vergleicht, die bis auf die betrachteten Praktiken mit ihr identisch ist. Auf diese Weise ergeben sich keine Informationen über die absolute Höhe der produktiven Folgen des Organisationskapitals, sondern nur über die Differenzen. Wenn sich identische Unternehmungen nicht finden lassen, müssen die intervenierenden Variablen kontrolliert, also ökonometrische Verfahren zur Identifizierung der Effekte von Organisationskapital eingesetzt werden.

Re-interpretiert man den Human-Resource-Managementsystem-Ansatz von Ichniowski, Shaw und Prennushi als Messung der Produktivitätseffekte des personalpolitisch verursachten Teils des Organisationskapitals, dann erhöht sich der nicht diskontierte Betriebserfolg einer „steel finishing line" über zehn Jahre via Kostensenkung durch reduzierte Ausfallzeiten auf Grund von höherem Organisationskapital (komplexes Bündel komplementärer Human-Resource-Management-Praktiken) um über zehn Mio. US-Dollar gegenüber einer „line" mit geringem Organisationskapital (keine Human-Resource-Management-Praktiken) (*Ichniowski/Shaw/Prennushi* 1997) (→ *Human Ressourcen Management*). Diesem Ansatz folgend fand Ludewig für Deutschland, dass ein System komplementärer personalpolitischer Praktiken die Wertschöpfung je Geldeinheit Lohnkosten um eineinhalb Geldeinheiten gegenüber einem System ohne diese Praktiken steigert (*Ludewig* 2001).

IV. Tragfähigkeit des Konzepts Organisationskapital

Organisationspraxis in den Kategorien von Investitionen und Kapitalwerten zu erörtern, ist theoretisch eine jüngere Entwicklung, deren Erkenntniswert erst in Ansätzen beurteilt werden kann. In der Unternehmenspraxis und in der Intuition von Organisationsmanagern sind die ökonomischen Folgen mancher Teilaspekte, etwa der Unternehmenskultur, jedenfalls vielfach bewusst (→ *Organisationskultur*). Selbst das hohe Tempo wiederkehrender Reorganisationen in manchen Unternehmen belegt indirekt diese Einschätzung von der Verhaltenswirksamkeit von Organisationskapital: Wo kein Bestand aufgebaut wird, wird durch Änderungen auch kein Wert zerstört. Zwar ist die konkrete Messung und monetäre Bezifferung des Organisationskapitals nur schwer möglich und also eine präzise Vorteilhaftigkeitsrechnung illusorisch, aber wie auch bei dem Konzept des Humankapitals mahnt der metaphorische Begriff die Verantwortlichen, die langfristigen und systemischen Konsequenzen von Reorganisationen für die Wertschöpfungsfähigkeit ihres Unternehmens zu bedenken. Was langsam aufgebaut wird, kann rasch zerstört werden. Die nach Fusionen häufig notwendigen Wertberichtigungen mögen ebenfalls darauf hindeuten, dass fehlende Stimmigkeit in Organisationspraktiken wertmindernd ist. Aber sicher tut nicht nur weitere Begriffsklärung (vgl. feinsinnig *Ortmann* 2003, S. 200–209), sondern auch weitere empirische Forschung Not (→ *Fusionen und Übernahmen (Mergers and Acquisitions)*).

Literatur

Abernathy, Frederick H. et al.: The Information-Integrated Channel: A Study of the U.S. Apparel Industry in Transition, in: Brookings Papers of Economic Activity, Jg. 26, Special Issue/1995, S. 175–246.
Atkeson, Andrew/Kehoe, Patrick J.: Measuring Organizational Capital. NBER Working Paper 8722, Cambridge MA 2002.
Benz, Matthias/Stutzer, Alois: Do workers enjoy procedural utility?, Institute for Empirical Research in Economics WP 127, Universität Zürich 2002.
Black, Sandra E./Lynch, Lisa M.: Measuring Organizational Capital in the New Economy, in: Measuring Capital in The New Economy, hrsg. v. *Corrado, Carol/Haltiwanger, John/Sichel, Dan*, Chicago im Erscheinen.
Boselie, Paul/Wiele, Ton van der: High Performance Work Systems: „Research on Research" and the Stability Factors over Time. ERIM Report Series Research in Management Working Paper, ERS-2002-44-ORG, Rotterdam 2002.
Burr, Wolfgang: Organisation durch Regeln, in: DBW, Jg. 58, 1998, S. 312–331.
Coleman, James S.: Social Capital in the Creation of Human Capital, in: AJS, Jg. 94, Supplement/1988, S. 94–120.
Dierickx, Ingemar/Cool, Karel: Asset Stock Accumulation and the Sustainability of Competitive Advantage, in: Man.Sc., Jg. 35, 1989, S. 1504–1511.
Gaynor, Martin/Pauly, Mark V.: Compensation and Productive Efficiency in Partnerships: Evidence from Medical Group Practice, in: J.Polit.Econ., Jg. 99, 1990, S. 544–573.
Glaeser, Edward L./Laibson, David/Sacerdote, Bruce: An Economic Approach to Social Capital, in: Economic Journal, Jg. 112, 2002, S. 437–458.
Hardin, Russel: Social Capital, in: Competition and Cooperation: Conversations with Nobelists about Economics and Political Science, hrsg. v. *Alt, James/Levi, Margaret*, New York 1999, S. 170–189.

Huselid, Mark A.: The Impact of Human Resource Management Practices on Turnover, Productivity and Corporate Performance, in: AMJ, Jg. 38, 1995, S. 635–672.
Ichniowski, Casey/Shaw, Kathryn/Prennushi, Giovanna: The Effects of Human Resource Management Practices on Productivity: A Study of Steel Finishing Lines, in: AER, Jg. 87, 1997, S. 291–313.
Lazzarini, Sergio G./Miller, Gary J./Zenger, Todd R.: Moving out of Committed Relationships. IBMEC Working Paper WPE-2002-30, Sao Paulo 2002.
Lev, Baruch/Radhakrishnan, Suresh: The Measurement of Firm-specific Organization Capital. NBER Working Paper No. 9581, Cambridge CA 2003.
Ludewig, Oliver: Personalpolitische Systeme in Deutschland, in: Modellgestützte Personalentscheidungen, hrsg. v. *Kossbiel, Hugo*, München et al. 2001, S. 9–26.
Luhmann, Niklas: Vertrauen, 4. A., Stuttgart 2000.
Matiaske, Wenzel: Soziales Kapital in Organisationen. Eine tauschtheoretische Studie, München et al. 1999.
Milgrom, Paul/Roberts, John: Complementarities and Fit: Strategy, Structure and Organizational Change in Modern Manufacturing, in: Journal of Accounting and Economics, Jg. 19, 1995, S. 181–208.
Milgrom, Paul/Roberts, John: Complementarities and Systems: Understanding Japanese Economic Organization, in: Estudios Económicos, Jg. 9, 1994, S. 3–42.
Ortmann, Günther: Organisation und Welterschließung, Wiesbaden 2003.
Peteraf, Margaret A.: The Cornerstone of Competitive Advantage: A Resource-Based View, in: SMJ, Jg. 14, 1993, S. 179–191.
Prescott, Edward C./Visscher, Michael: Organization Capital, in: J.Polit.Econ., Jg. 88, 1980, S. 446–461.
Pull, Kerstin: Übertarifliche Entlohnung und freiwillige betriebliche Leistungen, München et al. 1996.
Sadowski, Dieter: Personalökonomie und Arbeitspolitik, Stuttgart 2002.
Schild, Wolfgang: Recht. Neuzeit, in: Europäische Mentalitätsgeschichte – Hauptthemen in Einzeldarstellungen, hrsg. v. *Dinzelbacher, Peter*, Stuttgart 1993, S. 534–555.
Sobel, Joel: Can We Trust Social Capital, in: Journal of Economic Literature, Jg. 40, 2002, S. 139–154.
Tomer, John F.: Organizational Capital. The Path to Higher Productivity and Well-being, New York et al. 1987.
Tomer, John F.: Productivity and Organizational Behavior: Where Human Capital Theory Fails, in: Handbook of Behavioral Economics Bd. A, hrsg. v. *Gilad, Benjamin/Kaish, Staney*, Greenwich CT et al. 1986, S. 233–255.

Organisationskultur

Wolfgang Mayrhofer/Michael Meyer

[s.a.: Beratung, Theorie der; Individuum und Organisation; Informelle Organisation; Interpretative Organisationsforschung; Konstruktivismus; Kulturvergleichende Organisationsforschung; Lernen, organisationales; Organisationsentwicklung; Organisationstheorie; Selbstorganisation; Strategisches Management; Unternehmensberatung, Organisation und Steuerung der.]

I. Entstehung und Abgrenzung; II. Leitdifferenzen; III. Ausblick.

Zusammenfassung

Das Konzept Organisationskultur hat sich in Theorie, Empirie und Praxis nicht zuletzt als Gegenposition zur positivistisch-funktionalistischen Organisationsforschung etabliert. Organisationskultur – verstanden als tiefenstrukturelle Werte, Normen und Grundannahmen, die sich an der beobachtbaren Oberfläche als Artefakte sowie als sprachliche und interaktionelle Muster manifestieren – wird entlang von fünf Unterscheidungen vorgestellt: Conceptas und Perceptas, Variable und Metapher, Gestaltbarkeit und Selbstorganisation, Erfolgsfaktor und Pathologie sowie Autonomie und Kontextabhängigkeit.

I. Entstehung und Abgrenzung

Die Entstehung des Organisationskulturkonzepts ist eng mit erlebten Einseitigkeiten bzw. Defiziten in Wissenschaft, Praxis und Beratung verbunden (*Weber/Mayrhofer* 1988). Wissenschaftlich bildet das Organisationskulturkonzept ein Gegengewicht zur Dominanz betont positivistischer, ausschließlich quantifizierender und stark an Managementperspektiven anknüpfenden Organisationsstudien (*Denison* 1996, S. 619 f.). Es dient als Codewort für die „weiche", subjektive Seite des Verhaltens in und von Organisationen, als ontologische Rebellion gegenüber dem lange dominierenden funktionalistischen Paradigma (*Meyerson* 1991, S. 256). Im angloamerikanischen Raum gibt es spätestens seit den späten 1970er Jahren (vgl. dazu etwa *Pettigrew* 1979; *Louis* 1981; *Schein* 1983; *Smircich* 1983), im deutschsprachigen Raum seit Mitte der 1980er Jahre (vgl. etwa *Bleicher* 1983; *Matenaar* 1983; *Ebers* 1985; *Kasper* 1987 sowie die Sammelbände von *Heinen/Fank* 1987 und *Dülfer* 1988) eine lange an Intensität zunehmende wissenschaftliche Auseinandersetzung.

In der Praxis führt die reine Fokussierung auf „harte" Aspekte von Organisationen nur selten zum Erfolg. „In search of excellence" (*Peters/Waterman* 1982) war programmatischer Ausgangspunkt für die Suche nach „weichen" Aspekten, die zusätzliche Gestaltungsmöglichkeiten bieten.

Aus Sicht der Beratung ermöglicht das Organisationskulturkonzept, vorhandene Dienstleistungen neu aufzupolieren, neue Produktlinien aufzubauen und ein wichtiges Interventionsfeld zu thematisieren.

Organisationskulturkonzepte stimmen weitgehend darin überein, dass tief sitzende, unbewusste Annahmen, Normen und Werte sowie Oberflächenphänomene wesentlich sind. Abgrenzend ist damit gegenüber Strategie (→ *Strategisches Management*) die geringere Sichtbarkeit und die fehlende primäre Ausrichtung auf Organisationsziele festzuhalten. Im Unterschied zu *Organisationsklima* wird die Bedeutung von unter der Oberfläche liegenden, durch qualitative Methoden über punktuelle Erhebungen hinaus zu erfassenden Variablen betont.

Fünf Leitdifferenzen benennen wesentliche Dimensionen der Organisationskulturdiskussion.

II. Leitdifferenzen

1. Zwischen Perceptas und Conceptas

Perceptas und Conceptas (*Osgood* 1951) unterscheiden sich v.a. hinsichtlich ihrer Tiefenstruktur. Unter Perceptas werden die empirisch beobachtbaren kulturellen Artefakte, also konkrete Verhaltensergebnisse wie Kleidung und Architektur subsumiert. Auch die soziale Kultur wie Sitten, Gebräuche und Rituale zählen dazu. Die Conceptas umfassen jene kollektiv geteilten Werte, Normen und Einstellungen, die sich in einer sozialen Entität in einem historischen Prozess herausgebildet haben. Aus den Perceptas können – so die Annahme – die Conceptas erschlossen werden (*Dormayer/Kettern* 1997, S. 55).

Zur Illustration dieses Zwei-Ebenen-Modells dienen häufig Metaphern wie „Seerosen" (*Schein* 1985; *Hawkins* 1997) oder „Eisberg" (*Kasper/Mühlbacher* 2002, S. 118). Oberhalb der Wasserlinie befinden sich die Perceptas. Diese Ebene verweist auf ein deskriptives Kulturkonzept. Unterhalb der Wasserlinie sind die Conceptas als verborgene Grundannahmen, Normen und Werte. Diese Ebene verweist auf ein explikatives Kulturkonzept, will also die konkrete Ausprägung der Oberflächenstruktur aus der Tiefenstruktur erklären (*Kluckhohn/Kelly* 1972; *Dormayer/Kettern* 1997).

Die Oberflächenelemente lassen sich anhand der sie symbolisch vermittelnden *Medien* systematisieren (*Kasper/Mühlbacher* 2002, S. 109):

- sprachliche Medien, etwa Mythen, Parabeln, Jargons oder Sprachregelungen;
- interaktionale Medien wie Riten, Rituale, Zeremonien, Tabus oder Incentive-Reisen;
- objektivierte Medien wie Statussymbole, Architektur und Design, Abzeichen, Fetische, Kleidung oder Homepages.

Die Tiefenstruktur verweist auf drei Elemente:

- *Normen* als mittelfristig gegenüber abweichenden Erfahrungen enttäuschungsresistente und sanktionsbewährte Verhaltenserwartungen an die Organisationsmitglieder (*Luhmann* 1984, S. 436 ff.);
- *Kognitionen* als kollektiv verankerte, lernfähige Grundannahmen über die Welt;
- *Werte* als latente, meist vage Vorstellungen über das in einer Organisation Wünschenswerte mit wenig Hilfestellung bei konkreten Entscheidungen.

Im Rahmen eines Drei-Ebenen-Modells unterscheidet Schein (1) *Artefakte* und Äußerungsformen, die leicht zu beobachten, aber schwer zu entschlüsseln sind, (2) Werte, Normen und Standards, die teils manifest, teils latent sind und (3) Grundprämissen, die latent und den Organisationsmitgliedern meist unbewusst sind (*Schein* 1985).

Offen bleibt die Beziehung zwischen der Oberflächen- und der Tiefenstruktur: Während i.d.R. von einer gerichteten Kausalität ausgegangen wird, legt die Seerosenmetapher eine wechselseitige Beeinflussung und der Eisberg eine rein epistemologische Differenz nahe.

2. Zwischen Variable und Metapher

Hinsichtlich des Stellenwerts von Organisationskultur lässt sich fragen: *Hat* eine Organisation Kultur oder *ist* eine Organisation Kultur (*Neuberger/Kompa* 1987, S. 21 ff.)?

In einer funktionalistisch-objektivistischen Kulturperspektive ist Organisationskultur eine von vielen organisationalen Variablen (*Siehl/Martin* 1990, S. 274). In diesem Sinne *hat* eine Organisation Kultur (*Scholz/Hofbauer* 1990, S. 45; *Ochsenbauer/Klofat* 1997, S. 87). Schon das von Pascal und Athos in Zusammenarbeit mit dem Beratungsunternehmen *McKinsey* entwickelte und von Peters und Waterman übernommene 7-S-Modell stellt „weiche", kulturelle Elemente und „harte", strukturelle sowie strategische Faktoren gegenüber (*Pascal/Athos* 1981; *Peters/Waterman* 1982, S. 246). Die Gegenüberstellung von Struktur, Strategie und Kultur wird vielfach aufgenommen (z.B. *Kasper* 1996; *Dill/Hügler* 1997).

Dem steht eine stärker der anthropologischen Tradition verpflichtete symbolisch-interpretative Position gegenüber. Sie versteht Kultur nicht als gemeinsames Wertesystem, sondern als ein besonderes „Geflecht von Bedeutungen, in denen Menschen ihre Erfahrungen interpretieren und nach denen sie ihr Handeln ausrichten" (*Geertz* 1983, S. 99). Hier *ist* eine Organisation Kultur. Es geht dann darum, die Organisation als ein Sinnsystem zu erforschen.

Die Auffassung von Organisationskultur als einer Variable unter vielen führt zum einen dazu, dass die intendierte Gegenposition zur positivistisch-funktionalistischen Organisationsforschung allenfalls ansatzweise aufgebaut wird. Zum anderen wird damit die Abgrenzung zur Organisationsklimaforschung unscharf (*Denison* 1996, S. 634 ff.).

3. Zwischen Gestaltbarkeit und Selbstorganisation

„Interventionisten" gehen davon aus, dass Organisationskulturen wie andere Variablen intentional beeinflussbar sind. Das „kulturalistische" Lager meint dagegen, dass sich die Kultur als Sinnsystem einer gezielten Einflussnahme vollständig entzieht (*Schreyögg* 1991).

Alvesson und Berg unterscheiden zwischen „Kulturmanagement/Cultural Engineering" und „Symbolischem Management" (*Alvesson/Berg* 1992, S. 148 ff.). Ersteres fasst Kultur als gestaltbare Variable auf. *Symbolisches Management* nutzt in reflektierter Weise symbolische Ressourcen zur Mobilisierung der Organisationsmitglieder. Damit besteht der Unterschied zur Praktikerliteratur lediglich in der Wahl der Mittel (vgl. dazu auch die bei *Krell* 1995 rezensierten Monographien).

Aus einer skeptischen Position heraus wird – etwa mit systemtheoretischem Bezug – argumentiert, dass sich kulturelle Veränderungsprozesse (→ *Organisationsentwicklung*) eigendynamisch und im Rahmen von Selbstorganisationsprozessen (→ *Selbstorganisation*) vollziehen (z.B. *Klimecki/Probst* 1990). Organisationskultur ist der Teil der *Entscheidungsprämissen*, welchen die Organisation selbst nicht auf eigene Entscheidungen zurechnet, der also im Gegensatz bspw. zu Strategien als unentscheidbar gilt (*Luhmann* 2000, S. 240 f.). Kultur wird in der Organisation produziert, sie entsteht und verändert sich aber wie von selbst. Alltagskommunikationen und nicht Entscheidungen kondensieren zu kulturellen Prämissen.

Die Beratungsliteratur kann gar nicht anders, als auf die Veränderbarkeit von Werten und Kulturen zu vertrauen (*Bate* 1994; *Landau* 2003). Auch der betriebswirtschaftlichen Literatur gelingt es nicht immer, sich dem Sirenengesang der Gestaltbarkeit zu entziehen (z.B. *Boyd/Begley* 2002; *Sackmann* 2002, S. 156 ff.).

4. Zwischen Erfolgsfaktor und Pathologie

Die vermutete Bedeutung für herausragende Organisationsleistungen war wohl einer der Leitgedanken bei der Adoption des Kulturkonzeptes und wesentlicher Grund für die rasche Rezeption in Theorie und Praxis (z.B. *Pascal/Athos* 1981; *Deal/Kennedy* 1982).

Aus funktionalistischer Sicht haben Organisationskulturen in Abhängigkeit von ihrer Stärke eine je verschiedene Identifikations-, Integrations-, Koordinations-, Motivations-, Lern- und Entwicklungsfunktion. Für die Beurteilung, ob Organisationskulturen „stark" oder „schwach" sind, werden Kriterien wie „Prägnanz" (Klarheit der Orientierungsmuster), „Verbreitungsgrad" (Ausmaß, in dem eine Kultur von den Organisationsmitgliedern geteilt wird) und „Verankerungstiefe" (Internalisierungsgrad der Orientierungsmuster) herangezogen (*Schreyögg* 1992).

Positive Effekte starker Unternehmenskulturen sind etwa ein geringerer formaler Regelungsbedarf, eine raschere Entscheidungsfindung und -umsetzung, ein geringerer formaler Kontrollaufwand sowie mehr → *Motivation* und Teamgeist (z.B. *Dill/Hügler* 1997; *Schreyögg* 1992). Dem stehen potenziell dysfunktionale Aspekte gegenüber wie die Tendenz zur Abschließung, der Mangel an *Flexibilität*, emotionale Barrieren (→ *Emotionen in Organisationen*) und kollektive Vermeidungshaltungen: Organisationen können „arrogant, nach Innen gerichtet, politisiert und bürokratisiert" werden (*Kotter/Heskett* 1992, S. 24). Die Dysfunktionalität von Kultur kommt pointiert im Pathologieprinzip (*Scholz/Hofbauer* 1990, S. 137 ff.) zum Ausdruck. In Analogie zu psychischen Neurosen und Persönlichkeitsstörungen werden Organisationskulturen als potenziell krankhaft und krankmachend, mithin als Systemstörungen identifiziert (*Kets de Vries* 1991).

Ein einfacher und direkter Zusammenhang zwischen Kulturstärke und Erfolg lässt sich bislang nicht nachweisen (*Siehl/Martin* 1990; *Kotter/Heskett* 1992).

5. Zwischen Autonomie und Kontextabhängigkeit

Auf der einen Seite haben organisationale Subkulturen Einfluss auf Organisationskulturen. Diese können sich auf den verschiedenen hierarchischen Ebenen, in funktional, divisional oder regional ausdifferenzierten Einheiten, Projekten, aber auch jenseits formaler Differenzierungen, etwa auf Basis gemeinsamer Erfahrungen herausbilden (*Louis* 1985; *Bartunek/Moch* 1991, S. 94 ff.). Sie treten zur Organisationskultur als Gegenkultur auf oder stehen in einem verstärkenden oder neutralen Verhältnis (*Martin/Siehl* 1983; *Alvesson* 1993, S. 94 ff.). Prekär kann das Zusammenspiel von Subkulturen v.a. auf Konzernebene bei Zusammenfassung verschiedener autonom gewachsener Unternehmenskulturen unter einheitlicher Leitung werden (*Kasper* 1996; *Schreyögg* 1996, S. 447). Das gilt verstärkt bei Präsenz unterschiedlicher Landeskulturen (*Schreyögg* 2000).

Auf der anderen Seite geht die kulturvergleichende Managementforschung vom starken Einfluss der jeweiligen *Landeskultur* (→ *Kulturvergleichende Organisationsforschung*) auf Organisationskultur aus. Landeskulturelle Werte sind in dieser Sicht wirkungsmächtiger als die oberflächlichen „geteilten Praktiken" der Organisationskultur (*Hofstede* et al. 1990; kritisch dazu allerdings *Schreyögg* 2000 und *Pothukuchi* et al. 2002).

Die Relationierung unterschiedlicher Kulturebenen wird häufig in einem *Schachtelmodell* dargestellt. Es unterscheidet bspw. von innen nach außen zwischen Privatkultur, Gruppenkultur, Organisationskultur, Branchenkultur und Gesellschaftskultur (*Scheuss* 1985). Implizit wird hier die Annahme eines einseitigen Wirkungszusammenhanges – von der jeweils „höheren" zur „niedrigeren" Aggregatsebene – aufrechterhalten. Theoretisch anspruchsvoller wäre ein Konzept des rekursiven Wirkungszusammenhanges, etwa im Sinne der Interpenetration (*Luhmann* 1984, S. 286 ff.). Demzufolge stellen unterschiedliche kulturelle Ebenen einander wechselseitig *Komplexität* als Ressource für den autonomen Aufbau eigener kultureller Komplexität zur Verfügung.

III. Ausblick

Das Organisationskulturkonzept ist mittlerweile fest in Theorie und Praxis der Organisation verankert. Vor allem durch Versuche der – ggf. dialektischen – Integration der theoretisch und methodisch-methodologisch unterschiedlichen Positionen sind neue Impulse zur Weiterentwicklung zu erwarten.

Literatur

Alvesson, Mats: Cultural Perspectives on Organizations, Cambridge UK 1993.
Alvesson, Mats/Berg, Per Olof: Corporate Cultures and Organizational Symbolism. An Overview, Berlin et al. 1992.
Bartunek, Jean M./Moch, Michael K.: Multiple Constituencies and the Quality of Working Life: Intervention at FoodCom, in: Reframing Organizational Culture, hrsg. v. Frost, Peter J. et al., Newbury Park et al. 1991, S. 104–114.
Bate, Paul: Strategies for Cultural Change, Oxford et al. 1994.
Bleicher, Knut: Organisationskulturen und Führungsphilosophien im Wettbewerb, in: ZfbF, Jg. 35, 1983, S. 135–146.
Boyd, David P./Begley, Thomas M.: Moving Corporate Culture Beyond the Executive Suite, in: Corporate Governance, Jg. 2, H. 2/2002, S. 13–20.
Deal, Terrence/Kennedy, Alan: Corporate Cultures – The Rites and Rituals of Corporate Life, Reading MA 1982.
Denison, Daniel R.: What is the Difference Between Organizational Culture and Organizational Climate? An Native's Point of View on a Decade of Paradigm Wars, in: AMR, Jg. 21, 1996, S. 619–654.
Dill, Peter/Hügler, Gert: Unternehmenskultur und Führung betriebswirtschaftlicher Organisationen. Ansatzpunkte für ein kulturbewußtes Management, in: Unternehmenskultur, hrsg. v. Heinen, Edmund/Fank, Matthias, 2. A., München et al. 1997, S. 141–209.
Dormayer, H. -Jürgen/Kettern, Thomas: Kulturkonzepte in der allgemeinen Kulturforschung. Grundlage konzeptioneller Überlegungen zur Unternehmenskultur, in: Unternehmenskultur, hrsg. v. Heinen, Edmund/Fank, Matthias, 2. A., München et al. 1997, S. 49–66.
Dülfer, Eberhard: Organisationskultur, Stuttgart et al. 1988.
Ebers, Mark: Organisationskultur. Ein neues Forschungsprogramm?, Wiesbaden 1985.
Geertz, Clifford: Dichte Beschreibung, Frankfurt am Main 1983.
Hawkins, Peter: Organizational Culture: Sailing Between Evangelism and Complexity, in: HR, Jg. 50, 1997, S. 417–440.
Heinen, Edmund/Fank, Matthias (Hrsg.): Unternehmenskultur: Perspektiven für Wissenschaft und Praxis, München et al. 1987.
Hofstede, Geert et al.: Measuring Organizational Cultures: A Qualitative and Quantitative Study across Twenty Cases, in: ASQ, Jg. 35, 1990, S. 286–316.
Kasper, Helmut: Konzentration und Entflechtung von Unternehmungen in organisationskultureller und systemischer Perspektive, in: Konzentration und Ausgliederung im Unternehmensbereich, hrsg. v. Mosser, Alois, Wien 1996, S. 19–43.
Kasper, Helmut: Organisationskultur. Über den Stand der Forschung, Wien 1987.
Kasper, Helmut/Mühlbacher, Jürgen: Von Organisationskulturen zu lernenden Organisationen, in: Personalmanagement, Führung, Organisation, hrsg. v. Kasper, Helmut/Mayrhofer, Wolfgang, Wien 2002, S. 95–155.
Kets de Vries, Manfred F. R.: Organizations on the Couch, San Francisco 1991.
Klimecki, Rüdiger G./Probst, Gilbert: Entstehung und Entwicklung der Unternehmenskultur, in: Unternehmenskultur, hrsg. v. Lattmann, Charles/Greipel, Peter, Heidelberg 1990, S. 41–65.
Kluckhohn, Clyde/Kelly, William H.: Das Konzept der Kultur, in: Kulturanthropologie, hrsg. v. König, René/Schmalfuss, Axel, Düsseldorf 1972, S. 68–90.
Kotter, John P./Heskett, James L.: Corporate Culture and Performance, New York 1992.
Krell, Gertraude: Neue Kochbücher, alte Rezepte, in: DBW, Jg. 55, 1995, S. 237–250.
Landau, David: Unternehmenskultur und Organisationsberatung, Heidelberg 2003.
Louis, Meryl Reis: An Investigators Guide to Workplace Culture, in: Organizational Culture, hrsg. v. Frost, Peter J. et al., Beverly Hills et al. 1985, S. 73–93.
Louis, Meryl Reis: A Cultural Perspective on Organizations: The Need for and Cosequences of Viewing Organizations as Culture-Bearing Milieus, in: Human Systems Management, Jg. 2, 1981, S. 246–258.
Luhmann, Niklas: Organisation und Entscheidung, Opladen 2000.
Luhmann, Niklas: Soziale Systeme. Grundriß einer allgemeinen Theorie, Frankfurt am Main 1984.
Martin, Joanne/Siehl, Caren: Organizational Culture and Counter Culture: An Uneasy Symbiosis, in: Organizational Dynamics, Jg. 12, H. 2/1983, S. 52–64.
Matenaar, Dieter: Vorwelt und Organisationskultur: Vernachlässigte Faktoren der Organisationstheorie, in: ZFO, Jg. 52, 1983, S. 19–27.
Meyerson, Debra E.: Acknowledging and Uncovering Ambiguities in Culture, in: Reframing Organizational Culture, hrsg. v. Frost, Peter J. et al., Newbury Park et al. 1991, S. 254–270.
Neuberger, Oswald/Kompa, Ain: Wir, die Firma. Der Kult um die Unternehmenskultur, Weinheim et al. 1987.
Ochsenbauer, Christian/Klofat, Bernhard: Überlegungen zur paradigmatischen Dimension der Unternehmenskulturdiskussion in der Betriebswirtschaftslehre, in: Unternehmenskultur, hrsg. v. Heinen, Edmund/Fank, Matthias, München et al. 1997, S. 67–106.
Osgood, Charles E.: Culture: Its Empirical and Non-Empirical Character, in: Southwestern Journal of Anthropology, Jg. 7, 1951, S. 202–214.
Pascal, Richard T./Athos, Antony G.: The Art of Japanese Management. Applications for American Executives, New York 1981.
Peters, Thomas J./Waterman, Robert H.: In Search of Excellence – Lessons from America's Best Run Companies, New York 1982.
Pettigrew, Andrew M.: On Studying Organizational Cultures, in: ASQ, Jg. 24, 1979, S. 570–581.
Pothukuchi, Vijay et al.: National and Organizational Differences and International Joint Venture Performance, in: JIBS, Jg. 33, 2002, S. 243–265.
Sackmann, Sonja A.: Unternehmenskultur: Erkennen-Entwickeln-Verändern, Neuwied 2002.
Schein, Edgar H.: Organizational Culture and Leadership, San Francisco 1985.
Schein, Edgar H.: The Role of the Founder in Creating Organizational Culture, in: Organizational Dynamics, Jg. 12, H. 1/1983, S. 13–28.
Scheuss, Ralph-Werner: Strategische Anpassung der Unternehmung, St. Gallen 1985.
Scholz, Christian/Hofbauer, Wolfgang: Organisationskultur: die 4 Erfolgsprinzipien, Wiesbaden 1990.
Schreyögg, Georg: Unternehmenskultur im internationalen Kontext, in: Personalführung und Organisation, hrsg. v. Clermont, Alois/Schmeisser, Wilhelm/Krimphove, Dieter, München 2000, S. 781–793.
Schreyögg, Georg: Organisation: Grundlagen moderner Organisationsgestaltung, Wiesbaden 1996.

Schreyögg, Georg: Organisationskultur, in: HWO, hrsg. v. *Frese, Erich,* 3. A., Stuttgart 1992, Sp. 1525-1537.
Schreyögg, Georg: Kann und darf man Organisationskulturen verändern?, in: Organisationskultur, hrsg. v. *Dülfer, Eberhard,* 2. A., Stuttgart 1991, S. 201-214.
Siehl, Caren/Martin, Joanne: Organizational Culture: A Key to Financial Performance, in: Organizational Climate and Culture, hrsg. v. *Schneider, Benjamin,* San Francisco 1990, S. 241-281.
Smircich, Linda: Concepts of Culture and Organizational Analysis, in: ASQ, Jg. 28, 1983, S. 339-358.
Weber, Wolfgang/Mayrhofer, Wolfgang: Organisationskultur – Zum Umgang mit einem vieldiskutierten Konzept in Wissenschaft und Praxis, in: DBW, Jg. 48, 1988, S. 555-566.

Organisationsmanagement und Organisationsabteilung

Norbert Thom/Andreas P. Wenger

[s.a.: Kompetenzen, organisationale; Messung von Organisationsstrukturen; Organisation; Organisationsmethoden und -techniken; Organisatorische Gestaltung (Organization Design); Projektmanagement; Stellen- und Abteilungsbildung; Unternehmensführung (Management); Zentralbereiche.]

I. Begriff und Ziele; II. Inhalte im Wandel; III. Organisation des Organisationsmanagements; IV. Träger des Organisationsmanagements.

Zusammenfassung

Organisationsmanagement ist die Ausübung der Managementaufgaben und die Gestaltung des Managementprozesses beim Organisieren. Gesteuert werden primär die Gestaltung der organisatorischen Regeln und die Organisationsausstattung. Organisationsmanagement-Einheiten gliedern sich nach Verrichtung, nach Objekten oder nach Projekten. Aufgrund des ausgeprägten Querschnittcharakters der Organisationsarbeit hat die Zusammenarbeit mit anderen Einheiten vorrangige Bedeutung. Die Organisation des Organisationsmanagements lässt sich mittels spezifischer Effizienzkriterien beurteilen. Organisationsarbeit wird heute sowohl durch spezialisierte Fachkräfte als auch in hohem Ausmaß durch organisierende Führungskräfte und Stelleninhaber wahrgenommen.

I. Begriff und Ziele

Die *Organisation* gehört zu den *elementaren Managementfunktionen* (*Steinmann/Schreyögg* 2000, S. 8 ff.). Durch die Gestaltung des organisatorischen Regelsystems werden die grundlegenden Spielregeln für das Zusammenwirken der personellen, materiellen und informatorischen *Ressourcen* in einem Unternehmen definiert. Stehen beim Gesamtergebnis die Aspekte der organisatorischen Statik und Dynamik (Fluss von Material und Information) im Vordergrund, kommt das Begriffspaar → *Aufbau- und Ablauforganisation* zur Anwendung. Ist die Reichweite von Interesse, wird die Unterscheidung von *Rahmen- und Detailstrukturen* bzw. die Differenzierung in *Geschäftsprozesse und Haupt-/Teilprozesse* verwendet.

Damit diese originäre Führungsaufgabe möglichst effektiv und effizient wahrgenommen werden kann, muss sie selber *Gegenstand eines Managementkonzeptes* sein. M.a.W. die *Managementfunktion Organisation* ist zielgerecht zu planen, zweckmäßig zu organisieren, laufend zu führen und systematisch zu kontrollieren (siehe Abb. 1). *Organisationsmanagement* ist damit die *Ausübung der Managementaufgaben und die Gestaltung des Managementprozesses beim Organisieren* und beschäftigt sich insbesondere mit (*Grochla* 1982, S. 223 ff.; *Steinmann/Schreyögg* 2000, S. 9 f.; *Grünig* 2002, S. 23 ff.):

– Planung, *was* (*Organisationsziele*) in der Organisationsarbeit eines Unternehmens *wie* (*Organisationsstrategie,* → *Organisationsmethoden und -techniken*) und *wann* (*Organisationschronologie*) zu erreichen ist.
– Organisation der in der Organisationsarbeit eingesetzten *Ressourcen* (Menschen, Sachmittel, Informationen): Festlegung, wie die Organisationsarbeit aufzuteilen ist; wie die organisierenden Ressourcen zu verankern und zu koordinieren sind; welche Gestaltungsträger und -mittel wie und wo einzusetzen sind.
– Führung der *personellen Träger* (*Organisierende*) als konkrete Veranlassung der *Organisationsarbeit* und deren laufende, zieladäquate Feinsteuerung, hauptsächlich durch kontinuierliche Information, Kommunikation, Motivation und Qualifikation.
– Kontrolle der *Organisationsprozesse und -ergebnisse* durch laufende Plan-Soll- und Soll-Ist-Vergleiche im Hinblick auf festgelegte Ziele und Eckwerte.

Das Organisationsmanagement ist auf einer generellen, allgemeingültigen Stufe und konkret für jedes organisatorische Gestaltungsprojekt wahrzunehmen.

II. Inhalte im Wandel

1. Inhalte

Die Gestaltung des *organisatorischen Regelsystems* und die *Organisationsausstattung* bilden den Kern organisatorischer Aufgaben, die durch die Aktivitäten des Organisationsmanagements zu steuern sind (*Thom/Wenger* 2003):

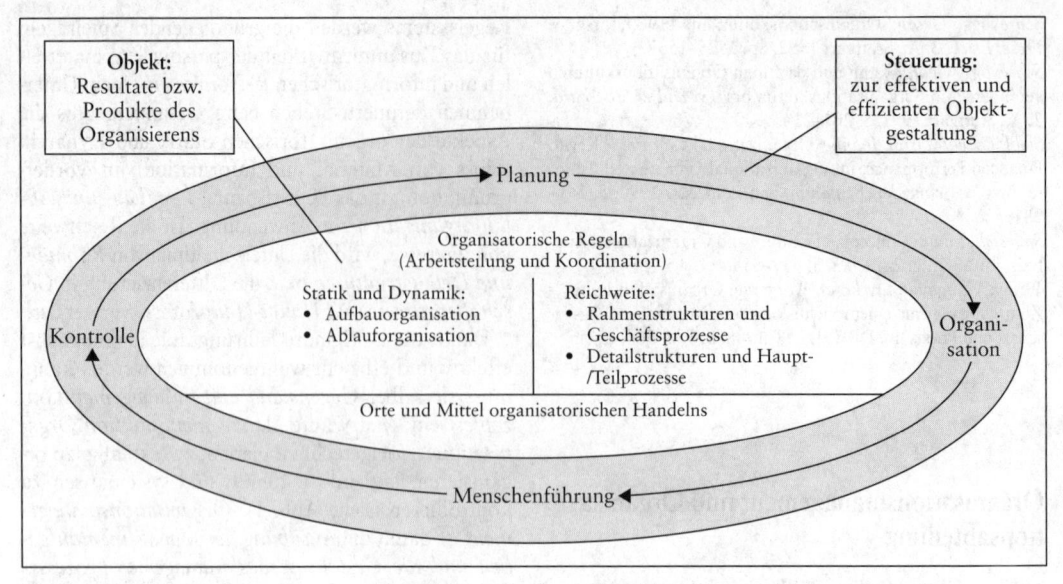

Abb. 1: *Organisationsmanagement*

- Im Vordergrund stehen die → *Organisatorische Gestaltung (Organization Design)* und die kontinuierliche Pflege *aufbauorganisatorischer Strukturen* und *ablauforganisatorischer Prozesse* durch den Einsatz problemadäquater → *Organisationsmethoden und -techniken*. Dies umfasst bspw. → *Aufgabenanalyse* und Aufgabensynthese, die raum-zeitliche und mengenmäßige Strukturierung von Arbeitsschritten, die Festlegung von Kompetenzen und Verantwortlichkeiten sowie die Aktualisierung und Dokumentation organisatorischer Instrumente und Sachverhalte (z.B. Stellenbeschreibungen und Aufgabenfolgepläne).
- Mit der *Ausstattung und Gestaltung der physischen Infrastruktur* wird zudem für ein Umfeld gesorgt, das friktionsarme Arbeitsabläufe und eine effiziente Ressourcennutzung ermöglicht. Das Aufgabenspektrum reicht von einer passenden Raumgestaltung über die Bereitstellung einer breiten Palette von Sachmitteln (z.B. Archivierungssysteme und Telekommunikationsgeräte) bis hin zur Informatikinfrastruktur.

2. Bedeutungswandel und neue Schwerpunkte

Inhaltliche Schwerpunkte, Träger und Verankerung des Organisationsmanagements sind ursächlich mit Zustand und Wandel der Gestaltungsobjekte verknüpft. Fundamentale Veränderungen der Unternehmensumwelt (→ *Umweltanalyse, strategische*) führten in den letzten Jahren zu dramatisch veränderten Bedingungen für eine Vielzahl von Unternehmen (*Picot/Reichwald/Wigand* 2001, S. 2 ff.; *Thom/Wenger* 2002, S. 36 f.). Das Organisationsmanagement ist betroffen, da sich die zu steuernden, zu lenkenden und zu gestaltenden organisatorischen Themenfelder und Dimensionen nachhaltig verlagern und erweitern (*Thom/Wenger* 2003 und die dort zitierte Literatur):

- Unternehmerische Entwicklungs- und Wandlungsprozesse sind in deutlich höherer Kadenz mit massiven Umstrukturierungen verbunden: Die *Bewältigung des Wandels wird zur Daueraufgabe des Organisationsmanagements* (→ *Wandel, Management des (Change Management)*). Die Organisationsarbeit ist darauf auszurichten, dass nicht wie traditionell Stabilität institutionalisiert wird, sondern Bereitschaft und Fähigkeiten zum Wandel in der Organisation verankert werden und mobilisierbar bleiben.
- Durch die Entwicklungen im Bereich der Informations- und Kommunikationstechnologien eröffnen sich für die *organisatorische Gestaltung* Anwendungspotenziale, welche z.B. die Realisierung bisher kaum praktizierbarer Organisationsformen und weitere Rationalisierungen durch Prozessinnovationen erlauben (→ *Technologie und Organisation*). Die *Gestaltung der internen und externen Organisationsgrenzen* (bspw. Netzwerkorganisationen, In- und Outsourcingentscheidungen) wird zu einer großen Herausforderung.
- Die abnehmende Planbarkeit strategischer Systeme aufgrund turbulenter Umweltbedingungen führt zu einer zunehmenden Schwerpunktverlagerung des Strategischen Managements zu kompensierenden organisatorischen Ansätzen. Diese Änderung findet ihr theoretisches Fundament im Resource-based View (→ *Ressourcenbasierter Ansatz*). Die Organisation hat für Unternehmen den Charakter eines Erfolgspotenzials und einer Kernkompetenz, wodurch *die Unterstützung des Organisationalen Lernens und des Wissensmanagements* durch das Organisationsmanagement hohe Bedeutung gewinnt.

III. Organisation des Organisationsmanagements

1. Einordnung in die Unternehmensorganisation

Die *Organisation des Organisationsmanagements* kennt in der Praxis unterschiedlichste Ausprägungen (*Zimmermann* 1992, Sp. 1473 f.; *Cantin/Thom* 1995, S. 71 ff.; *v. Werder/Grundei* 2000, S. 104 f.). Klassisch ist die Ausformung als *Organisationsabteilung*. Heute finden sich solche Abteilungen selten, da die Spezialisten ihre Funktion in anderen Organisationseinheiten ausüben, die sich mit betriebswirtschaftlichen Aufgaben (z.B. Unternehmensentwicklung und Interne Unternehmensberatung) oder mit Informatik befassen oder weil die Organisierenden dezentral in den operativen Unternehmenseinheiten angesiedelt sind. Die Positionierungsmöglichkeiten von Organisationsabteilungen in der Rahmenstruktur variieren zwischen einer *direkten Unterstellung unter die Geschäftsleitung* und der Verankerung von *dezentralen Organisationsmanagement-Einheiten in den operativen Unternehmensteilen*.

2. Interne Ausgestaltung

Bei der internen Gliederung von Organisationsabteilungen besteht primär die Möglichkeit einer Gliederung *nach Verrichtungen* oder *nach Objekten* (*Zimmermann* 1992, Sp. 1474; *v. Werder/Grundei* 2000, S. 106 f.). Die *Verrichtungsorientierung* führt zu einer Spezialisierung auf Organisationsaufgaben, bspw. die Prozessorganisation oder die Büroorganisation. Eine *Objektorientierung* demgegenüber hat eine Fokussierung auf die zu organisierenden Unternehmensfunktionen wie bspw. Produktion oder Vertrieb, Geschäftsbereiche, Regionalbereiche oder Standorte zur Folge. Schließlich ist eine *projektbezogene Arbeitsteilung* ohne explizite Spezialisierung denkbar, bei der anstehende Aufgaben durch jene Organisierenden bewältigt werden, die über freie Kapazitäten verfügen. Projektgruppen sind generell eine immer beliebtere Bearbeitungsform der Organisationsarbeit (*Cantin/Thom* 1995, S. 111 ff.; *Thom/Wenger* 2003).

3. Zusammenarbeit mit anderen Einheiten

Organisationsarbeit weist aufgrund ihrer horizontalen, diagonalen und vertikalen Kooperationsbeziehungen *ausgeprägten Querschnittcharakter* auf. Hohe Bedeutung hat daher die Gestaltung der Zusammenarbeit zwischen Einheiten, die Organisationsmanagement-Aufgaben wahrnehmen. Sie konzentriert sich einerseits auf die Kooperation zwischen den (zentralen oder dezentralen) Organisationsabteilungen und den operativen Bereichen (*Kreikebaum* 1992, S. 2607 f.; *Zimmermann* 1992, Sp. 1474 ff.; *v. Werder/Grundei* 2000, S. 107 ff.). Wenn sich mehrere spezialisierte Abteilungen oder externe Organisationsspezialisten mit Organisationsaufgaben befassen, ist andererseits die Kooperation zwischen diesen Einheiten zu regeln:

- Erstens gilt es, *die Aufgaben des Organisationsmanagements den beteiligten Einheiten zuzuordnen* (→ *Arbeitsteilung und Spezialisierung*). Zu bestimmen ist, welche Einheiten sich mit Organisationsthemen und -dienstleistungen allgemeiner Art auseinander setzen und welche die konkrete Organisationsarbeit zu bewältigen haben, welche Einheiten in Organisationsprojekten mit dem → *Projektmanagement* betraut sind etc.
- Zweitens sind *die beteiligten Einheiten auf die gemeinsam angestrebten Ziele auszurichten* (→ *Koordination und Integration*). Es ist festzulegen, wie die *Entscheidungs- und Weisungsbefugnisse* im Hinblick auf das Organisationsmanagement zugeteilt werden (Ausmaß der → *Delegation (Zentralisation und Dezentralisation)*) und welche Koordinationsinstrumente (personelle, strukturelle und technokratische) zur Abstimmung der Organisationsarbeit einzusetzen sind.

4. Bewertung von Gestaltungsalternativen

Zur Beurteilung der Vorteilhaftigkeit möglicher Alternativen der Organisation des Organisationsmanagements sind *Effizienzkriterien* als Maßstäbe vorzugeben (→ *Messung von Organisationsstrukturen*). In Anlehnung an ein generelles *Effizienzkonzept zur Beurteilung und Auswahl von Organisationsformen* (*Thom/Wenger* 2002, S. 93 ff.) sind relevante Subziele:

- *Zielorientierung der Organisationsmanagement-Einheit:* Regeln, die jede Stellenaufgabe der Organisierenden durch Unternehmens- und Organisationsziele begründen.
- *Sicherstellung einer sach- und problemnahen Aufgabenerfüllung:* Regeln, die das im Unternehmen vorhandene Organisationswissen umfassend, konsequent und lösungsorientiert in die organisatorischen Gestaltungsprozesse einbringen.
- *Förderung der Führbarkeit und Begrenzung des Koordinationsaufwandes:* Regeln, die im Hinblick auf die Ressourcen, die sich mit Organisationsmanagement befassen, die höchste Einsatz- und Steuerungseffizienz ermöglichen (z.B. durch Schnittstellenminimierung).
- *Förderung der Handlungsfähigkeit und Flexibilität:* Regeln, die Organisationsmanagement-Einheiten ein rasches und flexibles Handeln im Falle von Organisationsbedarf im Unternehmen erlauben (z.B. durch optimalen Zentralisationsgrad der Entscheidungskompetenzen).
- *Förderung der organisatorischen Lernfähigkeit (Kompetenzbündelungseffizienz):* Regeln, die Aufbau, Absorption, Diffusion und Speicherung von

Organisationswissen im Unternehmen unterstützen.
- *Förderung der sozialen Effizienz und individuellen Lernfähigkeit*: Regeln, die die Lern- und Leistungsmotivation der Organisierenden positiv beeinflussen (z.B. mit ausreichenden Kompetenz- und Verantwortungsspielräumen).

Die Bedeutung, die den *Effizienzkriterien* beigemessen wird, hängt einerseits von den situativ gültigen *unternehmensexternen und -internen Rahmenbedingungen* ab (*Frese/Theuvsen* 2000, S. 21). Andererseits sind die *Merkmale der zu organisierenden Managementfunktion Organisation* sehr bedeutend. Die optimale Organisation des Organisationsmanagements ist damit in hohem Ausmaß situationsspezifisch.

5. Entwicklungstendenzen

Wie das Organisationsmanagement in Zukunft erfolgreich zu organisieren ist, hängt maßgeblich von den situativen Einflussfaktoren ab. Generell gültige Entwicklungstendenzen sind (*Thom/Wenger* 2003):

- Ein *Kern operativer, effizienzorientierter organisatorischer Aufgaben wird weiterhin zentral betreut bzw. erstellt werden*: z.B. auf sehr spezialisiertem Know-how basierende organisatorische Leistungen (bspw. IT-unterstützte Organisationsinstrumente), Vorgabe und Pflege von Standards (bspw. für Führungssysteme) und integrierte Unterstützungs- und Beratungsleistungen (bspw. professionelle *Change-Management*-Kapazitäten).
- Die geforderte Interdisziplinarität wird zu einer noch stärkeren *Eingliederung der Organisationsspezialisten in kombinierte Dienstleistungseinheiten* anstelle von Organisationsabteilungen führen. Ziel ist die Vereinigung von Spezialisten unterschiedlichster Funktionalitäten und die Bildung projektbezogener, heterogener Problemlösungsteams (ggf. unter Beizug externer Berater).
- Die *übrigen organisatorischen Aufgaben* werden an andere zentrale Verwaltungseinheiten, an organisierende Führungskräfte und Stelleninhaber in den operativen Einheiten oder an externe Anbieter mittels *Outsourcing dezentralisiert*. Unterstützende Softwareinstrumente spielen dabei eine wichtige Rolle.
- Die Bearbeitung der *strategischen, effektivitätsorientierten Inhalte des Organisationsmanagements wird weiterhin zentral (in oder unmittelbar unter der Unternehmensleitung) erfolgen*.

IV. Träger des Organisationsmanagements

Die Organisierenden lassen sich in drei Hauptkategorien gliedern:

- *Fachkräfte* (Organisationsspezialisten), die sich hauptamtlich mit der Lösung organisatorischer Problemstellungen beschäftigen. Sie sind weiter in *interne und externe Organisationsspezialisten* unterteilbar (*Lindelaub* 1992, Sp. 1877).
- *Führungskräfte*, die sich im Rahmen der → *Unternehmensführung (Management)* oder in Projekten mit organisatorischen Aufgaben befassen.
- *Stelleninhaber*, die während ihrer regulären Tätigkeit im Sinne der → *Selbstorganisation* oder in spezifischen *Projekten* organisatorisch tätig sind.

Entscheidend für die Zusammenstellung von *Teams* sind *die zur Bewältigung der Organisationsaufgabe situativ nötigen Wissensbasen* (*Frese/Theuvsen* 2000, S. 11 ff.): Es sind diejenigen Personen zusammen zu führen, die gemeinsam über das nötige Kontext- (Märkte, Strategien, Gestaltungsphilosophie), Objekt- (Prozess-, Technologie-, Bereichswissen etc.) und Integrationswissen (Fachwissen bzgl. Entwurf und Implementierung organisatorischer Lösungen) verfügen.

Die relevanten persönlichen Eigenschaften sind *fachbezogenes Wissen und Können, Befähigung zur Steuerung sozialer Prozesse, systematisches Denken und Handeln, Aktivität* und *Ausdrucksvermögen* (*Lindelaub* 1992, Sp. 1878; *Cantin/Thom* 1995, S. 124).

Der fachliche Ausbildungsstand der Organisierenden hat sich in den letzten Jahren durch die definitive Etablierung der Organisationslehre an den Lehrinstitutionen einerseits und durch ein großes Angebot spezifischer Aus- und Weiterbildungsgänge stark verbessert. In Zukunft wird dies nicht ausreichen. Als *Integrations- und Vernetzungsmanager an internen und externen Schnittstellen* erhalten für Organisierende weitere Kompetenzen großes Gewicht (*Thom/Wenger* 2003):

- Fachbezogenes Wissen und Können der Organisierenden umfasst auch *fundierte, organisationsübergreifende, interdisziplinäre Kenntnisse und Erfahrungen* (bspw. Kenntnisse des Kerngeschäfts und psychologischer Zusammenhänge). Wissen über Leistungsfähigkeit von Informations- und Kommunikationstechnologien zur Unterstützung der Organisationsarbeit ist Standard.
- Hohes Gewicht hat schon heute *die Befähigung der Organisierenden zur Steuerung sozialer Prozesse*. Soziale Kompetenzen wie Kommunikations- und Teamfähigkeit werden zukünftig zu unverzichtbaren Basisqualifikationen. Zentrale Bedeutung wird die Fähigkeit der Organisierenden gewinnen, *organisatorischen Wandel* in allen Dimensionen und über interne und externe organisatorische Grenzen hinaus zu unterstützen, zu begleiten und zu moderieren.
- Bereits heute zeichnet sich in den Anforderungen an Organisierende ab, dass analytisch/konzeptionelles Denkvermögen für die Organisierenden zur Bewältigung der organisatorischen Vernetzung heißen wird, *mit kognitiver Komplexität umgehen und über die unmittelbare Arbeitsumgebung hinaus vernetzt denken zu können*.

Literatur

Cantin, Françoise/Thom, Norbert: Organisationsarbeit in der Schweiz, Glattbrugg 1995.
Frese, Erich/Theuvsen, Ludwig: Organisationsmanagement: Wissensbasen und Erscheinungsformen, in: Organisationsmanagement. Neuorientierung der Organisationsarbeit, hrsg. v. *Frese, Erich*, Stuttgart 2000, S. 7–40.
Grochla, Erwin: Grundlagen der organisatorischen Gestaltung, Stuttgart 1982.
Grünig, Rudolf: Planung und Kontrolle, 3. A., Bern et al. 2002.
Harvey, Michael/Buckley, M. Ronald: Assessing the „Conventional Wisdom" of Management for the 21st Century Organization, in: Organizational Dynamics, Jg. 30, H. 4/2002, S. 368–378.
Kreikebaum, Hartmut: Zentralbereiche, in: HWO, hrsg. v. *Frese, Erich*, 3. A., Stuttgart 1992, Sp. 2603–2610.
Krüger, Wilfried: Organisationsmanagement: Vom Wandel der Organisation zur Organisation des Wandels, in: Organisationsmanagement. Neuorientierung der Organisationsarbeit, hrsg. v. *Frese, Erich*, Stuttgart 2000, S. 271–304.
Lindelaub, Horst: Organisator, in: HWO, hrsg. v. *Frese, Erich*, 3. A., Stuttgart 1992, Sp. 1874–1883.
Nadler, David A./Tushman, Michael L.: The Organization of the Future: Strategic Imperatives and Core Competencies for the 21st Century, in: Organizational Dynamics, Jg. 27, H. 2/1999, S. 45–60.
Osterloh, Margit/Frost, Jetta: Der schwere Weg von der Organisationstheorie zum Organisationsdesign, in: DBW, Jg. 60, 2000, S. 485–511.
Picot, Arnold/Reichwald, Ralf/Wigand, Rolf T.: Die grenzenlose Unternehmung. Information, Organisation und Management, 4. A., Wiesbaden 2001.
Schreyögg, Georg: Strategisches Management – Entwicklungstendenzen und Zukunftsperspektiven, in: Die Unternehmung, Jg. 53, 1999, S. 387–407.
Steinmann, Horst/Schreyögg, Georg: Management. Grundlagen der Unternehmensführung, 5. A., Wiesbaden 2000.
Thom, Norbert/Brölingen, Brigitte: Berufsbild des Organisators, Stuttgart 1982.
Thom, Norbert/Wenger, Andreas P.: Organisationsmanagement: Inhalte, Verankerung und Träger, Bern 2003.
Thom, Norbert/Wenger, Andreas P.: Die effiziente Organisation. Bewertung und Auswahl von Organisationsformen, Glattbrugg 2002.
Wenger, Andreas P.: Organisation Multinationaler Konzerne. Grundlagen, Konzeption und Evaluation, Bern et al. 1999.
Werder, Axel v./Grundei, Jens: Organisation des Organisationsmanagements: Gestaltungsalternativen und Effizienzbewertung, in: Organisationsmanagement. Neuorientierung der Organisationsarbeit, hrsg. v. *Frese, Erich*, Stuttgart 2000, S. 97–141.
Zimmermann, Gero: Organisationsabteilung, in: HWO, hrsg. v. *Frese, Erich*, 3. A., Stuttgart 1992, Sp. 1471–1477.

Organisationsmethoden und -techniken

Götz Schmidt

[s.a.: Arbeitsorganisation; Aufbau- und Ablauforganisation; Aufgabenanalyse; Benchmarking; Entscheidungsprozesse in Organisationen; Kommunikationsanalyse; Organisationsmanagement und Organisationsabteilung; Organisationssoftware; Organisatorische Gestaltung (Organization Design); Projektmanagement.]

I. Grundlegende Begriffe; II. Methoden; III. Projektmanagement; IV. Techniken.

Zusammenfassung

Eine Organisationsmethode ist eine umfassende, strukturierte und zielorientierte Handlungsempfehlung zur Bearbeitung organisatorischer Projekte. Sie gibt Hinweise für das Vorgehen im Projekt (Projektablauf), für die inhaltliche Strukturierung der Problemstellung (Systemdenken) und für die Beteiligten und deren Rollen in der Projektarbeit (Projektmanagement). Organisationstechniken sind Werkzeuge für einzelne Arbeitsschritte in Organisationsprojekten.

I. Grundlegende Begriffe

Eine *Organisationsmethode* kann allgemein als eine umfassende, strukturierte *Bearbeitungsstrategie* bezeichnet werden, mit deren Hilfe ein *planmäßiges, zielorientiertes Vorgehen* in organisatorischen *Projekten* unterstützt wird (Organisation der Organisationsarbeit). Als Projekt wird ein komplexes Vorhaben bezeichnet, das in dieser konkreten Form einmalig ist und damit einen definierten Start- und Endtermin hat. Zur Organisationsmethode gehören

- die Ablauforganisation von Projekten, in der geregelt wird, welche Bearbeitungsschritte in welcher zeitlichen Folge zu erledigen sind d.i. *Projektablauf*
- die Organisation der gedanklichen Auseinandersetzung mit dem Gegenstand des Projektes d.i. *Systemdenken*
- die Projekt-Beteiligten, deren organisatorische Verknüpfung und deren Funktionen d.i. *Projektmanagement* im engeren Sinne. Zu dieser Thematik siehe → *Projektmanagement*.

Organisationstechniken sind *Werkzeuge der geistigen Arbeit*, mit deren Hilfe einzelne Bearbeitungsschritte in Organisationsprojekten effizient, schnell und kostengünstig erledigt werden können.

II. Methoden

1. Abgrenzung

In der Wirtschaftspraxis und in der Theorie findet sich eine Vielzahl unterschiedlicher Organisationsmethoden, die sich jedoch letztlich fast alle auf ein Grundmodell zurückführen lassen. Deswegen steht hier dieses Grundmodell im Vordergrund. Einige Spezialmodelle bzw. Varianten des Grundmodells werden anschließend kurz erläutert. Gravierende Sonderheiten gibt es bei der methodischen Bearbeitung von

Ziele	Erläuterungen
Zielorientiertes Vorgehen	Es soll sichergestellt werden, dass die Entscheider sich ihre Ziele bewusst machen und dass diese Ziele den Projektbearbeitern bekannt sind.
Das „richtige" Problem anfassen	Es soll Einigkeit darüber hergestellt werden, wie groß das Handlungsfeld ist. Den Handlungsspielraum einengende Vorgaben Randbedingungen, Restriktionen sollen so früh wie möglich bekannt sein.
Standardisiertes Vorgehen	Die Organisationsarbeit soll sich an einem Ablaufmodell orientieren, so dass • ein standardisiertes Vorgehen möglich ist, das die Koordination aller Beteiligten erleichtert • die Grundstruktur eines Projektablaufes nicht jedes Mal wieder neu geplant werden muss.
Projektbegleitende Steuerung sicherstellen = Entscheider einbinden	Der oder die Entscheider sollen kontinuierlich den Projektfortschritt steuern, um • dadurch kostspielige Fehlentwicklungen frühzeitig zu erkennen • die Ergebnisse der Bearbeitungsstufen besser nachvollziehen zu können.
Beherrschen komplexer Probleme	Es soll gewährleistet werden, dass • die gedankliche Auseinandersetzung mit einem Problem systematisiert (geordnet) und vereinfacht wird • bei der Arbeit im Detail der Überblick erhalten bleibt • Einzellösungen miteinander verträglich sind - Insellösungen vermieden werden.
Rationalisierungsotentiale nutzen	Mehrfach benötigte Faktoren (Informationen, Sachmittel, Software etc.) sollen möglichst • nur einmal entwickelt oder bereitgestellt • standardisiert werden.

Abb. 1: Ziele der Organisationsmethode

Informatikprojekten, auf die hier jedoch nicht eingegangen wird.

Wichtige Grundlagen des hier vorgestellten methodischen Konzeptes wurden von Daenzer und Mitarbeitern aus den Ingenieurwissenschaften abgeleitet und als so genanntes *Systems Engineering* auf betriebliche und organisatorische Projekte übertragen (*Daenzer/Huber* 1997).

2. Ziele methodischen Vorgehens

Grundsätzlich dient eine Methode dazu, ein möglichst gutes *Verhältnis* von *Ergebnisqualität* und *Projektaufwand* zu gewährleisten. Im Folgenden wird unterstellt, dass bei Organisationsprojekten normalerweise die mit dem Projekt Betrauten nicht gleichzeitig die Entscheidungsbefugten sind.

Im Einzelnen werden die in Abbildung 1 dargestellten Ziele angestrebt.

3. Projektablauf

Der Projektablauf regelt die Bearbeitungsschritte in Projekten (siehe dazu Abbildung 2)

– Die Grobstruktur des Ablaufes von Projekten wird in den Projektphasen und die
– Feinstruktur der Planungsphasen im Planungszyklus geregelt.

a) Projektphasen

Vor dem Anstoß zum Projekt wird die *Projektwürdigkeit* geprüft. Dabei geht es um die Frage, ob dieses Vorhaben überhaupt in Angriff genommen werden soll und welche Priorität ihm ggf. zukommt. Ein Projektantragsverfahren kann die Vergabe von Prioritäten formal absichern.

Anstoß zur Vorstudie – Vor Beginn einer Vorstudie ist zu klären, was erreicht werden soll. Ergebnis dieses Klärungsprozesses ist ein *Projektauftrag*, eine verbindliche – normalerweise schriftliche – Festlegung zwischen dem Entscheider für das Projekt (Projektinstanz) und dem Projektverantwortlichen (Projektleiter).

Vorstudie – Die Vorstudie hat den Zweck, zu klären

– ob das richtige Problem angepackt wird,
– ob es vernünftig ist, eine Lösung für das Problem zu suchen,
– ob die Lösung in der Umgestaltung eines bestehenden Systems oder in einer vollkommen Neugestaltung liegt,
– auf welche Stellen und Abteilungen der Untersuchungsbereich begrenzt bleiben soll,
– ob es Lösungen gibt, die in rechtlicher, technischer, wirtschaftlicher und sozialer Hinsicht realisierbar erscheinen,

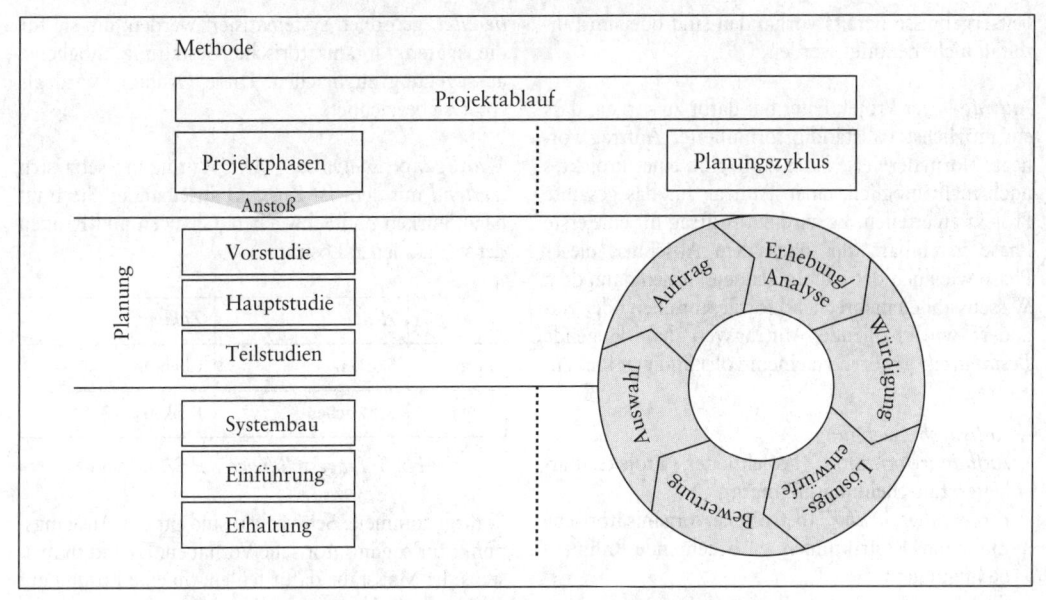

Abb. 2: Vorgehensmodell – Projektablauf

– ob deren Realisierung aufgrund von Zielen (Kriterien), die im Rahmen der Vorstudie zu präzisieren sind, wünschbar ist (positive und negative Wirkungen).

Um diese Aussagen treffen zu können, muss normalerweise ein kompletter *Planungszyklus* (siehe unten) durchlaufen werden.

Hauptstudie – Bei umfangreichen Vorhaben, die nicht in einem Arbeitsgang gelöst werden können, gehören folgende Aufgabenbereiche zur Hauptstudie:

– Isolierung, *Abgrenzung* überschaubarer *Problemfelder* (Teilprojekte),
– Bestimmung der *Schnittstellen* zwischen den Teilprojekten,
– Bestimmung der *Prioritäten* bzw. Reihenfolge in der Bearbeitung der Teilprojekte,
– *Inhaltliche Bearbeitung* der abgegrenzten *Teilprojekte* – hier werden wieder je Teilprojekt Planungszyklen durchlaufen. Die Ergebnisse werden nicht detailliert, da es in der Regel auf der Ebene Hauptstudie noch Varianten für die Teilprojekte gibt.
– *Entscheidung* über die gewünschten Varianten.

Teilstudien – Die als Grobentwürfe aus der Hauptstudie vorliegenden Lösungen werden in den Teilstudien

– detailliert, *ausführungsreif ausgearbeitet*,
– zu einer Gesamtlösung *integriert*.

In den Vor-, Haupt- und Teilstudien handelt es sich um Planungsphasen, die Umsetzung erfolgt in der nächsten Phase.

Systembau – Im Systembau werden die *Planungen der Teilstudien realisiert*. Bei organisatorischen Vorhaben werden die Ergebnisse der Planung in Form von Prozessbeschreibungen, Arbeitsanweisungen, Stellenbeschreibungen oder Organigrammen abschließend dokumentiert, Informationsbestände – Datenbanken – werden aufgebaut, Sachmittel werden beschafft und betriebsfertig gemacht, Mitarbeiter werden eingestellt oder freigesetzt. Bei Bauprojekten wird der Bau technisch ausgeführt. Bei EDV-Projekten werden Programme erstellt und getestet, Hard- und Software wird installiert, Programme werden integriert, die Integration wird getestet etc.

Einführung – Die Einführung ist die letzte Phase im Projekt. In dieser Phase werden die Betroffenen in die Lage versetzt, mit der neuen Lösung zu arbeiten. Information und Schulung aber auch die Motivation der Betroffenen stehen hier im Vordergrund. Mit der Einführung ist das Projekt abgeschlossen.

Erhaltung – Die Erhaltung dient dazu, dass eine Lösung nachhaltig betriebsbereit genutzt werden kann. Dazu gehören die Behebung von Störungen, kleinere Anpassungsmaßnahmen sowie die Kontrolle über die Zielerreichung und die tatsächliche Umsetzung der eingeführten Lösungen.

b) Planungszyklus

Die *Planungsphasen* des Vorgehensmodells (Vorstudie, Hauptstudie und Teilstudien) werden nach dem gleichen Grundmuster abgewickelt. Sie umfassen jeweils einen oder mehrere *Zyklen* – d.h. eine *gleichartige Folge von Bearbeitungsschritten*. Innerhalb eines Zyklus sind Rückverzweigungen (Schleifen) möglich. Auch können einzelne Schritte eines Zyklus übersprungen werden, wenn die notwendigen Arbeitsergebnisse bereits vorhanden sind oder im Einzelfall nicht benötigt werden.

Auftrag – Der Projektleiter hat dafür zu sorgen, dass ein möglichst vollständig formulierter Auftrag vorliegt. Normalerweise ist es zu Beginn eines Projektes noch nicht möglich, einen Auftrag für das gesamte Projekt zu erteilen. Es wird ein Auftrag für eine erste Phase vereinbart, der nach dem Abschluss dieser Phase wie auch der nachfolgenden Phasen dann dem Wissensstand entsprechend fortgeschrieben oder verändert wird (rollende Auftragsvergabe). Folgende *Bestandteile* gehören zu einem vollständigen Phasenauftrag

- *Auftragsbezeichnung,*
- *Aufbauorganisation* (Projektleiter, Projektmitarbeiter, Entscheidungsgremium),
- *Projektabgrenzung* (betroffene organisatorische Einheiten, Restriktionen, zu beachtende Rahmenbedingungen),
- *Termine* (Meilensteine, Projektende),
- *Budget* (freigegebene Mittel und finanzieller Rahmen),
- *Projektinformation* (wer ist wann und wie über den Projektfortschritt zu informieren?).

Erhebung / Analyse – Nach der Auftragserteilung muss der *Ist-Zustand erhoben* werden, es sei denn, die relevanten Sachverhalte sind bereits bekannt. Es werden Informationen über Aufgaben, deren Volumen, Zeit und Ort des Aufgabenanfalls, über Aufgabenträger, über Sachmittel, über die Aufgabenverteilung, über Abläufe benötigt. Es ist zu beachten, dass nicht nur das IST, sondern auch die *zukünftige Entwicklung* erhoben werden muss, da sich organisatorische Lösungen in der Zukunft zu bewähren haben.

Die erhobenen Informationen müssen – wenn dieses nicht bereits durch eine entsprechende Strukturierung in der Erhebung geschehen ist – zusätzlich *aufbereitet*, geordnet, systematisiert werden, um sie für die spätere organisatorische Gestaltung möglichst aussagefähig zu machen. Diese Ordnung wird als *Analyse* bezeichnet.

Würdigung (Diagnose) – Die Würdigung setzt sich *wertend* mit dem *Ist-Zustand* auseinander. Sie fragt nach Stärken und Schwächen, Chancen und Risiken der vorhandenen Lösung.

	Heute	Zukunft
Positiv	Stärken	Chancen
Negativ	Schwächen	Risiken

Abb. 3: *Fragestellungen der Würdigung*

Wahrgenommene Schwächen sind oft der Ausgangspunkt für organisatorische Vorhaben. Da intern meistens die Maßstäbe dafür fehlen, ob eine Lösung gut oder schlecht ist, kann ein Vergleich mit Dritten, vorzugsweise dem oder den „Besten" (→ *Benchmarking*) zur Standortbestimmung beitragen.

Die Kenntnis der Stärken ist genauso wichtig wie die Kenntnis der Schwachstellen. Nur wenn die Stärken bekannt sind, kann dafür gesorgt werden, dass sie auch für die Zukunft erhalten bleiben. Da organisatorische Lösungen für die überschaubare Zukunft gelten sollen, ist es wichtig, nicht nur heutige Stärken, sondern auch zukünftige Chancen ebenso wie zukünftige Risiken zu ermitteln. Stärken und Schwächen, Chancen und Risiken müssen auf ihre Ursachen untersucht werden, um mit neuen Lösungen nicht am Symptom zu kurieren.

Lösungsentwurf – Der Lösungsentwurf beinhaltet die *Ausarbeitung von Varianten*, die geeignet sind, die vorher ermittelten Ziele zu erreichen. Vor allem zu Beginn eines Projektes sollte die Lösungssuche eher

Variante	Erläuterung	Bezug zum Systems Engineering
Simultaneous Engineering	Teilprojekte werden parallel, Projektphasen werden überlappend bearbeitet.	Modifikation des Grundmodells
Zusammenlegung von Phasen oder späterer Einstieg in das Projekt	Vor- und Hauptstudie evtl. auch Teilstudien werden in einem Schritt bearbeitet ohne Zwischenentscheidung. Vor- und/oder Hauptstudie entfallen.	Modifikation des Grundmodells
Versionenkonzept	Begrenzte Zielsetzung für ein komplettes Projekt. In späteren Versionen werden dann weitere Ziele oder Funktionen realisiert.	Modifikation des Grundmodells
Prototyping	Bereits in der Planung wird ein teilweise funktionsfähiges System erstellt, um dann getestet und anforderungsgerecht weiter entwickelt zu werden. Integration von Planungs- und Realisationsphasen.	Eigenständige Vorgehensvariante

Abb. 4: *Varianten zum Systems Engineering*

Bestandteile	Beschreibung
Systemgrenzen bestimmen = Abgrenzen des Systems nach außen	Wie soll das zu untersuchende System von der Systemumwelt abgegrenzt werden? Welche Sachverhalte sollen/dürfen organisatorisch verändert werden, welche nicht?
Einflussgrößen ermitteln	Einflussgrößen sind – aus der Sicht des Projektes – nicht lenkbare Faktoren.
Untersysteme/Teilsysteme abgrenzen = Abgrenzung von Systemen nach innen	Welche kleineren Einheiten können abgegrenzt werden, um sie isoliert zu bearbeiten? Was gehört im Innern zum Projekt?
Schnittstellen ermitteln	Welche Schnittstellen sind zwischen den Unter- bzw. Teilsystemen und zu der relevanten Umwelt zu beachten? Vorgehen von außen nach innen.
Analysieren	Ermittlung und Ordnung der Elemente, Beziehungen und Dimensionen in den Unter- und Teilsystemen.
Gemeinsamkeiten ermitteln	Ermittlung gemeinsamer Elemente und Beziehungen in den abgegrenzten Unter- und Teilsystemen.

Abb. 5: Bestandteile des Systemdenkens

breit angelegt sein. Zu Beginn eines Projektes – in einer Vorstudie – kann es sinnvoll sein, bewusst die Ist-Lösung ebenfalls als eine Variante zu untersuchen.

Bewertung und Auswahl – Wenn *Alternativen* erarbeitet wurden, sind sie zu *bewerten*. Dazu werden sie den *Zielen gegenübergestellt*. Zuvor sind die Ziele möglichst eindeutig formuliert – operationalisiert – und gewichtet worden. Die Variante wird gewählt, die möglichst viele wichtige Ziele erreichen hilft. Diese Bewertung wird dann dem Entscheider bzw. dem Entscheidungsgremium vorgelegt.

c) Varianten des Vorgehensmodells

Wie bereits erwähnt, gibt es eine ganze Reihe von Varianten zu dem hier vorgestellten methodischen Ansatz. Die wichtigsten sollen kurz dargestellt und erläutert werden (siehe dazu Abbildung 4).

4. Systemdenken

a) Einordnung

Das Systemdenken bildet neben dem Projektablauf die zweite Säule der Organisationsmethode. Während der Projektablauf das zeitliche Vorgehen regelt, *unterstützt* das *Systemdenken* die *Auseinandersetzung mit* den *Inhalten des Projektes* selbst. Es hilft, die Frage zu beantworten: Wie gehe ich mit dem Problem um?

Im Einzelnen bietet das Systemdenken Hilfen bei folgenden Sachverhalten:

- Abgrenzung des Projektes,
- Modellierung wichtiger Wirkungszusammenhänge,
- Zerlegung komplexer Probleme in beherrschbare Teilprobleme,
- Vermeiden von Insellösungen,
- Einpassung in die Umwelt,
- Vermeidung unerwünschter Redundanzen und Mehrfachentwicklungen.

Das Systemdenken *überlagert* die *ablauforganisatorische Betrachtung* eines Projektes. Alle Bestandteile des Systemdenkens können in allen Phasen eines Projektes herangezogen werden. Die wesentlichen Bestandteile des Systemdenkens werden in der oben stehenden Übersicht dargestellt und kurz beschrieben (siehe dazu Abbildung 5).

III. Projektmanagement

Unter den Oberbegriff → *Projektmanagement* fallen einerseits die *Aufbauorganisation eines Projektes* (Beteiligte und deren Zuständigkeiten) und andererseits die *Aufgaben* (Funktionen), die im Projekt wahrzunehmen sind. Diese Thematik wird in einem gesonderten Beitrag behandelt.

IV. Techniken

Es werden zwei Gruppen von Techniken unterschieden:

- *Organisationstechniken*,
- Techniken des Projektmanagements.

Organisationstechniken unterstützen die Arbeit in den einzelnen Etappen des Planungszyklus. Managementtechniken unterstützen demgegenüber die Planungs-, Steuerungs- und Informationsfunktionen im Projekt.

1. Organisationstechniken

Alle Schritte im Planungszyklus können durch Techniken unterstützt werden. Hier sollen die wichtigsten Instrumente nur kurz genannt werden, ohne auf sie näher einzugehen.

Zur Auftragsformulierung kann die *Zielformulierungstechnik* eingesetzt werden. Sie unterstützt die Sammlung, Strukturierung, Operationalisierung und Gewichtung von Zielen. Die so erarbeiteten Ziele gehen in die spätere Bewertung ein.

Eine ganze Reihe von *Erhebungstechniken* unterstützt die Erfassungsarbeit. Interviews und Fragebogen zählen zu den klassischen Befragungstechniken. Als Werkzeuge der Beobachtung können Begehungen, Zeitaufnahmen oder Aufnahme in Form von Stichproben (Multimomentstudien) eingesetzt werden. Dokumentenstudium (Rückgriff auf bereits vorhandene Unterlagen), Selbstaufschreibungen durch die Betroffenen, Laufzettelverfahren (Begleitpapiere von Arbeitsprozessen), Schätzungen und standardisierte Verfahren (hier wird z.B. auf Kataloge mit Standardzeiten für bestimmte Teilaufgaben zurückgegriffen) ergänzen das Instrumentarium. Häufig wird in der Praxis ein *Erhebungs-Mix* verschiedener Techniken eingesetzt.

Techniken der *Analyse* dienen sowohl der *systematischen Ordnung* von Aufgaben (→ *Aufgabenanalyse*) und Informationen (Technik der Informationsanalyse) als auch der Aufbereitung der Dimensionen (Zeit, Raum, Menge). ABC-Analysen, Zeit- und Mengenanalysen zählen dazu. Im weiteren Sinn zählt auch das so genannte *vernetzte Denken*, das zur *Modellierung organisatorischer Sachverhalte* eingesetzt werden kann, zu den Analysetechniken.

Die *Techniken der Würdigung* unterstützen die kritische Auseinandersetzung mit einem vorgefundenen Zustand. Mit ihrer Hilfe sollen Stärken und Schwächen sowie – zukunftsorientiert – Chancen und Risiken ermittelt werden. Man unterscheidet *unsystematische Verfahren* wie z.B. Prüffragenkataloge (Checklisten) und *systematische Verfahren* wie Benchmarking – der Vergleich mit den Besten – und die systematische Problemanalyse. Letztere dient dazu, planmäßig Schwächen und deren Ursachen zu ermitteln.

Als Techniken des *Lösungsentwurfs* kommen vor allem die *Kreativitätstechniken* zum Einsatz. Beispiele für Kreativitätstechniken sind Brainstorming, Analogietechniken oder die Morphologische Analyse.

Werkzeuge der *Bewertung* sind neben *Wirtschaftlichkeitsrechnungen* insbesondere *Nutzwertanalysen* – hier werden die Varianten daraufhin untersucht, inwieweit sie gewichtete Ziele erreichen (Ermittlung des Zielerreichungsgrades). In Kosten-Wirksamkeitsanalysen, werden die nicht-monetären Ziele wie in der *Nutzwertanalyse* behandelt. Die Nutzwerte werden dann den Kosten bzw. den Einsparungen rechnerisch und/oder grafisch gegenübergestellt.

Schließlich gibt es noch eine ganze Reihe von Techniken, die in allen Schritten des Zyklus eingesetzt werden können. Zu den *Techniken der Aufbauorganisation* (→ *Aufbau- und Ablauforganisation*) zählen insbesondere die *Dokumentationsinstrumente* wie Stellenbeschreibungen, Organigramme, Funktionsdiagramme, Anforderungsprofile und Kommunikationsdarstellungen. In der *Ablauforganisation* werden zur Analyse, Gestaltung und Dokumentation die Matrix, Prozessbeschreibungen wie Folgepläne oder geblockte Textdarstellungen eingesetzt. Zur Analyse und Dokumentation der Aufbau- und Prozessorganisation steht leistungsfähige Standardsoftware zur Verfügung.

2. Managementtechniken

Für die Projektplanung, Projektdiagnose und -steuerung sowie für die Projektinformation gibt es Werkzeuge, die hier ebenfall nur angedeutet werden sollen. Techniken zur Planung von Projektprioritäten, zur Aufgabenplanung in Projekten (Projektstrukturpläne), zur Planung und Überwachung von Ressourcen (speziell personelle Kapazitäten), Kosten und Terminen stehen bereit. Insbesondere die Zeit-, Kosten- und Ressourcenplanung und -kontrolle werden durch leistungsfähige Standardsoftware-Produkte unterstützt. Abschließend soll hier noch die Präsentationstechnik als ein Instrument der Projektinformation genannt werden.

Literatur

Bertalanffy, Ludwig von: General System Theory, New York 1980.
Cleland, David I./King, William R. (Hrsg.): Project Management Handbook, New York 1988.
Daenzer, Walter F./Huber, Fritz (Hrsg.): Systems Engineering – Methodik und Praxis, 9. A., Zürich et al. 1997.
Gomez, Peter/Probst, Gilbert: Die Praxis des ganzheitlichen Problemlösens, 3. A., Bern et al. 1999.
Heinrich, Lutz J./Burgholzer, Peter: Systemplanung – Die Planung von Informations- und Kommunikationssystemen, 5. A., München et al. 1991.
REFA (Hrsg.): Methodenlehre der Organisation, München et al. 1985.
Rohde, Adolf/Pfetzing, Karl: Ganzheitliches Projektmanagement, Gießen 2001.
Scheer, August-Wilhelm: Wirtschaftsinformatik, 4. A., Berlin et al. 1994.
Schmidt, Götz: Methode und Techniken der Organisation, 13. A., Gießen 2003.

Organisationssoftware

August-Wilhelm Scheer/Otmar Adam

[s.a.: Aufbau- und Ablauforganisation; Informationstechnologie und Organisation; Informationsverarbeitung, Organisation der; Koordination und Integration; Organisation; Organisatorische Gestaltung (Organization Design); Technologie und Organisation.]

I. Begriffsbestimmung; II. Erstellung von Organisationssoftwaresystemen; III. Softwaregestütztes Organisationsmanagement; IV. Systemklassen und Technologien; V. Ausblick.

Zusammenfassung

Der Begriff der Organisationssoftware beschreibt umfassend alle in Organisationen verwendeten computergestützten Informationssysteme und schließt nicht nur das Softwareprodukt, sondern auch dessen Entwicklungsprozess ein.

I. Begriffsbestimmung

1. Definition Organisationssoftware

Unter dem Begriff Organisationssoftware sind Computerprogramme zu verstehen, die den Aufbau von sowie die Abläufe in Organisationen (→ *Aufbau- und Ablauforganisation*) zielgerichtet unterstützen. Dabei wirkt Organisationssoftware in vielfältiger Weise. Ihr Einsatzgebiet reicht von operativen Aufgaben bis hin zum strategischen Management und unterstützt sowohl den instrumentellen als auch den institutionellen Organisationsbegriff (→ *Organisation*). Das bedeutet, Organisationssoftware dient einerseits der Koordination der Organisation, andererseits der Repräsentation einer Organisationsstruktur. Aufgrund der Vielzahl unterschiedlicher Softwaresysteme, die in Organisationen Anwendung finden, ist der Begriff Organisationssoftware von einer starken Ambivalenz geprägt. Konstituierende Charakteristika von Organisationssoftware sind nur indirekt Gegenstand der tatsächlichen Implementierung eines Softwaresystems. Zur Identifizierung spezifischer Eigenschaften dieser Softwaregattung müssen Konzeption, Entwicklung, Einsatz und Interaktion der Softwaresysteme herangezogen werden.

2. Entstehungsgründe der Organisationssoftware

Die Themenkomplexe Entwicklung, Wandel und Lernen von Organisationen (→ *Lernen, organisationales*) sind seit mehr als 30 Jahren Gegenstand der wissenschaftlichen Diskussion (*Chandler* 1962). In den 90er Jahren wurde die Bewältigung des organisationalen Wandels und der steigenden Umweltkomplexität verstärkt als praktisches Problem in Unternehmungen diskutiert (*Schreyögg/Eberl* 1998, S. 533; *Frese/v. Werder* 1994, S. 2 ff.; *Oberschulte* 1994, S. 3). Jüngere Arbeiten zum organisationalen Wandel geben deshalb primär praxisrelevante Gestaltungsempfehlungen (*Dier/Lautenbacher* 1994; *Scheer/Bullinger* 1998). Als organisatorisches Gestaltungsobjekt haben sich Geschäftsprozesse etabliert (*Nippa/Picot* 1995, S. 14). Allgemein ist ein Geschäftsprozess eine zusammengehörende Abfolge von Unternehmungsverrichtungen zum Zweck einer Leistungserstellung (*Scheer* 2002, S. 3). Objektorientierte Betrachtungen der Geschäftsprozesse (*Gaitanides* 1983, S. 79; *Ferstl/Sinz* 1995) beruhen auf frühen Arbeiten (*Nordsieck* 1934, S. 76) der Organisationslehre. Als grundlegende Gestaltungsstrategien werden *Business Process Reengineering* (BPR) (*Hammer/Champy* 1993) und *Continuous Process Improvement* (CPI) (*Owen* 1989; *Robson* 1991) thematisiert. Beide Ansätze sehen die informationstechnische Unterstützung der Geschäftsprozesse als entscheidend für die Realisierung der damit verbundenen Nutzenpotenziale. So können bspw. die Durchlaufzeiten von Aufträgen durch eine Organisation erst dann effektiv verkürzt werden, wenn die Abläufe optimal gestaltet und anschließend in Software implementiert werden. Darüber hinaus trägt eine softwaregestützte Vorgehensweise bei der Umgestaltung der Organisation erheblich zur Erfolgssicherung bei. Daher ist die prozessorientierte Erstellung und Anpassung von geeigneter Organisationssoftware unter Nutzung aktueller Informations- und Kommunikationstechnologie erfolgskritisch für die notwendige Flexibilisierung und Globalisierung von Unternehmungen.

II. Erstellung von Organisationssoftwaresystemen

1. Beherrschbarkeit durch Modellierung

Der Analyse des komplexen dynamischen Systems Organisation, die für eine Softwareunterstützung notwendig ist, muss eine geeignete Modellbildung vorausgehen. Modellierungsmethoden als planmäßige, folgerichtige Verfahren zur Modellierung bestehen aus Sprachkonstrukten und einem Regelwerk, das die Anwendung dieser Sprachkonstrukte beschreibt – der Modellgrammatik (*Balzert* 2001, S. 36). Die Bedeutung der Modellierung von betriebswirtschaftlichen Geschäftsprozessen zur Erstellung von Organisationssoftware ist über eine Verbindung zwischen Betriebswirtschaftslehre und Informationstechnik hinausgewachsen. Methoden zur Modellierung von Geschäftsprozessen fügen semiformale Beschreibungsmöglichkeiten für ablauforganisatorische Problemstellungen hinzu, die zum einen eng an das

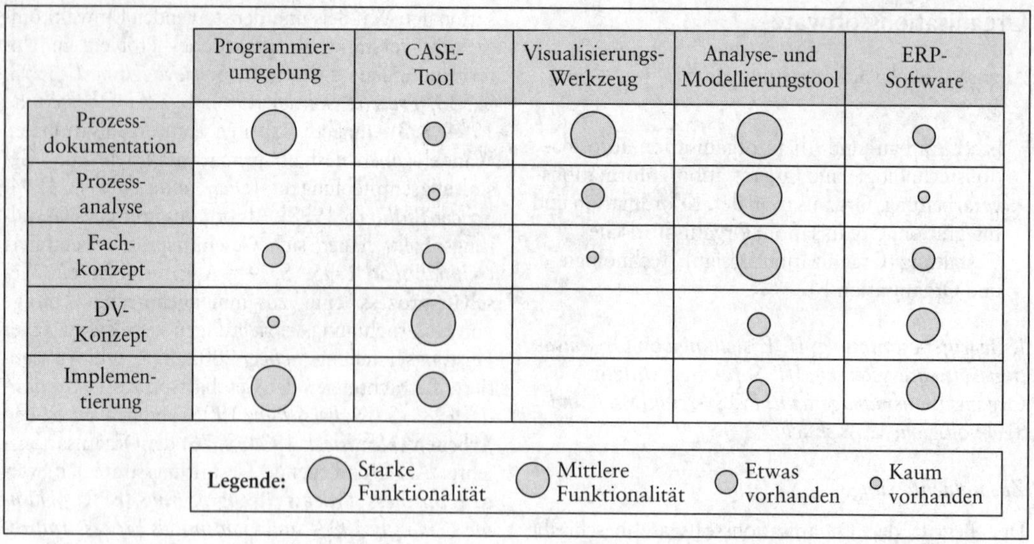

	Programmier-umgebung	CASE-Tool	Visualisierungs-Werkzeug	Analyse- und Modellierungstool	ERP-Software
Prozess-dokumentation	Mittlere	Etwas	Mittlere	Starke	Etwas
Prozess-analyse		Kaum	Etwas	Starke	Kaum
Fach-konzept	Mittlere	Mittlere	Kaum	Starke	Mittlere
DV-Konzept	Kaum	Mittlere		Mittlere	Mittlere
Implemen-tierung	Starke	Mittlere		Etwas	Mittlere

Legende: ◯ Starke Funktionalität, ◯ Mittlere Funktionalität, ◯ Etwas vorhanden, ◦ Kaum vorhanden

Abb. 1: Klassifizierung von Modellierungswerkzeugen (Scheer/Thomas/Wagner 2002)

betriebswirtschaftliche Fachverständnis angelehnt und zum anderen exakt genug sind, um eine Ausgangsbasis für die Formalisierung innerhalb der Erstellung *computergestützter Informationssysteme* zu bieten.

2. Architekturkonzepte

Zur Entwicklung komplexer organisationsunterstützender Informationssysteme sind Gesamtkonzepte erforderlich, die sowohl verschiedene Sichten auf Geschäftsprozesse ermöglichen als auch den gesamten Lebenszyklus von der organisatorischen Problemstellung bis zu ihrer technologischen Lösung abdecken. Diese werden als (Informationssystem-)Architekturen bezeichnet. Zu den verbreiteten Konzepten gehören die Sammlungen objektorientierter Modellierungsmethoden und Vorgehensmodelle im Umfeld der Unified Modeling Language (UML). Diese Methoden werden oftmals bei der Realisierung von Softwaresystemen aufgrund ihrer Nähe zur Implementierung eingesetzt. Ihnen fehlen jedoch klare Lösungen für eine geschäftsprozessorientierte Betrachtungsweise, welche die organisatorischen Problemstellungen besser berücksichtigt. Die Computer Integrated Manufacturing Open System Architecture (CIMOSA) (*ESPRIT Consortium Amice* 1993) soll einen Bezugsrahmen für herstellerunabhängige Softwarebausteine bereitstellen. Weitere Beispiele für Architekturen und architekturähnliche Rahmenkonzepte sind bspw. die IFIP-Information System Methodology (ISM) (*Olle et al.* 1991), das Zachman-Framework (*Zachman* 1987) und die Informationssystem-Architektur (ISA) (*Krcmar* 2002).

In der Praxis weit verbreitet ist die Architektur integrierter Informationssysteme (*ARIS*) (*Scheer* 2002, *Scheer* 1999). Sie bildet ein branchen- und anwendungsübergreifendes Rahmenwerk, in dem Organisationssoftware konzeptionell gestaltet, optimiert und umgesetzt wird. ARIS stellt eine Vielzahl kompatibler Modellierungsmethoden bereit, deren Meta-Strukturen in einem Informationsmodell zusammenwirken. Die Architektur beschreibt einzelne Komponenten eines Geschäftsprozesses und deren Interaktion, um so Systemstruktur und -verhalten zu erfassen (*Scheer* 2002, S. 36 ff.; *Scheer* 1999, S. 1).

III. Softwaregestütztes Organisationsmanagement

Softwarewerkzeuge zur Geschäftsprozessmodellierung unterstützen den Benutzer bei der Erhebung, Modellierung, Analyse, Simulation, Evaluation und Umsetzung von Geschäftsprozessen. Die historische Entwicklung von Modellierungstools hat eine Vielzahl an Werkzeugen hervorgebracht, welche auf die unterschiedlichen primären Einsatzzwecke der jeweiligen Software zurückzuführen ist. Eine Klassifizierung dieser Werkzeuge kann anhand der zugrunde liegenden Zielsetzungen der Modellierung erfolgen. Das jeweilige Profil und die Unterstützung bei den verschiedenen Phasen einer durchgängigen Unternehmungsmodellierung werden in Abbildung 1 wiedergegeben.

Für ein ganzheitliches Organisationsmanagement müssen Softwaresysteme in Organisationen eingeführt und in ihrem Zusammenspiel koordiniert werden. Hierzu bietet u.a. das ARIS House of Business Engineering (HoBE) einen Ansatz für ein ganzheitlich prozessorientiertes und computergestütztes Organisationsmanagement (*Scheer* 2002, S. 54).

Das HoBE ordnet das softwaregestützte Organisationsmanagement auf vier Ebenen an. Auf der ersten Ebene sind Methoden zur fachlichen Organisationsgestaltung, Referenzmodelle, wertorientierte Ansätze sowie die Prozessmodellierung angesiedelt. Ferner werden Verfahren zur Optimierung und Qualitätssicherung der Abläufe angeboten. Auf der zweiten Ebene, der Prozessplanung und -steuerung, werden die laufenden Geschäftsprozesse geplant und verfolgt. Gegenstand der dritten Ebene ist der Transport der zu bearbeitenden Objekte von Arbeitsplatz zu Arbeitsplatz. Bei elektronischen Dokumenten übernehmen Informationssysteme zur automatisierten Ablaufsteuerung, sog. Workflow-Systeme, den Transport. Die Ausführung von Funktionen des Geschäftsprozesses, d.h. die Bearbeitung der zu den Arbeitsplätzen transportierten Dokumente durch Informations- und Kommunikationssysteme erfolgt in der vierten Ebene – dem Anwendungssystem. Hierbei kommen an Funktionen ausgerichtete Anwendungssysteme zum Einsatz. Die einzelnen Ebenen des HoBE sind durch Regelkreise miteinander verknüpft. So werden z.B. die in Ebene II generierten Informationen über die Wirtschaftlichkeit der laufenden Prozesse zur permanenten Verbesserung und Anpassung der Geschäftsprozesse auf Ebene I verwendet.

Die Wechselwirkung zwischen neuen betriebswirtschaftlichen Anforderungen auf der einen und neuen technologischen Möglichkeiten auf der anderen Seite ist beim softwaregestützten Organisationsmanagement von erheblicher Bedeutung. So haben sich z.B. mit der Verbreitung mobiler bzw. drahtloser Verbindungstechnologien neue Möglichkeiten der Steuerung und allgemeiner des Controllings der betrieblichen Leistungserstellung ergeben, wodurch die wertschöpfenden Aktivitäten sehr feingranular erfasst werden können. Diese Entwicklung kann stellvertretend für die Durchdringung sämtlicher Tätigkeitsbereiche mit Informations- und Kommunikationstechnologie, gefasst in dem Begriff Ubiquitous Computing, gesehen werden.

Der Ansatz des Process-to-Application verfolgt das Ziel, in Modellierungswerkzeugen erstellte Unternehmungsmodelle automatisiert in Anwendungssysteme und -systemkonfigurationen zu übertragen. Die Kombination dieser beiden Entwicklungen ermöglicht die direkte Erfassung von Systemzuständen und Kennzahlen bei den betrieblichen Verrichtungen sowie den Transport von Informationen über Prozessveränderungen und die Verteilung von aktualisierten Softwaresystemen an den Bestimmungsort. Dies kann mittelfristig zur Steuerung und Überwachung von Organisationen mit nur geringer Zeitverzögerung zwischen Aktion und Reaktion führen, was mit dem Begriff des Real Time Enterprise ausgedrückt wird.

IV. *Systemklassen und Technologien*

Der Trend zur Defragmentierung der Wertschöpfungskette bedingt die Entstehung von Unternehmungsnetzwerken. Softwaresysteme müssen die Fähigkeit besitzen, leicht innerhalb von Unternehmungen als auch über ihre Grenzen hinweg an bestehende Anwendungen angekoppelt und integriert zu werden. Um die Systemvielzahl, welche die Bezeichnung Organisationssoftware umfasst, klassifizieren zu können, sind die Arten der Unterstützung zu unterscheiden. So existiert eine Vielzahl von Applikationen, die spezifische Aufgaben in der Wertschöpfungskette von Unternehmungen übernehmen. Hierzu sind bspw. Personal-Information-Manager (PIM) und die computergestützte Personaleinsatzplanung zu zählen. Des Weiteren kann Software gesamte Prozesse von Unternehmungen auf operativer Ebene begleiten. Customer-Relationship-Management-(CRM-)Systeme (*Link* 2001), Product-Data-Management-(PDM-) oder Supply-Chain-Management-(SCM-)Systeme sind in diesem Zusammenhang beispielhaft zu nennen. Für Software, die der reinen Integration von Anwendungen und der Kopplung von Systemen dient, hat sich der Begriff der Enterprise-Application-Integration-(EAI-)Software etabliert (*Linthicum* 2000).

Das Ziel sog. Unternehmungsportale (Enterprise Portals) ist die aggregierte Bereitstellung von Einstiegspunkten in Einzelsysteme des Organisationssoftwaregeflechts innerhalb einer einheitlichen Benutzeroberfläche. Die Integration von Backend-Systemen im Zuge der EAI wird somit durch eine zumeist benutzerindividuelle und kontextspezifische Frontend-Integration ergänzt. Auf Managementebene können durch diese Integration verdichtete unternehmungsrelevante Informationen in Executive Information Systems (EIS) zur Verfügung gestellt werden (*Scheer* 2002, S. 81 ff.). Basis dieser Anwendungen sind Data Warehouses, in denen *Informationen* gesammelt und in strukturierte Form gebracht werden. Klassische Enterprise-Ressource-Planning-(ERP-)Systeme wie SAP R/3 bilden sowohl die Aufbau- als auch die Ablaufstruktur von Organisationen ab. Die ehemals integrierte Sichtweise der ERP-Systeme wird jedoch zunehmend von einer eher komponentenorientierten abgelöst.

Neuere Software-Anwendungen basieren auf Technologien, die eine Weiterentwicklung hin zu komponentenorientierter und flexibler Software ermöglicht haben. Webbasierte Anwendungen und Technologien ermöglichen neue Kollaborationsszenarien. So dient etwa die Extensible Markup Language (XML) zur selbstbeschreibenden Darstellung von Schnittstellen bei Web Services, die dynamisch weitere Komponenten im Internet ausfindig machen, um komplexe Aufgaben zu erfüllen. Hierdurch werden neue Arten von Organisationssoftware möglich.

V. *Ausblick*

Im Hinblick auf die wachsende Bedeutung flexibler Unternehmungs- und Wertschöpfungsnetzwerke besteht die zentrale Herausforderung von Organisationssoftware in der Unterstützung der komplexen Aktivitäten innerhalb dieser Netze. Dabei ist nicht nur deren organisatorische Abbildung von besonderem Interesse, sondern auch die unkomplizierte prozessorientierte Integration neuer Partner auf technologischer Basis. In diesem Zusammenhang werden Konzepte wie Vollständiges Netzwerkwissen, Selbstkonfigurierende Wertschöpfungsnetze oder Autonome Prozessinteraktion eine wichtige Rolle in der Zukunft spielen.

Literatur

Balzert, Helmut: Lehrbuch der Software-Technik – Software-Entwicklung, 2. A., Heidelberg et al. 2001.
Chandler, Alfred D.: Strategy and structure – chapters in the history of the industrial enterprise, Cambridge 1962.
Dier, Mirko/Lautenbacher, Siegfried: Groupware: Technologien für die lernende Organisation; Rahmen, Konzepte, Fallstudien, München 1994.
ESPRIT Consortium Amice: CIMOSA: Open system architecture, 2. A., Berlin et al. 1993.
Ferstl, Otto K./Sinz, Elmar J.: Der Ansatz des Semantischen Objektmodells (SOM) zur Modellierung von Geschäftsprozessen, in: Wirtschaftsinformatik, Jg. 37, H. 3/1995, S. 209–220.
Frese, Erich/Werder, Axel v.: Organisation als strategischer Wettbewerbsfaktor – Organisationstheoretische Analyse gegenwärtiger Umstrukturierungen, in: ZfbF Sonderheft 33, 1994, S. 1–28.
Gaitanides, Michael: Prozeßorganisation – Entwicklung, Ansätze und Programme prozeßorientierter Organisationsgestaltung, München 1983.
Hammer, Michael/Champy, James: Reengineering the corporation – a manifesto for business revolution, London 1993.
Krcmar, Helmut: Informationsmanagement, 3. A., Berlin et al. 2002.
Link, Jörg: Customer Relationship Management – erfolgreiche Kundenbeziehungen durch integrierte Informationssysteme, Berlin et al. 2001.
Linthicum, David S.: Enterprise Application Integration, 3. A., New York et al. 2000.
Nippa, Michael/Picot, Arnold: Prozeßmanagement und Reengineering – Die Praxis im deutschsprachigen Raum, Frankfurt a. M. et al. 1995.
Nordsieck, Fritz: Grundlagen der Organisationslehre, Stuttgart 1934.
Oberschulte, Hans: Organisatorische Intelligenz – Ein integrativer Ansatz des organisatorischen Lernens, München et al. 1994.
Olle, T. William et al.: Information systems methodologies – a framework for understanding, 2. A., Wokingham et al. 1991.
Owen, Maldwyn: SPC and continuous improvement, Kempston, Bedford 1989.
Robson, George D.: Continuous process improvement – simplifying work flow systems, New York et al. 1991.
Scheer, August-Wilhelm: ARIS – Vom Geschäftsprozess zum Anwendungssystem, 4. A., Berlin et al. 2002.
Scheer, August-Wilhelm: ARIS – Modellierungsmethoden Metamodelle Anwendungen, 4. A., Berlin et al. 1999.
Scheer, August-Wilhelm/Bullinger, Hans-Jörg: Mit Planungsinseln zur lernenden Organisation: Konzept, Praxiserfahrung, Einführungsstrategie, Berlin et al. 1998.
Scheer, August-Wilhelm/Thomas, Oliver/Wagner, Daniel: Verfahren und Werkzeuge zur Unternehmensmodellierung, in: Neue Organisationsformen im Unternehmen: Ein Handbuch für das moderne Management, hrsg. v. *Bullinger, Hans-Jörg/*
Warnecke, Hans J./Westkämper, Engelbert, 2. A., Berlin et al. 2002, S. 740–760.
Schreyögg, Georg/Eberl, Peter: Organisationales Lernen: Viele Fragen, noch zu wenig neue Antworten, in: DBW, Jg. 58, H. 4/1998, S. 516–536.
Zachman, John A.: A framework for information systems architecture, in: IBM Systems Journal, Jg. 26, H. 3/1987, S. 276–292.

Organisationsstrukturen, historische Entwicklung von

Jürgen Kocka

[s.a.: Arbeitsteilung und Spezialisierung; Aufbau- und Ablauforganisation; Bürokratie; Evolutionstheoretischer Ansatz; Funktionale Organisation; Globalisierung; Hierarchie; Informationstechnologie und Organisation; Internationale Strategien; Lebenszyklus, organisationaler; Managementphilosophien und -trends; Organisation; Organisationsgrenzen; Organisationsinnovation; Organisatorische Gestaltung (Organization Design); Regionalorganisation; Spartenorganisation; Strategie und Organisationsstruktur.]

I. *Frühe Leitungsprobleme*; II. *Frühe Management-Literatur*; III. *Entwicklungen seit 1920*; IV. *Jenseits des klassischen Musters*.

Zusammenfassung

Die Organisation wirtschaftlicher Unternehmen wurde mit der Industrialisierung zum Dauerproblem. Bis zum Ersten Weltkrieg bildete sich ein klassisches Muster für die Leitung und Organisation großer Unternehmen heraus, während viele kleine Unternehmen weiterhin traditionell geführt wurden. Praktiker waren dafür wichtiger als die entstehende Management-Literatur. Die Tendenz zur Zentralisierung, Rationalisierung und Systematisierung immer größerer wirtschaftlicher Organisationen nahm im 20. Jahrhundert zu. Doch in den letzten Jahrzehnten haben Dezentralisierung, Diffusion und Enthierarchisierung zur Entstehung neuer, netzwerkförmiger und flüssiger Organisationsstrukturen beigetragen, die sich vom klassischen Muster sehr unterscheiden.

I. Frühe Leitungsprobleme

Den Begriff „Organisation" im Sinn systematischer Regelung von Aufgaben und Tätigkeiten zur Erreichung bestimmter Zwecke in sozialen und politischen Gebilden gibt es seit dem späten 18. Jh., in Bezug auf wirtschaftliche Aufgaben, Tätigkeiten und

Ziele seit dem späten 19. Jh. Was er meint, ist auch im wirtschaftlichen Bereich viel älter. Auch vorindustrielle Institutionen des Wirtschaftens brauchten und kannten Organisation, insbesondere die großen landwirtschaftlichen Güter, Verlagsunternehmen, Manufakturen und Handelshäuser. Aber erst mit der Industrialisierung, die in England in der zweiten Hälfte des 18. und in Deutschland im zweiten Drittel des 19. Jhs. begann, wurde das Organisieren zum Dauerthema, vor allem im Hinblick auf die entstehenden Fabriken, Verkehrsbetriebe, Banken, Warenhäuser und ihr Verhältnis zueinander.

Zwar waren die meisten Unternehmen der frühen *Industrialisierung* kleine oder mittelgroße Einheiten. Ihre Leitung lag meist in der Hand der Eigentümer-Unternehmer, die direkten Kontakt zum Personal suchten, durch regelmäßige Anwesenheit wirkten und auf formale Leitungsstrukturen verzichteten. Doch in einigen Zweigen entstanden früh „Riesenbetriebe", vor allem im Eisenbahnwesen und in der Montanindustrie. Manche Produktionsbetriebe integrierten früh Rohstoffbeschaffung und Vertrieb, um sich „vom Lieferanten unabhängig" zu machen. Gerade auf wenig entwickelten Märkten fand früh Produktdiversifikation statt (*Chandler* 1962, S. 390 ff.). Häufig kam es zur Errichtung von Filialen an anderen Orten und bisweilen von Zweigen in anderen Ländern. In den wachsenden Unternehmen differenzierten sich einzelne Funktionen aus. Beispielsweise entstanden in Maschinenbau-Fabriken schon Ende der 1850er Jahre Konstruktionsabteilungen, die Ingenieure beschäftigten und klar von der Werkstatt wie auch von der Leitung getrennt waren. Die durchschnittliche Unternehmensgröße wuchs, die meist als *Aktiengesellschaft* verfassten Großunternehmen wurden häufiger.

Auf die damit zunehmenden organisatorischen Anforderungen reagierten die Unternehmensleitungen mit verstärkter *Arbeitsteiligkeit* und Systematisierung. Im zweiten Drittel des 19. Jhs. wurden die Eisenbahngesellschaften zu Pionieren systematischer Organisation (*Kocka* 1987). 1872 reorganisierte Alfred Krupp die Leitung seines bereits über 10.000 Personen beschäftigenden Unternehmens mithilfe eines schriftlichen „Generalregulativs", das die Autoritäts- und Funktionsverteilung im Einzelnen regelte und sicherstellen sollte, dass es im Unternehmen nichts von Bedeutung gäbe, „das nicht im Zentrum der Prokura bekannt sei oder mit Vorwissen und Genehmigung derselben geschähe" (*Woldt* 1911, S. 103).

Zwar legten die Leiter auch größerer Unternehmen viel Wert auf den eigenen Entscheidungsspielraum und verzichteten deshalb auf allzu planmäßige Organisation ihres direkten Bereichs. Trotzdem nahmen die schriftlichen Statuten, Satzungen, Geschäftsordnungen (→ *Geschäftsordnung*) und Organisationspläne seit dem späten 19. Jh. an Zahl und Genauigkeit zu. Periodische Konferenzen, vorgeschriebene Berichte in standardisierter Form, zunehmend auch Statistiken und Tabellen wurden in den Großunternehmen üblich.

Die vorherrschende Form der arbeitsteiligen Leitung im mittelgroßen Unternehmen sah einen technischen und einen kaufmännischen *Direktor* vor. Dem Letzteren oblag meist die allgemeine Verwaltung und Organisation. In Großunternehmen nahm die Zahl der kollegial und arbeitsteilig tätigen Direktoren zu. Je arbeitsteiliger der Vorstand, desto nötiger und häufiger die Position des nicht-spezialisierten *Generaldirektors* an der Spitze.

Insgesamt nahm die Zentralisierung zu (→ *Delegation (Zentralisation und Dezentralisation)*). In den Großunternehmen herrschte vor 1914 eine zentralisierte, vertikal integrierte Organisationsform vor, die sich in einige wenige funktional definierte Abteilungen (Produktion, Vertrieb, Rechnungsführung und Finanzen, Einkauf, Forschung etc.) gliederte und diese einer Direktion unterstellte, in der u.a. die Chefs dieser Abteilungen vertreten waren. (*Chandler* 1977; *Kocka* 1975, S. 110–114) (→ *Funktionale Organisation*). In den zahlreichen kleinen und mittleren Unternehmen dominierten herkömmliche Muster.

Neben der lange unzureichend gelösten Buchführung und Kostenrechnung im Fabrikbetrieb machten zwei Organisationsprobleme den Unternehmensleitungen des 19. und frühen 20. Jhs. besonders zu schaffen (*Pollard* 1968). Einerseits war da die Rekrutierung qualifizierter, zugleich aber loyaler Angestellter zur Wahrnehmung von Aufgaben, die von der Unternehmensleitung nicht direkt kontrolliert werden konnten. Die Angst vor Veruntreuung und die Sorge um die fehlende → *Motivation* der Angestellten waren weit verbreitet. Lange griffen Unternehmer auf Verwandte und Vertraute zurück, um die neu entstehenden Leitungspositionen verlässlich zu füllen. Parallel dazu bedienten sie sich bürokratieinspirierter Methoden und behandelten ihre leitenden Angestellten personalpolitisch wie Beamte („Privatbeamte"). Andererseits stellte die Rekrutierung, Einpassung und Kontrolle der Arbeiter ein zentrales Organisationsproblem dar, zumal die Nachfrage nach qualifizierten Arbeitern rasch wuchs und soziale Konflikte zwischen Kapital und Arbeit besondere Antworten verlangten. Im Kern verknüpften die Unternehmensleitungen in ihrer Arbeiterpolitik drei Strategien, deren jede in vielfältigen Formen auftrat. Zum einen setzte man auf positive und negative finanzielle Anreize, die sich im System des *subcontracting* mit großer Selbstständigkeit der qualifizierten Arbeiter verknüpfen ließen, und im Akkord- bzw. Leistungslohnsystem zu Beginn des 20. Jhs. weit verbreitet waren (*Gospel/Littler* 1983, S. 6–8). Zum anderen setzte man auf eine Vielzahl betrieblicher Sozialleistungen – von Betriebsfesten und Jubilarehrungen über Kasseneinrichtungen bis zur unternehmenseigenen Wohnanlage –, die gegenseitige Fürsorge- und Loyalitätsverpflichtungen mit motivierenden und belegschaftsstabilisierenden Wirkungen aufbauten (*Geck*

1931; *Michel* 1960). Schließlich spielten direkte Anordnungen und Kontrollen eine große Rolle, die früh in Arbeits- und Werkstattordnungen Niederschlag fanden und etwa seit der Jahrhundertwende in den Werkstätten größerer Unternehmen unter dem Stichwort „wissenschaftliche Betriebsführung" systematisiert wurden.

II. Frühe Management-Literatur

Teilweise ging dies auf amerikanische Anregungen zurück. Seit 1904 wurde das seit 1901 in USA propagierte System des Ingenieurs F. W. Taylor auch in Deutschland öffentlich diskutiert. Zum großen Teil entwickelten deutsche Großunternehmen aber systematische Werkstattorganisation selbstständig. Werkstattbüros entstanden zwischen technischen Abteilungen und Werkstätten. Die Macht der Meister wurde beschnitten. Die Schriftlichkeit nahm zu. Zeitstudien und Kontrolluhren kamen auf. Doch große Teile des Systems Taylor wurden jedenfalls in Deutschland niemals verwirklicht, beispielsweise das Funktionsmeistersystem (*Taylor* 1911; *Haber* 1964; *Homburg* 1978; *Jaun* 1986).

Es waren vor allem Praktiker in den Unternehmen, die im 19. Jh. Organisationsprobleme lösten und Organisationsstrukturen entwickelten. Dabei konnten sie sich manchmal, jedenfalls in Deutschland, an landwirtschaftlichen, bürokratischen und militärischen Vorbildern orientieren (*Helfer* 1963; *Kocka* 1971; *Berg* 1999). Solche Einflüsse blieben jedoch sehr begrenzt. Dies gilt vermutlich auch für die frühen Schriften zur Theorie und Entwicklung wirtschaftlicher Organisation. Smith (1727–1790) hat die Vorzüge der Arbeitsteilung (→ *Arbeitsteilung und Spezialisierung*) gerühmt. Der Mathematiker Babbage (1892–1871) hat die Arbeitsteilung und -koordination in der Fabrik analysiert und sich für die Verwissenschaftlichung des Managements engagiert. Der Chemieprofessor Ure (1778–1857) hat die Ausbildung der Manager und die Anpassung der Arbeiter an die Regeln des Fabrikbetriebs behandelt. Diese Einsichten hat der französische Ingenieur Dupin (1784–1873) auf dem Kontinent propagiert. Emminghaus (1831–1916) war Wirtschaftsprofessor in Karlsruhe, als er 1868 seine „Allgemeine Gewerbelehre" publizierte. Zahlreiche Schriften zu Buchhaltung und Kostenrechnung im Gewerbe erschienen in verschiedenen Ländern seit der Mitte des 19. Jhs. (*Otto* 1850; *Garcke/Fells* 1887; *Slater Lewis* 1896). Seit den 1870er Jahren wurden wichtige Werke über die Leitung und Verwaltung von Fabriken veröffentlicht (*Bourcart* 1874; *Roesky* 1878). Im letzten Jahrzehnt des 19. und im ersten Jahrzehnt des 20. Jhs. kam es dann zu einem Boom einschlägiger Literatur. So erschienen in Deutschland die Zeitschriften „Organisation" seit 1903, „Werkstattstechnik" seit 1907 und „System" seit 1908 (*Kocka* 1969, S. 347–53). Ansätze zu einer allgemeinen Organisationslehre entstanden (*Fayol* 1916), während gleichzeitig die Literatur zur Werkstattorganisation und zur „wissenschaftlichen Betriebsführung" anschwoll (*Spur/Fischer* 2000; *Adelson* 1957; *Pollard* 1968, S. 189–274; *Diemer* 1904; *Litterer* 1961). Die Publikation solcher Schriften wurde durch den Ausbau einschlägiger Institutionen und Lehrprogramme im Bereich des tertiären Schulwesens verstärkt (Business Schools seit 1881 in USA, Handelshochschulen seit 1898 in Deutschland, einschlägige Studieninhalte seit längerem in Handelsakademien, Polytechnika und Technischen Hochschulen, in den USA auch an Universitäten).

III. Entwicklungen seit 1920

Vieles vom klassischen Muster, das mit der Industrialisierung entstanden war, lebte in den folgenden Jahrzehnten weiter. Viele der geschilderten Tendenzen setzten sich nach 1920 fort: Die Bedeutung systematisch produzierten Wissens in der Planung, Koordination und Kontrolle der Unternehmen wuchs, während rein empirisches Organisationswissen an Bedeutung verlor. Verschiedene Wissenschaften trugen dazu bei, zuletzt auch die Betriebswirtschaftslehre, die erst spät organisationswissenschaftliche Elemente betonte (*Staehle* 1999, S. 126–141). Immer größere Unternehmenseinheiten und -zusammenschlüsse entstanden. 1887 beschäftigte das größte deutsche Unternehmen 20.000 (Krupp), 1927 200.000 (Vereinigte Stahlwerke) und 1977 300.000 Personen (Siemens), davon knapp 100.000 im Ausland. Die Zusammenarbeit zwischen den großen Unternehmen geschah in vielen Formen: Seit dem Ersten Weltkrieg nahmen die überbetriebliche Zusammenarbeit zum Zweck der Standardisierung und Rationalisierung rasch zu (1921 Reichskuratorium für Wirtschaftlichkeit; 1925 Deutsches Institut für technische Arbeitsschulung – DINTA). 1890 zählte man in Deutschland 106, 1930 dagegen 2100 Kartelle. Unter den Großunternehmen setzte sich der als Kapitalgesellschaft verfasste, von Managern geleitete Typus eindeutig durch (*Chandler* 1977; *Siegrist* 1980), wenngleich auch von Eigentümern geleitete und ihren Familien getragene Unternehmen zahlreich blieben und modern sein konnten, so bspw. sehr lange die großen Warenhäuser (*Grinôt* 1997). Die Rechtsform der *Aktiengesellschaft* erleichterte die in Deutschland besonders enge Zusammenarbeit zwischen großen Banken und Industrieunternehmen. Die Büros wuchsen rascher als die Werkstätten, die planenden, vorbereitenden, koordinierenden und kontrollierenden Tätigkeiten schneller als die Durchführung, besonders die manuelle. Die Mechanisierung ging in Automatisierung (→ *Rationalisierung und Automatisierung*) über, zunächst in den Werkstätten, dann auch im Büro (*Friedmann* 1952; *Bahrdt* 1958). Dem entsprachen die Professionalisierung und Akademisierung des Personals auf den mittleren Ebenen und an den Spitzen der großen Unternehmen. Deren Führungsschicht hat an sozialer Exklusivität gegenüber früher noch einmal zugelegt (*Joly* 1998; *Hartmann* 1996) (→ *Top Management (Vorstand)*).

Daneben existiert aber eine „eigensinnige und farbenprächtige Welt der kleinen Betriebe" weiter (Berghoff, in: *Ziegler* 2000, S. 249–282). Sie entstand und entsteht immer neu. Hier dominiert weiter der Familienbetrieb und damit die Lösung von Organisationsproblemen mithilfe von Familienloyalität und -ressourcen wie seit Beginn der Industrialisierung (*Kocka* 1971). Die Vielfalt ist und bleibt riesig.

Drei Tendenzen der letzten Jahrzehnte aber erscheinen als relativ neu, kehren Trends des 19. Jhs. teilweise um und sorgen dafür, dass sich das Grundmuster heutiger Organisationsstrukturen von dem klassischen scharf unterscheidet.

IV. Jenseits des klassischen Musters

- Seit den 1920er Jahren, auf breiter Front erst seit den 1970er Jahren, ist die zentralisierte, vertikal integrierte und stark hierarchische Form der Großunternehmen durch die bewusst dezentralisierte, hoch diversifizierte und funktional integrierte Unternehmensform des *multi-divisional enterprise* verdrängt worden. In ihr werden die formalisierten, quasi bürokratischen Muster von Arbeitsteilung und → *Hierarchie* durch inneren Wettbewerb und innere Preissysteme, durch Aushandlung und Abmachungen ergänzt (*Chandler* 1962, Kap. 2 u. 3; *Kocka* 1971).
- Neben der Dezentralisierung ist die Diffusion ein säkularer Prozess, der in den letzten Jahrzehnten stark beschleunigt worden ist. Wichtige Entscheidungen wurden nicht nur innerhalb der Unternehmen, sondern außerhalb ihrer Grenzen getroffen (→ *Organisationsgrenzen*), im sich wandelnden Beziehungsgeflecht zwischen Produzenten, Zulieferern und Abnehmern, zwischen kooperierenden Konkurrenten und ihren Zusammenschlüssen, im Wechselspiel von Industrieunternehmen und Banken, unter Einbeziehung von Verbänden und gemischten privat-öffentlichen Institutionen mit Regulierungsfunktion. So entstanden → *Netzwerke* mit mächtigen Knotenpunkten, wurde Koordination oft mit informellen Mitteln und auf der Basis sozialer Kohäsion erreicht. Auf diese Weise fand eine Verwischung der Unternehmensgrenzen statt. Hierarchie- und Marktbeziehungen wurden durch quasi politische Aushandlungsprozesse ergänzt, wenngleich nicht ersetzt. Die Zusammenschlüsse erfolgten bis zum Ende des Zweiten Weltkriegs in der Regel im nationalstaatlichen Rahmen. Seit den 1960er und 70er Jahren entstanden dagegen multinationale Unternehmen, wenngleich noch in der Regel mit Schwergewicht in einem Land. Im letzten Jahrzehnt des 20. Jhs. entwickelten sich globale Konglomerate mit internationalen Leitungsstrukturen (*Hertner/Jones* 1986; *Steger* 1998, S. 37–48).
- „Organisation", „Wissenschaftliche Betriebsführung", seit den 20er Jahren auch „Rationalisierung" und „*Fordismus*" – unter diesen und anderen Stichworten haben Praktiker und Wissenschaftler, Unternehmensleiter und Experten im 20. Jahrhundert versucht, zentrale Planung, schrittweise Realisierung und gründliche Kontrolle zu kombinieren, feingliedrige Arbeitsteilung und systematische Koordination zu verbinden, möglichst viel bis ins Einzelne zu steuern und zu kontrollieren, um dadurch ein Höchstmaß an Leistung und Wirtschaftlichkeit zu erzielen. Dieser Trend zur umfassenden und durchgreifenden Organisation erhielt durch die Einführung der Fließfertigung (bei Ford ab 1913, bei Opel in Deutschland ab 1923, auf den Schlachthöfen Chicagos schon ab 1905), durch die überbetriebliche Organisation der Standardisierung und Rationalisierung durch neue Büro- und Kommunikationstechnologien (→ *Informationstechnologie und Organisation*) wie auch durch Ergebnisse der Arbeits- und Organisationswissenschaften weiteren Auftrieb. Er konnte sich mit den technokratischen Idealen von Ingenieuren oder mit autoritären Vorstellungen von der „Betriebsgemeinschaft", z.B. in der nationalsozialistischen Zeit, verbinden (*Briefs* 1934) und wirkt in weniger autoritären Varianten und unter anderen Bezeichnungen bis heute. Aber es gab immer auch andere, konkurrierende Ansätze: Ansätze zur Mitbestimmung der Mitarbeiter und ihrer Gewerkschaften vor allem seit dem Ersten Weltkrieg (*Neuloh* 1956), Paternalismus und betriebliche Sozialpolitik, das Ernstnehmen des Betriebs in seiner sozialen Eigenständigkeit und daraus folgendes kooperatives Führungsverhalten in verschiedenen Formen. In der Realität herrschten Mischungen vor. Gegentendenzen gegen Zentralisierung und Durchorganisation haben sich in den letzten Jahren verstärkt. Unter dem Stichwort „*Postfordismus*" lassen sich vielfältige Veränderungen in der Arbeits- und Unternehmensorganisation zusammenfassen, die auf größere Dezentralisation, weniger Hierarchie, schwächere Formalisierung und Abbau direkter Kontrollen, auf mehr Eigenständigkeit und Spontaneität in den einzelnen Teilen der großen Unternehmen hinauslaufen. Deren Binnenstruktur wird Netzwerken ähnlicher. Damit geht eine Aufwertung dessen einher, was als „*Unternehmenskultur*" oder „*Organisationskultur*" bezeichnet wird: Je weniger sich die Akteure auf genaue Vorgaben, Durchführungsbestimmungen und Kontrollen im Einzelnen verlassen kön-

nen, desto wichtiger werden wieder die Wertungen, Einstellungen und Motive der Einzelnen, ihre Loyalität und Identifikation mit dem Unternehmen (→ *Organisationskultur*).

Die Management-Literatur weist darauf hin, dass heutige Unternehmensleiter ständig mit flüssigen Systemen voll unvoraussagbarer Interaktion, mit viel Selbstorganisation der interagierenden Elemente, mit Zweideutigkeit und Kontingenz zu tun haben. Dieser neue Typus von Organisation sei aus strukturellen Bedingungen hervorgegangen, die in den letzten beiden Jahrzehnten bestimmend geworden seien. Dazu gehören die Kommunikationsrevolution, die große Bedeutung immaterieller Ressourcen wie Wissen und Symbole, die → *Globalisierung* und eine Kultur zunehmender Individualisierung (*Picot* 1998; *Schreyögg* 2000, bes. S. 15–30).

Die Realität ist zweifellos durch vielfältige Mischformen geprägt. Altes wirkt weiter. Aber im Licht der neuen Entwicklungen hin zu Dezentralisierung, Diffusion und postfordistischem Management rückt das klassische Organisationsmuster des Industrialisierungszeitalters in immer weitere Ferne.

Literatur

Adelson, Judah: The Early Evolution of Business Organization in France, in: Business History Review, Jg. 31, 1957, S. 225–243.
Bahrdt, Hans Paul: Industriebürokratie. Versuch einer Soziologie des industrialisierten Bürobetriebs und seiner Angestellten, Stuttgart 1958.
Berg, Werner: Die Teilung der Leitung. Ursprünge industriellen Managements in den landwirtschaftlichen Gutsbetrieben Europas, Göttingen 1999.
Bourcart, J. J.: Die Grundsätze der Industrieverwaltung. Ein praktischer Leitfaden, Zürich 1874.
Briefs, Götz: Betriebsführung und Betriebsleben in der Industrie, Stuttgart 1934.
Chandler, Alfred D., Jr.: Scale and Scope. The Dynamics of Industrial Capitalism, Cambrigde, Mass. 1990.
Chandler, Alfred D., Jr.: The Visible Hand. The Managerial Revolution in American Business, Cambridge, MA 1977.
Chandler, Alfred D., Jr.: Strategy and Structure. Chapters in the History of the Industrial Enterprise, Cambridge, MA 1962.
Diemer, Hugo: A Bibliography of Works Management, in: Engineering Magazine, Jg. 27, 1904, S. 626–642.
Fayol, Henri: Administration industrielle et générale, Paris 1916.
Friedmann, Georges: Der Mensch in der mechanisierten Produktion, Köln 1952.
Garke, Emile/Fells, John M.: Factory Accounts: Their principles and practice, London 1887.
Geck, L. H. Adolph: Die sozialen Arbeitsverhältnisse im Wandel der Zeit. Eine geschichtliche Einführung in die Betriebssoziologie, Berlin 1931.
Gospel, Howard F./Littler, Craig R. (Hrsg.): Managerial Studies and Industrial Relations. A Historical and Comparative Study, London 1983.
Grinôt, Annette: Geschichte und Entwicklungstendenzen des Warenhauses unter besonderer Berücksichtigung seiner Absatzstrategien, Göttingen 1997.
Haber, Samuel: Efficiency and Uplift. Scientific Management in the Progressiver Era 1890–1920, Chicago 1964.
Hartmann, Michael: Topmanager. Die Rekrutierung einer Elite, Frankfurt/M. 1996.
Helfer, Christian: Über militärische Einflüsse auf die industrielle Entwicklung Deutschlands, in: Schmollers Jahrbuch, Jg. 83, 1963, S. 597–609.
Hertner, Peter/Jones, Geoffrey (Hrsg.): Multinationals: Theory and History, Aldershot 1986.
Homburg, Heidrun: Anfänge des Taylor-Systems in Deutschland vor dem Ersten Weltkrieg. Eine Problemskizze unter besonderer Berücksichtigung der Arbeitskämpfe bei Bosch, in: Geschichte und Gesellschaft, Jg. 4, 1978, S. 170–194.
Jaun, Rudolf: Management und Arbeiterschaft. Verwissenschaftlichung, Amerikanisierung und Rationalisierung der Arbeitsverhältnisse in der Schweiz 1873–1959, Zürich 1986.
Joly, Hervé: Großunternehmer in Deutschland. Soziologie einer industriellen Elite 1933–1989, Leipzig 1998.
Kocka, Jürgen: Eisenbahnverwaltung in der industriellen Revolution. Deutsch-amerikanische Vergleiche, in: Historia Socialis et Oeconomica. Festschrift für Wolfgang Zorn zum 65. Geburtstag, hrsg. v. *Kellenbenz, Hermann/Pohl, Hans*, Stuttgart 1987, S. 259–277.
Kocka, Jürgen: Unternehmer in der deutschen Industrialisierung, Göttingen 1975.
Kocka, Jürgen: Family and Bureaucracy in German Industrial Management 1850–1914: Siemens in Comparative Perspective, in: Business History Review, Jg. 45, 1971, S. 133–156.
Kocka, Jürgen: Industrielles Management: Konzeptionen und Modelle in Deutschland vor 1914, in: Vierteljahrschrift für Sozial- und Wirtschaftsgeschichte, Jg. 56, 1969, S. 332–372.
Litterer, Joseph A.: Systematic Management: The Search for Order and Integration, in: Business History Review, Jg. 35, 1961, S. 461–476.
Michel, Ernst: Sozialgeschichte der industriellen Arbeitswelt, ihrer Krisenformen und Gestaltungsversuche, 4. A., Frankfurt/M. 1960.
Neuloh, Otto: Die deutsche Betriebsverfassung und ihre Sozialformen bis zur Mitbestimmung, Tübingen 1956.
Otto, C. G.: Buchführung für Fabrikgeschäfte, Berlin 1850.
Picot, Arnold: Auf dem Weg zur grenzenlosen Unternehmung?, in: Unternehmen im Wandel und Umbruch. Transformation, Evolution und Neugestaltung privater und öffentlicher Institutionen, hrsg. v. *Becker, Manfred*, Stuttgart 1998, S. 25–49.
Pollard, Sidney: The Genesis of Modern Management. A Study of Industrial Revolution in Great Britain, Harmondsworth 1968.
Roesky, Eduard: Die Verwaltung und Leitung von Fabriken speziell von Maschinenfabriken unter Berücksichtigung des gegenwärtigen Standes der deutschen Industrie, Leipzig 1878.
Schreyögg, Georg (Hrsg.): Funktionswandel im Management: Wege jenseits der Ordnung, Berlin 2000.
Siegrist, Hannes: Deutsche Großunternehmen vom späten 19. Jahrhundert bis zur Weimarer Republik, in: Geschichte und Gesellschaft, Jg. 6, 1980, S. 60–102.
Slater Lewis, Joseph: The Commercial Organisation of Factories, London 1896.
Spur, Günter/Fischer, Wolfram: Georg Schlesinger und die Wissenschaft vom Fabrikbetrieb, München 2000.
Staehle, Wolfgang H.: Management. Eine verhaltenswissenschaftliche Perspektive. Überarb. v. *Conrad, Peter/Sydow, Jörg* 8. A., München 1999.
Steger, Ulrich (Hrsg.): Wirkmuster der Globalisierung. Nichts geht mehr, aber alles geht, Ladenburg 1998.
Taylor, Frederick W.: The principles of scientific management (dt.: Die Grundsätze der wissenschaftlichen Betriebsführung, Berlin/München 1917), New York 1911.
Woldt, Richard: Der industrielle Großbetrieb. Eine Einführung in die Organisation moderner Fabrikbetriebe, Stuttgart 1911.
Ziegler, Dieter (Hrsg.): Großbürger und Unternehmer. Die deutsche Wirtschaftselite im 20. Jahrhundert, Göttingen 2000.

Organisationstheorie

Georg Schreyögg

[s.a.: Bürokratie; Chaos- und Komplexitätstheorie; Entscheidungsorientierte Organisationstheorie; Evolutionstheoretischer Ansatz; Human Ressources Management; Institutionenökonomie; Komplexitätsmanagement; Konstruktivismus; Kontingenzansatz; Neoinstitutionalistische Ansätze; Organisationsgrenzen; Postmoderne Organisationstheorie; Prinzipal-Agenten-Ansatz; Systemtheorie; Transaktionskostentheorie; Verfügungsrechtstheorie (Property Rights-Theorie).]

I. Einführung; II. Überblick; III. Klassische Organisationstheorie; IV. Neoklassische Organisationstheorie; V. Moderne Organisationstheorien.

Zusammenfassung

Die Organisationstheorie ist heute eine breit gefächerte Disziplin. Chronologisch lässt sie sich grob in drei Phasen untergliedern: Klassik, Neoklassik und Moderne. Die Moderne ist selbst wieder durch eine ganze Reihe unterschiedlicher Strömungen gekennzeichnet, unter ihnen ragen der Human-Ressourcentheoretische und der systemtheoretisch evolutorische Ansatz heraus.

I. Einführung

Die Organisationstheorie ist keine homogene Disziplin. Sie verfügt über kein allseits akzeptiertes Paradigma, das Forschung und praktische Gestaltung einheitlich leiten würde. Im Gegenteil, unterschiedliche Perspektiven und Theoriengebäude konkurrieren um Erklärungs- und Gestaltungsrelevanz.

Offen geblieben ist dabei nicht nur die Frage, wie die Organisationswissenschaft als Wissenschaft zu betreiben ist, sondern auch, was ihr Gegenstand sein soll.

Dass diese Fragen offen geblieben sind, sollte nicht als „Krise" oder gar als „Unreife" missverstanden werden (so etwa *Pfeffer* 1993), sondern ergibt sich mehr oder weniger aus der Natur der Sache. Wie bei allen Kulturwissenschaften (im Gegensatz zum Ideal der Naturwissenschaften) beruht eine Entscheidung für eine Forschungsperspektive auf einer Reihe von (häufig nicht explizierten) Vorentscheidungen und einer allgemeinen Vororientierung („Weltbild"). Nachdem der zu studierende Gegenstand komplex und interpretationsbedürftig ist, bleibt die Begründung der gewählten Studienperspektive immer zu gewissen Teilen offen; sie lässt sich auch durch noch so große Anstrengungen nicht vollständig schließen. Dies bedeutet aber nicht, dass eine Diskussion über die Vorziehenswürdigkeit bestimmter theoretischer Perspektiven nicht möglich und sinnvoll wäre. Theoriewahl-Diskurse sind und bleiben wesentliches Element jeder Wissenschaft (*Scherer* 2002).

II. Überblick

Zur Strukturierung der Vielfalt der Ansätze in der Organisationstheorie ist eine Reihe von Strukturierungsmustern entwickelt worden. Die bekanntesten Raster ordnen die Ansätze nach:

– ihrer *historischen* Entwicklung (z.B. *Scott* 1961),
– der zugrunde liegenden Methodologie (präskriptiv, kausalanalytisch, interpretativ usw., z.B. *Burrell/Morgan* 1979),
– nach der Aggregationsebene (Mikro-, Meso- und Makrotheorien, z.B. *Pfeffer* 1982),
– dem zugrunde liegenden Leitbild (Maschine, Gefängnis, Gehirn, Kultur usw., z.B. *Morgan* 1997),
– der Basis-Disziplin, in der sie ursprünglich entwickelt wurden (ingenieurwissenschaftliche, volkswirtschaftliche, psychologische, arbeitswissenschaftliche, soziologische, betriebswirtschaftliche Ansätze usw., z.B. *Mayntz* 1963; *Grochla* 1975).

Das beste Verständnis für eine Disziplin kann zweifellos zunächst einmal aus ihrer geschichtlichen Entwicklung gewonnen werden. Die wohl bekannteste Gliederung hierfür ist das 3-Phasen-Schema von Scott (*Scott* 1961):

– *Klassische Organisationstheorie*,
– *Neoklassische Organisationstheorie*,
– *Moderne Organisationstheorie*.

Diese Gliederung ist jedoch dort zu grob, wo es um die Modernen Ansätze geht, da es keine Moderne Organisationstheorie als geschlossenen Denkansatz (wie es noch in der Klassischen und Neoklassischen Theorie annähernd der Fall ist) gibt.

Der Begriff „Moderne Organisationstheorie" ist nur eine rein zeitliche Ortsbestimmung, er fungiert als eine Sammelstelle für die unterschiedlichsten Ansätze, die nach dem 2. Weltkrieg neu entwickelt wurden (nicht darunter fallen allerdings Beiträge, die zwar zu diesem Zeitpunkt verfasst, inhaltlich aber klassische oder neoklassische Konzepte fortführen, wie z.B. *Kosiol* 1976). Folgt man den jüngsten Entwicklungen, so müsste den modernen Ansätzen als vierte Kategorie die → *Postmoderne Organisationstheorie* folgen. Diese wird aber nachfolgend, da es um eine rein zeitliche Bestimmung geht, noch einmal zu den modernen Ansätzen gerechnet.

III. Klassische Organisationstheorie

Die Anfänge der Organisationstheorie gehen auf drei Wurzeln zurück, die aus ganz unterschiedlichen wissenschaftlichen Traditionen und Landeskulturen kommen: der Bürokratie-Ansatz, der Administrative Ansatz und der Arbeitswissenschaftliche Ansatz.

1. Bürokratie-Ansatz

Max Weber (1864–1920) hat mit seinem erst posthum veröffentlichten Jahrhundertwerk „Wirtschaft und Gesellschaft" (*Weber* 1976; zuerst 1921) und den darin enthaltenen berühmten Untersuchungen zur „*bürokratischen Herrschaft*" wichtige Grundlagen zum Verständnis der Funktionsweise moderner Großorganisationen in Staat und Wirtschaft geschaffen und dabei zugleich auch entscheidende Beiträge zum Aufbau der Organisationstheorie geleistet. Auf seine Arbeiten haben später so bedeutende Organisationstheoretiker wie Peter Blau, Michel Crozier oder David Hickson aufgebaut.

Im Gegensatz zu den anderen klassischen Ansätzen ist Weber nicht daran gelegen, Prinzipien zur Optimierung betrieblicher Organisation zu entwickeln; sein Denkansatz ist explikativ, er will das Aufkommen und das Funktionieren großer Organisationen zu Anfang des Jahrhunderts mit dem Idealtypus der → *Bürokratie* als technisch gesehen rationalste Form der *Herrschaftsausübung* verständlich machen. Er erklärt, wie es Großorganisationen, wie z.B. der kapitalistischen Großunternehmung, gelingt, die Handlungen der Individuen zweckgeleitet aufeinander zu beziehen, regelhaft zu verstetigen und reibungslos zu einem Ganzen zu verbinden (vgl. die zusammenfassende Darstellung von *Kieser* 2002).

2. Administrativer Ansatz

Neben dem Bürokratieansatz ist das Werk von Henri Fayol (1841–1925) als weiterer Grundpfeiler der klassischen Organisationslehre zu betrachten. Neben seiner Systematik des Organisierens haben insb. seine 14 *„Managementprinzipien"* Prominenz erlangt. Mehr als Weber betont Fayol den Führungsprozess, er unterscheidet fünf Basiselemente guter Betriebsführung (*„éléments d'administration"*), nämlich 1. Planung („prévoyance"), 2. Organisation, 3. Befehl, 4. Koordination und 5. Kontrolle.

Organisieren wird gleichgestellt mit dem Entwurf und der Realisierung eines allgemeinen Regelsystems („corps sociale") und der Ausstattung dieser Struktur mit Mitarbeitern. Organisieren steht bei Fayol in einer instrumentellen Beziehung zur → *Planung*, sie ist „Mittel zum Zweck". Das Organisieren wird als logisch-konstruktive Aufgabe beschrieben, ähnlich der eines Architekten. Die Idee ist, dass zunächst eine rein technische Struktur geplant wird, in die dann später die Menschen einzupassen sind, und zwar so, dass sie an den vorbestimmten Arbeits- und Koordinationsabläufen nichts verändern, sondern diese anweisungsgerecht vollziehen.

Der Ansatz von Fayol ist später von anderen Autoren und Praktikern weiterentwickelt worden. Hier haben v.a. die Arbeiten von Urwick (*Urwick* 1943) und Mooney (*Mooney* 1947) Prominenz erlangt. Auch die deutsche Organisationslehre (*Nordsieck* 1934; *Schramm* 1936 und später *Kosiol* 1976) wurde nachhaltig von dieser Denk- und Forschungstradition geprägt, sie war über Jahrzehnte hinweg eine Prinzipienlehre in der Tradition Fayols.

Die Idee, die Organisationslehre als Prinzipienlehre zu betreiben, erwies sich trotz des enormen Zuspruchs letztendlich als wissenschaftlich problematisch. Dies war nicht zuletzt eine Folge der scharfen Kritik von Simon und March (*Simon* 1945; *March/Simon* 1958) an diesen Ansätzen; sie bemängelten die geringe Operationalität der Begriffe und die vage empirische Basis.

3. Arbeitswissenschaftlicher Ansatz

Ausgangspunkt ist nicht die Gesamtorganisation, sondern die Analyse und Gestaltung konkreter Arbeitsabläufe. Begründet wurde dieser Ansatz von dem Ingenieur Frederick W. Taylor (1856–1915). Im Mittelpunkt seines Denkens steht die Organisation der gewerblichen Arbeit; genauer: die rationellste Arbeitsteilung und die Optimierung der Arbeitsvollzüge (→ *Arbeitsteilung und Spezialisierung*). Das von ihm entwickelte sog. Scientific Management sollte im Gefolge mit anderen Erfindungen (z.B. dem Fließband) eine Revolution in der industriellen Arbeitswelt auslösen. Organisatorisch gesehen, hat das Taylor-System insgesamt eine sehr starke Betonung der Standardisierung, Routinisierung und Spezialisierung mit sich gebracht.

IV. Neoklassische Organisationstheorie

Eine mehr oder weniger radikale Abwendung von der klassischen Sichtweise bereitete sich in den sog. Hawthorne-Experimenten vor, die von 1924 bis 1932 im Hawthorne Werk der Western Electric Comp., durchgeführt wurden. Ferner kündigte sich auch eine Wende mit den Arbeiten von Chester I. Barnard an, der in seinem berühmten Buch „The Functions of the Executive" (*Barnard* 1938) die Tür für völlig neue organisationstheoretische Perspektiven öffnete.

1. Der Human-Relations-Ansatz

Die Hawthorne-Experimente starteten zunächst mit einer klassisch-arbeitswissenschaftlichen Fragestellung. Es ging um die Erforschung von physischen Einflussfaktoren auf die Arbeitsproduktivität (*Roethlisberger/Dickson* 1975, S. 19 ff.). Man richtete in ausgewählten Fertigungsstätten Versuchs- und Kontrollgruppen ein und variierte systematisch bestimmte äußere Arbeitsbedingungen (als unabhängige Variable) in der Hoffnung, stabile Zusammenhänge mit der Arbeitsproduktivität (als abhängiger Variable) nachweisen zu können.

Während der ganzen Versuchsperiode registrierte man paradoxe Produktivitätssteigerungen, die mit den herkömmlichen Theorien nicht zu erklären waren. Zur Aufhellung der Ergebnisse wurde schließlich eine Forschergruppe der Harvard-Universität hinzugezogen. Die dann folgenden Untersuchungen und Ergebnisinterpretationen sollten die *Hawthorne-Experimente* weltberühmt und zu einem Wendepunkt in der Entwicklung der Organisationstheorie machen.

Nach Durchsicht aller vorliegenden Befunde und nach weiteren Experimenten kam die Forschergruppe zu der Auffassung, dass der entscheidende Grund für die (unerklärlichen) Produktivitätssteigerungen nicht im Lohnsystem oder äußeren Arbeitsbedingungen zu suchen sei, sondern im sozio-emotionalen Bereich, eben in den „human relations". Sie vermuteten, dass die mit den Experimenten einhergegangene Veränderung der sozialen Beziehungen die Ursache für die rätselhaften Produktivitätssteigerungen sei.

In weiteren Experimenten wurde deutlich, dass informellen Beziehungen in der formalen Organisation eine sehr große Bedeutung zugemessen werden muss (→ *Informelle Organisation*). Als Ergebnis wurde festgehalten, dass sich in jeder formalen Organisation unvermeidlicherweise auch informelle Regeln und Gruppen herausbilden, die für die Zufriedenheit der Mitarbeiter von Bedeutung sind und ihre Leistungen wesentlich beeinflussen. Das Leitbild der klassischen Organisationslehre, das Organisationsmitglieder lediglich als „Vollzugsorgane" begreift, ist damit brüchig geworden.

In der Organisationstheorie hatten diese Einsichten eine deutliche Hinwendung zum „Verhalten in Organisationen" („*Organizational Behavior*") zur Folge – eine Forschungstradition, die bis zum heutigen Tage einen großen disziplinären Schwerpunkt bildet.

2. Die Anreiz-Beitrags-Theorie nach Barnard

Einen weiteren Pfad aus der klassischen Organisationslehre heraus legten die Arbeiten von Chester I. Barnard (*Barnard* 1938). Er hat in seinen Arbeiten bereits an einigen Erkenntnissen der Hawthorne-Experimente in der Human-Relations-Bewegung angeknüpft, insb. an dem Phänomen informaler Prozesse in Organisationen. Im Mittelpunkt des Barnardschen Denkens steht jedoch ein anderes Erkenntnisinteresse, nämlich die Thematisierung der Unternehmung als System von Handlungen, dessen Bestand jederzeit prekär ist. Zur Sicherung des Bestandes ist durch die Systemführung nicht nur der Zweck der Organisation zu erfüllen, sondern auch fortlaufend ein fragiler Gleichgewichtszustand aufrechtzuerhalten. Ein Gleichgewicht gilt es in mehrfacher Hinsicht herzustellen: zwischen formalen und informalen Beziehungen, zwischen internen und externen Ansprüchen sowie zwischen „Anreizen" und „Beiträgen".

Erstmals tauchte damit ausdrücklich der Umweltbezug als Problem der Organisationsgestaltung auf, die reine Binnenperspektive des klassischen Ansatzes wird verlassen (vgl. zusammenfassend *Schreyögg* 2003).

V. Moderne Organisationstheorien

Die Moderne Organisationstheorie stellt sich als ein sehr heterogenes Feld dar; immer mehr Perspektiven entwickeln sich und treten zueinander in Konkurrenz. Es ist deshalb auch unmöglich, die Grundmerkmale in einem kohärenten Konzept darzustellen.

1. Der Human-Ressourcen-Ansatz

Die Human-Relations-Bewegung fand in dem *Human-Ressourcen-Ansatz* eine wesentliche Fortentwicklung. Der fundamentale Unterschied zwischen den beiden Ansätzen ist in dem Einbezug der formalen Organisationsgestaltung durch die Human-Ressourcen-Schule zu sehen. Hatte die Human-Relations-Bewegung die Organisationsstruktur noch als gegebenes Rahmengefüge betrachtet, innerhalb dessen die sozialen Aktivitäten zu entfalten sind, so geht es dem Human-Ressourcen-Ansatz (→ *Human Ressourcen Management*) ganz essenziell um eine motivationsorientierte Neugestaltung organisatorischer Strukturen und Prozesse.

Ausgangspunkt der Überlegungen ist eine Kritik an der traditionellen Organisationsgestaltung mit ihrer Logik des Regelgehorsams. Traditionale Strukturen – so die These – hindern Menschen daran, Initiative und Verantwortungsbewusstsein zu entwickeln, betonen stattdessen Abhängigkeit und unreflektierte Regeltreue. Diese Art der Organisationsgestaltung führe im Ergebnis zu einer Verschwendung von Human-Ressourcen.

Verschiedene Autoren haben diese Kritik aufgegriffen und Lösungsvorschläge entwickelt. Zu den bekanntesten Vertretern dieser Schule gehören McGregor (*McGregor* 1960), Argyris (*Argyris* 1964) und Likert (*Likert* 1967) und neuerdings Pfeffer (*Pfeffer* 1999) und Lawler (*Lawler* 2003). Sie versuchen auf der Basis von motivationstheoretischen Überlegungen, Führungsprinzipien und Strukturmodelle zu entwickeln, die einen besseren Zusammenklang von individueller Bedürfnisbefriedigung und ökonomischer Zielerreichung ermöglichen.

Ein spezieller Zweig der Human-Ressourcen-Schule beschäftigt sich mit dem Problem des geplanten Wandels von Organisationen. Diese Teildisziplin firmiert unter dem Namen „*Organisationsentwicklung*" (→ *Organisationsentwicklung*) (vgl. *Bennis* 1969). Treiber für diese Sonderentwicklung waren immense Schwierigkeiten, Human-Ressourcen-Programme in die Praxis umzusetzen, insb. bürokratische Organisationen für diese neuen Ideen zu öffnen.

Die Forschung auf diesem Gebiet führte zu einem Kanon verschiedener Vorgehensweisen und Methoden (zu einem Überblick vgl. *Schreyögg* 2003).

2. Strukturalistischer Ansatz: Komparative Strukturanalysen

Im Unterschied zum Human-Ressourcen-Ansatz, der sich eigentlich als Antipode zur Klassik versteht, knüpft der Strukturalistische Ansatz unproblematisch an der klassischen Organisationstheorie (insb. der Bürokratietheorie) an. Im Vordergrund steht das Bestreben, Organisationsstrukturen in systematischer Weise empirisch zu erfassen und vorfindbare Unterschiede in der Ausgestaltung (Varianzen) zu erklären.

Dazu wurden – und dies war neu in der Organisationstheorie – Messinstrumente entwickelt, die den Anforderungen rigoroser, d.h. naturwissenschaftlich ausgerichteter Forschung entsprachen (→ *Messung von Organisationsstrukturen*). Der Ausgangspunkt war häufig Webers Idealtypus der *Bürokratie*; er wurde in (fünf- oder siebenstufige) Beschreibungsskalen transformiert, um damit das unterschiedliche Ausmaß an Formalisierung oder eben Bürokratisierung zu bestimmen.

Die zu beobachtenden Unterschiede in den Organisationsstrukturen wurden zum Anlass genommen, in breit angelegten empirischen Studien nach möglichen Erklärungen zu suchen und Optimalitätsaussagen bzgl. bestimmter Ausprägungsformen zu gewinnen. Diese Forschungsrichtung ist später unter dem Namen „Kontingenztheorie der Organisation" bekannt geworden.

Für Khandwalla (*Khandwalla* 1977) war die *Kontingenztheorie* (→ *Kontingenzansatz*) Ende der 1970er Jahre „die kraftvollste Orientierung in der modernen Organisationstheorie" (S. 251). Das Bild der kontingenztheoretischen Forschung wird am markantesten durch die Konzepte geprägt, die vorfindbare Unterschiede in den Organisationsstrukturen auf unterschiedliche Umweltsituationen zurückführen (vgl. v.a. *Lawrence/Lorsch* 1967), denen die betreffenden Organisationen gegenüberstehen („Umwelt-Schule"). Daneben sind die *Technologie* (→ *Technologie und Organisation*) und die Größe am häufigsten zur Erklärung herangezogen worden (*Woodward* 1965). In allen diesen Fällen – und dies war völlig neu im organisationstheoretischen Denken – wird eine unabhängige Determinante vermutet, die im Sinne eines Kausalgesetzes die verschieden ausgeprägten Organisationsmuster bewirkt.

In den Weiterentwicklungen der Kontingenztheorie erwies es sich als unumgänglich, die Handlungs- bzw. Organisationsspielräume und dementsprechend das Wahlverhalten der Gestalter als wesentlichen Bestandteil einer situativen Organisationstheorie (mit) zu thematisieren (vgl. *Child* 1972). Diese Modelle stellen die Organisationsgestaltung in den Spannungsraum von Zwang und Wahlfreiheit, von *Determinismus* und Voluntarismus (*Hrebiniak/Joyce* 1985).

Für das sich hier anschließende theoretische Problem, wie vor einem solchen Hintergrund ein adäquates Verständnis organisatorischer Strukturierung gewonnen werden kann, wurde immer wieder auf *Entscheidungsprozessanalysen* als geeigneter Ansatzpunkt verwiesen (z.B. *Crozier/Friedberg* 1979; *Friedberg* 1995). Danach ist zu untersuchen, wer die Macht hat, im Rahmen der gegebenen Zwänge die Strukturentscheidungen zu bestimmen, und welche Absichten und Zwecke (Interessen) in diesen Entscheidungsprozess einfließen bzw. eingeflossen sind.

Eine solche Analyse setzt notwendigerweise voraus, dass man abgeht von der Vorstellung, die Organisation sei ein einheitlich orientiertes Handlungsgefüge (oder könne als solches behandelt werden); stattdessen rückt ein Bild in den Vordergrund, das Barnard entscheidend vorgeprägt hatte, nämlich die Organisationen als Verbund potenziell widerstreitender Interessen (*Koalitionstheorie*).

Als eine neue aufgeklärte Variante der Kontingenztheorie kann der *Neo-Institutionalistische Ansatz* der Organisation angesehen werden, der die Entstehung und Veränderung von Organisationen primär durch den kulturell-gesellschaftlichen Rahmen erklärt, in den die Organisation eingebettet ist (*Meyer/Rowan* 1977; *Zucker* 1983; *Scott* 1988; *DiMaggio/Powell* 1991). Er unterscheidet sich insofern grundlegend von der *Kontingenztheorie*, als dort nicht von objektiven Umweltdeterminanten als Ursache organisatorischer Strukturmerkmale ausgegangen wird, sondern von Umwelten als gesellschaftlich konstruierten Wirklichkeiten, d.h. Normen, Interpretationsmustern, Denkstilen usw. Organisationen sieht man als konstitutive Teile der Gesellschaft, die diese Muster mit reproduzieren (vgl. *Berger/Luckmann* 1966). Institutionalisierung soll dann den Prozess bezeichnen, der diese kognitiven und habituellen Muster verbindlich macht, ihnen den Charakter von ungeschriebenen (manchmal auch geschriebenen) Gesetzen verleiht (*Meyer/Rowan* 1977). Die Kernthese ist nun, dass formale organisatorische Strukturen im Wesentlichen das Ergebnis einer Anpassung (*Isomorphie*) an institutionalisierte Erwartungen (aus der institutionellen Umwelt) sind, gleichgültig, ob dies interne Effizienz fördert oder nicht (zu einem Überblick vgl. *Walgenbach* 1999).

3. Organisatorische Entscheidungsforschung

Der entscheidungstheoretische Ansatz in der Organisationstheorie (→ *Entscheidungsorientierte Organisationstheorie*) zerfällt in zwei gänzlich unterschiedliche Teilbereiche, die außer der Entscheidungsorientierung und dem Interesse für die → *Rationalität* von Entscheidungen wenig gemein haben. Der Gruppe der formalwissenschaftlichen Organisationstheoretiker, die eine Optimierung der Gestaltungsentscheidungen mit Hilfe quantitativer Methoden anstrebt, steht die Gruppe der empirischen Entscheidungstheoretiker gegenüber, die das faktische Entscheidungsverhalten von Individuen und Gruppen in Organisationen zum Gegenstand hat.

a) Empirische Theorie der organisatorischen Entscheidung

Der empirische Ansatz hat das Ziel, faktisch beobachtbare → *Entscheidungsprozesse in Organisationen* zu erklären; von besonderem Interesse ist dabei der Einfluss organisatorischer Regelungen auf das Entscheidungsverhalten. Entscheidungsprozesse werden im Kontext arbeitsteiliger Leistungsgemeinschaften thematisiert; ihr besonderes Augenmerk gilt der Frage, wie organisatorische Merkmale auf Entscheidungen einwirken (*March/Simon* 1958; *Witte* 1968; *March/Shapira* 1982; *Kirsch* 1988).

Entscheidungen werden dabei nicht als punktueller Wahlakt begriffen, sondern vielmehr als ein sich über die Zeit hinwegziehender Prozess aufgefasst. Die Organisationsmitglieder werden in ihren Entscheidungen und den dazu notwendigen Vorbereitungen in mannigfaltiger Weise von der Organisationsstruktur und der ihr eigenen Dynamik (informelle Organisation) beeinflusst.

Die Theorie organisatorischer Entscheidungen stellt sich heute nicht mehr als einheitlicher Block dar, sondern es haben sich in ihr – wie so häufig in der Organisationstheorie – unterschiedliche Strömungen entwickelt, die jeweils spezielle Aspekte der organisatorischen Dynamik in den Vordergrund rücken. Vereinfachend kann man die folgenden drei Hauptmodelle unterscheiden (*Allison* 1971; *Schreyögg* 1984): Das Modell der 1. Organisatorischen Differenzierung, 2. des Politischen Prozesses (→ *Mikropolitik*) und 3. der *Organisierten Anarchie*.

b) Entscheidungslogisch-mathematische Ansätze

Die formalwissenschaftlichen Arbeiten sind im Zuge des Einsatzes mathematischer und formallogischer Modelle in den Wirtschafts- und Sozialwissenschaften entstanden. Im Kern geht es darum, organisatorische Gestaltungsentscheidungen, wie z.B. die *Abteilungsbildung* oder die Verteilung von Kompetenzen, zu systematisieren und sie unter Anwendung mathematischer Modelle oder formallogischer Operationen einer richtigen oder ggf. optimalen Lösung zuzuführen. Eine Reihe von Arbeiten steht in der Tradition des *Operations Research* (z.B. *Schüler* 1980; *Müller-Merbach* 1992) und versucht, unter Anwendung spezieller mathematischer Methoden (wie etwa der *Linearen Programmierung* oder der Warteschlangen-Theorie) die Organisationsgestaltung zu optimieren.

Ein wesentlich größerer Teil der formalwissenschaftlichen Arbeiten orientiert sich in der Tradition von Marschak (*Marschak* 1955) an der präskriptiven Entscheidungslehre und stellt Probleme wie die Ableitung optimaler Regeln der Arbeitsteilung, die Einräumung von Verfügungskompetenzen oder ganz allgemein die Bestimmung optimaler Verhaltensnormen in den Vordergrund (z.B. *Hax* 1965; *Laux/Liermann* 2002).

Laux und Liermann (*Laux/Liermann* 2002) differenzieren den Gegenstand dieses Ansatzes genauer. Ihrem Vorschlag nach soll es einerseits um die rationale Wahl der bestmöglichen Organisationsalternative nach den Kalkülen der Entscheidungstheorie gehen (vgl. hierzu auch den differenzierenden Ansatz von *Frese* 2000). Zum anderen aber – und diese Perspektive ist sehr viel weitergehender – wird vorgeschlagen, die gesamte Organisationstheorie als Optimierung der organisatorischen Entscheidungsstruktur zu betreiben, d.h. als Entwicklung optimaler Verhaltensnormen zur Steuerung der Entscheidungen in Organisationen (z.B. welche und wie viele Informationen sollen beschafft, welche Informationen sollen weitergeleitet werden?).

4. Die mikroökonomische Organisationsanalyse (Neue Institutionenökonomik)

Seit Anfang der 70er Jahre finden sich zunehmend auch Beiträge zur Organisationstheorie aus der *Mikroökonomie*. Die Initialzündung, sich mit Organisation zu beschäftigen, gab die – von der Neoklassik in einigen Kernpunkten abgesetzte – Neue Institutionenökonomik (→ *Institutionenökonomie*), die den institutionellen Charakter von Unternehmen betont. Die *Neue Institutionenökonomik* setzt die individuelle Nutzenmaximierung ohne „moralische Skrupel" („Opportunismus") als Prämisse, geht von einer Situation unvollkommener Information („Unsicherheit") aus und unterstellt die Kalkülisierbarkeit aller relevanten Handlungsalternativen. Es haben sich im Wesentlichen drei Ansätze herausgebildet:

(1) Der *Transaktionskosten-Ansatz* (→ *Transaktionskostentheorie*) hat seinen Ausgangspunkt in der gegen die Neoklassik gerichteten These, dass die Koordination von Transaktionen durch den Markt (Koordinations-)Kosten verursache, das Preissystem also nicht kostenneutral sei (*Coase* 1937; *Williamson* 1975). Im Sinne *funktionaler Äquivalente* geraten dadurch andere Koordinationsmechanismen als der preisgesteuerte Markt in das Blickfeld ökonomischer Alternativen, gemeint ist v.a. die interne organisatorische Abwicklung der Transaktionen, dort verkürzend → *Hierarchie* genannt. Die Entstehung von Unternehmen im Sinne hierarchischer Institutionen wird immer für den Fall angenommen, dass eine interne, hierarchisch koordinierte Abwicklung der betreffenden Transaktionen effizienter, d.h. kostengünstiger ist als über den Markt („*Marktversagen*"), d.h. wenn die internen Transaktionskosten niedriger als die externen sind.

(2) Der *verfügungsrechtliche Ansatz* stellt die Verfügung über Ressourcen und unterschiedliche Regelungen zur Verteilung der Verfügungsrechte in den Mittelpunkt seiner Betrachtungen (→ *Verfügungsrechtstheorie (Property Rights-Theorie)*). Verfügungsrechte (property rights) sind im sozialen Raum festgelegte und mit Sanktionen bewehrte Befugnisse von Wirtschaftssubjekten an Gütern oder Ressourcen (*Demsetz* 1967, S. 347). Art und Umfang der – grundsätzlich veräußerbaren – Verfügungsrechtsbündel können sehr stark variieren. Vollständig spezifizierte Verfügungsrechte zeichnen sich durch ein Bündel von vier Einzelrechten aus: das Recht auf 1. Nutzung (usus), 2. Aneignung des Ertrags (usus fructus), 3. Veränderung von Form und Substanz (abusus) und 4. Veräußerung oder sonstige Übertragung der Rechte an Dritte (*Furubotn/Pejovich* 1972). In der Praxis ist dieses Bündel von Rechten aus Effizienzgründen meist in Einzelteile aufgelöst („verdünnt"). Die Theorie der *Verfügungsrechte* interessiert sich nun für die verschiedenen möglichen Arrangements der Verfügungsrechte (unterschiedliche Grade der Spezifikation und der Verdünnung) und deren Wirkungen mit dem Ziel, eine ökonomisch optimale Struktur der Verfügungsrechtsverteilung im Hinblick auf die jeweiligen situativen Bedingungen zu ermitteln (*Milgrom/Roberts* 1992, S. 307).

(3) Der → *Prinzipal-Agenten-Ansatz* ist die dritte und heute am stärksten beachtete Theorielinie. Der Ansatz formuliert organisatorische Probleme als Problem ungleich verteilter Information, konkreter als jederzeit problematisches Verhältnis zwischen Auftraggeber, dort „Prinzipal", und Auftragnehmer, dort „Agent". Der Prinzipal beauftragt aus Wirtschaftlichkeitsgründen einen Agenten gegen Entgelt mit der Wahrnehmung bestimmter Aufgaben und überträgt ihm dazu bestimmte Verfügungsrechte. Dem *Delegationsvorteil* (Nutzen) des Prinzipals – oder, wenn man so will: dem Organisationsvorteil – werden die potenziellen Nachteile (Kosten) gegenübergestellt, die sich durch die gewöhnlicherweise unvollkommenen Informationen des Prinzipals und den daraus resultierenden Vertragsabweichungen des Agenten ergeben. Die Differenz zwischen der Situation bei vollkommener Information und der de facto realisierten sind als „*Agenturkosten*" bestimmt (*Jensen/Meckling* 1976).

Die generelle Ursache für die Agenturkosten sind – ähnlich wie bei den beiden Ansätzen – der „Opportunismus", d.h. die Gefahr, dass der Agent den Prinzipal betrügt. Konkreter werden die Agenturprobleme durch folgende Umstände bestimmt: Mangelnde Beobachtbarkeit des Verhaltens der Agenten bei der Leistungserfüllung („hidden action"); verdeckter Informations- oder Kompetenzvorsprung des Agenten („hidden information"); ferner bereits vor Vertragsabschluss das Verschweigen negativer Eigenschaften durch den Agenten mit der Gefahr der Fehlauswahl („adverse selection").

Um das Delegationsrisiko bzw. Wohlfahrtseinbußen gering zu halten, kann der Prinzipal eine Reihe von Maßnahmen ergreifen; so etwa Kontrollen aufbauen, Sanktionen androhen (Reputationsverlust), das Informationssystem ausbauen, oder – und dies wird von der Agenturtheorie favorisiert – Anreize für den Agenten schaffen, so dass eine Zielabweichung in seinen Handlungen weniger wahrscheinlich wird. Solche risikosenkenden Maßnahmen sind indessen i.d.R. teuer, insofern geht es dem Ansatz darum, solche Arrangements zu finden, die die Agenturkosten insgesamt minimieren, nicht nur das Abweichungsrisiko des Agenten (vgl. zusammenfassend *Dietl* 1993).

5. Systemtheoretische Ansätze

Die → *Systemtheorie* hatte von Anfang an eine starke Anziehungskraft auf die Organisationstheorie. Das systemtheoretische Denken selbst hat jedoch im Laufe der Zeit sehr unterschiedliche Phasen durchlaufen und dadurch erhebliche Veränderungen erfahren, ebenso unterschiedlich waren dementsprechend auch die Impulse, die von ihr auf die Organisationstheorie ausgingen.

a) Systemtheoretische Entwicklungen

Die erste Phase des systemtheoretischen Denkens war im Wesentlichen eine morphologisch geprägte. Systeme wurden (aus nie ganz geklärten Gründen heraus) als Ganzheiten definiert, die aus untereinander verbundenen Teilen bestehen; das Ganze – so lautet der zentrale Lehrsatz – ist jedoch mehr als die Summe seiner Teile.

Im Zuge der Rezeption der *Kybernetik* (griechisch: Steuermannskunst) als zweiter Phase hat v.a. das Regelkreisschema Eingang in das organisatorische Denken gefunden. Mit dem Regelkreis wird ein Steuerungsprozess beschrieben, der auf der Basis genau vorgegebener Prämissen autonom funktioniert.

Im Fortlauf hat sich die Systemtheorie in einer dritten Phase sehr eng mit dem funktionalistischen Forschungsansatz verbunden, der vor dem Hintergrund des Motivs der Bestandserhaltung von Systemen nach der objektiven Zweckbestimmung systemischer Strukturen und Prozesse fragt. Für die Organisationstheorie sind daraus äußerst bedeutsame Impulse geflossen, die das organisatorische Denken bis zum heutigen Tage stark beeinflussen (*Parsons* 1960). Die funktionalistisch orientierte Systemtheorie studiert die Organisationsstruktur als Problemlösung, als eines von vielen Mitteln, das Systemen zur Verfügung steht, um ihr Bestandsproblem zu lösen. Die Organisationsstruktur wird im Wesentlichen als ein Mittel angesehen, das hilft, Umweltkomplexität kleinzuarbeiten, und zwar dergestalt, dass die Reduktionsleistungen in voraussehbarer Weise an verschiedenen Stellen im System erfolgen, so dass nicht überall die gesamte *Komplexität* (→ *Chaos- und Komplexitätstheorie*) erfasst und reduziert werden muss (zur detaillierten Ausarbeitung dieser Perspektive vgl. *Luhmann* 1973).

In der nachfolgenden, für die Entwicklung der Organisationslehre ebenfalls sehr bedeutsamen Theorie offener Systeme wird das System nicht mehr länger nur als Anpasser konzeptualisiert, sondern man geht vielmehr davon aus, dass das *System/Umwelt-Verhältnis* interaktionaler Natur ist, d.h. eine Unternehmung bzw. ein System steht unter starkem Umwelteinfluss, hat aber auch selbst die Möglichkeit, gestaltend auf die Umwelt einzuwirken (z.B. *Maurer* 1971). Systeme – so die Annahme – besitzen eine begrenzte Autonomie gegenüber der Umwelt.

Die neuere Systemtheorie macht in einer vierten Phase deutlich, dass *Grenzziehung* und -definition eine Leistung ist, die das soziale System selbst erbringt; die Grenze ist eine soziale Konstruktion. Der Prozess der Grenzbildung ist abstrakt gesprochen die Herstellung einer Differenz von System und Umwelt. Konkreter geht es darum, bestimmte Handlungsmuster zu schaffen, die es ermöglichen, in die *Komplexität* der Welt, in das Übermaß an Möglichkeiten, eine Ordnung zu legen, d.h. in spezifischer Weise einzuengen, zu reduzieren und zu verarbeiten. Dieses selbst erzeugte Innen/Außen-Raster ist die Folie, die bestimmte Ereignisse überhaupt erst zu Umweltereignissen macht bzw. an der Ereignisse überhaupt erst Informationswert gewinnen, weil sie diese lesbar macht (*Luhmann* 1982, S. 16). Dieser „konstruktivistische" Perspektivenwechsel kann auch als selbstreferenzielle Wende in der Systemtheorie bezeichnet werden. Alle Systemoperationen beziehen sich auch auf sich selbst, weil sie das selbst erzeugte Raster allen weiteren Operationen zugrunde legen und insoweit auf sich selbst beziehen. Systeme können sich also von der Umwelt abgrenzen, aber nur als eigene Operation im System. Paradoxerweise müssen sich Systeme also erst einmal schließen, um sich dann der Umwelt öffnen zu können. Die Rede vom „*offenen System*" wurde deshalb aufgegeben.

Für die Theorie *selbstreferenzieller Systeme* wird in jüngerer Zeit eine radikale Umorientierung vorgeschlagen (*Luhmann* 1984); sie soll an die aus der Biologie stammende Theorie der *Autopoiesis* (*Varela* 1979; *Maturana* 1985) angeschlossen werden. Kernidee ist, dass ein System nicht nur die Strukturen selbst erzeugt, sondern auch die Elemente aus denen es besteht. Analog zur Zellbiologie werden Elemente als zeitliche Operationen begriffen, die fortlaufend zerfallen und unaufhörlich durch die Elemente des Systems selbst reproduziert werden müssen.

b) Spezielle organisationstheoretische Ansätze

Neben der allgemeinen konzeptionellen Fundierung einer umweltoffenen Denkrichtung in der Organisationslehre hat die Systemtheorie auch zu zahlreichen speziellen Theoriebildungen Anlass gegeben:

Hier sei als erstes auf das *Ressourcen-Abhängigkeits-Theorem* (*Thompson* 1967; *Pfeffer/Salancik* 1978; *Pfeffer* 1987) verwiesen, das am Input-Output-Schema anknüpft. Es verdichtet den weitläufigen *System/Umwelt-Bezug* auf ein zentrales Problem, nämlich die Abhängigkeit von externen Ressourcen. Organisationen benötigen – so der Ausgangspunkt – zur Leistungserstellung Ressourcen verschiedener Art, über die sie i.d.R. nicht selbst, sondern externe Organisationen verfügen. Der Ansatz zeigt, wie Organisationen diese Abhängigkeit bewältigen, d.h. abpuffern, abmildern oder überwinden können.

Eine andere neuere Strömung in der Organisationstheorie, die an Themen der Systemtheorie anschließt, ist der populationsökologische oder allgemeiner der *evolutionstheoretische Ansatz* (→ *Evolutionstheoretischer Ansatz*) (*Hannan/Freeman* 1977; *McKelvey/Aldrich* 1983; *Kieser/Woywode* 2002). Dieser ebenfalls der Biologie entlehnte Ansatz – dort entwickelt für die Artengeschichte von Tieren und Pflanzen – interessiert sich primär für den evolutionären Ausleseprozess und versucht die Frage zu beantworten, weshalb bestimmte Systeme bzw. Systempopulationen (z.B. Branchen) ihr Überleben sichern können, andere dagegen nicht. Die Idee ist, dass die Umwelt – wie in der Natur – aus der Vielfalt der Systeme/Populationen diejenigen ausfiltert, die sich an die speziellen externen Gegebenheiten nicht oder eben nicht hinreichend angepasst haben.

Als dritte stark systemtheoretisch inspirierte Strömung ist die *Theorie interorganisatorischer Beziehungen* zu nennen. Aufbauend auf dem System/Umwelt-Paradigma konzentriert sich dieser Ansatz zum einen auf organisierte Umwelten und deren Bedeutung für die fokale Organisation. Das praktische Interesse gilt dem Management dieser externen Beziehungen und den Strategien, die dafür zur Verfügung stehen (*Benson* 1975; die Beiträge in *Negandhi* 1975). Das Thema Kooperationen zwischen Organisationen gewinnt dabei immer stärker an Interesse (→ *Unternehmenskooperation*) (z.B. *Rogers/Whetten* 1982; *Ring/Van de Ven* 1992). Diese Studien verweisen bereits auf den zweiten Strang dieser Forschungsrichtung, der sich mit *Organisationskollektiven* beschäftigt (z.B. *Aldrich/Whetten* 1981; *Astley/Fombrun* 1983; *Sydow* 1992). Gegenstand dieser Forschung sind die verschiedenen Formen der Kollektive (Partnerschaften, → *Netzwerke* usw.) und die Erklärung ihrer Entstehung, die Beziehungen innerhalb wie auch zwischen Kollektiven und ihre Rationalisierung sowie Ergebnis- und Effizienzvergleiche mit anderen Organisationsformen.

6. Symbolischer Ansatz/Postmoderne Theorie

Seit einiger Zeit entwickelt sich in der Organisationstheorie eine ganz neue Gruppe von Ansätzen, denen von Anfang an sehr viel Aufmerksamkeit zuteil wurde, und zwar gleichermaßen von Praktikern wie

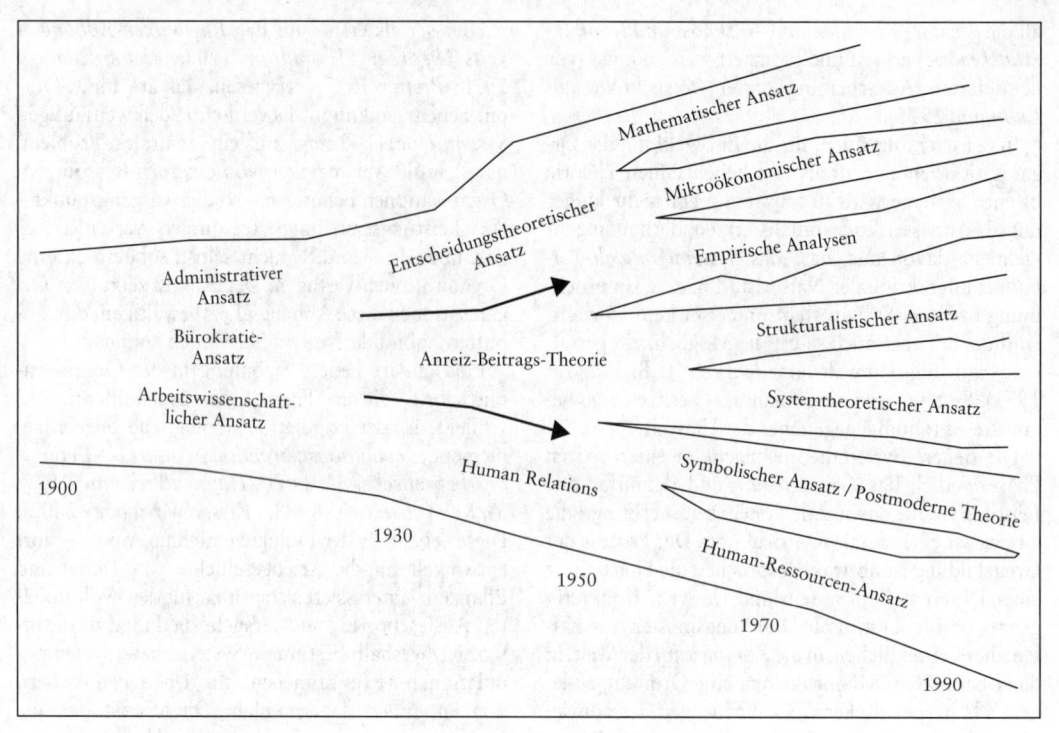

Abb. 1: Strömungen der Organisationstheorie

Theoretikern. Als besonders einflussreich erwiesen sich von theoretischer Seite die Arbeiten von Berger und Luckmann (*Berger/Luckmann* 1966), Blumer (*Blumer* 1986), Weick (*Weick* 1969) sowie von Pondy et al. (*Pondy/Morgan/Frost* 1983), von praktischer Seite waren es die Studien von Peters und Waterman (*Peters/Waterman* 1984) sowie Deal und Kennedy (*Deal/Kennedy* 1982). Für ein geschlossenes Bild dieser Strömungen ist es noch zu früh (einen Überblick geben *Czarniawska-Joerges* 2000 sowie die Beiträge in *Weik/Lang* 2001; *Weik/Lang* 2003).

Dennoch lassen sich drei Kernelemente herausschälen:

(1) Wie auch immer im Einzelnen gemeint, die Stoßrichtung ist klar, die herkömmliche Rationalität wird nur noch als eines von vielen möglichen *Weltbildern* angesehen; sie wird entthront, jede überragende objektive Qualität in Abrede gestellt. Das vorherrschende wissenschaftliche und organisatorische Denken wird als faktisch dominante aber in keiner Weise irgendwie überlegene Form des „*Geschichtenerzählens*" „entziffert" (*Boje* 1991), auch um dessen Vorherrschaft und Orthodoxie zu durchbrechen.

(2) Ein zweiter, eng mit dem eben Gesagten verwandter Kerngedanke kennzeichnet die organisatorische Welt als symbolisch konstituiert. Eine Reihe von Grundlagenströmungen findet Eingang in diesen organisationstheoretischen Denkansatz: *Symbolischer Interaktionismus*, Symbolischer Realismus, Französischer Symbolismus u.a. (einen Überblick gibt *Czarniawska-Joerges* 2000). Die symbolische Konstitution von Organisationen wird als „generischer Prozess" begriffen (*Morgan/Frost/Pondy* 1983, S. 5). Damit soll in einer Linie darauf hingewiesen werden, dass die Organisationsmitglieder auf der Basis von Interpretationen und Bedeutungen handeln und interagieren. Die Bedeutungen entstehen in der Interaktion und sind insofern sozial konstruiert. Die Referenzpunkte im organisatorischen Handeln (Regeln, Normen, Richtlinien, Räume, Gebäude usw.) werden durch Symbole repräsentiert, denen eine entsprechende Bedeutung zugeschrieben wird. Diese Interpretation wird – wie gesagt – i.d.R. von der Interaktionsgemeinschaft geprägt/konstruiert („Symbolischer Interaktionismus", *Blumer* 1986).

Dieses Interesse an der Bedeutung symbolischer Prozesse für Struktur und Dynamik organisatorischen Handelns hat zur Entwicklung eines speziellen Forschungszweiges geführt, der dieser ganzen Ideenschule zum Durchbruch verholfen hat. Gemeint ist die *Organisationskultur*-Forschung, die – jedenfalls in Teilen – die ganze Organisation als eine symbolisch verfasste Kulturgemeinschaft begreift (→ *Organisationskultur*) (*Smircich* 1983; *Ebers* 1985).

(3) Den methodischen Hintergrund bildet der → *Konstruktivismus*, eine auf (den späten) Wittgenstein (*Wittgenstein* 1963) aufbauende Schule, die die sprachliche Verfasstheit von „Wirklichkeit" betont: „Die Grenzen meiner Sprache bedeuten die Grenzen meiner Welt", (*Wittgenstein* 1963) und damit den sozial konstruierten Charakter dessen, was wir Wirklichkeit nennen (*Berger/Luckmann* 1966; *Astley*

1985). Im Vordergrund stehen die verschiedenen Konstruktionen („*Sprachspiele*") der Wirklichkeit, begleitet von der These, dass ein objektives Urteil über die Wahrheit der Konstruktion nicht möglich ist. Realität ist Konstruktion. Alles wird zurückgebunden an die Perspektive der jeweiligen Konstrukteure, an die Zeit und an den sozialen Raum des Entstehungsprozesses.

Die Plattform, auf der diese Diskussion in jüngerer Zeit gebündelt weitergeführt wird, ist die Theorie der *Postmoderne* (insb. *Lyotard* 1999; *Foucault* 1981) und spezieller die postmoderne Organisationsanalyse (→ *Postmoderne Organisationstheorie*) (vgl. die Beiträge in *Hassard/Parker* 1993). Durch die Arbeiten von Lyotard konzentriert sich die Diskussion der Postmoderne sehr stark auf die Entwicklung von Wissen und auf die verschiedenen Arten von Wissen, in Gesellschaft und Organisationen.

Abbildung 1 stellt die verschiedenen Ansätze noch einmal übersichtsartig zusammen, das dabei zugrunde gelegte Bild eines mäandernden Flussbettes soll anzeigen, dass trotz aller Unterschiedlichkeit auch viel Gemeinsamkeit vorhanden ist; ansonsten könnte man ja auch schwerlich rechtfertigen, von einer Disziplin zu sprechen oder einen gemeinsamen Oberbegriff zu verwenden. Wer vor Ort arbeitet, sieht hauptsächlich die Differenz zu konkurrierenden Arbeiten; wer aus der Ferne beobachtet, sieht dagegen die Arbeiten an Problemen der Organisation viel näher zusammen.

Literatur

Aldrich, Howard E./Whetten, David A.: Organization-sets, action-sets, and networks: Making most of simplicity, in: Handbook of organizational design, hrsg. v. *Nystrom, Paul C./Starbuck, William H.*, Oxford 1981, S. 385–408.
Allison, Graham T.: Essence of decision: Explaining the cuban missile crisis, Boston 1971.
Argyris, Chris: Integrating the individual and the organization, New York 1964.
Astley, Graham: Administrative science as socially constructed truth, in: ASQ, Jg. 30, 1985, S. 497–513.
Astley, Graham/Fombrun, Charles J.: Collective strategy: Social ecology of organizational environments, in: AMR, Jg. 8, 1983, S. 576–587.
Barnard, Chester I.: The functions of the executive, Cambridge MA 1938.
Bennis, Warren G.: Organization development, Reading MA 1969.
Benson, J. Kenneth: The interorganizatonal network as a political economy, in: ASQ, Jg. 20, 1975, S. 229–249.
Berger, Peter L./Luckmann, Thomas: The social construction of reality, New York 1966.
Blumer, Herbert: Symbolic interactionism. Perspective and method, Englewood Cliffs NJ 1986.
Boje, David M.: The storytelling organization: A study of story performance in an office-supply firm, in: ASQ, Jg. 36, 1991, S. 106–126.
Burrell, Gibson/Morgan, Gareth: Sociological paradigms and organizational analysis, London 1979.
Child, John: Organizational structure, environment and performance: The role of strategic choice, in: Soc., Jg. 6, 1972, S. 1–22.

Coase, Ronald H.: The nature of the firm, in: Economica (N.S.), Jg. 4, 1937, S. 386–405.
Crozier, Michel/Friedberg, Erhard: Macht und Organisation, Königstein 1979.
Czarniawska-Joerges, Barbara: Symbolism and organization studies, in: Theorien der Organisation, hrsg. v. *Ortmann, Günther/Sydow, Jörg/Türk, Klaus*, 2. A., Wiesbaden 2000, S. 360–384.
Deal, Terrence E./Kennedy, Allan A.: Corporate cultures: The rites and rituals of corporate life, Reading MA 1982.
Demsetz, Harold: Toward a theory of property rights, in: AER, Jg. 57, 1967, S. 347–359.
Dietl, Helmut: Institutionen und Zeit, Tübingen 1993.
DiMaggio, Paul J./Powell, Walter W.: Introduction, in: The new institutionalism in organizational analysis, hrsg. v. *Powell, Walter W./DiMaggio, Paul J.*, Chicago et al. 1991, S. 1–38.
Ebers, Mark: Organisationskultur: Ein neues Forschungsprogramm?, Wiesbaden 1985.
Foucault, Michel: Die Archäologie des Wissens, Frankfurt am Main 1981.
Frese, Erich: Grundlagen der Organisation, Wiesbaden 2000.
Friedberg, Erhard: Ordnung und Macht. Dynamiken organisierten Handelns, Frankfurt am Main et al. 1995.
Furubotn, Eirik G./Pejovich, Svetozar: Property rights and economic theory: A survey of recent literature, in: Journal of Economic Literature, Jg. 10, 1972, S. 1137–1162.
Grochla, Erwin: Entwicklung und gegenwärtiger Stand der Organisationstheorie, in: Organisationstheorie Bd. 1, hrsg. v. *Grochla, Erich*, Stuttgart 1975, S. 2–32.
Hannan, Michael T./Freeman, John: The population ecology of organizations, in: AJS, Jg. 82, 1977, S. 929–964.
Hassard, John/Parker, Martin (Hrsg.): Postmodernism and organizations, London 1993.
Hax, Herbert: Die Koordination von Entscheidungen, Köln et al. 1965.
Hrebiniak, Lawrence G./Joyce, William F.: Organizational adaption: Strategic choice and environmental determinism, in: ASQ, Jg. 30, 1985, S. 336–349.
Jensen, Michael C./Meckling, William H.: Theory of the firm, in: Journal of Financial Economics, Jg. 3, 1976, S. 305–360.
Khandwalla, Pradip N.: The design of organizations, New York et al. 1977.
Kieser, Alfred: Max Webers Analyse der Bürokratie, in: Organisationstheorien, hrsg. v. *Kieser, Alfred*, 5. A., Stuttgart et al. 2002, S. 39–64.
Kieser, Alfred/Woywode, Michael: Evolutionstheoretische Ansätze, in: Organisationstheorien, hrsg. v. *Kieser, Alfred*, 5. A., Stuttgart et al. 2002, S. 253–285.
Kirsch, Werner: Die Handhabung von Entscheidungsproblemen, 3. A., München 1988.
Kosiol, Erich: Organisation der Unternehmung, 2. A., Wiesbaden 1976.
Laux, Helmut/Liermann, Felix: Grundlagen der Organisation, Berlin et al. 2002.
Lawler, Edward E.: Treat people right! How organization and employees can create a win/win-relationship to achieve high performance at all levels, San Francisco 2003.
Lawrence, Paul R./Lorsch, Jay W.: Organization and environment: Managing differentiation and integration, Boston 1967.
Likert, Rensis: The human organization: Its management and value, New York 1967.
Luhmann, Niklas: Soziale Systeme. Grundriß einer allgemeinen Theorie, Frankfurt am Main 1984.
Luhmann, Niklas: Funktion der Religion, Frankfurt am Main 1982.
Luhmann, Niklas: Zweckbegriff und Systemrationalität, Frankfurt am Main 1973.
Lyotard, Jean Francois: Das postmoderne Wissen. Ein Bericht, 4. A., Wien 1999.

March, James G./Shapira, Zur: Behavioral decision theory and organizational decision theory, in: Decision making, hrsg. v. *Ungson, Gerardo R./Braunstein, Daniel N.*, Boston 1982, S. 92–115.
March, James G./Simon, Herbert A.: Organizations, New York et al. 1958.
Marschak, Jacob: Elements for a theory of teams, in: Man.Sc., Jg. 1, 1955, S. 127–137.
Maturana, Humberto R.: Erkennen, 2. A., Braunschweig 1985.
Maurer, John G.: Introduction, in: Open-System approaches, hrsg. v. *Maurer, John G.*, New York 1971, S. 3–9.
Mayntz, Renate: Soziologie der Organisation, Reinbek 1963.
McGregor, Douglas: The human side of enterprise, New York 1960.
McKelvey, Blake/Aldrich, Howard E.: Population, natural selection, and applied organizational science, in: ASQ, Jg. 28, 1983, S. 101–128.
Meyer, John W./Rowan, Brian: Institutional organizations: Formal structure as a myth and ceremony, in: AJS, Jg. 83, 1977, S. 340–363.
Milgrom, Paul/Roberts, John: Economics, organization, and management, Englewood Cliffs NJ 1992.
Mooney, James D.: The principles of organization, New York 1947.
Morgan, Gareth: Images of organization, 2. A., Thousand Oaks et al. 1997.
Morgan, Gareth/Frost, Peter/Pondy, Louis R.: Organizational symbolism, in: Organizational symbolism, hrsg. v. *Pondy, Louis R./Morgan, Gareth/Frost, Peter*, Greenwich CT 1983, S. 3–35.
Müller-Merbach, Heiner: Operations Research, 3. A., München 1992.
Negandhi, Anant R. (Hrsg.): International theory, Kent 1975.
Nordsieck, Fritz: Grundlagen der Organisationslehre, Stuttgart 1934.
Parsons, Talcott: Structure and process in modern societies, Glencoe IL 1960.
Peters, Thomas/Waterman, Robert H. jr.: Auf der Suche nach Spitzenleistungen, 6. A., Landsberg et al. 1984.
Pfeffer, Jeffrey: Power-Management, Wien 1999.
Pfeffer, Jeffrey: Barriers to the advance of organizational science: Paradigm development as a dependent variable, in: AMR, Jg. 18, 1993, S. 599–620.
Pfeffer, Jeffrey: A resource dependence perspective on intercorporate relations, in: Intercorporate relations: The structural analysis of business, hrsg. v. *Mizruchi, Mark S./Schwartz, Michael*, Cambridge 1987, S. 25–55.
Pfeffer, Jeffrey: Organizations and organization theory, Boston et al. 1982.
Pfeffer, Jeffrey/Salancik, Gerald: The external control of organizations, New York 1978.
Pondy, Louis R./Morgan, Gareth/Frost, Peter (Hrsg.): Organizational Symbolism, Greenwich CT 1983.
Ring, Peter/Van de Ven, Andrew: Structuring cooperative relationships between organizations, in: SMJ, Jg. 13, 1992, S. 483–498.
Roethlisberger, Fritz J./Dickson, William J.: Management and the worker. An account of a research program conducted by the Western Electric Company, Cambridge et al. 1975.
Rogers, David L./Whetten, David A.: Interorganizational coordination: Theory, research and implementation, Ames 1982.
Scherer, Andreas G.: Kritik der Organisation oder Organisation der Kritik – Wissenschaftstheoretische Bemerkungen zum kritischen Umgang mit Organisationstheorien, in: Organisationstheorien, hrsg. v. *Kieser, Alfred*, 5. A., Stuttgart et al. 2002, S. 1–38.
Schramm, Walter: Die betriebliche Funktionen und ihre Organisation, Berlin et al. 1936.
Schreyögg, Georg: Organisation, 4. A., Wiesbaden 2003.
Schreyögg, Georg: Unternehmensstrategie – Grundlagen einer Theorie strategischer Unternehmensführung, Berlin et al. 1984.
Schüler, Wolfgang: Mathematische Organisationstheorie, in: ZfB, Jg. 50, 1980, S. 1284–1304.
Scott, W. Richard: The adolescence of institutional theory, in: ASQ, Jg. 32, 1988, S. 493–511.
Scott, W. Richard: Organization theory: An overview and an appraisal, in: AMJ, Jg. 4, 1961, S. 7–26.
Simon, Herbert A.: Administrative behavior, New York 1945.
Smircich, Linda: Concepts of culture and organizational analysis, in: ASQ, Jg. 28, 1983, S. 339–358.
Sydow, Jörg: Strategische Netzwerke, Wiesbaden 1992.
Thompson, James D.: Organizations in action, New York 1967.
Urwick, Lyndall F.: The elements of administration, New York 1943.
Varela, Francisco J.: Principles for biological autonomy, New York 1979.
Walgenbach, Peter: Institutionalistische Ansätze in der Organisationstheorie, in: Organisationstheorien, hrsg. v. *Kieser, Alfred*, 3. A., Stuttgart et al. 1999, S. 319–353.
Weber, Max: Wirtschaft und Gesellschaft, 5. A., Tübingen 1976.
Weick, Karl E.: The social psychology of organizing, Reading MA 1969.
Weik, Elke/Lang, Reinhard (Hrsg.): Moderne Organisationstheorien Bd. 2, Wiesbaden 2003.
Weik, Elke/Lang, Reinhard (Hrsg.): Moderne Organisationstheorien Bd. 1, Wiesbaden 2001.
Williamson, Oliver E.: Markets and hierarchies: Analysis and antitrust implications, New York 1975.
Witte, Eberhard: Die Organisation komplexer Entscheidungsverläufe – Ein Forschungsbericht, in: ZfbF, Jg. 20, 1968, S. 581–599.
Wittgenstein, Ludwig: Tractatus logico-philosophicus, Frankfurt am Main 1963.
Woodward, Joan: Industrial organization: Theory and practice, London 1965.
Zucker, Lynne G.: Organizations as institutions, in: Research in the sociology of organizations, hrsg. v. *Bacharach, Samuel B.*, Greenwich CT 1983, S. 1–42.

Organisatorische Gestaltung (Organization Design)

Axel v. Werder

[s.a.: Arbeitsteilung und Spezialisierung; Aufbau- und Ablauforganisation; Delegation (Zentralisation und Dezentralisation); Motivationsorientierte Organisationsmodelle; Organisation; Organisationscontrolling und -prüfung; Organisationsmanagement und Organisationsabteilung; Organisationsmethoden und -techniken; Stellen- und Abteilungsbildung.]

I. Gegenstand der organisatorischen Gestaltung und Gestaltungsfelder; II. Theoretische Ansätze; III. Effizienzbewertung der Organisation; IV. Gestaltungsträger und Gestaltungsprozess; V. Ausblick.

Zusammenfassung

Die Ableitung wissenschaftlich fundierter Empfehlungen zur organisatorischen Gestaltung zählt – gemeinsam mit der Erklärung organisatorischer Phänomene – zu den beiden zentralen Herausforderungen der betriebswirtschaftlichen Organisationstheorie. Bei der Ausformung der Organisation handelt es sich allerdings um ein komplexes, unstrukturiertes Managementproblem mit der Folge, dass sich die Vorteilhaftigkeit bestimmter Organisationsgestaltungen nicht eindeutig ‚beweisen' lässt. Der Prozess der organisatorischen Gestaltung kann daher allenfalls darauf abzielen, plausible Lösungen für Organisationsprobleme zu finden.

I. Gegenstand der organisatorischen Gestaltung und Gestaltungsfelder

Der *Organisationsbegriff* kann entweder institutional oder instrumental verstanden werden (→ *Organisation*). Bei institutionalem Begriffsverständnis bezeichnet er organisierte Institutionen als solche wie z.B. Unternehmen („Das Unternehmen ist eine Organisation.") und öffentliche Einrichtungen (s.a. → *Hochschulorganisation*). Aus instrumentaler Perspektive wird dagegen der Tatbestand adressiert, dass Institutionen wie Unternehmen etc. in aller Regel über eine Organisation als Instrument zur Regelung der *Arbeitsteilung* (→ *Arbeitsteilung und Spezialisierung*) und Koordination (→ *Koordination und Integration*) verfügen („Das Unternehmen hat eine Organisation."). Der Begriff der organisatorischen Gestaltung folgt prinzipiell der instrumentalen Sichtweise und bezeichnet dann die – mehr oder weniger – planvolle Ausformung der Aufbaustrukturen und Ablaufprozesse (→ *Aufbau- und Ablauforganisation*) der betrachteten Institutionen. Dabei steht in betriebswirtschaftlichen Abhandlungen die organisatorische Gestaltung von Unternehmen im Vordergrund.

Entsprechend der grundlegenden Differenzierung zwischen der *Aufbau-* und der *Ablauforganisation* lassen sich aufbauorganisatorische und ablauforganisatorische Gestaltungsprobleme unterscheiden. Die aufbauorganisatorische Gestaltung führt zum (‚statischen') System der Kompetenzbeziehungen im Unternehmen und umfasst zunächst die beiden Gestaltungsfelder der Delegation und der Bereichsbildung. Während die *Delegation* (→ *Delegation (Zentralisation und Dezentralisation)*) die (mehr zentrale oder mehr dezentrale) vertikale Kompetenzverteilung festlegt, regelt die jeweilige Form der *Bereichsbildung* (→ *Arbeitsteilung und Spezialisierung*) die horizontale Verteilung und Abgrenzung der Kompetenzen auf den einzelnen Hierarchieebenen (→ *Hierarchie*). Dabei lassen sich mit der Gestaltung der *Rahmenstruktur* des Unternehmens und der Ausformung seiner *Teilstrukturen* weitere Gestaltungsfelder der Bereichsbildung auseinander halten. Die Rahmenstruktur betrifft die Gliederung der zweiten Hierarchieebene direkt unterhalb der *Unternehmensleitung* (Hierarchiespitze), die entweder ein- oder mehrdimensional (→ *Matrix-Organisation*) nach funktionalen (→ *Funktionale Organisation*), produktbezogenen (→ *Spartenorganisation*) sowie regionalen Kriterien (→ *Regionalorganisation*) vorgenommen werden kann. Die Teilstrukturgestaltung erfolgt im Rahmen der hieraus resultierenden Grundstruktur des Unternehmens und umfasst im Wesentlichen zum einen die Organisation der Unternehmensleitung selbst (→ *Top Management (Vorstand)*). Zum anderen geht es um die Etablierung und Platzierung einzelner operativer Geschäftsbereiche und funktionaler → *Zentralbereiche* im Rahmen der gegebenen Grundstruktur, die interne Organisation dieser Bereiche und die Regelung ihrer bereichsübergreifenden Kooperation (vgl. *v. Werder* 1996; *v. Werder/Grundei* 2000).

Die ablauforganisatorische Gestaltung bezieht sich auf den ‚dynamischen' Aspekt der Organisation und beinhaltet die raum-zeitliche Regelung der Arbeitsgänge. Dabei können sich ablauforganisatorische Gestaltungen auf Prozesse innerhalb der einzelnen Bereiche eines Unternehmens erstrecken, aber auch bereichsübergreifend angelegt sein (→ *Prozessorganisation*) oder sogar Unternehmensgrenzen überwinden.

II. Theoretische Ansätze

Die Frage nach der Möglichkeit wissenschaftlich fundierter Empfehlungen für die organisatorische Gestaltung wird in der → *Organisationstheorie* ganz unterschiedlich beantwortet. Zu den profiliertesten Richtungen zählen insoweit die evolutionstheoretischen, die institutionalistischen, die institutionenökonomischen und die entscheidungs- bzw. handlungstheoretischen Ansätze.

Die evolutionstheoretischen Ansätze verneinen unter Hinweis auf die regelmäßig auftretende Unklarheit und Konfliktträchtigkeit der verfolgten Organisationsziele, der unvollkommenen Kenntnis der Konsequenzen alternativer Organisationsformen und der praktischen Schwierigkeiten einer reibungslosen Implementierung organisatorischer Entwürfe prinzipiell die Möglichkeit einer zielgerichtet-erfolgreichen Organisationsgestaltung (vgl. *Aldrich* 1979; *Hannan/Freeman* 1989). Sie führen die Existenz und Veränderung praktischer Organisationsformen daher in Analogie zur Evolutionsbiologie auf Variations-, Selektions- und Reproduktionsmechanismen zurück, die sich einer gezielten Steuerung durch das Management entziehen (→ *Evolutionstheoretischer Ansatz*).

Die institutionalistischen Ansätze stellen die Einbindung der organisatorischen Gestaltung in den institutionellen Kontext des Unternehmens, der von rechtlichen und sozialen Normen gebildet wird und mehr oder weniger nachdrücklich bestimmte Erwartungen an die Ausformung der Organisation formuliert, in den Vordergrund der Betrachtung (z.B. *Meyer/Rowan* 1977; *DiMaggio/Powell* 1983) (→ *Neoinstitutionalistische Ansätze*). Organisatorische Gestaltung dient hier insbesondere der Erfüllung der Organisationserwartungen der relevanten Bezugsgruppen (Stakeholder) (→ *Shareholder- und Stakeholder-Ansatz*), um so Vertrauen in die Legitimität der Organisation zu schaffen. Je weniger sich die in den Normen geronnenen Erwartungen an die Organisation auf objektive Erkenntnisse über die Zweckmäßigkeit der erwarteten organisatorischen Gestaltung stützen (können), um so mehr nähert sich diese Richtung dem Gestaltungsskeptizismus der evolutionstheoretischen Ansätze an. Zu denken ist namentlich an reaktive organisatorische Gestaltungen, die mehr oder weniger unreflektiert den jeweils herrschenden Trends und ‚Organisationsmoden' folgen (vgl. *Kieser* 1996) (→ *Managementphilosophien und -trends*).

Die institutionenökonomischen Ansätze nehmen die technologische Herausforderung an und versuchen, auf einer modellanalytisch-mathematischen Grundlage Aussagen über transaktionskostenoptimale Organisationsstrukturen abzuleiten, die als Arrangements aus Verfügungsrechten und Anreizsystemen modelliert werden (*Williamson* 1975; *Picot/Dietl/Franck* 2002) (→ *Institutionenökonomie*; → *Prinzipal-Agenten-Ansatz*; → *Transaktionskostentheorie*; → *Verfügungsrechtstheorie (Property Rights-Theorie)*). Das Optimierungsanliegen macht allerdings vergleichsweise rigide Prämissenstrukturen und Vereinfachungen der betrachteten Problemstellungen erforderlich, sodass diese Analysen nur sehr bedingt zur (‚optimalen') Lösung praktisch relevanter komplexer Organisationsprobleme beitragen können.

Die heuristisch angelegten Konzeptionen der organisatorischen Gestaltung wie namentlich die entscheidungs- bzw. handlungstheoretischen Ansätze (→ *Entscheidungsorientierte Organisationstheorie*) und der → *Kontingenzansatz* anerkennen durchaus die theoretischen und praktischen Grenzen einer zielführenden organisatorischen Gestaltung, die aus Zielkonflikten, unsicheren Konsequenzprognosen und Implementierungsschwierigkeiten resultieren. Sie erheben daher auch nicht den uneinlösbaren Anspruch einer optimalen Lösung praktisch bedeutsamer Organisationsprobleme. Ihr Anliegen besteht vielmehr darin, auf Basis des jeweils verfügbaren organisatorischen Wissens (→ *Wissen*) Problemlösungen zu erarbeiten bzw. zu unterstützen, die im Rahmen des Möglichen vernünftig und vorteilhaft erscheinen. Dabei lassen sich diese Ansätze weiter danach gruppieren, ob sie schwerpunktmäßig auf die Konsistenz der organisatorischen Gestaltung mit externen (z.B. Umweltdynamik) und internen (z.B. Strategie und Führungssystem) Unternehmensmerkmalen abstellen (vgl. z.B. *Pugh* et al. 1969; *Mintzberg* 1979; *Burton/Obel* 1998) oder aber Gestaltungsaussagen v.a. aus der Effizienzanalyse arbeitsteiliger Handlungssysteme ableiten (vgl. z.B. *Galbraith* 1977; *Frese* 2000; *Frese/v. Werder* 1993).

III. Effizienzbewertung der Organisation

1. Grundtatbestände der Effizienzbewertung

Kernstück jeder Organisationsgestaltung, die proaktiv erfolgt und nicht bloß passiv auf externe organisatorische Evolutionsprozesse, Normen und Trends reagiert, ist die Beurteilung der Zweckmäßigkeit alternativer Organisationsstrukturen. Eine solche *Effizienzbewertung* ist sowohl zur Einschätzung der jeweils vorliegenden Ist-Situation der Organisation eines Unternehmens notwendig als auch zur Vorteilhaftigkeitsanalyse der offen stehenden Optionen zur Reorganisation. Nach dem gegenwärtigen Stand der Organisationsforschung zeichnen sich überzeugende organisatorische Effizienzbewertungen durch die drei Merkmale der Subzielorientierung, der Kontextbezogenheit und der Verhaltensabhängigkeit aus (*v. Werder* 1999, S. 412 f.).

a) Subzielorientierung

Die Beurteilung der Auswirkungen der Organisationsstruktur auf die Verwirklichung der obersten Unternehmensziele wie Steigerung von Gewinn, Unternehmenswert oder Wettbewerbsfähigkeit steht vor der Schwierigkeit, dass die Realisierung derartiger Zielsetzungen nicht nur von der Unternehmensorganisation beeinflusst wird, sondern von zahlreichen weiteren Faktoren wie bspw. der Qualität und dem Marketing der Produkte. Organisationsbewertungen gehen daher sinnvollerweise von *Subzielen* aus, deren Erreichung direkt(er) von den jeweiligen Ausprägungen der Organisationsstruktur abhängt und zur Verwirklichung der übergeordneten Unternehmensziele beiträgt (*Simon* et al. 1954, S. VI; *Frese* 2000, S. 253 ff.). Welche Subziele bzw. Effizienzkriterien in diesem Sinne zur Effizienzbewertung geeignet sind, hängt im Einzelnen von den betrachteten Organisationsproblemen ab, sodass Subziele problemadäquat zu formulieren sind. Beispiele bilden etwa die Kriterien der Beschaffungs-, der Ressourcen-, der Prozess- und der Programmeffizienz zur Beurteilung der alternativen Rahmenstrukturen von Unternehmen (zur Ableitung dieser und weiterer Effizienzkriterien *Frese/v. Werder* 1993, S. 24 ff.; *v. Werder* 1999, S. 414 ff.).

b) Kontextbezogenheit

Die Gewichtung und Erreichung der jeweils zugrunde gelegten Subziele kann je nach Situation des Unternehmens unterschiedlich ausfallen (*Pugh* et al. 1969; *Kieser* 2002; → *Kontingenzansatz*). Organisatorische Effizienzurteile müssen daher regelmäßig den Ein-

```
Verhalten im Sinne der
Unternehmens-
ziele                                    Verhalten
                                         im Sinne der
                                         Individualziele


Vollständig              Tatsächliches Verhalten        Vollständig
intendiert-rationales    (teils intendiert-rationales,  opportunistisches
Verhalten                teils opportunistisches Verhalten)  Verhalten

        ↓                        ↓                              ↓
Prämisse des             Fokus des                      Prämisse des
Rational-                handlungsrealen                Opportunismus-
ansatzes                 Ansatzes                       ansatzes
```

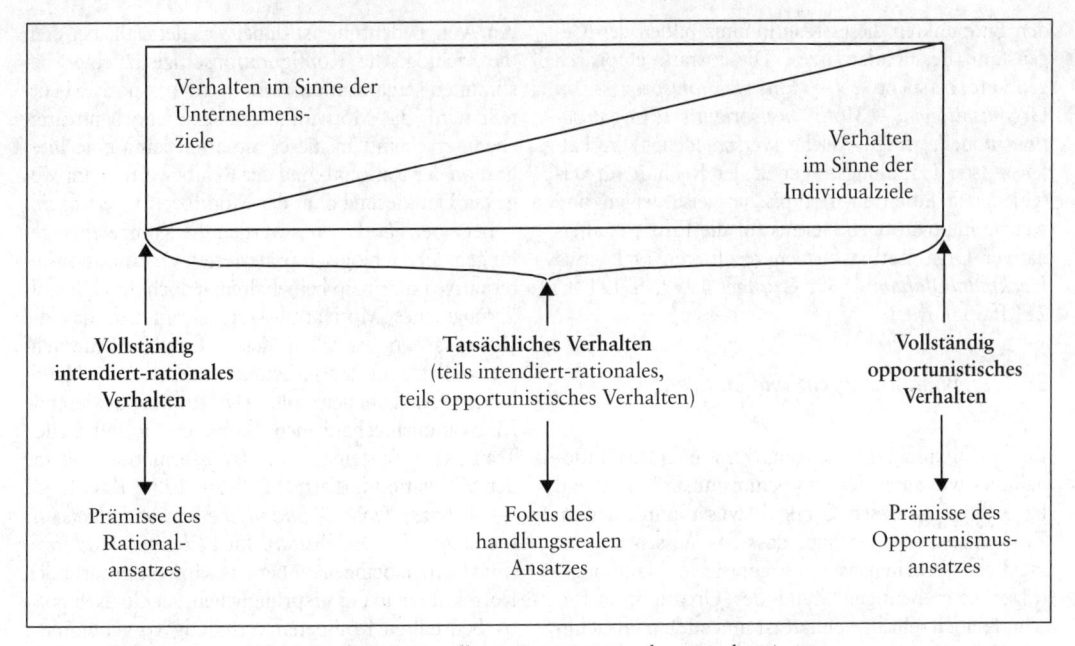

Abb. 1: Verhaltensgrundlagen organisationstheoretischer Ansätze

fluss von Kontextfaktoren berücksichtigen. Zu den wichtigsten *Kontextfaktoren* zählen z.B. die Größe, der Diversifikationsgrad, die verfolgten Wettbewerbsstrategien (→ *Strategie und Organisationsstruktur*) und die verwendeten Technologien sowie die Dynamik der Umwelt eines Unternehmens, aber bspw. auch die jeweils geltenden Normen des Organisationsrechts, die bestimmte organisatorische Gestaltungen untersagen, unterstützen oder mit speziellen Rechtsfolgen belegen können (*v. Werder* 1986, S. 48 ff.) (→ *Management und Recht*). Nicht zuletzt ist an die jeweils vorhandenen Personalressourcen mit ihren je spezifischen Qualifikations- und Motivationsprofilen zu denken. Gerade auf höheren Ebenen der Hierarchie werden Zuständigkeitsbereiche nicht selten weniger nach rein sachlichen Aspekten gebildet („organisation ad rem"), sondern gezielt auf die Interessen konkreter Personen zugeschnitten („organisation ad personam") (*Krüger* 1994, S. 47; *Bühner* 2004, S. 71).

c) Verhaltensabhängigkeit

Organisationsstrukturen stellen Regelungssysteme dar, welche die Gesamtaufgabe des Unternehmens auf mehrere Personen bzw. Handlungsträger verteilen (*Arbeitsteilung*) und das Verhalten der Handlungsträger auf die Erreichung der Unternehmensziele hin ausrichten sollen (*Koordination*). Organisationsstrukturen bilden somit Regelungen zur Verhaltensbeeinflussung und können nur über das individuelle Verhalten der organisierten Akteure wirksam werden. Vor diesem Hintergrund hängen Effizienzurteile in hohem Maße von den jeweiligen Vorstellungen über das Verhalten von organisierten Handlungsträgern ab (*March/Simon* 1958, S. 6 f.; *Williamson* 1996, S. 49). Insoweit lassen sich gegenwärtig drei prinzipiell verschiedene Ansätze unterscheiden, die von rationalen, opportunistischen und realen Verhaltensweisen der Unternehmensmitglieder ausgehen (siehe Abb. 1). Während der Rational- und der Opportunismusansatz sachlogischer Natur sind und idealisierende, allerdings konträre Verhaltensprämissen setzen, sucht der Realansatz die in der Praxis zu beobachtenden, tatsächlichen Verhaltensmuster in die Effizienzanalyse einzubeziehen.

Der Rationalansatz unterstellt *intendiert-rational* handelnde Akteure, die ihre kognitiven Fähigkeiten und praktischen Fertigkeiten grundsätzlich zur Erreichung der Unternehmensziele einsetzen. Im Gegensatz hierzu stehen Interessengegensätze zwischen Unternehmung und Individuum ganz im Mittelpunkt der *Opportunismusprämisse*, wie sie etwa für die neueren institutionenökonomischen Richtungen der Organisationstheorie kennzeichnend ist (→ *Institutionenökonomie*). Charakteristisch ist hier die Annahme, dass Handlungsträger in Unternehmungen stets danach streben, ihre Individualziele – z.B. durch Ausnutzung von Informationsasymmetrien – möglichst weitgehend und im Zweifel auch zu Lasten der Unternehmensziele zu verwirklichen.

In der Realität verhalten sich Handlungsträger offensichtlich weder streng intendiert-rational noch ausschließlich opportunistisch. Die beiden Verhaltensprämissen beschreiben vielmehr die gegensätzlichen Eckpole des Kontinuums der Verhaltensalternativen, die möglich und mehr oder weniger realistisch sind. Die tatsächlichen Verhaltensweisen zwischen den Endpunkten dieses Kontinuums bilden den Gegenstand des Realansatzes. Diese stark empirisch geprägte Perspektive (→ *Entscheidungsprozesse in Organisationen*; → *Motivationsorientierte Organisationsmodelle*) fragt, welche (verschiedenen) Verhaltensmuster Handlungsträger in der Realität (in verschiedenen Situationen) typischerweise zeigen und welche Implikationen hieraus für die Effizienz alternativer Organisationsformen resultieren (vgl. etwa *Hackman/Oldham* 1980; *Grundei* 1999, S. 121 ff., 211 ff., 356 ff.).

2. Konfigurationseffizienz und Motivationseffizienz

Rein sachlogische Effizienzanalysen unter der Rationalitäts- wie unter der Opportunismusprämisse sind bis zu einem gewissem Grade (bewusst) unrealistisch. Zu beachten ist allerdings, dass das Wissen um tatsächliche Verhaltensweisen organisierter Handlungsträger beim heutigen Stand der Organisationsforschung noch sehr lückenhaft ist und zudem tatsächliche Abweichungen vom intendiert-rationalen Verhalten betriebswirtschaftlich nicht durchgängig akzeptiert werden können. Fundierte und praktisch verwertbare Beurteilungen organisatorischer Strukturen erfordern daher letztlich eine Kombination sachlogischer mit verhaltensbezogenen Betrachtungen, um Aussagen sowohl zur Konfigurationseffizienz als auch zur Motivationseffizienz der in Rede stehenden Organisationsalternativen treffen zu können (*v. Werder* 1999; *Grundei* 1999). Die *Konfigurationseffizienz* ist danach unter Zugrundelegung bestimmter Verhaltensprämissen analytisch aus den Funktionsbedingungen arbeitsteiliger Handlungssysteme abzuleiten. Dabei bietet die Annahme intendiert-rationaler Verhaltensweisen den Vorteil, dass sich auf diese Weise das höchstmögliche Effizienzniveau herausarbeiten lässt, das durch zweckmäßige Organisation bei unternehmenszielkonformem Verhalten erreichbar ist. Ferner besteht bei dieser Verhaltensannahme nicht die gravierende Gefahr der ‚sich selbst erfüllenden Prophezeiung', indem durch Organisationsentwürfe auf der Grundlage der Prämisse streng opportunistischen Verhaltens gerade solche Verhaltensweisen provoziert werden (*Deci* 1975, S. 222; *Ghoshal/Moran* 1996, S. 14, 21 ff.; *Frey/Osterloh* 1997, S. 316).

Aufbauend auf den Urteilen zur Konfigurationseffizienz geht es bei der *Motivationseffizienz* dann um die ergänzende Einschätzung der mutmaßlichen strukturimmanenten (Motivations-)Effekte der betrachteten Organisationsalternativen für das tatsächliche Verhalten der Handlungsträger. Zur Ermittlung dieser Motivationswirkungen ist v.a. auf die einschlägigen Erkenntnisse der Individual- und Sozialpsychologie zurückzugreifen.

Die Bewertung der Konfigurations- und der Motivationseffizienz organisatorischer Alternativen kann naturgemäß zu widersprüchlichen Ergebnissen führen. Von Bedeutung ist dabei v.a. der Fall, bei dem die sachlogische Konfigurationseffizienz einer bestimmten Organisationsform insgesamt positiv beurteilt wird, die Motivationseffizienz jedoch unzureichend erscheint. In dieser Situation kann eine Integration der Rational- und der Realbewertung im Wege der Flankierung oder der Modifizierung erfolgen.

Bei einer *Flankierung* werden die Kompetenzregelungen der sachlogisch präferierten Organisationsalternative im Prinzip beibehalten, jedoch durch Installierung eines Motivationssystems ergänzt, das die Diskrepanzen zwischen den offiziellen Unternehmenszielen und den individuellen Zielen der Handlungsträger abbauen soll. Als strukturflankierende Motivationsmechanismen kommen grundsätzlich Transaktionssysteme und Transformationssysteme der Motivation in Betracht (*Burns* 1978; *Bass* 1985) (→ *Anreizsysteme, ökonomische und verhaltenswissenschaftliche Dimension*). Im Fall einer *Modifizierung* werden demgegenüber aus Motivationsgründen Korrekturen an der ursprünglichen, sachlogisch positiv beurteilten Kompetenzverteilung vorgenommen. Ein Beispiel bildet die Einräumung von Handlungsspielräumen über das sachlogisch gebotene Delegationsausmaß hinaus, um durch die größere Autonomie die Motivation der Mitarbeiter zu fördern. Derartige Modifikationen der Ursprungslösung werden umso eher in Betracht kommen, je größer deren motivationale Defizite sind, je mehr sich anders gewendet also die Realität gegen die Rationalprämisse sperrt.

IV. Gestaltungsträger und Gestaltungsprozess

1. Träger der organisatorischen Gestaltung

Als Träger der organisatorischen Gestaltung kommen grundsätzlich Spezialisten (*Organisationsmanager*), die Führungskräfte der einzelnen organisatorischen Bereiche sowie externe Berater in Betracht (vgl. *Cantin/Thom* 1995, S. 60 ff.; *v. Werder/Grundei* 2000, S. 104 f.). Spezialisierte Organisationsmanager, die in der Praxis oft, allerdings keineswegs immer in gesonderten Organisationsabteilungen zusammengefasst werden (→ *Organisationsmanagement und Organisationsabteilung*), können namentlich Methodenwissen zur organisatorischen Gestaltung (→ *Organisationsmethoden und -techniken*) sowie Querschnittswissen über Aufgabenzusammenhänge in den Gestaltungsprozess einbringen (vgl. *Frese/Theuvsen* 2000, S. 11 ff.). Die Führungskräfte hingegen kennen v.a. die Anforderungen der von ihnen geführten Funktionen und Geschäfte. Infolgedessen werden Reorganisationen oft Organisationsmanagern und Führungskräften gemeinsam überantwortet, um die jeweiligen Spezialkenntnisse zusammenzuführen. Soweit Reorganisationen auf einzelne Bereiche beschränkt sind, wird die Verantwortung allerdings zunehmend auch den betreffenden Führungskräften selbst übertragen. Die organisatorische Gestaltung entwickelt sich damit verstärkt zu einem Teil der allgemeinen *Führungsaufgabe*, der von den Organisationsmanagern auf ‚organisierende Manager' verlagert wird.

Sofern Reorganisationen Bereichsgrenzen überschreiten und eine nennenswerte Reichweite haben, die Änderung der Rahmenstruktur oder die Organisation der Unternehmensleitung selbst betreffen, ist grundsätzlich das Top Management (sowie ggf. auch der → *Aufsichtsrat*) involviert. Ganz abgesehen davon, dass die Bedeutung solcher tiefgreifender Umstrukturierungen für den Unternehmenserfolg die Einschaltung der Unternehmensführung nahe legt, kann die Autorität der Hierarchiespitze erforderlich sein, um interessensensible Reorganisationen gegen offene und verdeckte Widerstände durchzusetzen (siehe Abschn. IV.2.b)). Die verbreitete Einschaltung von externen *Beratern* schließlich dient v.a. dazu, Kapazitätsengpässe zu kompensieren, externes Knowhow auszuschöpfen oder aber auch Reorganisationen zu legitimieren und Implementierungsbarrieren zu überwinden.

2. Prozess der organisatorischen Gestaltung

Der *organisatorische Gestaltungsprozess*, der häufig als Projekt aufgesetzt wird (→ *Projektmanagement*), lässt sich grundsätzlich in die drei Phasen der Konzipierung und Implementierung sowie des Controllings einer neuen Organisationslösung einteilen.

a) Konzipierung

Maßnahmen der organisatorischen Gestaltung bedürfen eines unternehmensintern oder extern verursachten Anlasses. Zu denken ist bspw. an einen internen Problemdruck, der aus der unbefriedigenden Unternehmensentwicklung resultiert, an Restrukturierungsnotwendigkeiten im Zuge von Akquisitionen und Desinvestitionen sowie an Reorganisationsimpulse, die durch geänderte Erwartungen der relevanten Stakeholder oder aber neue Managementtrends und Organisationsmoden ausgelöst werden.

Sofern die Notwendigkeit einer Reorganisation erkannt worden ist, besteht der erste Schritt eines (intendiert-rationalen) Gestaltungsprozesses im Entwurf der neuen Organisationslösung. Zu diesem Zweck ist grundsätzlich zunächst eine Ist-Aufnahme sowie eine Effizienzbewertung der in Frage stehenden organisatorischen Regelungen erforderlich. Mit Blick auf die hierbei festgestellten Schwächen der gegenwärtigen Organisationssituation ist sodann – wiederum auf der Grundlage einer fundierten Bewertung der Effizienz der offen stehenden Organisationsoptionen – die zielführende neue Organisation als zukünftiger Soll-Zustand zu konzipieren. Zur systematischen Konzipierung der künftigen Strukturen kann auf zahlreiche → *Organisationsmethoden und -techniken* zurückgegriffen werden, deren Einsatz heute in hohem Maße durch → *Organisationssoftware* unterstützt wird.

b) Implementierung

Neben der Konzipierung einer neuen Organisationsstruktur bildet die Einführung der ausgewählten Konzeption im Unternehmen das zweite Hauptproblem der organisatorischen Gestaltung. Das Implementierungsproblem beruht im Kern darauf, dass jede Reorganisation potenziell die Interessenpositionen von Handlungsträgern im Unternehmen berührt und daher Anlass für erhebliche Widerstände sein kann. Infolgedessen werden oft bereits im Zuge der Erarbeitung neuer Organisationskonzepte, spätestens aber bei ihrer Einführung regelmäßig starke mikropolitische Kräfte (→ *Mikropolitik*) wirksam, die den Erfolg an sich überzeugender Organisationslösungen in Frage stellen können und nicht selten zum Scheitern einer Reorganisation führen. Größere Reorganisationen erfordern daher in aller Regel ein systematisches Change Management (→ *Wandel, Management des (Change Management)*), das den Betroffenen die Notwendigkeiten und Konsequenzen der organisatorischen Neuausrichtung verdeutlicht, eventuelle Einbußen für die Mitarbeiter (in Hinblick auf Zuständigkeiten, Status, Karriereaussichten etc.) im Rahmen des Möglichen abfedert und ggf. auch Machtpromotoren (*Witte* 1973) einsetzt, um Widerständen zu begegnen.

c) Controlling

Die Erarbeitung und Einführung neuer Strukturen zählen zum Standard der praktischen Organisationsarbeit. Hingegen findet eine regelmäßige Überprüfung der Wirksamkeit von Reorganisationen in der Unternehmenspraxis bislang kaum statt (vgl. *Fischermanns* 1996, S. 6; *zu Knyphausen-Aufseß* 1997). Zwar lassen sich gewisse Einzelaktivitäten – z.B. im Rahmen von Ordnungsmäßigkeitsprüfungen der internen Revision – beobachten, die in Ansätzen als organisatorische Kontrollen interpretiert werden können, aber keineswegs ein ausgebautes *Controlling von Organisationsstrukturen* repräsentieren (→ *Organisationscontrolling und -prüfung*). Der bisher weitgehende Verzicht der Praxis auf ein systematisches Organisationscontrolling erscheint um so bemerkenswerter, als ein in sich geschlossener Prozess der organisatorischen Gestaltung ohne Zweifel nach der Konzipierung und Implementierung einer neuen Organisationsstruktur auch eine Feststellung und Bewertung ihrer tatsächlichen Auswirkungen erfordert.

Ein Organisationscontrolling kann grundsätzlich zwei Fragestellungen verfolgen. Zum einen ist angesichts der dargelegten Implementierungsbarrieren sowie der bekannten Abweichungen zwischen der formalen und der informalen → *Organisation* zu überprüfen, inwieweit die konzipierten Sollregelungen in der Realität des Unternehmens auch tatsächlich befolgt werden. Bei diesem ‚*Compliance-Controlling*' geht es im Kern folglich um den Implementierungserfolg der organisatorischen Gestaltung. Zum anderen kann im Rahmen des Organisationscontrollings untersucht werden, inwieweit die eingeführten Organisationsregelungen die bei der Konzipierung erwarteten Zielbeiträge leisten. Dieses ‚*Performance-Controlling*' stellt somit auf die tatsächliche Effizienz der gewählten organisatorischen Gestaltung ab. Die Resultate beider Komponenten des Organisationscontrollings können Anstöße für einen weiteren Gestaltungszyklus geben. Wenn etwa die geplanten neuen Regelungen tatsächlich nicht ‚gelebt' und angesichts der Widerstände aufgegeben werden oder aber die neuen Strukturen sich im Nachhinein als nicht zielführend und damit ineffizient herausstellen, liegen wichtige Anlässe für eine Neukonzipierung der Organisation vor.

V. Ausblick

In der Organisationsforschung dominieren gegenwärtig – namentlich im angelsächsischen Bereich – Untersuchungen zur Erklärung organisatorischer Phänomene (*Organization Theory*), während die Auseinandersetzung mit der Ableitung wissenschaftlicher Empfehlungen zur Organisationsgestaltung (*Organization Design*) mehr und mehr in den Hintergrund zu treten scheint. Dieser Trend geht mit einer zunehmenden Verbreitung des institutionalen Organisationsverständnisses einher, wodurch die Organisationstheorie verstärkt in eine übergreifende → *Theorie der Unternehmung* und der Unternehmensführung ausläuft, die gleichermaßen abstrakter und weniger gestaltungsorientiert angelegt ist. Da das Management in der Praxis aber zweifelsohne vor der Notwendigkeit organisatorischer Gestaltung steht und die Unternehmensorganisation seit den 1990er Jahren als einer der wichtigsten strategischen Erfolgsfaktoren angesehen wird (*Frese/v. Werder* 1994, S. 4; *Arbeitskreis „Organisation"* 1996, S. 622, 626), muss sich die Organisationsforschung in Zukunft auch wieder stärker dem Problem fundierter Organisationsgestaltungen zuwenden, wenn sie praktisch verwertbar sein und bleiben will. Dabei wird es letztlich darum gehen, den Bestand wissenschaftlich begründeter Heuristiken auszubauen, die das Management vor dem Hintergrund der Komplexität organisatorischer Problemstellungen und der (auf lange Sicht) chronischen Unvollkommenheit organisationstheoretischer Kenntnisse (vgl. *Kirsch* 1981, S. 189 ff.) bei der zweckmäßigen Organisationsgestaltung unterstützen.

Literatur

Aldrich, Howard E.: Organizations and Environments, Englewood Cliffs, NJ 1979.
Arbeitskreis „Organisation": Organisation im Umbruch, in: ZfbF, Jg. 48, 1996, S. 621–665.
Bass, Bernard M.: Leadership and Performance Beyond Expectations, New York et al. 1985.
Bühner, Rolf: Betriebswirtschaftliche Organisationslehre, 10. A., München et al. 2004.
Burns, James MacGregor: Leadership, New York et al. 1978.
Burton, Richard M./Obel, Borge: Strategic Organizational Diagnosis and Design, 2. A., Boston et al. 1998.
Cantin, Francoise/Thom, Norbert: Organisationsarbeit in der Schweiz, Glattbrugg 1995.
Deci, Edward L.: Intrinsic Motivation, New York et al. 1975.
DiMaggio, Paul J./Powell, Walter W.: The Iron Cage Revisited: Institutional Isomorphism and Collective Rationality in Organizational Fields, in: ASR, Jg. 48, 1983, S. 147–160.
Fischermanns, Guido: Organisationscontrolling: Aufgaben, Instrumente und Institutionalisierung, Hamburg 1996.
Frese, Erich: Grundlagen der Organisation, 8. A., Wiesbaden 2000.
Frese, Erich/Theuvsen, Ludwig: Organisationsmanagement: Wissensbasen und Erscheinungsformen, in: Organisationsmanagement: Neuorientierung der Organisationsarbeit, hrsg. v. *Frese, Erich*, Stuttgart 2000, S. 7–40.
Frese, Erich/Werder, Axel v.: Organisation als strategischer Wettbewerbsfaktor – Organisationstheoretische Analyse gegenwärtiger Umstrukturierungen, in: Organisationsstrategien zur Sicherung der Wettbewerbsfähigkeit, Sonderheft 33 der ZfbF, hrsg. v. *Frese, Erich/Maly, Werner*, 1994, S. 1–27.
Frese, Erich/Werder, Axel v.: Zentralbereiche: Organisatorische Formen und Effizienzbeurteilung, in: Zentralbereiche – Theoretische Grundlagen und praktische Erfahrungen, hrsg. v. *Frese, Erich/Werder, Axel v./Maly, Werner*, Stuttgart 1993, S. 1–50.
Frey, Bruno S./Osterloh, Margit: Sanktionen oder Seelenmassage? Motivationale Grundlagen der Unternehmensführung, in: DBW, Jg. 57, 1997, S. 307–321.
Galbraith, Jay R.: Organization Design, Reading, MA et al. 1977.
Ghoshal, Sumantra/Moran, Peter: Bad for Practice: A Critique of the Transaction Cost Theory, in: AMR, Jg. 21, 1996, S. 13–47.
Grundei, Jens: Effizienzbewertung von Organisationsstrukturen, Wiesbaden 1999.
Hackman, J. Richard/Oldham, Greg R.: Work Redesign, Reading, MA et al. 1980.
Hannan, Michael T./Freeman, John: Organizational Ecology, Cambridge, MA et al. 1989.
Kieser, Alfred: Der Situative Ansatz, in: Organisationstheorien, hrsg. v. *Kieser, Alfred*, 5. A., Stuttgart et al. 2002, S. 169–198.
Kieser, Alfred: Moden & Mythen des Organisierens, in: DBW, Jg. 56, 1996, S. 21–39.
Kirsch, Werner: Über den Sinn der empirischen Forschung in der angewandten Betriebswirtschaftslehre, in: Der praktische Nutzen empirischer Forschung, hrsg. v. *Witte, Eberhard*, Tübingen 1981, S. 189–229.
Knyphausen-Aufseß, Dodo zu: Organisation als Erfolgspotential – Ansätze zu einem „Organisationscontrolling", in: Zeitschrift für Planung, Jg. 8, 1997, S. 375–394.
Krüger, Wilfried: Organisation der Unternehmung, 3. A., Stuttgart et al. 1994.
March, James G./Simon, Herbert A.: Organizations, New York et al. 1958.
Meyer, John W./Rowan, Brian: Institutionalized Organizations: Formal Structure as Myth and Ceremony, in: AJS, Jg. 83, 1977, S. 340–363.
Mintzberg, Henry: The Structuring of Organizations, Englewood Cliffs, NJ 1979.
Picot, Arnold/Dietl, Helmut/Franck, Egon: Organisation: Eine ökonomische Perspektive, 3. A., Stuttgart 2002.
Pugh, D. S. et al.: The Context of Organization Structures, in: ASQ, Jg. 14, 1969, S. 91–114.

Simon, Herbert A. et al.: Centralization vs. Decentralization in Organizing the Controller's Department, New York 1954.
Werder, Axel v.: Effizienzbewertung organisatorischer Strukturen, in: WiSt, Jg. 28, 1999, S. 412–417.
Werder, Axel v.: Organisationsstrategien US-amerikanischer Großunternehmungen im Umweltmanagement, in: DB, Jg. 49, 1996, S. 2553–2565.
Werder, Axel v.: Organisationsstruktur und Rechtsnorm, Wiesbaden 1986.
Werder, Axel v./Grundei, Jens: Organisation des Organisationsmanagements: Gestaltungsalternativen und Effizienzbewertung, in: Organisationsmanagement: Neuorientierung der Organisationsarbeit, hrsg. v. *Frese, Erich*, 2000, S. 97–141.
Williamson, Oliver E.: Economic Organization: The Case for Candor, in: AMR, Jg. 21, 1996, S. 48–57.
Williamson, Oliver E.: Markets and Hierarchies: Analysis and Antitrust Implications, New York et al. 1975.
Witte, Eberhard: Organisation für Innovationsentscheidungen, Göttingen 1973.

Organizational Citizenship Behaviour

Peter Conrad

[s.a.: Gerechtigkeit und Fairness; Motivation; Unternehmensethik; Verantwortung; Vertrauen.]

I. Konzeptionelle Grundlagen; II. Entwicklung des Konstruktes und Ansätze; III. Einflussfaktoren und Wirkungen des Organizational Citizenship Behaviour; IV. Abgrenzung zu anderen Konzepten; V. Theoretische und praktische Bedeutung; VI. Kritische Würdigung.

Zusammenfassung

Organizational Citizenship Behaviour ist ein Konstrukt der verhaltenswissenschaftlichen Organisationstheorie. Es umfasst verschiedene Einstellungen und Handlungsbereitschaften, die auf den Kontext des Arbeithandelns bezogen sind und über die formale Rollenausübung hinausreichen. Im Kern bezieht es sich auf die aktive Unterstützung im Arbeitsprozess und die Folgebereitschaft gegenüber den Zielen einer Organisation.

I. Konzeptionelle Grundlagen

Organizational Citizenship Behaviour beschreibt ein Mentalitätsmuster, das sich auf die subjektiv freiwillige, generalisierte Bereitschaft zum Handeln i.S.v. von Organisationszielen bezieht. Es beinhaltet Erwartungen, die unternehmerisches Denken und Handeln bei allen Organisationsmitgliedern betreffen (vgl. *Franzpötter* 2000). Erfasst werden Kontexteinflüsse des individuellen Leistungshandelns, nicht enge aufgabenbezogene Leistungsorientierungen (vgl. *Borman/Motowidlo* 1993). Vertragstheoretisch (→ *Vertragstheorie*) ist Organizational Citizenship Behaviour impliziter Natur, wird weder als Norm in Stellenbeschreibungen gefordert, noch resultiert es aus organisationaler Konditionierung oder wird besonders belohnt (vgl. *Allen/Rush* 1998). Im Unterschied zum personenbezogenen Organizational Citizenship Behaviour untersucht das *Corporate Citizenship* wie Unternehmungen ihre Rechte und Pflichten als gesellschaftliche Akteure interpretieren und umsetzen. Das Corporate Volunteering als Teilbereich des Corporate Citizenship beschreibt den freiwilligen Einsatz von Mitarbeitern für gemeinnützige Zwecke. Die Unternehmung kann dies zusätzlich sachlich oder monetär fördern und unterstützen und so ihre soziale und kulturelle Verantwortung für die Gesellschaft verdeutlichen (vgl. *Schubert/Littmann-Wernli/Tingler* 2002). Die allgemeinere sozialwissenschaftliche „Citizenship"-Forschung hängt mit dem Organizational-Citizenship-Behaviour-Konstrukt nur mittelbar zusammen, untersucht werden Fragen der Staatsangehörigkeit und des Wandels sozialer Staatsbürgerrechte (vgl. *Mackert/Müller* 2000).

II. Entwicklung des Konstruktes und Ansätze

Grundideen des Organizational Citizenship Behaviour findet man in soziologischen Studien zur Mentalität von Arbeitnehmern (vgl. *Kracauer* 1930; *Kracauer* 1997). Die Wurzeln der modernen Organizational-Citizenship-Behaviour-Forschung liegen in einer sozialpsychologischen Studie von Katz (*Katz* 1964), in der von Einstellungen und Verhaltensweisen berichtet wird, die von rollentypischen, standardisierten Verhaltenserwartungen abweichen und aufgrund dieser Flexibilität erfolgreich sind. Ihre Wirksamkeit entsteht aus erweiterten Rollenerwartungen, die flexible, situativ angepasste, zielkonforme Verhaltensweisen ermöglichen. Auf Grund seiner rollentheoretischen Herkunft wird Organizational Citizenship Behaviour auch als Extra-Rollen- oder Supra-Rollen-Verhalten (vgl. *Podsakoff/MacKenzie* 1994; *Schnake* 1991) charakterisiert und im Sinne eines persönlichen Handlungsstils interpretiert (→ *Rollentheorie*). In den frühen 80er Jahren entwickelt sich hieraus ein eigenständiger Untersuchungsbereich, der von Organ (*Organ* 1988) mit dem Begriff des „Organizational Citizenship Behaviour" belegt wurde. Das Organizational-Citizenship-Behaviour-Konstrukt wird heute hauptsächlich für Fragestellungen der angewandten verhaltenswissenschaftlichen Organisationstheorie eingesetzt, wobei es den Wandel der Nutzungsformen menschlicher Handlungspotentiale indiziert, die den veränderten Anforderungen an die Unternehmungssteuerung entstammen (vgl. *Moldaschl/Voß* 2002). Als wissenschaftliches Konstrukt ist es mehrdimensional und integriert unterschiedliche Einstellungs- und Verhaltensbereiche. Zumeist wird es als Einstellungsmaß konzipiert, verhaltensorientierte Erhebungsverfahren sind kaum verbreitet. Statistische Klassifikationsmethoden konnten bislang Anzahl und Inhalte der Organizational-Citizenship-Behaviour-Dimensionen nicht abschließend klären. Die beiden Dimensionen helfendes, unterstützendes Verhalten und generalisierte Zustimmung bzw. Einwilligung wurden faktorenanalytisch mehrfach als Kernbestandteile des Organizational Citizenship Behaviour gesichert (vgl. *Smith/Organ/Near* 1983; *Konovsky/Organ* 1996). Andere Studien kommen zu drei, vier und fünf Inhaltsbereichen, wobei sich die Erweiterungen im Wesentlichen als unterschiedliche Ausgestaltungen der generalisierten Zustimmung interpretieren lassen. Fünf Inhaltsbereiche sind hervorzuheben:

- Die Dimension helfendes und unterstützendes Verhalten im Arbeitszusammenhang („altruism") beschreibt Hilfestellungen für Kollegen oder Vorgesetzte im Rahmen der betrieblichen Tätigkeit (vgl. *Bierhoff/Herner* 1999). Helfendes und unterstützendes Verhalten lässt sich von altruistischem und pro-sozialem Verhalten nicht immer scharf trennen, da Unterstützungshandlungen auch strategisch motiviert sein können. Ausgeprägte *Arbeitszufriedenheit* (→ *Motivation*) beeinflusst die Bereitschaft zu unterstützendem Verhalten positiv.
- Aufgabenbezogenes Verantwortungsbewusstsein und Engagement („conscientiousness") beschreibt die freiwillige Übernahme von Aufgaben außerhalb der vorgegebenen Arbeitsrolle. Beispiele sind die Übernahme auch nicht entgoltener Mehrarbeit oder besonderes zeitliches Engagement, ohne dass dafür arbeitsvertragliche Regelungen vorliegen (vgl. *Organ* 1988; *Schnake/Dumler/Cochran* 1993). Empirisch hängt diese Dimension mit dem abstrakteren Bezugsbereich „Verantwortungsbewusstsein gegenüber der Organisation als Ganzes" zusammen (vgl. *Podsakoff* et al. 1990). Durch den fehlenden Personenbezug unterscheidet sie sich vom unterstützenden Verhalten.
- Der Einstellungs- und Verhaltensbereich Sportsgeist und Frustrationstoleranz („sportsmanship") beschreibt die Bereitschaft, vorübergehend überdurchschnittliche oder besondere Belastungen zu akzeptieren, ohne dass dadurch Befindlichkeit oder Leistungsverhalten beeinträchtigt werden. Dies verringert notwendige Vorgesetzteninterventionen (vgl. *Podsakoff/MacKenzie* 1997) und trägt dazu bei, allgemeine berufliche Belastungssituationen besser zu verarbeiten.
- Die Dimension Umsicht und vorausschauendes Verhalten („Courtesy") ist besonders im Umgang mit Kunden oder Lieferanten wichtig. Umsicht erleichtert die Abstimmung von arbeitsteiligen Handlungen im Produktionsprozess und verbessert die Zusammenarbeit von Arbeitsgruppen. Umsicht umfasst auch eine bewusste, begrenzte Verletzung oder Übertretung vorgegebener Regeln, um dadurch kundenorientierter handeln zu können. Vorausschauendes Handeln bezieht sich auch auf Führungshandeln, etwa wenn Informationen so rechtzeitig und umfassend gegeben werden, dass sich Mitarbeiter frühzeitig auf neue Situationen oder Anforderungen einstellen können (vgl. *Organ* 1988; *Schnake/Dumler/Cochran* 1993).
- Der Bereich des organisationsbezogenen Verantwortungsbewusstseins und des Engagements („civic virtue") beschreibt die freiwillige Übernahme von Aufgaben und das Handeln im Sinne von Organisationszielsetzungen. Durch den Organisationsbezug erfolgt die Abgrenzung zum Verantwortungsbewusstsein gegenüber Stellenaufgaben. Entscheidend ist die Außenwirkung des Verhaltens auf unterschiedliche Stakeholder-Gruppen. Beispiele sind die Mitarbeit in zwischenbetrieblichen Arbeitskreisen oder die Übernahme von Funktionen in unternehmungsexternen Gremien und Verbänden.

III. Einflussfaktoren und Wirkungen des Organizational Citizenship Behaviour

Günstig auf die Entstehung von Organizational Citizenship Behaviour wirken positive Einstellungen zur Arbeit, ein subjektiv hoch bewerteter Arbeitsplatz und Arbeitsinhalt sowie die wahrgenommene soziale Bedeutung von Arbeit (vgl. *Dyne/Graham/Dienesch* 1994). Personale Charakteristika, Arbeitsinhalte und Umfeld der Tätigkeit sind daher wichtige Einflussfaktoren des Organizational Citizenship Behaviour, Zufriedenheit, empfundene → *Gerechtigkeit und Fairness* intervenieren und können Ausprägungsunterschiede bedingen. Erziehungseinflüsse und städtisches oder ländliches Herkunftsmilieu spielen eine gewisse Rolle in Bezug auf die Teildimension helfendes und unterstützendes Verhalten. Bislang empirisch nicht vollständig aufgeklärt sind Art (direkt, indirekt) und Umfang der Wirkung von Arbeitszufriedenheit auf Organizational Citizenship Behaviour. Als Variable beschreibt Organizational Citizenship Behaviour die bewusste Berücksichtigung des Umfeldes der eigenen Tätigkeit, die den Erfolg des Aufgabenvollzugs je nach Ausprägung und Umsetzung und die Zusammenarbeit erleichtert bzw. verbessert. Die Wirkungen des Organizational Citizenship Behaviour liegen in flexiblen, situationsangemessenen Handlungen, die über detaillierte Verhaltensvorgaben kaum antizipiert werden können, den arbeitsteiligen Funktionsvollzug aber geschmeidiger machen und vereinfachen. Außerdem verlaufen Kontakte mit Kunden und Abnehmern reibungsloser. Der Führungsaufwand wird verringert und Koordinations- bzw. Kontrollkosten können sinken.

IV. Abgrenzung zu anderen Konzepten

Bei der Abgrenzung des Organizational-Citizenship-Behaviour-Konstrukts sind seine Mehrdimensionalität, Überlappungen seiner Teildimensionen, theoretische oder terminologische Auffassungsunterschiede bei Einzelbestandteilen und Wirkungsverkopplungen zu beachten (vgl. *Organ* 1997). Redundanzen entstehen auch durch den Variantenreichtum angrenzender oder verwandter Konstrukte.

- Pro-soziales Verhalten bezieht sich auf Individuen oder Gruppen und fasst unterschiedliche Verhaltensweisen thematisch zusammen, die als faire Behandlung, Hilfestellungen bei Schwierigkeiten oder freiwillige Übernahme von Aufgaben und Verpflichtungen wahrgenommen werden. In diesem Sinne dient es als Oberbegriff für verschiedene Formen des hilfreichen, verantwortlichen und unterstützenden Verhaltens und wird als Prosocial Organizational Behaviour und als Teilbereich des Organizational Citizenship Behaviour für den Arbeits- und Organisationsbezug konkretisiert.
- *Organizational Commitment* und seine verschiedenen Unterformen werden als Verhaltensmaß, als Einstellung oder als Motivationsmerkmal interpretiert. Im Sinne einer Verhaltenbereitschaft, die auf hoher Zielidentifikation beruht, ist es dem Organizational Citizenship Behaviour vorgelagert.
- *Organizational Justice* ist eine Voraussetzung für organisationale Effizienz und Effektivität. Verfahrensgerechte Führung (→ *Gerechtigkeit und Fairness*) bedingt erhöhte Zufriedenheit mit der gesamten Organisation, Verteilungsgerechtigkeit (→ *Gerechtigkeit und Fairness*) erzeugt Ergebniszufriedenheit und Systemgerechtigkeit erfasst die subjektiv bewertete Berücksichtigung eigener Interessen durch die Organisation. Im Zusammenhang mit der Organizational-Citizenship-Behaviour-Forschung sind die verschiedenen Arten des Organizational Justice vorauslaufende Bedingungen, die zu Ausprägungsunterschieden des Organizational Citizenship Behaviour führen. Organizational Citizenship Behaviour wird durch Fairness am Arbeitsplatz und faires Vorgesetztenverhalten gefördert, eine gerecht empfundene Anreizverteilung wirkt ebenfalls positiv.
- Anticitizenship Behaviour beschreibt den Einstellungs- und Verhaltensgegenpol zum Organizational Citizenship Behaviour. Es wird über abwehrendes oder schädigendes Verhalten, subtilen Widerstand gegen Anforderungen oder Ablehnung von Rollenerwartungen indiziert. Indirekte und offene Leistungszurückhaltung sind die Folgen.
- Organizational Spontaneity hat Ähnlichkeit mit Organizational Citizenship Behaviour und Prosocial Organizational Behaviour. Die Gemeinsamkeit liegt in der Dimension „helfendes und unterstützendes Verhalten" begründet. Organizational Spontaneity betrifft teilweise andere Inhaltsbereiche als Organizational Citizenship Behaviour wie z.B. die Bereitschaft, sich für die Abwehr von Gefahren einzusetzen (Verhinderung von Diebstahl oder Vandalismus), Verbesserungsvorschläge zu entwickeln, Weiterbildung zu betreiben und sich aktiv für die Verbreitung eines positiven Organisationsimages einzusetzen.
- Vertragstheoretisch (→ *Vertragstheorie*) gesehen ist Organizational Citizenship Behaviour Bestandteil des psychologischen Vertrags (vgl. *Organ* 1990), der seine Wirkung neben und zusätzlich zum Arbeitsvertrag entfaltet. Organizational Citizenship Behaviour beschreibt implizite und nicht kodifizierte Erwartungen des Prinzipals (→ *Prinzipal-Agenten-Ansatz*) an die Rollenausübung und Folgebereitschaft des Mitarbeiters, wobei die Verhaltensumsetzung entscheidend von strukturellen Bedingungen und vom Führungsverhalten abhängt.

V. Theoretische und praktische Bedeutung

Die Organizational-Citizenship-Behaviour-Forschung liefert empirische Belege, wie sich Identifikation und flexible Rollenausübung günstig auf Arbeitshandeln und allgemeine organisatorische Anpassungsfähigkeit auswirken können. Betont wird die produktive Funktion bewusster Rollendistanz (→ *Rollentheorie*). Als personales Merkmal kann Organizational Citizenship Behaviour bei Auswahl- und Entwicklungsentscheidungen eingesetzt werden. Außerdem dienen Führung und organisatorische Praktiken, die sich an Fairness und Interessenausgleich orientieren, dazu, Organizational Citizenship Behaviour günstig zu beeinflussen.

VI. Kritische Würdigung

Die Möglichkeiten zur Identitätsbehauptung (→ *Identitätstheoretischer Ansatz*) in formal regulierten Strukturen (vgl. *Schimank* 1981) sind ein Standardthema der modernen Organisationstheorie. Die Organizational-Citizenship-Behaviour-Forschung setzt daran einerseits an, indem auf die Bedeutung von Handlungsspielräumen und den Einfluss auf die Kontextgestaltung verwiesen wird. Andererseits wird das Citizenship normativ verkürzt und auf vorgegebene organisatorische Zwecke eingegrenzt. Organisationsmitglieder erscheinen als umsichtige Intrapreneure ohne tatsächliche Unternehmerfunktion. Eine inhaltlich verkürzte Dimensionsbildung und unklare Trennlinien zu angrenzenden Konstrukten sind kritisch anzumerken. Nachteilige Folgen von Organizational Citizenship Behaviour werden bislang nicht systematisch untersucht. Dies betrifft mögliche

Reaktanzfolgen auf helfendes und unterstützendes Verhalten, negative Spill-over-Effekte durch hohes Engagement, Konsequenzen qualitativ unterschiedlicher Arten der Erlebnisverarbeitung, die Organizational Citizenship Behaviour bedingen und Konflikte (→ *Konflikte in Organisationen*) aus flexiblem Verhalten und Rollenanforderungen.

Literatur

Allen, Tammy D./Rush, Michael C.: The effects of organizational citizenship behavior on performance judgments: a field study and a laboratory experiment, in: JAP, Jg. 83, 1998, S. 247-260.
Bierhoff, Hans-Werner/Herner, Michael Jürgen: Arbeitsengagement aus freien Stücken: zur Rolle der Führung, in: Managementforschung 9: Führung – neu gesehen, hrsg. v. *Schreyögg, Georg/Sydow, Jörg*, Berlin 1999, S. 55–88.
Borman, Walter C./Motowidlo, Stephan J.: Expanding the criterion domain to include elements of contextual performance, in: Personnel selection in organizations, hrsg. v. *Schmitt, Neal/Borman, Walter C.*, San Francisco 1993, S. 71–98.
Dyne, Linn van/Graham, Jill W./Dienesch, Richard M.: Organizational citizenship behavior: construct redefinition, measurement, and validation, in: AMJ, Jg. 37, 1994, S. 765–802.
Franzpötter, Reiner: Der „unternehmerische" Angestellte – ein neuer Typus der Führungskraft in entgrenzten Interorganisationsbeziehungen, in: Begrenzte Entgrenzungen – Wandlungen von Organisation und Arbeit, hrsg. v. *Minssen, Heiner*, Berlin 2000, S. 163–176.
Katz, Daniel: The motivational basis of organizational behavior, in: Behavioral Science, Jg. 9, 1964, S. 131–146.
Konovsky, Mary A./Organ, Dennis W.: Dispositional and contextual determinants of organizational citizenship behavior, in: Journal of Organizational Behavior, Jg. 17, 1996, S. 253–266.
Kracauer, Siegfried: Die Angestellten: aus dem neuesten Deutschland, 7. A., Frankfurt am Main 1997.
Kracauer, Siegfried: Die Angestellten: aus dem neuesten Deutschland, Frankfurt am Main 1930.
Mackert, Jürgen/Müller, Hans-Peter (Hrsg.): Citizenship – Soziologie der Staatsbürgerschaft, Wiesbaden 2000.
Moldaschl, Manfred/Voß, Gerd-Günther (Hrsg.): Subjektivierung von Arbeit, München et al. 2002.
Organ, Dennis W.: Organizational citizenship behavior: it's construct clean-up time, in: Human Performance, Jg. 10, 1997, S. 85–98.
Organ, Dennis W.: The motivational basis of organizational citizenship behavior, in: ROB 12, hrsg. v. *Staw, Barry M./Cummings, Larry L.*, Greenwich CT 1990, S. 43–72.
Organ, Dennis W.: Organizational citizenship behavior: the good soldier syndrome, Lexington 1988.
Podsakoff, Philip M./MacKenzie, Scott B.: Impact of organizational citizenship behavior on organizational performance: a review and suggestions for future research, in: Human Performance, Jg. 10, 1997, S. 133–152.
Podsakoff, Philip M./MacKenzie, Scott B.: Organizational citizenship behaviors and sales unit effectiveness, in: Journal of Marketing Research, Jg. 31, 1994, S. 351–363.
Podsakoff, Philip M. et al.: Transformational leader behaviors and their effects on followers' trust in leader, satisfaction, and organizational citizenship behaviors, in: Leadership Quarterly, Jg. 1, 1990, S. 107–142.
Schimank, Uwe: Identitätsbehauptung in Arbeitsorganisationen – Individualität in der Formalstruktur, Frankfurt am Main et al. 1981.
Schnake, Mel: Organizational citizenship: a review, proposed model, and research agenda, in: HR, Jg. 44, 1991, S. 735–759.
Schnake, Mel/Dumler, Michael P./Cochran, Daniel S.: The relationship between „traditional" leadership, „super" leadership, and organizational citizenship behavior, in: Group & Organization Management, Jg. 18, 1993, S. 352–365.
Schubert, Renate/Littmann-Wernli, Sabina/Tingler, Philipp: Corporate Volunteering, Bern et al. 2002.
Smith, C. Ann/Organ, Dennis W./Near, Janet P.: Organizational citizenship behavior: its nature and antecedents, in: JAP, Jg. 68, 1983, S. 653–663.

Outsourcing und Insourcing

Insa Sjurts

[s.a.: Flexibilität, organisatorische; Hierarchie; Informationstechnologie und Organisation; Netzwerke; Organisationsgrenzen; Ressourcenbasierter Ansatz; Transaktionskostentheorie; Unternehmenskooperation.]

I. Begriffe und Formen; II. Motive und Erklärungsansätze; III. Empirische Studien.

Zusammenfassung

Outsourcing und Insourcing können als Ausprägungen des Leistungsbezugs aus marktlichen, hierarchischen oder kooperativen Beziehungen interpretiert werden. Die Entscheidung lässt sich kostenrechnerisch, transaktionskostentheoretisch und im Lichte der marktorientierten und ressourcenbasierten Strategielehre erklären.

I. Begriffe und Formen

Der Begriff Outsourcing wurde Mitte der 80er Jahre im Zusammenhang mit der Auslagerung der Informationsverarbeitung bei General Motors an EDS und bei Eastman Kodak an IBM und DEC in der US-amerikanischen Literatur kreiert (*Szyperski* 1993). Dieses Kunstwort sollte den Übergang zur Nutzung externer Ressourcen kennzeichnen. Strittig ist, ob Outsourcing aus den Begriffen „outside", „resource" und „using" oder aus den Elementen „outside" und „resourcing" zusammengesetzt wurde. Heute wird Outsourcing in der betriebswirtschaftlichen Literatur im Kontext von Auslagerungsentscheidungen und -prozessen verwendet. Als sprachliches Komplement hat sich der Begriff Insourcing eingebürgert.

Trotz der gängigen Verwendung von „Outsourcing" und „Insourcing" fehlt es, soweit diese Begriffe überhaupt expliziert werden, auch in der theoretisch orientierten Literatur an einem einheitlichen Begriffsverständnis. Die Extension der Begriffe variiert in mehrfacher Hinsicht:

- Outsourcing als Synonym für alle Varianten von Fremdbezug vs. als Sonderfall für bisher selbst erstellte Leistungen; als Gegenstand EDV oder Teilleistungen des Produktionsprozesses oder alle Aktivitäten des Wertschöpfungsprozesses; als Formen nur Auslagerung (externes Outsourcing) oder auch Ausgliederung (internes Outsourcing) in Tochtergesellschaften oder Minderheitsbeteiligungen.
- Insourcing als Synonym für Eigenfertigung oder den Übergang dazu; als Organisationsform (Montage des Zulieferers beim Abnehmer) oder allgemein als Komplement zum Outsourcing.

Die begriffliche Vielfalt und Verwirrung in der Literatur resultiert zum großen Teil daraus, dass eher induktiv von einzelnen Aktivitäten und Problemen der Praxis im Zeitablauf ausgegangen wird, statt von der ökonomischen Theorie. Orientiert man sich an den klassischen Unterscheidungen zur Organisation wirtschaftlicher Aktivitäten, Markt, → *Hierarchie* und Kooperation bzw. Netzwerk (→ *Netzwerke*; → *Unternehmenskooperation*), dann lassen sich Outsourcing und Insourcing wie folgt bestimmen und einordnen. Ausgehend von der Eigenfertigung (Hierarchie) wird Outsourcing verstanden als die Entscheidung zugunsten des Fremdbezugs von operativ und/oder strategisch relevanten Leistungen. Als Organisationsformen der Nutzung externer Ressourcen lassen sich unterscheiden Markt und Kooperation oder Netzwerk. Insourcing ist dann die Entscheidung zugunsten der Nutzung der internen Ressourcen für Leistungen, die bislang am Markt oder aus Kooperations- bzw. Netzwerkbeziehungen bezogen wurden.

Die in der Literatur gebräuchliche Rede von Auslagerung bzw. externem Outsourcing lässt sich als die Nutzung des Marktes oder von Kooperations- bzw. Netzwerkbeziehungen interpretieren. Ausgliederung bzw. internes Outsourcing bedeutet im Fall der Tochtergesellschaft weiterhin Leistungsbezug in der Hierarchie, während Minderheitsbeteiligungen oder längerfristige vertragliche Arrangements wie spezialisierte Lieferbeziehungen einen Leistungsbezug aus Kooperation oder Netzwerk darstellen.

II. Motive und Erklärungsansätze

Als Motive für das Outsourcing oder das Insourcing von Produkten und Dienstleistungen werden in der Literatur insbesondere genannt Kostenvorteile, Leistungsverbesserungen und die Steigerung der Innovationsrate. Für Outsourcing spricht die Konzentration auf das Kerngeschäft, die Erhöhung der strategischen und operativen Flexibilität des Unternehmens (→ *Flexibilität, organisatorische*) sowie die Verlagerung von Risiken auf Dritte (*Matiaske/Mellewigt* 2002). Die Entscheidung über Outsourcing und Insourcing versucht man kostenrechnerisch, mit Hilfe des Transaktionskostenansatzes und im Lichte der marktorientierten und ressourcenbasierten Strategielehre zu erklären.

1. Kostenrechnerischer Ansatz

Der kostenrechnerische Ansatz (*Männel* 1981) fokussiert die Entscheidung über Outsourcing und Insourcing als Wahl zwischen Markt und Hierarchie. Gewählt wird die Handlungsalternative mit den geringsten Kosten. Verglichen werden die Kosten des Fremdbezugs, also der Marktpreis, mit den entscheidungsrelevanten Kosten der Eigenfertigung. Die Höhe der entscheidungsrelevanten Eigenfertigungskosten hängt ab von der Fristigkeit der Entscheidung und vom Auslastungsgrad der unternehmensinternen Kapazitäten. Bei kurzem Planungshorizont und freien Kapazitäten sind nur die variablen Kosten entscheidungserheblich. Bei einem Kapazitätsengpass ist zu prüfen, ob sich die Freisetzung eines Teils der Kapazität lohnt. Entscheidungsrelevant bei kurzfristiger Perspektive und Kapazitätsauslastung sind dann die variablen Kosten und die engpassbezogenen Opportunitätskosten. Bei Entscheidungen mit längerfristigem Planungshorizont werden bei der Eigenfertigung zusätzlich zu den variablen Kosten die kurzfristig fixen, aber langfristig variablen Kosten berücksichtigt. Hier liefert die Break-Even-Analyse einen ersten Anhaltspunkt, ab welcher Bedarfsmenge die Kosten des Fremdbezugs unter den Gesamtkosten der Eigenerstellung liegen. Bei Kapazitätsauslastung sollte nur dann Insourcing realisiert werden, wenn die mit der Schaffung der notwendigen zusätzlichen Kapazitäten verbundenen Kosten, langfristig betrachtet, niedriger liegen als die Kosten des Fremdbezugs am Markt.

Kritisch wird in der Literatur zum kostenrechnerischen Ansatz angemerkt (*Johnson/Kaplan* 1987; *Picot* 1991), dass er sich auf die Wahl zwischen Eigenfertigung und Fremdbezug beschränke und die Varianten Kooperation und Netzwerkbeziehungen ausblende. Die Verwendung der Teilkostenrechnung führe zu einer systematischen Überschätzung der Vorteilhaftigkeit der Eigenfertigung. Weiter vernachlässige er entscheidungserhebliche Faktoren wie *Macht* und Abhängigkeit bei Fremdbezug oder das Problem unternehmerischer *Flexibilität* bei Eigenfertigung. Insgesamt erscheint dieser Ansatz eher für Entscheidungen über das operative Geschäft geeignet als für strategische Entscheidungen.

2. Transaktionskostenansatz

Die effizienteste Organisationsform ökonomischer Aktivitäten ist nach dem Transaktionskostenansatz die Form der Leistungserstellung, die die geringsten *Transaktionskosten* verursacht (*Coase* 1937; *Williamson* 1975; → *Transaktionskostentheorie*). Die Höhe der Transaktionskosten hängt insbesondere ab von der Spezifität der für diese Transaktion benötigten Ressourcen, der strategischen Bedeutung der Transaktion, der *Unsicherheit* in Bezug auf qualitative, quantitative, terminliche oder technische Änderungen sowie von der Häufigkeit der Transaktion. Bezogen auf die Formen der Leistungserstellung lassen sich folgende Tendenzaussagen treffen (*Picot* 1991):

- Insourcing bzw. Eigenfertigung ist die ökonomisch zweckmäßige Organisationsform, wenn der Gegenstand der Transaktion sich durch hohe Spezifität, hohe strategische Bedeutung, große Häufigkeit und hohe Unsicherheit auszeichnet. Dadurch wird Abhängigkeit vom Zulieferer, die sich aus der hohen Spezifität und strategischen Bedeutung ergeben könnte, ebenso vermieden wie hohe Vereinbarungs-, Abwicklungs-, Anpassungs- und Kontrollkosten bei einer mit hoher Unsicherheit behafteten Transaktion. Größendegressionsvorteile ergeben sich aus der Häufigkeit.
- Outsourcing bzw. Marktbezug empfiehlt sich, wenn die zu erstellende Leistung eine niedrige Spezifität und geringe strategische Bedeutung aufweist, kaum Unsicherheiten birgt und nur sporadisch erstellt wird. Die Risiken des Fremdbezugs von solchen Standardleistungen sind begrenzt. Größendegressionsvorteile lassen sich nur bei darauf spezialisierten Produzenten realisieren.
- Kooperationen oder Netzwerkbeziehungen als hybride Organisationsformen der Leistungserstellung sind effizient, wenn es sich um Leistungen mit ‚mittlerer' Ausprägung bei Spezifität, strategischer Bedeutung, Unsicherheit und Häufigkeit handelt. Die Bindungswirkung der Partner sei hier von mittlerer Intensität und zwischen dem relationalen Arbeitsvertrag bei Eigenfertigung und dem klassischen Kaufvertrag bei Marktbezug angesiedelt.

Die theoretische Fassungs- und Erklärungskraft des Transaktionskostenansatzes ist im Vergleich zum kostenrechnerischen Ansatz deutlich höher einzuschätzen. Der Transaktionskostenansatz berücksichtigt die strategische Bedeutung bei der Entscheidung über Outsourcing und Insourcing. Ferner schöpft er das gesamte Spektrum der Organisationsformen ökonomischer Aktivitäten aus. Problematisch ist jedoch die statische Betrachtungsweise bei der Entscheidung über die geeignete Form der Leistungserstellung. Veränderungen des Wettbewerbs in der Branche oder technologische Entwicklungen vermag er nicht mit zu erfassen.

3. Strategietheoretische Ansätze

a) Marktorientierte Strategielehre

Die marktorientierte Strategielehre erklärt Wettbewerbsvorteile durch die Positionierung eines Unternehmens in der Branche (*Porter* 1980; *Harrigan* 1983). Die Kunst von Unternehmensstrategie besteht darin, die Strategie zu wählen, die das Unternehmen am besten vor den Triebkräften des Wettbewerbs in der Branche schützt (→ *Wettbewerbsstrategien*). Bezogen auf die Alternativen Outsourcing und Insourcing fokussiert dieser Erklärungsansatz das Insourcing, da es die Marktmacht des integrierenden Unternehmens gegenüber den Wertschöpfungskonkurrenten erhöht. Die Rückwärts- bzw. Vorwärtsintegration reduziert die Abhängigkeit von den Lieferanten bzw. den Abnehmern. *Vertikale Integration* erhöht weiter die Markteintrittsbarrieren und verringert so die Bedrohung durch potenzielle neue Konkurrenten. Wegen der grundlegend kompetitiven Perspektive der marktorientierten Strategielehre sind Kooperationen bei der Leistungserstellung ein Ausnahmefall, der nur in reifen Märkten Wettbewerbsvorteile verspricht (*Harrigan* 1985).

b) Ressourcenbasierte Strategielehre

Die ressourcenbasierte Strategielehre erklärt Wettbewerbsvorteile durch die Verfügung über einzigartige Ressourcen, mit deren Hilfe sich überdurchschnittliche Renditen erzielen lassen (→ *Ressourcenbasierter Ansatz*). Wettbewerbsvorteile generieren diejenigen Ressourcen, die Kundennutzen stiften und knapp sind. Nachhaltig sind diese Wettbewerbsvorsprünge nur, wenn diese Ressourcen auch schwer imitier- und substituierbar sind (*Wernerfelt* 1984; *Barney* 1991; *Grant* 1991). Aus Sicht der ressourcenbasierten Strategielehre ist Insourcing immer dann zu präferieren, wenn das Unternehmen über einzigartige Wettbewerbsvorteile stiftende Ressourcen verfügt. Die Nicht-Nutzung dieser Ressourcen oder gar Outsourcing würde die Wettbewerbsposition des Unternehmens schwächen und die Chance auf überdurchschnittliche Renditen schmälern. Sofern die für die Leistungserstellung erforderlichen Ressourcen weder knapp noch schwer imitierbar und substituierbar sind, kann sich Outsourcing empfehlen. Durch Marktbezug lassen sich möglicherweise Kostenvorteile realisieren.

Kooperation als Handlungsoption macht aus ressourcentheoretischer Perspektive insbesondere dann Sinn, wenn die eigene Ressourcenbasis veraltet ist, die Eigenentwicklung von neuem → *Wissen* und Fähigkeiten aus Zeitgründen ausscheidet oder die Akquisition der wettbewerbskritischen Ressourcen unmöglich ist. Die Ressourcenpooling in einer → *Unternehmenskooperation* ermöglicht nicht nur, an der Kooperationsrente zu partizipieren, sondern auch das neue wettbewerbskritische Wissen und Fähigkeiten zu erlernen (*Hamel* 1994). Ist der Lernprozess abgeschlossen, ist Insourcing wieder vorzuziehen, es sei denn, die Kooperation ermöglicht die Erzielung einer Rente, die im strategischen Alleingang nicht realisiert werden könnte. Die Entscheidung für eine Kooperation zur Leistungserstellung hat immer auch das spezifische *Risiko* einer solchen Zusammenarbeit und die daraus resultierenden Kontrollkosten zu berücksichtigen. Das

Kooperationsrisiko ergibt sich aus der partiellen Zieldivergenz der Partner und der wechselseitigen Abhängigkeit bei der Zielverfolgung (*Sjurts* 2000).

III. Empirische Studien

Empirische Studien speziell zum Outsourcing sind im Lichte des breiten Interesses in Praxis und Wissenschaft vergleichsweise selten und dann theoretisch kaum fundiert (zum Überblick *Matiaske/Mellewigt* 2002). Sie bestätigen, dass heute alle betrieblichen Funktionen Outsourcing-Kandidaten sind. Externes und internes Outsourcing erscheinen gleich verteilt. Als Motiv dominiert die Kostensenkung. Die Erfolgswirkungen von Outsourcing bleiben unklar. Anders ist der Befund, wenn man die theoriegeleiteten, empirischen Studien zur vertikalen Integration heranzieht (zum Überblick *Picot/Franck* 1993). Danach bestätigen sich die von der marktorientierten Strategielehre postulierten Vorteile von Insourcing durch Vorwärts- und Rückwärtsintegration gemessen an Risiko, Erfolg und der Qualität der Leistung. Ferner belegen die empirischen Befunde die transaktionskostentheoretische These von der Vorteilhaftigkeit des Insourcing insbesondere bei hoher Spezifität und Unsicherheit der Transaktion. Positiv für den Innovationserfolg erscheinen nach transaktionskostentheoretischen Untersuchungen und ressourcenbasierten Fallstudien situationsabhängig sowohl Hierarchie als auch Kooperation und Netzwerkbeziehungen.

Literatur

Arnold, Ulli: Sourcing-Konzepte, in: HWProd, hrsg. v. *Kern, Werner/Schröder, Hans-Horst/Weber, Jürgen*, 2. A., Stuttgart 1996, Sp. 1861–1874.
Barney, Jay B.: Firm resources and sustained competitive advantage, in: Journal of Management, Jg. 17, 1991, S. 99–120.
Coase, Ronald H.: The nature of the firm, in: Economica, Jg. 4, 1937, S. 386–405.
Dichtl, Erwin: Produktionstiefe, in: HWB, hrsg. v. *Wittmann, Waldemar*, 5. A., Stuttgart 1993, Sp. 3519–3530.
Grant, Robert M.: The resource-based theory of competitive advantage: Implications for strategy formulation, in: CMR, Jg. 33, H. 3/1991, S. 114–135.
Hamel, Gary: The concept of core competence, in: Competence-based competition, hrsg. v. *Hamel, Gary/Heene, Aime*, Chichester et al. 1994, S. 11–33.
Harrigan, Kathryn R.: Strategies for joint ventures, Lexington, MA – Toronto 1985.
Harrigan, Kathryn R.: Strategies for vertical integration, Lexington, MA et al. 1983.
Ihde, Gösta: Die relative Betriebstiefe als strategischer Erfolgsfaktor, in: ZfB, Jg. 58, 1988, S. 13–23.
Johnson, H. Thomas/Kaplan, Robert S.: Relevance lost, Boston, MA 1987.
Koppelmann, Udo (Hrsg.): Outsourcing, Stuttgart 1996.
Männel, Wolfgang: Eigenfertigung und Fremdbezug, 2. A., Stuttgart 1981.
Matiaske, Wenzel/Mellewigt, Thomas: Motive, Erfolge und Risiken des Outsourcing – Befunde und Defizite der empirischen Outsourcing-Forschung, in: ZfB, Jg. 72, 2002, S. 641–659.
Picot, Arnold: Ein neuer Ansatz zur Gestaltung der Leistungstiefe, in: ZfbF, Jg. 43, 1991, S. 336–357.
Picot, Arnold/Franck, Egon: Vertikale Integration, in: Ergebnisse empirischer betriebswirtschaftlicher Forschung, hrsg. v. *Hauschildt, Jürgen/Grün, Oskar*, Stuttgart 1993, S. 179–219.
Porter, Michael E.: Competitive strategy, New York et al. 1980.
Sjurts, Insa: Kollektive Unternehmensstrategie, Wiesbaden et al. 2000.
Szyperski, Norbert: Outsourcing als strategische Entscheidung, in: online, H. 2/1993, S. 32–42.
Wernerfelt, Birger: A resource-based view of strategy, in: SMJ, Jg. 5, 1984, S. 171–180.
Wildemann, Horst: Insourcing, in: DBW, Jg. 54, 1994, S. 415–417.
Williamson, Oliver E.: The economic institutions of capitalism, New York 1985.
Williamson, Oliver E.: Markets and hierarchies, New York 1975.

P

Partizipation

Dieter Wagner

[s.a.: Anreizsysteme, ökonomische und verhaltenswissenschaftliche Dimension; Arbeitsorganisation; Delegation (Zentralisation und Dezentralisation); Führung und Führungstheorien; Führungsstile und -konzepte; Gerechtigkeit und Fairness; Human Ressourcen Management; Individuum und Organisation; Management by Objectives; Menschenbilder; Mitbestimmung, betriebliche; Mitbestimmung, unternehmerische; Motivation; Organisationsentwicklung; Organizational Citizenship Behaviour.]

I. *Begriff und Arten;* II. *Mitbestimmung und Delegation als verwandte Konzepte;* III. *Partizipationsgrade und Partizipationsmuster;* IV. *Gründe für partizipatives Management;* V. *Voraussetzungen für Partizipation;* VI. *Wirkungen der Partizipation;* VII. *Ergebnisse der empirischen Forschung;* VIII. *Kritische Würdigung.*

Zusammenfassung

Partizipation als direkte oder als repräsentative Teilnahme bzw. Teilhabe an *Entscheidungen* bezieht sich auf unterschiedliche Ebenen in *Organisationen.* Insgesamt sind unterschiedliche *Partizipationsgrade* und *Partizipationsmuster* zu unterscheiden, die auf ethisch-normativen und/oder auf sachlichen Begründungen beruhen. Sie setzen eine entsprechende *Partizipationskompetenz* und *Partizipationskultur* voraus, um als erfolgreich angesehen werden zu können. Dabei bestehen enge Zusammenhänge zu den Prinzipien der *Organisationsentwicklung.*

I. *Begriff und Arten*

Aus organisatorischer Sicht ist Partizipation gleichbedeutend mit der Teilnahme bzw. mit der Teilhabe an *Entscheidungen.* Während im ersten Falle kommunikative und interpersonale Aspekte der Beziehungsgestaltung angesprochen werden, steht im anderen Falle die interpositionale *Machtstellung* mit entsprechenden Rechten und Pflichten im Vordergrund. Indem Partizipation insofern mit dem *Entscheidungssystem* einer Organisation verbunden wird (und den damit verknüpften *Zielorientierungen* und *Interessen*) (*Wilpert* 1998, S. 42), entsteht hinsichtlich Umfang und Inhalt des Begriffes ein mehrdimensionales Kontinuum, innerhalb dessen insbesondere der *Partizipationsgrad* und die *Partizipationsebene* sowie die personale Reichweite und der Formalisierungsgrad als differenzierende Kriterien herangezogen werden können.

Insofern ist grundsätzlich zwischen formaler und informaler Partizipation zu unterscheiden. Dabei stehen formale *Partizipationsmuster* im Zentrum der nachfolgenden Ausführungen. Partizipation kann sich je nach personaler Reichweite bzw. organisationaler Aggregationsstufe auf individuelle, gruppenbezogene oder ganzheitlich-institutionale Aspekte beziehen. Es können operative und taktische Entscheidungen ebenso betroffen sein wie strategische. Der Partizipationsgrad kann von eher passiven Informationsrechten bis hin zu proaktiven, umfassenden Entscheidungsbefugnissen reichen. Insgesamt ergeben sich somit unterschiedliche Partizipationsarten, und dies sowohl in einem gesetzlich-normativen als auch in einem organisationalen Kontext (*Strauss* 1998).

II. *Mitbestimmung und Delegation als verwandte Konzepte*

1. *Partizipation und Mitbestimmung*

Nachstehend beschriebene Partizipationsmuster und Partizipationsgrade stehen in einem engen Kontext zu den *Arbeitsbeziehungen* (Labor Relations) eines Landes, bzw. der hiermit verbundenen supranationalen Vereinigungen (z.B. Europäische Union). Hinzu kommen die Werte und Prinzipien der jeweiligen *Organisations-* und *Landeskultur,* durch welche Partizipation faktisch ermöglicht oder begrenzt wird. Insbesondere in der Bundesrepublik Deutschland gibt es mehrere *Betriebsverfassungs-* (bzw. *Personalvertretungs-*) und *Mitbestimmungsgesetze,* durch die die Rechte und Pflichten von Betriebsräten, bzw. Personalräten (→ *Mitbestimmung, betriebliche*) sowie die Rechte und Pflichten von *Arbeitnehmervertretern* in den *Aufsichtsräten* von Kapitalgesellschaften (→ *Mitbestimmung, unternehmerische*) geregelt sind. Insofern sind die damit verbundenen Informations-, Beratungs- und Entscheidungsrechte gesetzlich geregelte Partizipationsgrade. Dabei versteht man unter einem *Mitbestimmungsrecht* i.e.S. die vollumfassende Mitwirkungsform, die de facto einem Vetorecht gleich kommt. Die Teilnahme an Entscheidungen erfolgt grundsätzlich durch gewählte *Arbeitnehmervertreter* und somit – bis auf wenige Ausnahmen, etwa bei personalen Mitwirkungsrechten in der *Betriebsverfassung* – auf einer indirekten Basis. Insofern wird auch zwischen indirekter, repräsentativer und direkter Mitbestimmung unterschieden (z.B. *Mitbestimmung am Arbeitsplatz*), wobei letztere auf freiwilligen Vereinbarungen beruht. Aber auch Regelungen zur *Betriebs- und Unternehmensverfassung* können freiwillig getroffen werden, wenn sie, insbesondere im europäischen und darüber hinausgehenden, internationalen Zusammenhang, bestehenden Regelungen nicht widersprechen, sondern diese vielmehr ergänzen. Insofern ist zwischen der Partizipation „de jure" und „de facto" zu unterscheiden, bzw. der „betrieblichen Übung", die das Muster ihrer konkreten Anwendung im Zeitablauf beschreibt (*Pusic* 1998).

2. Partizipation und Delegation

Werden durch Partizipation Inhalt und Ausmaß der Teilnahme oder Teilhabe an Entscheidungen beschrieben, werden durch → *Delegation (Zentralisation und Dezentralisation)* Entscheidungsbefugnisse weitergegeben. Damit einhergehend fokussiert Partizipation stärker auf horizontale (laterale) Beziehungszusammenhänge sowohl in formal *segmentierten Organisationseinheiten* als auch in Projekten (*traversierende Organisationseinheiten*), während durch Delegation eher die vertikalen Beziehungszusammenhänge angesprochen werden. So ist es ein wesentlicher Bestandteil des Management by delegation, wie es schon im *Harzburger Führungsmodell* zum Ausdruck kommt, dass Entscheidungsbefugnisse auf Mitarbeiter übertragen werden, wobei es sich hier vornehmlich um die Delegation von Handlungsverantwortung handelt. In diesem Verantwortungsbereich kann der einzelne Mitarbeiter selbstständig entscheiden. Die Delegation von *Führungsverantwortung* stößt dagegen auf enge Grenzen. Stellenbeschreibungen, Funktionsdiagramme und Anforderungsprofile verkörpern einschlägige Instrumente, durch die zentrale und dezentrale Kompetenz- und Verantwortungsbereiche festgelegt werden können (*Schanz* 1992).

Ein gemeinsames Merkmal von Partizipation und Delegation besteht darin, dass Einfluss auf *Entscheidungsprozesse* ausgeübt wird. Allerdings lässt sich Delegation stärker formalisieren. Dennoch bilden sie zwei unterschiedliche, horizontale vs. vertikale Ausprägungen der modernen, kooperativen Führung, die sich letztlich wechselseitig bedingen: so setzt partizipatives Management selbstständig denkende Mitarbeiter voraus und umgekehrt kann man nur dann selbstständig entscheiden, wenn man vorher in hinreichendem Maße die Gelegenheit hatte, an Entscheidungen mitzuwirken. Allerdings kann Delegation durchaus mit einseitiger *Einflussnahme* bzw. *Machtausübung* verbunden sein.

III. Partizipationsgrade und Partizipationsmuster

Durch den *Partizipationsgrad* wird einerseits das Ausmaß der Beteiligung an *Entscheidungs-* und *Problemlösungsprozessen* definiert. Insofern kann man ein Partizipationskontinuum beschreiben, das bei keinerlei Mitspracheinmöglichkeiten beginnt und sodann über Informationsrechte, Vorschlagsrechte, Mitbestimmungs- und Vetorechte bis zur völligen Autonomie reicht. Entsprechende Abstufungen werden in der Literatur relativ häufig beschrieben (z.B. *Tannenbaum/ Schmidt* 1973; → *Führungsstile und -konzepte*).

Andererseits sind unterschiedliche *Entscheidungstypen* (z.B. probabilistische vs. deterministische Entscheidungen), unterschiedliche Abschnitte des jeweiligen Entscheidungs- und Problemlösungsprozesses (z.B. *Willensbildungs-*, *Willensdurchsetzungs-* und *Willenssicherungsphase*) sowie eine unterschiedliche Einordnung in das operative und in das strategische Management zu berücksichtigen, um angemessen die Bedeutung des ausgeübten partizipativen Einflusses ermessen zu können.

Hinzu kommt das Ausmaß an Partizipation in individueller oder in arbeitsplatzbezogener (z.B. job enrichment und job enlargement), darüber hinaus in gruppen- oder in abteilungsbezogener (z.B. *teilautonome Arbeitsgruppen*, *Qualitätszirkel*, TQM) sowie in organisational-institutioneller (*Betriebsräte*, *Sprecherausschüsse*, *mitbestimmter Aufsichtsrat*) (*Conger* 2001), aber auch zunehmend in organisationsüberschreitender Hinsicht (z.B. europäische und weltweite Betriebsräte). Nimmt man diese Merkmale zusammen, entstehen mehrdimensionale Partizipationsmuster, mit deren Hilfe der Partizipationsgrad seine situationsspezifische Einordnung erhält (*Heller* et al. 1998; → *Individuum und Organisation*).

IV. Gründe für partizipatives Management

Partizipatives Management lässt sich sowohl sachlich als auch ethisch-normativ begründen. Im Kern wird es zunehmend praktiziert, weil die Umfeldbedingungen einer Organisation immer komplexer und immer dynamischer geworden sind. Traditionelle, auf Max Weber zurückgehende *Bürokratiemodelle* werden deshalb sowohl im öffentlichen wie im privaten Sektor zunehmend durch – zumindest teilweise – vernetzte und/oder *virtuelle*, *prozess-* und *wertschöpfungskettenorientierte* bzw. auch *kunden-* oder *bürgerorientierte Organisationsmodelle* ergänzt bzw. überlagert oder ersetzt. Damit wird die traditionelle Zentralisation von Entscheidungsaufgaben durch *partizipative* und *delegative* Organisations- und Führungsmodelle zurückgedrängt (vgl. *Schreyögg* 2003).

Dieser aufgabenbezogene Zusammenhang wird von technologischen Veränderungen, insbesondere hinsichtlich der modernen *Informations-* und *Kom-*

munikationstechnologien stark unterstützt, weil dezentrale und simultane Zugriffe zu relevanten Datenbänken ermöglicht werden.

Allerdings ist fraglich, ob der politisch-gesetzliche Kontext diese Entwicklungen tatsächlich unterstützt, auch wenn der Ruf nach *Deregulation* und *Verwaltungsvereinfachung* immer stärker wird. Immerhin spricht die allgemeine gesellschaftlich-demokratische Entwicklung dafür, dass autoritäre Führungsformen zugunsten des kooperativen Führungsstils immer mehr in den Hintergrund treten. Insofern sprechen doch verschiedene, vielfältige Gründe für mehr Partizipation (*Neuhaus* 2002).

V. Voraussetzungen für Partizipation

Grundsätzlich ist zwischen aufgabenbezogenen und personalen Voraussetzungen zu unterscheiden. Im ersteren Fall sind insbesondere die bereits erwähnten (generellen) kontextualen und darüber hinaus die (spezifischen) situativen *Einflussfaktoren* gemeint, die für partizipative Organisations- und Führungsstrukturen sprechen: Dabei handelt es sich einerseits insbesondere um strategische *Entscheidungen*, d.h. Entscheidungen von langfristiger Bedeutung, mit hoher Ungewissheit und subjektiven Risiken und andererseits um kreative Problemstellungen bei vagen Zielstellungen und mit tendenziell unbekannten Lösungsalgorithmen. Diesen Merkmalen stehen idealtypisch kurzfristige (operative) Entscheidungen gegenüber mit hoher Sicherheit oder repetitive Problemstellungen mit programmierbaren Lösungen. Hier sind *partizipativen Organisations- und Führungsstrukturen* enge Grenzen gesetzt.

Hinsichtlich der personalen Voraussetzungen ist grundsätzlich zwischen der *Partizipationsfähigkeit* (Partizipationskompetenz) und der *Partizipationsbereitschaft* zu unterscheiden. Im ersteren Falle handelt es sich insbesondere um die Fähigkeit, mit Unsicherheiten umzugehen (*Ambiguitätstoleranz*) und dabei bei sich selbst Vertrauen anderen gegenüber zu entwickeln. Hinzu kommt die Fähigkeit, vertrauensbildende Maßnahmen organisieren zu können und dabei Vertrauen bei andern aufzubauen. Dies erfordert sicherlich ein Menschenbild, das Offenheit und Vertrauensvorschuss voraussetzt (social man, complex man) (*Möllering* 2002; → *Menschenbilder*).

Partizipationsbereitschaft sollte grundsätzlich mit den soeben genannten Menschenbildern korrespondieren. Damit wäre eine intrinsisch ausgerichtete Motivationsgrundlage gegeben, die – entsprechend den Inhaltstheorien der → *Motivation* – in hohem Maße Bedürfnisse nach sozialer *Gruppenorientierung* und *Selbstverwirklichung* voraussetzt. Hinzu käme – aus Sicht von Prozesstheorien der Motivation – die individuelle Überzeugung oder Erfahrung, dass Partizipation von den Fähigkeiten her nicht nur durchführbar ist, sondern zugleich auch „erfolgreich" sein kann, sei es aus wirtschaftlichen Erwägungen (Rentabilität, Produktivität) oder aus Gründen der Arbeitszufriedenheit, letztlich, um sich in individueller und sozialer Hinsicht weiterzuentwickeln (*Wilpert* 1998, S. 43).

Partizipation entsteht in der Regel nicht von selbst. Sie setzt entsprechende kooperative Strukturen und offene Kulturen voraus. Insofern besteht auch ein enger Zusammenhang zur → *Organisationsentwicklung* (Change Management) und zum Aufbau von *Lernkulturen* (*Wagner/Seisreiner/Surrey* 2001).

VI. Wirkungen der Partizipation

Grundsätzlich ist zwischen Wirkungen auf individueller, gruppenbezogener und organisationaler Ebene zu unterscheiden. So kann von einem Einfluss auf die *Persönlichkeitsentwicklung* insofern ausgegangen werden, als dass die individuelle und die kollektive Selbstregulation von *Arbeitstätigkeiten* Prozesse kognitiven und sozialen Lernens beeinflusst. Dies wird um so positiver der Fall sein, wie die oben genannten Voraussetzungen gegeben sind. Partizipation kann auch als *Sozialtechnologie* eingesetzt werden, um z.B. die (positive) Gruppenkohäsion zu erhöhen, um z.B. dabei wiederum die Einbindung und die *Arbeitszufriedenheit* der Mitarbeiter zu intensivieren. Partizipation kann zugleich aber auch zu erhöhter *Effektivität* und *Effizienz* kollektiver Zielerreichung führen.

Gesamtgesellschaftlich kann Partizipation als pädagogisches Mittel zur *Demokratisierung* der Gesellschaft im Sinne des Abbaus von Fremdbestimmung dienen. Sicherlich ist es schwierig, Partizipation allgemein als eine „Erfolgsstory" darzustellen. Es ist aber unbestritten, dass Wirkungsmechanismen entstehen können, durch die die Identifikation mit der eigenen Organisation gefördert, die → *Motivation* erhöht und die Akzeptanz von selbst mit gestalteten Innovationsprozessen gesteigert werden kann (*Neuhaus* 2002). Die damit verbundene positive Erfahrung, z.B. durch eine sinnvolle *Mitbestimmung am Arbeitsplatz*, etwa durch job enlargement oder job enrichment, oder durch effektiv organisierte teilautonome Arbeitsgruppen in der Fertigung, kann wiederum bei aggregierter Betrachtung zu Effekten führen, die denen einer *Lernenden Organisation* gleichkommen (*Senge* 1990).

Es ist aber auch denkbar, dass *Partizipationsprozesse* kontraproduktiv wirken. Dies ist um so eher gegeben, wie Partizipationsfähigkeit und/oder -bereitschaft nicht hinreichend existieren und *Change Management-Prozesse* überhastet durchgeführt werden, also nicht gründlich genug vorbereitet worden sind.

VII. Ergebnisse der empirischen Forschung

Offensichtlich gibt es kaum ein Forschungsergebnis in den Sozialwissenschaften, „das so häufig und so konstant nachgewiesen wurde, wie der Zusammenhang zwischen Partizipation an Entscheidungsprozessen und der *Zufriedenheit der Mitarbeiter*" (*Neuhaus* 2002, S. 169, aber auch *von Rosenstiel* 1987, S. 4). Hinzu kommt die empirisch gestützte Vermutung, dass durch rechtzeitige Partizipation der Betroffenen der Widerstand gegen Änderungen abgefedert werden kann (*Gebert* 1993, S. 484).

Es gibt aber auch Hinweise, dass nicht nur die Arbeitszufriedenheit, sondern auch höhere *Wirtschaftlichkeit*, *Produktivität* und *Entscheidungsqualität* sowie die Vermeidung von *Reibungsverlusten* und die Verringerung von *Konfliktpotenzial* erreicht werden kann (*Antoni* 1999). Dies gilt auch für *partizipative Zielvereinbarungen*, die zu anspruchsvolleren Zielsetzungen und damit zu höheren Leistungen führen können (*Antoni* 1999, S. 573). Der Zusammenhang ist jedoch nicht zwingend, sondern von diversen kulturellen und situativen Faktoren abhängig (z.B. *Graumann/Niedermayer* 2003, S. 72).

Partizipation kann z.B. dann auf Widerstand stoßen, wenn negative Reaktionen der Führungskräfte auf unterschiedlichen Ebenen befürchtet werden (*Machtverlust*). Der relativ hohe Zeitaufwand für kooperative Entscheidungsprozesse kann zu Frustrationen führen, wenn keine deutlichen Erfolge sichtbar sind. In Arbeitgruppen können „*Trittbrettfahrer-Effekte*" zu Spannungen führen und die Gruppenkohäsion in negativer Hinsicht verstärken (*Strauss* 1998, S. 200 ff.).

VIII. Kritische Würdigung

Viele Fragen über die Möglichkeiten und Grenzen von Partizipation sind bislang trotz aller Fortschritte dennoch unbeantwortet geblieben, weil wissenschaftliche Untersuchungen bei dieser Thematik häufig durch ideologische und normative Überlegungen durchdrungen werden. Allumfassende Partizipation kann es in der Regel auch nicht geben, weil z.B. durch diverse Sachzwänge und hierarchische Differenzierungen bestimmte Grenzen gesetzt werden. Insofern entstehen leicht Konflikte zwischen Organisation und Demokratie (→ *Organizational Citizenship Behaviour*), wie z.B. bei Konzepten zur Arbeitnehmerselbstverwaltung. Oder die Untersuchungen über die Auswirkungen der Mitbestimmung in Deutschland auf die *Rentabilität* und die *Produktivität* werden kontrovers diskutiert (*Strauss* 1998, S. 194), auch wenn die positiven Ergebnisse durchaus gewürdigt werden, etwa durch die *Weltbank* (*Böhret* 2003, S. 7). Positive Produktivitätseffekte durch Betriebsräte werden relativ einheitlich ermittelt (z.B. *Jirjahn* 2003, S.81.).

Je mehr Partizipation vom Umfang und Inhalt her mit einem hohen Anspruch versehen ist, desto höher ist naturgemäß die Wahrscheinlichkeit, dass ihre Effektivität in Frage gestellt wird (*Heller* 1998). Deshalb ist es zu begrüßen, wenn die jeweiligen *Partizipationskonzepte* deutlich definiert und voneinander abgegrenzt worden sind wie z.B. *Selbstlernsysteme*, *Team Coaching*, teilautonome Arbeitsgruppen, Qualitätszirkel oder *Lernstattkonzepte*. Hinsichtlich dieser Konzepte zur „direkten Partizipation" liegen überwiegend positive Einschätzungen vor, etwa im Hinblick auf Qualität, Sicherheit, Absentismus, Gewinne, ROI, sofern sie durch geeignete Personalinstrumente (z.B. Vergütungsmodelle, Arbeitssicherheitskonzepte, Personalentwicklung) begleitet werden (*Strauss* 1998, S. 195ff).

Ingesamt kann man folgendem Fazit zustimmen: „Partizipation works – if conditions are appropriate" (*Strauss* 1998). Dies gilt sowohl in praktischer als auch in methodischer Hinsicht. Dabei sind neben einer genauen Gegenstandseingrenzung von „Partizipation" „Störeffekte" zu vermeiden, die etwa bei der Aufstellung von Ursache-Wirkungs-Beziehungen bezüglich parallel ablaufender Organisationsreformen auftreten können und die klare Trennung von wissenschaftlichen und politischen Aussagen, etwa, wenn Personen einbezogen werden, die von den Veränderungen selbst betroffen sind. Insofern „it can have many forms of important pay-off". (*Strauss* 1998, S. 216).

Literatur

Antoni, Claus: Konzepte der Mitarbeiterbeteiligung: Delegation und Partizipation, in: Arbeits- und Organisationspsychologie, hrsg. v. *Hoyos, Günther/Frey, Dieter*, Weinheim 1999, S. 569–583.

Böhret, Birgit: Partizipation macht leistungsfähig, in: Mitbestimmung, Jg. 6, 2003, S. 7.

Conger, Jay Alden: Corporate Boards: Strategies for Adding Value at the Top, San Francisco 2001.

Gebert, Diether: Interventionen in Organisationen, in: Organisationspsychologie, hrsg. v. *Schuler, Hans*, Bern et al. 1993, S. 481–494.

Graumann, Mathias/Niedermayer, Marcus: Höhere Motivation durch Partizipation, in: Personalführung, Jg. 36, H. 1/ 2003, S. 72–75.

Heller, Frank: Introduction, in: Organizational Participation, Myth and Reality, hrsg. v. *Heller, Frank* et al., Oxford, New York 1998, S. 1–7.

Heller, Frank et al.: Organizational Participation, Myth and Realitiy, Oxford, New York 1998.

Jirjahn, Uwe: Produktivitätswirkungen betrieblicher Mitbestimmung – Welchen Einfluß haben Betriebsgröße und Tarifbindung?, in: ZfB Personalmanagement, 2003, S. 63–85.

Möllering, Guido: Hinein ins Vetrauen?, in: ZfO, Jg. 71, 2002, S. 81–88.

Neuhaus, Ralf: Büroarbeit planen und gestalten, Köln 2002.

Pusic, Eugen: Organization Theory and Participation, in: Organizational Participation, Myth and Reality, hrsg. v. *Heller, Frank* et al., Oxford, New York 1998, S. 65–96.

Rosenstiel, Lutz von: Partizipation: Betroffene zu Beteiligten machen, in: Motivation durch Mitwirkung, hrsg. v. *Rosenstiel, Lutz von* et al., Stuttgart 1987, S. 1–11.

Schanz, Günther: Partizipation, in: HWO, hrsg. v. *Frese, Erich*, 3. A., 1992, Sp. 1901–1914.

Schreyögg, Georg: Organisation – Grundlagen moderner Organisationsgestaltung, 4. A., Wiesbaden 2003.

Senge, Peter M.: The Fifth Discipline – The Art and Practice of Learning Organizations, New York 1990.
Strauss, George: Participation Works – If Conditions are Appropriate, in: Organizational Participation, Myth and Reality, hrsg. v. *Heller, Frank* et al., Oxford, New York 1998, S. 191–219.
Tannenbaum, Robert/Schmidt, Warren H.: How to Choose a Leadership Patterns, in: HBR, Jg. 51, 1973, S. 162–180.
Wagner, Dieter/Seisreiner, Achim/Surrey, Heike: Typologie von Lernkulturen in Unternehmen, Berlin 2001.
Wilpert, Bernhard: A View from Psychology, in: Organizational Participation, Myth and Reality, hrsg. v. *Heller, Frank* et al., Oxford, New York 1998, S. 41–64.

Personal als Managementfunktion

Walter A. Oechsler

[s.a.: Führung und Führungstheorien; Human Ressourcen Management; Motivation; Personalwesen, Organisation des.]

I. *Die Rolle des Personals im Managementprozess*; II. *Personalpolitische Aufgaben von Führungskräften*; III. *Personalpolitische Unterstützung der Führungskräfte*.

Zusammenfassung

Personal stellt eine Managementfunktion im Managementprozess dar, der von Strategie und Planung über Organisation bis zum Personalmanagement reicht. Als Folge der Dezentralisierung der Personalarbeit werden immer mehr personalwirtschaftliche Aufgaben auf die Führungskräfte vor Ort verlagert. Diese müssen dann Aufgaben im Bereich der Personalplanung, -beschaffung und -auswahl, des Personaleinsatzes, der Personalbeurteilung, der Entgeltfindung sowie der Personalentwicklung wahrnehmen. Eine erfolgreiche Ausführung dieser Aufgaben erfordert zum einen die Unterstützung der Führungskräfte durch den Personalbereich. Zum anderen sollte die akademische Ausbildung dahingehend modifiziert werden, dass allgemeine, grundlegende Managementkenntnisse in allen Studiengängen vermittelt werden, um die Absolventen auf die Anforderungen dieser Managementaufgabe gezielt vorzubereiten.

I. Die Rolle des Personals im Managementprozess

Management (→ *Unternehmensführung (Management)*) kann als zunehmender Konkretisierungsprozess mit den Funktionen Planung, Organisation, Personaleinsatz, Führung und Kontrolle verstanden werden (vgl. *Steinmann/Schreyögg* 2000, S. 11). Manager als Führungskräfte nehmen diese Führungsfunktionen wahr, um sicherzustellen, dass die geplanten Ziele über organisatorische Maßnahmen und Einwirken auf das Personal erreicht werden. Die spezifischen Aufgaben von Führungskräften mit Blick auf Personal im Rahmen der Managementfunktion sollen auf der Grundlage des strategischen Human-Resource-Management-Ansatzes dargestellt werden.

1. Personal als Managementfunktion und als betriebliche Funktion

Wird Personal als eine *Managementfunktion* verstanden, muss jede Führungskraft bestimmte personalpolitische Aufgaben durchführen, damit der *Managementprozess* erfolgreich verläuft. Im Gegensatz dazu bezieht sich Personal als betriebliche Teilfunktion auf die Sachaufgabe der Gestaltung der personellen Komponente im Rahmen des Leistungsprozesses. In diesem Sinne hat die Personalfunktion dann zum Gelingen des Leistungsprozesses beizutragen, ebenso wie die Funktionen Beschaffung, Produktion, Absatz und Finanzierung. Im Vordergrund dieser Sachaufgabe steht die Gestaltung der Rahmenbedingungen für den Personaleinsatz, wie z.B. Arbeitszeitregelungen, Vorkehrungen für Arbeitssicherheit und Arbeitsschutz, Entgeltabrechnung etc. Weiterhin sind im Rahmen dieser Sachfunktion Arbeitnehmerschutzgesetze zu beachten, Tarifvereinbarungen umzusetzen und auch Betriebsvereinbarungen mit dem Betriebsrat abzuschließen (vgl. *Oechsler* 1999, S. 72). Innerhalb der dadurch gestalteten Rahmenbedingungen erhalten Führungskräfte die Aufgabe, Personal im Managementprozess so einzusetzen, dass die geplanten Ziele erreicht werden. Personal muss deshalb über alle Hierarchieebenen in Prozesse des strategischen Managements (→ *Strategisches Management*) eingebunden werden. Die im Rahmen der Managementfunktion Personal anfallenden Aufgaben für die Führungskräfte werden im Folgenden anhand des konzeptionellen Ansatzes des strategischen *Human Resource Management* (vgl. grundlegend *Tichy/Fombrun/Devanna* 1982, S. 47 ff.) systematisiert.

2. Zentralisierung und Dezentralisierung im Human Resource Management

Der Ansatz des strategischen Human Resource Management geht davon aus, dass im Rahmen der Managementfunktionen simultan über Strategie (Planung), Struktur (Organisation) und Human Resource Management (Personal) entschieden wird. (vgl. *Tichy/Fombrun/Devanna* 1982, S. 48). Diese integrative Vorgehensweise führt dann zu strategieadäquaten Strukturen und entsprechendem Personaleinsatz (vgl. *Liebel/Oechsler* 1994, S. 24).

Neben dieser v.a. für den Planungsprozess wichtigen Abstimmung auf zentraler Ebene (→ *Zentralbereiche*) ist es im Managementprozess erforderlich,

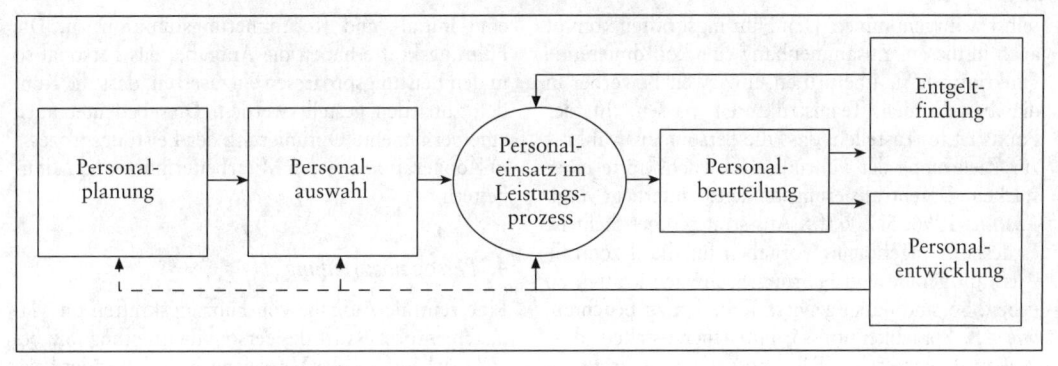

Abb. 1: Personalwirtschaftliche Teilfunktionen

dass grundlegende Personalaufgaben dezentral am Leistungsprozess von den Führungskräften zu erfüllen sind. Diese beziehen sich auf die Auswahl, die Beurteilung, Belohnungen und auf die Entwicklung (vgl. *Oechsler* 2000, S. 6). Ziel des Personalmanagements muss es deshalb sein, die personalwirtschaftlichen Instrumente in Abhängigkeit von externen Umweltbedingungen sowie der Strategie und Struktur des Unternehmens so einzusetzen, dass ein Beitrag zur Wertschöpfung und Zielerreichung des Unternehmens geleistet wird (vgl. *Oechsler/Reichmann/Mitlacher* 2003, S. 95 f.).

Im Zuge der *Dezentralisierungstendenz* (→ *Delegation (Zentralisation und Dezentralisation)*) der Personalfunktionen werden Führungskräfte immer mehr als Personalverantwortliche gesehen, die die genannten Aufgaben wahrnehmen müssen, um Personal im Leistungsprozess einzusetzen (vgl. *Oechsler* 1996, S. 5 ff.; *Liebel/Oechsler* 1994, S. 21). Allerdings wird eine vollkommene Übertragung der Personalfunktionen auf *Führungskräfte* in den Fachbereichen in der Praxis nicht zu realisieren sein. Dies ist v.a. durch die Schwierigkeit begründet, eine einheitliche Personalstrategie zu entwickeln und zu verfolgen, wenn die personalwirtschaftlichen Aktivitäten nur an den Interessen der Führungskräfte vor Ort ausgerichtet sind. Zudem werden Spezialisten für komplexe personalwirtschaftliche Fragestellungen im Rahmen der Sachfunktion Personal benötigt.

II. Personalpolitische Aufgaben von Führungskräften

Die personalpolitischen Aufgaben von Führungskräften im Rahmen ihrer Managementfunktion lassen sich wie in Abb. 1 systematisieren (vgl. *Oechsler* 1998, S. 249).

Bei der Durchführung dieser Aufgaben ist zu beachten, dass die personalpolitischen Aufgaben sowohl eine strategische als auch eine operative Komponente beinhalten. So sind z.B. im Rahmen der dezentralen Personalplanung und -auswahl strategische Vorgaben zu beachten, die bspw. Personalkostenkomponenten oder Qualifikationskomponenten beinhalten können. Dies wird im Folgenden für die einzelnen Aufgaben ausgeführt.

1. Personalplanung

Die *Personalplanung* hat zunächst eine strategische Komponente, die sich v.a. auf die quantitative und qualitative Personalplanung bezieht (vgl. *Beck* 2002, S. 100 ff.; *Bertelsmann-Stiftung* 1999, S. 43 ff.). Diese strategische Komponente erfordert eine Orientierung an der Unternehmensplanung, d.h. es sollte simultan mit der Entscheidung über ein Produkt-Markt-Konzept der erforderliche quantitative und qualitative Personalbedarf geplant werden (vgl. *Mag* 1998, S. 215 ff.). Die Führungskräfte spielen dabei eine immer wichtigere Rolle. Mit zunehmender Komplexität der Produktionstechnologie ist es nämlich nicht mehr möglich, die Personalplanung zentral durchzuführen. Nur die Führungskräfte, die vor Ort mit der Technologie vertraut sind, sind in der Lage, Änderungen des Personalbedarfs bei technologischen Innovationen abzuschätzen. Ferner ergeben sich aus der Abschätzung des künftigen Personalbedarfs aufgrund des Technologieeinsatzes Ansatzpunkte für die strategische Personalentwicklungsplanung (vgl. *Liebel/Oechsler* 1994, S. 29). Auf diese Weise können langfristige Personalentwicklungsmaßnahmen vorgesehen werden, die den Technologieeinsatz unterstützen.

Auch aus operativer Sicht haben Führungskräfte den kurzfristigen quantitativen und qualitativen Personalbedarf zu koordinieren, um Störungen bei den Leistungsprozessen zu vermeiden. Sie müssen deshalb die Planung der personellen Kapazitäten für ihren Leistungsbereich vornehmen.

2. Personalauswahl

Leistungsprozesse werden immer stärker in Form von teamorientierter Produktion durchgeführt (→ *Teamorganisation*). Damit wird auch die *Personalauswahl* immer stärker dezentralisiert und von den Teams selbst wahrgenommen. Den Führungskräften kommt auch in diesem Zusammenhang eine koordinierende Funktion zu. Sie überprüfen, inwieweit Bewerber in die bestehenden Teamstrukturen passen. In der Praxis ist festzustellen, dass die Personalauswahl bis zur Zielgruppe der Führungsnachwuchskräfte einer starken Dezentralisierungstendenz unterliegt (vgl. *Kastura* 1996, S. 206 ff.). Aus strategischer Sicht ist es deshalb angebracht, Vorgaben für die dezentrale Auswahl gerade von Führungsnachwuchskräften zu geben. So sind dabei gewisse Kriterien zu beachten, wie z.B. Sprachkenntnisse, um sicherzustellen, dass dezentral eingestellte Führungsnachwuchskräfte in einem international tätigen Unternehmen weltweit einsetzbar sind (vgl. *Oechsler/Trautwein* 2000, S. 751 ff.). Aus operativer Sicht spielen v.a. die fachlichen Kenntnisse sowie soziale Kompetenzen eine Rolle im Auswahlprozess. Gerade bei teamorientierten Produktionsstrukturen werden Gruppen- und Teamfähigkeit zunehmend wichtiger. Auch hier sind strategische Vorgaben zu treffen, die Führungskräfte vor Ort im Rahmen des Auswahlprozesses zu beachten haben. Innerhalb dieser strategischen Vorgaben kommt den Führungskräften die Aufgabe zu, unter Umständen in Kooperation mit der Personalabteilung Personal auszuwählen, das den Anforderungen der Leistungsprozesse entspricht.

3. Personaleinsatz im Leistungsprozess

Eine Auswirkung des strategischen und strukturellen Wandels ist die zunehmende Kundenorientierung. Beim *Personaleinsatz* im Leistungsprozess geht es darum, dass die personellen Kapazitäten mit Blick auf die Kunden die erforderliche Leistungsbereitschaft gewährleisten. Als Folge des Wandels der Schlüsseltechnologie und des zunehmenden globalen Wettbewerbs dominieren heute Strategien der flexiblen Spezialisierung (vgl. *Oechsler* 1999, S. 77), bei denen es darauf ankommt, in einer bestimmten Nische auf die speziellen Kundenbedürfnisse eingehen zu können. Diese kundenorientierte Ausrichtung erfordert teamorientierte Organisations- und Fertigungskonzepte sowie hoch qualifiziertes Personal, das der Nachfrage entsprechend flexibel eingesetzt werden kann. Um den erforderlichen Service anbieten zu können, ist die Leistungsbereitschaft und *Flexibilität* der Mitarbeiter zu fördern. Dies kann z.B. durch flexible Arbeitszeitmodelle und Teamstrukturen mit flexibler Personalbemessung erreicht werden (vgl. *Oechsler/Reichmann/Mitlacher* 2003, S. 103). Neben der Kundenorientierung besteht eine weitere strategische Komponente in der Wertschöpfungsorientierung. Dabei werden Leistungsprozesse als Wertschöpfungskette interpretiert, bei der jedes Glied hinsichtlich seines Wertschöpfungsbeitrags analysiert wird. Vor diesem Hintergrund ist das Personal wertschöpfungserhöhend einzusetzen. In diesem Zusammenhang kommt den Führungskräften eine Initial- und Koordinierungsfunktion zu. Die Führungskräfte haben die Aufgabe, das Personal so in den Leistungsprozessen einzusetzen, dass die Kunden zufrieden gestellt werden. Dies bedeutet auch eine permanente Optimierung der Leistungsprozesse in Kooperation mit den Mitarbeiterinnen und Mitarbeitern.

4. Personalbeurteilung

Eine zentrale Aufgabe von Führungskräften im Managementprozess ist die Personalbeurteilung. Sie bezieht sich auf Soll-Ist-Vergleiche im Rahmen der Leistungsprozesse und damit auf die Feststellung von Leistungsergebnissen. Deshalb sollten Beurteilungsverfahren (vgl. allgemein zu Beurteilungsverfahren *Oechsler* 2000, S. 458 ff.) an konkreten Leistungsvereinbarungen ansetzen, da nur deren Erfüllung einer sinnvollen Beurteilung unterzogen werden kann (→ *Management by Objectives*). Aus strategischer Sicht kommen hierfür langfristige Zielvereinbarungen in Frage, die in Form von strategischen Meilensteinen die langfristig zu erreichenden Leistungsergebnisse markieren (vgl. *Reichmann* 2002, S. 183). Mit Blick auf den zu erfüllenden Leistungsprozess werden kurzfristige Leistungsvereinbarungen getroffen, welche die erforderlichen Schritte für die strategischen Meilensteine operationalisieren. Mit diesen strategischen und operativen Orientierungen kann erreicht werden, dass die langfristige Ausrichtung präventiv gegen eine kurzfristige Suboptimierung wirkt.

Voraussetzung für die *Personalbeurteilung* sind Mitarbeitergespräche, die im Managementprozess die Funktion haben, geplante Zielperspektiven aus Sicht der Unternehmensleitung zu vermitteln und aus Sicht der Leistungsprozesse auf ihre Operationalisierbarkeit zu überprüfen. Auf dieser Basis findet dann zwischen Führungskräften und Mitarbeiterinnen und Mitarbeitern ein kommunikativer Abstimmungsprozess über Leistungsvereinbarungen statt.

Leistungsvereinbarungen sollten sich dabei an den kritischen Erfolgsfaktoren der Leistungsprozesse orientieren. Dadurch wird die Personalbeurteilung am konkreten Leistungsprozess ausgerichtet, ist nachvollziehbar und argumentationszugänglich. Im Rahmen des Managementprozesses lässt sich durch die Personalbeurteilung kontrollieren, inwieweit die geplanten Ziele erreicht werden. Bei Leistungsstörungen erfolgt eine Ursachensuche, die bspw. aus mangelnder Qualifikation bestehen kann und dann in die Vereinbarung von Personalentwicklungsmaßnahmen mündet (s. II.6).

Je nach Ausgestaltung des Entgeltsystems kommt der Führungskraft weiterhin die Aufgabe zu, auf Basis der Personalbeurteilung die Höhe der jeweiligen leistungsbezogenen Entgeltbestandteile festzulegen (s. II.5). Auch dies ist eine nur dezentral von der Führungskraft wahrzunehmende Managementaufgabe. Dabei sind aber strategische Vorgaben sowie bestehende Restriktionen (z.B. rechtlicher Art) von den Führungskräften zu beachten.

5. Entgeltfindung

Die Möglichkeit der Anreiz- und Entgeltgestaltung hilft der Führungskraft, verhaltensstärkende Mechanismen zu aktivieren (vgl. *von Eckardstein* 1993, S. 178) (→ *Anreizsysteme, ökonomische und verhaltenswissenschaftliche Dimension*). Die Entwicklung von *Entgeltsystemen* unter Beachtung rechtlicher Restriktionen (vgl. hierzu *Oechsler/Reichmann* 2002, S. 528 ff.) und neuer Anforderungen wie z.B. Flexibilität erfolgt durch die Personalabteilung auf zentraler Ebene. Während die Verfahrenskonzeption auf zentraler Ebene verbleibt, sind die Führungskräfte vor Ort für die Anwendung der Verfahren verantwortlich. Auf der Grundlage der Personalbeurteilung und innerhalb des Rahmens des bestehenden Entgeltsystems ist es Aufgabe der Führungskräfte vor Ort, eine Differenzierung leistungsbezogener Entgeltbestandteile vorzunehmen, die unterschiedlichen Leistungsniveaus der Mitarbeiter gerecht wird (vgl. *Reichmann* 2002, S. 164 ff.). In diesem Zusammenhang haben Vereinbarungen von Leistungsstandards, die an kritischen Erfolgs- und Misserfolgsfaktoren des Leistungsprozesses ansetzen, methodische Vorteile (vgl. *Oechsler* 2000, S. 468). Diese Verfahren gehen davon aus, dass bestimmte Ereignisse für den Erfolg bzw. Misserfolg eines Leistungsprozesses entscheidend sind. Voraussetzung ist allerdings, dass die kritischen Erfolgs- und Misserfolgsfaktoren operationalisiert werden, wie dies im Rahmen der Personalbeurteilung erläutert wurde. Auf dieser Grundlage haben die Führungskräfte die Möglichkeit, variable Entgeltbestandteile in Form von Leistungszulagen zu vergeben und damit durch die Entgeltfindung Belohnungen zu verteilen. Über die Präzisierung quantitativer, qualitativer und zeitlicher Komponenten bei Leistungsstandards lassen sich dann unterschiedliche Leistungsniveaus operational feststellen, kommunizieren und finanziell honorieren. Die Führungskraft ist allerdings auch verantwortlich, nicht nur die Erreichung der vereinbarten Leistungsstandards, sondern auch Leistungsschwächen zu dokumentieren. Dabei ist darauf zu achten, dass die Schlechtleistung so festgehalten wird, dass auf dieser Basis letztendlich auch Personalfreisetzungsprozesse eingeleitet werden können.

6. Personalentwicklung

Maßnahmen der *Personalentwicklung* zielen darauf ab, bestehende Qualifikationen zu erweitern, zu vertiefen oder neue Qualifikationen zu vermitteln (vgl. *Oechsler* 2000, S. 558; *Neuberger* 1994, S. 4 ff.). Sofern bei Leistungsprozessen Störungen auftreten, lassen sich Personalentwicklungsmaßnahmen in Form von Leistungsverbesserungsprogrammen ableiten. Mit Blick auf die Leistungsorientierung ergibt die Personalbeurteilung unter Umständen Qualifikationsdefizite, die zu Leistungsstörungen geführt haben. Diese werden in einem Beratungs- und Fördergespräch mit den Mitarbeitern erörtert. Bei diesem Gespräch lassen sich Entwicklungsziele der Mitarbeiter und Entwicklungsperspektiven im Unternehmen abgleichen. Weiterhin werden erforderliche Weiterbildungs- und Qualifizierungsmaßnahmen besprochen und eingeleitet. Über diese traditionelle Personalentwicklung in Form des Schließens von Qualifikationslücken hinaus ergeben sich Personalentwicklungsbedarfe aus der Strategie. Beinhaltet die Strategie z.B. den verstärkten Einsatz von informationstechnologischer Unterstützung, dann müssen entsprechend langfristige Qualifizierungs- und Entwicklungsprogramme mit Blick auf den IT-Einsatz initiiert werden, sofern in diesen Bereichen Defizite auftreten. Den Führungskräften vor Ort kommt im Rahmen des Managementprozesses die Aufgabe der Personalentwicklung zu, da nur sie das Leistungsverhalten der Mitarbeiter bei den Leistungsprozessen beobachten bzw. beurteilen und damit im Sinne des Erreichens der geplanten Ziele eingreifen können.

Weiterhin hat die Potenzialschätzung strategischen Bezug, wenn es z.B. darum geht, die Eignung für das Einnehmen von Führungspositionen zu beurteilen (vgl. *Oechsler* 2000, S. 574). Während der Leistungsbeurteilung immer retrospektiv Leistungen in einem bestimmten Leistungsprozess zu Grunde liegen, kann mit der Potenzialschätzung die Eignung für künftige Leistungsprozesse geschätzt werden. Dies ist mit Hilfe von Assessment Centern dann möglich, wenn die kritischen Erfolgsfaktoren künftiger Leistungsprozesse ermittelt wurden und es gelingt, diese durch Versuchsanordnungen in Laborsituationen abzuprüfen.

III. Personalpolitische Unterstützung der Führungskräfte

1. Führungskräfteauswahl und -entwicklung

Zur Bewältigung der genannten Aufgaben benötigen Führungskräfte im Managementprozess entsprechende Kenntnisse und Kompetenzen (→ *Managementkompetenzen und Qualifikation*). Diese könnten einmal im Rahmen der Führungskräfteauswahl eine Rolle spielen und zum anderen bei Programmen zur Führungskräfteentwicklung. Die benötigten Kompetenzen sind deshalb sowohl in den Auswahlkriterien als auch bei den Qualifizierungs- und Entwicklungsmaßnahmen zu beachten. Dies ist v.a. für die Entwicklungsmaßnahmen umso wichtiger, als die entsprechenden Kenntnisse vor dem Hintergrund der Leistungsprozesse vermittelt werden sollten. Hierfür bieten sich Einstiegs- und Ausbildungsprogramme z.B. in Form von Traineeprogrammen an, bei denen neben der Vermittlung von Aufgabeninhalten, Strukturen und Strategien auch grundlegende Managementtechniken Inhalt sind. Auch erfordert der Prozess der kommunikativen Abstimmung von Leistungsprozessen sowie der Erörterung von Leistungsergebnissen und deren Konsequenzen soziale Fähigkeiten in Form von bspw. Team-, Kommunikations- und Konfliktfähigkeit, die ebenfalls vermittelt werden müssen.

2. Betreuung der Führungskräfte

Im Rahmen der Organisation des Personalwesens ist dafür Sorge zu tragen, dass Führungskräfte eine Vor-Ort-Betreuung erfahren. Führungskräftebetreuung soll Hilfestellungen geben bei Problemen hinsichtlich der Durchführung personalpolitischer Aufgaben. Dies macht es erforderlich, dass der Personalbereich so organisiert ist, dass Serviceeinheiten z.B. in Form von Personalreferenten dezentral die Führungskräfte beraten und betreuen (vgl. *Oechsler* 2000, S. 4; *Schartner* 1990, S. 32 ff.). Jedem Bereich wird ein Personalreferent zugeordnet, der Ansprechpartner der Führungskraft in allen Personalfragen ist. Hierdurch entwickelt sich eine enge Zusammenarbeit zwischen den Personalreferenten und Führungskräften. Die Personalreferenten sind auch weiterhin verantwortlich für Spezialaufgaben, wie z.B. mitbestimmungsrechtliche Fragen. Sie ermöglichen somit eine bessere Kundenorientierung durch eine zielgruppenspezifischere Ausrichtung der Personalarbeit und unterstützen die Führungskräfte bei ihren personalpolitischen Entscheidungen.

In diesem Zusammenhang tritt eine wichtige Schnittstelle zur Personalfunktion auf. Die Führungskräfte bedürfen einer Unterstützung bei der Umsetzung personalpolitischer Systeme und Vor-Ort-Betreuung, damit der Managementprozess an einheitlichen Systemen orientiert wird und eine Gleichbehandlung der Mitarbeiterinnen und Mitarbeiter erreicht wird.

3. Informationstechnologische Unterstützung

Schließlich bedeutet es eine wesentliche Hilfestellung für die Führungskräfte, wenn sie vor Ort über die für die Wahrnehmung der personalpolitischen Aufgaben im Managementprozess erforderlichen Informationen verfügen. Hier bietet die informationstechnologische Unterstützung zahlreiche Ansatzpunkte zur Delegation von Aufgaben und Verantwortlichkeiten, um die Dezentralisierung voranzutreiben bzw. effizient zu unterstützen. Softwarepakete sehen bspw. ein sog. Managementportal vor, aus dem die Informationen über die Mitarbeiter soweit verfügbar sind, wie sie im Rahmen der Personalplanung, -auswahl, -beurteilung und -entwicklung sowie zur Entgeltfindung erforderlich sind. Die informationstechnologische Unterstützung sieht in aller Regel auch einen Workflow vor, der bspw. in Form von Employee-Self-service-Systemen eine schnelle Einleitung von z.B. Weiterbildungsmaßnahmen im Rahmen der Personalentwicklung zulässt. In dieser stark dezentralen Organisationsform werden von der zentralen Personalabteilung nur noch strategische Grundsatzentscheidungen sowie die Entwicklung von strategischen Konzepten, z.B. im Rahmen der Entgeltfindung, übernommen. Die Führungskräfte vor Ort erhalten mehr Freiraum, Personalaufgaben weitgehend selbstständig zu erfüllen.

Insgesamt erfordert dies die Vermittlung von Managementwissen und -fähigkeiten in Form von Schlüsselqualifikationen im Rahmen der allgemeinen akademischen Ausbildung.

Literatur

Beck, Martell: Grundsätze der Personalplanung. Voraussetzung zur Ausrichtung der Betriebsverfassung am Strategischen Human Resource Management, Mannheim 2002.
Bertelsmann-Stiftung: Systematisches Beschäftigungsmanagement in der Praxis, Gütersloh 1999.
Eckardstein, Dudo v.: Grundfragen der Entwicklung von Entlohnungssystemen in der industriellen Fertigung, in: Entgeltsyteme. Lohn, Mitarbeiterbeteiligung und Zusatzleistungen, hrsg. v. *Weber, Wolfgang*, Stuttgart 1993, S. 173–193.
Kastura, Birgit: Dezentralisierungstendenz der Personalarbeit in Großunternehmen, Hamburg 1996.
Liebel, Hermann/Oechsler, Walter A.: Handbuch Human Resource Management, Wiesbaden 1994.
Mag, Wolfgang: Einführung in die betriebliche Personalplanung, 2. A., München 1998.
Neuberger, Oswald: Personalentwicklung, 2. A., München 1994.
Oechsler, Walter A.: Personal und Arbeit, Grundlagen des Human Resource Management und der Arbeitgeber-Arbeitnehmer-Beziehungen, 7. A., München et al. 2000.
Oechsler, Walter A.: Arbeitsrecht als Chance und Restriktion personalpolitischer Strategien, in: Strategische Personalpolitik, hrsg. v. *Elšik, Wolfgang/Mayrhofer, Wolfgang*, München et al. 1999, S. 69–86.
Oechsler, Walter A.: Personalmanagement, in: Springers Handbuch der Betriebswirtschaftslehre 1, hrsg. v. *Berndt, Ralph/Fantapié Altobelli, Claudia/Schuster, Peter*, Berlin et al. 1998, S. 237–270.
Oechsler, Walter A.: Historische Entwicklung zum Human Resource Management, in: Human Resource Management: Neue Formen betrieblicher Arbeitsorganisation und Mitarbeiterführung. Strategien, Konzepte, Praxisbeispiele, hrsg. v. *Knauth, Peter/Wollert, Arthur*, Köln 1996, S. 1–29.
Oechsler, Walter A./Reichmann, Lars: Entgeltflexibilisierung – Zur Rolle des Tarifvertrages bei aktuellen Flexibilisierungstendenzen, in: ZfbF, Jg. 54, 2002, S. 527–542.
Oechsler, Walter A./Reichmann, Lars/Mitlacher, Lars: Flexibilisierung der Beschäftigung. Das VW-Modell 5000 mal 5000 als Ansatz zur Flexibilisierung von Arbeitsbedingungen in Deutschland?, in: DBW, Jg. 53, 2003, S. 93–107.
Oechsler, Walter A./Trautwein, Günther: Entsendung von Mitarbeitern durch die BASF AG, in: Fallstudien zum Internationalen Management, hrsg. v. *Zentes, Joachim/Swoboda, Bernhard*, Wiesbaden 2000, S. 751–767.
Reichmann, Lars: Entgeltflexibilisierung. Betriebswirtschaftliche und rechtliche Möglichkeiten an Beispielen der IT-Branche, Lohmar et al. 2002.

Schartner, Helmut: Eine neue Rolle des Personalwesens bei BMW? Die Führungskraft als Personalverantwortlicher, in: Personalführung, Jg. 23, H. 1/1990, S. 32–37.
Steinmann, Horst/Schreyögg, Georg: Management: Grundlagen der Unternehmensführung. Konzepte, Funktionen, Fallstudien, 5. A., Wiesbaden 2000.
Tichy, Noel M./Fombrun, Charles J./Devanna, Mary Anne: Strategic Human Resource Management, in: SMR, Jg. 23, H. 2/ 1982, S. 47–60.

Personalwesen, Organisation des

Ewald Scherm

[s.a.: Arbeitsteilung und Spezialisierung; Delegation (Zentralisation und Dezentralisation); Interne Märkte; Organisatorische Gestaltung (Organization Design); Profit-Center; Zentralbereiche.]

I. Personalwesen und Personalorganisation; II. Grundfragen und Anforderungen der Personalorganisation; III. Grundmodelle der Personalarbeit; IV. Organisation des Personalbereichs; V. Entwicklungstrends.

Zusammenfassung

Die Organisation des Personalwesens umfasst die Arbeitsteilung zwischen Linie und Personalbereich sowie die Gestaltung des Personalbereichs. Diese beiden interdependenten Teilprobleme werden hier betrachtet.

I. Personalwesen und Personalorganisation

Versteht man unter *Personalwesen* (Personalwirtschaft, Personalmanagement) die „Arbeit am Personal" (*Neuberger* 1997, S. 155), gehören dazu die Personalbedarfsermittlung und daraus resultierend die Personalbeschaffung, -entwicklung und -freisetzung, die Personalpolitik und -verwaltung, der Einsatz und die Entlohnung sowie die Motivation und Koordination von Personal. Die Träger der Personalarbeit, man spricht auch von den Managementfunktionen Personalbereitstellung (staffing) und Personalführung (directing) (z.B. *Koontz/O'Donnell/Weihrich* 1985), sind primär Führungskräfte. Mit einer steigenden Zahl von Mitarbeitern und größeren Anforderungen an die Personalarbeit wird jedoch die Unterstützung durch spezialisierte Stellen (Personalabteilung) notwendig. Diese arbeitsteilige Aufgabenerfüllung erfordert eine *Personalorganisation*, d.h. (formale) Regeln für die Arbeitsteilung und die Koordination in der Personalarbeit.

II. Grundfragen und Anforderungen der Personalorganisation

Bei der organisatorischen Gestaltung (→ *Organisatorische Gestaltung (Organization Design)*) der Personalarbeit stellen sich zwei interdependente *Grundfragen*, die im Folgenden beantwortet werden (vgl. auch *Scherm* 1995a, S. 643):

– Welche Spezialisierung und Entscheidungsdelegation sind notwendig?
– Welche Organisationsform erhält der Personalbereich?

Die Personalorganisation stellt eine zentrale Voraussetzung für die Erreichung der personalwirtschaftlichen Ziele dar. Sie muss deshalb verschiedenen *Anforderungen* entsprechen (vgl. *Scherm* 2002): Dazu gehört eine ausreichende *Kundenorientierung*, wobei verschiedene „interne Kundengruppen" (z.B. Unternehmensleitung, Führungskräfte, Mitarbeiter) divergierende Ziele haben können. Es muss *Flexibilität* nicht nur im Tagesgeschäft (operative Flexibilität), sondern auch auf strategischer Ebene gegeben sein, um Strategieänderungen Rechnung tragen zu können (strategische Flexibilität) (→ *Flexibilität, organisatorische*). Hohe Qualität in der Personalarbeit erfordert außerdem *Professionalität* der Aufgabenträger. Nicht zuletzt sind bei der Leistungserbringung *Kosten*, d.h. Produktions-, Opportunitäts- und Transaktionskosten, zu beachten.

III. Grundmodelle der Personalarbeit

Hinsichtlich der Verteilung personalwirtschaftlicher Aufgaben und Entscheidungskompetenzen lassen sich vier *Grundmodelle* unterscheiden (vgl. *Scherm* 2002; zu verschiedenen Unternehmensbeispielen vgl. *Scholz* 1999): Im *zentralen Modell* wird die gesamte Personalarbeit bis auf die nicht übertragbare direkte Führung der Mitarbeiter in einem Personalbereich zusammengefasst (→ *Zentralbereiche*). Damit bestehen gute Voraussetzungen für eine professionelle Arbeit und besondere Flexibilität auf strategischer Ebene. Diese Zentralisierung widerspricht aber den dezentral orientierten Organisationsmustern in vielen Unternehmen. Das *dezentrale Modell* kommt einer Abschaffung des Personalbereichs gleich. Personalaufgaben werden auf die Führungskräfte verlagert und von diesen verantwortet. Bereichsübergreifende Entscheidungen können nur auf dem Wege der Selbstabstimmung getroffen werden. Die Qualität der Personalarbeit ist aufgrund beschränkter und individuell unterschiedlicher Kompetenz, Motivation und Kapazität der Führungskräfte für Personalaufgaben jedoch nicht gewährleistet, Bereichsinteressen überlagern Unternehmensziele, Aufgaben werden parallel erfüllt und die notwendige Abstimmung verursacht hohe Transaktionskosten.

Personalarbeit sollte daher grundsätzlich von Führungskräften *und* Personalbereich geleistet werden. Jedoch setzt eine Verlagerung von Personalaufgaben auf Führungskräfte die entsprechende Kompetenz und Motivation voraus. Gegebenenfalls muss eine weitergehende Reorganisation erfolgen, um freie Kapazität für Personalaufgaben zu schaffen. Außerdem ist eine Dezentralisierung nur dann möglich, wenn die erforderlichen Personalinformationen auch dezentral zur Verfügung stehen. Sind diese Voraussetzungen erfüllt, kann ein *Unterstützungsmodell* gewählt werden. Dabei tragen die Führungskräfte die Verantwortung für die Personalarbeit und erhalten von der Personalabteilung die notwendige Unterstützung in Form von Personalverwaltung, Informationsbereitstellung und gewünschten Dienstleistungen. Je weniger die personellen und informationstechnischen Voraussetzungen erfüllt sind bzw. je zentraler und hierarchischer die Entscheidungsfindung in einem Unternehmen ist, umso stärker muss die Personalarbeit zentralisiert und ein *Kooperationsmodell* gewählt werden. Der Personalbereich übernimmt dabei über die reine Unterstützung hinaus Aufgaben, für die er selbst Verantwortung trägt. Diese sind primär dadurch gekennzeichnet, dass sie nicht nur für einzelne Unternehmensbereiche Bedeutung haben und deshalb einheitliche Lösungen gefunden werden müssen; dazu gehören z.B. Beurteilungs-, Arbeitszeit- und Vergütungssystem, Führungskräfteentwicklung oder die Zusammenarbeit mit dem Betriebsrat.

Der wesentliche Unterschied zwischen dem Unterstützungs- und dem Kooperationsmodell liegt in der Standardisierung der Personalarbeit. Durch die Zentralisierung nimmt die Möglichkeit der bereichsspezifischen und individuellen Differenzierung ab, die Berücksichtigung der Unternehmensinteressen zu. Hinsichtlich Flexibilität und Professionalität sind die Unterschiede weniger von dem jeweiligen Modell als vielmehr von der Zusammenarbeit der Aufgabenträger im Einzelfall abhängig. Dies gilt auch für die verursachten Kosten. Lediglich für (notwendige) bereichsübergreifende Entscheidungen lassen sich verallgemeinerbare Unterschiede erkennen. Die Zentralisierung reduziert nicht nur Produktionskosten durch den Wegfall der Mehrfacharbeit, sondern auch den Abstimmungsbedarf und damit die Transaktionskosten.

IV. *Organisation des Personalbereichs*

1. *Funktional vs. objektorientiert*

Der Personalbereich, den es außer im dezentralen Modell immer gibt, kann nach Verrichtungen (Funktionen) oder Objekten gegliedert sein (→ *Arbeitsteilung und Spezialisierung*). Eine *funktionale Spezialisierung* führt zu Stellen, die ähnliche oder gleichartige Tätigkeiten (z.B. Personalplanung, Personalentwicklung, Entgeltabrechnung) ausführen und deshalb hohe fachliche Kompetenz, aber ein enges Aufgabenspektrum aufweisen. Als *Objekte* wurden früher Arbeiter und Angestellte unterschieden. Diese Differenzierung ist inzwischen unüblich, vielmehr findet sich die Unterscheidung in tarifliche und außertarifliche Mitarbeiter sowie Führungskreise. Häufig werden als Objekte verschiedene Standorte, Werke oder Produktlinien verwendet, die zu dem so genannten Referentensystem führen, bei dem – von Personalreferenten – Personalarbeit aus einer Hand geleistet wird.

Die funktionale Spezialisierung ermöglicht einheitliche unternehmensweite Regelungen, die das Gesamtinteresse in den Vordergrund rücken und Bereichsegoismen entgegenstehen. Klare Zuständigkeiten und hohe fachliche Kompetenz bieten außerdem gute Voraussetzungen für die Lösung komplexer Probleme. Gleichzeitig sind mit der funktionalen Gliederung aber die fehlende Kenntnis der spezifischen Situation und die Gefahr geringerer Praktikabilität der Lösungen verbunden. Dagegen weist bei Objektorientierung der Personalreferent eindeutige Vorteile auf; er bildet einen unmittelbaren Ansprechpartner, kann schnell reagieren und spezifischere Lösungen entwickeln. Jedoch birgt sein breites Aufgabenspektrum die Gefahr der Überforderung bzw. der Vernachlässigung von Aufgaben. Der größeren Flexibilität auf operativer Ebene steht außerdem entgegen, dass die strategische Flexibilität aufgrund der starken Bereichsbezogenheit nicht gewährleistet wird. Beide Modelle bergen die Gefahr, dass die personalwirtschaftliche Kompetenz der Linienvorgesetzten verkümmert. Aus Kostensicht ergeben sich unterschiedliche Effekte. So erweisen sich bei einer objektorientierten Gliederung vor allem die Mehrfacharbeiten als (Produktions-)Kostentreiber, während bei funktionaler Gliederung die Hierarchie und Problemferne zusammen mit der größeren Zahl der in die Problemlösung involvierten spezialisierten Stellen als (transaktions-)kostentreibend wirken. Um die verschiedenen Vorteile der beiden Grundformen zu nutzen und deren Nachteile zu mildern, finden sich in Unternehmen *Mischformen*; sie kombinieren die Problemnähe der Personalreferenten mit funktionaler Spezialisierung (vgl. *Gerpott* 1995, S. 30–32). Dabei können die Spezialisten in einer zentralen Personalabteilung zusammengefasst oder spezialisierte Referenten mit Schwerpunktaufgaben über ihren Betreuungsbereich hinaus geschaffen werden.

2. *Real vs. virtuell*

Die Übertragung der Grundidee des virtuellen Unternehmens auf die intraorganisationale Ebene führt zur *virtuellen Personalabteilung* (vgl. *Scholz* 1995; *Scholz* 2002). Dabei sollen Strukturen etabliert werden, die nur der Möglichkeit nach („virtuell") vorhanden und nicht ohne weiteres in einem Organigramm zu erkennen sind. Ihre Aufgabe wird vielmehr auf Stellen in anderen Fachabteilungen aufgeteilt, deren Stelleninhaber dann eine Doppelaufgabe wahrnehmen. Es sind somit die speziellen Qualifikationsmerkmale einzelner Mitarbeiter, die in einer virtuellen Abteilung zusammengeführt werden. Die Zusammenarbeit basiert auf einer hoch entwickelten, multimedialen Informations- und Kommunikationstechnologie, die eine effiziente Aufgabenerfüllung bei räumlicher Trennung erst ermöglicht. Die virtuelle Personalabteilung bildet dabei eine eigenständige organisatorische Einheit mit eigener Identität, eigenen Ressourcen und einer längerfristig konstanten Zusammensetzung oder temporären, problembezogenen Besetzung aus einem festen Pool von Mitarbeitern.

Bei gleichberechtigten Instanzen der realen und der virtuellen Abteilung ergeben sich die typischen Konflikte einer Matrixstruktur. Hinzu kommt, dass Aufgaben im Rahmen der virtuellen Abteilung eher temporären Charakter haben und es deshalb für den Mitarbeiter besonders schwierig sein kann, die Prioritäten richtig zu setzen. Neben der klaren Kompetenzabgrenzung der Vorgesetzten bedarf es hier eines ausreichenden Entscheidungsspielraums des Mitarbeiters und einer Vertrauensbasis zwischen allen Beteiligten. Chancen ergeben sich durch die bessere Nutzung individueller Kompetenzen, die auch positive motivationale Effekte haben kann. Jedoch sind die Anforderungen an die Mitarbeiter im Hinblick auf die intrinsische Motivation sowie die soziale und fachliche Kompetenz ausgesprochen hoch.

Auch wenn die wesentlichen Voraussetzungen für die *Virtualisierung* erfüllt sind, ergibt sich daraus keine generell überlegene Organisationsform (vgl. *Scherm* 1995b). Aus der veränderten Zuordnung der Personalspezialisten folgt keine unternehmensorientiertere Sicht oder größere Nähe zu den Mitarbeitern; auch die Distanz zu Problemen außerhalb des eigenen Arbeitsbereichs kann noch größer sein. Flexibilitätsunterschiede ergeben sich nicht systematisch, sondern nur im Einzelfall. Die Professionalität der Personalarbeit wird einerseits durch die notwendige Doppelqualifikation der (Teilzeit-)Mitarbeiter erschwert, andererseits können leichter Spezialisten für spezifische Problemlösungen hinzugezogen werden. Eindeutige Unterschiede hinsichtlich der Produktionskosten lassen sich nicht erkennen, während die stärkere Arbeitsteilung verbunden mit der räumlichen Trennung die Transaktionskosten tendenziell erhöht.

3. Hierarchisch vs. marktlich

Eine wichtige Rolle bei der *hierarchischen Koordination* spielt die Verteilung der Entscheidungsbefugnisse auf Organisationseinheiten im Personalbereich (vgl. *Gerpott* 1995, S. 14–18). Bei einem hohen Zentralisierungsgrad sind diese einer Einheit (zentrale Personalabteilung) zugeordnet; sämtliche Personalmitarbeiter sind fachlich und disziplinarisch dem Leiter dieser Einheit unterstellt, der für die gesamte Personalarbeit im Unternehmen verantwortlich ist. Ein niedriger Zentralisierungsgrad führt zu einer Verteilung der Entscheidungsbefugnisse auf mehrere Organisationseinheiten, die unterschiedliche Unternehmensbereiche betreuen; sie sind dann fachlich und disziplinarisch dem Leiter des jeweiligen Unternehmensbereichs unterstellt.

Aufgrund der fehlenden eindeutigen Überlegenheit einer dieser reinen Formen werden in den Unternehmen Mischformen gewählt. Neben der Einrichtung dezentraler Personalstellen findet eine Zentralisierung von Aufgaben, vor allem der strategischen Personalplanung, des Personalcontrolling, der Entwicklung unternehmensweit eingesetzter Systeme (z.B. Arbeitszeitmodelle, Beurteilungs-, Vergütungs- und Beteiligungssysteme, Altersversorgung, Personalinformationssystem) und der Betreuung der Führungskräfte (Auswahl, Einsatz, Entwicklung), statt. Außerdem werden die dezentralen Personalstellen häufig nur disziplinarisch dem Leiter des Unternehmensbereichs, fachlich aber der zentralen Abteilung unterstellt.

In der *hierarchischen Einordnung* der obersten Instanz des Personalbereichs kommt die Bedeutung der Personalarbeit im Unternehmen zum Ausdruck. Lediglich großen Kapitalgesellschaften schreiben die Mitbestimmungsgesetze vor, diese Instanz auf der obersten Hierarchieebene zu verankern, wobei der so genannte *Arbeitsdirektor* neben der Leitung des Personalbereichs noch ein anderes Ressort übernehmen kann (vgl. § 33 MitbestG; § 13 MontanMitbestG). Ein Personalleiter auf der zweiten Ebene berichtet an ein Mitglied oder den Vorsitzenden der Geschäftsleitung, darunter erfolgt die Einordnung häufig in einen Bereich „Verwaltung". Tendenziell legen ein besonderer Stellenwert des Personals und eine starke Arbeitnehmervertretung die hierarchisch höhere Einordnung nahe.

Als Alternative zur hierarchischen Koordination werden verschiedene *Center-Konzepte* vorgeschlagen, die eine *marktliche Koordination* ermöglichen sollen (→ *Interne Märkte*). Die Bandbreite reicht hier von einem Cost-Center über das Service-Center bis hin zum Profit-Center Personal (vgl. z.B. *Scherm* 1992; *Wunderer* 1992; *Gerpott* 1995, S. 20–26). Das *Cost-Center* Personal ist eng mit der „Kostenstelle" Personalabteilung verwandt. Es bietet sich an, wenn Leistungen erbracht werden, für die vergleichbare externe Leistungen fehlen und die nicht verursachungsgerecht Unternehmensbereichen zugeordnet werden können. Dies gilt auch für Leistungen, die aus Gesamtunternehmenssicht notwendig sind und von den Bereichen abgenommen werden müssen. Das Cost-Center erhält ein Budget und soll die geforderte Leistung möglichst effizient erbringen, ohne die Kosten weiter zu verrechnen. Um die Funktionsfähigkeit des Konzepts zu gewährleisten, muss einerseits die Notwendigkeit der erbrachten Leistungen, andererseits die Kapazität des Cost-Centers regelmäßig überprüft werden.

Bei einem *Service-Center* Personal handelt es sich um eine selbstständige Einheit, die prinzipiell marktfähige Leistungen erbringt und diese internen Kunden zu *Verrechnungspreisen* anbietet. Es steht unter einem – fiktiven – Marktdruck und trägt Verantwortung für seine Kosten und Leistungen bzw. die damit verbundenen Erlöse. Von einem → *Profit-Center* kann dann gesprochen werden, wenn es seine Leistungen (auch) externen Kunden unter Marktbedingungen anbietet. Dabei wird nicht nur die Reduktion und verursachungsgerechtere Verteilung der Kosten der Personalarbeit angestrebt, sondern auch das Ziel verfolgt, kundengerechte Leistungen zu erbringen. Aus diesem Grund verzichtet man zum Teil bereits bei Service-Centern auf den Kontrahierungszwang, so dass die internen Kunden ihren Bedarf an personalwirtschaftlichen Leistungen auch unternehmensextern decken können.

Für die Ermittlung der *Kosten* reicht die herkömmliche Kostenrechnung nicht aus, vielmehr sind als Kostenträger (Personal-)Leistungen zu definieren. Der Grad der Detaillierung dieser Leistungen stellt einen Kompromiss dar zwischen einerseits dem nicht unerheblichen Aufwand für die Kostenerfassung und andererseits der bei einer Schlüsselung großer Fixkostenanteile erzielbaren (Pseudo-)Genauigkeit. Hinzu kommt die Notwendigkeit, *Preise* für die erbrachten Leistungen zu bestimmen. Das birgt vor allem Probleme, wenn überwiegend interne Kunden bedient und Verrechnungspreise gebildet werden müssen, die eine Koordination des Service-Centers ermöglichen. Fehlen vergleichbare Marktpreise, sind nur Preise auf der Basis der Grenzkosten oder der Opportunitätskosten (bei Nichtverfügbarkeit der Leistung) geeignet. Gerade bei speziellen Leistungen sind jedoch Marktpreise schwer zu ermitteln. Zu Grenzkosten wird ein Profit-Center aber die Leistungen nicht anbieten (wollen), und im Falle eines Service-Centers muss dann zusätzlich eine Lösung für die Deckung der darüber hinaus entstehenden Kosten gefunden werden. Die Nutzenermittlung bei den Kunden erweist sich als schwierig für Leistungen, die eine längerfristige, strategische Bedeutung haben oder selbstverständlich geworden sind. Dass Verhandlungen zwischen dem Service-Center bzw. Profit-Center und den internen Kunden zu Verrechnungspreisen mit der erwarteten Steuerungswirkung führen, ist höchstens dann zu erwarten, wenn es faire Verhandlungsbedingungen und keine schiefe Machtverteilung gibt. Preisen auf Vollkostenbasis fehlt jegliche marktliche Steuerungswirkung. Da für ein Service-Center Nachfrageschwankungen nur sehr begrenzt zu kompensieren sind, muss mit den internen Kunden Einigung über Art und Menge der nachgefragten Leistungen erzielt werden. Nur so lassen sich Kapazitäten und Kosten als Grundlage der Verrechnungspreise planen.

Selbst wenn man diese Probleme als lösbar ansieht, lässt sich durch den Marktmechanismus allein nicht sicherstellen, dass die personalwirtschaftlichen Ziele eines Unternehmens erreicht werden. Vor allem ist mit dem *Fehlverhalten* der Entscheidungsträger zu rechnen. Zum einen birgt die periodenbezogene Kosten- oder Gewinnorientierung im Personalbereich die Gefahr negativer Auswirkungen auf die (Qualität der) Leistung, wenn verstärkt Kapazität abgebaut oder das Leistungsangebot auf standardisierte Leistungen reduziert wird, um Kosten zu senken. Zum anderen orientieren sich die Führungskräfte in der Linie am kurzfristigen bereichsbezogenen Erfolg, so dass ein Rückgang der Nachfrage vor allem nach teuren, zwar strategisch relevanten, aber erst längerfristig Nutzen bringenden Leistungen zu erwarten ist.

Vor diesem Hintergrund muss sehr genau geprüft werden, ob für einzelne personalwirtschaftliche Aufgaben die Voraussetzungen einer marktlichen Koordination zu schaffen sind. So können beispielsweise Leistungen in den Bereichen Entgeltabrechnung, Verwaltung, Entwicklung und Beschaffung von externen Anbietern bezogen und Marktpreise ermittelt werden. Dem gegenüber stehen jedoch Aufgaben, deren Erfüllung aus Gründen der Unternehmenssicherung nicht von der Nachfrage der Führungskräfte abhängig gemacht werden kann (z.B. Mitbestimmung, Arbeitszeitgestaltung, Personalplanung). Dazwischen gibt es eine Vielzahl unternehmensspezifischer Betreuungsleistungen, die nur begrenzt standardisierbar sind. Inwieweit sie marktfähig gemacht und Preise bestimmt werden sollen, lässt sich nur im Einzelfall entscheiden. Nicht zuletzt muss auch bei Aufgaben, die sich für ein Profit-Center grundsätzlich eignen, der unterstellte Kostenvorteil im Einzelfall genau geprüft werden. Den eventuell gegebenen Spezialisierungs- und Größenvorteilen sind in jedem Fall der Kostenerfassungsaufwand und die Investitionen in das Center, um es für den externen Markt auszustatten, gegenüberzustellen. Hinzu kommen tendenziell höhere Transaktionskosten, da Vertragsparteien mit divergierenden Zielen stärker zu opportunistischem Verhalten neigen.

V. Entwicklungstrends

Es ist abzusehen, dass zukünftig als *Träger der Personalarbeit* zwei bisher weniger beachtete Akteure stärker in den Vordergrund rücken. Zum einen werden die Mitarbeiter zunehmend Personalaufgaben übernehmen, die sie persönlich betreffen. Zum anderen nimmt mit der Zahl der Personaldienstleister das externe Angebot an Leistungen zu. Gerade kleine und mittlere Unternehmen können damit die Professionalität von Spezialisten nutzen, die innerhalb des Unternehmens nicht immer gegeben ist. Eine deutliche Ausweitung der *Center-Konzepte* im Personalbereich ist nicht zu erwarten. In der Praxis sieht man die damit verbundenen Probleme deutlich, und es wird auch bereits wieder von der Verrechnung einzelner Leistungen zugunsten von Leistungspaketen oder gar einer Umlagefinanzierung abgegangen. Nicht zuletzt wird das *E-Business* in der Personalarbeit sich in einer stärker prozessorientierten Gestaltung niederschlagen, bei der es um die Integration der Linie, des Personalbereichs und externer Partner geht.

Literatur

Gerpott, Torsten J.: Organisationsplanung für den Personalbereich von Unternehmen, in: agplan-Handbuch zur Unternehmensplanung, hrsg. v. *Grünewald, Hans-Günter/Kilger, Wolfgang/Seiff, Wolfgang*, Berlin 1995, S. 1–38.
Koontz, Harold/O'Donnell, Cyril/Weihrich, Heinz: Management, 8. A., New York u.a. 1985.
Neuberger, Oswald: Personalwesen 1, Stuttgart 1997.
Scherm, Ewald: Personalabteilung als Profit Center: Ein realistisches Leitbild?, in: Personalführung, Jg. 25, H. 12/1992, S. 1034–1037.
Scherm, Ewald: Hat die Personalabteilung noch Zukunft?, in: Personal, Jg. 47, H. 12/1995a, S. 643–647.
Scherm, Ewald: Die virtuelle Personalabteilung – Modell der Zukunft oder Utopie?, in: Personalführung, Jg. 28, H. 9/1995b, S. 726–727.
Scherm, Ewald: Organisation der Personalarbeit, in: Jahrbuch der Personalentwicklung und Weiterbildung 2003, hrsg. v. *Schwuchow, Karlheinz/Gutmann, Joachim*, Neuwied et al. 2002, S. 197–204.
Scholz, Christian: Die virtuelle Personalabteilung: Stand der Dinge und Perspektiven, in: Personalführung, Jg. 35, H. 2/2002, S. 22–31.
Scholz, Christian (Hrsg.): Innovative Personalorganisation, Neuwied et al. 1999.
Scholz, Christian: Ein Denkmodell für das Jahr 2000? Die virtuelle Personalabteilung, in: Personalführung, Jg. 28, H. 5/1995, S. 398–403.
Wunderer, Rolf: Von der Personaladministration zum Wertschöpfungs-Center. Vision, Konzeption und Realisation unternehmerischer Personalarbeit, in: Die Betriebswirtschaft, Jg. 52, H. 2/1992, S. 201–215.

Personelle Verflechtungen

Jürgen Beyer

[s.a.: Aufsichtsrat; Board of Directors; Corporate Governance, internationaler Vergleich; Koordination und Integration; Lobbying; Macht in Organisationen; Netzwerke; Ressourcenbasierter Ansatz; Top Management (Vorstand).]

I. Definition; II. Arten; III. Operationalisierung und Messansätze; IV. Empirische Studien für Deutschland und auf internationaler Ebene; V. Theoretische Bedeutung; VI. Praktische Implikationen.

Zusammenfassung

Der Beitrag thematisiert personelle Verflechtungen, die zwischen den Geschäftsführungs- und Kontrollgremien von Unternehmen bestehen. Es werden verschiedene Typisierungen, Operationalisierungen und Messansätze benannt, wichtige empirische Studien für Deutschland und die internationale Ebene vorgestellt sowie die theoretische und praktische Bedeutung von personellen Verflechtungen diskutiert.

I. Definition

Personelle Verflechtungen zwischen Organisationen resultieren aus der gleichzeitigen Mitgliedschaft von Personen in verschiedenen Organisationen. Im Hinblick auf die Unternehmensführung (→ *Unternehmensführung (Management)*) sind insb. personelle Verflechtungen über Geschäftsführungs- und Kontrollgremien von hervorgehobener Bedeutung, weshalb sich die folgenden Ausführungen ausschließlich auf diese personellen Verflechtungen beziehen. Im engl. Sprachraum hat sich für die personelle Verflechtung über Leitungsgremien die Bezeichnung „interlocking directorates" eingebürgert.

Aufgrund der Koordinierungschancen in Hinblick auf die Regulierung von Wettbewerbsverhältnissen unterliegen personelle Verflechtungen rechtlichen Begrenzungen. Die Antitrustgesetzgebung der USA sieht ein Verbot personeller Verflechtungen für miteinander im Wettbewerb stehende Unternehmen vor. Das dt. Recht enthält hingegen einige punktuelle und rechtsformspezifische Regelungen. Nach dem Gesetz gegen Wettbewerbsbeschränkungen (§23 Abs. 2 Nr. 4 GWB) gilt die Personengleichheit von mindestens der Hälfte der Mitglieder des Aufsichtsrates, des Vorstands oder eines anderen Geschäftsführungsorgans als Zusammenschlusstatbestand, der anzeigepflichtig ist. Das dt. AktG verbietet in §105 Abs. 1 die gleichzeitige Zugehörigkeit zum Vorstand (→ *Top Management (Vorstand)*) und → *Aufsichtsrat* eines Unternehmens; in §100 Abs. 2 Nr. 1 wird die Zahl der Aufsichtsratsmandate beschränkt, die eine Person innehaben kann; §100 Abs. 2 Nr. 2 verbietet die Selbstkontrolle, indem ein Vorstandsmitglied eines abhängigen Unternehmens nicht zugleich Aufsichtsratsmitglied des herrschenden Unternehmens sein darf; Überkreuzverflechtungen werden schließlich in §100 Abs. 2 Nr. 3 untersagt. Die aktienrechtlichen Regelungen üben auch Leitbildfunktion für andere Gesellschaftsformen aus (→ *Corporate Governance, internationaler Vergleich*).

II. Arten

In der Literatur werden personelle Verflechtungen in unterschiedlicher Weise differenziert. Die gängigste

Unterscheidung bezieht sich auf die Symmetrie der Beziehung. Als *gerichtet* werden Verflechtungsbeziehungen bezeichnet, wenn eine Person aus dem Geschäftsführungsgremium eines Unternehmens im Aufsichtsrat eines anderen Unternehmens sitzt. Von *ungerichteten* Verflechtungsbeziehungen ist die Rede, wenn eine Person, über die eine personelle Verflechtung hergestellt wird, in beiden Unternehmen die gleiche Position innehat.

Das Kriterium der Personengleichheit ist Grundlage einer weiteren Unterscheidung. Bei *indirekten* Verflechtungsbeziehungen ist diese nicht erfüllt. Eine indirekte Beziehung zwischen Unternehmen B_1 und B_2 liegt bspw. vor, wenn eine Verflechtung zwischen einem dritten Unternehmen A und Unternehmen B_1 über Person x und eine Verflechtung von A mit Unternehmen B_2 über Person y besteht. Die Beziehung zwischen B_1 und B_2 ist hingegen *direkt*, wenn beide Unternehmen jeweils über ein und dieselbe Person verbunden sind.

Eine grundsätzlich andere Typisierung wird in Untersuchungen vorgenommen, in denen die wirtschaftssektorale Zuordnung der verflochtenen Unternehmen als Differenzierungskriterium verwendet wird. Verflechtungen zwischen Unternehmen, die im selben Markt tätig sind, werden als *horizontal,* Verflechtungen mit Zulieferern oder Abnehmern als *vertikal* benannt. Die Residualgruppe, der Verflechtungen, die weder horizontal, noch vertikal sind, werden als *symbiotisch* (*Pennings* 1980) bezeichnet.

Für die Differenzierung der personellen Verflechtungen werden allerdings nicht immer einheitliche Benennungen verwendet. Manche Begriffe bezeichnen gar je nach Untersuchung Unterschiedliches. So bezieht sich der Begriff der *primären* personellen Verflechtung bei Ebke und Geiger (*Ebke/Geiger* 1994) auf alle Verflechtungsbeziehungen auf Ebene der Leitungs- und Kontrollorgane, bei Stokman et al. (*Stokman/Ziegler/Scott* 1985) auf alle gerichteten Verflechtungsbeziehungen und bei Pfeiffer (*Pfeiffer* 1993) auf jene gerichteten Verflechtungsbeziehungen, bei denen eine Person in dem Vorstand einer Bank und dem Aufsichtsrat eines Nichtbankunternehmens sitzt.

III. Operationalisierung und Messansätze

Da es sich bei Verflechtungsinformationen um *relationale* Daten handelt, ist eine besondere Vorgehensweise bei der Datenaufbereitung notwendig. Den Analysen liegen meist Datenmatrizen zugrunde, bei denen sich sowohl die Zeilen- als auch die Spalteneinträge jeweils auf die Unternehmen der Grundgesamtheit beziehen. Diese Datenmatrizen können mit methodischen Verfahren der *Netzwerkanalyse* (*Wasserman/Faust* 1994) untersucht werden. Die netzwerkanalytischen Auswertungen zielen hierbei auf die Indexbildung für einzelne Unternehmen, auf die Identifizierung von Verflechtungsstrukturen oder auf die Beschreibung des Verflechtungsnetzwerkes:

Die einfachsten *Indizes* sind die Anzahl der von einem Unternehmen ein- und ausgehenden Beziehungen (Degree). Andere netzwerkanalytische Indizes messen die Bedeutung eines Unternehmens als Mittler zwischen anderen Unternehmen oder die durchschnittliche Nähe eines Unternehmens zu allen anderen Unternehmen des Netzwerkes. Für die *Identifizierung von Verflechtungsstrukturen* stehen ebenfalls verschiedene netzwerkanalytische Verfahren zur Verfügung. Bei der Untersuchung von personellen Verflechtungen kann die Cliquenanalyse bspw. zur Ermittlung von untereinander besonders eng verflochtenen Unternehmen genutzt werden. Ein weiteres gebräuchliches Verfahren zur Identifizierung von Verflechtungsstrukturen ist die Blockmodellanalyse, bei der diejenigen Unternehmen in Blöcken zusammengefasst werden, die ähnliche eingehende und ausgehende Beziehungsmuster haben. Durch die Kombination von netzwerkanalytischen Verfahren lassen sich auch verschiedene Grundformen der Unternehmensverflechtung wie der Kreis, die Clique, der Stern und die Pyramide trennscharf differenzieren (*Beyer* 1998, S. 86 ff.). Zur *Beschreibung des Verflechtungsnetzwerkes* werden u.a. Maße für die Verflechtungsdichte genutzt. Durch die Differenzierung von Bereichen mit unterschiedlich hoher Verflechtungsdichte kann bspw. die Zentrum-Peripherie-Struktur eines Netzwerkes (*Ziegler* 1984) ermittelt werden (→ *Netzwerke*).

Neben netzwerkanalytischen Methoden spielen auch kausalanalytische Modelle bei der Analyse der personellen Verflechtungen eine zunehmende Rolle. Hierbei werden die mit Hilfe der netzwerkanalytischen Methoden ermittelten Verflechtungsinformationen und Indizes weiterverarbeitet; die Informationen zum Vorliegen einer personellen Verflechtungsbeziehung zwischen zwei Unternehmen (Dyade) als Dummy-Variable genutzt oder die erfolgte bzw. nicht erfolgte Wiederbesetzung von Positionen als abhängige Variable eingesetzt.

IV. Empirische Studien für Deutschland und auf internationaler Ebene

Im besonderen Blickpunkt der Diskussion um personelle Verflechtungen stehen in Deutschland seit jeher die Banken (→ *Kapitalmarkt und Management*). So stellt bereits die früheste Untersuchung zum Thema die herausragende Stellung der Finanzunternehmen im Personenverflechtungsnetz dar (*Jeidels* 1905). Die traditionell sehr starke Einbindung von Banken und Finanzunternehmen ist daher auch in neueren Untersuchungen ein Gegenstand von zentraler Bedeutung (*Pappi/Kappelhoff/Melbeck* 1987; *Pfeiffer*

1993; *Beyer* 2002). Neben der Rolle der Finanzunternehmen ist auch die Frage nach der ökonomischen Vorteilhaftigkeit von personellen Verflechtungen mehrfach untersucht worden, wobei einerseits die Reduktion der Umweltunsicherheit und *Ressourcenabhängigkeit* (*Schiffels* 1981; *Schreyögg/Papenheim-Tockhorn* 1995) und andererseits die Minimierung von Transaktions- und Kontrollkosten (*Holtmann* 1989; *Pfannschmidt* 1995) thematisiert wurden. Auf die wettbewerbspolitische Bedeutung von personellen Verflechtungen konzentrieren sich die Untersuchungen von Schönwitz und Weber (*Schönwitz/Weber* 1982) sowie Biehler (*Biehler* 1982). Die Bedeutung der personellen Verflechtung für die Frage der Trennung von Eigentum und *Verfügungsgewalt* steht im Zentrum der Analyse von Beyer (*Beyer* 1998).

Hervorzuheben sind ländervergleichende Studien, da diese die Besonderheiten der dt. *Unternehmensverflechtung* deutlich gemacht haben (*Stokman/Ziegler/Scott* 1985; *Windolf/Beyer* 1995; *Windolf/Nollert* 1999). Im internationalen Vergleich weist Deutschland demnach eine ausgesprochen hohe Verflechtungsintensität auf. Dies gilt sowohl allgemein als auch innerhalb von Wirtschaftszweigen. Den strukturellen Kern bildet ein *Verflechtungszentrum*, das die größten dt. Unternehmen in ein enges Beziehungsgeflecht einbindet. In sog. „Broken-Tie-Analysen" (*Schreyögg/Papenheim-Tockhorn* 1994) konnte zudem ein hoher Grad der äquivalenten Wiederbesetzung von Positionen ermittelt werden. Die Rekonstitution von durch Tod, Krankheit oder Pensionierung unterbrochenen Unternehmensverbindungen spricht für einen gezielten Aufbau der interorganisationalen Beziehungen. Die Frage der strukturellen Stabilität der nationalen Besonderheiten wird in einigen neueren Arbeiten kontrovers diskutiert (*Windolf* 2002; *Heinze* 2002; *Beyer* 2002), denn die Verflechtungen der dt. Großunternehmen haben sich in den letzten Jahren zumindest quantitativ deutlich reduziert.

Einen exzellenten Überblick über die internationale Diskussion um „interlocking directorates" gibt Mizruchi (*Mizruchi* 1996). Neuere Studien thematisieren die Bedeutung von personellen Verflechtungen für den Wechsel von Unternehmensstrategien (*Golden/Zajac* 2001), die Imitation und Diffusion von Praktiken (*Davis/Greve* 1997), sowie Veränderungstendenzen, wie die deutlich zurückgehende Verflechtung der amerikanischen Commercial Banks (*Davis/Mizruchi* 1999). Eine aktuelle Publikation analysiert auch erstmals die transnationale Verflechtung von Unternehmen (*Carroll/Fennema* 2002).

V. Theoretische Bedeutung

Die theoretische Bedeutung der personellen Verflechtungen ist schon seit Jahrzehnten Gegenstand der wissenschaftlichen Auseinandersetzung. Die Erklärungsansätze lassen sich zwei Hauptströmungen zuordnen, in denen einerseits auf die Handlungen von Personen und andererseits auf die Strategien von Unternehmen abgehoben wird.

In der *personalen Perspektive* wird insb. das Motiv der Erlangung und Absicherung von privilegierten Positionen hervorgehoben. Im Anschluss an die Diskussion um die Trennung von Eigentum und Verfügungsgewalt (→ *Vertragstheorie*) (*Berle/Means* 1968) können Verflechtungen bspw. als Resultat von gezielten Strategien des Managements zur Abschottung gegenüber einer Kontrolle durch die Eigentümer gewertet werden (kritisch: *Beyer* 1998). Die Koordination der Personen zielt in dieser Perspektive auf die Absicherung ihrer privilegierten Position in den Unternehmen. In neo-marxistischen Ansätzen werden personelle Verflechtungen demgegenüber als Mittel zur Sicherung des einmal errungenen Machtvorsprungs einer herrschenden Elite angesehen (*Zeitlin* 1974; *Useem* 1984). Andere Autoren bezweifeln die Geschlossenheit der Managerelite. Das Netzwerk der Manager ist in deren Sicht segmentiert, weil jeweils verschiedene Gruppen in Konkurrenz um die Besetzung von Positionen stehen. Dieser Konkurrenz wird auch eine organisatorische Bedeutung zugeschrieben, weil sich die Gruppen z.B. hinsichtlich der befürworteten Managementpraktiken unterscheiden (*Zajac/Westphal* 1996).

Die *organisationale Perspektive* steht im deutlichen Kontrast zu den genannten personalen Thesen. Die Motive für personelle Verflechtungen werden nicht bei den Personen, sondern bei den Unternehmen lokalisiert. In juristischer (*Ebke/Geiger* 1994) und auch volkswirtschaftlicher Sicht sind personelle Verflechtungen v.a. als möglicher Konzentrationstatbestand von Interesse. Hierbei werden insb. horizontale Verflechtungen als problematisch eingestuft. Aufgrund der wettbewerbspolitischen Bedeutung wird die Entwicklung der personellen Verflechtung auch jeweils in den Hauptgutachten der Monopolkommission erfasst (zuletzt *Monopolkommission* 2002).

In betriebswirtschaftlicher Sicht wird einerseits die *Kooptation*, also die gezielte Aufnahme von Repräsentanten aus anderen Unternehmen als Mittel zur Reduzierung der Umweltunsicherheit hervorgehoben. Es wird die Ansicht vertreten, dass über die personelle Verflechtung eine Beziehung zwischen den beteiligten Unternehmen aufgebaut wird, die hilft, bestandskritische Umweltfaktoren berechenbarer zu machen (→ *Unternehmenskooperation*). In der Diskussion um personelle Verflechtungen spielt hierbei insb. die Ressourcenabhängigkeitsthese (*Pfeffer/Salancik* 1978) eine wichtige Rolle. Andererseits wird in institutionenökonomisch argumentierenden Arbeiten (→ *Institutionenökonomie*) aber auch die Entsendung von Mitgliedern aus dem Geschäftsführungsgremium als Kontrollinstrument diskutiert (*Holtmann* 1989; *Pfannschmidt* 1995). Der Kontrollaspekt spielt auch in der Erklärung der hervorgehobenen Position der Banken eine Rolle. In der Bankenhegemonietheorie (*Mintz/Schwartz* 1985) wird davon ausgegangen, dass die Banken über personelle Verflechtungen eine mehr oder minder aktive Kontrolle ausüben.

Der Koordinierungsaspekt von Verflechtungen wird schließlich in der sozialwissenschaftlichen Varieties-of-Capitalism-Forschung (*Windolf/Beyer* 1995; *Soskice* 1999) hervorgehoben. Die Struktur der Unternehmensverflechtung ist demnach Kennzeichen für die Unterschiedlichkeit von Wirtschaftsordnungen, die im angloamerikanischen Kontext primär durch den Markt und im kontinentaleuropäischen Kontext durch Koordination geprägt sind.

Neben diesen Ansätzen, die personelle Verflechtungen eine mehr oder minder große theoretische Bedeutung zuschreiben, vertreten einige wenige Autoren (*Stigler* 1968; *Poensgen* 1980) die Ansicht, dass personelle Verflechtungen lediglich zufälliges und weitgehend bedeutungsloses Ergebnis des Wunsches nach der Besetzung von Positionen durch möglichst kompetente Personen sind.

VI. Praktische Implikationen

In der aktuellen Diskussion um die Praxis der Unternehmensführung und -kontrolle ist die regelmäßige Beratung und Überwachung des Vorstandes als Hauptaufgabe der Aufsichtsratstätigkeit wieder verstärkt in den Vordergrund gerückt worden (→ *Corporate Governance (Unternehmensverfassung)*). Ämterhäufungen und personelle Verflechtungen gelten als abträglich für die Erfüllung dieser Aufgaben, weil die Möglichkeit besteht, dass die Kontrolle der Geschäftsführungstätigkeit, wegen zeitlicher Restriktionen oder persönlicher Verpflichtungen, nur mangelhaft ausgeführt wird. Im Deutschen Corporate Governance Kodex ist aufgrund derartiger Überlegungen eine Empfehlung zur Begrenzung der Aufsichtstätigkeit einer Person auf fünf konzernfremde Mandate enthalten.

Literatur

Berle, Adolf A./Means, Gardiner C.: The Modern Corporation and Private Property, 2. A., New York 1968.
Beyer, Jürgen: Deutschland AG a.D. – Deutsche Bank, Allianz und das Verflechtungszentrum großer deutscher Unternehmen, MPIfG Discussion Paper 02/4 2002.
Beyer, Jürgen: Managerherrschaft in Deutschland? Corporate Governance unter Verflechtungsbedingungen, Opladen et al. 1998.
Biehler, Hermann: Personen- und Kapitalverflechtungen zwischen Unternehmen, München 1982.
Carroll, William K./Fennema, Meindert: Is There A Transnational Business Community?, in: International Soc., Jg. 17, 2002, S. 393–419.
Davis, Gerald F./Greve, Henrich R.: Corporate Elite Networks and Governance Changes in the 1980s, in: AJS, Jg. 103, 1997, S. 1–37.
Davis, Gerald F./Mizruchi, Mark S.: The Money Center Cannot Hold: Commercial Banks in the US System of Corporate Governance, in: ASQ, Jg. 44, 1999, S. 215–239.
Ebke, Werner F./Geiger, Hermann: Personelle Verflechtungen von Kapitalgesellschaften, Unternehmenskonzentration und Wettbewerb, in: Zeitschrift für Vergleichende Rechtswissenschaft, Jg. 93, 1994, S. 38–79.
Golden, Brian R./Zajac, Edward J.: When will Boards Influence Strategy?, in: SMJ, Jg. 22, 2001, S. 1087–1111.
Heinze, Thomas: Die Struktur der Personalverflechtung großer deutscher Aktiengesellschaften zwischen 1989 und 2001, in: Zeitschrift für Soziologie, Jg. 31, 2002, S. 391–410.
Holtmann, Michael: Personelle Verflechtungen auf Konzernführungsebene, Wiesbaden 1989.
Jeidels, Otto: Das Verhältnis der deutschen Großbanken zur Industrie mit besonderer Berücksichtigung der Eisenindustrie, Leipzig 1905.
Mintz, Beth/Schwartz, Michael: The Power Structure of American Business, Chicago et al. 1985.
Mizruchi, Mark S.: What Do Interlocks Do? An Analysis, Critique, and Assessment of Research on Interlocking Directorates, in: Annual Review of Soc., Jg. 22, 1996, S. 271–298.
Monopolkommission: Netzwettbewerb durch Regulierung, Baden-Baden 2002.
Pappi, Franz U./Kappelhoff, Peter/Melbeck, Christian: Die Struktur der Unternehmensverflechtung in der Bundesrepublik, in: KZSS, Jg. 39, 1987, S. 693–717.
Pennings, Johannes M.: Interlocking Directorates, San Francisco 1980.
Pfannschmidt, Arno: Mehrfachmandate in deutschen Unternehmen, in: ZfB, Jg. 65, 1995, S. 177–203.
Pfeffer, Jeffrey/Salancik, Gerald R.: The External Control of Organizations: A Resource Dependence Perspective, New York 1978.
Pfeiffer, Hermannus: Die Macht der Banken, Frankfurt am Main 1993.
Poensgen, Otto H.: Between Market and Hierarchy – The Role of Interlocking Directorates, in: Zeitschrift für die gesamte Staatswissenschaft, Jg. 136, 1980, S. 209–225.
Schiffels, Edmund W.: Der Aufsichtsrat als Instrument der Unternehmenskooperation, Frankfurt am Main 1981.
Schönwitz, Dietrich/Weber, Hans-Jürgen: Unternehmenskonzentration, personelle Verflechtungen und Wettbewerb, Baden-Baden 1982.
Schreyögg, Georg/Papenheim-Tockhorn, Heike: Dient der Aufsichtsrat dem Aufbau zwischenbetrieblicher Kooperationsbeziehungen?, in: ZfB, Jg. 65, 1995, S. 205–230.
Schreyögg, Georg/Papenheim-Tockhorn, Heike: Kooptation und Kooperation: Eine Langsschnittstudie zu Stabilität und Motiven personeller Verflechtungen zwischen deutschen Kapitalgesellschaften, in: Die Aktiengesellschaft, Jg. 39, 1994, S. 381–390.
Soskice, David: Divergent Production Regimes: Coordinated and Uncoordinated Market Economies in the 1980s and 1990s, in: Continuity and Change in Contemporary Capitalism, hrsg. v. *Kitschelt, Herbert* et al., Cambridge et al. 1999, S. 101–134.
Stigler, George J.: The Organization of Industry, Homewood, Ill. 1968.
Stokman, Frans N./Ziegler, Rolf/Scott, John: Networks of Corporate Power: A Comparative Analysis of Ten Countries, Cambridge 1985.
Useem, Michael: The Inner Circle, New York 1984.
Wasserman, Stanley/Faust, Katherine: Social Network Analysis: Methods and Applications, New York 1994.

Windolf, Paul: Die Zukunft des Rheinischen Kapitalismus, in: Organisationssoziologie. Sonderheft der KZSS, hrsg. v. *Allmendinger, Jutta/Hinz, Thomas*, Wiesbaden 2002, S. 414–442.
Windolf, Paul/Beyer, Jürgen: Kooperativer Kapitalismus. Unternehmensverflechtungen im internationalen Vergleich, in: KZSS, Jg. 47, 1995, S. 1–36.
Windolf, Paul/Nollert, Michael: Institutionen, Interessen, Netzwerke, in: Politische Vierteljahresschrift, Jg. 42, 1999, S. 51–78.
Zajac, Edward J./Westphal, James D.: Who Shall Succeed? How CEO Board Preferences and Power Affect the Choice of New CEOs, in: AMJ, Jg. 39, 1996, S. 64–90.
Zeitlin, Maurice: Corporate Ownership and Control. The Large Corporation and the Capitalist Class, in: AJS, Jg. 79, 1974, S. 1073–1119.
Ziegler, Rolf: Das Netz der Personen- und Kapitalverflechtungen deutscher und österreichischer Wirtschaftsunternehmen, in: KZSS, Jg. 36, 1984, S. 585–614.

Planung

Hans-Ulrich Küpper

[s.a.: Improvisation; Steuerungstheorie; Strategie und Organisationsstruktur; Strategisches Management; Umweltanalyse, strategische; Unternehmensanalyse, strategische; Unternehmensführung (Management); Unternehmensstrategien.]

I. Bedeutung und Merkmale der Planung;
II. Planung als Teil des Führungs- oder Managementsystems; III. Struktur der Planung; IV. Instrumente der Planung; V. Elemente und Eigenschaften von Planungssystemen; VI. Bausteine einer Planungstheorie.

Zusammenfassung

Planung stellt einen bewussten geistigen Prozess dar, durch den man Unternehmensziele besser als mit intuitivem Handeln verwirklichen will. Um ihre Zwecke der Erfolgssicherung, Risikohandhabung, Flexibilitätserhöhung und Reduktion von Problemkomplexität zu erreichen, muss sie in das Führungs- oder Managementsystem von Unternehmungen eingebunden werden. In den von der Problemfeststellung bis zur Alternativenbewertung und Entscheidung zu durchlaufenden Planungsphasen sowie für die Entscheidungen auf den Ebenen der strategischen, taktischen und operativen Ebene lassen sich zahlreiche Instrumente in Form von qualitativen sowie quantitativen Planungsmethoden und Verfahren zur Strukturierung von Planungsprozessen nutzen. Die formalen, inhaltlichen, organisatorischen sowie methodischen Eigenschaften eröffnen einer Unternehmung ein breites Spektrum an Variablen zur Gestaltung ihres Planungssystems. Um diese festzulegen, benötigt sie planungstheoretisches Wissen, das jedoch nur in Form einzelner Bausteine verfügbar ist, weil die Planung durch ihre Zukunftsbezogenheit sowie ihren Informations-, Gestaltungs- und Prozesscharakter stets komplex ist.

I. Bedeutung und Merkmale der Planung

Die Wirkungen menschlichen Handelns sind häufig von vielen Größen abhängig, über deren Eintreten keine Gewissheit besteht. Mit wirtschaftlichen Entscheidungen will man bestimmte Ergebnisse erreichen. Deshalb sollen diese nicht intuitiv, sondern bewusst und zielgerichtet getroffen werden. Für ihren Erfolg ist darüber hinaus das Zusammenwirken der in Unternehmungen tätigen Menschen maßgeblich. Ein Instrument, um die angestrebten Ziele zu erreichen, das mit ihm verbundene Risiko zu bewältigen und die Aktivitäten der verschiedenen Unternehmensmitglieder aufeinander abzustimmen, ist die Planung.

Sie stellt einen bewussten geistigen Prozess dar, durch den zukünftiges Geschehen gestaltet werden soll. Über die gedankliche Vorwegnahme und das Durchdenken künftiger Handlungsmöglichkeiten, der sie begrenzenden Rahmenbedingungen sowie ihrer Wirkungen auf die eigenen Ziele und andere Größen will man die beste Handlungsalternative finden. Nach dem hier zugrunde gelegten Verständnis umfasst Planung die Entscheidungsvorbereitung und den Entscheidungsakt, der sich in den Plänen niederschlägt.

Charakteristische *Merkmale der Planung* liegen in ihrer Zukunftsbezogenheit und Rationalität sowie ihrem Informations-, Gestaltungs- und Prozesscharakter (*Wild* 1974, S. 13 f.; *Mag* 1999, S. 5 f.). Wegen der unvermeidlichen Unsicherheit will man Risiken erkennen und nach Möglichkeit reduzieren. Zudem sollen Handlungsspielräume eröffnet und die Flexibilität erhöht werden. Wegen der Menge an denkbaren Alternativen und Umweltsituationen muss sich die Planung mit einem komplexen Entscheidungsfeld auseinandersetzen. Im Planungsprozess werden die unsicheren Daten ermittelt, die Erwartungen verdichtet und die Vielzahl von Handlungsmöglichkeiten auf die als relevant sowie zieloptimal erachteten eingegrenzt. Durch die Konstruktion von Entscheidungsmodellen wird die Realität auf die als wichtig erachteten Teilzusammenhänge reduziert und damit auch gestaltet (*Bretzke* 1980, S. 103 ff.). Auf diesem Weg nimmt man eine Reduktion der Problemkomplexität vor. Planung trägt zu einer Stabilisierung von Verhaltenserwartungen bei. Erfolgssicherung, Risikohandhabung, Flexibilitätserhöhung und Reduktion von Problemkomplexität können damit als grundlegende *Zwecke der Planung* angesehen werden.

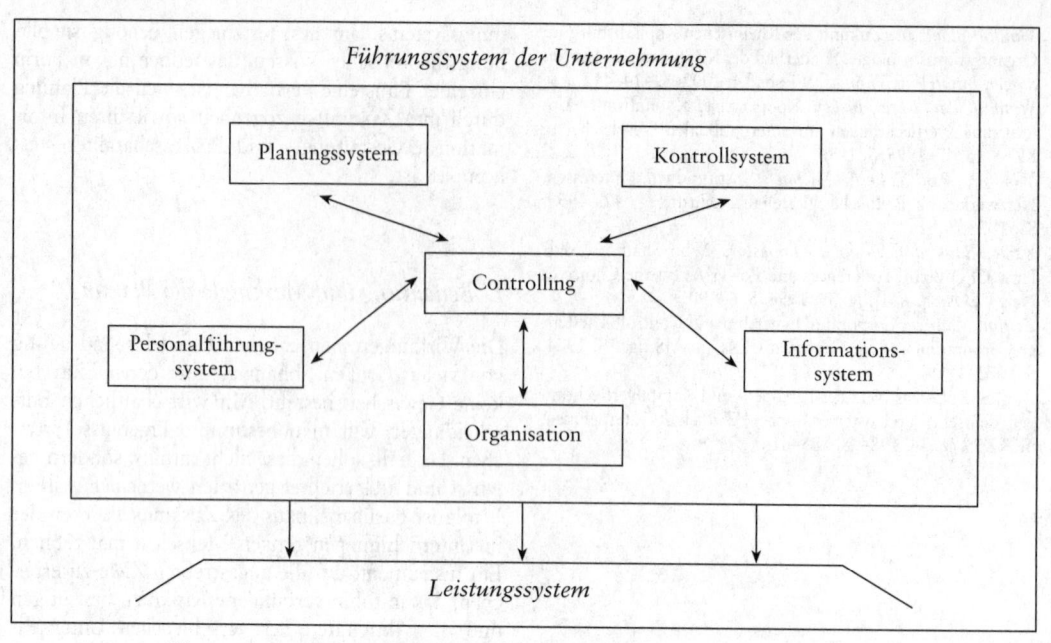

Abb. 1: Gliederung des Führungs- oder Managementsystems der Unternehmung

II. Planung als Teil des Führungs- oder Managementsystems

Mit Hilfe von Planung kann das eigene und das Handeln abhängiger Personen gestaltet werden. Damit wird sie zu einem Instrument der Führung (→ *Unternehmensführung (Management)*). Trotz gewisser Variationen werden zu dem Führungs- und Managementsystem i.Allg. (vgl. *Pfohl/Stölzle* 1997, S. 7 ff.; *Steinmann/Schreyögg* 2000, S. 6 ff.) neben der Planung die Kontrolle sowie die Organisation, die Personalführung, die Informationsversorgung und das Controlling gerechnet. In dem entsprechend Abbildung 1 systematisierbaren Führungssystem (*Küpper* 2001, S. 13 ff.) kommen der Planung die spezifischen Funktionen der Aufdeckung, Analyse und Lösung von Entscheidungsproblemen zu.

Aus der engen Verknüpfung dieser Führungsinstrumente ergeben sich vielfältige Beziehungen der Planung zu den anderen Führungsteilsystemen. So bestimmt die Organisation mit ihrer Verteilung von Aufgaben, Entscheidungs- und Weisungsrechten sowie ihren ablauforganisatorischen Regeln in hohem Maße die Art der Planungsprozesse und die Struktur eines Planungssystems. Eine breite Verteilung von Aufgaben, Entscheidungs- und Weisungsrechten erfordert eine Dezentralisierung der Planung und führt zu einer starken Verzweigung der Informationen. Um die verschiedenen Entscheidungsträger auf ein gemeinsames Zielsystem auszurichten und die Durchführung der Pläne sicherzustellen, ist ein geeignetes Anreizsystem als Instrument der Personalführung einzusetzen. Zugleich richtet sich die Kontrolle nach der Struktur der Planung und hängen die Plandurchführung sowie die Verbesserung künftiger Planungsprozesse von der Verfügbarkeit und dem Einsatz entsprechender Kontrollinstrumente ab. Für die Verknüpfung dieser Führungsinstrumente lassen sich übergreifende Controllingsysteme der innerbetrieblichen Steuerung nutzen, die von der zentralistischen Planung, Steuerung und Kontrolle über Budgetierungs-, Kennzahlen- und Zielbis hin zu Lenkungspreissystemen ein zunehmendes Maß an Dezentralisierung aufweisen. Ein *Primat* kommt der Planung nur insoweit zu, als in ihr die Unternehmensziele festgelegt werden.

III. Struktur der Planung

1. Phasen der Planung

Planungsprozesse werden üblicherweise nach den zu lösenden Teilaufgaben in die Phasen der Problemfeststellung und -analyse, Zielbildung, Alternativensuche, Prognose, Bewertung und Entscheidung gegliedert (*Wild* 1974, S. 46 ff.). Dies bedeutet aber nicht, dass die Prozesse stets in dieser Phasenfolge nacheinander durchgeführt werden (*Witte* 1968).

Ausgelöst werden sie durch die *Feststellung von Problemen*, deren rechtzeitiges Erkennen eine grundlegende Voraussetzung für erfolgreiches Planen und Handeln ist. Ein Problem liegt vor, wenn ein Zustand als unbefriedigend empfunden wird. Eine wichtige Quelle der Problemerkenntnis bildet daher die Kontrolle, in der Abweichungen zu Zielvorstellungen aufgedeckt werden. Durch die *Problemanalyse* sind die Ursachen für die Entstehung des Problems und seine Konsequenzen herauszuarbeiten. Um Ursachen durch Änderungen der Umwelt, der Realisation, der Erwartungen oder der Zielvorstellungen zu erkennen, sind in einer Lageanalyse der gegenwärtige Zustand zu untersuchen und in einer Lageprognose Aussagen über künftige Wirkungen zu machen. Die Problemlücke als Differenz zwischen erwarteter Entwicklung und aus dem Zielsystem abgeleitetem Sollzustand ist ein Maß für das Gewicht des Problems. In der sich anschließenden *Problemformulierung* ist anzugeben, worin die Lösung bestehen würde, ohne dass man schon einen Lösungsweg ausarbeitet (*Pfohl/Stölzle* 1997, S. 57). Wenn die Menge der zulässigen Lösungen aufgrund von Zielen und Nebenbedingungen eindeutig vorgegeben ist, handelt es sich um ein *wohl-definiertes Problem*. Ist der Alternativenraum dagegen unbestimmt, nennt man es *schlecht-definiert* (*Kirsch* 1998, S. 48 ff.). Diese Unterscheidung ist für die klare Abgrenzung von Problemen und den einzuschlagenden Weg der Alternativensuche sowie -bewertung zweckmäßig; Optimierungsverfahren lassen sich nämlich nur bei wohl-definierten Problemen einsetzen.

Ausgehend von den meist global formulierten obersten Zielvorstellungen sind in der *Zielbildung* die für das betrachtete Planungsproblem maßgeblichen Ziele nach ihrem Inhalt, angestrebten Ausmaß und zeitlichen Bezug festzulegen. Vielfach werden mehrere Ziele als erstrebenswert angesehen. Dann ist über die Analyse ihrer Beziehungen und die Lösung von Konflikten zwischen ihnen ein einheitliches Zielsystem zu schaffen.

In der Phase der *Alternativensuche* sind zuerst Lösungsideen zu entwickeln und zu sammeln. Durch ihre Verdichtung und die Kombination der Handlungsvariablen gelangt man zu Alternativen. Diese müssen im Hinblick auf ihre Realisierbarkeit, Wirkungen und Bedingtheit analysiert werden. Hierdurch können frühzeitig nicht realisierbare Alternativen ausgeschaltet und eine erste Abschätzung der Wirkungen vorgenommen werden. Für eine rationale Wahl müssen sich die Alternativen nach dem „Exklusivitätsprinzip" gegenseitig ausschließen. In der *Prognosephase* sind die Konsequenzen der Alternativen auf das oder die Ziele sowie die Handlungsbeschränkungen vorauszusagen. Prognosen können argumentativ begründet oder aus einem Prognosemodell abgeleitet werden und auf Annahmen, subjektiven Erwartungen oder erfahrungswissenschaftlichen Theorien basieren. Den Abschluss der Planung bilden die *Alternativenbewertung* und die Auswahl der besten, durchzuführenden Alternative im *Entscheidungsakt*. In der Bewertung werden den Alternativen Wertgrößen zugeordnet, die sie in eine Rangordnung bringen. Die Werte ergeben sich in der Regel aus den Erreichungsgraden der verfolgten Ziele. Wichtigste Grundlage der Bewertung sind daher die Prognosen über die Wirkungen der Alternativen auf die Ziele. Sofern mehrere Ziele und/oder die Unsicherheit der Daten berücksichtigt werden, müssen diese in eine umfassende Bewertungs- oder Nutzenfunktion überführt werden.

2. Ebenen der Planung

Unter den verschiedenen Gliederungen des Planungssystems hat die Einteilung in die Ebenen der strategischen, taktischen und operativen Planung die größte Bedeutung erlangt. Für diese Aufteilung werden entsprechend Abbildung 2 (*Küpper* 2001, S. 68) insb. die Eigenschaften Fristigkeit (zeitliche Differenzierung), Planungsumfang, Zielorientierung, Planungsgegenstand und Detailliertheit herangezogen.

In der *strategischen Planung* geht es um die Schaffung von Erfolgspotenzialen als den Voraussetzungen und Bestimmungsgrößen konkreter Erfolge in Form von Markt- oder Kapitalwerten und Periodengewinnen (→ *Strategisches Management*). Zu ihnen gehören u.a. die Entwicklung von Produkten, der Aufbau von Marktpositionen, die Schaffung eines qualifizierten Führungspersonals und Mitarbeiterstamms u.Ä. Ihr Planungsgegenstand sind insb. Produkt- und Marktstrategien für die verschiedenen Geschäftsfelder der Unternehmung (→ *Unternehmensstrategien*). Da sich zumindest ein Teil der für die strategische Planung maßgeblichen Größen wie die Qualität von F&E, Mitarbeitern, Führungskräften oder Produkten, relative Wettbewerbsvorteile auf Märkten u.Ä. nur ordinal oder nominal messen lässt, arbeitet man vielfach mit qualitativen und wenig detaillierten Größen. Grundlegende Komponenten dieser Planungsebene wie die rechtliche Struktur, die Produkt-, Standort-, Innovations-, Ausschüttungs-, Image-, Wachstums-, Organisations- und Führungskonzeption können auch in einer eigenständigen Grundsatzplanung zusammengefasst werden (*Koch* 1977, S. 61 ff.). Ferner kann man die Festlegung der wichtigsten Erfolgs-, Sicherheits-, Produkt- und Sozialziele als *generelle Zielplanung* verselbständigen (*Hahn/Hungenberg* 2001, S. 97 ff.).

Mit der *taktischen Planung* sind die strategischen Alternativen in eine operationale Programm-, Kapazitäts- und Finanzplanung umzusetzen. Damit ist sie stärker auf Bereiche gerichtet. Ihre Planungsziele müssen mehrperiodig sein und können wie Markt- oder Kapitalwerte quantitativ formuliert werden. Zu ihren wichtigsten Planungsgegenständen gehören das artmäßig spezifizierte Produktionsprogramm, die Produktmengenbereiche, die Investitionsprojekte und Finanzierungsstruktur sowie die Personalausstattung. Auf dieser Ebene kann die Planung weitgehend quantitativ durchgeführt werden. Durch den höheren Grad an Operationalisierung werden die Planungsmodelle komplexer. Deshalb ist eine Aufspaltung in isolierte Modelle z.B. der Investitions-, Produktions-, Personal- und Finanzplanung unumgänglich. Zugleich müssen aber die Interdependenzen zwischen diesen Bereichen berücksichtigt werden.

Die Planung der einzelnen Prozesse erfolgt auf der *operativen* Ebene. Als Zielgrößen werden daher v.a. Periodengewinn, -deckungsbeitrag und -kosten sowie die Einhaltung der Liquidität verfolgt. Für die detail-

	Strategische Planung	Taktische Planung	Operative Planung
Planungs-horizont	langfristig von 5 bis über 10 Jahre	mittelfristig bis ca. 5 Jahre	kurzfristig bis 1 Jahr und kürzer

Zielgrößen	qualitative Zielgrößen
	– Erfolgspotenziale
	– Bestimmungsgrößen des Gewinns
		eher quantitative Zielgrößen
		– Produktziele
		– mehrperiodige Erfolgsziele
		  • Kapitalwert
		  • Endwert
		  • interner Zinsfuß
		– Erhaltung der Zahlungsfähigkeit
			quantitative Zielgrößen
			– Produktionsziele
			  • opt. Kapazitätsauslastung
			  • Kostenminimierung
			  • Durchlaufzeitenminimierung
			– einperiodige und stückbezogene Erfolgsziele
			  • Periodengewinn
			  • Periodendeckungsbeitrag
			  • Stückgewinn
			  • Stückdeckungsbeitrag
			– Sicherung der Tages-, Monats-, Jahresliquidität

Variablen und Alternativen	– Produkt- und Marktstrategien – Geschäftsfelder – Standorte	– quantitatives und qualitatives Produktionsprogramm – Investitions- und Finanzierungsprogramme – Personalausstattung	– Ablaufplanung – Losgrößenplanung – Bestellmengenplanung – Kapazitätsabstimmung – Personaleinsatzplanung
Charakteristische Merkmale	– gesamtunternehmensbezogen – hohes Abstraktionsniveau – geringer Planungsumfang, geringe Detailliertheit und Vollständigkeit – qualitative Ausrichtung – langfristige Rahmenplanung	– funktionsbezogen – mittleres Abstraktionsniveau – mittlerer Planungsumfang, zunehmende Detailliertheit und Vollständigkeit – stärker quantitative Ausrichtung – inhaltliche Konkretisierung der strategischen Planung	– durchführungsbezogen – niedriges Abstraktionsniveau – geringer Planungsumfang, hohe Detailliertheit und Vollständigkeit – quantitative Ausrichtung – Umsetzung der taktischen Planung in konkrete Durchführungspläne

Abb. 2: Merkmale der strategischen, taktischen und operativen Planung

lierte Umsetzung insb. im Fertigungsbereich spielen darüber hinaus auftrags- und arbeitsträgerbezogene Ziele (*Küpper/Helber* 1995, S. 49 ff.) wie die Durchlaufzeiten und die Kapazitätsauslastung eine Rolle. Auf dieser Planungsebene werden die artmäßige Zusammensetzung des Produktionsprogramms, die Entwicklung der Nachfrage und die Kapazitäten weitgehend als gegeben unterstellt. Typische Planungsgegenstände sind die Produktionsmengen sowie die Entscheidungstatbestände der Prozessplanung. Da es um die konkrete Umsetzung geht, sind ein hoher Detaillierungsgrad und eine tief gehende Aufspaltung in isolierte Planungsmodelle notwendig. Dadurch gelangt man zu wohl-definierten Problemen, die in hohem Maße mit EDV-gestützten quantitativen Methoden lösbar sind.

IV. Instrumente der Planung

1. Planungsmethoden der Informationsermittlung

Die schwer überschaubare Zahl an Methoden (vgl. *Küpper* 1994, S. 903 ff.; *Horváth* 1993, Sp. 673 ff.), mit denen sich planungsrelevante Informationen gewinnen lassen, kann man entsprechend Abbildung 3 nach ihrer Verwendbarkeit in den Planungsphasen systematisieren. Zur *Problemfeststellung* und *-analyse* lassen sich Methoden der SOFT- oder Stärken-Schwächen- und der Ursachenanalyse nutzen. Die Analyse erstreckt sich dabei sowohl auf die Unternehmung (→ *Unternehmensanalyse, strategische*) als auch ihr Umfeld. Intern kann man insb. die technologische, ökonomische und soziale Dimension untersuchen, nach außen sind Markt-, Technologie- und Umweltanalysen u.Ä. (→ *Umweltanalyse, strategische*) vorzunehmen. Für die *Zielbildung* sind insb. Methoden zur Analyse von Zielbeziehungen sowie zur Lösung von Zielkonflikten wichtig (vgl. *Küpper* 2001, S. 74 ff.; *Laux* 2003, S. 89 ff.; *Schneeweiß* 1991, S. 121 ff.). Voraussetzung für die Lösung von Problemen ist eine intensive *Alternativensuche*, für die intuitive und systematisch-analytische Methoden oder Kreativitätstechniken der Ideenfindung einsetzbar sind (*Pfohl/Stölzle* 1997, S. 152 ff.).

Während diese, in den ersten Planungsphasen verwendbaren Methoden weitgehend qualitativen Charakter haben, stehen für die *Prognose* von Handlungswirkungen und die Alternativenbewertung auch viele quantitative Methoden zur Verfügung. Für Pro-

Planungsphase	Klassen	Beispiele
Problemfeststellung und -analyse	SOFT-Analysen	Lückenanalyse, Checklisten, Verflechtungsmatrix u.a.
	Ursachenanalysen	Relevanzbaummethode, Kennzahlenanalyse, Kepner-Tregoe-Methode u.a.
Zielbildung	Analyse von Zielbeziehungen	Begriffliche Analyse Empirische Analyse
	Lösung von Zielkonflikten	Zielunterdrückung Anspruchsfestlegung Zielkompromisse Interaktive Präferenzbildung
Alternativensuche	Intuitive Methoden	Brainstorming, Brainwriting, Synektik u.a.
	Systematisch-analytische Methoden	Morphologischer Kasten, Attribute Listing u.a.
Prognose	Qualitative Methoden	Befragungsmethoden: Delphimethode u.a.
	Quantitative Methoden	Statistische Zeitreihenanalysen: Expotentielle Glättung u.a. Indikatorprognosen: Anhängemethode u.a. Kausale Prognosen: Produktions- und Kostenfunktionen u.a
	Kombiniert qualitativ-quantitative Methoden	Risikoanalyse, Szenario u.a. Bernoulli-Nutzenfunktion u.a.
Alternativenbewertung und Entscheidung	Prioritätensetzung	ABC-Analyse, Singulärer Vergleich u.a.
	Nutzenzuordnung	Optimierungsmethoden: Lineare Programmierung u.a. Heuristische Methoden: Prioritätsregeln, Tabu Search u.a. Simulationsmethoden
	Bewertungsstabilisierung	Sensitivitätsanalysen, Kontingenzanalyse u.a.

Abb. 3: Systematik und Beispiele für Planungsmethoden

gnosen lassen sich insb. die Methoden der univariaten statistischen Zeitreihenanalyse (z.B. gleitende Durchschnitte, exponentielle Glättung, Regressionsanalyse, autoregressive Verfahren und Wachstums- oder Sättigungsmodelle), Indikatorfunktionen und multivariate kausale Methoden heranziehen. Letztere können auf betriebswirtschaftlichen Theorien wie der Produktions- und Kostentheorie (z.B. bei der programmgesteuerten Materialbedarfsprognose), Lebenszyklusmodellen oder multiplen Regressionsansätzen beruhen. Auch die Modelle der Warteschlangentheorie, der Simulation und der Netzplantechnik können als Prognosemethoden verwendet werden, wenn mit ihnen z.B. das künftige Verhalten von Fertigungssystemen oder die Dauer sowie die Pufferzeiten bei Großprojekten bestimmt werden. Simulationsverfahren sind eine Art mathematischer Experimente, mit denen z.B. die Wirkungen stochastischer Prozesse oder der Änderung einzelner Größen in „What-If-Analysen" untersucht werden. Da Planung stets zukunftgerichtet ist, kommt den Methoden zur Erfassung und Bewältigung der *Unsicherheit* eine wesentliche Bedeutung zu. Sie können einmal wie die (simulative) Risikoanalyse dazu dienen, den Grad an Unsicherheit und deren Auswirkungen auf die Zielgröße herauszufinden. Zum anderen zeigen die in der Entscheidungstheorie entwickelten Entscheidungskriterien bei Vorliegen von Wahrscheinlichkeitsvorstellungen (z.B. Bernoulli-Nutzenfunktionen) oder Ungewissheit Wege auf, wie man trotz unvollkommener Information eine Alternative als optimal auswählen kann. Mit diesem Wissen reduziert man die Unsicherheit, während sich durch Diversifikation, Ressourcenbildung, Fremd- oder Selbstversicherung deren Wirkungen bekämpfen lassen.

Vor allem im Operations Research sind zahlreiche quantitative Methoden zur *Alternativenwahl* entwickelt worden. Sie sind auf Prioritätensetzung, Nutzenzuordnung oder Bewertungsstabilisierung gerichtet. Für die Bewertung oder Nutzenzuordnung kann man *exakte Optimierungs-*, *heuristische* und *Simulationsmodelle* heranziehen, neben welche die skizzierten Methoden zur Entscheidungsfindung bei Unsicherheit treten. Exakte Optimierungsmethoden wie die linearen und nichtlinearen sowie ganzzahligen und dynamischen Programmierungsverfahren führen in endlich vielen Schritten zu einer nachweisbar optimalen Lösung. Mit heuristischen Verfahren versucht man, eine bestmögliche Lösung herauszufinden, ohne dass man deren Güte bestimmen kann. Sie umfassen Eröffnungsverfahren (z.B. Prioritätsregeln), unvollständig exakte Verfahren (z.B. abgebrochene Branch-and-Bound-Verfahren) und lokale Such- bzw. Verbesserungsverfahren (z.B. Tabu Search). Letztere nutzen häufig auch Verhaltensmuster der Natur (z.B. Simulated Annealing, Genetische Algorithmen, Ameisen-System). Im Falle einer Alternativenwahl auf Basis einer Simulation lässt sich die Optimalität wegen der experimentellen Abbildung der Situationsbedingungen ebenfalls nicht beurteilen.

2. Verfahren zur Strukturierung von Planungsprozessen

Eine Reihe von Planungsinstrumenten ist darauf gerichtet, über die Gestaltung von Planungsprozessen die Wirksamkeit der Planung zu verbessern bzw. zu sichern. Dies kann einmal durch Vorgaben für die *Handhabung von Planungsproblemen* geschehen (*Delfmann/Reihlen* 2002, Sp. 1440 ff.). So sollen durch ein synoptisches Vorgehen Planungsprobleme systematisch durchdrungen und untersucht werden, bei inkrementaler Planung handelt es sich um einen Prozess des Lernens mit Versuch und Irrtum. Dagegen analysiert man bei der dialektischen Vorgehensweise denselben Gegenstand aus verschiedenen, einander widersprechenden Blickwinkeln.

Im Hinblick auf die *personelle Beteiligung an der Willensbildung* und -durchsetzung lassen sich autoritäre, Konsens-, politisierte und pluralistische Strukturen unterscheiden. Während im autoritären Modell der Kreis der Planungsträger auf eher wenige autorisierte Personen beschränkt ist, sollen beim Konsensmodell möglichst viele Unternehmensangehörige in den von offiziellen Planungsträgern moderierten Planungsprozess einbezogen werden. Im politisierten Modell wird die Planung von den politisch durchsetzungsfähigen Personen bestimmt. Demgegenüber werden im pluralistischen Modell alle Organisationsmitglieder als potenzielle Planungsträger betrachtet und diejenigen mit dem besten Wissen maßgebend.

Strukturregeln der Ablauforganisation beziehen sich v.a. auf die Koordination der Planungen sowie Pläne verschiedener Funktionsbereiche und Ebenen in zeitlicher und sachlicher Hinsicht (*Küpper* 2001, S. 301 ff.). Als grundlegende Alternativen bieten sich die simultane und die sukzessive Abstimmung an. Erstere erfordert eine Erfassung der Interdependenzen in integrierten Planungsmodellen oder -ansätzen, während bei sukzessiver Planung isolierte Teilplanungen aufeinander aufbauen. Je mehr die operative, taktische und strategische Planung nicht nur aneinander gereiht, sondern überlappt oder verschachtelt werden, umso stärker werden sie miteinander verknüpft. Dementsprechend folgen Planungszyklen in der seriellen Anordnung nacheinander, während sie sich bei rollierender bzw. gleitender Planung überlappen. Die Ableitungsrichtung oder Entwicklungsfolge von Planungszyklen betrifft die Koordination von Plänen verschiedener Hierarchieebenen. Im Fall einer Top-down-Planung geht man von der strategischen Planung aus, die zum Rahmen für die nachfolgende taktische und diese wiederum für die operative Planung wird. Die umgekehrte Folge liegt bei der Bottom-up-Planung vor. Beide sind damit von einem sukzessiven Verfahren bestimmt. Hingegen kommt man mit dem Gegenstromprinzip einer simultanen Planung näher, indem man zwar vom Strategischen ausgeht, die aufeinander folgenden Ebenen aber durch Rückkoppelungen miteinander abstimmt und den Prozess ggf. mehrfach durchläuft.

V. Elemente und Eigenschaften von Planungssystemen

Die Gesamtheit der Planungen einer Unternehmung bildet ihr Planungssystem (*Wild* 1974, S. 153 ff.), das sich aus den Elementen Planungsträger, -gegenstände oder -objekte sowie Planziele, organisatorische Regelungen, Planungsinformationen, -handlungen und Pläne zusammensetzt (*Mag* 1999, S. 31 ff.). *Eigenschaften des Planungssystems* sind die Variablen, welche eine Unternehmung festlegen kann, um das für ihre Zwecke und Bedingungen günstigste System zu schaffen. An ihrer Vielzahl werden nicht nur die Komplexität von Planungssystemen, sondern zugleich die vielfältigen Auswahl- und Gestaltungsmöglichkeiten für die Unternehmung deutlich (vgl. Überblick in Abbildung 4).

VI. Bausteine einer Planungstheorie

1. Bestimmungsgrößen der Planung

Den Ausgangspunkt einer Planungstheorie bilden die Größen, von denen die Gestaltungsmöglichkeiten

Formale Eigenschaften	Inhaltliche Eigenschaften	Organisatorische Eigenschaften	Methodische Eigenschaften

• Standardisierung
• Dokumentation
	• Planungsumfang
	• Zielorientierung
	• Differenzierung
	  – Grad der Differenzierung
	  – Art der Differenzierung
	    ❏ sachlich
	    ❏ zeitlich
	• Koordination
	• Detailliertheit
		• Organisationsgrad
		• Aufbauorganisatorisch
		  – Verteilung der Planungsaufgaben
		  – Verteilung der Planungskompetenzen
		• Ablauforganisatorisch
		  – Reihenfolge der Teilplanungen
		    ❏ Grad an Simultanität bzw. Sukzessivität
		    ❏ Zeitliche Entwicklungsfolge
		    ❏ Sachliche Ableitungsrichtung
		  – Plananpassung
			• Einfachheit
			• Vorgehensweise
			• Art der Modelle
			  – Präzisionsgrad
			  – Berücksichtigung von Zeitbeziehungen
			  – Berücksichtigung der Unsicherheit
			• Art und Umfang der EDV-Unterstützung

Abb. 4: Überblick über wichtige Eigenschaften von Planungssystemen

und die Wirkungen von Planung abhängen. Allgemein liegen diese in der *Komplexität* der Planungsgegenstände und der *Transparenz* sowie *Veränderlichkeit* ihrer Umwelt. Planbarkeit ist umso weniger gegeben, je verflochtener die zu planenden Gegenstände sind, je weniger man über die für sie relevanten Zusammenhänge weiß und je mehr diese variieren. Deshalb wird die Planung einer Unternehmung v.a. von ihrer Aufgabe, ihren Angehörigen, der Umwelt und ihrem Führungssystem bestimmt.

Die in einer Unternehmung einzusetzenden Technologien, die erforderlichen Prozesse sowie die notwendigen Fähigkeiten und Kenntnisse der Mitarbeiter hängen maßgeblich davon ab, ob materielle (Maschinen, Pharmazeutika usw.) oder immaterielle (Software, Ausbildung, Krankenversorgung u.a.) Güter und Dienstleistungen erstellt werden. Aus diesem Grund bildet das Produktions- oder Leistungsprogramm als die *Aufgabe* oder das Sachziel einer Unternehmung eine grundlegende Bestimmungsgröße der Planung. Da sie von *Menschen* vollzogen und durchgesetzt wird, kommt den Mitarbeitern, den Führungskräften und auch den Anteilseignern ebenfalls eine zentrale Bedeutung zu. Die *Umwelt der Unternehmung* betrifft ihre Märkte (Absatz, Beschaffung, Arbeit, Kapital), aber auch ihr gesellschaftliches, politisches und geographisches Umfeld. Deren Komplexität und Dynamik haben einen wesentlichen Einfluss auf die Möglichkeiten und Wirkungen ihrer Planung. Schließlich wird die Planung von der Gestaltung des *Führungssystems* einer Unternehmung beeinflusst, in das sie eingebettet ist. Wegen der engen Beziehungen zwischen den Führungsteilsystemen haben die Gestaltung des Planungssystems und der Planungsprozesse in enger Abstimmung mit Organisationsstruktur, Kontrolle, Personalführungs-, Informations- und Controllingsystem zu erfolgen. So hängt bspw. die Differenzierung der Planung von der organisatorischen Verteilung der Entscheidungs- und Weisungsrechte und der Struktur des innerbetrieblichen Koordinations- bzw. Controllingsystems ab.

2. Einzelhypothesen und theoretische Ansätze der Planung

Wünschenswert wären Planungstheorien, mit denen sich die Wirkungen von Planungssystemen und -prozessen auf Unternehmensziele wie den Marktwert prognostizieren ließen. Bei der Komplexität der Zusammenhänge ist dies schwerlich erreichbar. Deshalb muss man sich mit *Einzelhypothesen* über die Wirkung einzelner Komponenten, Instrumente und Prozesse der Planung begnügen. Weil hierbei ein Bezug zu dem übergeordneten Unternehmensziel meist nicht herstellbar ist, formuliert man häufig Hypothesen über deren *Effizienz* (*Pfohl/Stölzle* 1997, S. 186 und 213). Ferner gibt es vielfältige *empirische Untersuchungen* über Umfang, Art, Struktur und Wirkungen der Planung (*Pfohl/Stölzle* 1997, S. 211 ff.; *Küpper/Winckler/Zhang* 1990). Besonders intensiv ist der Zusammenhang zwischen Planung und Organisation im Hinblick auf die Frage erforscht worden, inwieweit die (Planungs-)*Strategie* der (Organisations-)*Struktur* folgt oder umgekehrt (*Schewe* 1998; → *Strategie und Organisationsstruktur*).

Für die Fundierung einzelner Hypothesen und Zusammenhänge kann man auf unterschiedliche *theoretische Ansätze* zurückgreifen. Im Hinblick auf die Rationalität der Entscheidungsfindung und die Ableitung optimaler Alternativen bei vollkommener und unvollkommener Information sowie Individual- und Gruppenentscheidungen vermittelt die normative *Entscheidungstheorie* wertvolle Einsichten und Konzepte. Zur Analyse von Problemen sowie Mechanismen der Entscheidungsdurchsetzung unter Berücksichtigung der unterschiedlichen individuellen Ziele und asymmetrischen Informationsstände von Handlungsträgern lassen sich Modelle der *Principal-Agent-Theorie* nutzen. Während diese Theorien formal-analytisch vorgehen, legen *verhaltenswissenschaftliche Ansätze* kein streng rationales Handeln zugrunde; ihre Hypothesen sind auf die Erklärung menschlichen Verhaltens und eine Überprüfung an der Realität gerichtet (vgl. hierzu *Pfohl/Stölzle* 1997, S. 234 ff.). Um zu Aussagen über die Eignung unterschiedlicher Planungssysteme in Abhängigkeit von Aufgabe und Umwelt der Unternehmung zu gelangen, bietet sich eine Nutzung von Erkenntnissen der *Transaktionskostentheorie* an (*Picot/Dietl/Franck* 2002, S. 67 und 300 ff.), mit der sich qualitative Aussagen z.B. über den Einfluss der Unternehmensaufgabe auf die Organisation und weitere Eigenschaften des Planungssystems begründen lassen.

Obwohl sich eine Vielzahl von Hypothesen und Theorieansätzen zur Erfassung der Planung heranziehen lässt, wird man kaum zu einer umfassenden Planungstheorie gelangen. Wegen der Komplexität ihrer Merkmale bleibt die Planung damit auch für die Unternehmenspraxis ein Führungsteilsystem, das in seiner Anwendung (ex ante) unvollständig ist und in der Durchsetzung (ex post) Überraschungen nicht ausschließen kann. Dennoch spricht vieles dafür, dass sie in Unternehmungen zu einer besseren Zielerreichung als rein intuitives Handeln führt (→ *Improvisation*).

Literatur

Bretzke, Wolf-Rüdiger: Der Problembezug von Entscheidungsmodellen, Tübingen 1980.
Delfmann, Werner/Reihlen, Markus: Planung, in: Handwörterbuch Unternehmensrechnung und Controlling, hrsg. v. *Küpper, Hans-Ulrich/Wagenhofer, Alfred*, 4. A., Stuttgart 2002, Sp. 1439–1449.
Hahn, Dietger/Hungenberg, Harald: PuK – Planung und Kontrolle, Planungs- und Kontrollsysteme, Planungs- und Kontrollrechnung, 6. A., Wiesbaden 2001.
Horváth, Péter: Controllinginstrumente, in: Handwörterbuch der Betriebswirtschaft, Bd. 1, hrsg. v. *Wittmann, Waldemar* et al., 5. A., Stuttgart 1993, Sp. 669–679.
Kirsch, Werner: Die Handhabung von Entscheidungsproblemen – Einführung in die Theorie der Entscheidungsprozesse, 5. A., München 1998.
Koch, Helmut: Aufbau der Unternehmensplanung, Wiesbaden 1977.
Küpper, Hans-Ulrich: Controlling: Konzeption, Aufgaben und Instrumente, 3. A., Stuttgart 2001.
Küpper, Hans-Ulrich: Industrielles Controlling, in: Industriebetriebslehre, hrsg. v. *Schweitzer, Marcell*, 2. A., München 1994, S. 849–959.
Küpper, Hans-Ulrich/Helber, Stefan: Ablauforganisation in Produktion und Logistik, 2. A., Stuttgart 1995.
Küpper, Hans-Ulrich/Winckler, Barbara/Zhang, Suixin: Planungsverfahren und Planungsinformationen als Instrumente des Controlling, in: DBW, Jg. 50, 1990, S. 435–458.
Laux, Helmut: Entscheidungstheorie, 5. A., Berlin et al. 2003.
Mag, Wolfgang: Planung und Kontrolle, in: Vahlens Kompendium der Betriebswirtschaftslehre, Bd. 2, hrsg. v. *Bitz, Michael* et al., 4. A., München 1999, S. 1–63.
Pfohl, Hans-Christian/Stölzle, Wolfgang: Planung und Kontrolle, 2. A., München 1997.
Picot, Arnold/Dietl, Helmut/Franck, Egon: Organisation: Eine ökonomische Perspektive, 3. A., Stuttgart 2002.
Schewe, Gerhard: Strategie und Struktur: Eine Re-Analyse empirischer Befunde und Nicht-Befunde, Tübingen 1998.
Schneeweiß, Christoph: Planung 1 – Systemanalytische und entscheidungstheoretische Grundlagen, Berlin et al. 1991.
Steinmann, Horst/Schreyögg, Georg: Management, 5. A., Wiesbaden 2000.
Wild, Jürgen: Grundlagen der Unternehmungsplanung, Reinbek bei Hamburg 1974.
Witte, Eberhard: Phasen-Theorem und Organisation komplexer Entscheidungsverläufe, in: ZfbF, Jg. 20, 1968, S. 625–647.

Postmoderne Organisationstheorie

Jochen Koch

[s.a.: Bürokratie; Dilemma-Management; Gender Studies; Informelle Organisation; Macht in Organisationen; Modulare Organisationsformen; Organisationstheorie.]

I. Einleitung; II. Ansatzpunkte der Debatte; III. Entwicklungslinien zur Postmodernisierung der Organisationsforschung; IV. Impetus; V. Theoretische Ansätze zur Postmodernisierung der Organisationsforschung; VI. Ökonomische Bedeutung und kritischer Ausblick.

Zusammenfassung

Die Bezeichnung „postmoderne Organisationstheorie" umfasst ein weder einheitliches noch klar umrissenes Theoriefeld der Organisationsforschung. Im Folgenden werden Ansatzpunkte, Entwicklungslinien und Impetus dieses Feldes dargelegt und vier thematische Schwerpunkte diskutiert: postmoderne Organisationsformen, dekonstruktive, diskursanalytische und ästhetisch-narrative Ansätze. Abschließend wird die ökonomische Bedeutung dieses Feldes eingeschätzt und ein kritischer Ausblick gegeben.

I. Einleitung

Die Kennzeichnung „postmodern" hat seit Ende der 1980er Jahre nachhaltig Eingang in die Organisationsforschung gefunden. Ausgangspunkt sind die Arbeiten von Cooper und Burrell, die die Postmoderne in ein diametrales und antagonistisches Verhältnis zur modernen Organisationstheorie gesetzt haben. Die Moderne – so die Idee – sei im Wesentlichen durch einen ungebrochenen Glauben in die Fortschrittsfähigkeit des Menschen und seiner Institutionen mittels rationaler Durchdringung der Welt gekennzeichnet, wohingegen die *Postmoderne* durch die kritische Infragestellung bis hin zur vollständigen

Zurückweisung gerade dieser modernen Rationalitätsvorstellungen charakterisiert sei (*Cooper/Burrell* 1988).

Parallel dazu sind weitere Vorstellungen zur *Postmodernisierung der Organisationsforschung* hervorgetreten. Die wohl bekanntesten Überlegungen in diese Richtung stammen von Clegg, der die Idee postmoderner in Abgrenzung zu modernen Organisationsformen zu konturieren versucht (*Clegg* 1990). Darüber hinaus ist die These der Postmodernisierung der Organisationsforschung selbst zum Gegenstand grundlegender Kritik geworden (vgl. *Parker* 1992; *Reed* 1993; *Alvesson* 1995). Infolgedessen hat sich der organisationstheoretische Diskurs der Postmoderne stark ausdifferenziert.

Wenn im Folgenden von postmoderner Organisationstheorie im Singular gesprochen wird, so ist damit ein ganzes Bündel von Aspekten, konzeptionellen Überlegungen und Theorien gemeint. Unabhängig davon ist jedoch allen postmodernen Ansätzen gemeinsam, dass sie den Versuch unternehmen, eine Differenz zu modernen Organisationsvorstellungen zu markieren. Worauf sich diese Differenz und das damit zum Ausdruck gebrachte „Abstandsbewusstsein" (*Habermas* 1985) im Einzelnen beziehen, differiert jedoch hinsichtlich Ansatz, Schwerpunktsetzung und Impetus.

II. Ansatzpunkte der Debatte

Grundsätzlich lassen sich die Ansätze zu einer Postmodernisierung der Organisationsforschung danach unterscheiden, ob sie sich primär auf die Organisationstheorie oder auf ihren Gegenstand, d.h. die Organisation, beziehen. An diese Überlegung schließt der sicherlich bekannteste Vorschlag zur Strukturierung der Debatte an: Zum einen die *Postmoderne als Epistemologie*, in der es schwerpunktmäßig um eine Abgrenzung zu einer als positivistisch, empiristisch und szientistisch verstandenen Moderne geht. Zum zweiten der sog. *„Epochenansatz"*, der auf Periodisierung und sozialen Wandel abstellt und auf eine distinkte postmoderne Sozialstruktur rekurriert (vgl. *Parker* 1992; *Hassard* 1993).

Eine solche Strukturierung gibt eine erste Orientierung hinsichtlich der möglichen Ansatzpunkte eines postmodernen Abstands. Problematisch wird die Unterscheidung zwischen Epoche und Epistemologie jedoch dann, wenn sie als sich gegenseitig ausschließend verstanden wird (vgl. *Parker* 1992). Entweder – so die These – vertrete man eine postmoderne Epistemologie, dann würde man aber nicht zu Aussagen über postmoderne Epochenerscheinungen (insb. postmoderne Organisationsformen) kommen, oder aber man möchte die Postmoderne als Epoche beschreiben und analysieren, dann würde man jedoch keine postmoderne Epistemologie vertreten können. Eine solche Dichotomisierung erscheint jedoch nicht sonderlich überzeugend. Es ist deshalb sinnvoller, die einzelnen Strömungen der postmodernen Organisationstheorie nicht auf die Unterscheidung zwischen Epistemologie und Epoche festzulegen, sondern die jeweiligen Entwicklungslinien anhand ihrer Schwerpunktsetzung zu verdeutlichen.

III. Entwicklungslinien zur Postmodernisierung der Organisationsforschung

Geht man von der Überlegung aus, dass es für die postmoderne Organisationstheorie zentral ist, in welcher Art und Weise eine Differenz zu modernen Organisationsvorstellungen bezogen werden soll, so lassen sich drei unterschiedliche Entwicklungslinien innerhalb des Feldes identifizieren.

1. Die theoretisch-konzeptionelle Entwicklungslinie

Anknüpfend an die Initialarbeiten von Cooper und Burrell geht es in diesem Diskussionsfeld um eine grundlegende Kritik der Prämissen der modernen Organisationstheorie, womit nicht nur eine Infragestellung der expliziten, sondern insb. auch der impliziten Annahmen gemeint ist. Postmoderne Ansätze in diese Richtung zielen auf eine Problematisierung von sog. taken-for-granted-Annahmen der modernen Organisationsforschung ab, worunter grundlegende, aber – so die Kritik der Postmoderne – eben nicht begründete oder begründbare Annahmen (etwa über menschliches Verhalten in Organisationen oder die Funktionsweise von Organisationen) zu verstehen sind.

Power hat die damit verbundenen Überlegungen zuspitzend auf den Punkt gebracht, indem er die postmodernen Ansätze als eine generelle Kritik von jeder Form von Einheit („assault on unity") bezeichnet hat (*Power* 1990), sei es die Einheit der organisationalen Rationalitätsvorstellung, die Einheit der Organisation oder letztlich die Einheit der Organisationstheorie selbst. Anstelle der modernen Einheitsbehauptungen setzen elaborierte postmoderne Ansätze jedoch nicht auf nur einfach darauf, Vielfalt zu behaupten. Grundlegend für die theoretisch-konzeptionelle Entwicklungslinie ist vielmehr eine spezifische Differenztheorie, in der sich dekonstruktive, diskursanalytische aber auch systemtheoretische Vorstellungen (→ *Systemtheorie*) bündeln lassen (vgl. *Koch* 2003).

In diesem Diskussionskontext stellen die Arbeiten von Derrida, Foucault und Lyotard die zentralen theoretischen Bezugspunkte der postmodernen Organisationsforschung dar. Insofern ist diese Entwicklungslinie stark durch einen philosophischen Hintergrund geprägt und demzufolge lässt sich in diesem Zusammenhang auch von einer „philosophically based research perspective" sprechen (vgl. *Alvesson/ Deetz* 1996).

2. Die thematisch-inhaltliche Entwicklungslinie

Mit der zweiten Entwicklungslinie ist die Idee verbunden, eine postmoderne Organisationsforschung durch spezifische Themen zu konstituieren. Dazu wird u.a. die Thematisierung von *unvollständiger Rationalität*, von ungeplantem Wandel (→ *Wandel, Management des (Change Management)*), von Geschichten, Symbolen, Bildern und Metaphern, von → *Organisationskultur*, sowie von Macht und Feminismus (→ *Gender Studies*) in Organisationen gezählt (vgl. *Weik* 1996). Darüber hinaus stehen im Umfeld einer thematisch-inhaltlichen Konstitution der Postmoderne auch Themen wie Sexualität (vgl. *Hancock/Tyler* 2001) und → *Unternehmensethik* (vgl. *zu Knyphausen-Aufseß* 1999).

Diese thematische Zusammenstellung macht bereits deutlich, dass es mitunter sehr schwierig ist, ein bestimmtes Thema (etwa Organisationskultur) eindeutig und ausschließlich der postmodernen Forschung zuzuordnen. Anstatt an wenig trennscharfen Themen (wie Kultur, Macht, Narrationen usw.) anzuknüpfen, erscheint es deshalb sinnvoller, an grundlegenderen thematischen Differenzen der Organisationsforschung (etwa Struktur vs. Prozess, Kontrolle vs. Autonomie usw.) anzuschließen und die Postmodernität an der Neuakzentuierung eines solchen thematischen Spannungsfeldes auszurichten (vgl. *Schreyögg/Koch* 1999).

3. Die „laterale" Entwicklungslinie

Im Gegensatz zu theoretisch-konzeptionellen und thematisch-inhaltlichen Ansatzpunkten bezieht sich die dritte – hier als „lateral" bezeichnete – Entwicklungslinie auf solche Ansätze, die im Wesentlichen von der These einer bereits postmodernen Organisationsforschung ausgehen (vgl. *Holtbrügge* 2001). Im Mittelpunkt steht nicht die Idee, eine postmoderne Organisationstheorie in explizierbarer Differenz zur modernen Organisationstheorie zu formulieren. Ausgangspunkt ist vielmehr die Annahme, dass die Postmodernisierung der Organisationsforschung bereits stattgefunden hat und gerade durch die Auflösung einer Vielzahl von Differenzen bestimmt sei, wie sie für die moderne Organisationstheorie noch angebbar und kennzeichnend waren. Insofern fließen in diesen Ansätzen moderne und postmoderne Überlegungen theoretisch-konzeptioneller und thematisch-inhaltlicher Art ineinander, womit oftmals auch ein stärker eklektisches Theorieverständnis („generative criterion", „serious play") (vgl. *Gergen* 1992) einhergeht.

Insgesamt lassen sich somit drei unterschiedliche Entwicklungslinien zur Postmodernisierung der Organisationsforschung erkennen, die analytisch voneinander unterschieden werden können, wobei es jedoch gerade nicht um sich gegenseitig grundsätzlich ausschließende Alternativen geht, sondern vielmehr um die jeweils verfolgten Schwerpunktsetzungen in Bezug auf eine Differenz zur Moderne.

IV. Impetus

Eine dritte und letzte Frage betrifft den Impetus postmoderner Organisationstheorie. Am bekanntesten ist hier die Unterscheidung zwischen „affirmativen" und „skeptischen" Ansätzen (*Kilduff/Mehra* 1997), die sich auf die Art und Weise bezieht, wie radikal die Differenz zur Moderne gezogen werden soll. Während affirmativ-postmoderne Ansätze auch in positiver Weise an die Moderne anzuschließen versuchen, stufen skeptisch-postmoderne Ansätze solche Anschlussversuche als zu naiv ein mit der These, dass damit die moderne Organisationstheorie nicht wirklich kritisiert und überwunden, sondern letztlich doch nur bestätigt würde. Umgekehrt sehen affirmativ-postmoderne Ansätze die Gefahr einer radikalisierten Kritik durch skeptisch-postmoderne Positionen, die aufgrund ihrer totalen Infragestellung aller organisationstheoretischen Grundlagen auch keine sinnvollen Handlungsempfehlungen mehr formulieren könnten (vgl. auch *Boje* 1994). Hierin liegt ein grundlegendes *Dilemma* postmoderner Organisationstheorie: einerseits eine klare Differenz zur modernen Organisationstheorie zu behaupten, andererseits aber auch an diese anschließen zu müssen (vgl. *Parker* 1995).

V. Theoretische Ansätze zur Postmodernisierung der Organisationsforschung

Wurde im Vorangegangen das Feld postmoderner Organisationstheorie im Hinblick auf Ansatzpunkte, Entwicklungslinien und Impetus strukturiert, so stellen die im Folgenden zu diskutierenden theoretischen Ansätze Schwerpunkte dieses Diskussionsfeldes dar.

1. Postmoderne Organisationsformen

Die Frage nach der *postmodernen Organisationsform* stellt im Rahmen der Debatte um die Postmoderne einen zentralen Diskussionsaspekt dar. Ausgangspunkt ist die Annahme, dass veränderte, neue Formen der Organisation entstanden sind und weiter entstehen, die sich signifikant von dem Idealtyp der klassischen, bürokratischen Organisation (→ *Bürokratie*) unterscheiden. In diesem Sinne werden die neuen Formen der Organisation häufig auch unter das Label der *Post-Bürokratie* gestellt (*Heckscher* 1994).

Clegg hat den Versuch unternommen, eine Vorstellung solcher neuen postmodernen Organisationsformen mittels dichotomer Kontrastierungen zu entwickeln, indem er der idealtypischen Bürokratie, die u.a. als starr und hochgradig differenziert charakterisiert wird, eine postmoderne Organisationsform entgegenstellt, die im Gegensatz dazu dann als flexibel und ent-differenziert verstanden wird (*Clegg* 1990). Ähnlich argumentiert Heydebrand für einen Transformationsprozess zu einem postmodernen Organisationstyp (*Heydebrand* 1989), welcher dadurch gekennzeichnet ist, dass – so die These – zunehmend etwa Formalität durch Informalität oder legale Herrschaft durch Vertrauen substituiert werde. Dabei bezieht sich die Kennzeichnung postmoderner Organisationsformen nicht nur auf strukturelle Merkmale von Organisationen, sondern bezieht sich auch auf Aspekte wie (in Relation zur Bürokratie) höhere Mitarbeiterqualifikation oder eine (vergleichsweise) größere Mitarbeiterverbundenheit zum Unternehmen. Konzentriert man die Überlegungen hingegen stärker auf strukturelle Aspekte, so steht letztlich die These im Mittelpunkt, dass postmoderne Organisationen um einen „technologischen Kern" herum organisiert seien (→ *Technologie und Organisation*), der gerade nicht mehr – wie in der reinen Bürokratie – zu jener Form sozialer *Rationalisierung* (hohe Arbeitsteilung, hohe Spezialisierung usw.) führt, sondern im Gegenteil eine Struktur ermöglicht und verlangt, die dann auf Informalität (→ *Informelle Organisation*), *lose Kopplung* und letztlich auf Flexibilität hinausläuft (→ *Flexibilität, organisatorische*).

Die Ähnlichkeit zu früheren Ansätzen, wie der „organischen Organisation" (*Burns/Stalker* 1961) oder den Überlegungen von Thompson zu flexibleren, Unsicherheit absorbierenden Subsystemen (*Thompson* 1967), liegen hier zunächst auf der Hand. Die Differenz, die mit dem Begriff „postmoderne Organisationsform" jedoch beschrieben werden soll, erhebt den Anspruch, über eine bloße Variation moderner Organisationsformen hinauszugehen und zielt in diametraler Gegenposition auf eine Überwindung dieser ab. Damit stoßen die Beschreibungsansätze zu einer idealtypisch gedachten postmodernen Organisationsform jedoch auf erhebliche Schwierigkeiten, denn der Begriff „Organisationsform" geht – ob nun modern oder postmodern verstanden – mit einer strukturellen Verbindlichkeit einher, die sich in diesem Sinne nicht überwinden lässt, ohne damit den Formbegriff selbst aufzulösen. Insofern besteht das bisher noch nicht gelöste Problem darin, „Formen" zu beschreiben, die selbst einem permanenten Wandel ausgesetzt sind (vgl. *Koch* 2003). Hierzu haben die Konzeptionalisierungen zur postmodernen Organisationsform bisher interessante Denkanstöße geliefert, aber noch keine hinreichenden Lösungen.

2. Dekonstruktive Ansätze

Einen weiteren Schwerpunkt der Diskussion bildet die Anwendung des von Derrida stammenden Konzepts der *Dekonstruktion*. Der Schlüssel zum Verständnis dieser Idee liegt in einer spezifischen Auffassung von Differenz und der Vorstellung, dass im Kern jedes Diskurses aber auch jeder Organisation eine indeterminierbare *Unentscheidbarkeit* (→ *Dilemma-Management*) steht (*Cooper/Burrell* 1988). Grundlegend ist die Idee eines „eingeschlossenen Ausgeschlossenen" (*Ortmann* 1999) bzw. die Vorstellung, dass jede Struktur auf einem Prozess der Trennung und Teilung basiert, welcher in einem reflexiven Einschluss die eigene Antithese enthält und zugleich ausschließt (*Chia* 1996). Ortmann hat diese Idee instruktiv am Beispiel von Regel und Regelabweichung für die Organisationstheorie fruchtbar gemacht, indem er gezeigt hat, dass die praktische Anwendung von Regeln ihre Verletzung gleichzeitig ein- und ausschließen muss, um organisational zu funktionieren (vgl. *Ortmann* 2003a).

Substanziell lässt sich das *dekonstruktive Verfahren* nur dann sinnvoll in der Organisationsforschung zur Anwendung bringen, wenn bestimmte organisationstheoretische Problemkonstellationen als Differenzen (bzw. binäre Oppositionen) explizert werden. Solche Differenzen lassen sich sowohl aus der Text- und Theorieanalyse, aus der Analyse von Grundbegriffen und Grundvorstellungen der Organisationstheorie und aus den Grundannahmen der Organisationsforschung extrahieren (vgl. *Kilduff* 1993; *Cooper* 1989; *Chia* 1996, *Ortmann* 2003b).

Als gemeinsamer Ertrag einer substanziell verstandenen Dekonstruktion erscheint (1) das Denken in Differenzen (bspw. Struktur vs. Prozess), (2) die Annahme von irreduziblen, aber aufeinander bezogenen Prinzipien (bspw. Regel/Regelabweichung) und ihre Supplementarität, (3) die Oszillation zwischen Differenzen (bspw. zwischen Kontrolle und Autonomie) und (4) die implizite Hierarchisierung von Differenzen (bspw. Formalität vor Informalität). Damit zielt die Anwendung der Dekonstruktion auf einen eher abstrakten Bereich der Organisationsforschung im Sinne einer Art „Grundlogik".

3. Diskursanalytische Ansätze

Im Unterschied zur Dekonstruktion betrachten *diskursanalytische Ansätze* den Diskurs grundlegend aus einer Perspektive der Macht. Hauptbezugspunkt in diesem Diskussionsfeld ist die *Diskurstheorie* von Foucault. Dieses Diskursverständnis unterscheidet sich von Begriffen wie *Dialog*, aber auch Konversation, Talk usw., durch die Untersuchung der Exklusionswirkungen von Diskursen und nicht-diskursiven Praktiken. Diskurse und nicht-diskursive Praktiken marginalisieren und grenzen aus. In der Untersuchung von Formen der Exklusion liegt deshalb der besondere Beitrag einer postmodernen Diskursanalyse.

Grundsätzlich eröffnet dieser Diskursbegriff eine Vielzahl von Bezugspunkten, die sich etwa auf den „genderism" oder „sexualism" (→ *Gender Studies*) beziehen können. Damit wird das Problem des Machtmissbrauchs in Organisationen neu gerahmt. In diesem Sinne erscheint die Machtanalyse in Organisationen (→ *Macht in Organisationen*) vor dem Hintergrund der Unterscheidung zwischen legaler und illegaler Herrschaft im Rahmen eines grundlegend problematischen, machtbedingten Settings (vgl. *Clegg* 1998).

Darüber hinaus geht es um die fundamentale Problematik von Machtgebrauch als elementarem Mechanismus der Exklusion (vgl. *Calás/Smircich* 1992). Das Problem, das man mit der Diskursanalyse sichtbar machen kann, liegt darin, dass die Formen der Exklusion i.d.R. nicht auf expliziten oder direkt explizierbaren Prozessen beruhen, sondern vielmehr i.d.R. latent und „versteckt" sind (→ *Mikropolitik*) und das heißt, dass es um die „*schleichende Normativität*" von *Diskriminierungen* geht, die sich auch auf den unbewussten und nicht-intentionalen Bereich von Organisationen aber auch von Organisationstheorien beziehen (→ *Informelle Organisation*).

Kritisch sind darüber hinaus solche diskursanalytischen Ansätze zu begreifen, die auf eine generelle Infragestellung von Organisationstheorie wie Organisationen abzielen. In solchen Ansätzen geht es nicht mehr nur um *verzerrte Kommunikation* und auch nicht nur um Formen *systematischer Exklusion* von Personen oder Argumenten, sondern es geht um die Annahme einer generellen Exklusion und Unterdrückung. Organisationen erscheinen als pure Disziplinierungs-, Normalisierungs- und Unterdrückungsmaschinen und die Organisationstheorie als eine „wahre Exklusionstheorie" zur Pseudorechtfertigung und zur verstärkten Reproduktion von Disziplin, Normalität und Unterdrückung (vgl. *Burrell* 1988).

4. Ästhetisch-narrative Ansätze

Einen letzten Schwerpunkt im Feld der postmodernen Organisationsforschung bilden ästhetisch-narrative Ansätze. Diese Perspektive beruht auf der Überlegung, dass die Narrativität bzw. das *narrative Wissen* (*Lyotard* 1993) auch auf die *ästhetische Erfahrungsweise* des Menschen verweist. Wenn man davon ausgeht, dass ein wesentlicher Teil des Wissens (→ *Wissen*) in Organisationen narrativer Art ist, sich diese *Narrationen* jedoch dem unmittelbaren wissenschaftlich analytischen Zugriff entziehen, so drängt sich die Frage nach der Wirkungsweise und der Funktion des Narrativen auf (vgl. *Boje* 1994; *Czarniawska* 1997; *Strati* 2000). Dabei beschreibt das Ästhetisch-Narrative eine doppelte Differenz in Bezug auf eine rein kognitiv-wissenschaftliche Perspektive. Einmal geht es um die Unterscheidung zwischen wissenschaftlichem und narrativem Wissen (als Form bzw. Gegenstand der Analyse), auf der anderen Seite wird die Unterscheidung zwischen argumentativ-diskursiver und ästhetischer Erfahrungsweise markiert.

Aus postmoderner Perspektive zentral ist die Frage, inwieweit nicht nur das Wissen in Organisationen und bestimmte Formen des Wissens über Organisationen als Narrationen zu begreifen sind, sondern inwiefern auch das wissenschaftliche Wissen selbst ästhetisch-narrative Elemente enthält. Insofern lassen sich zwei Ansätze unterscheiden: (1) eine Position, die die Grenze zwischen Organisationstheorie und Narrativität neu und mithin postmodern bestimmen möchte (*Czarniawska* 1997), (2) eine Position, der es um neue (postmoderne) stilistische Entwicklungen für die Organisationsforschung geht (*Boje* 1994).

VI. Ökonomische Bedeutung und kritischer Ausblick

Zweifelsohne beschreibt die Diskussion, die sich bis heute unter der Rubrik „Postmoderne" eingestellt hat, ein weites theoretisches Feld, das sich einer einheitlichen Beurteilung hinsichtlich seiner ökonomischen Relevanz alleine schon aufgrund seiner Vielfalt entzieht. Zudem sind viele der Diskussionsaspekte auf einem Abstraktionsniveau, so dass es häufig schwierig ist, einen unmittelbaren Anschluss an praktische Fragen der Steuerung von Organisationen herzustellen. Es kann deshalb nicht verwundern, dass die Skepsis hinsichtlich einer „Umsetzung" postmoderner Ansätze stark gestiegen ist (*Calás/Smircich* 1999), nicht zuletzt weil der Impetus postmoderner Ansätze im Wesentlichen immer noch als eine radikale Infragestellung oder Überwindung der modernen Organisationstheorie verstanden wird.

Insgesamt hat es sich als wenig fruchtbar erwiesen, die postmoderne als eine anti-moderne Organisationsvorstellung zu verstehen, wie es sowohl im Diametral-Konzept von Cooper und Burrell angelegt ist, als auch in der Formulierung einer postmodernen Organisationsform (als anti-bürokratische Form) zum Ausdruck kommt. Damit wird man weder der modernen Organisationstheorie gerecht, noch lässt sich damit eine wirklich eigenständige postmoderne Organisationstheorie begründen. Erst wenn man von diesem klaren Anti-Denken abrückt, wird sich das Potenzial dieser Ansätze besser entfalten können. Eine in diesem Sinne verstandene postmoderne Organisationstheorie stellt dann nicht nur eine kritische Herausforderung für die Organisationsforschung dar, sondern bietet für eine Vielzahl von theoretischen wie praktischen Problemen innovative und substanzielle Lösungen an, wie sie etwa im Verhältnis von Formalität und Informalität oder von Regel und Regelabweichung (*Ortmann* 2003a) zum Ausdruck kommen.

Literatur

Alvesson, Mats: The meaning and meaninglessness of postmodernism: Some ironic remarks, in: OS, Jg. 16, 1995, S. 1047–1075.
Alvesson, Mats/Deetz, Stanley: Critical theory and postmodern approaches to organizational studies, in: Handbook of Organization Studies, hrsg. v. Clegg, Stewart R./Hardy, Cynthia/Nord, Walter R., London 1996, S. 191–217.
Boje, David M.: Organizational storytelling: The struggles of pre-modern, modern and postmodern organizational learning

discourses, in: Management Learning, Jg. 25, 1994, S. 433–461.
Burns, Tom/Stalker, George M.: The management of innovation, London 1961.
Burrell, Gibson: Modernism, postmodernism and organizational analysis 2: The contribution of Michel Foucault, in: OS, Jg. 9, 1988, S. 221–235.
Calás, Marta B./Smircich, Linda: Past postmodernism? Reflections and tentative directions, in: AMR, Jg. 24, 1999, S. 649–671.
Calás, Marta B./Smircich, Linda: Re-writing gender into organizational theorizing: Directions from feminist perspectives, in: Rethinking Organization, hrsg. v. *Reed, Michael/Hughes, Michael*, London 1992, S. 227–253.
Chia, Robert: Organizational analysis as deconstructive practice, Berlin et al. 1996.
Clegg, Stewart R.: Foucault, Power and Organizations, in: Foucault, Management and Organization Theory. From Panopticon to Technologies of Self, hrsg. v. *McKinlay, Alan/Starkey, Ken*, London 1998, S. 29–48.
Clegg, Stewart R.: Modern organizations: Organization studies in the postmodern world, London 1990.
Cooper, Robert: Modernism, postmodernism and organizational analysis 3: The contribution of Jacques Derrida, in: OS, Jg. 10, 1989, S. 479–502.
Cooper, Robert/Burrell, Gibson: Modernism, postmodernism and organizational analysis: An introduction, in: OS, Jg. 9, 1988, S. 91–112.
Czarniawska, Barbara: A four times told tale: Combining narrative and scientific knowledge in organization studies, in: Organization, Jg. 4, 1997, S. 7–30.
Gergen, Kenneth J.: Organization theory in the postmodern era, in: Rethinking Organization, hrsg. v. *Reed, Michael/Hughes, Michael*, London 1992, S. 207–226.
Habermas, Jürgen: Moderne und Postmoderne Architektur, in: Die Neue Unübersichtlichkeit, hrsg. v. *Habermas, Jürgen*, Frankfurt am Main 1985, S. 11–29.
Hancock, Philip/Tyler, Melissa: Work, postmodernism and organization. A critical introduction, London et al. 2001.
Hassard, John: Postmodernism and organizational analysis: An overview, in: Postmodernism and organizations, hrsg. v. *Hassard, John/Parker, Martin*, London 1993, S. 1–23.
Heckscher, Charles: Defining the post-bureaucratic type, in: The post-bureaucratic organization. New perspectives on organizational change, hrsg. v. *Heckscher, Charles/Donnellon, Anne*, London 1994, S. 14–62.
Heydebrand, Wolf V.: New organizational forms, in: Work and Occupations, Jg. 16, 1989, S. 323–357.
Holtbrügge, Dirk: Postmoderne Organisationstheorien und Organisationsgestaltung, Wiesbaden 2001.
Kilduff, Martin: Deconstructing organizations, in: AMR, Jg. 18, 1993, S. 13–31.
Kilduff, Martin/Mehra, Ajay: Postmodernism and organizational research, in: AMR, Jg. 22, 1997, S. 453–481.
Knyphausen-Aufseß, Dodo zu: Auf dem Wege zu einer postmodernen Organisationstheorie ohne französische Philosophie, in: Organisation und Postmoderne. Grundfragen – Analysen – Perspektiven, hrsg. v. *Schreyögg, Georg*, Wiesbaden 1999, S. 127–155.
Koch, Jochen: Organisation und Differenz. Kritik des organisationstheoretischen Diskurses der Postmoderne, Wiesbaden 2003.
Lyotard, Jean-Franois: Das postmoderne Wissen. Ein Bericht, 2. A., Wien 1993.
Ortmann, Günther: Organisation und Welterschliessungen. Dekonstruktionen, Wiesbaden 2003a.
Ortmann, Günther: Regel und Ausnahme. Paradoxien sozialer Ordnung, Frankfurt am Main 2003b.
Ortmann, Günther: Organisation und Dekonstruktion, in: Organisation und Postmoderne. Grundfragen – Analysen – Perspektiven, hrsg. v. *Schreyögg, Georg*, Wiesbaden 1999, S. 157–196.
Parker, Martin: Critique in the name of what? Postmodernism and critical approaches to organization, in: OS, Jg. 16, 1995, S. 553–564.
Parker, Martin: Post-modern organizations or postmodern theory?, in: OS, Jg. 13, 1992, S. 1–17.
Power, Michael: Modernism, postmodernism and organization, in: The theory and philosophy of organization. Critical issues and new perspectives, hrsg. v. *Hassard, John/Pym, Denis*, London 1990, S. 109–124.
Reed, Michael: Organizations and modernity: Continuity and discontinuity in organization theory, in: Postmodernism and organizations, hrsg. v. *Hassard, John/Parker, Martin*, London 1993, S. 163–182.
Schreyögg, Georg/Koch, Jochen: Organisation und Postmoderne – eine Einführung, in: Organisation und Postmoderne. Grundfragen – Analysen – Perspektiven, hrsg. v. *Schreyögg, Georg*, Wiesbaden 1999, S. 3–28.
Strati, Antonio: The aesthetic approach in organization studies, in: The aesthetics of organization, hrsg. v. *Linstead, Stephen/Höpfl, Heather*, London et al. 2000, S. 13–34.
Thompson, James D.: Organizations in action, New York 1967.
Weik, Elke: Postmoderne Ansätze in der Organisationstheorie, in: DBW, Jg. 56, 1996, S. 379–397.

Prinzipal-Agenten-Ansatz

Matthias Kräkel

[s.a.: Anreizsysteme, ökonomische und verhaltenswissenschaftliche Dimension; Delegation (Zentralisation und Dezentralisation); Hierarchie; Institutionenökonomie; Theorie der Unternehmung; Vertragstheorie.]

I. Einleitung; II. Grundmodelle der Prinzipal-Agenten-Theorie; III. Erweiterte Modelle der Prinzipal-Agenten-Theorie; IV. Kritische Würdigung.

Zusammenfassung

Der Prinzipal-Agenten-Ansatz beschäftigt sich als eines der Kerngebiete der Neuen Institutionenökonomik mit Informations- und Anreizproblemen in Auftragsbeziehungen. Ein wichtiges Anwendungsgebiet stellt hierbei die ökonomische Analyse hierarchischer Beziehungen in Organisationen dar.

I. Einleitung

Prinzipal-Agenten-Modelle diskutieren die vertraglichen Beziehungen (→ *Vertragstheorie*) zwischen einem Auftraggeber (*Prinzipal*) und einem Auftragnehmer (*Agent*). In der Praxis lassen sich zahlreiche Beispiele hierfür finden, u.a. Verträge zwischen einem Zulieferer und einem Abnehmer, zwischen einem Arbeitnehmer und einem Arbeitgeber sowie zwischen einem Arzt und einem Patienten. Auch hierarchische Beziehungen (→ *Hierarchie*) in Organisationen lassen sich mit dem Prinzipal-Agenten-Ansatz diskutieren. Es existiert eine Fülle an Literatur zu Grundlagen und Anwendungen von Prinzipal-Agenten-Modellen. Nur exemplarisch seien hier die Aufsätze von *Ross* 1973; *Grossman/Hart* 1983 sowie die Bücher von *Bamberg/Spremann* 1987; *Mas-Colell/Whinston/Green* 1995, Kapitel 13 und 14; *Schweizer* 1999; *Jost* 2001 erwähnt.

II. Grundmodelle der Prinzipal-Agenten-Theorie

Den Schwerpunkt von Prinzipal-Agenten-Modellen bildet die Diskussion *asymmetrisch verteilter Informationen* in Kombination mit unterschiedlichen Interessen zwischen Prinzipal und Agent. Üblicherweise wird davon ausgegangen, dass es sich beim Prinzipal um die schlechter und beim Agenten um die besser informierte Vertragspartei handelt. Bspw. hat der Agent genauere Informationen über (a) seine Handlungen, (b) seine Eigenschaften oder (c) die Arbeitssituation. Unterschiedliche Interessen ergeben sich u.a. daraus, dass der Agent im Gegensatz zum Prinzipal (a) eher einen geringen Leistungseinsatz präferiert, (b) auch dann zu sehr guten Konditionen einen Vertrag abschließen möchte, wenn seine Eigenschaften eher schlechtere Konditionen rechtfertigen würden, oder (c) auch dann eine hohe Entlohnung verlangt, wenn Situationsbedingungen, die mit vergleichsweise geringem Arbeitsleid verbunden sind, eher für eine niedrige Entlohnung sprechen.

1. Hidden Action

Im Hidden Action-Modell wählt der Agent eine Handlungsalternative (z.B. Arbeitseinsatz), die nicht vom Prinzipal beobachtbar ist. Da das Leistungsergebnis des Agenten nicht nur von der gewählten Handlung, sondern auch von exogenen stochastischen Einflüssen (z.B. Glück) abhängt und beides vom Prinzipal nicht beobachtbar ist, besteht für diesen ein Rückschlussproblem: Bspw. kann ein hohes (niedriges) Ergebnis sowohl auf einen hohen (niedrigen) Arbeitseinsatz des Agenten zurückzuführen sein als auch auf Glück (Pech). In Prinzipal-Agenten-Modellen wird i.d.R. nur derjenige Bereich des Arbeitseinsatzes betrachtet, der vom Agenten nicht freiwillig geleistet wird, weil er ein Arbeitsleid verursacht. Der Agent wird daher seinen Arbeitseinsatz zurückhalten und mögliche schlechte Ergebnisse ex post über „Pech" rechtfertigen. Derartiges *opportunistisches Verhalten* aufgrund unbeobachtbarer Handlungen wird auch als *Moral Hazard* bezeichnet.

Jedoch kann der Prinzipal bei Kontrahierbarkeit des Leistungsergebnisses ein Anreizschema (z.B. Ergebnisbeteiligung) wählen (→ *Anreizsysteme, ökonomische und verhaltenswissenschaftliche Dimension*). Diese Anreizgestaltung ist aber nicht kostenlos, sofern der Agent *risikoavers* ist, da hierdurch eine Risikoprämie verursacht wird. Ist der Prinzipal weniger risikoavers als der Agent, so ergibt sich folgender grundlegender Konflikt: Aus Anreizgesichtspunkten sollte für den Agenten eine hohe Ergebnisbeteiligung festgelegt werden. Da bei einer hohen Beteiligung der Agent jedoch auch entsprechend hoch am exogenen Ergebnisrisiko beteiligt wird, wäre die Risikoprämie sehr groß. Allerdings kann es sogar bei einem *risikoneutralen* Agenten zu Anreizproblemen kommen, sofern dieser nur begrenzt verschuldbar ist (Limited Liability-Problem) und dadurch nur eine unzureichende Ergebnisbeteiligung möglich ist.

Formal wählt der Prinzipal dasjenige Anreizschema, das sein erwartetes Nettoergebnis unter zwei Nebenbedingungen maximiert. Die erste Bedingung ist die Anreizverträglichkeitsbedingung, die beim Agenten die Wahl der gewünschten Handlungsalternative induziert. Die zweite Nebenbedingung wird Teilnahmebedingung genannt. Sie sichert die Vertragsannahme durch den Agenten, indem diesem durch das Anreizschema ein Erwartungsnutzen in Aussicht gestellt wird, welcher mindestens so groß wie sein Reservationsnutzen ist.

2. Hidden Information

Das Hidden Information-Modell geht von einer asymmetrischen Informationsverteilung aus, die eine modellexogene Größe betrifft. Diese exogene Größe lässt sich spieltheoretisch (→ *Spieltheorie*) auch als „Typ" des Agenten bezeichnen. Als Typ eines Agenten können die unterschiedlichsten exogenen Größen modelliert werden, bspw. das Talent bzw. die Fähigkeiten (auch: Produktivität) des Agenten, die Qualität seines Produktes sowie seine Zuverlässigkeit bzw. seine Konkurswahrscheinlichkeit. Unter dem Typ des Agenten lassen sich auch sämtliche Umweltzustände subsumieren, die für seine Auftragserfüllung relevant sind, vom Prinzipal jedoch nicht beobachtet werden können. Z.B. kann in Organisationen vom Vorgesetzten oft nicht genau beobachtet werden, wie schwer sich die Aufgabenerfüllung für den Mitarbeiter gestaltet und wie hoch damit dessen tatsächliches Arbeitsleid ausfällt.

Der Hidden Information-Fall lässt sich noch weiter in vorvertragliches (*Hidden Characteristics*) und nachvertragliches Hidden Information (Hidden Information im engeren Sinne) unterteilen (*Jost* 2001, S. 25). Solch eine Unterscheidung ist insofern sinnvoll, als beide Unterfälle zu unterschiedlichen Folgeproblemen führen. Hidden Information im engeren Sinne impliziert wiederum nachvertraglichen *Opportunismus* (Moral Hazard). Die Folge von Hidden

Characteristics kann hingegen sein, dass nur Verträge mit unterdurchschnittlichen Agenten zustande kommen oder gar keine Vertragsbeziehung entsteht, da der Prinzipal diese Gefahr antizipieren kann. Dieses Folgeproblem wird nach *Akerlof* 1970 als *adverse Selektion* bezeichnet.

Für die Lösung von Hidden Information-Problemen werden in der Literatur zweierlei Ansätze diskutiert (u.a. *Mas-Colell/Whinston/Green* 1995, Kapitel 13–14). Zum einen sind Lösungen denkbar, die von den Agenten als besser informierte Partei initiiert werden (*Signaling* in Anlehnung an *Spence* 1973). Im Hidden Characteristics-Fall sind insb. die überdurchschnittlichen Agenten an einer Separierung von den schlechteren Agenten interessiert. Damit ein Signaling zu glaubhaften Signalen führt, muss gelten, dass der Erwerb des Signals für gute (schlechte) Agenten mit so niedrigen (hohen) Kosten verbunden ist, dass das entsprechende Signal für sie lohnenswert (nicht lohnenswert) ist. Zum anderen können Lösungsmaßnahmen aber auch vom Prinzipal ausgehen (*Screening*). Hierzu zählen vor allem Selbstselektionsmechanismen, bei denen einem Agent verschiedene Vertragsalternativen angeboten werden und der Prinzipal von der Wahl des Agenten auf dessen Typ schließen kann.

Auch für den Hidden Information-Fall lässt sich vom Prinzipal eine optimale vertragliche Lösung ermitteln. Hierbei findet das Revelationsprinzip Anwendung (*Mas-Colell/Whinston/Green* 1995, S. 488–501), wonach die Menge der optimalen Verträge auf diejenigen beschränkt werden kann, die zu einer wahrheitsgemäßen Informationsaufdeckung der Agenten führen. Der Prinzipal versucht wiederum, seinen erwarteten Nettoerfolg unter zweierlei Nebenbedingungen zu maximieren. Einerseits muss über die Teilnahmebedingungen sichergestellt werden, dass die Agenten die angebotenen Verträge akzeptieren. Andererseits werden Selbstselektionsbedingungen benötigt, damit die Agenten bei einer Befragung ihren Typ wahrheitsgemäß melden.

III. Erweiterte Modelle der Prinzipal-Agenten-Theorie

Die beiden Grundmodelle bilden reale Prinzipal-Agenten-Beziehungen nur sehr rudimentär ab. Daher wurden zahlreiche Varianten entwickelt, die die Grundmodelle erweitern und dabei insb. Prinzipal-Agenten-Beziehungen in hierarchischen Organisationen genauer diskutieren können (zu einem Überblick *Kräkel* 1999, S. 89–99).

1. Hybride Modelle

In der Praxis ist nicht auszuschließen, dass Hidden Action und Hidden Information gemeinsam auftreten. Verglichen mit den beiden Grundmodellen herrscht hier ein verschärftes Rückschlussproblem für den Prinzipal: Niedrige Ergebnisse können nun auf eine mangelnde Leistungsbereitschaft, auf ein niedriges Leistungspotential oder auf „Pech" zurückzuführen sein.

Einen speziellen Anwendungsfall hybrider Modelle findet man in Verbindung mit mehrperiodigen Prinzipal-Agenten-Beziehungen. Der Agent muss dann damit rechnen, dass hohe Ergebnisse den Prinzipal auf ein hohes Talent des Agenten schließen lassen. Der Prinzipal wird dann entsprechend hohe Anforderungsstandards für zukünftige Ergebnisse festlegen, d.h. es kommt zum sog. *Ratchet Effect* (*Sperrklinkeneffekt*) (u.a. *Baron/Besanko* 1984). Da der Agent das Verhalten des Prinzipals antizipieren kann und Arbeitseinsatz mit Arbeitsleid verbunden ist, wird er rationalerweise in der Gegenwart seine Anstrengungen zurückhalten, um sich nicht selbst zu hohe Anforderungsstandards für die Zukunft zu setzen.

2. Mehrperiodenmodelle

Reale Prinzipal-Agenten-Beziehungen – vor allem in Organisationen – sind üblicherweise nicht rein statisch, sondern erstrecken sich über mehrere Perioden (u.a. *Radner* 1981). Dadurch erweitert sich die Menge der Anreizverträge, die vom Prinzipal gewählt werden können. Insb. lassen sich intertemporale Leistungsanreize generieren und eine intertemporale Einkommensglättung vornehmen, was wiederum zu Risikovorteilen im Zusammenhang mit *risikoaversen* Agenten führt.

Allerdings können langfristige Prinzipal-Agenten-Beziehungen auch zusätzliche Probleme nach sich ziehen. Ein Problem wurde bereits in Gestalt des Ratchet Effect kurz skizziert. Ein weiteres Problem wird von Holmström in seinem Career Concerns-Modell diskutiert (*Holmström* 1999): Ist das Ergebnis des Agenten nicht kontrahierbar, so wirken lediglich implizite Anreize und der Agent wird sich zu Karrierebeginn (-ende) ineffizient hoch (niedrig) anstrengen. Ein weiteres Problem langfristiger Verträge stellen Nachverhandlungen dar (*Sliwka* 2002). Wenn der Agent antizipiert, dass der langfristige Vertrag später nachverhandelt wird, so kann sich dies entsprechend negativ auf gegenwärtige Anreize auswirken.

3. Mehraufgabenmodelle

Oftmals wird ein Agent nicht nur mit einer einzelnen Aufgabe betraut, sondern mit mehreren gleichzeitig zu lösenden Aufgaben (u.a. *Holmström/Milgrom* 1991). Z.B. hat der Außendienstmitarbeiter über Verkaufsanstrengungen und Serviceleistungen zu entscheiden, der Maschinenbediener über Benutzung und Wartung der Maschine, Mitarbeiter über Quantität und Qualität ihrer Leistungsergebnisse und der Divisionsmanager bei einer → *Spartenorganisation* über die verschiedenen betrieblichen Funktionsbereiche innerhalb seiner Division.

Das Hauptproblem solch eines mehrdimensionalen Arbeitseinsatzes besteht darin, dass eine ineffiziente Allokation der Arbeitszeit auf die verschiedenen Dimensionen bzw. Aufgaben möglich ist. Dieses Problem tritt vor allem dann auf, wenn die verschiedenen Aufgaben unterschiedlich gut beobachtbar sind. In diesem Fall wird der Agent für diejenigen Aufgaben eine ineffizient hohe (niedrige) Anstrengung wählen, die sehr gut (schlecht) beobachtbar sind, da diese Aufgaben verstärkt (kaum) vom Prinzipal für Anreizzwecke verwendet werden.

4. Mehragentenmodelle

Eine Klasse von Mehragentenmodellen beschäftigt sich mit Teamarbeit (u.a. *Holmström* 1982; → *Teamorganisation*). Hierbei besteht nur eine gemeinsame kontrahierbare Teamproduktionsfunktion, in die die Arbeitsanstrengungen aller Agenten einfließen, während für die individuellen Anstrengungen keine separaten Leistungsmaße existieren. Folge solch einer Produktionstechnologie ist das sog. *Trittbrettfahrerproblem*, wonach jeder einzelne Agent zu Lasten des Teamoutputs Anstrengungen zurückhält. Solch ein Verhalten ist individuell rational, da das eingesparte Arbeitsleid unmittelbar Nutzen erhöhend wirkt, während der reduzierte Teamoutput lediglich allen Agenten gemeinsam angelastet wird.

Eine zweite Klasse von Modellen diskutiert Kollusionsprobleme in mehrstufigen Prinzipal-Agenten-Beziehungen (u.a. *Tirole* 1986). Derartige Modelle können u.a. herangezogen werden, um hierarchische Beziehungen in Organisationen oder Beziehungen zwischen Aktionären (→ *Hauptversammlung und Aktionärseinfluss*), → *Aufsichtsrat* und Vorstand (→ *Top Management (Vorstand)*) einer Aktiengesellschaft zu analysieren (→ *Corporate Governance (Unternehmensverfassung)*).

Eine dritte Modellklasse diskutiert relative Leistungsturniere (Rank-Order Tournaments) (u.a. *Lazear/Rosen* 1981). Solche Turniere finden sich z.B. zwischen Verkäufern oder in Form von Beförderungsturnieren in Organisationen. Turniere haben diverse Vor- und Nachteile. Zu den Vorteilen zählen u.a. geringe Messkosten, das Herausfiltern gemeinsamer Störeinflüsse und der mögliche Einsatz von Turnieranreizen in Situationen mit nicht-kontrahierbaren Leistungsmaßen für die Agenten. Zu den Nachteilen gehören die Gefahr von Sabotage sowie die Gefahr horizontaler Kollusionen.

5. Mehrprinzipalemodelle

Denkbar ist auch der umgekehrte Fall mehrerer Prinzipale, die einem Agenten gegenüberstehen (u.a. *Bernheim/Whinston* 1986). Beispiele sind Verträge zwischen verschiedenen Kunden und einem Intermediär, die Beziehungen zwischen den Aktionären und dem Vorstand einer Aktiengesellschaft oder die Weisungsbeziehungen innerhalb einer → *Matrix-Organisation* gegenüber einem dezentralen → *Profit-Center*.

Zweierlei Hauptprobleme ergeben sich hierbei. Zum einen haben die Prinzipale üblicherweise unterschiedliche Interessen. Daher wird jeder Prinzipal den Agenten (z.B. Intermediär) beeinflussen, damit sich Letzterer vorwiegend um die individuellen Belange des betreffenden Prinzipals kümmert. Zum anderen kann selbst dann ein Problem entstehen, wenn keine unmittelbaren Interessenkonflikte zwischen den Prinzipalen (z.B. Aktionäre) existieren: In diesem Fall kann sich immer noch ein *Trittbrettfahrerproblem* zwischen den Prinzipalen hinsichtlich der → *Kontrolle* des Agenten bilden.

IV. Kritische Würdigung

Es lässt sich festhalten, dass der Prinzipal-Agenten-Ansatz auf der normativen Ebene sehr überzeugt. Er liefert einen exakten Analyserahmen, mit dem sich Vertrags- und Weisungsbeziehungen – u.a. auch in Organisationen – sauber abbilden lassen. Anhand der formalen Modellannahmen lässt sich zudem überprüfen, wie robust die hergeleiteten Ergebnisse sind. Auf der deskriptiven Ebene kann dem Standard-Prinzipal-Agenten-Ansatz vor dem Hintergrund experimenteller Befunde (u.a. *Fehr/Gächter/Kirchsteiger* 1997) allerdings nur eine eingeschränkte Überzeugungskraft bescheinigt werden.

Der denkbare Vorwurf, der Prinzipal-Agenten-Ansatz basiere auf einem realitätsfernen *Homo Oeconomicus* (→ *Menschenbilder*), wodurch Verhaltensvorhersagen in der Praxis kaum möglich sind, ist in Anbetracht der jüngeren Entwicklungen jedoch auf keinen Fall haltbar. Neue Modellerweiterungen diskutieren auch alternative Präferenzmuster von Agenten (wie z.B. Ungleichheitsaversion), wobei der traditionelle Homo Oeconomicus als ein Spezialfall miteinbezogen wird (u.a. *Fehr/Schmidt* 2000). Die Prinzipal-Agenten-Theorie hat sich also insofern weiterentwickelt, als die empirische Kritik ernst genommen und für alternative Modellierungen genutzt wird.

Bezogen auf die praktische Umsetzbarkeit des Prinzipal-Agenten-Ansatzes stellt sich evtl. jedoch ein anderes Problem. In den Modellen ist dem jeweiligen Prinzipal immer bewusst, ob er ein Hidden Action- oder ein Hidden Information-Problem zu lösen hat und ob er sich dabei in einem Grundmodell oder einem erweiterten Modell befindet. Nicht auszuschließen ist jedoch, dass reale Prinzipale vor einer Art Meta-Informationsproblem stehen und nicht genau wissen, in was für einer Prinzipal-Agenten-Situation sie sich genau befinden. Möglich ist statt einer asymmetrischen Informationsverteilung auch eine Situation mit symmetrischer *Unsicherheit*. Wird dies vom Prinzipal aber nicht erkannt und wendet er aufgrund einer vermuteten Hidden Information-Situation einen Informationsaufdeckungsmechanismus an, so kann dies nur zu unsinnigen Ergebnissen führen.

Literatur

Akerlof, George A.: The Market for ‚Lemons': Quality Uncertainty and the Market Mechanism, in: QJE, Jg. 84, 1970, S. 488–500.
Bamberg, Günter/Spremann, Klaus (Hrsg.): Agency Theory, Information, and Incentives, Berlin et al. 1987.
Baron, David P./Besanko, David: Regulation and Information in a Continuing Relationship, in: Information Economics and Policy, Jg. 1, 1984, S. 267–302.
Bernheim, Douglas/Whinston, Michael D.: Common Agency, in: Econometrica, Jg. 54, 1986, S. 923–942.
Fehr, Ernst/Gächter, Simon/Kirchsteiger, Georg: Reciprocity as a Contract Enforcement Device, in: Econometrica, Jg. 65, 1997, S. 833–860.
Fehr, Ernst/Schmidt, Klaus: Fairness, Incentives, and Contractual Choices, in: European Economic Review, Jg. 44, 2000, S. 1057–1068.
Grossman, Sanford J./Hart, Oliver D.: An Analysis of the Principal-Agent Problem, in: Econometrica, Jg. 51, 1983, S. 7–45.
Holmström, Bengt: Managerial Incentive Problems: A Dynamic Perspective, in: Review of Economic Studies, Jg. 66, 1999, S. 169–182.
Holmström, Bengt: Moral Hazard in Teams, in: Bell Journal of Economics, Jg. 13, 1982, S. 324–340.
Holmström, Bengt/Milgrom, Paul R.: Multitask Principal-Agent Analysis: Incentive Contracts, Asset Ownership, and Job Design, in: Journal of Law, Economics, and Organization, Jg. 7, 1991, S. 24–52.
Jost, Peter-J. (Hrsg.): Die Prinzipal-Agenten-Theorie in der Betriebswirtschaftslehre, Stuttgart 2001.
Kräkel, Matthias: Organisation und Management, Tübingen 1999.
Lazear, Edward P./Rosen, Sherwin: Rank-Order Tournaments as Optimum Labor Contracts, in: J.Polit.Econ, Jg. 89, 1981, S. 841–864.
Mas-Colell, Andreu/Whinston, Michael D./Green, Jerry R.: Microeconomic Theory, New York et al. 1995.
Radner, Roy: Monitoring Cooperative Agreements in a Repeated Principal-Agent Relationship, in: Econometrica, Jg. 49, 1981, S. 1127–1148.
Ross, Stephen A.: The Economic Theory of Agency: The Principal's Problem, in: AER, Jg. 63, 1973, S. 134–139.
Schweizer, Urs: Vertragstheorie, Tübingen 1999.
Sliwka, Dirk: On the Use of Nonfinancial Performance Measures in Management Compensation, in: Journal of Economics and Management Strategy, Jg. 11, 2002, S. 487–511.
Spence, A. Michael: Job Market Signaling, in: QJE, Jg. 87, 1973, S. 355–374.
Tirole, Jean: Hierarchies and Bureaucracies: On the Role of Collusion in Organization, in: Journal of Law, Economics, and Organization, Jg. 2, 1986, S. 181–214.

Produktionsorganisation

Horst Wildemann

[s.a.: Arbeitsteilung und Spezialisierung; Aufbau- und Ablauforganisation; Delegation (Zentralisation und Dezentralisation); Flexibilität, organisatorische; Gruppen und Gruppenarbeit; Netzwerke; Outsourcing und Insourcing; Rationalisierung und Automatisierung; Transaktionskostentheorie; Ziele und Zielkonflikte.]

I. Ziele der Produktion; II. Gestaltungsalternativen der Produktionsorganisation; III. Defizite bestehender Organisationsalternativen; IV. Aktuelle Entwicklungen.

Zusammenfassung

Moderne Produktionsorganisationen sind durch die Übernahme ganzheitlicher unternehmerischer Zielstellungen gekennzeichnet. Unter den neuen Zielen haben sich Konzeption und Einsatzhäufigkeit der Gestaltungsalternativen der Produktionsorganisation verändert. Die Anwendung von Fließprinzip, Dezentralisation und Gruppenarbeit bilden heute eine einheitliche Basis exzellenter Produktionen. Durch Segmentierung und Netzwerkorganisation wird die Produktionskomplexität bei zunehmender Produktkomplexität bewältigt. Interne Ressourcenflexibilität und Pay-on-Production-Konzepte einer innovativen Produktionsorganisation ermöglichen auch in turbulenten Umfeldern Zukunftsfähigkeit und Wertsteigerung.

I. Ziele der Produktion

Produktion ist das Herstellen oder Verändern von Sachgütern und Dienstleistungen mit Hilfe anderer Sachgüter und Dienstleistungen (*Kern* 1979). Die Zielgrößen der Produktion haben sich von der klassischen Zielgröße Auslastung hin zu einem Dreiklang aus Kosten, Qualität und Zeit entwickelt (→ *Ziele und Zielkonflikte*). Als Ursache dafür sind gewandelte Marktbedingungen zu identifizieren, die eine höhere Änderungsgeschwindigkeit der Umwelt bewirken und die Notwendigkeit zur zunehmenden *Markt- und Kundenorientierung* für Unternehmen begründen (*Wildemann* 1997a). Zur Lösung von Kundenproblemen sind dabei die Erfolgsfaktoren Kosten, Qualität, Zeit und Flexibilität wichtig. Während technologisch ausgerichtete Optimierungsstrategien vor allem die Erfüllung von Kostenzielen gewährleisten können, ist die Orientierung der Produktion an den neuen Zielgrößen insbesondere durch ablauf- und aufbauorganisatorische Maßnahmen (→ *Aufbau- und Ablauforganisation*) möglich.

II. Gestaltungsalternativen der Produktionsorganisation

Bei den Gestaltungsalternativen der Produktionsorganisation sind ablauforganisatorische und aufbauorganisatorische Alternativen zu identifizieren. Während sich die Ablauforganisation auf die gesamthafte Sicht der Materialfluss- und Informationsflussprozesse sowie auf die Koordination der Teilprozesse bezieht, beschäftigt sich die Aufbauorganisation mit der strukturellen Aufgliederung der Produktionsaufgaben auf Stellen.

Die Theorie der Produktionsorganisation ist zunächst aus unternehmensinternen Gesichtspunkten entwickelt worden. Als ablauforganisatorische *Organisationstypen* werden verschiedene Typen der räumlichen und zeitlichen Anordnung von Arbeitskraft, Fertigungsobjekt und Produktionsmitteln bezeichnet. In den Handbüchern für Produktion hat sich folgende Organisationstypologie von Produktionen etabliert (vgl. auch *Schäfer* 1969; *Große-Oetringhaus* 1974):

- 1. Trägerorientierung: Werkbankfertigung und Produktionsmittelorientierte Fertigung
- 2. Fertigungsobjektorientierung: Baustellenfertigung
- 3. Funktionsorientierung: Werkstattfertigung
- 4. Fertigungsablauforientierung: Fließfertigung
- 5. Mischformen aus Funktions- und Fertigungsablauforientierung: Werkstattfließfertigung und Fließinselfertigung, Fertigungssegmentierung
- 6. Mischform aus Träger-, Funktions- und Fertigungsablauforientierung: Gruppenarbeit

Zu 1. Aufbauend auf den historisch frühen Ein-Mann-Handwerksbetrieben hat sich die Organisationsform der Werkbankfertigung herausgebildet. Dabei werden Werkzeuge, Betriebsmittel und Werkstoffe auf abgegrenzten Arbeitsplätzen rund um den Arbeitenden gruppiert. Zentrales Merkmal ist die Arbeitskraftzentralisierung, die sich auf Einzel- oder Gruppenarbeitsplätze beziehen kann. Dieser Produktionstyp wird für Sondervorrichtungen, sperrige Güter und künstlerische Gegenstände eingesetzt. Die produktionsmittelorientierte Fertigung ergibt sich aus der produktionsorganisatorischen Orientierung um zentrale immobile Produktionsmittel (z.B. Hochöfen für die Stahlerzeugung, Schachtofenanlagen in der Zement- und Kalkindustrie).

Zu 2. Bei der Baustellenfertigung werden die Produktionsfaktoren zu dem ortsgebundenen Fertigungsobjekt hin orientiert. Zu unterscheiden ist zwischen der innerbetrieblichen Baustellenfertigung (z.B. im Flugzeugbau) und der außerbetrieblichen Baustellenfertigung (z.B. beim Anlagenbau), die sich auf Grund der spezifischen Produkteigenschaften ergeben.

Zu 3. Bei dem Organisationstyp der Werkstattfertigung sind gleiche oder gleichartige Maschinen räumlich zu Gruppen zusammengefasst. Je nach Aufstellung der Maschinen im Fabriklayout können Produkte in beliebiger Reihenfolge hin- und herwandern. Durch die flexible Logistik und Maschinenbelegung können spezielle Einzelkundenwünsche nach Lieferzeiten, Produktarten und Leistungsmengen besonders gut realisiert werden. Im Durchschnitt ergeben sich jedoch für die Produkte zumeist überschneidende Materialflüsse und hohe Transportkosten. Durch Überschneidung von Transport- und Maschinenkapazitäten entsteht das Dilemma der Ablaufplanung, das bei diesem Organisationstyp immer im Einzelfall zu lösen ist und somit auch zu hohen Lieferzeiten führen kann. Der Organisationstyp der Werkstattfertigung ist die arbeitsteilige Weiterentwicklung der Werkbankfertigung, der für ein sehr breites Produktspektrum einsetzbar ist.

Zu 4. Das *Fließprinzip* gilt als das kostengünstigste materialorientierte ablauforganisatorische Prinzip des Fertigungsprozesses (zur Analyse des Fließprinzips vgl. *Wildemann* 1998). In der Fließfertigung werden die aufeinander folgenden Stufen der Produktbearbeitung in einer technologisch-wirtschaftlich bestimmten Reihenfolge räumlich und zeitlich hintereinandergeschaltet, unabhängig davon, ob es sich um maschinelle oder manuelle Bearbeitungsstufen handelt. Die Anordnung ist durch minimale Gesamttransportwege und -kosten sowie durch minimale Durchlaufzeiten mit kleinster Zwischenlagerbildung bei abgestimmten Kapazitäten gekennzeichnet. Die Entflechtung der Produktionsbeziehungen, die Teilung der Kapazitätsquerschnitte der entflochtenen Einheiten in kleine Einheiten sowie die Synchronisation des Outputs erzielt optimale Kosten- und Leistungswerte durch eine Auslastungsoptimierung der Anlagen sowie durch Prozessdisziplin zur Vermeidung von Liegezeiten von Material und Information.

Die *Durchlaufzeit* wird als zentrale Steuerungsgröße in Fließfertigungen durch Addition von Bearbeitungszeiten, Transport- und Liegezeiten etabliert. Der Flussgrad gibt das Verhältnis der kürzest möglichen Durchlaufzeit zur realisierten Durchlaufzeit an. Bei Umstellung von Leistungsprogramm durch Variation von Produktarten und -mengen sind starke Veränderungen des Produktionsablaufes vorzunehmen (vgl. die Anlaufproblematik neuer Fahrzeuge in Automobilwerken). Die Flussorientierung der Produktion muss mit der Flussorientierung der logistischen Ketten in Einklang gebracht und mit der Integration neuer Technologien abgestimmt werden. Hierzu sind Investitionen in Computerintegration, Lager- und Transportsysteme, integrierte Pufferlager, dezentrale Qualitätssicherung und adaptive Schnittstellen erforderlich.

Zu 5. Durch Anwendung des Fließprinzips auf der Fabrikebene und Ausplanung von einzelnen Fertigungsschritten mit spezifischen Anforderungen auf Basis der Grundtypen Werkbankfertigung, produktionsmittelorientierte Fertigung, Baustellenfertigung und Werkstattfertigung können Mischformen dargestellt werden. Während bei der Werkstattfließfertigung tätigkeitsähnliche Funktionen zu Werkstätten zusammengefasst werden und diese entsprechend der zeitlichen Reihenfolge der Bearbeitungsprozesse hintereinander angeordnet sind, werden bei der Fließinselfertigung die Organisationsformen der Fließfertigung und der Werkstattfertigung nicht integriert, sondern parallel nebeneinander betrieben. Diese Organisationsform findet vor allem bei unterschiedlichen Volumengerüsten der Produktionsmengen Einsatz. So werden Produkte oder Produktionsschritte in großen Mengen in der Fließfertigung gefertigt, während Produkte oder Produktionsschritte geringer Menge in Werkstattfertigung produziert werden.

Das Prinzip der Trennung von Produktionen auf Basis der mengen- und werkstückspezifischen Anforderungen der Produkte liegt auch dem Konzept der *Fertigungssegmentierung* zugrunde (zur Konzeption vgl. *Skinner* 1985; *Schonberger* 1986 und *Wildemann* 1988). Fertigungssegmente sind produktorientierte Einheiten, die durch eine spezifische Wettbewerbsstrategie, die Integration mehrerer Stufen der logistischen Kette, die Übertragung indirekter Funktionen sowie einen hohen Grad an Ergebnisverantwortung gekennzeichnet sind (*Wildemann* 2004d). Das Konzept zielt darauf ab, die Kosten- und Produktivitätsvorteile der Fließfertigung mit der hohen Flexibilität der Werkstattfertigung zu vereinen. Dabei wird eine weitgehende Entflechtung der Kapazitäten und eine räumliche Konzentration mit variablem Layout angestrebt.

Zu 6. Während traditionelle Produktivitätsziele der Produktion durch eine Ablauforganisation mit hoher Arbeitsteilung und Spezialisierung in planende, ausführende und kontrollierende Tätigkeiten mit separaten Teilprozessen erfüllt werden konnten, sind moderne Produktionsorganisationen an den Prinzipien der „Lean Production" ausgerichtet, in deren Mittelpunkt die doppelte organisatorische Lernfähigkeit steht. Durch eine hohe Mitarbeiterorientierung und eine Prozessfokussierung werden in modernen Fabriken durch Gruppenarbeit ständig Verbesserungspotenziale entlang der Dimensionen Kundenorientierung und interne Effizienz identifiziert und umgesetzt und durch Flussorientierung schnelle Reaktionszeiten geschaffen.

Gruppenarbeit (→ *Gruppen und Gruppenarbeit*) gilt als effizienzoptimierendes mitarbeiterorientiertes aufbau- und ablauforganisatorisches Prinzip der Produktion. Verbesserungsideen können durch Reduzierung der Ressourcenausstattung hinsichtlich Bestände, Fläche, Handling und Behälter generiert werden, da Schwachstellen und Blindleistung im Prozess aufgezeigt werden und mit Hilfe eines mitarbeiterorientierten *kontinuierlichen Verbesserungsprozesses* beseitigt werden. Eine Beschleunigung und Erweiterung des Konzeptes wird durch das praxiserprobte Workshop-Konzept GENESIS (*Wildemann* 1997a) ermöglicht. Dabei werden Lösungsansätze, Methoden und standardisierte Vorgehensweisen innerhalb von vier Tagen angewandt, um nachhaltig Durchlaufzeiten und Bestände zu reduzieren und Qualität und Freiflächen in der Produktion zu erhöhen. Die Teilnehmer von GENESIS-Gruppen setzen sich aus Mitarbeitern aller Hierarchiestufen zusammen, die ihre Erfahrungen über betriebliche Zusammenhänge einbringen. Durch das Zusammenwirken aller Beteiligten in kleinen Gruppen und in einer kommunikativen Lern- und Arbeitsatmosphäre entstehen kurzfristig realisierbare Verbesserungsvorschläge.

Die Aufbauorganisation ergibt sich durch die Gruppierung von zu erfüllenden Teilprozessen zu dem Aufgabeninhalt einer Stellenbeschreibung. Dabei ist der Teilungsgrad der zu erfüllenden Aufgaben sowie die Kombination der resultierenden Teilaufgaben zu Stellen entlang der Leitmodelle Objektorientierung oder Verrichtungsorientierung in Verbindung mit den Prinzipien der Zentralisierung und Dezentralisierung zu klären (→ *Delegation (Zentralisation und Dezentralisation)*). Das Prinzip der Objektzentralisation besagt, dass unterschiedliche Operationen an gleichartigen Objekten erfolgen. Nach dem Prinzip der Verrichtungsorientierung werden gleichartige Tätigkeiten (Verrichtungen, Funktionen, Arbeitsoperationen) an unterschiedlichen Objekten zu organisatorischen Einheiten zusammengefasst. Dem Prinzip der Verrichtungszentralisation – in Verbindung mit gleichzeitiger Dezentralsierung der Objekte – entspricht im Produktionsbereich der Organisationstyp der Werkstattfertigung. Das Prinzip der Objektzentralisation – in Verbindung mit gleichzeitiger Dezentralisation der Verrichtungen – kommt in dem Organisationstyp der Fließfertigung (*Kern* 1979 und *Kreikebaum* 1975) zum Ausdruck.

Das Fließprinzip, welches auch als Erzeugnisprinzip bezeichnet wird, weist gegenüber dem Verrichtungsprinzip Kostenvorteile auf. Dieser Kostenvorteil lässt sich auf Spezialisierungs- und Koordinationsvorteile zurückführen: Die am Produkt orientierte Produktionsorganisation ermöglicht eine höhere Spezialisierung und bringt einen niedrigeren Koordinationsaufwand mit sich. Man versucht deshalb, auch innerhalb einer Produktionsorganisation durch Fertigungssegmentierung die Vorteile einer produktorientierten Produktion soweit wie möglich zu realisieren.

Die wertschöpfungskettenübergreifende Erweiterung der Produktionsorganisation bezieht sich auf die Festlegung der optimalen Unternehmensgrenzen (unter Berücksichtigung der → *Transaktionskostentheorie*) im Rahmen des gesamten Wertschöpfungsprozesses. Während bei der historischen Manufaktur aus den Rohmaterialien in einer fast 100%igen Fertigungstiefe das komplette Endprodukt hergestellt wurde, ist aktuell bei vielen Produktgruppen eine zunehmende Aufteilung der Wertschöpfungsprozesse und eine Verlagerung von Entwicklungs-, Steuerungs- und Produktionsaufgaben auf vorgelagerte Wertschöpfungsstufen erkennbar. Dabei verknüpfen Unternehmen die Vorteile einer erzeugnisorientierten Fokussierungsstrategie in einzelnen Produktionsorganisationen mit den Vorteilen einer koordinierten Zusammenarbeit zwischen mehreren selbstständigen und formal unabhängigen Unternehmen und schließen sich mit anderen – nach denselben Prinzipien organisierten – Unternehmen zu temporären oder dauerhaften Einheiten, zu Netzwerken (→ *Netzwerke*) zusammen (*Wildemann* 1996). In der Automobilherstellerung wird diese Entwicklung derzeit unter den Begriffen „Modular Sourcing" und „Tier-1 Supplier" umgesetzt. Vernetzte *Wertschöpfungspartner* übernehmen innerhalb von Projektteams des Unternehmens eigene Planungsaufgaben, betreiben Logistikzentren oder Fertigungsstandorte in räumlicher Nähe der Produktionen des Unternehmens und tragen Teile des Risikos (*Wildemann* 2004a).

Die Gewährleistung des Fließprinzips in zunehmend geteilten Wertschöpfungsketten wird durch die neuen Methoden der *Supply Chain Collaboration* möglich. Ziel ist die Schaffung von Transparenz, die Information des Abnehmers über freie Kapazitäten und Bestände sowie der permanente Abgleich zwischen den vorhandenen und benötigten Kapazitäten beim Lieferanten für eine rechtzeitige Erkennung von Kapazitätsengpässen in der Produktion und Beschaffung (*Wildemann* 2004b). Bei kurzfristigen Schwankungen eröffnet die Collaboration durch das frühzeitige Erkennen von Über- oder Unterdeckungen die Möglichkeit zur Umschichtung von Kapazitäten. Im Rahmen einer vertrauensvollen Zusammenarbeit mit mehreren Partnern können zusätzliche zeitlich begrenzte Kapazitäten durch Nutzung von Kapazitätsunterdeckungen anderer Abnehmer wechselseitig bereitgestellt werden.

III. Defizite bestehender Organisationsalternativen

Fallstudien haben gezeigt, dass das spezialisierte verrichtungsorientierte Organisationsmodell der Produktion zu einem Organisationsversagen führt, das sich in mangelnder Effizienz, langen Durchlauf- und Lieferzeiten, hohen Gemeinkosten, mangelnder Qualität und wenig menschengerechter Arbeitsplatzgestaltung widerspiegelt. Zur zentralen Koordination werden Planung-, Steuerungs-, Informations- und Kontrollsysteme eingesetzt. Dadurch wird jedoch Eigenkomplexität erzeugt; das Verhalten der Organisationsmitglieder wird von den eigentlichen Zielen und Aufgaben der Wertschöpfung abgelenkt; es besteht eine Tendenz zur Bürokratisierung (*Bleicher* 1990). Damit steigen die *Komplexitätskosten* und die Organisation wird bei speziellen Anforderungen unflexibel. Da gleichzeitig die Anforderungen an die Flexibilität und Reaktionsfähigkeit mit zunehmender Umweltturbulenz steigen, wird die Notwendigkeit zu einer grundlegenden Neukonzeption offensichtlich. Dabei gewinnt die Implementierung von Marktdruck eine herausragende Bedeutung. Marktdruck wird hierbei als Instrument zur Verhaltensbeeinflussung aufgefasst. Durch die Ausrichtung von Fertigungssegmenten auf definierte Märkte und Ziele und die Bildung von Produkt-Markt-Produktion-Kombinationen wird die Internalisierung von Marktdruck ermöglicht.

IV. Aktuelle Entwicklungen

Es lassen sich für die zukünftige Produktionsorganisation vier wesentliche Entwicklungslinien ableiten. Danach basieren Fabrikstrukturen der Zukunft auf den Prinzipien der Modularität, dem Aufbau von Netzwerkstrukturen, Team- und Gruppenarbeit sowie auf schnellen Informations-, Kommunikations- und Entscheidungsprozessen durch eine ziel- und kundennutzenorientierte Datenintegration. Diese Prinzipien liegen auch den verschiedenen Qualitätspreisen zugrunde, mit denen zukunftsfähige Produktionen von verschiedenen Organisationen bewertet werden.

Mit Hilfe neuer Kapazitäten sowie Investitionen in Anlagen und Gebäude (→ *Rationalisierung und Automatisierung*) ist eine Produktionserweiterung organisatorisch darstellbar (*Wildemann* 1997b). Angesichts zyklischer Marktschwankungen sind aktuell neue Lösungsansätze für die Frage der Anpassung der Produktionsorganisation an veränderte Produktionsprogramme und Produktionsstückzahlen unter dem Stichwort „Production on Demand" entwickelt worden. Eine derartige organisatorische Anpassung der Produktion wird durch den Einsatz eines Methoden-Mix aus Instrumenten der *Arbeitszeitflexibilisierung*, der Bildung von modularen Fertigungssegmenten sowie dem Einsatz von modularen Produktionsanlagen möglich. Wichtig ist dabei die antizipative Erstellung von Volumenszenarien, die durch spezifische Anpassungsstrategien unterlegt werden.

Im Zuge der kontinuierlichen Anstrengungen zur Erhöhung der Wettbewerbsfähigkeit von Produktionen entstehen zunehmend spezialisierte Dienstleister, die Teilaufgaben der Produktion (→ *Arbeitsteilung und Spezialisierung*) übernehmen. Während die frühe Phase dieser Entwicklung durch die Übernahmen (→ *Outsourcing und Insourcing*) von z.B. Instandhaltungstätigkeiten und logistischen Leistungen durch spezialisierte Unternehmen gekennzeichnet war, gehen die Entwicklungen bis zur Einrichtung von *Betreibermodellen* für Produktionseinrichtungen. Dabei wird die Finanzierung und der Betrieb der anlagentechnischen Infrastruktur aus dem Unternehmen gelöst und an ein Konsortium vergeben. Die Effekte dieser Konstruktion sind die Reduzierung des Anlagevermögens auf Seiten des Unternehmens sowie die Abwälzung des Produktionsrisikos und auch des Marktrisikos. Dazu werden die Fixkosten der Herstellung durch das Konsortium variabilisiert, da der Auftraggeber entweder die Anlagenverfügbarkeit (Pay on Availability) oder den einzelnen Anlagenoutput (Pay on Production) bezahlt (*Wildemann* 2004c).

Literatur

Bleicher, Knut: Zukunftsperspektiven der Organisation, Bern 1990.
Große-Oetringhaus, Wigand F.: Fertigungstypologie unter dem Gesichtspunkt der Fertigungsablaufplanung, Berlin 1974.
Kern, Werner: Produktionswirtschaft, in: HW Prod, hrsg. v. *Kern, Werner*, Stuttgart 1979, Sp. 1647–1660.
Kieser, Alfred/Kurbel, Karl: Fertigungsorganisation, in: HWProd, hrsg. v. *Kern, Werner*, Stuttgart 1979, Sp. 586–595.
Kreikebaum, Hartmut: Organisation des Produktionsbereichs, in: HWB, hrsg. v. *Grochla, Erwin*, 4. A., Stuttgart 1975, Sp. 3089–3096.
Schäfer, Erich: Der Industriebetrieb. Betriebswirtschaftslehre der Industrie auf typologischer Grundlage. Bd. 1, Köln und Opladen 1969.
Schonberger, Richard J.: World class manufacturing: the lesson of simplicity applied, New York 1986.
Skinner, Wickham: Manufacturing: the formidable competitive weapon, 6. A., New York 1985.
Wildemann, Horst: Advanced Purchasing – Leitfaden zur Einbindung der Beschaffungsmärkte in den Produktentstehungsprozess, 4. A., München 2004a.
Wildemann, Horst: Supply Chain Management – Effizienzsteigerung in der unternehmensübergreifenden Wertschöpfungskette, München 2004b.
Wildemann, Horst: Betreibermodelle – eine Outsourcingstrategie?, München 2004c.
Wildemann, Horst: Produktionssysteme – Leitfaden zur methodengestützten Reorganisation der Produktion, 2. A., München 2004d.
Wildemann, Horst: Produktionscontrolling – Systemorientiertes Controlling schlanker Produktionsstrukturen, 4. A., München 2001.
Wildemann, Horst: Fabrikplanung – Die modulare Fabrik – Kundennahe Produktion durch Fertigungssegmentierung, 5. A., München 1998.
Wildemann, Horst: Produktivitätsmanagement – Handbuch zur Einführung eines Produktivitätssteigerungsprogramms mit GENESIS, 3. A., München 1997a.
Wildemann, Horst: Fertigungsstrategien – Reorganisationskonzepte für eine schlanke Produktion und Zulieferung, 3. A., München 1997b.
Wildemann, Horst: Entwicklungsstrategien für Zulieferunternehmen, 3. A., München 1996.
Wildemann, Horst: Wettbewerbs- und mitarbeiterorientiertes Zeitmanagement in Produktion und Logistik, in: Organisationsstrategie und Produktion, hrsg. v. *Zahn, Erich*, München 1990, S. 59–112.

Profit-Center

Claus Steinle/Stefan Krummaker

[s.a.: Anreizsysteme, ökonomische und verhaltenswissenschaftliche Dimension; Holding; Interne Märkte; Kontrolle; Management by Objectives; Organisatorische Gestaltung (Organization Design); Regionalorganisation; Spartenorganisation; Steuerungstheorie; Zentralbereiche.]

I. Begriff und Kernmerkmale des Profit-Center-Konzepts; II. Entwicklungsverlauf; III. Potenziale und Ziele; IV. Problemfelder des Profit-Center-Konzepts; V. Koordination der Profit-Center; VI. Praxisverbreitung und Praxisbeispiele; VII. Würdigung und Ausblick.

Zusammenfassung

Profit-Center sind relativ entscheidungsautonome organisatorische Teileinheiten, die als „Quasi-Unternehmungen" geführt werden. Sie sollen zu einer verbesserten Steuerung der Gesamtunternehmung beitragen sowie die Center-Führungskräfte und -Mitarbeiter zum unternehmerischen Handeln motivieren. Eine zentrale Koordination der einzelnen Profit-Center trägt dazu bei, die Potenziale dieses Konzepts besser auszuschöpfen und Problemfelder abzubauen.

I. Begriff und Kernmerkmale des Profit-Center-Konzepts

Die Erschließung des Profit-Center-Konzepts kann aus zwei unterschiedlichen Blickwinkeln erfolgen. Während es aus der Perspektive der Organisation und Führung als ein Anreiz- und Motivationssystem (→ *Anreizsysteme, ökonomische und verhaltenswissenschaftliche Dimension*) zum unternehmerischen Verhalten von Mitarbeitern und Führungskräften verstanden werden kann, stellt das Konzept aus Sicht der Unternehmungssteuerung und des → *Controlling* ein System der Ergebnisrechnung nach Verantwortungsbereichen dar (vgl. *Preißner* 2002, S. 17).

Profit-Centern werden (fast) alle Aktivitäten, die für das laufende Geschäft von ergebniskritischer Relevanz sind, übertragen. Bei der Unternehmungsspitze verbleiben bereichsübergreifende Funktionen (→ *Zentralbereiche*), wie z.B. das Zentralcontrolling, Rechnungs- und Personalwesen, Rechtsreferat und die Strategische Unternehmungsentwicklung (vgl. z.B. *Poensgen* 1981, Sp. 1381 f.).

Es herrscht ein breiter Konsens darüber, dass *Autonomie* und *Ergebnisverantwortung* die konstitutiven Elemente des Profit-Center-Konzepts bilden (vgl. z.B. *Wolf* 1985, S. 13). Neben diesen Grundvoraussetzungen gelten eine verursachungsgerechte Zuordnung des Erfolgs sowie die Möglichkeit der Einflussnahme auf ergebnisbestimmende Größen, wie Produktionskosten, Produktqualität und Preise als weitere notwendige Bedingungen des Profit-Center-Konzepts (vgl. *Krüger* 1994, S. 104).

Im Hinblick auf die übergeordnete Organisationsform gehen einige Autoren davon aus, dass eine sinnvolle Bildung von Profit-Centern nur bei divisionalen Strukturen (→ *Spartenorganisation*) möglich ist, da den meisten verrichtungsgegliederten Teilbereichen einer Funktionalen Organisation (→ *Funktionale Organisation*) der direkte Marktzugang fehlt und somit keine Möglichkeit zur marktlichen Leistungsbewertung besteht (vgl. z.B. *Schweitzer* 1992, Sp. 2078). Andere Autoren betonen, dass dieses Problem durch die Einführung interner Märkte (→ *Interne Märkte*) und von *Verrechnungspreisen* zu überwinden ist (vgl. z.B. *Frese* 2000, S. 215 ff.). Eine Untergliederung der Unternehmung nach Objekten stellt somit kein notwendiges Merkmal einer Profit-Center-Organisation dar. Vielmehr kann der freie Zugang zu einem fiktiven oder realen Markt als zentrale Voraussetzung festgestellt werden.

Vor dem Hintergrund der dargestellten Charakteristika lassen sich Profit-Center als *marktorientierte, relativ entscheidungsautonome Teileinheiten mit ergebnisbezogener Verantwortlichkeit* definieren.

II. Entwicklungsverlauf

Erste Grundideen zu Profit-Center-Strukturen finden sich in der Habilitationsschrift von Eugen Schmalenbach und dem daraus entstandenen Aufsatz „Über Verrechnungspreise" (vgl. *Schmalenbach* 1908/1909). Zentraler Gedanke dieses Ansatzes ist die Übertragung des marktwirtschaftlichen Preismechanismus auf den innerbetrieblichen Güter- und Leistungsaustausch. Ein direkter Impuls für die betriebliche Praxis ging von Schmalenbachs Ansatz allerdings nicht aus (vgl. *Bühner* 1993, Sp. 1614). Vielmehr gelten General Motors und DuPont als Pioniere der Profit-Center-Anwendung. Getrieben von einer zunehmenden Komplexität ihrer immer stärker wachsenden Großunternehmungen und den daraus resultierenden Koordinationsproblemen, reagierten sie mit einer produktbezogenen Gliederung der Gesamtunternehmung in kleine bis mittlere, relativ selbstständige und ergebnisverantwortliche Organisationseinheiten (vgl. *Schultheiss* 1990, S. 6).

In den vierziger Jahren des vergangenen Jahrhunderts wurde bei Siemens und Halske erstmals eine Profit-Center-Organisation in Deutschland eingerichtet (vgl. *Wolf* 1985, S. 10). Den Durchbruch erlangten Profit Center allerdings erst gegen 1970 im Zuge der starken „Divisionalisierungswelle", die den Anteil von Unternehmungen mit Profit-Center-Strukturen von 10 Prozent 1969 auf über 60 Prozent 1972 ansteigen ließ (vgl. *Bühner* 1993, Sp. 1614). Im Jahre 1993 konnte bei einer empirischen Untersuchung in ca. 44 Prozent der befragten deutschen Unternehmungen eine „sehr starke" bis „starke" Verbreitung von Profit-Center-Strukturen festgestellt werde (vgl. *Frese* 1995, S. 87).

III. Potenziale und Ziele

Mit der Einführung von Profit-Center-Organisationen werden positive intrinsische und extrinsische Motivationswirkungen verbunden. Die umfassenden Entscheidungskompetenzen und der daraus resultierende vergrößerte Handlungsspielraum der Führungskräfte – und vielfach auch der Mitarbeiter – in Profit-Centern beinhalten ein hohes intrinsisches Motivationspotenzial und liefern einen positiven Beitrag zur Arbeitszufriedenheit sowie einen Anreiz zum unternehmerischen Handeln (vgl. *Bühner* 1993, Sp. 1615). Mit der Übertragung der Führungsverantwortung für eine „quasi selbstständige Unternehmung" ist die Erwartung verbunden, dass sich die Profit-Center-Führungskräfte zu internen Unternehmern, sog. *Intrapreneuren* (vgl. *Steinle/Draeger* 2002) entwickeln und ein verstärktes Verantwortungsgefühl, ausgeprägteres Gewinnbewusstsein sowie eine erhöhte Kunden- und Innovationsorientierung zeigen (vgl. *Frese* 2000, S. 208 ff.). Extrinsische Anreizimpulse gehen insbesondere von den vielfach in Profit-Centern eingesetzten leistungsgerechten Entlohnungssystemen (vgl. *Schultheiss* 1990, S. 12) sowie dem „spürbaren" Belohnungs- und Sanktionsmechanismus des Marktes aus.

Profit-Center werden oftmals als Reaktion auf eine durch Wachstum und Umfelddynamik induzierte Unternehmungskomplexität und der damit verbundenen Steuerungsproblematik eingeführt (vgl. *Wolf* 1985, S. 33). Nach Welge stellen Profit-Center-Konzeptionen eine viel versprechende strukturelle Koordinationsmaßnahme dar, welche aufgrund der durch Delegation und Dezentralisation weitestgehend realisierten Reduktion von sequenziellen und reziproken horizontalen Abhängigkeiten zu einer Verringerung der Steuerungseinflussnahme durch die Unternehmungsleitung beiträgt (vgl. *Welge* 1975, Sp. 3181) und diese dadurch von operativen Tätigkeiten entlastet.

IV. Problemfelder des Profit-Center-Konzepts

Die von Profit-Centern ausgehenden Problemfelder sind sehr stark mit der Zielsetzung dieses Konzepts verbunden. Beispielsweise kann der unter Motivationsgesichtspunkten positiv bewertete Anreiz zum unternehmerischen Handeln und die damit verbundene Ergebnisorientierung eine derartige Eigendynamik entfalten, dass Abschottungstendenzen der Center festzustellen sind und *Bereichsegoismen* entstehen (vgl. z.B. *Frese* 2000, S. 210). Diese Entwicklung führt vielfach dazu, dass Profit-Center-Führungskräfte Entscheidungen zu Lasten anderer Center oder mit suboptimalen Konsequenzen für die Erreichung der Gesamtunternehmungs- bzw. Konzernziele treffen und durchsetzen (vgl. *Bleicher* 1991, S. 697). Des Weiteren besteht die Gefahr einer einseitigen und kurzfristigen Ausrichtung der Profit-Center auf Gewinn- und Renditegrößen unter Vernachlässigung der Sicherung einer nachhaltigen und langfristigen Center-Existenz durch z.B. Investitionen in Forschungs- und Entwicklungsprojekte oder den Aufbau und die Pflege von Kernkompetenzen (vgl. *Botta* 1997, S. 232).

Mit der Segmentierung der Unternehmung in Profit-Center ist aus Steuerungsgesichtspunkten insbesondere das Ziel einer erhöhten Schlagkraft auf den jeweiligen Teilmärkten sowie verbesserten Beherrschung der Unternehmungskomplexität angestrebt. Eine Dezentralisation von Entscheidungen und Verantwortungen erzeugt allerdings ihrerseits zentralen Koordinationsbedarf (vgl. *Schweitzer* 1992, Sp. 2083 f.). Dieser resultiert zum einem daraus, dass sich die Profit-Center trotz intendierter Autonomie vielfach in einem netzwerkartigen Geflecht mit den Zentralbereichen und anderen Centern befinden, aus denen sich unterschiedliche abstimmungsrelevante Kunden-Lieferanten-Beziehungen ergeben (vgl. *Eversheim/Güthenke* 1999, S. 22) sowie zum anderen aus den Grenzen der Selbstorganisation und -steuerung (→ *Selbstorganisation*). Frese bezweifelt, dass die einzelnen Profit-Center ohne zentrale Koordination etwaige Synergiepotenziale auf Gesamtunternehmungsebene erkennen und diese effizient ausschöpfen sowie dass die einzelnen Profit-Center die generelle Bereitschaft und Fähigkeit zur kritisch distanzierten Reflexion ihrer Handlungen besitzen (*Frese* 2000, S. 212).

V. Koordination der Profit-Center

Mit Blick auf die dargestellten Problemfelder erhebt sich die Forderung nach einer zentralen koordinierenden Einflussnahme auf die einzelnen Profit-Center (→ *Koordination und Integration*). Zur Überwindung der einseitigen Orientierung an finanzwirtschaftlichen Kennziffern plädieren einige Autoren für den Einbezug nicht-monetärer Größen in die Center-Koordination (vgl. z.B. *Schweitzer* 1992, Sp. 2084).

Als ganzheitliches Führungssystem für Profit-Center, welches die geforderte Perspektivenerweiterung vornimmt, bietet sich z.B. die Balanced Scorecard an (vgl. nachfolgend insb. *Preißner* 2002, S. 133 ff. sowie zum Basiskonzept *Kaplan/Norton* 1997). Ausgehend von der Unternehmungsvision und Gesamtzielsetzung, hilft die Balanced Scorecard zum einem bei der Formulierung von an der Unternehmungsstrategie ausgerichteten Zielen für die einzelnen Profit-Center und unterstützt dementsprechend eine konsistente Umsetzung von Strategie in operative Handlungen. Zum anderen setzt sie monetäre und nicht-monetäre Größen in eine kausale Beziehung und sucht so nach den Ursachen von Profit-Center-Erfolgen. Durch die Kundenperspektive wird z.B. die Ergebnisrelevanz von Größen wie Kundenzufriedenheit oder Kundenrentabilität mit berücksichtigt. Die Prozessperspektive ermöglicht eine verbesserte Koordination von horizontalen oder vertikalen Inter-Center-Beziehungen, indem z.B. bestimmte Prozesszeiten oder -kosten vereinbart werden. Über die Lern- und Entwicklungsperspektive wird einerseits den Mitarbeitern als gewichtiger Erfolgsfaktor ein wesentlich größerer Stellenwert zugeordnet und zum anderen die intendierte Motivationswirkung über Kenngrößen wie Mitarbeiterzufriedenheit oder Mitarbeitermotivation messbar gemacht.

Zur Festlegung der jeweiligen Kennziffern bietet sich ein Zielvereinbarungsprozess (→ *Management by Objectives*) auf Basis eines Gegenstromverfahrens an. Dieser Abstimmungsprozess wird i.d.R. zwischen dem zentralen und dezentralen Controlling vorgenommen. Dem zentralen Controlling kommt darüber hinaus die Koordination etwaiger Inter-Scorecard-Beziehungen sowie die Gesamtabstimmung der einzelnen Scorecards mit der Unternehmungsgesamt-Scorecard zu.

VI. Praxisverbreitung und Praxisbeispiele

Ein Blick in die Praxis zeigt vielfältige Ausprägungsformen und Anwendungsbeispiele des Profit-Center-Konzepts. Neben der „klassischen" Profit-Center-Bildung nach Sparten lassen sich Unterteilungen nach den Gliederungsmerkmalen Regionen (→ *Regionalorganisation*), Kunden (Key Accounts), Projekten, Kernkompetenzen oder Funktionen identifizieren. Nachdem Profit-Center-Strukturen primär in diversifizierten Großindustrieunternehmungen eingeführt worden sind, finden diese sich heute vermehrt auch in mittelständischen Betrieben sowie im Dienstleistungssektor.

Nachstehende Entwicklungstrends zeichnen sich zur Zeit in der Praxis bei der Einführung von Profit-Center-Strukturen ab (vgl. hierzu insb. *Preißner* 2002, S. 37 ff.):

- Profit-Center als Ansatz zur effektiven und effizienten Steuerung komplexer Wertschöpfungsketten.
- Profit-Center zur Durchsetzung von Markt-, Kunden- und Kostenorientierung in Funktionsbereichen ohne direkten Marktzugang, wie z.B. Personalabteilungen.
- Profit-Center als Vorbereitung eines Spin-Offs (Ziel: Simulation der Selbstständigkeit) oder als Alternative dazu.
- Profit-Center zur Einbindung akquirierter Unternehmungen in den betrieblichen Wertschöpfungsprozess.

- Profit-Center als Möglichkeit der Vorbereitung bestimmter Mitarbeiter auf die Nachfolge von Unternehmungsgründern im Mittelstand.
- Profit-Center als Gestaltungsoption für → *Non-Profit-Organisationen* wie z.B. Krankenhäuser (vgl. *Dahlgaard/Jung/Schelter* 2000)

VII. Würdigung und Ausblick

Zwar war das Profit-Center-Konzept im historischen Verlauf der allgemeinen wellenförmigen Favorisierung von zentralen und dezentralen Steuerungsansätzen und entsprechenden Umwertungen ausgesetzt, die hohe Praxisverbreitung zeigt jedoch, dass es sich um mehr als nur einen kurzfristigen Trend im Zuge der „Divisionalisierungswelle" gehandelt hat. Die Grundgedanken dieses Konzepts finden sich heute in vielen „modernen" dezentralen Organisationsformen, wie z.B. Netzwerken (→ *Netzwerke*), Holdingstrukturen (→ *Holding*) oder fraktalen Organisationen (vgl. *Schulte-Zurhausen* 2002, S. 277) wieder.

Die Profit-Center können dazu beitragen, dass sich Führungskräfte und Mitarbeiter zu kundenorientierten Intrapreneuren entwickeln und die Komplexität der Gesamtunternehmung bzw. des Konzerns beherrschbarer wird. Bereichübergreifende Koordinationsmaßnahmen müssen jedoch sicherstellen, dass die konzeptimmanenten Problemfelder diesen Zielwirkungen nicht entgegen stehen. Insofern es gelingt, durch ein modernes „Führungssystem" das Bereichsdenken in den Profit-Centern abzuschwächen und die einzelnen Center auf ein gemeinsames Ziel auszurichten, stellt dieses organisatorische Gestaltungskonzept auch zukünftig einen viel versprechenden Ansatz zur Begegnung der dynamischen und komplexen Herausforderungen im Wettbewerb dar.

Literatur

Bleicher, Knut: Organisation: Strategien – Strukturen – Kulturen, 2. A., Wiesbaden 1991.
Botta, Volkmar: Vom Cost-Center zum Profit-Center, in: Organisation und Steuerung dezentraler Unternehmenseinheiten: Konzepte – Instrumente – Erfahrungsberichte, hrsg. v. *Roth, Armin/Behme, Wolfgang*, Wiesbaden 1997, S. 221–237.
Bühner, Rolf: Profit Center, in: HWR, hrsg. v. *Chmielewicz, Klaus/Schweitzer, Marcell*, 3. A., Stuttgart 1993, Sp. 1612–1621.
Dahlgaard, Knut/Jung, Kalle/Schelter, Wolfgang: Profit-Center-Strukturen im Krankenhaus: Potentiale, Risiken und (Neben-)Wirkungen, Frankfurt am Main 2000.
Eversheim, Walter/Güthenke, Gunnar: Defizite von Center-Konzeptionen für produzierende Unternehmen, in: io Management Zeitschrift, Jg. 68, H. 9/1999, S. 18–23.
Frese, Erich: Grundlagen der Organisation: Konzept – Prinzipien – Strukturen, 8. A., Wiesbaden 2000.
Frese, Erich: Profit Center – Motivation durch internen Marktdruck, in: Kreative Unternehmen: Spitzenleistungen durch Produkt- und Prozessinnovation, hrsg. v. *Reichwald, Ralf/Wildemann, Horst*, Stuttgart 1995, S. 77–93.
Kaplan, Robert S./Norton, David P.: Balanced Scorecard: Strategien erfolgreich umsetzen, Stuttgart 1997.
Krüger, Wilfried: Organisation der Unternehmung, 3. A., Stuttgart et al. 1994.
Poensgen, Otto H.: Profit Center, in: HWR, hrsg. v. *Kosiol, Erich/Chmielewicz, Klaus/Schweitzer, Marcell*, 2. A., Stuttgart 1981, Sp. 1378–1388.
Preißner, Andreas: Profit Center managen: Transparenz schaffen – Erfolg steigern – Mitarbeiter motivieren, München et al. 2002.
Schmalenbach, Eugen: Über Verrechnungspreise, in: Zeitschrift für handelswissenschaftliche Forschung, Jg. 3, 1908/1909, S. 165–185.
Schulte-Zurhausen, Manfred: Organisation, 3. A., München 2002.
Schultheiss, Luc: Auswirkungen der Profit-Center-Organisation auf die Ausgestaltung des Controlling, Bamberg 1990.
Schweitzer, Marcell: Profit-Center, in: HWO, hrsg. v. *Frese, Erich*, 3. A., Stuttgart 1992, Sp. 2078–2089.
Steinle, Claus/Draeger, Anne: Intrapreneurship: Begriff, Ansätze und Ausblick, in: WiSt, Jg. 31, 2002, S. 264–271.
Welge, Martin: Profit Center, in: HWB, hrsg. v. *Grochla, Erwin/Wittmann, Waldemar*, 4. A., Stuttgart 1975, Sp. 3179–3188.
Wolf, Martin: Erfahrungen mit der Profit-Center-Organisation, Frankfurt am Main et al. 1985.

Projektmanagement

Rainer Marr/Karin Steiner

[s.a.: Arbeitsteilung und Spezialisierung; Aufgabenanalyse; Delegation (Zentralisation und Dezentralisation); Gruppen und Gruppenarbeit; Innovationsmanagement; Koordination und Integration; Matrix-Organisation; Organisationsmethoden und -techniken; Planung; Prozessorganisation; Teamorganisation; Ziele und Zielkonflikte.]

I. Begriffsübersicht; II. Phasenmodell des Projektmanagements; III. Methoden und Techniken des Projektmanagements; IV. Organisatorische Rahmenbedingungen; V. Perspektive.

Zusammenfassung

Projekte als eigenständiger Aufgabentyp mit besonderen Merkmalen gewinnen in Organisationen zunehmend an Bedeutung. Ein wesentlicher Erfolgsfaktor für komplexe Problemlösungsprozesse ist ein systematisches Projektmanagement. Zentraler Betrachtungspunkt dieses Beitrags ist die inhaltliche und prozessuale Darstellung eines Phasenmodells des Projektmanagements. Daneben werden die Einsatzmöglichkeiten professioneller Methoden und Techniken sowie die Gestaltung der Projektorganisation aus institutioneller Sicht betrachtet.

I. Begriffsübersicht

Aus historischer Sicht ist die Durchführung von Projekten durch geeignete Managementmethoden keine Erscheinung der Neuzeit, wie Beispiele verschiedener Epochen (z.B. Pyramidenbau, Chinesische Mauer, Panamakanal, aber auch die Aufstellung großer Kriegsflotten) zeigen. Eine systematische Entwicklung des Projektmanagements ging von den militärischen Zielsetzungen der USA während des 2. Weltkriegs aus. Projekte wie der Atombombenbau oder das Apollo-Programm erforderten neue Wege der Planung, Überwachung und Steuerung für komplexe, unter Zeitdruck zu bearbeitende Aufgaben mit einer Vielzahl unterschiedlichster Spezialisten. Die entwickelten Methoden wurden zu einem Managementkonzept verdichtet, welches sich neben der projektorientierten Bearbeitung von Einzelaufgaben vor allem in der Abwicklung größerer Bau- und Entwicklungsvorhaben und internationaler Kooperationen etablierte. Erst gegen Ende der 1970er Jahre setzte verstärkt auch eine systematische Betrachtung sog. „weicher" Faktoren des Projekterfolgs ein, wie z.B. Teamarbeit, Umgang mit Konflikten oder Widerstand gegen Wandel.

1. Projekt als eigenständiger Aufgabentyp

Laut DIN 69901 versteht man unter einem *Projekt* „ein Vorhaben, das im Wesentlichen durch die Einmaligkeit der Bedingungen in ihrer Gesamtheit gekennzeichnet ist, z.B. Zielvorgabe, zeitliche, finanzielle, personelle und andere Begrenzungen, Abgrenzung gegenüber anderen Vorhaben und projektspezifische Organisation". Hieraus ergeben sich die folgenden *Merkmale*:

- Vorhaben mit einer eindeutigen Aufgabenstellung und Zielsetzung,
- klarer zeitlicher Rahmen (Beginn und Abschluss stehen fest),
- arbeitsteilig unter Beteiligung verschiedener Personen oder Stellen (z.T. interdisziplinär),
- begrenzter Ressourceneinsatz,
- relative Neuartigkeit bzw. Einmaligkeit,
- dadurch häufig mit der Herausforderung verbunden, besondere oder innovative Lösungen zu finden,
- häufig umfangreich und komplex.

Kriterien zur *Unterscheidung von Projekten* umfassen deren inhaltliche Zielsetzungen (z.B. Forschung und Entwicklung, Reorganisation, Veranstaltungen), die Projektgröße (Anzahl Mitarbeiter, Budget), die Projektdauer, die Auftraggeber (unternehmensintern/-extern, ein oder mehrere Auftraggeber), die notwendige Kooperationsform (eine oder mehrere Organisationseinheiten, national/international) sowie die Häufigkeit der Aufgabenstellung (einmalig/repetitiv). Aufgrund des besonderen Charakters der Aufgabenstellungen ist das Erreichen der Projektziele häufig mit Risiken behaftet, die ein systematisches *Projektmanagement* erfordern.

2. Projektmanagement als Management von Problemlösungsprozessen

Projektmanagement ist in der DIN 66901 definiert als die „Gesamtheit von Führungsaufgaben, -organisation, -techniken, und -mittel für die Abwicklung eines Projektes". Als Managementfunktion oder Führungskonzept steht Projektmanagement damit als Oberbegriff für alle willensbildenden und -durchsetzenden Aktivitäten im Zusammenhang mit der Bearbeitung von Projekten. Im Vordergrund steht inhaltlich nicht das zu lösende Problem selbst, sondern das *Management* des Problemlösungsprozesses, wobei es unterschiedliche Betrachtungsebenen gibt (*Haberfellner* 1992):

- Aus funktionaler Sicht steht die prozessuale und strukturierende Gestaltung des Projekts im Vordergrund, die mit Hilfe eines *Phasenmodells des Projektmanagements* abgebildet werden kann.
- Die instrumentelle Dimension umfasst den Einsatz geeigneter *Methoden und Techniken* bei der Durchführung von Projekten.
- Die institutionale Betrachtung hat die *organisatorischen Rahmenbedingungen* zum Inhalt und beschäftigt sich z.B. mit der Organisationsform, der Konfiguration des Projektteams sowie der Einbindung von Entscheidungs- und Kontrollinstanzen.

Im deutschen Sprachraum wird häufig zwischen einem operativen und einem strategischen Projektmanagement unterschieden (vgl. *Schelle* 2002). Im Zentrum des *operativen* Projektmanagements steht die Aufgabe, das projektbezogene Zielsystem (Termin, Kosten, Funktion und Qualität, Zufriedenheit der Projektstakeholder) durch geeignete Methoden und Techniken adäquat zu realisieren. Bezugspunkt des *strategischen* Projektmanagements ist die Auswahl der „richtigen" Projekte, d.h. der Vorhaben mit dem voraussichtlich größten Beitrag zur Erreichung der Organisationsziele (in der Praxis vor allem bei größeren internen Projekten). Neben der Betrachtung von Einzelprojekten sind auch das Management von *Projektportfolios*, *Multiprojektorganisationen* und *projektorientierten Unternehmen*, die sich in Strategien und Strukturen an einer kontinuierlichen Projektarbeit orientieren, Gegenstände des Projektmanagements (vgl. z.B. *Rickert* 1995; *Lomnitz* 2001; *Patzak/Rattay* 1998).

II. Phasenmodell des Projektmanagements

Eine in der Praxis bewährte Vorgehensweise des Projektmanagements ist die Strukturierung mit Hilfe eines Phasenmodells, welches das Gesamtvorhaben

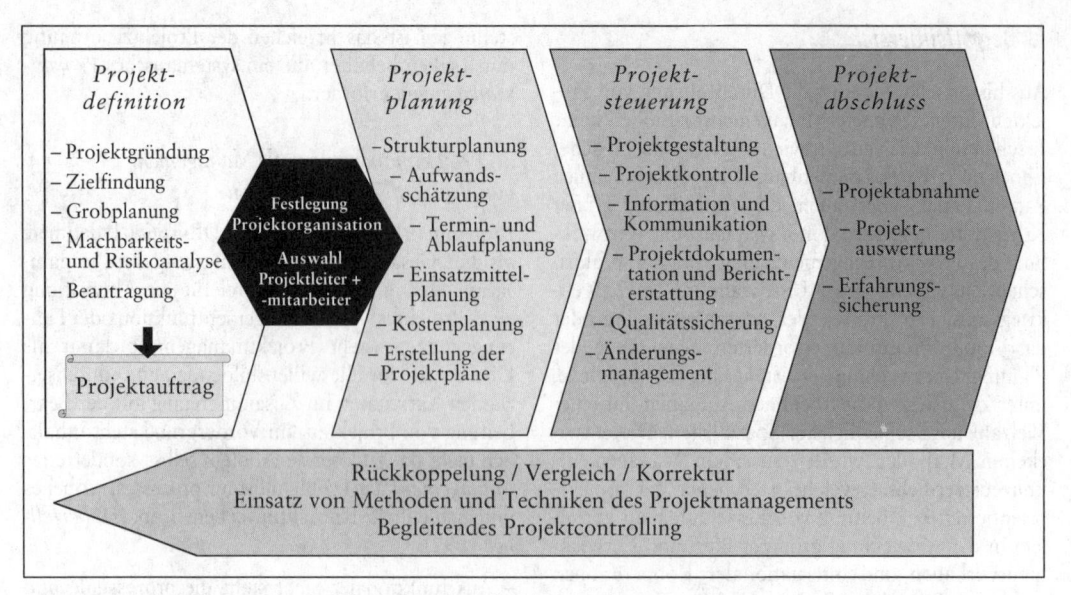

Abb. 1: Phasenmodell des Projektmanagements

in am Lebenszyklus des Projekts orientierte Abschnitte gliedert, die zeitlich sequenziell oder parallel zu bearbeiten sind (vgl. Abb. 1).

1. Projektdefinition

Ausgehend von einer Projektinitiative ist das vorrangige Ziel dieser konzeptionellen Phase die Entwicklung eines konkreten Projektauftrags sowie die Bestimmung von Projektorganisation, Projektleiter und -mitarbeitern.

- *Projektgründung*: Analyse der Projektentstehung (Initiierung, Anlass) und des Projektumfelds (Situationsanalyse, Stakeholderanalyse), Konzeptbewertung (Überprüfung der Vereinbarkeit mit den strategischen Unternehmenszielen);
- *Zielfindung und -definition*: Klärung der Projektidee, Analyse der Ist-Situation (Stärken-Schwächen) und der Einflussfaktoren, Festlegung der erforderlichen Bestandteile und Eigenschaften des Projektergebnisses (Ergebnisziele, Anforderungskatalog), Definition von Verfahrens- oder Prozesszielen, Bewertung und Priorisierung der Ziele, ggf. Bestimmung von Änderungsverfahren (→ *Ziele und Zielkonflikte*);
- *Grobplanung*: Festlegung des Leistungsumfangs des Projekts, Zerlegung des Gesamtprojekts in Teilprojekte und Aufgabenpakete, Analyse des geplanten Projektablaufs (Projektphasen, Meilensteine), Überlegungen zur zeitlichen, kostenmäßigen und organisatorischen Abgrenzung des Projekts;
- *Machbarkeits- und Risikoanalyse*: Analyse und Bewertung der spezifischen Erfolgsfaktoren (z.B. vorhandenes Know-how, Erfahrung im Projektmanagement, Beziehungen zum Projektumfeld) und der potenziellen Risiken (Art der Risiken, Wahrscheinlichkeit ihres Eintretens, potenzielle Schadenshöhe etc.), Wirtschaftlichkeitsanalysen und Rentabilitätsrechnungen;
- *Beantragung, Prüfung, Beauftragung*: Zusammenfassung der Ergebnisse der Projektdefinition, Prüfung und Genehmigung (evtl. unter Einbeziehung der Fachabteilungen, des Qualitätsmanagements und des Controllings), offizielle Beauftragung und Ernennung des Projektleiters.

Den *formellen Abschluss der Projektdefinitionsphase* bilden zwei wichtige Dokumente, das Lastenheft (Projektauftrag) und das Pflichtenheft. Das *Lastenheft* beschreibt nach DIN 69905 die „Gesamtheit der Anforderungen des Auftraggebers an die Lieferungen und Leistungen eines Auftragnehmers" und damit Inhalt und Zweck des Projekts. Dagegen enthält das *Pflichtenheft* die „vom Auftragnehmer erarbeiteten Realisierungsvorgaben aufgrund der Umsetzung des Lastenheftes" (DIN 69905) und legt fest, wie die Forderungen zu verwirklichen sind.

2. Projektplanung

Der genehmigte Projektauftrag und die Festlegung der Projektorganisation sind Auslöser für die zweite Hauptphase des Projektmanagements (→ *Planung*):

- *Strukturplanung*: inhaltliche, aufgabenmäßige und kaufmännische Strukturierung des Projekts anhand des Anforderungskatalogs; zentrales Instrument hierfür ist der Projektstrukturplan (PSP);
- *Aufwandsschätzung*: Ermittlung von voraussichtlichem Zeit- und Kostenaufwand anhand von Erfahrungswerten, Expertenbefragungen bzw. dem Einsatz von Aufwandsschätzverfahren;

- *Termin- und Ablaufplanung*: Festlegung der Anordnungen der einzelnen Arbeitspakete bzw. Teilaufgaben. Für die Ablaufplanung (Bestimmung der logischen und zeitlichen Anordnung und Vernetzung der Aufgabenelemente) sowie die Fristen- und Terminplanung gibt es je nach Informationsbedarf verschiedene Darstellungsformen (Terminliste, Balkenplan, Netzplan);
- *Einsatzmittelplanung*: Bestimmung des erforderlichen Bedarfs an Personal sowie Betriebs- und Sachmitteln im Zeitablauf und unter Zuordnung zu den Arbeitspaketen (Bedarfsfeststellung je Engpassressource, Analyse der Verfügbarkeit dieser Ressourcen und Einsatzmitteloptimierung hinsichtlich der gegebenen Verfügbarkeiten);
- *Kostenplanung*: Ermittlung der Kostensätze für die erforderlichen Leistungen und Ressourcen auf Basis einer klaren Gliederung der Kostenarten und -elemente (globale oder analytische Schätzverfahren). Ziel ist neben der Bestimmung des Produktpreises bzw. des benötigten Projektbudgets die Ermittlung von Plankosten als Grundlage für das Projektcontrolling;
- *Erstellung der Projektpläne*: Zusammenfassung und Abstimmung der Ergebnisse der Planungsphase in entsprechenden Projektplänen (Organisationspläne, Strukturierungs- und Ablaufpläne, Termin-, Aufwands- und Kostenpläne), ggf. unter Einsatz von Projektmanagement-Softwareprogrammen.

3. Projektsteuerung

In der Phase der Projektsteuerung wird der Ist-Verlauf des Projekts mit den Planungsvorgaben abgeglichen. Ziel ist eine zeitlich schnelle Reaktion bei Projektstörungen (Vermeidung von Informations-, Entscheidungs- und/oder Aktivierungsverzögerungen).

- *Projektgestaltung*: kontinuierliche Anpassung bestehender bzw. Entwicklung neuer Strukturen und Abläufe durch die Gestaltung der Projektorganisation (z.B. Schnittstellen, Aufgabenverteilung, Koordination) und der Projektteamarbeit (z.B. Führung von Projektteams, Teamkultur, Problemlösungs- und Bewertungsmethoden); aktive Gestaltung des Projektumfelds durch Projektmarketing;
- *Projektkontrolle*: frühzeitiges Erkennen von Planabweichungen und Abweichungstendenzen durch eine begleitende Termin-, Sachfortschritts- sowie Aufwands- und Kostenkontrolle in einem regelmäßigen Beobachtungsturnus (→ *Kontrolle*);
- *Information und Kommunikation*: Festlegung und Steuerung von Informationsflüssen und -inhalten; Bestimmung von Adressaten und Anlässen für Informationen sowie des Einsatzes von Informationsmitteln und -medien; Abstimmung mit projektbegleitenden Gremien (Planungs-, Beratungs-, Steuerungs- und Entscheidungsgremien, vgl. z.B. Seidel 1992);
- *Projektdokumentation und -berichterstattung*: Absicherung der Projektkontrolle durch eine systematische und durchgängige Projektdokumentation, häufig mittels einer formellen Dokumentationsordnung (Projektakte, Projekttagebuch etc.);
- *Qualitätssicherung*: projektbegleitende *Qualitätssicherung* (Qualitätsplanung, -lenkung und -prüfung) sowie Maßnahmen zur Fehlerverhütung und Zuverlässigkeitsbetrachtungen (→ *Qualitätsmanagement*);
- *Änderungs- und Konfigurationsmanagement*: Berücksichtigung der Gründe und Wirkungen von Änderungen sowie Verwaltung der einzelnen Konfigurationsobjekte hinsichtlich ihrer Konsistenz in den jeweiligen Reifezuständen.

4. Projektabschluss

Die Projektabschlussphase umfasst drei Schritte: die Projekt- oder Produktabnahme durch den Auftraggeber, die Projektabschlussanalyse mit einer Betrachtung der Abweichungen bzgl. der Termine, Kosten, Leistungs- und Qualitätsmerkmale und deren Ursachen sowie die Erfahrungssicherung. Vor allem die umfassende Analyse der Ergebnisse und deren Einflussfaktoren, die Auswertung und Dokumentation der gesammelten Erfahrungen sowie die Befragung von Auftraggeber und Projektmitarbeitern bezüglich ihrer Zufriedenheit mit der Projektabwicklung sind wichtige Bausteine des organisationalen Lernens (→ *Lernen, organisationales*) und des Aufbaus von → *Organisationskapital*.

III. Methoden und Techniken des Projektmanagements

Die Methoden und Techniken des Projektmanagements bilden das Instrumentarium zur internen Planung, Steuerung und Kontrolle des Projekts. Daneben gibt es Instrumente der Projektdokumentation, der Projektinformation sowie der Kooperation (→ *Organisationsmethoden und -techniken*).

1. Projektstrukturplanung

Neben der Definition und Bewertung der Projektziele ist die Projektstrukturplanung das zentrale Element des Projektmanagements. Ziel ist eine Reduktion von Komplexität (→ *Komplexitätsmanagement*) durch die Zerlegung der Gesamtaufgabe in überschaubare, plan-, kontrollier- und steuerbare Strukturelemente (→ *Arbeitsteilung und Spezialisierung*). Das Ergebnis der Planung wird in einem *Projektstrukturplan* dargestellt (s. Abb. 2). Dazu wird das Projekt stufenweise hinsichtlich der Objekte (erwartetes Handlungsergebnis), der Teilaufgaben (zur Zielerreichung erforderliche Aufgaben und Aktivitäten) oder der beteiligten Funktionsbereiche differenziert, wobei meist kombinierte Darstellungsformen vor-

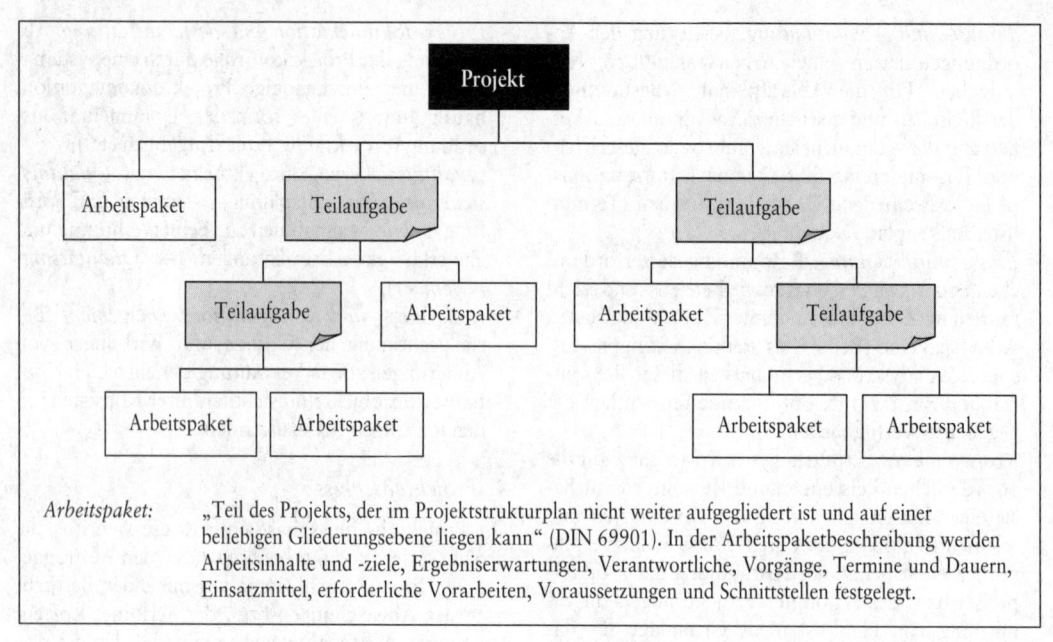

Arbeitspaket: „Teil des Projekts, der im Projektstrukturplan nicht weiter aufgegliedert ist und auf einer beliebigen Gliederungsebene liegen kann" (DIN 69901). In der Arbeitspaketbeschreibung werden Arbeitsinhalte und -ziele, Ergebniserwartungen, Verantwortliche, Vorgänge, Termine und Dauern, Einsatzmittel, erforderliche Vorarbeiten, Voraussetzungen und Schnittstellen festgelegt.

Abb. 2: Projektstrukturplan und Arbeitspakete nach DIN 69901

herrschen. Für die *Strukturierung* stehen die Zerlegungsmethode (Aufspaltung der Projektaufgaben top down in einzelne Arbeitspakete) oder die Zusammensetzungsmethode (Aggregation der Einzelaspekte bottom up) sowie Mischformen zur Verfügung. Für bestimmte Projektarten, wie z.B. Softwareentwicklung oder Organisationsprojekte, gibt es modifizierbare *Standardprojektstrukturpläne*.

2. Projektablaufplanung

Aufbauend auf der Festlegung des Projektinhalts (Menge und Struktur der zu erledigenden Arbeitspakete) ermittelt die Projektablaufplanung die logische und zeitliche Anordnung der Aufgaben. Zur Gestaltung von Abläufen müssen deren zentrale Bestandteile betrachtet werden (vgl. Abb. 3).

Je nach Informationsbedarf stehen verschiedene Planungstools zur Verfügung, die von einem einfachen *Geschwindigkeitsdiagramm* (Liste der Arbeitspakete und ihres Leistungsfortschritts) über den *Balkenplan* (zusätzliche Darstellung der Start- und Endtermine) bis hin zu einem umfassenden *Netzplan* reichen (grafische Darstellung der Ablaufbeziehungen zwischen Vorgängen oder Ereignissen). Nach erfolgter Terminberechnung zeigt der Netzplan die Anfangs- und Endtermine der Arbeitspakete, deren zeitliche Dauer sowie den „kritischen Weg" und die Pufferzeiten.

3. Projektcontrolling

Das *Projektcontrolling* umfasst die Planung, Steuerung und Kontrolle von Projektvorhaben (→ *Controlling*). Zu den *Instrumenten* zählen z.B. die Meilenstein-Trendanalyse (Soll-Ist-Vergleich), die Projektdeckungsrechnung (Gegenüberstellung von Projektkosten und kalkulatorischen Rückflüssen) oder die Break-even-time-Analyse (dynamisierte Form der Projektdeckungsrechnung). Sowohl für das laufende Projektcontrolling als auch für die Analyse abgeschlossener und die Planung neuer Projekte gibt es eine Reihe von *Kennzahlen* (z.B. Termintreue oder Anzahl von Änderungen der Leistungsspezifikation) und Kennzahlensystemen, die vor allem für die „Lessons learned"-Konzepte des Wissensmanagements von Bedeutung sind (→ *Wissensmanagement*).

4. Projektrisikoanalyse

Im Rahmen einer vorausschauenden *Projektrisikoanalyse* erfolgt neben den aktuellen Soll-Ist-Vergleichen die Identifizierung und Bewertung von möglichen Zeit-, Kosten- und Leistungsabweichungen in einem Soll-Wird-Vergleich. Zu den wichtigsten Risikoarten zählen Planungsrisiken (z.B. unklare Zielvorgaben, unvollständiges Pflichtenheft), Umsetzungsrisiken (z.B. ungenügende interne Absprachen, Ressourcenengpässe) und Umfeldrisiken (z.B. technologische Änderungen, Widerstand von Stakeholdern), die durch geeignete Maßnahmen einer Risikovorsorge (→ *Risikomanagement und Interne Revision*) zu steuern sind. In der Praxis werden dazu umfangreiche, z.T. standardisierte Checklisten (z.B. Anlagenbau, Softwareprojekte) verwendet.

IV. Organisatorische Rahmenbedingungen

Die *Projektorganisation* umfasst nach DIN 69901 die „Gesamtheit der Organisationseinheiten und der

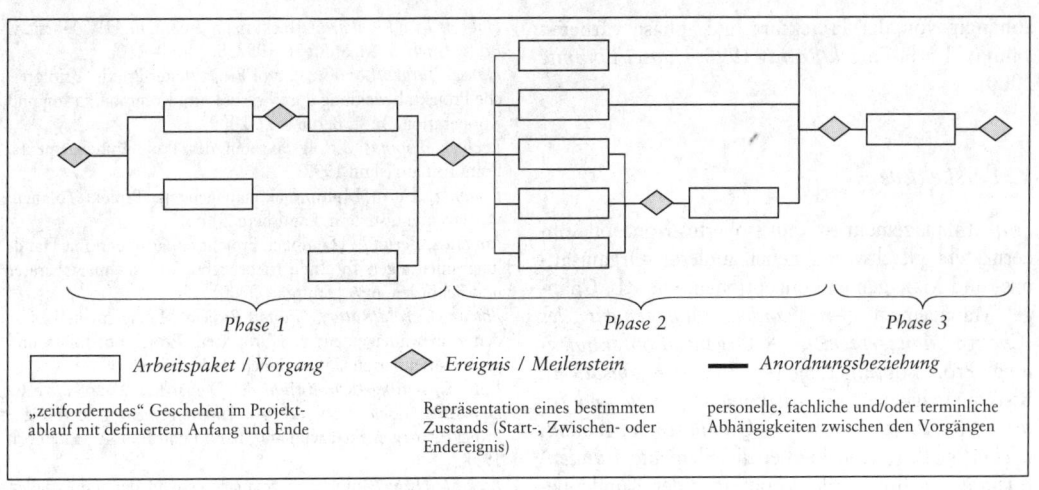

Abb. 3: Elemente der Ablaufplanung

aufbau- und ablauforganisatorischen Regelungen zur Abwicklung eines bestimmten Projektes". Ferner besteht sie „aus den Bestandteilen der vorhandenen Betriebsorganisation und ergänzenden projektspezifischen Regelungen".

Zur Abwicklung komplexer Vorhaben, die aufeinander abzustimmende Einzelaktivitäten umfassen und an denen verschiedene Fachinstanzen beteiligt sind, ist die funktionale Stab-Linienorganisation häufig nicht ausreichend geeignet. Zur *strukturellen Eingliederung der Projektaufgaben* in die Organisation lassen sich idealtypisch drei Formen unterscheiden, die meist in Abwandlungen oder Mischformen realisiert werden (vgl. *Burghardt* 2002; *Frese* 1980; *Grün* 1992):

Art der Projektorganisation	Merkmale
Reine Projektorganisation	Zeitlich befristete Schaffung eigener Organisationseinheiten (task forces) ausschließlich für die Projektbearbeitung; ein Projektleiter mit Linienautorität trägt die Gesamtverantwortung und verfügt über volle Weisungs- und Entscheidungsbefugnis; der Projektbereich verfügt über eigene personelle und sachliche Ressourcen und kann ggf. horizontal und vertikal untergliedert werden.
Einfluss-Projektorganisation oder Projektorganisation mit Stäben	Die Projektarbeit erfolgt in den verschiedenen Bereichen und wird durch einen Projektverantwortlichen (häufig in Stabsfunktion) koordiniert und gelenkt; wichtige Projektentscheidungen sind übergeordneten Instanzen vorbehalten; Ressourcenautonomie und Verselbstständigung sind schwach ausgeprägt; i.d.R. keine interne Strukturierung.
Matrix-Projektorganisation	Die Projektmitarbeiter stammen aus unterschiedlichen Organisationseinheiten und werden temporär zu einer Projektgruppe zusammengefasst; projektbezogene Kompetenzen und Verantwortung liegen beim Projektleiter; funktionsbezogene Anweisungen und disziplinarische Weisungsbefugnis bleiben bei den Linieninstanzen (Fachabteilungen); durch Überschneidung projekt- und fachbereichsbezogener Kompetenzen entsteht eine zweidimensionale Matrix.

Tab. 1: Projektorganisationsstrukturen

Neben der Organisationsform bildet die *Personalarbeit in Projekten* einen zweiten Schwerpunkt mit folgenden Elementen: Zusammensetzung der Projektteams, Personalbedarfsplanung und -optimierung, Führung des Projektteams sowie projektbezogene Kommunikation und Zusammenarbeit mit den Projektstakeholdern (*Gareis/Titscher* 1992).

Der *Projektleiter* ist nach DIN 69901 für die „Planung, Steuerung und Überwachung des Projektes verantwortlich". Im Rahmen seines Handlungsspielraums trägt er damit Verantwortung für das Erreichen des Projektziels innerhalb des Kosten- und Terminrahmens bei Erfüllung von gefordertem Leistungsumfang und Qualität. Daneben übernimmt er Führungs- und Organisationsaufgaben, wie Planung und Anpassung der Projektorganisation, Steuerung der Teamprozesse, Lenkung der Projektmitarbeiter sowie Information und Dokumentation. Empirische Befunde bestätigen, dass vor allem das Ausmaß der Befugnisse des Projektleiters großen Einfluss auf den gesamten Projekterfolg hat (vgl. *Gemünden/Högl* 2001).

Für die *Auswahl der Projektmitarbeiter* sind vor allem die Kriterien zeitliche Verfügbarkeit (Absprache bezüglich Intensität, Umfang und zeitlicher Einteilung der Mitarbeit) und Qualifikation (Anforderungsprofile, notwendiges Training und Weiterbildung) relevant. Häufig stößt in der Praxis die *Einführung von Projektmanagement* aufgrund unterschwelliger Ängste vor einer Änderung der bisherigen Arbeitssituation (z.B. Unkenntnis, Verlust von Privilegien, Leistungskontrolle) auf Widerstände, denen durch ein gezieltes internes Marketing zu begegnen ist (vgl. *Wahl* 2001).

Projektstakeholder sind alle Personen, Gruppen und Institutionen, die am Projektinput, -output oder -ablauf interessiert sind (→ *Shareholder- und Stakeholder-Ansatz*). Dabei ist ein unterschiedliches Ausmaß der Mitwirkung zu berücksichtigen (Informationsinteresse, Berücksichtigung bei der Entscheidungsfindung, Mitarbeit, Mitentscheidung), welches abhängig von der Projektart und -phase variieren kann (vgl. z.B. *Patzak/Rattay* 1998; *Hansel/Lomnitz* 2000).

V. Perspektive

Projektmanagement ist kein isoliertes Konzept, sondern steht gleichwertig neben anderen Organisations- und Managementkonzeptionen, wie z.B. Change Management (→ *Wandel, Management des (Change Management)*), → *Organisationsentwicklung*, Prozessoptimierung (→ *Prozessorganisation*), Risikomanagement (→ *Risikomanagement und Interne Revision*) oder → *Qualitätsmanagement*. „Schnittstellen" sind hierbei die Elemente *Kundenorientierung* (im Vordergrund steht der Kundenbedarf und nicht das Produkt), *Prozessorientierung* (im Zentrum steht die Ablaufstruktur vor der funktionsorientierten Gliederung) sowie *Systemorientierung* (systematische Zerlegung und Zusammenfassung von Aufgaben und Verantwortung) (vgl. *Patzak/Rattay* 1998, S. 15).

Neben der wissenschaftlichen Auseinandersetzung mit den Erscheinungsformen, Ursachen und Wirkungen von Projektmanagement sowie den praktischen Gestaltungsempfehlungen, die den Gegenstand zahlreicher Veröffentlichungen und Ratgeber bilden, etabliert sich bezüglich der *Erfolgsfaktoren* des Projektmanagements ein empirisch-basierter Forschungsschwerpunkt (vgl. zusammenfassend *Lechler* 1997). An Bedeutung gewinnt dabei neben der Optimierung des Methodenspektrums vor allem die Betrachtung der Softfaktoren. Dazu kommen *neue Anwendungsbereiche*, wie das Multiprojektmanagement, eine Ausweitung des strategischen Projektmanagements, Projektbenchmarkingkonzepte (z.B. das Project-Excellence-Modell der Deutschen Gesellschaft für Projektmanagement), Projektmanagement zur Existenzgründung etc. Zeichen für eine zunehmende *Professionalisierung der Disziplin* sind die Zertifizierung von Projektmanagern sowie das Assessment von Projektmanagementsystemen in Organisationen.

Literatur

Burghardt, Manfred: Projektmanagement: Leitfaden für die Planung, Überwachung und Steuerung von Entwicklungsprojekten, 6. A., München 2002.
Frese, Erich: Projektorganisation, in: HWO, hrsg. v. *Grochla, Erwin*, 2. A., Stuttgart 1980, Sp. 1960–1974.
Gareis, Roland/Titscher, Stefan: Projektarbeit und Personalwesen, in: HWP, hrsg. v. *Gaugler, Eduard/Weber, Wolfgang*, 2. A., Stuttgart 1992, Sp. 1938–1953.
Gemünden, Hans Georg/Högl, Martin: Teamarbeit in innovativen Projekten: Eine kritische Bestandsaufnahme der empirischen Forschung. In: Management von Teams. Theoretische Konzepte und empirische Befunde, 2. A., Wiesbaden 2001, S. 1–31.
Grün, Oskar: Projektorganisation, in: HWO, hrsg. v. *Frese, Erich*, 3. A., Stuttgart 1992, Sp. 2102–2116.
Haberfellner, Reinhard: Projektmanagement, in: HWO, hrsg. v. *Frese, Erich*, 3. A., Stuttgart 1992, Sp. 2090–2102.
Hansel, Jürgen/Lomnitz, Gero: Projektleiter-Praxis: Erfolgreiche Projektabwicklung durch verbesserte Kommunikation und Kooperation, 3. A., Berlin et al. 2000.
Lechler, Thomas: Erfolgsfaktoren des Projektmanagements, Frankfurt am Main 1997.
Lomnitz, Gero: Multiprojektmanagement. Projekte planen, vernetzen und steuern, Landsberg 2001.
Madauss, Bernd J.: Handbuch Projektmanagement: mit Handlungsanleitungen für Industriebetriebe, Unternehmensberater und Behörden, 6. A., Stuttgart 2000.
Patzak, Gerold/Rattay, Günter: Projekt-Management: Leitfaden zum Management von Projekten, Projektportfolios und projektorientierten Unternehmen, 3. A., Wien 1998.
Rationalisierungs-Kuratorium der Deutschen Wirtschaft e.V./Deutsche Gesellschaft für Projektmanagement e.V. (Hrsg.): Projektmanagement-Fachmann, Band I und II, 4. A., Eschborn 1998.
Rickert, Dirk: Multi-Projektmanagement in der industriellen Forschung und Entwicklung, Landsberg 1995.
Schelle, Heinz: Operatives Projektmanagement / Strategisches Projektmanagement, in: Gabler Lexikon Technologiemanagement, hrsg. v. *Specht, Dieter/Möhrle, Martin*, Wiesbaden 2002, S. 265–270.
Schelle, Heinz: Projekte zum Erfolg führen, 3. A., München 2001.
Schelle, Heinz et al. (Hrsg.): Loseblattsammlung „Projekte erfolgreich managen", 3. A., Köln 1994 ff.
Seidel, Eberhard: Gremienorganisation, in: HWO, hrsg. v. *Frese, Erich*, 3. A., Stuttgart 1992, Sp. 714–724.
Wahl, Rudolf: Akzeptanzprobleme bei der Implementierung von Projektmanagementkonzepten in der Praxis, Frankfurt am Main et al. 2001.

Prozessorganisation

Michael Gaitanides

[s.a.: Aufbau- und Ablauforganisation; Informationstechnologie und Organisation; Organisatorische Gestaltung (Organization Design).]

I. Epistemologische Perspektiven der Prozessorganisation; II. Elemente des Prozessmodells; III. Phasen der Prozessgestaltung; IV. Interorganisationale Prozessorganisation.

Zusammenfassung

Der Beitrag befasst sich zunächst mit den unterschiedlichen Deutungsmöglichkeiten von Prozessorganisation. Sodann wird auf die konstituierenden Elemente des Prozesskonzepts eingegangen. Abschließend werden Instrumente und Phasen einer prozessorientierten Organisationsgestaltung behandelt und ein Bezug zu interorganisatorischen Aspekten der Prozessorganisation hergestellt.

	hierarchiebasierte Spezialisierung	prozessbasierte Integration	marktbasierte Dezentralisierung
Anreizintensität	-		+
autonome Anpassungsfähigkeit	-		+
kooperative Anpassungsfähigkeit	+		-
Governance-Vertrauen	+		-
Kosten der Nutzung	-		+
Produktionskosten	+		-

+ positiver Zusammenhang
- negativer Zusammenhang

Abb. 1: Effizienz alternativer Koordinationsformen

I. Epistemologische Perspektiven der Prozessorganisation

Was Prozessorganisation ist und was sie leisten soll, kann aus verschiedenen Blickwinkeln betrachtet werden. Vereinfachend lässt sich eine praxeologische, eine ökonomische und eine konstruktivistische Perspektive unterscheiden.

1. Prozessorganisation – die praxeologische Perspektive

Die „prozessorientierte Organisation" leitet sich danach aus der klassischen Ablauf- und Aufbauorganisation (→ *Aufbau- und Ablauforganisation*) ab (vgl. *Gaitanides* 1983). Ablauforganisation beinhaltet die Gestaltung der Arbeitsprozesse innerhalb gegebener Stellenaufgaben, die im Zuge der aufbauorganisatorischen Gestaltungsmaßnahmen entstanden sind. Der einer Stelle damit zugewiesene Arbeitsgang ist in einer Wertschöpfungskette mit Arbeitsgängen vor- und nachgelagerten Stellen verknüpft. „Prozessoptimierung" bedeutet danach vertikale, ggf. auch horizontale Abstimmung von Arbeitsgängen in mengenmäßiger und zeitlicher Hinsicht innerhalb einer gegebenen aufbaustrukturellen Logik.

Prozessorientierte Organisationsgestaltung folgt diesem Gestaltungsmuster. Das bedeutet, dass Arbeitsgänge und Arbeitsgangfolgen unabhängig von dem aufbauorganisatorischem Kontext zu entwerfen und Stellen erst auf der Basis integrierter Verrichtungskomplexe zu bilden sind. Anstelle der Logik „Ablauforganisation folgt Aufbauorganisation" gilt nun: „Aufbauorganisation folgt Ablauforganisation".

2. Prozessorganisation – die ökonomische Perspektive

Die ökonomische Perspektive des Prozesskonzepts besteht in der Anwendung der Transaktionskostentheorie auf die interne Organisation (vgl. *Williamson* 1985; *Theuvsen* 1997, S. 972 ff.). Zwischen Funktional- und Spartenstruktur gibt es hybride Strukturmuster, die das Verrichtungs- und Objektmodell miteinander verknüpfen. Tab. 1 verdeutlicht den Zusammenhang.

	Verrichtung	Prozess	Objekt
Koordinationsprobleme	hierarchiebasierte Spezialisierung	crossfunktionale Integration	marktbasierte Dezentralisierung
Koordinationsinstrumente	bürokratische Steuerung und Kontrolle	Prozessteams	Verrechnungspreise

Tab. 1: Alternative Segmentierungsmodelle und Koordinationsinstrumente

Den Segmentierungsalternativen lassen sich idealtypisch bestimmte Koordinationsinstrumente zuordnen, mit denen Transaktionen zwischen Organisationseinheiten abgewickelt werden sollen. Funktionale Spezialisierung korrespondiert mit hierarchischer Koordination, produkt- oder kundenorientierte Differenzierung mit internen Marktbeziehungen (Verrechnungspreissystemen).

Zur Koordination der crossfunktionalen Aktivitäten eines Prozesses, haben sich teamartige Kooperationsstrukturen als effiziente Abstimmungsinstrumente herausgebildet. Selbstabstimmung bezweckt – im Unterschied zur Arbeitsverteilung in der klassischen Ablauforganisation – immer auch einen integrierten Prozessvollzug.

Der Informations- und Leistungsaustausch zwischen den Prozessteams bzw. den Process Ownern wird durch langfristige Vereinbarungen (Service Level Agreements) abgestimmt. Die Schnittstellen zwischen Prozessen werden als Kunden-Lieferanten-Beziehungen definiert, Verrechnungspreise als Koordinationsinstrumente indessen eher selten genutzt. Vielmehr bietet sich „Inside Contracting" (*Williamson* 1985, S. 68 ff.) als geeignetes Koordinationsinstrument an.

Williamson (vgl. *Williamson* 1991, S. 277 f.) unterscheidet institutionelle Koordinationsformen hinsichtlich ihrer Auswirkungen auf eine Reihe von Effizienzkriterien, die sich ihrerseits auf die Höhe der Transaktionskosten auswirken (→ *Institutionenökonomie*). Sie sind in Abb. 1 zusammengefasst (vgl. *Theuvsen* 1997, S. 985).

Die Prozessorganisation vereint mithin Vorteile einerseits hierarchischer, andererseits marktlicher Koordinationsformen. Dies gilt allerdings nur bei mittleren Ausprägungen von Spezifität, Unsicherheit und Häufigkeit des organisationsinternen Leistungsaustausches. Marktliche Koordination ist gegenüber der prozessbasierten Integration besonders effizient bei standardisiertem, nicht auf eine spezielle Anwendung zugeschnittenem Leistungsaustausch. Hierarchische Koordination ist im Vergleich zu prozessbasierter Integration effizient, wenn der für die Austauschprozesse benötigte Ressourceneinsatz sehr spezifisch ist (vgl. *Göbel* 2002, S. 248). Die Effizienz der Prozessorganisation wird also jeweils durch Transaktionskostenvorteile hierarchischer und marktlicher Koordination begrenzt. Darüber hinaus begrenzen Marktinterdependenzen (unterschiedliche Prozessaktivitäten sind auf den gleichen Marktsektor gerichtet) und Ressourceninterdependenzen (unterschiedliche Prozessaktivitäten nutzen dieselbe Ressource, z.B. Personen, Anlagen, immaterielle Ressourcen) die Leistungsfähigkeit der Prozessorganisation. Eine Segmentierung nach Geschäftsprozessen kann hier die Entfaltung von Skaleneffekten und Kernkompetenzen verhindern. Markteffizienz einerseits und Ressourceneffizienz andererseits dominieren in diesen Fällen die Prozesseffizienz (vgl. *Frese* 2000, S. 268 ff.).

3. Prozessorganisation – die konstruktivistische Perspektive

Mit dem Anliegen, die funktionale Arbeitsteilung zu überwinden (→ *Funktionale Organisation*), die Aufgabenspezialisierung durch Abteilungsgrenzen überschreitende, schnittstellenfreie Geschäftsprozesse zu ersetzen und ganzheitliche, selbstbestimmte Arbeit zu ermöglichen, wird fraglos ein für Betroffene und Beteiligte attraktives Modell organisatorischer Koordination entworfen. Es vermittelt ihnen, warum in der Vergangenheit Wandlungsbedarf aufgetreten ist, und welche besseren organisatorischen Lösungen sich in Zukunft bieten.

Begriffliche Konstrukte wie Geschäftsprozess, Prozessorganisation und Prozessmanagement sind plastisch und bildhaft. Sie lassen sich leicht verständlich machen, ihrer Sinnhaftigkeit vergewissern und kommunizieren. Sie eröffnen Interpretationsspielraum, aus dem heraus jeder Betroffene seine Alltagserfahrung kommentieren und mitteilen kann. Interpretationen erlauben den Adressaten der Botschaft Bedeutungszuweisungen auf Basis der eigenen Lebenserfahrung, ihren Überbringern visionäre und pragmatische Kompetenz.

„Prozessorganisation" ist ein Konstrukt, das erst durch Kommunikation und Interaktion, also durch Sprache vermittelt, zu Realität wird – ebenso wie das, was ein Prozess ist, und was er leistet. Erzeugung und Etablierung der Prozessorganisation erhalten durch Kommunikation ihre faktische Geltung. In dem über Prozesse und ihre Organisation kommuniziert wird, werden sie zur Realität. Prozessorganisation ist in diesem Sinne nicht ein an einer Rezeptur oder an einem Referenzmodell festzumachendes organisatorisches Design, sondern eine kollektiv erzeugte und mithin sozial konstruierte Realität. Aus Interpretationen, Bedeutungszuweisungen und geistigen Konstrukten entwickelt, hat sie sich zu Strukturen verfestigt und ist doch immer wieder Objekt neuer Rekonstruktionen geworden. Die Reichweite der Konstruktionsmuster erstreckt sich von der Organisationstechnik bis hin zur → *Theorie der Unternehmung*.

Sie eignet sich in besonderer Weise als „Redeinstrument", da sie als Orientierungsmuster zum Verständnis komplexer Koordinationsprobleme zur Verfügung steht, was ihren herausragenden Stellenwert in der Sprache der Betroffenen bzw. Organisatoren begründet. Mittlerweile hat sie den Rang einer gesellschaftlichen Institution des Organisierens erhalten. Sie ist die programmatische Metapher für Modernität in Wirtschaft und Verwaltung, als DIN-Norm formalisiert und in Lehrplänen verewigt.

II. Elemente des Prozessmodells

Bei Prozessen handelt es sich um Objekte, die „funktionsübergreifend" angelegt sind. Ein Prozess ist eine zeitlich und räumlich spezifisch strukturierte Menge von Aktivitäten mit einem Anfang und einem Ende sowie klar definierten Inputs und Outputs. Zusammenfassend: „A structure for action". Hammer definiert Prozesse als Gruppen verwandter Aufgaben, die zusammen für den Kunden ein Ergebnis von Wert ergeben (vgl. *Hammer/Champy* 1993, S. 52). Kunden-

Anwendungsmöglichkeit	Beispiel für Softwaretools
Prozessidentifikation	ADONIS; CASEwise; Prometheus
Prozesse im organisatorischen Gesamtzusammenhang abbilden	ADONIS; AENEIS, CASEwise; IvyFrame; ProVision Prometheus; Iris
Prozesse analysieren und optimieren	Alle Tools (außer den speziellen Workflow-Tools)
Prozesse modellieren	ADONIS; AENEIS, ARIS Toolset, ARIS Easy Design; MEGA Process; Bonapart; IvyFrame, Prometheus; Sciforma Process v4; ProVision
Prozesse simulieren	ADONIS; AENEIS; Bonapart; CASEwise; iGrafx; IvyFrame; Sciforma Process v4; MEGA Process; ProVision; Prometheus
Qualitätsmanagement	ADONIS, AENEIS; ARIS Toolset; Bonapart; CASEwise; Prometheus; MEGA Process
Geschäftsprozessbezogene Anwendungsentwicklung	AENEIS, ADONIS; ARIS Toolset; Bonapart, CASEwise; IvyFrame/WebApp
Koordination mit ERP-Software	ADONIS, AENEIS, ARIS Toolset, ARIS Easy Design; Bonapart, CASEwise; IvyFrame; MEGA Process
Unterstützung Workflow	AENEIS, ADONIS; ARIS Toolset; CASEwise; IvyFrame; Prometheus
Supply Chain Management	Alle Tools, die eine Prozessmodellierungsfähigkeit besitzen
Customer Relationship Management (CRM)	Alle Tools, die eine Prozessmodellierungsfähigkeit besitzen

Tab. 2: *Softwaretools zum Geschäftsprozessmanagement*

nutzen entsteht nicht durch die Einzelaktivitäten einzelner Vorgänge oder Teilprozesse, sondern durch das Bündeln von Teilleistungen, die in ihrer Ganzheit einen identifizierbaren Wert für Kunden enthalten. Prozesse sind danach Tätigkeitsfolgen, die Kundenwert schaffen.

Das Prozesskonzept beinhaltet die Ablösung von funktionalen Organisationsprinzipien durch eine konsequente Orientierung auf bereichsübergreifende Geschäftsprozesse. Ein entsprechendes organisatorisches Design unterscheidet Kern- und Supportprozesse. Während erstere i.d.R. auf externe Kunden ausgerichtet sind und Wettbewerbsvorteile generieren, sollen letztere für interne Kunden bzw. andere Geschäftsprozesse Leistungen erzeugen. Schnittstellen zwischen Bearbeitungsschritten können so entfallen, mit dem Ziel Abstimmungsaufwand zu reduzieren.

Ein zweites wesentliches Element ist die Kundenorientierung. Intern wie extern orientierte Prozesse werden an ihren Leistungen für Kunden beurteilt und ihre Wertschöpfung am Kundennutzen gemessen. Leistungsniveaus, so genannte Service Level Agreements, werden zwischen den Process Ownern ausgehandelt. Benchmarking und Outsourcingentscheidungen von Prozessen orientieren sich an dem Kriterium „Kundennutzen".

Die „vorgangsorientierte" Rundumbearbeitung als ein weiteres Element erfolgt durch teamartige Zusammenarbeit in den Prozess- oder Case-Teams. Sie sollen Vorgänge ganzheitlich und integrativ bearbeiten, um die Servicequalität des Prozesses zu verbessern und Durchlaufzeiten zu verringern. Entsprechend der Komplexität des Bearbeitungsvorganges einzelner Objekte bzw. Objektgruppen lassen sich Prozesse nach Produkt-, Kunden-, Lieferantengruppen segmentieren.

Kundenorientierung und integrierte Rundumbearbeitung setzen voraus, dass Mitarbeiter ausreichende Handlungsspielräume besitzen und befähigt werden, nutzenstiftende Initiativen zu entfalten (*Empowerment*).

Schließlich wird als ein wichtiger Baustein die Informationstechnologie genannt. Kundenorientierung und Rundumbearbeitung verlangen dezentralen Datenzugriff. Informationstechnologie wird daher als „Enabler" begriffen. Die IT ermöglicht es erst, integrierte Geschäftsprozesse zu entwickeln und ganzheitliche Vorgangsbearbeitung zu realisieren. Ihr kommt daher besondere Bedeutung beim innovativen Entwurf und effizienter technischer Umsetzung von Geschäftsprozessen (work flow) zu.

Zur Unterstützung der Prozessgestaltung existiert eine Vielzahl von Softwaretools, mit deren Hilfe Geschäftsprozesse dargestellt, analysiert, simuliert, optimiert, modelliert und dokumentiert werden können. Meist sind sie auf spezifische Anwendungen spezialisiert. Tabelle 2 zeigt einige ausgewählte Tools und ordnet sie ihren Anwendungsmöglichkeiten zu.

Auch wenn die genannten Tools das Geschäftsprozessmanagement hinsichtlich der effizienten Realisierung von Kosten- und Zeiteinsparungen unterstützen können, bemisst sich der Erfolg eines Prozesses vor allem nach seiner Effektivität. Prozessmanagement muss in diesem Sinn als strategische Ressource begriffen werden. Prozesse sind Werttreiber. Nur wenn es gelingt, nachhaltige Wettbewerbsvorteile durch nicht leicht zu imitierende Kernkompetenzen aufzubauen (→ *Kompetenzen, organisationale*), kann von einem Change Management gesprochen werden, das langfristige Wertsteigerung des Unternehmens erwarten lässt.

III. Phasen der Prozessgestaltung

Die Einführung der Prozessorganisation umfasst eine Vielzahl aufeinander bezogener Aktivitäten. So werden Aktivitäten der Identifikation, Beschreibung, Design bzw. Implementierung unterschieden:

1. Prozessidentifikation

Bei der Prozessidentifikation handelt es sich fraglos um die alle weiteren Aktivitäten determinierende und damit zugleich erfolgsbestimmende Phase. Um so unverständlicher ist, dass ihr nur geringe Aufmerksamkeit geschenkt wird.

Unter Prozessidentifikation und -selektion werden folgende Schlüsselaktivitäten verstanden:

- Enumeration der Hauptprozesse,
- Festlegung der Prozessgrenzen,
- Bestimmung der strategischen Relevanz der Prozesse,
- Analyse der Pathologie bzw. Verbesserungsbedarf der Prozesse,
- Unternehmensstrategische und -kulturelle Bewertung der Prozesse.

In der Literatur lassen sich zwei grundsätzliche Vorgehensweisen bei der Prozessidentifikation finden. Zum einen wird der *deduktive Prozessentwurf* vorgeschlagen. Ausgehend von „allgemeinen differenzierbaren Leistungsprozessen", die in allen Unternehmen in abstrakter Form vorfindbar seien, handelt es sich bei Identifikation und Definition allein um deren Konkretisierung. Demgegenüber sieht eine eher *induktive* Prozessidentifikation, die an konkreten Leistungen zur Generierung von Kundennutzen ansetzt, den schrittweisen Aufbau von Kernprozessen bzw. Supportprozessen vor. Für die sich anschließende Prozessbeschreibung bieten sich die meisten Softwaretools an.

2. Prozessdesign/-modellierung

In der Literatur ebenso wie in der Praxis gilt das Hauptaugenmerk dem Design von Prozessen. Prozessoptimierung findet im Spannungsfeld von Qualitäts-, Kosten- und Zeitkriterien statt. Dabei wird implizit eine „neue Zielharmonie" (vgl. *v. Werder* 1996, S. 212 ff.) unterstellt, wobei darauf verzichtet wird, der Frage nachzugehen, ob und unter welchen Bedingungen tief greifende Reorganisationsprozesse komplementäre Lösungen bezüglich dieser Ziele zulassen. Darüber hinaus werden Gestaltungsziele wie Stärkung der Innovationsfähigkeit oder Reduzierung der internen Komplexität vorgeschlagen. Die Prozesse müssen hinsichtlich dieser Kriterien Verbesserungsprogrammen unterworfen werden, um einer „Benchmarking-Analyse der Wettbewerber" standzuhalten. Es zählt zu den gesicherten Wissensbeständen, dass sich das Redesign von Prozessen nicht in einem, sondern in mehreren Optimierungsschritten – ergänzt um TQM-Maßnahmen – zu vollziehen habe. Fundamentaler Wandel (Reengineering) wird von kontinuierlicher Verbesserung (TQM) begleitet. Wandel und Verbesserung werden mittels Verfahrensempfehlungen wie „Eliminieren", „Änderung der Reihenfolge", „Hinzufügen fehlender Schritte", „Integration", „Automatisieren", „Beschleunigen" oder „Parallelisieren" der Teilprozesse vollzogen. Meist werden jedoch nur Verfahrensempfehlungen darüber gegeben, *was*, aber nicht darüber, *wie* Prozesse zu reorganisieren sind.

3. Prozessimplementierung

Für die Umsetzung des „Redesigns" gibt es eine Vielzahl von institutionellen und prozessualen Implementierungsvorschlägen. Einführungsmodelle zeichnen sich durch top-down angelegte Zielvorgaben und bottom-up generierte Umsetzungsmaßnahmen aus. Die Coaching-Aufgabe des Prozessverantwortlichen verlangt insbesondere kommunikative Fähigkeiten zur Förderung der Zusammenarbeit, die bei der Übertragung von Geschäftsprozessen auf Teams gefordert wird.

In aller Regel wird das Implementierungsproblem als technisch instrumentelle Fragestellung begriffen, die zu lösen eine Projektmanagementaufgabe darstellt. Barrieren bei der Umsetzung können den Erfolg von Reorganisationsmaßnahmen in Frage stellen. Analyse und Instrumente des Umganges mit dem Widerstand und „die Kunst, den Wandel zu verkaufen" sollen helfen, strukturelle Veränderungen vorzubereiten. Das Implementierungsproblem muss aber über die instrumentelle Fragestellung hinausgehend als grundsätzlicheres Problem des organisatorischen Wandels begriffen werden. Auch bei Osterloh/Frost wird Prozessmanagement als das „Management von Veränderungsprozessen" behandelt (*Osterloh/Frost* 1998, S. 232). Dabei wird die Intensität des Wandels im Vergleich von revolutionärer und evolutionärer Strategie des Wandels thematisiert. In diesem Zusammenhang wird auch auf die Lern- und Wissenskomponente als Voraussetzung für erfolgreiche organisatorische Veränderungsstrategien eingegangen. Erst aus der Integration von Prozess- und Wissensmanagement können strategische Kernkompetenzen erwachsen. Die Aktivitäten der Prozessbeteiligten sind dazu in einzigartiger Weise zu Kernprozessen zu verknüpfen, die es ermöglichen, dass Wissen generiert und transportiert wird.

IV. Interorganisationale Prozessorganisation

Im Sinne eines Supply Chain Management (SCM) bezieht sich die Prozessorientierung sowohl auf interne (intraorganisationale) Unternehmensstrukturen als auch auf unternehmensübergreifende (interorganisationale) Strukturen. Letztere Sichtweise wird dadurch charakterisiert, dass sich die Gestaltungs-, Koordinations- und Steuerungsaufgabe über die gesamte Wertschöpfungskette erstreckt („from dirt to dirt"), d.h. auf die Geschäftsprozesse aller an der Wertschöpfungskette beteiligten Unternehmen, und nicht nur auf unmittelbar vor- und nachgelagerten Wertschöpfungsstufen. Mithin muss die Supply Chain als eine Einheit begriffen werden, die prozessorganisatorischen Gestaltungsmaßnahmen unterworfen werden kann.

Die horizontale und vertikale Integration von Prozessen wie dem „Auftragsabwicklungs-", „Geschäftsbereitschafts-", „Produktentwicklungs-" und „Marktwahlprozess" sowie dem „Controlling"- und „Unternehmensentwicklungsprozess" (*Klaus* 1998, S. 439) über mehrere Unternehmen hinweg sind Beispiele für interorganisationales Prozessmanagement. Dieses setzt voraus, dass unternehmensübergreifende Geschäftsprozesse nicht durch Märkte entkoppelt, sondern durch kooperative Arrangements verknüpft sind.

Die Wertsteigerungen aufgrund der Senkungen von Transaktions- bzw. Prozesskosten bei den beteiligten Partnern sowie von Produktions- und Entwicklungskosten durch bessere Ausnutzung von Netzwerkpotenzialen und Skaleneffekten sind allerdings nur dann erzielbar, wenn das betreffende Segment der Wertschöpfungskette als ein unternehmensübergreifender Geschäftsprozess organisiert ist. Marktliche oder auf Verrechnungspreisen beruhende Koordination in der Wertschöpfungskette bilden Schnittstellen für das integrierte, sich an der Geschäftsprozessorganisation orientierende Supply Chain Management.

Die Integration von interorganisationalen Prozessen ist jedoch nicht nur für das Supply Chain Management, sondern auch für die diversen Formen von Unternehmenskooperationen, wie strategische Allianzen oder Unternehmensnetzwerke die operative Basis, ohne die diese nicht funktionsfähig sind. So sind strategische Netzwerke in erster Linie immer auch operative Prozessnetzwerke.

Literatur

Davenport, Thomas H.: Process Innovation. Reengineering Work through Information Technology, Boston/MA 1993.
Frese, Erich: Grundlagen der Organisation, 8. A., Wiesbaden 2000.
Gaitanides, Michael: Prozeßorganisation: Entwicklung, Ansätze und Programme prozeßorientierter Organisationsgestaltung, München 1983.
Gaitanides, Michael (Hrsg.) et al.: Prozeßmanagement, München et al. 1994.
Göbel, Elisabeth: Neue Institutionenökonomik, Stuttgart 2002.
Hammer, Michael/Champy, James: Business Reengineering. Die Radikalkur für das Unternehmen, Frankfurt et al. 1993.
Klaus, Peter: Supply Chain Management, in: Gablers Lexikon der Logistik – Management logistischer Netzwerke und Flüsse, hrsg. v. *Klaus, Peter/Krieger, Winfried*, Wiesbaden 1998, S. 434–441.
Krickl, Otto Christian (Hrsg.): Geschäftsprozeßmanagement: Prozeßorientierte Organisationsgestaltung und Informationstechnologie, Heidelberg 1994.
Nippa, Michael/Picot, Arnold (Hrsg.): Prozeßmanagement und Reengineering. Die Praxis im deutschsprachigen Raum, 2. A., Frankfurt et al. 1996.
Osterloh, Margit/Frost, Jetta: Prozessmanagement als Kernkompetenz. Wie Sie Business Reengineering strategisch nutzen können, 2. A., Wiesbaden 1998.
Osterloh, Margit/Wübker, Sigrid: Wettbewerbsfähiger durch Prozeß- und Wissensmanagement, Wiesbaden 1999.
Schmelzer, Hermann J./Sesselmann, Wolfgang: Geschäftsprozessmanagement in der Praxis, 2. A., München et al. 2002.
Theuvsen, Ludwig: Interne Organisation und Transaktionskostenansatz, in: ZfB, Jg. 67, 1997, S. 971–996.
Tiemeyer, Ernst/Chrobok, Reiner: OrgTools: AfürO-Softwareführer für die Organisationsarbeit, Stuttgart 1996.
Töpfer, Armin (Hrsg.): Geschäftsprozesse: Analysiert & optimiert, Neuwied et al. 1996.
Werder, Axel v.: Klassische Rationalisierung, strategischer Kurswechsel oder „neue Zielharmonie"?, in: ZFO, Jg. 65, 1996, S. 212–215.
Williamson, Oliver E.: Comparative Economic Organization: The Analysis of Discrete Structural Alternatives, in: ASQ, Jg. 36, 1991, S. 269–296.
Williamson, Oliver E.: The Economic Institutions of Capitalism, New York 1985.

Qualitätsmanagement

Hartmut Wächter

[s.a.: Arbeitsorganisation; Benchmarking; Bürokratie; Gruppen und Gruppenarbeit; Managementphilosophien und -trends; Prozessorganisation; Stäbe.]

I. Entwicklung und Bedeutung; II. Der Qualitätsbegriff und dessen Normierung; III. Gründe für die Einführung eines QM; IV. Instrumente des QM und deren Wirkung; V. Organisationstheoretische Beurteilung.

Zusammenfassung

Qualitätsmanagement hat sich von einer technischen Spezialität zu einem anspruchsvollen Managementsystem entwickelt. Die Zertifizierung nach international gültigen Standards hat als Signal am Markt große Bedeutung. Total Quality Management kann einen fundamentalen Wandel der Organisation herbeiführen. Der versprochene Nutzen und der Optimismus, mit dem Qualitätsmanagement eingeführt wird, hält einer kritischen Überprüfung nicht immer stand.

I. Entwicklung und Bedeutung

Kaum ein Begriff hat die Praxis des Organisierens in den letzten Jahren so geprägt wie Qualitätsmanagement (QM). „Qualität" ist Teil der oder sogar Synonym für Wettbewerbsfähigkeit geworden, und der Siegeszug in der Unternehmens- und Beratungspraxis ist ohnegleichen. Mit der größeren praktischen Verbreitung und einem erweiterten Geltungsanspruch ist QM weit über den ursprünglichen technischen Bereich hinaus auch Gegenstand von Management und Organisation allgemein geworden. Es ist häufig Voraussetzung für den Markteintritt (z.B. als Zulieferer) oder ein Markenzeichen, mit dem man sich einen Wettbewerbsvorsprung erarbeitet; QM ist Instrument und Ausdruck einer Verpflichtung zum Wandel einer Organisation und gilt als Inbegriff einer modernen Managementphilosophie (→ *Managementphilosophien und -trends*).

QM ist ein Kind und Begleiter der „*wissenschaftlichen Betriebsführung*". Qualitätskontrolle war seit den 1920er Jahren fester Bestandteil der Taylor'schen Arbeitsorganisation. Dies wurde später durch den Einsatz statistischer Verfahren zur Fehlersuche ergänzt. Garvin sieht die Entwicklung als vierstufige Folge (*Garvin* 1988):

- *Inspektion* durch Spezialisten;
- statistische *Qualitätskontrolle*, die die Einhaltung von Standards überprüft;
- *Qualitätssicherung*, wo im Prozess der Fertigung selbst Qualität und Null-Fehler-Prinzip zur Geltung gebracht werden;
- schließlich *strategisches Qualitätsmanagement* als umfassender Ansatz, wo Kundenorientierung, kontinuierliche Verbesserung der Prozesse, Geschwindigkeit, Prävention, Mitarbeiterorientierung und pragmatische Konfliktlösung zu einem Managementkonzept zusammenwachsen.

Heute wird QM meist als eine umfassende Orientierung des Managements am Qualitätsziel im Sinne eines „*Total Quality Management*" (TQM) verstanden. Diesen Anspruch formulierte Feigenbaum schon 1961 (nach *Zink* 1992). QM sollte danach

- das ganze Unternehmen durchdringen und nicht auf einzelne Abteilungen beschränkt sein, vielmehr deren Zusammenarbeit fördern;
- die Bedürfnisse der Kunden als Maßstab für Qualität nehmen;
- nicht Spezialistenfunktion sein, sondern alle Organisationsmitglieder erfassen und deren Potenzial ausschöpfen.

Diese Ziele drücken sich auch in Qualitätspreisen aus, die von namhaften Institutionen ausgeschrieben und verliehen werden („European Quality Award" in Europa, „Malcolm Baldrigde National Award" in den USA).

Es ist bemerkenswert, dass sich das QM in normierter Form in Deutschland erst relativ spät (seit 1987) durchgesetzt hat, und zwar zunächst gegen den Widerstand des überwiegenden Teils der deutschen Industrie, die das traditionell hohe Niveau der Qualität als wesentliche Stütze ihrer Exporterfolge durch eine internationale *Normierung* nicht adäquat berücksichtigt sah und eine unangemessene *Bürokratisierung* befürchtete. Erst die Einführung der Normen durch die EU hat zu ihrer großen Verbreitung geführt (*Petrick* 1997). In Deutschland ist die „Deutsche Gesellschaft für Qualität" (DGQ) der wichtigste Entwickler und Promotor des QM. 1988 gab es einige wenige zertifizierte Unternehmen, heute (2001) sind es über 40.000 (*www.iso.ch*).

II. Der Qualitätsbegriff und dessen Normierung

Qualität kann die Eigenschaft eines Produktes oder einer Dienstleistung, die Gebrauchstauglichkeit für den Verwender oder die Einhaltung von Spezifikationen der Produktion bedeuten. Modernes QM enthält Elemente aller drei Dimensionen, mit zunehmender Dominanz eines Verständnisses, sich primär an Anforderungen zu orientieren, die zu einem dauerhaften Kundennutzen führen. In der normierten Sprache des QM ist Qualität „die Gesamtheit von Merkmalen einer Einheit bezüglich ihrer Eignung, festgelegte und vorausgesetzte Erfordernisse zu erfüllen" (DIN ISO 8402).

Bei der Normierung und der darauf bezogenen *Zertifizierung* von Organisationen spielt die „International Organization for Standardization" (ISO) eine wichtige Rolle. Dort wurden für das QM international gültige Standards entwickelt. ISO Standards „are agreements containing technical specifications or other precise criteria to be used" (*www.iso.ch*). Die Zertifizierung (von Unternehmen und anderen Organisationen) erfolgt durch bestimmte Einrichtungen, die diese Aufgabe unter Zugrundelegung der ISO-Normen in eigener Verantwortung durchführen. Die Zertifizierungsgesellschaften müssen sich normalerweise einer Akkreditierung unterziehen.

Es wurden eine Reihe von Normen entwickelt, die verschiedene Aspekte des QM behandeln. Seit 2000 sind sie zu zwei zusammengefasst:

- ISO 9000 definiert die Grundlagen und die Terminologie von QM-Systemen.
- ISO 9004 enthält die Anleitung zur ständigen Qualitätsverbesserung unter Einbeziehung aller Parteien. Sie umfasst die früheren speziellen Normen ISO 9002 und 9003.

III. Gründe für die Einführung eines QM

Es lassen sich im Wesentlichen drei Gründe nennen, die ein Unternehmen zur Einführung eines QM-Systems veranlassen können:

- Die *Erfüllung von Auflagen* (z.B. Umweltschutzauflagen, Lebensmittelsicherheit, Arzneimittelzulassung) ist oft *gesetzlich* vorgeschrieben. Darüber hinaus kann sich ein Unternehmen hinsichtlich der Produkthaftung mit Hilfe des QM möglicherweise exkulpieren (als Überblick vgl. *Pfeifer* 2001, Kapitel 11). Es ist das Bestreben von Unternehmen und Verbänden, dass Standards langfristig verbindlich und einheitlich (international) gültig reguliert werden, weil sonst nationale Wettbewerbsnachteile entstehen können und die Gefahr eines „race to the bottom" droht.
- In einer zunehmend durch Verflechtung charakterisierten Wirtschaft, die u.a. Folge der Auslagerung von Teilfunktionen (→ *Outsourcing und Insourcing*) und der Konzentration auf die Kernkompetenz eines Unternehmens ist (→ *Kompetenzen, organisationale*), spielen QM und Zertifizierung nach Qualitätsnormen eine überragende Rolle für die *Überwindung von Markteintrittsbarrieren* und für den Markterfolg. Die Zertifizierung signalisiert Produktqualität und Zuverlässigkeit (*Weisenfeld-Schenk* 1997), wenngleich sie diese auch nicht garantiert. Dass QM und insbesondere die Zertifizierung so große Verbreitung finden und sich auch in Unternehmen etablieren, wo sich der ökonomische Sinn nicht ohne weiteres erschließt, kann man als Signal deuten, dass ein Unternehmen „auf der Höhe der Zeit" ist und sich um effizientes Management bemüht (*Walgenbach* 2000).
- Oft ist die Zertifizierung Ausgangspunkt und Anlass, die gesamte Organisation zu überprüfen (→ *Organisationscontrolling und -prüfung*) und die *systematische Verbesserung* des Produktes zur Steigerung des Kundennutzens, der Prozesse im Unternehmen und letztlich auch der Einstellungen und Verhaltensweisen der Mitarbeiter auf allen Hierarchiestufen anzustreben. Ausdruck dieses Bestrebens ist z.B. die Selbstverpflichtung zur „*kontinuierlichen Verbesserung*" (KVP), die den Arbeitsprozess begleiten soll. Wenn ein Unternehmen sich auf einem solchen Weg befindet, ist die Zertifizierung noch allenfalls ein nützliches Nebenprodukt, sie kann sogar ein Hindernis der Entwicklung darstellen.

IV. Instrumente des QM und deren Wirkung

QM-spezifische Instrumente sind eher technischer oder statistischer Natur, z.B. statistische Methoden der Qualitätssicherung (*Rinne/Mittag* 1995) oder die „Fehlermöglichkeits- und -einflussanalyse in der industriellen Praxis" – FMEA (*Pfeifer* 2001). Manche Darstellungsweisen gehen auf die *japanische Managementpraxis* zurück (*Ishikawa* 1985; *Imai* 1992). Darüber hinaus verwendet das QM allgemein bekannte, einfache Darstellungsmethoden der beschreibenden Statistik und Managementtechniken, die in anderem Kontext entstanden sind, wie z.B. Netzplantechnik, Portfoliotechnik, → *Benchmarking*, bis hin zu komplexen Zielbeschreibungen wie in der *Balanced Scorecard*. KVP und TQM setzen auch Interventionstechniken der Personalentwicklung ein, wie z.B. Brainstorming, Moderations- und Kreativitätstechniken.

Als wichtiges Umsetzungsinstrument des TQM dient das „EFQM-Modell für Business Excellence" (*European Foundation for Quality Management* 2000) (zur Entwicklung des Modells vgl. *Anderson* et al. 1994). Es handelt sich um ein Systemmodell, wo Inputs („enabler"), deren Transformation („Prozesse") und Outputs („Ergebnisse") definiert und bewertet werden. Die Abgrenzung der Variablen, deren Verknüpfung und quantitative Bewertung ist allerdings höchst problematisch und theoretisch unvollständig (zur Kritik *Wächter/Vedder* 2001).

Das inzwischen weit verbreitete und durch prestigehafte Preisverleihungen aufgewertete EFQM-Modell geht über solche konzeptionellen und methodischen Probleme hinweg (*Hackman/Wageman* 1995) und konzentriert sich demgegenüber auf die Quantifizierung und Beherrschbarkeit der Variablen. Mit dem Ausgreifen des QM auf das menschliche Verhalten und die Interaktion in Organisationen müsste aber das ingenieurhafte Vorgehen, dem es um naturwissenschaftlich begründbare Ursache-Wirkungs-Ketten und deren Kontrolle geht, um sozialwissenschaftliche Konzepte und Analyse ergänzt oder durch sie gar ersetzt werden. Erkenntnisse, Konzepte und Methoden der empirischen Sozialforschung werden jedoch kaum herangezogen.

Entsprechend der eher technokratischen und normativen Orientierung des QM sind verlässliche empirische Untersuchungen über dessen Wirkung äußerst rar. In der einschlägigen Literatur (z.B. in Zeitschriften wie „Qualität und Zuverlässigkeit" oder „The TQM Magazine") stehen eindeutig Anwendungsfälle und Instrumentenbeschreibung im Vordergrund. Die beratungsnahe Literatur behauptet oft summarisch Produktivitätsfortschritte („Quantensprünge", „über 30%"). Fundierte empirische Untersuchungen sind angesichts der oft unklaren konzeptionellen Grundlagen, insbesondere des TQM, schwierig (*Knights/McCabe* 1997). Unabhängige, nicht von vornherein auf die Förderung der QM-Bewegung eingeschworene Untersuchungen sind selten. Die wenigen Arbeiten dazu haben die möglicherweise paradoxen Effekte des QM (*Wächter/Vedder* 2001), die notwendigerweise entstehenden mikropolitischen Vorgänge (→ *Mikropolitik*) als Folge der Einführung von QM (*Wächter/Vedder* 2001) oder den übermäßigen Optimismus, dass QM alle Vorgänge und Interaktionen eindeutig bestimmen könnte (*Kelemen* 2000), herausgearbeitet. Damit wird auch das implizite Bild des QM von Organisation kritisch hinterfragt (vgl. *Wilkinson/Willmott* 1995).

V. Organisationstheoretische Beurteilung

QM erfordert ein Mindestmaß der *Formalisierung* und *Dokumentation*. Die daraus resultierende *Standardisierung* der Abläufe birgt ein großes Rationalisierungspotenzial (→ *Rationalisierung und Automatisierung*), aber auch die Gefahr zu großer Bürokratisierung (→ *Bürokratie*). Insbesondere kleinere Unternehmen (KMU) befürchten, ihren Flexibilitätsvorteil durch Zertifizierung einzubüßen, obwohl gerade in den KMU die Beschäftigung mit dem QM die Chance bietet, überhaupt einmal über Kundennutzen, Fehlerquote und überkommenes Qualitätsverständnis nachzudenken. Im Bildungs- und Sozialbereich, wo QM eine starke Verbreitung gefunden hat, führt Bürokratisierung zu klarerer Aufgabenzuteilung, verstärkter Rechenhaftigkeit der (Teil-)Ergebnisse und einer größeren *Transparenz* der Arbeitsabläufe. Dieser Rationalisierungsschub gibt natürlich auch dem jeweiligen Träger verstärkt Hebel der → *Kontrolle* an die Hand. In der Konkurrenz um knappe (staatliche) Ressourcen ist QM in diesem Bereich zu einem wesentlichen Faktor geworden.

QM wird oft zur „Chefaufgabe" deklariert. Wenn darunter verstanden wird, dass der Änderungsprozess autorisiert, womöglich vorgelebt wird und wenn Ressourcen bereit gestellt werden, ist diese Zentralisierung eine notwendige Bedingung für eine erfolgreiche Umsetzung. Es kann aber auch zur Überzentralisierung führen, z.B. wenn der Chef auch der QM-Beauftragte wird. Die Verbesserung der Qualität sollte in die Aufgaben der Mitarbeiter integriert sein und dort zu einer Erweiterung des Handlungsspielraums führen. In größeren Unternehmen kommt es üblicherweise zu einer Spezialisierung oder Stabsbildung für QM, woraus typische Stab-Linien-Probleme entstehen können (→ *Stäbe*).

In Unternehmen, die einem starken (internationalen) Wettbewerbsdruck ausgesetzt sind und auf stetige technische Innovationen angewiesen sind, wird sich QM tendenziell zum TQM weiterentwickeln und als Instrument des dauernden Wandels („change management") begriffen. Die zunehmende Binnenkomplexität der Organisation durch eine alles umgreifende Integration in einem Managementkonzept einzufangen, wie es TQM beansprucht, ist allerdings in sich widersprüchlich. Solche sich entwickelnden Gebilde können nicht (mehr) durch eindeutige Zweck-Mittel-Verknüpfungen begriffen werden, sondern machen ein rekursives Organisationsverständnis nötig, das ungewollte Nebenfolgen und paradoxe Effekte mit umfasst (*Wächter/Vedder* 2001).

Literatur

Anderson, John C. et al.: A theory of quality management: The Deming management method, in: AMR, Jg. 19, 1994, S. 472–509.
Boje, David M./Windsor, Robert D.: The resurrection of Taylorism: total quality management's hidden agenda, in: Journal of Organizational Change Management, Jg. 6, H. 4/1993, S. 57–70.
Bruhn, Manfred/Stauss, Bernd: Dienstleistungsqualität, 3. A., Wiesbaden 2000.
European Foundation for Quality Management (Hrsg.): Das EFQM-Modell für Excellence. Überarbeitete deutsche Ausgabe, Brüssel 2000.
Garvin, David A.: Managing Quality, New York 1988.
Hackman, J. Richard/Wageman, Ruth: Total quality management: empirical, conceptual and practical issues, in: ASQ, Jg. 40, 1995, S. 309–342.
Hansen, Wolfgang/Kamiske, Gerd F.: Qualitätsmanagement in der Praxis, München et al. 2001.

Hirsch-Kreinsen, Hartmut: Organisation und Mitarbeiter im TQM, Berlin et al. 1997.
Imai, Masaaki: Kaizen- der Schlüssel zum Erfolg der Japaner, München 1992.
Ishikawa, Kaoru: What is Total Quality Control?, New York 1985.
Kelemen, Mihaela: Too much or too little ambiguity: The language of Total Quality Management, in: JMan.Stud., Jg. 37, 2000, S. 483–498.
Knights, David/McCabe, Darren: How would you measure something like that? Quality in a Retail Bank, in: JMan.Stud., Jg. 34, 1997, S. 371–388.
Kostka, Claudia/Kostka, Sebastian: Der kontinuierliche Verbesserungsprozeß. Methoden des KVP, München et al. 2002.
Masing, Walter: Handbuch Qualitätsmanagement, 4. A., München et al. 1999.
Oess, Attila: Total Quality Management: die ganzheitliche Qualitätsstrategie, 3. A., Wiesbaden 1994.
Petrick, Klaus: Qualitätsmanagement, Umweltmanagement und Zertifizierung in der Europäischen Union., 2. A., Berlin et al. 1997.
Pfeifer, Tilo: Qualitätsmanagement: Strategien, Methoden, Techniken, 3. A., München et al. 2001.
Rinne, Horst/Mittag, Hans-Joachim: Statistische Methoden der Qualitätssicherung, 3. A., München 1995.
Stauss, Bernd (Hrsg.): Qualitätsmanagement und Zertifizierung: Von DIN ISO 9000 zum Total Quality Management, Wiesbaden 1997.
Wächter, Hartmut/Vedder, Günther: Qualitätsmanagement in Organisationen: DIN ISO 9000 und TQM auf dem Prüfstand, Wiesbaden 2001.
Walgenbach, Peter: Die normgerechte Organisation, Stuttgart 2000.
Weisenfeld-Schenk, Ursula: Die Nutzung von Zertifikaten als Signal für Produktqulität, in: ZfB, Jg. 67, 1997, S. 21–39.
Wilkinson, Adrian/Willmott, Hugh: Making Quality Critical: New Perspectives on Organizational Change, London 1995.
www.iso.ch /iso/en/ISOOnline. frontpage, The ISO Survey of ISO 9000 and ISO 14000, Certificates; Zugriffsdatum: 13.02.2003.
Zink, Klaus J.: Qualität als Managementaufgabe: Total Quality Management, 3. A., Landsberg am Lech 1992.

R

Rationalisierung und Automatisierung

Holger Luczak

[s.a.: Arbeitsorganisation; Aufbau- und Ablauforganisation; Flexibilität, organisatorische; Informationstechnologie und Organisation; Organisationssoftware; Produktionsorganisation; Prozessorganisation.]

I. Begriffslogik und Etymologie; II. Geschichte und Treiber; III. Differenzierungsmöglichkeiten und Anwendungsformen: Ebenenmodell zur Rationalisierung und Stufenmodell zur Automatisierung; IV. Bewertungszusammenhänge.

Zusammenfassung

Von einer RKW-orientierten Rationalisierungsdefinition im wirtschaftlichen Sinn wird Automatisierung als Komponente technischer Rationalisierung separiert. Die Geschichte beider Bewegungen wird nach einer Treiberdiskussion zeitlich geordnet in der Sequenz identifizierbarer Grundmuster von Manufakturen bis zu E-Ansätzen knapp inhaltlich geschildert und bewertet. Zur Differenzierung werden in einem arbeitswissenschaftlichen Ebenenmodell Rationalisierungsansätze Disziplinen und Problemclustern zugeordnet und kurz inhaltlich in ihrer Gestaltungswirkung angerissen. Ein Stufenmodell von Automatisierung differenziert klassische Automatisierungsgrade im Zusammenhang mit menschlicher Arbeit bis hin zur aktuellen Diskussion um „überwachende Prozessregelung". In einer Bewertung werden Grenzen (Sackgassen) der Entwicklung erläutert.

I. Begriffslogik und Etymologie

Wie alle deutschen Begriffe auf „ung" kennzeichnen Rationalisierung und Automatisierung sowohl einen aktuellen Zustand (Status) als auch einen Verlauf (Prozess). Das Grundverständnis beider Begriffe ist damit gestaltungsorientiert, d.h. aus der Diagnose realer Zustände sollen verbesserte Zustände abgeleitet und umgesetzt werden. Der Terminus Rationalisierung geht zurück auf die lateinische Wurzel ratio = Vernunft und könnte demgemäß etwa als vernünftige Gestaltung aufgefasst werden. Das Rationalisierungskuratorium der deutschen Wirtschaft (RKW) verwendet insoweit völlig korrekt die Definition: Rationalisierung heißt vernünftig gestalten (*Hoß/Schrick* 1996).

Wird als Gestaltungsfeld der Rationalisierung die Wirtschaftspraxis eingeführt und werden die Theoriesysteme der Technik-, Wirtschafts- und Sozialwissenschaften verwendet, so wird unter Rationalisierung allgemein der Ersatz herkömmlicher Vorgehensweisen durch zweckmäßigere und besser durchdachte Vorgehensweisen zur Verbesserung bestehender Zustände verstanden. Geht es dabei um organisatorische Intervention, so ist Rationalisierung als Sammelbegriff für ein heterogenes Instrumentarium zur Gestaltung des Zusammenwirkens der Produktionsfaktoren gemäß dem ökonomischen Prinzip aufzufassen. Geht es um den technischen Aspekt, so resultiert quasi zwangsläufig der Begriff der Automatisierung in weiter Überdeckung zur technischen Rationalisierung. Automatisierung ist demnach die Einrichtung von Vorgängen der Technik in der Weise, dass sie selbsttätig ablaufen. Selbsttätig heißt, dass menschliche Interventionen in Form von energetischer Einwirkung (Handarbeit) bzw. informatorischer Einwirkung (Kopfarbeit) ergänzt, ersetzt oder erleichtert werden, um evolutionsbedingte Grenzen des Menschen in der Arbeitswelt zu überwinden.

II. Geschichte und Treiber

Um nicht als Betrieb vom Markt verdrängt zu werden und damit unterzugehen, sind die Organisationsformen von Arbeits- und Wertschöpfungsprozessen (Rationalisierung) und die Verwendung technischer Sachsysteme (Automatisierung) laufend zu überprüfen und den Wettbewerbsanforderungen anzupassen.

Rationalisierung und Automatisierung haben in allen entwickelten Industriegesellschaften bis in die jüngsten Tage eine bewegte Geschichte hinter sich. Das in der Geschichte identifizierbare Grundmuster ist die horizontale und vertikale Arbeitsteilung (→ *Arbeitsteilung und Spezialisierung*). Schon in den Manufakturen zu Beginn der industriellen Revolution wurden die zur Herstellung eines Produkts notwendigen Arbeitsgänge von einer handwerklichen Gesamtarbeit in einzelne spezielle Verrichtungen entwickelt, wobei wirkungsanalytisch folgende Effekte hervorgehoben werden können:

1) Dispositive Arbeit wird von objektbezogener Arbeit getrennt, diese prozessanalytisch aufgegliedert.

2) Bei gleichem Volumen eingesetzter Arbeitskraft wird eine deutlich gesteigerte Mengenleistung bewirkt.
3) Darüber hinaus muss der Arbeitgeber nur die jeweils genau für die einzelnen Verrichtungen unterschiedlichen Schwierigkeitsgrade benötigte Qualifikation von Arbeitskräften einkaufen (*Babbage-Prinzip* der Entlohnung).

Natürlich ist Arbeitsteilung auch die logische Voraussetzung für die Entwicklung und den Einsatz von Produktionsmaschinen. Erst eine genaue Verrichtungsanalyse ermöglicht den Entwurf von Arbeitsmaschinen (Mechanisierung und Automatisierung), die eine weitere Steigerung der Mengenleistung erwarten lassen. Erste Anwendungen betrafen Textilmaschinen und einfache Werkzeugmaschinen in der Metallbearbeitung.

Wesentliche Neuerungen in Richtung vertikaler Arbeitsteilung wurden anschließend von Taylor in seinen „*Grundsätzen wissenschaftlicher Betriebsführung*" ausgeführt (*Taylor* 1913). Dabei wurde der Grundgedanke der Trennung von → *Planung* und Ausführung übernommen, aber das implizite → *Wissen* über Arbeitsprozesse, das ehemals Besitzstand der Arbeitspersonen war, externalisiert und zur minuziösen Planung einer für alle verbindlichen Ausführungsform verwendet. Diese Form der „Produktionsmodellierung" hatte deutliche Einflüsse auf die „Produktmodellierung": Produkte und ihre Baugruppen sowie die Prozesse ihrer Herstellung wurden systematisch vereinfacht und standardisiert. Obwohl bereits in den 1920er und 30er Jahren entwickelt, herrscht dieses Rationalisierungsmodell für die kundenanonyme *Massenfertigung* auch heute noch vielfach vor.

Eine andere Entwicklung vollzog sich in der auftragsgebundenen *Kleinserienfertigung*, z.B. im Maschinenbau, wo Kundenanforderungen nach zeitlicher und inhaltlicher Struktur die Entwicklung bestimmten. Flexible Produktgestaltung erforderte flexible Fertigungsprozesse, d.h. überwiegend universale, leicht umrüstbare Werkzeugmaschinen, zwischen denen der Materialtransport von Hand bewerkstelligt wurde (→ *Flexibilität, organisatorische*). Arbeitsteilung in den mechanischen Werkstätten fand nach dem Verrichtungsprinzip (Bohren, Fräsen, Drehen etc.) statt, wobei in den Werkstätten spezialisierte Facharbeiter nach präzisen Arbeitsplänen mit Zeitvorgaben aus der „Arbeitsvorbereitung" tätig wurden (*Brödner* 2004).

In den 1970er Jahren wurden Rationalisierung und Automatisierung durch Experimente mit Humanisierungscharakter bestimmt. Diese Entwicklung wurde begründet durch den Widerstand der Arbeitspersonen gegen „tayloristische" Strukturen auf der Ebene objektbezogener Arbeit.

Durch vertikale Arbeitsteilung waren „Wasserköpfe" in den Planungsbereichen entstanden, gegen die zusammen mit den Prinzipien soziotechnischer Arbeitsgestaltung eine Reintegration von Arbeitsaufgaben in operative Bereiche, eine horizontale Erweiterung und vertikale Bereicherung von Arbeit mit größerem Handlungsspielraum betrieben wurde. *Gruppenarbeit* in der Automobilindustrie, in der Produktion von Hausgeräten, in der Textilindustrie etc. waren eine europaweite Entwicklung, die zeitweise von Schweden angeführt wurde (→ *Gruppen und Gruppenarbeit*). Für die Kleinserienfertigung ging die Entwicklung in Richtung *Fertigungsinseln*, in denen Arbeitsplanung, Auftragsdisposition, NC-Programmierung, Werkzeug- und Vorrichtungsverantwortung, Qualitätsverantwortung, Terminverantwortung etc. wieder zusammengefasst wurden. Logistische Kennziffern aus unterschiedlichen Bereichen belegten den Erfolg dieser Rationalisierungsstrategie.

In den 1980er Jahren wurden statt einzelner Arbeitsvorgänge ganze Geschäftsprozesse (→ *Prozessorganisation*) und Organisationen in Richtung auf IT-Unterstützung in den Blick genommen. Indizien sind die rasche Verbreitung von CNC-Werkzeugmaschinen in der Fertigung, die Zusammenführung von Materialwirtschaft und Zeitwirtschaft in der technischen Auftragsentwicklung in Form von Produktions-Planungs- und Steuerungssystemen, die Produktmodellierung in Konstruktion und Entwicklung mit CAD-Systemen auf der Basis rechnerinterner 3-D-Darstellungen in Kombination mit statischen und dynamischen Festigkeitsberechnungen sowie Stücklistenerstellung etc. Sogar das Vorgehen beim Konstruieren wurde in wissensbasierten Systemen implementiert, so z.B. in Konstruktionsanalyse und Leitsystemen. Da alle Systeme auf in etwa den gleichen Datenstamm angewiesen waren, war es nahe liegend, auf der Basis relationaler Datenbanken und vereinbarter Daten- und Programmschnittstellen umfassende Systeme rechnerintegrierter Produktion (Computer Integrated Manufacturing) zu entwickeln. Damit wurde die Leitidee der nahezu menschenleeren CIM-Fabrik Triebkraft von Rationalisierung und Automatisierung. Trotz aller Erfolge stießen CIM-Produktionsstrukturen an ihre Grenzen, sobald Marktbedingungen höhere Flexibilitätsanforderungen stellten.

Die mit dieser Diagnose ausgelöste Entwicklungsrichtung will wandlungsfähige und lernende Arbeits- und Wertschöpfungssysteme auf den ganz anderen Prinzipien objektorientierter Organisationen verwirklichen. Arbeitsteilung wird zurückgeführt durch Aufgabenintegration, Autonomie wird eingeführt, wobei allerdings Zielvereinbarungen die allgemeine Direktive geben, breite Qualifikation und Handlungskompetenz sind Konsequenzen für die Personalentwicklung. Weitgehend autonome, sich selbst steuernde Wertschöpfungseinheiten in Gestalt von Fertigungsinseln oder Fertigungszellen, von produktorientierten Auftrags- und Vertriebsinseln wie auch von integrierten Produktentwicklungs-Teams (Concurrent Engineering) entstanden, die wegen ihrer Humanressourcen-Orientierung auch als „anthropozentrische Produktionssysteme" (*Brödner* 1986) bezeichnet wurden. Neuerdings (seit 2000) wird das als „beschäftigungsorientierte Rationalisierung" bezeichnet (*Lay* et al. 2001).

In den 1990er Jahren sind klare Entwicklungslinien der Rationalisierung nicht identifizierbar: Moden und Mythen des Organisierens (*Kieser* 1996) beherrschten das Bild (→ *Managementphilosophien und -trends*). Deren Spektrum reichte vom Business-Process-Reengineering über Total Quality Management (→ *Qualitätsmanagement*) und Time based-Management bis hin zur Fraktalen Fabrik und Lernenden Organisation (→ *Lernen, organisationales*).

Parallel entstand mit dem *Internet* ein neues universales und interaktives Medium der Wissensverarbeitung, das eine Senkung der Transaktionskosten beim Leistungsaustausch versprach. Damit wurden neue Entwicklungsrichtungen von Rationalisierungsstrategien und Automatisierungsansätzen eingeleitet. Unternehmensnetzwerke (→ *Netzwerke*; → *Unternehmenskooperation*) und Telekooperation ermöglichen die Kompetenzbündelung auf *Kernkompetenzen* (→ *Kompetenzen, organisationale*), die Zusammenführung von Einzelfunktionen und Tätigkeiten zu „Geschäftsprozessen" beschleunigen intern wie extern die Abläufe, Supply Chain Management (SCM) gestaltet die logistischen Prozesse entlang der Wertschöpfungskette in externen Kooperationsbeziehungen, ERP-Systeme entwickeln sich aus PPS-Systemen und werden weiterentwickelt zu APS-Systemen zur Optimierung internen Ressourcenverzehrs etc. Diesem funktionalistischen Ansatz entgegengerichtet sind eher philosophische Rationalisierungsstrategien, die von einer *Unternehmenskulturentwicklung* als der Gesamtheit der durch Gewohnheit und Praxis entstandenen Sichtweisen, Einstellungen und Handlungsmuster ausgeht, ebenso wie Überlegungen zur „*Innovationskultur*", zu deren Verwirklichung die Betriebsgemeinschaft durch gemeinsames Lernen und Erproben neuer Handlungsmuster eingefahrene, aber nicht mehr passende Pfade verlassen muss (→ *Organisationskultur*).

Basis solcher Entwicklungen ist Vielfalt in den Wissensbasen, die über E-Ansätze in die Unternehmen gelangen. So gesehen ist E-Business keine Revolution, sondern ein anderer effektiver Weg der Rationalisierung, d.h. ein „Enabler", der inter- und intra-organisationale Leistungsprozesse zu integrieren hilft und sie dadurch effizienter gestaltet. Zukunftsvision ist der Vollzug von Wertschöpfungsaktivitäten in dynamischen Netzwerken von Unternehmen.

III. Differenzierungsmöglichkeiten und Anwendungsformen: Ebenenmodell zur Rationalisierung und Stufenmodell zur Automatisierung

Eine Gliederung von arbeitswissenschaftlichen Problemen und Lösungsbeiträgen – auch solcher zu Rationalisierung und Automatisierung – kann anhand eines Ebenenkonzepts von Arbeitsprozessen vorgenommen werden (*Luczak/Volpert* 1987).

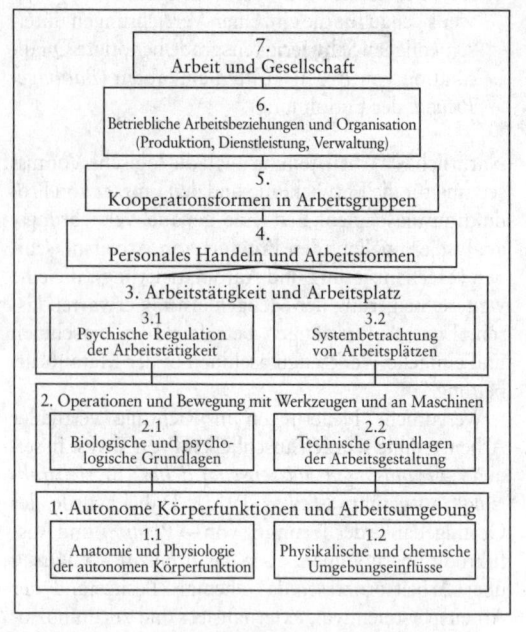

Abb. 1: Betrachtungsebenen von Arbeitsprozessen (aus Luczak/Volpert 1987)

1. Anatomie und Physiologie des Menschen; Physik und Chemie der Arbeitsumgebung. Rationalisierungsansätze: Vermeiden von Störungen des Gleichgewichts zwischen Funktion und Regeneration von Organsystemen, um Leistungseinbußen zu vermeiden. Z.B. optimale energetische Wirkungsgrade, Einhaltung von Dauerleistungsgrenzen, Berücksichtigung von Rhythmologie bei der Arbeitszeitgestaltung. Bei Überschreitung von humanen Leistungs- und Schädigungsgrenzen Automatisierung zwingend (*Rohmert/Rutenfranz* 1983).

2. Elementare Psychophysik und Anthropometrie; Maße, Massen, Kräfte des Menschen. Rationalisierungsansätze: Operationen mit Werkzeugen und an Maschinen zeit- und fehlerökonomisch gestalten, Bewegungsverdichtung und -vereinfachung durch Systeme vorbestimmter Zeiten (SVZ), Biomechanik mit CAD-Mensch-Modellen, Anzeigen und Bedienteilegestaltung nach menschlicher Informationsverarbeitung (*Boff/Lincoln* 1986).

3. Psychische Prozesse der Handlungsregulation, Systembetrachtung von Arbeitsplätzen. Rationalisierungsansätze: Kognitive Modellierung/Cognitive Engineering der Mensch-Rechner-Interaktion (*Rasmussen* 1986), Arbeits- und Zeitstudium (*REFA* 1993) für das Zeitgerüst des Arbeitsablaufs (Mensch, Betriebsmittel, Arbeitsgegenstand) und Identifikation von Automatisierungslücken.

4. Arbeitspersonorientierung mit Motivation, Qualifikation, Sozialisation. Rationalisierungsan-

satz: Technische Sachsysteme als Ergänzungs- und Verstärkungstechnik auslegen, z.B. Konstruieren mit CAD, Arbeitsvorbereitung mit PPS/ERP, Werkstattsteuerung mit CNC und Betriebsdatenerfassung (BDE), Qualitätssicherung mit CAQ etc. (*Luczak* 1998).

5. Zusammenwirken von Arbeitspersonen mit Kooperation, Koordination, Kommunikation. Rationalisierungsansatz: Muster von Gruppenarbeit, lernender Organisation, Fertigungssegmentierung etc. nutzen; CSCW-Systeme, Telekooperations- und Telearbeitssysteme zur IT-Kopplung von Arbeitsprozessen, Workflow-Management (*Schwabe/Streitz/Unland* 2001).

6. Interaktion betrieblicher Funktionsbereiche und gesamtbetriebliche Arbeitsbeziehungen. Rationalisierungsansatz: Einführung von APS- und ERP-Systemen, Folgen dem Leitgedanken von CIM mit datentechnischer Vernetzung betrieblicher Einzelfunktionen; Objekt- und Prozessorientierung als Organisationsgrundlagen etc. (*Luczak/Eversheim* 1998).

7. Zusammenwirken von Betrieben, Produktionsnetzwerken, E-Business. Rationalisierungsansatz: Konzentration auf Kernkompetenzen, Bildung von Supply-Chains und Einkopplung in SCM-Systeme, Verbindung von Wertschöpfungseinheiten (Value Nets), Senkung von Transaktionskosten durch Internet-Based-Business Collaboration Infrastructures etc. (*Forzi/Luczak* 2002).

Stufenmodelle der Mechanisierung und Automatisierung in der Produktion werden üblicherweise als so bezeichnete Technisierungsstufen in Zusammenhang mit manueller Ausführung von Arbeitsfunktionen diskutiert (*Kirchner* 1972).

Skalierendes Merkmal der Technisierungsstufen ist die Realisierung der Teilfunktionen eines Arbeitssystems hinsichtlich Einwirkung, Lenkung und Überwachung durch Menschen (Arbeitspersonen) bzw. technische Sachmittel (Werkzeuge, Geräte, Maschinen etc.).

Bei manueller Ausführung werden keine technischen Energieformen eingesetzt und der Prozess durch den Menschen gesteuert bzw. geregelt. Arbeitsvereinfachung und Leistungssteigerung werden durch wirksameren Einsatz der Körperkräfte und durch Reduktion des informatorischen Aufwands erreicht.

1. Handarbeit ohne Hilfsmittel: Einsatz von Gliedmaßen und Sensorik des Menschen, z.B. freies Formen von Ton

2. Arbeitstechnisch-rationalisierte Handarbeit (I): Einfacher Werkzeugeinsatz, z.B. Säge, Hammer etc.

3. Arbeitstechnisch-rationalisierte Handarbeit (II): Einschränkung des informatorischen Aufwands der Lenkung, z.B. Schablonen, Gehrungssäge etc.

4. Potenziell-mechanisierte Handarbeit (I): Verbesserung der energetischen Einwirkung, z.B. Handbohrmaschine mit Kurbeltrieb, Dreh- und Drillschrauber etc.

5. Potenziell-mechanisierte Handarbeit (II): Mechanische Führung von Werkzeug oder Werkstück, z.B. menschbetriebene Werkzeugmaschinen.

Durch die Einbeziehung einer mechanischen Führung in das technische System erfolgt der Übergang vom mechanischen Werkzeug zur Maschine. Typische Vertreter sind hand- oder fußbetriebene Werkzeugmaschinen. Soweit nicht tierische Antriebssysteme oder Wasser- bzw. Windkraft eingesetzt wurden, kam solchen Maschinen vom Mittelalter bis zum Beginn der Industriealisierung erhebliche Bedeutung zu. Auch hier wäre die Mechanisierung durch bloßes Hinzufügen einer Antriebsmaschine möglich.

Mechanisierung bedeutet die Substitution menschlicher durch technische Energieformen. Auch hier kann der informatorische Aufwand zwar eingeschränkt werden, es erfolgt aber keine Substitution menschlicher Informationsverarbeitung im Sinne einer technisch realisierten Steuerung oder Regelung.

6. Effektive Mechanisierung (I): Antrieb durch technische Energieformen, z.B. elektrische Handbohrmaschine.

7. Effektive Mechanisierung (II): Integration mechanischer Führung, z.B. Werkzeugmaschine mit handgetriebener Zustellung und Vorschub.

8. Mechanisierung mit technischem Rezeptor: Erfassung von Prozessparametern außerhalb der menschlichen Wahrnehmung (zu klein, zu schnell/keine relevanten Sinne (elektrische Spannung, Röntgenstrahlung)).

Die Automatisierung ist dadurch gekennzeichnet, dass über die Mechanisierung hinaus auch die Lenkung des Prozesses durch das technische System erfolgt. Differenziert wird nach dem Umfang der Lenkungsaufgaben, die das technische System übernimmt.

9. Funktionsautomatisierung: Einzelfunktionen der Programmlenkung beim Menschen, z.B. Werkzeugmaschinen mit automatischem Vorschub ohne Endschalter.

10. Programmautomatisierung mit Abschaltautomatik: Selbsttätige Prozessbeendigung, z.B. Zeitsteuerung, Sensorik zum Arbeitszustand etc.

11. Programmautomatisierung mit Folgeautomatik: Ablaufsteuerung durch Schrittschaltwerke, Steuerscheiben, hydraulische und pneumatische Steuerungssysteme, Mikroprozessoren oder komplexe CNC-Steuerungen.

Diese eher klassische Diskussion zur Unterscheidung von Technisierungsstufen (*Kirchner* 1972) verschiebt sich seit den späten 1960er Jahren in Richtung automatisierte Systeme mit integraler Informationstechnologie, d.h. weg von manuellen bzw. kontinuierlichen Tätigkeiten der Prozessführung hin zu Planungs-, Überwachungs- und Kontrolltätigkeiten des Menschen. Dieses Phänomen ist nicht spezifisch für den Fertigungsbereich, sondern z.B. auch in der Verfahrenstechnik, Energieerzeugung, Flugzeugführung oder Raumfahrt zu beobachten.

Allgemein werden personenzentrierte Forschungsarbeiten in diesem Kontext unter dem Konzept der „überwachenden Prozessregelung" (*Sheridan* 2002) subsumiert. Hierunter versteht man, dass ein Operateur oder mehrere Operateure intermittierend oder kontinuierlich programmieren und kontinuierlich Informationen von Computern erhalten, die ihrerseits durch künstliche Sensoren und Effektoren autonome Regelschleifen zum geregelten Prozess bzw. Aufgabenzusammenhang bilden (*Schmidt/Luczak* 2004).

IV. Bewertungszusammenhänge

Rationalisierungstrends werden heute über betriebliche *Kennzahlensysteme* ausgelöst und verfolgt. Aktuelle Beispiele sind Benchmarking-Ansätze (*Luczak/Wiendahl/Weber* 2003; → *Benchmarking*) oder Balanced Scorecards (*Kaplan/Norton* 1992).

Die technozentrische Leitidee einer Vollautomatisierung mit menschenleerer Fabrik hat ausgedient:

1.) Mangelnde Flexibilität eines hohen Automatisierungsniveaus führte letztlich zur Gegenbewegung der „beschäftigungsorientierten Rationalisierung" – ein Konzept, das in der Produktionsgestaltung wieder auf mehr und qualifizierten Einsatz von Arbeitspersonen setzt. Empirisch ist dieses Konzept bereits in einem Drittel der Firmen der Investitionsgüterindustrie nachweisbar (*Lay* et al. 2001).

2.) Schon Bainbridge verwies in ihren „Ironies of Automation" (*Bainbridge* 1987) auf die Logik, dass vollautomatische Systeme im Normalbetrieb ihre Operateure unterfordern, sie im Störungsfall aber überfordern, was zu mangelnder Wirtschaftlichkeit à la Halle 54 bei VW oder zu desaströsen Konsequenzen à la Tschernobyl führen kann.

So gesehen landen Rationalisierungs- und Automatisierungskonzepte gelegentlich in einer Sackgasse, wenngleich insgesamt ihre positive Wirkung auf die wirtschaftliche Entwicklung unbestritten ist.

Literatur

Bainbridge, Lisane: Ironies of Automation, in: New Technology and Human Error, hrsg. v. *Rasmussen, Jens/Duncan, Keith/Leplat, Jacques*, New York 1987, S. 271–283.
Boff, Kenneth/Lincoln, Janet: Engineering Data Compendium: Human Perception and Performance, New York 1986.
Brödner, Peter: Fabrik 2000: Alternative Entwicklungspfade in die Zukunft der Fabrik, Berlin 1986.
Brödner, Peter: Betriebliche Rationalisierungsstrategien und Einsatz technischer Systeme, in: Ingenieurpsychologie, hrsg. v. *Zimolong, Bernhard*, Göttingen 2004 (in Vorbereitung).
Forzi, Tomaso/Luczak, Holger: E-Business: Status Quo and Perspectives, in: WWDU 2002 – Work with Display Units – Worldwide Work, hrsg. v. *Luczak, Holger/Cakir, A. & G.*, Berlin 2002, S. 494–496.
Hoß, Dietrich/Schrick, Gerhard (Hrsg.): Wie rational ist Rationalisierung heute? Ein öffentlicher Diskurs anläßlich des 75-jährigen Jubiläums des Rationalisierungs-Kuratoriums der deutschen Wirtschaft (RKW) e.V., Vorwort, Stuttgart 1996.
Kaplan, Robert S./Norton, David P.: The Balanced Scorecard – Measures that Drive Performance, in: HBR, Jg. 70, H. 1/1992, S. 71–79.
Kieser, Alfred: Moden und Mythen des Organisierens, in: DBW, Jg. 56, 1996, S. 21–39.
Kirchner, Johannes: Arbeitswissenschaftlicher Beitrag zur Automatisierung, Berlin 1972, Schriftenreihe Arbeitswissenschaft u. Praxis Bd. 23.
Landau, Kurt/Luczak, Holger: Ergonomie und Organisation der Montage, München 2001.
Lay, Gunter et al.: Zurück zu neuen Ufern – Rücknahme des Automatisierungsniveaus in deutschen Unternehmen auf breiter empirischer Basis belegt, in: Zeitschrift für wirtschaftlichen Fabrikbetrieb, Jg. 96, 2001, S. 399–405.
Luczak, Holger: Arbeitswissenschaft, 2. A., Berlin 1998.
Luczak, Holger/Eversheim, Walter (Hrsg.): Produktionsplanung und -steuerung, Berlin 1998.
Luczak, Holger/Wiendahl, Hans-Peter/Weber, Jürgen (Hrsg.): Logistik-Benchmarking, 2. A., Berlin 2003.
Luczak, Holger/Volpert, Walter: Arbeitswissenschaft – Kerndefinition – Gegenstandskatalog – Forschungsgebiete, RKW – Rationalisierungs-Kuratorium der Deutschen Wirtschaft e.V., Eschborn 1987.
Rasmussen, Jens: Information Processing and Human-Machine Interaction, New York 1986.
REFA (Hrsg.): Methodenlehre der Betriebsorganisation, Teil 2: Datenermittlung, München 1993.
Rohmert, Walter/Rutenfranz, Josef (Hrsg.): Praktische Arbeitsphysiologie, Stuttgart 1983.
Schmidt, Ludger/Luczak, Holger: Prozeßführung und Überwachung in komplexen Mensch-Maschine-Systemen, in: Ingenieurpsychologie, hrsg. v. *Zimolong, Bernhard*, Göttingen 2004 (in Vorbereitung).
Schwabe, Gerhard/Streitz, Norbert/Unland, Rainer (Hrsg.): CSCW-Kompendium – Lehr- und Handbuch zum computergestützten kooperativen Arbeiten, Berlin 2001.
Sheridan, Thomas: Humans and Automation, Santa Monica 2002.
Taylor, Frederick Winslow: Grundsätze wissenschaftlicher Betriebsführung, München 1913.

Rationalität

Sylvia Valcárcel

[s.a.: Entscheidungsprozesse in Organisationen; Entscheidungsverhalten, individuelles; Evolutionstheoretischer Ansatz; Kognitiver Ansatz; Lernen, organisationales; Unternehmensethik; Unternehmensführung (Management); Wissen; Ziele und Zielkonflikte.]

I. Rationalität: erste Begriffsbestimmung;
II. Grundkonzepte der Rationalität in den Wirtschaftswissenschaften; III. Rationalität im sozialen Kontext; IV. Die Behandlung von Rationalitätsfragen in der Betriebswirtschaftslehre; V. Würdigung.

Zusammenfassung

Der Beitrag behandelt zwei Konzepte der Rationalität, die für die Betrachtung von Rationalitätsfragen in den Wirtschaftswissenschaften grundlegend sind.

Ferner werden die Rolle des sozialen Kontextes und betriebswirtschaftliche Überlegungen zur Rationalität vorgestellt.

I. Rationalität: erste Begriffsbestimmung

Der *Begriff der Rationalität* wird in verschiedenen Wissenschaften wie etwa der Philosophie, Theologie, Mathematik, Soziologie, Rechtswissenschaft, Volks- und Betriebswirtschaftslehre sowie in der Wissenschaftstheorie diskutiert. Etymologisch lässt sich ‚rational' auf ‚vernünftig' zurückführen (*Williams* 1976, S. 212). Der ursprüngliche Bedeutungsunterschied zwischen ‚rationalis' im Sinne des menschlichen Vermögens zur Ausübung von Vernunft und ‚rationabilis' als Eigenschaft dessen, was durch vernünftiges Denken und Handeln hervorgebracht wird, hat im Laufe der Zeit einer weitgehend synonymischen Verwendung beider Begrifflichkeiten Platz gemacht (*Hoffmann* 1992, Sp. 52). In der gegenwärtigen Diskussion wird Rationalität vielfach mit ‚rationalem Handeln' in Verbindung gebracht; hierbei geht es um die Wahl von Mitteln zur Erreichung von Zielen auf Grundlage bestimmter Überzeugungen (*Hempel* 1961/62, S. 5). In den Wirtschafts- und Sozialwissenschaften hat der von Max Weber geprägte Begriff des zweckrationalen Handelns maßgeblich zum Rationalitätsverständnis der systematischen Zweck-Mittel-Abwägung beigetragen (*Weber* 1956, S. 12 f.).

Eine umfassende *Systematik* des Rationalitätsbegriffs unter philosophischem Blickwinkel bietet Reschers Unterscheidung der drei Dimensionen ‚*praktische Rationalität*' (was soll man tun, wie soll man handeln?), ‚*kognitive Rationalität*' (was soll man glauben oder akzeptieren?) und ‚*evaluative Rationalität*' (was soll man bevorzugen?) (*Rescher* 1988, S. 2 f.). Anknüpfungspunkt für einen Großteil der ökonomisch orientierten Untersuchungen zur Rationalität ist gemäß dieser Systematik die praktische Rationalität, d.h. die Rationalität des Verhaltens und Handelns von Individuen.

II. Grundkonzepte der Rationalität in den Wirtschaftswissenschaften

1. Rationalität im Rational-Choice-Ansatz

Die *Definition* des Rationalitätsbegriffs erfolgt in der ökonomischen Theorie traditionell unter Bezugnahme auf das Verhalten von Individuen (*rational behavior*). Das Verhalten eines Individuums wird als rational bezeichnet, wenn es darauf ausgerichtet ist, eine bestimmte Zielgröße wie z.B. den Erwartungsnutzen des Individuums zu maximieren (*Sen* 1987, S. 69).

Das verwendete *Entscheidungsmodell* geht von einer wohlstrukturierten Entscheidungssituation aus, in der die Ergebnisse des Entscheidungsprozesses letztlich durch die Prämissen und die Beschaffenheit des Maximierungsproblems vorbestimmt sind und aus der ‚Logik der Situation' resultieren (*Latsis* 1972, S. 208 f.; *Popper* 1967, S. 142 ff.). Konkret kennt der Entscheidungsträger die ihm zur Verfügung stehenden Handlungsalternativen und ist in der Lage, diesen Eintrittswahrscheinlichkeiten zuzuordnen, sodass sich sein Entscheidungsproblem darauf reduziert, unter Berücksichtigung seiner Präferenzen und der vorhandenen Restriktionen eine Handlungsalternative aus dem gegebenen Alternativenset ‚auszuwählen' (*Simon* 1987a, S. 26). Dieser Modellansatz bildet die Basis für die sog. ‚theory of rational choice'.

Das *Untersuchungsinteresse* des Rational-Choice-Ansatzes gilt den Ergebnissen individueller Entscheidungsprozesse einschließlich der diesen zu Grunde liegenden Verhaltensmuster, nicht hingegen dem tatsächlichen Verhalten des Individuums während des Entscheidungsprozesses (*Schumpeter* 1984, S. 580 ff.). In diesem Sinne besagt das Rationalitätspostulat, dass ein rationales Individuum sich so verhält, ‚als ob' es seine Zielfunktion maximieren würde. Wichtigstes Kriterium für das Vorliegen von Rationalität ist die *Konsistenz* der durchgeführten Bewertungs- und Wahlakte, d.h. die logisch-deduktiv korrekte Herleitung von Schlussfolgerungen aus den gegebenen Entscheidungsparametern (*Sugden* 1991, S. 751 f.).

Zwei Funktionen werden dem Rational-Choice-Ansatz in Abhängigkeit vom verfolgten Forschungsanliegen in der Literatur zugeschrieben: eine normative und eine positive. Während einige Autoren die Gewinnung von Aussagen darüber, wie ein Individuum ein ihm vorliegendes Entscheidungsproblem unter der Annahme maximierenden Verhaltens lösen sollte, als die maßgebliche Funktion des Rational-Choice-Ansatzes betrachten (z.B. *Harsanyi* 1977, S. 16), sehen andere seine Funktion eher in der Beschreibung empirisch beobachtbarer Phänomene (z.B. *Becker* 1986, S. 108 ff.) oder in der Vorhersage noch nicht beobachteter Phänomene (*Friedman* 1953, S. 7) mit Hilfe des unterstellten maximierenden Verhaltensmusters. Häufig lässt sich eine scharfe Trennlinie zwischen normativem und positivem Begriffsverständnis nicht ziehen, sodass es zu Überlappungen präskriptiver und beschreibender bzw. vorhersagender Verwendung kommt (*Elster* 1986, S. 1 f.).

2. Rationalität in verhaltenswissenschaftlichen Ansätzen

Das verhaltenswissenschaftliche Rationalitätsverständnis fußt auf dem *Konzept der beschränkten Rationalität (bounded rationality)*, dem zufolge Entscheidungsträger in ihrem Handeln grundsätzlich kognitiven Beschränkungen bzgl. ihres Wissensstandes sowie ihrer Fähigkeiten zur Informations- und Wissensverarbeitung unterliegen (→ *Wissen*). Das Konzept geht ferner davon aus, dass Individuen nicht nach Maximierung, sondern lediglich nach ‚Satisfizierung', also nach Erreichung eines bestimmten Anspruchsniveaus streben (*Simon* 1987b, S. 266).

Das *Untersuchungsinteresse* verhaltenswissenschaftlicher Analysen ist explizit auf die bei der Bewältigung von Entscheidungsproblemen stattfindenden Entscheidungsprozesse und deren empirische Erforschung gerichtet, weshalb in Abgrenzung zum substanziellen Rationalitätsverständnis des Rational-Choice-Ansatzes auch von ‚*prozeduraler Rationalität*' gesprochen wird (*Simon* 1976, S. 131 ff.)

Liegt ein *Entscheidungsmodell* wohlstrukturierten Typs vor, so lässt sich das Konzept der beschränkten Rationalität durch Modifikation der Informationsprämissen in das Rationalitätskonzept des Rational-Choice-Ansatzes integrieren (*Langlois* 1986, S. 226 i.V.m. *Langlois/Csontos* 1993, S. 122 f.). I.d.R. wird aber unterstellt, dass beschränkte Rationalität mit dem Vorliegen einer schlecht strukturierten Entscheidungssituation einhergeht, die ein hohes Maß an Unsicherheit und Komplexität aufweist (z.B. *March* 1994, S. 177 ff.). Im Zentrum der Analyse steht dann nicht mehr die Auswahl einer Alternative aus einem gegebenen Alternativenset, sondern der Prozess der Problemlösung unter Einschluss von Aktivitäten etwa zur Strukturierung der Entscheidungssituation oder zur Identifizierung relevanter Informationen und möglicher Handlungsalternativen (*Dosi/Egidi* 1991, S. 150; *Marengo* 1995, S. 456). Das Konzept der beschränkten Rationalität stellt sich in diesem Fall als Alternativkonzept zum Rational-Choice-Ansatz dar.

Die Analyse der tatsächlichen Ausprägungen individuellen Entscheidungsverhaltens (→ *Entscheidungsverhalten, individuelles*) ist Gegenstand *empirischer Studien*. So wurde festgestellt, dass Individuen sich bei der Strukturierung von Entscheidungssituationen oder der Bewertung von Alternativen bestimmter Raster, sog. frames, bedienen, deren Anwendung wesentlich davon beeinflusst wird, wie das Entscheidungsproblem vorher formuliert wurde (*Tversky/Kahneman* 1981). Andere Studien untersuchen z.B. die heuristischen Prinzipien und ‚Faustregeln', derer sich Individuen zur Strukturierung ihres Handelns oder zur Vereinfachung ihrer Entscheidungsfindung bedienen (*Tversky/Kahneman* 1974).

III. *Rationalität im sozialen Kontext*

Rationalität gewinnt ihre Bedeutung durch den sozialen Kontext, in den sie eingebettet ist (*Arrow* 1987, S. 69). Die wissenschaftliche Auseinandersetzung hiermit geht in verschiedene Richtungen, von denen zwei erwähnt seien: die Verknüpfung von Rationalitätskonzeptionen auf individueller Ebene mit solchen auf aggregierter Ebene sowie die Rolle der Rationalität in der Organisationstheorie.

Was die *Verknüpfung von Rationalitätskonzeptionen verschiedener Ebenen* betrifft, so stellt sich einerseits die Frage, ob und wie sich individuell rationales Handeln zu einer Form der kollektiven Rationalität aggregieren lässt, d.h. wie von der Mikroebene aus eine Verbindung zur Makroebene hergestellt werden kann. Neben dem im Arrow'schen Unmöglichkeitstheorem formulierten Problem, individuelle Präferenzen auf konsistente Weise zu einer sozialen Wohlfahrtsfunktion zu aggregieren, d.h. einen Mechanismus zu finden, der individuell rationales Verhalten widerspruchsfrei in *kollektive Rationalität* transformieren kann (*Arrow* 1951), ist hier insbesondere die Kollektivgutproblematik zu nennen. Dieser Sachverhalt beschreibt den bei der Produktion von Kollektivgütern durch eine Gruppe von Individuen auftretenden Fall, dass es für die einzelnen Individuen rational sein kann, keinen Beitrag zur Produktion des Gutes zu leisten, auch wenn es vom Gesamtergebnis her rational wäre das Gut zu produzieren (*Olson* 1965, S. 9 ff.). Andererseits werden Betrachtungen in umgekehrter Richtung von der Makroebene zur Mikroebene angestellt mit dem Ziel, beobachtbare soziale Phänomene als Ergebnis des nicht miteinander abgestimmten Verhaltens rationaler Individuen zu deuten. In diesen Zusammenhang einzuordnen sind *Unsichtbare-Hand-Erklärungen* der Entstehung sozialer Institutionen (*Ullmann-Margalit* 1978, S. 263 ff. i.V.m. *Smith* 1981, S. 456).

Die *Organisationstheorie* betrachtet sowohl das rationale Handeln von Individuen innerhalb von Organisationen als auch die Rationalität von Organisationen selbst. Die Analyse der Rationalität *von Organisationen* tritt in zwei Formen auf. Im einen Fall wird die Organisation als rationaler Akteur modelliert; Rationalität wird als rationales Handeln des korporativen Akteurs ‚Organisation' auf individualistisch fundierte Rationalitätskonzepte zurückgeführt. Im anderen Fall wird der Versuch unternommen, ein auf das korporative Gebilde bezogenes Rationalitätskonzept zu entwerfen. Ein Beispiel hierfür ist Luhmanns Konzept der *Systemrationalität*, das Rationalität in Bezug auf Handlungssysteme betrachtet (*Luhmann* 1968, S. 6 ff.). Das rationale Verhalten und Handeln von Individuen *in Organisationen* ist Gegenstand einer Vielzahl von Untersuchungen u.a. im Bereich der Managementlehre, die sich auf den Rationalitätsbegriff des Rational-Choice-Ansatzes, der beschränkten Rationalität oder Varianten derselben stützen (→ *Entscheidungsprozesse in Organisationen*).

Bei organisationstheoretischen Arbeiten hat die Wahl eines verhaltenswissenschaftlichen Zugangs zur Rationalität im Wesentlichen zwei Auswirkungen auf die Behandlung von Rationalitätsfragen: Zum einen verschiebt sich der Betrachtungsfokus von der Lösung eines Wahlproblems hin zum eigentlichen Prozess der Problemlösung. Zum anderen wendet sich das Untersuchungsinteresse den Regeln zu, die im Rahmen von Problemlösungsprozessen in Organisationen zur Anwendung kommen: Wird die Frage, ob, warum und inwieweit es für ein Individuum rational sein kann Regeln zu befolgen, etwa im Rational-Choice-Ansatz intensiv diskutiert (*Valcárcel* 2002, S. 251, 256 ff.) und von einzelnen verhaltenswissenschaftlichen Arbeiten aufgegriffen (*Heiner* 1983, S. 563 ff.), so rücken in organisationstheoretischen Untersuchungen die in Organisationen angewandten Regeln selbst, ihre Beschaffenheit und Auswirkungen ins Blickfeld (z.B. *March* 1994, S. 57 ff.). Neben individuellen Entscheidungsregeln und Heuristiken gilt das Interesse besonders den *organisationalen Regeln und Routinen*, die Funktionen der Unsicherheits- und Komplexitätsreduktion erfüllen und darüber hinaus als Speicher organisatorischen Wissens dienen. Mit Blick auf ihre Entstehung werden die Möglichkeiten und Grenzen organisationalen Lernens sowie die Rolle evolutorischer Lernprozesse untersucht (z.B. *Kieser/Beck/Tainio* 2001, S. 598 ff.) (→ *Lernen, organisationales*; → *Evolutionstheoretischer Ansatz*). Organisationsregeln lassen sich in diesem Zusammenhang auch als eine Form kollektiv konstruierter Rationalität deuten (*Zhou* 1997, S. 260 ff.).

IV. Die Behandlung von Rationalitätsfragen in der Betriebswirtschaftslehre

Betriebswirtschaftliche Untersuchungen zum Entscheidungsverhalten von Individuen stützen sich großenteils auf das Rationalitätskonzept des Rational-Choice-Ansatzes oder das Konzept der beschränkten Rationalität. Die Verwendung dieser Rationalitätskonzeptionen steht mit der Vorstellung eines sich in Zweck-Mittel-Relationen ausdrückenden Rationalprinzips in Einklang, das als formales Prinzip generelle Gültigkeit beansprucht (*Gutenberg* 1929, S. 30 f.). In jüngerer Zeit werden neben der Wahl geeigneter Mittel zur Erreichung bestimmter Ziele zunehmend auch die Ziele selbst und die Verlässlichkeit der dem Wahlakt zu Grunde liegenden Überzeugungen thematisiert und damit auch Fragen der evaluativen und der kognitiven Rationalität. Geht es im Falle der evaluativen Rationalität um die Wertvorstellungen, auf denen die im Rahmen eines Entscheidungskalküls verfolgten Ziele basieren (→ *Ziele und Zielkonflikte*), so befasst sich die kognitive Rationalität mit der Informationsbasis und den Überzeugungen, die im Zuge der Entscheidungssituation von den Entscheidungsträgern herangezogen werden. Überlegungen zur *evaluativen Rationalität* werden hierbei in den größeren Zusammenhang der → *Unternehmensethik* eingebettet (*Ulrich* 1986).

Als Beispiel für eine Rationalitätskonzeption, die mit der Begründung managerialer Problemlösungen den Aspekt der *kognitiven Rationalität* explizit berücksichtigt, sei das Konzept der *Argumentationsrationalität* von v. Werder genannt. Bei dem Konzept handelt es sich um ein Rationalmodell, das Aspekte praktischer, evaluativer und kognitiver Rationalität miteinander verbindet, schwerpunktmäßig aber auf die kognitive Dimension abstellt. Es soll Managern und externen Dritten ein konzeptionelles Instrumentarium an die Hand geben, mit dessen Hilfe sie die kognitive Rationalität managerialer Problemlösungen ordinal messen können v. *Werder* 1994, S. 5 ff., 89) (→ *Kognitiver Ansatz*). Das Rationalmodell gründet sich auf Überlegungen aus der Argumentationstheorie und damit letztlich auf die aristotelische Rationalitätskonzeption des Handelns in Übereinstimmung mit ‚guten Gründen'. Die Überzeugungskraft der in Begründungsprozessen vorgebrachten Argumente wird so zu einem zentralen Aspekt bei der Einschätzung des Vorliegens von Rationalität (*Toulmin* 1958, S. 5 ff. i.V.m. *Suppes* 1984, S. 184 ff.). Auf den Untersuchungskontext der Unternehmensführung übertragen (→ *Unternehmensführung (Management)*) geht es im Konzept der Argumentationsrationalität darum, den Rationalgehalt managerialer Problemlösungen anhand der diesen zu Grunde gelegten Argumente zu bestimmen.

V. Würdigung

Begreift man Rationalität in ihrer Essenz als „Handeln und Urteilen (action and opinion) in Übereinstimmung mit der Vernunft" (*Bartley* 1994, S. 282), so lässt sich abschließend Folgendes festhalten: Eine praktische Rationalitätskonzeption, die – wie dies im Rational-Choice-Ansatz der Fall ist – ganz auf die logisch-deduktive Konsistenz des Handelns im Hinblick auf gegebene Ziele ausgerichtet ist, beinhaltet in ihrer normativen Auslegung nicht notwendigerweise die Ausübung von ‚Vernunft', wie es die kognitive Rationalitätskonzeption des Handelns in Übereinstimmung mit guten Gründen vorsieht. Im Extremfall kann in einem Modell wie dem Rational-Choice-Ansatz rationales Handeln also von unter normativ-kognitivem Blickwinkel beschränkten Individuen (‚cognitive and moral idiots') vollzogen werden (*Suppes* 1984, S. 207 f.; *Elster* 1983, S. 1 ff.). Dieser Umstand erklärt das Bemühen der unterschiedlichsten Autoren, den Konsistenzansatz rationalen Verhaltens und Handelns durch weitere Aspekte etwa kognitiver oder verhaltensbezogener Art anzureichern oder gar zu überwinden.

Literatur

Arrow, Kenneth J.: Economic Theory and the Hypothesis of Rationality, in: The New Palgrave. A Dictionary of Economics, Bd. 2, hrsg. v. *Eatwell, John/Milgate, Murray/Newman, Peter*, London et al. 1987, S. 69–75.

Arrow, Kenneth J.: Social Choice and Individual Values, New York, London 1951.

Bartley, William W., III: Rationalität, in: Handlexikon zur Wissenschaftstheorie, hrsg. v. *Seiffert, Helmut/Radnitzky, Gerard*, 2. A., München 1994, S. 282–287.

Becker, Gary: The Economic Approach to Human Behavior, in: Rational Choice, hrsg. v. *Elster, Jon*, Oxford 1986, S. 108–122.

Dosi, Giovanni/Egidi, Massimo: Substantive and Procedural Uncertainty. An Exploration of Economic Behaviours in Chan-

ging Environments, in: Journal of Evolutionary Economics, Jg. 1, 1991, S. 145–168.
Elster, Jon: Introduction, in: Rational Choice, hrsg. v. *Elster, Jon*, Oxford 1986, S. 1–33.
Elster, Jon: Sour Grapes. Studies in the Subversion of Rationality, Cambridge et al. 1983.
Friedman, Milton: The Methodology of Positive Economics, in: Essays in Positive Economics, *Friedman, Milton*, Chicago et al. 1953, S. 3–43.
Gutenberg, Erich: Die Unternehmung als Gegenstand betriebswirtschaftlicher Theorie, Berlin, Wien 1929.
Harsanyi, John C.: Rational Behavior and Bargaining Equilibrium in Games and Social Situations, Cambridge et al. 1977.
Heiner, Ronald A.: The Origin of Predictable Behavior, in: American Economic Review, Jg. 73, 1983, S. 560–595.
Hempel, Carl G.: Rational Action, in: Proceedings and Addresses of the American Philosophical Association, Jg. 35, 1961/62, S. 5–23.
Hoffmann, Thomas S.: Rationalität, Rationalisierung, in: Historisches Wörterbuch der Philosophie, Bd. 8, hrsg. v. *Ritter, Joachim/Gründer, Karlfried*, Darmstadt 1992, Sp. 52–56.
Kieser, Alfred/Beck, Nikolaus/Tainio, Risto: Rules and Organizational Learning: The Behavioral Theory Approach, in: Handbook of Organizational Learning and Knowledge, hrsg. v. *Dierkes, Meinolf* et al., Oxford 2001, S. 598–623.
Langlois, Richard N.: Rationality, Institutions, and Explanation, in: Economics as a Process. Essays in the New Institutional Economics, hrsg. v. *Langlois, Richard N.*, Cambridge et al. 1986, S. 225–255.
Langlois, Richard N./Csontos, László: Optimization, Rule-Following, and the Methodology of Situational Analysis, in: Rationality, Institutions, and Economic Methodology, hrsg. v. *Mäki, Uskali/Gustafsson, Bo/Knudsen, Christian*, London et al. 1993, S. 113–132.
Latsis, Spiro J.: Situational Determinism in Economics, in: British Journal for the Philosophy of Science, Jg. 23, 1972, S. 207–245.
Luhmann, Niklas: Zweckbegriff und Systemrationalität. Über die Funktion von Zwecken in sozialen Systemen, Tübingen 1968.
March, James G.: A Primer on Decision Making, New York et al. 1994.
Marengo, Luigi: Structure, Competence, and Learning in Organizations, in: Wirtschaftspolitische Blätter, Jg. 42, 1995, S. 454–464.
Olson, Mancur: The Logic of Collective Action. Public Goods and the Theory of Groups, Cambridge MA 1965.
Popper, Karl: La Rationalité et le Statut du Principe de Rationalité, in: Les Fondements Philosophiques des Systèmes Économiques, hrsg. v. *Claassen, Emil M.*, Paris 1967, S. 142–150.
Rescher, Nicholas: Rationality. A Philosophical Inquiry into the Nature and the Rationale of Reason, Oxford 1988.
Schumpeter, Joseph A.: The Meaning of Rationality in the Social Sciences, in: Zeitschrift für die gesamte Staatswissenschaft, Jg. 140, 1984, S. 577–593.
Sen, Amartya: Rational Behaviour, in: The New Palgrave. A Dictionary of Economics, Bd. 4, hrsg. v. *Eatwell, John/Milgate, Murray/Newman, Peter*, London et al. 1987, S. 68–76.
Simon, Herbert A.: Rationality in Psychology and Economics, in: Rational Choice. The Contrast between Economics and Psychology, hrsg. v. *Hogarth, Robin M./Reder, Melvin W.*, Chicago et al. 1987a, S. 25–40.
Simon, Herbert A.: Bounded Rationality, in: The New Palgrave. A Dictionary of Economics, Bd. 1, hrsg. v. *Eatwell, John/Milgate, Murray/Newman, Peter*, London et al. 1987b, S. 266–267.
Simon, Herbert A.: From Substantive to Procedural Rationality, in: Method and Appraisal in Economics, hrsg. v. *Latsis, Spiro J.*, Cambridge et al. 1976, S. 129–148.
Smith, Adam: An Inquiry into the Nature and Causes of the Wealth of Nations, Vol. I, hrsg. von Roy Harold Campbell und Andrew S. Skinner, Indianapolis 1981.
Sugden, Robert: Rational Choice: A Survey of Contributions from Economics and Philosophy, in: Economic Journal, Jg. 101, 1991, S. 751–785.
Suppes, Patrick: Probabilistic Metaphysics, Oxford et al. 1984.
Toulmin, Stephen Edelston: The Uses of Argument, Cambridge et al. 1958.
Tversky, Amos/Kahneman, Daniel: The Framing of Decisions and the Psychology of Choice, in: Science, Bd. 211, 1981, S. 453–458.
Tversky, Amos/Kahneman, Daniel: Judgment under Uncertainty: Heuristics and Biases, in: Science, Bd. 185, 1974, S. 1124–1131.
Ullmann-Margalit, Edna: Invisible-Hand Explanations, in: Synthese, Bd. 39, 1978, S. 263–291.
Ulrich, Peter: Transformation der ökonomischen Vernunft. Fortschrittsperspektiven der modernen Industriegesellschaft, Bern et al. 1986.
Valcárcel, Sylvia: Theorie der Unternehmung und Corporate Governance. Eine vertrags- und ressourcenbezogene Betrachtung, Wiesbaden 2002.
Weber, Max: Wirtschaft und Gesellschaft. Grundriß der verstehenden Soziologie. 1. Halbband, 4. A., Tübingen 1956.
Werder, Axel v.: Unternehmungsführung und Argumentationsrationalität. Grundlagen einer Theorie der abgestuften Entscheidungsvorbereitung, Stuttgart 1994.
Williams, Raymond: Rational, in: Keywords. A Vocabulary of Culture and Society, *Williams, Raymond*, Glasgow 1976, S. 211–214.
Zhou, Xueguang: Organizational Decision Making as Rule Following, in: Organizational Decision Making, hrsg. v. *Shapira, Zur*, Cambridge et al. 1997, S. 257–281.

Rechnungswesen und Organisation

Dieter Pfaff/Günther Gabor

[s.a.: Aufbau- und Ablauforganisation; Controlling; Informationsverarbeitung, Organisation der; Konzernorganisation; Matrix-Organisation; Organisation; Outsourcing und Insourcing; Prinzipal-Agenten-Ansatz; Profit-Center; Spartenorganisation; Vergütung von Führungskräften; Vertragstheorie.]

I. Aufgaben des Rechnungswesens; II. Gestaltungsalternativen des Rechnungswesens; III. Zum Zusammenhang von Organisation und Rechnungswesen.

Zusammenfassung

Das Rechnungswesen ist ein Informationssystem, das wirtschaftliche Vorgänge, die innerhalb der Unternehmung ablaufen oder diese mit ihrer Umwelt verbinden, konkretisiert und quantitativ abbildet. Um seinen vielfältigen Informations- und Steuerungsfunktionen gerecht werden zu können, muss das Rechnungswesen adäquat organisiert sein. Aber nicht nur die Organisation des Rechnungswesens selbst, sondern auch das Zusammenwirken von Informationen des Rechnungswesens und der Gestaltung von Organisationsfragen muss beachtet werden.

I. Aufgaben des Rechnungswesens

Das *Rechnungswesen* eines Unternehmens ist ein *Informationssystem*. Wirtschaftliche Vorgänge, die innerhalb der Unternehmung ablaufen oder diese mit ihrer Umwelt verbinden, gehören zu den Informationsinhalten (*Ordelheide* 1998, S. 479). Sie werden im Rechnungswesen konkretisiert und quantitativ abgebildet. Während im finanziellen oder externen Rechnungswesen die Zahlungsbemessungsfunktion sowie die Information Dritter im Vordergrund stehen, zielt das interne Rechnungswesen über seine Informations- und Steuerungsaufgaben auf die unternehmensinternen Adressaten wie Geschäftsleitung, Bereichsmanager, Abteilungs- oder Kostenstellenverantwortliche.

Das *finanzielle* oder *externe Rechnungswesen* hat neben einer Dokumentationsfunktion (Erfassung von Vermögen und Schulden sowie aller güter- und finanzwirtschaftlichen Transaktionen zur Sicherung von Urkundenbeständen gegen nachträgliche Inhaltsänderungen) vor allem eine Informationsaufgabe sowie eine Koordinations- und Vertragsfunktion (*Wagenhofer/Ewert* 2003). Die *Informationsaufgabe* sieht vor, unternehmensexternen Adressaten entscheidungsnützliche Informationen über das Unternehmen bzw. im Falle der Konzernrechnungslegung über einen Konzern zu geben. So können Informationen des Rechnungswesens eine gewichtige Rolle beim Kauf oder Verkauf von Unternehmensanteilen, bei der Kreditgewährung oder in Tarifverhandlungen spielen. Zur Informationsaufgabe zählt auch, dass mit dem Einzel- und Konzernabschluss Rechenschaft über den Geschäftsverlauf abgelegt wird. Bei der *Koordinations-* und *Vertragsfunktion* (→ *Vertragstheorie*) stellt das externe Rechnungswesen Anknüpfungen für gesetzliche und vertragliche Verpflichtungen bereit. Wichtigste Funktion hierbei ist die *Zahlungsbemessungsfunktion* (*Ordelheide/Pfaff* 1994). Diese bedeutet zum einen, dass mit dem handelsrechtlichen Gewinn eine Größe definiert wird, die es erlaubt, die Ansprüche der Gesellschafter auf Gewinnausschüttungen untereinander abzugrenzen. Zum zweiten wird insb. aus Gründen des Gläubigerschutzes bestimmt, bis zu welchem Betrag Gesellschafter Zahlungen aus dem Unternehmen abziehen können. Drittens werden mit dem steuerrechtlichen Gewinn die Ansprüche des Fiskus festgelegt. Die Vertragsfunktion kommt aber auch dadurch zum Ausdruck, dass bestimmte Kennzahlen externer Rechnungslegung wie der Gewinn oder der Verschuldungsgrad regelmäßig in Kreditverträge zwischen Gläubiger und Schuldner oder in Entlohnungsverträge zwischen der Unternehmung und dem Management (→ *Vergütung von Führungskräften*) eingehen.

Ähnlich wie die externe Rechnungslegung hat auch das *interne Rechnungswesen* zwei Hauptaufgaben (*Pfaff/Weißenberger* 2000; *Ewert/Wagenhofer* 2003, S. 7 ff.): eine Informationsfunktion (Entscheidungsunterstützung) sowie eine Koordinations- und Vertragsfunktion (Verhaltenssteuerung). Gemäß der *Informationsfunktion* ist das interne Rechnungswesen ein Informationssystem, das die optimale Leistungserstellung und -verwertung und damit die Allokation knapper Güter unter Vernachlässigung von Interessenkonflikten und asymmetrischer Informationsverteilung sicherstellen soll. Wichtig ist, dass bei der Entscheidungsfunktion („Beeinflussung eigener Entscheidungen") das Management konkrete Kosten- und Erlösinformationen erhält, bevor es eine Handlungsalternative auswählt. Dabei ist die gewählte Alternative annahmegemäß diejenige, die ex ante die beste Konsequenz auf den Nutzen (Unternehmensziele) erwarten lässt. Die Gestaltung des Rechnungswesens folgt damit der Grundregel, dass die Auswahl zwischen verschiedenen Systemen oder einzelnen Gestaltungsmöglichkeiten so zu treffen ist, dass der Entscheider mit den notwendigen Informationen für ein optimales Entscheidungsergebnis ausgestattet wird. Folglich basieren die traditionellen Gestaltungsempfehlungen für das interne Rechnungswesen auf einer individualentscheidungstheoretischen Sichtweise, was auch in der Bezeichnung „decision-facilitating" (*Demski/Feltham* 1976, S. 8) für die Entscheidungsfunktion zum Ausdruck kommt. Demgegenüber basiert die *Koordinations- und Vertragsfunktion* auf der Betrachtung eines Mehrpersonenkontextes. In Organisationen ergeben sich häufig Probleme aus den Transaktionen und Beziehungen zwischen den ökonomischen Akteuren selbst. So sind Informationen typischerweise asymmetrisch verteilt und interpersonelle Zielkonflikte vorherrschend (vgl. *Ewert/Wagenhofer* 2003, S. 9). Transaktionen können dann nur unter Inkaufnahme von Kosten vereinbart und abgewickelt werden. Das Kernproblem im Rahmen der Verhaltenssteuerungsfunktion besteht somit darin, die (auf das interne Rechnungswesen bezogenen) Vertragsparameter zwischen den Akteuren derart auszugestalten, dass die Effizienzverluste, die aus Zielkonflikten und asymmetrischer Informationsverteilung entstehen, minimiert werden. Diese Funktion wird auch als „decision-influencing" (*Demski/Feltham* 1976, S. 8) bzw. „stewardship" (*Gjesdal* 1981) bezeichnet.

II. Gestaltungsalternativen des Rechnungswesens

1. Überblick

Die Gestaltung des Rechnungswesens wirft organisatorische, personelle und technische Fragen auf, deren Lösung durch unternehmensinterne und -externe Einflussgrößen (*Kontingenzfaktoren*) beeinflusst wird. Zu den internen Einflüssen gehören Unternehmensgröße, Branchenzugehörigkeit, Rechtsform, Personalstruktur, Unternehmensstruktur (z.B. Einzelunternehmung, Konzern, Holding), Zwecke des Rechnungswesens, EDV-technische Rahmenbedingungen und die gesamtorganisatorische Eingliederung des Rechnungswesens in das Unternehmen. Gesetzliche Rahmenbedingungen, Normen und Empfehlungen von Berufsorganisationen oder Genossenschaften stellen externe Einflussfaktoren dar. Eine Abstimmung auf individuelle Unternehmensbedürfnisse und -verhältnisse ist somit unabdingbar. Grundlegende Gestaltungsalternativen betreffen die Frage der Einbindung des Rechnungswesens in die Unternehmensorganisation (*Außengliederung*) sowie die Organisation des Rechnungswesens selbst (*Binnengliederung*). *EDV-technische* Fragestellungen führen zu unterschiedlichen Systemen der Datenverwaltung.

2. Binnengliederung

Neben der Differenzierung nach *sachlichen* Ausprägungen (verschiedenen Kategorien des Werteverzehrs und der Werteentstehung) kann das Rechnungswesen nach *zeitlichen* Abgrenzungen (Ist-, Planungs- und Kontrollrechnung) und nach dem *Wiederholungscharakter* (fallweise oder laufende Rechnungen) gegliedert werden. Besondere Bedeutung haben die Unterscheidung in *pagatorische* und *kalkulatorische* Rechnungen sowie die Einteilung nach dem primären *Adressatenkreis* (internes und externes Rechnungswesen). Sachliche, zeit- und adressatenbezogene Differenzierungen führen zu einer Fülle von Alternativvorschlägen. Jedoch können, unabhängig von der Binnengliederung, mehr oder weniger große Überschneidungen zwischen den einzelnen Bereichen entstehen. Gerade zwischen dem internen Rechnungswesen und dem → *Controlling* gibt es vor allem Übereinstimmungen in den Datenquellen und in der Aufgabenerfüllung, die zu einem Koordinationsbedarf führen (*Küpper* 1997; *Lücke* 1993, Sp. 1693).

Aber auch das interne und externe Rechnungswesen bilden z.T. identische Geschäftsvorfälle, Zustände oder Prozesse ab. Um unnötige Doppelarbeit bei der Erfassung, Aufbereitung und Auswertung übereinstimmender Daten zu vermeiden, wird bei dem *Einkreissystem* die Betriebsbuchhaltung als wesentlicher Bestandteil des internen Rechnungswesens praktisch umfassend in das Kontensystem der Finanzbuchhaltung (als Grundlage des externen Rechnungswesens) integriert. Kostenarten-, Kostenstellen- und Kostenträgerrechnungen können dabei in Kontoform (reines Einkreissystem) oder in tabellarischer Form ausgeführt sein. Im aufwändigeren *Zweikreissystem* werden demgegenüber Betriebs- und Finanzbuchhaltung organisatorisch vollständig getrennt (*Männel* 1997 und *Männel* 1999). Die GuV und das kalkulatorische Betriebsergebnis können dann unabhängig voneinander und in verschiedener Häufigkeit ermittelt werden. Aufgrund der höheren Flexibilität, die besonders bei größeren Unternehmen zum Vorteil gereicht, wird das Zweikreissystem vorwiegend dort angewandt. Darüber hinaus ermöglicht dieses System, für einzelne Unternehmensbereiche gezielt Planungs-, Kontroll- und Steuerungsinformationen abzuleiten (*Eisele* 2002).

In Konzernen stellt sich neben der Verknüpfung von Finanz- und Betriebsbuchhaltung die Frage der *Konzernbuchführung*. Wegen der Doppelarbeit bei der Erfassung, Aufbereitung und Auswertung übereinstimmender Daten wäre eine eigenständige Konzernbuchführung nicht wirtschaftlich. Konzernbilanz und -GuV, aber auch eine *Konzernkostenrechnung* müssen daher aus den einzelbetrieblichen Daten *derivativ* aufgebaut werden. Dabei werden die Rechenwerke dezentraler Abrechnungskreise benutzt und um gruppeninterne Vorgänge, Verflechtungen oder Fehlklassifikationen korrigiert (*Busse von Colbe* et al. 2003; *Pfaff* 2003).

3. Außengliederung

Die Einbindung des Rechnungswesens in die → *Organisation* eines Unternehmens kann grundsätzlich zentral oder dezentral erfolgen. Bei der *zentralen* Variante werden die Aufgaben der Gewinnung, Aufbereitung und Weiterleitung von Informationen aus den jeweiligen Funktionsbereichen ausgegliedert und einer selbstständig operierenden organisatorischen Einheit übertragen (*Coenenberg* 1980, Sp. 1999) (→ *Zentralbereiche*). Sie hat die Aufgabe, die Informationen zielgerichtet, entsprechend den Anforderungen der Adressaten aufzubereiten. Für diese Ausrichtung sprechen vor allem Vorteile der Spezialisierung und Effizienzsteigerung sowie die direkte Einflussnahme des Managements auf die Informationspolitik (*Macharzina* 1992, Sp. 2153 ff.). Bei *dezentraler* Einbindung des Rechnungswesens bereitet jeder Verantwortlichkeitsbereich seine Informationen selbst auf. Dies kann zu erheblichen Belastungen und ineffizienter Doppelarbeit führen. Darüber hinaus besteht die Gefahr von gezielten Manipulationen von Informationen, um die eigene Performance zu „schönen" (*Busse von Colbe* 1995; *Coenenberg* 1995, S. 2080).

Global agierende Unternehmen führen in jüngerer Zeit zunehmend ihr Rechnungswesen zusammen und gründen zu diesem Zweck *Shared Service Center* als eigenständige Konzerngesellschaften (→ *Outsourcing und Insourcing*). Durch Vorteile bei der Datenerfassung, -speicherung und -verarbeitung soll die Abwicklung von Prozessen der Unternehmensrechnung für Geschäftsbereiche sowie Konzerngesellschaften effizienter gestaltet werden. Ziele sind aber auch die Verbesserung von Dienstleistungen des Rechnungswesens sowie die Sicherstellung eines einheitlichen Berichtswesens, um den Anforderungen einer globalen Geschäftssteuerung und kapitalmarktorientierten

Berichterstattung möglichst gut gerecht werden zu können (*Kagelmann* 2001; *Menn* 2004).

Die Organisation eines Unternehmens kann nach einem *Einliniensystem* oder *Mehrliniensystem* (→ *Aufbau- und Ablauforganisation*) gestaltet werden. Bei *funktionaler Aufbauorganisation* und kleinen Unternehmen erscheint eine Integration des Funktionsbereichs Rechnungswesen nahe der Leitungsinstanz sinnvoll, um die erforderliche Informationsnähe sicherzustellen (*Coenenberg* 1980, Sp. 2002). Größere Unternehmen mit Tochtergesellschaften, räumlich getrennten Werken und mehreren Funktionalbereichen verfügen neben zentralen auch über dezentrale Rechnungsweseneinheiten, die vor allem Aufgaben des internen Rechnungswesens wahrnehmen. Überschneidungen in den Aufgabenbereichen sowie Zuordnungs- und Koordinationsprobleme zwischen Rechnungswesen und *Controlling* können hier die Folge sein (*Macharzina* 1992, Sp. 2161). Bei einer *divisionalen Organisation* besteht die Möglichkeit, den einzelnen (Produkt-)Sparten alle Hauptfunktionsbereiche zuzuordnen. Die Sparten haben den Charakter von Investment-Center oder → *Profit-Center* und bilden eigenständige Organisations- und Führungseinheiten. Jede Sparte verfügt häufig über eine eigenständige dezentrale Controllingeinheit, die fachlich und disziplinarisch der Zentrale unterstellt ist (*Coenenberg* 1980, Sp. 2002).

Bei einer → *Matrix-Organisation* besteht das Problem der Kompetenzabgrenzung (sowohl fachlich als auch disziplinarisch) zwischen dem Management der einzelnen Divisionen und der Funktionsbereichsleitung (*Schreyögg* 2003). Die Organisation des Rechnungswesens besteht zum einen in einer zentralen Abteilung. Darüber hinaus existieren i.d.R. – ähnlich wie bei der divisionalen Organisation – dezentrale Abteilungen, die ihre Daten und Informationen an die zentrale Rechnungsweseneinheit liefern (*Laux/Liermann* 2003, S. 184 ff.).

4. Informationstechnologie

Im Mittelpunkt des datenbankgestützten Rechnungswesens steht die Erfassung von rechnungswesenbasierten Informationen und deren Bereitstellung an interne und externe Adressaten (*Frese* 1993, Sp. 1461 ff.; *Laßmann* 1995, S. 1054). Ein großes Problem bei der Generierung von Informationen liegt darin, die Verwendungsfähigkeit und den Bedeutungsgehalt der Daten des Rechnungswesens zu erkennen (→ *Informationsverarbeitung, Organisation der*). Unternehmen haben meist nicht nur eine große Datenbank, sondern eine Ansammlung von vielen kleinen Datenbanken. Hier findet das *Data Warehouse-Konzept* Anwendung. Die in verschiedenen Abteilungen generierten Daten werden durch Transformationsprogramme standardisiert und aufbereitet, anschließend verdichtet und mit zusätzlichen Informationen, sog. *Metadaten*, versehen. Bei dynamischen Data Warehouse-Lösungen werden Agenten mit Kriterien der gewünschten Informationen definiert, um gezielt Daten für den Entscheidungsprozess zu generieren (*Brosius* 2001; *Muckseh/Behme* 2000). Die personelle Organisation des EDV-Bereichs sollte durch eine Funktionstrennung sicherstellen, dass sich „dokumentierende, produzierende und kontrollierende Funktionen" nicht überlappen (*Schuppenhauer* 2000, S. 149). Nur so kann gewährleistet werden, „dass Einzelpersonen nicht in der Lage sind, Daten unbefugt zu durchsuchen, zu manipulieren oder zu veruntreuen, Nachweise und Vermögenswerte zu unterschlagen, Fehler zu vertuschen oder Kontrollen zu umgehen" (*Schuppenhauer* 2000, S. 149).

Global agierende Unternehmen setzen bei der Informationsbereitstellung auf *Executive Information Systems* (EIS) oder *Management Information Systems* (MIS), die die Geschäftsleitung mit internen und externen Informationen versorgen, sodass eine interne Koordination des weltweit operierenden Unternehmens erfolgen kann (*Kreikebaum/Gilbert/Reinhardt* 2002; *Macharzina/Fisch* 1998, S. 32).

III. Zum Zusammenhang von Organisation und Rechnungswesen

Organisation als Funktion bezeichnet die Tätigkeit der zielorientierten Steuerung der Aktivitäten in einem sozialen System mit mehreren Mitgliedern (*Laux/Liermann* 2003, S. 1 f.). Damit die verschiedenartigen Tätigkeiten der Aufgabenträger in einer Organisation in Richtung auf das Organisationsziel zusammenwirken, müssen sie aufeinander abgestimmt werden. Die Koordination von Handlungen ist aber auch eine wichtige Aufgabe des internen Rechnungswesens. Damit diese Aufgabe bestmöglich erfüllt werden kann, müssen Organisation und Rechnungswesen ihrerseits eng aufeinander abgestimmt sein. Die Einführung einer Prozesskostenrechnung (als Änderung des Informationssystems) bspw. erzeugt Anpassungsdruck auf das Planungs- und Kontrollsystem sowie die Organisationsstruktur eines Unternehmens. Veränderungen der Organisation wiederum legen Konsequenzen für das interne Rechnungswesen nahe.

Delegiert eine Unternehmensleitung Entscheidungskompetenzen an nachgeordnete Bereichs- oder Spartenverantwortliche und will sie diese ergebnisorientiert führen, muss das Rechnungswesen geeignete *Performancemaße* als Grundlage von Anreizsystemen (→ *Anreizsysteme, ökonomische und verhaltenswissenschaftliche Dimension*) zur Verfügung stellen. Ein wichtiger Theorierahmen zur Analyse derartiger Systeme ist die *Agency Theorie* (→ *Prinzipal-Agenten-Ansatz*). Sie unterstellt im Rahmen eines vereinfachten Modells der Aufgabendelegation in hierarchischen Organisationen eine vertragliche Beziehung zwischen einer Zentrale (Prinzipal) und mindestens einem dezentralen Entscheidungsträger (Agent), dessen Performance auch an bestimmten Größen des internen oder externen Rechnungswesens gemessen werden kann. Die Vorschriften für die Gestaltung des Performancemaßes und die daran gekoppelten variablen Entlohnungsbestandteile sind Teile des zwischen dem Prinzipalen und dem Agenten abgeschlossenen Vertrags. Da die ex post gemessene Performance Auswirkungen auf den Nutzen des Agenten hat, können ex ante entsprechende Verhaltenswirkungen erwartet werden. Dabei optimieren agency-theoretische Modelle das Anreizsystem stets global: Eine Trennung in Performancemaß und Anreizfunktion ist zwar gedanklich möglich, bleibt aber immer willkürlich (vgl. *Pfaff* 2004 m.w.N.). Insofern sind Fragen der Performancemessung (Rechnungswesen) und solche der Anreizfunktion (Organisation) stets miteinander verknüpft. Enge Zusammenhänge bestehen aber auch zwischen der Zuordnung von Entscheidungsrechten (Organisation) und der Messung der Ausnutzung dieser Entscheidungsrechte, also der Performance (Rechnungswesen) (vgl. für das Beispiel Verrechnungspreise *Holmström* 1999; *Holmström/Tirole* 1991).

Literatur

Brosius, Gerhard: Data Warehouse und OLAP mit Microsoft – Exemplarische Lösungen mit Excel, Access und SQL Server 2000, Bonn 2001.
Busse von Colbe, Walther et al.: Konzernabschlüsse, 7. A., Wiesbaden 2003.
Busse von Colbe, Walther: Das Rechnungswesen im Dienste einer kapitalmarktorientierten Unternehmensführung, in: Wpfg, Jg. 48, 1995, S. 713–720.
Coenenberg, Adolf Gerhard: Einheitlichkeit oder Differenzierung von internem und externem Rechnungswesen: Die Anforderungen der internen Steuerung, in: DB, Jg. 48, 1995, S. 2077–2083.
Coenenberg, Adolf Gerhard: Rechnungswesen(s), Organisation des, in: HWO, hrsg. v. *Grochla, Erwin*, 2. A., Stuttgart 1980, Sp. 1996–2006.
Demski, Joel S./Feltham, Gerald Albert: Cost Determination, Ames 1976.
Eisele, Wolfgang: Technik des betrieblichen Rechnungswesens. Buchführung und Bilanzierung, Kosten- und Leistungsrechnung, Sonderbilanzen, 7. A., München 2002.
Ewert, Ralf/Wagenhofer, Alfred: Interne Unternehmensrechnung, 5. A., Berlin et al. 2003.
Frese, Erich: Organisation, in: HWR, hrsg. v. *Chmielewicz, Klaus/Schweitzer, Marcell*, 3. A., Stuttgart 1993, Sp. 1456–1472.
Gjesdal, Frojstein: Accounting for Stewardship, in: Journal of Accounting Research, Jg. 19, 1981, S. 208–231.
Holmström, Bengt Robert: The Firm as a Subeconomy, in: Journal of Law, Economics, and Organization, Jg. 15, 1999, S. 74–102.
Holmström, Bengt Robert/Tirole, Jean: Transfer Pricing and Organizational Form, in: Journal of Law, Economics, and Organization, Jg. 7, 1991, S. 201–228.
Kagelmann, Uwe: Shared Services als alternative Organisationsform – Am Beispiel der Finanzfunktion im multinationalen Konzern, Wiesbaden 2001.
Kreikebaum, Hartmut/Gilbert, Dirk Ulrich/Reinhardt, Glenn O.: Organisationsmanagement internationaler Unternehmen: Grundlagen und moderne Netzwerkstrukturen, 2. A., Wiesbaden 2002.
Küpper, Hans-Ulrich: Pagatorische und kalkulatorische Rechensysteme, in: Kostenrechnungspraxis, Jg. 41, H. 1/1997, S. 20–26.
Laßmann, Gert: Stand und Weiterentwicklung des Internen Rechnungswesens, in: ZfbF, Jg. 47, 1995, S. 1044–1063.
Laux, Helmut/Liermann, Felix: Grundlagen der Organisation, 5. A., Berlin et al. 2003.
Lücke, Wolfgang: Rechnungswesen, in: HWR, hrsg. v. *Chmielewicz, Klaus/Schweitzer, Marcell*, 3. A., Stuttgart 1993, Sp. 1686–1703.
Macharzina, Klaus: Rechnungswesen(s), Organisation des, in: HWO, hrsg. v. *Frese, Erich*, 3. A., Stuttgart 1992, Sp. 2152–2168.
Macharzina, Klaus/Fisch, Jan Hendrik: Gestaltung von Executive Information Systems bei Internationalisierungsstrategien, in: Rechnungswesen als Instrument für Führungsentscheidungen, hrsg. v. *Möller, Hans Peter/Schmidt, Franz*, Stuttgart 1998, S. 31–52.
Männel, Wolfgang: Integration des Rechnungswesens für ein durchgängiges Ergebniscontrolling, in: Kostenrechnungspraxis, Jg. 43, H. 1/1999, S. 11–21.
Männel, Wolfgang: Reorganisation des führungsorientierten Rechnungswesens durch Integration der Rechnungskreise, in: Kostenrechnungspraxis, Jg. 41, H. 1/1997, S. 9–19.
Menn, Bernd-Joachim: Shared Accounting Service Center and Business Partnering, in: Jahrbuch zum Finanz- und Rechnungswesen 2004, hrsg. v. *Meyer, Conrad/Pfaff, Dieter*, Zürich et al. 2004, S. 107–132.
Mucksch, Harry/Behme, Wolfgang (Hrsg.): Das Data Warehouse-Konzept: Architektur – Datenmodelle – Anwendungen, 4. A., Wiesbaden 2000.
Ordelheide, Dieter: Externes Rechnungswesen, in: Vahlens Kompendium der Betriebswirtschaftslehre, hrsg. v. *Bitz, Michael* et al., 4. A., München 1998, S. 475–586.
Ordelheide, Dieter/Pfaff, Dieter: European Financial Reporting: Germany, London und New York 1994.
Pfaff, Dieter: Value-Based Management and Performance Measures: Cash Flow versus Accrual Accounting, in: The Economics and Politics of Accounting: International Perspectives on Research Trends, Policy, and Practice, hrsg. v. *Leuz, Christian/Pfaff, Dieter/Hopwood, Anthony*, Oxford 2004, S. 81–102.
Pfaff, Dieter: Methodische Fragen einer internationalen Konzernkostenrechnung, in: Kostenrechnung im international vernetzten Konzern, Sonderheft 49 der ZfbF, hrsg. v. *Franz, Klaus-Peter/Hieronimus, Albert*, Düsseldorf und Frankfurt, 2003, S. 29–46.
Pfaff, Dieter/Weißenberger, Barbara E.: Institutionenökonomische Fundierung, in: Kosten-Controlling, hrsg. v. *Fischer, Thomas M.*, Stuttgart 2000, S. 109–134.
Schreyögg, Georg: Organisation: Grundlagen moderner Organisationsgestaltung, 4. A., Wiesbaden 2003.
Schuppenhauer, Rainer: Grundsätze ordnungsmäßiger Datenverarbeitung im Rechnungswesen (GoDV 2000) – Kurzfassung –, in: Wpg, 2000, S. 128–151.
Wagenhofer, Alfred/Ewert, Ralf: Externe Unternehmensrechnung, Berlin et al. 2003.

Regionalorganisation

Reinhard Meckl

[s.a.: Aufbau- und Ablauforganisation; Funktionale Organisation; Globalisierung; Holding; Interkulturelles Management; Internationale Strategien; Internationale Unternehmen, Organisation der; Konzernorganisation; Kulturvergleichende Organisationsforschung; Matrix-Organisation; Modulare Organisationsformen; Netzwerke; Organisationsstrukturen, historische Entwicklung von; Organisatorische Gestaltung (Organization Design); Profit-Center; Spartenorganisation; Strategie und Organisationsstruktur; Zentralbereiche.]

I. Begriffsabgrenzung; II. Formen der Regionalorganisation; III. Effiziente Gestaltung der Regionalorganisation; IV. Empirische Ergebnisse zur Regionalorganisation; V. Ausblick.

Zusammenfassung

Bei der Regionalorganisation werden Aufgaben und Kompetenzen an organisatorische Einheiten übertragen, die für ein abgegrenztes geographisches Gebiet zuständig sind. Häufig wird dieses regionale Gliederungsprinzip kombiniert mit produkt- oder funktionsorientierten Dimensionen. Die Stärken der Regionalorganisation liegen im Bereich der konsequenten Ausrichtung auf einen speziellen, in vielen Fällen länderspezifischen Markt. Nachteile ergeben sich auf der Kostenseite aufgrund der Verteilung von Ressourcen auf mehrere Einheiten, was zu Doppelarbeiten und Nichtrealisierung von Volumeneffekten führt. Die zukünftige Relevanz der Regionalorganisation hängt damit wesentlich von der Entwicklung hin zu homogenen oder heterogenen internationalen Märkten ab.

I. Begriffsabgrenzung

Neben der produkt- und funktionsorientierten Strukturierung (→ *Aufbau- und Ablauforganisation*) stellt die regionale Dimension ein grundlegendes Gliederungsprinzip der Aufbauorganisation dar. Eine *Regionalorganisation* liegt dann vor, wenn Entscheidungskompetenzen bezüglich der Produkte und der Funktionen einer Unternehmenseinheit mit geographisch abgegrenztem Aufgabenbereich zugeordnet werden (vgl. *Bleicher* 1991, S. 551; *Alewell* 1992, Sp. 2184; *Welge/Holtbrügge* 2001, S. 160). Diese Form der aufbauorganisatorischen Strukturierung ist grundsätzlich auch im nationalen Markt anwendbar, in der Unternehmenspraxis aber vor allem zur Strukturierung internationaler Geschäftsaktivitäten relevant (vgl. *Frese* 2000, S. 465). Die starke Zunahme der Auslandsaktivitäten vieler Unternehmen führt deswegen auch zu einer verstärkten Relevanz der regionalen Gliederungsdimension, weswegen im Folgenden die Regionalorganisation schwerpunktmäßig aus Sicht der Strukturierung der *Auslandsaktivitäten* betrachtet wird. Die Regionalorganisation weist eine statutarische und eine organisatorische Dimension auf. Die statutarische Betrachtungsweise umfasst die rechtliche und kapitalmäßige Struktur (legal structure), während die organisatorische Sichtweise (management structure) die Leitungs- und Steuerungsprozesse in den Mittelpunkt stellt (vgl. *Pausenberger* 1993, S. 127). Im Folgenden wird hauptsächlich auf die Darstellung der Managementstruktur abgestellt.

II. Formen der Regionalorganisation

Die *reine Regionalorganisation*, auch als integrierte Regionalstruktur bezeichnet (vgl. z.B. *Perlitz* 2000, S. 621), fasst die Unternehmensaktivitäten auf der obersten Hierarchieebene nach einem geographischen Gliederungsprinzip zusammen (vgl. Abb. 1a), wobei je nach Größe der auf der obersten Ebene gebildeten Regionen auch eine mehrstufige Regionalorganisation möglich ist. Deutlich häufiger als die reine Form liegen *Modifizierungen der Regionalorganisation* vor (vgl. dazu auch Abschnitt IV). Diese ergeben sich durch Kombination der regionalen Dimension mit der Produkt- bzw. der Funktionaldimension. Vorstellbar sind Mischformen auf der gleichen Hierarchieebene, wie in Abbildung 1b am Beispiel einer Kombination von funktionaler und regionaler Organisation gezeigt (vgl. *Drumm* 1979, S. 44). Im Normalfall werden die Dimensionen allerdings vertikal, wie in Abbildung 1 am Beispiel der Regionalorganisation mit weiterer funktionaler Unterteilung (1c) und der Produktorganisation mit anschließender regionaler Gliederung (1d) gezeigt, kombiniert. Werden diese Formen im nationalen Rahmen eingesetzt, so repräsentieren die einzelnen Regionen in den meisten Fällen Vertriebsgebiete (zur näheren Beschreibung dieser Form vgl. z.B. *Alewell* 1992, Sp. 2192). Vor allem Dienstleistungsunternehmen wie Banken oder Versicherungen nutzen diese Struktur auch auf dem nationalen Heimatmarkt (vgl. *Frese* 2000, S. 465). Bei Einsatz der Schemata aus Abbildung 1 im internationalen Rahmen stehen die Regionen für einzelne Länder oder Ländergruppen, für die eine gemeinsame Marktbearbeitung sinnvoll erscheint.

Als Weiterentwicklung sind mehrdimensionale Organisationsformen unter Einbeziehung der regionalen Dimension zu sehen. Als Grundmodell ergibt sich die zweidimensionale *Matrixstruktur* (→ *Matrix-Organisation*). Hier stehen sich die regionale und die produktorientierte (vgl. Abb. 2a) oder die regionale und die funktionale Dimension gegenüber. Die Kombination aller drei Dimensionen führt, wie in Abbil-

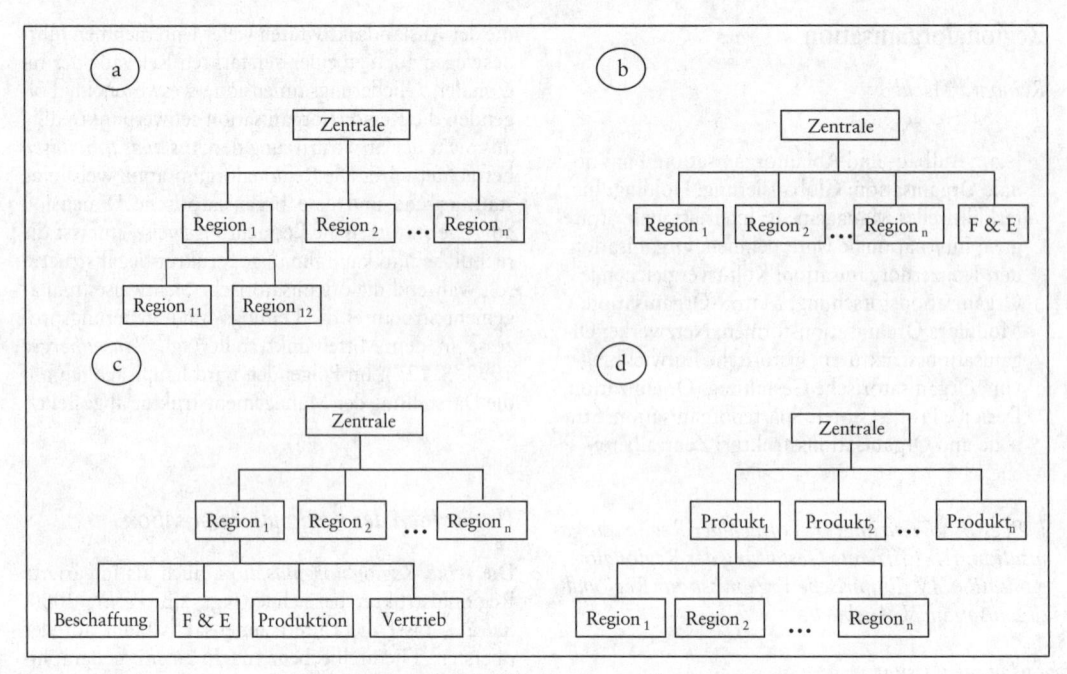

Abb.1: Reine und modifizierte Regionalorganisation

dung 2b verdeutlicht, zur dreidimensionalen Matrix (vgl. *John* et al. 1997, S. 281). Die zwei oder drei Dimensionen werden häufig ergänzt durch zentrale Stäbe, die Harmonisierungsaufgaben übernehmen (vgl. *Bleicher* 1991, S. 563–564). Diese sind entweder projektorientiert oder fassen bei der Produkt/Regionen-Matrix funktionsorientierte Aufgaben mit dem Ziel der Realisierung von Volumeneffekten zusammen. Grundsätzliche Unterschiede zwischen nationalem und internationalem Rahmen ergeben sich hier nicht.

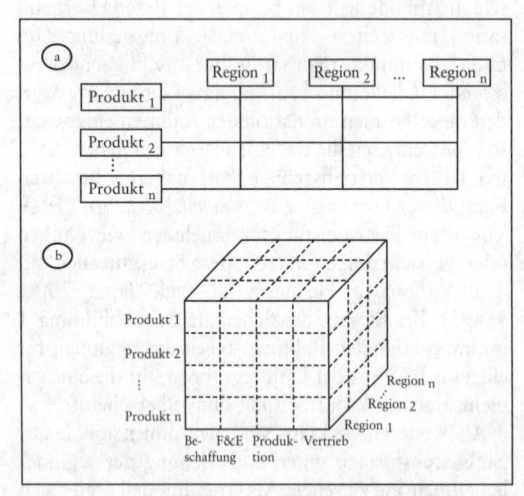

Abb. 2: Mehrdimensionale Strukturen mit regionaler Dimension

Besonders bei den mehrdimensionalen Organisationsformen stellt sich die Frage, ob und wenn ja wie diese teilweise komplexen Beziehungen in eine Führungsstruktur abgebildet werden und welche Bedeutung dabei der regionalen Komponente zukommt. In diesem Zusammenhang spielen in den letzten Jahren Holding-Konzepte (→ *Holding*) eine immer wichtigere Rolle (vgl. *Kreikebaum* 1998, S. 104). Die Holding wird gebildet von einer rechtlich selbstständigen Einheit eines Unternehmens, die in Reinform keine eigenen operativen Aktivitäten beinhaltet, sondern sich auf Leitungsaufgaben beschränkt. Angegliedert sind die rechtlich selbstständigen Geschäftsbereiche, die die Holdinggesellschaften bilden. Was die Beziehungen und die Anordnung der Holding und der Holdinggesellschaften betrifft, so sind aus Sicht der Regionalorganisation mehrere Varianten möglich, die in Abbildung 3 dargestellt sind (zu weiteren Formen vgl. *Keller* 2002).

Der Struktur 3a liegt die Idee zugrunde, dass neben Inlandsgesellschaften, die z.B. produkt- oder auch inlandsregionenorientiert gebildet werden (vgl. die Formen in Abb. 1), rechtlich selbstständige Gesellschaften im Ausland bestehen. Sind diese Gesellschaften für das gesamte Geschäft in „ihrem" Land verantwortlich, spricht man von *Landesgesellschaften*. Dies käme der reinen Form der Landesgesellschaften am nächsten. Genauso möglich ist, wie in 3a mit den Pfeilen angedeutet, dass die Geschäftsaktivitäten der Auslandsgesellschaften international ausgerichtet sind, was z.B. eine produktorientierte Verantwortung dieser Gesellschaft impliziert. Die zweite dargestellte Struktur (vgl. Abb. 3b) sieht die normalerweise produktorientierten Inlandsgesellschaften als Zwischen-Holdings in der direkten Veranwortung für die Auslandsgesellschaften.

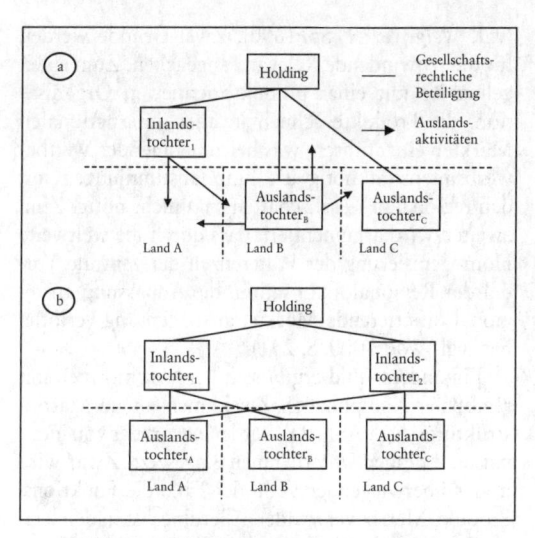

Abb. 3: Holding-Konzepte mit regionaler Komponente

III. Effiziente Gestaltung der Regionalorganisation

Auch für die Regionalorganisation gilt, dass die letztendliche Eignung der gewählten Struktur vor dem Hintergrund der verfolgten Strategie bezüglich der nationalen und/oder internationalen Aktivitäten eingeschätzt werden muss (→ *Strategie und Organisationsstruktur.*). Allerdings können für die in Abschnitt II beschriebenen Formen der Regionalorganisation allgemeingültige Aussagen über Effizienzwirkungen gemacht werden (→ *Organisatorische Gestaltung (Organization Design)*). Im Folgenden werden die regionalorientierten Strukturen aus Abschnitt II hinsichtlich ihrer Markt-, Ressourcen-, Motivations- und Prozesseffizienz bewertet (vgl. dazu *Frese* 2000, S. 467–471).

Die *Markteffizienz* beschreibt die Fähigkeit einer organisatorischen Struktur, sich an die spezifischen Konstellationen von Märkten, die das Unternehmen bearbeitet, anzupassen. Die reine Regionalorganisation (vgl. Abb. 1a) entfaltet hier besondere Vorteile, da sie die organisatorischen Voraussetzungen für die Berücksichtigung der Spezifika eines regionalen, länderspezifischen Markts schafft (vgl. *Bleicher* 1991, S. 560). Kulturelle, rechtliche, technologische und wirtschaftliche Unterschiede werden regionenspezifisch beachtet, was eine erfolgreichere Marktbearbeitung ermöglicht. Da diese Unterschiede im Heimatmarkt eines Unternehmens normalerweise nicht groß sind, kommt dieser Vorteil beim nationalen Einsatz wenig zum Tragen. Der Vorteil verringert sich auch mit zunehmender Modifizierung der Regionalorganisation. Die Zentralisierung eines Funktionsbereichs z.B. von F&E (vgl. Abb. 1b) kann aus Sicht der Markteffizienz zum Verlust von Marktnähe in diesem Funktionsfeld führen. Liegt die regionale Orientierung erst auf zweiter Ebene, unterhalb der Produkteinteilung vor (vgl. Abb. 1d), so gelten die Vorteile separiert für die einzelnen Produkte. Probleme aus Sicht der Markteffizienz liegen bei regionaler Orientierung dann vor, wenn Kunden nicht eindeutig einer Region zugeordnet werden können (vgl. *zur Nedden* 1994, S. 150), da es dann zu einer Parallelbetreuung kommen kann. Weisen die Regionalgesellschaften unterschiedliche Produktspektren auf, so kann die Beschränkung auf eine Region zu einer Nichtausschöpfung von Marktpotenzialen in anderen Regionen führen. Die Konkurrenz der Regionalgesellschaften auf Drittmärkten muss durch geeignete Marktabgrenzung vermieden werden. Die Strukturtypen in Abbildung 2 versuchen, diese Probleme durch eine in der Aufbauorganisation angelegte Kooperation zwischen den Regionen und den anderen Dimensionen zu verhindern. Allerdings können diese Abstimmungserfordernisse zu hohem Koordinationsaufwand führen.

Die *Ressourceneffizienz* befasst sich mit den Implikationen einer organisatorischen Struktur im Hinblick auf den effizienten Einsatz von Ressourcen. Die räumliche Trennung und Aufteilung vieler Aktivitäten in der reinen Regionalorganisation verhindert die Realisierung von Volumen- und Spezialisierungsvorteilen. Die Doppelarbeiten durch Ansiedlung aller Wertschöpfungsstufen in jeder Region bedingen weitere Effizienzverschlechterungen aus Sicht des Gesamtunternehmens. Hinzu kommt, dass durch die Trennung der einzelnen regionalen Aktivitäten ein lernfördernder interner Austausch von Erfahrungen und auch Personen nicht gefördert wird. Somit wird auch das effiziente Management der Ressource „Wissen" nicht erleichtert. Die Struktur in Abbildung 1b zentralisiert z.B. die Ressource „technologisches Know-how", wodurch die beschriebenen Nachteile zumindest in diesem Feld verhindert werden sollen. Eine primäre Orientierung an der Produkt- oder Funktionendimension (vgl. Abb. 1d) kann diese Probleme ebenfalls vermindern, führt aber zu Einschränkungen in der Markteffizienz. Ziel der Matrixstrukturen (vgl. Abb. 2) in diesem Zusammenhang ist es, diejenigen Ressourcen zu zentralisieren, die hohe Kostenersparnisse erlauben, gleichzeitig aber die notwendige Marktnähe nicht einzuschränken. Die Einrichtung zentraler Stäbe, die Harmonisationsaufgaben wahrnehmen (vgl. *Macharzina* 1992, S. 8), ist ebenfalls eine Möglichkeit, die Nachteile der Regionenorientierung zu überwinden.

Bei der *Motivationseffizienz* steht die Wirkung einer Struktur auf das Verhalten der Menschen, die in dieser Organisation arbeiten, im Mittelpunkt. Insbesondere für das Top Management der Regionalgesellschaften sind positive Anreizwirkungen zu erwarten (vgl. *Frese* 2000, S. 469). Regional orientierte Strukturen beinhalten in vielen Fällen, wie in Abbildung 3 verdeutlicht, die rechtliche und auch operative Selbstständigkeit der regionalen Aktivitäten. Größere Entscheidungsfreiräume, die im Hinblick auf die Markteffizienz auch gewünscht sind, und die Gestaltung der Regionalgesellschaften als → *Profit-Center* sollen unternehmerisches Handeln der Regionalmanager fördern. Die Matrixstrukturen (vgl. Abb. 2) beschränken diese Freiheiten durch die Abstimmungserfordernisse mit den anderen Dimensionen. Positiv aus Motivationssicht kann hier die Möglichkeit der Interaktion mit Organisationsmitgliedern aus den Funktionen oder Produktsparten gesehen werden.

Die *Prozesseffizienz* ist als hoch einzustufen, wenn zeit- und ressourcenverbrauchsminimierende, flexible Leistungserstellungs-, Entscheidungs- und Informationsprozesse im Rahmen der Aufbaustruktur eingerichtet werden können (vgl. *Meckl* 2000, S. 145). Effizienzprobleme ergeben sich häufig dann, wenn Ressourceninterdependenzen und Leistungsverflechtungen zwischen aufbauorganisatorischen Einheiten zu organisieren sind. Die reine Regionalorganisation (vgl. Abb. 1a) minimiert die Interdependenzen sowohl was Ressourcen als auch Leistungsverflechtungen betrifft. Sie ist aus Prozesssicht damit grundsätzlich vorteilhaft. Diese Vorteilhaftigkeit nimmt wiederum mit „Verwässerung" des Regionalprinzips ab. Insbesondere bei den Matrixstrukturen (vgl. Abb. 2) birgt die notwendige Definition von Prozessen über die regionalen, funktionalen und/oder produktorientierten Einheiten hinweg die Gefahr des suboptimalen Prozessablaufs.

Bei einer zusammenfassenden Effizienzbetrachtung für die Regionalorganisation ist festzustellen, dass sich vor allem bei der Markt- und der Prozess-, aber auch bei der Motivationseffizienz Stärken des regionalen Gliederungsprinzips ergeben. Diesen Stärken stehen allerdings erhebliche Nachteile der reinen Regionalform bei der Ressourceneffizienz gegenüber. Dieses Spannungsfeld ist letztendlich der Grund, warum regionale Strukturen in der Praxis in den meisten Fällen nur in modifizierten Formen auftreten (vgl. *Frese* 2000, S. 469 f.).

IV. Empirische Ergebnisse zur Regionalorganisation

Die These von der praktischen Relevanz der modifizierten und weniger der reinen Regionalorganisation wird auch empirisch bestätigt. Wolf stellt in seiner Untersuchung fest, dass die regionale Gliederungsdimension in den letzten 40 Jahren in reiner Form nur mit einer vergleichsweise geringen Häufigkeit von nie mehr als ca. 7% aufgetreten und die Bedeutung in den neunziger Jahren sogar noch zurückgegangen ist (vgl. *Wolf* 2000, S. 249). Historisch gesehen wurde die Regionalorganisation insbesondere von US-amerikanischen Unternehmen in den sechziger Jahren zur Strukturierung des Auslandsgeschäfts bevorzugt eingesetzt. Europäische Unternehmen nutzten hingegen andere Gliederungsmöglichkeiten, insbesondere produktorientierte Strukturen

(vgl. *Welge* 1989, Sp. 1600). Zwei Gründe werden für die schwindende Relevanz angegeben. Zum einen gelingt es mit einer produktorientierten Organisation, die Produkte schnell in allen internationalen Märkten einzuführen, was bei zunehmender Wettbewerbsintensität nötig ist. Einzelabstimmungen mit den regionalen Gesellschaften sind nicht nötig. Zum zweiten wird argumentiert, dass durch die weltweite Homogenisierung der Präferenzen der zentrale Vorteil der Regionalorganisation, die Anpassung an regional differierende Märkte, an Bedeutung verloren hat (vgl. *Wolf* 2000, S. 251).

Ein anderes Bild ergibt sich bei Mischformen mit regionaler Komponente. Zweidimensionale Matrixstrukturen (vgl. Abb. 2a) werden bevorzugt von international tätigen Unternehmen eingesetzt. Zwar wird in der überwiegenden Zahl der Fälle die Funktions/Produkt-Matrix verwendet. Allerdings ist in den letzten Jahren zu beobachten, dass die Funktions/Regionen- und insbesondere die Produkt/Regionen-Matrix vermehrt eingerichtet werden. Dreidimensionale Matrixstrukturen (vgl. Abb. 2b) treten allerdings selten auf (vgl. *Wolf* 2000, S. 255–256).

Betrachtet man die Veränderung organisatorischer Strukturen insbesondere bei der Internationalisierung von Unternehmen im Zeitablauf, so sehen Stopford und Wells immer dann die regionale Komponente im Vordergrund, wenn die Produktdiversität gering, der Anteil des Auslandsumsatzes aber hoch bzw. im Steigen begriffen ist. Sind sowohl Produktdiversität als auch Auslandsanteil hoch, so wird nach dieser Studie eine Matrix mit regionaler Komponente gebildet (vgl. *Stopford/Wells* 1972; *Kieser* 1989, Sp. 1579–1580). Egelhoff erweitert dieses zweidimensionale Modell durch Hinzunahme der Variable „Anteil der Auslandsproduktion". Demnach führt ein hoher Anteil von Auslandsproduktion und von Auslandsumsätzen bei geringer Produktdiversität zu einer Orientierung an regionalen Gliederungskriterien. Bei steigender Produktdiversität gewinnt die Matrix an Bedeutung (vgl. *Egelhoff* 1988, S. 12). Offensichtlich ist die Einrichtung einer relativ kostenintensiven Regionalstruktur für das Auslandsgeschäft nur dann gerechtfertigt, wenn die Auslandsaktivitäten ein großes Volumen erreicht haben (→ *Internationale Unternehmen, Organisation der*). Allerdings sind die empirischen Ergebnisse nicht eindeutig, da z.B. Daniels, Pitts und Tretter als bestimmende Variable der Einrichtung einer Regionalorganisation die Höhe der Marketingausgaben, interpretiert als Notwendigkeit der Marktbezogenheit eines Unternehmens ansehen (vgl. *Daniels/Pitts/Tretter* 1984, S. 302–303).

V. Ausblick

Die Nachteile der Regionalorganisation vor allem in der Ressourceneffizienz verhindern bisher eine größere Verbreitung dieses Gliederungsprinzips. Neue

Organisationsstrukturen, die starke regionale Komponenten enthalten, könnten diese Defizite jedoch verringern. Zur Koordination geographisch weit gestreuter internationaler Aktivitäten innerhalb eines Unternehmens oder auch über Unternehmensgrenzen hinweg sind Netzwerkstrukturen (→ *Netzwerke*) zwischen regional verantwortlichen bzw. verteilten Einheiten eine aktuell vieldiskutierte Organisationsform. Solche regionenübergreifenden *Netzwerke* können z.B. nach dem transnationalen Prinzip von Bartlett und Ghoshal gebildet werden (vgl. *Bartlett/ Ghoshal* 1989). Die wichtigste Forderung im Rahmen dieser Struktur besteht darin, dass die regionalen Gesellschaften einen intensiven Fluss von Technologien, Finanzen und Produkten auf horizontaler Ebene betreiben (→ *Internationale Unternehmen, Organisation der*).

Die generelle zukünftige Relevanz des regionalen Gliederungskriteriums hängt entscheidend davon ab, ob sich die nationalen/regionalen Märkte in den Kundenpräferenzen, den technologischen Standards, den institutionellen Rahmenbedingungen und den kulturellen Spezifika annähern werden oder ob sie sich im Zuge einer Re-Regionalisierung eher wieder voneinander entfernen. Die erfolgreichen Bemühungen z.B. in Europa wirtschaftlich homogene Räume zu schaffen und die weltweite Verbreitung einheitlicher Handels- und Investitionsstandards über die World Trade Organization sprechen eher für eine Angleichung der nationalen Märkte und damit für einen Rückgang der Bedeutung der Regionalorganisation. Andererseits scheinen sich gerade im Bereich der Konsumgüterindustrie durch einen generell erhöhten Wettbewerb neue Chancen durch Differenzierung der Produkte und Ausrichtung an nationalen Präferenzen zu ergeben, was der regionalen Gliederung eine Renaissance bringen könnte.

Literatur

Alewell, Karl: Regionalorganisation, in: HWO, hrsg. v. *Frese, Erich*, 3. A., Stuttgart 1992, Sp. 2184–2196.
Bartlett, Christopher A./Ghoshal, Sumantra: Managing Across Borders – The Transnational Solution, Boston 1989.
Bleicher, Knut: Organisation, 2. A., Wiesbaden 1991.
Daniels, John D./Pitts, Robert A./Tretter, Marietta J.: Strategy and Structure of US-multinationals: An Exploratory Study, in: AMJ, Jg. 27, 1984, S. 292–307.
Drumm, Hans Jürgen: Zum Aufbau internationaler Unternehmungen mit Geschäftsbereichsorganisation, in: ZfbF, Jg. 31, 1979, S. 38–56.
Egelhoff, William G: Strategy and Structure in Multinational Corporations, in: SMJ, Jg. 9, 1988, S. 1–14.
Frese, Erich: Grundlagen der Organisation, 8. A., Wiesbaden 2000.
John, Robin et al.: Global Business Strategy, London et al. 1997.
Keller, Thomas: Holdingkonzepte als organisatorische Lösungen bei hohem Internationalisierungsgrad, in: Handbuch Internationales Management, hrsg. v. *Macharzina, Klaus/Oesterle, Michael-Jörg*, 2. A., Wiesbaden 2002, S. 797–821.
Kieser, Alfred: Organisationsstruktur, empirische Befunde, in: Handwörterbuch Export und Internationale Unternehmung, hrsg. v. *Macharzina, Klaus/Welge, Martin K.*, Stuttgart 1989, Sp. 1574–1590.
Kreikebaum, Hartmut: Organisationsmanagement internationaler Unternehmen, Wiesbaden 1998.
Macharzina, Klaus: Internationalisierung und Organisation, in: ZFO, 1992, S. 4–11.
Meckl, Reinhard: Controlling im internationalen Unternehmen, München 2000.
Nedden, Corinna zur: Internationalisierung und Organisation, Wiesbaden 1994.
Pausenberger, Ehrenfried: Organisationsmodelle im Internationalisierungsprozeß, in: Wisu, H. 2/1993, S. 126–132.
Perlitz, Manfred: Internationales Management, 4. A., Stuttgart 2000.
Stopford, John M./Wells, Louis T.: Managing the Multinational Enterprise, New York 1972.
Welge, Martin K.: Organisationsstrukturen, differenzierte und integrierte, in: Handwörterbuch Export und Internationale Unternehmung, hrsg. v. *Macharzina, Klaus/Welge, Martin K.*, Stuttgart 1989, Sp. 1590–1602.
Welge, Martin K./Holtbrügge, Dirk: Internationales Management, 2. A., Landsberg/Lech 2001.
Wolf, Joachim: Strategie und Struktur, Wiesbaden 2000.

Reputation

Joachim Schwalbach

[s.a.: Identitätstheoretischer Ansatz; Neoinstitutionalistische Ansätze; Ressourcenbasierter Ansatz; Unternehmensführung (Management); Unternehmenskommunikation; Vertrauen.]

I. *Vorbemerkung;* II. *Reputation, Image und Unternehmenswert;* III. *Reputation und ihre Anwendungsgebiete;* IV. *Reputation deutscher Unternehmen.*

Zusammenfassung

Mit Reputation verbindet man das Ansehen bzw. die Qualität einer Person, eines Produkts, einer Organisation oder allgemein einer Institution. Der Beitrag zeigt, unter welchen Bedingungen Investitionen in den Aufbau hoher Reputation ökonomisch vorteilhaft sind. Weiterhin werden Anwendungsgebiete vorgestellt, in denen der ökonomische Wert von Reputation modelliert wurde. Abschließend werden die wichtigsten Ergebnisse einer empirischen Untersuchung zur Reputation von deutschen Unternehmen vorgestellt.

I. Vorbemerkung

In der wirtschaftswissenschaftlichen Literatur existiert keine allgemein gültige Definition von Reputation. Deshalb werden zunächst einige häufig verwendete Definitionen aufgelistet:

- „In common usage, reputation is a characteristic or attribute ascribed to one person (firm, industry, etc.) by another. ... Operationally this is usually represented as a prediction about likely future behaviour." (*Wilson* 1985, S. 27).
- „Reputation: A name for high quality in characteristics that cannot easily be monitored. Enables contracts to be made, or made on more favourable terms, than would otherwise be possible. A primary distinctive capability." (*Kay* 1996, S. 375).
- „Corporate reputation is a set of attributes ascribed to a firm, inferred from the firm's past actions." (*Weigelt/Camerer* 1988, S. 1).
- „A corporate reputation is a perceptual representation of a company's past action and future prospects that describes the firm's overall appeal to all of its key constituents when compared with other leading rivals." (*Fombrun* 1996, S. 72).

Demnach verbindet man mit Reputation das Ansehen bzw. die Qualität einer Person, eines Produkts, einer → Organisation oder allgemein einer Institution, wie sie von anderen wahrgenommen wird. Reputation ist dann von Bedeutung, wenn die Realität nur unvollkommen beobachtet oder bewertet werden kann. So erschwert z.B. die *asymmetrische Informationsverteilung* über die *Produktqualität* zwischen einem Unternehmen und seinen Kunden den Absatz des Produkts. In diesem Zusammenhang kann Reputation dazu beitragen, das sich aus der ungleichen Informationsverteilung ergebende Problem des *moralischen Risikos* (*moral hazard*) oder der *adversen Selektion* (adverse selection) zu überwinden. Voraussetzung ist, dass die Akteure wiederholt handeln: Das Verhalten in der Vergangenheit muss zumindest teilweise beobachtbar sein, und die Akteure müssen einen Zusammenhang zwischen vergangenem und zukünftigem Verhalten sehen.

Der Aufbau einer hohen Reputation benötigt Zeit. Die Bildung von Reputation muss als langfristige Investition verstanden werden. Gelingt es, eine hohe Reputation zu erzielen, wird dies, bezogen auf die Unternehmen, die *strategische Wettbewerbsposition* des Unternehmens verbessern; denn es versetzt das Unternehmen in die Lage, bspw. höhere Produktpreise, niedrigere Beschaffungskosten, höhere *Loyalität* bei Kunden und Lieferanten zu erzielen sowie höher qualifizierte Arbeitskräfte zu gewinnen. Nicht zuletzt kann eine hohe Reputation die Krisen- und Konjunkturanfälligkeit des Unternehmens reduzieren (→ *Krisenforschung und Krisenmanagement*).

Hohe Reputation setzt Vertrauenswürdigkeit (→ *Vertrauen*), *Glaubwürdigkeit*, Berechenbarkeit und Verlässlichkeit (→ *Unternehmensethik*) voraus (*Fombrun* 1996, S. 71 f.). Diese *immateriellen Werte* sind besonders wichtig in sich schnell ändernden und durch Unsicherheiten geprägten Umwelten (*Itami* 1987).

Eine langfristig aufgebaute hohe Reputation kann kurzfristig vernichtet werden. *Reputationsverluste* erschweren eine Wiedererlangung der ursprünglich erreichten Reputation. Bei hohen Reputationsverlusten ist eine Rückgewinnung selbst eines Teils der zuvor erreichten Reputation nur langfristig möglich. Zwei Beispiele mögen dies verdeutlichen: Die Deutsche Shell AG musste aufgrund der Brent-Spar-Diskussion im Jahre 1996 herbe Reputationsverluste hinnehmen. Bis heute ist es dem Unternehmen trotz massiver Investitionen in reputationsbildende Maßnahmen nicht gelungen, das ursprüngliche, relativ hohe Reputationsniveau wieder zu erreichen. Im Fall der Deutschen Bank AG hat es nahezu sechs Jahre gedauert bis die ehemals hohe Reputation wiedererlangt wurde. Die Verwicklung in den Bankrott des Baukonzerns Schneider im Jahre 1994 hatte dem Unternehmen herbe Reputationsverluste zugefügt (vgl. *Dunbar/Schwalbach* 2000; *Schwalbach* 2002).

II. Reputation, Image und Unternehmenswert

Reputation und *Image* werden häufig irrtümlicherweise miteinander gleichgesetzt. Unter Reputation versteht man das von anderen wahrgenommene Ansehen. Das Image reflektiert die *Identität* und somit das Selbstverständnis und die Charakteristika einer Person oder Institution (→ *Identitätstheoretischer Ansatz*). Die beobachtete Reputation ist ein Feedback auf das erwünschte bzw. angestrebte Image. Mit der erzielten Reputation wird die Frage beantwortet, wie die Person oder Institution wahrgenommen wird und inwiefern das angestrebte Image erreicht wurde.

Die auf Unternehmen bezogene Reputation steht im Mittelpunkt der Reputationsliteratur. Interessanterweise entdecken Unternehmen erst seit wenigen Jahren den Einfluss der Reputation auf den Markterfolg und betreiben zunehmend ein aktives *Reputationsmanagement*, das das wahrgenommene mit dem angestrebten Ansehen in Einklang bringen soll. Unternehmen mit einer hohen Reputation werden Fähigkeiten zu überdurchschnittlicher Leistung im Markt zugesprochen. Dies können bspw. *Managementfähigkeiten* (→ *Managementkompetenzen und Qualifikation*) sein, die ausgewählte *Unternehmensstrategie* (→ *Strategisches Management*) sowohl nach innen als auch nach außen überzeugend zu kommunizieren (→ *Kommunikation*; → *Unternehmenskommunikation*).

Der Wert der Reputation kann aus dem ressourcenbasierten Ansatz (→ *Ressourcenbasierter Ansatz*) abgeleitet werden. Die zwei Basisressourcen, materielle und immaterielle, determinieren den *Unternehmenswert*. Die Reputation gehört zu den immateriellen, das Sach- und Finanzvermögen zu den *materiellen Ressourcen*. Die Kombination der Basisressourcen erzeugt Fähigkeiten und *Kernkompetenzen* (→ *Kompetenzen, organisationale*), die das Unternehmen von anderen Wettbewerbern im Markt unterscheidet. Die Fähigkeiten wiederum bestimmen die strategischen Möglichkeiten. Über die gewählte Strategie wird die Wettbewerbsposition, die Dauerhaftigkeit des *Wettbewerbsvorteils* und letztlich der Unternehmenswert bestimmt. Die Reputation als immaterielle Ressource nimmt in diesem Prozess des Erringens, der Verbesserung und der Verteidigung der Wettbewerbsposition sowie bei der Erhöhung des Unternehmenswerts eine wichtige Rolle ein (→ *Wertorientierte Unternehmensführung*). Umfragen unter Spitzenmanagern haben ergeben, dass die Reputation als wichtigste immaterielle Ressource angesehen wird (*Hall* 1992).

III. Reputation und ihre Anwendungsgebiete

1. Reputation in der Spieltheorie

In der → *Spieltheorie* wird unter Reputation die erwartete Wahrscheinlichkeit des Spielertypen verstanden. Die ersten spieltheoretischen Ansätze modellierten Reputation in einem sequentiellen *Gleichgewichtsmodell* (*Kreps/Wilson* 1982; *Kreps* et al. 1982). In einem endlichen Spiel wird gezeigt, dass mit Hilfe von Reputation das Problem des moralischen Risikos überwunden werden kann, wenn Unsicherheit über den Spielertypen besteht. Existiert eine kleine Wahrscheinlichkeit, dass ein Anbietertyp existiert, der keinen *Anreiz* hat, sich kurzfristig *opportunistisch zu verhalten* (bspw. niedrige Qualität anzubieten), haben opportunistische Anbietertypen einen Anreiz, das Verhalten dieses Typs zu imitieren. Durch ein solches Verhalten können sie sich eine Reputation aufbauen, die sie nicht als opportunistisch erscheinen lässt und so die schlechter informierte Marktseite überzeugt, ihnen zu vertrauen. Der drohende Reputationsverlust stellt für die Unternehmen dabei einen Anreiz dar, sich nicht opportunistisch zu verhalten.

An diesem Ansatz wird kritisiert, dass die besser informierte Marktseite bereits in der ersten Periode eine hohe Reputation besitzt und ihr daher vertraut wird. Es muss keine Reputation im Zeitablauf aufgebaut werden. Dies liegt daran, dass die schlechter informierte Marktseite antizipiert, dass die besser informierte Marktseite vornehmlich am Anfang einen Anreiz hat, sich nicht opportunistisch zu verhalten, da zu diesem Zeitpunkt der damit verbundene Reputationsverlust am größten ist.

2. Reputation und Produktqualität

Ein Großteil der theoretischen Arbeiten, die sich mit Reputation beschäftigen, betrachten Produktmärkte mit asymmetrisch verteilter Information bezogen auf die *Produktqualität*. Während die Unternehmen die Qualität ihrer Produkte kennen, können die Nachfrager diese erst nach dem Kauf beurteilen. In diesem Zusammenhang erwartet man bei einem Unternehmen mit hoher Reputation, dass es Produkte hoher Qualität anbietet.

Kann die Qualität in jeder Periode variiert werden, was z.B. typisch für Serviceleistungen ist, so existiert ein Problem des moralischen Risikos. Klein und Leffler, die als erste dieses Problem beleuchteten, zeigen in einem unendlichen Spiel, dass in einem *Reputationsgleichgewicht* sich Unternehmen eine *Reputationsprämie* verdienen müssen (*Klein/Leffler* 1981). Daraus folgt, dass die Reputation hoher Produktqualität für die Unternehmen einen Wert besitzt, der wiederum einen Anreiz darstellt, sich nicht opportunistisch zu verhalten und niedrige Qualität anzubieten. Problematisch an diesem Ansatz ist, dass das betrachtete Reputationsgleichgewicht nur eines von mehreren Nash-Gleichgewichten ist. Daher ist die Gleichgewichtsauswahl ad hoc.

3. Reputation, Markteintritt und Preispolitik

Unternehmen treten nur in neue Märkte ein, wenn dies mit positiven Gewinnerwartungen verbunden ist. Diese sind u.a. von der Reaktion des bereits auf dem Markt existierenden Unternehmens abhängig. Es ist gezeigt worden, dass in einem endlich wiederholten Spiel ein sequentielles Gleichgewicht existiert, in dem das auf dem Markt existierende Unternehmen durch eine aggressive *Preispolitik* eine Reputation für Aggressivität erwirbt, auch wenn diese Strategie kurzfristig mit einem geringeren Gewinn verbunden ist (*Kreps/Wilson* 1982; *Milgrom/Roberts* 1982). Wichtig für die Existenz eines solchen Gleichgewichts ist die Erwartung der eintretenden Unternehmen, dass für das auf dem Markt existierende Unternehmen mit einer bestimmten Wahrscheinlichkeit die aggressive Preispolitik auch kurzfristig eine dominante Strategie darstellt. Wählt ein Unternehmen somit eine aggressive Preispolitik, so wird mit einer bestimmten Wahrscheinlichkeit erwartet, dass es sich um ein aggressives Unternehmen handelt, das auch in allen Folgeperioden diese Strategie wählen wird. Ist die Wahrscheinlichkeit dafür hoch genug, werden Unternehmen davon absehen in den Markt einzutreten. Existiert hingegen keine Unsicherheit über den Typ, sondern sind sich die Unternehmen sicher, dass das auf dem Markt existierende Unternehmen nicht aggressiv ist, so kann in einem Spiel mit endlichem Zeithorizont durch eine aggressive Preispolitik keine Reputation für Aggressivität aufgebaut werden. Dies hat Selten in seinem berühmten Aufsatz „The Chain Store Paradox" gezeigt (*Selten* 1978).

4. Reputation in Online-Auktionen

Neuere Ansätze, die sich mit dem Problem des moralischen Risikos beschäftigen, untersuchen, wie mit Hilfe von Reputation in *Online-Auktionen* wie eBay das effiziente Marktgleichgewicht erzielt werden kann (vgl. *Dellarocas* 2003). Auf solchen Märkten können Privatpersonen Produkte zur Versteigerung anbieten. Das moralische Risiko besteht darin, dass nach der Versteigerung eines Produkts dieses entweder trotz Bezahlung nicht oder in minderer Qualität geliefert wird. Aufgrund der Anonymität der Marktteilnehmer sowie der relativ großen Rechtsunsicherheit existiert auf solchen Märkten ein größeres moralisches Risiko als auf herkömmlichen Märkten, was der Unternehmensreputation eine größere Bedeutung zukommen lässt. Nachfrager haben die Möglichkeit, eine Verkäuferbewertung abzugeben, die von allen Marktteilnehmern einsehbar ist. Dellarocas zeigt, dass solche Bewertungen theoretisch zu einem effizienten Marktgleichgewicht führen (*Dellarocas* 2003).

5. Reputation und Spillover-Effekte

Unternehmen können von der Reputation anderer Unternehmen profitieren, indem sie bestimmte Dienste von diesen in Anspruch nehmen. Sie können z.B. das Vertrauen von Investoren gewinnen, indem sie *Wirtschaftsprüfer* mit einer Reputation für Fairness und Genauigkeit engagieren. In diesem Zusammenhang wird auch davon gesprochen, dass die Reputation eines anderen Unternehmens ‚gemietet' (rented) wird (vgl. *Wilson* 1983). Ein anderes Beispiel, in dem die Reputation eines anderen Unternehmens ‚gemietet' werden kann, stellen IPOs dar. Ein Unternehmen, welches einen *IPO* plant, hat keinen Anreiz, einen Preis zu setzen, bei dem die Investoren einen Gewinn erzielen. Eine *Investmentbank* hingegen hat keinen Anreiz, einen „zu hohen" Preis zu setzen, da es dadurch einen Reputationsverlust (aus Sicht der Investoren) erleidet und somit zukünftige Kunden verliert. Setzt es jedoch einen zu niedrigen Preis, so erleidet es einen Reputationsverlust (aus Sicht der Unternehmens). Diese Reputationsüberlegungen erklären, weshalb der Emissionspreis meist etwas unterhalb des späteren Marktpreises liegt. Unternehmen können bei einem IPO somit von der Reputation der Investmentbank für einen „fairen Preis" profitieren, da sie sicherstellt, dass beide Seiten (emittierendes Unternehmen sowie Investor) einen adäquaten Gewinn erzielen. Eine empirische Untersuchung bestätigt dieses Ergebnis (*Beatty/Ritter* 1986).

6. Reputation von Kreditnehmern

Wollen Unternehmen einen Kredit für eine Investition aufnehmen, so besteht das Risiko, dass sie ein zu riskantes Investitionsprojekt wählen und somit ein zu hohes Risiko eingehen, den Kredit nicht mehr zurückzahlen zu können. Diamond zeigt, dass Unternehmen, welche ihren Kredit jede Periode zurückzahlen, sich eine Reputation für *Kreditwürdigkeit* aufbauen können (*Diamond* 1989). Je höher die Reputation eines Kreditnehmers ist, desto niedriger ist der Zins, den ein Kreditgeber von ihm verlangt. Dadurch ist die Reputation eines Kreditnehmers mit einem Wert verbunden, der wiederum einen Anreiz für den Kreditnehmer darstellt, kein zu riskantes Projekt zu wählen. Da die Reputation und damit ihr Wert im Zeitablauf steigt, nimmt das Risiko der gewählten Investitionsprojekte und somit das Risiko eines Reputationsverlusts im Zeitablauf ab.

IV. Reputation deutscher Unternehmen

Seit 1987 führt das Manager Magazin Umfragen zur Einschätzung der Reputation der hundert größten deutschen Unternehmen durch. Schwalbach hat die Ergebnisse einer systematischen Analyse zugeführt (vgl. *Schwalbach* 2002; *Dunbar/Schwalbach* 2000 sowie für globale Unternehmen *Cordeiro/Schwalbach* 2001). Stichpunktartig die wichtigsten Ergebnisse:

- Das Reputationsniveau der Unternehmen schwankt im Zeitablauf. Nur neun Prozent der Unternehmen konnten ein hohes Reputationsniveau über mehr als zehn Jahre aufrechterhalten. Dazu gehören BMW, Bosch, Daimler-Benz und Siemens.
- Zwischen den Branchen schwankt das Reputationsniveau stark. Die Automobilbranche genießt das höchste Ansehen.
- Der zu erwartende Zusammenhang zwischen hohem Reputationsniveau und hoher finanzieller Performance konnte empirisch nicht bestätigt werden. Vielmehr sind es die Merkmale Innovationsfreudigkeit (→ *Innovationsmanagement*) und *Kommunikationsfähigkeit* (→ *Kommunikation*), die den größten Einfluss auf die Reputation ausüben.

Literatur

Beatty, Randolph P./Ritter, Jay R.: Investment Banking, Reputation, and Underpricing of Initial Public Offerings, in: Journal of Financial Economics, Jg. 15, 1986, S. 213–232.
Cordeiro, James J./Schwalbach, Joachim: Structure and Determinants of Global Corporate Reputations, Diskussionsbeitrag Nr. 2001-3, Berlin, 2001.
Dellarocas, Chrysanthos: The Digitization of Word of Mouth: Promise and Challenges of Online Feedback Mechanisms, in: Management Science, Jg. 49, 2003, S. 1407–1424.
Diamond, Douglas W.: Reputation Acquisition in Debt Markets, in: J.Polit.Econ., Jg. 97, 1989, S. 828–862.
Dunbar, Roger/Schwalbach, Joachim: Corporate Reputation and Performance in Germany, in: Corporate Reputation Review, Jg. 3, H. 2/2000, S. 115–123.
Fombrun, Charles J.: Reputation. Realizing Value from the Corporate Image, Boston, MA 1996.
Hall, Richard: The Strategic Analysis of Intangible Resources, in: SMJ, Jg. 13, 1992, S. 135–144.
Itami, Hiroyuki: Mobilizing Invisible Assets, Boston, MA 1987.
Kay, John: The Business of Economics, Oxford 1996.
Klein, Benjamin/Leffler, Keith B.: The Role of Market Forces in Assuring Contractual Performance, in: J.Polit.Econ., Jg. 89, 1981, S. 615–641.
Kreps, David et al.: Rational Cooperation in the Finitely Repeated Prisoners' Dilemma, in: JE, Jg. 27, 1982, S. 245–252.

Kreps, David/Wilson, Robert: Reputation and Imperfect Information, in: JE, Jg. 27, 1982, S. 253–279.

Milgrom, Paul/Roberts, John: Predation, Reputation, and Entry Deterrence, in: JE, Jg. 27, 1982, S. 280–312.

Schwalbach, Joachim: Unternehmensreputation als Erfolgsfaktor, in: Relationship Marketing. Standortbestimmung und Perspektiven, hrsg. v. *Rese, Mario/Söllner, Albrecht/Utzig, Peter*, Berlin 2002, S. 225–238.

Selten, Reinhard: The Chain Store Paradox, in: Theory and Decision, Jg. 9, H. 2/1978, S. 127–159.

Weigelt, Keith/Camerer, Colin: Reputation and Corporate Strategy: A Review of Recent Theory and Applications, in: SMJ, Jg. 9, 1988, S. 443–454.

Wilson, Robert: Reputations in Games and Markets, in: Game Theoretic Models of Bargaining, hrsg. v. *Roth, Alvin E.*, Cambridge 1985, S. 27–62.

Wilson, Robert: Auditing: Perspectives from Multiperson Decision Theory, in: Accounting Review, Jg. 58, 1983, S. 305–318.

Ressourcenbasierter Ansatz

Rudi K.F. Bresser

[s.a.: Community of Practice; Kompetenzen, organisationale; Macht in Organisationen; Managementkompetenzen und Qualifikation; Strategisches Management; Wissen.]

I. *Entstehung des ressourcenbasierten Paradigmas;* II. *Argumentationslogik des ressourcenbasierten Ansatzes;* III. *Stand der Forschung;* IV. *Praktische Implikationen.*

Zusammenfassung

Der ressourcenbasierte Ansatz entwickelte sich als Alternative zu industrieökonomischen Konzepten und ist heute der dominierende Ansatz zur Erklärung von Wettbewerbsvorteilen im Strategischen Management. Trotz seiner Akzeptanz in Forschung und Praxis fordern Probleme bzgl. der Terminologie, der Dynamisierung, des Kontextbezugs und der Methodologie Weiterentwicklungen ein.

I. *Entstehung des ressourcenbasierten Paradigmas*

Die Bedeutung der internen Ressourcen einer Unternehmung wurde schon frühzeitig von der ökonomischen Theorie (*Ricardo* 1817; *Penrose* 1959) und der strategischen Managementliteratur erkannt (*Christensen* et al. 1982). Jedoch gelang es erst Wernerfelt (*Wernerfelt* 1984), dem ressourcenbasierten Ansatz als potentielle Grundlage für die Forschungen des Strategischen Managements (→ *Strategisches Management*) den Weg zu bereiten. Wernerfelt knüpft in seinem grundlegenden Beitrag an industrieökonomische Arbeiten an (*Caves* 1980; *Porter* 1980), um sie durch eine Ressourcenperspektive zu ergänzen. Dennoch wird der ressourcenbasierte Ansatz oft als eine Alternative zu industrieökonomischen Konzepten im Strategischen Management angesehen, die bis in die frühen 90er Jahre dominierten. Der ressourcenbasierte Ansatz geht von einer grundsätzlichen Unterschiedlichkeit aller Unternehmungen aus, anstatt diese, wie die traditionelle industrieökonomische Forschung, als homogen zu behandeln (*zu Knyphausen* 1993). Obwohl ursprünglich als Kontrapunkt zu industrieökonomischen Analysen positioniert, weist der ressourcenbasierte Ansatz auch vielfältige Berührungspunkte mit der Industrieökonomie und anderen organisationsökonomischen Forschungsansätzen auf (*Mahoney/Pandian* 1992). Einige Autoren fordern sogar, den ressourcenbasierten Ansatz als eine neue, realistische Theorie der Unternehmung anzusehen (*Conner/Prahalad* 1996; *Kogut/Zander* 1996).

Der ressourcenbasierte Ansatz hat sich inzwischen zum einflussreichsten Forschungsparadigma des Strategischen Managements weiterentwickelt (*Barney/Wright/Ketchen* 2001). Seit der Mitte der 80er Jahre entstand eine kaum überschaubare Flut von theoretischen und empirischen Abhandlungen zu fast allen Strategiethemen. Barney und Arikan (*Barney/Arikan* 2001) identifizieren bspw. 165 empirische Studien, die jedoch nur eine Auswahl darstellen. Resümierende und kritische Würdigungen des Ansatzes sind angesichts dieser Vorherrschaft besonders bedeutsam.

II. *Argumentationslogik des ressourcenbasierten Ansatzes*

Die Vertreter des ressourcenbasierten Ansatzes versuchen, den Erfolg einer Unternehmung und die Performanceunterschiede zwischen mehreren Unternehmungen einer Branche durch das Vorhandensein firmenspezifischer, einzigartiger Ressourcen zu erklären. Inzwischen liegen mehr als 40 (englischsprachige) empirische Untersuchungen vor, die einen positiven Zusammenhang zwischen spezifischen Ressourcen und dem Unternehmungserfolg bestätigen (*Barney/Arikan* 2001). Durch den Aufbau und die Nutzung solcher einzigartigen strategischen Ressourcen sollen Unternehmungen in der Lage sein, sich *dauerhafte* Wettbewerbsvorteile zu sichern. Die Nutzung des Ressourcenpotentials wird somit zur Quelle von Wettbewerbsvorteilen, und sie ersetzt Maßnahmen zur Wettbewerbsbeschränkung (z.B. Eintritts- und Mobilitätsbarrieren), die in den industrieökonomischen Ansätzen Wettbewerbsvorteile begründen (*Barney* 1991; *Teece/Pisano/Shuen* 1997). Die im ressourcenbasierten Sinne überlegenen Ressourcen wirken allerdings als „Isolationsmechanismen" ähnlich wie Eintrittsbarrieren (*Rumelt* 1984; *Mahoney/Pandian* 1992).

Der Ressourcenbegriff ist von der Literatur nicht eindeutig definiert. Auf einer sehr generellen Ebene lassen sich materielle und immaterielle Ressourcen voneinander abgrenzen (*Wernerfelt* 1984; *Rasche/ Wolfrum* 1994). Beispiele für materielle Ressourcen sind Produktionsanlagen, Standorte, EDV-Systeme, etc. Immaterielle Ressourcen umfassen u.a. die *Organisationskultur*, Patentrechte, die Reputation, technisches Know-how und organisatorische Fähigkeiten (→ *Kompetenzen, organisationale*), z.B. Koordinations-, Integrations- und Lernfähigkeiten. Für viele immaterielle Ressourcen versagen die Faktormärkte, denn solche Ressourcen sind intangibel oder "tacit", d.h. nur schwer beschreibbar, unternehmungsspezifisch und damit nicht handelbar (*Dierickx/Cool* 1989).

Der für die ressourcenbasierte Forschung des letzten Jahrzehnts maßgeblichste theoretische Beitrag wurde 1991 von Barney verfasst. Seine Annahme, dass Unternehmungsressourcen, die wertstiftend, knapp, nicht substituierbar und schwer imitierbar sind, dauerhafte Wettbewerbsvorteile generieren können, wird im Folgenden vertieft: Die *Ressourcenheterogenität* und die *Ressourcenimmobilität* gelten als die Basisprämissen des ressourcenbasierten Ansatzes (*Barney* 1991). Ressourcenheterogenität besagt, dass Unternehmungen durch asymmetrische Ressourcenausstattungen gekennzeichnet sind. Unternehmungen sind also grundsätzlich unterschiedlich, denn ein Großteil ihrer Ressourcen ist spezifischer Natur. Ressourcenimmobilität besagt, dass wichtige, insb. immaterielle Ressourcen der Unternehmung nicht handelbar und damit immobil sind.

Vor dem Hintergrund der Annahmen der Ressourcenheterogenität und -immobilität stellt sich die Frage, welche Bedingungen erfüllt sein müssen, damit Unternehmungen durch ihre Ressourcen dauerhafte Wettbewerbsvorteile begründen können. Als dauerhaft gelten Wettbewerbsvorteile dann, wenn sie nicht durch Imitationen oder Substitutionen seitens der Konkurrenten zunichte gemacht werden können (*Barney* 1991). Offensichtlich enthalten nicht alle Unternehmungsressourcen das Potential für die Schaffung nachhaltiger Wettbewerbsvorteile. Der ressourcenbasierte Ansatz nennt vier Bedingungen für das Entstehen dauerhafter Wettbewerbsvorteile (*Barney* 1991; *Peteraf* 1993; *Rasche/Wolfrum* 1994). (1) Ressourcen müssen einen *wertstiftenden Charakter* besitzen, d.h. sie müssen es der Unternehmung erlauben, Strategien zu entwickeln und zu implementieren, die die Effizienz und die Effektivität der Unternehmung erhöhen. (2) Ressourcen müssen *knapp* sein: Wenn jeder Wettbewerber über die gleichen wertstiftenden Ressourcen verfügt, kann keiner daraus einen nachhaltigen Wettbewerbsvorteil ableiten. (3) Ressourcen dürfen *nicht substituierbar* sein, d.h. es darf keine ähnlichen oder alternativen Ressourcen geben, die die zum Aufbau von Wettbewerbsvorteilen notwendigen Leistungen gleichwertig erbringen können.

Die vierte Bedingung, die *Nichtimitierbarkeit* von Ressourcen, gilt als die wichtigste Quelle dauerhafter Wettbewerbsvorteile. Die Ressourcen einer Unternehmung dürfen durch andere Unternehmungen nicht ohne weiteres kopierbar sein. Je weniger Unternehmungen sich vor den Imitationsbemühungen der Konkurrenz schützen können, desto geringer ist das strategische Potential ihrer Ressourcen. Die Literatur hebt drei „Imitationsbarrieren" hervor (*Barney* 1991, 2001): die Historizität, die kausale Ambiguität und die soziale Komplexität.

Was die *Historizität* betrifft, so ist jede Unternehmung durch eine idiosynkratische Entwicklung gekennzeichnet, die zu spezifischen Ressourcen (z.B. zu einer einzigartigen Unternehmungskultur) geführt hat. Ressourcenbestände sind durch „*Pfadabhängigkeiten*" gekennzeichnet, d.h. ihre jeweilige Beschaffenheit ist durch sämtliche vergangenen Entscheidungen des Managements beeinflusst, ein Umstand der oft ausreicht, um ihre Einzigartigkeit zu begründen (*Dierickx/Cool* 1989; *Barney* 1991). Historisch gewachsene Ressourcen sind aufgrund ihrer Einzigartigkeit nicht reproduzierbar oder imitierbar. Die *kausale Ambiguität* betrifft das Ausmaß der Unklarheit über vermutete Kausalzusammenhänge zwischen den unternehmungsspezifischen Ressourcen und den daraus ableitbaren Wettbewerbsvorteilen (*Lippman/ Rumelt* 1982; *Barney* 1992). Wenn diese Kausalitäten nicht klar beschreibbar und verständlich sind, fällt es einem Konkurrenten nicht leicht, eine erfolgreiche Strategie zu kopieren, denn er weiß nicht, welche Ressourcen er imitieren soll. Diffuse Kausalzusammenhänge sind insb. bei immateriellen Ressourcen mit einem hohen Grad an „tacitness" anzutreffen, z.B. bei organisatorischen Fähigkeiten. Die *soziale Komplexität* schließlich wirkt sich ebenfalls als Imitationsbarriere aus. Viele Ressourcen (z.B. Organisationskultur, Reputation) bestehen aus zahlreichen Elementen, die interagieren und kaum isoliert voneinander analysiert werden können. Die Komplexität dieser aggregierten Ressourcen erschwert Duplikationsversuche.

III. Stand der Forschung

Der ressourcenbasierte Ansatz hat empirische Studien und weiterführende theoretische Arbeiten nicht nur zu fast allen Fragen des Strategischen Managements inspiriert, sondern auch Anwendungen in anderen betriebswirtschaftlichen Teildisziplinen gefunden, z.B. in der Organisationstheorie (*Grant* 1996), im Humanressourcenmanagement (*Wright/Dunford/Snell* 2001), im Marketing (*Shrivastava/Fahey/ Christensen* 2001), der Wirtschaftsinformatik (*Dent-Micallef/Powell* 1998) und im Produktionsmanagement (*Powell* 1995). Detaillierte Übersichten zu diesen Arbeiten liefern Priem und Butler (*Priem/ Butler* 2001) sowie Barney und Arikan (*Barney/Ari-*

kan 2001). Darüber hinaus gibt es inzwischen zahlreiche Versuche, die Verbindungen zwischen dem ressourcenbasierten Ansatz und organisationsökonomischen (*Combs/Ketchen* 1999; *Lockett/Thompson* 2001) sowie organisationssoziologischen (*Oliver* 1997; *Millonig* 2002) Ansätzen deutlicher herauszuarbeiten. Trotz dieser beeindruckenden Breite und Tiefe der ressourcenbasierten Forschung weist der Ansatz mehrere Problembereiche auf, die Weiterentwicklungen und Konkretisierungen einfordern. Die Lösung dieser Probleme steht im Zentrum der interessantesten Arbeiten der Gegenwart:

1. Terminologische Probleme

Die ressourcenbasierte Literatur ist durch eine Begriffsvielfalt und Uneinheitlichkeit der Definitionen gekennzeichnet, die die Fokussierung der Forschungsbemühungen behindert (*Collis* 1994; *Rasche/Wolfrum* 1994). Mit dem Begriff Ressource häufig synonym verwendete Begriffe sind z.B. organisatorische Fähigkeit (capability, routine, skill), Kompetenz (competence) oder Aktivposten (asset). Die Kritik an der Vielfalt der Begriffe und Definitionen hat zu dem Vorwurf geführt, wichtige Konstrukte des Ansatzes seien tautologisch definiert (*Priem/Butler* 2001; *Barney* 2001; *Powell* 2001). Angesichts der Vielfalt der Forschungsinteressen und -kontexte ist die Erwartung, die Forschungsgemeinschaft würde sich in naher Zukunft auf eine einheitliche Terminologie verständigen, unrealistisch. Es ist deshalb für alle ressourcenbasierten Studien und Analysen essentiell, die verwendeten Begriffe und Konstrukte klar, insb. unter Vermeidung von Tautologien, voneinander abzugrenzen, um so zu einer Vergleichbarkeit der Arbeiten beizutragen.

2. Statische Theorie

Einige Kritiker weisen darauf hin, dass sich der ressourcenbasierte Ansatz als Mittel zur Analyse dauerhafter Wettbewerbsvorteile als statische Theorie präsentiert (*Jacobson* 1992; *McWilliams/Smart* 1995; *Lockett/Thompson* 2001). Diese Kritik lässt sich durch das verwendete Wettbewerbskonzept und das Konstrukt des Isolationsmechanismus belegen:

Wernerfelt (*Wernerfelt* 1984) und Barney (*Barney* 1991, S. 102) definieren *Wettbewerb* in neoklassischer Tradition als einen durch Gleichgewichte gekennzeichneten Zustand. *Dauerhafte* Wettbewerbsvorteile sind Störungen dieses Gleichgewichts, die sich komparativ-statisch untersuchen lassen. Angesichts der Verbreitung sehr dynamischer Umwelten, in denen sich die Grundlagen des Wettbewerbs kontinuierlich verändern (*D'Aveni* 1994) und die Imitation bzw. Substitution erfolgskritischer Ressourcen gang und gäbe ist (*Thomas* 1996; *Bresser/Heuskel/Nixon* 2000), erscheint die Annahme dauerhafter Wettbewerbsvorteile als wenig ergiebig. Mehrere Autoren fordern deshalb unter Rückbesinnung auf die „österreichische" Schule der Ökonomie, die Möglichkeiten und Implikationen *temporärer* Wettbewerbsvorteile in durch Ungleichgewichte gekennzeichneten Märkten stärker in den Mittelpunkt der Analysen zu rücken (*Jacobson* 1992; *Bresser* 1998, S. 678 f.; *Fiol* 2001).

Eng zusammenhängend mit dem vorangehenden Kritikpunkt ist die Auffassung, überlegene Ressourcenbündel seien wirkungsvolle *Isolationsmechanismen*, die Unternehmungen dauerhaft vor Wettbewerb abschirmen, d.h. eine Erosion der Wettbewerbsvorteile verhindern. Diese Annahme ist ebenfalls statisch und angesichts der Allgegenwart von Imitationen fragwürdig. Darüber hinaus spielt die Nichtimitierbarkeit bei kurzen *Produktlebenszyklen* oft nur eine geringe Rolle für die Wettbewerbsfähigkeit der Unternehmung. Wenn der Wert einer Ressource durch schnelle Erosion, Substitution und Imitation gefährdet ist, kann es zur Erzielung von Standards und Wettbewerbsvorteilen sogar sinnvoll sein, Imitationen zu erleichtern (*Garud/Kumaraswamy* 1993; *Yoffie/Cusumano* 1999). Auch können einer Unternehmung, die eine wertvolle Ressource besitzt, im Falle der Imitation dieser Ressource dennoch Wettbewerbsvorteile entstehen, da Imitationen oft mit „time-lags" verbunden sind, die vorübergehend „supranormale" Rentabilitäten ermöglichen (*Jacobson* 1992). Die Forderung der Modellierung temporärer Vorteile impliziert somit eine Modifizierung des Verständnisses von Isolationsmechanismen.

Eine Dynamisierung des ressourcenbasierten Ansatzes wird gegenwärtig mit Nachdruck betrieben. Solche Versuche manifestieren sich einerseits in einem ausgeprägten Forschungsinteresse an sog. „dynamic capabilities" (*Teece/Pisano/Shuen* 1997; *Eisenhardt/Martin* 2000), also jenen Prozessen, durch die Unternehmungen ihre Ressourcen einsetzen und anpassen (→ *Lernen, organisationales*). Hier bietet sich für eine weiterführende Forschung an, das Verhältnis von ressourcenbasiertem Ansatz und Organisation zu vertiefen, da Unternehmungen organisiert sein müssen, um das Potential ihrer Ressourcen für Wettbewerbsvorteile nutzen zu können (*Sydow/Ortmann* 2001; *Barney* 2002, S. 171 f.; *Durand* 2002). Andererseits werden Veränderungen und Wirkungen von Ressourcen zunehmend in einem evolutionstheoretischen Bezugsrahmen analysiert (*Hunt* 1997; *Helfat* 2000) (→ *Evolutionstheoretischer Ansatz*), der allerdings (noch) zu stark von verhaltenswissenschaftlich relevanten Kategorien abstrahiert. Um eine Dynamisierung des ressourcenbasierten Ansatzes durch verhaltenswissenschaftliche Erkenntnisse voranzutreiben, müssen das Entscheidungsverhalten sowie die Kognitionen und Emotionen des Menschen stärker als bisher in das Zentrum der Modellbildung rücken (*Bresser* 1998, S. 309 f.; *Tripsas/Gavetti* 2000).

3. Kontextbezug

Obwohl von den Begründern des ressourcenbasierten Ansatzes nicht intendiert, hat sich ein großer Teil der Forschung auf die Untersuchung überlegener Ressourcenbündel konzentriert, ohne den relevanten Kontext hinreichend zu bestimmen (*Rasche/Wolfrum* 1994). Dies ist verwunderlich, da vor der Dominanz des ressourcenbasierten Ansatzes industrieökonomische, also extern orientierte Forschungsansätze verbreitet waren und außerdem schon relativ früh Arbeiten vorlagen, die Ressourcenbetrachtungen explizit mit externen Umweltanalysen verbanden (*Amit/Schoemaker* 1993; *Collis* 1994). Die sorgfältige Spezifizierung des relevanten Kontextes wird heute für ressourcenbasierte Studien als unverzichtbar angesehen, da sich nur so der Wert alternativer Ressourcen bestimmen lässt (*Rouse/Daellenbach* 1999; *Priem/Butler* 2001; *Barney* 2001).

4. Methodologische Probleme

Die empirische Forschung zum ressourcenbasierten Ansatz bereitet Schwierigkeiten, da wichtige Ressourcen (z.B. Fähigkeiten, *Organisationskulturen*) intangibel sind und damit eine direkte Messung nicht ermöglichen. Aus diesem Grunde schlagen einige Autoren vor, anstelle großzahliger quantitativer Studien primär qualitative Empirie zu betreiben (*Rouse/Daellenbach* 1999). Ohne Zweifel sind qualitative Studien hilfreich, um intangible Ressourcen zu erfassen, aber quantitative Quer- und Längsschnittstudien können das Problem der „unobservables" ebenfalls handhaben, und zwar durch den Einsatz von Strukturgleichungsmodellen (*Godfrey/Hill* 1995; *Barney/Wright/Ketchen* 2001; *Levitas/Chi* 2002). Hierbei werden mehrere beobachtbare Indikatoren verwendet, die zusammen nicht beobachtbare latente Konstrukte ermitteln und im Hinblick auf vermutete Beziehungszusammenhänge untersuchen.

IV. Praktische Implikationen

Die Prognose, dass der ressourcenbasierte Ansatz auch zukünftig einen großen Teil der Forschung im Strategischen Management kennzeichnen wird, fällt angesichts der angeführten Evidenz nicht schwer. Der ressourcenbasierte Ansatz hat auch eine erhebliche Bedeutung für die Unternehmungspraxis (*Mosakowski* 1998; *Teng/Cummings* 2002), obwohl Probleme der Strategieimplementierung in der Forschung bisher vernachlässigt wurden (*Barney* 2001). Prahalad und Hamel haben bereits 1990 mit ihrem Konzept der „Kernkompetenzen" die praktische Anwendbarkeit ressourcenbasierten Gedankenguts unter Beweis gestellt (*Prahalad/Hamel* 1990). Eine ressourcenbasierte Logik kann Managern z.B. dabei helfen, die eigenen Ressourcenpotentiale zu erkennen, die richtigen Ressourcenklassen auszubauen und Outsourcing- sowie Benchmarkingentscheidungen vorzubereiten (*Barney/Arikan* 2001). Allerdings setzt die Logik des Ansatzes seiner praktischen Anwendbarkeit auch Grenzen. Da überlegene Ressourcenbündel oft durch kausale Ambiguität und soziale Komplexität gekennzeichnet sind, können Manager die Quellen der Wettbewerbsvorteile ihrer Unternehmung nicht mit Sicherheit identifizieren (*Barney* 2001). Dieser Umstand erschwert die Entwicklung praktischer Gestaltungsempfehlungen, verhindert sie aber nicht.

Literatur

Amit, Raphael/Schoemaker, Paul: Strategic Assets and Organizational Rent, in: SMJ, Jg. 14, 1993, S. 33–46.
Barney, Jay: Gaining and Sustaining Competitive Advantage, 2. A., Upper Saddle River NJ 2002.
Barney, Jay: Is the Resource-Based „View" a Useful Perspective for Strategic Management Research? Yes, in: AMR, Jg. 26, 2001, S. 41–56.
Barney, Jay: Integrating Organizational Behavior and Strategy Formulation Research: A Resource-Based Analysis, in: Advances in Strategic Management, hrsg. v. *Shrivastava, Paul/Huff, Anne/Dutton, Jane*, Greenwich CT 1992, S. 39–61.
Barney, Jay: Firm Resources and Sustained Competitive Advantage, in: JMan, Jg. 17, 1991, S. 99–120.
Barney, Jay/Arikan, Asli: The Resource-based View: Origins and Implications, in: The Blackwell Handbook of Strategic Management, hrsg. v. *Hitt, Michael/Freeman, Edward/Harrison, Jeffrey*, Oxford 2001, S. 124–188.
Barney, Jay/Wright, Mike/Ketchen, David: The resource-based view of the firm: Ten years after 1991, in: JMan, Jg. 27, 2001, S. 625–641.
Bresser, Rudi: Strategische Managementtheorie, Berlin et al. 1998.
Bresser, Rudi/Heuskel, Dieter/Nixon, Robert: The Deconstruction of Integrated Value Chains: Practical and Conceptual Challenges, in: Winning Strategies in a Deconstructing World, hrsg. v. *Bresser, Rudi/Hitt, Michael/Nixon, Robert/Heuskel, Dieter*, New York 2000, S. 1–21.
Caves, Richard: Industrial Organization, Corporate Strategy and Structure, in: Journal of Economic Literature, Jg. 18, 1980, S. 64–92.
Christensen, Roland et al.: Business Policy: Text and Cases, 5. A., Homewood Ill. 1982.
Collis, David: How Valuable are Organizational Capabilities?, in: SMJ, Jg. 15, Special Issue/1994, S. 143–152.
Combs, James/Ketchen, David: Explaining Interfirm Cooperation And Performance: Toward A Reconciliation Of Predictions From The Resource-Based View And Organizational Economics, in: SMJ, Jg. 20, 1999, S. 867–888.
Conner, Kathleen/Prahalad, Coimbatore K.: A Resource-based Theory of the Firm: Knowledge Versus Opportunism, in: Org.Sc., Jg. 7, 1996, S. 477–501.
D'Aveni, Richard: Hypercompetition: Managing the Dynamics of Strategic Maneuvering, New York 1994.
Dent-Micallef, Anne/Powell, Thomas: Information Technology: Strategic necessity or source of competitive advantage?, in: Canadian Journal of Administrative Sciences, Jg. 15, 1998, S. 39–64.
Dierickx, Ingemar/Cool, Karel: Asset Stock Accumulation and Sustainability of Competitive Advantage, in: Man.Sc., Jg. 35, 1989, S. 1504–1511.
Durand, Rodolphe: Competitive Advantage Exists: A Critique of Powell, in: SMJ, Jg. 23, 2002, S. 867–872.

Eisenhardt, Kathleen/Martin, Jeffrey: Dynamic Capabilities: What Are They?, in: SMJ, Jg. 21, 2000, S. 1105–1121.
Fiol, Marlene: Revisiting an identity-based view of sustainable competitive advantage, in: JMan, Jg. 27, 2001, S. 691–699.
Garud, Raghu/Kumaraswamy, Arun: Changing Competitive Dynamics in Network Industries: An Exploration of Sun Microsystems' Open Systems Strategy, in: SMJ, Jg. 14, 1993, S. 351–369.
Godfrey, Paul/Hill, Charles: The Problem Of Unobservables In Strategic Management Research, in: SMJ, Jg. 16, 1995, S. 519–533.
Grant, Robert: Prospering in Dynamically-competitive Environments: Organizational Capability as Knowledge Integration, in: Org.Sc., Jg. 7, 1996, S. 375–387.
Helfat, Constance: Guest Editor's Introduction To The Special Issue: The Evolution Of Firm Capabilities, in: SMJ, Jg. 21, 2000, S. 955–959.
Hunt, Shelby: Resource-advantage theory: An evolutionary theory of competitive firm behavior?, in: Journal of Economic Issues, Jg. 1, 1997, S. 59–77.
Jacobson, Robert: The ‚Austrian' School of Strategy, in: AMR, Jg. 17, 1992, S. 782–807.
Knyphausen, Dodo zu: Why are Firms different? Der ‚Resourcenorientierte Ansatz' im Mittelpunkt einer aktuellen Kontroverse im Strategischen Management, in: DB, Jg. 53, 1993, S. 771–792.
Kogut, Bruce/Zander, Udo: What Firms Do? Coordination, Identity, and Learning, in: Org.Sc., Jg. 7, 1996, S. 502–518.
Levitas, Edward/Chi, Tailan: Rethinking Rouse And Daellenbach's Rethinking: Isolating Vs. Testing For Sources Of Sustainable Competitive Advantage, in: SMJ, Jg. 23, 2002, S. 957–962.
Lippman, Stephen/Rumelt, Richard: Uncertain Imitability: An Analysis of Interfirm Differences in Efficiency Under Competition, in: Bell Journal of Economics, Jg. 13, 1982, S. 418–438.
Lockett, Andy/Thompson, Steve: The resource-based view and economics, in: JMan, Jg. 27, 2001, S. 723–754.
Mahoney, Joseph/Pandian, Rajendran: The Resource-Based View Within the Conversation of Strategic Management, in: SMJ, Jg. 13, 1992, S. 363–380.
McWilliams, Abigail/Smart, Dennis: The Resource-Based View of the Firm: Does It Go Far Enough in Shedding the Assumptions of the S-C-P Paradigm?, in: Journal of Management Inquiry, Jg. 4, 1995, S. 309–316.
Millonig, Klemens: Wettbewerbsvorteile durch das Management des institutionalen Kontextes, Berlin 2002.
Mosakowski, Elaine: Managerial Prescriptions Unter The Resource-Based View Of Strategy: The Example Of Motivational Techniques, in: SMJ, Jg. 19, 1998, S. 1169–1182.
Oliver, Christine: Sustainable Competitive Advantage: Combining Institutional and Resource-Based Views, in: SMJ, Jg. 18, 1997, S. 697–713.
Penrose, Edith: The Theory of the Growth of the Firm, Oxford 1959.
Peteraf, Margaret: The Cornerstones of Competitive Advantage: A Resource-Based View, in: SMJ, Jg. 14, 1993, S. 179–191.
Porter, Michael: Competitive Strategy: Techniques for Analyzing Industries and Competitors, New York 1980.
Powell, Thomas: Competitive Advantage: Logical And Philosophical Considerations, in: SMJ, Jg. 22, 2001, S. 875–888.
Powell, Thomas: Total Quality Management As Competitive Advantage: A Review And Empirical Study, in: SMJ, Jg. 16, 1995, S. 15–37.
Prahalad, Coimbatore K./Hamel, Gary: The Core Competence of the Corporation, in: HBR, Jg. 68, H. 3/1990, S. 79–91.
Priem, Richard/Butler, John: Is the Resource-Based „View" a Useful Perspective for Strategic Management Research?, in: AMR, Jg. 26, 2001, S. 22–40.
Rasche, Christoph/Wolfrum, Bernd: Ressourcenorientierte Unternehmensführung, in: DB, Jg. 54, 1994, S. 501–517.
Ricardo, David: Principles of Political Economy and Taxation, London 1817.
Rouse, Michael/Daellenbach, Urs: Rethinking Research Methods For The Resource-Based Perspective: Isolating Sources Of Sustainable Competitive Advantage, in: SMJ, Jg. 20, 1999, S. 487–494.
Rumelt, Richard: Towards a Strategic Theory of the Firm, in: Competitive Strategic Management, hrsg. v. *Lamb, Robert*, Englewood Cliffs NJ 1984, S. 556–570.
Shrivastava, Paul/Fahey, Liam/Christensen, Kurt: The resource-based view and marketing: The role of market-based assets in gaining competitive advantage, in: JMan, Jg. 27, 2001, S. 777–802.
Sydow, Jörg/Ortmann, Günter: Vielfalt an Wegen und Möglichkeiten: Zum Stand des strategischen Managements, in: Strategie und Strukturation, hrsg. v. *Ortmann, Günter/Sydow, Jörg*, Wiesbaden 2001, S. 3–23.
Teece, David/Pisano, Gary/Shuen, Amy: Dynamic capabilities and strategic management, in: SMJ, Jg. 18, 1997, S. 509–533.
Teng, Bing-Sheng/Cummings, Jeffrey: Trade-offs in managing resources and capabilities, in: AME, Jg. 16, 2002, S. 81–91.
Thomas, L.G.: The Two Faces of Competition: Dynamic Resourcefulness and the Hypercompetitive Shift, in: Org.Sc., Jg. 7, 1996, S. 221–242.
Tripsas, Mary/Gavetti, Giovanni: Capabilities, Cognition, And Inertia: Evidence From Digital Imaging, in: SMJ, Jg. 21, 2000, S. 1147–1162.
Wernerfelt, Birger: The Resource-based View of the Firm, in: SMJ, Jg. 5, 1984, S. 171–180.
Wright, Patrick/Dunford, Benjamin/Snell, Scott: Human resources and the resource-based view of the firm, in: JMan, Jg. 27, 2001, S. 701–721.
Yoffie, David/Cusumano, Michael: Building a company on Internet time: Lessons from Netscape, in: CMR, Jg. 41, H. 3/1999, S. 8–28.

Risikomanagement und Interne Revision

Wolfgang Lück/Michael Henke

[s.a.: Aufsichtsrat; Corporate Governance (Unternehmensverfassung); Corporate Governance, internationaler Vergleich; Grundsätze ordnungsmäßiger Unternehmensführung; Kontrolle; Unternehmensführung (Management).]

I. Interne Revision als integraler Bestandteil des Risikomanagementsystems und Überwachungssystems; II. Systematik des Risikobegriffs und unterschiedliche Risikoausprägungen; III. Interne Revision als wichtigstes Element der prozessunabhängigen Überwachung im Internen Überwachungssystem (IÜS); IV. Stärkere Zusammenarbeit der Internen Revision mit anderen Elementen der Corporate Governance im Bereich des Risikomanagements.

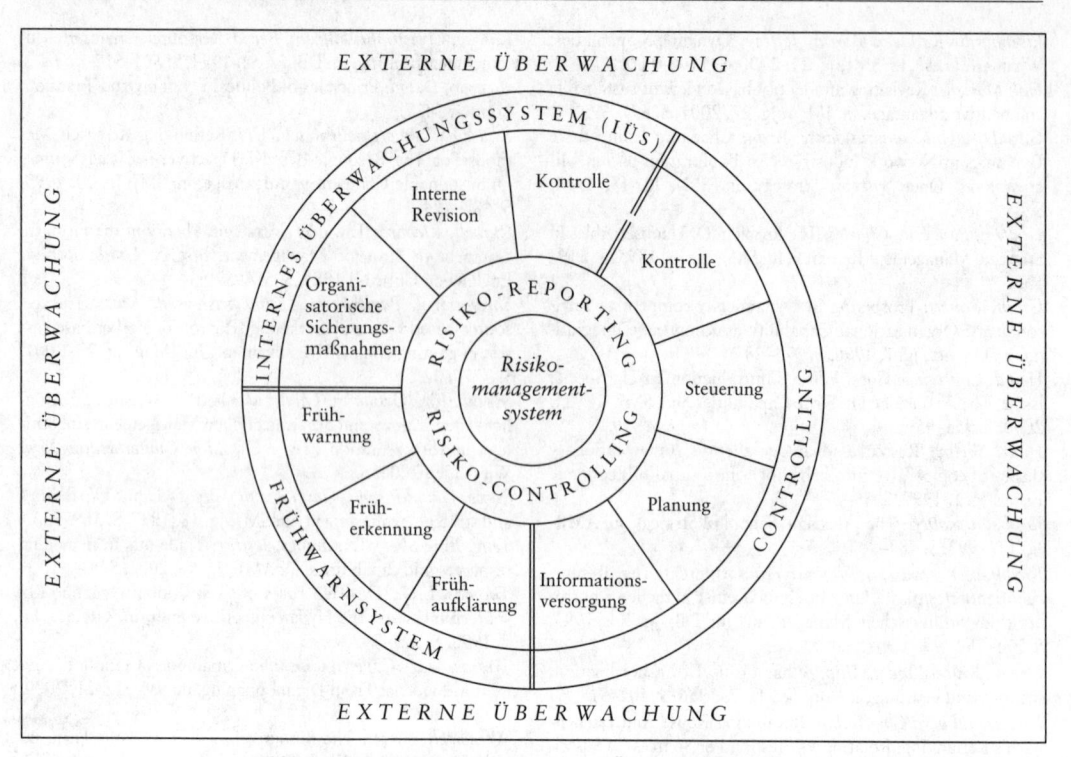

Abb. 1: Risikomanagementsystem und Überwachungssystem

Zusammenfassung

Die Interne Revision ist integraler Bestandteil des Risikomanagementsystems und Überwachungssystems eines Unternehmens. Nach einer Systematisierung des Risikobegriffs unter Berücksichtigung unterschiedlicher Risikoausprägungen wird die Interne Revision als wichtigstes Element der prozessunabhängigen Überwachung im Internen Überwachungssystem (IÜS) dargestellt. Zusammenfassend ist festzuhalten, dass eine stärkere Zusammenarbeit der Internen Revision mit anderen Elementen der Corporate Governance im Bereich des Risikomanagements zwingend notwendig ist.

I. Interne Revision als integraler Bestandteil des Risikomanagementsystems und Überwachungssystems

Durch das *Gesetz zur Kontrolle und Transparenz im Unternehmensbereich (KonTraG)* sind die allgemeine Leitungsaufgabe und die Sorgfaltspflicht des Vorstands erstmals für die Teilbereiche Risikomanagement und Überwachung gesetzlich besonders hervorgehoben worden. Der Gesetzgeber greift durch das KonTraG somit in die → *Corporate Governance (Unternehmensverfassung)* ein – (vgl. hierzu ausführlich *Lück* 2001a; auch *Langenbucher/Blaum* 1994, S. 2197) d.h. in die Führung, Verwaltung und Überwachung des Unternehmens.

Nach einem sehr weiten und international akzeptierten Verständnis kann Corporate Governance wie folgt definiert werden: „Corporate Governance umfaßt die grundsätzlichen Ausgestaltungen sowie die speziellen Rahmenbedingungen für die Strukturen und für die Prozesse der Führung, Verwaltung und Überwachung von Unternehmen." (*Lück* 2001a, S. 6).

Der Vorstand wird durch § 91 Abs. 2 AktG verpflichtet, „geeignete Maßnahmen zu treffen, insbesondere ein Überwachungssystem einzurichten, damit den Fortbestand der Gesellschaft gefährdende Entwicklungen früh erkannt werden" (vgl. zu § 91 Abs. 2 AktG den IDW-Prüfungsstandard: „Die Prüfung des Risikomanagementsystems nach § 317 Absatz 4 HGB (IDW PS 340)").

Die Bedeutung der Internen Revision (vgl. hierzu u.a. ausführlich *Lück* 2001c; *Lück* 2000) wird durch das KonTraG besonders hervorgehoben. In der Begründung zum KonTraG wird die Interne Revision neben Controlling durch den Gesetzgeber ausdrücklich erwähnt.

In das GmbHG ist keine entsprechende Regelung aufgenommen worden. Der Gesetzgeber geht aber in seiner Begründung zu § 91 Abs. 2 AktG und in der Allgemeinen Begründung zum KonTraG davon aus, dass zumindest für mittlere und große Gesellschaften mit beschränkter Haftung nichts anderes gilt und

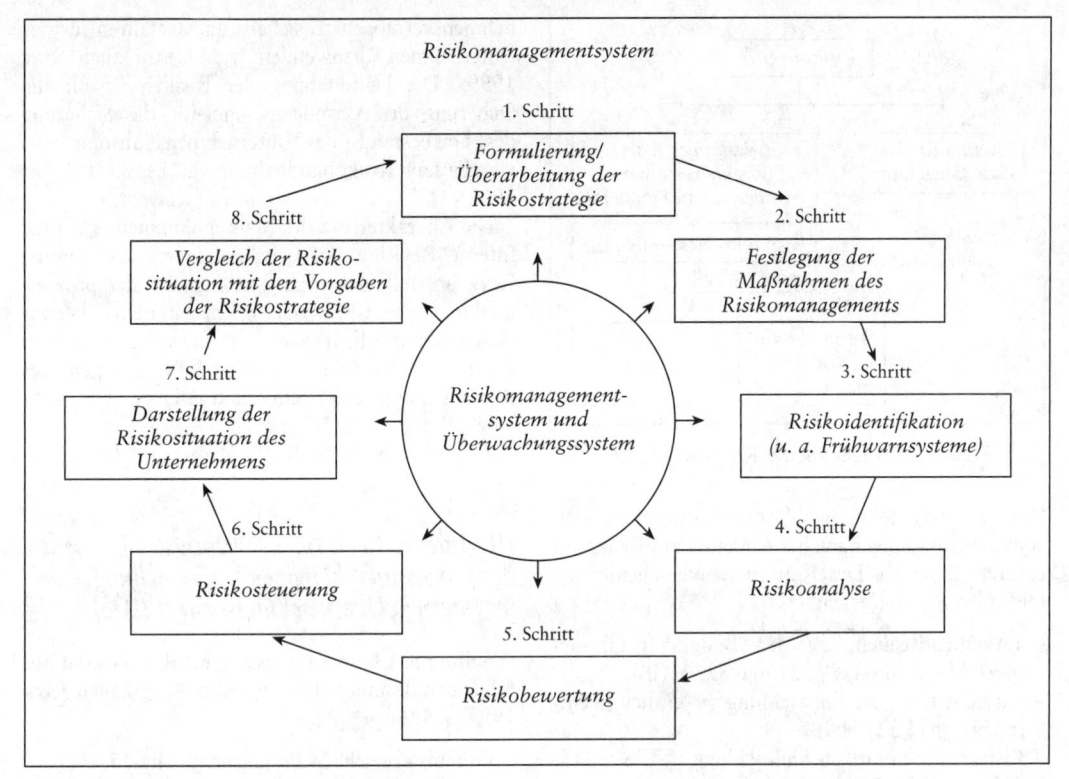

Abb. 2: Regelkreislauf des Risikomanagementsystems und Überwachungssystems

dass die Neuregelung des § 91 Abs. 2 AktG Ausstrahlungswirkung auf den Pflichtrahmen der Geschäftsführer auch anderer Gesellschaftsformen hat.

Aus der Formulierung des § 91 Abs. 2 AktG und aus der Begründung zu dieser Vorschrift sowie aus der allgemeinen Begründung zum KonTraG folgt, dass der Gesetzgeber folgende Instrumente fordert (vgl. Abb. 1 und zu den gesetzlichen Vorgaben durch das KonTraG *Bitz* 2000, S. 1–11):

- Risikomanagementsystem.
- Internes Überwachungssystem – IÜS (einschließlich *Interner Revision*).
- Controlling (→ *Controlling*).
- Frühwarnsystem.

Die Interne Revision ist ein integraler Bestandteil im *Risikomanagementsystem und Überwachungssystem*, dessen Ablauf sich in Form eines Regelkreises vollzieht (vgl. Abb. 2). Der Gesetzgeber hebt die besondere Bedeutung der Internen Revision zwar hervor, aber weder der Wortlaut des Gesetzes noch dessen Begründung geben einen Aufschluss darüber, wie die geforderten Instrumente konkret auszugestalten sind. Daher sind neben den Anforderungen an das Risikomanagementsystem, an das Controlling und an das Frühwarnsystem auch die konkreten Anforderungen an die Interne Revision innerhalb des Internen Überwachungssystems unter Beachtung betriebswirtschaftlicher Aspekte zu formulieren.

II. Systematik des Risikobegriffs und unterschiedliche Risikoausprägungen

Risiko wird definiert als die Möglichkeit, dass das tatsächliche Ergebnis einer unternehmerischen Aktivität von dem erwarteten Ergebnis abweicht. Risiko ist alles, was ein Unternehmen an der Erreichung seiner Ziele hindern kann.

In der betriebswirtschaftlichen Literatur werden die Begriffe „reines Risiko" und „spekulatives Risiko" unterschieden. Das reine Risiko beinhaltet Schadengefahren, bei denen ein Ereignis eintritt, das das Vermögen des Unternehmens unmittelbar mindert (z.B. Feuer oder Sturm). Das reine Risiko beinhaltet somit nur die Gefahr des Vermögensverlustes. Chancen werden vom reinen Risiko-Begriff nicht erfasst.

Das spekulative Risiko umfasst im Gegensatz zum reinen Risiko diejenigen unsicheren Ereignisse, die sich durch das unternehmerische Handeln vermögensmindernd oder vermögensmehrend auswirken (z.B. durch Veränderungen der Preise, der Kosten oder der Nachfrage sowie durch Konjunkturschwankungen). Die Möglichkeit einer Streuung des Zukunftserfolges wirtschaftlicher Aktivitäten, d.h. einer positiven und negativen Abweichung des tatsächlichen Ergebnisses von dem erwarteten Ergebnis (Chance und Risiko im engeren Sinne/Verlustgefahr), wird auch als Risiko im weiteren Sinne bezeichnet (Abb. 3):

```
                Risikobegriff
           /                  \
   Reines Risiko        Spekulatives Risiko
  (Schadengefahr)       (Risiko aus unter-
                        nehmerischem Handeln)
                              =
                      Risiko im weiteren Sinne

                      /              \
              Verlustgefahr         Chance
              (Risiko im
              engeren Sinne)
```

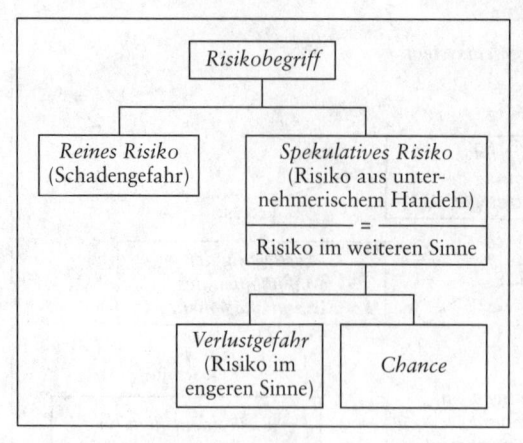

Abb. 3: Systematik des Risikobegriffs

Das KonTraG stellt sowohl vom Wortlaut als auch vom Sinnzusammenhang her eindeutig auf Risiko im engeren Sinne ab. Das KonTraG unterscheidet die folgenden *Risikoklassen*:

- Tatsachen/Risiken, die den Bestand gefährden (§ 91 Abs. 2 AktG, §§ 321 und 322 HGB).
- Tatsachen, die die Entwicklung wesentlich beeinträchtigen (§ 321 HGB).
- Risiken der künftigen Entwicklung (§§ 289, 315, 317 und 322 HGB).

Wesentlich im Sinne des KonTraG sind nur solche Verlustpotenziale, die eine kritische Grenze überschreiten (können), wobei allerdings weder der Verlustbegriff noch die kritische Grenze determiniert sind. Sie zu präzisieren und zu überwachen ist Aufgabe der Unternehmensleitung und des von ihr eingerichteten Risikomanagements.

Die Unternehmensleitung muss in Abhängigkeit von der Risikosituation die Handhabung der Risiken sicherstellen, da sie die Pflicht hat, das Unternehmensvermögen zu sichern und Gefahren für das Unternehmen abzuwenden (vgl. hierzu auch *Saitz* 1999). Die Handhabung der Risiken ist für die Sicherung des Vermögens und für die Sicherung des Fortbestands des Unternehmens absolut notwendig (zur Risikohandhabung vgl. bspw. *Hölscher* 2002).

Die Charakteristik des Risikophänomens stellt die Interne Revision vor neue Aufgaben. Die Interne Revision stellt das wichtigste Element der prozessunabhängigen Überwachung im Internen Überwachungssystem (IÜS) dar. Die Interne Revision ist damit zugleich ein wesentlicher Bestandteil des Risikomanagementsystems und Überwachungssystems.

III. Interne Revision als wichtigstes Element der prozessunabhängigen Überwachung im Internen Überwachungssystem (IÜS)

Das Interne Überwachungssystem (IÜS) besteht aus folgenden Bestandteilen (vgl. Abb. 4, vgl. auch *Lück* 1997, S. 426):

- Organisatorische Sicherungsmaßnahmen.
- (Interne) Kontrollen.
- (Interne) Prüfungen, insb. die *Interne Revision*.

Die Merkmale der internen Kontrolle sind gegeben, wenn der Überwachungsträger in den Arbeitsablauf integriert ist und sowohl für das Ergebnis des überwachten Prozesses als auch für das Ergebnis der Überwachung verantwortlich ist. Kontrollen werden demnach auch als *prozessabhängige Überwachungsmaßnahmen* bezeichnet; sie bilden zusammen mit den organisatorischen Sicherungsmaßnahmen das prozessabhängige Kontrollsystem.

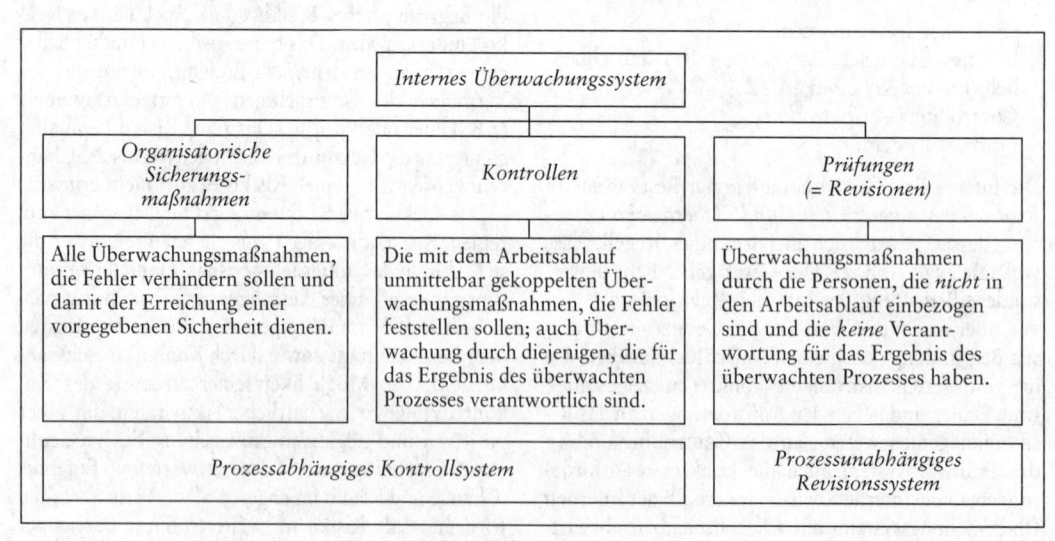

Internes Überwachungssystem		
Organisatorische Sicherungsmaßnahmen	*Kontrollen*	*Prüfungen (= Revisionen)*
Alle Überwachungsmaßnahmen, die Fehler verhindern sollen und damit der Erreichung einer vorgegebenen Sicherheit dienen.	Die mit dem Arbeitsablauf unmittelbar gekoppelten Überwachungsmaßnahmen, die Fehler feststellen sollen; auch Überwachung durch diejenigen, die für das Ergebnis des überwachten Prozesses verantwortlich sind.	Überwachungsmaßnahmen durch die Personen, die *nicht* in den Arbeitsablauf einbezogen sind und die *keine* Verantwortung für das Ergebnis des überwachten Prozesses haben.
Prozessabhängiges Kontrollsystem		*Prozessunabhängiges Revisionssystem*

Abb. 4: Internes Überwachungssystem

Die Merkmale der internen Prüfung liegen vor, wenn eine Überwachungsmaßnahme von einer unternehmensinternen Person durchgeführt wird und diese Person weder in den Arbeitsablauf einbezogen noch für das Ergebnis des überwachten Prozesses verantwortlich ist (*prozessunabhängige Überwachung*). Die Interne Revision ist der wichtigste Bestandteil der prozessunabhängigen Überwachung. Das prozessunabhängige Revisionssystem umfasst solche Prüfungen (= Revisionen).

Das amerikanische Institute of Internal Auditors Inc. (IIA) mit Sitz in Altamonte Springs, Florida, hat die institutionellen und funktionalen Aspekte der Internen Revision im Jahr 1999 neu definiert (zur Neuausrichtung der Internen Revision vgl. ausführlich *Lück* 2001b, S. 21 f.). Das Deutsche Institut für Interne Revision e.V. (IIR), Frankfurt am Main, hat nach neuer Abstimmung mit der österreichischen Arbeitsgemeinschaft Interne Revision (ARGE IR), Wien, und mit dem Schweizerischen Verband für Interne Revision (SVIR), Zürich, die Definition des amerikanischen IIA wie folgt übersetzt (Stand: August 2002):

„*Die Interne Revision erbringt unabhängige und objektive Prüfungs- („assurance"-) und Beratungsdienstleistungen, welche darauf ausgerichtet sind, Mehrwerte zu schaffen und die Geschäftsprozesse zu verbessern. Sie unterstützt die Organisation bei der Erreichung ihrer Ziele, indem sie mit einem systematischen und zielgerichteten Ansatz die Effektivität des Risikomanagements, der Kontrollen und der Führungs- und Überwachungsprozesse bewertet und diese verbessern hilft.*"

Die Aufgabenbereiche der Internen Revision werden in Theorie und Praxis unterschiedlich, inhaltlich aber meist in ähnlicher Weise abgegrenzt. Zu den traditionellen Aufgabenbereichen der Internen Revision zählen unter Beachtung der historischen Entwicklung Prüfungen im Bereich des Finanz- und Rechnungswesens (Financial Auditing), Prüfungen im organisatorischen Bereich (Operational Auditing), Prüfungen der Managementleistungen (Management Auditing), Beratung und Begutachtung sowie Entwicklung von Verbesserungsvorschlägen (Internal Consulting).

Unter Berücksichtigung der nationalen und internationalen Entwicklungen der Internen Revision im letzten Jahrzehnt werden die Prüfungen der Internen Revision heute nach folgenden Kriterien durchgeführt (vgl. *Deutsches Institut für Interne Revision e.V. (IIR)* 2001, S. 34): (1) Risiken, (2) Ordnungsmäßigkeit, (3) Sicherheit, (4) Wirtschaftlichkeit, (5) Zukunftssicherung, (6) Zweckmäßigkeit. Die Interne Revision wird bei ihrer Tätigkeit im Regelfall mehrere der Kriterien gleichzeitig berücksichtigen.

Eine erneute Anpassung der Aufgaben der Internen Revision, insb. auf dem Gebiet der Prüfungsaufgaben, sowie weitere Veränderungen in der Internen Revision werden durch folgende Entwicklungen beeinflusst: die zunehmende Internationalisierung der Wirtschaft (→ *Globalisierung*), die Umsetzung von Rationalisierungskonzepten (→ *Rationalisierung und Automatisierung*), die wachsende Bedeutung der Informationstechnologie (→ *Informationstechnologie und Organisation*), die zunehmende Bedeutung von Risikogesichtspunkten (z.B. Haftungsrisiken hinsichtlich Umweltschutz und Korruption sowie Produkthaftung) bei der → *Unternehmensführung (Management)* und bei der Unternehmensüberwachung.

Die Interne Revision hat auf diese Entwicklungen reagiert und ihre Leistungen sowie ihr Profil den neuen Herausforderungen angepasst. Die Aufgabengebiete der Internen Revision werden sich in der Zukunft jedoch weiter verändern, insb. durch folgende Maßnahmen:

- Noch stärkere Verlagerung der Aufgabenschwerpunkte der Internen Revision von einer vergangenheitsorientierten Prüfung zu einer gegenwarts- und zukunftsorientierten Prüfung und Beratung.
- Zunahme der Beratungsleistungen im Aufgabenkomplex der Internen Revision.
- Weitere Professionalisierung des Berufsstandes der Internen Revisoren (z.B. durch das Berufsexamen zum Certified Internal Auditor – CIA).
- Stärkere Zusammenarbeit der Internen Revision mit den Aufsichtsorganen des Unternehmens (→ *Aufsichtsrat, Verwaltungsrat, Beirat*).
- Stärkere Zusammenarbeit der Internen Revision mit dem → *Controlling* und Risiko-Controlling (zur Implementierung des Risiko-Controlling vgl. ausführlich *Elfgen* 2002).
- Stärkere Zusammenarbeit der Internen Revision mit dem *Abschlussprüfer* (vgl. hierzu ausführlich *Lück* 2003; zu dieser Zusammenarbeit auch *Deutsches Institut für Interne Revision e.V. (IIR)* 2001, S. 34–36; *Institut der Wirtschaftsprüfer in Deutschland e.V.* 2002, S. 333–337; sowie zum Einfluss des KonTraG auf diese Zusammenarbeit *Soll/Labes* 1999). Vor dem Hintergrund der spektakulären und aufsehenerregenden Bilanzskandale in der jüngsten Vergangenheit ist eine Zusammenarbeit von Interner Revision und Abschlussprüfer vor allem bei Ordnungsmäßigkeitsprüfungen dringend notwendig. Die Interne Revision ist dabei gezwungen, den Anteil von Ordnungsmäßigkeitsprüfungen an ihren Prüfungsaufgaben wieder zu erhöhen.

Der Druck auf die Interne Revision, sich den zukünftigen Herausforderungen zu stellen, wird durch die zunehmende unternehmensinterne und unternehmensexterne Konkurrenz noch verstärkt. Insb. das unternehmensinterne Controlling, aber auch die Wirtschaftsprüfer und die Unternehmensberater (→ *Beratung, Theorie der*) drängen verstärkt in die Arbeitsgebiete der Internen Revision und bieten interne Prüfungsleistungen an.

IV. Stärkere Zusammenarbeit der Internen Revision mit anderen Elementen der Corporate Governance im Bereich des Risikomanagements

Mit der Verabschiedung des KonTraG hat der Gesetzgeber die Bedeutung von Risikoaspekten in den Unternehmen verdeutlicht. Es wird die Einrichtung eines Risikomanagementsystems und Überwachungssystems gefordert. In Zukunft muss nicht nur die Abschlussprüfung, sondern auch die Interne Revision Risikoaspekte noch stärker als bisher bei allen Prüfungs-/Revisionsaspekten berücksichtigen. Die Interne Revision muss die Unternehmensleitung bei der Einrichtung eines adäquaten Risikomanagementsystems und Überwachungssystems beraten, damit die Unternehmensleitung die Sicherheit der betrieblichen Abläufe zum Schutz vor Vermögensverlusten durch prozessorientierte Prüfungen der systemimmanenten Kontrollen abschließend beurteilen kann. Dabei ist die Interne Revision gleichzeitig ein wesentliches Element im Risikomanagementsystem und Überwachungssystem.

Die Interne Revision hat einen erheblichen Wissensvorsprung gegenüber anderen unternehmensinternen oder unternehmensexternen Anbietern von Prüfungsleistungen und Beratungsleistungen. Die Interne Revision hat in allen Fragen der Organisation und der Geschäftsprozesse detaillierte Kenntnisse und Erfahrungen. Der Abschlussprüfer ist somit bei der Prüfung des Überwachungssystems und des Risikomanagementsystems auf die beratende Unterstützung der Internen Revision angewiesen. Interne Revision und Abschlussprüfer haben einen festen Platz im Gefüge der → *Corporate Governance (Unternehmensverfassung)*. Dies gilt auch für Unternehmensleitung (Geschäftsführung/*Vorstand*), → *Controlling*, → *Aufsichtsrat/Beirat, Audit Committee, Peer Review* und Quality Control.

Standards für die Corporate Governance entwickeln sich unter Berücksichtigung rechtlicher, ökonomischer, sozialer und kultureller Besonderheiten, und zwar auf nationaler Basis, jedoch unter dem Einfluss internationaler Entwicklungstendenzen. Standards für die Führung, Verwaltung und Überwachung von Unternehmen müssen für die Shareholder (Anteilseigner) und für die Stakeholder (alle relevanten Bezugsgruppen; → *Shareholder- und Stakeholder-Ansatz*) transparent gestaltet werden (→ *Transparenz der Unternehmensführung*). Nur so können die Corporate Governance Standards eine Ordnungsfunktion, eine Kommunikationsfunktion und eine Wettbewerbsfunktion erfüllen. Eine an Corporate Governance Standards orientierte Unternehmensführung, Unternehmensverwaltung und Unternehmensüberwachung ist erforderlich, um die Ansprüche der Shareholder und der Stakeholder erfüllen zu können. Shareholder und Stakeholder beachten bei der Effizienzbeurteilung der Corporate Governance eines Unternehmens auch die Zusammenarbeit zwischen Interner Revision und anderen Elementen der Corporate Governance. Gerade im Bereich Risikomanagement muss diese Zusammenarbeit noch verstärkt werden. Nur dann kann die Interne Revision ihren Anforderungen als integraler Bestandteil des Risikomanagementsystems und Überwachungssystems in vollem Umfang gerecht werden.

Literatur

Bitz, Horst: Risikomanagement nach KonTraG. Einrichtung von Frühwarnsystemen zur Effizienzsteigerung und zur Vermeidung persönlicher Haftung, Stuttgart 2000.

Deutsches Institut für Interne Revision e.V. (IIR) (Hrsg.): IIR-Revisionsstandard Nr. 1. Zusammenarbeit von Interner Revision und Abschlussprüfer, in: Zeitschrift Interne Revision, Jg. 36, 2001, S. 34–36.

Elfgen, Ralph: Implementierung von Risikocontrolling-Systemen, in: Herausforderung Risikomanagement. Identifikation, Bewertung und Steuerung industrieller Risiken, hrsg. v. *Hölscher, Reinhold/Elfgen, Ralph*, Wiesbaden 2002, S. 313–330.

Hölscher, Reinhold: Von der Versicherung zur integrativen Risikobewältigung: Die Konzeption eines modernen Risikomanagements, in: Herausforderung Risikomanagement. Identifikation, Bewertung und Steuerung industrieller Risiken, hrsg. v. *Hölscher, Reinhold/Elfgen, Ralph*, Wiesbaden 2002, S. 3–31.

Institut der Wirtschaftsprüfer in Deutschland e. V.: IDW Prüfungsstandard: Interne Revision und Abschlußprüfung (IDW PS 321), in: IDW Fachnachrichten, 2002, S. 333–337.

Langenbucher, Günther/Blaum, Ulf: Audit Committees – Ein Weg zur Überwindung der Überwachungskrise?, in: DB, Jg. 47, 1994, S. 2197–2206.

Lück, Wolfgang: Zusammenarbeit von Interner Revision und Abschlussprüfer. Vergangenheit, Gegenwart, Zukunft. Band 3 des IIR-Forum. Hrsg. Deutsches Institut für Interne Revison e.V. (IIR), Berlin 2003.

Lück, Wolfgang: Stichwort „Corporate Governance", in: Kurzlexikon zu Risikomanagementsystem und Überwachungssystem. KonTraG: Anforderungen und Umsetzung in der betrieblichen Praxis. Band 5 der Schriftenreihe des Universitäts-Forums für Rechnungslegung, Steuern und Prüfung – International Accounting Research Institute –, hrsg. v. *Lück, Wolfgang*, 2. A., Karlsruhe 2001a, S. 6–7.

Lück, Wolfgang: Anforderungen an die Interne Revision – Code of Ethics and Standards for the Professional Practice of Internal Auditing, in: Wirtschaftsprüferkammer-Mitteilungen, Jg. 40, 2001b, S. 21–25.

Lück, Wolfgang (Hrsg.): Lexikon der Internen Revision, München – Wien 2001c.

Lück, Wolfgang: Die Zukunft der Internen Revision. Entwicklungstendenzen der unternehmensinternen Überwachung. Band 1 des IIR-Forum. Hrsg. Deutsches Institut für Interne Revision e.V. (IIR), Berlin 2000.

Lück, Wolfgang: Internes Überwachungssystem (IÜS). Organisatorische Sicherungsmaßnahmen – Kontrolle – Prüfung, in: Die Steuerberatung, 1997, S. 424–431.

Saitz, Bernd: Risikomanagement als umfassende Aufgabe der Unternehmensleitung, in: Das Kontroll- und Transparenzgesetz. Herausforderungen und Chancen für das Risikomanagement, hrsg. v. *Saitz, Bernd/Braun, Frank*, Wiesbaden 1999, S. 69–98.

Soll, Reiner/Labes, Hubertus W.: Der Einfluß des KonTraG auf das Wechselspiel zwischen Interner Revision und Abschlußprüfer, in: Das Kontroll- und Transparenzgesetz. Herausforderungen und Chancen für das Risikomanagement, hrsg. v. *Saitz, Bernd/Braun, Frank*, Wiesbaden 1999, S. 195–205.

Rollentheorie

Günter Wiswede

[s.a.: Bürokratie; Identitätstheoretischer Ansatz; Informelle Organisation; Managerrollen und Managerverhalten.]

I. *Begriff der sozialen Rolle;* II. *Perspektiven der Rollentheorie;* III. *Struktur sozialer Rollen;* IV. *Führungsrollen;* V. *Rollendruck und Rollenkonflikt;* VI. *Rollenbilanz;* VII. *Rollenidentifikation und Rollendistanz.*

Zusammenfassung

Soziale Rollen sind Bündel normativer Erwartungen, die sich an den Inhaber einer sozialen Position richten. Dabei werden zunächst der strukturell-funktionalistische Ansatz sowie das Paradigma des symbolischen Interaktionismus vorgestellt und Bezüge zu sozialpsychologischen Perspektiven kenntlich gemacht. Sodann werden verschiedene Wege aufgezeigt, sog. Führungsrollen zu thematisieren. Von besonderer Verhaltensrelevanz sind Aspekte des Rollendrucks und des Rollenkonflikts. In einer neueren Theorie der Rollenbilanz wird der Frage nachgegangen, auf Grund welcher Lernprozesse Individuen versuchen, Erträge und Kosten aus der Übernahme sowie Ausübung von Rollen zu bilanzieren und diese Bilanz positiv zu gestalten. Schließlich werden die Beziehungen zwischen Selbstkonzept und sozialem Rollenverhalten wie auch Bezüge zu Begriffen der Rollenidentifizierung und der Rollendistanz hergestellt.

I. *Begriff der sozialen Rolle*

Unter einer *sozialen Rolle* versteht man ein in sich konsistentes Bündel *normativer Erwartungen*, die sich an den Inhaber einer *sozialen Position* richten. Insofern sind Berufsrollen, Geschlechtsrollen, Altersrollen, familiale Rollen, Rollen in geschäftlichen Transaktionen, Rollen in Organisationen usw. zu unterscheiden. Rollen sind mehr oder weniger formalisiert/institutionalisiert. Häufig sind sie reziprok, z.B. Käufer/Verkäufer, Arzt/Patient, Lehrer/Schüler (sog. relationale Rollen). Nach ihrer Gestaltbarkeit kann zwischen „weichen" und „harten" Rollen unterschieden werden. Letztere zeichnen sich gewöhnlich durch eine erhebliche Sanktionsladung aus. Auch sind verschiedene Grade der Vernetzung möglich, etwa im Bereich der Organisation, die Katz und Kahn (*Katz/Kahn* 1966) als Systeme aufeinander bezogener aufgabenorientierter Rollen begreifen. Rollen enthalten in der Regel Rechte und Pflichten (*Linton* 1945); im Falle reziproker Rollen sind die Rechte von A die Pflichten von B. Wenn Individuen versuchen, die Rechte ihrer Rolle auszuweiten, während sie ihre Pflichten vernachlässigen, spricht man von *Rollendisparität*. *Rollenambiguität* ist gegeben, wenn die normativen Erwartungen, die sich mit der Rolle verbinden, objektiv und/oder subjektiv unklar oder multivalent sind.

Zu unterscheiden sind ferner normative Erwartungen des oder der Außenstehenden, die *Rollenperzeption* des Betroffenen sowie das aktuelle *Rollenverhalten*, das aus den Erwartungen resultiert, jedoch über die Erwartungen hinaus auch andere Elemente, z.B. des Selbstkonzepts, enthält. Über die Rolle selbst kann zwischen den Beteiligten Dissens oder Konsens bestehen; auch ist denkbar, dass gesamtgesellschaftlich Dissens über bestimmte Rollen besteht (z.B. über die Rolle der Frau in unserer Gesellschaft). Dies ist u.a. eine Frage der Homogenität bzw. Ähnlichkeit der beteiligten Personen oder Gruppen.

II. *Perspektiven der Rollentheorie*

Das hier skizzierte Paradigma der Rollentheorie besteht darin, dass das Verhalten von Individuen in sozialen Positionen aus den Rollenerwartungen der sozialen Umwelt abgeleitet werden kann. Zumindest ist dies die Grundvorstellung des sog. strukturalistischen bzw. *strukturell-funktionalen Ansatzes* (*Parsons* 1991; *Merton* 1995). Ein solcher Ansatz hätte den unbestreitbaren Vorteil, dass auf das faktische Handeln von Individuen geschlossen werden kann, ohne die komplexen psychologischen Mechanismen von Motivationen, Kognitionen und Persönlichkeitsmerkmalen bemühen zu müssen. Verhalten würde damit nicht durch individuelle Antriebskräfte (etwa Motive, Interessen, Bedürfnisse, Ziele) erklärt, sondern allein durch die Erwartungsstrukturen, denen sich das Individuum in sozialen Positionen gegenüber sieht. Personen handeln dann nur noch als Betriebsratsmitglied, als Lehrer, als Bandenführer, als Institutsdirektor, als Vorgesetzter, als Mutter, als Verkäufer etc. Eine solche reduktionistische Sichtweise wurde von Dahrendorf mit der Metapher des „*Homo Sociologicus*" gekennzeichnet (*Dahrendorf* 1974).

Biddle (*Biddle* 1979; *Biddle* 1986) sowie Schülein (*Schülein* 1989) haben darauf hingewiesen, dass Rollen als Interpretationsschemata besonderer Art zur Erleichterung der *Interaktion* beitragen. Sie sorgen dafür, dass Interaktionsprozesse nicht bei Null beginnen müssen, sondern dass von vornherein mit stabilen Festlegungen gerechnet werden kann. Rollen sind demnach Fertigprodukte der Interaktion; die bewährten und institutionalisierten Strukturmuster stehen gewissermaßen auf Abruf bereit, reduzieren die Komplexität und entsubjektivieren das soziale Handeln.

Im Gegensatz dazu geht das *symbolisch-interaktionistische Paradigma* der Rollentheorie primär von *Gestaltungsrollen* (weiche Rollen) aus (z.B. die Rolle des Gastgebers). Die verschiedenen Rollen liegen nicht als vorgestanzte Hülsen bereit, sondern werden im Laufe ihrer Genese eingespielt, angeeignet, ausgehandelt, gestaltet und im Interaktionsprozess ständig verändert. Dieses Rollenverständnis, das auch als *interpretatives Paradigma* bezeichnet wird (vgl. *Wilson* 1970) reflektiert mehr auf Prozesse des *role-making*, statt eines bloßen *role-taking* (*Turner* 1962); Rolle fungiert daher in dieser Sicht eher als abhängige Variable. Eine solche Perspektive findet natürlich ihre Grenze dort, wo Rollen relativ auskristallisiert sind (z.B. in Organisationen oder auch in partnerschaftlichen Beziehungen, die entsprechende Aushandlungsprozesse durchlaufen haben und bei denen die Rollenverteilung relativ petrifiziert ist).

Obgleich beide Ansätze diskussionswürdig erscheinen, ist die Rollentheorie bereits vor etwa drei Jahrzehnten in Sackgassen geraten, da die ersten fruchtbaren Ansätze (z.B. bei *Gross/Mason/McEachern* 1958 oder bei *Biddle/Thomas* 1966) weder theoretisch noch empirisch weiterverfolgt worden sind. Eine einheitliche Rollentheorie existiert demnach bis heute nicht. Obgleich man weiß, dass Menschen sich in sozialen Rollen irgendwie „anders" verhalten, ist die Forschung zu diesem Thema sowohl seitens der Soziologie wie auch der Sozialpsychologie versandet und hat einer rein beschreibenden Analyse (z.B. die „Rollensituation des Pfarrers in unserer Gesellschaft" oder die „Rolle des Werkmeisters in Organisationen") Platz gemacht. Allerdings bestehen Subtheorien geringer Reichweite, z.B. eine Theorie des Rollenkonflikts, des Rollentransfers, des Rollenstress sowie neuerdings eine Theorie der Rollenbilanz. Auch werden mittlerweile Bezüge zwischen Rollentheorie und Schematheorie diskutiert und Verbindungslinien zum „Impression Management" (→ *Impression-Management und Unternehmensdramaturgie*) hergestellt.

III. Struktur sozialer Rollen

Merton betont, dass zu jeder Position eine Reihe von *Rollen* gehört und schlägt für diese Konstellation den Ausdruck „*Rollen-Set*" vor; er sieht darin eine Kombination von Rollenbeziehungen, in die eine Person aufgrund der Inhaberschaft einer bestimmten Position involviert ist (*Merton* 1995). Diese Sets können horizontal – z.B. auf der Grundlage gleichberechtigter Interaktionen – oder vertikal – z.B. als hierarchisches Systemmodell – konzipiert werden. Die Verzahnung lässt sich auch sequenziell als Austauschbeziehung zwischen Rollensender und Rollenempfänger näher bestimmen (z.B. im Modell der Rollenepisode von *Katz/Kahn* 1966).

Der Grad der *Rollendifferenzierung* (das rollentheoretische Äquivalent zur Arbeitsteilung) ist umso höher, je größer die Zahl der verschiedenartigen Handlungen ist, die Mitglieder eines sozialen Systems voneinander zu bestimmten Zeitpunkten erwarten. Im Gruppenkontext ist v.a. die Ausdifferenzierung von Führungsrollen Gegenstand empirischer Forschung gewesen. Dabei geht es um die Differenzierung von *Führungsfunktionen* im Rahmen ad hoc zusammengestellter aufgabenorientierter Gruppen in eher aufgabenbezogen-instrumentelle sowie in sozioemotionale (im Rahmen der *Führungsstil*-Forschung auch mitarbeiterorientierte) Führungsrollen (→ *Führungsstile und -konzepte*).

IV. Führungsrollen

Führungsrollen lassen sich nach unterschiedlichen Gesichtspunkten beschreiben (*Wiswede* 1995, S. 828) (→ *Führung und Führungstheorien*):

Im engeren Sinne rollentheoretisch sind lediglich die Fragen 2 und 4. Für eine sozialpsychologische Perspektive wäre zunächst wichtig, ob und in welcher Weise der Akteur bestimmte *Rollensender* und deren Erwartungen perzipiert/kogniziert. Vorgesetztenrolle und Mitarbeiterrolle sind erwartungsverschränkt; d.h. beide Akteure haben mehr oder weniger artikulierte *normative Erwartungen* (z.B. Erwartungen im Hinblick auf Leistung, Loyalität, strikteres Durchgreifen). Zu den Rollen einer Führungskraft kann es aus dieser Perspektive auch gehören, mit widersprüchlichen Rollenerwartungen (z.B. auch den *Rol-*

Art der Rollenbeschreibung	Zentrale Fragestellung
1. Eigenschaftsorientierte Rollenbeschreibung	Welche Eigenschaften sollten (erfolgreiche) Führer haben?
2. Erwartungsorientierte Rollenbeschreibung	Welche Rollenerwartungen werden an den Führer gestellt?
3. Funktionsorientierte Rollenbeschreibung	Welche Funktionen müssen Führer erfüllen?
4. Aktivitätsorientierte Rollenbeschreibung	Welches Rollenverhalten zeigen Führer tatsächlich?
5. Effizienzorientierte Rollenbeschreibung	Welche Rollen sollte ein effizienter Führer beherrschen?
6. Gruppenorientierte Rollenbeschreibung	Wie können unterschiedliche Führungsrollen in der Gruppe aufgeteilt werden?

Abb. 1: Aspekte der Rollenbeschreibung

lendilemmata nach *Neuberger* 2002) zurechtzukommen und eine angemessene Synthese oder einen brauchbaren Kompromiss zwischen Widersprüchlichkeiten zu finden (vgl. *Graen* 1976; *Graen/Scandura* 1987) (→ *Dilemma-Management*).

V. Rollendruck und Rollenkonflikt

Vielfach wurde deutlich, dass die Fremdartigkeit oder die Pflichten, die mit einer Rolle verbunden sind, das Individuum belasten oder überlasten (role overload). Man bezeichnet eine solche Situation als *Rollendruck*, die subjektive Reaktion darauf als *Rollenstress*. Letzterer ist von Merton (*Merton* 1995), Goode (*Goode* 1960) und – im Rahmen von Organisationen – von Katz und Kahn (*Katz/Kahn* 1966) im Rahmen der Stressforschung untersucht worden. Diskutiert wurden verschiedene *Coping-Strategien*, wie Selektion, Abschirmung, Delegation, Solidarisierung oder Abbruch.

Besondere Aufmerksamkeit galt der Analyse von *Rollenkonflikten*. Hierbei wird üblicherweise auf eine Unterscheidung von Merton in *Inter-Rollenkonflikt* (zwischen verschiedenen Rollen, die ein Individuum einnimmt, bestehen Widersprüche) und *Intra-Rollenkonflikt* (im Rahmen einer einzigen Rolle existieren Rollensender, die Unterschiedliches erwarten). Katz und Kahn unterscheiden den *Intra-Rollen-Konflikt* des Weiteren nach *Intra-Sender-Konflikt* (z.B. der Vorgesetzte äußert widersprüchliche Erwartungen) und *Inter-Sender-Konflikt* (z.B. der eigene Vorgesetzte hat andere normative Vorstellungen als die Mitarbeiter). Zusätzlich wird ein *Rolle-Selbst-Konflikt* unterschieden, bei dem zwischen Rolle und *Selbstkonzept* (innere Einstellungen und Überzeugungen, Prinzipientreue) Widersprüche (ein Mangel an „fit") bestehen (*Katz/Kahn* 1966). Ein solcher Konflikt ist besonders ausgeprägt bei Personen mit hoher *Selbstaufmerksamkeit*. Im Rahmen dieser Konfliktkonstellation ist insb. der Inter-Sender-Konflikt untersucht worden. Im Hinblick auf die Lösung solcher Konflikte wird u.a. auf die unterschiedliche Sanktionsladung, auf die wahrgenommene Legitimität sowie die eigene Interessenlage verwiesen. Auch ist die Bewältigung von Rollenkonflikten in erheblichem Ausmaß von Persönlichkeitscharakteristika wie Rigidität bzw. Flexibilität beeinflusst. Üblicherweise senken Rollenkonflikte die *Arbeitszufriedenheit* (*Roos/Starke* 1981), wenn auch nicht bei allen Populationen (*Kemery* et al. 1985).

VI. Rollenbilanz

Der Umgang mit sozialen Rollen wird wesentlich von Lernprozessen begleitet (vgl. *Wiswede* 1977), die dann auch auf andere, ähnliche Rollen generalisiert werden (Rollentransfer). Aufgrund solcher Lernprozesse versuchen Individuen, Belohnungen (Erträge) und Bestrafungen (Kosten) zu bilanzieren und diese Bilanz möglichst positiv zu gestalten. Die Theorie (*Wiswede* 1998; *Fischer/Wiswede* 2002) versucht im Einzelnen die Frage zu beantworten, ob und inwieweit eine Person P bereit ist, eine bestimmte Rolle anzustreben, zu übernehmen, auszuüben und beizubehalten. Dies sei abhängig von der Differenz zwischen (erwarteten) intrinsischen und extrinsischen Rollenerträgen und Rollenkosten, vom perzipierten Übernahmedruck sowie der von P perzipierten Rollenkompetenz, wobei Letztere auf entsprechenden Lernerfahrungen gründet. Diese drei Faktoren werden entsprechend auch durch drei Klassen von Erwartungen vermittelt: Konsequenz-Erwartungen (für Rollenerträge und Rollenkosten), Sanktions-Erwartungen (für Übernahmedruck) sowie Effizienz-Erwartungen (für Rollenfähigkeiten).

Rolleninhaber werden versuchen, ihre Rollenerfolgsbilanz möglichst positiv zu gestalten (z.B. durch Senken der Rollenkosten, durch Erhöhung der Rollenerträge). Bei vergleichsweise positiver Rollenerwartungsbilanz wird P dazu tendieren, an der Rolle festzuhalten oder sie auszuweiten, während P bei negativer Bilanz nur dann an der Rolle festhalten wird, wenn das Vergleichsniveau für alternative Rollen ungünstiger ist oder wenn P durch den Rollenverlust ihr Selbstkonzept gefährden würde.

Die Theorie ist bisher auf Berufswahl- und Heiratsentscheidungen sowie im Hinblick auf (weiblichen) Wiedereinstieg in die Erwerbsarbeit überprüft worden. Sie kann jedoch z.B. auch erklären, warum Mitarbeiter eine Führungsrolle anstreben oder nicht.

VII. Rollenidentifikation und Rollendistanz

Für die organisationale Einbindung (Involvement) ist es außerordentlich wichtig, dass Mitarbeiter die formalen Notwendigkeiten einer Rolle („Dienst nach Vorschrift") transzendieren. Dieser Aspekt ist in unterschiedlichen Forschungstraditionen als Extra-Rollenverhalten, als „*organizational citizenship behaviour*" (→ *Organizational Citizenship Behaviour*) oder als *Rollen-Commitment* bezeichnet worden. Im letzteren Sinn spricht man auch von *Rollenidentifikation* als Ergebnis eines Identifikations- oder Internalisierungsprozesses. Personen mit hoher Rollenidentifikation werden dazu neigen, in der Rolle „aufzugehen", sodass das Selbstkonzept und die Rolle weitgehend verschmelzen (→ *Identitätstheoretischer Ansatz*). Bei manchen Berufsrollen wird dies besonders deutlich. Auch im Rahmen der Führungsforschung (→ *Führung und Führungstheorien*) wird behauptet (*Graen* 1976), dass Individuen durch längere Ausübung einer Führungsrolle allmählich solche Eigenschaften entwickeln, die man als Führungseigenschaften ansieht.

Eng verwandt mit diesem Konzept der Rollenidentifikation ist der auf Goffman zurückgehende Begriff der *Rollendistanz*, der allerdings unterschiedlich interpretierbar ist (*Goffman* 1973). Gründe für eine Distanzierung von einer bestimmten Rolle könnten z.B. sein:

- Negativbilanz der Rolle (z.B. die Überlegung, dass diese Rolle zu kostspielig ist),
- kritische Einschätzung der Rolle (z.B. Überdenken der moralischen Implikationen),
- expressive Entlastung im Hinblick auf entstehenden Rollendruck (z.B. Witzelei des Chirurgen bei einer schwierigen Operation).

Während die dritte Variante nur eine Art Scheindistanz darstellt, bedeutet die erstgenannte Version von Rollendistanz mangelndes oder dosiertes Engagement (low role commitment). Im zweiten Verständnis geht es eher um kritisch-reflexive Haltungen gegenüber der Rolle, wobei eine gewisse Distanz positiv sein kann, weil sie blinde Folgeleistung vermeidet und durchaus funktionale kognitive Prozesse verbürgt, die die Anpassung an veränderte Aufgabenstellungen oder Sinnbezüge erleichtert. Eine zu hohe Distanz mag paralysierende Wirkungen haben und das emanzipatorische Interesse zu stark gewichten. Insofern kann von einer optimalen Rollendistanz i.S. einer Balance zwischen unkritischer Übernahme auf der einen Seite und einer zu stark reflexiven Haltung i.S. übersteigerter *Selbstaufmerksamkeit* gesprochen werden.

Literatur

Biddle, Bruce J.: Recent developments in role theory, in: Annual Review of Sociology, Jg. 12, 1986, S. 67–92.
Biddle, Bruce J.: Role theory. Expectations, identities, and behavior, New York 1979.
Biddle, Bruce J./Thomas, Edwin J. (Hrsg.): Role theory: concepts and research, New York et al. 1966.
Dahrendorf, Ralf: Homo sociologicus. Ein Versuch zur Geschichte, Bedeutung und der Kategorie der sozialen Rolle, 14. A., Köln et al. 1974.
Fischer, Lorenz/Wiswede, Günter: Grundlagen der Sozialpsychologie, 2. A., München et al. 2002.
Goffman, Erving: Wir alle spielen Theater. Die Selbstdarstellung im Alltag, München 1973.
Goode, William J.: A theory of role strain, in: ASR, Jg. 25, 1960, S. 483–496.
Graen, George B.: Role-making processes within complex organizations, in: Handbook of industrial and organisational psychology, hrsg. v. *Dunnette, Marwin D.*, Chicago 1976, S. 1201–1245.
Graen, George B./Scandura, Terri A.: Theorie der Führungsdyaden, in: HWFü, hrsg. v. *Kieser, Alfred* et al., Stuttgart 1987, Sp. 377–389.
Gross, Neal/Mason, Ward S./McEachern, Alexander W.: Explorations in role analysis, New York 1958.
Katz, Daniel/Kahn, Robert L.: The social psychology of organizations, New York 1966.
Kemery, Edward R. et al.: Outcomes of role stress: A multisample constructive replication, in: AMJ, Jg. 28, 1985, S. 363–375.
Linton, Ralph: The cultural background of personality, New York 1945.
Merton, Robert K.: Soziologische Theorie und soziale Struktur, Berlin 1995.
Neuberger, Oswald: Führen und Führen lassen, 6. A., Stuttgart 2002.
Parsons, Talcott: The social system, 2. A., London 1991.
Roos, Leslie L./Starke, Frederick A.: Organizational roles, in: Handbook of organizational design, Bd. 1: Adapting organizations to their environments, hrsg. v. *Nystrom, Paul C./Starbuck, William H.*, Oxford 1981, S. 290–331.
Schülein, Johann August: Rollentheorie – revisited. Wissenssoziologische Anmerkungen zu einem vergessenen Paradigma, in: Soziale Welt, Jg. 40, 1989, S. 481–496.
Turner, Ralph H.: Role taking: Process versus conformity, in: Human behavior and social processes, hrsg. v. *Rose, Arnold*, Boston 1962, S. 20–40.
Wilson, Thomas P.: Conceptions of interaction and forms of sociological explanations, in: ASR, Jg. 34, 1970, S. 697–710.
Wiswede, Günter: Soziologie. Ein Lehrbuch für den wirtschafts- und sozialwissenschaftlichen Bereich, 3. A., Landsberg 1998.
Wiswede, Günter: Führungsrollen, in: HWFü, hrsg. v. *Kieser, Alfred* et al., 2. A., Stuttgart 1995, Sp. 826–839.
Wiswede, Günter: Rollentheorie, Stuttgart 1977.

Routinen und Pfadabhängigkeit

Georg Schreyögg/Jochen Koch/Jörg Sydow

[s.a.: Arbeitsteilung und Spezialisierung; Bürokratie; Evolutionstheoretischer Ansatz; Flexibilität, organisatorische; Informelle Organisation; Innovationsmanagement; Kompetenzen, organisationale; Lebenszyklus, organisationaler; Lernen, organisationales; Rationalisierung und Automatisierung; Wandel, Management des (Change Management); Zeit und Management.]

I. Zum Begriff der Routine; II. Individuelle und organisationale Routinen; III. Zur Funktionsweise organisationaler Routinen; IV. Formale und informale Routinen; V. Routinen und Wandel; VI. Theorie der Pfadabhängigkeit; VII. Pfadabhängige Routinen.

Zusammenfassung

Routinen stellen für das Verständnis der Funktionsweise von Organisationen einen zentralen Begriff dar, der eine deutliche Bedeutungserweiterung erfahren hat. Im Folgenden werden zunächst Begriff und Arten von Routinen vorgestellt und die organisationstheoretisch wichtige Unterscheidung von formalen und informalen Routinen dargelegt. Mit der Theorie der Pfadabhängigkeit wird eine prozessuale Perspektive zunehmender struktureller Verfestigung vorgestellt. Bezogen auf Routinen kann damit der Entstehungsprozess wie auch die Persistenz von Routinen erklärt werden.

I. Zum Begriff der Routine

Unter einer Routine versteht man traditioneller Weise ein sich wiederholendes Verhaltens- bzw. Handlungsmuster, das nach Eintritt eines spezifizierten, auslösenden Ereignisses (automatisch) vollzogen bzw. durchgeführt wird. Routinen beschreiben in diesem Sinne eingeübte und/oder genau festgelegte Formen menschlichen Handelns und setzen sich i.d.R. aus einer Mehrzahl von aufeinander abgestimmten Einzelhandlungen zusammen. Eine Routine verkörpert aus dieser klassischen, noch stark dem Behaviorismus verpflichteten Sichtweise ein präfixiertes Antwortschema („automatic response") auf eine angebare Art von Frage- bzw. Problemstellung (Stimulus) (vgl. *March/Simon* 1958). In dieser Perspektive sind drei Elemente für die Definition einer Routine ausschlaggebend: (1) ein (genau) bestimmbarer Stimulus, (2) der Vollzug eines konkreten Handlungsmusters (Response) und (3) der repetitive Charakter des Routinevollzugs insgesamt, wobei letztlich offen bleibt, wie oft sich ein bestimmtes Handlungsmuster wiederholen muss, damit von einer Routine gesprochen werden kann.

Werden Routinen in Organisationen bewusst eingesetzt, so geschieht dies einerseits um Lerneffekte zu nutzen, andererseits um die Instanzen durch generell geregelte Entscheidungsprozesse zu entlasten (vgl. *Luhmann* 1971). Den damit einhergehenden Rationalitätsgewinnen stehen bekanntermaßen Nachteile gegenüber: Die tagtägliche Wiederholung von Arbeitsvollzügen gerinnt zur sprichwörtlichen Routine und die strikte Einhaltung derselben generiert zum Selbstzweck („organization man", vgl. *Whyte* 1956). Monotonie und Sinnverlust sind die empirisch immer wieder festgestellten Folgen (vgl. *Schreyögg/Steinmann* 1980).

In der jüngeren Diskussion hat der Routinebegriff – insb. durch die Arbeiten von Nelson und Winter – eine deutliche Begriffserweiterung erfahren und wird nicht mehr nur als Ausdruck bewusster organisatorischer Gestaltung begriffen. Im Anschluss an dieses neuere Routinenverständnis wurde die Unterscheidung von individuellen und organisationalen Routinen zunehmend wichtig.

II. Individuelle und organisationale Routinen

Eine auf Einzelpersonen zugeschnittene Auffassung von Routinen reflektiert auf die habituelle Adaption bzw. Entwicklung individueller Fähigkeiten und Fertigkeiten mittels spezifischer, repetitiver Handlungsvollzüge und verortet die Leistungsrationalisierung (→ *Rationalisierung und Automatisierung*) auf der Ebene des Individuums. Routinen in Organisationen sind in diesem Sinne kein direktes und primäres Attribut einer Organisation, sondern eines von in Organisationen handelnden Personen.

Dahingegen setzt der Begriff der organisationalen – wie auch der *interorganisationalen* – Routine auf kollektiver bzw. systemischer Ebene an. Routinen werden hier im Unterschied zur individuumszentrierten Auffassungen nicht als „skill" oder „habit" einer Person begriffen (vgl. *Cohen/Bacdayan* 1994), sondern verkörpern eine Art von (inter-)organisationalem „performance program" (*March/Simon* 1958) bzw. von „standard operating procedures" (*Cyert/ March* 1963). Mit der Einführung einer systemischen Betrachtungsweise gewinnt der Routinebegriff einen komplexeren Bedeutungsgehalt, dessen Verständnisweise nicht mehr nur aus der Perspektive arbeitstechnischer Erleichterungen zu verstehen ist und der zu einem erweiterten Funktionsverständnis von Routinen überleitet.

III. Zur Funktionsweise organisationaler Routinen

Mit einer organisationalen Betrachtung von Routinen wird zunächst die Koordinationsfunktion (→ *Koordination und Integration*) von Routinen in den Mittelpunkt gerückt. Aus der Perspektive formaler Organisation spricht man in diesem Zusammenhang von *Konditionalprogrammierung*. Konditional- bzw. *Routineprogramme* zeichnen sich dadurch aus, dass sie eine Handlungsabfolge festlegen, die unabhängig von bestimmten Zeitpunkten bei Vorliegen eines festgelegten Sachverhalts in Gang gesetzt wird. Routinen gelten insofern zeitlich indifferent. *Zweckprogramme* sind dagegen zeitlich gebunden, sie legen ein Handlungsergebnis zu einem bestimmten Zeitpunkt fest, lassen aber die dazu erforderlichen Handlungen und die Handlungsabfolge offen (vgl. *Luhmann* 1995).

Die regulative Idee der Routineprogrammierung besteht darin, bestimmte sich wiederholende Entscheidungen vor zu entscheiden. Damit soll die zuverlässige Reproduktion rational konzipierter Handlungen und Handlungssequenzen ermöglicht werden. Routinen entlasten auch die Hierarchie, indem sie die fallweise gegebene Anweisung durch ein generalisiertes Programm ersetzen. Routinen sind in diesem Sinne reflexionsentlastet, d.h. sie ermöglichen – nach Prüfung der Voraussetzungen – das Auslösen wie auch die Ausführung einer problemlösenden Handlungssequenz, ohne jeweils erneut über ihre Sinnfälligkeit befinden zu müssen. Sie gilt bis auf weiteres als generell richtiges Handeln. In dem dargelegten Sinne sind Routinen Bestandteil der formalen Organisation.

In der jüngeren Debatte wird nun zunehmend ein erweitertes Routinenverständnis vertreten, das Routinen nicht nur als Ausfluss der formalen Struktur begreift, sondern stärker auf den emergenten und evolutionären Entstehungsprozess verweist. Damit wird zugleich die Unterscheidung zwischen formalen und informalen Routinen relevant.

IV. Formale und informale Routinen

Nelson und Winter haben den Begriff der organisationalen Routine radikal erweitert und als einen „general term for all regular and predictable behavioral patterns of firms" konzeptionalisiert (vgl. *Nelson/ Winter* 1982). Routinen fungieren in ihrer evolutionstheoretischen Auffassung als das „Gedächtnis einer Organisation", als Wissensspeicher (→ *Wissensmanagement*), und werden schließlich, in Analogie zu Genen, als der persistente Teil einer Organisation begriffen, der ursächlich für deren Einzigartigkeit verantwortlich ist und die Verhaltensmuster eines Systems determiniert (vgl. *Hannan/Freeman* 1984).

In diesem Sinne wird der Routinebegriff jeglicher Form von organisatorischem Handlungsmuster – anderen Ortes auch: Institutionen – zugerechnet. Die Etablierung von Routinen wird in diesem Ansatz im Wesentlichen auf evolutionäre Prozesse zurückgeführt. Gleichgültig aus welcher Quelle die Routine-Mutationen kommen, letztlich entscheidet der organisationsinterne Selektionsprozess, welche Routinen handlungswirksam werden. Hier tut sich ein markanter Widerspruch zur herkömmlichen Organisationstheorie auf, wonach Routinen rational konstruiert, formal legitimiert und implementiert werden. Folgte man dem Ansatz von Nelson und Winter so würde sich der Unterschied zwischen formalen und informalen Routinen aufheben. Interessant ist nur noch, welche Routinen sich evolutionär durchsetzen (→ *Evolutionstheoretischer Ansatz*). Lösen doch Nelson und Winter – auch wenn sie im Entstehungsprozess die Unterscheidung zwischen formalen und informalen Routinen als Möglichkeit zulassen – letztlich die Differenz zwischen Formalität und Informalität (→ *Informelle Organisation*) und damit die Unterscheidung zwischen regelkonformem und deviantem Verhalten (vgl. *Ortmann* 2003) auf, da ihr Routinebegriff durch seinen unmittelbaren Handlungsbezug regelgeleitetes und faktisches Verhalten in Organisationen zugleich beschreiben will. Für das Verstehen von Organisationen so wichtige Aspekte, wie das Unterlaufen formaler Routinen, die Distanzierung von Routinen, das Pendeln zwischen formalen und informalen Routinen, könnten so nicht mehr markiert und in ihrer Bedeutung für das organisatorische Leistungsvermögen studiert werden.

V. Routinen und Wandel

In den bisher diskutierten Ansätzen erscheinen Routinen als stabile und konstante Elemente in Organisationen. In jüngeren Analysen wird diese Vorstellung eines persistenten Handlungsmusters jedoch zunehmend in Frage gestellt und die Offenheit und Wandelfähigkeit von Routinen betont (vgl. *March/Olson* 1989, S. 38) (→ *Wandel, Management des (Change Management)*). In diesem Sinne begreifen Pentland und Rueter Routinen in Analogie zur Sprache im Sinne einer Grammatik als ein verfügbares Repertoire, aktiv sinnvolle Sätze zu bilden. Demzufolge verfügen Organisationsmitglieder über ein Repertoire an möglichen Handlungsmustern, und die Auswahl von konkreten Handlungen erfolgt gemäß der (grammatikalischen) Regeln, welche als sowohl einschränkend als auch ermöglichend gedacht werden (vgl. *Pentland/Rueter* 1994; *Feldman/Pentland* 2003). In diesem Zusammenhang spielen auch *strukturationstheoretische Überlegungen* eine wichtige Rolle, geht es doch darum, dass kompetente Akteure (→ *Kompetenzen, organisationale*) abstrakte Regeln jeweils spezifisch anwenden und auf diese Weise zwar eine Routinehandlung – wenn auch zumeist auf der Ebene des praktischen Bewusstseins – aber immer wieder neu konfiguriert „herstellen" (vgl. *Giddens* 1984).

Noch einen Schritt weiter geht Feldman, die nicht nur eine Variation im Hinblick auf spezifische, auslösende Stimuli in das Routineverständnis einführt, sondern die Handlungsmuster selbst in einem Prozess ständiger Veränderungen zu beschreiben versucht. „[Routines] are often works in progress rather than finished products" (*Feldman* 2000, S. 613). In dieser Perspektive werden Routinen als Variationen generierende Handlungsmuster und weniger als stabile und deterministische Reproduktionsmuster konzipiert. In diesen Kontext gehört auch das Konzept der „*dynamischen Fähigkeiten*" (*Teece/Pisano/Shuen* 1997), das in das Konzept von Routinen zugleich die Reflexion der Routinen mit einbauen möchte, um dysfunktionale Verfestigungen bei veränderlichen Umwelten zu vermeiden. Gefordert wird damit also eine Art *Metaroutine*.

Eine solche Betrachtungsweise hat die Routinevorstellung mit einem erheblichen Erklärungsanspruch aufgeladen. Im Extremfall bestehen Organisationen nur noch aus Routinen, die gleichermaßen für die Erklärung von Stabilität und Wandel veranschlagt werden. Damit verliert jedoch der Routinebegriff zunehmend seine Konturen, da die zentralen Definitionsmerkmale eines bestimmbaren Stimulus' und eines konkret zu vollziehenden Handlungsmusters immer weiter zugunsten einer variationsreicheren und schließlich sogar dynamischen Sichtweise aufgeweicht werden. Es empfiehlt sich deshalb, Routinen eher im Sinne der traditionellen Organisationstheorie – aber auch wie Nelson und Winter es vorgeschlagen – als stabile Handlungsmuster zu beschreiben.

Stabile Handlungsmuster sind bedeutsam für die Funktionsweise einer Organisation, nach Hannan und Freeman sogar unabdingbar für das Überleben einer Organisation (vgl. *Hannan/Freeman* 1984). Auf der anderen Seite ist es gerade diese Stabilisierung mit der Tendenz zur Ultrastabilität („structural inertia"), die den Organisationen die entscheidende und überlebenssichernde Effizienz ermöglicht, auf der anderen Seite ist es gerade diese Verfestigung, die – nicht selten in Folge eines sich durch Routine selbst verstärkenden Prozesses – starr und rigide werden lässt. Genau diesen Aspekt greift ein anderer Forschungsstrang auf, nämlich die ökonomische Pfadabhängigkeitstheorie.

VI. Theorie der Pfadabhängigkeit

Die Theorie der Pfadabhängigkeit hat ihren Ursprung in den wirtschaftshistorisch angelegten Analysen von Paul David, der am Beispiel der Schreibmaschinen-Tastatur zeigt, wie sich der *QWERTY-Standard* entwickelt und durchgesetzt hat und bis heute erhalten geblieben ist (vgl. *David* 1985). Pfadabhängigkeit wird dabei als ein Entwicklungsprozess gedacht. Den allgemeinen Hintergrund bildet das Argument des *„history matters"*, womit der in der *Mikroökonomik* und auch der normativen *Entscheidungstheorie* ignorierte, von der Evolutions- und der verhaltensorientierten Organisationstheorie allerdings immer berücksichtigte Sachverhalt bezeichnet wird, dass ökonomische Prozesse sich nicht vollkommen voraussetzungsfrei entfalten, sondern rückbezüglich in dem Sinne sind, dass vorhergehende Ereignisse und Entscheidungen nachfolgende mitprägen.

Zentral für die Entstehung von Pfadabhängigkeit sind „increasing returns", d.h. im allgemeinsten Fall das Vorhandensein von *positiven Rückkopplungen* in dem Sinne, dass die Zunahme eines bestimmten Variablenwertes zu einer weiteren Zunahme dieses Variablenwertes führt (*Arthur* 1989). Dabei handelt es sich um sich selbst verstärkende Effekte mit spiralförmiger Dynamik. *Increasing Returns* werden in Bezug auf Technologien auf (1) *Skalenerträge* und *Erfahrungseffekte*, (2) direkte und (3) indirekte *Netzexternalitäten* sowie (4) „learning by using" auf Konsumentenseite zurückgeführt (vgl. *Katz/Shapiro* 1985; *Ackermann* 2001). Diese Effekte begründen einen Pfad, der dem organisatorischen Verhalten eine gewisse Zwangsläufigkeit verleiht. Pfade schränken die Verhaltensvarianz drastisch ein, bisweilen soweit, dass nur noch ein Handlungsmuster realisierbar bleibt. Dabei ist umstritten, ob diese Einschränkungen letztlich zu *„Evolutionsversagen"* führen, in dem Sinne, dass sich am Ende eine suboptimale und ineffiziente Lösung durchsetzt und dauerhaft verfestigt (vgl. *Liebowitz/Margolis* 1994).

Für die im Hinblick auf Routinen bedeutsamen institutionellen Pfadentwicklungen werden insb. Koordinations- und Komplementaritätseffekte angegeben (vgl. *North* 1990; *David* 1994; *Blankart/Knieps* 1993). Bezugspunkt ist hier nicht die Nachfrage nach einer Technologie, sondern sind die Effizienz- und Kostenvorteile der Interaktionspartner. Dabei wird die Entstehung und Durchsetzung einer bestimmten institutionellen Regel in Analogie zu einem Pfad verstanden. Liegen *Koordinationseffekte* vor, so führt die Existenz einer kostengünstigeren Abstimmung zur Durchsetzung eines spezifischen Handlungsmusters und letztlich zur Ausbildung einer Routine; liegen dagegen *Komplementaritätseffekte* vor, so führt die Vermeidung von Misfit-Kosten zur Priorisierung solcher Lösungen, die im Einklang mit den vorhandenen Routinen und Regeln einer Organisation stehen (vgl. *Ackermann* 2003).

Der Prozess der Pfadabhängigkeit kann durch drei Phasen charakterisiert werden (vgl. *Schreyögg/Sydow/Koch* 2003). Die erste Phase des Pfadkonstitutionsprozesses ist durch eine große Variationsbreite möglicher Handlungsweisen geprägt. Der Übergang zur zweiten Phase wird durch eine kritische Schwelle (*„critical juncture"*) bestimmt. Darunter ist das erstmalige Auftreten eines Ereignisses zu verstehen, das nachhaltige *selbstverstärkende Effekte* ausübt und ggf. einen Prozess positiver Rückkoppelungen in Gang setzt. Ob, wann und mit welcher Stärke ein solches Ereignis eintritt, ist ex ante nicht bestimmbar, sondern zufällig. In der Literatur wird hier auch von sog. „small events" gesprochen, um damit die gemeinte Zufälligkeit unter Verweis auf Erkenntnisse der Komplexitätstheorie („kleine Ereignisse haben u.U. große Folgen") zum Ausdruck zu bringen (→ *Chaos- und Komplexitätstheorie*). Ab diesem Zeitpunkt kann der Prozess einen pfadförmigen Verlauf nehmen, d.h. es kann zur Ausbildung nur noch eines Handlungsmusters kommen, dies ist aber nicht zwingend. Der Übergang zur dritten Phase ist schließlich durch ein sog. *Lock-in* markiert, mit dem die Schließung eines Entwicklungsprozesses eintritt. Der Pfad ist geschlossen und die Handlungsweise des Systems ist – bezogen auf eine bestimmte Problemstellung – von nun an durch die Existenz eines Pfades determiniert.

Die Pfadabhängigkeitstheorie liefert eine prozessuale Erklärung für die Entstehung von starken Persistenzen, die sich bei Veränderungen als schwere Wandelbarrieren erweisen können. Der Konstitutionsprozess von Pfaden kann i.d.R. nicht auf intentionales Handeln zurückgeführt werden, sondern bildet sich emergent. Diese Perspektive auf die Entstehung und Persistenz von Strukturen ist für eine Vielzahl von organisationalen und interorganisationalen Problemstellung anschlussfähig und lässt sich auch auf den Routinegeneseprozess anwenden. Dabei ist allerdings zu betonen, dass die Pfadabhängigkeitstheorie die Persistenz als Sonderfall und nicht als Regelfall studiert, d.h. nicht jeder Entwicklungsprozess mündet automatisch in einen Pfad.

VII. Pfadabhängige Routinen

Betrachtet man organisationale Routinen aus der Perspektive der Pfadabhängigkeitstheorie, so ergibt sich eine klare Ähnlichkeit zwischen Pfaden und organisationalen Routinen; indessen sollte diese Ähnlichkeit nicht zu einer Gleichsetzung verführen. Routinen in Organisationen können immer auch der Ausdruck einer formal gesatzten Ordnung darstellen, deren Entstehung sich eben nicht einem evolutionären Prozess verdankt. In diesem Sinne lenkt die Pfadabhängigkeitsidee den Blick zunächst im Wesentlichen auf die Konstitution von informalen Routinen. Aber auch hier ist es wichtig zu differenzieren: Nicht jede emergent entstehende Routine muss zwangsläufig zu einem Pfad werden. Pfade stellen also Sonderroutinen dar oder wenn man so will, entartete Routinen. Gleichwohl verweist die Pfadabhängigkeitstheorie auf das grundsätzliche Problem der Verfestigungstendenz, wie sie Routinen innewohnt.

Offen bleibt dabei aber, in welchem Ausmaße organisationale oder auch interorganisationale Routinen im Sinne einer Pfadabhängigkeit auch tatsächlich ein unüberwindbares *Wandelhindernis* darstellen. Formale Routinen sind – trotz ihres konditionalen Automatismus – zweifelsohne der Reflexion zugänglich und somit sowohl im Hinblick auf ihre innere Struktur als auch hinsichtlich ihres Anwendungsbezugs veränderbar. Informale Routinen und insb. Pfade stellen dagegen eine sehr viel größere Herausforderung für das Wandelmanagement dar, weil sie ihrer Entstehung nach kausal amorph sind und sich im Falle der Pfade einer sich selbst verstärkenden Dynamik verdanken. Sie stehen damit im Kontext komplexerer Wirkungszusammenhänge.

Die Pfadabhängigkeitstheorie macht deutlich, dass Routinen immer dann problematisch werden, wenn ihre Reflexionsentlastung auch zur systematischen Außerkraftsetzung eines Nachdenkens über die Sinnfälligkeit ihrer Anwendung führt, d.h. die Routineanwendung in einem Prozess selbstverstärkender Effekte letztlich zu einem Selbstzweck generiert. In diesem Sinne können auch formal gesetzte Routinen im Prozess ihrer Anwendung pfadabhängig werden, sich also in ihrer Anwendung in einer Weise selbst verstärken, dass sie ein Nachdenken über die Sinnfälligkeit ihrer Anwendung zunehmend blockieren. Damit wird der Blick insgesamt auf unterschiedliche Formen und Wirkungsweisen von positiven Rückkoppelungen gelenkt, die sowohl im Hinblick auf die Etablierung spezifischer Routinen und Routinesettings als auch hinsichtlich ihrer Überwindung von besonderer Bedeutung sind und die ein Nachdenken über Pfade und das Überwinden solcher Pfade notwendig machen.

Literatur

Ackermann, Rolf: Die Pfadabhängigkeitstheorie als Erklärungsansatz unternehmerischer Entwicklungsprozesse, in: Managementforschung 13: Strategische Prozesse und Pfade, hrsg. v. *Schreyögg, Georg/Sydow, Jörg*, Wiesbaden 2003, S. 225–255.
Ackermann, Rolf: Pfadabhängigkeit, Institutionen und Regelreform, Tübingen 2001.
Arthur, W. Brian: Competing technologies, increasing returns, and lock-in by historical events, in: Economic Journal, Jg. 99, 1989, S. 116–131.
Blankart, Charles B./Knieps, Günter: State and standards, in: Public Choice, Jg. 77, 1993, S. 39–52.
Cohen, Michael D./Bacdayan, Paul: Organizational routines are stored procedural memory: Evidence from a laboratory study, in: Org.Sc., Jg. 5, 1994, S. 554–568.
Cyert, Richard M./March, James G.: A behavioral theory of the firm, Englewood Cliffs NJ 1963.
David, Paul A.: Why are institutions the „carriers of history"? Path dependence and the evolution of conventions, organizations and institutions, in: Structural Change and Economic Dynamics, Jg. 5, 1994, S. 205–220.
David, Paul A.: Clio and the economics of QWERTY, in: AER, Jg. 75, 1985, S. 332–337.
Feldman, Martha S.: Organizational routines as source of continous change, in: Org.Sc., Jg. 11, 2000, S. 611–629.
Feldman, Martha S./Pentland, Brian T.: Reconceptualizing Organizational Routines as a Source of Flexibility and Change, in: ASQ, Jg. 48, 2003, S. 94–118.
Giddens, Anthony: The constitution of society, Berkeley CA 1984.
Hannan, Michael T./Freeman, John: Structural inertia and organizational change, in: ASR, Jg. 49, 1984, S. 149–164.
Katz, Michael L./Shapiro, Carl: Network externalities, competition and compatibility, in: AER, Jg. 75, 1985, S. 424–440.
Liebowitz, Stanley J./Margolis, Stephen E.: Network externality: An uncommon tragedy, in: Journal of Economic Perspectives, Jg. 8, 1994, S. 133–150.
Luhmann, Niklas: Funktionen und Folgen formaler Organisation, 4. A., Berlin 1995.
Luhmann, Niklas: Lob der Routine, in: Politische Planung. Aufsätze zur Soziologie von Politik und Verwaltung, hrsg. v. *Luhmann, Niklas*, Opladen 1971, S. 113–142.
March, James G./Olson, Johan P.: Rediscovering institutions, New York 1989.
March, James G./Simon, Herbert A.: Organizations, New York et al. 1958.
Nelson, Richard R./Winter, Sidney G.: An evolutionary theory of economic change, Cambridge MA et al. 1982.
North, Douglas C.: Institutions, institutional change and economic performance, Cambridge 1990.
Ortmann, Günther: Regel und Ausnahme. Paradoxien sozialer Ordnung, Frankfurt am Main 2003.
Pentland, Brian T./Rueter, Henry H.: Organizational routines as grammars of action, in: ASQ, Jg. 39, 1994, S. 484–510.
Schreyögg, Georg/Steinmann, Horst: Arbeitsstrukturierung am Scheideweg, in: Zeitschrift für Arbeitswissenschaft, Jg. 36, 1980, S. 75–78.
Schreyögg, Georg/Sydow, Jörg/Koch, Jochen: Organisatorische Pfade – Von der Pfadabhängigkeit zur Pfadkreation?, in: Managementforschung 13: Strategische Prozesse und Pfade, hrsg. v. *Schreyögg, Georg/Sydow, Jörg*, Wiesbaden 2003, S. 257–294.
Teece, David J./Pisano, Gary/Shuen, Amy: Dynamic capabilities and strategic management, in: SMJ, Jg. 18, 1997, S. 509–533.
Whyte, William H.: The organization man, New York 1956.

S

Sanierung

Frank Roitzsch

[s.a.: Krisenforschung und Krisenmanagement; Lebenszyklus, organisationaler; Turnaround; Unternehmensanalyse, strategische; Unternehmensberatung, Organisation und Steuerung der; Unternehmensführung (Management); Wandel, Management des (Change Management).]

I. Indizien grundlegenden Sanierungsbedarfs; II. Sanierungsbarrieren; III. Erfolgsfaktoren; IV. Empirische Befunde zum (Miss-)Erfolg von Sanierungen.

Zusammenfassung

Sanierungsbedarf ist die Folge von Krisen, denen mit regulären Managementmethoden nicht mehr begegnet werden kann. Bei Misserfolg der Gegenmaßnahmen droht die Insolvenz mit Zerschlagung des Unternehmens. Diese Dramatik der Situation erfordert außergewöhnliche Schritte, insbesondere signifikante Beiträge von innerhalb und außerhalb des Unternehmens, wie Kapitalschnitte, Forderungsverzichte, Entlassungen, Lohnverzichte, staatliche Beihilfen. Die neue Insolvenzordnung hat insbesondere durch das Insolvenzplanverfahren neue Möglichkeiten eröffnet, derartige Maßnahmen erfolgreich durchzusetzen.

I. Indizien grundlegenden Sanierungsbedarfs

In der Krise verliert die Geschäftsleitung die Kontrolle über die für den Fortbestand des Unternehmens wesentlichen Parameter. Während → *Krisenforschung und Krisenmanagement* die gezielte *Reorganisation* unter Anwendung herkömmlicher Managementmethoden und unter Wahrung der Rechte aller am Unternehmen Interessierten (Kapitalgeber, Mitarbeiter, Gläubiger) mit dem Ziel eines → *Turnaround* betreffen, geht es bei der Sanierung um die Überwindung einer zugespitzten Notlage.

Sanieren bedeutet mehr als nur die Überwindung einer *Zahlungsunfähigkeit* durch Neuordnung der finanziellen Verhältnisse und darf nicht als Instrumentarium zur Erhaltung nicht mehr wettbewerbsfähiger Strukturen missverstanden werden. Ziel muss vielmehr die Wiederherstellung der Wettbewerbsfähigkeit des Unternehmens sein, weil nur so die Sanierung mikro- wie makroökonomisch sinnvoll ist.

1. Betriebswirtschaftliche Indizien

Die operative Krise ist typischerweise der Auslöser eines sich entwickelnden Sanierungsbedarfs, weil sie zu Verlusten und damit einer Aufzehrung des Eigenkapitals führt. Zugleich kommt es zu einem Abfluss der Zahlungsmittel, der in die Illiquidität mündet. Atypischer Sanierungsbedarf entsteht durch die Realisierung großer Risiken (z.B. Produkthaftungsklagen, höhere Gewalt, Kriege), für die keine Vorsorge getroffen wurde oder werden konnte.

Zum rechtzeitigen Erkennen dienen *Risikofrüherkennungssysteme*, wie sie bei der *Aktiengesellschaft* nunmehr Pflicht (→ *Risikomanagement und Interne Revision*), aber auch bei anderen Rechtsformen Ausdruck guter Unternehmensführung sind (→ *Corporate Governance (Unternehmensverfassung)*; → *Grundsätze ordnungsmäßiger Unternehmensführung*).

2. Handelsrechtliche Indikatoren

Typische Anzeichen sind die Verschlechterung der *Bilanzkennzahlen* durch Verzehr des *Eigenkapitals* und Anstieg der *Verschuldung* (vgl. weiterführend *Baetge* 2002). Das sodann häufig zu beobachtende Auflösen stiller Reserven, Entkonsolidierung, sale-and-leaseback etc., führt nur zu einem Verschleppen, ist aber in keinem Fall eine Lösung.

Wichtig ist auch die Frage, ob eine Bewertung überhaupt noch zu *going concern*-Wertansätzen zulässig ist. Das Management muss sich in der Krise handelsrechtlich fortwährend die Frage stellen, ob die Unternehmensfortführung für das laufende und das folgende Geschäftsjahr noch überwiegend wahrscheinlich ist. Dies erfordert eine *Unternehmensplanung* unter Einschluss der *Liquiditätsplanung* für diesen Zeitraum. Ergibt sich keine positive Prognose, ist zu Zerschlagungswerten zu bilanzieren. Dies führt regelmäßig in die *Überschuldung* und damit zur Insolvenzantragspflicht.

Durch rechtzeitiges Stellen der going concern-Frage könnte also ein verlässlicher Frühindikator für aufkommenden Sanierungsbedarf gewonnen werden. Leider wird diesem Instrumentarium, trotz drakonischer persönlicher *Haftungsfolgen* für das Management, kaum Beachtung geschenkt. Dies mag auch daran liegen, dass standardisierte, durch höchstrichterliche Rechtsprechung sanktionierte, Prognoseverfahren ebenso fehlen, wie ein Zwang zur Überprüfung durch Externe. Die Prüfung des Risikomanagements bei Aktiengesellschaften durch den → *Aufsichtsrat* als auch die formalisierten Banken-Ratings im Rahmen der Umsetzung des Basel II-Abkommens werden hier zu einem Umdenken führen.

3. Gesellschaftsrecht

Das Gesellschaftsrecht zwingt zunächst nur dazu, nach Verlust der Hälfte des gezeichneten Kapitals eine Gesellschafterversammlung einzuberufen. Diese erhält damit Gelegenheit, das bilanzielle Gleichgewicht wieder herzustellen, insb. durch die Zuführung von neuem Eigenkapital. Soweit Gesellschafterdarlehen gegeben wurden, kommen auch qualifizierte Rangrücktrittserklärungen in Betracht. Die Kapitalzufuhr allein beseitigt jedoch natürlich die Krise nicht.

4. Insolvenzrecht

Während z.B. in den USA neben dem klassischen Insolvenzverfahren ein eigenständiges und häufig genutztes Restrukturierungsverfahren (Chapter 11) existiert, ist das deutsche *Insolvenzrecht* immer noch von der Funktion geprägt, die finanziellen Verhältnisse des gescheiterten Unternehmensträgers zu regeln, und zwar durch ein geordnetes Liquidationsverfahren unter der Aufsicht eines neutralen Insolvenzverwalters. Der Preis der Neutralität ist die fehlende unternehmerische und branchenspezifische Sachkompetenz. Darüber hinaus werden Einzelpersonen bestellt, wo vielfach ein ganzes Team erforderlich wäre. Die Tätigkeit der Verwalter muss sich so auf eine grobe Sichtung und Analyse beschränken, unterstützt durch Wertgutachter und Wirtschaftsprüfer. Auf die Kompetenz der bisherigen Unternehmensleitung wird vielfach mit dem Argument verzichtet, diese hätte die Krise herbeigeführt und sei deshalb nicht vertrauenswürdig. Allenfalls die zweite Führungsebene wird hinzugezogen. Vor diesem Hintergrund bleibt die Sanierung des Unternehmens nach Erreichung des Insolvenzstadiums in der Praxis oft nur Nebenziel.

Allerdings hat die neue Insolvenzordnung eine Reihe von Verbesserungen gebracht: Die Einstellung des Geschäftsbetriebs wird von der Zustimmung von Gericht oder Gläubigerversammlung abhängig gemacht, die *übertragende Sanierung* (vgl. *Menke* 2003) ausdrücklich als Verwertungsmodell erwähnt und mit Eigenverwaltung und Insolvenzplanverfahren werden Instrumentarien geschaffen, die an das amerikanische Verfahren nach Chapter 11 angelehnt sind. Weiterhin positiv zu vermerken ist die Möglichkeit, einen Insolvenzantrag schon bei drohender Zahlungsunfähigkeit stellen zu dürfen (ohne hierzu bereits verpflichtet zu sein). Ferner ist der Zwang zu möglichst noch rechtzeitiger Antragstellung dadurch erhöht worden, dass der Begriff der Zahlungsunfähigkeit und damit die Antragspflicht verschärft wurden. Auch die zunehmend strengere Rechtsprechung zum Antragsgrund der *Überschuldung* trägt hierzu bei, weil sie bei Verneinung einer mittelfristigen positiven *Fortführungsprognose* zur Bilanzierung zu Zerschlagungswerten und damit früher zur Stellung des Insolvenzantrages zwingt.

II. Sanierungsbarrieren

Sanierungsbarrieren liegen zunächst im Unternehmen selbst: Typisch sind das Nichterkennen negativer Prozesse, das Verdrängen oder Leugnen unternehmerischer Fehler, die nicht rechtzeitige Einsetzung eines Krisenmanagements. Häufig zu beobachten sind auch nur kurzfristig wirkende Maßnahmen zur optischen Bilanzverbesserung (z.B. Auflösung stiller Reserven) sowie zur Liquiditätsbeschaffung (z.B. Reduzierung des working capital). Dies führt jedoch nur tiefer in die Krise hinein, weil der verbleibende Handlungsspielraum kontinuierlich verringert wird.

Häufig unterschätzt wird die Rechtsposition der Banken, da diese typischerweise über umfassende *Sicherungsrechte* am Anlage- und Umlaufvermögen verfügen. Wenn Verkäufe überflüssiger Aktiva von den Banken mit Linienkürzungen beantwortet werden, wird das Ziel der Liquiditätsbeschaffung unterlaufen. Wenn Banken Kredite fällig stellen, weil sie sich aus der Verwertung ihrer Sicherungsrechte mehr als aus der Prolongation versprechen, ist die Sanierung gescheitert.

Wesentliche Barrieren ergeben sich auch aus dem Rechtssystem: unvorteilhafte Verträge müssen erfüllt, Kredite für Fehlinvestitionen müssen getilgt werden. Eine Anpassung der Arbeitnehmerzahl ist erschwert (*Kündigungsschutz*) und teuer (*Sozialplan*; → *Mitbestimmung, betriebliche*). Staatliche Unterstützungen werden zunehmend restriktiv gehandhabt, sind ökonomisch fragwürdig und zeitaufwändig (EU-*Beihilfekontrollverfahren*; → *Management und Recht*).

Die übertragende Sanierung gesunder Teilbetriebe, also der Verkauf an einen neuen Rechtsträger, gelingt außerhalb der Insolvenz nur selten, insb. wegen der *Haftung* des Betriebsübernehmers für (rückständige) Steuern und Abgaben und wegen Eintritts in den arbeitsrechtlichen Status quo. Außerdem droht dem Erwerber die Anfechtung des Verkaufs durch den Insolvenzverwalter, falls der übertragende Rechtsträger später insolvent wird.

III. Erfolgsfaktoren

1. Transparenz

Rechtzeitiges Erkennen der Krise und ein entschlossenes Einleiten der Gegenmaßnahmen sind das Kernstück des Erfolgs jeder Sanierung (vgl. hierzu weiterführend *Gischer/Hommel* 2003). Formalisierte Risiko-Früherkennungssysteme, interne Kontrollen (Aufsichtsrat, Beirat), zukünftig auch externe formalisierte Bewertungen durch die Banken (Rating nach Basel II) erleichtern die Analyse und zwingen das Management zur offenen Auseinandersetzung mit der Situation (→ *Aufsichtsrat*; → *Risikomanagement und Interne Revision*).

Die rechtzeitige Kommunikation von Problemlage und Lösungsansatz mit Kapitalgebern, Mitarbeitern (Betriebsrat, Gewerkschaften) und Hauptgläubigern (Banken) schafft → *Vertrauen* durch *Transparenz* (→ *Unternehmenskommunikation*). Die Einschaltung einer externen *Unternehmensberatung*, die Motivation der Mitarbeiter und die Einbindung der Fremd- und Eigenkapitalgeber in das Sanierungskonzept sind wichtige Schritte. Das aktive Erarbeiten eines eigenen Lösungsansatzes ist unabdingbar. In dieser Einleitungsphase muss insb. vermieden werden, dass Kunden und Lieferanten das Vertrauen verlieren oder gar die Banken auf ein Abwicklungsszenario umschwenken und die Kredite fällig stellen.

2. Poolbildung fördern

Bei stark inhomogenen Gläubigerstrukturen ist auf eine Poolbildung hinzuwirken. Typischerweise geraten sonst die Gläubiger untereinander in Streit, weil sie versuchen, Vorteile für sich gegenüber anderen Gläubigern bei dem Umfang ihres Engagements und ihren Sicherungsrechten zu erlangen.

3. Sanierungsmanager

Wenn das Management an Glaubwürdigkeit verloren hat, mit der leistungswirtschaftlichen Sanierung oder der Führung des operativen Geschäfts stark belastet ist oder nicht genügende Durchsetzungskraft gegenüber den Altgläubigern hat, empfiehlt sich die Einschaltung eines (gegebenenfalls temporären, zusätzlichen) Sanierungsmanagements.

4. Insolvenzplanverfahren

Die Sanierung außerhalb der *Insolvenz* ist schwierig: Im Wesentlichen hilft nur Eigenkapitalzufuhr oder Umwandlung stiller Reserven in Liquidität (Vermögensaktivierung durch Verkauf an Dritte). Bilanzkosmetik verschleiert die Probleme nur. In Einzelfällen mag die entschlossene Stilllegung nicht sanierungsfähiger Unternehmensteile helfen.

Eine leider bisher zu wenig genutzte Chance stellt das *Insolvenzplanverfahren* dar. Es bietet schnelle Restrukturierung des Unternehmens durch quotenmäßige Schuldbefreiung, volle Nutzung des insolvenzrechtlichen Instrumentariums zur Beendigung unvorteilhafter Verträge und zur Entlassung von Mitarbeitern, sofortige Wiederaufnahme der normalen unternehmerischen Tätigkeit durch die Geschäftsleitung unter Überwachung durch den Insolvenzverwalter, Erhaltung der Gesellschafterrechte der bisherigen Kapitaleigner. Das operative Geschäft kann weitgehend ungestört fortgeführt werden und es erfolgt nach erfolgreichem Abschluss des Verfahrens eine endgültige Beseitigung der laut Insolvenzplan erlassenen Schulden. Außerdem können unübersichtliche Konzernstrukturen bereinigt werden und Betriebsteile im Wege übertragender Sanierungen ohne Anfechtungsrisiko an Dritte veräußert werden (vgl. weiterführend *Rattunde* 2003a).

IV. Empirische Befunde zum (Miss-)Erfolg von Sanierungen

Die Anzahl der Insolvenzen ist in den letzten Jahren in Deutschland stark angestiegen. Während die Unternehmensinsolvenzen (also ohne „Verbraucherinsolvenzen", Nachlässe und Insolvenzen von Gesellschaftern als Folge von Unternehmensinsolvenzen) in den 1980er Jahren bei durchschnittlich 15.000 pro Jahr lagen, ist ein steiles Ansteigen seit den 1990er Jahren auf über 25.000 zu verzeichnen. Im Jahre 2001 wurde die Grenze von 30.000 und im Jahre 2002 die Zahl von 35.000 Unternehmensinsolvenzen überschritten. Davon entfällt absolut etwa ein Drittel auf Kleingewerbe und Freiberufler (mit steigender Tendenz), etwa die Hälfte auf GmbHs und der Rest auf sonstige Rechtsformen. Die betroffenen Forderungen liegen aktuell bei jährlich über 30 Mrd. Euro. Absolut den größten Branchenanteil haben Baugewerbe, Handel, Immobilien und produzierendes Gewerbe. Etwa ein Drittel der Insolvenzen betrifft die Neuen Länder. (Aktuelle Zahlen des Statistischen Bundesamtes werden unter www.destatis.de/basis/d/insol/insoltab1.htm veröffentlicht.)

Die *Insolvenzquote* über alle Unternehmen liegt aktuell bei circa 1,3% jährlich mit starken regionalen Schwankungen (3% in Sachsen-Anhalt, 0,8% in Baden-Württemberg). Bezogen auf die Rechtsform hat den größten Anteil die Aktiengesellschaft mit 6,6%, gefolgt von der GmbH mit 2,8%. Alle anderen Rechtsformen liegen unter 1%. Das statistisch schlechte Abschneiden der Aktiengesellschaft dürfte eine Folge des Abschwungs in „Neuem Markt" und „New Economy" sein.

Über 75% aller Insolvenzen sind in der Vergangenheit „masselos" gewesen, d.h. es kam zu einer Einstellung des betroffenen Unternehmens ohne Eröffnung eines formellen Verfahrens, weil die vorhandene Masse die Verfahrenskosten nicht deckte. Die Tendenz ist aber seit der Insolvenzrechtsreform Richtung 50% fallend. Eine Ursache hierfür dürfte die frühere Antragstellung wegen zeitlicher Vorverlegung der Antragspflicht sowie wegen Verschärfung der Rechtsprechung zur persönlichen *Haftung* der Geschäftsleitung bei Insolvenzverschleppung sein. Vor allem aber ist dies die Folge des Umstands, dass der Verwalter als Folge der Insolvenzrechtsreform nunmehr auch für die Verwertung der mit Sicherungsrechten belasteten Wirtschaftsgüter zuständig ist und bis zu 9% des Verwertungserlöses einbehalten darf.

Dies bedeutet aber leider nicht, dass sich hierdurch die Zahl der Sanierungen signifikant erhöht hätte. Wie bisher erfolgen durch die eingesetzten *Insolvenzverwalter* nur teilweise übertragende Sanierungen von Betriebsteilen, die aber statistisch kaum erfassbar sind. Die eröffneten Insolvenzen führen nach wie vor in der Regel zur *Liquidation*, d.h. zur Abwicklung des Unternehmens und zum Verkauf der Aktiva zu Zerschlagungswerten. Es hat sich also lediglich der Anteil der geordneten Verfahren gegenüber der ungeordneten masselosen Insolvenz erhöht. Nicht einmal eine Verbesserung der Situation der Gläubiger ist hierdurch zu verzeichnen, weil der größte Teil der Insolvenzmasse für Abwicklungskosten (Gutachten, Vergütung der Verwalter, Verwertungskosten) verbraucht wird.

Von der Neuerung der *Eigenverwaltung* wird kaum Gebrauch gemacht. Währen z.B. in den USA die Eigenverwaltung bei den *Reorganisationsverfahren* (Chapter 11) der Regelfall ist, liegen in Deutschland schon die entsprechenden Anträge statistisch im Promillebereich und werden von den Insolvenzgerichten häufig auch noch mit der Begründung abgelehnt, dem bisherigen Management, das für die Fehlentwicklung verantwortlich sei, dürfe die Sanierung nicht übertragen werden. Der empirische Erfolg einiger spektakulärer Eigenverwaltungen (z.B. Babcock, Kirch) bleibt abzuwarten (zu Kirch vgl. *Prütting/Huhn* 2002). Insgesamt dürfte dem Modell Eigenverwaltung aber angesichts der restriktiven Gerichtspraxis eher keine große praktische Bedeutung beschieden sein.

Nur in weniger als 1% der Fälle wird die Chance des Insolvenzplanverfahrens unter Einsetzung eines Fremdverwalters genutzt, obwohl die Vorteile auf der Hand liegen. Dies dürfte dadurch begründet sein, dass Insolvenzanträge auch heute noch typischerweise vom Management zu spät und ohne klares eigenes Sanierungskonzept gestellt werden und damit die Chance zur Sanierung praktisch schon vertan ist. Hat jedoch die Geschäftsleitung die leistungswirtschaftliche Sanierung begonnen oder mindestens konzipiert und geht mit klaren Vorgaben über notwendige Forderungsverzichte, Restrukturierungen, Teilschließungen, Kündigungen und Entlassungen in das Insolvenzverfahren, ist es viel leichter, Gericht, Verwalter und vor allem die gesicherten Gläubiger (Banken, Lieferanten) davon zu überzeugen, dass der teilweise Forderungsverzicht und die Fortsetzung der Geschäftsbeziehung vorteilhafter sind als eine Zerschlagung des Unternehmens. Die Sanierung des Herlitz-Konzerns ist das Beispiel eines zwischenzeitlich erfolgreich abgeschlossenen größeren Falles (*Rattunde* 2003b).

Literatur

Achilles, Wolfgang: Erfolgreiche Unternehmenssanierung, Kommunikation als Schlüsselvariable, Wiesbaden 2000.
Baetge, Jörg: Die Früherkennung von Unternehmenskrisen anhand von Abschlusskennzahlen, in: DB, Jg. 55, 2002, S. 2281–2287.
Bergauer, Anja: Führen aus der Unternehmenskrise, Berlin 2003.
Birker, Klaus/Pepels, Werner: Handbuch Krisenbewusstes Management, Berlin 2000.
Buchhart, Anton: Insolvenzprophylaxe und Sanierung kleiner und mittlerer Unternehmen, Hamburg 2001.
Buth, Andrea K./Hermanns, Michael: Restrukturierung, Sanierung, Insolvenz, 2. A., München 2004.
Faulhaber, Peter/Landwehr, Norbert: Turnaround-Management in der Praxis, Frankfurt am Main – New York 2001.
Gischer, Horst/Hommel, Michael: Unternehmen in Krisensituationen und die Rolle des Staates als Risikomanager: Weniger ist mehr, in: BB, Jg. 58, 2003, S. 945–952.
Harz, Michael et al.: Sanierungsmanagement, Düsseldorf 1999.
Lützenrath, Christian/Peppmeier, Kai/Schuppener, Jörg: Bankstrategien für Unternehmenssanierungen, Wiesbaden 2003.
Menke, Thomas: Der Erwerb eines Unternehmens aus der Insolvenz – das Beispiel der übertragenden Sanierung, in: BB, Jg. 58, 2003, S. 1133–1141.
Prütting, Hanns/Huhn, Christoph: Kollision von Gesellschaftsrecht und Insolvenz in der Eigenverwaltung, in: ZIP, Jg. 23, 2002, S. 777–782.
Rattunde, Rolf: Sanierung durch Insolvenz, in: ZIP, Jg. 24, 2003a, S. 2103–2110.
Rattunde, Rolf: Sanierung von Großunternehmen durch Insolvenzpläne – Der Fall Herlitz, in: ZIP, Jg. 24, 2003b, S. 596–600.
Schmidt, Karsten/Uhlenbruck, Wilhelm: Die GmbH in der Krise, Sanierung und Insolvenz, 3. A., Köln 2003.
Seefelder, Günter: Unternehmenssanierung, Stuttgart 2003.

Selbstorganisation

Elisabeth Göbel

[s.a.: Community of Practice; Delegation (Zentralisation und Dezentralisation); Evolutionstheoretischer Ansatz; Informelle Organisation; Interpretative Organisationsforschung; Konstruktivismus; Lernen, organisationales; Motivationsorientierte Organisationsmodelle; Organisationskultur; Partizipation; Routinen und Pfadabhängigkeit; Sozialisation, organisatorische; Steuerungstheorie; Teamorganisation.]

I. Hintergrundtheorien und Merkmale der autogenen Selbstorganisation; II. Hintergrundtheorien und Merkmale der autonomen Selbstorganisation; III. Ausprägungen der Selbstorganisation im Unternehmen; IV. Handlungsempfehlungen für die Praxis; V. Kritische Würdigung.

Zusammenfassung

Idealtypisch entsteht Ordnung in Unternehmen durch „Fremdorganisation": Bestimmte Personen dürfen anderen Handlungsmöglichkeiten verbindlich vorgeben, wobei diese Vorgaben das Ergebnis eines rationalen Entscheidungsprozesses darstellen. Mit dem Begriff der Selbstorganisation wird darauf verwiesen, dass Ordnung auch auf andere Art und Weise entstehen kann. Als autogene Selbstorganisation sollen erstens die Ordnungsprozesse bezeichnet werden, die nicht auf rationale Planung und Entscheidung zurückzuführen sind, sondern wie „von selbst" zu einer Ordnung führen. In einem zweiten Sinne wird mit dem Begriff der autonomen Selbstorganisation der Gegensatz von Heteronomie (Fremdgesetzlichkeit) und Autonomie (Selbstgesetzlichkeit) angesprochen. Die Organisationsmitglieder wirken selbstbestimmt an der sie betreffenden Ordnung mit.

I. Hintergrundtheorien und Merkmale der autogenen Selbstorganisation

Mit der autogenen Selbstorganisation befassen sich insb. Naturwissenschafter. Der Physiker Haken beobachtete, wie durch die zufällige Verstärkung einer Lichtwelle diese zum „Ordner" wurde, allen anderen Wellen ihre Schwingung aufzwang und geordnetes Laserlicht entstehen ließ. Daraus leitete er die *Synergetik* (Lehre vom Zusammenwirken) ab. In der Biologie verweisen Forscher auf die Selbstorganisation als Charakteristikum alles Lebendigen. Lebewesen haben eine *autopoietische Organisation* (griech. autos = selbst; poiein = machen). Sie erzeugen sich ständig selbst mit Hilfe der Elemente aus denen sie bestehen. Weitere naturwissenschaftliche Konzepte der Selbstorganisation sind u.a.: die Ökologie, der systemtheoretisch-kybernetische Ansatz, die Theorie dissipativer Strukturen (vgl. *Göbel* 1998, S. 39 ff.). Die Naturwissenschaftler übertragen ihre Erkenntnisse analog auf soziale Systeme (vgl. z.B. *von Foerster* 1994). Daneben „importieren" Sozialwissenschaftler naturwissenschaftliche Konzepte. Häufig wird etwa die *Evolutionstheorie* (→ *Evolutionstheoretischer Ansatz*) herangezogen, um die Ordnungsentstehung in sozialen Systemen abzubilden. Der evolutionäre Dreierschritt von Variation, Selektion und Retention wird u.a. auf die Entwicklung von Technologien, gesellschaftlichen Regelsystemen und Geschäftsorganisationen übertragen (vgl. *Nelson* 2000). Neben Konzepten, die sehr nah am biologischen Modell bleiben (so der organisationstheoretische *Population Ecology-Ansatz*), haben sich Vorstellungen von einem evolutionären Management entwickelt, die sich stärker vom biologischen Urkonzept lösen und Züge eines sozialen Lernprozesses gewinnen. Die Variationen können als bewusste Versuche interpretiert werden, welche entweder als Irrtum verworfen (selektiert) werden oder als bewährte Praktiken die Wissensbasis der Unternehmung erweitern (Retention). Unter dem Begriff der „*lernenden Organisation*" ist im letzten Jahrzehnt die Vorstellung sehr populär geworden, dass sich Ordnung im Unternehmen durch Lernprozesse bildet (→ *Lernen, organisationales*).

Die Hintergrundtheorien lassen drei zentrale Merkmale der autogenen Selbstorganisation erkennen: *Selbstreferenz*, *Pfadabhängigkeit* und *Indeterminiertheit*. „*Selbstreferenz*" drückt aus, dass das Ergebnis auf seine eigenen Entstehungsbedingungen zurückwirkt und das Geschehen damit interdependent bzw. zirkulär wird. In der Synergetik erzeugt das Zusammenwirken von Teilen des Systems den „Ordner", der wiederum den Teilen seine Ordnung aufzwingt. In autopoietischen Prozessen wird der Organismus erzeugt und erhalten, dessen Existenz unabdingbar für weitere Autopoiese ist. Die Umwelt selektiert einerseits Varianten im evolutionären Prozess der Entwicklung, erzeugt andererseits durch die selektierten Varianten wiederum Umwelt. Das Ergebnis der Prozesse verändert die Ausgangsbedingungen für die Fortsetzung des Prozesses. Deshalb kann ein einmal eingeschlagener Entwicklungspfad nicht mehr ohne weiteres verlassen werden. Man spricht hier von der *Pfadabhängigkeit* der Entwicklung oder von einem „historischem Element" der Selbstorganisation (→ *Routinen und Pfadabhängigkeit*). Welchen Verlauf die Entwicklung nehmen wird, ist letztlich für einen Beobachter unvorhersagbar. Diese *Indeterminiertheit* der Prozesse rührt von Zufälligkeiten her. Selbst kleinste Änderungen in den Ausgangsbedingungen können letztlich (durch Selbstreferenz und Pfadabhängigkeit) zu gänzlich auseinander strebenden Entwicklungspfaden führen.

II. Hintergrundtheorien und Merkmale der autonomen Selbstorganisation

Dass die Organisationsmitglieder selbstbestimmt an der sie betreffenden Ordnung mitwirken, ist bereits ein Ergebnis der sog. Hawthorne-Experimente, welche im *Human Relations-Ansatz* ihren Niederschlag gefunden haben. In diesen Experimenten zeigte sich die von den Organisationsmitgliedern selbst erzeugte → *Informelle Organisation* in Ausprägungen wie informelle Führung, Regeln und Gruppen. Von der verhaltenswissenschaftlichen Entscheidungstheorie wissen wir, dass die Reichweite der Fremdbestimmung immer begrenzt und jede Organisation darauf angewiesen ist, dass ihre Mitglieder auch freiwillig ihr Wissen und Können bereitstellen. Zum Hintergrund der autonomen Selbstorganisation zählt auch die → *Interpretative Organisationsforschung*, welche wiederum auf Basistheorien wie den → *Konstruktivismus*, die *Phänomenologie* und *Hermeneutik* zurückverweist. Nach dieser Sichtweise bestimmen die

Menschen grundsätzlich die sie umgebende Wirklichkeit mit, indem sie diese subjektiv wahrnehmen und interpretieren. Ordnung im sozialen Bereich bedeutet also auch, dass die Sinnsetzungs- und Sinndeutungsprozesse der Individuen zusammenpassen. Das gelingt i.Allg. über intersubjektiv geteilte Deutungsmuster, deren Entstehung wiederum durch verschiedene Modelle autogener Prozesse erklärt wird. Die Musterentstehung vollzieht sich durch Lernen (oft als → *Sozialisation, organisatorische* bezeichnet), durch Evolution (vgl. *Weick* 1985, S. 178 ff.) oder auch durch Autopoiese (vgl. *Maturana* 1985, S. 308).

Die zentralen Merkmale der autonomen Selbstorganisation sind *Autonomie, Dezentralisation* und *Redundanz. Vertikale Autonomie* meint im Unternehmen eine unscharf umrissene, relative Entscheidungsautonomie untergeordneter Organisationsmitglieder, *horizontale Autonomie* die Unabhängigkeit zwischen Bereichen auf der gleichen Hierarchieebene. Bei ausgeprägter → *Delegation (Zentralisation und Dezentralisation)* von Entscheidungsbefugnissen auf untere Ebenen spricht man von Dezentralisation. Die *Redundanz* (Überfluss, Überreichlichkeit) ist ein weiteres Merkmal der Selbstorganisation (vgl. *Probst* 1987, S. 81). Auf Unternehmen übertragen meint Redundanz, dass mehrere Teile der Unternehmung dasselbe tun können. Redundanz erhöht die Autonomie, weil die Aktivitäten nicht aufgrund strikter Arbeitsteilung determiniert sind.

III. Ausprägungen der Selbstorganisation im Unternehmen

Wenn Menschen arbeitsteilig auf ein Ziel hinwirken sollen, muss das Handeln geordnet, d.h. „normiert" werden. In der BWL beschäftigt man sich erstens vor allem mit Normen des Aufbaus und des Ablaufs betrieblicher Prozesse im „technischen" Sinne. Durch Akte gezielter Strukturierung wird festgelegt, wer was, wann, wo usw. zu tun hat. Diese strukturellen Vorgaben definieren die geltende Ordnung aber nicht erschöpfend. Die Regeln des Umgangs miteinander, die sozialen Normen, ergänzen zweitens die technische Struktur. Gehen dem Handeln kognitive Prozesse der Sinnsetzung und Sinndeutung voraus, welche das Handeln beeinflussen, dann ist schließlich drittens auch in diesem Bereich eine gewisse Normierung notwendig. Die strukturergänzenden Ordnungsbestandteile (soziale Spielregeln, Deutungsnormen usw.) werden oft zur → *Organisationskultur* gezählt, und es wird für erforderlich gehalten, Struktur und Kultur zu gestalten. In der Vorgabe von Führungsrichtlinien, Verhaltenskodizes und Unternehmensleitbildern äußert sich der Versuch einer Fremdorganisation der Kultur. In allen drei Bereichen (Aufbau- und Ablaufnormen, *soziale Normen* und *Deutungsnormen*) tritt aber auch autonome und autogene Selbstorganisation auf. Schwerpunktmäßig werden sich autogene Prozesse im Bereich der Deutungsnormen und der sozialen Normen abspielen, während im Bereich der Aufbau- und Ablaufnormen eher ein (begrenzt) rationaler autonomer Gestaltungsprozess möglich sein dürfte (vgl. *Göbel* 1998, S. 99 ff.). Man spricht auch von einer direkten → *Partizipation* der Mitarbeiter.

IV. Handlungsempfehlungen für die Praxis

Selbstorganisation kann Lücken der Fremdorganisation sinnvoll schließen und eine schlechte Fremdorganisation korrigieren, kann sich aber auch als Störfaktor erweisen. Die Betonung positiver Effekte der Selbstorganisation führt zur Empfehlung an die Praktiker, sie zu respektieren oder sogar bewusst zu fördern. Bei Betrachtung der negativen Effekte wird dagegen empfohlen, die Selbstorganisation zu kanalisieren.

Überwiegend als positiv und förderungswürdig wird die autonome Selbstorganisation des Aufbaus und Ablaufs betrachtet. Zentrale Argumente sind die bessere Nutzung des Wissens (→ *Wissen*) der Organisationsmitglieder, die erhöhte Flexibilität (→ *Flexibilität, organisatorische*) und Schnelligkeit sowie eine verbesserte Motivation und Personalentwicklung (vgl. *Gebhardt* 1996, S. 143 ff.). Die autonome Selbstorganisation muss durch Fremdorganisation vorbereitet werden. Durch die verstärkte Integration zuvor arbeitsteilig abgewickelter Schritte (→ *Prozessorganisation*) wird die horizontale Autonomie erweitert. Sind diese ganzheitlichen Aufgabenbündel neuartig und zeitlich begrenzt bei klarer Zielvorgabe, spricht man auch von Projekten (→ *Projektmanagement*). Solche Prozesse und Projekte werden auf Gruppen übertragen, deren Mitglieder Abstimmungsbedarf durch Selbstabstimmung lösen, und die auch – je nach Autonomie – untereinander regeln, wer, wann, wo, was usw. zu tun hat (→ *Teamorganisation*). Die Anzahl solcher Regelungsalternativen steigt mit der polyvalenten Qualifikation der Teammitglieder (Redundanz). Bei weitgehender Dezentralisierung kann der Vorgesetzte eine große Leitungsspanne bewältigen, d.h. die Hierarchie wird flacher. Formalisierung wird reduziert. Veranschaulicht wird der notwendige Umbau der Struktur oft mit dem Bild, aus den bisherigen „Palästen" müssten „Zelte" werden (vgl. *Hedberg/Nystrom/Starbuck* 1976).

Auch die autogenen Prozesse werden z.T. positiv gewertet und es wird dem Praktiker empfohlen, sie wegen ihrer immanenten Rationalität zu forcieren. Strukturen sollen gestört oder aufgelöst sowie Inkonsistenzen, Unklarheiten und Widersprüchlichkeiten zugelassen werden, um Varianten zu erzeugen (vgl. *Weick* 1985, S. 346 ff.). Man hofft, dass sich durch Evolution die beste Variante durchsetzt. In ähnlicher

Weise werden ständige Experimente und sogar ein gewisses Maß an Chaos propagiert, um Lernprozesse in Gang zu setzen (vgl. *Kriz* 1997). Die autogenen Prozesse werden aber auch kritischer betrachtet, denn sie widersprechen dem Ideal rationaler Planung und Entscheidung. „Von selbst" entwickeln sich auch dysfunktionale Wahrnehmungsbarrieren und dicke Routineschichten, welche die Sicht auf Umweltänderungen verstellen und nötige Anpassungen verhindern. Die in ruhigen Zeiten durchaus positiv zu wertende Stabilisierung des Systems durch Selbstreferenz erweist sich in turbulenten Zeiten als Wandlungshemmnis. „Von selbst" entstehen auch die „*heimlichen Spielregeln*" im Unternehmen, welche oft diametral den offiziell propagierten Normen widersprechen (vgl. *Scott-Morgan* 1994). Diese weniger optimistische Sicht auf die autogene Selbstorganisation lässt es geboten erscheinen, sie zielgerichtet zu kanalisieren. Ob und wie man eine solche Einwirkung für möglich hält, hängt von der Rekonstruktion der zugrunde liegenden Prozesse ab. Fasst man die Selbstorganisation als Lernprozess auf, dann erscheint es durchaus möglich, durch eine Änderung des Lernkontextes auch die von selbst entstehenden Normen zu beeinflussen. Zu fragen ist vor allem, welche Anreize das Unternehmen setzt, denn ein belohntes Verhalten wird sich mit einiger Sicherheit „spontan" einstellen. Ein gezieltes Management der Evolution erfordert nicht nur die Zulassung von ausreichenden Varianten, sondern auch die Reflexion der Selektionsmechanismen und die bewusste Speicherung bewährter Lösungen. Bei einem autopoietischen Verständnis der Kulturentwicklung erscheint eine gezielte Gestaltung dagegen praktisch ausgeschlossen (vgl. *Dietrich* 2001, S. 213).

V. Kritische Würdigung

Im Hinblick auf die autogene Selbstorganisation kann hinterfragt werden, ob naturwissenschaftliche Konzepte zu sozialen Systemen passen. Eine Kritik kann erstens am Ordnungsbegriff ansetzen. Ordnung in sozialen Systemen ist nicht identisch mit synergetischer Gleichschaltung, autopoietischer Systemerhaltung oder evolutionärer Umweltanpassung. Sie ist vielmehr „erwünschte Handelnsordnung" (*von Hayek* 1969, S. 180), d.h. von selbst entstehende Muster können und sollen reflektiert, bewertet und evtl. korrigiert werden. Diese Kritik zieht zweitens die Frage nach der Steuerbarkeit der autogenen Prozesse nach sich. Eine zu naive Übertragung naturwissenschaftlicher Erkenntnisse auf den Bereich sozialer Systeme lässt den Menschen zum hilflosen Spielball von naturwüchsigen Entwicklungen werden. Damit werden die Gestalter aus ihrer Verantwortung entlassen und Phänomene wie „Macht" und „Interessen" werden heruntergespielt. Die aus naturwissenschaftlichen Konzepten entwickelten Merkmale der Selbstreferenz, Pfadabhängigkeit und Indeterminiertheit können allerdings mit Gewinn auf soziale Systeme übertragen werden. Sie verweisen auf die Grenzen rationaler Gestaltung.

Im Bereich der autonomen Selbstorganisation hat sich gegenüber den Anfängen eine Akzentverschiebung ergeben. Wurde sie früher eher als *Humanisierungskonzept* propagiert, wird neuerdings viel stärker auf die potenziellen Effizienzgewinne verwiesen. Dies kann man als Harmonisierung von ethischen und ökonomischen Zielen begrüßen. Von beiden Seiten wird aber auch Kritik an der autonomen Selbstorganisation geübt. Mit Hinweisen auf Delegationskosten bzw. Anreiz- und Kontrollkosten (vgl. *Milgrom/Roberts* 1992) warnen Ökonomen vor einer bedenkenlosen Ausweitung der autonomen Selbstorganisation. Aus ethischer Sicht kann befürchtet werden, dass die Erweiterung der Autonomie letztlich doch nur einer verbesserten Instrumentalisierung des Personals Vorschub leistet, indem durch den Verkauf von „Sinn, Spaß und Spielraum" Selbstausbeutung begünstigt (vgl. *Wittmann* 1998, S. 336 f.) und der Zugriff auf die Arbeitskraft noch umfassender wird (vgl. *Moldaschl* 2002, S. 19).

Literatur

Dietrich, Andreas: Selbstorganisation, Wiesbaden 2001.
Gebhardt, Wilfried: Organisatorische Gestaltung durch Selbstorganistion, Wiesbaden 1996.
Göbel, Elisabeth: Theorie und Gestaltung der Selbstorganisation, Berlin 1998.
Hayek, Friedrich August von: Freiburger Studien, Tübingen 1969.
Hedberg, Bo L. T./Nystrom, Paul C./Starbuck, William H.: Camping on Seesaws: Prescriptions for a Self-Designing Organization, in: ASQ, Jg. 21, 1976, S. 41–65.
Foerster, Heinz von: Prinzipien der Selbstorganisation im sozialen und betriebswirtschaftlichen Bereich, in: Heinz v. Foerster, Wissen und Gewissen, hrsg. v. *Schmidt, Siegfried J.*, 2. A., Frankfurt am Main 1994, S. 233–268.
Kriz, Jürgen: Selbstorganisation als Grundlage lernender Organisationen, in: Handbuch Lernende Organisation, hrsg. v. Dr. Wieselhuber & Partner, Wiesbaden 1997, S. 187–196.
Maturana, Humberto R.: Erkennen: Die Organisation und Verkörperung von Wirklichkeit, 2. A., Braunschweig et al. 1985.
Milgrom, Paul/Roberts, John: Economics, Organization & Management, Upper Saddle River NJ 1992.
Moldaschl, Manfred: Zukunftsfähige Arbeitswissenschaft, in: Neue Arbeit – Neue Wissenschaft der Arbeit?, hrsg. v. *Moldaschl, Manfred*, Heidelberg et al. 2002, S. 7–68.
Nelson, Richard R.: Recent Evolutionary Theorizing About Economic Change, in: Theorien der Organisation, hrsg. v. *Ortmann, Günther/Sydow, Jörg/Türk, Klaus*, 2. A., Wiesbaden 2000, S. 81–123.
Probst, Gilbert J. B.: Selbst-Organisation, Berlin et al. 1987.
Scott-Morgan, Peter: Die heimlichen Spielregeln, Frankfurt am Main et al. 1994.
Weick, Karl E.: Der Prozeß des Organisierens, Frankfurt am Main 1985.
Wittmann, Stephan: Ethik im Personalmanagement, Bern et al. 1998.

Shareholder- und Stakeholder-Ansatz

Gerhard Speckbacher

[s.a.: Corporate Governance (Unternehmensverfassung); Corporate Governance, internationaler Vergleich; Theorie der Unternehmung; Unternehmensethik; Unternehmensstrategien; Wertorientierte Unternehmensführung; Ziele und Zielkonflikte.]

I. Shareholder Value: Begriff; II. Shareholder Value-Ansatz; III. Stakeholder-Ansatz; IV. Integration von Shareholder- und Stakeholder-Ansatz.

Zusammenfassung

Im vorliegenden Beitrag werden Shareholder- und Stakeholder-Ansatz vergleichend dargestellt, und es wird verdeutlicht, dass eine Integration beider Ansätze im Rahmen instrumenteller Stakeholder-Theorien möglich ist.

I. Shareholder Value: Begriff

Als *Shareholder Value* wird der finanzielle Wert der Eigentumsrechte an einem Unternehmen bezeichnet. Dieser Eigentümerwert ist typischerweise subjektiv, also insb. von den individuellen Präferenzen, Erwartungen und Möglichkeiten jeweils betrachteter tatsächlicher oder potenzieller zukünftiger Eigentümer abhängig. Im Fall börsennotierter Unternehmen existiert zwar ein objektiv beobachtbarer und allgemein gültiger Marktpreis für einzelne Anteile, jedoch nicht für größere Aktienpakete oder für ganze Unternehmen.

Ausgelöst durch entsprechende Publikationen von Rappaport (*Rappaport* 1981; *Rappaport* 1986) werden seit Beginn der 1980er Jahre unterschiedliche Methoden diskutiert, mit deren Hilfe eine an Marktwerten orientierte Berechnung des Shareholder Value und daraus abgeleiteter Erfolgsgrößen versucht wird. Das Ziel ist dabei, die Auswirkungen (strategischer) unternehmerischer Entscheidungen auf den Shareholder Value zu quantifizieren (→ *Unternehmensstrategien*). Die Bestimmung des Shareholder Value muss dazu möglichst mit Hilfe von Größen erfolgen, die auf Unternehmensebene ermittelbar und durch Managemententscheidungen beeinflussbar sind. Systeme von Werttreibern sollen die unternehmensinternen Prozesse, durch die Shareholder Value generiert wird, abbilden und eine Steuerung der Wertschaffung auf Unternehmensebene (Value Based Management, → *Wertorientierte Unternehmensführung*) ermöglichen (vgl. dazu z.B. *Copeland/Koller/Murrin* 2000; *Young/O'Byrne* 2000; *Spremann/Pfeil/Weckbach* 2001).

Die zur kapitalmarktorientierten Berechnung des Shareholder Value entwickelten Methoden werden in der Literatur aus theoretischer und aus empirischer Sicht diskutiert. Aus theoretischer Sicht interessieren vor allem die Anwendungsbedingungen der jeweiligen Methode, d.h. es wird analysiert, unter welchen Bedingungen mit Hilfe der vorgeschlagenen Beurteilungsgrößen tatsächlich Entscheidungen im Sinne aller Eigentümer möglich sind. Dabei zeigt sich, dass marktwertorientierte Beurteilungsgrößen hohe, in der Praxis nicht erfüllte Anforderungen an die relevanten Märkte, insb. hinsichtlich der gehandelten Ansprüche, der Wettbewerbsbedingungen und der Informationsstrukturen stellen (vgl. *Kürsten* 2000). Aus empirischer Sicht ist die Frage zu untersuchen, inwiefern mit den vorgeschlagenen Beurteilungsgrößen eine Prognose zukünftiger Börsenkurse möglich ist. Die Korrelation einer Beurteilungsgröße mit zukünftigen Kursen wird dabei als Indikator für die Eignung als Beurteilungs- und Steuergröße gesehen (als Überblick vgl. *Ittner/Larcker* 2001).

II. Shareholder Value-Ansatz

Der Shareholder (Value)-Ansatz beruht einerseits auf einer normativen Forderung bezüglich der Maxime der Unternehmenspolitik und andererseits auf einer Reihe von Methoden und Instrumenten, die eine kapitalmarktorientierte Erfolgsmessung und -steuerung ermöglichen sollen (vgl. *Speckbacher* 1997).

Als normative Forderung verstanden, verlangt der Shareholder Value-Ansatz die ausschließliche Ausrichtung der Unternehmensführung an den (finanziellen) Zielen der Unternehmenseigentümer. Unternehmenserfolg ist dann definiert als der Grad der Realisation der Eigentümerziele. Häufig wird diese normative Forderung damit begründet, dass die bestmögliche Realisation finanzieller Eigentümerziele zumindest unter stark idealisierenden Annahmen über die Funktionsweise der relevanten Märkte und über die Funktionsweise von Unternehmen auch für alle anderen Anspruchsgruppen im Unternehmen und sogar für die gesamte Gesellschaft vorteilhaft sei (z.B. *Jensen* 2001, S. 11 f.). Allerdings ist der Shareholder-Ansatz hinsichtlich seiner normativen Dimension, insb. hinsichtlich seiner gesamtwirtschaftlichen Konsequenzen umstritten. Theoretische und empirische Analysen zur vergleichenden (ökonomischen) Bewertung einer „Shareholder Economy" und einer „Stakeholder Society" existieren bisher lediglich in ersten Ansätzen (vgl. *Tirole* 2001, S. 3 ff.; sowie zur betriebswirtschaftlichen Diskussion *v. Werder* 1998).

In einer zweiten Interpretation wird der Shareholder-Ansatz als modernes Konzept der Erfolgsmessung und Erfolgssteuerung gesehen. Schwerpunkt ist die methodenbezogene Kritik traditioneller buchhaltungsorientierter Konzepte der Erfolgsmessung und

-steuerung. Zwar verstehen auch traditionelle, buchhaltungsorientierte Konzepte Erfolg grundsätzlich im Sinne der Wertsteigerung der Eigentumsrechte, allerdings wird im Rahmen des Shareholder-Ansatzes kritisiert, dass die Art der Wertansätze im Rahmen traditioneller Konzepte zu einer Fehlsteuerung führe. Im traditionellen *Rechnungswesen* beruht die Ermittlung von Erfolgsgrößen auf der Bewertung zu historischen Kosten (Anschaffungs-/Herstellungskosten), auf dem Prinzip der summativen Einzelbewertung, und „selbsterstellte" immaterielle Vermögenswerte bleiben unberücksichtigt. Vor allem die zunehmende Bedeutung *immaterieller Vermögenswerte* und die Bedeutung von Verbundbeziehungen in modernen wissensbasierten Unternehmen (→ *Wissen*) werden neben der in einem zunehmend dynamischen Umfeld sinkenden Bedeutung historischer Kosten als wesentliche Gründe für die zunehmende Inadäquanz des traditionellen Rechnungswesen-Modells („*Accounting Model of the Firm*") für die erfolgsorientierte Steuerung gesehen. Dies wird durch den Befund erheblicher Diskrepanzen zwischen Markt- und Buchwerten von Unternehmen unterstrichen (z.B. *Lev* 2001). Als Antwort hierauf wurden im Rahmen des Shareholder Value-Ansatzes in den vergangenen zwei Jahrzehnten verschiedene moderne Erfolgsmaße und Systeme von Erfolgstreibern, d.h. Modelle der Erfolgsentstehung, entwickelt („*Economic Model of the Firm*"), die den Anspruch erheben, besser als traditionelle Größen für Zwecke der Entscheidungsfindung und der Verhaltenssteuerung geeignet zu sein (*Copeland/Koller/Murrin* 2000; *Young/O'Byrne* 2000; *Spremann/Pfeil/Weckbach* 2001).

In *Discounted Cash Flow*-Ansätzen erfolgt eine zukunftsorientierte Gesamtbewertung von Projekten bzw. Unternehmen im Sinne der Verfahren der dynamischen Investitionsrechnung (*Kapitalwertmethode*), *Residualgewinnkonzepte* liefern hingegen periodisierte Erfolgsgrößen, die sich stärker an Periodenerfolgsgrößen des traditionellen Rechnungswesens anlehnen, deren Schwächen zum Teil jedoch vermeiden und insb. im Sinne einer Gesamtbetrachtung Kompatibilität mit Discounted Cash Flow-Methoden aufweisen (als Überblick mit entsprechenden Literaturquellen vgl. *Ballwieser* 2002; → *Wertorientierte Unternehmensführung*). Die im Rahmen des Shareholder-Ansatzes entwickelten Konzepte sind insofern als kapitalmarktorientiert zu bezeichnen, als sie davon ausgehen, dass Wert für die Eigentümer erst dann geschaffen wird, wenn mit dem eingesetzten Kapital eine Rendite erzielt wird, die über der am Kapitalmarkt für ein (insb. hinsichtlich des Risikos) vergleichbares Investment erzielbaren Rendite liegt. Damit unterstellen diese Ansätze die Existenz von (eindeutigen) Marktpreisen für die Bewertung zukünftiger, risikobehafteter Zahlungen. Eine wichtige Gemeinsamkeit der Shareholder-Ansätze mit traditionellen Rechnungswesen-Modellen ist die Annahme, dass Erfolg grundsätzlich als Residualgröße ermittelbar ist, die sich aus der Veräußerung der Outputs und nach Abzug aller vertraglich gesicherten Zahlungen an bevorrechtigte Anspruchsgruppen ergibt. Aufgrund dieser Annahme weisen die zugrunde liegenden Erfolgsentstehungsmodelle (*Werttreibermodelle*) – ähnlich dem traditionellen Rechnungswesenmodell – eine letztlich an (periodisierten) Zahlungsvorgängen orientierte additiv-lineare Struktur auf.

III. Stakeholder-Ansatz

Unter der Bezeichnung *Stakeholder*-Ansatz wurde Mitte der 1980er Jahre im englischen Sprachraum ein konzeptioneller Rahmen zur Analyse von Fragen des Strategischen Managements (→ *Strategisches Management*) bekannt, der bereits durch die Begriffswahl als Gegenentwurf zum Stockholder- bzw. Shareholder-Ansatz erkennbar ist. Seine Wurzeln liegen in entsprechenden, seit den 1960er Jahren am Stanford Research Institute (SRI) durchgeführten Forschungsarbeiten, er war aber von Anfang an hauptsächlich durch Erfahrungswissen aus der Unternehmenspraxis und eine stark praktische Orientierung geprägt. Die wesentliche Leitidee der frühen Arbeiten zum Stakeholder-Ansatz besteht in der Überzeugung, dass das → *Top Management (Vorstand)* neben den Ansprüchen von Eigentümern auch die Interessen von Fremdkapitalgebern, Kunden und Zulieferern, aber auch gesellschaftliche Ansprüche genau kennen muss, um Unternehmensziele entwickeln und formulieren zu können, die von allen diesen Anspruchsgruppen hinreichend unterstützt werden. Diese Unterstützung wird als Voraussetzung für den langfristigen Erfolg und die Überlebensfähigkeit von Unternehmen gesehen (zur geschichtlichen Entwicklung vgl. *Freeman* 1984 und *Freeman/McVea* 2001).

Während der Stakeholder-Ansatz im angelsächsischen Raum aus einer Kritik bzw. einer Relativierung des dort vorherrschenden Shareholder-Ansatzes entstanden ist, hat die Sichtweise vom Unternehmen als zweckgerichtete *Koalition* unterschiedlicher Interessengruppen im deutschsprachigen Raum sowohl in der Betriebswirtschaftslehre als auch im Gesellschaftsrecht eine lange Tradition (dazu *Speckbacher* 1997, siehe auch → *Corporate Governance (Unternehmensverfassung)* → *Corporate Governance, internationaler Vergleich*). Insb. kann das traditionelle *Prinzip der Kapitalerhaltung* als in einen Shareholder-Ansatz konsistent integrierbare Zusatzanforderung zur Sicherung der Ansprüche von Stakeholdern gesehen werden (vgl. *Hellwig/Speckbacher/Wentges* 2000).

Neben seiner Verbreitung als Managementkonzept in der Unternehmenspraxis (vgl. z.B. *Wheeler/Sillanpää* 1997) gewann der Stakeholder-Ansatz in den vergangenen Jahren auch zunehmend an Bedeutung als Theoriekonzept der → *Unternehmensführung (Ma-*

nagement). Einfluss hatte der Stakeholder-Ansatz insb. auf die Literatur in den Bereichen Unternehmensstrategie und → *Planung,* → *Systemtheorie* und → *Organisationstheorie,* aber auch als Theoriekonzept für Arbeiten zur „Corporate Social Responsibility" und „Corporate Social Performance" (als Übersicht: *Freeman/McVea* 2001).

Im Hinblick auf Stakeholder-Theorien ist die Unterscheidung in deskriptive, instrumentelle und normative Theorien wichtig, da eine Vermischung dieser drei grundlegenden Ansätze häufig zu Fehlinterpretationen des Stakeholder-Ansatzes geführt hat (vgl. hierzu *Donaldson/Preston* 1995, S. 65 ff.). Deskriptive Stakeholder-Theorien der Organisation beschreiben, inwiefern Organisationen Interessen von Stakeholdern berücksichtigen. Unternehmen werden im Rahmen deskriptiver Stakeholder-Theorien als → *Netzwerke* zwischen teilweise kooperierenden, teilweise auch konkurrierenden Interessengruppen charakterisiert (→ *Ziele und Zielkonflikte*). Instrumentelle Stakeholder-Theorien analysieren hingegen, ob und inwiefern vorgegebene Organisationsziele durch bestimmte Ausprägungen eines Stakeholder-Managements besser erreicht werden können. Insb. wird theoretisch und empirisch untersucht, inwiefern die finanzielle Performance von Unternehmen durch geeignetes Stakeholder-Management gesteigert werden kann. Schließlich gehen normative Stakeholder-Theorien im Unterschied zu instrumentellen Ansätzen davon aus, dass Interessen von Stakeholdern um ihrer selbst willen (und nicht nur zur besseren Erfüllung übergeordneter Ziele) in der Unternehmensführung Berücksichtigung finden sollten. Während instrumentelle Ansätze also den instrumentellen Wert der Interessen von Stakeholdern untersuchen, betonen normative Ansätze deren intrinsischen Wert (→ *Unternehmensethik*).

Von entscheidender Bedeutung für die Einordnung und Entwicklung von Stakeholder-Theorien ist die Frage, was unter einem Stakeholder zu verstehen ist. Die klassische Definition von Freeman lautet „A stakeholder in an organisation is (by definition) any group or individual who can affect or is affected by the achievement of the organization's objectives" (*Freeman* 1984, S. 46). Diese und vergleichbar weite Definitionen finden häufig in deskriptiven und auch normativen Ansätzen Verwendung, werden aber insb. aus Sicht instrumenteller Ansätze aufgrund ihrer Beliebigkeit oft als unbrauchbar kritisiert (vgl. z.B. *Jensen* 2001, S. 9). Mitchell, Agle und Wood versuchen, einen für das Management von Stakeholder-Beziehungen praktikablen Ansatz zur Priorisierung von Stakeholdern zu entwickeln. Ihre Systematik kategorisiert Ansprüche von Stakeholdern anhand der Kriterien „*Macht*", „Dringlichkeit" und „*Legitimität*" (vgl. *Mitchell/Agle/Wood* 1997). Aufgrund der sich wandelnden Bedeutung von Stakeholdern im Lebenszyklus von Organisationen (→ *Lebenszyklus, organisationaler*) ist bei der Priorisierung von Stakeholdern und der Entwicklung darauf abgestimmter Strategien für das Stakeholder-Management eine dynamische Betrachtung sinnvoll (vgl. *Jawahar/McLaughlin* 2001).

IV. Integration von Shareholder- und Stakeholder-Ansatz

Aus deskriptiver Sicht ist der Stakeholder-Ansatz zweifellos die umfassendere und realistischere Sichtweise, da in realen Unternehmen Mitarbeiter, Kunden und Zulieferer in aller Regel faktischen Einfluss auf die Unternehmensführung haben. Aus normativer Sicht ist die Wahl eines Shareholder- oder Stakeholder-Ansatzes letztlich durch nicht weiter begründbare *Werturteile* determiniert. Davon abgesehen wurden die gesamtwirtschaftlichen Wohlfahrtswirkungen einer Shareholder- bzw. einer Stakeholder-Ökonomie bisher – wie erwähnt – noch nicht im Rahmen geeigneter Modelle analysiert.

Neben der Bedeutung deskriptiver Ansätze bei der Erklärung der betrieblichen Realität erscheint im Sinne der praktisch-normativen Tradition der Betriebswirtschaftslehre vor allem der instrumentelle Stakeholder-Ansatz im Hinblick auf die Ableitung von Gestaltungsempfehlungen fruchtbar. Während instrumentelle Stakeholder-Ansätze auch als Basis für die Ableitung von Gestaltungsempfehlungen für das Management von → *Non-Profit-Organisationen* geeignet sind (vgl. *Speckbacher* 2003), soll im Folgenden deren Integrationsmöglichkeit mit dem Shareholder-Ansatz in erwerbswirtschaftlich ausgerichteten Unternehmen beleuchtet werden. Da der Shareholder-Ansatz auf ökonomischen Unternehmensmodellen basiert, ist es aus Gründen der Konsistenz sinnvoll, hierzu auf Stakeholder-Ansätze im Rahmen ökonomischer Theorien der Unternehmung zurückzugreifen (→ *Theorie der Unternehmung*).

Der Shareholder-Ansatz unterstellt ein ökonomisches Unternehmensmodell, in dem die Beziehung des Unternehmens zu Kunden, Mitarbeitern, Zulieferern und anderen „bevorrechtigten Stakeholdern" durch vertragliche Regelungen vollständig determiniert (kontraktbestimmt) ist (→ *Vertragstheorie*), während sich der Anspruch der Shareholder als Residualgröße ergibt (vgl. z.B. *Tirole* 2001, S. 4; zum Folgenden genauer: *Speckbacher* 1997). Damit ergibt sich der Shareholder Value letztlich aus einem additiv-linearen Modell, und er lässt sich über die zu Marktpreisen abgewickelten Zahlungsvorgänge im Verhältnis zu den bevorrechtigten Stakeholdern steuern. Ökonomische Stakeholder-Ansätze verdeutlichen allerdings, dass die Vertragsbeziehungen zu Stakeholdern in der Realität keineswegs durch *vollständige Verträge* geregelt sind, wodurch Ansprüche von Stakeholdern nicht zu Marktpreisen bewertet werden können und schließlich die Ermittlung einer durch Marktpreise determinierten Residualgröße (Shareholder Value) scheitert. Vielmehr tätigen nicht nur Shareholder, sondern auch andere Stakeholder *spezifische Investitionen* (d.h. Investitionen die im Rahmen der Kooperationsbeziehung wesentlich höheren Wert haben als außerhalb), wobei die Rendite aus diesen Investitionen aufgrund der Unvollständigkeit der vertraglichen Regelungen unbestimmt ist. Dies bedeutet, dass die Wertschöpfung von Unternehmen im Rahmen von „Nachverhandlungen" zwischen den einzelnen Stakeholdern verteilt wird. Die Möglichkeiten von Stakeholdern, sich Renten (aus dem Kooperationsergebnis) anzueignen, werden insb. durch deren *Verhandlungsmacht* bestimmt. Hierbei spielt die → *Corporate Governance (Unternehmensverfassung)* eine wichtige Rolle. Ein Shareholder Value-Management muss also nicht nur die durch Wettbewerbsvorteile generierten Renten steuern, sondern auch die Mechanismen, durch die sich Stakeholder Renten aneignen können (vgl. *Coff* 1999). Andererseits resultieren gerade in modernen, wissensbasierten Unternehmen (→ *Wissen*) Wettbewerbsvorteile immer weniger aus einzigartigen physische Ressourcen (d.h. aus Investitionen der Eigentümer), sondern in immer größeren Umfang aus (immateriellen) Ressourcen (→ *Ressourcenbasierter Ansatz*), die aus Investitionen von Stakeholdern entstehen (vgl. z.B. *Post/Preston/Sachs* 2002). Stakeholder haben aber nur dann einen Anreiz, derartige wertschaffende Investitionen zu tätigen, wenn sie in Nachverhandlungen Möglichkeiten der Wertaneignung haben. Damit wird klar, dass ein modernes *Wertmanagement* sowohl den Prozess der Wertgenerierung über strategiekonforme spezifische Investitionen der Stakeholder steuern muss als auch den damit zusammenhängenden Prozess der Wertverteilung zwischen den Stakeholdern. Insb. erweist sich die Abbildung der Erfolgsentstehung über ein mechanistisches, additiv-lineares Modell (wie im Rahmen von Werttreibermodellen üblich) als nicht adäquat. Die *Balanced Scorecard* kann als erster Versuch der Erweiterung wertorientierter Managementsysteme in Richtung eines instrumentellen (am Shareholder Value als Zielgröße orientierten) Stakeholder-Ansatzes interpretiert werden (*Speckbacher/Bischof* 2000).

Literatur

Ballwieser, Wolfgang: Shareholder Value, in: HWU, hrsg. v. *Küpper, Hans-Ulrich/Wagenhofer, Alfred*, 4. A., Stuttgart 2002, Sp. 1745–1754.
Coff, Russel W.: When Competitive Advantage Doesn't Lead to Performance: The Resource-Based View and Stakeholder Bargaining Power, in: Org.Sc., Jg. 10, H. 2/1999, S. 119–133.
Copeland, Thomas E./Koller, Tim/Murrin, Jack: Valuation – Measuring and Managing the Value of Companies, 3. A., New York 2000.
Donaldson, Thomas/Preston, Lee E.: The Stakeholder Theory of the Corporation: Concepts, Evidence, and Implications, in: AMR, Jg. 20, H. 1/1995, S. 65–91.
Freeman, Edward R.: Strategic Management: A Stakeholder Approach, Boston 1984.
Freeman, Edward R./McVea, John: A Stakeholder Approach to Strategic Management, in: The Blackwell Handbook of Strategic Management, hrsg. v. *Hitt, Michael A./Freeman, Edward R./Harrison, Jeffrey S.*, Oxford 2001, S. 189–207.
Hellwig, Klaus/Speckbacher, Gerhard/Wentges, Paul: Utility Maximization Under Capital Growth Constraints, in: Journal of Mathematical Economics, Jg. 33, H. 1/2000, S. 1–12.
Ittner, Christopher D./Larcker, David F.: Assessing Empirical Research in Managerial Accounting: A Value-based Management Perspective, in: Journal of Accounting and Economics, Jg. 32, H. 1–3/2001, S. 349–410.
Jawahar, I. M./McLaughlin, Gary L.: Toward a Descriptive Stakeholder Theory: An Organizational Life Cycle Approach, in: AMR, Jg. 26, H. 3/2001, S. 397–414.
Jensen, Michael C.: Value Maximization, Stakeholder Theory, and the Corporate Objective Function, in: Journal of Applied Corporate Finance, Jg. 14, H. 3/2001, S. 8–21.
Kürsten, Wolfgang: „Shareholder Value" – Grundelemente und Schieflagen einer polit-ökonomischen Diskussion aus finanzierungstheoretischer Sicht, in: ZfB, Jg. 70, H. 3/2000, S. 359–381.
Lev, Baruch: Intangibles: Management, Measurement, and Reporting, Washington 2001.
Mitchell, Ronald K./Agle, Bradley R./Wood, Donna J.: Toward a Theory of Stakeholder Identification and Salience: Defining the Principle of Who and What Really Counts, in: AMR, Jg. 22, H. 4/1997, S. 853–886.
Post, James E./Preston, Lee E./Sachs, Sybille: Managing the Extended Enterprise: The New Stakeholder View, in: CMR, Jg. 45, H. 1/2002, S. 6–28.
Rappaport, Alfred: Creating Shareholder Value, New York 1986.
Rappaport, Alfred: Selecting Strategies that Create Shareholder Value, in: HBR, Jg. 59, H. 3/1981, S. 139–149.
Speckbacher, Gerhard: The Economics of Performance Management in Nonprofit Organizations, in: Nonprofit Management and Leadership, Jg. 13, H. 3/2003, S. 267–281.
Speckbacher, Gerhard: Shareholder Value und Stakeholder Ansatz, in: DBW, Jg. 57, H. 5/1997, S. 630–639.
Speckbacher, Gerhard/Bischof, Jürgen: Die Balanced Scorecard als innovatives Managementsystem, in: DBW, Jg. 60, H. 6/2000, S. 795–810.
Spremann, Klaus/Pfeil, Oliver P./Weckbach, Stefan: Lexikon Value-Management, München 2001.
Tirole, Jean: Corporate Governance, in: Econometrica, Jg. 69, H. 1/2001, S. 1–35.
Werder, Axel v.: Shareholder Value-Ansatz als (einzige) Richtschnur des Vorstandshandelns?, in: ZGR, Jg. 27, H. 1/1998, S. 69–91.
Wheeler, David/Sillanpää, Maria: The Stakeholder Corporation, London 1997.
Young, David S./O'Byrne, Stephen F.: EVA and Value-Based Management, New York 2000.

Sozialisation, organisatorische

Christoph Deutschmann

[s.a.: Bürokratie; Individuum und Organisation; Karrieren und Laufbahnen; Organisationskultur.]

I. *Sozialisationstheorien*; II. *Ökonomische Bedeutung und Typen organisatorischer Sozialisation*; III. *Formalisierung und Ausdifferenzierung der Prozesse der organisatorischen Sozialisation*; IV. *Aktuelle Fragen.*

Zusammenfassung

Unter Sozialisation ist die Herausbildung persönlicher Identität durch Hineinwachsen des Individuums in die symbolisch strukturierte Ordnung der Gesellschaft zu verstehen. Zu unterscheiden sind dabei die Phasen der primären und sekundären Sozialisation. Organisatorische Sozialisation stellt einen Teilprozess der sekundären Sozialisation dar. Ihre ökonomische Bedeutung liegt darin, dass sie die Grundlage für eine flexible, vertrauensbasierte Kooperation in Unternehmen und Organisationen legt und damit das Problem der Unvollständigkeit des Arbeitsvertrages zu lösen hilft. „Low commitment", berufliche Sozialisation und interne Karriere sind die empirischen Grundmuster der organisatorischen Sozialisation. Organisatorische Sozialisation kann spontan aufgrund der „natürlichen" Sozialisationswirkungen der Arbeitsumgebung erfolgen, oder auch in eigenen Strukturen und Programmen der betrieblichen Aus- und Weiterbildung ausdifferenziert sein. In der aktuellen Diskussion steht die Frage im Mittelpunkt, wieweit die traditionellen Muster der organisatorischen Sozialisation durch neue Konzepte, etwa das der „lernenden Organisation" oder des „Arbeitskraftunternehmers", abgelöst werden müssen.

I. Sozialisationstheorien

Unter *organisatorischer Sozialisation* ist die Formung der Persönlichkeit durch den Prozess der Internalisierung von Wissen, Normen und Kultur einer Organisation im Kontext einer Mitgliedschaft in ihr zu verstehen. Das Konzept der organisatorischen Sozialisation baut auf dem allgemeineren Begriff der Sozialisation auf, der auf soziologische, psychologische und psychoanalytische Theorien zurückgeht (im Überblick: *Zimmermann* 2000). In der Soziologie dominieren die durch Parsons geprägten Sichtweisen der *strukturell-funktionalen Theorie* und des von Mead begründeten *Symbolischen Interaktionismus*. Sozialisation wird hier als Entwicklung des Kindes von einem biologischen Individuum zu einem Mitglied der Gesellschaft verstanden. Durch das Erlernen der Sprache und durch die Identifikation mit den Erwartungen und der Weltsicht der Eltern entwickelt das Kind eine kommunikative Beziehung mit seiner sozialen Umwelt. Als *Sozialisationsagenten* repräsentieren die Eltern und andere primäre Bezugspersonen die Gesellschaft dem Kind gegenüber. Indem es bei ihnen Anerkennung und Resonanz findet, wächst das Kind in die gesellschaftliche Welt gemeinsam geteilter Symbole, Normen und Werte hinein und entwickelt dabei zugleich seine persönliche *Identität* (→ *Identitätstheoretischer Ansatz*). Während die *strukturell-funktionale Theorie* Sozialisation in erster Linie als Anpassung des Individuums an geltende Normen und Rollenerwartungen versteht, betonen die der Position des *Symbolischen Interaktionismus* verpflichteten Autoren den aktiven Beitrag des Individuums bei der Erschließung, Aneignung und Veränderung der vorgefundenen symbolischen und normativen Ordnungen.

Neben den soziologischen Ansätzen spielen psychologische und psychoanalytische Sichtweisen in der Sozialisationsforschung eine zentrale Rolle. Die psychologisch orientierten Schulen begreifen Sozialisation als einen Prozess kognitiven und sozialmoralischen Lernens (→ *Lernen, organisationales*). Lernen basiert der *behaviouristischen* Schule (Pawlow, Skinner) zufolge auf *Konditionierung*, d.h. positiver oder negativer *Verstärkung* eines gegebenen Verhaltens durch die Umwelt. Die Lerntheorie Banduras dagegen betont die Bedeutung von *Beobachtung und Nachahmung*. Einflussreich sind die von Piaget und Kohlberg entwickelten Stufenmodelle der kognitiven und moralischen Entwicklung. Piaget zeigt auf, wie das Kind durch fortschreitende Erfahrung die Fähigkeit zu einem aktiven und intelligenten Umgang mit den Objekten seiner Umwelt erwirbt. Dabei unterscheidet er zwischen einer *sensu-motorischen*, einer *prä-operatorischen*, einer *konkret-operatorischen* und einer *formal-operatorischen* Entwicklungsstufe. In Anlehnung an das Modell Piagets hat Kohlberg eine Theorie sozialmoralischen Lernens formuliert, die zwischen einem *vorkonventionellen*, einem *konventionellen* und einem *postkonventionellen* Stadium der individuellen Sozialisation differenziert. Die ursprüngliche naive Orientierung an den Geboten und Verboten der Eltern wird schrittweise durch eine reflexive, an allgemeinen Normen und Werten orientierte Einstellung ersetzt. Zu berücksichtigen sind schließlich die auf Freud und Erikson zurückgehenden psychoanalytischen Sozialisationstheorien. *Sozialisation* wird hier als Entwicklung hin zu einer *Ich-Identität* begriffen, in der das Kind schrittweise lernt, seine organischen Triebimpulse zu kontrollieren und ein produktives Gleichgewicht mit den Erwartungen der Umwelt zu finden.

Sozialisation ist als ein lebenslanger, institutionell in Phasen gegliederter individueller Entwicklungsprozess zu begreifen. Zu unterscheiden ist v.a. zwischen den Phasen der *primären* und der *sekundären*

Sozialisation (*Berger/Luckmann* 1969). In der Phase der *primären Sozialisation* erwirbt das Kind eine elementare Sprachkompetenz und Identität. Es lernt, sich in den sozialen Ordnungen von Geschlecht und Alter zu orientieren. Die *sekundäre Sozialisation* baut auf der *primären* auf und setzt sie voraus. In ihr eignet sich der/die Heranwachsende das auf einzelne Rollen oder Teilsysteme der Gesellschaft bezogene Wissen an und identifiziert sich mit den in ihnen gültigen sozialen Normen. Wichtige *Sozialisationsagenten* sind in dieser Phase Lehrer, Ausbilder, Vorgesetzte, aber auch Mitglieder der eigenen „peer group" und Kollegen.

II. Ökonomische Bedeutung und Typen organisatorischer Sozialisation

Organisatorische Sozialisation ist als Teilprozess der *sekundären Sozialisation* zu verstehen, soweit sie im Rahmen von Organisationen stattfindet. Wieweit Organisationen als Ort persönlicher Entwicklung gelten können, ist in der Literatur unterschiedlich beurteilt worden. Die auf Weber, Taylor, Fayol u.a. zurückgehenden Ansätze der *klassischen Organisationstheorie* interpretieren Organisationen als im Kern unpersönliche Formalstrukturen (→ *Individuum und Organisation*). Die Personen der Organisationsmitglieder gelten nicht als Teil des Systems, sondern werden der Umwelt zugerechnet. Der Arbeitsvertrag, nicht eine innere Verpflichtung bindet die Beschäftigten an die Organisation. Nur durch die Bereitstellung geeigneter Anreize können sie zu Beiträgen motiviert werden. Barnard, Simon und andere Autoren erkannten freilich auch, dass monetäre Anreize allein oft nicht ausreichen, um eine hinreichende Identifikation der Mitarbeiter mit den Organisationszielen sicherzustellen. Dazu bedürfe es anderer Mittel, die von der Rekrutierung geeigneter Bewerber mit der „passenden Motivationsstruktur" über Ausbildung, Schulung bis hin zur richtigen Führung und „Indoktrination" reichen. Die *Human Resources-Schulen* (McGregor, Argyris, Likert) und die Programme der *Humanisierung der Arbeit* haben den Blick für die erhebliche *ökonomische Bedeutung* einer gelungenen organisatorischen Sozialisation weiter geöffnet und der Forderung nach einer ihr förderlichen Gestaltung organisatorischer Strukturen Nachdruck verliehen. In dem Maße, wie die Mitarbeiter einer Organisation sich mit ihren Zielen und Normen identifizieren können, wird eine flexible, auf Vertrauen und individueller Initiative, nicht länger nur auf äußere Konformität mit Anweisungen und Regeln begründete Zusammenarbeit möglich. Die organisatorische Sozialisation leistet damit einen wesentlichen Beitrag zur Lösung des ebenfalls bereits von Simon beschriebenen Problems der *Unvollständigkeit des Arbeitsvertrages*: Kein Arbeitsvertrag kann so genau spezifiziert werden, dass alle erwarteten Leistungen im Voraus festgelegt werden. Der Arbeitgeber erwartet eine in formalen Vorschriften nicht zu fassende, zeitlich, sachlich und sozial flexible Einsatzbereitschaft der Beschäftigten, ohne die die Unternehmen nicht erfolgreich operieren könnten.

Die konkreten Bedingungen der organisatorischen Sozialisation hängen von einem Bündel organisationsinterner wie -externer Determinanten ab. Die Strukturmerkmale von Organisationen und Unternehmen (Ziele, Größe, Arbeitsorganisation, Qualifikationsgefüge, Produktionsprogramm) spielen ebenso eine Rolle wie die Strukturen des Arbeitsmarktes und die kulturellen und biographischen Orientierungen der Beschäftigten. Aus der Wechselwirkung dieser Faktoren lassen sich drei empirische Grundmuster *organisatorischer Sozialisation* ableiten:

– Ein *low-commitment*-Muster, das auf der Seite der Organisation durch stark formalisierte Kontrollstrukturen, geringe Investitionen in die Ausbildung, niedrige Vergütungen, vorwiegend monetäre Leistungsanreize und kurzfristige Arbeitsverträge charakterisiert ist. Auf der Seite der Beschäftigten sind niedrige Qualifikation, häufige Arbeitsplatzwechsel und eine *instrumentelle Arbeitsorientierung* typische Erscheinungen. Die Ausbildung beschränkt sich weitgehend auf das unmittelbare Lernen am Arbeitsplatz. Die organisatorische Sozialisation verbleibt hier auf der niedrigen Stufe der „calculated identification" (*Mintzberg* 1983, S. 159).
– Das Muster *beruflicher Sozialisation*, das sich bei denjenigen Arbeitskräften findet, die einen beruflichen Ausbildungsgang im Unternehmen durchlaufen haben sowie auf entsprechend qualifizierten und entlohnten Arbeitsplätzen eingesetzt werden. Im Vergleich zum ersten Muster wird hier eine weitergehende Verinnerlichung von Arbeits- und Leistungsnormen und damit ein höherer Grad sozialer Integration vorausgesetzt. Die organisatorische Sozialisation bleibt jedoch auf funktionale Teilprozesse in der Organisation beschränkt und führt nicht notwendig zu einer inneren Bindung an die Organisation als Ganzes. Zwischenbetriebliche Mobilität ist möglich und auch faktisch verbreitet.
– Das Muster der *internen Karriere* (→ *Karrieren und Laufbahnen*), das auf stabilen Beschäftigungsverhältnissen basiert und sich auf Prozesse des Qualifikationserwerbs durch kumulative Arbeitserfahrung und Teilnahme an unternehmensinternen Aus- und Weiterbildungsprogrammen stützt. Auf der Seite der Beschäftigten setzt es eine langfristige Orientierung auf innerbetrieblichen Statusgewinn bei gleichzeitiger fachlicher und funktionaler Flexibilität voraus. Die *organisatorische Sozialisation* kann hier die weitestgehende Stufe der „natural identification" (*Mintzberg* 1983, S. 161) erreichen: Das Individuum empfindet die Ziele der Organisation als seine eigenen und muss nicht län-

ger durch äußere Anreize und Sanktionen in seinem Verhalten kontrolliert werden.

Die drei Muster sind nicht nur zwischen Ländern, Wirtschaftszweigen, Organisationstypen, sondern auch zwischen verschiedenen Beschäftigtengruppen unterschiedlich verteilt. Die innerbetrieblichen Hierarchien und Autoritätsstrukturen lassen sich weitgehend als Hierarchien der sozial zugeschriebenen Loyalität zur Organisation entschlüsseln: Von Führungskräften und Stammbelegschaften wird eine hohe, von den Randbelegschaften eine geringe Identifikation mit den Zielen und Werten der Organisation erwartet. Stets kommt den Führungskräften eine wichtige Rolle als Vorbilder und persönliche Vermittler der Normen und der Kultur der Organisation zu (*Schein* 1985).

III. Formalisierung und Ausdifferenzierung der Prozesse der organisatorischen Sozialisation

Der Grad der Formalisierung und Ausdifferenzierung der Prozesse der *organisatorischen Sozialisation* ist variabel. Kleine Organisationen und Unternehmen verlassen sich bei der Sozialisation ihrer Mitglieder weitgehend auf die spontanen Prozesse der Interaktion und des Lernens am Arbeitsplatz. Ausbildung und Schulung sind kaum ausdifferenziert. Mit wachsender Größe der Organisation wird die Sozialisation der Mitarbeiter zunehmend durch ein ausdifferenziertes Ausbildungs- und Weiterbildungswesen sowie durch formalisierte Trainingsprogramme in Regie genommen. Mintzberg unterscheidet zwei Grundformen einer solchen formalisierten Schulung: *Berufliche Ausbildung* („*Training*") und *„Indoktrination"* (*Mintzberg* 1979, S. 95 ff.). *Berufliche* Ausbildungsprogramme zielen auf die Vermittlung fachlicher Kenntnisse, Fertigkeiten und die Verinnerlichung professioneller Normen und Werte. *Indoktrinationsprogramme* dagegen sollen den Mitarbeitern die Ziele und die Kultur der Organisation (→ *Organisationskultur*) nahe bringen und eine loyale Einstellung in ihnen wecken. Auch die Programme der *Organisationsentwicklung* (im Überblick: *Schreyögg* 2003, S. 508 ff.) erfüllen sozialisierende Funktionen in dem zuletzt genannten Sinn, indem sie die Selbstkritik der Mitarbeiter und ihre Bereitschaft zu gemeinsamen neuen Problemlösungen zu stimulieren suchen. In die gleiche Richtung wirken Programme der *Personalentwicklung*, der individuellen Karriereplanung und Qualifizierung und des persönlichen, durch einen *Mentor* angeleiteten *Coaching* (im Überblick: *Staehle* 1999, S. 871 ff.), zu denen die Führungskräfte häufig privilegierten Zugang haben. Die Formalisierung der organisatorischen Sozialisation wirkt sich schließlich auch auf der Ebene der *Rekrutierung und Einstellung* neuer Mitarbeiter aus. Häufig werden Bewerberinnen und Bewerber durch elaborierte Verfahren der *Personalrekrutierung* (*Frey* 1989) im Hinblick auf ihre soziale Integrationsfähigkeit in die Firma geprüft und ausgewählt; üblich ist darüber hinaus eine längere Probezeit.

IV. Aktuelle Fragen

In der aktuellen Diskussion über Fragen der organisatorischen Sozialisation wird häufig die These formuliert, dass die konventionellen Muster der organisatorischen Sozialisation – sowohl das der *beruflichen Sozialisation* als auch das der *internen Karriere* – angesichts der steigenden ökonomisch-technischen Flexibilisierungserfordernisse als dysfunktional und überholt zu betrachten seien. Als Alternative zur beruflichen Struktur wird die *lernende Organisation* (→ *Lernen, organisationales*) sowie als deren individuelles Pendant die Norm des *lebenslangen Lernens* gefordert, wobei individuelles und organisatorisches Lernen sich in Form eines „double loop" (*Argyris/ Schön* 1978, S. 18) gegenseitig verstärken sollen. Teilautonome Arbeitsgruppen, die sich im Rahmen externer Leistungsvorgaben durch „diskursive Koordinierung" selbst steuern, sozialisieren und kontrollieren gelten als zukunftsträchtige Organisationsform der „Wissensgesellschaft". Dem konventionellen Modell der *internen Karriere* andererseits werden die neuen Leitbilder des *internen Unternehmertums*, bzw. des *Arbeitskraft-Unternehmers* (*Voß/Pongratz* 1998) gegenübergestellt. Diese Konzepte sehen eine „Ermächtigung" der Mitarbeiter durch Delegation dispositiver und kontrollierender Aufgaben im Rahmen einer faktisch fortbestehenden Kontextsteuerung durch das Management vor. Unter dem Gesichtspunkt der organisatorischen Sozialisation betrachtet, besteht die Problematik dieser Konzepte darin, dass sie paradoxe Erwartungen erzeugen: Die Mitarbeiter sollen organisationale Normen in Frage stellen, sie aber zugleich auch einhalten und respektieren (*Kühl* 2001). Eine überzeugende Antwort auf die Frage, wie Individuen in Organisationen Anerkennung und Selbstbestätigung finden und dadurch zu autonomem Handeln befähigt werden, ist in den neuen Konzepten noch kaum erkennbar. „Die Vorstellung indessen, dass eine Organisation sämtliche Erwartungen im Sinne des Lernens programmieren kann und soll (‚chronically unfrozen'), ist irreführend" (*Schreyögg* 2003, S. 558).

Literatur

Argyris, Chris/Schön, Donald A.: Organizational learning. A Theory of Action Perspective, Reading MA 1978.
Berger, Peter/Luckmann, Thomas: Die gesellschaftliche Konstruktion der Wirklichkeit. Eine Theorie der Wissenssoziologie, Frankfurt am Main 1969.

Frey, Helmut: Handbuch Personalbeschaffung. Neue Mitarbeiter gewinnen von der Personalplanung bis zum Arbeitsvertrag, München 1989.
Kühl, Stefan: Die Heimtücke der eigenen Organisationsgeschichte. Paradoxien auf dem Weg zum dezentralisierten Unternehmen, in: SW, Jg. 52, 2001, S. 383–402.
Mintzberg, Henry: Power In and Around Organizations, Englewood Cliffs NJ 1983.
Mintzberg, Henry: The Structuring of Organizations, Englewood Cliffs NJ 1979.
Schein, Edgar: Organizational Culture and Leadership, San Francisco 1985.
Schreyögg, Georg: Organisation: Grundlagen moderner Organisationsgestaltung. Mit Fallstudien, 4. A., Wiesbaden 2003.
Staehle, Wolfgang H.: Management. Eine verhaltenswissenschaftliche Perspektive, 8. A., München 1999.
Voß, Günter G./Pongratz, Hans J.: Der Arbeitskraftunternehmer. Eine neue Grundform der Ware Arbeitskraft?, in: KZSS, Jg. 50, 1998, S. 131–158.
Zimmermann, Peter: Grundwissen Sozialisation. Einführung zur Sozialisation im Kindes- und Jugendalter, Opladen 2000.

Spartenorganisation

Gerhard Schewe

[s.a.: Arbeitsteilung und Spezialisierung; Funktionale Organisation; Koordination und Integration; Profit-Center; Regionalorganisation; Strategie und Organisationsstruktur; Zentralbereiche.]

I. Begriff und Merkmale der Spartenorganisation; II. Determinanten der Entscheidung zur Einführung einer Spartenorganisation; III. Steuerung der Spartenorganisation; IV. Stärken und Schwächen der Spartenorganisation.

Zusammenfassung

Bei der Spartenorganisation handelt es sich um ein Strukturierungsmodell für Organisationen, welches als erstes Spezialisierungskriterium eine objektbezogene Zentralisierung der Entscheidungskompetenz vornimmt. Dabei entstehen mehr oder weniger autonome organisatorische Teileinheiten. Die Spartenorganisation empfiehlt sich insbesondere für große Unternehmen mit einem heterogenen Produktprogramm.

I. Begriff und Merkmale der Spartenorganisation

Die Spartenorganisation findet sich in der Literatur unter einer Vielzahl von Namen wieder, wie z.B. *Divisionalstruktur*, *Geschäftsbereichsorganisation* oder *Produktgruppenorganisation* (Poensgen 1973). Sie alle beschreiben ein Organisationsmodell, welches primär durch die gewählte Grundform der Spezialisierung – in diesem Fall die Objektspezialisierung – gekennzeichnet ist (→ *Arbeitsteilung und Spezialisierung*) und sekundär durch das gewählte Instrumentarium der Koordination (→ *Koordination und Integration*).

Der Objektbegriff ist grundsätzlich sehr flexibel. Objekte im organisatorischen Sinne können neben den Einsatzmaterialien, Zwischenprodukten und Endprodukten der betrieblichen Transformationsprozesse auch Regionen und einzelne Kunden bzw. Kundengruppen sein. Bei der Spartenorganisation besteht das Gesamtunternehmen aus mehreren Geschäftsbereichen, in denen jeweils nach Technologie und/oder Marktbeziehungen unterscheidbare Produktgruppen produziert und abgesetzt werden.

Im Fall der Spartenorganisation werden die Verrichtungen an Objekten der gleichen Art zusammengefasst und bilden die Grundlage der Stellen- bzw. Abteilungsbildung (→ *Stellen- und Abteilungsbildung*). Es kommt zu einer Zentralisierungsentscheidung zu Gunsten des Objektes. Die Objektzentralisation steht damit im Gegensatz zur Verrichtungszentralisation, wie sie ihren Ausdruck in der Funktionalorganisation (→ *Funktionale Organisation*) findet, oder zur regionalen Zentralisierung, wie sie typisch ist für eine *Filial-* oder → *Regionalorganisation*. In *Linienkompetenz* (→ *Kompetenzen, organisationale*) sind der Unternehmensleitung damit die Spartenleiter entsprechend dem *Einliniensystem* direkt unterstellt. Innerhalb der einzelnen Sparten erfolgt meist eine Strukturierung entlang der betrieblichen Funktionen. Die nachfolgende Abbildung 1 verdeutlicht den grundlegenden Aufbau einer Spartenorganisation.

II. Determinanten der Entscheidung zur Einführung einer Spartenorganisation

Für die Bildung einer Spartenorganisation ist es zwingend notwendig, dass sich die von einem Unternehmen hergestellten und/oder vertriebenen Produkte differenzieren lassen. Als Differenzierungskriterium lässt sich im Prinzip jedes Produktmerkmal verwenden. Die Unterschiedlichkeit der Produkte leitet damit die Strukturierung der Unternehmensorganisation. Allerdings sollte bei einer solchen strukturellen Trennung immer berücksichtigt werden, dass diese nicht nur möglich, sondern auch ökonomisch sinnvoll erscheint. Eine Spartenorganisation ist nur sinnvoll, wenn ein Wechsel der Objekte „teurer", „konfliktreicher" oder „komplizierter" ist, als ein Wechsel der Verrichtungen an diesen Objekten, die das Gliederungskriterium der Spartenorganisation darstellen.

Zentrale Determinante der Entscheidung zur Einführung einer Spartenorganisation ist die verfolgte Unternehmensstrategie (*Schewe* 1998; *Wolf* 2000). Die Analyse der Beziehung von → *Strategie und Organisationsstruktur* wurde maßgeblich durch die These Chandlers geprägt (*Chandler* 1962): „structu-

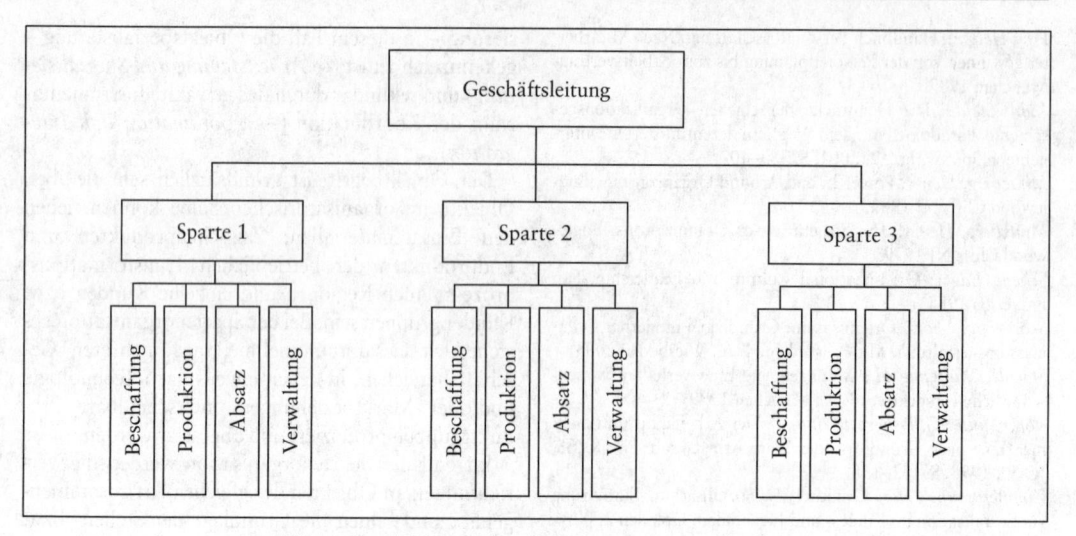

Abb. 1: Grundlegender Aufbau der Spartenorganisation

re follows strategy". Auf Basis von Einzelfallstudien ließ sich feststellen, dass mit zunehmender Produktdiversifikation die Unternehmen dazu übergehen, ihre funktionale durch eine divisionale Organisationsstruktur zu ersetzen.

In der Entwicklungsgeschichte einer Unternehmung werden unterschiedliche strategische Entscheidungen gefällt, die immer wieder Reorganisationsprozesse (→ *Wandel, Management des (Change Management)*) auslösen (*Schewe* 2003a). Die Unternehmungsgründung ist in der Regel dadurch gekennzeichnet, dass eine sehr homogene Leistung am Markt angeboten wird. Ein hoher Zentralisierungsgrad der Entscheidungskompetenz und eine sich vornehmlich an den betrieblichen Funktionen orientierende Form der Spezialisierung sind die organisatorischen Konsequenzen. Erst im Laufe eines Wachstumsprozesses führen dann strategische Entscheidungen zu einer verstärkten vertikalen Integration bzw. zu einer verstärkten Diversifikation und somit zu einer Anpassung der Organisationsstruktur. Begründen lässt sich dieser Zwang zur Strukturveränderung mit den sich ändernden administrativen Erfordernissen. Die stetig wachsenden betrieblichen Funktionsbereiche führen zu einem immer stärkeren Anwachsen des Koordinationsbedarfs im Hinblick auf das angebotene Leistungsprogramm. Dies erschwert ein schnelles und damit flexibles Reagieren auf sich wandelnde Marktgegebenheiten. Die funktionale Struktur büßt damit zunehmend ihren Effizienzvorteil ein, der sich vornehmlich aus der Nutzung betrieblicher Funktionssynergien ergibt.

Implizit steht somit hinter dieser durch eine strategische Entscheidung induzierten Strukturwirkung (*Schewe* 2003b) ein weiterer Faktor: die Unternehmensgröße bzw. die Veränderung der Unternehmensgröße. Kleine und mittlere Unternehmen verfügen im Regelfall über ein sehr homogenes Produktprogramm, sodass für sie die Nutzung von funktionalen *Synergien* im Vordergrund steht. Die Spartenorganisation – besser die Entscheidung zu ihrer Einführung – ist damit nicht nur eine Frage einer Entscheidung für ein diversifiziertes Produktprogramm, sondern auch eine Frage der Unternehmensgröße. Selbst für den Fall, dass kleine oder mittlere Unternehmen über ein heterogenes Produktprogramm verfügen würden, wäre eine Spartenorganisation trotzdem nicht effizient, da die Einzelsparten aufgrund ihrer geringen Größe nicht in der Lage wären, ihre Leistung effizient entlang der betrieblichen Funktionen zu erstellen.

III. Steuerung der Spartenorganisation

Mit der Entscheidung für eine Spartenorganisation hat man erst einmal nur die Art der Arbeitsteilung im Unternehmen auf Abteilungsebene bestimmt. Einstweilen noch offen ist die Frage, wie notwendige Abstimmungsaktivitäten zwischen den Sparten zu erfolgen haben. Die hier notwendigen Koordinationsentscheidungen haben vor dem Hintergrund der zwischen den einzelnen Sparten existenten Abhängigkeiten zu erfolgen. Folgende Abhängigkeiten lassen sich in diesem Zusammenhang voneinander unterscheiden (*Thompson* 1967):

– Im Fall der gepoolten Abhängigkeiten greifen die organisatorischen Teileinheiten auf Ressourcen zurück, die sie gemeinschaftlich nutzen und die aufgrund ihrer relativen Knappheit auf die organisatorischen Teileinheiten verteilt werden müssen.
– Bei sequenziellen Abhängigkeiten ist die jeweils nachgeordnete Stelle auf die erbrachte Leistung von Vorgängerstellen angewiesen.
– Der sicherlich komplexeste Fall sind die reziproken Abhängigkeiten. Hier kann keine einheitliche

Richtung in der Abhängigkeitsbeziehung zwischen zwei Stellen ausgemacht werden. Die Aktivitäten bzw. Leistungen der Stellen beeinflussen sich wechselseitig.

Damit sind die Aufgaben erfolgreicher Koordination umrissen: Koordination löst Verteilungskonflikte (→ *Konflikte in Organisationen*). Koordination trägt dazu bei, dass die Arbeitsabläufe so gestaltet werden, dass Doppelarbeit vermieden wird und sich eine optimale Reihenfolge realisieren lässt (→ *Prozessorganisation*). Koordination führt dazu, dass die Unternehmensziele stets bewusst gemacht, in der täglichen Arbeit einheitlich angewandt und gegebenenfalls auf Verbesserungs- und Änderungsmöglichkeiten hin überprüft werden (→ *Ziele und Zielkonflikte*). Schließlich gleicht Koordination Wissens- und Wahrnehmungsunterschiede unter den Beteiligten und Betroffenen aus (→ *Wissen*).

Hinsichtlich der im Rahmen des betrieblichen Transformationsprozesses auftretenden sequenziellen und reziproken Abhängigkeiten leistet bereits die Objektspezialisierung einen entscheidenden Beitrag zur Befriedigung des auftretenden Koordinationsbedarfes. Betriebliche Prozesse, die sich durch derartige Abhängigkeiten auszeichnen, werden bei einer Spartenorganisation zu eigenständigen Geschäftsbereichen zusammengefasst. In der Spartenorganisation gilt es also insbesondere, die noch zentral verbliebenen gepoolten Ressourcen effizient zu steuern. Ferner muss ein bezogen auf das Gesamtunternehmen zielkonformes Handeln der einzelnen Sparten sichergestellt werden (*Mintzberg* 1983, S. 215 ff.). Da die Geschäftsbereiche einer Spartenorganisation weitgehend autonom in ihrer Entscheidungsfindung bezogen auf die sparteneigenen Produktgruppen sind, stellt sich die Frage, wie der noch verbliebene Koordinationsbedarf zwischen den Sparten zu decken ist. Im Regelfall bedient man sich hier der Koordination durch so genannte → *Profit-Center* sowie der Koordination durch → *Zentralbereiche*.

1. Steuerung über Profit-Center

Profit-Center stellen organisatorische Teilbereiche dar, für die ein separater Erfolgsausweis möglich ist (*Frese* 2000, S. 205 ff.). Da für jede Sparte ein separater Erfolg ausgewiesen wird, werden sie bestrebt sein, ihre jeweiligen Prozesse der Leistungserstellung effizient zu gestalten. Damit fungiert die Profit-Center-Organisation als ein unternehmensweites Steuerungsinstrument, indem sie die Sparten je nach individuellem Erfolgskalkül dazu veranlasst, mit anderen Sparten um eine bestimmte gepoolte Ressource zu konkurrieren.

Die Funktionsfähigkeit eines solchen Instrumentariums ist jedoch an organisatorische Voraussetzungen gebunden. Vergleichsweise unproblematisch ist diesbezüglich bei einer Spartenorganisation die Bedingung des direkten Marktzugangs einer jeden Sparte, um eine marktbezogene Bewertung der Spartenleistung zu ermöglichen. Jede Sparte wird ihr spezifisches Leistungsprogramm auf den jeweils für sie relevanten Märkten anbieten. Damit wird der direkte Erfolgsbeitrag der eigenen Leistung sichtbar.

Darüber hinaus ist jedoch die Ausgestaltung der *Entscheidungskompetenzen* der einzelnen Sparten dafür verantwortlich, dass das Profit-Center-Konzept im Rahmen einer Spartenorganisation die gewünschten Wirkungen entfaltet. Das ausgewiesene Spartenergebnis stellt nur dann einen Anreiz für die Sparten zu effizientem Handeln dar, wenn sämtliche unternehmensinternen Parameter, die die Höhe des Spartenerfolges nachhaltig beeinflussen, auch eigenverantwortlich bestimmt werden (→ *Verantwortung*). Andernfalls hängt der Spartenerfolg bzw. Spartenmisserfolg entscheidend von den Entscheidungen Dritter im Unternehmen ab, mit der Konsequenz, dass sich die Sparten nicht für das Ergebnis – das „ihr" Ergebnis sein sollte – verantwortlich fühlen.

2. Steuerung über Zentralabteilungen

Ein Problem der Spartenorganisation liegt darin, dass diese zur Suboptimalität tendieren kann. Spartenegoismen führen dazu, dass die Erreichung der Gesamtunternehmenszielsetzung beeinträchtigt werden kann. Insofern sind auch in einer dezentralen Spartenorganisation Entscheidungen zu treffen, die nicht auf der dezentralen Spartenebene anzusiedeln sind. Derartige Entscheidungen besitzen Steuerungsfunktion und werden gewöhnlich, wenn nicht von der Unternehmensleitung selbst, von bestimmten Zentralabteilungen (→ *Zentralbereiche*) getroffen (*Frese/v. Werder* 1993). Die Zentralabteilungen sind der Geschäftsleitung oder dem Vorstand direkt unterstellt. Zentralbereiche dienen dazu, die Einheit der Unternehmenspolitik sicherzustellen. Insofern müssen Zentralbereiche in Bezug auf die Durchsetzung gesamtunternehmensbezogener Entscheidungen mit Richtlinienkompetenzen und Kontrollrechten gegenüber den Sparten ausgestattet sein.

Eng mit der Gefahr der Suboptimalität verbunden ist auch die Gefahr des nicht gesicherten einheitlichen Auftritts des Unternehmens nach außen gegenüber den für sie relevanten Interaktionsgruppen. Zentralabteilungen übernehmen hier Informations- und Kommunikationsfunktion (→ *Kommunikation*), indem sie verhindern, dass die einzelnen Sparten sich widersprechende Informationen nach außen hin abgeben.

Darüber hinaus besitzen die Zentralbereiche vielfach auch Servicefunktion. Diese kommt insbesondere dadurch zum Tragen, dass hier betriebliche Leistungen erbracht – besser: für die autonomen Geschäftsbereiche zur Verfügung gestellt – werden, die eine einzelne Sparte nur unter Nichtnutzung von Skaleneffekten erstellen kann. Bündelt man hier den Bedarf mehrerer Sparten, so kann der Leistungserstellungsprozess sehr viel wirtschaftlicher gestaltet werden.

Schließlich darf auch ein vierter Aufgabenkomplex von Zentralabteilungen nicht unerwähnt bleiben: Will die Unternehmensleitung die Einheitlichkeit der Unternehmenspolitik auch bei Existenz autonomer Geschäftsbereiche sicherstellen, so ist es in einem ersten Schritt notwendig, eine solche einheitliche Unternehmenspolitik zu formulieren. Damit eine solche Aufgabe auch sachgerecht ausgeführt werden kann, muss die Unternehmensleitung über qualitativ hochwertige, unternehmensübergreifende Informationen verfügen. Die Bereitstellung derartiger Informationen ist eine weitere Aufgabe von Zentralbereichen. Sie besitzen in diesem Sinne Stabsfunktion (→ *Stäbe*).

Bei der konkreten Umsetzung der Spartenorganisation bieten sich somit unterschiedliche Aufgabenfelder an, für die die Einrichtung eines Zentralbereiches sinnvoll erscheint, z.B. das Finanz- und Rechnungswesen (→ *Rechnungswesen und Organisation*) oder die betriebliche Forschung und Entwicklung (→ *Forschung und Entwicklung, Organisation der*).

IV. Stärken und Schwächen der Spartenorganisation

Die Beurteilung der Spartenorganisation geht von folgender Prämisse aus: Da das Objektprinzip unterstellt, dass einzelne Verrichtungen dezentral durchgeführt werden, d.h. dass identische Verrichtungen bezogen auf das Gesamtunternehmen quasi doppelt stattfinden, muss davon ausgegangen werden, dass das Unternehmen hinreichend groß ist und über ein hinreichend heterogenes Produktprogramm verfügt (*Allen* 1970). Andernfalls wäre es höchst ineffizient, parallele Verrichtungsstrukturen zu implementieren, da man leichtfertig auf die Nutzung von *Synergien* verzichten würde. Die Spartenorganisation kann damit als effiziente Aufbauorganisation nur für Großunternehmen mit einem stark *diversifizierten Produktprogramm* angesehen werden. Dieser Zusammenhang wird in der Literatur auch als „M-Form Hypothese" bezeichnet (*Williamson* 1970).

Die weitgehende Autonomie der Sparten in Zusammenhang mit der Verselbstständigung zu Profit-Centern führt zu einer verursachungsgerechten Zurechnung spartenbezogener Erträge und Aufwendungen. Damit werden die Sparten letztlich dazu motiviert, unternehmerisch zu denken und zu handeln (→ *Entrepreneurship*). Eine Sparte zeichnet nur noch für den aus ihren Entscheidungen resultierenden Erfolgssaldo verantwortlich. Dieser Umstand wirkt motivationsfördernd, da die Unternehmensleitung nun eine Beurteilung der einzelnen Spartenleistungen vor dem Hintergrund eines als gerecht empfundenen Beurteilungsmaßstabes vornimmt.

Die Kehrseite des marktwirtschaftlichen Denkens ist in der Förderung von Spartenegoismen aufgrund opportunistischer Verhaltensweisen der Einzelsparten zu sehen. Dies kann im Extremfall dahin führen, dass die Sparten als ganz normale Marktteilnehmer miteinander konkurrieren. Unternehmensintern müssen Vorkehrungen getroffen werden, dass bei der Konkurrenz um gepoolte Ressourcen und dem daraus resultierenden Verteilungskonflikt nicht suboptimale Ressourcennutzungen die Folge sind. Tritt der Fall auf, dass Geschäftsbereiche gemeinsam genutzte Ressourcen von außerhalb des Unternehmens beziehen, so muss darauf geachtet werden, dass der Hang zum Bereichsegoismus nicht dazu führt, dass mögliche *Synergieeffekte* ungenutzt bleiben.

Ein entscheidender Vorteil der Spartenorganisation ist sicherlich in der im Vergleich zu einer Funktionalorganisation (→ *Funktionale Organisation*) verbesserten Marktnähe zu sehen. Jede Sparte konzentriert sich auf ihr „eigenes" Produkt- bzw. Leistungsprogramm. Diese Fokussierung führt nicht zuletzt dazu, dass Verhaltensänderungen der Kunden oder Wettbewerber schneller erkannt werden. Man kann insofern auch wesentlich rascher und somit auch flexibler (→ *Flexibilität, organisatorische*) auf derartige Veränderungen reagieren.

Aus Sicht der Unternehmensleitung führt die weitgehende Spartenautonomie zu einer deutlichen Entlastung bei den zu treffenden Koordinationsentscheidungen. Die Unternehmensleitung kann sich ganz auf die strategischen Entscheidungen konzentrieren (→ *Strategisches Management*).

Wird eine Strategie zunehmender *Diversifikation* verfolgt, so erweist sich die Spartenorganisation als höchst flexibel bei der Integration neuer Geschäftsbereiche in der Folge von *Unternehmensakquisitionen* (→ *Fusionen und Übernahmen (Mergers and Acquisitions)*). Im Rahmen der *Post-Merger-Integration* ist bei Existenz einer Divisionalstruktur lediglich zu prüfen, ob das akquirierte Leistungsprogramm hinreichend groß ist und hinsichtlich des bisherigen Leistungsprogramms nur über geringe Interdependenzen verfügt, damit die Etablierung einer neuen Sparte sinnvoll erscheint (*Schewe/Gerds* 2001).

Allerdings erfordert die Spartenorganisation im Vergleich zu einer funktionalen Organisationsstruktur eine deutlich höhere Anzahl qualifizierten *Führungspersonals*. Dies ist unter Kostengesichtspunkten und unter dem Aspekt des Vorhandenseins derartigen Führungspersonals kritisch zu werten. Auf der anderen Seite bietet eine Spartenorganisation aber aufgrund der vergleichsweise hohen Zahl von Führungspositionen auch interessante Karrierewege (→ *Karrieren und Laufbahnen*).

Literatur

Allen, Stephen: Corporate-Divisional Relationships in Highly Diversified Firms, in: Studies in Organization Design, hrsg. v. *Lorsch, Jay/Lawrence, Paul*, Homewood 1970, S. 16–35.
Chandler, Alfred: Strategy and Structure, Cambridge et al. 1962.

Frese, Erich/Werder, Axel v.: Zentralbereiche: Organisatorische Formen und Effizienzbeurteilung, in: Zentralbereiche: Theoretische Grundlagen und praktische Erfahrungen, hrsg. v. *Frese, Erich/Werder, Axel v./Maly, Werner*, Stuttgart 1993, S. 1–50.
Frese, Erich: Grundlagen der Organisation: Konzept – Prinzipien – Strukturen, 8. A., Wiesbaden 2000.
Mintzberg, Henry: Structure in Fives: Designing Effective Organizations, Englewood Cliffs 1983.
Poensgen, Otto: Geschäftsbereichsorganisation, Opladen 1973.
Schewe, Gerhard (Hrsg.): Change Management: Facetten und Instrumente, Hamburg 2003a.
Schewe, Gerhard: Strukturwirkungen strategischer Entscheidungen: Die Forschungszielsetzung einer Studie als Moderator der metaanalytischen Untersuchung, in: Managementforschung, Band 13, hrsg. v. *Schreyögg, Georg/Sydow, Jörg*, Wiesbaden 2003b, S. 1–34.
Schewe, Gerhard: Strategie und Struktur: Eine Re-Analyse empirischer Befunde und Nicht-Befunde, Tübingen 1998.
Schewe, Gerhard/Gerds, Johannes: Erfolgsfaktoren von Post Merger Integrationen: Ergebnisse einer pfadanalytischen Untersuchung, in: ZfB, Jg. 71, Ergänzungsheft 1/2001, S. 75–103.
Thompson, James D.: Organizations in Action: Social Science Bases of Administrative Theory, New York 1967.
Williamson, Oliver: Corporate Control and Business Behavior, Englewood Cliffs 1970.
Wolf, Joachim: Strategie und Struktur 1955–1995: Ein Kapitel der Geschichte deutscher nationaler und internationaler Unternehmen, Wiesbaden 2000.

Spieltheorie

Helmut Bester

[s.a.: Entscheidungsorientierte Organisationstheorie; Entscheidungsprozesse in Organisationen; Entscheidungsverhalten, individuelles; Institutionenökonomie; Konflikte in Organisationen; Rationalität; Strategie und Organisationsstruktur; Strategisches Management; Vertragstheorie; Wettbewerbsstrategien.]

I. Gegenstand und Entwicklung der Spieltheorie; II. Darstellung von Spielen; III. Gleichgewichtskonzepte; IV. Strategisches Denken.

Zusammenfassung

Die Spieltheorie analysiert strategisches Verhalten in interaktiven Entscheidungssituationen, an denen mehrere Individuen mit unterschiedlichen Zielsetzungen beteiligt sind. Sie bietet zum einen eine formale Darstellung solcher Situationen. Zum anderen entwickelt sie Lösungskonzepte zur Bestimmung interaktiven Entscheidungsverhaltens. Das Verständnis spieltheoretischer Konzepte stellt eine Grundlage für strategisches Denken und Handeln dar.

I. Gegenstand und Entwicklung der Spieltheorie

Die Spieltheorie betrachtet Situationen, in denen zwei oder mehr Individuen als sog. „Spieler" unabhängig voneinander Entscheidungen treffen. Das Besondere dabei ist, dass der Erfolg eines jeden Spielers nicht nur von seiner eigenen Entscheidung, sondern auch von denen seiner Mitspieler abhängt. Als *interaktive Entscheidungstheorie* (→ *Entscheidungsorientierte Organisationstheorie*) erweitert die Spieltheorie somit die Analyse rein individueller Entscheidungsprobleme (→ *Entscheidungsverhalten, individuelles*). Wie die individuelle Entscheidungstheorie unterstellt sie dabei in der Regel, dass jeder einzelne Spieler rational bestrebt ist, seine erwartete „Auszahlung" (Nutzen, Gewinn) zu maximieren (→ *Rationalität*). Neben dieses traditionelle Optimierungskalkül tritt in der Spieltheorie aber auch ein strategisches Kalkül, da jeder Spieler bei seiner Entscheidung das Verhalten und die Reaktion der anderen Spieler zu berücksichtigen hat. Beispiele für interaktive Entscheidungssituationen sind neben den bekannten Gesellschaftsspielen (Schach, Poker, etc.) das Wettbewerbsverhalten von Unternehmen, das Bietverhalten in einer Auktion, Verhandlungsprobleme, Konflikte zwischen Tarifparteien sowie Entscheidungsprozesse in verschiedenen Teilbereichen einer Organisation (→ *Entscheidungsprozesse in Organisationen*). Der Beitrag der Spieltheorie zur Analyse solcher Situationen umfasst zwei Aspekte: Zum einen bietet sie formale Modelle zur Beschreibung interaktiver Entscheidungsprobleme. Dies beinhaltet nicht nur die Darstellung der „Spielregeln", d.h. der Aktionsmöglichkeiten oder Strategien der einzelnen Spieler, sondern auch die Beschreibung ihrer Präferenzen und ihrer Information über das Spiel und seinen Verlauf. Zum anderen macht die Spieltheorie Aussagen über das zu erwartende Ergebnis eines Spiels, indem sie Gleichgewichtskonzepte für das strategische Verhalten der beteiligten Spieler verwendet.

Die moderne Spieltheorie beginnt in den ersten Jahrzehnten des zwanzigsten Jahrhunderts mit der Analyse von Glücks- und Gesellschaftsspielen (vgl. *Borel* 1921; *von Neumann* 1928; *Zermelo* 1913). Diese Ansätze finden ihren Höhepunkt in dem durch John von Neumann und Oskar Morgenstern im Jahre 1944 veröffentlichten Buch „Theory of Games and Economic Behavior" (*von Neumann/Morgenstern* 1944). Die in diesem Buch entwickelte Theorie ist jedoch auf sog. Nullsummenspiele beschränkt, bei denen die Summe der Gewinne aller Spieler stets gleich Null ist. Gerade in vielen ökonomischen Situationen ist aber der Gewinn eines Spielers nicht automatisch gleich dem Verlust seiner Gegenspieler: Durch kooperatives Verhalten können sich möglicherweise alle Spieler verbessern, und in manchen Konfliktsituationen ist denkbar, dass sie alle einen Verlust erleiden.

Die Tatsache, dass sich die Spieltheorie zur heute dominanten Methodik für die Analyse ökonomischer Interaktionen weiterentwickelt hat, beruht auf Fortschritten, zu denen insb. die drei Nobelpreisträger für Ökonomie des Jahres 1994 – John Harsanyi, John Nash und Reinhard Selten – beigetragen haben: Das von John Nash entwickelte Gleichgewichtskonzept ist nicht auf die Lösung von Nullsummenspielen beschränkt und wird heute allgemein als „Nash-Gleichgewicht" bezeichnet (vgl. *Nash* 1950). Auf Reinhard Selten gehen Verfeinerungen des Gleichgewichtskonzepts von Nash zurück; so eliminiert sein Kriterium der „Teilspielperfektheit" unglaubwürdiges Verhalten bei dynamischen strategischen Interaktionen (vgl. *Selten* 1965). Ein von John Harsanyi vorgeschlagener Ansatz erlaubt es, auch Spiele mit *unvollständiger Information* zu betrachten (vgl. *Harsanyi* 1967). In solchen Spielen ist der einzelne Spieler nicht genau über die Präferenzen und strategischen Möglichkeiten seiner Gegenspieler informiert, z.B. kennt der einzelne Bieter in einer Auktion ja nicht die Zahlungsbereitschaft der anderen Bieter oder im Marktwettbewerb haben die beteiligten Unternehmen im Allgemeinen keine vollständige Information über die Produktionskosten der Konkurrenten.

Die Gleichgewichtskonzepte der *„nicht-kooperativen" Spieltheorie* unterstellen individuelles Optimierungsverhalten in Situationen, in denen die Beteiligten keine bindenden Vereinbarungen über ihr Verhalten treffen können. Rationales Verhalten kann aber auch aus Modellen evolutionärer Selektion resultieren, in denen nur erfolgreiche Verhaltenstrategien den evolutionären Prozess überstehen. Die *„evolutionäre" Spieltheorie* betrachtet solche Selektionsmechanismen nicht nur in der Biologie sondern auch in der Wirtschaftswissenschaft (vgl. *Maynard Smith* 1982). Ein weiterer Bereich der modernen Spieltheorie, dessen zunehmende Bedeutung durch die Verleihung des Nobelpreises Vernon Smith im Jahre 2002 gewürdigt wurde, ist die *„experimentelle" Spieltheorie*. Sie untersucht in kontrollierten Laborexperimenten das Verhalten von Individuen in interaktiven Entscheidungssituationen, um theoretische Aussagen der Spieltheorie zu überprüfen oder auch um Einsichten in „beschränkt rationale" Verhaltensweisen zu gewinnen.

II. Darstellung von Spielen

Die Spieltheorie bietet zwei Formen der Darstellung einer interaktiven Entscheidungssituation: Die „Normalform" beschreibt eine solche Situation auf statische Weise, indem sie davon ausgeht, dass die beteiligten Spieler ihre Strategien simultan und unabhängig voneinander wählen. In der „Extensivform" wird die dynamische Struktur eines Spiels, d.h. die Reihenfolge der Entscheidungen der einzelnen Spieler, durch einen „Spielbaum" verdeutlicht.

1. Die Normalform

Die Beschreibung eines Spiels in der Normalform beinhaltet die Menge der Spieler, deren strategische Möglichkeiten und ihre Auszahlungen in Abhängigkeit vom Ausgang des Spiels. Als Beispiel wird in Abb. 1 das berühmte „Gefangenendilemma" dargestellt, in dem sich zwei Gefangene befinden, die einer gemeinsamen Straftat verdächtigt werden. Für einen vollständigen Tatbeweis ist jedoch das Geständnis zumindest eines Gefangenen erforderlich. Jeder der beiden Gefangenen hat die zwei *Strategien* „Gestehen (G)" und „Nicht Gestehen (N)". Die möglichen vier Strategiekombinationen und die resultierenden Auszahlungen werden in Abb. 1 beschrieben: Wenn beide Spieler nicht gestehen, erhalten sie aufgrund der vorhandenen Evidenz jeder eine Haftstrafe von einem Jahr, d.h. eine Auszahlung in Höhe von −1. Falls sie beide gestehen, erwartet jeden eine Haft von 6 Jahren. Gesteht nur einer der beiden Gefangenen die Tat, wird er dafür durch seine Freilassung belohnt und der andere hat eine Haftstrafe von 9 Jahren zu verbüßen.

		Spieler 2	
		G	N
Spieler 1	G	−6 , −6	0 , −9
	N	−9 , 0	−1 , −1

Abb. 1: Das Gefangenendilemma

Das Gefangenendilemma spiegelt die Struktur vieler sozialer *Konfliktsituationen* wider, bei denen die Beteiligten die Wahl zwischen kooperativem (*N*) und nichtkooperativem Verhalten (*G*) haben. Abb. 2 dagegen verdeutlicht ein *Koordinationsproblem*, bei dem die beiden Spieler das Problem haben, sich unabhängig voneinander zwischen den Strategien *A* und *B* zu entscheiden. Eine positive Auszahlung erhalten beide Spieler nur dann, wenn ihre Entscheidungen übereinstimmen. Dabei zieht Spieler 1 aber eine Koordination auf *A* und Spieler 2 eine Koordination auf *B* vor.

		Spieler 2	
		A	B
Spieler 1	A	6 , 3	0 , 0
	B	0 , 0	3 , 6

Abb. 2: Ein Koordinationsproblem

2. Die Extensivform

Die Extensivform beschreibt die Reihenfolge, in der die Spieler am Zug sind, durch einen *Spielbaum*. An den einzelnen Entscheidungsknoten hat der jeweils betroffene Spieler eine Aktion zu wählen. Am Ende des Spielbaums geben die Endknoten die Auszahlungen der Spieler in Abhängigkeit vom Verlauf des Spiels an. In Abb. 3 entscheidet ein Unternehmen als Spieler 1 zunächst darüber, ob es in den Markt eintritt (E) oder nicht (N). Spieler 2 ist ein Unternehmen, das bisher alleine den Markt beherrscht hat. Er kann auf den Marktzutritt entweder aggressiv (A) oder friedfertig (F) reagieren. Die Auszahlungen an den Endknoten zeigen, dass Spieler 1 bei der Wahl von E einen Gewinn in Höhe von 2 realisiert, wenn Spieler 2 sich für F entscheidet. Dagegen führt der Marktzutritt zu einem Verlust von –1 bei einer aggressiven Reaktion des Spielers 2. Spieler 2 erzielt den Gewinn 4, wenn der Konkurrent nicht in den Markt eintritt. Sollte dieser aber E wählen, so ist es für Spieler 2 besser, sich für F zu entscheiden.

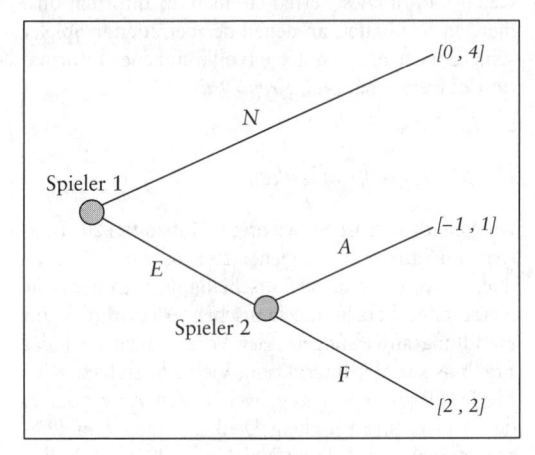

Abb. 3: Marktzutritt

Unvollkommene Information über den bisherigen Verlauf des Spiels lässt sich dadurch berücksichtigen, dass verschiedene Entscheidungsknoten eines Spielers zu einer „Informationsmenge" zusammengefasst werden. Eine solche Informationsmenge wird in Abb. 4 durch das gestrichelte Rechteck angedeutet: Sie symbolisiert, dass Spieler 2 nicht weiß, ob Spieler 1 zuvor N oder G gewählt hat. Folglich muss Spieler 2 an dieser Informationsmenge an beiden Entscheidungsknoten dieselbe Aktion wählen; er kann seine Entscheidung nicht vom Verhalten seines Gegenspielers abhängig machen. Es ist leicht zu sehen, dass das Spiel in Abb. 4 äquivalent zu dem Spiel in Abb. 1 ist. In beiden Situationen trifft jeder Spieler seine Wahl von N oder G ohne die Entscheidung des anderen Spielers zu kennen, und für jede Kombination von Strategien sind die Auszahlungen der Spieler in Abb. 1 und Abb. 4 identisch.

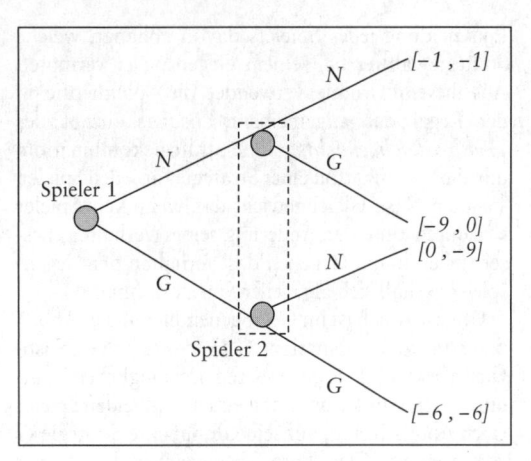

Abb. 4: Unvollkommene Information

Mit Hilfe von Informationsmengen lässt sich auch *Unsicherheit* der Spieler über bestimmte Tatbestände des Spiels beschreiben. Dazu wird die „Natur" als ein künstlicher Spieler eingeführt, der entsprechend einer allgemein bekannten Zufallsregel den Zustand des Spiels bestimmt. Wenn ein Spieler das Ergebnis dieser zufälligen Wahl nicht kennt, agiert er unter Unsicherheit. Auf diese Weise kann man z.B. berücksichtigen, dass jeder Spieler zwar seine eigenen Auszahlungen kennt, dass er aber unvollkommene Information über die Auszahlungen der anderen Spieler hat.

III. Gleichgewichtskonzepte

Die Spieltheorie beschreibt optimierendes Verhalten in einer interaktiven Situation durch Gleichgewichtskonzepte. Dabei setzt sie voraus, dass das Spiel und seine Regeln unter den Beteiligten allgemein bekannt sind.

1. Nash-Gleichgewicht

In dem in Abb. 1 dargestellten Gefangenendilemma ist nahezu offensichtlich, wie ein optimierender Spieler sich verhalten sollte: Falls er erwartet, dass sein Gegenspieler G wählt, beträgt seine Auszahlung –6 bei der Wahl von G bzw. –9 bei der Wahl von N. Falls der Gegenspieler N wählt, resultiert aus der Wahl von G die eigene Auszahlung 0, während die Strategie N nur eine Auszahlung in Höhe von –1 bietet. Unabhängig davon, wie der Gegenspieler sich entscheidet, ist es also immer besser, selbst die Strategie G zu wählen. Diese Strategie ist eine „dominante" Strategie. Beachtenswert ist, dass im Ergebnis beide Spieler G wählen, obwohl sie so eine geringere Auszahlung erhalten, als wenn sie sich beide für N entschieden. Dieser Konflikt zwischen individuellem Rationalitätsverhalten und allgemeiner Wohlfahrt kennzeichnet eine Vielzahl ökonomischer Probleme.

Das Kriterium der Dominanz lässt sich nur auf eine beschränkte Klasse von Spielen anwenden. So versagt es z.B. bei dem Spiel in Abb. 2, da hier die optimale

Entscheidung jedes Spielers davon abhängt, welche Strategiewahl er bei seinem Gegenspieler vermutet. Aus diesem Grunde verwendet die Spieltheorie in der Regel das allgemeinere Lösungskonzept des „Nash-Gleichgewichts": Eine Strategiekombination, d.h. die Spezifikation einer Strategie für jeden Spieler, stellt ein Nash-Gleichgewicht dar, wenn kein Spieler sich durch einseitige Änderung seines Verhaltens besser stellen kann. Gegeben das Verhalten der Gegenspieler verhält sich also jeder Spieler optimal.

Offensichtlich ist im Gefangenendilemma in Abb. 1 die Strategiekombination G-G das einzige Nash-Gleichgewicht. Jede der anderen drei möglichen Kombinationen würde zumindest einem der beiden Spieler einen Anreiz bieten, auf seine dominante Strategie G auszuweichen. Das Nash-Gleichgewicht bietet aber nicht in allen Spielen eine eindeutige Voraussage. So ist in dem in Abb. 2 dargestellten Koordinationsproblem sowohl A-A wie auch B-B ein Nash-Gleichgewicht. Diese beiden Strategiekombinationen sind stabil, da jeder Spieler bei einseitigem Abweichen eine geringere Auszahlung, nämlich Null, erhält.

Auch das Marktzutrittspiel in Abb. 3 hat zwei Gleichgewichte: So ist E-F ein Gleichgewicht, da Unternehmen 1 durch den Marktzutritt (E) einen Gewinn erzielen kann, wenn Unternehmen 2 friedfertig (F) reagiert. Umgekehrt ist es für Unternehmen 2 besser F als A zu wählen, wenn Unternehmen 1 tatsächlich in den Markt eintritt. Aber auch N-A ist ein Nash-Gleichgewicht des Marktzutrittspiels, denn bei einer aggressiven Reaktion (A) von Unternehmen 2 steht sich Unternehmen 1 bei N besser als bei E. Andererseits ist es für Unternehmen 2 optimal, sich für A zu entscheiden, da diese Entscheidung keine Rolle spielt, solange Unternehmen 1 ohnehin nicht in den Markt eintritt.

2. Rückwärtsinduktion und Teilspielperfektheit

In extensiven Spielen mit vollkommener Information lässt sich ein Nash-Gleichgewicht auch mit dem Verfahren der „Rückwärtsinduktion" ermitteln. Dazu ermittelt man zuerst das optimale Verhalten der Spieler an den letzten Entscheidungsknoten. Gegeben dieses Verhalten, lassen sich die optimalen Aktionen der betreffenden Spieler an den vorletzten Entscheidungsknoten ableiten. Wenn man diese Prozedur bis zum Anfangsknoten des Spiels fortsetzt, hat man für jeden Entscheidungsknoten eine optimale Aktionswahl der einzelnen Spieler bestimmt.

Die Anwendung des Prinzips der Rückwärtsinduktion auf das Marktzutrittspiel in Abb. 3 impliziert, dass Spieler 2 auf der letzten Stufe des Spiels F wählt; dadurch erhält er nämlich die Auszahlung 2, während die Wahl von A nur die Auszahlung 1 bietet. Spieler 1 wird sich daher auf der ersten Stufe für E entscheiden und so die Auszahlung 2 realisieren, weil er bei Wahl von N nur eine Auszahlung in Höhe von Null erreichen kann. Das Prinzip der Rückwärtsinduktion selektiert also das Nash-Gleichgewicht E-F. Das andere Gleichgewicht N-A dagegen ist nicht mit Rückwärtsinduktion kompatibel. In der Tat erscheint dieses Gleichgewicht weniger plausibel, da die Wahl von A für Spieler 2 nur solange optimal ist, wie Spieler 1 sich aufgrund dieser Drohung für N entscheidet. Falls Spieler 1 sich nicht durch diese Drohung abschrecken lässt, E zu wählen, wird Spieler 2 doch lieber mit F statt mit A reagieren. In diesem Sinne stellt die Strategie A eine unglaubwürdige Drohung dar.

Das „*teilspielperfekte*" Nash-Gleichgewicht stellt eine Verallgemeinerung des Prinzips der Rückwärtsinduktion dar. Für extensive Spiele fordert es rationales Verhalten im Sinne des Nash-Gleichgewichts nicht nur für den gesamten Spielbaum, sondern auch für alle „Teilspiele", d.h. alle Teilbereiche des Spielbaums, die selbst wieder die Struktur eines Spielbaums haben. Es eliminiert unglaubwürdiges Verhalten auch an solchen Entscheidungsknoten, die im Verlaufe des Spiels nicht erreicht werden. Eine Erweiterung dieser Überlegung des teilspielperfekten Gleichgewichts ist das „sequentielle" Gleichgewicht, welches optimales Verhalten auch an Informationsmengen beinhaltet, an denen der betreffende Spieler seine Entscheidung unter unvollkommener Information zu treffen hat (vgl. *Kreps/Wilson* 1982).

IV. Strategisches Denken

Die Spieltheorie ist ein wichtiges Hilfsmittel zur Analyse von Situationen, in denen zwei oder mehr Individuen interdependente Entscheidungen treffen. Sie bietet aber keinen mechanischen Algorithmus für Handlungsanweisungen oder Voraussagen über das Ergebnis sozialer Interaktion. Vielmehr stellt sie eine Methodik zur Verfügung, welche den Anwender in der Kunst strategischen Denkens und Handelns schult (vgl. z.B.: *Dixit/Nalebuff* 1991; *McMillan* 1992; *Schelling* 1960).

Strategisches Denken beginnt mit dem Verständnis der interaktiven Situation. Der einzelne Spieler sollte sich nicht nur über seine eigenen Handlungsmöglichkeiten im Klaren sein, sondern auch überlegen, wie seine Gegenspieler die Situation sehen und welche strategischen Möglichkeiten und Anreize sie haben. Bei einer mehrstufigen Interaktion spielen die Reihenfolge und der Informationsstand der Beteiligten eine wichtige Rolle. Auch kann es einen Unterschied machen, ob es sich um ein einmaliges oder ein wiederholtes Spiel handelt, da in der letzteren Situation auch *Reputationseffekte* (→ *Reputation*) auftreten können.

Die Entscheidung für eine Strategie (→ *Unternehmensstrategien*) wird in der Regel davon abhängen, welche Strategiewahl den Gegenspielern unterstellt wird. Bei seinen Erwartungen über das Verhalten der anderen Spieler sollte ein Spieler sich stets von dem Gedanken leiten lassen, dass diese ebenso wie er selbst bestrebt sind, möglichst erfolgreich zu sein. In einem dynamischen Spiel ist es unerlässlich, vorausschauend zu denken und entsprechend dem Prinzip der Rückwärtsinduktion sowohl die Reaktionen der Gegenspieler wie auch die eigenen zukünftigen Aktionen in das eigene Kalkül einzubeziehen.

Möglicherweise können ein oder mehrere Spieler auch die Spielregeln zu ihren Gunsten ändern, indem sie z.B. legal bindende Abmachungen treffen. So wird die Interaktion zwischen den Mitgliedern eines Unternehmens durch die Regelung von Entscheidungsbefugnissen und den Zugang zu Informationen und Vermögensgegenständen beeinflusst. In vertragstheoretischen (→ Vertragstheorie) Anwendungen der Spieltheorie dient das Verständnis strategischer Kalküle dazu, optimale Organisationsformen zu analysieren.

Literatur

Borel, Emile: La Theorie du Jeu et les Equations Integrales a Noyau Symetrique, in: Comptes Rendus de l'Academie des Sciences, Jg. 173, 1921, S. 1304–1308.
Dixit, Avinash/Nalebuff, Barry: Thinking Strategically, New York et al. 1991.
Harsanyi, John: Games with Incomplete Information Played by Bayesian Players, I: The Basic Model, in: Man.Sc., Jg. 14, 1967, S. 159–182.
Kreps, David/Wilson, Robert: Sequential Equilibria, in: Econometrica, Jg. 50, 1982, S. 863–894.
Maynard Smith, John: Evolution and the Theory of Games, Cambridge 1982.
McMillan, John: Games, Strategies and Managers, New York et al. 1992.
Nash, John: Equilibrium Points in n-Person Games, in: Proceedings of the National Academy of Science USA, Jg. 36, 1950, S. 48–49.
Neumann, John von: Zur Theorie der Gesellschaftsspiele, in: Mathematische Annalen, Jg. 100, 1928, S. 295–320.
Neumann, John von/Morgenstern, Oskar: Theory of Games and Economic Behavior, Princeton 1944.
Schelling, Thomas: The Strategy of Conflict, Cambridge 1960.
Selten, Reinhard: Spieltheoretische Behandlung eines Oligopolmodells mit Nachfrageträgheit, in: Zeitschrift für die gesamte Staatswissenschaft, Jg. 12, 1965, S. 301–324.
Zermelo, Ernst: Über eine Anwendung der Mengenlehre auf die Theorie des Schachspiels, in: Proceedings Fifth International Congress of Mathematicians, Jg. 2, 1913, S. 501–504.

Stäbe

Stefan Neuwirth

[s.a.: Beratung, Theorie der; Entscheidungsprozesse in Organisationen; Konflikte in Organisationen; Macht in Organisationen; Zentralbereiche.]

I. Stabsbegriff und Stabsaufgaben; II. Gründe für Stabsbildung; III. Organisatorische Einordnung und Ausprägungen; IV. Bedeutung; V. Bewertung; VI. Lösungsansätze und Alternativen; VII. Würdigung und Ausblick.

Zusammenfassung

Stäbe entlasten Leitungseinheiten – vor allem durch die Übernahme entscheidungsvorbereitender Aufgaben. Nicht selten wird das Stab-Linie-Konzept auf seine potenzielle Konfliktträchtigkeit reduziert. Diese Sichtweise verkennt jedoch die zunehmende Bedeutung der Managementunterstützung beim Treffen und Umsetzen unternehmerischer Entscheidungen.

I. Stabsbegriff und Stabsaufgaben

Der Stabsbegriff ist in der Organisationsliteratur weit verbreitet, wird aber selten eindeutig geklärt (bereits *Kosiol* 1962, S. 134). Trotz dieser Unschärfe lassen sich doch gemeinsame Definitionsansätze identifizieren (vgl. zum Folgenden u.a. *Staerkle* 1961; *Jaggi* 1969; *Frese* 2000, S. 346 ff.).

Stäbe sind organisatorische Einheiten, die Stellen mit Leitungsfunktionen (sog. Linieneinheiten oder Instanzen) unterstützen. Sie bilden somit Hilfsorgane der Führung. Die Hauptaufgabe von Stäben liegt in der *Vorbereitung* von Managemententscheidungen. Sie führen dazu planerische Tätigkeiten durch, die Leitungsstellen in die Lage versetzen sollen, optimale Entscheidungen zu treffen. Stäbe fungieren insofern als *Berater* (→ Beratung, Theorie der). Hierzu sind sie u.a. in die Sammlung, Prüfung, Strukturierung und Auswertung von Informationen sowie in die Generierung und Bewertung von Entscheidungsalternativen involviert. Zudem können sie das Management durch die Wahrnehmung von entscheidungsnachgelagerten Aktivitäten (Realisations- und Kontrollhandlungen) unterstützen. Die konkrete Aufgabenausprägung leitet sich aus dem Tätigkeitsfeld der Linieneinheiten ab.

Allein die Leitungsaufgaben müssen bei den Instanzen verbleiben, da anderenfalls definitionsgemäß der Stabscharakter verloren geht. Charakteristisch für den Stab ist somit die fehlende Entscheidungs- und Weisungsbefugnis gegenüber der Linienorganisation.

Zu den Stäben zählen nur permanente, unternehmungsinterne Organisationseinheiten. Diese Merkmale grenzen sie von Projektorganisationen, Gremien sowie externen Beratern ab.

Nicht mit dem deutschen Stabsbegriff gleichzusetzen ist der „staff" der angelsächsischen Literatur. Dieser umschließt zumeist alle indirekten Bereiche der Unternehmung und beinhaltet etwa auch administrative und Servicefunktionen. Damit ist er deutlich weiter gefasst als im Deutschen (*Müller/Schreyögg* 1981, S. 7).

II. Gründe für Stabsbildung

Ziel der Einrichtung von Stäben ist die Unterstützung der Instanzen, die so ihre komplexen Leitungsaufga-

Kriterium	Ausprägungen des Stabs
Art der Aufgaben	Fachstäbe vs. Führungsstäbe
Aufgabenschwerpunkt	Planungsstab vs. Kontrollstab
Unterstützter Bereich	Forschungs-, Produktions-, Vertriebsstab ...
Hierarchische Etablierung	Vorstandsstab, Bereichsstab, Abteilungsstab ...
Vertikale Gliederung (stabsinterne Hierarchisierung)	Einstufiger Stab vs. mehrstufiger Stab
Anzahl der Stabsmitglieder/Heterogenität der Stabsfunktionen	Einfacher Stab (Stabsstelle) vs. zusammengesetzter Stab

Tab. 1: Arten von Stäben

ben besser oder überhaupt erst wahrnehmen können. Ausgangspunkt ist demnach das Überschreiten der Leistungsfähigkeit des Managements (*Kosiol* 1962, S. 133 f.). Dessen Kapazität wird durch Stäbe erweitert – insbesondere hinsichtlich Informationsbeschaffung und -verarbeitung, aber auch bei der Umsetzung und Sicherung getroffener Entscheidungen.

III. Organisatorische Einordnung und Ausprägungen

Das *Stab-Linie-Konzept* führt eine horizontale → *Arbeitsteilung und Spezialisierung* entlang des *Entscheidungsprozesses* (→ *Entscheidungsprozesse in Organisationen*) ein (*Frese* 2000, S. 347). Dabei übernehmen Stäbe vorbereitende und ggf. nachgelagerte Teile des Entscheidungsvorgangs. Den Linieneinheiten obliegt die eigentliche Entscheidungsfindung, sie bleiben für die Qualität der getroffenen Entscheidung verantwortlich.

Stäbe treten in unterschiedlichen Ausprägungen auf (siehe Tab. 1, vgl. *Staerkle* 1961, S. 40 ff.; *Jaggi* 1969, S. 43 ff.). Hauptsächlich werden sie nach der Art der Leitungsunterstützung differenziert, die quantitativer oder qualitativer Natur sein kann. Quantitativ unterstützt der Stab, indem und soweit er Ressourcen vorhält, die dem Management dienen, anstehende Aufgaben mengenmäßig bzw. zeitlich zu bewältigen (Führungsstab). Eine qualitative Ausrichtung haben die Fachstäbe. Sie sind spezialisiert und bringen vertieftes Wissen in den Entscheidungsprozess ein. Aufgrund ihrer Fachexpertise lässt sich ihnen ein funktionales Weisungsrecht in der Organisation im Sinne einer fachlichen Führung zuordnen (*Grochla* 1983, S. 185; kritisch aber *Müller/Schreyögg* 1981, S. 25).

Stäbe können prinzipiell alle Managementeinheiten unterstützen. Sie lassen sich auf jeder Hierarchieebene und in allen Bereichen der Unternehmung einrichten, auch für die Beratung mehrerer Instanzen. Unterschiedliche Stabsfunktionen können organisatorisch separat oder in einer gemeinsamen Stabseinheit (ggf. mit stabsinterner Hierarchie) verankert sein.

Weitere Variablen bilden die Anzahl der Stabsmitarbeiter sowie die Heterogenität des Aufgabenspektrums. Der Begriff der Stabsstelle bezieht sich – wie der Stellenbegriff allgemein – auf die kleinste organisatorische Einheit, die Aufgabenkombinationen mit Stabscharakter ausübt.

Obwohl der Stab keine Entscheidungs- und Weisungsbefugnisse gegenüber den Linieneinheiten hat, verantwortet er selbstredend seine eigene Aufgabenerfüllung, d.h. insbesondere die Qualität der geleisteten Entscheidungsvorbereitung (Informations- und Beratungsverantwortung). In diesem Rahmen trifft er eine Vielzahl gewichtiger Vor- und Teilentscheidungen. Auch erteilt – bei mehrköpfiger Stabsbesetzung – die Stabsleitung Weisungen an Stabsmitarbeiter. Verantwortung und Binnenorganisation der Stabseinheit unterscheiden sich insoweit nicht grundsätzlich von anderen Organisationseinheiten (*Höhn* 1961, S. 43 ff.).

In Organigrammen werden Stäbe i.d.R. mit kreisförmigen oder abgerundeten Symbolen und waagerechter Anbindungslinie an die jeweilige Leitungseinheit abgebildet und so gegenüber den Linieneinheiten auch graphisch abgegrenzt (*Kosiol* 1962, S. 174).

IV. Bedeutung

1. Ursprung und gegenwärtige Bedeutung

Die betriebswirtschaftliche Diskussion um das Stabsprinzip ist vor allem in den 60er Jahren geführt worden. In der jüngeren Vergangenheit wurde das Thema „wiederentdeckt" und in größerem Kontext (→ *Zentralbereiche*, interne Beratung) betrachtet.

Seine Wurzeln findet die Institutionalisierung der Entscheidungsvorbereitung in Kirche und Militär. In den Unternehmungen erfolgte die Einführung des Stabsprinzips zu Beginn des 20. Jahrhunderts (u.a. *Grochla* 1983, S. 181 f.).

Stabsbereiche sind in der Praxis häufig nur schwer identifizierbar (*Kreisel* 1995, S. 140 ff.), u.a. da vielfältige Rand- und Mischformen des Stabswesens existieren und Stabseinheiten häufig nicht als solche bezeichnet sind. Untersuchungsergebnisse variieren ferner in hohem Maße mit dem gewählten Stabsbegriff. Insgesamt betrachtet wurde Stabseinheiten in den 60er Jahren noch flächendeckende Verbreitung zugeschrieben (*Jaggi* 1969, S. 23). Studien der jüngeren Vergangenheit (etwa *Frese/v. Werder/Maly* 1993) hingegen weisen das (reine) Stabsprinzip eher in Einzelfällen nach. Dennoch wird Stabsstellen nach wie vor praktische Bedeutsamkeit bescheinigt (*Frese* 2000, S. 348).

2. Zukünftige Entwicklung

Die zukünftige Bedeutung des Stabsprinzips bewegt sich in einem Spannungsfeld. Zwar führen forcierte Dezentralisierung und Prozessorientierung sowie Fokussierung auf die Kernkompetenzen (Outsourcing) vielfach in den Unternehmungen zu einem Abbau zentraler Einheiten. Verbleibende unterstützende Funktionen lösen sich darüber hinaus vermehrt vom klassischen Stabsmodell und wenden sich etwa einem Servicekonzept zu (→ *Interne Märkte*).

Andererseits haben unlängst viele Organisationen Führungsebenen abgebaut. Auf das verbleibende Management kommt durch die damit verbundene Aufgabenumverteilung eine höhere Belastung zu, sodass sich eine typische Konstellation für die Bildung von Stäben ergibt. Der Einsatz entscheidungsvorbereitender Einheiten wird zudem unterstützt durch die zunehmend betriebswirtschaftlich und juristisch geforderte Fundierung von Management-Entscheidungen (*v. Werder* 1996). Vorläufige Indizien finden sich u.a. in der Zunahme der Konsultation interner Berater.

Welche dieser gegenläufigen Tendenzen am Ende dominiert, bleibt abzuwarten. Die weitere Existenzberechtigung des Stabsprinzips erscheint jedoch im Grundsatz ungebrochen.

V. Bewertung

1. Beurteilung des Stabsprinzips

Der entscheidende Vorteil des Stabsprinzips liegt darin, die Entscheidungsvorbereitung zu institutionalisieren. Mit Hilfe der Stabsressourcen können die Managementeinheiten ihre Beiträge zur Problemstrukturierung erhöhen, sodass die Entscheidungsfindung gestrafft wird. Geht man davon aus, dass die Stabsarbeit die zu treffenden Entscheidungen auf eine fundiertere Basis stellt, so steigt auch die *Entscheidungsqualität*. Dies gilt in besonderem Maße im Falle der Fachstäbe, die ergänzende methodische und funktionsbezogene Expertise einfließen lassen.

In der Literatur dominieren bei der Beurteilung des Stabsprinzips konfliktäre Aspekte (→ *Konflikte in Organisationen*). Zusammengefasst beziehen sie sich vor allem auf drei Kritikfelder:

a) Interdependenzen
b) Faktische Einflussnahme
c) Personenmerkmale und Grundorientierungen.

Zu a): Da Entscheidungsvorbereitung und Entscheidungsfindung eng verknüpft sind, führt eine entsprechende Arbeitsteilung zu starken struktur-immanenten *Interdependenzen* zwischen Stab und Linie (*Theuvsen* 1994, S. 274 ff.). Somit wird ein hohes Maß an → *Koordination und Integration* mit entsprechendem Aufwand erforderlich.

Zu b): Der Stab trifft wesentliche Vorentscheidungen etwa hinsichtlich der Intensität der Entscheidungsvorbereitung, der Qualität und Auswahl weitergegebener Informationen sowie der Vorbewertung und -selektion von Alternativen. Sie sind der Linie i.d.R. nicht vollständig transparent und damit nur bedingt überprüfbar. Vor allem Irle (*Irle* 1971) leitet hieraus eine *informationelle Macht* ab (→ *Macht in Organisationen*), die dem Stab trotz formal fehlender Weisungsbefugnis faktische Einflussmöglichkeiten auf die Entscheidung eröffne (kritisch hierzu *Frese* 2000, S. 351 f.).

Dabei wird übersehen, dass es dem Linienmanagement freisteht, ob bzw. wie intensiv die Stabsergebnisse Berücksichtigung finden. Die Linie determiniert damit die Beratungsaufträge und letztlich die Stabsexistenz (*Theuvsen* 1994, S. 280 f.).

Zu c): Stabsmitarbeiter sind in der Tendenz jünger als das Linienpersonal, verfügen über eine höhere, wissenschaftliche Qualifikation und gelten als ambitioniert und karriereorientiert. Zugleich sind Stäbe von vergleichsweise hoher Fluktuation und damit geringerer praktischer Erfahrung der Stelleninhaber gekennzeichnet. Die Stabsarbeit ist ferner darauf ausgerichtet, Veränderungen anzustoßen und Innovationen voranzutreiben, die die Aufgabenerfüllung der Linieneinheiten in Frage stellen (zum Vorstehenden *Dalton* 1959, S. 87 ff.; *Golembiewski* 1967, S. 60 ff.). Darüber hinaus wird von erhöhter Unzufriedenheit der Stabsmitarbeiter infolge mangelnder Entscheidungskompetenzen berichtet (*Grundei* 1999, S. 367). Aus diesen Differenzen resultieren potenziell Rivalität und Konflikte zwischen Stab und Linie (*Mintzberg* 1983, S. 201 ff.) mit entsprechenden Reibungsverlusten in der Zusammenarbeit.

2. Betrachtung der Stabskritik

Frese bescheinigt den zentralen Stimmen der Stabskritik eine geringe Aussagefähigkeit (*Frese* 2000, S. 352) aufgrund

– schwacher empirischer Basis der Argumente
– unpräzisem zugrunde gelegtem Stabsbegriff
– Einseitigkeit der Kritik.

Zudem entzündet sich Kritik z.T. an Aspekten, die nicht immanent mit dem Stab-Linie-Prinzip verbunden sind (etwa Fragen der personellen Besetzung).

VI. Lösungsansätze und Alternativen

Zur Lösung der Probleme des Stabskonzepts setzt die Literatur primär auf Teamlösungen, in denen die dominante Position der Linieneinheiten aufgegeben wird und Stabs- und Linienvertreter das Entscheidungsproblem gemeinsam bearbeiten („Task-Force-Prinzip" bei *Irle* 1971, S. 218 ff.; „Colleague Concept" bei *Golembiewski* 1967, S. 118 ff.). Dieses Vorgehen erkennt die Notwendigkeit einer engen Zusammenarbeit zwischen Stab und Linie. Der hohe Abstimmungsaufwand dürfte allerdings nur bei fundamentalen Entscheidungen gerechtfertigt sein. Auch entfernt sich die Mitentscheidung durch Stabsmitarbeiter letztlich vom Stabskonzept.

Flankierende motivationsorientierte Maßnahmen (z.B. Anreizsysteme), die den Stab auf eine optimale Entscheidungsvorbereitung ausrichten, erscheinen denkbar, sind aber bislang wenig diskutiert.

Die o.g. Schwierigkeiten lassen sich ferner durch die Abkehr vom Stabskonzept umgehen, u.a. durch:

- Übergang zum Servicekonzept durch Einführung interner marktlicher Steuerungsmechanismen
- Einführung von Matrixstrukturen zwischen Stabs- und Liniendimension (ähnlich den o.g. Teamlösungen)
- Vergabe entscheidungsvorbereitender Beratung an Externe, z.B. Unternehmensberater
- Rückverlagerung der Entscheidungsvorbereitung in die Linie. Hierbei ist das Problem begrenzter Managementkapazitäten zu lösen, z.B. durch Etablierung multipersonaler Leitungseinheiten, verstärkte Delegation oder Reduzierung der entscheidungsvorbereitenden Aktivitäten.

Letztlich darf jedoch nicht übersehen werden, dass diese Alternativen ihrerseits mit spezifischen Nachteilen behaftet sind, die es in der Organisationsgestaltung abzuwägen gilt (→ *Organisatorische Gestaltung (Organization Design)*).

VII. Würdigung und Ausblick

Bei dem Stabskonzept handelt es sich trotz aller Kritikpunkte nach wie vor um eine beachtenswerte und praktisch relevante organisatorische Alternative. Der Vorbereitung und Umsetzung unternehmerischer Entscheidungen kommt sogar ein tendenziell gestiegener Stellenwert zu. Ohne entsprechend spezialisierte Einheiten lässt sich die benötigte Expertise vielfach nicht wirtschaftlich vorhalten. Dabei ist zu vermuten, dass Stäbe zunehmend mit ergänzenden organisatorischen (und personalwirtschaftlichen) Elementen versehen werden und somit neue Varianten entstehen.

Literatur

Dalton, Melville: Men Who Manage, New York 1959.
Frese, Erich: Grundlagen der Organisation, 8. A., Wiesbaden 2000.
Frese, Erich/Werder, Axel v./Maly, Werner (Hrsg.): Zentralbereiche, Stuttgart 1993.
Golembiewski, Robert T.: Organizing Men And Power, Chicago 1967.
Grochla, Erwin: Unternehmungsorganisation, 9. A., Opladen 1983.
Grundei, Jens: Effizienzbewertung von Organisationsstrukturen, Wiesbaden 1999.
Höhn, Reinhard: Die Führung mit Stäben in der Wirtschaft, Bad Harzburg 1961.
Irle, Martin: Macht und Entscheidungen in Organisationen, Frankfurt a. M. 1971.
Jaggi, Bakhshish L.: Das Stabsproblem in der Unternehmung, Berlin 1969.
Kosiol, Erich: Organisation der Unternehmung, Wiesbaden 1962.
Kreisel, Henning: Zentralbereiche, Wiesbaden 1995.
Mintzberg, Henry: Power In And Around Organizations, Englewood Cliffs 1983.
Müller, Helmut/Schreyögg, Georg: Zur Zusammenarbeit von Stab und Linie, in: RKW-Handbuch Führungstechnik und Organisation, hrsg. v. *Franz, Otmar*, 8. Lfg., Nr. 1542, Berlin 1981, S. 1–33.
Staerkle, Robert: Stabsstellen in der industriellen Unternehmung, Bern 1961.
Theuvsen, Ludwig: Interne Beratung, Wiesbaden 1994.
Werder, Axel v.: Grundsätze ordnungsmäßiger Unternehmungsleitung (GoU), in: Grundsätze ordnungsmäßiger Unternehmungsführung (GoF), Sonderheft 36/1996 der ZfbF, hrsg. v. *Werder, Axel v.*, S. 27–73.

Stellen- und Abteilungsbildung

Thomas Mellewigt

[s.a.: Arbeitsteilung und Spezialisierung; Aufbau- und Ablauforganisation; Aufgabenanalyse; Delegation (Zentralisation und Dezentralisation); Funktionale Organisation; Hierarchie; Kommunikation; Kompetenzen, organisationale; Komplexitätsmanagement; Koordination und Integration; Management und Recht; Messung von Organisationsstrukturen; Motivation; Organisatorische Gestaltung (Organization Design); Profit-Center; Spartenorganisation; Stäbe; Verantwortung; Zentralbereiche.]

I. Begriffe und Anlass; II. Vorgehensweise, Formen und Prinzipien bei der Stellen- und Abteilungsbildung; III. Interdependenzen und Effizienz; IV. Fazit.

Zusammenfassung

Im Rahmen der Aufgabensynthese kann die Stellen- und Abteilungsbildung als Kern der organisatorischen Gestaltung betrachtet werden. Dabei ist der *Organisationsaufbau* einer Unternehmung nicht beliebig, sondern sollte sich an einer genauen Analyse der Effizienz von Organisationsstrukturen und ihrem Beitrag zur Erreichung der Unternehmensziele unter Berücksichtigung *gesetzlicher Anforderungen* orientieren.

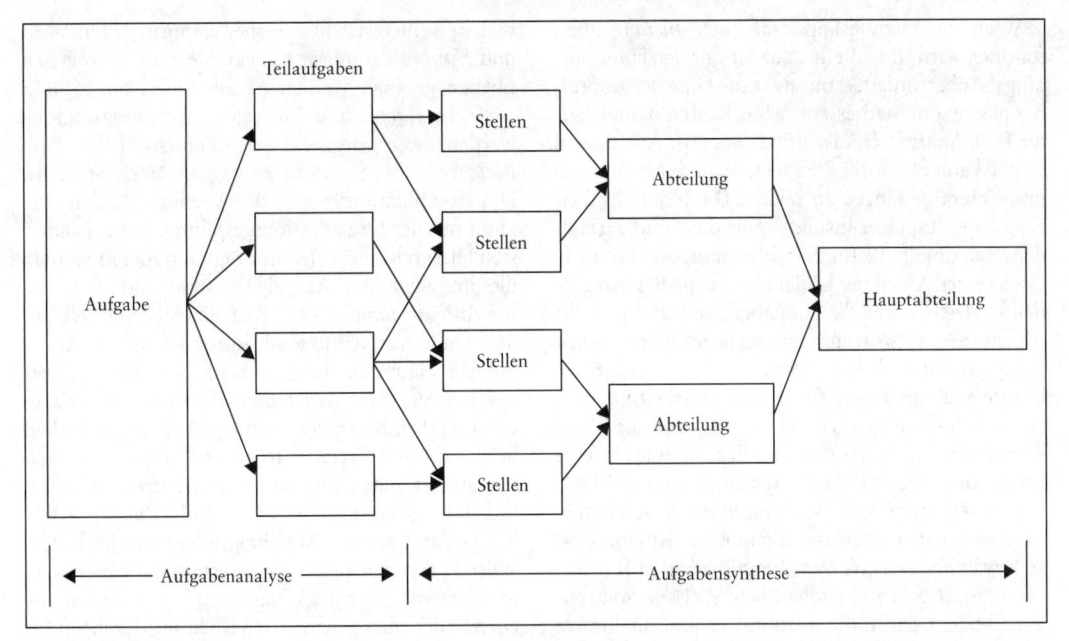

Abb. 1: Grundriss der kosiolschen Gestaltungslehre; entnommen aus Schreyögg 1998, S. 129

Der vorliegende Beitrag gibt einen kurzen Überblick über Vorgehensweisen, Formen und Prinzipien bei der Stellen- und Abteilungsbildung und setzt sich außerdem mit Fragen der Effizienzbewertung und der Relevanz rechtlicher Einflüsse auseinander.

I. Begriffe und Anlass

1. Begriffe

Unter dem Begriff der *Stelle* wird die Zusammenfassung von Teilaufgaben und ggf. Sachmitteln zum Aufgaben- und Arbeitsbereich einer gedachten Person im Rahmen der unternehmerischen Gesamtaufgabe verstanden (*Bühner* 1999, S. 66; *Acker* 1969, Sp. 1577). Die Stelle ist die kleinste, selbstständig handelnde organisatorische Einheit, die mit *Kompetenzen* zur Wahrnehmung eines bestimmten Aufgabenkomplexes ausgestattet ist und im Zuge der Aufgabensynthese entsteht (*Bea/Göbel* 1999, S. 236; *Schreyögg* 1998, S. 125; *Grochla* 1995, S. 328; *Thom* 1992, Sp. 2321; *Bleicher* 1991, S. 45). Die Stellenbildung ist Bestandteil der *Aufbauorganisation* (→ *Aufbau- und Ablauforganisation*). Abgegrenzte Aufgabenkomplexe, die im Zuge der → *Aufgabenanalyse* und Aufgabensynthese generiert wurden, werden auf organisatorische Einheiten übertragen, zwischen denen vielfältige *Kommunikations-* und *Weisungsbeziehungen* bestehen (*Frese* 2000, S. 7; *Thom* 1992, Sp. 2322; → *Kommunikation*). Es lassen sich folgende Stellenarten unterscheiden (*Krüger* 1994, S. 48 ff.): Instanzen (Leitungsstellen), die hauptsächlich mit Führungsaufgaben betraut sind, Ausführungsstellen, die über Ausführungs- und ggf. Verfügungskompetenz verfügen (unterste Ebene der → *Hierarchie*), → *Stäbe*, die Leitungshilfsstellen ohne Entscheidungs- und Weisungsbefugnis sind und zur Entlastung der Instanzen beitragen, sowie Dienstleistungs- bzw. Unterstützungs- oder Servicestellen, die spezifische Dienstleistungen für andere Einheiten erbringen. Zur effizienten Erfüllung der Gesamtaufgabe einer Unternehmung ist es jedoch mit zunehmender Unternehmensgröße und Umweltdynamik notwendig Stellenmehrheiten zu bilden, um die Abstimmung der Stellen und ihrer Aufgabenerfüllung zu erleichtern. Diese speziellen Stellenmehrheiten werden im Allgemeinen als Abteilungen bezeichnet. Sie entstehen, wenn eine Mehrzahl von Stellen einer *Leitungsinstanz* unterstellt wird und somit ein relativ abgeschlossener, leistungsfähiger Verantwortungsbereich innerhalb einer Unternehmung entsteht (vgl. *Bea/Göbel* 1999, S. 239ff; *Bleicher* 1991, S. 112; *Bühner* 1999, S. 126; *Schreyögg* 1998, S. 126). Die Vorgehensweise der Stellen- und Abteilungsbildung wird zusammenfassend in Abbildung 1 graphisch dargestellt.

2. Anlässe

Stellen- und Abteilungsbildung tragen zur *Koordination* der Aufgaben bei, die aufgrund von Arbeitsteilung in einem Unternehmen anfallen (→ *Arbeitsteilung und Spezialisierung*; → *Koordination und Integration*). Darüber hinaus tragen sie zur Reduktion von *Komplexität* (→ *Komplexitätsmanagement*) und Unsicherheit bei (*Kieser* 2001, S. 178; *Frese* 2000, S. 7; *Schreyögg* 1998, S. 158 ff.; *Khandwalla* 1977, S. 483). So kann zum Beispiel die Zahl der einer Führungsperson direkt unterstellten Mitarbeiter, definiert als *Leitungsspanne*, zu groß sein.

Wenn die Leitungskapazität einer *Instanz* überschritten wird, d.h. die Instanz ist mit der Führungsaufgabe überfordert, dann sinkt die Güte der Koordinationsleistung und es entstehen Kosten mangelhafter Koordination (*Kieser* 1992, Sp. 60). Aus diesem Grund kann es erforderlich sein, weitere Abteilungen und Unterabteilungen zu bilden. Die Höhe der Leitungskapazität einer Instanz sowie die damit verbundene maximale Leitungsspanne und die optimale Größe einer Abteilung ist dabei prinzipiell umso größer, je gleichartiger die Aufgaben sind und je mehr Aufgabenverantwortung an nachgeordnete Stellen delegiert wird (*Kieser* 1992, Sp. 60). Außerdem könnte auch die Beschaffung und Verarbeitung relevanter Informationen zu komplex (quantitativ) und kompliziert (qualitativ) sein, als dass sie eine einzelne Person bewältigen könnte. Aus diesem Grund können *Abteilungen* bzw. *Stabsabteilungen* geschaffen werden mit dem Ziel, die entstandene Komplexität zu bewältigen (*Laux/Liermann* 2003, S. 281 ff.; *Krüger* 1994, S. 53 f.; → *Stäbe*). Das Ziel der Stabsbildung besteht darin, die quantitative und qualitative Überlastung von Leitungsstellen zu vermeiden. Zudem trägt sie zur Motivation von Mitarbeitern durch höherwertige Anforderungen an ihre Fähigkeiten bei (*Steinle* 1992, Sp. 2312 f.; → *Motivation*). Ein weiterer Anlass zur Stellen- und Abteilungsbildung ist das Wachstum einer Organisation (*Kieser* 2001, S. 178), da es die Bildung neuer Stellen bedingt. Weil die bereits angesprochene Leitungsspanne unter Effizienzgesichtspunkten nicht zu groß werden sollte, wird die Bildung von Abteilungen durch Schaffung von Instanzen notwendig. Die Instanzenbildung ist zumeist aufgabenbedingt, denn sie trägt zur optimalen Erfüllung der betrieblichen Führungsgesamtaufgabe bei (*Gaugler* 1980, Sp. 962).

II. Vorgehensweise, Formen und Prinzipien bei der Stellen- und Abteilungsbildung

1. Vorgehensweise

Bei der Stellenbildung, der eine offizielle Regelung vorausgehen muss, werden Teilaufgaben zur Stellenaufgabe einer gedachten Person zusammengefasst. Sie kann unter dem Aspekt der Arten- oder Mengenteilung im Hinblick auf die Gesamtaufgabe erfolgen. Eine Stelle soll auf Dauer angelegt, von anderen Stellen abgrenzbar und mit diesen koordinierbar sowie raum- und zeitunabhängig sein (*Schreyögg* 1998, S. 125; *Hoffmann* 1992, Sp. 213). Zunächst werden die elementaren Aufgaben und Funktionen nach verschiedenen Prinzipien auf einzelne Stellen verteilt. Danach werden einzelne Aufgaben und Funktionen ggf. verschoben, um die einzelnen Stellen möglichst gleichmäßig auszulasten. Stellen von Gruppen-, Abteilungs- und Hauptabteilungsleitern und den dazugehörigen Abteilungen und Gruppen lassen sich erst bilden, wenn feststeht, wie die Gruppen, Abteilungen und *Hauptabteilungen* aus den Stellen der untersten Ebenen gebildet werden (*Acker* 1969, Sp. 1580 f.; → *Zentralbereiche*). Für diese Abteilungsbildung werden zwei Vorgehensweisen unterschieden (vgl. *Bleicher* 1991, S. 111 f.; *Hoffmann* 1992, Sp. 214). Das Kombinationsmodell der Abteilungsbildung beginnt mit der Organisationsgestaltung auf der untersten Hierarchieebene (Bottom-up-Ansatz). Es werden die im Zuge der Aufgabenanalyse und -synthese (→ *Aufgabenanalyse*) geschaffenen Stellen durch zunehmende Verdichtung zu Subsystemen wie Abteilungen, Hauptabteilungen, Bereichen und Ressorts zusammengefasst. Ansatzpunkt ist somit ein gedachter Aufgabenträger, der die nötige Leistungsfähigkeit und Leistungsbereitschaft zur Erfüllung der Stellenanforderungen aufweist (*Laux/Liermann* 2003, S. 178 f.; *Bea/Göbel* 1999, S. 230; *Bühner* 1999, S. 73). Am Ende der Abteilungsbildung steht die Gestaltung der obersten Leitungsinstanz des ganzen Unternehmens. Allerdings kann die Abteilungsbildung auch in der entgegengesetzten Richtung durchgeführt werden. Dabei beginnt man mit der Organisationsgestaltung an der Spitze der Unternehmung (Top-down-Ansatz). Bei dieser auch als Delegationsmodell bekannten Vorgehensweise geht man von einem unstrukturierten Aufgabengefüge aus (→ *Delegation (Zentralisation und Dezentralisation)*). Diese Gesamtaufgaben werden bei zunehmender Größe eines Unternehmens an nachgeordnete Subsysteme (Abteilungen) delegiert, bis man an der Basis der Organisationsgestaltung, der Stelle, angelangt ist.

2. Formen

Bei der *aufgabenträgerbezogenen Stellen- bzw. Instanzenbildung* werden das normale Leistungspotenzial (Beherrschbarkeit einer Stelle) und die normale Leistungsbereitschaft (Neigungen, Interessen, Identifikation mit der Aufgabe) der für eine Instanzenart üblichen Führungskräfte als Maßstab herangezogen (*Gaugler* 1980, Sp. 965 f.). Den Instanzen werden Entscheidungs- und Anordnungskompetenzen zugestanden. Sie werden ggf. durch Stäbe entlastet, die über Informations- und Beratungskompetenz verfügen. Bei der Bildung von *Ausführungsstellen* werden Ausführungsaufgaben gebündelt und einzelnen Aufgabenträgern Ausführungs- und Verfügungskompetenzen zugeordnet (*Krüger* 1994, S. 46).

Abteilungen können prinzipiell in zwei Grundformen strukturiert werden. Einerseits ist eine verrichtungs- bzw. funktionsorientierte Gliederung möglich. Das heißt, Stellen mit gleichartigen Tätigkeiten werden zu Abteilungen zusammengefasst. Als Ergebnis können Spezialisierungsvorteile entstehen. Andererseits können Abteilungen auch objektspezialisiert gegliedert werden, z.B. nach Produktgruppen oder regionalen Geschäftsbereichen (*Bleicher* 1991, S. 112). Als bekannteste Vertreter der Gliederungsform auf der zweiten Ebene einer Organisation sind Funktional- und Spartenorganisation zu nennen (→ *Funktionale Organisation*; → *Spartenorganisation*). Allerdings ist auch eine Vielzahl von gemischten Abteilungsformen denkbar (*Hoffmann* 1992, Sp. 218 f.).

3. Prinzipien

Die Stellenbildung folgt verschiedenen Prinzipien. Bei der *aufgabenbezogenen* Stellenbildung (*ad rem*) wird von einer konkreten Person abstrahiert. Teilaufgaben mit gleichen Merkmalen werden Aufgabenträgern zugeordnet, wobei eine Orientierung an der Normalleistung dieses Aufgabenträgers, an konkreten Berufsbildern (Anforderungsprofil) bzw. an der durchschnittlichen kostenoptimalen Leistungskapazität eines Sachmittels als Aufgabenträger erfolgt. Die *aufgabenträgerbezogene* Stellenbildung ist entweder personenbezogen (*ad personam*), d.h. die Aufgabe wird an die Fähigkeiten, Fertigkeiten und Neigungen eines Menschen angepasst, oder sachmittelbezogen (*ad instrumentum*) (*Bühner* 1999, S. 74 f.).

Bei der *interdependenzbezogenen* bzw. *beziehungsorientierten* Stellenbildung werden Aufgaben und Aufgabenträger derart zusammengefasst, dass eine möglichst geringe gegenseitige Abhängigkeit bei der jeweiligen Aufgabenerfüllung entsteht. Auf diese Weise soll die Kongruenz bzw. Adäquanz zwischen Aufgabe, Kompetenz und *Verantwortung* gewahrt werden (→ *Verantwortung*). *Gesetzlich vorgeschriebene* Stellenbildung bedeutet, dass Stellen aufgrund von Gesetzen oder Verordnungen eingerichtet werden müssen (*Bühner* 1999, S. 75 ff.; *Krüger* 1994, S. 47 f.). Da kein einheitliches Organisationsrecht existiert, beeinflusst eine Vielzahl von Rechtsquellen die Stellen- und Abteilungsbildung, die den organisatorischen Gestaltungsspielraum einschränken können (*v. Werder* 1988, S. 104). Die Aufgabenverteilung im Unternehmen kann durch rechtliche Restriktionen partiell eingeengt werden, z.B. Bestimmungen über den Arbeitsdirektor und diverse Beauftragte (z.B. der Arbeitsdirektor nach § 13 MontanMitbestG; Sicherheitsbeauftragte oder Datenschutzbeauftragte nach dem Sicherheitsrecht). Gemeinsam ist diesen gesetzlich vorgeschriebenen Stellen, dass sie regelmäßig neben den Aufgaben auch den hierarchischen Rang der zu benennenden Aufgabenträger spezifizieren. So ist z.B. der Datenschutzbeauftragte direkt der Unternehmungsleitung unterstellt. Ansonsten sind die organisatorischen Alternativen der Stellen- und Abteilungsbildung grundsätzlich frei wählbar. Die ausgewählte Form der Stellen- und Abteilungsbildung kann jedoch Rechtsfolgen nach sich ziehen, z.B. organisatorische Einheiten als Betriebe, Betriebsteil, Teilbetrieb, Neben- oder Hauptbetrieb gehören zu den Tatbestandsvoraussetzungen zahlreicher Normen aus sehr unterschiedlichen Rechtsgebieten. Die Erfüllung dieser Voraussetzungen kann bei der Stellen- und Abteilungsbildung gesteuert werden (*v. Werder* 1992, Sp. 2178 ff.).

Zur Bildung von Abteilungen können eine Reihe von Prinzipien und Kriterien herangezogen werden (*Laux/Liermann* 2003, S. 281 ff.). Das Kriterium der Informationsnähe bedingt eine Abteilungsbildung die bewirkt, dass Entscheidungen von den Stellen getroffen werden, die den besten Zugang zu den entscheidungsrelevanten Informationen haben. Beispielsweise ist eine Abteilungsgliederung nach dem Regionalprinzip aus diesem Grund empfehlenswert für ein Unternehmen mit internationalem oder weltweitem Absatzgebiet. Abteilungen können aber auch so gebildet werden, dass der Koordinationsaufwand zur Erfüllung komplexer Aufgaben und Verarbeitung zahlreicher Informationen minimiert wird. Die bereits angesprochenen Spezialisierungsvorteile lassen sich am besten mit einer Zusammenfassung ähnlicher Tätigkeiten erschließen. Außerdem wird in der Literatur argumentiert, dass eine Gliederung nach der Motivationswirkung auf Basis zugerechneter Erfolge sinnvoll ist. Das heißt, um eine Zurechenbarkeit von Erfolgen zu gewährleisten, werden Abteilungen entsprechend gegliedert, beispielsweise in Cost-, Profit- oder Investment-Center (→ *Profit-Center*). Um Fehlentwicklungen möglichst frühzeitig erkennen und beheben zu können, sollten Abteilungen auch nach dem Kriterium der Kontrollierbarkeit gebildet werden. Dieses Kriterium kann auch eine gesetzliche Grundlage haben, wenn wie zum Beispiel im Wertpapierhandelsgesetz (WpHG) § 33 Abs. 1 und den dazugehörigen Richtlinien des Bundesaufsichtsamts für den Wertpapierhandel eine funktionale oder räumliche Trennung von Vertraulichkeitsbereichen, wie z.B. dem Kunden- und Eigenhandel gefordert wird. Als letztes Kriterium sollen noch die Kosten des Ressourceneinsatzes angeführt werden. Die Grundüberlegung hierbei ist, dass mit steigender Anzahl von immer kleineren Abteilungen die Spezialisierungsvorteile sinken und parallel die Kosten für die zu schaffenden Leitungsinstanzen stark steigen (*Backes-Gellner/Lazear/Wolff* 2001, S. 492). Deshalb muss sich eine effiziente Organisationsgestaltung vor allem auch an den entstehenden Kosten orientieren.

III. Interdependenzen und Effizienz

Interdependenzen zwischen den Organisationseinheiten entstehen infolge von Arbeitsteilung (→ *Arbeitsteilung und Spezialisierung*). Bei der horizontalen Arbeitsteilung sind Instanzen zur Koordination der Aktivitäten der *Aufgabenträger* und Abteilungen erforderlich. Je nach Stärke der *Arbeitsteilung* nehmen die Interdependenzen zu, die Organisation wird störanfälliger. Die Notwendigkeit zur vertikalen Arbeitsteilung, d.h. zwischen Vorgesetzten und nachgeordneten Mitarbeitern, entsteht somit aufgrund der horizontalen Arbeitsteilung (*Laux/Liermann* 2003, S. 5 f.). Die *Art der Interdependenz* hängt vom *Rang* der Stellen ab, d.h. horizontal zwischen gleichrangigen Stellen und vertikal zwischen über- und nachgeordneten Stellen. Nach dem *Inhalt der Interdependenz* wird nach der Güterart zwischen materiellen Realgüterbeziehungen (Lieferbeziehungen), immateriellen Realgüterbeziehungen (Leistungs- und Informationsbeziehungen) und Nominalgüterbeziehungen (Geldbeziehungen) unterschieden. Diese Interdependenzen können zwischen Stellen im Unternehmen sowie zwischen Stellen im Unternehmen (Grenzstellen) und externen Märkten bestehen (*Bühner* 1999, S. 76).

„Organisatorische Gestaltungen nennenswerter Tragweite markieren allerdings komplexe, unstrukturierte Managementprobleme" (*v. Werder* 1998, S. 1), so dass die Folgen bestimmter Maßnahmen zur Stellen- und Abteilungsbildung nicht klar absehbar sind. Interaktionsbeziehungen zwischen Stellen und Abteilungen beeinflussen die Effizienz einer Unternehmung. Effizienzbewertungen orientieren sich am Ausmaß, in dem die *Subziele* einer Unternehmung erreicht werden und zur Erfüllung des Gesamtzieles beitragen, am *Kontext der Organisationsgestaltung* (situative Prägung der Subziele) und an *Prämissen über das menschliche Verhalten*. Das *handlungstheoretische Effizienzkonzept* nach v. Werder sieht eine *handlungsrationale* (Konfigurationseffizienz) und eine *handlungsreale* Dimension (Motivationseffizienz) der Organisationsbewertung vor. Die *Konfigurationseffizienz* knüpft an Arbeitsteilung und Koordination an. Arbeitsteilung bewirkt die Bewältigung komplexer Aufgaben und erzeugt gleichzeitig Autonomiekosten infolge der tendenziell niedrigeren Qualität der arbeitsteilig vollzogenen Einzelhandlungen. Koordination reduziert diese Autonomiekosten, aber verursacht Abstimmungskosten aufgrund des höheren Aufwands an Personal, Sachressourcen und Zeit. Das daraus resultierende Optimierungsproblem ist kaum lösbar, weil diese Kosten nicht direkt quantifiziert werden können (*v. Werder* 1998, S. 8 ff.). Im Rahmen der Abteilungsbildung und der damit verbundenen Identifikation der Abteilungsmitglieder mit den Abteilungen kann es beispielsweise zur Entstehung von Subkulturen kommen die Abteilungsegoismus und damit u.a. Kommunikationshindernisse bewirken (*Krüger* 1994, S. 53 f.; → *Kommunikation*). Bei der *Motivationseffizienz* wird angenommen, dass Handlungsträger ihre Fähigkeiten und Fertigkeiten im Sinne der Unternehmensziele einsetzen. Unter handlungsrealen Bedingungen ist diese Prämisse jedoch nicht immer erfüllt. Deshalb sind ggf. Autorität und Autonomie erforderlich. Autoritätseffekte zeichnen sich durch die Ausrichtung der Handlungen der Mitarbeiter auf die Unternehmensziele durch den Einsatz kompetenz- und qualifikationsgestützter Führungs- und Fachautorität aus. Autonomieeffekte basieren auf der Annahme, dass die Leistungsbereitschaft mit den Partizipationsmöglichkeiten und Handlungsspielräumen des einzelnen steigt (*v. Werder* 1998, S. 17 ff.). Konfigurations- und Motivationseffizienz müssen integriert werden. Die sachlogisch präferierte Stellen- und Abteilungsbildung sollte durch ein Motivationssystem ergänzt werden. Ggf. sind Korrekturen an der sachlogisch positiv beurteilten Kompetenzverteilung im Hinblick auf die *Motivation* der Organisationsmitglieder erforderlich (*v. Werder* 1998, S. 19 ff.). So ist zum Beispiel zu beachten, dass sich eine Motivationswirkung nur dann ergibt, wenn die relevanten Entscheidungen auch von den jeweiligen Mitgliedern einer Abteilung in Eigenverantwortung getroffen und bewusst beeinflusst werden können (*Schreyögg* 1998, S. 135).

IV. Fazit

Die Ausführungen zeigen unter anderem, dass die Stellen- und Abteilungsbildung als Tatbestand der Organisationslehre nicht nur von Bedingungen, die in der Unternehmung begründet liegen, bestimmt wird, sondern auch von äußeren Einflüssen wie der Gesetzeslage. Dies wirkt sich u.U. auch auf die Effizienz der Stellenbildung aus, weil äußere Zwänge Stellen erfordern, die sonst ggf. nicht eingerichtet worden wären (z.B. *Bühner* 1999, S. 77 f.; *Thom* 1992, Sp. 2326). Außerdem kann die Kompetenzausstattung von Stellen beeinflusst werden, wenn z.B. Kompetenzen von Instanzen vom Handels- und Gesellschaftsrecht sowie den Mitbestimmungsgesetzen abhängen (*Gaugler* 1980, Sp. 967; → *Kompetenzen, organisationale*). Die Prinzipien der Stellenbildung kommen je nach Stellenart in unterschiedlicher Ausprägung vor. Die Stellenbildung ad personam bspw. kommt häufiger in höherrangigen Stellen vor, weil Unterschiede in Qualifikation und Motivation potenzieller Stelleninhaber hier eine höhere Bedeutung haben als in den unteren Rängen der Hierarchie (*Krüger* 1994, S. 47).

Zusammenfassend lässt sich feststellen, dass die Stellen- und Abteilungsbildung sowohl ein Thema der Organisation als auch der Personalwirtschaft ist, weil sie interdependent zu motivationalen Aspekten ist, die wiederum die Effizienz der Organisation beeinflussen können (*Drumm* 1992, S. 391). Obwohl eine Vielzahl an Vorgehensweisen, Formen und Prinzipien zur Stellen- und Abteilungsbildung existiert, führt die organisatorische Effizienzbewertung jedoch nicht zu eindeutigen Ergebnissen. Sie kann nur zur Begründung der Sinnhaftigkeit bestimmter Organisationsstrukturen beitragen (*v. Werder* 1998, S. 1; → *Messung von Organisationsstrukturen*).

Literatur

Acker, Heinrich: Stelle, in: HWO, hrsg. v. *Grochla, Erwin*, 1. A., Stuttgart 1969, Sp. 1577–1582.
Backes-Gellner, Uschi/Lazear, Edward P./Wolff, Birgitta: Personalökonomik. Fortgeschrittene Anwendungen für das Management, Stuttgart 2001.
Bea, Franz Xaver/Göbel, Elisabeth: Organisation. Theorie und Gestaltung, Stuttgart 1999.

Bleicher, Knut: Organisation. Strategien – Strukturen – Kulturen, 2. A., Wiesbaden 1991.
Bühner, Rolf: Betriebswirtschaftliche Organisationslehre, 9. A., München et al. 1999.
Drumm, Hans Jürgen: Personalwirtschaftslehre, 2. A., Berlin et al. 1992.
Frese, Erich: Grundlagen der Organisation. Konzept – Prinzipien – Strukturen, 8. A., Wiesbaden 2000.
Gaugler, Eduard: Instanzenbildung, in: HWO, hrsg. v. *Grochla, Erwin*, 2. A., Stuttgart 1980, Sp. 959–969.
Grochla, Erwin: Grundlagen der organisatorischen Gestaltung, Stuttgart 1995.
Hoffmann, Friedrich: Aufbauorganisation, in: HWO, hrsg. v. *Frese, Erich*, 3. A., Stuttgart 1992, Sp. 208–221.
Khandwalla, Pradip N.: The Design of Organizations, New York 1977.
Kieser, Alfred: Organisationstheorien, 4. A., Stuttgart 2001.
Kieser, Alfred: Abteilungsbildung, in: HWO, hrsg. v. *Frese, Erich*, 3. A., Stuttgart 1992, Sp. 57–72.
Krüger, Wilfried: Organisation der Unternehmung, 3. A., Stuttgart et al. 1994.
Laux, Helmut/Liermann, Felix: Grundlagen der Organisation. Die Steuerung von Entscheidungen als Grundproblem der Betriebswirtschaftslehre, 5. A., Berlin et al. 2003.
Schreyögg, Georg: Organisation. Grundlagen moderner Organisationsgestaltung, 2. A., Wiesbaden 1998.
Steinle, Claus: Stabsstelle, in: HWO, hrsg. v. *Frese, Erich*, 3. A., 1992, Sp. 2310–2321.
Thom, Norbert: Stelle, Stellenbildung und -besetzung, in: HWO, hrsg. v. *Frese, Erich*, 3. A., Stuttgart 1992, Sp. 2322–2333.
Werder, Axel v.: Grundlagen der Effizienzbewertung organisatorischer Strukturen. Diskussionspapier 1998/15 der Wirtschaftswissenschaftlichen Dokumentation der Technischen Universität Berlin.
Werder, Axel v.: Recht und Organisation, in: HWO, hrsg. v. *Frese, Erich*, 3. A., Stuttgart 1992, Sp. 2168–2184.
Werder, Axel v.: Organisation und Recht. Zum rechtlichen Datenkranz organisatorischer Gestaltungsmaßnahmen, in: ZFO, Jg. 57, 1988, S. 104–110.

Steuerungstheorie

Werner Kirsch/David Seidl

[s.a.: Chaos- und Komplexitätstheorie; Corporate Governance (Unternehmensverfassung); Führung und Führungstheorien; Kontrolle; Koordination und Integration; Planung; Selbstorganisation; Strategisches Management; Systemtheorie.]

I. Einleitung; II. Soziale Steuerungs- und Regelungszusammenhänge; III. Steuerungskonzepte; IV. Schlussbetrachtung.

Zusammenfassung

Steuerung wird hier als Bemühung um Minimierung einer Differenz definiert. Die „Steuerungstheorie" wird verstanden als ein Sammelbegriff für recht unterschiedliche Themen und Forschungsansätze. Zwei für die Organisationstheorie zentrale Bereiche der Steuerungstheorie werden in diesem Beitrag herausgegriffen: (1) Formen sozialer Steuerungs- und Regelungszusammenhänge und (2) normative Steuerungskonzepte.

I. Einleitung

Steuerung ist ein Begriff, der in den Sozialwissenschaften eine prominente Rolle spielt, auch wenn der Terminus „Steuerung" dort häufig nicht explizit verwendet wird. Vor dem Hintergrund der Literatur lässt sich eine ganze Familie von Begrifflichkeiten rund um das Thema „Steuerung" ausmachen. Neben der „Steuerung" selbst gehören dazu v.a. Begrifflichkeiten wie Regelung, Regulierung, Lenkung, Führung, control, guidance, governance, steering. Das Verhältnis dieser Begrifflichkeiten zueinander wird relativ uneinheitlich gesehen. Teilweise werden sie als Synonyme, teilweise als Ober- bzw. Unterbegriffe, teilweise als Varianten verstanden. Im Folgenden wird auf einen eigenen Vorschlag für eine Begriffsabgrenzung verzichtet.

Weit gefasst kann der Begriff der Steuerung als *Bemühung um Minimierung einer Differenz* verstanden werden (*Luhmann* 1988). Ein Fahrzeug zu steuern bedeutet bspw., sich zu bemühen, die Differenz aus gegenwärtiger und angestrebter Position zu verringern bzw. auf Null zu reduzieren. Auch der Begriff der „Steuerungs*theorie*" ist in der Literatur nicht klar definiert Vielmehr wird unter ihm eine recht heterogene Menge unterschiedlicher Themen und Forschungsansätze subsumiert. Für die Zwecke dieses Beitrags werden zwei für die Organisationstheorie zentrale Themenkomplexe herausgegriffen: Formen sozialer Steuerungs- und Regelungszusammenhänge und normative Steuerungskonzepte. Auf eine Darstellung der in der *allgemeinen* Sozialtheorie relativ prominenten Theorie der *Steuerungsmedien* muss hier verzichtet werden (für einen Überblick siehe *Willke* 2002).

II. Soziale Steuerungs- und Regelungszusammenhänge

Die Betrachtung sozialer Steuerungszusammenhänge kann v.a. mit Hilfe kybernetischer Kategorien präzisiert werden. Unabhängig davon, dass die *Kybernetik* ein eigenständiges Forschungsprogramm darstellt, werden ihre Kategorien jedoch in heuristischer Weise auch im Rahmen anderer (sozialwissenschaftlicher) Theorieansätze genutzt.

1. Steuerung und Regelung

In der Kybernetik bzw. in der von ihr geprägten → *Systemtheorie* unterscheidet man zwischen Steuerung (im engeren Sinne) und *Regelung*. Beides sind Mechanismen, mit deren Hilfe die Differenz zwischen einem vorgegebenen Sollwert und einem tatsächlich gegebenen Ist-Wert minimiert werden kann. Ein einfaches *Steuerungssystem* besteht aus einer Steuereinheit, die nach einem vorgegebenen Programm Steuerimpulse an einen Effektor übermittelt, welcher über Veränderung von Stellgrößen auf das zu steuernde Element (Steuerstrecke) bzw. eine bestimmte Ausprägung der Steuerstrecke (Steuergröße) einwirkt. Über einen (Umwelt-)Rezeptor werden Störungen aus der Umwelt an die Steuereinheit gemeldet, welche über entsprechende Veränderung der Stellgrößen die Auswirkungen auf die Steuerstrecke (antizipierend) kompensiert. Die Steuereinheit kann dabei jedoch nur solche Störungen kompensieren, für die das Programm Reaktionen vorsieht (s. Abb. 1).

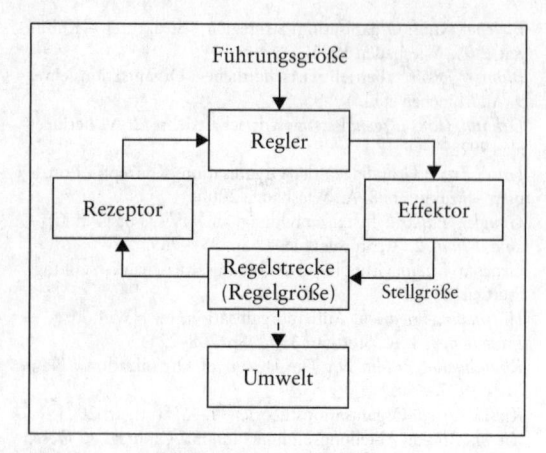

Abb. 2: Einfacher Regelkreis

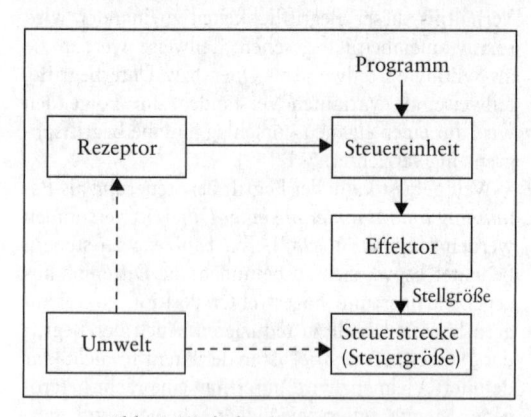

Abb. 1: Einfaches Steuerungssystem

Im Unterschied zur Steuerung erfolgt die *Störungskompensation* bei der *Regelung* durch Rückkopplung. Dabei wird der tatsächliche Ist-Zustand der zu regelnden Größe (Regelgröße) des nunmehr als Regelstrecke bezeichneten Systems, welches Umwelteinflüssen ausgesetzt ist, dem Regler (bisher Steuereinheit) über einen dafür bestimmten Rezeptor rückgemeldet. Bei Abweichung des gemeldeten Ist-Zustands von einem vorgegebenen Soll-Zustand (Führungsgröße) greift der Regler über den Effektor, welcher Veränderungen an der Stellgröße vornimmt, in die Regelstrecke ein. Die tatsächliche Auswirkung der Störungskompensation wird dann wieder durch den Rezeptor an den Regler rückgemeldet, der den Prozess dann so lange fortsetzt, bis die Soll-Ist-Abweichung beseitigt ist. Durch die Rückkopplung über den Rezeptor ergibt sich damit ein *geschlossenes System*, welches man als *Regelkreis* bezeichnet (s. Abb. 2). Ein wichtiger Aspekt des Regelkreises ist seine Symmetrie. Keine Komponente ist einer anderen übergeordnet. So bestimmt zwar der Regler das Verhalten des Effektors, wird dabei aber selbst wiederum durch den Rezeptor und letztlich – vermittelt durch Rezeptor und Regelstrecke – durch den Effektor determiniert.

2. Komplexe Steuerungs- und Regelungskonfigurationen

Die dargestellten einfachen Steuerungs- und Regelsysteme sind in der kybernetischen Literatur in vielfältiger Weise verfeinert, erweitert und kombiniert worden. Die durch die Abb. 1 und Abb. 2 symbolisierten Zusammenhänge lassen sich auch als einzelne „Module" verstehen, die über eine Vielfalt von Beziehungen bzw. Kopplungen zu beliebig komplexen Konfigurationen aus mehreren Modulen zusammengesetzt werden können. Zwei Systeme können zunächst vermascht sein. Eine *einfache Vermaschung zweier Systeme* liegt vor, wenn die Stellgröße des einen Systems mit der Führungsgröße des anderen Systems identisch ist; d.h., wenn ein System die Führungsgröße des anderen Systems kontrolliert. Man spricht hier auch von Systemen höherer und niederer Ordnung.

Eine *wechselseitige Vermaschung* liegt vor, wenn Systeme ihre Führungsgrößen wechselseitig kontrollieren. Auch in diesem Fall gibt es Konstellationen, unter denen es gerechtfertigt erscheint, davon zu sprechen, dass ein bestimmtes System – als sog. *Controlling Overlayer* – das Gesamtsystem kontrolliert. Die Kopplung von Systemen kann nicht nur über die Führungsgrößen, sondern auch über beliebig andere Aspekte eines Systems erfolgen. So kann ein System bspw. ganze Komponenten eines anderen Systems (z.B. den Effektor) austauschen. Es kann aber auch eine *ökologische Steuerung* (ecological control) erfolgen, bei der ein System bzw. eine Konfiguration von Systemen indirekt über Veränderung der Umfeldbedingungen beeinflusst wird.

Sofern ein Controlling Overlayer einen Komplex aus mehreren Steuerungs- und Regelungssystemen kontrolliert, kann die Steuerung auch in Form einer sog. *Arenaregelung* geschehen. Dabei steuert der Controlling Overlayer den Gesamtkomplex indirekt, indem er eine „Arena" definiert, innerhalb derer sich die einzelnen Systeme des Gesamtkomplexes (wechselseitig) beeinflussen. So kann der Controlling Overlayer z.B. die Regeln der wechselseitigen Einflussnahme festlegen.

Über die Arten und Möglichkeiten der Steuerung sozialer Zusammenhänge gibt es in der primär systemtheoretisch geprägten Literatur unterschiedliche Ansichten. Während man in der klassischen *Kybernetik* (Kybernetik 1. Ordnung) davon ausgeht, dass sich ein sozialer Zusammenhang, konzeptualisiert als Steuer- bzw. Regelstrecke, von außen über Veränderung der Stellgröße (d.h. über den Input) determinieren lässt, hebt die Kybernetik 2. Ordnung (bzw. neuere → *Systemtheorie*) die *Komplexität* und Eigengesetzlichkeit des zu steuernden Zusammenhangs hervor. Von außen kommende Steuerungsimpulse im Sinne einer Fremdsteuerung werden intern nur als Perturbation registriert und nach einer eigenen Logik in Abhängigkeit vom momentanen Zustand verarbeitet. Damit wird die Möglichkeit einer Steuerung über eine direkte Intervention von außen sehr kritisch gesehen, wenn nicht gar negiert. Soll die Eigendynamik nicht zerstört werden, kann der soziale Zusammenhang letztlich nur indirekt in Form einer ecological control bzw. Arenaregelung oder *Kontextsteuerung* (s.u.) gesteuert werden (zu Möglichkeiten der Steuerung *autopoietischer Systeme* siehe auch *Kirsch* 1997c, S. 293 f.).

III. Steuerungskonzepte

In der Literatur finden sich zahlreiche *normative Steuerungskonzepte*, von denen die meisten ursprünglich aus dem Bereich der Gesellschaftstheorie bzw. der politischen Theorie stammen und erst später von der Organisationstheorie aufgegriffen wurden. Hier standen dann insb. Fragen des organisatorischen Wandels (→ *Wandel, Management des (Change Management)*) im Mittelpunkt. In einer (zwangsläufig) groben Kategorisierung kann man vier Typen allgemeiner Steuerungskonzepte unterscheiden. Dabei können die im Folgenden aufgeführten ersten drei Konzepte (auch hinsichtlich ihrer Entstehungsgeschichte) im Sinne von These, Antithese und Synthese verstanden werden. Das vierte Konzept dagegen liegt in gewissem Sinne quer dazu.

1. Plandeterminierte Steuerung

Mit *plandeterminierter Steuerung* oder auch *synoptischer Totalplanung* bezeichnet man solche Ansätze, die das Primat der Steuerungsfunktionen auf eine vorausgehende, möglichst umfassende → *Planung* legen („Primat der Planung"), aus der sich alle weiteren *Steuerungsaktivitäten* logisch ableiten lassen sollen (*Steinmann/Schreyögg* 1990). In der Betriebswirtschafts- bzw. Managementlehre kann dieser Ansatz als klassisches Steuerungskonzept angesehen werden

(so z.B. auch *Gutenberg* 1951). Der *Steuerungsprozess* (→ *Unternehmensführung (Management)*) als solcher wird dabei meist als Phasenschema dargestellt, bei dem verschiedene Managementfunktionen logisch aneinander anschließen: An die Planung, welche die zu erreichenden Ziele und die zu ergreifenden Maßnahmen festlegt, schließen sukzessive die Funktionen Organisation, Personaleinsatz, Führung und schließlich Kontrolle an, welche Informationen über den tatsächlichen Planungsvollzug an die Planung rückkoppeln. Der gesamte Steuerungsprozess ist insofern durch die Planung determiniert, als den nachgeordneten Funktionen keine eigenständige „(Um-)Steuerungskapazität" zukommt (*Steinmann/Schreyögg* 1990, S. 119 ff.). Über die konkrete Ausgestaltung der (insb. strategischen) Planung sind unzählige Bücher und Aufsätze veröffentlicht worden. Darin ist der Planungsprozess in zunehmend detailliertere Elemente dekomponiert und immer stärker formalisiert worden. Diese insb. in den 60er und 70er Jahren erschienene Literatur wird nach Mintzberg (*Mintzberg* 1990; *Mintzberg* 1994) auch unter dem Titel „planning school" zusammengefasst.

Das Konzept der plandeterminierten Steuerung ist jedoch, wie die insb. seit den 80er Jahren sowohl in der Praxis als auch der Wissenschaft (unter dem Stichwort „*Implementationsprobleme*") aufkommende Kritik deutlich gemacht hat, in der ursprünglich unterstellten Form kaum umsetzbar. Sie beruht nämlich auf zwei extrem anspruchsvollen Bedingungen: Die Planung muss sowohl (1) die zukünftige Entwicklung der relevanten Umwelt in all ihren Wirkungszusammenhängen in ausreichendem Maße erfassen und prognostizieren, als auch (2) das zu steuernde System selbst in ausreichendem Maße erfassen und beherrschen können (*Steinmann/Schreyögg* 1990; *Mintzberg* 1994). Diese Bedingungen sind jedoch in der Realität sozialer Systeme nur selten gegeben. Als Konzept für eine umfassende Unternehmenssteuerung kann die plandeterminierte Steuerung eindeutig als gescheitert gelten, da die Unternehmensumwelt aufgrund ihrer Komplexität und der Offenheit der Zukunft weder umfassend analysierbar noch prognostizierbar ist, und auch die organisatorischen Zusammenhänge sich aufgrund ihrer Komplexität und Eigendynamik nur bedingt erfassen und beherrschen lassen (*Schreyögg* 1999).

2. Inkrementalistische Steuerung

Mit *inkrementalistischer Steuerung* bezeichnet man solche Ansätze, die eine umfassende Totalplanung ablehnen und stattdessen eine Steuerung in kleinen, überschaubaren und dadurch leicht revidierbaren Schritten propagieren. Sie stellt den Gegenpol zur plandeterminierten Steuerung dar. Als Väter des Inkrementalismus können Popper (*Popper* 1965) mit seinem Konzept des „*piecemeal engineering*" (Stückwerk-Sozialtechnik) und Lindblom (*Lindblom* 1959;

Lindblom 1965; *Lindblom* 1968) mit seinem Konzept des „*disjointed incrementalism*" bzw. „*muddling through*" angesehen werden. Beide entwickelten ihre Konzepte ursprünglich im Bereich der Gesellschaftstheorie in mehr oder minder direkter Auseinandersetzung mit Vertretern plandeterminierter Steuerungskonzepte. Ausgangspunkt ihrer Überlegungen ist die Begrenztheit jeglicher Ganzheitsbetrachtungen sozialer Systeme. Gesamtpläne führten deshalb bei direkter Umsetzung notwendiger Weise zu unerwarteten und *unerwünschten (Neben-)Folgen*. Für Popper ist dies zwar kein Grund auf Planung vollkommen zu verzichten, doch sie müsse vom „Prinzip der dauernden Fehlerkorrektur" geleitet sein. Lindblom dagegen propagiert eine Steuerungskonzeption ohne jeglicher zentral(istisch)er Planung, bei der sich die Systemsteuerung gleichsam als Resultante einer „parteiischen wechselseitigen Abstimmung" aller beteiligten Akteure ergibt.

Poppers und Lindbloms Varianten des Inkrementalismus sind in unterschiedlicher Weise auf betriebswirtschaftliche Zusammenhänge angewandt worden und haben auch als allgemeine Konzepte der Unternehmenssteuerung großen Anklang gefunden (z.B. *Wrapp* 1967; *Quinn* 1980). Der *Inkrementalismus* ist jedoch keineswegs ohne Kritik geblieben (vgl. insb. *Etzioni* 1968): (1) Er berücksichtigt nicht hinreichend die Machtverhältnisse in den Aushandlungsprozessen. Diese Kritik richtet sich insb. an Lindbloms Steuerungskonzept. (2) Aufgrund der Ausrichtung an der jeweils näheren Zukunft resultiert die inkrementalistische Steuerung häufig in einem richtungslosen Drift (s.a. *Johnson* 1988). (3) Das inkrementalistische Steuerungskonzept verdeckt, dass es häufig notwendig ist, weitreichende, nicht revidierbare (Richtungs-)Entscheidungen zu treffen. Diese lassen sich nicht als Folge inkrementaler Schritte erreichen. (4) Letztlich unterstützt das Konzept des Inkrementalismus diejenigen Kräfte, die den Status quo bewahren und Innovationen verhindern wollen.

3. Die geplante Evolution

Unter dem Begriff der „*geplanten Evolution*" lassen sich solche Ansätze zusammenfassen, die eine Synthese aus plandeterminierter und inkrementaler Steuerung propagieren (→ *Evolutionstheoretischer Ansatz*). Als Vordenker einer solchen Steuerungskonzeption gelten Etzioni (*Etzioni* 1967; *Etzioni* 1968) mit seiner Idee des „mixed scanning" als Konzept der Gesellschaftssteuerung und Rosove (*Rosove* 1967) mit seiner Idee der „planned evolution" als Konzept der Entwicklung umfassender computerbasierter Informationssysteme. Kirsch (zuerst *Kirsch* 1973, ausführlicher zuletzt *Kirsch* 1997a; *Kirsch* 1997b) hat diese Ideen in die Betriebswirtschaftslehre eingebracht und daraus ein allgemeines Steuerungskonzept entwickelt. Steuerung nach dem Konzept der geplanten Evolution vollzieht sich einerseits als Abfolge inkrementaler, am Status quo ansetzender Schritte vor dem Hintergrund je aktueller Ereignisse. Jeder einzelne Schritt definiert dabei den Status quo für den jeweils anschließenden Schritt. Dieser inkrementalistische Aspekt der Steuerung wird andererseits komplimentiert durch eine konzeptionelle Gesamtsicht, die steuernd auf jeden einzelnen Schritt mit einwirkt. Die Gesamtsicht wird dabei selbst sowohl vor dem Hintergrund der Erfahrungen, die im Zusammenhang mit den einzelnen Schritten gewonnen werden, als auch im Zusammenhang mit neuen Ideen und Werten einer permanenten Revision und Weiterentwicklung unterzogen. Diese Steuerungskonzeption ist gekennzeichnet durch ein bewusst erzeugtes Spannungsfeld zwischen einer induktiven Orientierung am Status quo und konkreten akuten Ereignissen einerseits und einer deduktiven Orientierung an allgemeinen Ideen und Werten andererseits (siehe Abb. 3).

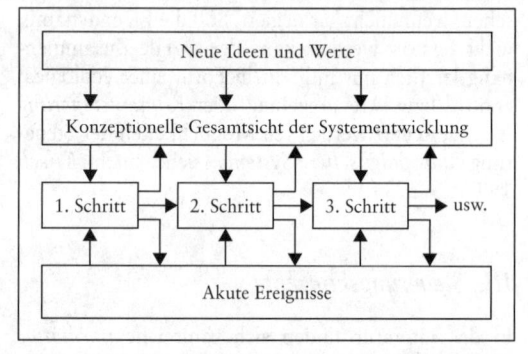

Abb. 3: Das Konzept der geplanten Evolution (Kirsch 1997b, S. 46)

In Abhängigkeit davon, ob die induktive oder die deduktive Orientierung die Systemsteuerung dominiert, unterscheidet Kirsch eher konservative („geplante Kontinuität") und eher progressive („geplante Reform") Varianten der geplanten Evolution. Das heißt, Varianten, die der inkrementalistischen oder der plandeterminierten Steuerung näher stehen.

4. Kontextsteuerung

Mit *Kontextsteuerung* werden solche Ansätze bezeichnet, die einen direkten (Steuerungs-)Eingriff in einen zu steuernden Zusammenhang ablehnen und stattdessen lediglich eine indirekte Steuerung über Veränderung von Kontextbedingungen propagieren. Die Steuerung erfolgt dabei durch Konditionierung der Selbststeuerung (→ *Selbstorganisation*) des zu steuernden Zusammenhangs. Das Konzept der Kontextsteuerung wurde von Willke (*Willke* 1983) im Bereich der Gesellschaftstheorie entwickelt und bekannt gemacht; aber auch bei vielen anderen Theoretikern finden sich ähnliche Überlegungen. Begründen lässt sich eine solche Steuerungskonzeption in zweifacher Weise. Einerseits macht sie sich die Eigendynamik bzw. die Selbststeuerungskräfte des zu steuernden sozialen Zusammenhangs zunutze und reduziert damit die Komplexität der Steuerungsaufgabe. Andererseits trägt sie der vor dem Hintergrund der *Kybernetik 2. Ordnung* vorgebrachten Skepsis gegenüber den Möglichkeiten einer direkten Fremdsteuerung Rechnung. Wie von vielen Vertretern betont, weisen soziale Zusammenhänge einen hohen Grad an Eigengesetzlichkeit auf, die einer direkten Intervention entgegensteht (s.o.). Die Kontextsteuerung zielt deshalb auf eine Veränderung der relevanten Umwelt des zu steuernden Zusammenhangs ab, auf die er dann in eigengesetzlicher Weise reagieren kann. In diesem Sinne könnte bspw. eine wirtschaftliche Einheit über die Veränderung ihrer Finanzierungsmöglichkeiten, auf die das System nach seiner eigenen Logik reagiert, gesteuert werden. „Nachteil" dieser Form der Steuerung ist jedoch, dass das konkrete Ergebnis der Steuerung von vorne herein nicht eindeutig berechenbar ist.

Die Kontextsteuerung ist ein Konzept, das auf beliebige Zusammenhänge angewandt werden kann, in denen es auf ein eigendynamisches System einzuwirken gilt. Gerade für die Unternehmenssteuerung bzw. Steuerung von Unternehmensverbindungen (s. z.B. *Naujoks* 1994) scheint es ein viel versprechendes Konzept, da man es hier (häufig) mit stark von Eigensinn geprägten (Sub-)Systemen zu tun hat. Es ergänzt insofern die Überlegungen zum Inkrementalismus und zum „partisan mutual adjustment" polyzentrischer Steuerungszusammenhänge. Es ist aber auch mit dem Konzept der geplanten Evolution kompatibel.

IV. Schlussbetrachtung

Wie eingangs angemerkt stellt die Steuerungstheorie kein klar abgegrenztes Forschungsfeld dar. Dies wird durch die Fülle an Begrifflichkeiten unterstrichen, die in ihrer Verwendung eine starke Familienähnlichkeit zu „Steuerung" aufweisen. Geht man allen durch die einzelnen Begrifflichkeiten implizierten Verweisen nach, so gelangt man in nahezu alle Bereiche sozialwissenschaftlicher bzw. organisationstheoretischer Forschung. In einem durchaus zulässigen Umkehrschluss könnte man die These aufstellen, dass letztlich alle Organisationstheorien (→ *Organisationstheorie*) implizit oder explizit Varianten von Steuerungstheorien darstellen.

Literatur

Etzioni, Amitai: The active society, London et al. 1968.
Etzioni, Amitai: Mixed Scanning: A „Third" Approach to Decision Making, in: Public Administration Review, Jg. 27, 1967, S. 385–392.
Gutenberg, Erich: Grundlagen der Betriebswirtschaftslehre, Heidelberg 1951.
Johnson, Gerry: Rethinking Incrementalism, in: SMJ, Jg. 9, 1988, S. 75–91.
Kirsch, Werner: Wegweiser zur Konstruktion einer evolutionären Theorie der strategsichen Führung. Kapitel eines Theorieprojekts, 2. A., München 1997a.
Kirsch, Werner: Strategisches Management: Die geplante Evolution von Unternehmen, München 1997b.
Kirsch, Werner: Kommunikatives Handeln, Autopoiese, Rationalität. Kritische Aneignungen im Hinblick auf eine evolutionäre Organisationstheorie, 2. A., München 1997c.
Kirsch, Werner: Betriebswirtschaftspolitik und geplanter Wandel betriebswirtschaftlicher Systeme, in: Unternehmensführung und Organisation – Bericht von der wissenschaftlichen Tagung in Innsbruck vom 23. bis 27. Mai 1972, hrsg. v. *Kirsch, Werner*, Wiesbaden 1973, S. 15–40.
Lindblom, Charles: The Policy Making Process, Englewood Cliffs et al. 1968.
Lindblom, Charles: The Intelligence of Democracy, New York et al. 1965.
Lindblom, Charles: The Science of Muddling-Through, in: Public Administration Review, Jg. 19, 1959, S. 79–88.
Luhmann, Niklas: Grenzen der Steuerung, in: Die Wirtschaft der Gesellschaft, hrsg. v. *Luhmann, Niklas*, Frankfurt am Main 1988, S. 324–349.
Mintzberg, Henry: Perspectives on Strategic Management, in: Perspectives on Strategic Management, hrsg. v. *Fredrickson, James*, Grand Rapids 1990, S. 105–235.
Mintzberg, Henry: The Rise and Fall of Strategic Planning, New York 1994.
Naujoks, Henrik: Konzernmanagement durch Kontextsteuerung, in: Managementforschung 4: Dramaturgie des Managements. Laterale Steuerung, hrsg. v. *Schreyögg, Georg/Conrad, Peter*, Berlin et al. 1994, S. 1–70.
Popper, Karl: Das Elend des Historizismus, Tübingen et al. 1965.
Quinn, James: Strategies for Change. „Logical Incrementalism", Homewood 1980.
Rosove, Perry: Developing Computer-Based Information Systems, New York 1967.
Schreyögg, Georg: Strategisches Management – Entwicklungstendenzen und Zukunftsperspektiven, in: Die Unternehmung, Jg. 53, 1999, S. 387–407.
Steinmann, Horst/Schreyögg, Georg: Management: Grundlagen der Unternehmensführung: Konzepte-Funktionen-Fallstudien, Wiesbaden 1990.
Willke, Helmut: Systemtheorie II: Steuerungstheorie, 3. A., Stuttgart 2002.
Willke, Helmut: Entzauberung des Staates. Überlegungen zu einer gesellschaftlichen Steuerungstheorie, Königstein 1983.
Wrapp, H. Edward: Good Mangers Don't Make Policy Decisions, in: HBR, Jg. 45, H. 5/1967, S. 91–99.

Strategie und Organisationsstruktur

Joachim Wolf

[s.a.: Funktionale Organisation; Internationale Strategien; Kontingenzansatz; Organisationsstrukturen, historische Entwicklung von; Spartenorganisation.]

I. Unvermindert hohe Relevanz einer sorgfältigen Abstimmung von Strategie und Organisationsstruktur; II. Notwendigkeit einer sorgfältigen Konzeptua-

lisierung der Konstrukte „Strategie" und „Organisationsstruktur" im Zusammenhang von Strategie-Struktur-Untersuchungen; III. Zusammenhänge zwischen einzelnen Strategieelementen und der Organisationsstruktur; IV. Auswirkungen von Strategie-Struktur-Entsprechungen auf den Unternehmenserfolg; V. Zur Kausalitätsrichtung von Strategie und Organisationsstruktur; VI. Kritische Würdigung und forschungsprogrammatische Perspektiven.

Zusammenfassung

Im vorliegenden Beitrag wird der unvermindert wichtige Zusammenhang zwischen Unternehmensstrategien und Organisationsstrukturen untersucht. Im Einzelnen wird aufgezeigt, welche organisationalen Grundstrukturen zu unterschiedlichen Ausprägungen von Strategieelementen passen. Weiterhin werden der Einfluss von Strategie-Struktur-Fits auf den Unternehmenserfolg sowie die Kausalitätsrichtungs-Frage erörtert. Forschungsprogrammatische Überlegungen schließen den Beitrag ab.

I. Unvermindert hohe Relevanz einer sorgfältigen Abstimmung von Strategie und Organisationsstruktur

Die Beziehung zwischen der Strategie und der Organisationsstruktur von Unternehmen (bzw. anderen Institutionstypen) gehört zu den klassischen Erkenntnisfeldern der Betriebswirtschaftslehre. Ausgehend von Chandlers wegweisender Untersuchung (*Chandler* 1962) wurden zahlreiche theoretische und empirische Untersuchungen hierauf ausgerichtet. Nachdem das Untersuchungsinteresse in den 80er Jahren aufgrund der verstärkten Hinwendung zu prozessualen, insb. personenorientierten Koordinationsformen vorübergehend etwas zurückgegangen war, ist das Ausmaß der auf die Strategie-Struktur-Beziehung ausgerichteten Forschungsbemühungen seither wieder stark angestiegen (*Schewe* 1998; *Wolf* 2000).

Diese erneute Hinwendung zur Strategie-Struktur-Beziehung erscheint insofern plausibel,

- als zahlreiche Unternehmen im Verlauf der letzten Jahrzehnte Strategien eingesetzt haben, die durch die traditionelle Strategie-Struktur-Forschung noch nicht abgedeckt worden sind (z.B. die Wahl von Wettbewerbsstrategien oder die Strategie der Internationalisierung der F&E),
- als die Organisationstheorie nach wie vor argumentiert, dass die prozessuale (d.h. technokratische und personenorientierte) Koordination nicht mehr darstellt als eine Ergänzung zur strukturellen Koordination und
- als die Mehrzahl der Unternehmen in den letzten beiden Jahrzehnten die Zahl ihrer Reorganisationen signifikant erhöht hat (vgl. *Wolf* 2000). Wenn der Faktor „Organisationsstruktur" unwichtig wäre, hätten die Unternehmen nicht so viel in aufwändige Reorganisationsprojekte investiert (*Wolf/Egelhoff* 2002).

Daher und aufgrund weiterer, anderswo (*Wolf* 2000) genannter Gründe wird der Strategie-Struktur-Zusammenhang auch in den nächsten Jahrzehnten im Mittelpunkt der Unternehmensführungs- und Organisationsforschung stehen.

II. Notwendigkeit einer sorgfältigen Konzeptualisierung der Konstrukte „Strategie" und „Organisationsstruktur" im Zusammenhang von Strategie-Struktur-Untersuchungen

Formal gesehen, lassen sich Strategien als grundlegende, von Unternehmen einzuschlagende Ziele und Wege der Zielerreichung begreifen. Gleichwohl ist das Konstrukt „Strategie" multidimensional und somit gefährdet, mehrdeutig bzw. missverständlich interpretiert zu werden. Es umfasst unterschiedlichste Strategieelemente wie Wachstumsstrategien, Diversifikationsstrategien, Wettbewerbsstrategien, F&E-Strategien, Akquisitionsstrategien, Kooperationsstrategien oder Internationalisierungsstrategien. Diese Multidimensionalität des Strategiekonstrukts dürfte auch wesentlich dafür verantwortlich sein, dass die unzähligen Versuche, eine universell gültige Kausalitätsrichtung zwischen Strategie und Organisationsstruktur zu identifizieren, letztlich fehlgeschlagen sind (*Schewe* 1999). Je nach betrachtetem Strategieelement variiert nämlich die Richtung der Wirkungsstruktur.

Ähnlich große Interpretationsspielräume umgeben den Begriff „Organisationsstruktur". Vielfach wird auf eine explizite Definition gänzlich verzichtet. Gemeint ist dabei jedoch fast durchweg die formale Gliederung der betrachteten Einheit (→ *Hierarchie*). Organisationsstrukturen finden sich somit nicht nur auf der Gesamtunternehmens- und Geschäftsbereichsebene, sondern ebenso auf nachgelagerten Hierarchieebenen wie Abteilungen oder Arbeitsgruppen. Wenn die Strategie-Struktur-Forschung den Begriff „Organisationsstruktur" verwendet, dann meint sie damit jedoch die Makrostruktur, also die grundsätzliche, auf den höheren Hierarchieebenen bestehende Form der Unternehmensgliederung. Auch dies bedarf freilich insofern einer weiteren Spezifikation, als das Aggregationsniveau des Organisationsstrukturkonzepts stets mit dem Aggregationsniveau des gewählten Strategieelements abzustimmen ist. Werden bspw. Unternehmenswachstums- oder Diversifikationsstrategien betrachtet, dann ist diesen die Gesamtunternehmensstruktur gegenüberzustellen. Werden Wettbewerbsstrategien oder internationale strategische Orientierungen thematisiert, dann sind diese mit Geschäftsbereichsstrukturen zu konfrontieren.

III. Zusammenhänge zwischen einzelnen Strategieelementen und der Organisationsstruktur

Im Rahmen der zahlreichen verfügbaren Untersuchungen zum Strategie-Struktur-Zusammenhang sind vielfältige Beziehungen zwischen Strategieelementen und Organisationsstrukturen hypothetisiert und empirisch getestet worden. Die verfügbaren Untersuchungen lassen sich in zwei Gruppen einteilen:

- Die der ersten Gruppe zuzuordnenden Untersuchungen (z.B. *Chandler* 1962; *Fligstein* 1985) sind rein deskriptiv angelegt. Es wird geprüft, ob die als vernünftig angenommenen Zuordnungen bestimmter Ausprägungen von Strategieelementen und Organisationsstrukturen in der Realität tatsächlich vorherrschen. Ob Unternehmen, welche die als zweckmäßig erachteten Strategie-Struktur-Zuordnungen realisiert haben, auch wirklich erfolgreicher sind als diejenigen mit anderen Zuordnungen, wird nicht explizit geprüft.
- Die in die zweite Gruppe einzureihenden Untersuchungen (z.B. *Rumelt* 1974; *Armour/Teece* 1978; *Markides/Williamson* 1996) vollziehen die letztgenannte explizite Güteprüfung des Strategie-Struktur-Fits. Diese Untersuchungen bemühen sich um eine valide Messung des Unternehmenserfolgs.

Die zweitgenannten Untersuchungen erscheinen zunächst überlegen, weil sie sich nicht ausschließlich auf eine zwingende Logik verlassen, sondern überdies den Bewährungsgrad der elaborierten Fits explizit testen. Gleichwohl ist anzumerken, dass diese Untersuchungen aufgrund der immer bestehenden Probleme bei der Messung von Unternehmenserfolg (*Wolf* 2003) ebenfalls nicht unproblematisch sind.

Da ein großer Teil der konzeptualisierten Strategie-Struktur-Entsprechungen eine empirische Fundierung erfahren hat, ist es im Rahmen dieses Überblicksbeitrags nicht möglich, die Gesamtmenge der bestätigten Fits wiederzugeben. Stattdessen ist eine Beschränkung auf die wichtigsten der „klassischen" und neuen Strategie-Struktur-Fits erforderlich. Die klassischen Strategie-Struktur-Fits beziehen sich auf die Strategieelemente „*Diversifikation*" und „*Unternehmenswachstum*".

Im Mittelpunkt der Diskussion um den Zusammenhang zwischen dem Strategieelement „Diversifikation" und der Organisationsstruktur steht der Befund, dass schwach diversifizierte Unternehmen zur Funktionalstruktur (→ *Funktionale Organisation*), stark diversifizierte hingegen zur Produktspartenstruktur neigen (→ *Organisationsstrukturen, historische Entwicklung von*) (*Chandler* 1962; *Rumelt* 1974; *Whittington/Mayer/Curto* 1998). Dies erscheint insofern plausibel, als mit zunehmender Diversifikation die Heterogenität der vom Unternehmen zu gestaltenden externen und internen Kontexte zunimmt (*Galbraith/Kazanjian* 1986). In stark diversifizierten, jedoch funktional gegliederten Unternehmen wird die Bewältigung der Leitungsaufgabe zunehmend zum Problem; die Produktspartenstruktur ist hier günstiger, weil sie den Informationsfluss (→ *Informationsverarbeitung, Organisation der;* → *Institutionenökonomie*) zwischen jenen Unternehmenseinheiten, deren Aufgaben nunmehr die größte Ähnlichkeit aufweisen, akzentuiert und damit klare Verantwortlichkeiten (→ *Verantwortung*) schafft. Für den Übergang zur Produktspartenstruktur im Zuge des Diversifikationsprozesses spricht aber auch, dass die Leistungsprogrammdiversifikation eine Absenkung des Ausmaßes teilbereichsübergreifender Interdependenzen bewirkt (→ *Profit-Center*). Somit ist eine ausgeprägte, von der Hierarchiespitze ausgehende Koordination weder möglich noch erforderlich (*Donaldson* 1982). Weiterhin hat sich gezeigt, dass stark diversifizierte Unternehmen überzufällig zur Matrixstruktur (→ *Matrix-Organisation*) und unterzufällig zur Regionalspartenstruktur (→ *Regionalorganisation*) neigen (*Habib/Victor* 1991; *Wolf* 2000). Die Neigung zur Matrixstruktur erscheint angesichts deren hoher Informationsverarbeitungskapazität plausibel, die im Falle einer starken Leistungsprogrammdiversifikation besonders vorteilhaft ist. Eine ausgeprägte Diversifikation und die Regionalspartenstruktur sind deshalb „unverträglich", weil bei dieser Organisationsstruktur die produktbezogenen Informationsverarbeitungskapazitäten gering ausgeprägt sind.

Im Hinblick auf das Strategieelement „Unternehmenswachstum" hält die Strategie-Struktur-Forschung die empirisch wiederholt (*Fligstein* 1985; *Schmitz* 1988) erhärtete Hypothese bereit, dass kleinere Unternehmen zur Funktionalstruktur, größere hingegen zur Produktsparten- und Matrixstruktur tendieren. Erklärt wird der Übergang von der Funktionalstruktur zur Produktsparten- bzw. Matrixstruktur im Laufe des unternehmerischen Wachstumsprozesses v.a. mit dem von Williamson (*Williamson* 1975) identifizierten „cumulative loss effect" (→ *Institutionenökonomie;* → *Steuerungstheorie*) der Funktionalstruktur. Hierunter wird verstanden, dass in funktional gegliederten Großunternehmen die Tätigkeiten vieler der in den Funktionsbereichen tätigen mittleren Manager keinen direkten Erfolgsbezug hätten, dass sie daher Drückebergerei betreiben könnten (→ *Controlling;* → *Führung und Führungstheorien*), zumal es dem Top Management aufgrund seiner begrenzten Rationalität kaum möglich sei, opportunistisch handelnde Untergebene verlässlich zu kontrollieren. Nach Williamson hilft hier insb. die Produktspartenstruktur („M-Form") (→ *Spartenorganisation*) weiter, weil hier das Unternehmen in mehrere überschaubare, unternehmerisch geführte Teilsysteme aufgegliedert wird. Die Einrichtung der Produktspartenstruktur kann demnach als Reaktion auf die Leitungsprobleme gesehen werden, die sich infolge des Wachstums von Unternehmen ergeben. Die Matrixstruktur dürfte v.a. deshalb gehäuft bei größeren Unternehmen auftreten, weil eine Doppelunterstellung die Verfügbarkeit einer hinreichenden Zahl an höheren Führungskräften voraussetzt. Trotz dieser an und für sich plausiblen Gedankenfolge ist im Schrifttum bis heute umstritten, ob mit dem Unternehmenswachstum ein originärer „Strukturtreiber" gegeben ist oder ob empirisch festgestellte Assoziationen der Unternehmensgröße und organisationalen Grundstrukturen lediglich die Tatsache zum Ausdruck bringen, dass die Variablen „Unternehmensgröße" und „Diversifikation" in vielen Samples stark miteinander korrelieren (*Donaldson* 1986).

Als neuere, noch nicht allzu lange diskutierte Strategie-Struktur-Fits sind u.a. (weitere werden in *Wolf* 2000 diskutiert) die Zusammenhänge der Strategieelemente „Wettbewerbsstrategie" und „F&E-Strategie" mit der Organisationsstruktur anzusprechen.

Werden „Wettbewerbsstrategien" auf der Basis von Porters (*Porter* 1980) Trilogie konzeptualisiert, dann ist zu vermuten, dass Unternehmen mit einer Kostenführerschaftsstrategie zur Funktionalstruktur und solche mit einer Differenzierungsstrategie zur Produktspartenstruktur neigen. Erstere suchen nämlich in einer Minimierung von Stückkosten ihren kompetitiven Vorteil. Die Funktionalstruktur erweist sich hier deshalb als passend, weil sie im Unternehmen nicht an vielen Stellen (nämlich den Sparten) gleichartige Funktionsbereiche vorhält, sondern für eine effizienzsteigernde Bündelung der verfügbaren Ressourcen sorgt (*Miller* 1988). Demgegenüber versuchen sich Differenzierer mit einzigartigen Marktleistungen von ihren Wettbewerbern abzuheben. Hierzu streben sie nach häufigen und signifikanten Produktinnovationen sowie nach einer intensiven Betreuung ihrer Kunden. Dies macht eine Organisationsstruktur erforderlich, bei der produkt- und marktorientierte Informationsverarbeitungskapazitäten gleichermaßen zumindest recht stark ausgeprägt sind. Diese Bedingung erfüllt die Produktspartenstruktur besser als alle anderen Organisationsstrukturen. In diesem Strukturkonzept ist der Unternehmenskorpus hinreichend komplex und dezentral angelegt, um den differenzierungstypischen *Economies-of-Scope*-Erfordernissen gerecht zu werden.

F&E-Aktivitäten erfolgen nicht nur im Unternehmensbereich gleichen Namens, sondern auch in vielen anderen Unternehmenseinheiten (→ *Forschung und Entwicklung, Organisation der*). Daher ist es vernünftig, Fits zwischen der F&E-Strategie, namentlich der F&E-Intensität, und der Organisationsstruktur zu elaborieren. Für F&E-intensive Unternehmen erscheinen die Produktsparten- und die Matrixstruktur, weniger die Funktionalstruktur passend. Die Produktspartenstruktur erscheint opportun, weil ihr Schwerpunkt der Informationsverarbeitung direktional den F&E-seitig gestellten produktzentrierten Informationsverarbeitungserfordernissen entspricht. Andererseits geht eine hohe F&E-Intensität mit einer hohen Dynamik und Varietät und demzufolge mit einer geringen Analysierbarkeit der unternehmerischen Transaktionsprozesse einher. Derartige variable und schlecht analysierbare Transaktionsprozesse sind nur auf dem Wege intensiver und medial reichhaltiger Informationstransfers, wie sie im Rahmen der Matrixstruktur erfolgen, zu bewältigen.

Die zuvor dargelegten Strategie-Struktur-Entsprechungen haben sich insb. in der Untersuchung von Wolf (*Wolf* 2000), in deren Rahmen 156 deutsche nationale und internationale Unternehmen über den Zeitraum von 40 Jahren hinweg studiert worden sind, gezeigt. Überdies führte diese Untersuchung zu dem Ergebnis, dass der Zusammenhang zwischen den Strategieelementen und der Organisationsstruktur im Zeitablauf eher stärker als schwächer geworden ist. Auch dies unterstreicht die hohe Relevanz des Themas „Strategie und Struktur".

Im Hinblick auf die relative Bedeutung der einzelnen Strategie-Struktur-Entsprechungen hinsichtlich der Wahl von Organisationsstrukturen ist festzuhalten, dass die klassischen Fits nach wie vor den größten Anteil der Varianz der Strukturwahl erklären können.

IV. Auswirkungen von Strategie-Struktur-Entsprechungen auf den Unternehmenserfolg

Wie bereits erwähnt, haben sich zahlreiche Forscher bemüht, die Auswirkungen von Strategie-Struktur-Entsprechungen hinsichtlich des Unternehmenserfolgs explizit zu prüfen. Aufgrund der begrifflichen Vagheit des Begriffes „Unternehmenserfolg" ist dieser dabei in unterschiedlichster Weise operationalisiert worden. Verwendet werden Erfolgsindikatoren wie Gewinn (vor oder nach Steuern), Gewinnwachstum, Gewinnschwankung (gemessen an der Standardabweichung der Variationseffekte zwischen den Beobachtungsjahren), (Veränderung der) Eigenkapitalrentabilität, (Veränderung der) Gesamtkapitalrentabilität, (Veränderung der) Umsatzrentabilität, (Veränderung des) Gewinn(s) je Aktie, Kursgewinn der Aktie, Umsatzwachstum, Wachstum des Auslandsumsatzes, Marktwert des neu gebildeten Eigenkapitals im Verhältnis zum Gewinn nach Steuern, Verhältnis von Eigenkapital zu Gesamtkapital, Wachstum des (Eigen-)Kapitals, Veränderung der Mitarbeiterzahl, Gesamtvermögen je Aktie, Vermögenswachstum, Wachstum des Anlagevermögens sowie Risiko (*Wolf* 2000).

Angesichts dieser Heterogenität bei der Operationalisierung des Erfolgskonstrukts verwundert es nicht, dass die Strategie-Struktur-Erfolgs-Forschung noch zu wesentlich uneinheitlicheren Ergebnissen geführt hat als die Strategie-Struktur-Forschung. Nichtsdestotrotz bleibt festzuhalten, dass die oben dargelegten und erläuterten Strategie-Struktur-Zuordnungen in der Tendenz durch die Strategie-Struktur-Erfolgs-Forschung bestätigt worden sind.

V. Zur Kausalitätsrichtung von Strategie und Organisationsstruktur

Die Strategy-follows-Structure-These ist nicht zuletzt deshalb entfaltet worden, weil es nicht immer gelungen ist, die Structure-follows-Strategy-These empirisch nachzuvollziehen. Die Strategy-follows-Structure-These erscheint aber auch aufgrund der dargelegten Multidimensionalität des Strategiekonzepts angemessen. So dürften in vielen Unternehmen Strategieelemente wie „Diversifikation" und „Unternehmenswachstum" die Wahl der organisationalen Grundstruktur diktieren, während andere Strategieelemente wie die „Wettbewerbsstrategie" von dieser eher geleitet sein dürften.

Inhaltlich wird die Strategy-follows-Structure-Sichtweise mit der Erkenntnis begründet, dass die Organisationsstruktur bestimmt, welche der immer in einem gewissen Konkurrenzverhältnis stehenden Unternehmensziele von den Entscheidungsträgern in den Vordergrund gestellt werden. Überdies kanalisiere die Organisationsstruktur den strategieleitenden Informationsfluss des Unternehmens. Sie präge die kognitiven Raster, Schemata und damit Wahrnehmungsprozesse der für die Strategieformulierung verantwortlichen Personen. Auch das in Strategieformulierungsprozessen stets eine Rolle spielende Machtgefüge sowie Führungskräfte-Anreizsysteme würden durch die Organisationsstruktur beeinflusst, was sich wiederum in der Strategieformulierung niederschlage. Aber auch in der Phase der Strategieimplementierung wirkt die Organisationsstruktur auf die Strategie ein. Diesbezüglich ist davon auszugehen, dass die Organisationsstruktur nur jenen Teil der formulierten, aber noch nicht implementierten Strategien „zur Realisation freigibt", der zu ihrer eigenen Grundausrichtung passt. Aufgrund der Stichhaltigkeit derartiger Überlegungen hat Schewe (*Schewe* 1999) mehrere in die Richtung einer umgekehrten bzw. wechselseitigen Beziehung zwischen Strategie und Struktur weisende Hypothesen entfaltet.

VI. Kritische Würdigung und forschungsprogrammatische Perspektiven

Die Strategie-Struktur-Forschung sollte zukünftig in mehrerlei Hinsicht modifiziert werden, um noch gehaltvollere Erkenntnisse gewinnen zu können (→ *Methoden der empirischen Managementforschung*). Drei forschungsprogrammatische Hinweise sind dabei in den Mittelpunkt zu stellen. Erstens sollten weitere neue Strategiekonzepte wie das Kernkompetenzdenken (→ *Ressourcenbasierter Ansatz*) in die Strategie-Struktur-Forschung eingebunden werden. Zweitens sollte noch stärker als bislang darauf geachtet werden, dass den Forschungsbemühungen eine solide theoretische Fundierung zugrunde gelegt wird. Genauso wie bei anderen situativ ausgerichteten empirischen Untersuchungsvorhaben (→ *Kontingenzansatz*) finden sich nämlich auch im Strategie-Struktur-Bereich zahlreiche Studien, in deren Rahmen Untersuchungsvariablen ohne hinreichende Vorab-Konzeptualisierung miteinander korreliert werden. Manche Strategie-Struktur-Studien leiden also unter einem nicht zu rechtfertigenden „Dataismus" (*Schreyögg* 1995). Und drittens sollte die Zahl der Längsschnittstudien gesteigert werden, um zumindest auf der Ebene einzelner Strategieelemente die Kausalitätsrichtungsfrage hinreichend beantworten zu können.

Literatur

Armour, Henry O./Teece, David J.: Organizational Structure and Economic Performance: A Test of the Multidivisional Hypothesis, in: Bell Journal of Economics, Jg. 9, 1978, S. 106–122.
Chandler, Alfred Dupont: Strategy and Structure: Chapters in the History of the Industrial Enterprise, Cambridge 1962.
Donaldson, Lex: The Interaction of Size and Diversification as a Determinant of Divisionalisation: Grinyer Revisited, in: OS, Jg. 7, 1986, S. 367–379.
Donaldson, Lex: Divisionalzation and Size: A Theoretical and an Empirical Critique, in: OS, Jg. 3, 1982, S. 321–337.
Fligstein, Neil: The Spread of the Multidivisional Form Among Large Firms, in: ASR, Jg. 50, 1985, S. 377–391.
Galbraith, Jay R./Kazanjian, Robert K.: Organizing to Implement Strategies of Diversity and Globalization: The Role of Matrix Designs, in: Human Ressource Management, Jg. 25, 1986, S. 37–54.
Habib, Mohammed/Victor, Bart: Strategy, Structure, and Performance of US Manufacturing and Service MNCs, in: SMJ, Jg. 12, 1991, S. 589–606.
Markides, Constantinos C./Williamson, Peter J.: Corporate Diversification and Organizational Structure: A Resource Based View, in: AMJ, Jg. 39, 1996, S. 340–367.
Miller, Danny: Relating Porter's Business Strategies to Environment and Structure: Analysis and Performance Implications, in: AMJ, Jg. 31, 1988, S. 280–308.
Porter, Michael E.: Competitive Strategy: Techniques for Analyzing Industries and Competitors, New York et al. 1980.
Rumelt, Richard P.: Strategy, Structure, and Economic Performance, Boston 1974.
Schewe, Gerhard: Unternehmensstrategie und Organisationsstruktur, in: DBW, Jg. 59, 1999, S. 61–75.
Schewe, Gerhard: Strategie und Struktur: Eine Re-Analyse empirischer Befunde und Nicht-Befunde, Tübingen 1998.
Schmitz, Rudolf: Kapitaleigentum, Unternehmensführung und interne Organisation, Wiesbaden 1988.
Schreyögg, Georg: Umwelt, Technologie und Organisationsstruktur: Eine Analyse des kontingenztheoretischen Ansatzes, 3. A., Bern et al. 1995.
Whittington, Richard/Mayer, Michael/Curto, Francisco: Economics, Politics and Nations: The Multidivisional Structure in France, Germany and the UK, 1983–1993. Arbeitspapier präsentiert anläßlich der Jahrestagung der Academy of Management, San Diego 1998.
Williamson, Oliver E.: Markets and Hierarchies, New York 1975.
Wolf, Joachim: Organisation, Management, Unternehmensführung: Theorien und Kritik, Wiesbaden 2003.
Wolf, Joachim: Strategie und Struktur 1955–1995: Ein Kapitel der Geschichte deutscher nationaler und internationaler Unternehmen, Wiesbaden 2000.
Wolf, Joachim/Egelhoff, William G.: A Reexamination and Extension of International Strategy-Structure Theory, in: SMJ, Jg. 23, 2002, S. 181–189.

Strategisches Management

Dodo zu Knyphausen-Aufseß

[s.a.: Internationale Strategien; Planung; Umweltanalyse, strategische; Unternehmensanalyse, strategische; Unternehmensführung (Management).]

I. Einleitung; II. Bezugsrahmen und Theorieansätze; III. Strategiekonzept; IV. Strategisches Management.

Zusammenfassung

„Strategisches Management" hat seit ca. 25 Jahren Konjunktur, sowohl in der Unternehmenspraxis als auch in der theoretischen und empirischen Forschung. Wichtige Einsichten entstammen u.a. der Industrieökonomie und der „Resource-based theory of the firm". In sich schnell verändernden Umwelten muss das Strategische Management eine fortlaufende Anpassung gewährleisten, um die Überlebensfähigkeit des Unternehmens zu sichern. Das kann nur gelingen, wenn auch organisatorisch geeignete Voraussetzungen für die strategischen Prozesse im Unternehmen geschaffen werden.

I. Einleitung

„Strategisches Management" ist beides – eine Bezeichnung für ein wichtiges Tätigkeitsfeld der Unternehmenspraxis und eine Bezeichnung für eine bedeutende Teildisziplin innerhalb der Managementlehre, die sich auf die Entwicklung und empirische Überprüfung von Theorien konzentriert (*zu Knyphausen-Aufseß* 1995; *Pettigrew/Thomas/Whittington* 2002). Die Verbindung besteht in dem Anspruch der Forschungsarbeiten, auch praktisch relevant zu sein. Mit einer starken Fokussierung auf „Performance" wird dieser Anspruch unterstützt. Das praktische Management soll sich darauf ausrichten, möglichst hohe („übernormale") Renditen zu erwirtschaften. Dazu passend verwenden auch die meisten empirischen Untersuchungen, die im Rahmen der Forschungen durchgeführt werden, die *Performance* (Gewinne, Unternehmenswert u.a.m.) als abhängige Variable.

II. Bezugsrahmen und Theorieansätze

Eine wichtige Funktion der Vermittlung zwischen Theorie und Praxis spielen theoretische Bezugsrahmen, die Variablenblöcke in eine noch wenig spezifizierte Beziehung zueinander setzen und gerade dadurch die Orientierung erleichtern bzw. das Denken anregen (*Porter* 1991). Beispiele hierzu sind die *Produkt/Markt-Matrix* (*Ansoff* 1965), das an der Harvard Business School entwickelte *SWOT-Konzept* (*Andrews* 1971), die *Portfolio-Matrix* der Boston Consulting Group, der „*Five Forces*"-Bezugsrahmen (*Porter* 1980) sowie das „*Value Net*" (*Brandenburger/Nalebuff* 1996). Diese Bezugsrahmen sind Meilensteine der Entwicklung des Strategischen Managements und Bezugspunkte für Forschungen, die seit 1980 (dem Gründungsjahr des *Strategic Management Journal*) großen Umfang angenommen haben.

1. Industrieökonomische Theorieansätze

Theorien und empirische Untersuchungen tragen dazu bei, Variablenzusammenhänge zu spezifizieren und die Zusammenhangshypothesen zu überprüfen. Eine Initialzündung für die Forschungen ging von Porters „*Five Forces*"-Schema aus, das auf der Grundlage des industrieökonomischen *Structure-Conduct-Performance-Paradigmas* die Gefahren und Gelegenheiten der ökonomisch-technischen Umwelt des Unternehmens ausleuchtet (→ *Umweltanalyse, strategische*). Die wesentliche These besteht zunächst darin, dass in konzentrierten Branchen höhere Renditen erzielt werden können als unter den Bedingungen vollkommener Konkurrenz. Dabei sind es nicht nur höhere Preise, die die Rendite steigen lassen; auch die Kosten können niedriger sein, sofern *Economies of Scale* vorliegen. Allerdings muss auch in Rechnung gestellt werden, dass bei vermindertem Wettbewerb die Anreize zur Rationalisierung nachlassen. Es ist deshalb nicht überraschend, wenn der zunächst postulierte positive Zusammenhang zwischen Branchenkonzentration und Rendite in empirischen Untersuchungen nicht unbedingt bestätigt werden konnte (vgl. *Schmalensee* 1989).

Die Analyse der Wettbewerbssituation innerhalb einer Branche ist nur *ein* Faktor, der über die zu erzielende Rendite entscheidet. Vier weitere Faktoren sind bedeutsam – die Verhandlungsmacht von Kunden einerseits und Lieferanten andererseits, die Gefährdung der Marktstellung der etablierten Anbieter durch Substitutionsprodukte sowie die Möglichkeiten eines Markteintritts durch neue Wettbewerber. Dass die Preissetzungsspielräume begrenzt sind, wenn die Kunden über eine hohe Verhandlungsmacht verfügen, kann man sich am Beispiel der Automobilzulieferindustrie leicht vor Augen führen („Lopez-Effekt"); für einen analogen Effekt auf der Lieferantenseite sorgen die wenigen Hersteller von Mikroprozessoren (insb. *Intel*) bei ihren Verträgen mit Computerherstellern. Preisbegrenzungen ergeben sich auch, wenn es alternative Problemlösungen oder Technologien gibt, die für den Kunden von einem bestimmten Preisniveau an attraktiv werden können (Beispiel: Umstieg von Ölheizung auf Sonnenenergie). Interessanter ist aber vielleicht die Gefahr des Eintritts neuer Wettbewerber. Wird in einer Branche viel Geld verdient, werden neue Anbieter angezogen, die an dem Gewinnpotenzial teilhaben wollen. Für die etablierten Anbieter stellt sich dann die Frage, welche *Markteintrittsbarrieren* existieren, die die Erosion ihres Gewinnpotenzials verhindern. Oder anders formuliert: Über welche auch längerfristig haltbaren *Wettbewerbsvorteile* verfügen die etablierten Anbieter gegenüber den „Newcomern"? Bain, einer der Protagonisten des industrieökonomischen Ansatzes, hatte im Wesentlichen vier solcher Wettbewerbsvorteile im Auge: *absolute Kostenvorteile* (z.B. in Form niedrigerer Arbeitskosten oder eines privilegierten Zugangs zu Rohstoffen), die schon erwähnten *Economies of Scale*, *Kapitalintensität* und *Produktdifferenzierung* (vgl. *Bain* 1956). Porter verdichtet diese Faktoren zu zwei „generischen" Strategiealternativen, auf die sich das Unternehmen konzentrieren muss: *Kostenführerschaft* oder *Differenzierung*. Über Bain hinausgehend diskutiert er dann diverse „Kosten-" und „Differenzierungstreiber", an denen das Unternehmen ansetzen kann, um seine Vorteilsposition zu optimieren.

Gegenüber dem „strukturalistischen" Ansatz der *Industrieökonomik* hat sich in den letzten Jahren eine „neue Industrieökonomik" herausgebildet, die auch die Diskussion im Bereich des Strategischen Managements stark geprägt hat (vgl. *Rumelt/Schendel/Teece* 1991). Sie interessiert sich für die Verhaltensweisen der Akteure und bedient sich bei ihrer Analyse der Mittel der → *Spieltheorie*. Eine zentrale These besteht dabei darin, dass die Spieler ihre Position verbessern können, wenn sie *glaubhafte Selbstverpflichtungen* eingehen – z.B. durch den Aufbau von Überkapazitäten, die es erlauben, bei dem Markteintritt von Newcomern die eigene Produktion zu erhöhen und dadurch Preisdruck auszuüben. Der Begriff des *Commitments* wird damit zu einem Schlüsselbegriff des Strategischen Managements (*Ghemawat* 1991).

2. Resource-based theory of the firm

Während zumindest die auf Porter aufbauende industrieökonomische Schule des Strategischen Managements an den Gefahren und Gelegenheiten der ökonomisch-technischen Umwelt ansetzt, thematisiert die „Resource-based theory of the firm" im Schwerpunkt die Stärken und Schwächen des Unternehmens, die sich an dessen Ressourcen (*Wernerfelt* 1984), „*Organizational Capabilities*" (*Teece/Pisano/Shuen* 1997), „*Strategic Assets*" (*Amit/Schoemaker* 1993) oder *Kernkompetenzen* (*Prahalad/Hamel* 1990) festmachen lassen (→ *Ressourcenbasierter Ansatz*; → *Kompetenzen, organisationale*). Der Wertbeitrag dieses Theorieansatzes, der seit Anfang der 1990er Jahre eine große Rolle spielt, bezieht sich auf zwei Punkte.

Zum einen wird auf der Ebene von einzelnen „Businesses" herausgearbeitet, was einen *Wettbewerbsvorteil* (Competitive Advantage) charakterisiert und wie Wettbewerbsvorteile sich über längere Zeit aufrechterhalten lassen (*Barney* 1991). *Erstens* müssen die Ressourcen überhaupt einen Wert besitzen, also die Effizienz und Effektivität des Unternehmens verbessern; darüber hinaus müssen sie knapp sein – wenn jeder sie hat, kann das Unternehmen sich nicht von der Konkurrenz absetzen; und sie dürfen schließlich auch nicht substituierbar durch andere Ressourcen sein. *Zweitens* müssen die Ressourcen heterogen und immobil sein, d.h., für unterschiedliche Ressourceneigner einen unterschiedlichen Wertbeitrag liefern, je nachdem, in welches Gesamtgefüge an Ressourcen sie eingebettet sind; und sie dürfen dann entsprechend auch nicht einfach übertragbar sein (durch Kauf bzw. Verkauf dieser Ressourcen an einen anderen Anbieter). *Drittens* muss gewährleistet sein, dass das Unternehmen sich die mit der Ressourcennutzung verbundene (Quasi-)Rente auch aneignen kann, die Rente also nicht von einzelnen Schlüsselpersonen (z.B. den Chefingenieuren in einem Forschungslabor) abgeschöpft wird. Der „Residual Owner" muss, mit anderen Worten, genügend Verhandlungsmacht besitzen, um einen „Profit" zu realisieren. Und *viertens* dürfen die Ressourcen nicht imitierbar sein – es muss „Barriers to imitation" (*Reed/DeFillippi* 1990) geben. Diese können etwa aus Schutzrechten (insb. Patente) resultieren, aber auch aus der Tatsache, dass Ressourcen eine hohe Komplexität besitzen und nur über eine lange Zeit hinweg aufgebaut werden können.

Zum anderen findet der ressourcenbasierte Ansatz eine unmittelbare Anwendung bei der Beurteilung von Diversifikationsaktivitäten. Die auch in vielen empirischen Untersuchungen überprüfte Hypothese lautet, dass *Diversifikationsaktivitäten* nur dann zu einer Erhöhung der Performance des Unternehmens führen, wenn die zugrunde liegenden Ressourcen „spezifisch" sind und damit zu tatsächlichen *Economies of Scope* führen (*Montgomery* 1994). Wenn man *Diversifikationsüberlegungen* als Inbegriff einer „Corporate Strategy" begreift (*Ansoff* 1965) und mit einer Festlegung der Rolle der Unternehmenszentrale (als den einzelnen Geschäften übergeordnete Einheit) verbindet, ergibt sich daraus auch ein Verständnis daraus, was „Parenting Advantages" (im Unterschied zu den *Competitive* Advantages) ausmacht (vgl. *Goold/Campbell/Alexander* 1994): *Erstens* muss die Unternehmenszentrale überhaupt einen Wert schaffen, also dazu beitragen, dass die Geschäfte selbst effizienter und effektiver abgewickelt werden können als im „Stand-alone"-Betrieb. *Zweitens* muss dieser Wert höher sein als die Kosten, die für den Betrieb der Unternehmenszentrale anfallen. *Drittens* muss der aus diesen beiden Aspekten resultierende Gesamteffekt höher sein als bei der Zuordnung eines Geschäftes unter eine andere Unternehmenszentrale. Und *viertens* muss dieser Effekt dauerhaft, also nicht nur das Ergebnis einer einmaligen Restrukturierungsmaßnahme sein.

Der ressourcenbasierte Ansatz des Strategischen Managements ist in jüngster Zeit etwas unter Druck geraten – die Argumentation sei tautologisch und der empirische Gehalt gering (*Priem/Butler* 2001). Tatsächlich ist fraglich, was – unter dem Aspekt der Anwendungsorientierung – die Unternehmenspraxis lernen kann, wenn in empirischen Untersuchungen der Wert von Ressourcenvorteilen belegt wird, dabei aber unklar bleibt, wie diese Ressourcenvorteile erreicht bzw. die zugrunde liegenden „*Organizational Capabilities*" entwickelt werden können. Allerdings ist genau das auch eine grundlegende Einsicht: *Wettbewerbsvorteile* müssen „kausale Ambiguität" aufweisen; wenn man genau wüsste, wie sie systematisch aufgebaut werden können, wäre damit auch schon die Grundlage für eine erfolgreiche Imitation gelegt, die genau diesen Wettbewerbsvorteil wieder aufzehren würde (*Barney* 2001; *Wilcox King/Zeithaml* 2001).

3. Werte, Interessen und Verhaltensdispositionen des Top-Managements

Auch zwei andere, im Bezugsrahmen der Harvard Business School (s.o.) adressierte Eckpunkte des Strategischen Managements haben die Aufmerksamkeit der Forschung auf sich gezogen. Die Untersuchung der Einflüsse von Werten und Charakteristika des Top-Managements ist von Hambrick und Mason (*Hambrick/Mason* 1984) angeregt worden. Aus der Perspektive des Prinzipal-Agenten-Ansatzes (→ *Prinzipal-Agenten-Ansatz*) wird vermutet, dass die Interessen der Anteilseigner und der Manager auseinander fallen; deshalb bedürfe es „*Shareholder Value*"-orientierter Anreizsysteme, um die Interessenkongruenz wieder herzustellen (*Jensen/Murphy* 1990). Tatsächlich haben die meisten börsennotierten Unternehmen in den USA und in Europa in der zweiten Hälfte der 1990er Jahre *Aktienoptionsprogramme* eingerichtet. In jüngster Zeit ist die Euphorie für solche Programme allerdings wieder verflogen, und Unternehmen wie die *Porsche AG* verweisen darauf, dass solche Programme nur die Kurzfristorientierung an den Börsenkursen, nicht aber eine langfristige, strategische Orientierung des Managements unterstützt. In einigen theoretischen Arbeiten wird inzwischen auch argumentiert, dass eine opportunistische Verhaltensdisposition des Managements, wie sie von der Agency-Theorie (und auch von der → *Transaktionskostentheorie*) unterstellt wird, abhängig sei von dem organisatorischen Kontext, der durchaus auch eine „positive" Verhaltensorientierung unterstützen könne (*Bartlett/Ghoshal* 1993). Und umgekehrt könnten *Anreizsysteme*, die allein die extrinsische → *Motivation* ansprechen, zu einer „Verdrängung" der intrinsischen Motivation beitragen, die für eine erfolgreiche Unternehmensführung zweifellos von großer Bedeutung ist (*Osterloh/Frey* 2000). In diesem Zusammenhang mögen auch Ideen von Interesse sein, Strategisches Management mit → *Entrepreneurship* in Verbindung zu bringen, wie jüngst in der Literatur gefordert (*Barringer/Bluedorn* 1999).

4. Institutionelle Einbettung

Der vierte Eckpunkt des Harvard-Bezugsrahmens betrifft zunächst die Frage, inwieweit sich Unternehmen den Anforderungen der Gesellschaft stellen müssen, um ihre Überlebensfähigkeit zu verbessern (*Kirsch/zu Knyphausen* 1988) – inwieweit sie sich als „Corporate Citizens" formieren müssen. Die institutionalistische → *Organisationstheorie* (*Powell/DiMaggio* 1991) hat in abstrakterer Weise die Mechanismen beschrieben, mit deren Hilfe sich Unternehmen in ihre verschiedenen Umwelten einbetten. Mit der zunehmenden Bedeutung der Kapitalmärkte sind bspw. die Finanzanalysten zu einem wichtigen Adressaten, aber auch zu einem wichtigen Faktor des Einflusses auf die Strategien des Unternehmens geworden; die Reaktion ist der Aufbau von „Investment Relations"-Abteilungen, die die Kommunikationsströme „triggern". Im Hinblick auf Rating-Agenturen ist gegenwärtig ein analoger Institutionalisierungsprozess im Gang (→ *Kapitalmarkt und Management*).

III. Strategiekonzept

Nach all den theoretischen Beiträgen ist in jüngster Zeit, auch im Zusammenhang mit dem Begriff des „*Geschäftsmodells*", wieder eine Diskussion aufgekommen, was „Strategie" eigentlich bedeutet (→ *Unternehmensstrategien*; → *Wettbewerbsstrategien*). Mintzberg unterscheidet vier Aspekte, die zu einer umfassenden Charakterisierung herangezogen werden können (*Mintzberg* 1994). *Erstens* ist eine Strategie ein *Handlungsplan*, der den Akteuren eine Orientierung vorgibt. Dieser Handlungsplan kann schriftlich formuliert sein, aber auch nur als kognitives Konstrukt existieren. Bei jungen, wachstumsorientierten Unternehmen hat sich hier in jüngster Zeit der Begriff des *Geschäftsplans* etabliert; damit verbunden sind Vorstellungen einer inhaltlichen Gliederung, die von der Produktbeschreibung über die Wettbewerbsanalyse bis hin zur Ableitung von Marketing-, Organisations- und Finanzierungskonzepten reicht und dabei natürlich auch eine Beschreibung der grundlegenden Wachstumsziele bzw. der „Vision" des Unternehmens umfasst. *Zweitens* kann der Strategiebegriff ein *Muster konsistenter Handlungen* bezeichnen, das sich ex post – z.B. durch das Management, einen Unternehmensberater oder einen Wissenschaftler – rekonstruieren lässt. Es ist dieser Aspekt, der es rechtfertigt, davon zu sprechen, „[that] behind every successful company, there is a superior strategy" (*Markides* 1999, S. 6). *Drittens* kann die Strategie eine *Position* im Wettbewerbsgefüge beschreiben – eine Idee, die sich aus dem industrieökonomischen Structure-Conduct-Performance-Paradigma (s.o.) ableiten lässt. *Viertens* schließlich kann die Strategie auch eine *Perspektive* bezeichnen

– die Art und Weise, wie ein Unternehmen sein Geschäft begreift und betreibt, die „dominante Logik", die die „mentalen Landkarten" der Geschäftsführung prägt (*Prahalad/Bettis* 1986).

Mit Strategien (und Geschäftsmodellen) ist das Problem verbunden, dass sie in schnelllebigen Umwelten sehr häufig verändert werden müssen (*Brown/Eisenhardt* 1998). Damit stellt sich allerdings die Frage, wie diese ständige Anpassung gewährleistet werden kann – eine Frage, die auf den Begriff der „Dynamic Capability" führt, der aus dem schon erwähnten Begriff der „*Organizational Capability*" abgeleitet werden kann (*Teece/Pisano/Shuen* 1997; *Makadok* 2001) und solche Prozesse wie die Produktentwicklung, die strategische Entscheidungsfindung sowie den Abschluss und das Management von *strategischen Allianzen* (→ Allianz, strategische) umfasst. Offensichtlich erhält damit das Konzept der Organisation eine neue Bedeutung: Ging es in den frühen Ansätzen des Strategischen Managements hier um einen zentralen Aspekt der Strategie*implementierung*, nach dem Motto „Structure follows strategy" (*Chandler* 1962), so wird jetzt mehr und mehr deutlich, dass die Organisation den Kontext schaffen muss, um die Strategien zu generieren und anzupassen (*Schreyögg* 1984); der *strategische Prozess* rückt in den Mittelpunkt des Interesses. Im Extremfall ist dann eine Strategie nicht mehr als ein Set einfacher Regeln, mit denen sich bietende Gelegenheiten genutzt werden können: „What is strategy? Like all effective strategies, strategy as simple rules is about being different. But that difference does not arise from tightly linked activity systems or leveraged core competencies, as in traditional strategies. It arises from focusing on key strategic processes and developing simple rules that shape those processes. When a pattern emerges from the processes – a pattern that creates network effects or economies of scope – the result can be a long-term competitive advantage like the ones Intel and Microsoft achieved for over a decade. More often, the competitive advantage is short term." (*Eisenhardt/Sull* 2001, S. 116).

IV. Strategisches Management

Was bedeutet nun Strategisches *Management*? Diese Frage kann beantwortet werden, wenn man drei Prozesse unterscheidet, die es zu steuern gilt: den unternehmerischen Prozess der Generierung und Bewertung neuer Ideen, den Prozess der Integration von Ressourcen und Aktivitäten sowie den Prozess der permanenten Erneuerung des Unternehmens insgesamt (vgl. *Bartlett/Ghoshal* 1993). Diese drei Prozesse erfordern Aktivitäten auf drei Ebenen – der des Topmanagements, der des Mittel- und der des Linienmanagements. Gegenüber den in der früheren Managementliteratur (z.B. *Chandler* 1962; *Bower* 1972) entwickelten Rollenverständnissen haben sich aber in den letzten Jahren erhebliche Veränderungen ergeben: Der *unternehmerische Prozess* wird zunehmend durch das Linienmanagement getragen, das die volle Ergebnisverantwortung für die jeweiligen Einheiten besitzt; das mittlere Management (Geschäftsgebiete und Regionen) bewertet und unterstützt die aus der Linie kommenden Initiativen, während das Topmanagement sich darauf beschränkt, die Grundausrichtung der Geschäftstätigkeit zu bestimmen und die Ergebnisstandards festzulegen. Der *Integrationsprozess* wird demgegenüber wesentlich durch das mittlere Management getragen. Entgegen dem traditionellen, hierarchisch geprägten Modell geht es dabei allerdings weniger um die Sicherstellung vertikaler Verbindungen zwischen dem Top- und dem Linienmanagement, sondern um den horizontalen Wissensaustausch zwischen den selbstständigen Einheiten. Das Topmanagement bemüht sich darum, hierzu die kulturelle Wertbasis zu schaffen; das Linienmanagement gibt die inhaltlichen Inputs und nutzt operative Interdependenzen und persönliche Beziehungen zur Weitervermittlung der jeweiligen Erfahrungen. Im Rahmen des fundamentalen *Erneuerungsprozesses* schließlich sorgt das Topmanagement für ständige Unruhe und Auflösung von Verkrustungen, was allerdings voraussetzt, dass das mittlere Management gleichzeitig seinen Beitrag für die Erhaltung der notwendigen Vertrauensbasis leistet. Das Linienmanagement muss in diesem Zusammenhang die grundlegende Spannung zwischen dem kurzfristigen operativen Ergebnis und den längerfristigen Visionen handhaben.

In der Praxis dürfte der Prozess des Strategischen Managements weniger etwas mit „Design" als mit organischer Entwicklung und Lernen zu tun haben – mit etwas, das man als „Guided Evolution" bezeichnen kann (*Kirsch* 1990).

Literatur

Amit, Raffi/Schoemaker, Paul: Strategic assets and organizational rents, in: SMJ, Jg. 14, 1993, S. 33–46.
Andrews, Kenneth: The concept of corporate strategy, Homewood IL 1971.
Ansoff, Igor: Corporate strategy. An analytical approach to business policy for growth and expansion, New York 1965.
Bain, Joe: Barriers to new competition, Cambridge MA 1956.
Barney, Jay: Is the resource-based „view" a useful perspective for strategic management research? Yes, in: AMR, Jg. 26, 2001, S. 51–56.
Barney, Jay: Firm resources and sustained competitive advantage, in: JMan, Jg. 17, 1991, S. 99–120.
Barringer, Bruce/Bluedorn, Allen: The relationship between corporate entrepreneurship and strategic management, in: SMJ, Jg. 20, 1999, S. 421–444.
Bartlett, Christopher/Ghoshal, Sumantra: Beyond the M-form: Toward a Managerial Theory of the Firm, in: SMJ, Jg. 14, 1993, S. 23–46.
Bower, Joseph: Managing the resource allocation process, Boston 1972.
Brandenburger, Adam/Nalebuff, Barry: A revolutionary mindset that combines competition and cooperation. The game

theory strategy that's changing the game of business, New York 1996.
Brown, Shona/Eisenhardt, Kathleen: Competing on the edge: Strategy as structured chaos, Boston 1998.
Chandler, Alfred: Strategy and structure. Chapters in the history of the industrial enterprise, Cambridge 1962.
Eisenhardt, Kathleen/Sull, Donald: Strategy as simple rules, in: HBR, Jg. 79, H. 1/2001, S. 107–116.
Ghemawat, Pankaj: Commitment. The dynamic of strategy, New York 1991.
Goold, Michael/Campbell, Andrew/Alexander, Marcus: Corporate-level strategy. Creating value in the multibusiness company, New York 1994.
Hambrick, Donald/Mason, Phyllis: Upper Echelons: The organization as a reflection of its top managers, in: AMR, Jg. 9, 1984, S. 193–206.
Jensen, Michael/Murphy, Kevin: Performance pay and top-management incentives, in: JPolit.Econ., Jg. 98, 1990, S. 225–264.
Kirsch, Werner: Unternehmenspolitik und strategische Unternehmensführung, Herrsching 1990.
Kirsch, Werner/Knyphausen, Dodo zu: Unternehmen und Gesellschaft. Die „Standortbestimmung" des Unternehmens als Problem des Strategischen Managements, in: DBW, Jg. 48, 1988, S. 489–508.
Knyphausen-Aufseß, Dodo zu: Theorie der strategischen Unternehmensführung. State of the Art und neue Perspektiven, Wiesbaden 1995.
Makadok, Richard: Toward a synthesis of the resource-based and dynamic-capability views of rent creation, in: SMJ, Jg. 22, 2001, S. 387–402.
Markides, Constantin: A dynamic view of strategy, in: SMR, Jg. 40, H. 3/1999, S. 55–63.
Mintzberg, Henry: The Rise and fall of strategic planning, New York 1994.
Montgomery, Cynthia: Corporate diversification, in: Journal of Economic Perspectives, Jg. 8, H. 3/1994, S. 163–178.
Osterloh, Margit/Frey, Bruno: Motivation, knowledge transfer, and organizational forms, in: Org.Sc., Jg. 11, 2000, S. 538–550.
Pettigrew, Andrew/Thomas, Howard/Whittington, Richard: Handbook of strategy and management, London et al. 2002.
Porter, Michael: Towards a dynamic theory of strategy, in: SMJ, Jg. 12, Winter Special Issue/1991, S. 95–117.
Porter, Michael: Competitive strategy: Techniques for analyzing industries and competitors, New York 1980.
Powell, Walter/DiMaggio, Paul: The new institutionalism in organizational analysis, Chicago IL 1991.
Prahalad, Coimbatore K./Bettis, Richard: The dominant logic: A new linkage between diversity and performance, in: SMJ, Jg. 7, 1986, S. 485–501.
Prahalad, Coimbatore K./Hamel, Gary: The core competence of the corporation, in: HBR, Jg. 68, H. 3/1990, S. 79–91.
Priem, Richard/Butler, John: Is the resource-based „View" a useful perspective for strategic management research?, in: AMR, Jg. 26, 2001, S. 22–40.
Reed, Richard/DeFillippi, Robert: Causal ambiguity, barriers to imitation, and sustainable competitive advantage, in: AMR, Jg. 15, 1990, S. 88–117.
Rumelt, Richard/Schendel, Dan/Teece, David: Strategic management and economics, in: SMJ, Jg. 12, Winter Special Issue/ 1991, S. 5–29.
Schmalensee, Richard: Inter-industry studies of structure and performance, in: Handbook of industrial organization, hrsg. v. *Schmalensee, Richard/Willig, Robert*, Amsterdam et al. 1989, S. 951–1009.
Schreyögg, Georg: Unternehmensstrategie. Grundfragen einer Theorie strategischer Unternehmensführung, Berlin et al. 1984.
Teece, David/Pisano, Gary/Shuen, Amy: Dynamic capabilities and strategic management, in: SMJ, Jg. 18, 1997, S. 509–533.
Wernerfelt, Birger: A resourced-based view of the firm, in: SMJ, Jg. 14, 1984, S. 4–12.
Wilcox King, Adelaide/Zeithaml, Carl: Competencies and firm performance: Examining the causal ambiguity paradox, in: SMJ, Jg. 22, 2001, S. 75–98.

Systemtheorie

Veronika Tacke

[s.a.: Chaos- und Komplexitätstheorie; Evolutionstheoretischer Ansatz; Konstruktivismus; Organisationsgrenzen; Organisationstheorie; Selbstorganisation; Steuerungstheorie.]

I. Einleitung; II. Systemtheorie I: System/Umwelt, Input/Output; III. Systemtheorie II: Autopoiesis, operative Geschlossenheit, Beobachtung; IV. Systemtheorie in den Sozialwissenschaften; V. Systemtheorien und Systemmodelle.

Zusammenfassung

Der Beitrag stellt Grundlagen und Entwicklungslinien der allgemeinen Systemtheorie (general systems theory) entlang von zwei Hauptphasen ihrer Entwicklung dar. Als ein exemplarischer Anwendungsfall allgemeiner Systemtheorie wird sodann die soziologische Systemtheorie dargestellt. Schließlich wird der Unterschied zwischen Systemmodellen und empirischen Systembegriffen erläutert.

I. Einleitung

Mit der allgemeinen Systemtheorie ist ein transdisziplinäres Forschungsprogramm bezeichnet, das in mehreren wissenschaftlichen Disziplinen und heterogenen Wissenschaftszweigen verwendet und entwickelt wird (u.a. Biologie, Biochemie, Neurophysiologie, Psychologie, Soziologie, Linguistik, Meteorologie, Rechtswissenschaft, Philosophie). Die *allgemeine Systemtheorie* verfolgt nicht den Anspruch, eine fachübergreifend einheitliche Theorie zu entwickeln, sondern versteht sich als ein Programm mit dem Ziel, „Analogiebildungen in theoretisch fruchtbare Kanäle zu lenken" (*Rapoport* 1988, S. 21). Kennzeichnend ist daher einerseits, dass systemtheoretische Begriffe insgesamt uneinheitlich definiert sind. Andererseits lässt sich von einer disziplinenübergreifenden Entwicklung der allgemeinen Systemtheorie sprechen, die auf der Übertragung systemtheoretischer Konzepte über disziplinäre Grenzen hinweg beruht. Um dabei einfache Analogieschlüsse (wie sie etwa in der Soziobiologie anzutreffen sind) zu vermeiden, werden einzelne Begriffe der Generalisierung und Respezifizierung unterzogen. Die Verwendung der ursprünglich von Biologen zur Definition von organischem Leben entwickelten Begriffe wie „System" und „Autopoiesis" bedeuten dann z.B. in der Soziologie nicht, dass auch soziale Systeme (die Gesellschaft und ihre Teilsysteme) als „lebende Organismen" aufgefasst werden. Zwischen organischen, psychischen, neuronalen und anderen Systemen bestehen keine elementaren, sondern lediglich strukturelle Ähnlichkeiten.

Im Folgenden wird das allgemeine systemtheoretische Programm in zwei paradigmatischen Entwicklungsphasen skizziert und am Fall der soziologischen Systemtheorie exemplarisch erläutert.

II. Systemtheorie I: System/Umwelt, Input/Output

Erste Formulierungen einer allgemeinen Systemtheorie (General Systems Theory) gehen auf den Biologen Ludwig von Bertalanffy (*von Bertalanffy* 1956) zurück. Mit Bezug auf das *mechanistische Weltbild* der newtonschen Physik bezweifelte er, dass organisches Leben, aber auch soziale Phänomene angemessen im Rahmen einer Wissenschaftsauffassung beschrieben werden können, die von allgemeinen Gesetzmäßigkeiten der Natur ausgeht und Einzelphänomene einer isolierenden, reduktiven Betrachtung unterwirft. An die Stelle einer linearen Logik kausaler *Ursache-Wirkungsbeziehungen* setzt die Systemtheorie die Vorstellung von Systemen als Ganzheiten, die durch eine Menge von Elementen und deren Relationen definiert sind, wobei die Elemente sich auch wechselseitig beeinflussen können. In der Abgrenzung zur Thermodynamik, die in ihrem zweiten Hauptsatz für thermisch von der Umgebung isolierte Körper eine Tendenz zur *Entropie* voraussagt (Wärmetod, Unordnung), sieht die Systemtheorie in Systembildung den zentralen Mechanismus des Aufbaus von Ordnung aus Unordnung („order from noise", *von Foerster* 1960). Durch die selektive Verknüpfung ihrer Elemente und Komponenten bauen Systeme geordnete, organisierte Komplexität auf und negieren so die Tendenz zur Entropie. Sie beruhen auf *Negentropie*.

Die Systemtheorie beschrieb Systeme zunächst als umweltoffen. Sie stehen im Austausch mit ihrer Umwelt (Energie-, Materie- oder Informationsaustausch) und erhalten sich in einer veränderlichen Umwelt durch die Stabilisierung einer Innen-Außen-Differenz (Grenzziehung) (→ *Organisationsgrenzen*). Im Unterschied zu geschlossenen, statischen Systemen, die dadurch gekennzeichnet sind, dass sie in ein konstantes Gleichgewicht einmünden, sind offene Systeme in Bezug auf ihre Durchlaufprozesse (Fließgleichgewicht) sowie auch den internen Austausch ihrer Elemente und Komponenten dynamisch (Selbstorganisation).

Zur Verallgemeinerung der zunächst im Vordergrund stehenden Frage nach dem Schutz zentraler Systemparameter vor Störungen aus der Umwelt des Systems hat die *Kybernetik* (*Wiener* 1948; *Ashby* 1974) zusammen mit der Informationstheorie (*Shannon/Weaver* 1949) beigetragen. Im Mittelpunkt steht dabei zunächst ein Modell negativer, stabilisierender Rückkopplungen, für das die Funktionsweise eines Thermostaten paradigmatisch ist. Das Interesse an positiven, eskalierenden Rückkopplungen kommt etwas später hinzu. Als Steuerungslehre hat das kybernetische Modell zur Verbreitung der Systemtheorie in technik- und sozialwissenschaftlichen Fächern sowie in praktischen Anwendungsfeldern (z.B. Operations Research) beigetragen (→ *Steuerungstheorie*).

Auf der Grundlage der Annahme der Umweltoffenheit von Systemen sind in den 1950er und 60er Jahren v.a. *Input-Output-Modelle* von Systemen verbreitet, die von der Grundvorstellung einer für den Systemanalytiker durchschaubaren maschinenartigen Transformationsfunktion von Inputs in Outputs ausgehen. In den Sozialwissenschaften finden sie Verwendung mit Bezug auf das politische System (*Easton* 1953), die Wirtschaft (*Parsons/Smelser* 1956) und Organisationen (*Thompson* 1967). Das Input-Output-Modell wurde schließlich überwiegend aufgegeben, weil es zum einen als willkürliche Vereinfachung von System-Umwelt-Relationen durch einen Beobachter erkannt wurde (s.u.). Zum anderen wurde sichtbar, dass Systeme sich unter gleichen Bedingungen nicht identisch verhalten: Die Systemtheorie hat es, einer Formulierung von Ranulph Glanville zufolge, nicht mit durchschaubaren „weißen", sondern mit „schwarzen Kästen" (black boxes) zu tun (*Glanville* 1979). Schwarze Kästen sind komplexe, unbekannte Maschinen, in denen der Mechanismus, der die Vorhersagbarkeit von Outputs bei bestimmten Inputs erklärt, nicht erkannt werden kann. An den Regelmäßigkeiten in den Umweltbeziehungen des Systems ist lediglich erkennbar, dass es einen internen Mechanismus geben muss, der die Transformation von Inputs in Outputs determiniert. Der Output des Systems wird nicht vom Input determiniert, sondern von der *Black Box*, also vom System (vgl. *von Foerster* 1985). Das System ist dabei keine triviale, sondern eine *nicht-triviale Maschine* (*von Foerster* 1993, S. 244 ff.), die neben einer Transformationsfunktion auch über eine Zustandsfunktion verfügt, mit der jeder Input verrechnet wird, so dass sich die Transformationsfunktion ändert. Damit ist die nichttriviale Maschine zwar determiniert, aber es ist nicht möglich, ihr Verhalten zu erschließen.

Offen bleibt in der frühen Systemtheorie u.a. die Frage, was eigentlich Systeme zur Offenheit befähigt und was ihre Operationsfähigkeit bedingt. Fragen dieser Art widmete sich die Systemtheorie in jüngeren Arbeiten.

III. Systemtheorie II: *Autopoiesis, operative Geschlossenheit, Beobachtung*

Die neuere Systemtheorie geht v.a. auf Arbeiten einer interdisziplinären Gruppe von Grundlagenforschern zurück, die sich seit 1960 am Biological Computer Laboratory (BCL) der Universität Urbana (Illinois) um den Physiker und Mathematiker Heinz von Foerster zusammenfand, darunter die Biologen Humberto Maturana und Francisco Varela sowie der Philosoph Ranulph Glanville (im Überblick: *von Foerster* 1995).

Systeme werden gemäß der neueren Systemtheorie durch einen einzigen Typ von – z.B. biochemischen, psychischen oder sozialen – Elementen operativ erzeugt. In diesem Zusammenhang prägte der Biologe Humberto Maturana den Begriff der *Autopoiesis* (von griech. „poíesis": Produktion, Herstellung). Autopoietische Systeme produzieren die Elemente aus denen sie bestehen, beständig durch das Netzwerk ihrer eigenen Elemente, wobei das Netzwerk der Elemente durch diese Elemente seinerseits erzeugt ist (*Maturana* 1981; *Maturana/Varela* 1982). Autopoietische Systeme sind Produkt und Produzent ihrer selbst und damit durch produktive Zirkularität gekennzeichnet. Sie sind operativ geschlossene Systeme, insofern sie ausschließlich im Netzwerk ihrer eigenen Elemente (und nicht in ihrer Umwelt) operieren können. Weil sie strukturdeterminiert operieren, also alle weiteren Operationen von demjenigen Zustand aus hervorbringen, in den sie sich selbst versetzt haben, werden autopoietisch geschlossene Systeme auch als „*historische Maschinen*" beschrieben (*von Foerster* 1993). Autopoietische, operativ geschlossene Systeme sind autonom, jedoch nicht autark. Autonom sind sie, weil sie über all diejenigen Voraussetzungen selbst disponieren, die ihre Reproduktion im Normalfall sicherstellen; sie sind nicht autark, weil sie nicht alle Reproduktionsvoraussetzungen in sich selbst enthalten, sondern auf hochspezifische Ressourcen anderer Systeme in ihrer Umwelt angewiesen sind. So ist etwa das Gehirn auf den Blutkreislauf, das psychische System auf das Gehirn oder sind soziale Systeme auf psychische Systeme angewiesen. Solche mit dem Begriff der strukturellen Kopplung erfassten Angewiesenheiten von Systemen auf ihre Umwelt (Maturana) bzw. aufeinander (Luhmann) widersprechen nicht der Annahme der *operativen Geschlossenheit*. Operative Geschlossenheit ist vielmehr Bedingung der Offenheit des Systems. Die Umwelt greift nicht in das System ein, sondern ruft über *strukturelle Kopplungen* allenfalls Irritationen hervor (Reizungen, Störungen, Enttäuschungen). Diese sind stets zustandsbestimmt – also vom System selbst erzeugte, interne Zustände.

Der Übergang zum neueren Paradigma der Systemtheorie geht mit einer radikalen Umstellung in den erkenntnistheoretischen Grundlagen einher. Die frühe Systemtheorie hatte sich auf Objektbeschreibungen von Systemen beschränkt, das heißt: den Beobachter (Subjekt) vom Gegenstand seiner Beobachtung (Objekt) getrennt und – sei es in analytischen oder konkreten Theorievarianten – außerhalb des Systems verortet. Die neuere Systemtheorie schließt den Beobachter in das System ein. Sie wird über eine „*Kybernetik zweiter Ordnung*" zu einer Theorie beobachtender Systeme. Denn bei genauerer Betrachtung erwies sich die kybernetische Zirkularität der Kontrolle als eine Tautologie: das Kontrollierende ist das Kontrollierte. Diese Tautologie kann nur durch eine Unterscheidung unterbrochen werden, die zwischen Kontrollierendem und Kontrolliertem willkürlich unterscheidet (*Glanville* 1988, S. 197 ff.). Vorausgesetzt ist dazu ein Beobachter, der diese Unterscheidung trifft. Systemtheoretisch wird die erkenntnistheoretische Frage nach dem Beobachter dadurch beantwortet, dass der Beobachter selbst als ein System aufgefasst wird, das aus vernetzten Beobachtungsoperationen besteht. Jede Beobachtung ist damit die systeminterne Konstruktion eines Systems.

Weil das „Subjekt" nunmehr im „Objekt" vorkommt, sprengt die Systemtheorie mit dem Einschluss des Beobachters in das System die klassische Subjekt-Objekt-Epistemologie. An ihre Stelle tritt ein operativer → *Konstruktivismus*, der Kognition als konstruktiven Akt an Beobachtungsoperationen bindet, zu denen Systeme – und nicht allein Bewusstseinssysteme („Subjekte") – fähig sind.

Im Anschluss an ein logisches Kalkül des Mathematikers George Spencer-Brown wurde der Begriff der Beobachtung formal definiert als „Unterscheiden und Bezeichnen", d.h. als (asymmetrische) Verwendung einer Unterscheidung zur Bezeichnung ihrer einen und nicht ihrer anderen Seite (*Spencer Brown* 1997; im Überblick: *Simon* 1988). Eine Beobachtung kann danach ihre eigene Unterscheidung nicht beobachten (*blinder Fleck*). Dies ist möglich nur durch eine weitere Beobachtung, die eine andere Unterscheidung benutzt (Beobachtung zweiter Ordnung). Diese nimmt jedoch keine überlegene Beobachtungsposition ein, sondern hat selbst wiederum einen blinden Fleck.

Diese beobachtungs- bzw. unterscheidungstheoretische Begrifflichkeit bildet in der neueren Systemtheorie die Grundlage genauer Bestimmungen der Bedingungen der Operationsfähigkeit von Systemen, die nicht in Kausalitäten gründet, sondern in *Paradoxien* und ihrer operativen Vermeidung. Jeder Beobachtung liegt – mit der Einheit (der beiden Seiten) ihrer Unterscheidung – eine Paradoxie zugrunde, die durch die Bezeichnung einer Seite der Unterscheidung vermieden wird (vgl. *Luhmann* 1998, S. 68 ff.). Systeme beruhen auf der Entfaltung – dem Vor-sich-herschieben – von Paradoxien.

IV. *Systemtheorie in den Sozialwissenschaften*

Aufgrund ihres transdiziplinären, programmatischen Charakters beschränkt sich der Beitrag der allgemeinen Systemtheorie zur Wissenschaftsentwicklung dem Anspruch nach darauf, interdisziplinäre Vergleiche zu ermöglichen und innerdisziplinäre Theorieentwicklungen anzuregen. Die Produktivität der Systemtheorie erweist sich damit innerhalb einzelner wissenschaftlicher Disziplinen. Im Kontext der Sozialwissenschaften ist hier insb. die Soziologie zu nennen, von der mit der frühzeitigen Etablierung eines Konzepts sozialer Systeme Anregungen auch für benachbarte Fächer ausgingen (Wirtschafts-, Rechts-, Politik-, Erziehungswissenschaft u.a.).

Die soziologische Systemtheorie hat zunächst im Werk von Talcott Parsons (1902–1979) eine theoretisch avancierte und einflussreiche Ausformulierung gefunden. Gegen utilitaristische Handlungsvorstellungen arbeitete Parsons heraus, dass Handlung nur als System möglich ist und dabei für das Zustandekommen von Handlung vier (System-)Funktionen gleichzeitig erfüllt sein müssen:

- Adaptation,
- Goal Attainment,
- Integration,
- Latent Pattern Maintenance.

Am Erkenntnisanspruch eines „analytischen Realismus" orientiert, arbeitete Parsons die Differenzierung des allgemeinen Handlungssystems in Subsysteme und die Beziehungen zwischen den Subsystemen aus. Theorietechnisch bediente er sich dabei des *AGIL-Schemas* (Akronym für die vier eben genannten Systemfunktionen), das die Differenzierung der vier Funktionen auf verschiedenen Systemebenen wiederholt. Das wirtschaftliche System erscheint darin z.B. als adaptives Subsystem (A) des Sozialsystems Gesellschaft (das seinerseits das integrative Subsystem (I) des allgemeinen Handlungssystems ist). Zur Ausdifferenzierung von Wirtschaft kommt es Parsons zufolge, sobald das Problem einer langfristigen Anpassung (adaptation) des Handlungssystems an Umweltbedingungen bedeutsam wird. Geld und Kapitalbildung ermöglichen in diesem Zusammenhang, auf unvorhergesehene Umweltbedingungen zu reagieren.

Parsons gilt als Vertreter des *Strukturfunktionalismus*, der nach den Funktionen fragt, die erfüllt sein müssen, um Strukturmuster zu erhalten (Bestandsfunktionalismus). Auch seine Beschreibungen der System-Umwelt-Verhältnisse im Input-Output-Schema kennzeichnen ihn als Vertreter des heute weitgehend aufgegebenen frühen systemtheoretischen Paradigmas (s.o.). Demgegenüber blieb seine radikale Grundannahme, dass Handlung nur als System möglich ist („action is system") für die Weiterentwicklung der soziologischen Systemtheorie wegweisend.

Im kritischen Anschluss an Parsons und auf dem Stand neuerer Entwicklungen in der allgemeinen Systemtheorie (s.o.) hat Niklas Luhmann (1927–1998) eine allgemeine Theorie sozialer Systeme entwickelt (*Luhmann* 1984) und diese als Theorie der modernen Gesellschaft (*Luhmann* 1997) ausgearbeitet. Im Unterschied zu Parsons (analytischer Realismus, Strukturfunktionalismus) geht die Theorie Luhmanns von einem empirischen Systemverständnis aus („es gibt Systeme!") und ordnet den Funktionsbegriff dem Strukturbegriff vor. Sie fragt, welche Funktionen bestimmte Systemleistungen erfüllen und durch welche anderen, funktional äquivalenten Leistungen sie ersetzt werden können (*Äquivalenzfunktionalismus*).

Soziale Systeme bestehen Luhmann zufolge elementar aus Kommunikationen (während Handlungen nunmehr als vereinfachende Zurechnungen der → *Kommunikation* beschrieben werden). *Soziale Systeme* sind operativ geschlossen, insofern Kommunikationen ausschließlich aus Kommunikationen erzeugt werden (*Selbstreferenz*). Auf der Grundlage ihrer operativen Geschlossenheit sind soziale Systeme jedoch zur Umweltoffenheit befähigt: indem jede Kommunikation etwas zum Thema hat, verweist sie sinnhaft auf anderes (*Fremdreferenz*).

Die Gesellschaft ist – als das umfassende Sozialsystem aller füreinander erreichbaren Kommunikationen – evolutionär durch unterschiedliche Formen der Binnendifferenzierung gekennzeichnet (segmentäre, stratifikatorische, *funktionale Differenzierung*). Die moderne Gesellschaft ist primär funktional, d.h. in *Funktionssysteme* (für Wirtschaft, Politik, Recht, Wissenschaft, Erziehung, Gesundheit u.a.) differenziert, die je spezifische Funktionen exklusiv erfüllen. Funktionssysteme operieren geschlossen auf der Grundlage kommunikativer Codes (Zahlungs-, Macht-, Rechts-, Wahrheitscode usw.), sind auf der Ebene ihrer Programme jedoch umweltoffen (Investitions- und Produktionsprogramme, Parteiprogramme, Theorie- und Methodenprogramme, Gesetze etc.). Daneben kommt es in der modernen Gesellschaft zur Herausbildung von Organisationssystemen (wie Unternehmen, Parteien, Gerichten, Universitäten, Kirchen, Schulen etc.). Ihre Schließung vollzieht sich durch die operative Verknüpfung von Entscheidungen (→ *Entscheidungsorientierte Organisationstheorie*) und stützt sich dabei auf Mitgliedschaftsrollen als Form der Teilnahme (*Luhmann* 2000). Hinzu kommen Interaktionssysteme, die als Kommunikation unter Anwesenden auf reflexiven Wahrnehmungen beruht (*Kieserling* 1999).

Das Verständnis insb. von Organisationen als selbstreferenziellen, autopoietischen Systemen ist heute nicht allein in der Soziologie (*Baecker* 2003; *Tacke* 1997; *Tacke* 2004), sondern v.a. auch in der betriebswirtschaftlichen Organisations- und Managementforschung weit verbreitet. Dabei lassen sich vielfältige Varianten der Verwendung des modernen Systembegriffs finden. Auf der einen Seite wird auch hier der soziologisch spezifizierte Organisationsbegriff (→ *Organisation*) aufgegriffen (*Hernes/Bakken* 2003; *Kirsch/zu Knyphausen* 1991), auf der anderen Seite werden fachunspezifische Anleihen bei der allgemeinen Systemtheorie gemacht (*Jackson* 2000; *Malik* 1993).

V. Systemtheorien und Systemmodelle

Generell lassen sich bei aller Vielfalt und disziplinären Spezifikation von Systemtheorie(n) hinsichtlich ihres erkenntnistheoretischen Anspruchs zwei Verwendungsweisen des Systemkonzepts unterscheiden: Im Rahmen von *Systemmodellen* wird der Systembegriff lediglich als ein Erkenntnismittel zur Fremdabstraktion des Gegenstandes als System eingesetzt. Demgegenüber liegt der Verwendung als empirischem Begriff die Prämisse zugrunde, dass das beobachtete (biologische, psychische, soziale etc.) System sich selbst operativ als ein System erzeugt und reproduziert, also eine Selbstabstraktion des Gegenstandes als System vorliegt. Im empirischen Sinne liegt ein System damit nur vor, wenn die Unterscheidung System/Umwelt eine Unterscheidung des Systems ist – und nicht lediglich seiner Umwelt. Ein System *ist* in diesem Verständnis die operative Handhabung der Unterscheidung von System (Selbstreferenz) und Umwelt (Fremdreferenz). Die Trennung der beiden Erkenntnisinteressen und Systemkonzepte ist allerdings insoweit variabel, als Weiterentwicklungen des empirischen Begriffs des Systems immer wieder die Entwicklung avancierterer Systemmodelle anregen, etwa in der Systemischen Therapie (*Ludewig* 1992), dem Systemischen Management (*Malik* 1993) oder der Systemischen Beratung (*Mingers* 1996). Charakteristisch für die Verwendung des Systemkonzepts in solchen Anwendungszusammenhängen ist das Wissen um die Grenzen der Intervention in operativ geschlossene, *selbstreferenzielle Systeme*. Das Wissen um die Verstrickung jeder Beobachtung in die Welt zwingt zudem zum Verzicht auf den Gestus der Überlegenheit des externen Beobachters, der mit seinen Konstruktionen lediglich ein Beobachter unter anderen ist – und das System bestenfalls irritieren kann.

Literatur

Ashby, Ross W.: Einführung in die Kybernetik, Frankfurt am Main 1974.
Baecker, Dirk: Organisation und Management, Frankfurt am Main 2003.
Bertalanffy, Ludwig von: General Systems Theory, in: General Systems, Jg. 1, 1956, S. 1–10.
Easton, David: The Political System. An Inquiry into the State of Political Science, New York 1953.
Foerster, Heinz von: Cybernetics of Cybernetics. The Control of Control and the Communication of Communication, Minneapolis 1995.
Foerster, Heinz von: Wissen und Gewissen. Versuch einer Brücke, Frankfurt am Main 1993.
Foerster, Heinz von (Hrsg.): Sicht und Einsicht. Versuche zu einer operativen Erkenntnistheorie, Braunschweig et al. 1985.
Foerster, Heinz von: On Self Organizing Systems and Their Enviroments, in: Self Organizing Systems, hrsg. v. *Yovits, Marshall C./Cameron, Scott*, New York 1960, S. 31–50.
Glanville, Ranulph: Objekte, Berlin 1988.
Glanville, Ranulph: The Form of Cybernetics: Whitening the Black Box, in: General Systems Research: A Science, a Methodology, a Technology, hrsg. v. Society for General Systems Research, Louisville 1979, S. 35–42.
Hernes, Tor/Bakken, Tore (Hrsg.): Autopoietic Organization Theory. Drawing on Niklas Luhmann's Social Systems Perspective, Kopenhagen 2003.
Jackson, Michael C.: Systems Approaches to Management, Dordrecht et al. 2000.
Kieserling, André: Kommunikation unter Anwesenden. Studien über Interaktionssysteme, Frankfurt am Main 1999.
Kirsch, Werner/Knyphausen, Dodo zu: Unternehmungen als „autopoietische" Systeme?, in: Managementforschung 1: Selbstorganisation und systemische Führung, hrsg. v. *Staehle, Wolfgang H./Sydow, Jörg*, Berlin et al. 1991, S. 75–101.
Ludewig, Kurt: Systemische Therapie. Grundlagen klinischer Theorie und Praxis, Stuttgart 1992.
Luhmann, Niklas: Organisation und Entscheidung, Wiesbaden 2000.
Luhmann, Niklas: Die Wissenschaft der Gesellschaft, Frankfurt am Main 1998.
Luhmann, Niklas: Die Gesellschaft der Gesellschaft, Frankfurt am Main 1997.
Luhmann, Niklas: Soziale Systeme. Grundriss einer allgemeinen Theorie, Frankfurt am Main 1984.
Malik, Fredmund: Systemisches Management, Evolution, Selbstorganisation. Grundprobleme, Funktionsmechanismen und Lösungsansätze für komplexe Systeme, Bern 1993.
Maturana, Humberto R.: Autopoiesis, in: Autopoiesis. A Theory of Living Organisations, hrsg. v. *Zeleny, Milan*, North Holland et al. 1981, S. 21–32.
Maturana, Humberto R./Varela, Francisco J.: Autopoietische Systeme. Eine Bestimmung der lebendigen Organisation, in: Erkennen. Die Organisation und Verkörperung von Wirklichkeit, hrsg. v. *Maturana, Humberto R.*, Braunschweig et al. 1982, S. 170–235.
Mingers, Susanne: Systemische Organisationsberatung. Eine Konfrontation von Theorie und Praxis, Frankfurt am Main 1996.
Parsons, Talcott/Smelser, Neil: Economy and Society. A Study in the Integration of Economic and Social Theory, London 1956.
Rapoport, Anatol: Allgemeine Systemtheorie. Wesentliche Begriffe und Anwendungen, Darmstadt 1988.
Shannon, Claude E./Weaver, Warren: The Mathematical Theory of Communication, Urbana IL 1949.
Simon, Fritz B.: Unterschiede, die Unterschiede machen. Klinische Epistomologie. Grundlagen einer systemischen Psychiatrie und Psychosomatik, Berlin 1988.
Spencer Brown, George: Gesetze der Form, Lübeck 1997.
Tacke, Veronika: Soziologie der Organisation, Bielefeld 2004.
Tacke, Veronika: Systemrationalisierung an ihren Grenzen. Organisationsgrenzen und Funktionen von Grenzstellen in Wirtschaftsorganisationen, in: Managementforschung 7: Gestaltung von Organisationsgrenzen, hrsg. v. *Schreyögg, Georg/Sydow, Jörg*, Berlin et al. 1997, S. 1–44.
Thompson, James D.: Organizations in Action, New York 1967.
Wiener, Norbert: Cybernetics or Control and Communication in the Animal and the Machine, Cambridge 1948.

Teamorganisation

Martin Högl

[s.a.: Arbeitsorganisation; Führung und Führungstheorien; Führungsstile und -konzepte; Gruppen und Gruppenarbeit; Gruppenverhalten und Gruppendenken; Kommunikation; Konflikte in Organisationen; Koordination und Integration; Matrix-Organisation; Motivation; Motivationsorientierte Organisationsmodelle; Netzwerke; Organisatorische Gestaltung (Organization Design); Partizipation; Projektmanagement.]

I. Begriff und Abgrenzung; II. Arten von Teams und ihre Einbindung in Organisationen; III. Anlässe zur Bildung von Teamorganisationen; IV. Gestaltung und Führung von Teams; V. Kritische Würdigung.

Zusammenfassung

Dieser Beitrag bietet einen Überblick über das Thema Teams in Organisationen. Zunächst werden die Begriffe Team und Teamorganisation definiert und abgegrenzt. Anschließend werden verschiedene Arten von Teams in Organisationen dargestellt sowie wesentliche Anlässe zur Bildung von Teams aufgezeigt. Schließlich werden wichtige Elemente der Gestaltung und Führung von Teams vorgestellt. Der Beitrag endet mit einer kritischen Würdigung der Teamorganisation und betont die Notwendigkeit, Vorteile und Nachteile dieser Organisationsform im konkreten Fall abzuwägen.

I. Begriff und Abgrenzung

Ein Team sei in Anlehnung an *Hackman* 1987 wie folgt definiert: (1) Eine soziale Einheit von drei oder mehr Personen, (2) deren Mitglieder von außen als solche erkannt werden und sich selbst als Mitglieder wahrnehmen (Identität), (3) die eingegliedert in eine → Organisation (Kontext) (4) durch unmittelbare Zusammenarbeit gemeinsame Aufgaben erledigt. Als Teamorganisation sei der Zusammenschluss von Mitarbeitern in einem Team oder mehreren Teams bezeichnet.

Mit dieser Definition werden Dyaden nicht als Teams betrachtet, da wesentliche Teamprozesse wie das Bilden von Koalitionen, das Vermitteln und Schlichten sowie komplexere Status- und Kommunikationsstrukturen bei zwei Personen nicht möglich sind. Eine Begrenzung der Teamgröße nach oben ist nicht explizit enthalten, wird jedoch durch den Zusatz ‚unmittelbare Zusammenarbeit' erreicht. Daraus ergibt sich insb., dass mit dem Wachsen der Mitgliederzahl einerseits die Wahrscheinlichkeit für eine unmittelbare Zusammenarbeit der Teammitglieder sinkt und andererseits die Wahrscheinlichkeit der Bildung von Subteams steigt. Diese Subteams wären dann als Teams im Sinne der obigen Definition zu verstehen und bilden gemeinschaftlich eine Teamorganisation wie sie z.B. bei einem Multi-Team-Projekt zu finden ist (*Wurst* 2001). Es wird als wenig sinnvoll erachtet, an dieser Stelle eine formale Obergrenze der Teamgröße festzulegen. Allerdings erscheint es im Allgemeinen aufgrund der überproportional steigenden Komplexität der Kommunikationsstruktur (→ *Kommunikation*) als sehr schwierig, Teams nach obiger Definition mit mehr als zehn Mitgliedern zu unterhalten (*Bühner/Pharao* 1993, S. 49).

Aus dem definitorischen Merkmal von Teams, in einen organisatorischen Kontext eingebunden zu sein, ergeben sich im Wesentlichen zwei Konsequenzen: Zum einen sind Teams eingebunden in das Zielsystem der sie umgebenden Organisation (→ *Ziele und Zielkonflikte*), was bedingt, dass Teams Leistungen erbringen, die der Zielerreichung der Gesamtorganisation dienen. Zum anderen verdeutlicht dies, dass Teams nicht in einem Vakuum existieren, sondern ihre Aufgaben im Zusammenspiel mit anderen Personen und Gruppen innerhalb einer Organisation verrichten und somit wechselseitige Abhängigkeiten zwischen den Teams und ihrer unternehmensinternen Umwelt bestehen, die von den Teams aktiv zu gestalten und zu pflegen sind (*Ancona/Caldwell* 1992).

Der vierte Aspekt der Definition bezieht sich auf den Arbeitsstil von Teams, die Teamarbeit (*Högl/Gemünden* 2001). Ein Team bearbeitet eine Aufgabe, indem Einzelpersonen kooperativ interagieren, d.h. zusammenarbeiten. Die Teamarbeit ist dabei als Modus zu verstehen, mit dem versucht wird, dem durch die Art der Aufgabe begründeten Kooperationsbedarf zu begegnen. Die Mitglieder eines Teams sind für die Aufgabenbearbeitung (Zielerreichung) aufeinander angewiesen; es bestehen aufgabenbedingte Interdependenzen zwischen den Teammitgliedern (*Mankin/Cohen/Bikson* 1996, S. 24).

II. Arten von Teams und ihre Einbindung in Organisationen

Ob der Vielfalt verschiedener Teams in Organisationen betonen viele Teamforscher die Notwendigkeit einer Fokussierung auf bestimmte Arten von Teams (bzw. Teamaufgaben) hinsichtlich der Formulierung und empirischen Prüfung von Erklärungsmodellen der Teameffektivität und anderer Teamphänomene (*Sundstrom/De MeuseFutrell* 1990, S. 125). *Mankin/ Cohen/Bikson* 1996, S. 24 ff. bieten deshalb eine Unterteilung in fünf Bereiche an: (1) Work Teams, (2) Project and Development Teams, (3) Parallel Teams, (4) Management Teams, (5) Ad hoc Networks. Dabei beschreiben diese fünf Typen ein Kontinuum von formalen, kontinuierlich arbeitenden Teams mit gleichbleibender Mitgliedschaft (Work Teams), über Teams die, parallel zur primären Organisation koordinierende und beratende Aufgaben erfüllen (Parallel Teams), bis hin zu relativ losen und informellen Kollektiven (Ad hoc Networks), bei denen Mitgliedschaft und Zeitdauer fließender und unschärfer werden. Bei den von *Mankin/Cohen/Bikson* 1996 beschriebenen Ad hoc Networks (→ *Netzwerke*) bleibt jedoch fraglich, ob diese in Hinblick auf eine gemeinsame Identität Teams im Sinne obiger Definition darstellen.

Darüber hinaus gilt, gerade in jüngerer Zeit, großes Forschungsinteresse sog. virtuellen Teams, d.h. Teams, deren Mitglieder geographisch verstreut weitgehend über Kommunikationsmedien zusammenarbeiten (*Schmidt/Montoya-Weiss/Massey* 2001; → *Informationstechnologie und Organisation*). Virtuelle Teams weisen häufig weitere Merkmale auf, die besondere Anforderungen an die Teamarbeit stellen, wie z.B. kulturelle Unterschiede der Teammitglieder, verschiedene Kenntnis der für das Projekt gewählten Sprache, und nicht zuletzt das Überbrücken von verschiedenen Zeitzonen, in denen sich die Teammitglieder befinden (*Jarvenpaa/Leidner* 1999; *Montoya-Weiss/Massey/Song* 2001; → *Interkulturelles Management*). Dennoch stellen virtuelle Teams keine eigene Teamkategorie dar, sondern können grundsätzlich in allen von *Mankin/Cohen/Bikson* 1996 unterschiedenen Teams vorkommen. Allerdings gilt es, bei der Gestaltung und Führung von Teams gezielt auf die durch die Virtualität bedingten spezifischen Anforderungen einzugehen, etwa durch face-to-face Kick-off Meetings (*Maznevski/Chudoba* 2000).

Die Einbindung der verschiedenen Arten von Teams in die Organisation kann auf unterschiedliche Weise erfolgen. Innerhalb teambasierter funktionaler Organisationseinheiten (→ *Funktionale Organisation*), wie z.B. der Produktion, stellen Teams die prinzipiellen Arbeitseinheiten dar. So werden einzelne Produktionsaufträge von Teams bearbeitet, die ihre Aufgabe oft weitgehend selbstständig planen und ausführen (sog. Workshop Organisation), anstatt einer auf → *Arbeitsteilung und Spezialisierung* beruhenden Organisation. Bei bereichsübergreifenden Projektteams (→ *Projektmanagement*), wie z.B. Teams in der Produktentwicklung, unterscheiden *Clark/Wheelwright* 1992 zwischen ‚lighweight', ‚heavyweight' und ‚autonomen' Teamorganisationen (→ *Innovationsmanagement*). Dabei gehen die Autoren vom Vorhandensein einer funktionalen Organisationsstruktur aus und differenzieren nach dem Grad der Produkt- oder Projektorientierung (also dem Einfluss des Teams bzw. des Teamleiters) gegenüber den funktionalen Organisationseinheiten. Hier findet sich eine deutliche Überschneidung zur → *Matrix-Organisation*.

III. Anlässe zur Bildung von Teamorganisationen

Es können grundsätzlich zwei verschiedene Motive zur Bildung von Teamorganisationen führen (*Mohrman/Cohen/Mohrman* 1995, S. 6 ff.). So werden aus einer sozio-technischen Betrachtungsweise heraus Routineaufgaben (z.B. Produktion, Kundenservice), die bisher hierarchisch organisiert waren, sog. teilautonomen Arbeitsgruppen (engl. Self-Managing Teams) übertragen (*Cohen/Ledford* 1994, S. 13; → *Hierarchie*). Ausgangspunkt sind hierbei Überlegungen zum Job Design (*Oldham* 1996), um Arbeit so zu organisieren, dass sie intrinsisch motivierend ist (→ *Motivationsorientierte Organisationsmodelle*). Ziel ist es, den Autonomiegrad und den Tätigkeitsbereich von Mitarbeitern durch kollektive Verantwortung im Team zu erweitern und somit → *Motivation*, Zufriedenheit und schließlich Mitarbeiterproduktivität zu verbessern und zugleich Kosten durch den Wegfall von Hierarchiestufen (z.B. Teamleiter) zu sparen (*Wall* et al. 1986, S. 280; → *Delegation (Zentralisation und Dezentralisation)*; → *Hierarchie*).

Die zweite Betrachtungsweise führt zur Bildung von Teams aus den Merkmalen und Anforderungen der Aufgabe heraus. Anders als beim Job Design ist die Aufgabe nicht Werkzeug, sondern Ursprung des organisatorischen Gestaltens. Aufgaben wie z.B. Produkt- oder Prozessentwicklung erfordern die Verarbeitung hoher Komplexität und Unsicherheit und bedingen so eine möglichst direkte Zusammenarbeit verschiedener Individuen mit ihren unterschiedlichen Fähigkeiten und Erfahrungen (*Hauschildt* 1997). Für solche Problemstellungen ist es günstig, diese mit verschiedenen Expertisen ausgestatteten Mitarbeiter in einem Team zusammenzufassen, damit sie in direkter Zusammenarbeit an der Lösung des gemeinsamen Problems arbeiten können.

IV. Gestaltung und Führung von Teams

Umfassende Modelle der Teameffektivität, wie z.B. von *Gladstein* 1984; *Hackman* 1987 und *Tannenbaum/Beard/Salas* 1992, bieten einen Überblick über die Vielzahl potenziell relevanter Faktoren der Teamgestaltung und Teamführung und zeigen darüber hinaus auch, dass der Teamerfolg neben einer aufgabenbezogenen Komponente (Effektivität und Effizienz) auch personenbezogene Elemente beinhaltet (Arbeitszufriedenheit, Lernerfolg, etc.). Ziel des Gestaltens und Führens von Teams ist es, zum einen die für die optimale Aufgabenbearbeitung notwendige teaminterne (*Högl/Gemünden* 2001) und teamexterne (*Ancona/Caldwell* 1992; *Wurst* 2001) Zusammenarbeit zu gewährleisten, und zum anderen dysfunktionale Tendenzen in Teams, wie Social Loafing (*Latané/Williams/Harkins* 1979), Groupthink (*Janis/Mann* 1977) und Konflikte (*Jehn* 1995) zu meiden oder zu minimieren (→ *Gruppenverhalten und Gruppendenken*; → *Konflikte in Organisationen*). Aus der Fülle der in der Literatur diskutierten Einflussgrößen der Teameffektivität seien an dieser Stelle Gestaltungselemente hervorgehoben, die sich in wissenschaftlichen Studien als besonders kritisch erwiesen haben.

1. Soziale und methodische Kompetenz

Im Hinblick auf die Teamarbeit ist es von Bedeutung, dass die Teammitglieder soziale Fähigkeiten (*Faix/Laier* 1996) einbringen, die sie in die Lage versetzen, im Rahmen der Aufgabenerfüllung aufeinander zuzugehen, Dinge offen anzusprechen und sich in die Sichtweisen anderer hineinzuversetzen (*Sundstrom/De Meuse/Futrell* 1990, S. 126). Neben der sozialen Kompetenz sind auch Fähigkeiten hinsichtlich methodischer Aspekte der Teamarbeit von Bedeutung. *Stevens/Campion* 1994 prägen hierzu den Begriff „Self-Management Kompetenz' und subsumieren darunter Fähigkeiten, Teilprojektziele zu setzen und deren Erreichen zu steuern sowie Fähigkeiten zur Aufgabenplanung und -koordination (→ *Koordination und Integration*).

2. Teamgröße

Die Teamgröße beeinflusst die Teamarbeit auf mehrere Weisen. Die teaminterne direkte Kommunikation wird mit steigender Mitgliederzahl zunehmend aufwändig, da die Komplexität der Kommunikationsstruktur überproportional ansteigt (→ *Kommunikation*). Auch bedingt eine steigende Teamgröße erhöhten teaminternen Koordinationsbedarf zur Abstimmung einzelner Beiträge zur Teamleistung (*Ziller* 1957, S. 171; *Steiner* 1966, S. 274 f.). Darüber hinaus ist die Teamgröße eine Determinante des Social Loafing-Phänomens (*Latané/Williams/Harkins* 1979), wonach sich bei zunehmender Teamgröße das Engagement der einzelnen Mitglieder tendenziell verringert (→ *Gruppenverhalten und Gruppendenken*).

3. Führungs- und Entscheidungsstruktur im Team

Wo in traditionellen Organisationen dyadische Beziehungen zwischen Führer und Geführten deutlich erkennbar sind, ist diese Rollenteilung in Teamorganisationen unschärfer (*Manz/Sims* 1987; → *Führung und Führungstheorien*; → *Führungsstile und -konzepte*). So werden diverse Führungsaktivitäten (z.B. Ziele setzen, Ressourcen planen, Feedback geben etc.) gemeinschaftlich oder je nach Qualifikation von verschiedenen Teammitgliedern wahrgenommen (*Högl/Parboteeah* 2003). Durch dieses partizipative Führungsmodell werden die Teammitglieder in Entscheidungsprozesse einbezogen, was wiederum das Maß an praktizierter Teamarbeit sowie die Entscheidungsqualität positiv beeinflusst (*Watson/Michaelsen/Sharp* 1991; → *Partizipation*). Gemeinsame Entscheidungsfindung führt auch zu höherer Identifikation der Teammitglieder mit der (kollektiven) Entscheidung, sodass diese auch engagierter umgesetzt wird (*Vroom* 1987, S. 371; → *Entscheidungsprozesse in Organisationen*).

V. Kritische Würdigung

Der Einsatz von Teamorganisationen ist ohne Zweifel sehr weit verbreitet, und zahlreiche wissenschaftliche Studien belegen positive Effekte auf verschiedene Ergebnisgrößen wie die Aufgabenerfüllung und die Mitarbeiterzufriedenheit. Teams finden sich in verschiedensten funktionalen Bereichen, von F&E (*Högl/Gemünden* 2001) und Marketing (*Helfert/Gemünden* 2001) bis zur Produktion (*Wall* et al. 1986). Jedoch bleibt auch festzuhalten, dass die Teamorganisation neben ihren Vorteilen, wie z.B. direkte Zusammenarbeit und höhere Entscheidungsqualität, auch die Gefahr von leistungshemmenden Tendenzen, wie z.B. Social Loafing und Groupthink, birgt (→ *Gruppenverhalten und Gruppendenken*). Darüber hinaus stellt die Teamorganisation ob ihres geringen Grades an festgelegten internen Strukturen eine komplexe und potenziell konfliktreiche Form der → *Arbeitsorganisation* dar (→ *Konflikte in Organisationen*). Auch bleibt anzumerken, dass der interaktive Arbeitsstil von Teams (Teamarbeit), verglichen mit hierarchischeren Organisationsformen, grundsätzlich zeit- und kostenintensiver ist. Es liegt deshalb nahe, dass die Teamorganisation als eine Form der organisatorischen Gestaltung (→ *Organisatorische Gestaltung (Organization Design)*) nicht notwendigerweise, wie oftmals in Praxis und Wissenschaft zum Ausdruck gebracht, positive Ergebnisse in jedem Kontext erzielt. Es kommt darauf an, dass Teams ein den Anforderungen der jeweiligen Aufgabe und des jeweiligen organisatorischen Kontextes entsprechendes Maß an interner und externer Zusammenarbeit finden (*Olson/Orville/Rueckert* et al. 2001).

Literatur

Ancona, Deborah/Caldwell, David: Bridging the boundary: External activity and performance in organizational teams, in: ASQ, Jg. 37, 1992, S. 634–665.

Bühner, Rolf/Pharao, Iris: Erfolgsfaktorn integrierter Gruppenarbeit: Schnelle Umsetzung erfordert systematische Restrukturierung, in: VDI Zeitschrift integrierte Produktion, Jg. 135, H. 1/2/1993, S. 46–57.
Clark, Kim/Wheelwright, Steven: Organizing and leading „heavyweight" development teams, in: CMR, Jg. 34, H. 3/1992, S. 9–28.
Cohen, Susan/Ledford, Gerald: The effectiveness of self-managing teams: A quasi-experiment, in: HR, Jg. 47, H. 1/1994, S. 13–43.
Faix, Werner/Laier, Angelika: Soziale Kompetenz: Wettbewerbsfaktor der Zukunft, 2. A., Wiesbaden 1996.
Gladstein, Deborah: Groups in context: A model of task group effectiveness, in: ASQ, Jg. 29, 1984, S. 499–517.
Hackman, J. Richard: The design of work teams, in: Handbook of Organizational Behavior, hrsg. v. *Lorsch, Jay*, Englewood Cliffs 1987, S. 315–342.
Hauschildt, Jürgen: Innovationsmanagement, 2. A., München 1997.
Helfert, Gabriele/Gemünden, Hans Georg: Relationship Marketing Teams, in: Management von Teams, hrsg. v. *Gemünden, Hans Georg/Högl, Martin*, 2. A., Wiesbaden 2001, S. 129–156.
Högl, Martin/Gemünden, Hans Georg: Teamwork quality and the success of innovative projects: A theoretical concept and empirical evidence, in: Org.Sc., Jg. 12, 2001, S. 435–449.
Högl, Martin/Parboteeah, K. Praveen: Goal setting and team performance in innovative projects: On the moderating role of teamwork quality, in: Small Group Research, Jg. 34, H. 1/2003, S. 3–19.
Janis, Irving/Mann, Leon: Decision making: A psychological analysis of conflict, choice, and commitment, New York 1977.
Jarvenpaa, Sirkka/Leidner, Dorothy: Communication and trust in global virtual teams, in: Org.Sc., Jg. 10, 1999, S. 791–815.
Jehn, Karen: A multimethod examination of the benefits and detriments of intragroup conflict, in: ASQ, Jg. 40, 1995, S. 256–282.
Latané, Bibb/Williams, Kipling/Harkins, Stephen: Many hands make light the work: Causes and consequences of social loafing, in: JPSP, Jg. 37, 1979, S. 822–832.
Mankin, Don/Cohen, Susan/Bikson, Tora: Teams and technology: Fulfilling the promise of the new organization, Boston 1996.
Manz, Charles/Sims, Henry: Leading workers to lead themselves: The external leadership of self-managing work teams, in: ASQ, Jg. 32, 1987, S. 106–128.
Maznevski, Martha/Chudoba, Kathrine: Bridging space over time: Global virtual team dynamics and effectiveness, in: Org.Sc., Jg. 11, 2000, S. 473–492.
Mohrman, Susan/Cohen, Susan/Mohrman, Allan: Designing team-based organizations, San Francisco 1995.
Montoya-Weiss, Mitzi/Massey, Anne/Song, Michael: Getting it together: Temporal coordination and conflict management in global virtual teams, in: AMJ, Jg. 44, 2001, S. 1251–1262.
Oldham, Greg: Job design, in: International review of industrial and organizational psychology, hrsg. v. *Cooper, Cary/Robertson, Ivan*, Chichester 1996, S. 33–60.
Olson, Eric/Orville, Walker/Rueckert, Robert et al.: Patterns of cooperation during new product development among marketing, operations and R&D: Implications for project performance, in: Journal of Product Innovation Management, Jg. 18, 2001, S. 258–271.
Schmidt, Jeffrey/Montoya-Weiss, Mitzi/Massey, Anne: New product development decision-making effectiveness: Comparing individuals, face-to-face teams, and virtual teams, in: Decision Sciences, Jg. 32, 2001, S. 575–600.
Steiner, Ivan: Models for inferring relationships between group size and potential group productivity, in: Behavioral Science, Jg. 11, 1966, S. 273–283.
Stevens, Michael/Campion, Michael: The knowledge, skill, and ability requirements for teamwork: Implications for human resource management, in: Journal of Management, Jg. 20, 1994, S. 503–530.
Sundstrom, Eric/De Meuse, Kenneth/Futrell, David: Work teams: Applications and effectiveness, in: American Psychologist, Jg. 45, H. 2/1990, S. 120–133.
Tannenbaum, Scott/Beard, Rebecca/Salas, Eduardo: Team building and its influence on team effectiveness: An examination of conceptual and empirical developments, in: Issues, theory, and research in industrial/organizational psychology, hrsg. v. *Kelley, Kathryn*, Amsterdam 1992, S. 117–153.
Vroom, Victor: A new look at managerial decision making, in: The great writings in management and organizational behavior, hrsg. v. *Boone, Louis/Bowen, Donald*, New York 1987, S. 365–383.
Wall, Toby et al.: Outcomes of autonomous work groups: A long-term field experiment, in: AMJ, Jg. 29, 1986, S. 280–304.
Watson, Warren/Michaelsen, Larry/Sharp, Walt: Member competence, group interaction, and group decision making, in: JAP, Jg. 76, 1991, S. 803–809.
Wurst, Katharina: Zusammenarbeit in innovativen Multi-Team-Projekten, Wiesbaden 2001.
Ziller, Robert: Group size: A determinant of the quality and stability of group decisions, in: Sociometry, Jg. 20, 1957, S. 165–173.

Technologie und Organisation

Christian Noss

[s.a.: Informationstechnologie und Organisation; Informationsverarbeitung, Organisation der; Konstruktivismus; Kontingenzansatz; Technologiemanagement.]

I. Zum Verhältnis von Technologie und Organisation; II. Technologischer Determinismus; III. Interaktion von Technologie und Organisation; IV. Empirische Studien; V. Ökonomische Bedeutung; VI. Kritische Würdigung.

Zusammenfassung

Die Bedeutung des Faktors „Technologie" in Organisationen hat sich in den vergangenen Jahren deutlich verändert. Die Technologie erscheint nicht länger als ein Rahmenfaktor, der der Organisationsstruktur mehr oder minder enge Grenzen setzt, sondern sie wird als ein wesentlicher organisationsinterner Entwicklungsmotor studiert, der zu vielfachen strukturellen Innovationen beiträgt. Neben neuen Technologien selbst ermöglicht v.a. ein neues Denken über Technologie einen derartigen Schwenk der Grundlagenperspektive. Als wesentliche Implikation gilt es den organisatorischen „Umgang" mit Technologie neu zu fassen und die herrschenden Vorstellungen vom Technologiemanagement zu erweitern.

I. Zum Verhältnis von Technologie und Organisation

1. Einführung: Technologiebegriffe und -konzepte in der Organisationstheorie

Seit ihren Anfängen zeigen sich die Managementwissenschaft im Allgemeinen sowie die Organisationstheorie im Besonderen überaus deutlich an Fragen der Technologie in Organisationen interessiert (z.B. hinsichtlich ihrer Einsatzfelder, Auswirkungen etc). Die moderne industrielle Produktion von Gütern und Dienstleistungen beruht geradezu auf einem umfangreichen Technologieeinsatz und spätestens seit den Arbeiten von Frederick W. Taylor herrscht die Grundeinsicht vor, dass die Rationalität der Technologiegestaltung und -anwendung entscheidend über die Leistungsfähigkeit der Organisationsvollzüge (mit) befindet.

Dabei ist man sich bis heute in dem Punkt einig, dass bei der Rede von Technologie klassischerweise deren Artefaktcharakter – im Gegensatz zum Verfahrenscharakter – im Vordergrund steht. Es geht schwerpunktmäßig um *Realtechnologie* (z.B. Produktionsaggregate oder Informationstechnologie), weniger um Technologien (bzw. Techniken) der Führung von Mitarbeitern oder des Findens von Entscheidungen etc. (sog. Sozialtechnologie). Weitgehend uneinig ist sich die Forschung indessen bei der eindeutigen Bestimmung bzw. Klassifikation derjenigen Technologie(n), die für Organisationen von nachhaltiger Relevanz ist (bzw. sind).

So wird einerseits die Vorstellung vertreten, es gelte eine *dominante Technologie* auf der Ebene der Gesamtunternehmung ausfindig zu machen. Dies sei eine wesentliche Voraussetzung für die Bestimmung der maßgeblichen Einflüsse auf die Organisationsstruktur. Andererseits wird hervorgehoben, Organisationen als Systeme seien auf unterschiedlichsten Ebenen in multipler Weise von Technologie(n) durchzogen, so dass bestenfalls bereichsspezifische Aussagen (z.B. auf Abteilungsebene) möglich sind (*Scott* 1990, S. 119). Ein weiteres Grundverständnis von Technologie zielt auf die kognitive Dimension ab, d.h. das einer Technologie innewohnende Anwendungs- bzw. Problemlösungswissen (*Zahn* 1995). Diese Perspektive löst sich von dem reinen Artefaktverständnis und fragt eher abstrakt nach dem spezifischen Verwendungszweck einer Technologie. Hieraus lassen sich dann Rückschlüsse auf die notwendigen Wissensarten und -elemente (→ *Wissen*) und darüber auf die besondere Beschaffenheit der einzusetzenden Technologie ziehen.

Insgesamt hat es sich bis heute als ein äußerst schwieriges Unterfangen erwiesen, von *der* Technologie in Organisationen sprechen zu wollen, zu unterschiedlich sind die diesbezüglichen Vorstellungen – aber letztlich auch die eingesetzten Technologien selbst. Eine Eingrenzung dessen, was genau die (artefaktinduzierte) technologische Dimension in Organisationen ausmacht, orientiert sich dann nicht selten an allgemeineren Schematisierungen, die bestimmte Technologie-Cluster verdichten. Die Absicht hierbei ist eher eine generative Übersicht über prägende *Technologie-Arten* (mit ihren Grundspezifika) zu verdeutlichen, als bspw. eindeutige Wirkungsbeziehungen auf unterschiedlichen Ebenen der Organisation nahe zu legen. Zu einer Übersicht siehe nachfolgend Abb. 1.

```
1. Produktionstechnolgie:
   – isoliert und subsystemspezifisch
   – Übernahme von menschlicher Arbeit
   – Logik der Kinematik
   – Zweck/Mittel-Relation
2. Administrationstechnologie:
   2.1 Büro- und Kommunikationstechnologie:
       – generell verbreitet aber nicht vernetzt; überwiegend subsystem-
         spezifisch
       – Übernahme von menschlicher Arbeit und Interaktions-
         funktionen
       – Zweck/Mittel-Relation
   2.2 Computertechnologie:
       – nach und nach vernetzt und holistisch
       – Übernahme von menschlicher Kalkulation, Gedächtnis,
         Schlussfolgerung
       – Logik der Infomatik
       – Zweck/Mittel-Relation
       a) zur Steuerung: gerichtete Stapelverarbeitung (Automation)
       b) zur Information: interaktive Info-Systeme (z. B. MIS)
3. Moderne Informations- und Kommunikationstechnologien:
   – von vornherein vernetzt und holistisch
   – umfassender Charakter: Produktion, Administration, Kommuni-
     kation, …
   – Logik der Informatik – interaktive Grundanlage
   – Technologie als multiples Medium
```

Abb. 1: Technologie-Arten in Organisationen

2. Der Einfluss von Technologie auf die Organisation

Die Debatte um den Einfluss der Technologie auf die Organisation wird bis heute maßgeblich von zwei konzeptionellen Grundperspektiven (bzw. Paradigmen) dominiert. Der Ursprung der organisationswissenschaftlichen Technologieforschung erkennt in der Technologie einen entscheidenden Faktor der Umwelt einer Organisation. Analog marktlicher oder rechtlicher Gegebenheiten gilt es eben auch die Technologie als einen prägenden Kontingenzfaktor in unternehmerischen bzw. organisatorischen Entscheidungen zu berücksichtigen. Ein spezieller Zweig der *Kontingenztheorie* (→ *Kontingenzansatz*) erkennt v.a. in der Produktionstechnologie einen Kontextfaktor, der für Organisationen als extern gegeben und höchstens in engen Grenzen gestaltbar angenommen wird. Technologie ist damit eine unabhängige Variable; Organisationsstruktur und Managementsystem gilt es auf die technologischen Anforderungen hin zu optimieren. Die Organisation wird zur abhängigen Größe (*Woodward* 1958).

Demgegenüber erblicken neuere Strömungen der Organisationstheorie in der Technologie ein primär organisationsendogenes Phänomen. Technologische Anforderungen an die Organisation(en) liegen nicht in generalisierter Form von vornherein fest, sondern müssen erst organisationsspezifisch konkretisiert werden. Die klare Dichotomie von Technologie als unabhängiger und Organisationsstruktur als abhängiger Variable wird zugunsten der Vorstellung einer grundlegenden Interdependenz beider Dimensionen im betrieblichen Geschehen aufgegeben (Roberts/Grabowski 1996). Als Konsequenz dieser beiden Grundperspektiven ergeben sich völlig unterschiedliche Implikationen hinsichtlich der Frage nach der organisatorischen Leistungsfähigkeit (insb. der effizienten Technologieanwendung) sowie einer technologiegerechten organisatorischen Gestaltung der Leistungsvollzüge.

II. Technologischer Determinismus

1. Frühe Kontingenztheoretische Ansätze

Den Auftakt und zugleich die wohl bis heute wichtigste Strömung zur Erforschung des Verhältnisses von Organisation und Technologie markiert die *Kontingenztheorie der Technologie*, in der Hauptsache vertreten von Joan Woodward und Charles Perrow. Woodwards Untersuchungen waren v.a. der Erforschung des Zusammenhangs von gegebener Fertigungstechnologie und hierzu passender Organisationsstruktur vorbehalten (*Woodward* 1965). Die Technologie wird in ihren Studien durch den Stand der Produktionstechnik verkörpert, eingruppiert zu bestimmten Technologie-Typen zunehmender technologischer Komplexität auf der sog. „*Technologieskala*". In ihrem hinlänglich bekannten Ergebnis stellt Woodward heraus, dass offensichtlich mit den gefundenen technologischen Vorgaben nur bestimmte organisationsstrukturelle Gegebenheiten fruchtbar harmonieren, d.h. ein hinreichend hohes Maß an Funktionalität und Effizienz aufweisen. Die (Produktions-)Technologien legen der weiterführenden Konklusion zufolge ganz spezifische Organisationsstrukturen für einen wirtschaftlichen Erfolg nahe. In ihren Untersuchungen findet Woodward einen kurvi-linearen Zusammenhang zwischen *technischer Komplexität* und der hierzu passenden Variabilität des Managementsystems. Für eine hohe Effizienz verlangen Fertigungssysteme niederer Komplexität nach einem dezentralen Managementsystem; Fertigungssysteme mittlerer Komplexität nach einem mechanistisch-zentralen und Produktionstechnologien mit einer hohen Komplexität wiederum nach einem dezentralen Managementsystem.

Einen zweiten richtungsweisenden Beitrag legt Perrow mit seinem allgemeinen Bezugsraster zur Analyse von Organisationen vor (*Perrow* 1967). Er entwickelt die Vorstellung, Organisationen anhand der jeweils für den (produktiven) Transformationsprozess verwendeten Technologien zu klassifizieren. Die Technologien spiegeln hierbei das notwendige Transformationswissen wider, das aufgabenbezogen nach dem Grad der Analysierbarkeit und dem Varietätsgrad genauer spezifiziert wird. Die Technologie liegt somit in dem jeweiligen Transformationswissen verschlüsselt vor und es wird zu einer Frage der Beschaffenheit des zur Aufgabenerfüllung notwendigen Wissens (unabhängige Variable), welche Organisationsstruktur am besten geeignet ist, diese Anforderungen in einen effizienten Leistungserstellungsprozess zu überführen (abhängige Variable).

Trotz des unterschiedlichen *Technologiekonzepts* sind die Konsequenzen Perrows für das Management von Organisationen nicht unähnlich zu den Ergebnissen Woodwards: Die Organisation gilt als der Technologie nachgelagerte Problematik; sie muss die Technologie als Datum annehmen, um erfolgversprechende Implikationen (hinsichtlich Strukturierung, Etablierung eines effizienten Kommunikationssystems etc.) hieraus abzuleiten. In der Kontingenztheorie der Technologie ist das Verhältnis von Organisation und Technologie damit eindeutig spezifiziert: Die Organisation hat sich im Hinblick auf eine *effiziente Technologienutzung* den Gegebenheiten der Technologie anzupassen.

2. Technologischer Determinismus in moderner Perspektive

Ganz im Geiste der frühen Studien wird bis heute in weiten Teilen der Organisationsforschung an der Vorstellung der *Technologieabhängigkeit von Organisationen* festgehalten (Staudt/Merker 2001, S. 125). In diesem Sinne werden jüngste Innovationen auf dem Gebiet der IuK-Technologie nicht selten als streng kausale Voraussetzungen erachtet, neue Organisationsformen und -abläufe zu evozieren und darüber hinaus zu reglementieren. Aktuelle Beispiele existieren zuhauf: Mächtige Informationsspeicher- und Administrationskapazitäten leiten über zur Prozessorganisation, Electronic Data Interchange (EDI) zieht fest integrierte Wertschöpfungsketten vormals getrennter Unternehmen nach sich und die multi-mediale Vernetzung erscheint geradezu als *die* notwendige Voraussetzung für Telekooperation(en) und Virtuelle Organisationen. All dies wird nur möglich auf der Basis standardisierter Datenformate und Protokolle, deren exakte Übernahme für alle anwendenden Organisationseinheiten bzw. Organisationen bindenden Charakter hat.

III. Interaktion von Technologie und Organisation

1. Die veränderte Grundlagenperspektive

In einer erweiterten Perspektive rückt Technologie in soziale Kommunikations- und Lebenszusammenhänge hinein; sie wird Teil der uns umgebenden sozialen Strukturen und Symbole. Ihr wird Bedeutung zugeschrieben und sie ist ihrerseits Teil des organisatorischen Kontexts, aus dem heraus Situationsdefinitionen, Normen und Wertvorstellungen generiert werden. So verstandene Technologie wird mehrdeutig, sie ist nicht mehr (ausschließlich) in technischen Kausalbezügen zu fassen. Und: Technologie wird unter diesen konzeptionellen Voraussetzungen zu einem für Organisationen nicht unproblematischen Gestaltungsfaktor, da sie – paradoxerweise – als sozial emergent begriffen wird. Daher gilt es, konzeptionelle Weichen zu stellen, um an einem derartig angereicherten Problemkontext überhaupt ansetzen zu können. Hier sind dann Konzepte hilfreich, die bei der Technologie *und* den sozialen Gegebenheiten von Organisationen gleichermaßen starten und deren interdependentes Verhältnis zu klären versuchen.

2. Wesentliche Strömungen

Als wesentliche konzeptionelle Ankerpunkte haben sich sowohl der *soziale Konstruktivismus* (→ *Konstruktivismus*) als auch die *Strukturationstheorie* mittlerweile fest etabliert. Aus konstruktivistischer Sicht erscheint Technologie als grundsätzlich mehrdeutig und ambig; sie enthält interpretative Freiräume, die das übersteigen, was ihr bspw. durch den oder die Konstrukteure als physikalische Leistungsmerkmale und Anwendungszwecke mit auf den Weg gegeben wird (*Weick* 1990). Technologie gleicht dann in ihrer Grundverfassung eher einem geschriebenen Text, der nach der Veröffentlichung anfängt ein „Eigenleben" zu führen, welches von den vielfältigen und unterschiedlichsten Interpretationen der Leser gespeist wird, eine Abfolge divergierender, konvergierender und sich gegenseitig überlappender Interpretations- und Re-Interpretationsprozesse überstehen muss und in dem die Ausgangsintention des Verfassers oftmals nach und nach in den Hintergrund tritt.

Im Sinne der Strukturationstheorie ist jedes Handeln in sozialen Systemen durch Strukturen prä-formiert und wirkt – indem es aktualisiert wird – gleichzeitig auf die das Handeln ermöglichenden Strukturen zurück, indem diese durch die (konkreten) sozialen Handlungen bestärkt und konfirmiert oder aber (partiell) destabilisiert und hierdurch modifiziert werden (können) (*Giddens* 1988). An diesem rekursiven Verweisungszusammenhang sozialer Strukturation, im Sinne von aktueller Reproduktion bzw. Modifikation von Strukturen, setzen auch diejenigen Vertreter an, die die Strukturationstheorie technologieorientiert wenden bzw. erweitern. Technologie wird in ihren Augen zu einer Systemkomponente mit grundsätzlichem Struktur- bzw. Strukturationswert.

IV. Empirische Studien

Die These der Interdependenz von Technologie und Organisation konnte in den vergangenen Jahren empirisch erhärtet werden. Erste bahnbrechende Studien stammen von Stephen Barley. Seinen Ergebnissen zufolge setzt eine bestimmte Technologie (in seinen Untersuchungen TC-Scanner in vergleichbar großen und ähnlich strukturierten Röntgenabteilungen in Krankenhäusern) nach ihrer Einführung relativ autonome und für eine jeweilige Organisation ganz spezifische Strukturierungsprozesse in Gang. Die Resultate sind nachhaltig und reichen von veränderten Rollen wesentlicher Nutzer bzw. Nutzergruppen über signifikante Modifikationen der bestehenden Kommunikationsnetze (*Barley* 1990) bis hin zur Neuverteilung der Machtgrundlagen (→ *Macht in Organisationen*) in den jeweiligen Organisationseinheiten (*Barley* 1986). Entscheidend ist hierbei die Bandbreite an Möglichkeiten der durch eine vermeintlich *gleiche* Technologie induzierten Strukturmodifikationen, die die These vom technologischen Determinismus stark relativiert.

Weitere wesentliche empirische Untersuchungen zur Rolle von Technologie in Organisationsprozessen werden seit ca. 1990 verstärkt am Massachusetts Institute of Technology (MIT) durchgeführt. So findet z.B. Orlikowski einen andauernden gegenseitigen Einsteuerungsprozess zwischen Organisationen und ihren IuK-Technologien. (*Orlikowski* 1992) (→ *Informationstechnologie und Organisation*). Hiernach verändern die Organisationsmitglieder im laufenden Prozess der Technologieanwendung nach und nach die Organisationsstrukturen, worauf deren Änderungen wiederum zu modifizierten Technologien führen. Beispielsweise zeigt sich in einer anderen Studie, dass die Anwendung von Multimedia-gestützter Informations- und Recherche-Software im Vertriebsbereich die Kommunikationsstrukturen der Vertriebsbeauftragten intensiviert und stärker vernetzt, was im Laufe der Zeit zu einer Redefinition der Software-Spezifika führt, worauf sich wiederum die Kommunikation verändert usw. (*Orlikowski* 2000).

Die Forscher/innen um Janet Fulk untersuchen Technologienutzung aus einer sozial-konstruktivistischen Perspektive. Hiernach liegt der Sinn und Zweck einer Technologie nicht von vornherein unverrückbar (d.h. realtechnisch induziert) fest, sondern es stellt sich regelmäßig ein Prozess der *Sinnfindung* der Technologie als Ergebnis ihrer faktischen Nutzung ein. Die üblicherweise unterstellte ex-ante Zuschreibung einer sachgerechten Technologieanwendung erweist hiernach als ein ex-post Resultat. Die tatsächliche Technologienutzung und damit weitgehend die mit einer bestimmten Technologie verbundene Bedeutungszuweisung verdankt sich primär sozialen Einflussprozessen (*Fulk/Schmitz/Steinfield* 1990). Als Mittler der sozialen Einflussnahme stellen Fulk et al. folgende Mechanismen heraus: (1.) Bewertende Statements wichtiger Stakeholder in einer Gruppe von Anwendern. (2.) Prozesse lernender Übernahme von technischen Merkmalen zwischen Gruppen oder Personen. (3.) Spezifische Verhaltensnormen und -kodizes in Bezug auf eine Technologie. (4.) Soziale Definition(en) von Rationalität z.B. hinsichtlich „vernünftiger" Nutzungsmodi einer Technologie.

Schließlich werden nicht nur laufende Anwendungsprozesse von Technologie in Organisationen studiert, sondern auch ihre Einführung. Hier zeigen sich ebenfalls deutlich sozial-induzierte bzw. konstituierte Verhaltensspezifika. Gemäß den Untersuchungen von Tyre und Orlikowski (*Tyre/Orlikowski* 1994) verläuft die Implementation von moderner Unternehmens-Software gerade nicht analog eines planvoll geordneten Einführungsprozesses, in dessen Verlauf die Nutzer stetig ihre Anwendungskompetenzen ausbauen. Im Gegensatz dazu verläuft dieser Prozess paradoxerweise permanent aber diskontinuierlich. Im Verlauf kommt es immer wieder – probleminduziert – zu „Modifikationsgelegenheiten" der Anwendung. Die Ausweitung der Nutzungsbandbreite bzw. Expertise ist damit sehr stark auf (an sich) emergente Situationen begrenzt; die Ergebnisse der Weiterentwicklung sind ebenfalls oftmals „offen", d.h. von vornherein nicht eindeutig spezifizierbar. Mit anderen Worten, eine eher lose Abfolge technischer „*Windows of Opportunity*" verleiht dem Prozess der Softwareeinführung entscheidende Wesenszüge.

V. Ökonomische Bedeutung

Aus Sicht der Kontingenztheorie liegen die ökonomischen Implikationen klar auf der Hand. Der technologische Determinismus impliziert die Kausalvermutung, dass zu bestimmten technologischen Vorgaben nur bestimmte organisationsstrukturelle Gegebenheiten passen, d.h. eine „fit"-Beziehung hinsichtlich Funktionalität und Effizienz verbürgen. Für einen wirtschaftlichen Erfolg bzw. zur langfristigen Existenzsicherung ist im Grunde jede Unternehmung dazu gezwungen, diejenige Organisationsstruktur (bzw. Managementsystem) zu implementieren, die den technologischen Anforderungen gerecht wird. Jenseits einer mehr oder minder bildgetreuen Umsetzung dieser Anforderungen besteht weder Raum noch Notwendigkeit für weiterreichende Managementinitiativen im Bereich der organisationsinternen Technologie.

Diese Zusammenhänge werden in der *Interaktionstheorie* offener gefasst. Verloren gehen damit die zugespitzte Effizienz- und (normative) Handlungsorientierung. Diese Öffnung impliziert dann jedoch eine nicht zu unterschätzende grundlegende Neubewertung der Technologie. Aus der neueren Sicht interagieren die technische und die soziale *Sphäre* permanent in Organisationen; Technologie wird als ein endogener Entwicklungsfaktor begriffen, der durchaus zu unvorhergesehenen Ergebnissen, neuen Strukturen und Verhaltensweisen führen kann. Mit anderen Worten Technologie und Organisation *reiben* sich ständig aneinander und die besonderen Reibungspunkte sowie die Ergebnisse sind nicht von vornherein eindeutig bestimmbar bzw. verändern sich immer wieder. Als Konsequenz steht weniger die unmittelbare Suche nach Effizienz im Mittelpunkt, sondern eine – relativ breit angelegte – Exploration des primär endogen induzierten technisch/organisatorischen Wandels. Die ökonomischen Relationen werden in Richtung qualitativer Größen revidiert; fortan stehen Lernprozesse um und mit Technologie, Fragen der Effektivität und Innovation im Zentrum (*Noss* 2002, S. 43 ff.).

VI. Kritische Würdigung

Sind die Kausalannahmen, Kernaussagen und Konklusionen der dem technologischen Determinismus verpflichteten Kontingenztheorie auch klar formuliert, so können ihre empirische Evidenz und konzeptionelle Stringenz bis heute nicht unumwundene Gültigkeit beanspruchen (*Schreyögg* 2003, S. 358 ff.). Neben operativen Problemen in der unzweideutigen Erfassung und Kategorisierung von Technologie(n) wird hierbei insb. kritisiert, dass es bei weitem zu kurz greift, Technologie (jedweder Art) als eine für Organisationen unabänderlich gegebene Größe zu begreifen. Es bestehen – und dieses Argument bekräftigen nicht zuletzt die Ergebnisse der neueren empirischen Untersuchungen – organisationsspezifisch mannigfache Handlungsspielräume und Gestaltungsmöglichkeiten (*Schreyögg* 1995). Auch die Effizienzvermutungen konnten nicht eindeutig bekräftigt werden; existieren doch – empirisch – Organisationsformen und -abläufe, die einer idealtypischen Technologie entgegenlaufen, aber eben doch effizient sind (z.B. Gruppenkonzepte anstatt der – aus kontingenztheoretischer Sicht unabdingbaren – Fließbandfertigung bei der Herstellung von Massengütern).

Dies ist dann auch der Nexus zu den interaktionstheoretischen Ansätzen. Hier besteht ein zentrales Anliegen darin, die aus der Technologie resultierenden Handlungsspielräume zu erkennen, deren Grenzen auszuleuchten und darauf aufbauend Konzepte zur Gestaltung des Organisations-Technologie-Zusammenhangs zu erarbeiten. In dieser Hinsicht erscheint als eine der wesentlichsten Konsequenzen, über die Frage des Technologiemanagements neu nachzudenken. Ist → *Technologiemanagement* bislang mit dem Schwerpunkt auf exogenen, v.a. wettbewerbsstrategischen Implikationen von Technologie diskutiert und betrieben worden (*Gerpott* 1999), gilt es fortan die (organisations-)endogene Dimension nachhaltiger zu bearbeiten.

Insbesondere die IuK-Technologien rücken, das haben die neueren Untersuchungen gezeigt, immer stärker *in* die Organisationsabläufe selbst; sie stellen immer weniger ihren Bedingungsrahmen dar. Insofern geht es in einem reformulierten Technologiemanagement um die laufende Entwicklung eines Unternehmenspotenzials, eben des *technologischen Potenzials*. Das Management von Technologie muss daher Kapazitäten bereitstellen, mit der sozial induzierten, organisationsinternen Entwicklungsdynamik (→ *Routinen und Pfadabhängigkeit*) umzugehen bzw. die techno-sozialen Inderdependenzen – proaktiv – zu kanalisieren. Ein so verstandenes Technologiemanagement reicht dann auch weit über den Faktor Technologie (i.e.S.) hinaus, es ist im Grunde als ein Verschnitt des allgemeinen Wandelmanagements von Organisationen und des (technologischen) Innovationsmanagements zu konzipieren.

Literatur

Barley, Stephen: The alignment of technology through roles and networks, in: ASQ, Jg. 35, 1990, S. 61–103.
Barley, Stephen: Technology as an occasion for structuring: Evidence from observations of CT scanners and the social order of radiology department, in: ASQ, Jg. 31, 1986, S. 78–108.
Fulk, Janet/Schmitz, Joseph/Steinfield, Charles: A social influence model of technology use, in: Organizations and communication technology, hrsg. v. *Fulk, Janet/Steinfield, Charles*, Newbury Park et al. 1990, S. 117–140.
Gerpott, Torsten: Strategisches Technologie- und Innovationsmanagement, Stuttgart 1999.
Giddens, Anthony: Die Konstitution der Gesellschaft, Frankfurt am Main et al. 1988.
Noss, Christian: Innovationsmanagement – Quo vadis?, in: Managementforschung 12: Theorien des Managements, hrsg. v. *Schreyögg, Georg/Conrad, Peter*, Wiesbaden 2002, S. 35–48.
Orlikowski, Wanda: Using technology and constituting structures: A practice lens for studying technology in organizations, in: Org.Sc., Jg. 11, 2000, S. 404–428.
Orlikowski, Wanda: The duality of technology: Rethinking the concept of technology in organizations, in: Org.Sc., Jg. 3, 1992, S. 398–427.
Perrow, Charles: A framework for the comparative analysis of organizations, in: ASR, Jg. 32, 1967, S. 194–208.
Roberts, Karlene H./Grabowski, Martha: Organizations, technology and structuring, in: Handbook of organization studies, hrsg. v. *Clegg, Stewart R./Hardy, Cynthia/Nord, Walter R.*, London et al. 1996, S. 409–423.
Schreyögg, Georg: Organisation: Grundlagen moderner Organisationsgestaltung, 4. A., Wiesbaden 2003.
Schreyögg, Georg: Umwelt, Technologie und Organisationsstruktur, 3. A., Bern et al. 1995.
Scott, W. Richard: Technology and structure: An organizational-level perspective, in: Technology and Organizations, hrsg. v. *Goodman, Paul* et al., San Francisco et al. 1990, S. 109–143.
Staudt, Erich/Merker, Richard: Betriebswirtschaftliche Theoriebildung im Spannungsfeld von Organisation und Technik, in: Erträge der interdisziplinären Technikforschung, hrsg. v. *Ropohl, Günter*, Berlin 2001, S. 125–143.
Tyre, Marcie J./Orlikowski, Wanda: Windows of opportunity: Temporal patterns of technological adaptation in organizations, in: Org.Sc., Jg. 5, 1994, S. 98–118.
Weick, Karl E.: Technology as equivoque: Sensemaking in new technology, in: Technology and organizations, hrsg. v. *Goodman, Paul* et al., San Francisco et al. 1990, S. 1–44.
Woodward, Joan: Industrial organization: Theory and practice, London et al. 1965.
Woodward, Joan: Management and technology, London 1958.
Zahn, Erich: Gegenstand und Zweck des Technologiemanagements, in: Handbuch Technologiemanagement, hrsg. v. *Zahn, Erich*, Stuttgart 1995, S. 3–32 .

Technologiemanagement

Klaus Backhaus/Thomas Hillig

[s.a.: Forschung und Entwicklung, Organisation der; Innovationsmanagement; Konkurrentenanalyse (Corporate Intelligence); Projektmanagement; Technologie und Organisation; Umweltanalyse, strategische; Unternehmensanalyse, strategische; Unternehmensführung (Management); Wissensmanagement.]

I. Bedeutung des Technologiemanagements für die strategische Unternehmensposition; II. Abgrenzung des Begriffs „Technologiemanagement"; III. Bausteine des Technologiemanagements.

Zusammenfassung

Dem Technologiemanagement kommt eine zentrale Bedeutung für die Sicherung der strategischen Position eines Unternehmens zu. Sowohl bei Market-Pull- als auch bei Technology-Push-Orientierung ist eine integrative Betrachtung von Technologie- und Marktposition erstrebenswert. Die strategische und technologische Ressourcenposition bestimmt die Wettbewerbsstrategie genauso wie die Wettbewerbsstrategie die anzustrebende Technologieposition beeinflusst. Um die Handlungspotenziale ermitteln zu können, ist eine technologieorientierte Situationsanalyse erforderlich. Wird hierbei eine technologische Lücke identifiziert, stehen verschiedene Möglichkeiten zur Wahl, Technologien zu erwerben. Da Technologien keinen originären Nutzen stiften, sondern erst ihre Umsetzung in marktrelevante Leistungen, steht das Unternehmen vor der Wahl, die Technologie alleine oder gemeinsam mit Kooperationspartnern zu kommerzialisieren oder aber die Nutzungsrechte durch Lizenzvergabe oder Verkauf an Dritte abzutreten.

I. Bedeutung des Technologiemanagements für die strategische Unternehmensposition

Zahlreiche Beiträge unterstreichen die Bedeutung von Technologien für den Erfolg von Unternehmen (*Wolfrum* 1994; *Zahn* 1995, S. 10; *du Preez/Pistorius* 1999, S. 218). Sicherung und Erhalt der technologischen Leistungsfähigkeit eines Unternehmens sind zentrale Erfolgsfaktoren vieler Unternehmensentwicklungen. Dabei ergeben sich für das Technologiemanagement besondere Herausforderungen: Das technologische Umfeld ist sehr dynamisch. Z.B. nehmen die Entwicklungszeiten für technologische Produktinnovationen zu, während gleichzeitig die durchschnittliche Produktlebensdauer sinkt (*Voigt* 1998, S. 116 ff.). Zudem steigen die Kosten für *Forschung und Entwicklung* (F&E) stetig an (→ *Forschung und Entwicklung,*

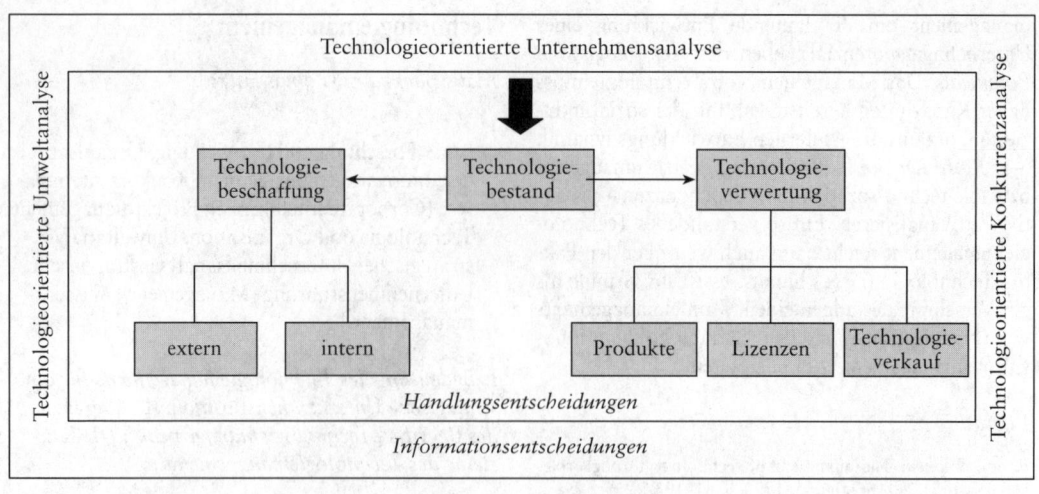

Abb. 1: Bausteine des Technologiemanagements

Organisation der), und die Einführung neuer, insb. radikaler Innovationen stößt z.T. auf Akzeptanzbarrieren (*Hultink/Langerak* 2000, S. 10 ff.). Technologiemanagement beinhaltet also erhebliche Risiken. Andererseits sind Innovationen notwendig, um den Erfolg eines Unternehmens sicherzustellen (*Drucker* 1955, S. 35). Im Technologiemanagement bewegt sich ein Unternehmen folglich zwischen extremen Risiken und extremen Chancen.

II. Abgrenzung des Begriffs „Technologiemanagement"

Trotz vieler Beiträge ist immer noch nicht abschließend geklärt, was unter dem Begriff Technologie verstanden werden soll (*Gerpott* 1999, S. 55 ff.). Technologie wird hier als das → *Wissen* über naturwissenschaftlich-technische Ziel/Mittelbeziehungen definiert (*Gerpott* 1999, S. 17 f.; *Specht/Beckmann/Amelingmeyer* 2002, S. 16 f.). Dieses Wissen kann für die Gestaltung von Produkten (Produkttechnologien) oder von Verfahren (Prozesstechnologien) eingesetzt werden (*Mittag* 1985, S. 19 ff.; *Spur* 1998, S. 98). Die Gesamtheit aller Aktivitäten, die sich auf die Generierung und Nutzung von Technologien beziehen, wird als Technologiemanagement bezeichnet. Wir sprechen von *marktorientiertem Technologiemanagement* (*Phillips* 2001, S. 3 ff.), wenn das tendenziell dem Resource-Based-View (→ *Ressourcenbasierter Ansatz*) folgende klassische Technologiemanagement um Elemente des Market-Based-Views erweitert wird. Damit kommt der Verwertungsperspektive eine größere Bedeutung zu. Market-Pull-Orientierung bedeutet in diesem Zusammenhang, dass die Bedürfnisse der Nachfrager erfasst werden (*Trommsdorff/Weber* 1994, S. 56 ff.) und daraufhin der Neuproduktentwicklungsprozess angestoßen wird (*Brockhoff* 1999, S. 131 ff.). Die neuen Technologien werden hier gezielt zur Befriedigung expliziter Nachfragerbedürfnisse eingesetzt. Technology-Push bedeutet dagegen, dass der Anstoß für die neue Technologie aus den F&E-Aktivitäten erfolgt. Voraussetzung ist hier im Gegensatz zur Market-Pull-Orientierung nicht, dass bereits konkrete Vorstellungen über bestehende Bedürfnisse der Nachfrager vorliegen. Ggf. müssen latente Bedürfnisse im Rahmen des Marketings geweckt werden. Ein marktorientiertes Technologiemanagement beschränkt sich nicht ausschließlich auf die Market-Pull-Orientierung, sondern versucht, auch bei der Technology-Push-Orientierung durch ein aktives → Controlling schon in frühen Entwicklungsphasen den Chancen am Absatzmarkt Rechnung zu tragen, indem Projekte mit geringen Aussichten auf Markterfolg eingestellt werden (*Hauschildt* 1997, S. 8).

III. Bausteine des Technologiemanagements

Abb. 1 zeigt einen Rahmen, der die Zusammenhänge zwischen Informations- und Handlungsentscheidungen deutlich macht (vgl. *Zahn* 1995, S. 16 f.).

Für die Technologieentscheidungen sind Informationsentscheidungen, die auf die Darstellung der technologischen Situation in einem Unternehmen gerichtet sind, von grundlegender Bedeutung. Ziel ist eine Bestandsaufnahme der unternehmenseigenen Technologieposition vor dem Hintergrund der technologischen Umwelt-, Konkurrenz- und Unternehmensentwicklung. Entspricht der Technologiebestand nicht den Soll-Vorstellungen, sind Technologiebeschaffungsmaßnahmen einzuleiten, die die Lücke zum technologischen Soll-Bestand füllen müssen (*Backhaus/Hillig* 2003, S. 125 f.). Die Technologiebeschaffung kann durch eigene Entwicklung (intern) oder auch durch Fremdentwicklung (extern) initiiert werden (*Koruna* 1998, S. 438 ff.; → *Outsourcing und Insourcing*).

Zugleich sind Entscheidungen über die Technologieverwertung zu treffen. Als Handlungsalternativen stehen dem Technologiemanagement dabei prinzipiell drei Alternativen offen: Aus Technologien können eigenständig Produkte oder Prozesse entwickelt werden, die unter der Inkaufnahme des Marktrisikos selbst vermarktet werden. Außerdem besteht die Handlungsoption, die Rechte an der Technologieverwertung temporär zu vermarkten. Das erfolgt im Rahmen von lizenzpolitischen Maßnahmen. Schließlich können die Rechte an der Technologie auch verkauft werden.

1. Informationsentscheidungen

a) Technologieorientierte Umwelt- und Konkurrenzanalyse

Im Rahmen der *technologieorientierten Umweltanalyse* (→ *Umweltanalyse, strategische*) geht es darum, Technologieentwicklungen zu erfassen und zu bewerten. Dazu werden Methoden der Technologiefrüherkennung und der Technologieprognose verwandt (*Gerpott* 1999, S. 101 ff.).

Die *Technologiefrüherkennung* ist als Bestandteil einer unternehmensweiten strategischen Früherkennung zu begreifen. Im Mittelpunkt steht die frühzeitige Bestimmung der Potenziale neuer Technologien, der Grenzen bestehender technologischer Lösungen und der Substitutionsbeziehungen zwischen Technologien (*Specht/Beckmann/Amelingmeyer* 2002, S. 80 ff.).

Ziel der *Technologieprognose* ist es, künftige technologiebedingte Chancen und Risiken zu bestimmen (*Kern/Schröder* 1977, S. 132; *Geschka* 1995, S. 628 f.). Die Technologieprognose versucht also, die wesentlichen Ereignisse, die ein bestimmtes Technologiefeld betreffen, zu erfassen und die Leistungsfähigkeit der verschiedenen Optionen mittels Indikatoren greifbar zu machen. Die Akzeptanzforschung für neue Technologien geht noch einen Schritt weiter, indem die Absatzpotenziale für die Technologie bzw. für Produkte, die diese Technologie einsetzen, beziffert werden (*Polster* 1994, S. 31 ff.).

Quantitative Verfahren der Technologieprognose unterstellen eine begründete Vermutung über den Zusammenhang zwischen den Bestimmungsgrößen der Technologieevolution und der Trendform. Sie basieren auf der Annahme, dass sich die Zielgröße im Zeitverlauf stabil verhält. Zu den quantitativen Verfahren zählen beispielsweise Trendextrapolationen von Zeitreihendaten, Modellsimulationen oder Kosten-Nutzen-Analysen (*Gerpott* 1999, S. 110 f.; *Gausemeier/Ebbesmeyer/Kallmeyer* 2001).

Zu den *qualitativen Verfahren*, die eine systematische Integration von subjektiven Informationen (z.B. Expertenschätzungen) liefern sollen, zählen Technologie-Roadmapping (*Möhrle/Isenmann* 2002, S. 1 ff.), Relevanzbaumanalyse (*Badelt* 1978, S. 126), Szenariotechnik (*Eversheim/Breuer/Grawatsch* et al. 2003, S. 135 ff.) und Delphi-Methode (*Cuhls/Blind/Grupp* 2002, S. 27 ff.).

Daneben existiert eine Reihe stark komplexitätsreduzierender Modelle, die zumindest erste Anhaltspunkte über den Verlauf möglicher Trends liefern sollen. Das S-Kurven-Konzept von McKinsey soll in erster Linie dazu dienen, diskontinuierliche Technologiesprünge bzw. innovative Substitutionstechnologien zu identifizieren. Dazu wird die Untersuchung explizit auf mehrere Technologien ausgedehnt (*Christensen* 1992, S. 334 ff.). Eine weitere wichtige Gruppe stellen die *Technologielebenszyklus-Modelle* dar (*Dussauge/Hart/Ramanantsoa* 1992, S. 78 ff.; *Höft* 1992, S. 74 ff.; → *Lebenszyklus, organisationaler*).

Die *technologieorientierte Konkurrenzanalyse* (TKA) (→ *Konkurrentenanalyse (Corporate Intelligence)*) stellt die aktuellen und potenziellen Wettbewerber in den Mittelpunkt der Betrachtungen und deckt dabei den Teilbereich Technologie der gesamten Unternehmensumwelt ab. Bei der TKA kann zwischen passiver, defensiver und offensiver Zielsetzung unterschieden werden. Unter *passiver* Zielsetzung wird die Beschaffung der Rahmendaten für unternehmerische Entscheidungen verstanden, unter *defensiver* die Vermeidung von negativen Überraschungen durch die Konkurrenten und unter *offensiver* das Aufspüren von Chancen, aus denen sich Wettbewerbsvorteile generieren lassen (*Lange* 1994, S. 28).

b) Technologieorientierte Unternehmensanalyse

Die *technologieorientierte Unternehmensanalyse* (→ *Unternehmensanalyse, strategische*) bildet die Technologieposition eines Unternehmens bzw. einzelner Geschäftsbereiche ab. Dazu ist eine Beurteilung der internen technologischen Ressourcen und der Zugangsmöglichkeiten zu externen technologischen Ressourcen notwendig. Die Intensität der Analyse sollte von der Wettbewerbsrelevanz der jeweiligen Technologie abhängen (*Gerpott* 1999, S. 138). Darüber hinaus muss die Bedeutung der Technologie aus Gesamtunternehmensperspektive aufgrund des Synergiepotenzials von Querschnittstechnologien, d.h. in verschiedenen Geschäftseinheiten einsetzbare Technologien, berücksichtigt werden. Eine *Technologieverflechtungsmatrix* (auch Technologieeinflussanalyse) dient der Bestandsaufnahme der eigenen Technologiebasis und erlaubt, Querschnittstechnologien zu identifizieren. Es handelt sich dabei um eine systematische Aufstellung und Zuordnung von Technologien zu einzelnen Geschäftseinheiten (*Bullinger* 1994, S. 99).

Stärken-/Schwächen-Checklisten sollen die Technologieposition des Unternehmens im Verhältnis zu den wichtigsten Wettbewerbern offen legen. Bezieht sich die Stärken-/Schwächen-Checkliste auf die gesamte Unternehmensposition, ist die Technologie zumindest einer der abzubildenden Faktoren. Zu be-

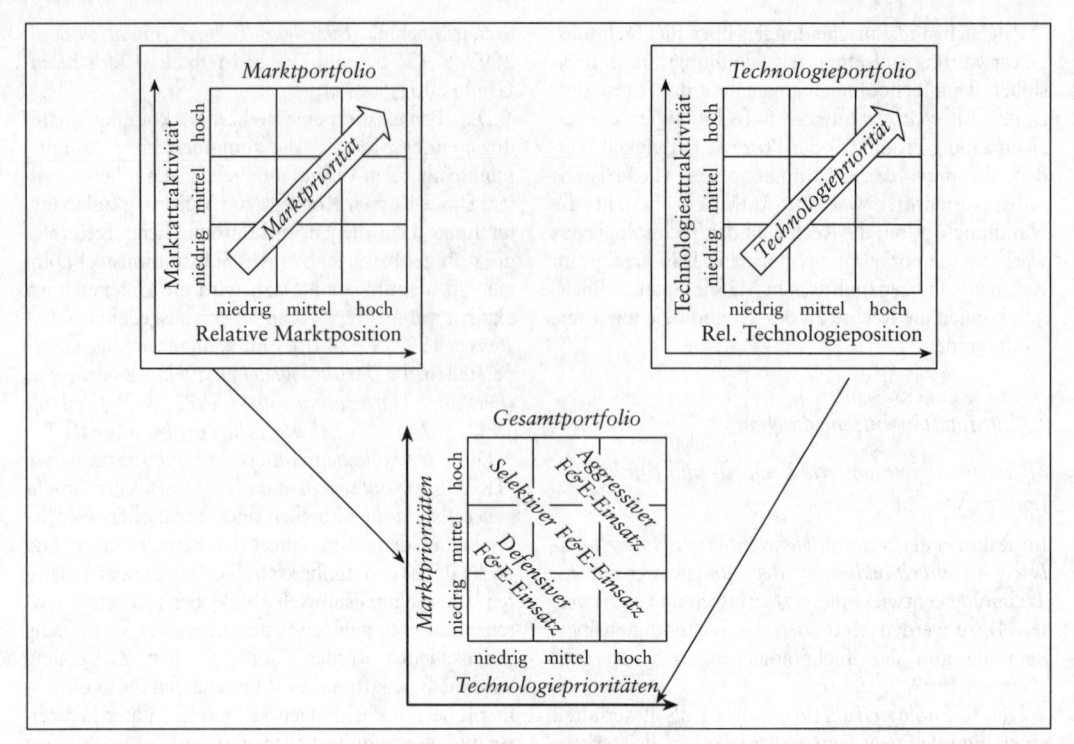

Abb. 2: Das Technologie-/Markt-Portfolio von McKinsey (Krubasik 1982, S. 30)

rücksichtigen sind Technologiefaktoren wie Prozess- und Produkttechnologien mit Unterpunkten wie internes und externes Know-how sowie der F&E-Aufwand im Verhältnis zur Konkurrenz, der Patentbestand oder F&E-Kooperationsmöglichkeiten (*Mauthe* 1984, S. 66 f.).

c) Zusammenführung von Umwelt- und Unternehmensanalysen

Zur Ableitung von Technologiestrategien ist es notwendig, die Ergebnisse der Umwelt-, Konkurrenz- und Unternehmensanalyse zusammenzuführen. In der Regel werden dazu Umwelt- und Unternehmensanalyse in den Vordergrund gestellt. Die Konkurrenzanalyse wird meist implizit berücksichtigt, indem die relative Unternehmensposition, also die Technologieposition im Verhältnis zur Konkurrenz, verwendet wird.

Die Zusammenführung kann über Stärken-Schwächen-Analysen und Chancen-Risiken-Analysen, auch *SWOT-Analyse* genannt, erfolgen (*Pleschak/Sabisch* 1996, S. 62; *Meffert* 2000, S. 67 f.; *Schneider* 2002, S. 87 f.). Häufig geschieht die Zusammenführung der Ergebnisse aber auch mit Hilfe von *Technologieportfolios*, die als stark komplexitätsreduzierende Integration von technologischer Umwelt-, Konkurrenz- und Unternehmensanalyse interpretiert werden können und Entscheidungshilfen liefern sollen (*Backhaus* 2003, S. 242 ff.). Häufig dienen Technologieportfolios einer frühzeitigen Steuerung der F&E-Aktivitäten bzw. der externen Technologiebeschaffung, indem als Ergebnis strategische Stoßrichtungen abgeleitet werden. Das Technologie-Portfolio von Pfeiffer beispielsweise leitet Investitions-, Selektions- oder Desinvestitionsempfehlungen für Technologien ab (*Pfeiffer/Dögl/Schneider* 1989, S. 490; *Pfeiffer* et al. 1991, S. 98 ff.).

Das integrierte Technologie-Markt-Portfolio von McKinsey erlaubt es, Handlungsempfehlungen unter stärkerer Berücksichtigung absatzmarktwirksamer Einflussfaktoren zu ermitteln. Dazu werden aus einem Marktportfolio über die beiden Dimensionen relative Marktposition und Marktattraktivität der Faktor Marktpriorität und aus einem Technologieportfolio über die Dimensionen relative Technologieposition und Technologieattraktivität der Faktor Technologiepriorität abgeleitet. In dem resultierenden Gesamtportfolio werden diese Faktoren gegenübergestellt und strategische Handlungsempfehlungen gegeben. Bei Betrachtung von Abb. 2 wird deutlich, dass aus reiner Marketingsicht eine bestimmte Technologie vorteilhaft erscheinen mag, die bei Berücksichtigung der Technologiepriorität mit Vorsicht betrachtet werden sollte (*Krubasik* 1982, S. 30).

2. Technologische Handlungsentscheidungen

a) Technologiebeschaffung

Prinzipiell ist es möglich, Technologien unternehmensintern zu entwickeln oder extern zu beschaffen (→ *Outsourcing und Insourcing*). Die Entscheidung für interne Lösungen erfordert effektive und effiziente F&E-Entscheidungen bei der Ausgestaltung des Entwicklungsprozesses und ggf. der Grundlagenforschung. Zunächst ist dabei festzulegen, mit welcher Intensität welche F&E-Ergebnisse erzielt werden sollen. Eng damit verbunden ist die Auswahl und Budgetierung von F&E-Projekten. Darüber hinaus sollte ein F&E-Controlling bzw. Innovationscontrolling aufgebaut werden (→ *Controlling*) und die F&E-Aktivitäten mit den anderen Unternehmensaktivitäten koordiniert werden (*Clausius* 1993, S. 73 ff.; *Boutellier/Völker/Voigt* 1999, S. 7 ff.; *Stippel* 1999, S. 36 ff.). Problematisch ist, dass F&E-Ergebnisse nur bedingt planbar sind und sowohl der finanzielle Mitteleinsatz als auch das finanzielle Risiko sehr hoch sind. Aus diesem Grund müssen gerade Unternehmen mit begrenzter finanzieller Ressourcenausstattung überlegen, inwieweit es sinnvoll ist, alle geplanten Technologieentwicklungs-Aktivitäten selbst zu realisieren (*Beckurts* 1983, S. 30 f.). Da für externe Technologiequellen häufig weniger finanzielle Ressourcen benötigt werden und das Risiko je nach Vertragsgestaltung nicht allein beim betrachteten Unternehmen verbleibt, können Spezialisierungsvorteile genutzt werden. Inwieweit dies zutrifft, hängt jedoch von der Art externer Technologiebeschaffung ab:

Bei der *Auftragsforschung* übernehmen öffentliche oder private Institutionen bzw. Unternehmen F&E-Arbeiten für einen Auftraggeber und stellen die Resultate anschließend dem Auftraggeber zur Verfügung. Prinzipiell kann das Risiko beim Auftraggeber oder beim Auftragnehmer liegen, allerdings werden in der Praxis in erster Linie Dienstverträge abgeschlossen, sodass das Risiko beim Auftraggeber bleibt. Primäres Ziel ist es dann, das Spezialwissen des Auftragnehmers zu nutzen (*Rüdiger* 2000, S. 15 ff.).

Eine Alternative bieten *F&E-Kooperationen* (*Gemünden/Ritter* 1999, S. 45 ff.; → *Unternehmenskooperation*). Die Bandbreite von *F&E-Kooperationen* kann von einfachem Erfahrungsaustausch bis zur Ausgliederung aller F&E-Aktivitäten in ein gemeinsames Forschungsunternehmen (Joint-Venture) reichen (*Kropeit* 1999, S. 21 ff.).

Im Rahmen der *Lizenznahme* erwirbt der Käufer in der Regel ein zeitlich befristetes Nutzungsrecht an einer Technologie. Man unterscheidet zwischen ausschließlichen Lizenzen (Exklusivlizenzen) und einfachen Lizenzen. Bei Exklusivlizenzen darf die Technologie nur durch einen Lizenznehmer genutzt werden, während sich der Lizenznehmer bei der einfachen Lizenz das Nutzungsrecht gegebenenfalls mit dem Lizenzgeber oder anderen Lizenznehmern teilen muss (*Mittag* 1985, S. 225 f.). Im Gegensatz zur Lizenznahme erwirbt der Käufer beim *Technologiekauf* die alleinigen Nutzungsrechte an der Technologie.

b) Technologieverwertung

Auch bei der *Technologieverwertung* existieren verschiedene strategische Optionen, die hier von der alleinigen bzw. kooperativen Eigenverwertung über Lizenzvergabe bis zum Technologieverkauf reichen (*Backhaus/Hillig* 2003, S. 125).

Bei der *Eigenverwertung* sind wiederum zwei Optionen zu unterscheiden und zwar die Umsetzung der Technologie in marktfähige Produkte bzw. in Fertigungsverfahren. Bei neuartigen Technologien ist die Akzeptanz der darauf basierenden innovativen Leistungsangebote tendenziell ungewiss. Hieraus resultiert eine besondere Herausforderung für die Marktforschung, die in der Ermittlung der Präferenzen/Kaufbereitschaften der potenziellen Nachfrager besteht (*Haseloff* 1989, S. 23). Insb. bei F&E-Kooperationen neigen Unternehmen dazu, Technologien *gemeinschaftlich zu verwerten*. In der Regel wird schon im Vorfeld der Kooperation vereinbart, wie die Technologie später zu vermarkten ist. Eine mögliche Form der gemeinschaftlichen Technologienutzung sind Joint-Ventures. Eine weitere Alternative stellen multilaterale Lizenzen dar, anhand derer die Zielmärkte aufgeteilt werden können. Die *Lizenzvergabe* führt auf der einen Seite zu Erlösen und zu einer Verringerung der Marktöffnungskosten, hat aber auf der anderen Seite möglicherweise auch eine Verschlechterung der eigenen Wettbewerbsposition zur Folge. Eine gezielte Lizenzvergabe an Lieferanten kann einen positiven Einfluss auf die technologische Leistungsfähigkeit des Endproduktes haben. Die Vergabe an Abnehmer kann dazu dienen, die Erschließung des Marktes voranzutreiben (*Mordhorst* 1994, S. 77 ff.). Im Gegensatz zur Lizenzvergabe stellt der *Technologieverkauf* einen völligen Verzicht der Nutzungsrechte dar.

Literatur

Backhaus, Klaus: Industriegütermarketing, 7. A., München 2003.
Backhaus, Klaus/Hillig, Thomas: Technologiemanagement: Herausforderung an die Marktorientierte Unternehmensführung, in: Führungskräfte für ein integriertes Management, hrsg. v. *Zadek, Hartmut/Risse, Jörg*, Berlin et al. 2003, S. 123–126.
Badelt, Christoph: Verfahren und Probleme, in: Langfristige Prognose, hrsg. v. *Bruckmann, Gerhart*, Würzburg et al. 1978, S. 126–140.
Beckurts, Karl Heinz: Forschungs- und Entwicklungsmanagement – Mittel zur Gestaltung der Innovation, in: Forschungs- und Entwicklungsmanagement, hrsg. v. *Blohm, Hans/Danert, Günter*, Stuttgart 1983, S. 15–40.
Boutellier, Roman/Völker, Rainer/Voigt, Eugen: Innovationscontrolling: Forschungs- und Entwicklungsprozesse gezielt planen und steuern, München et al. 1999.
Brockhoff, Klaus: Produktpolitik, 4. A., Stuttgart 1999.
Bullinger, Hans-Jörg: Einführung in das Technologiemanagement, Stuttgart 1994.
Christensen, Clayton M.: Exploring the Limits of the Technology S-Curve, Part1: Component Strategies, in: Production and Operations Research, Jg. 1, H. 4/1992, S. 334–357.
Clausius, Eike H. J.: Controlling in Forschung und Entwicklung, Frankfurt am Main et al. 1993.
Cuhls, Kerstin/Blind, Knut/Grupp, Hariolf: Innovations for Our Future, Heidelberg et al. 2002.
Drucker, Peter F.: The Practice of Management, London 1955.

Dussauge, Pierre/Hart, Stuart/Ramanantsoa, Bernard: Strategic Technology Management, Chichester et al. 1992.
Eversheim, Walter/Breuer, Thomas/Grawatsch, Markus: Methodenbeschreibung, in: Innovationsmanagement für technische Produkte, hrsg. v. *Eversheim, Walter* et al., Berlin et al. 2003, S. 133–231.
Gausemeier, Jürgen/Ebbesmeyer, Peter/Kallmeyer, Ferdinand: Produktinnovation – Strategische Planung und Entwicklung der Produkte von morgen, München – Wien 2001.
Gemünden, Hans Georg/Ritter, Thomas: Innovationserfolg durch Netzwerkkompetenz: Effektives Management von Unternehemensnetzwerken, in: Netzinfrastrukturen und Anwendungen für die Informationsgesellschaft, hrsg. v. *Pötschke, Dieter/Weber, Mathias*, Berlin 1999, S. 45–78.
Gerpott, Thorsten: Strategisches Technologie- und Innovationsmanagement, Stuttgart 1999.
Geschka, Horst: Methoden der Technologiefrühaufklärung und der Technologievorhersage, in: Handbuch Technologiemanagement, hrsg. v. *Zahn, Erich*, Stuttgart 1995, S. 623–644.
Haseloff, Otto Walter: Marketing für innovationen: Ausbreitung, Akzeptierung und strategische Durchsetzung des Neuen in Wirtschaft und Gesellschaft, Savosa 1989.
Hauschildt, Jürgen: Innovationsmanagement, 2. A., München 1997.
Höft, Uwe: Lebenszykluskonzepte: Grundlage für das strategische Marketing- und Technologiemanagement, Berlin 1992.
Hultink, Erik Jan/Langerak, Fred: Launch Decisions and New Product Success: An Empirical Comparison of Consumer and Industrial Products, in: Journal of Product Innovation Management, Jg. 17, H. 1/2000, S. 5–23.
Kern, Werner/Schröder, Hans-Horst: Forschung und Entwicklung in der Unternehmung, Reinbek 1977.
Koruna, Stefan: Externe Technologie-Akquisition, in: Technologiemanagement: Idee und Praxis, hrsg. v. *Tschirky, Hugo/Koruna, Stefan*, Zürich 1998, S. 437–476.
Kropeit, Günter: Erfolgsfaktoren für die Gestaltung von FuE-Kooperationen, o.O. 1999.
Krubasik, Edward: Strategische Waffe, in: Wirtschaftswoche, Jg. 36, H. 25/1982, S. 28–33.
Lange, Veronica: Technologische Konkurrenzanalyse, Wiesbaden 1994.
Mauthe, Karl D.: Strategische Analyse, München 1984.
Meffert, Heribert: Marketing: Grundlagen marktorienterter Unternehmensführung, 9. A., Wiesbaden 2000.
Mittag, Heiko: Technologiemarketing, Bochum 1985.
Möhrle, Martin G./Isenmann, Ralf: Einführung in das Technologie-Roadmapping, in: Technologie-Roadmapping: Zukunftsstrategien in Unternehmen, hrsg. v. *Möhrle, Martin G./Isenmann, Ralf*, Berlin et al. 2002, S. 1–18.
Mordhorst, Claus F.: Ziele und Erfolg unternehmerischer Lizenzstrategien, Wiesbaden 1994.
Pfeiffer, Werner/Dögl, Rudolf/Schneider, Walter: Das Technologie-Portfolio-Konzept als Tool zur strategischen Vorsteuerung von Innovationsaktivitäten, in: WISU, H. 8–9/1989, S. 485–491.
Pfeiffer, Werner et al.: Technologie-Portfolio zum Management strategischer Zukunftsgeschäftsfelder, 6. A., Göttingen 1991.
Phillips, Fred Y.: Market-Oriented Technology Management, Berlin et al. 2001.
Pleschak, Franz/Sabisch, Helmut: Innovationsmanagement, Stuttgart 1996.
Polster, Regina: Absatzanalyse bei der Produktinnovation, Wiesbaden 1994.
Preez, Gert T. du/Pistorius, Carl W.: Technological Threat and Opportunity Assessment, in: Technological Forecasting and Social Change, Jg. 61, H. 3/1999, S. 215–234.
Rüdiger, Mathias: Forschung und Entwicklung als Dienstleistung, Wiesbaden 2000.
Schlegelmilch, Guido: Management strategischer Innovationsfelder: Prozeßbasierte Integration markt- und technologieorientierter Instrumente, Wiesbaden 1999.
Schneider, Dieter J. G.: Einführung in das Technologie-Marketing, München et al. 2002.
Specht, Günter/Beckmann, Christoph/Amelingmeyer, Jenny: F&E-Management, 2. A., Stuttgart 2002.
Spur, Günter: Technologie und Management. Zum Selbstverständnis der Technikwissenschaft, München et al. 1998.
Stippel, Nicola: Innovations-Controlling, München 1999.
Trommsdorff, Volker/Weber, Günter: Innovation braucht Marktforschung – Marktforschung braucht Innovation, in: Marktforschung, hrsg. v. *Tomczak, Torsten/Reinecke, Sven*, St. Gallen 1994, S. 56–70.
Voigt, Kai-Ingo: Strategien im Zeitwettbewerb, Wiesbaden 1998.
Wolfrum, Bernd: Strategisches Technologiemanagement, 2. A., Wiesbaden 1994.
Zahn, Erich: Gegenstand und Zweck des Technologiemanagements, in: Handbuch Technologiemanagement, hrsg. v. *Zahn, Erich*, Stuttgart 1995, S. 3–32.

Theorie der Unternehmung

Dieter Schneider

[s.a.: Evolutionstheoretischer Ansatz; Institutionenökonomie; Prinzipal-Agenten-Ansatz; Transaktionskostentheorie; Verfügungsrechtstheorie (Property Rights-Theorie).]

I. Begriffliches; II. Nicht-evolutorische und evolutorische Ansätze zu einer Theorie der Unternehmung; III. Begründungen für die Existenz und Entstehung von Unternehmungen.

Zusammenfassung

Je nach der Sichtweise, unter der Betriebswirtschaftslehre erforscht wird, reicht der Untersuchungsbereich einer Theorie der Unternehmung verschieden weit: nur Produktion und Marktteilnehmer (neoklassische Theorie der Unternehmung), erweitert um Organisation und Finanzbereich (Produktionsorientierung Gutenbergs), diese Bereiche einschließlich Rechnungswesen (institutionelle Mikroökonomie, evolutorische Theorie der Unternehmung). Schwerpunkt des Beitrags ist eine evolutorische Theorie der Unternehmung auf der Grundlage von Unternehmerfunktionen. Diese erklärt das Entstehen von Unternehmungen (1) aus der Übernahme von Einkommensunsicherheiten, prüft, ob hier Planung oder das Wirken einer „unsichtbaren Hand" zugrunde liegt, (2) dem Streben nach Spekulations- oder Arbitragegewinnen und (3) dem Durchsetzen von Änderungen.

I. Begriffliches

Die Theorie der Unternehmung wird in den einzelnen Sichtweisen über Inhalt und Ausrichtung der Betriebswirtschaftslehre unterschiedlich gesehen. Hier wird die Allgemeine Betriebswirtschaftslehre als Einzelwirtschaftstheorie der Institutionen verstanden und die Theorie der Unternehmung als ein Teil hiervon. Die Allgemeine Betriebswirtschaftslehre hat in dieser Sichtweise das Rüstzeug bereitzustellen, um den wirtschaftlichen Aspekt im Handeln einzelner Menschen, in der Organisation „Unternehmung" und in anderen Organisationen zu untersuchen: in Behörden und weiteren Betrieben für öffentliche Güter, Verbänden, aber auch Haushalten (*Schneider* 1995, Kapitel I, II).

Da das Handeln des Einzelnen allein und in Organisationen untersucht werden soll, erscheint es zweckmäßig, zwischen Unternehmen und Unternehmung zu unterscheiden.

Das *Unternehmen* betrifft das Handeln eines einzelnen Menschen, betrachtet unter einem Aspekt: dem *Einkommensaspekt*. Wer Einkommen erwerben will, ist gehalten, durch Einsatz seines Wissens, seiner Arbeitskraft und seines sonstigen Vermögens sich mit den Wegen zum und den Unsicherheiten beim Erwerb von Einkommen auseinander zu setzen. Die Notwendigkeit dazu tritt deshalb auf, weil unter Menschen das Wissen unvollständig und ungleich verteilt ist und sie durch ihre Handlungen in Rivalität zu anderen geraten. Um Unternehmen zu untersuchen, sei folgende Sprachregelung gewählt: Jedermann ist im Hinblick auf die Wege zum Einkommenserwerb und zur Verringerung von Einkommensunsicherheiten Unternehmer seines Wissens, seiner Arbeitskraft und seines sonstigen Vermögens. Bei dieser Sichtweise ist auch der Arbeiter oder Angestellte eigenverantwortlicher Unternehmer, zumindest bei der Berufs- und Arbeitsplatzwahl.

Unternehmungen sind Organisationen, deren Mitglieder („Unternehmer" im vorgenannten Sinne) sowohl in Beschaffungsmärkten als auch in Absatzmärkten tätig sind und zwischen diesen Märkten Marktzufuhrhandlungen (z.B. Fertigung, Lagerhaltung) ausführen, wobei die Organisationsmitglieder im Innenverhältnis untereinander Dienste, Sachen, Verfügungsrechte gegen Entgelt zur Verfügung stellen. Neben dem Verwirklichen anderer Zwecke wird in Unternehmungen Einkommen für die Unternehmungsleitung, die Mitarbeiter, Geldgeber und andere Anspruchsberechtigte (z.B. den Fiskus) erzielt.

Die Theorie der Unternehmung, wie sie im Folgenden skizziert wird, beschränkt sich auf den Einkommensaspekt menschlichen Handelns. Sozial- und verhaltenswissenschaftliche Ansätze in der Betriebswirtschaftslehre vermeiden gemeinhin für ihr Untersuchungsziel den Begriff „Theorie der Unternehmung".

II. Nicht-evolutorische und evolutorische Ansätze zu einer Theorie der Unternehmung

Ist der Untersuchungsgegenstand einer Theorie der Unternehmung nur die Produktion von Gütern oder die Eigenschaft, Marktteilnehmer zu sein, wie in der sog. „neoklassischen" Theorie der Unternehmung? Interessieren auch die Organisation und der Finanzbereich, wie in der „Produktionsorientierung" Erich Gutenbergs, oder ist es Aufgabe einer Theorie der Unternehmung, unter einer Sichtweise Antworten auf alle diese Fragen und die des Rechnungswesens zu suchen, wie in der institutionellen Mikroökonomie und der evolutorischen Theorie der Unternehmung? Die methodologische Sichtweise prägt die alternativen Antworten auf diese Fragen. Diese bisherigen Sichtweisen zu einer Theorie der Unternehmung seien nach zwei Lösungsideen geordnet.

1. Nicht-evolutorische Ansätze durch bildhafte Vergleiche mit Denkmustern der Physik

Bildhafte Vergleiche aus anderen Erfahrungswissenschaften werden auf ausgewählte wirtschaftliche Probleme angewandt, um zu einer Problemlösung zu kommen. Bildhafte Vergleiche aus der Biologie erweisen sich dabei als unpassend, weil Unternehmungen zwar ihre Verfahrensweisen (Routinen) ändern können, jedoch Organismen nicht ihre Gene (*Nelson* 1995, S. 78). Die in der Wirtschaftstheorie gängigen bildhaften Vergleiche entstammen älteren Denkmustern der Physik (vgl. zu den Quellen im Einzelnen und zum Folgenden *Schneider* 1997b, S. 7–70). Sie seien unter dem Begriff „nicht-evolutorische Theorien" zusammengefasst, da sie von einem vorab festgelegten, dem Handelnden bewussten Wissen und Können ausgehen, dessen Veränderungen nicht modellieren.

(1) Aus naturphilosophischen Denkmustern über den kürzesten Weg, den Lichtstrahlen in Gasen und Flüssigkeiten einschlagen, entwickelte sich das *Wirtschaftlichkeitsprinzip* (ökonomische Prinzip) als Grundsatz zur „vernünftigen" Erklärung und Gestaltung von Sachverhalten. Als Folge dieses Denkmusters bürgert sich nach und nach ein von jedem empirischen Sinn entleertes entscheidungslogisches Begriffsverständnis für „ökonomisches Prinzip" ein: Erreiche mit gegebenen Mitteln ein Ziel in bestmöglicher Weise! Diese Formulierung vernachlässigt, dass neben einem Wissen über Ziele und Mittel ein Wissen über Handlungsmöglichkeiten und Prognosen sowie ein Können zur Zielerreichung vorauszusetzen sind.

(2) Erweitert wird das ökonomische Prinzip durch die Übernahme einer Analogie aus der Energiephysik in der Mitte des 19. Jahrhunderts. Diese bildet das Vorbild von *Nutzenmaximierungskalkülen* unter Nebenbedingungen; denn es werden Verhaltensannahmen für Menschen unterstellt, analog dem damaligen Konzept einer potenziellen Energie. Diesem Vorbild folgt die neoklassische Mikroökonomie.

In der *neoklassischen Theorie* der Unternehmung existiert paradoxerweise die Unternehmung als Organisation nicht (*Loasby* 1971, S. 881). Von einer neoklassischen Theorie der Unternehmung zu sprechen, ist nur berechtigt, wenn nicht eine Organisation mit Personalwirtschaft, Finanzierung, Rechnungswesen usw. gemeint ist, sondern abstrahiert wird auf eine Wirtschaftseinheit „Anbieter alternativer Mengen bei vorgegebenen Preisen oder vorgegebener Mengen zu alternativen Preisen". Erst nach Öffnen und Ausfüllen der leeren Hutschachtel, der „black-box"-Konzeption einer Produktionsfunktion (*Holmstrom/Tirole* 1989 S. 63), kann eine Theorie der Unternehmung beginnen, die diesen Namen verdient.

Dem Denkmuster der Produktionsorientierung in der neoklassischen volkswirtschaftlichen Theorie wird in der Betriebswirtschaftslehre nach 1951 eine Produktionsorientierung durch Erich Gutenberg und seine Schüler beiseite gestellt, die das Denken in Produktionsfunktionen mit einem in Absatzfunktionen verbindet und um Kapitalbedarfs- und Kapitalfondsfunktionen erweitert (*Gutenberg* 1951; *Gutenberg* 1955). Anleihen daraus finden Eingang in eine lehrbuchträchtige, dem Wirtschaftlichkeitsprinzip folgenden Entscheidungsorientierung, z.B. bei Wöhe (*Wöhe* 1960).

Zur Erklärung von Unternehmungen bindet später die institutionelle Mikroökonomie Nutzenmaximierungskalküle teils in bildhafte Vergleiche mit Hilfe von Begriffen aus der Rechtslehre ein (Lehre von den Verfügungsrechten; → *Verfügungsrechtstheorie (Property Rights-Theorie)*), hebt teils die „Kosten" der Benutzung von Märkten hervor (Transaktionskostenansatz; → *Transaktionskostentheorie*) oder das Handeln im Auftrag anderer (Principal-Agent-Modelle; → *Prinzipal-Agenten-Ansatz*).

(3) Unsicherheit und Ungleichverteilung des Wissens begrenzen die Planbarkeit, wie sie neoklassische und institutionelle Mikroökonomie voraussetzen. *Begrenzte Planbarkeit* stellt den Sinn einer Nutzenmaximierung unter Nebenbedingungen in Frage. Dies schon deshalb, weil jeder auf Dauer angelegte Plan Vorsorge für die möglichen Folgen nicht rational planbarer Ex-post-Überraschungen zu treffen hat. Entstehung und Entwicklung von Unternehmungen ist nicht durch die Optimierung eines Plans zu erklären, sondern nur über einen Versuchs- und Irrtumspfad im Zeitablauf (*Langlois* 1995, S. 95).

Handlungen auf einem Versuchs- und Irrtumspfad sind nicht folgenlos rückgängig zu machen. Diese zeitliche Unumkehrbarkeit von Handlungen engt die Anwendbarkeit nicht-evolutorischer Theorien ausschlaggebend ein. Anspruchsvoll klingendes mathematisches Blendwerk, wie die dynamische stochastische Programmierung unter Nebenbedingungen in der Realoptionstheorie, modellieren treffsicher an der zeitlichen Unumkehrbarkeit der Handlungen vorbei, da die benutzten stochastischen Prozesse der Gleichgewichtsthermodynamik entstammen und reversible Prozesse unterstellen (*Wulwick* 1995, S. 416). Der Tatbestand unumkehrbarer Abhängigkeiten ist ein Grund, weshalb die Existenzbedingungen für ein Gleichgewicht Wettbewerb im Sinne einer Rivalität zwischen den Marktteilnehmern wegdefinieren, und insoweit nicht-evolutorische Theorien zu Glasperlenspielen werden lassen.

2. Evolutorischer Ansatz auf der Grundlage von Unternehmerfunktionen

Ein zweites Vor-Bild greift Sachverhalte aus dem zu untersuchenden „wirtschaftlichen" Erfahrungsbereich heraus und filtert diese Beobachtungssachverhalte durch Abstraktion zu einer Lösungsidee für Probleme. Auf diese Weise lässt sich eine evolutorische Theorie der Unternehmung entwerfen (→ *Evolutionstheoretischer Ansatz*). Die *evolutorische Theorie* der Unternehmung hebt die Vereinfachung auf, dass der Stand des Wissens und Könnens als vorgegeben gilt. Welche Ziele, Mittel, Handlungsmöglichkeiten und daraus herzuleitende Prognosen jeder Einzelne in einem Planungszeitraum erwägt, lässt sich erst erklären, wenn die Entwicklung des Wissens und Könnens hierüber untersucht wird.

(1) Diese evolutorische Theorie erforscht Institutionen in Form von *Regelsystemen* (Ordnungen) und Institutionen in Form von *Handlungssystemen* (Organisationen) daraufhin, ob bzw. wie Menschen unter *Unsicherheit* und bei unvollständigem, ungleich verteiltem → *Wissen* in der Lage sind,

– jenes Einkommen zu erreichen, das sie erwerben wollen,
– das zu verwirklichen, was sie mit der Verwendung des Einkommens bezwecken, und
– inwieweit Regelsysteme und Handlungssysteme dazu beitragen, Ursachen für das Abweichen zwischen einem beabsichtigten Erwerben oder Verwenden von Einkommen und dem tatsächlich Erreichten zu vermeiden oder in ihren Folgen einzugrenzen.

Als Teilbereich der evolutorischen Theorie einzelwirtschaftlicher Institutionen sucht die Theorie der Unternehmung nach Einflussgrößen, aus denen sich Handlungsabläufe in einer Unternehmung erklären lassen, nach denen darüber hinaus Handlungsabläufe zu messen und zu gestalten sind. Sie sieht es als eine Forschungsaufgabe an, Fähigkeiten oder „Kernkompetenzen" einer Unternehmung zu erkennen, um Wettbewerbsvorteile zu schaffen und aufrechtzuerhalten.

(2) Evolution der Unternehmung bezeichnet dabei einen Strom an *Handlungsabläufen*, der das Entstehen, Geschehen in oder Vergehen einer Unternehmung umfasst. Dieser Strom wird durch die Uferbefestigungen der Unternehmungsregeln (also der Rechtsetzungen, Handelsbräuche und ethischen Normen) kanalisiert. Die Flut an Handlungsabläufen, die

in Unternehmungen zu beobachten sind, ergießt sich in Beschaffungs- und Absatzmärkte oder strömt in der Produktion zwischen Beschaffungs- und Absatzmärkten. Diese Flut an Unternehmungsprozessen suchen Forscher durch Pfeiler als Wellenbrecher gedanklich zu bändigen: durch eine Unternehmungsstruktur.

Zur Unternehmungsstruktur gehören die Merkmale für die jeweiligen Beschaffungs- und Absatzmarktstrukturen, die Erklärung von Marktprozessen, der Marktzufuhr und die Wege zur Verringerung von Einkommensunsicherheiten bei der Koordination von Marktprozessen und Marktzufuhr. Zu diesen Wegen zählen zum einen die Eigenkapitalausstattung als Insolvenzpuffer und die Liquiditätsvorsorge, aber auch Investitionsmischungen, um Risiken zu streuen. Zum anderen bedarf es der „Ressourcen".

Ressourcen sind in Märkten beschaffte Produktionsfaktoren, verändert bzw. veredelt durch Findigkeit und Können von Unternehmungsleitungen, Mitarbeitern oder externen Spezialisten zu unternehmungseigenen Merkmalen für Wettbewerbsfähigkeit. Während Produktionsfaktoren von allen Konkurrenten in Märkten zu kaufen sind, verkörpern Ressourcen unternehmungsspezifische materielle und v.a. immaterielle Wirtschaftsgüter. Deren hauptsächliche Eigenschaften sind ein erschwerter Erwerb oder eine eingeschränkte Nachahmbarkeit durch Mitbewerber, z.B. die Fähigkeit zu Innovationen.

(3) Die Unternehmungsstruktur sei durch das Ausüben von *Unternehmerfunktionen* erklärt. Jeder Einzelne beweist seine Fähigkeiten zu eigenverantwortlichem Einkommenserwerb und der Verringerung dabei auftretender Unsicherheiten durch das Ausüben von Unternehmerfunktionen. Anlass für ein solches Tätigwerden ist die Hoffnung, innerhalb der Menge an unvollständigem und ungleich verteiltem Wissen und Können für sich und gegenüber anderen Menschen Ziele zu verwirklichen durch Auswertung von eigenem Wissen und Können.

Drei Unternehmerfunktionen steuern Handlungsabläufe in Beschaffungs- und Absatzmärkten (Marktprozesse) oder zwischen Beschaffungs- und Absatzmärkten (Produktionsprozesse), verwirklichen aber mitunter Unbeabsichtigtes:

– Durch die zeitweise und teilweise *Übernahme der Einkommensunsicherheiten* anderer Personen werden Institutionen begründet, z.B. eine Organisation „Unternehmung" durch Arbeitsverträge mit festem Gehalt für Mitarbeiter, welche die Einordnung in eine Hierarchie akzeptieren, oder durch Vereinbarungen zur zeitweisen Geldüberlassung mit in Höhe und Zeitpunkt festgelegten Zins- und Tilgungszahlungen. Der Vertragspartner Arbeitnehmer/Kreditgeber erzielt hierbei während der Laufzeit ein vertraglich abgesichertes Einkommen. Die zeitweise Übernahme von Einkommensunsicherheiten wird nicht alle Unsicherheitsursachen einschließen können. Selbst wenn der Unternehmer, der eine Unternehmung errichtet, seinen vertraglichen Verpflichtungen nachkommt, mögen sich während der Vertragslaufzeit die Umweltbedingungen zum Nachteil oder auch Vorteil des Arbeitnehmers oder Kreditgebers ändern: Unvorhergesehene Kaufkraftänderungen des Geldes, überraschende gesetzliche Be- oder Entlastungen kürzen oder erhöhen das Realeinkommen des Arbeitnehmers oder Kreditgebers.

– Das Verwirklichen von *Spekulations- bzw. Arbitragegewinnen* erhält eine Organisation „Unternehmung" nach außen (gegenüber anderen Marktteilnehmern und Obrigkeiten). Das Erzielen von Spekulations- bzw. Arbitragegewinnen in und zwischen Märkten sowie gegenüber Regulierungen setzt Findigkeit zu Handlungsmöglichkeiten unter Unsicherheit und Ungleichverteilung des Wissens voraus.

– Die Unternehmerfunktion des *Durchsetzens von Änderungen* betrifft die Koordination als gemeinsame Planerarbeitung, Planabstimmung (Entscheidungsfindung) sowie Steuerung und Kontrolle von Handlungen in Organisationen zusammenarbeitender oder teilweise auch gegeneinander arbeitender Menschen: gegenüber Mitarbeitern, aber auch Geldgebern, soweit diese nicht über Kapitalmärkte jederzeit ihre Ansprüche veräußern können oder wollen. Die Koordinationsfunktion kann sich auf das Verwirklichen neuer Handlungsabläufe beziehen, aber auch auf das Formen neuer Ordnungen (Regelsysteme) und ihres Einhaltens. Unsicherheit und Ungleichverteilung des Wissens unter den Menschen haben zur Folge, dass selbst bei gleichen Zielen die einen dies, die anderen jenes durchgeführt oder nicht realisiert sehen wollen. Koordination bewahrt eine Organisation vor dem Auseinanderbrechen. Deshalb lässt sich das Durchsetzen von Änderungen als unternehmungserhaltende Funktion nach innen bezeichnen.

Bei der Abgrenzung der Unternehmerfunktion des Durchsetzens von Änderungen von den anderen beiden Unternehmerfunktionen ist zu beachten: Die Übernahme von Einkommensunsicherheiten oder die Suche nach Spekulationsgewinnen über Innovationen aus der Sicht einer Unternehmungsleitung verlangt in anderen Organisationen, deren Mitglied die Unternehmung ist, ein Durchsetzen von Änderungen: so in Märkten bei der Einführung neuer Produkte oder technischer Standards (wie Industrie-Normen).

III. Begründungen für die Existenz und Entstehung von Unternehmungen

Die skizzierte evolutorische Theorie der Unternehmung hilft die Frage zu beantworten: Warum existieren Unternehmungen als Beobachtungstatbestand in dieser oder jener Form? Für die Antwort ist nicht die Betriebswirtschaftslehre allein zuständig. Vielmehr sind folgende Blickrichtungen für das Entstehen, Wachsen und Vergehen von Unternehmungen zu unterscheiden (*Schneider* 1995, S. 110–116):

1. Technische, soziologische und verhaltenswissenschaftliche Gründe

Bei einmal als gegeben vorausgesetzten (bescheidenen oder umfangreichen) Tauschbeziehungen existieren Unternehmungen

(1) in unterschiedlicher Form aus technischen Gründen: Fertigungsverfahren nötigen dazu, für die verschiedenen Erzeugnisse in allen Produktionsstufen den Einsatz an Produktionsfaktoren zu organisieren. Arbeitsteilung nutzt spezielle persönliche Begabungen und Lerneffekte bei wiederholten Tätigkeiten aus. Arbeitsteilung legt schon in der fast marktlosen antiken Landgutswirtschaft bestimmte Arbeitsabläufe und damit Organisationsaufgaben für die Zusammenarbeit fest, erst recht in industrieller, automatisierter Fertigung (→ *Arbeitsteilung und Spezialisierung*; → *Aufbau- und Ablauforganisation*).

(2) Soziologische Gründe bestimmen u.a. Art und Ausmaß von Hierarchien (→ *Hierarchie*): In der Wirtschaftsgeschichte konnten nicht immer alle mitarbeitenden Menschen über ihre Mitwirkung selbst bestimmen, sondern mussten sich durch physische Gewalt (Sklaven) oder psychisch-sozialen Zwang (Ehefrauen, Kinder und Geschwister; Abordnung von Schülern zum Ernteeinsatz) von den Führungskräften (Hausherren, Priestern, Parteifunktionären) fremd bestimmen, ja ausbeuten lassen.

(3) Verhaltenswissenschaftlich zu erklärende Sachverhalte, wie die Handlungsmotive der Führenden wie der Geführten und deren jeweilige psychische Ausprägung, beeinflussen die Größe solcher Organisationen und Art der Leitung sowie ihr Gebaren in Absatz- und Beschaffungsmärkten.

2. Voraussetzung einer Erklärung durch Unternehmerfunktionen: Geld als Recheneinheit

Die Klassifikation aus technischen, soziologischen und verhaltenswissenschaftlichen Gründen reicht weder aus, das Entstehen aller Unternehmungen zu erklären, noch gelangt man auf diese Weise zu Urteilen darüber, welche Unternehmungsstrukturen und Erscheinungsformen von Unternehmungsregeln gesellschaftlich oder einzelwirtschaftlich zweckmäßig sind. Einen Beurteilungsmaßstab für gesellschaftlich zweckmäßige Unternehmensregeln geben Normen zur Gesellschafts- und Wirtschaftsordnung vor, wie eine Wettbewerbsordnung unter Regeln gerechten Verhaltens. Wettbewerb bedeutet Rivalität zwischen den Unternehmern ihres Wissens, ihrer Arbeitskraft und ihres sonstigen Vermögens, sowie in und zwischen den von ihnen gebildeten Organisationen. Da der Wettbewerb unter Unsicherheit und bei ungleich verteiltem Wissen und Können stattfindet, spielt für die Formen der Zusammenarbeit und der Rivalität das Ausüben von Unternehmerfunktionen eine ausschlaggebende Rolle.

Für eine Erklärung des Entstehens der Institution „Unternehmung" ist zu beachten, dass erst ein quantitativer Begriff, Geld in der Funktion als Recheneinheit, das Ausüben der Unternehmerfunktionen einer Übernahme von Einkommensunsicherheiten anderer durch „Risikoteilung" oder das Erzielen von Arbitrage- bzw. Spekulationsgewinnen durch die Kombination unterschiedlicher Produktionsfaktoren zu Produkten ermöglicht. Ob aus der Produktion über zahlreiche Produktionsstufen hinweg mit dem Absatz Gewinne oder Verluste erzielt werden, lässt sich ohne Rückgriff auf eine Recheneinheit „Geld" weder planen noch kontrollieren.

3. Planung oder „unsichtbare Hand" als Erklärung von Unternehmungen aus der Übernahme von Einkommensunsicherheiten

Wer aus der Absicht, für sich selbst Einkommensunsicherheiten zu verringern, eine Organisation „Unternehmung" errichtet und dabei z.B. Arbeitsplätze mit Festlohnverträgen schafft, mindert dadurch Einkommensunsicherheiten anderer Unternehmer ihrer Arbeitskraft, die eine feste Vergütung für die Vertragslaufzeit anstreben. Neben diese einseitige Übernahme von Einkommensunsicherheiten tritt eine gegenseitige, z.B. in einer Partnerschaft von Freiberuflern oder einer offenen Handelsgesellschaft. Sie kann für jeden der Unternehmer, die gemeinsam Arbeitskraft oder Geld oder beides einsetzen, das Ausmaß eines Abweichens des beabsichtigten vom späteren tatsächlichen Einkommenserwerb verringern. Dies v.a. dann, wenn aus unterschiedlichen Ursachen Verlustgefahren drohen und Grund zu der Annahme besteht, dass nicht alle Verlustursachen zugleich eintreten, aber die einzelnen Unternehmer aufgrund ihres Spezialistenwissens und ihrer Veranlagung besser als ein Einzelner den Folgen aus Ex-post-Überraschungen begegnen können.

Eine Verringerung von Einkommensunsicherheiten für andere geschieht nur bei altruistischem Handeln absichtlich, d.h. durch menschlichen Plan. Ein solcher Plan setzt Wissen voraus, wie die Unsicherheitsverringerung für andere erreicht werden kann. Mangelt es an diesem Wissen über beabsichtigte und unbeabsichtigte Folgen oder handeln Unternehmer bzw. Unternehmungsleitungen egoistisch, dann können sich unbeabsichtigt dennoch Institutionen entwickeln, die Einkommensunsicherheiten verringern, wie „von einer unsichtbaren Hand geleitet", um eine Metapher von Adam Smith (*Smith* 1977, S. 184) zu verwenden.

Auf den ersten Blick erscheint die Übernahme von Einkommensunsicherheiten zu Unternehmungen zu führen, die als Ergebnis menschlichen Plans und nicht als ungeplantes Ergebnis menschlichen Handelns zu erklären sind; schließlich bündeln Kaufleute bewusst ihre Mittel und feilschen gegenseitig um Rechte und Pflichten. Doch eine solche Erklärung wäre vordergründig. Um diese Behauptung zu begründen, sei eines von Daniel Bernoullis Beispielen zitiert, mit denen er erstmals die Entscheidungsregel unter Ungewissheit „Maximiere den Erwartungswert des Risikonutzens des Vermögens" erläutert: die Gepflogenheiten der Kaufleute bei der Versicherung der Waren auf See. Bernoulli (*Bernoulli* 1896, S. 42) geht davon aus, dass die Chance auf Verdoppelung des Vermögens nicht den doppelten Nutzen bringe (sondern in seinem Beispiel der Nutzen nur mit dem Logarithmus des Vermögens wachse). Er prüft bei angenommenen quantitativen Wahrscheinlichkeiten für den Schiffsuntergang (jedes zehnte), welches Vermögen ein Kaufmann mindestens haben muss, damit der Selbstbehalt eines Teilrisikos für ihn vorteilhaft ist, und über welches Vermögen ein anderer Kaufmann verfügen muss, der Waren auf See gegen Untergang oder Beschädigung versichert.

Eine Institution, wie die Seeversicherung, hat sich dann wie „von einer unsichtbaren Hand geleitet" entwickelt, wenn jahrhundertealten Gepflogenheiten der Kaufleute keine rational nachvollziehbaren Argumente zugrunde lagen, sondern sie nach früheren Erfahrungen oder Fingerspitzengefühl bestimmte Gebräuche von Generation zu Generation „vererbten" und diese dabei nur am Rande abwandelten. Nun ist aber bekannt, dass vor dem 17. Jahrhundert der Menschheit der heutige Begriff der Wahrscheinlichkeit (im umgangssprachlichen und erst recht in einem entscheidungslogisch präzisierten Sinne) unbekannt war. Damit fehlte es an dem Wissen über Theorien, wie eine Institution „Seeversicherung" als Ergebnis rationalen menschlichen Plans zu entwerfen sei. Daraus lässt sich schließen: Wenn solche altüberkommenen Gepflogenheiten erst nach Jahrhunderten eine vereinfachte vernünftige Erklärung in einem Planungsmodell finden, können diese Gebräuche nicht als Durchführung eines menschlichen Plans betrachtet werden; denn zur Planung reichen erlernte Erfahrungen und Fingerspitzengefühl nicht aus.

Rationale Rekonstruktionen von Gepflogenheiten in Entscheidungsmodellen bieten eine methodische Richtschnur für „unsichtbare Hand"-Erklärungen von Regelsystemen und Handlungssystemen. Insoweit ist zumindest das Entstehen einzelner Gattungen von Unternehmungen durch das Wirksamwerden einer „unsichtbaren Hand" zu erklären; denn es kann nicht bestritten werden, dass z.B. Institutionen zum Versichern gegen Unsicherheitsursachen dem Gemeinwohl dienen können.

Was beispielhaft an den Entscheidungen unter Unsicherheit gezeigt wurde, gilt in ähnlicher Weise für Regelsysteme zur Koordination bzw. Organisation, insb. aber für solche zur Rechnungslegung, denn deren gemeinwohl-verträgliche Grundsätze haben sich über einen irrtumsreichen Lernprozess entwickelt (*Schneider* 1997a, S. 7–22).

4. Erklärung von Unternehmungen aus dem Streben nach Arbitragegewinnen

(1) Wer nach Spekulations- bzw. *Arbitragegewinnen* strebt, kann diese zum ersten zwischen den Beschaffungspreis-Obergrenzen und Absatzpreis-Untergrenzen für Dienste, Sachen, Verfügungsrechte verschiedener Personen und Organisationen finden: zu (fast) gleicher Zeit in unterschiedlichen Marktorten oder in einem oder mehreren Marktorten zu unterschiedlichen Marktzeiten (örtliche und zeitliche Arbitragen). Preisunterschiede, die sich durch Arbitragen oder Spekulationen auszunutzen lohnen (z.B. nicht durch Lager- oder Transportkosten aufgezehrt werden), sind in der Hauptsache durch ungleich verteiltes Wissen zwischen Anbietern und Nachfragern zu erklären.

(2) Eine zweite Form von Arbitragen entsteht aus der Umwandlung von Diensten (Arbeitsleistungen) mit anderen Produktionsfaktoren zu Produkten. Bei dieser Produktionsstufen-Arbitrage wird die Art der Leistungserstellung, die Gestaltung oder Differenzierung im Absatzmarktgegenstand, zur Spekulationsgelegenheit.

Aus Selbstversorgungs-Gemeinschaften mit Aufrechnung von Leistungen und Gegenleistungen ihrer Mitglieder erwachsen zunächst Unternehmungen, die Auftragsproduktion für nicht zur Selbstversorgungs-Gemeinschaft gehörende Menschen durchführen. Auftragsproduktion vermeidet die Unsicherheit des Absatzes bereits erstellter Erzeugnisse. Aber der Entfaltung gesellschaftlicher Arbeitsteilung durch Auftragsproduktion sind enge Grenzen gesetzt: Bei einer Auftragsproduktion müsste über viele Produktionsstufen hinweg „die Reihe der Tauschverhandlungen ... erst vom Consumenten zu den Urproducenten hinauf, dann wieder von diesen zu jenem herunter und so vielleicht mehrmals hin und her gehen müssen, ehe das Product wirklich hergestellt würde" (*von Mangoldt* 1966, S. 61). Dieses Zitat beschreibt ein Musterbeispiel für den zeitraubenden Versuchs- und Irrtumspfad, den zentrale Planung selbst in der gemäßigten Form der Auftragsvergabe zur Produktion einschlagen muss.

Einer zusätzlichen Unsicherheitsübernahme durch Unternehmer bedarf es, wenn sie ohne vertraglich oder durch Anordnung gesicherten Absatz produzieren. Nach dieser zusätzlichen Unsicherheitsübernahme entstehen aus der Suche nach Arbitragegewinnen jene Unternehmungen, die für Abnehmer in einem „anonymen" Markt produzieren. Nicht bekannt ist jedoch häufig nur, wer wie viel von einem Gut kauft, mit der Person oder Organisation „Käufer" können gleichwohl jahrelange Geschäftsbeziehungen bestehen.

(3) Arbitragen gegen Regulierungen setzen ein Finden und Benutzen rechtlicher Gestaltungsformen für die Zusammenarbeit einzelner Anbieter mit einzelnen Nachfragern voraus, die mit beiderseitigem Vorteil Geboten oder Verboten in den Unternehmungsregeln legal ausweichen. Innerhalb eines Staates ist jede Einzelperson und jede von Einzelpersonen gebildete Organisation der Gewalt staatlicher Einrichtungen unterworfen, die ihr Handeln vielfältig regulieren. Dem lässt sich durch Ausweichhandlungen begegnen, die rechtlich zulässig sind. Ein Musterbeispiel sind institutionenbildende Steuerausweichhandlungen, wie die Konstruktion von Holdings in der internationalen Konzernbesteuerung (→ *Holding*; → *Konzernorganisation*). Gelegentlich wird bei Ausweichhandlungen vor Regulierungen auch rechtswidrig gehandelt und auf das Nichtentdecken spekuliert.

(4) Alle Arbitragen erfordern Zeit, und deshalb sind Arbitragegewinne im Zeitpunkt ihrer Planung immer unsicher: Sie verwirklichen sich als Spekulationsgewinne oder -verluste. Erst die Realisierung von Gewinnen im Markt lässt Einkommen entstehen und schafft eine Voraussetzung dafür, die Unternehmung gegenüber Rivalen und Staaten zu erhalten. Das schließt nicht aus, dass deren Begehrlichkeit gerade durch verwirklichte Spekulationsgewinne geweckt wird. Eine Wettbewerbsordnung hofft sogar darauf, dass Nachahmer ihre Mittel zu Tätigkeiten umlenken, die bisher anderen Erfolg brachten, um eine gesamtwirtschaftlich bessere Verwendung knapper Mittel zu erreichen, in dem Spekulationsgewinne Einzelner nach und nach weggeschwemmt werden.

5. Das Durchsetzen von Änderungen als nachgeordnete Unternehmerfunktion bei der Erklärung von Unternehmungen

Die Unternehmerfunktion „Änderungen durchzusetzen" begründet gemeinsam mit den anderen die Existenz von Dienstleistungsunternehmungen, wie Wirtschaftsprüfungsgesellschaften, aber auch Organisationsformen von Unternehmungen, die als Ausweichhandlungen vor Rechtsetzungen zur Verwirklichung einer bestimmten Wirtschafts- und Gesellschaftsordnung entstanden sind (z.B. die GmbH & Co. KG). Geht man von der Unternehmerfunktion des Suchens nach Arbitragegewinnen und dem Wunsch aus, Änderungen durchzusetzen, dann bahnen beide Funktionen auch den Weg, um das Entstehen von kurzlebigen Arbeitsgemeinschaften einzelner Baufirmen oder gemeinsame Produktionsentwicklungen von Kunden und Lieferanten zu erklären. Ob engere Kooperationsformen bis zu Konzernverschachtelungen entstehen, richtet sich zumindest auch danach, welche Arbitragegewinne verwirklicht und im Wiederholungsfall erwartet werden.

In der evolutorischen Theorie der Unternehmung stehen „genetisch" die drei Unternehmerfunktionen in folgender Beziehung zueinander: Grundlegend ist die Unternehmerfunktion einer Übernahme von Einkommensunsicherheiten anderer, aus der sich Markt- und Geldwesen, aber auch einzelne Erscheinungsformen von Unternehmungen, v.a. aber deren Regelsysteme, wie das Rechnungswesen, erklären lassen.

Die Unternehmerfunktion des Erzielens von Arbitragegewinnen bildet eine nachgeordnete Unternehmerfunktion. Sie setzt die Existenz verschiedenartiger Märkte des Geldwesens voraus: also von Institutionen zur Verringerung von Einkommensunsicherheiten, die nicht oder nicht nur aus menschlichem Plan, sondern auch als unbeabsichtigtes Ergebnis wiederholten menschlichen Handelns hervorgegangen sind. Erst wenn Märkte und ein allgemeines Tauschmittel „Geld" bestehen, das zugleich als Recheneinheit für Arbitragegewinne und -verluste dient, lassen sich Unternehmungen im heutigen Sinne errichten: als geordnete Handlungsabläufe, die in und zwischen unsicherheitsbeladenen Beschaffungs- und Absatzmärkten stattfinden und bei denen Marktprozesse mit Marktzufuhrhandlungen verbunden werden.

Die Unternehmerfunktion des Durchsetzens von Änderungen in einer Institution „Unternehmung" setzt ihrerseits Planungen von Arbitragegewinnen voraus, weil die Erhaltung einer Institution „Unternehmung" nach innen sinnvollerweise in Abstimmung mit den Plänen zu ihrer Erhaltung nach außen erfolgt: gegenüber Beschaffungs- und Absatzmärkten, Aufsichtsbehörden und Abgaben fordernden Staatseinrichtungen. Diese Unternehmerfunktion kann deshalb als der Unternehmerfunktion des Erzielens von Arbitragegewinnen nachgeordnet betrachtet werden.

Diese Rangordnung der Unternehmerfunktionen dient dazu, die Vielfalt von Unternehmungen und von Ordnungen in Unternehmungen aus dem Gesichtspunkt einer Verringerung von Einkommensunsicherheiten zu erklären.

Literatur

Bernoulli, Daniel: Specimen Theoriae novae de Mensura Sortis. Commentarii academiae scientiarum imperialis Petropolitanae (Tomus V), deutsch: Versuch einer neuen Theorie der Wertbestimmung von Glücksfällen, hrsg. v. *Pringsheim, Alfred*, Leipzig 1896.
Gutenberg, Erich: Grundlagen der Betriebswirtschaftslehre, Bd. 2: Der Absatz, Berlin et al. 1955.
Gutenberg, Erich: Grundlagen der Betriebswirtschaftslehre, Bd. 1: Die Produktion, Berlin et al. 1951.
Holmstrom, Bengt R./Tirole, Jean: The Theory of the Firm, in: Handbook of Industrial Organization, hrsg. v. *Schmalensee, Richard/Willig, Robert D.*, Amsterdam et al. 1989, S. 63–133.
Langlois, Richard N.: Capabilities and coherence in firms and markets, in: Resource-Based and Evolutionary Theories of the Firm: Towards a Synthesis, hrsg. v. *Montgomery, Cynthia A.*, Boston et al. 1995, S. 71–100.
Loasby, Brian J.: Hypothesis and Paradigm in the Theory of the Firm, in: Economic Journal, Jg. 81, 1971, S. 863–885.
Mangoldt, Hans von: Die Lehre vom Unternehmergewinn, Frankfurt am Main 1966.

Nelson, Richard R.: Recent Evolutionary Theorizing about Economic Change, in: Journal of Ecnomic Literature, Jg. 33, 1995, S. 48–90.

Schneider, Dieter: Betriebswirtschaftslehre, Bd. 2: Rechnungswesen, 2. A., München et al. 1997a.

Schneider, Dieter: Beriebswirtschaftslehre, Bd. 3: Theorie der Unternehmung, München 1997b.

Schneider, Dieter: Betriebswirtschaftslehre, Bd. 1: Grundlagen, 2. A., München et al. 1995.

Smith, Adam: Theorie der ethischen Gefühle, 2. A., Hamburg 1977.

Wöhe, Günter: Einführung in die Allgemeine Betriebswirtschaftslehre, München 1960.

Wulwick, Nancy J.: The Hamiltonian Formalism and optimal growth theory, in: Measurement, Quantification and Economic Analyis, hrsg. v. *Rima, Ingrid*, London 1995, S. 406–435.

Top Management (Vorstand)

Jens Grundei

[s.a.: Aufsichtsrat; Corporate Governance (Unternehmensverfassung); Hauptversammlung und Aktionärseinfluss; Managerialismus; Managerrollen und Managerverhalten; Unternehmensführung (Management).]

I. Begriffe; II. Aufgaben und Kompetenzen; III. Einfluss des Top Managements; IV. Personelle Besetzung des Vorstands; V. Organisation des Top Managements; VI. Ausblick.

Zusammenfassung

Dem Top Management bzw. Vorstand obliegt die Leitung des Unternehmens. Der Einfluss auf die Unternehmensentwicklung hängt v.a. vom managerialen Handlungsspielraum ab, der maßgeblich durch das System der Corporate Governance geprägt wird. Mit der personellen Besetzung des Vorstands werden Größe und Heterogenität des Top Managements bestimmt. Die Zusammenarbeit mehrerer Top Manager bedarf der Organisation.

I. Begriffe

Der Terminus *Top Management* folgt einer insitutionalen Verwendung des Managementbegriffs. Er umfasst die (Gruppe von) Person(en) an der Spitze der → Hierarchie (*Unternehmensleitung*), welche die für das gesamte Unternehmen verbindlichen Ziele und Strategien formuliert (vgl. *Daft* 2000, S. 15 f.). In der angloamerikanischen Literatur findet sich allerdings keine einheitliche Abgrenzung von „*Top Management Teams*". So werden z.B. wahlweise an den *CEO* berichtende Personen, Träger bestimmter Titel oder die Officers zur Gruppe der Top Manager gezählt (*Hambrick* 1994, S. 173 f.). Beim Top Management Team (einer Corporation) handelt es sich folglich nicht um ein formal abgrenzbares Gremium, sondern um die Konstellation der einflussreichsten, meist drei bis zehn Führungskräfte unter der Leitung des CEO (*Finkelstein/Hambrick* 1996, S. 8). Diese „*dominant coalition*" repräsentiert eine (veränderliche) Konstellation von Personen, die – bezogen auf das deutsche Modell der *Unternehmensverfassung* – etwa auch Mitglieder des Aufsichtsrats oder Großaktionäre einschließen könnte. Aus dem Kreis der gesellschaftsrechtlich vorgesehenen Organe der deutschen AG bildet jedoch der *Vorstand* das Leitungsorgan, das nach seiner rechtlich zugewiesenen Kompetenzausstattung die Funktion der Unternehmensleitung ausübt (*v. Werder* 1987, S. 2265). Für die AG können deshalb die Begriffe Top Management und Vorstand synonym verwendet werden. Sie stammen allerdings aus unterschiedlichen Disziplinen, namentlich der Managementforschung sowie der Rechtswissenschaft (→ *Management und Recht*), und stehen insoweit auch für verschiedene Perspektiven des Phänomens Unternehmensleitung.

II. Aufgaben und Kompetenzen

1. Kernaufgaben des Top Managements

Aus betriebswirtschaftlicher Sicht lassen sich die Kernaufgaben des Top Managements nach den idealtypischen Handlungszyklen in Entscheidungs-, Realisations- und Kontrollhandlungen gliedern (*v. Werder* 1996, S. 44 ff.). *Entscheidungen* umfassen primär die Festlegung von Zielen und Strategien und den Aufbau von Rechts- und Organisationsstruktur sowie Planungs- und Kontrollsystemen. Auch wenn die Tätigkeit des Top Managements insb. durch Entscheidungen geprägt wird, so hat auch das Top Management Realisations- und Überwachungsaufgaben zu erfüllen. Gerade die zu den *Realisationshandlungen* zählenden Repräsentationspflichten haben auf Grund der gestiegenen Bedeutung der → *Unternehmenskommunikation* sogar an Gewicht zugenommen. Mit den *Kontrollhandlungen* soll die zielkonforme Umsetzung sowohl der vom Top Management selbst gefassten Beschlüsse als auch der an nachgelagerte Ebenen delegierten Aufgaben überwacht werden.

Empirische Arbeiten kommen naturgemäß nicht zu deckungsgleichen, den normativen Anforderungen jedoch durchaus vergleichbaren Aktivitäten von Top Managern (vgl. *Steinmann/Schreyögg* 2000, S. 18 f.). So wird etwa in einer prominenten Realtypologie das beobachtete Arbeitsverhalten der Manager insgesamt zehn Rollen zugeordnet, die zu den drei Handlungsdimensionen interpersonelle Beziehungen (z.B. Repräsentation und Führung), Information (Informationserfassung und -übermittlung) und Entscheidungen (z.B. Reaktion auf Störungen und Ressourcenzuteilung) zusammengefasst werden (*Mintzberg* 1973, S. 54 ff.; → *Managerrollen und Managerverhalten*).

2. *Rechte und Pflichten des Vorstands*

Die Rechte und Pflichten des Vorstands ergeben sich aus den gesetzlichen Bestimmungen – insb. des AktG – sowie dem *Deutschen Corporate Governance Kodex (DCGK)*, der als ‚Soft Law' die gesetzlichen Verfassungsregelungen konkretisiert (→ *Corporate Governance (Unternehmensverfassung)*). Grundlegend ist die Vorschrift des § 76 Abs. 1 AktG, wonach der Vorstand das Recht und die Pflicht hat, die Gesellschaft unter eigener Verantwortung zu leiten. Im Einzelnen zählen zur Unternehmensleitung v.a. die mittel- bis langfristige Unternehmenspolitik, die Organisation und Koordination der betrieblichen Teilbereiche sowie die Besetzung der dem Vorstand unmittelbar nachgeordneten Führungsstellen (vgl. *Mertens* 1988, S. 19 f.; *Semler* 1996, S. 10 f.). Damit wird erkennbar auf den berühmten Katalog ‚echter Führungsentscheidungen' (*Gutenberg* 1976, S. 133 ff.) zurückgegriffen.

Die Vorstandsmitglieder müssen die *Sorgfalt* eines ordentlichen und gewissenhaften Geschäftsleiters anwenden und dies im Streitfall auch nachweisen (§ 93 AktG). Die Sorgfaltsanforderungen markieren mithin die Grenzen des *unternehmerischen Ermessens*, das dem Vorstand prinzipiell zugestanden wird. Der exakte Verlauf dieser Ermessensgrenzen ist rechtlich allerdings nicht geregelt. Der BGH orientiert sich indes an der *Business Judgment Rule*, mit deren Hilfe US-amerikanische Gerichte versuchen, die an Officers und Directors (→ *Board of Directors*) gerichtete allgemeine Duty of Care in Hinblick auf unternehmerische Entscheidungen zu konkretisieren (vgl. *Abeltshauser* 1998, S. 7 f.). Danach bewegt sich das Vorstandshandeln im Rahmen des *haftungsfreien* Spielraums, wenn der Vorstand sich vor der Entscheidung ausreichend informiert, sich nicht in einem Interessenkonflikt befindet, im besten Interesse des Unternehmens handelt, die Risikobereitschaft nicht überspannt und nicht aus anderen Gründen pflichtwidrig handelt (vgl. *Henze* 1998, S. 3310 f.). Weitergehende Ansätze zu einer Konkretisierung der Sorgfaltspflichten des Vorstands wurden auch aus betriebswirtschaftlicher Sicht mit der Formulierung von *Grundsätzen ordnungsmäßiger Unternehmensleitung* unternommen (→ *Grundsätze ordnungsmäßiger Unternehmensführung*).

Aus der mit dem System der → *Corporate Governance (Unternehmensverfassung)* verbundenen Gewaltenteilung ergeben sich weitere Pflichten bzw. Kompetenzeinschränkungen des Vorstands. So legen etwa die *Anteilseigner* in der Satzung den Unternehmensgegenstand fest (§ 23 Abs. 3 Nr. 2 AktG) und können damit den *Handlungsspielraum* des Vorstands mehr oder (meist) weniger stark einschränken. Ferner muss der Vorstand bei sehr grundlegenden Maßnahmen eine Entscheidung der Hauptversammlung herbeiführen (→ *Hauptversammlung und Aktionärseinfluss*). Der → *Aufsichtsrat* bestellt, kontrolliert und berät den Vorstand (§§ 84; 111 AktG). Zur Gewährleistung der Überwachungsfunktion muss der Vorstand den Aufsichtsrat umfassend informieren (§ 90 AktG). Wichtige unternehmerische Weichenstellungen sind zwischen beiden Gremien abzustimmen und intensiv zu diskutieren (*v. Werder* 2003, S. 82 ff.) und bedürfen gegebenenfalls der Zustimmung des Aufsichtsrats (§ 111 Abs. 4 Satz 2 AktG). Aus betriebswirtschaftlicher Sicht ist zu bedenken, dass sowohl die Einschaltung der Hauptversammlung (siehe *Witt* 2003) als auch des Aufsichtsrats (vgl. *Grundei/Talaulicar* 2002) zu Entscheidungsverzögerungen führen kann.

Schließlich kennt das AktG zahlreiche weitere, nicht delegierbare (→ *Delegation (Zentralisation und Dezentralisation)*) Vorstandspflichten wie z.B. Buchführung und Einrichtung eines Risikomanagements (§ 91 AktG), Verlustanzeige und Insolvenzantrag (§ 92 AktG) sowie die Aufstellung von Jahresabschluss- und Lagebericht und ihre Vorlage an den Aufsichtsrat (§ 170 AktG) (*Fleischer* 2003, S. 6).

III. *Einfluss des Top Managements*

Die bisherigen Ausführungen gehen (implizit) davon aus, dass das Top Management einen nachhaltigen Einfluss auf das Unternehmensgeschehen ausübt. Diese Prämisse ist in der strategischen Managementforschung allerdings keineswegs unumstritten (→ *Strategisches Management*). Vielmehr lassen sich cum grano salis deterministische und voluntaristische Auffassungen nachweisen, in denen divergierende Bilder von der Rolle der Top Manager gezeichnet werden (*Schrader* 1995, S. 26 ff.). Deterministische Modelle wie z.B. der → *Kontingenzansatz* betonen die Bedeutung von unternehmensexternen Umweltfaktoren, an die sich das Unternehmen zur Sicherung seiner Existenz anzupassen hat. *Child* 1972 hat in seinem als Kritik an der Kontingenztheorie gedachten *Strategic Choice*-Ansatz auf die Möglichkeit einer bewussten Strategiewahl durch Entscheidungsträger hingewiesen. Mit dem „*Upper Echelons*"-Ansatz wurden Unternehmen sogar als Spiegelbilder ihrer Top Manager bezeichnet (*Hambrick/Mason* 1984). In der Folge wurden Spitzenführungskräfte mit ihren persönlichen Eigenschaften und Verhaltensweisen selbst in den Mittelpunkt der *Strategic Leadership*-Forschung gerückt (*Finkelstein/Hambrick* 1996).

Zur Klärung der Frage „do managers matter?" wurden indessen Vermittlungsversuche zwischen den ursprünglichen Extrempositionen unternommen. Zu den vielversprechendsten gehört das Konzept des managerialen *Handlungsspielraums* (*Hambrick/Finkelstein* 1987). Ein Top Manager hat danach (potenziell) einen hohen Einfluss auf die Unternehmensentwicklung, wenn er einen großen Handlungsspielraum hat. Dessen Umrisse lassen sich nur indirekt über wichtige Determinanten erfassen, die einer der drei Gruppen „task environment", „internal organization" oder „managerial characteristics" zugeordnet werden und in ihrer jeweiligen Ausprägung insgesamt den Handlungsspielraum eines Managers ausmachen. Er kann von weitgehender Einflusslosigkeit bis hin zum „unconstrained manager" reichen.

Vorhandene Handlungsspielräume können von Top Managern allerdings auch zur Verfolgung ihrer persönlichen Ziele ausgenutzt werden. Diese Gefahr markiert einen Kernaspekt der Governance-Problematik (*Shleifer/Vishny* 1997; → *Managerialismus*) und steht im → *Prinzipal-Agenten-Ansatz* ganz im Vordergrund. Der Handlungsspielraum des Top Managements wird deshalb durch verschiedene Mechanismen der → *Corporate Governance (Unternehmensverfassung)* beschränkt (siehe II.2.). Eine ausschließlich juristische Analyse ist dabei jedoch unzureichend, da die tatsächliche Einflussverteilung variabel ist (vgl. *Witte* 1981, S. 273 f.; → *Macht in Organisationen*). Bspw. fällt die Handlungsfreiheit des Top Managements bei einer stark konzentrierten Aktionärsstruktur i.d.R. geringer aus als bei gestreutem Anteilsbesitz (*Gedajlovic/Shapiro* 1998, S. 535).

IV. Personelle Besetzung des Vorstands

1. Bestellung und Abberufung von Vorstandsmitgliedern

Die Besetzung von Vorstandspositionen stellt de jure eine der vornehmsten Aufgaben des *Aufsichtsrats* dar. De facto bestimmt allerdings nicht selten der Vorstand oder gar nur sein Vorsitzender maßgeblich über die Ernennung neuer Vorstandsmitglieder (*Semler* 2000, S. 722 f.).

Vorstandsmitglieder werden vom Aufsichtsrat auf höchstens fünf Jahre bestellt mit der Möglichkeit der Verlängerung (§ 84 Abs. 1 AktG). Eine vorzeitige Abberufung ist nur aus wichtigem Grund zulässig; ein solcher kann etwa in der Nichtentlastung durch die Hauptversammlung begründet sein (§ 84 Abs. 3 AktG), nicht aber in unterschiedlichen Auffassungen zwischen Aufsichtsrat und Vorstand über die strategische Ausrichtung des Unternehmens (*Goette* 2000, S. 129). Aufgrund der mit einer Vorstandstätigkeit verbundenen Belastungen empfiehlt der DCGK, eine Altersgrenze für Vorstandsmitglieder festzulegen; in der Praxis existierende Grenzen liegen meist zwischen 60 und 63 Jahren (*Kremer* 2003, S. 182).

2. Uni- vs. multipersonale Besetzung

Der Vorstand kann uni- oder multipersonell besetzt werden (§ 76 Abs. 2 AktG), wobei der *DCGK* unabhängig von der Unternehmensgröße einen mehrköpfigen Vorstand empfiehlt (*Ringleb* 2003, S. 145). Dies entspricht der Praxis zumindest in der großen AG. So liegt die Vorstandsgröße der DAX 30-Unternehmen zwischen 3 und 13 (im Mittel 6,5) Mitgliedern (eigene Auswertung von Unternehmensinformationen, August 2003). In kleineren AG sind hingegen auch Alleinvorstände anzutreffen (*Vogel* 1980, S. 89 ff.). Eine mindestens zweiköpfige Besetzung ergibt sich im Übrigen immer dann, wenn nach den gesetzlichen Vorschriften zur Mitbestimmung der Arbeitnehmer (→ *Mitbestimmung, unternehmerische*) ein *Arbeitsdirektor* zu bestellen ist (*Mertens* 1988, S. 56). Besteht der Vorstand aus mehreren Personen, so kann der *Aufsichtsrat* ein Mitglied zum *Vorstandsvorsitzenden* ernennen (§ 84 Abs. 2 AktG).

3. Heterogenität der Besetzung

Mit der Teamgröße steigt nicht nur die Informationsaufnahme- und -verarbeitungskapazität, sondern auch die Wahrscheinlichkeit, dass die Vielfalt der in der Gruppe vertretenen Eigenschaften zunimmt (vgl. *Wiersema/Bantel* 1992, S. 100). Der Grad der *Heterogenität* der Zusammensetzung multipersonaler Vorstände stellt eine wichtige Einflussgröße der Funktionsfähigkeit des Top Managements dar. Aus dem „Upper Echelons"-Ansatz (siehe III.) hat sich eine rege empirische Forschung entwickelt, die sich insb. mit den Folgen einer mehr oder weniger heterogenen Zusammensetzung von *Top Management Teams* befasst.

V. Organisation des Top Managements

Im (Regel-)Fall eines mehrköpfigen Top Managements bedarf es einer organinternen Arbeitsteilung (→ *Arbeitsteilung und Spezialisierung*). Dabei kann zwischen aufbauorganisatorischen Basismodellen und eher ablauforganisatorischen Fragen der Entscheidungsfindung unterschieden werden (→ *Aufbau- und Ablauforganisation*).

1. Aufbauorganisatorische Basismodelle

Das Kompetenzverhältnis zwischen den Top Managern als erste Gestaltungsdimension kann dem Kollegial- oder dem Direktorialprinzip folgen (hierzu und zum Folgenden *v. Werder* 1987). Nach dem *Kollegialprinzip* werden die Aufgaben der Unternehmensleitung gleichberechtigt von allen Mitgliedern des Top Managements wahrgenommen. Alternativ sieht das *Direktorialprinzip* vor, einem Top Manager Weisungsbefugnisse gegenüber den übrigen Mitgliedern einzuräumen, so dass die Ausübung der Funktion der Unternehmensleitung letztlich in den Händen dieser einen Person liegt. Die zweite Gestaltungsdimension bezieht sich auf Handlungssegmente außerhalb des Kernbereichs der Leitungsaufgaben, die den Mitgliedern des Top Managements übertragen werden. Beschränken sich ihre diesbezüglichen Kompetenzen auf Aktivitäten der Entscheidungsvorbereitung, auf deren Grundlage kollegiale Beschlüsse gefasst werden, so werden die Zuständigkeitsbereiche als *Portefeuilles* bezeichnet. Werden den Top Managern hingegen individuelle Entscheidungskompetenzen für ihre jeweiligen Handlungssegmente eingeräumt, so werden diese als *Ressorts* angesprochen. Aus der paarweisen Kombination der vier Gestaltungsprinzipien ergeben sich mit dem Sprechermodell, dem Ressortmodell, dem Stabs- und dem Hierarchiemodell vier Basismodelle der Top Management-Organisation.

Aus juristischer Perspektive ist zu beachten, dass § 77 Abs. 1 AktG für den multipersonalen Vorstand zwingend das Kollegialprinzip vorsieht und folglich die direktorialen Organisationsmodelle als Gestaltungsalternativen ausscheiden. In der Rechtswirklichkeit nehmen allerdings nicht wenige Vorstandsvorsitzende eine so starke Stellung ein, dass faktisch doch ein Direktorialmodell vorliegt (*Semler* 2000, S. 727 ff.). Hinsichtlich der Zuständigkeitsbereiche ergibt sich ein Spannungsfeld zwischen Gesamtverantwortung und Ressortverteilung (vgl. *v. Werder* 1987, S. 2269 ff.; *Bernhardt/Witt* 1999; *Fleischer* 2003, S. 7 f.). Vorstandsmitglieder sind danach berechtigt und verpflichtet, sich über die Verantwortungsbereiche ihrer Kollegen zu informieren und bei Zweifeln (z.B. an der Recht- oder Zweckmäßigkeit) auch zu intervenieren.

2. Entscheidungsfindung im multipersonalen Vorstand

Für die zwingend dem Gesamtvorstand überantworteten Aufgaben sind Entscheidungen im Gremium zu treffen. Die Frequenz von Vorstandssitzungen liegt zwischen einmal wöchentlich und einmal monatlich, wobei die Sitzungen im Durchschnitt vier bis fünf Stunden dauern (*Bleicher/Paul* 1986). Über Tagesordnungspunkte kann entweder nach dem Einstimmigkeits- oder einem Mehrheitsprinzip abgestimmt werden. Dem Vorstandsvorsitzenden dürfen dabei in Grenzen besondere Rechte eingeräumt werden (→ *Geschäftsordnung*). Die Gefahren strategischen Verhaltens bei Abstimmungen (→ *Mikropolitik*) sollten durch die Gestaltung der → *Geschäftsordnung* möglichst weitgehend vermieden werden (z.B. Ausschluss sachlich nicht gerechtfertigter Abstimmungspakete) (*Witt* 2003).

VI. Ausblick

Das Top Management sieht sich mit wachsenden Anforderungen unterschiedlicher Provenienz konfrontiert. Zu denken ist etwa an die → *Globalisierung* sowie die Ansprüche der Kapitalmarktteilnehmer (→ *Kapitalmarkt und Management*). Letztere führen zu einer bislang unbekannten → *Transparenz der Unternehmensführung*.

Mit Blick auf die (empirische) Top Management-Forschung darf zum einen nicht verkannt werden, dass Erkenntnisse über das Top Management in Deutschland noch immer rar sind und internationale Unterschiede in den Führungssystemen (→ *Corporate Governance, internationaler Vergleich*) bei einer Übertragung empirischer Einsichten auf deutsche Vorstände zumindest in Rechnung zu stellen sind. Zum anderen basieren die Studien ganz überwiegend auf Erhebungen demographischer oder struktureller Eigenschaften von Top Management Teams, ohne relevante Prozesse, die in oder zwischen Organen ablaufen, unmittelbar zu erfassen (*Pettigrew* 1992, S. 175 f.). Hierin dürfte eine wesentliche Herausforderung an die zukünftige Forschung zu sehen sein. Die theoretische Fundierung entsprechender Untersuchungen ist dabei nicht auf eine Perspektive – wie etwa die *Agency-Theorie* – einzuengen (vgl. *Cannella/Monroe* 1997).

Literatur

Abeltshauser, Thomas E.: Leitungshaftung im Kapitalgesellschaftsrecht, Köln et al. 1998.
Bernhardt, Wolfgang/Witt, Peter: Unternehmensleitung im Spannungsfeld zwischen Ressortverteilung und Gesamtverantwortung, in: ZfB, Jg. 69, 1999, S. 825–845.
Bleicher, Knut/Paul, Herbert: Das amerikanische Board-Modell im Vergleich zur deutschen Vorstands-/Aufsichtsratsverfassung – Stand und Entwicklungstendenzen, in: DBW, Jg. 46, 1986, S. 263–288.
Cannella, Albert A./Monroe, Martin J.: Contrasting Perspectives on Strategic Leaders: Toward a More Realistic View of Top Managers, in: JMan, Jg. 23, 1997, S. 213–237.
Child, John: Organizational Structure, Environment and Performance: The Role of Strategic Choice, in: Sociology, Jg. 6, 1972, S. 1–22.
Daft, Richard L.: Management, 5. A., Fort Worth et al. 2000.
Finkelstein, Sydney/Hambrick, Donald C.: Strategic Leadership: Top Executives and Their Effects on Organizations, Minneapolis/St. Paul et al. 1996.
Fleischer, Holger: Zur Leitungsaufgabe des Vorstands im Aktienrecht, in: ZIP, Jg. 24, 2003, S. 1–11.
Gedajlovic, Eric R./Shapiro, Daniel M.: Management and Ownership Effects: Evidence From Five Countries, in: SMJ, Jg. 19, 1998, S. 533–553.
Goette, Wulf: Leitung, Aufsicht, Haftung – zur Rolle der Rechtsprechung bei der Sicherung einer modernen Unternehmensführung, in: Festschrift aus Anlaß des fünfzigjährigen Bestehens von Bundesgerichtshof, Bundesanwaltschaft und Rechtsanwaltschaft beim Bundesgerichtshof, hrsg. v. *Geiß, Karlmann* et al., Köln et al. 2000, S. 123–142.
Grundei, Jens/Talaulicar, Till: Company Law and Corporate Governance of Start-ups in Germany: Legal Stipulations, Managerial Requirements, and Modification Strategies, in: JMG, Jg. 6, 2002, S. 1–27.
Gutenberg, Erich: Grundlagen der Betriebswirtschaftslehre. Bd. 1: Die Produktion, 22. A., Berlin et al. 1976.
Hambrick, Donald C.: Top Management Groups: A Conceptual Integration and Reconsideration of the „Team" Label, in: ROB, Bd. 16, 1994, S. 171–213.

Hambrick, Donald C./Finkelstein, Sydney: Managerial Discretion: A Bridge Between Polar Views of Organizational Outcomes, in: ROB, Bd. 9, 1987, S. 369–406.
Hambrick, Donald C./Mason, Phyllis A.: Upper Echelons: The Organization as a Reflection of Its Top Managers, in: AMR, Jg. 9, 1984, S. 193–206.
Henze, Hartwig: Prüfungs- und Kontrollaufgaben des Aufsichtsrates in der Aktiengesellschaft, in: NJW, Jg. 51, 1998, S. 3309–3312.
Kremer, Thomas: Kommentierungen, in: Kommentar zum Deutschen Corporate Governance Kodex, hrsg. *Ringleb, Henrik-Michael* et al., München 2003.
Mertens, Hans-Joachim: Kommentierungen, in: Kölner Kommentar zum Aktiengesetz, Band 2, 1. Lieferung §§ 76–94, hrsg. v. *Zöllner, Wolfgang*, 2. A., Köln et al. 1988.
Mintzberg, Henry: The Nature of Managerial Work, New York et al. 1973.
Pettigrew, Andrew M.: On Studying Managerial Elites, in: SMJ, Jg. 13, 1992, S. 163–182.
Ringleb, Henrik-Michael: Kommentierungen, in: Kommentar zum Deutschen Corporate Governance Kodex, hrsg. v., *Ringleb, Henrik-Michael* et al., München 2003.
Schrader, Stephan: Spitzenführungskräfte, Unternehmensstrategie und Unternehmenserfolg, Tübingen 1995.
Semler, Johannes: Rechtsvorgabe und Realität der Organzusammenarbeit in der Aktiengesellschaft, in: Deutsches und europäisches Gesellschafts-, Konzern- und Kapitalmarktrecht, hrsg. v. *Schneider, Uwe H.* et al., Köln 2000, S. 721–734.
Semler, Johannes: Leitung und Überwachung der Aktiengesellschaft, 2. A., Köln et al. 1996.
Shleifer, Andrei/Vishny, Robert W.: A Survey of Corporate Governance, in: Journal of Finance, Jg. 52, 1997, S. 737–783.
Steinmann, Horst/Schreyögg, Georg: Management: Grundlagen der Unternehmensführung, 5. A., Wiesbaden 2000.
Vogel, C. Wolfgang: Aktienrecht und Aktienwirklichkeit: Organisation und Aufgabenteilung von Vorstand und Aufsichtsrat, Baden-Baden 1980.
Werder, Axel von: Grundsätze ordnungsmäßiger Unternehmungsleitung (GoU) – Bedeutung und erste Konkretisierung von Leitlinien für das Top-Management, in: Grundsätze ordnungsmäßiger Unternehmungsführung (GoF), Sonderheft 36 der ZfbF, hrsg. v. *Werder, Axel von*, 1996, S. 27–73.
Werder, Axel von: Organisation der Unternehmungsleitung und Haftung des Top-Managements, in: DB, Jg. 40, 1987, S. 2265–2273.
Wiersema, Margarethe F./Bantel, Karen A.: Top Management Team Demography and Corporate Strategic Change, in: AMJ, Jg. 35, 1992, S. 91–121.
Witt, Peter: Vorstand/Board: Aufgaben, Organisation, Entscheidungsfindung und Willensbildung – Betriebswirtschaftliche Ausfüllung, in: Handbuch Corporate Governance, hrsg. v. *Hommelhoff, Peter/Hopt, Klaus J./Werder, Axel von*, Köln et al. 2003, S. 245–260.
Witte, Eberhard: Die Unabhängigkeit des Vorstandes im Einflußsystem der Unternehmung, in: ZfbF, Jg. 33, 1981, S. 273–296.
Werder, Axel v.: Kommentierungen, in: Kommentar zum Deutschen Corporate Governance Kodex, hrsg. v. *Ringleb, Henrik-Michael* et al., München 2003.

Transaktionskostentheorie

Peter-J. Jost

[s.a.: Entscheidungsorientierte Organisationstheorie; Institutionenökonomie; Organisationsgrenzen; Organisationstheorie; Theorie der Unternehmung.]

I. Grundbegriffe der Transaktionskostentheorie; II. Klassifikation von Transaktionskosten; III. Einfluss der Transaktionsmerkmale auf die Gestaltung der TA; IV. Anwendungsmöglichkeiten des Transaktionskostenansatzes; V. Bezüge zu anderen Ansätzen.

Zusammenfassung

Im ersten Abschnitt des Beitrages werden die Grundlagen der Transaktionskostentheorie vorgestellt, danach folgt die Klassifikation der Transaktionskosten. In Abschnitt III. wird der Einfluss der Transaktionskostenmerkmale auf die Gestaltung der Transaktionen analysiert. Abschnitt IV. stellt die Anwendungsmöglichkeiten der Transaktionskostentheorie vor. Der letzte Abschnitt ist den Bezügen zu anderen Ansätzen gewidmet.

I. Grundbegriffe der Transaktionskostentheorie

Die Transaktionskostentheorie wurde von Coase begründet (*Coase* 1937) und ist maßgeblich von Williamson ausgearbeitet worden (*Williamson* 1985). Ihr Ziel ist es, die effiziente Gestaltung von Austauschbeziehungen zwischen verschiedenen Parteien anhand der damit verbundenen Kosten zu erklären. Der Austausch von Gütern wird als *Transaktion* (TA), die involvierten Parteien werden als *Transaktionspartner* und die Kosten als *Transaktionskosten* (TAK) bezeichnet. Grundlegende Annahme bei der Untersuchung verschiedener organisatorischer Gestaltungsalternativen für die Durchführung einer TA ist die Hypothese, dass die Höhe der TAK von den spezifischen Merkmalen der TA und individuellen Faktoren der Transaktionspartner abhängig ist.

1. Die Transaktionsmerkmale

Um die Vielzahl an unterschiedlichen TA systematisch im Hinblick auf ihre Gestaltung zu analysieren, haben sich fünf *Transaktionsmerkmale* als relevant erwiesen:

– Die *Spezifität* der zur Durchführung der TA notwendigen Investition bestimmt den Umfang, in dem die Investition nur für die betrachtete TA verwendet werden kann. In einer anderen TA würde sie ihren Wert verlieren. Ist eine solche Investition getätigt, stellt sie *Sunk Costs* dar, also Kosten, die nicht rückgängig gemacht werden können.

- Die *Unsicherheit*, die mit einer TA verbunden ist, wird durch die Unvollständigkeit der Informationen bestimmt, die die Parteien über die genaue Festlegung der situativen Rahmenbedingungen der TA und deren zukünftige Entwicklung haben. Diese Unsicherheit kann durch die Komplexität, d.h. die Heterogenität und die Anzahl der externen Faktoren, die für die TA relevant sind, und ihre Dynamik, d.h. die zeitlichen Veränderungen, charakterisiert werden.
- Das Merkmal der *Häufigkeit* der TA bezieht sich auf die Anzahl der Wiederholungen der TA zwischen den beiden Parteien.
- Die *Messbarkeit* der durch die TA geschaffenen Werte bezieht sich auf die Schwierigkeiten, Werte zu beurteilen.
- Das Merkmal der *Interdependenz* zu anderen TA bestimmt, inwiefern die betrachtete TA autonom durchgeführt werden kann oder in ein Netzwerk anderer TA mit anderen Parteien eingebettet ist.

2. Die Transaktionspartner

Zwei Merkmale kennzeichnen das Verhalten eines Transaktionspartners:

- Die Annahme der *individuellen Nutzenmaximierung* besagt, dass jeder Transaktionspartner sein Handeln auf das Erreichen eigener Ziele ausrichtet, die durch seine individuellen Bedürfnisse, die jeweilige Situation und den sozialen Kontext bestimmt sind. Aufgrund der Interdependenz in der Beziehung hängt das Erreichen eigener Ziele vom Verhalten der anderen Parteien ab. Insofern muss sich jede Partei *strategisch verhalten*, d.h. sie muss in ihrem Handeln das Verhalten der anderen Transaktionspartner berücksichtigen. Da sie aber a priori nicht exakt voraussagen kann, wie sich der andere Partner in der TA verhalten wird, besteht eine *strategische Unsicherheit*. Insb. muss sie davon ausgehen, dass die anderen Parteien die ihnen zur Verfügung stehenden Handlungsmöglichkeiten vollständig ausschöpfen, selbst wenn diese dadurch gegen Vereinbarungen verstoßen oder falsche Informationen weitergeben. Ein solches strategisches Verhalten wird als *Opportunismus* bezeichnet.
- Die Annahme der *individuellen eingeschränkten* → *Rationalität* besagt, dass sich eine Partei bei der Auswahl einer Handlungsalternative zum Erreichen ihrer individuellen Ziele eingeschränkt rational verhält. Sie bewertet zwar (explizit oder implizit) die Vor- und Nachteile der einzelnen Handlungsalternativen und wählt diejenige aus, die ihre Ziele am umfassendsten befriedigt, allerdings verfügt sie weder über alle Informationen, die für diese Wahl erforderlich sind, noch kann sie alle verfügbaren Informationen mühelos verarbeiten.

3. Transaktionskostenminimierung

Die Frage, wie eine TA gestaltet werden sollte, wird in der Literatur als *Organisationsproblem* bezeichnet. Grundlegendes Beurteilungskriterium für die Lösung des Organisationsproblems ist die Minimierung der mit der Durchführung der TA verbundenen Kosten. Dieses Kriterium wird zum Vergleich verschiedener Alternativen herangezogen, die zur Abwicklung und Organisation einer TA zur Verfügung stehen.

Im Hinblick auf die effiziente Durchführung einer TA spielen neben diesem Kriterium die Produktionskosten sowie die mit der TA verbundene Wertschöpfung eine wichtige Rolle. Die *Produktionskosten* umfassen die Kosten, die den Parteien für die ausgetauschten Güter und Leistungen entstehen, also die Summe der mit ihren Preisen bewerteten Inputmengen. Die *Bruttowertschöpfung* ist bestimmt durch den erwarteten direkten und indirekten Nutzen der Parteien aus der TA. Die durch die TA *realisierte Wertschöpfung* ergibt sich aus der Differenz der Bruttowertschöpfung und den Gesamtkosten für die Bereitstellung des ausgetauschten Gutes, also den Produktions- und TAK (s. *Jost* 2001, S. 21, Abb. 1.1).

Definiert man eine TA im Hinblick auf ihre Durchführung als effizient, wenn die sich daraus ergebende realisierte Wertschöpfung maximal ist (s. *Jost* 2000b), dann müssen die Kosten, die mit einer effizient durchgeführten TA verbunden sind, minimal sein. Die Minimierung von Produktions- und TAK ist eine notwendige Bedingung für die effiziente Durchführung einer TA, jedoch keine hinreichende. In der nachfolgenden Argumentation gehen wir daher von einer gegebenen Bruttowertschöpfung aus und fragen nach der geeigneten Gestaltung der TA bzgl. der Minimierung der damit verbundenen Kosten. Insb. müssen die Wechselwirkungen zwischen Produktions- und TAK berücksichtigt werden.

4. Koordinationsmechanismen und transaktionskostensenkende Institutionen

In der Literatur werden zwei grundsätzliche alternative *Koordinationsmechanismen* als Instrumente für die Minimierung der mit einer TA verbundenen Kosten unterschieden (→ *Koordination und Integration*; → *Marktversagen und Organisationsversagen*):

- Bei der *reinen marktlichen Koordination* wird eine TA durch vertragliche Vereinbarungen abgewickelt, in denen die Leistungen der Parteien eindeutig spezifiziert werden. Preise regeln als Koordinationsinstrument die Aktivitäten der Parteien und jeder entscheidet autonom, anonym und unabhängig vom anderen.

- Bei der *reinen hierarchischen Koordination* wird eine TA durch vertragliche Vereinbarungen abgewickelt, die lediglich den Rahmen spezifizieren, innerhalb dessen die Aktivitäten der Parteien stattfinden werden. Zudem wird festgelegt, dass eine der Parteien das Recht hat, die tatsächlichen Leistungen zu einem späteren Zeitpunkt zu konkretisieren. Als Koordinationsinstrument dient die Anweisung.

Zwischen diesen beiden extremen Formen der Koordination kann eine Vielzahl von hybriden Koordinationsmöglichkeiten eingeordnet werden. Durch Variation der Autonomie der Parteien spannt sich ein Kontinuum von vertraglich vereinbarten Kooperationen zwischen selbstständigen Parteien auf, das als *intermediärer Koordinationsmechanismus* bezeichnet wird.

II. Klassifikation von Transaktionskosten

Im Hinblick auf die beiden Verhaltensannahmen ist es für die Lösung des Organisationsproblems zweckmäßig, die optimale Gestaltung einer TA in ein Problem der optimalen Koordination und der optimalen → *Motivation* zu zerlegen:

- Das *Koordinationsproblem* beschäftigt sich mit der Frage, welche Tätigkeiten im Rahmen der TA von wem, wie und wann am besten durchgeführt werden sollten. Mit der Lösung des Koordinationsproblems wird festgelegt, welche Form der Arbeitsteilung (→ *Arbeitsteilung und Spezialisierung*) und Kooperation zwischen den Parteien sinnvoll ist.
- Das *Motivationsproblem* behandelt die Frage, wie die Durchführung der geplanten Einzelaktivitäten und die geplante Kooperation zwischen den Parteien sichergestellt werden kann. Mit der Lösung des Motivationsproblems werden die Anreize festgelegt, die ein zielkonformes Verhalten der Parteien in der Beziehung induzieren (→ *Anreizsysteme, ökonomische und verhaltenswissenschaftliche Dimension*).

Aus dieser Perspektive betrachtet, lassen sich die TAK entsprechend differenzieren: *Koordinationskosten* sind die TAK, die bei der Lösung des Koordinationsproblems entstehen, *Motivationskosten* sind die TAK, die mit der Lösung des Motivationsproblems verbunden sind.

III. Einfluss der Transaktionsmerkmale auf die Gestaltung der TA

Die absolute Höhe der TAK wird durch den gewählten Koordinationsmechanismus bestimmt. Für die relative Höhe der TAK sind die Ausprägungen der einzelnen Transaktionsmerkmale entscheidend:

- *Spezifität der zur Durchführung der TA notwendigen Investitionen*

Steigt der Umfang der für eine TA notwendigen transaktionsspezifischen Investitionen, erhöht sich die Abhängigkeit der Parteien. Da die Parteien aufgrund der eingeschränkten Rationalität bei der Gestaltung der TA nicht alle relevanten Eventualitäten berücksichtigen können, kann ex post die Gefahr des *Holdup* bestehen: Der weniger abhängige Transaktionspartner kann den nicht vereinbarten Verhaltensspielraum opportunistisch ausnutzen und mit Beendigung der TA drohen, wenn die Vertragsbedingungen nicht zu seinen Gunsten geändert werden. Um sich vor solchem Verhalten im Vorhinein abzusichern, wird der abhängige Partner auf bestimmte Vertragsklauseln oder sonstige Schutzmechanismen bestehen. Insgesamt steigen die Koordinations- und Motivationskosten mit dem Umfang der transaktionsspezifischen Investitionen.

Bei TA mit hochspezifischen Investitionen ist die hierarchische Koordination vorteilhaft, da so mögliche Investitionsverzerrungen verhindert und opportunistisches Verhalten durch spezifische Steuerungs- und Kontrollmechanismen reduziert werden können. Bei einer TA ohne spezifische Investitionen stellt die marktliche Koordination das geeignete Arrangement dar, da aufgrund der Homogenität des ausgetauschten Gutes und der damit verbundenen Vielzahl an Wettbewerbern ein opportunistisches Verhalten beschränkt wird und autonome Anpassungsprozesse kostengünstig möglich sind. Intermediäre Koordinationsformen sind bei einem mittleren Niveau an spezifischen Investitionen der reinen marktlichen bzw. hierarchischen Koordination überlegen, da die Langfristigkeit der Beziehung die Möglichkeit zum Aufbau von → *Vertrauen* als transaktionskostensenkende Institution bietet und dabei die Anreizwirkungen des Marktes nicht vollständig ausgeschaltet werden.

- *Unsicherheit, die mit der TA verbunden ist*

Mit steigender Komplexität und Dynamik der Umwelt wird die Spezifikation des Vertrages, der der TA zugrunde liegt, immer komplexer, sodass die mit der Informationssammlung sowie den Verhandlungen verbundenen Koordinationskosten steigen. Da aufgrund der eingeschränkten Rationalität der Parteien nicht alle Unsicherheitsfaktoren berücksichtigt werden können, erhöht sich mit zunehmender Unsicherheit der nicht vertraglich festgelegte Handlungsspielraum der Parteien. Die Gefahr des opportunistischen Verhaltens induziert steigende Motivationskosten.

Je größer die Unsicherheit ist, desto eher besteht die Gefahr des Holdup. Die hierarchische Koordination bei spezifischen TA wird mit steigender Unsicherheit wahrscheinlicher. Ist die mit der TA verbundene

Unsicherheit niedrig, kann bei hohen transaktionsspezifischen Investitionen das Problem des Holdup durch spezielle Schutzvorkehrungen einschränkt werden, sodass intermediäre Koordinationsformen vorteilhafter werden. In Situationen mit geringen transaktionsspezifischen Investitionen ist die marktliche Koordination i.Allg. unabhängig von der Unsicherheit optimal: der Partner kann einfach gewechselt werden und die Anreizfunktion des Marktes bleibt bestehen.

– *Häufigkeit der TA*

Bei TA, die weniger häufig stattfinden, werden die Parteien i.Allg. auf einen Standardvertrag zurückgreifen. Dadurch können aufgrund eines opportunistischen Verhaltens nach Vertragsabschluss hohe Motivationskosten auftreten, da der Vertrag nicht auf die spezifischen Rahmenbedingungen der TA zugeschnitten sein wird. Bei wiederholten TA haben die Parteien einen Anreiz, einen speziell für ihre Beziehung gestalteten Vertrag abzuschließen. Dies ist vorteilhaft, da sich mit der Abwicklung mehrerer identischer TA Skalen- und Synergievorteile realisieren lassen. Mit steigender Häufigkeit der TA sinken die Koordinationskosten pro TA. Zudem sinken die Motivationskosten, da die Kosten der Konfliktlösung durch Einschaltung dritter Parteien niedrig gehalten werden können und die Transaktionspartner Vertrauen zueinander aufbauen können.

Für TA, die keine spezifischen Investitionen erfordern und die über die marktliche Koordination abgewickelt werden, spielt die Häufigkeit der TA keine bedeutende Rolle. Mit steigender Spezifität der TA wird die Transaktionshäufigkeit für die Gestaltung relevant, da durch spezifische transaktionskostensenkende Institutionen wie z.B. Vertragsstrafen, Anpassungsklauseln die Gefahr des Opportunismus reduziert werden kann. Dadurch können auch intermediäre Koordinationsformen sinnvoll sein, da sich die zusätzlichen Kosten, die mit der hierarchischen Abwicklung verbunden sind, nicht lohnen.

– *Messbarkeit der durch die TA geschaffenen Werte*

Je schwieriger es für einen Transaktionspartner ist, die Leistungen eines anderen Partners zu beurteilen, desto unsicherer ist diese Partei im Hinblick auf deren Leistungserfüllung. Dadurch besteht die Gefahr, dass die andere Partei diese Unsicherheit zu ihren Gunsten ausnutzt und die mit der TA verbundenen Motivationskosten steigen. Zudem können die Koordinationskosten steigen, wenn die Messprobleme durch organisatorische Veränderungen in der Zusammenarbeit der Parteien gemildert werden.

Für die geeignete Gestaltung der TA bestehen bei marktlichen TA i.Allg. keine Probleme bei der Bewertung der ausgetauschten Leistungen, da aufgrund des Wettbewerbs der Spielraum für die Ausnutzung opportunistischen Verhaltens relativ gering ist. Bei intermediären Kooperationsformen können entweder spezifische transaktionskostensenkende Institutionen wie Produktgarantien oder der Aufbau einer → *Reputation* die Messproblematik reduzieren, oder es besteht ein Anreiz, die TA durch eine hierarchische Koordination zu gestalten.

– *Interdependenzen mit anderen TA*

Bei engen Beziehungen zwischen zwei TA müssen diese Abhängigkeiten bei den vertraglichen Vereinbarungen berücksichtigt werden. Dadurch erhöhen sich die Kosten, die mit der Durchführung der TA verbunden sind: Die vertragliche Spezifikation der TA muss auf die Rahmenbedingungen abgestimmt werden, in denen sie durchgeführt werden. Dadurch werden tendenziell höhere Koordinations- und Motivationskosten verursacht.

Welcher Koordinationsmechanismus bei hohen Interdependenzen mit anderen TA optimal ist, hängt entscheidend von der Art und Weise der Abwicklung der anderen TA ab. Neben der hierarchischen Koordination stellen intermediäre Koordinationsformen eine alternative Möglichkeit für eine einfachere Gesamtkoordination dar.

IV. Anwendungsmöglichkeiten des Transaktionskostenansatzes

Der Transaktionskostenansatz wird in unterschiedlichsten Teilgebieten der Wirtschaftswissenschaften als Analyseinstrument eingesetzt, z.B. in den Bereichen Finanzierung, Marketing, Personalmanagement und Rechnungslegung (s. *Jost* 2001; und zu empirischen Befunden *Jost* 2000b).

Grundlegende Idee bei diesen Anwendungen ist eine Präzisierung des Begriffs der TA und der Transaktionspartner in Abhängigkeit von dem jeweiligen Untersuchungsgegenstand sowie die Identifikation und Analyse der mit dieser TA verbundenen TAK bzw. transaktionskostensenkenden Institutionen. Diese Vorgehensweise sei beispielhaft für die Anwendung des Ansatzes auf die *Eigen- bzw. Fremderstellung* einer Unternehmungsleistung aufgezeigt.

Im Rahmen der Eigen- bzw. Fremderstellung geht es um die Frage, inwieweit eine bestimmte unternehmensrelevante Aufgabe intern durchgeführt oder extern am Markt beschafft werden soll. Als Koordinationsmechanismen stehen im einfachsten Fall die marktliche Koordination bzw. die vertikale Integration zur Verfügung. Die Produktions- und TAK, die mit diesen beiden Koordinationsmechanismen verbunden sind, ergeben sich entlang der Argumentation (z.B. *Klein/Crawford/Alchian* 1978) in Abschn. III. wie folgt (vgl. Abb. 1): Die marktliche Koordination ist vorteilhaft, falls die mit der Produktion verbundenen transaktionsspezifischen Investitionen gering sind, andernfalls ist eine vertikale Integration vorzuziehen.

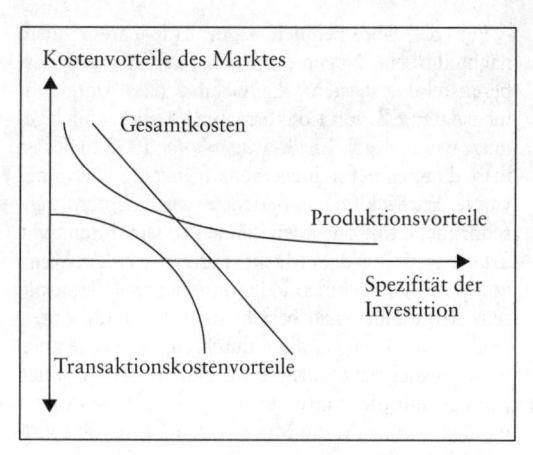

Abb. 1: Der Einfluss der Spezifität der Investition auf die Eigen- und Fremderstellung

V. Bezüge zu anderen Ansätzen

Die *Wechselwirkungen* des Transaktionskostenansatzes mit dem ressourcenorientierten Ansatz im Rahmen der Strategieentwicklung und seine formale Weiterentwicklung in der Theorie unvollständiger Verträge sind wichtige Bezüge zu anderen Ansätzen in der → *Theorie der Unternehmung*.

Der ressourcenbasierte Ansatz (→ *Ressourcenbasierter Ansatz*) geht davon aus, dass nur der Aufbau von unternehmensspezifischen Ressourcen langfristig Wettbewerbsvorteile einer Unternehmung sichern kann. Damit zielt der ressourcenbasierte Ansatz auf die geeignete Formulierung einer Unternehmensstrategie ab. Sein Bezug zum Transaktionskostenansatz ergibt sich aus den Wechselwirkungen zwischen Unternehmensstrategie und Organisationsstruktur (→ *Strategie und Organisationsstruktur*): Einerseits bestimmt die Strategie einer Unternehmung ihre Organisationsstruktur, sodass die mit der Struktur verbundenen TAK zur Bewertung der Unternehmensstrategie herangezogen werden können. Andererseits beeinflusst die Unternehmensorganisation die Entwicklung unternehmensspezifischer Ressourcen und organisatorischer Fähigkeiten und damit die Strategienbildung. Zusätzlich zu den TAK muss demnach bei der Bewertung einer Strategie das Wertschöpfungspotenzial der Unternehmensstruktur berücksichtigt werden (s. *Jost* 2001, S. 21, Abb. 1.1).

Eine formale Präzisierung des Transaktionskostenansatzes wurde im Rahmen der *Theorie unvollständiger Verträge* geleistet (*Grossman/Hart* 1986; → *Vertragstheorie*). Im Kern geht es dabei um die vertikale Integration als Lösung für das Holdup-Problem in Situationen, in denen ein Partner transaktionsspezifische Investitionen tätigen muss. Eine Unternehmung interpretiert man als Bündel von Vermögensbestandteilen („assets"), über die der Eigentümer verfügen kann, soweit sie vertraglich nicht gebunden sind. Aufgrund der eingeschränkten Rationalität der Parteien und der damit verbundenen Unvollständigkeit eines Vertrages bleiben diese zumindest teilweise ungebunden, sodass der Eigentümer über Residualrechte hinsichtlich der Verwendung seiner Vermögensbestandteile verfügt. Da ein Wechsel des Transaktionspartners kostspielig ist, wird mit der Ausübung der Residualrechte lediglich gedroht, um im Rahmen von (ex post) Verhandlungen die gemeinsam realisierbare Wertschöpfung aus ihren transaktionsspezifischen Investitionen nicht zu gefährden. Die Eigentumsstruktur bestimmt die Zuordnung der Residualrechte und damit die Verhandlungsmacht der betroffenen Parteien.

Literatur

Arrow, Kenneth: The Organization of Economic Activity: Issues Pertinent to the Choice of Market versus Non-Market Allocation, Joint Economic Commitee. The Analysis and Evaluation of Public Expenditures: The PPP-System, Washington, DC 1969.
Carroll, Glenn/Teece, David: Firms, Markets, and Hierarchies: The Transaction Cost Economics Perspective, in: Journal of Economic Literature, Jg. 38, 2000, S. 419–420.
Coase, Ronald: The Nature of the Firm, in: Economica, Jg. 4, 1937, S. 386–405.
Grossman, Sanford/Hart, Oliver: The Costs and Benefits of Ownership: A Theory of Vertical and Lateral Integration, in: J.Polit.Econ., Jg. 94, 1986, S. 691–719.
Jost, Peter-J.: Der Transaktionskostenansatz in der Betriebswirtschaftslehre, Stuttgart 2001.
Jost, Peter-J.: Ökonomische Organisationstheorie, Wiesbaden 2000a.
Jost, Peter-J.: Organisation und Koordination, Wiesbaden 2000b.
Klein, Benjamin/Crawford, Robert/Alchian, Armen: Vertical Integration, Appropriable Rents, and the Competitive Contracting Process, in: Journal of Law and Economics, Jg. 21, 1978, S. 297–326.
Williamson, Oliver: The Economic Institutions of Capitalism, New York 1985.

Transparenz der Unternehmensführung

Bernhard Pellens/Nils Crasselt

[s.a.: Corporate Governance (Unternehmensverfassung); Corporate Governance, internationaler Vergleich; Shareholder- und Stakeholder-Ansatz; Unternehmenskommunikation; Wertorientierte Unternehmensführung.]

I. Begriff und Abgrenzung; II. Maßnahmen zur Sicherstellung von Transparenz; III. Gesetzliche Transparenzpflichten in Deutschland; IV. Freiwillige Transparenzmaßnahmen; V. Beurteilung und Ausblick.

Zusammenfassung

Unternehmen stehen auf verschiedenen Märkten mit ihren Stakeholdern in Beziehung. Voraussetzung für das Entstehen von Marktbeziehungen ist eine hohe Transparenz der Unternehmensführung, die den Stakeholdern die möglichen Konsequenzen ihrer Entscheidungen offen legt. Da Unternehmen die notwendigen Informationen nicht in allen Fällen freiwillig publizieren, bestehen insb. für kapitalmarktorientierte Unternehmen eine Vielzahl gesetzlicher Transparenzpflichten.

I. Begriff und Abgrenzung

Unternehmen stehen auf verschiedenen Märkten als Anbieter oder Nachfrager mit einer Vielzahl von Personen und Institutionen in Beziehung. Soweit den Marktpartnern hierbei explizite oder implizite Ansprüche gegenüber einem Unternehmen entstehen, stellen sie Unternehmensbeteiligte bzw. *Stakeholder* (→ *Shareholder- und Stakeholder-Ansatz*) dar. Dies sind neben den Anteilseignern vor allem Gläubiger, Arbeitnehmer, Lieferanten und Kunden. Die Marktbeziehungen mit den Stakeholdern sind vielfach durch eine asymmetrische Informationsverteilung zugunsten des Unternehmens bzw. dessen Management geprägt. Hierdurch besteht die Gefahr, dass Transaktionen nur zu hohen Kosten oder gar nicht zustande kommen, obwohl sie für beide Seiten vorteilhaft wären (Marktversagen durch Adverse Selection, vgl. *Akerlof* 1970). Diesem Effekt kann u.a. durch eine transparente Unternehmensführung entgegengewirkt werden. Hierzu sind Unternehmensprozesse und -eigenschaften soweit durchschaubar zu machen, dass die Stakeholder die möglichen Konsequenzen ihrer Entscheidungen und ihres Handelns erkennen können.

Welche Informationen geeignet sind, um *Transparenz* zu schaffen, hängt von der Art der Marktbeziehung ab. So sind Kunden vor allem an Produktinformationen und Arbeitnehmer an Informationen über Karrieremöglichkeiten etc. interessiert. Die folgenden Ausführungen konzentrieren sich auf Informationen, die für die Beurteilung der Qualität der Unternehmensführung und der wirtschaftlichen Lage des Unternehmens geeignet sind. Hierzu zählen finanzielle (z.B. Gewinn) und nicht-finanzielle (z.B. Marktanteil) Kenngrößen sowie qualitative Informationen über die Ziele, Strategien und Planungen des Unternehmens sowie die zu deren Umsetzung eingesetzten Systeme und Instrumente. Solche Informationen erscheinen grundsätzlich für alle Stakeholder nützlich. Von besonderer Bedeutung sind sie aber für Investoren an anonymen Kapitalmärkten, auf die im Folgenden primär als Informationsempfänger abgestellt wird.

Für die Unternehmen kann Transparenz auch nachteilig sein. Neben den Kosten der Informationsbereitstellung besteht die Gefahr, dass Unternehmensdaten z.B. von Konkurrenten missbräuchlich genutzt werden (vgl. *Ewert/Wagenhofer* 1992). Dies ist insb. dann zu befürchten, wenn frühzeitig über innovative Entwicklungen berichtet wird. Unterdurchschnittliche Unternehmen können zudem durch hohe Transparenz aus dem Markt gedrängt werden. Wenn von den Unternehmen keine hinreichende Transparenz hergestellt wird, besteht für Informationsintermediäre die Chance, diese durch eigene Recherchen als Dienstleistung anzubieten. Andererseits können Mindestanforderungen auch gesetzlich verankert werden, wenn z.B. die Marktbeziehungen volkswirtschaftlich wünschenswert erscheinen.

II. Maßnahmen zur Sicherstellung von Transparenz

Unternehmensdaten können über verschiedene Kanäle bereitgestellt werden. Neben der persönlichen Bekanntgabe von Informationen, z.B. auf der Hauptversammlung oder bei Analystentreffen, zählen hierzu insb. die Veröffentlichung von Geschäfts-, Halbjahres- und Quartalsberichten, Aktionärsbriefen, Unternehmensbroschüren, Börsenprospekten, Ad-hoc-Mitteilungen und Presseerklärungen. Darüber hinaus nutzen vor allem börsennotierte Unternehmen zunehmend das Internet, um Daten entweder selbst oder durch Informationsdienste zur Verfügung zu stellen. Organisatorisch wird die Gesamtheit dieser als „*Unternehmenspublizität*" bezeichneten Maßnahmen häufig durch eigens hierfür geschaffene Abteilungen („*Investor Relations*") durchgeführt.

Die Informationsbereitstellung allein reicht aber nicht aus, um Transparenz zu schaffen. Aus Sicht der Empfänger besteht die Gefahr, dass unvollständige oder unzutreffende Informationen veröffentlicht werden, so dass Maßnahmen zu deren Verifizierung notwendig sind. Hierzu ist insb. die unabhängige Prüfung der Unternehmensdaten geeignet (z.B. Jahresabschlussprüfung durch Wirtschaftsprüfer). Darüber hinaus kann eine erhöhte Glaubwürdigkeit durch die persönliche Haftung der Unternehmensvertreter für Schäden aufgrund von Fehlinformationen erreicht werden.

Maßnahmen zur Sicherstellung von Transparenz können in gesetzlich geforderte und freiwillige Maßnahmen differenziert werden. Im Gesellschafts- und Kapitalmarktrecht verankerte Regulierungen zwingen die Unternehmen zur Bekanntmachung von Unternehmensdaten in standardisierter Form. Mit der aktuellen Corporate-Governance-Diskussion (→ *Corporate Governance*) sind durch das Gesetz zur Kontrolle und Transparenz im Unternehmensbereich

(*KonTraG*) von 1998 und das Gesetz zur weiteren Reform des Aktien- und Bilanzrechts, zu Transparenz und Publizität (*TransPuG*) von 2002 in Verbindung mit dem *Deutschen Corporate Governance Kodex* neue Publizitätspflichten geschaffen worden. Freiwillige Transparenzmaßnahmen resultieren demgegenüber aus dem Bemühen des Managements, durch eine verbesserte Informationslage der Stakeholder Vorteile für sich und das Unternehmen zu erzielen.

III. Gesetzliche Transparenzpflichten in Deutschland

1. Rechtfertigung

Gesetzliche Transparenzpflichten sind mit der *regulierungstheoretischen* Frage nach der Notwendigkeit staatlicher Eingriffe in einer wettbewerblich organisierten Wirtschaftsordnung konfrontiert (vgl. *Fülbier* 1999). Grundsätzlich könnte es den Marktpartnern selbst überlassen bleiben, die Bereitstellung von Unternehmensdaten zur Koordination vertraglicher Risiken zu vereinbaren. Wer bzw. was einer Publizitätspflicht unterliegt, sollte anhand eines Kosten-Nutzen-Vergleichs zwischen den meist deduktiv abgeleiteten Informationsbedürfnissen der Stakeholder, den Bereitstellungskosten sowie möglicherweise entstehenden Wettbewerbsnachteilen bestimmt werden.

Gesetzliche Transparenzpflichten werden mit dem Schutz schlechter informierter Marktteilnehmer (*Individualschutz*) und/oder der Verbesserung der Funktionsfähigkeit von Märkten (*Funktionenschutz*) begründet. Im Rahmen des Individualschutzes sollen die Marktteilnehmer durch Transparenz vor den Risiken geschützt werden, die aus dem Wissensvorsprung des Managements über Vertragsgegenstände („hidden information") sowie dessen Handlungen („hidden action") resultieren. Zusammen mit dem Abbau von Transaktionskosten soll das durch den Individualschutz gestärkte Vertrauen der Marktteilnehmer zur besseren Funktionsfähigkeit der Märkte führen. Anders als der Individualschutz, dem Gerechtigkeits- und Gleichheitsargumente zugrunde liegen, ist der Funktionenschutz ökonomisch begründet. Er soll dazu führen, dass Marktpreise verlässliche Lenkungssignale darstellen, durch die eine effiziente Güter- und Kapitalallokation sowie eine verbesserte Koordination von Angebot und Nachfrage erreicht werden.

2. Umfang

a) Überblick

Gesetzliche Transparenzpflichten in Deutschland orientieren sich traditionell primär an der Rechtsform. Umfangreiche Vorschriften existieren für Kapitalgesellschaften (AG, KGaA und GmbH) und Genossenschaften. Kapitalgesellschaften gleichgestellt sind nach § 264a HGB Personengesellschaften in der Form einer OHG oder KG, sofern alle unbeschränkt haftenden Gesellschafter als Kapitalgesellschaften organisiert sind (z.B. GmbH & Co. KG). Weitere Publizitätskriterien sind die Unternehmensgröße und die Branchenzugehörigkeit. So gelten ähnliche Transparenzpflichten wie für Kapitalgesellschaften gem. §§ 9, 15 PublG für Unternehmen aller Rechtsformen, wenn diese an drei aufeinander folgenden Abschlussstichtagen bestimmte Größenkriterien überschreiten (§§ 1, 11 PublG). Gleiches gilt aufgrund der Branchenzugehörigkeit für Kreditinstitute (§§ 340a, 340i, 340l HGB) und Versicherungen (§§ 341a, 341i, 341l HGB), die zudem tätigkeitsbedingte Besonderheiten publizieren müssen (z.B. Angabe der Zeitwerte von Kapitalanlagen gem. § 54 RechVersV).

In Anlehnung an das US-amerikanische Transparenzsystem gewinnt die Kapitalmarktorientierung der Unternehmen zunehmend an Bedeutung als Publizitätskriterium. Als „*kapitalmarktorientierte Unternehmen*" gelten dabei alle Unternehmen, deren Eigen- und/oder Fremdkapitaltitel an einem organisierten Kapitalmarkt i.S.d. § 2 Abs. 5 WpHG zugelassen sind. Diese Unternehmen können in drei Gruppen unterteilt werden, für die unterschiedlich strenge Vorschriften gelten (vgl. Abb. 1):

– Börsennotierte Kapitalgesellschaften, deren Aktien an einem organisierten Markt zugelassen sind (*1.*). Als organisierte Märkte gelten der amtliche und der geregelte Markt, nicht jedoch der Freiverkehr und andere außerbörsliche Handelsplätze. Einige Regulierungen beschränken sich auf am amtlichen Markt notierte Gesellschaften, die insgesamt den strengsten Transparenzpflichten unterliegen.

– Kapitalgesellschaften und aufgrund der Rechtsform gleichgestellte Gesellschaften, die ausschließlich Schuldtitel an einem organisierten Markt notiert haben (*2.1.*). Gegenüber börsennotierten Kapitalgesellschaften werden ihnen einige Publizitätserleichterungen gewährt.

– Alle übrigen Gesellschaften, die einen organisierten Kapitalmarkt durch die Notierung von Schuldtiteln nutzen (*2.2.*). Ähnliche Vorschriften wie für Kapitalgesellschaften gelten für diese Gesellschaften nur aufgrund größen- oder branchenabhängiger Regulierungen. Durch die Kapitalmarktorientierung entstehen aber gegenüber den rechtsformbedingten Vorschriften deutlich verschärfte Anforderungen.

Die Fortentwicklung der Transparenzvorschriften für kapitalmarktorientierte Gesellschaften wird z.Zt. maßgeblich durch verschiedene EU-Initiativen beeinflusst und ist über die positive Theorie der Regulierung meist durch krisentheoretische Argumente bzw. durch Globalisierungskonsequenzen zu erklären.

		Kapitalgesellschaften und Genossenschaften		Personengesellschaften		Einzel-kaufleute
		AG, KGaA	GmbH, Genossenschaften	ohne natürliche Person als Vollhafter	mit natürlicher Person als Vollhafter	
kapitalmarktorientiert	Aktien bzw. Aktien u. Schuldtitel	1. börsennotierte Kapitalgesellschaften		– nicht möglich –		
	Schuldtitel	2.1 kapitalmarktorientierte, aber nicht börsennotierte Kapitalgesellschaften und aufgrund der Rechtsform gleichgestellte Gesellschaften		2.2 kapitalmarktorientierte Nicht-Kapitalgesellschaften		
nicht kapital-markt-orientiert		3.1 nicht kapitalmarktorientierte Kapitalgesellschaften und aufgrund der Rechtsform gleichgestellte Gesellschaften		3.2 nicht kapitalmarktorientierte Nicht-Kapitalgesellschaften		

Abb. 1: Rechtsform und Kapitalmarktorientierung als Publizitätskriterien

b) Kapitalgesellschaften und aufgrund der Rechtsform gleichgestellte Gesellschaften

Unabhängig von der Kapitalmarktorientierung haben die gesetzlichen Vertreter von Kapitalgesellschaften, Genossenschaften und Personengesellschaften ohne natürliche Person als Vollhafter (1., 2.1., 3.1.) gem. §§ 325, 339 HGB regelmäßig Unternehmensdaten zu veröffentlichen. Große Kapitalgesellschaften i.S.v. § 267 HGB müssen innerhalb von zwölf Monaten nach Geschäftsjahresende den Jahresabschluss, Lagebericht, Bestätigungsvermerk des Wirtschaftsprüfers, Bericht des Aufsichtsrats und ggf. den Gewinnverwendungsbeschluss veröffentlichen. Für kleine und mittelgroße Gesellschaften bestehen gem. §§ 326 f. HGB Publizitätserleichterungen, die jedoch gem. § 267 Abs. 3 HGB für kapitalmarktorientierte Gesellschaften entfallen. Neben größenabhängigen Erleichterungen existieren für Genossenschaften auch rechtsformabhängige Erleichterungen bzgl. des Umfangs und des Inhalts der zu veröffentlichenden Unterlagen (§ 336 HGB).

An der Spitze eines Konzerns stehende Kapitalgesellschaften müssen nach § 325 Abs. 3 HGB zusätzlich einen Konzernabschluss und -lagebericht veröffentlichen, wenn sie die Größenkriterien des § 293 HGB überschreiten. Die größenabhängige Befreiung entfällt, wenn ein kapitalmarktorientiertes Konzernunternehmen vorliegt. Zwischenholdings, die selbst keine Aktien zum amtlichen Handel zugelassen haben, können i.d.R. auf die Aufstellung eines Konzernabschlusses verzichten, wenn sie in den veröffentlichten Konzernabschluss des Mutterunternehmens einbezogen sind (§§ 291 f. HGB).

Unregelmäßig müssen alle Kapitalgesellschaften rechtlich bedeutsame Tatsachen wie z.B. Gründung, Kapitalerhöhung und -herabsetzung und Liquidation allgemein bekannt machen. Die Rechtsgrundlagen hierzu finden sich im HGB, AktG, GmbHG und GenG.

c) Erweiterte Transparenzpflichten für kapitalmarktorientierte Gesellschaften

Für Kapitalgesellschaften, die an einem organisierten Kapitalmarkt Eigen- und/oder Fremdkapital nachfragen (1., 2.1.), sowie für Nicht-Kapitalgesellschaften, die Schuldtitel an einem solchen Markt emittiert haben (2.2.), bestehen weitere Transparenzpflichten. Hierbei sind regelmäßige und unregelmäßige Pflichten zu unterscheiden.

Die regelmäßigen Transparenzpflichten kapitalmarktorientierter Gesellschaften befinden sich derzeit im Umbruch. Mutterunternehmen, die direkt oder durch Tochterunternehmen einen organisierten Kapitalmarkt nutzen, haben gem. § 292a HGB bis zum 31.12.2004 das Wahlrecht, anstelle eines HGB-Konzernabschlusses einen Abschluss nach *IAS/IFRS* oder *US-GAAP* zu erstellen. Danach müssen alle kapitalmarktorientierten Mutterunternehmen gem. der 2002 verabschiedeten IAS-Verordnung der EU (vgl. *Busse von Colbe* 2002) ihren Konzernabschluss nach IAS/IFRS aufstellen, soweit nicht eine der bis 2007 geltenden Erleichterungen greift. Bei der Umsetzung der Verordnung können die nationalen Gesetzgeber die IAS/IFRS auch für den Konzernabschluss nicht kapitalmarktorientierter Unternehmen und/oder den Einzelabschluss vorschreiben. Erst kürzlich in HGB und AktG eingefügte Transparenzpflichten für kapitalmarktorientierte Unternehmen stellen die Erweiterung des Konzernabschlusses gem. § 297 Abs. 1 HGB um Kapitalflussrechnung, Segmentberichterstattung und Eigenkapitalspiegel sowie die auf börsennotierte Gesellschaften i.S.v. § 3 Abs. 2 AktG beschränkte Pflicht, eine Entsprechungserklärung zum *Deutschen Corporate Governance Kodex* abzugeben (§ 161 AktG), dar. Auch der Kodex selbst gibt Empfehlungen zur Verbesserung der Transparenz (vgl. *Göhner/Zipfel* 2003).

Entsprechend der im Frühjahr 2004 verabschiedeten *EU-Transparenzrichtlinie* müssen kapitalmarktorientierte Unternehmen in Zukunft einen *Jahresfinanzbericht* veröffentlichen, der neben Jahresabschluss und Lagebericht auch eine Erklärung der verantwortlichen Personen zur Richtigkeit und Vollständigkeit der Unterlagen enthält. Als Jahresabschluss i.S. der Transparenzrichtlinie gilt der IAS/IFRS-Konzernabschluss oder, soweit ein Unternehmen kein Tochterunternehmen hat, der nach den nationalen Vorschriften aufgestellte Einzelabschluss. Die Veröffentlichung des Jahresfinanzberichts muss spätestens vier Monate nach Geschäftsjahresende erfolgen. Auch für die *Zwischenberichterstattung* sieht die EU-Transparenzrichtlinie deutlich verschärfte Vorschriften vor. Künftig müssen alle kapitalmarktorientierten Unternehmen spätestens zwei Monate nach Abschluss des ersten Halbjahres einen *Halbjahresfinanzbericht* publizieren, der einen konsolidierten Zwischenbericht nach IAS 34, eine Aktualisierung des Lageberichts und eine Erklärung zur Richtigkeit und Vollständigkeit der Unterlagen enthält. Soweit Aktienemittenten keine Quartalsberichte publizieren, müssen sie zusätzlich in der Mitte jedes Halbjahres einen Zwischenlagebericht vorlegen, in dem die Finanzlage sowie die Auswirkung wesentlicher Ereignisse verbal beschrieben werden.

Über das bislang gesetzlich geforderte Maß hinaus gehende Transparenzpflichten bestehen auch für Unternehmen, deren Wertpapiere an der Frankfurter Börse zum sog. *Prime Standard* zugelassen sind. Die Zulassung zum Prime Standard ist seit März 2003 Voraussetzung für die Zugehörigkeit zu den Indizes DAX, MDAX, SDAX und TecDAX und verpflichtet die Emittenten insb. zur Veröffentlichung von Quartalsberichten (vgl. *Schlitt* 2003). Außerdem müssen sie einen Unternehmenskalender publizieren, mindestens eine Analystenkonferenz pro Jahr durchführen sowie Ad-hoc-Mitteilungen und die laufende Berichterstattung in englischer Sprache abgeben.

Unregelmäßig ist mit der Börsenzulassung gem. §§ 30 Abs. 3, 4 und 32 Abs. 1 Nr. 2 BörsG i.V.m. §§ 13–47 BörsZulV je nach Börsensegment ein Börsenzulassungsprospekt, Unternehmensbericht oder Verkaufsprospekt zu publizieren. Der Börsenzulassungsprospekt hat Angaben über den Emittenten, seine in Einzel- bzw. Konzernabschlüssen abgebildete Vermögens-, Finanz- und Ertragslage, seine aktuelle wirtschaftliche Entwicklung und über Art und Ausgabemodalitäten der Wertpapiere zu enthalten. Nach § 15 WpHG besteht weiterhin die Pflicht zur *Ad-hoc-Publizität*. Hiernach sind alle im Unternehmensbereich eingetretenen, den Anlegern nicht bekannten Tatsachen unverzüglich zu veröffentlichen, die zu erheblichen Aktienkursänderungen führen bzw. im Fall von Schuldverschreibungen die Zahlungsfähigkeit des Emittenten beeinträchtigen können (vgl. *Fülbier* 1998). Durch die Ad-hoc-Publizität soll die Funktionsfähigkeit des Kapitalmarkts verbessert werden und die Kapitalmarktteilnehmer sollen vor möglichen Risiken des Insiderhandels geschützt werden (vgl. *Pellens* 1991).

IV. Freiwillige Transparenzmaßnahmen

Insb. für das Management börsennotierter Gesellschaften bestehen Anreize, auch über die gesetzlichen Anforderungen hinaus Unternehmensdaten zu publizieren (vgl. *Wagenhofer* 1990). So veröffentlichen viele Gesellschaften zusätzliche Informationen für ihre Anteilseigner im Geschäftsbericht und in anderen Medien wie z.B. Aktionärsbriefen und Unternehmensbroschüren („*Value Reporting*", vgl. *Pellens/Hillebrandt/Tomaszewski* 2000). Freiwillige Transparenzmaßnahmen sind jedoch nicht auf Informationen für die Anteilseigner beschränkt. Zu den primär an andere Stakeholder gerichtete Informationen zählen z.B. als Teil des Geschäftsberichts veröffentlichte Umwelt- und Sozialbilanzen sowie durch Mitarbeiterzeitschriften zugänglich gemachte Informationen für Arbeitnehmer. Als freiwillige Transparenzmaßnahme kann auch die Unterschreitung der gesetzlichen Veröffentlichungsfristen („Fast Close") angesehen werden, durch die ein Beitrag zur zeitnahen Informationsversorgung der Stakeholder geleistet wird.

V. Beurteilung und Ausblick

Die aktuellen Bemühungen um eine Reform der Unternehmenstransparenz auf EU-Ebene und in Deutschland orientieren sich am Vorbild des US-amerikanischen Transparenzsystems. Insb. durch die EU-Transparenzrichtlinie findet hier eine weitgehende Annäherung statt. Gleiches gilt für andere Bereiche der Corporate Governance, für die durch den im Mai 2003 von der Europäischen Kommission angenommenen Aktionsplan zur Modernisierung des Gesellschaftsrechts und zur Verbesserung der Corporate Governance zahlreiche Reformvorschläge unterbreitet worden sind. Neben weiteren Offenlegungspflichten, einer Stärkung der Aktionärsrechte und einer Verschärfung der Kontrollmechanismen sollen die Organmitglieder in stärkerem Maße für die Richtigkeit von Unternehmensveröffentlichungen haften, um eine wahrheitsgerechte Berichterstattung sicherzustellen.

Die Bemühungen um Unternehmenstransparenz gehen einher mit immer umfangreicheren Publizitätspflichten der Unternehmen. Regulierungstheoretische Analysen wecken jedoch Zweifel, ob die Offenlegung von Unternehmensdaten durch staatliche Regulierungen erzwungen werden sollte (vgl. *Feldhoff* 1992; *Fülbier* 1998). Vor allem das hohe Maß an freiwilliger Publizität bei vielen börsennotierten Unternehmen deutet darauf hin, dass für das Management Anreize bestehen, die Unternehmensführung zumindest in guten Zeiten transparent zu gestalten. Durch immer neue Publizitätspflichten werden die Möglichkeiten der Manager und Kapitalmarktteilnehmer eingeschränkt, ihre Beziehungen individuell zu gestalten und nach kostengünstigeren vertraglichen Vereinbarungen zu suchen. Die Erhöhung der Transparenz kann für Unternehmen auch den Nachteil bringen, dass die Möglichkeiten zur Ausnutzung von Wissensvorsprüngen im Wettbewerb mit Konkurrenten eingeschränkt werden (vgl. *Ewert/Wagenhofer* 1992). Zwar führt dies zu Vorteilen aus Sicht der Verbraucher, jedoch können hieraus auch Anreize zur Innovation und wirtschaftlichen Weiterentwicklung gemindert werden. Schließlich ist kritisch zu hinterfragen, ob die Menge an veröffentlichten Unternehmensdaten von den Adressaten überhaupt noch verarbeitet werden kann. Können Investoren nicht mehr zwischen wesentlichen und unwesentlichen Informationen unterscheiden, ist zu befürchten, dass zusätzliche Offenlegungen eher zu weniger Transparenz führen. Insb. private Investoren sind aufgrund dieser Entwicklungen zunehmend auf Informationsintermediäre angewiesen, die die Unternehmensdaten filtern und weiter verarbeiten. Hierdurch entstehen wiederum neue Märkte mit ggf. neuem Regulierungsbedarf. Vor diesem Hintergrund ist die bislang ungelöste Frage erneut zu stellen, wie stark der Staat in Arbeits-, Produkt- und insb. Kapitalmärkte eingreifen sollte, um Transparenz zu schaffen. Bei vielen gesetzlichen Vorschriften erscheinen Zweifel angebracht, ob das notwendige Maß an Regulierung nicht bereits überschritten ist.

Literatur

Akerlof, George: The market for „lemons": quality uncertainty and the market mechanism, in: QJE, Jg. 84, 1970, S. 488–500.
Busse von Colbe, Walther: Vorschlag der EG-Kommission zur Anpassung der Bilanzrichtlinien an die IAS – Abschied von der Harmonisierung?, in: BB, Jg. 57, 2002, S. 1530–1536.
Ewert, Ralf/Wagenhofer, Alfred: Unternehmenspublizität und Konkurrenzwirkungen, in: ZfB, Jg. 62, 1992, S. 297–324.
Feldhoff, Michael: Die Regulierung der Rechnungslegung, Frankfurt am Main et al. 1992.
Fülbier, Rolf Uwe: Regulierung – Ökonomische Betrachtung eines allgegenwärtigen Phänomens, in: WiSt, Jg. 28, 1999, S. 468–473.
Fülbier, Rolf Uwe: Regulierung der Ad-hoc-Publizität, Wiesbaden 1998.
Göhner, Frank/Zipfel, Lars: Transparenz, in: Deutscher Corporate Governance Kodex, hrsg. v. *Pfitzer, Norbert/Oser, Peter*, Stuttgart 2003, S. 179–213.
Pellens, Bernhard: Ad-hoc-Publizitätspflicht des Managements börsennotierter Unternehmen nach § 44 a BörsG, in: AG, Jg. 36, 1991, S. 62–69.
Pellens, Bernhard/Hillebrandt, Franca/Tomaszewski, Claude: Value Reporting – Eine empirische Analyse der DAX-Unternehmen, in: Wertorientiertes Management, hrsg. v. *Wagenhofer, Alfred/Hrebicek, Gerhard*, Stuttgart 2000, S. 177–207.
Schlitt, Michael: Die neuen Marktsegmente der Frankfurter Wertpapierbörse, in: AG, Jg. 48, 2003, S. 57–69.
Wagenhofer, Alfred: Informationspolitik im Jahresabschluß, Heidelberg 1990.

Turnaround

Harald Hungenberg/Torsten Wulf

[s.a.: Krisenforschung und Krisenmanagement; Lebenszyklus, organisationaler; Sanierung; Strategisches Management; Wandel, Management des (Change Management).]

I. Turnaround – Begriff und Operationalisierung;
II. Rahmenbedingungen von Turnaround-Prozessen;
III. Verlauf und Ausgestaltung von Turnaround-Prozessen.

Zusammenfassung

Der Begriff Turnaround beschreibt eine Folge von Managementaktivitäten, durch die ein länger andauernder, Existenz bedrohender Ergebnisrückgang eines Unternehmens aufgehalten und umgekehrt werden soll. Erfolgreiche Turnaround-Prozesse umfassen in der Regel zwei Phasen, eine erste der Eindämmung des Niedergangs und eine zweite der Erholung. Welche Maßnahmen konkret in den einzelnen Phasen ergriffen werden, hängt von den jeweiligen Rahmenbedingungen des Turnaround-Prozesses ab.

I. Turnaround – Begriff und Operationalisierung

Der Begriff Turnaround beschreibt eine Folge von Managementaktivitäten, die darauf gerichtet sind, einen länger andauernden, Existenz bedrohenden Ergebnisrückgang eines Unternehmens aufzuhalten, umzukehren und das Unternehmen wieder zu nachhaltiger Profitabilität zurückzuführen (*Barker III/Duhaime* 1997, S. 18) (→ *Krisenforschung und Krisenmanagement*). Wann ein solcher Ergebnisrückgang, d.h. eine *Turnaround-Situation*, konkret vorliegt, ist allerdings nicht klar definiert. Die meisten Autoren unterstellen jedoch, dass ein Unternehmen sich in einer Turnaround-Situation befindet, wenn es über einen Zeitraum von mindestens zwei Jahren überdurchschnittlich starke Gewinnrückgänge bzw. sogar Verluste verzeichnet, die eine akute Bedrohung für das Überleben des Unternehmens darstellen und unmittelbare Gegenmaßnahmen erfordern (*Pearce II/Robbins* 1993, S. 629; *Khandwalla* 2001, S. 73). Als erfolgreich abgeschlossen gilt ein Turnaround, wenn auf den Ergebnisrückgang nachhaltige Renditesteigerungen folgen, d.h. solche, die über einen längeren Zeitraum – meist mindestens zwei Jahre – anhalten und das Unternehmen mindestens in die Gewinnzone bzw. zu dem Profitabilitätsniveau zurückführen, das es vor dem Turnaround erreicht hatte (*Barker III/Duhaime* 1997, S. 22; *Nothardt* 2001, S. 155 ff.). Zahlreiche Fallbeispiele und empirische Untersuchungen deuten darauf hin, dass ein erfolgreicher *Turnaround-Prozess* zwei Phasen umfasst, eine erste Phase der *Eindämmung des Niedergangs*, in der die Stabilisierung des Unternehmens im Vordergrund steht, und eine zweite Phase der *Erholung*, in der das Unternehmen auf Basis einer mehr oder weniger umfassenden strategischen Neuausrichtung wieder nachhaltige Profitabilität erreicht (*Arogyaswamy/Barker III/Yasai-Ardekani* 1995, S. 497 ff.; *Robbins/Pearce II* 1992, S. 289 ff.; *Balgobin/Pandit* 2001, S. 302 ff.). Welche Maßnahmen im Einzelnen in den beiden Phasen getroffen werden, hängt von den jeweiligen Rahmenbedingungen ab, die den Turnaround-Prozess prägen. Empirische Untersuchungen zeigen, dass insb. drei Gruppen von Rahmenbedingungen eine Rolle spielen. So wird die konkrete Ausgestaltung eines Turnaround-Prozesses sowohl von den Ursachen des Ergebnisrückgangs als auch von Art und Ausmaß der Konsequenzen dieses Ergebnisrückgangs sowie von unternehmensspezifischen Faktoren beeinflusst (*Cameron/Whetten/Kim* 1987, S. 127 ff.).

II. Rahmenbedingungen von Turnaround-Prozessen

1. Ursachen des Ergebnisrückgangs

Ein anhaltender Ergebnisrückgang eines Unternehmens kann prinzipiell zwei Ursachen haben. Zum einen kann er Folge einer generellen bzw. konjunkturell bedingten Nachfrageveränderung in der Branche sein. Eine solche Veränderung, wie sie z.B. die Kohle- und Stahlindustrie in westlichen Industrieländern seit Jahren erfährt, die aber bspw. auch den Maschinenbau in zyklischen Abständen immer wieder trifft, führt zu verstärktem Branchenwettbewerb und zu reduzierten Gewinnmargen bzw. sogar Verlusten, die letztlich die Existenz einzelner oder im Extremfall aller Unternehmen in der Branche bedrohen (*Barker III/Duhaime* 1997, S. 18).

Neben einem branchenweiten Nachfragerückgang kann eine Turnaround-Situation aber auch unternehmensspezifische Ursachen haben. Ein unternehmensspezifischer Ergebnisrückgang resultiert aus einer mangelnden Anpassung des Unternehmens an veränderte Wettbewerbsbedingungen, d.h. er ergibt sich, wenn das Management es versäumt hat, veränderte Kundenbedürfnisse oder einen Wandel im Wettbewerbsumfeld, z.B. durch das Auftreten neuer Wettbewerber, Unternehmenszusammenschlüsse oder neue Produkte und Technologien, rechtzeitig zu erkennen und Anpassungsmaßnahmen zu treffen (*Arogyaswamy/Barker III/Yasai-Ardekani* 1995, S. 497 ff.; *Grinyer/Mayes/McKiernan* 1990, S. 118 ff.). So verzeichnete z.B. IBM trotz einer sehr positiven Entwicklung vieler anderer Unternehmen in der Branche in den Jahren 1992 und 1993 massive Verluste, die v.a. auf einer unzureichenden Ausrichtung auf den sprunghaft wachsenden Markt für Personalcomputer beruhten (*Balgobin/Pandit* 2001, S. 305 ff.).

2. Konsequenzen des Ergebnisrückgangs

Art und Ausmaß der Konsequenzen, die der beschriebene Ergebnisrückgang hat, beeinflussen ebenfalls die Ausgestaltung des Turnaround-Prozesses. Prinzipiell kann ein anhaltender und tief greifender Ergebnisrückgang drei Arten von Konsequenzen haben. So besteht zum einen die Gefahr, dass wichtige Anspruchsgruppen dem Unternehmen die weitere Unterstützung verweigern. Beispielsweise lässt sich häufig beobachten, dass Banken Unternehmen, deren Überleben bedroht erscheint, weitere Kredite versagen bzw. nur zu höheren Preisen überlassen und dass Lieferanten nur gegen Vorauskasse liefern (*Arogyaswamy/Barker III/Yasai-Ardekani* 1995, S. 499 f.). Zum zweiten tragen anhaltende Ergebnisrückgänge zur Verunsicherung von Mitarbeitern und Führungskräften bei. Die Unklarheit über die weitere Entwicklung des Unternehmens führt oft zur Abwanderung besonders fähiger Mitarbeiter und zu einer zunehmenden Lähmung des gesamten Unternehmens (*Balgobin/Pandit* 2001, S. 304 f.). Diese Lähmung wird noch verstärkt durch die häufig bei Unternehmen in Krisensituationen anzutreffende Neigung, Entscheidungen zu zentralisieren und zu formalisieren – mit der Folge, dass die Eigeninitiative von Mitarbeitern weitgehend unterbunden wird (*Barker III/Mone* 1998, S. 1228 ff.). Nicht zuletzt ist ein starker Umsatz- und Ergebnisrückgang eines Unternehmens in der Regel mit steigenden Stückkosten verbunden, da die meisten Kapazitäten im Zuge des Schrumpfungsprozesses nicht mehr voll ausgelastet werden können.

Die drei beschriebenen Konsequenzen eines Ergebnisrückgangs verstärken sich gegenseitig und beschleunigen dadurch den Niedergang des Unternehmens. Dementsprechend ist das Ausmaß der beschriebenen Konsequenzen umso größer, d.h. die Turnaround-Situation ist umso schwerwiegender, je stärker der Ergebnisrückgang ist und je länger er andauert. Die Dauer des Ergebnisrückgangs hängt wiederum davon ab, wann die Unternehmensführung die Turnaround-Situation erkennt und auf sie reagiert (*Grinyer/Mayes/McKiernan* 1990, S. 120 ff.).

3. Unternehmensspezifische Faktoren

Neben Ursachen und Konsequenzen des Ergebnisrückgangs wird die konkrete Ausgestaltung eines Turnaround-Prozesses auch durch unternehmensspezifische Faktoren beeinflusst. In der Literatur wird in diesem Zusammenhang insb. darauf hingewiesen, dass das Vorhandensein freier Ressourcen (*organizational slack*), v.a. finanzieller Reserven, eine Rolle spielt. Auf sie kann das Unternehmen zurückgreifen, um die Konsequenzen eines Ergebnisrückgangs auszugleichen und Zeit für Anpassungsmaßnahmen zu gewinnen. Darüber hinaus wurde in empirischen Studien auch der Zusammenhang zwischen vergangenem Erfolg, Größe und *Diversifikation* von Unternehmen einerseits sowie der Ausgestaltung eines erfolgreichen Turnaround-Prozesses andererseits untersucht (*Barker III/Duhaime* 1997, S. 18 ff.; *Nothardt* 2001, S. 118 ff.).

III. Verlauf und Ausgestaltung von Turnaround-Prozessen

1. Überblick

Zur Beschreibung von Turnaround-Prozessen sind in der Literatur verschiedene *Phasenmodelle* entwickelt worden (*Bibeault* 1982, S. 92 ff.; *Balgobin/Pandit* 2001, S. 302 ff.). Als besonders geeignet haben sich dabei Modelle erwiesen, die zwei zeitlich überlappende, inhaltlich jedoch heterogene Phasen unterscheiden, nämlich eine Phase der *Eindämmung des Niedergangs* und eine Phase der *Erholung* (*Arogyaswamy/Barker III/Yasai-Ardekani* 1995, S. 497 ff.; *Robbins/Pearce II* 1992, S. 289 ff.).

2. Eindämmung des Niedergangs – erste Phase im Turnaround-Prozess

Ein Turnaround-Prozess beginnt in der Regel mit Maßnahmen zur Eindämmung des Niedergangs. Diese Maßnahmen zielen v.a. darauf ab, das Unternehmen zu stabilisieren und so die Basis für seine langfristige Erholung zu schaffen. Dafür ist es entscheidend, dem Ergebnisrückgang und insb. den drei beschriebenen Konsequenzen dieses Ergebnisrückgangs entgegenzuwirken. Dementsprechend sind Maßnahmen in dieser Phase zum einen darauf gerichtet, das Vertrauen und die Unterstützung wichtiger Anspruchsgruppen für das Unternehmen zurückzugewinnen. So kann es z.B. notwendig sein, Banken davon zu überzeugen, Kreditlinien zu verlängern bzw. Überbrückungskredite zur Verfügung zu stellen, und Gewerkschaften zu Lohnzugeständnissen zu bewegen. Verschiedene Fallbeispiele verdeutlichen, dass einzelne Anspruchsgruppen v.a. dann zur Unterstützung der Turnaround-Anstrengungen bereit sind, wenn ihnen deutlich gemacht wird, welche Konsequenzen ein Scheitern des Unternehmens für sie selbst hat. Auch Zugeständnisse, z.B. eine Kapitalbeteiligung für Banken oder Lieferanten, können positiv wirken (*Arogyaswamy/Barker III/Yasai-Ardekani* 1995, S. 501 f.).

Eine zweite Gruppe von Maßnahmen zielt darauf ab, Mitarbeiter und Führungskräfte für die Mitgestaltung des Turnaround-Prozesses zu mobilisieren. Dabei geht es zunächst darum, das → *Vertrauen* von Mitarbeitern und Führungskräften in das Management zurückzugewinnen, um so die Lähmung des Unternehmens zu überwinden und wichtige Mitarbeiter im Unternehmen zu halten. Einige Fallbeispiele zeigen, dass Maßnahmen wie die Förderung offener Kommunikation im Unternehmen, eine große Anzahl persönlicher Gespräche zwischen Unternehmensführung und einzelnen Mitarbeitergruppen sowie die Platzierung von *Change Agents* an vielen Stellen im Unternehmen hierfür wichtige Beiträge leisten. Die Bindung wichtiger Mitarbeiter kann darüber hinaus durch innovative Maßnahmen der Arbeitszeitgestaltung erfolgen, wie etwa mit der Einführung der Vier-Tage-Woche bei der Volkswagen AG (*Freedman* 1996, S. 610 ff.).

Eine dritte Gruppe von Maßnahmen in der Phase der Eindämmung des Niedergangs richtet sich auf die Verbesserung von Kostenposition und Effizienz des Unternehmens. Hierzu zählen sowohl Maßnahmen zur Kostensenkung (*cost retrenchment*), wie z.B. die Reduktion von Lagerbeständen oder die Optimierung von Fertigungsprozessen (→ *Rationalisierung und Automatisierung*), als auch Maßnahmen des Kapazitätsabbaus (*asset retrenchment*), wie z.B. die Schließung von Fertigungsstätten und die Entlassung von Mitarbeitern bis in die Unternehmensführung hinein (*Khandwalla* 2001, S. 17 ff.).

Welche der beschriebenen Maßnahmen in einer konkreten Turnaround-Situation tatsächlich ergriffen werden sollten, hängt von den bereits beschriebenen Rahmenbedingungen des Turnaround-Prozesses ab. So zeigen empirische Untersuchungen, dass Maßnahmen zur Kostenreduktion und zum Kapazitätsabbau v.a. in schwerwiegenden Turnaround-Situationen von großer Bedeutung sind, während sie in leichteren Fällen nur eine untergeordnete Rolle spielen (*Robbins/Pearce II* 1992, S. 296 ff.; *Barker III/Mone* 1994, S. 400 ff.; *Castrogiovanni/Bruton* 2000, S. 30 ff.). Alle drei Gruppen von Eindämmungsmaßnahmen sind auch dann sehr wichtig, wenn ein Unternehmen nur geringe finanzielle Reserven besitzt. So waren bspw. die meisten ehemals volkseigenen Betriebe in den neuen Bundesländern nach 1990 zu drastischem Kosten- und Kapazitätsabbau gezwungen, da sie zu DDR-Zeiten kaum finanzielle Reserven aufbauen konnten (*Wulf/Hungenberg* 2002, S. 24 ff.). Ob ein Wechsel in der Unternehmensführung stattfindet, ist schließlich – wie empirische Studien zeigen – v.a. von der Ursache des Ergebnisrückgangs abhängig. So erweist sich ein Austausch innerhalb des Vorstands und speziell in der Person des Vorstandsvorsitzenden v.a. dann als sinnvoll, wenn unternehmensspezifische Ursachen – speziell Managementfehler – als ausschlaggebend für den Turnaround erachtet werden. In diesem Fall ist es für die alte Unternehmensführung in der Regel sehr schwer, verlorenes Vertrauen bei Anspruchsgruppen sowie bei Führungskräften und Mitarbeitern zurückzugewinnen, sodass ihr Verbleib den Erfolg des Turnaround insgesamt gefährden würde (*Mueller/Barker III* 1997, S. 125 ff.; *Wiersema* 1995, S. 196 ff.).

3. Erholung – zweite Phase im Turnaround-Prozess

In der Phase der Erholung, die meist nicht erst nach Abschluss der ersten Phase des Turnaround-Prozesses, sondern bereits parallel dazu beginnt, stehen Maßnahmen der strategischen Neuausrichtung (→ *Strategisches Management*) im Mittelpunkt. Sie sollen dazu beitragen, das Unternehmen wieder auf einen Wachstumspfad und zu nachhaltiger Profitabilität zurückzuführen (→ *Sanierung*). Der Grad der *strategischen Neuausrichtung* kann dabei im Einzelfall sehr unterschiedlich sein. So zeigen Studien, dass manche Unternehmen einen erfolgreichen Turnaround mit nur inkrementellen Veränderungen ihrer strategischen Ausrichtung erreichen. Kennzeichnend für solche Unternehmen sind u.a. Maßnahmen wie die Konzentration auf das Kerngeschäft sowie verstärkte Anstrengungen im Marketing oder in der Forschung und Entwicklung (*Grinyer/McKiernan* 1990, S. 138 ff.). Andere Unternehmen setzen dagegen sehr stark auf strategische Veränderungen, um einen erfolgreichen Turnaround zu erreichen, d.h. sie investieren z.B. in neue Geschäfte und desinvestieren bestehende, sie führen neue Produkte ein und nehmen alte vom Markt oder nutzen neue Distributionskanäle (*Balgobin/Pandit* 2001, S. 313; *Toime* 1997, S. 14 ff.).

In welchem Ausmaß strategische Veränderungen vorgenommen werden, ist wiederum von den spezifischen Rahmenbedingungen des Turnaround-Prozesses abhängig. So zeigen Studien, dass der Grad strategischer Neuausrichtung v.a. dann hoch ist, wenn unternehmensspezifische Ursachen, d.h. eine mangelnde Anpassung des Unternehmens an veränderte Wettbewerbsbedingungen, für die Turnaround-Situation verantwortlich sind. Bei Ergebnisrückgängen, die auf einen u.U. sogar nur zyklischen Nachfragerückgang in der Branche zurückzuführen sind, neigen Unternehmen dagegen eher zu inkrementellen Anpassungen, d.h. zu einem Halten der gegenwärtigen Marktposition, um die Erholung des Marktes abzuwarten (*Barker III/Duhaime* 1997, S. 30 ff.). Eher verstärkt wird die Tendenz zur strategischen Neuausrichtung auch durch einen Wechsel in der Unternehmensführung, da auf diese Weise neue Erfahrungen und Sichtweisen in das Unternehmen eingebracht werden und sich die neue Unternehmensführung darüber hinaus weniger an vergangene Entscheidungen gebunden fühlt (*Mueller/Barker III* 1997, S. 125 ff.). Auch finanzielle Reserven, die Größe eines Unternehmens und die Diversifikation haben – wie verschiedene Studien zeigen – einen positiven Einfluss auf den Grad strategischer Neuausrichtung, da sie die Gestaltungsfreiheit des Managements erhöhen (*Barker III/Duhaime* 1997, S. 33).

Insgesamt verdeutlicht die Darstellung, dass Unternehmen zur Erzielung eines erfolgreichen Turnaround ganz unterschiedliche Maßnahmen einsetzen. Typisch ist dabei ein zweiphasiger Prozess, dessen konkrete Ausgestaltung von den Rahmenbedingungen der jeweiligen Turnaround-Situation bestimmt wird.

Literatur

Arogyaswamy, Kamala/Barker III, Vincent L./Yasai-Ardekani, Masoud: Firm turnarounds: An integrative two-stage model, in: JMan.Stud., Jg. 32, 1995, S. 493–525.
Balgobin, Rolf/Pandit, Naresh: Stages in the Turnaround Process: The Case of IBM UK, in: European Management Journal, Jg. 19, 2001, S. 301–316.
Barker III, Vincent L./Duhaime, Irene M.: Strategic Change in the Turnaround Process: Theory and Empirical Evidence, in: SMJ, Jg. 18, 1997, S. 13–38.
Barker III, Vincent L./Mone, Mark A.: The Mechanistic Structure Shift and Strategic Reorientation in Declining Firms Attempting Turnarounds, in: HR, Jg. 51, 1998, S. 1227–1258.
Barker III, Vincent L./Mone, Mark A.: Retrenchment: Cause of Turnaround or Consequence of Decline?, in: SMJ, Jg. 15, 1994, S. 395–405.
Bibeault, Donald: Corporate Turnaround, New York 1982.
Cameron, Kim S./Whetten, David A./Kim, Myung U.: Organizational Dysfunctions of Decline, in: AMJ, Jg. 30, 1987, S. 126–138.
Castrogiovanni, Gary J./Bruton, Garry D.: Business Turnaround Processes following Acquisitions: Reconsidering the Role of Retrenchment, in: Journal of Business Research, Jg. 48, 2000, S. 25–34.
Freedman, Nigel: Operation Centurion: Managing Transformation at Philips, in: LRP, Jg. 29, 1996, S. 607–615.
Grinyer, Peter H./McKiernan, Peter: Generating Major Change in Stagnating Companies, in: SMJ, Jg. 11, 1990, S. 131–146.
Grinyer, Peter H./Mayes, David/McKiernan, Peter: The Sharpbenders: Achieving a sustained improvement in performance, in: LRP, Jg. 23, 1990, S. 116–125.
Khandwalla, Pradip N.: Turnaround Excellence, New Delhi et al. 2001.
Mueller, George C./Barker III, Vincent L.: Upper Echelons and Board Characteristics of Turnaround and Nonturnaround Declining Firms, in: Journal of Business Research, Jg. 39, 1997, S. 119–134.
Nothardt, Franz: Corporate Turnaround and Corporate Stakeholders, Bamberg 2001.
Pearce II, John A./Robbins, D. Keith: Toward Improved Theory and Research on Business Turnaround, in: JMan, Jg. 19, 1993, S. 613–636.
Robbins, D. Keith/Pearce II, John A.: Turnaround: Retrenchment and Recovery, in: SMJ, Jg. 13, 1992, S. 287–309.
Toime, Elmar: New Zealand Post – Creating a Benchmark Organization, in: LRP, Jg. 30, 1997, S. 11–20.
Wiersema, Margarethe F.: Executive Succession as an Antecedent to Corporate Restructuring, in: Human Resource Management, Jg. 34, 1995, S. 185–202.
Wulf, Torsten/Hungenberg, Harald: Transition strategies, Houndmills et al. 2002.

U

Umweltanalyse, strategische

Walter Schertler

[s.a.: Allianz, strategische; Institutionenökonomie; Internationale Strategien; Kontingenzansatz; Organisationsgrenzen; Planung; Shareholder- und Stakeholder-Ansatz; Strategisches Management; Unternehmensanalyse, strategische; Unternehmensführung (Management).]

I. Begründung von Umwelt(en); II. Verständnis vom Umwelt-Unternehmen-Verhältnis; III. Umweltanalyse im Rahmen des Strategischen Managements; IV. Vorgehensmethodik bei der strategischen Umweltanalyse.

Zusammenfassung

Grundsätzlich bezieht sich das Verständnis des Umweltbegriffs in der BWL auf die Unternehmensumwelt. Die Analyse der Umwelt-Unternehmens-Beziehungen ist entsprechend vielschichtig und wird als Aufgabe dem Strategischen Management eines Unternehmens zugeordnet. Die „strategische Umweltanalyse" muss als grundlegende erste Stufe im Prozess der strategischen Unternehmensführung gesehen werden. Dazu steht ein umfangreiches Instrumentarium zur Verfügung. Eine systematische Vorgehensweise mit sieben Prozessstufen soll die strategische Umweltanalyse inhaltlich skizzieren und das Vorgehen übersichtlich machen.

I. Begründung von Umwelt(en)

Im Unterschied zum Umweltbegriff der Ökologie wird in der BWL mit Umwelt in erster Linie die *Unternehmensumwelt* gemeint. Umwelt – i.d.S. gebraucht – ist identisch mit allen außerhalb des Unternehmens gelegenen Elementen, die einen konkreten oder potenziellen Einfluss auf die → *Unternehmensführung (Management)* haben. Je nach Vorhandensein eines konkreten Einwirkens dieser Elemente wird in eine „generelle Unternehmensumwelt" und eine „*Aufgaben-* und *Wettbewerbsumwelt*" des Unternehmens mit relevanten und nicht relevanten Anspruchsgruppen („*stakeholders*") differenziert. Die „strategische Umweltanalyse" wird dem Ansatz der Strategischen Unternehmensführung (→ *Strategisches Management*) zugeordnet. Sowohl inhaltlich als auch im Prozess der Strategieentwicklung besitzt die Umweltanalyse eine Eigenständigkeit als Analyseschritt im Rahmen der strategischen → *Planung* und ist von großer praktischer Bedeutung. Eine Reihe von Analyseinstrumenten kommt für die strategische Umweltanalyse zum Einsatz (siehe Abschnitt III).

Wissenschaftstheoretisch liefert die → *Systemtheorie* den umfassendsten Rahmen für die Begründung von Umwelt(en) (*Willke* 1993). Durch die Abgrenzungsleistungen des Handelns (*Luhmann* 1982) konstituieren sich Innen- und Außenwelten, die durch mehr oder weniger intensive Austauschbeziehungen miteinander in Beziehung stehen. Sie bestimmen, welche Bezugsgrößen innerhalb oder außerhalb des Unternehmens liegen und in die Wahrnehmung und Wirklichkeitskonstruktionen des Managements ein- oder ausgeschlossen werden. Der Grenzverlauf zwischen Umwelt und Unternehmen ist daher ein fließender, eher pulsierender als starrer Prozess des Austausches von Informationen, Gütern und Dienstleistungen. Die Neue → *Institutionenökonomie* liefert im Rahmen der Unternehmenstheorie den Begründungszusammenhang für die Entstehung von Unternehmen und deren konstitutiven Merkmalen wie bspw. die hierarchische Strukturierung (→ *Organisationsgrenzen*).

II. Verständnis vom Umwelt-Unternehmen-Verhältnis

Je nach Autor liegen verschiedene Einteilungskategorien zum Begriff der „Unternehmensumwelt" vor. Im Folgenden wird in eine „generelle Unternehmensumwelt" und in eine „Aufgaben- und Wettbewerbsumwelt" des Unternehmens differenziert. Von genereller Umwelt spricht man, wenn keine unternehmensspezifische Festlegung der Unternehmensumwelt erfolgt und die allgemeinen Rahmenbedingungen für die Gesamtheit von Unternehmen in einem bestimmten Wirtschaftsraum betrachtet werden. „Eine wesentliche Aufgabe der Umweltanalyse ist es demzufolge, aus der prinzipiell unüberschaubaren Fülle von Einflussfaktoren die wichtigsten herauszufiltern. Um eine eindeutige Auswahl der relevanten externen Umweltelemente vollziehen zu können, bedarf es eines Auswahlprinzips (Identitätsprinzip), das zwischen relevanten und nicht relevanten Elementen der Umwelt differenziert. Als ein solches *Identitätsprinzip* wird vielfach die Unternehmungsaufgabe oder das Sachziel der Unternehmung herausgestellt . . . " (*Welge/*

Al-Laham 1999, S. 183). Die Aufgaben- und Wettbewerbsumwelt besitzt einen relativen Wirkungszusammenhang mit einem bestimmten Unternehmen und legt aus den vielen Möglichkeiten der generellen Umwelt das unternehmensspezifische Set von Umwelteinflüssen fest, also die unternehmensspezifische Konstellation aller zu einem bestimmten Zeitpunkt relevanten Umwelten, mit denen das Unternehmen in Beziehung steht. Dabei handelt es sich in erster Linie um die Auswahl und Festlegung von Anspruchsgruppen (stakeholders; → *Shareholder- und Stakeholder-Ansatz*), die für die Zielerreichung des Unternehmens wichtig oder weniger wichtig sind. Das Management entscheidet, welche Anspruchsgruppen zu einem bestimmten Zeitpunkt relevant oder nicht relevant sind, und welchen Anspruchsgruppen und welchen Tätigkeitsgebieten (Geschäftsfeldern) es seine Aufmerksamkeit schenkt oder nicht. Die Unternehmensumwelt ist somit ein Konstrukt des Managements.

Die Auswirkungen solcher Entscheidungen („für unser Unternehmen relevante/nicht relevante Umwelt") können zum Zeitpunkt der Auswahlentscheidung oft gar nicht beschrieben werden, wie die Fehleinschätzung der Relevanz von Microsoft für IBM in den 1970er Jahren verdeutlicht. War IBM unfähig oder zu ignorant, um die Tragweite des Ausschlusses von Microsoft als relevanten Geschäftspartner vorher sehen zu können?

Gleichzeitig ist zu beobachten, dass sich – im Unterschied zu früher – die Grenzziehungen immer schwerer fallen. In vielen Märkten ist eine fortschreitende Auflösung traditioneller Branchen- oder Anwendungsgrenzen durch konvergierende Technologien (→ *Technologiemanagement*), durch die vollkommen neuen Internet-Applikationen und/oder durch eine neue Architektur von *Wertschöpfungsketten* erkennbar („Dekonstruktion"/„business migration"; *Heuskel* 1999). Offensichtlich geht es darum, wann und in welcher Form das Management auf Änderungen in der Umwelt reagiert. Diskontinuitäten in der Umwelt zu entdecken, v.a. sie unternehmensspezifisch in ihren Auswirkungen „richtig" zu interpretieren, stellt sich als erfolgsentscheidende Fähigkeit des Managements heraus. Ansoff (*Ansoff* 1979) hat das rechtzeitige Erkennen von „schwachen" Signalen und die anschließende Handhabung strategischer Diskontinuitäten von verschiedenen Graden der Ignoranz des Managements abhängig gemacht. Die Ignoranz gegenüber schwachen Signalen kann durch größere Anstrengungen in Richtung inhaltlich besserer „*Frühwarn-* oder *Frühaufklärungssysteme*" (*Hammer* 1998) überwunden werden.

Das Management von Umweltkonstellationen steht unmittelbar im Zusammenhang mit dem Management des organisatorischen Wandels (→ *Wandel, Management des (Change Management)*) von Unternehmen. Warum ändern Unternehmen ihr Verhalten gegenüber der Umwelt nicht, obwohl sie schon seit langem und in detaillierten Analysen aufbereitete Informationen zur Verfügung haben? Diese Frage gibt Hinweise auf die Tatsache, dass Unternehmen nicht nur dem Paradigma des „rationalen Aktors" folgen (→ *Rationalität*), sondern aus personenspezifischen Interessen und Machtkonstellationen den (rational) durch strategische Umweltanalysen induzierten Wandel bewusst verhindern. Neben einer „rational school" (of strategic management) gibt es offensichtlich noch andere Weltbilder über das Funktionieren von Unternehmen und wie sie mit ihrer komplexen und nicht prognostizierbaren Umwelt interagieren.

III. Umweltanalyse im Rahmen des Strategischen Managements

1. Umweltanalyse im Prozess der Strategieplanung

Der Prozess der strategischen Unternehmensführung bzw. der Strategieplanung orientiert sich an folgendem (siehe Abb. 1) Stufenaufbau.

Stufe	Inhalt
1	Zielfindung und Zielbildung
2	**Strategische Umweltanalyse** und Unternehmensanalyse
3	Strategieformulierung auf Unternehmens- und Geschäftsebene
4	Strategieimplementierung und -realisierung
5	Strategiekontrolle und -controlling

Abb. 1: Prozess der strategischen Unternehmensführung (in Anlehnung an Welge/Al-Laham 1999, S. 97)

Die Umweltanalyse steht nach der Zielformulierung am Beginn dieses Prozesses. Dadurch kommt die Tragweite der Qualität von Umweltanalysen zum Ausdruck, denn alles, was in dieser Phase der Strategieentwicklung nicht als relevant analysiert wird, fehlt in den darauf folgenden Prozessphasen („blinde Flecken").

2. Vier Inhaltsebenen der strategischen Umweltanalyse

Gegenstand der strategischen Umweltanalyse ist die kritische Reflexion und Auswahl der Art und Qualität des Austauschverhältnisses zwischen einem spezifischen Unternehmen und seiner Aufgaben- und Wettbewerbsumwelt, die auf vier Ebenen der strategischen Umweltanalyse stattfinden:

a) Bestimmung der Tätigkeitsgebiete (Segmentierung in Geschäftsfelder) und der damit zusammenhängenden Anspruchsgruppen

Durch die Segmentierung der Umwelt in Geschäftsfelder, die für den Unternehmenserfolg in der Zukunft relevant bzw. nicht relevant sind, legt die Unternehmensführung die wichtigen Tätigkeitsgebiete und deren Anspruchsgruppen fest. Die Portfolioanalyse ist hier ein geeignetes Instrument, welches das Erfolgspotenzial der Geschäftseinheiten eines Unternehmens beschreibt. Dazu wird die Lage der verschiedenen Geschäftseinheiten graphisch in einer *Portfoliomatrix* dargestellt, welche als Ordinate eine Umweltdimension und als Abszisse eine Unternehmensdimension enthält.

b) Analyse der Geschäftsfelder und Anspruchsgruppen im Hinblick auf Trends und Trendindikatoren

Auf Basis der Ergebnisse entscheidet das Management über die zukünftige Allokation der Investitionsmittel auf bestimmte Strategische Geschäftseinheiten (SGE), denen spezifische Geschäftsmodelle und Wertschöpfungsketten zugrunde liegen. Als Instrument bietet sich insb. die *Szenario-Technik* an. Sie dient der Entwicklung einer auf den Ergebnissen der Analyse von Umweltentwicklungen und Interdependenzen aufbauenden Leitstrategie. Ausgangspunkt des Szenariomodells ist der sog. Szenariotrichter, welcher ein sich mit zunehmender Länge des Prognosezeitraums öffnendes Möglichkeitsspektrum darstellt. Es werden nicht nur Zukunftszustände, sondern auch die Entwicklungen dorthin beschrieben („Pfadszenarien").

c) Analyse der Markt-/Wettbewerbsstruktur und -dynamik

Die Analyse der Markt- und Wettbewerbsstruktur ist industrieökonomisch ausgerichtet und analysiert die Anzahl etablierter Mitbewerber, deren Allianz-/Kooperations- und Gruppenstrukturen (Strategische Gruppen; *Porter* 1992) sowie deren Verhaltensweisen (→ *Allianz, strategische*), um im Wettbewerb erfolgreicher als andere Mitbewerber zu sein. Diese Aktivitäten finden ihren konzeptionellen Rahmen in der Wettbewerbsanalyse nach Porter und den darin beschriebenen fünf „treibenden" Kräften („*Porters' Five Forces*"). Dabei gilt es insbesondere, die Markteintrittsbarrieren sowie ggf. relevante Austrittsbarrieren zu identifizieren, denn solche Barrieren zählen zu den wichtigsten Vorteilsquellen im Wettbewerb. Ein Blick in stagnierende und oligopolistisch strukturierte Branchen (z.B. Halbleiter-, Automobilindustrie) macht dies deutlich: Die Attraktivität solcher Märkte für neue Mitbewerber ist durch die Höhe der Eintrittsbarrieren (wie z.B. Investitionen in F&E oder in globale Markenstärke) extrem niedrig. Umgekehrt entsteht Wertsteigerung, wenn es ein Unternehmen geschafft hat, in dieser Gruppe als Wettbewerber übrig zu bleiben. Zudem ist in der Wettbewerbsanalyse auf potenzielle Substitutionskonkurrenz zu achten (*Porter* 1999), die bspw. durch Technologiesprünge oder durch neue Wertschöpfungsstrategien verursacht werden kann.

d) Analyse der generellen Umwelt

Die Analyse der generellen Umwelt umfasst die gesamtökonomische, die technologische, die soziokulturelle, die rechtlich-politische und die ökologische Umwelt des Unternehmens. Als Instrument kann bspw. die *Cross-Impact-Matrix* verwendet werden. Als Beurteilungsmatrix zur Gegenüberstellung von Umweltänderungen und Strategien gibt sie deutliche Hinweise auf besonders intensiv zu beobachtende Umweltentwicklungen und auf besonders sensible Strategien. Durch Untersuchung der Wirkungszusammenhänge dient sie der strategischen Prognose und erlaubt, Rückschlüsse für die strategische Zielplanung abzuleiten.

3. Instrumente der strategischen Umweltanalyse

Das Spektrum der Instrumente des Strategischen Managements ist sehr vielfältig und reicht weit über die im vorherigen Abschnitt genannten Beispiele hinaus. Einen Überblick soll folgende Auflistung geben (in Anlehnung an *Elbling/Kreuzer* 1994, S. 73):

a) Instrumente zur Früherkennung von Umweltentwicklungen:

- Expertenbefragung
- Delphi-Methode
- Analogie-Verfahren
- Relevanzbaummethode
- Cross-Impact-Matrix
- Risikoanalysen.

b) Instrumente zur strategischen Umweltanalyse i.e.S.:

- Szenario
- Portfolio-Analysen
- Branchenanalyse
- Strategische Gruppen
- Konkurrenzanalyse
- Wertketten-Analyse
- Strategische Budgets
- (die unter a) genannten Instrumente außer Relevanzbaummethode und Risikoanalysen).

IV. Vorgehensmethodik bei der strategischen Umweltanalyse

Die vier oben skizzierten Inhaltsebenen der Umweltanalyse (siehe Abschnitt III.2.a-d) bilden selbstverständlich die Grundlage für das methodische Vorgehen bei der strategischen Umweltanalyse. Ziel ist es, durch eine schrittweise Abarbeitung der Umweltanalyse die Qualität der Ergebnisse zu sichern. Vor allem soll im Fall der Wiederholung von bestimmten Analyseschritten ein gleiches Vorgehen gewährleistet werden.

Die Umweltanalyse wird typischerweise in die folgenden sieben Prozessphasen untergliedert (in Anlehnung an *Fahey/Narayanan* 1986, S. 50):

- PHASE 1: Definition der relevanten Umwelt
  Wahl der Anspruchsgruppen; Segmentierung in Geschäftsfelder
- PHASE 2: Analyse jedes Umweltsegmentes (Geschäftsfeld und dessen Anspruchsgruppen)
  „*scanning*": Definition jedes Segmentes; Erkennen wichtiger Trends; Festlegung der Trendindikatoren
  „*monitoring*": Verstehen der Entwicklung von Trends; Bewertung des Veränderungspotenzials von Trends
- PHASE 3: Prognose der Umweltänderungen
  „*forecasting*": Bewertung zugrunde liegender Faktoren; Zusammenhang der Trends untereinander; Mögliche alternative Entwicklungen; Identifikation von Mustern in Segmenten
- PHASE 4: Ableiten von Zusammenhängen
  „*assessment*": Beschreibung der Relevanz der Trends auf die Segmente; Strategische Implikationen pro Segment
- PHASE 5: Analyse der Branchenstruktur pro Geschäftsfeld (Strategische Gruppen)
- PHASE 6: Analyse der Branchendynamik pro Geschäftsfeld (Reaktionsmuster der Anspruchsgruppen)
- PHASE 7: Analyse der generellen Umwelt.

Sind die einzelnen Prozessphasen abgearbeitet, liegt eine detaillierte Umweltanalyse vor, an die sich die „Unternehmensanalyse" (→ *Unternehmensanalyse, strategische*) als nächste Analyseeinheit anschließt.

Literatur

Ansoff, H. Igor: Strategic Management, New York 1979.
Elbling, Oliver/Kreuzer, Christian: Handbuch der strategischen Instrumente, Wien 1994.
Fahey, Liam/Narayanan, V. K.: Macroenvironmental Analysis for Strategic Management, Minnesota 1986.
Hammer, Richard M.: Strategische Planung und Frühaufklärung, 3. A., München et al. 1998.
Heuskel, Dieter: Wettbewerb jenseits von Industriegrenzen: Aufbruch zu neuen Wachstumsstrategien, Frankfurt am Main et al. 1999.
Luhmann, Niklas: Autopoiesis: Handlungen und kommunikative Verständigung, in: Zeitschrift für Soziologie, Jg. 11, 1982, S. 366–379.
Porter, Michael E.: Wettbewerbsvorteile: Spitzenleistungen erreichen und behaupten, 5. A., Frankfurt am Main 1999.
Porter, Michael E.: Wettbewerbsstrategie: Methoden zur Analyse von Branchen und Konkurrenten, 7. A., Frankfurt am Main 1992.
Welge, Martin K./Al-Laham, Andreas: Strategisches Management, 2. A., Wiesbaden 1999.
Willke, Helmut: Systemtheorie, 4. A., Stuttgart et al. 1993.

Umweltmanagement, Organisation des

Gerd Rainer Wagner

[s.a.: Lernen, organisationales; Management und Recht; Netzwerke; Organisationsentwicklung; Organisationsinnovation; Selbstorganisation; Strategisches Management; Umweltanalyse, strategische.]

I. Die Kategorisierung des unternehmerischen Umweltmanagements; II. Konventionelle Ansätze zum Verhältnis von Organisation und Umweltmanagement; III. Umweltmanagementsysteme als Organisationsmittel reflexiver Regulierung; IV. Unternehmerisches Umweltmanagement als Element ökologisch motivierten Organisationslernens; V. Perspektiven des Managements umweltschutzbezogener Netzwerkorganisationen.

Zusammenfassung

Im Thema Organisation des *Umweltmanagements* manifestiert sich ein mehrdimensionaler Untersuchungsgegenstand, bei dem es zum einen um die Organisation von *Umweltschutz* in Unternehmen durch unternehmerisches Management geht, zum zweiten um die Organisation des unternehmerischen *Umweltmanagements* selbst sowie zum dritten um den möglichen Beitrag des Umweltmanagements für die gesellschaftliche Organisation von *Umweltschutz*. Alle drei Aspekte sind Gegenstand dieses Beitrags.

I. Die Kategorisierung des unternehmerischen Umweltmanagements

Das unternehmerische Umweltmanagement, sachinhaltlich identisch mit dem anglo-amerikanischen Terminus „Corporate Environmental Management" (vgl. z.B. *Welford* 1996), umschließt als Dachbegriff alle „(operativen wie strategischen) unternehmerischen Dispositionsweisen", in deren Zentrum „die umweltbezogenen Wirkungen des unternehmerischen Entscheidens und Handelns mit ihren effektiven und potentiellen einzelökonomischen Rückwirkungen ... stehen" (*Wagner* 1999, S. 343). Unterhalb dieses allgemeinen Begriffs ordnet sich das legaldefinierte spezifische Verständnis von „Umweltmanagement" und „*Umweltmanagementsystemen*" ein, wie es insb. durch die EG-Verordnung zum Umweltmanagement und zur Umweltbetriebsprüfung, kurz „*Umwelt-Auditing-Verordnung*" (vgl. insb. *Janzen* 1996, S. 133 ff.) bzw. „Eco-Management and Auditing Scheme *EMAS*" (*Freimann* 1997, S. 159), oder durch die Vorgaben des konkurrierenden Systems *ISO 14001* der International Organization for Standardization (vgl. insb. *Müller* 2001) an die Unternehmen herangetragen wird. Beide Kategorien besitzen jeweils spezifische organisationale Relevanz.

II. Konventionelle Ansätze zum Verhältnis von Organisation und Umweltmanagement

Auf den allgemeinen Terminus sind vorwiegend die konventionellen Ansätze zum Verhältnis von Organisation und *Umweltschutz* hin ausgerichtet. Ihr vorrangiges Interesse gilt den empirischen Erscheinungsformen der Struktur- und Prozessorganisation des unternehmerischen Umweltschutzes, einerseits unter der Zielsetzung deren Beschreibung, andererseits unter der Absicht deren *Effizienzbeurteilung* (vgl. im detaillierten Überblick *Müller-Christ* 2001, S. 123 ff.).

1. Struktur- und Prozessorganisation des unternehmerischen Umweltschutzes

Konventionelles *Effizienzkriterium* der Struktur- und Prozessorganisation des unternehmerischen *Umweltschutz*es bildet deren möglicher Beitrag zur Minderung der umweltschutzbedingten externen und internen *Unternehmensrisiken*, extern insb. der Haftungs- und Kompensationsrisiken aus möglichen Schadstoffemissionen, intern insb. der Kompensationsrisiken bei möglichen Schadstoffexpositionen der Mitarbeiter (letzteres begründet aktuelle Tendenzen konzeptioneller und organisatorischer Zusammenführung von Umwelt-, Qualitäts- und Arbeitssicherheits- bzw. Gesundheitsmanagement (→ *Qualitätsmanagement*) in „integrierten *Managementsystemen*" (vgl. z.B. *Pischon* 1999)). Im Mittelpunkt stehen dabei zum einen Aspekte adäquater Umweltinformations-, -kontroll- und -dokumentationssysteme (vgl. *Adams/Maier* 1993, S. 84), wie sie speziell auch im Rahmen der Erörterungen zum Umwelt- oder Öko-*Controlling* diskutiert werden (vgl. insb. *Janzen* 1996, S. 34 ff.), zum anderen Aufgaben sachkompetenter Stellenbesetzung sowie der Errichtung problemadäquater *Delegationsstrukturen*. Letzteres verknüpft sich mit den Aufgaben der umweltorientierten *Personalplanung* und -entwicklung (vgl. *Domsch/Kleiminger/Sticksel* 1997; wie auch *Antes* 1996), in deren Zentrum Strukturen und Prozesse in ihren jeweiligen Anreizwirkungen zur umfassenden „Sensibilisierung der Unternehmung für die *Umweltverantwortung*" (*Schauenberg* 1998) stehen.

Unternehmerische Umweltkontroll- und -dokumentationssysteme bilden überdies im ökologischen Schadensfall einen juristischen Prellbock gegenüber möglichen öffentlichen und/oder privaten Haftungsansprüchen wegen *Organisationsverschuldens*, z.B. für Funktionsträger gemäß § 52a Bundes-*Immissionsschutzgesetz* (BImSchG) in Emissionsfällen bei genehmigungsbedürftigen Anlagen (vgl. *Knopp/Striegl* 1992). Mit der zwingenden Vorgabe zur Einrichtung und Besetzung von Stellen solcher und weiterer Funktionsträger, insb. der *Betriebsbeauftragten* für *Immissionsschutz* (§§ 53–54 BImSchG), für *Abfall* (§§ 54–55 *Kreislaufwirtschafts-* und Abfallgesetz) oder für *Gewässerschutz* (§§ 21a–21b Wasserhaushaltsgesetz), sowie der damit einhergehenden präzisen Festlegung deren Kompetenzen und Verpflichtungen erfolgt überdies – abhängig insb. von Betriebstyp sowie Emissionsaufkommen und/oder Emissionsart – eine gesetzliche Zuweisung umweltschutzbezogener *Organisationsverantwortung* (vgl. detailliert *Matschke/Jaeckel/Lemser* 1996, S. 129 ff.). Der Gesetzgeber greift damit unmittelbar in die Struktur- und die Prozessorganisation des unternehmerischen Umweltmanagements ein, geleitet von einem Denkkonzept, welches auf dem Prinzip (oder zumindest der Hoffnung) möglicher *Selbststeuerung* (bzw. Selbstkorrektur) von entsprechend gestalteten Systemen basiert, hier also jener *Umweltmanagementsysteme*, innerhalb derer diese *Betriebsbeauftragten* wirken.

2. Umweltmanagement als Organisationsmittel des unternehmerischen Umweltschutzes

Die damit zum Ausdruck kommende Rolle von *Umweltmanagement* als Organisationsmittel des unternehmerischen Umweltschutzes erfährt ihre Verstärkung und zugleich Modifikation durch die Wirkung der legaldefinierten *Umweltmanagementsysteme*. Pointiert man dies am Beispiel der EG-*Umwelt-Auditing-Verordnung* (*EMAS*) – mit weitgehender Übertragbarkeit auch auf das System *ISO 14001* (zu Details der Gemeinsamkeiten und Unterschiedlichkeiten beider Systeme s. *Müller* 2001) –, dann zeigt sich zum einen das erklärte Ziel dieser Verordnung, speziell über den Weg von der unternehmerischen Umwelterklärung hin zur externen Zertifizierung (als dem Ergebnis der Auditierung) die umweltbezogenen *Risikopotenziale* unternehmerischen Handelns und deren Veränderungen im Zeitablauf transparent zu machen. Zum anderen ist Gegenstand speziell der Zertifizierung nicht allein das umweltbezogene Unternehmenshandeln als Vorgang, sondern auch – wenn nicht sogar in erster Linie – das jeweilige Umweltmanagementsystem als Institution.

Die Verordnung greift damit normbildend gerade in den Bereich des unternehmerischen Umweltmanagements und dessen Organisation ein (vgl. z.B. *Rack* 1995; *Kostka* 1997, S. 150 ff.) und intendiert dabei sowohl – über den Wiederholungsrhythmus der Auditierung – die faktische Unumkehrbarkeit der jeweils erfolgten Errichtung der betreffenden Systeme wie auch – über die Veröffentlichung der zertifizierten umweltschutzbezogenen Unternehmensleistungen und -absichten – eine kontinuierliche Verbesserung des unternehmerischen *Umweltschutz*es durch Wettbewerb (vgl. *Janzen* 1996, S. 149 f. u. 200 ff.; sowie im nationalen und internationalen Vergleich der realen Umsetzungen z.B. *Dyllick/Hamschmidt* 1999; *Gouldson/Murphy* 1998). Umweltmanagement wird dann zu einem Hebel kollektiver „ökologischer *Organisationsentwicklung*" (*Freimann* 1997, S. 174; kritisch zu dieser Konzeption insb. unter der Fragestellung dadurch tangierter Rechtssicherheit *Kieser/Spindler/Walgenbach* 2002) (→ *Organisationsentwicklung*).

III. Umweltmanagementsysteme als Organisationsmittel reflexiver Regulierung

Im Verhältnis von Organisation und legaldefinierten Umweltmanagementsystemen tritt damit zunehmend auch die Rolle dieser Systeme als organisationale *Metastandards* in das Blickfeld. „Metastandards" sind normative Regeln zur Gestaltung der unternehmerischen Wirklichkeit, insb. zur Gestaltung unternehmerischer *Managementsysteme* (vgl. *Uzumeri* 1997), in der Absicht der Bewirkung und der Kommunikation von „Best Practices", hier also von „Best Management Practices for Environmental Innovation and Performance" (*Theyel* 2000).

Neben – und sogar vor – die Funktion der Umweltmanagementsysteme als Organisationsmittel des unternehmensindividuellen *Umweltschutz*es tritt dann ihr Beitrag zu Schaffung, Stabilisierung und Ausbau umweltschutzbezogener gesellschaftlicher *Organisationskompetenz* und *Organisationslegitimation*. Evident wird dies bei Vertiefung in aktuelle rechtswissenschaftliche Literatur, die unter erkennbaren empirischen Trends gesellschaftlicher „*Verantwortungsteilung*" (*Trute* 1999) im *Umweltschutz* gerade die Nutzbarkeit der betriebswirtschaftlichen Ansätze zur gesellschaftlichen „Steuerung durch Organisation" (*Schmidt-Preuß* 2001; s.a. *Rehbinder* 2001) thematisiert. Das Thema „Organisation des *Umweltmanagements*" weitet sich damit *interdisziplinär* auf der Schnittstelle von *Umweltökonomie*, *Umweltpolitik*, *Umweltrecht* und *Umweltsoziologie* aus (→ *Management und Recht*).

Neben das traditionelle hierarchische Steuerungsmodell des umweltpolitischen staatlichen Handelns treten damit zunehmend (theoretische und reale) Modelle reflexiver *Regulierung*, deren wesentliches Charakteristikum in der partiellen (Rück-)Verlagerung von *Regulierungs*- und *Organisationsmacht* (vgl. *Kloepfer* 1998) auf die am Umweltschutz beteiligten nicht-staatlichen Akteursgruppen liegt. Dies geschieht zwischen den Polen „staatlicher Fremdbestimmung" und „privat(wirtschaftlich)er Selbstbestimmung", innerhalb derer sich dadurch zunehmend netzwerkartige Verschränkungen von Fremd- und *Selbststeuerung* entwickeln (s. detailliert *Wagner/Haffner* 1999, S. 87 ff.). Den unternehmerischen Umweltmanagementsystemen wird darin die Funktion eines gesellschaftlichen Organisationsmittels zuteil, diskutiert in verschiedenen aktuellen Beiträgen zu den umweltpolitischen Zielwirkungen dieser Systeme (vgl. insb. *Coglianese/Nash* 2001).

Beispiele für die sich darin entwickelnde „Private *Selbststeuerung*" oder „*Selbstregulierung*" sind freiwillige Selbstbeschränkungs- und *Branchenabkommen*, wie etwa im Rahmen des schweizerischen, deutschen oder europäischen Abfallrechts (vgl. *Braun* 1998). Dabei nimmt das Recht vorwiegend gestalterische Reservefunktionen wahr, indem es konzeptionelle Alternativen als Drohpotenziale vorhält und so möglichem aversen umweltpolitischen Zielverhalten der Privaten vorbeugt (vgl. z.B. *Di Fabio* 1997, S. 262 f.), etwa im Falle der Überwachung des im privaten Entsorgungsbereich angesiedelten *Dualen Systems Deutschland* (vgl. insb. *Finckh* 1998). Dagegen tendiert das Muster der „Gesteuerten *Selbstregulierung*" eher zu prozeduralen Rahmenprogrammen, über die sich dann selbstregulative Potenziale und Lernprozesse ausbreiten können. Das *Umweltrecht* strukturiert dabei den Raum von Handlungsmöglichkeiten vor, zieht sich dann aber verstärkt zurück entweder (1) auf die *Regulierung* (unternehmens-)interner Informations-, Lern- und Selbstkontrollprozesse, z.B. von obligatorischen Selbstkontrollen durch *Betriebsbeauftragte*, von behördlich kontrollierter Eigenüberwachung oder von der verbindlichen Erstellung betrieblicher *Abfallwirtschaftskonzepte* und -bilanzen gemäß deutschem *Kreislaufwirtschafts*- und *Abfallgesetz* (vgl. *Schmidt-Preuß* 1997, S. 192), oder (2) auf die Beeinflussung von Organisationsstrukturen, z.B. über Vorgaben zur Ausgestaltung unternehmerischer Umweltmanagementsysteme wie eben durch die EG-*Umwelt-Auditing-Verordnung*en (vgl. u.a. *Spindler* 1996; *Steger/Ebinger* 1995) oder (3) auf die (Neu-)Verteilung von Steuerungsrechten und von *Entscheidungskompetenzen*, z.B. über verschiedene Bestimmungen zur umweltschutzfördernden *Betriebsorganisation* (vgl. erneut § 52a *BImSchG* sowie, neben anderen, § 53 *Kreislaufwirtschafts*- und *Abfallgesetz*).

IV. Unternehmerisches Umweltmanagement als Element ökologisch motivierten Organisationslernens

Es spannt sich mithin ein weites, z.T. neuartiges Handlungsfeld „unternehmerischen *Umweltrechtsmanagement*s" (*Wagner/Haffner* 1999, S. 101) auf, welches einerseits selbst per staatlicher *Regulierung* strukturiert wird, genau deshalb aber auch andererseits *rekursiv* auf diese umweltrechtlichen *Regulierungen* absichtsvoll Einfluss nimmt. Dabei ist „*Rekursivität*" verstanden als „die iterative Anwendung einer Operation/Transformation ... auf ihr eigenes Resultat" (*Ortmann/Sydow/Windeler* 2000, S. 318), korrespondierend mit dem in der sozialwissenschaftlichen Selbstorganisationstheorie (→ *Selbstorganisation*) geläufigen Terminus der „Selbstreferenz sozialen Handelns" (*Wolf* 1997, S. 631; vgl. allerdings in kritischem Diskurs u.a. *Kieser* 1994). Unternehmerisches Ziel ist es dabei vorrangig, im Sinne der eigenen strategischen *Absichten* „die Regulateure zu günstigen Regulationen zu veranlassen" (*Ortmann/Zimmer* 1998, S. 751). Das umweltnutzende Unternehmen wird damit zum (mit-)gestaltenden Akteur in einem Prozess (permanenter) *rekursiver* gesellschaftlicher *Umweltorganisation*.

Genau hier setzt dann auch die im Rahmen der modernen Betriebswirtschaftslehre intensiv diskutierte Idee der „Lernenden Organisationen" an (→ *Lernen, organisationales*), nach der institutionalisierte Veränderungsprozesse sowie die Erzeugung neuer Wissensbestände (→ *Wissen*) keineswegs mehr als Sonderfall, sondern als routinemäßiger Normalfall zu begreifen sind (vgl. im rezensierenden Überblick *Schreyögg/Eberl* 1998). Dieses Denken hat mittlerweile in Ansätzen „ökologisch motivierten *Organisationslernens*" (*Winter* 1997) auf breiter Front auch die Diskussion zum unternehmerischen *Umweltmanagement* erfasst (vgl. u.a. *Halme* 1997; *Brennecke/Plümacher* 1999; *Dyllick/Hamschmidt* 1999; *Wijn* 2002). Das Augenmerk richtet sich damit auf die Kontinuität des umweltregulatorischen *Lernens*, oder allgemeiner: auf das umweltregulatorische „Wechselspiel zwischen Stabilisierung und Lernen" (*Schreyögg/Eberl* 1998, S. 520). Umweltrechtliche *Regulierung* – dann interpretierbar als lernende virtuelle *Organisation* auf gesellschaftlicher Ebene – verbindet so die „innere Dynamik" der *Umweltrechtentwicklung* mit den relevanten „äußeren gesellschaftlichen *Organisationsprinzipien*" (so bereits *Teubner* 1982, S. 17). Sie folgt damit nicht zuletzt einem von *Giddens*, 1984, geprägten Verständnis von „Organisation als reflexive *Strukturation*" (*Ortmann/Sydow/Windeler* 2000).

Reale Beispiele derartiger Phänomene sind u.a. die Gestaltung, Umsetzung und Novellierung der *Verpackungsverordnungen* von 1992 und 1998, z.B. der durch §§ 8–11 VerpackV kodifizierten Bepfandungsregelungen für Einwegverpackungen, ferner der durch die Konkurrenzsituation zwischen der privat organisierten *ISO 14001*-Norm und der *EG-Umwelt-Auditing-Verordnung* induzierte Prozess der Entwicklung von *EMAS* I im Jahre 1993 zu *EMAS* II im Jahre 2001 (vgl. insb. *Müller* 2001; *Müller* 2002) sowie insb. die Herausbildung neuer institutioneller *Arrangements* zwischen den im Gestaltungs- und Umsetzungsfeld des deutschen *Kreislaufwirtschafts-* und Abfallgesetzes von 1996 (vgl. *Wagner* 1996, S. 130 ff.) beteiligten Akteuren, exemplifizierbar u.a. am kollektiven Lern- und (Um-)Gestaltungsprozess der *Regulierung* umweltgerechter Altautoentsorgung im Spannungsfeld zwischen der deutschen Altauto-Verordnung von 1997, der Freiwilligen *Selbstverpflichtung* zur Altautoentsorgung der deutschen Wirtschaft von 1998 und der europäischen Richtlinie 2000/53/EG aus dem Jahre 2000 (vgl. insb. *Wagner/Haffner* 1999, S. 106 ff.). Und auch im Schnittfeld der *Regulierung* von *Umweltschutz* und Technik sind signifikante (Lern- und Gestaltungs-)Prozesse solcher Art erkennbar (vgl. u.a. die verschiedenen Beiträge in *Kloepfer* 2002), aktuell insb. im gesellschaftlichen *Regulierungsprozess* der Gentechnik (vgl. insb. *Lege* 2002).

V. Perspektiven des Managements umweltschutzbezogener Netzwerkorganisationen

Die Herausforderung für die in einem solchen Verbund miteinander lernenden umweltrelevanten Akteure (vgl. *Weiß* 2000) besteht mithin in der permanenten Ausbalancierung von Aspekten wie staatliche Distanzierung und unternehmerische Teilhabe am *Regulierungsprozess*, Normierung und eigenverantwortliche *Selbstregulierung*, Vertrauen und Kontrolle, Formalität und Informalität sowie Dauerhaftigkeit und Dynamisierung der Regulation. Bemerkenswerterweise sind dieses zugleich genau jene charakteristischen, jeweils polaren Merkmale zur Bewältigung von Spannungsverhältnissen in Akteursnetzwerken (→ *Netzwerke*), wie sie speziell die betriebswirtschaftliche Literatur zum Management von *Netzwerkorganisationen* erörtert (vgl. insb. *Sydow* 2001, S. 315 ff.).

Und diese Einsicht wird um so klarer, je mehr die Realität künftiger Organisation unternehmerischen *Umweltmanagement*s vor Augen tritt (→ *Organisationsinnovation*). Denn im Zeichen sich verstärkender wechselseitiger Bindungen von Unternehmen in *Wertschöpfungsketten* und *Wertschöpfungskreisläufen* (vgl. z.B. *Pasckert* 1997) verstärken sich auch die wechselseitigen Bindungen der Akteure an die in diesen Ketten und Kreisläufen auftretenden Emissionsströme und Emissionsrisiken (vgl. z.B. die Beiträge in *Kaluza* 1998). Umweltpolitische *Regulierung* betrifft dann nicht mehr nur das Umweltmanagement als einzelunternehmerische Querschnittsfunktion, sondern zunehmend auch als überbetriebliche Netzfunktion (vgl. z.B. *Bleischwitz/Schubert* 2000), nicht zuletzt bei internationalen *Vernetzungen* (s. insb. *Brodel* 1996, S. 314 ff. u. 440 ff.; vgl. auch *Mendel* 2002). Und tritt zu der Komplexität solcher Netze ihre hohe *Wandlungsdynamik* infolge zunehmender Erscheinungen „virtueller Unternehmensstrukturen" (vgl. z.B. *Gerpott/Böhm* 2000) hinzu, also solcher mit jeweils lediglich projektzeitbegrenzter Stabilität, so folgt daraus noch umso stärker ein solches Plädoyer für das Management umweltschutzbezogener *Netzwerkorganisationen*.

Literatur

Adams, Heinz W./Maier, Beatrice: Die Organisation des Umweltschutzes, in: ZfO, Jg. 62, H. 2/1993, S. 74–84.
Antes, Ralf: Präventiver Umweltschutz und seine Organisation in Unternehmen, Wiesbaden 1996.

Bleischwitz, Raimund/Schubert, Ulf-Manuel: Gemeinsames Umweltmanagement in Unternehmensnetzwerken: das Beispiel der Eco-Industrial Parks, in: Zeitschrift für angewandte Umweltforschung, Jg. 13, H. 3/4/2000, S. 457–468.
Braun, Elisabeth: Abfallverminderung durch Kooperation von Staat und Wirtschaft, Basel et al. 1998.
Brennecke, Volker M./Plümacher, Frank: Lernorientiertes Umweltmanagement, in: Werkzeuge erfolgreichen Umweltmanagements, hrsg. v. *Freimann, Jürgen*, Wiesbaden 1999, S. 25–46.
Brodel, Dietmar: Internationales Umweltmanagement, Wiesbaden 1996.
Coglianese, Cary/Nash, Jennifer (Hrsg.): Regulating from the Inside, Washington, DC 2001.
Di Fabio, Udo: Verwaltung und Verwaltungsrecht zwischen gesellschaftlicher Selbstregulierung und staatlicher Steuerung, in: Verwaltung und Verwaltungsrecht zwischen gesellschaftlicher Selbstregulierung und staatlicher Steuerung, hrsg. v. *Schmidt-Preuß, Matthias/Di Fabio, Udo*, Berlin et al. 1997, S. 235–282.
Domsch, Michael E./Kleiminger, Klemens/Sticksel, Peter: Umweltorientierte Personalentwicklung, in: Umweltmanagement, hrsg. v. *Weber, Jürgen*, Stuttgart 1997, S. 97–123.
Dyllick, Thomas/Hamschmidt, Jost: Wirkungen von Umweltmanagementsystemen, in: Zeitschrift für Umweltpolitik & Umweltrecht, Jg. 22, H. 4/1999, S. 507–540.
Finckh, Andreas: Regulierte Selbstregulierung im Dualen System, Baden-Baden 1998.
Freimann, Jürgen: Öko-Audit: Normiertes Managementsystem zur umwelttechnischen Selbstkontrolle oder Einstieg in die ökologische Organisationsentwicklung?, in: Umweltmanagement, hrsg. v. *Weber, Jürgen*, Stuttgart 1997, S. 159–178.
Gerpott, Torsten J./Böhm, Stephan: Strategisches Management in virtuellen Unternehmen, in: ZfB-Ergänzungsheft 2/2000, S. 13–35.
Giddens, Anthony: The Constitution of Society, Cambridge 1984.
Gouldson, Andrew/Murphy, Joseph: Regulatory Realities, London 1998.
Halme, Minna: Developing an Environmental Culture Through Organizational Change and Learning, in: Corporate Environmental Management 2: Culture and Organisations, hrsg. v. *Welford, Richard*, London 1997, S. 79–103.
Janzen, Henrik: Ökologisches Controlling im Dienste von Umwelt- und Risikomanagement, Stuttgart 1996.
Kaluza, Bernd (Hrsg.): Kreislaufwirtschaft und Umweltmanagement, Hamburg 1998.
Kieser, Alfred: Fremdorganisation, Selbstorganisation und evolutorisches Management, in: ZfbF, Jg. 46, H. 3/1994, S. 199–228.
Kieser, Alfred/Spindler, Gerald/Walgenbach, Peter: Mehr Rechtssicherheit durch normative Managementkonzepte und Organisationsnormung?, in: ZfbF, Jg. 54, H. 5/2002, S. 395–425.
Kloepfer, Michael (Hrsg.): Technikumsteuerung als Rechtsproblem, Berlin 2002.
Kloepfer, Michael: Vorwort, in: Selbst-Beherrschung im technischen und ökologischen Bereich, hrsg. v. *Kloepfer, Michael*, Berlin 1998, S. 5.
Knopp, Lothar/Striegl, Stefanie: Umweltschutzorientierte Betriebsorganisation zur Risikominimierung, in: BB, Jg. 47, H. 29/1992, S. 2009–2018.
Kostka, Sebastian: Umweltorientierte Organisationsentwicklung, in: Ökologische Unternehmensentwicklung, hrsg. v. *Winter, Georg*, Berlin et al. 1997, S. 131–182.
Lege, Joachim: Steuerung der Gentechnik durch das Recht, in: Technikumsteuerung als Rechtsproblem, hrsg. v. *Kloepfer, Michael*, Berlin 2002, S. 67–90.
Matschke, Manfred Jürgen/Jaeckel, Ulf D./Lemser, Bernd: Betriebliche Umweltwirtschaft, Herne et al. 1996.

Mendel, Peter J.: International Standardization and Global Governance: The Spread of Quality and Environmental Management Standards, in: Organizations, Policy, and the Natural Environment, hrsg. v. *Hoffman, Andrew J./Ventresca, Marc J.*, Stanford, Cal. 2002, S. 407–431.
Müller, Martin: Mit reflexivem Recht zu lernendem Umweltmanagement, in: Zeitschrift für Umweltpolitik & Umweltrecht, Jg. 25, H. 1/2002, S. 1–26.
Müller, Martin: Normierte Umweltmanagementsysteme und deren Weiterentwicklung im Rahmen einer nachhaltigen Entwicklung, Berlin 2001.
Müller-Christ, Georg: Umweltmanagement, München 2001.
Ortmann, Günther/Sydow, Jörg/Windeler, Arnold: Organisation als reflexive Strukturation, in: Theorien der Organisation, hrsg. v. *Ortmann, Günther/Sydow, Jörg/Türk, Klaus*, 2. A., Opladen 2000, S. 315–354.
Ortmann, Günther/Zimmer, Marco: Strategisches Management, Recht und Politik, in: DBW, Jg. 58, H. 6/1998, S. 747–769.
Pasckert, Andreas: Zukunftsfähige Wertschöpfungskreisläufe, Hamburg 1997.
Pischon, Alexander: Integrierte Managementsysteme für Qualität, Umweltschutz und Arbeitssicherheit, Berlin et al. 1999.
Rack, Manfred: Mindestregelungen zur umweltsichernden Betriebsorganisation, in: Öko-Audit, hrsg. v. *Schimmelpfeng, Lutz/Machmer, Dietrich*, Taunusstein 1995, S. 28–61.
Rehbinder, Eckard: Umweltsichernde Unternehmensorganisation, in: Zeitschrift für das gesamte Handelsrecht und Wirtschaftsrecht, Bd. 165, H. 1/2001, S. 1–29.
Schauenberg, Bernd: Die Sensibilisierung der Unternehmung für die Umweltverantwortung: Personen, Strukturen, Prozesse, in: Umwelt und Wirtschaftsethik, hrsg. v. *Steinmann, Horst/Wagner, Gerd Rainer*, Stuttgart 1998, S. 146–171.
Schmidt-Preuß, Matthias: Steuerung durch Organisation, in: Die Öffentliche Verwaltung, Jg. 54, H. 2/2001, S. 45–55.
Schmidt-Preuß, Matthias: Verwaltung und Verwaltungsrecht zwischen gesellschaftlicher Selbstregulierung und staatlicher Steuerung, in: Verwaltung und Verwaltungsrecht zwischen gesellschaftlicher Selbstregulierung und staatlicher Steuerung, hrsg. v. *Schmidt-Preuß, Matthias/Di Fabio, Udo*, Berlin et al. 1997, S. 161–234.
Schreyögg, Georg/Eberl, Peter: Organisationales Lernen: Viele Fragen, noch zu wenig neue Antworten, in: DBW, Jg. 58, H. 4/1998, S. 516–536.
Spindler, Gerald: Umweltschutz durch private Prüfungen von Unternehmensorganisationen: Die EG-Öko-Audit-VO, in: Vom Hoheitsstaat zum Konsensualstaat, hrsg. v. *Schenk, Karl-Ernst/Schmidtchen, Dieter/Streit, Manfred E.*, Tübingen 1996, S. 205–230.
Steger, Ulrich/Ebinger, Frank: Das Öko-Auditing als Instrument der Organisationsentwicklung und der Deregulierung, in: EG-Umweltauditing, hrsg. v. *Klemmer, Paul/Meuser, Thomas*, Wiesbaden 1995, S. 215–234.
Sydow, Jörg: Management von Netzwerkorganisationen – Zum Stand der Forschung, in: Management von Netzwerkorganisationen, hrsg. v. *Sydow, Jörg*, 2. A., Wiesbaden 2001, S. 293–339.
Teubner, Gunther: Reflexives Recht, in: Archiv für Rechts- und Sozialphilosophie, Jg. 68, H. 1/1982, S. 13–59.
Theyel, Gregory: Management Practices for Environmental Innovation and Performance, in: International Journal of Operations & Productions Management, Jg. 20, H. 2/2000, S. 249–266.
Trute, Hans-Heinrich: Verantwortungsteilung als Schlüsselbegriff eines sich verändernden Verhältnisses von öffentlichem und privatem Sektor, in: Jenseits von Privatisierung und „schlankem" Staat, hrsg. v. *Schuppert, Gunnar Folke*, Baden-Baden 1999, S. 13–45.

Uzumeri, Mustafa Vakur: ISO 9000 and Other Metastandards: Principles for Management Practice?, in: AME, Jg. 11, H. 1/ 1997, S. 21–36.
Wagner, Gerd Rainer: Umweltmanagement, in: Vahlens Kompendium der Betriebswirtschaftslehre, Bd. 2, hrsg. v. *Bitz, Michael/Dellmann, Klaus/Domsch, Michael* et al., 4. A., München 1999, S. 339–391.
Wagner, Gerd Rainer: Regulierungswirkungen aktueller Umweltschutzgesetze und -verordnungen, in: Regulierung und Unternehmenspolitik, hrsg. v. *Sadowski, Dieter/Czap, Hans/ Wächter, Hartmut*, Wiesbaden 1996, S. 125–142.
Wagner, Gerd Rainer/Haffner, Friederike: Ökonomische Würdigung des umweltrechtlichen Instrumentariums, in: Rückzug des Ordnungsrechtes im Umweltschutz, hrsg. v. *Hendler, Reinhard* et al., Berlin 1999, S. 83–127.
Weiß, Jens: Umweltpolitik als Akteurshandeln, Marburg 2000.
Welford, Richard (Hrsg.): Corporate Environmental Management, London 1996.
Wijn, Frank: Stakeholder influence and organizational learning in environmental management, Tilburg 2002.
Winter, Matthias: Ökologisch motiviertes Organisationslernen, Wiesbaden 1997.
Wolf, Joachim: Selbstorganisationstheorie – Denkstruktur, Varianten und Erklärungswert bei betriebswirtschaftlichen Fragestellungen, in: Zeitschrift für Wirtschafts- und Sozialwissenschaften, Jg. 117, H. 4/1997, S. 623–662.

Unternehmensanalyse, strategische

Christoph Lechner

[s.a.: Internationale Strategien; Planung; Strategisches Management; Umweltanalyse, strategische; Unternehmensführung (Management).]

I. Einordnung in den strategischen Managementprozess; II. Historische Entwicklung; III. Konzeptionelle Grundlagen; IV. Wissenschaftliche Studien; V. Methoden und Instrumente; VI. Praktische Bedeutung; VII. Kritische Würdigung.

Zusammenfassung

Die strategische Unternehmensanalyse untersucht die Ressourcen und Fähigkeiten von unternehmerischen Einheiten in Relation zur Konkurrenz, um daraus Erkenntnisse für deren zukünftige Strategie zu gewinnen. Als fester Bestandteil des strategischen Managementprozesses wird sie in der Praxis meist mit Hilfe von speziellen Instrumenten und Methoden durchgeführt. Konzeptionell und empirisch basiert sie auf wissenschaftlichen Ansätzen, die die Bedeutung einzigartiger Ressourcen und Fähigkeiten für die Erklärung von Performanceunterschieden zwischen Firmen betonen.

I. Einordnung in den strategischen Managementprozess

Konzeptualisiert man den *strategischen Managementprozess* als aneinander gereihte Abfolge der beiden Phasen „Strategieformulierung" und „Strategieimplementierung", dann ist die Unternehmensanalyse ein wichtiger Bestandteil der ersten Phase. Idealtypisch erfolgt sie hier nach der Festlegung der unternehmerischen Ziele und – zusammen mit der Umweltanalyse (→ *Umweltanalyse, strategische*) – vor der Generierung strategischer Alternativen. Die Komplementarität von Unternehmens- und Umweltanalyse ergibt sich aus der Tatsache, dass strategische Überlegungen sich im Regelfall damit beschäftigen, wie Ressourcen und Fähigkeiten von Unternehmen (→ *Ressourcenbasierter Ansatz*) mit den Opportunitäten ihrer Umwelt in Einklang zu bringen sind. Folglich benötigt man fundierte Erkenntnisse aus beiden Bereichen.

Aufgabe der strategischen Unternehmensanalyse ist es, erstens die Ressourcen und Fähigkeiten einer unternehmerischen Einheit zu identifizieren, zweitens deren Potenzial für den Aufbau und die Sicherung von *Wettbewerbsvorteilen* und ökonomischen Renten zu evaluieren und drittens daraus Erkenntnisse für zukünftige strategische Handlungsmuster zu gewinnen (→ *Wettbewerbsstrategien*).

II. Historische Entwicklung

Auf die Bedeutung der Unternehmensanalyse für die strategische Entscheidungsfindung wurde bereits in den ersten Strategieprozessmodellen hingewiesen (siehe *Andrews* 1971). Ansoff (*Ansoff* 1965) und mit ihm die sich entwickelnde Tradition der strategischen → *Planung* unterteilten die Unternehmensanalyse in mehrere analytische Schritte und forderten deren faktenfundierte Bearbeitung.

In den 80er Jahren verschob sich der Fokus der *Strategieanalyse* dann allerdings in Richtung Umwelt. Basierend auf den Modellen der Industrieökonomik beschäftigte man sich intensiv mit Industriestrukturen, ihren Veränderungen und den Konsequenzen für das Wettbewerbsverhalten. Die Analyse des Unternehmens hingegen verlor an Bedeutung, da man annahm, dass sich unternehmerisches Verhalten primär nach der Struktur der Industrie zu richten habe.

In den 90er Jahren änderte sich diese Sichtweise wieder, und das Pendel schlug nun in Richtung Ressourcen und Fähigkeiten um. Auslöser für diese Entwicklung war v.a. die Erkenntnis, dass in Zeiten einer hohen Veränderungsrate von Industrien und Märkten, die Ressourcen und Fähigkeiten von Unternehmen eine wesentlich sinnvollere Grundlage für langfristige strategische Überlegungen darstellen, sowie die zunehmende Bedeutung, die immateriellen Ressourcen, organisationalem Lernen (→ *Lernen, organisationales*) sowie dem Umgang mit explizitem und implizitem → *Wissen* zuerkannt wurde.

III. Konzeptionelle Grundlagen

Ressourcen und Fähigkeiten (→ *Ressourcenbasierter Ansatz*; → *Kompetenzen, organisationale*) bilden die zentralen Analyseeinheiten der Unternehmensanalyse. Die Definition der beiden Begriffe ist allerdings nicht ganz einheitlich. So bezeichnet Wernerfelt (*Wernerfelt* 1984, S. 172) Ressourcen als alles, was als Stärke oder Schwäche eines Unternehmens bezeichnet werden kann. Amit und Shoemaker (*Amit/Shoemaker* 1993, S. 34) sprechen von Vorräten von verfügbaren Faktoren, die im Besitz einer Firma sind oder von ihr kontrolliert werden und Teece et al. (*Teece/Pisano/Shuen* 1997, S. 512 ff.) verstehen Ressourcen als firmenspezifische Vermögenswerte, die schwierig, wenn nicht unmöglich, zu imitieren sind.

Neben diesen Definitionen gibt es auch Ansätze zur Klassifikation von Ressourcen. Dabei hat sich die Unterteilung in *materielle* und *immaterielle Ressourcen* als einflussreich erwiesen, da man insb. letzteren eine hohe Bedeutung für das Erzielen und Sichern von Wettbewerbsvorteilen zumisst (*Hall* 1992, S. 135). Während materielle Ressourcen physisch unmittelbar fassbar sind (z.B. Maschinen und Gebäude), sind immaterielle Ressourcen stärker psychischer Natur (z.B. Reputation) oder repräsentieren spezifisches theoretisches oder praktisches Knowhow (z.B. Patente und Verfahren). Darauf aufbauende Klassifikationsansätze unterscheiden zwischen materiellen, personellen und organisationalen Ressourcen (*Barney* 1991, S. 101) oder erweitern um finanzielle, technologische und reputationsbezogene Ressourcen (*Grant* 2002, S. 139).

Die Unterscheidung zwischen Ressourcen und Fähigkeiten gewinnt ihre Berechtigung dadurch, dass Ressourcen alleine nicht besonders produktiv sind. Erst im Einsatz durch Fähigkeiten entfalten sie ihr rentengenerierendes Potenzial. Fähigkeiten beziehen sich folglich auf das Potenzial eines Unternehmens, seine Ressourcen hinsichtlich eines bestimmten Zweckes einzusetzen. Während Ressourcen gewissermaßen „Bausteine" für die Rentengewinnung sind, sind Fähigkeiten für den gezielten und produktiven Einsatz dieser Bausteine nötig. Unternehmen erzielen also nicht Renten, weil sie bessere Ressourcen als ihre Konkurrenten besitzen, sondern weil ihre spezifischen Fähigkeiten sie in die Lage versetzen, diese Ressourcen besser zu benutzen.

Fähigkeiten kann man folglich als routinisierte Interaktions-, Koordinations- und Problemlösungsmuster bezeichnen. Oft sind sie mit spezifischen Gruppen und ihrem spezifischen Wissen verbunden. Meist entwickeln sie sich über einen längeren Zeitraum und sind aufgrund ihrer komplexen Zusammensetzung und organisationalen Verankerung weder einfach zu transferieren noch käuflich zu erwerben (*Teece/Pisano/Shuen* 1997, S. 525 ff.).

IV. Wissenschaftliche Studien

Die wissenschaftlichen Studien zur Bedeutung von Ressourcen und Fähigkeiten haben sich in mehreren Forschungsströmungen entwickelt. Die Arbeit von Penrose (*Penrose* 1959) war wegweisend, da sie erstmalig die Antriebskräfte von Unternehmenswachstum in der Generierung und Nutzung firmenspezifischer Ressourcen sah. Eine darauf aufbauende Forschungsströmung ging der Frage nach, ob der auf Ressourcen und Fähigkeiten beruhende Einfluss von Geschäftseinheiten tatsächlich in der Lage ist, das Auftreten von nachhaltig, überdurchschnittlicher *Performance* zu erklären, oder ob nicht doch Industrieeffekte einen weitaus wichtigeren Einfluss haben. Rumelt (*Rumelt* 1991, S. 167 ff.) fand bspw. in einer Studie mit 2180 Geschäftseinheiten, dass nur 4% der *Performance-Varianz* auf Industrieeffekte zurückzuführen waren. Der auf Ressourcen und Fähigkeiten beruhende Einfluss der Geschäftseinheiten war hingegen um ein Vielfaches höher.

Ein 1984 von Wernerfelt erstelltes Forschungspapier formulierte dann erstmalig die Grundgedanken des sog. „Resource based View of Strategy" (*Wernerfelt* 1984) (→ *Ressourcenbasierter Ansatz*) und spezifizierte die Bedingungen, unter denen die Ressourcen eines Unternehmens Renten erzeugen. Diese Überlegungen wurden u.a. von Barney (*Barney* 1991, S. 105 ff.) konzeptionell weiter ausgebaut. Barney wies darauf hin, dass Ressourcen nur dann nachhaltige Wettbewerbsvorteile schaffen, wenn sie wertvoll, selten, schwierig zu imitieren und zu substituieren sind.

In Erweiterung dieser Gedanken entwickelten Teece et al. (*Teece/Pisano/Shuen* 1997, S. 509 ff.) das Konzept der dynamischen Fähigkeiten und verwiesen auf die Bedeutung der Konfiguration und Rekombination unternehmerischer Ressourcen. Auch dieser Ansatz erwies sich als fruchtbar und führte zu einer Reihe von Arbeiten, die die Entwicklung, den Einsatz sowie die Erneuerung von organisationalen Fähigkeiten untersuchten.

V. Methoden und Instrumente

Während sich wissenschaftliche Studien um eine Erklärung der kausalen Zusammenhänge zwischen Ressourcen, Fähigkeiten und Performance bemühen, erfolgt die praktische Anwendung dieser Überlegungen meist in Form von Methoden und Instrumenten. Zur Durchführung der Unternehmensanalyse wird bspw. folgendes Schema vorgeschlagen (*Grant* 2002, S. 158 ff.):

In einem ersten Schritt identifiziert man die Ressourcen und Fähigkeiten einer unternehmerischen Einheit. Dies kann unabhängig davon erfolgen, ob es sich um eine *Geschäftseinheit* (Business Unit), das Gesamtunternehmen (Corporate) oder ein Allianznetzwerk (Network) (→ *Allianz, strategische*) handelt. In einem zweiten Schritt erfolgt die Analyse der kausalen Relationen zwischen Ressourcen und Fähigkeiten. Der dritte Schritt beinhaltet deren Beurteilung hinsichtlich ihrer Bedeutung und relativen Stärke. Oft werden hier Benchmarking-Studien durchgeführt, um faktenorientiert eine Evaluation vorzunehmen. Im vierten und letzten Schritt werden dann strategische Implikationen abgeleitet.

Diese Analyseschritte können durch den Einsatz spezieller Instrumente unterstützt werden. Über die Jahre hat sich hierzu ein reichhaltiger „Werkzeugkasten" gebildet, aus dem kurz einige wichtige Instrumente vorgestellt werden (für weitere Instrumente wie die *Chancenmatrix* oder die Analyse des *intellektuellen Kapitals* siehe *Müller-Stewens/Lechner* 2001, S. 158 ff.):

Die *Wertkette* folgt dem Gedanken, dass die Ursachen für *Wettbewerbsvorteile* nur schwer zu erkennen sind, wenn man eine unternehmerische Einheit als Ganzes betrachtet. Daher zerlegt sie das Unternehmen in einzelne strategisch wichtige Aktivitäten (*Wertaktivitäten*) und analysiert diese auf ihren jeweiligen Beitrag zur Wertschöpfung (*Porter* 1985, S. 33 ff.). Die Wertaktivitäten werden dabei in sog. primäre und unterstützende Aktivitäten unterteilt. Primäre Aktivitäten folgen dem Verrichtungsprinzip der Leistungserstellung und werden idealtypisch durch Tätigkeitsfelder wie Eingangslogistik, Produktion, Ausgangslogistik, Marketing/Vertrieb und Service abgebildet. Um ihre Aufgaben erfüllen zu können, benötigen sie die Dienste der unterstützenden Aktivitäten wie Unternehmensinfrastruktur, Beschaffung, Technologieentwicklung und Personalmanagement.

Eng mit der Wertkette verbunden sind Checklisten zur Ermittlung von *Stärken-* und *Schwächenprofilen* (*Wettbewerbsprofil*). Diese sind zumeist funktional aufgebaut und versuchen ebenfalls die Position eines Unternehmens im Verhältnis zur Konkurrenz zu ermitteln. Bestandteile solcher Checklisten können dabei sowohl die primären und sekundären Aktivitäten sein als auch zusätzliche Bereiche wie potenzielle Synergien, Know-how, Qualität der Führungskräfte, Führungssysteme etc.

Skill-Mapping ist die Identifikation und Evaluation der „*Skills*" eines Unternehmens, worunter Klein und Hiscocks (*Klein/Hiscocks* 1994, S. 184 ff.) eng umrissene und deaggregierte Bruchstücke von Fähigkeiten verstehen, die erst in ihrer Kombination eine Fähigkeit ergeben. Sie wird in drei Schritten vorgenommen. Zuerst erfolgt die eigentliche Bestandsaufnahme aller Skills. Dies geschieht entlang der Organisationsstrukturen des Unternehmens durch die Analyse der Produkteigenschaften und durch Befragungen der Kunden. Daraus wird eine Liste von Skills generiert, die in einem zweiten Schritt einem → *Benchmarking* unterzogen wird. Zuletzt wird bestimmt, welche Skills strategisch wichtig sind, d.h. den Aufbau und die Sicherung von Wettbewerbsvorteilen ermöglichen.

VI. Praktische Bedeutung

Die strategische Unternehmensanalyse ist in der Praxis weit verbreitet. Zumeist ist sie Bestandteil des strategischen Planungsprozesses, wie er in vielen Firmen zu finden ist. Doch auch bei Akquisitionsprojekten, Neuausrichtungen oder der Ausarbeitung von Geschäftsideen kommt sie bzw. kommen ihre Instrumente zur Anwendung (*Rigby* 1994, S. 21).

Diese breite Anwendung ist nicht zuletzt auf die intensive Schulung an Fachhochschulen, Universitäten sowie Kursen der Management-Weiterbildung zurückzuführen. Viele Unternehmen bieten diesbezügliches Know-how auch in ihren internen Weiterbildungsprogrammen an. Für Mitarbeiter von Strategieberatungsfirmen ist dies bspw. ein fester Bestandteil der ersten Trainingseinheiten.

Die konkrete Anwendung der Unternehmensanalyse unterscheidet sich allerdings von Firma zu Firma beträchtlich. Während einige nur relativ rudimentär den einzelnen Themen nachgehen, benutzen andere umfangreiche Richtlinien über die zu beantwortenden Fragestellungen, den Einsatz von Instrumenten und die Aufbereitung der Erkenntnisse (*Al-Laham* 1997).

VII. Kritische Würdigung

In der praktischen Anwendung hat sich die strategische Unternehmensanalyse erfolgreich als wichtiger Bestandteil eines normativen Managementansatzes etabliert. Wer Erkenntnisse über einen möglichen Fit zwischen Unternehmen und Umwelt erzielen will, wird nicht umhin kommen, sich mit dieser Thematik auseinander zu setzen.

Instrumentell hat die Unternehmensanalyse allerdings noch einen weiten Weg zurückzulegen. Während für die Identifikation und Bewertung materieller Ressourcen bereits bewährte Verfahren vorliegen, sind die Instrumente für immaterielle Ressourcen noch weitgehend unterentwickelt. Gleiches gilt für die Analyse von Fähigkeiten, wo man sich bislang weder über deren Gliederung noch ihren genauen Aufbau einig ist. Des Weiteren sollte nicht übersehen werden, dass jegliche Analyse noch keinerlei Garantie für die tatsächliche Schaffung von Wettbewerbsvorteilen darstellt. Es ist weder sicher, ob bei der Unternehmensanalyse die „richtigen" Erkenntnisse gewonnen werden, noch ob es gelingt, diese auch tatsächlich zu realisieren.

Hinsichtlich ihrer theoretischen Grundlagen kann die Unternehmensanalyse als gut fundiert bezeichnet werden. Der Erkenntnisprozess ist allerdings auch hier noch nicht abgeschlossen. Für die nächsten Jahre ist weiterhin mit intensiven Forschungsanstrengungen im Bereich Ressourcen und Fähigkeiten zu rechnen.

Literatur

Al-Laham, Andreas: Strategieprozesse in deutschen Unternehmen, Wiesbaden 1997.
Amit, Raffi/Shoemaker, Paul: Strategic assets and organizational rent, in: SMJ, Jg. 14, 1993, S. 33–46.
Andrews, Kenneth: The Concept of Corporate Strategy, Homewood IL 1971.
Ansoff, Igor: Corporate Strategy: An Analytic Approach to Business Policy for Growth and Expansion, New York 1965.
Barney, Jay: Firm resources and sustained competitive advantage, in: JMan, Jg. 17, 1991, S. 99–120.
Grant, Robert: Contemporary Strategy Analysis, 4. A., Oxford 2002.
Hall, Richard: The strategic analysis of intangible resources, in: SMJ, Jg. 13, 1992, S. 135–144.
Klein, Jeremy A./Hiscocks, Peter G.: Competence based competition: a practical toolkit, in: Competence Based Competition, hrsg. v. *Hamel, Gary/Heene, Aimé*, Chichster et al. 1994, S. 183–212.
Müller-Stewens, Günter/Lechner, Christoph: Strategisches Management: Wie strategische Initiativen zum Wandel führen, Stuttgart 2001.
Penrose, Edith: The Theory of the Growth of the Firm, New York 1959.
Porter, Michael: Competitive Advantage: Creating and Sustaining Superior Performance, New York 1985.
Rigby, David: Managing the Management Tools, in: Planning Review, Jg. 22, H. 5/1994, S. 20–24.
Rumelt, Richard: How much does industry matter?, in: SMJ, Jg. 12, 1991, S. 167–185.
Teece, David/Pisano, Gary/Shuen, Amy: Dynamic capabilities and strategic management, in: SMJ, Jg. 18, 1997, S. 509–533.
Wernerfelt, Birger: A resource based view of the firm, in: SMJ, Jg. 5, 1984, S. 171–180.

Unternehmensberatung, Organisation und Steuerung der

Dieter Heuskel/Michael Book/Rainer Strack

[s.a.: Anreizsysteme, ökonomische und verhaltenswissenschaftliche Dimension; Modulare Organisationsformen; Projektmanagement; Teamorganisation; Wandel, Management des (Change Management).]

I. Einleitung; II. Organisation der Beratungsarbeit; III. Organisation der Unterstützungsfunktionen; IV. Steuerung der Unternehmensberatung; V. Karriere.

Zusammenfassung

Die Unternehmensberatung hat sich seit den 80er Jahren des 20. Jahrhunderts als eine der jüngsten und modernsten Organisationsformen innerhalb des Dienstleistungssektors etabliert. Beratung bedeutet, gemeinsam mit dem Kunden Lösungen für eine Vielzahl unternehmerischer und betrieblicher Aufgaben zu entwickeln und umzusetzen. Im Mittelpunkt steht die fachliche und kommunikative Leistung des Beraters in der Kundenbeziehung, die die Wertschaffung des Beratungsunternehmens begründet. Daraus ergibt sich eine partnerschaftlich gesteuerte Netzwerkorganisation. Wissensmanagement sowie Auswahl und Weiterentwicklung der Mitarbeiter sind die zentralen Unterstützungsfunktionen im Beratungsunternehmen. Die Besonderheiten des Beraterberufs mit seinen vielfältigen Aufgaben und Aufstiegsmöglichkeiten sind Grund für die besondere Attraktivität der Unternehmensberatung als Berufseinstieg für Absolventen der Wirtschafts- und Naturwissenschaften.

I. Einleitung

1. Stürmisches Wachstum

Die wirtschaftliche und technologische Entwicklung hat v.a. in den letzten Jahrzehnten des 20. Jahrhunderts die Anforderungen an die Unternehmensführung massiv gesteigert: Immer kürzere Innovationszyklen, die Entstehung globaler Märkte sowie der Einsatz der IuK-Technologien (→ *Informationstechnologie und Organisation*) resultieren in einer Komplexität und Vielfalt von Handlungsmöglichkeiten für das Management, die mit den internen betrieblichen Ressourcen in vielen Fällen kaum zu bewältigen sind. Es gibt heute kaum noch Unternehmen, die bei der aktiven strategischen und organisatorischen Weiterentwicklung auf den Einsatz von *Beratern* verzichten. Der weltweite Umsatz mit *Beratungsleistungen* hat sich allein im Jahrzehnt zwischen 1991 und 2001 mehr als vervierfacht (*Wohlgemuth* 2003; *Kipping* 2002). Aus der Profession einzelner Spezialisten, die ihre Einsichten und Erkenntnisse zur Betriebsorganisation in der persönlichen *Beratung* von Unternehmen nutzbar machten, sind in der zweiten Hälfte des 20. Jahrhunderts große, multinationale *Beratungsunternehmen* entstanden. Ihr Leistungsspektrum umfasst die gesamte Bandbreite unternehmerischer Tätigkeiten: von der *Strategieentwicklung* bis zur *Reorganisation* der betrieblicher Funktionen, vom *Personalmanagement* bis zur Optimierung von Produktionsprozessen.

Zwei Trends charakterisieren die Entwicklung der Unternehmensberatung in den vergangenen Jahrzehnten: Zum einen sind mit der Ausdifferenzierung von Märkten und Produkten *Typen von Beratungsunternehmen* entstanden, die sich auf einzelne Segmente oder Aspekte der Unternehmenstätigkeit konzentrieren – bspw. die Nutzung der IT oder die Anwendung neuer Methoden der Kundensegmentierung. Zum anderen hat die zunehmende internationale Verflechtung der Wirtschaftsbeziehungen („Globalisierung") zur Entstehung großer, multinationaler Unternehmen geführt, die die Beratungsklientel großer, ebenfalls multinational tätiger Unternehmensberatungen bilden (*Ittermann/Sperling* 1998; *Pekruhl* 1998).

2. Begriffsbestimmung

Mit dem Begriff „Unternehmensberatung" werden *Dienstleistungsunternehmen* bezeichnet, die Organisationen bei der strategischen Weiterentwicklung und Optimierung ihrer Geschäftstätigkeit unterstützen. Der Begriff umfasst ein breites Spektrum unterschiedlicher Beratungsleistungen sowie Unternehmenstypen – vom Einzelberater bis zur weltweit tätigen *Beratungsgesellschaft* mit mehreren tausend Mitarbeitern (→ *Beratung, Theorie der*).

Gemeinsame Merkmale der *Beratungstätigkeit* in ihrer unterschiedlichen Ausprägung sind der – i.d.R. – temporäre Charakter, die enge Zusammenarbeit zwischen beratenem und beratendem Unternehmen sowie die Organisation der Beratung in Form von Projekten mit zeitlich und inhaltlich klar vereinbarten Zielen. Das konkrete Tätigkeitsspektrum und das Leistungsangebot bestimmen sich durch die Anforderungen der Kunden: Unternehmen benötigen fachspezifisches Know-how, externe Perspektiven und/oder zusätzliche Kapazität zur Umsetzung bestimmter organisatorischer oder strategischer Ziele. Unterschiede zwischen Beratungsunternehmen ergeben sich aus der Differenzierung nach Schwerpunkten. Dazu zählen bspw. regionale Spezialisierung (national, international); thematische Spezialisierung (Personal, IT, Organisation, Strategie) sowie eine klientenbezogene Ausrichtung (Großkonzerne, Mittelstand, Kleinunternehmen).

Im Mittelpunkt des Beratungsgeschäfts steht die Beziehung zum Kunden. Konzepte, Analysen und Werkzeuge als „Produkte" entfalten erst in der Anwendung auf den konkreten Einzelfall ihren Wert. Im Mittelpunkt der Organisation von Beratungsunternehmen steht daher der einzelne Berater oder die Beraterin.

3. Wertschöpfungsfaktor Wissen

Unternehmensberatungen zählen – wie bspw. auch Wirtschaftsprüfungsgesellschaften, Vermögensberatungen oder Public Relations- und Werbeagenturen – zu den Dienstleistungsunternehmen, deren Leistungsangebot wesentlich auf der besonderen Qualifikation und internen Organisation ihrer Mitarbeiterinnen und Mitarbeiter beruht. Das in der Beratung zum Einsatz kommende Fach-, Klienten- und fallspezifische Wissen ist zum Teil explizites, v.a. jedoch Erfahrungswissen der Organisation, das von jedem einzelnen Berater im Kontakt mit dem Kunden erworben, entwickelt und kommunikativ vermittelt wird.

Die Beratungsleistung ist in ihrer Qualität eng gebunden an die leistungsausübenden Personen und die individuelle Kundenbeziehung. Daraus ergeben sich die charakteristischen Merkmale der Organisation und Steuerung der Unternehmensberatung im Vergleich zu anderen Dienstleistungsunternehmen: Flexibilität in der Projekt- und Personalorganisation; → *Wissensmanagement* zum systematischen Auf- und Ausbau des erworbenen Wissens; Netzwerkstrukturen auf lokaler, regionaler oder internationaler Ebene sowie eine gezielte Auswahl, Förderung und Motivation der Mitarbeiterinnen und Mitarbeiter.

Die Organisation der Unternehmensberatung spiegelt in ihren einzelnen Aspekten die Voraussetzungen und den besonderen Charakter der Beratungstätigkeit wider. Die typischen organisatorischen Merkmale finden sich besonders ausgeprägt bei den großen internationalen Beratungsfirmen, die historisch die Unternehmensberatung als Branche begründet haben. Sie wirken bis heute begriffsprägend und wurden daher als Grundlage der Beschreibung gewählt. Abweichungen in den beschriebenen Organisationsmerkmalen ergeben sich aus den o.g. Differenzierungen im Leistungsangebot sowie der Unternehmensgröße.

II. Organisation der Beratungsarbeit

1. Qualität und Teamqualifikation

Anspruch und Qualität der Beratungsleistung entscheiden über den Wettbewerbserfolg des Beratungsunternehmens. Beides übersetzt sich in einen hohen Anspruch an die Qualifikation und Leistungsbereitschaft des einzelnen Beraters. Die Beratungstätigkeit wird i.d.R. als Teamarbeit geleistet, wobei sich die Zusammensetzung der Teams nach dem einzelnen Projekt richtet. Da die Größe und Zusammensetzung des Teams maßgeblichen Einfluss auf den Projektablauf und seine möglichen Ergebnisse haben, zählt der Prozess der Auswahl und Besetzung der Projektteams („Staffing") zu den zentralen organisatorischen Prozessen der Unternehmensberatung (→ *Teamorganisation*; → *Projektmanagement*).

Projektteams setzen sich i.d.R. anteilig aus Mitarbeiterinnen und Mitarbeitern der beratenden sowie der beratenen Unternehmen zusammen. Nur so kann gewährleistet werden, dass die zu erarbeitenden Lösungen jeweils auf die konkreten, individuellen Bedürfnisse des Klienten abgestimmt und in der Unternehmenspraxis realisierbar sind.

Auf Seiten der Unternehmensberatung setzt sich ein *Beratungsteam* i.d.R. zusammen aus: einem (oder einer) der Geschäftsleitung gegenüber verantwortlichen Manager(in), Partner(in) oder Geschäftsführe-

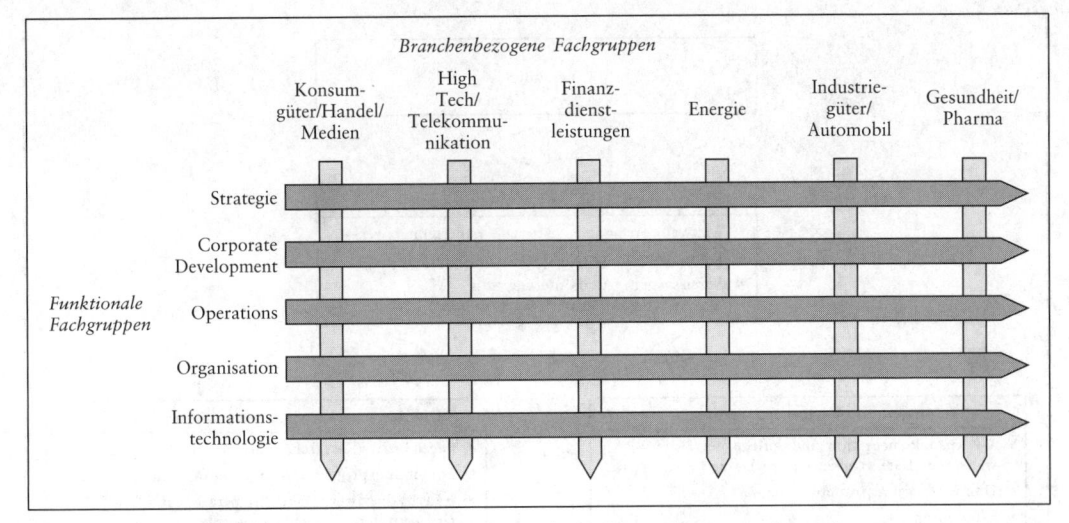

Abb. 1: Beispiel zur Organisation der Fachgruppen in der Unternehmensberatung

r(in), der (die) i.d.R. Erfahrungen mit dem Kunden und/oder der Branche hat; einem (oder einer) Projektleiter(in), der (die) für die gesamte Projektdurchführung verantwortlich ist, von der Zuordnung der einzelnen Teilaufgaben an die beteiligten Beraterinnen und Beratern, über die Kontrolle des Projektfortschritts bis zur Termin- und Kostenplanung. Anzahl und Ausbildungsgrad (je nach Unternehmen variieren die Bezeichnungen, z.B. „Senior-"/„Junior"-Berater; Associate/Consultant) der beteiligten Beraterinnen und Berater sind abhängig vom Umfang der Aufgabe. Kriterien für die Auswahl sind spezifische Fach- und/oder Branchen- und/oder Funktionskenntnisse und -erfahrungen. Beraterinnen und Berater in großen Unternehmensberatungen agieren in von Projekt zu Projekt und Team zu Team je unterschiedlichen Funktionen.

2. Kundenzentrierte Projektarbeit

Die *Beratungsleistung* wird über den gesamten Projektverlauf in enger Zusammenarbeit zwischen dem Beratungsunternehmen und dem Kunden erbracht. Ausgangspunkt ist i.d.R. vor Projektbeginn die Angebotsphase. Auf der Basis einer Aufgaben-/Problemstellung des Kunden wird – häufig im direkten Vergleich mit Wettbewerbern – ein Angebot erstellt, das die Vorgehensweise, Dauer und Kosten beinhaltet.

Nach der Entscheidung für ein Beratungsunternehmen werden in einer Vorphase die Vorgehensweise im Detail mit dem Kunden abgestimmt, bspw. über sog. „Beliefs audits", Gespräche mit Managern, Workshops etc. sowie erste notwendige Analysen durchgeführt.

Der offizielle Projektstart hat als Auftaktveranstaltung zum Ziel, die in die Projektarbeit einbezogenen Kundenmitarbeiter über Projektziele und -vorgehensweise zu informieren. So wird direkt bei Projektbeginn eine gemeinsame Informationsbasis geschaffen und durch Einbeziehung des Kunden die Akzeptanz für das Projekt erhöht.

Die Projektarbeit erfolgt dann in einzelnen themenspezifischen Arbeitsmodulen (z.B. Marktanalyse, Kostenanalyse etc.). Hier wird zunächst in einer Analysephase die zur Problemlösung benötigte Datenbasis geschaffen und ausgewertet. Auf Basis der Analyseergebnisse werden Arbeitshypothesen für ein Lösungskonzept entwickelt und in einem iterativen Prozess geprüft und detailliert. Die Ergebnisse am Ende der Analysephase inklusive der Lösungshypothesen werden dann einem Entscheidungsgremium – *„Lenkungsausschuss"* – präsentiert und dienen als Grundlage für die Konzeptphase. In dieser Phase werden i.d.R. auf Basis der Hypothesen verschiedene Lösungsoptionen entwickelt und bewertet. Abschließend wird eine Entscheidung für die zu verfolgende Lösungsoption getroffen. In der Implementierungsvorbereitung wird dann ein detailliertes Umsetzungsprogramm für die Lösungsoption entwickelt, das die notwendigen Maßnahmen/Aktivitäten, Verantwortlichkeiten und zeitlichen Meilensteine detailliert festlegt. In der anschließenden *Implementierungsphase* wird dann die Umsetzung der Maßnahmen (oft über ein dediziertes Umsetzungscontrolling) verfolgt und der Erfolg der umgesetzten Lösung (auch langfristig) gemessen. Die Unterstützung durch das Beratungsunternehmen wird in dieser Phase i.d.R. sukzessiv reduziert und es erfolgt eine stärkere Übergabe an die Kundenmitarbeiter, um die weitere Umsetzung im operativen Geschäft sicherzustellen.

3. Wissensnetzwerke

Neben der Personalauswahl und -ausbildung gilt die *Wissensorganisation* als „Herzstück" der Unternehmensberatung (→ *Wissensmanagement*). In mittleren

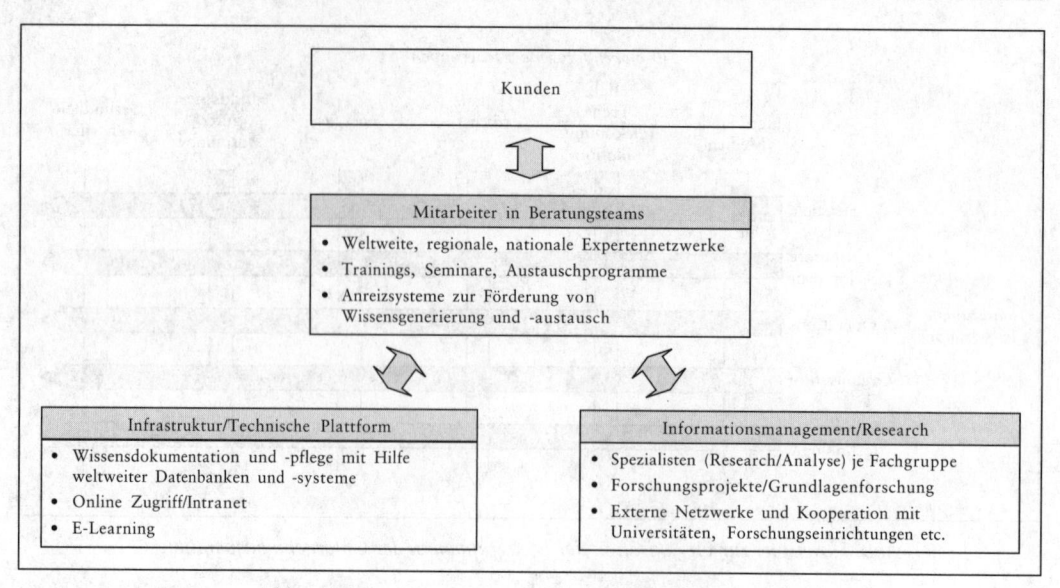

```
┌─────────────────────────────────────────────────────────────────┐
│                          ┌──────────────┐                       │
│                          │   Kunden     │                       │
│                          └──────┬───────┘                       │
│                                 ⇅                               │
│                    ┌────────────────────────────┐               │
│                    │ Mitarbeiter in Beratungsteams│             │
│                    │• Weltweite, regionale, nationale Expertennetzwerke│
│                    │• Trainings, Seminare, Austauschprogramme   │
│                    │• Anreizsysteme zur Förderung von           │
│                    │  Wissensgenerierung und -austausch         │
│                    └────────────────────────────┘               │
│                         ⇙              ⇘                        │
│  ┌──────────────────────────┐   ┌──────────────────────────────┐│
│  │Infrastruktur/Technische Plattform│ │Informationsmanagement/Research│
│  │• Wissensdokumentation und -pflege mit Hilfe│ │• Spezialisten (Research/Analyse) je Fachgruppe│
│  │  weltweiter Datenbanken und -systeme│ │• Forschungsprojekte/Grundlagenforschung│
│  │• Online Zugriff/Intranet │   │• Externe Netzwerke und Kooperation mit│
│  │• E-Learning              │   │  Universitäten, Forschungseinrichtungen etc.│
│  └──────────────────────────┘   └──────────────────────────────┘│
└─────────────────────────────────────────────────────────────────┘
```

Abb. 2: Wissensmanagement in der Unternehmensberatung

bis größeren Beratungsunternehmen wird die Datensammlung, -analyse und -aufbereitung sowie die Organisation der Wissensvermittlung von einer eigenen Mitarbeitergruppe geleistet, die als *„Analysten"* oder *„Researcher"* in den Beratungsprozess mittelbar eingebunden sind. Ihre Aufgabe ist es, aus der Kombination von theoretischem und praktischem Wissen, aus verfügbaren Quellen (Literatur, Datenbanken, Konferenzen) und spezifischen Beratungserfahrungen eine Wissensbasis zu generieren, die es ermöglicht, Lösungsoptionen für das Kundenunternehmen zu generieren und analytisch zu fundieren.

Die Bedeutung der Funktion Wissensmanagement gilt für Beratungsunternehmen verschiedenster Ausprägung wie IT- oder Personalberatung, in besonderem Maße jedoch für strategische und Organisationsberatung, in die eine Vielzahl spezifischer Daten und Faktoren einbezogen werden muss.

Die Wissensentwicklung und -vermittlung innerhalb der Beraterinnen- und Beratergruppe wird in großen Beratungsunternehmen in Form einer *Matrixorganisation* organisiert (siehe Abb. 1).

In Arbeitsgruppen zu einzelnen Themen wird Expertenwissen generiert und zusammengeführt. Die Arbeitsgruppen führen Recherchen und Studien durch, analysieren Projektergebnisse und -prozesse und stehen im Kontakt mit der wissenschaftlichen Forschung.

Jeder einzelne Berater und jede Beraterin tragen zur Generierung des Wissens (→ *Wissen*) bei. Der Erwerb, die Anwendung und Weitergabe dieses Wissens wird organisatorisch gefördert durch eine gezielt auf Wissensmanagement orientierte Unternehmenskultur (→ *Organisationskultur*) sowie durch spezielle Anreizsysteme monetärer und nicht-monetärer Art (→ *Anreizsysteme, ökonomische und verhaltenswissenschaftliche Dimension*). So wird bspw. in großen Beratungsgesellschaften das in der Beratung gewonnene Wissen branchen-, funktions- oder themenspezifisch in internen Expertenkreisen („Praxisgruppen") zusammengeführt, die sich regelmäßig treffen und für die Weiterentwicklung ihres Fachgebiets verantwortlich sind.

Diese Expertenkreise – in großen, international tätigen Unternehmensberatungen auf nationaler, regionaler und internationaler Ebene etabliert – betreiben nicht nur die Akkumulation und Abstraktion des fallspezifischen Wissens, sondern betreiben aktiven Wissensaufbau, bspw. in Form von Studien, der Organisation von Tagungen, einer aktiven Zusammenarbeit mit Hochschulen und Forschungseinrichtungen sowie der eigenständigen Entwicklung von Konzepten. Sie werden unterstützt von der internen Research-Abteilung. Deren Aufgabe ist es, neben der Recherche und Aufbereitung von Daten, gezielt Unternehmen, Branchen und makroökonomische Entwicklungen zu verfolgen (siehe Abb. 2).

III. Organisation der Unterstützungsfunktionen

1. Zwei Ebenen

Die Organisation der Unternehmensberatung umfasst eine Reihe von Funktionen, die den Beratungsprozess direkt oder indirekt unterstützen. Dazu zählen neben Sekretariats- und Verwaltungsaufgaben Research, IT, Aus- und Weiterbildung, Marketing, Personal und Personaleinsatzplanung sowie Finanzen/Controlling. Sie bilden in der Gesamtheit einen eigenständigen Bereich, der in seiner Gestaltung

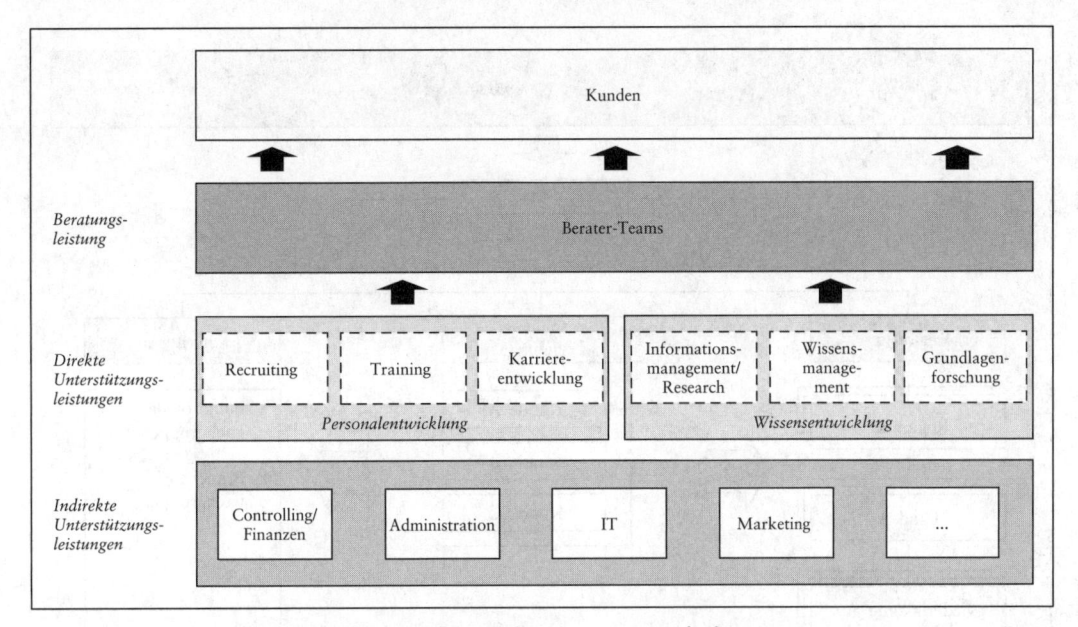

Abb. 3: Organisation der Unterstützungsfunktionen

deutlich von der Organisation der Beratungsfunktion abweicht (siehe Abb. 3).

Zwei Funktionen sind hervorzuheben, die als direkte Unterstützungsleistungen für die Qualität und Differenzierung der Beratungstätigkeit maßgebliche Bedeutung haben:

- die Suche, Auswahl, fachliche Weiterbildung und Förderung der Beraterinnen und Berater („Recruiting", „Training", „Career Development");
- die systematische Sammlung, Analyse und Aufbereitung von Fakten- und Erfahrungswissen sowie die Organisation der Wissensvermittlung und -weitergabe innerhalb des Unternehmens („Research", „Knowledge-Management", „Wissensmanagement").

2. Personalauswahl und -entwicklung

Die Bedeutung der Mitarbeiterqualifikation und -entwicklung für die Geschäftstätigkeit spiegelt sich wider in überdurchschnittlich aufwändigen Verfahren zur Auswahl geeigneter Beraterinnen und Berater. Zu den Anforderungen großer Beratungsunternehmen zählen bspw. neben überdurchschnittlichen akademischen Leistungen Auslandsaufenthalte und Praktika, die nicht nur über fachliche Fähigkeiten, sondern auch über persönliche Qualifikationen Aufschluss geben, wie Offenheit, Kreativität und Kommunikationsfähigkeit. Im Bewerbungsprozess stehen Gespräche mit erfahrenen Beraterinnen und Beratern sowie Aufgaben aus der Beratungspraxis im Mittelpunkt.

Die kontinuierliche Weiterentwicklung unter fachlichen, kommunikativen und internen Führungsaspekten wird zum einen durch individualisierte Trainingsangebote, v.a. aber durch die intensive Zusammenarbeit mit erfahrenen Beratern und Partnern sichergestellt. Die *Berateraus- und -weiterbildung* folgt nur zum geringen Teil einem formalisierten „Kanon" von Kenntnissen und Fähigkeiten. Sie verdankt sich überwiegend der persönlichen Weitergabe von Wissen und Erfahrungen.

3. Research und Informationsmanagement

Zu den entscheidenden Organisationsaufgaben der Unternehmensberatung zählt das Wissensmanagement auf unterschiedlichen Ebenen: Beginnend beim einzelnen Beraterteam gilt es, das in der Fallarbeit kunden- und problemspezifische Wissen systematisch in den „Wissenspool" des Unternehmens zu integrieren. Dieser bildet die Basis für die analytischen Aspekte der Beratungstätigkeit.

Die Organisation des Researchs folgt der Matrixstruktur, die das Wissensmanagement in der Beratungsarbeit charakterisiert. Die spezialisierten Mitarbeiter sind Branchen, Themen und Unternehmensfunktionen zugeordnet. Ihre Aufgaben erstrecken sich von der Suche und Aufbereitung bis zur Analyse und Präsentation von Daten in enger Zusammenarbeit mit den einzelnen Beratungsteams. Die interne Wissensorganisation muss gewährleisten, dass Informationen jederzeit schnell und zielgerecht verfügbar sind.

Die Fülle der zu verarbeitenden Daten, Fakten und Wissensinhalte sowie die Ansprüche an Verfügbarkeit, Vertraulichkeit, Vernetzung und Anwendungsorientierung erfordern den Einsatz modernster IT-Systeme für Datenbanken und Intranet. Die technische Seite der Wissensspeicherung, -bearbeitung und -vermittlung wird i.d.R. aufgrund der sehr spezifi-

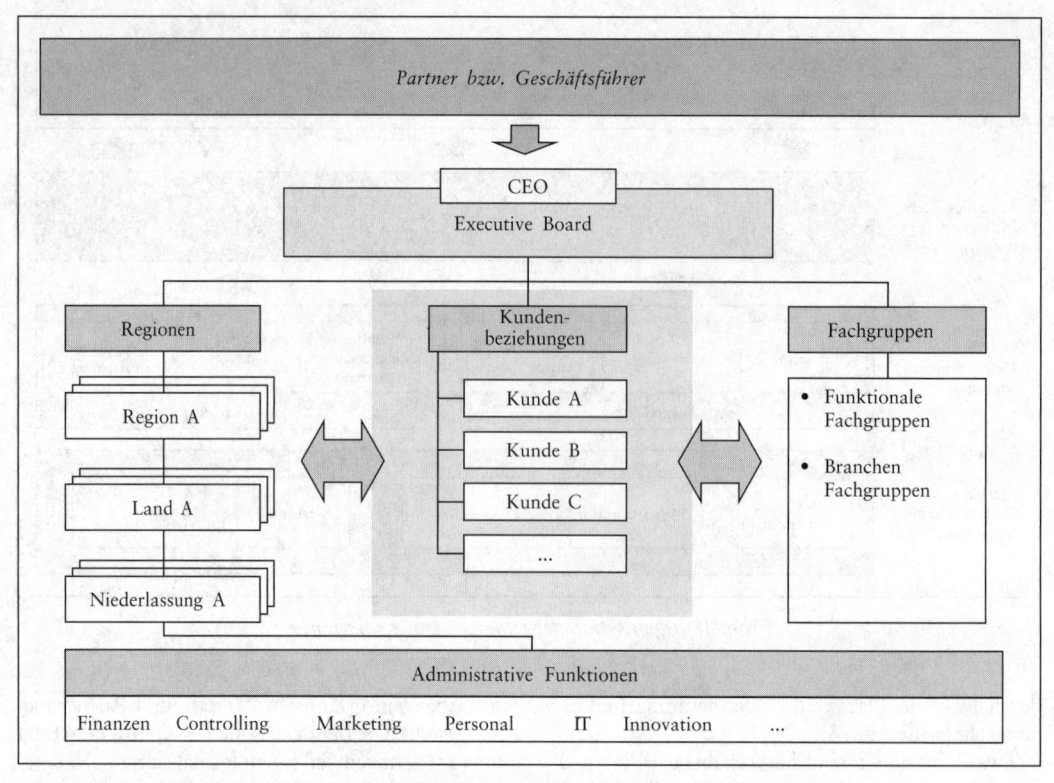

Abb. 4: *Internationale Steuerungsstruktur der Unternehmensberatung am Beispiel von The Boston Consulting Group*

schen Bedürfnisse in größeren Unternehmen von einer internen IT-Abteilung verantwortet.

IV. Steuerung der Unternehmensberatung

1. Partnerschaftliche Führung

Die Bedeutung der individuellen Leistung und des sozialen Kapitals der Beraterinnen und Berater in Form von Kundenbeziehungen begründen das *partizipative Steuerungsmodell* der Unternehmensberatung.

Es gibt große, multinationale Beratungsunternehmen, die als Kapitalgesellschaften organisiert sind, die häufigste Form ist jedoch die *partnerschaftliche Struktur* (→ *Corporate Governance (Unternehmensverfassung)*).

Die in hohem Maße selbstverantwortlich zu gestaltende Beratungstätigkeit erfordert Steuerungsmechanismen, die die Beteiligung, Akzeptanz und Umsetzung der Entscheidungen bei allen Partnerinnen und Partnern sicherstellen. Die organisatorische Herausforderung liegt dabei in einem kontinuierlichen Abgleich individueller Interessen und Motive mit den übergeordneten Zielen in der Geschäftsentwicklung des Unternehmens (*Lorsch/Tierney* 2002).

Die geforderte Akzeptanz wird erreicht durch partizipative Steuerungs- und Entscheidungsprozesse.

Die – im Vergleich zu Produktionsunternehmen – höhere Komplexität, die sich aus der Verflechtung der fachlichen, regionalen und temporären Verantwortungsstrukturen ergibt, zählt zu den organisatorisch charakteristischen Merkmalen der Unternehmensberatung. Die heterarchischen Steuerungsstrukturen großer Unternehmensberatungen ähneln in ihren partizipativen Entscheidungsprozessen eher politischen Organisationsstrukturen als dem klassischen, hierarchisch strukturierten Industrieunternehmen (*Hansen/von Oetinger* 2001; *Nanda/Morrell* 2003).

Die Gestaltung der Geschäftspolitik und die Weiterentwicklung der Organisation leisten Gremien („Teams", „Komitees"), die nach Ressorts und regionaler Reichweite gegliedert sind. Zu den Fachressorts zählen bspw. Personal, Marketing, Geschäftsstrategie und interne Organisation. Entscheidungen werden innerhalb des Verantwortungsbereichs von den Gremien vorbereitet und der Leitungsgruppe – je nach Reichweite regional, national oder international – vorgelegt. Die Leitungsgruppe („Management-Team") setzt sich zusammen aus Vertretern der Fachgremien sowie gewählten Mitgliedern (siehe Abb. 4).

2. Internationale Zusammenarbeit

Große Beratungsgesellschaften verfügen über ein weltweit gespanntes Netz von Niederlassungen, das es ihnen ermöglicht, Expertenwissen und Erfahrungen aus unterschiedlichen Regionen und Märkten zusammenzuführen. Die Organisationsstruktur muss dabei zum einen die lokale Spezialisierung der Geschäftstätigkeit – Marktnähe – ermöglichen, um die für die Beratungsarbeit nötigen Entscheidungsspielräume zu gewährleisten; zugleich jedoch sind die lokalen Einheiten so zu koordinieren, dass sie den Zugriff auf gemeinsame Ressourcen ermöglichen und die Einhaltung gemeinsamer Qualitätsstandards sichergestellt ist.

Die Organisation und Steuerung der Unternehmensberatung auf internationaler Ebene folgt den genannten Charakteristika von Netzwerk- und Matrixstrukturen. Dabei sind zwei Modelle zu unterscheiden: ein nach Regionen strukturiertes Netzwerk mit weitgehend autonomen Einheiten und eine weltweit zentral nach Industrien organisierte Steuerungsstruktur.

Auf nationaler Ebene wird die Unternehmensberatung von einem Gremium geleitet, das dem Vorstand einer Aktiengesellschaft vergleichbar ist. Es setzt sich zusammen aus Mitgliedern, die für einzelne Fachgruppen und funktionale Bereiche verantwortlich sind (z.B. Personalentwicklung, Organisation, Geschäftsstrategie, Marketing, Finanzen). Die nationalen Organisationseinheiten des Beratungsunternehmens sind – im ersten Fall einer regionalen Steuerungsstruktur – zu Regionen zusammengefasst (z.B. Europa, Asien, Nordamerika). Ein zentrales internationales Gremium, in dem die Regionen oder im zweiten Fall die Industriegruppen vertreten sind, entscheidet nach dem Konsensprinzip über Fragen der Gesamtpositionierung und der weltweiten Geschäftsstrategie.

V. Karriere

1. Anforderungen

Unternehmensberatungen gelten als beliebter Karriereeinstieg für Absolventen der Wirtschafts- und Naturwissenschaften, die Führungspositionen in der Wirtschaft anstreben. Die Vielfalt der Tätigkeit ermöglicht Erfahrungen und Kontakte mit unterschiedlichen Branchen, häufig auf Führungsebene.

Teamstruktur und Projektarbeit geben von Anfang an die Möglichkeit zu eigenständigem, verantwortlichem Handeln. Ein intensives *„training on-the-job"* sowie eine umfangreiche, kontinuierliche Leistungsbeurteilung durch Kollegen, Projektleiter und Partner kennzeichnen ein Arbeitsumfeld, das einen hohen Leistungsanspruch mit einem – im Vergleich zu Industrie- oder anderen Dienstleistungsunternehmen – großen individuellen Gestaltungsfreiraum und früher Führungsverantwortung verbindet (*Biswas/Twitchell* 2002; *Sadler* 1998). Da es in der Beratungstätigkeit gleichermaßen auf intellektuelle wie kommunikative und kreative Fähigkeiten ankommt, bestimmen sich die Karrierestufen nach der Verantwortung im Kontakt mit dem Kunden.

2. Aufstiegsmöglichkeiten

Hochschulabsolventen beginnen in großen Beratungsgesellschaften als „Junior-Berater" oder „Associates" und übernehmen im Team v.a. Analyseaufgaben. Nach zwei bis drei Jahren zum Berater oder Consultant befördert, sind sie für Teilaufgaben („Module") verantwortlich, die – nächste Stufe der typischen Karriereleiter – vom Projektleiter zur Gesamtaufgabe koordiniert werden. Wer als Projektleiter neben fachlicher auch Führungsqualifikation erwirbt, steigt auf zum „Manager" oder „Associate Partner", der für den Kundenkontakt im Projekt die Verantwortung übernimmt, danach zum Partner oder Senior-Partner/Director. Je nach Organisations- und Eigentümerstruktur werden erfolgreiche Manager binnen eines bestimmten Zeitraums – zwischen zwei und vier Jahren i.d.R. – in die Partnerschaft aufgenommen. Vom Einstieg bis zur Aufnahme in die Partnerschaft sind sechs bis zehn Jahre Beratungstätigkeit der Normalfall.

3. Lebenslanges Netzwerk

Für Unternehmensberatungen enden die Beziehungen zu ehemaligen Mitarbeiten nicht mit deren Ausscheiden aus der Firma. Als *„Alumni"* werden die ehemaligen Mitarbeiterinnen und Mitarbeiter weiterhin mit Informationen versorgt und regelmäßig zu Treffen eingeladen. Der Netzwerkcharakter der Organisation setzt sich fort und betont in der aktiven Organisation der Alumni-Kontakte die persönliche Einbindung des einzelnen Beraters in das Unternehmen über seine formelle Zugehörigkeit hinaus.

Literatur

Biswas, Sugata/Twitchell, Daryl: Management Consulting: A Complete Guide to the Industry, New York et al. 2002.
Hansen, Morten T./Oetinger, Bolko von: Introducing T-shaped managers, in HBR, Jg. 79, H. 3, 2001, S. 106–116.
Ittermann, Peter/Sperling, Hans Joachim: Unternehmensberatung in Deutschland: ein Überblick, in: Unternehmensberatung: Profil und Perspektiven einer Branche, hrsg. v. *Pekruhl, Ulrich*- Gelsenkirchen 1998, S. 119–140.
Kipping, Matthias: Management consulting: emergence and dynamics of a knowledge industry, Oxford et al. 2002.
Lorsch, Jay W./Tierney, Thomas: Aligning the Stars, Harvard 2002.
Nanda, Ashish/Morrell, Kelley: Planning in Professional Service Firms, Harvard Business Online, 6. Januar 2003.
Pekruhl, Ulrich (Hrsg.): Unternehmensberatung: Profil und Perspektiven einer Branche, Gelsenkirchen 1998.
Sadler, Philip: Introduction, in: Management consultancy – a handbook of best practice, hrsg. *Sadler, Philip*, London 1998.
Wohlgemuth, André: Unternehmensberatung: Management-Consulting, Zürich 2003.

Unternehmensethik

Albert Löhr

[s.a.: Gerechtigkeit und Fairness; Globalisierung; Interkulturelles Management; Management und Recht; Mitbestimmung, betriebliche; Mitbestimmung, unternehmerische; Organisationskultur; Organizational Citizenship Behaviour; Risikomanagement und Interne Revision; Shareholder- und Stakeholder-Ansatz; Verantwortung; Vertrauen; Wirtschaftskriminalität.]

I. Zentrale Unterscheidungen; II. Zum Begriff der Unternehmensethik.

Zusammenfassung

Die Unternehmensethik befasst sich – in methodisch nachvollziehbarer Reflexion – mit der Begründung der handlungsleitenden Normen und Werte von Unternehmungen unter den Bedingungen der modernen Wettbewerbswirtschaft. In der pluralistischen Gesellschaft der Moderne kann sie nur noch als eine diskursive Verfahrensethik verstanden werden, durch die Unternehmungen im rationalen Dialog mit den Betroffenen bestimmte normative Standards herstellen, die in Form von Selbstverpflichtungen beachtet werden. Dieser Selbstverantwortung kommt durch die Globalisierung eine immer stärkere Bedeutung zu.

I. Zentrale Unterscheidungen

Ganz allgemein werden unter dem Begriff Unternehmensethik diejenigen *Normen* und *Werte* diskutiert, die als normative Grundlagen der Unternehmensführung eine Rolle spielen sollen. Zwar bildet die normative Dimension unternehmerischen Handelns immer schon einen wesentlichen Diskussionsgegenstand in der Betriebswirtschaftslehre, sie wird aber erst seit etwa zwei Jahrzehnten unter dem Begriff der Unternehmensethik mit den Mitteln der modernen Philosophie nachhaltig untersucht (vgl. *Steinmann/Oppenrieder* 1985; *Steinmann/Löhr* 2002). Wertorientierungen in der Unternehmensführung in Form von *faktisch* herrschenden oder gesetzten Normen und Werten haben dabei auch durch die Diskussionen um die *Unternehmenskultur* (→ *Organisationskultur*) Bedeutung erhalten (vgl. *Dülfer* 1991). Solche kulturellen Faktizitäten haben aber immer nur den Status einer *Moral*. Mit der *Unternehmensethik* wird demgegenüber auf eine kritische, methodisch nachvollziehbare *Reflexion* von faktischen Moralen abgezielt: es geht darum, *welche* Normen und Werte in philosophisch fundierter Reflexion als ethisch *gerechtfertigt* und damit legitim gelten können. Ein reiner Effizienznachweis ist dabei nicht hinreichend, da er von vorneherein den Geltungsgrund auf Nützlichkeitskriterien einengt – die Philosophie betreibt Entschränkung statt Beschränkung des Begründungshorizontes.

In diesem Sinne steht die Unternehmensethik in einer langen Tradition der umfassenderen wirtschaftsethischen Diskussion (zur Übersicht vgl. *Enderle* et al. 1993; *Korff* et al. 1999; *Lenk/Maring* 1992). Der Sammelbegriff *Wirtschaftsethik* muss dabei in eine Drei-Ebenen-Betrachtung zerlegt werden, um diejenigen Fragestellungen herauszupräparieren, mit denen es eine Unternehmensethik i.e.S. zu tun haben sollte. (1) Auf der *Makroebene* geht es der Wirtschaftsethik um die Legitimationsproblematik der Wirtschaftsordnung insgesamt (die „Systemfrage" als Ethik des Kapitalismus, vgl. etwa *Koslowski* 1988; *Rich* 1984) sowie um die ethische Beurteilung derjenigen Rahmenbedingungen, die als „Spielregeln" für alle Wirtschaftssubjekte gelten sollen. Diese Diskussionsebene ist untrennbar mit der Legitimation der Sozialen Marktwirtschaft verbunden. (2) Unterhalb dieser Betrachtungen geht es auf der *Mesoebene* im Rahmen der Unternehmensethik um die Frage, mit welchen „Spielzügen" (vgl. *Homann/Blome-Drees* 1992) die einzelne Unternehmung als Institution neben ihrem ökonomischen Auftrag einen Beitrag zur Behandlung ethischer Konfliktsituationen leisten kann und soll (vgl. etwa *Kreikebaum* 1996; *Steinmann/Löhr* 1994). (3) Schließlich ist unterhalb dieser institutionellen Betrachtung auf der *Mikroebene* des Handelns in der Unternehmung zu bedenken, dass Ethik immer auf dem Handeln einzelner Menschen beruht und deshalb die Individualethik des persönlichen Umgangs miteinander eine zentrale Grundlage der Wirtschaftsethik darstellt. Hier wäre dann auch Platz für den eher traditionell orientierten Ansatz tugendethischer Überlegungen (vgl. etwa *Klose* 1988).

II. Zum Begriff der Unternehmensethik

Die Unternehmensethik i.e.S. hat es begrifflich dann mit drei Begründungsproblemen zu tun:

- Einem *philosophischen* Begründungsproblem: Von welcher Ethik soll man „begründet" sprechen? Je nachdem wie diese Antwort ausfällt, gäbe es womöglich sogar einen Plural an Unternehmensethiken. Lässt sich aber eine Ethik in der post-traditionalen Moderne überhaupt noch verbindlich begründen, oder muss man die Rede von der Ethik mit den Skeptikern in das Reich der rein persönlichen Bekenntnisse verweisen?
- Einem *ökonomischen* Begründungsproblem: Wie lässt sich Ethik im Wettbewerb verfolgen? Gibt es für die Ethik einen systematischen Platz, oder muss man sich dem ökonomischen Diktum beugen, dass jede Form von Ethik im Wettbewerb ruinöser Luxus sei?

– Einem *praktischen* Begründungsproblem: Wie lässt sich die Unternehmensethik konkret umsetzen? Lassen sich wirksame Instrumente entwickeln oder muss es bei gut gemeinten Appellen bleiben? Wirkungsanalysen unternehmensethischer Instrumente sind dabei, zu einem wichtigen Forschungsfeld zu werden.

Im Hinblick auf diese grundlegenden Fragestellungen kann man den Begriff der Unternehmensethik anhand der folgenden Überlegungen theoretisch wie praktisch näher ausformulieren (vgl. *Steinmann/Löhr* 1991, S. 10 ff.; *Steinmann/Löhr* 1994, S. 94 ff.).

1. Ethik: Das philosophische Begründungsproblem

a) Der Aufforderungscharakter von Normen

Bei der Unternehmensethik geht es um die Formulierung von Normen, also personen- und situationsübergreifenden *Aufforderungssätzen* in Form von Geboten oder Verboten. Die überwiegende Zahl von Normen ist in Form von *Verboten* formuliert, denen insb. in dezentralisierten Ordnungen die Funktion zukommt, Grenzen zu setzen. *Gebote* sollen demgegenüber bestimmte Richtungen formulieren, indem Werte und Überzeugungen das Suchhandeln der Akteure stimulieren (vgl. dazu auch die Strategielehre von *Simons* 1995, S. 31 ff.). Zusammengenommen sollen Gebote und Verbote das Handeln der Akteure kanalisieren, ohne es mechanistisch zu bestimmen. Normen sind Aufforderungen, denen man Folge leisten *kann*; jede Norm wird aber nur mit mehr oder weniger großen Abweichungen befolgt.

Eine wesentliche Unterscheidung bei Normen liegt in der Frage, ob sie *Inhalte* oder *Verfahren* regulieren sollen. Die Diskussion hat hier wie in der Rechtsphilosophie seit langem gezeigt, dass Versuche einer inhaltlichen Vorregulierung des Handelns in komplexen und dynamischen Situationen systematisch an Grenzen der Formulierbarkeit und Durchsetzbarkeit stoßen (vgl. *Teubner/Willke* 1984). Immer bedeutsamer werden deshalb inhaltsoffene Verfahrensnormen, mit denen die Suche nach ethisch verträglichen Normen erst bezweckt wird. Ethisch sensibles Management ist deshalb verstärkt über Kommissionen, Partizipationsprozesse oder offene Dialogreihen („runde Tische") zu betreiben, in denen ein Konflikt nach bestimmten Verfahrensregeln behandelt wird.

b) Die Begründungspflicht

Unternehmensethik kann in einer modernen, pluralistischen Gesellschaft nicht bedeuten, dass Normen von bestimmten Autoritäten einfach „gesetzt" werden oder zum Beweis ihrer Gültigkeit auf kulturelle Traditionen verwiesen wird. Allgemeine und freie Anerkennung finden in post-traditionalen, pluralistischen Gesellschaften nur solche „Spielregeln", für die sich *gute Gründe* geltend machen lassen. Damit wird unterstellt, dass sich in der Unternehmensethik vernünftige von unvernünftigen Forderungen unterscheiden lassen, und dass es seit Kant die Menschen selbst sind, die sich seit dem „Ausgang aus ihrer selbst verschuldeten Unmündigkeit" um die Begründung ihrer ethischen Orientierungen bemühen müssen. Gute Gründe für Normen sind so gesehen nicht fertig vorgegeben, sondern sie müssen – vielfach immer wieder neu – *hergestellt* werden. Dies gilt ganz besonders mit Blick auf die notwendigen Verständigungsprozesse im interkulturellen Kontext (vgl. *Steinmann/Scherer* 1998).

Nur relativ selten wird es zur Lösung ethischer Fragen allerdings auf die Entwicklung völlig „neuer" Normen ankommen. In den meisten Fällen wird es eher um die Frage gehen, ob und inwieweit bereits allgemein anerkannte normative Orientierungen „angewendet" werden sollen. Eine typische Problemstruktur für unternehmensethische Fragen ist dabei das *ethische Dilemma* (vgl. *Westin/Aram* 1988), bei dem zwei oder mehrere als gültig erachtete Normen miteinander in Konflikt geraten und abgewogen werden müssen (Güterabwägung). Z.B.: Wie weit darf man Sozialstandards senken, um Arbeitsplätze zu sichern? Gerade in solchen Konfliktsituationen muss eine situationsangemessene Begründung für das Handeln erfolgen; es gibt keine moralische Autorität, die den Entscheidungsträgern diese Lösungssuche und ihre ureigenste Begründungspflicht verbindlich „abnehmen" könnte.

c) Der rationale Dialog als Begründungsprinzip

Die zentrale Einsicht der modernen Ethik ist es seit dem „linguistic turn" von der Bewusstseinsphilosophie zur Sprachphilosophie, dass Begründungen in einer post-traditionalen Gesellschaft nicht mehr durch einsames Nachdenken, sondern nur noch über eine dialogische Verständigung in rationaler Argumentation zwischen allen Betroffenen gewonnen werden können (vgl. *Apel* 1973; *Habermas* 1981). Solche ethischen *Diskurse* bzw. *Dialoge* (beide Begriffe können für die Zwecke der Betriebswirtschaftslehre synonym verwendet werden) verlangen eine Orientierung am normativen Ideal der unvoreingenommenen, zwanglosen und nicht-persuasiven Verständigung zwischen sachverständigen Argumentationspartnern als Bedingung der Möglichkeit von praktischer Vernunft (vgl. *Kambartel* 1974; *Habermas* 1983). Gute Argumente schaffen Einsicht, und allseitige freie Einsicht unter den Betroffenen ist nichts anderes als Ausdruck für *sozialen Frieden*. Der *soziale Frieden* ist damit der ethische Referenzpunkt für die Unternehmensethik (vgl. *Lorenzen* 1987, S. 228 ff.).

Der offene Dialog zwischen Betroffenen ist so zu einem Kernbestandteil moderner Konzepte von Unternehmensethik geworden (vgl. etwa *Ulrich* 1993; *Steinmann/Löhr* 1994). In der praktischen Konsequenz ist die Organisation des Dialogs in Form von

Kommissionen, runden Tischen oder Konfliktberatungen zur praktischen Herausforderung für die Organisationsgestaltung geworden. Wenn die Lösungskraft dieser Foren gelegentlich als „weltfremd" zurückgewiesen wird, so ist daran zu erinnern, dass dieselbe Forderung nach offenem Dialog über die Strategien und Maßnahmen der Unternehmensführung bekanntlich auch einen Kernbestandteil vieler Organisationskonzepte und Strategieansätze darstellt (vgl. *Simons* 1995).

2. Ethik im Wettbewerb: Das ökonomische Begründungsproblem

a) Unternehmensethik und Gewinnerzielung

Die konzeptionellen Auseinandersetzungen um die Unternehmensethik konzentrierten sich in der Vergangenheit v.a. um die Rolle des ökonomischen Prinzips, verschärft: des Gewinnprinzips (vgl. *Forum für Philosophie Bad Homburg* 1994). Jenseits wettbewerbstheoretischer Traditionalisten, die die Rolle der Gewinnerzielung entweder axiomatisch setzen oder sich in ihrer Argumentation kurzerhand an der neo-liberalen Position von Milton Friedman orientieren („The only social responsibility of business is to increase its profits"; vgl. *Friedman* 1970), kristallisierten sich in der Wirtschaftsethik insb. drei Positionen zum Verhältnis „Unternehmensethik und *Gewinnprinzip*" heraus (vgl. kritisch *Schneider* 1990):

- Im Ansatz von Horst Steinmann und Schülern wird die „Republikanische Unternehmensethik" als situativ gebotene Disziplinierung des Gewinnstrebens durch dialogethische Konsensbildung verstanden. Unter Bezug auf die Theorie der Strukturierung von Giddens könnte man dies als ein Korrektiv ungezügelten Gewinnstrebens „von unten" durch die Handlungen ethisch motivierter Akteure verstehen (vgl. *Giddens* 1988). Unternehmensethik besteht in der Pflicht zu argumentativer Verständigung mit Betroffenen in den Konfliktfällen des Gewinnstrebens (vgl. *Steinmann/Löhr* 1991; *Steinmann/Löhr* 1994); sie zielt auf die Bildung *konsensfähiger Strategien* ab.
- Die „Integrative Wirtschaftsethik" von Peter Ulrich und Schülern versucht, das ökonomische Prinzip selbst in diskursethischer Reflexion aufgehen zu lassen und insofern die Ökonomie zur ethischen Vernunft zu bringen. Jede unternehmensethische Reflexion hat so gesehen ihren Referenzpunkt in einer „Transformation der ökonomischen Vernunft" vom Kalkül zum Diskurs: Unternehmensethik *ist* Diskursethik, die Gewinnerzielung zu einer systematisch reflexionsbedürftigen Tätigkeit macht (vgl. *Ulrich* 1993; *Ulrich* 1997).
- In der „ökonomischen Theorie der Moral" von Karl Homann und Schülern geht es weniger um Ethikbegründung als um die Frage, wie Moral unter den Wettbewerbsbedingungen der Moderne *durchgesetzt* werden kann. Antwort: Der systematische Ort der Moral liegt ausschließlich in der Rahmenordnung. Einer Unternehmensethik könne dabei nur die Funktion eines empirisch mehr oder weniger bedeutsamen Lückenbüßers oder eines Anstoßes von Gesetzen zukommen: Unternehmensethik ist systematisch ein *Spielzug* der Gewinnerzielung (ökonomisches Handeln) unter den *Spielregeln* der Rahmenordnung (vgl. *Homann/Blome-Drees* 1992; *Homann/Pies* 1994).

b) Strategiebezug

Bei der Frage, welche konkreten Sachverhalte bei der Unternehmensethik überhaupt Gegenstand dialogischer Verständigung werden sollen, kann es nur um solche Entscheidungen gehen, die in der historischen Situation des Wettbewerbs auch selbst in freier unternehmerischer Verantwortung getroffen werden können. Dies ist in der Wettbewerbswirtschaft nicht das Gewinnprinzip an sich, das als „Überlebensbedingung" strukturell vorgegeben ist und *ex post* in einer Geschäftsperiode realisiert werden muss; Wettbewerb und Gewinnprinzip müssen insofern allerdings eine *wirtschaftsethische* Legitimation aufweisen können (vgl. *Steinmann/Löhr* 1995). Der wesentliche Ansatzpunkt ethischer Verantwortung der Institution „Unternehmung" liegt dann *ex ante* in der Festlegung der Unternehmensstrategie in Form des jeweiligen Produkt-Markt-Konzeptes. Überall dort, wo dieser inhaltlich-spezifische *Zweck* unternehmerischen Handelns (potenziell) zu konfliktträchtigen Auswirkungen im Außen- oder Innenverhältnis führt, wäre in ethischer Absicht mit den betroffenen Stakeholdern ein dialogischer Verständigungsprozess in Gang zu bringen (→ *Shareholder- und Stakeholder-Ansatz*).

Dieser Bezug auf die Auswirkungen des konkreten Unternehmenszwecks schließt nicht nur ideologische Leerformeln einer unspezifizierten „Verantwortung gegenüber Mensch und Umwelt" aus. Er macht auch klar, dass eine ernst verstandene Unternehmensethik systematisch über jenes soziale Engagement hinausgeht, das Unternehmungen seit einiger Zeit unter dem Stichwort „Corporate Citizenship" im Sinne einer Pflege des gesellschaftlichen Umfeldes betreiben (→ *Organizational Citizenship Behaviour*). Bei der Unternehmensethik geht es nicht um rein karitative oder sponsoringbetonte Maßnahmen der *Gewinnverwendung*, sondern um die ethische Beurteilung der Entscheidungen zur *Gewinnentstehung*.

c) Selbstverpflichtung

Weitgehend unbestritten ist der Charakter unternehmensethischen Handelns im Sinne einer Selbstverpflichtung. Diese Freiwilligkeit unterscheidet die Unternehmensethik von der Vorstellung, normative Regeln unmittelbar über ein sanktionsbewehrtes Rechtssystem mit positiven und negativen Anreizen durchsetzen zu wollen. Die Einsicht in vielfältige Steuerungsgrenzen des Rechts (vgl. *Stone* 1975) hat vielmehr dazu geführt, dass den Unternehmungen als globalen Akteuren eine erhöhte Verantwortung für die Einhaltung und Durchsetzung grundlegender Rechte zukommt. Die Unternehmensethik hat dabei drei Funktionen:

- Sie ist in einem rechtsstaatlichen Kontext zunächst regelmäßig als Verpflichtung zu verstehen, legitimerweise geltendem Recht konsequente *Beachtung* zu schenken. Hier erweist sich besonders die unter Effizienzgründen verbreitete Suche nach den kostengünstigsten nationalen Rechtsbedingungen als ethisches Problem.
- In einer komplexen und sich ständig durch Innovationen verändernden Welt lassen die geltenden Rechtsregelungen immer mehr Lücken. Wo die gesetzlichen Minimalregelungen nicht ausreichen, fordert die Unternehmensethik zu einer *Ergänzung* der Rechtsordnung im Sinne freiwilliger Selbstbindungen auf.
- Schließlich fordert die Unternehmensethik eine kritische *Distanz* zum faktisch gesetzten Recht überall dort heraus, wo Zweifel an den rechtsstaatlichen Verhältnissen und damit an der Legitimität der gesatzten Ordnung bestehen, z.B. in den Diktaturen dieser Welt.

In den 90er Jahren hat sich gerade im *Zusammenwirken* von Recht und Ethik eine Fülle von Ansätzen entwickelt, die nachhaltige Bedeutung erhalten dürften. Von zentraler Bedeutung bei der Entwicklung internationaler Rechtsstandards ist die Frage nach der korporativen Schuldfähigkeit (vgl. *Alwart* 1998). In engem Zusammenhang damit steht die Formulierung von US-Sentencing Commission Guidelines aus dem Jahre 1993, durch die für Unternehmungen im Falle schuldhafter Vergehen ein Strafrabatt oder aber eine Strafverschärfung eingeräumt werden, je nachdem, ob sie bestimmte Ethikmaßnahmen implementiert haben oder nicht (vgl. *Steinmann/Olbrich* 1998, S. 95 ff.; *Wieland* 1993). Es soll damit indirekt eine extrinsisch motivierte Umsetzung ethischer Standards in Gang gebracht werden in der Hoffnung, dass diese zu einer internalisierten Geschäftsethik werden.

3. Implementationsansätze: Das praktische Begründungsproblem

a) Organisationsgestaltung

Auf der Anwendungsebene sind mittlerweile eine Fülle von Instrumenten entwickelt worden, die der Unternehmensethik zu praktischer Geltung verhelfen sollen und von denen jeweils zu begründen wäre, ob und inwieweit sie die (dialogische) Unternehmensethik durchsetzen können (vgl. etwa *Kaptein* 1998). Von herausragender Bedeutung sind dabei im Moment über die Entwicklung von spezifischen Leitbildern und Verhaltensgrundsätzen (Ethik-Kodizes) hinaus Versuche, Standards für ein nachhaltiges Wertemanagement zu entwickeln. Für deren Implementation werden nicht nur umfangreiche Programme entwickelt, sondern ihre konkrete Wirksamkeit wird auch zunehmend durch interne oder externe Auditierungsverfahren untersucht (vgl. auch → *Risikomanagement und Interne Revision*).

Von besonderer Bedeutung im Kontext der Organisationstheorie sind natürlich die Ansätze zur Ausgestaltung der organisatorischen Rahmenbedingungen für ethische Diskurse (vgl. näher *Steinmann/Löhr* 1994, S. 144 ff.). Für die Beförderung einer Dialogethik geht es zum einen darum, diskursverhindernde Barrieren in den klassischen, meist hierarchischen Organisationsstrukturen zu identifizieren und abzubauen (vgl. klassisch *Waters* 1978). Zum anderen wird in vielen praktischen Ansätzen versucht, in Ergänzung zu den unvermeidlich hierarchischen und von Machtprozessen durchzogenen Steuerungssystemen Dialogforen zu etablieren, in denen ethische Problemlagen angesprochen und behandelt werden können, so etwa in Form von Hotlines, Beschwerdebüros (ethics offices), oder unabhängigen Kommissionen (vgl. *Wieland* 1993). In seiner Gesamtheit soll dieses organisatorische Maßnahmenpaket darauf hinaus laufen, die Führungsstrukturen insgesamt unter Orientierung am Dialogprinzip – bzw. allgemein an ethischen Prinzipien – umzubauen; Wieland spricht in diesem Zusammenhang von der Entwicklung einer neuen *Governanceethik* (vgl. *Wieland* 1999).

b) Personalentwicklung

Da Organisation und Personal immer wechselseitig aufeinander verwiesene Handlungsgrundlagen der Unternehmung sind, kommt im Rahmen der ethischen Sensibilisierung von Organisationen auch der Personalentwicklung eine steigende Bedeutung zu. Ohne hier auf die Möglichkeiten und Grenzen der Entwicklung moralischer Urteilskraft im Einzelnen eingehen zu können (vgl. dazu grundlegend *Kohlberg* 1996 sowie *Blickle* 1998), kann das Grundanliegen damit umschrieben werden, mündige „Organisationsbürger" (institution citizens) auszubilden, die mit den Diskurs ermöglichenden Strukturen verantwortungsvoll umgehen können (vgl. *Nielsen* 1984; *Steinmann/Löhr* 1994, S. 12 ff.).

Für diese Aufgabe wären sicher auch für die wirtschaftswissenschaftlichen Ausbildungsgänge in einem hohen Maße zuständig; sie bilden zentrale Entscheidungsträger von morgen aus. Im internationalen Kontext hat man daraus schon seit langem die Konsequenzen gezogen und business ethics – meist sogar obligatorisch – in das Curriculum des MBA-Studiums aufgenommen (vgl. etwa *Piper* et al. 1993). In Deutschland dagegen erachtet man diesen Schritt derzeit anscheinend nicht für sonderlich notwendig (vgl. näher *Steinmann/Löhr* 2002).

Literatur

Alwart, Heiner (Hrsg.): Verantwortung und Steuerung von Unternehmen in der Marktwirtschaft, Mering 1998.
Apel, Karl-Otto: Transformation der Philosophie, Frankfurt am Main 1973.
Blickle, Gerhard (Hrsg.): Ethik in Organisationen. Konzepte, Befunde, Praxisbeispiele, Göttingen 1998.
Dülfer, Eberhard: Organisationskultur. Phänomen – Philosophie – Technologie, 2. A., Stuttgart 1991.
Enderle, Georges et al.: Lexikon der Wirtschaftsethik, Freiburg et al. 1993.
Forum für Philosophie Bad Homburg (Hrsg.): Markt und Moral. Die Diskussion um die Unternehmensethik, Bern et al. 1994.
Friedman, Milton: The social responsibility of business is to increase its profits, in: New York Times Magazine, 13. September 1970, S. 32–33, 122–126.
Giddens, Anthony: Die Konstitution der Gesellschaft. Grundzüge einer Theorie der Strukturierung, Frankfurt am Main et al. 1988.
Habermas, Jürgen: Diskursethik – Notizen zu einem Begründungsprogramm, in: Moralbewußtsein und kommunikatives Handeln, hrsg. v. *Habermas, Jürgen*, Frankfurt am Main 1983, S. 53–125.
Habermas, Jürgen: Theorie des kommunikativen Handelns, Frankfurt am Main 1981.
Homann, Karl/Blome-Drees, Franz: Wirtschafts- und Unternehmensethik, Göttingen 1992.
Homann, Karl/Pies, Ingo: Wirtschaftsethik in der Moderne. Zur ökonomischen Theorie der Moral, in: Ethik und Sozialwissenschaften, Jg. 5, 1994, S. 3–12.
Kambartel, Friedrich: Moralisches Argumentieren – Methodische Analysen zur Ethik, in: Praktische Philosophie und konstruktive Wissenschaftstheorie, hrsg. v. *Kambartel, Jürgen*, Frankfurt am Main 1974, S. 54–72.
Kaptein, Muel: Ethics Management. Auditing and Developing the Ethical Content of Organizations, Dordrecht et al. 1998.
Klose, Alfred: Unternehmerethik. Heute gefragt?, Linz 1988.
Kohlberg, Lawrence: Die Psychologie der Moralentwicklung, Frankfurt am Main 1996.
Korff, Wilhelm et al. (Hrsg.): Handbuch der Wirtschaftsethik, Gütersloh et al. 1999.
Koslowski, Peter: Ethik des Kapitalismus, 3. A., Tübingen et al. 1988.
Kreikebaum, Hartmut: Grundlagen der Unternehmensethik, Stuttgart 1996.
Lenk, Hans/Maring, Matthias (Hrsg.): Wirtschaft und Ethik, Stuttgart 1992.
Lorenzen, Paul: Lehrbuch der konstruktiven Wissenschaftstheorie, Mannheim et al. 1987.
Nielsen, Richard P.: Arendt's Action Philosophy and the Manager as Eichmann, Richard III, Faust, or Institution Citizen, in: CMR, Jg. 26, H. 3/1984, S. 191–201.
Piper, Thomas R. et al.: Can Ethics be Taught? Perspectives, Challenges, and Approaches at Harvard Business School, Boston MA 1993.
Rich, Arthur: Wirtschaftsethik. Grundlagen in theologischer Perspektive, Gütersloh 1984.
Schneider, Dieter: Unternehmensethik und Gewinnprinzip in der Betriebswirtschaftslehre, in: ZfbF, Jg. 42, 1990, S. 869–891.
Simons, Robert: Levers of Control. How Managers Use Innovative Control Systems to Drive Strategic Renewal, Boston MA 1995.
Steinmann, Horst/Löhr, Albert: Unternehmensethik – Zur Geschichte eines ungeliebten Kindes der Betriebswirtschaftslehre, in: Entwicklungen der Betriebswirtschaftslehre. 100 Jahre Fachdisziplin – zugleich eine Verlagsgeschichte, hrsg. v. *Gaugler, Eduard/Köhler, Richard*, Stuttgart 2002, S. 508–535.
Steinmann, Horst/Löhr, Albert: Unternehmensethik als Ordnungselement in der Marktwirtschaft, in: ZfbF, Jg. 47, 1995, S. 143–174.
Steinmann, Horst/Löhr, Albert: Grundlagen der Unternehmensethik, 2. A., Stuttgart 1994.
Steinmann, Horst/Löhr, Albert (Hrsg.): Unternehmensethik, 2. A., Stuttgart et al. 1991.
Steinmann, Horst/Olbrich, Thomas: Ethik-Management: integrierte Steuerung ethischer und ökonomischer Prozesse, in: Ethik in Organisationen. Konzepte, Befunde, Praxisbeispiele, hrsg. v. *Blickle, Gerhard*, Göttingen 1998, S. 95–115.
Steinmann, Horst/Oppenrieder, Bernd: Brauchen wir eine Unternehmensethik?, in: ZfbF, Jg. 45, 1985, S. 170–183.
Steinmann, Horst/Scherer, Andreas (Hrsg.): Zwischen Universalismus und Relativismus. Philosophische Grundlagenprobleme des interkulturellen Managements, Frankfurt am Main 1998.
Stone, Christopher: Where the Law Ends, New York et al. 1975.
Teubner, Gunther/Willke, Helmut: Kontext und Autonomie: Gesellschaftliche Selbststeuerung durch reflexives Recht, in: Zeitschrift für Rechtssoziologie, Jg. 5, 1984, S. 4–35.
Ulrich, Peter: Integrative Wirtschaftsethik. Grundlagen einer lebensdienlichen Ökonomie, Bern et al. 1997.
Ulrich, Peter: Transformation der ökonomischen Vernunft, 3. A., Bern et al. 1993.
Waters, James A.: Catch 20.5: Corporate Morality as an Organizational Phenomenon, in: Organizational Dynamics, Jg. 6, H. 4/1978, S. 3–19.
Westin, Alan F./Aram, John D.: Managerial Dilemmas. Cases in Social, Legal and Technological Change, Cambridge 1988.
Wieland, Josef: Die Ethik der Governance, Marburg 1999.
Wieland, Josef: Formen der Institutionalisierung von Moral in amerikanischen Unternehmen. Die amerikanische Business Ethics-Bewegung: Why and how they do it, Bern et al. 1993.

Unternehmensführung (Management)

Georg Schreyögg

[s.a.: Planung; Steuerungstheorie; Strategisches Management.]

I. Unternehmensführung als Disziplin; II. Institutionelle Managementlehre; III. Funktionale Managementlehre; IV. Neue Logik des Managementprozesses; V. Schluss.

Zusammenfassung

Die Unternehmens- oder Managementlehre wird unter zwei Perspektiven betrieben, der institutionellen und der funktionell-prozessualen. Während Erstere die Unternehmensführung als typisierten Personenkreis begreift, studiert Zweitere das Steuerungshandeln in Organisationen mit der Maßgabe, optimale Steuerungsprinzipien zu entwickeln, unabhängig davon wer im Einzelnen diese Handlungen ausübt. Es zeigt sich, dass bei Letzteren zunehmend an die Stelle des Plandeterminismus das Prinzip einer mehrdimensionalen Steuerungslogik tritt.

I. Unternehmensführung als Disziplin

Die Lehre von der Unternehmensführung hat in der deutschsprachigen Betriebswirtschaftslehre lange Zeit nicht den Stellenwert gehabt, der ihr heute zuerkannt wird und der ihr im angloamerikanischen Raum von Anfang an zukam. Unternehmensführung ist das Teilgebiet der Betriebswirtschaftslehre, das sich mit Steuerungsfragen und -funktionen beschäftigt. In den letzten Jahren bürgert es sich immer mehr ein, das Gebiet nicht mehr als Unternehmensführung, sondern als Management zu bezeichnen. Die Idee, Steuerungsfragen aus dem Kontext betrieblicher Problemstellungen isolierend herauszugreifen und zu einem eigenständigen wissenschaftlichen Teilgebiet zu verdichten, wurde im deutschsprachigen Raum wohl auch deshalb lange Zeit nicht so recht aufgegriffen, weil dort traditionell eine ganzheitliche Betrachtung von Betrieben ausgewählter Branchen im Vordergrund stand: Handelsbetriebslehre, Industriebetriebslehre, Bankbetriebslehre, Versicherungsbetriebslehre usw. Die im anglo-amerikanischen Raum bevorzugte Differenzierung nach betrieblichen Funktionen wurde erst später auch hier zur dominierenden Leitlinie. Heute stellt sich die Unternehmensführungs- bzw. Managementlehre als fest verankertes Forschungs- und Lehrgebiet in allen betriebswirtschaftlichen Ausbildungsgängen dar.

Die theoretischen Bemühungen um eine Unternehmensführungswissenschaft waren von Anfang an durch zwei unterschiedliche Perspektiven gekennzeichnet, und zwar einerseits die institutionelle und andererseits die funktional-prozessuale Perspektive (*Fischer* 1966; *Steinmann* 1981).

Mit „*Unternehmensführung als Institution*" wird, generell gesprochen, die Gesamtheit der Instanzen oder eben der konkrete Personenkreis fokussiert, der arbeitsteilig in Unternehmen – oder allgemeiner in Organisationen – mit Führungsaufgaben betraut ist.

Der *funktional-prozessuale Ansatz* der Unternehmensführung stellt dagegen ganz allgemein auf alle die Handlungen ab, die zur erfolgreichen Steuerung eines Betriebes erforderlich sind, und zwar unabhängig davon, auf welcher Führungsebene sie anfallen.

II. Institutionelle Managementlehre

Das Spektrum der institutionell ausgerichteten Managementforschung ist breit gesteckt. Es reicht von strukturellen Betrachtungen der speziellen Personengruppe (dem Management, den Unternehmern usw.) über Fragen der Rolle von Management und Unternehmern in der Gesellschaft bis zu Problemen der *Unternehmensordnung* oder spezieller der *Corporate Governance*.

Der erstgenannte Forschungsbereich interessiert sich für Herkunft, Erziehung, Einstellungen, Rekrutierungsmechanismen von Eliten, spezielle Arbeitsmärkte und/oder Wandel in der Gruppe des Managements (*Pross* 1965; *Albach* 1988; *Staehle* 1999). Ausgangspunkt dieser Studien ist ein primär demographisches Interesse (→ *Demographischer Ansatz*), das seit den 1970er Jahren auch kritisch überlagert wurde durch Fragen nach Herrschaftssicherung und sozialer Durchlässigkeit. Seit einiger Zeit erlebt diese Art der Forschung eine starke Renaissance unter dem Stichwort: → *Entrepreneurship* und Fragen nach den Persönlichkeitsmerkmalen und Fähigkeitsprofilen von Entrepreneurs (u.a. *Müller/Glauner* 1999). Zu diesem Forschungskreis sind auch Studien zu zählen, die nach *Macht* und Einfluss von Unternehmen und Führungspersönlichkeiten in der modernen Gesellschaft fragen und eine institutionelle oder ethische Bindung dieser Macht fordern (*Mason* 1958; *Steinmann* 1969; *Kaufmann/Zacharias/Karson* 1995).

Der zweite Kreis institutioneller Forschungsstudien rankt sich um Fragen der *Unternehmensordnung*, später ergänzt um Problemstellungen der sog. Corporate Governance (→ *Corporate Governance (Unternehmensverfassung)*) sowie der → *Unternehmensethik*. Studien zur Unternehmensordnung zentrieren sich im Wesentlichen um zwei Fragen (*Steinmann* 1969):

– Welche Interessengruppen sollen die Unternehmenspolitik bestimmen?
– Wie ist die Führungsorganisation auszugestalten, damit die Unternehmensinteressen zur dauerhaften Richtschnur des betrieblichen Handelns werden?

Die wirtschaftswissenschaftliche Diskussion um die erste Frage ist immer wieder neu aufgeflammt (*Gerum* 2000). Den interessenmonistischen Verfassungsentwürfen der liberalen Wirtschaftstheorie, die ausgerichtet auf das erwerbswirtschaftliche Prinzip eine Einheit von Kapitalrisiko, Verfügungsmacht und Gewinn postulieren, stehen interessenpluralistische Entwürfe in reformerischer Absicht gegenüber (*Steinmann* 1969; *Ulrich* 1977). Um diese – auch politisch brisanten – Fragestellungen ranken sich zahlreiche Anschlussthemen, die hier nur kurz aufgelistet werden sollen: *Stakeholder Ansatz* (*Freeman* 1984; *Post/Sachs/Preston* 2002), Shareholder Value (→ *Shareholder- und Stakeholder-Ansatz*) als reformuliertes Unternehmensziel, oder *Mitbestimmung* (→ *Mitbestimmung, betriebliche*; → *Mitbestimmung, unternehmerische*) (*Osterloh* 1993; *Gerum* 2000).

Die Beantwortung der zweiten Grundfrage, also der interessengerechten *institutionellen Ausgestaltung* der obersten Unternehmensorgane, war in nach dem liberalen Grundprinzip geordneten Unternehmen so lange kein größeres Problem, wie sie von den Eigentümern geleitet wurden, die Träger des Unternehmensinteresses und die Leitung der Geschäfte also eine personelle Einheit bildeten. Zu einem organisatorischen Problem wurde die zweite Grundfrage erst dort, wo *Eigentum* und Geschäftsleitung auseinander fielen, also in der Aktiengesellschaft. Um (breit) gestreuten Anteilsbesitz zu ermöglichen, dennoch aber das Basisprinzip der Einheit von Eigentum und *Verfügungsgewalt* zu wahren, ersann der Gesetzgeber die Kapitalgesellschaft, insb. die Aktiengesellschaft.

Im Vordergrund der betriebswirtschaftlichen Diskussion der zweiten Frage der Unternehmensordnung steht die geeignete Organisationsform der Leitungsspitze sowie diejenigen Entscheidungen, die auf dieser Führungsebene zu fällen sind. Bei der Frage der Organisationsform gilt das vornehmliche Interesse den Alternativen: Trennungsmodell (Trennung von *Vorstand* und *Aufsichtsrat*) oder Vereinigungsmodell (*amerikanisches Boardmodell*), sowie die Frage nach der Vorziehenswürdigkeit des Direktorial- oder des Kollegialprinzips.

Ordnungssoll und Wirklichkeit stehen im Zentrum der Studien zur Trennung von Eigentum und Verfügungsgewalt, die seit den 1930er Jahren auf eine faktische verselbständigte *Managerherrschaft* verweisen (*Berle/Means* 1968; *Beyer* 1998; *Schreyögg* 1999). Die faktischen wahrgenommen Aufgaben und die Funktionstüchtigkeit des Aufsichtsrats bilden einen daran direkt anschließenden Diskussionsschwerpunkt (*Schreyögg/Papenheim-Tockhorn* 1995; *Theisen* 2001). Ferner gilt – ebenfalls daran anschließend – das Interesse den Möglichkeiten, Kleinaktionäre zu aktivieren oder der Kontrollausübung durch Pensionsfonds, um die liberale Einheit von Eigentum und Verfügungsgewalt wieder herzustellen (*Jensen* 1989; *Baums/Fraune* 1995).

Gutenberg (*Gutenberg* 1962) hat früh die Frage der Entscheidungshierarchie zu einem Diskussionsschwerpunkt der institutionellen Forschung gemacht. Er ordnet der obersten Führungsgruppe die sog. echten Führungsentscheidungen zu, d.h. Entscheidungen mit existentieller Bedeutung für den Bestand und die Zukunft des Unternehmens, die aufgrund ihrer weitreichenden Konsequenzen nicht delegiert werden dürfen (vgl. auch *v. Werder* 1997). Als echte Führungsentscheidung in diesem Sinne gilt z.B. die Festlegung der Unternehmenspolitik, die Koordinierung der großen Teilbereiche oder die Besetzung der Führungsstellen. Es hat sich im Fortlauf der wissenschaftlichen Auseinandersetzung allerdings gezeigt, dass die dahinter liegende Vorstellung hierarchisch und prozedural klar abtrennbarer Entscheidungsverläufe nicht haltbar ist. Empirische Entscheidungsstudien zeigen weit verzweigte, „ordnungswidrige" Entscheidungsverläufe, die nicht selten zu Ergebnissen führen, die so ursprünglich niemand angestrebt hat (→ *Entscheidungsprozesse in Organisationen*) (*Witte* 1968; *Burgelman* 2002).

III. Funktionale Managementlehre

Versteht man Management im funktionalen Sinne, so sind alle Handlungen Gegenstand, die der *Steuerung* und Sicherstellung des *organisatorischen Leistungsprozesses* dienen. Im Zentrum des Interesses steht ein Bündel von Aufgaben, die erfüllt werden müssen, damit ein Unternehmen seine Ziele erreichen und seinen Bestand sichern kann. In der Managementlehre ist man schon früh daran gegangen, das Konglomerat aus faktisch anfallenden und/oder für die Erhaltung des Systembestandes erforderlichen Aufgaben systematisierend zu ordnen, mit dem Ziel, die Vielfalt der Einzelaufgaben zu sinnfälligen Aufgabenklassen – später: *Managementfunktionen* – zu verdichten.

Am meisten Akzeptanz hat dabei zweifellos der – fast schon klassisch zu nennende – Fünferkanon gefunden, wie ihn Koontz und O'Donnell (*Koontz/O'Donnell* 1955) nach vielen Vorläuferstudien schließlich herausgeschält haben:

- Planung (planning),
- Organisation (organizing),
- Personaleinsatz (staffing),
- Führung (directing),
- Kontrolle (controlling).

Für gewöhnlich werden diese Funktionen nicht als einfache Liste verschiedener Einzelaufgaben begriffen, sondern vielmehr im Sinne einer logischen Abfolge zueinander in Beziehung gesetzt, sodass die Vorstellung eines Prozesses entsteht, der *Managementprozess* (vgl. Abb. 1).

Den Ausgangspunkt bildet die → *Planung*, d.h. das systematische Durchdenken der Handlungsfelder, die Festlegung des gewollten Zustandes und die Auswahl der zu seiner Erreichung geeigneten Maßnahmen. Die Planung entwirft eine gewollte Ordnung, sowohl für das gesamte System wie auch für die einzelnen Teile.

Der planerischen *Willensbildung* folgt die *Willensdurchsetzung* mit den drei Funktionen Organisation, Personaleinsatz (→ *Personal als Managementfunktion*) und Führung (→ *Führung und Führungstheorien*). Ihnen fällt der Logik entsprechend die Aufgabe zu, das Geplante Wirklichkeit werden zu lassen.

Die letzte Phase des klassischen Managementprozesses ist schließlich die → *Kontrolle*. Sie stellt in diesem Konzept insofern logisch den letzten Schritt dar, als sie die im Zuge der Durchführungsmaßnahmen schließlich erreichten Ergebnisse registrieren und mit den Plandaten vergleichen soll. Der Soll/Ist-Vergleich einschließlich der Informationen über Ursachen bei allfälligen Abweichungen bildet zugleich den Ausgangspunkt für die Neuplanung und die nächste neu beginnenden Managementprozessepisode. Angestrebt wird über die Zeit hinweg eine spiralförmige Fortentwicklung des Managementprozesses.

In diesem Modell fällt der Planung das *Primat* unter den Funktionen zu („primacy of planning"). Alle

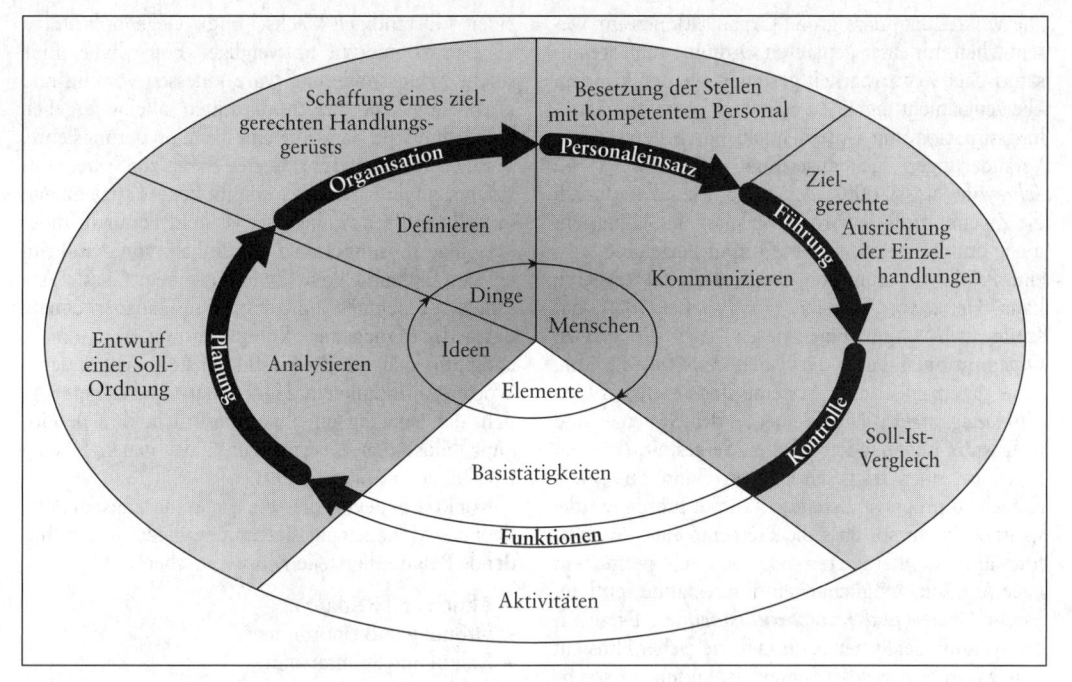

Abb. 1: Der klassische Managementprozess (Quelle: In Anlehnung an Mackenzie 1969)

anderen Managementfunktionen haben nachgeordneten Charakter, weil sie ihre Ausrichtung aus der Planung erfahren, aus diesem Grunde wird dieser Typ des Managementprozesses als *plandeterminiert* bezeichnet.

Kritik: Fragt man nach den Leitmaximen, die den gedanklichen Hintergrund für den plandeterminierten Managementprozess abgeben, so fällt die enge Anlehnung an das klassische Rationalaxiom auf, das zwischen Willensbildung und Willensumsetzung unterscheidet. Handeln wird hiernach immer als Willensumsetzung begriffen, der als entscheidende Phase die Willensbildung vorausgeht. Die strikte Befolgung der linearen Phasenabfolge im Managementprozess soll höchste Effektivität sicherstellen. Das Zentrum liegt folgerichtig – ähnlich wie in der Theorie der rationalen Wahl – in der planerischen Vorbereitung optimaler (Wahl-)Handlungen. Das betriebliche Leistungsgeschehen soll dementsprechend in eine in sich *konsistente Planungsordnung* gebracht werden, die – nach rationalen Prinzipien konstruiert – *wie aus einem Guss* erscheint und es erlaubt, alles unter Kontrolle zu behalten. Ziel der Unternehmensführung soll es also sein, ein quasi monolithisches Handlungsgefüge zu schaffen, in dem, transparent und in vollem Umfang erwartbar, ein an der Spitze gebildeter Plan über die verschiedenen Ebenen und Stellen reibungslos zur Ausführung gebracht wird. Die Dimensionen dieser Steuerungstheorie lauten somit: *Linearität, Konsistenz* und *Transitivität*. Sieht man es *dynamisch,* so drängt die plandeterminierte Unternehmensführung darauf, Unordnung durch Ordnung zu ersetzen.

Es ist nicht weiter verwunderlich, dass eine Managementtheorie, die auf solchen Annahmen aufbaut, in Schwierigkeiten gerät. Unübersehbar haben deshalb Wissenschaft ebenso wie Managementpraxis damit begonnen, alternative Führungsansätze zu entwickeln. Interessant genug ist es zu beobachten, dass in dieser Entwicklung die Handlungspraxis der Reflexion vorausgeeilt ist.

IV. Neue Logik des Managementprozesses

Der klassische Managementprozess und die dahinter liegende Steuerungsphilosophie gehen unausgesprochen von der Annahme einer klar durchdringbaren, erwartbaren inneren und äußeren Steuerungswelt aus. Diese Annahmen sind nicht (mehr) realistisch, die *externe* Umwelt eines Unternehmens ist weder eindeutig verstehbar noch in irgendeiner Weise sicher prognostizierbar. Auch ist die Idee einer klar abgegrenzten, sauber geordneten und von der Spitze sicher beherrschbaren *internen* Handlungswelt obsolet. *Umwelt* und System sind *komplex,* d.h. nur in Teilen beschreibbar und damit zwangsläufig unberechenbar, jedenfalls zu einem gewissen Grade. Überraschungen sind jederzeit möglich; *Unsicherheit* muss daher als *konstitutives Merkmal* jedes Managementprozesses gesehen werden (*Malik* 2000; *Schreyögg* 1991; *Brown/Eisenhardt* 1998).

Was bedeutet dies konkret für die Steuerungslogik von Unternehmen?

(1) Am offenkundigsten und markantesten verliert die Stabilität als regulative Idee ihre Brauchbarkeit.

Die Vorstellung, dass große Organisationen im Wesentlichen mit einer geplanten Ordnung und organisatorischer Erwartbarkeit gesteuert werden können, überzeugt nicht mehr. Zu offenkundig ist die Handlungssituation von Unternehmen durch permanente Veränderungen gekennzeichnet (*D'Aveni* 1994; *Schreyögg/Noss* 2000). Dementsprechend sind auch die Zweifel groß geworden, ob man eine Unternehmung durch eine feste Input/Output-Beziehung, also eine Produktionsfunktion, treffend charakterisieren kann. Heinz von Foerster (*von Foerster* 1984) hat schon früh darauf hingewiesen, dass die großen Organisationen keine „*trivialen Maschinen*", d.h. keine deterministischen Systeme sind (→ *Komplexitätsmanagement*). Die Elemente der Systeme sind nicht starr aufeinander bezogen dergestalt, dass ein Input in einer festgeschriebenen Bahn zu einem einfach zu prognostizierenden Output führen würde. Es ist vielmehr so, dass die Elemente eines Systems fortwährend interagieren und dadurch permanent neue Anschlussmöglichkeiten untereinander aufbauen (→ *Chaos- und Komplexitätstheorie*). Diese Eigendynamik der Systeme, die ja in vielfacher Hinsicht sehr wünschenswert ist – man denke nur an solche Aufgaben wie Innovativität und Flexibilität –, lässt jedoch das Planungs- und Ordnungsideal des klassischen Managementprozesses in den Hintergrund treten. Die zunehmende Loslösung aus traditionellen Rollenerwartungen und die im Zuge eines *Wertewandels* gewachsene Skepsis gegenüber generellen Regeln und strenger Planbestimmung steigert die Zahl der Handlungsoptionen. Sonderwege, Überraschungen, Eigensinnigkeiten usw. sind die ungeordneten Folgen.

(2) Die *zweite* allgemeine Entwicklungslinie verweist darauf, dass das Ziel der Klarheit nicht nur nicht mehr herzustellen, sondern der Versuch, sie herzustellen, sogar irreleitend ist. Schon vor Jahren zeigten die englischen Organisationstheoretiker Burns und Stalker (*Burns/Stalker* 1961), dass erfolgreiche flexible Unternehmen z.B. präzise Stellenbeschreibungen (→ *Stellen- und Abteilungsbildung*) oder exakte Kompetenzabgrenzungen bewusst vermieden. Hauschildt (*Hauschildt* 1981) frappierte die Fachwelt, als er aus seinen empirischen Studien heraus forderte, bei Zielen nicht länger nach Klarheit, sondern nach dem Grad *optimaler Unklarheit* zu suchen.

(3) Die dritte Entwicklungslinie wendet sich hauptsächlich gegen das Kausalprinzip als methodischem Leitprinzip der plandeterministischen Unternehmensführungslehre. Dem entgegengestellt wird das Prinzip der Kontingenz, also die fundamentale Einsicht, dass im Grunde alles auch anders möglich ist (*Luhmann* 1992) (→ *Systemtheorie*). Das Ende der Sicherheit bedeutet in erster Linie, Praktiken für die erfolgreiche Handhabung von Unsicherheit zu finden.

Vorgehende Erörterungen könnten so verstanden werden, dass eine Neuausrichtung der Managementlehre entlang der skizzierten Entwicklungslinien einen vollständigen Wechsel in die Gegenpolaritäten als Leitmaxime zur notwendigen Folge habe. Eine solche Schlussfolgerung wäre indessen voreilig und kurzsichtig. Die Gegenpolaritäten alleine ergeben keine sinnvolle Basis für eine neue Steuerungslehre. Totale Unordnung führt letzten Endes zur Systemauflösung, totale *Flexibilität* erlaubt keine Effizienz und in vollständiger Ambiguität ist kein Handeln möglich. Jeder Lösungsansatz hat deshalb von dem Prinzip der Einheitlichkeit („wie aus einem Guss") Abschied zu nehmen und stattdessen anzuerkennen, dass jedes Management komplexer Systeme vor nicht endgültig lösbaren Zielkonflikten steht. Mit anderen Worten Antinomien und Dilemmata sind unumgänglich, der Umgang mit ihnen und nicht ihre Beseitigung bildet den Ausgangspunkt der neuen Lösung (→ *Dilemma-Management*).

Konkret bedeutet dies für das Steuerungshandeln, dass das Management eine immer wieder neu zu findende Balance herstellen muss zwischen

– Aktion und Reaktion,
– Ordnung und Unordnung,
– Kalkül und Spontaneität,
– Sicherheit und Autonomie.

Es geht also darum, das Spannungsverhältnis zwischen den Polen und nicht schlicht den Gegenpol als Maxime in die → *Steuerungstheorie* einzubringen. Unordnung ohne Ordnung ist nicht wegweisend, und Spontaneität erhält ihre Bedeutung erst vor dem Hintergrund des geordneten Kalküls.

Dies bedeutet zugleich den Übergang von einer linearen Handlungsrationalität, die sich an Einzelhandlung orientiert, zu einer komplexeren und umfassenderen *Systemrationalität*. Alle der bereits angesprochenen Steuerungsthemen setzen ein komplexeres Leitprinzip als das der Einzelhandlung voraus, um überhaupt sinnvoll Gegenstand einer theoretischen Rationalisierungsbemühung werden zu können (→ *Rationalität*).

Mit der Kritik an den Prämissen des plandeterministischen Managementprozessansatzes und den neuen bi-polaren Prinzipien der Steuerungsbalance wurde zugleich der Rahmen gezogen für eine Neukonzeptionalisierung des Managementprozesses im engeren Sinne. Dabei kann es zunächst einmal nicht um die Generierung neuer Managementtechniken und -instrumente gehen, sondern um die Schaffung eines komplexeren und problemoffeneren Bezugsrahmens.

Versucht man, aus der eben dargelegten Perspektive die Implikationen für einen neu zu fassenden Managementprozess herauszuarbeiten, so gilt es, die grundlegend veränderte Folie hervorzuheben, auf der die Systemsteuerung thematisiert wird. Im Unterschied zum plandeterminierten Steuerungsmodell, das bei fixen Plänen und Zielen seinen Ausgangspunkt findet, konzipiert die alternative Perspektive Systemsteuerung bei komplexer und wechselhafter, nur teilweise kontrollierter Umwelt.

Die Neu-Ausrichtung macht die Idee einer linearen Abfolge von Managementfunktionen unter dem Primat der Planung zu einem problematischen, tendenziell missleitenden Orientierungsmuster. Aus den dargelegten Gründen kann der Planung nicht mehr das unbedingte Primat eingeräumt werden, sie steht als Steuerungsinstrument vielmehr *gleichberechtigt* neben den anderen Funktionen. Für die Steuerung eines Unternehmens stehen grundsätzlich *verschiedene* alternative Möglichkeiten offen. Die Managementfunktionen treten als *Steuerungspotenziale* mit eigener Logik, d.h. mit eigenen Stärken und Schwächen, *nebeneinander*. Ihr Einsatz und ihr Verhältnis zueinander lässt sich variieren nach Maßgabe der aktuellen Erfordernisse. Der Einsatz von Führung konkurriert etwa mit dem Einsatz von Organisation oder die Verwendung von Planung mit der Einrichtung flexibler Organisationsstrukturen; Letzteren wird man v.a. dort den Vorrang geben, wo die Planung infolge der Unsicherheit einer fortwährenden Revisionsnotwendigkeit gegenübersteht.

Die Managementfunktionen Organisation, Personaleinsatz, Führung und Kontrolle treten in der neuen Logik dementsprechend auch aus ihrer bloßen Plandurchsetzungsfunktion heraus und stehen *neben* der Planung als prinzipiell *eigenständige Steuerungspotenziale*. Die Anschlussmöglichkeiten unter den Funktionen sind nicht mehr in der Linearkette zu suchen, sondern vielfältiger und in immer wieder neuen Varianten vorstellbar.

V. Schluss

Die hier nur in Umrissen aufgezeigte neue Sichtweise des Managementprozesses hat gegenüber dem klassischen Managementprozess einen großen Nachteil; sie ist nicht so klar und überschaubar darzustellen, die Eleganz der linearen Funktionsabfolge geht verloren. Dieser Nachteil bildet aber im Kern ihren entscheidenden Vorteil. Die Konzeption hat eine im Vergleich zum plandeterministischen Managementprozess wesentlich größere Fassungskraft für die Probleme der Systemsteuerung, ohne dabei zum konzeptionslosen Sammelbecken von Praxisproblemen zu werden.

Literatur

Albach, Horst: Eliten in der Demokratie, in: Jahrbuch 1988, hrsg. v. Akademie der Wissenschaften zu Berlin, Berlin et al. 1988, S. 219–252.
Baums, Theodor/Fraune, Christian: Institutionelle Anleger und Publikumsgesellschaft, in: Die Aktiengesellschaft, Jg. 40, 1995, S. 97–144.
Berle, Adolf A./Means, Gardiner C.: The modern corporation and private property, 2. A., New York 1968.
Beyer, Jürgen: Managerherrschaft in Deutschland, Wiesbaden 1998.
Brown, Shona L./Eisenhardt, Kathleen M.: Competing on the edge: Strategy as structural chaos, Boston 1998.
Burgelman, Robert A.: Strategy is destiny: How strategy-making shapes a company's future, New York et al. 2002.
Burns, Tom/Stalker, George M.: The Management of innovation, London 1961.
D'Aveni, Richard A.: Hypercompetition. Managing the dynamics of strategic maneuvering, New York et al. 1994.
Fischer, Guido: Die Führung von Betrieben, 2. A., Stuttgart 1966.
Foerster, Heinz von: Principles of self-organization – in a sociomanagerial context, in: Self-Organization and Management of Social Systems, hrsg. v. *Ulrich, Hans/Probst, Gilbert*, 2. A., Heidelberg et al. 1984, S. 2–24.
Freeman, R. Edward: Strategic management: A stakeholder approach, Boston MA 1984.
Gerum, Elmar: Unternehmensordnung, in: Allgemeine Betriebswirtschaftslehre, hrsg. v. *Bea, Franz X./Dichtl, Erwin/Schweitzer, Marcell*, 8. A., Stuttgart 2000, S. 200–302.
Gutenberg, Erich: Unternehmensführung – Organisation und Entscheidung, Wiesbaden 1962.
Hauschildt, Jürgen: „Ziel-Klarheit" oder „kontrollierte Ziel-Unklarheit" in Entscheidungen, in: Der praktische Nutzen empirischer Forschung, hrsg. v. *Witte, Eberhard*, Tübingen 1981, S. 305–322.
Jensen, Michael C.: Eclipse of the public corporation, in: HBR, Jg. 67, H. 5/1989, S. 61–74.
Kaufmann, Allen/Zacharias, Lawrence/Karson, Marvin: Manager vs. Owners. The Struggle for Corporate Control in American Democracy, New York et al. 1995.
Koontz, Harold/O'Donnell, Cyril: The principles of management: An analysis of managerial functions, New York 1955.
Luhmann, Niklas: Beobachtungen der Moderne, Opladen 1992.
Mackenzie, R. Alec: The management process in 3-D, in: HBR, Jg. 47, H. 6/1969, S. 83–86.
Malik, Fredmund F.: Strategie des Managements komplexer Systeme, 6. A., Bern 2000.
Mason, Edward S.: The apologetics of managerialism, in: JBus, Jg. 31, 1958, S. 1–11.
Müller, Alfred/Glauner, Wolfgang: Die Unternehmer-Elite. Wachstumsstrategien erfolgreicher Entrepreneure, Wiesbaden 1999.
Osterloh, Margit: Interpretative Organisations- und Mitbestimmungsforschung, Stuttgart 1993.
Post, James E./Sachs, Sybille/Preston, Lee E.: Redefining the Corporation: Stakeholder Management and Organizational Wealth, Chicago 2002.
Pross, Helge: Manager und Aktionäre in Deutschland, Untersuchungen zum Verhältnis von Eigentum und Verfügungsmacht, Frankfurt am Main 1965.
Schreyögg, Georg: Noch einmal: Zur Trennung von Eigentum und Verfügungsgewalt, in: Unternehmensethik und die Transformation des Wettbewerbs, hrsg. v. *Kumar, Brij N./Osterloh, Margit/Schreyögg, Georg*, Stuttgart 1999, S. 159–182.
Schreyögg, Georg: Der Managementprozess – neu gesehen, in: Managementforschung 1: Selbstorganisation und Systemische Führung, hrsg. v. *Staehle, Wolfgang H./Sydow, Jörg*, Berlin et al. 1991, S. 255–289.
Schreyögg, Georg/Noss, Christian: Von der Episode zum fortwährenden Prozess – Wege jenseits der Gleichgewichtslogik im Organisatorischen Wandel, in: Managementforschung 10: Organisatorischer Wandel und Transformation, hrsg. v. *Schreyögg, Georg/Conrad, Peter*, Wiesbaden 2000, S. 33–62.
Schreyögg, Georg/Papenheim-Tockhorn, Heike: Personelle Verflechtungen als Ressourcenmanagement – Eine Längsschnittstudie zur Kooptationspolitik deutscher Großunternehmen auf Basis der Broken-tie-Methode, in: Managementforschung 5: Empirische Studien, hrsg. v. *Schreyögg, Georg/Sydow, Jörg*, Berlin et al. 1995, S. 107–165.
Staehle, Wolfgang H.: Management, 8. A., München 1999.

Steinmann, Horst: Der Managementprozess und seine Problemschwerpunkte, in: Planung und Kontrolle, hrsg. v. *Steinmann, Horst*, München 1981, S. 1–22.
Steinmann, Horst: Das Großunternehmen im Interessenkonflikt, Stuttgart 1969.
Theisen, Manuel: Grundsätze einer ordnungsmäßigen Informationsversorgung des Aufsichtsrats, 2. A., Stuttgart 2001.
Ulrich, Peter: Die Großunternehmung als quasi-öffentliche Institution, Stuttgart 1977.
Werder, Axel von: Vorstandsentscheidungen auf der Grundlage „sämtlicher relevanter Informationen"? Zur sachgerechten Konkretisierung der „Sorgfalt eines ordentlichen und gewissenhaften Geschäftsleiters" durch Grundsätze ordnungsgemäßer Entscheidungsfundierung, in: ZfB, Jg. 67, 1997, S. 901–922.
Witte, Eberhard: Die Organisation komplexer Entscheidungsverläufe – Ein Forschungsbericht, in: ZfbF, Jg. 20, 1968, S. 581–599.

Unternehmenskommunikation

Manfred Bruhn

[s.a.: Funktionale Organisation; Kommunikation; Koordination und Integration; Reputation; Top Management (Vorstand); Transparenz der Unternehmensführung; Unternehmensethik; Unternehmensführung (Management); Unternehmensstrategien.]

I. *Gegenstandsbereiche;* II. *Erscheinungsformen;* III. *Funktionen;* IV. *Anforderungen;* V. *Ziele;* VI. *Instrumente;* VII. *Planungsprozess;* VIII. *Organisation.*

Zusammenfassung

Die Kommunikationspolitik hat sich in den letzten Jahren zu einem bedeutenden Wettbewerbsfaktor für Unternehmen entwickelt. Vor dem Hintergrund einer steigenden Wettbewerbsintensität wird es dabei zunehmend wichtiger, über eine effektive und effiziente Kommunikationsarbeit zu verfügen. Dies erfordert, dass sich die Unternehmen über wesentliche Beeinflussungs- und Gestaltungsfaktoren der Unternehmenskommunikation bewusst werden und sich intensiv mit dem Prozess und der Organisation der Kommunikation auseinander setzen.

I. Gegenstandsbereiche

1. Rahmenbedingungen

Die seit Jahren fortschreitende Sättigung der Märkte hat bewirkt, dass Unternehmen heutzutage weniger in einem Produkt- als vielmehr in einem Kommunikationswettbewerb stehen und die Unternehmenskommunikation sich als ein zentrales Element der → *Unternehmensführung (Management)* etabliert hat.

Diese Entwicklung muss in Verbindung mit einer Vielzahl *angebots- und nachfrageseitiger Strukturveränderungen* gesehen werden, die zu verschärften Wettbewerbsbedingungen geführt haben. So erhöhten sich beispielsweise seit 1990 die Werbeinvestitionen in Deutschland um etwa ein Drittel (ZAW 2002, S. 9), und die Medienangebote sowie die eingesetzten Kommunikationsinstrumente und -mittel haben sich in einer Art und Weise vervielfältigt, dass von einer Atomisierung der Medien gesprochen werden kann. In Verbindung mit einer starken Zunahme der Zahl der Werbetreibenden und beworbenen Marken hat dies auf Konsumentenseite eine starke *Informationsüberlastung* zur Konsequenz, auf die diese häufig mit Formen der Werbevermeidung („Zapping") oder Reaktanzeffekten reagieren.

2. Begriffliche Grundlagen

Zur Erfassung der Besonderheiten der Unternehmenskommunikation ist zunächst auf einige grundlegende Begrifflichkeiten näher einzugehen (Bruhn 2003a, S. 2 f.). So bezeichnet die *Unternehmenskommunikation* die Gesamtheit sämtlicher Kommunikationsinstrumente und -maßnahmen eines Unternehmens, die eingesetzt werden, um das Unternehmen und seine Leistungen den relevanten Zielgruppen der Kommunikation darzustellen. Unter *Kommunikationsmaßnahmen* werden in diesem Kontext sämtliche Aktivitäten verstanden, die bewusst zur Erreichung kommunikativer Zielsetzungen eingesetzt werden. Nach ihrer Ähnlichkeit lassen sich die vielfältigen Kommunikationsmaßnahmen gedanklich bündeln und in unterschiedliche *Kommunikationsinstrumente* systematisieren (s. Kapitel VI. dieses Beitrags).

Welche Instrumente jeweils zum Einsatz kommen, ist stark abhängig von den *Zielgruppen*, die die Adressaten der Unternehmenskommunikation darstellen. Grob unterscheiden lassen sich unternehmensinterne (vor allem die Mitarbeiter) sowie unternehmensexterne Zielgruppen, wie z.B. Kunden, Presse, Öffentlichkeit und Aktionäre (*Kapitalmarktkommunikation, Investor Relations* (→ *Kapitalmarkt und Management*)).

Zur Übermittlung der Inhalte, die Unternehmen an ihre Zielgruppen kommunizieren wollen, dient die *Kommunikationsbotschaft*. Sie stellt die Verschlüsselung kommunikationspolitischer Leitideen durch Modalitäten (Text, Bild, Ton) dar und zielt darauf ab, bei den Rezipienten durch Aussagen über das Unternehmen oder seine Produkte bzw. Marken die gewünschten Wirkungen i.S.d. Kommunikationsziele zu erreichen. Damit die Kommunikationsbotschaften der Unternehmen im Umfeld der starken Reizüberflutung der Konsumenten wahrgenommen werden, ist die kreative Gestaltung eine wesentliche Aufgabe der Kommunikationspolitik. Vielfach treten dabei *Kom-*

Absender \ Adressat	Management	Mitarbeiter	Kunde
Management	Unternehmensinteraktion	Mitarbeiterkommunikation	Marktkommunikation
Mitarbeiter	Unternehmensgerichteter Mitarbeiterdialog	Mitarbeiterinteraktion	Kundenkommunikation
Kunde	Unternehmensgerichteter Kundendialog	Mitarbeitergerichteter Kundendialog	Kundeninteraktion

Abb. 1: Typen von Kommunikationsprozessen (Bruhn 2003b, S. 11)

munikationsmittel (z.B. Radiospots, Zeitschriftenanzeigen, Banner im Internet), die eine reale, sinnlich wahrnehmbare Erscheinungsform der Kommunikationsbotschaft darstellen, an die Stelle des persönlichen Kontaktes (*Sager* 2001, S. 1865). Ob eine Kommunikationsbotschaft als Text, Bild und/oder Ton verschlüsselt wird, steht in engem Zusammenhang mit dem *Kommunikationsträger*, d.h. dem Übermittlungsmedium, das beispielsweise ein Informations- oder Unterhaltungsmedium, aber auch ein Geschäftsraum oder Verkehrsmittel sein kann. In der Praxis ist eine trennscharfe Unterscheidung zwischen Kommunikationsmitteln und -trägern allerdings häufig schwer vorzunehmen (*Steffenhagen* 2000, S. 159).

II. Erscheinungsformen

Die Vielfalt der Kommunikationsarbeit impliziert unterschiedliche Kommunikationsprozesse, die nach verschiedenen Kriterien systematisiert werden können. Hier soll eine Systematisierung nach den Beteiligten an der Kommunikation (Management, Mitarbeiter, externe Anspruchsgruppen) sowie der Richtung der Kommunikation (abwärts-, aufwärts-, seitwärtsgerichtet) vorgenommen werden. Bei einer Konzentration auf die Kunden als externe Anspruchsgruppe (die hier zur Veranschaulichung vorgenommen werden soll) lassen sich dementsprechend neun Typen von Kommunikationsprozessen identifizieren (s. Abb. 1).

– Abwärtsgerichtete Kommunikation
Bei der „abwärtsgerichteten" Kommunikation gibt der Absender Informationen an „nachgelagerte" Stufen weiter. Dabei kann der Dialog mit den Kunden entweder durch das Unternehmen bzw. das Management selbst oder die einzelnen Mitarbeiter initiiert werden. Darüber hinaus kann sich das Management direkt an die Mitarbeiter wenden, um durch Informationen und Dialogangebote die → *Unternehmensstrategien* bzw. Teilprojekte und konkrete Aufgaben zu veranschaulichen, damit die Mitarbeiter sie in der täglichen Arbeit umsetzen. Darüber hinaus dient die *Mitarbeiterkommunikation* der Entwicklung angestrebter Denkhaltungen, im Sinne einer verfolgten → *Unternehmensethik*, bei den Mitarbeitern.

– Aufwärtsgerichtete Kommunikation
Die „aufwärtsgerichtete" Kommunikation ist dadurch gekennzeichnet, dass die Absender den *Dialog* mit einer „vorgelagerten" Stufe suchen. So können sich Kunden entweder an Mitarbeiter oder auch direkt an das Management wenden, und Mitarbeiter können spezielle Anliegen an das Management kommunizieren.

– Seitwärtsgerichtete Kommunikation
Bei Interaktionen im Rahmen der „seitwärtsgerichteten" Kommunikation können sowohl Mitarbeiter, das Management oder Kunden als Absender wirksam werden und ihrerseits mit anderen Mitarbeitern, Vertretern des Managements (auch anderer Unternehmen) oder Kunden interagieren.

III. Funktionen

Die Unternehmenskommunikation ist i.d.R. zweckgerichtet und erfüllt für Unternehmen unterschiedliche Funktionen. Auf makroökonomischer Ebene lassen sich die *wettbewerbsgerichtete Funktion*, die sich auf den Aufbau von Wettbewerbsvorteilen gegenüber der Konkurrenz bezieht (→ *Wettbewerbsstrategien*), sowie die *sozial-gesellschaftliche Funktion*, die u.a. der Beeinflussung des Wertesystems der Gesellschaft dient, unterscheiden (*Bruhn* 2003a, S. 21).

Auf mikroökonomischer Ebene übernimmt die Kommunikation oftmals eine *Informationsfunktion*, indem sie beispielsweise zur Information der Konsumenten über ein bestimmtes Produkt eingesetzt wird (*Rothschild* 1987, S. 5). Damit wird gleichzeitig auch eine *Beeinflussungsfunktion* verbunden sein, wenn das Unternehmen beabsichtigt, die Verhaltensreaktionen der Zielgruppen in eine gewünschte Richtung zu lenken. Hierzu zählt z.B. die Auslösung bestimmter Emotionen, eine bestimmte Einstellungsausprägung oder die Auslösung eines Kaufverhaltens (*Trommsdorff* 1998, S. 31; *Kroeber-Riel/Weinberg* 1999, S. 47 ff.). Eine dauerhafte Sicherstellung des Kommunikationserfolges erfordert darüber hinaus eine *Bestätigungsfunktion*, die darauf abzielt, die inneren und äußeren Verhaltensweisen der Zielgruppen zu bestätigen. Mit der zunehmenden Bedeutung eines beziehungsorientierten Marketing gewinnen zusätzlich die *Dialog- und Interaktionsfunktion* kontinuierlich an Bedeutung. Diesen Funktionen liegt nicht mehr das klassische Sender-Empfänger-Modell zugrunde, sondern es wird von einem zweiseitigen Kommunikationsmodell ausgegangen, im Rahmen dessen die Unternehmen einen Pool von Kommunikationsangeboten bereitstellen (Multi Channel), auf den die Zielgruppen flexibel zugreifen können (*Bruhn* 2000, S. 14).

IV. Anforderungen

Eine erfolgreiche Realisierung der Funktionen der Kommunikationspolitik ist an spezielle Anforderungen geknüpft, in deren Mittelpunkt die Frage steht, durch welche Kriterien sich eine erfolgreiche Unternehmenskommunikation auszeichnet.

1. Unternehmensperspektive

Aus Perspektvie des Unternehmens sind es primär die Realisierung von *Effektivität* und *Effizienz* in der Kommunikation, die besondere Anforderungen darstellen (*Bruhn* 2003a, S. 26). In der Praxis sind beide Kriterien aufgrund der einleitend dargestellten Veränderungen im Kommunikationsmarkt heutzutage zunehmend schwieriger umzusetzen. Jegliche Kommunikationsmaßnahmen müssen die herrschende *Informationsüberlastung* zunächst überwinden, bevor sie ihre Funktionen überhaupt ausüben können. Demzufolge sind sie auf eine Weise zu gestalten, dass sie trotz der Kurzzeitigkeit in der individuellen Wahrnehmung und Verarbeitung ihre Wirksamkeit entfalten können. Eine inhaltliche, formale und zeitliche Abstimmung von Kommunikationsmaßnahmen in Verbindung mit einer konsequenten Bildkommunikation bietet die Möglichkeit, Synergieeffekte zwischen Kommunikationsinstrumenten zu realisieren und sich in der Wahrnehmung der Zielgruppen erfolgreich zu positionieren (ausführlich zur Integrierten Kommunikation s. *Bruhn* 2003b sowie zur Bildkommunikation *Kroeber-Riel* 1993).

2. Zielgruppenperspektive

Aus Sicht der Zielgruppen lassen sich die Anforderungen an die Unternehmenskommunikation nicht eindeutig formulieren, da sie zielgruppen- und instrumentespezifisch variieren. So bestehen beispielsweise bei den erlebnisorientierten Kommunikationsinstrumenten Sponsoring und Event Marketing besondere Anforderungen hinsichtlich des Unterhaltungswertes der Kommunikation. Bei den *Investor Relations* hingegen stehen Kriterien wie Offenheit, Aktualität und Objektivität der Kommunikation im Vordergrund, um Transparenz in der Unternehmensführung zu schaffen (*Süchting* 1991, S. 17; *Bittner* 1996, S. 220–223; *Diehl/Loistl/Rehkugler* 1998, S. 19).

Neben diesen instrumentespezifischen Kriterien lassen sich aber auch solche Anforderungen identifizieren, die über alle Zielgruppen und Kommunikationsinstrumente hinweg von zentraler Bedeutung sind. Hierzu zählt insbesondere *Glaubwürdigkeit* in der Kommunikation, um die Zielgruppen von den Kommunikationsbotschaften zu überzeugen. Für die Gestaltung der Kommunikation bedeutet dies, Widersprüchen zwischen den Aussagen unterschiedlicher Kommunikationsinstrumente zu vermeiden und auf *inhaltliche sowie zeitliche Konsistenz* besonderen Wert zu legen (*Bruhn* 2003b). Um auf die Kommunikationsbedürfnisse unterschiedlicher Zielgruppen einzugehen und den Aufbau von Beziehungen zu den Zielpersonen zu fördern, wird darüber eine hohe *Zielgruppenspezifität* und *Individualität* der Kommunikationsmaßnahmen zunehmend wichtiger. In diesem Kontext ist auch *Flexibilität* in der Kommunikation von Bedeutung, d.h., dass sich eine Zielperson aus einem breiten Angebot an Informations- und Interaktionsmöglichkeiten individuell und selektiv spezielle Angebote auswählen kann.

V. Ziele

1. Funktionen von Kommunikationszielen

Kommunikationsziele übernehmen im Rahmen der Kommunikationsplanung wichtige Funktionen (s. *Steffenhagen/Funke* 1986, S. 546; *Steffenhagen* 1993, S. 287). Hierzu zählen die Steuerung von Entscheidungen (z.B. bei der Auswahl von Kommunikationsinstrumenten) und die Koordination sowie Motivation der am Kommunikationsprozess beteiligten Mitarbeiter. Zudem dienen Kommunikationsziele der nachfolgenden Kontrolle der Kommunikationsarbeit (→ *Ziele und Zielkonflikte*).

2. Ökonomische Ziele

Ökonomische Ziele – wie Absatz, Umsatz oder Gewinn – sind globale Marktziele und stellen innerhalb des Marketingmix originäre Ziele dar. Ihr wesentlicher Vorteil liegt darin, dass sie durch monetäre Größen eindeutig messbar sind. Eine ausschließliche Orientierung an diesen Zielen kommt für Unternehmen jedoch nicht in Betracht. Zum einen werden monetäre Größen stark vom Einsatz des gesamten Marketingmix sowie den Maßnahmen der Konkurrenz und der Absatzmittler beeinflusst. Zum anderen mangelt es ihnen an einer ausgeprägten Steuerungskraft für die zielorientierte Ausrichtung der Kommunikationsplanung sowie die Ableitung von Handlungsimpulsen (*Steffenhagen* 1993, S. 287; *Kroeber-Riel/Esch* 2000, S. 31 ff.).

3. Psychologische Ziele

Aus den genannten Gründen werden in der Unternehmenskommunikation primär psychologische Ziele

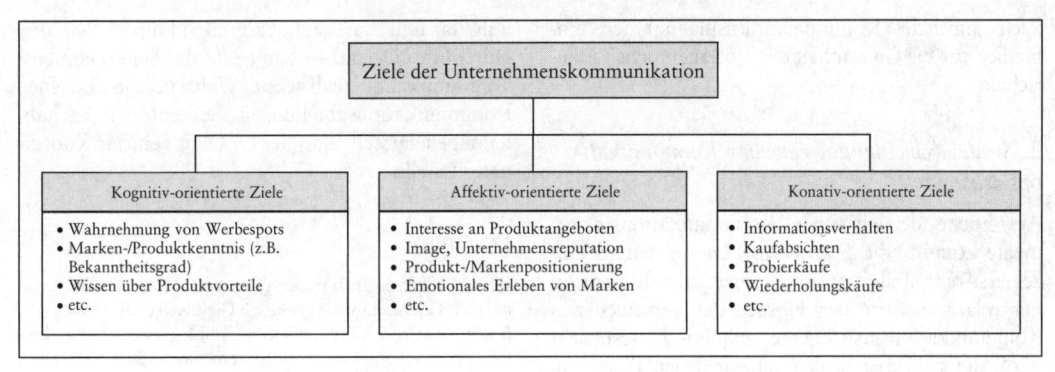

```
                    Ziele der Unternehmenskommunikation
                                │
        ┌───────────────────────┼───────────────────────┐
Kognitiv-orientierte Ziele   Affektiv-orientierte Ziele   Konativ-orientierte Ziele
• Wahrnehmung von Werbespots • Interesse an Produktangeboten • Informationsverhalten
• Marken-/Produktkenntnis (z.B. • Image, Unternehmensreputation • Kaufabsichten
  Bekanntheitsgrad)          • Produkt-/Markenpositionierung • Probierkäufe
• Wissen über Produktvorteile • Emotionales Erleben von Marken • Wiederholungskäufe
• etc.                       • etc.                       • etc.
```

Abb. 2: Ziele der Unternehmenskommunikation

verfolgt, die sich – im Zeitablauf betrachtet – wiederum positiv auf die ökonomischen Ziele auswirken sollen (Mittel-Zweck-Beziehung). Unterscheiden lassen sich *kognitive* (die Erkenntnis betreffende), *affektive* (das Gefühl betreffende) und *konative* (das Verhalten betreffende) Größen (s. Abb. 2).

VI. Instrumente

Zur Realisierung der verfolgten Kommunikationsziele stehen dem Unternehmen in der externen Kommunikation eine Vielzahl von Kommunikationsinstrumenten zur Verfügung. Überblicherweise werden die folgenden Kommunikationsinstrumente unterschieden (ausführlich *Bruhn* 2003a): Mediawerbung; Public Relations; Verkaufsförderung; Messen und Ausstellungen; Direct Marketing; Sponsoring; Multimediakommunikation; Event Marketing; Persönliche Kommunikation.

Der Einsatz verschiedener Kommunikationsinstrumente stellt das Unternehmen vor zwei zentrale Allokationsentscheidungen. So konkretisiert sich das Effektivitätskriterium in der Wahl desjenigen Kommunikationsinstrumentes, das zur Erreichung der angestrebten Kommunikationsziele am besten geeignet erscheint (*interinstrumentelle Allokation*). Eine Anwendung des Effizienzkriteriums bedeutet, unter alternativen Kommunikationsinstrumenten jenes Instrument mit dem besten Kosten-Nutzen-Verhältnis auszuwählen (*intrainstrumentelle Allokation*) (*Bruhn* 2003a, S. 26 f.).

VII. Planungsprozess

Voraussetzung für die Gestaltung der Unternehmenskommunikation ist ein Planungsprozess (→ *Planung*), der in der Lage ist, unternehmensindividuell ein umfassendes Konzept für die Kommunikationspolitik zu erarbeiten. Ein idealtypischer Planungsprozess, wie er in Abb. 3 schematisch dargestellt ist, lässt sich in seiner Grundstruktur auf jedes einzelne Kommunikationsinstrument übertragen.

```
        ┌──────────────────────────┐
   ┌───▶│  Situationsanalyse       │
   │    └──────────┬───────────────┘
   │               ▼
   │    ┌──────────────────────────┐
   │───▶│  Kommunikationsziele     │
   │    └──────────┬───────────────┘
   │               ▼
   │    ┌──────────────────────────┐
   │───▶│  Zielgruppenplanung      │
   │    └──────────┬───────────────┘
   │               ▼
   │    ┌──────────────────────────┐     Integration
   │───▶│  Festlegung der          │     in das
   │    │  Kommunikationsstrategie │     Marketingmix
   │    └──────────┬───────────────┘
   │    ┏━━━━━━━━━━▼━━━━━━━━━━━━━━┓
   │    ┃ Kommunikationsbudget    ┃
   │    ┠──────────┬──────────────┨
   │    ┃ Einsatz von Kommuni-    ┃
   │    ┃ kationsinstrumenten     ┃
   │    ┠──────────┬──────────────┨
   │    ┃ Maßnahmen-              ┃
   │    ┃ planung                 ┃
   │    ┗━━━━━━━━━━┬━━━━━━━━━━━━━━┛
   │               ▼
   │    ┌──────────────────────────┐
   └────│  Kommunikationserfolgs-  │
        │  kontrolle               │
        └──────────────────────────┘
```

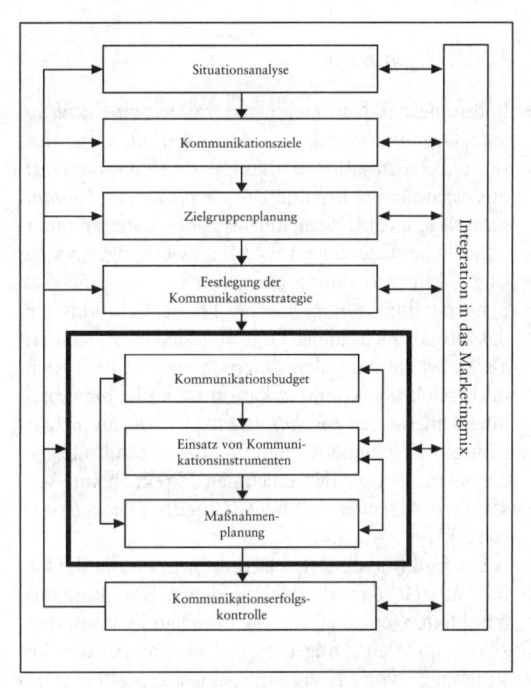

Abb. 3: Übersicht über den Planungsprozess der Kommunikation (Bruhn 2003a, S. 45)

Da Unternehmen die Kommunikationsplanung für eine Vielzahl von Kommunikationsinstrumenten vorzunehmen haben, handelt es sich im Prinzip um zwei unterschiedliche Planungsprozesse, die zusammengeführt und integriert werden müssen (ausführlich *Bruhn* 2003a, S. 59 ff.; *Bruhn* 2003b, S. 139 ff.):

1. Strategische Planung der Gesamtkommunikation

Auf Ebene der Gesamtkommunikation erfolgt durch eine übergeordnete Instanz (z.B. die Unternehmensleitung) unter Einbezug aller relevanten Kommunikationsabteilungen eine *Top-down-Planung* mit dem

Ziel, sämtliche Kommunikationsmaßnahmen einheitlich für die Gesamtheit des Unternehmens auszurichten.

2. Strategische Planung einzelner Kommunikationsinstrumente

Auf Ebene der einzelnen Kommunikationsinstrumente kommt eine *Bottom-up-Planung* seitens einzelner Kommunikationsabteilungen zum Einsatz, in der relativ isoliert der Einsatz der verschiedenen Kommunikationsinstrumente planerisch festgelegt wird, die sich aber in den verschiedenen Phasen in den Top-down-Planungsprozess integrieren muss, um eine Abstimmung aller Kommunikationsmaßnahmen in Hinblick auf ein konsistentes und somit glaubwürdiges Unternehmensbild zu gewährleisten.

VIII. Organisation

In den meisten Unternehmen dominiert eine *funktionale Organisation der Kommunikation*, d.h., dass sich die Organisationsstruktur an den Kommunikationsinstrumenten orientiert (→ *Funktionale Organisation*). Je nach Unternehmensgröße existieren unterschiedliche Abteilungen für Mediawerbung, Sponsoring, Multimediakommunikation u.a. Eine gewisse Sonderstellung nimmt hierbei Public Relations ein, das oftmals nicht in der Linie angesiedelt ist, sondern als Stabstelle nahe der Unternehmensleitung. Nicht im Bereich der Kommunikation ist i.d.R. die Abteilung/Stelle *Investor Relations* anzufinden, die sich organisatorisch zumeist beim Finanzvorstand oder bei kleineren (S-Dax-)Unternehmen direkt beim Vorstandsvorsitzenden befindet (*Citigate Dewe Rogerson* 2001).

Die funktionale Organisation birgt häufig die Gefahr in sich, dass die verschiedenen Kommunikationsabteilungen nicht intensiv miteinander kommunizieren und sich infolgedessen Probleme bei der Abstimmung von Kommunikationsmaßnahmen im Rahmen der Bottom-up-Planung ergeben (→ *Koordination und Integration*). Hier bietet die moderne *Informations- und Kommunikationstechnologie* Möglichkeiten, Defizite in der abteilungsübergreifenden Abstimmung auszugleichen. Interne Kommunikationsinstrumente wie das Intranet fördern einen internen Informationsaustausch und öffnen die Chance, einzelne Abteilungen aus ihrer „Isolation" herauszuholen und ihre Arbeit im Sinne einer einheitlichen Unternehmenskommunikation auszurichten (*v. Werder/Grundei/Talaulicar* 2002).

Für die Abstimmung der vielzähligen Kommunikationsmaßnahmen ist des Weiteren die Institutionalisierung der Stelle eines *Chief Communication Officers* (CCO) empfehlenswert (s.a. *v. Werder/Grundei/Talaulicar* 2002, S. 403). Er stellt quasi eine Verbindungseinheit im Rahmen der Organisationsentwicklung dar und muss fachübergreifend die → *Planung*, Durchführung und → *Kontrolle* der Unternehmenskommunikation realisieren. Während die einzelnen Kommunikationsabteilungen die zentralen Fachabteilungen darstellen, ist der CCO die zentrale Koordinationsstelle.

Literatur

Bittner, Thomas: Die Wirkung von Investor-Relations Maßnahmen auf Finanzanalysten, Bergisch Gladbach et al. 1996.
Bruhn, Manfred: Kommunikationspolitik. Systematischer Einsatz der Kommunikation für Unternehmen, 2. A., München 2003a.
Bruhn, Manfred: Integrierte Unternehmen- und Markenkommunikation. Strategische Planung und operative Umsetzung, 3. A., Stuttgart et al. 2003b.
Bruhn, Manfred: Integrierte Kommunikation und Relationship Marketing, in: Integrierte Kommunikation in Theorie und Praxis. Betriebswirtschaftliche und kommunikationswissenschaftliche Perspektiven, hrsg. v. *Bruhn, Manfred/Schmidt, Siegfried J./Tropp, Jörg*, Wiesbaden 2000, S. 3–20.
Citigate Dewe Rogerson: Studie zur Organisation der Investor Relations-Bereiche und zur Mitarbeiterbeteiligung, Düsseldorf et al. 2001.
Diehl, Ulrike/Loistl, Otto/Rehkugler, Heinz: Kapitalmarktkommunikation, Stuttgart 1998.
Kroeber-Riel, Werner: Bildkommunikation. Imagerystrategien für die Werbung, München et al. 1993.
Kroeber-Riel, Werner/Esch, Franz-Rudolf: Strategie und Technik der Werbung. Verhaltenswissenschaftliche Ansätze, 5. A., Stuttgart 2000.
Kroeber-Riel, Werner/Weinberg, Peter: Konsumentenverhalten, 7. A., München et al. 1999.
Meffert, Heribert: Marketing, 9. A., Wiesbaden 2000.
Rothschild, Michael L.: Marketing Communications, Lexington, Toronto 1987.
Sager, Bernadette: Werbemittel, in: Vahlens Großes Marketing Lexikon, hrsg. v. *Diller, Hermann*, München 2001, S. 1865–1866.
Steffenhagen, Hartwig: Marketing. Eine Einführung, 4. A., Stuttgart et al. 2000.
Steffenhagen, Hartwig: Werbeziele, in: Handbuch Marketing-Kommunikation, hrsg. v. *Berndt, Ralph/Hermanns, Arnold*, Wiesbaden 1993, S. 285–301.
Steffenhagen, Hartwig/Funke, Kaspar: Messen und Ausstellungen. Formulieren Sie präzise Messeziele, die später auch nachprüfbar sind, in: Marketing Journal, Jg. 19, 1986, S. 546–551.
Süchting, Joachim: Financial Communications: Wie müssen Unternehmen kommunizieren, um vom Kapitalmarkt verstanden zu werden?, in: Image-Jahrbuch, 1991, S. 10–18.
Trommsdorff, Volker: Konsumentenverhalten, 3. A., Stuttgart et al. 1998.
Werder, Axel v./Grundei, Jens/Talaulicar, Till: Organisation der Unternehmenskommunikation im Internet-Zeitalter, in: E-Organisation. Strategische und organisatorische Herausforderungen des Internet, hrsg. v. *Frese, Erich/Stöber, Harald*, Wiesbaden 2002, S. 395–423.
ZAW: Werbung in Deutschland 2002, Bonn et al. 2002.

Unternehmenskooperation

Jörg Sydow

[s.a.: Allianz, strategische; Flexibilität, organisatorische; Fusionen und Übernahmen; Holding; Institutionenökonomie; Internationale Unternehmen, Organisation der; Kompetenzen, organisationale; Konzernorganisation; Marktversagen und Organisationsversagen; Netzwerke; Organisationsgrenzen; Organisationstheorie; Outsourcing und Insourcing; Spieltheorie; Strategisches Management; Unternehmensführung.]

I. Unternehmenskooperation in der Wettbewerbsgesellschaft; II. Theoretische Erklärungsansätze der Unternehmenskooperation im Überblick; III. Formen der Unternehmenskooperation; IV. Zum Prozess der Unternehmenskooperation.

Zusammenfassung

Der strategische Wert von Unternehmenskooperation und -vernetzung wird mit den Einsatzmöglichkeiten moderner Informations- und Kommunikationstechnik, der Notwendigkeit zur Reorganisation ganzer Wertketten und dem vielfachen Scheitern von (auch und gerade grenzüberschreitenden) Fusionen und Akquisitionen offensichtlich. Allerdings stellt das Management von Unternehmenskooperationen neue, nicht zu unterschätzende Anforderungen an die Unternehmensführung. Insb. muss sich das Management der Vielfalt der Formen sowie der Kontingenz der Prozesse der Unternehmenskooperation bewusst sein.

I. Unternehmenskooperation in der Wettbewerbsgesellschaft

In allen modernen Gesellschaften sind *Kooperation* und *Wettbewerb* schon heute mehr oder weniger gleichberechtigte Momente der Organisation ökonomischer Aktivitäten. Die verbreitete Rede vom Wettbewerb zwischen Kooperationsnetzwerken, von „Co-opetition" (*Nalebuff/Brandenburger* 1996) und von Unternehmenskooperation als Wettbewerbsstrategie (→ *Wettbewerbsstrategien*) deutet an, worum es geht.

Unternehmenskooperation, als Wettbewerbsstrategie aufgefasst, kann die Position von Unternehmen im internationalen Wettbewerb stärken; deshalb auch die verbreitete Rede von *strategischer Unternehmenskooperation*. In Zeiten der zumeist wettbewerbsstrategisch begründeten Forderung nach einem *Efficient Consumer Response*, *Relationship Marketing* und *Supply Chain Management* sowie nach dem Eingehen von strategischen Allianzen (→ *Allianz, strategische*) und *Wertschöpfungspartnerschaften* scheint Unternehmenskooperation denn auch vom Ausnahme- zum Regelfall der Gestaltung interorganisationaler Beziehungen zu werden. Mehr noch: Es dürfte heute zur Normalität des Managements gehören, den strategischen Blick aus dem Unternehmen heraus auf die Organisations- bzw. Kooperationsmöglichkeiten in der so genannten Organisationsumwelt zu richten. Dabei ist allerdings zu berücksichtigen, dass die Kooperationsstrategie die Wettbewerbsposition, z.B. durch unbeabsichtigten Wissensabfluss (→ *Wissen*; → *Wissensmanagement*), auch schwächen kann. Entscheidend kommt es deshalb zum einen auf die Bedingungen an, unter denen diese Wettbewerbsstrategie gewählt wird, zum anderen auf die konkrete, organisatorische Ausgestaltung und das Management der jeweiligen Form der Unternehmenskooperation. Die für die tatsächliche Sicherung von Wettbewerbsvorteilen notwendige konkrete Organisation und das praktische Management der Kooperation wird sich dabei in der Qualität der Beziehungen niederschlagen, die bspw. eher kurz- oder längerfristig, eher formell oder informell und eher eng oder lose gekoppelt ausgelegt sein können. Konkret ist z.B. – mit Blick auf die Fristigkeit, die Formalität und die Intensität der Kopplung – zu regeln, welches Wissen über die → *Organisationsgrenzen* hinweg kommuniziert werden darf und welches, weil es Bestandteil der *Kernkompetenz* eines Unternehmens (→ *Kompetenzen, organisationale*) ist, unbedingt vor Abfluss geschützt werden muss.

Jedes Verständnis von Unternehmenskooperation baut auf dem Prinzip der i.d.R. durchaus eigeninteressierten Berücksichtigung der Interessen des Anderen auf und bewegt sich damit unvermeidbar im Spannungsverhältnis von Autonomie und Abhängigkeit. Einerseits müssen die an einer Kooperation beteiligten Unternehmen über ein gewisses Maß nicht nur rechtlicher, sondern auch wirtschaftlicher *Autonomie* verfügen. Andererseits impliziert Kooperation eine wie auch immer geartete wechselseitige Verhaltensabstimmung – und damit das Eingehen von Abhängigkeiten. Dieser Sachverhalt wird treffend als „Paradoxon der Kooperation" (*Boettcher* 1974) bezeichnet, denn schon das kooperationstypische Mitberücksichtigen der Interessen des Kooperationspartners im eigenen Handeln bedroht latent die organisationale Autonomie, schafft aber auch neue strategische Handlungsspielräume. Unternehmenskooperation stellt vor diesem Hintergrund „eine auf die Realisierung von Wettbewerbsvorteilen setzende Organisationsform ökonomischer Aktivitäten [...], die sich durch komplex-reziproke, eher kooperative denn kompetitive und relativ stabile Beziehungen zwischen rechtlich selbständigen, wirtschaftlich jedoch zumeist abhängigen Unternehmungen auszeichnet" (*Sydow* 1992, S. 79). Im Unterschied zu Unternehmensnetzwerken (→ *Netzwerke*), für die diese Definition ursprünglich entwickelt wurde, richtet sich der

Begriff der Unternehmenskooperation oft auch auf dyadische Beziehungen, thematisiert also nicht unbedingt die Kooperation in einem komplexeren Beziehungsgeflecht. Wie der Begriff des Unternehmensnetzwerks – im Unterschied allerdings zu jenem des Unternehm*ungs*netzwerks und der Unternehm*ungs*kooperation – schließt die Rede von Unternehmenskooperation auch den Fall der Kooperation bzw. Netzwerkbildung im *Konzern* (s.u. Abschn. III.4.) mit ein.

II. Theoretische Erklärungsansätze der Unternehmenskooperation im Überblick

Die Zahl der theoretischen Ansätze, die zur Erklärung des Erfolgs und des Scheiterns von Unternehmenskooperationen herangezogen werden können, ist nahezu unüberschaubar. Es bietet sich jedoch eine Einteilung in ökonomische Theorien (i.e.S.) und *Interorganisationstheorien* an (*Sydow* 1992, S. 127 ff.; *Hoffmann* 1999). Während erstere ihre Stärke eindeutig bei der Erklärung der Existenz von Unternehmenskooperation zeigen, sind Interorganisationstheorien stärker mit dem Wie und damit dem Prozess der Unternehmenskooperation befasst.

1. Ökonomische Theorien

Die fruchtbarsten ökonomischen Erklärungsansätze sind – neben der modernen → Spieltheorie – institutionenökonomischer Prägung oder politökonomischer Provinienz. *Institutionenökonomische Ansätze* (→ *Institutionenökonomie*), insb. die → *Transaktionskostentheorie*, aber auch der → *Prinzipal-Agenten-Ansatz*, erklären die Existenz von Kooperationen mit einem situativen Koordinationskostenvorteil dieser Organisationsform ökonomischer Aktivitäten gegenüber sowohl einer marktlichen als auch einer hierarchischen Koordinationsform (vgl. kritisch dazu *Sydow* 1992, S. 145 ff.). Der im Kern zwar ebenfalls ökonomische, gleichwohl in erheblichem Maße die Wirksamkeit organisatorischer Prozesse unterstellende → *Ressourcenbasierte Ansatz*, stellt bei der Erklärung der etwaigen Bevorzugung von Kooperation gegenüber marktlichen und hierarchischen Koordinationsformen weniger auf die Kosten- denn auf die strategischen Vorteile dieser Organisationsform ab, sieht diese aber allein – und anders als moderne relationale Ansätze – in der Ressourcenakquisition durch Kooperation begründet. Letztlich kommt es nach diesem Ansatz darauf an, dass zumindest die Ressourcenkontrolle internalisiert und in nicht substituierbarer und imitierbarer Art und Weise in der Organisation eines Unternehmens verankert wird (vgl. dazu *Duschek/Sydow* 2002).

Politikökonomische Ansätze werden in der betriebswirtschaftlichen Lehre von der Unternehmenskooperation kaum beachtet, obwohl sie sich im Kern ökonomischer Argumentationsmuster bedienen. Dies gilt z.B. für die Theorie der flexiblen Spezialisierung ebenso wie für den Arbeitsprozessansatz (vgl. dazu *Sydow* 1992, S. 185 ff.). Während die *Theorie flexibler Spezialisierung* auf das Argument externer Skalenerträge und die Transaktionskostenvorteile einer Kooperation in einer Region bzw. Kultur setzt, schält der *Arbeitsprozessansatz* (und auch der Ansatz globaler Warenketten) neben den Kostenvorteilen arbeitsteiliger Produktion die Koordinationsproblematik zwischenbetrieblicher Arrangements (insb. der Subunternehmerschaft) heraus. Beide Ansätze akzentuieren neben der Ökonomie auch die Frage von Macht und Herrschaft in und zwischen Organisationen; insb. der Arbeitsprozessansatz stellt das Herrschaftsinteresse des Kapitals sowie des Managements *über* Fragen der Ökonomisierung. Diese Herrschaftsperspektive behindert vermutlich die breitere Rezeption dieser Ansätze in der Betriebswirtschaftslehre in vielleicht noch stärkerem Maße als ihr für Fragen praktischen Organisierens zu unspezifischer Charakter.

2. Interorganisationstheorien

Das Spektrum der *Interorganisationstheorien* ist noch vielfältiger als das der ökonomischen Theorien i.e.S. (vgl. dazu *Sydow* 1992, S. 191 ff.). Im Wesentlichen geht es diesen zumeist auf die Gestaltung interorganisationaler Arrangements angewandter Organisationstheorien darum (→ *Organisationstheorie*), die Frage zu erhellen, wie die Kooperationsbeziehungen organisiert werden bzw. werden sollen. Das Spektrum reicht von der sozialen Austauschtheorie über den Resource Dependence-Ansatz und den soziologischen Neoinstitutionalismus bis hin zur neueren Evolutions-, System- und Strukturationstheorie (→ *Evolutionstheoretischer Ansatz*; → *Systemtheorie* bzw. *Ortmann/Sydow/Windeler* 1997; *Windeler* 2001). Sieht man einmal von den zuletzt genannten Theorieansätzen ab, kann den Interorganisationstheorien der Vorwurf gemacht werden, dass sie nur ähnlich allgemeine Fragen zum Wie der Unternehmenskooperation stellen wie die ökonomischen Theorien zu ihrem Warum. Obwohl hier noch erheblicher Forschungs- genauer: Theoriebedarf besteht, kann schon eine Auseinandersetzung mit vorliegenden theoretischen Ansätzen das Management für das Wie der Unternehmenskooperation sensibilisieren.

III. Formen der Unternehmenskooperation

Detaillierte Gestaltungshinweise sollte man allerdings nicht erwarten. Dies liegt nicht zuletzt auch an der Vielfalt möglicher Formen der Unternehmenskooperationen, denen von keiner der genannten Theorien bislang hinreichend Rechnung getragen wird. Dies gilt nicht einmal für die populäre Unterscheidung vertikal, horizontal und lateral ausgerichteter Formen, geschweige denn für noch konkretere Ausgestaltungsformen (z.B. auch der Kooperation im *Konzern*).

1. Kooperation in der Wertkette: Vertikale Unternehmenskooperation

Der Trend zu mehr Unternehmenskooperation lässt sich am offensichtlichsten entlang der Wertkette beobachten. Die intensive Zusammenarbeit mit *Lieferanten* firmiert in der Praxis unter so unterschiedlichen Begriffen wie *Zulieferkooperation*, *Supply Chain Management* und *Wertschöpfungspartnerschaft*. In der wissenschaftlichen Literatur ist schon früh der Begriff der „Quasi-Integration" (*Blois* 1972) dafür genutzt worden, die enge, oft machtvolle Einbeziehung von Lieferanten in den Wertschöpfungsprozess zum Ausdruck zu bringen. Die machtvolle Einflussnahme auf die Zusammenarbeit mit Lieferanten durch entweder Hersteller oder Händler schließt allerdings nicht aus, dass die Interessen des Wertschöpfungspartners mit bedacht werden. Im Gegenteil: Gerade auch der Begriff der Zuliefer*kooperation* bzw. Wertschöpfungs*partnerschaft* hat, sofern er wirklich ernst gemeint ist und nicht zur Verschleierung realer Interessenunterschiede und Machtdivergenzen genutzt wird, die Berücksichtigung der Interessen des Gegenüber zur Voraussetzung. Dies gilt auch für den Begriff der strategischen Allianz (→ *Allianz, strategische*), die auch mit Lieferanten oder Kunden eingegangen werden kann, obwohl seit Jahren Bemühungen zu erkennen sind, diesen Begriff für die Kennzeichnung horizontaler Unternehmenskooperationen zu reservieren (*Backhaus/Meyer* 1993).

Die Kooperation mit *Kunden* firmiert unter so unterschiedlichen Begriffen wie *Relationship Marketing*, *Customer Relationship Management* oder *Efficient Consumer Response*. In fast allen diesen Fällen kommt es in Zeiten einer zunehmend populären *individualisierten Massenproduktion* und informationstechnischen Unterstützung (→ *Informationstechnologie und Organisation*) darauf an, den Kunden als gleichsam externen Faktor in die Produktion zu integrieren (*Kleinaltenkamp* 1997). Dabei erstreckt sich die Verhaltensabstimmung zwischen den Unternehmen zunehmend, wie schon vor Jahrzehnten vom Konzept des *vertikalen Marketings* gefordert (*Irrgang* 1993), auf den gesamten *Absatzkanal*. Zu einer – ggf. auch mehrstufigen – Kundenintegration kommt es dabei allerdings nur im produktionstheoretischen Sinne. Organisationstheoretisch wäre angemessener von *Kundenkooperation* die Rede, wie sie bspw. in *Dienstleistungsnetzwerken* typischerweise zu finden ist (*Sydow* 2000). Erwähnenswert ist in diesem Zusammenhang schließlich noch die innovationsorientierte, vom Kunden selbst oder aber vom Lieferanten initiierte Zusammenarbeit mit *Lead Usern* (*von Hippel* 1988), d.h. Kunden, die besonders früh zukunftsweisende Ansprüche an die zu entwickelnde Technologie oder das Dienstleistungsangebot stellen.

Für das Management impliziert die Kooperation in bzw. entlang der Wertkette, die Interessen der am Wertschöpfungsprozess beteiligten Kunden und Lieferanten stärker aufeinander abzustimmen und daraus resultierende Autonomieverluste in anderen Bereichen zu kompensieren, z.B. indem Alleinstellungsmerkmale gegenüber Wettbewerbern gestärkt werden.

2. Kooperation mit Wettbewerbern: Horizontale Unternehmenskooperation

Trotz der Dominanz der vertikalen Unternehmenskooperation sind in verstärktem Maße auch horizontale Kooperationen (auf einer Stufe der Wertkette) zu beobachten. Dies gilt mit Bezug auf nahezu alle Funktionsbereiche unternehmerischer Aktivitäten: F&E, Beschaffung, Produktion und Absatz. Entsprechend häufig sind in Zeiten, in denen zur „Zusammenarbeit mit Marktrivalen" (*Hamel/Doz/Prahalad* 1989) aufgerufen wird, Forschungs-, Entwicklungs-, Beschaffungs-, Produktions- und Marketingkooperationen zwischen Wettbewerbern zu finden. Oftmals sind solche horizontalen Formen der Unternehmenskooperation multiplex, beschränken sich also z.B. nicht auf einen Funktionsbereich, sondern beziehen die Verhaltensabstimmung auf mehrere Bereiche (vgl. auch *Hoffmann/Scherr* 1999).

Das Management dieser horizontalen Formen der Unternehmenskooperation unterscheidet sich von vertikalen – und auch lateralen – Ausprägungen v.a. durch das noch offensichtlichere und auch deutlich anders gelagerte Spannungsverhältnis von Kooperation und Wettbewerb (vgl. dazu schon *Sydow* 1992, S. 93 f.). Horizontale Unternehmenskooperationen gelten deshalb nicht nur als schwerer zu managen, sondern als grundsätzlich fragiler als vertikale.

3. Diversifikation durch Kooperation: Laterale Unternehmenskooperation

Laterale Formen der Unternehmenskooperation erlangen v.a. im Zuge der Diversifikation des Produkt- und/oder Dienstleistungsangebots von Unternehmen Bedeutung (*Bea* 1988). Die Kooperationsalternative bietet gegenüber der Diversifikation durch sowohl internes *Wachstum* als auch → *Fusionen und Übernahmen (Mergers and Acquisitions)* den Vorzug besserer Risikobegrenzung und größerer organisatorischer Flexibilität (→ *Flexibilität, organisatorische*).

Das Management lateraler Kooperationsbeziehungen hat zwar deutlich weniger mit dem Konkurrenzproblem zu rechnen, wohl aber mit heterogenen Interessen und Praktiken.

4. Exkurs: Kooperation in Gemeinschaftsunternehmen und Konzern

Eine Form der Unternehmenskooperation eigener Art ist das *Gemeinschaftsunternehmen* oder *Joint Venture*. Hier kooperieren zwei oder mehr Unternehmen in der Weise, dass sie für die Erfüllung der Kooperationsaufgabe gemeinschaftlich ein Unternehmen gründen und führen. Im Falle einer Dominanz durch einen der Kooperationspartner und der praktischen Ausübung *einheitlicher Leitung* entsteht durch die Gründung des Gemeinschaftsunternehmens nicht selten ein *Konzern* (→ *Konzernorganisation*).

Überhaupt ermöglicht der Begriff der Unternehmenskooperation, Kooperationen im Konzern einzubeziehen. Das Besondere für das Management dieser Form der Kooperation ist, dass die konzerninterne Koordination immer im Schatten der Möglichkeit zur hierarchischen Anweisung erfolgt (→ *Hierarchie*). Dies hat Auswirkungen sowohl auf die Ausgestaltung organisationaler Autonomie als auch auf die Frage, wie Wettbewerb im Konzern inszeniert und mit Kooperation zusammengeführt wird.

IV. Zum Prozess der Unternehmenskooperation

Unternehmenskooperation ist – ähnlich wie der Begriff der Organisation (vgl. dazu *Ortmann/Sydow/Windeler* 1997) – nicht nur als Ergebnis, sondern auch als Prozess zu verstehen. Unternehmenskooperation als Prozess aufzufassen, kann in seiner sowohl theoretischen als auch praktischen Bedeutung kaum überschätzt werden. Mit dem Begriff des Prozesses wird oft die Vorstellung eines bestimmten Verlaufs einer zwischenbetrieblichen Kooperation verbunden. Lineare und nicht-lineare sowie interventionsorientierte Entwicklungsmodelle versuchen, mit zumeist geringem Erfolg, diesen Verlauf näher zu bestimmen (vgl. dazu im Einzelnen *Sydow* 2003). In der Perspektive moderner *Interorganisationstheorien* (s. Abschn. II.2.) werden nicht nur die in diesen Verlaufsannahmen als wirksam unterstellten Subprozesse sichtbar, sondern auch die im Zusammenhang mit Aufbau, Unterhalt und Beendigung einer Kooperationsbeziehung zu bewältigenden Managementanforderungen deutlich. Entscheidend geht es bspw. beim Aufbau einer Unternehmenskooperation darum, beim Partner, und zwar interpersonal wie interorganisational, ein gewisses → *Vertrauen* zu gewinnen bzw. geschenktes Vertrauen in angemessener Form zu erwidern. Beides erscheint ohne jedwede Form von → *Kontrolle* nicht möglich, wird doch häufig erst durch sie das für die Vertrauensbildung notwendige → *Wissen* generiert, das sodann – im Vertrauensprozess – überdehnt wird. Vertrauen und Kontrolle bildet, ebenso wie Autonomie und Abhängigkeit bzw. Kooperation und Wettbewerb, in jedweder Form der Unternehmenskooperation ein besonderes Spannungsverhältnis aus, das es beim Kooperations- bzw. Netzwerkmanagement – und zwar in Feinabstimmung auf Form und Prozess der Unternehmenskooperation – zu berücksichtigen gilt (vgl. dazu *Sydow/Windeler* 2003).

Literatur

Backhaus, Klaus/Meyer, Margit: Strategische Allianzen und strategische Netzwerke, in: WiSt, Jg. 22, 1993, S. 330–334.

Bea, Franz Xaver: Diversifikation durch Kooperation, in: DB, Jg. 41, 1988, S. 2521–2525.

Blois, Keith J.: Vertical quasi-integration, in: Journal of Industrial Economics, Jg. 20, 1972, S. 253–272.

Boettcher, Erik: Kooperation und Demokratie in der Wirtschaft, Tübingen 1974.

Duschek, Stephan/Sydow, Jörg: Ressourcenorientierte Ansätze des strategischen Managements – Zwei Perspektiven auf Unternehmungskooperationen, in: WiSt, Jg. 31, 2002, S. 426–431.

Hamel, Gary/Doz, Yves L./Prahalad, Coimbatore K.: Mit Marktrivalen zusammenarbeiten, in: Harvard-Manager, Jg. 11, H. 3/1989, S. 87–94.

Hippel, Eric von: Novel product concepts from lead users, in: Innovation and management: International comparisons, hrsg. v. *Urabe, Kuniyoshi/Child, John/Kagono, Tadao*, Berlin 1988, S. 81–101.

Hoffmann, Werner H.: Ökonomie von Unternehmungsnetzwerken: Theoretische Einsichten und empirische Befunde, in: Arbeit, Personal und Mitbestimmung in Unternehmungsnetzwerken, hrsg. v. *Sydow, Jörg/Wirth, Carsten*, München – Mering 1999, S. 31–62.

Hoffmann, Werner H./Scherr, Maximilian: Strategische Allianzen österreichischer Unternehmen – Ergebnisse einer empirischen Untersuchung, in: Journal für Betriebswirtschaft, Jg. 49, H. 3/1999, S. 84–107.

Irrgang, Wolfgang (Hrsg.): Vertikales Marketing im Wandel, München 1993.

Kleinaltenkamp, Michael: Kundenintegration, in: WiSt, Jg. 26, 1997, S. 350–354.

Nalebuff, Barry J./Brandenburger, Adam M.: Coopetition – kooperativ konkurrieren, Frankfurt am Main – New York 1996.

Ortmann, Günther/Sydow, Jörg/Windeler, Arnold: Organisation als reflexive Strukturation, in: Theorien der Organisation, hrsg. v. *Ortmann, Günther/Sydow, Jörg/Türk, Klaus*, Opladen 1997, S. 315–354.

Sydow, Jörg: Dynamik von Netzwerkorganisationen, in: Die Gestaltung der Organisationsdynamik, hrsg. v. *Hoffmann, Werner H.*, Stuttgart 2003, S. 327–356.

Sydow, Jörg: Management von Dienstleistungsbeziehungen – Kundenintegration in organisations- und netzwerktheoretischer Perspektive, in: Unternehmung und Informationsgesellschaft, hrsg. v. *Witt, Frank H.*, Wiesbaden 2000, S. 21–33.

Sydow, Jörg: Strategische Netzwerke, Wiesbaden 1992.

Sydow, Jörg/Windeler, Arnold: Knowledge, trust and control: Managing tensions and contradictions in a regional network of service firms, in: International Studies of Management & Organization, Jg. 33, 2003, S. 69–100.

Windeler, Arnold: Unternehmungsnetzwerke. Konstitution und Strukturation, Wiesbaden 2001.

Unternehmensstrategien

Michael Dowling

[s.a.: Internationale Strategien; Planung; Strategie und Organisationsstruktur; Umweltanalyse, strategische; Unternehmensanalyse, strategische; Unternehmensführung (Management); Wettbewerbsstrategien.]

I. Unternehmens- versus Wettbewerbsstrategien – eine begriffliche Abgrenzung; II. Diversifikationsstrategie; III. Portfoliomodelle; IV. Kritische Würdigung.

Zusammenfassung

Modelle und Konzepte der „Unternehmensstrategie" beziehen sich auf Firmen, die ihre Tätigkeiten auf mehr als eine Branche ausweiten. In diesem Beitrag wird zuerst der Begriff von Wettbewerbsstrategien abgegrenzt. Dann wird die Art und Form der Diversifikation als wichtigste Entscheidung der Unternehmensstrategie diskutiert. Es werden zudem die aus der Praxis entwickelten Portfoliomodelle und der aktuelle Stand der Forschung erörtert.

I. Unternehmens- versus Wettbewerbsstrategien – eine begriffliche Abgrenzung

Die Lehre des Strategischen Managements (→ *Strategisches Management*) unterscheidet grundsätzlich zwei Möglichkeiten, überdurchschnittliche Renditen zu erzielen. Erstens kann eine Firma in einer *Branche* tätig sein, die durch günstige strukturelle Merkmale allen Firmen überdurchschnittliche Renditen ermöglicht. Zweitens kann eine Firma durch Ressourcenbündelung eine Position aufbauen, die ihr gegenüber anderen Firmen der Branche langfristige Wettbewerbsvorteile verschafft und so ebenfalls zu überdurchschnittlichen Renditen führt. Beide Erfolgsquellen können sowohl auf der Ebene der Unternehmes- als auch auf der Ebene der Wettbewerbsstrategie betrachtet werden (z.B. *Grant* 2002; *Steinmann/ Schreyögg* 2000; → *Wettbewerbsstrategien*).

Diese beiden strategischen Ebenen lassen sich mittels zweier Grundsatzfragen differenzieren:

- In welchen Branchen oder Geschäftsfeldern soll ein Unternehmen tätig sein?
- Wie soll das Unternehmen in einer Branche den Wettbewerb bestreiten?

Die Beantwortung der ersten Frage legt im weitesten Sinne die *Unternehmensstrategie* („*corporate strategy*") fest. Auf dieser Ebene werden die Tätigkeiten eines Unternehmens in *verschiedenen* Branchen und Märkten beschrieben. Strategische Entscheidungen in diesem Bereich sind insb. Diversifikation, vertikale Integration, Akquisitionen und der interne Aufbau von neuen Geschäftseinheiten. Ein wichtiger Entscheidungsprozess auf dieser Ebene ist der über die Verteilung von finanziellen, immateriellen und personellen Ressourcen zwischen verschiedenen Geschäftseinheiten. Letztendlich ist die Entscheidung, bestimmte Geschäftseinheiten zu verkaufen oder zu liquidieren, auch eine Frage der Unternehmensstrategie. Das Unternehmen wird dementsprechend als ein Portfolio von *Geschäftsfeldern* verstanden.

Häufig wird in der Lehre des Strategischen Managements den Fragen der Wettbewerbsstrategie mehr Aufmerksamkeit gewidmet. In der Forschung gibt es aber eine Vielfalt von Studien, insb. bzgl. des Erfolges verschiedener Diversifikationsstrategien, wie auch der Implementation von Diversifikationsstrategien. Ebenso finden in der Praxis Portfoliomodelle, die von verschiedenen Beratungsunternehmen entwickelt wurden, als Entscheidungshilfe für die Verteilung von Ressourcen auf der Unternehmensebene großen Anklang.

II. Diversifikationsstrategie

In Forschungen zur *Diversifikationsstrategie* werden üblicherweise folgende Fragen behandelt:

- Kann ein Unternehmen durch Investitionen in eine andere Branche höhere Renditen erzielen als in Branchen, in denen es bereits etabliert ist?
- Ist es besser, in ähnliche Branchen zu investieren (eine verbundene Diversifikationsstrategie) oder Risiko zu teilen, indem man in verschiedene Branchen investiert (eine unverbundene Diversifikationsstrategie)?

Seit dem Ende der industriellen Revolution und insb. nach dem Zweiten Weltkrieg, haben v.a. große Unternehmen, aber auch zunehmend mittelständische und sogar neu gegründete Firmen versucht, *Produkt-Markt-Strategien* für verschiedene Märkte zu entwickeln. Alfred Chandler untersuchte in mehreren Studien die historische Entwicklung von größeren amerikanischen Aktiengesellschaften bzgl. ihrer Diversifikationsstrategien (z.B. *Chandler* 1962; *Chandler* 1977). Er zeigte die Entwicklung von Unternehmen, die häufig mit einem einzelnen Produkt in einer bestimmten lokalen Branche begannen und nach einer gewissen Zeit größere regionale und nationale Märkte eroberten. Mit freien Kapazitäten, insb. im Marketing, konnten die Firmen damit erfolgreiche Produkte und Fähigkeiten in bestimmten Branchen auf andere Branchen übertragen.

Eine ebenfalls sehr bekannte empirische Studie auf diesem Gebiet führte Richard Rumelt Anfang der 70er Jahre durch (*Rumelt* 1974). Er fand heraus, dass seit dem Zweiten Weltkrieg die Zahl der „*Single*

Business"-Unternehmen (d.h. Unternehmen, die in nur einem Geschäftsfeld tätig sind) innerhalb der sog. Fortune 500 stetig fiel und die Zahl von diversifizierten Unternehmen stetig wuchs. In Extremfällen führte diese Diversifikationsstrategie zu sog. Konglomeraten, d.h. zu großen Unternehmen mit einem breiten Portfolio von Produkten in vielen verschiedenen, unverbundenen Branchen. Beispiele dazu sind Firmen wie Westinghouse Electric in den USA oder Siemens in Deutschland. In jüngster Zeit ist jedoch wieder ein rückläufiger Trend, weg von der breiten Diversifikation, zu beobachten.

1. Gründe für Diversifikation

Auf die Frage, was Unternehmen zur *Diversifizierung* motiviert, werden häufig drei Gründe angeführt: Wachstum, Risikoverteilung und Synergien.

Firmen, die in gesättigten, wachstumsschwachen Branchen tätig sind, versuchen – auch aufgrund des von ihren Aktionären ausgeübten Drucks – neue *Wachstumsfelder* zu definieren. Ein klassisches Beispiel sind die Diversifikationsversuche von Tabak- und Zigarettenherstellern in den USA, die, um dem Dilemma der schrumpfenden Märkte für ihre Standardprodukte entgegenzuwirken, breite Diversifikationsstrategien verfolgten. Philip Morris kaufte bspw. eine Reihe von Firmen im Lebensmittelbereich und anderen Branchen auf. Andere Beispiele in den 70er Jahren waren die Versuche von Ölgesellschaften, in neuen Branchen Fuß zu fassen. Exxon ist durch Akquisitionen in die Computer- und Büroautomationsbranche eingestiegen und Mobil Oil durch die Akquisition von Montgomery Ward in die Einzelhandelsbranche. Die Erfolge derartiger Wachstumsstrategien durch Diversifikation waren sehr gemischt (z.B. *Porter* 1987).

Ein zweiter wichtiger Grund für die Diversifikation, der v.a. aus der Finanzierungslehre kommt, ist die *Risikoverteilung*. Die Grundidee ist, dass sich das Risiko auf verschiedene Gebiete verteilt, wenn ein Unternehmer in mehreren Branchen tätig ist (z.B. *Brealey/Myers* 2000). Das sog. „Capital Asset Pricing Model" ist die formalisierte Abbildung dieser Idee. Allerdings zeigten Studien in den USA, dass Risikoverteilung durch Management-Diversifikationsstrategien keine Vorteile für Aktienbesitzer bringt. Aktionäre können ihre eigene Diversifikationsstrategie besser verfolgen, indem sie selbst Investments in mehrere Firmen tätigen (z.B. *Levy/Sarnat* 1970; *Lubatkin/Chatterjee* 1994).

Der dritte Grund ist die Herstellung von *Synergieeffekten*. Diese Idee basiert auf dem Argument, dass Diversifikation durch neue Kombinationen von Ressourcen zu langfristigen Wettbewerbsvorteilen führen kann und letztendlich zu mehr Wert für den Aktienbesitzer. Man hofft, durch die Zusammenlegung von Unternehmensteilen, Kosteneffekte oder Differenzierungsmöglichkeiten zu schaffen. Sehr oft wird auch mit Synergien argumentiert, wenn Branchen zusammenwachsen. Aus diesem Grund kaufte bspw. die japanische Firma Sony in den 90er Jahren Columbia Pictures und ihr Wettbewerber Matsushita das Filmstudio MCA. Beide waren überzeugt, dass es Synergien zwischen „Hardware" auf einer Seite (Videogeräte, Kameras, etc.) und „Software" (die Filme) auf der anderen Seite gibt. Wie bei den mit Wachstum begründeten Diversifikationen, sind auch die Ergebnisse von solch synergiebildenden Diversifikationsstrategien sehr unterschiedlich (z.B. *Sirower* 1997).

2. Formen der Diversifikation

In der Literatur werden verschiedene Formen der Diversifikation behandelt. Die Erweiterung auf eng verwandte Geschäftsbereiche wird als *„verbundene"* Strategie und die Diversifikation in neue Geschäftsfelder ohne Bezug zum angestammten Geschäft als *„unverbundene"* Strategie bezeichnet. Diversifikation entlang der Wertschöpfungskette wird *„vertikal"* genannt. Fragen der vertikalen Diversifikation werden in der Literatur am häufigsten im Zusammenhang mit der → *Transaktionskostentheorie* behandelt. Diese grundsätzlichen Optionen können durch interne Entwicklung, Akquisition und/oder Kooperation realisiert werden. Die bereits erwähnte Studie von Porter (*Porter* 1987) zeigte, dass über 70% der Diversifikationsversuche in den USA durch Akquisitionen erfolgten. In jüngster Zeit wird für die Kooperationsstrategie als risikoarme und vorteilhafte Variante der Diversifikation plädiert (z.B. *Harrigan* 1988; *Sydow* 1992; *Jarillo* 1993). Aber die Erfolgsquote von Kooperationen ist auch eher niedrig.

3. Forschungsergebnisse über Diversifikation und Unternehmenserfolg

In seiner bereits erwähnten Studie kam Rumelt zu dem Ergebnis, dass Diversifikation insgesamt nicht zu höherer Rentabilität führt. Aber je nach Art der Diversifikationsstrategie gab es doch Leistungsunterschiede. Die untersuchten Firmen, die eine verbundene Diversifikationsstrategie verfolgten, waren signifikant rentabler als die Firmen mit unverbundener Diversifikation. Eine Reihe von anderen Forschern hat diesen Befund Rumelts bestätigt (z.B. *Montgomery* 1979; *Bettis* 1981; *Varadarajan/Ramanujam* 1987; *Lubatkin/Rogers* 1989). Andere Studien bewiesen jedoch das Gegenteil: Unverbundene Diversifikation sei vorteilhafter (z.B. *Michel/Shaked* 1984; *Elgers/Clark* 1980; *Chatterjee* 1986; *Chatterjee/Wernerfelt* 1991). Hier zeigte sich, dass eine erfolgreiche Diversifikation nur mit dem Transfer von Ressourcen oder Fähigkeiten erzielt werden kann. Andere Studien unterstützten diesen „Resourced-based View" (→ *Ressourcenbasierter Ansatz*) von erfolgreicher Diversifikation (z.B. *Lemelin* 1982; *Nayyar* 1993; *Prahalad/Bettis* 1986). Eine „Metaanalyse" von über 55 empirischen Studien fand eine kurvilineare Bezie-

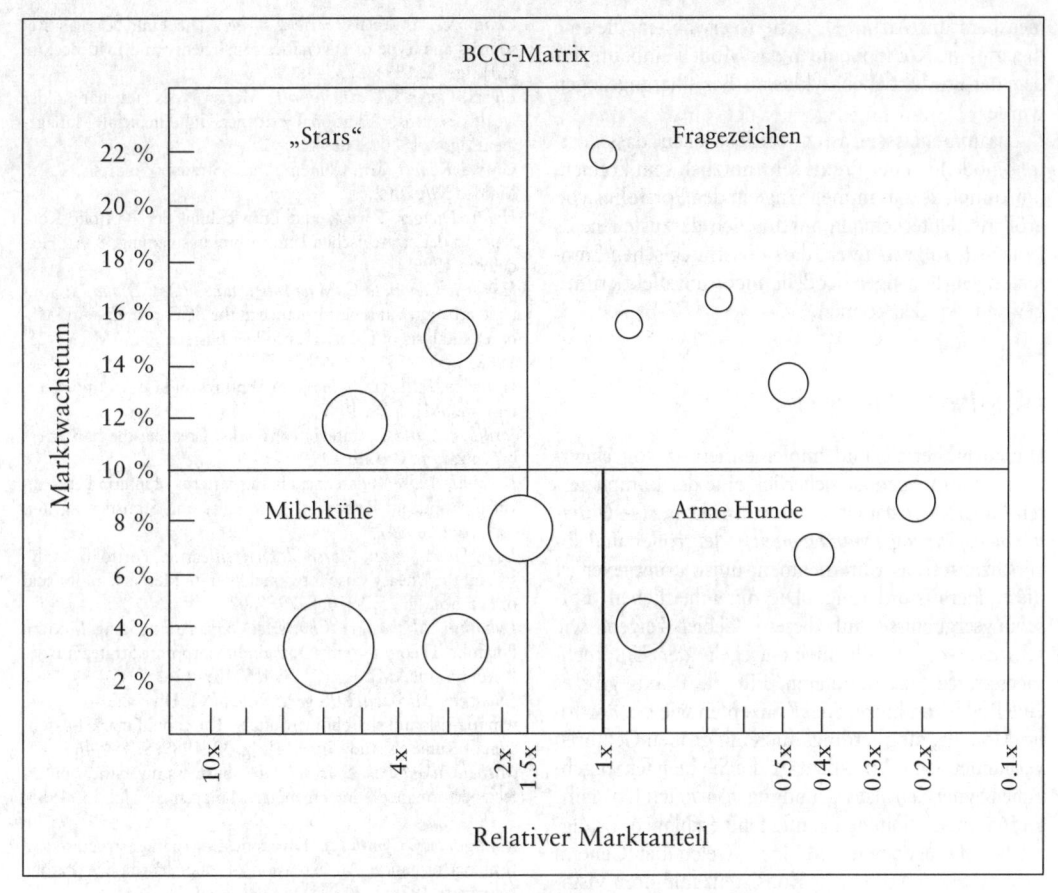

Abb. 1: Die BCG-Matrix (Quelle: Steinmann/Schreyögg 2000, S. 214)

hung zwischen Diversifikation und Erfolg (*Palich/ Cardinal/Miller* 2000). Diese Studie zeigte, dass die Rentabilität von Firmen, die eine verbundene Diversifikationsstrategie verfolgten, zuerst stieg, dann aber wieder sank, wenn diese Firmen ihre Strategie zu sehr auf eine unverbundene Diversifikation ausweiteten. Nach diesen Autoren liegen die Vorteile der verbundenen Diversifikation in Ressourceneilung und den dadurch gewonnenen *„Economies of Scope"*. Allerdings ist die positive Korrelation zwischen verbundener Diversifikation und Rentabilität nicht besonders stark.

III. Portfoliomodelle

Um Unternehmensstrategieentscheidungen zu unterstützen, gab es in den 60er und 70er Jahren die Entwicklung von sog. *„Portfolio-Planungsmodellen"*. Diese Modelle versuchen, durch die graphische Darstellung von *strategischen Geschäftseinheiten* anhand bestimmter Variablen, Investitions- oder Verkaufsentscheidungen zu bestimmen. Das einfachste Portfoliomodell ist die in Abb. 1 dargestellte sog. „Wachstums-Marktanteilsmatrix" der Boston Consulting Gruppe (BCG) (für eine detailliertere Beschreibung siehe *Steinmann/Schreyögg* 2000). Dieses Modell mit nur zwei Variablen ist sehr einfach in der Anwendung. Es wurde stark kritisiert, dass diese beiden Variablen alle anderen strategischen Aspekte vernachlässigten. Kritisch gesehen wird auch die strategische Empfehlung, die sog. „Poor Dogs" zu liquidieren oder zu verkaufen. Empirische Studien zeigten, dass ein solcher Schritt auch falsch sein könnte, weil solche strategische Geschäftseinheiten trotzdem etwa durch eine Spezialisierung zu hohen Renditen führen können (z.B. *Hambrick/MacMillan/Day* 1982). In den 70er Jahren hat die Unternehmensberatung McKinsey, in Zusammenarbeit mit General Electric, ein komplexeres Modell für Portfolio-Analysen entwickelt. Die zwei Achsen dieses Modells repräsentieren ebenfalls die Attraktivität der Branche (anhand der externen Faktoren wie Marktgröße, Marktwachstum, Branchenrentabilität usw.) und die Wettbewerbsposition der strategischen Geschäftseinheit (anhand der internen Faktoren wie Wettbewerbsposition, relative Rentabilität usw.). Neben einer Reihe anderer Portfoliokonzepte in der Literatur (für eine detaillierte Beschreibung siehe *Welge/Al-Laham* 2001; *Hahn* 1999) ist das Konzept der Unternehmensberatung Arthur D. Little zu erwähnen, die eine dynamische Komponente in das Modell einbaute, indem der Produktlebenszyklus als Basis herangezogen wurde.

Zusammenfassend ist zu verdeutlichen, dass Portfoliomodelle in der Praxis sehr nützlich sein können, um komplexe Zusammenhänge in den Portfolios von größeren Unternehmen anschaulich darzustellen. Es ist jedoch zu beachteten, dass die strategischen Empfehlungen derartiger Modelle nicht unreflektiert angewandt werden können.

IV. Kritische Würdigung

Die Formulierung und Implementierung von Unternehmensstrategien ist sicherlich eine der komplexesten Aufgaben in der Unternehmensführung (→ *Unternehmensführung (Management)*). Je größer und diversifizierter das Unternehmen, umso komplexer ist diese Herausforderung. Die uneinheitlichen Forschungsergebnisse auf diesem Gebiet zeigen, wie schwierig es ist, allgemeine Regeln der Unternehmensstrategie zu definieren. Für die Praxis gibt es eine Reihe von hilfreichen Konzepten wie die Portfolio-Modelle, die allerdings auch mit großen Gefahren verbunden sind. Vor allem ist die Suche nach angeblichen Synergien als Begründung von vielen Diversifikationsentscheidungen häufig fehlgeschlagen. Erfolgreiche Manager, wie z.B. Jack Welch bei General Electric, zeigten einerseits Konsistenz mit ihren Visionen und Unternehmenszielen, bewiesen aber andererseits die Flexibilität (→ *Flexibilität, organisatorische*), um auf Änderungen in verschiedenen Branchen und Wettbewerbsbedingungen zu reagieren. Eine zu starre Verfolgung von Unternehmensstrategien, basierend auf einfachen Portfoliomodellen oder auf einseitigen Erfahrungen, kann zu Fehlinvestitionen und großen Wertverlusten führen. Die Kombination aus Konsistenz und Flexibilität ist die Kunst der Unternehmensstrategie.

Literatur

Bettis, Richard A.: Performance differences in related and unrelated diversified firms, in: SMJ, Jg. 2, 1981, S. 379–393.
Brealey, Richard A./Myers, Stewart C.: Principles of Corporate Finance, 6. A., New York 2000.
Chandler, Alfred: The Visible Hand: The Managerial Revolution in American Business, Cambridge 1977.
Chandler, Alfred: Strategy and Structure: Chapters in the History of the Industrial Enterprise, Cambridge 1962.
Chatterjee, Sayan: Type of synergy and economic value: The impact of acquisitions on merging and rival firms, in: SMJ, Jg. 7, 1986, S. 119–139.
Chatterjee, Sayan/Wernerfelt, Birger: The Link between Resources and Type of Diversification: Theory and Evidence, in: SMJ, Jg. 12, 1991, S. 33–48.
Elgers, Pieter T./Clark, John J.: Merger types and shareholder wealth returns: Additional evidence, in: Financial Management, Jg. 9, 1980, S. 66–72.
Grant, Robert M.: Contemporary Strategy Analysis, 2. A., Malden MA 2002.
Hahn, Dietger: Zweck und Entwicklung der Portfolio-Konzepte in der strategischen Unternehmungsplanung, 8. A., Heidelberg 1999.
Hambrick, Donald C./MacMillan, Ian C./Day, Diana L.: Strategic attributes and performance in the BCG-matrix – A PIMS-based analysis of industrial product business, in: AMJ, Jg. 25, 1982, S. 510–531.
Harrigan, Kathryn Rudie: Joint Ventures and Competitive Strategy, in: SMJ, Jg. 9, 1988, S. 141–158.
Jarillo, J. Carlos: Strategic Networks: Creating the borderless organization, Oxford 1993.
Lemelin, Andre: Relatedness in the patterns of interindustry diversification, in: Review of Economics and Statistics, Jg. 64, 1982, S. 646–647.
Levy, Haim/Sarnat, Marshall: Diversification, Portfolio Analysis and the Uneasy Case for Conglomerate Mergers, in: Journal of Finance, Jg. 25, 1970, S. 795–802.
Lubatkin, Michael H./Chatterjee, Sayan: Extending Modern Portfolio Theory into the Domain of Corporate Strategy: Does It Apply?, in: AMJ, Jg. 37, 1994, S. 109–136.
Lubatkin, Michael H./Rogers, Ronald C.: Diversification, systematic risk and shareholder return: The capital market extension of Rumelt's study, in: AMJ, Jg. 32, 1989, S. 454–465.
Michel, Allan/Shaked, Israel: Does business diversification affect performance?, in: Financial Management, Jg. 13, 1984, S. 18–25.
Montgomery, Cynthia A.: Diversification market structure and firm performance: An extension of Rumelt's model, Purdue University 1979.
Nayyar, Praveen R.: Performance Effects of Information Asymmetry and Economies of Scope in Diversified Service Firms, in: AMJ, Jg. 36, 1993, S. 28–57.
Palich, Leslie E./Cardinal, Laura B./Miller, C. Chet: Curvilinearity in the diversification – performance linkage: An examination of over three decades of research, in: SMJ, Jg. 21, 2000, S. 155–174.
Porter, Michael E.: From competitive advantage to corporate strategy, in: HBR, Jg. 65, H. 3/1987, S. 43–59.
Prahalad, Coimbatore K./Bettis, Richard A.: The Dominant Logic: A New Linkage Between Diversity and Performance, in: SMJ, Jg. 7, 1986, S. 485–502.
Rumelt, Richard: Strategy, Structure and Economic Performance, Cambridge 1974.
Sirower, Mark L.: The Synergy Trap: How Companies Lose the Acquisition Game, New York 1997.
Steinmann, Horst/Schreyögg, Georg: Management, 5. A., Wiesbaden 2000.
Sydow, Jörg: Strategische Netzwerke, Wiesbaden 1992.
Varadarajan, P. Rajan/Ramanujam, Vasudevan: Diversification and performance: A reexamination using a new two-dimensional conceptualization of diversity in firms, in: AMJ, Jg. 30, 1987, S. 380–397.
Welge, Martin K./Al-Laham, Andreas: Strategisches Management, 3. A., Wiesbaden 2001.

V

Verantwortung

Hans Lenk/Matthias Maring

[s.a.: Aufbau- und Ablauforganisation; Führung und Führungstheorien; Hierarchie; Kompetenzen, organisationale; Macht in Organisationen; Management und Recht; Menschenbilder; Organisatorische Gestaltung (Organization Design); Rollentheorie; Unternehmensethik.]

I. Begriff und Grundauffassungen von Verantwortung; II. Bedingungen zur Übernahme von Verantwortung; III. Ausgestaltung von Verantwortung; IV. Wirkungen von Verantwortung.

Zusammenfassung

„Verantwortung" und „Mitverantwortung" sind Grundbegriffe neuerer Ethikauffassungen. Der Verantwortungsbegriff ist ein zuschreibungsgebundener mehrstelliger Relationsbegriff. Besondere Probleme der Verantwortung stellen Fragen kollektiven und korporativen Handelns und entsprechender Verantwortung dar. Die lediglich individualistischen Konzepte der Ethik und der Ökonomie werden diesen Problemen nicht voll gerecht. Zunehmend wichtiger wird die Mitverantwortung, welche die individuelle Verantwortung ergänzt, sie aber keineswegs ablöst. Die Verantwortung als Rechenschaftspflicht vor Vorgesetzen für die Erfüllung instanzen-, positions- und rollenbezogener Aufgaben ist Teil der allgemeinen Rollen- und Aufgabenverantwortung und nicht der einzig relevante Verantwortungstyp in Korporationen.

I. Begriff und Grundauffassungen von Verantwortung

„*Verantwortung*" und „*Mitverantwortung*" sind Grundbegriffe neuerer Ethikauffassungen: Wir werden zur Verantwortung gezogen, wir tragen Verantwortung. Verantwortung zu tragen heißt: bereit zu sein, oder genötigt werden zu können, zu antworten, etwas zu verantworten gegenüber jemandem, einem Betroffenen oder einem Adressaten. Wir sind beispielsweise nicht nur für etwas, für eine Handlung und evtl. deren Ergebnis oder Folge, für eine Aufgabe, Betreuung usw. verantwortlich, sondern auch gegenüber jemandem und vor einer Instanz. Der Verantwortungsbegriff ist ein zuschreibungsgebundener mehrstelliger Relations- bzw. Strukturbegriff, ein interpretations- und analysebedürftiges Schema mit folgenden Elementen: *jemand* – Verantwortungssubjekt: Personen, *Korporationen* – ist *für etwas* – Handlungen, Handlungsfolgen, Zustände, Aufgaben usw. –, *gegenüber* einem Adressaten, *vor* einer Sanktions-, Urteilsinstanz, *in Bezug auf* ein normatives Kriterium, *im Rahmen eines* Verantwortungs-, Handlungsbereiches verantwortlich (vgl. *Lenk/Maring* 2001).

Unterscheidet man eine allgemeine *Handlungsverantwortung* von der *Rollen- und Aufgabenverantwortung*, von rechtlicher und *moralischer Verantwortung*, so wird auch ein zweiter Deutungsaspekt deutlich: Die Handlungsverantwortung ist zunächst nur als übergeordnete, schematisch formale Einteilung zu sehen; sie muss durch inhaltliche Aufgaben- oder Rollenspezifizierung oder durch die (universal-)moralische oder auch die rechtliche Deutung auf die entsprechenden Wert- und Normenbereiche bezogen werden: Erst dann wird sie inhaltlich fassbar (vgl. *Lenk* 1987). Moralische Verantwortung ist offen, vorausschauend und zukunftsorientiert und nicht ausschließlich („exklusiv") und geschlossen, eine Angelegenheit unterschiedlicher Gradabstufungen, u.U. tugendorientiert und mitverantwortungs- und beteiligungsoffen. Mehrere Personen können gemeinschaftlich für „etwas" verantwortlich sein. Sie können *mit*verantwortlich sein. Moralität ist insbesondere mehr als Einzelpflicht; kritische (Schwellen-)Werte aktualisieren Verantwortlichkeit. Die negative straf- oder tadelnsbezogene Verantwortung, meist juristisch oder durch anderweitige soziale Kontrolle geregelt, ist demgegenüber typischerweise trägerspezifisch, geschlossen und exklusiv.

„Verantwortung" ist ein *Familienbegriff* (vgl. *Lenk/Maring* 1993, S. 230 f.): Das allgemeine Verantwortungsmodell zeigt den gemeinsamen Bedeutungskern trotz gewisser unscharfer Ränder und die strukturellen Ähnlichkeiten der Verantwortungsbegriffe. Unterschiedliche Typen der Verantwortung strukturieren die soziale Wirklichkeit jeweils verschieden, haben spezifische strukturelle Implikationen. Institutionalisierte Regeln und Kriterien der Zuschreibung der verschiedenen Verantwortungstypen strukturieren auch die konkreten Verantwortlichkeiten bzw. Verantwortlichkeitszuschreibungen und deren Folgen. So folgen auch aus der einschlägigen Anwendbarkeit der verschiedenen Verantwortungstypen spezifische konkrete Erwartungen und Ansprüche. Mit einer Rolle sind beispielsweise bestimmte Pflichten und Aufgaben verbunden, die sich auf den Rollenträger – exklusiv – beziehen und nicht so personengebunden sind, wie dies etwa die moralische Verantwortung ist (vgl. *Lenk* 1997, S. 92 ff.). Handlungs-, Aufgaben- und Rollen-, rechtliche und moralische Verantwortung haben sich teilweise überschneidende Zuschreibungsvoraussetzungen. Generell lässt sich ein mehrstufiges, idealtypisches, normatives Dialog-, Interaktionsmodell der Verantwortungszuschreibung angeben (vgl. *Lenk/Maring* 1992, S. 90 ff.).

II. Bedingungen zur Übernahme von Verantwortung

Unter den moralischen, rechtlichen u.a. Verantwortungszuschreibungen lassen sich subjektive und objektive Komponenten, beschreibend bzw. wertend zu erfassende Voraussetzungen bzw. Stufen und normativ relevante Eigenschaften von Handlungssubjekten unterscheiden, die nicht bei allen Verantwortungszuschreibungen einschlägig sind; diese sollen stichwortartig aufgeführt werden (vgl. *Lenk/Maring* 1992): Freiheit i.S.v. Anfangenkönnen von Handlungsketten, Andershandelnkönnen – normativ bzw. empirisch gemeint –, Zurechnung von Handlungsfolgen – Nah-, Fern-, Spätfolgen, Voraussehbarkeit der Folgen –, Verantwortungs-, Zurechnungs-, Schuldfähigkeit, Vorsatz, Fahrlässigkeit, Verletzung von Rechten, Pflichten, Geboten, Idealen, Zuschreibung von Schuld, Bewertung, Zur-Verantwortung-Ziehen, Rechtfertigungs-, Entschuldigungsgründe, Sanktionierung. Zur Übernahme von „konkreter" betrieblicher Verantwortung betont Bronner (*Bronner* 1992, Sp. 2505 ff.) die Bedeutung von Menschenbildern (→ *Menschenbilder*) und nennt folgende spezifischen Bedingungen: Handlungsziele und deren Verwirklichung dienen der Beurteilung der jeweils Verantwortlichen wobei Handlungsfähigkeit – auch im Sinne des „Bereitstellen[s] von Kompetenzen, Qualifikationen und Unterstützungen" durch den „Verantwortungsgeber" – und Handlungsspielräume wichtig sind.

III. Ausgestaltung von Verantwortung

Besondere Probleme der Verantwortung stellen Fragen kollektiven und korporativen Handelns dar (vgl. *Lenk/Maring* 1995): Systemzusammenhänge, nicht-intendierte Handlungsfolgen einzelner Handlungen, externe Effekte, synergetische und kumulative Schäden, Massenhandeln, ökologische Schäden, öffentliche Güter, Verantwortung für künftige Generationen, Verantwortung beim korporativen Handeln usw. Von *kollektiver Verantwortung* i. Allg. soll gesprochen werden, wenn im entsprechenden Handlungszusammenhang mehr als ein Einzelner verantwortlich ist. Zwei Fallgruppen kollektiven Handelns sollen hervorgehoben werden: das unkoordinierte Handeln mehrerer Handlungssubjekte und das koordinierte Handeln eines korporativen Handlungssubjektes bzw. einer natürlichen Person, die repräsentativ für die Korporation – Organisation usw. – handelt. Die lediglich individualistischen Konzepte der Ethik, der Ökonomie usw. und der Verantwortung werden diesen Problemen nicht voll gerecht; sie richten ihr Augenmerk fast ausschließlich auf individuelle Handlungen und nicht auf interaktionelle, kollektive und korporative Handlungsformen. Die moralische persönliche Verantwortung ist und bleibt zwar das prototypische Beispiel und Vorbild der Verantwortung. Doch sie ist nicht der einzige relevante Verantwortungstyp. Wichtig ist auch bzw. zunehmend wichtiger wird die *Mitverantwortung*, welche die individuelle (Allein-)Verantwortung ergänzt, sie aber keineswegs ablöst. Konzepte der kollektiven Verantwortung müssen mit einem schwierigen Balanceakt zurechtkommen: erstens, kollektive Verantwortung darf nicht als bloßes Ablenkungsmanöver individueller Verantwortung dienen – sodass Individuen dann also nicht mehr verantwortlich wären –, zweitens ist überindividuelle kollektive Verantwortung nicht dann schon obsolet, wenn bestimmte Individuen verantwortlich bzw. mitverantwortlich sind; drittens kann der Einzelne nicht allein verantwortlich gemacht werden für etwas, was er allein nicht verursachen und in diesem Sinn verantworten kann bzw. insofern von ihm nicht allein zu verantworten ist.

Bei der Verantwortung von Korporationen bzw. Organisationen können wir inhaltliche Theorien und verschiedene Modelle in handlungstheoretischer und ethischer Hinsicht unterscheiden (vgl. *Maring* 2001, Kap. 7.) (→ *Unternehmensethik*) Dabei ist u.a. zu differenzieren zwischen Korporationen als Assoziationen (Aggregatmodell), Korporationen als formalen Organisationen (Maschinenmodell), Korporationen als Organismen (Organismusmodell und Biologiemodell), Korporationen in sozialvertragstheoretischer Sicht (Sozialvertragsmodell), Korporationen als moralischen Personen (Personmodell) bzw. als Personen im weiten Sinne, Korporationen als sekundären moralischen Akteuren. Es stellt sich die Frage nach der „höheren ‚Moralfähigkeit'" von Korporationen und inwieweit können Korporationen in rechtlicher Sicht (Rechtsmodell) und unter Strafrechtsanalogien als Handlungssysteme gelten? Entgegen der Tendenz zur strikten Individualisierung der *korporativen Verantwortung* wird neuerdings gerade im Strafrecht – mit Bezug auf philosophische Überlegungen – untersucht, ob Korporationen nicht – wie in den USA üblich – auch strafrechtlich zur Verantwortung gezogen werden sollten. Korporationen lassen sich in der Tat als rollenmäßig strukturierte – hierarchische – zielgerichtete, arbeitsteilige Handlungssysteme darstellen (→ *Hierarchie*). Zu erfüllende

Aufgaben, Kompetenzen (→ *Kompetenzen, organisationale*) (Handlungsbefugnisse) innerhalb des Systems und gegenüber außenstehenden Dritten und die damit (idealiter) einhergehenden Verantwortungen und Pflichten können je unterschiedlich geregelt sein. Solche Regelungen mögen gesetzlich vorgeschrieben bzw. freiwillig vereinbart sein. Moralische Verantwortung ist – idealtypisch wenigstens – in Bezug auf korporatives Handeln analytisch unterscheidbar bzw. separabel: Verantwortlich sein können die Korporation als solche, alle oder einzelne Korporationsmitglieder oder – wie meist – die Korporation *und* deren Mitglieder zugleich.

Wenn Korporationen gesamtverantwortlich sind, folgt daraus nicht automatisch, dass *alle* einzelnen Korporationsmitglieder verantwortlich sind, und wenn Korporationsmitglieder verantwortlich sind, bedeutet das nicht unbedingt, dass die Korporation als solche verantwortlich ist; wenn *bestimmte* Korporationsmitglieder verantwortlich sind, heißt das ebenfalls nicht, dass nicht auch andere Korporationsmitglieder (mit-)verantwortlich sind – die jeweilige Verantwortung kann nicht (von vornherein) als Schutz vor einer Verantwortungszuschreibung in Anspruch genommen werden. Korporative Verantwortung muss mit der persönlichen Verantwortung, sowohl der Aufgaben- und der Rollenverantwortung im Betrieb etwa wie auch mit der moralischen persönlichen Verantwortung, in eine nachvollziehbare oder analytisch-konstruktive sinnvolle Verbindung gebracht werden. Eine *Ergänzung* und *Vermittlung* der Verantwortungstypen ist nötig und keine Ersetzung oder Abschiebung der Verantwortlichkeiten.

Als spezifische betriebliche Ausgestaltungen der Verantwortung als Relationsbegriff gelten nach Bronner: Objekte der Verantwortung – Ressourcen, Ergebnisse und Verhalten (*Bronner* 1992, Sp. 2510) –, Formen der Verantwortung – Geltungsbereich (Handlungs-, Führungsverantwortung (→ *Führung und Führungstheorien*), Haftungsmodalität (Eigen-, Fremdverantwortung; Einzel-, Gesamtverantwortung) und Sanktionsbasis (Vollzugs-, Ergebnisverantwortung) (*Bronner* 1992, Sp. 2511) – und Instrumente der Verantwortung – explizite Regelungen, eher implizite Normen und positive bzw. negative Sanktionen (*Bronner* 1992, Sp. 2512).

IV. Wirkungen von Verantwortung

Eine Korporation verantwortlich zu machen kann auch einen ersten Schritt zur grundsätzlichen Verantwortungszuschreibung bei korporativem Handeln darstellen; in einem zweiten Schritt lässt sich dann das korporationsinterne Verteilungsproblem behandeln bzw. die Frage der Beziehung, Distribution oder evtl. Reduktion der korporativen Verantwortung auf die persönliche Verantwortung. Besonders Probleme der Verantwortungsverteilung und -beteiligung stellen sich in Korporationen allgemein und Unternehmen speziell durch die vertikale und horizontale Teilung der Arbeit, zumal durch den minimalen Anteil und geringe persönliche Zuordenbarkeit des eigenen Arbeitsanteils am ganzen Produktions- oder Arbeitsergebnis sowie durch Komplexität und Anonymität. Diese Faktoren und Struktureffekte bewirken in Korporationen eine faktische Diffusion der individuellen Verantwortung. Je mehr Personen an einer Aufgabe verantwortlich beteiligt sind, desto kleiner scheint die je individuelle Verantwortung zu werden. So gelte das klassische Kongruenzprinzip als „Übereinstimmung von Aufgabe, Kompetenz und Verantwortlichkeit" nach Brings (*Brings* 1977, S. 30 f.) heute nur noch bedingt: Es „lässt sich nicht unmittelbar auf komplexe und mehrdimensionale Entscheidungsprozesse übertragen". Gruppenentscheidungen, Kompetenzüberschreitungen, komplexe Probleme und iterativ zu durchlaufende Entscheidungsprozesse „verhindern die Zurechnung einer Alleinverantwortlichkeit auf einen Aufgabenträger"; die „klassische Kongruenzforderung [...] berücksichtigt [...] allein hierarchisch-formale Aspekte" (ebd.). Brings möchte das Kongruenzprinzip zu einem Prinzip der „Bereitstellung adäquater Mittel zur Aufgabenerfüllung" erweitern und in ihm nicht bloß ein Mittel zur Ermittlung der Rechenschaftspflicht sehen (*Brings* 1977, S. 111 ff.). Gerade in (komplexen) Linie-Stab-Systemen haben die beratenden, die Entscheidungen vorbereitenden Stäbe eine Mitverantwortlichkeit (vgl. *Brings* 1977, S. 87 ff.). „Die fiktive bzw. irreale Globalverantwortlichkeit des Finalentscheidungsträgers" müsse „durch partielle Verantwortlichkeiten aller am Entscheidungsprozeß Beteiligten ersetzt werden" (*Brings* 1977, S. 89). Die Teilverantwortlichkeiten resultieren aus dem jeweiligen „Leistungsbeitrag zu dem komplexen Ganzen", „aus den Funktionen der Aktionsträger" (ebd.). Die partiellen Verantwortlichkeiten lassen sich jedoch nur äußerst schwierig, wenn überhaupt, zuordnen (vgl. *Brings* 1977 S. 94). Für Bronner bestehen die Wirkungen von Verantwortung für die Korporation bzw. Organisation insbesondere in „*Unsicherheitsreduktion*" und „*Komplexitätsabbau*" (*Bronner* 1992, Sp. 2512).

Abschließend seien folgende Thesen formuliert (→ *Aufbau- und Ablauforganisation*):

1. Es lassen sich sicherlich nur recht allgemeine (Verteilungs-)Regeln aufstellen. Diese oft nur relativ abstrakt und analytisch oder idealtypisch fassbaren Regeln gilt es, auf konkrete Fälle anzuwenden.

2. Die Korporationsstruktur, die Entscheidungsstrukturen und -prinzipien – wie Individual-, Kollektivinstanzen, Einstimmigkeits-, Mehrheitsprinzip – bestimmen die formelle Verantwortungsverteilung, die Verantwortungsstruktur. Je nach Organisations-, Hierarchie- und Strukturform der Korporation und in Abhängigkeit von Entscheidungsprozeduren ergeben sich unterschiedliche Herrschaftsbeziehungen und Kompetenzen und somit unterschiedliche Ver-

antwortlichkeiten – z.B. partizipatorische oder repräsentative. Verantwortung kann hierarchisch gestuft oder mehr gleich verteilt, unmittelbar oder mittelbar (nachrangig) sein. Brings (*Brings* 1977, S. 25 ff.) unterscheidet Gesamt- und Teilverantwortlichkeit (entsprechend dem Umfang der Verantwortlichkeit: Aufgabe bzw. Teilaufgabe), individuelle und kollektive Verantwortlichkeit (entsprechend der Anzahl der Entscheidungsberechtigten, der Verantwortlichen) und kommt so zu vier Grundarten der Verantwortlichkeit: individuelle bzw. kollektive Global- und/oder Partialverantwortlichkeit. Weitere Typen sind die Handlungs- und Führungsverantwortlichkeit, die „weitgehend" mit der Eigen- und Fremdverantwortlichkeit übereinstimmen (*Brings* 1977, S. 27). Die Handlungs- bzw. Eigenverantwortlichkeit betrifft die Rechenschaftspflicht für eigene Handlungen, die Führungs- bzw. Fremdverantwortlichkeit die Rechenschaftspflicht für das Handeln der Untergebenen („mit der Möglichkeit der Exkulpation" im Falle der sorgfältigen „Auswahl, Unterweisung, Information und Überwachung") und für fremdes Handeln (vgl. 6.).

3. Die *externe* moralische, rechtliche, Rollen- bzw. Handlungsverantwortung gegenüber Dritten, gegenüber der Gesellschaft und vor entsprechenden Instanzen ist wesentlich abhängig von der Korporationsstruktur, dem Einfluss oder der Herrschaft des betreffenden Einzelnen, vom individuellen Handlungsbeitrag und dessen Ausmaß sowie allgemein von der internen Verantwortungsverteilung (i.S. der Kompetenzen- und der Aufgabenverteilung). – Je nach Rechtsform fällt sie unterschiedlich aus; auch die Außenvertretung der Korporation ist entsprechend rechtlich geregelt – z.B. über Prokura. Die *externe* Verantwortung von Korporationsmitgliedern kann als repräsentative Verantwortung oder als partizipatorische Mitverantwortung gegeben sein; dies gilt auch für die *interne* Verantwortung in unterschiedlich strukturierten Korporationen.

4. Die *interne* Verantwortung für die Aufgaben-, Rollenerfüllung und gegenüber Kollegen ist vor allem von der Korporationsstruktur bestimmt. Sie ist in erster Linie Rechenschaftspflicht gegenüber Vorgesetzten und somit ein Unterfall der allgemeinen Rollen- und Aufgabenverantwortung: „Verantwortung" bzw. „Verantwortlichkeit" bedeutet in Korporationen i.d.R. Rechenschaftspflicht vor Vorgesetzen für die Erfüllung instanzen-, positions- und rollenbezogener Aufgaben oder, rechtlich gesehen, Haftung (vgl. *Hauschildt* 1969). Die Wahrnehmung dieser Pflichten ist oft sogar rechtlich geboten oder geregelt (Vertrag); sie kann aber auch höherstufig (Vertragseinhaltung!) moralisch geboten sein.

5. Die *Rollen- und Aufgabenverantwortung* ergibt sich aus der meist vertraglich geregelten Abgrenzung von Rollen und Aufgaben, die i.d.R. aber durchaus nicht immer formell bis ins Einzelne festgelegt sind (→ *Rollentheorie*). Sie und ihre Verteilung ist (mit-)bedingt von der Korporationsstruktur und von der internen formalen und faktischen Entscheidungsstruktur, der Hierarchie und den Positionen der Verantwortungsträger. Die Wahrnehmung der Rollenverantwortung lässt sich auch moralisch beurteilen – wie die Rollenverantwortung selbst.

6. Aufgaben, Kompetenzen und damit einhergehend die diesbezügliche Aufgaben- oder Rollenverantwortung können *delegiert* werden. Damit hört jedoch die Verantwortung der Delegierenden nicht (notwendigerweise) auf. *Moralische* Verantwortung ist jedoch auch in Korporationen charakteristischerweise nicht an andere Personen oder an die jeweilige Korporation delegierbar.

7. Die personal-moralische Verantwortung als nur direkt und persönlich zuschreibbare Verantwortung gegenüber externen oder internen Adressaten aktualisiert sich in den eigenen Handlungen und Handlungsmöglichkeiten. Moralische Verantwortung ist eine Funktion von Macht, Einfluss und auch Wissen. Die Mitverantwortung bestimmt sich entsprechend der strategischen Stellung eines Individuums in der betreffenden Korporation; sie nimmt mit wachsender Anordnungsbefugnis und Hierarchieebene zu. Moralische Verantwortung ist beteiligungsoffen.

8. Die *rechtliche Verantwortung* bzw. Verantwortungsverteilung ist gesondert nach juristischen oder natürlichen Personen, nach zivilrechtlichen, strafrechtlichen, verwaltungsrechtlichen oder staats- und verfassungsrechtlichen Gesichtspunkten zu behandeln. Das Innenverhältnis wird i.d.R. mit der Geschäftsführung, das Außenverhältnis mit der Stellvertretung geregelt. So haftet die juristische Person i.d.R. gegenüber Dritten (extern) zivilrechtlich für die für sie handelnden Organe und Repräsentanten, jedoch strafrechtlich etwa in der Bundesrepublik (noch) nicht. Intern kann die juristische Person aber durchaus Regressansprüche gegen den sie Vertretenden haben. Anders jedoch bei Korporationen, die keine juristischen Personen sind, wie etwa bei der BGB-Gesellschaft: hier haftet gegenüber Dritten i.d.R. jeder Gesellschafter gesamtschuldnerisch.

Literatur

Brings, Karl: Kompetenz und Verantwortung der Entscheidungsträger in mehrdimensional strukturierten Organisationssystemen, Univ. Karlsruhe 1977.
Bronner, Rolf: Verantwortung, in: HWO, hrsg. v. *Frese, Erich*, 3. A., Stuttgart 1992, Sp. 2503–2513.
Hauschildt, Jürgen: Verantwortung, in: HWO, hrsg. v. *Grochla, Erwin*, Stuttgart 1969, Sp. 1693–1702.
Lenk, Hans: Einführung in die angewandte Ethik: Verantwortlichkeit und Gewissen, Stuttgart et al. 1997.
Lenk, Hans: Interpretationskonstrukte. Zur Kritik der interpretatorischen Vernunft, Frankfurt a. M. 1993.
Lenk, Hans: Über Verantwortungsbegriffe und das Verantwortungsproblem in der Technik, in: Technik und Ethik, hrsg. v. *Lenk, Hans/Ropohl, Günter*, Stuttgart 1987, S. 112–148.
Lenk, Hans/Maring, Matthias: Verantwortung II, in: Historisches Wörterbuch der Philosophie. Bd. 11, hrsg. v. *Ritter, Joachim* et al., Darmstadt 2001, Sp. 569–575.

Lenk, Hans/Maring, Matthias: Wer soll Verantwortung tragen? Probleme der Verantwortungsverteilung in komplexen (soziotechnischen-sozioökonomischen) Systemen, in: Verantwortung. Prinzip oder Problem?, hrsg. v. *Bayertz, Kurt*, Darmstadt 1995, S. 241–286.
Lenk, Hans/Maring, Matthias: Verantwortung – Normatives Interpretationskonstrukt und empirische Beschreibung, in: Ethische Norm und empirische Hypothese, hrsg. v. *Eckensberger, Lutz H./Gähde, Ulrich*, Frankfurt a. M. 1993, S. 222–243.
Lenk, Hans/Maring, Matthias: Deskriptive und normative Zuschreibungen von Verantwortung, in: Zwischen Wissenschaft und Ethik, *Lenk, Hans*, Frankfurt a. M. 1992, S. 76–100.
Maring, Matthias: Kollektive und korporative Verantwortung. Begriffs- und Fallstudien aus Wirtschaft, Technik und Alltag, Münster 2001.

Verfügungsrechtstheorie (Property Rights-Theorie)

Helmut M. Dietl/Remco van der Velden

[s.a.: Institutionenökonomie; Ökonomische Analyse des Rechts; Prinzipal-Agenten-Ansatz; Spieltheorie; Transaktionskostentheorie; Vertragstheorie.]

I. Einführung, Entstehungsgeschichte und Grundlagen; II. Der Begriff „Verfügungsrechte"; III. Grundaussagen der Verfügungsrechtstheorie; IV. Weiterentwicklungen und Stand der Forschung; V. Ausgewählte Anwendungsgebiete und abschließende Betrachtung.

Zusammenfassung

Die Theorie der Verfügungsrechte (Property Rights-Theorie) analysiert die Anreizwirkungen, die von den individuellen Handlungsmöglichkeiten an Ressourcen ausgehen. Sie untersucht, welche Verfügungsrechte in einer Wirtschaftsordnung existieren, wie diese die Handlungen der Individuen beeinflussen und so die gesellschaftliche Wohlfahrt bestimmen. Ziel dieses Beitrages ist insb. die Darstellung ausgewählter aktueller Entwicklungen.

I. Einführung, Entstehungsgeschichte und Grundlagen

Der Untersuchungsgegenstand der Verfügungsrechtstheorie (Property Rights-Theorie) sind jene Anreize zu wirtschaftlichem Handeln, die von den Eigentumsverhältnissen an (knappen) Ressourcen ausgehen. Die Untersuchung der Anreizwirkungen von Eigentumsstrukturen ist ein durchgängiges Element wirtschaftlichen Denkens. In der Nationalökonomie wurden Fragen der Verfügungsrechte zunächst im Rahmen der Diskussion um die Wirtschaftsverfassung (Kapitalismus mit der Institution Privateigentum versus Kommunismus/Sozialismus mit Kollektiveigentum an Produktionsmitteln) aufgeworfen. Zahlreiche Gedanken, die heute der Verfügungsrechtstheorie oder den verwandten Ansätzen (insb. der → *Transaktionskostentheorie*, aber auch dem → *Prinzipal-Agenten-Ansatz*) zugerechnet werden, entstammen dem Institutionalismus (→ *Institutionenökonomie*).

Die Entwicklung eines eigenständigen Gedankengebäudes im Sinne der oben genannten Abgrenzung der Theorie erfolgte erst Mitte der 1960er Jahre (*Alchian* 1961; *Alchian* 1965; *Alchian/Kessel* 1962; *Demsetz* 1964a; *Demsetz* 1964b; *Demsetz* 1966; *Demsetz* 1967) Sie greifen auf Vorarbeiten zurück, die grundlegende Überlegungen zur → *Transaktionskostentheorie* entwickelt haben (*Coase* 1937). Weiterentwicklungen erfolgten in den Siebziger Jahren (*Alchian/Demsetz* 1972; *Alchian/Demsetz* 1973; *Furubotn/Pejovich* 1972). Klassischerweise werden als Erkenntnisziel der Property Rights-Theorie drei Fragen genannt (*Alchian/Demsetz* 1973):

– Welche Struktur weisen die Verfügungsrechte in einer abgegrenzten Gesellschaft zu einem bestimmten Zeitpunkt auf? Welche Property Rights existieren (z.B. an natürlichen Ressourcen wie Erdöl oder an Produktionsmitteln) und wer übt sie aus (z.B. staatliche Stellen oder private Wirtschaftssubjekte)?
– Wie ist die beobachtete Verfügungsrechtsstruktur entstanden?
– Welche Konsequenzen haben verschiedene Property Rights-Strukturen auf die Handlungen der Wirtschaftssubjekte?

II. Der Begriff „Verfügungsrechte"

Der Begriff „Property Rights" wird unterschiedlich übersetzt. Die wörtliche Übersetzung als Eigentums- oder Besitzrechte ist zu eng und juristisch geprägt. § 903 BGB definiert das Eigentumsrecht als absolutes Recht, mit einer Sache nach Belieben zu verfahren, soweit nicht das Gesetz oder Rechte Dritter entgegenstehen. Der Begriffsinhalt im Rahmen der Property Rights-Theorie ist weiter gefasst. Daher wird im deutschsprachigen Raum weitgehend der Begriff „Verfügungsrechte" verwendet.

Eine weit verbreitete enumerative Definition beinhaltet vier Komponenten, welche in ihrer Gesamtheit das Recht vollständig spezifizieren (*Alchian/Demsetz* 1972, S. 783):

– das Recht, ein Gut zu nutzen und andere gegebenenfalls von der Nutzung auszuschließen (usus),
– das Recht, dieses Gut formal, materiell und substanziell zu verändern (abusus),

- das Recht, sich Gewinne und Erträge aus der Nutzung des Gutes anzueignen (usus fructus),
- das Recht, das Gut vollständig oder in Teilen zu veräußern und den Erlös einzunehmen.

Auch jüngere Definitionen weisen nur geringe inhaltliche Unterschiede zu dieser Begriffsabgrenzung auf: „Property rights specify the norms of behaviour with respect to scarce goods that each person must observe in interactions with others or bear the cost of nonobservance." *(Pejovich* 1995, S. 65). So gesehen umfasst der Property Rights-Begriff alle institutionell festgelegten Handlungs- bzw. Verfügungsrechte.

III. Grundaussagen der Verfügungsrechtstheorie

Auf der Basis der konstituierenden Elemente *methodologischer Individualismus, individuelle Nutzenmaximierung,* begrenzte → *Rationalität* und dem Begriff der Verfügungsrechte bildet die Property Rights-Theorie Hypothesen über die Verteilung der Verfügungsrechte und die damit verbundenen Konsequenzen. Die Grundfrage lautet: Welche Anreize auf wirtschaftliche Handlungen gehen von verschiedenen Verfügungsrechtskonstellationen an (knappen) Ressourcen aus? Aufgrund der getroffenen Verhaltensannahmen gilt als zugrunde liegende Basishypothese, dass die Verteilung der Verfügungsrechte das menschliche Verhalten systematisch und daher in vorhersehbarer Weise beeinflusst (vgl. *Richter* 1998, S. 328).

Aus der Perspektive der Akteure ist der subjektive Wert eines Gutes nicht allein durch dessen physikalisch-technische Eigenschaften bestimmt, sondern hängt auch vom Umfang der Verfügungsrechte ab, die mit dem Gut verbunden sind. Bspw. sinkt der Wert eines Sportwagens mit der Einführung von Geschwindigkeitsbegrenzungen. Jede Einschränkung von Verfügungsrechten wird als Property Rights-Verdünnung bezeichnet. Prinzipiell kann diese Verdünnung auf zwei Arten erfolgen. Zum einen können die Verfügungsrechte an einem Gut generell eingeschränkt sein, d.h. dass faktisch oder juristisch bestimmte Rechte ausgeschlossen sind. Zum anderen können die Rechte an einem Gut auf verschiedene Personen verteilt sein. Je stärker die Verfügungsrechte verdünnt sind, desto umfangreicher ist das Ausmaß externer Effekte. Unter *externen Effekten* versteht man die unkompensierten Nutzenveränderungen, die ein Handelnder durch seine Handlungen bei anderen Wirtschaftssubjekten hervorruft. Einer vollständigen Konzentration der Verfügungsrechte stehen in der Regel jedoch hohe *Transaktionskosten* entgegen. Hierzu zählen alle Kosten, die bei der Spezifizierung, Zuordnung und Durchsetzung von Verfügungsrechten anfallen. Von mehreren Verfügungsrechtsstrukturen ist diejenige effizient, die die Summe aus externen Effekten und Transaktionskosten minimiert *(Picot/Dietl/Franck* 2002, S. 57–59).

IV. Weiterentwicklungen und Stand der Forschung

Durch die wegweisenden Arbeiten *(Grossman/Hart* 1986; *Hart/Moore* 1990) hat die Property Rights-Theorie zusammen mit dem → *Prinzipal-Agenten-Ansatz* zur Weiterentwicklung der → *Vertragstheorie* beigetragen. Ausgangspunkt der Überlegungen bildet die Erkenntnis, dass *Verträge* häufig nicht alle Eventualitäten vorwegnehmen können und deshalb zwangsläufig „unvollständig" bleiben. Diese „Vertragslücken" werden durch Property Rights geschlossen, da Property Rigths letztendlich nichts anderes als *Residualrechte* darstellen, die es dem Inhaber erlauben, alle vertraglich nicht eingeschränkten Handlungsspielräume auszufüllen.

Die wesentlichen Ergebnisse dieser jüngeren Property Rights-Theorie lassen sich in einem einfachen Modell darstellen (vgl. *Baker/Gibbons/Murphy* 2001; *Gibbons* 2001 und *Baker/Gibbons/Murphy* 2002). Die Grundstruktur des Modells ist in der nachfolgenden Abb. 1 dargestellt.

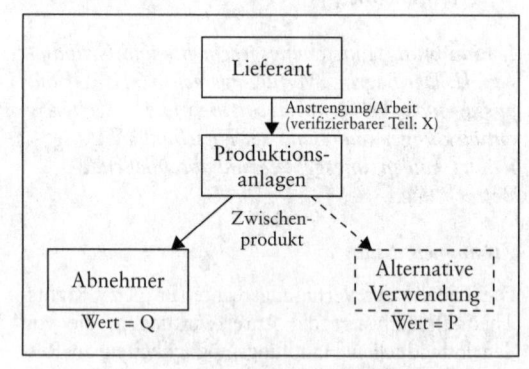

Abb. 1: Grundstruktur des Modells

Ein Lieferant produziert mit Hilfe von Produktionsanlagen ein Zwischenprodukt, das von einem Abnehmer weiterverwendet wird. Die Verfügungsrechte an dem Zwischenprodukt liegen beim Eigentümer der Produktionsanlagen. Das Gut hat für den Abnehmer einen Wert von Q Geldeinheiten. Der Lieferant kann das Gut zudem noch einer alternativen Verwendung zuführen (in der Regel einem weiteren Transaktionspartner), in der es den Wert P aufweist. Dabei wird unterstellt, dass Q größer als P ist. Der Modellaufbau ist universell. Es ist ebenso möglich, die Transaktionspartner nicht als Unternehmen, sondern als Individuen zu interpretieren. Die Produktionsanlagen und das Vorleistungsgut müssen nicht physisch greifbar sein. So kann der Lieferant auch ein Erfinder sein, der mit seinem Verstand („Produktionsanlage") eine Erfindung („Vorleistungsgut") tätigt, die er an ein

Produktionsunternehmen („Abnehmer") zu verkaufen sucht.

Die Leistungsanreize des Lieferanten werden durch die Verteilung der Property Rights an den Produktionsanlagen determiniert. Wenn der Abnehmer die Property Rights an den Produktionsanlagen besitzt, ist der Lieferant ein Geschäftsbereich bzw. ein Angestellter des Abnehmers. Das Zwischenprodukt gehört dann dem Abnehmer. In diesem Fall wird der Lieferant vom Abnehmer für seinen verifizierbaren Arbeitseinsatz X entlohnt. Häufig ist nur eine Dimension des Arbeitseinsatzes (z.B. Quantität) verifizierbar. In diesem Fall wird der Lieferant auch nur für diesen verifizierbaren Teil seines Arbeitseinsatzes entlohnt. Der Lieferant hat dann keine Anreize, in die nicht-verifizierbaren Dimensionen (z.B. Qualität) zu investieren.

Wenn der Lieferant die Property Rights an den Produktionsanlagen besitzt, ist er selbstständig und besitzt die Verfügungsrechte an dem Zwischenprodukt. In diesem Fall wird der Lieferant mit dem Abnehmer über den Kaufpreis verhandeln. Dabei muss der Abnehmer dem Lieferanten mindestens einen Kaufpreis in Höhe von P bieten, da der Lieferant das Zwischenprodukt ansonsten der alternativen Verwendung zuführt. Andererseits kann der Lieferant nicht mehr als Q verlangen. Der Preis, den beide akzeptieren, muss also zwischen P und Q liegen. Aus Vereinfachungsgründen unterstellen wir, dass sich beide Verhandlungsseiten genau in der Mitte treffen und Q + P/2 als Kaufpreis vereinbaren. Als Eigentümer der Produktionsanlagen (und damit des Zwischenproduktes) kann der Lieferant den Kaufpreis erhöhen, indem er P und/oder Q steigert.

Mit Hilfe dieses Grundmodells lassen sich die Anreizwirkungen unterschiedlicher Verfügungsrechtsstrukturen analysieren. Falls der Abnehmer die Verfügungsrechte an den Produktionsanlagen besitzt, ist der Lieferant Angestellter und wird versuchen, X zu optimieren. Falls der Lieferant die Verfügungsrechte an den Produktionsanlagen besitzt, ist er selbstständig und wird versuchen, Q + P/2 zu optimieren. Welche Property Rights-Verteilung effizient ist, hängt davon ab, inwieweit sich X, Q und P unterscheiden. Zur Verdeutlichung nehmen wir an, dass nur eine Dimension des Arbeitseinsatzes, z.B. die „Quantität" (a_1) verifizierbar ist. Somit gilt X = a_1. Falls auch der Wert des Zwischenproduktes für den Abnehmer (Q) nur von a_1 abhängt, besitzt der Lieferant als Angestellter effiziente Leistungsanreize. Die Property Rights an den Produktionsanlagen sollten beim Abnehmer liegen. Nur für den Spezialfall, dass Q = P = a_1, d.h. dass es sich um kein spezifisches Zwischenprodukt handelt, spielt die Property Rights-Verteilung keine Rolle. In diesem Spezialfall gilt X = Q + P/2.

In vielen Fällen hängt Q jedoch nicht nur von verifizierbaren, sondern auch von nichtverifizierbaren Dimensionen des Arbeitseinsatzes ab. Wir betrachten deshalb den Fall X = a_1 und Q = a_1 + ka_2. In diesem Fall kann der Lieferant als Angestellter nicht dazu bewegt werden, a_2 durchzuführen. Die effiziente Property Rights-Verteilung hängt in diesem Fall von k und P ab. Falls P = a_2 und k sehr groß ist, sollte der Lieferant die Verfügungsrechte an den Produktionsanlagen besitzen. Nur dann hat er Anreize, a_2 auszuführen. Ist hingegen k sehr klein und hängt P weder von a_1 noch von a_2 ab, sondern von einer dritten Dimension a_3 (P = a_3), ist es effizient, wenn der Abnehmer die Verfügungsrechte an den Produktionsanlagen besitzt. Hierdurch wird verhindert, dass der Lieferant Anreize erhält, in a_3 zu investieren. a_3 verursacht lediglich Kosten, steigert aber den Wert von Q nicht.

Der letzte Fall macht deutlich, dass durch die Zuweisung von Verfügungsrechten auch dysfunktionale Leistungsanreize entstehen können. Wenn der Lieferant im letzten Fall die Verfügungsrechte an den Produktionsanlagen besitzt, wird er a_3 optimieren, da er hierdurch seine Verhandlungsposition gegenüber dem Abnehmer verbessert.

V. Ausgewählte Anwendungsgebiete und abschließende Betrachtung

Aufgrund ihrer Struktur findet die Verfügungsrechtstheorie im Rahmen der Betriebswirtschaftslehre breite Anwendungsmöglichkeiten. (vgl. zu einen generellen Überblick: *Barzel* 1997; *Pejovich* 1995; *Richter/ Furubotn* 1999). Die neuere Forschungsrichtung ist weit ausdifferenziert (vgl. *Paul/Miller/Paul* 1994; *Schmitz* 1999). Ein Hauptanwendungsgebiet ist die Analyse des Verhältnisses von Property Rights und Investitionsanreizen (*de Meza/Lockwood* 1998; *Demsetz* 1998; *Hart* 1991; *Hart* 1995; *Hart/Holmström* 1987; *Hart/Moore* 1999; *Holmström/Milgrom* 1994; *Holmström/Roberts* 1998; *Maskin/Tirole* 1999a; *Maskin/Tirole* 1999b; *Nöldeke/Schmidt* 1995; *Nöldeke/Schmidt* 1998; *Rajan/Zingales* 1998; *Tirole* 1999).

Die mikroökonomische Fundierung der Verfügungsrechtstheorie eröffnet ihr eine Vielfalt weiterer Anwendungen im Rahmen der → *Theorie der Unternehmung* und → *Corporate Governance (Unternehmensverfassung)* (vgl. *Picot* 1981). Den Ausgangspunkt dieser Diskussion bildet die Kontroverse, ob private, staatliche oder regulierte Unternehmen effizient agieren (vgl. *Budäus* 1988). Wie sollen in Unternehmen die Verfügungsrechte verteilt und ausgestaltet werden? Wo liegen die effizienten Grenzen der Unternehmung, d.h. wie weit reicht die Konzentration der Property Rights? Ist die Manager- oder Eigentümerunternehmung die optimale Rechtsform (vgl. *Picot* 1981; *Picot/Michaelis* 1984)? Ebenso sind Fragen der *Mitbestimmung* relevant, da die Mitbestimmung eine Verdünnung der Verfügungsrechte darstellt (vgl. *Gerum* 1988; *Frick* 1997).

Ohne an dieser Stelle die Diskussionen in der Literatur aufzeigen zu können, seien einige Hauptargumentationsmuster genannt. Zunächst besteht weitestgehende Einigkeit, dass die verschiedenen Formen der „kapitalistischen Unternehmung" und des eigenverantwortlich handelnden Unternehmers eine aus Sicht der Verfügungsrechtstheorie geeignete Organisationsform für arbeitsteilig agierende Wirtschaften darstellen, weil sie unter geeigneten staatlichen Verdünnungsmechanismen (bspw. Sozial-, Arbeits-, Umweltschutzgesetzgebung) ein zufriedenstellendes Ergebnis liefern. Fragen der → *Corporate Governance (Unternehmensverfassung)* lassen sich als Suche nach der geeigneten Verfügungsrechtsstruktur interpretieren. Welche Rechte, Anreize und Kontrollmechanismen gehen von einer bestimmten Verfügungsrechtsstruktur aus? Die Frage nach der verfügungsrechtlichen Effizienz der Mitbestimmung ist bislang noch strittig. Stellt sie eine ineffiziente weil zu umfassende Verdünnung der Verfügungsrechte der Eigentümer (bzw. des durch sie eingesetzten Managements) dar, oder dient sie der Effizienz des Gesamtunternehmens (vgl. *Eger/Nutzinger/Weise* 1993; *Nutzinger* 1998)? Abschließend kann festgehalten werden, dass die Untersuchung verschiedener rechtlicher Umweltzustände (→ *Ökonomische Analyse des Rechts*) durch die Verfügungsrechtstheorie ein ökonomisches Korsett erfährt, das eine breite Anwendung eröffnet (vgl. *Posner* 1998; *Schäfer/Ott* 1986).

Insgesamt hat sich die Verfügungsrechtstheorie als tragfähiges Konzept erwiesen, das sowohl durch breite Anwendung als auch durch Weiterentwicklungen und Verbindungen mit der → *Vertragstheorie* und der → *Spieltheorie* zu neuer Erkenntnis beigetragen hat. Als integrative Theorie, die ökonomische und juristische Elemente zusammenführt und ihre Wirkungen auf menschliches Verhalten analysiert, bleibt die Property Rights-Theorie ein aktuelles Forschungsfeld. Die Verwendung formaler Methoden hat zu einer Konvergenz verschiedener – bislang getrennter – Ansätze geführt und zu einem deutlichen Erkenntnisfortschritt beigetragen.

Literatur

Alchian, Armen A.: Some Economics of Property Rights, in: Il Politico, Jg. 30, 1965, S. 816–829.
Alchian, Armen A.: Some Economics of Property, Rand Paper P-2316, The Rand Corporation (Santa Monica), 1961.
Alchian, Armen/Demsetz, Harold: The Property Rights Paradigm, in: Journal of Economic History, Jg. 33, 1973, S. 16–27.
Alchian, Armen/Demsetz, Harold: Production, Information Costs, and Economic Organization, in: AER, Jg. 62, 1972, S. 777–795.
Alchian, Armen A./Kessel, Reuben: Effects of Inflation, in: J.Polit.Econ., Jg. 70, 1962, S. 521–537.
Baker, George/Gibbons, Robert/Murphy, Kevin J.: Relational Contracts and the Theory of the Firm, in: QJE, Jg. 117, 2002, S. 39–83.
Baker, George/Gibbons, Robert/Murphy, Kevin J.: Bringing the Market Inside the Firm?, in: AER, Jg. 91, 2001, S. 212–218.
Barzel, Yoram: Economic Analysis of Property Rights, 2. A., Cambridge 1997.
Budäus, Dietrich: Theorie der Verfügungsrechte als Grundlage der Effizienzanalyse öffentlicher Unternehmer?, in: Betriebswirtschaftslehre und Theorie der Verfügungsrechte, hrsg. v. *Budäus, Dietrich/Gerum, Elmar/Zimmermann, Gebhard*, Wiesbaden 1988, S. 45–64.
Coase, Ronald: The Nature of the Firm, in: Economica, Jg. 4, 1937, S. 386–465.
Demsetz, Harold: Review: Oliver Hart, Firms, Contracts, and Financial Structure, in: J.Polit.Econ., Jg. 106, 1998, S. 446–452.
Demsetz, Harold: Toward a Theory of Property Rights, in: AER, Jg. 62, 1967, S. 347–359.
Demsetz, Harold: Some Aspects of Property Rights, in: Journal of Law and Economics, Jg. 9, 1966, S. 61–70.
Demsetz, Harold: Some Aspects of Property Rights, in: Journal of Law and Economics, Jg. 7, 1964a, S. 11–26.
Demsetz, Harold: The Exchange and Enforcement of Property Rights, in: Journal of Law and Economics, Jg. 7, 1964b, S. 11–26.
Eger, Thomas/Nutzinger, Hans G./Weise, Peter: Eine ökonomische Analyse der mitbestimmten Unternehmung, in: Ökonomische Analyse des Unternehmensrechts, hrsg. v. *Ott, Claus/Schäfer, Hans Bernd*, Heidelberg 1993, S. 78–116.
Frick, Bernd: Mitbestimmung und Personalfluktuation: Zur Wirtschaftlichkeit der bundesdeutschen Betriebsverfassung im internationalen Vergleich, München et al. 1997.
Furubotn, Eirik/Pejovich, Svetozar: Property Rights and Economic Theory: A Survey of Recent Literature, in: Journal of Economic Literature, Jg. 10, 1972, S. 1137–1162.
Gerum, Elmar: Unternehmensverfassung und Theorie der Verfügungsrechte, in: Betriebswirtschaftslehre und Theorie der Verfügungsrechte, hrsg. v. *Budäus, Dietrich/Gerum, Elmar/Zimmermann, Gebhard*, Wiesbaden 1988, S. 21–43.
Gibbons, Robert: Firms (and other Relationships), in: The Twenty-First Century Firm: Changing Economic Organization in International Perspective, hrsg. v. *DiMaggio, Paul*, Princeton 2001, S. 186–199.
Gibbons, Robert/Baker, George/Murphy, Kevin J.: Relational Contracts and the Theory of the Firm, in: QJE, Jg. 117, 2002, S. 39–83.
Grossman, Sanford/Hart, Oliver: The Costs and Benefits of Ownership: A Theory of Lateral and Vertical Integration, in: J.Polit.Econ., Jg. 94, 1986, S. 691–719.
Hart, Oliver: Firms, Contracts and Financial Structure, Oxford 1995.
Hart, Oliver: Incomplete Contracts and Theory of the Firm, in: The Nature of the Firm, hrsg. v. *Williamson, Oliver/Winter, Sidney*, Oxford 1991, S. 138–158.
Hart, Oliver/Holmström, Bengt: The Theory of Contracts, in: Advances in Economic Theory – Fifth World Congress, hrsg. v. *Bewley, Truman*, Cambridge 1987, S. 71–155.
Hart, Oliver/Moore, John: Foundations of Incomplete Contracts, in: Review of Economic Studies, Jg. 66, 1999, S. 115–138.
Hart, Oliver/Moore, John: Property Rights and Nature of the Firm, in: J.Polit.Econ., Jg. 98, 1990, S. 1119–1158.
Holmström, Bengt/Milgrom, Paul: The Boundaries of the Firm Revisited, in: The Journal of Economic Perspectives, Jg. 12, 1998, S. 73–94.
Holmström, Bengt/Milgrom, Paul: The Firm as an Incentive System, in: AER, Jg. 84, 1994, S. 972–991.
Holmström, Bengt/Roberts, John: The Boundaries of the Firm Revisited, in: The Journal of Economic Perspectives, Jg. 12, Nr. 4, 1998, S. 73–94.
Maskin, Eric/Tirole, Jean: Unforeseen Contingencies, Property Rights, and Incomplete Contracts, in: Review of Economic Studies, Jg. 66, 1999a, S. 83–114.

Maskin, Eric/Tirole, Jean: Two Remarks on the Property Rights Literature, in: Review of Economic Studies, Jg. 66, 1999b, S. 139–150.
Meza, David de/Lockwood, Ben: Does Asset Ownership always motivate Managers? Outside Options and the Property Rights Theory of the Firm, in: QJE, Jg. 113, 1998, S. 361–386.
Nöldeke, Georg/Schmidt, Klaus M.: Sequential Investments and Options to Own, in: Rand Journal of Economics, Jg. 29, 1998, S. 633–653.
Nöldeke, Georg/Schmidt, Klaus M.: Option Contracts and Renegotiation: A Solution to the Hold-Up Problem, in: Rand Journal of Economics, Jg. 26, 1995, S. 163–179.
Nutzinger, Hans G.: Arbeitsrecht und Mitbestimmung in institutionenökonomischer Perspektive, in: Die Entstehung des Arbeitsrechts in Deutschland: Eine aktuelle Problematik in historischer Perspektive, hrsg. v. *Nutzinger, Hans G.*, Heidelberg 1998, S. 307–349.
Paul, Ellen Frankel/Miller, Fred/Paul, Jeffrey: Property Rights, Cambridge 1994.
Pejovich, Svetozar: Economic Analysis of Institutions and Systems, Dordrecht 1995.
Picot, Arnold/Michaelis, Elke: Verteilung von Verfügungsrechten in Großunternehmen und Unternehmensverfassung, in: ZfB, Jg. 54, 1984, S. 252–272.
Picot, Arnold: Der Beitrag der Theorie der Verfügungsrechte zur ökonomischen Analyse von Unternehmensverfassungen, in: Unternehmensverfassung als Problem der Betriebswirtschaftslehre, hrsg. v. *Bohr, Kurt* et al., 1981, S. 153–197.
Picot, Arnold/Dietl, Helmut/Franck, Egon: Organisation – Eine ökonomische Perspektive, 3. A., Stuttgart 2002.
Posner, Richard: Economic Analysis of Law, 5. A., New York et al. 1998.
Rajan, Raghuram/Zingales, Luigi: Power in a Theory of the Firm, in: QJE, Jg. 113, 1998, S. 387–432.
Richter, Rudolf: Neue Institutionenökonomik – Ideen und Möglichkeiten (Johann-Heinrich-von-Thünen-Vorlesung), in: Steuersysteme der Zukunft (Jahrestagung des Vereins für Socialpolitik/Gesellschaft fürWirtschafts- und Sozialwissenschaften in Kassel), Schriften des Vereins für Socialpolitik, Band 256, hrsg. v. *Krause-Junk, Gerold*, Berlin 1998, S. 323–356.
Richter, Rudolf/Furubotn, Eirik: Neue Institutionenökonomik, 2. A., Tübingen 1999.
Schäfer, Hans Bernd/Ott, Claus: Ökonomischen Analyse des Zivilrechts, Berlin et al. 1986.
Schmitz, Patrick W.: Investment Incentives under Asymmetric Information and Incomplete Contracts, Aachen 1999.
Tirole, Jean: Incomplete Contracts – Where Do We Stand?, in: Econometrica, Jg. 67, 1999, S. 741–781.

Vergütung von Führungskräften

Peter Witt

[s.a.: Anreizsysteme, ökonomische und verhaltenswissenschaftliche Dimension; Entscheidungsverhalten, individuelles; Institutionenökonomie; Motivation; Prinzipal-Agenten-Ansatz; Top Management (Vorstand); Ziele und Zielkonflikte.]

I. Theoretische Grundlagen der Führungskräftevergütung; II. Regelungsbereiche von Vergütungsverträgen mit Führungskräften; III. Empirische Befunde zur Führungskräftevergütung.

Zusammenfassung

Führungskräfte müssen für ihre Leistungen marktgerecht entlohnt werden, damit ein Unternehmen gute Manager rekrutieren und halten kann. Gleichzeitig soll die Vergütung geeignete Leistungsanreize setzen. Das anreiz- und motivationstheoretische Problem besteht darin, ein im Sinne der Zielsetzung des Unternehmens anreizverträgliches Vergütungspaket bestehend aus fixen und variablen Bestandteilen zu vereinbaren. Dieses Problem ist bisher theoretisch nicht zufriedenstellend gelöst worden. Zudem zeigen empirische Studien häufig nur geringe Korrelationen zwischen der Höhe der Führungskräftevergütung und dem Ergebnis der Managementleistung (Wertentwicklung bzw. Gewinn).

I. Theoretische Grundlagen der Führungskräftevergütung

1. Shareholder Value-Theorien zur Führungskräftevergütung

Das Shareholder Value-Konzept besagt, dass die angestellten Führungskräfte ein Unternehmen (nur) im Interesse seiner Anteilseigner zu führen haben. Oberstes Unternehmensziel ist die Erhöhung des Unternehmenswertes durch Investitionsprojekte, deren Rendite über den durchschnittlichen Kapitalkosten liegt (→ *Shareholder- und Stakeholder-Ansatz*). Die zentrale Funktion der Führungskräftevergütung besteht also darin, die angestellten Manager eines Unternehmens durch geeignete Anreize dazu zu motivieren, nicht eigene Ziele zu verfolgen, sondern eine *Wertsteigerung* des Unternehmens zu bewirken (→ *Motivation*). Wesentliche Voraussetzung einer Motivationswirkung der Vergütung ist die Beeinflussbarkeit der *Bemessungsgrundlage* durch die Führungskraft (*Witt* 2003, S. 21).

Eng verwandt ist die Sichtweise auf die Führungskräftevergütung im → *Prinzipal-Agenten-Ansatz*. Die Anteilseigner versuchen, eine angestellte Führungskraft dazu zu motivieren, dass diese ihren bestmöglichen Arbeitseinsatz leistet. Dabei gehen sie davon aus, dass ein direkter und positiver Zusammenhang zwischen dem Arbeitseinsatz des Managers und dem Unternehmenserfolg besteht. Die Aktionäre können den Arbeitseinsatz der Führungskraft nicht beobachten und müssen befürchten, dass diese zu wenig arbeitet oder eigene Ziele verfolgt, die denen der Aktionäre zuwiderlaufen. Im Grundmodell des Prinzipal-Agenten-Ansatzes ergibt sich eine Second-best-Lösung: Eine ergebnisabhängige Vergütung ist zwar empfehlenswert, sie bewirkt jedoch eine ineffiziente Risikoaufteilung zwischen Aktionär und Führungskraft (*Holmström* 1979).

Wie optimale Vergütungsfunktionen bzw. Ergebnisbeteiligungen konkret aussehen, kann die Prinzipal-Agenten-Theorie ohne weitere Annahmen nicht sagen. Es ist beispielsweise nicht a priori klar, ob die optimale Beteiligung der Führungskräfte am Unternehmensergebnis linear sein soll oder nicht. Bei erweiterten Prinzipal-Agenten-Modellen ergeben sich noch mehr offene Fragen. Berücksichtigt man z.B. zusätzlich zum Unternehmensergebnis auch andere Informationen, so sind die Kosten des Informationssystems mit dem Nutzen durch eine bessere Beurteilung des Arbeitseinsatzes der Führungskraft abzuwägen. Erfasst man komplexere Vergütungszuständigkeiten in Organisationen, z.B. die Unternehmensmitbestimmung, die für deutsche Aktiengesellschaften ab 2000 Mitarbeitern eine paritätische Besetzung des Aufsichtsrats mit Mitarbeitervertretern vorsieht (→ *Mitbestimmung, unternehmerische*), wird der zu verwendende Prinzipal-Agenten-Ansatz der Führungskräftevergütung vierstufig, nicht-linear und nicht mehr ohne weitere Annahmen lösbar (*Witt* 2001, S. 99–104).

2. Motivationstheorien zur Führungskräftevergütung

Ältere motivationstheoretische Untersuchungen haben ergeben, dass Menschen zur Deckung ihrer Existenzsicherungsbedürfnisse und zur Verwirklichung von Prestige- und Statuszielen Einkommenspräferenzen haben, dass aber der Grenznutzen aus Einkommen abnimmt (→ *Motivation*). Die *Leistungsmotivation* einer Führungskraft aus einem Einkommenszuwachs wird also immer kleiner, je mehr Einkommen die betreffende Person schon bezieht. Dieses Ergebnis steht in einem gewissen Widerspruch zu den Annahmen der Shareholder Value-Theorie, nach der ein Mehr an leistungsabhängiger Vergütung unabhängig vom Gehaltsniveau immer einen erhöhten Arbeitseinsatz einer Führungskraft für das Unternehmen bewirkt.

In neueren motivationstheoretischen Arbeiten haben sich Erkenntnisse ergeben, die noch stärkere Zweifel an den Annahmen der Shareholder Value- und der Prinzipal-Agenten-Theorie zur Führungskräftevergütung wecken. So stellte sich in Experimentalstudien heraus, dass hohe Fixgehälter und niedrige erfolgsabhängige Vergütungen nicht zu einer Verstärkung von opportunistischem Verhalten von Führungskräften führen. Im Gegenteil, hohe Festvergütungen förderten den disziplinierenden Effekt, der von Aufsichtsräten ausging (*Kosnik/Bettenhausen* 1992). Andere Experimente zeigen, dass die empfundene *Fairness* bzw. die subjektive Angemessenheit des Grundgehalts für die Arbeitsleistung der Agenten eine mindestens ebenso große Bedeutung hat wie monetäre Leistungsanreize in Form von Ergebnisbeteiligungen (*Königstein* 2001).

Die Theorie der *Reziprozität* besagt, dass Menschen in wirtschaftlichen Austauschbeziehungen versuchen, die Leistungen ihrer Partner durch eigene Leistungen gleichen Nutzens zu erwidern. Sie tun das entgegen den Annahmen der Prinzipal-Agenten-Theorie auch dann, wenn es keine wiederholten Interaktionen gibt und die Möglichkeit zu einem nicht sanktionierbaren, opportunistischen Verhalten bestünde (*Fehr/Gächter/Kirchsteiger* 1997). Reziprokes Verhalten ist ein sehr breit beobachtbares Phänomen und lässt sich daher auch bei Führungskräften erwarten. Folglich sollte die Führungskräftevergütung zu einem großen Teil aus Festvergütungen bestehen. Zu diesem Ergebnis kommt auch die Theorie des „motivation crowding-out", die auf ein weiteres Problem leistungsabhängiger Vergütungen hingewiesen hat, nämlich die Verdrängung *intrinsischer Motivation* durch *extrinsische Leistungsanreize* (*Frey* 1997). Wenn sich diese Hypothese auch im Bereich der Führungskräftevergütung empirisch bestätigen lässt, was bisher nicht der Fall ist, spräche sie für eine Begrenzung (oder gar Eliminierung) der variablen Bestandteile in den Vergütungsverträgen mit Führungskräften.

3. Verhandlungstheorien zur Führungskräftevergütung

Vergütungspakete für Führungskräfte sind immer das Ergebnis individueller Verhandlungen (→ *Verhandlungskonzepte*). Diese werden von unternehmensspezifischen Größen und von Merkmalen der *Verhandlungssituation* beeinflusst. Als unternehmensspezifische Größen bezeichnet man verhandlungsrelevante Unternehmensmerkmale, z.B. die Unternehmensgröße, die Aufbauorganisation, die Internationalität oder die Branche. Auch die aktuelle wirtschaftliche Lage des Unternehmens kann den Verlauf und das Ergebnis von Vergütungsverhandlungen stark beeinflussen. Weitere unternehmensspezifische Determinanten von Vergütungsverträgen sind die vorhandenen Gehaltsstufen im Unternehmen und typische *Karrieremuster* (→ *Karrieren und Laufbahnen*) (*Lazear/Rosen* 1981).

Die beteiligten Persönlichkeiten und ihre Eigenschaften prägen ebenfalls maßgeblich die *Verhandlungsergebnisse*. Von Bedeutung ist beispielsweise die personelle Zusammensetzung der verhandelnden Gremien, ihre Machtbefugnisse sowie die möglichen Entscheidungsalternativen. Empirisch konnte nachgewiesen werden, dass die Einschaltung von *Vergütungsberatern* zu einem „bidding-up" der Führungskräftevergütung führen kann, also zu signifikant höheren Vergütungsniveaus (*Ezzamel/Watson* 1998, S. 223). Auch die Anzahl der unternehmensinternen Mitglieder im → *Aufsichtsrat* bzw. in dem Ausschuss des Aufsichtsrats, der sich mit der Vergütung von Führungskräften befasst, hat einen empirisch nachweisbar positiven Einfluss auf das Niveau der Führungskräftevergütung (*Conyon/Peck* 1998). Schließlich ist gezeigt worden, dass das Corporate Governance-System eines Landes (→ *Corporate Gover-*

nance, internationaler Vergleich), insbesondere die Ein- oder Zweistufigkeit der Kontrollfunktion, die Höhe der Führungskräftevergütung der dort ansässigen Unternehmen beeinflusst (*Conyon/Schwalbach* 2000).

II. Regelungsbereiche von Vergütungsverträgen mit Führungskräften

1. Fixe Vergütungen

Bei der Vergütung von Führungskräften sind zunächst feste Vergütungsbestandteile üblich. Hierzu gehören sowohl das *Festgehalt* als auch Sondervergütungen in Form von Jahresabschlussgratifikationen, garantierten Mindesttantiemen oder Urlaubsgeld. Die theoretische Rechtfertigung für eine fixe Vergütung ist zunächst die Sicherung des angemessenen Lebensunterhaltes einer Führungskraft. Darüber hinaus dienen Festgehälter dazu, eine marktgerechte Entlohnung sicherzustellen, ohne die ein Unternehmen befürchten muss, keine gut qualifizierten Führungskräfte mehr neu rekrutieren zu können und bestehende Führungskräfte an Wettbewerber zu verlieren. Die zum Zwecke einer marktgerechten Entlohnung erforderliche absolute Höhe der fixen Vergütung ist jedoch in Theorie und Praxis umstritten.

2. Variable Vergütungen

Variable Vergütungen, die grundsätzlich an Input- oder an Outputmaße geknüpft werden können, sollen Leistungsanreize für Führungskräfte setzen (*Lazear* 2000). Gebräuchliche Formen sind Provisionen, *Tantieme* oder Gewinnbeteiligungen. Provisionen richten sich nach der Erreichung persönlicher Ergebnisse. Sie kommen bei Führungskräften in der Praxis nur selten vor. Gebräuchlicher sind *Gewinnbeteiligungen* oder Tantiemen. Sie können entweder aufgrund vorher definierter Zielgrößen oder aber ex post bestimmt werden. Dabei kann die Beteiligung am Gewinn des Unternehmens verschiedene Bemessungsgrundlagen haben, z.B. den Umsatz, die Dividende, den Bilanzgewinn oder den Unternehmenswert (*Binz/Sorg* 2002).

Aktienoptionen, *Phantom Stock* und *Stock Appreciation Rights* (SAR) gehören zu den langfristigen leistungsabhängigen Vergütungsbestandteilen für Führungskräfte. Ihre Funktion besteht darin, die Begünstigten zu motivieren, den Marktwert (Börsenkurs) des von ihnen geführten Unternehmens langfristig zu erhöhen. Aktienoptionen verbriefen das Recht, innerhalb eines bestimmten Zeitraums und nach Ablauf einer bestimmten Sperrfrist Aktien des Unternehmens zu einem vorab festgelegten Bezugspreis zu erwerben. Die Ausübbarkeit der Optionen kann an das Erreichen eines bestimmten absoluten Kursniveaus geknüpft sein oder an das Niveau des Aktienkurses im Vergleich zu einem bestimmten Vergleichsindex (*Bernhardt/Witt* 1997). Phantom Stock und SAR bestehen im Gegensatz zu Aktienoptionen nicht aus tatsächlichen Beteiligungsrechten, sondern stellen schuldrechtliche Vereinbarungen zur Teilhabe an Wertsteigerungen des Unternehmens dar. Es handelt sich also um hypothetische Anteilsrechte, welche zu Zahlungsansprüchen der begünstigten Führungskräfte führen, die aus dem Cash flow des Unternehmens bedient werden müssen.

Der Gedanke, Führungskräfte zu einem möglichst hohen Einsatz im Interesse der Aktionäre zu motivieren, indem man ihnen Derivate auf den Aktienkurs (Aktienoptionen, Phantom Stock, SAR) gibt, folgt unmittelbar aus der Shareholder Value- und der Prinzipal-Agenten-Theorie. Entscheidend für die erzielbaren Verhaltenswirkungen sind aber immer die konkreten Konditionen der Optionspläne (*Winter* 2000). Anreize zur Wertsteigerung lassen sich zudem auch auf einem direkteren Weg als über Derivate erreichen, nämlich durch erzwungenen und unmittelbaren Aktienbesitz der Führungskräfte (*Jensen/Murphy* 1990). Eine solche Verpflichtung ist jedoch für deutsche Verhältnisse rechtlich nicht durchsetzbar. Sie birgt auch das Risiko, dass es zu besonders ineffizienten Risikoverteilungen zwischen Aktionären und Führungskräften kommt.

3. Vergütungsähnliche Nebenleistungen

Das Grundgehalt einer Führungskraft wird in der Praxis häufig um zusätzliche *Nebenleistungen* ergänzt. Die wichtigste Nebenleistungsvereinbarung ist die *Pensionszusage*. Im Rahmen ihres Vorsorgecharakters dient sie der Alterssicherung von Führungskräften. Eine andere Form von Ruhegehaltsansprüchen sind Leistungen aus einer Unterstützungskasse, die mit der Pensionskasse zu vergleichen ist. Allerdings bestehen hier keine Rechtsansprüche auf die Leistungen. Weiterhin existieren im Rahmen der Vergütung von Führungskräften Abfindungen, Versicherungsentgelte und Aufwandsentschädigungen. Abfindungen werden gezahlt, wenn eine Führungskraft vor Erreichen der Altersgrenze oder dem Ablauf der Vertragslaufzeit das Unternehmen verlässt. Zu den in der Praxis häufig übernommenen Versicherungen für Führungskräfte gehören Lebensversicherung, Pflegeversicherung, Krankenversicherung und Rechtsschutzversicherung. Aufwandsentschädigungen decken tatsächliche, zusätzlich entstandene Kosten ab. Schließlich gibt es Sonderleistungen wie Dienstwagen, verbilligter Produkteinkauf, Mitgliedschaft in Clubs, Übernahme der Reisekosten des Ehepartners, Büromöblierung, Zweitwohnungen usw.

4. Laufzeiten von Vergütungsverträgen

In bisherigen theoretischen Untersuchungen werden vornehmlich kurzfristige Verträge zwischen einem

Unternehmen und einer Führungskraft modelliert. Lediglich die dynamischen Prinzipal-Agenten-Ansätze verwenden Vergütungsverträge über zwei oder mehrere Perioden (*Witt* 2001, S. 92–94). Mehrperiodig angelegte Vergütungsverträge sind für ein Unternehmen dann besonders interessant, wenn sie auf den Arbeitseinsatz und die Ergebnisse früherer Perioden konditionieren und so zusätzliche Informationen für die Führungskräftevergütung nutzen können. Umgekehrt erlauben mehrperiodige Verträge den Führungskräften, eine Reputation für Wohlverhalten und gute Leistungen aufzubauen. In der unternehmerischen Praxis finden sich auch einige Beispiele für Vergütungsbestandteile, bei denen die Gehälter der Führungskräfte in zukünftigen Jahren von den Arbeitsergebnissen der Vorjahre abhängen, z.B. Aktienoptionen.

Während in angelsächsischen Corporate Governance-Systemen kurzfristige Anstellungs- und Vergütungsverträge mit Führungskräften üblich sind, werden deutsche Führungskräfte typischerweise längerfristig beschäftigt. Mitglieder des Vorstands werden beispielsweise im Gegensatz zu amerikanischen Mitgliedern des Board auf einen Zeitraum von fünf Jahren fest bestellt (→ *Board of Directors*). Eine weitere Verlängerung des Vorstandsmandats kommt häufig vor, eine Nicht-Verlängerung ist eher die Ausnahme. Lange *Laufzeiten* von Vergütungsverträgen (ohne mehrperiodig konditionierte Vergütungen) bewirken, dass einem Unternehmen geringere Sanktionsmöglichkeiten bei Unzufriedenheit mit den Leistungen einer Führungskraft zur Verfügung stehen.

III. Empirische Befunde zur Führungskräftevergütung

Empirische Untersuchungen zum Zusammenhang zwischen der Höhe der Führungskräftevergütung und dem Unternehmenserfolg im Sinne der Shareholder Value-Theorie kommen zu wenig theoriekonformen Ergebnissen. In den USA fanden Jensen und Murphy für einen längeren Untersuchungszeitraum nur sehr schwache Korrelationen zwischen den Vergütungsniveaus der CEOs und der Wertsteigerung ihrer Unternehmen (*Jensen/Murphy* 1990). Jährlich durchgeführte Untersuchungen zu den Gesamteinkünften von Top-Managern in den USA, wie sie z.B. vom Wall Street Journal publiziert werden, haben gezeigt, dass häufig die Führungskräfte am höchsten bezahlt wurden, deren Unternehmen unterdurchschnittliche oder sogar negative Wertentwicklungen aufgewiesen hatten.

Für Deutschland sind die empirischen Befunde zur Führungskräftevergütung und ihrer *Anreizverträglichkeit* sehr heterogen. Schwalbach und Graßhoff können bei deutschen Unternehmen nur schwache Zusammenhänge zwischen der Führungskräftevergütung und der Wertsteigerung der Unternehmen feststellen (*Schwalbach/Graßhoff* 1997). Schmid findet zwar einen positiven Zusammenhang zwischen der Höhe der Bezüge des Vorstands und der Gesamtkapitalrentabilität deutscher Unternehmen, kann aber auch Renteneinkommen von Vorstandmitgliedern im Sinne von Lageparametern der Entlohnungsfunktionen nachweisen. So hat z.B. die Existenz von Banken als Anteilseigner einen positiven Einfluss auf die Höhe der Vorstandsvergütung, während eine zunehmende Arbeitnehmermitbestimmung die Vorstandsbezüge negativ beeinflusst (*Schmid* 1997). Jüngere empirische Untersuchungen von Winter haben gezeigt, dass die Aktienoptionsprogramme deutscher Unternehmen in der Praxis sehr häufig ineffizient ausgestaltet sind und die erwünschten Anreizeffekte damit weitgehend nicht bewirken (*Winter* 2000). Conyon und Schwalbach untersuchen britische und deutsche Unternehmen und finden eine positive Korrelation zwischen der Führungskräftevergütung und der Marktwertsteigerung in beiden Ländern, konstatieren aber eine große Streuung der Korrelationskoeffizienten über einzelne Führungskräfte (*Conyon/ Schwalbach* 2000).

Insgesamt ist festzustellen, dass die empirischen Befunde zur Führungskräftevergütung bisher enttäuschend sind. Insbesondere fällt auf, dass die Forderungen nach Anreizverträglichkeit, wie sie insbesondere von der Shareholder Value- und der Prinzipal-Agenten-Theorie aufgestellt wurden, in der Praxis überwiegend nicht erfüllt werden. Das kann daran liegen, dass die Unternehmen bisher nicht in der Lage waren, geeignete Vergütungsverträge zu vereinbaren. Es könnte aber auch ein Indikator sein, dass die bisherigen empirischen Studien zu wenig auf neueren motivationstheoretischen und verhandlungstheoretischen Erkenntnissen aufbauen und daher ungeeignete Hypothesen über die erwünschten Anreizwirkungen der Führungskräftevergütung aufgestellt haben.

Literatur

Bernhardt, Wolfgang/Witt, Peter: Stock Options und Shareholder Value, in: ZfB, Jg. 67, 1997, S. 85–101.

Binz, Mark/Sorg, Martin: Erfolgsabhängige Vergütungen von Vorstandsmitgliedern einer Aktiengesellschaft auf dem Prüfstand, in: BB, Jg. 57, 2002, S. 1273–1278.

Conyon, Martin J./Peck, Simon I.: Board control, remuneration committees, and top management compensation, in: AMJ, Jg. 41, 1998, S. 146–157.

Conyon, Martin J./Schwalbach, Joachim: European differences in executive pay and corporate governance, in: ZfB, Jg. 70, Ergänzungsheft 1/2000, S. 97–114.

Ezzamel, Mahmoud/Watson, Robert: Market comparison earnings and the bidding-up of executive cash compensation: Evidence from the United Kingdom, in: AMJ, Jg. 41, 1998, S. 221–231.

Fehr, Ernst/Gächter, Simon/Kirchsteiger, Georg: Reciprocity as a contract enforcement device, in: Econometrica, Jg. 65, 1997, S. 833–860.

Frey, Bruno S.: Markt und Motivation. Wie ökonomische Anreize die (Arbeits-)Moral verdrängen, München 1997.

Holmström, Bengt: Moral hazard and observability, in: Bell Journal of Economics, Jg. 10, 1979, S. 74–91.

Jensen, Michael C./Murphy, Kevin J.: CEO incentives – It's not how much you pay, but how, in: HBR, Jg. 68, H. 3/1990, S. 138–153.
Königstein, Manfred: Prinzipal-Agenten-Beziehungen in der experimentellen Wirtschaftsforschung, in: Die Prinzipal-Agenten-Theorie in der Betriebswirtschaftslehre, hrsg. v. *Jost, Peter-J.*, Stuttgart 2001, S. 541–560.
Kosnik, Rita D./Bettenhausen, Kenneth L.: Agency theory and the motivational effect of management compensation, in: Group & Organization Management, Jg. 17, 1992, S. 309–330.
Lazear, Edward P.: The power of incentives, in: AER, Jg. 90, 2000, S. 410–414.
Lazear, Edward P./Rosen, Sherwin: Rank-order tournaments as optimum labor contracts, in: J.Polit.Econ., Jg. 89, 1981, S. 841–864.
Schmid, Frank A.: Vorstandsbezüge, Aufsichtsratsvergütung und Aktionärsstruktur, in: ZfB, Jg. 67, 1997, S. 67–83.
Schwalbach, Joachim/Graßhoff, Ulrike: Managervergütung und Unternehmenserfolg, in: ZfB, Jg. 67, 1997, S. 203–217.
Winter, Stefan: Empirische Untersuchungen zur Managemententlohnung, in: Die Prinzipal-Agenten-Theorie in der Betriebswirtschaftslehre, hrsg. v. *Jost, Peter-J.*, Stuttgart 2001, S. 491–539.
Winter, Stefan: Optionspläne als Instrument wertorientierter Managementvergütung, Frankfurt 2000.
Witt, Peter: Corporate Governance-Systeme im Wettbewerb, Wiesbaden 2003.
Witt, Peter: Corporate Governance, in: Die Prinzipal-Agenten-Theorie in der Betriebswirtschaftslehre, hrsg. v. *Jost, Peter-J.*, Stuttgart 2001, S. 85–115.

Verhandlungskonzepte

Hans Werner Klein

[s.a.: Emotionen in Organisationen; Entscheidungsverhalten, individuelles; Gerechtigkeit und Fairness; Interkulturelles Management; Kommunikation; Konflikte in Organisationen; Macht in Organisationen; Spieltheorie; Unternehmensführung (Management); Vertrauen.]

I. Begriff der Verhandlung; II. Gegenstand und Methoden der Verhandlungsforschung; III. Unterschiedliche Verhandlungssituationen; IV. Verhandlungsstrategien; V. Mediation.

Zusammenfassung

Verhandlungen und Konflikte sind Elemente menschlichen Zusammenlebens. Eigenständige, interdisziplinäre Verhandlungsforschung ist ein relativ neuer Wissenszweig. Unterschiedliche Situationen verlangen unterschiedliche Verhandlungsstrategien. Die Bandbreite strategischer Modelle reicht vom intuitiven Verhandeln bis zum sachgerecht-rationalen Verhandeln im Sinne des Harvard-Konzepts. Eine Alternative zum Gerichtsverfahren ist Mediation.

I. Begriff der Verhandlung

Die Verhandlung ist ein Begriff des täglichen Lebens: „Über alles kann man verhandeln" ... und alle Verfahrensarten und -methoden sind in der Lebenswirklichkeit anzutreffen. Verhandeln ist ein Verhalten, das Menschen bewusst (rational) oder intuitiv (emotional) benutzen, wenn sie sich in einer Situation gegenseitiger Abhängigkeit Vorteile sichern bzw. Nachteile vermeiden wollen.

Verhandeln ist somit ein wesentlicher Bestandteil menschlichen Zusammenlebens. Traditionelle und neuere Wissenschaften, deren Gegenstand das menschliche Verhalten ist, beschäftigen sich *jeweils für sich* mit diesem Untersuchungsgegenstand, so u.a. Rechts-, Wirtschafts- und Politikwissenschaften, Soziologie, Psychologie, Anthropologie, Verhaltensforschung und Philosophie bis hin zur Spiel- und Entscheidungstheorie (→ *Spieltheorie*; → *Entscheidungsverhalten, individuelles*). Jede dieser Wissenschaften hat ihre jeweils eigenständigen Nomenklaturen (*Crott* 1992, Sp. 2526).

Neben den Begriffswelten der *Einzelwissenschaften* gibt es Versuche einer übergreifenden Erklärung mit *interdisziplinärem* Ansatz auf der Basis eigenständiger Verhandlungsforschung (vgl. unten II.). Fasst man diese Versuche (vgl. *Heussen* 1997, S. LXVI: Literatur zur Verhandlungslehre) zusammen, so ergibt sich etwa folgende Definition: Verhandlungen sind bilaterale oder multilaterale (Mehrparteien-)Gespräche über die Konditionen eines noch abzuschließenden oder bereits bestehenden Vertrages (einer Vereinbarung) oder die Bearbeitung von Sachverhalten, Meinungsverschiedenheiten und *Konflikten* (→ *Konflikte in Organisationen*) durch → *Kommunikation* mit dem Ziel einer Lösung, bei der sich entweder die Position einer der beteiligten Parteien (überwiegend) durchsetzt oder bei der die „wahren" *Interessen* derart Berücksichtigung finden, dass beide Parteien bewusst und gewollt profitieren.

II. Gegenstand und Methoden der Verhandlungsforschung

Etwa seit den 1970er Jahren gibt es vor allem in den USA *Forschungseinrichtungen*, die sich eigenständig mit dem Thema Verhandlung (*Negotiation*) beschäftigen. Zu nennen sind insoweit etwa das Harvard Negotiation Project, das Stanford Center on Conflict and Negotiation, das Consortium on Negotiation and Conflict Resolution der Georgia State University u.a.m. (*Fisher* et al. 2001, S. 16–18, 260 ff.). Die meisten dieser Projekte, obwohl interdisziplinär ausgerichtet, sind bei den Law Schools der betreffenden Universitäten angesiedelt. In Deutschland wurde 1983 an der Juristischen Fakultät der Universität Tübingen das „Tübinger Verhandlungsseminar" unter der Leitung von *Fritjof Haft* gegründet (*Haft* 1992,

S. VI/VII); auch hier wird der Rechtswissenschaft also eine zentrale Bedeutung beigemessen. Zumal in der westlichen Hemisphäre beherrschen Recht und Gerichte, Rechtsanwälte und Richter die etablierte *Streitkultur*; das ist z.B. in vielen asiatischen Ländern eher nicht der Fall (→ *Interkulturelles Management*).

Der *Forschungsgegenstand* ist somit zunächst weitgehend juristisch gefärbt. Die Erkenntnisse anderer Disziplinen, insbesondere der neurophysiologisch forschenden Psychologie über die Grenzen des menschlichen Bewusstseins (vgl. statt vieler *Pöppel* 1985, S. 138 ff.) sind aber einbezogen. Die *Verhandlungsfähigkeit* eines Menschen korreliert offenbar stark mit dessen individueller Fähigkeit, z.B. wahrzunehmen, zuzuhören oder sich eigene Vorurteile und Fixierungen im Sinne der Selbstwahrnehmung bewusst zu machen.

Die *Forschungsmethoden* sind überwiegend empirischer Natur. Neben universitätsinternen Planspielen mit Verhandlungsteams und Rollenverteilung werden Verhandlungsabläufe aus der Praxis systematisch ausgewertet. Auch aus der Analyse zahlreicher *diplomatischer Verhandlungen* im zwischenstaatlichen Bereich werden fortlaufend neue Erkenntnisse abgeleitet (vgl. zur Diplomatie als der ‚Kunst des Verhandelns': *Nierenberg* 1972, S. 7 ff.; *Fisher* et al. 2001, S. 15 ff.; *Mastenbroek* 1992, S. 248: Literatur zu "Fallstudien" und "Empirischen Detailstudien" etc.).

III. Unterschiedliche Verhandlungssituationen

Die Bandbreite unterschiedlicher *Verhandlungssituationen* reicht von friedlichen Verhandlungen des täglichen Lebens bei weitgehend gleichgeordneter Interessenlage (z.B.: Familiendiskussion über die Auswahl einer Fernsehsendung) über Entscheidungsprozesse in (multinationalen) Unternehmen (*Klein* 1998, S. 92 ff.; *Klein* 2002, S. 80 ff.) und anderen Organisationen sowie Auseinandersetzungen im politischen Raum bis hin zu Geiselnahme, *Terror* und anderen kriegerischen Konflikten (→ *Konflikte in Organisationen*).

Wenn Interessen und Ziele ähnlich gelagert sind, ist *Kooperation* erleichtert. Auch wenn Interessen und Ziele unterschiedlich oder konträr sind, die wechselseitige Abhängigkeit aber so groß ist, dass eine Übereinkunft auch für die Zukunft Vorteile für beide Seiten bietet, kann der latente Wunsch nach einer dauerhaft friedlichen Lösung aktiviert werden. Wenn dagegen eine Partei denkt, sie sei die (moralisch) Stärkere und sie habe auch die Macht (→ *Macht in Organisationen*), ihre Stärke (rechtlich) durchzusetzen, dann sind Kampf, Diktat und Unterwerfung vorprogrammiert. Nicht selten aber wird Aggression auch aus einer Position der (moralischen) Schwäche oder der (materiellen) Ohnmacht heraus eingesetzt, um eine (vermeintlich) starke Ausgangsposition für (nachfolgende) Verhandlungen aufzubauen (Stichwort: *Drohkulisse*). Der Kämpfende will Dominanz und möglichst schnellen Sieg (Stichwort: *Blitzkrieg*). Demütigung des Gegners und entsprechende Rachegefühle sind die lange nachwirkende Folge. Es entsteht eine Spirale der sich gegenseitig verstärkenden Missverständnisse und Feindseligkeiten, die oft zitierte *Spirale der Gewalt*. Täter und Opfer werden ebenso austauschbar wie Angriff und Verteidigung.

Ein Vergleich der unterschiedlichen Erscheinungsformen der so genannten *„neuen Kriege"* (vgl. das gleichnamige Buch von *Münkler* 2002) zeigt pars pro toto, dass auch in extremen Situationen unterschiedliche Möglichkeiten bzw. *Unmöglichkeiten* einer Konfliktbearbeitung auf dem Verhandlungswege denkbar sind. Terrorismus z.B. gilt in der internationalen Politik als *nicht verhandelbar*, wird aber gleichzeitig als Kommunikationsstrategie bezeichnet. Von besonderer Bedeutung für Strategie und „Bewaffnung" der Terroristen ist der gezielte Einsatz der modernen Medien: z.B. Fernsehen und Internet (*Münkler* 2002, S. 175, 177, 189).

IV. Verhandlungsstrategien

Es gibt keine allgemein gültige Verhandlungsstrategie. Sie muss vielmehr *in der Praxis* für die jeweils aktuelle Verhandlungssituation erarbeitet werden. Neue Situationen erfordern entsprechend korrigierte Strategien. Konstante Optimierung ist auch hier das Management-Erfolgsrezept (→ *Unternehmensführung (Management)*). Unterschiedliche Strategien bewirken ebenso unterschiedliche *Stilarten* des Verhandelns. Der Verhandlungsstil wiederum beeinflusst z.B. das Verhandlungsklima.

Für Zwecke der *theoretischen* Unterscheidung erwähnt die Literatur verschiedene strategische *Modelle*, die *in der Praxis* jedoch vermischt vorkommen. Im Wesentlichen werden zwei große Gruppen unterschieden: das *intuitive* und das *sachgerecht-rationale* Verhandeln (*Haft* 1992, S. 9 ff.; *Haft* 2002c, S. 197 ff.; *Fisher* et al. 2001, S. 21 ff.).

Beim intuitiven Verhandeln ist die Strategie auf (einseitigen) Sieg ausgerichtet. Tricks und Finessen sind als Mittel zu diesem Zweck „erlaubt". Der Gegner soll geschwächt und übervorteilt werden. Wahrheit und Recht werden einseitig beansprucht und gelten als unteilbar. Entsprechende *Positionen* werden nicht aufgegeben. Auf der Linie dieses Positionsdenkens gibt es eine große Bandbreite des harten oder weichen Verhandelns.

Beim sachgerecht-rationalen Verhandeln besteht das strategische Ziel darin, ein Verhandlungsergebnis zu erreichen, bei dem *alle* beteiligten Parteien gewinnen (WIN/WIN-Situation). Dieses strategische Modell wird gelegentlich auch als tatsachen- bzw. ergebnisorientiertes Verhandeln bezeichnet. Dazu gehört in erster Linie das von Fisher, Ury, Patton u.a. an der Harvard Universität (USA) entwickelte *Harvard-Konzept*. In Deutschland ist dieses Konzept u.a. in den Arbeiten von *Fritjof Haft* für Juristen rezipiert worden; ähnliche Modelle haben z.B. de Bono, Salacuse und Raiffa vorgestellt (*Heussen* 1997, S. 171). Das Harvard-Konzept wird im Wesentlichen durch *vier Grundsätze* gekennzeichnet:

- Wichtig sind nicht so sehr die (Rechts-)*Positionen*, sondern die tiefer liegenden *Interessen* der Parteien. Die *Zukunft* steht im Vordergrund, weniger die (rechtliche) Zurechnung oder Vorwerfbarkeit eines Verhaltens in der *Vergangenheit*.
- *Gemeinsam* entwickelte, interessenorientierte, beiderseits vorteilhafte und *dauerhaft tragfähige* Verhandlungsergebnisse sind das Ziel. Gegenseitiges → *Vertrauen* und *Kreativität* sind erstrebenswerte Stationen auf dem Weg dorthin.
- Die Methode des sachbezogenen Verhandelns sorgt für gute *persönliche Beziehungen* zwischen den Verhandlungspartnern und versucht, diese Beziehungen bewusst von den *Verfahrens- und Sachfragen* zu trennen; sie ist hart in der Sache, aber respektvoll und tolerant gegenüber den Menschen und ihren Gefühlen. Das Verhandlungsergebnis baut möglichst auf *objektiven Kriterien* auf.
- Die Verhandlungslösung ist nur dann „richtig", wenn sie für *beide Seiten* besser ist als jede Alternative, die ohne ein Verhandlungsergebnis in Betracht käme (Best Alternative to a Negotiated Agreement = BATNA).

Diesem Konzept liegt etwa folgende *Arbeitshypothese* zugrunde: Die Welt ist *Wille und Vorstellung* (Arthur Schopenhauer), somit voller Widersprüche; es gibt nicht „die" *Wahrheit*, Wahrheit gibt es nur im Plural von *subjektiven* Wahrheiten und Welterfahrungen. Das menschliche Denken bewegt sich notwendig in einer Gefangenschaft von Zeit, Raum und Kausalität. Die Naturwissenschaften haben diesen Befund bestätigt (vgl. *Pöppel* 1985, S. 136 ff.): Nicht nur Herkommen, Erziehung und Kultur einschließlich unterschiedlicher (religiöser) Glaubensrichtungen, sondern auch Emotionen (→ *Emotionen in Organisationen*) und neuro-physiologische Prädispositionen bestimmen *individuell* Blickwinkel, Sichtweise und (Welt-)Anschauung. Die effizienteste, dem Menschen adäquate Methode des Verhandelns ist deshalb diejenige, die nicht Emotionen und (weltanschauliche) *Positionen*, sondern das dahinter liegende *Interesse* zum Verhandlungsgegenstand macht. So wird Rechthaberei vermieden; entspannte Kommunikation lässt Kreativität entstehen: *Beide* Parteien können profitieren.

V. Mediation

Mediation als *Vermittlungsmodell* hat alte mit der Menschheitsgeschichte verwobene Wurzeln (vgl. z.B. Lao-Tse; Sokrates' „Hebammenkunst" oder *Mäeutik*). In den westlichen Demokratien ist Mediation methodisch seit den 1970er Jahren (weiter-)entwickelt worden (vgl. *Mähler/Mähler* 2001, S. 1185 ff. m.w.N.). Die anglo-amerikanischen Länder und inzwischen auch das zu diesem Thema erstellte *Grünbuch* der Europäischen Kommission vom 19. April 2002 ordnen diese Methode den „Alternative Dispute Resolutions" (ADR) zu. Besonders markant sind die methodischen Ähnlichkeiten mit dem oben behandelten Harvard-Konzept (*Mähler/Mähler* 2001, S. 1187 ff.; zum Aspekt Globalisierung u. Mediation vgl. *Carroll/Mackie* 2000).

Mediation lässt sich kursorisch beschreiben als ein *außergerichtliches bzw. gerichtsnahes* Verfahren der *Konfliktbearbeitung*, bei dem *die Parteien selbst* eigenverantwortlich *mit Hilfe eines neutralen Dritten* (Mediator/Mediatorin) versuchen, bei wechselseitiger Respektierung unterschiedlicher (Rechts-)Positionen eine faire, einverständliche Lösung zu finden, die den Interessen auf beiden Seiten möglichst weitgehend gerecht wird: „Gerechtigkeit inter partes" (→ *Gerechtigkeit und Fairness*). Es geht um Aufklärung von Sachverhalten und um Stärkung der beteiligten Menschen auf der Grundlage wechselseitigen Verstehens. *Mediation will Menschen mündig machen.*

Das hierzu häufig zitierte „*Orangenbeispiel*" zeigt, wie sich dieses Prinzip von den tradierten Methoden einer *juristischen* Konfliktbehandlung unterscheidet: Zwei Schwestern streiten um eine Orange. Juristische Beratung führt zur Eigentumsfrage und zu gesetzlichen (Anspruchs-)*Positionen*. Ein Gericht kann auf dieser Grundlage die Frucht nur als ganze *der einen oder der anderen Schwester* zusprechen; eine gütliche Einigung mag darin bestehen, die Orange zu teilen (= „fauler Kompromiss", vor allem wenn der ‚Zankapfel' wegen der langen Verfahrensdauer inzwischen verdorben sein sollte). In der Mediation dagegen kann durch offene Kommunikation gleichsam *kompromisslos* die „wahre" *Interessen*lage rasch aufgeklärt werden: Die eine der Schwestern möchte das Fruchtfleisch essen, die andere benötigt die Schale zum Backen. *Beide* können (ohne Gesichtsverlust) sofort bekommen, was sie brauchen, ohne dass der jeweils anderen etwas fehlt.

Das *Verhältnis* der Mediation *zum Recht* ist somit ambivalent. Der in der Rechtsordnung gewachsene Schatz an abstrakter Regelungsintelligenz und Wertmaßstäben bleibt nicht unbeachtet, sondern ist ein Vorbild, das die Mediation übertreffen will.

Literatur

Breidenbach, Stephan: Mediation, Köln 1995.
Carroll, Eileen/Mackie, Karl: International Mediation: The Art of Business Diplomacy, London et al. 2000.
Crott, Helmut: Verhandlungstheorie, in: HWO, hrsg. v. *Frese, Erich*, 3. A., Stuttgart 1992, Sp. 2526–2541.
Duve, Christian: Mediation und Vergleich im Prozeß, Köln et al. 1999.
Fisher, Roger et al.: Das Harvard-Konzept: Sachgerecht verhandeln – erfolgreich verhandeln, 20. A., Frankfurt am Main et al. 2001.

Haft, Fritjof et al. (Hrsg.): Handbuch Mediation, München 2002a.
Haft, Fritjof: Verhandlung und Mediation, in: Handbuch Mediation, hrsg. v. *Haft, Fritjof* et al., München 2002b, S. 75–86.
Haft, Fritjof: Intuitive und rationale Verhandlung, in: Handbuch Mediation, hrsg. v. *Haft, Fritjof* et al., München 2002c, S. 197–209.
Haft, Fritjof: Verhandeln: die Alternative zum Rechtsstreit, München 1992.
Henssler, Martin et al. (Hrsg.): Mediation in der Anwaltspraxis, Bonn et al. 2000.
Heussen, Benno et al. (Hrsg.): Beck'sches Rechtsanwalts-Handbuch 2001/2002, 7. A., München 2001.
Heussen, Benno (Hrsg.): Handbuch Vertragsverhandlung und Vertragsmanagement, Köln 1997.
Klein, Hans Werner: Management by Mediation, in: ZKM – Zeitschrift für Konfliktmanagement, H. 2/2002, S. 80–82.
Klein, Hans Werner: Wirtschaftsmediation und Konfliktmanagement, in: KON:SENS, Zeitschrift für Mediation, Jg. 1, H. 2/1998, S. 88–94.
Mähler, Gisela/Mähler, Hans-Georg: Mediation, in: Beck'sches Rechtsanwalts-Handbuch, hrsg. v. *Heussen, Benno* et al., 7. A., München 2001, S. 1185–1215.
Mastenbroek, Willem: Verhandeln: Strategie, Taktik, Technik, Frankfurt am Main et al. 1992.
Münkler, Herfried: Die neuen Kriege, 3. A., Reinbek et al. 2002.
Nierenberg, Gerhard: Verhandlungstraining, München 1972.
Pöppel, Ernst: Grenzen des Bewußtseins: über Wirklichkeit und Welterfahrung, Stuttgart 1985.
Tengelmann, Curt: Die Kunst des Verhandelns: Verhandlungsführung als Management-Technik, 3. A., Heidelberg 1973.

Vertragstheorie

Birgitta Wolff/Thomas Graßmann

[s.a.: Corporate Governance (Unternehmensverfassung); Institutionenökonomie; Menschenbilder; Prinzipal-Agenten-Ansatz; Theorie der Unternehmung; Verfügungsrechtstheorie (Property Rights-Theorie).]

I. Vertrag: Begriff und ökonomische Interpretation; II. Annahmen; III. Arten von Verträgen; IV. Folgen unvollständiger Verträge; V. Begrenzung von Vertragsrisiken; VI. Praktische Bedeutung der Vertragstheorie.

Zusammenfassung

Vertragstheorie modelliert menschliche Interaktionen als bi- oder multilaterale Tauschgeschäfte. Sie analysiert, wie wechselseitig vorteilhafte Regelungen implementiert und durchgesetzt werden können.

I. Vertrag: Begriff und ökonomische Interpretation

Verträge gehören zu den von North als *formgebunden* bezeichneten *Regeln*, durch die Individuen ihre Beziehungen untereinander ordnen (*North* 1992, S. 56). Sie begrenzen persönliche Entscheidungsräume und dienen der *Koordination* von Interaktionen (→ *Koordination und Integration*). Schweizer deutet „als Vertrag ... sämtliche institutionellen Vorkehrungen ..., welche die Möglichkeiten der strategischen Interaktion von individuellen Entscheidungsträgern definieren, beeinflussen und koordinieren" (*Schweizer* 1999, S. 5). So fallen nicht nur private, bilaterale Vereinbarungen unter den Vertragsbegriff und sind damit einer ökonomischen Analyse nach einheitlichen Prinzipien zugänglich, sondern ebenso Kollektivverträge wie Unternehmensverfassungen (→ *Corporate Governance (Unternehmensverfassung)*) oder politische Regeln (vgl. *Schweizer* 1999, S. 5 f.). North beschreibt eine Hierarchie von solcherart als Verträge interpretierten Regeln, die von Verfassungen über einfache Gesetze und spezifische Verordnungen bis hin zu bilateralen Vereinbarungen reicht (*North* 1992, S. 56). Am unteren Ende dieser Hierarchie wird zunehmend die „Vorstellung einer Willenserklärung" (*Richter/Furubotn* 1999, S. 156) zum zentralen Erklärungsbestandteil des Vertragsbegriffs. Vertrag im ökonomischen Sinne ist jede bindende explizite oder implizite Vereinbarung über den Austausch von Gütern oder Leistungen zwischen Menschen, die dieser Vereinbarung zustimmen, weil sie sich davon eine Besserstellung versprechen. Rechtswissenschaftliche Ausdeutungen verbinden die Willenserklärung freier Individuen i.d.R. mit deren Rechtsfolgen. In ökonomischer Lesart beinhaltet der Vertragsbegriff aber „auch ... nicht-rechtsverbindliche Willenserklärungen – deren Erfüllung ... von außen durch irgendeine Form von gesellschaftlichem Druck ... oder von innen durch ‚Selbstdurchsetzung' garantiert ist" (*Richter/Furubotn* 1999, S. 156 f.). Inhaltlich dienen Verträge in jeglicher Form der Definition und Zuordnung von Verfügungsrechten (→ *Verfügungsrechtstheorie (Property Rights-Theorie)*, vgl. auch *Wolff* 1995, S. 38). Sie fixieren, welche Rechte und Pflichten sich die einzelnen Mitglieder einer durch den jeweiligen Vertrag bestimmten sozialen Einheit wechselseitig zugestehen bzw. zumuten. Der Einzelne verzichtet auf bestimmte Handlungsoptionen, um seinerseits dafür andere, per Saldo für ihn wertvollere Handlungsmöglichkeiten zu erhalten. Die Theorie, die sich der Analyse so ausgelegter Verträge und ihrer Folgen widmet, ist die Vertragstheorie. Nach Richter und Furubotn zählen dazu die Principal-Agent-Theorie (→ *Prinzipal-Agenten-Ansatz*), die Theorie sich selbst durchsetzender oder *impliziter Verträge* sowie Theorien relationaler bzw. *unvollständiger Verträge* (*Richter/Furubotn* 1999). Wie jede Theorie ruht auch die ökonomische Vertragstheorie auf einer Reihe von Annahmen.

II. Annahmen

Die Vertragstheorie zählt zur *Neuen → Institutionenökonomik*. Sie baut auf dem *methodologischen Individualismus*, der Annahme individueller Nutzenmaximierung, opportunistischen Verhaltens und begrenzter Rationalität auf (→ *Menschenbilder*). *Individualismus als Methode* heißt, „dass man bei der Beschreibung gewisser... Vorgänge von dem Handeln der Individuen ausgehe" (*Schumpeter* 1996, S. 53). Ausgehend von Individuen als den jeweiligen Handlungsträgern analysiert man „Prozessabläufe, Eigenschaften von Personenmehrheiten, das Funktionieren von Institutionen etc." (*Zintl* 1997, S. 36). Hinter der Annahme der *Nutzenmaximierung* steht die Idee, dass unterschiedliche individuelle Handlungsalternativen mit unterschiedlichem Nutzenzuwachs verbunden sind. Individuen werden sich der Annahme zufolge für die mit dem größten Netto-Nutzenzuwachs verbundene Alternative entscheiden. Dabei handeln sie nicht allgemein *nutzen*orientiert, sondern *eigennutz*orientiert. Williamson konstatiert, dass Akteure ihren Eigennutz ggf. mit List und Tücke, d.h. auf Kosten anderer, maximieren werden, sich also *opportunistisch* verhalten (vgl. *Williamson* 1998, S. 101 ff.; *Williamson* 1996, S. 224 f.). Zudem versuchen Individuen, rational zu handeln (→ *Rationalität*). Simon verweist darauf, dass vollständig rationales Verhalten nicht möglich ist (*Simon* 1957). Dagegen sprechen „limited foresight, imprecise language, the costs of calculating solutions, and the costs of writing down a plan" (*Milgrom/Roberts* 1992, S. 128). Die *Rationalität* der handelnden Individuen ist somit *eingeschränkt*. Individuen handeln nicht unter Berücksichtigung aller relevanten Informationen, sondern lediglich unter Berücksichtigung der ihnen bekannten Informationen. Die Folgen dieser Differenz sind u.a. Gegenstand der Principal-Agent-Theorie (→ *Prinzipal-Agenten-Ansatz*).

III. Arten von Verträgen

Üblich ist die Unterscheidung der Gegensatzpaare vollständiger oder unvollständiger (vgl. *Wolff* 1995, S. 42 ff.), klassischer oder relationaler (vgl. *Macneil* 1974), expliziter oder impliziter (vgl. *Milgrom/Roberts* 1992, S. 132), verbindlicher oder unverbindlicher, formaler oder informeller, kurzfristiger oder langfristiger Verträge und darüber hinaus von Verträgen in Standardform oder komplexen Verträgen, von mit Hilfe Dritter durchgesetzter oder sich selbst durchsetzender Verträge und schließlich von Individual- oder Kollektivverträgen. Zusätzlich werden entsprechend der Verteilung der den Vertragsparteien verfügbaren Information Verträge mit symmetrischer oder asymmetrischer Information unterschieden (vgl. *Richter/Furubotn* 1999, S. 159 f.; *Chiappori/Salanié* 2000). Darüberhinaus lassen sich konstitutionelle und postkonstitutionelle Verträge unterscheiden (vgl. *Wolff* 1995, S. 110 f.).

Ein Teil der Literatur beschreibt vollständig kontingente Verträge der sog. Arrow-Debreu-Welt (vgl. *Kräkel* 1999, S. 17 ff.), „in denen die Vertragsbedingungen vollständig formuliert sind und sich für alle möglichen Kontingenzen nachprüfen lassen" (*Richter/Furubotn* 1999, S. 157, 160). Aufgrund seines hohen Abstraktionsgrads hat das Arrow-Debreu-Modell aber keine große praktische Bedeutung (vgl. *Richter/Furubotn* 1999, S. 160). Dies liegt an den starken Voraussetzungen eines vollständigen Vertrages: die Vertragsparteien müssten *alle* vertragsrelevanten künftigen Umweltzustände voraussehen und diese so exakt beschreiben können, dass es ihnen möglich ist, genau festzustellen, welcher der ex ante beschriebenen Umweltzustände ex post tatsächlich realisiert wurde. Darüber hinaus müssen die Vertragsparteien willig und in der Lage sein, für jeden absehbaren Umweltzustand eine adäquate Reaktion und Auszahlungen der Partner vertraglich zu fixieren. Schließlich müssen die Vertragsparteien im eigenen Interesse die einmal ausgehandelten Vertragsbedingungen einhalten wollen (vgl. *Milgrom/Roberts* 1992, S. 127 ff.). Diese Bedingungen sind so restriktiv, dass sie auf viele faktisch existierende wirtschaftliche Austauschbeziehungen nicht zutreffen: „actual contracts are or appear quite incomplete" (*Tirole* 1999, S. 741; vgl. *Hart/Holmström* 1989; *Hart/Moore* 1999; *Maskin/Tirole* 1999, S. 83). Das Konzept unvollständiger Verträge erweist sich auch für die Unternehmensführung als das relevantere, da typische Arbeitsverträge und auch ein großer Teil der üblichen unternehmensübergreifenden Vertragsbeziehungen sich gerade nicht als vollständig klassifizieren lassen.

IV. Folgen unvollständiger Verträge

Weil unvollständige Verträge nicht alle künftigen Kontingenzen berücksichtigen, verbleiben für die Vertragsparteien *Verhaltens- bzw. Entscheidungsfreiräume*, die nicht durch spezifizierte Rechte und Pflichten prädeterminiert sind. Entscheidungsfreiräume können sich auf die Erbringung des vereinbarten Eigenbeitrags oder die Weitergabe von Informationen beziehen. Auf Basis der ausgeführten Annahmen lässt sich für solche Konstellationen das Auftreten opportunistischen Verhaltens prognostizieren. Vertragspartnern Entscheidungsfreiräume zu belassen birgt das Risiko, dass diese aus Eigeninteresse vom gesamtertragsmaximierenden Verhaltenspfad abweichen. Rasmusen spricht von „agents who take advantage of noncontractibility to increase their payoff" (*Rasmusen* 1989, S. 153). Aus Perspektive der ökonomischen Vertragstheorie sind die Ursachen von Verhaltensfreiräumen Quelle von *Organisationsproblemen* (vgl. *Picot/Dietl/Franck* 2002). Ausbeut-

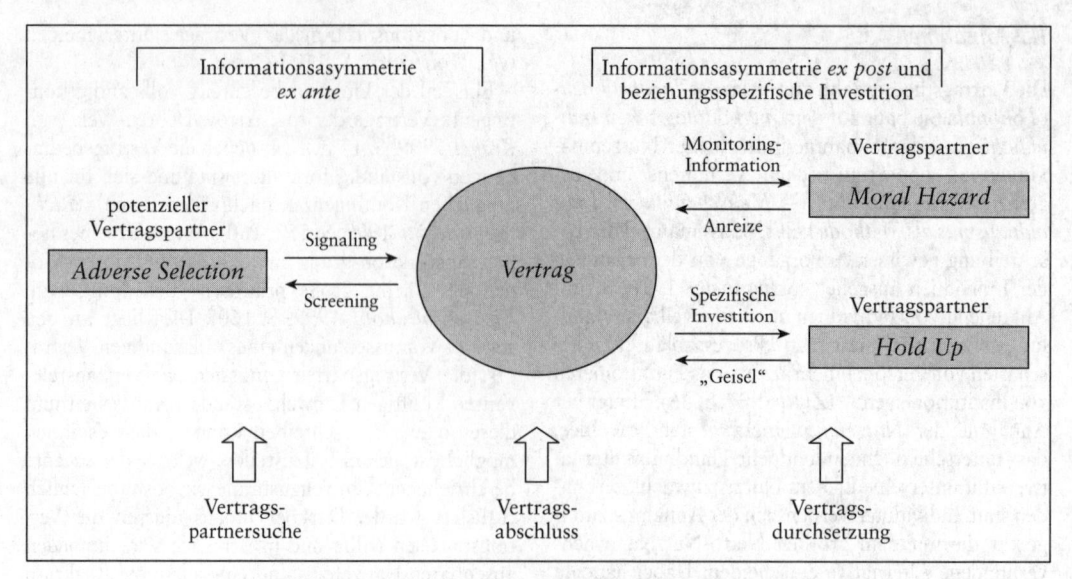

Abb. 1: Verhaltensrisiken bei unvollständigen Verträgen

bare Verhaltensfreiräume bieten sich Akteuren aufgrund *spezifischer Investitionen* einer Vertragspartei (*Hold Up*-Problem) oder wegen *asymmetrisch* zwischen den Vertragsparteien *verteilten Informationen* (*Adverse Selektion* oder *Moral Hazard*-Problem). Die Folgeprobleme von Informationsasymmetrien werden nach dem Zeitpunkt ihres Auftretens als vorvertraglich (ex ante) bzw. nachvertraglich (ex post) bezeichnet. Dem Vertragsabschluss vorgelagert ist das als *Adverse Selektion* bezeichnete Risiko der „Negativauslese". Die Parteien verfügen vor Vertragsabschluss über *private Informationen* über ihre jeweilige Leistungs*fähigkeit* und ihren Leistungs*willen*. Diese können dem Partner vorenthalten werden, sodass sich für diesen negative Folgen im Hinblick auf die Erfüllung vereinbarter Leistungen ergeben. Moral Hazard ist im Unterschied dazu ein nach Abschluss eines Vertrages wirksam werdendes Problem. Hierbei unterscheidet man nach dem Gegenstand der Informationsasymmetrie zwischen *Hidden Action* und *Hidden Information* (vgl. *Arrow* 1991, S. 38 ff.). *Hidden Action* bezieht sich auf den Fall, in dem lediglich das Ergebnis einer Handlung beobachtbar ist, aber nicht das ergebnisbewirkende individuelle Anstrengungsniveau der anderen Partei. *Hidden Information* tritt auf, wenn eine vertragsrelevante Umfeldinformation nur einer von beiden Parteien bekannt ist, sodass die andere Partei den Handlungserfolg nicht korrekt beurteilen kann. Trotz ihrer scheinbar chronologischen Abfolge sind Adverse Selektion und Moral Hazard analytisch voneinander unabhängige Fälle (vgl. *Rasmusen* 1989, S. 133 ff.). Das mit spezifischen Investitionen einhergehende Risiko der *einseitigen Abhängigkeit* eines Vertragspartners vom anderen wird als *Hold Up* bezeichnet. Die einseitige Abhängigkeit kann in den ex ante bekannten Eigentümlichkeiten eines Vertragsgegenstands begründet sein oder aber durch unvorhergesehene Umweltentwicklungen ex post bewirkt werden. Im ersteren Fall hätte der später abhängige Partner einen vermeidbaren Fehler gemacht, im zweiten Fall haben sich Umfeldvariablen zu seinen Ungunsten entwickelt. Da beziehungsspezifische Investitionen in alternativen Verwendungen an Wert verlieren, kann der nicht abhängige Vertragspartner die Rente des abhängigen abschöpfen. Dies funktioniert auch bei vollkommener Informationssymmetrie. Informationsasymmetrie ist also nicht das originäre Problem, sondern die investitionsbedingte Ausbeutbarkeit (vgl. *Wolff* 1995, S. 66). In der Praxis kommen auch Kombinationen dieser Vertragsprobleme vor, ebenso wie man gleichzeitig einen Beinbruch und eine Grippe haben kann. Wie in der Medizin ist auch in der Vertragstheorie die exakte, differenzierende Diagnose unerlässlich, um die richtige Therapie zu finden. Abb. 1 fasst die aufgeführten Risiken zusammen.

V. Begrenzung von Vertragsrisiken

Die ökonomische Vertragstheorie hilft, die benannten Verhaltensrisiken identifizier- und beherrschbar zu machen; indem sie Instrumente bietet, mit deren Hilfe sich Verträge so gestalten lassen, dass den Vertragspartnern ein opportunistisches Ausbeuten von Verhaltensfreiräumen unattraktiv gemacht wird. Je nach Ursache der ausbeutbaren Freiräume zielen die Vorschläge im Schrifttum auf die Verringerung der negativen Folgen von ex ante oder ex post Informationsasymmetrien oder suchen die unerwünschten Folgen spezifischer Investitionen abzuschwächen. Im Mittelpunkt der Lösungsvorschläge steht die *anreiz-*

kompatible Gestaltung der Verträge, die Implementierung von Anreizen für die Vertragspartner, ex ante Informationen zu offenbaren und ex post vertragstreu zu handeln (→ *Anreizsysteme, ökonomische und verhaltenswissenschaftliche Dimension*). Je nachdem welchem Risiko entgegengewirkt werden soll, lassen sich Verträge z.B. als „Lügendetektoren" (beim Vermeiden Adverser Selektion) oder als „Leistungsanreize" (beim Vermeiden von Moral Hazard) interpretieren (vgl. *Birchler* 2002, S. 4 ff.).

Instrumente zur *Verringerung vorvertraglicher Informationsasymmetrie* haben unter den Bezeichnungen *Signalling* und *Screening* Eingang in die Literatur gefunden. Sie sollen verhindern, dass Verträge mit ungeeigneten Vertragspartnern abgeschlossen oder Verträge zwischen geeigneten Vertragspartnern nicht abgeschlossen werden. Beides wäre ineffizient. *Signalling* bezeichnet alle Mittel eines Leistungsanbieters (Agent), die Qualität *seiner* Leistung differenziert von derjenigen möglicher Mitbewerber mit unerwünschter Leistungsqualität zu präsentieren, z.B. Zertifikate, Zeugnisse, Garantien oder Referenzen (vgl. *Milgrom/Roberts* 1992, S. 154 f.; *Backes-Gellner/Lazear/Wolff* 2001, S. 121 ff.). Die Kosten für solche signalgebenden Arrangements sind zum Teil erheblich (z.B. Ausbildungszeit und -kosten oder Investitionen in einen Markennamen). Daher ist die Höhe der vom „Signalgeber" aufgewandten Kosten ein Indiz für die Güte des Produktes bzw. die Glaubwürdigkeit des Leistungsversprechens (*Richter/Furubotn* 1999, S. 240 f.). Sie stellen den Unterschied zwischen „Signal" und „Cheap Talk" dar; ein nicht sanktionsbewehrtes Versprechen zu brechen kostet nichts, ein garantiebewehrtes dagegen schon (→ *Reputation*). *Screening* bezeichnet alle Initiativen des Leistungsnachfragers (Prinzipals) mit dem Ziel, die Leistungsqualität eines potenziellen Vertragspartners zu überprüfen, z.B. durch Assessment Center, Probezeiten oder Gutachter-Verfahren. Die Kosten des Screening trägt der Leistungsnachfrager. Ein wichtiges Screeningverfahren ist auch das Auslösen von Selbst-Selektion unter den möglichen Vertragspartnern durch differenzierte Vertragsangebote. Eine solche Wirkung entfalten z.B. geeignet gestaltete Probezeitregelungen: Kandidaten, die von sich selbst wissen, dass sie die Probezeit nicht überstehen können, werden sich bei hinreichend niedrigem Probezeitlohn gar nicht erst bewerben, sondern gleich von ihrer Outside-Option Gebrauch machen. Durch die Wahlentscheidung klassifizieren sie sich selbst, ohne dass die eigentlich gefragte Information explizit fließt.

Für den *Umgang mit nachvertraglichen Informationsasymmetrien* empfehlen Vertragstheoretiker neben der Informationsbeschaffung die anreizkompatible Gestaltung abzuschließender Verträge. Verfahren zur Verringerung der Informationsasymmetrie zwischen den Vertragspartnern werden unter dem Begriff *Monitoring* (vgl. *Arrow* 1991, S. 45 f.; *Milgrom/Roberts* 1992, S. 186 ff.) zusammengefasst. Monitoring verursacht Kosten. Der Umfang der Monitoring-Aktivitäten ist daher so zu wählen, dass die Monitoring-Kosten hinzugewonnene Outputgewinne nicht aufzehren. Die anreizkompatible Gestaltung der Verträge setzt an den verschiedenen zur Auswahl stehenden materiellen und immateriellen Auszahlungen an. Die Verfolgung der Vertragsintention soll die relativ vorteilhafteste Handlungsoption der Partner werden (vgl. z.B. *Gibbons* 1998; *Prendergast* 1999).

Zur Verringerung des Hold Up-Risikos bieten sich Pfandmechanismen an. Der Austausch von „Geiseln" macht ein opportunistisches Ausbeuten des Vertragspartners unattraktiv, weil somit die gegebene Geisel ebenfalls gefährdet würde. Ein anderer Schritt zur Vermeidung des Hold Up-Problems ist die Überführung aller produktionsnotwendigen Vermögensgegenstände (Assets) in einheitliches Eigentum. Damit wäre die Ausbeutung eines Vertragspartners ausgeschlossen, weil es keinen Vertragspartner im vorherigen Sinne mehr gibt.

VI. Praktische Bedeutung der Vertragstheorie

Einen Eindruck der Praxisrelevanz vertragstheoretischen Denkens vermittelt die Einleitung zu Hart (*Hart* 1995). Dort wird die Vertragslogik auf ein privates Immobiliengeschäft angewendet. Das tägliche Leben fast aller, nicht nur ökonomischer Akteure ist voll von Interaktionen, die sich mit der Vertragslogik beschreiben, erklären und gestalten lassen. Strukturen und Prozesse in Firmen lassen sich gut als Vertragsbeziehungen rekonstruieren (vgl. z.B. *Cheung* 1983; *Aoki* et al. 1990; *Wiggins* 1991; *Baker/Gibbons/Murphy* 1997; *Deakin/Michie* 1997; *Vincent-Jones* 2000). Sind die Zusammenhänge erst einmal vertragslogisch beschrieben, so sind sie auch vertragstheoretisch fundierten Gestaltungsempfehlungen zugänglich. Auf der Grundlage vertragstheoretischer Steuerungs- und Anreizlogik arbeitet heute ein großer Teil der betriebswirtschaftlichen Theorie (→ *Theorie der Unternehmung*). Controlling, Beschaffungswesen, Personalbereich, Absatz/Marketing, Finanzierung – sie alle profitieren von vertragstheoretischen Erkenntnissen (vgl. z.B. *Göbel* 2002, S. 157 ff.).

Literatur

Aoki, Masahiko/Gustafsson, Bo/Williamson, Oliver E. (Hrsg.): The Firm as a Nexus of Treaties, London et al. 1990.
Arrow, Kenneth J.: The Economics of Agency, in: Principals and Agents. The Structure of Business, hrsg. v. *Pratt, John/Zeckhauser, Richard J.*, Boston 1991, S. 37–51.
Backes-Gellner, Uschi/Lazear, Edward/Wolff, Birgitta: Personalökonomik. Fortgeschrittene Anwendungen für das Management, Stuttgart 2001.
Baker, George/Gibbons, Robert/Murphy, Kevin J.: Implicit Contracts and the Theory of the Firm, NBER Working Paper 6177, 1997.

Birchler, Urs: Dichter als Berater? Ökonomische Vertragstheorie in der Deutschen Literatur, Discussion Paper No. 2002–10, Universität St. Gallen, 2002.
Cheung, Steven N. S.: The Contractual Nature of the Firm, in: Journal of Law and Economics, Jg. 26, 1983, S. 1–21.
Chiappori, Pierre-André/Salanié, Bernard: Testing Contract Theory: A Survey of Some Recent Work, Invited Lecture, World Congress of the Econometric Society, Seattle 2000.
Deakin, Simon/Michie, Jonathan: The Theory and Practice of Contracting, in: Contracts, Co-operation, and Competition, hrsg. v. *Deakin, Simon/Michie, Jonathan*, Oxford 1997, S. 1–39.
Gibbons, Robert: Incentives in Organizations, in: Journal of Economic Perspectives, Jg. 12, H. 4/1998, S. 115–132.
Göbel, Elisabeth: Neue Institutionenökonomik. Konzeption und betriebswirtschaftliche Anwendungen, Stuttgart 2002.
Hart, Oliver: Firms, Contracts, and Financial Structure, Oxford 1995.
Hart, Oliver/Holmström, Bengt: The Theory of Contracts, in: Advances in Economic Theory. Fifth World Congress, hrsg. v. *Bewley, Truman F.*, Cambridge et al. 1989, S. 71–155.
Hart, Oliver/Moore, John: Foundations of Incomplete Contracts, in: Review of Economic Studies, Jg. 66, 1999, S. 115–138.
Kräkel, Matthias: Organisation und Management, Tübingen 1999.
Macneil, Ian R.: The Many Futures of Contracts, in: Southern California Law Review, Jg. 47, 1974, S. 691–816.
Maskin, Eric/Tirole, Jean: Unforseen Contingencies and Incomplete Contracts, in: Review of Economic Studies, Jg. 66, 1999, S. 83–114.
Milgrom, Paul/Roberts, John: Economics, Organization and Management, Englewood Cliffs 1992.
North, Douglas C.: Institutionen, institutioneller Wandel und Wirtschaftsleistung, Tübingen 1992.
Picot, Arnold/Dietl, Helmut/Franck, Egon: Organisation. Eine ökonomische Perspektive, 3. A., Stuttgart 2002.
Prendergast, Canice: The Provision of Incentives in Firms, in: Journal of Economic Literature, Jg. 37, 1999, S. 7–63.
Rasmusen, Eric: Games and Information. An Introduction to Game Theory, Oxford et al. 1989.
Richter, Rudolf/Furubotn, Eirik G.: Neue Institutionenökonomik. Eine Einführung und kritische Würdigung, 2. A., Tübingen et al. 1999.
Schumpeter, Joseph A.: Der methodologische Individualismus, in: The Essence of J. A. Schumpeter. Die wesentlichen Texte, hrsg. v. *Leube, Kurt R.*, Wien 1996, S. 51–58.
Schweizer, Urs: Vertragstheorie, Tübingen et al. 1999.
Simon, Herbert A.: Models of Man, New York et al. 1957.
Tirole, Jean: Incomplete Contracts: Where Do We Stand?, in: Econometrica, Jg. 67, 1999, S. 741–781.
Vincent-Jones, Peter: Contractual Governance: Institutional and Organizational Analysis, in: Oxford Journal of Legal Studies, Jg. 20, 2000, S. 317–351.
Wiggins, Steven N.: The Economics of the Firm and Contracts: A Selective Survey, in: JITE, Jg. 147, 1991, S. 603–661.
Williamson, Oliver E.: Opportunism and its Critics, in: Managerial and Decision Economics, Jg. 14, 1998, S. 97–107.
Williamson, Oliver E.: Transaction Cost Economics and Organization Theory, in: The Mechanisms of Governance, hrsg. v. *Williamson, Oliver E.*, New York et al. 1996, S. 219–249.
Wolff, Birgitta: Anreizkompatible Reorganisation von Unternehmen, Stuttgart et al. 1999.
Wolff, Birgitta: Organisation durch Verträge. Koordination und Motivation in Unternehmen, Wiesbaden et al. 1995.
Zintl, Reinhard: Methodologischer Individualismus und individualistische Theorie, in: Theorieentwicklung in der Politikwissenschaft – Eine Zwischenbilanz, hrsg. v. *Benz, Arthur/Seibel, Wolfgang*, Baden-Baden 1997, S. 33–43.

Vertrauen

Peter Eberl

[s.a.: Emotionen in Organisationen; Führungsstile und -konzepte; Gerechtigkeit und Fairness; Informelle Organisation; Institutionenökonomie; Kontrolle; Macht in Organisationen; Menschenbilder; Motivationsorientierte Organisationsmodelle; Netzwerke; Organisationskultur; Organizational Citizenship Behaviour; Reputation; Spieltheorie; Teamorganisation; Unternehmenskommunikation.]

I. Begriffliche Differenzierungen; II. Theoretische Perspektiven; III. Die Bedeutung von Vertrauen für die Organisationslehre.

Zusammenfassung

Vertrauen ist in den letzten Jahren von einem betriebswirtschaftlichen Randphänomen zu einem Thema von höchster Relevanz avanciert. Insbesondere für neue Organisationsformen wird Vertrauen als zentrale Erfolgsvoraussetzung in Stellung gebracht. Trotz der durch zahlreiche empirische Studien gestützten positiven Wirkungen von Vertrauen bleiben die konkreten Konsequenzen für die Organisationsgestaltung aber relativ unklar. Dies ist u.a. auch darin begründet, dass grundlegende Fragen zur Bedeutung und Entstehung von Vertrauen in der betriebswirtschaftlichen Diskussion einer genaueren Klärung bedürfen.

I. Begriffliche Differenzierungen

Der in der Betriebswirtschaftslehre verwendete Vertrauensbegriff lässt sich insgesamt als relativ facettenreich charakterisieren. Innerhalb der managementtheoretischen Vertrauensdiskussion, die seit Mitte der 1990er Jahre eingesetzt und zu einer explosionsartigen Zunahme von Veröffentlichungen zu dieser Thematik geführt hat, wird deshalb immer häufiger eine kohärentere Begriffsverwendung von Vertrauen angemahnt (*Bigley/Pearce* 1998; *McEvily/Perrone/Zaheer* 2003).

In der neueren Debatte lässt sich dennoch ein grundsätzlicher Konsens dahingehend konstatieren, dass Vertrauen als Beziehungsphänomen zwischen spezifischen Organisationen oder Personen konzipiert wird. Von daher setzt Vertrauen Interaktion und damit handlungsfähige Subjekte voraus. Interaktionsfähigkeit haben typischerweise Personen, sie wird aber auch Organisationen (verstanden im institutionellen Sinne) zugeschrieben. Hat man Personen als Interaktionspartner vor Augen, werden die Begriffe persönliches, zwischenmenschliches oder interpersonales Vertrauen gewählt. Handelt es sich hingegen um Organisationen wird von inter-organisationalem Vertrauen, zum Teil auch etwas missverständlich von *Systemvertrauen* (das im Sinne von Zuversicht verwendet wird) gesprochen.

Versucht man die unterschiedlichen Begriffskonnotationen weiter zu präzisieren, so ist eine Unterscheidung zwischen Vertrauensbereitschaft, Vertrauenswürdigkeit und Vertrauen hilfreich. Vertrauensbereitschaft beschreibt die Einstellungsebene. Dabei kann es sich um eine spezifische Einstellung gegenüber einer konkreten Person handeln oder um eine generalisierte Vertrauensbereitschaft, die relativ unabhängig von spezifischen Vorerfahrungen allein aufgrund des gegebenen sozialen Kontextes (Gruppe, Organisation) vorhanden ist. Vertrauenswürdigkeit hingegen zielt auf die Einschätzung einer anderen Person oder Gruppe. Vertrauen beschreibt dann eine besondere Beziehungsqualität, die von den Interaktionspartnern als solche beobachtet wird.

Des Weiteren ist es sinnvoll, zwischen Zuversicht, *Zutrauen* und Vertrauen zu differenzieren. Mit der Referenz „Zuversicht" wird lediglich eine Erwartung beschrieben, dass ein bestimmter Zustand zukünftig eintritt. Dies entspricht weitgehend dem „Vertrauen" in abstrakte Systeme, auf das insb. die soziologische Diskussion fokussiert (*Luhmann* 1989; *Giddens* 1990). Zuversicht ist von ubiquitärer Natur, so dass ohne dieses (etwa in die Akzeptanz von Geld als Zahlungsmittel) die Teilhabe an der modernen Gesellschaft nicht möglich wäre. Kommt zum alltäglichen Umgang mit abstrakten Systemen gleichzeitig die Erwartung von Kompetenz hinzu (z.B. das „Vertrauen" in Expertensysteme), ist Zutrauen vorhanden. Im Kontext von Organisationen beschreibt somit Zutrauen diejenigen positiven Erwartungen die innerhalb von Organisationen an die Kompetenz spezifischer Funktionsträger gekoppelt sind und lässt sich auch abstrakter als entsprechende Erwartungen an die Kompetenz ganzer Organisationen (→ *Kompetenzen, organisationale*) verstehen.

Vertrauen im eigentlichen Sinne ist im Vergleich zu Zuversicht oder Zutrauen aber wesentlich anspruchsvoller. Vertrauen ist zum einen eben gerade nicht (wie Zuversicht) ein alltägliches und permanent anzutreffendes Phänomen, sondern wird exklusiv vergeben und geht zum anderen auch über die bloße Kompetenzunterstellung wie im Falle des Zutrauens hinaus. Vertrauen als Beziehungskonstrukt geht nicht nur von Kompetenz aus, sondern zielt v.a. und entscheidend auf eine nicht-opportunistische Verhaltensmotivation bei den Interaktionspartnern (*Mayer/Davis/Schoorman* 1995; *Rousseau* et al. 1998; *McEvily/Perrone/Zaheer* 2003). Die Verhaltensmotivation ist für den Vertrauensfall deshalb von Relevanz, weil Vertrauen nur in Situationen zum Tragen kommt, die durch ein besonderes Maß an Unsicherheit (*Williamson* 1993) oder allgemeiner Kontingenz (*Giddens* 1990) gekennzeichnet sind, so dass die Handlungen der Interaktionspartner ein gewisses Risiko beinhalten. Als konstitutiv für Vertrauensbeziehungen werden nämlich riskante Vorleistungen (*Luhmann* 1989) oder einseitige Ressourcentransfers (*Coleman* 1991) betrachtet. Ein solches Engagement geht mit der Erwartung an den Interaktionspartner einher, die Vorleistung nicht in opportunistischer Weise auszunutzen. Vor diesem Hintergrund ist es irreführend, wie Williamson treffend argumentiert, eine sichere Erwartung, die auf der Androhung von Sanktionen („deterrence-based trust") oder sonstigen Sicherheiten basiert, als Vertrauen zu charakterisieren.

II. Theoretische Perspektiven

Die unterschiedlichen theoretischen Perspektiven des Vertrauens unterscheiden sich v.a. in ihrem Erklärungsbeitrag hinsichtlich der Entstehung von Vertrauensbeziehungen. Grundsätzlich lassen sich drei Richtungen herauskristallisieren: 1. kalkulatorische, 2. persönlichkeitstheoretische und 3. interaktionistische Ansätze.

1. Kalkulatorische Ansätze

Die Verfechter eines kalkülbasierten Vertrauens gehen davon aus, dass Vertrauen auf einer rationalen Individualentscheidung (→ *Rationalität*) beruht. Vertrauensentscheidungen sind dabei grundsätzlich dadurch charakterisiert, dass die möglichen Verluste des Entscheidungsträgers (Vertrauensgebers) höher sind als die Gewinne. In dieser Konstellation gibt die vorab zuverlässig eingeschätzte und mit möglichen Verlusten und Gewinnen verrechnete Vertrauenswürdigkeit des Interaktionspartners und damit die Handlungsintention den Ausschlag für die Vertrauensentscheidung. Der grundlegendste Ansatz in der kalkulatorischen Perspektive wird von Coleman im Rahmen seiner Sozialtheorie vorgelegt. Die Entstehung von Vertrauen wird von ihm als „Entscheidung unter Risiko" behandelt. Formallogisch lässt sich das Kalkül nach Coleman wie folgt darstellen: Vertrauen wird immer dann gewährt, wenn

$$\frac{p}{p-1} > \frac{L}{G}$$

oder umgeformt

$p \times G > (1-p) \times L$

gegeben ist (*Coleman* 1991, S. 126).

Dabei bezeichnet (p) die Gewinnchance, also die Wahrscheinlichkeit, dass der Treuhänder (Vertrauensnehmer) sich vertrauenswürdig verhält, und entsprechend (1-p) die Verlustchance. Der mögliche Verlust (L) beschreibt den Schaden, wenn sich der Treuhänder als nicht vertrauenswürdig erweisen sollte. Der mögliche Gewinn (G) entsteht, wenn er vertrauenswürdig ist. Um das Kalkül einfach zu halten, wird allerdings ein entscheidender Punkt, nämlich der Einfluss der Handlungen des Vertrauensgebers auf die Vertrauensbereitschaft des Treuhänders von Coleman nicht berücksichtigt.

Aufbauend auf Überlegungen von Coleman wird insb. in der deutschen Betriebswirtschaftslehre im Rahmen der Neuen → *Institutionenökonomie* versucht, Vertrauensbeziehungen als Prinzipal-Agenten-Beziehung zu begreifen (*Sjurts* 1998; *Ripperger* 1998). Die hier zugrunde gelegte einfache Berechenbarkeit von Vertrauen wird allerdings u.a. von Williamson vehement kritisiert (*Williamson* 1993). Darüber hinaus impliziert Vertrauen ein zur Opportunismusannahme der Neuen Institutionenökonomie gegenläufiges Menschenbild.

Prinzipiell der kalkulatorischen Richtung zuzurechnen sind auch spieltheoretische Modellierungen (→ *Spieltheorie*). Allerdings rückt die stärker verhaltenswissenschaftlich orientierte Spieltheorie weit weniger das konkrete Kalkül, sondern vielmehr das soziale Dilemma und damit die Struktur des Vertrauensproblems in den Vordergrund (*Güth/Kliemt* 1993; *Deutsch* 1958). Zudem wird das Vertrauensproblem nicht aus der Perspektive eines singulären Entscheidungsträgers betrachtet, sondern es werden interdependente Entscheidungen zugrunde gelegt. Damit kann der Beziehungscharakter von Vertrauen potenziell eingefangen werden. Bei der Modellierung des Vertrauensspiels wird i.d.R. von sequenzieller Interdependenz ausgegangen. Die folgende Abbildung zeigt die Grundlogik eines auf sequenzieller Interdependenz beruhenden Vertrauensspiels in der sog. extensiven Form:

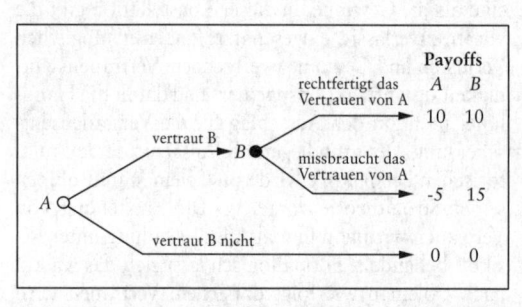

Abb. 1: Das Vertrauensspiel (nach Kreps 1990, S. 100)

Die Modellierung entspricht einer typischen „moral hazard"-Situation: Spieler *A* muss für die Transaktion in Vorleistung treten und Spieler *B* kann die Situation zu seinen Gunsten ausnutzen. Die Standardlösung wäre eine vertraglich geregelte ex ante Absicherung von *A* (z.B. der Einsatz von Pfändern). Die außervertragliche, auf Vertrauen basierende Lösung hängt nach Kreps mit Reputationseffekten zusammen. Sind mehrere Spieler *A* vorhanden, die als potenzielle Transaktionspartner von Spieler *B* in Frage kommen, verändert sich die Situation für Spieler *B*. Er muss darauf achten, dass seine Reputation entsprechend hoch ist, um an zukünftigen Transaktionen teilnehmen zu können. Je mehr potenzielle Spieler *B* zur Verfügung stehen, desto besser muss aufgrund der Konkurrenzsituation die Reputation des einzelnen Spielers *B* sein. Es entwickelt sich sozusagen ein Kampf um Reputation, da bei entsprechender Reputation *Transaktionskosten* eingespart werden können. Daher liegt es auch im Interesse von *B*, dass seine Handlung in Bezug auf die Rechtfertigung von Vertrauen von Spieler *A* beobachtbar (kontrollierbar) ist oder entsprechende Indikatoren auf das eigene Engagement hindeuten.

2. Persönlichkeitsorientierte Ansätze

Den Kontrapunkt zu den vorgestellten kalkülbasierten Ansätzen stellen die in der psychologischen Literatur vorherrschenden persönlichkeitstheoretischen Vertrauensmodelle dar, da sie von der Emotionsbasiertheit des Vertrauens ausgehen. Die unterstellte These ist, dass die in der Persönlichkeitsstruktur verankerte emotionale Vertrauensbereitschaft die zentrale Rolle für die Auftrittswahrscheinlichkeit vertrauensvollen Verhaltens spielt. Prominent ist dabei insb. die Annahme der Entstehung eines Ur-Vertrauens im frühesten Kindesalter, wie sie von Erikson aus entwicklungspsychologischer Sicht begründet wird (*Erikson* 1968). Die Grundlagen für vertrauensvolles Verhalten werden demnach bereits in der ersten Entwicklungsphase zu einer eigenen Persönlichkeit bzw. Identität gelegt. Eriksons Werk hat die psychologische Vertrauensforschung bis heute entscheidend beeinflusst.

Als zweiter Meilenstein innerhalb der persönlichkeitsorientierten Vertrauensforschung können die Arbeiten von Rotter gewertet werden (z.B. *Rotter* 1967). Er konzeptualisiert die Vertrauensbereitschaft als generalisierte Erwartung einer Person, die aufgrund sozialer Lernprozesse erworben wurde. Rotter bemüht sich dabei wesentlich um eine Operationalisierung der Vertrauensbereitschaft. Dazu entwickelt er einen entsprechen Fragebogen, die „Interpersonal Trust Scale". Obwohl es bereits vor Rotter ähnlich angelegte empirische Studien zum Vertrauen anhand von Persönlichkeitstests mit Hilfe von Fragebogen gab, hat gerade er die empirisch angelegte psychologische Persönlichkeitsforschung zu Vertrauen vorangetrieben. Seine Vertrauensskala dient bis heute als wesentliche Grundlage für entsprechende empirische Untersuchungen zur Vertrauensbereitschaft einer Person.

Die persönlichkeitspsychologische Herangehensweise an das Vertrauensphänomen kann die Diskussion entscheidend bereichern. Allen Vorstellungen, die davon ausgehen, dass Vertrauen bei Bedarf relativ leicht hergestellt oder kalkuliert eingesetzt werden kann, werden eindeutige Grenzen gesetzt. Im Kern besagen die persönlichkeitstheoretischen Vertrauenstheorien nämlich, dass die jeweilige individuelle Vertrauensbereitschaft als generalisierte, von der spezifischen Situation unabhängige Disposition die entscheidende Rolle für das Zustandekommen einer konkreten Vertrauensbeziehung spielt. Es ist also in erster Linie nicht nur die Vertrauenswürdigkeit des potenziellen Partners, sondern die eigene emotionale Bereitschaft, sich generell auf Vertrauensbeziehungen einzulassen.

3. *Interaktionistische Ansätze*

Quer zu den beiden ersten Ansätzen liegt die interaktionistische Erklärung der Vertrauensentstehung. Die Vertrauensentstehung wird nicht in erster Linie an die Dispositionen oder das Kalkül der beteiligten Person gekoppelt, sondern an die spezifische Interaktionsdynamik. Vertrauen wird konsequent als Beziehungsphänomen behandelt und sagt etwas über den sozialen Zusammenhalt der Interaktionspartner aus.

Einen zentralen Erklärungsbeitrag bietet dabei die neuere *Attributionstheorie* (*Eberl* 2003, S. 185 ff.). Durch den Rückgriff auf Attributionsprozesse wird zunächst ganz allgemein auf den Umstand fokussiert, dass sich die Interaktionspartner alltagsweltlich als naive Psychologen betätigen, und von daher beobachtete Verhaltensweisen im Hinblick auf mögliche Ursachen hinterfragt werden (*Heider* 1958). Die neuere attributionstheoretische Forschung geht davon aus, dass neben den traditionellen zwei Faktoren „Personen" und „Umwelt" ein dritter Kausalfaktor nämlich „Beziehungsqualität" eine zentrale Rolle spielt (*Kelley* et al. 1983). Vertrauen lässt sich vor diesem Hintergrund als Attribution in Bezug auf die Beziehungsqualität bezeichnen, die aufgrund entsprechender Indizien vorgenommen wird.

So geht die Attribution „Vertrauen" einher mit der Attribution einer emotional bedingten intrinsischen Beziehungsmotivation; die Beziehung sorgt als solche für emotionale Zufriedenheit. Handlungen des Interaktionspartners, bei denen eine Tauschabsicht unterstellt wird, führen hingegen zu Attributionen einer instrumentellen und nicht vertrauensbasierten Beziehungsqualität. Vor diesem Hintergrund ist es irreführend, davon auszugehen, dass andere Beziehungsformen entweder einen notwendigen Vorläufer von Vertrauen darstellen oder die Qualität von Vertrauensbeziehungen sich anhand eines Stufenmodells entwickelt (*Rempel/Holmes/Zanna* 1985).

III. Die Bedeutung von Vertrauen für die Organisationslehre

Aus der Kritik am Bürokratiemodell (→ *Bürokratie*) hat sich im Zuge des Human-Ressourcen-Ansatzes erstmalig die Frage nach der Vertrauensbasiertheit von Managementinstrumenten insb. von Organisationsstrukturen gestellt. Nur wer den Mitarbeitern Vertrauen entgegenbringt, so lässt sich McGregor (→ *Menschenbilder*), einer der frühen Hauptvertreter des Human-Ressourcen-Ansatzes auslegen, kann auf entsprechende Kontrollmaßnahmen verzichten und wird durch erhöhtes Engagement belohnt (*McGregor* 1960). In der neueren Diskussion wird Vertrauen als Substitut für hierarchische → *Kontrolle* verhandelt, so wird Vertrauen neben Preis und hierarchischer Anweisung als dritter möglicher Koordinationsmechanismus beschrieben (*Ring/Van de Ven* 1992; *Bradach/Eccles* 1989). In Bezug auf *soziale Kontrolle* wird hingegen eher von einem supplementären Verhältnis ausgegangen (*Das/Teng* 1998).

Die Gegenüberstellung von Vertrauen und Kontrolle findet in der Diskussion um neue Organisations- bzw. Kooperationsformen, die häufig mit dem Netzwerkbegriff (→ *Netzwerke*) belegt werden, ihren Ausdruck. So wird für inter-organisationale Netzwerke nicht mehr einfach der Hybridcharakter zwischen Markt und Hierarchie, sondern vielmehr die eigenständige spezifische Form betont, die dadurch gekennzeichnet ist, dass das besondere Spannungsfeld zwischen Autonomie und Abhängigkeit der Netzwerkmitglieder durch Vertrauen bewerkstelligt wird (*Powell* 1990; *Sydow* 1998). Auch für organisationsinterne Netzwerkstrukturen wird dem Vertrauen zwischen Netzwerkeinheiten oder Organisationsmitgliedern eine zentrale Bedeutung zugewiesen (z.B. *Creed/Miles* 1996). In eine ähnliche Richtung weist das von Ouchi zu Beginn der 1980er Jahre mit starken Querbezügen zur Unternehmenskulturdebatte (→ *Organisationskultur*) in die Diskussion eingebrachte Konzept der vertrauensbasierten *Clan-Organisation* (*Ouchi* 1980). Darüber hinaus wird Vertrauen auch im Zusammenhang mit persönlichen Netzwerken diskutiert. Diese werden häufig unter dem Schlagwort „social capital" (→ *Organisationskapital*) verhandelt, mit der Unterstellung, dass soziale Beziehung einen Wert also Kapital und damit einen organisationalen Vorteil darstellen können (*Nahapiet/Ghoshal* 1998).

Betrachtet man die hier kurz skizzierte Diskussion aus der Perspektive der Organisationsgestaltung, so ist zu präzisieren, dass Vertrauen v.a. eine effiziente Lösung des Integrationsproblems verspricht, selbst aber keinen eigenständigen Koordinationsmechanismus darstellt. Die Koordinationsform, die man letztlich vor Augen hat, ist die *spontane Selbstabstimmung* (*Schreyögg* 2003, S. 174 f.). Das Neue an der Netzwerkidee ist aus organisationstheoretischer Sicht, dass spontane Selbstabstimmung nicht bloß als etwaige Dysfunktionalitäten der Hierarchie ausgleichender Mechanismus verstanden wird, sondern als dominierende Abstimmungsform in den Mittelpunkt rückt. Das Risiko ineffizienter Koordination ist bei dieser Abstimmungsform allerdings besonders hoch, da die Gefahr besteht, dass notwendige übergreifende Koordinationsmaßnahmen erst gar nicht ergriffen werden, die Akteure mit der Abstimmung überfordert sind oder die Autonomie gezielt missbraucht wird. Für eine effiziente Selbstabstimmung muss nämlich vorausgesetzt werden, dass die vorhandene Autonomie konstruktiv und eigeninitiativ im Hinblick auf die kollektive Zielerreichung eingesetzt wird. Insofern lässt sich eine Lösung des Integrationsproblems über spontane Selbstabstimmung nur in Kombination mit einer Lösung des Motivationsproblems erreichen. Wechselseitiges Vertrauen verspricht eine Motivation im Hinblick auf die Erreichung gemeinsamer Ziele. Insofern dürften spontane Selbstabstimmungsprozesse v.a. dann effizient sein, wenn sie vertrauensbasiert sind. Vor diesem Hintergrund stellt sich Vertrauen als entscheidende Moderatorvariable für funktionale spontane Selbstabstimmungsprozesse dar.

Die vermuteten positiven Motivationseffekte von Vertrauen werden durch zahlreiche empirische Studien untermauert. In ihrer Meta-Analyse von 45 empirischen Studien kommen Dirks und Ferrin zu dem Ergebnis, dass Vertrauensbeziehungen v.a. zu höherer Arbeitszufriedenheit und stärkerem Commitment gegenüber der Organisation führen und damit indirekt die Koordinationseffizienz durch verbesserten Informationsaustausch und kooperatives Verhalten steigern (*Dirks/Ferrin* 2001). Die verschiedenen Wirkungsanalysen zu Vertrauen vermitteln unter dem Strich das ziemlich eindeutige Bild, dass vorhandene Vertrauensbeziehungen die Qualität individueller und kollektiver Leistungen verbessern. Vor diesem Hintergrund wird Vertrauen sogar als strategischer Wettbewerbsvorteil betrachtet (*Barney/Hansen* 1994). Kritisch anzumerken ist allerdings, dass Vertrauen als unabhängige Variable jeweils vorausgesetzt werden muss, diese aber nicht einfach als Ausgangsbedingungen erzeugt werden kann. Insofern wäre bei den Wirkungsanalysen zu Vertrauen differenziert zu überprüfen, anhand welcher Indikatoren das Vorhandensein von Vertrauensbeziehungen unterstellt wird.

Dieser Punkt verweist auch auf das zentrale Problem aus gestalterischer Sicht, denn der Erfolgsfaktor „Vertrauen" lässt sich nicht einfach herstellen oder einsetzen. Vertrauensbeziehungen können nicht institutionalisiert werden. Sie sind Ausfluss informeller Prozesse in Organisationen (→ *Informelle Organisation*). Bestenfalls lassen sich die Rahmenbedingungen in Richtung einer erhöhten Vertrauensbereitschaft verbessern.

Literatur

Barney, Jay/Hansen, Mark: Trustworthiness as a source of competitive advantage, in: SMJ, Jg. 15, 1994, S. 175–190.
Bigley, Gregory/Pearce, Jone: Straining for Shared Meaning: Problems of Trust and Distrust, in: AMR, Jg. 23, 1998, S. 405–421.
Bradach, Jeffrey/Eccles, Robert: Price, authority, and trust. From ideal types to plural forms, in: Annual Review of Sociology, Jg. 15, 1989, S. 97–118.
Coleman, James: Grundlagen der Sozialtheorie, Bd. 1: Handlungen und Handlungssysteme, München 1991.
Creed, Douglas/Miles, Raymond: Trust in organizations: A conceptual framework linking orgnizational forms, managerial philosophies, and the opportunity cost of control, in: Trust in Organizations, hrsg. v. *Kramer, Roderick/Tyler, Tom*, Thousand Oaks 1996, S. 16–38.
Das, T. K./Teng, Bing-Sheng: Between trust and control. Developing confidence in partner cooperation in alliances, in: AMR, Jg. 23, 1998, S. 491–512.
Deutsch, Morton: Trust and suspicion, in: Journal of Conflict Resolution, Jg. 2, 1958, S. 265–279.
Dirks, Kurt/Ferrin, Donald: The role of trust in organizational settings, in: Org.Sc., Jg. 12, 2001, S. 450–467.
Eberl, Peter: Vertrauen und Management, Stuttgart 2003.
Erikson, Erik: Identitiy – youth and crisis, New York 1968.
Giddens, Anthony: Consequences of Modernity, Oxford 1990.
Güth, Werner/Kliemt, Hartmut: Menschliche Kooperation basierend auf Vorleistungen und Vertrauen, in: Jahrbuch für neue politische Ökonomie, hrsg. v. *Herder-Dornreich, Philipp/Schenk, Karl/Schmidtchen, Dieter*, Tübingen 1993, S. 253–277.
Heider, Fritz: The psychology of interpersonal relations, New York 1958.
Kelley, Harold et al.: Analyzing close relationships, in: Close Relationships, hrsg. v. *Kelley, Harold* et al., New York 1983, S. 20–67.
Kreps, David: Corporate culture and economic theory, in: Perspectives on positive political economy, hrsg. v. *Alt, James/Shepsle, Kenneth*, Cambridge 1990, S. 90–143.
Luhmann, Niklas: Vertrauen. Ein Mechanismus der Reduktion sozialer Komplexität, 3. A., Stuttgart 1989.
Mayer, Roger/Davis, James/Schoorman, David: An integrative model of organizational trust, in: AMR, Jg. 20, 1995, S. 709–734.
McEvily, Bill/Perrone, Vincenzo/Zaheer, Akbar: Trust as an organizing principle, in: Org.Sc., Jg. 14, 2003, S. 91–103.
McGregor, Douglas: The human side of enterprise, New York 1960.
Nahapiet, Janine/Ghoshal, Sumantra: Social capital, intellectual capital and the organizational advantage, in: AMR, Jg. 23, 1998, S. 242–266.
Ouchi, William: Markets, bureaucracies and clans, in: ASQ, Jg. 25, 1980, S. 129–141.
Powell, Walter: Neither market nor hierarchy. Network forms of organizations, in: ROB 12, hrsg. v. *Staw, Barry M./Cummings, Larry L.*, Greenwich 1990, S. 295–326.
Rempel, John/Holmes, John/Zanna, Mark: Trust in close relationships, in: JPSP, Jg. 49, 1985, S. 95–112.
Ring, Peter/Van de Ven, Andrew: Structuring cooperative relationships between organizations, in: SMJ, Jg. 13, 1992, S. 483–498.
Ripperger, Tanja: Ökonomik des Vertrauens. Analyse eines Organisationsprinzips, Tübingen 1998.
Rotter, Julian: A new scale for the measurement of interpersonal trust, in: Journal of Personality, Jg. 35, 1967, S. 651–665.
Rousseau, Denise et al.: Not so different after all: A cross-discipline view of trust. Introduction to special topic forum, in: AMR, Jg. 23, 1998, S. 393–404.
Schreyögg, Georg: Organisation. Grundlagen moderner Organisationsgestaltung, 4. A., Wiesbaden 2003.
Sjurts, Insa: Kontrolle ist gut, ist Vertrauen besser? Ökonomische Analysen zur Selbstorganisation als Leitidee neuer Organisationskonzepte, in: DBW, Jg. 58, 1998, S. 283–298.
Sydow, Jörg: Understanding the constitution of interorganizational trust, in: Trust within and between organizations, hrsg. v. *Lane, Christel/Bachmann, Reinhard*, Oxford 1998, S. 31–63.
Williamson, Oliver: Calculativeness, trust and economic organization, in: Journal of Law and Economics, Jg. 36, 1993, S. 453–486.

W

Wandel, Management des (Change Management)

Wilfried Krüger

[s.a.: Lebenszyklus, organisationaler; Lernen, organisationales; Organisationsentwicklung; Organisatorische Gestaltung (Organization Design); Routinen und Pfadabhängigkeit; Sanierung; Turnaround.]

I. Grundlagen; II. Träger, Konzepte, Aufgaben; III. Gestaltungsfragen; IV. Ein Bezugsrahmen für das Wandlungsmanagement.

Zusammenfassung

Das Management des Wandels bewegt sich in einem Spannungsfeld dreier Koordinaten: dem sachlich notwendigen Wandel (Wandlungsbedarf), der Bereitschaft der Beteiligten und Betroffenen zum Wandel (Wandlungsbereitschaft) sowie der personellen und institutionellen Fähigkeit zum Wandel (Wandlungsfähigkeit). Der Beitrag gibt einen Überblick über alle wesentlichen Fragestellungen, die zur aktiven Handhabung unternehmungsbezogener Wandlungsprozesse in diesem Feld gehören.

I. Grundlagen

Unternehmungen sehen sich heute permanenten Änderungserfordernissen gegenüber. Wandel aktiv zu bewältigen, ist daher eine Daueraufgabe. Von diesem Verständnis ausgehend, bedeutet *Management des Wandels* (hier synonym: Change Management) die *aktive Handhabung von Wandlungsprozessen* und umschließt *alle Aufgaben, Prozesse, Träger und Instrumente unternehmungsbezogener Veränderung und Entwicklung*. Wandlungsmanagement ist eine Querschnittaufgabe und bewegt sich auf der Schnittfläche verschiedener herkömmlicher Gebiete, insb.: Strategisches Management, Organisation, Human Resource Management, Führung. Dementsprechend müssen Konzepte des Wandlungsmanagements Impulse und Ansätze aus diesen Richtungen aufnehmen und integrieren.

Wandlungsvorhaben lassen sich u.a. anhand ihrer Objekte systematisieren (vgl. *Bolman/Deal* 1997; *Perich* 1993, S. 151 f.; *Krüger* 1994, S. 358 ff.; *Gouillart/Kelly* 1995). Wenn eine Veränderung von Strukturen, Prozessen und Systemen dominiert, wird von *Restrukturierung* gesprochen. Die strategische Ausrichtung der Unternehmung sowie die Konfiguration der Erfolgsfaktoren bleiben dabei weitgehend unverändert. Wandel dieses Typs lässt sich daher als *reproduktiv* bezeichnen.

Wenn dagegen eine neue strategische Positionsbestimmung erfolgt, vorhandene Geschäfte teilweise aufgegeben, neue aufgebaut werden, dann liegt eine *Reorientierung* vor. Davon zu unterscheiden sind Veränderungen der Ressourcen und Fähigkeiten (sog. *Revitalisierung*) sowie der von allen geteilten Werte und Einstellungen, die den Kern der Unternehmungskultur (→ *Organisationskultur*) bilden (sog. *Remodellierung*). Für derartige Programme grundlegenden Wandels wird vielfach die Bezeichnung *transformativer Wandel* (corporate transformation) bzw. *strategische Erneuerung* benutzt. Tendenziell nehmen die Tiefe der Veränderung – und mit ihr die zu bewältigenden Schwierigkeiten – von der Restrukturierung über die Reorientierung und Revitalisierung bis zur Remodellierung zu (vgl. Abb. 1).

Der Planbarkeit und Beherrschbarkeit von (fundamentalem) Wandel sind deutliche Grenzen gesetzt. So müssen Manager zum einen erleben, dass Wandel einen anderen Verlauf nimmt als geplant oder gar scheitert. Zum anderen entsteht Wandel auch ungeplant als Ergebnis eigendynamischer („emergenter") Prozesse (vgl. *Mintzberg/Waters* 1985, S. 257 ff.; *Weick* 2000, S. 223 ff.). Das Wandlungsmanagement muss sich der daraus resultierenden Grenzen des geplanten organisatorischen Wandels (vgl. *Dienstbach* 1972; *Kirsch/Esser/Gabele* 1979) bewusst sein und auf eine deterministische Detailplanung verzichten.

II. Träger, Konzepte, Aufgaben

1. Träger des Wandels

Manager (bzw. Unternehmer) sind an erster Stelle zu nennen, wenn es um die Bestimmung der *Wandlungsträger* geht, also derjenigen Personen oder Gruppen, die maßgeblichen Einfluss auf das Wandlungsgeschehen ausüben. Darüber hinaus können (und müssen) auch Mitarbeiter Trägerfunktionen übernehmen. Wandlungsträgern kommt die Rolle von Promotoren zu (vgl. *Hauschildt* 1997, S. 167 ff.; *Gemünden/Walter* 1995, S. 971 ff.). *Promotoren* treiben Prozesse voran und prägen sie inhaltlich. Sie bilden ggf. eine *Wandlungskoalition*, um mit vereinten Kräften die vielfältigen sachbezogenen und personellen (*Oppo*-

Schichtenmodell des Wandels

Objekte und Formen des Wandels:
- Strukturen, Prozesse, Systeme, materielles Realisationspotenzial — *Restrukturierung*
- Strategie — *Reorientierung*
- Fähigkeiten, Verhalten — *Revitalisierung*
- Werte und Überzeugungen — *Remodellierung*

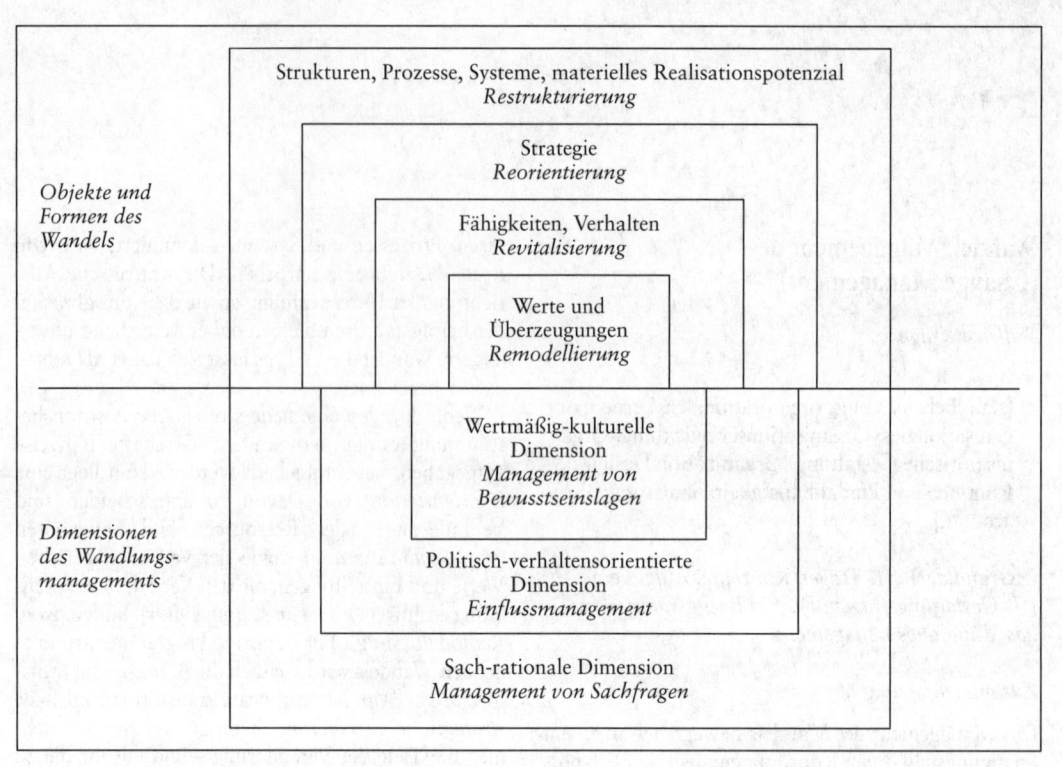

Dimensionen des Wandlungsmanagements:
- Wertmäßig-kulturelle Dimension — *Management von Bewusstseinslagen*
- Politisch-verhaltensorientierte Dimension — *Einflussmanagement*
- Sach-rationale Dimension — *Management von Sachfragen*

Abb. 1: Schichtenmodell des Wandels (nach Krüger 1994, S. 359)

nenten) Wandlungsbarrieren zu überwinden, die ein Kernproblem jedes (tief greifenden) Wandels ausmachen.

2. Reichweite und Gültigkeit von Wandlungskonzepten

Wandlungskonzepte lassen sich hinsichtlich ihrer sachlich-institutionellen Reichweite grob in drei Kategorien einteilen. Am weitesten reichen allgemeine Bezugsrahmen für das Wandlungsmanagement. Solche Ansätze werden hier als *generische Rahmenkonzepte* bezeichnet. Im deutschsprachigen Raum sind u.a. die Konzepte von Doppler und Lauterburg, Krüger, Müller-Stewens und Lechner, Picot et al. und Steinle et al. zu erwähnen (*Doppler/Lauterburg* 2002; *Krüger* 2002a; *Müller-Stewens/Lechner* 2001; *Picot/Freudenberg/Gassner* 1999; *Steinle/Eggers/Kolbeck* 1999). Aus der Fülle der angloamerikanischen Literatur wären u.a. Beckhard und Harris, Beer und Nohria, Gouillart und Kelly sowie Kotter zu nennen (*Beckhard/Harris* 1987; *Beer/Nohria* 2000, S. 1 ff.; *Gouillart/Kelly* 1995; *Kotter* 1996).

Andere Konzepte stellen auf eine spezifische Wandlungsthematik ab. Sie sind demgemäß als *themenbezogene Gesamtkonzepte* zu charakterisieren (vgl. zu einer Übersicht *Reiß* 1997, S. 31 ff.). Sie unterscheiden sich durch den gewählten Ansatzpunkt für einen durchgreifenden Wandel. Einstellungs- und Verhaltensänderungen sind der Fokus von Konzepten der → *Organisationsentwicklung* (OE). Qualitätsaspekte im weitesten Sinne prägen den Ansatz des Total Quality Management (TQM) sowie des Six Sigma (→ *Qualitätsmanagement*). Kundenorientierung und Kundenbindung stehen im Mittelpunkt des Customer Relationship Management (CRM). Radikale Änderungen der Unternehmungsprozesse unter bewusster Abkehr vom Ist-Zustand kennzeichnen das sog. Business Process Reengineering (BPR) (→ *Prozessorganisation*). Lernen (→ *Lernen, organisationales*) als eine unternehmungsweite Fähigkeit betonen die Ansätze der sog. lernenden Organisation.

Bleiben solche Ansätze zu erwähnen, die sich mit Einzelaufgaben bzw. Teilprozessen innerhalb der Gesamtthematik des Wandels beschäftigen oder aber auf unterschiedliche Situationen des Wandels abstellen, *fokussierte Einzelkonzepte* also. Situative Konzepte gibt es insb. für die Krise (→ *Krisenforschung und Krisenmanagement*) und den → *Turnaround*. Wandlungsspezifische Organisationsfragen finden sich im → *Projektmanagement* wieder. Die Implementierung von Wandlungsvorhaben, verstanden als Phase der Umsetzung und Durchsetzung (vgl. *Krüger* 1999), wird ebenso beleuchtet wie die damit im Zusammenhang stehenden Fragen der → *Kommunikation* und des → *Human Ressourcen Management*. Nicht zuletzt werden auch Werkzeuge und Instrumente beschrieben, die eine besondere Bedeutung für die Wandlungsverantwortlichen besitzen, wie z.B. das Wandlungscontrolling als eine den gesamten

Prozess des Wandels begleitende Führungsaufgabe (→ *Controlling*).

3. Bezugspunkte und Funktionen des Wandlungsmanagements

Den Ausgangspunkt des Wandels bildet der *Wandlungsbedarf*. Darunter ist das Ausmaß der sachlich notwendigen Veränderungen zu verstehen. Den zweiten Bezugspunkt bildet die *Wandlungsbereitschaft*, bestehend aus den Einstellungen der Beteiligten und Betroffenen gegenüber den Zielen und Maßnahmen des Wandels. *Wandlungsfähigkeit* bezeichnet die auf geeignetem Wissen und Können beruhende Möglichkeit, Wandlungsprozesse erfolgreich durchzuführen. Sie umschließt personenbezogene und sachbezogene Komponenten gleichermaßen und stellt den dritten der Bezugspunkte dar, an denen sich das Wandlungsmanagement gleichsam als den *Koordinaten des Wandels* ausrichten muss (vgl. *Krüger* 2002a, S. 19 ff.).

Das Ziel des Wandlungsmanagements besteht darin, die drei Koordinaten zur Deckung zu bringen, um Fehlentwicklungen, Reibungsverluste oder Reformstaus zu vermeiden. Die Erreichung dieses Ziels verlangt von den Wandlungsträgern durchgehend die Übernahme unterschiedlicher Funktionen (vgl. Abb. 1). Wandel ist zunächst ein Sachproblem, die Aufgaben bewegen sich auf einer *sach-rationalen Dimension*, und demgemäß geht es um das *Management von Sachfragen* (z.B. Ziele und Aufträge formulieren, Abläufe bestimmen, Aufgaben und Kompetenzen verteilen). Wandel bewirken heißt außerdem, die Kraftfelder von Promotoren, Opponenten und Unentschiedenen zu verändern. Es gibt kaum eine Sachfrage der Transformation, die nicht zugleich eine Machtfrage ist (→ *Macht in Organisationen*). Wandlungsmanagement hat damit immer auch eine *politisch-verhaltensorientierte Dimension*, ist also *Einflussmanagement* (vgl. *Mintzberg* 1983; *Pfeffer* 1998). Fundamentale Veränderungen erstrecken sich nicht zuletzt auf Werte und Einstellungen und damit auf die *mentalen Modelle* der Unternehmungsmitglieder. Dies verlangt Führungsaktivitäten und -funktionen, die sich als *kognitive Führung (Management von Bewusstseinslagen)* auf einer *wertmäßig-kulturellen Dimension* des Geschehens befinden (vgl. *Bolman/Deal* 1985; *Bach* 2000).

III. Gestaltungsfragen

1. Umfang und Zeitpunkt des Wandels

Der Umfang des Wandels hinsichtlich Schrittlänge und Gangart ist zu bestimmen (sog. *Pacing*). Damit untrennbar verbunden ist die Festlegung von Beginn und Zeitdauer sowie Ende des Wandels (sog. *Timing*; vgl. *Eisenhardt/Brown* 1998, S. 59 ff.). Wahlfreiheit vorausgesetzt, ist zu klären, ob frühzeitig, also proaktiv, oder abwartend, also reaktiv, gehandelt werden soll. Zwar sind die sachlogischen Vorteile proaktiven Verhaltens offenkundig und beeindruckend, aber dennoch bildet es in der Praxis eher die Ausnahme. Einer der Gründe hierfür ist die mangelnde *Wandlungsbereitschaft*.

Hinsichtlich der Zeitdauer ist auf der einen Seite zu betonen, dass tief greifender Wandel nicht schlagartig oder in sehr kurzer Zeit erfolgen oder gar durch Druck erzwungen werden kann. Insbesondere die notwendige Veränderung und Verfestigung von Einstellungen und Verhaltensweisen benötigt Zeit. Andererseits belegen vielfältige praktische Erfahrungen die Notwendigkeit rascher, entschlossener und transparenter Schritte am Anfang des Prozesses, dies besonders dort, wo es um harte Einschnitte geht.

Ein zentrales Problem des Pacings liegt in der Bestimmung der *Schrittlänge* des Wandels. Zu klären ist, ob die Veränderung möglichst in einem großen Sprung (revolutionär/Umbruch) oder in vielen kleinen Schritten (evolutionär/inkrementell) erfolgen soll (vgl. *Miller/Friesen* 1984; *Pettigrew* 1985; *Quinn* 1980; *Thom* 1995, S. 869 ff.). Für das Umbruchsmodell sprechen insb. die Schnelligkeit des Vorgehens und die Möglichkeit, gesamthafte Ergebnisse „wie aus einem Guss" zu erzielen. Bedenken gegen den Umbruch resultieren aus Akzeptanz- und Widerstandsüberlegungen sowie aus der mangelnden Vorhersehbarkeit und Planbarkeit sämtlicher Details in einem „Masterplan". Für das Evolutionsmodell sprechen die Beherrschbarkeit und das Lernpotenzial kleiner Schritte ebenso wie deren höhere Akzeptanz. Dagegen ist einzuwenden, dass auch eine Vielzahl kleiner Schritte nicht ausreicht, um fundamentale Veränderungen herbeizuführen.

2. Prozesse und Strukturen

Das Rückgrat jedes Wandlungsvorhabens bildet zunächst die Regelung der erforderlichen Prozesse (vgl. z.B. *Kanter/Stein/Jick* 1992; *Kirsch/Esser/Gabele* 1979, S. 36 ff.; *Kotter* 1996; *Lewin* 1947, S. 5 ff.). Das im Folgenden beschriebene Vorgehensmodell für *Transformationsprozesse* formuliert Wandlungssequenzen und Aufgaben des Wandlungsmanagements, die sich auf die beschriebenen drei Koordinaten des Wandels ausrichten und sowohl personale wie sachbezogene Fragen abdecken (vgl. *Krüger* 2002b, S. 47 ff.).

Initialisierung: Identifikation und verbindliche Festlegung eines sachlich notwendigen Wandels sowie Aktivierung der Wandlungsträger sind Aufgaben der Prozessauslösung. Überzeugungsarbeit, Einflussmanagement und Sachaufgaben gehen in dieser Phase Hand in Hand. Als Ergebnis muss eine Wandlungskoalition geschmiedet sein, die sich auf die Lösung bestimmter Sachfragen (Wandlungsbedarfe) geeinigt hat.

Konzipierung: Festlegung der Stoßrichtungen/Ziele des Wandels sowie Entwurf und Bewertung geeig-

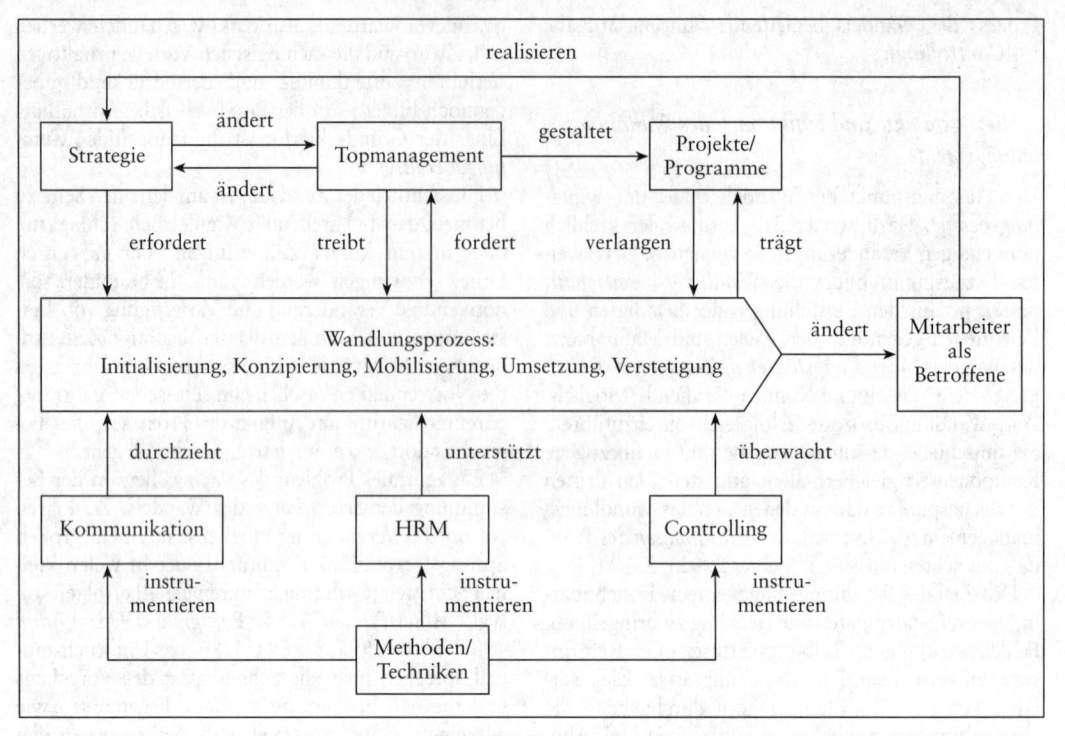

Abb. 2: Bezugsrahmen für das Wandlungsmanagement

neter Maßnahmenprogramme zur Deckung des Wandlungsbedarfs. In dieser Phase stehen die Sachaufgaben im Vordergrund.

Mobilisierung: Beteiligte und Betroffene aktivieren, motivieren und ertüchtigen. Wandlungskonzept kommunizieren und Wandlungsbedingungen schaffen. Kognitives Management ist in dieser Phase in der ganzen Breite zu praktizieren.

Umsetzung: Geplante Maßnahmenprogramme stufenweise realisieren. Durchführung von prioritären Vorhaben (Basisprojekte) und darauf aufbauenden Folgeprojekten.

Verstetigung: Überleitung in die kontinuierliche Weiterentwicklung. Wandlungsergebnisse verankern und Wandlungsbereitschaft und -fähigkeiten sichern. Unternehmungen dürfen also nach vollzogenem Wandel nicht in einen Zustand der Organisationsruhe verfallen (vgl. zum „chronically unfrozen" *Schreyögg/Noss* 2000, S. 49 ff.; *Weick* 1977, S. 31 ff.).

„Implementierung" wird in diesem Konzept nicht als eigenständige Phase, sondern als eine durchgehende Aufgabe angesehen. Je nach Lage des Einzelfalls können die Phasen dabei unterschiedlich ausgestaltet sein. Ein strikt direktives, abwärts gerichtetes Vorgehen ist ebenso möglich wie eine non-direktive (partizipative), aufwärts orientierte Verlaufsrichtung oder ein iteratives Vorgehen im Gegenstromverfahren (vgl. *Bach* 2000; *Krüger* 1999, S. 863 ff.).

Prozesse sind in den aufbauorganisatorischen Strukturen zu verankern. Die Phasen der Initialisierung und Konzipierung können sich dabei auf bewährte Formen der Projektorganisation stützen, also insb. Lenkungsausschuss, Kernteam, Projektteams. Um die Konzepte und Lösungen, die dort erarbeitet wurden, in die Fläche zu tragen und zur Akzeptanz zu bringen (Mobilisierung), sind außerdem umfangreiche und umfassende Formen der Information, Motivation und Qualifizierung erforderlich. Organisatorische Plattformen hierfür sind Konferenzen („Road Show", „Town Meeting"), Seminare und Workshops. Die Umsetzung erfolgt wiederum in Projektarbeit (vgl. *Poole* 2003).

Alle derartigen Vorkehrungen sind der *Sekundärorganisation* zuzurechnen, stellen also hierarchieergänzende Maßnahmen dar. Wenn Wandel allerdings zu einer Daueraufgabe gemacht werden soll, muss die Verstetigung als eigenständige Phase dazu führen, dass die „Wandlungsorganisation" in die *Primärstruktur* integriert wird. Die Organisation der Unternehmung muss im Ergebnis über „eingebaute" Wandlungsfähigkeiten verfügen (vgl. *Beckhard/Harris* 1987; *Brehm* 2003). Wandel gehört dann zu den regelmäßigen Aufgaben jeder Stelle.

IV. Ein Bezugsrahmen für das Wandlungsmanagement

Die bisherigen Erkenntnisse und Erfahrungen des tief greifenden Wandels lassen sich zu einem Vorstellungs- und Orientierungsmodell zusammenführen. Abb. 2 zeigt einen solchen Bezugsrahmen und liefert eine Skizze der als besonders markant anzusehenden Wirkungsbeziehungen im Wandel (vgl. *Krüger* 2002a, S. 24).

Den Mittelpunkt bildet der Wandlungsprozess mit den beschriebenen fünf Phasen. Er wird geprägt vom Topmanagement und den Strategien der Unternehmung. Seine aufbauorganisatorische Struktur bildet die Projekt- und Programmorganisation. Der Prozess ist durchzogen von Kommunikation, er wird durch das Human Resource Management unterstützt und von einem speziellen Wandlungscontrolling begleitet. Diese drei Variablenkomplexe bedienen sich der verschiedenen Methoden und Techniken zu ihrer Instrumentierung. Je nach Konzept liegen spezialisierte Instrumente vor, oder aber es sind herkömmliche Managementinstrumente einzusetzen und zu kombinieren. Die in der Umsetzungsphase bearbeiteten Projekte führen im Erfolgsfall nicht nur zu den angestrebten sachlichen Änderungen, z.B. von Strukturen, Prozessen und Systemen, sondern bewirken Veränderungen bei den Betroffenen. Diese Änderungen, z.B. von Werten und Einstellungen, Fähigkeiten und Verhaltensweisen, sind es letztlich, die den Erfolg tief gehenden Wandels ausmachen.

Literatur

Bach, Norbert: Mentale Modelle als Basis von Implementierungsstrategien, Wiesbaden 2000.
Beckhard, Richard/Harris, Reuben T.: Organizational transitions, 2. A., Reading 1987.
Beer, Michael/Nohria, Nitin: Resolving the tension between theories E and O of change, in: Breaking the code of change, hrsg. v. *Beer, Michael/Nohria, Nitin*, Boston 2000, S. 1–33.
Bolman, Lee G./Deal, Terrence E.: Reframing organizations, 2. A., San Francisco et al. 1997.
Bolman, Lee G./Deal, Terrence E.: Leading with soul: An uncommon journey of spirit, San Francisco 1985.
Brehm, Carsten R.: Organisatorische Flexibilität der Unternehmung, Wiesbaden 2003.
Dienstbach, Horst: Dynamik der Unternehmungsorganisation: Anpassung auf der Grundlage des „Planned Organizational Change", Wiesbaden 1972.
Doppler, Klaus/Lauterburg, Christoph: Change Management, 10. A., Frankfurt am Main 2002.
Eisenhardt, Kathleen M./Brown, Shona L.: Time pacing: Competing in markets that won't stand still, in: HBR, Jg. 76, H. 2/1998, S. 59–69.
Gemünden, Hans Georg/Walter, Achim: Der Beziehungspromotor: Schlüsselperson für inter-organisationale Innovationsprozesse, in: ZfB, Jg. 65, 1995, S. 971–986.
Gouillart, Francis J./Kelly, James N.: Transforming the organization, New York et al. 1995.
Hauschildt, Jürgen: Innovationsmanagement, 2. A., München 1997.
Kanter, Rosabeth M./Stein, Barry A./Jick, Todd D.: The challenge of organizational change: How companies experience it and leaders guide it, New York 1992.
Kirsch, Werner/Esser, Werner-Michael/Gabele, Eduard: Das Mangement des geplanten Wandels von Organisationen, Stuttgart et al. 1979.
Kotter, John P.: Leading change, Boston 1996.
Krüger, Wilfried: Das 3W-Modell: Bezugsrahmen für das Wandlungsmanagement, in: Excellence in Change – Wege zur strategischen Erneuerung, hrsg. v. *Krüger, Wilfried*, 2. A., Wiesbaden 2002a, S. 15–33.
Krüger, Wilfried: Strategische Erneuerung: Programme, Prozesse und Probleme, in: Excellence in Change – Wege zur strategischen Erneuerung, hrsg. v. *Krüger, Wilfried*, 2. A., Wiesbaden 2002b, S. 35–96.
Krüger, Wilfried: Implementierung als Kernaufgabe des Wandlungsmanagements, in: Strategische Unternehmungsplanung – Strategische Unternehmungsführung, hrsg. v. *Hahn, Dietger/Taylor, Bernard*, 8. A., Heidelberg 1999, S. 863–891.
Krüger, Wilfried: Transformations-Management. Grundlagen, Strategien, Anforderungen, in: Unternehmerischer Wandel, hrsg. v. *Gomez, Peter* et al., Wiesbaden 1994, S. 199–228.
Lewin, Kurt: Frontiers in group dynamics: Social equilibria and social change, in: HR, Jg. 1, 1947, S. 5–41.
Miller, Danny/Friesen, Peter H.: Organizations: A quantum view, Englewood Cliffs 1984.
Mintzberg, Henry: Power in and around organizations, Englewood Cliffs 1983.
Mintzberg, Henry/Waters, James A.: Of strategies, deliberate and emergent, in: SMJ, Jg. 6, 1985, S. 257–272.
Müller-Stewens, Günter/Lechner, Christoph: Strategisches Management: Wie strategische Initiativen zum Wandel führen, Stuttgart 2001.
Perich, Robert: Unternehmungsdynamik, 2. A., Bern 1993.
Pettigrew, Andrew M.: The awakening giant: Continuity and change in Imperial Chemical Industries, Oxford et al. 1985.
Pfeffer, Jeffrey: The human equation: Building profits by putting people first, Boston 1998.
Picot, Arnold/Freudenberg, Heino/Gassner, Winfried: Management von Reorganisationen, Wiesbaden 1999.
Poole, Marshal S.: Handbook of organizational change and development, Oxford 2003.
Quinn, James B.: Strategies for change: Logical incrementalism, Homewood Ill. 1980.
Reiß, Michael: Aktuelle Konzepte des Wandels, in: Change Management, hrsg. v. *Reiß, Michael/Rosenstiel, Lutz von/Lanz, Annette*, Stuttgart 1997, S. 31–90.
Schreyögg, Georg/Noss, Christian: Von der Episode zum fortwährenden Prozeß – Wege jenseits der Gleichgewichtslogik im Organisatorischen Wandel, in: Managementforschung 10: Organisatorischer Wandel und Transformation, hrsg. v. *Schreyögg, Georg/Conrad, Peter*, Wiesbaden 2000, S. 33–62.
Steinle, Claus/Eggers, Bernd/Kolbeck, Felix: Wandel planen und umsetzen mit PUZZLE: Herausforderungen erfolgreich mit einer ganzheitlichen Methodik lösen, Frankfurt am Main 1999.
Thom, Norbert: Change Management, in: Handbuch Unternehmungsführung, hrsg. v. *Corsten, Hans/Reiß, Michael*, Wiesbaden 1995.
Weick, Karl E.: Emergent change as a universal in organizations, in: Breaking the code of change, hrsg. v. *Beer, Michael/Nohria, Nitin*, Boston 2000, S. 223–241.
Weick, Karl E.: Organizations design: Organizations as self designing systems, in: Organizational Dynamics, Jg. 6, H. 2/1977, S. 31–46.

Wertorientierte Unternehmensführung

Wolfgang Ballwieser

[s.a.: Corporate Governance (Unternehmensverfassung); Corporate Governance, internationaler Vergleich; Unternehmensführung (Management); Unternehmensstrategien; Ziele und Zielkonflikte.]

I. Stakeholder- oder Shareholder-Ansatz?; II. Finanzielle Operationalisierung des Shareholder Value; III. Treiber des Shareholder Value; IV. Indikatoren für Wertschaffung im Rechnungswesen; V. Implementierung einer wertorientierten Unternehmensführung; VI. Praktische Verbreitung wertorientierter Unternehmensführung; VII. Vorteile einer wertorientierten Unternehmensführung; VIII. Kritik an einer wertorientierten Unternehmensführung.

Zusammenfassung

Der Beitrag behandelt Zielsetzung, Operationalisierung, Implementierung von wertorientierter Unternehmensführung und geht auf die Indikatoren einer Wertschaffung ein. Behandelt werden ferner die praktische Verbreitung und die Vorteile wertorientierter Unternehmensführung.

I. Stakeholder- oder Shareholder-Ansatz?

Unternehmensführung (→ *Unternehmensführung (Management)*) braucht Ziele (→ *Ziele und Zielkonflikte*), an denen sich die Geschäftsleitung ausrichtet und an denen sie gemessen wird (→ *Shareholder- und Stakeholder-Ansatz*). Da Unternehmungen die Zielerreichung vieler Gruppen berühren, könnte man versuchen, der Unternehmensführung eine Zielvorschrift zugrunde zu legen, in welche die Ziele aller Gruppen einfließen, die durch die Unternehmung in ihrer Zielerfüllung berührt werden (*Stakeholder-Ansatz*; vgl. z.B. *Janisch* 1993). Eine solche Vorgehensweise ist aber wenig operational:

- Die Stakeholder haben finanzielle und nicht-finanzielle Ziele. Austauschbeziehungen lassen sich kaum finden.
- Die Ziele verschiedener Stakeholder können sich widersprechen, was Regeln der Konfliktbewältigung verlangt.
- Auch innerhalb einer Gruppe können unterschiedliche Präferenzen bestehen, was erneut Regeln der Konfliktbewältigung nötig macht.

Nicht operationale Organisationsziele der Unternehmung sind nachteilig, weil sie dem Management einen Freiraum verschaffen, den dieses zu Lasten anderer ausnutzen kann. Auch erschweren sie die Kontrolle der Unternehmensführung (→ *Corporate Governance (Unternehmensverfassung)*). Die Ausrichtung an der Zielsetzung einer Gruppe hat deshalb Vorteile. Mit dem Shareholder-Ansatz, der allein die finanziellen Ziele der Eigentümer in den Vordergrund stellt, wird eine operationale und zugleich gut begründbare Zielsetzung für die Unternehmung gefunden:

Die Zielsetzung ist operational, wenn der *Shareholder Value* als Marktwert des Eigenkapitals (relativ) leicht zu messen ist und Wissen darüber besteht, wie man diesen Wert beeinflussen kann. Als Substitut des Marktwertes des Eigenkapitals lässt sich bei börsennotierten Unternehmen die *Marktkapitalisierung*, Anzahl der Aktien mal Aktienkurs, ansehen.

Die Zielsetzung ist gut begründbar, weil sich die meisten Stakeholder finanziell durch Vertragsbeziehungen schützen können, während dies für die Eigentümer nicht gilt. Vertraglich schützen lassen sich z.B. Arbeitnehmer, Kredit- und Warengläubiger, Kunden und Lieferanten. Das gilt zwar nicht für Deliktgläubiger und die Öffentlichkeit, aber deren Abgrenzung und Interessenbestimmung ist auch umstritten. Hingegen sind Eigentümer nicht so gut geschützt, dass sie hinreichend sicher wüssten, welche Zahlungsströme sie in Zukunft zu erwarten haben: Sie erhalten das Residualeinkommen nach Befriedigung vertraglich abgesicherter und öffentlich-rechtlich durchgesetzter Interessen. Damit tragen diejenigen, die die Entscheidungen im Unternehmen zu treffen oder zu verantworten haben, deren Folgen (vgl. a. *Drukarczyk* 1999, S. 41) und haben ein deutlich höheres Risiko bezüglich ihrer Einkommensquelle als die anderen Gruppen.

Zwar bestimmt die Zielsetzung des *Shareholder Value* die Unternehmenspolitik direkt. Das ist aber insoweit kein Monismus, als sich die Ziele anderer Anspruchsgruppen in Verträgen spiegeln, deren Einhaltung für die Unternehmungsleitung Nebenbedingungen erzeugt. Diese sind versteckte Ziele, die indirekt erfasst werden. Freilich resultieren aus unvollständigen Verträgen einige Probleme (vgl. *Drukarczyk* 1999, S. 47–51).

Nicht bewältigt ist hingegen mit der Ausrichtung am Shareholder Value die Beziehung zwischen finanziellen und nicht-finanziellen Zielen und der mögliche Interessenkonflikt innerhalb der Gruppe der Eigentümer. Während uns für den ersten Konflikt operationale Handlungsanweisungen fehlen und wir allenfalls mit Mitteln der Nutzwertanalyse den (potenziellen) Konflikt verdeutlichen können, ist die Bewältigung des zweiten Konflikts eine Frage der Informationsversorgung der Marktteilnehmer und der Vollkommenheit und Vollständigkeit von Kapitalmärkten (→ *Kapitalmarkt und Management*).

Die Diskussion der wertorientierten Unternehmensführung geht im Folgenden von dem Ziel der Shareholder Value-Maximierung aus.

II. Finanzielle Operationalisierung des Shareholder Value

Es ist plausibel anzunehmen, dass Eigentümer einen Konsumstrom mit bestimmten Eigenschaften im Hinblick auf zeitliche Struktur, Breite und Unsicherheit wünschen (vgl. *Moxter* 1966, S. 38). Basis für den Konsumstrom ist ein Einkommen, das gegebenenfalls zeitlich transformiert wird.

Eine Unternehmungsleitung kann die individuellen Präferenzen für die Einkommen- und Konsumströme seiner Eigentümer nicht bündeln und danach handeln. Weder kennt die Unternehmensleitung die Präferenzen der Eigentümer hinreichend genau noch gibt es allgemein akzeptierte Regeln, nach denen Konflikte zwischen einzelnen Eigentümern bewältigt werden können. Das Problem wird entschärft, wenn Marktwerte existieren, deren Maximierung allen Eigentümern einen Nutzen stiftet, und die Marktwerte von der Unternehmensleitung beeinflusst werden können.

Die Literatur hat gezeigt, dass bei symmetrischer Information, vollständigen und vollkommenen Kapitalmärkten die Nutzenmaximierung des Individuums und die Maximierung des Marktwerts des Eigenkapitals, das ist der Shareholder Value, übereinstimmen (vgl. *Laux* 2003, S. 277–309). Zwar liegen diese Bedingungen in der Realität nicht vor. Möglicherweise sind aber die daraus resultierenden Abweichungen vom Optimum für die Konsumenten vernachlässigbar (vgl. *Drukarczyk* 1999, S. 46; kritischer *Schmidt/Maßmann* 1999, S. 145–146).

Der Marktwert des Eigenkapitals ist aus einem Gleichgewichtsmodell zu entwickeln. Gleichgewichte liegen in praxi nicht vor. Aus individueller, z.B. managementbezogener Sicht ergibt sich der Marktwert aus der Diskontierung der Zahlungsströme, die den Eigentümern erwartungsgemäß aufgrund des Unternehmenseigentums zufließen. Welche Zahlungsströme wie diskontiert werden, ist eine eher technische Frage: Man unterscheidet zur Marktwertermittlung die Ertragswert- von der Discounted Cash Flow-Methode und bei letzterer den Netto- und den Bruttoansatz (vgl. z.B. *Ballwieser* 1998; *Hachmeister* 2000, S. 91–101; *Schultze* 2003, S. 89). Alle Ansätze haben Unterstellungen bezüglich der Finanzierung und der Bestimmung von Risikoprämien und führen nur unter bestimmten Bedingungen zu demselben Marktwert des Eigenkapitals (vgl. *Ballwieser* 2002c).

- Der Marktwert des Eigenkapitals ist nur zufällig mit der *Marktkapitalisierung* identisch. Die ihr zugrunde liegenden Kurse können aus nicht-rationalem Verhalten von Kapitalmarktteilnehmern resultieren, berücksichtigen nur bestimmte Informationen, beziehen sich auf einzelne Aktien und vernachlässigen einen Ertrags- (2 + 2 = 5) und Risikoverbund (2 + 2 = 3) eines Pakets von Aktien.

III. Treiber des Shareholder Value

Der Marktwert des Eigenkapitals wächst mit steigenden zukünftigen Zahlungen an die Eigentümer und sinkenden Diskontierungssätzen. Die künftigen Zahlungen resultieren aus der Geschäftspolitik der Unternehmensleitung. Zwar ergeben sich Zahlungen auch aus Veräußerungen von Wertpapieren, aber hinter den erwarteten Veräußerungserlösen stehen bei rational handelnden Anlegern erneut die durch die Unternehmensleitung und deren Geschäftspolitik beeinflussten, erwarteten Zahlungen. Die Diskontierungssätze enthalten mindestens einen Basiszins, einen Risikozuschlag und Steuersätze, ggf. auch einen Wachstumsabschlag.

Die Literatur zeigt meist in Schaubildern, wie die Werttreiber systematisch zusammenhängen und auf den Wert einwirken (vgl. z.B. *Rappaport* 1998, S. 60 u. 172; *Schultze* 2003, S. 238 u. 239; *Hebertinger* 2002, S. 186; weiterhin *Hachmeister* 2000, S. 52). Neben diesen eher technischen Darstellungen gibt es inhaltlich den Versuch, *Erfolgsfaktoren* zu untersuchen, d.h. solche Faktoren zu identifizieren, die bei Produktion, Absatz, Finanzierung und weiteren Geschäftspolitiken systematisch zu Vorteilen gegenüber der Konkurrenz führen (vgl. zu einem Überblick *Schmidt* 1997, S. 71–103). Einfache Rezepte für dauerhaften Erfolg sind aber in einer offenen und dynamischen Wettbewerbswirtschaft nicht zu erwarten. Empirisch zeigt sich, dass zu bestimmter Zeit hoch gepriesene Unternehmen schon kurz danach als Problemunternehmen identifiziert werden.

IV. Indikatoren für Wertschaffung im Rechnungswesen

1. Externes Rechnungswesen

Unternehmungen verwenden bis heute überwiegend Daten des externen Rechnungswesens zu ihrer Außendarstellung. Das Management eines Unternehmens hat handels-, steuer- oder kapitalmarktrechtliche Rechnungslegungspflichten zu erfüllen und nutzt Jahres- und Konzernabschlüsse zur Kommunikation mit (potenziellen) Kreditgebern, Eigentümern, Finanzanalysten, Ratingagenturen und der breiten Öffentlichkeit.

Kommuniziert werden keine Marktwerte des Eigenkapitals, die Unternehmensbewertungen voraussetzen, sondern, neben Börsenkursen und deren Entwicklung, Rechnungslegungsdaten. Das ist insofern kritisch, als die Rechnungslegungsdaten zu den Marktwerten des Eigenkapitals nur in loser Beziehung stehen: Weder ist der in einer Gewinn- und Verlustrechnung berechnete Erfolg ein zuverlässiger Indikator für die künftig von den Eigentümern zu erwartenden Zahlungsströme aus dem Unternehmenseigentum noch entspricht das buchmäßige Eigenkapital dem Marktwert des Eigenkapitals.

Um Wertschaffung zu zeigen, haben insb. DAX-Unternehmen in jüngeren Jahren sog. Über- oder Residualgewinne ausgewiesen. Prominentes Beispiel eines Residualgewinns ist der *Economic Value Added* (EVA) (grundlegend *Stewart* 1991, S. 136–138; ferner *Böcking/Nowak* 1999, zu weiteren Konzepten vgl. *Pfaff/Bärtl* 1999, S. 93–96; *Ewert/Wagenhofer* 2000, S. 21–33; *Ballwieser* 2002b, Sp. 1750–1752; *Coenenberg/Mattner/Schultze* 2003, S. 10–18), der sich alternativ berechnen lässt als:

EVA (brutto) = GK x (Rendite auf GK – Kostensatz des GK)

EVA (netto) = EK x (Rendite auf EK – Kostensatz des EK)

mit

EK = Eigenkapital
GK = Gesamtkapital

Der Reiz dieser Konzepte liegt in Folgendem:

- Die Gewinne dienen der jährlichen Erfolgsmessung und lassen sich berechnen, ohne explizit Vermögensänderungen betrachten zu müssen.
- Der Marktwert des Eigenkapitals durch Diskontierung zukünftiger Zahlungsströme für die Eigentümer ist identisch mit der Summe aus dem Buchwert des Eigenkapitals im Bewertungszeitpunkt und der Summe der diskontierten erwarteten EVA (vgl. z.B. *Ewert/Wagenhofer* 2000, S. 10–15).
- Das Eigen- und das Gesamtkapital lassen sich aus Bilanzen, deren Posten und Werte u.U. modifiziert werden, ableiten. Entsprechend lassen sich durch Verwendung von Daten der GuV und der Bilanz die Renditen auf das Eigenkapital EK oder das Gesamtkapital GK berechnen (vgl. zu einem Vorschlag z.B. *Richter* 1999, S. 261).
- Die Konzepte erfassen Kapitalkosten und weisen Gewinn erst nach deren Deckung aus. Sie berücksichtigen Opportunitätskosten.

Diesen Vorteilen stehen folgende Nachteile gegenüber:

- Die Identität einer Diskontierung von Cash Flows an die Eigentümer und von EVA verlangt, dass alle Wertänderungen von Aktiva und Schulden in der GuV zu erfassen sind (Kongruenzprinzip). Das ist in vielen Rechtsordnungen nicht erfüllt (in Deutschland gehen Fremdwährungsumrechnungen z.T. an der GuV vorbei).
- Positive oder negative EVA einer Periode bedeuten nicht positive oder negative Kapitalwerte aus dem gesamten Projekt, das sich über mehrere Perioden erstreckt (vgl. z.B. *Ewert/Wagenhofer* 2000, S. 15–17; *Hebertinger* 2002, S. 139).
- Der EVA wird durch die (buchmäßige) Ermittlung von EK oder GK determiniert. Weichen die Ermittlungen zwischen verschiedenen Unternehmen voneinander ab, sind die EVA zwischen diesen Unternehmen nicht vergleichbar.
- Die Kosten des Eigenkapitals und die Kosten des Gesamtkapitals müssen aus Marktwertberechnungen stammen und ändern sich üblicherweise im Zeitablauf. Aus Gründen der Vereinfachung und der Vergleichbarkeit nimmt man oft Buchwerte und hält die Kosten über mehrere Perioden fest. Das erleichtert den Vergleich über die Zeit, zerschneidet aber die Verbindung des Konzepts mit der Unternehmensbewertung, d.h. der Ermittlung des Marktwertes der Unternehmung.

2. Internes Rechnungswesen

Unternehmen verfügen im internen Rechnungswesen in der Regel über Deckungsbeitrags-, Stück- oder Segmenterfolgsrechnungen, die zur wertorientierten Steuerung herangezogen werden können. Es gelingt aber nur bedingt, die extern kommunizierten Rechnungen mit diesen zu vereinbaren. Gründe hierfür liegen in der intern meist vernachlässigten Aufteilung von Gemeinkosten und Verbunderträgen, in der Berücksichtigung von Opportunitätskosten, in der unterschiedlichen Berechnung von Abschreibungen oder in der unterschiedlichen Bewertung von Beständen. Das verlangt Überleitungsrechnungen zwischen externem und internem Rechnungswesen und erschwert die Kommunikation über den Erfolg wertorientierter Unternehmensführung.

Auch ist die Verwendung von EVA nur für bestimmte Aggregationsebenen im Konzern oder im konzernfreien Unternehmen sinnvoll (vgl. z.B. *Schmidt/Maßmann* 1999, S. 136–138).

V. Implementierung einer wertorientierten Unternehmensführung

Wertorientierte Unternehmensführung ist nicht allein dadurch zu implementieren, dass den Mitarbeitern der Unternehmung der Zusammenhang von strategischen, operativen und finanzwirtschaftlichen Größen vermittelt wird (→ *Unternehmensstrategien*). Weiterhin sind Anreize für die Mitarbeiter zu schaffen, wertorientiert zu handeln (→ *Anreizsysteme, ökonomische und verhaltenswissenschaftliche Dimension*). Eine Studie hat u.a. als *Erfolgsfaktoren* der Einführung einer wertorientierten Unternehmensführung festgestellt (vgl. *Haspeslagh/Noda/Boulos* 2001, S. 70 f.): Explizites Commitment zur Wertorientierung, intensives Training, starke Anreize für Manager, Investition in aussagekräftiges Informationssystem, Einfachheit der technischen Aspekte. Streng genommen sind das Selbstverständlichkeiten.

VI. Praktische Verbreitung wertorientierter Unternehmensführung

Wertorientierte Unternehmensführung ist bei börsennotierten Unternehmen weit verbreitet. So hat die

KPMG im Jahr 2000 und im Jahr 2003 jeweils 56 und 38 der DAX 100-Unternehmen nach einer Verwendung von Shareholder Value-Konzepten befragt. Nach diesen Studien haben 86% (2000) bzw. 91% (2003) der befragten Unternehmen eine Shareholder Value-Spitzenkennzahl eingeführt (*KPMG Consulting* 2000, S. 13; *Ballwieser/Wesner/KPMG* 2003, S. 15). Jedoch hat sich kein einheitlicher Standard zur Messung der Performance herausgebildet (vgl. *KPMG Consulting* 2000, S. 8 u. 13; *Ballwieser/Wesner/KPMG* 2003, S. 13 u. 15) und es fehlt eine systematische Verknüpfung der Steuerungskennzahlen mit den finanziellen Anreizsystemen für Manager (vgl. *KPMG Consulting* 2000, S. 33; *Ballwieser/Wesner/KPMG* 2003, S. 37).

Nach Ruhwedel/Schultze berichten im Jahr 2000 27 der DAX 100-Unternehmen über ein wertorientiertes Steuerungskonzept in ihrem Geschäftsbericht, wobei die DAX 30-Unternehmen mit 17 in der deutlichen Mehrzahl sind (vgl. *Ruhwedel/Schultze* 2002, S. 620 f.). Auch hier ist eine Vielzahl von verwendeten Konzepten erkennbar.

VII. Vorteile einer wertorientierten Unternehmensführung

Es erscheint evident, dass die Einführung einer wertorientierten Unternehmensführung den Marktwert des Eigenkapitals erhöht. Der empirische Nachweis fällt aber nicht leicht, weil

– es verschieden vorteilhafte und unterschiedlich gelebte Konzepte wertorientierter Unternehmensführung gibt,
– sich mit der Einführung einer wertorientierten Unternehmensführung die Entwicklung, die sich ohne sie ergeben hätte, nicht mehr verfolgen lässt,
– Vergleiche mit Unternehmen, die keine wertorientierte Unternehmensführung eingeführt haben, begrenzte Aussagekraft haben,
– Marktwerte des Eigenkapitals nicht beobachtbar und stattdessen herangezogene Marktkapitalisierungen in ihrer Aussagekraft eingeschränkt sind und
– sich der Effekt der Einführung wertorientierter Unternehmensführung im Bündel der Einflussfaktoren auf den Erfolg nur schwer isolieren lässt.

Dennoch berichtet die Literatur über zahlreiche Korrelationen von EVA oder EVA-Änderungen mit dem Market Value Added (definiert als *Börsenkapitalisierung* plus Fremdkapital minus Gesamtkapital zu Buchwerten), dem Verhältnis von Marktwert zu Buchwert des gesamten Kapitals, Aktienrenditen und Aktienüberrenditen (vgl. *Ballwieser* 2002a, S. 82–84 mit weiteren Angaben). Üblicherweise wird das Bestimmtheitsmaß für die Güte der Korrelation herangezogen, und EVA oder dessen Änderungen werden gegen andere Erfolgsgrößen abgewogen. Es zeigen sich sehr unterschiedliche Ergebnisse, die zudem meist nicht auf europäischen oder deutschen Daten basieren (vgl. *Ballwieser* 2002a, S. 85 f. mit weiteren Angaben).

VIII. Kritik an einer wertorientierten Unternehmensführung

Wertorientierte Unternehmensführung wird insbesondere als zu einseitig, zu engstirnig, nur kurzfristig orientiert und inkonsistent umgesetzt angegriffen. Der Vorwurf der Einseitigkeit basiert auf dem Interessenmonismus der *Shareholder Value*-Orientierung. Weshalb kein Interessenmonismus vorliegt, wurde bereits in Abschnitt 1 diskutiert. Der Vorwurf der Engstirnigkeit greift die Orientierung an nur finanziellen Zielgrößen an. Das Unternehmerdasein schafft mehr an Bedürfnisbefriedigung als allein aus Zahlungen. Das Problem besteht in der Erfassung und Abwägung der nicht-finanziellen gegenüber den finanziellen Komponenten. Die Kurzfristorientierung ist insbesondere mit der Beobachtung des Verhaltens amerikanischer Manager verbunden (vgl. insb. *Kennedy* 2000, S. 49–66 und 165–170). Deren Versuch, quartalsweise Aktienkurse positiv zu beeinflussen und dafür Minderungen künftiger Ausschüttungen an Eigentümer in Kauf zu nehmen, ist kritisch zu sehen. Der wertorientierten Unternehmensführung ist diese Kurzfristorientierung aber nicht eigen, ganz im Gegenteil sind kurzfristig den Kurs treibende Maßnahmen, wie das Unterlassen von Forschungsausgaben, die spätere Ausschüttungen übermäßig belasten, nicht Marktwert maximierend. Der Vorwurf inkonsistenter Umsetzung resultiert aus Beobachtungen, wonach die Planungs- und Kontrollzyklen nicht aufeinander abgestimmt sind oder die Berichtskennzahl für die Anteilseigner mit dem Entlohnungssystem des Managements nicht verbunden wird. Auch dieser Nachteil ist nicht dem Konzept selbst anzulasten.

Literatur

Ballwieser, Wolfgang: Wertorientierung und Betriebswirtschaftslehre: Von Schmalenbach bis heute, in: Wertorientierte Unternehmensführung – Strategien, Strukturen und Controlling, hrsg. v. *Macharzina, Klaus/Neubürger, Heinz-Joachim*, Stuttgart 2002a, S. 69–98.
Ballwieser, Wolfgang: Shareholder Value, in: Handwörterbuch Unternehmensrechnung und Controlling, hrsg. v. *Küpper, Hans-Ulrich/Wagenhofer, Alfred*, 4. A., Stuttgart 2002b, Sp. 1746–1754.
Ballwieser, Wolfgang: Verbindungen von Ertragswert- und Discounted-Cashflow-Verfahren, in: Praxishandbuch der Unternehmensbewertung, hrsg. v. *Peemöller, Volker H.*, 2. A., Berlin 2002c, S. 361–373.
Ballwieser, Wolfgang: Unternehmensbewertung mit Discounted Cashflow-Verfahren, in: WPg, Jg. 51, 1998, S. 81–91.
Ballwieser, Wolfgang/Wesner, Peter/KPMG (Hrsg.): Value Based Management. Frankfurt am Main 2003.
Böcking, Hans-Joachim/Nowak, Karsten: Das Konzept des Economic Value Added, in: Finanz Betrieb, Jg. 1, 1999, S. 281–288.

Coenenberg, Adolf G./Mattner, Gerhard R./Schultze, Wolfgang: Wertorientierte Steuerung: Anforderungen, Konzepte, Anwendungsprobleme, in: Finanzwirtschaft, Kapitalmarkt und Banken, Festschrift für Manfred Steiner, hrsg. v. *Rathgeber, Andreas/Tebroke, Hermann-Josef/Wallmeier, Martin*, Stuttgart 2003, S. 1–24.
Dirrigl, Hans: Wertorientierung und Konvergenz im Rechnungswesen, in: BFuP, Jg. 50, 1998, S. 540–579.
Drukarczyk, Jochen: Shareholder Value, in: Fachbereich Betriebswirtschaftslehre der European Business School, Akademische Feier am 13. April 1999 aus Anlass der Verleihung der Ehrendoktorwürde an Dr. Jochen Drukarczyk und Ulrich Hartmann, hrsg. v. *Küster, Georg H.*, Oestrich Winkel 1999, S. 35–69.
Ewert, Ralf/Wagenhofer, Alfred: Rechnungslegung und Kennzahlen für das wertorientierte Management, in: Wertorientiertes Management, hrsg. v. *Wagenhofer, Alfred/Hrebicek, Gerhard*, Stuttgart 2000, S. 3–64.
Hachmeister, Dirk: Der Discounted Cash Flow als Maß der Unternehmenswertsteigerung, 4. A., Frankfurt am Main 2000.
Haspeslagh, Philippe/Noda, Tomo/Boulos, Fares: Managing for Value: It's Not Just About the Numbers, in: HBR, Jg. 79, H. 7–8/2001, S. 65–73.
Hebertinger, Martin: Wertsteigerungsmaße – Eine kritische Analyse, Frankfurt am Main 2002.
Henselmann, Klaus: Economic Value Added – Königsweg zur Integration des Rechnungswesens?, in: Zeitschrift für Planung, Jg. 12, 2001, S. 159–186.
Janisch, Monika: Das strategische Anspruchsgruppenmanagement – Vom Shareholder Value zum Stakeholder Value, Bern et al. 1993.
Kennedy, Allan A.: The End of Shareholder Value, Cambridge, MA 2000.
KPMG Consulting: Shareholder Value Konzepte. Eine Untersuchung der DAX 100 Unternehmen, Frankfurt am Main 2000.
Laux, Helmut: Wertorientierte Unternehmensführung und Kapitalmarkt. Fundierung von Unternehmenszielen und Anreize für ihre Umsetzung, Berlin et al. 2003.
Moxter, Adolf: Die Grundsätze ordnungsmäßiger Bilanzierung und der Stand der Bilanztheorie, in: ZfbF, Jg. 18, 1966, S. 28–59.
Pfaff, Dieter/Bärtl, Oliver: Wertorientierte Unternehmenssteuerung – Ein kritischer Vergleich ausgewähler Konzepte, in: Rechnungswesen und Kapitalmarkt, ZfbF-Sonderheft 41, hrsg. v. *Gebhardt, Günther/Pellens, Bernhard*, Düsseldorf et al. 1999, S. 85–115.
Rappaport, Alfred: Creating Shareholder Value, 2. A., New York 1998.
Richter, Frank: Konzeption eines marktwertorientierten Steuerungs- und Monitoringsystems, 2. A., Frankfurt am Main 1999.
Richter, Frank/Honold, Dirk: Das Schöne, das Unattraktive und das Häßliche an EVA & Co, in: Finanz Betrieb, Jg. 2, 2000, S. 265–274.
Ruhwedel, Franca/Schultze, Wolfgang: Value Reporting: Theoretische Konzeption und Umsetzung bei den DAX 100-Unternehmen, in: ZfbF, Jg. 54, 2002, S. 602–632.
Schmidt, Johannes G.: Unternehmensbewertung mit Hilfe strategischer Erfolgsfaktoren, Frankfurt am Main et al. 1997.
Schmidt, Reinhard H./Maßmann, Jens: Drei Mißverständnisse zum Thema „Shareholder Value", in: Unternehmensethik und die Transformation des Wettbewerbs, Festschrift für Horst Steinmann, hrsg. v. *Kumar, Brij Nino/Osterloh, Margit/Schreyögg, Georg*, Stuttgart 1999, S. 125–157.
Schultze, Wolfgang: Methoden der Unternehmensbewertung: Gemeinsamkeiten, Unterschiede, Perspektiven, 2. A., Düsseldorf 2003.
Stewart, George B.: III: The Quest for Value, New York 1991.

Wettbewerbsstrategien

Torsten J. Gerpott

[s.a.: Internationale Strategien; Planung; Strategie und Organisationsstruktur; Strategisches Management; Umweltanalyse, strategische; Unternehmensanalyse, strategische; Unternehmensführung (Management); Unternehmensstrategien.]

I. Begriffspräzisierung; II. Entwicklung von Wettbewerbsstrategien; III. Dimensionen von Wettbewerbsstrategien.

Zusammenfassung

Wettbewerbsstrategien beschreiben, wie Geschäftsbereiche prinzipiell auf längere Sicht solche Vorteile gegenüber Konkurrenten erreichen wollen, die es ihnen ermöglichen, auf Absatzmärkten Kunden zu gewinnen und zu binden. Der vorliegende Beitrag zeigt auf, wie Wettbewerbsstrategien planerisch formuliert werden sollten und wie sie faktisch in Unternehmen entstehen. Zudem erläutert er Ausprägungen (1) der Art möglicher Wettbewerbsvorteile, (2) der angestrebten Marktabdeckung und (3) des konkurrenzgerichteten Verhaltens als Dimensionen von Wettbewerbsstrategien.

I. Begriffspräzisierung

Zur Präzisierung der Bedeutung des Konstruktes „Wettbewerbsstrategien" ist eine Erläuterung der beiden Begriffsteile hilfreich. *Wettbewerb* ist ein Prozess, bei dem zwei oder mehr Personen oder soziale Systeme so handeln, dass verbesserte Erreichungsgrade von für die Einkommenserzielung relevanten Sachverhalten durch mindestens eine Partei zu Verschlechterungen im Hinblick auf diese Sachverhalte für andere Parteien beitragen. *Strategien* sind Handlungskonzepte zum Einsatz von Ressourcen zur Erreichung von betriebswirtschaftlichen Zielen, wobei auf diese Konzepte möglichst viele der folgenden Attribute zutreffen sollen: zukunftsbezogen, längerfristig, realitätsvereinfachend, für die Unternehmensentwicklung bedeutsam, ganzheitlich, richtungsgebend sowie unternehmensaußen- und -innenweltsensibel (*Mintzberg* 1978, S. 935; *Quinn* 1980, S. 7–10; *Hambrick/Fredrickson* 2001, S. 49–54; *Müller-Stewens/Lechner* 2001, S. 17–21; *Welge/Al-Laham* 2001, S. 13 f.). Führt man die Begriffsteile zusammen, dann lassen sich Wettbewerbsstrategien umreißen als gedankliche Konzepte, die beschreiben, wie ein Unternehmen prinzipiell über längere Zeiträume solche Vorteile für seine Absatzleistungen gegenüber relevanten Wettbewerbern erreichen will, die bewirken, dass sich Nachfrager für eigene Angebote entscheiden (*Barney* 2002, S. 6–10). Wettbewerbsstrategien setzen die Existenz von mehreren Anbietern, Leistungssubstitutionsmöglichkeiten und Nachfrageknappheit voraus.

Nach ihrem organisatorischen Bezug sind Wettbewerbsstrategien auf der Geschäftsbereichs-/-feldebene einzuordnen: Sie beziehen sich auf bestimmte Produkt-Markt-Arenen eines Unternehmens. Man bezeichnet sie deshalb auch als Geschäftsstrategien.

II. Entwicklung von Wettbewerbsstrategien

1. Normative Sicht der Wettbewerbsstrategie-Formulierung

Präskriptive Arbeiten zur Wettbewerbsstrategie-Formulierung enthalten Empfehlungen, wie Konzepte zur Erreichung von Vorteilen im Wettbewerb synoptisch entworfen werden sollten (*Quinn* 1980, S. 168 f.; *Mintzberg* 1990, S. 173–175; *Welge/Al-Laham* 2001, S. 26–30). Danach beginnt die Wettbewerbsstrategie-Formulierung mit der Abgrenzung der Aktivitätenfelder der Geschäftseinheiten, für die aufgrund unterschiedlicher Marktkonstellationen eigenständige Wettbewerbsstrategien als erforderlich angesehen werden. Als Kriterien zur Geschäftsfeldabgrenzung kommen Absatzleistungen, Kunden, Kundenbedürfnisse, Wettbewerber, Technologien, geographische Räume und Kostenstrukturen in Betracht (*Müller-Stewens/Lechner* 2001, S. 116–121; *Welge/Al-Laham* 2001, S. 329–332).

Der zweite Schritt zur Wettbewerbsstrategie-Formulierung, die *strategische Analyse*, umfasst die Teile der *Unternehmensumweltanalyse* (→ *Umweltanalyse, strategische*) zur wettbewerbs- und nachfrageseitigen Bestimmung von externen Chancen und Risiken sowie der *Unternehmensanalyse* (→ *Unternehmensanalyse, strategische*) zur ressourcenseitigen Identifikation von internen Stärken und Schwächen. Der seit den 1980er Jahren am meisten beachtete Bezugsrahmen für unternehmensexterne Wettbewerbsstrategie-Analysen ist das von *Porter* (*Porter* 1980, S. 3–29) entwickelte Konzept der fünf Wettbewerbskräfte von Branchen. Danach hängt die Attraktivität einer Branche ab von der Bedrohung der in einer Branche aktiven Unternehmen (1) durch neue Anbieter sowie (2) durch Ersatzprodukte, von der Verhandlungsmacht (3) der Kunden sowie (4) der Lieferanten und (5) von dem Grad der Rivalität unter den in einer Branche etablierten Unternehmen. Der seit den 1990er Jahren dominierende Ansatz für ein konzeptionelles Verständnis von geschäftsfeldinternen Stärken und Schwächen ist die ressourcenbasierte Sichtweise (→ *Ressourcenbasierter Ansatz*) von Unternehmen (s.u. Abschnitt III.1).

Als dritter Entwicklungsschritt für Wettbewerbsstrategien gilt die Bewertung wettbewerbsstrategischer Optionen, die sich durch Rückgriff auf die oben zur Geschäftsfeldabgrenzung aufgezählten Kriterien strukturieren lassen. Eine anspruchsgruppenbezogene Bewertung von Wettbewerbsstrategie-Optionen kann erfolgen mittels (1) finanziell-quantitativer Verfahren wie dem Vergleich von diskontierten freien Plan-Cash-Flow-/Kapital- oder Realoptionswerten, mittels (2) semi-quantitativer Nutzwertanalysen und mittels (3) qualitativer Plausibilitätsbilanzen (*Quinn* 1980, S. 165–168; *Müller-Stewens/Lechner* 2001, S. 248–255; *Welge/Al-Laham* 2001, S. 467–523; *Barney* 2002, S. 26–66 u. 309–331).

Nicht mehr dem Wettbewerbsstrategie-Formulierungsprozess zuzurechnen ist die Wettbewerbsstrategie-Implementierung, die u.a. eine strategiegerechte Gestaltung organisatorischer Regeln sowie Informationstechnik- und Personalarbeitssystemen im eigenen Unternehmen(sbereich), eine Strategiekonkretisierung/-realisierung durch motivierte und qualifizierte Mitarbeiter sowie eine Wettbewerbsstrategie-Kontrolle sicherstellen soll (*Steinmann/Schreyögg* 2000, S. 231–250; *Welge/Al-Laham* 2001, S. 527–550).

2. Empirisch-deskriptive Sicht des Prozesses der Wettbewerbsstrategie-Entstehung

Deskriptive Arbeiten zur Wettbewerbsstrategie-Formierung untersuchen mittels sozialwissenschaftlicher Datenerhebungen aufgrund welcher Aktivitäten Wettbewerbsstrategien in Unternehmen zustande kommen. Solche Untersuchungen sind notwendig, weil Befunde der Strategieprozessforschung belegen, dass in der Praxis Wettbewerbsstrategien eben *nicht* top-down und rational-synoptisch entwickelt werden (*Mintzberg* 1978, S. 945–948; *Quinn* 1980, S. 16–59). Entsprechend kann man Wettbewerbsstrategien als „pattern in a stream of decisions" (*Mintzberg* 1978, S. 935) interpretieren, das aus inkrementellen und informellen Lernprozessen verschiedenster Unternehmensmitarbeiter resultiert, die eine flexible Anpassung an aktuelle Situationsveränderungen ermöglichen. Um die Diskrepanz zwischen normativen Wettbewerbsstrategie-Formulierungskonzepten und empirisch beobachteten Wettbewerbsstrategie-Formierungsprozessen zu berücksichtigen, wird nach Mintzberg (*Mintzberg* 1978, S. 945) zwischen offiziell vom Management beabsichtigten und tatsächlich realisierten Wettbewerbsstrategien unterschieden, die voneinander abweichen, da Teile der „intended strategy" nicht umgesetzt werden und während des Versuchs, die offizielle Strategie zu verfolgen, sich adaptiv „emergente" Wettbewerbsstrategie-Komponenten ergeben.

III. Dimensionen von Wettbewerbsstrategien

Grundlegende inhaltliche Wettbewerbsstrategie-Dimensionen sind (1) die angestrebten Vorteile des eigenen Leistungsangebots gegenüber der Konkurrenz, (2) die erwünschte Marktabdeckung und (3) die Aggressivität der eigenen strategischen Handlungen gegenüber Wettbewerbern (*Steinmann/Schreyögg* 2000, S. 193; *Müller-Stewens/Lechner* 2001, S. 198).

1. Wettbewerbsvorteile des Leistungsangebots

Als Ansatzpunkte zur Erreichung einer Alleinstellung der Leistungen eines Unternehmens gegenüber anderen Anbietern im sachlich und räumlich gleichen Markt werden in Anlehnung an Porter (*Porter* 1980, S. 35) das Verkaufspreisniveau von Leistungen einerseits und das durch alle sonstigen Leistungseigenschaften außer dem Preis bestimmte Nutzenniveau von Absatzgütern für deren Käufer andererseits unterschieden (*Porter* 1985, S. 131 f.; *Campbell-Hunt* 2000, S. 127 f.; *Müller-Stewens/Lechner* 2001, S. 198–200; *Welge/Al-Laham* 2001, S. 384). Dementsprechend kann ein Anbieter eine vorteilhafte Wettbewerbsposition primär dadurch anstreben, dass er Leistungen zu einem Preis verkauft, der merklich unter den Entgelten für funktional äquivalente Angebote anderer Unternehmen liegt, also eine *Preis-Mengen*- oder *Preisführerstrategie* verfolgt. Voraussetzung dafür, dass ein Unternehmensbereich bei einer Wettbewerbsstrategie der Preisführerschaft überdurchschnittlich profitabel arbeiten kann, ist, dass er ein unterdurchschnittliches Kostenniveau erreicht, also eine *Niedrigkosten*- oder *Kostenführerstrategie* realisiert. Ein niedriges Kostenniveau kann durch Ausschöpfung von Größen-, Verbund-, Erfahrungskurven-, Prozesstechnologie- und Standortvorteilen angestrebt werden (*Porter* 1985, S. 100–107; *Welge/Al-Laham* 2001, S. 380–383; *Barney* 2002, S. 234–246).

Zweitens kann ein Anbieter sich in erster Linie darum bemühen, eine Leistung zu erbringen, deren nicht-preisbezogene Eigenschaften Kunden einen im Vergleich zur Konkurrenz besonderen Nutzen vermitteln, also eine (Leistungs-)*Differenzierungsstrategie* (synonym *Präferenz*- oder *Qualitätsstrategie*) verfolgen. Die Vielfalt von Möglichkeiten zur Differenzierung von Absatzleistungen lässt sich in wenige Hauptansatzpunkte gliedern (*Porter* 1985, S. 123–127; *Kotler* 2003, S. 318–327). Hier kann zwischen Differenzierung durch die Merkmale der Absatzgüter an sich (= *Ergebnisvorteile*) und durch den Leistungserstellungsvorgang (= *Prozessvorteile*) unterschieden werden. Als Ergebnismerkmale mit Differenzierungspotenzial gelten die Funktionalität bzw. der Gebrauchsnutzen, die Haltbarkeit, die Ästhetik bzw. das Design, die Komplementarität, die Integration und das (Marken-)Image von Absatzleistungen. Differenzierende Prozessaspekte sind die Lieferzuverlässigkeit und -geschwindigkeit, die Beschaffungseffizienz, die Beratungskompetenz und Freundlichkeit beim Verkauf, die kundenspezifische Leistungsmodifikation sowie die Nachkaufbetreuungsqualität.

Intensiv analysiert wird, inwieweit und auf welche Weise in einer Wettbewerbsstrategie sowohl Kosten- als auch Differenzierungsvorteile anzustreben sind. Ausgangspunkt der Diskussion ist die von Porter (*Porter* 1980, S. 41–43; *Porter* 1985, S. 16–20) vertretene Position, dass Geschäftseinheiten lediglich dann überdurchschnittlich erfolgreich sein können, wenn sie sich entweder *nur* auf eine Kostenführer- oder *nur* auf eine Differenzierungsstrategie beschränken. Gegen diese Ansicht sprechen konzeptionelle Überlegungen und empirische Befunde, die auf die Existenz *hybrider Wettbewerbsstrategien* hindeuten (*Dess* et al. 1995, S. 376–378; *Fleck* 1995, S. 30–36; *Campbell-Hunt* 2000, S. 135 f.; *Jenner* 2000, S. 8–11), deren Spezifikum in der „Kombination von Kosten- und Differenzierungsvorteil" (*Fleck* 1995, S. 3) liegt. Mit Fleck (*Fleck* 1995, S. 59–155) lassen sich unterscheiden: (1) *Sequentielle Hybridstrategien*, bei denen (a) zeitlich nacheinander zuerst eine Vorteilsart und später die verbleibende andere Vorteilsart die wettbewerbsstrategische Ausrichtung prägt (= „Outpacing Strategy"; *Gilbert/Strebel* 1987, S. 28), oder (b) an verschiedenen Orten zeitgleich jeweils unterschiedliche Vorteilsarten anvisiert werden. (2) *Simultane Hybridstrategien*, bei denen zur gleichen Zeit und am gleichen Ort niedrige Kosten *und* Differenzierungsvorteile sich wechselseitig verstärken sollen.

Aus einschlägigen empirischen Studien zu „generischen" Wettbewerbsstrategien, lassen sich folgende Schlussfolgerungen ziehen (*Fleck* 1995, S. 32; *Gerpott/Breuer* 1998; *Campbell-Hunt* 2000, S. 141–149; *Jenner* 2000; *Welge/Al-Laham* 2001, S. 519):

- Die Wettbewerbsstrategie der Differenzierung wird von Geschäftsbereichen von Unternehmen aus Industrienationen häufiger verfolgt als die Kostenführerstrategie.
- Etwa 20–50% aller Unternehmensgeschäftsbereiche bemühen sich darum, über Hybridstrategien Vorteile gegenüber der Konkurrenz zu erlangen.
- Zwischen Geschäftsbereichen, die entweder eine Preis-Mengen- oder eine Präferenz- oder eine Hybridstrategie verfolgen, sind signifikante betriebswirtschaftliche Erfolgsunterschiede situationsübergreifend *nicht* nachweisbar.

Unabhängig von der Art der angestrebten Nachfragestimulierung sind mehrere Voraussetzungen zu erfüllen, damit von einem Geschäftsfeld betonte Absatzleistungsmerkmale zur Begründung strategischer Wettbewerbsvorteile geeignet sein können (*Porter* 1980, S. 29 f.; *Porter* 1985, S. 130–150; *Barney* 2002, S. 159–174). So müssen von Unternehmen hervorgehobene Leistungsvorteile

- von Nachfragern erkannt und für glaubwürdig gehalten werden;
- in so hohem Maß positiven Einfluss auf das Kaufverhalten haben, dass sie zu Einzahlungen führen, die die zur Erlangung überlegener Absatzleistungsmerkmale verursachten Auszahlungen übersteigen;

– von keinem oder sehr wenigen anderen Wettbewerbern nicht bereits oder in naher Zukunft auch ähnlich angeboten werden.

Hier stellt sich die Frage, worin letztlich die *Quelle* dafür liegt, dass Unternehmen mehr oder minder gut in der Lage sind, Leistungen zu erstellen, die den o.a. drei Anforderungen entsprechen. Bei der Beantwortung dieser Frage wird zwischen einem „Market-Based View" und einem „Resource-Based View" unterschieden (*Cockburn/Henderson/Stern* 2000, S. 1126 f.; *Müller-Stewens/Lechner* 2001, S. 102–105, 155–157 u. 276–283; *Welge/Al-Laham* 2001, S. 256; *Barney* 2002, S. 75–78 u. 150–185) (→ *Ressourcenbasierter Ansatz*). Dem auf industrieökonomischen Interpretationsmustern basierenden „Market-Based View" zufolge kann eine Geschäftseinheit dadurch Vorteile erzielen, dass sie in einer strukturell attraktiven Industrie zunächst angebotsseitig nicht befriedigte, möglichst rasch wachsende Nachfragebereiche identifiziert und sie durch Absatzangebote abdeckt.

Die „Resource-Based View"-Schule betont dagegen, dass die Ausstattung von Unternehmen mit einzigartigen, effizient genutzten strategischen Vermögensgütern, Ressourcen, Fähigkeiten und Kompetenzen, die für Wettbewerber kaum kopierbar sind, als Quelle für Wettbewerbsvorteile in Frage kommt. Dabei werden *Ressourcen* umschrieben als sämtliche, kaum unternehmensübergreifend transferierbare, seltene, wettbewerbsrelevante und durch unternehmensspezifische Bündelung veredelte Inputgüter, die ein Unternehmen einsetzt. Aus der Kombination von Ressourcen können Unternehmen über längere Zeiträume nicht an bestimmte Personen gebundene, implizite Beherrschungsroutinen für komplexe Prozesse entwickeln, die in einem Geschäftsbereich bzw. unternehmensweit zur Erfüllung wichtiger Kundenanforderungen beitragen. Solche Routinen werden als *Kompetenzen* und *Fähigkeiten* bzw. als *Kernkompetenzen* kategorisiert (*Teece/Pisano/Shuen* 1997, S. 516; *Makadok* 2001, S. 388 f.; *Welge/Al-Laham* 2001, S. 257–263; *Barney* 2002, S. 155–157 u. 414 f.). Gemäß dem „Resource-Based View" kann das Management strategische Vorteile durch die frühzeitige Akquisition in Zukunft wettbewerbsrelevanter seltener Ressourcen zu niedrigen Kosten (= „Resource-Picking") und durch die Schaffung von Voraussetzungen für eine effiziente Entwicklung unternehmensspezifischer Kompetenzen (= „Capability-Building") generieren (*Cockburn/Henderson/Stern* 2000, S. 1128; *Makadok* 2001, S. 387–391).

„Market-Based View" und „Resource-Based View" werden heute überwiegend als sich ergänzende Ansätze interpretiert.

2. Angestrebte Marktabdeckung

Bei der Wettbewerbsstrategie-Dimension der Marktabdeckung geht es um die Frage, „wo" ein Geschäftsfeld in abnehmerseitiger, sachlich-angebotsbezogener und räumlicher Hinsicht im Wettbewerb agieren will. Hierbei kann man mit Porter (*Porter* 1980, S. 38–40; *Porter* 1985, S. 12–16) zwischen den Alternativen einer breiten Bearbeitung des gesamten Branchenfeldes einerseits und einer Fokussierung auf enge Teilmärkte oder Nischen in einer Branche andererseits unterscheiden. Bei einer branchenweiten *Gesamt-* oder *Massenmarkt-Wettbewerbsstrategie* kann ein Geschäftsbereich nur eine hochgradig standardisierte Leistung für alle Kunden oder eine überschaubare Menge von jeweils in größerer Stückzahl hergestellten verwandten Leistungsarten, die sich an verschiedene Kundensegmente richten, anbieten. Bei einer *Teilmarkt-Wettbewerbsstrategie* erfolgt eine Konzentration „on a particular buyer group, segment of the product line, or geographic market" (*Porter* 1980, S. 38). Bei enger Marktabdeckung bestehen die Optionen, für genau eine Kundengruppe mehrere Leistungen gebündelt anzubieten oder genau eine Leistung an mehrere jeweils kleinzahlige Kundengruppen abzusetzen. Bedingungen für eine tragfähige Wettbewerbsstrategie der Fokussierung auf eine Marktnische oder eine Gesamtmarkt-Wettbewerbsstrategie, bei der verschiedene Kundensegmente unterschiedlich adressiert werden, sind (*Porter* 1985, S. 234; *Müller-Stewens/Lechner* 2001, S. 134):

– die Existenz mehrerer abgrenzbarer Kundengruppen, die *in sich* homogene Bedürfnisse haben und *zwischen* denen erhebliche Bedürfnisunterschiede bestehen;
– die Fähigkeit, mindestens eine Leistung so zu gestalten, dass sie den Anforderungen einer Teilmenge aller Kunden besser gerecht wird als nicht segmentbezogene Angebote;
– die Generierung von Zusatzdeckungsbeiträgen durch die differenzierte Abdeckung mehrerer Segmente oder die Spezialisierung auf eine Nische.

3. Konkurrenzgerichtetes Verhalten

Bei dieser Wettbewerbsstrategie-Dimension geht es um die Auslöser, zeitliche Auftretensdichte, Komplexität und Innovativität/Vorhersagbarkeit von wettbewerbsgerichteten Aktivitätenfolgen einer Geschäftseinheit (*Lengnick-Hall/Wolff* 1999, S. 1112–1119; *Ferrier* 2001, S. 858–861). Hier kann man zwei idealtypische Dimensionsausprägungen unterscheiden (*Steinmann/Schreyögg* 2000, S. 194; *Müller-Stewens/Lechner* 2001, S. 205–207): (1) Ein *offensives Aktionsmuster*, das als schnell, innovativ, verändernd, auf die Zerstörung der bisherigen Vorteile der Konkurrenten und des eigenen Unternehmens durch bessere Leistungen gerichtet, proaktiv und wettbewerbsstellend charakterisiert wird. (2) Ein *defensives Aktionsmuster*, das als langsam, imitativ, bewahrend, auf die Einhaltung etablierter Wettbewerbsregeln in einer Branche bedacht, reaktiv und wettbewerbsvermeidend beschrieben wird.

Bei einer *offensiven Wettbewerbsstrategie* wird die Konfrontation mit Konkurrenten in deren wichtigsten Aktionsbereichen bewusst gesucht. Durch die innovative Gestaltung eigener Leistungserstellungsprozesse und -ergebnisse, die zu einer besseren Erfüllung von Kundenanforderungen führt, wird angestrebt, herrschende Wettbewerbsregeln zu verändern. Offensive Wettbewerbsstrategien basieren auf der Prämisse, dass erreichte Wettbewerbsvorteile stets rasch erodieren und deshalb zu versuchen ist, selbst die Erosion durch überraschende Aktionen, die Wettbewerber gezielt stören, im eigenen Interesse zu beeinflussen (D'Aveni 1994). Bei einer *defensiven Wettbewerbsstrategie* will man Konkurrenten ausweichen, indem (a) Marktsegmente bearbeitet werden, die von anderen Anbietern bislang nicht abgedeckt wurden, (b) eine einvernehmliche Marktaufteilung zur Minderung der Konkurrenzintensität informal vorgenommen wird oder (c) kontinuierlich der eigene Vorsprung bei einem Wettbewerbsparameter aufrecht erhalten wird.

Literatur

Barney, Jay B.: Gaining and Sustaining Competitive Advantage, 2. A., Upper Saddle River 2002.
Campbell-Hunt, Colin: What have we learned about generic competitive strategy? A meta-analysis, in: SMJ, Jg. 21, 2000, S. 127–154.
Cockburn, Iain M./Henderson, Rebecca M./Stern, Scott: Untangling the origins of competitive advantage, in: SMJ, Jg. 21, 2000, S. 1123–1145.
D'Aveni, Richard A.: Hypercompetition, New York 1994.
Dess, George G. et al.: Conducting and integrating strategy research at the international, corporate and business levels: Issuses and directions, in: JMan, Jg. 21, 1995, S. 357–393.
Ferrier, Walter J.: Navigating the competitive landscape: The drivers and consequenes of competitive agressiveness, in: AMJ, Jg. 44, 2001, S. 858–877.
Fleck, Andrée: Hybride Wettbewerbsstrategien, Wiesbaden 1995.
Gerpott, Torsten J./Breuer, Robert: Wettbewerbsstrategien und -erfolg im deutschen Markt für Selbstmedikation, in: Zeitschrift für Planung, Jg. 9, 1998, S. 391–416.
Gilbert, Xavier/Strebel, Paul: Strategies to outpace competition, in: Journal of Business Strategy, Jg. 8, H. 1/1987, S. 28–36.
Hambrick, Donald C./Fredrickson, James W.: Are you sure you have a strategy?, in: AME, Jg. 15, H. 4/2001, S. 48–59.
Jenner, Thomas: Hybride Wettbewerbsstrategien in der deutschen Industrie, in: DBW, Jg. 60, 2000, S. 7–22.
Kotler, Philip: Marketing Management, 11. A., Upper Saddle River 2003.
Lengnick-Hall, Cynthia A./Wolff, James A.: Similarities and contradictions in the core logic of three strategy research streams, in: SMJ, Jg. 20, 1999, S. 1109–1132.
Makadok, Richard: Toward a synthesis of the resource-based and dynamic-capability views of rent creation, in: SMJ, Jg. 22, 2001, S. 387–401.
Mintzberg, Henry: The design school: Reconsidering the basic premises of strategic management, in: SMJ, Jg. 11, 1990, S. 171–195.
Mintzberg, Henry: Patterns in strategy formation, in: Man.Sc., Jg. 24, 1978, S. 934–948.
Müller-Stewens, Günter/Lechner, Christoph: Strategisches Management, Stuttgart 2001.
Porter, Michael E.: Competitive Advantage, New York 1985.
Porter, Michael E.: Competitive Strategy, New York 1980.
Quinn, James B.: Strategies for Change, Homewood 1980.
Steinmann, Horst/Schreyögg, Georg: Management, 5. A., Wiesbaden 2000.
Teece, David J./Pisano, Gary/Shuen, Amy: Dynamic capabilities and strategic management, in: SMJ, Jg. 18, 1997, S. 509–533.
Welge, Martin K./Al-Laham, Andreas: Strategisches Management, 3. A., Wiesbaden 2001.

Wirtschaftskriminalität

Roland Hefendehl

[s.a.: Kontrolle; Management und Recht; Ökonomische Analyse des Rechts; Risikomanagement und Interne Revision; Unternehmensethik; Verantwortung; Vertrauen.]

I. Begriff; II. Kriminalpolitische Diskussion; III. Kriminologie; IV. Allgemeiner Teil des Wirtschaftsstrafrechts; V. Prozessuales im Wirtschaftsstrafrecht.

Zusammenfassung

Das Feld der Wirtschaftskriminalität ist weit, unbestimmt und im Hinblick auf das Bedrohungspotenzial nur schwer einzuschätzen. Das (Wirtschafts-)Strafrecht versucht mit zunehmender Intensität, diese Form der Delinquenz zu bekämpfen. Es hat sich dabei spezifischen Herausforderungen an die Tatbestandsgestaltung zu stellen. Der Prozess im Wirtschaftsstrafverfahren ist kaum noch mit dem in der Strafprozessordnung angelegten Verfahren vergleichbar. Verändert hat sich hierdurch auch das Anforderungsprofil an den Verteidiger in Wirtschaftsstrafsachen.

I. Begriff

Die Wirtschaftskriminalität ist auch deshalb zunehmend in den Fokus (rechts-)politischer Betrachtung gelangt, weil in ihr erhebliche Bedrohungspotenziale für Wirtschaft, Gesellschaft und Staat vermutet werden. Die durch sie verursachten wirtschaftlichen Schäden seien enorm, sie belasteten den legalen Wirtschaftsverkehr und führten im Verein mit der sog. Organisierten Kriminalität zu einer politischen Unterwanderung. Zudem habe sich die bisherige Vorgehensweise gegen die Wirtschaftskriminalität als in hohem Maße ineffizient erwiesen.

1. Versuch einer abstrakten Bestimmung von Wirtschaftskriminalität und Wirtschaftsstrafrecht

Das nicht trennscharf zu umreißende Phänomen der Wirtschaftskriminalität soll über das (Wirtschafts-) Strafrecht im Sinne herkömmlicher Terminologie *bekämpft* werden (nachfolgend wird eine Analyse der Kriminalisierungsprozesse in den Vordergrund gestellt). Das 1. und das 2. Gesetz zur Bekämpfung der Wirtschaftskriminalität von 1976 und 1986 machen dabei den Konzeptionswandel im Vergleich zum Wirtschaftsstrafgesetz von 1954 explizit, das noch in erster Linie der Pönalisierung von Verstößen gegen Maßnahmen der staatlichen Planung galt. Sie vermögen aber das Wirtschaftsstrafrecht ebenfalls nicht abschließend zu umreißen, sondern legen lediglich fest, was jedenfalls zum Wirtschaftsstrafrecht gehört, also etwa der Subventions- und Kapitalanlagebetrug, die Insolvenzdelikte oder der Computerbetrug. Auch Untreue oder Betrug, die sich schon seit jeher im StGB finden, oder aber Straftatbestände des *Nebenstrafrechts*, also derjenigen Gesetze außerhalb des StGB, die ebenfalls Strafvorschriften enthalten (siehe beispielsweise die zunehmend in das Blickfeld der Öffentlichkeit geratenden Straftatbestände des AktG), sind zum Wirtschaftsstrafrecht zu rechnen.

Eine kriminologisch-kriminalistische Annäherung an den Begriff der Wirtschaftsstraftat findet sich in § 74 c GVG sowie in § 30 Abs. 5 Nr. 5 b AO. In § 74 c GVG wird bestimmt, bei welchen Straftaten des Neben- und des Kernstrafrechts die *Wirtschaftsstrafkammer* zuständig ist. Weniger enumerativ als inhaltlich ausgestaltet ist die Vorschrift der AO, die bei Wirtschaftsstraftaten unter anderem die Gefahr sieht, die wirtschaftliche Ordnung erheblich zu stören oder das → *Vertrauen* der Allgemeinheit in die Redlichkeit des Geschäftsverkehrs zu erschüttern.

Das Verständnis des Alternativ-Entwurfs 1977 vom Wirtschaftsstrafrecht geht schließlich dahin, dass sich die Tat nicht (nur) gegen Individualinteressen, sondern gegen sozial-überindividuelle Belange des Wirtschaftsgeschehens richte, also sozial-überindividuelle Rechtsgüter des Wirtschaftslebens verletze oder Instrumente des heutigen Wirtschaftslebens missbrauche. Gerade diese Definition setzt eine intensive Diskussion mit dem jeweils durch den Straftatbestand geschützten *Rechtsgut* voraus. Hier zeigt sich, dass bei einer genauen Analyse häufig *überindividuelle* Rechtsgüter hypostasiert werden und es richtigerweise bei einem zusätzlichen (meist vorverlagerten) Vermögensschutz bleibt. So geht es beim *Kreditbetrug* (§ 265 b StGB) nicht um den Schutz des Kreditverkehrs, sondern um den vorverlagerten Vermögensschutz des einzelnen Kreditgebers. Würde man nun das Wirtschaftsstrafrecht nur auf den Schutz überindividueller Rechtsgüter beschränken wollen, so hätte dies eine erhebliche Beschneidung des Umfangs des sog. Wirtschaftsstrafrechts zur Folge. Da aber im Grundsatz einer dualistischen Rechtsgutskonzeption zu folgen ist, die individuelle wie auch kollektive Rechtsgüter für schützenswert erachtet, bedarf es auch für das Wirtschaftsstrafrecht einer zweigleisigen Vorgehensweise: Der Schutz wirtschaftlicher Institutionen gehört ebenso zu diesem wie die Unterbindung einer nicht gänzlich unerheblichen Beeinträchtigung solcher individuellen Rechtsgüter (meist des Vermögens), die das Wirtschaftsleben konstituieren.

Das Wirtschaftsstrafrecht wird durch zahlreiche *Ordnungswidrigkeitentatbestände* ergänzt, die sich eines quantitativ geringeren Unrechts annehmen. Das wichtige Beispiel der Kartellordnungswidrigkeiten (§§ 38 ff. GWB) sowie die Pönalisierung wettbewerbsbeschränkender Absprachen bei Ausschreibungen (§ 298 StGB) verdeutlichen kaum zu bewältigende Abgrenzungsprobleme zu einer damit einhergehenden, lobbyistisch beeinflussten Gesetzgebung (→ *Lobbying*).

Die Klassifizierung als Wirtschaftsstraftat ist nicht nur wegen der erwähnten Sonderzuständigkeiten erforderlich. Sie rechtfertigt sich zudem aus der unbestritten großen praktischen Bedeutsamkeit dieser Materie – auch was die gesetzgeberische Aktivität anbelangt –, den Ähnlichkeiten in den Problemen der „Bekämpfung" sowie spezifischen Fragestellungen des Allgemeinen Teils.

2. Die wichtigsten Felder des Wirtschaftsstrafrechts bzw. der Wirtschaftsdelinquenz

Das Feld des auf die Wirtschaftsdelinquenz reagierenden Wirtschaftsstrafrechts ist weit, insb. auch deshalb, weil das sog. Nebenstrafrecht gerade hier eine nicht unwichtige Rolle spielt. Die Bedeutsamkeit mit kriminologischen Befunden zu unterfüttern, fällt in einem Bereich besonders schwer, der sich durch ein vermutetes großes *Dunkelfeld* sowie erhebliche *Nachweisprobleme* auszeichnet. Neben den oben bereits erwähnten Delikten des StGB sind aus dem Nebenstrafrecht solche zu nennen, die das Unternehmen von seiner Gründung bis zu seiner Liquidation begleiten (vgl. insb. §§ 399 ff. AktG, 82 ff. GmbHG), die Mindestbedingungen der Information der interessierten Allgemeinheit festlegen (so die Bilanzdelikte der §§ 331 ff. HGB), die den Verbraucher schützen (so insb. §§ 51, 52 Lebensmittel- und Bedarfsgegenstände G) oder das staatliche Vermögen schützen (neben dem erwähnten Subventionsbetrug [streitig] gehören insb. die Steuerdelikte hierzu).

II. Kriminalpolitische Diskussion

Die kriminalpolitische Diskussion, wie auf die Wirtschaftskriminalität zu reagieren sei, hängt im Wesentlichen vom eingeschätzten Ausmaß des Bedrohungspotenzials, von Aufgaben und Wirkweise des Strafrechts sowie der Einschätzung von Alternativen ab.

Überwiegend wird in der Wissenschaft wie in der (gesetzgeberischen) Praxis auch unter dem Hinweis auf die enormen im Raume stehenden Schäden und einer permanenten Modifikation strafwürdigen Verhaltens einer Ausweitung des Wirtschaftsstrafrechts das Wort geredet. Die Strafvorschriften zum Schutz der finanziellen Interessen der Europäischen Gemeinschaften und damit wirtschaftsstrafrechtliche Vorschriften bildeten den Ausgangspunkt der europäischen Harmonisierungsbemühungen im materiellen Strafrecht (*Hefendehl* 2002b, S. 411). Umgekehrt stellt diese Materie den entscheidenden Kritikpunkt einer Sichtweise dar, die zumindest für eine Zurückdrängung des Strafrechtsschutzes kollektiver Rechtsgüter sowie der Deliktsform des *abstrakten Gefährdungsdelikts* plädiert. Die Bekämpfungsgesetze suggerierten nicht einlösbare Tatkraft: Auch für den Bereich des Wirtschaftsstrafrechts lasse sich der rational handelnde und auf die Existenz von Strafnormen Bedacht nehmende Straftäter nicht ausmachen. Präventionswirkungen versprächen allenfalls Maßnahmen sog. *technischer Prävention*. Hierunter fallen sämtliche Bestrebungen, die nicht auf eine Beeinflussung des Entscheidungsprozesses des potenziellen Täters setzen, sondern die Tat als solche zumindest erschweren sollen (Beispiel: Aufspaltung in Anordnung und Auszahlung).

Der Kritik an einer Ausweitung des Strafrechts ist (nur) in den Fällen zuzustimmen, in denen vorschnell überindividuelle Konstruktionen verwandt werden, die die Legitimationsbedingungen verändern. Denn hat man erkannt, dass es teilweise um den Schutz von Individualrechtsgütern geht, stellt sich insb. die Frage eines legitimen (meist) vermögensrechtlichen *Vorfeldschutzes*. Ein strafrechtlicher Institutionenschutz ist in einem in der Rechtsprechung des Bundesverfassungsgerichts wirtschaftspolitisch neutral formulierten GG (BVerfGE 4, 7, 17 f.; 7, 377, 400; 30, 292, 317, 319; 50, 290, 338) nur insoweit anzuerkennen, als er den Wettbewerb fördernde Vertrauensbedingungen schützt. So liegt der Fall etwa beim Vertrauen in die Funktionsfähigkeit des Kapitalmarktes (→ *Kapitalmarkt und Management*) als dem Rechtsgut des Kapitalanlagebetrugs (§ 264 a StGB).

III. Kriminologie

Da die oben annäherungsweise umschriebene Wirtschaftskriminalität einen Schweregrad von der Bagatellkriminalität bis zu Schadenssummen in Milliardenhöhe wie beispielsweise im Flow-Tex-Verfahren umfasst, kann sie nur als Sammelbegriff verstanden werden (*Heinz* 1993, S. 590), der nicht durch eine eigene Theorie der Wirtschaftskriminalität erklärt werden kann. Vielmehr bedarf es des Rückgriffs auf unterschiedliche Erklärungsansätze. Die *Theorie der differenziellen Kontakte*, die *Anomietheorie* und lernpsychologische Ansätze (→ *Lernen, organisationales*) können nur Teilbereiche erklären. Nutzbringend erscheint es, auf die kriminogene Wirkung der Einbindung des Täters in die Unternehmensorganisation und -hierarchie abzustellen (→ *Hierarchie*; → *Organisation*). So konnte Sutherland Annahmen der Lern- und Subkulturtheorien empirisch bestätigen (*Sutherland* 1974, S. 396). Verbandsdelikte sind unabhängig vom Charakter der individuellen Funktionäre und eher als Ergebnis eines in der beruflichen Sozialisation erlernten Verhaltens zu klassifizieren, wobei unter anderem die Geltungskraft der herrschenden *Normen* und *Werte* in der Gruppe von Bedeutung sind (→ *Gruppenverhalten und Gruppendenken*). Die Gruppenbedingtheit der Normverletzung wird auch durch andere Untersuchungen bestätigt (*Clinard/Quinney/Wildeman* 1994, S. 204 ff.) und lässt sich auf die von Sykes und Matza beschriebenen Techniken der *Neutralisierung* zurückführen (*Sykes/Matza* 1974, S. 360).

Die im Rahmen von Wirtschaftskriminalität häufig auftretende *Rechtsguts- und Opferferne* und die Erfahrung von individueller *Fungibilität* innerhalb der Organisation können als wesentliche mittelbar gruppenbedingte Rechtfertigungsstrategien ausgemacht werden. Schließlich mögen *ökonomische Kriminalitätstheorien* (*Rational Choice*) in denjenigen Bereichen Plausibilität für sich verbuchen, in denen Kriminalität tatsächlich Teil des betriebswirtschaftlichen Kalküls ist oder in denen aus anderen Gründen ein rationales Täterverhalten wahrscheinlich ist (*Bock* 2000, S. 90; *Hess/Scheerer* 1997, S. 111). Zu berücksichtigen bleibt dabei allerdings, dass ein auf den ersten Blick rationales Kalkül vielleicht gleichfalls auf „irrationalen" Motiven wie übertriebenem Ehrgeiz, Status, Tradition oder Verantwortung für das Unternehmen um jeden Preis beruht, deren psychologische oder psychiatrische Auffälligkeit im gesellschaftlichen Kontext indes nicht in gleicher Weise manifest ist (*Bock* 2000, S. 90).

Zu Umfang und Schadenshöhe gibt es unterschiedliche Zahlen und Schätzungen (Angaben aus der Polizeilichen Kriminalstatistik des BKA): 2002 wurden 86.030 Delikte laut PKS der Wirtschaftskriminalität zugeordnet, wobei mit einem Anteil von über 50% der Betrug das Schwergewicht ausmacht. Die festzustellenden erheblichen Schwankungen in den Fallzahlen von Jahr zu Jahr (2001 etwa: 110.018 Delikte) sind vor allem auf größere Ermittlungskomplexe mit vielen Einzelverfahren zurückzuführen. Die im Langzeitvergleich stetig zu verzeichnende Steigerung hat ihre Ursache in der verstärkten Ermittlungsarbeit in diesem Bereich. Der bei 1,3% der Gesamtkriminalität liegende Anteil der Wirtschaftsdelikte verursacht im Vergleich zu den übrigen mit Schadenssummen ausgewiesenen Straftaten ca. 50% (ca. 4,9 Mrd. €) des Gesamtschadens. Vage Schätzungen, die das Dunkelfeld mit einbeziehen, gehen demgegenüber von 40 bis 190 Mrd. € aus (*Schwind* 2004, § 21 Rn. 7 ff.).

IV. Allgemeiner Teil des Wirtschaftsstrafrechts

Das Wirtschaftsstrafrecht folgt den allgemeinen Vorschriften des StGB. In Dogmatik und Rechtspolitik haben sich indes einige Besonderheiten herauskristallisiert: Häufiger als sonst muss sich das Wirtschaftsstrafrecht bei der Tatbestandsbildung der *Blanketttatbestände* bedienen, die ganz oder teilweise auf andere Vorschriften, insb. des Handelsrechts, verweisen. Die Unrichtige Darstellung (§ 331 HGB) muss also etwa auf die bilanzrechtlichen Vorwertungen rekurrieren. Gerade für den Bereich des Nebenstrafrechts ist häufig die sog. *Vorsatztheorie* propagiert worden, nach der bei fehlendem Unrechtsbewusstsein der Vorsatz entfällt. Niemand könne sich in diesem unübersehbaren, ständiger Veränderung unterliegenden und sozialethisch wenig fundierten Bereich auskennen, so dass bei einem Irrtum keine Ahndung notwendig sei. Demgegenüber sucht die Rechtsprechung auf der Basis der *Schuldtheorie* über die Auslegung der einschlägigen Vorschriften nach gerechten Ergebnissen (vgl. *Jescheck/Weigend* 1996, S. 459 f.). Bei der „Täterschaft und Teilnahme" werfen insb. sog. *Kollegialentscheidungen* dogmatische Fragen auf. Die Vorschrift des „Handeln für einen anderen" (§ 14 StGB; für Ordnungswidrigkeiten § 9 OWiG) soll die Gefahr der Umgehung von Strafdrohungen verhindern, wenn die nach dem Tatbestand als Täter qualifizierte Person nicht selbst handelt, sondern einen anderen für sich handeln lässt (Beispiel: Der Geschäftsführer einer GmbH vereitelt die der Gesellschaft drohende Zwangsvollstreckung durch Beiseiteschaffen von Vermögensgegenständen. § 14 StGB sichert seine Bestrafung, obwohl die GmbH Schuldnerin ist.). Diese Regelung beseitigt aber nicht die *Nachweisprobleme*, wer innerhalb des Unternehmens die strafrechtlich relevanten Entscheidungen traf. Diese haben auch in Deutschland unter Zurückstellung erheblicher, aus dem Handlungsbegriff und dem Schuldprinzip herzuleitender Bedenken Forderungen nach einer genuinen strafrechtlichen *Verantwortlichkeit von Unternehmen* laut werden lassen, die durch entsprechende Vorschriften in zahlreichen EU-Staaten wie im angloamerikanischen Rechtskreis und einen Vorschlag der Europäischen Kommission bestärkt werden. Andere sehen die Möglichkeit, nach § 30 OWiG auch erhebliche Geldbußen gegen Unternehmen zu richten, als hinreichend an, die ggf. durch weitere effiziente, d.h. präventiv wirkende Maßregeln unterhalb des Strafrechts zu ergänzen sei. Wozu die häufig auch im Wirtschaftsstrafrecht propagierte sog. *wirtschaftliche Betrachtungsweise* dienen soll, bleibt regelmäßig unklar. Wenn sie auf die Relevanz von Positionen unterhalb des juristischen Privatrechts sowie auf die Relevanz von tatsächlichen Risiken im Wirtschaftsverkehr verweist, verkennt sie, dass sich das Recht schon längst auch dieser Zwischenstadien angenommen hat und das Wirtschaftsleben bereits eine wesentlich differenziertere Durchnormierung erfahren hat, so dass es einer „wirtschaftlichen Betrachtungsweise" überhaupt nicht bedarf (*Hefendehl* 1994, S. 103 ff.).

V. Prozessuales im Wirtschaftsstrafrecht

1. Sicht der Strafverfolgung

Wirtschaftsstrafverfahren erweisen sich regelmäßig auch dann als besonders problembehaftet, wenn der Vermögensschaden kein Tatbestandsmerkmal darstellt. Denn die insoweit typischen *Corporate Crimes* als Delikte, die aus einem Unternehmen heraus begangen werden, bringen besondere Nachweisprobleme mit sich, die zu den häufig wirtschaftlich und rechtlich komplexen Sachverhalten treten. Wirtschaftsstrafkammern bei den Landgerichten (§ 74 c GVG) und *Schwerpunktstaatsanwaltschaften* für Wirtschaftsstrafsachen sollen Defizite bei der Verfolgung und Beurteilung mindern.

Großverfahren im Wirtschaftsstrafrecht sind Anlass für eine Reihe von den klassischen Strafprozess modifizierenden Reformen gewesen: Der Verfolgungszwang ist relativiert worden, um durch die teilweise Nichtanklage einzelner Komplexe der Stofffülle zu begegnen. Das Unmittelbarkeitsprinzip in der Hauptverhandlung wurde beim Beweis mittels Urkunden in der Weise eingeschränkt, dass sie nicht mehr sämtlich verlesen werden müssen. Fristen sind verlängert worden, um Verfahren und Verfolgung nicht zu gefährden. All diese Versuche sind indes durch die auch vom Gericht bzw. der Staatsanwaltschaft forcierten *informellen Absprachen* überrollt worden, die weit dramatischere Wandlungen des Strafprozesses bewirken als die erwähnten Reformen im Detail (kritisch zu deren Vereinbarkeit mit der StPO etwa *Schünemann* 1990). Der Prototyp sieht dabei einen Strafnachlass bei einem regelmäßig allenfalls kursorisch überprüften Geständnis vor, der häufig zu einer Strafaussetzung zur Bewährung führt.

2. Sicht der Verteidigung

Das Wirtschaftsstrafrecht setzt nicht nur in materieller, sondern auch in prozessualer Hinsicht besondere Fertigkeiten des Strafverteidigers voraus, die das besondere Profil des Verteidigers in Wirtschaftsstrafsachen entstehen ließen. Diesem kommt zum einen im Vorfeld eine beratende Tätigkeit zu, die die strafrechtlichen Risiken riskanter wirtschaftlicher Betätigung beurteilt. Bei sog. *Vorfeldermittlungen* sowie nach Einleitung des Ermittlungsverfahrens hat der Verteidiger sein Hauptaugenmerk auf die Verhinderung eines regelmäßig auch wirtschaftlich schädlichen Hauptverfahrens zu richten, was auch über Einstellungen gegen Auflagen (insb. § 153 a StPO) bzw. Strafbefehle möglich ist. Für das Vorverfahren wie die Hauptverhandlung in Wirtschaftsstrafsachen typische Beratungsfelder sind die Initiierung und Realisierung der erwähnten informellen Absprachen im Strafprozess.

Literatur

Bock, Michael: Kriminologie, 2. A., München 2000.
Boers, Klaus: Wirtschaftskriminologie, in: Monatsschrift für Kriminologie und Strafrechtsreform, Jg. 84, 2001, S. 335–356.
Bussmann, Kai-D.: Business Ethics und Wirtschaftsstrafrecht, in: Monatsschrift für Kriminologie und Strafrechtsreform, Jg. 86, 2003, S. 89–104.
Clinard, Marshall B./Quinney, Richard/Wildeman, John: Criminal Behavior Systems, 3. A., Cincinnati 1994.
Hefendehl, Roland: Kriminalitätstheorien und empirisch nachweisbare Funktionen der Strafe: Argumente für oder wider die Etablierung einer Unternehmensstrafbarkeit?, in: Monatsschrift für Kriminologie und Strafrechtsreform, Jg. 86, 2003, S. 27–43.
Hefendehl, Roland: Kollektive Rechtsgüter im Strafrecht, Köln et al. 2002a.
Hefendehl, Roland: Strafvorschriften zum Schutz der finanziellen Interessen der Europäischen Union – Gestalten, korrigieren oder verweigern?, in: Festschrift für Klaus Lüderssen zum 70. Geburtstag am 2. Mai 2002, hrsg. v. *Prittwitz, Cornelius* et al., Baden-Baden 2002b, S. 411–423.
Hefendehl, Roland: Vermögensgefährdung und Exspektanzen, Berlin 1994.
Heinz, Wolfgang: Wirtschaftskriminalität, in: Kleines Kriminologisches Wörterbuch, hrsg. v. *Kaiser, Günther* et al., 3. A., Heidelberg 1993, S. 589–595.
Hess, Henner/Scheerer, Sebastian: Was ist Kriminalität? Skizze einer konstruktionistischen Kriminalitätstheorie, in: Kriminologisches Journal, Jg. 29, 1997, S. 83–155.
Jescheck, Hans-Heinrich/Weigend, Thomas: Lehrbuch des Strafrechts, Allgemeiner Teil, 5. A., Berlin 1996.
Müller-Gugenberger, Christian/Bieneck, Klaus (Hrsg.): Wirtschaftsstrafrecht, 3. A., Köln 2000.
Otto, Harro: Konzeption und Grundsätze des Wirtschaftsstrafrechts (einschließlich Verbraucherschutz), in: Zeitschrift für die gesamte Strafrechtswissenschaft, Jg. 96, 1984, S. 339–375.
Schünemann, Bernd: Absprachen im Strafverfahren? Grundlagen, Gegenstände und Grenzen, Gutachten B zum 58. Deutschen Juristentag, München 1990.
Schünemann, Bernd: Alternative Kontrolle der Wirtschaftskriminalität, in: Gedächtnisschrift für Armin Kaufmann, hrsg. v. *Dornseifer, Gerhard* et al., Köln et al. 1989, S. 629–649.
Schünemann, Bernd: Unternehmenskriminalität und Strafrecht, Köln et al. 1979.
Schwind, Hans-Dieter: Kriminologie, 14. A., Heidelberg 2004.
Sutherland, Edwin H.: Die Theorie der differentiellen Kontakte, in: Kriminalsoziologie, hrsg. v. *Sack, Fritz/König, René*, 2. A., Frankfurt am Main 1974, S. 395–399.
Sykes, Graham/Matza, David: Techniken der Neutralisierung: Eine Theorie der Delinquenz, in: Kriminalsoziologie, hrsg. v. *Sack, Fritz/König, René*, 2. A., Frankfurt am Main 1974, S. 360–371.
Tiedemann, Klaus: Wirtschaftsstrafrecht, Köln et al. 2004.
Tiedemann, Klaus (Hrsg.): Wirtschaftsstrafrecht in der Europäischen Union, Köln et al. 2002.
Tiedemann, Klaus: Wirtschaftsstrafrecht – Einführung und Übersicht, in: Juristische Schulung, Jg. 29, 1989, S. 689–698.
Tiedemann, Klaus: Welche strafrechtlichen Mittel empfehlen sich für eine wirksamere Bekämpfung der Wirtschaftskriminalität?, Gutachten C für den 49. Deutschen Juristentag, München 1972.
Wabnitz, Heinz-Bernd/Janovsky, Thomas (Hrsg.): Handbuch des Wirtschafts- und Steuerstrafrechts, 2. A, München 2004.

Wissen

Till Talaulicar

[s.a.: Community of Practice; Informationsverhalten; Kognitiver Ansatz; Lernen, organisationales; Managementkompetenzen und Qualifikation; Managementphilosophien und -trends; Organisationskapital; Rationalität; Unternehmensführung (Management); Wissensmanagement.]

I. Grundlagen; II. Wissen in der Organisations- und Managementlehre.

Zusammenfassung

Über die Bedeutung des Ausdrucks Wissen bestehen unterschiedliche Auffassungen, die sich aufgrund diverser Verwendungsweisen des Begriffs nicht in eine Definition integrieren lassen. Unstrittig ist, dass Wissen für eine erfolgreiche Unternehmensführung grundlegende Bedeutung hat. Besondere Aufmerksamkeit erfährt das Thema in der Theorie der Entscheidungsvorbereitung und der wissensbasierten Theorie der Unternehmung.

I. Grundlagen

Eine allgemein geteilte Definition des Wissensbegriffs hat sich bislang nicht herausgebildet, ist aufgrund seiner verschiedenen Verwendungen auch kaum zu erwarten und wird daher mitunter als weder erstrebenswert noch erreichbar angesehen. Der Ausdruck Wissen hat drei gebräuchliche Bedeutungen, da er ein gegenständliches Wissen (*knowledge by acquaintance*: „Ich kenne Peter.") , ein propositionales Wissen (*knowledge of facts*: „Ich weiß, dass Peter groß ist.") und ein Wissen im Sinne einer Fähigkeit („Ich weiß, wie man Auto fährt." bzw. „Ich kann Auto fahren.") bezeichnen kann. Dabei ist strittig, ob und inwieweit diese Begriffe interdefinierbar sind, d.h. sich ein Wissensbegriff durch Bezugnahme auf einen anderen ausdrücken lässt.

Als Inbegriff der Erkenntnis gehört das propositionale Wissen zum Gegenstand der *Erkenntnistheorie*, die sich als philosophische Disziplin mit den Bedingungen und Grenzen des Wissens beschäftigt und u.a. untersucht, welche Überzeugungen als Wissen ausgezeichnet und vom *Glauben* oder *Meinen* unterschieden werden dürfen. Sofern Wissen notwendig *wahr* (oder zumindest nicht falsch) sein soll, muss sich der Wahrheits- (bzw. Geltungs-)Anspruch solcher Erkenntnisse begründen oder demonstrieren lassen. Demgemäß gibt es eine lange erkenntnistheoretische Debatte darüber, ob Wissen überhaupt existiert oder man eigentlich nichts wirklich wissen kann. Gegen den *Skeptizismus* wurden u.a. die Lehren von einem unmittelbaren Wissen vorgebracht (*Musgrave* 1989, S. 387 f.), das entweder durch die Vernunft als selbstevident erkannt (*Rationalismus*) oder durch sinnliche Wahrnehmungen bestätigt wird (*Empirismus*). Gegensätzlichkeiten ergeben sich bis heute insb. aus epistemologischen Annahmen über den Zugang zur Wirklichkeit und deren ontologischen Status (*von Krogh/Roods/Slocum* 1994): Während *positivistische* Ansätze Wissen (subjektunabhängig) als (angenäherte) Repräsentation der im Prinzip objektiv gegebenen Welt begreifen, vertreten *subjektivistische*, interpretative bzw. anti-positivistische Strömungen die These, dass die Wirklichkeit sozial konstruiert wird und Wissen daher nur subjektabhängig sein kann (→ *Interpretative Organisationsforschung*; → *Konstruktivismus*).

II. Wissen in der Organisations- und Managementlehre

1. Anwendungen und Abgrenzungen

Im Gegensatz zum *Informationsbegriff*, der verbreitet, wenn auch nicht einhellig (*Bode* 1997, S. 451) als zweckorientiertes Wissen lange Zeit als eine Teilmenge des ansonsten selten näher spezifizierten Wissens definiert wurde (*Wittmann* 1959, S. 14), hat die Auseinandersetzung mit dem Phänomen des (Management-)Wissens in der Organisations- und Managementlehre erst vergleichsweise spät eingesetzt. Neben dem eher anwendungsorientiert ausgerichteten Diskurs (vgl. *Teichert/Talaulicar* 2002, S. 416 f.) über ein organisationales → *Wissensmanagement* kommt die Bedeutung von Wissen dabei v.a. in mikroanalytischen Untersuchungen über die Fundierung managerialer Entscheidungen (2.) sowie durch die wissensbasierte Theorie der Unternehmung (3.) zum Ausdruck. Darüber hinaus wird eine unternehmensübergreifende Perspektive eingenommen, um die Entstehung und Verbreitung von (Management-)Wissen (institutionell) erklären zu können (*Alvarez* 1998). In diesem Zusammenhang werden auch Barrieren des Wissenstransfers zwischen Wissenschaft und Praxis untersucht (*Rynes/Bartunek/Daft* 2001).

Die Kennzeichnung von *Managementwissen* erfolgt zunächst offenkundig inhaltlich, da sämtliches für Unternehmen irrelevantes Wissen unberücksichtigt bleibt. Darüber hinaus ist es für die Managementlehre weder zielführend noch verbreitet (*Eccles/Nohria* 1992, S. 175), den Wissensbegriff mit der Forderung nach Wahrheit zu verbinden, da bei der Bewältigung unstrukturierter Managementprobleme kaum Wahrheiten bekannt sind und daher auf Kenntnisse zurückgegriffen werden muss, die zwar nicht zweifelsfrei wahr sind und dennoch einen nicht zu vernachlässigenden *Erkenntniswert* besitzen (*v. Werder* 1994, S. 96). Überkommene Abgrenzungen werden dabei aufgegeben, wenn zum Managementwissen nicht nur Erkenntnisse wissenschaftlicher Forschung gezählt werden, sondern auch *practical knowledge*, *informed opinion* oder sogar *general folklore* (*Mazza* 1998, S. 166 f.). Der Wissensbegriff darf indes auch nicht so weit gefasst werden, dass letztlich ‚alles' unterschiedslos Wissen ist. Insofern wird in Frage gestellt, ob unkodierte Kenntnisse und Fähigkeiten ebenfalls als Wissen bezeichnet werden sollten (*Schreyögg/Geiger* 2003). Da *implizites Wissen* bzw. *tacit knowledge* (*Polanyi* 1966) im Sprachgebrauch allerdings weit verbreitet sind, scheinen entsprechend eingeschränkte Begriffsfassungen wenig aussichtsreich und sich stattdessen eher präzisierende Erläuterungen der angenommenen bzw. untersuchten Wissensmerkmale anzubieten.

Wie für den Wissensbegriff selbst gibt es ebenso für die Unterscheidung von Wissen und *Information* unterschiedliche Auffassungen, die z.T. gänzlich pragmatisch sind und nicht nur aus abweichenden epistemologischen Grundannahmen resultieren (zu Letzterem *Reinhardt* 2002, S. 186 f.). So wird *Information* u.a. mit Wissen gleichgesetzt (*Huber* 1991, S. 89), als die Teilmenge des deklarativen Wissens definiert (*Kogut/Zander* 1996, S. 503), als Stromgröße zur Beschreibung des prozeduralen Wissenstransfers (und Wissen hingegen als statischer Ausdruck des strukturellen Wissensbestands) verstanden (*Machlup* 1980, S. 8 f., 56) oder aber – und durchaus überwiegend – als (einem Problemkontext entsprechend) mit Bedeutung versehene Daten beschrieben, aus denen Wissen durch *zweckmäßige Vernetzung* konstituiert ist (*Nonaka* 1994, S. 16).

2. Kognitive Theorie der Entscheidungsvorbereitung

Manager benötigen Wissen, um (gute) Entscheidungen zu treffen. Diese Beschlüsse können entweder auf *Intuition* (unkodiertem und nicht artikulierbarem Wissen) des Entscheidungsträgers oder analytischer *Fundierung* (argumentativ zugänglich gemachten *Begründungen*) basieren. Da (Top-)*Managemententscheidungen* regelmäßig (für eine Vielzahl von *Stakeholdern*) risikobehaftet sind und sich ihre praktische Erfolgsträchtigkeit verlässlich erst ex post bestimmen lässt, ist eine rein intuitive Problemlösung weder akzeptabel noch – bei der vorherrschenden → *Corporate Governance (Unternehmensverfassung)* – praktikabel. Wenngleich das Wissen über die Strukturkomponenten komplexer Probleme begrenzt ist, muss die rationale Fundierung möglicher Lösungen keineswegs aufgegeben oder das zu berücksichtigende Wissen der Beliebigkeit anheim gestellt werden. Vielmehr ist die kognitive Güte der Wissensbasis dieser Entscheidungen zu thematisieren. Sie kann mit dem Konzept der *Argumentationsrationalität* gemessen werden (*v. Werder* 1994). Eine solche Messung setzt voraus, dass die verwendete Wissensbasis propositional ist. An den Propositionen, mit denen die jeweilige

Problemlösung begründet wird und die mehr oder weniger stichhaltig sein können, setzt die *Rationalitätsmessung* an.

Der Maßstab für die Beurteilung der kognitiven Qualität der Entscheidungsfundierung ist der *Stand des zugänglichen Wissens*, der die Gesamtheit der vergleichsweise zuverlässigsten Kenntnisse zu einem bestimmten Problem umfasst, die dem Problemlöser zum Referenzzeitpunkt prinzipiell zugänglich sind, da er über sie verfügt (aktuelles Wissen), sie ohne prohibitiv hohe Kosten beschaffen oder auf dieser Grundlage erschließen kann (potenzielles Wissen) (*v. Werder* 1994, S. 91). Im Kern misst die Argumentationsrationalität, inwieweit dieser Wissensstand bei der Entscheidungsvorbereitung ausgeschöpft wird. Hinsichtlich der *Begründungsstruktur* betrifft dies die *Breite* (Zahl der Argumente pro begründeter Aussage) und die *Tiefe* (Zahl der durchlaufenden Argumentationsrunden) der Begründung. Zu den (kognitiv bedeutsameren) *substanziellen Einflussfaktoren* zählen zum einen die mit Blick auf den Referenzmaßstab mehr oder weniger vollzählige *Anzahl* sowie *Ausgewogenheit* der vorgebrachten Argumente. Zum anderen wird die *Zuverlässigkeit* der Argumente betrachtet, die sich aus der Verlässlichkeit der argumentinternen Aussagen ergibt. Dabei wird berücksichtigt, dass Begründungen managerialer Problemlösungen nicht nur und nicht zuvorderst auf *wahren* oder *bewährten* Aussagen beruhen, deren Geltungsanspruch uneingeschränkt oder statistisch abgesichert ist und entsprechend belegt werden kann. Die zulässige Wissensbasis umfasst vielmehr auch *plausible* Aussagen, deren Geltungsanspruch zwar nicht belegt, wohl aber argumentativ untermauert ist, sowie *mögliche* Aussagen, die weder belegt noch begründet, jedoch auch nicht erkennbar falsch sind.

Der Maßstab der Argumentationsrationalität ist kritisiert worden, da er den Bestand eines generell akzeptierten, absolut gültigen Managementwissens annehme, ausschließlich vergangenheitsorientiert sei und unkodiertes Wissen vernachlässige (*Valcárcel* 2002, S. 320 ff.). Dem kann entgegnet werden, dass das Konstrukt in Begründungssituationen der Managementpraxis als regulative Idee fungieren soll. Dabei sind Begründungskonflikte hinsichtlich der komparativen Stichhaltigkeit der zugehörigen Argumente auszutragen. Die Wissensbasis erstreckt sich zum einen lediglich auf problemrelevante und d.h. ggf. situationsspezifisch zu konkretisierende, zum anderen allerdings auch auf bislang noch nicht vorhandene, wohl aber potenziell erschließbare Kenntnisse. Nicht artikulierbares Wissen hingegen bleibt tatsächlich unberücksichtigt. Damit wird nicht geleugnet, dass auch oder gerade die Bewältigung unstrukturierter Problemstellungen implizites Wissen erfordern mag. Diese Fähigkeiten sind jedoch für die Suche nach Lösungen reserviert, deren Zweckmäßigkeit anschließend intersubjektiv nachvollziehbar kommentiert werden muss, wenn die kognitive Qualität der Entscheidungen gemessen und nicht nur auf ihren praktischen Erfolg vertraut werden soll.

3. Wissensbasierte Theorie der Unternehmung

Bei der wissensbasierten → *Theorie der Unternehmung* handelt es sich um eine Fortentwicklung bzw. Fokussierung (*Conner/Prahalad* 1996, S. 477) des ressourcenbasierten Ansatzes (→ *Ressourcenbasierter Ansatz*), der Performanceunterschiede mit unternehmensspezifischen Fähigkeiten erklärt und dabei v.a. die strategische Bedeutung intangibler, schwer imitierbarer *Ressourcen* hervorhebt, zu denen insb. Wissen zählt. Nach der wissensbasierten Sichtweise wird der Erfolg von Unternehmen daher auf ihr Vermögen zurückgeführt, Wissen generieren, zusammenführen und nutzen zu können. Dies betrifft nicht lediglich das Vorhandensein unterschiedlicher Wissensbasen und die Fähigkeit zur internen Generierung neuen Wissens, sondern auch Zugangsmöglichkeiten zu externen Wissensquellen. Unternehmen werden gegründet, da und soweit gemeinsame *Orientierungsmuster*, *Routinen* und → *Vertrauen* der Mitarbeiter die Bildung und Anwendung des wettbewerbsrelevanten Wissens besser gewährleisten als marktliche Koordinationsmechanismen. Der Verlauf der Unternehmensgrenzen wird somit durch *interne* Strukturen und Prozesse erklärt, die eine reibungslose *Koordination* und stärkere *Integration* zwischen den Mitarbeitern zulassen und die Nutzung gemeinsamen Wissens ermöglichen (*Grant* 1996).

Das Interesse gilt dabei insb. dem impliziten Wissen, das offenkundig schwer imitierbar ist, wenn es selbst von den Wissensträgern nicht artikuliert werden kann, und sich daher als Basis nachhaltiger Wettbewerbsvorteile eignet (*McEvily/Chakravarthy* 2002). Die Flüchtigkeit von Wissen wird außerdem v.a. durch seine Systemgebundenheit, Komplexität und Kontextspezifität begrenzt (*Winter* 1987).

Es gilt jedoch nicht lediglich, Wissen, das als Grundlage von Wettbewerbsvorteilen angenommen wird, dem Zugriff durch Konkurrenten zu entziehen. Vielmehr muss dieses Wissen unternehmensintern geteilt werden, damit es genutzt und weiterentwickelt werden kann. Dieselben Barrieren, die aus der Ambiguität des Wissens resultieren und vor seiner ungewollten Diffusion schützen, können gleichsam einer effektiven Anwendung des Wissens innerhalb des Unternehmens oder zwischen Kooperationspartnern entgegenstehen. Mängel bei der Übertragung und Nutzung des Wissens können überdies v.a. durch Merkmale der Organisation bedingt sein oder mit dem Konzept der absorptiven Kapazität erklärt werden (*Szulanski* 1996).

So ist z.B. gezeigt worden, dass Wissensmerkmale als Kontingenzfaktor die Zweckmäßigkeit organisatorischer Gestaltungsmaßnahmen für den Wissenstransfer beeinflussen (*Birkinshaw/Nobel/Ridderstråle* 2002) und die Anwendung und Weitergabe impliziten Wissens mit uneindeutigen Outputwirkungen intrinsische → *Motivation* erfordern (*Osterloh/Frey* 2000). Soweit die Wissensnutzung eine bereichsübergreifende Integration nahe legt, sind unterstützende Organisationsmaßnahmen wie die Etablierung von Wissensaktivisten (*von Krogh/Ichijo/Nonaka* 2000, S. 4 f., 147 ff.), -brokern (*Brown/Duguid* 1998) oder -plattformen (*Purvis/Sambamurthy/Zmud* 2001) diskutiert worden.

Die *absorptive Kapazität* (*Cohen/Levinthal* 1990) bemisst, inwieweit Unternehmen den Wert neuen Wissens erkennen sowie dieses Wissen assimilieren und kommerzialisieren können. Dabei werden Vorstellungen über den Wissenserwerb des Menschen auf die organisationale Ebene übertragen (→ *Lernen, organisationales*). Der Aufbau von Wissen erfolgt durch Assimilation neuer Aspekte an bereits vorhandenes Wissen sowie Akkomodation vorhandenen Wissens an neue Aspekte, die aufgrund mangelnder Passung nicht assimilierbar sind. Wissen kann also nur absorbiert werden, wenn es mit dem vorhandenen Wissen ausreichend kompatibel ist. Umgekehrt kann das vorhandene Wissen die Absorption neuen Wissens verhindern, soweit die Akkomodation zu schwierig erscheint. Folglich ist das Wissen von Unternehmen nicht beliebig veränderbar, sondern *pfadabhängig*. In turbulenten Umwelten kann Wissen sich daher von einer *Kernkompetenz* zu einer *Rigidität* des Unternehmens wandeln (*Leonard-Barton* 1995), sofern nicht *dynamische Fähigkeiten* zur Anpassung des Ressourcen- und zur Redefinition des Wissensbestands entwickelt worden sind (*Eisenhardt/Martin* 2000).

Da es sich bei Wissen um ein hypothetisches Konstrukt handelt, das sich einer direkten Beobachtung entzieht, ist seine Messung fraglos schwierig. Dennoch sind empirische Studien vorgelegt worden, die für den wissensbasierten Ansatz relevant sind. Dabei resultiert u.a. aus der Thematisierung unterschiedlicher, aber nicht unabhängiger Fragestellungen und abweichenden Annahmen über die Ressource Wissen ein Konsolidierungsbedarf. So ist dem Gebiet z.B. eine „Balkanisierung" der Diskussion vorgeworfen worden, da Studien über die Förderung eines intendierten Wissenstransfers den gleichzeitig notwendigen Schutz vor einer ungewollten Wissensdiffusion ignorieren (*Brown/Duguid* 2001, S. 199). Hinsichtlich der hervorgehobenen Unterscheidung expliziten und impliziten Wissens gibt es Uneinigkeiten, ob die Gegenüberstellung als *Dichotomie* (*Cook/Brown* 1999, S. 383 f.) oder *Kontinuum* (*McEvily/Chakravarthy* 2002, S. 291) zu verstehen ist und inwieweit implizites Wissen explizierbar ist (*Nonaka* 1994, S. 18; a.A. *Cook/Brown* 1999, S. 384).

Besonders gewichtige Differenzen bestehen darüber fort, ob die wissensbasierte Theorie der Unternehmung einen alternativen, theoretisch geschlossenen Bezugsrahmen zur Untersuchung des Entstehens, der Struktur und des Verhaltens von Unternehmen darstellt (*Kogut/Zander* 1996) oder die vorherrschende (insb. ökonomische) Argumentation bestenfalls ergänzen kann (*Foss* 1996).

Literatur

Alvarez, José Luis: The Sociological Tradition and the Spread and Institutionalization of Knowledge for Action, in: The Diffusion and Consumption of Business Knowledge, hrsg. v. *Alvarez, José Luis*, London 1998, S. 13–57.
Birkinshaw, Julian/Nobel, Robert/Ridderstråle, Jonas: Knowledge as a Contingency Variable, in: Org.Sc., Jg. 13, 2002, S. 274–289.
Bode, Jürgen: Der Informationsbegriff in der Betriebswirtschaftslehre, in: ZfbF, Jg. 49, 1997, S. 449–468.
Brown, John Seely/Duguid, Paul: Knowledge and Organization, in: Org.Sc., Jg. 12, 2001, S. 198–213.
Brown, John Seely/Duguid, Paul: Organizing Knowledge, in: CMR, Jg. 40, H. 3/1998, S. 90–111.
Cohen, Wesley M./Levinthal, Daniel A.: Absorptive Capacity, in: ASQ, Jg. 35, 1990, S. 128–152.
Conner, Kathleen R./Prahalad, C. K.: A Resource-based Theory of the Firm, in: Org.Sc., Jg. 7, 1996, S. 477–501.
Cook, Scott D. N./Brown, John Seely: Bridging Epistemologies, in: Org.Sc., Jg. 10, 1999, S. 381–400.
Eccles, Robert G./Nohria, Nitin: Beyond the Hype, Boston, MA 1992.
Eisenhardt, Kathleen M./Martin, Jeffrey A.: Dynamic Capabilities, in: SMJ, Jg. 21, 2000, S. 1105–1121.
Foss, Nicolai J.: Knowledge-based Approaches to the Theory of the Firm, in: Org.Sc., Jg. 7, 1996, S. 470–476.
Grant, Robert M.: Toward a Knowledge-based Theory of the Firm, in: SMJ, Jg. 17, Winter Special Issue/1996, S. 109–122.
Huber, George P.: Organizational Learning, in: Org.Sc., Jg. 2, 1991, S. 88–115.
Kogut, Bruce/Zander, Udo: What Firms Do?, in: Org.Sc., Jg. 7, 1996, S. 502–518.
Krogh, Georg von/Ichijo, Kazuo/Nonaka, Ikujiro: Enabling Knowledge Creation, Oxford et al. 2000.
Krogh, Georg von/Roods, Johan/Slocum, Ken: An Essay on Corporate Epistemology, in: SMJ, Jg. 15, 1994, S. 53–71.
Leonard-Barton, Dorothy: Wellsprings of Knowledge, Boston, MA 1995.
Machlup, Fritz: Knowledge and Knowledge Production, Princeton, NJ 1980.
Mazza, Carmelo: The Popularization of Business Knowledge Diffusion, in: The Diffusion and Consumption of Business Knowledge, hrsg. v. *Alvarez, José Luis*, London 1998, S. 164–181.
McEvily, Susan K./Chakravarthy, Bala: The Persistence of Knowledge-based Advantage, in: SMJ, Jg. 23, 2002, S. 285–305.
Musgrave, Alan: Wissen, in: Handlexikon zur Wissenschaftstheorie, hrsg. v. *Seiffert, Helmut/Radnitzky, Gerard*, München 1989, S. 387–391.
Nonaka, Ikujiro: A Dynamic Theory of Organizational Knowledge Creation, in: Org.Sc., Jg. 5, 1994, S. 14–37.
Osterloh, Margit/Frey, Bruno S.: Motivation, Knowledge Transfer, and Organizational Forms, in: Org.Sc., Jg. 11, 2000, S. 538–550.
Polanyi, Michael: The Tacit Dimension, Garden City, NY 1966.
Purvis, Russell L./Sambamurthy, V./Zmud, Robert W.: The Assimilation of Knowledge Platforms in Organizations, in: Org.Sc., Jg. 12, 2001, S. 117–135.
Reinhardt, Rüdiger: Wissen als Ressource, Frankfurt am Main et al. 2002.
Rynes, Sara L./Bartunek, Jean M./Daft, Richard L.: Across the Great Divide, in: AMJ, Jg. 44, 2001, S. 340–355.

Schreyögg, Georg/Geiger, Daniel: Wenn alles Wissen ist, ist Wissen am Ende nichts?!, in: DBW, Jg. 63, 2003, S. 7–22.
Szulanski, Gabriel: Exploring Internal Stickiness, in: SMJ, Jg. 17, Winter Special Issue/1996, S. 27–43.
Teichert, Thorsten/Talaulicar, Till: Managementkonzepte im betriebswirtschaftlichen Diskurs, in: DBW, Jg. 62, 2002, S. 409–426.
Valcárcel, Sylvia: Theorie der Unternehmung und Corporate Governance, Wiesbaden 2002.
Werder, Axel v.: Unternehmungsführung und Argumentationsrationalität, Stuttgart 1994.
Winter, Sidney G.: Knowledge and Competence as Strategic Assets, in: The Competitive Challenge, hrsg. v. *Teece, David J.*, Cambridge, MA 1987, S. 159–184.
Wittmann, Waldemar: Unternehmung und unvollkommene Information, Köln – Opladen 1959.

Wissensmanagement

Georg von Krogh/Simon Grand

[s.a.: Community of Practice; Innovationsmanagement; Kompetenzen, organisationale; Lernen, organisationales; Unternehmensführung (Management); Wissen.]

I. Ausgangslage; II. Definitionen von Wissen; III. Wissen und Unternehmen; IV. Ein Konzept von Wissensmanagement.

Zusammenfassung

Ausgehend von einer Diskussion der inhärenten Paradoxie jeder Diskussion um Wissen behandelt der vorliegende Artikel erstens, was unter Wissen im Rahmen von Wissensmanagement zu verstehen ist („Definition von Wissen") und welche Definitionen und Unterscheidungen die Diskussion von Wissen im Wissensmanagement prägen; zweitens, wie Wissen als unternehmerische Ressource analysiert werden kann („Wissen in Unternehmen") und welche strategischen Aufgabenstellungen daraus entstehen; und drittens, welche Konsequenzen sich daraus für das Wissensmanagement ergeben („Ein Konzept von Wissensmanagement") bzw. inwieweit ein Management von Wissen möglich ist und welche weiteren Aktivitäten und Prozesse für die Schaffung und Entwicklung von Wissen im Unternehmen wichtig sind.

I. Ausgangslage

Die Diskussion um Wissensmanagement impliziert einen Widerspruch: → *Wissen* wird einmal als eine oder sogar die zentrale unternehmerische Ressource gesehen, die im Rahmen einer Wissensstrategie zu entwickeln und durch Wissensmanagement zu strukturieren ist (→ *Ressourcenbasierter Ansatz*); zugleich wird betont, dass Wissen nicht wie andere Ressourcen funktioniert, und dass entsprechend Strategie und Management neu verstanden werden müssen (→ *Strategisches Management*).

Entsprechend impliziert eine Diskussion der Eigenschaften, Möglichkeiten und Grenzen von Wissensmanagement, dass man sich immer auch explizit damit beschäftigt, was unter Wissen verstanden wird, wie Wissen allgemein und im Kontext von Unternehmen funktioniert und wie sich das Wissen des Unternehmens zum Wissen der Managementforschung verhält. Konsequenterweise wird der vorliegende Beitrag verschiedene Definitionsvorschläge von Wissen einführen und den Zusammenhang von Wissen und Unternehmen klären (für eine theoretische Herleitung *von Krogh/Grand* 2002), bevor mögliche Zugänge zum Wissensmanagement konkret diskutiert und gegenübergestellt werden können.

II. Definitionen von Wissen

Eine prominente Definition versteht → *Wissen* als „justified true belief" (*Nonaka* 1994; *Nonaka/Takeuchi* 1995). Etwas zu wissen bedeutet Vorstellungen von der Welt zu haben, die durch Erfahrungen und Beobachtungen, Analyse und Nachdenken begründet sind. Dieser Fokus bezieht sich auf die inhaltliche Dimension von Wissen, das „knowledge that" (*Ryle* 1949), das Tatsachenwissen, von dem sich das „knowledge how" als der prozessualen Seite von Wissen unterscheidet. Dieses Wissen meint die Kompetenz, Wissen auf spezifische Aufgaben zu beziehen (*von Krogh/Roos* 1992), im Sinne von Handlungsfähigkeit (*Loasby* 1998). Als Konsequenz ist Wissen „both a medium of social action and the result of human conduct", es unterliegt jedem unternehmerischen Handeln und jeder individuellen und organisatorischen Erfahrung, und es ist zugleich ein mögliches Ergebnis dieser Handlungen und Erfahrungen (*Stehr* 1992). Es ist diese doppelte Dimension von *Wissen*, die den Widerspruch von Wissensmanagement ausmacht, Wissen ist zugleich Gegenstand und Voraussetzung für Wissensmanagement.

Um die doppelte Dimension von Wissen zu spezifizieren, wird das Konstrukt Wissen entlang unterschiedlicher Dimensionen weiter ausdifferenziert: Personen wissen mehr, als sie explizit in Sprache ausdrücken können (*Polanyi* 1958; *Nonaka* 1994), es ist wichtig, zwischen *explizitem Wissen*, das festgehalten, kommuniziert und kodifiziert werden kann, und *implizitem Wissen* zu unterscheiden, das aufgrund von Erfahrungen gewonnen wurde, aber oft nicht oder nur teilweise artikuliert werden kann; weiter ist es wichtig zu unterscheiden, ob ein Individuum etwas weiß oder ob eine Gemeinschaft oder Organisation dieses Wissen als für das Kollektiv verbindlich und gültig akzeptiert (*Nonaka* 1994; *Nonaka/Takeuchi* 1995); dies macht zudem deutlich, dass Daten und

Informationen nur zu Wissen werden, wenn sie in einem Kontext interpretiert und legitimiert und in konkrete Handlungszusammenhänge übersetzt werden; das bedeutet auch, dass wir mit Wissen Handlungsfähigkeit verbinden, das heißt die Übersetzung in konkrete Problemlösungen (*Stehr* 1992; *von Krogh/Roos* 1992).

III. Wissen und Unternehmen

1. Wissen als strategische Ressource

In den letzten Jahren hat sich das Bewusstsein im Management und in der Management-Wissenschaft etabliert, dass in vielen Unternehmen Wissen als eine oder u.U. sogar als die wesentliche strategische Ressource angesehen werden muss (*Grant* 1996; *Spender* 1996). Während die Resource-Based Theory dabei Wissen als eine unter anderen strategischen Ressourcen thematisiert (*Prahalad/Hamel* 1990; *Amit/Schoemaker* 1993; *Hamel/Prahalad* 1994), betont die Knowledge-Based Theory die Notwendigkeit, die spezifischen Eigenschaften und Dimensionen von Wissen einzubeziehen (*Leonard-Barton* 1992; *Nonaka* 1994; *Nonaka/Konno* 1998) und macht entsprechend deutlich, dass ein vertieftes Verständnis der Förderung und des Managements von Wissensentwicklung und Wissensveränderung, Wissenskreation und Wissenstransfer ein eigenes Verständnis von Wissen als Ressource und eine eigene konzeptionelle Grundlage des Strategischen Managements impliziert. Die wesentlichen Bausteine dafür werden hier eingeführt (eine detaillierte Herleitung in *von Krogh/Grand* 2002).

2. Der Ursprung von Wissen

Ausgehend von dieser doppelten Charakterisierung von Wissen stellt sich zunächst die Frage, wie Wissen im Unternehmen entsteht (und durch Wissensmanagement in seiner Entstehung gefördert werden kann). Dabei wird durchgehend die Unterscheidung von explizitem Wissen und implizitem Wissen (*Nonaka* 1994, basierend auf *Polanyi* 1958) und ihr Zusammenspiel als zentral angesehen: Durch den Austausch von implizitem und explizitem → Wissen bei spezifischen Problemlösungen wird das Wissen der Individuen und des Unternehmens aktualisiert, angepasst, revidiert, und verändert. Unternehmen können aus dieser Perspektive verstanden werden als organisationale Kontexte, die Individuen und Teams die Möglichkeit eröffnen, außergewöhnliche und allgemein gültige, regelmäßige und einmalige, individuelle und kollektive Erfahrungen zu machen, die das bestehende Wissen bestätigen und neues Wissen ermöglichen (*von Krogh/Grand* 2002).

Wissensmanagement ist dann die unternehmerische Tätigkeit, die Situationen ermöglicht, in denen Individuen und Teams durch konkrete Erfahrungen ihr bestehendes Wissen überprüfen und neues Wissen generieren können.

3. Der Prozess der Wissenskreation

In dieser Perspektive ist Wissen verteilt und fragmentiert (*Spender* 1996; *Tsoukas* 1993). Das führt zur zentralen Frage, wie Wissen aus lokalen Erfahrungen mit anderem Wissen verbunden wird, und wie das Unternehmen entscheidet, welches Wissen und welche Erfahrungen für das Unternehmen relevant und produktiv sind, und welche nicht. Das klassische Modell der *Wissenskreation* (*Nonaka* 1994; *Nonaka/Takeuchi* 1995) unterscheidet dabei vier miteinander verbundene Prozesse der Sozialisierung, Externalisierung, Kombination und Internalisierung, durch die lokale Erfahrungen durch Explizitmachung, Verbindung und Routinisierung in verbindliches organisationales Wissen übersetzt werden. Aus Sicht des Wissensmanagements sind dabei drei Aspekte wesentlich:

- *Konnektivität, oder: Das Potenzial zur Wissenskreation:* Konnektivität bestimmt den aktuellen und potenziellen Zusammenhang zwischen dem Ursprung von Wissen und möglichen Anwendungskontexten (*von Krogh/Roos/Slocum* 1994). Unternehmen können als Netzwerke von Akteuren gesehen werden, das heißt von Verbindungen zwischen potenziellen Quellen von Wissen, und potenziellen Anwendungsmöglichkeiten von Wissen. Das bedeutet dann, dass Wissensmanagement sich auf die Schaffung und Entwicklung von Netzwerken bezieht, um die Entstehung von neuem Wissen und die Nutzung von bestehendem und neuem Wissen zu fördern.
- *Aufmerksamkeit, oder: Die Relevanz von Wissen:* Unternehmen verfügen dabei oft nicht über zu wenig potenziell relevantes lokales Wissen, sondern die Herausforderung besteht darin, die (oft sehr limitierte) unternehmerische Aufmerksamkeit auf die Erfahrungen und damit verbundenen Wissenskreationsprozesse zu lenken, die für das Unternehmen potenziell wichtig und fruchtbar sind. Das bedeutet, dass Wissensmanagement sich mit der Frage beschäftigt, wie die Zuordnung von unternehmerischer Aufmerksamkeit auf unterschiedliche Erfahrungen und Wissensbestände genau funktioniert, und allenfalls angepasst oder verändert werden muss (*Ocasio* 1997).
- *Legitimation, oder: Die Gültigkeit von Wissen:* Dabei ist es wesentlich zu bedenken, dass nicht alle Erfahrungen und Wissensbestände in einem Unternehmen automatisch auch zusammenpassen und sich sinnvoll ergänzen, was bedeutet, dass potenziell mit Widersprüchen, Interessenkonflikten, und Ambiguitäten zu rechnen ist, die auf der Grundlage des bestehenden Wissens nicht objektiv beurteilt werden können. Wissen wird dann zu

einer Frage der Interessen und Investitionen. Die Managementforschung betont deshalb die zentrale Rolle von unternehmensspezifischen Begründungs- und Legitimationsprozessen, die in diesen Situationen darüber entscheiden, welche relevanten Erfahrungen als für das Unternehmen verbindlich und gültig anzusehen sind (*Nonaka* 1994; *von Krogh/ Grand* 2000; *Grand/Blettner* 2003; *Bettis/Wong* 2003). Wissensmanagement hat sich auf diese Zusammenhänge zu beziehen und wird damit selbst Teil der Mechanismen, die Konnektivität, Aufmerksamkeit und Legitimation von Wissen beeinflussen und damit zu seiner widersprüchlichen Struktur beitragen.

4. Wissen und Kohärenz

Es ist nicht automatisch gegeben, dass diese Aufmerksamkeits- und Gültigkeitsstrukturen zu einer kohärenten unternehmerischen *Wissensbasis* führen, die kollektiv geteilt und als verbindlich angesehen wird (es ist auch nicht gesagt, dass dies unter allen Bedingungen sinnvoll und produktiv für das Unternehmen wäre). Ausgehend von unserer Diskussion zum Ursprung von Wissen können wir aber zumindest empirisch beschreiben, woran sich die Kohärenz einer unternehmerischen Wissensbasis erkennen lässt. Kohärenz wird in der Fähigkeit des Unternehmens sichtbar, regelmäßige Muster individueller und kollektiver Erfahrungen zu ermöglichen, auf der Basis von stabilen Beziehungen im Unternehmen. Das bedeutet auch, dass das Unternehmen potenzielle Krisen der Aufmerksamkeit (wichtige Erfahrungen und Erkenntnisse werden nicht als relevant wahrgenommen) bzw. der Legitimation (wichtige Erfahrungen und Erkenntnisse sind auf der Grundlage der etablierten bestehenden organisationalen Wissensbasis nicht begründbar und legitimierbar) erfolgreich meistert.

Das bedeutet für das Wissensmanagement, dass es nicht nur um die Förderung der Entstehung und des Aufbaus von neuem Wissen gehen kann, sondern dass die Identifikation und die Erhaltung bestehenden Wissens genauso wesentlich sind und zur Wissenskreation immer in einem potenziellen Widerspruch stehen. Daraus wird auch ersichtlich, dass Wissen nicht wertfrei sein kann, sondern inhärent umstritten ist (*Latour* 1987; *Latour* 1998), konsistent mit den Überlegungen zur Bedeutung von Konnektivität, Aufmerksamkeit und Legitimität im Prozess der Wissenskreation.

5. Wissen und Unternehmen: Ein Konzept von Wandel

Zugleich ermöglicht es diese Sichtweise, den grundlegenden Wandel (→ *Wandel, Management des (Change Management)*) und die Veränderung der unternehmerischen Wissensbasis über die Zeit und im Kontext sich verändernder Situationen und Anforderungen an das Unternehmen zu verstehen. Wissensentwicklung im Unternehmen ist zugleich durch starke Pfadabhängigkeit und die Möglichkeiten der Pfadkreation (*Garud/Karnoe* 2001; → *Routinen und Pfadabhängigkeit*) gekennzeichnet: Konnektivitäten werden über die Zeit verstärkt oder geschwächt; die Aufmerksamkeit des Unternehmens driftet zu neuen Erfahrungen und Wissensbeständen, oder wird ausdrücklich durch Interventionen dahingehend beeinflusst; die dominierenden Begründungen und Legitimationen gewinnen oder verlieren über die Zeit an Glaubwürdigkeit.

Das bedeutet für das Wissensmanagement, dass es diese Zusammenhänge und Bezüge zugleich analytisch verstehen und in ein „knowledge that" zu übersetzen versucht, und wertend und pragmatisch in diese Zusammenhänge und Bezüge eingreift und sich dabei selber auf „knowledge that" und „knowledge how" des Unternehmens bezieht.

6. Unternehmerisches Wissen und wissenschaftliches Wissen

Vor diesem Hintergrund stellt sich die Frage, wie genau sich unternehmerisches Wissen auf wissenschaftliches Wissen bezieht (*Elkana* 1986). Auch im Kontext der wissenschaftlichen Wissensproduktion ist es zentral zu verstehen, wie konkrete Erfahrungen, Beobachtungen und Experimente in verbindliches wissenschaftliches Wissen übersetzt werden (*Latour* 1987; *Latour* 1998; *Knorr-Cetina* 2002), wie dieses Wissen an Kohärenz gewinnt (*Fleck* 1980) und wie es sich verändert (*Kuhn* 1962). Die zentralen Mechanismen der Konnektivität, Aufmerksamkeitszuschreibung und Legitimation neuen Wissens können sich entsprechend in unternehmerischen und wissenschaftlichen Kontexten deutlich unterscheiden (*Grand* 2003) und führen zu unterschiedlichen Wissensbeständen („corpus of knowledge"), aber auch zu unterschiedlichen anerkannten und dominierenden Begründungs- und Legitimationsverfahren („images of knowledge") (*Elkana* 1986).

IV. Ein Konzept von Wissensmanagement

Ausgehend von diesen Überlegungen und möglichen Verortungen von Wissensmanagement im Kontext unternehmerischer (und wissenschaftlicher) Wissensentwicklung wird es jetzt möglich, aktuelle Beiträge des Wissensmanagements zu diskutieren und in ihrer Bedeutung zu kontextualisieren.

1. Herausforderungen und Vereinfachungen im Wissensmanagement

Es ist für die Wissenskreation entscheidend, dass Individuen und Organisationen produktiv mit neuen

Erfahrungen und damit verbundenem neuen Wissen umgehen können. Oft überschätzen Manager die Fähigkeit und die Bereitschaft ihrer Mitarbeiter, sich auf die damit verbundenen Unsicherheiten einzulassen (*von Krogh/Ichijo/Nonaka* 2000). Gründe für diese limitierte Bereitschaft sind die fehlende Möglichkeit, neues Wissen mit den bestehenden Erfahrungen in Verbindung zu bringen und in die persönliche Wissensbasis einzubauen, und die damit verbundene Gefahr, dass neues Wissen das etablierte Selbstverständnis und die eigenen Kompetenzen in Frage stellen könnte. Auf einer organisationalen Ebene kommt dazu, dass es oft schwierig ist, die notwendige Aufmerksamkeit und Legitimation für neue Erfahrungen zu generieren, weil eine dafür notwendige Sprache fehlt, das neue Wissen zu den geltenden Vorstellungen und etablierten Dimensionen der Organisation im Widerspruch stehen, die bestehenden Strukturen, Prozesse und Mechanismen verändert werden müssten, und die dominierende Weltsicht der Organisation in Frage gestellt wird (*von Krogh/Ichijo/Nonaka* 2000).

Neben den Herausforderungen, die mit Wissensmanagement verbunden sind, spielen oft unzulässige Vereinfachungen, die die diskutierte Komplexität und Vielschichtigkeit von Wissen nicht ernst nehmen, eine Rolle, insb. entlang von drei Dimensionen:

– *Wissen ist nicht Information:* Oft konzentrieren sich Initiativen im Wissensmanagement darauf, die richtige *Information* der richtigen Person am richtigen Ort zur Verfügung zu stellen, idealerweise unterstützt durch Informationstechnologie. Diese Initiativen können sinnvoll sein, es ist aber wichtig zu erkennen, dass sie viele wichtige Aspekte der Wissenskreation und der damit verbundenen Fragen des Ursprungs, der Kohärenz, und des Wandels von Wissen nicht adäquat berücksichtigen.
– *Wissensmanagement funktioniert nicht allein über Instrumente:* Initiativen im Kontext von Wissensmanagement konzentrieren sich sehr oft auf die Entwicklung und Einführung von spezifischen, durch Informationstechnologie unterstützte Tools und Instrumente. Es ist zwar richtig, dass diese Instrumente Wissensentwicklung und Wissenstransfer effizient unterstützen können, sie dürfen aber mit diesen Prozessen nicht gleichgesetzt werden können. Instrumente allein können bspw. die Konnektivität, Aufmerksamkeit und Legitimation nicht schaffen, die für die Beurteilung und Durchsetzung von neuem Wissen jenseits der instrumentellen Unterstützung notwendig sind.
– *Wissensmanagement ist Aufgabe des Knowledge Officers:* Wissensentwicklung und Wissenstransfer finden in einer Organisation permanent, an den unterschiedlichsten Orten, in den verschiedensten Kontexten, und oft ohne ausdrückliche Intention statt. Entsprechend ist es für einen Knowledge Officer sehr schwierig, diese sehr verteilten, unstrukturierten, situativen Aktivitäten und Prozesse zu verantworten und ihnen zum Durchbruch zu verhelfen. Wissensmanagement ist vielmehr eine zentrale Aufgabe aller wichtigen Akteure in einem Unternehmen, ein Knowledge Officer kann als Spezialist diese Aufgabe unterstützen und begleiten.

2. Knowledge Enabling, Wissensstrategie und Wissensmanagement

Aufgrund dieser Überlegungen ist es wesentlich, genau zwischen Wissensmanagement, dem Knowledge Enabling, und der Wissensstrategie zu unterscheiden: die *Wissensstrategie* eines Unternehmens definiert die übergreifenden Wissensprozesse und Aktivitäten, damit sich Wissenskreation und Wissenstransfer auf die Entwicklung des Unternehmens produktiv auswirken können; *Knowledge Enabling* spezifiziert die organisatorischen Bedingungen, die die Prozesse der Wissenskreation und Wissensentwicklung wirkungsvoll unterstützen und fördern; Wissensmanagement fokussiert sich auf Instrumente und Aktivitäten, um die Wirksamkeit und Performance dieser Prozesse zu stützen und zu vereinfachen. Wissenskreation und Wissenstransfer als fundamentale Aktivitäten jeder Geschäftsfunktion und jedes Akteurs in einer Organisation finden nicht einfach selbstverständlich und für die Organisation automatisch produktiv statt. Entsprechend ist es eine zentrale Aufgabe des Managements auf allen Stufen, diese Prozesse zu beeinflussen, ohne dabei die diskutierten Herausforderungen und Vereinfachungen zu übersehen. Die Forschung zeigt, dass dafür ein Umdenken notwendig ist, das sich stärker ausrichtet an Knowledge Enabling, dem Schaffen von Kontexten und Rahmenbedingungen, die Wissenskreation und Wissenstransfer möglich machen, eingebettet in eine übergreifende Wissensstrategie, die diese lokalen Initiativen und Aktivitäten in einen für die Organisation relevanten Zusammenhang bringt (*von Krogh/Ichijo/Nonaka* 2000; *von Krogh/Nonaka/Aben* 2001):

– *Wissenserfassung und Wissenslokalisierung:* Eine erste wichtige Phase der Wissensentwicklung besteht darin, bereits bestehendes wertvolles Wissen in der Organisation zu lokalisieren und so zu erfassen, dass es für die Akteure in der Organisation verfügbar wird, um damit die Risiken der Firma im Umgang mit Wissen zu minimieren. Viele Instrumente und Tools des Wissensmanagements setzen auf dieser Ebene an, etwa Data Warehousing, Data Mining, das Einrichten von Yellow Pages, die Einführung einer Balanced Scorecard, oder ganz allgemein die Etablierung von IuK-Systemen. Der Fokus liegt darauf, das bereits bestehende Wissen möglichst produktiv zu machen für die operativen Aufgaben und Herausforderungen, die laufend in der Organisation anfallen, und von den Erfahrungen profitieren können, die in der Organisation in

anderen Zusammenhängen und an anderen Orten bereits gemacht wurden.
- *Wissenstransfer und Wissensaustausch:* Eine nächste Phase der Wissensentwicklung besteht darin, das bestehende und verfügbare Wissen systematisch und effizient neuen Anwendungen und Problemlösungen zuzuführen. Auf dieser Stufe geht es v.a. darum, wichtige Erfahrungen und Best Practices in der Organisation verfügbar zu machen und damit Doppelspurigkeiten zu vermeiden und Kosten zu reduzieren, um zugleich die Effizienz der Firma zu erhöhen, indem spezifisches „know how" und „know that" geteilt wird. Das Wissensmanagement kennt eine Vielzahl von Prozessen und Instrumenten, sehr oft basierend auf den Möglichkeiten der IT, sei es die Nutzung von Internet und Intranet, Lotus Notes und Groupware, sei es der Einsatz von Benchmarking und Best Practice Transfer, die Förderung von Communities of Practice (*Wenger* 1998; → *Community of Practice*) oder der Einsatz von spezifischen Einheiten und Workshops für den systematischen Technologietransfer und die Wissensvermittlung.
- *Knowledge Enabling und Wissenskreation:* In einer dritten Phase liegt der Fokus dann auf der expliziten Förderung von Wissensentwicklung und Wissenskreation. Aufgrund der hohen Unsicherheit, Unstrukturiertheit und Neuheit dieser Aktivitäten geht es oft nicht darum, spezifische Interventionen durchzusetzen, sondern es geht vielmehr darum, die strukturellen Bedingungen und kulturellen Voraussetzungen zu schaffen, dass neue Erfahrungen gemacht und neues Wissen entwickelt werden kann (*Leonard* 1995). Dabei ist es ganz wesentlich, die Bedeutung der Orientierungsmechanismen und sozialen Prozesse zu verstehen, die Voraussetzung sind für den erfolgreichen Umgang mit den Unsicherheiten und Ambiguitäten, die für jede Form der Wissensentwicklung und der Innovation charakteristisch sind.

Literatur

Amit, Raphael/Schoemaker, Paul J. H.: Strategic assets and organizational rent, in: SMJ, Jg. 14, 1993, S. 33–46.
Bettis, Richard A./Wong, Sze-Sze: Dominant logic, knowledge creation, and managerial choice, in: Handbook of organizational learning and knowledge management, hrsg. v. *Easterby-Smith, Mark/Lyles, Marjorie,* Oxford et al. 2003, S. 343–355.
Elkana, Yehuda: Anthropologie der Erkenntnis, Frankfurt am Main 1986.
Fleck, Ludwig: Entstehung und Entwicklung einer wissenschaftlichen Tatsache, Frankfurt am Main 1980.
Garud, Raghu/Karnoe, Peter: Path creation as a process of mindful deviation, in: Path dependence and creation, hrsg. v. *Garud, Raghu/Karnoe, Peter,* Mahwah et al. 2001, S. 1–38.
Grand, Simon: Praxisrelevanz und Praxisbezug der Forschung in der Managementforschung, in: DBW, Jg. 63, 2003, S. 599–604.
Grand, Simon/Blettner, Daniela: From projects to firms: Routinization, knowledge creation and justification for resource coordination and resource allocation in project-based software ventures, RISE working paper, University of St. Gallen 2003.
Grant, Robert M.: Toward a knowledge-based theory of the firm, in: SMJ, Jg. 17, 1996, S. 109–123.
Hamel, Gary/Prahalad, Coimbatore K.: Competing for the future, Boston MA 1994.
Knorr-Cetina, Karin: Die Fabrikation von Erkenntnis: Zur Anthropologie der Naturwissenschaft, 2. A., Frankfurt am Main 2002.
Krogh, Georg von/Grand, Simon: From economic theory toward a knowledge-based theory of the firm: Conceptual building blocks, in: The strategic management of intellectual capital and organizational knowledge, hrsg. v. *Choo, Chun Wei/Bontis, Nick,* Oxford 2002, S. 163–184.
Krogh, Georg von/Grand, Simon: Justification in knowledge creation: Dominant logic in management discourses, in: Knowledge creation: A new source of value, hrsg. v. *Krogh, Georg von/Nonaka, Ikujiro/Nishiguchi, Toshihiro,* London 2000, S. 13–35.
Krogh, Georg von/Ichijo, Kazuo/Nonaka, Ikujiro: Enabling knowledge creation: Unlocking the mystery of tacit knowledge and unleashing the power of innovation, Oxford et al. 2000.
Krogh, Georg von/Nonaka, Ikujiro/Aben, Manfred: Making the most of your company's knowledge: A strategic framework, in: LRP, Jg. 34, 2001, S. 421–439.
Krogh, Georg von/Roos, Johan/Slocum, Ken: An essay on corporate epistemology, in: SMJ, Jg. 15, 1994, S. 33–71.
Krogh, Georg von/Roos, Johan: Figuring out your competence configuration, in: European Management Journal, Jg. 10, 1992, S. 422–427.
Kuhn, Thomas S.: The structure of scientific revolution, Chicago 1962.
Latour, Bruno: Pandora's hope, Cambridge MA 1998.
Latour, Bruno: Science in action, Cambridge MA 1987.
Leonard-Barton, Dorothy: Core capabilities and core rigidities: A paradox in managing new product development, in: SMJ, Jg. 13, 1992, S. 111–125.
Leonard, Dorothy: Wellsprings of knowledge, Boston MA 1995.
Loasby, Brian J.: The organization of capabilities, in: Journal of Economic Behaviour and Organization, Jg. 35, 1998, S. 139–160.
Nonaka, Ikujiro: A dynamic theory of organizational knowledge creation, in: Org.Sc., Jg. 5, 1994, S. 14–37.
Nonaka, Ikujiro/Konno, Noboru: The concept of „ba": Building a foundation for knowledge creation, in: CMR, Jg. 40, H. 3/1998, S. 40–54.
Nonaka, Ikujiro/Takeuchi, Hirotaka: The knowledge-creating company, Oxford 1995.
Ocasio, William: Toward an attention-based view of the firm, in: SMJ, Jg. 18, 1997, S. 187–206.
Polanyi, Michael: Personal knowledge, Chicago 1958.
Prahalad, Coimbatore K./Hamel, Gary: The core competence of the corporation, in: HBR, Jg. 68, H. 3/1990, S. 71–91.
Ryle, Gilbert: The concept of mind, Chicago 1949.
Spender, J.-C.: Making knowledge the basis of a dynamic theory of the firm, in: SMJ, Jg. 17, 1996, S. 45–62.
Stehr, Nico: Practical knowledge: Applying the social sciences, London 1992.
Tsoukas, Haridimos: Analogical reasoning and knowledge creation in organization theory, in: OS, Jg. 14, 1993, S. 323–346.
Wenger, Etienne: Communities of practice, Cambridge 1998.

Z

Zeit und Management

Elke Weik

[s.a.: Improvisation; Lebenszyklus, organisationaler; Routinen und Pfadabhängigkeit; Systemtheorie; Wandel, Management des (Change Management).]

I. Zeit in der unternehmenspraktischen Umsetzung; II. Tiefer gehende organisationale Zusammenhänge: Qualitative Zeitbetrachtung; III. Theoretische Raster zur Analyse von Zeit; IV. Resümee.

Zusammenfassung

Der Facettenreichtum des Zeitbegriffs wurde bislang in der Management- und Organisationstheorie nur unzureichend thematisiert. Dabei zeigt eine Vielzahl von Einzelstudien, dass Zeit mehr ist als nur eine Rechengröße für Budgets und Engpässe. Der Umgang mit Zeit hat im Gegenteil vielfältigste Konsequenzen für das Verhalten von Individuen und das soziale Gefüge von Organisationen. Auf der theoretisch-abstrakten Ebene schließlich gehört Zeit zu den anspruchsvollsten „Dauer-Themen" jeder Wissenschaftsdisziplin.

I. Zeit in der unternehmenspraktischen Umsetzung

1. Zeit als organisatorisches Grundproblem

„The clock, not the steam engine, is the key machine of the modern industrial age." (*Mumford* 1934, S. 14). Keine Form von Organisation ist ohne zeitliche Aktivität denkbar. Bereits die grundlegendsten organisatorischen Tätigkeiten – Arbeitsteilung (→ *Arbeitsteilung und Spezialisierung*) und Koordination (→ *Koordination und Integration*) – sind wesenhaft zeitlich: es geht um *Synchronisation* bzw. *Sequenzierung* von Arbeitsschritten und -prozessen. Darüber hinaus ist Zeit in jeder Teilfunktion des Managements, sei es → Planung (z.B. in Form von Zeithorizonten, Zeitbudgets), Ausführung (z.B. in Form von Zeitallokation) oder → Kontrolle (z.B. in Form von Zeitdisziplin), gegenwärtig.

Von Beginn an spielt Zeit eine wesentliche Rolle in der Entstehung der modernen Industrieorganisationen. Die zentrale Einsicht von Marx (*Marx* 1978), dass die Auseinandersetzung zwischen Kapitalisten und Arbeitern letztendlich auf einem Kampf um die *Arbeitszeit* basiert, ist bereits schon Ergebnis der Analyse eines historischen Prozesses, der die Menschen Westeuropas an die (v.a. zeitlichen Erfordernisse) der Fabrikdisziplin gewöhnen sollte (*Thompson* 1967). Von den Zeitstudien Taylors bis zur Just-in-time-Produktion berührt nahezu jede organisationsrelevante Überlegung auch das Thema Zeit.

2. Zeit als Rechengröße

In der praktischen Umsetzung erscheint Zeit in erster Linie als ein Engpass- und Kostenfaktor, den es mit Hilfe verschiedenster Instrumente zu überwinden bzw. minimieren gilt (Eine inhaltliche Übersicht solcher Probleme geben für die Teildisziplinen der Betriebswirtschaft *Hax/Kern/Schröder* 1988 und *Götze/Mikus/Bloech* 2000). Hier spielen Ressourcen und Budgets, Distanzen und Technologien eine wesentliche Rolle. Typologisch lassen sich drei Strategien voneinander unterscheiden (*Nowotny* 1989): die Reduktion zeitlicher Entfernungen (Mobilität), die Zeiteinsparung durch Rationalisierung (→ *Rationalisierung und Automatisierung*) sowie die Entkopplung von Prozessen mit Hilfe von IT. Obwohl diese zeitlich-pragmatischen Probleme situativ natürlich sehr komplex, vielleicht sogar unlösbar sein können, werfen sie theoretisch relativ wenige Probleme auf. Letztlich ist Zeit hier auf eine Rechengröße reduziert.

II. Tiefer gehende organisationale Zusammenhänge: Qualitative Zeitbetrachtung

Komplexer präsentiert sich die Zeitproblematik, auch theoretisch, hinsichtlich anderer organisationaler Phänomene. Beispielhaft seien hier die Felder Arbeitszeit, Gruppen, Konflikte und Entscheidungsprozesse aufgeführt.

1. Arbeitszeit

Die Arbeitszeit definiert in den kapitalistischen Industriegesellschaften das soziale Gefüge in dreierlei Hinsicht (*Pasero* 1994): Sie definiert residual den Bereich der Freizeit, also im Wesentlichen des privaten Lebens, sie determiniert durch den Berechnungsmodus der Sozialversicherungssysteme die finanzielle Ausgestaltung aller Lebensabschnitte, die nicht dem

Zentrale zeitliche Fragestellung auf der Ebene der Organisation	Zugrunde liegendes zeitliches Problem	Zentrale zeitliche Fragestellung auf der Ebene der Rolle
Zeitplanung ⟶	Ungewissheit ⟵	Mehrdeutigkeit
Synchronisation ⟶	konfligierende Interessen ⟵	Rollenkonflikt
Allokation ⟶	Zeitknappheit ⟵	Überlastung

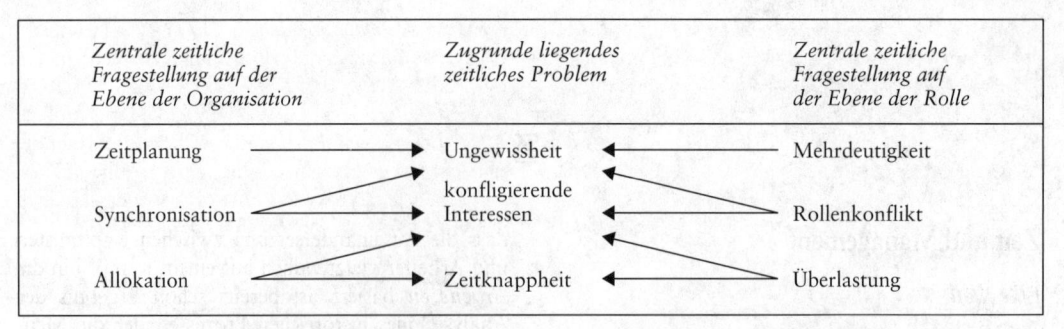

Abb. 1: Zentrale zeitliche Probleme auf der Ebene der Organisation und der Rolle

Erwerbsleben zuzurechnen sind (z.B. Rente, Krankheit), und sie trennt soziale Gruppen, im Wesentlichen entlang der Geschlechterlinie (→ *Gender Studies*), durch die unterschiedliche Anerkennung von bezahlter und unbezahlter Arbeit. Dabei zeigt sich, dass die Trennung von privatem und öffentlichem Bereich umso unschärfer ist, je höher der soziale Status der Person ist. Dies provoziert einerseits eine Neigung zur „Selbstausbeutung" v.a. auf höheren Hierarchieebenen, weil Arbeit hier als wesentliches Identitätsmerkmal angesehen wird (*Starkey* 1989), andererseits ist die gesellschaftliche Bereitschaft, eine klar abgegrenzte Freizeit zuzulassen, bei bestimmten Gruppen, z.B. Ärzten oder Pfarrern, herabgesetzt (*Zerubavel* 1981). Von diesen Ausnahmen abgesehen, lässt sich jedoch auch heute noch Moores Beobachtung von der Rigidität der Zeitstruktur moderner Organisationen bestätigen (*Moore* 1963): auch wenn die Arbeitszeit flexibler (→ *Flexibilität, organisatorische*) geworden ist, so ist die Trennung Arbeitszeit-Freizeit unvermindert scharf.

2. Mitgliedschaft und Rolle in Organisationen

Ein wesentlicher Grund für diese scharfe Trennung ist die Bedeutung der Zeit für die *Rollendefinition* (→ *Rollentheorie*) bzw. die *Mitgliedschaft* in einer Organisation. In der Regel sind Mitgliedschaften, zumindest in Arbeitsorganisationen, zeitlich, nämlich über die bezahlte Arbeitszeit, definiert. Dies bewirkt, dass die grundlegenden zeitlichen Probleme, mit denen sich jede Organisation auseinander zu setzen hat, auch zu Problemen für das Individuum werden, die sich in Form von Mehrdeutigkeit (d.h. wann welche Rollenanforderungen aktuell sind), Rollenkonflikten (d.h. wann welche Rolle zu spielen ist), und Überlastung äußern (*McGrath/Rotchford* 1983; siehe auch Abb. 1).

3. Bedeutung der Zeit für Gruppen

Für *Gruppen* (→ *Gruppenverhalten und Gruppendenken*) oder Subkulturen (→ *Organisationskultur*) innerhalb einer Organisation oder Gesellschaft ist es zunächst intuitiv verständlich, dass geteilte Zeiten und damit verbundene kollektive Erinnerungen wesentlich für die Gruppenkohäsion sind. „The calendar is the warp of the fabric of society, running lengthwise through time, and carrying and preserving the woof, which is the structure of relations among men, and the things we call institutions." (*Hughes* 1958, S. 18). In dieselbe Richtung wirkt auch die Einrichtung von informellen Zeiten und Rhythmen durch die Gruppe, die einem Außenstehenden nicht unmittelbar erklärlich sind. Die mittlerweile klassischen Studien von Ditton (*Ditton* 1979) und Roy (*Roy* 1990) zeigen dies sogar für vermeintlich stark fremdbestimmte Fließbandtätigkeiten. Eine Vielzahl von empirischen Studien belegt aber auch, dass Gruppen den Faktor Zeit mehr oder minder aktiv zur Abgrenzung von anderen Gruppen nutzen. Historisch hat dies Zerubavel (*Zerubavel* 1982) an der bewussten, politisch motivierten Trennung von christlichem Osterfest und jüdischem Passahfest gezeigt, in kulturvergleichenden Studien u.a. Bourdieu (*Bourdieu* 1990) und Raybeck (*Raybeck* 1992). Für den organisationalen Kontext sind jedoch v.a. professionell bedingte Zeitwahrnehmungen und die aus ihnen resultierenden *Konflikte* (→ *Konflikte in Organisationen*) von Bedeutung. Diese schlagen sich in unterschiedlichen Planungshorizonten, einer unterschiedlich starken Gewichtung von Vergangenheit, Gegenwart und Zukunft oder unterschiedlichen Tagesrhythmen nieder und führen u.U. zu erheblichen Verständigungsproblemen. Fallstudien hierzu liefern u.a. Barley (*Barley* 1988) und Dubinskas (*Dubinskas* 1988), ein quantitatives Messmodell Schriber und Gutek (*Schriber/Gutek* 1987).

4. Einfluss auf Entscheidungsprozesse

Schließlich spielt Zeit auch eine wesentliche Rolle im *Entscheidungsprozess* (→ *Entscheidungsprozesse in Organisationen*). Nicht nur haben verschiedene Aufgaben verschiedene Zeitspannen, während derer sie sich vollziehen, sondern auch ihre Bearbeiter unterscheiden sich dadurch, ob sie kurz-, mittel- oder langfristige Horizonte bzw. Feedbacks bevorzugen (*Bluedorn/Denhardt* 1988). Fehlbesetzungen können hier zu unangemessenen Entscheidungen führen. Zeit spielt aber auch eine Rolle bei der Informationsbeschaffung, und zwar nicht nur in bekannt passiver Weise, indem mehr Zeit es erlaubt, mehr Informationen zu sammeln, sondern auch als aktiv eingesetzte Ressource, etwa wenn Entscheider mehr Zeit auf Informationen verwenden, die ihnen entgegenkommen (*Zakay/Lomranz* 1993). Auch der eigentliche Entscheidungsvorgang erweist sich in vielerlei Hinsicht als zeitabhängig (*Bluedorn/Denhardt* 1988): So fallen z.B. Entscheidungen unter Zeitdruck eher konservativ aus, u.a. weil negative Informationen stärker beachtet werden. Bei heranrückenden Endterminen werden Verhandlungspartner in der Regel konzessionbereiter. Umgekehrt findet auch Parkinsons Gesetz nach wie vor empirische Bestätigung, dass nämlich die Entscheidung umso länger dauert, je mehr Zeit für sie ist. Hinsichtlich der zeitlichen Dimension des Prozesses selbst lässt sich sagen, dass tendenziell Entscheidungen umso schneller fallen, je wichtiger ihre Konsequenzen sind und (kontraintuitiv!) je mehr Alternativen zur Debatte stehen. Inhaltlich – und hier schließt sich der Kreis zur Gruppen- oder Organisationskultur – verändern sich die gleichen Entscheidungen u.U. dadurch, dass sie als zyklisch wiederkehrende Routine oder als bruchhaft auftauchendes Neues identifiziert werden (*Gherardi/Strati* 1988); im ersten Fall besinnt man sich auf Erfahrungen der Vergangenheit, im zweiten Fall ist man sehr stark auf die Zukunft fixiert.

5. Identität von Organisationen und Individuen

Die hier aufgeführten Themenfelder lassen sich erweitern zu Betrachtungen über die Rolle von Zeit bei der Konstruktion und Erhaltung von *Identität*, Legitimation und Macht bzw. Hierarchie. Wie bereits festgestellt, spielen zeitliche Rhythmen und Markierungen in Form von besonderen Daten (z.B. Abitur, Eheschließung) eine wichtige Rolle in der Biographie- und Identitätskonstruktion. Dies gilt sowohl für Individuen als auch für Gruppen und Organisationen. Wie zentral diese zeitlichen Muster sind, zeigen v.a. empirische Studien, die ihren Wegfall betrachten, so etwa bei Langzeitinhaftierten (*Cohen/Taylor* 1990) oder Rehabilitationspatienten (*Calkins* 1970). Auf gesellschaftlicher Ebene wird die zeitliche Entdifferenzierung, die aus einem Wegfall verbindlicher (und verbindender) Zyklen und *rites de passage* resultiert, als eine wesentliche Determinante der vielfach beklagten zunehmenden Orientierungslosigkeit genannt (*Wertheim* 1982; *Lübbe* 1990). Mit der Identitätskonstruktion einer gehen *Legitimation* – hier ist v.a. die Interpretation und Bewertung der Vergangenheit gefragt (*Assmann* 1992) – und Fragen der Macht. Es ist geradezu unvorstellbar, dass die Definition eines so zentralen Konzeptes wie Zeit *nicht* Gegenstand politischer Auseinandersetzungen sein sollte. Hier erhält Zeit auch eine stark normative Komponente, z.B. wenn es darum geht, zu bestimmen, was Pünktlichkeit ist (*Shaw* 1994), oder wann ein Organisationsmitglied für andere erreichbar sein muss (*Zerubavel* 1981). Wenig verwunderlich ist wiederum, dass solche Fragen an die organisationale → *Hierarchie* gebunden sind. Auch ist natürlich die Arbeitszeit des einzelnen Mitglieds in Abhängigkeit von seiner Stellung in der Hierarchie unterschiedlich viel wert.

III. Theoretische Raster zur Analyse von Zeit

„Was also ist Zeit? Solange mich niemand fragt, weiß ich es; wenn ich es einem auf seine Frage hin erklären will, weiß ich es nicht." (*Augustinus* 1964, S. 306).

Wie die obige Darstellung zeigt, ist das Phänomen Zeit viel komplexer als der glaubt, der dabei nur an Uhren und Kalender denkt. Nahezu jede Form von „physikalischer" Zeit hat in ihrer Anwendung auch soziale Konsequenzen. Zeit ist, einfach gesagt, nie nur das objektive, vom menschlichen Willen unbeeinflusste Ticken der Uhr. Zeit ist, zumindest bei näherem Hinsehen, immer auch Umgang mit Zeit, Symbol und Konstruktion. Dieses facettenreiche Antlitz unter der scheinbar simplen Oberfläche ist in der Management- und Organisationstheorie noch lange nicht zureichend erfasst (*Whipp* 1994). Dabei kann der Umgang mit Zeit und Zeitrechnung in Organisationen ein Indikator für viele nicht direkt zugängliche Prozesse und Phänomene wie z.B. Kultur oder Macht sein. Auf theoretischer Ebene spiegeln sich diese Überlegungen in einer Konzipierung von Zeit als „sozial" im Gegensatz zu physikalisch, „qualitativ" im Gegensatz zu quantitativ-messbar und/oder „subjektiv" im Gegensatz zu objektiv. Am vielversprechendsten, auch für die Managementtheorie, sind hier vielleicht Ansätze, die den Konstruktcharakter von Zeit und ihre politische Bedeutung hervorheben (*Weik* 1998; *Nowotny* 1989). Beides lässt sich recht deutlich durch historische Analysen (*Wendorff* 1985; *Whitrow* 1988; *Elias* 1990) oder entwicklungspsychologische Studien (*Piaget* 1981) stützen. Hier erscheint Zeit als etwas, was auf der Ebene des Individuums lange Zeit (ca. 7–9 Jahre) braucht, um gelernt zu werden, was auf gesellschaftlicher Ebene modelliert und modifiziert wurde, um bestimmten Anforderungen zu genügen und was, kulturvergleichend gesehen (s.o.), schlicht und einfach auch anders sein und gehandhabt werden kann.

Auf abstrakt-theoretischer Ebene schließlich hat eine solche Betrachtung den zusätzlichen Vorteil, den Aporien zu entgehen, die dem Konzept der Zeit seit der Antike anhaften. Von den Paradoxa des Zenon von Elea über Aristoteles bis zu Augustinus wiederholt sich die Frage in unterschiedlichem Gewand: Wie kann Zeit, wenn sie aus unausgedehnten, diskreten Momenten besteht, die Art von Kontinuum bilden, die wir als Vergangenheit, Gegenwart zu Zukunft beschreiben? Was heißt es, wenn ein Moment „vergeht", und in welcher Zeit tut er das? In der Folge haben sich Philosophen und Naturwissenschaftler immer wieder mit diesen fundamentalen Fragen auseinander gesetzt, am bekanntesten für das 20. Jh. Einstein (*Einstein* 1988) und Heidegger (*Heidegger* 1977), mit originellen Entwürfen u.a. McTaggart (*McTaggart* 1993) und Whitehead (*Whitehead* 1985). Alle stimmen überein, dass der uns so vertraute Alltagsbegriff von Zeit theoretisch nicht zu halten ist. Was jedoch an seine Stelle zu setzen wäre, muss nach wie vor offen bleiben.

IV. Resümee

Obwohl praktische Zeitprobleme im betrieblichen Alltag sicherlich im Vordergrund stehen, kann sich die Organisations- und Managementforschung kaum auf ein solch einfaches Zeitkonzept zurückziehen, ohne ihren Gegenstand unangemessen zu verkürzen. Zeitliche Markierungen und Rhythmen spielen für das menschliche Zusammenleben eine so grundlegende Rolle, dass auch die Analyse von Organisationen nicht an ihnen vorbeigehen kann. Besonders für die → *Interpretative Organisationsforschung* eröffnet sich hier ein weites Feld der Konstruktion von und des Umgangs mit zeitlichen Bedeutungen und Symbolen, das zum gegenwärtigen Zeitpunkt in keinster Weise ausgeschöpft ist.

Doch auch eher praktisch-gestalterische Betrachtungen, speziell zu Führung und Entscheidung, sind gut beraten, ihr Zeitkonzept über die kalendarische Zeitdefinition hinaus zu erweitern. Ähnlich wie seit den 1980er Jahren die „Entdeckung" der Bedeutung kultureller Einflussfaktoren (→ *Organisationskultur*) ein neues Licht auf Managementprobleme und -lösungen warf, verhält es sich auch mit dem Faktor Zeit: Akzeptanz von Entscheidungen, → *Motivation* und Zufriedenheit, die Reduktion von Konflikten und Widerständen besitzen allesamt auch eine zeitliche Komponente, die jedoch nur sichtbar gemacht werden kann, wenn man Aspekte der „sozialen" Zeitbetrachtung berücksichtigt. Zeit ist in dieser Hinsicht auch ein bislang weitgehend verkanntes Führungsinstrument.

Literatur

Assmann, Jan: Das kulturelle Gedächtnis, München 1992.
Augustinus, Aurelius: Dreizehn Bücher Bekenntnisse, Paderborn 1964.
Barley, Stephen R.: On Technology, Time, and Social Order, in: Making Time, hrsg. v. *Dubinskas, Frank A.*, Philadelphia 1988, S. 123-169.
Bluedorn, Allen C./Denhardt, Robert B.: Time and Organizations, in: JMan, Jg. 14, 1988, S. 299-320.
Bourdieu, Pierre: Time Perspectives of the Kabyle, in: The Sociology of Time, hrsg. v. *Hassard, John*, London 1990, S. 219-237.
Calkins, Kathy: Time: Perspectives, Marking and Styles of Usage, in: Social Problems, Jg. 17, 1970, S. 210-225.
Cohen, Stanley/Taylor, Laurie: Time and the Long-Term Prisoner, in: The Sociology of Time, hrsg. v. *Hassard, John*, London 1990, S. 178-190.
Ditton, Jason: Baking Time, in: Sociological Review, Jg. 27, 1979, S. 157-167.
Dubinskas, Frank A.: Janus Organizations, in: Making Time, hrsg. v. *Dubinskas, Frank A.*, Philadelphia 1988, S. 170-230.
Einstein, Albert: Über die spezielle und allgemeine Relativitätstheorie, Braunschweig 1988.
Elias, Norbert: Über die Zeit, Frankfurt am Main 1990.
Gherardi, Silvia/Strati, Antonio: The Temporal Dimension in Organization Studies, in: OS, Jg. 9, 1988, S. 149-164.
Götze, Uwe/Mikus, Barbara/Bloech, Jürgen: Management und Zeit, Heidelberg 2000.
Hax, Herbert/Kern, Werner/Schröder, Hans-Horst: Zeitaspekte in betriebswirtschaftlicher Theorie und Praxis, Stuttgart 1988.
Heidegger, Martin: Sein und Zeit, Frankfurt am Main 1977.
Hughes, Everett C.: Men and Their Work, Glencoe 1958.
Lübbe, Hermann: Zeit-Erfahrung als Faktor kultureller Evolution, in: Hamburger Jahrbuch für Wirtschafts- und Gesellschaftspolitik, Jg. 35, 1990, S. 9-25.
Marx, Karl: Das Kapital, in: Ausgewählte Werke, Bd. III, hrsg. v. *Marx, Karl/Engels, Friedrich*, Berlin 1978.
McGrath, Joseph E./Rotchford, Nancy L.: Time and Behavior in Organizations, in: ROB 5, hrsg. v. *Cummings, Larry L./Staw, Barry M.*, Greenwich 1983, S. 57-101.
McTaggart, John: Die Irrealität der Zeit, in: Klassiker der modernen Zeitphilosophie, hrsg. v. *Zimmerli, Walther/Sandbothe, Mike*, Darmstadt 1993, S. 67-86.
Moore, Wilbert: The Temporal Structure of Organizations, in: Sociological Theory, Values and Sociocultural Change, hrsg. v. *Tyriakian, Edward*, New York 1963, S. 161-169.
Mumford, Lewis: Technics and Civilization, London 1934.
Nowotny, Helga: Mind, Technologies and Collective Time Consciousness: From the Future to the Extended Present, in: Time and Mind: The Study of Time, Bd. 6, hrsg. v. *Fraser, Julius T.*, Madison 1989, S. 197-213.
Pasero, Ursula: Social Time Patterns, Contingency and Gender Relations, in: Time & Society, Jg. 3, 1994, S. 179-192.
Piaget, Jean: Time Perception in Children, in: The Voices of Time, hrsg. v. *Fraser, Julius T.*, Amherst 1981, S. 202-216.
Raybeck, Douglas: The Coconut-Shell Clock: Time and Cultural Identity, in: Time & Society, Jg. 1, 1992, S. 323-340.
Roy, Donald: Time and Job Satisfaction, in: The Sociology of Time, hrsg. v. *Hassard, John*, London 1990, S. 155-167.
Schriber, Jacquelyne B./Gutek, Barbara A.: Some Time Dimensions of Work, in: JAP, Jg. 72, 1987, S. 642-650.
Shaw, Jenny: Puctuality and the Everday Ethics of Time, in: Time & Society, Jg. 3, 1994, S. 79-98.
Starkey, Ken: Time and Work: a Psychological Perspective, in: Time, Work and Organization, hrsg. v. *Blyton, Paul/Hassard, John/Hill, Stephen* et al., London 1989, S. 35-56.
Thompson, E. P.: Time, Work-Discipline, and Industrial Capitalism, in: Past and Present, Jg. 38, 1967, S. 56-97.
Weik, Elke: Zeit, Wandel und Transformation, München et al. 1998.
Wendorff, Rudolf: Zeit und Kultur, Opladen 1985.
Wertheim, Eleanor S.: Zeit, Geschichte und Familientherapie, in: Familiendynamik, Jg. 7, 1982, S. 2-18.
Whipp, Richard: A Time to be Concerned, in: Time & Society, Jg. 3, 1994, S. 99-115.
Whitehead, Alfred N.: Process and Reality, New York 1985.
Whitrow, G. J.: Time in History, Oxford 1988.
Zakay, Dan/Lomranz, Jacob: Attitudinal Identification, Stimulus Complexity and Retrospective Duration Estimation, in: Time & Society, Jg. 2, 1993, S. 381-398.
Zerubavel, Eviatar: Easter and Passover: On Calendars and Group Identity, in: ASR, Jg. 47, 1982, S. 284-289.
Zerubavel, Eviatar: Hidden Rhythms, Chicago 1981.

Zentralbereiche

Martin Reckenfelderbäumer

[s.a.: Arbeitsteilung und Spezialisierung; Aufbau- und Ablauforganisation; Delegation (Zentralisation und Dezentralisation); Funktionale Organisation; Interne Märkte; Koordination und Integration; Messung von Organisationsstrukturen; Outsourcing und Insourcing; Spartenorganisation; Stäbe.]

I. Begriffliche Abgrenzung und Charakteristika; II. Zentralbereiche bei unterschiedlichen Formen der Aufbauorganisation; III. Funktionen von Zentralbereichen; IV. Grundlegende Gestaltungsformen von Zentralbereichen; V. Bewertung und Gestaltungsoptionen von Zentralbereichskonzepten; VI. Fazit und Ausblick.

Zusammenfassung

Zentralbereiche sind als Zusammenfassung aus den übrigen Organisationseinheiten herausgelöster Verrichtungen direkt unterhalb der Unternehmungsleitung bei allen Formen der Aufbauorganisation möglich. Je nach Ausstattung mit Steuerungs- und Servicefunktionen können grundlegende Erscheinungsformen von Zentralbereichen unterschieden werden. Obwohl Zentralbereiche vielfach in der Kritik stehen, werden sie auch zukünftig nicht verzichtbar sein. Allerdings weisen gegenwärtige Tendenzen darauf hin, dass stärker markt- und kundenorientierte Organisationsformen an Bedeutung gewinnen dürften.

I. Begriffliche Abgrenzung und Charakteristika

Der Zentralbereichsbegriff wird in der Literatur nicht eindeutig verwendet (*Kreisel* 1995, S. 8 ff.). Grundsätzlich kann davon ausgegangen werden, dass *Zentralbereiche* immer dann entstehen, wenn bestimmte *Verrichtungen* ganz oder teilweise aus den übrigen Organisationseinheiten herausgelöst und in spezialisierten Bereichen direkt unterhalb der Unternehmungsleitung zusammengefasst werden (*Frese/v. Werder* 1993, S. 3). Insofern sind Zentralbereiche das Ergebnis einer *Spezialisierung* (→ *Arbeitsteilung und Spezialisierung*) durch *Zentralisation von Aufgaben* (*Kreikebaum* 1992, Sp. 2603). Diese Aufgabenzentralisation ist nicht zwingend mit einer Zentralisation der Entscheidungskompetenzen verknüpft (→ *Delegation (Zentralisation und Dezentralisation)*). Zentralbereiche können in einer Unternehmung als Einheitsgesellschaft angesiedelt sein, finden sich aber häufig auch als Konzernzentralbereiche (→ *Konzernorganisation*).

Da Zentralbereiche i.d.R. Aufgaben mit dem Charakter *interner Dienstleistungen* (i.w.S.) übernehmen, können sie als „zentrale Dienstleistungsbereiche" eingeordnet werden (*Reckenfelderbäumer* 2001, S. 70 ff.). Eine exakte Abgrenzung gegenüber anderen Formen interner Dienstleistungsbereiche fällt aufgrund der Heterogenität der Erscheinungsformen von Zentralbereichen allerdings schwer (*Schuster* 1998, S. 7 ff.). Eng verwandt mit dem Begriff des Zentralbereichs ist derjenige der *Stabsstelle* (→ *Stäbe*): Beide Termini werden nicht selten synonym verwendet. Angebrachter erscheint es, den Begriff der Zentralbereiche weiter zu fassen und das Stabskonzept als eine mögliche Form ihrer Ausgestaltung einzuordnen (*Frese/v. Werder* 1993, S. 39 ff.). In der angloamerikanischen Literatur findet sich mit dem *Corporate Staff* (*Eisenstat* 1990) ein dem der Zentralbereiche vergleichbares Konzept (*Kreisel* 1995, S. 41).

II. Zentralbereiche bei unterschiedlichen Formen der Aufbauorganisation

Grundsätzlich sind Zentralbereiche bei jeder Form der Aufbauorganisation (→ *Aufbau- und Ablauforganisation*) möglich. Allerdings kommt den Zentralbereichen bei der Divisional- bzw. → *Spartenorganisation* regelmäßig die größte Bedeutung zu (*Kreisel* 1995, S. 111 ff.).

Bei der *Funktionalorganisation* (→ *Funktionale Organisation*) werden Zentralbereiche vor allem eingerichtet, um die typischen Nachteile dieser Organisationsform auszugleichen: Sie haben die Aufgabe, die Unternehmungsleitung bei der Koordination (→ *Koordination und Integration*) der verschiedenen Funktionsbereiche zu unterstützen, auftretende Ressortegoismen einzudämmen und Schnittstellenprobleme zu überwinden (*Kreikebaum* 1992, Sp. 2605). Typische Fälle derartiger Zentralbereiche sind zentrale Personalabteilungen, EDV-Abteilungen oder ein zentrales Rechnungswesen. Z.T. haben Zentralbereiche in der Funktionalorganisation aber auch objektbezogene Aufgaben (z.B. Produktmanagement, Kundengruppenmanagement) (*Braun/Beckert* 1992, Sp. 652).

Die *Spartenorganisation* ist dadurch gekennzeichnet, dass die einzelnen Funktionen (u.a. Beschaffung, Produktion, Absatz) nach dem Objektprinzip aufgegliedert und in z.B. produkt- oder kundengruppenbezogenen *Geschäftsbereichen* angesiedelt sind. Damit geht eine *Delegation von Entscheidungskompetenzen* (→ *Delegation (Zentralisation und Dezentralisation)*) an die Geschäftsbereichsleitungen einher, die diesen ein relativ eigenständiges Arbeiten erlaubt. Zentralbereiche können vor diesem Hintergrund prinzipiell zwei in der Praxis häufig ineinander übergehende Arten von Aufgaben erfüllen (*Frese/v. Werder* 1993, S. 3):

– Übernahme *sekundärer Aufgaben* der Unternehmungsleitung zu deren Entlastung, wobei die Ent-

scheidungskompetenzen in der Sphäre der Unternehmungsleitung bleiben (bei der Unternehmungsleitung selbst oder bei den Zentralbereichen);
– Übertragung *sekundärer Aufgaben der Geschäftsbereiche* auf die Zentralbereiche, indem Teilfunktionen ganz oder teilweise aus den Sparten ausgegliedert und den Zentralbereichen zugeordnet werden, die Verteilung der Entscheidungskompetenzen erfolgt einzelfallabhängig unterschiedlich.

Zentralbereiche sind schließlich auch bei einer → *Matrix-Organisation* denkbar (*Kreikebaum* 1992, Sp. 2607). Sie dienen dort insbesondere zur Wahrnehmung bereichsübergreifender Querschnittsaufgaben im Sinne von Stabsstellen (*Kreikebaum* 1992, Sp. 2607).

Angesichts ihrer *empirischen Relevanz* beziehen sich die weiteren Ausführungen vor allem auf Zentralbereiche im Rahmen der Spartenorganisation, sie sind jedoch weitgehend auf andere Formen der Aufbauorganisation übertragbar.

III. Funktionen von Zentralbereichen

1. Überblick

Zusammenfassend lassen sich die folgenden *Tätigkeitsfelder* von Zentralbereichen definieren (*Eisenführ* 1992, Sp. 559; *Kreikebaum* 1992, Sp. 2606; ähnlich *Bühner* 1992, Sp. 2276 f.):

– *Unterstützung der Geschäftsbereiche* durch Dienstleistungen, die von diesen nicht so wirtschaftlich oder in der erforderlichen Qualität zu erbringen sind;
– *Unterstützung der Unternehmungsleitung* bei der Wahrnehmung ihrer Führungsfunktionen;
– *Übernahme von Steuerungs-, Koordinations- und Kontrollaufgaben* gegenüber den Geschäftsbereichen im Auftrag der Unternehmungsleitung.

Im Rahmen der Entwicklung stärker *markt- und kundenorientierter Organisationskonzepte* hat sich der Anforderungskatalog gegenüber Zentralbereichen deutlich gewandelt (*Bühner* 1996, S. 15): Die Schaffung von Mehrwert für die Unternehmung sowie die Behauptung gegenüber externen Anbietern vergleichbarer Leistungen sind dabei zwei zentrale Ansprüche, die gestellt werden. Derartige Anforderungen lassen sich schwer im Hinblick auf alle genannten Aufgaben erfüllen: Sie gelten mehr für diejenigen mit einem ausgeprägten *Dienstleistungscharakter*, weniger für *Führungsaufgaben*. Daher erscheint idealtypisch eine Zweiteilung der Funktionen von Zentralbereichen in eine *Steuerungs-* und eine *Servicefunktion* sinnvoll, die in der Praxis in vielfacher Weise miteinander kombiniert werden können (*Kreisel* 1995, S. 118 ff.; *Reckenfelderbäumer* 2001, S. 73 f.).

2. Steuerungsfunktion

Zenralbereiche mit *Steuerungsfunktionen* dienen vor allem der Abstimmung der einer bestimmten Verrichtungsart zuzurechnenden Aktivitäten (→ *Koordination und Integration*). Die damit verfolgten Steuerungszwecke können z.B. in der Auslastung vorhandener Programmierkapazitäten, der Vermeidung von Doppelarbeiten oder der Erzielung günstiger Konditionen im Einkauf liegen (*Kreisel* 1995, S. 119). Werden derartige Steuerungsaufgaben durch Zentralbereiche wahrgenommen, schränkt dies zwangsläufig die Autonomie der Geschäftsbereiche ein. Daher erbringen Zentralbereiche mit Steuerungsfunktion vor allem *prüfende und überwachende Dienstleistungen* (evaluation/audit services; *Stauss* 1995, S. 66), wie es etwa bei einem Zentralbereich „Controlling" oder „Unternehmensplanung" der Fall ist. Neben die obligatorische Tendenz zur Aufgaben- bzw. Verrichtungszentralisation tritt bei der Wahrnehmung der Steuerungsfunktion insofern eine weitgehende *Entscheidungszentralisation* (→ *Delegation (Zentralisation und Dezentralisation)*).

3. Servicefunktion

Im Rahmen der *Servicefunktion* kommt den Zentralbereichen die Aufgabe der Entlastung der Geschäftsbereiche oder der Unternehmungsleitung durch Übernahme bestimmter Sekundäraufgaben zu, die vor allem *unterstützenden und beratenden* Charakter haben (support/advice services; *Stauss* 1995, S. 66). Angestrebt werden vor allem wirtschaftliche Formen der Leistungserstellung durch die Ausnutzung von Synergieffekten, speziell Größen- und Lerneffekten, teilweise aber auch bedingt durch einen Know-how-Vorsprung qualitativ höherwertige Leistungen. Beispiele sind Schulungsabteilungen oder die Marktforschungsabteilung.

Eine Wahrnehmung der Servicefunktion muss nicht mit einer Entscheidungszentralisation verbunden sein. Es gibt viele Zentralbereiche, die ohne eine Steuerungsfunktion auskommen und damit dem oben angesprochenen „neueren" Verständnis der Zentralbereiche entsprechen: Zentralbereiche sollen vor diesem Hintergrund als Anbieter auf *„internen Märkten"* agieren (→ *Interne Märkte*).

IV. Grundlegende Gestaltungsformen von Zentralbereichen

1. Einführung

Eine wichtige Grundlagenstudie zur Systematisierung von Zentralbereichen lieferte der *Arbeitskreis Dr. Krähe der Schmalenbach-Gesellschaft* bereits vor über 50 Jahren mit der auf die Hauptverwaltung von Konzernen bezogenen Einteilung in Zentralstellen,

Führungsstellen, Schaltstellen und Eigenstellen (*Arbeitskreis Dr. Krähe der Schmalenbach-Gesellschaft* 1952, S. 26 ff.). In den 90er-Jahren des 20. Jahrhunderts wurde das Thema durch den *Arbeitskreis „Organisation" der Schmalenbach-Gesellschaft* aufgegriffen und weitergeführt (*Frese/v. Werder/Maly* 1993): Mit dem Kernbereichs-, dem Richtlinien-, dem Matrix-, dem Service- und dem Stabsmodell wurden auf Basis empirischer Untersuchungen fünf Idealtypen von Zentralbereichen herausgearbeitet, die sich anhand der unterschiedlichen Kompetenzverteilung und Aufgabenzuweisung kennzeichnen lassen (*Frese* 2000, S. 493). Darauf aufbauend wurde eine Systematik entwickelt, die auf einer grundlegenden Unterscheidung in *Service- und Steuerungsmodelle* beruht und damit an der Fragestellung anknüpft, in welchem Umfang in bestimmten Zentralbereichen jeweils die Steuerungs- und/oder die Servicefunktion ausgeprägt ist (*Kreisel* 1995, S. 116 ff.). Einen Überblick bezüglich des jeweiligen Grades der Verrichtungs- sowie der Entscheidungszentralisation der fünf identifizierten Modelle vermittelt Tab. 1 (*Reckenfelderbäumer* 2001, S. 136 ff.).

		Ausprägung der Entscheidungszentralisation		
		schwach	mittel	stark
Ausprägung der Verrichtungszentralisation	stark	Wettbewerbsmodell		Kernbereichsmodell
	mittel	Stabsmodell	Matrixmodell	Weisungsmodell
	schwach			

Tab. 1: *Einordnung der verschiedenen Zentralbereichstypen in Abhängigkeit der Ausprägung von Entscheidungs- und Verrichtungszentralisation*

2. Steuerungsmodelle

Weisungsmodell, Matrixmodell und Stabsmodell als *Steuerungsmodelle* (*Kreisel* 1995, S. 128 ff.) weisen die Gemeinsamkeit auf, dass sie nicht unmittelbar mit der Durchführung, sondern mit der Koordination bestimmter Tätigkeiten befasst sind (mittelmäßig ausgeprägte Verrichtungszentralisation). Folgende Unterschiede bestehen:

- Beim *Weisungsmodell* werden die Spielräume der Geschäftsbereiche erheblich eingeschränkt: Der Zentralbereich trifft für die betroffenen Aufgabenfelder die Grundsatzentscheidungen und erteilt Weisungen. Die Umsetzung und Ausführung der Aufgaben obliegt dann den Geschäftsbereichen. Die Verankerung der Steuerungsfunktion ist daher bei Weisungsbereichen besonders ausgeprägt, während die Servicefunktion extrem in den Hintergrund tritt. Praktisch bedeutsam ist diese Organisationsform z.B. in bestimmten Bereichen des Controlling, etwa bei der Schaffung der Controlling-Infrastruktur. Im Rahmen der empirischen Analysen des *Arbeitskreises „Organisation"* waren Weisungsbereiche auch in der Werbung und Verkaufsförderung vergleichsweise häufig anzutreffen (*Krüger/v. Werder* 1993, S. 271).

- Beim Einsatz des *Matrixmodells* sind Zentral- und Geschäftsbereiche bezüglich der betreffenden Aufgaben nur gemeinsam entscheidungsbefugt, sodass der Einfluss der Geschäftsbereiche größer ist als beim Weisungsmodell. Der Grad der Entscheidungszentralisation ist somit geringer, und es bedarf der Bildung von Entscheidungsausschüssen. Die gemeinsam getroffenen Entscheidungen sind für die Geschäftsbereiche hinsichtlich der Umsetzung in konkrete Maßnahmen bindend. Entsprechende Modelle konnten empirisch z.B. ebenfalls für die Werbung und Verkaufsförderung sowie im Bereich der Informationsverarbeitung (Anwendungsplanung) identifiziert werden (*Krüger/v. Werder* 1993, S. 271).

- Das *Stabsmodell* hat sich im Rahmen der Untersuchung des *Arbeitskreises „Organisation"* als nahezu bedeutungslos erwiesen (*Krüger/v. Werder* 1993, S. 271), wobei festgehalten werden muss, dass die Ursache dafür u.a. in der Ausgestaltung der Studie gelegen haben dürfte, die primär auf das Zusammenwirken von Geschäftsbereichen und Zentralbereichen gerichtet war (*Frese/v. Werder* 1993, S. 5). Die Entscheidungszentralisation ist beim Stabsmodell in diesem Fall relativ schwach ausgeprägt, da die Entscheidungskompetenzen bei den Geschäftsbereichen liegen. Im Hinblick auf die Entscheidungsunterstützung für die Unternehmungsleitung hat das Stabsmodell sicherlich eine erheblich größere Bedeutung (→ *Stäbe*).

3. Servicemodelle

Servicemodelle sind typisch für Zentralbereiche, die vor allem mit der *Durchführung bestimmter (Dienstleistungs-)Aufgaben* befasst sind und zu diesem Zweck über einen eigenen Ressourcenpool verfügen (*Kreisel* 1995, S. 121 ff.). Zu den Servicemodellen zählen das Wettbewerbs- sowie das Kernbereichsmodell:

- Beim *Wettbewerbsmodell* wird das Aufgabenspektrum des Zentralbereichs eindeutig durch die Servicefunktion dominiert. Insofern können die Geschäftsbereiche über das „ob" und „was" der durch die Zentralbereiche zu erbringenden Leistungen entscheiden und entsprechende Aufträge erteilen. Die Zentralbereiche selbst bestimmen dann das „wie" der Erfüllung der Aufgaben. Außerdem haben die Geschäftsbereiche häufig die Option, die benötigten Dienstleistungen extern zu beziehen. Der Grad der Entscheidungszentralisation ist somit vergleichsweise gering, *marktähnliche Koordinationsmechanismen* dominieren. Als empirisch bedeutsame Anwendungsfelder dieses Modells haben sich z.B. die Marktforschung sowie im Bereich der Informationsverarbeitung Rechenzentrum und Benutzerservice erwiesen (*Krüger/v. Werder* 1993, S. 271).

– Das *Kernbereichsmodell* weist neben einer ausgeprägten Service- eine gleichermaßen starke Steuerungsfunktion auf, wird aber aufgrund der Tatsache, dass die betreffenden Dienstleistungsaufgaben durch den Zentralbereich ausgeführt werden, zu den Servicemodellen gezählt. Im Unterschied zum Wettbewerbsmodell ist es durch eine starke *Entscheidungszentralisation* gekennzeichnet. Bei derartigen Zentralbereichen werden die betreffenden internen Dienstleistungen vollständig aus den Geschäftsbereichen ausgelagert und in nur einer zentralen organisatorischen Einheit verankert. Das Kernbereichsmodell schränkt die Gestaltungsspielräume der Geschäftsbereiche stärker ein als alle anderen Zentralbereichsformen, da Kernbereiche selbstständig über die durchzuführenden Aktivitäten entscheiden und die Durchführung mit Hilfe der vorhandenen Ressourcen auch selbst übernehmen. Praktische Relevanz besitzt das Kernbereichsmodell z.B. häufig für die Personalverwaltung und -ausbildung, aber auch in der Informationsverarbeitung (u.a. Datenmanagement sowie Netzwerk- und Kommunikationsmanagement) (*Krüger/v. Werder* 1993, S. 271).

In der Praxis lassen sich vielfältige *Mischformen* der fünf Grundmodelle bilden und finden, die konkrete Ausgestaltung bleibt dem Einzelfall vorbehalten.

V. Bewertung und Gestaltungsoptionen von Zentralbereichskonzepten

Zur Beurteilung der Leistungsfähigkeit von *Organisationsstrukturen* einschließlich ihrer Elemente (u.a. Zentralbereiche) werden vornehmlich die *organisatorische Effektivität und Effizienz* herangezogen (*Ahn/Dyckhoff* 1997, S. 2). Dabei ist es strittig, was unter Effektivität und Effizienz zu verstehen ist und wie diese Größen operationalisiert werden können (*Reckenfelderbäumer* 2001, S. 106 ff.) (→ *Messung von Organisationsstrukturen*). Diese Diskussion kann an dieser Stelle nicht aufgegriffen werden. Daher werden lediglich einige grundlegende Aspekte der Bewertung und zielgerichteten Gestaltung der Modelltypen angesprochen. Zu differenzierteren Ansätzen sei auf die entsprechende Speziallliteratur verwiesen (*Frese/v. Werder* 1993, S. 24 ff.; *Kreisel* 1995, S. 145 ff.; *Reckenfelderbäumer* 2001, S. 289 ff.).

1. Ansatzpunkte für Steuerungsmodelle

Zentralbereiche mit Steuerungsfunktion sollen u.a. für eine im Vergleich zu alternativen Formen der Verteilung von Entscheidungskompetenzen höhere *Koordinationseffizienz* sorgen: Es ist nach einer Lösung zu suchen, bei der in Abhängigkeit von der Koordinationsintensität die Summe aus *Autonomie- und Abstimmungskosten* ihr Minimum erreicht (*Frese* 2000, S. 258 ff.). Autonomie- und Abstimmungskosten verhalten sich grundsätzlich gegenläufig: Während die Autonomiekosten bei zunehmender Entscheidungsdezentralisation tendenziell steigen, da es zu Problemen infolge eingeschränkter Koordinierbarkeit der Einzelpläne kommt, steigen die Abstimmungskosten bei zunehmender Entscheidungszentralisation, da vor der Entscheidungsfindung die zentrale Instanz ein entsprechend großes Maß an Informationen beschaffen, aufbereiten und in Entscheidungsgrundlagen umsetzen muss. Autonomie- und Abstimmungskosten können allerdings nicht rechnerisch exakt ermittelt, sondern nur der Tendenz nach abgeschätzt werden. Dennoch kann die Analyse der Koordinationseffizienz, die sich mit Hilfe organisationstheoretischer Konzepte weiter differenzieren lässt (*Frese* 2000, S. 264 ff.), der Unternehmungsleitung wertvolle Impulse für die Gestaltung der Zentralbereiche geben.

2. Leitlinien für Servicemodelle

Für Zentralbereiche mit Servicefunktion, insbesondere in Form des Wettbewerbsmodells, geht es vor allem darum, den internen Abnehmern *effektive und effiziente Dienstleistungen* anzubieten und sich damit auf den „internen Märkten" zu behaupten. Dies können sie nur, wenn sie durch die Unternehmungsleitung die für ein derartiges Verhalten erforderlichen Kompetenzen bekommen. Derartige Bereiche sollten daher nach dem *Service-Center-Konzept* (*Eversmann* 1994) gestaltet werden. Service-Center stellen innerbetriebliche Äquivalente (oft auch eine Vorstufe) zu den auf externen Märkten agierenden Profit-Centern (→ *Profit-Center*) dar und gehen insofern über die heute für Zentralbereiche noch weit verbreiteten Cost-Center-Ansätze deutlich hinaus: Bereiche, die keinen direkten Zugang zum externen Absatzmarkt haben, können an ihrem wirtschaftlichen Erfolg gemessen werden, indem Kosten- und (interne) Erlösgrößen einander gegenübergestellt werden. Da die internen Kunden keiner Abnahmepflicht unterliegen und die betreffenden Leistungen i.d.R. auch extern beziehen können (→ *Outsourcing und Insourcing*), muss ergänzend sichergestellt werden, dass die zentralen Dienstleister ihre eigene Kosten- und Erlössituation in wesentlichen Bereichen selbst beeinflussen können, denn nur dann können sie anhand entsprechender ökonomischer Größen beurteilt werden.

VI. Fazit und Ausblick

Zentralbereiche sind in der Praxis vielfältiger *Kritik* ausgesetzt, die vom Vorwurf unverhältnismäßig hoher Kosten, denen keine entsprechenden Leistungen gegenüberstehen, über die Unterstellung einer mangelhaften Markt-, Kunden- und Wettbewerbsorientierung, niedriger Produktivität und schlechter Qualität bis hin zur Bemängelung fehlender Fähigkeit und Bereitschaft zur Kooperation reichen. Diese Kritik wird oft pauschal geäußert und nicht differenziert auf unterschiedliche Formen von Zentralbereichen bezogen: Je nach Art der Ausgestaltung kann sich durchaus ein differenziertes Bild ergeben, denn z.B. das Wettbewerbsmodell weicht als marktorientierte Organisationsform von dem kritisierten Verständnis der Zentralbereiche deutlich ab. Wenn auch empirische Studien belegen, dass in den letzten Jahren die Tendenz zu einem *Abbau von Zentralbereichen* geht (*Bühner* 1996, S. 17 ff.), werden diese auch zukünftig nicht komplett verzichtbar sein. Dies gilt trotz aller Dezentralisationsbestrebungen auch für Steuerungsmodelle (*Picot/Reichwald/Wigand* 1996, S. 215 f.), wenngleich sie insbesondere gegenüber dem Wettbewerbsmodell an Bedeutung verlieren dürften.

Literatur

Ahn, Heinz/Dyckhoff, Harald: Organisatorische Effektivität und Effizienz, in: WiSt, Jg. 26, 1997, S. 2–6.
Arbeitskreis Dr. Krähe der Schmalenbach-Gesellschaft: Konzern-Organisation, Köln et al. 1952.
Braun, Günther E./Beckert, Joachim: Funktionalorganisation, in: HWO, hrsg. v. *Frese, Erich*, 3. A., Stuttgart 1992, Sp. 640–655.
Bühner, Rolf: Gestaltung von Konzernzentralen, Wiesbaden 1996.
Bühner, Rolf: Spartenorganisation, in: HWO, hrsg. v. *Frese, Erich*, 3. A., Stuttgart 1992, Sp. 2274–2287.
Eisenführ, Franz: Divisionale Organisation, in: HWO, hrsg. v. *Grochla, Erwin*, 2. A., Stuttgart 1992, Sp. 558–568.
Eisenstat, Russell A.: Corporate Staff Work in Divisionalized Corporations, Working Paper, Harvard Business School, Boston, MA 1990.
Eversmann, Moritz: Service-Center, in: Controller Magazin, Jg. 19, 1994, S. 347–350.
Frese, Erich: Grundlagen der Organisation, 8. A., Wiesbaden 2000.
Frese, Erich/Werder, Axel v.: Zentralbereiche – Organisatorische Formen und Effizienzbeurteilung, in: Zentralbereiche, hrsg. v. *Frese, Erich/Werder, Axel v./Maly, Werner*, Stuttgart 1993, S. 1–50.
Frese, Erich/Werder, Axel v./Maly, Werner (Hrsg.): Zentralbereiche, Stuttgart 1993.
Kreikebaum, Hartmut: Zentralbereiche, in: HWO, hrsg. v. *Frese, Erich*, 3. A., Stuttgart 1992, Sp. 2603–2610.
Kreisel, Henning: Zentralbereiche, Wiesbaden 1995.
Krüger, Wilfried/Werder, Axel v.: Zentralbereiche – Gestaltungsmuster und Entwicklungstrends in der Unternehmungspraxis, in: Zentralbereiche, hrsg. v. *Frese, Erich/Werder, Axel v./Maly, Werner*, Stuttgart 1993, S. 235–285.
Picot, Arnold/Reichwald, Ralf/Wigand, Rolf T.: Die grenzenlose Unternehmung, 2. A., Wiesbaden 1996.
Reckenfelderbäumer, Martin: Zentrale Dienstleistungsbereiche und Wettbewerbsfähigkeit, Wiesbaden 2001.
Schuster, Hermann: Kooperation zwischen internen Service-Bereichen, Wiesbaden 1998.
Stauss, Bernd: Internal Services: Classification and Quality Management, in: International Journal of Service Industry Management, Jg. 6, H. 2/1995, S. 62–78.

Ziele und Zielkonflikte

Franz Xaver Bea

[s.a.: Arbeitsteilung und Spezialisierung; Dilemma-Management; Management by Objectives; Planung; Strategisches Management.]

I. Begriffe; II. Beziehungen zwischen Zielen; III. Funktionen von Zielen; IV. Der Zielbildungsprozess; V. Empirische Zielforschung.

Zusammenfassung

Ein Ziel ist durch den Zielinhalt, den Zeitbezug, den sachlichen Geltungsbereich und das Zielausmaß gekennzeichnet. Zwischen Zielen bestehen grundsätzlich folgende Beziehungen: Instrumentalbeziehungen, Präferenzbeziehungen und Interdependenzbeziehungen. Im Rahmen der Interdependenzbeziehungen interessieren v.a. die Zielkonflikte. Ziele nehmen eine Reihe von Funktionen wahr, so z.B. die Entscheidungsfunktion, die Koordinationsfunktion und die Motivationsfunktion. Der Zielbildungsprozess besteht aus der Zielfindung, der Zielstrukturierung und der Überprüfung der Realisierbarkeit von Zielen und schließlich der Zielauswahl. Zielsysteme von Non-Profit-Organisationen unterscheiden sich grundsätzlich von jenen der gewinnorientierten Unternehmen.

I. Begriffe

Ein Ziel ist durch den Zielinhalt, den Zeitbezug, den sachlichen Geltungsbereich und das Zielausmaß gekennzeichnet. Der Zielinhalt ist die Größe, die durch die Alternativenwahl beeinflusst werden soll (z.B. Gewinn, Kosten, Marktanteil). Der Zeitbezug legt fest, in welcher Periode ein Ziel verwirklicht werden soll und definiert damit den zeitlichen Geltungsbereich des Zielinhaltes. So wird etwa zwischen kurzfristiger und langfristiger Zielsetzung unterschieden. Der sachliche Geltungsbereich konkretisiert den Zielinhalt hinsichtlich des Betätigungsfeldes, für welches das Ziel realisiert werden soll. So lassen sich etwa Konzernziele und Ziele von Tochtergesellschaften unterscheiden. Das Zielausmaß legt das gewünschte Ausmaß des Zielinhaltes fest. Es gibt Antwort auf die Frage, wie stark der Zielinhalt verändert werden soll. In Abb. 1 sind verschiedene Zielausmaße dargestellt.

Wird von einem Zielsystem ausgegangen, so sind die Abhängigkeitsbeziehungen zwischen den Zielen zu analysieren. In diesem Zusammenhang können Zielkonflikte identifiziert werden (vgl. dazu Abschnitt II).

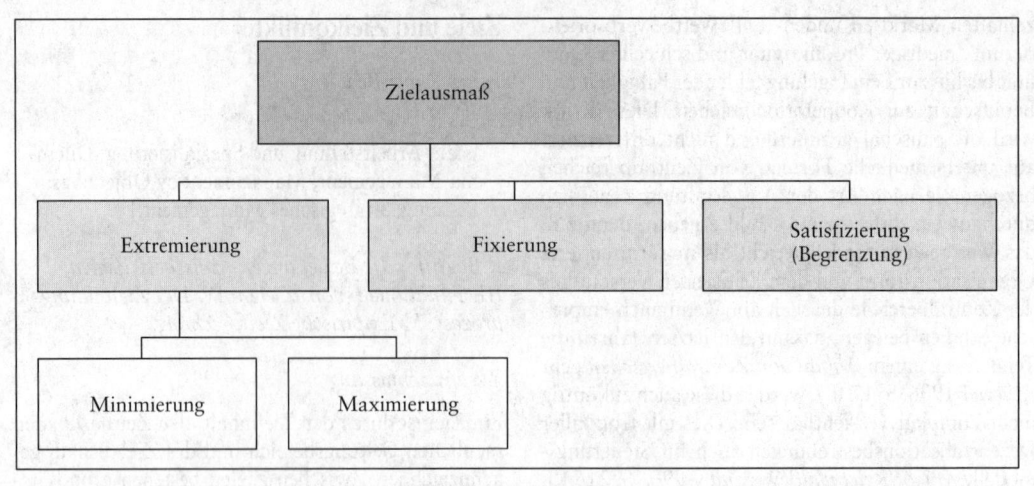

Abb. 1: Zielausmaße

II. Beziehungen zwischen Zielen

1. Arten von Zielbeziehungen

Grundsätzlich lassen sich folgende *Zielbeziehungen* unterscheiden:

- Instrumentalbeziehungen,
- Präferenzbeziehungen und
- Interdependenzbeziehungen.

Instrumentalbeziehungen begründen ein Zielmittelverhältnis zwischen Zielen. Unterziele sind Mittel zur Erreichung von Oberzielen. Instrumentalbeziehungen werden häufig in Form von Kennzahlensystemen zum Ausdruck gebracht.

Präferenzbeziehungen stellen Aussagen dar, ob und in welchem Umfang ein Ziel der Erreichung eines anderen Zieles vorgezogen oder nachgeordnet wird. Es wird also die Rangfolge der Wichtigkeit von Zielen festgelegt. Als Folge unterschiedlicher Präferenzen werden die Ziele mit unterschiedlichen Gewichten versehen. Wichtige Ziele werden als Hauptziele, weniger gewichtige als Nebenziele bezeichnet.

Interdependenzbeziehungen geben an, ob und in welcher Form die Realisierung eines Zieles die Verwirklichung anderer Ziele beeinflusst. Es lassen sich unterscheiden: komplementäre, konkurrierende und neutrale Ziele.

Besteht Zielkomplementarität, so fördern sich die Ziele gegenseitig. Beeinflusst die Verwirklichung eines Zieles die Realisierung eines anderen Zieles negativ, so liegt Zielkonkurrenz bzw. ein Zielkonflikt vor. In der Volkswirtschaftslehre werden Zielkonflikte u.a. als magische Vielecke bezeichnet. Bestehen keine Zielbeziehungen, spricht man von Zielneutralität.

2. Zielkonflikte

Zielkonflikte können im Zielsystem eines einzelnen Entscheidungsträgers auftreten. Die Lösung des Problems verlangt in diesem Falle eine Prioritätensetzung, etwa in Form einer Zielgewichtung. Komplizierter ist die Handhabung eines Zielkonfliktes dann, wenn er auf unterschiedlichen Zielvorstellungen verschiedener Entscheidungsträger beruht. Hier kommen Verhandlungsprozesse als Lösungsmöglichkeit in Frage, die je nach Verhandlungsposition des einzelnen Entscheidungsträgers zur Zieldominanz oder zum Zielkompromiss führen. Als Beispiel sei der Zielbildungsprozess im Rahmen einer Holdingstruktur (→ *Holding*) genannt. Die Vorstände der einzelnen Tochtergesellschaften müssen sich mit den Holdingvorständen auf ein gemeinsames Zielsystem einigen oder Vorgaben der Holdingleitung akzeptieren. Der Zielbildungsprozess wird in diesem Falle häufig durch eine Partizipation der Vorstände der Holdinggesellschaften an der Holdingleitung vorstrukturiert.

Im Rahmen der *Neuen Institutionenökonomik* (→ *Institutionenökonomie*) wird der Zielkonflikt zwischen Prinzipal und Agent thematisiert (→ *Prinzipal-Agenten-Ansatz*). Unterstellt wird in einer *Agency-Beziehung*, dass beide i.d.R. über unterschiedliche Nutzenvorstellungen verfügen. Diese wiederum führen zu Zielkonflikten, so etwa zwischen Arbeitgebern und Arbeitnehmern, zwischen Aktionären und Management. Die daraus resultierenden Problemtypen (etwa hidden information) lassen sich durch eine entsprechende Gestaltung von Anreizverträgen lösen. Aktuell werden insb. solche Anreizverträge diskutiert, die das Management von Aktiengesellschaften veranlassen könnten, ihre Entscheidungen an den Interessen der Aktionäre auszurichten (etwa durch Gewährung von stock options) (vgl. *Göbel* 2002, S. 110 ff.) (→ *Anreizsysteme, ökonomische und verhaltenswissenschaftliche Dimension*).

III. Funktionen von Zielen

Die Formulierung von Zielen ist eine wichtige – in der Praxis nicht selten missachtete – Aufgabe der Unternehmensführung. Dies wird deutlich, wenn die *Funktionen von Zielen* beschrieben werden (vgl. auch *Kupsch* 1979, S. 1 ff.).

Entscheidungsfunktion: Ziele liefern Kriterien für die Bewertung von Alternativen. Die relative Bedeutung der einzelnen Ziele lässt sich im Rahmen eines Entscheidungsmodells durch die Zielgewichtung zum Ausdruck bringen. Liegt ein Zielkonflikt vor, so ist dieser durch eine entsprechende Gewichtung der präferierten Ziele zum Ausdruck zu bringen. Damit Ziele die Entscheidungsfunktion wahrnehmen können, müssen sie bestimmten Anforderungen entsprechen. Zu nennen sind insb. die Vollständigkeit, die Operationalität und Überschneidungsfreiheit.

Koordinationsfunktion: Ziele sind geeignet, Teilaktivitäten zu integrieren und auf eine gemeinsame Bezugsgröße, nämlich das Ziel, auszurichten. Deutlich wird die Relevanz der Koordinationsfunktion bei der Anwendung des Führungsmodells „→ *Management by Objectives*" im Rahmen der divisionalen Organisation und der Holding. Hier werden die einzelnen Geschäftsbereiche durch ein gemeinsames Zielsystem koordiniert.

Motivationsfunktion: Ziele stellen Vorgaben dar und sollen daher die Mitarbeiter motivieren (→ *Motivation*), diese Ziele zu erfüllen. Anreize zur Zielerfüllung können durch eine Beteiligung am Zielwert gesetzt werden (etwa in Form einer Gewinnbeteiligung oder in Form von stock options).

Informationsfunktion: Ziele informieren sowohl die Mitarbeiter als auch die Unternehmensumwelt über die künftigen Aktivitäten. Sie vermitteln insofern eine Information an interne als auch an externe Adressaten. Unter den externen Informationsempfängern sind insb. die Investoren von Bedeutung. Durchschaubare und auch überprüfbare Ziele fördern die Bereitschaft der Kapitalgeber zum Engagement in einem Unternehmen.

Kontrollfunktion: Ziele schaffen die Voraussetzungen für einen Soll-Ist-Vergleich und damit für die Kontrolle. Ohne Zielsetzung ist Kontrolle gar nicht möglich, weil sonst die Vergleichsgröße fehlt. Dieser Effekt hält Manager nicht selten davon ab, Ziele konkret zu formulieren, um so der Gefahr des Versagensvorwurfes zu entgehen (→ *Kontrolle*).

Legitimationsfunktion: Ziele dienen immer auch als Rechtfertigung gegenüber Außenstehenden. Das zu berücksichtigende Umfeld der Unternehmung wirkt sich demzufolge auf die Zielbildung aus. Dies wird deutlich bei der Formulierung von Zielen wie „Erhaltung von Arbeitsplätzen" und „Verbesserung der Umweltverträglichkeit von Produkten und Verfahren".

IV. Der Zielbildungsprozess

Weicht man von den Vorstellungen der normativen Entscheidungstheorie ab, wonach Unternehmen bestimmte Ziele haben müssen (vgl. dazu den Ansatz der neuen Institutionenökonomik; → *Institutionenökonomie*), und wendet man sich dem Ansatz der deskriptiven Entscheidungstheorie zu, so ist die Frage zu stellen, wie Ziele zu Stande kommen. Der Prozess der Zielbildung lässt sich in verschiedene Teilprozesse zerlegen (vgl. *Schweitzer* 2001, S. 50 ff.):

Zielfindung: Bei der Aufgabe der Zielfindung geht es hauptsächlich darum, Oberziele zu finden sowie Unterziele zur Verwirklichung dieser Oberziele zu ermitteln. Dieser Suchprozess lässt sich mithilfe sog. Kreativitätstechniken unterstützen. Die Ermittlung von Unterzielen aus den im Rahmen der kreativen Prozesse gefundenen Oberzielen ist ebenfalls mithilfe von Kreativitätstechniken und mithilfe logisch-systematischer Techniken möglich. Das Ergebnis stellt dann eine Zielstruktur dar.

Zielstrukturierung: Mit der Zielstrukturierung werden die gefundenen und präzisierten Ziele geordnet. Dabei müssen *Zielhierarchien*, d.h. Ober- und Unterzielbeziehungen gebildet, sowie Prioritäten gesetzt, d.h. Haupt- und Nebenzielbeziehungen formuliert werden. Als Techniken der Bildung von Zielhierarchien stehen teleologische Zielhierarchien und definitionslogische Zielhierarchien zur Verfügung. Teleologische Zielhierarchien werden dadurch gebildet, dass empirisch gehaltvolle Zweck-Mittel-Relationen ermittelt werden. Die Zwecke stellen die Oberziele dar, die Mittel die Unterziele. Die Aussagekraft einer derartigen Zielhierarchie steht und fällt mit dem empirischen Gehalt der Aussagen über die jeweiligen Zweck-Mittel-Relationen. Durch Beobachtung der Realität können sie gewonnen und ständig verbessert werden. Eine besondere Technik der Bildung teleologischer Zielhierarchien stellt die sog. Relevanzbaumanalyse dar. Ihre Aufgabe besteht darin, Zweck-Mittel-Hierarchien zu bilden und im Rahmen dieser Hierarchien die einzelnen Mittel (Alternativen) im Hinblick auf die (Relevanz der) Zielerfüllung zu bewerten. Ein spezieller, nämlich ein vertikaler quantitativer Relevanzbaum, ist das von der Firma Honeywell im Jahr 1963 für die Strukturierung eines Raumfahrtprogramms entwickelte Patternverfahren.

Definitionslogische Zielhierarchien werden dadurch gebildet, dass die Definitionsmerkmale eines Oberzieles zu Mitteln der Erreichung dieses Oberzieles bestimmt werden. Es liegt also eine rechentechnische Verknüpfung vor. Bekannte Beispiele für definitionslogische Zielhierarchien sind das sog. „Du Pont"-Kennzahlensystem und das „ZVEI"-Kennzahlensystem.

Liegen Zielkonflikte vor, müssen Prioritäten gesetzt werden. Dafür stehen verschiedene Techniken zur Verfügung: Die Zielgewichtung und die Zielrangordnung. Bei der Zielgewichtung wird jedem Ziel ein Gewicht zugeordnet, das die jeweilige Priorität zum Ausdruck bringt. Die Technik der Zielgewichtung wird in Nutzwertanalysemodellen und im Patternverfahren angewandt. Ein klassisches Verfahren der Bildung einer Zielrangordnung stellt die sog. lexikografische Ordnung dar. Erfüllt eine Alternative das wichtigste Ziel besser als alle anderen Alternativen, so wird diese Alternative ausgewählt. Die nächstgewichtigen Ziele sind nur dann relevant, wenn mindestens zwei Alternativen bezüglich des wichtigsten Zieles indifferent sind. Liefert auch die Überprüfung der Alternativen anhand des zweitwichtigsten Zieles kein eindeutiges Optimum, wird dieser Vergleich so lange wiederholt, bis eine Alternative überlegen ist. Bei der linearen Programmierung wird i.d.R. ein Ziel extremiert, und die anderen Ziele werden in Form von Nebenbedingungen satisfiziert.

Realisierbarkeit von Zielen und Zielauswahl: Bei der Realisierbarkeitsprüfung von Zielen geht es um das Problem, ob einzelne Ziele unter zielstrukturellen und ökonomischen Gründen überhaupt erreichbar sind. Unter zielstrukturellem Aspekt interessiert v.a. die Frage, ob zwischen Zielen Konflikte bestehen. Im Rahmen einer Konfliktanalyse sind die für die Realisierung eines Zieles ins Auge gefassten Maßnahmen daraufhin zu überprüfen, ob und inwieweit deren Wirkungen die Realisierung anderer Ziele positiv oder negativ beeinflussen.

Die Zielauswahl führt grundsätzlich zum Entschluss über das tatsächlich zu verfolgende Zielsystem. Sie setzt die Anwendung all der Techniken voraus, die zur Unterstützung derjenigen Teilaufgaben einsetzbar sind, die der Zielentscheidung vorausgehen. Zu nennen sind insb. Kreativitätstechniken bei der Zielbildung, Bildung von Zielhierarchien und Techniken der Prioritätensetzung bei der Zielstrukturierung sowie die Konfliktanalyse bei der Realisierbarkeitsprüfung.

V. Empirische Zielforschung

Die empirische *Zielforschung* hatte in der deutschen Betriebswirtschaftslehre in den 80er Jahren und auch noch in den beginnenden 90er Jahren eine ausgesprochene Hochkonjunktur. Zu nennen sind die Arbeiten von Heinen, Hauschildt und Hamel, Kirsch, Kupsch sowie Fritz et al. (vgl. *Heinen* 1966; *Hauschildt/Hamel* 1978; *Kirsch* 1981; *Kupsch* 1979; *Fritz* et al. 1985; *Fritz* et al.1988). Sie zeigen insgesamt einen Trend weg von der Ausschließlichkeit des Prinzips der Gewinnmaximierung hin zu einem Zielsystem, in dem auch ökologische Ziele, die Sicherung der Wettbewerbsfähigkeit, die Erhaltung der Unternehmenssubstanz sowie das Ziel der sozialen Verantwortung durchaus ihren Platz haben.

In den letzten Jahren ist das Interesse an der empirischen Zielforschung merklich zurückgegangen.

Stattdessen greift eine eher normative Ausrichtung der Zieldiskussion Platz. Die Vertreter der Neuen Institutionenökonomik (→ *Institutionenökonomie*) sehen in der Maximierung des Shareholder Value eine dem ökonomischen Handeln angemessene Zielsetzung. Verfechter des sog. Stakeholder-Ansatzes stellen die Ausschließlichkeit der Berücksichtigung von Kapitalgeberinteressen in Frage und betonen die „Gleichberechtigung" verschiedener Interessengruppen (→ *Shareholder- und Stakeholder-Ansatz*).

Ein Grund für die aktuelle Zurückhaltung gegenüber einer empirischen Zielforschung mag in den methodischen Schwierigkeiten zu sehen sein. Zwei wesentliche Aspekte seien genannt:

- Der Zielbegriff wird in der Praxis recht unscharf gehandhabt. „Motive", „Aufgaben", „Absichten" und ähnliche Begriffe werden wahllos als Ersatz für Ziele verwendet. Ein Beispiel aus der Praxis: „Hohe Kundenzufriedenheit durch einen hohen Qualitätsstandard der Erzeugnisse, durch exakte Liefertermine und faire Preise ist unser Unternehmensziel".
- Befragungen über Ziele geben nicht selten Anlass zu einer Antwort, die in der Öffentlichkeit positiv aufgenommen wird. Das soeben genannte Praxisbeispiel mag dies belegen.

Der Mangel an aktueller empirischer Zielforschung fördert nicht nur eine Unwissenheit über das Entscheidungsverhalten von Unternehmen, sondern auch über volkswirtschaftliche Zusammenhänge, etwa im Bereich der wirtschaftspolitischen und steuerpolitischen Gestaltung gesamtwirtschaftlicher Prozesse.

Literatur

Fritz, Wolfgang et al.: Unternehmensziele und strategische Unternehmensführung, in: DBW, Jg. 48, 1988, S. 567–586.
Fritz, Wolfgang et al.: Unternehmensziele in Industrie und Handel, in: DBW, Jg. 45, 1985, S. 375–394.
Göbel, Elisabeth: Neue Institutionenökonomik, Stuttgart et al. 2002.
Hauschildt, Jürgen/Hamel, Winfried: Empirische Forschung zur Zielbildung in Organisationen – auf dem Wege in eine methodische Sackgasse?, in: Hamburger Jahrbuch für Wirtschafts- und Gesellschaftspolitik, Tübingen, 1978, S. 237–250.
Heinen, Edmund: Das Zielsystem der Unternehmung, Wiesbaden et al. 1966.
Kirsch, Werner: Unternehmenspolitik: Von der Zielforschung zum strategischen Management, München 1981.
Kupsch, Peter: Unternehmungsziele, Stuttgart et al. 1979.
Schweitzer, Marcell: Planung und Steuerung, in: Allgemeine Betriebswirtschaftslehre, Band 2: Führung, hrsg. v. *Bea, Franz Xaver/Dichtl, Erwin/Schweitzer, Marcell*, 8. A., Stuttgart 2001, S. 16–126.

SACHREGISTER

Stichworte selbstständiger Beiträge sind durch Fettdruck hervorgehoben, fett gedruckte Spaltenzahlen bezeichnen den Anfang eines selbstständigen Beitrages.

9.9.-Stil 318
Abfallbeauftragte(r) 1484
Abfallwirtschaftskonzept 1486
Ablauforganisation 1 f., 978, 1089
Ablauforganisation, Strukturregeln der 1160
Ablaufstruktur 603
Absatzkanal 1545
Absatzkontrolle 2
Absatzorganisation 1
Absatzplanung 2
Abschlussprüfer 64, 359, 374, 1286
Abschlussprüfung 64, 372
Absolute Kostenvorteile 1385
Absorptive Kapazität 1645
Absprachen, informelle 1638
Abstimmung 39
Abteilung 80, 1359
Abteilungsbildung 184, 1077
Abteilungsbudget 108
Abweichungsanalyse 156, 774
Accounting Model of the Firm 1321
Ad-hoc-Publizität 1466
Adhokratie 73, 135
Adverse Selektion 875, 1177, 1263, 1591
Advocatus Diaboli 156
Agency-Beziehung 1676
Agency-Kosten 769 f., 963, 1079
Agency-Problem 181
Agency-Theorie 181, 554, 1250, 1448
Agenda, kognitive 818
Agenda-Setting-Kompetenz 761
Agent 840, 1174
Agenturkosten 769 f., 963, 1079
AGIL-Schema 1397
Akquisition 429
Akteure des Organisationslernens 735
Aktiengesellschaft 248, 1061, 1064, 1306
Aktiengesellschaft, Europäische 68, 100, 172 f., 892
Aktienoptionen 1577
Aktienoptionsprogramm 22, 1387
Aktien- und Aktienoptionspläne 22
Aktionär 401
Aktionär, Rechte und Pflichten 401
Aktionärsstruktur 403
Aktionärsvereinigung 405
Aktionismus 819
Aktionsforschung 990
Aktionsmuster, defensives 1630
Aktionsmuster, offensives 1630
Aktionspräferenz 818
Aktivierender Staat 942
Aktivitätsepisoden 815
Allgemeine Gleichgewichtstheorie 822
Allgemeine Grundsätze 372

Allgemeine Systemtheorie 1392
Allianz, horizontale 14
Allianz, laterale 14
Allianz, strategische 11, 697, 1389
Allianz, vertikale 14
Allokation 1002
Alternative Dispute Resolutions 1586
Alternativenbewertung 1153
Alternativensuche 1153, 1156
Alternativenwahl 1159
Altersstruktur 192
Alumni 1510
Ambiguität 264
Ambiguitätstoleranz 1119
Analyse 1051
Analysetechniken 1051
Analysten 1503
Anarchie, organisierte 1077
Ancillarische Organisation 630
Androgynie 343
Anfechtungsrecht des Aktionärs 402
Anforderungsprofil 55
Anleger, institutionelle 404
Anomietheorie 1635
Anpassungslernen 733
Anregungsnormen 787
Anreiz-Beitrags-Gleichgewicht 951
Anreiz-Beitrags-Theorie 580, 1073
Anreize 21 ff., 43, 153, 418, 906, 1265, 1387, 1579
Anreize, extrinsische 22
Anreize, intrinsische 22, 25
Anreizgestaltung 153
Anreizsetzung 43
Anreizsysteme 21, 287, 1387
Anreizsysteme, ökonomische und verhaltenswissenschaftliche Dimension 21
Anreizverträglichkeit 1579
Ansätze, verhaltenswissenschaftliche 154, 1163
Anteilseigner 1443
Äquivalente, funktionale 1078
Äquivalenzfunktionalismus 1398
Arbeiterausschüsse 871
Arbeiterkammer 890
Arbeitnehmerschutz 789
Arbeitnehmervertreter 883, 1116 f.
Arbeitsanalyse 59
Arbeitsanforderungen 40
Arbeitsaufgabe 194
Arbeitsbereicherung 382
Arbeitsbeziehungen 1116
Arbeitsdirektor 357, 882, 1138, 1446
Arbeitserweiterung 382
Arbeitsgruppen, klassische 382
Arbeitsgruppen, selbstregulierende 382
Arbeitsgruppen, selbststeuernde 33

Arbeitsgruppen, (teil-)autonome 42, 382, 1122
Arbeitskraftunternehmer 839
Arbeitslosigkeit 219
Arbeitsmarktforschung 191
Arbeitsmarkt, interner 847
Arbeitsorganisation 28
Arbeitsplätze 80
Arbeitsprozessansatz 1544
Arbeitsrecht 883
Arbeitsrecht, kollektives 430
Arbeitstätigkeiten 1120
Arbeitsteilung 37 f., 40 f., 179, 932, 970, 1061, 1089, 1093, 1362
Arbeitsteilung, innerbetriebliche 41
Arbeitsteilung, qualitative 179
Arbeitsteilung, quantitative 179
Arbeitsteilung und Spezialisierung 37
Arbeitsteilung, unternehmensübergreifende 935
Arbeits- und Verhaltensprozesse 815
Arbeitswechsel 382
Arbeitswissenschaftlicher Ansatz 1072
Arbeitszeit 1658
Arbeitszeitflexibilisierung 1188
Arbeitszufriedenheit 1103, 1120, 1293
Arbitrage 217, 1438
Arbitragegewinn 1438
Arenaregelung 1368
Ärger 209
Argumentationsrationalität 1241, 1642
ARIS 1055
Artefakt 716, 1027
Artenteilung 39
Assessment-Center 455
Asset Deal 333, 768
Asset Retrenchment 1472
Assoziationslogik 948
Ästhetische Erfahrung 1171
Asymmetrische Informationsverteilung 874, 1175, 1263
Attribute herausragender Führung 134
Attributionstheorie 296, 1601
Attributionstheorie der Führung 303
Audit Committee 67, 895, 1287
Aufbauorganisation 1 f., 286, 969, 978, 1089, 1357
Aufbau- und Ablauforganisation 45
Auffangregelung 893
Aufgabe 468, 969
Aufgabe der Unternehmung 1161
Aufgabenanalyse 38, 47, 54
Aufgabenanalyse und -synthese 38
Aufgabenbeschreibung 835
Aufgabenbezogener Führungsstil 317
Aufgabendelegation 180

Aufgaben des Organisationsmanagements 1038
Aufgabengrundsätze 373
Aufgabeninterdependenz 61
Aufgabenkomplexität 936
Aufgabenorientierung 301
Aufgaben, Phasen von 39
Aufgaben, Rang von 39
Aufgabensynthese 39, 47
Aufgabenträger 1362
Aufgabenumwelt 657, 717, 1475
Aufgabenvariabilität 61
Aufgabenwandel 93
Aufsichtsrat 62, 249, 354, 372, 809, 1116, 1445 f., 1523
Aufsichtsratsausschuss 358, 890
Auftrag 1047
Auftragserteilung, Singularität der 829
Auftragsforschung 1425
Auktion 821
Ausgangsinformation 491
Ausgewogenheit 374
Ausgleichende Gerechtigkeit 348
Auslandsaktivitäten 1254
Auslandsentsendung 527
Auslandsholding 543
Auslandsorientierung 527
Auslandsproduktion 548
Auslegung 783
Aussage 599
Ausschüsse 71
Ausschüsse des Aufsichtsrats 358, 890
Austauschtheorien 304
Austeilende Gerechtigkeit 348
Aus- und Weiterbildungsmaßnahmen 876
Auszubildendenquote 877
Autokratische Hierarchie 410
Autonomie 1190, 1315
Autopoiesis 1081, 1313, 1395
Autopoietische Organisation 1313
Autopoietische Systeme 1369
Autoritärer Führungsstil 316
Autorität 757, 762
Autoritätsstruktur 408

Babbage-Prinzip 1229
Balanced Scorecard 156, 641, 694, 779, 1222, 1325
Barrieren der Kommunikation 609
Barriers to imitation 1386
Basel II 272
Beauftragter, rechtlicher 790
Bedarfswirtschaftliche Arbeitsweise 951
Bedeutungsvermittlung 598
Bedürfnisse 465
Befragung, standardisierte 855
Begrenzte Planbarkeit 1431
Begrenzte Rationalität 223, 232, 490, 515, 1167, 1238, 1451
Begründungen 1642
Behaviourismus 1328
Beherrschungsvertrag 682
Beihilfekontrollverfahren 1308
Beirat 63, 1286 f.

Bemessungsgrundlage 1574
Benchmarking 79, 1496
Beobachtung 855
Beobachtungslernen 802
Berater 1097, 1350, 1498
Beraterausbildung 1506
Beraterweiterbildung 1506
Beratung 64, 1498
Beratungsgesellschaft 1499
Beratungsleistung 1498, 1501
Beratungstätigkeit 1499
Beratungsteam 1500
Beratungsunternehmen 1498
Beratungsunternehmen, Typen von 1498
Beratung, Theorie der 85
Bereichsbildung 1089
Bereichsegoismus 1192
Berlin Center of Corporate Governance 894
Beschaffungsorganisation 92
Beschäftigungschancen 42
Beschränkte Rationalität (bounded rationality) 223, 232, 490, 515, 1167, 1238, 1451
Besondere Grundsätze 372
Bestandsschutzrechte 875
Bestätigungstendenz 494
Bestellung und Anstellung 65
Best Practice 81, 169, 370
Beteiligung, personelle 1159
Beteiligungsrechte 880
Betreibermodell 1188
Betriebsbeauftragte 790, 1484, 1486
Betriebsexternes Umfeld 430, 432
Betriebsführung, wissenschaftliche 1063, 1219
Betriebsinternes Umfeld 430
Betriebsklima 455
Betriebsorganisation, umweltschutzfördernde 1486
Betriebsrat 871, 883, 892 f., 1138
Betriebsrätegesetz 871
Betriebsverfassung 1117
Betriebsverfassungsgesetz 430, 880, 1116
Beurteilung 774
Bevölkerungsstruktur 192
Bevölkerungsstruktur, Veränderung der 192
Bewertungstheorie 335
Bewertungsverfahren 768
Beziehungen, interorganisationale 1082, 1298
Beziehungen, sozio-emotionale 192
Beziehungsaspekt 601
Beziehungsorientierter Führungsstil 317
Beziehungsstrukturen, sozio-emotionale 501
Bezugsgruppen 104, 161, 176, 432, 806, 1322, 1459, 1475, 1642
Bilanzanalyse 708
Bilanzausschuss 895
Bilanzkennzahlen 1306
Bilaterale Koordination 187
Binnenmodernisierung 942
Biologische Evolutionstheorie 257

Black Box 1394
Blanketttatbestand 1637
Blinder Fleck 1396
Board, Chairman of the 253
Board-Modell 67, 167, 1523
Board of Directors 99
Board Performance Evaluation 248
Board-System 67, 167, 1523
Board-Verfassung 67, 167, 1523
Bonus 22
Börsenkapitalisierung 1616 f., 1621
Bottom-up-Planung 1539
Bottom-up-Verfahren 108, 692
Boundary Spanner 736
Bounded Rationality 223, 232, 490, 515, 1167, 1238, 1451
Branche 1549
Branchenabkommen 1486
Brauchbare Illegalität 500
Bricolage 460
Budgetary Slack 111
Budgetierung 105
Budgetplanung 107
Bundes-Immissionsschutzgesetz 1483, 1486
Bundesverband der Deutschen Industrie 895
Bundesverfassungsgericht 883
Bürgerorientierte Organisationsmodelle 1118
Bürgerorientierung 942, 1118
Bürokratie 113, 833, 844, 929, 941, 1071, 1075, 1118, 1220
Bürokratiemodell 941, 1118
Bürokratietheorie 844
Bürokratische Herrschaft 131
Bürokratisierung 833, 1220
Büroorganisation 455
Business Judgment Rule 963, 1443
Business Process Reengineering 609, 1054
Business Web 900
Buy-Out 765

CalPERS 575
Cash Flow 779
Category Management 5
Center-Konzepte 1138
CEO 101, 1441
Chairman 103
Chairman of the Board 253
Chancenmatrix 1495
Change Agent 1472
Change Management 921, 989, 1039, 1120, 1472, 1605 ff.
Change Management-Prozess 1120
Chaos- und Komplexitätstheorie 123
Charisma 131, 301, 762, 950
Charismatische Führer 950
Charismatische Führung 131, 301
Charismatische Führungstheorien 131 ff., 301
Charismatische Herrschaft 762
Cheapest Cost Avoider 959
Cheapest Risk Insurer 959
Checks and Balances 166
Chicago-Schule 958, 962
Chief Communication Officer 1539

Sachregister

Chief Executive Officer 101, 1441
Chief Financial Officer 101
Clan 115
Clan-Organisation 1602
Clan-Zugehörigkeit 692
Coaching 137
Coase-Theorem 958
Combined Code 102
Commitment 192, 236, 1385
Common Law 959, 965
Community of Practice 144, 736
Competence Center 901
Competitive Intelligence 636
Compliance 249
Compliance-Beauftragter 250
Compliance-Controlling 1099
Compliance, Prüfung der 249
Compliance Tests 987
Comps 263
Computergestützte Informationssysteme 1055
Computer Integrated Manufacturing 690
Concepta-Ebene 522
Consideration 317
Continuous Process Improvement 1054
Contractual Network 963
Controller 153
Controlleraufgaben 158
Controlling 152, 834, 1249
Controlling Overlayer 1368
Coping-Strategien 1293
Corporate Citizenship 1102
Corporate Crime 1638
Corporate Governance, externe 165
Corporate Governance, internationaler Vergleich 171
Corporate Governance, interne 165
Corporate Governance-Kodizes 176
Corporate Governance-System 68, 171
Corporate Governance (Unternehmensverfassung) 160, 248, 575, 805, 1442, 1522, 1642
Corporate Raider 572
Corporate Social Performance 1323
Corporate Social Responsibility 744, 1323
Corporate Strategy 334, 1549
Costly Bounded Rationality 223
Cost Retrenchment 1472
Cranfield-Ansatz 434
Critical Juncture 1302
Cross-Impact-Matrix 1480
Culture-Assimilator 528
Customer Relationship Management 689, 1545

Data Warehouse-Konzept 1249
Datenanalyse 856
Datenerhebung 855
Datenerhebungs- und Rückkopplungsmethode 990
Datenmanagement 483
DCGK 66, 164, 168, 248, 252, 358, 370, 375, 405, 785, 1443, 1445, 1461, 1465

Defensives Aktionsmuster 1630
Defensive Wettbewerbsstrategie 1631
Dekonstruktion 1169
Dekonstruktives Verfahren 1170
Delegationsentscheidungen 41
Delegationsproblem 181
Delegationsstruktur 1483
Delegationsvorteil 1079
Delegation von Aufgaben 180
Delegation (Zentralisation und Dezentralisation) 179, 789, 807, 849, 899, 1089, 1116, 1668
Delegative Führungsmodelle 1118
Delegative Organisationsmodelle 1118
Delegativer Führungsstil 316
Delisting 406, 767
Demographischer Ansatz 189
Demokratie 884
Demokratischer Führungsstil 316
Demokratisierung 883, 1120
Dequalifizierung 42
Deregulation 1119
Deregulierung 942
Desintegration 1005
Desintermediation 831
Detailbegründung 374
Determinismus 1076
Deterministisches Chaos 123
Deutero Learning 733
Deutscher Corporate Governance Kodex 66, 164, 168, 248, 252, 358, 370, 375, 405, 785, 1443, 1445, 1461, 1465
Deutschland AG 66
Deutungsnormen 1315
Dezentrales Modell 1134
Dezentralisation 181, 186, 485, 789, 1125, 1315
Dezentralisation, Gestaltung der 184
Diagnose 993, 1048
Dialektik der Kontrolle 760
Dialog 1170, 1514, 1534
Dienstleistungen, interne 1665
Dienstleistungsnetzwerke 1545
Dienstleistungsorganisation 212, 630
Dienstleistungsunternehmen 291, 1499
Dienst nach Vorschrift 865
Dienstvertrag 182
Differenzierte Strukturen 543
Differenzierung 537, 688
Differenzierung, funktionale 1398
Differenzierungsstrategie 1627
Diffusion 485
Diffusionsforschung 802
Dilemma 196, 352, 819, 1168
Dilemma-Management 195
Dimension der Delegation 181
Diplomatische Verhandlungen 1583
Direktionsrecht 182, 789
Direktiver Führungsstil 316
Direktorialprinzip 1446
Direktor, kaufmännischer 1062
Direktor, technischer 1062
Disaggregation 689
Discounted Cash Flow 1321

Disjointed Incrementalism 1371
Disjunkte Herrschaftsbeziehung 763
Diskriminanzanalyse 710
Diskriminierung 119, 1171
Diskurs 1170, 1514
Diskursanalytische Ansätze 1170, 1514
Diskurstheorie 1170
Diskussionskultur 163
Dispositive der Macht 764
Dispositiver Faktor 967
Distanz, kulturelle 526
Distinkte Kompetenz 933
Distributionskanal 1545
Disziplinierung des Managements 572
Divergenztheorem der Führung 297
Diversifikation 1339f., 1377, 1386, 1471, 1550ff.
Diversifikationsgrad 548, 1339
Diversifikationsstrategie 1339, 1550
Diversifikationsstrategie, unverbundene 1552
Diversifikationsstrategie, verbundene 1552
Diversifikationsstrategie, vertikale 1552
Diversität 190, 343, 501, 522, 691
Diversität, kulturelle 522
Diversitätsmanagement 435
Divestiture 334
Division 830
Divisionalisierte Strukturen 135, 830, 1249, 1333, 1666
Divisionalorganisation 1666
Divisionalstruktur 1333
Doing Gender 343
Dokumentation 1223
Dokumentationssystem 1483
Dominante Koalition 799, 1442
Dominante Logik 798
Doppelmandat 687
Doppelte Hermeneutik 567
Doppelte Interaktion 624
Double-Loop-Learning 733
Drittparteien 693
Duales System Deutschland 1486
Dualistisches System 890
Dualität von Strukturen 863
Due Diligence 337, 768, 980
Dunkelfeld 1634
Duplexorganisation 829
Durchlaufzeit 1184
Dyadentheorie der Führung 304
Dynamic Capabilities 1300, 1645
Dynamische Fähigkeiten 1300, 1645
Dysfunktionalität 118, 411

Ebenen des Organisierens 284
Economic Model of the Firm 1321
Economic Value Added 1619
Economies of Scale 690, 1336, 1339f., 1384f.
Economies of Scope 690, 1379, 1386, 1553
Effekte, externe 824, 1567
Effektivität 979, 1120, 1535

Efficient Consumer Response 1541, 1545
Effiziente Technologienutzung 1412
Effizienz 167, 426, 831, 892, 979, 1120, 1162, 1483, 1535
Effizienzbewertung 1092
Effizienzhypothese 158
Effizienzkonzept, organisatorisches 1038, 1095 f.
Effizienzkriterien 831, 1039
Effizienzkriterien, organisatorische 1039
Effizienztheorie 335
E-Government 945
Ehrenamtliche Entscheidungsträger 950
Ehrenamtliches Engagement 951
Eigeninteresse 873
Eigenkapital 1306
Eigenkomplexität 622
Eigennutzkalkulierer, rationaler 838
Eigenschaftstheorie der Führung 300
Eigentum 1523
Eigentümer 467
Eigentümerfunktion 268
Eigentümerrolle 267
Eigentümerstruktur 769
Eigentümerunternehmer 179
Eigentum, intellektuelles 147
Eigenverantwortlichkeit 377
Eigenverwaltung 1311
Eindruckssteuerung 450
Einfachstrukturen 135
Einfluss 467, 757
Einflussnahme 1117
Einflusstaktiken 303
Eingliederung 425, 683
Eingriff zentraler Instanzen 187
Einheit, organisatorische 71, 1000, 1004, 1356 ff.
Einkommensaspekt 1429
Einkreissystem 1247
Einliniensystem 829, 848, 1249, 1334
Einpersonen-Eigentümerunternehmung 179
Einstellung 455
Einstellungsinterview 455
Einzelgeschäftsführungsbefugnis 356
Einzelhypothese 1162
Elementaraufgabe 59
Elementarfaktoren 967
Éléments d'administration 1071
EMAS 1482, 1484, 1487
Emergenz 458, 499
Emergenzprinzip 499
Emergierende Strategien 458
Emotionen 205 ff., 305
Emotionen in Organisationen 205
Empire Building 335, 770
Empirische Untersuchungen 1162
Empirismus 1641
Empowerment 33, 43, 1214
Enacted Environments 264, 625
Endogene Globalisierung 363
Enterprise Application Integration 690

Enterprise-Resource-Planning-Systeme 475
Entfremdung 469
Entgeltsysteme 1129
Entindividualisierung 469
Entlastung 378
Entlernen 734
Entlohnung, leistungsabhängige 952
Entpersonalisierte Führung 297
Entrapment 396
Entrepreneur 215
Entrepreneurship 215, 1522
Entropie 1393
Entscheidungen 230 f., 1115, 1119
Entscheidungen, komplexe 230
Entscheidungen, Merkmale von 231
Entscheidungsakt 1153
Entscheidungsdelegation 849
Entscheidungsfindung, intuitive 1642
Entscheidungsfindung, kollektive 961
Entscheidungsforschung, psychologische 240
Entscheidungskompetenz 1338, 1486
Entscheidungslogischer Ansatz 223
Entscheidungsorientierte Organisationstheorie 222
Entscheidungspathologien 235
Entscheidungsprämissen 1029
Entscheidungsprozess 229, 309, 1117 f., 1351, 1660
Entscheidungsprozessanalyse 1076
Entscheidungsprozesse in Organisationen 229
Entscheidungsqualität 1121, 1353
Entscheidungsrollen 817
Entscheidungsspielraum 40, 805
Entscheidungsstrukturen 40
Entscheidungssystem 1115
Entscheidungstheorie 116, 154, 1162, 1301
Entscheidungstheorie, interaktive 1342
Entscheidung, strategische 184
Entscheidungstypen 1118
Entscheidungs- und Kontrollspielraum 40
Entscheidungs- und Weisungsbefugnisse 1038
Entscheidungsverhalten, individuelles 239
Entscheidungsvorbereitung 1350, 1642
Entscheidungsvorbereitung, Theorie der 1642
Entscheidungszentralisation 1668
Entsenderecht 890
Entsendungspolitik 527
Entsprechenserklärung 786
Entwicklungslinien 432
Environmental Theory 300
Epistemologie 800
Epochenansatz 1165
Erfahrungsbasierte Trainingsmethoden 528
Erfahrungseffekte 1301

Erfolg 220
Erfolgsbeteiligung 184, 419
Erfolgsfaktoren 1618, 1620
Erfolgsfaktorenforschung 220, 1618, 1620
Ergebniskontrolle 84, 156, 672
Erhaltung 1046
Erhebung 1047
Erhebungsmethoden 253
Erhebungstechniken 1051
Erkenntnistheorie 1640
Erlanger Schule 647
Ermessen 355
Ermessen, unternehmerisches 1443
Erwartung 908, 971
Erwartungen, normative 295, 1289, 1292
Erwartungs-Valenz-Theorie 320
Erweiterte Kameralistik 944
Escalation of Commitment 236 f.
Ethik 26, 299, 352, 650, 1511 ff.
Ethik-Hotline 352
Ethische Leitlinien 352
Ethisches Dilemma 352
Ethisches Verhalten 352
Europäische Aktiengesellschaft 68, 100, 172 f., 892
Europäischer Betriebsrat 892 f.
Europäisierung 887
EU-Transparenzrichtlinie 1465
EU-Übernahmerichtlinie 895
Evaluation der Unternehmensführung 247
Evaluative Rationalität 1237
Evolution 125, 257, 1371
Evolutionary Approach 263
Evolution, soziokulturelle 257
Evolutionstheoretischer Ansatz 256, 1082
Evolutionstheorie 256 ff., 1313, 1432
Evolutionstheorie, biologische 257
Evolutionsversagen 1301
Executive Information System 1250
Exit 165, 254
Exklusion, systematische 1171
Exogene Globalisierung 362
Experte 493
Expertenmacht 864
Explizites Wissen 735, 1648
Exploitation 615
Exploration 615
Explorative Forschungsstrategie 858
Externe Effekte 824, 1567
Externes Rechnungswesen 155
Extranet 604, 692
Extrinsische Anreize 22, 1576
Extrinsische Motivation 22, 1576

Fachkompetenz 792
Fachliche Weisungsbefugnis 829
Fähigkeiten 1629
Fähigkeiten, dynamische 1645
Fähigkeiten, kollektive 614
Fairness 26, 163, 959, 1575
Fairness, prozedurale 349
Faktischer Konzern 682
Faktorallokation 877

Faktorspezifität 483
Fallstudien 858
Fallweise Regelung 968
Familienunternehmen 267, 766, 934
Fayolsche Brücke 409
Feedback 776
Fehlentscheidung 236
Feindliche Übernahme 573
Feminismus 119
Fertigungsinsel 82, 1230
Fertigungssegmentierung 82, 1185
Fertigungsteam 382
Fertigungstechniken, flexible 279
Festgehalt 1577
Filiale 80
Filialorganisation 1334
Finalität 187
Finanzbudget 108
Finanzholding 422
First Mover Advantage 742
Five Forces 1384, 1479
Flächentarifvertrag 884
Flankierung 1096
Flexibilisierung 920
Flexibilität 276 ff., 1029, 1110, 1127, 1528
Flexibilität, organisatorische 276
Flexibilitätsbedarf 277
Flexibilitätsnachfrage 283
Flexibilitätsnutzen 281
Flexibilität, strategische 278
Flexible Fertigungstechniken 279
Flexible Spezialisierung 42 f.
Flexible Technologien 935
Fließprinzip 1184
Fluktuation 191
Fluktuationsrate 190 f.
Fluktuierende Hierarchie 411
Fordismus 30, 1066
Formale Organisationsstrukturen 46
Formale Regeln 971
Formalisierte Kommunikation 602
Formalisierung 117, 844, 850, 1223
Formalstruktur 865
Forschungsformen 856
Forschungsmethoden 854
Forschungsstrategie, explorative 858
Forschungsstrategie, prüfende 857
Forschung und Entwicklung 288, 290, 1418
Forschung und Entwicklung, Organisation der 285
Fortführungsprognose 1308
Fortschrittsfähige Organisation 779
Fortschrittskontrolle 84
Fraktales Unternehmen 901
Framing-Effekt 492
Frauenforschung 341 ff.
Free-riding 384, 392, 961, 963, 1121, 1179 f.
Freiwilligenarbeit 951
Fremdbeobachtung 814
Fremdbild 451
Fremdevaluation 249
Fremdkontrolle 156
Fremdorganschaft 63
Fremdreferenz 1398
Frieden, sozialer 1514

Friendly Takeover 333
Frühaufklärungssysteme 1477
Früherkennungssysteme 707
Frühwarnsysteme 1477
Führer 298, 816
Führerrolle 297
Führung 147, 468
Führung, Attribute herausragender 134
Führung, Dyadentheorie der 304
Führung, Eigenschaftstheorie der 300
Führung, entpersonalisierte 297
Führung, informelle 298, 501
Führung, interaktive 297
Führung, kognitive 1609
Führungsaufgaben 297
Führungsaufgabe, Organisation als 1097
Führungsbeziehung 297
Führungscontrolling 299
Führungsdefinitionen 296
Führungsdiskussion 296
Führungsdual 297
Führungseffekte 193
Führungsentscheidungen 1443
Führungserfolg 298, 320
Führungsethik 299
Führungsfaktor 300
Führungsforschung 296, 299
Führungsfunktionen 297, 1292
Führungsgrundsätze 799
Führungsholding 422
Führungsinstrumente 297, 834
Führungskompetenz 792
Führungskräfte 1125, 1340
Führungskräfteauswahl 300
Führungskräftevergütung 1574
Führungsmodelle 300
Führungsnachfolge 308
Führungsorganisation 172, 371
Führungspersonal 1340
Führungsphilosophie 798
Führungsprinzipien 297
Führungsprozess 305
Führungsqualitäten 835
Führungsrollen 1292
Führungssituation 298
Führungsstil 455, 527, 1292
Führungsstil, aufgabenbezogener 317
Führungsstil, autoritärer 316
Führungsstil, beziehungsorientierter 317
Führungsstil, dedicated 319
Führungsstil, delegation 319
Führungsstil, delegativer 316
Führungsstil, demokratischer 316
Führungsstil, direktiver 316
Führungsstile und -konzepte 316
Führungsstil, integrated 318
Führungsstil, participation 319
Führungsstil, partizipativer 316
Führungsstil, related 318
Führungsstil, selling 319
Führungsstil, separated 319
Führungsstil, telling 319
Führungsstrukturen 273
Führungsstruktur, vertikale 829
Führungssystem 153, 916, 1161

Führungstechnik 775
Führungstheorie, charismatische 301
Führungstheorie der kognitiven Ressourcen 303
Führungstheorie, funktionale 297
Führungstheorie, implizite 303
Führungstheorie, interaktionszentrierte 303
Führungstheorie, ökonomische 296
Führungstheorie, sozial-konstruktionistische 303
Führungstheorie, transformationale 301
Führungstriade 299
Führung, strukturelle 297
Führung, Substitutionstheorie der 302
Führungsverantwortung 1117
Führungsverhalten 316, 527
Führungsverhalten, interkulturelles 527
Führungsverständnis 295
Führungswechsel 274, 310
Führung, transaktionale 319
Führung, transformationale 135, 301, 320
Führung und Führungstheorien 294
Führung, Verhaltenstheorie der 301
Führung von unten 303
Führung, Weg-Ziel-Theorie der 302
Fundraising 952
Funktion 59, 629
Funktionale Äquivalente 1078
Funktionale Differenzierung 1398
Funktionale Organisation 324, 1666
Funktionaler Organisationsbegriff 967
Funktionale Spezialisierung 938
Funktionale Theorie der Führung 297
Funktionalstruktur, integrierte 544
Funktionenschutz 1461
Funktionsbudget 108
Funktionsgerechtigkeit 377
Funktionsintegration 383
Funktions-/Produkt-Matrizen 830
Funktionssystem 1398
Fusionen und Übernahmen (Mergers and Acquisitions) 332, 893
Fuzzy-Set-Analyse 710

Gebräuche 821
Gefährdungsdelikt, abstraktes 1635
Gefangenendilemma 825
Geführter 297
Gegenstromverfahren 108, 692
Gemeinschaftsunternehmen 1547
Gender Studies 341
Generaldirektor 1062
Generationswechsel 274
Generelle Regelung 968
GENESIS 1186
Geplante Evolution 1371
Gerechtigkeit 209, 959
Gerechtigkeit als Fairness 350
Gerechtigkeit, ausgleichende 348
Gerechtigkeit, austeilende 348
Gerechtigkeit, organisatorische 349

Gerechtigkeit und Fairness 347
Germanische Soziokulturen 185
Gerüchte 603
Gesamtaufgabe 55
Gesamtmarkt-Wettbewerbsstrategie 1630
Gesamtverantwortung 356
Geschäftsbereich 184
Geschäftsbereichsorganisation 687, 901, 1333
Geschäftseinheit 1495
Geschäftseinheit, strategische 1553
Geschäftsfelder 1550
Geschäftsführer 789
Geschäftsführungsprüfung 248, 983
Geschäftsleitung 885
Geschäftsmodell 1388
Geschäftsordnung 353, 1447
Geschäftsprozess 476
Geschäftsverteilung 353, 356
Geschichtenerzählen 1083, 1171
Geschlecht 190 f., 341
Geschlossene Organisation 196
Geschlossenes System 1367
Gesellschafterversammlung 788
Gesellschaftsrecht 961
Gesetzliche Anforderungen 1356
Gesetzliche Rahmenbedingungen 430
Gesetzmäßigkeit 376
Gesetz zur Kontrolle und Transparenz im Unternehmensbereich (KonTraG) 1279, 1461
Gestaltete Umwelt 264, 625
Gestaltung der Dezentralisation 184
Gestaltung, organisatorische 1036
Gestaltungsfreiheit 787 f.
Gestaltungsphilosophien 1012
Gestaltungsphilosophie, organisatorische 555
Gestaltungsprozess, organisatorischer 1097
Gestaltungsrollen 1290
Gewährleistungsstaat 942
Gewalt 757, 759
Gewaltenteilung 166
Gewässerschutzbeauftragter 1484
Gewerkschaften 881 f.
Gewinnabführungsvertrag 683
Gewinnbeteiligungen 1577
Gewinnmaximierung 875
Gewinnprinzip 1515
Gewinnverwendungsvorschlag 64
Gimpeleffekte 384
Glaubwürdigkeit 1263
Gleichgewichtsmodell 1265
Gleichgewichtsmodell, sequentielles 1265
Gleichgewichtstheorie, allgemeine 822
Gleichheitsparadigma 185
Gleichstellungscontrolling 346
Gliederungstiefe 848
Globale Umwelt 656
Globalisierung 192, 360, 689, 930
Globalisierung, endogene 363
Globalisierung, exogene 362
Globalisierungskritik 367

Globalisierungsprozess 360
Global Leadership and Organizational Effectiveness 133
GLOBE-Projekt 133, 304, 524
GLOBE-Studien 133
Going Concern 1306
Going Private 767
Going-Private-Management BuyOut 767
Governance 946
Governance-Modelle 167
Governance-Strukturen 758
Grad der Delegation 182
Grenzgänger 736
Grenzziehung 1081
Grid-Modell 992
Größenvorteile 690, 1336, 1339 f., 1384 f.
Groupthink 194, 236, 394
Grundannahmen 522
Gründer 215
Grundlagenentscheidung 400
Grundsätze ordnungsmäßiger Überwachung 70, 252
Grundsätze ordnungsmäßiger Unternehmensführung 70, 252, 369
Grundsätze ordnungsmäßiger Unternehmensleitung 70, 252, 785, 1443
Grundsätze wissenschaftlicher Betriebsführung 1229
Gründungsforschung 215
Gruppe 191, 1659
Gruppenarbeit 1230
Gruppenarbeit, teilautonome 31
Gruppendenken 194, 236, 394
Gruppendynamik 990
Gruppeneffekte 191, 391
Gruppeneffektivität 384
Gruppenentwicklung 380
Gruppen, informelle 500
Gruppenorientierung 1119
Gruppenprozesse 389
Gruppensprecher 383
Gruppen und Gruppenarbeit 380
Gruppenunterschiede 191
Gruppenverhalten und Gruppendenken 388
Gruppenzusammensetzung 193
Gutachter 86

Haftung 68, 70, 166, 375, 425, 1306, 1308, 1310, 1443
Haftungsvorschriften 166
Halbjahresfinanzbericht 1465
Handlungsabläufe 1432
Handlungsbereitschaft, gefühlte 207
Handlungsflexibilität 819
Handlungsgrundsätze 372, 374
Handlungsinterdependenzen 863
Handlungskompetenz 792
Handlungskontrolle 672, 910
Handlungsorientierung 910
Handlungsspielraum 382, 469, 502, 508, 805, 1443 f.
Handlungssysteme 1432
Handlungstheorie 818

Handlungstheorie, pragmatistische 867
Handlungsverantwortung 1558
Handlungsziele 54
Hardware 473
Harvard-Ansatz 432
Harvard-Konzept 1584
Harzburger Führungsmodell 1117
Hauptabteilung 1360
Hauptstudie 1045
Hauptversammlung 64, 355, 399 ff.
Hauptversammlung und Aktionärseinfluss 399
Hawthorne-Experimente 1073
Headship 296
Heimliche Spielregeln 1317
Herdendynamik 802
Herdenverhalten 802
Hermeneutik 1314
Hermeneutik, doppelte 567
Herrschaft 757, 762, 1071
Herrschaft, bürokratische 131 f., charismatische 762
Herrschaft, disjunkte 763
Herrschaft, konjunkte 763
Herrschaft, legale 762
Herrschaftstypologie 758
Herrschaft, traditionale 762
Heterarchie 412, 549, 920
Heterogenität 1446
Heuristische Modelle 1159
Hidden Action 1175, 1591
Hidden Action-Modell 1175
Hidden Characteristics 1176
Hidden Information 1176, 1591
Hidden Information-Modell 1176
Hierarchie 180, **407**, 467, 518, 579, 690
Hierarchie, Alternativen zur 412
Hierarchie, autokratische 410
Hierarchie, fluktuierende 411
Hierarchie, Funktionen und Dysfunktionen der 411
Hierarchie, kompetitive 410
Hierarchie, partizipative 410
Hierarchietypen 409
High-Involvement Management 917
High Performance Work Practices 877
High-Trust-Work-Systems 43
Historische Maschinen 1395
History Matters 1301
History Theory 300
Hochschulorganisation 413
Holding 421
Holdinggesellschaften 891
Holdingkonzern 684
Hold up 148, 162, 1001, 1454, 1591
Holzmüller-Entscheidung 401
Homo Oeconomicus 838, 1180
Homo Sociologicus 1290
Horizontale Allianzen 14
Horizontale Spezialisierung 39
Hostile Takeover 573
HRM, ressourcenorientiertes 431
HRM, strategieorientiertes 431
Humanisierung 1318
Humanisierung der Arbeit 1329

Humanisierung des Arbeitslebens 839
Humanistic Theories 301
Humankapital 220, 415, 431, 1019
Humanorientierung 429
Human Relations 1073
Human Relations-Ansatz 916, 1314
Human-Relations-Bewegung 838
Human Resource Cycle 432
Human-Ressourcen-Ansatz 1074
Human Resourcen-Schulen 1329
Human Ressourcen Management 428, 1124
Hybride Organisationsformen 1005
Hybride Wettbewerbsstrategien 1628
Hybridstrategien, sequentielle 1628
Hybridstrategien, simultane 1628
Hygienefaktoren 907

IAS 1464
Identifikation 469
Identität 469, 762, 1264, 1328, 1661
Identität, soziale 191
Identitätsprinzip 1476
Identitätstheoretischer Ansatz 441
Identitätstheorie, soziale 445
Idiosynkrasie-Kredit-Theorie der Führung 304
IFRS 1464
Illegalität, brauchbare 500
Image 1264
Image-Kontrolle 450
Imitationslernen 734
Immaterielle Ressourcen 1264, 1493
Immaterielle Werte 1263
Immissionsschutzbeauftragter 1484
Imperialismus, ökonomischer 960
Implementationsprobleme 1370
Implementierung 1611
Implementierungskontrolle 674
Implementierungsphase 1502
Implizite Führungstheorie 303
Implizites Wissen 735, 1642, 1648
Impression-Management und Unternehmensdramaturgie 133 f., 449
Impressionskontinuum der Führung 134
Improvisation 457
Increasing Returns 1301
Independent Outside Director 102
Indeterminiertheit 1314
Indifferenzzone 225
Indispensability Effects 384
Individualarbeitsrecht 430
Individualisierung 192
Individualismus, methodologischer 223, 515, 1567, 1589
Individualität 470
Individualschutz 1461
Individuum 465
Individuum und Organisation 464
Industrialisierung 1061
Industrielle Distrikte 932
Industrieökonomik 1385
Ineffizienz 832
Informale Kommunikation 602
Informale Regeln 971

Information 481, 623, 999, 1641 f., 1653
Information Center 485
Informationelle Macht 1354
Informationelle Rollen 817
Informationen 819, 1058
Informationen, asymmetrisch verteilte 822, 874, 1175, 1263
Informationsasymmetrie 118, 166, 435, 822, 874, 1175, 1263, 1591
Informationsbedarf 233
Informationsfluss 486
Informationsgefälle 118
Informationsmanagement 482
Informationsorientierte Trainingsmethoden 528
Informationspathologien 494
Informationsprozesse 484
Informationsquellen 641
Informationssammler 817
Informationssystem 482, 1245
Informationssysteme, computergestützte 1055
Informationstechnologien 472, 604, 1118
Informationstechnologie und Organisation 472
Informationsüberlastung 1532, 1535
Informations- und Kommunikationsflüsse 609
Informations- und Kommunikationstechnologie 292, 604, 1004, 1119, 1539
Informationsverarbeitung 489, 588
Informationsverarbeitung, menschliche 241
Informationsverarbeitung, Organisation der 481
Informationsverarbeitungsprozesse 232
Informationsverhalten 489
Informationsverlust 832
Informationsversorgung 2, 104, 152
Informationsverteiler 817
Informationsverteilung, asymmetrische 874, 1175, 1263
Information, unvollkommene 1345
Information, unvollständige 1343
Informelle Absprachen 1638
Informelle Führung 298, 501
Informelle Gruppen 500
Informelle Kommunikation 501, 602
Informelle Normen 500
Informelle Organisation 497, 1314
Informelle Rollen 500
Inhaltsanalyse 856
Inhaltsaspekt 601
Inhomogene Personalstruktur 192
Initiating Structure 318
Inkrementalismus 458, 1371
Inkrementalistische Steuerung 1370
Innerbetriebliche Arbeitsteilung 41
Innovation 190, 218, 505, 535, 1010
Innovationsbarrieren 509
Innovationsdruck 936
Innovationsfähigkeit 272
Innovationsgrad 506
Innovationskultur 1231

Innovationsmanagement 505
Innovationsprozess 507
Innovationsstrategie 511
Input-Output-Modelle 1394
Inside Director 101
Insiderkontrolle 173
Insolvenz 1309
Insolvenzplanverfahren 1309
Insolvenzprognose 708
Insolvenzquote 1310
Insolvenzrecht 1307
Insolvenzverwalter 1311
Instanz 1359
Institution 114, 219, 516, 924, 1000
Institutionalismus 718
Institutionelle Anleger 404
Institutionelle Dichte 938
Institutionelle Investoren 103, 572
Institutioneller Organisationsbegriff 969, 1089
Institutionenökonomie 514
Institution, innovative 1487
Instrumentalisierung 470
Instrumentalität 909
Instrumenteller Organisationsbegriff 967, 1089
Intangible Assets 876
Intangible Ressourcen 614
Integration 39, 1644
Integration, soziale 191, 499
Integration, vertikale 999, 1112
Integratormacht 865
Integrierte Funktionalstruktur 544
Integrierte Produktstruktur 545
Integrierte Regionalstruktur 546
Integrierte Strukturen 544
Integrierte Verbundrechnung 944
Intellektuelles Eigentum 147
Intellektuelles Kapital 1495
Intelligenz 490
Intelligenz, emotionale 206
Intentionalität 600
Interaktion 191, 598, 1290
Interaktion, doppelte 624
Interaktionismus, symbolischer 563, 718, 1083, 1327 f.
Interaktionsgemeinschaft 144
Interaktionshäufigkeit 194
Interaktionspotenziale 600
Interaktionsprozess 190
Interaktionsqualität 190
Interaktionssituation 522
Interaktionstheorie 1415
Interaktionszentrierte Führungstheorien 303
Interaktive Entscheidungstheorie 1342
Interaktive Führung 297
Interdependenz 459, 691, 863, 1354, 1362, 1451
Interdisziplinarität 1485
Interesse 467, 1116, 1582
Interessenkonflikt 163, 166, 425
Interkulturelle Personalentwicklung 528
Interkulturelles Management 521
International Division 543
Internationales Management 523

Sachregister

Internationale Strategien 531
Internationale Unternehmen 888
Internationale Unternehmen, Organisation der 541
Internationalisierung 290, 830
Internationalisierungsgrad 548
International Public Sector Accounting Standards 944
Interne Dienstleistungen 1665
Interne Komplexität 939
Interne Märkte 552, 1668
Interner Arbeitsmarkt 847
Interne Revision 981, 1281
Interne Situation 657
Internet 404, 450, 604, 692, 1231
Interorganisationale Beziehungen 1082, 1298
Interorganisationsbeziehung 1298
Interorganisationstheorien 1543 f., 1547
Interpersonelle Konflikte 190
Interpersonelle Rollen 816
Interpretative Organisationsforschung 560
Interpretativer Ansatz 1314
Interpretatives Paradigma 562, 1291
Interventionstechniken 992
Intranet 604, 692
Intraorganisatorischer Wandel 349
Intrapreneur 1192
Intrapreneuring 696
Intra-Rollen-Konflikt 1293
Intra-Sender-Konflikt 1293
Intrinsische Anreize 22, 25
Intrinsische Motivation 25, 42, 1576
Intuition 374, 1642
In- und Outsourcing 1039, 1108 ff.
Investitionen, spezifische 1325
Investmentbank 1267
Investoren, institutionelle 103, 572
Investor Relations 1460, 1532, 1535, 1539
Iowa-Studien 316
IPO 1267
ISO 14001 1482, 1484, 1487
Isomorphie 928, 1076
Issue Management 741

Jahresabschlussprüfung 981
Jahresfinanzbericht 1465
Jazz 458
Job Characteristics 42
Job Enlargement 31, 42, 382
Job Enrichment 31, 42, 382
Job Rotation 31, 42, 192, 382
Jobsuche 455
Joint Venture 15, 527, 1006, 1547

Kaizen 381
Kaldor-Hicks-Kriterium 878, 958, 962, 965
Kameralistik, erweiterte 944
Kapazität, absorptive 1645
Kapitalbindung 41
Kapitalerhaltung 1322
Kapitalgesellschaften 788
Kapital, intellektuelles 1495
Kapitalintensität 1385

Kapitalmarkt 66, 175, 247, 361, 571 ff.
Kapitalmarktkommunikation 1532
Kapitalmarktorientierte Unternehmen 1462
Kapitalmarkttheorie 960
Kapitalmarkt und Management 571
Kapital, soziales 220, 1019
Kapitalstruktur 769
Kapitalwertmethode 1321
Karriereforschung 191
Karrieremuster 1576
Karrieren und Laufbahnen 579
Karriere- und Leistungsversprechen 876
Katalog zustimmungspflichtiger Geschäfte 890
Kategorisierung, soziale 191
Kategorisierungstheorien 296
Kausalattribution 911
Kennzahlen 82, 709
Kennzahlensystem 709, 773, 1235
Kernbereichsmodell 1671
Kernfähigkeiten 640
Kernkompetenz 615, 640, 1231, 1264, 1275, 1385, 1542, 1629, 1645
Key Account Management 5
Klassische Arbeitsgruppen 382
Klassische Mediation 634
Klassische Organisationstheorie 1070, 1329
Kleinserienfertigung 1229
Know-how 830
Knowledge Creation 735
Knowledge Enabling 1654
Knowledge how 1648
Knowledge that 1648
Koalition 1322
Koalition, dominante 799, 1442
Koalitionstheorie 1076
Kognition 209, 524, 588, 1027
Kognitive Agenda 818
Kognitive Dimension 937
Kognitive Führung 1609
Kognitive Orientierungsmuster 555
Kognitiver Ansatz 587
Kognitive Rationalität 1237
Kohäsion 76, 499
Kohäsive Gruppen 394
Kollegialentscheidungen 1637
Kollegialorgan 353
Kollegialprinzip 374, 1446
Kollektive Akteure 867
Kollektive Fähigkeiten 614
Kollektive Rationalität 1240
Kollektives Arbeitsrecht 430
Kollektive Selbstregulation 382
Kollektive Verantwortung 1559
Kollektive Ziele 937
Kommunikation 192, 468, 596, 690, 815, 833, 916, 1357
Kommunikation, formalisierte 602
Kommunikation, informale 501, 602
Kommunikation, interkulturelle 527
Kommunikationsanalyse 606
Kommunikationsbarrieren 609
Kommunikationsbotschaft 1532

Kommunikationsfähigkeit 1268
Kommunikationsformen 602
Kommunikationsinstrumente 1532
Kommunikationsintensität 833
Kommunikationskanäle 600
Kommunikationskompetenz 600
Kommunikationsmaßnahmen 1532
Kommunikationsmittel 1533
Kommunikationsnetzwerke 603
Kommunikation, soziale 597
Kommunikationspartner 599
Kommunikationspolitik 1
Kommunikationsprobleme 191
Kommunikationsprozess 598
Kommunikationsstruktur 409
Kommunikationstechnologie 292, 604, 1004, 1119, 1539
Kommunikationsträger 1533
Kommunikationswege 608
Kommunikationszielgruppen 1532
Kommunikation, verzerrte 1171
Kommunikation, virtuelle 150
Kommunikator 599
Kommunitarismus 943
Kompetenz 209, 612 ff., 692, 833, 1357, 1629
Kompetenz, distinkte 933
Kompetenzen, organisationale 612
Kompetenzentwicklung 579
Kompetenz, interkulturelle 527
Kompetenzmanagement 795
Kompetenz, soziale 83
Kompetitive Hierarchie 410
Komplementarität 177
Komplementaritätseffekte 1302
Komplexe adaptive Systeme 124
Komplexer Mensch 839
Komplexität 61, 371, 657, 689, 1030, 1081, 1161, 1358, 1369
Komplexität der Arbeitsaufgabe 910
Komplexität, interne 939
Komplexitätsgefälle 623
Komplexitätskosten 1187
Komplexitätsmanagement 618
Komplexität, technische 1411
Konditionalprogramme 225
Konditionalprogrammierung 1298
Konditionierung 1328
Konfiguration 117, 844, 848, 969
Konfigurationseffizienz 1095
Konfigurativer Organisationsbegriff 968
Konflikt 191, 469, 691, 764, 832, 1344, 1660
Konfliktaustragungsform 632
Konflikte in Organisationen 628
Konflikte, interpersonelle 190
Konfliktfähigkeit 835
Konfliktmanagement 352, 689, 920
Konfliktpotenzial 1121
Konformitätsdruck 394
Konjunkte Herrschaftsbeziehungen 763
Konkurrentenanalyse (Corporate Intelligence) 635
Konkurrenzanalyse, technologieorientierte 1422
Können 647

Konsens 884
Konservativismusschub 394
Konsistenz 177, 1238
Konstruktivismus 625, **644**, 919, 1084, 1314
Konstruktivismus, methodischer 647
Konstruktivismus, radikaler 646
Konstruktivismus, sozialer 646, 1413, 1641
Konsultationsrat 895
Kontextfaktoren 975, 1093
Kontextsteuerung 503, 626, 1369, 1372
Kontingenzansatz 7, **653**, 924, 926, 1075 f., 1410
Kontingenzfaktoren 7, 482, 547, 1644
Kontingenztheorie der Führung 302
Kontingenztheorie der Technologie 1411
Kontinuierlicher Verbesserungsprozess (KVP) 381, 1185, 1222
KonTraG 1279, 1461
Kontrolle 153, 572, **668**, 760
Kontrolle, Funktionen der 669
Kontrolle, soziale 937, 1602
Kontrolle, strategische 673
Kontrolle, Verhaltenswirkungen von 676
Kontrollformen 671
Kontrollmechanismen 807
Kontrollorgan 893
Kontrollphilosophien 175
Kontrollspanne 117
Kontrollsystem 678
Kontroll- und Anreizsysteme 467
Konvergenzdebatte 176
Konvexität 823
Konvexitätsbedingung 823
Konzern 680, 1543, 1545, 1547
Konzernbuchführung 1248
Konzern, diversifizierter 684
Konzern, faktischer 682
Konzern, gemischter 684
Konzern, horizontal gegliederter 684
Konzernkostenrechnung 1248
Konzernmanagement 685
Konzernorganisation 680
Konzernrechnungslegung 682
Konzernrecht 681
Konzern, vertikal gegliederter 684
Kooperation 26, 333, 518, 1541
Kooperationsfehler 826
Kooperationsgrundsätze 374
Kooperationsmodell 1135
Kooperationsrente 874
Kooptation 891, 1146
Koordination 6, 187, 217, 378, 555, 772, 821, 846, 1093, 1358, 1588, 1644
Koordination, bilaterale 187
Koordination, hierarchische 1453
Koordination, marktliche 1452
Koordinationsbedarf 180
Koordinationseffekte 1302
Koordinationseffizienz 1671
Koordinationsfehler 825
Koordinationsfunktion 1245

Koordinationsgremium 187
Koordinationsinstrumente 6
Koordinationskosten 873, 1000, 1453
Koordinationsmechanismus 157, 1452
Koordinationsmechanismus, intermediärer 1453
Koordinationsproblem 187, 772, 825, 1344, 1453
Koordinationsspanne 696
Koordinationsspiele 825
Koordinationsstruktur 409
Koordination und Integration 688
Koordinator 817
Kopplung, lose 624, 1169
Kopplung, strukturelle 623, 1395
Korporation 1558
Korporatismus 890
Korporative Verantwortung 1560
Kostenführerschaft 1385
Kostenführerstrategie 1627
Kosten-/Nutzen-Analyse 965
Kostensynergieeffekte 939
Kosten- und Leistungsrechnung 944
Kosten, versunkene 177, 1001, 1451
Kostenvorteile, absolute 1385
Krankenhausleitung 702
Krankenhausmanagement 697
Kreative Zerstörung 462
Kreativität 211
Kreativitätstechniken 1051
Kreditbetrug 1633
Kreditwürdigkeit 708, 1267
Kreislaufwirtschaftsgesetz 1484, 1486 f.
Kriege, neue 1584
Kriminalitätstheorien, ökonomische 1636
Krisendiagnose 707
Krisenforschung und Krisenmanagement 706
Krisenkommunikation 713
Krisenmanagement 730, 741
Krisenmanager 817
Krisentypen 709
Krisenursachen 708
Kultur 468, 523, 716
Kulturalismus 648, 718
Kulturalist 522
Kulturdimensionen 525
Kulturfelder 524
Kulturvergleichende Organisationsforschung 716
Kundenbetreuungsteam 5
Kundenbeziehungsmanagement 2
Kundenintegration 1007
Kundenkommunikation 1533
Kundenkooperation 1545
Kundenorientierte Organisationsmodelle 1118
Kundenorientierung 898, 1207
Kundensegmentmanagement 5
Kündigungsschutz 1308
Künstliche Neuronale Netze 710
Kybernetik 622, 1080, 1366, 1369, 1394

Kybernetik zweiter Ordnung 1373, 1396

Labour Process Debate 758
Lageorientierung 910
Landesgesellschaften 1256
Landeskultur 524, 1030, 1116
Lastenheft 1200
Laterale Allianzen 14
Laufbahn 272
Laufzeiten 1579
Lead Director 103
Leader Behavior Description Questionnaire 301
Leader Motive Profile Theory 300
Leadership 296
Leadership Grid 318
Leadership Motive Syndrome 300
Lead User 1546
Lean Production 33, 43
Lebenswelt 563
Lebenszyklus 630
Lebenszyklus-Modelle 694
Lebenszyklus, organisationaler 725
Legale Herrschaft 762
Legitimation 800, 1661
Legitimationsempfindliche Organisationen 951
Legitimationsfunktion 800
Legitimität 762 f., 954, 1323
Leistung 190
Leistungsabhängige Entlohnung 952
Leistungsbeurteilung 253, 774
Leistungsbeurteilung, betriebliche 678
Leistungsbreite 999
Leistungsmessung 773
Leistungsmotivation 218, 1575
Leistungstiefe 999
Leitbild der Hierarchie 180
Leitung 160, 296
Leitung, einheitliche 680, 1547
Leitungsinstanz 1358
Leitungsorgan 893
Leitungsspanne 327, 849, 1358
Leitungssystem 844
Lenkungsausschuss 1502
Lerneffekte 177
Lernende Organisation 292, 733, 1120, 1314, 1332, 1486 f.
Lernen dritter Ordnung 733
Lernen durch Beobachtung 802
Lernen durch Imitation 734
Lernen erster Ordnung 733
Lernen, organisationales 732, 989, 1036, 1314
Lernen über Lernen 733
Lernen, umweltregulatorisches 1487
Lernen zweiter Ordnung 733
Lernformen 733
Lernkulturen 1120
Lernkurveneffekte 40
Lernstattkonzepte 1122
Lerntheorien, soziale 300
Leveraged-Buy-Out 334, 766
Leverage-Effekt 769
Lieferantenkooperation 1545
Lineare Programmierung 1077

Linguistic Turn 648
Linguistische Kommunikationsanalyse 608
Linienkompetenz 1334
Linienmanagement 829
Linking Pin 187, 690
Liquidation 1311
Liquiditätsplanung 1306
Lobbying 739
Lock-in 1302
Logik 800
Logik der Angemessenheit 225
Logik der Konsequenz 225
Logik, dominante 798
Logistik, Organisation der 745
Lokomotionsfunktion 76
London-Ansatz 433
Lose gekoppelte Strukturen 624
Lose gekoppelte Systeme 626
Lose Kopplung 624, 1169
Lösungsentwurf 1048
Loyalität 175, 1263

Macht 468, 864, 883, 886, 1110, 1323, 1522
Machtausübung 1117
Machtbasen 759
Machtbeziehung 864
Macht, Dispositive der 764
Machteingriff 634
Machteingriff im Konflikt 634
Machtgrundlagen 759
Macht, informationelle 1354
Macht in Organisationen 757
Machtinstitutionalisierung 866
Macht, Mikropraktiken der 764
Machtquelle 583
Macht, soziale 455
Machtspiele 866
Machtstellung 1115
Machtstrategien 864
Machttheorie der Führung 300
Machtverhältnisse 878
Machtverlust 1121
Machtverteilung 185
Mäeutik 1585
Maklermacht 865
Makrostruktur der Organisation 180
Makro-Vorgehensweise (HRM) 431
Management-Buy-In 334
Management-Buy-Out 334, 765
Management by Objectives 297, 689, 772
Managemententscheidungen 1642
Managementfähigkeiten 1264
Managementfehler 827
Managementforschung 345
Managementfunktion 1124, 1524
Managementfunktion Organisation 1034
Management-Guru 802
Management-Informationssystem 772, 1250
Management-Informationssystem, öffentliches 945
Managementkompetenzen und Qualifikation 791
Managementkonzept 798, 800

Managementlehre 295, 814
Managementorientierung 429
Managementphilosophien und -trends 798
Managementpraxis, japanische 1222
Managementprinzipien 1071
Managementprozess 336, 1124, 1524
Managementprozess, strategischer 1492
Managementsysteme 690, 1485
Managementsysteme, integrierte 1483
Management, systemisch-ganzheitliches 689
Managementtechniken 1052
Managementtheoretische Rechtsnormanalyse 782
Management und Recht 780
Management- und Steuerungstechnik 773
Managementwissen 370, 1641
Manager 814
Managerherrschaft 805, 1523
Managerial Grid 318
Managerialismus 805
Managerrollen und Managerverhalten 813
Managing Diversity 343
Manipulation 757
Männerforschung 342
Marketing, vertikales 1545
Markt 821, 1000
Marktdruck 552
Markteintritt 1266
Markteintrittsbarrieren 1385
Markterschließungsstrategie 527
Markt, fiktiver interner 556, 558
Markt für Unternehmenskontrolle 173, 175, 333, 572, 963
Markt, interner 552 ff., 1668
Marktkapitalisierung 1616 f., 1621
Marktkommunikation 1533
Marktkontrolle 165, 953
Marktliberalismus 958
Marktliche Transaktion 518
Marktmechanismus 821, 874
Marktorientiertes Technologiemanagement 1419
Markt, realer interner 556 f.
Marktumfeld 220
Markt- und Kundenorientierung 1182
Marktunsicherheit 1006
Markt, unternehmungsinterner 552
Marktversagen 553, 959, 1078
Marktversagen und Organisationsversagen 820
Maschinenbürokratien 135
Maschinenmodell der Organisation 772
Mass-Customization 697, 1545
Massenfertigung 1229
Massenmarkt-Wettbewerbsstrategie 1630
Massenproduktion, individualisierte 1545
Materielle Ressourcen 1493

Matrixinstanz 184
Matrixmodell 1670
Matrix-Organisation 184, 547, **828**, 1503
Matrixstruktur 184, 1254
Mechanistisches Weltbild 1393
Mediation 633
Mediation, klassische 634
Mediation, supervisorische 634
Mediation, therapeutische 634
Mediation, transformative 634
Medien 186, 1027
Medieneinsatz 186
Medium 599
Mehrfachmandate 66
Mehrfachzielsetzungen 952
Mehrliniensystem 848, 1249
Mengenteilung 39, 41
Menschenbilder 295, **836**, 917
Menschenbild X 837
Menschenbild Y 837
Menschenwürde 960
Mensch, komplexer 839
Mensch, moralischer 841
Mensch, sich selbst aktualisierender 839
Mensch, sozialer 839
Mentale Modelle 385
Mergers & Acquisitions 333
Merkmale des Personals 190
Messbarkeit 1451
Messung von Organisationsstrukturen 843
Messung von Zentralisationsgraden 182
Metaroutine 1300
Metastandards, organisationale 1485
Methoden der empirischen Managementforschung 853
Methodischer Konstruktivismus 647
Methodologischer Individualismus 223, 515, 1567, 1589
M-Form 1378
Michigan-Ansatz 432
Michigan Studies 317
Migration 690
Mikro-Analyse kritischer Episoden 634
Mikroökonomie 435, 1078, 1301
Mikropolitik 226, 435, 502, **861**, 994, 1077
Mikropolitik, aspektuales Verständnis von 862
Mikropolitiker 862
Mikropolitik, konzeptuales Verständnis von 862
Mikropolitische Techniken 862
Mikropolitische Theorien der Organisation 841
Mikropraktiken der Macht 764
Mikrostruktur der Organisation 180
Mikro-Vorgehensweise (HRM) 431
Minderheitenschutz in der Hauptversammlung 405
Minderheitsbeteiligung, einseitige 15
Mischkonzern 684
Mission 950, 953
Missmanagement 161

Mitarbeiterkommunikation 1533
Mitarbeiterorientierung 431
Mitarbeiterzufriedenheit 1121
Mitbestimmter Aufsichtsrat 1118
Mitbestimmung 66, 889, 1116, 1522, 1570
Mitbestimmung am Arbeitsplatz 1117, 1120
Mitbestimmung, betriebliche 870
Mitbestimmung in internationalen Unternehmen 888
Mitbestimmung, paritätische 67, 882
Mitbestimmungsgesetz 880, 1116
Mitbestimmungsrecht 889, 1116
Mitbestimmung, unternehmerische 879
Mitgliederversammlung 950
Mitgliedschaft 1659
Mitgliedschaftliche Struktur 949 f.
Mittel 470
Mittelstand 269
Mittelstandsforschung 270
Mittelstandspolitik 269
Mittel-Zweck-Prinzip 180
Mitverantwortung 1557
Mitwirkungsrechte 889
Mobbing 349, 435
Mobilitätsbarrieren 639
Model Business Corporation Act 100
Modell, dezentrales 1134
Modelle, heuristische 1159
Modell, zentrales 1134
Modena-Distrikt 934
Moderator 75, 775
Moderne Organisationstheorie 1070
Modifizierung 1096
Modul 1005
Modulare Organisationsformen 897
Modularisierung 1004
Monistisches System 890
Monitoring 774, 1593
Monitoring Model 100
Monopoltheorie 335
Montanindustrie 880, 882
Montanmitbestimmung 880, 882
Moral 1511
Moral Hazard 1175, 1263, 1591
Moralischer Mensch 841
Moralische Verantwortung 1558
Moralphilosophie 800
Motivation 42, 429, 555, 905, 1364
Motivation, extrinsische 22, 1576
Motivation, intrinsische 25, 42, 1576
Motivationseffizienz 1095
Motivationskosten 1453
Motivationsorientierte Organisationsmodelle 915
Motivationsproblem 1453
Motivatoren 907
Motive 906
Muddling Through 1371
Mülleimer-Modell 226
Multifactor Leadership-Questionnaire 135, 321
Multikulturelle Organisation 192
Multilaterale Koordination 187
Multimedia 186

Multiple-Stakeholder Organizations 951
Multiplexe Beziehungen 937
Multi-Projektmanagement 689
Multiprojektorganisationen 1198
Multitasking 41
Multivariate Verfahren 856
Mutual Adjustment 73

Nachfolge-Management Buy-Out 766
Nachfolgeprozess 274
Nachprüfbarkeit 376
Narration 1083, 1171
Narrationstheoretische Organisationsforschung 566
Narratives Wissen 1171
Narzissmus 136
Nash-Gleichgewicht 1347
Nash-Gleichgewicht, teilspielperfektes 1348
Nebenleistung 1578
Nebenstrafrecht 1633
Negentropie 1393
Negotiation 1582
Neoinstitutionalistische Ansätze 923, 1076
Neoklassik 822, 998, 1431
Neoklassische Organisationstheorie 1070
Neoliberalismus 946
Netzexternalitäten 177, 1301
Netzplan 1203
Netzwerkanalyse 609, 857, 1143
Netzwerke 174, 220, 693, 899, **932**, 1082, 1261
Netzwerke, strategische 350
Netzwerkexternalitäten 177, 1301
Netzwerkforschung 135
Netzwerkorganisation 1488
Neue Institutionenökonomik 154, 1078, 1676
Neues Steuerungsmodell 941
Neuorganisation 55
Neuronale Netze 710
New Public Management 941
New York-Ansatz 433
Nicht-reaktive Messverfahren 856
Nicht-Regierungsorganisation 949
Nicht standardisierbares Wissen 933
Nicht-Trivialmaschine 620 f., 773, 1394
Niederlassung 80
Niedrigkostenstrategie 1627
Non-Decisions 761
Non-Profit-Organisationen 948
Normative Erwartungen 295, 1289, 1292
Normative Modelle 490
Normative Steuerungskonzepte 1369
Normativität, schleichende 1171
Normen 26, 212, 784, 1027, 1511, 1636
Normen, moralische 26
Normen, soziale 26
Normierung 1220
Not Invented Here-Syndrom 546
NPI-Modell 992

Nutzenmaximierung 1589
Nutzenmaximierung, individuelle 515, 1451, 1567
Nutzenmaximierungskalkül 1430
Nutzungsarten von Informationen 155
Nutzwertanalyse 1052

Objekt 39, 56
Objektiver Flexibilitätsbedarf 283
OECD-Principles of Corporate Governance 176
Offene Organisation 196
Offenes System 1081
Offensives Aktionsmuster 1630
Offensive Wettbewerbsstrategie 1631
Öffentlicher Sektor 110
Öffentliches Management-Informationssystem 945
Öffentliches Übernahmeangebot 333
Öffentliche Unternehmen 891
Ohio-Schule 317
Ohnmacht 760
Öko-Controlling 1483
Ökonomietendenz 495
Ökonomische Analyse des Rechts 957
Ökonomische Führungstheorie 296
Ökonomischer Imperialismus 960
Ökonomisches Prinzip 1430
Ökonomisierung 946
Online-Auktionen 1266
Online-Hauptversammlung 405
Operations Research 1077
Operative Entscheidung 184
Operative Geschlossenheit 1395
Opponenten 1607
Opportunismus 515, 873, 938, 1079, 1094, 1175 f., 1451, 1589
Opportunistisches Verhalten 162, 1265
Optimale Dezentralisation 186
Optimaler Flexibilitätsgrad 282
Optimale Zentralisation 186
Optimierung 261, 284
Optimierungsmodelle, exakte 1159
Optimierung von Flexibilität 284
Optimum der Dezentralisation 186
Opting Out 893
Orangenbeispiel 1586
Ordnung am Rand des Chaos 126
Ordnungsbildung 972
Ordnungsmäßigkeit 376, 378
Ordnungsmäßigkeit der Geschäftsführung 980
Ordnungswidrigkeitentatbestände 1634
Organisation 153, 230, 286, 465, **966**, 1033
Organisationale Regeln und Routinen 1241
Organisationaler Reifegrad 920
Organisationaler Wandel 193, 830, 989, 994, 1040, 1303, 1488, 1605 ff.
Organisationales Lernen 292, 732 f., 775, 989, 1036, 1120, 1314, 1332

Organisationales Wissen 290, 460, 642, 735, 1036, 1502, 1640 ff., 1647 f., 1650 ff.
Organisationale Unsicherheitszone 758, 760, 864
Organisation als Institution 180
Organisation als ökonomische Institution 999
Organisation als soziales System 999
Organisation, ancillarische 630
Organisation der Personalarbeit 430
Organisation des Organisationsmanagement 1037
Organisation des Rechnungswesens, dezentrale 1248
Organisation des Rechnungswesens, zentrale 1248
Organisation, divisionale 1249
Organisation, geschlossene 196
Organisation, informelle 497 ff., 1314
Organisation, Lernende 292, 733, 1120, 1314, 1332, 1486 f.
Organisation, Mitgliedschaft 1659
Organisation, multikulturelle 192
Organisation, objektorientierte 325
Organisation, offene 196
Organisation, professionelle 630
Organisationsabteilung 1037
Organisationsarbeit 1034
Organisationsaufbau 1356
Organisationsausstattung 1034
Organisationsbegriff, funktionaler 967
Organisationsbegriff, institutioneller 969, 1089
Organisationsbegriff, instrumenteller 967, 1089
Organisationsbegriff, konfigurativer 968
Organisationsbürger 841
Organisationschronologie 1034
Organisationscontrolling 1098
Organisationscontrolling und -prüfung 978
Organisationsdemographie 190
Organisationsdynamik 866
Organisationseinheit 71, 1000, 1004, 1356 ff.
Organisationseinheit, segmentierte 1117
Organisationseinheit, traversierende 1117
Organisationsentwicklung 88, 917, 988, 1074, 1115, 1331
Organisationsentwicklung, ökologische 1485
Organisationsform 828 f., 1000
Organisationsformen, Beurteilung und Auswahl von 1038
Organisationsform, postmoderne 1168
Organisationsforschung 190, 344
Organisationsforschung, interpretative 560
Organisationsforschung, narrationstheoretische 566
Organisationsgedächtnis 736

Organisationsgrad 94
Organisationsgrenzen 970, 998, 1081
Organisationsgrundsätze 374
Organisationsinnovation 1008
Organisationskapital 1017
Organisationsklima 1027
Organisationskollektive 1082
Organisationskommunikation 602
Organisationskompetenz, gesellschaftliche 1485
Organisationskontext 305
Organisationskultur 468 f., 926, 1025, 1066, 1084, 1116, 1271, 1275
Organisationslegitimation 1485
Organisationslehre 46
Organisationslernen 732, 989
Organisationsmacht 1485
Organisationsmanagement, Aufgaben des 1038
Organisationsmanagement, Organisation des 1037
Organisationsmanagement und Organisationsabteilung 1033
Organisationsmanager 1096
Organisationsmethoden und -techniken 1041
Organisationsnormen 26, 212, 784, 1027, 1511, 1636
Organisationsphilosophie 800
Organisationspraktiken 1019
Organisationsprinzipien, gesellschaftliche 1487
Organisationsproblem 999, 1452
Organisationsprozess 1000
Organisationsprüfung 983
Organisationssoftware 1053
Organisationsstrategie 1034
Organisationsstruktur 286, 431, 728, 770, 829, 1004, 1009, 1162
Organisationsstrukturen, Effizienzbewertung von 1092
Organisationsstrukturen, historische Entwicklung von 1060
Organisationsstrukturen, Implementierung von 1098
Organisationsstrukturen, Konzipierung von 1097
Organisationsstruktur, formale 46
Organisationstechnik 1042, 1050
Organisationstheorie 256, 973, 1069
Organisationstyp 630, 1183
Organisationsverantwortung, umweltschutzbezogene 1484
Organisationsversagen 824
Organisationsverschulden 1483
Organisationsziele 1034
Organisationszweck 969
Organisation, verrichtungsorientierte 324
Organisation, virtuelle 476, 1006
Organisatorische Einheit 1000
Organisatorische Gerechtigkeit 209, 347 ff., 959
Organisatorische Gestaltung (Organization Design) 973, 1036, 1088

Organisatorische Regeln 469, 649, 968, 971, 1367, 1588
Organisatorischer Gestaltungsprozess 1097
Organisatorischer Wandel 193, 830, 989, 994, 1040, 1303, 1488, 1605 ff.
Organisatorisches Lernen 292, 535, 732 f., 775, 989, 1036, 1120, 1314, 1332
Organisatorisches Regelsystem 1034
Organisieren 263, 624, 967
Organisierens, Ebenen des 284
Organisierte Anarchie 1077
Organizational Behavior 1073
Organizational Capabilities 1385, 1387, 1389
Organizational Citizenship Behaviour 1101, 1294
Organizational Commitment 1105
Organizational Justice 1105
Organizational Slack 111, 280, 1471
Organization Design 973, 1036, 1088 ff.
Organkontrolle 165
Orientierungsmuster, kognitive 555
Oszillation 199
Outside Director 101
Outsiderkontrolle 173
Outsourcing 487, 1039
Outsourcing und Insourcing 487, 1039, 1108

Pacing 1609
PANAS-Modell 210
Paradigma, interpretatives 562
Paradoxie 197, 1396
Pareto-Kriterium 822, 958
Paritätische Mitbestimmung 882
Partizipation 469, 776, 989, 1115
Partizipation, Einflussfaktoren der 1119
Partizipationsbereitschaft 1119
Partizipationsebene 1116
Partizipationseffizienz 895
Partizipationsfähigkeit 1119
Partizipationsgrad 1115 f., 1118
Partizipationskompetenz 1115
Partizipationskonzept 689, 1122
Partizipationskultur 1115
Partizipationsmuster 1115 f.
Partizipationsprozess 1120
Partizipationstheorien 885
Partizipative Führungsmodelle 1118
Partizipative Hierarchie 410
Partizipative Organisationsmodelle 1118
Partizipative Organisations- und Führungsstrukturen 1119
Partizipativer Führungsstil 316
Partizipatives Steuerungsmodell 1507
Partizipative Zielvereinbarungen 1121
Partnerschaftliche Struktur 1507
Peer Review 250, 952, 1287
Pensionsfonds 574
Pensionszusage 1578

Percepta-Ebene 522
Performance 249, 1383, 1494
Performance-Controlling 1099
Performancemaße 1250
Performance Measurement 155
Performance, Prüfung der 249
Performance-Varianz 1494
Personal als Managementfunktion 1123
Personalarbeit, Organisation der 430
Personalausschuss 358
Personalauswahl 212, 455, 1126
Personalbedarf, qualitativer 55
Personalbeurteilung 1128
Personaleinsatz 1127
Personalentwicklung 581, 1129, 1331
Personalentwicklung, interkulturelle 528
Personalforschung 190
Personalführung 295
Personalgrundsätze 374
Personalistischer Ansatz 321
Personalkohorten 193
Personalkompetenz des Aufsichtsrats 65
Personalkonfiguration 190
Personalmanagement 483, 1498
Personalökonomie 435
Personalplanung 192, 1126
Personalplanung, umweltorientierte 1483
Personalpolitik 2
Personalselektion 193
Personalstruktur 190 f.
Personalstruktur, inhomogene 192
Personal- und Organisationsentwicklungsprozess 385
Personalvertretungsgesetz 1116
Personalverwaltung 429
Personalwesen, Organisation des 1133
Personalwirtschaftliche Probleme der Delegation 182
Personalwirtschaftliches Problem 188
Personalwirtschaftliche Steuerungsinstrumente 192
Personalwirtschaftliche Wertschöpfung 430
Personelle Verflechtungen 1141
Personenorientierung 301
Persongerechtigkeit 351
Personifizierung 632
Persönlichkeitsentwicklung 1120
Persönlichkeitsmerkmale 218
Personnel Administration 429
Pfadabhängigkeit 177, 958, 1272, 1314, 1645
Pflichtenheft 1200
Phänomenologie 1314
Phantom Stock 1577
Phasen-Modelle 991, 1471
Phasenschema 694
Piecemeal Engineering 1370
Planbarkeit, begrenzte 1431
Plandeterminierte Steuerung 1369
Planfortschrittskontrolle 672

Planung 153, 378, 553, 692, 847, 1071, **1149**
Planung, bottom-up 1539
Planung, operative 1154
Planung, Primat der 1152
Planungsbürokratie 156
Planungshorizont 873
Planungsprobleme 1159
Planungssystem 1160
Planung, strategische 1154
Planung, synoptische 1369
Planungszyklus 1046
Planung, taktische 1154
Planung, top-down 1538
Planung, Zwecke der 1150
Planversagen 553
Politik 629
Politische Prozesse 226, 435, 502, 816, 861 ff., 950, 994, 1077
Polyzentrische Organisation 952
Population Ecology 258
Population Ecology-Ansatz 1313
Portefeuille 1447
Portfolio-Management 689
Portfolio-Matrix 1384, 1479
Portfoliomodelle 1553
Portfoliotechnik 641
Positionsmacht 759
Positive Rückkopplungen 1301
Positivismus 1641
Post-Bürokratie 1168
Postfordismus 1066
Post Merger Integration 337, 689, 1340
Postmoderne 1082, 1085, 1164
Postmoderne als Epistemologie 1165
Postmoderne als Epoche 1165
Postmoderne Organisationsform 1168
Postmoderne Organisationstheorie 1164
Postmodernisierung der Organisationsforschung 1165
Potenzialanalyse 609
Präferenzstrategie 1627
Pragmatistische Handlungstheorie 867
Praktische Rationalität 1237
Prämissen der Delegation 181
Prämissenkontrolle 672, 674
Prävention, technische 1635
Preisführerstrategie 1627
Preis-Mengen-Strategie 1627
Preispolitik 1, 1266
Pretiale Lenkung 555
Primäre Sozialisation 1329
Primärorganisation 828
Primat der Planung 1152
Prime Standard 1465
Principal-Agent-Theory 41, 154, 519, 1079, 1163, 1174 ff.
Prinzipal 180, 840, 1174
Prinzipal-Agenten-Ansatz 1079, **1174**
Prinzipal-Agenten-Verhältnis 296
Prinzip der Kapitalerhaltung 1322
Privatisierung 767, 891, 942

Privatisierungs-Management Buy-Out 767
Problemanalyse 231, 1152, 1156
Problembegriff 650
Problemfeststellung 1152, 1156
Problemformulierung 1153
Problemlösungsprozess 1118
Problemnähe 180
Problemrepräsentation 493
Problem, schlecht-definiertes 1153
Problemwahrnehmung 231
Problem, wohl-definiertes 1153
Produktdifferenzierung 1385
Produktgruppenorganisation 1333
Produktionskosten 1000, 1452
Produktionsorganisation 1182
Produktionsverlagerungen 937
Produktivität 40, 163, 279, 885, 1121
Produktlebenszyklen 1274
Produktmanagement 4, 848
Produkt/Markt-Matrix 1383
Produkt/Markt-Strategien 1550
Produktorganisation 630
Produktpolitik 1
Produktqualität 1263, 1265
Produktstruktur, integrierte 545
Professionalisierung 995
Professionelle Organisation 630
Profiorganisation 135
Profit-Center 543, 545, 554, **1190**
Prognose 1156
Prognosekontrolle 672
Prognosephase 1153
Programme 847
Projekt 1040, 1042, 1197
Projektablauf 1042 f.
Projektcontrolling 1203
Projektdefinition 1199
Projektgruppen 381, 830
Projektmanagement 1042, 1050, **1196**, 1198
Projektmanagement, Multi- 689
Projektmanagementtechniken 1052
Projektorganisation 329, 381, 1204
Projektorientierte Unternehmen 1198
Projektphasen 1044
Projektplanung 1200
Projektportfolios 1198
Projektrisikoanalyse 1204
Projektsteuerung 1201
Projektstrukturplan 1202
Promotoren 509, 1606
Property-Rights-Ansatz 518, 1002
Property-Rights-Theorie 518, 1002
Prophezeiung, selbst erfüllende 837
Prospekt-Theorie 244
Proxy Vote 573
Prozedurale Fairness 349
Prozedurale Rationalität 223, 1239
Prozessanalyse 945
Prozessberatung 138, 633 f., 991
Prozessberatung, therapeutische 634
Prozessgestaltung 752
Prozessgewinne 384
Prozessmanagement 689
Prozessoptimierung 82

Prozessorganisation 1208
Prozessorientierte Organisationsmodelle 1118
Prozessorientierung 431, 898, 1207
Prozesstheorie 335
Prozessunabhängige Überwachung 1285
Prozessverluste 384
Prüfende Forschungsstrategie 857
Prüfungsausschuss 359
Public Administration 941
Public Private Partnership 943
Public Relations 601
Public Tender Offer 573
Publikumsgesellschaften 270
Publizität 1460

Qualifikation 429, 468 f., 792
Qualifikation, spezifische 873
Qualifizierung 792
Qualität 82
Qualitative Forschung 854
Qualitativer Personalbedarf 55
Qualitative Sozialforschung 565
Qualitätsmanagement 1219
Qualitätssicherung 1202
Qualitätsstrategie 1627
Qualitätszirkel 381, 1118, 1122
Quantitative Forschung 854
Quasi-Rente 873
QWERTY-Standard 1301

Radikaler Konstruktivismus 646
Rahmenaufgabe 59
Rahmenbedingungen, gesetzliche 430
Rahmenstruktur 974, 1089
Raider-Theorie 335
Rang 56
Rang von Aufgaben 39
Ranking 952
Ratchet Effect 1178
Rational Behavior 1237
Rational Choice 867, 1237, 1636
Rational-Choice-Ansatz 1237
Rational-Choice-Perspektive 867
Rationaler Eigennutzkalkulierer 838
Rationalisierung 1169
Rationalisierungsgewinner 42
Rationalisierung und Automatisierung 1227
Rationalismus 1641
Rationalität 223, 232, **1236**, 1643
Rationalität, begrenzte 223, 232, 490, 515, 1167, 1238, 1451
Rationalität, beschränkte (bounded rationality) 223, 232, 490, 515, 1167, 1238, 1451
Rationalität, evaluative 1237
Rationalität, kognitive 1237
Rationalität, kollektive 1240
Rationalität, praktische 1237
Rationalität, prozedurale 223, 1239
Rationalitätsmessung 1643
Rationalitätssicherung 153
Rationalität, substantive 223
Reaktanz 455
Realismus 800

Realtechnologie 1409
Rechenzentrum 484
Rechnungswesen, externes 155, 1245
Rechnungswesen, internes 1246
Rechnungswesen und Organisation 1244, 1321
Recht, dispositives 787
Rechtliche Verantwortung 1564
Rechtsanwendung 783
Rechtsetzung 783
Rechtsform 63, 426, 681, 786, 788, 887
Rechtsform eines Krankenhauses 701
Rechtsformwahl 788
Rechtsgut 1633
Rechtsgut, überindividuelles 1633
Rechtsnormimplikationen 782, 786
Rechtsnorm-induzierte Konsequenzen 787
Rechtsnorm-induzierte Restriktionen 786
Rechtsnorm-induzierte Unterstützung 787
Rechtsnorm-orientierte Managementtheorie 782
Rechtspolitik 783
Rechtsvorschriften 784
Recht, zwingendes 786
Redundanz 1315
Referenzgruppenbildung 42
Referenzrahmen 799
Reflexion 818
Reflexives Lernen 733
Regelkreis 1367
Regeln 469, 649, 968, 971, 1241, 1367, 1588
Regeln, formale 971
Regeln, informale 971
Regelsystem 502, 967, 1034, 1432
Regelsystem, organisatorisches 1034
Regelung 1367
Regelung, fallweise 968
Regelung, generelle 968
Regelungsdichte 968
Regelverletzung 502
Region 933
Regionale Wirtschaftspolitik 939
Regionalorganisation 1253
Regionalstruktur, integrierte 546
Regulierung 164, 1486, 1488
Regulierung, reflexive 1485
Regulierung, rekursive 1486
Regulierungsebenen 164
Regulierungsmacht 1485
Regulierungsprozess 1487 f.
Regulierungsprozess, gesellschaftlicher 1488
Regulierung, staatliche 1486
Regulierungstheorie 1461
Regulierung, umweltpolitische 1488
Regulierung, umweltrechtliche 1486 f.
Reibungsverluste 1121
Reifegrad des Mitarbeiters 319
Reifegrad, organisationaler 920
Rekursivität 866, 1486
Relationale Dimension 937
Relationship Marketing 1541, 1545

Reliabilität 856
Remodellierung 1606
Rentabilität 1121
Reorganisation 55, 292, 1005, 1305, 1498
Reorganisationsprozess 876
Reorganisationsverfahren 1311
Reorientierung 1606
Repräsentant 816
Repräsentationsaufgaben 374
Reputation 418, 811, **1262**, 1348
Reputationsgleichgewicht 1266
Reputationsmanagement 1264
Reputationsprämie 1266
Reputationsverluste 1263
Reputation und Preispolitik 1266
Reputation und Produktqualität 1265
Requisite Variety 620
Researcher 1503
Reservationsnutzen 963
Residualgewinnkonzept 1321
Residualrechte 1568
Resource-Based View 1003, 1269 ff., 1644
Resource-Dependency-Ansatz 760, 1002
Ressort 1447
Ressourcen 613, 758 f., 763, 1034, 1433, 1629, 1644
Ressourcenabhängigkeit 1145
Ressourcen-Abhängigkeits-Theorem 1082
Ressourcenallokation 554, 829, 959
Ressourcenbasierter Ansatz 1003, **1269**, 1644
Ressourcen, immaterielle 1264, 1493
Ressourcen, intangible 614
Ressourcen, materielle 1493
Ressourcenorientierter Ansatz 1003
Ressourcenorientiertes HRM 431
Ressourcenorientierung 429
Ressourcenzuteiler 817
Restrukturierung 334, 572, 1606
Retention 257, 429
Revitalisierung 1606
Rezentralisation 186
Rezipient 599
Reziprozität 1575
Reziprozitätsnormen 148
Rhythmus 460
Richtigkeit 376
Risiko 237, 1112, 1282
Risikoaversion 823, 1176, 1178
Risikofrüherkennungssystem 982, 1306
Risikoklasse 1283
Risikomanagement und Interne Revision **1278**
Risiko, moralisches 1263
Risikoneigung 873
Risikoneutralität 1176
Risikopotenziale, umweltbezogene 1484
Risikoschub 393
Risikoverhalten 237
Risikoverteilung 1551
Role-Making 1291

Role-Taking 1291
Rolle 468
Rolle des Vorgesetzten 775
Rollenambiguität 1290
Rollenbeschreibung 835
Rollen-Commitment 1294
Rollendefinition 1659
Rollendifferenzierung 389, 1292
Rollendilemma 1293
Rollendisparität 1290
Rollendistanz 1295
Rollendruck 1293
Rollen, entscheidungsbezogene 817
Rollenidentifikation 1294
Rollen, informationelle 817
Rollen, informelle 500
Rollen, interpersonelle 816
Rollenkonflikt 1293
Rollenperzeption 1290
Rollensender 1292
Rollen-Set 1291
Rollenstress 1293
Rollenstruktur 1291
Rollenstudien 816
Rollentheorie 1289
Rollenüberlagerung 937
Rollen- und Aufgabenverantwortung 1558
Rollenverhalten 1290
Rollenverhandeln 634
Rolle-Selbst-Konflikt 1293
Romanische Soziokulturen 185
Routine 177, 614, 1241, 1644
Routinen und Pfadabhängigkeit 1296
Routineprogramme 1298
Rückmeldung 909

Sachverständigkeit 377
Sachziel 58, 376
Sachzieldominanz 951
Sanierung 1305
Sanierung, übertragende 1307
Sanktion 516, 832
Sanktionsmacht 759
Sarbanes Oxley Act 101 f., 105, 895, 984
Satzung 354, 357, 961
Satzungsautonomie 400
Satzungsstrenge 786
Schachtelmodell 1030
Schema 296, 591
Schiedsgerichtsbarkeit 634
Schlanker Staat 942
Schleichende Normativität 1171
Schlüsselqualifikation 527, 793
Schuldtheorie 1637
Schwächenprofil 1495
Schwachstellenanalyse 979
Schwerpunktstaatsanwaltschaft 1638
Scientific Management 40
Scorecard 156, 641, 694, 779, 1222, 1325
Scoringmodelle 710
Screening 1177, 1593
Segmentbericht 945

Segmentierte Organisationseinheit 1117
Sekundäre Sozialisation 1329
Sekundärorganisation 72, 828, 831
Selbstabstimmung 157, 187, 847
Selbstabstimmung, spontane 1602
Selbstaufmerksamkeit 1293, 1295
Selbstbeobachtung 814
Selbstbild 451
Selbstbindung 164, 1020
Selbstdarstellung 450
Selbsteinschätzung 774
Selbst erfüllende Prophezeiung 837
Selbstevaluation 249
Selbst-Konzept 441, 1293
Selbstkonzeptforschung 452
Selbstlernsysteme 1122
Selbstmotivation 435
Selbstorganisation 972, 1312
Selbstreferenz 1314, 1398
Selbstreferenzialität 778
Selbstreferenzielle Systeme 1081, 1399
Selbstregulation 383
Selbstregulierende Arbeitsgruppen 382
Selbstregulierung 1486
Selbstregulierung, eigenverantwortliche 1488
Selbstregulierung, gesteuerte 1486
Selbstständigenquote 217
Selbststeuernde Arbeitsgruppen 33
Selbststeuerung 1484 f.
Selbststeuerung, private 1486
Selbstverpflichtung, freiwillige 1487
Selbstverstärkende Effekte 1302
Selbstverwirklichung 1119
Selbstwirksamkeit 909
Selektion 257
Selektion, adverse 875, 1177, 1263, 1591
Selektivität 622
Self Appraisal 249
Self-Handicapping 454
Self-Monitoring 133, 444
Semistruktur 459
Sensemaking 799
Sequentielle Hybridstrategien 1628
Sequenzierung 1657
Service-Center-Konzept 1672
Servicefunktion 1668
Servicemodelle 1670
SE-Verordnung 892
Shared/Distributed Leadership 305
Share Deal 333, 768
Shared Service Center 1248
Shareholder Proposal 576
Shareholder- und Stakeholder-Ansatz 1319
Shareholder Value 103, 334, 779, 806, 964 f., 1319, 1387, 1616 ff., 1622
Shareholder-Value-Ansatz 334, 964
Sicherheitsrecht 790, 1308
Signaling 1177, 1593
Signalisierung 416
Simulationsmodelle 1159
Simultane Hybridstrategien 1628

Simultaneous Engineering 693
Simultanplanung 689
Single Business-Unternehmen 1551
Single-Loop-Learning 733
Singularität der Auftragserteilung 829
Sitten 821
Situation 321
Situational Leadership Theory 319
Situationsfaktoren 656
Situationstheorien der Führung 302
Situative Bedingungsfaktoren 653
Situativer Ansatz 7, 654
Skaleneffekte 538
Skalenerträge 1301
Skeptizismus 1640
Skill-Mapping 1495
Skills 1495
Skript 296
Slack 111, 280, 1471
Social Compensation 384
Social Desirability 452
Social Loafing 384, 392
Societas Europaea 68, 681, 892
Soft Law 164
Software 474
Sorgfaltsanforderungen 252
Sorgfaltspflicht 370, 1443
Soziale Einbettung 936
Soziale Gliederungsstrukturen 501
Soziale Identität 191
Soziale Identitätstheorie 445
Soziale Integration 191, 499
Soziale Kategorisierung 191
Soziale Kompetenz 83
Soziale Kontrolle 937, 1602
Soziale Lerntheorien 300
Soziale Macht 455
Soziale Normen 26, 1315
Soziale Position 1289
Sozialer Frieden 1514
Sozialer Konsens 938
Sozialer Konstruktivismus 646, 1413
Sozialer Mensch 839
Soziale Rolle 1289
Soziales Faulenzen 384
Soziales Kapital 220, 1019
Soziales Milieu 933
Soziale Systeme 597, 1398
Sozialforschung 854
Sozialforschung, qualitative 565
Sozialisation 469, 524, 800
Sozialisation, organisatorische 1327
Sozialisationsagenten 1328 f.
Sozialisation, sekundäre 1329
Sozialisationsprozess 212
Sozialkapital 1019
Sozialkompetenz 792
Sozial-konstruktionistische Führungstheorie 303
Sozialpartnerschaft 884
Sozialplan 872, 1308
Sozialpsychologische Identitätskonstrukte 867
Sozialstruktur der Organisation 498
Sozialtechnologie 1120
Sozio-emotionale Beziehungen 192

Sozio-emotionale Beziehungsstrukturen 501
Soziokulturelle Evolution 257
Soziometrische Verfahren 503
Sparsamkeit, Prinzip der 834
Spartenbudget 108
Spartenorganisation 790, **1333**, 1666
Sperrklinkeneffekt 1178
Spezialisierung 3, 39, 288, 833, 845, 1665
Spezialisierung, flexible 42 f.
Spezialisierung, funktionale 938
Spezialisierung, horizontale 39
Spezialisierungseffekt 40, 326
Spezialisierungsgrad 935
Spezialisierung, Theorie der flexiblen 1544
Spezialisierung, vertikale 40
Spezifische Investitionen 1325
Spezifität 1002, 1005, 1450
Spielbaum 1345
Spielregeln, heimliche 1317
Spielstruktur 866
Spieltheorie 1341
Spieltheorie, evolutionäre 1343
Spieltheorie, experimentelle 1343
Spieltheorie, nicht-kooperative 1343
Spin-Off 334, 767
Spin-Off-Management Buy-Out 767
Split-Off 334
Spontane Selbstabstimmung 1602
Sprache 599
Sprachspiele 1085
Sprecher 817
Sprecherausschüsse 1118
Staat, aktivierender 942
Staat, schlanker 942
Stäbe 1349
Stab-Linie-Konzept 1351
Stab-Linien-Organisation 829
Stabsabteilung 1359
Stabsmodell 1670
Staff 1350
Stakeholder 104, 161, 176, 432, 806, 1322, 1459, 1475, 1642
Stakeholder Ansatz 1522, 1615
Stakeholder, Anspruchsgruppen 1615
Stakeholder Value 779
Stammbelegschaft 885
Stammhauskonzern 684
Standardisierte Befragung 855
Standardisierung 117, 1223
Standards der Unternehmensführung 248, 251
Standortwahl 939
Stärkenprofil 1495
Stärken-/Schwächenanalyse 83
Statusdifferenz 194
Stelle 1357
Stellenbildung 184
Stellenrelation 849
Stellen- und Abteilungsbildung 1356
Steuerung 772
Steuerung, inkrementalistische 1370
Steuerung, plandeterminierte 1369
Steuerungsaktivität 1369
Steuerungsfunktion 1668

Steuerungsinstrumente, personalwirtschaftliche 192
Steuerungsmedien 1366
Steuerungsmodelle 1669
Steuerungsmodell, neues 941
Steuerungsmodell, partizipatives 1507
Steuerungsprozess 1370
Steuerungssystem 1367
Steuerungssystem, operatives 552
Steuerungstheorie 1365
Steuerungswirkung 786
Stewardship 840
Stimmrecht in der Hauptversammlung 402
Stimmung 206, 210
Stimmungskongruenz-Effekt 210
Stock Appreciation Rights 1577
Stock-Option-Programm 770
Stock Options 22, 770, 1577
Stolz 208
Störungskompensation 1367
Strafbarkeit von Unternehmen 1637
Strategic Choice 1444
Strategic Fit 689
Strategic Leadership 1444
Strategie 629, 1162, 1344, 1624
Strategieanalyse 1492
Strategieentwicklung 1498
Strategien organisatorischer Gestaltung 180
Strategieorientiertes HRM 431
Strategie und Organisationsstruktur 1374
Strategische Allianz 11, 697, 1389
Strategische Aufklärung 864
Strategische Entscheidung 184
Strategische Flexibilität 278
Strategische Geschäftseinheiten 1553
Strategische Gruppen 638
Strategische Netzwerke 350
Strategische Neuausrichtung 1473
Strategischer Fit 339
Strategischer Handlungsspielraum 950
Strategischer Managementprozess 1492
Strategisches Management 1383, 1487
Strategische Überzeugung 864
Strategische Unsicherheit 863
Strategische Wettbewerbsposition 1263
Streitkultur 1583
Strickwarendistrikt von Modena 934
Structure-Conduct-Performance-Paradigma 1384
Structure follows Strategy-Hypothese 548
Struktur 465, 1162, 1291
Strukturation, reflexive 1487
Strukturationstheorie 758, 760, 763, 1300, 1413
Strukturbegriff 465
Struktur, divisionalisierte 135
Struktur, Dualität von 863
Strukturelle Dimension 936
Strukturelle Führung 297

Strukturelle Kopplung 623, 1395
Strukturell-funktionaler Ansatz 1290, 1327
Strukturen, differenzierte 543
Strukturen, integrierte 544
Strukturfunktionalismus 1397
Strukturgleichungsmodelle 857
Strukturierung 969
Strukturifizierung 632
Strukturmerkmal 50, 655
Strukturorientierung 431
Struktur, partnerschaftliche 1507
Strukturregeln der Ablauforganisation 1160
Strukturwandel 270
Subcontracting 1062
Subjektiver Flexibilitätsbedarf 283
Subjektivierung von Arbeit 502
Subjektivismus 1641
Subjektivität 466
Subsidiaritätsprinzip 183 f., 953
Substantive Rationalität 223
Subziele 1092
Sunk Costs 177, 1001, 1451
Supervision 141
Supervisorische Mediation 634
Supplement 502
Supply Chain 1541, 1545
Supply Chain Collaboration 1187
Supply Chain Management 689, 900, 1541, 1545
Supportstruktur 147
Survey Guided Feedback 990
SWOT-Analyse 1384, 1423
Symbolischer Ansatz 1082
Symbolischer Interaktionismus 563, 718, 1083, 1327 f.
Symbolisches Management 1029
Symbolisch-interaktionistisches Paradigma 1290
Synchronisation 1657
Synergetik 1313
Synergie 392, 1336, 1339
Synergieeffekt 695, 1340, 1551
Synergiemangel 691
Synoptische Planung 1369
System 4-Organisation 916
Systemanbieter 693
Systematische Exklusion 1171
Systembau 1045
Systemdenken 1042, 1049
Systeme, lose gekoppelte 626
Systementwicklung 919
Systeme, selbstreferenzielle 1081, 1399
Systeme, soziale 597, 1398
Systeme, sozio-technische 991
Systeme, Vermaschung von 1368
System, geschlossenes 1367
Systemgrundsätze 372
Systemmodell 1399
System, offenes 1081
Systemorientierung 1207
Systemprüfung 983
Systemrationalität 866, 1240, 1528
Systemtheorie 89, 919, 991, 1080, **1392**
System/Umwelt-Bezug 1082

System/Umwelt-Differenz 622
System/Umwelt-Verhältnis 1081
Systemvertrauen 1597
Systemwettbewerb 167, 177
Szenariotechnik 641, 1479

Tacit Knowledge 735, 1648
Tantieme 1577
Tätigkeitsspielraum 40
Taylorismus 29, 40, 433
Team 510, 830, 1040
Teamarbeit 380
Teambildung 386
Team Coaching 1122
Teamentwicklung 386
Teamklima 385
Teamorganisation 1401
Teamtheorie 40
Technische Prävention 1635
Technologie 1075
Technologieabhängigkeit von Organisationen 1412
Technologie-Arten 1410
Technologie, dominante 1409
Technologiefrüherkennung 1421
Technologiekonzepte 1412
Technologielebenszyklus-Modelle 1422
Technologiemanagement 290, 482, 1418
Technologiemanagement, marktorientiertes 1419
Technologien, flexible 935
Technologienutzung 1412
Technologieportfolio 1423
Technologieprognose 1421
Technologieskala 1411
Technologiestrategie 511
Technologie und Organisation 1408
Technologieverwertung 1425
Technologischer Wandel 830
Teilaufgabe 55
(Teil-)Autonome Arbeitsgruppen 42, 382, 1118, 1122
Teilautonome Gruppenarbeit 31
Teilkonzern 685
Teilmarkt-Wettbewerbsstrategie 1630
Teilstruktur 1089
Teilstudie 1045
Telearbeit 33
Telemedien 815
Tender Offer 333
Tensorstruktur 547
Terror 1583
T-Groups 990
Theater 458
Theorie der differenziellen Kontakte 1635
Theorie der Firma 181, 227
Theorie der flexiblen Spezialisierung 1544
Theorie der Führung, funktionale 297
Theorie der interpersonellen Attraktion 190
Theorie der strategischen Bedingungen 760

Theorie der Unternehmung 1428
Theorie der Unternehmung, wissensbasierte 1644
Theorie der unvollständigen Verträge 172, 1324, 1457
Theorie des Systemwettbewerbs 177
Theorie dynamischer Systeme 123
Theorie interorganisatorischer Beziehungen 1082
Theorien der Organisation, mikropolitische 841
Theorie-Praxis-Verhältnis 649
Theorie Z 918
Theory, Environmental 300
Theory, History 300
Therapeutische Mediation 634
Therapeutische Prozessberatung 634
Tiefenpsychologie der Führung 304
Timing 1609
Tobinsches Q 965
Top-down-Planung 1538
Top-down-Verfahren 108, 692
Top Management Team 1441, 1446
Top Management (Vorstand) 249, 1441, 1642
Total Quality Management 1118, 1220
Tradition 821
Traditionale Herrschaft 762
Training On-The-Job 1509
Trainingsgruppe 990
Transactive Memory 73
Transaktion 959, 1450
Transaktionale Führung 134, 319
Transaktionsertrag 185
Transaktionsertrag der Koordination 187
Transaktionshemmnisse 959
Transaktionskosten 115, 185, 187, 483, 518 f., 690, 824, 892, 934, 936, 959, 1001, 1078, 1110, 1163, 1450, 1567, 1600
Transaktionskostentheorie 518, 690, 1001, 1163, 1450
Transaktionsmerkmale 1450
Transaktionspartner 1450
Transfer-Theorien 768
Transformationale Führung 135, 301, 320
Transformationale Führungstheorie 301
Transformationsprozess 1610
Transformative Mediation 634
Transformativer Wandel 1606
Transparenz 166, 176, 376, 424 f., 877, 892, 1161, 1224, 1309, 1459
Transparenz der Unternehmensführung 1458
Transparenzrichtlinie 1465
TransPuG 890, 1461
Traversierende Organisationseinheit 1117
Trennbankensystem 175
Trennungsmodell 172
Trennungsprinzip 425
Treuhänder, verlässlicher 840
Treupflicht des Aktionärs 403
Triebverdrängung 119

Trittbrettfahrereffekte 384, 392, 961, 1121, 1179 f.
Trittbrettfahrerproblem 963, 1179 f.
Trivialmaschine 620 f., 1527
Truly Bounded Rationality 223
Turnaround 767, 1468
Turn-around-Management Buy-Out 767
Turnaround-Prozess 1469
Turnaround-Situation 1468
Two-Tier-System 62, 167, 249

Übernahme 332 ff., 573, 893
Übernahmeangebot 573
Übernahme, feindliche 573
Übernahme, friedliche 333
Überschuldung 1306 f.
Übertragende Sanierung 1307
Über- und Unterordnung 408
Überwachung 64, 160, 249, 371
Überwachung, begleitende 64
Überwachung, prozessabhängige 1284
Überwachung, prozessunabhängige 1285
Überwachungseffizienz 68, 894
Überwachung, strategische 674
Ulpianus 348
Umfeld, betriebsexternes 430, 432
Umfeld, betriebsinternes 430
Umwandlung 893
Umwelt 257, 1526
Umweltanalyse, strategische 1475
Umweltanalyse, technologieorientierte 1421
Umwelt-Auditing-Verordnung 1482, 1484, 1486 f.
Umweltbegriff 650
Umweltbeziehung 623
Umwelt der Unternehmung 1161
Umwelteinfluss 726
Umwelt, gestaltete 264
Umweltkomplexität 483
Umweltmanagement 1482 ff., 1487
Umweltmanagementorganisation 1482, 1485, 1488
Umweltmanagement, Organisation des 1482
Umweltmanagementsystem 1484 f.
Umweltmanagementsystem, legaldefinierte 1482, 1484
Umweltökonomie 1485
Umwelt, organisationale 257
Umweltorganisation, gesellschaftliche 1487
Umweltorganisation, rekursive 1487
Umweltpolitik 1485
Umweltrecht 1485 f.
Umweltrechtentwicklung 1487
Umweltrechtsmanagement 1486
Umwelt-Schule 1075
Umweltschutz 1483 ff., 1488
Umweltschutzorganisation 1482 f.
Umweltschutzorganisation, gesellschaftliche 1482
Umweltschutz, unternehmerischer 1484 f.
Umweltsoziologie 1485

Umweltunsicherheit 483
Umweltverantwortung 1483
Unabhängigkeit 166, 377
Understatement 454
Unentscheidbarkeit 1169
Unerwünschte (Neben-)Folgen 1371
Ungewissheit 116, 119
Universalbankensystem 175
Universalist 522
Universalität 823
Universalitätsbedingung 823
Universität 414
Unlearning 734
Unregulierte Freiheitszone 502
Unsicherheit 116, 119, 177, 218, 371, 674, 823, 827, 1111, 1158, 1180, 1346, 1432, 1451, 1526
Unsicherheit, strategische 863
Unsicherheitszone 758, 760
Unsicherheitszone, organisationale 864
Unsichtbare-Hand-Erklärungen 1240
Unternehmen, fraktale 901
Unternehmen, kapitalmarktorientierte 1462
Unternehmen, kleine und mittlere 881
Unternehmen, projektorientierte 1198
Unternehmensakquisition 1340
Unternehmensanalyse, strategische 1491
Unternehmensanalyse, technologieorientierte 1422
Unternehmensberater 1097
Unternehmensberatung 85, 831, 1309
Unternehmensberatung, Organisation und Steuerung der 1497
Unternehmensbewertung 768
Unternehmenserfolg 168, 298
Unternehmensethik 650, 1511
Unternehmensführung (Management) 248, 295, 467, **1520**
Unternehmensführung, Standards der 248, 251
Unternehmensgröße 999
Unternehmensgründung 216
Unternehmensgruppe 892
Unternehmensinteresse 163, 358, 781, 807, 964
Unternehmenskommunikation 1531
Unternehmenskooperation 1541
Unternehmenskooperation, strategische 1541
Unternehmenskultur 524, 690, 1066, 1231
Unternehmensleitung 249, 371, 1090, 1441
Unternehmensmitbestimmung 880
Unternehmensordnung 1522
Unternehmensphilosophie 798
Unternehmensplanung 1306
Unternehmenspolitik 886
Unternehmenspublizität 1460
Unternehmensrating 714
Unternehmensrecht 883

Unternehmensrisiken 1483
Unternehmenssatzung 961
Unternehmensstrategien 431, 1264, **1549**
Unternehmensübergreifende Arbeitsteilung 935
Unternehmensübernahme 333
Unternehmensumwelt 1475
Unternehmensverfassung 160, 248, 783, 884, 960, 1117, 1442
Unternehmensverflechtung 1145
Unternehmenswachstum 1377
Unternehmenswert 571, 1264
Unternehmensziel 163, 373
Unternehmen, virtuelles 899
Unternehmer 215, 271, 817
Unternehmerfunktionen 1433
Unternehmerisches Ermessen 1443
Unterstützungsmodell 1135
Untersuchungen, empirische 1162
Unvollständige Rationalität 223, 232, 490, 515, 1167, 1238, 1451
Unvollständige Verträge 162, 172, 1324, 1457, 1588
Unvollständigkeit des Arbeitsvertrages 1329
Upper Echelons-Ansatz 1444
Ursache-Wirkungsbeziehungen 1393
US-GAAP 1464

Valenz 908
Validität 856
Value Reporting 155, 1466
Variation 257, 625
Varietät 620
Veränderlichkeit 1161
Veränderungsprozess 726, 816, 988
Verantwortlichkeit von Unternehmen 1637
Verantwortung 238, 1361, **1557**
Verantwortung, disziplinarische 829
Verantwortung, kollektive 1559
Verantwortung, korporative 1560
Verantwortung, moralische 1558
Verantwortung, rechtliche 1564
Verantwortungsteilung, gesellschaftliche 1485
Verbesserung, kontinuierliche 381, 1185, 1222
Verbundrechnung, integrierte 944
Verbundvorteile 536, 538, 939
Vereinigungsmodell 172
Verfahrensrichtlinien 847
Verfügungsgewalt 1145, 1523
Verfügungsrecht 179 f., 872, 958, 1079, 1565 ff.
Verfügungsrechtstheorie (Property Rights-Theorie) 1565
Vergütung 65, 378, 1573 ff.
Vergütungsberater 1576
Vergütung von Führungskräften 1573
Verhaltenerwartungen 500
Verhalten, intendiert-rationales 1094
Verhalten, opportunistisches 873, 1094, 1175, 1265, 1589
Verhaltensgitter 992

Verhaltensproduktionsfunktionen 1022
Verhaltensstrukturen 865
Verhaltenstheorie 154
Verhaltenstheorie der Führung 301
Verhaltenswissenschaftliche Ansätze 1163
Verhandlungen 816, 821, 893
Verhandlungen, diplomatische 1583
Verhandlungsergebnisse 1576
Verhandlungsfähigkeit 1583
Verhandlungsführer 817
Verhandlungsgremium 892
Verhandlungskonzepte 1581
Verhandlungskosten 873
Verhandlungsmacht 1325
Verhandlungssituation 1576
Verhandlungsverhalten 527
Verlässlicher Treuhänder 840
Verlust-Eskalation 236 f.
Vermittlungsausschuss 358
Vermögensstruktur 770
Vermögenswerte, immaterielle 1321
Vernetzte Rechnersysteme 186
Vernetzung 1004
Vernetzung, internationale 1488
Verpackungsverordnung 1487
Verrechnungspreis 187, 554, 772, 847, 1139, 1191
Verrichtung 39, 56, 324
Verschuldung 1306
Verschwiegenheit 378
Verschwiegenheitspflicht 358
Vertikale Allianzen 14
Vertikale Führungsstruktur 829
Vertikale Integration 999, 1112
Vertikales Marketing 1545
Vertikale Spezialisierung 40
Verträge, implizite 1588
Verträge, unvollständige 162, 172, 1324, 1457, 1568, 1588
Vertragsfreiheit 872
Vertragsfunktion 1245
Vertragskonzern 682
Vertragskooperation 15
Vertragsnetzwerk 961
Vertragstheorie 1587
Vertrauen 148, 305, 885, 936, 1488, **1596**, 1644
Vertrauenskultur 435
Vertriebspolitik 2
Verwaltungsrat 893, 1286
Verwaltungsratsmodell 67
Verwaltungsvereinfachung 1119
Verzerrte Kommunikation 1171
Viabilität 262
Virtualisierung 1137
Virtualisierung der Organisation 186
Virtuelle Kommunikation 150
Virtuelle Organisation 476, 1006
Virtuelle Organisationsmodelle 1118
Virtuelles Unternehmen 899
Voice 165, 254
Vollmachtstimmrecht der Banken 404
Vorfeldermittlungen 1638
Vorfeldschutz 1635
Vorgabe von Plänen 187

Vorsatztheorie 1637
Vorschriften, gesetzliche 164
Vorstand 249, 354, 372, 788, 880, 884, 1287, 1523
Vorstandssprecher 357
Vorstandsvorsitzender 357, 1446
Vorstudie 1044
Vorwissen 493

Wachstum, internes 1546
Wachstumsfelder 1551
Wahrheit 1585, 1640
Wahrnehmung 469
Wandel, geplanter organisatorischer 989
Wandelhindernis 1303
Wandel, Management des (Change Management) 1605
Wandel, organisationaler 193, 830, 989, 994, 1040, 1303, 1488, 1605 ff.
Wandelparadigma 994
Wandel, technologischer 830
Wandel, transformativer 1606
Wandlungsbarrieren 1607
Wandlungsbedarf 1609
Wandlungsbereitschaft 1609
Wandlungsdynamik 1488
Wandlungsfähigkeit 1609
Wandlungskoalition 1606
Wandlungskonzepte 1607
Warwick-Ansatz 433
Wechselwirkungen 1457
Weg-Ziel-Theorie der Führung 302
Weisung 846, 1357
Weisungsbefugnis, fachliche 829
Weisungsmodell 1669
Weisungsrecht 789
Weiterbildungsaufwendungen 877
Wellentheorie 335
Welt-Arbeitnehmervertretung 892
Weltbank 1121
Weltbetriebsräte 892
Weltbild 1083
Weltbild, mechanistisches 1393
Weltwirtschaft 360
Werbung 601
Wertaktivität 538, 1495
Werte 522, 1027, 1511, 1636
Werte, immaterielle 1263
Wert-Erwartungstheorien 302
Wertewandel 192, 1527
Wertfreiheit 119
Werthaltungen 185
Wertkette 1495
Wertmanagement 335, 1325
Wertorientierte Unternehmensführung 1615
Wertschöpfung 999, 1452
Wertschöpfung, personalwirtschaftliche 430
Wertschöpfungskette 935, 1477, 1488

Wertschöpfungskettenorientierte Organisationsmodelle 1118
Wertschöpfungskreisläufe 1488
Wertschöpfungspartner 1187
Wertschöpfungspartnerschaft 1542, 1545
Wertschöpfungsprozess 180, 831, 945
Wertschöpfungsstufen 999
Wertschöpfungstiefe 831
Wertsteigerung 1574
Werttreibermodelle 1322
Werturteil 1324
Wesenselement 629
Wettbewerb 952, 1273, 1541, 1624
Wettbewerbsanalyse 636
Wettbewerbsdruck 289, 362
Wettbewerbsmodell 1670
Wettbewerbsposition, strategische 1263
Wettbewerbsprofil 1495
Wettbewerbsstrategie, defensive 1631
Wettbewerbsstrategie, hybride 1628
Wettbewerbsstrategien 636, 1624
Wettbewerbsstrategie, offensive 1631
Wettbewerbsumwelt 1475
Wettbewerbsvorteil 615, 1385, 1387, 1492, 1495
Wettbewerbsvorteile, dauerhafte 1265
Widerstand 757, 759, 761, 764
Widerstand gegen Änderungen 993
Willensbildung, personelle Beteiligung an der 1159
Willensbildungsphase 1118
Willensdurchsetzungsphase 1118
Willenssicherungsphase 1118
Windows of Opportunity 1415
Winter II-Bericht 100, 102
Wirtschaftlichkeit 1121
Wirtschaftlichkeitsprinzip 1430
Wirtschaftsethik 1512
Wirtschaftskriminalität 1632
Wirtschaftsprüfer 1267
Wirtschaftsrat 882
Wirtschaftsstrafkammer 1633
Wirtschaftsstrafrecht 1633
Wissen 290, 460, 642, 735, 1036, 1171, 1502, **1640**
Wissen, explizites 735, 1648
Wissen, implizites 735, 1648
Wissen, Interpretation von 733
Wissen, narratives 1171
Wissen, nicht standardisierbares 933
Wissensbasis 1651
Wissensbeschaffung 289
Wissenschaftliche Betriebsführung 1063, 1219
Wissenschaftliche Betriebsführung, Grundsätze der 1229
Wissenschaftstheorie 644

Wissensgenerierung 734 f.
Wissenskreation 1650
Wissensmanagement 290, 1036, 1641, 1647
Wissensorganisation 1502
Wissensspirale 1650
Wissensstrategie 1654
Wissen, Verteilung von 733
Wissen, zugängliches 1643
Wohlfahrt, gesamtwirtschaftliche 957
Wohlfahrtsoptimum 961
Wohlfahrtsverlust 1002
Work Activities 814
Workflow-Management-System 475
Würdigung 1048, 1051

Zahlungsunfähigkeit 1305
Zeit und Management 1657
Zentralbereiche 328, 750, **1665**
Zentrale Datenbank 487
Zentrales Modell 1134
Zentralisation 181
Zentralisierung 117
Zentralstelle 328
Zero-Base-Budgeting 109
Zertifizierung 1221
Ziel 465, 773 f., 1674 ff.
Zielbeziehung 1675
Zielbildung 1153, 1156
Zielbindung 909
Zieldimension 774
Ziele und Zielkonflikte 1674
Zielformulierungstechnik 1051
Zielforschung 1679
Zielgerichtetheit 376
Zielhierarchie 1678
Zielintegration 465
Zielkonflikte 952, 1675
Zielkontrolle 671
Zielorientierte Steuerung 952
Zielorientierung 1115
Zielplanung, generelle 1154
Ziel-Subziel-Beziehungen 773
Ziel-Subziel-Vermutungen 773, 779
Zielsystem 774
Zielvereinbarung 774
Zielvereinbarung, partizipative 1121
Zufriedenheit 82, 192
Zufriedenheit der Mitarbeiter 1121
Zulieferkooperation 1545
Zutrauen 1597
Zwang 757
Zweck 470
Zweckbeziehung 57
Zweckmäßigkeit 376
Zweckprogramme 225, 1298
Zweikreissystem 1247
Zwillingsfunktionen 669
Zwischenberichterstattung 1465

NAMENSREGISTER

*Dieses Register umfasst Personen und Institutionen.
Die Namen der Autoren von Beiträgen im Handwörterbuch Unternehmensführung und Organisation (HWO) sind durch Fettdruck hervorgehoben; der Anfang des Beitrages ist ebenfalls durch Fettdruck der Spaltenzahl gekennzeichnet.*

Abeltshauser, T. E. 1443, 1448
Aben, M. 1654, 1656
Abernathy, F. H. 1018, 1024
Abrahamson, E. 801, 803
Achilles, W. 1312
Achleitner, A.-K. 765
Achrol, R. S. 9 f.
Acker, H. B. 1357, 1360, 1364
Acker, J. 344, 346
Ackermann, F. 591, 595, 647, 650
Ackermann, K.-F. 435, 437
Ackermann, R. 1301 ff.
Ackoff, R. L. 553, 559
Ackroyd, S. 758, 761, 765, 862, 868
Acs, Z. J. 217, 221
Adam, O. 1053
Adams, H. W. 1483, 1488
Adams, J. S. 911, 913
Adamy, W. 871, 878
Addison, J. T. 875, 878
Adelson, J. 1064, 1067
Aditya, R. N. 299, 306
Adizes, I. 728 f., 731
Adler, N. J. 523, 528
Adler, P. S. 33, 36, 120, 384, 387, 411 f., 558 f., 1015 f.
Adler, T. 292
Adorno, T. W. 466, 471
Agle, B. R. 740, 745, 1323, 1326
Ahlemeyer, H. W. 619, 627 f.
Ahn, H. 1671, 1673
Aiken, M. 851 f.
Ajzen, I. 243, 245 f.
Akerlof, G. 874, 878, 1177, 1181, 1459, 1467
Albach, H. 273, 275, 379, 714, 726, 731 f., 737, 755, 1008, 1522, 1529
Albers, S. 5, 10, 507, 512
Albert, H. 858, 860
Albrecht, S. 335, 340
Albrow, M. 113, 120
Alchian, A. 518, 520, 557, 559, 873 f., 878, 1456, 1458, 1566, 1571
Aldrich, H. 258 f., 261 ff., 265 f., 661, 665, 867 f., 1082, 1085, 1087, 1090, 1099
Alewell, D. 37
Alewell, K. 325, 331, 1253 f., 1261
Alexander, M. 1386, 1391
Alfermann, D. 343, 346
Alioth, A. 385, 387
Al-Laham, A. 84, 541, 1477 f., 1481, 1496 f., 1554, 1556, 1624 ff., 1632
Allen, S. 1339 f.
Allen, T. D. 1102, 1107
Allen, T. J. 286, 293
Allison, G. T. 1077, 1085
Allmendinger, J. 585, 1149
Alt, J. 1024, 1604
Alt, R. 862, 868
Altmeppen, H. 403

Altmeppen, K.-D. 597, 604
Alvarez, J. L. 1641, 1646
Alvesson, M. 501, 504, 566 f., 590, 596, 800, 803, 1029 ff., 1165 f., 1172
Alwart, H. 1517, 1519
Amabile, T. M. 607, 612
Ambrose, M. L. 908, 913
Amelang, M. 496
Amelingmeyer, J. 286 f., 292, 294, 1419, 1421, 1428
American Law Institute 101, 104
Amidon Rogers, D. M. 289, 293
Amin, A. 938, 940
Amit, R. 614, 617, 1275 f., 1385, 1390, 1493, 1497, 1649, 1655
Ancona, D. 1402, 1405 f.
Anderson, E. 94, 98
Anderson, J. C. 1222, 1224
Anderson, N. R. 385, 388
Anderson, P. 615, 617
Andrews, K. 1384, 1390, 1492, 1497
Andriopoulos, C. 512
Angerhausen, S. 951, 954
Anheier, H. K. 948, 955 f.
Ansoff, H. I. 1383, 1386, 1390, 1477, 1481, 1492, 1497
Antes, R. 1483, 1488
Anthony, R. N. 952, 954
Antoni, C. 1121 f.
Antoni, C. H. 34 ff., 380 f., 383, 386 f.
Aoki, M. 806, 812, 1594
Apel, K.-O. 1514, 1519
Appel, W. 855, 860
Aquino, T. von 348
Aram, J. D. 1514, 1520
Arbeitsgruppe Bielefelder Soziologen 570
Arbeitskreis Dr. Krähe der Schmalenbach-Gesellschaft 1669, 1673
Arbeitskreis „Organisation" 1099
Arbeitskreis Weber-Hax der Schmalenbach-Gesellschaft e. V. 94, 98
Ardelt-Gattinger, E. 398, 497
Arendt, H. 759, 764
Argote, L. 658, 665
Argyris, C. 88, 90, 412, 469, 471, 733, 737, 799, 803, 819, 831, 835, 1074, 1085, 1329, 1332
Arikan, A. 1270, 1273, 1276
ARIS 1055
Aristoteles 348, 460, 1662
Arkes, H. 241, 246
Armour, H. O. 1377, 1382
Arnold, M. 705
Arnold, U. 1113
Arogyaswamy, K. 1469 ff., 1474
Aronson, E. 306
Aronsson, H. 751, 754

Arrow, K. 115, 120, 181, 188, 414, 421, 822 f., 827, 1239 f., 1242, 1458, 1591, 1593 f.
Arthur, M. 132, 137, 443, 449
Arthur, W. B. 1301, 1304
Arx, S. von 429 f., 440
Asch, D. 674, 678
Aschfalk, B. 715
Ashby, R. W. 620, 627, 1394, 1399
Ashkanasy, N. M. 206, 213
Ashkenas, R. 340
Ashton, R. H. 494 f.
Ashton, T. 726, 731
Assmann, J. 1661, 1663
Astley, W. G. 646, 649 f., 1082, 1084 f.
Athos, A. G. 1028 f., 1032
Atkeson, A. 1022, 1024
Atkins, P. W. B. 495
Audretsch, D. B. 217, 221
Auer, M. 582, 585, 861
Auer-Rizzi, W. 236, 239
Augustinus, A. 1662 f.
Auhagen, A. E. 792, 797
Avolio, B. 132, 135 f., 321 f., 443 ff., 448 f.
Awad, E. 428, 438
Axelrod, R. M. 148, 151
Aycan, Z. 523, 529
Ayton, P. 241, 246

Babbage, C. 1063
Bacdayan, P. 1298, 1304
Bach, N. 1609, 1611, 1613
Bacharach, S. 931, 1088
Bachmann, R. 1604
Bachrach, P. 761, 764
Backes-Gellner, U. 435, 437, 1362, 1364, 1593 f.
Backhaus, K. 538, 540, 636 f., 639, 643, 856, 860, **1418**, 1420, 1423, 1426, 1545, 1548
Badelt, C. 1421, 1426
Badura, B. 841 f.
Baecker, D. 619 f., 623 f., 627, 1398 f.
Baek, H. Y. 364, 369
Baetge, J. 712, 714, 1306, 1312
Baethge, M. 479 f.
Bahrdt, H. P. 1065, 1067
Baier, W. 423, 427
Bain, J. 1385, 1390
Bainbridge, L. 1235
Bainbridge, S. M. 812
Baird, D. G. 960, 965
Bak, P. 127, 130
Baker, G. 25, 27, 41, 44, 1568, 1571 f., 1594
Bakken, T. 1398, 1400
Bales, R. F. 297, 301, 305, 856, 860
Balgobin, R. 1469 ff., 1473 f.

Baliga, B. R.   169
Ballou, R. H.   751, 754
Ballwieser, W.   964 f., 1321, 1325, **1615**, 1617, 1619, 1621 f.
Balzert, H.   1054, 1059
Bamberg, G.   45, 1175, 1181
Bamberger, I.   87, 90
Bamforth, K. W.   990, 997
Band, D. C.   674, 678
Bandura, A.   734, 737, 909, 913, 1328
Banerjee, A.   802 f.
Banks, W. C.   391, 398
Bantel, K. A.   1446, 1449
Baratz, M. S.   761, 764
Barclay, D. W.   93, 98
Barkema, H.   737, 739
Barker III, V. L.   1468 ff.
Barley, S.   1414, 1417, 1660, 1663
Barnard, C. I.   116, 120, 225, 228, 498, 799, 803, 1072 f., 1085, 1329
Barnett, C. K.   203, 448
Barnett, W. P.   191, 194
Barney, J. B.   227 f., 614, 617, 1003, 1007, 1112, 1114, 1270 ff., 1385, 1387, 1390, 1493 f., 1497, 1603, 1625 ff., 1631
Baron, D. P.   1178, 1181
Baron, J. N.   42, 44
Baron, R. A.   209 ff., 213 f.
Barreto, H.   217, 221
Barrett, F. J.   462 f.
Barrett, J. H.   465, 471
Barringer, B.   1387, 1390
Barsade, S. G.   211 f., 214
Barsoux, J. -L.   417, 421
Bar-Tal, Y.   305
Bärtl, O.   1619, 1623
Bartlett, C.   549, 551 f., 818 f., 1261, 1387, 1389 f.
Bartley, W. W. ,III   1242
Bartölke, K.   31, 36, 88, 90, **464**, 467 f., 471
Barton, A. H.   855, 860
Bartunek, J. M.   1030 f., 1641, 1646
Baruch, Y.   433, 437
Barzel, Y.   1570, 1572
Bass, B.   132, 134, 136, 299, 301, 305 f., 316 f., 320 ff., 389, 398, 1096, 1100
Bassen, A.   423, 427
Bastardi, A.   492, 495
Bate, P.   1029, 1031
Bateson, G.   733, 737
Bator, F. M.   822, 827
Battelle-Institut   94, 98
Baum, J. A. C.   128, 130 f., 257, 266
Baumbach, A.   379
Baumgartner, E.   132, 136
Baums, T.   407, 808, 812, 1523, 1529
Bayertz, K.   1565
BDI   270, 275
Bea, F. X.   59, 61, 324, 331, 675, 679, 1357 f., 1360, 1364, 1530, 1546, 1548, **1674**, 1680
Beard, J. F.   444, 448
Beard, R.   1404, 1408
Beatty, R. P.   1267 f.

Beauvoir, S. de   343, 346
Beavin, J. H.   601, 606
Bebchuk, L. A.   164, 169, 177 f., 962, 966
Becattini, G.   933, 940
Beck, D.   388, 398
Beck, M.   1126, 1132
Beck, N.   843, 851 f., 1241, 1243
Beck, R.   632, 634
Becker, A.   **256**, 260, 266
Becker, F. G.   **579**, 585, 678 f., 861
Becker, G.   958, 966, 1238, 1242
Becker, H.   565, 567, 713 f.
Becker, J.   9 f., 584 f.
Becker, K.   132, 136
Becker, M.   579, 585, 1068
Becker, R.   582, 585, 770 f.
Becker, S. W.   1010, 1016
Becker, W.   421
Beckert, J.   326, 331, 1666, 1673
Beckhard, R.   1607, 1612 f.
Beckmann, C.   286 f., 292, 294, 511, 514, 1419, 1421, 1428
Beckurts, K. -H.   1425 f.
Beecken, T.   188
Beer, D.   878
Beer, M.   349, 352, 432, 437, 1607, 1613 f.
Begley, T. M.   1029, 1031
Behme, W.   1195, 1250, 1252
Behnam, M.   352 f.
Behrmann, D.   842
Beier, C. H.   787, 790
Bell, C. H.   991, 996
Bell, T. B.   987
Bellinger, B.   708, 714
Bellmann, K.   617
Bellmann, L.   877 f.
Bem, D. J.   393, 398
Bender, C.   973, 977
Benders, J.   34, 36
Benjamin, R.   1004, 1007
Benkenstein, M.   512
Benne, K. D.   990, 996
Ben-Ner, A.   948, 954
Bennis, W. G.   1074, 1085
Benson, J. K.   1082, 1085
Benz, A.   1595
Benz, M.   **21**, 1021, 1024
Berens, W.   771
Berg, N.   539 f.
Berg, P. O.   1029, 1031
Berg, W.   1063, 1067
Bergauer, A.   713 f., 1312
Bergemann, N.   528 ff.
Berger, P.   564, 567, 646, 650, 719, 723, 923, 1076, 1083 ff., 1329, 1332
Berger, U.   224, 228
Berger-Klein, A.   868
Berggren, C.   30, 36, 382 ff., 387 f.
Berghoff, H.   1065
Berglöf, E.   173, 178
Berglund, J.   802 f.
Berkowitz, L.   246
Berle, A.   161, 169, 805 f., 808, 812, 1146 f., 1523, 1529
Berliner, P. F.   459 f., 463

Berndt, R.   53, 896, 1132, 1540
Bernhard-Mehlich, I.   224, 228
Bernhardt, W.   248, 255, 422, 427, 1447 f., 1578, 1580
Bernheim, D.   1179, 1181
Bernoulli, D.   1437, 1440
Berrar, C.   176, 178
Berscheid, E.   190, 194
Bertalanffy, L. von   1052, 1393, 1399
Bertelsmann-Stiftung   1126, 1132
Berthel, J.   429, 436 f., 579 ff., 585
Berthoin Antal, A.   **732** f., 736 ff.
Besanko, D.   1178, 1181
Besemer, C.   633 f.
Bester, H.   **1341**
Betsch, T.   492, 495
Bettenhausen, K. L.   1575, 1581
Bettis, R. A.   798 f., 804, 1389, 1391, 1552, 1555 f., 1651, 1655
Bewley, T. F.   1572, 1595
Beyer, H.   951, 954
Beyer, J.   805, 808, 812, **1141**, 1144 ff., 1149, 1523, 1529
Beyer, R.   753, 756
Bhagat, S.   102, 104
Bibeault, D.   1471, 1474
Biddle, B. J.   1290 f., 1295
Bieberbach, F.   999, 1007
Biehler, H.   1145, 1147
Bieneck, K.   1639
Bierhoff, H. -W.   1103, 1107
Bies, R. J.   209, 213
Bigley, G.   1596, 1603
Bikson, T.   1402 f., 1407
Billing, F.   507, 513
Binz, M.   1577, 1580
Birch, D. L.   216, 221
Birchler, U.   1593, 1595
Birke, M.   868
Birker, K.   1312
Birkinshaw, J.   361, 368, 1644, 1646
Birnbaum-More, P. H.   589, 594
Bischof, J.   1325 f.
Bischoff, S.   345 f.
Biswas, S.   1509 f.
Bittner, T.   1535, 1540
Bitz, H.   1281, 1288
Bitz, M.   828, 1007 f., 1163, 1252, 1491
Black, B.   102, 104
Black, S. E.   1019, 1022, 1024
Blair, M. M.   103 f., 163, 169, 740, 744
Blake, R.   317 f., 322 f., 633 f., 992, 996
Blanchard, K. H.   317, 319, 323
Blank, M.   895
Blankart, C. B.   1301, 1304
Blau, P.   118, 120, 657, 659 ff., 665, 844, 849 f., 852, 968, 977, 1071
Blaum, U.   1279, 1288
Blecker, T.   697
Bleeke, J.   18, 20
Bleicher, K.   46 f., 52, 55, 61, 71 f., 78, 188, 198, 203, 328, 331, 690, 697, 836, 1026, 1031, 1187, 1189, 1193, 1195, 1253, 1255, 1257, 1261, 1357 f., 1360, 1365, 1447 f.

Bleischwitz, R. 1488 f.
Blettner, D. 1651, 1656
Blickle, G. 582, 585, **836**, 843, 1518 ff.
Blind, K. 1422, 1426
Blochwitz, S. 712, 714
Bloech, J. 1658, 1664
Blohm, H. 1426
Blois, K. J. 1545, 1548
Blome-Drees, F. 1512, 1516, 1519
Bluedorn, A. 1387, 1390, 1660 f., 1663
Blum, U. 215, 217, 221
Blumer, H. 562, 1083 ff.
Blyton, P. 433, 437, 1664
Boardman, A. E. 965 f.
Bock, M. 1636, 1639
Bock, U. 343, 346
Böcking, H.-J. 1619, 1622
Bock-Rosenthal, E. 853, 860
Bode, I. 949, 952, 954
Bode, J. 1641, 1646
Boehm, B. W. 609, 612
Boeker, W. 310 f., 314 f., 572, 577
Boerner, S. 196, 198 ff., 202, 204, **316**, 320, 323
Boers, K. 1639
Boettcher, E. 1542, 1548
Boetticher, K. W. 853, 861
Boff, K. 1232, 1235
Bogan, C. E. 82, 84
Bogumil, J. 807, 813, 868, 942, 947
Böhm, S. 1488 f.
Böhnert, A.-A. 81, 84
Bohr, K. 966, 1573
Böhret, B. 1121 f.
Boje, D. M. 566, 568, 587, 595, 718 f., 723, 1083, 1085, 1168, 1171 f., 1224
Boli, J. 929 f.
Bolino, M. C. 456
Bolman, L. G. 1605, 1609, 1613
Boltanski, L. 582, 585, 853, 860
Bolz, J. 532, 541
Bonfadelli, H. 601, 604
Böning, U. 140 f., 143
Bontis, N. 1656
Book, M. **1497**
Boone, L. 1408
Borchers, S. 424, 427
Borel, E. 1342, 1349
Borg, I. 856 f., 860
Borman, W. C. 1102, 1107
Bornemann, M. 151
Borys, B. 120, 384, 387, 411 f.
Boselie, P. 1021, 1024
Bosetzky, H. 862, 868
Bosker, R. J. 857, 861
Boswell, W. 431, 440
Botta, V. 1193, 1195
Böttcher, R. 539, 541
Bouckaert, G. 947
Boulos, F. 1620, 1623
Bourcart, J. J. 1063, 1067
Bourdieu, P. 761, 764, 1660, 1663
Bournois, F. 896
Boutellier, R. 1425 f.
Bowen, D. 1408

Bower, J. 411 f., 1389 f.
Bowers, D. G. 990, 996
Bowersox, D. J. 94, 98, 751, 754
Boxall, P. 431 f., 437 f.
Boyatzis, R. E. 793, 795, 797
Boyd, D. P. 1029, 1031
Boyens, K. 289, 293
Bozeman, D. P. 456
Braczyk, H.-J. 940
Bradach, J. 1602 f.
Bradford, L. P. 990, 996
Bradley, R. 135, 137
Brandenburg, A. 708, 715
Brandenburger, A. 1384, 1390, 1541, 1548
Brandt, W. K. 548, 551
Brass, D. J. 444, 449
Brasse, C. 584 f.
Bratschitsch, R. 715
Braun, C. von 341 f., 346 f.
Braun, E. 1486, 1489
Braun, F. 1288
Braun, G. E. 326, 331, 1666, 1673
Brauner, H. 771
Braunstein, D. N. 1087
Braverman, H. 31, 36
Brealey, R. A. 1551, 1555
Brehm, C. R. 1612 f.
Brehm, M. 584 f.
Breidbach, O. 652
Breidenbach, S. 1586
Brennecke, V. M. 1487, 1489
Brentel, H. 738
Bresser, R. K. F. **1269**, 1273 f., 1276
Brett, J. M. 581, 585
Bretzke, W.-R. 1150, 1163
Breuer, R. 1628, 1631
Breuer, S. 131, 136
Breuer, T. 1422, 1427
Brewerton, P. 855, 860
Brewster, C. 37, 434, 438
Brezski, E. 640, 642 f.
Briefs, G. 1066 f.
Brings, K. 1562 ff.
Brink, H.-J. 668, 679
Brittain, J. E. 259, 266
Brö, P. der 1235
Brock, D. M. 527 f.
Brockhaus, R. 482, 488
Brockhoff, K. **285** f., 289 f., 293, 507, 511 ff., 1419, 1426
Brockner, J. 396, 398
Brodbeck, F. 134, 136, 391, 398
Brodel, D. 1488 f.
Brödner, P. 32, 36, 44, 1229, 1231, 1236
Brölingen, B. 1041
Bronder, C. 13, 20
Bronn, C. 800, 803
Bronner, R. **229**, 231 f., 234, 239, 687, 853, 855, 860 f., 1559, 1561 f., 1564
Broom, G. M. 601, 604
Brosius, G. 1250 f.
Brouthers, K. D. 527 f.
Brouthers, L. E. 527 f.
Brown, D. 629, 634, 992, 996
Brown, J. 146, 151, 243, 247, 1645 f.

Brown, R. 125, 393, 398
Brown, S. 128, 130, 201, 203, 459 ff., 507, 513, 626 f., 1389, 1391, 1526, 1529, 1609, 1613
Brown, W. B. 311, 313, 315
Bruch, M. 929 ff.
Bruckmann, G. 1426
Brüderl, J. **215**, 217, 220 ff.
Brüggemeier, M. 863, 868 f.
Bruhn, M. 789 f., 905, 1224, **1531 ff.**, 1540
Bruns, H.-J. 32, 37
Brunsson, N. 926 f., 930
Brunstein, I. 432, 438
Brunstein, J. C. 913
Bruton, G. D. 1472, 1474
Bryman, A. 299, 301, 306
Brynjolfson, E. 477, 480
Bryson, L. 605
Büchel, B. 734, 738
Bücher, K. 460, 463
Buchhart, A. 1312
Buchherr, H.-J. 597, 604
Buchholtz, K. 945 f.
Buckley, M. R. 1041
Buckley, P. J. 361, 363, 368
Budäus, D. 807, 812, **941 ff.**, 945 ff., 1008, 1570, 1572
Budhwar, P. 434, 438
Büggel, A. 896
Bühner, R. 58, 61, 325, 331, 338, 340, 427, **571**, 576 f., 1093, 1100, 1191 f., 1195, 1357 f., 1360 f., 1363 ff., 1402, 1407, 1667, 1673
Bulatao, E. 213
Bullinger, H.-J. 902, 904, 1054, 1059, 1422, 1426
Bungard, W. 35 f., 612
Bungay, S. 675, 679
Bunge, M. 408, 412
Bunke, C. 407
Burgelman, R. A. 1523, 1530
Burgers, W. P. 361, 368
Burghardt, M. 1205, 1207
Burgholzer, P. 1052
Burkart, R. 599, 601, 604
Burke, W. 528, 635
Burmann, C. 279, 284
Burns, J. M. 301, 306 f., 1096, 1100
Burns, L. 803
Burns, T. 115, 118, 120, 656 ff., 665, 862, 869, 1169, 1173, 1527, 1530
Burr, W. **276**, 1021, 1024
Burrell, G. 119 f., 561, 566, 568, 1070, 1085, 1165, 1169, 1171, 1173
Burton, J. 633 f.
Burton, R. M. 654, 665, 1092, 1100
Büschgen, H. E. 714
Büschken, J. 538, 540
Buss, D. M. 453, 456
Busse, R. **697**, 700, 702, 705
Büsselmann, E. 521
Busse von Colbe, W. 665, 1248, 1251, 1464, 1467
Bussmann, K.-D. 1639
Buth, A. K. 1312

Butler, J.   343 f., 346, 1272 f., 1275, 1277, 1387, 1391
Byrne, D. E.   190, 194

Cadbury, A.   100, 104
Cady, S. H.   384, 388
Cakir, A.   1235
Cakir, G.   1235
Calantone, R.   506, 513
Calás, M. B.   119 f., 304, 306, 342, 346, 594, 1171 ff.
Calder, B. J.   296, 303, 306
Caldwell, D.   191, 194, 1402, 1405 f.
Calkins, K.   1661, 1663
Callahan, J.   289, 293
Camerer, C.   1263, 1269
Cameron, K.   729, 732, 1469, 1474
Cameron, S.   972, 977, 1400
Camp, R. C.   82, 84
Campbell, A.   1386, 1391
Campbell, D. T.   258, 263, 266
Campbell, J. P.   906, 913
Campbell-Hunt, C.   1627 f., 1631
Campion, M.   581, 586, 1405, 1408
Cannella, A. A.   312, 315, 1448
Cannon, M. D.   385, 388
Cantin, F.   1037, 1040 f., 1096, 1100
Capaldo, G.   292 f.
Cardinal, L. B.   1553, 1556
Carey, D. C.   314 f.
Carley, K. M.   626 f.
Carlsson, B.   277 f., 284
Carmichael, H. L.   420 f.
Carper, W. B.   338, 340
Carrol, S. J.   793, 797
Carroll, A. B.   742 ff.
Carroll, E.   1586
Carroll, G.   189 f., 194, 258, 266, 1458
Carroll, S. J. J.   776, 779
Carroll, W. K.   1145, 1147
Carter, M. J.   40 f., 44
Cartwright, D.   764
Cascio, W.   428, 438, 586
Casimir, G. M.   318, 323
Cassel, C.   860
Casson, M.   363, 368, 412
Castells, M.   145, 151
Castro, S. L.   304, 307
Castrogiovanni, G. J.   1472, 1474
Caswell, J.   340
Caves, R.   1270, 1276
Center, A. H.   601, 604
Certeau, M. de   460, 463
Chakravarthy, B.   1644 ff.
Champy, J.   32, 37, 52 f., 609, 612, 898, 904, 1054, 1059, 1212, 1218
Chandler, A.   548, 551, 1012, 1015 f., 1053, 1059, 1061 f., 1064 f., 1067, 1334, 1340, 1375, 1377, 1382, 1389, 1391, 1550, 1555
Chapman, S.   726, 731
Charkham, J.   178
Charles, T.   43 f.
Chatterjee, S.   1551 f., 1555 f.
Chen, C. J. P.   364, 368
Chen, K.   127, 130
Chernatony, L. de   589, 594

Cheung, S. N. S.   1594 f.
Chew, D. H.   170
Chi, T.   1275, 1277
Chia, R.   649 f., 1170, 1173
Chiappori, P. -A.   1589, 1595
Chiarmonte, F.   289, 293
Child, J.   657, 659 f., 662, 665, 1075, 1085, 1444, 1448, 1548
Chmielewicz, K.   1195 f., 1251 f.
Choo, C. W.   1656
Chown, E.   589, 594
Christensen, C. M.   1422, 1426
Christensen, K.   1272, 1278
Christensen, R.   1269, 1276
Chrobok, R.   1218
Chudoba, K.   1403, 1407
Ciborra, C.   478, 480
Cilliers, P.   130 f.
Citigate Dewe Rogerson   1539 f.
Ciulla, J. B.   299, 306
Claassen, E. M.   1243
Clark, J. J.   1552, 1556
Clark, K.   1013 f., 1016, 1404, 1407
Clark, S. E.   494, 496
Clark, S. M.   589, 596
Clark, T.   439, 548, 551, 802 f.
Clarkson, M. B. E.   740, 744
Clausius, E. H. J.   1425 f.
Claussen, D.   447 f.
Cleff, T.   895
Clegg, S. R.   120, 204, 306, 346, 471, 596, 650, 758, 761, 764, 931, 1165, 1168, 1171 ff., 1417
Cleland, D. I.   1052
Clermont, A.   1032
Clinard, M. B.   1636, 1639
Clore, G. L.   211, 213
Closs, D. J.   94, 98, 751, 754
Coase, R. H.   518 ff., 553, 559, 807 f., 812, 824, 827, 958, 966, 998, 1001, 1007, 1078, 1086, 1110, 1114, 1450, 1458, 1566, 1572
Coch, L.   993, 996
Cochran, D. S.   1103 f., 1108
Cockburn, I. M.   1629, 1631
Coenenberg, A. G.   987, 1248 f., 1251, 1619, 1623
Coff, R. W.   1325
Coffee, J. C. J.   962, 966
Coglianese, C.   1486, 1489
Cogliser, C. C.   304, 307
Cohen, M. D.   119 f., 1298, 1304
Cohen, S.   856, 860, 1402 ff., 1407, 1661, 1664
Cohen, W. M.   616 f., 1645 f.
Cohen-Charash, Y.   911, 913
Cohn, S.   803 f.
Cole, R. E.   33, 36, 558 f., 1014 f.
Coleman, J.   758, 760, 762 ff., 803, 858, 861, 1019, 1024, 1598, 1603
Collins, B. E.   392, 398
Collins, J. C.   275, 799, 803
Collinson, D. L.   345 f.
Collis, D.   615, 617, 1273, 1275 f.
Combs, J.   1273, 1276
Comment, R.   574, 577
Conecta-Autorengruppe   991, 997
Conell, C.   803 f.

Conger, J.   132, 136 f., 248 f., 251, 255, 301, 306, 1118, 1122
Conn, R. L.   338, 340
Connell, R. W.   343 f., 346
Conner, K.   1270, 1276, 1644, 1646
Conrad, P.   37, 130, 194, 203, 627, 739, 807, 812, 997, 1068, **1101,** 1374, 1417, 1530, 1614
Considine, M.   812
Constantinides, G.   560
Conway, N.   433, 438
Conyon, M.   1576 f., 1580
Cook, C. R.   851 f.
Cook, P. J.   417, 421
Cook, S. D. N.   1645 f.
Cooke, P.   940
Cool, K.   1019, 1024, 1271 f., 1276
Cooley, C. H.   451
Coons, A. E.   301, 307
Cooper, C.   1407
Cooper, G. L.   214
Cooper, R.   289, 293, 512 f., 1165, 1169 f., 1173
Cooper, W. W.   560
Coopey, J.   737 f.
Copeland, T. E.   1319, 1321, 1325
Cordeiro, J. J.   1268
Coriat, B.   1014, 1016
Cornell, B.   162, 169
Cornet, T.   111 f.
Corrado, C.   1024
Corsten, H.   188, 280 ff., 476, 480, 513, 652, 1614
Cosset, J.-C.   363, 368
Cowen, T.   555, 559
Cox, T.   192, 194, 343, 345 f.
Crasselt, N.   **1458**
Cratzius, M.   426, 428
Crawford, R.   1456, 1458
Creed, D.   1602, 1604
Crocker, J.   591, 596
Cropanzano, R.   209, 212, 214
Cropper, S.   591, 595, 647, 650
Crossan, M.   458, 463
Crott, H.   1582, 1586
Crozier, M.   117, 120, 226, 228, 758, 760, 764, 845, 852, 862, 869, 1071, 1076, 1086
Csiksentmihalyi, M.   912 f.
Csontos, L.   1239, 1243
Cuervo, A.   165, 169
Cuhls, K.   1422, 1426
Cummings, J.   1275, 1278
Cummings, L. L.   194, 214, 471, 504, 595, 914, 1107, 1604, 1664
Cummings, T. G.   990, 992 ff., 996
Cunha, J. V.   458, 463
Cunha, M. P.   458, 463
Curral, L. A.   385, 388
Curto, F.   1377, 1382
Cusumano, M.   1274, 1278
Cutlip, S. M.   601, 604
Cyert, R. M.   225, 228, 851 f., 1298, 1304
Czap, H.   1491
Czarniawska, B.   566, 568, 645, 650, 734, 738, 1083, 1086, 1171 ff.

Dabitz, R. 566, 569
Dachler, H. P. 305 f., 590, 594
Daellenbach, U. 1275, 1278
Daenzer, W. F. 1043, 1052
Daft, R. L. 52, 647, 649 f., 1010, 1016, 1441, 1448, 1641, 1646
Dahl, R. A. 409, 413, 761, 764
Dahlgaard, K. 1195
Dahrendorf, R. 567 f., 1290, 1295
Daily, C. M. 103 f., 161, 169
Dalton, D. R. 103 f., 161, 169 f.
Dalton, M. 565, 568, 1354 f.
Danert, G. 1426
Daniels, J. D. 1260 f.
Daniels, K. 589, 594
Daniels, T. D. 602, 604
Danneels, E. 506, 513
Darley, J. M. 393, 398
Darwin, C. 257, 266
Das, T. K. 1602, 1604
Datta, D. K. 339 f.
Dauenheimer, D. 243, 246
D'Aveni, R. A. 1273, 1276, 1527, 1530, 1631
Davenport, T. H. 52 f., 150 f., 1218
David, P. A. 1301, 1304
Davidson III., W. N. 312, 315
Davies, P. 104
Davis, E. B. 494 f.
Davis, G. F. 1145, 1148
Davis, J. 840, 842, 1597, 1604
Davis, K. 651, 741, 744
Davis, L. E. 839, 842
Davis, R. C. 726, 731
Davis, S. M. 831, 835 f.
Dawkins, R. 257, 266
Day, D. L. 1554, 1556
Day, D. V. 298, 306, 444, 448
Day, G. S. 9 f.
Deakin, S. 1594 f.
Deal, T. E. 927, 931, 1029, 1031, 1083, 1086, 1605, 1609, 1613
DeAngelo, H. 574, 577
Debreu, G. 822, 828
DeCarlo, T. E. 911, 913
Deci, E. L. 27, 1095, 1100
DeDreu, C. K. W. 384, 388
Deeg, J. 189, 193 f.
Deetz, S. 1166, 1172
DeFillippi, R. 1386, 1391
Dehler, M. 156, 158
Deiss, C. 334, 340
Delfmann, W. 745 f., 754 f., 1159, 1163
Del Guercio, D. 577
Dell, C. 459, 463
Dellarocas, C. 1266 ff.
Dellmann, K. 1007 f., 1491
Demb, A. 251, 255
De Meuse, K. 1403, 1405, 1408
Demmer, H. 842
DeMonaco, L. J. 340
Demsetz, H. 518, 520, 1079, 1086, 1566, 1570 ff.
Demski, J. S. 1246, 1251
Denhardt, R. B. 1660 f., 1663
Den Hartog, D. 134, 136
Denis, D. J. 573 f., 577

DeNisi, A. 910, 914
Denison, D. R. 448, 1026, 1028, 1031
Dent-Micallef, A. 1272, 1276
Deppe, J. 895
Derlien, H.-U. 118, 120
Derrida, J. 1166, 1169
Descartes, R. 587
Dess, G. G. 1628, 1631
Deutsch, M. 630, 634, 1599, 1604
Deutsch, R. 242, 247
Deutscher Bundestag 361, 368
Deutsches Institut für Interne Revision e. V. (IIR) 1285 f., 1288
Deutschmann, C. 1327
Devanna, M. 432, 440, 1124, 1133
Devine, D. J. 493, 495
Dewar, R. D. 1011, 1016
Diamond, D. W. 1267 f.
Dibbern, J. 478, 480
Dichtl, E. 679, 1114, 1530, 1680
Dickinson, A. M. 150 f.
Dickson, M. W. 383, 385, 388
Dickson, W. J. 498, 1072, 1087
Diehl, U. 1535, 1540
Diekmann, A. 855, 860
Diemer, H. 1064, 1067
Dienesch, R. M. 1104, 1107
Dienstbach, H. 1606, 1613
Dier, M. 1054, 1059
Dierickx, I. 1019, 1024, 1271 f., 1276
Dierkes, M. 732 f., 735, 737 ff., 852, 1243
Dietl, H. M. 44, 514, 516 f., 519 ff., 898, 901, 905, 1080, 1086, 1091, 1100, 1163 f., 1565, 1568, 1573, 1590, 1595
Dietrich, A. 1317 f.
Di Fabio, U. 1486, 1489 f.
Dilger, A. 875, 878
Dill, P. 1028 f., 1031
Diller, H. 5, 10, 1540
DiMaggio, P. 720, 724, 923, 928, 930 f., 971, 977, 1076, 1086, 1091, 1100, 1388, 1391, 1572
Dimma, W. A. 103 f.
Dinzelbacher, P. 1025
D'Iribarne, P. 719, 724
Dirks, K. 1603 f.
Dirrigl, H. 1623
Ditton, J. 1660, 1664
Dixit, A. 1348 f.
Dlugos, G. 780
Dobbin, F. R. 847, 852
Dobschütz, L. von 488
Dodd, E. M. 806, 812
Doeringer, P. B. 554, 559, 847, 852
Dögl, R. 1424, 1427
Domsch, M. E. 143, 582, 584 f., 1007 f., 1483, 1489, 1491
Donald, D. C. 102, 104
Donaldson, G. 253, 255
Donaldson, L. 647, 650, 653 f., 661, 663, 665, 840, 842, 1378 f., 1382
Donaldson, T. 1323, 1325
Donnellon, A. 120, 1173
Donovan, J. J. 909, 913

Donsbach, W. 599, 604
Doppelfeld, V. 328, 331
Doppler, K. 996, 1607, 1613
Doralt, P. 787 f., 790
Döring, N. 450, 457
Dormayer, H.-J. 1027, 1031
Dörner, D. 70, 491, 494 ff.
Dornseifer, G. 1639
Dörschell, A. 944, 947
Dosi, G. 227 f., 1014, 1016, 1239, 1242
Dossmann, C. 712, 714
Dowling, M. 649, 652, 1549
Doz, Y. L. 196, 203, 549, 551 f., 585, 1546, 1548
Draeger, A. 1192, 1196
Drazin, R. 662, 665, 730 f.
Dreesmann, H. 996
Drenth, P. J. D. 472
Dreyfus, H. L. 764
Drucker, P. F. 773, 779, 1419, 1426
Drukarczyk, J. 1616 f., 1623
Drumm, H. J. 56, 61, 179, 182, 186, 188, 431, 436, 438, 659, 665, 1254, 1261, 1364 f.
Drury, C. 107, 109, 112
Dubinskas, F. A. 1660, 1663 f.
Dubinsky, A. J. 349, 352
Due, O. 896
Duguid, P. 146, 151, 1645 f.
Duhaime, I. M. 1468 f., 1471, 1473 f.
Dülfer, E. 524, 527 f., 852, 896, 1026, 1031, 1033, 1511, 1519
Dumdum, U. 135 f.
Dumler, M. P. 1103 f., 1108
Dunbar, R. 1264, 1268
Duncan, K. 1235
Duncan, R. B. 657, 665
Dunegan, K. J. 589, 594
Dunford, B. 1272, 1278
Dunn, G. 857, 860
Dunnette, M. D. 194, 913, 1295
Dupin, C. 1063
Durand, R. 1274, 1276
Durkheim, E. 923
Duschek, S. 612, 615 ff., 1543, 1548
Dussauge, P. 1422, 1427
Dütthorn, C. 805, 808, 813
Dutton, J. E. 1011, 1016, 1276
Duve, C. 1586
Dworakivsky, A. C. 444, 449
Dworkin, R. M. 958, 966
Dyckhoff, H. 1671, 1673
Dyllick, T. 1485, 1487, 1489
Dyne, L. van 1104, 1107

Easterbrook, F. H. 961 ff., 966
Easterby-Smith, M. 1655
Easterwood, J. 769 ff.
Eastman, K. 135, 137
Easton, D. 1394, 1399
Eatwell, J. 340, 812, 1242 f.
Ebbesmeyer, P. 1421, 1427
Eberhardt, T. 105
Eberl, P. 616, 618, 919, 922, 1054, 1060, 1487, 1490, 1596, 1601, 1604
Eberle, T. 563, 566, 568, 590, 594

Ebers, M. 280, 284, 514, 519 f., **653**, 660, 662, 664 f., 840, 842, 1026, 1031, 1084, 1086
Eberspächer, H. 141, 143
Ebinger, F. 1486, 1490
Ebke, W. F. 1143, 1146, 1148
Eccles, R. 555 f., 559, 816, 819, 847, 852, 1602 f., 1641, 1646
Eck, C.-D. 141, 143
Eckardstein, D. von 434, 440, 580, 585, 627, 1129, 1132
Eckensberger, L. H. 1565
Edeler, H. 82, 84
Edeling, T. 178, 956
Eden, C. 591, 595, 647, 650
Eden, D. 838, 842
Edmondson, A. 385, 388, 618
Edwards, R. 31, 36
Edwards, V. 721, 724
Edwards, W. 240, 246
Eerde, W. van 909, 913
Effenberger, J. 87, 90
Egan, T. D. 192, 194
Egelhoff, W. G. 548, 551, 1260 f., 1376, 1382
Eger, T. 1571 f.
Eggers, B. 1607, 1614
Egidi, M. 1239, 1242
Eibelshäuser, M. 947
Eichhorn, P. 705
Eichhorn, S. 703, 705 f.
Eidenmüller, H. 958 ff., 966
Eigermann, J. 712, 714
Eigler, J. **54**, 184, 188
Einsiedler, H. E. 582, 585
Einstein, A. 1663 f.
Eisele, W. 1248, 1251
Eisenführ, F. 325, 327, 331 f., 1667, 1673
Eisenhardt, K. M. 17, 20, 128, 130, 201, 203, 459 ff., 463, 507, 513, 626 f., 1011, 1016, 1274, 1277, 1389, 1391, 1526, 1529, 1609, 1613, 1645 f.
Eisenstat, R. A. 349, 352, 1666, 1673
Eitzen, D. S. 312, 315
Elbling, O. 1480 f.
Elfgen, R. 85, 90, 1286, 1288
Elgers, P. T. 1552, 1556
Elias, N. 1662, 1664
Elkana, Y. 1652, 1655
Elšik, W. 1132
Elster, J. 1238, 1242 f.
Emerson, H. 912 f.
Emerson, R. M. 760, 764
Emmerich, V. 681, 687
Emminghaus, K. B. A. 1063
Enderle, G. 1512, 1519
Endlicher, A. 753, 755
Engelhard, J. 362, 368
Engels, F. 1664
England, G. W. 667
Englich, B. 388, 398
English, M. J. 82, 84
Erikson, E. 445, 448, 1328, 1600, 1604
Erlei, M. 514, 517, 520

Ernst, A. 582, 585
Ernst, D. 18, 20
Ernst, F. A. 725 ff., 729, 731
Ernst, H. 292 f., 507, 513
Ernst & Young 270, 275
Erpenbeck, J. 796 f.
Esch, F.-R. 1536, 1540
ESPRIT Consortium Amice 1055, 1059
Esser, W.-M. 1606, 1610, 1613
Esteve, R. 490, 496
Ettinger, J. 375, 378
Etzioni, A. 841 f., 1371, 1373
Eurich, C. 600, 604
European Foundation for Quality Management 1222, 1224
Evan, W. M. 412 f., 595, 850, 852
Evans, M. G. 319, 323
Evans, P. A. L. 196, 203, 582, 585
Everitt, B. S. 857, 860
Everling, O. 272, 275
Eversheim, W. 1193, 1195, 1233, 1236, 1422, 1427
Eversmann, M. 1672 f.
Ewert, R. 107, 112, 554, 559, 1245 f., 1251 f., 1460, 1467, 1619, 1623
Exner, A. 86, 89 f., 993, 997
Eyer, E. 383, 387
Ezzamel, M. 1576, 1580

Fahey, L. 1272, 1278, 1481
Faisst, W. 900, 905
Faix, W. 1405, 1407
Fallgatter, M. J. **668**, 678 f.
Fama, E. F. 572, 577, 810, 812
Fandel, G. 419, 421
Fank, M. 1026, 1031 f.
Fantapié Altobelli, C. 53, 604, 1132
Farquhar, A. 582, 585
Farr, J. L. 388, 910, 913
Farrell, S. A. 347
Farren, C. 580, 586
Fatzer, G. 143
Faulhaber, P. 1312
Faust, K. 857, 861, 1143, 1148
Faust, M. 502, 504
Fayerweather, J. 531, 540
Fayol, H. 408, 413, 602, 604, 1064, 1067, 1071, 1329
Feddersen, D. 407
Fees, W. 885, 887
Fehlbaum, R. 46, 53, 655, 666
Fehr, E. 1180 f., 1576, 1580
Feldhoff, M. 1467
Feldman, M. S. 1300, 1304
Fells, J. M. 1063, 1067
Felsch, A. 762, 764, 863, 865 ff., 869
Felsner, J. 749, 755
Feltham, G. A. 1246, 1251
Fennema, M. 1145, 1147
Fento, E. M. 198, 204
Ferguson, K. E. 119 f.
Ferrier, W. J. 1630 f.
Ferrin, D. 1603 f.
Ferry 103
Ferstl, O. K. 479 f., 1054, 1059
Festing, M. 858, 860

Festinger, L. 243, 246
Feyerabend, P. 564
Fiedler, F. E. 302 f., 306
Fiedler, K. 496
Fiedler, M. 516, 521
Fieten, R. 94, 98
Filmer, P. 568
Finckh, A. 1486, 1489
Fine, G. A. 565, 568
Finegold, D. 248 f., 251, 255
Fineman, S. 206, 213 f.
Finger, S. 942, 947
Finkelstein, S. 1442, 1444, 1448 f.
Fiol, C. M. 591, 595, 1274, 1277
Fisch, J. H. **360**, 362, 365, 368, 1250, 1252
Fisch, R. 388, 398
Fischel, D. R. 961 ff., 963, 966
Fischer, E. 94, 98
Fischer, G. 1521, 1530
Fischer, L. 475, 480, 1294 f.
Fischer, P. **239**
Fischer, T. M. 1252
Fischer, W. 879, 1064, 1068
Fischermanns, G. 1098, 1100
Fischer-Rosenthal, W. 566, 568
Fishbein, M. 245 f.
Fisher, J. 673, 679
Fisher, M. L. 754 f.
Fisher, R. 1582 ff., 1586
Fitness, J. 209, 213
Fitz-enz, J. 432, 438
Fleck, A. 1628, 1631
Fleck, L. 1652, 1655
Fleege-Althoff, F. 708, 714
Fleischer, H. 1444, 1447 f.
Fleischmann, P. 85, 90
Fleishman, E. A. 297, 306, 316 f., 323
Fligstein, N. 1377 f., 1382
Florey, E. 652
Foerster, H. von 620 f., 623, 627, 773, 779, 972, 977, 1313, 1318, 1393 ff., 1399 f., 1527, 1530
Föhr, S. 825, 828
Folger, R. 209, 213
Fombrun, C. J. 432, 440, 1082, 1085, 1124, 1133, 1263, 1268
Fontanari, M. 18, 20
Fontin, M. 196 ff., 203 f.
Ford, H. 30, 40, 44
Forgas, J. P. 213
Forum für Philosophie Bad Homburg 1515, 1519
Forzi, T. 1233, 1235
Foss, N. J. 227 f., 1002, 1007, 1646
Foucault, M. 119 f., 566, 760 ff., 764, 1085 f., 1166, 1170
Fourboul, C. 896
Fox, S. 466, 470 f.
Francis, S. C. 340
Franck, E. 44, 283, 285, **413 ff.**, 418 ff., 514, 517, 519 ff., 794 f., 797, 898, 901, 905, 1091, 1100, 1113 f., 1163 f., 1568, 1573, 1590, 1595
Frank, H. 608, 610 ff.
Frank, R. H. 417, 421

Frank, U. **472**, 478 ff.
Franke, G. 188
Franke, J. 391, 397 f.
Franken, R. 669, 679
Franklin, J. L. 990, 996
Franko, L. G. 548, 551
Franks, J. 173, 178, 574, 578
Franz, A. 899 f., 904
Franz, K.-P. 1252
Franz, M. 147, 149, 151
Franz, O. 1356
Franzpötter, R. 1101, 1107
Fraser, J. T. 1664
Fraune, C. 407, 1523, 1529
Frederick, W. C. 741, 744
Fredrickson, J. 1374, 1624, 1631
Freedman, N. 1472, 1474
Freeman, E. 1276, 1322 f., 1326
Freeman, J. 117, 120, 256, 258, 260 f., 264, 266, 664 f., 1082, 1086, 1090, 1100, 1299 f., 1304
Freeman, R. B. 874, 878
Freeman, R. E. 740, 744, 1522, 1530
Frei, F. 213, 385 ff.
Freiboth, M. 35, 37
Freiling, J. 613 f., 617
Freimann, J. 1482, 1485, 1489
Freimuth, J. 993, 996
French, J. R. P. 759, 764, 993, 996
French, W. L. 991, 996
Frentz, M. H. 900, 905
Frenzel, K. 611 f.
Frese, E. 10, 36, 49, 52 f., 55, 61, 98, 188, 198, 203, 224, 228 f., 239, 266, 293, 323, 328, 331 f., 409, 413, 472, 496 f., **552 ff.**, 559 f., 655, 665, 669, 679, 697, 756, 791, 804, 975, 977, **1008 f.**, 1011 f., 1016, 1033, 1039 ff., 1054, 1059, 1078, 1086, 1092, 1096, 1099 ff., 1122, 1191 ff., 1195 f., 1205, 1207 f., 1211, 1218, 1249, 1251 ff., 1257 ff., 1261, 1337 f., 1341, 1350 f., 1353 ff., 1365, 1540, 1564, 1586, 1665 f., 1669 ff.
Frese, M. 205 ff., 213 f., 792, 797
Freud, S. 442, 1328
Freudenberg, H. 1607, 1614
Freund, W. 270, 273, 275
Frey, B. S. **21**, 26 ff., 225, 227 ff., 912 f., 1095, 1100, 1387, 1391, 1576, 1580, 1645 f.
Frey, D. **239**, 243 f., 246 f., 391, 394 f., 398, 471, 494 f., 497, 797, 1122
Frey, H. 1332 f.
Frick, B. **870**, 873, 875 ff., 887, 1570, 1572
Friedberg, E. 226, 228, 502 ff., 737 f., 758, 760, 764, 845, 852, 862, 864, 869, 972, 977, 1076, 1086
Friedl, B. 152, 158
Friedländer, F. 992, 996
Friedman, M. 1238, 1243, 1515, 1519
Friedman, S. D. 313, 315
Friedman, V. 737, 739
Friedmann, G. 1065, 1067

Friedrich, A. 34, 36
Friedrich, S. A. 613, 617
Friedrichs, J. 854, 860
Frieling, E. 35, 37
Friesen, P. 312, 315, 728, 730, 732, 1610, 1614
Frijda, N. H. 206 f., 213
Frisé, A. 568
Fritz, G. 608, 612
Fritz, W. 87, 90, 527 f., 1679 f.
Frost, J. 27 f., **45**, 52 f., 225, 227 ff., 627 f., 1041, 1216, 1218
Frost, P. 1031 f., 1083 f., 1087
Fruin, W. M. 1015 f.
Fuchs, G. 361, 368
Fuchs, J. 579, 585
Fuchs, P. 91
Fujimoto, T. 558 f.
Fülbier, R. U. 1461, 1466 f.
Fulk, J. 1414, 1417
Funke, K. 1536, 1540
Furubotn, E. G. 514, 518, 520 f., 808, 813, 874, 879, 1079, 1086, 1566, 1570, 1572 f., 1588 ff., 1593, 1595
Furusten, S. 802, 804
Futrell, D. 1403, 1405, 1408

Gabele, E. 1606, 1610, 1613
Gabor, G. **1244**
Gabriel, Y. 566, 568
Gächter, S. 1180 f., 1576, 1580
Gähde, U. 1565
Gailen, H. 767, 771
Gaitanides, M. 5 f., 10, 49 f., 52 f., 511, 513, 753, 755, 898, 904, 1054, 1059, **1208 f.**, 1218
Galbraith, J. R. 662, 665, 835, 1092, 1100, 1377, 1382
Garcia, J. E. 303, 306
Garcia, R. 506, 513
Garcke, E. 1063
Gardner, W. 132, 136, 443 ff., 448
Gareis, R. 1206 f.
Garfinkel, H. 563
Garke, E. 1067
Garland, H. 444, 448
Garnjost, P. 434, 438
Garud, R. 129 f., 462 f., 1274, 1277, 1652, 1655
Garvin, D. A. 1220, 1224
Garvin, E. 211, 213
Gaska, A. 244, 246
Gasper, K. 211, 213
Gassmann, O. 290, 293
Gassner, W. 1607, 1614
Gaugler, E. 98, 194, 307, 471, 585 f., 731, 797, 1207, 1359 f., 1364 f., 1520
Gausemeier, J. 1421, 1427
Gavetti, G. 1274, 1278
Gay, P. du 555, 559
Gaynor, M. 1022, 1024
Gebert, D. **195 f.**, 198 ff., 299 f., 306, 320 ff., 448, 466, 471, 508, 513, 992, 994 ff., 1121 f.
Gebhardt, G. 1623
Gebhardt, W. 1316, 1318

Geck, L. H. A. 1062, 1067
Gedajlovic, E. R. 1445, 1448
Geertz, C. 858, 860, 1028, 1031
Geiger, D. 649, 652, 1642, 1647
Geiger, H. 1143, 1146, 1148
Geiß, K. 1448
Geissler, B. 582, 586
Geissler, H. 842
Geissler, J. 138, 143
Gelbrich, K. 527 f., 530
Gelfand, M. J. 191, 194
Gellner, D. 565, 568
Gemünden, H. G. 490 f., 496, **505**, 507 ff., 513, 715, 1206 f., 1402, 1405 ff., 1425, 1427, 1606, 1613
George, J. M. 305 f.
George, R. 192, 194
Geranmayeh, A. 559
Gerds, J. 337, 340, 1340 f.
Gergen, K. 446, 448, 564, 594, 645, 650 f., 1167, 1173
Gerlach, K. 877 ff.
Germann, H. 361, 364, 368
Geroski, P. A. 216, 222
Gerpott, T. J. 337, 340, 584, 586, 1136 ff., 1141, 1416 f., 1419, 1421 f., 1427, 1488 f., **1624**, 1628, 1631
Gersick, C. J. G. 462 f.
Gersick, K. E. 269, 275
Gerst, D. 35, 37, 384, 388
Gertner, R. H. 960, 965
Gerum, E. **171 f.**, 175, 177 f., 805, 807 f., 812, 885, 887, 1008, 1522, 1530, 1570, 1572
Gerwin, D. 279, 284, 659, 665
Geschka, H. 1421, 1427
Gethmann, C. F. 648, 651
Geyer, A. 135, 137
Ghauri, P. 529 f.
Ghemawat, P. 278, 284, 802, 804, 1385, 1391
Gherardi, S. 342, 346, 1661, 1664
Ghoshal, S. 5, 7, 533, 535, 539 f., 549, 551, 818 f., 840, 842, 1095, 1100, 1261, 1387, 1389 f., 1602, 1604
Giacalone, R. A. 455 ff.
Giardini, A. **205**
Gibb, C. A. 296, 305 f.
Gibb, J. R. 990, 996
Gibbons, R. 25, 27, 1568, 1571 f., 1594 f.
Giddens, A. 226, 228, 265 f., 470 f., 563, 567 f., 757 f., 763 f., 866, 869, 1300, 1304, 1413, 1417, 1487, 1489, 1515, 1519, 1597, 1604
Gigerenzer, G. 225, 228, 495 f.
Gilad, B. 1025
Gilbert, D. U. 350, 352 f., 544, 551, 1250, 1252
Gilbert, X. 1628, 1631
Gillan, S. L. 575, 577 f.
Gilliland, S. W. 490, 496
Ginsberg, A. 590, 595
Gioia, D. A. 589 f., 595 f.
Gischer, H. 1308, 1312
Gjesdal, F. 1246, 1251

Gladstein, D. 1404, 1407
Glaeser, E. L. 1023 f.
Glanville, R. 1394, 1396, 1400
Glascock, J. L. 312, 315
Glaser, H. 178, 560
Glasersfeld, E. von 262, 266
Glasl, F. **628 ff.**, 837, 842, 992, 996
Glaubrecht, H. 437
Glauner, W. 1522, 1530
Gleich, R. 155, 158, 559
Glesne, C. 478, 480
Glick, W. H. 464
Glinow, M. A. von 581, 586
Glover, S. M. 495 f.
Gmür, M. **113**, 118, 120, 431, 438, 920, 922
Göbel, E. 59, 61, 324, 331, 502, 504, 517 f., 520, 690 f., 697, 1211, 1218, **1312 f.**, 1316, 1318, 1357 f., 1360, 1364, 1594 f., 1676, 1680
Goebel, G. 582, 586
Goecke, R. 815, 819 f.
Godfrey, P. 602, 606, 1275, 1277
Godoy, A. 490, 496
Goertz, L. 600, 604
Goethals, G. R. 307
Goette, W. 1445, 1448
Goffman, E. 451, 565, 568, 1295
Gohl, J. 31, 37
Göhner, F. 1465, 1468
Gold, M. A. 838, 842
Golden, B. R. 1145, 1148
Golden, W. 276, 280, 284
Goldhaber, G. M. 603 f.
Goleman, D. 206, 213
Golembiewski, R. T. 1354 ff.
Gollwitzer, P. M. 908, 913
Gomes-Casseres, B. 14, 20
Gomez, P. 836, 1052, 1614
Gompers, P. 769, 771
Goode, W. J. 1293, 1295
Goodman, P. 618, 1417
Goodstein, J. 310, 315
Goodstein, L. D. 528
Goold, M. 675, 679, 1386, 1391
Gordon, J. N. 962, 966
Gospel, H. F. 1062, 1067
Gössinger, R. 476, 480
Gotsch, W. 280, 284, 514, 519 f., 840, 842
Götze, U. 1658, 1664
Gouillart, F. J. 1605, 1607, 1613
Gould, L. J. 442, 448
Gouldner, A. W. 313, 315, 412 f.
Gouldson, A. 1485, 1489
Govindarajan, V. 551, 664 f., 673, 679
Grabher, G. 932, 940
Grabowski, M. 1411, 1417
Graen, G. B. 304, 306, 1293 ff.
Graf Hoyos, C. 471, 797
Graf von der Schulenburg, J.-M. 705
Graham, J. W. 1104, 1107
Grahammer, D. 637, 643
Grand, S. **1647 ff.**, 1651 f., 1655 f.
Grandey, A. A. 212 f.
Grandori, A. 52 f., 520
Grant, D. 566, 568

Grant, R. 613, 617, 1112, 1114, 1272, 1277, 1493 f., 1497, 1549, 1556, 1644, 1646, 1649, 1656
Grant, U. 739
Grant Thornton 270, 275
Graßhoff, U. 1579, 1581
Grässmann, R. 913
Graßmann, T. **1587**
Graumann, C. F. 599, 604 f.
Graumann, M. 1121 f.
Graversen, G. 467, 471
Grawatsch, M. 1422, 1427
Gray, I. 987
Grazioli, S. 493, 496
Greb, R. 290, 293
Green, J. R. 1175, 1177, 1181
Green, S. 303, 306, 769, 771
Greenberg, J. 349 f., 352
Greene, D. 27 f.
Greenwood, R. 202, 204, 590, 595, 664, 667
Greiling, D. 701, 703, 705
Greiner, L. E. 729, 731
Greipel, P. 1032
Greitemeyer, T. **239**, 243 f., 246
Grenz, T. 708, 714
Gresov, C. 662, 665
Greve, H. R. 1145, 1148
Grieger, J. **464**, 468, 471
Griese, J. 642 ff.
Griffin, D. 128 f., 131
Griffin, R. W. 213
Griffith, T. L. 492, 494, 496
Grinôt, A. 1064, 1067
Grinyer, P. H. 1470 f., 1473 f.
Grochla, E. 2, 10, 44, 46, 53, 61, 78, 90, 94, 98, 188, 293, 324, 331 f., 471, 497, 628, 755, 790 f., 835, 843, 973, 977 f., 987, 1016, 1034, 1041, 1070, 1086, 1189, 1196, 1207, 1251, 1351 f., 1356 f., 1364 f., 1564, 1673
Gronau, N. 608, 610 ff.
Gros, S. 766 f., 771
Gross, N. 1291, 1295
Große-Oetringhaus, W. F. 1183, 1189
Grossman, S. 575, 578, 810, 812, 963, 966, 1002, 1007, 1175, 1181, 1457 f., 1568, 1572
Grothe, M. 697
Grubitzsch, S. 869
Grün, O. **92**, 94, 98, 329, 332, 480, 498, 504, 787 f., 790, 896, 1114, 1205, 1207
Grundei, J. 161, 170, **247**, 249, 253, 256, 1037, 1041, 1090, 1095 f., 1100 f., 1354, 1356, **1441**, 1444, 1448, 1539 f.
Gründer, K. 1243
Gruner, K. 4 ff., 8 ff.
Grunert, K. G. 636 f., 641, 643
Grünewald, H.-G. 1141
Grunig, J. E. 601, 605
Grünig, R. 1034, 1041
Grupp, H. 1422, 1426
Grusky, O. 310, 312, 315
Grützediek, E. 375, 378

Guest, D. 433, 438
Guetzkow, H. 392, 398, 630, 635
Gulati, R. 15, 17, 20
Güntert, B. 705
Günther, J. 138, 143
Gupta, A. 551, 767, 771
Gurin, G. 317, 323
Gustafsson, B. 1243, 1594
Gutek, B. A. 1660, 1664
Gutenberg, E. 467, 471, 967 f., 977, 999, 1007, 1241, 1243, 1370, 1373, 1431, 1440, 1443, 1448, 1523, 1530
Gutenschwager, K. 482, 488
Güth, W. 1599, 1604
Güthenke, G. 1193, 1195
Gutmann, J. 430, 439, 1141
Guzzo, R. A. 383, 385, 388
Gyr, J. 630, 635

Haas, J. 675, 679
Haber, S. 1063, 1067
Haberfellner, R. 1198, 1208
Habermas, J. 566, 600, 605, 1165, 1173, 1514, 1519
Habersack, M. 681, 687
Habersam, M. 779 f.
Habib, M. 1378, 1382
Habich, J. 793, 797
Hachmeister, D. 1617 f., 1623
Hackethal, A. 167 f., 170, 173 f., 178
Hackman, J. R. 42, 44, 384, 388, 912 f., 1095, 1100, 1223 f., 1401, 1404, 1407
Hadamitzky, M. 747, 749, 755
Haffner, F. 1485 ff., 1491
Haft, F. 1582, 1584, 1587
Hage, J. 851 f.
Hagedoorn, J. 13, 20
Hagel III, J. 900, 904
Hagemann, K. 528, 530
Hagenmüller, K. F. 708, 714
Hagström, P. 1016
Hahn, D. 153, 158, 617, 668, 679, 708, 714, 1154, 1163, 1554, 1556, 1614
Hahn, E. 143
Hahn, F. H. 822 f., 827
Hahn, G. 708, 715
Hahne, A. 598, 602, 605, 863, 869
Haire, M. 726, 731
Haken, H. 1313
Halal, W. E. 553, 559
Hales, C. 815, 820
Hall, D. T. 579, 581, 584, 586
Hall, E. T. 524, 528
Hall, I. 584, 586
Hall, P. 720, 724
Hall, R. 614, 617, 656, 665, 847, 852, 1265, 1268, 1493, 1497
Halme, M. 1487, 1489
Haltiwanger, J. 1024
Hambrick, D. C. 1387, 1391, 1442, 1444, 1448 f., 1554, 1556, 1624, 1631
Hamel, G. 255, 614 f., 617 f., 770 f., 1112, 1114, 1275, 1277, 1385,

1391, 1497, 1546, 1548, 1649, 1656
Hamel, W. **324**, 513, 715, 890, 896, 1679 f.
Hamilton, R. D. 675, 679
Hammer, M. 32, 37, 52 f., 609, 612, 898, 904, 1054, 1059, 1212, 1218
Hammer, R. M. 1477, 1481
Hammes, W. 17, 20
Hamprecht, M. 155, 159
Hamschmidt, J. 1485, 1487, 1489
Hancock, P. 1167, 1173
Haney, C. 391, 398
Hanks, S. 726, 728, 730 f.
Hanna, C. 494, 497
Hannan, M. T. 117, 120, 189 f., 194, 256, 258, 260 f., 264, 266, 664 f., 1082, 1086, 1090, 1100, 1299 f., 1304
Hansel, J. 1207 f.
Hansen, M. 1603
Hansen, M. T. 1508, 1510
Hansen, W. 1224
Hansmann, H. 806, 808, 812, 951, 954
Harbison, J. 14, 16, 19 f.
Hardin, R. 1019, 1024
Hardy, C. 120, 204, 306, 346, 471, 596, 758, 764, 931, 1172, 1417
Harhoff, D. 513
Harkins, S. 1405, 1407
Harlegard, S. 188
Harms, J. 946
Harrigan, K. R. 1111 f., 1114, 1552, 1556
Harris, M. 560
Harris, R. T. 1607, 1612 f.
Harrison, E. F. 674, 679
Harrison, J. 1276, 1326
Harrison, R. 634 f.
Harsanyi, J. C. 1238, 1243, 1343, 1349
Hart, A. G. 277 f., 284
Hart, O. 162, 170, 575, 578, 963, 966, 1002, 1007, 1175, 1181, 1457 f., 1568, 1570, 1572, 1590, 1594 f.
Hart, S. 1422, 1427
Härtel, C. E. 206, 213
Hartley, E. L. 323
Hartley, J. S. 858, 860
Hartmann, H. 853, 860
Hartmann, M. 794, 797, 1065, 1068
Harvey, J. B. 78
Harvey, M. 1041
Harz, M. 1312
Harzing, A. -W. 550 f., 721, 724
Haseloff, O. W. 1426 f.
Hasenstab, M. 527, 529
Haslam, S. A. 445, 448
Haspeslagh, P. 337, 340, 1620, 1623
Hassard, J. 1085 f., 1165, 1173 f., 1663 f.
Hassel, A. 881, 887
Hassemer, K. 94, 99
Hastie, R. 241, 246
Hatch, M. J. 459, 463
Haunschild, A. 863, 869

Hauschildt, J. 226, 228, 234, 239, 287, 293, 506 f., 509, 512 f., **706**, 708, 711 f., 714 f., 896, 1114, 1404, 1407, 1420, 1427, 1527, 1530, 1563 f., 1606, 1613, 1679 f.
Hauser, E. 140, 143
Hauß, T. 896
Haussmann, H. 541, 551
Hawkins, J. 577
Hawkins, P. 1027, 1031
Hawkins, S. A. 241, 246
Hax, H. 224, 228, 1078, 1086, 1658, 1664
Hayek, F. A. von 516, 520, 972, 977, 1317 f.
Hearn, J. 345 f.
Hebertinger, M. 1618 f., 1623
Heckhausen, H. 209, 213, 906 ff., 913 f.
Heckscher, C. 120, 1168, 1173
Hedberg, B. 734, 738, 1316, 1318
Hedlund, G. 412 f., 549, 551 f.
Heene, A. 617, 1114, 1497
Hefendehl, R. **1632**, 1635, 1638 f.
Hefermehl, W. 788, 790
Heidegger, M. 1663 f.
Heidel, T. 401
Heidenreich, M. 940
Heider, F. 1601, 1604
Heigl, A. 791
Heilmann, H. 488
Heine, K. 177 f.
Heinen, E. 293, 775, 780, 1026, 1031 f., 1679 f.
Heiner, R. A. 1241, 1243
Heinrich, L. J. 98, 474, 477, 480, 482, 488, 1052
Heinrich, P. 862, 869
Heintel, P. 627 f.
Heinz, W. 1635, 1639
Heinze, T. 1145, 1148
Heinzl, A. 478, 480
Helber, S. 1155, 1163
Helbling, H. 460, 463
Held, M. 607, 611 f.
Helfat, C. 617, 1274, 1277
Helfer, C. 1063, 1068
Helfert, G. 1406 f.
Hell, W. 496
Heller, F. 1118, 1121 ff.
Hellfors, S. 715
Hellwig, K. 1322, 1326
Hellwig, M. 809, 811 f.
Helmer, E. 853, 860
Helmers, S. 848, 852
Helmich, D. L. 311, 313, 315
Hempel, C. G. 1237, 1243
Henard, D. D. 507, 513
Henderson, R. M. 1013 f., 1016, 1629, 1631
Hendler, R. 1491
Hendry, C. 434, 438
Henke, M. **1278**
Hennart, J.-F. 527, 529
Henne, D. 907, 914
Hennemann, C. 616 f.
Hennessey, B. A. 607, 612
Henning, K. W. 46, 53

Henselmann, K. 1623
Henssler, M. 1587
Hentze, J. 430, 436, 438
Henze, H. 402, 407, 795, 797, 1443, 1449
Herder-Dornreich, P. 1604
Herman, C. P. 596
Herman, R. D. 951, 954
Hermanns, A. 1540
Hermanns, M. 1312
Herner, M. J. 1103, 1107
Hernes, T. 1398, 1400
Herold, D. M. 300, 306
Herrmann, A. 5, 10
Hersey, P. 317, 319, 323
Herstatt, C. 513
Hertel, G. 384, 388
Herter, M. 81, 84
Herter, R. N. 79, 82, 84
Hertner, P. 1066, 1068
Herzberg, F. 26, 28, 907, 912 f.
Hesch, G. 839, 842
Heskett, J. L. 1030, 1032
Hess, H. 1636, 1639
Heuskel, D. 1273, 1276, 1477, 1481, **1497**
Heussen, B. 1582, 1585, 1587
Heydebrand, W. V. 1169, 1173
Hickson, D. 183, 188, 656 f., 659, 664 ff., 721, 724, 760, 764, 1071
Hieronimus, A. 1252
Higgins, E. T. 246, 456, 596
High Level Group of Company Law Experts 100, 102, 104
Hilb, M. 436, 438
Hildebrand, K. 486, 488, 900, 904
Hildemann, K. D. 705
Hill, C. 1275, 1277
Hill, S. 1664
Hill, W. 46, 53, 655, 666
Hillebrandt, F. 1466, 1468
Hillig, T. **1418**, 1420, 1426
Hiltrop, J. 434, 440
Hinings, B. 656, 664, 667
Hinings, C. R. 202, 204, 590, 595, 753, 756
Hinterhuber, H. H. 613, 617, 636, 638, 644
Hinz, T. 1149
Hippel, E. von 1546, 1548
Hirsch, E. 565, 568
Hirschheim, R. 478, 480
Hirschhorn, L. 448
Hirsch-Kreinsen, H. 1225
Hirschman, A. O. 165, 170, 175, 178, 254 f.
Hirshleifer, J. 554, 559, 959, 966
Hiscocks, P. G. 1495, 1497
Hitt, M. 336, 340, 664, 666, 1276, 1326
Hitzler, R. 568
Hobbes, T. 216, 563
Hochschild, A. R. 212 f.
Hocke, G. 5 f., 9 f.
Hoets, A. 993, 996
Hofbauer, W. 1028, 1030, 1032
Höffe, O. 352
Hoffjan, A. 154, 159

Hoffman, A. J. 1490
Hoffmann, D. 795, 797
Hoffmann, F. 153, 159, 1359 ff., 1365
Hoffmann, T. S. 1237, 1243
Hoffmann, W. 11, 15 f., 18 ff., 1543, 1546, 1548
Hoffmann-Becking, M. 353 ff.
Hofman, D. A. 910, 913
Hofman, J. D. 462, 464
Hofmann, L. M. 143
Hofmann, M. 91
Hofstätter, P. R. 304, 306, 389, 392, 398
Hofstede, G. 76, 78, 524 f., 527, 529, 718, 723 f., 1030 f.
Höft, U. 725, 731, 1422, 1427
Hogarth, R. M. 1243
Hogg, M. A. 303, 306, 445, 448
Högl, M. 510, 513, 1206 f., **1401 f.,** 1405 ff.
Hohn, B. 953 f.
Höhn, R. 1352, 1356
Höland, A. 896
Holland, B. 101, 105
Holland, P. R. J. 104
Hollander, E. P. 304, 306
Holmes, J. 1601, 1604
Holmström, B. 24 f., 28, 227 f., 554, 560, 1001, 1007, 1178 f., 1181, 1251, 1431, 1440, 1570, 1572, 1574, 1580, 1590, 1595
Hölscher, R. 1284, 1288
Holtbrügge, D. 523, 530 ff., 535, 537 ff., **541 f.,** 549 ff., 995 f., 1167, 1173, 1253, 1262
Holtmann, M. 1145 f., 1148
Hölzl, M. 68, 70
Holzmüller, H. H. 524, 527, 529
Homann, K. 1512, 1516, 1519
Homburg, C. **1,** 3 ff., 155, 159
Homburg, H. 1063, 1068
Hommel, M. 1308, 1312
Hommelhoff, P. 70, 100, 104, 170, 255 f., 370, 378, 407, 688, **780,** 785, 787 f., 790, 1449
Honer, A. 566, 568
Honold, D. 1623
Hood, C. 941, 947
Hooijberg, R. 448
Hopf, C. 860
Höpfl, H. 1174
Höpner, M. 886 f.
Hopt, K. J. 70, 104, 170, 178, 255 f., 370, 378 f., 688, 790, 896, 1449
Hopwood, A. 778, 780, 1252
Horak, C. 952, 954
Hornstein, H. 635
Horváth, P. 79, 82, 84, 153 f., 157, 159, 559, **635,** 979, 987, 1155, 1163
Hoshi, T. 172, 178
Hosking, D. M. 594
Hoskisson, R. E. 336, 340
Hoß, D. 1228, 1235
Hough, L. M. 194

House, R. 132, 137, 299 f., 302, 304, 306, 319, 323, 443, 449, 524 f., 527, 529
Houssaye, L. de la 992, 996
Howell, J. M. 196, 204
Howells, J. 288, 292 f.
Hoyos, G. 1122
Hoyos, G. C. von 398
Hrebicek, G. 1468, 1623
Hrebiniak, L. G. 1076, 1086
Huber, F. 1043, 1052
Huber, G. P. 464, 734, 738, 1642, 1646
Huber, H. P. 858, 860
Hübl, G. 814, 820
Hübler, O. 878
Hübner, H. 781, 788, 791
Huck, H. H. 140, 143
Huczynski, A. A. 801, 804
Huff, A. S. 463, 590 f., 594 f., 647, 651, 1276
Hüffer, U. 354 f., 360
Hughes, A. 805 f., 812
Hughes, E. C. 1660, 1664
Hughes, M. 1173
Hügler, G. 1028 f., 1031
Huhn, C. 1311 f.
Hulbert, J. M. 548, 551
Hulland, J. 361, 368
Hultink, E. J. 1419, 1427
Huneke, M. E. 490, 496
Hungenberg, H. 188, 1154, 1163, **1468,** 1472, 1474
Huinink, J. 585
Hunt, J. G. 305 ff., 658, 666
Hunt, R. G. 465, 471
Hunt, S. 1274, 1277
Hunt, T. T. 601, 605
Hurrelmann, K. 842
Hurter, M. 305, 307
Huselid, M. 431, 433, 438, 1021, 1025
Husserl, E. 562, 564
Hutchins, E. 626 f.
Huydts, H. 767, 771
Hwang, P. 361, 368

Ichihara, K. 808, 812
Ichijo, K. 1645 f., 1653 f., 1656
Ichniowski, C. 1021, 1023, 1025
IDW 981 ff., 986 f.
Ietto-Gillies, G. 364, 368
Ihde, G. B. 747, 755, 1114
Imai, M. 1222, 1225
Institut der Wirtschaftsprüfer 982 ff., 987, 1286, 1288
Inzerilli, G. 659, 667
Ireland, R. D. 336, 340
Irle, M. 52 f., 246 f., 498, 504, 1354 ff.
Irrgang, W. 1545, 1548
Isabella, L. 649, 651
Isen, A. M. 211, 214
Isenmann, R. 1421, 1427
Ishii, J. 769, 771
Ishikawa, K. 1222, 1225
Itami, H. 1263, 1268
Ittermann, P. 1499, 1510

Ittner, C. D. 1320, 1326

Jablin, F. M. 602, 605
Jaccard, J. 496
Jackall, R. 816, 820
Jackson, D. D. 601, 606
Jackson, M. C. 1398, 1400
Jackson, S. 428, 433, 438, 440
Jackson, T. 523, 529 f.
Jacobson, R. 1273 f., 1277
Jacques, E. 119 f.
Jaeckel, U. D. 1484, 1489
Jaggi, B. L. 1350 f., 1353, 1356
Jago, A. G. 412 f.
Jahn, W. 178
Jahoda, M. 840, 842
Jakoby, S. 767, 771
Jamal, K. 493, 496
Jandt, F. E. 599, 605
Janich, P. 648, 651 f.
Janis, I. L. 236, 239, 394, 396, 398, 495 f., 1405, 1407
Janisch, M. 1615, 1623
Janisch, R. 32, 37
Jann, W. 946 f.
Janovsky, T. 1639
Janshen, D. 347
Janssen, J. P. 143
Janzen, H. 1482 ff., 1489
Jarillo, J. C. 1552, 1556
Jarrell, G. A. 574, 578
Jarvenpaa, S. 1403, 1407
Jasper, J. D. 490, 496
Jauch, L. R. 305, 307
Jaun, R. 1063, 1068
Javidan, M. 525, 527, 529
Jawahar, I. M. 1324, 1326
Jegen, R. 27
Jehn, K. 1405, 1407
Jeidels, O. 1144, 1148
Jemison, D. 337, 340
Jenkins, G. D. J. 912 f.
Jenkins, J. M. 206, 214
Jenkins, M. 590, 595
Jenner, T. 1628, 1631
Jennings, P. D. 846, 852
Jensen, M. 162, 170, 333, 340, 519, 521, 572 ff., 576, 578, 769 ff., 809, 812, 873, 879, 1079, 1086, 1320, 1323, 1326, 1387, 1391, 1523, 1530, 1578 f., 1581
Jensen, O. 5, 11
Jensen, T. 33, 37
Jepperson, R. L. 930
Jerdee, T. H. 793, 797
Jescheck, H.-H. 1637, 1639
Jetter, F. 775, 780
Jick, T. D. 1610, 1613
Jirjahn, U. 877, 879, 1121 ff.
Joas, H. 867, 869
Jochims, M. 494, 497
Jocz, K. E. 10
Johanson, J. 538
Johansson, J. H. 467, 471
John, R. 1255, 1261
Johnson, G. 589, 594, 1371, 1374
Johnson, H. T. 1012, 1016, 1110, 1114

Johnson, P. E.   493, 496
Johnstone, K.   459, 463
Joly, H.   1065, 1068
Jonas, E.   243 f., 246, 494, 496
Jonas, H.   708, 715
Jones, D. T.   32, 37, 383, 388
Jones, G.   1066, 1068
Jones, R. A.   277 f., 284
Jones, R. E.   741, 745
Jöns, I.   35 f.
Jörges, K.   839, 842
Jost, P.-J.   23, 28, 693, 697, 1175 f., 1181, **1450**, 1452, 1456 ff., 1581
Jourdain, R.   462 f.
Joyce, W. F.   666 f., 1076, 1086
Judge, T. A.   912 f.
Jung, D.   321 f., 443, 449
Jung, K.   1195
Jung, T.   568
Junhai, L.   806, 813
Junkes, J.   874, 879, 885, 887

Kabst, R.   796 f.
Kacmar, M. K.   456
Kadritzke, U.   347
Kagelmann, U.   1249, 1251
Kagono, T.   808, 812, 1548
Kah, A.   154, 159
Kahle, E.   **71**, 76, 78
Kahn, R. L.   317, 323, 994, 996, 1289, 1292 f., 1295
Kahneman, D.   225, 228, 236, 239, 241 f., 244, 246 f., 396, 398, 490, 492, 496, 1239, 1244
Kailer, N.   85, 90 f.
Kaiser, F. -J.   797
Kaiser, G.   1639
Kaiser, S.   **725**
Kaish, S.   1025
Kajüter, P.   80, 84, 541
Kalbfuß, W.   94, 99
Kalleberg, A. L.   851 f.
Kallmeyer, F.   1421, 1427
Kaluza, B.   279, 281 ff., 697, 1488 f.
Kambartel, F.   648, 651, 1514, 1519
Kambartel, J.   1519
Kamiske, G. F.   1224
Kamlah, W.   647 f., 651
Kammel, A.   430, 436, 438
Kamoche, K. N.   458, 463
Kandel, N.   292 f.
Kant, I.   87, 90, 1514
Kanter, R. M.   344, 346, 462 f., 952, 954, 1610, 1613
Kanungo, R.   132, 136 f., 301, 306
Kaplan, R. S.   642, 644, 779 f., 1110, 1114, 1193, 1196, 1235 f.
Kaplan, S.   494, 496, 769, 771
Kappelhoff, P.   **123**, 128 ff., 626 f., 1144, 1148
Kappler, E.   772, 774, 777, 780, 828
Kaptein, M.   1517, 1519
Karberg, U.   342, 346
Karlshaus   159
Karnoe, P.   129 f., 462 f., 616, 618, 1652, 1655
Karpoff, J. M.   574, 578
Karson, M.   1522, 1530

Kasper, H.   527, 529, 586, **618**, 622 f., 625, 627, 1026 ff., 1030 f.
Kassem, M. S.   724
Kastura, B.   1127, 1132
Katz, D.   317, 323, 630, 635, 1102, 1107, 1289, 1292 f., 1295
Katz, E.   803
Katz, M. L.   802, 804, 1301, 1304
Kauffman, S.   125 f., 129 ff.
Kaufmann, A.   1522, 1530
Kay, J.   1263, 1268
Kaye, B. L.   580, 586
Kazanjian, R. K.   728, 730 f., 1377, 1382
Keats, B. W.   664, 666
Keen, P. G. W.   477, 480
Keenoy, T.   566, 568
Kehoe, P. J.   1022, 1024
Kehr, H. M.   908, 913
Kehrmann, T.   157, 159
Keiner, T.   272, 275
Kelemen, M.   1223, 1225
Kellenbenz, H.   1068
Keller, E. von   523, 529
Keller, R. T.   658, 662, 666
Keller, T.   **421 ff.**, 442, 448, 687, 1256, 1261
Keller, W.   476, 480
Kelley, H.   1601, 1604
Kelley, K.   1408
Kelly, J. N.   1605, 1607, 1613
Kelly, W. H.   1027, 1032
Kemery, E. R.   1293, 1295
Kempf, S.   84 f.
Kennedy, A.   1029, 1031, 1083, 1086, 1622 f.
Kerber, W.   177 f.
Kern, H.   32, 37, 42, 44
Kern, W.   286 f., 293, 904, 1113, 1182, 1186, 1189, 1421, 1427, 1658, 1664
Kerr, N. L.   384, 388
Kessel, R.   1566, 1571
Kesten, U.   499 f., 504
Ketchen, D.   1270, 1273, 1275 f.
Kets de Vries, M. F. R.   274 f., 442, 448 f., 1030 f.
Kettern, T.   1027, 1031
Keupp, H.   441, 446, 448
Khandwalla, P. N.   658, 666, 1075, 1086, 1358, 1365, 1469, 1472, 1474
Khurana, R.   314 f.
Kickert, W.   942, 947
Kidd, J. M.   586
Kierein, N. M.   838, 842
Kieser, A.   3, 8, 11, 88, 90 f., 114, 120, 137, 203, 228, 259 f., 266, 284, 299, 306 f., 323, 326, 331 f., 420 f., 466, 471, 486, 488, 520, 585, 645, 649, 651 ff., 664, 666, 726, 731, 736, 738, 753, 755, 801 f., 804, 812, 842, 844 f., 847, 849, 851 f., 931, 971, 973, 977, 992, 996, 1015 f., 1071, 1082, 1086 ff., 1091 f., 1100, 1189, 1231, 1236, 1241, 1243, 1260 f., 1295 f., 1358 f., 1365, 1485, 1487, 1489

Kieserling, A.   1398, 1400
Kilduff, M.   444, 448 f., 1168, 1170, 1173
Kilger, W.   1141
Kilmann, R. H.   595
Kim, D. H.   735, 738
Kim, M. U.   1469, 1474
Kim, S.   630, 635
Kimberly, J.   118, 121, 729, 731, 1011, 1016
Kimmel, A. J.   603, 605
King, W. R.   1052
Kipping, M.   1498, 1510
Kirchebner, M.   638, 644
Kirchhoff, B. A.   216, 222
Kirchner, C.   **805**, 808 ff.
Kirchner, J.   1233 f., 1236
Kirchsteiger, G.   1180 f., 1576, 1580
Kirkeby, O. F.   799, 804
Kirsch, G.   805, 813
Kirsch, W.   223, 228, 677, 679, 772, 779 f., 1077, 1086, 1099 f., 1153, 1163, **1365**, 1369, 1371 f., 1374, 1388, 1390 f., 1398, 1400, 1606, 1610, 1613, 1679 f.
Kirzner, I.   218
Kitschelt, H.   1148
Kivimäki, M.   286, 293
Klaas, P.   7, 746, 752, 754 f.
Klages, K.   73, 78
Klaile, B.   85, 90
Klatzky, S. R.   849, 852
Klauber, J.   705
Klaus, P.   745, 751, 755, 1217 f.
Kleiminger, K.   1483, 1489
Klein, B.   1266, 1268, 1456, 1458
Klein, B. H.   277 f., 280, 285
Klein, H. W.   **1581**, 1583, 1587
Klein, J. A.   1495, 1497
Klein, S.   274 f., 1016
Kleinaltenkamp, M.   1545, 1548
Kleinbeck, U.   909, 914
Kleindiek, D.   687
Kleinfeld, A.   351 f.
Kleinschmidt, E. J.   506, 512 f.
Klemisch, H.   738
Klemmer, P.   1490
Kliemt, H.   1599, 1604
Klimecki, R. G.   308, 431, 438, **915**, 919 f., 922, 1029, 1031
Klimoski, R. J.   295, 308
Kloepfer, M.   1485, 1488 f.
Klofat, B.   1028, 1032
Kloock, J.   554, 560
Klose, A.   1512, 1519
Kloss, I.   601, 605
Klotz, M.   487 f.
Kluckhohn, C.   1027, 1032
Kluckhohn, F. R.   524, 529
Kluge, N.   871, 875, 878 f., 881, 887
Kluger, A. N.   910, 914
Knapp, K.   527, 529
Knauth, P.   1132
Knieps, G.   1301, 1304
Knight, F. H.   218
Knight, K.   834 f.
Knights, D.   761, 764, 1223, 1225
Knoll, L.   806 f., 813

Knolmayer, G. 483, 485, 487 f.
Knoope, M. 149, 151
Knopp, L. 1483, 1489
Knorr-Cetina, K. 645, 651, 1652, 1656
Knudsen, C. 651 f., 1243
Knyphausen, D. zu siehe Knyphausen-Aufseß, D. zu
Knyphausen-Aufseß, D. zu 1098, 1100, 1167, 1173, 1270, 1277, **1383**, 1388, 1391, 1398, 1400
Koch, E. 360, 368
Koch, H. 1154, 1163
Koch, H.-E. 580, 582, 585 f.
Koch, J. **1164**, 1166 f., 1169, 1173 f., **1296**, 1302, 1304
Koch, U. 997
Kock, N. 478, 480
Kocka, J. 1012, 1016, **1060 ff.**, 1068
Koerber, E. von 830, 835
Kogan, N. 393, 398
Kogelheide, B. 725 f., 730 f.
Kogut, B. 18, 20, 227 f., 281, 285, 527, 529, 616, 618, 1270, 1277, 1642, 1646
Koh, J. 33, 37
Kohlberg, L. 1328, 1518 f.
Köhler, B. 94, 99
Köhler, R. 9, 11, 98, 1520
Kolat, G. L. 169 f.
Kolbeck, C. 272, 275, 991, 996
Kolbeck, F. 1607, 1614
Koller, T. 1319, 1321, 1325
Kolodny, H. F. 832 f., 835 f.
Kommission Mitbestimmung 881, 884 f., 887
Kompa, A. 1028, 1032
Konda, S. L. 191, 194
König, E. 139, 141, 143, 792, 797
König, H.-D. 563, 568
König, K. 947
König, R. 498, 504, 1032, 1639
Königstein, M. 1575, 1581
Königswieser, R. 86, 89 f., 619, 627 f., 993, 997
Konno, N. 1649, 1656
Konovsky, M. A. 349, 352, 1103, 1107
Konrad, A. 815, 820
Koolwijk, J. van 605
Koontz, H. 814, 820, 1133, 1141, 1524, 1530
Koppelmann, U. 1114
Köppen, A. 85, 91
Köppl, P. 739, 744
Korallus, L. 726, 731
Korff, W. 812 f., 1512, 1519
Korn/Ferry 102 ff.
Kornmeier, M. 368
Kort, M. 375, 379
Koruna, S. M. 1420, 1427
Kosiol, E. 46 f., 49 ff., 53 ff., 59, 61, 94, 99, 324, 332, 408, 413, 457, 464, 968 f., 977, 1070, 1072, 1086, 1196, 1350 ff., 1356
Koslowski, P. 1512, 1519
Kosnik, R. D. 574, 578, 1575, 1581
Kossbiel, H. 39 ff., 44, 1025

Kostka, C. 1225
Kostka, S. 1225, 1484, 1489
Köstler, R. 882, 887, 896
Koszyk, K. 604
Kotabe, M. 349, 352
Kotler, P. 1627, 1631
Kotter, J. 815, 818 ff., 1030, 1032, 1607, 1610, 1613
Kotthoff, H. 878 f.
Kowalski, R. M. 456 f.
Kozlowski, S. W. 493, 495
KPMG 103 f., 983, 987, 1621 ff.
Kraakman, R. 806, 808, 812
Kracauer, S. 1102, 1107
Kraehe, J. 427
Kraemer-Fieger, S. 996
Kraft, E.-T. 427
Kräkel, M. 41, 44, 435, 438, 583, 586, 824, 828, **1174**, 1177, 1181, 1590, 1595
Krallmann, H. **606**, 608, 610 ff.
Kramer, R. 1604
Krantz, J. 442, 448
Krappmann, L. 441, 446, 448
Krause-Junk, G. 1573
Krauss, G. 361, 368
Krcmar, H. 474, 477, 480, 482, 488, 1055, 1059
Krebsbach-Gnath, C. 736, 738
Kreckel, R. 764
Krehl, H. 711, 715
Kreikebaum, H. 330, 332, **347**, 352 f., 544, 551, 1037, 1041, 1186, 1189, 1250, 1252, 1256, 1262, 1512, 1519, 1665 ff., 1673
Kreisel, H. 1352, 1356, 1665 ff., 1673
Krell, G. 341 f., 345 ff., 435, 439, 1029, 1032
Kremer, T. 1445, 1449
Kreps, D. 42, 44, 1265 f., 1268 f., 1348 f., 1599, 1604
Kreutzer, R. 9, 538 ff.
Kreuz, W. 81, 84
Kreuzer, C. 1480 f.
Krickl, O. C. 1218
Krieger, G. 64, 69 f., 355, 360, 795, 797
Krieger, W. 1218
Kries, F. von 704 f.
Krimphove, D. 1032
Kriz, J. 1317 f.
Kroeber-Riel, W. 1534 ff., 1540
Kroeck, K. G. 321, 323, 364, 369
Krogh, G. von 1641, **1645 ff.**, 1653 f., 1656
Krohmer, H. 3, 5 ff., 11
Krone, W. 860
Krönes, G. V. 951, 953 ff.
Kropeit, G. 1425, 1427
Kropf, B. 527, 529
Krubasik, E. 1423 f., 1427
Krüger, W. 55, 58, 61, 325, 332, 408, 413, 1041, 1093, 1100, 1191, 1196, 1357, 1359 ff., 1363 ff., **1605**, 1607 ff., 1613 f., 1670 f., 1673
Krüger-Basener, M. 582, 585
Kruglanski, A. 244, 246, 456

Krulis-Randa, J. 53, 429, 435, 439
Krummaker, S. **1190**
Krümmel, H.-J. 708, 715
Kruse, A. 712, 714
Kruse, T. A. 573 f., 577
Krystek, U. **79**, 638, 644, 707 f., 714 f.
Krzeminski, M. 600, 605
Kubicek, H. 3, 8, 11, 118, 121, 326, 331 f., 655, 660 f., 666 f., 845, 852, 856, 860, 989, 997
Kübler, F. 160, 164, 170, 894, 896
Kuemmerle, W. 290, 293
Kuhl, J. 908, 910, 913 f.
Kühl, S. 566, 568, 855, 860, 1332 f.
Kuhlmann, E. 489, 496
Kuhn, T. 299, 306, 428, 440, 1652, 1656
Kuhner, C. **957**
Kulatilaka, N. 281, 285
Kulick, O. A. 995, 997
Kulik, C. T. 908, 913
Kumar, B. 28, 541, 551, 652, 1530, 1623
Kumaraswamy, A. 1274, 1277
Kunczik, M. 601, 605
Küpers, W. 305, 308, 436, 440
Küpper, H.-U. 49, 53, 85, 153, 159, 419, 421, 521, 668 ff., 672, 676, 679, **1149**, 1151, 1154 ff., 1160, 1162 ff., 1247, 1252, 1325, 1622
Küpper, W. 260, 266, 472, 664, 666 f., 762, 764, **861 f.**, 865 ff.
Kupsch, P. 287, 293, 1677, 1679 f.
Kurbel, K. 474, 480, 488, 1189
Kurowski, L. L. 191, 194
Kürsten, W. 1320, 1326
Kurtz, H.-J. 584 f.
Küster, G. H. 1623
Kutscher, J. 383, 387
Kutschker, M. **521**, 523, 525, 527, 529, 896
Kwok, C. C. Y. 364, 369

Labes, H. W. 1286, 1288
Laibson, D. 1023 f.
Laier, A. 1405, 1407
Lakatos, I. 859 f.
Lamb, R. 1278
Lammers, C. J. 656, 664, 666
Lamping, W. 942, 947
Landau, D. 1029, 1032
Landau, K. 1236
Landry, M. 650 f.
Landwehr, N. 1312
Lane, C. 1604
Lanfermann, G. 101, 104
Lang, R. **497**, 868, 870, 1083, 1088
Lange, O. 284
Lange, R. 345 f.
Lange, V. 1422, 1427
Langenbucher, G. 1279, 1288
Langer, C. 838, 843
Langerak, F. 1419, 1427
Langlois, R. 933, 940, 1003, 1007, 1239, 1243, 1431, 1440
Langthaler, S. 945, 947
Lang-von Wins, T. 585 f.

Lank, E. 582, 585
Lansberg, I. 274 f.
Lant, T. K. 595
Lanwehr, R. 200, 204
Lanz, A. 1614
LaPalombara, J. 737 f.
Laplace, P. S. 125
Lappiere, L. 443, 449
Larcker, D. F. 1320, 1326
Larner, R. J. 805, 808, 813
Lasch, R. 81, 84
Laske, S. 793, 797, 861
Lassleben, H. 922
Laßmann, G. 1249, 1252
Lasswell, H. D. 599, 605
Latané, B. 393, 398, 1405, 1407
Latham, G. P. 839, 842, 909, 912, 914
Latour, B. 1651 f., 1656
Latsis, S. 1238, 1243
Lattmann, C. 1032
Laubacher, R. 1004, 1007
Laurant, A. 585
Lauschke, K. 868 f.
Lautenbacher, S. 1054, 1059
Lauterburg, C. 996, 1607, 1613
Laux, F. 806 f., 813
Laux, H. 24, 28, 107, 112, 181, 188, 223, 228, 1078, 1086, 1156, 1163, 1249 f., 1252, 1359 f., 1362, 1365, 1617, 1623
Lawler, E. E. 248 f., 251, 255, 917, 921 f., 1074, 1086
Lawrence, P. 78, 118, 121, 417, 421, 656, 658, 661 f., 666, 721, 724, 831, 835 f., 1075, 1086, 1340
Lawrenz, O. 900, 904
Lawson, C. 938, 940
Lay, G. 1231, 1235 f.
Lazarsfeld, P. F. 855, 860
Lazarus, R. S. 207, 214
Lazear, E. 41, 44, 435, 437, 874, 878, 960, 966, 1179, 1181, 1362, 1364, 1576 f., 1581, 1593 f.
Lazerson, M. 933 f., 940
Lazzarini, S. G. 1020 f., 1025
Leary, M. R. 451, 456 f.
Leavitt, H. J. 560
Leblebici, H. 190, 194, 658, 666
LeBoeuf, R. A. 241, 246
Lecher, W. 896
Lechler, T. 1207 f.
Lechner, C. 334, 340, 994, 997, **1491**, 1495, 1497, 1607, 1614, 1624 ff., 1629 ff.
Lechner, H. 398, 497
Ledford, G. 1404, 1407
Lee, H. J. 490, 497
Lee, M. 33, 37
Leffler, K. B. 1266, 1268
Leffson, U. 979, 988
Lege, J. 1488 f.
Legge, K. 433, 439
Lehmann, D. R. 10
Lehmann, P. 553, 560
Lehner, J. M. 200, 204, 299, 307, 457
Lehnert, C. J. 581, 586

Leibbrand, F. 215, 217, 221
Leibfried, K. H. J. 80, 84
Leibowitz, Z. B. 580, 586
Leidner, D. 1403, 1407
Leinekugel, R. 407
Leithäuser, T. 565, 569
Leker, J. 426, 428, 507, 513, 709 ff., 714 f.
Lemelin, A. 1552, 1556
Lemke, T. 929, 931
Lemser, B. 1484, 1489
Lengel, R. H. 52
Lengnick-Hall, C. A. 1630 f.
Lenk, H. 1512, 1519, **1557 ff.**, 1564 f.
Leonard, D. siehe Leonard-Barton, D.
Leonard-Barton, D. 614, 616, 618, 1645 f., 1649, 1655 f.
Leplat, J. 1235
Lepper, M. R. 27 f.
Leptien, C. 287, 292 f.
Lerner, J. S. 802, 804
Leschke, M. 514, 517, 520
Leube, K. R. 1595
Leuck, H. G. 989, 997
Leumann, P. 830, 836
Leuz, C. 1252
Lev, B. 1018 f., 1022 f., 1025, 1321, 1326
Levi, M. 1024
Levin, I. P. 490, 496
Levine, D. I. 874, 879
Levine, M. F. 839, 842
Levinthal, D. 616 f., 734, 738, 1013, 1016, 1645 f.
Lévi-Strauss, C. 460, 464
Levitas, E. 1275, 1277
Levitt, T. 728 f., 732
Levy, H. 1551, 1556
Lewin, K. 316, 323, 498, 990 f., 997, 1610, 1614
Lewis, J. 13, 20
Leys, W. A. R. 799, 804
Li, J. 527, 529
Lichtman, C. M. 465, 471
Lieb, M. G. 657, 666
Liebel, H. J. 1124 ff., 1132
Lieberson, S. 298, 307
Liebl, F. 742, 745
Liebowitz, S. J. 1301, 1304
Lienert, G. A. 856, 860
Liermann, F. 24, 28, 223, 228, 1078, 1086, 1249 f., 1252, 1359 f., 1362, 1365
Lievegoed, B. 629 f., 635
Liker, J. K. 1015 f.
Likert, R. 73, 78, 904, 916, 921 f., 1074, 1086, 1329
Lilli, W. 243, 246
Lillrank, P. 1015 f.
Lim, C. U. 349, 352
Limaye, M. R. 527, 529
Lincoln, J. 1232, 1235
Lind, A. E. 840, 843
Lindbeck, A. 44
Lindblom, C. 1370 f., 1374
Lindelaub, H. 498, 504, 1040 f.
Lindenberg, S. 225, 228

Lindenthal, M. 607, 611 f.
Lindenthal, S. 874, 879
Lindert, K. 436, 438
Lindskold, S. 453, 457
Lindzey, G. 306
Link, J. 1058 f.
Linn, S. C. 574, 578
Linstead, S. 1174
Linthicum, D. S. 1058 f.
Linton, R. 1289, 1295
Lipka, S. 808, 813
Lippitt, G. 85, 91, 728, 732
Lippitt, R. 85, 91, 316, 323
Lippman, S. 1272, 1277
Lipset, S. M. 858, 861
Lisop, I. 792, 797
Littek, W. 43 f.
Litterer, J. A. 1064, 1068
Littkemann, J. 711, 715
Littler, C. R. 1062, 1067
Littmann-Wernli, S. 1102, 1108
Litzinger, W. D. 799, 804
Loasby, B. J. 1431, 1440, 1648, 1656
Löbbecke, C. 1016
Lochstampfer, P. 324, 332
Locke, E. A. 839, 842, 907, 909 f., 912, 914
Lockett, A. 1273, 1277
Lockwood, B. 1570, 1573
Lodorfos, G. 291, 294
Löffelholz, M. 597, 604 f.
Lohmann, C. 826, 828
Lohmann, R. A. 948 f., 955
Löhr, A. 650 ff., 841, 843, **1511 ff.**, 1518 ff.
Lohrer, S. 573, 578
Loistl, O. 1535, 1540
Lomnitz, G. 1198, 1207 f.
Lomranz, J. 1661, 1664
Long, J. S. 857, 861
Looss, W. 138 ff.
Lorange, P. 674, 679
Lorber, J. 347
Lord, R. G. 296, 298, 303, 306 f., 589, 595
Lorenz, E. 124, 938, 940
Lorenzen, M. 936, 940
Lorenzen, P. 647 f., 651, 1514, 1519
Lorenzi, P. 300, 307
Lorsch, J. W. 118, 121, 388, 656, 658, 661 f., 666, 1075, 1086, 1340, 1407, 1507, 1510
Lorson, H. N. 868 f.
Louis, M. R. 1026, 1030, 1032
Low, J. O. 565, 570
Low, P. 361, 368
Lowe, K. 135 f., 321, 323
Lü, K. der 942, 944, 947
Lubatkin, M. H. 1551 f., 1556
Lübbe, H. 1661, 1664
Lück, W. 541, **1278 ff.**, 1284 ff., 1288
Lücke, W. 1247, 1252
Luckmann, T. 563 f., 567 f., 646, 650, 719, 723, 923, 1076, 1083 ff., 1329, 1332
Luczak, H. **1227,** 1232 f., 1235 f.
Ludewig, K. 1399 f.

Ludewig, O. **1017**, 1021, 1023, 1025
Ludwig, S. 831, 836
Luhmann, N. 51, 53, 89, 91, 225, 228, 408, 412 f., 500, 502, 504, 619 f., 622, 624 f., 628, 761, 764, 972, 977, 993, 997, 1020, 1025, 1027, 1029 f., 1032, 1081, 1086, 1240, 1243, 1297 f., 1304, 1366, 1374, 1396 ff., 1400, 1476, 1481, 1527, 1530, 1597 f., 1604
Lührmann, T. **441**
Lukasczyk, K. 297, 307
Lukes, S. 758, 761, 764
Luthans, F. 909, 914
Luthe, D. 951, 955
Lüthje, C. 310, 315
Lutter, M. 64, 69 f., 355, 360, **399**, 407, 423, 427 f., 687 f., 795, 797, 896
Lützenrath, C. 1312
Lux, T. 802, 804
Lyles, M. 1655
Lynch, L. M. 1019, 1022, 1024
Lyotard, J. F. 1085 f., 1166, 1171, 1173

Maas, J. 345 f.
Maasen, G. F. 100, 104
Maccoby, N. 317, 323
MacGregor, D. 916, 922
Macharzina, K. 70, 178, 248, 255, **360**, 362, 368, 427, 435, 439, 541 ff., 545, 551 f., 644, 692, 697, 1248 ff., 1252, 1258, 1261 f., 1622
Machlup, F. 1642, 1646
Machmer, D. 1490
Mack, C. S. 739, 745
Mackenzie, R. A. 1525, 1530
MacKenzie, S. B. 289, 293, 302, 307, 1102 f., 1107
Mackert, J. 1102, 1107
Mackie, K. 1586
MacMillan, I. C. 1554, 1556
Macneil, I. R. 1589, 1595
Macy, M. W. 803 f.
Madauss, B. J. 1208
Madden, T. 245 f.
Mag, W. 1126, 1132, 1150, 1160, 1163
Magaziner, I. L. 532, 540
Maher, K. J. 296, 303, 307, 589, 595
Mähler, G. 1586 f.
Mähler, H.-G. 1586 f.
Mahnke, V. 227 f.
Mahoney, J. 574, 578, 1270, 1277
Mahoney, J. T. 574, 578
Mahoney, P. G. 965 f.
Mahoney, T. A. 793, 797
Maier, B. 1483, 1488
Maillat, D. 933, 940
Makadok, R. 1389, 1391, 1629, 1631
Mäki, U. 1243
Malatesta, P. H. 574, 578
Maletzke, G. 598 f., 601, 603, 605
Malik, F. 592, 595, 972, 977, 1398 ff., 1526, 1530
Mallory, G. R. 548, 551

Malnight, T. W. 551
Malone, T. 692, 697, 1004, 1007
Malos, S. B. 581, 586
Maly, W. 977, 1100, 1341, 1353, 1356, 1669, 1673
Manchen Spörri, S. 343, 346
Mandl, H. 147, 152
Mangoldt, H. von 1438, 1440
Mankin, D. 1402 f., 1407
Mann, B. 565, 569
Mann, L. 1405, 1407
Manne, H. G. 165, 170, 571 f., 578
Männel, W. 1110, 1114, 1247, 1252
Manrai, L. A. 527, 529
Mansfield, R. 9, 11, 659, 665
Manson, S. 987
Manz, C. 1406 f.
March, J. G. 52 f., 119 f., 225 ff., 580, 586, 615 f., 618, 667, 734, 736, 738, 851 f., 926, 930, 969, 977, 1010, 1013, 1016, 1072, 1077, 1087, 1094, 1100, 1239, 1241, 1243, 1297 f., 1300, 1304
Marengo, L. 227 f., 1239, 1243
Marettek, A. 715
Margolis, S. E. 1301, 1304
Maring, M. 1512, 1519, **1557 ff.**, 1564 f.
Mark, M. M. 211, 214
Markides, C. 1377, 1382, 1388, 1391
Markus, H. 446, 449
Marr, R. 287, 293, 1011, 1016, **1196**
Marris, R. 805, 813
Marschak, J. 40 f., 44, 1078, 1087
Marschak, T. A. 277 ff., 282, 285
Marsch-Barner, R. 407
Marsden, P. V. 851 f.
Martin, A. 37, 861, 922
Martin, J. 1028, 1030, 1032 f., 1274, 1277
Martin, J. A. 1645 f.
Martin, L. L. 214
Martiny, L. 487 f.
Marx, K. 1657, 1664
Maschmeyer, V. 779 f.
Mas-Colell, A. 1175, 1177, 1181
Masing, W. 1225
Maskell, P. 934, 940
Maskin, E. 1570, 1572 f., 1590, 1595
Maslo, J. 607, 611 f.
Maslow, A. 906, 914
Mason, D. E. 950 ff., 955
Mason, E. S. 1522, 1530
Mason, P. A. 1387, 1391, 1444, 1449
Mason, W. S. 1291, 1295
Massey, A. 1403, 1407
Maßmann, J. 1617, 1620, 1623
Mast, C. **596 ff.**, 605
Mastenbroek, W. 1583, 1587
Matenaar, D. 1026, 1032
Mathieu, J. E. 385, 388
Matiaske, W. 688, 853, 856 f., 859, 861, 1019, 1025, 1109, 1113 f.
Matschke, M. J. 1484, 1489
Mattenklott, A. 601, 605
Mattheus, D. 780, 787, 790
Matthews, R. C. O. 515, 521

Matthiesen, K. H. 837, 842
Mattner, G. R. 1619, 1623
Maturana, H. R. 646, 651, 1081, 1087, 1315, 1318, 1395, 1400
Matza, D. 1636, 1639
Maul, S. 101, 104
Maurer, I. 660, 665
Maurer, J. G. 1081, 1087
Maurice, M. 720, 724
Mausner, B. 907, 912 f.
Mauthe, K. D. 1423, 1427
Mauws, M. K. 649, 651
May, P. 426, 428
May, R. 124
Mayer, C. 173, 178, 574, 578
Mayer, K. U. 585
Mayer, M. 1377, 1382
Mayer, R. 1597, 1604
Mayerhofer, H. 583, 586
Mayes, D. 1470 f., 1474
Maynard Smith, J. 1343, 1349
Mayntz, R. 118, 121, 408, 410, 413, 498, 504, 969, 977, 1070, 1087
Mayo, E. 498, 602, 605
Mayo, M. 135, 137
Mayr, E. 257, 265 f.
Mayrhofer, W. 37, 583, 586, 623, 627, 856, 861, **1025 f.**, 1031, 1033, 1132
Maznevski, M. 1403, 1407
Mazza, C. 1642, 1646
McAulay, B. 1015, 1017
McCabe, D. 1223, 1225
McCahery, J. A. 104
McClelland, D. C. 218, 222, 300, 307, 906, 914
McConnell, J. J. 574, 578
McCullagh, P. 857, 861
McDermott, R. 145, 152
McDill, M. S. 189, 194
McEachern, A. W. 1291, 1295
McElroy, J. C. 911, 913
McEvily, B. 1596 f., 1604
McEvily, S. K. 1644 ff.
McGrath, J. E. 1659, 1664
McGregor, D. 773, 775, 780, 837, 842, 1074, 1087, 1329, 1602, 1604
McIntyre, F. E. 284
McKelvey, B. 128, 131, 257 f., 262 f., 265 f., 1082, 1087
McKiernan, P. 1470 f., 1473 f.
McKinlay, A. 1173
McKinsey 1028
McLaughlin, G. L. 1324, 1326
McLean Parks, J. 501, 504
McMillan, C. J. 656, 666
McMillan, J. 1348 f.
McNair, C. J. 80, 84
McNatt, B. D. 838, 842
McTaggart, J. 1663 f.
McVea, J. 1322 f., 1326
McWilliams, A. 1273, 1277
Mead, G. H. 451, 562, 719, 1327
Meager, N. 219, 222
Means, G. C. 161, 169, 805 f., 808, 812, 1146 f., 1523, 1529
Meckl, R. **1253**, 1259, 1262

Meckling, W. H. 162, 170, 519, 521, 769, 771, 809, 812, 873, 879, 1079, 1086
Mee, J. 831, 836
Meffert, H. 532, 538, 541, 905, 1423, 1427, 1540
Mehra, A. 444, 449, 1168, 1173
Mehrwald, H. 289, 294
Mehta, G. 635
Meindl, J. 135, 137, 303, 307, 593 ff.
Melbeck, C. 1144, 1148
Mellerowicz, K. 708, 715
Mellewigt, T. 687 f., 1109, 1113 f., 1356
Melone, N. P. 589, 595
Mendel, P. J. 1488, 1490
Mendenhall, M. 527, 529
Menke, T. 1307, 1312
Menn, B.-J. 1249, 1252
Menon, A. 155, 159
Menon, K. 310, 315
Menon, S. T. 301, 306
Mensel, N. 511, 513, 711, 715
Mentzel, W. 579, 586
Menzel, H. 803
Merker, R. 1412, 1417
Merten, K. 597, 605
Mertens, H.-J. 1443, 1446, 1449
Mertens, P. 483, 485, 487 f., 642 ff., 900, 905
Mertins, K. 82, 84 f.
Merton, R. K. 315, 412 f., 498, 1290, 1292 f., 1296
Meschi, P.-X. 527, 530
Messé, L. A. 384, 388
Metrick, A. 769, 771
Metz-Göckel, S. 344, 346
Meuers, H. 997
Meuser, T. 1490
Meyer, A. D. 753, 756
Meyer, C. 1252
Meyer, J. 82, 85
Meyer, J. W. 923, 926 f., 929 ff., 1015 f., 1076, 1087, 1091, 1100
Meyer, M. 114, 117, 121, 623, 627, 848, 852, **1025**, 1545, 1548
Meyer, R. 757
Meyer, W. 878
Meyer-Piening, A. 109, 112
Meyerson, D. E. 1026, 1032
Meza, D. de 1570, 1573
Michaelis, E. 805, 808, 813, 1570, 1573
Michaelsen, L. 1406, 1408
Michel, A. 1552, 1556
Michel, E. 1063, 1068
Michie, J. 1594 f.
Miethe, C. 87, 91
Mikus, B. 1658, 1664
Miles, R. E. 756, 1602, 1604
Miles, R. H. 729, 731
Milgate, M. 340, 812, 1242 f.
Milgrom, P. 25, 28, 514, 521, 824, 828, 1000, 1007, 1021, 1025, 1079, 1087, 1178, 1181, 1266, 1269, 1318, 1570, 1572, 1589 f., 1593, 1595
Mill, J. S. 924, 931

Miller, C. C. 1553, 1556
Miller, D. 312 f., 315, 728, 730, 732, 756, 1379, 1382, 1610, 1614
Miller, F. D. 1570, 1573
Miller, G. J. 1020 f., 1025
Miller, W. L. 289, 294
Millonig, K. 1273, 1277
Mills, A. J. 344, 347
Millward, L. 855, 860
Mimmberg, J. 407
Miner, A. 458, 460 f., 463 f., 467, 471
Miner, J. B. 447, 449
Mingers, S. 1399 f.
Minow, N. 102, 104
Minssen, H. 1107
Mintz, B. 1147 f.
Mintzberg, H. 72, 78, 199, 204, 458, 464, 630, 635, 673, 679, 729, 732, 753, 756, 793, 797, 799, 804, 815 ff., 820, 866, 869, 1014, 1016, 1091, 1100, 1330 f., 1333, 1337, 1341, 1354, 1356, 1370, 1374, 1388, 1391, 1443, 1449, 1606, 1609, 1614, 1624 ff., 1631
Mir, R. 649, 651, 800, 804
Mirza, H. 368
Mitbestimmungskommission 883, 887
Mitchell, R. K. 740, 745, 1323, 1326
Mitchell, T. R. 303, 306
Mitlacher, L. 1125, 1127, 1132
Mitroff, I. I. 588, 595
Mittag, H. 1419, 1425, 1427
Mittag, H.-J. 1222, 1226
Mittal, V. 1015, 1017
Mittelstraß, J. 647, 651
Mizruchi, M. S. 1087, 1145, 1148
Moch, M. K. 1030 f.
Moerland, P. W. 173, 178
Moerschel, T. 868 f.
Möhrle, M. 1208, 1421, 1427
Mohrman, A. 1404, 1407
Mohrman, S. 1404, 1407
Moingeon, B. 618
Moldaschl, M. 502, 504, 1102, 1107, 1318
Molitor, B. 860
Möllenberg, A. 527 f.
Möller, H. P. 1252
Möllering, G. 1119, 1122
Mone, M. A. 1470, 1472, 1474
Monks, R. A. G. 102, 104
Monopolkommission 1146, 1148
Monroe, M. J. 1448
Montealegre, R. 617 f.
Montgomery, C. 1003, 1007, 1386, 1391, 1440, 1552, 1556
Montoya-Weiss, M. 1403, 1407
Moon, J. T. 93, 99
Mooney, J. D. 1072, 1087
Moore, J. 1002, 1007, 1568, 1570, 1572, 1590, 1595
Moore, W. 294, 1659, 1664
Moorman, C. 458, 460 f., 463 f.
Moorthy, S. 490, 496
Moran, P. 840, 842, 1095, 1100
Morck, R. 572, 578

Mordhorst, C. F. 1426 f.
Moreno, J. L. 498
Morgan, G. 305, 307, 561, 566, 568, 590, 595, 620, 628, 746, 756, 1070, 1083 ff., 1087
Morgenstern, O. 1342, 1349
Morley, M. 37
Morrell, K. 1508, 1510
Morrill, C. 565, 568
Morris, W. N. 206, 210, 214
Morrison, A. 361, 368
Mortsiefer, H. J. 708, 715
Mosakowski, E. 1275, 1277
Moscovici, S. 394, 398
Möslein, K. 476, 481, 902, 905, 1006, 1008
Mosser, A. 1031
Motowidlo, S. J. 1102, 1107
Mouton, J. 317 f., 322 f., 633 f., 992, 996
Moxter, A. 1617, 1623
Moyer, R. C. 169
Mückenberger, U. 346
Mucksch, H. 1250, 1252
Mueller, C. W. 845, 852
Mueller, D. 339 f., 728, 732
Mueller, G. C. 1473 f.
Mühlbacher, J. 627, 1027, 1031
Müller, A. 1522, 1530
Müller, G. 880, 887
Müller, H. 1350 f., 1356
Müller, H.-P. 1102, 1107
Muller, M. 434, 439, 611 f., 1482, 1484, 1487, 1490
Müller, R. 713, 715, 726, 730, 732
Müller, S. 368, 527 f., 530
Müller, T. 896
Müller, W. 327, 332, 443, 449
Müller, W. R. 305, 307
Müller-Bölling, D. 419, 421
Müller-Christ, G. 1483, 1490
Müller-Doohm, S. 568
Müller-Gugenberger, C. 1639
Müller-Jentsch, W. 871 f., 879
Müller-Kalthoff, B. 604 f.
Müller-Merbach, H. 324, 332, 708, 715, 1077, 1087
Müller-Stewens, G. 196, 198, 204, 332, 334, 340, 638, 644, 712, 715, 994, 997, 1495, 1497, 1607, 1614, 1624 ff., 1629 ff.
Mumby, D. K. 205, 214
Mumford, L. 1657, 1664
Mummendey, H. D. 441, **449 f.**, 452, 454, 457
Münkler, H. 1584, 1587
Muralidharan, R. 675, 679
Murphy, J. 1485, 1489
Murphy, K. 25, 27, 1387, 1391, 1568, 1571 f., 1578 f., 1581, 1594
Murrin, J. 1319, 1321, 1325
Musgrave, A. 860, 1641, 1646
Musil, R. 567 f.
Mutius, A. von 120
Myers, S. C. 1551, 1555

Nadler, D. 287, 294, 1041
Nagel, R. 271, 275

Nahapiet, J. 1602, 1604
Nalebuff, B. 1348 f., 1384, 1390, 1541, 1548
Nanda, A. 615, 618, 1508, 1510
Naphtali, F. 882, 887
Narayanan, V. K. 339 f., 1481
Naschold, F. 807, 813, 942, 947
Nash, J. 1343, 1349, 1486, 1489
Nathusius, K. 726, 732
Natusch, I. 768, 771
Naujoks, H. 1373 f.
Naujoks, T. 196, 204
Nayyar, P. R. 1552, 1556
Near, J. P. 1103, 1108
Nedden, C. zur 1258, 1262
Negandhi, A. 533 f., 541, 548, 551, 667, 1082, 1087
Neisser, U. 587, 595
Nelder, J. A. 857, 861
Nelson, R. 227 f., 258, 266, 277 ff., 282, 285, 973, 977, 1299, 1304, 1313, 1318, 1430, 1441
Nenninger, M. 900, 904
Nerdinger, F. W. 905, 907, 911 f., 914
Neubauer, F.-F. 251, 253, 255
Neubäumer, R. 877 f.
Neuberger, O. 196, 204, 295, 300, 307, 320, 323, 435, 439, 447, 449, 502, 504, 580, 583, 586, 794, 797, 838 f., 841 f., 862, 869, 911, 914, 994, 997, 1028, 1032, 1129, 1132 f., 1141, 1293, 1296
Neubürger, H.-J. 1622
Neuburger, R. 296, 307, **897**, 900, 905
Neuhaus, R. 1119 ff.
Neuloh, O. 882, 884, 887 f., 1066, 1068
Neumann, J. von 1342, 1349
Neumann, M. 879
Neumann, N. 606
Neuwirth, S. **1349**
Newcomb, T. M. 323
Newman, K. L. 527, 530
Newman, P. 340, 812, 1242 f.
Newton, I. 124
Nguyen, T.-H. 363, 368
Niedenhoff, H.-U. 896
Niederfeichtner, F. 299, 307
Niedermayer, M. 1121 f.
Nielsen, R. P. 1518 f.
Nienhüser, W. 37, 190, 192 ff., 859, 861, 922
Nierenberg, G. 1583, 1587
Nippa, M. 898, 905, 1054, 1059, 1218
Nishiguchi, T. 1656
Nixon, R. 1273, 1276
Noack, U. 407
Nobel, R. 1644, 1646
Noda, T. 1620, 1623
Noelle-Neumann, E. 606
Nohria, N. 816, 819, 1607, 1613 f., 1641, 1646
Nöldeke, G. 1570, 1573
Nollen, S. D. 527, 530
Nollert, M. 1145, 1149

Nonaka, I. 227 f., 627 f., 734, 736, 738, 1642, 1645 f., 1648 ff., 1653 f., 1656
Nooteboom, B. 175, 178
Nord, W. R. 120, 204, 306, 466, 470 f., 596, 764, 931, 1172, 1417
Nordsieck, F. 46, 53, 1054, 1059, 1072, 1087
Norman, N. 453, 457
North, D. C. 1301, 1304, 1588, 1595
Northcraft, G. B. 492, 494, 496
Norton, D. P. 642, 644, 779 f., 1193, 1196, 1235 f.
Nosofsky, R. M. 494, 496
Noss, C. 292, 294, 409, 411, 413, 627 f., 973, 977, 989, 994 f., 997, **1408**, 1416 f., 1527, 1530, 1611, 1614
Nothardt, F. 1469, 1471, 1474
Notz, P. 582, 586
Nowak, K. 1619, 1622
Nowotny, C. 787 f., 790
Nowotny, H. 1658, 1662, 1664
Nutzinger, H. G. 951, 954, 1571 ff.
Nystrom, P. C. 738, 1016, 1085, 1296, 1316, 1318

Oatley, K. 206, 214
Obel, B. 654, 665, 1092, 1100
Oberschulte, H. 1054, 1059
O'Byrne, S. F. 1319, 1321, 1326
Ocasio, W. 1650, 1656
Ochsenbauer, C. 412 f., 1028, 1032
O'Connor, J. F. 298, 307
Oddou, G. 527, 529
O'Donnell, C. 814, 820, 1133, 1141, 1524, 1530
OECD 361, 369
Oechsle, M. 582, 586
Oechsler, W. 307, 430, 435, 439, 797, 896, **1123 ff.**
Oehler, K. 111 f.
Oerter, R. 836, 842
Oess, A. 1225
Oesterle, M. -J. 70, **308**, 312, 314 f., 362, 365, 368, 427, 541 f., 551, 1261
Oesterreich, R. 840, 842
Oetinger, B. von 1508, 1510
Oetker, H. 67, 70
Oevermann, U. 564, 566, 568
Offermanns, G. 705
Offermanns, M. 699, 701, 705
Ogden, D. 314 f.
Oglensky, B. D. 442, 449
Ohno, T. 1012, 1017
Okhuysen, G. A. 461 f., 464
Olbrich, T. 837, 843, 1517, 1520
Oldenburg, S. H. 476, 481
Oldham, G. 42, 44, 912 f., 1095, 1100, 1404, 1407
O'Leary-Kelly, A. 213
Oliver, C. 1273, 1277
Olle, T. W. 1055, 1059
Olsen, J. P. 119 f., 734, 738, 926 f., 930
Olson, E. 1406 f.
Olson, G. M. 692, 697

Olson, J. 226, 228, 1300, 1304
Olson, M. 1240, 1243
O'Neil, D. 248, 255
Opitz, C. **413 f.**, 418 f., 421, 794 f., 797
Opler, T. C. 577 f.
Oppenrieder, B. 1511, 1520
Ordelheide, D. 521, 1245, 1252
O'Reilly, C. 190 ff., 511, 514
Organ, D. W. 1102 ff.
Orlikowski, W. 462, 464, 1414 f., 1417
Orr, J. E. 736, 739
Ortlieb, H. D. von 860
Ortmann, G. 226, 229, 260, 266, 467, 470 ff., 502 ff., 664, 666 f., 862, 865, 868 ff., 931, 972, 977, 1003, 1007, 1024 f., 1086, 1170, 1172 ff., 1274, 1278, 1299, 1304, 1318, 1486 f., 1490, 1544, 1547 f.
Ortner, J. 150 f.
Orville, W. 1406 f.
Osborn, R. 13, 20, 305, 307, 658, 666
Oser, P. 1468
Osgood, C. E. 1027, 1032
Oster, S. M. 950, 955
Osterloh, M. 25 ff., 51 ff., **222**, 225, 227, 229, 347, 556, 560, 566, 568, 627 f., 848, 852, 1041, 1095, 1100, 1216, 1218, 1387, 1391, 1522, 1530, 1623, 1645 f.
Ostroy, J. M. 277 f., 284
O'Sullivan, M. 163, 170
Oswick, C. 566, 568
Ott, C. 966, 1571 ff.
Otto, C. G. 1063, 1068
Otto, H. 1639
Ouchi, W. G. 115, 121, 344, 347, 673, 679, 918, 921 f., 1602, 1604
Overbeck, H. 479 f.
Owen, M. 1054, 1059

Pahl, R. 345, 347
Painter, M. 812
Painter, R. 810 ff.
Palich, L. E. 1553, 1556
Palmer, D. A. 846, 852
Pandian, R. 1270, 1277
Pandit, N. 1469 ff., 1473 f.
Pankotsch, F. 217, 222
Pantenburg, S. 700, 702 ff.
Papa, M. J. 602, 604
Papanastassiou, M. 291, 294
Pape, J. C. 174, 178
Papenheim-Tockhorn, H. 1145, 1148, 1523, 1530
Pappi, F. U. 1144, 1148
Parboteeah, K. P. 510, 513, 1406 f.
Park, S. H. 14, 18, 20
Parker, D. 555, 559
Parker, M. 1085 f., 1165, 1168, 1173 f.
Parkinson, C. N. 119, 121, 1661
Parsons, T. 923 f., 931, 1080, 1087, 1290, 1296, 1327, 1394, 1397, 1400
Pascal, R. T. 1028 f., 1032

Pasckert, A. 1488, 1490
Pasero, U. 1658, 1664
Paslack, R. 972, 977
Pasmore, W. A. 136, 997
Pastor, J.-C. 135, 137
Patrick, R. 211, 214
Pattee, H. 408, 413
Patzak, G. 1198, 1207 f.
Pätzold, G. 797
Pauchant, T. C. 442, 449
Paul, E. F. 1570, 1573
Paul, H. 1447 f.
Paul, J. 1570, 1573
Paul, T. 539, 541
Paul-Chowdhury, C. M. 589, 595
Pauly, M. V. 1022, 1024
Pausenberger, E. 1254, 1262
Pavitt, K. 617 f.
Pawar, B. 135, 137
Pawlow, I. P. 1328
Pawlowsky, P. 152, 733, 739
Pearce, J. 1596, 1603
Pearce, J. A. 674, 679
Pearce, R. 291, 294
Pearce II, J. A. 1469, 1471 f., 1474
Peck, S. I. 1576, 1580
Peemöller, V. H. 1622
Pejovich, S. 518, 520, 1079, 1086, 1566, 1570, 1572 f.
Pekar, P. 14, 16, 19 f.
Pekruhl, U. 44, 1499, 1510
Pekrun, R. 206 f., 214
Pelikan, J. M. 842
Pellens, B. **1458**, 1466, 1468, 1623
Peltzer, M. 252, 255
Pennings, J. M. 656, 658, 666, 1143, 1148
Penrod, W. 392, 398
Penrose, E. 614, 618, 730, 732, 1003, 1007, 1269, 1277, 1494, 1497
Pentland, B. T. 1300, 1304
Pepels, W. 5, 11, 1312
Peppmeier, K. 1312
Perich, R. 1605, 1614
Perlitz, M. 1254, 1262
Perlmutter, H. 531 f., 541
Perrone, V. 1596 f., 1604
Perrow, C. 929, 931, 1411, 1417
Peter, L. 583, 586
Peteraf, M. 1019, 1025, 1271, 1277
Petermann, S. 867, 870
Peters, T. 799, 804, 831, 833, 836, 1026, 1028, 1032, 1083, 1087
Petersen, J. 842
Petrick, K. 1220, 1225
Pettigrew, A. 198, 204, 434, 438, 565, 568, 1026, 1032, 1383, 1391, 1448 f., 1610, 1614
Pfaff, D. **1244 ff.**, 1248, 1251 f., 1619, 1623
Pfannschmidt, A. 1145 f., 1148
Pfeffer, J. 26, 28, 190 ff., 310, 315, 657, 666, 759 f., 765, 840, 842, 1002 f., 1007, 1069 f., 1074, 1082, 1087, 1146, 1148, 1609, 1614
Pfeifer, T. 1221 f., 1226
Pfeiffer, H. 1143 f., 1148

Pfeiffer, W. 1424, 1427
Pfeiffle, H. 619, 628
Pfeil, O. P. 1319, 1321, 1326
Pfetzing, K. 1052
Pfitzer, N. 1468
Pfohl, H.-C. 676, 679, 747, 749, 756, 1151, 1153, 1156, 1162 f.
Pharao, I. 1402, 1407
Phesey, D. L. 659, 666
Philipp, A. F. 900, 905
Phillips, F. Y. 1419, 1427
Phillips, M. E. 590, 595
Phillips, N. 649, 651
Phillipson, M. 563, 568
Piaget, J. 1328, 1662, 1664
Picker, R. C. 960, 965
Picot, A. 33, 37, 44, 185, 188, 283, 285, 287, 293, 296, 307, 476 f., 481 f., 488, 514, 516 ff., 689, 697, 805, 808, 813, **897 ff.**, 905, 999 f., 1004 ff., 1035, 1041, 1054, 1059, 1067 f., 1091, 1100, 1110 f., 1113 f., 1163 f., 1218, 1568, 1570, 1573, 1590, 1595, 1607, 1614, 1673
Picot, G. 333, 340
Pieper, R. 432, 439
Pies, I. 1516, 1519
Pieske, R. 83, 85
Pietsch, T. 487 f.
Pietschmann, H. 620, 628
Pillai, R. 135, 137, 527, 530
Piller, F. 1007 f.
Pinches, G. E. 339 f.
Pinkley, R. L. 492, 494, 496
Piore, M. J. 32, 37, 554, 559, 847, 852
Piper, T. R. 338, 340, 1518 f.
Pisano, G. 614, 618, 1270, 1274, 1278, 1300, 1304, 1385, 1389, 1391, 1493 f., 1497, 1629, 1632
Pischon, A. 1483, 1490
Pistorius, C. W. I. 1418, 1427
Pitts, R. A. 1260 f.
Pleschak, F. 1423, 1427
Plötzeneder, H. D. 715
Plümacher, F. 1487, 1489
Plutchik, R. 206, 214
Podsakoff, P. M. 302, 307, 1102 f., 1107
Poensgen, O. 1147 f., 1190, 1196, 1333, 1341
Pohl, H. 1068
Poincaré, H. 124
Polanyi, M. 1642, 1646, 1648 f., 1656
Poll, J. 988
Pollard, S. 1062, 1064, 1068
Pollitt, C. 807, 813, 947
Polster, R. 1421, 1427
Pondy, L. R. 587 f., 595, 1083 f., 1087
Pongratz, H. J. 1332 f.
Pongratz, L. J. 860
Poole, M. S. 1010, 1017, 1612, 1614
Pöppel, E. 1583, 1585, 1587
Popper, K. 808, 813, 1238, 1243, 1370, 1374

Porac, J. F. 593 ff.
Porras, J. I. 275, 799, 803
Porter, L. 996
Porter, M. E. 536, 539, 541, 551, 636, 638 ff., 644, 1111, 1114, 1270, 1277, 1379, 1382 ff., 1391, 1479, 1481, 1495, 1497, 1551 f., 1556, 1625, 1627 f., 1630, 1632
Poser, T. 290, 294
Posner, R. 958 ff., 966, 1571, 1573
Post, J. E. 740 f., 744 f., 1325 f., 1522, 1530
Pothukuchi, V. 1030, 1032
Pötschke, D. 1427
Potthoff, E. 63, 70, 248, 250, 253, 255, 370, 376, 379, 795, 797, 882, 888
Poulsen, A. B. 574, 578
Pourdehnad, J. 559
Powell, P. 276, 280, 284
Powell, T. 1272 f., 1276 f.
Powell, W. 720, 724, 923, 928, 930 f., 954, 971, 977, 1076, 1086, 1091, 1100, 1388, 1391, 1602, 1604
Power, M. 1166, 1174
Poynter, T. A. 549, 552
Prahalad, C. K. 163, 170, 549, 551, 615, 617 f., 770 f., 798 f., 804, 835 f., 1270, 1275 ff., 1385, 1389, 1391, 1546, 1548, 1552, 1556, 1644, 1646, 1649, 1656
Prange, J. 726, 730, 732
Pratt, J. W. 188, 519, 521, 1594
Pratt, M. G. 469, 472
Pratto, F. 501, 505
Prautsch, W. 488
Prawitt, D. F. 495 f.
Preble, J. F. 675, 679
Preez, G. T. du 1418, 1427
Preis, U. 789, 791
Preisendörfer, P. 217, 220 ff., 583, 586
Preißner, A. 1190, 1193 f., 1196
Prendergast, C. 23, 28, 1594 f.
Prennushi, G. 1021, 1023, 1025
Prentice, D. D. 104
Prenzler, C. 154, 159
Prescott, E. C. 1018, 1025
Presthus, R. 119, 121, 469, 472
Preston, L. E. 740, 745, 1323, 1325 f., 1522, 1530
Preu, P. 795, 797
Pribilla, P. 815, 819 f.
Price, J. L. 845, 852
Priem, R. 1272 f., 1275, 1277, 1387, 1391
Pringsheim, A. 1440
Pritchard, R. D. 906, 913
Prittwitz, C. 1639
Pritzl, R. 13, 20
Probst, G. J. B. 150 f., 607, 612, 622, 628, 919, 922, 972, 977, 1029, 1031, 1052, 1315, 1318, 1530
Proeller, I. 942, 947
Pross, H. 853, 861, 1522, 1530
Pruitt, D. 630, 635
Prütting, H. 1311 f.

Pruys, K. H.   604
Pucik, V.   203
Pues, C.   538, 541
Pugh, D. S.   117, 122, 183, 188, 548, 551, 656 f., 659 f., 663, 666 f., 721 f., 724, 845, 847, 850, 852, 1091 f., 1100
Puhlmann, M.   94, 99
Pull, K.   1021, 1025
Pümpin, C.   726, 730, 732
Purvis, R. L.   1645 f.
Pusic, E.   1117, 1122
Putnam, L. L.   205, 214, 602, 605
Putz, P.   200, 204
Putz-Osterloh, W.   489, 491, 495 f.
Pyhrr, P. A.   109, 112
Pyke, F.   940
Pym, D.   1174

Quaas, M.   700, 706
Quaintance, M. K.   581, 586
Quandt, T.   597, 605
Quinn, J. B.   458, 464, 1371, 1374, 1610, 1614, 1624 ff., 1632
Quinn, J. J.   675 f., 679
Quinn, R. E.   448, 729, 732
Quinney, R.   1636, 1639

Raab, S.   361, 364, 368
Raatz, U.   856, 860
Rabinov, P.   764
Rack, M.   1484, 1490
Radatz, S.   139, 143
Radecki, C. M.   496
Radetzki, T.   77 f.
Radhakrishnan, S.   1018 f., 1022 f., 1025
Radner, R.   40 f., 44, 223, 229, 1178, 1181
Radnitzky, G.   1242, 1646
Radosevich, D. J.   909, 913
Raem, A. M.   706
Rafaeli, A.   212, 214
Raffée, H.   637 f., 644
Raiser, T.   402, 407
Rajan, R. G.   806, 811, 813, 873, 879, 1570, 1573
Ramanantsoa, B.   1422, 1427
Ramanujam, V.   1552, 1556
Ramaswamy, K.   364, 369
Ramiller, N. C.   801, 804
Ramme, I.   815 f., 820
Ramo, S.   830
Ranson, S.   664, 667
Rao, R. S.   169
Rapoport, A.   1392, 1400
Rappaport, A.   334, 340, 1319, 1326, 1618, 1623
Rasche, C.   1271, 1273, 1275, 1278
Rasmusen, E.   1590 f., 1595
Rasmussen, J.   1232, 1235 f.
Rastetter, D.   345, 347
Ratchford, B. T.   490, 496
Rathgeber, A.   1623
Rationalisierungs-Kuratorium der Deutschen Wirtschaft e. V. / Deutsche Gesellschaft für Projektmanagement e. V.   1208

Rattay, G.   1198, 1207 f.
Rattunde, R.   1310 ff.
Rau, S.   582, 585
Raub, S.   607, 612, 734, 738
Rauen, C.   137, 139, 141 ff.
Raupach, A.   424, 428
Raven, B. H.   759, 764
Ravenscraft, D. J.   338, 340
Rawert, P.   356 ff., 360
Rawls, J.   350, 353
Rawwas, M. Y. A.   527, 530
Raybeck, D.   1660, 1664
Reason, J.   495, 497
Reber, G.   44, 77 f., 137, 203, 297, 299, 306 f., 323, 585, 831, 836
Rechner, P. L.   103 f., 169 f.
Reckenfelderbäumer, M.   **1665 ff.,** 1669, 1671, 1673
Reckers, P. M. J.   494, 496
Reddin, W. J.   318, 323
Redding, G. S.   527, 530
Redel, W.   74 ff., 78
Reder, M. W.   1243
Reeb, D. M.   364, 369
Reed, M.   1165, 1173 f.
Reed, R.   1386, 1391
Reese, J.   **481,** 487 f.
REFA   1052, 1232, 1236
Reger, R. K.   591, 595
Regnet, E.   143, 585
Rehbinder, E.   1485, 1490
Rehfeld, D.   44
Rehkugler, H.   1535, 1540
Reich, R. B.   532, 540
Reichard, C.   942, 946 f., 949, 955
Reichertz, J.   566, 568
Reichmann, L.   1125, 1127 ff., 1132
Reichwald, R.   33, 37, 476 f., 481 f., 488, 520 f., 689, 697, 815, 819 f., 897, 899 f., 902 f., 905, **998,** 1000, 1004 ff., 1035, 1041, 1195, 1673
Reihlen, M.   407, 411 ff., 1159, 1163
Reilly, A. H.   581, 585
Reimann, B. C.   659, 667
Reinecke, S.   1428
Reinhardt, G. O.   544, 551, 1250, 1252
Reinhardt, R.   152, 1642, 1646
Reiß, M.   188, 513, 584, 586, **688,** 692, 695, 697, 1607, 1614
Reitmeyer, T.   157, 159
Remer, A.   51, 53, 58, 61, 308
Rempel, J.   1601, 1604
Renz, D. O.   951, 954
Rescher, N.   1237, 1243
Rese, M.   1269
Reske, W.   708, 715
Reynolds, P. D.   217
Reynolds, R. J.   338, 340
Rhoades, D. L.   103 f.
Rhoades, S. A.   338, 340
Ricardo, D.   1269, 1278
Ricart i Costa, J. E.   278, 284
Rice, E. M.   574, 577
Rich, A.   351, 353, 1512, 1519
Richardi, R.   182, 188
Richardson, K. A.   130 f.
Richter, A.   828

Richter, F.   1619, 1623
Richter, L. W.   351, 353
Richter, M.   989, 994, 997
Richter, R.   514, 520 f., 808 f., 812 f., 1567, 1570, 1573, 1588 ff., 1593, 1595
Rickert, D.   1198, 1208
Ridder, H.-G.   **28 f., 31 ff.,** 37, 429, 439
Ridderstråle, J.   1644, 1646
Riedl, G.   583, 586
Riegler, C.   82 f., 85
Riegraf, B.   868, 870
Riester, W.   46, 53
Rigby, D.   1496 f.
Rima, I.   1441
Ring, P.   1082, 1087, 1602, 1604
Ringenbach, K. L.   910, 913
Ringleb, H.-M.   170, 248, 255 f., 379, 1446, 1449
Ringlstetter, M.   **725**
Rinklin, T.-H.   708, 715
Rinne, H.   1222, 1226
Riordan, C. A.   456 f.
Ripperger, T.   1599, 1604
Risse, J.   1426
Ritov, I.   492, 497
Ritter, J.   1243, 1267 f., 1564
Ritter, T.   510, 513, 1425, 1427
Robbie, K.   766, 771
Robbins, D. K.   1469, 1471 f., 1474
Robbins, S. P.   42, 44
Roberts, J.   514, 521, 824, 828, 1000 f., 1007, 1021, 1025, 1079, 1087, 1266, 1269, 1318, 1570, 1572, 1589 f., 1593, 1595
Roberts, K. H.   462, 464, 590, 596, 1411, 1417
Roberts, N.   135, 137
Robertson, I. T.   214, 1407
Robertson, P.   933, 940, 1003, 1007
Robinson, P. J.   94, 99
Robinson, R. B.   674, 679
Robson, G. D.   1054, 1059
Rochell, B.   705
Rockart, J. F.   638, 644
Rodermann, M.   691, 697
Roe, M. J.   168, 170, 177 f.
Roe, R. A.   465, 472
Roeder, N.   705
Roering, K. J.   3, 8, 11
Roesky, E.   1063, 1068
Roethlisberger, F. J.   498, 1072, 1087
Roger, A.   527, 530
Rogers, D. L.   1082, 1087
Rogers, E. M.   802, 804
Rogers, J.   878
Rogers, R. C.   1552, 1556
Roggencamp, S.   943, 947
Rohde, A.   1052
Rohmert, W.   1232, 1236
Rohn, H.   738
Roitzsch, D. F.   **1305**
Romanelli, E.   311, 315
Romano, R.   101, 104
Romhardt, K.   145, 151
Ronneberger, F.   597, 605
Roods, J.   1641, 1646

Roos, D. 32, 37, 383, 388
Roos, J. 1648 ff., 1656
Roos, L. L. 1293, 1296
Ropohl, G. 1417, 1564
Rose, A. 1296
Rose-Ackerman, S. 954
Roselieb, F. 713, 715
Rosen, S. 1179, 1181, 1576, 1581
Rosenbaum, J. E. 583, 586
Rosenberg, M. 633, 635
Rosenfeld, P. 453, 455, 457
Rosenstiel, L. von 143, 320 f., 323, 390, 398, 503 f., 582, 585 f., 796 f., 839, 842, 852, 994 ff., 1121 f., 1614
Rosenthal, G. 566, 568
Rosenthal, L. 767, 771
Rosenzweig, M. 996
Rosove, P. 1371, 1374
Ross, S. A. 181, 189, 1175, 1181
Rost, J. C. 295 f., 307
Rotchford, N. L. 1659, 1664
Roth, A. 1195
Roth, A. E. 1269
Roth, G. 646, 651
Roth, G. H. 407, 790
Rothman, J. 737, 739
Rothschild, M. L. 1534, 1540
Rotter, J. 1600, 1604
Rouse, M. 1275, 1278
Rousseau, D. 501, 504, 1597, 1604
Roussel, P. 289, 294
Rowan, B. 926, 929, 931, 1015 f., 1076, 1087, 1091, 1100
Roy, D. 1660, 1664
Royer, S. 858, 861
Rüb, S. 896
Ruback, R. S. 333, 340, 572 ff., 578
Rubin, J. 630, 635
Rückert, K. 635
Rückle, D. 372, 379
Rückle, H. 140, 144
Rüdiger, M. 289, 294, 1425, 1427
Rudolph, B. 521
Rueckert, R. 1406 f.
Rüegg-Sturm, J. 649, 651
Ruekert, R. W. 3, 8, 11
Rueter, H. H. 1300, 1304
Rugman, A. 361, 369
Rühl, M. 597, 599, 605
Rühli, E. 327, 332, 435, 439, 691, 697, 784, 786 f., 791
Ruhwedel, F. 155, 159, 1621, 1623
Rumelt, R. 846, 852, 1270, 1272, 1277 f., 1377, 1382, 1385, 1391, 1494, 1497, 1550, 1556
Rusch, G. 977
Rush, M. C. 1102, 1107
Russo, E. 242, 246
Russo, M. 14, 18, 20
Rutenfranz, J. 1232, 1236
Rutgers, P. J. 495
Ruthekolck, T. 484, 488
Ruysseveldt, J. van 721, 724
Ryan, L. V. 575, 578
Ryle, G. 1648, 1656
Rynes, S. L. 1641, 1646
Ryngaert, M. 574, 578

Saad, K. 289, 294
Sabel, C. F. 32, 37
Sabisch, H. 81, 85, 1423, 1427
Sacerdote, B. 1023 f.
Sachenbacher, H. 902, 905
Sachs, I. 700 ff., 705
Sachs, S. 739 f., 745, 1325 f., 1522, 1530
Sack, F. 1639
Sackmann, S. A. 587, 590, 594 f., 1029, 1032
Sacks, H. 566
Sader, M. 390 f., 398
Sadler, P. 87, 91, 1509 f.
Sadowski, D. 293, 435, 439, 874, 879, 885, 887, 1017 f., 1021, 1025, 1491
Sager, B. 1533, 1540
Sahlman, W. 768, 771
Saitz, B. 1284, 1288
Salaman, G. 555, 559, 802 f.
Salamon, L. M. 948, 955
Salancik, G. 306, 310, 315, 658, 666, 760, 765, 1002 f., 1007, 1082, 1087, 1146, 1148
Salanié, B. 1589, 1595
Salant, S. W. 338, 340
Salas, E. 1404, 1408
Salomo, S. 314 f., 505 ff., 513
Salzberger, W. 99, 102, 105
Sambamurthy, V. 1645 f.
Sammer, M. 151
Sammon, W. L. 637, 644
Sandbothe, M. 1664
Sandner, K. 468, 472, 757, 760, 765
Sapienza, A. M. 592, 595
Sarges, W. 914
Sarnat, M. 1551, 1556
Sattelberger, T. 733, 739
Sauerland, D. 514, 517, 520
Saul, K. 313, 315
Savage, M. 344, 347
Saxton, M. J. 595
Say, J.-B. 218
Sayles, L. R. 831, 836
Scandura, T. A. 1293, 1295
Scanlan, G. 674, 678
Scarbrough, H. 616, 618
Schaaf, A. 359 f.
Schaefer, T. E. 799, 804
Schäfer, E. 1183, 1189
Schäfer, H.-B. 966, 1571 ff.
Schäfer, M. 929, 931
Schäffer, U. 153 f., 156 f., 159
Schallock, B. 82, 84
Schanz, G. 579, 586, 1117, 1122
Schaper-Rinkel, W. 16, 20
Scharfenberg, H. 188
Schartner, H. 1131, 1133
Schary, P. B. 94, 99
Schätzer, S. 483, 488
Schaub, H. 491, 497
Schauenberg, B. 820, 822 f., 825, 827 f., 1483, 1490
Schauer, R. 956
Schedler, K. 942, 947
Scheer, A.-W. 85, 91, 158 f., 479, 481, 947, 1052 ff., 1058 f.

Scheerer, S. 1636, 1639
Schefczyk, M. 217, 222
Scheffler, E. 379, 423, 428, 680, 686, 688
Schein, E. H. 86, 88, 91, 138, 141, 144, 524, 530, 580, 582, 586, 838 f., 841, 843, 848, 852, 991, 997, 1026 ff., 1032, 1331, 1333
Schelle, H. 1198, 1208
Scheller, C. 86, 91
Scheller, R. 582, 586
Schelling, T. 1348 f.
Schellschmidt, H. 705
Schelter, W. 1195
Schencking, F. 90 f.
Schendel, D. 1385, 1391
Schenk, K. 1490, 1604
Schenk, M. 599, 601, 605
Scherer, A. G. 51, 53, 644 ff., 648 ff., 753, 756, 1070, 1087, 1514, 1520
Scherer, F. M. 338, 340
Scherer, K. 600, 605
Scherm, E. 1133 f., 1137 f., 1141
Scherr, M. 15, 18 ff., 1546, 1548
Schertler, W. 1475
Scheurer, A. 817, 820
Scheuss, R.-W. 1030, 1032
Schewe, G. 511, 513, 712, 715, 1162, 1164, 1333 ff., 1340 f., 1375 f., 1381 f.
Schiffels, E. W. 1145, 1148
Schild, W. 1021, 1025
Schimank, U. 441, 449, 1106 f.
Schimke, E. 707, 715
Schimmack, U. 210, 214
Schimmelpfeng, L. 1490
Schipani, C. A. 806, 813
Schirmer, F. 813 ff., 819 f.
Schlaak, T. M. 506, 513
Schlegelmilch, G. 1428
Schlenker, B. R. 457
Schlieper, P. 706
Schlitt, M. 1465, 1468
Schlögl, W. 398, 497
Schlösser, H. J. 838, 843
Schlosser, R. 18, 20
Schlüchtermann, J. 703, 706
Schlump, L. 465, 472
Schmalenbach, E. 161, 170, 554 f., 560, 1191, 1196
Schmalensee, R. 228, 1384, 1391, 1440
Schmalfuss, A. 1032
Schmalt, H.-D. 906, 914
Schmeisser, W. 1032
Schmelzer, H. J. 1218
Schmid, F. 1580 f.
Schmid, S. 523 ff., 527, 529 f., 896
Schmidli, A. 329, 332
Schmidt, F. 1252
Schmidt, G. 57, 61, 1041, 1052
Schmidt, J. 1403, 1407
Schmidt, J. G. 1618, 1623
Schmidt, K. 1180 f., 1312
Schmidt, K.-H. 909, 914
Schmidt, K. M. 1570, 1573
Schmidt, L. 1235 f.
Schmidt, R. 888, 896

Schmidt, R. H.   167 f., 170, 173 f., 177 f., 822, 825, 828, 964 f., 1617, 1620, 1623
Schmidt, S. J.   646, 651 f., 779, 977, 1318, 1540
Schmidt, W. H.   316, 323, 728, 732, 1118, 1123
Schmidtchen, D.   1490, 1604
Schmidt-Leithoff, C.   790 f.
Schmidt-Preuß, M.   1485 f., 1489 f.
Schmidt-Rettig, B.   705 f.
Schmidt-Salzer, J.   837, 843
Schmitt, N.   490, 496, 1107
Schmitt-Rettig, B.   705
Schmitz, J.   1414, 1417
Schmitz, P. W.   1570, 1573
Schmitz, R.   1378, 1382
Schmoller, G.   719
Schmook, R.   245 f.
Schnabel, C.   875, 878
Schnake, M.   1102 ff., 1107 f.
Schneeweiß, C.   1156, 1164
Schneider, B.   1033
Schneider, D.   153, 159, 224, 229, 517, 521, 1005, 1008, **1428 ff.**, 1435, 1438, 1441, 1515, 1519
Schneider, D. J. G.   1423, 1428
Schneider, H. J.   648, 652
Schneider, K.   906, 914
Schneider, M.   575, 578
Schneider, U.   144 f., 151
Schneider, U. H.   370, 379, 407, 1449
Schneider, W.   1424, 1427
Schnellinger, F.   434, 440
Schnellinger, W.   715
Schnyder, A. B.   524, 530
Schoemaker, P.   242, 246, 1275 f., 1385, 1390, 1649, 1655
Schoenherr, R. A.   118, 120, 657, 660 f., 665, 849 f., 852
Scholl, R. F.   532, 541
Scholl, W.   235, 239
Scholz, C.   **428 ff.**, 434, 436, 439, 551, 900, 905, 1028, 1030, 1032, 1134, 1136, 1141
Scholz, F.   379
Schön, D.   733, 737, 799, 803, 819, 1332
Schonberger, R. J.   1185, 1189
Schönfelder, B.   415, 421
Schönwitz, D.   1145, 1148
Schoonhoven, C. B.   17, 20, 658, 661, 667
Schoorman, D.   840, 842, 1597, 1604
Schopenhauer, A.   1585
Schoppek, W.   489
Schrader, S.   309 f., 315, 1444, 1449
Schramm, F.   859, 861
Schramm, W.   1072, 1087
Schreyögg, A.   139 ff., 144, 629, 635
Schreyögg, G.   8, 11, 28, 37, 51 ff., 56, 58 ff., 106, 109, 112, 130, 194 f., 203 f., 206, 214, 225, 229, 292, 294, 298, 307, 322 f., 409, 411, 413, 447, 449, 499, 504, 566, 569, 616, 618, 623, 627 f., 649, 652, 657, 661, 667, 674, 676, 679, 805, 807 f., 812 ff., 820, 853, 861, 879, **966**, 973, 977,

989, 994 f., 997, 1028 ff., 1032 ff., 1041, 1054, 1060, **1067 ff.**, 1074 f., 1077, 1087 f., 1107, 1118, 1122 f., 1133, 1145, 1148, 1151, 1164, 1167, 1173 f., 1249, 1252, **1296 f.**, 1302, 1304, 1331 ff., 1341, 1350 f., 1356 ff., 1364 f., 1369 f., 1374, 1382, 1389, 1391, 1400, 1416 f., 1442, 1449, 1487, 1490, **1520**, 1523, 1526 f., 1530, 1549, 1553 f., 1556, 1602, 1604, 1611, 1614, 1623, 1626 f., 1630, 1632, 1642, 1647
Schriber, J. B.   1660, 1664
Schrick, G.   1228, 1235
Schriesheim, C. A.   304, 307
Schröder, E.   178, 270, 275, 560
Schröder, H.-H.   286 f., 293, 1113, 1421, 1427, 1658, 1664
Schubert, R.   1102, 1108
Schubert, U.-M.   1488 f.
Schuck, M.   997
Schülein, J. A.   1290, 1296
Schuler, H.   398, 796 f., 1122
Schuler, R.   428 f., 433, 438 ff.
Schüler, W.   1077, 1088
Schuller, S.   **514**, 518, 521
Schulte, C.   427
Schulte, J.   582, 586
Schulte-Zurhausen, M.   40, 44, 54, 61, 78, 325, 332, 1195 f.
Schultheiss, L.   1191 f., 1196
Schultheiss, O.   913
Schultz, F.   147, 151
Schultz, H.   284
Schultze, W.   155, 159, 1617 ff., 1621, 1623
Schulz, M.   851 ff.
Schulz, W.   598, 606
Schulz-Hardt, S.   240, 244, 246, 394 f., 398, 494 f., 497
Schulz von Thun, F.   76, 78
Schulz zur Wiesch, J.   862, 869
Schumacher, T.   590, 595
Schumann, M.   32, 35, 37, 42, 44, 384, 388
Schumann, O. J.   650, 652
Schumann, R.   901, 905
Schumpeter, J. A.   218, 271, 410, 413, 462, 464, 806, 813, 1238, 1243, 1589, 1595
Schünemann, B.   1638 f.
Schüppel, J.   607, 612
Schuppener, J.   1312
Schuppenhauer, R.   1250, 1252
Schuppert, G. F.   949, 955, 1490
Schuster, H.   1666, 1673
Schuster, H. G.   124 f., 131
Schuster, P.   53, 1132
Schütz, A.   562, 564, 719
Schwaab, C.   237, 239
Schwab, M.   370, 378, 785, 790
Schwabe, G.   475, 481, 1233, 1236
Schwaiger, M.   513
Schwalbach, J.   222, **1262**, 1264, 1268 f., 1577, 1579 ff.
Schwartz, F. W.   700, 705
Schwartz, K. B.   310, 315

Schwartz, M.   1087, 1147 f.
Schwartzmann, H.   565, 569
Schwarz, C. G.   101, 105
Schwarz, G.   408, 413, 632, 634
Schwarz, M.   475, 481
Schwarz, P.   950, 955
Schwarze, J.   483, 488, 896
Schwegler, G.   746, 756
Schweitzer, M.   46, 53, 279, 285, 668 f., 671, 679, 1163, 1191, 1193, 1195 f., 1251 f., 1530, 1678, 1680
Schweizer, U.   1175, 1181, 1588, 1595
Schwemmer, O.   647 f., 651
Schwert, G. W.   574, 577
Schwiering, K.   946 f.
Schwind, H.-D.   1636, 1639
Schwuchow, K.   1141
Scott, J.   1143, 1145, 1148
Scott, K. E.   808, 812
Scott, W. E.   471
Scott, W. R.   118, 122, 625, 628, 844, 852, 923, 927, 931, 968, 977, 1070, 1076, 1088, 1409, 1417
Scott-Morgan, P.   1317 f.
Seefelder, G.   1312
Seelos, H.-J.   705
Seggewiß, K. -H.   94, 99
Segler, K.   637 f., 644
Seibel, W.   954 f., 1595
Seibert, U.   70
Seibt, C. H.   250, 255
Seidel, E.   320, 323, 1201, 1208
Seidel, W.   785, 791
Seidl, D.   **1365**
Seifert, D.   476, 481
Seiff, W.   1141
Seiffert, H.   1242, 1646
Seisreiner, A.   1120, 1123
Selekman, B.   799, 804
Sellier, F.   720, 724
Selten, R.   225, 228, 1266, 1269, 1343, 1349
Selvini Palazzoli, M.   89, 91
Selznick, P.   498, 923, 925, 931
Semler, J.   1443, 1445, 1447, 1449
Semmer, N.   385, 388
Sen, A.   1237, 1243
Senge, P.   626 ff., 736, 739, 1120, 1123
Sengenberger, W.   940
Senghaas-Knobloch, E.   565, 569
Sennett, R.   839, 843
Serpa, R.   595
Sesselmann, W.   1218
Seth, A.   769 ff.
Setzer, M.   361, 364, 368
Shafir, E.   241, 246, 492, 495
Shaked, I.   1552, 1556
Shally, M. W.   560
Shamir, B.   132, 137, 196, 204, 443, 449
Shane, S. A.   300, 306
Shannon, C. E.   1394, 1400
Shanteau, J.   493, 497
Shapira, Z.   239, 595, 1077, 1087, 1244
Shapiro, A. C.   162, 169

Shapiro, C. 802, 804, 1301, 1304
Shapiro, D. M. 1445, 1448
Sharp, W. 1406, 1408
Sharpe, D. R. 590, 595
Shaw, J. 1662, 1664
Shaw, K. 1021, 1023, 1025
Shaw, M. E. 392, 398
Shaw, P. 128 f., 131
Shaw, V. T. 527, 530
Sheldon, O. 799, 804
Shen, W. 312, 315
Shepard, H. 633 f.
Shepherd, D. A. 492, 497
Shepsle, K. 1604
Sheridan, T. 1235 f.
Shin, H. J. 494, 496
Shleifer, A. 172, 178, 572, 578, 809, 813, 965 f., 1445, 1449
Shoemaker, P. 614, 617, 1493, 1497
Shotter, J. 593, 595
Shrivastava, P. 590, 596, 1272, 1276, 1278
Shuen, A. 614, 618, 1270, 1274, 1278, 1300, 1304, 1385, 1389, 1391, 1493 f., 1497, 1629, 1632
Shye, S. 857, 860
Sichel, D. 1024
Sidanius, J. 501, 505
Siebert, G. 84 f.
Siebert, H. 178
Siegrist, H. 1064, 1068
Siegwart, H. 249, 255
Siehl, C. 1028, 1030, 1032 f.
Sievers, B. 140, 144, 991, 996 f.
Sigl, E. 585 f.
Sillanpää, M. 1322, 1326
Silverman, B. S. 128, 130
Silverman, D. 561, 569
Silvestre, J.-J. 720, 724
Simmel, G. 629, 635, 801, 804
Simon, F. B. 271, 275, 627, 991, 997, 1396, 1400
Simon, H. A. 116, 122, 223, 225, 228 f., 241, 246, 269, 272, 275, 408, 413, 489 f., 497, 515 f., 521, 553, 560, 580, 586, 832, 836, 969, 977, 1013, 1017, 1072, 1077, 1087 f., 1092, 1094, 1100 f., 1238 f., 1243, 1297 f., 1304, 1329, 1589, 1595
Simons, R. 675 f., 679, 1513, 1515, 1519
Simons, T. 589, 596
Sims, H. 300, 307, 1406 f.
Simsa, R. 951, 956
Sinclair, R. C. 211, 214
Singer, A. E. 800, 804
Singer, R. 769 ff.
Singh, H. 15, 20, 527, 529
Sinz, E. J. 479 f., 1054, 1059
Sirower, M. L. 1552, 1556
Sistenich, F. 136 f.
Sivasubramaniam, N. 321, 323
Sjurts, I. 674, 677, 679, 1108, 1113 f., 1599, 1604
Skinner, B. F. 1328
Skinner, W. 1185, 1189
Skjott-Larsen, T. 94, 99
Skrotzki, R. 780

Slater, P. E. 297, 301, 305
Slater Lewis, J. 1063, 1068
Sliwka, D. 41, 44, 1178, 1181
Slocum, K. 1641, 1646, 1650, 1656
Slovic, P. 236, 239, 490, 492, 496
Smart, D. 1273, 1277
Smelser, N. J. 467, 472, 1394, 1400
Smelser, W. T. 467, 472
Smircich, L. 119 f., 304 ff., 342, 346, 594, 647, 650, 652, 1026, 1033, 1084, 1088, 1171 ff.
Smith, A. 40, 44, 998, 1008, 1063, 1240, 1244, 1436, 1441
Smith, C. A. 1103, 1108
Smith, J. B. 692, 697
Smith, M. P. 575 f., 578
Smith, P. B. 527, 530
Smith, V. 1343
Snell, S. 669, 672, 679, 1272, 1278
Snijders, T. A. B. 857, 861
Snow, C. C. 756
Snower, D. J. 44
Snyder, M. 444, 449
Snyder, W. M. 145, 149, 152
Snyderman, B. 907, 912 f.
Sobel, J. 1023, 1025
Sodeur, W. 777, 780
Soeffner, H.-G. 568
Sokobin, J. 577 f.
Soll, R. 1286, 1288
Söllner, A. 1269
Sölvell, Ö. 1016
Sondergaard, M. 525, 530
Song, M. 1403, 1407
Sonnenschein, J. 687
Sonnentag, S. 914
Sorg, M. 1577, 1580
Sorge, A. 716, 720, 722 ff.
Sorenson, G. 307
Sorrenti, M. 458, 463
Sosik, J. J. 443 f., 449
Soskice, D. 720, 724, 1147 f.
Sottong, H. J. 611 f.
Sourisseaux, A. L. J. 528 ff.
Sousa, F. H. 213 f.
Sparrow, P. 434, 440
Specht, D. 1208
Specht, G. 286 f., 292, 294, 511, 514, 1419, 1421, 1428
Speckbacher, G. 873, 879, 1319 f., 1322, 1324 ff.
Spector, B. 349, 352
Spector, P. E. 911, 913
Spence, A. M. 1177, 1181
Spencer, L. M. 795, 797
Spencer, S. M. 795, 797
Spencer Brown, G. 1396, 1400
Spender, J.-C. 649, 652, 1649 f., 1656
Spendolini, M. J. 79, 83, 85
Sperling, H. J. 1499, 1510
Spickers, J. 334, 340
Spiker, B. 602, 604
Spiker, B. C. 495 f.
Spindler, G. 177 f., 1485 f., 1489 f.
Spradley, J. 565, 569

Spremann, K. 41, 45, 519, 521, 1002, 1008, 1175, 1181, 1319, 1321, 1326
Sprenger, R. 435, 440
Springer, R. 33, 37
Sproull, L. S. 616, 618
Spur, G. 1064, 1068, 1419, 1428
Srocke, I. 944 f., 947
Staber, U. 932, 935, 938, 940
Stacey, R. D. 128 f., 131
Staehle, W. H. 61, 73, 78, 280, 285, 316, 323, 434, 440, 468, 472, 585 f., 654 f., 663, 667, 739, 794, 797 ff., 804, 814, 820, 853, 861, 922, 1064, 1068, 1331, 1333, 1400, 1522, 1530
Staerkle, R. 1350 f., 1356
Staffelbach, B. 53
Stahlberg, D. 471, 797
Stajkovic, A. D. 909, 914
Stalker, G. M. 115, 118, 120, 656 ff., 665, 1169, 1173, 1527, 1530
Stapel, W. 868, 870
Stapledon, G. P. 247, 255
Starbuck, W. H. 662 f., 667, 738, 1016, 1085, 1296, 1316, 1318
Starke, F. A. 1293, 1296
Starkey, K. 1173, 1659, 1664
Starks, L. T. 575, 577 f.
Stasser, G. 392, 398, 494, 497
Statistisches Bundesamt 698 f., 701, 706
Staudt, E. 1412, 1417
Staufenbiel, T. 856, 860
Stauss, B. 1224, 1226, 1668, 1673
Staw, B. M. 194 f., 211 f., 214, 236, 239, 306, 504, 595, 914, 1107, 1604, 1664
Steenkamp, J.-B. E. M. 527, 530
Steffen, J. 871, 878
Steffenhagen, H. 1533, 1536, 1540
Stegbauer, C. 868, 870
Steger, U. 361, 367 ff., 852, 1066, 1068, 1486, 1490
Stehr, N. 1648 f., 1656
Steiert, R. 896
Stein, B. A. 1610, 1613
Stein, I. 335, 340
Stein, J. C. 554, 560
Steiner, I. 392, 398, 1405, 1407
Steiner, K. 1196
Steinfield, C. 1414, 1417
Steinle, C. 1190, 1192, 1196, 1359, 1365, 1607, 1614
Steinmann, H. 51, 53, 106, 109, 112, 172, 178, 447, 449, 623, 628, 650 ff., 674, 676, 679, 805, 808, 813 f., 820, 837, 841, 843, 853, 861, 885, 887, 1033 f., 1041, 1123, 1133, 1151, 1164, 1297, 1304, 1369 f., 1374, 1442, 1449, 1490, 1511 ff., 1531, 1549, 1553 f., 1556, 1626 f., 1630, 1632
Stephan, I. 341 f., 346 f.
Stephan, P. 274 f.
Stephens, G. K. 581, 586
Stern, S. 1629, 1631
Sternberg, R. 217, 222

Sternberg, R. J. 612
Stevens, F. 836
Stevens, M. 1405, 1408
Stevenson, W. 114, 117, 121
Stewart, D. D. 392, 398
Stewart, G. B. 1619, 1623
Stewart, R. 814 f., 820
Stewman, S. 190 f., 194
Steyrer, J. 85 f., 91, **131,** 134 ff., 320 f., 323, 442, 449
Sticksel, P. 1483, 1489
Stieglitz, N. 177 f.
Stigler, G. 276 ff., 283, 285, 1147 f.
Stiglitz, J. 810, 812, 822, 828
Stiller, P. 571
Stinchcombe, A. L. 189, 194
Stippel, N. 1425, 1428
Stöber, H. 1016, 1540
Stock, R. 5, 11
Stogdill, R. M. 301, 307, 317, 323
Stohl, C. 603, 606
Stokman, F. N. 1143, 1145, 1148
Stolz, H.-J. 466, 472
Stölzle, W. 676, 679, 1151, 1153, 1156, 1162 f.
Stone, C. 1517, 1520
Stoner, J. A. F. 393, 398
Stopford, J. M. 548, 552, 1260, 1262
Storey, D. J. 216, 221 f.
Storey, J. 429, 433 f., 440
Storper, M. 938, 940
Stover, C. F. 798, 804
Strack, F. 242, 247
Strack, R. 1497
Strang, D. 803 f.
Strati, A. 1171, 1174, 1661, 1664
Strauch, J. 771
Strauss, G. 1116, 1121 ff.
Strebel, P. 1628, 1631
Streeck, W. 871, 875, **878 f.,** 883, 887 f.
Strehl, F. 831, 836
Strehlau-Schwoll, H. 702 f., 706
Streit, M. E. 1490
Streitferdt, L. **105,** 107, 113
Streitz, N. 475, 481, 1233, 1236
Strickland, D. 576, 578
Strickland III., A. J. 636, 644
Striegl, S. 1483, 1489
Striening, H. -D. 753, 756
Strodtbeck, F. L. 524, 529
Strodtholz, P. 566, 568, 855, 860
Strohschneider, S. 491, 497
Struck, O. 192, 194
Strünck, C. 951, 955
Strunz, H. 488
Strutz, H. 143
Stubbart, C. 591, 593 ff., 647, 650, 652
Stulz, R. 560
Stumpf, S. 392, 398, 527 f., 530
Stutzer, A. 1021, 1024
Süchting, J. 1535, 1540
Suckow, K. 209, 214
Sugden, R. 1238, 1244
Sull, D. 1389, 1391
Sullivan, D. 363 f., 369
Summers, D. V. 952, 954

Sundaramurthy, C. 103 f.
Sundstrom, E. 1403, 1405, 1408
Super, D. E. 582, 586
Suppes, P. 1242, 1244
Surrey, H. 1120, 1123
Süss, C. 688
Süss, S. 839, 842
Süß, H.-M. 491, 497
Sutherland, E. H. 1636, 1639
Sutton, R. I. 195, 212, 214
Swanson, B. E. 801, 804
Swanson, J. E. 323
Swedberg, R. 217, 222
Switzer, S. 338, 340
Swoboda, B. 1132
Sydow, J. 13, 20, 206, 214, 266, 307, 323, 520 f., 627 f., 798 ff., 804, 870, 879, 899, 905, 922, 931, 1003 f., 1007 f., 1068, 1082, 1086, 1088, 1107, 1274, 1278, **1296,** 1302, 1304, 1318, 1341, 1400, 1486 ff., 1490, 1530, **1541 ff.,** 1552, 1556, 1602, 1604
Sykes, G. 1636, 1639
Symon, G. 860
Szabo, E. 134, 137
Szulanski, G. 1644, 1647
Szymanski, D. M. 507, 513
Szyperski, N. 644, 679, 1108, 1114

Tabrizi, B. N. 1011, 1016
Tacke, V. **1392,** 1398, 1400
Tainio, R. 1241, 1243
Tajfel, H. 191, 194
Takamiya, S. 812
Takeuchi, H. 227 f., 627 f., 734, 736, 738, 1648, 1650, 1656
Talaulicar, T. 161, 169 f., 800, 804, 1444, 1448, 1539 f., **1640 f.,** 1647
Talikdar, D. 490, 496
Tancred, P. 344, 347
Tannenbaum, R. 316, 323, 1118, 1123
Tannenbaum, S. 1404, 1408
Tavris, C. 210, 214
Tayeb, M. 656, 667
Taylor, B. 617, 679, 1614
Taylor, F. W. 29, 37, 40, 45, 602, 606, 1063, 1068, 1072, 1219, 1229, 1236, 1329, 1409
Taylor, J. C. 76, 78, 839, 842
Taylor, L. A. 494, 497, 1661, 1664
Taylor, S. E. 243, 247, 591, 596
Teas, R. K. 911, 913
Tebbe, K. 9, 11
Tebroke, H.-J. 1623
Tedeschi, J. T. 453, 455, 457
Tedlow, R. S. 1012, 1015
Teece, D. 614, 618, 1003, 1008, 1270, 1274, 1278, 1300, 1304, 1377, 1382, 1385, 1389, 1391, 1458, 1493 f., 1497, 1629, 1632, 1647
Tegtmeier, W. 883, 888
Teichert, T. **798,** 800, 804, 1641, 1647
Tellegen, A. 210, 214
Tenbrunsel, A. E. 589, 596

Teng, B.-S. 1275, 1278, 1602, 1604
Tengelmann, C. 1587
Tesser, A. 214
Tetlock, P. E. 802, 804
Teubner, A. 479, 481
Teubner, G. 1487, 1490, 1513, 1520
Teuteberg, H. J. 880, 882, 888
t'Hart, P. 397 f.
Theis-Berglmair, A. M. 598, 606
Theisen, M. R. **62 ff.,** 66 ff., 70, 250, 253, 255, **369 f.,** 372, 376 f., 379, 423, 427 f., 681, 685, 688, 795, 797, 896, 1523, 1531
Then Bergh, F. 767, 771
Theuvsen, L. 553, 560, **948,** 950 ff., 956, 1039 ff., 1096, 1100, 1210 f., 1218, 1354, 1356
Theweleit, K. 343, 347
Theyel, G. 1485, 1490
Thierry, H. 909, 912 ff.
Thom, N. 520, 829, 833, 835 f., **1033 ff.,** 1096, 1100, 1357, 1364 f., 1610, 1614
Thomae, H. 230, 239, 906, 914
Thomann, C. 633, 635
Thomas, A. 527 f., 530
Thomas, E. J. 1291, 1295
Thomas, G. M. 929 f.
Thomas, H. 248, 255, 1383, 1391
Thomas, J. B. 589 f., 595 f.
Thomas, L. G. 1273, 1278
Thomas, O. 1055, 1059
Thomas, R. R. 343, 347
Thommen, J.-P. **828**
Thompson, E. P. 1658, 1664
Thompson, J. D. 459, 464, 657, 661, 663, 667, 1082, 1088, 1169, 1174, 1336, 1341, 1394, 1400
Thompson, P. 758, 761, 765, 862, 868
Thompson, S. 175, 178, 766, 771, 1273, 1277
Thompson, V. A. 409, 413
Thompson Jr., A. A. 636, 644
Thonet, P. J. 808, 813
Thornton, P. H. 219, 222
Thrift, N. 938, 940
Tiby, C. 289, 294
Tichy, N. 203, 432, 440, 1124, 1133
Tiedemann, C. 483, 488
Tiedemann, K. 1639
Tiedemann, R. 471
Tiemeyer, E. 1218
Tierney, T. 1507, 1510
Tietz, B. 496, 643
Tingler, P. 1102, 1108
Tintelnot, C. 81, 85
Tirole, J. 172, 178, 227 f., 554, 560, 999, 1008, 1179, 1181, 1251, 1320, 1324, 1326, 1431, 1440, 1570, 1572 f., 1590, 1595
Titscher, S. 86, 89 f., 1206 f.
Todd, D. 9, 11
Toffler, B. L. 352 f.
Toime, E. 1473 f.
Tolbert, P. S. 923, 931
Tolman, E. C. 591, 596
Tomaszewski, C. 1466, 1468

Tomczak, T.   1428
Tomer, J. F.   1018, 1025
Tondorf, K.   346
Töpfer, A.   707, 715, 847, 853, 1218
Tosi, H. L. J.   776, 779
Toulmin, S. E.   1242, 1244
Trautwein, F.   335, 340
Trautwein, G.   1127, 1132
Trebesch, K.   988 ff., 997
Trescher, K.   63, 70, 250, 253, 255, 376, 379, 795, 797
Tretter, M. J.   1260 f.
Triandis, H. C.   191, 194, 525 f., 530
Tricker, R. I.   178
Tripp, T. M.   209, 213
Tripsas, M.   1274, 1278
Trist, E. L.   990, 997
Trommsdorff, V.   541, 1419, 1428, 1534, 1540
Trompenaars, F.   524, 530
Tropp, J.   1540
Trost, R.   81, 84
Trow, M.   858, 861
Trute, H.-H.   1485, 1490
Trux, W.   779 f.
Tschan, F.   380, 384 f., 388
Tschirky, H.   1427
Tsoukas, H.   646 f., 649, 651 f., 1650, 1656
Tsui, A. S.   192, 194, 753, 756
Tuckman, B. W.   389, 398
Tull, D. S.   9, 11
Türk, K.   266, 297, 307, 466, 470, 472, 761, 765, 867, 870, **923**, 929, 931, 1086, 1318, 1490, 1548
Turnbull, P.   433, 437
Turner, B. A.   827 f.
Turner, J. C.   191, 194
Turner, R. H.   1291, 1296
Turner, S.   629, 635
Turnley, W. H.   456
Tuschen, K.-H.   700, 706
Tushman, M.   287, 294, 311, 315, 511, 514, 615, 617, 1041
Tversky, A.   225, 228, 236, 239, 241 f., 244 ff., 396, 398, 490, 492, 496, 1239, 1244
Twitchell, D.   1509 f.
Tyler, M.   1167, 1173
Tyler, T.   840, 843, 1604
Tyre, M. J.   1415, 1417
Tyrell, M.   167 f., 170
Tyriakian, E.   1664

Udris, I.   213, 792, 797
Udy, S. H. jr.   654, 667
Uebele, H.   9, 11
Uecker, P.   791
Uhl-Bien, M.   304, 306
Uhlenbruck, W.   1312
Ulich, E.   40, 45
Ullmann-Margalit, E.   1240, 1244
Ulrich, D.   429, 440
Ulrich, H.   46, 53, 622, 628, 780, 799, 804, 977, 1530
Ulrich, P.   46, 53, 352 f., 655, 666, 1241, 1244, 1514 f., 1520, 1522, 1531

UNCTAD   364, 369
Ungson, G.   18, 20, 1087
Unland, R.   475, 481, 1233, 1236
Urabe, K.   1548
Ure, A.   1063
Urwick, L. F.   1072, 1088
Useem, M.   247, 255, 1146, 1148
Usunier, J.-C.   527, 529 f.
Utzig, P.   1269
Uzumeri, M. V.   1485, 1491

Vahlne, J.-E.   538
Vahs, D.   60 f.
Vala, J.   213 f.
Valcárcel, S.   1236, 1241, 1244, 1643, 1647
Valentine, J.   384, 388
VandenBos, G.   213
Van de Ven, A. H.   666 f., 1010, 1017, 1082, 1087, 1602, 1604
Vansina, L. S.   465, 472
Varadarajan, P. R.   155, 159, 1552, 1556
Varela, F.   646, 651, 1081, 1088, 1395, 1400
Veblen, T.   813
Vedder, G.   1223 f., 1226
Velden, R. van der   **1565**
Ventresca, M. J.   1490
Vermeulen, F.   737, 739
Vernon, R.   538
Verona, G.   617 f.
Verplanken, B.   490, 497
Verworn, B.   513
Vetsuypens, M.   767, 771
Vicente, K. J.   493, 497
Victor, B.   1378, 1382
Victor, D. A.   527, 529
Vincent-Jones, P.   1594 f.
Virany, B.   311, 315
Vishny, R.   172, 178, 572, 578, 809, 813, 965 f., 1445, 1449
Visscher, M.   1018, 1025
Vitols, S.   896
Vitt, J.   292 ff.
Vives, X.   812
Voeth, M.   538, 540
Vogel, C. W.   1446, 1449
Vogelpoth, N.   944, 947
Voigt, E.   1425 f.
Voigt, K.-I.   1418, 1428
Voigt, S.   514, 521, 808, 813
Volberda, H. W.   198, 204, 280, 285
Völker, E. V.   1425
Völker, R.   1426
Volmer, G.   139, 141, 143
Volmerg, B.   565, 569
Volpe, A.   292 f.
Volpert, W.   842, 1232, 1236
Voß, E.   894, 896
Voß, G. G.   502, 504, 839, 843, 1102, 1107, 1332 f.
Voß, S.   482, 488
Vroom, V. H.   320 f., 323, 412 f., 909, 914, 1406, 1408

Wabnitz, H.-B.   1639

Wächter, H.   88, 91, 434, 438, 989, 997, **1219**, 1223 f., 1226, 1491
Wageman, R.   1223 f.
Wagenhofer, A.   85, 107, 112, 521, 554, 559, 1163, 1245 f., 1251 f., 1325, 1460, 1466 ff., 1619, 1622 f.
Wagner, D.   178, 901, 905, 1055, 1059, **1115**, 1120, 1123
Wagner, F. W.   964, 966
Wagner, G. R.   1482, 1485 ff., 1490 f.
Wagner, J.   875, 878
Wagner, W. G.   190, 192, 195
Wahl, R.   1206, 1208
Walgenbach, P.   654 ff., 666, 671, 679, 815, 820, **843 ff.**, 849, 852, 923, 931, 971, 977, 1076, 1088, 1222, 1226, 1485, 1489
Walger, G.   85 ff., 89 ff., 777, 780
Walker, D. R.   189, 194
Walker, O. C.   3, 8, 11
Wall, F.   154, 159, 485, 488
Wall, T.   1404, 1406, 1408
Wallace, A. R.   257
Wallach, M. A.   393, 398
Waller, M. J.   462, 464
Wallmeier, M.   1623
Walsh, J. P.   310, 315, 463, 574, 578, 591, 596
Walsh, M. R.   345, 347
Walsh, V.   291, 294
Walster, E. H.   190, 194
Walter, A.   510, 514, 1606, 1613
Walter, W.   342, 347
Walter-Busch, E.   560, 565, 570
Walton, R.   633, 635
Walz, R. W.   960, 966
Wang, J. A.   493, 497
Warnecke, H.-J.   901, 905, 1060
Warner, J. B.   576, 578
Warner, M.   721, 724
Warner, W. L.   565, 570
Warschkow, K.   287, 290, 294
Wartburg, I. von   **798**
Wasserman, S.   857, 861, 1143, 1148
Waterman, R. H.   799, 804, 1026, 1028, 1032, 1083, 1087
Watermann, L. O.   427 f.
Waters, J. A.   1518, 1520, 1606, 1614
Watson, A.   649, 651, 800, 804
Watson, D.   210, 214
Watson, G. H.   79, 84 f.
Watson, R.   1576, 1580
Watson, W.   1406, 1408
Watts, A. G.   586
Watzlawick, P.   601, 606
Weaver, W.   1394, 1400
Weber, C.   344, 347
Weber, G.   1419, 1428
Weber, H.   330, 332
Weber, H.-J.   1145, 1148
Weber, J.   94, 99, **152 ff.**, 157 ff., 1113, 1235 f., 1489
Weber, K.   869
Weber, M.   114 f., 122, 132, 137, 219, 408, 410, 412 f., 562, 602, 606, 653, 656, 667, 719, 758 f., 761 ff., 765, 844, 853, 929, 968, 977, 1071, 1088, 1237, 1244, 1329, 1427

Weber, W. 194, 307 f., 434, 440, 585 f., 731, **791**, 794, 796 f., 1026, 1033, 1132, 1207
Webster, F. E. 93, 99
Webster, S. 114, 117, 121
Weckbach, S. 1319, 1321, 1326
Weed, F. 629, 635
Weeks, D. 633, 635
Wegner, U. 753, 756
Wehrli, H.-P. 53
Weibler, J. 136 f., **189**, 193 ff., **294 ff.**, 298 ff., 303 ff., 503, 505
Weick, K. E. 199, 204, 263 f., 266, 458 ff., 462, 464, 468, 472, 555, 560, 590, 596, 624 ff., 628, 646 f., 649 f., 652, 664, 667, 799 f., 804, 819 f., 845, 853, 995, 997, 1010, 1017, 1083, 1088, 1315 f., 1318, 1413, 1417, 1606, 1611, 1614
Weidner, C. K. 995, 997
Weigelt, K. 1263, 1269
Weigend, T. 1637, 1639
Weihrich, H. 1133, 1141
Weik, E. 868, 870, 1083, 1088, 1167, 1174, **1657**, 1662, 1664
Weil/Gotshal/Manges 100, 105
Weimer, J. 174, 178
Weinberg, P. 1534, 1540
Weiner, B. 911, 914
Weinert, A. 468, 472, 499, 503, 505, 582, 586, 838, 843
Weingarten, E. 860
Weinkamm, M. 839, 842
Weisbrod, B. A. 951, 956
Weise, P. 1571 f.
Weisenfeld-Schenk, U. 1222, 1226
Weiskopf, R. 439
Weiss, A. A. 589, 594
Weiss, H. M. 209, 212, 214
Weiss, M. 889, 896
Weiss, S. J. 338, 340
Weiß, J. 1488, 1491
Weißenberger, B. E. 1246, 1252
Weitbrecht, H. 581, 586
Weizsäcker, C.-C. von 873, 879
Welford, R. 1482, 1489, 1491
Welge, M. K. 84, 178, 324, 332, 523, **530 ff.**, 537 ff., 541 ff., 548, 550 ff., 644, 657, 667, 1192, 1196, 1253, 1260, 1262, 1476, 1478, 1481, 1554, 1556, 1624 ff., 1632
Wells, L. T. 548, 552, 1260, 1262
Welskopp, T. 868 f.
Welter, G. 118, 121, 655, 666, 845, 852, 856, 860
Wendorff, R. 1662, 1664
Wenger, A. P. 688, **1033 ff.**
Wenger, E. C. 145, 149, 151 f., 736, 739, 806 f., 813, 873, 879, 1655 f.
Wentges, P. 873, 879, 1322, 1326
Wenz, M. 70, 681, 688, 896
Werder, A. v. 66, 70, **160**, 163 f., 166, 169 f., 178, **247 ff.**, 251 ff., 255 f., **369 ff.**, 375, 378 f., 560, 687 f., 781 f., 784 ff., 788 ff., 894, 896, 964, **966**, 975, 977, 1037, 1041, 1054, 1059, **1088**, 1090, 1092 f., 1095 f., 1099 ff., 1216, 1218, 1242, 1244, 1320, 1326, 1338, 1341, 1353, 1356, 1361, 1363 ff., 1442, 1444, 1446 f., 1449, 1523, 1531, 1539 f., 1641 ff., 1647, 1665 f., 1669 ff., 1673
Wernerfelt, B. 614, 618, 1112, 1114, 1269, 1271, 1273, 1278, 1385, 1392, 1493 f., 1497, 1552, 1556
Werr, A. 802 f.
Wertheim, E. S. 1661, 1664
Wesner, P. 1621
West, C. 343, 347
West, J. 288, 294
West, M. 384 f., 388
Westermann, H. P. 407
Westhead, P. 217, 222
Westin, A. F. 1514, 1520
Westkämper, E. 1060
Westley, F. 199, 204
Westney, D. E. 551, 1015, 1017
Westphal, J. 5, 10
Westphal, J. D. 1146, 1149
Westwood, R. 650
Wetterer, A. 345, 347
Wex, T. 949 ff., 954, 956
Wheeler, D. 1322, 1326
Wheeler, J. 9, 11
Wheelwright, S. 1404, 1407
Whetten, D. A. 602, 606, 1082, 1085, 1087, 1469, 1474
Whinston, A. 554, 560
Whinston, M. D. 1175, 1177, 1179, 1181
Whipp, R. 1662, 1664
Whisler, T. L. 850, 853
White, R. E. 549, 552
White, R. K. 316, 323
Whitehead, A. N. 1663 f.
Whitley, R. 719, 724
Whitrow, G. J. 1662, 1664
Whittington, R. 1377, 1382 f., 1391
Wholey, D. 259, 266, 803
Whyte, W. F. 565, 570
Whyte, W. H. 119, 122, 1297, 1304
Wicher, H. 511, 513
Wiedemann, H. 378 f.
Wiedmann, H. **978**, 988
Wiegels, I. 5, 10
Wieken-Mayser, M. 605
Wieland, J. 1517 f., 1520
Wiele, T. van der 1021, 1024
Wiemann, V. 237, 239, 855, 860
Wiendahl, H.-P. 1235 f.
Wiendieck, G. **388**
Wiener, N. 1394, 1400
Wiersema, M. F. 1446, 1449, 1473 f.
Wiesner, P. 1622
Wigand, R. 33, 37, 476 f., 481 f., 488, 520 f., 689, 697, 897, 899 f., 903, 905, 1000, 1004 ff., 1008, 1035, 1041, 1673
Wiggins, S. N. 1594 f.
Wijn, F. 1487, 1491
Wilcox King, A. 1387, 1392
Wild, J. 46, 51, 53, 408, 410, 413, 669, 677, 679, 1150, 1152, 1160, 1164
Wildeman, J. 1636, 1639
Wildemann, H. 98 f., 902, 905, 1114, **1182**, 1184 ff., 1195
Wiles, K. W. 576, 578
Wilke, J. 606
Wilke, P. 894, 896
Wilkinson, A. 1223, 1226
Williams, K. 1405, 1407
Williams, K. Y. 190 ff., 195
Williams, R. 1237, 1244
Williamson, O. E. 115, 117, 122, 162, 170, 227, 229, 281, 285, 467, 472, 515, 518, 521, 554, 560, 809, 813, 873, 879, 936, 940, 1001, 1008, 1078, 1088, 1091, 1094, 1101, 1110, 1114, 1210 f., 1218, 1339, 1341, 1378, 1382, 1450, 1458, 1572, 1589, 1594 f., 1597, 1599, 1604
Williamson, P. J. 1377, 1382
Willig, R. 1391, 1440
Willke, H. 89, 91, 503, 505, 626 ff., 1366, 1372, 1374, 1476, 1481, 1513, 1520
Willmott, H. 566 f., 761, 764, 1223, 1226
Wills, R. 340
Wilpert, B. 667, 1116, 1120, 1123
Wilson, R. 1263, 1265 ff., 1269, 1348 f.
Wilson, T. P. 561, 570, 1291, 1296
Wilts, A. 286, 294
Wimmer, R. 91, **267**, 270 ff., 275, 621, 628, 991, 997
Winand, U. 644
Winckler, B. 1162 f.
Wind, Y. 93, 99
Windeler, A. 520 f., 627 f., 1004, 1008, 1486 f., 1490, 1544, 1547 f.
Windhoff-Héritier, A. 122
Windolf, P. 1145, 1147, 1149
Windsor, D. 740, 745
Windsor, R. D. 1224
Winkler, G. 693, 697
Winkler, K. 147, 152
Winston, G. C. 416, 421
Winter, G. 1489
Winter, M. 1487, 1491
Winter, S. G. 973, 977, 1299, 1304, 1572, 1578, 1580 f., 1644, 1647
Wirth, C. 1548
Wiswede, G. **1289**, 1292 ff.
Witt, D. 955
Witt, F. H. 1008, 1548
Witt, P. 162, 165, 168, 170, 248, 255, 422, 427, 1444, 1447 ff., **1573 ff.**, 1578 ff.
Witte, E. 226, 228 ff., 233, 239, 324, 332, 489 f., 497, 509, 514, 707, 713, 715, 853, 861, 885, 888, 1077, 1088, 1098, 1100 f., 1152, 1164, 1445, 1449, 1523, 1530 f.
Wittgen, R. 708, 715
Wittgenstein, L. 1084, 1088
Wittmann, A. 988
Wittmann, S. 1318
Wittmann, W. 10, 44, 78, 255, 284, 497, 828, 1114, 1163, 1196, 1641, 1647

Witz, A.   344, 347
Wofford, J. C.   589, 596
Wöhe, G.   1431, 1441
Wohlgemuth, A.   1498, 1510
Woidtke, T.   576, 578
Wojda, F.   1016
Woldt, R.   1061, 1068
Wolf, G.   85, 91
Wolf, H.-G.   361, 368
Wolf, J.   548, 550, 552, 753, 756, 1259 f., 1262, 1334, 1341, **1374 ff.**, 1382, 1487, 1491
Wolf, M.   1190 ff., 1196
Wolfe, R. A.   200, 204
Wolff, B.   435, 437, 514, 521, 1362, 1364, **1587 ff.**, 1592 ff.
Wolff, J. A.   1630 f.
Wolfram, G.   486, 488
Wolfrum, B.   1271, 1273, 1275, 1278, 1418, 1428
Wollert, A.   1132
Wollnik, M.   486, 488, 660, 667
Womack, J. P.   32, 37, 383, 388
Wong, S.-S.   1651, 1655
Wood, D. J.   740 f., 745, 1323, 1326
Wood, L.   490, 496
Wood, R. E.   495, 910, 914
Woodman, R. W.   136, 997
Woodward, J.   654, 657, 659, 662, 667, 1075, 1088, 1410 f., 1417
Woodward, S.   557, 559, 873, 878
Workman, J. P.   3, 5, 8 f., 11
Worley, C. G.   990, 992 ff., 996
Worrell, D. L.   312, 315
Wortzel, H. V.   541
Wortzel, L. H.   541
Wörz, M.   **697**, 702, 705
Woywode, M.   259, 266, 1082, 1086
Wrapp, H. E.   1371, 1374
Wright, M.   175, 178, 217, 222, 766, 771, 1270, 1275 f.
Wright, P.   431, 440, 1272, 1278
Wright, T. A.   212, 214
Wübker, S.   1218
Wulf, T.   **1468**, 1472, 1474
Wulwick, N. J.   1432, 1441
Wunder, W.   113, 122

Wunderer, R.   137, 203, 297, 299, 305 ff., 323, 428 ff., 436, 440, 503, 505, 585, 1138, 1141
Wundt, W. M.   587, 596
Wuppermann, M.   789 f.
Wurf, E.   446, 449
Wurst, K.   1402, 1405, 1408
Wüthrich, H. A.   900, 905
Wymeersch, E.   178
Wysocki, K. von   979, 987 f.

Yammarino, F.   136
Yang, Y.   490, 497
Yasai-Ardekani, M.   1469 ff., 1474
Yates, J. A.   1004, 1007
Yetman, N. R.   312, 315
Yetton, P. W.   321, 323
Yin, R. K.   858, 861
Yip, G. S.   537, 541
Yoffie, D.   1274, 1278
Young, D. S.   1319, 1321, 1326
Young, D. W.   952, 954
Yovits, M. C.   972, 977, 1400
Yuhas Byers, P.   602, 606
Yukl, G. A.   299, 308, 316, 320, 323

Zaccaro, S. J.   295, 308
Zacharakis, A. L.   492, 497
Zacharias, L.   1522, 1530
Zachman, J. A.   1055, 1060
Zadek, H.   1426
Zaheer, A.   1596 f., 1604
Zahn, E.   1189, 1409, 1417 f., 1420, 1427 f.
Zajac, E. J.   614, 617, 1145 f., 1148 f.
Zakay, D.   1661, 1664
Zaleznik, A.   442, 449
Zammuto, R. F.   649 f.
Zander, E.   437
Zander, U.   227 f., 616, 618, 1270, 1277, 1642, 1646
Zanna, M.   596, 1601, 1604
Zapf, D.   212, 214
Zaugg, R.   520
Zavalloni, M.   394, 398
ZAW   1532, 1540
Zboril, N. A.   419, 421
Zeckhauser, R. J.   188, 519, 521, 1594

Zedtwitz, M. von   290, 293
Zeithaml, C.   1387, 1392
Zeitlin, M.   1146, 1149
Zeitz, G.   1015, 1017
Zeleny, M.   1400
Zeman, P.   868, 870
Zeng, M.   527, 529
Zenger, T. R.   1020 f., 1025
Zenner, M.   576, 578
Zenon von Elea   1662
Zenor, M. J.   5, 11
Zentes, J.   551, 1132
Zenz, A.   152, 159
Zerbe, W. J.   206, 213
Zerdick, A.   900, 905
Zerfaß, A.   600, 605, 646, 652
Zermelo, E.   1342, 1349
Zerubavel, E.   1659 f., 1662, 1664
Zetsche, D.   407
Zhang, S.   1162 f.
Zhou, X.   846, 851 f., 1241, 1244
Ziegler, D.   1065, 1068
Ziegler, R.   217, 220, 222, 1143 ff., 1148 f.
Ziegler, U.   766, 768, 771
Ziller, R.   1405, 1408
Zimbardo, P. G.   391, 398
Zimmer, A.   953, 956
Zimmer, M.   1487, 1490
Zimmerli, W.   1664
Zimmerman, D. H.   343, 347
Zimmermann, G.   1008, 1037, 1041, 1572
Zimmermann, P.   1327, 1333
Zimolong, B.   1235 f.
Zingales, L.   806, 811, 813, 873, 879, 1570, 1573
Zink, K. J.   36, 1220, 1226
Zintl, R.   1589, 1595
Zipfel, L.   1465, 1468
Zirger, B. J.   292
Zmud, R. W.   1645 f.
Zöllner, W.   370, 379, 1449
Zollo, G.   292 f.
Zucker, L. G.   923, 929, 931, 1076, 1088
Zugehör, R.   886, 888
Zwerman, W. L.   659, 667